Libro interattivo
eBook+

Webook

eBook+: il libro digitale interattivo

Il libro interattivo ("eBook+") è la versione digitale interattiva del libro di testo. Nel libro interattivo i contenuti vengono ampliati e affiancati da contributi digitali e funzioni interattive che rendono l'esperienza dell'apprendimento più completa e stimolante.

Nelle pagine del libro interattivo è possibile:
- inserire note;
- sottolineare ed evidenziare i passaggi di maggior interesse;
- ingrandire e portare in primo piano aree specifiche;
- scrivere o disegnare sulle pagine simulando un pennarello;
- selezionare il testo e ricercare i vocaboli all'interno dell'intero libro;
- richiamare velocemente glossari, schede o altri materiali.

I nostri libri interattivi sono multidevice: possono essere letti su PC (Windows e Mac) e su tablet (Windows, iPad, Android).

L'uso dell'eBook+ è regolato dalle condizioni generali di licenza di G.B. PALUMBO & C. EDITORE S.p.A., accessibili all'indirizzo web www.palumboeditore.it; l'inserimento del codice di attivazione ed il conseguente download dell'eBook+ implicano la conoscenza e l'accettazione delle suddette condizioni di licenza.

Dove trovare il codice di attivazione del libro digitale interattivo

Come scaricare il libro digitale interattivo

1. Registrati su Scuolabook (www.scuolabook.it) utilizzando un indirizzo email valido. Se hai già un account, accedi con le tue credenziali.
2. Accedi alla pagina **Acquisti**, dove troverai il campo per inserire il codice di attivazione.
3. Una volta inserito il codice, scarica e installa l'applicazione Scuolabook Reader adatta per il tuo sistema.
4. Utilizza le credenziali che hai creato su Scuolabook per eseguire il login anche sull'applicazione. All'interno della tua libreria troverai tutti i tuoi libri, compreso quello associato al tuo codice, e potrai leggerli con Scuolabook Reader semplicemente cliccando su ciascuna copertina.

Hai bisogno di ulteriori informazioni?
Accedi al supporto www.scuolabook.it
Per ogni chiarimento scrivi a info@scuolabook.it

ATTENZIONE: l'accesso al libro digitale interattivo eBook+ è a titolo gratuito ed è riservato all'utente registrato che ha accettato le relative condizioni generali di licenza d'uso e ha inserito il codice di attivazione. Tale codice può essere attivato una sola volta e la relativa utenza e la connessa licenza di utilizzo non sono trasferibili a terzi.

Il Webook: che cos'è, come si accede

I contenuti digitali integrativi del libro di testo (Webook), incrementabili ed aggiornabili dalla casa editrice, sono disponibili all'indirizzo del minisito del libro, presente all'interno del sito della casa editrice.

L'indirizzo del Webook di quest'opera è il seguente

www.palumboeditore.it/laletteratura

L'uso del Webook è regolato dalle condizioni generali di licenza di G.B. PALUMBO & C. EDITORE S.p.A., accessibili all'indirizzo web **www.palumboeditore.it**.

Dove trovare il codice di attivazione del Webook

Il codice è formato da 25 caratteri e si trova all'interno del bollino SIAE

Come accedere al Webook

Per accedere al Webook, la prima volta sarà necessario registrarsi, accettare le condizioni generali della relativa licenza d'uso ed inserire il codice di attivazione.

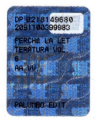

ATTENZIONE: l'accesso a Webook è gratuito e riservato all'utente registrato che ha accettato le relative condizioni generali di licenza d'uso e ha inserito il codice di attivazione. Tale codice può essere attivato una sola volta e la relativa utenza e la connessa licenza di utilizzo non sono trasferibili a terzi. La durata della licenza è di 15 mesi dalla data di attivazione del codice.

I testi ad alta leggibilità sono realizzati con il carattere EasyReading™.

Font ad alta leggibilità: strumento compensativo per i lettori con dislessia e facilitante per tutte le categorie di lettori.

www.easyreading.it

© 2015 by G. B. Palumbo & C. Editore s.p.a.

hanno collaborato a questo volume:

Claudia Carmina, *per le analisi dei testi*

Vito Chiaramonte, *per i paragrafi di storia dell'arte e la ricerca iconografica*

Giovanni Inzerillo, *per le sezioni Dal ripasso alla verifica*

Emanuele Zinato, *per i Testi laboratorio, epoca e opera*

coordinamento editoriale Giancarlo Biscardi

revisione redazionale Claudia Carmina

redazione Laura Rappa, Chiara Rizzuto

progetto grafico, coordinamento tecnico, copertina Federica Giovannini

impaginazione Fotocomp - Palermo

realizzazione dei materiali multimediali Palumbo Multimedia

cartografia Federigo Carnevali

fotolito e stampa Petruzzi S.r.l. - Città di Castello (PG)

Proprietà artistica e letteraria della Casa Editrice

Stampato in Italia

Finito di stampare dalla Petruzzi S.r.l. - Città di Castello (PG),
nel mese di aprile 2020 per conto della G. B. Palumbo & C. Editore s.p.a., Palermo

Le fotocopie per uso personale del lettore possono essere effettuate nei limiti del 15%
di ciascun volume/fascicolo di periodico dietro pagamento alla SIAE del compenso previsto
dall'art. 68, commi 4 e 5, della legge 22 aprile 1941 n. 633.

Le fotocopie effettuate per finalità di carattere professionale, economico o commerciale o comunque
per uso diverso da quello personale possono essere effettuate a seguito di specifica autorizzazione rilasciata da
CLEARedi, Centro Licenze e Autorizzazioni per le Riproduzioni Editoriali, Corso di Porta Romana 108, 20122 Milano,
e-mail **autorizzazioni@clearedi.org** e sito web **www.clearedi.org**

L'Editore è a disposizione degli aventi diritto tutelati dalla legge per eventuali e comunque non volute
omissioni o imprecisioni nell'indicazione delle fonti bibliografiche o fotografiche.

Romano Luperini
Pietro Cataldi
Lidia Marchiani
Franco Marchese

perché
LA LETTERATURA

Storia e antologia della letteratura italiana nel quadro della civiltà europea

6 Modernità e contemporaneità
(dal 1925 ai nostri giorni)

G. B. PALUMBO EDITORE

Indice

Parte nona

Il fascismo, la guerra e la ricostruzione: dall'Ermetismo al Neorealismo
(dal 1925 al 1956)

Capitolo I
Il fascismo, la Grande crisi e il conflitto mondiale, la ricostruzione e la "guerra fredda", gli intellettuali e l'organizzazione della cultura ... 2

- **VIDEOLEZIONE** Il Novecento e oltre [a cura di R. Luperini]
1. Il quadro d'insieme, i confini cronologici e le parole-chiave ... 3
   - S1 ITINERARIO LINGUISTICO • Destalinizzazione ... 5
   - S2 INFORMAZIONI • Storia e significato delle parole "ermetismo", "antinovecentismo", "neorealismo" ... 6
2. La situazione economica e politica in Europa e negli Stati Uniti ... 7
3. La situazione economica e politica in Italia ... 12
4. Le comunicazioni di massa, l'organizzazione della cultura e le scelte degli intellettuali ... 15
5. La nuova condizione sociale degli intellettuali e la politica culturale del fascismo ... 17
   - S3 INFORMAZIONI • L'editoria durante e dopo il fascismo ... 18
   - S4 INFORMAZIONI • È esistita una cultura fascista? Il conflitto delle interpretazioni ... 19
   - S5 INFORMAZIONI • Che cos'era lo ždanovismo ... 20
   - S6 INFORMAZIONI • L'ultima lettera di Giaime Pintor: lo shock della guerra e la necessità dell'impegno ... 21
6. Le ideologie e l'immaginario: i temi della letteratura e delle arti ... 22
   - S7 INFORMAZIONI • La leggenda dell'America (E. Vittorini) ... 24
7. La filosofia, la cultura scientifica, l'estetica ... 24
   - S8 ARTE • La riproducibilità tecnica dell'opera d'arte e la «decadenza dell'aura» (W. Benjamin) ... 27
   - S9 INFORMAZIONI • La saggistica e Gramsci ... 28
8. Le arti: l'eredità delle avanguardie ... 29
   - **IMMAGINE ATTIVA** Renato Guttuso, *Crocifissione*
   - S10 MATERIALI E DOCUMENTI • Due parole sul Neorealismo (R. Rossellini) ... 35

- **TESTO EPOCA** Pablo Picasso *Guernica* ... 36
  - **IMMAGINE ATTIVA**
  Perché è un testo epoca? ... 36
9. I generi letterari, gli autori e il pubblico ... 39
   - S11 INFORMAZIONI • La letteratura di consumo ... 39
10. La situazione della lingua ... 41

Percorso L'AMORE E LA DONNA Il fascismo e la donna: "Una donna fascista per l'Italia fascista" ... 42

DAL RIPASSO ALLA VERIFICA ... 44

ESPANSIONI DIGITALI

VIDEO
- **VIDEOLEZIONE** Il Novecento e oltre (a cura di Romano Luperini)
- **VIDEO** Intervista a L. Miccichè su Neorealismo ed esigenza di realtà [1'15"]
- **VIDEO** Intervista a G. Tinazzi sul cinema neorealistico [3'00"]
- **VIDEO** La crisi del Neorealismo (R. Luperini) [3'30"]

IMMAGINI ATTIVE
- Renato Guttuso, *Crocifissione*
- Pablo Picasso, *Guernica*

TESTI
- Antonio Gramsci, *Il rapporto tra intellettuali e egemonia* [Quaderni del carcere]
- Antonio Gramsci, *Egemonia e struttura ideologica della classe dominante* [Quaderni del carcere]
- Achille Campanile, *Un pallone misteriosamente scomparso* [Giovinotti, non esageriamo!]
- Pitigrilli, *La prostituta come moglie ideale* [Cocaina]

SCHEDE
- Ken Loach, *Terra e libertà* (1995)
- Il conflitto delle interpretazioni. Intellettuali e politica: le posizioni di Benda, Nizan e Sartre
- Fascismo e mass-media
- Veline
- La politica culturale del fascismo: la distinzione tra «cultura laboratorio» e «cultura azione» (R. Luperini)
- *La nausea* (J.P. Sartre)
- L'inconscio collettivo e gli archetipi (C.G. Jung)
- Roberto Rossellini, *Germania anno zero* (1947?)
- Tendenze della musica tra anni Venti e anni Cinquanta

MATERIALI PER IL RECUPERO
- Dal fascismo alla ricostruzione

INDICAZIONI BIBLIOGRAFICHE

ASCOLTO
- Sintesi

MAPPA CONCETTUALE
- L'Europa tra il 1925 e il 1956

Capitolo II

Le riviste, i movimenti letterari, le poetiche 48

1 Le riviste e le poetiche in Italia dalla seconda metà degli anni Venti al dopoguerra 48

- **S1** MATERIALI E DOCUMENTI • Vittorini e il programma del «Politecnico»: la proposta di una nuova cultura 51
- **S2** MATERIALI E DOCUMENTI • La risposta di Vittorini a Togliatti: il rifiuto di suonare il piffero per la rivoluzione 52
- **S3** MATERIALI E DOCUMENTI • Attualità di alcune affermazioni di Vittorini 53

2 Il Neorealismo da "corrente involontaria" a scuola e poetica organica 53

- **S4** MATERIALI E DOCUMENTI • Il Neorealismo nel ricordo di Calvino 55

DAL RIPASSO ALLA VERIFICA 56

ESPANSIONI DIGITALI

- **SCHEDE**
  - Letteratura come vita (C. Bo)
  - Il progetto di «Solaria» e la sua difffferenza dalla «Ronda» e da «900» (S. Briosi)
  - Politica e cultura: una lettera di Togliatti
  - Un giudizio sulla polemica Vittorini-Togliatti: i limiti del dibattito (R. Luperini)
  - Il dibattito sulla figura dell'intellettuale dal fascismo ai primi anni del dopoguerra
- **ASCOLTO**
  - Sintesi
- **MAPPA CONCETTUALE**
  - Movimenti e riviste in italia

Capitolo III

Tra Simbolismo e Antinovecentismo: la poesia fuori d'Italia 59

1 La tradizione del Simbolismo e quella dell'Antinovecentismo 59

2 Il Surrealismo e il classicismo moderno in Francia. Eluard e Valéry 60

3 La poesia in Inghilterra e negli USA. Il classicismo moderno di Pound ed Eliot 61

- **S1** MATERIALI E DOCUMENTI • Thomas S. Eliot, Il «metodo mitico» 62
- **S2** MATERIALI E DOCUMENTI • Thomas S. Eliot, Il «correlativo oggettivo» 64

T1 Thomas S. Eliot La descrizione della città [La terra desolata] 65

4 La poesia tedesca: la lirica militante di Brecht

T2 Bertolt Brecht A chi esita [Poesie e canzoni] 68

5 La «Generazione del '27» in Spagna e García Lorca; la poesia ispano-americana e Neruda 69

T3 Federico García Lorca Canzone di cavaliere [Canzoni] 71

6 La poesia in URSS. Marina Cvetaeva 72

Percorso LO SPAZIO E IL TEMPO La terra desolata emblema della condizione dell'uomo moderno 74

DAL RIPASSO ALLA VERIFICA 75

ESPANSIONI DIGITALI

- **TESTI**
  - Paul Eluard, L'ultima notte [V e VII]
  - Paul Valéry, Il cimitero marino
  - Ezra Pound, Studio d'estetica
  - T.S. Eliot, La sepoltura dei morti [La sepoltura dei morti, Parte Prima]
  - T.S. Eliot, Una partita a scacchi [Una partita a scacchi, Parte Seconda]
  - T.S. Eliot, Il classicismo novecentesco [Tradizione e talento individuale]
  - Pablo Neruda, Ode all'atomo [Odi elementari]
  - Marina Cvetaeva, Sibilla – al bambino
  - Bertolt Brecht, A chi esita (testo originale tedesco)
- **SCHEDE**
  - L'interpretazione della Terra desolata di Frank Raymond Leavis
- **ASCOLTO**
  - Sintesi
- **MAPPA CONCETTUALE**
  - La poesia fuori d'Italia

Capitolo IV

Ungaretti e la religione della parola 77

VIDEOLEZIONE Ungaretti: alla ricerca della parola assoluta [a cura di P. Cataldi]

1 La vita, la formazione, la poetica 78

UNGARETTI E IL SUO TEMPO 78

- **S1** MATERIALI E DOCUMENTI • L'«anima» e la «tecnica» davanti al «naufragio». Una dichiarazione di poetica 80

2 L'allegria: la composizione, la struttura e i temi 81

- **S2** MATERIALI E DOCUMENTI • Il naufragio e l'assoluto (G. Ungaretti) 83
- **S3** ITINERARIO LINGUISTICO • Unanimismo 84

3 La rivoluzione formale dell'Allegria 84

4 Le fonti del libro e la poetica ungarettiana: tra Espressionismo e Simbolismo 85

T1 In memoria [L'allegria] 87

TESTO INTERATTIVO

T2 TESTO OPERA Veglia [L'allegria] 🔊 90
Perché è un testo opera? 91
📄 MATERIALI PER IL RECUPERO
T3 I fiumi [L'allegria] 93
▶ VIDEOLEZIONE: ANALISI DEL TESTO [P. Cataldi]
T4 San Martino del Carso [L'allegria] 98
T5 Commiato [L'allegria] 99
T6 Natale [L'allegria] 🔊 101
📄 TESTO INTERATTIVO
T7 Mattina [L'allegria] 103
T8 Girovago [L'allegria] 104
T9 Soldati [L'allegria] 106
S4 MATERIALI E DOCUMENTI • La ricerca della classicità (G. De Robertis) 107
S5 INFORMAZIONI • Il dibattito critico sull'Allegria 108

5 Sentimento del tempo 108

T10 La madre [Sentimento del tempo] 109
T11 Caino [Sentimento del tempo] 111
T12 Non gridate più [Il dolore] 114

Percorso LO SPAZIO E IL TEMPO La ricerca di un «paese innocente»: la dimensione dell'assoluto 116

Percorso LA GUERRA E LA PACE La guerra come «presa di coscienza della condizione umana» 117

DAL RIPASSO ALLA VERIFICA 118

ESPANSIONI DIGITALI

▶ **VIDEO**
- VIDEOLEZIONE Ungaretti: alla ricerca della parola assoluta (a cura di Pietro Cataldi)
- VIDEOLEZIONE: ANALISI DEL TESTO I fiumi (a cura di Pietro Cataldi)

📄 **TESTI INTERATTIVI**
- In memoria [L'allegria]
- San Martino del Carso [L'allegria]
- Natale [L'allegria]

📄 **TESTI**
- C'era una volta
- Preghiera
- «Fa dolce e forse qui vicino passi»

📄 **SCHEDE**
- Le varianti di L'allegria
- Centralità della parola nell'Allegria (G. Contini)
- Due stroncature: Flora e Galletti

📄 **MATERIALI PER IL RECUPERO**
- Ungaretti e L'allegria
- Veglia

📄 **INDICAZIONI BIBLIOGRAFICHE**

🔊 **ASCOLTO**
- Sintesi

🗺 **MAPPA CONCETTUALE**
- Giuseppe Ungaretti

Capitolo V

Umberto Saba e la poesia onesta 123

1 La vita e la formazione 123
SABA E IL SUO TEMPO 124

2 La poetica e la cultura 125
S1 MATERIALI E DOCUMENTI • Una dichiarazione di poetica 125

3 Il canzoniere: composizione e vicende editoriali 127

4 Il titolo e la complessa struttura dell'opera 127
S2 ITINERARIO LINGUISTICO • Canzoniere 128
S3 INFORMAZIONI • La struttura del Canzoniere 129

5 I temi del Canzoniere 130

6 La metrica, la lingua, lo stile: un tradizionalismo rivoluzionario 131
S4 MATERIALI E DOCUMENTI • Il più difficile dei poeti contemporanei. Pasolini legge Saba 132

7 Il volume primo 133

T1 A mia moglie [Casa e campagna] 135
T2 Città vecchia [Trieste e una donna] 139
T3 «Dico al mio cuore, intanto che t'aspetto» [Trieste e una donna] 142

8 Il volume secondo 144

T4 TESTO OPERA Tre poesie alla mia balia [Il piccolo Berto] 🔊 146
Perché è un testo opera? 148
T5 Eroica [Il piccolo Berto] 151
📄 TESTO INTERATTIVO
S5 INFORMAZIONI • Formazione di compromesso 153
T6 Eros [Cuor morituro] 154
T7 Preghiera alla madre [Cuor morituro] 157
T8 Secondo congedo [Preludio e fughe] 160

9 Il volume terzo 161

T9 Parole [Parole] 162
T10 Teatro degli Artigianelli [1944] 164
T11 Amai [Mediterranee] 166

10 La ricezione del Canzoniere e la linea "sabiana" nel Novecento 168

11 Saba prosatore 169

T12 Scorciatoie [Scorciatoie e raccontini] 171
S6 PASSATO E PRESENTE • Il tema dell'omosessualità nella letteratura italiana del Novecento 174

Percorso LO SPAZIO E IL TEMPO — La città di Saba come desiderio «di vivere la vita / di tutti» 175

Percorso L'AMORE E LA DONNA — Le donne-madri e le donne-fanciulle del *Canzoniere* 176

DAL RIPASSO ALLA VERIFICA 178

ESPANSIONI DIGITALI

TESTI INTERATTIVI
- *Eroica* [*Il piccolo Berto*]

TESTI
- *Meditazione* [*Poesie dell'adolescenza e giovanili*]
- *Ordine sparso* [*Versi militari*]
- «*Sovrumana dolcezza*» [*L'amorosa spina*]
- «*Mio padre è stato per me "l'assassino"*» [*Autobiografia*]
- *Appunti* [*Il piccolo Berto*]
- *Confine* [*Parole*]
- *Ulisse* [*Mediterranee*]
- *La gallina* [*Ricordi-Racconti*]
- *Al lettore* [*Scorciatoie e raccontini*]
- *L'uomo nero* [*Scorciatoie e raccontini*]
- *La confessione alla madre* [*Ernesto*, quarto episodio]

SCHEDE
- Saba e la psicoanalisi (M. David)
- Freud, Saba, l'infanzia
- Le riforme metriche del *Canzoniere* (F. Brugnolo)
- Una lettura di *A mia moglie* (A. Pinchera)
- Saba parla del *Piccolo Berto*
- La funzione di *Ernesto* nell'opera di Saba (M. Lavagetto)

MATERIALI PER IL RECUPERO
- *Tre poesie alla mia balia*

INDICAZIONI BIBLIOGRAFICHE

ASCOLTO
- Sintesi

MAPPA CONCETTUALE
- Umberto Saba

Capitolo VI

Eugenio Montale 183

VIDEOLEZIONE Montale fra modernità e Postmoderno [a cura di R. Luperini]

1 La centralità di Montale nel canone poetico del Novecento 184

2 La vita e le opere; la cultura e le varie fasi della produzione poetica 185

MONTALE E IL SUO TEMPO 188

3 Poetica, psicologia e filosofia nel primo Montale 189

4 *Ossi di seppia* come "romanzo di formazione" e la crisi del Simbolismo 190

S1 MATERIALI E DOCUMENTI • Il programma di «torcere il collo» all'eloquenza 192

T1 I limoni [*Ossi di seppia*] 193

T2 «Meriggiare pallido e assorto» [*Ossi di seppia*] 196

T3 TESTO OPERA «Non chiederci la parola» [*Ossi di seppia*] 199
Perché è un testo opera? 200

T4 «Spesso il male di vivere ho incontrato» [*Ossi di seppia*] 203

TESTO INTERATTIVO

T5 Incontro [*Ossi di seppia*] 205

5 L'allegorismo umanistico delle *Occasioni* 209

S2 INFORMAZIONI • Il nome di Clizia, e le altre donne di Montale 211

T6 «Addii, fischi nel buio, cenni, tosse» [*Le occasioni*] 212

T7 La casa dei doganieri [*Le occasioni*] 214

TESTO INTERATTIVO

T8 Nuove stanze [*Le occasioni*] 217

VIDEOLEZIONE: ANALISI DEL TESTO [R. Luperini]

S3 MATERIALI E DOCUMENTI • La svolta poetica di *Nuove stanze* (L. Blasucci) 221

S4 MATERIALI E DOCUMENTI • La poetica delle «occasioni» secondo Montale 222

6 Il terzo Montale: *La bufera e altro* 223

7 La stagione della prosa e i racconti di *Farfalla di Dinard*; l'attività di traduttore 223

8 Il quarto Montale: la svolta di *Satura* 224

T9 «Ho sceso, dandoti il braccio, almeno un milione di scale» [*Satura*] 226

T10 «L'alluvione ha sommerso il pack dei mobili» [*Satura*] 228

MATERIALI PER IL RECUPERO

S5 MATERIALI E DOCUMENTI • La poetica di *Satura* secondo Montale 231

9 Il quinto Montale: i *Diari* 232

S6 PASSATO E PRESENTE • L'ultimo Montale: quale attualità? 233

T11 «Si deve preferire» [*Diario del '71 e del '72*] 234

T12 «Spenta l'identità» [*Quaderno di quattro anni*] 236

S7 MATERIALI E DOCUMENTI • È ancora possibile la poesia? 237

10 La ricezione e il conflitto delle interpretazioni 238

DAL RIPASSO ALLA VERIFICA 240

ESPANSIONI DIGITALI

VIDEO
- VIDEOLEZIONE Montale fra modernità e Postmoderno (a cura di R. Luperini)
- VIDEOLEZIONE: ANALISI DEL TESTO *Nuove stanze* [*Le occasioni*] (a cura di R. Luperini)
- VIDEO Intervista a R. Luperini su Montale e l'Ermetismo [3'00"]

- **VIDEO** Intervista a E. Sanguineti su Montale e il fascismo [2'20"]
- **VIDEO** Intervista a E. Sanguineti sul rapporto di Montale con la tradizione poetica recente e le avanguardie [2'40"]
- **VIDEO** «Non chiederci la parola» (P. Cataldi) [4'15"]
- **VIDEO** Terra e mare negli *Ossi di seppia*: il rapporto con d'Annunzio (P. Cataldi) [5'45"]
- **VIDEO** *Incontro* (P. Cataldi) [9'40"]
- **VIDEO** Rapporti e differenze tra *Ossi di seppia* e *Occasioni* (P. Cataldi) [5'35"]
- **VIDEO** «Addii, fischi nel buio, cenni, tosse» (P. Cataldi) [2'35"]
- **VIDEO** Intervista a L. Barile su Montale ed Eliot [3'40"]
- **VIDEO** Intervista a M. A. Grignani su Clizia [1'20"]
- **VIDEO** *Nuove stanze* (P. Cataldi) [7'50"]
- **VIDEO** *Nuove stanze*: un'analisi di Romano Luperini [40'00"]
- **VIDEO** *La casa dei doganieri* (P. Cataldi) [9'00"]
- **VIDEO** *Satura* (P. Cataldi) [2'50"]
- **VIDEO** Intervista a M. A. Grignani su *Satura* [1'20"]
- **VIDEO** «Ho sceso, dandoti il braccio, almeno un milione di scale» (P. Cataldi) [4'05"]
- **VIDEO** «L'alluvione ha sommerso il pack dei mobili» (P. Cataldi) [5'15"]
- **VIDEO** Il quinto Montale: la stagione dei *Diari* (P. Cataldi) [1'30"]
- **VIDEO** «Spenta l'identità» (P. Cataldi) [3'25"]
- **VIDEO** Intervista a M.A. Grignani sulla scrittura poetica dell'ultimo Montale [3'20"]
- **VIDEO** Intervista a E. Sanguineti sull'ultimo Montale [3'45"]

TESTI INTERATTIVI
- «Spesso il male di vivere ho incontrato» [*Ossi di seppia*]
- *La casa dei doganieri* [*Le occasioni*]

TESTI
- *Stile e tradizione*
- *Una spiaggia in Liguria* [*Prose e racconti*]
- *In limine* [*Ossi di seppia*]
- *Corno inglese* [*Ossi di seppia*]
- «Giunge a volte, repente» [*Ossi di seppia*]
- «Forse un mattino andando...» [*Ossi di seppia*]
- «Non recidere, forbice, quel volto» [*Le occasioni*]
- «Lo sai: debbo risponderti e non posso» [*Le occasioni*]
- *Il bello viene dopo* [*Farfalla di Dinard*]
- *L'Arno a Rovezzano* [*Satura*]

SCHEDE
- Il giudizio di Montale: Zeno come «novissimo Ulisse» e come Charlot
- L'ideologia di Montale (U. Carpi)
- Il conflitto delle interpretazioni. Montale simbolico o allegorico? (L. Anceschi e A. Jacomuzzi)
- Ideologia e poetica nell'ultimo Montale (R. Luperini)
- La «diversità» di Montale nel panorama poetico novecentesco e il suo rapporto con Leopardi (I. Calvino)

MATERIALI PER IL RECUPERO
- Eugenio Montale
- «L'alluvione ha sommerso il pack dei mobili» [*Satura*]

INDICAZIONI BIBLIOGRAFICHE

ASCOLTO
- Sintesi

MAPPA CONCETTUALE
- Eugenio Montale

Capitolo VII — PRIMO PIANO

La bufera e altro di Montale 245

1 La composizione del testo; il titolo 245

2 L'organizzazione e la struttura 246

- **S1** INFORMAZIONI • L'organizzazione del libro *La bufera e altro*: le sette sezioni 247

3 La poetica, il linguaggio e lo stile 247

- **S2** MATERIALI E DOCUMENTI • «Una totale disarmonia con la realtà» (E. Montale) 248
- **S2** MATERIALI E DOCUMENTI • La poetica di Montale: il passaggio da «Finisterre» alle altre poesie della *Bufera e altro* (E. Montale) 249
- **S4** MATERIALI E DOCUMENTI • La dimensione esistenziale della poesia montaliana come sublimazione e rimozione della storia (F. Fortini) 249

4 I temi: il percorso romanzesco e l'intreccio fra pubblico e privato 250

5 L'allegorismo cristiano, le allegorie degli animali e l'allegorismo apocalittico 251

6 Il tempo, lo spazio e l'ideologia 253

7 La prima sezione: «Finisterre» 254

- **T1** *A mia madre* 255
- **T2** *L'arca* 258

8 La seconda e la terza sezione: «Dopo» e «Intermezzo» 261

- **T3** «Suggella, Herma, con nastri e ceralacca» 261

9 La quarta sezione: «Flashes e dediche» 263

10 La quinta sezione, «Silvae»: dalla donna-angelo all'anguilla 263

- **S5** INFORMAZIONI • Che cosa significa «Silvae» 264
- **T4** *La primavera hitleriana* 265
- **T5** *Il gallo cedrone* 270
- **T6** TESTO LABORATORIO *L'anguilla* 272
- TESTO INTERATTIVO
- LABORATORIO Dall'interpretazione alla riappropriazione 276

11 La sesta e settima sezione: i «Madrigali privati» e le «Conclusioni provvisorie» 279

- **T7** *Anniversario* 280
- **T8** *Il sogno del prigioniero* 282

12 La ricezione: *La bufera e altro* e il conflitto delle poetiche negli anni Cinquanta 285

- **S6** MATERIALI E DOCUMENTI • Il conflitto delle interpretazioni. Il giudizio di Pasolini e quello di Salinari sulla *Bufera e altro* 286

Percorso LO SPAZIO E IL TEMPO — Lo spazio e il tempo nella poesia di Montale 287

Percorso L'AMORE E LA DONNA — La donna-angelo, la donna volpe e la donna-mosca 291

Percorso LA GUERRA E LA PACE — La guerra come allegoria della catastrofe 292

DAL RIPASSO ALLA VERIFICA 293

ESPANSIONI DIGITALI

VIDEO
- VIDEOLEZIONE Montale fra modernità e Postmoderno (a cura di R. Luperini)
- VIDEO *La bufera e altro* (P. Cataldi) [1'25"]
- VIDEO Il giudizio del poeta Sanguineti sul Montale della *Bufera* [3'30"]
- VIDEO Intervista a M.A. Grignani su Clizia e Volpe [1'10"]
- VIDEO *La primavera hitleriana* (P. Cataldi) [6'30"]
- VIDEO *L'anguilla* (P. Cataldi) [3'40"]
- VIDEO Intervista a R. Luperini su *L'anguilla* [3'25"]
- VIDEO *Il sogno del prigioniero* (P. Cataldi) [6'15"]

TESTI INTERATTIVI
- *L'anguilla*

TESTI
- Lasciando un "Dove"

SCHEDE
- Il tempo nella *Bufera e altro* (E. Graziosi)
- Confronto fra *Nuove stanze* e *La primavera hitleriana* (F. Croce)
- Attualità dell'*Anguilla*: una poesia ecologica?
- Il *primum* di Montale non è di natura formale o letteraria (G. Contini)

MATERIALI PER IL RECUPERO
- Eugenio Montale

INDICAZIONI BIBLIOGRAFICHE

ASCOLTO
- Sintesi

MAPPA CONCETTUALE
- *La bufera e altro*

Capitolo VIII
La poesia in Italia: l'Ermetismo e la linea "antinovecentista" 296

1 Le due linee della poesia del Novecento: Ermetismo e "Antinovecentismo" 296

2 L'Ermetismo e Salvatore Quasimodo 297

- **T1** Salvatore Quasimodo Ed è subito sera [*Ed è subito sera*] 299
- **T2** Salvatore Quasimodo Davanti al simulacro d'Ilaria del Carretto [*Ed è subito sera*] 300
- **T3** Salvatore Quasimodo Milano, agosto 1943 [*Giorno dopo giorno*] 301
- **T4** Salvatore Quasimodo Alle fronde dei salici [*Giorno dopo giorno*] 303

3 Purezza e peccato nella poesia di Sandro Penna 305

- **T5** Sandro Penna «Mi nasconda la notte e il dolce vento» [*Poesie*] 306
- **T6** Sandro Penna «È l'ora in cui si baciano i marmocchi» [*Una strana gioia di vivere*] 307

4 L'oggettivazione narrativa di Cesare Pavese 308

- **T7** Cesare Pavese Antenati [*Lavorare stanca*] 309

5 Attilio Bertolucci tra impressionismo e narrazione 312

- **T8** Attilio Bertolucci Gli anni [*Lettere da casa*] 314

6 Primato della vita e tensione filosofica nella poesia di Giorgio Caproni 315

- **T9** Giorgio Caproni La gente se l'additava [*Il seme del piangere*] 316
- **T10** Giorgio Caproni Senza esclamativi [*Il muro della terra*] 318

7 Mario Luzi dall'Ermetismo al magma della crisi 320

- **T11** Mario Luzi Nell'imminenza dei quarant'anni [*Onore del vero*] 321

  TESTO INTERATTIVO

- **T12** Mario Luzi «A che pagina della storia» [*Al fuoco della controversia*] 324

8 Vittorio Sereni: resistenza e decoro 326

- **T13** Vittorio Sereni La spiaggia [*Gli strumenti umani*] 327

9 Franco Fortini: la poesia come contraddizione 329

- **T14** Franco Fortini Traducendo Brecht [*Una volta per sempre*] 331
- **T15** Franco Fortini «Stanotte...» [*Composita solvantur*] 334

10 La poesia in dialetto. Marin e Noventa 336

Percorso LO SPAZIO E IL TEMPO I poeti e il tema della solitudine, dell'estraneità e dell'alienazione 338

DAL RIPASSO ALLA VERIFICA 340

ESPANSIONI DIGITALI

VIDEO
- VIDEO Il percorso poetico di Giorgio Caproni (R. Luperini)
- VIDEO *La gente se l'additava* (P. Cataldi)
- VIDEO Intervista a Mario Luzi sul suo percorso poetico
- VIDEO *Nell'imminenza dei quarant'anni* (P. Cataldi)
- VIDEO La poesia di Vittorio Sereni (R. Luperini)
- VIDEO *La spiaggia* (P. Cataldi)
- VIDEO Franco Fortini, «*Stanotte...*» (P. Cataldi)
- VIDEO L'itinerario poetico di Franco Fortini (R. Luperini)

TESTI INTERATTIVI
- Mario Luzi, *Nell'imminenza dei quarant'anni* [*Onore del vero*]

TESTI
- Salvatore Quasimodo, *Ride la gazza, nera sugli aranci* [*Ed è subito sera*]
- Salvatore Quasimodo, *A me pare uguale agli dei* [*Lirici greci*]
- Salvatore Quasimodo, *Uomo del mio tempo* [*Giorno dopo giorno*]
- Sandro Penna, «*Per averlo soltanto guardato*» [*Una strana gioia di vivere*]
- Sandro Penna, «*Era fermo per me*» [*Poesie inedite*]
- Sandro Penna, «*Sempre fanciulli nelle mie poesie*» [*Altre*]
- Cesare Pavese, *Lo steddazzu* [*Lavorare stanca*]
- Cesare Pavese, «*Hai viso di pietra scolpita*»

[Verrà la morte e avrà i tuoi occhi]
- Attilio Bertolucci, Decisioni per un orto [Viaggio d'inverno]
- Giorgio Caproni, «Le giovinette così nude e umane» [Il passaggio di Enea]
- Giorgio Caproni, Dies illa – Lo stoico – Il perfido [Il franco cacciatore]
- Mario Luzi, Linfe [Un brindisi]
- Mario Luzi, «Il pianto sentito piangere» [Per il battesimo dei nostri frammenti]
- Vittorio Sereni, Paura seconda [Stella variabile]
- Vittorio Sereni, «Ecco le voci cadono e gli amici» [Frontiera]
- Franco Fortini, Metrica e biografia [Poesia ed errore]
- Franco Fortini, La gronda [Una volta per sempre]
- Giacomo Noventa, «Fusse un poeta...»
- Giacomo Noventa, Soldi, soldi... (Inno patriottico)

SCHEDE
- L'eros "diverso" di Sandro Penna
- Pavese parla della sua poetica
- Il poeta secondo Luzi

ASCOLTO
- Sintesi

MAPPA CONCETTUALE
- L'Ermetismo e la linea "antinovecentista"

Capitolo IX

Il romanzo e la novella in Europa e in America 343

1 La narrativa in Europa e in America: la nascita della "tradizione novecentesca" 343

2 La narrativa negli Stati Uniti 344

3 La narrativa in Francia 345

  S1 MATERIALI E DOCUMENTI • L'invenzione della donna (S. De Beauvoir) 347

  T1 Albert Camus La morte della madre [Lo straniero] 348

4 La narrativa in lingua tedesca e quella in lingua spagnola e portoghese: Böll, Borges e Pessoa 351

  T2 Jorge Luis Borges La biblioteca di Babele [Finzioni] 353

5 Il romanzo nella Russia di Stalin: Bulgakov, Pasternak 360

DAL RIPASSO ALLA VERIFICA 361

ESPANSIONI DIGITALI

TESTI
- Francis Scott Fitzgerald, I funerali del grande Gatsby [Il grande Gatsby]
- Ernest Hemingway, Il ritorno del soldato [I quarantanove racconti]
- Raymond Queneau, Qualche "esercizio di stile" [Esercizi di stile]
- Louis-Ferdinand Céline, La missione del dragone Bardamu [Viaggio al termine della notte]
- Jorge Luis Borges, La casa di Asterione [L'Aleph]
- Jorge Luis Borges, Il libro di sabbia [Il libro di sabbia]
- Fernando Pessoa, «Mi srotolo come una matassa multicolore» [Il libro dell'inquietudine]

- Michail Bulgakov, Uno spettacolo di magia nera a Mosca [Il Maestro e Margherita]
- Boris Pasternak, Vita privata ed eventi pubblici: il dottor Živago e la rivoluzione russa [Il dottor Živago]

ASCOLTO
- Sintesi

MAPPA CONCETTUALE
- Il romanzo e la novella in Europa e in America

Capitolo X

Il romanzo e la novella in Italia 363

1 Le principali tendenze della narrativa in Italia 363

  T1 Dino Buzzati L'apparizione di un cavallo [Il deserto dei Tartari, cap. XII] 367

2 Il realismo mitico e simbolico di Vittorini e di Pavese 372

  T2 Elio Vittorini Gli «astratti furori» di Silvestro per «il genere umano perduto» [Conversazione in Sicilia, cap. I] 375

  T3 Elio Vittorini La scoperta che «non ogni uomo è uomo» [Conversazione in Sicilia, cap. XXVII] 378

  T4 Cesare Pavese La morte di Gisella [Paesi tuoi] 381

  T5 Cesare Pavese «E dei caduti che ne facciamo? Perché sono morti?» [La casa in collina, cap. XXIII] 384

3 Fra realismo ed esistenzialismo: il romanzo borghese di Alberto Moravia 387

  T6 Alberto Moravia Una cena borghese [Gli indifferenti, cap. II] 389

4 Il Neorealismo e Pratolini 394

5 La memorialistica 395

6 Fra Neorealismo ed epica esistenziale: Fenoglio 396

  T7 Beppe Fenoglio L'ultima battaglia di Johnny [Il partigiano Johnny] 397

  T8 Beppe Fenoglio La morte di Milton [Una questione privata, cap. XIII] 402

7 Due romanzieri "tradizionali": Elsa Morante e Tomasi di Lampedusa 407

  T9 Elsa Morante Arturo: un nome leggendario [L'isola di Arturo, cap. I] 410

  VIDEOLEZIONE: ANALISI DEL TESTO [P. Cataldi]

  T10 Giuseppe Tomasi di Lampedusa La morte del principe [Il Gattopardo, Parte Settima] 413

  S1 CINEMA • Luchino Visconti, Il Gattopardo (1963) 417

Percorso LO SPAZIO E IL TEMPO La mitizzazione del tempo e dello spazio nella narrativa tra le due guerre 419

Percorso L'AMORE E LA DONNA Una visione dell'eros tra violenza e regressione edipica: la donna-vittima e la donna-madre 421

DAL RIPASSO ALLA VERIFICA 423

ESPANSIONI DIGITALI

VIDEO
- VIDEOLEZIONE: ANALISI DEL TESTO Elsa Morante, *Arturo: un nome leggendario* [*L'isola di Arturo*, cap. I] (Pietro Cataldi)
- VIDEO *Il quartiere* (G. Taviani)
- VIDEO *Cristo si è fermato a Eboli* (G. Taviani)
- VIDEO *Il partigiano Johnny* (G. Taviani)

TESTI
- Tommaso Landolfi, *La lingua inesistente della poesia* [*Dialogo dei massimi sistemi*]
- Tommaso Landolfi, *Il babbo di Kafka* [*La spada*]
- Tommaso Landolfi, *Le apparizioni delle madri* [*La pietra lunare*, cap. X]
- Romano Bilenchi, *Il campo dei girasoli e la scoperta del sesso* [*Il gelo*]
- Corrado Alvaro, *La vita dei pastori in Aspromonte* [*Gente in Aspromonte*]
- Ignazio Silone, *Fontamara* [*Fontamara*]
- Elio Vittorini, *L'«ehm!» del soldato morto e i figli di Cornelia* [*Conversazione in Sicilia*]
- Cesare Pavese, *L'arresto di Cate* [*La casa in collina*, cap. XVI]
- Vasco Pratolini, *Ersilia e le altre donne sotto il carcere delle Murate* [*Metello*]
- Carlo Levi, *«Per i contadini lo Stato è più lontano del cielo»* [*Cristo si è fermato a Eboli*]
- Beppe Fenoglio, *Il partigiano Raoul* [*I ventitré giorni della città di Alba*]
- Beppe Fenoglio, *L'«esperienza terribile» della battaglia* [*Il partigiano Johnny*, cap. IX]
- Elsa Morante, *Una sepolta viva e una donna perduta* [*Menzogna e sortilegio*, cap. I]
- Elsa Morante, *Un'infanzia solitaria e favolosa* [*L'isola di Arturo*]
- Elsa Morante, *L'infanzia di Useppe* [*La storia*]
- Giuseppe Tomasi di Lampedusa, *La sirena* [*La sirena*, in *I racconti*]
- Giuseppe Tomasi di Lampedusa, *Don Fabrizio e il sonno dei siciliani* [*Il Gattopardo*]

SCHEDE
- Una reincarnazione malinconica di Giovanni Drogo: *Zangra* di Jacques Brel
- Il conflitto delle interpretazioni su *Metello*. La critica di Muscetta
- Il conflitto delle interpretazioni su *Metello*. La replica di Salinari
- *Primavera di bellezza* di Beppe Fenoglio
- Fenoglio fra epica, realismo e romanzo (F. Petroni)
- La "resistenza" di Fenoglio (G. Ferroni)
- Autobiografismo e invenzione narrativa in Elsa Morante (D. La Monaca)

ASCOLTO
- Sintesi

MAPPA CONCETTUALE
- Il romanzo e la novella in Italia

Capitolo XI

Carlo Emilio Gadda 426

1 La vita dell'ingegnere-scrittore 426

2 La formazione, le idee, la scrittura 427

3 L'opera: la necessità dell'incompiutezza 429

   S1 INFORMAZIONI • Il giallo 431

   S2 INFORMAZIONI • Erotismo, masse, spettacolo. Una questione attuale 432

4 *La cognizione del dolore* 434

   T1 Il sogno di Gonzalo [*La cognizione del dolore*, parte I, cap. III] 435

5 I "quadri milanesi" dell'*Adalgisa*: critica sociale e vitalità 440

   T2 Manichini ossibuchivori [*Navi approdano al Parapagàl*] 441

6 *Quer pasticciaccio brutto de via Merulana* 446

   T3 Il commissario Ingravallo [*Quer pasticciaccio brutto de via Merulana*, cap. I] 448

   T4 Il cadavere di Liliana [*Quer pasticciaccio brutto de via Merulana*, cap. II] 452

7 I racconti 457

8 Una fortuna contrastata 458

Percorso L'AMORE E LA DONNA Il rapporto madre-figlio: una demistificazione della maternità, della famiglia e della società 459

DAL RIPASSO ALLA VERIFICA 461

ESPANSIONI DIGITALI

VIDEO
- VIDEO *Quer pasticciaccio brutto de via Merulana* e *Un maledetto imbroglio* di P. Germi [4'25"]

TESTI
- PRIMO PIANO *Quer pasticciaccio brutto de via Merulana* di Gadda
- PRIMO PIANO La saggistica e la critica letteraria
- *Come lavoro io* [*I viaggi la morte*]
- *Teatro* [*La Madonna dei filosofi*]
- *L'orologio e il ritratto* [*La cognizione del dolore*, parte II, cap. VII]
- *«No, sor dottò, nun so' stata io!»* [Cap. X]
- *Il sogno del brigadiere* [Cap. VIII]
- *L'amore di Gigi e Jole* [*San Giorgio in casa Brocchi*]
- *L'incendio di via Keplero*

SCHEDE
- *Pastiche*
- Il personaggio di Gonzalo tra autobiografia e travestimento letterario (R. Dombroski)
- L'ideologia di Gadda e la proprietà della villa per Gonzalo (G. Baldi)
- La chiave lirica della *Cognizione del dolore* secondo Contini e Luperini. Il sogno di Gonzalo
- *Quer pasticciaccio brutto de via Merulana*
- La misoginia nel *Pasticciaccio*
- Il narratore del *Pasticciaccio* (P.P. Pasolini)
- Il conflitto delle interpretazioni. Gadda e il romanzo (G. Guglielmi)

INDICAZIONI BIBLIOGRAFICHE

ASCOLTO
- Sintesi

MAPPA CONCETTUALE
- Carlo Emilio Gadda

Capitolo XII

Primo Levi 464

1 La vita del chimico-scrittore 464

LEVI E IL SUO TEMPO 465

2 *Se questo è un uomo* e *La tregua* 466

   T1 TESTO OPERA L'inizio di *Se questo è un uomo* al 🔊 468

   TESTO INTERATTIVO
   Perché è un testo opera? 469

   S1 INFORMAZIONI • Shoah 471

   T2 *I sommersi e i salvati*: il cuore saggistico del libro [*Se questo è un uomo*] 474

   T3 Il canto di Ulisse [*Se questo è un uomo*] 478

   T4 Il sogno del reduce dal Lager [*La tregua*] 482

3 I racconti del "centauro" 484

4 I libri del lavoro: *Il sistema periodico* e *La chiave a stella* 485

   T5 TESTO LABORATORIO Storia di un atomo di carbonio [*Il sistema periodico*] al 🔊 486

   LABORATORIO Dall'interpretazione alla riappropriazione . 491

5 Le poesie: *Ad ora incerta* 494

6 Il romanzo, l'America e *I sommersi e i salvati* .. 494

   S2 MATERIALI E DOCUMENTI • «Senza pregiudizi e senza collera» 496

DAL RIPASSO ALLA VERIFICA 497

ESPANSIONI DIGITALI

▶ **VIDEO**
- VIDEO Intervista a P.V. Mengaldo sui temi dell'opera di Primo Levi
- VIDEO Intervista a Primo Levi sul bisogno della scrittura e della testimonianza
- VIDEO Shemà (E. Zinato)
- VIDEO Intervista a P.V. Mengaldo sullo stile di P. Levi
- VIDEO Intervista a P.V. Mengaldo sulla specificità di *Se questo è un uomo*

▶ **TESTI**
- *Esame di chimica: Alex e il doktor Pannwitz* [*Se questo è un uomo*]
- *Nel Sistema periodico Levi racconta come è nato* Se questo è un uomo [*Il sistema periodico*]
- *Iniziazione* [*Se questo è un uomo*]
- *Il viaggio* [*La tregua*]
- *Angelica farfalla* [*Storie naturali*]
- *Meleagrina* [*Ad ora incerta*]

▶ **SCHEDE**
- Le leggi razziali italiane
- Perché il razzismo?
- Primo Levi, *Perché i Lager?*
- *Amare il proprio lavoro* [*La chiave a stella*]
- La zona grigia ne *I sommersi e i salvati*

▶ **MATERIALI PER IL RECUPERO**
- Il viaggio

▶ **INDICAZIONI BIBLIOGRAFICHE**

▶ **ASCOLTO**
- Sintesi

▶ **MAPPA CONCETTUALE**
- Primo Levi

Capitolo XIII

Il teatro 500

1 Caratteri della drammaturgia occidentale 500

2 Il teatro in lingua tedesca: Brecht e il "teatro epico" 501

   S1 INFORMAZIONI • Che cos'è lo straniamento 502

   T1 Bertolt Brecht Il mestiere della guerra [*Madre Courage e i suoi figli*, scena 1ª] 503

3 Il teatro in lingua inglese e in lingua spagnola 508

4 Il teatro in Italia dal fascismo al dopoguerra: Eduardo De Filippo 509

   T2 Eduardo De Filippo «Ha da passà 'a nuttata» [*Napoli milionaria!*, atto III] 511

Percorso LA GUERRA E LA PACE *Madre Courage*: una condanna moderna della guerra 515

DAL RIPASSO ALLA VERIFICA 516

ESPANSIONI DIGITALI

▶ **TESTI**
- Bertolt Brecht, *Scena II* [*Madre Courage e i suoi figli*]
- Bertolt Brecht, *Scena III* [*Madre Courage e i suoi figli*]
- Bertolt Brecht, *Scena V* [*Madre Courage e i suoi figli*]
- Bertolt Brecht, *Scene XI e XII* [*Madre Courage e i suoi figli*]
- Arthur Miller, *La morte del commesso viaggiatore* [*Morte di un commesso viaggiatore*, atto III]

▶ **SCHEDE**
- Il teatro e la crudeltà (A. Artaud)
- Il teatro epico (B. Brecht)
- *Madre Courage*: l'interpretazione di Di Fede e quella di Mittner

▶ **ASCOLTO**
- Sintesi

▶ **MAPPA CONCETTUALE**
- Il teatro fino agli anni '50

Parte decima

Il tardo capitalismo: sperimentalismo, nuove avanguardie e Postmoderno
(dal 1956 ai nostri giorni)

Capitolo I
La contemporaneità: il passaggio dal Moderno al Postmoderno ... 520

1 Caratteri, periodizzazione e quadro d'insieme del secondo Novecento ... 520
- **S1** MATERIALI E DOCUMENTI • I caratteri del postmodernismo: il *pastiche* e un mondo ridotto a parole e a testi (F. Jameson) ... 523

2 La situazione economica, sociale e politica negli Stati Uniti e in Europa ... 524
- **S2** INFORMAZIONI • Dal femminismo dell'uguaglianza al femminismo della differenza ... 526

3 La situazione economica e politica in Italia dal "centro-sinistra" alla crisi della prima Repubblica ... 529
- **S3** INFORMAZIONI • La storia, la cultura e l'immaginario del '68 ... 531
- **S4** MATERIALI E DOCUMENTI • La scomparsa delle lucciole, la società dei consumi e la «mutazione» degli italiani (P.P. Pasolini) ... 533

4 La nuova organizzazione della cultura e la crisi della figura dell'intellettuale ... 534

5 La rivoluzione della mentalità e i cambiamenti dell'immaginario ... 536
- **S5** MATERIALI E DOCUMENTI • La società dei consumi: i "falsi" bisogni (H. Marcuse) ... 537

6 Il rinnovamento culturale degli anni Sessanta ... 540

7 Dalla centralità del testo a quella del lettore: l'estetica e le teorie letterarie ... 542

8 L'arte contemporanea ... 543
- **IMMAGINE ATTIVA** Roy Lichtenstein, *Crying girl*
- **IMMAGINE ATTIVA** Andy Warhol, *Campbell's Soup Cans*
- **S6** ARTE • Van Gogh, Magritte e Warhol: tre modi diversi di concepire il rapporto tra l'uomo e la realtà ... 550

9 La lettura, il pubblico, i generi letterari ... 555
- **S7** INFORMAZIONI • La scrittura e le donne ... 556

10 La situazione della lingua ... 557

11 L'"americanizzazione" e l'Italia fuori d'Italia ... 558

Percorso LO SPAZIO E IL TEMPO Il tempo come eterno presente e lo spazio come non-luogo ... 560

DAL RIPASSO ALLA VERIFICA ... 562

ESPANSIONI DIGITALI

VIDEO
- **VIDEOLEZIONE** Il Novecento e oltre (a cura di Romano Luperini)
- **VIDEO** Postmoderno e postmodernismo (M. Ganeri) [1'33"]
- **VIDEO** Intervista a T. Eagleton su inizio e fine del Postmoderno [3'40"]
- **VIDEO** Intervista a R. Ceserani sui tratti stilistici caratterizzanti del Posmoderno [1'25"]
- **VIDEO** Intervista a C. Pavone sull'identità storica del Novecento [7'15"]
- **VIDEO** Intervista a R. Luperini sul bilancio globale del Novecento e sull'importanza della letteratura [5'50"]
- **VIDEO** Intervista a L. Miccichè sul ruolo rivoluzionario del cinema nel Novecento [7'45"]
- **VIDEO** Intervista a E. Sanguineti sul canone letterario novecentesco [5'30"]

IMMAGINI ATTIVE
- Roy Lichtenstein, *Crying girl*
- Andy Warhol, *Campbell's Soup Cans*

SCHEDE
- La proposta di periodizzazione di uno studioso americano, Jameson
- Il conflitto delle interpretazioni. La periodizzazione del Postmoderno. La posizione di Ceserani e quella di Luperini
- Vecchio e nuovo nel '68
- Il libro nella società del mercato e dello spettacolo
- Il padrone in redazione (G. Bocca)
- Case editrici ed evoluzione della cultura
- Come è cambiato il modo di percepire il tempo (O. Calabrese)
- Il concetto di "glocale" e il trionfo della moltitudine (A. Bonomi)
- Ermeneutica
- Il "circolo ermeneutico", la "fusione di orizzonti" e la linguistica dell'esperienza del mondo (H.G. Gadamer)
- Dalla centralità dell'autore alla centralità del lettore
- Tendenze dello strutturalismo e del poststrutturalismo
- I caratteri del postmodernismo: un confronto tra Warhol e Van Gogh (F. Jameson)
- Le avanguardie musicali dal 1956 a oggi
- Quentin Tarantino, *Pulp fiction* (1994)
- Michelangelo Antonioni, *Blow-up* (1966)

MATERIALI PER IL RECUPERO
- Il secondo Novecento: dal "miracolo economico" alla crisi

INDICAZIONI BIBLIOGRAFICHE

ASCOLTO
- Sintesi

MAPPA CONCETTUALE
- La contemporaneità

Capitolo II
Le riviste, i movimenti letterari, le poetiche ... 566

1 I movimenti letterari in Europa e negli Stati Uniti ... 566

2 «Officina» e «Il Menabò» 568
- S1 MATERIALI E DOCUMENTI • La sfida al labirinto (I. Calvino) 570
- S2 INFORMAZIONI • Attualità della "sfida al labirinto" 571

3 «Il Verri», la nascita del Gruppo 63 e «Quindici»: le riviste della Neoavanguardia 572

4 Le riviste del '68 e la crisi degli anni Settanta: «Alfabeta» 574

5 Dal "ritorno alla poesia" negli anni Settanta al Gruppo 93 575

6 La poetica del Postmoderno: da Eco ai "cannibali" 575
- S3 MATERIALI E DOCUMENTI • La poetica del Postmoderno: le «postille» al *Nome della rosa* (U. Eco) 577

7 Le tendenze del nostro tempo 577
- VIDEOLEZIONE Dal Postmoderno all'Ipermodernità [a cura di R. Luperini]

DAL RIPASSO ALLA VERIFICA 579

ESPANSIONI DIGITALI

▶ VIDEO
- VIDEOLEZIONE Dal Postmoderno all'Ipermodernità (a cura di Romano Luperini) [13'00"]

▶ SCHEDE
- La libertà stilistica (P.P. Pasolini)
- Il conflitto delle interpretazioni. Il dibattito su letteratura e industria: la posizione di Vittorini e quella di Fortini
- Anceschi e Balestrini raccontano come nacque «Il Verri» e ne espongono il programma letterario
- Le riviste del periodo 1955-1990

▶ ASCOLTO
- Sintesi

▶ MAPPA CONCETTUALE
- L'avanguardia in Europa e negli USA

Capitolo III

La poesia 582

1 La poesia contemporanea tra regressione e ricerca 582
- S1 INFORMAZIONI • È ancora possibile la poesia? 583

2 La poesia in Francia. René Char 584
- S2 INFORMAZIONI • Poesia e canzoni 584

3 La poesia negli USA. Allen Ginsberg 585
- S3 ITINERARIO LINGUISTICO • *Beat* 586
- T1 Allen Ginsberg Litania del profitto di guerra [*La caduta dell'America*] 587

4 La poesia in Germania. Celan ed Enzensberger 589

5 La poesia postermetica e la linea lombarda. Giovanni Giudici 590
- T2 Giovanni Giudici Tempo libero 591

6 Andrea Zanzotto: il cammino dentro il linguaggio 592
- T3 Andrea Zanzotto Nino negli anni Ottanta [*Idioma*] 594
- T4 Andrea Zanzotto Al mondo [*La Beltà*] 597

7 I poeti di «Officina». Paolo Volponi e Francesco Leonetti 600
- T5 Paolo Volponi Uno strale [*Nel silenzio campale*] 601

8 *I novissimi*. Elio Pagliarani ed Edoardo Sanguineti 603
- T6 Elio Pagliarani La ragazza Carla al lavoro [*La ragazza Carla*] 606
- T7 Edoardo Sanguineti «questo è il gatto con gli stivali» [*Purgatorio de l'Inferno*] 609
- T8 Edoardo Sanguineti Ballata della guerra [*Novissimum testamentum*] 611

9 Lo sperimentalismo emozionale di Amelia Rosselli 614
- T9 Amelia Rosselli Tènere crescite [*Serie ospedaliera*] 615

10 La poesia in dialetto: Albino Pierro e Franco Loi 618

11 Dopo la Neoavanguardia: il neo-orfismo della "parola innamorata" e il neosperimentalismo 619
- T10 Valerio Magrelli «Senza accorgermene ho compiuto» [*Ora serrata retinae*] 621
- T11 Alda Merini «Mi sono innamorata» [*Vuoto d'amore*] 622

Percorso LO SPAZIO E IL TEMPO
«Al posto della storia è subentrato uno spazio in cui tutto ciò che accade diventa insensato» 624

DAL RIPASSO ALLA VERIFICA 626

ESPANSIONI DIGITALI

▶ VIDEO
- VIDEO Il percorso poetico di Andrea Zanzotto
- VIDEO Andrea Zanzotto parla della sua poesia
- VIDEO La poesia di Elio Pagliarani
- VIDEO Elio Pagliarani, *La ragazza Carla*
- VIDEO La poesia di Edoardo Sanguineti
- VIDEO Edoardo Sanguineti, «questo è il gatto con gli stivali»

▶ TESTI
- Paul Celan, Qualunque pietra tu alzi [*Di soglia in soglia*]
- Giovanni Giudici, Lais [*Salute*]
- Andrea Zanzotto, Così siamo [*IX Egloghe*]
- Andrea Zanzotto, Sonetto dello schivarsi e dell'inchinarsi [*Il Galateo in Bosco*]
- Paolo Volponi, A quest'ora [*L'antica moneta*]

- Francesco Leonetti, *Foglietti pirati* [*Le scritte sconfinate*]
- Elio Pagliarani, *Dagli Epigrammi ferraresi*
- Edoardo Sanguineti, «*In te dormiva come un fibroma asciutto*» [*Erotopaegna*]
- Amelia Rosselli, «*Propongo un incontro col teschio*» [*Documento*]
- Albino Pierro, *I 'nnamurète* [*Metaponto*]
- Albino Pierro, *Schitte d'i cruce* [*Curtelle a lu Sóve*]
- Franco Loi, «*L'acqua del mar e tra i pèss mort 'na piüma*» [*Umber*]

SCHEDE
- Paul Celan e le «radici» di Primo Levi [*La ricerca delle radici*]
- Una dichiarazione di poetica di Sanguineti
- *Canzone per Alda Merini* di Roberto Vecchioni

INDICAZIONI BIBLIOGRAFICHE

ASCOLTO
- Sintesi

MAPPA CONCETTUALE
- La poesia contemporanea in Italia

Capitolo IV

Il romanzo e la novella ... 630

1 Caratteri generali della narrativa: temi e forme ... 630
- **S1** INFORMAZIONI • Un giro in libreria in cerca di un buon romanzo ... 631

2 La tradizione del moderno nella narrativa europea e nordamericana. Christa Wolf ... 632

3 La narrativa in Francia dal "nouveau roman" al Postmoderno ... 633
- **T1** Michel Tournier *L'iniziazione di Robinson* [*Venerdì o il limbo del Pacifico*, cap. IX] ... 635

4 Il romanzo europeo fra sperimentalismo e Postmoderno: Grass, Saramago, Kundera ... 639
- **T2** José Saramago *La visita alla tomba di Pessoa* [*L'anno della morte di Ricardo Reis*] ... 641

5 La narrativa negli Stati Uniti dalla *beat generation* al Postmoderno e ai "minimalisti" ... 646

6 García Márquez e il romanzo latinoamericano ... 647
- **T3** Gabriel García Márquez *Lo sciopero e la repressione* [*Cent'anni di solitudine*] ... 649

7 La narrativa giapponese ... 653
- **T4** Murakami Haruki *L'incipit di 1Q84, un anno – e un mondo – col punto interrogativo* [*1Q84*] ... 655

8 Temi, forme e linee di sviluppo della narrativa di "ricerca" e del romanzo "di consumo" in Italia ... 660

9 La tradizione novecentesca: Giorgio Bassani, Lalla Romano, Natalia Ginzburg ... 662

10 Leonardo Sciascia fra romanzo e *pamphlet* ... 665
- **S2** INFORMAZIONI • Un tema attuale: i giudici e le trame del potere ... 666
- **T5** Leonardo Sciascia *Il capitano Bellodi e il capomafia* [*Il giorno della civetta*] ... 666
- **T6** Leonardo Sciascia *La confessione* [*Todo modo*] ... 671

11 La narrativa sperimentale di «Officina» ... 673

12 Letteratura e industria, impegno politico e invenzione formale nei romanzi di Volponi ... 674
- **S3** INFORMAZIONI • L'immaginario apocalittico di fine millennio ... 676
- **T7** Paolo Volponi *Una «nuova figura sociale»* [*Il pianeta irritabile*] ... 677
- **T8** Paolo Volponi *La grande città industriale* [*Le mosche del capitale*, Parte I] ... 680
- **T9** Paolo Volponi *Il dialogo delle luna e del calcolatore* [*Le mosche del capitale*, Parte I] ... 684

13 Il romanzo della Neoavanguardia: Sanguineti, Balestrini, Arbasino, Manganelli ... 687

14 Altri narratori sperimentali: Meneghello, Bianciardi e Pizzuto ... 689
- **T10** Luigi Meneghello *L'ethos di un capo partigiano* [*I piccoli maestri*] ... 690

15 Malerba e Consolo dallo sperimentalismo al Postmoderno ... 693
- **T11** Luigi Malerba *Miriam e le parole che nascondono le cose* [*Il serpente*, cap. XI] ... 696

16 La narrativa degli anni Ottanta: Tondelli, Busi, Tabucchi, Eco ... 698
- **T12** Antonio Tabucchi *Rebus* [*Piccoli equivoci senza importanza*] ... 700
- **T13** Umberto Eco *«Nomina nuda tenemus»* [*Il nome della rosa*] ... 705

17 La narrativa dei "giovani" negli anni Novanta ... 708

18 Fine del postmodernismo? La letteratura dopo l'attentato alle Torri gemelle ... 709
- **T14** Philip Roth *Un dialogo impossibile* [*Pastorale americana*, Capitolo sesto] ... 711
- **T15** Roberto Saviano *Come la camorra effettua il test di un taglio di coca* [*Gomorra*] ... 715
- Perché una serie su *Gomorra*? ... 716

Percorso LO SPAZIO E IL TEMPO Letteratura e industria: dalla fabbrica al laboratorio informatico ... 719

DAL RIPASSO ALLA VERIFICA ... 721

ESPANSIONI DIGITALI

▶ VIDEO
- **VIDEOLEZIONE** Dal Postmoderno all'Ipermodernità (a cura di Romano Luperini) [13'00"]
- **VIDEO** Sciascia giallista: *Todo modo*
- **VIDEO** *Le mosche del capitale* (M. Ganeri)
- **VIDEO** *Gomorra*

▶ TESTI
- **PRIMO PIANO** *Il pianeta irritabile* di Volponi
- Christa Wolf, *Gli ultimi giorni di Troia* [*Cassandra*]
- Aleksandr Solženicyn, *Un'ordinaria giornata di lavoro* [*Una giornata di Ivan Denisovič*]
- Jerome D. Salinger, *Il guanto di Allie* [*Il giovane Holden*]
- Alain Robbe-Grillet, *L'inizio di* La gelosia [*La gelosia*]
- Günter Grass, *La decisione di non crescere più* [*Il tamburo di latta*, cap. II]
- José Saramago, *Formazione (2)* [*L'ultimo quaderno*]
- Milan Kundera, *Il sorriso di Karenin* [*L'insostenibile leggerezza dell'essere*, Parte VII, 4, 5]
- Jack Kerouac, *Una notte a Los Angeles* [*Sulla strada*]
- Banana Yoshimoto, *Una ragazza sola, in cucina* [*Kitchen*]
- Susanna Tamaro, *L'inizio di* Va' dove ti porta il cuore [*Va' dove ti porta il cuore*]
- Andrea Camilleri, *L'inizio di* Il sorriso di Angelica [*Il sorriso di Angelica*]
- Lalla Romano, *Lo scaffale* [*Le metamorfosi*]
- Natalia Ginzburg, *Il padre* [*Lessico famigliare*]
- Leonardo Sciascia, *Il complotto del potere* [*Il contesto*]
- Leonardo Sciascia, *Il lungo viaggio* [*Il mare colore del vino*]
- Paolo Volponi, *Il lavoro in fabbrica* [*Memoriale*]
- Paolo Volponi, *Ratti impazziti e colombi carnivori* [*Le mosche del capitale*]
- Paolo Volponi, *Dialogo delle piante e del terminale* [*Le mosche del capitale*]
- Edoardo Sanguineti, *Un concepimento indesiderato* [*Capriccio italiano*]
- Nanni Balestrini, *La partenza degli ultras e lo scontro con i tifosi* [*I furiosi*, cap. I e XI]
- Nanni Balestrini, *Il macero* [*Sandokan*]
- Giorgio Manganelli, *Il necrologio* [*Nuovo commento*]
- Giorgio Manganelli, *Novantasette* [*Centuria*]
- Luigi Meneghello, *Sul monte Ortigara* [*I piccoli maestri*]
- Antonio Pizzuto, *La morte della gatta Camilla*
- Luigi Malerba, *Il mostro* [*Dopo il pescecane*]
- Vincenzo Consolo, *Lettera di Enrico Pirajno all'avvocato Giovanni Interdonato* [*Il sorriso dell'ignoto marinaio*, cap. IV]
- Vincenzo Consolo, *La conclusione di* Nottetempo, casa per casa: *l'esilio di Pietro e il valore della scrittura* [*Nottetempo, casa per casa*]
- Pier Vittorio Tondelli, *Una meditazione sulla solitudine* [*Camere separate*]
- Enrico Brizzi, *Il vecchio Alex alle prese con la famiglia davanti al televisore* [*Jack Frusciante è uscito dal gruppo*]

▶ SCHEDE
- Il "nuovo romanzo": l'interpretazione di Goldman
- Il tema di Robinson
- «Leggerezza» e «pesantezza» nel romanzo di Kundera (I. Calvino)
- Il tempo e lo spazio in *Cent'anni di solitudine* (C. Segre)
- Elio Petri, *Todo modo* (1976)
- Volponi espone agli studenti le sue idee sull'industria e sulla letteratura
- Il pianeta dopo la catastrofe
- Letteratura e industria
- *Le mosche del capitale*, un grande romanzo sul potere nell'età postmoderna (R. Luperini)
- La lunga gestazione di *Piccoli maestri* (L. Meneghello)
- Malerba dallo sperimentalismo del *Serpente* alla restaurazione del codice narrativo nelle *Pietre volanti* (R. Luperini)
- Consolo dalla letteratura come «impostura» alla letteratura come consolazione (R. Luperini)
- Il protagonismo dei giovani in letteratura nella seconda metà del Novecento
- Gabriele Salvatores, *Io non ho paura* (2003)
- Matteo Garrone, *Gomorra* (2008)

 INDICAZIONI BIBLIOGRAFICHE

 ASCOLTO
- Sintesi

MAPPA CONCETTUALE
- La narrativa contemporanea in Italia

Capitolo V

Italo Calvino 726

1 Le diverse fasi della vita e della produzione narrativa di Calvino 726
CALVINO E IL SUO TEMPO 727

S1 MATERIALI E DOCUMENTI • Sotto quella pietra (I. Calvino) ... 729

2 La cultura e la poetica 730

S2 MATERIALI E DOCUMENTI • L'elogio della leggerezza e quello della molteplicità (I. Calvino) 731

3 Il primo periodo della produzione narrativa: dal Neorealismo a *La giornata di uno scrutatore* 732

T1 Pin si smarrisce di notte e incontra un partigiano che lo porta in salvo [*Il sentiero dei nidi di ragno*, cap. IV] 734

T2 Cosimo sugli alberi [*Il barone rampante*, cap. X] 738

▶ TESTO INTERATTIVO

T3 Il padre che schiacciava le mandorle [*La giornata di uno scrutatore*, cap. XII] 741

4 Il secondo periodo della produzione narrativa: da *Le cosmicomiche* a *Palomar* 744

T4 Tutto in un punto [*Le cosmicomiche*] 748

T5 Le città e i segni. 5. Olivia [*Le città invisibili*] 751

S3 MATERIALI E DOCUMENTI • La conclusione delle *Città invisibili* 753

T6 TESTO EPOCA Posizione di lettura [*Se una notte d'inverno un viaggiatore*, cap. I] 756

Perché è un testo epoca? 757

T7 La contemplazione delle stelle [*Palomar*] 759

▶ VIDEOLEZIONE: ANALISI DEL TESTO [R. Luperini]

5 La ricezione e il conflitto delle interpretazioni 763

Percorso L'ANIMA E IL CORPO L'occhio e la mente: centralità dello guardo nella narrativa di Calvino 764

DAL RIPASSO ALLA VERIFICA 766

ESPANSIONI DIGITALI

▶ **VIDEO**
- **VIDEOLEZIONE: ANALISI DEL TESTO** *La contemplazione delle stelle* [*Palomar*] (Romano Luperini)

- **VIDEO** La prefazione al *Sentiero dei nidi di ragno* (R. Luperini) [3'00"]
- **VIDEO** Intervista a G. Ferretti sulla novità di Calvino [2'00"]
- **VIDEO** Intervista a R. Ceserani su Calvino tra moderno e Postmoderno [2'30"]
- **VIDEO** Intervista a R. Ceserani su Calvino e l'immaginario scientifico [3'00"]
- **VIDEO** *Le città invisibili* (D. Brogi) [5'08"]
- **VIDEO** *Palomar* (D. Brogi) [5'25"]
- **VIDEO** Intervista a R. Ceserani sulla fortuna mondiale di Calvino [2'00"]

▶ **TESTI INTERATTIVI**
- *Cosimo sugli alberi* [*Il barone rampante*, cap. X]

▶ **TESTI**
- **PRIMO PIANO** *Le città invisibili*
- *Apologo sull'onestà nel paese dei corrotti* [«la Repubblica», 15 marzo 1980]
- *Sulle tracce del visconte dimezzato* [*Il visconte dimezzato*, cap. IV]
- *Agilulfo: un'armatura dall'iridescente cimiero* [*Il cavaliere inesistente*, cap. I]
- *Gli esercizi del cavaliere inesistente* [*Il cavaliere inesistente*, cap. II]
- *Un pranzo movimentato* [*Il cavaliere inesistente*, cap. VII]
- *«Un solitario che non sfuggiva la gente»* [*Il barone rampante*, cap. VI]
- *La luna è un deserto* [*Il castello dei destini incrociati*]
- *«Il romanzo comincia in una stazione...»* [*Se una notte d'inverno un viaggiatore*]

▶ **SCHEDE**
- Il romanzo come prodotto artificiale, nato in laboratorio (I. Calvino)
- *I nostri antenati*. Calvino racconta la genesi della *Trilogia*
- Calvino e il *pathos* della distanza (C. Cases)
- Le *Città* di Calvino, il labirinto della condizione postmoderna
- Il conflitto delle interpretazioni. Il Calvino scrittore morale di Asor Rosa e il Calvino scrittore immobile di Garboli

▶ **MATERIALI PER IL RECUPERO**
- Italo Calvino e *I nostri antenati*

▶ **INDICAZIONI BIBLIOGRAFICHE**

▶ **ASCOLTO**
- Sintesi

▶ **MAPPA CONCETTUALE**
- Italo Calvino

Capitolo VI

Pier Paolo Pasolini 769

1 La vita dell'intellettuale "corsaro" 769

2 Pasolini poeta: tra lo sperimentalismo di «Officina» e il rifiuto della poesia 770

S1 MATERIALI E DOCUMENTI • La figura di Pasolini nel ricordo dello scrittore Paolo Volponi 772

T1 Il pianto della scavatrice [*Le ceneri di Gramsci*] 772

3 La produzione narrativa 777

T2 Riccetto viene arrestato [*Ragazzi di vita*, cap. V] 778

4 La scelta del cinema 783

S2 CINEMA • Pasolini e il cinema 784

5 «Mutazione antropologica» e questioni linguistiche 787

T3 Contro la televisione [*Scritti corsari*] 788

T4 La nuova lingua nazionale [*Empirismo eretico*] 792

6 L'intellettuale e i mass media 795

S3 INFORMAZIONI • Gli *Scritti corsari* 796

T5 TESTO LABORATORIO Il romanzo delle stragi 797

LABORATORIO Dall'interpretazione alla riappropriazione 802

DAL RIPASSO ALLA VERIFICA 804

ESPANSIONI DIGITALI

▶ **VIDEO**
- **VIDEO** La figura di Pasolini (R. Luperini) [1'07"]
- **VIDEO** *Le ceneri di Gramsci* (P. Cataldi) [3'45"]
- **VIDEO** La ricerca poetica di Pasolini (R. Luperini) [3'20"]
- **VIDEO** *Ragazzi di vita* e *Una vita violenta* (G. Rondolino) [1'40"]
- **VIDEO** Cinema e letteratura in Pasolini (G. Rondolino) [1'39"]

▶ **TESTI**
- *Supplica a mia madre* [*Poesia in forma di rosa*]
- *A Rosari* [*La meglio gioventù*]
- *Contro l'ontologia dell'audiovisivo* [*Empirismo eretico*]
- *Canzonissima (con rossore)* [*I dialoghi*]
- *Droga e cultura* [*I dialoghi*]
- *La lingua della menzogna* [*Lettere luterane*]
- *In difesa del latino* [*I dialoghi*]

▶ **SCHEDE**
- Pier Paolo Pasolini, *Accattone* (1961)
- Pasolini personaggio pubblico (G.C. Ferretti)
- Un attacco di Fortini a Pasolini sul Sessantotto

▶ **INDICAZIONI BIBLIOGRAFICHE**

▶ **ASCOLTO**
- Sintesi

▶ **MAPPA CONCETTUALE**
- Pier Paolo Pasolini

Capitolo VII

La prosa saggistica 808

1 La prosa saggistica: storia e caratteri 808

S1 INFORMAZIONI • L'*affaire Dreyfus* e la parola "intellettuali" 809

2 "Scrivere chiaro", secondo Fortini 810

T1 Franco Fortini Scrivere chiaro [*Insistenze*] 811

3 Due modi diversi di scrivere saggi e di essere intellettuali: Pasolini contro Calvino 813

T2 Italo Calvino Delitto in Europa [*Saggi 1945-1985*] 814

T3 Pier Paolo Pasolini Due modeste proposte per eliminare la criminalità in Italia [*Saggi sulla politica e sulla società*] 817

4 Saviano, erede di Pasolini 820

INDICE XVII

T4 Roberto Saviano Cosa vuol dire scrivere
[*La bellezza e l'inferno*] 821

DAL RIPASSO ALLA VERIFICA 824

ESPANSIONI DIGITALI

TESTI
- Pier Paolo Pasolini, *Lettera luterana a Calvino* [*Lettere luterane*]

ASCOLTO
- Sintesi

MAPPA CONCETTUALE
- La prosa saggistica

Capitolo VIII
La prosa giornalistica 825

1 Storia e caratteri del giornalismo 825

S1 INFORMAZIONI • Le sei regole del linguaggio giornalistico di George Orwell 826

2 Giornali e società di massa 827

T1 Curzio Malaparte Le lezione di Firenze 828

3 La lezione dei maestri: da Longanesi a Montanelli 832

T2 Indro Montanelli Così ho visto la battaglia di Budapest 833

T3 Luigi Pintor Bottiglie vuote 838

4 Il giornale nell'epoca dei nuovi media 839

DAL RIPASSO ALLA VERIFICA 842

ESPANSIONI DIGITALI

TESTI
- Indro Montanelli, *Così ho visto la battaglia di Budapest* (versione integrale)
- Silvana Mazzocchi, *Due ragazze sono seviziate in un festino e chiuse in un baule dell'auto: una è morta*
- Oriana Fallaci, *Intervista a Yassir Arafat*

SCHEDE
- «Omnibus» e il fascismo: un giudizio di Sciascia
- Orson Welles, *Quarto potere* (1941)

ASCOLTO
- Sintesi

MAPPA CONCETTUALE
- La prosa giornalistica

Capitolo IX
Il teatro nella società dello spettacolo 843

1 L'evoluzione della ricerca teatrale 843

2 Beckett e il teatro dell'assurdo 844

T1 Samuel Beckett Aspettando Godot
[*Aspettando Godot*, atto I] 846

▶ TESTO IN SCENA

3 La sperimentazione teatrale 852

S1 ITINERARIO LINGUISTICO • *Underground* 853

4 Le molte vie del teatro italiano 854

S2 INFORMAZIONI • Cabaret, varietà, rivista 855

5 Dario Fo, giullare di lotta 856

T2 Dario Fo Resurrezione [*Mistero buffo*] 859

DAL RIPASSO ALLA VERIFICA 866

ESPANSIONI DIGITALI

TESTI
- LO SPETTACOLO TEATRALE: LA SCENA E GLI ATTORI
  La crisi della rappresentazione: l'avanguardia teatrale degli anni Sessanta e Settanta
- Dario Fo, *Passione. Maria alla croce* [*Mistero buffo*]

ASCOLTO
- Sintesi

MAPPA CONCETTUALE
- Il teatro nella società contemporanea

GLOSSARIO 867

INDICE DEI NOMI 874

INDICE DEGLI AUTORI 878

Parte nona

Il fascismo, la guerra e la ricostruzione: dall'Ermetismo al Neorealismo
(dal 1925 al 1956)

Capitolo I

Il fascismo, la Grande crisi e il conflitto mondiale, la ricostruzione e la "guerra fredda", gli intellettuali e l'organizzazione della cultura

My eBook+

Cliccando su questa icona, docenti e studenti accedono ad un'area di personalizzazione che permette di arricchire i contenuti digitali già linkati lungo le pagine del libro. Nell'area di personalizzazione è possibile infatti salvare ulteriori materiali: selezionati da **Prometeo**, prodotti autonomamente o ricercati nella rete.

▶ *Per un elenco di materiali integrativi presenti nella biblioteca multimediale di Prometeo o per attivare una ricerca cfr. p. 47*

Alessandro Bruschetti, *Sintesi fascista* (particolare), 1935. Miami Beach, Florida, Wolfsonian-Florida International University.

VIDEOLEZIONE
Il Novecento e oltre (a cura di Romano Luperini)

Per Romano Luperini «il Novecento è un secolo breve non solo dal punto di vista della storia ma anche della letteratura»: dalle avanguardie primonovecentesche alla seconda metà degli anni Settanta c'è una profonda continuità culturale. All'interno di questo svolgimento coerente lo studioso distingue tre momenti: una prima fase coincide con il trionfo delle avanguardie e del Modernismo; un secondo periodo di "ritorno all'ordine" è segnato dall'affermazione della poesia ermetica e del Neorealismo; un terzo periodo è quello della Neoavanguardia e dello sperimentalismo. Una profonda rottura si verifica solo dopo la metà degli anni Settanta con l'emergere del postmodernismo, caratterizzato dalla crisi del dibattito culturale, dalla fine dell'impegno e dal superamento della distinzione tra letteratura colta e letteratura di consumo.

- La periodizzazione   [4 min. ca.]
- Avanguardie e Modernismo   [4 min. ca.]
- Ritorno all'ordine, Ermetismo e Neorealismo   [5 min. ca.]
- Neoavanguardie e sperimentalismo   [6 min. ca.]
- Il postmodernismo e la letteratura degli anni zero   [5 min. ca.]

Attiviamo le competenze

Luperini ci propone una periodizzazione dell'intero Novecento. Realizza una linea del tempo che permetta di visualizzare in modo sintetico e chiaro le diverse fasi storico-letterarie e i grandi snodi culturali che lo studioso descrive nella videolezione.

- esercitare le competenze di ascolto
- esercitare le competenze di sintesi
- produrre

DOPO LE AVANGUARDIE SI ASSISTE AD UN "RITORNO ALL'ORDINE" IN OGNI AMBITO

1 Il quadro d'insieme, i confini cronologici e le parole chiave

L'area cronologica

Questa Parte copre il **periodo che va**, in Italia, **dal secondo colpo di stato fascista nel 1925** (è questo l'anno il cui il fascismo si trasforma in regime) **alla fine del decennio della ricostruzione postbellica**. Essa **è divisa in due fasi dalla seconda guerra mondiale (1939-1945)**. In Italia e negli altri Paesi europei, **la prima fase (1925-1939)** corrisponde all'"epoca dei fascismi" e della Grande crisi; **la seconda (1945-1956)** a quella della "ricostruzione" dopo gli immensi disastri provocati dal conflitto bellico scatenato dal nazismo.

La prima fase (1925-1939): l'epoca dei fascismi

Nella prima fase, l'"epoca dei fascismi" vede il trionfo di regimi autoritari di destra non solo **in Italia**, ma anche **in Portogallo (1925), in Germania (1933), in Giappone (1938), in Spagna (1939)**. Il fascismo e il nazismo sono due fenomeni politici nuovi che pongono in crisi i valori del liberalismo tipici della civiltà europea, creando ==regimi totalitari== di massa, caratterizzati dal nazionalismo, dalla soppressione della libertà e della democrazia, da una politica aggressiva e imperialistica e da ideologie intolleranti e razziste. **Un altro fenomeno nuovo è la comparsa**, dopo la rivoluzione del 1917 **in Russia, di uno stato socialista** che egualmente rinnega i principi del liberalismo. Anzi, in URSS, la costruzione di una società socialista si orienta, sotto Stalin, in senso autoritario e dispotico.

La Grande crisi (1929-1932)

Alla crisi del ==liberalismo== si aggiunge quella del ==liberismo== in seguito alla Grande crisi del 1929-1932. La stagnazione o depressione che ne deriva viene infatti fronteggiata con misure di direzione statale dell'economia che impongono un drastico freno alle leggi spontanee del mercato e che quindi rovesciano il principio basilare del liberismo.

La data del 1956

Come data di chiusura della seconda fase e dell'intero periodo abbiamo indicato il **1956**. A metà degli anni Cinquanta **alcuni fatti cominciano infatti a modificare radicalmente la situazione economica, sociale, politica e culturale italiana: sul piano politico** la morte di Stalin (1953), il processo di "destalinizzazione" (cfr. **S1**, p. 5) in URSS e nei partiti comunisti, le rivolte in Polonia e in Ungheria contro i regimi filosovietici di quei Paesi incrinano l'unità dei partiti di sinistra e così può avere inizio, in Italia, il processo che porterà il PSI a staccarsi dal PCI e ad andare al governo con la DC

> **IL SIGNIFICATO DELLE PAROLE**
>
> ● **Regimi totalitari**
> Il *regime totalitario* è un sistema politico a partito unico, dove non esistono garanzie per la libertà individuale e dove il potere pervade in modo capillare tutti gli aspetti della vita sociale, attraverso l'uso combinato del terrore e della propaganda. Il concetto di totalitarismo è modellato sulla concreta esperienza del nazismo tedesco e del comunismo staliniano.
>
> ● **Liberalismo e liberismo**
> Il liberalismo è una concezione politica fondata sul riconoscimento dell'importanza della libertà individuale. Il liberismo è un sistema economico basato sulla libertà di produzione e di commercio.

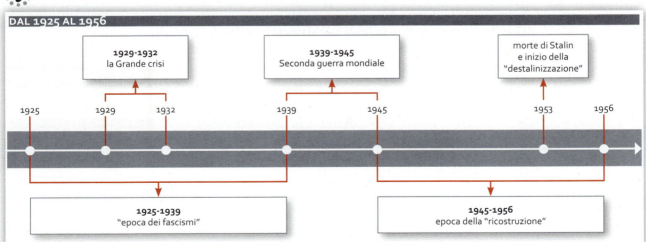

Otto Dix, *I sette peccati capitali*, 1933. Karlsruhe, Staatliche Kunsthalle.

(si comincia cioè a prospettare un governo di centro-sinistra al posto del tradizionale centrismo); **sul piano economico** prende avvio un "boom" che modificherà nel giro di pochi anni il volto della nazione italiana adeguandola allo standard dei maggiori paesi industrializzati. Contemporaneamente si sviluppa nel nostro Paese **la televisione di Stato**, mentre l'editoria diventa una vera e propria industria (l'industria della cultura). In seguito a tale rivoluzione industriale (sviluppatasi già a partire dalla seconda metà degli anni Cinquanta), comincia a trasformarsi anche **la condizione degli intellettuali che si massifica e si "proletarizza"**.

La svolta della Resistenza e la nascita di uno Stato democratico

Una svolta profonda è segnata anche dalla guerra, dalla Resistenza contro i fascisti e i nazisti, dall'irruzione delle masse sulla scena politica, dal passaggio dalla monarchia alla Repubblica e dalla riconquista della libertà e della democrazia. Ma, pur rappresentando una data cruciale **sul piano politico, il 1945 non apportò radicali cambiamenti economici e sociali**.

Il dopoguerra in Europa e negli Stati Uniti: la guerra fredda

In Europa e negli Stati Uniti il **"boom" economico** era cominciato dieci anni prima rispetto all'Italia (esso prende avvio già nel 1947-48) e si prolungherà sino al 1973. Quanto alla **destalinizzazione**, essa viene avviata a partire dal 1956. Il suo effetto più immediato è la **fine della "guerra fredda"**

LA POESIA IN ITALIA TRA GLI ANNI TRENTA E GLI ANNI CINQUANTA		
Ermetismo	Montale	Antinovecentismo
• lirica pura • recupero del Simbolismo • poesia chiusa e oscura • motivi intimi ed esistenziali	• poesia "metafisica" • recupero dell'allegorismo dantesco • tensione razionale e riflessiva	• poesia impressionistico-realistica, alternativa rispetto all'Ermetismo • recupero della lezione di Saba • linguaggio semplice

S1 ITINERARIO LINGUISTICO

Destalinizzazione

Si chiama "destalinizzazione" il processo, iniziato in URSS dopo la morte di Stalin (1953), volto a denunciare gli errori e i crimini del regime staliniano. Esso fu avviato da uno dei successori di Stalin, Nikita Kruscëv, che, nel XX Congresso del Partito comunista dell'URSS (1956), pose sotto accusa il «culto della personalità» alimentato da Stalin e le sue conseguenze politiche: il dispotismo personale, la mancanza di dibattito e di discussione all'interno del partito comunista, gli indirizzi autoritari nella politica interna. La morte di Stalin e le prime critiche allo stalinismo furono interpretate come apertura di nuovi spazi di libertà personale e di autonomia per i popoli soggetti al dominio dell'URSS. Ma tali speranze naufragarono di fronte alla repressione violenta, operata da Kruscëv stesso, dei moti insurrezionali e dei movimenti di indipendenza dall'URSS sviluppatisi a metà degli anni Cinquanta in Polonia e in Ungheria. Le ripercussioni della «destalinizzazione» furono forti anche in Italia, provocando un aggiustamento di linea del PCI (che avviò un cauto processo di allontanamento dall'URSS), il distacco di molti intellettuali dal partito, considerato troppo filosovietico e per questo troppo legato allo stalinismo, e la rottura dell'alleanza a sinistra fra i due maggiori partiti d'ispirazione socialista, il PSI (che cominciò a cercare invece un'intesa con la DC) e il PCI.

Manifesto propagandistico di Stalin. La scritta CCCP è l'acronimo di Unione delle Repubbliche Socialiste Sovietiche (URSS), mentre la scritta a destra del timone recita: «Il capitano dell'Unione Sovietica ci porta di vittoria in vittoria».

(che ha la sua fase più acuta nel decennio 1948-58), cioè dello stato di tensione fra Stati Uniti e URSS, cui segue, a partire dal 1963, **la fase della "distensione" e della "coesistenza pacifica"**.

Tendenze avanguardistiche e ritorno all'ordine negli anni Venti e Trenta

Sul piano letterario e artistico, nonostante la persistente presenza delle avanguardie, nell'Europa fra le due guerre tendono comunque a prevalere un **clima postavanguardistico e talora antiavanguardistico** e una propensione alla "restaurazione della letteratura", e cioè al recupero della tradizione e del classicismo.

Il ritorno alla tradizione e la "lirica pura" in Italia

La tendenza alla restaurazione era particolarmente forte in Italia, già a partire dalla rivista **«La Ronda»**, che era uscita a Roma **fra il 1919 e il 1922** (cfr. vol. 5, Parte Ottava, cap. II, § 6). Il ritorno alla tradizione è già evidente nella "lirica pura" e nell'"eclettismo lirico" della seconda metà degli anni Venti. **Si chiama "lirica pura"** la tendenza a una poesia di sensazioni musicali, legata al momento intimo-esistenziale e volta a escludere quello filosofico, riflessivo, etico-politico. Il **ritorno alla tradizione** si unisce spesso, negli anni Trenta, al **recupero di tendenze simboliste**, in cui finisce riassorbita anche l'influenza francese del Surrealismo. **Nasce così l'Ermetismo**, sviluppatosi a **Firenze**

L'Ermetismo

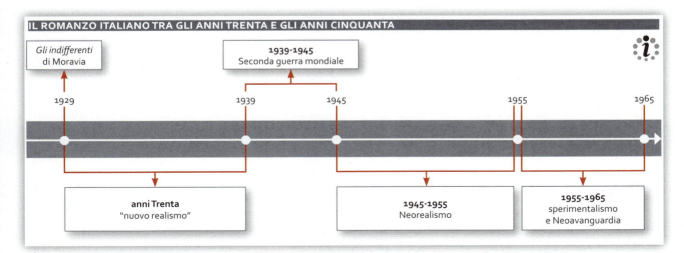

intorno alla metà degli anni Trenta (vi aderiscono, fra gli altri, Luzi e Quasimodo). Come dice il termine, impiegato inizialmente in senso negativo, l'Ermetismo è una poetica che teorizza una poesia difficile, "chiusa", volutamente oscura. Tale poetica sopravviverà alla guerra, e si prolungherà sino agli inizi degli anni Cinquanta.

L'Antinovecentismo, alternativa all'Ermetismo

Anche se l'Ermetismo è la tendenza prevalente fra i giovani poeti, non è certo l'unica. Negli anni Trenta si profila anche un **filone impressionistico-realistico di derivazione sabiana** (la prima edizione del *Canzoniere* di Saba è del 1921) e comunque estraneo alla tradizione simbolista e postsimbolista; ne fa parte, fra gli altri, Sandro Penna. Inoltre **una linea realistica** è presente anche nelle poesie di Pavese, mentre un impegno antisimbolista e antiermetico è evidente anche in alcuni poeti dialettali, come Noventa. **Questo filone poetico, alternativo alla "lirica pura" e all'Ermetismo, è stato denominato Antinovecentismo** (Pasolini infatti definiva con il termine di Novecentismo la tradizione simbolista che caratterizzerebbe il Novecento; sulla terminologia cfr. **S2**). **Esiste inoltre un filone di poesia** non impressionistica né realistica, e anzi **"metafisica"**, estranea all'analogismo e al gusto delle "corrispondenze" simboliche care all'Ermetismo e volta piuttosto a recuperare l'allegorismo dantesco: è questo il caso della poesia di Montale negli anni Trenta, Quaranta e Cinquanta.

La posizione della poesia montaliana

La tendenza alla tradizione nella narrativa, il "nuovo realismo" e il "realismo magico" dei solariani

Nella narrativa la tendenza al recupero di modelli tradizionali è egualmente intensa. Essa **è però contrastata** dapprima dal **riferimento al Surrealismo** (nel "realismo magico" di Bontempelli, per esempio), poi dall'**influenza di Proust** (e anche, in misura minore, di Joyce e di Thomas Mann) attiva soprattutto nella prosa solariana (detta così da «Solaria», la maggiore rivista letteraria italiana fra le due guerre) e **da quella dei modelli americani**. **Il ritorno a moduli realistici** è già evidente negli *Indifferenti* di Moravia (1929) e poi in *Tre operai* (1934) di Bernari. **Negli anni Trenta** si consolida insomma la **tendenza a un "nuovo realismo"** che evolverà poi, negli anni della guerra, verso le forme del Neorealismo (cfr. **S2**). Quest'ultimo nasce in campo cinematografico a partire dal 1942-43 e poi si sviluppa anche nel romanzo, nel racconto e nella poesia per tutto il decennio 1945-1955. **La differenza fra il Neorealismo e il generico "nuovo realismo" degli anni Trenta è tutta-

Il Neorealismo

S2 — INFORMAZIONI

Storia e significato delle parole "ermetismo", "antinovecentismo", "neorealismo"

Il termine "ermetismo" fu usato per la prima volta dal critico Francesco Flora nel libro *La poesia ermetica*, uscito nel 1936. Il termine aveva un'accezione negativa, e voleva indicare il carattere oscuro e chiuso della nuova poesia giovanile (quella di Gatto, Luzi, Parronchi, Bigongiari), che, prendendo a modello soprattutto l'Ungaretti di *Sentimento del tempo*, usava un linguaggio cifrato e allusivo di origine simbolista, complicandolo con tecniche oniriche di matrice surrealistica. Successivamente il termine ha perduto il suo originario significato negativo, e ora indica semplicemente la tendenza poetica affermatasi negli anni Trenta a opera di poeti attivi soprattutto a Firenze.

Il termine "antinovecentismo" è di origine recente. È stato usato riprendendo la definizione di "Novecentismo" impiegata, nella seconda metà degli anni Cinquanta, da Pasolini e dagli altri redattori della rivista «Officina». Essi intendevano per "Novecentismo" il filone principale della poesia del Novecento che sarebbe caratterizzato, a loro avviso, dalla poesia pura e dall'Ermetismo. In particolare Pasolini rivaluta, nella sua ricerca critica (affidata ai saggi compresi in *Passione e ideologia*, 1960), alcuni poeti, come Saba e Penna, che contrastano questo indirizzo prevalente. Per "Antinovecentismo" si intende perciò una linea poetica ispirata all'impressionismo o al realismo, e dunque antisimbolista e antiermetica.

Il termine "neorealismo" si diffonde originariamente in ambito cinematografico, a partire dal film *Ossessione* di Visconti, uscito nel 1942. Dopo il 1943 l'etichetta si estende anche all'ambito letterario. Essa indica la necessità di un ritorno alla realtà, dopo il soggettivismo e l'intimismo prevalenti negli anni Trenta, ed esprime l'esigenza, che si diffonde in questo periodo in buona parte della cultura europea, di "andare verso il popolo". È soprattutto la realtà della guerra, della Resistenza e del dopoguerra, con la sua miseria e con le sue lotte politiche, a ispirare la nuova cinematografia (Visconti, De Sica, Rossellini), la nuova narrativa (Pratolini, per esempio), la nuova poesia (Scotellaro). Il prefisso "neo" indica la novità del fenomeno rispetto al realismo ottocentesco. Pur rifacendosi infatti a modelli prevalentemente ottocenteschi (Verga soprattutto), la nuova narrativa tende infatti a un nuovo impegno politico e ideologico, esplicitamente di parte, che coincide spesso con la prospettiva dei partiti di sinistra. Notevole è anche l'influenza della narrativa americana (di Hemingway, per esempio), d'altronde mediata dai due maestri del Neorealismo, Pavese e Vittorini.

via cospicua: il Neorealismo si rifà più apertamente a modelli ottocenteschi e a un impegno esplicitamente ideologico e politico che era invece assente o comunque assai meno evidente nel "nuovo realismo" e più in generale nella letteratura degli anni Trenta.

Lo sperimentalismo alla fine degli anni Cinquanta

Ermetismo e Neorealismo saranno spazzati via dallo sperimentalismo proposto dalle nuove tendenze letterarie che si affermeranno alla fine degli anni Cinquanta e all'inizio degli anni Sessanta, grazie all'azione promossa, in modi fra loro diversi ma oggettivamente convergenti, da Pasolini da un lato e dai poeti "novissimi" (come, per esempio, Sanguineti) dall'altro, e dalle rispettive riviste, «Officina» (1955-1959) e «Il Verri» (nata nel 1956). Nasce, con esse, un'età nuova.

2. La situazione economica e politica in Europa e negli Stati Uniti

Lo sviluppo industriale del dopoguerra

Dopo le gravi difficoltà dell'immediato dopoguerra, prolungatesi sino al 1923-24, l'economia mondiale dà avvio a una **forte ripresa economica**, particolarmente intensa **fra la metà degli anni Venti e il 1929**. Lo sviluppo industriale viene favorito dalla diffusione della lavorazione in serie e della catena di montaggio, secondo i metodi del **taylorismo e del fordismo** (cfr. vol. 5). Anche la Germania, precedentemente prostrata dai debiti di guerra impostile dopo la sconfitta nella Prima guerra mondiale, si riprende grazie soprattutto a prestiti inglesi e americani, tornando a ricoprire un ruolo di grande potenza industriale. Eccezionale è poi lo sviluppo industriale americano, guidato dal settore trainante delle fabbriche d'auto.

La sovrapproduzione

L'enorme produzione americana non poteva tuttavia contare su un mercato adeguato, anche a causa della parallela crescita della concorrenza delle potenze industriali europee e del Giappone. Le merci prodotte in quantità crescente rischiavano dunque di risultare invendute, anche perché all'aumento della produzione non corrispondeva quello dei salari: rimanendo basso il potere di acquisto, la domanda interna restava di necessità limitata e insufficiente. **Si andava incontro, insomma, a una gigantesca crisi di sovrapproduzione**.

La speculazione in borsa e il crollo di Wall Street nel 1929

A questa causa strutturale di crisi se ne aggiunse, negli Stati Uniti, una contingente, legata all'enorme espansione del credito ai consumatori e in particolare alla speculazione di borsa. In caso di ribasso del costo delle azioni il sistema però s'inceppava entrando drammaticamente in crisi. È quanto avvenne **il 24 ottobre 1929** alla Borsa di Wall Street a New York. **Il crollo della Borsa** portò con sé il fallimento di numerose banche, a causa del mancato pagamento dei crediti, e poi la crisi dell'industria, privata a sua volta dei crediti bancari e già minacciata dalla sovrapproduzione.

La crisi economica dagli Stati Uniti colpisce l'Europa

La crisi economica degli Stati Uniti si riversò immediatamente in Europa, che si trovò di colpo privata dei prestiti americani mentre già cominciavano a farsi sentire, anche qui, gli stessi effetti di sovrapproduzione.

È la Grande crisi. Essa fu di proporzioni mondiali e di lunghezza inaudita: quattro anni, **dal 1929 al 1932**, furono di particolare intensità; ma la situazione stagnante si prolungò di fatto sino al 1939.

Gli effetti della crisi nell'immaginario

La crisi fu di tali proporzioni e gravità da determinare **vasti echi nell'immaginario collettivo**. L'immagine stessa del capitalismo ne uscì profondamente minata: il suo sistema economico apparve incapace di garantire stabilità e prosperità, proprio mentre l'Unione Sovietica si presentava non solo immune dagli effetti della crisi economica, ma in pieno sviluppo industriale e priva di disoccupazione. I sistemi liberali e le teorie liberiste sembrarono avviati al tramonto (e di fatto lo furono, per mezzo secolo).

Il protezionismo e l'intervento dello Stato nell'economia

Gli Stati Uniti e i vari Stati europei si difesero dalla crisi ritirandosi dal contesto internazionale, alzando le tariffe doganali, rafforzando le **misure protezionistiche** e dunque sviluppando politiche di tipo nazionalistico. Più in generale la linea prevalente fu quella di **promuovere l'intervento dello Stato nell'economia** attraverso forme centralizzate di pianificazione e di controllo.

Lewis W. Hine, *Icaro in cima all'Empire State Building* o *Il ragazzo del cielo*, della serie Empire State, 1930. New York, Metropolitan Museum of Art.

Il *New Deal* di Roosevelt

Negli Stati Uniti la crisi venne affrontata con grande decisione dal nuovo presidente democratico, Franklin Delano Roosevelt, eletto nel 1932 e rieletto poi nel 1936. **Roosevelt lanciò il *New Deal*** (nuovo accordo), individuando i responsabili della catastrofe nel ceto finanziario, sostenendo una politica favorevole alle masse lavoratrici e capace di diminuire la disoccupazione attraverso la costruzione di case popolari e promuovendo il ruolo regolatore dello Stato nell'economia. Inoltre riuscì a coinvolgere la maggior parte della popolazione in un progetto caratterizzato da una forte tensione morale e volto a una profonda trasformazione della società. Nel complesso l'azione governativa fu efficace e riuscì a ricreare nel Paese una situazione di fiducia.

La situazione economica dell'URSS

Come già si è accennato, **restò indenne dagli effetti della crisi l'Unione Sovietica**. La crisi del capitalismo, del liberalismo e del liberismo accrebbe il prestigio dell'unico Stato socialista allora esistente nel mondo che sembrava costituire un modello positivo di organizzazione economica e sociale.

Le "purghe" di Stalin

Dopo la morte di Lenin (1924), nel 1927 **Stalin** si era imposto nel conflitto interno con l'altro grande dirigente del partito, **Trockij**, inviandolo in esilio e instaurando un potere personale sempre più assoluto e dispotico: **le grandi "purghe" degli anni Trenta** colpiranno spietatamente non solo gli oppositori del regime ma ogni tipo di dissidenza, anche interna al partito comunista.

L'industrializzazione forzata nell'URSS, l'annientamento dei *kulaki* e la centralizzazione dell'economia

Stalin promosse l'industrializzazione forzata del paese: doveva perciò subordinare l'agricoltura all'industria e dare regolarità e stabilità alla produzione agricola ponendo fine ai fenomeni di resistenza dei contadini più ricchi che imboscavano il grano. **La campagna contro i *kulaki*** (contadini ricchi) portò all'annientamento brutale di questa classe sociale e a convogliare ogni energia nazionale nello slancio industriale attraverso una rigida centralizzazione di ogni decisione.

La Repubblica di Weimar in Germania

La Grande crisi, delegittimando il liberalismo e il liberismo, **finì per favorire anche l'affermazione del nazismo in Germania**. Alla stabilizzazione economica del periodo fra il 1924 e il 1929 si era unita, negli stessi anni, la stabilizzazione politica. Nella **Repubblica di Weimar** (come si chiama il tipo di organizzazione politica che la Germania si era data dopo la guerra, nel 1919) fra il 1923 e il 1929 il governo fu nelle mani di una coalizione che ruotava intorno all'alleanza fra il partito conservatore e quello socialdemocratico. La Grande crisi creò una massa enorme di disoccupati e disadattati, rafforzò alle elezioni del 1930 i partiti estremi di destra (il partito nazista) e di sinistra (il partito comunista) indebolendo la coalizione di centro e gettò nel panico i grandi gruppi industriali. Questi

La Grande crisi, i disoccupati, il panico degli industriali e l'ascesa di Hitler

ultimi cercarono una soluzione affidandosi a **un uomo forte** capace di sconfiggere le sinistre, di ri-

Adolf Hitler saluta gli spettatori al suo arrivo allo Zeppelinfeld per il Raduno di Norimberga (Reichsparteitag, letteralmente «Giornata nazionale del partito»), 10-16 settembre 1935. In occasione del raduno vennero promulgate le leggi razziali che presero il nome di leggi di Norimberga.

portare ordine e stabilità e di rilanciare così l'economia: **Adolf Hitler**, capo del partito nazionalsocialista (o nazista), da lui fondato nel 1919.

Le teorie politiche di Hitler e l'ideologia nazista

Hitler aveva già tentato nel 1923 un colpo di mano a Monaco. Arrestato, aveva scritto in carcere la sua opera teorica, *Mein Kampf* [La mia battaglia]. **Nella sua ideologia**, ispirata al darwinismo sociale (cfr. vol. 5) reinterpretato attraverso la teoria nietzschiana della «volontà di potenza» e dell'oltrepassamento della morale, la selezione naturale si svolgeva fra i popoli e fra le razze. **Il popolo tedesco, espressione della razza superiore** (quella ariana), doveva esprimere la propria «volontà di potenza» ai danni degli altri popoli e delle **razze inferiori** attraverso una politica nazionalistica e imperialistica. Il massimo di compattezza nell'azione doveva essere raggiunto attraverso una rigida disciplina e una organizzazione gerarchica e antidemocratica, che poneva ogni potere nelle mani del capo o *Führer*.

La conquista del potere da parte di Hitler

Dopo i successi elettorali del 1930 e del 1932, i nazisti arrivarono al potere: il presidente della repubblica, l'ultraconservatore Hindenburg, affidò a Hitler la carica di cancelliere nel **gennaio 1933**. Furono promosse nuove elezioni che si svolsero nel clima avvelenato creato dall'incendio del palazzo del Reichstag, il parlamento tedesco. I nuovi risultati elettorali portarono il partito nazista a sfiorare il 44% e a raggiungere, alleandosi con il partito nazionalista, la maggioranza assoluta in parlamento. **Hitler si fece accordare pieni poteri**, divenendo anche, nel 1934, alla morte di Hindenburg, presidente della Repubblica. **La macchina statale fu riorganizzata in senso dittatoriale**;

La dittatura nazista

furono sciolti i sindacati e tutti i partiti politici, escluso quello al potere. Il controllo sulla educazione dei giovani fu totalitario e assoluto non meno di quello sulla opinione pubblica plasmata da una propaganda martellante (promossa direttamente dal ministro della cultura, Goebbels) attraverso la radio, il cinema, le stampe murali. **Le formazioni paramilitari del regime, le SS** (*Schutz-Staffen* 'reparti di difesa'), poterono spadroneggiare con indisturbate azioni squadristiche contro gli oppositori, i dissidenti, gli ebrei, gli uomini di cultura liberali o democratici. **La polizia politica** (**Gestapo**: *Geheime Staatspolizei*, Polizia segreta di Stato) non solo arrestava e condannava gli oppositori ai campi di lavoro forzato, ma praticava scientificamente il terrore e la tortura. Con le **leggi di Norimberga del 1935** gli ebrei furono esclusi da qualsiasi diritto e cacciati dalle loro professioni e dagli impieghi pubblici; poi furono costretti a cucire sui loro abiti un segno di riconoscimento (una stella gialla) in modo da poter essere riconosciuti e isolati; infine furono internati in campi di concentramento e di sterminio di massa.

La politica antiebraica

La politica economica di Hitler

In queste condizioni Hitler poté promuovere il rilancio dell'economia favorendo in ogni modo i grandi gruppi industriali, assistendoli con l'intervento diretto dello Stato e puntando sul settore degli armamenti.

La politica estera di Hitler
La situazione in Spagna
La guerra civile spagnola (1936-1939)

S • Ken Loach, *Terra e libertà* (1995)

La vittoria del franchismo

Il nazismo praticò una linea d'intervento all'estero già nel 1936, sostenendo l'insubordinazione militare del **generale fascista Francisco Franco** contro il legittimo governo della repubblica spagnola. In Spagna nel 1931 era nata la repubblica, dopo un periodo di dittatura della destra. Nel 1936 si era formato un governo di centro-sinistra, appoggiato dai socialisti dopo che le sinistre avevano vinto le elezioni. La ribellione di alcuni settori dell'esercito, guidati dal generale Franco, portò alla **guerra civile trasformatasi quasi subito in guerra internazionale** a causa dell'intervento del nazismo e del fascismo a fianco degli insorti e, sul fronte opposto, delle brigate internazionali – formate da volontari antifascisti di tutto il mondo – accorse al fianco dell'esercito popolare repubblicano. Dopo tre anni di guerra civile (1936-1939), Franco riuscì a sconfiggere le forze antifasciste instaurando in Spagna una dittatura di destra.

Le cause della Seconda guerra mondiale

La corsa agli armamenti con cui le potenze fasciste e, in misura minore, anche quelle antifasciste avevano cercato di rilanciare l'economia, il protezionismo, il nazionalismo, le guerre doganali, i problemi lasciati aperti dalla pace di Versailles, alla fine della Prima guerra mondiale, avevano contribuito ad alimentare la tensione internazionale. Ma **il fattore decisivo della guerra fu la politica aggressiva e imperialistica della Germania nazista, spalleggiata dal fascismo italiano**. Altra ragione di guerra fu l'aggressività del Giappone nei confronti della Cina (manifestatasi già nel 1931 e poi di nuovo nel 1937). Ma anche l'Italia aveva contribuito all'instabilità, occupando l'Etiopia nel 1935-1936.

La dichiarazione di guerra

La politica d'espansione di Hitler portò **nel 1938** all'**annessione dell'Austria e della Cecoslovacchia**, occupata dalle truppe tedesche nel 1939, mentre, da parte sua, **l'Italia invadeva l'Albania**. Ma quando Hitler attaccò anche la **Polonia (1 settembre 1939)**, **Francia e Gran Bretagna reagirono dichiarando la guerra**.

L'estensione della guerra all'URSS, agli Stati Uniti e al Giappone

La Germania, già pronta militarmente al conflitto, a cui si preparava da anni, invase subito Belgio, Lussemburgo e Olanda, sconfisse le truppe anglofrancesi e occupò Parigi. **A questo punto (giugno 1940) anche l'Italia intervenne** aggredendo dal Sud la Francia e poco dopo attaccando dalla Libia (colonia italiana) le truppe inglesi in Egitto. La Germania non riuscì però a piegare l'Inghilterra, che vinse la battaglia aerea per il controllo dei cieli sulla Manica. **Nel 1941 due fatti nuovi** modificarono il volto della guerra, che già si era estesa alla Grecia e alla Jugoslavia occupate da tedeschi e italiani: l'aggressione tedesca all'URSS e quella giapponese agli Stati Uniti con la distruzione di parte della flotta americana a Pearl Harbor. Ne conseguì **l'entrata in guerra dell'URSS e degli Stati Uniti** a fianco dell'Inghilterra, mentre il Giappone si schierava a fianco di Italia e Germania. **A questo punto il conflitto era diventato davvero mondiale**, estendendosi dall'Atlantico al Pacifico e coinvolgendo direttamente quattro continenti: quello americano, quello asiatico, quello africano, oltre, naturalmente, a quello europeo.

I tedeschi vengono fermati a Stalingrado mentre l'Italia è invasa dagli anglo-americani e cade Mussolini

La svolta nella guerra avvenne nel 1943: i tedeschi vennero sconfitti dall'esercito sovietico a Stalingrado e da quello angloamericano in Africa, cosa che rese possibile agli eserciti alleati l'attacco diretto all'Italia attraverso lo **sbarco in Sicilia**. L'esercito italiano cedette quasi senza combattere. La conduzione disastrosa della guerra provocò la **caduta di Mussolini**. Il nuovo governo firmò l'**armistizio dell'Italia** con Inghilterra e Stati Uniti (**8 settembre 1943**), mentre l'esercito tedesco occupava la penisola per opporsi all'avanzata angloamericana. Contemporaneamente gli Stati Uniti conquistarono il controllo del Pacifico inducendo alla difensiva il Giappone.

La sconfitta della Germania e del Giappone

Il colpo decisivo alla potenza militare tedesca venne dato dallo **sbarco in Normandia** delle forze angloamericane nel **giugno 1944**. Nel **maggio 1945** la Germania si arrendeva, mentre Hitler si suicidava. Nell'**agosto 1945** gli Stati Uniti sganciarono due bombe atomiche sulle città giapponesi di **Hiroshima e Nagasaki**, costringendo alla resa anche il Giappone (settembre 1945).

Carattere totale della guerra

La seconda guerra mondiale fu ancora più totale della prima. Coinvolse la popolazione civile, sottoposta a terribili bombardamenti aerei e all'uso di nuove armi, come i missili V2 impiegati dai tedeschi su Londra o come la bomba atomica adoperata dagli americani contro il Giappone; **dila-**

Churchill, Roosevelt e Stalin alla conferenza di Yalta nel febbraio 1945.

niò i popoli con la guerra civile (come accadde, per esempio, in Italia, in Francia, in Grecia, in Jugoslavia, i paesi dove più forte fu il movimento partigiano della Resistenza); fu segnata da stragi crudeli e da veri e propri genocidi, come quello di cui fu vittima il popolo ebraico; fu influenzata da campagne politiche di propaganda condotte soprattutto attraverso la radio e il cinema e da profondi conflitti ideologici, primo fra tutti quello fra libertà e fascismo, mentre restò sotterraneo ma mai sopito quello fra valori democratico-borghesi e comunismo.

Gli accordi di Yalta

Già prima della fine della guerra, **nel febbraio 1945, le potenze vincitrici si erano accordate a Yalta** per la spartizione del mondo in zone d'influenza. Dopo la guerra l'Europa dell'Est fu sottoposta al dominio dell'Unione Sovietica, mentre quella occidentale, compresa l'Austria neutrale e la Grecia, rientrò sotto il controllo degli Stati Uniti e delle altre potenze occidentali. **Quanto alla Germania**, inizialmente divisa in quattro zone (controllate rispettivamente da Francia, Inghilterra, Stati Uniti e URSS; la stessa sorte ebbe la ex-capitale, Berlino), **fu poi scissa in due stati, quello occidentale con capitale Bonn e quello orientale, comunista, con capitale Pankow**, sobborgo settentrionale di Berlino Est. Il mondo insomma era diviso in due sfere opposte, mentre l'Europa appariva tagliata in due dalla cosiddetta **"cortina di ferro"** che contrapponeva gli Stati capitalisti a quelli comunisti.

La divisione della Germania

La "guerra fredda"

Comincia, nel 1948, la "guerra fredda" fra URSS e Stati Uniti e fra Est e Ovest che si prolunga per circa dieci anni. **Alla NATO**, il trattato militare che unisce dal 1949 i Paesi occidentali, **si contrappone l'analogo Patto di Varsavia** dei Paesi dell'Europa dell'Est. La guerra fredda è fatta di crescente tensione internazionale che non giunge allo scontro bellico solo perché entrambi i contendenti non ignorano il potere distruttivo della bomba atomica e della bomba all'idrogeno, che fanno parte ormai degli arsenali non solo delle potenze occidentali ma anche dell'URSS. È fatta anche di irrigidimenti ideologici giocati sulla contrapposizione frontale fra capitalismo e comunismo e di intolleranza all'interno dei singoli Stati: **negli Stati Uniti si verifica il fenomeno del "maccartismo"** – il nome deriva dal suo promotore, il senatore McCarthy –, di cui finiscono vittime numerosi dissidenti accusati di essere "comunisti"; **in URSS lo stalinismo diviene una forma aperta di dittatura** e dà vita a una serie di processi contro i dissidenti. **Né mancano conflitti militari, come in Corea fra il 1950 e il 1953**: la Corea del Sud, appoggiata dagli Stati Uniti, entra in guerra contro quella del Nord, sostenuta invece da URSS e Cina.

Il "maccartismo" negli Stati Uniti e lo stalinismo in URSS

La "decolonizzazione"

A questa rigida divisione del mondo in zone d'influenza tendono a sottrarsi, in Europa, la **Jugoslavia**, che sperimenta un tipo di organizzazione socialista autonoma da quella sovietica, e **in Africa e in Asia le colonie**, che mirano ad affrancarsi dal dominio economico e politico dei Paesi occidentali. Inizia insomma il processo di **"decolonizzazione"**. Giunge per esempio all'indipendenza nazionale l'India, che, guidata da Gandhi, si sottrae al dominio inglese.

La nascita della Repubblica popolare cinese

In Asia agiscono, nei movimenti di indipendenza nazionale, soprattutto il **modello e l'influenza dell'esperienza cinese: guidati da Mao Tse-tung**, i comunisti cinesi avevano dapprima sconfitto i giapponesi alleandosi con le forze borghesi di Chiang Kai-shek, poi avevano messo in fuga quest'ultimo, costretto a ritirarsi nell'isola di Formosa. **Nel 1949 nasce la Repubblica popolare cinese**, di cui viene nominato presidente Mao Tse-tung.

Il Piano Marshall

Gli Stati Uniti aiutarono i Paesi dell'Europa occidentale attraverso il **Piano Marshall**, che li inondò di manufatti industriali e di generi alimentari provenienti dall'America. Ciò favorì sia lo sviluppo dell'industria americana, sia la prosperità dei paesi aiutati, sottraendoli così, almeno parzialmente, all'influenza della propaganda comunista. **Negli Stati Uniti e nei maggiori paesi industrializzati ebbe avvio un "boom" economico**, che in Italia farà sentire i suoi effetti solo più tardi, nella seconda metà degli anni Cinquanta.

Il "disgelo" e la "coesistenza pacifica"

A partire dal 1956 cominciano a manifestarsi i segni del cosiddetto **"disgelo"**. Per quanto contraddetta dalla sanguinosa repressione dei moti polacchi e ungheresi, **la denuncia dei crimini di Stalin** (morto nel 1953), fatta dal suo successore, Kruscëv, nel **XX Congresso del Partito comunista dell'URSS (1956)**, **apre di fatto un'epoca nuova**. La "guerra fredda" a poco a poco lascia campo alla "distensione" e alla "coesistenza pacifica".

3 La situazione economica e politica in Italia

Il regime fascista

Il fascismo diventa regime di Stato nel 1925. Ben presto, con una serie di provvedimenti che investono soprattutto la sfera del diritto e delle procedure penali (è il nuovo codice Rocco, così detto dal ministro della giustizia che lo realizzò fra il 1925 e il 1931), **rafforza il suo carattere illiberale, antidemocratico e autoritario**: viene abolito il diritto di sciopero, sono sciolti i sindacati, viene istituito un tribunale speciale per colpire gli oppositori politici, i poteri vengono concentrati nelle mani del capo di governo (Mussolini), mentre il Gran Consiglio del Fascismo assume molti poteri precedentemente attribuiti al parlamento, trasformato di fatto in organo consultivo e non decisionale. Eliminati i dirigenti politici degli altri partiti, **il partito fascista assume il controllo della società e tende a sostituirsi allo Stato**, sino al punto che la tessera di iscrizione al partito diventa di fatto obbligatoria per poter trovare lavoro.

Il Vaticano, la monarchia, l'esercito

Il fascismo non riesce tuttavia a creare quello Stato totale che verrà realizzato in Germania dal nazismo. Sia la monarchia, sia il Vaticano e le forze cattoliche, sia l'esercito mantengono una certa autonomia e capacità d'influenza sulle decisioni.

La modernizzazione e i suoi limiti

In campo economico, la cancellazione dei conflitti del lavoro, il sostegno finanziario e politico ai grandi gruppi finanziari, il regime dei bassi salari e le misure protezionistiche, che avevano ridotto e quasi annullato la concorrenza internazionale, produssero un **processo di industrializzazione assai rapido** e una modernizzazione indubbia, anche se alquanto limitata.

Dal liberismo alla politica dirigistica

Fra il 1923 e il 1925 si era avuta una ripresa economica grazie alla politica liberista promossa dal ministro **De Stefani**. Quando questi fu sostituito da un altro ministro per l'economia, Volpi, il liberismo fu abbandonato ed ebbe inizio una **politica dirigistica** dell'economia da parte dello Stato, già **a**

IL SIGNIFICATO DELLE PAROLE
- Dirigistica
Una politica dirigistica è caratterizzata dall'intervento diretto dello Stato nella vita economica di un Paese.

Sfilata propagandistica di lavoratrici del settore agricolo, 1938.

partire dal 1926. Questa nuova politica resterà costante per tutta l'epoca fascista, accentuandosi semmai dopo il 1930.

La Grande crisi e l'Italia

Nel tentativo di fronteggiare le conseguenze della Grande crisi, che si fecero sentire fra il 1930 e il 1932, l'Italia, come altri Paesi, reagì alzando barriere doganali, incrementando la produzione di armamenti e sviluppando la funzione dirigista dello Stato in campo economico e amministrativo. **La politica nazionalista e protezionista culmina con la proclamazione dell'"autarchia" nel 1936**, con cui l'Italia tende a isolarsi dal contesto internazionale e a "fare da sola".

Il regime fascista come "regime reazionario di massa" e "stato assistenziale autoritario"

Il regime fascista è stato definito "regime reazionario di massa" e "stato assistenziale autoritario". L'aspetto dispotico e reazionario si concilia infatti con **una politica volta a ottenere il consenso di massa**. Esso è ricercato sia attraverso misure assistenziali (per esempio, nel campo dei pensionati, della maternità e dell'infanzia) e l'organizzazione del tempo libero mediante associazioni e iniziative per il "dopolavoro", sia attraverso l'educazione e l'inquadramento dei giovani (dai "Figli della lupa" ai "Balilla" sino ai "Giovani fascisti"), l'insegnamento nelle scuole della "mistica fascista" (le teorie fasciste sulla società) e l'uso propagandistico della radio, del cinema e della stampa. Rientra nella strategia volta alla conquista del consenso anche l'accordo con il Vaticano. **I Patti lateranensi del 1929**, mentre riconoscono al papa la sovranità sulla Città di San Pietro, fanno del cattolicesimo la religione di Stato, imponendone l'insegnamento a scuola.

I Patti lateranensi

L'omogeneizzazione della società

A partire dall'inizio degli anni Trenta queste misure creano una società di massa sufficientemente omogenea, **omologata sulle direttive del regime**. Anche se restano consistenti settori di malcontento operaio e una qualche opposizione culturale (soprattutto intorno alla figura di Benedetto Croce), il regime pare godere di un diffuso consenso che raggiunge l'acme **fra il 1936** (proclamazione dell'Impero) **e il 1938**, quando l'approvazione delle leggi razziali antiebraiche e la crescente subordinazione dell'Italia alla Germania riaprono spazi al dissenso.

La politica estera

La politica estera si sviluppò nel corso degli anni Trenta in direzione del rafforzamento dell'alleanza con la Germania e in rotta di collisione sempre più accentuata con gli Stati liberali (Francia, Gran Bretagna, Stati Uniti). Si incrementò la politica d'intervento all'estero con l'appoggio a Franco nella guerra di Spagna, mentre la linea colonialistica e imperialistica portò alla **conquista dell'Etiopia (1935-36)**, alla **proclamazione dell'Impero (1936)** e all'**aggressione dell'Albania (1939)**.

I Martiri di Fondotoce (Verbania), quarantatré partigiani catturati durante i rastrellamenti nazifascisti e fucilati il 20 giugno 1944.

La partecipazione alla guerra

Questa stessa logica politica indusse Mussolini a entrare in guerra a fianco di Hitler nel giugno 1940 e a stipulare nel settembre dello stesso anno il **"patto tripartito" con Germania e Giappone** per la divisione del mondo in zone d'influenza. In realtà l'Italia era impreparata al conflitto, come provarono le numerose umiliazioni militari subite in Africa e in Grecia, la perdita del controllo aereo e navale sul Mediterraneo e infine l'incapacità di resistere allo sbarco in Sicilia effettuato dalle truppe angloamericane fra il 9 e il 10 luglio 1943. **La situazione bellica era ormai tale che il dissenso nel Paese si fece aperto**. Già in marzo si erano svolti scioperi nelle fabbriche del Nord. Ma, dopo la sconfitta, quasi senza resistenza, subita in Sicilia, la monarchia stessa prese le distanze da Mussolini: quando, il **25 luglio 1943, il Gran Consiglio del Fascismo pose in minoranza Mussolini**, il re, Vittorio Emanuele III, lo sostituì alla guida del governo con il **generale Badoglio** e ne ordinò l'arresto. **Era la caduta del fascismo**. Successivamente, **l'8 settembre dello stesso anno**, il re e il generale Badoglio stipulavano un **armistizio con gli angloamericani**, rompendo il patto d'alleanza con la Germania nazista. Così l'esercito tedesco invadeva da Nord l'Italia, mentre dal Sud avanzavano gli angloamericani: **la penisola era ormai divisa in due**. **Nell'Italia settentrionale Mussolini**, liberato con un colpo di mano dai tedeschi, **costituì la Repubblica di Salò**, formando un esercito fascista che si batteva a fianco di quello nazista. **Nel Sud, occupato dagli angloamericani**, il governo era nelle mani di Badoglio, mentre si riformavano i partiti politici e si tentava di ricostituire un embrione di Stato democratico.

La caduta del fascismo

La Repubblica di Salò

La lotta partigiana

Intanto nel Centro-nord nasceva la Resistenza antifascista e antinazista: gruppi di militari del disciolto esercito, operai, contadini, studenti, intellettuali si unirono sotto la guida dei partiti antifascisti, fra i quali il più attivo e organizzato era quello comunista. Appena 10.000 nell'inverno del 1943, i **partigiani crebbero progressivamente di numero** giungendo a 120.000-130.000 nell'inverno successivo, quando formarono un vero e proprio esercito ben strutturato e disciplinato, appoggiato dalla popolazione e rispondente agli ordini del **CLN** (Comitato di Liberazione Nazionale, formato dai partiti antifascisti). **La Resistenza assunse così il valore di una rivoluzione democratica e popolare e di un riscatto nazionale**.

L'insurrezione del 25 aprile 1945

L'avanzata delle truppe angloamericane dal Sud, l'azione della Resistenza, la sconfitta tedesca sugli altri fronti del conflitto fecero precipitare la situazione nella **primavera del 1945**. **Il 25 aprile** il Nord insorse contro le truppe naziste d'occupazione e contro l'esercito della Repubblica di Salò. **Mussolini fu catturato e fucilato**.

I partiti politici

La nuova scena politica vedeva il ritorno dei vecchi partiti: il **Partito comunista** guidato da Togliatti, **quello socialista** di Nenni, **quello liberale** di Croce e di Einaudi, **quello cattolico** di De Gasperi, che assunse il nome di **Democrazia cristiana**. Nel 1942 era nato il Partito d'azione, guidato da Ferruccio Parri, d'indirizzo liberaldemocratico. **Dopo i primi governi di unità nazionale**, presieduti all'inizio da Parri e subito dopo da De Gasperi **e dopo che l'Italia aveva scelto la repubblica** al posto della monarchia (referendum del 2 giugno 1946), si **ruppe l'equilibrio fra i tre maggiori partiti** (quello cattolico, quello socialista e quello comunista). Le pressioni americane e le divisioni fra le forze politiche di fronte al Piano Marshall (accettato con entusiasmo dalla DC e rifiutato invece dalle forze di sinistra) ebbero come effetto l'espulsione del PSI e del PCI dal governo già nel corso del 1947. Mentre dunque **veniva approvata la nuova Costituzione (entrata in vigore l'1 gennaio 1948)** che ricostituiva in Italia un regime liberaldemocratico, sancendo le libertà politiche e civili e tutelando i diritti dei lavoratori, lo scontro fra DC e sinistra raggiunse il massimo di virulenza in occasione delle **elezioni politiche dell'aprile 1948**. Esse si conclusero con il **trionfo della DC**, che ottenne il 48% dei suffragi. Da questo momento l'Italia sarà governata per circa un quindicennio da governi di centro, egemonizzati dalla Democrazia cristiana.

La repubblica

L'approvazione della Costituzione

Le elezioni politiche del 1948 e l'egemonia democristiana

4 | Le comunicazioni di massa, l'organizzazione della cultura e le scelte degli intellettuali

Le comunicazioni di massa e l'omogeneizzazione del pubblico

La radio, il cinema, i rotocalchi (riviste illustrate in cui predomina il giornalismo fotografico) segnano **la nascita dell'era delle comunicazioni di massa**. Essa è caratterizzata dal carattere industriale delle comunicazioni e dell'intrattenimento e dall'effetto che produce: la omogeneizzazione del pubblico.

La radio

La radio diventa negli anni Venti il canale di comunicazione più diffuso e già negli anni Trenta tende a penetrare in ogni famiglia. Fa pervenire le notizie nel momento stesso in cui i fatti accadono e le fa penetrare direttamente nel seno della famiglia, tende a privatizzare la vita (si può seguire un concerto o una partita di calcio restando a casa) e a regolarla secondo un orario rigoroso che coinvolge non solo il tempo del lavoro ma anche quello del divertimento. Inoltre **può avere un altissimo valore di propaganda politica**, come percepiscono subito sia dittatori come Mussolini e Hitler, sia uomini democratici come Roosevelt.

Il cinema

Il cinema diventa lo "spettacolo per tutti", una fabbrica dei sogni che tende a rendere omogeneo l'immaginario attraverso il fenomeno del "divismo" di massa collegato alle figure degli attori e delle attrici. Diventa sonoro alla fine degli anni Venti e a colori alla fine degli anni Trenta. **È largamente egemonizzato dall'industria americana** (e in particolare dal centro cinematografico di Hollywood), che in tal modo fa conoscere il proprio sistema di valori e il proprio stile di vita in tutto il pianeta, influenzando profondamente mentalità e comportamenti di massa.

Il rotocalco

Il rotocalco, basato sul *reportage* e sulla fotografia, **si diffonde già negli anni Venti e trionfa nel decennio successivo**, sia in URSS che in USA e in Europa, talvolta sostituendo il giornale (la diffusione dei quotidiani infatti cresce in modo più limitato).

La televisione

Con la radio, il rotocalco, i fumetti e il cinema **il mondo dell'immagine tende a prevalere su quello della parola scritta**. Quando nell'immediato dopoguerra comincia a diffondersi **la televisione** dapprima negli Stati Uniti, poi in Gran Bretagna e in Francia, successivamente negli altri Paesi europei (in Italia, dal 1954), questo processo sarà ancora più radicale.

Bambino che legge fumetti in una via di New York, 1944. Fotografia di André Kertész.

La tv in campagna, 1954. Archivio Rai Trade.

La musica leggera e il *jazz*

Altri modi di omogeneizzazione del pubblico sono indotti dalla diffusione della **musica leggera** e degli **sport** (calcio e ciclismo in Europa), a cui collabora efficacemente la radio. Anche nella musica si afferma l'egemonia dell'industria discografica americana. **Dall'America giunge in Europa anche il *jazz***, che combina una musica da ballo dai ritmi sincopati, propria della cultura nera, con una strumentazione non convenzionale e comunque estranea ai canoni tradizionali.

Il romanzo poliziesco, il romanzo rosa, i fumetti

Anche nella letteratura penetrano, in modo più capillare che in passato, **le forme dei generi di massa**, come **il romanzo poliziesco** (Agatha Christie ha un successo internazionale) o **il "romanzo rosa"** (si pensi, in Italia, ai romanzi di Liala, che esordisce all'inizio degli anni Trenta). Ma cominciano a circolare anche **i fumetti** (soprattutto in giornali per l'infanzia come «Il corriere dei piccoli») **o i fotoromanzi per adulti** (che si impongono nel nostro Paese soprattutto nell'immediato dopoguerra).

L'ostilità degli intellettuali alla società di massa

La diffusione di tecniche di massa volte alla persuasione e al consenso, ampiamente usate dalle dittature degli anni Trenta, **provocano la preoccupazione degli intellettuali**, che spesso reagiscono rifiutando la cultura di massa e **riproponendo una cultura d'élite** e il ruolo disinteressato e superiore dell'uomo di cultura: è questo, in Italia, l'atteggiamento del più noto intellettuale antifascista, il filosofo **Benedetto Croce**; ma esso trova ampia corrispondenza nelle posizioni assunte in Francia da **Julien Benda** (*Il tradimento dei chierici*, 1927), in Spagna da **Ortega y Gasset** (*La ribellione delle masse*, 1930), in Inghilterra da **Frank Raymond Leavis** (che nel 1930 pubblica *Civiltà di massa e cultura di minoranze*) e dal poeta **T.S. Eliot** (autore nel 1939 del saggio *L'idea di una società cristiana*). **Anche alcuni romanzieri inglesi, come Huxley e Orwell**, si fanno portavoce delle preoccupazioni – ampiamente diffuse nei circoli intellettuali – circa l'uso degli strumenti di persuasione di massa e lo strapotere della moderna tecnologia, rispettivamente in *Brave New World* [Il mondo nuovo] (1932) e in *1984* (1949). I **filosofi tedeschi Adorno e Horkheimer**, dopo aver sperimentato in Germania il potere delle comunicazioni di massa diffuse dal regime nazista e negli Stati Uniti (dove si erano rifugiati) quello della cultura di massa imposta dall'industria, scrivono il loro capolavoro, *Dialettica dell'Illuminismo*, in cui denunciano i rischi prodotti dalla nascente ma già rigogliosa industria culturale.

La scelta dell'impegno

Non tutti gli intellettuali condividono la scelta di un atteggiamento di distacco e di superiorità rispetto alle vicende del tempo e alla cultura di massa. In direzione opposta, si assiste infatti a un impegno diretto nella lotta politica, ora a sinistra (è il caso del francese **Paul Nizan**, dei tedeschi **Brecht** e **Benjamin**, dell'ungherese **Lukács**, dell'italiano **Gramsci**), ora a destra (come in Francia **Drieu La Rochelle** e **Céline**, e in Italia **Gentile**). **Esemplare è il contrasto che divide in Francia Benda da Nizan.** Julien **Benda** vede negli intellettuali dei «chierici», e cioè dei custodi dei valori tradizionali, dei funzionari neutrali e disinteressati dello spirito, e dunque ne sostiene l'autonomia da qualsiasi impegno diretto nella politica, considerato un vero e proprio «tradimento» della missione della cultura; Paul **Nizan** giudica invece gli intellettuali tradizionali i «cani da guardia» della borghesia (in quanto, sotto l'apparenza del distacco e della neutralità, ne difendono in realtà i valori) e sostiene la necessità che gli uomini di cultura si impegnino nella lotta per cambiare il mondo. La sua posizione sarà ripresa nell'immediato dopoguerra da un altro autore francese, il filosofo e scrittore **Jean-Paul Sartre** nel saggio *Qu'est-ce-que la litterature?* [Che cos'è la letteratura?], uscito nel 1947.

Il contrasto Benda-Nizan

S • Il conflitto delle interpretazioni. Intellettuali e politica: le posizioni di Benda, Nizan e Sartre

La polemica fra Gramsci e Croce in Italia

La contrapposizione che divide Nizan o Sartre da Benda è evidente anche in Italia nella **polemica che Gramsci conduce contro Croce nei** *Quaderni del carcere*. Mentre **Croce**, come Benda, sostiene l'esigenza che gli intellettuali mantengano il loro distacco dagli eventi e dalla politica immediata, **Gramsci afferma la necessità che essi superino la loro posizione di superiore e distaccata neutralità** e si schierino nel conflitto di classe. Gramsci si distingue tuttavia da Sartre o Nizan perché analizza non solo l'aspetto ideologico dell'intellettuale-scrittore, ma anche la condizione materiale degli intellettuali studiandoli come ceto sociale e perciò considerando la loro integrazione nei meccanismi produttivi e ideologici, la posizione che essi hanno nell'industria culturale e, più in generale, nella società.

La condizione materiale degli intellettuali, secondo Gramsci

5. La nuova condizione sociale degli intellettuali e la politica culturale del fascismo

La nuova condizione degli intellettuali

S • Fascismo e mass-media

La diffusione delle comunicazioni di massa, lo sviluppo dell'industria culturale e degli apparati ideologici (scuola, giornalismo, spettacolo ecc.) trasformano la condizione degli intellettuali e degli stessi scrittori. **La creazione di una cultura di massa e**, nei regimi fascisti, **l'intervento diretto in essa da parte dello Stato tendono a coinvolgere direttamente gli intellettuali** che possono **o accettare le nuove condizioni di lavoro o sottrarvisi** per riaffermare il valore universale della cultura. **La prima strada** non porta necessariamente alla subordinazione ai regimi vigenti: può anche indurre lo scrittore ad accettare il mondo della pratica e dell'impegno o magari a riconoscersi come lavoratore e a schierarsi dalla parte degli altri lavoratori, in funzione antiborghese. **La seconda** spinge invece gli intellettuali a considerare la letteratura o la cultura una sorta di religione: accade così in Italia negli ambienti intellettuali influenzati da Croce e negli scrittori solariani ed ermetici. **Da un lato**, insomma, gli intellettuali vengono subordinati all'industria culturale e alle direttive dello Stato, diventando dei "salariati" che scrivono copioni cinematografici, sceneggiature radiofoniche, articoli giornalistici; **dall'altro** una parte di essi proclama che la «letteratura non è una professione» ma una «condizione» esistenziale da viversi con dedizione religiosa (come scrive Carlo Bo in uno dei manifesti della letteratura ermetica, *Letteratura come vita*, del 1938) (cfr. anche cap. II, § 1).

La letteratura come «professione» o come «condizione» esistenziale e privilegio religioso

Il "letterato-letterato" e il "letterato-ideologo"

Di qui, anche, i due tipi prevalenti di letterato degli anni Trenta in Italia: il **"letterato-letterato"**, che si disinteressa della politica e vive nella torre d'avorio della cultura e della letteratura, e **il "letterato-ideologo" o letterato militante**, che agisce all'interno degli apparati ideologici e politici per sostenerli o per contestarli. Questi due tipi di letterato sopravvivono anche nel primo decennio del dopoguerra, ma con la netta prevalenza del secondo tipo: i "letterati-ideologi" diventano maggioranza e scelgono decisamente la strada dell'"impegno" a fianco dei partiti di sinistra.

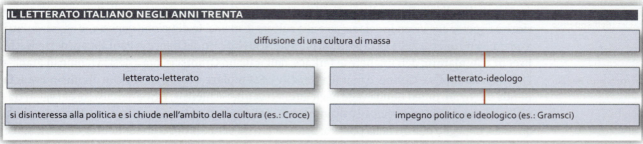

La politica culturale del fascismo fra repressione e organizzazione del consenso

S • Veline

Le strutture culturali del fascismo

La politica culturale del fascismo da un lato cercò di attirare gli intellettuali conquistandone il consenso, dall'altro accettò e teorizzò tale scissione. Essa **fu assai duttile, articolata e complessa**. Non fu soltanto repressiva, ma anche propositiva. **La repressione** consisteva nella **censura** preventiva sui giornali, sui libri (in letteratura, più sui romanzi che sulle poesie) e sui testi radiofonici, teatrali e cinematografici; nel controllo dell'editoria (cfr. **S3**) e nella **subordinazione della stampa**, realizzata mediante la diffusione di **"veline"** che imponevano certe notizie e impedivano di diffonderne altre, consigliavano l'ottimismo e la fiducia ecc.; nell'**assoggettamento pieno della scuola** al regime. **Con una precisa politica propositiva e organizzativa, la politica culturale fascista** cercò di riempire il vuoto della società civile da cui era nato il sovversivismo piccolo-borghese dei primi due decenni del secolo: fornì infatti agli intellettuali una serie di enti e di previdenze, di organizzazioni, di strutture, di istituti di cultura che li toglievano dall'isolamento e li collocavano in funzione produttiva. Ciò contribuì a sviluppare la **figura dell'intellettuale funzionario e dell'intellettuale impiegato**: i dipendenti statali aumentarono fra il 1922 e il 1932 del 94% e nei dieci anni successivi del 110%. Nello stesso tempo, il regime protesse le classi medie e impiegatizie attraverso una politica economica che difendeva i redditi fissi, mentre la redistribuzione del reddito che penalizzava operai e lavoratori delle campagne andava a vantaggio degli strati intermedi, accentuando le loro differenze dalle masse proletarie. Così **il processo di proletarizzazione degli intellettuali venne arrestato**. Nello stesso tempo il regime diffondeva, dopo la riforma della scuola promossa da Gentile (sulla riforma Gentile, cfr. vol. 5, Parte Ottava, cap. I, § 4), **un umanesimo idealistico e classicheggiante**, basato sul culto dell'antica Roma, che costituiva per le classi medie e alte una sorta di *status-symbol* e il suggello o la conferma della loro superiorità rispetto al proletariato. D'altra parte l'accesso alle università venne praticamente negato ai figli delle classi povere e riservato alla borghesia media e alta.

S3 INFORMAZIONI

L'editoria durante e dopo il fascismo

Nel periodo fra il 1926 e il 1932 il numero delle pubblicazioni quasi raddoppia, a conferma della vitalità dell'industria editoriale. Degli aiuti finanziari del regime si avvale soprattutto la nuova casa editrice fiorentina Vallecchi; ma anche già affermati gruppi editoriali, come il colosso Mondadori, ne traggono vantaggio. Mondadori pubblica collane di narrativa (la «Medusa») e di poesia («Lo specchio»), ma anche di «Libri gialli». L'unica casa editrice penalizzata è l'antifascista Laterza, che pubblica le opere di Croce, invise al regime. Nel 1929 entrano nel mercato librario anche Rizzoli e Bompiani; nel 1933 nasce la casa editrice Einaudi, che si specializza nella saggistica, ma che si apre poi anche alla narrativa. Nel 1938 l'ostilità del regime a pubblicare traduzioni di stranieri si accentua, mentre la censura diventa più occhiuta e pressante. Se si aggiungono gli aumenti delle spese tipografiche si può capire la crisi del decennio 1938-48 (durante la guerra Mondadori ed Einaudi saranno addirittura requisite dal fascismo). Una ripresa comincia negli anni Cinquanta, segnati dalla nascita, nel 1955, di una nuova casa editrice, Feltrinelli, che s'imporrà ben presto sul mercato con due *best-seller* mondiali, *Il Gattopardo* di Tomasi di Lampedusa e *Il dottor Živago* di Pasternak.

Apparato scenografico, con gigantografia di Mussolini alla macchina da presa e scritta propagandistica "La cinematografia è l'arma più forte", allestito per la cerimonia di fondazione della nuova sede dell'Istituto Luce nel 1937.

L'influenza del fascismo nella cultura

Se lo sforzo di creare una cultura fascista (cfr. **S4**) **fallì** nel proposito di dare vita a un corpo omogeneo di ideologie e di teorie, risolvendosi in distribuzione di facili miti di massa (la romanità, la superiorità della razza latina, l'esaltazione della giovinezza e dell'ardimento individuale ecc.), **ottenne tuttavia dei successi** nell'indirizzare il dibattito degli intellettuali sui grandi temi del ruralismo e della modernizzazione industriale, sulla proposta fascista del corporativismo, sul nuovo ruolo degli uomini di cultura, indotti a scegliere fra un'ideologia dell'isolamento e del privilegio culturale da un lato e una dell'impegno e della partecipazione politica dall'altro.

La «cultura-azione» e la «cultura-laboratorio»

Per quanto riguarda in particolare il corporativismo, esso cercava di mediare realtà e ideologia del lavoro intellettuale: da una parte infatti considerava gli intellettuali alla stregua di artigiani o di lavoratori, dall'altra riconosceva una particolare qualità al loro lavoro, che poteva trasformarli in "guide" della società. E se lo Stato fascista riservava per sé il diritto di affidare agli intellettuali il compito di "guide", ammetteva anche che l'alta cultura potesse vivere nella sua separatezza a patto che rinunciasse a intervenire nella politica. Di qui la **distinzione** – fatta da Bottai, ministro della cul-

S4 — INFORMAZIONI
È esistita una cultura fascista? Il conflitto delle interpretazioni

Secondo la tradizione dell'idealismo, da Benedetto Croce a Norberto Bobbio, non è esistita una cultura fascista. Il fascismo sarebbe eminentemente una manifestazione di ignoranza, grossolanità, volgarità e non sarebbe riuscito mai a darsi una ideologia organica e coerente, limitandosi a unire ecletticamente istanze idealistiche (quelle del filosofo Gentile), teorie di derivazione nazionalistica e imperialistica filtrate attraverso la filosofia nietzschiana (certamente attiva in Mussolini) e la mitologia dannunziana, influenze cattoliche (particolarmente forti dopo l'approvazione dei "Patti Lateranensi"). Dietro la posizione di Bobbio, volta a negare l'esistenza di una cultura fascista, si intravede il mito liberale di una cultura incontaminata perché, in quanto tale, intrinsecamente antifascista o, almeno, afascista. È stato obiettato (per esempio, dallo storico Tranfaglia) che in realtà la cultura subì l'influenza ideologica del fascismo in due modi: o accettandone l'ambito problematico (soprattutto sui temi del ruralismo e della modernizzazione e del corporativismo) o evadendone attraverso l'isolamento e una separatezza che in realtà erano però previsti e teorizzati dai dirigenti più duttili della politica culturale fascista (come Bottai). La cultura ha avuto, insomma, la sua parte di responsabilità nell'affermazione e nel consolidamento del fascismo.

Armando Pizzinato, *Un fantasma percorre l'Europa*, 1950. Venezia, Galleria Internazionale d'Arte Moderna di Ca' Pesaro.

S • La politica culturale del fascismo: la distinzione tra «cultura-laboratorio» e «cultura-azione» (R. Luperini)

L'interscambio di posizioni fra "letterati-ideologi" e "letterati-letterati"

tura – fra **«cultura-azione»**, volta all'azione pratica e indirizzata alle masse, su cui il fascismo rivendicava il pieno controllo, **e la «cultura-laboratorio»**, destinata a pochi, di cui non si poneva in discussione l'esistenza, purché questa si svolgesse separata dalla vita delle masse.

Se considerare l'intellettuale come artigiano o lavoratore poteva favorire la sua **trasformazione in "letterato-ideologo"** e indurlo a reclamare il diritto di occuparsi di politica (è quanto accadrà a molti giovani fascisti "di sinistra", come Vittorini o Pratolini), valorizzarne la separatezza e il privilegio poteva invece **spingerlo a chiudersi nella torre d'avorio degli ermetici** e, comunque, **nell'atteggiamento dei "letterati-letterati"**. Tuttavia l'interscambio fra queste due possibilità è frequente.

La "città delle lettere" e la religione della cultura e della poesia

La tendenza a una religione elitaria della letteratura e della cultura, sostenuta dall'idealismo crociano e sostanzialmente accettata o non contrastata dalla politica culturale fascista, si traduce nel **mito della "città delle lettere", della cittadella ideale** – identificata spesso con Firenze, a causa

S5   INFORMAZIONI
Che cos'era lo ždanovismo

La parola ždanovismo deriva da Andrej Aleksandrovič Ždanov (1896-1948), che fu il principale collaboratore di Stalin e ministro della cultura dell'URSS nella seconda metà degli anni Trenta. Ždanov applicò nel campo della cultura e dell'arte i princìpi dello stalinismo. Questi princìpi erano soprattutto due: 1) la partiticità; 2) il realismo socialista. Il criterio della partiticità della cultura e dell'arte comportava che lo scrittore o l'uomo di cultura si schierasse nello scontro sociale e politico prendendovi attivamente parte a fianco del proletariato e perciò seguendo le direttive del partito anche nella propria specifica attività letteraria e culturale. Il realismo nell'arte comportava per gli scrittori e per gli altri artisti l'obbligo non solo di praticare il realismo nella forma e nei contenuti, ma di adeguarsi a una poetica precettistica. Essa nel campo del romanzo esigeva che i protagonisti fossero operai o contadini poveri, che fossero personaggi "positivi" – portatori di valori socialisti – e che la conclusione fosse ottimistica ed esaltasse la prospettiva della vittoria socialista (di qui la formula di "realismo socialista"). Di fatto si riesumavano modelli narrativi ottocenteschi, recuperati attraverso la mediazione di Gor'kij (il maestro del realismo socialista sovietico: cfr. vol. 5). La politica culturale ždanovista condannava aspramente la letteratura decadente e d'avanguardia, vista come il prodotto della decadenza borghese. Lo ždanovismo s'impose in URSS a partire dal 1933-34, divenendo poi sempre più chiuso e settario. Molti scrittori e artisti che non si attenevano ai precetti dello ždanovismo furono condannati alla prigione o ai lavori forzati; altri riuscirono a fuggire in Europa occidentale.

La fine della "repubblica delle lettere" nel 1945

delle tradizioni umanistiche di questa città – **che vive autonoma e autosufficiente** in una società estranea e ostile. Questa ideologia non sopravvive ai cambiamenti del dopoguerra. **La chiusura in un atteggiamento distaccato e aristocratico non era più possibile di fronte alla catastrofe della guerra** e all'irruzione delle masse nella storia verificatasi con la lotta della Resistenza, con la nascita dei grandi partiti e con lo sviluppo dei sindacati. Di qui la rottura degli angusti limiti della "repubblica delle lettere" degli anni Trenta, la sensazione della fine del vecchio mondo e la "corsa verso la politica" da parte dei letterati. L'ultima lettera di un giovane intellettuale, grande traduttore e saggista, **Giaime Pintor** (caduto poche settimane dopo nel tentativo di unirsi alle forze partigiane) esprime bene l'urgenza dell'"impegno" prodotta dallo shock della guerra e della caduta del fascismo (cfr. **S6**).

L'ultima lettera di Pintor e l'esigenza dell'impegno

L'impegno nel dopoguerra

La spinta innovatrice viene raccolta, nell'immediato dopoguerra, da quasi tutti i partiti antifascisti, ma viene incanalata e sorretta soprattutto dai **partiti di sinistra**, che hanno un'egemonia nel mondo della cultura e si fanno promotori di **una organica politica culturale, fondata sull'"impegno"** dell'intellettuale e sulla proposta di una precisa poetica in campo letterario, il Neorealismo. **Quando però, dopo il 1947-48**, cominciò a prevalere, nel PCI, un atteggiamento autoritario, detto **«ždanovismo»** (cfr. **S5**), volto a disciplinare rigidamente la cultura e a sottoporla alle esigenze della tattica politica, **all'interno stesso della cultura di sinistra si riaprì il conflitto fra "letterati-ideologi" e "letterati-letterati"**, fra quanti sostenevano il primato della pratica e quanti affermavano invece quello della cultura e dell'arte. E se la posizione dei "letterati-letterati" rilanciava atteggiamenti di disimpegno già diffusi fra le due guerre, d'altra parte anche quella degli "intellettuali-ideologi" era volta al recupero di forme non meno tradizionali di storicismo (quello che sottolineava la continuità fra De Sanctis, Croce e Gramsci) e alla proposta di schemi e valori romantici e ottocenteschi (la linea Manzoni-Verga, il "realismo", l'obiettivo di una cultura nazionalpopolare). **Fallì così il tentativo di un rinnovamento profondo** della cultura e della letteratura.

Lo ždanovismo

Il fallimento dei propositi di rinnovamento

La continuità con gli anni Trenta

D'altra parte, **nel decennio postbellico, l'organizzazione della cultura era rimasta sostanzialmente invariata**. Per avere una reale svolta occorrerà attendere la fine degli anni Cinquanta e l'inizio dei Sessanta.

S6 — MATERIALI E DOCUMENTI

L'ultima lettera di Giaime Pintor: lo shock della guerra e la necessità dell'impegno

Alla fine del mese di novembre del 1943 il ventiquattrenne Giaime Pintor decise di lasciare Brindisi (dove si trovava il governo Badoglio) per passare le linee, raggiungere le forze partigiane e impegnarsi direttamente nella guerra a loro fianco. Morì in questo tentativo. Prima di partire inviò al fratello Luigi la lettera qui riportata, una sorta di testamento spirituale che fu interpretato come un manifesto da un'intera generazione di intellettuali impegnati e antifascisti. Da questo punto di vista la sua lettera è stata accostata all'*Esame di coscienza di un letterato*, scritto da Renato Serra prima di morire al fronte nella Prima guerra mondiale (cfr. vol. 5). Pintor appare qui convinto che un vecchio mondo è finito e che non è più possibile, per i letterati, salvarsi «nella neutralità e nell'isolamento». Si tratta, dunque, di un documento di grande importanza per capire la posizione dei giovani che scelgono, durante la guerra, la strada dell'"impegno" per esigenze morali e politiche, per riscattare e salvaguardare la funzione stessa dell'intellettuale (il riferimento agli «intellettuali», ai «filosofi», ai «musicisti» è costante).

▶▶ Napoli, 28 novembre 1943

Carissimo,
parto in questi giorni per un'impresa di esito incerto: raggiungere gruppi di rifugiati nei dintorni di Roma, portare loro armi e istruzioni. Ti lascio questa lettera per salutarti nel caso che non dovessi tornare e per spiegarti lo stato d'animo in cui affronto questa missione. [...]

Senza la guerra io sarei rimasto un intellettuale con interessi prevalentemente letterari: avrei discusso i problemi dell'ordine politico, ma soprattutto avrei cercato nella storia dell'uomo solo le ragioni di un profondo interesse, e l'incontro con una ragazza o un impulso qualunque alla fantasia avrebbero contato per me più di ogni partito o dottrina. Altri amici, meglio disposti a sentire immediatamente il fatto politico, si erano dedicati da anni alla lotta contro il fascismo. Pur sentendomi sempre più vicino a loro, non so se mi sarei deciso a impegnarmi totalmente su quella strada: c'era in me un fondo troppo forte di gusti individuali, d'indifferenza e di spirito critico per sacrificare tutto questo a una fe-

S6

de collettiva. Soltanto la guerra ha risolto la situazione, travolgendo certi ostacoli, sgombrando il terreno da molti comodi ripari e mettendomi brutalmente a contatto con un mondo inconciliabile.

Credo che per la maggior parte dei miei coetanei questo passaggio sia stato naturale: la corsa verso la politica è un fenomeno che ho constatato in molti dei migliori, simile a quello che avvenne in Germania quando si esaurì l'ultima generazione romantica. Fenomeni di questo genere si riproducono ogni volta che la politica cessa di essere ordinaria amministrazione e impegna tutte le forze di una società per salvarla da una grave malattia, per rispondere a un estremo pericolo. Una società moderna si basa su una grande varietà di specificazioni, ma può sussistere soltanto se conserva la possibilità di abolirle a un certo momento per sacrificare tutto a un'unica esigenza rivoluzionaria. È questo il senso morale, non tecnico, della mobilitazione: una gioventù che non si conserva «disponibile», che si perde completamente nelle varie tecniche, è compromessa. A un certo momento gli intellettuali devono essere capaci di trasferire la loro esperienza sul terreno dell'utilità comune, ciascuno deve sapere prendere il suo posto in una organizzazione di combattimento [...].

Musicisti e scrittori dobbiamo rinunciare ai nostri privilegi per contribuire alla liberazione di tutti. Contrariamente a quanto afferma una frase celebre, le rivoluzioni riescono quando le preparano i poeti e i pittori, purché i poeti e i pittori sappiano quale deve essere la loro parte. Vent'anni fa la confusione dominante poteva far prendere sul serio l'impresa di Fiume. Oggi sono riaperte agli italiani tutte le possibilità del Risorgimento: nessun gesto è inutile purché non sia fine a se stesso. Quanto a me, ti assicuro che l'idea di andare a fare il partigiano in questa stagione mi diverte pochissimo; non ho mai apprezzato come ora i pregi della vita civile e ho coscienza di essere un ottimo traduttore e un buon diplomatico, ma secondo ogni probabilità un mediocre partigiano. Tuttavia è l'unica possibilità aperta e l'accolgo.

Se non dovessi tornare non mostratevi inconsolabili. Una delle poche certezze acquistate nella mia esperienza è che non ci sono individui insostituibili e perdite irreparabili. Un uomo vivo trova sempre ragioni sufficienti di gioia negli altri uomini vivi, e tu che sei giovane e vitale hai il dovere di lasciare che i morti seppelliscano i morti.

G. Pintor, *Doppio diario 1936-1943*, a cura di M. Serri, con presentazione di L. Pintor, Einaudi, Torino 1978, pp. 199-202.

6 Le ideologie e l'immaginario: i temi della letteratura e delle arti

La diffusione di ideologie globali negli anni del fascismo e del comunismo staliniano

Il primo Novecento era stato caratterizzato dal senso della relatività sia nelle ricerche scientifiche, sia nella riflessione filosofica a artistica. Questo atteggiamento viene indubbiamente ripreso, fra le due guerre, dalle "filosofie della crisi", dall'esistenzialismo e dalla ricerca artistica più avanzata. **Tendono però a prevalere**, nel costume e nella cultura **fra il 1925 e il 1955, ideologie globali**, come il nazismo, il fascismo, lo stalinismo, il democraticismo rooseveltiano, concezioni, insomma, niente affatto relative e invece quanto mai "forti" e assolute che si accompagnano spesso al dogmatismo e all'autoritarismo politico. Proprio quei regimi che si rifanno al pensiero di Nietzsche (come il nazismo e, in parte, il fascismo), ne rifiutano l'elemento critico-negativo per esaltarne invece il carattere attivo, immediatamente propositivo e suscitatore di miti di massa (la «volontà di potenza», l'origine ariana ecc.). Ciò si associa a **un diffuso misticismo, vitalismo e irrazionalismo, a una simbologia di massa** (la svastica, il fascio ecc.), **a una ritualità** che avvolge in una sorta di sacralità la figura del capo. **Anche il marxismo** che si afferma nell'URSS di Stalin abbandona il fondamento critico-negativo del pensiero di Marx per cristallizzarsi in poche formule dogmatiche e soprattutto per trasformarsi in una ideologia mistico-patriottica di massa. D'altronde ciò avviene anche in altri campi: con uno dei successori di Freud, Jung, la psicoanalisi stessa sembra aprirsi all'irrazionale, al momento simbolico e religioso, smarrendo i propri presupposti materialistici.

La componente mitico-simbolica nella cultura artistica

Questo elemento mitico-simbolico, ovviamente privato del suo carattere strumentale, **costituisce una delle componenti fondamentali della cultura** letteraria e artistica nel periodo qui considerato, alimentando quell'interesse per la razza, per il primitivo, per l'origine, per l'aspetto antropologico, che è a fondamento, per esempio, del culto per l'America (come luogo del selvaggio e della natura) e degli studi sul mondo contadino: significativo, per esempio, è il caso di Pavese che si occupa di narrativa americana, di Jung e della vita contadina. **Nello stesso tempo**

Pietro Gaudenzi, *Il grano*, 1940. Cremona, Museo Civico, "Ala Ponzone".

La dimensione mitico-simbolica del tempo e dello spazio

l'interesse per il mito e per il simbolo, collegandosi a motivi surrealistici, **si presta all'evasione magica e alla narrativa fantastica** (è il caso di Buzzati o di Landolfi). Il tempo e lo spazio vengono mitizzati: gli spazi vengono trasformati in luoghi dell'anima o della condizione umana (la «terra desolata» in Eliot, la Liguria aspra e arida e i cieli cosmici di Montale, le Langhe di Pavese) e tendono così a divenire indeterminati, mentre il tempo diviene una dimensione della psiche o del ricordo.

Il superamento del relativismo

Il relativismo poteva essere superato tanto nella direzione di ideologie mistiche e assolutizzanti, quanto nella spinta all'azione e alla pratica concepite in modo totalizzante.

Aspetti comuni dell'Ermetismo e del "nuovo realismo"

All'assolutizzazione della condizione umana si riconducono, in Italia, **sia l'Ermetismo sia il "nuovo realismo"** degli anni Trenta (quello di Vittorini, di Pratolini e di Pavese): a loro presupposto stanno un'anima e una realtà mitizzate e destoricizzate e una spiccata tendenza alle procedure simboliche. **Vi si collegano una serie di motivi: la purezza della natura e dell'infanzia**; la spontaneità della vita americana e più in generale **il mito di un'America favolosa**, trasfigurata in termini universali (cfr. **S**7, p. 24); **l'autenticità della vita popolare dei quartieri cittadini** e della campagna, con il conseguente populismo; **l'analisi esistenziale della condizione umana**, che va dal senso di impotenza e di disfacimento dei primi eroi moraviani al severo stoicismo della poesia montaliana; la «cognizione del dolore» che si annida nella profondità oscura dell'io (in Saba e in Gadda). **Il motivo esistenzialistico dell'angoscia, della noia e dell'indifferenza**, della nullità della condizione umana e della «nausea» che nasce dalla percezione della realtà come «forma di un vuoto» (Sartre) circola in molta produzione di questi anni, da Moravia (fra *Gli indifferenti* e *La noia*) al Sartre di *La nausée* [La nausea], che ne dà la raffigurazione narrativa più rigorosa.

S • La nausea (J.P. Sartre)

Omogeneizzazione e sentimento del "diverso"

Un'altra serie di temi si collega a un'**altra contraddizione: quella fra omogeneizzazione dell'immaginario e sentimento sempre più acuto del "diverso"**. Il compattamento totalitario della società e la diffusione di facili miti di identificazione (attraverso il divismo, ma anche l'ideologia della superiorità della razza ariana o di quella latina) favoriscono la **demonizzazione del "diverso"**, l'intolleranza verso tutto ciò che non è "regolare" o "normale", il razzismo, la caccia all'"ebreo", al "comunista", allo "zingaro" ecc. **Il tema del "diverso" entra perlopiù in letteratura in modi indiretti e mediati**, collegandosi al motivo dell'esclusione sociale, attivo nella grande letteratura europea a partire da Baudelaire: "diverso" può essere l'adolescente che nei racconti di Bilenchi, di Vittorini, di Moravia sperimenta lo shock di entrare nel mondo crudele e ostile degli adulti e di esserne respinto; "diversa" può essere la donna-vittima dei romanzi della Banti (*Artemisia*) e della Manzini (*Tempo innamorato*); "diverso" può essere il mondo barbaro e selvaggio dell'America.

S7 — MATERIALI E DOCUMENTI

La leggenda dell'America

Nel 1941 Vittorini preparò per Bompiani un'antologia della letteratura americana (*Americana. Raccolta di narratori*), che fu fatta sequestrare dal regime. Nella introduzione spiegava la ragione della leggenda americana presso l'ultima generazione: l'America diventava il simbolo di una vita semplice e autentica, espressione genuina dell'Uomo, in assoluto, senza «sottintesi ideologici» e senza distinzioni particolari. Il brano è un documento prezioso della mitizzazione simbolica dell'America, che diventa immagine eterna e universale della condizione umana.

▶▶ L'America è oggi (*per la nuova leggenda che si va formando*) una specie di nuovo Oriente favoloso, e l'uomo vi appare di volta in volta sotto il segno di una squisita particolarità, filippino o cinese o slavo o curdo, per essere sostanzialmente sempre lo stesso: "io" lirico, protagonista della creazione. Quello che nella vecchia leggenda è il figlio dell'Ovest, e viene indicato come simbolo di uomo nuovo, ora è il figlio della terra. E l'America non è più America, non più un mondo nuovo: è tutta la terra. Ma le particolarità vi giungono da ogni parte, e vi si incontrano: aromi della terra: la vita vi si sofferma coi gesti più semplici, e senza mai sottintesi ideologici, intrepidamente accettata anche nella disperazione e la morte...

E. Vittorini, *Diario in pubblico*, Bompiani, Milano 1970, pp. 166-167.

L'opposizione interno-esterno

Un altro grande tema degli anni Trenta è **l'opposizione interno-esterno**, dove **l'interno** è il mondo dell'umanesimo e delle lettere e **l'esterno** la società massificata e volgare che lo circonda. **Il motivo della cittadella assediata** bene esprime la condizione degli intellettuali afascisti o antifascisti negli anni Trenta, separati dalla società e minacciati o incalzati dalla presenza sempre più pressante e incalzante del fascismo o della guerra. Due capolavori di questi anni, *Le occasioni* di **Montale** (e in esso soprattutto la grande lirica *Nuove stanze*, cfr. cap. VI, § 5, **T8**, p. 217) e *La cognizione del dolore* di **Gadda**, sono appunto costruiti sulla contraddizione casa-fuori come opposizione fra valore e disvalore, positività e negatività.

Rovesciamento di valori nell'opposizione interno-esterno negli anni del Neorealismo

Questa stessa opposizione ritorna anche nel dopoguerra ma con segno rovesciato: la casa, il privato, diventano negativi, mentre lo spazio esterno e pubblico, corrispondente all'impegno, si fa positivo. È questo il tema, per esempio, della *Casa in collina* di **Pavese** o delle novelle e dei romanzi di **Fenoglio**. Inoltre i motivi della guerra, delle distruzioni e delle macerie, dei campi di sterminio, della lotta partigiana, della miseria delle masse popolari dominano largamente sino al 1955-56.

7. La filosofia, la cultura scientifica, l'estetica

Il principio di indeterminazione e la critica alla nozione di realtà obiettiva

Fra le due guerre lo sviluppo della microfisica o fisica delle particelle elementari portò il fisico tedesco **Werner Heisenberg** a elaborare il **principio di indeterminazione** (1927), con il quale si prendeva atto dei limiti molto ristretti della nozione di realtà obiettiva: lo studio di quest'ultima è infatti sempre condizionato dagli strumenti dell'osservatore. Nello stesso tempo anche **filosofie** avviatesi già all'inizio del secolo o all'inizio degli anni Venti, **come la fenomenologia di Husserl o la filosofia del linguaggio di Wittgenstein** (sulle quali cfr. vol. 5), **diffidano dell'obiettività scientifica** e sottolineano la corrispondenza fra modi di articolare il pensiero e modi con cui la realtà si presenta all'uomo.

Il ritorno ai valori e a prospettive totalizzanti

Benché queste posizioni continuino la riflessione critico-negativa inaugurata da Nietzsche e sottolineino il senso della relatività e del limite, **il pensiero del periodo 1925-56 è caratterizzato da una rivalutazione** (talora trionfante, più spesso implicita) **dei valori assoluti**.

Le varie tendenze

Di questo ritorno ai valori e della rivalutazione della scienza e dell'assoluto **si davano**, in Europa e nel Nordamerica, **varianti assai diverse** fra loro: 1) l'apporto originale di Jung alla cultura psicoanalitica; 2) il neopositivismo; 3) le «filosofie della crisi», il pensiero di Heidegger e l'esistenzialismo; 4) il marxismo.

L'"inconscio collettivo" e gli "archetipi" di Jung

S • L'inconscio collettivo e gli archetipi (C.G. Jung)

Il neopositivismo

Già nel 1912 lo psichiatra svizzero **Carl Gustav Jung** (1875-1961) aveva rotto con Freud. Da questo momento elabora una teoria in cui all'analisi freudiana dell'inconscio individuale si oppone quella dell'**"inconscio collettivo"**, comune a tutti gli uomini, enorme serbatoio di simboli e di miti che si tramanda attraverso i secoli e i millenni. Il suo contenuto è formato dagli **"archetipi"** o immagini primordiali che stanno a fondamento del sentimento religioso, dei simboli, dei miti che accompagnano la storia dell'umanità e che si riscontrano presso ogni popolo, qualunque sia la sua cultura. Essi costituiscono una sorta di valori assoluti. Mentre Freud dissolve i valori mostrandone la radice compensatoria ed egoistica, Jung li restaura. Gli studi di Jung avranno larga influenza sia sull'antropologia, sia sulle concezioni simbolistiche della poesia del Novecento.

Il neopositivismo è la tendenza principale del pensiero epistemologico che studia le procedure scientifiche per ricavarne una struttura o un modello formale e le regole di funzionamento del linguaggio. La filosofia neopositivistica restringe il proprio campo d'azione alla messa a fuoco di una metodologia scientifica, considerata l'unica valida. Ne deriva la svalutazione dell'estetica, della critica letteraria, della storia, tutte discipline in cui è difficilmente attuabile una metodologia scienti-

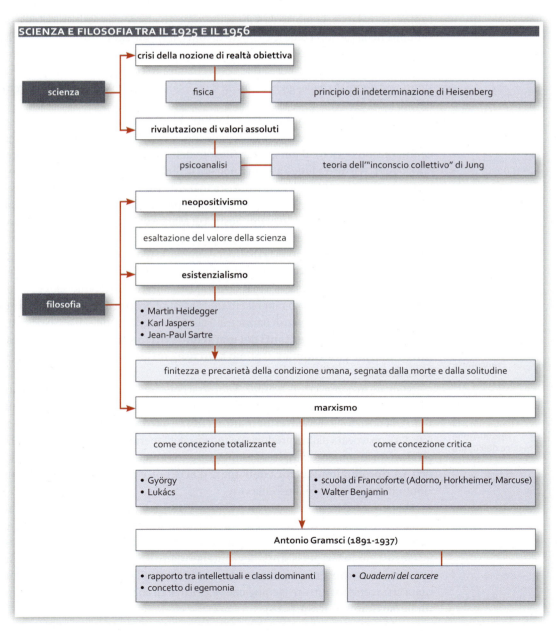

fica. Rientra nel neopositivismo il **"positivismo logico" del filosofo tedesco Rudolf Carnap** (1891-1970). Bisogna ricordare inoltre l'**"empirismo scientifico"**, sviluppatosi negli Stati Uniti, per impulso di **Charles Morris**.

La differenza fra neopositivismo ed esistenzialismo

Mentre il neopositivismo è una tendenza epistemologica, **l'esistenzialismo è una tendenza specificamente filosofica**. Mentre il primo accetta l'orizzonte scientifico e tecnologico, il secondo lo respinge. La presenza massiccia della società di massa e dell'industria culturale che caratterizza gli anni Trenta diventa anzi una preziosa cartina di tornasole: il modo con cui la cultura vi reagisce definisce atteggiamenti profondi del pensiero. **Mentre il neopositivismo** accetta e studia gli effetti della modernità per descriverli e portarli a sintesi nella conoscenza, **le filosofie della crisi e l'esistenzialismo**, ma anche il marxismo critico della Scuola di Francoforte, li denunciano come segno di un'involuzione e di una decadenza che allontana l'uomo dalle sue radici.

Caratteri dell'esistenzialismo

L'esistenzialismo recupera il pensiero di Kierkegaard (il motivo dell'angoscia di vivere e della scelta) **e quello di Husserl** (la realtà esiste non in sé, ma in quanto in rapporto con la coscienza), distaccandosi tuttavia da quest'ultimo per la sottolineatura dei caratteri problematici e negativi che devono essere posti alla base dell'indagine filosofica: la fragilità della creatura umana, il senso di finitudine, la malattia, la morte, la solitudine sono gli elementi costitutivi dell'essere umano. Esso si sviluppa nella filosofia tedesca a opera di **Martin Heidegger (1889-1976)** e di **Karl Jaspers (1883-1969)**, e viene poi ripreso in modi originali dal francese **Jean-Paul Sartre (1905-1980)**. Va precisato che sia per Heidegger che per Sartre l'esistenzialismo corrisponde a una prima fase della loro riflessione, testimoniata dalle opere *Sein und Zeit* [Essere e tempo], del 1927, e *L'Être et le Néant* [L'Essere e il Nulla], del 1943.

La filosofia e l'estetica di Lukács

Nel marxismo europeo degli anni Trenta bisogna distinguere una concezione totalizzante, che muove dal presupposto di una integrale conoscenza dei processi storici, **da una concezione critica** (marxismo critico). Il più grande filosofo della **prima tendenza** è l'ungherese **György Lukács (1885-1971)**, vissuto a lungo a Mosca nell'età di Stalin. Per questo pensatore (che è anche un notevolissimo critico letterario) il punto di vista marxista è quello della totalità dello sviluppo storico, che sfugge invece alle scienze borghesi, settoriali e specialistiche. La conoscenza di tale totalità è garantita dalla filosofia storicistica e materialistica di Marx e di Engels, divenuta scienza del proletariato attraverso la prassi rivoluzionaria e la direzione del Partito Comunista. Lukács cerca di sottrarsi ai condizionamenti politici (non accetta mai, per esempio, la teoria dell'arte come propaganda sostenuta dallo stalinismo) ma la **sua teoria risente ovviamente del clima dell'URSS negli anni Trenta**. Egli è anche il fondatore di un'estetica marxista fondata sulla teoria del «riflesso» e sul realismo: solo un'arte realistica può «riflettere» o rappresentare la totalità dello sviluppo storico. Di qui il modello del romanzo realista ottocentesco di Balzac e di Tolstoj che egli propone all'arte socialista del suo tempo.

Il marxismo critico e la Scuola di Francoforte

I principali rappresentanti del marxismo critico sono gli esponenti della **Scuola di Francoforte** (**Adorno**, **Horkheimer**, il primo **Marcuse**), un loro stretto collaboratore, Benjamin, e l'italiano **Gramsci**.

Benjamin e la riproduzione tecnica dell'opera d'arte

Mentre, insieme a Horkheimer, Adorno si concentra sulla critica dell'industria culturale e della società di massa (il loro capolavoro è *Dialektik der Aufklärung* [Dialettica dell'Illuminismo], del 1947), la posizione di **Walter Benjamin (1892-1940)** analizza in particolare la caduta dell'"aura" (cfr. **S8**), provocata dalla riproduzione tecnica dell'opera d'arte e dalla mercificazione estetica, scorgendovi un fenomeno complesso e ambiguo e comunque estremamente significativo sul piano storico. **La riproduzione tecnica dell'opera d'arte** non è che un aspetto del dominio della mercificazione che toglie valore e senso alla vita.

Antonio Gramsci

Un posto a sé ha in Italia Antonio Gramsci (1891-1937), che si contrappone al principale filosofo italiano dell'epoca, Croce (su cui cfr. vol. 5). Durante la prigionia a cui fu condannato dal fascismo redasse i suoi *Quaderni del carcere*, che furono pubblicati postumi fra il 1948 e il 1951. Un particolare interesse Gramsci ha per la storia degli intellettuali e il loro rapporto con le classi dominanti. Centrale è il concetto di egemonia: al dominio, che si basa sulla forza, egli contrappone la persuasione attuata attraverso «strutture ideologiche» e istituzioni che permettono agli intelluali la direzione culturale (su Gramsci cfr. **S9**, p. 28).

T • A. Gramsci, *Il rapporto tra intellettuali e egemonia*
T • A. Gramsci, *Egemonia e struttura ideologica della classe dominante*

S8 — ARTE

La riproducibilità tecnica dell'opera d'arte e la «decadenza dell'aura»

In questo scritto del 1936 Walter Benjamin analizza le conseguenze sull'arte della sua riproducibilità tecnica. Quest'ultima le toglie sacralità e incanto, riducendola a oggetto di consumo, a merce. È la distruzione dell'"aura" dell'opera d'arte. Si noti che Benjamin, esule in Francia, sta riflettendo sull'industria culturale, che appunto negli anni Trenta s'afferma in Europa e negli Stati Uniti.

René Magritte, *Il bouquet pronto* (*Le Bouquet tout fait*), 1956. Collezione privata.

▶▶ La riproduzione tecnica dell'opera d'arte è un fatto nuovo. Mentre l'autentico mantiene la sua piena autorità di fronte alla riproduzione manuale, che di regola viene da esso bollata come un falso, ciò non accade nel caso della riproduzione tecnica. Essa può, per esempio mediante la fotografia, rilevare aspetti dell'originale che sono accessibili soltanto all'obiettivo, che è spostabile e in grado di scegliere a piacimento il suo punto di vista, ma non all'occhio umano; oppure, con l'aiuto di certi procedimenti, come l'ingrandimento o la ripresa al rallentatore, può cogliere immagini che si sottraggono interamente all'ottica naturale. È questo il primo punto. Essa può inoltre introdurre la riproduzione dell'originale in situazioni che all'originale stesso non sono accessibili. In particolare, gli permette di andare incontro al fruitore, nella forma della fotografia oppure del disco. La cattedrale abbandona la sua ubicazione per essere accolta nello studio di un amatore d'arte; il coro che è stato eseguito in un auditorio oppure all'aria aperta può venir ascoltato in una camera. Ciò che vien meno è quanto può essere riassunto con la nozione di «aura»[1] e si può dire: ciò che vien meno nell'epoca della riproducibilità tecnica è l'«aura» dell'opera d'arte. Il processo è sintomatico; il suo significato rimanda al di là dell'ambito artistico. La tecnica della riproduzione, così si potrebbe formulare la cosa, sottrae il riprodotto all'ambito della tradizione. Moltiplicando la riproduzione, essa pone al posto di un evento unico una serie quantitativa di eventi. E permettendo alla riproduzione di venire incontro a colui che ne fruisce nella sua particolare situazione, attualizza il riprodotto.[2] Entrambi i processi portano a un violento rivolgimento che investe ciò che viene tramandato – a un rivolgimento della tradizione, che è l'altra faccia della crisi attuale e dell'attuale rinnovamento dell'umanità. Essi sono strettamente legati ai movimenti di massa dei nostri giorni. Il loro agente più potente è il cinema. Il suo significato sociale, anche nella sua forma più positiva, e anzi proprio in essa, non è pensabile senza quella distruttiva, catartica:[3] la liquidazione del valore tradizionale dell'eredità culturale.

È facile comprendere il condizionamento sociale dell'attuale decadenza dell'aura. Essa si fonda su due circostanze, entrambe connesse con la sempre maggiore importanza delle masse nella vita attuale. E cioè: rendere le cose, spazialmente e umanamente, *più vicine* è per le masse attuali un'esigenza vivissima, quanto la tendenza al superamento dell'unicità di qualunque dato mediante la ricezione della sua riproduzione.[4] Ogni giorno si fa valere in modo sempre più incontestabile l'esigenza a impossessarsi dell'oggetto da una distanza il più possibile ravvicinata nell'immagine, o meglio nell'effigie, nella riproduzione. E inequivocabilmente la riproduzione, quale viene proposta dai giornali illustrati o dai settimanali, si differenzia dall'immagine diretta, dal quadro. L'unicità e la durata s'intrecciano strettissimamente in quest'ultimo, quanto la labilità e la ripetibilità nella prima. La liberazione dell'oggetto dalla sua guaina, la distruzione dell'aura sono il contrassegno di una percezione la cui *sensibilità per ciò che nel mondo è dello stesso genere* è cresciuta a un punto tale che essa, mediante la riproduzione, attinge l'uguaglianza di genere anche in ciò che è unico.[5]

W. Benjamin, *L'opera d'arte nell'epoca della sua riproducibilità tecnica*, Einaudi, Torino 1966, pp. 22-23.

---

1 «aura»: *alone ideale*, che rende sensibile al fruitore l'unicità e irripetibilità dell'atto creativo.
2 attualizza il riprodotto: l'arte nella moderna società industriale ha assunto un'attualità prima sconosciuta: grazie alla sua riproducibilità è possibile fruire di un capolavoro nelle situazioni più comuni e quotidiane (si può, per esempio, ascoltare Mozart, facendosi la barba).
3 catartica: *liberatoria*.
4 È facile…riproduzione: la caduta dell'aura è connessa all'avvento della società e della cultura di massa. La tendenza ad appropriarsi e a disporre materialmente dei prodotti sociali, tipica delle masse, determina anche l'esigenza di una fruibilità immediata dei prodotti culturali e la tendenza a superare nella pluralità delle riproduzioni la loro unicità.
5 la liberazione…unico: la distruzione dell'aura è il segno di un mutamento nella percezione comune, che tende a cogliere solo ciò che è dello stesso genere, per cui anche le singole espressioni artistiche sono ridotte al loro genere attraverso la loro riproduzione e socializzazione.

S9 — INFORMAZIONI

La saggistica e Gramsci

Nei primi due decenni del secolo la forma del saggio si modella su due moduli principali: da una parte una prosa classica e armoniosamente orchestrata; dall'altra una scrittura nervosa, frammentaria, aforistica. Nel periodo che va dal 1925 al 1956 questi due moduli tendono a forme originali di fusione. Nasce la tradizione saggistica del Novecento, rappresentata soprattutto da scrittori-saggisti o da saggisti-scrittori. Con il progressivo svilupparsi dell'industria culturale, il saggista avverte di essere inserito in un ingranaggio industriale.

La cultura italiana è dominata fra il 1925 e il 1943 dall'idealismo gentiliano e crociano. Accanto a queste due tendenze è molto forte la cultura cattolica. Quanto al marxismo, era limitato ad alcuni settori dell'antifascismo e della lotta clandestina, e il suo massimo esponente, Antonio Gramsci (1891-1937), elaborava la sua riflessione in carcere: i suoi *Quaderni del carcere* (redatti fra il 1926 e il 1937) uscirono postumi fra il 1948 e il 1951.

I *Quaderni del carcere* contengono le note, gli appunti, le riflessioni su vari argomenti che Gramsci elaborò nel periodo della sua reclusione, scrivendo su quaderni concessigli dalle autorità carcerarie. Gramsci vuole fare qualcosa "per l'eternità", cioè occuparsi di argomenti di alto spessore culturale da un punto di vista "disinteressato", libero dai condizionamenti politici del presente.

La compilazione dei quaderni non aveva, nel progetto dell'autore, lo scopo della pubblicazione. L'opera non aveva perciò un titolo; quello attuale non è dell'autore, ma dell'editore. Gramsci ne iniziò la stesura nel carcere di Turi l'8 febbraio 1929: due anni e tre mesi dopo l'arresto avvenuto l'8 novembre 1926.

Gramsci lavora alla stesura di ben trentatré quaderni (non tutti compiuti) dal febbraio 1929 all'agosto del 1935. Seguendo l'evoluzione compositiva dell'opera si possono individuare – all'interno di tale arco di tempo – tre fasi, di cui le prime due (1929-1931; 1931-1933) interessano il periodo di reclusione a Turi e la terza quello nella clinica di Formia (1933-1935). Il passaggio da una fase all'altra è annunciato o accompagnato dall'aggravarsi della condizione psicofisica del detenuto. Dopo l'ultima crisi, nel giugno del 1935, Gramsci viene ricoverato nella clinica «Quisisana» di Roma. Il lavoro di composizione dei *Quaderni* resta così interrotto e non verrà più ripreso.

L'opera resta dunque incompiuta. L'impossibilità di consultare i libri e il materiale necessario, nonché quella di un controllo filologico sull'esattezza e precisione di certe affermazioni, basate solo sui ricordi di letture passate, rende chiara a Gramsci l'impossibilità di dare all'opera un carattere concluso e definitivo. Si tratta di una incompiutezza a cui certamente le restrizioni della vita carceraria hanno contribuito, ma che è anche di natura ideologica e filosofica. Nell'impossibilità e nel rifiuto di affidare la sua scrittura a una forma letteraria chiusa è implicito il senso, tutto novecentesco ed europeo, della crisi delle certezze e delle sistemazioni positivistiche o idealistiche. Tuttavia Gramsci non rinuncia, con la sua scrittura frammentaria, all'impegno, alla necessità di un progetto, a una ricerca interminabile nella molteplicità dei particolari. I *Quaderni*, con le continue riformulazioni e gli arricchimenti che li caratterizzano, con la mancanza di corrispondenza tra l'ordine in cui si succedono le annotazioni e quello in cui vennero stilate (in uno stesso quaderno note cronologicamente posteriori precedono altre scritte precedentemente) sono dunque un testo mobile ma dotato di una sua coerenza interna.

Sono molti i temi che ricorrono e che si intrecciano all'interno dei *Quaderni*. Ne elenchiamo i principali:

1. *Folclore*.
2. *La questione meridionale*.
3. *Croce*.
4. *Risorgimento*.
5. *Filosofia della praxis*.
6. *Machiavelli e il «Principe»*.
7. *La questione degli intellettuali*.
8. *Egemonia*.
9. *Rivoluzione passiva*.
10. *Americanismo e fordismo*.
11. *Critica letteraria*.
12. *Concetto di nazional-popolare*.
13. *Questione della lingua*.

Lo stile gramsciano dei *Quaderni*, così come il lessico, è chiaro, semplice, immediato, privo di irrigidimenti retorici e letterari. È caratterizzato anzi dal «sarcasmo appassionato», dal tono della polemica politica e culturale appassionata e pungente, tipico del critico e del politico militante.

Il nucleo concettuale intorno a cui ruota il pensiero politico di Gramsci nei *Quaderni* è rappresentato dalla problematica dell'egemonia e da quelle connesse della rivoluzione passiva e del ruolo degli intellettuali. Gramsci aveva intuito, con largo anticipo, la stretta relazione, oggi evidente, fra "potere" e "cultura", fra "potere" e "linguaggio". Il potere tende a divenire controllo ideologico e culturale, a determinare l'immaginario e persino a controllare l'inconscio. L'originale attenzione riservata all'egemonia, al suo carattere insieme politico e culturale, induce Gramsci a prospettare una diversa idea di storia e di storicismo. Gramsci rifiuta sia le teorie idealistiche di stampo crociano, sia quelle deterministiche e meccanicistiche del marxismo. Entrambe infatti concepiscono la storia in senso finalistico o evoluzionistico, come sviluppo spontaneo verso un fine ultimo e definitivo: la realizzazione dello Spirito Assoluto o del potere proletario. Per Gramsci, invece, la storia è un campo aperto di tensioni in cui rientrano la lotta per il consenso e la ricerca dell'egemonia culturale. La verità della storia non esiste dunque di per sé: esistono solo verità parziali e relative.

8 Le arti: l'eredità delle avanguardie

Convivenza di avanguardie e classicismo

Durante il Fascismo, e in particolar modo negli anni Trenta, la difficile eredità delle avanguardie storiche è al centro di un fermento artistico che vede coinvolti opposti schieramenti stilistici e culturali. Da un lato, infatti, tende a sopravvivere e rinnovarsi la **carica dirompente delle avanguardie**, dall'altro il **linguaggio delle avanguardie tende a normalizzarsi** e ad attenuare la propria carica polemica. Ricompaiono, anzi, indirizzi classicisti e accademici che, in alcuni casi, esprimono posizioni politiche conservatrici.

Il Surrealismo

Nel Surrealismo, nato a Parigi nel 1924, rivive lo spirito avanguardistico che era stato dei dadaisti, e al Surrealismo possono farsi risalire le origini della pop art, la corrente che dominerà in Europa e negli Stati Uniti dagli anni Cinquanta in poi. La fase più vivace del Surrealismo, fino alla fine degli anni Trenta, è caratterizzata dalla ricerca di un linguaggio che possa dar voce, attraverso le immagini del sogno e dell'allucinazione, **all'inconscio** e **alla dimensione irrazionale dell'io**. Il gesto della mano che dipinge, anzi, nelle intenzioni dei surrealisti deve essere liberato dal controllo della ragione e della volontà per consentire all'immagine di rivelare, come nel linguaggio dei sogni, le tensioni profonde e inconfessabili dell'inconscio.

Max Ernst (1891-1976), *La ninfa Eco*, 1936. New York, Museum of Modern Art.

Verso la metà degli anni Trenta, con l'avvento di Hitler al potere, Ernst avverte i presagi della tragedia che grava sull'Europa e un nuovo stato d'animo pervade le tematiche tipiche della sua opera, come quella della foresta. Le suggestioni infantili della foresta renana si trasformano in questo dipinto in una artificiosa vegetazione equatoriale, in cui occhieggiano mostri e le piante secernono materiali repellenti. Il paesaggio è immerso in un'atmosfera di incanto malefico, che distorce le forme in innaturali metamorfosi, in un groviglio di vegetali, di animali, di presenze umane prive di vita, che danno il senso di una corruzione inevitabile dell'organico, di un inquinamento alle radici.

René Magritte (1898-1967), *Il modello rosso*, 1935. Parigi, Musée National d'Art Moderne, Centre Georges Pompidou.

I due stivaletti, non calzati, si trasformano sulla punta in piedi umani. La visione rappresenta ciò che si nasconde realmente dietro l'apparenza e la metamorfosi dell'oggetto svela il "mostruoso" di un'abitudine normale. L'effetto di spaesamento delle immagini, che è una strategia tipica del Surrealismo, dipende dal fatto che gli oggetti perdono la loro funzione quotidiana e, sospesi in un'atmosfera straniata, si caricano di una dimensione inquietante.

Carlo Carrà (1881-1966), *I nuotatori*, 1929. Milano, Collezione privata.

Negli anni Venti Carrà produsse una serie di quadri sul paesaggio marino, caratterizzati da solidità di volumi e dal senso di solitudine e di attesa. È evidente nel dipinto l'influenza del modello giottesco nel corposo plasticismo delle atletiche figure di nuotatori in primo piano. La tendenza al monumentale è tuttavia smorzata dalla essenzialità primitiva delle forme e i colori, bruno e verde-azzurro, distinguono nettamente gli uomini dalla natura, il mare, mosso e vitale, dalla solidità terragna dei corpi umani, dall'atmosfera di incantata immobilità che avvolge le figure.

New York nuova capitale dell'arte

In Italia, gli echi del Surrealismo arrivavano tramite gli artisti che frequentano gli ambienti artistici parigini, mentre la presenza di molti artisti europei negli Stati Uniti, fra i quali Duchamp, crea le basi di quel rinnovamento culturale che porterà al movimento dell'Espressionismo astratto e alla elezione di New York, **dopo la Seconda guerra mondiale**, quale nuova capitale mondiale dell'arte.

In Italia nasce "Novecento"

In Italia, mentre prosegue la ricerca solitaria di De Chirico, **nasce nel 1923** a Milano **il movimento "Novecento"**, che eredita la lezione della rivista «Valori plastici» (cfr. vol. 5) **propugnando il ritorno alla figurazione realistica** e il recupero delle radici artistiche nel passato storico, soprattutto nella tradizione trecentesca e rinascimentale. Il ritorno all'ordine è attuato sia nei temi (nature morte, paesaggi, ritratti), sia nella forma plastica e assoluta. È il caso soprattutto di Felice Casorati (1886-1963), ma anche di Sironi, Martini e Marini. Costituito inizialmente da sette pittori, arrivò a comprendere quasi tutti gli artisti italiani più importanti, accomunati, pur nella diversità degli stili, dalla predilezione per tematiche naturalistiche e dal gusto per la rappresentazione oggettiva. **Nel gruppo svolse un ruolo di primo piano Carlo Carrà** (1881-1966).

Crisi di "Novecento"

La pittura degli artisti di "Novecento" entra in crisi negli anni Trenta, quando il regime stabilisce un maggior controllo sulle manifestazioni artistiche. Gli artisti o si adattano al ruolo celebrativo o difendono l'autonomia della loro attività creativa sviluppando linee di ricerca anticonformiste, in conflitto con l'arte ufficiale, che sfociano nell'impegno antifascista degli anni di guerra. Da una parte si guarda di nuovo all'Europa riprendendo la lezione dell'astrattismo, dall'altra ci si muove verso un realismo espressionistico, come il gruppo milanese di **Corrente** e la **Scuola Romana**.

La Scuola Romana e Guttuso

L'insofferenza per "Novecento" dà luogo in Italia a varie tendenze regionali e a scuole cittadine, come il gruppo dei "Sei pittori di Torino", la corrente toscana di Rosai e Maccari, la Scuola Romana di Scipione e Mafai. Della **Scuola Romana** – che tende all'espressionismo, a una pittura del dissenso e della polemica aperta nei confronti del regime – fa parte **Renato Guttuso**, con cui si avvia, anche in pittura, il passaggio a temi e a problematiche propri del Neorealismo.

Il Movimento Moderno in architettura

La ricerca intorno all'eredità delle avanguardie si riscontra anche nell'architettura. Il Movimento Moderno, dagli anni Trenta in avanti, con soluzioni originali anche sul piano dell'impiego dei materiali e delle nuove tecnologie, propone il superamento della tradizione eclettica ed elabora una nuova idea di architettura, secondo cui la progettazione deve essere liberata da ogni implicazione ideologica ed estetica. Questa tendenza, che ha assunto i nomi di razionalismo e di funzionalismo, ha i suoi protagonisti in Le Corbusier e in Frank Lloyd Wright.

L'"architettura di regime" in Italia: Piacentini

All'inizio degli anni Trenta due tendenze caratterizzavano l'architettura italiana, quella **razionalista** e quella **classicista**, grandiosa e monumentale, apertamente sostenuta dal regime, che finì con l'imporsi con la proclamazione dell'Impero. Il maggior rappresentante dell'"architettura di regime" fu **Marcello Piacentini** (sono di sua realizzazione la Città universitaria di Roma e il Palazzo di Giustizia di Milano).

IMMAGINE ATTIVA

Renato Guttuso, *Crocifissione*

Renato Guttuso (1912-1987), *Crocifissione*, 1941. Roma, Galleria Nazionale d'Arte Moderna.

La guerra ormai in atto e l'esempio di *Guernica* di Picasso influenzano il dipinto di Guttuso, che esprime la tragedia della guerra attraverso il tema sacro della crocifissione. Il dipinto suscitò polemiche per il modo anticonvenzionale con cui è trattato il soggetto: Cristo non è in primo piano, ma ha lo stesso rilievo dei due ladroni e si distingue per il corpo nudo e vagamente erotico della Maddalena allungato lungo la croce. L'esasperazione del dolore è resa dai movimenti diagonali e divergenti, che danno un tono convulso alla rappresentazione, sottolineato dalla violenza dei colori.

Attiviamo le competenze

- esercitare le competenze di ascolto
- prendere appunti
- dialogare

In questo grande olio su tela Guttuso attualizza la tradizione iconografica reinterpretando in modo nuovo il tema della crocifissione di Cristo. Nell'immagine attiva sono passati in rassegna gli elementi di novità dell'opera: prendine nota. Quindi concentrati sugli elementi di continuità con la tradizione. Perché Guttuso sceglie di rappresentare nei primi anni Quaranta un soggetto "canonico" come la crocifissione? Discutine in classe con il docente e i compagni.

Le Corbusier (1887-1965), *Ville Savoye*, 1928-31, Poissy.

È uno degli esempi più alti dell'architettura razionale per la purezza geometrica dei volumi, sottolineata dal cromatismo in bianco e nero dei materiali usati (vetro, ferro e cemento). La costruzione è sollevata da esili colonne per evitare l'umidità e lasciare spazio libero al verde. I tetti non emergono ma sono piatti o concavi, trasformandosi in terrazze-giardino. Le finestre si sviluppano in lunghezza da un bordo all'altro della facciata, che risulta alleggerita da piani liberi e diversificati secondo le esigenze di ogni appartamento. Anche gli spazi interni sono liberi e variamente adattabili.

Frank Lloyd Wright (1869-1959), *Casa Kaufman* (nota come *Casa sulla cascata*), 1936, Bear Run.

La Casa sulla cascata è l'espressione più spinta di questo progetto di integrazione tra architettura e natura. L'edificio, sospeso sopra una cascata, si adegua perfettamente alle condizioni del terreno; anche lo spazio interno si prolunga nella natura attraverso ampie terrazze che sporgono audacemente sulla cascata e si aprono al verde circostante.

Giuseppe Terragni (1904-1943), *Casa del fascio* **(ora caserma della Guardia di Finanza), 1932-35, Como.**

Questa opera di Terragni è un esempio degli indirizzi dell'architettura razionale in Italia che intende associare alla funzionalità la semplicità e la coerenza dell'architettura classica. Si tratta di un cubo squadrato, senza ornamenti, ma alleggerito e mosso dal chiaroscuro del reticolo di pieni e vuoti, costituito dalla variazione di figure geometriche elementari (quadrati e rettangoli) che corrono lungo tutte le facciate. L'assenza del tetto sporgente caratterizza lo stile razionalista e sottolinea l'essenzialità dei volumi.

La tendenza razionalista

Nel 1926, un gruppo di giovani architetti, contro l'eclettismo imperante e i richiami alla tradizione, fondò il **"Gruppo 7"** che si ispirava alla lezione di Gropius e di Le Corbusier, diffondendo il linguaggio razionalista. In polemica con l'accademismo dell'architettura del regime nasce anche il **Movimento Italiano per Architettura Razionale** (M.I.A.R), che fu tuttavia sciolto nel 1931.

Le più significative realizzazioni dei razionalisti

Nonostante la proposta razionalista fosse sempre più perdente di fronte alla retorica grandiosità del cosiddetto "stile nazionale", **non mancarono importanti realizzazioni** in questo campo ad opera di architetti come Libera, Rava, Pagano, Michelucci (che progettò la stazione di Firenze), Gardella e Terragni, di cui va ricordata la Casa del fascio a Como. **Soprattutto Torino fu un centro aperto alle più avanzate esperienze europee**, basti ricordare la costruzione dei nuovi stabilimenti Fiat e il palazzo per uffici Gualino, progettato da Pagano e Levi Montalcini.

La contrapposizione tra razionalisti e classicisti non esclude che spesso essi collaborassero alle stesse imprese, come avvenne a Roma nella progettazione dell'E 42, oggi Eur.

Il cinema

Anche nel cinema l'avvento della società di massa innesca conseguenze contrastanti. Alla fine degli anni Venti, quando l'avvento del sonoro segna un progresso fondamentale nell'evoluzione del linguaggio cinematografico, inizia ad affermarsi l'industria holliwoodiana. Il sistema produttivo impone scelte che tendono a limitare quelle del regista.

Charles Chaplin

Pochi grandi registi riuscirono a sottrarsi, grazie alla loro autorità, alle pressioni del sistema produttivo. Fra questi spicca l'**inglese Charles Chaplin**, trasferitosi nel 1931 negli Stati Uniti. Chaplin fu inventore del personaggio di **Charlot**, fra il saltimbanco e l'allegro vagabondo, che egli stesso interpretava sullo schermo. Grande autore (e attore) comico, **Chaplin sa alternare alla comicità un umorismo ora pietoso, ora amaro**, e una sempre nobile e alta **polemica sociale e politica** (contro il nazismo, contro la meccanizzazione e l'alienazione del lavoro di fabbrica e della vita moderna, per una maggiore giustizia sociale ecc.), d'altronde coerente con l'anticonformismo che regola tutta la sua vita.

Lo *star-system* e i film di genere

Negli Stati Uniti il dominio di Hollywood impose **un sistema produttivo basato sul rapporto privilegiato e diretto fra attori-divi e produttore** (è lo *star-system*) e una serie di generi confezionati secondo schemi prestabiliti, come il **western**, il **kolossal** (enorme successo ebbe, in questo campo, *Via col vento*, 1939), **il poliziesco, la commedia musicale, il film comico, l'horror, il film di guerra**. Solo pochi grandi registi riuscirono a sottrarsi al conformismo rinnovando il genere dall'interno (è il caso di **John Ford** con il western – si ricordi *Ombre rosse*, 1939 – o di **Alfred Hitchcock** con il poliziesco) o fuoriuscendone con la denuncia sociale e con la carica espressionistica (è il caso di *Quarto potere* di **Orson Welles**, 1941).

Ladri di biciclette, film del 1948 di Vittorio De Sica.

Il Surrealismo nel cinema: Buñuel

La tendenza al realismo

Carl Theodor Dreyer

Il cinema dei "telefoni bianchi" in Italia

La poetica dell'immediatezza e il Neorealismo cinematografico

Bisogno di verità e di autenticità e scelte di regia

Video • Intervista a L. Miccichè su Neorealismo ed esigenza di realtà

I *music-halls*, Gershwin e il jazz

In Europa, nel campo del cinema d'arte, una delle tendenze principali è quella dell'**avanguardia surrealista**. Dalla collaborazione fra due artisti surrealisti spagnoli, il regista **Luis Buñuel** e il pittore **Salvador Dalí**, nacque *Un cane andaluso* (1928). Ma di Buñuel occorre ricordare, fra gli altri film, almeno *L'età dell'oro* (1930). **Un'altra tendenza è quella al realismo**, che va dal cosiddetto **"realismo poetico"** della **"scuola francese"** (René Clair, Jean Renoir, Marcel Carné) al **realismo tedesco** di Pabst e di von Sternberg, al **realismo giapponese** (Mizogouchi, Kinugasa, Gosho, Ozu) sino al «**realismo socialista**» di Vertov in URSS. Nel Nord Europa il realismo si congiunge a un inquietante simbolismo nella cinematografia del danese **Carl Theodor Dreyer**, che diresse uno dei capolavori del cinema mondiale negli anni Venti, *La passione di Giovanna D'Arco*. La sua produzione si prolunga sino agli anni Cinquanta, giungendo a influenzare i film dello svedese Ingmar Bergman.

Sotto il fascismo, in Italia prevalse il cinema conformista dei "telefoni bianchi" che raffigurava in modo edulcorato i rapporti fra le classi privilegiando la rappresentazione dei ceti più ricchi e delle loro relazioni con la piccola borghesia.

Finita la guerra, la poetica dell'immediatezza, che **il Neorealismo** perseguiva per testimoniare le dolorose esperienze della guerra e della Resistenza, **dà in Italia i suoi frutti migliori piuttosto nella cinematografia che nella letteratura**: l'immagine cinematografica, infatti, rispondeva al bisogno di denunciare le condizioni materiali e sociali dell'Italia post-bellica con maggiore incisività, e coinvolgeva nella medesima ansia di rinnovamento un pubblico vasto ed eterogeneo.

La maggior parte dei film neorealisti (il termine "Neorealismo" deriva dalla critica cinematografica e venne adoperato per la prima volta per il film *Ossessione* di Luchino Visconti, nel 1942) si basa sulle ancora **scottanti vicende della guerra** o sulle **situazioni di grave disagio sociale** a essa seguite: il bisogno di verità e di autenticità spinge alcuni registi non solo a girare fuori dai teatri di posa ma anche a scegliere come protagonisti dei film **attori non professionisti**, ovvero gente presa dalla strada, nel tentativo – ingenuo ma fiducioso – di rimuovere ogni artificio e di lasciar parlare direttamente la realtà (cfr. **S10**, p. 35).

In campo musicale la tendenza a un'arte di massa non priva di originalità si ha nell'**incontro fra musica e teatro realizzato nei *music-halls* di Broadway**, in cui si distinse il compositore **George Gershwin** nel decennio che precedette la morte, avvenuta nel 1937. Gershwin fu sensibile anche all'influenza del jazz, una forma di musica basata sul ritmo e sull'improvvisazione ed elaborata, su elementi africani ed europei, da artisti neri americani. Il jazz penetrò anche nella cultura europea, già negli anni Trenta e poi, ancor più, nel dopoguerra.

Roma città aperta, film del 1945 di Roberto Rossellini.

Pane, amore e fantasia, film del 1953 di Luigi Comencini.

La musica colta: Hindemith

Nella musica colta fra le due guerre si assiste, in Germania, a un fenomeno musicale parallelo alla "Nuova oggettività" in letteratura e, soprattutto, al razionalismo volto a coniugare arte e industria nell'architettura. Ne fu promotore **Paul Hindemith** (1895-1963) proponendo una «musica come prodotto d'uso» e una concezione "oggettivistica" del linguaggio musicale, da realizzarsi mediante il recupero, volutamente deformante, dei più svariati materiali espressivi. Nel dopoguerra, l'arte musicale d'avanguardia tornò a imporsi nella **scuola di Darmstadt**, nata nel 1951 e segnata dalla ripresa dei moduli espressionistici e in particolare del "serialismo" viennese di **Anton Webern**. Fra i suoi massimi esponenti ricordiamo il francese **Pierre Boulez**, il tedesco **Karlheinz Stockhausen** e l'italiano **Luigi Nono**.

La scuola di Darmstadt e il "serialismo" viennese

Il neoclassicismo di Stravinskij

La tendenza antiavanguardistica è invece rappresentata fra le due guerre dal **Neoclassicismo del russo Igor Fëdorovič Stravinskij** (1882-1971), che dal 1914 risiedette in Svizzera, per stabilirsi poi a Parigi. Avverso a Schönberg e all'atonalismo delle avanguardie, si avviò al Neoclassicismo nel 1919, ispirandosi di lì in avanti, per oltre trent'anni, alla musica del Settecento, a Bach e a Händel. Dopo *La carriera di un libertino* (1951), con improvvisa conversione, Stravinskij si avvicinò al seriale dodecafonico, ispirandosi direttamente ad Anton Webern.

La musica in URSS

Nell'URSS di Stalin il modernismo occidentale era ostacolato dal regime e anche chi vi si era formato, come **Sergej Prokof'ev** (1891-1953) e **Dmitrij Šostakovič**, venne indotto a conciliarlo con la realtà culturale del Paese d'origine e dunque con la comunicatività della tradizione e della tonalità. Šostakovič (1906-1975) divenne così, in campo musicale, il rappresentante dell'arte ufficiale russa.

Luigi Dallapiccola

In Italia, fra le due guerre, la figura di maggior spicco fu **Luigi Dallapiccola** (1904-1975), che alla fine degli anni Trenta si avvicinò alla dodecafonia, assimilandola in modo non subalterno. A partire dal 1951 si impose poi la personalità di **Luigi Nono**, uno dei massimi autori dell'avanguardia europea (si era formato, come abbiamo visto, alla «scuola di Darmstadt»).

S • Tendenze musicali tra anni Venti e Cinquanta

S10 — MATERIALI E DOCUMENTI

Due parole sul Neorealismo

Roberto Rossellini, il regista che nel 1945 divenne – con *Roma città aperta* – il portavoce del Neorealismo, indica nel realismo la forma artistica in cui s'incarna la verità e nel film realistico una forma di impegno sociale, in quanto esso vuol far riflettere e ragionare sulla realtà, soprattutto nelle sue espressioni più degradate (la guerra e i disagi sociali del dopoguerra).

▶▶ Sono un realizzatore di film, non un esteta, e non credo di sapere indicare con assoluta precisione che cosa sia il realismo. Posso dire però come io lo sento, qual è l'idea che me ne sono fatta.

Una maggiore curiosità per gli individui. Un bisogno che è proprio dell'uomo moderno, di dire le cose come sono, di rendersi conto della realtà direi in modo spietatamente concreto, conforme a quell'interesse, tipicamente contemporaneo, per i risultati statistici e scientifici. Una sincera necessità, anche, di vedere con umiltà gli uomini quali sono, senza ricorrere allo stratagemma di inventare lo straordinario con la ricerca. Un desiderio, infine, di chiarire se stessi e di non ignorare la realtà qualunque essa sia.

Dare il vero valore a una qualsiasi cosa, significa averne appreso il senso autentico e universale. V'è tuttora chi pensa al realismo come a qualcosa di esteriore, come ad una uscita all'aperto, come ad una contemplazione di stracci e di sofferenze. Il realismo, per me, non è che la forma artistica della verità. Quando la verità è ricostruita, si raggiunge l'espressione. Se è una verità spacciata, se ne sente la falsità e la espressione non è raggiunta.

Oggetto vivo del film realistico è «il mondo», non la storia, non il racconto. Esso non ha tesi pre-costituite perché nascono da sé. Non ama il superfluo e lo spettacolare, che anzi rifiuta; ma va al sodo. Non si ferma alla superficie, ma cerca i più sottili fili dell'anima.

Rifiuta i lenocini[1] e le formule, cerca i motivi che sono dentro ognuno di noi.

Il film realistico è in breve il film che pone e si pone dei problemi: il film che vuol fare ragionare.

Noi ci siamo posti, nel dopoguerra, proprio di fronte a questo impegno. Per noi contava la ricerca della verità, la rispondenza con la realtà. Per i primi registi italiani, detti neorealisti, si è trattato di un vero e proprio atto di coraggio, e questo nessuno può negarlo. Poi, dietro coloro che potrebbero essere definiti come innovatori sono venuti i volgarizzatori: essi sono forse anche più importanti, hanno seminato il neorealismo ad una comprensione più larga. Poi, come è fatale, arrivavano anche i travisamenti e le deviazioni. Ma il neorealismo aveva compiuto ormai buona parte del suo cammino. [...]

Con *Roma città aperta* il così detto neorealismo si è rivelato, in modo più impressionante, al mondo. Da allora e dai miei primi documentari, v'è stata una sola, unica linea pur attraverso differenti ricerche. Non ho formule e preconcetti, ma se guardo a ritroso i miei film indubbiamente vi riscontro degli elementi che sono in essi costanti e che vi sono ripetuti non programmaticamente, ma naturalmente. Anzitutto la «coralità». Il film realistico è in sé corale (i marinai di *Nave Bianca* contano quanto la popolazione di *Roma città aperta*, quanto i partigiani di *Paisà* e i frati del *Giullare*).[2]

Poi la maniera «documentaria» di osservare e analizzare; quindi il ritorno continuo, anche nella documentazione più stretta, alla «fantasia» poiché nell'uomo v'è una parte che tende al concreto e un'altra che spinge verso l'immaginazione. La prima tendenza non deve soffocare la seconda. In fine la «religiosità». Nel racconto cinematografico è essenziale «l'attesa»: ogni soluzione nasce dall'attesa. È l'attesa che fa vivere, l'attesa che scatena la realtà, l'attesa che, dopo la preparazione, dà la liberazione.

R. Rossellini, in «Retrospettive», n. 4, aprile 1953.

- **Video** • Intervista a G. Tinazzi sul cinema neorealistico
- **Video** • La crisi del Neorealismo (R. Luperini)
- **S** • Roberto Rossellini, *Germania anno zero* (1947)

Roma città aperta, film del 1945 di Roberto Rossellini.

1 **lenocini**: *procedimenti artificiosi*.
2 **Nave Bianca…Giullare**: sono tutti film di Rossellini: *La nave bianca* è del 1941, *Roma città aperta* è del 1945, *Paisà* è del 1946, *Francesco giullare di Dio* è del 1950.

Pablo Picasso
Guernica

TESTO EPOCA

Pablo Picasso, *Guernica*, 1937. Madrid. Museo Nacional Centro de Arte Reina Sofía.

Guernica è un grande dipinto (349 x 776,5 cm) realizzato da Pablo Picasso nel 1937: siamo negli anni della Guerra di Spagna che può essere considerata una sorta di "laboratorio" della successiva guerra mondiale. In Spagna, infatti, l'esercito del generale fascista Francisco Franco, sostenuto dalla Germania di Hitler e dall'Italia di Mussolini, attua un golpe militare per rovesciare la Repubblica spagnola, democraticamente eletta. Il dipinto di Picasso rappresenta una scena di morte: sotto un sole elettrico si contorce il corpo di un cavallo straziato, con la bocca spalancata e la lingua aguzza. Una donna si affaccia dalla scala, osservando stupita e pietosa la tragedia e illuminandola con una lampada a olio. A destra s'intravede un edificio rettangolare in fiamme abitato da una figura umana che leva le mani al cielo. A sinistra spiccano le teste di un toro e di una madre con il figlio in braccio, anch'essa a bocca spalancata verso il cielo. Sul terreno giace il corpo di un uomo morto, con una spada spezzata e un fiore tra le mani.

 Immagine attiva
 Ascolto
 Alta leggibilità

▶ Dal testo al contesto storico-culturale
Perché è un testo epoca?

Perché è un'opera-manifesto che denuncia gli orrori del Novecento

L'opera trae il titolo dall'omonima città basca rasa al suolo quello stesso anno dall'aviazione tedesca e italiana. L'**attacco aereo sull'antica e popolosa città basca di Guernica**, che costituisce il tema del dipinto, è un episodio emblematico del Novecento. La sera del 26 aprile del 1937, infatti, Guernica viene rasa al suolo da un bombardamento a tappeto: è la prima volta che viene eseguito un bombardamento di questa violenza, che ha lo scopo di colpire la popolazione inerme per fiaccare la resistenza dei civili. Da qui a qualche anno, durante la Seconda guerra mondiale, bombardamenti di questo genere saranno posti in atto sistematicamente sia dall'aviazione tedesca su Londra sia da quella angloamericana sulle città tedesche. Un passo ancora e si arriverà, nel 1945, alla distruzione nucleare delle città giapponesi di Hiroshima e Nagasaki.
Guernica è dunque il dipinto che rappresenta esemplarmente il Novecento come l'epoca delle **guerre di distruzione di massa** e testimonia anche un nuovo modo di concepire l'opera d'arte e

il ruolo sociale dell'intellettuale. Con *Guernica* Picasso prende posizione: di fronte all'orrore della guerra, **l'intellettuale si schiera** a difesa dei diritti e a tutela dei più deboli. Nasce una nuova **cultura dell'impegno**.

Ancora oggi *Guernica* è una delle opere più famose del XX secolo, una sorta di enorme manifesto che grida al mondo la crudeltà e l'ingiustizia della guerra e che ha assunto un **significato universale**. Lo stravolgimento dei volti e le espressioni di sofferenza e angoscia delle figure viventi condensavano, e ancora oggi ripropongono, il senso di quell'episodio specifico ma, nello stesso tempo, rappresentano **l'orrore e il grido di protesta nei confronti di ogni guerra**: di quella che, solo pochi anni dopo, avrebbe sconvolto l'intera Europa ma anche, indistintamente, di tutte le successive. Non a caso il dipinto in seguito è stato utilizzato come un vero e proprio emblema di ogni violenza subìta da popolazioni inermi, tanto che una copia riprodotta in un grande arazzo è stata posta come monito nel luogo simbolico del governo mondiale del mondo, a New York, presso la sede del Consiglio di Sicurezza dell'ONU.

Perché propone un nuovo modo frammentario e problematico di rappresentare la realtà

La tela di Picasso non solo esprime emblematicamente il dramma umano rappresentato dalle guerre e dalla violenza che hanno insanguinato la prima metà del XX secolo, ma rappresenta anche una delle testimonianze più significative della **rivoluzione formale operata dalle avanguardie novecentesche sul linguaggio artistico tradizionale. La costruzione dell'opera** non segue una logica lineare e coerente, e **non si affida a una struttura realistica** e sistematica; piuttosto si assiste all'impiego di procedure di rappresentazione simili a quelle analizzate da Freud e realizzate dalle avanguardie artistiche nei primi decenni del Novecento.

La **"grammatica libera"** di *Guernica* è infatti simile a quella di certe **produzioni oniriche**: i materiali che sono affiorati spontaneamente o istintivamente dall'inconscio dell'autore non vanno assunti nella loro singolarità, ma vanno interpretati in modo da arrivare ad un possibile significato complessivo. Picasso propone così un nuovo modo di rappresentare la realtà che non obbedisce a una logica oggettiva, ma moltiplica i punti di vista: l'esistenza e la società appaiono come una **proliferazione di forme e di particolari scomposti**, che possono essere comprese solo in modo frammentario e problematico, e in relazione alla percezione dell'individuo. Proponiamo, di seguito, alcune riflessioni relative al soggetto dell'opera:

- tra le figure umane prevalgono **le donne**, a simboleggiare la natura debole e inerme delle vittime;
- **il fuoco e le fiamme** (sul margine destro del quadro) indicano la brutalità e la furia della distruzione;
- **l'ambientazione notturna** – non realistica, in quanto l'azione si svolse in un soleggiato pomeriggio di fine primavera – allude piuttosto alla "notte" dell'intelligenza e del bene;
- **le lampade** che rischiarano l'oscurità potrebbero alludere all'azione illuminante della ragione, che si pone come strumento di comprensione della storia e/o come auspicio di un riscatto futuro. Quella elettrica, posta in alto, è inserita all'interno di un grande "occhio di Dio"; l'altra, un lume a petrolio, è sorretta da una mano umana che si protende dalla parte destra della composizione;
- **il cavallo**, nel quale si può identificare il popolo, inizialmente pensato dall'autore come stramazzato a terra, nella versione definitiva appare eretto, affinché l'angoscia e il dolore, evocati dalla smorfia delle fauci, risultino allo stesso livello della testa del toro, fermo nella sua imperturbabilità orgogliosa;
- **il toro** rappresenta, con molta probabilità, come nella tradizione mitica, la componente ferina dell'individuo, ponendosi come il simbolo di un potere cieco e oltraggioso (per altri studiosi, tuttavia, anch'esso, proprio come i tori delle corride spagnole, è vittima della brutalità umana);
- **l'uccello**, rimasto allo stato di abbozzo, sulla destra del toro, potrebbe essere una colomba, simbolo della pace, colta nel suo moto di strazio, prima che precipiti a terra;
- **il fiore**, appena abbozzato e come nascente dalla spada spezzata che il guerriero caduto stringe nel pugno, può essere letto come la timida speranza che a un simile orrore segua un futuro migliore.

TESTO EPOCA

Perché testimonia la rivoluzione formale delle avanguardie del Novecento

Già **la pittura romantica** aveva sostenuto la propria libertà di espressione contro tutte le autorità e le regole precostituite, mettendo in discussione la concezione artistica tradizionale e rivendicando il bisogno di dare spazio alla soggettività dei messaggi che l'autore voleva trasmettere. **L'avanguardia cubista**, che si afferma in Europa a partire dal primo decennio del Novecento, **rifiuta radicalmente i vecchi canoni classici di bellezza**. «Ogni capolavoro – sosteneva Picasso – viene al mondo con una dose di bruttezza congenita. Questa bruttezza è il segno della lotta del suo creatore per dire una cosa nuova in maniera nuova». *Guernica* **può apparire** davvero, ad un primo sguardo, **un'opera "brutta"**. In essa non ritroviamo nulla, infatti, dell'armonia che caratterizza l'arte figurativa tradizionale.

L'apparente casualità delle scelte, elementari e quasi primitive, nasconde, però, **elaborazioni concettuali complesse**. La definizione di un **nuovo concetto del tempo e dello spazio** messo a punto dagli studi matematici e fisici e la psicoanalisi freudiana avevano inaugurato una nuova prospettiva per l'interpretazione del mondo, sia nel campo strettamente scientifico che in quello antropologico e sociale. Anche se non è necessario ipotizzare una conoscenza diretta e specifica, da parte dell'artista, delle teorie scientifiche o filosofiche del tempo, la lettura di *Guernica* implica il riconoscimento di una serie di analogie, corrispondenze e meccanismi psicologici assai simili a quelli evidenziati dal pensiero contemporaneo. Nel quadro la drammaticità del contenuto e l'impegno sociale dell'autore sono espressi, ad esempio, attraverso una serie di **soluzioni formali allusive**, che cercheremo di sintetizzare.

- **La geometrizzazione e scomposizione dei piani**. Il cubismo tende a una riorganizzazione radicale della tradizionale plasticità pittorica. In *Guernica* la geometrizzazione degli elementi mira a sottolineare il volume degli oggetti (da qui l'origine del termine cubismo), mentre, contemporaneamente, la sistematica scomposizione dei piani li frantuma e dissolve. Entrambe le tecniche puntano non più alla resa oggettiva del tema, ma alla presentazione di una interpretazione della realtà che rimanda all'ambito individuale e soggettivo della psiche.

- **La costruzione**. Tutta la composizione si regge sul **minimalismo dei tratti, sulla deformazione e sul contorcimento spasmodico delle figure**, ma anche sul sovrapporsi di linee aguzze, che si intersecano vicendevolmente. Al centro spicca una **struttura triangolare** tagliente ed essenziale (costituita dalla testa del cavallo, al vertice, e, alla base, dal braccio rovesciato del guerriero, sulla sinistra, e dalla gamba della donna, sulla destra). È degno di nota che, dal confronto degli schizzi e degli studi relativi ai diversi elementi, emerga come l'opera sia andata sempre più semplificandosi ma, contemporaneamente, disciplinandosi nella dimensione formale. L'efficacia del risultato deriva cioè anche dal fatto che Picasso ha ottenuto il massimo dei risultati attraverso la forma più semplice possibile. Dal modo stesso in cui sono raffigurati i corpi e i volumi si può notare come l'arte cubista si fondi sulla **dissoluzione della prospettiva tradizionale**: gli occhi nei volti, a esempio, sono disposti su una superficie piana ma, al tempo stesso, sono rappresentati come se fossero visti da destra o da sinistra, di fronte o di lato. Ciò implica la **moltiplicazione dei punti di vista sul soggetto**. Tutta la realtà del bombardamento è così filtrata da un punto di vista pluriprospettico e geometrico, in linea con gli esperimenti delle avanguardie e, più in generale, con l'epistemologia relativistica del Novecento.

- **La sintassi cromatica**. In *Guernica* colpisce innanzitutto che l'opera, assai lontana dal realismo naturalista, sia realizzata esclusivamente grazie all'**uso del bianco, del nero e delle loro varie sfumature intermedie**. Probabilmente Picasso intendeva riprodurre le immagini di quell'episodio diffuse dai giornali; in ogni caso, anche **l'assenza di colore è all'origine del senso angoscioso di morte trasmesso dal quadro**. La sostanziale monocromia esprime infatti l'idea di un mondo menomato, privo di vita e di senso. D'altra parte essa sottolinea anche la stretta correlazione tra tutti gli elementi della composizione.

- **Lo spazio e il tempo**. La rappresentazione cubista rifiuta qualsiasi oggettività spaziale: nel quadro di Picasso le figure si mescolano indistintamente allo sfondo e **la realtà si mostra non come essa è apparsa veramente, ma nel modo in cui l'artista l'ha percepita**, cioè attraverso il senso che egli ha conferito a quell'episodio. Il fatto che molti elementi della composizione siano visti da vari punti di vista (da davanti, da dietro, da sopra e da sotto), anche contemporaneamente, **violando qualunque regola prospettica tradizionale**, testimonia il lavoro di ricerca e di esplorazione intellettuale condotto dall'autore.

9. I generi letterari, gli autori e il pubblico

I generi dominanti e l'istituzionalizzazione delle innovazioni

A dominare sono i due generi che la modernità ha messo al primo posto nel sistema delle forme letterarie: **la poesia** e, a partire dagli anni Trenta, **il romanzo**. Si assiste in entrambi a una **istituzionalizzazione delle innovazioni e dello sperimentalismo novecenteschi**, che vengono riassorbiti in forme più tradizionali e spesso classicheggianti, ma non del tutto rinnegati. **In particolare nella poesia**, dopo la rottura simbolista e poi primonovecentesca, due fenomeni appaiono ampiamente consolidati: 1) la libertà metrica è un fatto ormai indiscutibile (anche se prevale ora il recupero dei metri tradizionali); 2) la sintassi logica del periodo è per lo più disturbata e disarticolata. Ma anche **nel romanzo**, che pure viene spesso restaurato nella sua forma tradizionale, l'influenza primonovecentesca continua a fermentare.

La poesia

Il romanzo

Lo sviluppo della società di massa e dell'industria culturale in Europa e negli Stati Uniti favorisce una distribuzione del pubblico in **due grandi fasce**: quello che legge per divertimento e a cui è rivolta una **letteratura di consumo o d'intrattenimento** (cfr. **S11**) e quello d'élite, a cui è destinata la **letteratura di ricerca o d'arte**.

La letteratura di consumo e quella di ricerca

Il genere d'élite per eccellenza, in questo periodo, è la lirica, che esige un pubblico ristretto ed esclusivo, sia perché fa ricorso a un linguaggio cifrato e arduo, sia perché i suoi temi – a carattere esistenziale o metafisico – tendono a lasciare sullo sfondo i motivi etico-politici e i grandi valori nazionali. **La lirica pura e quella ermetica** cercano un pubblico a esse omogeneo, e infatti trovano i loro lettori nei circoli di poesia o in critici o comunque in gruppi di letterati: è una lirica insomma che **ha una circolazione a circuito interno** (da "letterati-letterati" ad altri "letterati-letterati") e dunque molto limitata.

Il pubblico della poesia pura ed ermetica

Per quanto riguarda l'altro genere dominante, **la narrativa**, nell'Italia degli anni Venti essa **stentava a imporsi**. Le si opponeva la prosa d'arte, che ripudiava le forme della novella e del romanzo, e semmai mirava a congiungere generi diversi, dalla recensione al reportage, dal microsaggio su temi morali allo spunto narrativo. In quegli anni si registrò semmai un **ritorno della novellistica** (vi si distinsero Comisso e Vittorini e, più avanti, Loria, Bilenchi, Pavese e Moravia), mentre **la ripresa del romanzo fu più lenta**: partì da *Gli indifferenti* di Moravia (1929) per affermarsi poi negli anni Trenta, grazie anche al rilancio che ne fece la principale rivista dell'epoca, «Solaria».

La prosa d'arte negli anni Venti e la novellistica

La ripresa del romanzo negli anni Trenta

Resta tuttavia **una notevole divaricazione fra romanzo d'arte** o di ricerca da un lato **e romanzo d'intrattenimento** dall'altro. Quest'ultimo conobbe una grande diffusione. Nacquero i generi "forti": quello erotico, quello "rosa", quello poliziesco o "giallo", quello d'avventura, quello umori-

Il romanzo d'intrattenimento

S11 INFORMAZIONI

La letteratura di consumo

La letteratura di consumo o d'intrattenimento viene anche definita "paraletteratura" o, con termine tedesco, *Trivialliteratur*. Si vuole indicare con questi termini una letteratura diversa da quella di ricerca artistica, che si pone obbiettivi strettamente estetici. La letteratura di consumo vuole innanzitutto divertire e tende perciò a obbiettivi prevalentemente e talvolta esclusivamente commerciali. Essa nasce con i generi "forti", che in Italia si sviluppano solo negli anni Trenta: il "giallo", il "rosa", l'"erotico", il romanzo d'avventura ecc. Fatta questa distinzione di fondo, occorrono però alcuni chiarimenti successivi. Sarebbe sbagliato ritenere che ogni romanzo giallo sia di per sé "paraletteratura" o letteratura di consumo; o che ogni opera rivolta a una massa di lettori sia di per sé *Trivialliteratur*. Il genere poliziesco può essere assunto anche da autori d'arte (come fanno, per esempio, Gadda o Sciascia), e alcuni romanzieri del genere poliziesco possono raggiungere una notevole qualità artistica (è il caso, per esempio, del belga Simenon). Sarebbe dunque sbagliata qualsiasi equiparazione fra letteratura di massa e «paraletteratura». Un romanzo può rivolgersi a un pubblico ampio di lettori e tuttavia porsi obbiettivi artistici. Bisogna dunque distinguere caso per caso, senza condannare a priori un genere letterario come inferiore o "triviale".

Renato Guttuso, *La discussione*, 1959-1960. Londra, Tate Gallery.

T • A. Campanile, *Un pallone misteriosamente scomparso*
T • Pitigrilli, *La prostituta come moglie ideale*

Il rapporto fra romanzo d'arte e romanzo di consumo: il caso di Gadda e di Moravia

Un nuovo bisogno di comunicazione dopo il 1945

Il romanzo diventa il genere dominante

La memorialistica

stico, il cui fondatore fu **Achille Campanile**. Autori famosissimi negli anni Trenta, come **Liala**, **Guido da Verona**, **Pitigrilli**, oggi sono dimenticati, con l'unica eccezione di Liala, i cui romanzi rosa hanno dimostrato di possedere una straordinaria capacità di sopravvivenza. Eppure non si può ignorare il fatto che mentre Pitigrilli vendeva 300.000 copie di ogni sua opera (per un totale oltre due milioni di copie vendute) e Liala un milione di copie del suo primo romanzo, Vittorini non superò mai negli anni Trenta le 5.000 e anche i due romanzi d'arte di maggior successo, *Gli indifferenti* di Moravia e *Le sorelle Materassi* di Palazzeschi, restarono ben al di sotto di Pitigrilli o di Liala.

Anche nel romanzo d'arte restano tracce di quello d'intrattenimento: **Gadda** per esempio desume la struttura dei suoi due capolavori (*La cognizione del dolore* e *Quer pasticciaccio brutto de via Merulana*) dalla forma del romanzo giallo, mentre **Moravia** si rifà spesso a motivi di cronaca e a temi di consumo. Ma si tratta di una ripresa che in realtà svuota il modello: in Gadda l'assassino non viene trovato e l'opera resta aperta, in Moravia lo spunto iniziale è sempre problematizzato, discusso e magari portato all'assurdo.

Dopo il 1945, l'esperienza della guerra e della lotta di Liberazione, la situazione politica e sociale in rapida trasformazione, le speranze di un radicale cambiamento, la conquistata libertà sembrano allargare la disponibilità degli autori a incontrare un loro pubblico e dei lettori ad ascoltare la voce dei narratori. **Circola un bisogno di comunicazione** che era assente negli anni Trenta e che si esprime nella maggiore diffusione del romanzo, nella affermazione della memorialistica, nel rilancio della saggistica. Mentre, per qualche anno, la poesia sembra perdere d'importanza, il romanzo diventa il genere dominante, quello decisivo per il successo di un autore. Parallelamente l'**esigenza di documentare l'orrore della guerra e la miseria del dopoguerra** si traduce tanto nell'impulso a narrare storie quanto in quello di dare testimonianza attraverso il resoconto delle memorie e delle cronache di vita vissuta. **È questo il periodo della memorialistica** (spesso di alto livello quella sulla Resistenza e sui campi di sterminio nazisti) e del suo interscambio con la narrativa. Le opere di **Carlo Levi** e di **Primo Levi** rivelano quanto sia fecondo questo rapporto fra memorialistica, saggistica e narrativa.

10. La situazione della lingua

Il classicismo nella poesia

In campo letterario la lingua – non solo dei poeti puri ed ermetici, ma anche di Montale – **tende negli anni Trenta al classicismo, a un lessico raro e rarefatto**. Questa "chiusura" linguistica è d'altronde coerente con una chiusura sociale, in cui l'ideologia del privilegio della letteratura copre in realtà una mancanza di rapporti fra scrittori e pubblico. Anche quando il lessico si fa più espressivo, più vario e umorale – è il caso di prosatori come Gadda o Landolfi – rivela pur sempre una forte letterarietà. Da questo punto di vista siamo lontani dalla prosasticità della stagione avanguardistica primonovecentesca.

Forte letterarietà anche del linguaggio narrativo

La formazione non più strettamente umanistica dei letterati

Tuttavia il carattere prevalentemente chiuso e raffinato del linguaggio è ora di natura assai diversa rispetto a quella di Carducci, di d'Annunzio o del Pascoli dei *Conviviali*. **I nuovi poeti** – Saba, Ungaretti, Montale, Quasimodo – **hanno studiato poco o nulla le lingue classiche** e magari hanno fatto le scuole tecniche (è il caso di Montale, Saba, Quasimodo) o sono autodidatti (Ungaretti). **Inoltre nella poesia stessa è presente un filone impressionistico e realistico** (Saba, Pavese) che non disdegna un lessico quotidiano. Insomma una serie di novità caratterizzanti la letteratura primonovecentesca – come la formazione non più strettamente umanistica dei letterati e l'esperienza prosastica delle avanguardie – non è andata perduta e continua a fermentare anche fra le due guerre. **Nel dopoguerra**, poi, la prevalente tendenza al realismo riapre il lessico letterario all'immediatezza e alla concretezza della cronaca e anche all'uso di parole straniere.

La riduzione del dialetto a causa della politica fascista

Per quanto riguarda la situazione della lingua nella società italiana fra le due guerre, le direttive del regime fascista per la scuola e per i giornali, l'influenza del cinema sonoro e della radio, la crescente alfabetizzazione mirarono a **ridurre lo spazio del dialetto**. Questo permaneva bensì, ma ghettizzato e sentito come espressione di marginalità e di inferiorità. Il regime fascista condusse infatti una battaglia sia contro i dialetti, sia contro le minoranze linguistiche (tedesche, slave, francesi). Nel 1940 l'Accademia d'Italia venne addirittura incaricata di compilare **elenchi di parole straniere da italianizzare**: per esempio la parola *stop* doveva essere sostituita con "arresto", *garage* con "rimessa", *bar* con "barra" o "taverna potoria", *cocktail* con "misce". Alcune delle proposte ebbero successo (per esempio, "assegno" sostituì *chèque*, "calcio" *football*), ma le più vennero presto dimenticate. L'intolleranza verso le storie locali e verso le autonomie regionali portò persino alla **italianizzazione dei toponimi stranieri** o in cui si rivelasse una radice straniera (per esempio, nelle parole di origine araba in Sicilia: Girgenti ridiventò Agrigento). Rientra in tale tendenza la **soppressione del «lei»**, visto come retaggio dello spagnolo, **e la sua sostituzione con il «voi»**. Questo processo di centralizzazione – in cui un ruolo decisivo venne ad avere il cinema sonoro – accrebbe inoltre l'importanza della lingua e della pronuncia romane, rispetto a quelle toscane.

L'italianizzazione delle parole straniere

La centralizzazione linguistica e l'uso del «voi»

Innovazioni e uso della lingua da parte del regime fascista

Se il lessico venne sostanzialmente ridotto, non mancò tuttavia l'inserimento in esso di espressioni nuove tratte dal latino e dalla romanità (per esempio, "milizia", "centurioni", "littoriali", "quadrumviri") o dall'eloquenza dannunziana. **Si ebbe, in genere, un'amplificazione retorica del linguaggio**, usato in modo magniloquente e celebrativo, per formule fisse e ripetitive, astratte e ridondanti di aggettivi nella prosa del regime (discorsi del Duce, articoli di giornali sulle manifestazioni fasciste ecc.), secche e imperative negli *slogans* per le masse popolari scritti sui muri e ripetuti alla radio (per esempio: «vincere, e vinceremo», «credere, obbedire e combattere» ecc.).

Abbandono progressivo del dialetto anche nel dopoguerra

Nel dopoguerra, e precisamente nel 1951, un terzo della popolazione italiana non usava più il dialetto come unico strumento di comunicazione. **L'abbandono progressivo del dialetto nel dopoguerra** è dovuto all'influenza del cinema, della scuola e della radio e non alle direttive di un indirizzo politico centralizzato. L'uso del dialetto tenderà a ridursi sin quasi a sparire nel ventennio successivo alla comparsa delle televisione (1954), che eserciterà un ruolo decisivo nell'imporre un italiano unico, quello impiegato a Roma dalla burocrazia, dal giornalismo e dal mondo dello spettacolo.

Percorso
L'AMORE E LA DONNA

Il fascismo e la donna: «Una donna fascista per l'Italia fascista»

«Piccole italiane» in una colonia marina durante il periodo fascista.

L'adesione all'interventismo da parte del femminismo borghese e l'espulsione delle donne dal lavoro, durante la crisi economica del dopoguerra, determinarono la crisi generale dei movimenti femministi. Donne ex socialiste, ex futuriste e dannunziane confluirono nel sovversivismo fascista della prima ora e, riprendendo il modello futurista della donna amazzone, parteciparono alle imprese squadristiche. Contro la donna fatale e la donna tutta casa e famiglia esse aspiravano all'uguaglianza dei sessi gareggiando in virile aggressività con gli Arditi.

Instaurata la dittatura, il fascismo disperse rapidamente ogni illusione rivoluzionaria. Anche le riviste femminili, dopo il 1925, persero ogni autonomia, lasciandosi progressivamente assorbire nelle strutture del regime che, organizzando le donne nei Fasci femminili, raccolse alcune istanze femministe per strumentalizzarle a scopi di propaganda.

La politica fascista assunse verso le donne un duplice atteggiamento: da una parte, condizionata da un'ideologia fortemente misogina, **accentuò la ghettizzazione della donna («le donne a casa»), dall'altra la invitò alla partecipazione**. Nella sua ricerca di un consenso unanime alla dittatura, il regime capì quale importanza potesse avere l'appoggio delle donne e si impegnò con successo a conquistarle alla sua causa.

Mirò quindi alla creazione di «una donna fascista per l'Italia fascista», rilanciando le ideologie arcaiche e rurali della madre, della massaia e dell'infermiera, trasformando tuttavia il tradizionale ruolo domestico della donna in alta missione patriottica. Soprattutto il modello della donna-madre è non solo enfatizzato retoricamente, ma attivamente sostenuto da una serie di interventi, tra cui la creazione dell'O.N.M.I. (Opera Nazionale per la protezione della Maternità e dell'Infanzia).

A differenza dello stato liberale, il fascismo ebbe una politica per la formazione della donna; che fu rivolta alla professionalizzazione dei suoi ruoli "naturali": la donna fu istruita nell'economia domestica, nell'educazione dell'infanzia, nell'assistenza sociale, fu educata alla salute e a una sana maternità attraverso l'introduzione dell'educazione fisica e dello sport femminile. Fu inquadrata in varie associazioni per le ragazze, per le giovani, per le massaie, per le laureate.

«Madri nuove per figli nuovi» è lo slogan del Duce che non manca di esaltare in ogni occasione la funzione sociale della donna; a lei fa appello, con abile propaganda, nei momenti di difficoltà perché essa dia il proprio contributo alla patria. Mussolini cercò, in particolare, il sostegno delle donne nella politica demografica e, lanciando **il mito della fecondità e della sanità della razza**, accentuò la valenza patriottica del ruolo materno in funzione dell'espansione imperialistica.

Da sempre esclusa e ignorata dal potere, la donna fu sensibile all'appello diretto del Duce, alle scenografie di massa che le dettero l'illusione dell'appartenenza attiva alla nazione.

Tuttavia la propaganda fascista non si limitò a valorizzare i tradizionali compiti domestici («Si serve la patria anche spazzando la casa»), ma **mutò anche l'immagine stessa della donna-madre, presentata come energica e dinamica creatrice di figli-soldati**. L'anima meno tradizionalista del regime esibì l'immagine della ragazza forte, gagliarda, ottimista, capace di formare virilmente la propria prole, custode della salute e della forza del popolo italiano. **È la donna «maschia»**, che «sfilava ai canti della rivoluzione», contro cui si scaglia, con implacabile ferocia, C.E. Gadda in una pagina di *Eros e Priapo*: «Polpute gambocce annaspavano con marinettiano simultanismo lungo l'asfalto guerriero, polpone e cicce che bisognava chiamarle "maschie" e mavortine anche loro. Dacché tutto era, allora, maschio e Mavorte: e insino le femmine e le balie: e le poppe della tu' balia, e l'ovario e le trombe di Falloppio e la vagina e la vulva. La virile vulva della donna italiana». L'organizzazione dello sport femminile proponeva un modello moderno di femminilità, che contribuiva a sollecitare nelle donne il senso della loro importanza, ma nel contempo frustrò decisamente ogni aspirazione alla loro autonomia. **La donna infatti esiste solo strumentalmente in funzione del maschio**: «L'uomo è tanto più forte quanto più sana e robusta è la donna». Il fascismo vuole conservare alla donna la sua "naturale" missione, ma insieme chiamarla a una mobilitazione nazionale entro limiti precisi e rigidamente subordinati alle gerarchie maschili (perfino la direzione dei Fasci femminili fu affidata dopo il '35 a un uomo).

Ne deriva un'immagine di donna diversa dalla femminista, che fu costantemente oggetto di disprezzo, e **dalla donna-bambola** (che pur sussiste nell'immaginario musicale e filmico): **è la donna «muliebre»**, dotata di «alto senso di responsabilità verso la Religione, la Patria, la Famiglia, le tradizioni della Stirpe, la fedeltà al Fascismo».

L'ideologia del regime, mentre lusingava le aspirazioni della donna a una maggiore partecipazione sociale, la inchiodava ai ruoli tradizionali e varava misure contrarie al lavoro femminile, minacciando di espellerla anche dall'insegnamento delle scuole magistrali.

Nel 1935 la guerra di Etiopia segnò la svolta verso un nazionalismo sempre più razzista e antifemminista e la liquidazione definitiva della sinistra fascista. Furono così sciolte le maggiori associazioni femminili, come furono annullati gli spazi di autonomia e le iniziative che, pur tra mille prudenze e ambiguità, alcune riviste femminili, dall'«Almanacco della donna italiana» (1920-1943) alla «Rassegna», alla «Donna italiana», avevano cercato di difendere. **Naufragano così le illusioni delle ex-emancipazioniste che, sotto la bandiera di un "femminismo patriottico", avevano appoggiato un modello non completamente tradizionale di donna e avevano però sostenuto il regime.**

Solo con la caduta del fascismo e con la Resistenza, a cui dettero un contributo anche le donne, caddero le discriminazioni che avevano da sempre limitato la loro partecipazione alla vita pubblica. La costituzione della Repubblica, entrata in vigore nel 1948, sanciva la piena uguaglianza dei diritti civili e politici anche per le donne.

per approfondire

Suggerimenti bibliografici: *La corporazione delle donne. Ricerche e studi sui modelli femminili nel Ventennio*, a cura di Marina Addis Saba, Vallecchi, Firenze 1988.

Illustrazione da una rivista settimanale fascista, 1932.
Fin dai suoi esordi il movimento fascista mostrò il doppio volto della sua natura: lo squadrista garbato e rassicurante si affianca all'immagine violenta del fascista armato di manganello, simbolo della reazione autoritaria invocata da larghi strati della popolazione come mezzo per superare la crisi economica che colpiva l'Italia. In questa immagine oleografica ed elegantemente stilizzata, l'intento propagandistico è evidente: la giovane donna, perfetta illustrazione della "soggezione contenta", si appoggia languidamente al suo compagno ed entrambi guardano avanti al futuro con apparente sicurezza.

DAL RIPASSO ALLA VERIFICA

MAPPA CONCETTUALE — L'Europa tra il 1925 e il 1926

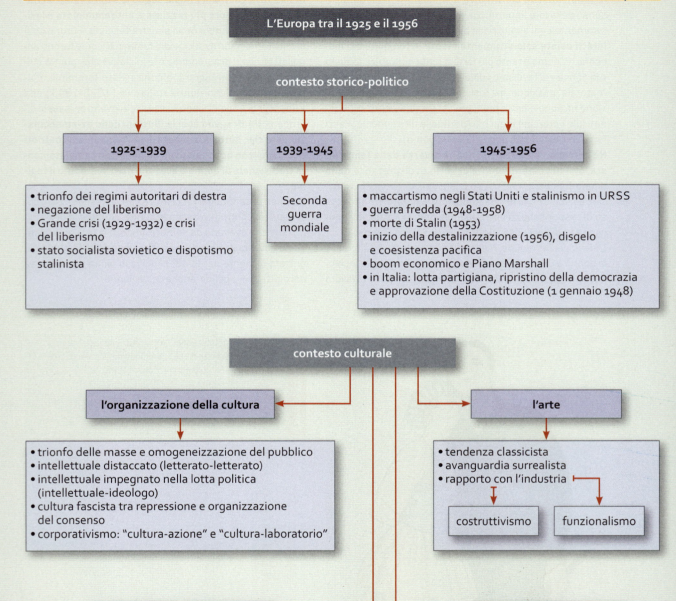

parte nona · Il fascismo, la guerra e la ricostruzione: dall'Ermetismo al Neorealismo (1925-1956)

SINTESI

Dal 1925 al 1956

Il periodo che va dal 1925 al 1956 è diviso in due fasi dalla seconda guerra mondiale (1939-1945). In Italia e negli altri paesi europei, la prima fase (1925-1939) corrisponde all'"epoca dei fascismi" e della Grande crisi (1929-1932). La seconda (1945-1956) corrisponde all'epoca della "ricostruzione" dopo i disastri provocati dalla guerra. Nella prima fase, l'"epoca dei fascismi" vede il trionfo di regimi autoritari di destra non solo in Italia, ma anche in Portogallo, in Germania, in Giappone, in Spagna. Il fascismo e il nazismo creano regimi totalitari di massa caratterizzati dal nazionalismo, dalla repressione della libertà e della democrazia, dall'imperialismo e da ideologie intolleranti e razziste. Alla crisi del liberalismo che, dopo la rivoluzione del 1917 in Russia, aveva comportato la nascita di uno stato socialista, si aggiunge la crisi del liberismo in seguito alla Grande crisi del 1929-1932. Una svolta profonda è segnata anche dalla guerra, dalla resistenza contro il fascismo e il nazismo, dall'irruzione delle masse sulla scena politica, dal passaggio dalla monarchia alla Repubblica e dalla riconquista della libertà e della democrazia. Pur rappresentando una data cruciale sul piano politico, il 1945 non apporta radicali cambiamenti economici e sociali. A metà degli anni Cinquanta, invece, si assiste a una radicale modifica della situazione economica, sociale, politica e culturale italiana. Prende avvio un "boom" economico che adegua l'Italia allo standard dei maggiori Paesi industrializzati; si sviluppa la televisione di stato; l'editoria diventa una vera e propria industria; la condizione degli intellettuali si massifica e si "proletarizza".

Le comunicazioni di massa e la condizione degli intellettuali

La radio, il cinema, i rotocalchi segnano la nascita dell'era delle comunicazioni di massa, caratterizzata dalla omogeneizzazione del pubblico. Anche nella letteratura penetrano, in modo più capillare che in passato, le forme dei generi di massa come il romanzo poliziesco e il "romanzo rosa". Cominciano a circolare anche i fumetti e i fotoromanzi per adulti. Di fronte alla diffusione di tecniche volte alla persuasione e al consenso usate dalle dittature degli anni Trenta, gli intellettuali spesso reagiscono rifiutando la cultura di massa e riproponendo una cultura d'élite, fondata su un atteggiamento di distacco e di superiorità. Ma non tutti gli intellettuali condividono questa scelta. In direzione opposta si assiste infatti a un impegno diretto nella lotta politica. Di qui i due tipi di letterato prevalenti negli anni Trenta in Italia: il "letterato-letterato", che si disinteressa della politica e vive nella torre d'avorio della cultura, e il "letterato-ideologo", che agisce all'interno degli apparati politici per sostenerli o per contestarli, ora a sinistra ora a destra. Questi due tipi di letterato sopravvivono anche nel primo decennio del dopoguerra, con la netta prevalenza del secondo tipo che sceglie decisamente la strada dell'"impegno" a fianco dei partiti di sinistra. Se lo sforzo di creare una cultura fascista fallì nel proposito di dare vita a un corso omogeneo di ideologie e di teorie, risolvendosi in propagazione di facili miti di massa, ottenne tuttavia dei successi nell'indirizzare il dibattito degli intellettuali sui grandi temi della modernizzazione industriale, del ruralismo e sul nuovo ruolo degli uomini di cultura.

La filosofia, la cultura scientifica, le arti

Il primo Novecento era stato caratterizzato dal senso della relatività sia nelle ricerche scientifiche, sia nella riflessione filosofica e artistica. Questo atteggiamento viene ripreso, fra le due guerre, dalle "filosofie della crisi", dall'esistenzialismo e dalla ricerca artistica più avanzata. Tendono però a prevalere, nel costume e nella cultura fra il 1925 e il 1955, ideologie globali, come il nazismo e il fascismo, che si avvalgono di miti di massa associati a una simbologia di massa. Questo elemento mitico-simbolico costituisce una delle componenti fondamentali della cultura letteraria e artistica del periodo qui considerato, alimentando quell'interesse per il tema del primitivo che è a fondamento, per esempio, del mito dell'America. Nel campo delle arti, tendenze opposte convivono e spesso s'intrecciano. La spinta delle avanguardie continua nella ribellione del Surrealismo; tuttavia in molti casi l'avanguardia tende a "normalizzarsi", mentre in altri viene a patti con il mondo dell'industria cercando una conciliazione con esso (soprattutto nell'architettura, nell'urbanistica e nel cosiddetto "disegno industriale"). In campo cinematografico l'egemonia americana di Hollywood si fa assoluta su tutto il mercato mondiale. In Italia prevalse sotto il fascismo il cinema conformista dei "telefoni bianchi". La reazione contro questo tipo di film fu opera del Neorealismo. Questa poetica, che ebbe risultati di scarso rilievo nella letteratura, ne raggiunse di validissimi nel cinema fra il 1945 e il 1948. Nel campo dei generi letterari, a dominare sono la poesia e, a partire dagli anni Trenta, il romanzo. Si assiste in entrambi a una istituzionalizzazione delle innovazioni e dello sperimentalismo novecenteschi, che vengono sì riassorbiti in forme più tradizionali ma non del tutto rinnegati.

DALLE CONOSCENZE ALLE COMPETENZE

1 Colloca gli eventi che seguono nel loro tempo (§ 1)

	1925-1939	1927-1932	1939-1945
A grande crisi	☐	☐	☐
B fascismi europei	☐	☐	☐
C seconda guerra mondiale	☐	☐	☐

2 Quali furono le caratteristiche dei regimi totalitari e in quali Paesi si svilupparono? (§ 1)

DAL RIPASSO ALLA VERIFICA

3 Spiega la differenza tra liberalismo e liberismo? (§ 1)

4 Scegli nell'elenco che segue i caratteri che aiutano a definire il fascismo. Il fascismo (§ 3)
- [A] è una dittatura che si impose con il terrore
- [B] è un regime totalitario che eliminò ogni libertà
- [C] cercò un consenso di massa tramite i mass-media
- [D] suscitò una vasta opposizione con la politica autarchica
- [E] incentivò lo sviluppo industriale del paese

5 Quali fatti concorsero alla caduta del fascismo? (§ 3)

....

6 A Il 1945 rappresenta nel nostro paese una svolta politica, infatti

....

B Il 1956 rappresenta nel nostro paese una svolta economica, perché (§ 3)

....

7 Elenca i mass-media che si diffondono tra le due guerre e quali effetti hanno sul pubblico? (§ 4)

8 Spiega la differenza tra "letterato-letterato" e "letterato-ideologo". Quale tipo prevalse negli anni Trenta in Italia? (§ 5)

9 La politica culturale fascista ha un duplice aspetto. Illustrane (§ 5)

aspetti repressivi	aspetti propositivi

10 Spiega la distinzione fatta da Bottai tra «cultura-azione» e «cultura-laboratorio»? (§ 5)

11 Quali temi e quali miti si diffondono nella letteratura e nelle arti? (§ 6)

12 Che cosa lega nei nostri scrittori tra le due guerre il culto per l'America all'interesse per l'infanzia e per il mondo contadino? (§ 6)

13 Il termine Ermetismo è usato in letteratura per indicare (§§ 1, 6)
- [A] una poesia di pure impressioni
- [B] una poesia oscura e difficile
- [C] la poesia che si afferma a Firenze negli anni Trenta
- [D] una poesia allegorica

14 Completa la frase che segue (§ 6, S10)

Neorealismo significa ....

si diffonde in Italia nel periodo ....

a partire dall'arte ....

15 Quali generi letterari si impongono a partire dagli anni Trenta? Perché è possibile parlare di "letteratura di consumo"? (§ 9, S11)

16 Quali fattori determinarono l'abbandono del dialetto a partire dagli anni Cinquanta? (§ 10)

PROPOSTE DI SCRITTURA

IL SAGGIO BREVE

Storia e mass media

I cambiamenti prodotti nella cultura dalla diffusione dei mezzi di comunicazione di massa e dagli eventi storici (fascismi e guerra) suscitano un dibattito europeo sulla funzione degli intellettuali. Ecco tre punti di vista diversi. Contestualizzali alla luce di quanto hai letto nei §§ 4-5 e scrivi un saggio breve sull'argomento, confrontando le diverse posizioni. Dai al saggio un titolo coerente con la tua argomentazione. Se lo ritieni opportuno puoi suddividere il saggio in più paragrafi, ognuno con un suo titolo.

Julien Benda (1927)

«Il mondo moderno ha fatto del chierico [intellettuale] un cittadino sottomesso a tutti i doveri che questo titolo comporta, e quindi gli ha reso molto più difficile disprezzare le passioni [...] anzi i chierici si mettono a fare il giuoco delle passioni politiche», anziché porsi al di sopra di esse, al di sopra della mischia.

Il tradimento dei chierici.

Paul Nizan (1935)

«Della tradizione che egli [Benda] chiama "occidentale", noi accettiamo tutto ciò che comporta un'accusa del mondo, una rivendicazione fatta in nome dell'uomo che non si limita a pensare, ma che vive, che ha fame e che muore [...] Respingiamo qualunque mitologia umanistica che parla di un uomo astratto [...] È all'interno di un umanesimo che tiene conto delle condizioni concrete della vita [...] che si pone il problema dello scrittore».

Letteratura e politica. Saggi per una nuova cultura.

Jean-Paul Sartre (1947)

«è la borghesia che lo [lo scrittore] legge, che gli dà i mezzi per vivere e che decide della sua gloria... Inutilmente lo scrittore finge di staccarsi per vederla meglio nel suo insieme; se vuol giudicarla dovrebbe prima di tutto uscirne. E non c'è modo di uscirne se non vivendo gli interessi e la vita di un'altra classe».

Che cos'è la letteratura.

LA TRATTAZIONE SINTETICA

1. Dopo aver esposto le opposte interpretazioni di Croce/Bobbio e Gentile/Bottai, spiega in uno scritto che non superi le dieci righe perché e in che modo sia possibile parlare di cultura fascista. (§ 5, **S4**)
2. In relazione al contesto storico di riferimento, come si spiega il motivo esistenzialistico dell'angoscia, della noia e dell'indifferenza così largamente diffuso nelle opere letterarie? (§§ 5-6)

 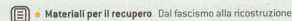 • **Materiali per il recupero** Dal fascismo alla ricostruzione   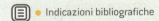 • Indicazioni bibliografiche

prometeo 3.0

Personalizza il tuo libro selezionando per questo capitolo materiali integrativi da Prometeo (di seguito ti proponiamo un elenco di materiali, ma puoi trovarne altri utilizzando il motore di ricerca).

- **VIDEO** Margherita Ganeri, *L'identità del Novecento*
- **VIDEO** LE IDEE E LE IMMAGINI Giovanna Taviani, *Il Neorealismo. Letteratura e cinema*
- **INTERSEZIONI** La macchina
- **INTERSEZIONI** Lavoro e diritti sociali
- **MODULO TEMATICO INTERDISCIPLINARE** Potere e lavoro
- **MODULO TEMATICO INTERDISCIPLINARE** Emigrazione e imperialismo
- **LO SPETTACOLO TEATRALE: LA SCENA E GLI ATTORI** La riforma registica in Italia

Capitolo II
Le riviste, i movimenti letterari, le poetiche

 My eBook+

Cliccando su questa icona, docenti e studenti accedono ad un'area di personalizzazione che permette di arricchire i contenuti digitali già linkati lungo le pagine del libro. Nell'area di personalizzazione è possibile infatti salvare ulteriori materiali: selezionati da Prometeo, prodotti autonomamente o ricercati nella rete.

▶ Per un elenco di materiali integrativi presenti nella biblioteca multimediale di Prometeo o per attivare una ricerca cfr. p. 58

Alberto Savinio, *Il sogno del poeta*, 1927. Collezione privata.

1. Le riviste e le poetiche in Italia dalla seconda metà degli anni Venti al dopoguerra

Le riviste durante il fascismo

Il dibattito delle riviste durante il regime fascista è interno ai temi posti dal fascismo stesso. In particolare, **si contrappongono due tendenze**: quella di **"Strapaese"**, che punta sulle radici rurali dell'Italia e che continua, anche se in forme ridotte, il sovversivismo piccolo-borghese; **e quella di "Stracittà"**, che insiste sul modernismo cittadino e industriale.

«Il Selvaggio» (1924-1943)

"**Strapaese**" ha come rivista «Il Selvaggio» (1924-1943), fondata dal pittore **Mino Maccari**: difende i valori "originari" dell'Italia contadina, con polemico spirito antintellettualistico.

«900» (1926-1929)

"**Stracittà**" si riconosce invece in «900», diretta da **Massimo Bontempelli**, e cerca un'apertura europea: dal 1926 al 1927 esce infatti in francese, ma dal 1928 al 1929 è redatta in italiano. Rifiutati del futurismo gli aspetti anarchico-distruttivi, ne accetta però l'interesse per la modernità e il nuovo.

L'Ermetismo

L'Ermetismo recupera ed estremizza la tendenza alla "poesia pura" – cioè assoluta, esclusivamente lirica e programmaticamente estranea al discorso logico e ideologico. Esso nasce intorno al **1932**, quando escono *Isola* di Alfonso Gatto e *Oboe sommerso* di Quasimodo. Si sviluppa però soprat-

parte nona — Il fascismo, la guerra e la ricostruzione: dall'Ermetismo al Neorealismo (1925-1956)

tutto nel **periodo 1935-1943, a Firenze**, per prolungarsi sino agli inizi degli anni Cinquanta. I suoi massimi rappresentanti sono **Luzi, Gatto, Quasimodo**. Ma, all'inizio, sono influenzati dall'Ermetismo anche Sereni e Zanzotto.

L'ideologia dell'Ermetismo: la religione della letteratura

S • Letteratura come vita (C. Bo)

L'**Ermetismo affonda le proprie radici in una ideologia volta a identificare la vita e la poesia**. La vita è concepita come esperienza tutta interiore e spirituale e come tensione a un'umanità universale, astorica e atemporale; la letteratura viene elevata a religione o a teologia. La vita, ridotta a vita dello spirito, si realizza in modo privilegiato nella poesia, considerata quale unica ragione d'essere, unica dignità possibile.

Il gruppo degli ermetici forma una vera e propria scuola, con i suoi maestri (Mallarmé, Eluard e, fra gli italiani, soprattutto l'Ungaretti di *Sentimento del tempo*), **con una sua precisa "grammatica"**, vale a dire con un registro precostituito e fortemente caratterizzante di soluzioni linguistiche e formali. **Esiste insomma una "maniera" ermetica, determinata dai seguenti elementi**: **a)** uso prevalente dell'endecasillabo; **b)** astrazione e rarefazione delle immagini in modo da potenziarne il valore evocativo; **c)** impiego di accostamenti analogici; **d)** riduzione del lessico a poche parole-chiave; **e)** soppressione delle determinazioni (per esempio degli articoli determinativi) in modo da rendere "assoluta" e allusiva la parola; **f)** uso di plurali indeterminati al posto del singolare; **g)** tendenziale riduzione a zero dei nessi grammaticali e sintattici.

La "maniera" ermetica

I "letterati-letterati": «Solaria» (1926-1934)

I **"letterati-letterati"** (cfr. cap. I, § 5) **si riuniscono intorno alla rivista «Solaria»** (1926-1934), alla quale parteciparono scrittori come Montale, Gadda, Quasimodo (ma anche Vittorini) e critici come Solmi, Debenedetti, Contini. **«Solaria» alimenta il mito della "cittadella delle lettere"** che, chiusa in se stessa, protegge i valori della civiltà e della cultura accerchiata dalla volgarità della società di massa e dalla brutalità della dittatura fascista. Proprio per uscire dall'accerchiamento italiano, **«Solaria» è particolarmente aperta alla cultura europea**. Anzi, è essa a diffondere la lezione

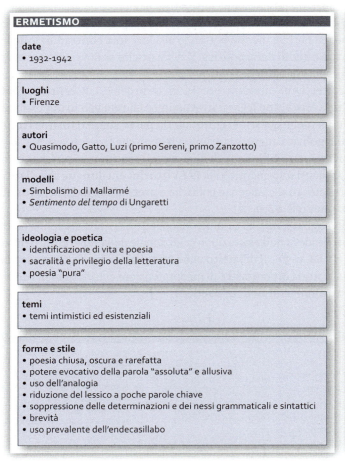

S • Il progetto di «Solaria» e la sua differenza dalla «Ronda» e da «900» (S. Briosi)

La "ricostruzione nazionale" e le sue riviste: Vittorini e «il Politecnico»

L'obiettivo del Politecnico: creare una «nuova cultura»

Caratteri del «Politecnico»

Il contrasto con il PCI

Le critiche al «Politecnico»

La contraddizione fra politica e cultura

L'intervento di Togliatti e la risposta di Vittorini

S • Politica e cultura: una lettera di Togliatti

PCI partito più forte d'occidente

Le conseguenze del contrasto fra Togliatti e Vittorini

S • Un giudizio sulla polemica Vittorini-Togliatti (R. Luperini)

di Joyce e Proust, come anche di Svevo. L'interesse principale va proprio alla narrativa, facendo cadere quell'avversione per il romanzo che aveva gravato sugli anni Dieci e Venti.

La guerra prima, la lotta di liberazione nazionale poi pongono comunque tutti i letterati di fronte alla **necessità di un impegno**. La posizione del "letterato-letterato" diventa indifendibile. Nell'immediato dopoguerra, il clima ideologico della "ricostruzione nazionale" e la coscienza che essa non doveva riguardare solo l'aspetto economico del Paese ma estendersi anche a quello morale e culturale sembrano concedere nuovo spazio alle iniziative degli intellettuali. **Gli uomini di cultura si sentono investiti di un nuovo compito storico**; nascono così numerose riviste, alcune più legate al mondo della cultura, altre dipendenti dalla politica culturale del Partito Comunista. Il periodico più importante è **«Il Politecnico»**, diretto da Elio Vittorini fra il settembre 1945 e il dicembre 1947.

Vittorini accolse l'appello all'"impegno" lanciato dallo scrittore e filosofo francese Jean-Paul Sartre con la rivista «Les temps modernes» [I tempi moderni]. **«Il Politecnico» si proponeva di unificare gli intellettuali italiani** al di là delle loro ideologie indicando loro un **obiettivo comune: la creazione di una «nuova cultura»** che aiutasse «a eliminare lo sfruttamento e la schiavitù» e dunque abbandonasse la neutralità e lo specialismo tradizionali. **Per raggiungere tale obiettivo, la rivista si serviva di questi strumenti:** 1) una soluzione grafica d'avanguardia; 2) le inchieste giornalistiche, che impegnavano gli intellettuali nella conoscenza diretta e nella ricognizione concreta della realtà; 3) l'apertura ai giovani e alle avanguardie artistiche e culturali europee e americane (cfr. **S1**).

Questi aspetti della rivista si rivelarono ben presto in contraddizione con la politica del Partito Comunista. Infatti, intervenendo attraverso le inchieste, il giornale assumeva posizioni talora diverse da quelle delle sinistre; inoltre, l'apertura alle avanguardie, a Sartre, all'esistenzialismo e alla psicoanalisi erano combattute dal Partito Comunista, che invece proponeva una linea tradizionalmente storicistica, capace di conquistare un ceto medio generalmente ostile agli atteggiamenti avanguardistici.

«Il Politecnico» venne accusato di «misticismo della cultura», cioè di un'impostazione troppo «astratta», incapace di proporre una letteratura nazionale e pericolosamente compiacente con quelle tendenze «decadenti» che la politica culturale del partito intendeva invece combattere. Poi il dissenso divenne più netto e preciso portando alla luce **una contraddizione e un contrasto fra i valori della cultura e quelli della politica**. Si discusse cioè se dovessero prevalere gli indirizzi e i valori della cultura oppure quelli della politica.

Nel dibattito intervenne direttamente il segretario del PCI, **Palmiro Togliatti**, sostenendo che fra politica e cultura esistevano legami strettissimi e che era perciò impossibile negare ai politici il diritto di intervenire nelle questioni culturali. **Da parte sua, Vittorini rivendicò la superiorità della cultura sulla politica**: mentre la prima avrebbe a che fare con la storia, lo spazio della seconda sarebbe quello, più ristretto e limitato, della cronaca; la cultura produrrebbe cambiamenti qualitativi, la politica mutamenti solo quantitativi. **Per Vittorini era dunque sbagliato** chiedere la subordinazione degli intellettuali alle esigenze politiche e **pretendere dagli scrittori di «suonare il piffero per la rivoluzione»** (cfr. **S2**, p. 52).

Come si vede, **Togliatti** mirava a ridurre all'obbedienza e alla disciplina politica gli intellettuali, mentre **Vittorini** ricadeva nell'esaltazione tradizionale della superiorità della cultura su ogni altra attività umana (cfr. **S3**, p. 53). Il **dibattito ebbe una portata storica traumatica**, e a esso seguì una lunga e tormentata storia di contrasti e di incomprensioni che divisero per anni il PCI e gli intellettuali, opponendo fra loro "culturali" e "politici".

«IL POLITECNICO» DI VITTORINI	
date • settembre 1945-dicembre 1947	**caratteristiche** • intreccio di politica e cultura • soluzione grafica d'avanguardia • inchieste giornalistiche • apertura ai giovani • apertura alle avanguardie europee e americane
obiettivo • creare una «nuova cultura» capace di incidere sulla realtà, eliminando «lo sfruttamento e la schiavitù»	

S1 — MATERIALI E DOCUMENTI

Vittorini e il programma del «Politecnico»: la proposta di una nuova cultura

Il primo numero del «Politecnico» si apriva con l'articolo di Elio Vittorini *Una nuova cultura*. La guerra, secondo Vittorini, aveva segnato la sconfitta della vecchia cultura che intendeva consolare l'uomo invece che difenderlo dalle ingiustizie, dalla violenza e dalla miseria. Si trattava invece di creare una nuova cultura «capace di lottare contro la fame e le sofferenze». Per questo obbiettivo dovevano unirsi e lottare insieme intellettuali marxisti, idealisti e cattolici (le tre culture allora dominanti erano appunto quella marxista, quella idealista di Croce e quella cattolica). Sulla posizione di Vittorini cfr. anche espansioni digitali S *Politica e cultura: una lettera di Togliatti* e espansioni digitali S *Un giudizio sulla polemica Vittorini-Togliatti*).

▶▶ Non più una cultura che consoli nelle sofferenze ma una cultura che protegga dalle sofferenze, che le combatta e le elimini.

Per un pezzo sarà difficile dire se qualcuno o qualcosa abbia vinto in questa guerra. Ma certo vi è tanto che ha perduto, e che si vede come abbia perduto. I morti, se li contiamo, sono più di bambini che di soldati; le macerie sono di città che avevano venticinque secoli di vita; di case e di biblioteche, di monumenti, di cattedrali, di tutte le forme per le quali è passato il progresso civile dell'uomo; e i campi su cui si è sparso più sangue si chiamano Mathausen, Maidaneck, Buchenwald, Dakau.

Di chi è la sconfitta più grave in tutto questo che è accaduto? Vi era bene qualcosa che, attraverso i secoli, ci aveva insegnato a considerare sacra l'esistenza dei bambini. Anche di ogni conquista civile dell'uomo ci aveva insegnato ch'era sacra; lo stesso del pane; lo stesso del lavoro. E se ora milioni di bambini sono stati uccisi, se tanto che era sacro è stato lo stesso colpito e distrutto, la sconfitta è anzitutto di questa «cosa» che c'insegnava la inviolabilità loro. Non è anzitutto di questa «cosa» che c'insegnava l'inviolabilità loro?

Questa «cosa», voglio subito dirlo, non è altro che la cultura […].

Non vi è delitto commesso dal fascismo che questa cultura non avesse insegnato ad esecrare già da tempo. E se il fascismo ha avuto modo di commettere tutti i delitti che questa cultura aveva insegnato ad esecrare già da tempo, non dobbiamo chiedere proprio a questa cultura come e perché il fascismo ha potuto commetterli?

Dubito che un paladino di questa cultura, alla quale anche noi apparteniamo, possa darci una risposta diversa da quella che possiamo darci noi stessi: e non riconoscere con noi che l'insegnamento di questa cultura non ha avuto che scarsa, forse nessuna, influenza civile sugli uomini.

Pure […] c'è Platone in questa cultura. E c'è Cristo. Dico: c'è Cristo. Non ha avuto che scarsa influenza Gesù Cristo? Tutt'altro. Egli molta ne ha avuta. Ma è stata influenza, la sua, e di tutta la cultura fino ad oggi, che ha generato mutamenti quasi solo nell'intelletto degli uomini, che ha generato e rigenerato dunque se stessa, e mai, o quasi mai, rigenerato, dentro alle possibilità di fare, anche l'uomo. Pensiero greco, pensiero latino, pensiero cristiano di ogni tempo, sembra non abbiano dato agli uomini che il modo di travestire e giustificare, o addirittura di render tecnica, la barbarie dei fatti loro. È qualità naturale della cultura di non poter influire sui fatti degli uomini?

Io lo nego. Se quasi mai (salvo in periodi isolati e oggi nell'U.R.S.S.) la cultura ha potuto influire sui fatti degli uomini dipende solo dal modo in cui la cultura si è manifestata. Essa ha predicato, ha insegnato, ha elaborato principii e valori, ha scoperto continenti e costruito macchine, *ma non si è identificata con la società, non ha governato con la società, non ha condotto eserciti per la società*. Da che cosa la cultura trae motivo per elaborare i suoi principii e i suoi valori? Dallo spettacolo di ciò che l'uomo soffre nella società. L'uomo ha sofferto nella società, l'uomo soffre. E che cosa fa la cultura per l'uomo che soffre? Cerca di consolarlo.

Per questo suo modo di consolatrice in cui si è manifestata fino ad oggi, la cultura non ha potuto impedire gli orrori del fascismo. Nessuna forza sociale era «sua» in Italia o in Germania per impedire l'avvento al potere del fascismo, né erano «suoi» i cannoni, gli aeroplani, i carri armati che avrebbero potuto impedire l'avventura d'Etiopia, l'intervento fascista in Spagna, l'«Anschluss» o il patto di Monaco.[1] Ma di chi se non di lei stessa è la colpa che le forze sociali non siano forze della cultura, e i cannoni, gli aeroplani, i carri armati non siano «suoi»?[2]

La società non è cultura perché la cultura non è società. E la cultura non è società perché ha in sé l'eterna rinuncia del «dare a Cesare»[3] e perché i suoi principii sono soltanto *consolatori*, perché non sono tempestivamente rinnovatori ed efficacemente attuali, viventi con la società stessa come la società stessa vive. Potremo mai avere una cultura che sappia proteggere l'uomo dalle sofferenze invece di limitarsi a consolarlo? Una cultura che le impedisca, che le scongiuri, che aiuti a eliminare lo sfruttamento e la schiavitù, e a vincere il bisogno, questa è la cultura in cui occorre che si trasformi tutta la vecchia cultura.

E. Vittorini, *Una nuova cultura*, in «Il Politecnico», antologia a cura di M. Forti e S. Pautasso, Lerici, Milano 1960, pp. 43-46.

---

1 **«Anschluss»…Monaco**: l'Anschluss è il termine tedesco con cui si indicò l'annessione dell'Austria alla Germania hitleriana nel 1938; il patto di Monaco fu stipulato, sempre nel 1938, tra Inghilterra, Francia, Italia e Germania e permise a Hiltler di impadronirsi della Cecoslovacchia.

2 **Ma di chi…«suoi»?**: Vittorini rimprovera la cultura di non essere riuscita a egemonizzare le forze sociali, a prendere cioè il potere in modo da impedire l'avvento del fascismo.

3 **«dare a Cesare»**: celebre frase evangelica che invita a delegare a chi governa e ai partiti l'azione politica e sociale.

S2 MATERIALI E DOCUMENTI

La risposta di Vittorini a Togliatti: il rifiuto di suonare il piffero per la rivoluzione

Sul «Politecnico» (numeri 33-34, settembre-dicembre 1946) viene pubblicata una lettera a Vittorini di Palmiro Togliatti, segretario del PCI (cfr. espansioni digitali S). Togliatti non accetta la distinzione fra politica e cultura avanzata da Vittorini (che vede la prima operare solo processi quantitativi e la seconda invece trasformazioni qualitative), ribadisce l'opportunità che gli uomini politici si occupino degli indirizzi culturali e attacca la tendenza della rivista alla «ricerca astratta del nuovo, del diverso, del sorprendente»: critica cioè l'impostazione avanguardistica e vede in essa la possibilità di «errori fondamentali di indirizzo ideologico».

La risposta alla lettera di Togliatti impegna Vittorini in un lungo saggio, di cui riportiamo solo alcune pagine. Si riproducono un brano in cui Vittorini sottolinea non solo la necessità dell'autonomia della ricerca culturale, ma il carattere rivoluzionario di quest'ultima: la cultura sarebbe sempre e comunque rivoluzionaria a causa del suo carattere antidogmatico e della sua incessante «ricerca della verità»; quindi (III) un passo in cui viene difesa la libertà di ricerca degli artisti, che non possono essere costretti a suonare il piffero per la rivoluzione (ciò li porterebbe di fatto a seguire una «poetica arcadica»); infine (IV) un ultimo paragrafo in cui si fanno intravedere i rischi di una politica culturale chiusa e settaria, che accusa di «decadentismo» gli «scrittori di crisi» (Vittorini pensa a Dostoevskij e a Kafka, messi sotto accusa in URSS dalla linea di Stalin). Sull'argomento affrontato da Vittorini nel suo saggio cfr. anche espansioni digitali S *Il dibattito sulla figura dell'intellettuale dal fascismo ai primi anni del dopoguerra*.

II

Rivendico un'autonomia per la cultura come possibilità di svolgere, tra tutti gli errori cui ogni ricerca si trova esposta, il proprio lavoro non politico. Ma so che nei momenti più acuti delle rivoluzioni la politica *coincide a tal segno con l'interesse della ricerca* da rendere impossibile ogni distinzione tra politica e cultura ed impossibile ogni autonomia della cultura. [...] La cultura deve essere autonoma rispetto all'azione politica (anche all'interno di chi sia uomo politico) tranne nei momenti decisivi delle rivoluzioni. [...]

La cultura «vuole» questi rivolgimenti. Essa tende alla «rivoluzione». Perché? In qual senso?

Per il fatto stesso di essere ricerca della verità [...] la cultura inserisce una nostra scelta nell'automatismo del mondo.[1] Cultura è verità che si sviluppa e muta. [...] Essa è la forza umana che scopre nel mondo le esigenze di mutamento e ne dà coscienza al mondo. Essa, dunque, vuole le trasformazioni del mondo. Ma aspira, volendole, ad ordinare il mondo in un modo per cui il mondo non ricada più sotto il dominio di un interesse economico, o comunque di una necessità, di un automatismo, e possa al contrario, identificare il proprio movimento con quello della ricerca della verità, della filosofia, dell'arte, insomma della cultura stessa. Così la cultura aspira alla rivoluzione come a una *possibilità di prendere il potere* attraverso una *politica* che sia cultura tradotta in politica, e non più interesse economico tradotto in politica, privilegio di casta tradotto in politica, necessità tradotta in politica. [...]

III

La linea che divide, nel campo della cultura, il progresso dalla reazione, non si identifica esattamente con la linea che li divide in politica. È questo che, alle volte, non si capisce da parte nostra; o non si è pronti a capire; o non si vuol capire. E da questo nascono le diffidenze ed ostilità che rendono la politica progressista non sempre capace di sostenere la cultura progressista come di valersene, e la cultura progressista non sempre capace di sostenere la politica progressista come di valersene.

Avviene che noi si voglia giudicare dalle manifestazioni politiche di un poeta, o da quanto egli ha dato di esplicito, se la sua poesia è a tendenza progressista o a tendenza reazionaria. [...] Al tempo di Marx il marxismo sapeva impadronirsi del valore progressista ch'era implicito nell'opera di ogni grande scrittore d'allora, fosse Hoelderlin, fosse Heine, fosse Dickens o fosse Balzac, senza guardare se essi fossero, nell'esplicito politico, con la destra o con la sinistra. Oggi noi siamo inclini a rifiutare o ignorare i grandi scrittori del nostro tempo. Ignoriamo completamente, per esempio, Kafka, che pure ha rappresentato con la forza grandiosa delle raffigurazioni mitiche la condizione in cui l'uomo è ridotto a vivere nella società contemporanea, e rifiutiamo in blocco l'opera, per esempio, di un Hemingway che pure contiene, in termini concreti, tanti dei problemi per i quali e in ragione dei quali l'uomo ha bisogno di una trasformazione rivoluzionaria del mondo. [...]

Che cosa significa per uno scrittore, essere «rivoluzionario»? Nella mia dimestichezza con taluni compagni politici ho potuto notare ch'essi inclinano a riconoscerci la qualità di «rivoluzionari» nella misura in cui noi «suoniamo il piffero» intorno ai *problemi rivoluzionari posti dalla politica*; cioè nella misura in cui prendiamo problemi dalla politica e li traduciamo in «bel canto»: con parole, con immagini, con figure. Ma questo, a mio giudizio, è tutt'altro che rivoluzionario, anzi è un modo arcadico[2] d'essere scrittore. [...]

IV

Rivoluzionario è lo scrittore che riesce a porre attraverso la sua opera esigenze rivoluzionarie *diverse* da quelle che la politica pone; esigenze interne, segrete, recondite dell'uomo *ch'egli soltanto sa scorgere nell'uomo, che è proprio di lui scrittore scorgere, e che è proprio di lui scrittore rivoluzionario porre*, e porre *accanto* alle esigenze che pone la politica, porre *in più* delle esigenze che pone la politica. Quando io parlo di sforzi in senso rivoluzionario da parte di noi scrittori, parlo di sforzi rivolti a porre simili esigenze. E se accuso il timore che i nostri sforzi in senso rivoluzionario non siano riconosciuti come tali dai nostri compagni politici, è perché vedo la tendenza dei nostri compagni politici a riconoscere come rivoluzionaria la letteratura arcadica di chi suona il piffero per la rivoluzione piuttosto che la letteratura in cui simili esigenze sono poste, la letteratura detta oggi di crisi.

---

1 **cultura...del mondo**: la cultura assicura il predominio della libera scelta e della originalità della ricerca sull'automatismo del sistema politico e sociale, regolato solo dalla necessità della propria conservazione.
2 **arcadico**: conformista e quindi arido e vuoto.

S2

Rifiutare e ignorare i migliori scrittori di crisi del nostro tempo, significa rifiutare tutta la letteratura problematica sorta dalla crisi della società occidentale contemporanea. E non è un rifiuto di riconoscere la problematicità stessa per rivoluzionaria? Non è un rifiuto di riconoscere la crisi stessa per rivoluzionaria?

E. Vittorini, *Politica e cultura. Lettera a Togliatti*, in «*Il Politecnico*», a cura di M. Forti e S. Pautasso, Lerici, Milano 1960, pp. 174-175, 179-180, 187-189, 191-192.

S3 — MATERIALI E DOCUMENTI
Attualità di alcune affermazioni di Vittorini

La posizione di Vittorini nella polemica con Togliatti (cfr. **S2**) presenta alcuni aspetti di notevole interesse e attualità. Uno di questi riguarda la libertà di ricerca dell'arte e della cultura, che non possono essere sottoposte a controlli o a discipline. Vittorini polemizza contro l'orientamento, che in URSS ma anche nella politica culturale dei partiti comunisti occidentali, imponeva agli artisti una verità precostituita, impedendo la libertà di ricerca. Ciò si presta ad alcune considerazioni. In Europa e nel Nordamerica oggi non esistono più rischi di questo tipo. Ma non ne mancano altri non meno insidiosi. L'arte e la cultura infatti corrono il pericolo di dipendere dalle esigenze del mercato, dell'industria culturale, dello spettacolo, dai finanziamenti dello Stato e delle aziende private. Si tratta di condizionamenti più nascosti e più sottili di un tempo, ma che molte volte indirizzano e determinano gli ambiti e gli svolgimenti della ricerca scientifica e, qualche volta, anche di quella artistica. D'altra parte, molto spesso, senza finanziamenti, sponsorizzazioni e incentivi economici, la ricerca non può neppure avere luogo. Come garantire allora la sua libertà in un sistema regolato dalla legge del mercato? La questione è tuttora aperta.

2 | Il Neorealismo da "corrente involontaria" a scuola e poetica organica

Il Neorealismo come "corrente involontaria" (1943-1948)

Il periodo che va dal 1943 al 1948-49 è quello del Neorealismo come tendenza spontanea (o "corrente involontaria") e non come scuola o poetica omogenea. Esso nasce dai giornali clandestini durante la guerra partigiana, dalle cronache e dalle testimonianze sulla guerra e sul dopoguerra, da un bisogno di comunicare le esperienze concrete vissute in anni drammatici. **I suoi precedenti stanno nel "nuovo realismo" affiorato già negli anni Trenta** con Moravia, Vittorini e Pavese; **ma ha qualcosa di antiletterario**, di fresco e di immediato, che va al di là dei generi consueti e unisce spesso documentazione, memorialistica, saggistica, narrativa. Si pensi, per fare un solo esempio, a *Cristo si è fermato a Eboli* di **Carlo Levi**. In questo clima nascono romanzi come *Uomini e no* (1945) di **Vittorini** o *Il sentiero dei nidi di ragno* (1947) di **Calvino**. A esso – ma con più preciso impegno narrativo e romanzesco – si collegano anche le prime opere di **Fenoglio**, nonché opere pittoriche e i grandi film della stagione neorealistica (cfr. cap. I, § 8). Ovviamente **prevale il tema dell'"impegno"**, ma esso è sentito come spontanea esigenza morale prima ancora che come progetto politico. Le riviste (come «Il Politecnico») che promuovono questo ritorno alla realtà ne sottolineano la **rottura rispetto al clima rarefatto e intimistico dell'Ermetismo e della letteratura solariana**; ma non elaborano un progetto teorico. I maestri di questa fase sono Pavese, Vittorini, il realismo lirico del Verga nei *Malavoglia* (cfr. **S4**, p. 55), a volte gli americani (Hemingway soprattutto).

Il "realismo socialista" e il Neorealismo come tendenza organizzata (1949-1955)

Dopo le elezioni del 1948 vinte dalla Democrazia Cristiana a poco a poco la situazione cambia e il **Neorealismo assume nuovi aspetti**. Si crea un clima di lotta frontale fra DC e partiti di sinistra e di arroccamento difensivo di questi ultimi. In questa atmosfera, le sinistre elaborano una "tendenza" letteraria precisa e una poetica organica e omogenea e le diffondono sulle riviste del PCI. Negli anni più bui del dopoguerra, **dal 1948 al 1953, ci si batte per il principio della partiticità dell'arte e per il "realismo socialista"**. Tali indirizzi comportano l'adesione dello scrittore a una posizione non solo politica ma partitica, ispirata all'ideologia socialista e a un modello di romanzo tradizionale, con un eroe positivo, portatore degli ideali di progresso – quasi sempre un operaio o un contadino – in conflitto con la società borghese. **Danno l'avvio a tale tendenza *L'Agnese va a morire* di Renata Viganò** e

La discussione su *Metello* di Pratolini e la polemica fra "marxisti dogmatici" e "marxisti critici"

Le terre del Sacramento di Francesco Jovine, due romanzi usciti nel 1949. **Ma essa si prolunga sino a *Metello* di Vasco Pratolini**, romanzo (uscito nel 1955) programmaticamente ispirato al "realismo socialista". La discussione che accompagna questo romanzo segna la fine del Neorealismo (cfr. cap. X, § 4). **A partire da questo momento** (1955-56) **la cultura di sinistra appare divisa in due schieramenti: da un lato il "marxismo ufficiale"** (o "dogmatico", come lo chiamano i suoi detrattori), rappresentato dagli intellettuali fedeli alla linea culturale del PCI; **dall'altro il "marxismo critico"**, che fa capo invece a uomini di cultura di sinistra ma critici nei confronti del PCI. **I primi** sostengono ancora il Neorealismo o comunque una letteratura ispirata al realismo, e per questo esaltano il romanzo di Pratolini; **i secondi** sono invece favorevoli a sperimentare soluzioni letterarie nuove, diverse tanto da quelle del "Novecentismo" o della "poesia pura" quanto da quelle del Neorealismo, e per questo non accettano le soluzioni formali e tematiche di *Metello*. Non è certo casuale che in quegli stessi mesi (1955-1956) appaiano due riviste, «Officina» e «Il Verri», con le quali il Neorealismo viene accantonato e si passa invece a una letteratura nuova di tipo sperimentale.

Il superamento del Neorealismo

Renato Guttuso, *La fucilazione in campagna*, 1939. Roma, Galleria Nazionale d'Arte Moderna.

Nel 1931 Renato Guttuso (Bagheria, Palermo 1912-Roma 1987) espose alla Prima Quadriennale d'Arte Realistica, ispirata a posizioni politiche antifasciste. Nel 1943 entrò nella Resistenza. La corrente realista sostiene il ritorno a un'arte di contenuti e di diretto impatto sulla realtà sociale. Guttuso si serve di un espressionismo moderato, dai modi picassiani, e le sue doti artistiche e umane sono sempre tese a una resa realistica, sottolineata da una accesa cromia. Il rosso, il colore predominante in questo quadro, è eloquentemente giocato in tutte le sue possibilità espressive. La citazione diretta è da un quadro del pittore spagnolo Francisco Goya (*Fucilazione del 3 Maggio 1808*), ma il prestito tematico nulla toglie alla penetrazione psicologica di Guttuso. La solida fisicità delle figure in vita fa da contrasto alla piatta bidimensionalità delle figure dei morti. La concentrata uniforme aggressività dei fucilatori fa risaltare le diverse espressioni dei morenti.

IL NEOREALISMO

Neorealismo come corrente involontaria	Neorealismo come poetica organica
date • 1943-1949	**date** • 1949-1956
caratteristiche • recupero della lezione di Verga, di Vittorini, di Pavese, della letteratura americana • intreccio di generi diversi (memorialistica, saggistica, narrativa) • esigenza spontanea di "raccontare" e "testimoniare"	**caratteristiche** • arte di partito • realismo socialista • romanzo tradizionale con un eroe positivo in conflitto con il mondo borghese
temi • esperienze drammatiche vissute negli anni della Resistenza e della guerra	**temi e forme** • romanzo tradizionale • conflitto con la società borghese • classe operaia
autori • Elio Vittorini • Cesare Pavese • Italo Calvino • Beppe Fenoglio • Carlo Levi • Primo Levi	**autori** • Renata Viganò • Francesco Jovine • Vasco Pratolini

S4 — Il Neorealismo nel ricordo di Calvino

Per ricostruire l'atmosfera da cui nacque il primo Neorealismo (quello del periodo 1943-48) e i modelli letterari che ispirarono i primi narratori neorealisti è fondamentale l'introduzione che Italo Calvino scrisse nel 1964 a una nuova edizione del suo romanzo neorealista del 1947, *Il sentiero dei nidi di ragno*. Calvino sottolinea il carattere spontaneo e non guidato del movimento, che nasceva soprattutto da una «smania di raccontare» e di documentare quanto era accaduto, ricostruisce il clima collettivo di quegli anni e ricorda i principali modelli letterari dei giovani narratori (lui stesso era allora giovanissimo) che esordirono nell'immediato dopoguerra: *I Malavoglia* di Verga, *Conversazione in Sicilia* di Vittorini e *Paesi tuoi* di Pavese. Mostra anche l'accanimento formale della loro ricerca, ma nello steso tempo documenta quanto fosse pressante l'esigenza dell'"impegno" e forte e spontanea l'urgenza ideologica di un messaggio anche politico.

▶▶ Questo romanzo è il primo che ho scritto; quasi posso dire la prima cosa che ho scritto, se si eccettuano pochi racconti. Che impressione mi fa, a riprenderlo in mano adesso? [nel 1964]. Più che come un'opera mia lo leggo come un libro nato anonimamente dal clima generale d'un'epoca, da una tensione morale, da un gusto letterario che era quello in cui la nostra generazione si riconosceva, dopo la fine della Seconda Guerra Mondiale.

L'esplosione letteraria di quegli anni in Italia fu, prima che un fatto d'arte, un fatto fisiologico, esistenziale, collettivo. Avevamo vissuto la guerra, e noi più giovani – che avevamo fatto appena in tempo a fare il partigiano – non ce ne sentivamo schiacciati, vinti, «bruciati», ma vincitori, spinti dalla carica propulsiva della battaglia appena conclusa, depositari esclusivi d'una sua eredità. Non era facile ottimismo, però, o gratuita euforia; tutt'altro: quello di cui ci sentivamo depositari era un senso della vita come qualcosa che può ricominciare da zero, un rovello problematico generale, anche una nostra capacità di vivere lo strazio e lo sbaraglio; ma l'accento che vi mettevamo era quello d'una spavalda allegria. Molte cose nacquero da quel clima, e anche il piglio dei miei primi racconti e del primo romanzo.

Questo ci tocca oggi, soprattutto: la voce anonima dell'epoca, più forte delle nostre inflessioni individuali ancora incerte. L'essere usciti da un'esperienza – guerra, guerra civile – che non aveva risparmiato nessuno, stabiliva un'immediatezza di comunicazione tra lo scrittore e il suo pubblico: si era faccia a faccia, alla pari, carichi di storie da raccontare, ognuno aveva avuto la sua, ognuno aveva vissuto vite irregolari drammatiche avventurose, ci si strappava la parola di bocca. La rinata libertà di parlare fu per la gente al principio smania di raccontare: nei treni che riprendevano a funzionare, gremiti di persone e pacchi di farina e bidoni d'olio, ogni passeggero raccontava agli sconosciuti le vicissitudini che gli erano occorse, e così ogni avventore ai tavoli delle «mense del popolo», ogni donna nelle code ai negozi; il grigiore delle vite quotidiane sembrava cosa d'altre epoche; ci muovevamo in un multicolore universo di storie. [...]

Eppure, eppure, il segreto di come si scriveva allora non era soltanto in questa elementare universalità dei contenuti, non era lì la molla [...]; al contrario, mai fu tanto chiaro che le storie che si raccontavano erano materiale grezzo: la carica esplosiva di libertà che animava il giovane scrittore non era tanto nella sua volontà di documentare o informare, quanto in quella di *esprimere*. Esprimere che cosa? Noi stessi, il sapore aspro della vita che avevamo appreso allora allora, tante cose che si credeva di sapere o di essere, e forse veramente in quel momento sapevamo ed eravamo. [...]

Il «neorealismo» non fu una scuola. (Cerchiamo di dire le cose con esattezza). Fu un insieme di voci, in gran parte periferiche, una molteplice scoperta delle diverse Italie, anche – o specialmente – delle Italie fino allora più inedite per la letteratura. Senza la varietà di Italie sconosciute l'una all'altra – o che si supponevano sconosciute –, senza la varietà dei dialetti e dei gerghi da far lievitare e impastare nella lingua letteraria, non ci sarebbe stato «neorealismo». Ma non fu paesano nel senso del verismo regionale ottocentesco. La caratterizzazione locale voleva dare sapore di verità a una rappresentazione in cui doveva riconoscersi tutto il vasto mondo: come la provincia americana in quegli scrittori degli Anni Trenta di cui tanti critici ci rimproveravano d'essere gli allievi diretti o indiretti. Perciò il linguaggio, lo stile, il ritmo avevano tanta importanza per noi, per questo nostro realismo che doveva essere il più possibile distante dal naturalismo. Ci eravamo fatta una linea, ossia una specie di triangolo: *I Malavoglia*, *Conversazione in Sicilia*, *Paesi tuoi*, da cui partire, ognuno sulla base del proprio lessico locale e del proprio paesaggio.

I. Calvino, Prefazione a Il sentiero dei nidi di ragno, Einaudi, Torino 1964, pp. 7-12.

Locandina di *Roma città aperta*, film del 1945 di Roberto Rossellini.

DAL RIPASSO ALLA VERIFICA

MAPPA CONCETTUALE — Movimenti e riviste in Italia

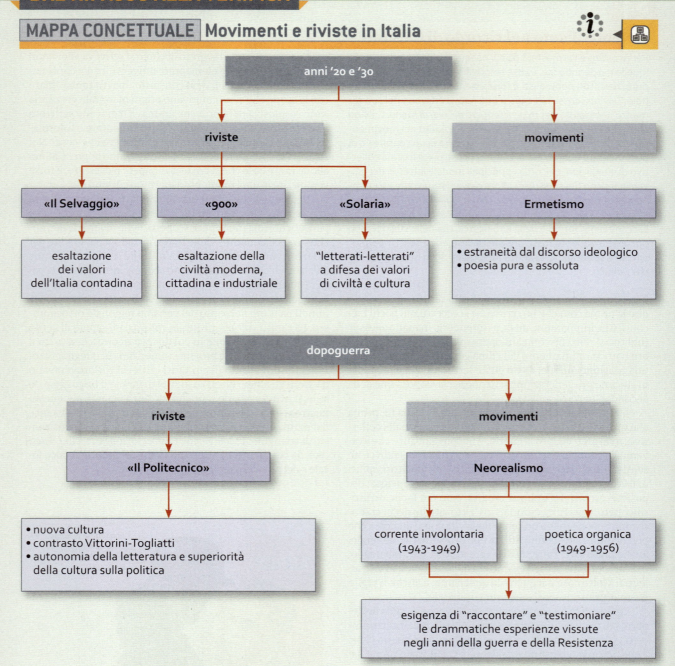

SINTESI

• Tra avanguardismo e classicismo. "Strapaese" e "Stracittà"

Gli anni 1925-1956 sono caratterizzati dalla compresenza di aspetti avanguardistici e antiavanguardistici: da un lato le avanguardie continuano il loro percorso, magari perdendo le loro punte più aggressive, dall'altro prevalgono tendenze classicistiche o postsimboliste, che talora assumono aspetti conservatori o restaurativi. In Italia dopo il 1925 le avanguardie continuano a sopravvivere solo in forme moderate, trasformandosi in movimenti di fronda interni al fascismo. È così, ad esempio, per "Strapaese" e "Stracittà", che si inseriscono nel dibattito fascista sull'ordine di priorità da assegnare a campagna e industria, politica rurale e modernizzazione. Il primo dei due movimenti a darsi una rivista fu "Strapaese", attraverso «Il Selvaggio» (1924-1943), mentre "Stracittà" ebbe la sua rivista in «900» (1926-1929).

• L'Ermetismo. «Solaria»

La poetica più importante affermatasi negli anni Trenta è quella dell'Ermetismo, che affonda le proprie radici in una ideologia volta a identificare la vita e la poesia. La vita è concepita come esperienza tutta interiore e spirituale; la letteratura viene elevata a religione o a teologia. Il gruppo degli ermetici forma una vera e propria scuola, con una sua precisa "grammatica", vale a dire con un registro precostituito e fortemente caratterizzante di soluzioni linguistiche e formali.

• «Solaria»

La più importante rivista letteraria fra le due guerre è la fiorentina «Solaria» (1926-1934) che rivela un'apertura culturale europea. «Solaria», cui collaborarono quasi tutti i principali autori del periodo (Montale, Gadda, Quasimodo e Vittorini), diede il suo maggiore contributo alle lettere italiane nell'elaborazione di una proposta e di una poetica per il romanzo. La rivista alimenta il mito della "cittadella delle lettere" che, chiusa in se stessa, protegge i valori della civiltà e della cultra accerchiata dalla volgarità della società di massa e dalla brutalità della dittatura fascista.

• «Il Politecnico» e la polemica Vittorini-Togliatti

Nell'immediato dopoguerra il clima ideologico della "ricostruzione nazionale" sembra concedere nuovo spazio alle iniziative degli intellettuali. Nascono così numerose riviste, la più importante delle quali è «Il Politecnico» di Vittorini (1945-1947). La rivista si proponeva lo scopo di unificare gli intellettuali italiani al di là delle loro ideologie indicando un obiettivo comune: la creazione di una «nuova cultura» che abbandonasse la neutralità e lo specialismo tradizionali e imboccasse decisamente la via dell'"impegno". Gli aspetti più innovatori della rivista si rivelarono ben presto in contraddizione con la politica del PCI, con cui il dissenso e la polemica divennero sempre più netti. «Il Politecnico» mise in luce una contraddizione e un contrasto fra i valori della cultura e quelli della politica. Palmiro Togliatti, segretario del PCI, sosteneva che fra politica e cultura esistevano legami strettissimi e che era perciò impossibile negare ai politici il diritto di intervenire nelle questioni culturali. Vittorini invece rivendicava la superiorità della cultura sulla politica. Per Vittorini era sbagliato chiedere la subordinazione degli intellettuali alle esigenze politiche e pretendere dagli scrittori di «suonare il piffero per la rivoluzione».

• Il Neorealismo

Il periodo che va dal 1943 al 1948-49 è quello del Neorealismo come tendenza spontanea e non come scuola o poetica omogenea. Dopo le elezioni del 1948, vinte dalla DC, a poco a poco la situazione cambia. Si crea un clima di lotta frontale fra DC e partiti di sinistra. In questa atmosfera il Neorealismo assume le caratteristiche di una tendenza organizzata, che ha nel principio della partiticità dell'arte e nel "realismo socialista" i suoi capisaldi. Nel 1955 l'uscita di *Metello* di Pratolini, e le polemiche che il romanzo provocò segnano la fine del Neorealismo. Le caratteristiche del Neorealismo sono: il recupero della lezione della letteratura americana; l'intreccio di generi diversi (memorialistica, saggistica, narrativa) e l'esigenza spontanea di "raccontare" e "testimoniare" le drammatiche esperienze vissute negli anni della guerra e della Resistenza.

DALLE CONOSCENZE ALLE COMPETENZE

1 Indica le caratteristiche principali di ciascuna rivista: (§ 1)
- «Il Selvaggio» ....
- «900» ....
- «Solaria» ....
- «Il Politecnico» ....

2 Cancella la risposta errata. «Solaria», negli anni Trenta, si distingue dalle altre riviste perché (§ 1, espansioni digitali S Il progetto di «Solaria»)
- A difende la letteratura pura e il diritto all'evasione
- B difende la civiltà letteraria contro la barbarie fascista
- C si apre alla cultura europea
- D raccoglie intorno a sé i maggiori scrittori italiani

DAL RIPASSO ALLA VERIFICA

3 Vero o falso? L'Ermetismo (§ 1)
- A ☐V ☐F si rifà alla poesia metafisica
- B ☐V ☐F identifica poesia e vita
- C ☐V ☐F considera l'uomo come essere astorico
- D ☐V ☐F concepisce la poesia come impegno sociale
- E ☐V ☐F concepisce la poesia come religione
- F ☐V ☐F mira a una poesia preziosa e oscura

4 Completa le seguenti affermazioni sui mutamenti di poetica del dopoguerra (§ 2)

	NEOREALISMO	VERISMO
ritorno alla realtà	☐	☐
messaggio politico	☐	☐
intreccio di generi diversi	☐	☐
"raccontare" e "testimoniare" la vita del popolo	☐	☐
"raccontare" e "testimoniare" le drammatiche esperienze vissute negli anni della guerra e della Resistenza	☐	☐
documentazione e denuncia sociale	☐	☐
apertura verso il popolo	☐	☐
influenza della narrativa francese	☐	☐
influenza del romanzo americano	☐	☐

5 La rivista «Il Politecnico» risponde al nuovo compito storico che investe l'intellettuale nel dopoguerra: in che modo? Indicane (§ 1, **S1**)
- luogo di pubblicazione ....
- scopo ....
- strumenti ....

6 Sottolinea le affermazioni corrette. Dalla risposta di Vittorini a Togliatti risulta che (§ 1, **S2**)
- A la cultura deve essere autonoma dall'azione politica
- B l'ideologia politica garantisce il contenuto progressista dell'opera letteraria
- C la vera cultura è sempre rivoluzionaria
- D rivoluzionario è l'autore che traduce in poesia le questioni politiche

prometeo 3.0

Personalizza il tuo libro selezionando per questo capitolo materiali integrativi da Prometeo (di seguito ti proponiamo un elenco di materiali, ma puoi trovarne altri utilizzando il motore di ricerca).

- **SCHEDA** Il programma del «Selvaggio»
- **SCHEDA** Il programma di «900»
- **SCHEDA** Il programma di «Solaria»
- **SCHEDA** Perché l'Italia abbia una letteratura europea (L. Ferrero)
- **SCHEDA** Presentazione di «Les Temps Modernes»: la funzione sociale dell'intellettuale (J.P. Sartre)

Capitolo III
Tra Simbolismo e Antinovecentismo: la poesia fuori d'Italia

My eBook+

Cliccando su questa icona, docenti e studenti accedono ad un'area di personalizzazione che permette di arricchire i contenuti digitali già linkati lungo le pagine del libro. Nell'area di personalizzazione è possibile infatti salvare ulteriori materiali: selezionati da Prometeo, prodotti autonomamente o ricercati nella rete.

Joan Miró, *Il carnevale di Arlecchino* (particolare), 1924-1925. Buffalo, Albright-Knox Art Gallery.

1. La tradizione del Simbolismo e quella dell'Antinovecentismo

Avanguardia e ritorno all'ordine, espressionismo e simbolismo classicista

La dialettica che caratterizza la poesia dei **primi due decenni del Novecento in Europa** si svolge **tra avanguardia e ritorno all'ordine**, cioè, in genere, **tra espressionismo e simbolismo classicista**. Non rari sono d'altra parte gli autori, come Ungaretti, in cui le due tendenze convivono e si fondono. **Nel periodo che va dagli anni Venti alla guerra questa situazione si modifica gradualmente. Da una parte** le spinte restaurative guadagnano terreno, anche sul piano socio-politico (il fascismo prende il potere in Italia, il nazismo in Germania; Franco vince la guerra civile in Spagna), e si riaffermano di conseguenza modelli tradizionalisti. **Dall'altra**, tuttavia, lo scossone espressionistico e il rinnovamento promosso dalle avanguardie hanno agito in profondità nella cultura letteraria europea, così che molte delle loro proposte sono entrate a far parte dei valori acquisiti. La situazione più frequente, a livello europeo, tra gli anni Venti e Quaranta, è dunque il ritorno a forme poetiche più tradizionali, ma rinnovate dall'interno grazie alla lezione delle avanguardie.

Le avanguardie in Italia, in Francia e in Spagna

Il ritorno all'ordine è più forte in Italia, dove dopo il 1925 sopravvive solo l'avanguardia futurista, ma integrata al regime e trasformata in una sorta di paradossale accademia di Stato; mentre la vita delle avanguardie è prolungata **in Francia** grazie alla fortuna del Surrealismo negli anni Trenta. Tuttavia sia il Surrealismo francese, sia le importanti personalità legate in Spagna alla «Generazione del '27» mostrano non pochi aspetti di recupero della tradizione.

LA LINEA NOVECENTISTA E LA DOPPIA LINEA ANTINOVECENTISTA

Novecentismo	Antinovecentismo
Ungaretti e gli ermetici	capostipiti: Saba e Montale

Alberto Burri, *Cretto bianco*, 1975. Città di Castello, Fondazione Burri.

Il "classicismo moderno". Eliot, Valéry, Montale

Un episodio significativo è quello del cosiddetto "classicismo modernista", che comporta una riscoperta della tradizione (di qui il sostantivo) unita però a una forte consapevolezza della crisi moderna delle certezze (di qui l'aggettivo). Se ne danno diverse varianti nelle maggiori letterature europee, soprattutto con l'angloamericano **Eliot**, il francese **Valéry** e l'italiano **Montale**.

La linea "novecentista" (Ungaretti ed ermetici) e quelle antinovecentiste (Saba e Montale)

Il caso italiano è particolarmente interessante, anche per la qualità alta dei risultati raggiunti in questo periodo. **Nella prima metà degli anni Venti si determina una sorta di canonizzazione dei tre filoni fondamentali** che raccoglieranno per vari decenni la produzione poetica del nostro Paese. Nel 1921 esce la prima edizione del *Canzoniere* di Umberto Saba; fra il 1916 e il 1931 prende corpo *L'allegria* di Giuseppe Ungaretti; nel 1925, infine, quella degli *Ossi di seppia* di Eugenio Montale. Si possono dunque distinguere **una linea, detta "novecentista"** proprio perché a lungo considerata centrale nel Novecento, nella quale collocare Ungaretti e gli ermetici, **e una doppia linea antinovecentista**, frastagliata al suo interno e avente come capostipiti Saba e Montale.

2 Il Surrealismo e il classicismo moderno in Francia. Eluard e Valéry

Centralità del modello francese: la varietà delle poetiche

La grande fioritura del Simbolismo e il successivo diffondersi delle avanguardie (Surrealismo soprattutto) fanno della Francia, da Baudelaire alla Seconda guerra mondiale, il Paese al quale guardare con più interesse, per quanto riguarda la poesia. Questa **centralità europea delle esperienze poetiche francesi** è accresciuta anche dalla ricchezza e dalla problematicità delle tradizioni di poetica che vi si diffondono, a partire dalla fondamentale esperienza dello stesso Baudelaire. Da una parte **il simbolismo di Mallarmé**, centrato sul valore orfico della parola e sulla rilevanza dell'ispirazione e della tradizione classica, costituisce il modello di molte poetiche postsimboliste (compreso il nostro Ermetismo); dall'altra **la tensione contestativa di Rimbaud**, **Lautréamont** e **Laforgue** getta le basi di tutte le successive innovazioni formali e delle avanguardie.

Il Surrealismo

Le premesse del Surrealismo risalgono alla fine degli anni Dieci, e si intrecciano in parte con lo sviluppo e la crisi del movimento Dada. **È però nel 1924** che **Breton** pubblica il *Primo manifesto del surrealismo*, esplicitando la volontà di rottura con ogni forma di realismo, di compostezza e di rigore razionale, e rivendicando i diritti espressivi dell'inconscio. Coerentemente alle premesse teoriche, i surrealisti mostrarono profondo interesse per **tecniche nuove di scrittura**, in stato di ipnosi o in condizioni di follia, nel tentativo di favorire le espressioni di automatismo psichico e di recupe-

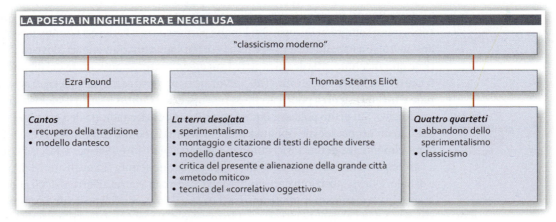

LA POESIA IN INGHILTERRA E NEGLI USA

"classicismo moderno"

- Ezra Pound
  - *Cantos*
    - recupero della tradizione
    - modello dantesco
- Thomas Stearns Eliot
  - *La terra desolata*
    - sperimentalismo
    - montaggio e citazione di testi di epoche diverse
    - modello dantesco
    - critica del presente e alienazione della grande città
    - «metodo mitico»
    - tecnica del «correlativo oggettivo»
  - *Quattro quartetti*
    - abbandono dello sperimentalismo
    - classicismo

rare un più stretto legame con la sfera del sogno e con le profondità ignote della psiche. **I maggiori poeti** che aderirono al movimento sono **André Breton**, **Louis Aragon**, **Paul Eluard** e **Tristan Tzara**.

Paul Eluard (1895-1952)

La più significativa personalità del Surrealismo francese è tuttavia **Paul Eluard**, pseudonimo di Eugène Grindel, nato nei pressi di Parigi nel 1895 e morto nel 1952. Partecipò al Dadaismo e al Surrealismo, aderendo nel 1926 al Partito Comunista. Combatté nella Resistenza e mantenne fino alla morte una rigorosa posizione di impegno pubblico. Tra le raccolte del periodo surrealista spicca *Capitale de la douleur* [Capitale del dolore, 1926]. Più netto diviene l'impegno politico nelle raccolte degli anni Trenta, fino alla poesia militante di *Au rendez-vous allemand* [Appuntamento con i tedeschi, 1944] e dei *Poèmes politique* [Poesie politiche, 1948].

T • Paul Eluard, *L'ultima notte*

Il "classicismo moderno"

Un'altra tendenza che salda, fra gli anni Venti e gli anni Trenta soprattutto, la tensione sperimentale e la ricerca di un maggiore equilibrio classico **è il cosiddetto "classicismo moderno"**, rispondente a una poetica la cui doppia anima si rivela fin dalla definizione.

Paul Valéry (1871-1945)

Il poeta francese più consapevole della necessità di fondere classicismo e modernità fu **Paul Valéry** (nato da madre italiana a Sète, sulla costa mediterranea della Francia, nel 1871, e morto a Parigi nel 1945). **Valéry rifiuta la fiducia di Mallarmé nella forza dell'ispirazione istintiva e nel potere quasi magico della parola**. La modernità del classicismo valériano sta già tutta in questa necessità di fondere la bellezza della scrittura alla rigorosa fondatezza razionale della dimostrazione: la compostezza e l'equilibrio classico si associano al vigore del teorema scientifico moderno. Dopo le opere giovanili, la poesia di Valéry dà i suoi frutti più importanti nel giro di pochi anni con *La jeune Parque* [La giovane Parca, 1917] e con *Charmes* [Incanti, 1922], al cui interno figura anche uno dei capolavori del poeta, *Le cimetière marin* [Il cimitero marino], già pubblicato nel 1920.

Il cimitero marino

T • Paul Veléry, *Il cimitero marino*

3. La poesia in Inghilterra e negli USA. Il classicismo moderno di Pound ed Eliot

Scarsa diffusione delle avanguardie

La scarsa diffusione dei movimenti d'avanguardia nelle letterature di lingua inglese comporta l'assenza di quella contrapposizione tra tendenze eversive e ritorno all'ordine che caratterizza invece, in misura maggiore o minore, gli altri Paesi europei (e in modo assai forte il nostro). **Tanto nel Regno Unito quanto negli USA prevalgono** invece, fin dagli anni Dieci, **varie forme di compromesso tra conservazione e innovazione**, tra tradizione e rottura. Si manifesta anche qui, cioè, quella tendenza al **"classicismo moderno"** di cui si è parlato per Valéry.

Il primo fautore del rinnovamento della poesia in lingua inglese soprattutto tra anni Venti e anni Trenta fu Pound.

Ezra Pound (1885-1972) e i *Cantos*

Ezra Pound nasce a Halley, nell'Idaho, nel 1885. Laureatosi negli USA, visse poi, a partire dal 1908, quasi sempre in Europa, con lunghe permanenze a Parigi e a Londra, ma soprattutto stabilendosi in Italia: a Rapallo tra il 1925 e il 1945, e poi soprattutto a Venezia (dove muore nel 1972) nell'ultimo quindicennio. Alla decisiva attività di organizzatore e animatore del dibattito culturale tra Stati Uniti e Inghilterra negli anni Dieci e Venti, in rapporto con Eliot e Joyce, si accompagna **una originale e intensa ricerca poetica**, che dà nell'opera dei *Cantos* [Canti] il suo risultato più organico e significativo. Sul piano politico, Pound parte da una critica radicale dell'economia capitalistica. Inseguendo un'utopia sociale ispirata a modelli orientali, Pound finì con il rivolgere le proprie simpatie ai movimenti antidemocratici europei, con particolare interesse per il fascismo italiano, giungendo a partecipare entusiasticamente alla propaganda antisemita fin negli anni dell'occupazione nazista e di Salò. Queste posizioni determinarono l'arresto di Pound all'arrivo degli alleati, e solo l'internamento in un manicomio americano tra il 1946 e il 1958 evitò al poeta un rischioso processo politico. Sul piano delle posizioni letterarie, **l'interesse di Pound spazia dalle origini francesi e italiane, con particolare attenzione a Dante, alle culture orientali**. Il rapporto con la tradizione non è, di superamento e di rottura, come per gli scrittori d'avanguardia, ma di appropriazione.

Critica del capitalismo e adesione al fascismo

T • Ezra Pound, *Studio di estetica*

Thomas Stearns Eliot (1888-1965)

Americano di nascita ma di famiglia inglese, vissuto a partire dai ventisette anni a Londra e di solida formazione culturale europea è **Thomas Stearns Eliot** (Saint Louis, nel Missouri, 1888-Londra 1965), il maggiore poeta di lingua inglese del secolo e una delle personalità decisive, anche in qualità di critico, della prima metà del Novecento. Nel **1917** Eliot pubblica la prima raccolta di poesie, quando vive già da alcuni anni in Inghilterra (***Prufrock, and other observations*** [Prufrock e altre osservazioni]). **Dopo altri libri di versi** (tra cui i *Poems* [Poesie, 1919]), Eliot pubblica **la decisiva raccolta di saggi *The sacred wood*** [Il bosco sacro, 1920], seguita nei decenni successivi da altri studi notevoli, anche su Dante. Ed è proprio dall'incontro con quest'ultimo, favorito dal contatto con Pound, che la poetica eliotiana riceve la maturazione decisiva, consentendo **la nascita di alcuni capolavori**: ***The Waste Land*** [La terra desolata, 1922], il poemetto ***Ash-Wednesday*** [Mercoledì delle ceneri, 1927-30] e infine ***Four Quartets*** [Quattro quartetti, 1943]. L'interesse per il teatro si esprime, negli anni della maturità, in vari studi teorici e **in alcuni drammi di valore diseguale**, tra i quali spiccano ***Murder in the cathedral*** [Assassinio nella cattedrale, 1935] e ***Cocktail party*** (1950). Il crescente successo internazionale gli vale il **premio Nobel nel 1948**.

Il modello dantesco e i capolavori (*La terra desolata* e *Quattro quartetti*)

Lo sperimentalismo della *Terra desolata*

Nel **1922**, lo stesso anno in cui uscì l'*Ulisse* di Joyce, **Eliot pubblicò *The Waste Land*** [La terra desolata]. **Si tratta di un poema costruito sul principio del montaggio, sulla citazione** di testi appartenenti a epoche diverse, sulla continua sovrapposizione dei tempi e dei luoghi e su una nuova forma di rappresentazione e della realtà che Eliot definì **«metodo mitico»** (cfr. **S1**) e che consiste nel collegamento, permesso appunto dal mito, fra attualità e antichità.

S1 — MATERIALI E DOCUMENTI

Thomas S. Eliot, il «metodo mitico»

La *terra desolata* è costruita secondo una tecnica particolare. Eliot, in una recensione all'*Ulisse* di Joyce uscita nel 1923 sulla rivista «The Dial», la definì «metodo mitico».

▶▶ Usando il mito, instaurando un continuo parallelo tra contemporaneità e antichità,[1] Joyce persegue un metodo che altri dovranno perseguire dopo di lui. Ed essi non saranno imitatori, bensì null'altro che scienziati intenti ad utilizzare le scoperte di un Einstein per seguitare in autonomia le loro future ricerche. Si tratta semplicemente di un modo per controllare, riordinare e dare forma e significato ad un immenso panorama di futilità ed anarchia quale quello della storia contemporanea [...]. La psicologia [...], l'etnologia e il *Ramo d'oro*[2] hanno concorso a rendere possibile ciò che alcuni anni fa non lo era. Invece di un metodo narrativo noi possiamo ora impiegare un metodo mitico.

T.S. Eliot, «*Ulysses*», *Order and Myth*, «The Dial», novembre 1923, trad. it. parz. in R.S. Crivelli, *Introduzioni a T.S. Eliot*, Laterza, Roma-Bari 1993, p. 72.

1. **Usando il mito...antichità**: nell'*Ulisse* di Joyce le vicende che si svolgono nel presente vogliono essere una nuova versione del mito di Ulisse narrato nell'*Odissea*. Ogni capitolo del romanzo è la riscrittura moderna di un libro del poema omerico.

2. **il *Ramo d'oro***: è l'opera di James Frazer *The Golden Bough*.

Strutturazione e organizzazione del testo

La terra desolata è costituita da **433 versi divisi in cinque parti**: *La sepoltura dei morti*, *Una partita a scacchi*, *Il sermone del fuoco*, *Morte per acqua*, *Ciò che disse il tuono*. In ciascuna di queste sezioni si raccontano più episodi, spesso apparentemente slegati fra loro; la voce narrante cambia più volte (pluridiscorsivismo); si citano brani tratti da opere che appartengono a epoche e culture diverse; la collocazione storica e sociale dell'evento raccontato muta di continuo.

T • T.S. Eliot, *La sepoltura dei morti*
T • T.S. Eliot, *Una partita a scacchi*

Difficoltà del senso letterale

È difficile dire quale sia il contenuto letterale del poema. L'opera si presenta come **una successione di frammenti retta da una serie di rimandi interni e di riferimenti simbolici difficili da decifrare**. Grazie alle note aggiunte da Eliot alla prima edizione in volume dell'opera (New York, 1922), i commentatori sono riusciti a ricostruirne, anche se in modo incompleto, il senso letterale.

Alberto Savinio, *La nave smarrita*, 1928. Torino, collezione privata.

Lo schema mitico-antropologico

La struttura della *Terra desolata* si fonda su uno schema mitico-antropologico che si ritrova sia nei rituali della fecondità dell'antichità pagana, sia in alcune leggende cristiane, come quella del Graal. Le comunità umane temono la sterilità invernale della terra; hanno paura che l'arresto apparente della vita e la desolazione dell'inverno siano definitivi e dipendano da una maledizione divina. Allora cercano di propiziarsi il favore degli dèi della fecondità **sacrificando, ritualmente e ciclicamente, il re della terra desolata**, che è ritenuto impotente e simbolicamente responsabile della sterilità.

***La terra desolata* riprende da questo schema mitico alcuni motivi ricorrenti** che le danno unità tematica. Tuttavia il principio in base al quale tali motivi vengono sviluppati non è un principio narrativo. Una delle maggiori difficoltà del poema deriva dal fatto che gli elementi tematici si incarnano in situazioni e personaggi sempre diversi e dal fatto che le epoche e i luoghi della cultura occidentale vengono mescolati e sovrapposti.

La sequenza dei frammenti retti dal racconto mitico sottostante **si conclude in modo enigmatico**. L'ultima scena della *Terra desolata* sembra suggerire una conclusione religiosa, ma taluni commentatori l'hanno interpretata in modo ironico. Il significato dell'opera rimane aperto e incerto.

S • L'interpretazione della *Terra desolata* di Frank Raymond Leavis

Una rappresentazione complessiva della società e della cultura

Come l'*Ulisse* di Joyce, anche **La terra desolata ha l'ambizione di dare una rappresentazione complessiva della società e della cultura**. La «terra desolata» è innanzitutto la storia. L'unità della cultura umana è spezzata: al posto di un legame organico fra il presente e la tradizione, c'è ormai un insieme di frammenti, un gruppo di citazioni slegate che il poema ripete, quasi a sottolineare che la volontà di ricollegarsi alle forme e ai valori del passato non può che rimanere delusa. Tuttavia **il presente** è peggiore del passato: è **«un immenso panorama di futilità ed anarchia»** (cfr. **S1**) in cui non hanno più corso i valori tradizionali della cultura occidentale e orientale e trionfano soltanto gli istinti primordiali distruttivi, il desiderio di guadagno e quello sessuale. **Il luogo emblematico del presente è la grande città**: caotica, sporca e confusa, attraversata da masse anonime e solitarie, piena di scene oniriche e irreali (cfr. **T1**, p. 65).

La critica del presente

La tecnica del «correlativo oggettivo»

Per dare forma poetica alle riflessioni filosofiche e ai sentimenti, cioè a entità astratte che non hanno forma sensibile, **Eliot fa ricorso alla tecnica del «correlativo oggettivo»**. Il correlativo oggettivo può essere una similitudine, una descrizione del mondo esterno o un monologo di un personaggio che illustri una visione del mondo o un sentimento dell'io lirico (cfr. **S2**). Nella *Sepoltura dei morti*, ad esempio, è una descrizione – **la città irreale percorsa dalla folla degli impiegati** – a costituire il **correlativo oggettivo della vita contemporanea** (cfr. **T1**).

L'impersonalità

Al correlativo oggettivo si lega **un altro dei princìpi di poetica eliotiani: l'impersonalità**. Come il correlativo oggettivo tenta di tradurre ciò che è astratto e individuale in una forma concreta e pubblica, così la poesia dev'essere impersonale e tradurre l'esperienza vissuta soggettiva in una forma universale in cui tutti possano identificarsi.

Una poetica classicista

T • T.S. Eliot, *Il classicismo novecentesco*

Nello stesso tempo in cui scriveva *La terra desolata*, Eliot andava sviluppando **una poetica classicistica** che poteva sembrare in contraddizione con le forme sperimentali della sua poesia. Il classicismo di Eliot divenne ben presto un atteggiamento politico e morale. Nel 1927 egli aderì al ramo anglo-cattolico della Chiesa di Inghilterra e si dichiarò «classicista in letteratura, monarchico in politica, anglo-cattolico in religione».

Il classicismo moderno dei *Quattro quartetti*

Queste posizioni porteranno a un abbandono dello sperimentalismo della *Terra desolata*. **L'ultima grande opera di Eliot, i *Four Quartets*** [Quattro quartetti, 1943], **è un esempio di classicismo moderno**, di poesia che cerca di rappresentare la condizione dell'uomo e della società contemporanei mantenendo una continuità formale con i testi canonici del passato.

S2 — MATERIALI E DOCUMENTI

Thomas S. Eliot, il «correlativo oggettivo»

Un altro fondamento della poetica di Eliot è il «correlativo oggettivo». Egli lo illustra in un saggio del 1919, *Amleto e i suoi problemi*.

▶▶ Il solo modo di esprimere emozioni in forma d'arte è di scoprire un "correlativo oggettivo"; in altri termini una serie di oggetti, una situazione, una catena di eventi che saranno la formula di quella emozione *particolare*; tali che quando i fatti esterni, che devono terminare in esperienza sensibile, siano dati, venga immediatamente evocata l'emozione. Se esaminate una qualsiasi delle più fortunate tragedie di Shakespeare, troverete questa esatta equivalenza; troverete che la condizione mentale di Lady Macbeth[1] mentre passeggia nel sonno vi è stata comunicata da un'abile accumulazione d'immaginate impressioni sensoriali; le parole di Macbeth all'udire la morte di sua moglie ci colpiscono come se, data la sequela di eventi, fossero emesse dall'ultimo evento nella serie. L'"inevitabilità" artistica sta in questo completo adeguamento dell'esterno all'emozione; e ciò è precisamente quel che difetta in *Hamlet*. Amleto (uomo) è dominato da un'emozione che è inesprimibile perché è in eccesso ai fatti quali appaiono. E la supposta identità di Amleto col suo autore è vera fino a questo punto: che lo scacco di Amleto per l'assenza dell'equivalente oggettivo dei suoi sentimenti è un prolungamento dello scacco del suo creatore in presenza del problema artistico. Amleto è alle prese con questa difficoltà: il suo disgusto[2] è procurato da sua madre, ma sua madre non ne è un adeguato equivalente; il suo disgusto l'avvolge e la eccede. È così un sentimento ch'egli non può capire; non lo può oggettivare, e resta perciò ad avvelenare la vita e a ostacolare l'azione. Nessuna delle possibili azioni viene a soddisfarlo; e nulla di quanto possa fare Shakespeare con l'intreccio riesce a esprimere Amleto per lui. E bisogna notare che la natura stessa dei *données*[3] del problema preclude l'equivalenza oggettiva. Se fosse stata accresciuta la criminalità di Gertrude si sarebbe ottenuta la formula per un'emozione totalmente diversa in Amleto; è proprio *perché* il suo carattere è così negativo e insignificante che ella desta in Amleto il sentimento che non è capace di rappresentare.

T.S. Eliot, *Amleto e i suoi problemi*, trad. it. di A. Orbertello, in *Il bosco sacro*, Bompiani, Milano 1985, pp. 124-5.

1 Lady Macbeth: Eliot si riferisce ad alcuni momenti della tragedia *Macbeth* (1605-1606) di William Shakespeare.
2 il suo disgusto: lo spettro del padre morto ha rivelato ad Amleto di essere stato ucciso dal proprio fratello Claudio, che poi ha sposato la madre di Amleto, Gertrude. Amleto è disgustato dalla madre, non capisce come abbia potuto risposarsi così presto e sospetta di lei. Però le passioni e i pensieri di Amleto non si incentrano esclusivamente sulla madre; la morte atroce del padre ha fatto sorgere in lui non solo l'odio per l'assassino e per i suoi complici, ma anche sentimenti e riflessioni più vasti e astratti, come il disprezzo per l'intero genere umano, che è capace di azioni così atroci, e i dubbi sulla propria capacità e volontà di vendicare il delitto. Per questo Eliot dice che la madre non è un **adeguato equivalente** del disgusto di Amleto: non è lei il vero correlativo oggettivo dei sentimenti che Amleto prova.
3 *données*: dati (francese).

T1 Thomas S. Eliot
La descrizione della città

OPERA
La terra desolata

CONCETTI CHIAVE
- correlativo oggettivo
- intertestualità
- la città e la follia

FONTE
T.S. Eliot, *The Waste Land*, Mursia, Milano 1976; traduz. originale di Guido Mazzoni.

In questa poesia Londra è rappresentata come una «città irreale», attraversata da una folla anonima e inconsapevole che, con l'atteggiamento degli ignavi nell'*Inferno* di Dante, si reca al lavoro.

60 Unreal City,
     Under the brown fog of a winter dawn,
     A crowd flowed over London Bridge, so many,
     I had not thought death had undone so many.
     Sighs, short and infrequent, were exhaled,
65   And each man fixed his eyes before his feet.
     Flowed up the hill and down King William Street,
     To where Saint Mary Woolnoth kept the hours
     With a dead sound on the final stroke of nine.

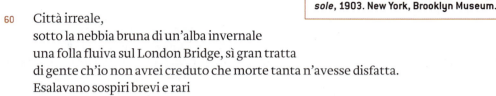

Claude Monet, *Londra, Il Parlamento. Effetto di sole*, 1903. New York, Brooklyn Museum.

60 Città irreale,
     sotto la nebbia bruna di un'alba invernale
     una folla fluiva sul London Bridge, sì gran tratta
     di gente ch'io non avrei creduto che morte tanta n'avesse disfatta.
     Esalavano sospiri brevi e rari
65   e ognuno fissava gli occhi davanti ai piedi.
     Fluivano su per la salita e giù per King William Street
     fin dove Saint Mary Woolnoth batteva le ore
     con un suono morto sull'ultimo tocco alle nove.

- **60-63** *O città irreale* [: Londra], *sotto la nebbia* [resa] *bruna* [dallo smog] *di un'alba d'inverno, una folla* [: quella degli impiegati] *camminava* (**fluiva**) *sul London Bridge, una quantità così grande* (**sì gran tratta**) *di gente che io non avrei* [mai] *creduto che la morte avesse potuto distruggerne così tanta* (**che morte tanta n'avesse disfatta**). La **città è irreale** perché, nel suo caos fantasmagorico, ha un aspetto onirico che non sembra vero; Eliot cita l'*incipit* di una celebre poesia di Baudelaire, *Les sept veillards* [I sette vecchi]. La **folla** è quella degli impiegati di banca che, uscendo dalla stazione della metropolitana posta a sud del Tamigi, attraversano il London Bridge [il ponte di Londra] per andare a lavorare nella City, che si trova a nord del fiume. **Ch'io non avrei creduto...disfatta**: Eliot cita le parole con le quali Dante descrive gli ignavi: «sì lunga tratta/ di gente, ch'i' non avrei creduto/ che morte tanta n'avesse disfatta» (*Inf.* III, vv. 55-57). Gli impiegati della City vengono paragonati ai vili, a coloro che non scelsero né il bene né il male, né l'accettazione né la ribellione, ma pensarono solo a se stessi.

- **64-68** *Emettevano* (**esalavano**) *sospiri brevi e rari; ognuno guardava fisso davanti a sé e teneva gli occhi bassi* (**ognuno fissava gli occhi davanti ai piedi**); *camminavano in su per la salita e in giù per King William Street, fin dove* [la chiesa di] *Saint Mary Woolnoth batteva i rintocchi delle ore, mandando un suono sordo* (**morto**) *sull'ultimo tocco delle nove*. **Ognuno fissava gli occhi...**: camminavano a testa bassa guardando davanti ai propri piedi. **Fluivano su per la salita**: la strada che si diparte dal London Bridge è leggermente in salita. **King William Street** è una strada della City. **Saint Mary Woolnoth** è una chiesa molto vicina al London Bridge, le cui campane scandivano le ore. L'ultimo rintocco aveva evidentemente un suono più sordo degli altri.

T1 DALLA COMPRENSIONE ALL'INTERPRETAZIONE

COMPRENSIONE

La folla degli impiegati Eliot descrive un scena precisa: gli impiegati attraversano il London Bridge per recarsi al lavoro. Agli occhi del poeta però **Londra** appare una **città infernale**; dal canto loro gli **impiegati** sono descritti come gli **ignavi** di cui parla Dante nel III canto dell'*Inferno*: sono au- tomi muti e inespressivi che avanzano sospirando con gli occhi fissi e lo sguardo basso. In questo modo una scena realistica (gli impiegati che la mattina raggiungono il posto di lavoro) acquisisce un valore allegorico e rappresenta l'**alienazione** dell'uomo moderno.

ANALISI

La grande metropoli moderna e l'inferno dantesco Come nell'*Ulisse* di Joyce, lo sfondo su cui si muovono gli uomini alienati del presente è la grande metropoli moderna. In Joyce come in Eliot **la città è l'allegoria, il «correlativo oggettivo» della confusione e della desolazione**. Eliot – insieme a Montale (cfr. cap. VI, **T5**, *Incontro*, p. 205) – è il primo poeta moderno a servirsi di **immagini tratte dall'*Inferno* di Dante** per descrivere la vita cittadina e, più in generale, per illustrare la condizione dell'uomo contemporaneo. Grazie a Eliot, a Montale – e, qualche anno più tardi, al poeta russo Mandel'stam – è cambiato il modo in cui gli scrittori del Novecento si sono avvicinati a Dante. Eliot si richiama anche a **Baudelaire** (v. 60), il primo poeta ad aver descritto con un'ottica moderna l'alienazione della grande città. Da Baudelaire discende anche la tendenza a cogliere gli aspetti onirici e fantasmagorici della metropoli.

Il correlativo oggettivo La teoria del correlativo oggettivo ha molti significati e molte applicazioni. Con il termine **«correlativo oggettivo»** Eliot indica **la rappresentazione di riflessioni o sentimenti astratti attraverso scene e figure visibili e sensibili**, cioè attraverso similitudini, monologhi e dialoghi di personaggi e descrizioni del mondo fisico (cfr. **S2**, p. 64). Nel brano che abbiamo letto, la città e la folla degli impiegati che camminano come gli ignavi sono un correlativo oggettivo della condizione onirica, «irreale» della vita moderna; la loro descrizione – la descrizione di una scena percepibile dai sensi – illustra una nozione astratta.

INTERPRETAZIONE

Eliot e gli «uomini vuoti» Nel 1925 Eliot scrisse una poesia intitolata *Gli uomini vuoti*, nella quale, attraverso la forma del monologo, gli uomini contemporanei narravano la propria condizione. Nel poemetto del 1922, gli uomini vuoti appartengono soprattutto alle classi popolari e alla piccola borghesia: gli impiegati della City di *La sepoltura dei morti*, la donna del *pub* di *Una partita a scacchi*, la dattilografa che si accoppia con l'agente immobiliare in *Il sermone del fuoco*. Per Eliot queste classi incarnano la volgarità del **presente massificato**, e in particolare la piccola borghesia, che subisce la meschinità senza rivoltarsi. Nel brano che abbiamo letto, gli impiegati della City sono paragonati agli ignavi dell'*Inferno*: come loro non hanno saputo scegliere fra l'accettazione serena dello stato di cose in cui vivono e la ribellione, e hanno convertito la volontà di riscatto in frustrazione. L'origine del **disprezzo di Eliot per la piccola borghesia** è sia biografica che sociale: Eliot, che era di famiglia altoborghese, guardava alla piccola borghesia con il terrore del declassamento. Inoltre per sette anni era stato costretto a lavorare in banca: nella scena della folla che fluisce sul London Bridge c'è un chiaro elemento autobiografico.

Un altro punto di contatto tra **Eliot e Montale**, oltre a quello citato all'inizio, è la rappresentazione degli **uomini-massa come «automi»**. Si veda, a questo proposito, «*Addii, fischi nel buio, cenni, tosse*» (cap. VI, **T6**, p. 212), in cui si riconosce che «Forse / gli automi hanno ragione». Gli automi hanno vinto: il mondo – già quello di Eliot e di Montale, molto di più il nostro – è degli uomini vuoti, degli automi.

T1 LAVORIAMO SUL TESTO

ANALIZZARE

La folla della City

1. Che rappresentazione dà il poeta della metropoli moderna?
2. **LINGUA E LESSICO** Sottolinea nel testo le espressioni e i termini riconducibili al tema della morte.
3. Segna la risposta errata e motiva le altre. Attraverso la citazione dantesca Eliot:
   - A vuole associare la città all'inferno
   - B suggerisce un'analogia tra la massa degli impiegati e i morti
   - C paragona la folla alla massa degli ignavi (vili) danteschi
   - D esprime la compassione per la triste condizione della metropoli moderna

INTERPRETARE

Gli impiegati come ignavi

4. Aiutandoti con l'analisi e interpretazione del testo definisci che cosa intende Eliot per correlativo oggettivo, quindi individua i correlativi oggettivi presenti nel testo.

LE MIE COMPETENZE: INDIVIDUARE COLLEGAMENTI

In questa poesia Eliot riprende e rielabora la lezione di Dante. Rileggi il canto III dell'*Inferno* dove s'incontra la descrizione che Dante dedica agli ignavi. Confronta il canto dantesco con la poesia di Eliot: quali sono i punti di contatto tra i due testi? Quali sono invece gli elementi di distanza più appariscenti? Secondo te perché il poeta novecentesco si serve di questa immagine tratta dall'*Inferno*? Quali tratti della descrizione degli ignavi sceglie di evidenziare?

4 La poesia tedesca: la lirica militante di Brecht

Fine dell'Espressionismo e avvento del nazismo

La conclusione della grande stagione dell'Espressionismo e l'irrigidimento della vita culturale tedesca **con l'avvento del nazismo** creano nel periodo che va **dalla fine degli anni Venti alla guerra** una impressione di vuoto, benché siano ancora attivi in questi anni poeti di prim'ordine il cui esordio si colloca negli anni precedenti. L'avvento del nazismo non mancò per altro di **favorire il diffondersi di una poesia disimpegnata e "pura"**, estranea alle crude vicende della storia, che presenta qualche affinità con alcuni aspetti dell'Ermetismo italiano.

La poesia quale strumento di lotta in Bertolt Brecht

La personalità di maggior rilievo fu tuttavia quella di **Bertolt Brecht** (che fu anche un importantissimo autore teatrale: cfr. cap. XIII, §2). Nato ad Augusta nel 1898, dopo studi irregolari si trasferisce a Monaco, dove esordisce per il teatro nel 1922, e poi a Berlino, avvicinandosi al Partito comunista. **Nel 1933**, all'avvento di Hitler al potere, **lascia la Germania**, vivendo dapprima nei Paesi scandinavi e poi, dal 1941 al 1947, negli Stati Uniti. **Nel 1948 si trasferisce a Berlino est**, dove si dedica all'attività di regista fino alla morte (1956). La produzione lirica di Brecht è vasta ma assai disordinata: in parte non raccolta in volume, in parte intrecciata alla struttura dei drammi teatrali, entro i quali trovano posto non di rado canzoni in versi. D'altra parte **la poesia doveva essere, nelle intenzioni dell'autore, un utensile, uno strumento di azione e di insegnamento**, un momento dunque tutt'altro che assoluto e supremo dell'attività intellettuale (secondo la concezione allora prevalente).

Rudolf Schlichter, *Ritratto di Bertolt Brecht*, 1926. Monaco, Städtische Galerie im Lenbachhaus.

Parzialità e marginalità dell'io nella poesia di Brecht

Dalla poesia brechtiana è esclusa la figura dell'io quale centro emotivo del discorso: l'io, quando esiste, è esso stesso parte in causa, e oggetto di riflessione e di analisi. **I versi si misurano con la dura esistenza della realtà**, prendendo posizione con nettezza. **Quanto al linguaggio**, l'interesse brechtiano non è mai per la suggestione analogica, per la raffinatezza retorico-formale; possono esservi giochi di parole, ma la lingua non è mai oggetto di interesse in se stessa: al contrario, **la lingua è asservita a un fine pratico di conoscenza, di dimostrazione e di persuasione**. L'assunzione di una posizione di esibita parzialità caratterizza tutta la lirica brechtiana. Si tratta di una **parzialità politica**, fondata su valori non personali ma ideologici.

Spunti di cronaca e loro rilevanza allegorica

I temi brechtiani prendono spesso spunto dalla **cronaca**, soprattutto la più comune e bassa, con un gusto anche del grottesco e del macabro, nella giovinezza, e della deformazione espressionistica. Gli episodi di cronaca assumono un rilievo allegorico grazie al caricamento di senso che il poeta s'incarica di compiere, generalmente in modo del tutto esplicito e dichiarato. A volte a essere oggetto dei testi sono direttamente **le grandi questioni storico-politiche** che riguardano il presente, come la vittoria del nazismo e la scelta della guerra; in questi casi la posizione dell'autore, identificata con quella di classe del proletariato, è fatta risaltare o per mezzo del contrasto ironico o attraverso l'impiego di tecniche epigrammatiche di grande efficacia, senza escludere tuttavia la possibilità dell'apostrofe e dell'invettiva. Uno spazio particolare è concesso alla **riflessione sul significato delle proprie stesse scelte politiche** (cfr. T2, p. 68).

LA POESIA TEDESCA	
Bertolt Brecht	• la poesia come strumento di lotta politica • primato della cronaca • deformazione espressionistica e allegoria

T2 Bertolt Brecht
A chi esita

OPERA
Poesie e canzoni

CONCETTI CHIAVE
- una poesia schierata
- l'appello a scegliere

FONTE
B. Brecht, *Poesie e canzoni*, trad. di F. Fortini, Einaudi, Torino 1959.

Fra le espansioni digitali puoi leggere il testo originale tedesco

Quello qui presentato è uno dei numerosi testi brechtiani nei quali l'attenzione è puntata sulla scelta di una parte, nello scontro tra le varie classi sociali e tra le varie fazioni sempre in lotta. In questo caso oggetto dell'attenzione del poeta è un militante, evidentemente comunista, scoraggiato dalle molte sconfitte, dagli errori compiuti dai suoi stessi compagni, dalla forza invincibile che sembra assumere il nemico.

> Dici:
> per noi va male. Il buio
> cresce. Le forze scemano.
> Dopo che si è lavorato tanti anni
> 5 noi siamo ora in una condizione
> più difficile di quando
> si era appena cominciato.
>
> E il nemico ci sta innanzi
> più potente che mai.
> 10 Sembra gli siano cresciute le forze. Ha preso
> una apparenza invincibile.
> E noi abbiamo commesso degli errori,
> non si può più mentire.
> Siamo sempre di meno.[1] Le nostre
> 15 parole d'ordine sono confuse. Una parte
> delle nostre parole
> le ha stravolte il nemico fino a renderle
> irriconoscibili.[2]
>
> Che cosa è ora falso di quel che abbiam detto?
> 20 Qualcosa o tutto?
> Su chi
> contiamo ancora?
> Siamo dei sopravvissuti, respinti
> via dalla corrente? Resteremo indietro, senza
> 25 comprender più nessuno e da nessuno compresi?
> O dobbiamo sperare soltanto
> in un colpo di fortuna?
>
> Questo tu chiedi. Non aspettarti
> nessuna risposta
> 30 oltre la tua.

● **1 E il nemico...di meno:** si allude probabilmente alla crisi del movimento comunista e democratico in Germania negli anni del nazismo. Salito al potere nel 1933, il nazismo spazzò via con la violenza ogni opposizione, accanendosi con particolare ferocia su socialisti e comunisti, che pure rappresentavano, insieme, una parte consistente dei lavoratori e della popolazione.

● **2 Le nostre parole...irriconoscibili:** da militante consapevole, Brecht si accorge che il suo partito non ha saputo frenare l'avvento della dittatura; che ha commesso errori politici; che i nazisti sono riusciti a ingannare anche una parte della classe operaia servendosi di "parole d'ordine", ossia di slogan e concetti in apparenza popolari, persino in apparenza simili a quelli del movimento marxista e capaci di raccogliere consenso fra le masse impoverite dalla dura crisi della Germania seguita alla sconfitta nella Prima guerra mondiale.

T2 DALLA COMPRENSIONE ALL'INTERPRETAZIONE

COMPRENSIONE

Al militante La prima strofa introduce la figura del militante e le sue parole esprimono **scoraggiamento di fronte alla condizione presente** (vv. 5-7). La seconda strofa è una rappresentazione dura ma realistica della situazione politica del momento, dominata dalla **crescente forza del «nemico»**. Segue una **serie di domande** che puntano a verificare il percorso fatto: ma non c'è **«nessuna risposta»** oltre quella che può darsi il militante stesso, ribadendo la propria **scelta di parte**.

ANALISI

Lo stile della persuasione La poesia ha un **andamento prosastico**. La sintassi è incalzante, con il susseguirsi di **frasi brevi** separate dal punto. Lo stile mira non alla bellezza ma alla persuasione: danno al messaggio grande forza persuasiva la serie di **interrogative** ai vv. 19-27. D'altra parte, nella visione brechtiana, la lingua non è mai oggetto di interesse in sé ma è sempre funzionale alla trasmissione, attraverso i versi, di un contenuto politico. Quella di Brecht si dimostra così una poesia all'altezza del momento storico e del suo rilievo tragico, allontanandosi dalla tendenza dominante di una lirica risolta in suggestioni analogico-musicali o concentrata su temi evasivi.

INTERPRETAZIONE

La scelta politica Nella poesia brechtiana esiste una **connessione organica fra posizioni** di **poetica e posizioni ideologiche**, che per l'autore significano adesione alla prospettiva marxista della lotta di classe. La parzialità diviene dunque il punto d'onore dei versi di Brecht, che in questo caso riflettono sul significato stesso delle scelte politiche e sui parametri di giudizio a cui esse si affidano. La conclusione indica che l'assunzione di una responsabilità storica di parte, cioè la partecipazione alla lotta in corso, non può essere garantita né da una fede trascendente né da un significato teologico dello storia (e quindi neppure da una supposta verità di partito). Si sottolinea così il carattere relativo e l'azzardo che sono impliciti nella scelta, pur ribadendo la necessità di non esitare e richiamando il singolo a una piena e rigorosa **responsabilità politica e civile**.

T2 LAVORIAMO SUL TESTO

ANALIZZARE

Il punto di vista

1. A quale ipotetico interlocutore si rivolge il poeta?
2. Che significato assume il passaggio dal tu al noi e infine di nuovo al tu?

Lo stile

3. **LINGUA E LESSICO** Cogli l'effetto espressivo che comunica la sintassi breve e spezzata.
4. Che cosa denota il passaggio dalle asserzioni della prima e della seconda strofa alle incalzanti interrogative della terza?

INTERPRETARE

«nessuna risposta oltre la tua»

5. Come si pone il poeta di fronte alla sconfitta e alla mancanza di ogni certezza? Spiega alla luce del contesto il significato degli ultimi due versi.

5. La «Generazione del '27» in Spagna e García Lorca; la poesia ispano-americana e Neruda

Un periodo di grazia per la poesia spagnola

L'effetto delle avanguardie fu in Spagna abbastanza modesto e temporaneo. Più intensa appare la riscoperta della maggiore tradizione nazionale del passato (quella barocca del secolo d'oro) e soprattutto **l'adeguamento alla nuova sensibilità simbolistica (con il Modernismo)**. Tuttavia, il convergere di riscoperta dei grandi modelli barocchi, l'influsso della moderna poesia francese e la vivacità della vita sociale e politica degli anni Venti e Trenta favorirono la prosecuzione dei grandi risultati di Machado e Jiménez, i maggiori poeti del principio del secolo. È anzi proprio in questo periodo che la poesia spagnola raggiunge il suo momento di grazia, quando sono ancora attivi i due scrittori appena nominati e già si affacciano e si impongono sulla scena i nuovi della Generazione del '27.

La Generazione del '27

La cosiddetta Generazione del '27 prende il nome dall'anno in cui si formò un gruppo di scrittori cui appartenevano, fra gli altri, **Jorge Guillén** (1893-1984), **Federico García Lorca** (1898-1936), **Rafael Alberti** (1902-1999). Nei poeti che si riconobbero nel gruppo agirono sia il culto della poesia pura e musicale, con la ripresa di forme metriche colte, sia la **ricerca di forme e modi espressivi nuovi e originali**, spesso sensibili ai modelli della poesia popolare antica e moderna. **L'impegno dalla parte repubblicana, nella guerra civile**, che caratterizzò i poeti del gruppo, costituì lo sbocco conseguente del loro impegno civile, ma decretò d'altra parte, alla vittoria del franchismo (1939), la dissoluzione del gruppo, con l'uccisione di alcuni tra i suoi maggiori esponenti (come García Lorca) e l'esilio di molti altri (fra cui Guillén e Alberti). **Si conclude così il periodo d'oro della poesia spagnola moderna** (fra l'altro nel 1939 muore anche Machado, a sua volta impegnato contro Franco), **e si apre il duro periodo della repressione, anche culturale, del franchismo**: la Spagna, adeguatasi nei primi decenni del Novecento, almeno sul piano della ricerca culturale e della produzione artistica, ai maggiori Paesi d'Europa, risprofonda nell'isolamento e nell'arretratezza.

L'impegno contro Franco e la dispersione del gruppo dopo la guerra civile

Il maggiore poeta spagnolo del Novecento fu l'andaluso **Federico García Lorca, nato nel 1898 e fucilato il 19 agosto 1936 dalla polizia franchista** subito dopo l'inizio della guerra civile. Laureatosi in legge a Granada, visse soprattutto a Madrid, dove si legò agli ambienti culturali surrealisti, frequentando il pittore Dalí, il regista Buñuel e il musicista de Falla. Egli stesso fu musicista di pregio e disegnatore raffinato. Impegnato in varie riviste e nel rinnovamento teatrale spagnolo, compì, negli anni che precedono la morte, importanti viaggi negli Stati Uniti e nell'America del Sud.

Federico García Lorca (1898-1936)

Nella poesia di García Lorca si opera una splendida sintesi di popolare e di colto. Da una parte vengono ripresi i temi e le forme della poesia popolare andalusa; dall'altra, modi e caratteri della tradizione illustre, con una apertura al rinnovamento surrealista. **La leggerezza è spesso la cifra stilistica del poeta**, che tuttavia ruota per lo più attorno a **temi dolorosi**, anche nel presentimento oscuro e continuo della fine tragica (cfr. T3). La rappresentazione del destino amaro della vita anima tanto la rappresentazione spesso frustrata dell'amore quanto la ricorrenza dei **temi della solitudine e della morte**. A squarci, e talvolta accanto ai temi dolorosi, si spalanca invece l'allegria più spensierata, perfino ingenua e infantile. La forza accattivante di questa miscela espressiva ed emotiva si affida alla grazia del ritmo, al rinnovamento discreto ma profondo del linguaggio poetico, alla nitidezza e originalità inconfondibile delle immagini.

Una sintesi di popolare e di colto

Leggerezza e presagi di morte

Il fascino della poesia di García Lorca

Strettamente collegata alla fioritura della poesia in Spagna è anche l'apparizione di vari poeti di qualità nei Paesi sudamericani di lingua spagnola e in Messico. Tra i molti significativi si ricordano qui soltanto **il messicano Octavio Paz** (1914-1998), nei cui versi assumono un'importanza centrale la riflessione sull'identità messicana e il tema della solitudine e **il cileno Pablo Neruda** (1904-1973).

La fioritura della poesia ispanoamericana

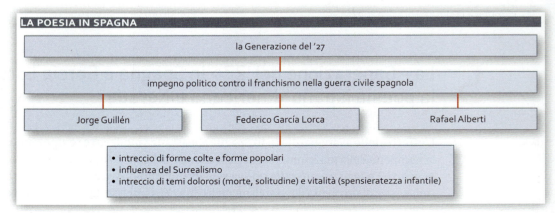

Pablo Neruda in Cile: fra impegno politico e ricerca letteraria

Pablo Neruda (pseudonimo di Neftalí Ricardo Reyes Basoalto) nasce a Parral, nell'estremo Sud del Cile, nel 1904. Dopo una intensa attività nella diplomazia, che lo porta in Oriente e nella Spagna dei decisivi anni 1934-36, si dedica alla politica attiva nel proprio Paese d'origine, entrando nel partito comunista. Deposto dalla carica di senatore nel 1948, vive una lunga e intensa stagione di esilio, che lo porta anche a risiedere in Italia. Sostenitore del governo del socialista Allende (1970), è nominato ambasciatore per il Cile in Francia. **Nel 1971 riceve il premio Nobel**. Tornato a Santiago nel 1972, muore pochi giorni dopo il colpo di stato di Pinochet del 1973.

Il tema amoroso e l'esaltazione delle forme elementari di vita

Accanto ad alcune prove narrative (di carattere autobiografico) e teatrali, la vasta produzione poetica di Neruda occupa un posto importante nella letteratura del Novecento. **Il dominante tema amoroso è trattato con intensa sensualità**, aprendosi a una raffigurazione cosmica della vita e dei suoi valori elementari (*Veinte poemas de amor y una canción desesperada* [Venti poesie d'amore e una canzone disperata, 1924], *Los versos del Capitán* [I versi del capitano, 1954], *Cien sonetos de amor* [Cento sonetti d'amore, 1960]). **L'impegno contro ogni forma di distruzione** e di sopraffazione (con una celebre poesia contro il bombardamento atomico di Hiroshima) trova posto accanto all'**esaltazione delle forme più umili di vita** (altrettanto celebre è per esempio un'ode alla cipolla). Dall'esperienza della fine della democrazia in Spagna nacque *España en el corazón* [Spagna nel cuore, 1937]; dall'esilio il *Canto general* [Canto generale, 1950], grande poema nel quale il rimpianto per la propria terra si associa alla rappresentazione della tormentata vicenda socio-politica dell'intero Sudamerica, in una prospettiva antimperialistica animata da espliciti ideali socialisti.

Le composizioni politicamente impegnate

T • Pablo Neruda, *Ode all'atomo*

T3 Federico García Lorca
Canzone di cavaliere

OPERA
Canzoni

CONCETTI CHIAVE
- semplicità e musicalità
- destino umano della morte

FONTE
F. García Lorca, *Tutte le poesie*, trad. di C. Bo, Garzanti, Milano 1985.

Questa breve e popolare lirica è inclusa nella raccolta Canzoni, *che comprende testi scritti fra il 1921 e il 1924. Un cavaliere cavalca verso la città di Cordova nella notte: osserva di lontano le sue mura e sente che non le raggiungerà mai, perché la morte lo attende.*

    Cordova.[1]
    Lontana e sola.

    Cavallina nera, grande luna,
    e olive nella mia bisaccia.
5   Pur conoscendo le strade
    mai più arriverò a Cordova.

    Nel piano, nel vento,
    cavallina nera, luna rossa.
    La morte mi sta guardando
10 dalle torri di Cordova.

    Ahi, che strada lunga!
    Ahi, la mia brava cavalla!
    Ahi, che la morte mi attende
    prima di giungere a Cordova!

15 Cordova.
    Lontana e sola.

• **1 Cordova**: città dell'Andalusia, nella Spagna del sud. Fu particolarmente ricca sotto gli arabi fra il X e l'XI secolo. Conserva splendidi monumenti del suo passato.

T3 DALLA COMPRENSIONE ALL'INTERPRETAZIONE

COMPRENSIONE

In viaggio verso Cordova Il contenuto della canzone, semplice e ripetitivo, è riassumibile in poche righe: nella prima quartina **il cavaliere** si presenta in **viaggio verso Cordova**, sulla sua «cavallina nera», ma dichiara che «mai più arriverà» alla meta. Le due strofe successive ne chiariscono la ragione: **la morte**, ormai prossima, gli impedirà di raggiungere la città.

ANALISI

La semplicità della canzone La canzone (ma il suo schema è più simile a quello che in Italia chiameremmo ballata) ha una struttura molto semplice. La apre e la chiude un **ritornello di due versi**; in mezzo, **tre quartine di versi di varia misura**, ciascuna conclusa dalla **parola-rima «Cordova»**. Le figure retoriche sono elementari e conferiscono musicalità al testo (cfr. l'anafora «Ahi» ai vv. 11-13), **il lessico è semplice e comune**, la sintassi tende alla **paratassi** e alla forma nominale. Ne deriva un effetto di suggestione: ai legami logici e argomentativi sono preferite l'evocazione e l'analogia, che creano un'atmosfera da sogno.

INTERPRETAZIONE

La morte inevitabile Tema della lirica è **l'attesa della morte prematura**. Il cavaliere che ne sarà colpito è presentato come un personaggio indefinito e leggendario, senza che ne venga chiarita l'identità. Egli rappresenta il destino umano che, nella **ricerca solitaria di un senso dell'esistenza**, si scontra con i suoi limiti invalicabili. Il cavaliere prosegue il cammino nonostante sappia di non poter raggiungere la meta: sgomento, non può fare altro che lamentarsi e procedere. Egli non avanza per semplice volontà, ma perché segue il viaggio suo e di tutti gli uomini: quello che porta verso la morte.

T3 LAVORIAMO SUL TESTO

COMPRENDERE

1. **LINGUA E LESSICO** La canzone si regge su una sintassi prevalentemente nominale. Sottolinea nel testo le numerose frasi nominali.

INTERPRETARE

2. Pur consapevole che la morte lo attende, il cavaliere prosegue il suo viaggio. Perché, secondo te?

LE MIE COMPETENZE: INDIVIDUARE COLLEGAMENTI, CONFRONTARE
Un cavaliere in fuga verso una città e verso la morte è anche il tema della celebre canzone di Roberto Vecchioni *Samarcanda* (nell'album omonimo del 1977). Dopo averne ascoltato e interpretato il testo, puoi confrontare il messaggio del cantautore con quello di García Lorca.

6 La poesia in URSS. Marina Cvetaeva

La repressione in Urss; i poeti in esilio

Il periodo che va dalla morte di Lenin (1924) alla Seconda guerra mondiale vede il consolidarsi del potere di Stalin in Unione Sovietica, e il conseguente controllo repressivo anche sulla letteratura. Nel 1934 il Primo congresso degli scrittori sovietici accoglie la formula del ministro della cultura, Ždanov: «realismo nella forma e socialismo nel contenuto»: **era nato lo ždanovismo** (cfr. cap. I, **S5**, p. 20). Gli scrittori non allineati proveranno la durezza dell'isolamento e la repressione.

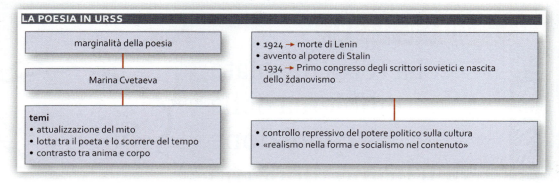

La poesia è resa marginale anche dalla sua minore circolazione e dalla più scarsa possibilità di incidenza sociale; e d'altra parte dopo la morte di Majakovskij (1930) i maggiori poeti vivono in esilio o al confino.

Marina Cvetaeva

È così anche per **Marina Cvetaeva**, amica di Pasternak e dell'austriaco Rilke. Marina Ivanovna Cvetaeva nacque a Mosca nel **1892**, figlia di un insigne filologo e di una musicista, da cui ricevette una solida formazione letteraria e musicale. Nel 1911 sposò Sergej Efron, studente e combattente nelle file zariste durante la guerra civile; dei tre figli muore per stenti la secondogenita. Dal 1922 la Cvetaeva visse in esilio a Berlino, poi a Praga e infine a Parigi, in condizioni di povertà e di solitudine. Nel 1939 tornò in Unione Sovietica; ma **nel 1941** a Elabuga, tra miseria e isolamento, si impiccò. Dopo le raccolte adolescenziali, **sarà in quelle scritte negli anni 1916-1920** (*Verste*, *Versi per Blok*, *Psiche*, *Zar-fanciulla*, pubblicati nel 1922) **che la Cvetaeva troverà voce propria**, elaborando temi legati alla Russia, alla sua letteratura e al folclore, e scandagliando tutte le possibili sfumature della lingua, dei registri, dei metri. *Mestiere* (1923), *Dopo la Russia* (1925) e le tragedie *Arianna* (1927) e *Fedra* (1928) sono la sua espressione poetica più matura: con una scrittura fatta di intrecci fonici che creano impreviste corrispondenze semantiche, queste opere elaborano tematiche costanti, come la rivisitazione in epoca moderna delle figure mitiche e bibliche, la serrata lotta del poeta contro il tempo e la vita quotidiana, la tensione tra la leggerezza dell'anima e la gravezza del corpo.

T • Marina Cvetaeva, *Sibilla – al bambino*

Percorso
LO SPAZIO E IL TEMPO

PERCORSI TEMATICI

La terra desolata emblema della condizione dell'uomo moderno

Egon Schiele, *Albero autunnale mosso dal vento (Albero d'autunno II)*, 1912. Vienna, Leopold Museum.

L'immagine dell'aridità pervade ossessivamente, nella *Terra desolata*, il paesaggio naturale e umano, la città e la campagna, i rapporti umani e i rapporti tra i sessi.
Il "deserto" ha dunque una connotazione fisica e morale e caratterizza in primo luogo la metropoli moderna.
Sull'esempio di Baudelaire, Eliot intensifica la connotazione infernale della città, immagine di incubo, dove sfilano masse anonime e mute, oppresse dalla frustrazione e dall'angoscia (cfr. **T1**). Questa città artificiale, avvolta dalla nebbia bruna dello smog, luogo di dannazione dei morti viventi, non trova un polo positivo nella natura.
La frattura tra civiltà e natura è totalmente consumata. Se nella *Terra desolata* domina una cronologia naturale che rimanda a un tempo antropologico, sottratto alla direzionalità del progresso, l'emergere del tempo cosmico non significa tuttavia un recupero dell'unità originaria tra l'uomo e la natura. Mentre la natura persegue il suo ciclo di nascita, morte e rinascita, l'uomo è irrimediabilmente decaduto. Aprile è «crudele» perché risveglia «radici stordite» ma non uno slancio di vitalità nell'uomo. Le abitudini umane non si accordano più con le stagioni e le ore: «Leggo, quasi tutta la notte; d'inverno vado al Sud». Il sole estivo e la pioggia di primavera non mutano l'indifferenza e la banalità della vita. Perciò il torpore invernale, che copre la terra di «neve immemore», è la stagione che meglio si addice allo stato di inerzia e di vuoto interiore di una condizione umana sospesa tra la vita e la morte (cfr. **espansioni digitali T**, *La sepoltura dei morti*).
La rottura della continuità con il passato e con la vita della natura, operata dalla civiltà industriale, sembra sconvolgere anche il ciclo cosmico e una specie di maledizione biblica investe la natura stessa. Se dalle «macerie di pietra» (delle città) non possono crescere «rami», la siccità distrugge pure la natura. **Tutta la natura rivela un processo di corrosione e di degradazione** e il giardino dei giacinti non riesce a riscattare l'aridità dilagante (cfr. **espansioni digitali T**, *La sepoltura dei morti*).

Trionfa una visione apocalittica, dove tutto è travolto da un senso di disfacimento e di vuoto più angosciante della morte stessa.
Questa immagine di desolazione fisica e morale, emblema – per Eliot – della condizione moderna, deriva all'autore dal senso profondo di sradicamento di uomini, culture e popoli prodotto dalla civiltà industriale. Spazi e tempi storici diversi si sono così mescolati e sovrapposti creando caos, perdita di identità e di valori capaci di dare ordine e senso alla vita. Di qui lo sconvolgimento, nel poema, del tradizionale spazio geografico e l'accostamento violento delle più diverse epoche storiche, all'insegna di un tempo mitico che replica ciclicamente l'insensatezza della storia. La storia si frantuma in una simultaneità di esperienze, dove l'uomo appare mosso da forze oscure a ripetere lo stesso destino di dannazione e di ricerca di salvezza.
La salvezza non si dà tuttavia nel mondo moderno, il quale ha distrutto alle radici le sorgenti naturali e spirituali della vita. La pioggia non arriva a vivificare la terra e l'umanità. Se il caos della metropoli è allegoria del caos e del vuoto di valori della società moderna, non esiste nemmeno più un confine tra città e campagna e il potere distruttore del moderno si trasforma nella percezione di una catastrofe incombente sulla terra e sugli uomini.

Henry Moore, *Gruppo in un paesaggio industriale*, 1975. Londra, Tate Gallery.

DAL RIPASSO ALLA VERIFICA

MAPPA CONCETTUALE — La poesia fuori d'Italia

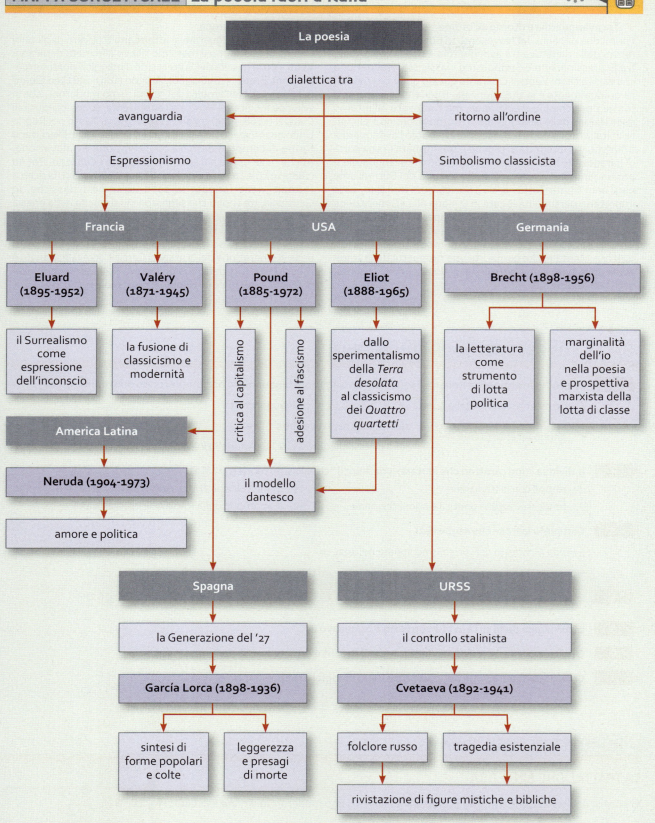

DAL RIPASSO ALLA VERIFICA

SINTESI

● Tra avanguardia e ritorno all'ordine

I primi due decenni del Novecento in Europa sono caratterizzati dalla dialettica tra avanguardia e ritorno all'ordine, tra Espressionismo e Simbolismo classicista. Nel periodo che va dagli anni Venti ai Quaranta questo quadro si modifica gradualmente e la situazione più frequente è il ritorno a forme poetiche più tradizionali, ma rinnovate all'interno dalla lezione delle avanguardie. Il ritorno all'ordine è più forte in Italia, dove dopo il 1925 sopravvive solo l'avanguardia futurista, ma integrata al regime e trasformata in una sorta di paradossale accademia di Stato; mentre le avanguardie si prolungano in Francia grazie alla fortuna del Surrealismo negli anni Trenta. Tuttavia, sia il Surrealismo francese, sia le importanti personalità legate in Spagna alla «Generazione del '27» mostrano alcuni aspetti di recupero della tradizione. Non mancano però linee alternative: quella di Pound, di Brecht, del cosiddetto "classicismo modernista" di Eliot, Valéry e Montale, che comporta una riscoperta della tradizione unita però a una forte consapevolezza della crisi moderna delle certezze.

● La poesia in Europa

In Francia le avanguardie si affermano a partire dagli anni Dieci e raggiungono il massimo rilievo alla metà degli anni Venti, con la nascita del Surrealismo. I maggiori poeti surrealisti sono Breton (1896-1966), Aragon (1897-1982) ed Eluard (1895-1952). Nell'ambito del "classicismo moderno", che si sviluppa fra gli anni Venti e gli anni Trenta, sono riconducibili Claudel (1868-1955) e Valéry (1871-1945). Tanto nel Regno Unito quanto negli USA prevalgono, fin dagli anni Dieci, varie forme di compromesso fra conservazione e innovazione. Anche nelle opere più sperimentali, cioè i *Cantos* di Pound (1885-1972) e *La terra desolata* di Eliot (1888-1965), la ricerca formale viene fondata su solidissime basi classiche. In Germania, tra i poeti che segnarono la rinascita della poesia tedesca dopo la guerra va ricordato soprattutto Brecht (1898-1956), la cui poesia resta uno degli esempi più alti della letteratura novecentesca europea. In Spagna, i maggiori poeti della «Generazione del '27» sono García Lorca (1898-1936) e Alberti (1902). Il poeta più significativo dei paesi sudamericani di lingua spagnola è il cileno Neruda (1904-1973).

DALLE CONOSCENZE ALLE COMPETENZE

1 La produzione poetica italiana dagli anni Venti agli anni Cinquanta si dispone secondo due grandi linee (§ 1)
  A novecentista, cioè della poesia .... inaugurata da ....
  B antinovecentista cioè
   — della poesia narrativa che si rifà a ....
   — della poesia allegorica che ha il modello in ....

2 Individua i due caratteri che aiutano a definire il "classicismo moderno" (§ 2)
  A rompe con la tradizione
  B punta sull'ispirazione istintiva
  C fonde ispirazione poetica e rigore razionale
  D si appropria della tradizione letteraria alta

3 Completa la frase che segue (§ 2)
  Il *Primo Manifesto del surrealismo* appare nel 1924 in .... e rivendica il diritto dell'espressione ...., ne consegue un tipo di scrittura ....

4 Che cosa è la tecnica del «correlativo oggettivo» e chi fu il primo poeta a sperimentarla? (§ 3, S2)

5 L'immagine della città in T1 è correlativo oggettivo di ....

6 Quali sono le caratteristiche della poesia di Brecht e quali tematiche affronta? (§ 4)

7 Cosa è la «Generazione del '27» e chi è il suo maggiore rappresentante? (§ 5)

PROPOSTE DI SCRITTURA

LA TRATTAZIONE SINTETICA

Precisa in una trattazione sintetica i caratteri del "classicismo moderno" di Pound e di Eliot. (§ 3, T1 e S2)

Capitolo IV — Ungaretti e la religione della parola

My eBook+

Cliccando su questa icona, docenti e studenti accedono ad un'area di personalizzazione che permette di arricchire i contenuti digitali già linkati lungo le pagine del libro. Nell'area di personalizzazione è possibile infatti salvare ulteriori materiali: selezionati da **Prometeo**, prodotti autonomamente o ricercati nella rete.

▶ Per un elenco di materiali integrativi presenti nella biblioteca multimediale di Prometeo o per attivare una ricerca cfr. p. 122

Scipione (Gino Bonichi), *Ritratto di Ungaretti*, 1931 circa. Roma, Galleria Nazionale d'Arte Moderna e Contemporanea.

VIDEOLEZIONE
Ungaretti: alla ricerca della parola assoluta (a cura di Pietro Cataldi)

Questa videolezione presenta la produzione di Ungaretti come luogo d'incontro tra istanze diverse e sintesi riuscita di tradizione e innovazione. Il rifiuto della metrica tradizionale, l'assenza di punteggiatura, l'abolizione dei nessi logici, il cortocircuito metaforico: tutti questi elementi ci fanno sembrare estremamente rivoluzionaria la poesia di Ungaretti che, però, nella sua novità, si ricollega sempre alla lezione dei grandi poeti del passato, come Petrarca e Leopardi. La poesia di Ungaretti vuole oltrepassare il limite dell'esperienza per approdare all'assoluto: nella sua concentrazione ed essenzialità essa racconta le emozioni profonde dell'uomo.

- La rivoluzione formale dell'*Allegria* [5 min. ca.]
- Fedeltà alla tradizione e ricerca della purezza originaria della parola [4 min. ca.]
- La poesia come espressione e difesa della vita interiore [2 min. ca.]
- Un nuovo rapporto con il tempo: la resurrezione del passato nel presente [4 min. ca.]
- Una nuova poesia che rappresenta le emozioni profonde [3 min. ca.]
- Leggere la poesia per recuperare un linguaggio della profondità [2 min. ca.]

Attiviamo le competenze

esercitare le competenze di ascolto
leggere e interpretare il testo poetico
esporre
dialogare

Per Cataldi la poesia di Ungaretti ci offre la possibilità di recuperare un «linguaggio della profondità», permettendoci di capire meglio noi stessi e le nostre emozioni profonde. Sfoglia questo capitolo e scegli la poesia di Ungaretti che ti piace di più tra quelle antologizzate. Leggi in classe ad alta voce il componimento e motiva la tua scelta. Riflettendo sulla tua esperienza di lettura, discuti con i compagni sul significato e sul valore che oggi possiamo assegnare in generale allo studio della poesia.

1 La vita, la formazione, la poetica

Giuseppe Ungaretti: la nascita in Egitto, l'esperienza parigina, la guerra

Giuseppe Ungaretti nasce ad Alessandria d'Egitto il 10 febbraio 1888 da genitori toscani (entrambi della provincia di Lucca). Ad Alessandria frequenta le scuole e si lega agli ambienti dei fuorusciti anarchici; legge le riviste letterarie europee d'avanguardia e compone le prime poesie. **Nel 1912 va a Parigi**, dove frequenta l'università e gli ambienti dell'avanguardia letteraria e artistica. **Nel 1915**, poco dopo aver pubblicato su rivista le prime poesie, **è chiamato in guerra come soldato semplice**: combatte prima sul Carso e poi, nel 1918, sul fronte francese. Nel **1916** è intanto uscito, in ottanta copie, il primo libro: *Il porto sepolto* (una riedizione del 1923 porta la prefazione di Mussolini, testimonianza dell'adesione di Ungaretti al fascismo, inteso come movimento rivoluzionario e rigenerativo). Nel **1919** viene stampato *Allegria di naufragi*, che raccoglie anche le poesie del *Porto sepolto*; dall'edizione del **1931** il titolo verrà cambiato in *L'allegria*. Dal 1918 al '21 vive ancora a **Parigi**, dove nel 1920 **sposa Jeanne Dupoix** (che morirà nel 1958), dalla quale avrà i figli Ninon (nata nel 1925) e Antonietto (nato nel 1930). Quest'ultimo morirà nel 1939, ispirando le poesie di *Il dolore* (1947).

L'allegria (1931)

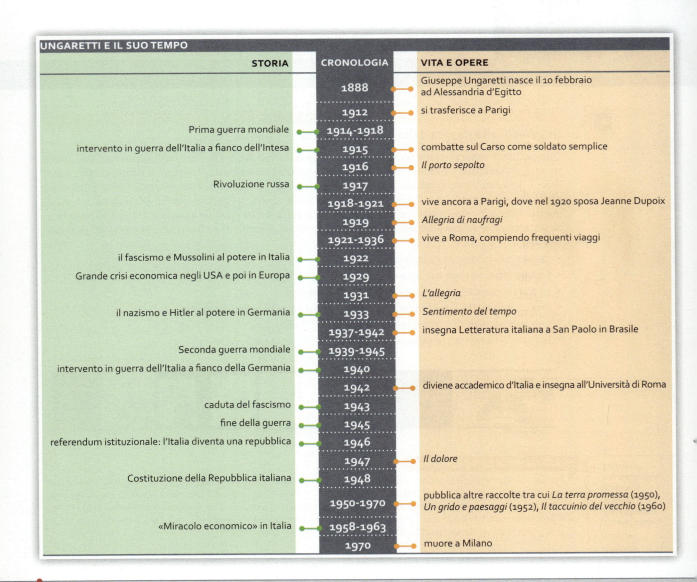

UNGARETTI E IL SUO TEMPO

STORIA	CRONOLOGIA	VITA E OPERE
	1888	Giuseppe Ungaretti nasce il 10 febbraio ad Alessandria d'Egitto
	1912	si trasferisce a Parigi
Prima guerra mondiale	1914-1918	
intervento in guerra dell'Italia a fianco dell'Intesa	1915	combatte sul Carso come soldato semplice
	1916	*Il porto sepolto*
Rivoluzione russa	1917	
	1918-1921	vive ancora a Parigi, dove nel 1920 sposa Jeanne Dupoix
	1919	*Allegria di naufragi*
	1921-1936	vive a Roma, compiendo frequenti viaggi
il fascismo e Mussolini al potere in Italia	1922	
Grande crisi economica negli USA e poi in Europa	1929	
	1931	*L'allegria*
il nazismo e Hitler al potere in Germania	1933	*Sentimento del tempo*
	1937-1942	insegna Letteratura italiana a San Paolo in Brasile
Seconda guerra mondiale	1939-1945	
intervento in guerra dell'Italia a fianco della Germania	1940	
	1942	diviene accademico d'Italia e insegna all'Università di Roma
caduta del fascismo	1943	
fine della guerra	1945	
referendum istituzionale: l'Italia diventa una repubblica	1946	
	1947	*Il dolore*
Costituzione della Repubblica italiana	1948	
	1950-1970	pubblica altre raccolte tra cui *La terra promessa* (1950), *Un grido e paesaggi* (1952), *Il taccuino del vecchio* (1960)
«Miracolo economico» in Italia	1958-1963	
	1970	muore a Milano

Tra Roma e il Brasile. *Sentimento del tempo* (1933)

Dal 1921 vive a Roma, lavorando per lo più come giornalista. Nel **1933** esce *Sentimento del tempo*. Dal 1937 al '42 vive a **San Paolo in Brasile**, dove insegna Lingua e letteratura italiana all'Università. Tornato in Italia, nel 1942 è eletto Accademico d'Italia e nominato professore di Letteratura italiana contemporanea all'Università di Roma. Riceve, soprattutto a partire dagli anni Cinquanta, numerosi riconoscimenti e lauree *honoris causa* da varie università italiane e straniere. Escono altre opere, tra le quali, per la produzione poetica, *La terra promessa* (1950) e *Il taccuino del vecchio* (1960). Fin dal 1942 l'editore Mondadori ripubblica le opere ungarettiane sotto il titolo complessivo di *Vita d'un uomo*. La morte lo coglie a Milano la notte **tra il 1° e il 2 giugno 1970**, all'età di ottantadue anni.

Pericle Fazzini, *Ritratto di Giuseppe Ungaretti*, 1936. Firenze, Museo Novecento.

L'importanza storica di Ungaretti nel passaggio dalle avanguardie al classicismo restaurativo

L'importanza storica di Ungaretti non si lega soltanto al valore artistico dei suoi risultati, che pure lo collocano tra i primissimi poeti del Novecento italiano, ma dipende anche dall'**influenza esercitata sulle esperienze letterarie successive**. Tale influenza è stata profonda ma anche contraddittoria. Al suo esordio, negli anni Dieci, l'opera di Ungaretti si presenta assai originale e rivoluzionaria; e tuttavia la sua evoluzione in senso classicistico e tradizionalista a partire dagli anni Venti ha favorito e accompagnato il prevalere di tendenze restauratrici e regressive tra gli anni Venti e Quaranta. Il percorso della ricerca ungarettiana si presenta dunque fortemente legato alla stagione avanguardistica negli anni Dieci e alla crisi delle avanguardie, con il conseguente ritorno all'ordine, dopo il 1920.

La formazione culturale

La formazione culturale di Ungaretti risente del contatto con diversi ambienti negli anni della giovinezza: **ad Alessandria d'Egitto** subisce la suggestione del sovversivismo anarchico; **a Parigi** entra in contatto con le avanguardie, stringendo amicizia con Apollinaire; **in Italia** pubblica numerosi testi sulla rivista futurista «Lacerba», risentendo del clima a essa legato. All'interesse per **la**

I modelli letterari

poesia francese contemporanea (con Mallarmé in primo piano), fra Simbolismo e avanguardia, si unisce d'altra parte un'attenzione costante alla **grande tradizione italiana**, incentrata soprattutto su un **Leopardi** letto in chiave classicistica e un **Petrarca** considerato quale insuperabile modello di innocenza e di autenticità espressiva. Ben presto anche alcuni grandi esempi della **grandiosa poesia barocca, da Shakespeare a Góngora**, entrano a far parte delle sue frequentazioni, non senza alcune brillanti prove in veste di traduttore.

La personalità di Ungaretti tra purezza e trasgressione

Le due componenti della formazione di Ungaretti – quella classicistico-simbolista e quella avanguardistica – corrispondono ai due poli della sua personalità: da una parte c'è la ricerca di equilibrio, di innocenza, di armonia, di rasserenamento, e dall'altra il bisogno implacabile di trasgressione, di peccato, di tensione, di turbamento. **Nella prima fase della scrittura ungarettiana**

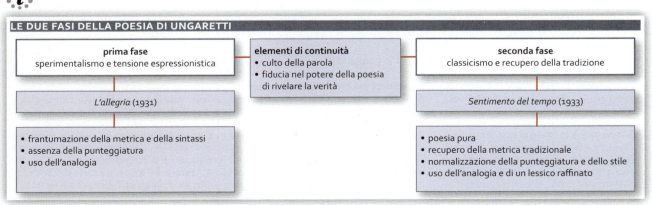

Ungaretti e la religione della parola **capitolo IV**

(confluita poi nella raccolta *L'allegria*) il punto di equilibrio è cercato dentro **un paesaggio stilistico e formale segnato in senso espressionistico e rivoluzionario**: la frantumazione della metrica e della sintassi, la quasi sparizione della punteggiatura e l'analogismo spinto sono i caratteri cospicui di questa prima stagione. **Nella seconda fase**, inaugurata con *Sentimento del tempo*, si impone invece **un taglio classicistico e armonioso**, con il recupero della metrica tradizionale e di forme stilistiche ed espressive assai meno estreme.

Il culto della parola

Vi è tuttavia **una costante di poetica** che collega i due momenti, ed è il **culto della parola**. La parola è caricata del massimo di tensione espressiva (ed anche espressionistica) al fine di sollecitarne il potenziale di rivelazione. Si esprime così la **fiducia nel potere della poesia quale rivelazione della verità** per mezzo della ricerca sulle parole. L'ideale poetico ungarettiano è concepito quale magico incontro di «memoria» e di «innocenza», cioè di «mestiere» e di «ispirazione», di abilità tecnico-compositiva e di autenticità lirica. **La poesia è considerata quale unico tramite di comunicazione tra storia e assoluto**, tra individuo e collettività, tra particolare e universale, fra fenomeno e significato (cfr. **S1**).

Tra abilità tecnica e autenticità lirica

MODELLI LETTERARI DELLA POESIA DI UNGARETTI

- poesia francese fra Simbolismo (Mallarmé) e avanguardia (Apollinaire)
- Leopardi
- Petrarca
- grande poesia barocca (Shakespeare e Góngora)

S1 — MATERIALI E DOCUMENTI

L'«anima» e la «tecnica» davanti al «naufragio». Una dichiarazione di poetica

Nelle righe che seguono, Ungaretti riflette sulla condizione del poeta moderno, consapevole del proprio stato di crisi, definito dal poeta «naufragio». Da questa consapevolezza deriva la necessità di un riscatto: la poesia s'incarica di dare significato alla vita proprio a partire dalla condizione del naufragio. Sia l'«anima» che la «tecnica» sono coinvolte in questo meccanismo, perché la poesia è un'esperienza integrale in cui la sensibilità profonda del soggetto si rivela attraverso la forma.

▶▶ Il poeta d'oggi ha il senso acuto della natura, è poeta che ha partecipato e che partecipa a rivolgimenti fra i più tremendi della storia. Da molto vicino ha provato e prova l'orrore e la verità della morte. Ha imparato ciò che vale l'istante nel quale conta solo l'istinto.

È uso a tale dimestichezza con la morte che senza fine la sua vita gli sembra naufragio.[1] Non c'è oggetto che non glielo rifletta, il naufragio: è la sua vita stessa, da capo a fondo, quell'uno o quell'altro oggetto qualsiasi sul quale gli cade a caso, lo sguardo. [...]

Ecco come dal poeta è colta oggi la parola, una parola in istato di crisi[2] — ecco come con sé la fa soffrire, come ne prova l'intensità, come nel buio l'alza, ferita di luce. Ecco un primo perché la sua poesia sanguina, è come uno schianto di nervi e delle ossa che apra il volo a fiori di fuoco, a cruda lucidità che per vertigine faccia salire l'espressione all'infinito distacco del sogno.

Ecco perché si muove la sua parola dalla necessità di strappare la maschera al reale; di restituire dignità alla natura, di riconferire alla natura la tragica maestà.

Ecco come un poeta d'oggi è uomo del suo tempo.

Ecco quanto avviene alla parola d'un poeta d'oggi sul piano dell'ispirazione. E, su quello della grammatica, che ne sarà? Scusatemi di scavalcare così di frequente il continente dell'anima per ritrovare la strada della tecnica, o viceversa.[3] Ma sono essi così diversi piani? Non sono esse, forma e sostanza, quando si tratta di vera poesia, fuse l'una nell'altra per medesima necessità? Insieme fuse, non le trasporta a commuoverci un medesimo furore?[4]

G. Ungaretti, *Ragioni di una poesia* [1949; ma il brano riportato è citato da una conferenza del 1933], in *Vita d'un uomo. Saggi e interventi*, Mondadori, Milano 1974, pp. 757-758.

1 naufragio: è parola-chiave dell'opera ungarettiana, a indicare il senso di precarietà del soggetto: ricorre per esempio nel titolo *Allegria di naufragi*, poi mutato in *L'allegria*.

2 una parola in istato di crisi: la crisi della parola (cioè dell'espressione poetica) dipende dalla fragilità del soggetto che ne fa uso, e dalla importanza che quella parola viene ad assumere, nella prospettiva ungarettiana, al fine di vincere e riscattare quello stato di crisi. La crisi della parola è dunque crisi nel senso di difficoltà ma anche nel senso di responsabilità nuova e decisiva.

3 Scusatemi...viceversa: la reversibilità del cammino dall'«anima» alla «tecnica», cioè dall'ispirazione più segreta ai problemi della retorica formale dipende dal fatto che la tecnica, secondo Ungaretti, deve partecipare delle ragioni dell'anima, identificando il proprio modo di essere con i bisogni di questa. L'esaltazione del valore della parola si unisce all'esaltazione della tecnica quale serie di fenomeni non estrinseci e superficiali, ma intimamente legati alla profondità del soggetto e a quella della condizione umana.

4 furore: è l'ispirazione sacra che, secodo Ungaretti, guida sia l'anima che la tecnica.

2 | *L'allegria*: la composizione, la struttura e i temi

I limiti cronologici (1914-1919) e l'esperienza della guerra

L'esordio poetico di Ungaretti avviene nel 1915 sulla rivista «Lacerba». Tuttavia i testi più antichi destinati a confluire nell'*Allegria* risalgono al 1914; mentre i più recenti appartengono al 1919. Già **dal punto di vista cronologico, dunque, al centro del primo libro ungarettiano sta l'esperienza della Prima guerra mondiale**, combattuta dal poeta in trincea per tutta la sua durata. La vita di guerra e di trincea è dominante anche tematicamente.

La complessa vicenda editoriale: *Il porto sepolto* (1916), *Allegria di naufragi* (1919), *L'allegria* (1931)

Prima di giungere al titolo e alla versione definitiva, la raccolta subisce **un'articolata vicenda editoriale** e una lunga trafila di correzioni. **Un primo nucleo di testi** viene pubblicato **nel 1916 a Udine in ottanta esemplari** a cura del tipografo Ettore Serra; il titolo è *Il porto sepolto* (cfr. **S2**, p. 83). Di questa raccolta verrà stampata nel 1923 a La Spezia una seconda edizione assai ampliata, con «Presentazione» di Mussolini. Tuttavia, già **nel 1919** al nucleo della prima raccolta si sono aggiunti nuovi testi per **una riedizione fiorentina che muta il titolo in *Allegria di naufragi***. Quest'ultima è in sostanza un'edizione definitiva, anche se continuerà a subire in tutte le edizioni successive ritocchi e aggiustamenti, soprattutto nella punteggiatura e nella suddivisione dei versi, non senza eliminare un cospicuo numero di composizioni. In particolare, a partire dalla successiva, uscita a Milano **nel 1931, il titolo stesso è mutato in *L'allegria***. È da notare che **a partire dall'edizione del 1942**, al titolo del libro è soprascritto il titolo generale ***Vita d'un uomo***, entro il quale Ungaretti volle collocare, come parti di un unico libro, tutte le raccolte che costituiscono la sua opera poetica.

S • Le varianti di *L'allegria*

Il porto sepolto: il titolo e la poetica simbolistica

Il titolo dato al primo nucleo di poesie di guerra, *Il porto sepolto*, allude a una leggenda diffusa in Egitto sull'esistenza di un antico porto sommerso nei pressi di Alessandria. Tuttavia, dietro il rimando leggendario si coglie un riferimento alla forma misteriosa e nascosta («sepolto») che assumono il significato e il valore delle cose (il «porto»). **Vi è insomma già un indizio della poetica simbolistica di Ungaretti**: è infatti la parola stessa, la parola poetica, a essere sepolta nel silenzio della vita, e al poeta spetta di evocarne e recuperarne il mistero, il fascino e il potere di significare un valore.

Allegria di naufragi: la guerra e la vitalità

Il successivo titolo, *Allegria di naufragi*, intende innanzitutto indicare **il tema rovinoso della guerra (i «naufragi»)**, momento d'altra parte esemplare ma non unico della tragedia esistenziale che coinvolge l'uomo, e in particolare l'uomo moderno. Tuttavia, pur sullo sfondo di tale tragedia e di tale rovina **resta possibile l'espressione della vitalità e dello slancio positivo (l'«allegria»)**. La poesia diviene anzi, in questa prospettiva, il punto di incontro tra la coscienza della tragedia e il bisogno invincibile di positività vitale. L'allegria del naufragio è dunque, come il porto sepolto, un'immagine di verità profonda che sopravvive alla cancellazione e che si affida alla parola del poeta per emergere dal mistero.

L'allegria: la valorizzazione del positivo

Riducendo infine il titolo a *L'allegria*, Ungaretti elimina la componente ossimorica insita in *Allegria di naufragi* e semplifica e **rende più diretto e assoluto il rimando all'energia vitale**, all'intenzione positiva di valorizzare, per mezzo della parola poetica, il fondo di autenticità e di vitalità che può ancora essere colto nella condizione intrinsecamente tragica e disperata dell'uomo moderno.

La suddivisione in cinque sezioni

Fin dall'edizione del 1919 la raccolta è organizzata in sezioni, benché la divisione nei cinque raggruppamenti definitivi risalga solo a quella del 1931. La strutturazione, nell'edizione ultima (e a partire dal 1942), è la seguente. **La prima sezione (12 testi)** s'intitola **«Ultime»**, porta il riferimento a «Milano 1914-1915» e contiene i testi più antichi, precedenti l'esperienza della guerra; il titolo in-

«Ultime»

LA VICENDA EDITORIALE

Il porto sepolto → Allegria di naufragi → L'allegria

1916 — 1919 — 1931

dica appunto la conclusione di una fase di ricerca giovanile che precede il ritrovamento della propria ispirazione più autentica. **La seconda sezione (33 testi)** s'intitola **«Il porto sepolto»** e raccoglie gran parte dei componimenti pubblicati nell'edizione con lo stesso titolo del 1916, cioè le poesie di guerra composte tra il 22 dicembre 1915 e il 2 ottobre 1916 (cfr. **T1, T2, T3, T4, T5**, pp. 87-101). **La terza sezione (17 testi)** s'intitola **«Naufragi»** (con un'eco del titolo *Allegria di naufragi* scelto per l'edizione del 1919) e comprende le poesie di guerra composte sul fronte italiano, nel Carso, successivamente ai termini compresi dal *Porto sepolto*, e cioè tra il 26 dicembre 1916 e il 31 agosto 1917 (cfr. **T6**, p. 101 e **T7**, p. 103). **La quarta sezione (5 testi)** s'intitola **«Girovago»** e, secondo l'allusione del titolo, comprende poesie composte (fra il marzo e il luglio del 1918) durante l'esperienza di guerra in Francia (cfr. **T8**, p. 104 e **T9** p. 106). Infine **la quinta e ultima sezione (7 testi)** s'intitola **«Prime»**, e contiene testi (fra cui quattro prose liriche) composti dopo la guerra fra Parigi e Milano, nel 1919, momento di passaggio tra la poetica dell'*Allegria* e quella che si esprimerà in *Sentimento del tempo*; **il titolo indica dunque l'aprirsi inaugurale di una nuova fase**.

Il tema della guerra domina il libro ed è praticamente l'unico delle tre cospicue sezioni centrali. Tuttavia attorno a questo nucleo forte si costruiscono vari arricchimenti tematici. Intanto, **la guerra è rappresentata**, al tempo stesso, **come la condizione concreta e anonima di un soldato** tra tanti e **come l'occasione rivelatrice della propria autentica identità esistenziale**. Inoltre la guerra diviene **manifestazione esplicita di uno sradicamento**, di una mancanza di radici e di identità che può divenire esplicita, come nel titolo della quarta sezione («Girovago») oppure proiettarsi in figure esemplari, come quella del suicida Moammed Sceab (cfr. **T1**, *In memoria*, p. 87). È però proprio da questa condizione di sradicamento e di anonimato che può scattare, veicolato dall'espressione poetica, il significato profondo dell'esistenza, con una percezione quasi sacra del suo mistero e del suo fascino. L'anonimato, la condizione comune di fante in guerra, può sprigionare l'affermazione più intensa e positiva della propria individualità personale. **L'io diviene parametro della condizione collettiva**, ed è sull'io che si misura il possibile valore dell'esperienza di tutti. Si esprime così l'**unanimismo** (cfr. **S3**, p. 84) ungarettiano, ben individuabile in vari testi dell'*Allegria*.

Accanto al tema della guerra e ai suoi vari arricchimenti vi è poi **il tema della vicenda biografica del poeta**, con i ricordi dell'infanzia egiziana che riemergono a tratti e con la ricerca di un radicamento e di un'origine.

Non meno importante è poi il **tema della natura**, riferimento centrale del soggetto anche nei momenti più intensamente travolti dalla furia bellica. È proprio nella natura, anzi, che all'io è concesso di ancorare il proprio bisogno di significato, rispecchiandosi nelle forme naturali come in una opportunità di identità per sé e di senso per la condizione umana. Anche da questo punto di vista Ungaretti conferma la propria appartenenza al filone del Simbolismo europeo.

Il segno più esplicito della natura simbolistica della poetica ungarettiana è tuttavia ravvisabile soprattutto nella **concezione della parola**, considerata veicolo privilegiato e di fatto unico per l'espressione dell'autenticità e per la definizione di un rapporto con l'assoluto dei valori. **La parola poetica consente di riconoscere la propria identità**, di dare senso all'esperienza, di avvertire su di sé il valore collettivo delle vicende e di riscattarlo a un significato. Non pochi testi del libro affrontano, anche esplicitamente (come *Commiato*, **T5**, p. 99), questo tema importantissimo.

«Il porto sepolto»
T • *C'era una volta*

«Naufragi»

«Girovago»

«Prime»
T • *Preghiera*

Centralità del tema della guerra

Lo sradicamento

Anonimato e identità individuale. L'unanimismo

Il ricordo dell'Egitto

La natura come opportunità di significato

La parola: espressione dell'autenticità e rapporto con l'assoluto

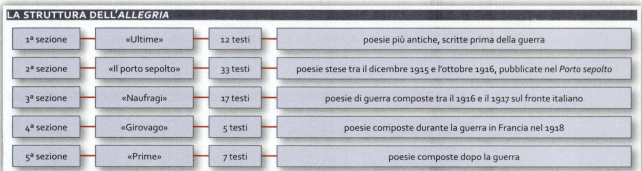

LA STRUTTURA DELL'*ALLEGRIA*

1ª sezione	«Ultime»	12 testi	poesie più antiche, scritte prima della guerra
2ª sezione	«Il porto sepolto»	33 testi	poesie stese tra il dicembre 1915 e l'ottobre 1916, pubblicate nel *Porto sepolto*
3ª sezione	«Naufragi»	17 testi	poesie di guerra composte tra il 1916 e il 1917 sul fronte italiano
4ª sezione	«Girovago»	5 testi	poesie composte durante la guerra in Francia nel 1918
5ª sezione	«Prime»	7 testi	poesie composte dopo la guerra

S2 MATERIALI E DOCUMENTI

Il naufragio e l'assoluto

Sono qui riportati alcuni passaggi tratti dalla rievocazione compiuta da Ungaretti, a molti anni di distanza, del proprio esordio di poeta e delle ragioni che hanno orientato la scrittura dell'*Allegria*. Le dichiarazioni dell'autore gettano luce tanto sulle ragioni dei due titoli (*Allegria di naufragi* e *Il porto sepolto*) quanto sulla necessità di dare voce, attraverso la poesia, al bisogno di assoluto che animava Ungaretti, costretto a vivere, nelle trincee, un'esperienza estrema. Il poeta accenna anche al proprio interventismo prima della guerra, ammettendo di aver assunto una posizione sbagliata ma anche dichiarando di non aver mai in realtà amato la guerra; la rivendicazione della mancanza di aggressività verso il nemico nei propri componimenti allude forse al ben diverso carattere della poesia di guerra dannunziana, piena di aggressività e di gusto per l'uccisione.
Vi è infine la rievocazione delle vicende che portarono alla stampa del *Porto sepolto*. Qui Ungaretti fornisce dati oggettivi esatti, ma enfatizzando il carattere occasionale e inconsapevole del proprio esordio. In realtà, il poeta era ben cosciente dell'operazione letteraria ed editoriale che stava realizzando.

Allegria di naufragi, Vallecchi, Firenze 1919.

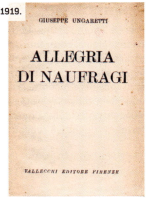

▶▶ Il primitivo titolo, strano, dicono, era *Allegria di Naufragi*. Strano se tutto non fosse naufragio, se tutto non fosse travolto, soffocato, consumato dal tempo. Esultanza che l'attimo, avvenendo, dà perché fuggitivo, attimo che soltanto amore può strappare al tempo, l'amore più forte che non possa essere la morte. È il punto dal quale scatta quell'esultanza d'un attimo, quell'allegria che, quale fonte, non avrà mai se non il sentimento della presenza della morte da scongiurare. Non si tratta di filosofia, si tratta d'esperienza concreta, compiuta sino dall'infanzia vissuta ad Alessandria e che la guerra 1914-1918 doveva fomentare, inasprire, approfondire, coronare.

L'*Allegria di Naufragi* è la presa di coscienza di sé, è la scoperta che prima adagio avviene, poi culmina d'improvviso in un canto scritto il 16 agosto 1916, in piena guerra, in trincea, e che s'intitola *I fiumi*. Vi sono enumerate le quattro fonti che in me mescolavano le loro acque, i quattro fiumi il cui moto dettò i canti che allora scrissi. *I fiumi* è una poesia dell'*Allegria* lunga; di solito, a quei tempi, ero breve, spesso brevissimo, laconico: alcuni vocaboli deposti nel silenzio come un lampo nella notte, un gruppo fulmineo d'immagini, mi bastavano a evocare il paesaggio sorgente d'improvviso ad incontrarne tanti altri nella memoria. [...]

S'ingannerebbe chi prendesse il mio tono nostalgico, frequente in quei miei primi tentativi, come il mio tono fondamentale. Non sono il poeta dell'abbandono alle delizie del sentimento, sono uno abituato a lottare, e devo confessarlo – gli anni vi hanno portato qualche rimedio – sono un violento: sdegno e coraggio di vivere sono stati la traccia della mia vita. Volontà di vivere nonostante tutto, stringendo i pugni, nonostante la morte. [...]

Ero in presenza della morte, in presenza della natura, di una natura che imparavo a conoscere in modo nuovo, in modo terribile. Dal momento che arrivo ad essere un uomo che fa la guerra, non è l'idea d'uccidere o di essere ucciso che mi tormenta: ero un uomo che non voleva altro per sé se non i rapporti con l'assoluto, l'assoluto che era rappresentato dalla morte, non dal pericolo, che era rappresentato da quella tragedia che portava l'uomo a incontrarsi nel massacro. Nella mia poesia non c'è traccia d'odio per il nemico, né per nessuno: c'è la presa di coscienza della condizione umana, della fraternità degli uomini nella sofferenza, dell'estrema precarietà della loro condizione. C'è volontà d'espressione, necessità d'espressione, c'è esaltazione, nel *Porto Sepolto*, quell'esaltazione quasi selvaggia dello slancio vitale, dell'appetito di vivere, che è moltiplicato dalla prossimità e dalla quotidiana frequentazione della morte. Viviamo nella contraddizione.

Quando ero a Viareggio, prima di andare a Milano, prima che scoppiasse la guerra, ero, come poi a Milano, un interventista. Posso essere un rivoltoso, ma non amo la guerra. Sono, anzi, un uomo della pace. Non l'amavo neanche allora, ma pareva che la guerra s'imponesse per eliminare finalmente la guerra. Erano bubbole,[1] ma gli uomini a volte s'illudono e si mettono in fila dietro alle bubbole.

Il Porto Sepolto fu stampato a Udine nel 1916, in edizione di 80 esemplari a cura di Ettore Serra. La colpa fu tutta sua. A dire il vero, quei foglietti: cartoline in franchigia, margini di vecchi giornali, spazi bianchi di care lettere ricevute... – sui quali da due anni andavo facendo giorno per giorno il mio esame di coscienza, ficcandoli poi alla rinfusa nel tascapane, portandoli a vivere con me nel fango della trincea o facendomene capezzale nei rari riposi, non erano destinati a nessun pubblico. Non avevo idea di pubblico, e non avevo voluto la guerra e non partecipavo alla guerra per riscuotere applausi, avevo, ed ho oggi ancora, un rispetto tale d'un così grande sacrifizio com'è la guerra per un popolo, che ogni atto di vanità in simili circostanze mi sarebbe sembrato una profanazione – anche quello di chi, come noi, si fosse trovato in pieno nella mischia. [...]

Questo era l'animo del soldato che se ne andava quella mattina per le strade di Versa, portando i suoi pensieri, quando fu accostato da un tenentino. Non ebbi il coraggio di non confidarmi a quel giovine ufficiale che mi domandò il nome, e gli raccontai che non avevo altro ristoro se non di cercarmi e di trovarmi in qualche parola, e ch'era il mio modo di progredire umanamente. Ettore Serra portò con sé il tascapane, ordinò i rimasugli di carta, mi portò, un giorno che finalmente scavalcavamo il San Michele, le bozze del mio *Porto Sepolto*.

G. Ungaretti, *Vita d'un uomo*, Mondadori, Milano 1969, pp. 517-518 e 520-522.

1 **bubbole**: *sciocchezze*.

S3 ITINERARIO LINGUISTICO

Unanimismo

Prende il nome di Unanimismo una dottrina filosofico-letteraria fondata nei primi anni del Novecento dallo scrittore francese Jules Romains. Prendendo atto delle trasformazioni sociali legate alla nascita delle masse e all'urbanizzazione, l'Unanimismo considera superata la concezione tradizionale dell'individuo quale entità separata e autonoma di sensibilità e di riflessione. Al posto della soggettività individuale si sono affermate forme di soggettività collettiva, cui lo scrittore di oggi deve essere in grado di dare voce. Infatti le possibilità di realizzazione per l'individuo passano ormai necessariamente attraverso l'identificazione in un'anima collettiva, in un punto di vista «unanime» (di qui il nome della dottrina). Tale punto di vista collettivo varia a seconda delle situazioni che lo ingenerano. Nel caso per esempio di Ungaretti, che nelle poesie di guerra si riferì all'Unanimismo, la condizione collettiva da esprimere è quella dei soldati in trincea.

3 La rivoluzione formale dell'*Allegria*

La sperimentazione di forme nuove

Ciò che ancora oggi colpisce nei testi dell'*Allegria* è la **radicalità delle soluzioni formali adottate dal poeta**. Tanto la disposizione dei versi quanto la sintassi sono travolte da una sperimentazione che sconvolge i riferimenti tradizionali e si distingue perfino dalle innovazioni più vicine al poeta.

La metrica frantumata: tra espressionismo e valorizzazione simbolistica della parola poetica

I versi sono liberi e in genere brevi e brevissimi, fino alla coincidenza con monosillabi, che in qualche caso possono essere costituiti da parti scarsamente rilevate di discorso, come articoli e preposizioni. Ciò determina la **tendenza alla verticalizzazione dell'aspetto tipografico dei componimenti**, fino a casi limite di testi formati da un numero di versi che coincide quasi con il numero delle parole (è il caso, tra i testi qui antologizzati, di *Natale*, T6, p. 101). La frantumazione del verso risponde **sia a un'esigenza di forza e di rilevamento sintattico**, con significato dunque espressionistico, **sia a una ricerca di valorizzazione simbolistica del particolare** e della parola in quanto veicolo di verità.

Piet Mondrian, *Composizione in azzurro, grigio e rosa*, 1913. Otterlo, Kröller-Müller Museum.

Lo stile: abolizione dei nessi sintattici e della punteggiatura

Sul piano stilistico, le soluzioni non sono meno estreme: **vengono perlopiù aboliti i nessi grammaticali e sintattici e la punteggiatura**. Di quest'ultima resta un'eco nelle iniziali maiuscole che aprono ogni nuova strofe, e nei punti di esclamazione e di domanda; è tuttavia in parte recuperata nei testi dell'ultima sezione, a indicare una riscoperta della tradizione che si accentuerà nel *Sentimento del tempo*. Una funzione sostitutiva dei nessi sintattici e della punteggiatura assume la divisione dei versi e delle strofe. **La paratassi domina la struttura sintattica**, con largo impiego di frasi nominali e verbali.

Dominio della paratassi

Abolizione prevalente della rima

Anche la rima, come molti altri istituti metrici tradizionali, **è praticamente abolita**. Viene in questo modo fra l'altro accentuata la rilevanza specifica di ogni parola singola, al di là delle relazioni – foniche, sintattiche o metriche – che potrebbero congiungere più termini.

Centralità del soggetto e dell'esperienza presente. L'analogismo

La preponderanza del presente indicativo e della prima persona singolare del verbo sancisce il valore di testimonianza concreta ed esistenziale di cui il poeta investe i componimenti. La rilevanza del soggetto è messa in risalto anche per mezzo dell'**analogismo**, con slittamento continuo da un termine di paragone all'altro o con la fusione di esperienze e fenomeni diversi (come, per esempio, in *I fiumi*, **T3**, p. 93).

Dietro i versicoli innovativi dell'*Allegria* numerosi critici, a partire da De Robertis, hanno colto la presenza di metri tradizionali, e soprattutto di endecasillabi e settenari (cfr. **S4**, p. 107). Questi sarebbero alla base di molti testi ungarettiani, ma sottoposti a un processo di dissoluzione e di smembramento che li rende irriconoscibili. Ciò che conta, in ogni caso, è la sperimentazione di **un ritmo negato al canto e invece propenso alla pronuncia rilevata e scabra** (e il poeta leggeva i propri testi con pause e sottolineature intensissime). Questa soluzione, che rompe con i metri tradizionali ma rifiuta anche la versione melodica e cantabile del verso libero dannunziano, fa dell'*Allegria* il **libro formalmente più sperimentale del Novecento italiano**, benché le sue componenti complessive testimonino, sul piano della poetica, anche una tendenza tradizionalista che diverrà dominante nelle raccolte successive.

Un vertice della sperimentazione poetica novecentesca

4 Le fonti del libro e la poetica ungarettiana: tra Espressionismo e Simbolismo

L'influenza su Ungaretti di Rebora e del frammentismo espressionista

I testi più antichi dell'*Allegria* sono del 1914, e dunque seguono la pubblicazione di varie raccolte legate al **frammentismo espressionista di stampo vociano**. Tra queste spiccano soprattutto i *Frammenti lirici* di Rebora (per cui cfr. vol. 5), usciti nel 1913, subito prima dell'esordio poetico ungarettiano. Ungaretti ha saputo utilizzare la lezione del frammentismo vociano, anche grazie alla frequentazione di alcune delle personalità più significative legate a tale esperienza: già in Egitto era amico di Enrico Pea, in Versilia incontrava regolarmente, oltre che Rebora, Viani e Jahier.

Il rifiuto della rottura con la tradizione e il modernismo

Più complessi i rapporti di Ungaretti con l'avanguardia futurista. Mentre non può essere stato insensibile alla contestazione radicale, da parte dei futuristi, degli istituti letterari e formali della tradizione, **Ungaretti ha tuttavia sempre mostrato scetticismo circa l'autenticità della rivoluzione futurista**. Essa gli pareva un fenomeno di superficie, mentre le novità ungarettiane si fondano consapevolmente su una ridefinizione profonda e sostanziale della scrittura in versi. D'altra parte i futuristi esibiscono un disprezzo per la tradizione che Ungaretti non condivide, essendo piuttosto in cerca di un rapporto nuovo con essa, in grado di superarla ma anche di riprenderla e rivivificarla dall'interno: infatti la sua poesia rappresenta negli anni Venti uno degli esempi più avanzati del modernismo europeo.

Incontro decisivo, nella Parigi degli anni Dieci, con l'avanguardia francese

La svolta dell'*Allegria* si fonda, oltre che sulla rielaborazione personale delle **suggestioni provenienti dalle avanguardie italiane**, su una conoscenza diretta, che nessun altro poeta italiano poteva vantare, della vivacissima **vita culturale parigina degli anni Dieci**. Qui Ungaretti stringe amicizia con **Apollinaire**, con **Picasso** e **Braque**, e frequenta gli ambienti delle avanguardie, venendo a contatto fra l'altro con la filosofia di **Bergson**, di cui segue le lezioni. È soprattutto in questo modo che matura la consapevolezza di una nuova dimensione espressiva, sottratta alle strutture formali già sperimentate.

Gli ingredienti della poetica dell'*Allegria*

Gli ingredienti fondamentali della rivoluzione modernista di Ungaretti sono dunque tre: un rapporto intenso con la tradizione, teso al rinnovamento ma senza rotture e rifiuti; **l'esperienza della vivacissima vita culturale parigina** negli anni Dieci, con la novità delle avanguardie; **le trasformazioni profonde operate in Italia**, nel primo quindicennio del secolo, soprattutto dai frammentisti vociani e da alcuni poeti futuristi eccentrici come Palazzeschi. Ma l'originalità e la specificità dell'*Allegria* derivano poi dall'impiego di questi ingredienti all'interno di una poetica sospesa tra Espressionismo e Simbolismo, e cioè tra continuità e rottura.

Intensificazione espressionistica e alone di indefinitezza

Nell'*Allegria* **convivono infatti queste due tendenze di poetica**. La prima spinge a **caricare la parola fino al limite della rottura**, secondo l'intensificazione caratteristica del grido espressionistico. La seconda conduce invece a **valorizzare l'alone di indefinitezza della parola**, creandole attorno «isole di silenzi» (come dirà il poeta) così da potenziarne le suggestioni e il mistero.

Duplicità espressiva delle soluzioni metriche e sintattiche nell'*Allegria*

È interessante notare che **tanto l'intensificazione espressiva quanto le suggestioni e l'indefinitezza si affidano, nell'*Allegria*, alle stesse soluzioni formali**. Infatti, **la frantumazione del verso** e la valorizzazione di "parole-verso" (cioè di termini coincidenti con la misura del verso) valgono, da un lato, a potenziare la semanticità del vocabolo singolo, e, d'altra parte, costruiscono attorno a ogni vocabolo un'eco di mistero e di assoluto. **Lo stesso può dirsi per il dissesto sintattico: la paratassi** è la soluzione stilistica cara agli espressionisti per la capacità di scomporre la realtà, potenziando il vigore dei frammenti e gettando un bisogno di collegamento (cioè di significato) tra di essi; e tuttavia la paratassi è anche, in questo caso, un modo per dare a ogni frammento un'autonomia individuale, da cui scaturisce il rimando simbolistico all'universale, ed è un modo per alludere alle segrete corrispondenze che legano ogni frammento di senso agli altri.

S • Centralità della parola nell'*Allegria* (G. Contini)

La valorizzazione del particolare fra perturbante espressionistico e rivelazione del senso

Eguale ambivalenza rivela la valorizzazione ungarettiana del particolare. Essa può configurare il perturbante espressionistico, il frammento privo di significato o il cui significato resta comunque inconoscibile (come in **T2**, *Veglia*, p. 90, la raffigurazione del cadavere di un soldato); e può tuttavia preludere a una apertura di senso, a una rivelazione (come l'albero e la dolina che introducono la rielaborazione esistenziale in **T3**, *I fiumi*, p. 93). È questa seconda prospettiva che, in genere, tende a prevalere.

Il riscatto e la unificazione dei frammenti per mezzo della analogia

A dare un significato ai particolari, a riscattare i frammenti della realtà introdotti nel discorso poetico con estrema sobrietà **è infine la rete di analogie che li lega** tra loro e che li rende disponibili al riconoscimento e alla valorizzazione del soggetto lirico. In *I fiumi*, il poeta può identificarsi con una serie di esseri (l'acrobata, il beduino) e perfino con oggetti inanimati (la reliquia, il sasso). In questo modo il poeta unifica le varie e diverse porzioni di realtà evocate, e le unifica dal punto di vista della propria soggettività. La verità cui i testi ungarettiani aspirano mira sempre a **unire il momento specifico della cronaca all'universalità della condizione umana**, cioè l'attimo individuale e il destino dell'uomo. Anche in questa tendenza alla generalizzazione *L'Allegria* conferma la propria originale e sofferta appartenenza al grande filone del Simbolismo europeo.

Verità e universalizzazione

Il dialogo sofferto ma affidabile con la natura

Di questo legame è un indizio significativo anche il rapporto tra soggetto e natura: è un dialogo sofferto e ridotto a pochi cenni, ma è tuttavia un dialogo affidabile e intimo. In *Soldati* (**T9**, p. 106) per esempio, l'identificazione con la condizione naturale disegna per il soggetto un'opportunità di abbandono o almeno di riconoscimento e di condivisione; in *Mattina* (**T7**, p. 103) l'esperienza del paesaggio assume senza alcuna mediazione razionale il valore di una rivelazione, costituendo un embrione di sacralità.

Continuità e rottura rispetto a Pascoli e a d'Annunzio

In Ungaretti, insomma, persiste lo scambio confidente tra soggetto e natura che in Italia ha caratterizzato la poesia di Pascoli e di d'Annunzio, benché l'accesso alla dimensione naturale abbia assunto tratti più inquietanti e perfino tragici.

T1 In memoria

OPERA
L'allegria

CONCETTI CHIAVE
- lo sradicamento
- la superiorità del poeta

FONTE
G. Ungaretti, *L'allegria*, in *Vita d'un uomo. Tutte le poesie*, a cura di L. Piccioni, Mondadori, Milano 1969.

 Testo interattivo
 Ascolto
 Alta leggibilità

Il poeta racconta la storia di uno sradicamento e di una crisi di identità. Moammed Sceab ha cercato nella Francia, come molti altri arabi in quegli anni e dopo, una nuova patria, ma senza trovarla veramente. In tal modo è rimasto come sospeso tra la propria tradizione d'origine, ormai rifiutata, e il nuovo orizzonte nazionale, non interiorizzato a sufficienza (cfr. vv. 10-17).

Si chiamava
Moammed Sceab

Discendente
di emiri di nomadi
5   suicida
perché non aveva più
Patria

Amò la Francia
e mutò nome
10 Fu Marcel
ma non era Francese
e non sapeva più
vivere
nella tenda dei suoi
15 dove si ascolta la cantilena
del Corano
gustando un caffè

E non sapeva
sciogliere
20 il canto
del suo abbandono

L'ho accompagnato
insieme alla padrona dell'albergo
dove abitavamo
25 a Parigi
dal numero 5 della rue des Carmes
appassito vicolo in discesa

METRICA versi liberi. Si notino i versi brevissimi, isolati spesso fra spazi bianchi per dare maggior risalto alla nuda parola, e la mancanza di punteggiatura.

- *In memoria* È una formula delle sepolture. Significa "per ricordare".
- **1-2** Il riferimento al passato con cui si apre la poesia ha un valore duplice: rispetto alla morte di Moammed e rispetto alla sua rinuncia al proprio nome originario.
- **3-7 emiri**: prìncipi o capi militari dell'Islam (cfr. il **Corano** del v. 16). **Nomadi**: popolazioni senza stabile dimora (cfr. la **tenda** del v. 14).
- **8-9** Cioè: *per amore della Francia cambiò* (**mutò**) *nome*.
- **10-17 Fu**: *si fece chiamare.* **Suoi**: *i famigliari e gli ex-connazionali arabi.* **La cantilena del Corano**: *la lettura musicale e monotona del libro sacro dell'Islam.* **Gustando**: *bevendo*; francesismo.
- **18-21** *Non era in grado di esprimere* (**sciogliere**) *il [proprio] sentimento di esclusione e di solitudine* (**abbandono**) *attraverso la poesia* (**canto**).
- **22-27 L'ho accompagnato…Parigi**: *per il corteo funebre, verso il cimitero* (**camposanto**, v. 29). **Dal…**: *a partire dalla nostra abitazione*. **Rue des Carmes**: *una via del Quartiere Latino, a Parigi.* **Appassito vicolo**: *piccola strada malinconica e di case malandate* (**appassito** *è qui una metafora*).

>   Riposa
>   nel camposanto d'Ivry
> 30 sobborgo che pare
>   sempre
>   in una giornata
>   di una
>   decomposta fiera
>
> 35 E forse io solo
>   so ancora
>   che visse

Locvizza il 30 settembre 1916

- **28-34** Questa strofa soprattutto (ma in parte anche la precedente) porta al massimo grado il senso di squallore e di tristezza che attraversa tutta la poesia: la partecipazione compassionevole del poeta è nascosta nell'aspetto di cronaca banale del racconto. **Riposa**: eufemismo assai frequente. **Ivry**: *popoloso centro* (**sobborgo**) *a Sud di Parigi*.
- **Sobborgo…fiera**: la folla disordinata della frazione di Ivry dà l'impressione che vi si sia svolto da poco un mercato o una festa paesana all'aperto (**fiera**). **Decomposta**: qui significa 'appena terminata, in via di scioglimento'; ma la violenza del termine suggerisce una immagine di disfacimento che si riflette sulla sepoltura del suicida, come contraddicendo all'eufemismo del v. 28.
- **35-37** Il poeta resta forse l'unico possessore della triste esperienza dell'amico e attraverso la elaborazione formale le offre quasi quel riscatto che essa non era stata in grado di trovare da sé.
- **Locvizza**: una località sul fronte di guerra.

T1 DALLA COMPRENSIONE ALL'INTERPRETAZIONE

COMPRENSIONE

La crisi d'identità di Moammed, "alter ego" del poeta Dal testo si ricava che le ragioni che spingono al **suicidio** Moammed Sceab riguardano una **crisi d'identità**. Essa si deve innanzitutto allo **sradicamento culturale** del protagonista, «suicida / perché non aveva più / Patria» (vv. 5-7). Egli infatti **ha abbandonato le proprie origini arabe**, rinunciandovi; e perciò non sa più vivere «nella tenda dei suoi», né ascoltare il Corano o svolgere le altre pratiche del suo popolo (cfr. vv. 12-17). Tuttavia, la nuova identità nazionale francese non è sufficiente a dargli una vera patria (cfr. ancora i vv. 5-7 e soprattutto i vv. 10-11: «Fu Marcel / ma non era Francese»).

Ebbene, **la condizione di Moammed richiama da vicino quella dello stesso Ungaretti**, a sua volta di origine africana (benché di famiglia italiana) e a sua volta trapiantato in Francia, senza tuttavia l'assunzione di una nuova identità nazionale. Anche il poeta, insomma, condivide la condizione sospesa e incerta del protagonista. Inoltre, l'analogia tra la vita di Moammed e quella del poeta è richiamata anche dal riferimento all'abitazione comune (cfr. vv. 23-24). Sul suo sentirsi sradicato, esule, straniero Ungaretti ritornerà anche in *Girovago*: «In nessuna / parte / di terra / mi posso / accasare» (cfr. T8, p. 104).

ANALISI

Il tema dello sradicamento Questa poesia affronta un tema importante dell'*Allegria*: quello dello **sradicamento dell'uomo che smarrisce le sue origini**. Si vede bene nel testo come chi perde il contatto con la propria identità possa cadere facilmente in un pericoloso vuoto umano e culturale. È appunto il caso di Moammed, compagno di Ungaretti, che, lontano dalle «tende» della sua gente, non riesce a «sciogliere» il suo canto vitale. In lui il moltiplicarsi degli shock traumatici ha provocato un senso di vuoto e di impotenza che emerge con chiarezza nell'episodio della **perdita del nome** («Fu Marcel / ma non era Francese», vv. 10-11).

Essenzialità espressiva Lo stile del componimento è essenziale ma fortemente espressivo. Ai versi 8-11, ad esempio, **in pochi brevissimi cenni viene ricapitolata un'intera esistenza**: «Amò la Francia / e mutò nome / Fu Marcel / ma non era Francese». Alla fulminante perentorietà dei verbi al **passato remoto** («Amò», «mutò», «Fu») si contrappone l'**imperfetto** inesorabile spia di una condizione d'estraneità che assomiglia ad una condanna definitiva («non era»).

INTERPRETAZIONE

La diversità (e superiorità) del poeta Analoga in molte cose alla vita del suicida, quella del poeta tuttavia ha una caratteristica specifica che la distingue, e la rende in qualche modo superiore. **Al suicidio dell'arabo, l'autore può contrapporre** implicitamente una scelta diversa: **la propria vocazione di poeta**. In questa prospettiva i vv. 18-21 hanno una funzione centrale (e centrale, non a caso, è la loro collocazione nel testo): la disperazione di **Moammed non trova l'appiglio dell'espressione poetica**, come invece accade all'autore. «Sciogliere / il canto / del suo abbandono», dono precluso a Moammed e concesso al poeta, implica una possibilità di superiore armonia. Le contraddizioni derivanti dallo sradicamento e dalla crisi di identità non scompaiono, ma vengono in qualche modo compensate e risarcite dalla poesia. Per tale ragione, l'alternativa che i vv. 18-21 rappresentano rispetto al destino disperato del suicida è affermata anche nella vocazione a ricordare cui allude il titolo e soprattutto nella **funzione di estremo custode del ricordo rivendicata dal poeta** (vv. 35-37). È un tema che ritorna anche nella conclusione di *San Martino del Carso* (cfr. **T4**, p. 98).

Sparizione di una strofe Nelle prime edizioni della raccolta ungarettiana (*Il porto sepolto*, 1916; *Allegria di naufragi*, 1919) la poesia si concludeva con un'altra strofe di tre versi che è stata poi eliminata in tutte le edizioni successive: «Saprò / fino al mio turno / di morire». Ci si deve interrogare sul perché di questa eliminazione precoce e senza ripensamenti successivi. Una ipotesi (ma dalla discussione all'interno della classe possono nascerne molte altre) è questa: i tre versi citati sono stati eliminati perché rendono troppo meccanico, rigido ed esibito il confronto tra le due vite parallele di Moammed Sceab e di Ungaretti (si veda la ripresa di «so» in «saprò» e l'antitesi tra vita («visse») e morte («morire»).

T1 LAVORIAMO SUL TESTO

COMPRENDERE

Il suicidio di Moammed

1. Esponi le vicende che hanno condotto Moammed alla morte.

ANALIZZARE

2. Come viene descritto il mondo d'origine dell'immigrato?

Lo squallore della metropoli

3. Quale immagine di Parigi viene associata al suicidio?

Il tema dello sradicamento

4. **LINGUA E LESSICO** Sottolinea nella poesia i termini riconducibili al tema dello sradicamento e dell'esilio.

INTERPRETARE

La salvezza del poeta

5. Cosa può opporre Ungaretti al rischio della crisi d'identità e di sradicamento?

LE MIE COMPETENZE: PROGETTARE, PRODURRE

Per il Moammed di Ungaretti l'esperienza dell'emigrazione ha coinciso con una spersonalizzazione e con una perdita d'identità. Il sociologo Zygmunt Bauman ha affermato che nella «modernità liquida», in cui siamo immersi oggi, il concetto di identità ha perso i contorni netti che aveva un tempo, è diventato mobile e può essere paragonato ad un «puzzle difettoso» da ricomporre continuamente pur non conoscendo il disegno da formare. Progetta di organizzare la cerimonia di inaugurazione di una mostra fotografica intitolata *Identità migranti*. Realizza un pieghevole in cui, rielaborando in modo personale e creativo gli spunti che ti sono forniti da Ungaretti e da Bauman, presenti la mostra e illustri nel dettaglio il programma dell'inaugurazione.

Zygmunt Bauman, *Vita liquida*, edito da Laterza nel 2006.

T2 Veglia

OPERA
L'allegria

CONCETTI CHIAVE
- dall'orrore della guerra allo scatto vitale
- l'Espressionismo

FONTE
G. Ungaretti, *L'allegria*, in *Vita d'un uomo. Tutte le poesie*, cit.

- Materiali per il recupero
- Ascolto
- Alta leggibilità

Quella che segue è una delle poesie più "forti" dell'*Allegria*. Il poeta resta lungamente accanto al cadavere di un compagno fino quasi a condividere con lui l'esperienza della morte; e nondimeno rovescia e riscatta la tragica condizione attraverso un intenso atto vitale: scrivere «lettere piene d'amore». L'attaccamento alla vita affermato nella conclusione è l'espressione in qualche modo religiosa di un'assunzione, nell'esistenza del sopravvissuto, della vitalità del morto.

Otto Dix, *Autoritratto da soldato*, 1914. Stoccarda, Kunstmuseum.

Un'intera nottata
buttato vicino
a un compagno
massacrato
5   con la sua bocca
digrignata
volta al plenilunio
con la congestione
delle sue mani
10 penetrata
nel mio silenzio
ho scritto
lettere piene d'amore

Non sono mai stato
15 tanto
attaccato alla vita

Cima Quattro il 23 dicembre 1915

METRICA versi liberi brevi. Assai elementare ed energico il sistema delle rime, che ruotano con insistenza attorno alla desinenza del participio passato -ato/-ata (vv. 1, 2, 4, 6, 10, 14, 16), rafforzata dalla presenza della geminata /tt/ai vv. 1, 2, 12, 13 e 16.

● **1-13** [*Rimanendo*] *un'intera notte* (**nottata**; più intenso) *disteso* (**buttato**; quasi senza forze) *vicino a un compagno ucciso* (**massacrato**; contiene un'idea di ferocia) *con la bocca contratta* (**digrignata**: con i denti in mostra) [*ri*]*volta verso la luna piena* (**al plenilunio**) *mentre il gonfiore* (**con la congestione**) *delle sue mani* [*era*] *penetrato nel mio silenzio ho scritto lettere piene d'amore*. **Con la sua bocca... plenilunio**: la smorfia del cadavere è resa ancora più tragica dalla luce tagliente della luna piena. **Con la congestione... d'amore**: tra la presenza fisica, tangibile della morte (espressa nel gonfiore delle mani del soldato ucciso) e il destino di testimone del poeta si crea un legame di partecipazione e quasi di compenetrazione: al **silenzio** del vivo corrisponde un atteggiamento ricettivo di disponibilità e di accoglienza nei confronti dell'esperienza-limite della morte, così come allo scatto vitale che segue subito dopo corrisponde non tanto il rifiuto di quella realtà quanto la sua assunzione su di sé, nella superiore armonia, da parte dell'esistenza viva che prosegue a durare.

● **14-16** L'attaccamento alla vita significa qui una cosciente contrapposizione alla morte e la scelta di un valore elementare reso pienamente consapevole di se stesso e della propria responsabilità. Dà energia alla conclusione, oltre al risalto del v. 15, il fitto tessuto fonico, con la rima interna **stato**: **attaccato** resa più intensa dall'assonanza con **tanto** e dalla consonanza con **vita**.

Dal testo all'opera
Perché è un testo opera?

Perché affronta due temi fondamentali: la guerra e l'energia vitale

In *Veglia* Ungaretti ci restituisce un'**immagine emblematica dell'atrocità della violenza**. La poesia è composta da due strofe, divise da uno spazio bianco. La **prima strofa** di tredici versi descrive una scena raccapricciante: il poeta trascorre tutta la notte accanto ad un **compagno ucciso e sfigurato**. I versi 12-13 chiudono questa strofa introducendo una svolta tematica: di fronte all'orrore e alla morte, l'autore dà mostra di un'**ostinata vitalità** e scrive «lettere piene d'amore». La **seconda strofa** è costituita da tre soli versi ed esprime il senso di una **resistenza alla barbarie**. A contatto con la morte il poeta è pienamente consapevole del suo attaccamento alla vita. Nel suo intreccio di vitalità e senso di morte, *Veglia* è una poesia esemplare che sembra riassumere i temi principali dell'*Allegria*.

La prima raccolta di Giuseppe Ungaretti è infatti incentrata sul **tema della guerra che si intreccia con quello dell'energia vitale** (cui rimanda esplicitamente il titolo *L'allegria*), sebbene vi compaiano **altri motivi**, come la rievocazione dell'infanzia egiziana del poeta o il tema della natura. Orrore e vitalità son espressi in *Veglia* attraverso **due campi tematici contrapposti**: quello relativo al cadavere e alla morte e quello inerente la vita, il riscatto e la redenzione. Le parole tematiche del primo campo sono termini crudamente espressivi («massacrato», «digrignata», «congestione») riferiti al corpo, alla bocca e alle mani. Il corpo del soldato morto è in tal modo rappresentato come deformato e perturbante. Tuttavia il tema del cadavere sfigurato e scomposto coesiste con la situazione di concentrazione, di ricomposizione e di sublimazione del poeta: le parole tematiche di questo opposto campo sono «plenilunio», «silenzio», «amore». Il tema del corpo deforme è tipico della poetica espressionista. Viceversa il tema del riscatto di una condizione tragica attraverso la parola poetica e, più in generale, attraverso la scrittura, è tipico del Simbolismo.

Perché intreccia Simbolismo ed Espressionismo

Dal punto di vista della poetica e delle scelte formali, *Veglia* lascia emergere con chiarezza i tratti più appariscenti della rivoluzione formale portata avanti da Ungaretti: la brevità dei versi, la frantumazione della sintassi e della metrica, la rilevanza assegnata alla singola parola. Come i simbolisti francesi, infatti, Ungaretti **considera la parola poetica il mezzo per accedere al significato più autentico delle cose**: per questo, ogni singolo termine, nei suoi versi, si carica di risonanze analogiche, allusive e segrete. Al contempo, la metrica e la sintassi tradizionali nelle sue poesie si frantumano, i versi diventano brevissimi, si potenzia l'espressività dei particolari più essenziali. Nell'*Allegria*, in tal modo, l'**eredità della poesia simbolista** si intreccia con l'influenza dell'**Espressionismo**. *Veglia* è il testo dell'*Allegria* più fortemente caratterizzato da un **registro espressionistico**. Ciò si nota soprattutto a livello del lessico che, come abbiamo visto, è caratterizzato da **termini violentemente deformanti**, spesso isolati in un solo verso brevissimo. Fortemente **energico ed elementare è anche il sistema delle rime**, che insiste in modo martellante sulla desinenza del participio passato -ato/-ata (ai versi 1, 2, 4, 6, 10, 14, 16). **La presenza ripetuta di participi passati** (ben cinque) in luogo degli aggettivi è una scelta stilistica frequente in Ungaretti, che egli ha desunto dal Simbolismo francese e che gli serve a rendere più allusiva e semanticamente ambigua l'espressione poetica. Alcuni di questi participi formano da soli un intero verso, e quindi acquistano un rilievo ancora più spiccato (v. 4 «massacrato», v. 6 «digrignata», v. 10 «penetrata»).

A differenza di quanto accade nei testi di altri poeti espressionisti, anch'essi coinvolti nel trauma della guerra (come Clemente Rebora, per rimanere in Italia; cfr. vol. 5, *Voce di vedetta morta*), Ungaretti nella conclusione di *Veglia* riscatta il dolore della guerra affidando alla **magia della parola** (come accadeva nella tradizione simbolista) un misterioso **bisogno di ricomposizione e di "redenzione"**. Accanto al compagno morto, il poeta vivo avverte cioè uno **scatto vitale** che dà forza alle parole d'amore delle sue lettere.

TESTO OPERA — T2

Perché celebra il potere della poesia come "redenzione"

L'elemento centrale della poesia è la reazione che la visione terribile del compagno morto innesca nel poeta. Non di disperazione e scoramento, ma al contrario di amore per la vita. Il taglio crudo del testo non comporta una resa all'insensatezza del dolore e della morte, né una tensione spasmodica per ricavare da tali esperienze-limite un significato; al contrario, la poesia di Ungaretti esprime piuttosto un **bisogno di superiore armonia**, da realizzarsi attraverso l'assunzione, da parte del poeta, delle parti di realtà bisognose di significato e di "redenzione". Lo scatto positivo finale risponde appunto a questa esigenza di ricomposizione e di armonia, affidata alla **forza dell'"allegria" vitale**. È importante rilevare che **la ricomposizione vitale si attua mediante la parola e la scrittura** («ho scritto / lettere piene d'amore»): solo attraverso la scrittura il poeta-soldato trova il modo per rispondere all'orrore della guerra e della morte.

Al tema della scrittura si collega il motivo del silenzio: **«silenzio»** è un termine tematico, che compare in *Veglia* e ne fa una poesia decisiva per interpretare l'intera *Allegria*. Vi è infatti un'altra poesia della raccolta intitolata *Silenzio* che ha per tema l'esilio, la definitiva partenza del poeta dalla città natale con un «bastimento verniciato di bianco». **Il silenzio**, nella concezione ungarettiana della parola, **non è assenza di comunicazione**, ma è quell'intervallo di sospensione in cui, attraverso l'astensione dalla parola, il poeta comunica più intensamente: lasciar parlare l'assenza di parola consente di aprire dunque un tempo di meditazione più profonda. Ed è quanto avviene in *Veglia* sulla scena della trincea, mentre la «congestione» delle mani del compagno morto «penetra» nel «silenzio» del poeta vivo che si accinge alla scrittura.

1 gennaio 1918, soldati caduti nella Battaglia del Piave.

T2 LAVORIAMO SUL TESTO

COMPRENDERE

Vita e morte
1. Che tipo di rapporto si istaura tra il poeta e il compagno morto?

La deformazione espressionistica
2. **LINGUA E LESSICO** Osserva il sistema di rime e di assonanze e metti in luce i caratteri espressionistici del lessico.

Il rovesciamento inatteso
3. Individua il punto di svolta tematico e ritmico.

INTERPRETARE

Il silenzio e la parola
4. Quale valore è dato alla scrittura? Confronta, su questo motivo, con **T1** *In memoria*.

LE MIE COMPETENZE: FARE RICERCHE

Questa poesia non finisce con l'ultimo verso. Manca ancora un elemento: infatti alla fine del componimento leggiamo «*Cima Quattro il 23 dicembre 1915*». Si tratta dell'annotazione del luogo e della data di composizione del testo. Nei componimenti dell'*Allegria* ricorre l'annotazione della data: è come se il poeta-soldato, giorno dopo giorno, abbia sentito il bisogno di scrivere il suo diario in versi, per resistere alla distruzione che lo circonda. La poesia che hai letto riporta un'indicazione precisa: sai dov'è la Cima Quattro? Quali battaglie vi si sono svolte durante la Prima guerra mondiale? Fai una ricerca per reperire queste informazioni.

T3 I fiumi

OPERA
L'allegria

CONCETTI CHIAVE
- il dialogo tra soggetto e natura
- il procedimento analogico

FONTE
G. Ungaretti, *L'allegria*, in *Vita d'un uomo. Tutte le poesie*, cit.

 Videolezione analisi del testo

È uno dei testi più importanti e riusciti dell'*Allegria* e dell'intera opera ungarettiana; una specie di autopresentazione (o addirittura autobiografia) in versi.
Il poeta, in un momento di riposo dalla guerra, ha fatto il bagno nel fiume Isonzo, che scorre lungo il fronte orientale. A sera ripensa a quell'esperienza (cfr. prima strofa), e si rende conto che l'acqua dell'Isonzo ha rievocato e come riepilogato in se stessa quella di altri tre fiumi – Serchio, Nilo, Senna – rappresentativi di altri momenti della sua vita (cfr. ultima strofa). All'interno di questa cornice si inserisce la rievocazione del bagno nell'Isonzo (dalla seconda alla penultima strofa), che a poco a poco suscita l'evocazione metaforica degli altri fiumi ricordati (a partire dal v. 42).
L'immersione nell'acqua del fiume comporta due conseguenze: una regressiva e una purificatrice. La purificazione permette al poeta di sentirsi in armonia con l'universo, di percepire la propria esistenza (e il proprio stesso corpo) come una parte del tutto, alla stregua di un «sasso» (v. 15). La regressione permette invece di recuperare anche la dimensione temporale, cioè il proprio passato individuale, facendone quasi un attributo del presente: anche la storia della propria vita diventa per il poeta recuperabile come ricchezza presente, in nome della generale condizione di «armonia».

Mi tengo a quest'albero mutilato
abbandonato in questa dolina
che ha il languore
di un circo
5 prima o dopo lo spettacolo
e guardo
il passaggio quieto
delle nuvole sulla luna

Stamani mi sono disteso
10 in un'urna d'acqua
e come una reliquia
ho riposato

L'Isonzo scorrendo
mi levigava
15 come un suo sasso

METRICA versi liberi prevalentemente brevi divisi in strofette irregolari di pochi versi.

● **1-8** La strofa iniziale presenta il poeta in posizione meditativa, attraverso due azioni espresse dai verbi principali **mi tengo** e **guardo**. **Albero mutilato**: è un albero privato dei rami o anche di una parte del tronco (**mutilato**) a causa delle bombe. Introduce in modo indiretto il riferimento allo scenario bellico, che viene più esplicitamente evocato ai vv. 22 sg. **Abbandonato**: probabilmente da riferirsi al poeta e non all'albero, e con il valore cioè di 'stando io abbandonato'; sottolinea il senso di solitudine. La rima in *-ato*, presentata qui da **mutilato** e da **abbandonato**, attraversa una vasta porzione del testo, e torna ai vv. 12, 16, 18, 21 e 25, e anche oltre. **Dolina**: 'piccola cavità a forma di cratere, tipica del paesaggio carsico, scavata dalle piogge e dai corsi d'acqua'; l'aspetto concavo del luogo, simile al grembo materno, favorisce la regressione. **Il languore...lo spettacolo**: il luogo dove sta il poeta ha lo stesso aspetto triste (**languore**) di un **circo** senza spettatori (**prima o dopo lo spettacolo**). L'analogia tra la **dolina** e il **circo** è favorita dalla forma circolare di entrambi (e cfr. v. 68 e nota). **Il paesaggio...luna**: è dunque notte e il poeta guarda le nuvole che passano lente, serene (cfr. **quieto**) sulla luna.

● **9-12** È introdotto qui il ricordo del bagno mattutino nel fiume. **In un'urna...ho riposato**: l'acqua del fiume nella quale il poeta si è adagiato (**disteso**) era trasparente come una teca di cristallo (**urna**) nella quale si conservano i resti dei santi (**reliquie**), e il poeta si è sentito appunto come una **reliquia**: c'è tra le due immagini metaforiche uno stretto rapporto di interdipendenza, nel suggerimento del valore quasi sacro e rituale del gesto: il bagno nell'Isonzo è anche un bagno purificatore (cfr. il contrasto con i vestiti sporchi di guerra, ai vv. 22 sg.).

● **13-15** Le acque del fiume rendono liscio (levigano) il corpo del poeta come fanno con i sassi: cioè il poeta è implicitamente paragonato a un sasso del fiume: inizia la identificazione del soggetto con la natura. **Isonzo**: importante fiume che scende dalle Alpi orientali e bagna Gorizia, sfociando nel mar Adriatico.

immagine cristologica (Cristo che cammina sull'acqua)

Ho tirato su
le mie quattr'ossa
e me ne sono andato
come un acrobata
20 sull'acqua

Mi sono accoccolato
vicino ai miei panni
sudici di guerra
e come un beduino
25 mi sono chinato a ricevere
il sole

Questo è l'Isonzo
e qui meglio
mi sono riconosciuto
30 una docile fibra
dell'universo

Il mio supplizio
è quando
non mi credo
35 in armonia

Ma quelle occulte
mani
che m'intridono
mi regalano
40 la rara
felicità

Ho ripassato
le epoche
della mia vita

Il ponte sull'Isonzo a Fogliano, fotografia del 1917. Bologna, Museo civico del Risorgimento.

- **16-20** *Mi sono alzato* (**ho tirato su...ossa**) *e ho camminato* (**me ne sono andato**) *nell'acqua come un acrobata*. **Ho tirato su...ossa**: il corpo è presentato nel suo aspetto naturale: le **quattro ossa**, cioè lo scheletro, corrispondono al **sasso** della strofa precedente (e i due termini sono non casualmente legati da una rima imperfetta). **Acrobata**: *equilibrista, giocoliere*; c'è un legame tematico con il **circo** (v. 4).
- **21-26** Uscito dall'acqua, il poeta si mette al sole. **Accoccolato**: *accovacciato*. **Panni... guerra**: la divisa (**panni** = vestiti) sporca (**sudici**) – in senso sia letterale che metaforico – a causa della (**di**) guerra. **Beduino**: abitante arabo nomade dell'Africa settentrionale. È una premessa ai vv. 52-56, e rimanda all'infanzia del poeta.
- **27-35** *Questo* [*fiume*] *è l'Isonzo e qui con più chiarezza* (**meglio**) *ho capito di essere* (**mi sono riconosciuto**) *una ubbidiente* (**docile**) *parte* (**fibra**) *dell'universo. La mia sofferenza* (**supplizio**) *si manifesta* (**è**) *quando credo di non essere* (**non mi credo**) *in armonia* [con l'universo]. In queste due strofette centrali è toccato il significato fondamentale del testo: il desiderio del poeta di sentirsi parte armonica del tutto, di sciogliersi quasi dalla propria individualità soggettiva per aderire a un'identità universale, che unisce tutti gli uomini tra loro e alle cose stesse (soprattutto alla natura). Un annuncio dell'uscita dall'identità individuale era già, nelle strofe precedenti, nelle insistite similitudini con altri esseri: «come una reliquia» (v. 11), «come un suo sasso» (v. 15), «come un acrobata» (v. 19), «come un beduino» (v. 24). Essere in armonia significa uscire da sé e penetrare nella vita di tutti gli esseri (è l'unanimismo ungarettiano, per cui cfr. **S2**, p. 130): in questo senso Ungaretti mostra sia la dipendenza dalla poetica simbolista delle *correspondances*, sia una certa continuità rispetto al panismo dannunziano. **E qui meglio...dell'universo**: l'Isonzo rimanda in questo caso all'esperienza della guerra (**qui** = al fronte), che ha consentito al poeta di condividere un destino comune e di riconoscersi in esso come in un'armonia universale.
- **36-41** *Ma le* (**quelle** ha più forza evocativa) *mani* [: acque, corrente] *invisibili* (**occulte**) [*del fiume*] *che mi penetrano* (**m'intridono** = mi impregnano) *mi regalano la rara felicità*. L'esperienza del bagno fluviale soddisfa il desiderio di armonia universale, cioè **la rara felicità**.
- **42-44** Inizia qui una riflessione del poeta sulle varie fasi (**epoche**) della propria vita: ogni ricordo è incarnato in un fiume-simbolo con coerenza rispetto al luogo della rievocazione: il bagno nel fiume Isonzo. **Ripassato**: quasi 'riepilogato'.

45   Questi sono
     i miei fiumi

     Questo è il Serchio
     al quale hanno attinto
     duemil'anni forse
50   di gente mia campagnola
     e mio padre e mia madre

     Questo è il Nilo
     che mi ha visto
     nascere e crescere
55   e ardere d'inconsapevolezza
     nelle estese pianure

     Questa è la Senna
     e in quel suo torbido
     mi sono rimescolato
60   e mi sono conosciuto

     Questi sono i miei fiumi
     contati nell'Isonzo
     Questa è la mia nostalgia
     che in ognuno
65   mi traspare
     ora ch'è notte
     che la mia vita mi pare
     una corolla
     di tenebre

Cotici il 16 agosto 1916

● **46   miei**: legati alla mia storia personale.

● **47-51**   Dalla zona bagnata dal fiume Serchio (la Garfagnana e Lucca, in Toscana) deriva la famiglia di Ungaretti, e perciò da quel fiume egli immagina che abbiano preso acqua (**attinto**) per forse duemila anni i propri (**mia**) antenati (**gente...campagnola**: contadini) e infine i propri genitori.

● **52-56**   Ungaretti è nato e vissuto fino a ventitré anni (**nascere e crescere**) ad Alessandria d'Egitto, vicino alle foci del fiume Nilo: nei pressi del deserto (**estese pianure**) del Sahara egli ha trascorso l'infanzia e l'adolescenza, bruciando (cfr. **ardere**) nella condizione tipica di una coscienza e di una identità ancora in formazione, non sicure di se stesse (cfr. **inconsapevolezza**). Si noti che i tre verbi ai vv. 54 sg. sono tutti sdruccioli ed esprimono perciò una particolare energia (sono inoltre tutt'e tre della seconda coniugazione e i primi due resi analoghi dal gruppo *Iscl*).

● **57-60**   A Parigi Ungaretti ha studiato e trascorso parte della giovinezza, sulle rive del fiume Senna, prendendo finalmente coscienza di sé (**mi sono conosciuto**) e lasciandosi coinvolgere nella vita della città (**mi sono rimescolato**, quasi 'mischiato'). **Torbido**: l'aspetto non trasparente del fiume cittadino, ma con allusione alla vivacità della vita parigina.

● **61-62**   I fiumi ricordati nelle strofe precedenti sono i fiumi legati alla vita del poeta, enumerati (**contati**) ora evocandoli nel fiume presente, l'Isonzo. È qui spiegata cioè la ragione della insistita anafora del pronome deittico *questo/a/i*: nell'Isonzo sono riconoscibili gli altri fiumi conosciuti in passato, anzi l'Isonzo è quei fiumi (**questo è... questo è... questi sono...**).

● **63-69**   *Questa è la mia nostalgia che mi si manifesta* (**mi traspare**) *in ognuno* [*dei fiumi evocati*] *ora che è notte* [*e*] *che la mia vita mi appare* (**pare**) [*come*] *una corolla di buio* (**tenebre**). La conclusione della poesia è malinconica: torna il paesaggio notturno della prima strofe, così che il testo si chiude circolarmente su se stesso; e i ricordi evocati si accompagnano al rimpianto (**nostalgia**). **Questa è...mi traspare**: come nell'Isonzo il poeta vede tutti gli altri fiumi del proprio passato, così può vedervi i propri sentimenti nei confronti del loro ricordo: anche l'interiorità del soggetto, come lo spazio e il tempo, partecipano all'unanimismo (cfr. **S3**, p. 84) di questa poetica. **La mia vita... di tenebre**: l'immagine ardita significa forse che la vita del poeta è come un fiore (**corolla** = i petali del fiore) ancora sconosciuto (**di tenebre**) che aspetti di aprirsi, e forse, più probabilmente, che la vita del poeta si identifica con il buio che in quel momento lo circonda, sciogliendosi in esso. In questo secondo caso c'è una valorizzazione dell'aspetto circolare della **corolla**, in rapporto al **circo** (e alla **dolina**) dell'inizio; e vi è coerenza con l'affermazione di armonia tra il poeta e il cosmo, con relativa positività della conclusione (anche se l'identificazione con il tutto, positiva nella esperienza mattutina del bagno, comporta il rischio di questo rovescio negativo di annullamento nelle tenebre notturne).

● **Cotici**:   una località sul fronte di guerra.

T3 DALLA COMPRENSIONE ALL'INTERPRETAZIONE

COMPRENSIONE

Un'autobiografia in versi La poesia può essere considerata un'autobiografia in versi. Il **bagno nell'Isonzo** consente infatti all'autore di **"ripassare le epoche della sua vita"** (vv. 42-44). Il presente è appunto rappresentato dal fiume Isonzo, che rimanda al clima di guerra: Ungaretti vi partecipò arruolandosi come volontario in un reggimento di fanteria inviato a combattere sul Carso. **Dal presente dell'esperienza bellica si passa alle epoche passate.** Per primo viene evocato **il Serchio, il fiume delle radici**, poiché dalla zona bagnata dalle sue acque (la Garfagnana e la piana di Lucca, in Toscana) deriva la famiglia di Ungaretti. Poi viene **il Nilo, il fiume dell'infanzia** e della giovinezza trascorse dal poeta in Egitto (Ungaretti nasce ad Alessandria d'Egitto nel 1888) e vissute all'insegna della libertà e della spensierata incoscienza. Infine viene ricordata **la Senna, che allude al periodo parigino** in cui il poeta raggiunge una consapevolezza culturale (frequenta l'università ed entra in contatto con gli ambienti dell'avanguardia letteraria ed artistica).

ANALISI

La struttura La poesia si compone di sessantanove versi strutturati in **quindici strofe** di varia lunghezza (da due a otto versi). Le due strofe più lunghe sono **la prima e l'ultima** (otto e sette versi rispettivamente): il che pare assegnare loro una funzione speciale all'interno della complessa struttura del componimento, sottolineando il loro carattere di **"cornice"**, ovvero di contenitore generale. D'altra parte, mentre la prima e l'ultima strofa si riferiscono a un **momento notturno** (cfr. i vv. 7-8 e 66), **le strofe dalla seconda alla quattordicesima narrano di una esperienza mattutina** (cfr. l'attacco della seconda: «Stamani...»). La prima e l'ultima strofa parlano dunque al presente di un momento notturno nel quale il soggetto ripensa a un fatto accaduto la mattina, e narrato nelle strofe dalla seconda alla quattordicesima.

La metrica I versi spaziano dal bisillabo (v. 37) all'endecasillabo (cfr. v. 1). A misure imparisillabe (i trisillabi come i vv. 4 e 6, i quinari come i vv. 12 e 14, i settenari come il v. 11, i novenari come il v. 9) si alternano versi parisillabi (senari come i vv. 7 e 10, ottonari come il v. 5, sdrucciolo). L'**alternanza di parisillabi e imparisillabi** ostacola ogni facile cantabilità e costringe a una lettura che conferisca a ogni verso e **a ogni parola il massimo di rilevanza espressiva** e di importanza semantica. In questa direzione va anche la **coincidenza di verso e vocabolo** (cfr. i vv. 20, 26, 31, 35, 37, 41, ecc.).

Le scelte stilistiche e la forza della presenza La sottolineatura della **concretezza delle situazioni** rappresentate e della **presenza puntuale del soggetto** è una delle caratteristiche dello stile ungarettiano nell'*Allegria*. In questo testo tale sottolineatura si affida innanzitutto alla insistenza del **pronome deittico "questo"**. Esso ritorna ben nove volte (vv. 1, 2, 27, 45, 47, 52, 57, 61, 63), rafforzato da «qui» (v. 28) e da «quelle»/«quel» (vv. 36 e 58). Un altro mezzo attraverso il quale l'esperienza s'impone nella sua immediatezza, quasi raggiungendo la "presa diretta" della cronaca, è il **passaggio dai tempi passati della rievocazione** (passato prossimo e imperfetto: vv. 9, 12, 14, 16, 18, 21, 25, 29) **al presente** (vv. 27, 33, 38, 39, 45, 47, 52, 57, 61). In questo modo, fra l'altro, si introduce l'idea, centrale nel testo, della **reversibilità tra presente e passato** e tra luoghi fisicamente diversi e lontani; cioè s'introduce il tema simbolistico delle *correspondances*. La presenza, infine, del soggetto è garantita dal suo denunciarsi in ognuna delle quindici strofe per mezzo di aggettivi o di **pronomi personali**.

INTERPRETAZIONE

La natura e il soggetto: le *correspondances* simbolistiche La natura è introdotta in questo testo come il riferimento privilegiato di una **ricerca di identità** e di significato da parte del soggetto, secondo i modi della tradizione simbolistica. L'inconciliabilità o la difficoltà di relazione inaugurata da Leopardi con il *Canto notturno* e ripresa nel Novecento dagli espressionisti e poi, originalmente, da Montale, è qui contraddetta: raccolto nella calma di un paesaggio serale, il poeta s'interroga sul senso della propria esistenza, riuscendo a trovare, se non una risposta esplicita, senz'altro una via di accesso al significato di essa e al reperimento della propria identità. **La natura**, innanzitutto, **è antropomorfizzata**, come testimonia per esempio l'impiego dell'aggettivo «mutilato» (v. 1) a proposito di un albero. E all'antropomorfizzazione della natura corrisponde, come già in d'Annunzio, la **naturalizzazione dell'uomo** (il poeta è «come un [...] sasso» del fiume: v. 15). Inoltre la natura è il teatro di un principio centrale nella poetica del Simbolismo: **il particolare contiene in sé la via d'accesso all'universale**. Infatti **a partire dal contatto con l'acqua dell'Isonzo il poeta ha raggiunto tutti gli altri fiumi** legati alla propria esistenza. Nel luogo puntuale dell'esperienza si è concentrato tutto lo spazio circostante e nel momento puntuale di essa si è concentrato tutto il tempo. Il particolare presente diviene per via analogica ogni altro particolare, anche lontano e diverso, grazie allo scorrere del soggetto lungo somiglianze anche minime. È introdotto così, d'altra parte, un altro aspetto centrale del **Simbolismo**, la fiducia nelle *correspondances*: **ogni cosa rimanda a un'altra**, e, anzi, ogni cosa è (o può essere, per l'esperienza privilegiata del poeta) un'altra: l'Isonzo è il Serchio, è il Nilo, è la Senna. Cioè: questa cosa è un'altra cosa. Lo slittamento dal fiume singolo e specifico alla categoria universale di fiume è introdotto per mezzo dell'ampliamento, sempre per **via analogica**, dell'identità stessa del poeta, assimilato a una «reliquia», a un «sasso», a un «acrobata» e a un «beduino» (vv. 11, 15, 19, 24).

La logica simmetrica Sembra valere in questo componimento il principio della "logica simmetrica", quella che caratterizzerebbe il funzionamento dell'inconscio secondo il pensiero del grande psicoanalista cileno **Ignacio Matte Blanco**: mentre la logica razionale e cosciente funziona secondo i princìpi aristotelici (identità, non contraddizione e terzo escluso), e cerca pertanto la specificità dei diversi fenomeni e insiste dunque sulle differenze anche minime tra un dato e l'altro dell'esperienza, al contrario **la logica simmetrica dell'inconscio** sarebbe piuttosto attratta dalle **analogie**, e tenderebbe a formare classi, o insiemi, fondati sulla identità anche di un solo carattere (è per questo che due persone o due fatti diversi possono fondersi, in un sogno, profittando del fatto di avere, per l'inconscio, qualcosa in comune). Dietro l'affermazione ungarettiana "questo fiume, l'Isonzo, è un altro fiume, e cioè è il Serchio, il Nilo, la Senna" (non assomiglia a un altro fiume, ma è un altro fiume) si vede proprio il funzionamento della logica simmetrica, per la quale (e per l'inconscio) due fiumi possono essere la stessa cosa (di qui la simmetria) anche se sono, per la razionalità, diversi e lontani. Come spesso avviene nella poesia, la razionalità e l'inconscio qui non si escludono ma collaborano nella definizione di una esperienza profonda e coinvolgente dell'io.

Lavoriamo con la VIDEOLEZIONE: ANALISI DEL TESTO

Pietro Cataldi ci spiega che *I fiumi* è una poesia sulla reversibilità del tempo. Mentre ascolti la videolezione, sottolinea nel testo gli elementi che suggeriscono il tema dello scorrere del tempo e quelli che rimandano alla possibilità di sospendere la temporalità e di recuperare il passato. Alla fine scrivi una trattazione sintetica (massimo 15 righe) in cui illustri il nuovo modo di concepire l'idea stessa di tempo che si afferma nel primo Novecento, citando gli scienziati, i filosofi e gli artisti (ricordati nella videolezione) che hanno contribuito a trasformare la tradizionale categoria di tempo in una forma parziale e soggettiva della coscienza.

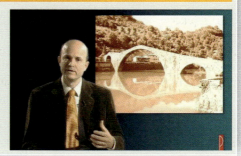

T3 LAVORIAMO SUL TESTO

COMPRENDERE

1. Elenca i fiumi della vita di Ungaretti, precisando dove si trovino e a cosa rimandino nella sua biografia.

ANALIZZARE

Un paesaggio simbolico

2. Che relazione sussiste fra il paesaggio in cui il poeta si trova e un circo?
3. Perché Ungaretti afferma di essersi «disteso / in un'urna d'acqua»?

La precarietà dell'io

4. **LINGUA E LESSICO** Il poeta si paragona a un «acrobata» (v. 19), poi a un «beduino» (v. 24): spiega il significato che assumono questi paragoni.

Il ritrovamento di sé

5. Quale funzione riveste l'Isonzo per Ungaretti?
6. Che valori sono attribuiti al Serchio e al Nilo?
7. Cosa è rimasto dell'esperienza parigina nel poeta?

INTERPRETARE

Una logica razionale?

8. Quale logica governa a tuo parere il testo ungarettiano? Puoi trovarne esempi in altri testi a te noti?

T4 San Martino del Carso

OPERA
L'allegria

CONCETTI CHIAVE
- l'orrore della guerra
- il valore della memoria

FONTE
G. Ungaretti, *L'allegria*, in *Vita d'un uomo. Tutte le poesie*, cit.

Dalla visione realistica di un paese distrutto dalla guerra, il poeta passa alla riflessione sulla fine di persone che gli erano care. Secondo uno slittamento metaforico progressivo tipico di Ungaretti (e della tradizione simbolista), il «cuore» del poeta diventa sia il cimitero posto a testimonianza dei valori andati perduti, sia il luogo più sconvolto dalla distruzione stessa.
Da un lato c'è il consueto corrispondersi tra paesaggio e interiorità; dall'altro l'interiorità del poeta assume su di sé il compito di restituire alla distruzione una disperata armonia, quasi raccogliendo l'eredità di tutte le assenze (cfr. vv. 9 sg.).

Di queste case
non è rimasto
che qualche
brandello di muro

5 Di tanti
che mi corrispondevano
non è rimasto
neppure tanto

Ma nel cuore
10 nessuna croce manca

È il mio cuore
il paese più straziato

Valloncello dell'Albero Isolato il 27 agosto 1916

Rovine del paese di Begliano d'Isonzo. Il 10 ottobre 1916, sempre sul Carso, iniziava l'8ª battaglia dell'Isonzo. Bologna, Museo civico del Risorgimento.

METRICA brevi versi liberi.

- **San Martino del Carso**: paese situato in una delle zone più colpite dalle distruzioni belliche.
- **1-4 Queste case**: quelle di San Martino. **Brandello**: parte non più integra, e perciò **brandello di muro** significa 'rudere'.
- **5-8** *Di tante persone* (**tanti**) *che avevano con me rapporti d'amicizia* (**che mi corrispondevano**) *non è rimasto neppure così poco* (**tanto**) [: come i ruderi del paese; cioè sono morte del tutto]. Si noti la ripetizione del pronome indefinito all'inizio e alla fine della strofa a creare un doloroso parallelismo tra la moltitudine indistinta degli affetti e la tragica pochezza dei ruderi sopravvissuti. Più in generale, tutta la poesia è intessuta di riprese e di anafore, a partire dalla struttura delle prime due strofe (entrambe aperte con *Di...* e contenenti un verso identico, anche se in diversa posizione), fino alla ripresa del termine **cuore** nelle ultime due.
- **9-10** *Ma dentro di me* (**nel cuore**) [*non*] *manca nessuna croce* [: nessun ricordo delle persone scomparse]. Il **cuore** – cioè la interiorità, la memoria – del poeta si fa carico di conservare in sé il segno della perdita, di tutte le perdite; di ricomporre in unità il vuoto delle dispersioni e dei lutti. **Croce**: è il simbolo cristiano del dolore e della resurrezione e qui indica, come nei cimiteri, il ricordo di una persona morta.
- **11-12** L'interiorità del poeta è ancora più dolorosamente colpita (**straziato**) del paese stesso che ha suscitato la riflessione, e di ogni altro paese reale. **Il paese**: il luogo.
- **Valloncello dell'Albero Isolato**: una località del fronte di guerra.

T4 DALLA COMPRENSIONE ALL'INTERPRETAZIONE

COMPRENSIONE

Un'immagine di devastazione La poesia si apre su una scena di distruzione: la **prima strofa** descrive in modo essenziale **un paese raso al suolo dall'artiglieria nemica**. La devastazione non ha colpito solo case ed edifici: la **seconda strofa** ci parla dei **morti** e del dolore della perdita. Di tanti combattenti, amici del poeta, non è rimasto nulla, perché anche i cadaveri sono sfigurati o scomparsi. La **terza strofa** ospita una analogia spiazzante: il ricordo dei caduti si conserva nel **cuore di Ungaretti, pieno di croci come un cimitero**. La **quarta breve strofa** suggella **il dolore del poeta**, affermando che il suo cuore è anche più devastato del paese distrutto.

ANALISI

La metrica Il componimento è formato da dodici versi in **quattro strofe**. Le **misure metriche sono molto brevi**, con prevalenza di quinari e versi trisillabici. Va sottolineato come nei quattro versi finali della poesia, cioè nel momento in cui il *pathos* tragico giunge al suo punto culminante, Ungaretti abbia usato degli **endecasillabi "nascosti"**. Sia i versi 9-10 che i versi 11-12, letti insieme, danno vita infatti a un endecasillabo.

INTERPRETAZIONE

Lo strazio storico e quello interiore Nell'*Allegria* Ungaretti ha rappresentato in modo intenso **la tragedia della guerra di trincea**. In questo e in molti altri testi **l'orrore della distruzione** e della morte è al centro della scena. Tuttavia accanto ai termini oggettivi e collettivi della raffigurazione si affaccia spesso, come in questo caso, il momento soggettivo dell'interiorità. E **l'interiorità reclama un primato**, sia pure nel dolore. Questo passaggio distingue la poesia di Ungaretti da quella di guerra degli espressionisti, che caricano la propria soggettività sulle cose rappresentate, senza offrire al «cuore» (nominato qui due volte) uno spazio autonomo (e privilegiato).

T4 LAVORIAMO SUL TESTO

ANALIZZARE

L'analogia «paese»/«cuore»

1. **LINGUA E LESSICO** Quale valore metaforico può assumere la parola «brandello»?
2. Che relazione si istituisce tra paesaggio esterno e animo del poeta? Quale logica la ispira?

INTERPRETARE

Il dolore e la guerra

3. Da che cosa dipende lo strazio del poeta?

4. Poni a confronto questa poesia con *Non gridate più* (**T12**, p. 114); sottolinea e motiva analogie e differenze.

LE MIE COMPETENZE: PRODURRE

Immagina di dover pubblicare questa poesia di Ungaretti in un blog di letteratura: scrivi un breve cappello introduttivo per presentare il testo e scegli una o più immagini per illustrarlo.

T5 Commiato

OPERA
L'allegria

CONCETTI CHIAVE
- la poesia fra valore collettivo e soggettivo
- l'importanza di ogni singola parola

FONTE
G. Ungaretti, *L'allegria*, in *Vita d'un uomo. Tutte le poesie*, cit.

È il componimento che chiude la sezione intitolata «Il porto sepolto», ed è dedicato, come risulta dal secondo verso, al primo stampatore del *Porto sepolto* (e cfr. anche **S2**, p. 83). È una dichiarazione esplicita di poetica.

[annotazione manoscritta: poesia manifesto: poesia che parla di poesia]

    Gentile

    Ettore Serra
    poesia
    è il mondo l'umanità
    la propria vita
5   fioriti dalla parola
    la limpida meraviglia
    di un delirante fermento

[annotazione manoscritta: tradizione simbolista]

METRICA due strofe di versi liberi.

● **1-8** [O] gentile Ettore Serra, la poesia è il mondo, l'umanità, la vita di ciascuno (**propria**) abbelliti (**fioriti**) dalla parola, [è] la meraviglia rasserenata (**limpida**) derivata da una vitalità disordinata (**di un delirante fermento**). **Ettore Serra**: un tenente conosciuto da Ungaretti al fronte, editore della piccola tiratura del *Porto sepolto*, a Udine, nel 1916.

> 10 Quando trovo
> in questo mio silenzio
> una parola
> scavata è nella mia vita
> come un abisso

Locvizza il 2 ottobre 1916

● **9-13** *Quando in questo mio silenzio trovo una parola, [essa] è sprofondata (**scavata**) nella mia vita come un abisso.*

[annotazione a margine: esaltazione delle parole e del suo valore]

T5 DALLA COMPRENSIONE ALL'INTERPRETAZIONE

COMPRENSIONE

Sulla poesia La poesia è composta da due strofe. La prima si apre su una formula epistolare («Gentile / Ettore Serra», vv. 1-2): rivolgendosi ad **Ettore Serra**, che nel 1916 stampa *Il porto sepolto*, Ungaretti fornisce una **definizione della poesia** («poesia / è…»), attribuendole un valore insieme universale («è il mondo l'umanità», v. 4) e soggettivo («la propria vita», v. 5). La seconda strofa porta in primo piano l'io del poeta: dopo aver parlato della poesia in generale, Ungaretti qui passa a spiegare il suo modo personale di fare poesia. **La parola poetica è avvolta nel mistero**, immersa nelle profondità del «porto sepolto»: **spetta al poeta farla riemergere dal «silenzio» e dall'«abisso»**.

ANALISI

Una dichiarazione di poetica Questo testo è una vera e propria dichiarazione di poetica: non a caso il titolo che aveva nelle due prime edizioni del libro (*Il porto sepolto*, 1916; *Allegria di naufragi*, 1919) è **Poesia**, poi sostituito con *Commiato*. Ungaretti mette in rilievo le due componenti della propria poesia: quella unanimistica (cfr. **S3**, p. 84) e universalizzante (nella prima strofe), e quella invece lirico-soggettiva e perciò individualizzante (nella seconda strofa). La poesia è dunque sia un momento di **verità generale** («mondo» e «umanità») sia una **rivelazione per il singolo uomo** («mio silenzio», «mia vita»). La «propria vita» della prima strofa si specifica nella seconda quale «mia vita». Inoltre, il testo evidenzia il contrasto tra la chiarezza, la limpidezza e lo stupore cui la poesia dà voce, da una parte, e la confusa **vitalità misteriosa** dalla quale la poesia deve originarsi, dall'altra: «la limpida meraviglia / di un delirante fermento». È infine messa in risalto la **valorizzazione della «parola» quale ritrovamento prezioso** ed eccezionale di senso (e di verità) nel «silenzio» che caratterizza solitamente la vita. Viene in tal modo teorizzata la necessità di dare risalto, anche attraverso l'evidenziazione formale dei versi, a ogni parola, quasi facendo dello spazio bianco che isola ciascun termine sulla pagina un equivalente del silenzio da cui essi scaturiscono e dell'abisso da cui emergono.

INTERPRETAZIONE

L'incontro con Ettore Serra Il «tenentino» Ettore Serra, a cui è dedicata questa poesia, è l'unico responsabile («La colpa fu tutta sua», dice ironicamente Ungaretti) della pubblicazione della prima edizione del *Porto sepolto*. Ecco come **Ungaretti descrive l'incontro con Serra** in seguito al quale nacque il libro: «*Il Porto Sepolto* fu stampato a Udine nel 1916, in edizione di 80 esemplari a cura di Ettore Serra. La colpa fu tutta sua. A dire il vero, quei foglietti: cartoline in franchigia, margini di vecchi giornali, spazi bianchi di care lettere ricevute… – sui quali da due anni andavo facendo giorno per giorno il mio esame di coscienza, ficcandoli poi alla rinfusa nel tascapane, portandoli a vivere con me nel fango della trincea o facendomene capezzale nei rari riposi, non erano destinati a nessun pubblico. Non avevo idea di pubblico, e non avevo voluto la guerra e non partecipavo alla guerra per riscuotere applausi, avevo, ed ho oggi ancora, un rispetto tale d'un così grande sacrificio com'è la guerra per un popolo, che ogni atto di vanità in simili circostanze mi sarebbe sembrato una profanazione – anche quello di chi, come noi, si fosse trovato in pieno nella mischia. Di più, m'ero fatto un'idea così rigorosa, e forse assurda, dell'anonimato in una guerra destinata a concludersi, nelle mie speranze, colla vittoria del popolo, che qualsiasi cosa m'avesse minimamente distinto da un altro fante, mi sarebbe sembrata un odioso privilegio e un gesto offensivo verso il popolo al quale, accettando la guerra nello stato più umile, avevo inteso dare un segno di completa dedizione.
Questo era l'animo del soldato che se ne andava quella mattina per le strade di Versa, portando i suoi pensieri, quando fu accostato da un tenentino. Non ebbi il coraggio di non confidarmi a quel giovine ufficiale che mi domandò il nome, e gli raccontai che non avevo altro ristoro se non di cercarmi e di trovarmi in qualche parola, e ch'era il mio modo di progredire umanamente. Ettore Serra portò con sé il tascapane, ordinò i

rimasugli di carta, mi portò, un giorno che finalmente scavalcavamo il San Michele, le bozze del mio *Porto Sepolto*». Abbiamo riportato questo breve testo per ragioni non aneddotiche, ma sostanziali. Esso aiuta a comprendere la poesia della prima raccolta poetica ungarettiana in generale e *Commiato* in particolare. Si confronti, ad esempio, il passo in cui Ungaretti parla della parola poetica («[...] e gli raccontai che non avevo altro ristoro se non di cercarmi e di trovarmi in qualche parola, e ch'era il mio modo di progredire umanamente») con la seconda strofa di *Commiato*: questo "cercarsi" e "trovarsi" «in qualche parola» è, in sintesi, la vita dell'uomo e del poeta Ungaretti.

T5 LAVORIAMO SUL TESTO

ANALIZZARE

Universalismo e soggettivismo
1. Qual è per Ungaretti l'oggetto della poesia?

Limpidezza e delirio
2. Cosa rende possibile il miracolo dell'espressione poetica?
3. **LINGUA E LESSICO** In questo testo Ungaretti valorizza le due componenti della propria poesia: quella universale e quella soggettiva. In questa prospettiva che valore assume l'utilizzo dei possessivi «mio»/«mia»?

INTERPRETARE

La «parola» e l'«abisso»
4. Illustra la poetica ungarettiana con esempi tratti da testi letti.
5. Dove, nei testi a te noti, puoi trovare esempi dell'abisso che invade il cuore del poeta?

T6 Natale

OPERA
L'allegria

CONCETTI CHIAVE
- il desiderio di pace
- la cura nella scelta dei suoni

FONTE
G. Ungaretti, *L'allegria*, in *Vita d'un uomo. Tutte le poesie*, cit.

 Testo interattivo
 Ascolto
 Alta leggibilità

Durante una licenza legata alle festività natalizie (cfr. il titolo e la data), il poeta si abbandona alla serenità protettiva della casa amichevole che lo ha accolto. Implicito ma costante è il contrasto con la disumana condizione della guerra di trincea.

Non ho voglia
di tuffarmi
in un gomitolo
di strade

5 Ho tanta
stanchezza
sulle spalle

Lasciatemi così
come una
10 cosa
posata
in un
angolo
e dimenticata

15 Qui
non si sente
altro
che il caldo buono

[annotazione a mano: senso di abbandono e desiderio di perdersi]

METRICA cinque strofe di diversa lunghezza di versi liberi.

- **1-7** Il poeta, stanco della guerra (fisicamente e psicologicamente), preferisce non uscire di casa. Si noti la contrapposizione dei due *incipit* di strofe: **Non ho – Ho. Tuffarmi**: *immergermi*; esprime il peso che il contatto con la folla rappresenterebbe per il poeta. **Gomitolo di strade**: sono i vicoli intricati di certi quartieri di Napoli, dove la poesia è ambientata (cfr. la data).
- **8 Lasciatemi**: evidentemente rivolto a interlocutori che vorrebbero spingere il poeta ad andare in giro con loro: quest'unico segno esplicito di un taglio comunicativo autorizza a leggere l'intero testo come una risposta all'invito degli amici.
- **15-23** La calda protezione domestica è ciò di cui il poeta sente di avere più bisogno, in compagnia soltanto delle rassicuranti evoluzioni del fumo (**capriole di fumo**) che si alza dal fuoco che arde nel camino. **Qui**: in forte risalto per la posizione isolata in apertura di strofa, contrapposto implicitamente a un *là* della guerra e del fronte. **Non si sente altro che...**: *si percepisce soltanto il...*, in contrapposizione alle sensazioni spiacevoli della guerra. **Caldo buono**: cioè *protettivo, ripo-*

>   Sto
> 20   con le quattro
>   capriole
>   di fumo
>   del focolare
>
> *Napoli il 26 dicembre 1916*

sante. **Sto**: lo stesso risalto di **qui**, a sottolineare l'abbandono e la immobilità del poeta.

T6 DALLA COMPRENSIONE ALL'INTERPRETAZIONE

COMPRENSIONE

La stanchezza del reduce Il titolo colloca la poesia in un tempo preciso: è il **Natale del 1916**. Dopo un anno trascorso in trincea, Ungaretti è in licenza, ospite di amici a **Napoli**, la città che si presenta ai suoi occhi come «un gomitolo / di strade». La poesia nasce da un'occasione felice, da un momento di sosta dalla terribile quotidianità della guerra. Eppure questo testo è dominato da un **senso di estraneità e di stanchezza**: «Ho tanta / stanchezza / sulle spalle», recita la seconda strofa. Il bisogno di raccoglimento e di riposo diventa **immobilità**, reificazione e aspirazione ad una completa passività: il poeta vorrebbe essere come un oggetto dimenticato (strofa terza). Le ultime due strofe celebrano **la protezione e il calore dell'interno domestico**. Il «caldo buono» della casa e il fumo del camino sono l'unico elemento di vitalità in una condizione esistenziale apatica e desertificata.

ANALISI

L'accurata tessitura fonica L'assenza di rima dalla maggior parte dei testi dell'*Allegria* non esclude una cura nella scelta dei suoni. Questo componimento è in tal senso esemplare. Le prime due strofe sono legate da **assonanza** («strAdE : spAllE»). La seconda è ricca di **allitterazioni** («TANta / sTANchezza / suLLE spaLLE»). Anche la terza strofa è attraversata da due serie allitteranti («COsì / COme una / COsa» e «cOSA / pOSAta»); vi è poi la rima «posata : dimenticata». Notevole è anche la disposizione degli accenti ai vv. 13-14: all'accento sulla 1ª sillaba al v. 13 segue quello sulla 5ª del v. 14, con la frapposizione di sei sillabe atone, quasi che anche l'appoggio della voce sia stato brevemente "dimenticato". Nella quarta strofa c'è l'assonanza «AltrO : cAldO», ripresa nella strofe seguente da «quAttrO». Nell'ultima strofa, infine, gli ultimi due versi presentano simmetria fonica grazie all'allitterazione alternata «Di Fumo / Del Focolare».

INTERPRETAZIONE

La guerra che incombe Il componimento testimonia il **senso di estraneità** provato dal soldato quando torna nella società civile. In realtà la vera protagonista della poesia è **la guerra**, che non viene mai nominata ma è una **presenza incombente**. Il poeta in licenza fatica a godere della vita, perché sa che lo aspettano ancora morte e distruzione. La casa accogliente e calda si contrappone implicitamente alla realtà bellica, è un «qui» che sottintende **un "altrove" terribile**, rappresentato dalla vita al fronte e dalla dimensione estenuante della trincea.

T6 LAVORIAMO SUL TESTO

ANALIZZARE

Azione vs passività

1. Quali aspetti della realtà cittadina sono sottolineati da Ungaretti?
2. Perché desidera solo il «caldo buono»?

Lo stile

3. **LINGUA E LESSICO** Individua le scelte espressive e lessicali che caratterizzano la lirica.

INTERPRETARE

L'anima stanca

4. Quale stato d'animo domina il poeta? Perché, a tuo parere?

T7 Mattina

OPERA
L'allegria

CONCETTI CHIAVE
- dalla sensazione di luce all'idea di infinito

FONTE
G. Ungaretti, *L'allegria*, in *Vita d'un uomo. Tutte le poesie*, cit.

Testo tra i più famosi di Ungaretti. Vi sono portati alle estreme conseguenze i princìpi della poetica ungarettiana: la concentrazione spasmodica del significato coincide con la creazione di un alone di indefinitezza.

> M'illumino
> d'immenso
>
> Santa Maria La Longa il 26 gennaio 1917

T7 DALLA COMPRENSIONE ALL'INTERPRETAZIONE

COMPRENSIONE

Una vastità luminosa Questa poesia è stata composta nei giorni più tragici della prima guerra mondiale, poco dopo la sconfitta di Caporetto, quando Ungaretti combatte come soldato nei pressi di Udine, a Santa Maria La Longa, ed è circondato dalla violenza e dalla distruzione. In questo contesto di morte il poeta-soldato percepisce con più forza che mai il mistero e la ricchezza dell'esistenza. È mattina, e Ungaretti sente sorgere dentro di sé uno **slancio vitale**, vive un attimo d'intensità. Il **titolo** è indispensabile all'interpretazione corretta del significato: lo splendore del sole sorto da poco trasmette al poeta **una sensazione di luminosità che provoca immediate associazioni interiori**, e in particolare il sentimento della vastità. «M'illumino / d'immenso» significa appunto questo: l'idea della infinita grandezza mi colpisce nella forma della luce.

ANALISI

Essenzialità e intensità Una **sensazione fisica**, legata al dato naturale della mattina, **diviene immediatamente un sentimento interiore**, con scambio rapidissimo (e alogico) tra sensazione e pensiero, secondo i modi tipici del **simbolismo**.
L'intensità del testo si affida anche alla **sinestesia** su cui è costruito, oltre che al perfetto parallelismo fonico-ritmico dei due versicoli, aperti con un'elisione, costituiti da due ternari e ruotanti attorno a due termini comincianti per /i/ e terminanti per /o/. Una calibrata asimmetria è costituita dalla diversa accentazione delle due **parole-verso**: sdrucciola la prima, piana la seconda.

INTERPRETAZIONE

Un modello per l'Ermetismo *Mattina* presenta alcune delle **caratteristiche tipiche dell'Ermetismo**, il movimento letterario che si sviluppa nella Firenze degli anni Trenta e che riconosce proprio nell'Ungaretti dell'*Allegria* il proprio modello:
- la **brevità** e la riduzione dei nessi sintattici;
- il rifiuto della metrica tradizionale e la scelta del **verso libero**;
- la valorizzazione del **potere evocativo della parola poetica**, che viene isolata e caricata di significato, tanto da occupare un intero verso;
- il primato del **simbolo** e dell'**analogia** (che, ad esempio, qui collegano due immagini molto distanti l'una dall'altra, quella della luce e quella dell'immensità).

T7 LAVORIAMO SUL TESTO

INTERPRETARE

L'analogia tra finito e infinito
1. Che rapporto c'è, a tuo parere, tra il titolo e il testo?

LE MIE COMPETENZE: PRODURRE, ESPORRE

Scegli una musica e un'immagine (un'opera d'arte, una fotografia, un disegno, ecc.) che esprimano una sensazione analoga a quella suscitata in te dalla lettura del testo di Ungaretti. Condividi con la classe il lavoro ed esponi i motivi della tua scelta.

T8 Girovago

OPERA
L'allegria

CONCETTI CHIAVE
- sradicamento e ricerca dell'innocenza

FONTE
G. Ungaretti, *L'allegria*, in *Vita d'un uomo. Tutte le poesie*, cit.

Sono qui presenti due temi cari alla ricerca poetica ungarettiana: quello del nomadismo, della mancanza di patria (e cfr. In memoria, **T1**, p. 87), e quello della ricerca dell'innocenza.

In nessuna
parte
di terra
mi posso
5   accasare

A ogni
nuovo
clima
che incontro
10   mi trovo
languente
che
una volta
già gli ero stato
15   assuefatto

E me ne stacco sempre
straniero

Nascendo
tornato da epoche troppo
20   vissute

Godere un solo
minuto di vita
iniziale

Cerco un paese
25   innocente

Campo di Mailly maggio 1918

Giuseppe Ungaretti a New York. Foto di Mario De Biasi del 1964.

METRICA sei strofe di diversa lunghezza di versi liberi per lo più brevissimi.

- **1-5** [Non] posso prendere dimora (**mi posso accasare**) in nessuna parte della (**di**) terra.
- **6-17** A ogni nuovo clima [: luogo] che incontro scopro in me stesso (**mi trovo**) con malinconia (**languente**) che una volta [: in passato] mi ero già abituato (**assuefatto**) a esso (**gli**) [: al nuovo clima, e cioè che non è veramente nuovo] E me ne separo (**stacco**) [: da ogni luogo] ogni volta (**sempre**) [nella condizione di uno] straniero [: estraneo]. Ogni nuova esperienza di dimora dà presto al poeta la sensazione di "già-vissuto" e di "già-visto", anche se poi il distacco rivela una mancanza di intimità nei confronti dei vari luoghi. È un problema di radicamento e di identità, che ricorda quello del suicida di *In memoria*.
- **18-20** [Sono] tornato nascendo da epoche troppo vissute [Vorrei] godere almeno un (**un solo**) minuto di vita iniziale [: non corrotta da altre vite e dalla propria, né dai loro errori]. È come se la stessa civiltà umana appesantisse le esperienze del poeta facendo quasi confluire nei suoi ricordi quelli dell'umanità precedente; d'onde il desiderio di vivere almeno un minuto di **vita iniziale**, cioè non segnata ancora dalla colpevolezza dell'uomo. Trapela qui la concezione religiosa dell'autore, quasi un'allusione al peccato originale della morale cattolica.
- **24-25** La ricerca di un'epoca pura si trasforma nella ricerca di un **paese innocente**, cioè privo di colpe e di peccati. La tensione di Ungaretti si rivela qui (in una delle ultime poesie di guerra) già orientata al di fuori della storia e della società umana quando non in opposizione a esse, e cioè verso un assoluto che anche alla poesia può toccare di schiudere.

T8 DALLA COMPRENSIONE ALL'INTERPRETAZIONE

COMPRENSIONE

Collocazione del testo Questa poesia dà il titolo ad un'intera sezione dell'*Allegria* ed è **una delle ultime poesie scritte durante la guerra** (l'ultima è *Soldati*, cfr. T9, p. 106, con cui si chiude la sezione). *Girovago*, pur non assumendo come tema la guerra, ma il **nomadismo** e l'**estraneità**, probabilmente non sarebbe mai stata scritta se il poeta non avesse attraversato e patito quella drammatica esperienza. Non casualmente Ungaretti dirà di sé: «Egli si è maturato uomo in mezzo ad avvenimenti straordinari ai quali non è mai stato estraneo». Il «paese innocente», cercato e non trovato, è anche un paese senza guerra.

Ungaretti e *Girovago* Prima di sovrapporre le nostre parole, di critici, professori e studenti, a quelle di Ungaretti, è doveroso lasciare spazio alle sue. Così il poeta commentava *Girovago*: «Questa poesia, composta in Francia dov'ero stato trasferito con il mio reggimento, insiste sull'emozione che provo quando ho coscienza di non appartenere a un particolare luogo o tempo. Indica anche un altro dei miei temi, quello dell'**innocenza**, della quale l'uomo invano cerca traccia in sé o negli altri sulla terra».

Lo sradicamento e il desiderio di «vita iniziale» Nella prima parte del componimento il poeta ci dà una rappresentazione del **senso di estraneità** e della propria dolorosa incapacità di trovarsi in pace rispetto ai luoghi in cui si trova a vivere. **Il suo girovagare diventa una sorta di condanna**, quasi l'espiazione di una colpa («languente», al v. 11, è l'aggettivo con cui l'autore esprime il suo avvilimento). Nei versi conclusivi emerge il desiderio del poeta di godere, anche per pochi attimi, **l'esperienza assoluta di una vita appena sbocciata, veramente nuova**, quasi senza tempo (la «vita iniziale»), scrollandosi di dosso il peso delle proprie «epoche troppo / vissute» (vv. 19-20). Il riferimento temporale alle «epoche» fa comprendere come il viaggio del poeta sia di tipo introspettivo e legato alla memoria (si ricorderà inoltre come già nella poesia *I fiumi* Ungaretti abbia usato l'espressione «le epoche/ della mia vita»). Il **«paese innocente»** è anche metafora di quella parte interiore del poeta che può farlo davvero rinascere a vita nuova. Proprio la **ricerca di una nuova innocenza può dare un significato all'interminabile "girovagare"** degli uomini.

ANALISI

Le parole-verso In questa poesia ben undici versi, sui venticinque totali, sono formati da una sola parola. Il dato stilistico della **frantumazione di metro e sintassi** acquista dunque una particolare evidenza. Il poeta carica di forza semantica **la parola singola**, isolandola dalle altre, spingendosi addirittura al punto di comporre un **verso formato dal solo pronome relativo «che»** (v. 12). In *Girovago* dunque quello **«stillicidio verticale di sillabe»**, che Montale aveva prontamente sottolineato come caratteristica innovativa della poesia ungarettiana, si rivela in tutta la sua evidenza.

INTERPRETAZIONE

La ricerca dell'innocenza La ricerca dell'innocenza, dichiarata esplicitamente nella conclusione di questo testo («Cerco un paese / innocente»), è uno dei temi della poesia ungarettiana. D'altra parte la ricerca dell'innocenza va sempre congiunta alla **tentazione del peccato**. Sarà così anche dopo *L'allegria* (per esempio in *Caino*, una poesia di *Sentimento del tempo* prossima per alcuni aspetti a questo componimento, i cui ultimi quattro versi suonano così: «Gli occhi mi tornerebbero innocenti, / Vedrei la primavera eterna // E, finalmente nuova, / O memoria, saresti onesta», cfr. T11, p. 111). Qui il peccato si configura quale "assuefazione", cioè eccesso di abitudine («epoche troppo / vissute», vv. 19-20). Dall'eccesso di abitudine nasce il **senso di estraneità** («E me ne stacco sempre / straniero», vv. 16-17). L'abitudine e l'estraneità, unite, sono il risultato della civiltà umana, segnata in senso cattolico dal peccato originale. È al di sotto e al di fuori di tale civiltà, in una nicchia autentica sottratta al divenire storico e all'identità personale, che Ungaretti cerca **uno spazio di purezza** (o di innocenza) **che può coincidere con la morte**, con l'innanzi-nascita o, anche, con **la purezza dell'espressione poetica**.

Varianti Delle 74 poesie che formano l'edizione definitiva dell'*Allegria*, soltanto otto sono rimaste inalterate nella lunga trafila delle edizioni. Tutte le altre sono state lungamente rivisitate. In una nota che compare per la prima volta in un'edizione del 1931 e che poi verrà riprodotta in tutte le edizioni Mondadori, Ungaretti scriveva: «Siccome il lupo perde il pelo, ma non il vizio, l'autore che pure aveva chiamato le sopraddette, edizioni definitive, non ha saputo resistere ogni nuova volta a qualche ritocco di forma». Dunque lo studio delle **varianti** dei testi ungarettiani (si possono leggere tutte nel Meridiano Mondadori dedicato a *Vita d'un uomo*) assume una importanza particolare, ma confinata in un ambito specialistico che non è quello della scuola. Anche nel caso di *Girovago* le varianti sono molte. Alcune hanno a che fare con la distribuzione delle parole nei versi (ad esempio: prima dell'edizione mondadoriana del 1942 gli ultimi due versi, «Cerco un paese / innocente», erano in realtà tre versi, «Cerco / un paese / innocente»); altre riguardano parti di testo poi soppresse o cambiamenti apportati su singole parole. Sono queste ultime che a scuola possono risultare più interessanti. Di questo secondo tipo di varianti ne segnaliamo solo due, che possono contribuire ad aprire una discussione. Proprio per questo le presentiamo in forma problematica. Perché a un certo punto della storia del testo (esattamente nel 1919) il **titolo della poesia** è *Viaggio* e non *Girovago*? Perché questi versi – che nell'edizione pubblicata a Bologna (1918) su «La Raccolta» si trovavano dopo l'attuale v. 20 – «mi perseguita / un'inesorabile / sveglia / di rimpianti / senili // una distante / vertigine / paludosa / si sveglia (errore di stampa per *si veglia*)», sono stati soppressi? La parola alla classe.

T8 LAVORIAMO SUL TESTO

ANALIZZARE

«Sempre / straniero»
1. Perché Ungaretti dice che da nessuna parte si può «accasare»?

«Un paese / innocente»
2. Come si configura per il poeta la ricerca di una patria ideale?

Dentro o fuori la storia?
3. Che significa «vita iniziale»? A che cosa è implicitamente contrapposta?

INTERPRETARE

4. **TRATTAZIONE SINTETICA** In una trattazione sintetica (max 15 righe) confronta questo testo con *I fiumi* (T2) che si ispira allo stesso tema del nomadismo, ma con esiti diversi: mostra analogie e differenze fra i due componimenti.

T9 Soldati

OPERA
L'allegria

CONCETTI CHIAVE
- il ritmo affannoso
- la fragilità umana

FONTE
G. Ungaretti, *L'allegria*, in *Vita d'un uomo. Tutte le poesie*, cit.

È il testo che chiude la quarta sezione del libro, «Girovago». Viene colta e dichiarata per mezzo di una secca similitudine la condizione sospesa e minacciata dei soldati durante uno scontro a fuoco. La scelta di un'immagine tradizionale come quella della foglia che in autunno sta per staccarsi dal ramo è riscattata grazie alla fulminea incisività del componimento e alla valorizzazione dei singoli elementi per mezzo dei brevissimi versi.

> Si sta come
> d'autunno
> sugli alberi
> le foglie
>
> *Bosco di Courton luglio 1918*

METRICA · quattro versi liberi brevi; essi possono tuttavia essere accoppiati a due a due, dando vita a un distico di settenari.

T9 DALLA COMPRENSIONE ALL'INTERPRETAZIONE

COMPRENSIONE

L'importanza del titolo La comprensione di questo testo richiede di soffermarsi sulla particolare **valorizzazione del titolo**, indispensabile alla decifrazione del senso: **i soldati sono in una condizione simile a quella, assai incerta e precaria, delle foglie in autunno**.

ANALISI E INTERPRETAZIONE

Fragilità dell'uomo Questo brevissimo componimento si basa sul paragone fatto dal poeta tra la condizione del soldato in guerra e la fragilità delle foglie autunnali. Grazie all'uso di alcuni accorgimenti sia retorici – **iperbato** ed *enjambement* – sia metrici, questo **confronto tragico** acquista uno spessore e una forza del tutto peculiari. Si finisce per creare **un rapporto di somiglianza metaforica** fra la fragilità umana come tema della poesia e la fragilità inerme di questi minuscoli versi.

Il canto negato Le scelte metriche operate dal poeta in questa poesia dimostrano che il rapporto da lui instaurato con la tradizione è molto problematico: essa è presente ma negata, come se fosse divenuto impossibile cantare seguendo le forme liriche tradizionali, e per esempio intonando endecasillabi e settenari. La poesia si potrebbe considerare formata da un distico di settenari: «Si sta come d'autunno / sugli alberi le foglie». Questo però trasformerebbe *Soldati* in un componimento molto diverso da quello che il poeta ci ha consegnato. Si può parlare quindi di **settenari spezzati** o "negati". Nella raccolta dell'*Allegria* il tipo di rapporto che Ungaretti intrattiene con la tradizione è segnato dalla presenza di una forte tensione verso di essa, nella forma della ricerca di un contatto che però non perviene a conclusioni di tipo tradizionale.

T9 LAVORIAMO SUL TESTO

COMPRENDERE

1. «Si sta» è una forma impersonale. Qual è il soggetto logico, e da dove si desume?
2. In base a quale elemento il poeta paragona la situazione dei soldati a quella delle foglie d'autunno?
   - A il passare del tempo
   - B la leggerezza
   - C la necessità di affrontare il freddo invernale
   - D la condizione di precarietà

ANALIZZARE

3. I versicoli di Ungaretti acquistano spessore di senso grazie all'uso delle figure retoriche, degli elementi fonici, ecc. Su quale figura di parola si fonda la poesia? Individuala e spiegane l'efficacia sul significato complessivo della poesia.
   - A iperbato
   - B *climax*
   - C ripetizione
   - D anafora
4. Individua nel testo il forte *enjambement* che lo caratterizza. Quale effetto produce?

INTERPRETARE

5. Nella primavera del 1918 Ungaretti venne mandato con il suo reggimento di fanteria a combattere in Francia, nella regione della Champagne-Ardenne. Qui nascono liriche che esprimono il sentimento di solitudine e di precarietà del soldato costretto a lasciare ogni volta dietro di sé luoghi e persone con le quali ha condiviso una parte della propria esistenza. Sulla base di questa informazione, interpreta l'annotazione *Bosco di Courton luglio 1918*. È una annotazione superflua? Oppure va considerata parte integrante della poesia?

S4 MATERIALI E DOCUMENTI

La ricerca della classicità

Giuseppe De Robertis è stato uno dei critici che hanno accompagnato la ricerca ungarettiana, mettendone sempre in luce la poetica fondata sulla parola e sulla ricerca dell'espressione assoluta. Nel brano qui riportato, De Robertis verifica sulle varianti dell'*Allegria* questo dato centrale di poetica che ispira la poesia ungarettiana, mostrando anche la tendenza a ricreare a poco a poco le forme metriche classiche.

▶▶ Lo studio delle varianti e rielaborazioni, oltre a offrire la prova d'un'acuta, inquieta e, alla fine, vittoriosa ricerca dell'espressione, in una infinita scala di gradazioni; oltre a far quasi toccar con mano il graduale alleggerimento, fino a sparire, del mezzo dell'espressione; presta più memorabili esempi: dico che ci fa assistere al nascere della parola poetica. Non solo. Ma dalla parola poetica, così cercata e riconquistata, così nuda, così sola, si vede generarsi il ritmo; e una lettura il più possibile vicina, aderente, senza ritardi, diventa la figura di quel ritmo. Dall'esame delle varianti vedrà il lettore che cosa costò a Ungaretti questa fatica, e apprezzerà il valore d'una tal fatica. Che fu, direi, un modo di chiarire, prima a sé che ad altri, il nascere delle nuove armonie. Egli si diceva quelle parole (e pare non avesse altro scopo), secondo una metrica interna variante da lettura a lettura; e la lettura variava secondo l'animo e l'estro (basti ricordare: «Si sta / come d'autunno / sugli alberi / le foglie», corretto poi in «Si sta come / d'autunno ecc.», a precipitare quella illusiva idea di stabilità nella rapina della similitudine). Sul principio si trattò, con una dizione più spiccata, di riconoscere, nel tessuto narrativo e un poco arruffato delle prime poesie, veri e propri versi regolari, e su quella traccia alquanto esteriore riconoscere la validità di certi acquisti. [...]

Ora, se per Ungaretti in principio era il verso, avvertito per così dire dall'esterno, appreso dalla tradizione, non ancora ricostituito dal suo interno; distrugge poi il verso, lo distrugge, dico, per ricomporlo dalla polvere. E volendo creare per sé e per il lettore una libertà nella legge, un poco alla volta riobbedisce a quella legge. I versi tradizionali, allora, fatalmente gli rinascono come entità intatte: il quinario, il settenario, l'endecasillabo, il novenario arieggiante l'endecasillabo (e cioè un endecasillabo troncato in cima), e il quaternario, il senario, l'ottonario. [...] Il lettore cercherà da sé il resto: quei quaternari, quei senari, quegli ottonari. E troverà, anche qui, nella libertà la legge.

G. De Robertis, *Sulla formazione della poesia di Ungaretti*, [1945], in *Altro Novecento*, Le Monnier, Firenze 1962.

S5 INFORMAZIONI

Il dibattito critico sull'*Allegria*

La stampa nel 1916 di *Porto sepolto*, in tiratura assai limitata, fu utilizzata da Ungaretti soprattutto per invii mirati ai critici letterari italiani (e francesi) più autorevoli e, a giudizio dell'autore, in grado di recepire meglio la novità del libro. Ungaretti favorì così la nascita di un piccolo «caso letterario», riscuotendo un'accoglienza tutt'altro che tiepida, con recensioni prestigiose sulle maggiori riviste del tempo. Dopo il 1920 gli interventi si moltiplicano, anche se non tutti risultano positivi. La ristampa di *Porto sepolto* nel 1923 con prefazione di Mussolini accrebbe ancora il prestigio dell'autore, benché sottomettendolo a un vincolo ideologico che gli avrebbe nociuto in seguito, a fascismo caduto.

Per la ricezione di questo primo periodo è innanzitutto interessante soffermarsi sui rigetti integrali provenienti soprattutto da critici spesso autorevoli (come Flora e Galletti; cfr. espansioni digitali S *Due stroncature: Flora e Galletti*) legati a una concezione tradizionalista e accademica della poesia, e dunque niente affatto in grado di aprirsi al clamoroso rinnovamento formale dell'*Allegria*. Le riserve (ma spesso si tratta di vere e proprie aggressioni stizzite) riguardano in particolare la disintegrazione metrica e stilistica. Ungaretti è visto come un distruttore incapace di rimpiazzare in modo attendibile le strutture tradizionali lacerate. Tuttavia, già negli anni Dieci Ungaretti può contare su lettori nuovi, edotti dal decennio delle avanguardie a fare i conti con le sue innovazioni formali. In questo periodo si vengono delineando due letture alternative delle poesie di guerra ungarettiane. Da una parte esse sono considerate in termini diaristici, quale cronaca autobiografica radicata nella verità puntuale dell'esperienza bellica. Dall'altra *L'allegria* è valorizzata quale squisita operazione letteraria, quale anticipazione di una «poesia pura» che rompe con il biografismo delle avanguardie e prospetta una nuova centralità della parola e dell'invenzione poetica pura. Questa seconda lettura riceverà ben presto una legittimazione assai forte dall'evoluzione stessa della ricerca poetica ungarettiana: nel corso degli anni Venti, infatti, Ungaretti esplicita i propri legami con la tradizione e la propria fiducia nel potere della forma poetica quale matrice di purezza e di verità. In questo modo, una volta dato alle stampe il secondo libro (*Sentimento del tempo*), Ungaretti potrà essere legittimamente considerato il capostipite della scuola ermetica. Anziché figlio della stagione delle avanguardie europee del primo Novecento, Ungaretti diviene il padre del classicismo ermetico del periodo fascista.

Caduta l'egemonia ermetica, dopo la guerra, *L'allegria* ha riacquistato poco a poco caratteri storicamente più fondati, cessando di essere subordinata al *Sentimento del tempo* e di essere letta nella prospettiva di questa seconda opera. Anzi, è nell'*Allegria* che la maggior parte dei critici più recenti ha ravvisato il momento più qualificante e innovativo dell'opera ungarettiana.

5 *Sentimento del tempo*

Il passaggio da *L'Allegria* a *Sentimento del tempo*

La riaffermazione della vitalità che si esprime costantemente nell'*Allegria* attraverso l'energia espressionistica non viene del tutto meno neppure nella raccolta successiva, **Sentimento del tempo**, pure **condizionata da scelte espressive più tradizionali, letterarie e uniformi**. La prima edizione del libro è del **1933**, ma le edizioni del 1936 e del 1943 ampliano e correggono la prima; la raccolta comprende infine testi scritti tra il 1919 e il 1936.

La sublimazione della vita nella letteratura

Il ritorno all'ordine implica in *Sentimento del tempo* innanzitutto l'**allontanamento dal vissuto e la ricerca di una poesia pura, cioè sublimata nella letterarietà** e resa in qualche modo stilizzata e astratta; in tal modo viene rovesciata proprio la formula dalla quale dipendeva la riuscita dei testi dell'*Allegria*.

La regolarizzazione formale di *Sentimento del tempo*

La nuova raccolta presenta una decisa regolarizzazione formale: **la metrica** tradizionale domina ovunque (con recupero soprattutto dell'endecasillabo, magari in tradizionale alternanza con il settenario; cfr. T10), è reintrodotto l'**uso della punteggiatura** (presente raramente nell'*Allegria* e quasi solo nei testi più tardi, di passaggio alla fase successiva). L'originalità della prima raccolta ungarettiana tende a essere del tutto riassorbita: **la normalizzazione espressiva** e l'inclinazione classicistica rientrano nel **clima introdotto dalla rivista «La Ronda»**, come anche il recupero di Leopardi quale modello di stile. E d'altra parte gli ermetici riconosceranno nell'Ungaretti di *Sentimento del tempo* un maestro, operando all'interno delle sue medesime coordinate espressive.

Preziosismo aulico e libertà analogica

I capisaldi della poetica ungarettiana quale si manifesta nella nuova raccolta sono soprattutto due: il **preziosismo aulico**, che comporta la ricerca di una raffinatezza di tipo petrarchista, orientata a una poesia preziosa e sublime, nella quale la vita sia letterariamente trasfigurata; la **libertà analo-**

T • «Fa dolce e forse qui vicino passi»

gica. Quest'ultima porta alle estreme conseguenze il **principio simbolistico delle *correspondances***, mettendo in primo piano le associazioni (soprattutto sensoriali) del poeta anziché gli elementi realistici. Dominano così l'allusività e l'indeterminatezza. I risultati più convincenti di *Sentimento del tempo* non sono quelli dove la sublimazione preziosa è interamente riuscita, ma piuttosto quelli ove sia evidente lo scontro tra questa e le istanze trasgressive (cfr. T11, p. 111).

Il dolore (1947) e la produzione poetica tarda

Nella produzione poetica successiva – entro la quale spicca *Il dolore* (1947), sulla morte del figlioletto e sulla guerra (cfr. T12, p. 114) – si trovano mescolate, come già nel *Sentimento del tempo*, autenticità vitale e ricerca di raffinatezza espressiva.

T10

La madre

OPERA
Sentimento del tempo

CONCETTI CHIAVE
- il rapporto madre-figlio
- la morte
- la prospettiva religiosa

FONTE
G. Ungaretti, *Sentimento del tempo*, in *Vita d'un uomo. Tutte le poesie*, cit.

Questa poesia è del 1930. Ungaretti la scrive subito dopo la morte della madre. È un testo dal quale ben trapela la concezione religiosa di Ungaretti, per il quale la morte coincide con il confronto, nell'aldilà, con Dio e dunque con la possibilità di raggiungere infine la condizione d'innocenza sempre auspicata. Risulta dunque utile e istruttivo un confronto con i testi analoghi di Montale (*A mia madre*, cap. VII, T1, p. 135), di Saba (*Preghiera alla madre*, cap. V, T7, p. 157), e di Pasolini (*Parte Decima*, cap. VI, espansioni digitali T *Supplica a mia madre*) scritti secondo una prospettiva laica e terrena.

E il cuore quando d'un ultimo battito
Avrà fatto cadere il muro d'ombra,
Per condurmi, Madre, sino al Signore,
Come una volta mi darai la mano.

5   In ginocchio, decisa,
Sarai una statua davanti all'Eterno,
Come già ti vedeva
Quando eri ancora in vita.

Alzerai tremante le vecchie braccia,
10 Come quando spirasti
Dicendo: Mio Dio, eccomi.

E solo quando m'avrà perdonato,
Ti verrà desiderio di guardarmi.

Ricorderai d'avermi atteso tanto,
15 E avrai negli occhi un rapido sospiro.

METRICA cinque strofe da due a quattro versi ciascuna di endecasillabi e settenari.

● **1-4** *E quando il [mio] cuore con un ultimo battito* [: fermandosi] *avrà fatto cadere il muro d'ombra* [: che separa dalla morte e dall'aldilà], *per condurmi,* [o] *Madre, fino a Dio* (**al Signore**), *mi darai la mano come* [*facevi*] *una volta* [: quand'ero bambino].

● **5-8** [*Messa*] *in ginocchio, decisa, sarai* [*come*] *una statua davanti a Dio* (**all'Eterno**), *come ti vedevo* (**ti vedeva**; con desinenza arcaica) *quando eri ancora in vita*. La madre, dopo aver preso il figlio per mano, si mette in ginocchio davanti a Dio al fine di ottenerne il perdono per il figlio; atteggiamento che la donna aveva d'altra parte già prima di morire.

● **9-15** Anche il gesto d'invocazione (alzare le braccia) collega il contegno della madre dopo morta con gli ultimi momenti della vita di lei. E il desiderio di guardare il figlio si manifesta solo dopo che Dio ha concesso il suo perdono: gli affetti terreni e materni sono dunque subordinati alla prospettiva morale e ultraterrena. Il «rapido sospiro» finale indica una liberazione e una gioia per aver ritrovato il figlio, e soprattutto per saperlo infine spiritualmente salvo.

T10 DALLA COMPRENSIONE ALL'INTERPRETAZIONE

COMPRENSIONE

Il figlio e la madre Il dolore per la morte della madre spinge il poeta a riflettere sulla propria stessa morte, segnata dal **ricongiungimento con la madre** e dalla possibilità di riunirsi alla condizione d'innocenza che ella rappresenta. Tale innocenza del poeta sarà resa possibile dal **perdono divino**, per il quale la madre stessa intercederà. Tuttavia questo estremo gesto di amore verso il figlio verrà associato, nella prospettiva presente in questo testo, a un **atteggiamento severo**, entro il quale la dimensione degli affetti è subordinata alla sfera dei valori morali.

ANALISI

La struttura e il metro La struttura metrica di questa poesia mostra il recupero di modi classici che segna la scrittura ungarettiana dopo la stagione dell'*Allegria*. I versi presentano una canonica alternanza di endecasillabi (dieci) e settenari (cinque), suddivisi in cinque strofe di diversa lunghezza: di quattro versi le prime due; di tre versi, la centrale; di due versi, le due conclusive. Si nota un **progressivo contrarsi dell'estensione strofica**, come a segnare **il concentrarsi del valore simbolico dei gesti e delle immagini**. Anche la distribuzione dei versi più brevi non è d'altra parte uniforme, ma si concentra nelle parte centrale, mentre quattro endecasillabi di seguito aprono e chiudono il testo, come per conferirgli una maggiore solennità e distensione. Le strofe prima, quarta e quinta, di tutti endecasillabi, sono inoltre quelle in cui il poeta parla di sé, con un atteggiamento assorto che è ben rappresentato dal verso lungo; mentre le strofe seconda e terza, con cinque settenari e due soli endecasillabi, sono invece quelle nelle quali viene evocata la figura della madre, e la cui tensione ripete il momento tragico della morte.

INTERPRETAZIONE

La morte e il vincolo madre-figlio nella prospettiva religiosa In questo componimento tanto il rapporto tra madre e figlio quanto il tema della morte sono affrontati secondo una **prospettiva strettamente religiosa**. Il che vuol dire innanzitutto che **sono esclusi i riferimenti alla dimensione umana del rapporto parentale** e del lutto. Anche l'accenno al "darsi la mano" (v. 4) o al «rapido sospiro» (v. 15) sono inseriti dentro una prospettiva tutta spiritualizzata e religiosa. Non è in tal senso un caso che la madre venga presentata come «una statua» (v. 6), e che la rievocazione della sua morte ponga l'accento sullo **slancio verso l'aldilà** anziché sulla separazione dagli affetti terreni («Mio Dio, eccomi», v. 11, e non, poniamo, "Addio, figlio"). D'altra parte Ungaretti non mette in gioco in nessun modo il proprio dolore per la perdita della madre, ma costruisce un'ipotesi di incontro con lei nel futuro tutta giocata sul "triangolo", in ogni senso decisivo, con la figura divina. La **madre** sarà la mediatrice tra **il poeta e Dio**, e potrà ella stessa ricongiungersi affettivamente al figlio solo in seguito al perdono divino.

Un'ipotesi d'interpretazione psicoanalitica Quanto si è detto consente di tentare, sia pure con molta cautela, un'interpretazione psicoanalitica del testo. Infatti **la figura divina sembra assumere su di sé i caratteri paterni** del detentore della legge morale. Solamente ottenendo il riconoscimento del **perdono**, il soggetto può legittimamente aspirare a un contatto con la madre. In tal senso, il padre/Dio è anche colui che separa il figlio dalla madre, ostacolando la relazione edipica. Adeguarsi e sottomettersi alla legge morale significa per il figlio avere accesso infine al rapporto con la madre, ma nella forma sublimata qui rappresentata dalla conclusione.

L'attualizzazione e la valorizzazione Se la lettura proposta ai due punti precedenti ha un fondamento, si può dire che i temi di questa poesia sono due: **la rielaborazione del lutto per la morte della madre e la messa in gioco della propria relazione edipica con lei**. Entrambi i temi costituiscono esperienze fondamentali della vita di ognuno, e assicurano dunque l'interesse di questo componimento, nonché la possibilità di essere coinvolti da esso. Tuttavia, fortemente segnata dall'ideologia dell'autore e dalla solennità della sua poetica in questa fase è la forma attraverso la quale i temi sono introdotti. E non è probabilmente senza un utile sforzo culturale che si può riconoscere, dietro la **stilizzazione** e la spiritualizzazione qui messe in pratica, l'umanità del dolore e l'intensità del coinvolgimento emotivo. Essi stanno forse soprattutto in quel "darsi la mano" con la madre di cui si parla nella prima strofa, come introducendo il desiderio di un umano contatto regressivo e quasi infantile con lei, e nel conclusivo «rapido sospiro» che lascia trapelare l'amore anche al di là della vita.

T10 LAVORIAMO SUL TESTO

ANALIZZARE

La metrica
1. Le strofe e i versi hanno uguale estensione? Dove sono concentrati gli endecasillabi? Con quale effetto ritmico?

Il tema della morte
2. **LINGUA E LESSICO** Cosa intende il poeta con l'espressione «muro d'ombra»?

INTERPRETARE

Madre e figlio
3. Come viene raffigurata la madre?
4. Cosa separa madre e figlio nella situazione descritta dalla poesia?
5. Che spazio viene lasciato dal testo all'effetto umano materno?

LE MIE COMPETENZE: RICERCARE, CONFRONTARE, DIALOGARE

Questo dipinto di Magritte, intitolato *La storia centrale*, è composto da tre soli elementi immersi in un'atmosfera enigmatica: la donna con il volto coperto da un lenzuolo, il trombone, la valigia. L'opera, che risale al 1928, tratta lo stesso tema della poesia di Ungaretti composta due anni dopo: l'artista si confronta infatti con il ricordo della madre e cerca di rielaborare il lutto per la sua morte. La tela però affonda le radici in un trauma perché rimanda all'episodio tragico del suicidio della madre del pittore, che si era gettata in un fiume quando il figlio aveva solo quattordici anni. Il suo cadavere era stato ritrovato con la testa avvolta nella camicia da notte. Come ci suggerisce il titolo del quadro, il tema della morte della madre assume un'importanza "centrale" nella pittura di Magritte: così l'emblema luttuoso del lenzuolo che copre il volto delle figure ritorna in molte delle sue opere. Fai una ricerca in rete per rintracciare altri dipinti di Magritte che si confrontano con il ricordo bruciante del suicidio della madre. Dialogando con i compagni, confronta il diverso modo di affrontare il tema della madre in Magritte e in Ungaretti.

René Magritte, *La storia centrale*, 1928. Bruxelles, Collezione privata.

T11 Caino

OPERA
Sentimento del tempo

CONCETTI CHIAVE
- conflitto tra vitalità terrestre e ricerca di purezza, tra forza espressionistica e tendenza all'armonizzazione

FONTE
G. Ungaretti, *Sentimento del tempo*, in *Vita d'un uomo. Tutte le poesie*, cit.

Quello che segue (composto nel 1928) è uno dei testi più impegnativi e notevoli di Sentimento del tempo. Qui la contraddizione tra vitalità terrestre, addirittura corporale, e ricerca della purezza non è del tutto sublimata come in molti altri casi della stessa raccolta: al contrario sopravvive dalla fase più originale e rivoluzionaria della ricerca ungarettiana la forza espressionistica del linguaggio.
Si noti la maggiore regolarità della metrica, rispetto alle poesie dell'Allegria, nonché la presenza della punteggiatura, assente nella raccolta giovanile.

Corre sopra le sabbie favolose
E il suo piede è leggero.

METRICA dodici strofe irregolari brevi (anche un solo verso) di metri vari: numerosi endecasillabi e settenari e numerosi novenari (il cui andamento corrisponde però in pratica a quello dell'endecasillabo, privato delle due sillabe finali), due quinari (vv. 6 e 11), un ottonario (v. 13), un decasillabo (v. 20).

- **Caino**: personaggio dell'Antico Testamento, uccise il fratello Abele per invidia, compiendo il primo delitto: nella sua figura è possibile perciò riconoscere la primordiale tendenza umana al peccato. Nel testo ungarettiano, Caino rappresenta anche la forza del desiderio fisico e, più in generale, i segni della civiltà e della storia.
- **1-2** Il protagonista della poesia, Caino, viene presentato, in terza persona, nel suo aspetto vitale. **Sabbie favolose**: il deserto del mito biblico. **Leggero**: sta a esprimere la velocità della corsa.

O pastore di lupi,
Hai i denti della luce breve
5 Che punge i nostri giorni.

Terrori, slanci,
Rantolo di foreste, quella mano
Che spezza come nulla vecchie querci,
Sei fatto a immagine del cuore.

10 E quando è l'ora molto buia,
Il corpo allegro
Sei tu fra gli alberi incantati?

E mentre scoppio di brama,
Cambia il tempo, t'aggiri ombroso,
15 Col mio passo mi fuggi.

Come una fonte nell'ombra, dormire!

Quando la mattina è ancora segreta,
Saresti accolta, anima,
Da un'onda riposata.

20 Anima, non saprò mai calmarti?

Mai non vedrò nella notte del sangue?

Figlia indiscreta della noia,
Memoria, memoria incessante,
Le nuvole della tua polvere,
25 Non c'è vento che se le porti via?

- **3-5** Si passa dalla terza alla seconda persona: il poeta si rivolge direttamente a Caino, introducendo il parallelismo tra la crudele vitalità del personaggio e la natura dell'uomo. **Pastore di lupi**: c'è il rovesciamento del luogo comune del pastore di pecore, anche con riferimento alla metafora evangelica "pastore = Cristo, gregge = umanità". Caino è la guida (e il prototipo) dell'uomo come *lupo*. **Hai i denti...giorni**: sul piano strettamente referenziale, l'immagine significa che i denti di Caino sono luminosi, ma di una luce concentrata (**breve**) come quella che risplende sulla vita degli uomini. Domina tuttavia il parallelismo tra la ferocia (**denti**, in collegamento con **lupi**) attraente (**luminosa**) di Caino e la brevità della vita che ferisce (**punge**) gli uomini; cioè la vita umana, nella sua brevità, è segnata dai denti di Caino, dalla sua stessa ferocia.
- **6-9** Prosegue il parallelismo Caino-umanità: la passionalità vitale e contraddittoria di Caino lo fa uguale al **cuore** degli uomini. Sia le paure irrazionali (**terrori**), sia gli entusiasmi (**slanci**), sia i singhiozzi o sospiri (**ràntolo**) provenienti dai boschi, sia la forza fisica, rendono Caino identico (**a immagine**) al carattere umano. **Quella mano**: di Caino; il pronome deittico ferma l'attenzione sulla concretezza e sulla individualità dell'atto. **Querci**: querce; il plurale in -i è letterario.
- **10-12** Si tratta di una domanda retorica: è Caino che si manifesta, quando è notte fonda (v. 10), nella passione fisica (cfr. **il corpo allegro**, cioè *eccitato*). **Fra gli alberi**: nel fitto del bosco; **incantati** = colpiti da una magia, cioè pieni di fascino e di attrattiva.
- **13-15** Lo stesso tema della strofetta precedente, trasportato al caso diretto del poeta. L'esperienza della pulsione sessuale (**brama**), in particolare, coincide con la presenza (**t'aggiri** = sei nei dintorni) misteriosa (**ombroso**) di Caino, e porta alla perfetta identificazione del poeta in lui: **col mio passo mi fuggi** = il mio tentativo di sfuggire a me stesso, di sottrarmi alla mia stessa presenza, è inutile perché il mio passo, il cammino che io faccio, è proprio quello tuo, perciò senza scampo. **Scoppio di brama**: *sono pieno di desiderio (brama) al punto di scoppiare*; espressione assai forte.
- **16-19** Inizia la seconda parte della poesia, non più incentrata su Caino ma sulla possibilità e sullo sforzo di conquistare la purezza e l'innocenza. Il v. 16 (come i vv. 20 e 21) ha un particolare risalto in ragione dell'isolamento strofico. **Come una fonte...dormire!**: è un desiderio di purezza: vorrei essere come una sorgente (**fonte**) che sta protetta nell'ombra; **dormire**: per essere privato della coscienza di sé (e, in riferimento alla **fonte**, è immagine di pace e di raccoglimento). **Quando...riposata**: rivolgendosi alla propria anima (cioè alla propria interiorità), come al v. 20, il poeta ipotizza una specie di purificazione, da attuarsi risalendo all'origine dell'esperienza vitale (**quando la mattina è ancora segreta** = *all'alba, quando la luce del mattino è ancora nascosta*). L'**onda riposata** (cioè l'acqua rasserenante – e purificatrice) che dovrebbe ricevere e contenere (**saresti accolta**) l'**anima** è in rapporto con la metafora del v. 16 (così come **riposata** istituisce un parallelismo con **dormire**).
- **22-25** *Non c'è [un] vento che si* (**se le**; pronome pleonastico) *porti via le nuvole della tua polvere, o memoria, memoria che non si interrompe mai* (**incessante**) *[e che sei] un frutto* (**figlia**) *ingannevole* (**indiscreta** = invadente) *della noia?* Annota Ungaretti: «La memoria è figlia della noia perché l'uomo s'è adattato alle fatiche del lavoro, per non accorgersi del tedio [: noia] della vita. È *indiscreta* perché tenta di dissimulare [: nascondere] la noia. La memoria è storia». È cioè istituito un rapporto tra la civiltà (le «fatiche del lavoro») e la memoria/storia: entrambe

> Gli occhi mi tornerebbero innocenti,
> Vedrei la primavera eterna
>
> E, finalmente nuova,
> O memoria, saresti onesta.

le cose sono nate perché l'uomo tentava di sfuggire al tedio (noia, ma anche insensatezza) della vita; e così la memoria/storia è **indiscreta** (ingannevole), perché cerca di nascondere la verità della condizione umana. Il desiderio sarebbe quello di annullare i "rimedi" inefficaci della civiltà e della storia, di scoprire un vento capace di liberare l'uomo dalle loro scorie (la **polvere**) rendendolo puro perché privo della coscienza del passato. **Le nuvole della tua polvere**: espressione in qualche modo ridondante; il senso è: la tua polvere.

● **26-29** È sottinteso: se le ipotesi dei vv. 16-25 si avverassero. In tal caso lo sguardo umano riacquisterebbe la sua innocenza (v. 26) e sarebbe recuperato una specie di paradiso terrestre (v. 27), corrispondendo l'una e l'altra cosa alla inconsapevolezza originaria: la stessa **memoria**, rinnovata (**nuova**) diventerebbe **onesta** (cioè pura). Anche se quest'ultima conclusione è evidentemente contraddittoria e paradossale (e perciò, in quanto impossibile, tragica): se per essere pura la memoria deve essere **nuova**, vuol dire che non deve esistere; infatti una memoria **nuova** è una memoria senza memoria, la memoria di chi non ha passato e dunque nulla da ricordare.

T11 DALLA COMPRENSIONE ALL'INTERPRETAZIONE

COMPRENSIONE

Il contrasto tra vitalità e innocenza Il tema principale della poesia è costituito dall'**opposizione fra innocenza e memoria**, fra vitalità e purezza. Per dare evidenza a questo contrasto viene inscenato un immaginario **confronto fra la figura biblica di Caino**, innocente e felice perché privo di una coscienza razionale di sé, ed il poeta stesso, che invece appare colpevolmente vittima delle proprie inquietudini. La **prima parte** della poesia (vv. 1-15) è quindi dedicata a descrivere **la violenta (e peccaminosa) vitalità di Caino**, il personaggio della *Genesi* che per gelosia uccide il fratello Abele. La sua passionalità crudele, terrestre e primordiale rivive in tutti gli uomini e anche nel poeta. La **seconda parte** del componimento (vv. 16-29) è invece dominata dalla **ricerca dell'innocenza**. Negli ultimi versi della poesia si fa strada infine un'idea cruciale: che per l'uomo possa esistere anche una «**memoria onesta**», cioè pura. Ed è proprio qui, nella possibilità di dar vita all'ossimoro di una memoria perennemente "nuova", che la dolorosa separazione fra innocenza primitiva dell'uomo e sua "colpevole" coscienza razionale sembra, almeno per un attimo, dissolversi e venir meno.

ANALISI

Tra Espressionismo ed elegia In questo componimento i due modi della poetica ungarettiana – quello espressionistico e frammentario della giovinezza e quello lirico ed elegiaco della maturità – s'incontrano e si sovrappongono. Espressionistico è, soprattutto nella prima parte del testo, il ricorso a **forti verbi** di **movimento e di azione**: «corre» v. 1, «punge» v. 5, «spezza» v. 8, «scoppio» v. 13, «t'aggiri» v. 14, «fuggi» v. 15. Vi è poi la tendenza a **frantumare la struttura del testo in versi isolati** facenti strofa a sé, nonché a separare un periodo dall'altro, valorizzandolo per mezzo della giustapposizione. Tuttavia, a questa **energia espressionistica** si contrappone, cercando di incanalarla e di armonizzarla, una **esigenza di armonia** e di appagamento che si può definire elegiaca. Tale esigenza si affida innanzitutto alla metrica, che tende a regolarizzarsi (si notano molti endecasillabi e settenari) e ad acquistare una musicalità cantabile assente nei testi dell'*Allegria*. Vi è poi una **valorizzazione dell'aggettivo**, la parte del discorso più incline a imprimere stabilità e compostezza al dettato poetico: «segreta» v. 17, «riposata» v. 19, «indiscreta» v. 22, «incessante» v. 23, «innocenti» v. 26, «eterna» v. 27, «nuova» v. 28, «onesta» v. 29.

INTERPRETAZIONE

Il poeta e il suo doppio La «**noia**» come male di vivere e la «**memoria incessante**», che questo male di vivere alimenta e ingigantisce, sono i termini fondamentali in cui si inquadra l'esistenza storica del poeta, e più in generale degli uomini moderni. Il **rapporto tra uomo antico** – qui impersonato emblematicamente da Caino – **e uomo moderno** non è lineare, ma controverso. Nel testo infatti sono presenti dei punti in cui appare chiaro come **Caino** sia anche **un "doppio" del poeta**. In questo senso va notato questo verso-chiave: «Col mio passo mi fuggi» (v. 15). In esso si può osservare bene come la contraddizione fra innocenza e memoria si sviluppi non solo nel rapporto fra poeta e mondo esterno, ma anche nell'interiorità più profonda dell'io lirico.

T11 LAVORIAMO SUL TESTO

COMPRENDERE

1. Riassumi il testo suddividendolo nelle principali sequenze.

ANALIZZARE

La peccaminosa vitalità...

2. **LINGUA E LESSICO** Perché la sabbia su cui corre Caino è definita "favolosa"? E perché il piede del personaggio è «leggero»?
3. Quale relazione lega in Caino il corpo al cuore?
4. Quali pulsioni sottolinea il poeta nella figura di Caino?

...e l'innocente purezza

5. Cosa vorrebbe per sé il poeta?

6. Quali ostacoli gli impediscono di raggiungere la meta?
7. Come definisce il poeta la memoria e quale atteggiamento assume verso di essa?

INTERPRETARE

L'uomo e il peccato

8. **TRATTAZIONE SINTETICA** Che rapporto c'è tra il personaggio biblico e l'uomo contemporaneo? Spiegalo in un massimo di 10 righi.
9. Che attualità e che interesse riveste per te la rilettura della figura di Caino?

T12 Non gridate più

OPERA
Il dolore

CONCETTI CHIAVE
- il messaggio vitale dei morti
- il recupero dei versi tradizionali

FONTE
G. Ungaretti, *Il dolore*, in *Vita d'un uomo. Tutte le poesie*, cit.

Il testo che segue è ispirato alla tragedia della seconda guerra mondiale. Il poeta si rivolge ai superstiti, invitandoli a rispettare il sacrificio di quelli che sono morti, senza lasciarsi ancora sopraffare dagli odii e dagli interessi di parte.

Cessate d'uccidere i morti,
Non gridate più, non gridate
Se li volete ancora udire,
Se sperate di non perire.

5 Hanno l'impercettibile sussurro,
Non fanno più rumore
Del crescere dell'erba,
Lieta dove non passa l'uomo.

METRICA due quartine (la prima formata da novenari, la seconda da un endecasillabo, due settenari e un novenario; sul novenario ungarettiano cfr. le indicazioni metriche relative a *Caino*).

- **1-4** Si noti la ripetizione della rima in -ate (**cessate** : **gridate** : **gridate** : **sperate**) e la rima baciata **udire** : **perire**. **Cessate...i morti**: l'invito è rivolto ai superstiti. Il comportamento sconsiderato dei vivi profana la memoria dei morti e, rendendo del tutto inutile il loro sacrificio, è come se li uccidesse una seconda volta. **Non gridate più...udire**: la violenza dei vivi (sottolineata dalla replicazione di **non gridate**) impedisce di raccogliere (**udire**) la lezione che si trasmette dai morti, e annulla la speranza che l'uomo possa salvarsi, evitando che i vivi debbano a loro volta morire (**perire**) a causa del proseguire dei conflitti.
- **5-8** [*I morti*] *hanno* [: emettono] *lo stesso* (**l'** = lo) *sussurro non udibile* (**impercettibile**), [*e*] *non fanno più rumore del crescere dell'erba, lieta dove l'uomo non passa.*

T12 DALLA COMPRENSIONE ALL'INTERPRETAZIONE

COMPRENSIONE

Due quartine, due parti La poesia è chiaramente divisibile in **due parti**, corrispondenti ai due periodi sviluppati in ciascuna quartina: nella prima il poeta rivolge un **invito ai superstiti affinché rispettino la memoria dei caduti** in guerra; la seconda quartina è dedicata alla **rappresentazione dei morti**, il cui **silenzio** («l'impercettibile sussurro») si contrappone alle grida dei vivi.

ANALISI

Versi tradizionali che parlano di guerra *Non gridate più* è una delle poesie più celebri della raccolta *Il dolore*. Il componimento mostra un recupero delle **forme tradizionali del verso**, con una quartina di novenari (il cui andamento corrisponde in pratica a quello dell'endecasillabo, privato delle due sillabe finali) e una quartina formata da un endecasillabo, due settenari, un novenario. Siamo distanti dunque dallo sperimentalismo dell'*Allegria*. Sul piano tematico, invece, torna il **dolore della guerra**: la poesia, scritta al termine del secondo conflitto mondiale, è indirizzata a coloro che hanno superato, come dirà lo stesso Ungaretti, la «tragedia di questi anni».

INTERPRETAZIONE

Associazioni paradossali: morti-vita/vivi-morte La poesia è tutta giocata sul contrasto tra i vivi e i morti: al "gridare" dei vivi si contrappone «l'impercettibile sussurro» dei morti, che invitano a superare gli odi e le divisioni di parte che, nei primi anni del dopoguerra, ancora sconvolgevano la vita politica e civile italiana. Il messaggio dei caduti è significativamente paragonato all'immagine vitale del crescere dell'erba, che si contrappone a sua volta al carattere mortuario delle azioni dei vivi («uccidere», v. 1; «perire», v. 4). Si delineano dunque delle associazioni paradossali: **ai morti corrisponde un messaggio vitale**; **ai vivi invece corrisponde la violenza** della distruzione e della morte.

T12 LAVORIAMO SUL TESTO

COMPRENDERE

1. La poesia si apre con il verso «Cessate d'uccidere i morti».
   - **A** A chi si rivolge il poeta?
   - **B** Che cosa intende? Cioè: com'è possibile uccidere chi è già morto?

ANALIZZARE

2. La fase matura della produzione ungarettiana si caratterizza per il ritorno a modi poetici più tradizionali. Sottolinea nel testo le espressioni che rimandano a un lessico ricercato e letterario; segnala la presenza di rime nella poesia ed evidenzia il particolare valore semantico che acquistano.

INTERPRETARE

3. I morti consegnano ai vivi un messaggio decisivo: che cosa potrebbero avere ancora da dire i caduti a chi resta? Perché il loro messaggio è solo sussurrato?

4. I morti «non fanno più rumore / del crescere dell'erba»: quali significati ruotano attorno a questa immagine? Perché l'erba è «Lieta dove non passa l'uomo»?

LE MIE COMPETENZE: DIALOGARE

In questa poesia Ungaretti invita ad ascoltare i morti, per evitare altre distruzioni. I vivi hanno saputo raccogliere il messaggio delle vittime della guerra? Dopo la Seconda guerra mondiale, a cui si riferisce qui il poeta, è arrivata effettivamente la pace? Il sacrificio dei caduti è davvero servito a dare una lezione all'umanità? Confronta la tua opinione con quella dei compagni.

Percorso
LO SPAZIO E IL TEMPO

La ricerca di un «paese innocente»: la dimensione dell'assoluto

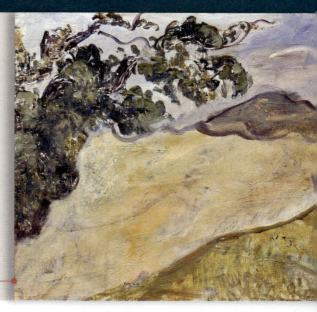

Osvaldo Licini, *Paesaggio*, 1924. Collezione privata.

Il paesaggio dell'*Allegria* è animato dalla **dialettica spaziale tra una natura sconvolta dalla violenza della guerra** («macerie», «fango») **e una natura posta invece sotto il segno della vitalità** (luce, cielo, acque).
Domina tuttavia in Ungaretti una decisa tendenza alla interiorizzazione della realtà esterna: **la compenetrazione tra io e natura si manifesta nell'uso privilegiato di analogie e sinestesie** umanizzanti che danno rilievo simbolico o espressionistico ai sobri riferimenti oggettivi al paesaggio («brandello di muro», «Ma le mie urla / feriscono / come fulmini / la campana fioca / del cielo»); cfr. **T4**.
Il poeta si riconosce nelle cose con un sentimento panico di partecipazione al tutto («M'illumino / d'immenso»), che è tuttavia diverso dal vitalismo estetizzante di d'Annunzio.
I fiumi (**T3**) mostrano in modo esemplare questa aspirazione a ricercare la propria identità nella felicità naturale. L'immersione nel fiume è infatti un rito di purificazione dalle scorie della storia e di riduzione all'essenzialità del puro ritmo esistenziale: in ciò **il panismo di Ungaretti rivela una profonda tendenza alla regressione e alla confusione nella vita cosmica** (le acque sono un'«urna», una culla).
Perciò anche il tempo si ferma e la ricapitolazione della vita passata si concentra nel "qui e ora" dell'Isonzo, che riassume le aspirazioni di tutte le altre epoche della vita. La sensazione di armonia con l'assoluto come indistinto, che per un attimo il poeta attinge, si rivela nella metafora finale in cui la vita del poeta, «corolla / di tenebre», si confonde nella vastità della natura notturna. **La natura è infatti percepita da Ungaretti positivamente, come unico rifugio contro l'angoscia e la precarietà della storia**.
La tensione verso la quiete e l'assoluto si inscrive, coerentemente, in un clima senza durata, che spiega la brevità dei testi.
Nella poesia *In memoria* (**T1**) il tempo è senza sviluppo, si ingorga, va verso la disintegrazione. Il tempo ristagna nella "quiete" e nell'immobilità (cfr. anche *Natale*, **T6**), nella pietrificazione tragica (cfr. *San Martino del Carso*, **T4**) o si impenna in un improvviso slancio vitale (*Veglia*, **T2**). Da qui la prevalenza del presente, l'uso di deittici, l'estrema concentrazione del verso che annienta ogni sviluppo logico-temporale, le metafore fulminee in cui analogie e sinestesie esaltano la simultaneità delle percezioni.
La temporalità dell'*Allegria*, che pure emerge da un contesto di bruciante storicità, si pone decisamente al di là di ogni confronto con la ragione e le ideologie e proietta la ricerca del senso della vita nella tensione verso un legame tra individuo e totalità umana e naturale.
Sentimento del tempo approfondisce questa tendenza alla astoricità **rivelando la coscienza di un profondo dissidio tra tempo terreno ed eternità**. Al paesaggio realistico ed espressionistico dell'*Allegria* subentra un paesaggio mitico, fuori del tempo e dello spazio o proiettato nell'aldilà. La poesia *La madre* (cfr. **T10**) è indicativa della nuova dimensione religiosa che assume la ricerca ungarettiana di assoluto: la vita terrena («muro d'ombra»), vincoli umani e affettivi sono annientati e sublimati nell'eternità. L'attenzione si concentra sempre di più sull'"Oltretempo": in *Caino* (cfr. **T11**) l'aspirazione all'innocenza e alla purezza è contrapposta alla crudeltà delle pulsioni vitali e si configura esplicitamente come perdita di coscienza di sé, del proprio «corpo» e della propria «memoria» nella congiunzione dell'«anima» con l'assoluto della «primavera eterna». Dal panteismo naturalistico dell'*Allegria* si trapassa a un panteismo religioso, in cui l'esistenza terrena non ha più consistenza e valore. Di qui l'insistenza sul tema della morte, che persiste nel *Dolore*, dove la «purezza» diventa la speranza di ricongiungimento con il figlio morto (cfr. «Fa dolce e forse qui vicino passi»). Anche un testo direttamente ispirato alla tragedia della seconda guerra mondiale, come *Non gridate più* (cfr. **T12**), capovolge il rapporto tra i vivi e i morti: la storia è ridotta a grida, a rissa; solo dai morti viene un messaggio di pace e una paradossale riaffermazione del valore della vita.

Percorso
LA GUERRA E LA PACE

La guerra come «presa di coscienza della condizione umana»

Soldati tedeschi e prigionieri italiani durante le prime fasi della battaglia di Caporetto, ottobre 1917.

Il sentimento corale della terra e della patria, che ispira le liriche *Popolo* e *Italia*, qui non antologizzate, può aiutarci a capire le ragioni profonde per cui Ungaretti, anarchico, si trovò nel 1914 a sostenere violentemente la causa dell'intervento in guerra dell'Italia. Non si tratta solo di un'adesione ideologica al nazionalismo populista diffuso tra molti intellettuali, ma della ricerca, da parte del poeta, di un proprio ruolo nell'identificazione in un'anima collettiva: «Sono un poeta / un grido unanime» (cfr. **S3**, *Unanimismo*). **Essere soldato significa per l'emigrato perennemente sradicato, trovare una patria**, ricongiungersi alle proprie origini ataviche: «In questa uniforme / di tuo soldato / mi riposo / come fosse la *culla di mio padre*» (cfr. *Italia*). Non c'è esaltazione eroica o superomistica, ma un'esigenza di identità, che si configura come desiderio di quiete e di regressione nella totalità degli altri uomini e della natura.

Coerentemente, Ungaretti partecipò alla guerra come semplice fante, condividendo l'esperienza anonima e il fango delle trincee. La realtà della guerra, di cui nessuno aveva previsto il carattere nuovo di guerra totale e il potere micidiale delle nuove tecnologie di uccisione di massa, fece ben presto cadere ogni ideologia celebrativa. **La guerra, denudata di ogni mito e fede, è rappresentata nella sua insensata tragicità come pura esperienza esistenziale**. Sul Carso, con la morte davanti a ogni istante, l'incontro del poeta con gli altri uomini e con se stesso attinge a un'essenzialità primordiale. Non è – come dice egli stesso – l'idea di uccidere o di essere ucciso che lo tormenta, ma la ricerca di un rapporto con l'assoluto, «l'assoluto rappresentato dalla morte, non dal pericolo, che era rappresentato da quella tragedia che portava l'uomo a incontrarsi con il massacro» (cfr. **S2**, *Il naufragio e l'assoluto*).

Da qui il **duplice registro dell'*Allegria* che esprime, da una parte, la contingenza scottante delle occasioni quotidiane, dall'altra, la tendenza a sottrarle ad ogni riferimento concreto e alla causalità della storia**.

L'orrore e la violenza della guerra, anche quando non si accampano in primo piano, sono una presenza diffusa nei testi dell'*Allegria*. Le conseguenze della tragedia bellica sono rappresentate nelle distruzioni materiali, ma ancora più spesso nei riflessi interiori: «È il mio cuore / il paese più straziato». **La vita al fronte si spoglia della sua storicità e diventa la vita in assoluto, la rivelazione all'uomo della sua vera condizione di ombra fragile e illusoria**. «Nella mia poesia non c'è traccia d'odio per il nemico, né per nessuno: c'è la presa di coscienza della condizione umana, della fraternità degli uomini nella sofferenza, dell'estrema precarietà della loro condizione» (cfr. **S2**). In *Soldati* [**T9**] la casualità della vita in guerra è assimilata al dato naturale delle foglie e richiama una condizione perenne di instabilità e di distacco.

A differenza dell'esaltazione eroica e individualistica di d'Annunzio, nell'*Allegria*, l'insistenza sull'io traduce un'esperienza anonima collettiva e si eleva a significare il senso e il mistero profondo dell'esistenza di ogni creatura (cfr. *Commiato*, **T5**).

Questo paesaggio di desolazione e di morte attiva tuttavia, per contrasto, un moto di reazione istintiva e di viscerale attaccamento alla vita. È l'esultanza dell'attimo, «**l'esaltazione quasi selvaggia dello slancio vitale**» che scaturisce – osserva il poeta – dal continuo rischio della morte da scongiurare. *Allegria di naufragi*, il titolo originario dell'opera, sottolinea questa duplice tensione: la vita al fronte intensifica la brama di vivere del poeta alimentandone il desiderio di felicità e di smemoramento nella natura (cfr. *I fiumi*, **T3**) o l'impulso alla spinta vitale (cfr. *Veglia*, **T2**). In *Fratelli*, qui non antologizzata, la solidarietà umana, che scatta in un incontro notturno di soldati, non ha tanto un carattere morale o patriottico, ma è una rivolta spontanea, un'istintiva riaffermazione del semplice e nudo esistere che emerge dall'incombere della morte. Perciò anche il coraggio, l'illusione e il moto di resistenza, che riaffermano il valore della vita offrono una risposta continua e insopprimibile alla distruzione.

DAL RIPASSO ALLA VERIFICA

MAPPA CONCETTUALE Giuseppe Ungaretti

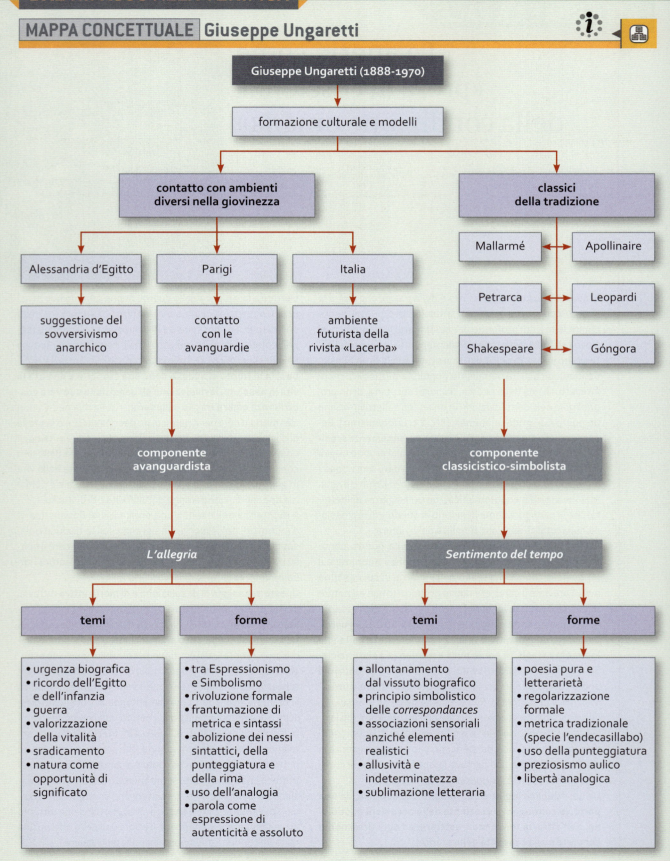

SINTESI

La vita
Giuseppe Ungaretti nasce ad Alessandria d'Egitto il 10 febbraio 1888 dove frequenta le scuole, si lega agli ambienti dei fuoriusciti anarchici e compone le prime poesie. Nel 1912 va a Parigi, dove frequenta l'università e gli ambienti dell'avanguardia letteraria e artistica. Nel 1915 è chiamato in guerra e combatte prima sul Carso poi sul fronte francese. Nel 1916 viene pubblicato *Il porto sepolto*, a cui segue *Allegria di naufragi* (1919); dall'edizione del 1931 il titolo verrà cambiato in *L'allegria*. Nel 1933 esce la raccolta *Sentimento del tempo*. Dopo aver vissuto a Parigi, a Roma e in Brasile, nel 1942 è eletto accademico d'Italia e nominato professore di Letteratura italiana contemporanea all'Università di Roma. Pubblica in seguito altre raccolte: *Il dolore* (1947), *La terra promessa* (1950) e *Il taccuino del vecchio* (1960). Muore a Milano nel giugno 1970, all'età di 82 anni.

L'allegria: le vicende editoriali e il titolo
Prima di giungere al titolo e alla versione definitiva, *L'allegria* subisce un'articolata vicenda editoriale e una lunga trafila di correzioni. Un primo nucleo di testi viene pubblicato nel 1916 con il titolo *Il porto sepolto*. Il titolo allude a una leggenda diffusa in Egitto sull'esistenza di un antico porto sommerso nei pressi di Alessandria. Tuttavia, dietro il rimando leggendario si coglie un riferimento alla forma misteriosa e nascosta («sepolto») che assumono il significato e il valore delle cose («porto»). È infatti la parola poetica a essere sepolta nel silenzio della vita, e al poeta spetta di evocarne e recuperarne il mistero.
Nel 1919 in una riedizione fiorentina, accresciuta di nuovi testi, il titolo viene mutato in *Allegria di naufragi*. Questa è in sostanza un'edizione definitiva, anche se continuerà a subire ritocchi e aggiustamenti. In particolare, nell'edizione del 1931 il titolo è ancora una volta modificato, diventando *L'allegria*. Il titolo *Allegria di naufragi* intende innanzitutto indicare il tema rovinoso della guerra, combattuta dal poeta in trincea per tutta la sua durata (i «naufragi»); tuttavia, pur sullo sfondo di tale tragedia, resta possibile l'espressione della vitalità e dello slancio positivo (l'«allegria»). Riducendo poi il titolo a *L'allegria*, Ungaretti rende più diretto e assoluto il rimando all'energia vitale, all'intenzione di valorizzare il fondo di autenticità che può ancora essere colto nella condizione tragica e disperata dell'uomo moderno.

La struttura e i temi
Fin dall'edizione del 1919 la raccolta è organizzata in sezioni. La strutturazione definitiva delle sezioni è la seguente: 1) «Ultime»; 2) «Il porto sepolto; 3) «Naufragi»; 4) «Girovago»; 5) «Prime». Il tema della guerra domina il libro ed è praticamente l'unico delle tre sezioni centrali. Tuttavia attorno a questo nucleo forte si costruiscono vari arricchimenti tematici, come la condizione di sradicamento e di anonimato del fante in guerra, da cui può però sprigionarsi l'affermazione intensa e positiva dell'individualità personale, dell'io, che diventa – nell'unanimismo ungarettiano – espressione di una soggettività collettiva. Accanto al tema della guerra e ai suoi vari arricchimenti, vi è poi il tema della vicenda biografica del poeta, con i ricordi dell'infanzia egiziana, e il tema della natura. Dove all'io è concesso di ancorare il proprio bisogno di significato e di dare un senso all'intera condizione umana.

La novità dell'*Allegria* e la sua doppia poetica
Ciò che colpisce ancora oggi nei testi dell'*Allegria* è la radicalità delle soluzioni formali adottate dal poeta. Tanto la disposizione dei versi quanto la sintassi sono travolte da una sperimentazione che sconvolge i riferimenti tradizionali. I versi sono liberi e in genere brevi e brevissimi, con la conseguente verticalizzazione dell'aspetto tipografico del componimento. La frantumazione del verso, poi, risponde sia a un'esigenza espressionistica di forza e di rilevamento sintattico, sia a una ricerca di valorizzazione simbolistica del particolare e della parola in quanto veicolo di verità. Nell'*Allegria* convivono, dunque, due tendenze di poetica. La prima spinge a caricare la parola fino al limite della rottura, secondo l'intensificazione caratteristica del grido espressionistico. La seconda conduce invece a valorizzare l'alone di indefinitezza della parola, creandole attorno «isole di silenzi» così da potenziarne le suggestioni e il mistero. La compresenza di queste due ragioni espressive determina, nell'*Allegria*, la sospensione della poetica ungarettiana tra Espressionismo e Simbolismo.

Sentimento del tempo
La raccolta che segue *L'allegria* è *Sentimento del tempo*. La prima edizione è del 1933, a cui seguono le edizioni del 1936 e del 1943. L'opera è caratterizzata da un ritorno all'ordine, ossia da scelte espressive più tradizionali, letterarie e uniformi. Il poeta si allontana dal proprio vissuto e ricerca una poesia pura, sublimata nella letterarietà e resa stilizzata e astratta. La raccolta presenta inoltre una metrica tradizionale (soprattutto si fa ricorso all'endecasillabo) e la punteggiatura (presente raramente nell'*Allegria*).

DALLE CONOSCENZE ALLE COMPETENZE

1 Quali sono le caratteristiche delle due fasi della poetica ungarettiana e a quali raccolte fanno riferimento? (§ 1)

2 Indica le date delle principali edizioni dell'*Allegria* e a cosa alludono i titoli delle raccolte (§§ 1, 2, S2)

- *Il porto sepolto* ....
- *L'allegria* ....
- *Allegria di naufragi* ....

DAL RIPASSO ALLA VERIFICA

3 Il taglio autobiografico della raccolta *L'allegria* giustificato da (§§ 1, 2)
- [A] l'esperienza eccezionale del poeta
- [B] la proiezione sull'io dell'esperienza di tutti
- [C] l'esasperazione della soggettività individuale
- [D] l'identificazione del poeta con la massa anonima dei soldati

4 Quali sono i temi principali della raccolta *L'allegria*? (§ 2)

5 Scegli le affermazioni corrette. Nell'*Allegria* (§ 2)
- [A] la guerra si spoglia di ogni carattere eroico ed aggressivo
- [B] è subita con coscienza critica
- [C] suscita una presa di posizione antimilitarista
- [D] è occasione di scoperta esistenziale

6 *Unanimismo* significa (S3)
- [A] accettazione del conformismo
- [B] assunzione di un punto di vista collettivo
- [C] rinuncia alla critica individuale
- [D] annientamento nella società di massa

7 Esponi la poetica dell'*Allegria* usando le parole-chiave di *Commiato* (T5)
- [A] umanità
- [B] mia vita
- [C] parola
- [D] abisso

8 Perché il suicida Moammed Sceab (T1) può essere considerato un "alter ego" del poeta? Con quali differenze?

9 Rispetto a *L'allegria*, *Sentimento del tempo* segna una svolta nella poetica di Ungaretti. Spiega le ragioni indicando le caratteristiche tematiche e formali della raccolta e facendo riferimento ai testi letti. (§ 5, T10, T11, T12)

PROPOSTE DI SCRITTURA

L'ARTICOLO DI GIORNALE

Ungaretti e la poesia

L'esperienza poetica è esplorazione di un personale continente d'inferno, e l'atto poetico, nel compiersi, provoca e libera, qualsiasi prezzo possa costare, il sentire che solo in poesia si può cercare e trovare libertà. Continente d'inferno, ho detto, a causa della singolarità del sentimento di non essere come gli altri, ma in disparte, come dannato, e come sotto il peso di una speciale responsabilità: quella di scoprire un segreto e rivelarlo agli altri. La poesia è scoperta della condizione umana nella sua essenza, quella di essere un uomo d'oggi, ma anche un uomo favoloso, come un uomo dei tempi della cacciata dall'Eden; nel suo gesto d'uomo, il vero poeta sa che è prefigurato il gesto degli avi ignoti, nel seguito di secoli impossibile a risalire, oltre le origini del suo buio.

G. Ungaretti, *Vita di un uomo. Nota introduttiva*, Mondadori, Milano 1969.

1. Spiega, alla luce dei testi letti, l'interpretazione dell'esperienza poetica che traspare da queste parole del poeta. Immagina di scrivere un articolo di giornale in occasione di una riedizione dell'opera di Ungaretti. Destina il tuo articolo alle pagine culturali di un quotidiano.

2. Utilizza come matariali S1, T1, T2, T4, T5 e T9.

IL SAGGIO BREVE

Lo sradicamento e il problema dell'identità

Lo sradicamento e la difficile ricerca d'identità è uno dei principali temi dell'*Allegria*: sta al centro della poesia *In memoria* dedicata all'emigrato Moammed Sceab, morto suicida (cfr. **T1**). Il problema dell'identità è del resto assai attuale. Rifletticì a partire dal componimento ungarettiano, dopo aver riletto in classe quanto sostiene il sociologo Zygmunt Bauman nell'*Intervista sull'identità* qui riportata.

Il problema dell'identità nell'epoca della «modernità liquida»

A un'estremità dell'emergente gerarchia globale stanno coloro che possono comporre e decomporre le loro identità più o meno a piacimento, attingendo dall'immenso pozzo di offerte planetario. All'altra estremità stanno affollati coloro che si vedono sbarrare l'accesso alle identità di loro scelta, che non hanno voce in capitolo per decidere le proprie preferenze, e che si vedono infine affibbiare il fardello di identità imposte da altri, identità che trovano offensive ma che non sono autorizzati a togliersi di dosso.

Quasi tutti noi siamo sospesi con disagio tra queste due estremità, mai sicuri di quanto durerà la nostra libertà di scegliere ciò che desideriamo o di rifiutare ciò che non ci piace, mai sicuri se saremo in grado di mantenere la nostra gradita posizione attuale finché ci parrà comodo e desiderabile. [...] Le guerre di riconoscimento, condotte a livello individuale o collettivo, vengono combattute di regola su due fronti, benché la concentrazione di truppe e armi sull'uno e l'altro fronte vari a seconda della posizione ottenuta o assegnata all'interno della gerarchia di potere. Su un fronte, l'identità prescelta e preferita muove contro gli ostinati rimasugli di identità vecchie, abbandonate e non amate, scelte o imposte in passato. Sul secondo fronte, viene contrastato – e, se la battaglia è vinta, respinto – l'assalto delle altre identità, artefatte e imposte (stereotipi, stimmate, etichette).

La zona in cui finiscono le persone cui viene negato il diritto di assumere l'identità di propria scelta (un evento universalmente temuto e aborrito) non è tuttavia ancora la zona più bassa della gerarchia del potere; c'è uno spazio ancora più in basso, uno spazio, potremmo dire, più in fondo del fondo. Una zona dove finiscono [...] le persone recentemente qualificate come «sottoclasse» (underclass): esiliate nella regione inferiore, fuori dai confini della società, da quel consesso al cui interno le identità (e quindi il diritto a un posto legittimato nella totalità) possono essere rivendicate e una volta rivendicate devono essere prese in considerazione. Se sei stato assegnato alla sottoclasse (perché hai abbandonato la scuola, o sei una ragazza madre che dipende dall'assistenza dello Stato, o sei o sei stato tossicodipendente, o

Foto di Steve McCurry, 1993.

> **DAL RIPASSO ALLA VERIFICA**
>
> senzatetto, o mendicante, o fai parte di un'altra categoria che non figura nell'elenco – approvato dalle autorità – delle categorie lecite, ammissibili), qualsiasi altra identità desideri o ti sforzi di ottenere ti è negata a priori. «Identità di sottoclasse» significa assenza di identità; la cancellazione, o la negazione dell'individualità, di un «volto», quell'oggetto di dovere etico e di cura morale. Ti trovi gettato al di fuori di quello spazio sociale in cui l'identità viene cercata, scelta, costruita, valutata, confermata o rifiutata.
>
> Z. Bauman, *Intervista sull'identità*, a cura di B. Vecchi, Laterza, Roma-Bari 2006, pp. 42-44.

LA TRATTAZIONE SINTETICA

1. Spiega in che modo le esperienze biografiche abbiano influenzato temi e motivi della poetica ungarettiana. (§§ 1, 2)
2. Facendo riferimento ai testi *In memoria*, *Veglia* e *Soldati* chiarisci il concetto di unanimismo. (§2, **S3**, **T1**, **T2** e **T9**)
3. Dopo aver spiegato quali sono le soluzioni formali adottate da Ungaretti in *L'allegria*, spiega perché è possibile collocare la sua poetica tra Espressionismo e Simbolismo. (§§ 3, 4)

- **Materiali per il recupero** Ungaretti e *L'allegria*
- **Materiali per il recupero** *Veglia*

- Indicazioni bibliografiche

prometeo 3.0

Personalizza il tuo libro selezionando per questo capitolo materiali integrativi da Prometeo (di seguito ti proponiamo un elenco di materiali, ma puoi trovarne altri utilizzando il motore di ricerca).

- **MODULO TEMATICO INTERDISCIPLINARE** Figure di madre

Capitolo V — Saba e la poesia onesta

Uno scorcio della Libreria Saba a Trieste, lungamente gestita dal poeta.

My eBook+

Cliccando su questa icona, docenti e studenti accedono ad un'area di personalizzazione che permette di arricchire i contenuti digitali già linkati lungo le pagine del libro. Nell'area di personalizzazione è possibile infatti salvare ulteriori materiali: selezionati da **Prometeo**, prodotti autonomamente o ricercati nella rete.

▶ *Per un elenco di materiali integrativi presenti nella biblioteca multimediale di Prometeo o per attivare una ricerca cfr. p. 182*

1. La vita e la formazione

Umberto Saba: la nascita (a Trieste nel 1883) e l'infanzia inquieta

Umberto Saba nasce a Trieste il 9 marzo 1883. Il cognome Saba, però, è uno pseudonimo, e viene assunto dal poeta nel 1911. Infatti il cognome del padre è Poli, e anagraficamente il vero nome di Saba è **Umberto Poli**. Sua madre Rachele è ebrea; suo padre, Ugo Edoardo Poli, si converte all'ebraismo in previsione del matrimonio, ma prima della nascita del figlio abbandona la famiglia e rinnega la nuova religione. **Tale situazione familiare segna profondamente la vita e la psiche di Saba**, che è affidato ancora piccolissimo dalla madre, rimasta sola, a una **balia** (**Peppa Sabaz** – e di lei Saba riprenderà il nome). **Con la balia** e con il marito di lei, che hanno da poco perduto l'unico figlio, Saba **vive fino a tre anni di età**, e tale periodo egli ricorderà sempre come felice e sereno. **Ma la madre lo rivuole con sé**, e da questo momento **impone al figlio un'educazione rigida e repressiva**. La mancanza del padre e la severità vittimistica della madre creano le basi, insieme alla separazione dalla balia, di **una profonda scissione interiore**.

Gli studi, la nevrosi, le prime raccolte di poesie

Saba compie studi irregolari benché legga molto e con passione. **A vent'anni si manifesta apertamente una nevrosi** che lo accompagnerà tutta la vita e che neppure la terapia psicoanalitica, intrapresa tardi (1929-31) e non condotta a termine, riuscirà a guarire in modo duraturo. **Tra il 1907 e il 1908, chiamato sotto le armi**, Saba compone i *Versi militari*. Nel 1909 sposa **Carolina Woelfler** (Lina) e l'anno dopo nasce la figlia **Linuccia**. Nel **1912** pubblica una raccolta di poesie, *Coi miei occhi*, che avrà poi il titolo *Trieste e una donna*. Nel **1919** acquista a Trieste una **libreria antiquaria** che costituirà la sua principale occupazione e fonte di guadagno per molti anni.

La prima edizione del *Canzoniere* (1921) e altre raccolte

Nel **1921** esce la prima edizione del *Canzoniere*, che comprende tutta la produzione poetica di Saba e che verrà via via accresciuto, con nuove edizioni nel 1945, nel 1948 e nel 1957, fino alla definitiva, postuma, del 1961. **Tra il 1920 e il 1930** escono altre raccolte poetiche (tra le quali **Autobiografia** e **Preludio e fughe**); del **1931** è *Il piccolo Berto*, ispirato dal trattamento psicanalitico; del **1934**, *Parole*. L'incontro con la psicoanalisi costituisce per Saba la scoperta di uno strumento conoscitivo fondamentale, al quale egli attribuisce fin dal primo momento un'importanza decisiva.

Le persecuzioni razziali

Le persecuzioni razziali del fascismo e del nazismo lo costringono a peregrinazioni e fughe continue. A **Firenze**, Saba attende, nascosto, la Liberazione. Dopo la guerra, a brevi momenti di serenità e di fiducia, grazie anche ai consensi finalmente ottenuti dalla critica, si alternano frequenti crisi depressive, così che, specie dal '50 in poi, Saba è costretto a continui ricoveri in clinica.

La vecchiaia

Intanto escono altre raccolte di versi (fra cui *Mediterranee*, nel 1947) **e alcune opere di prosa** (*Scorciatoie e raccontini* nel 1946, *Storia e cronistoria del Canzoniere* nel 1948, *Ricordi-racconti* **nel 1956**). Nel 1956 muore la moglie e dopo pochi mesi, il **25 agosto 1957**, **muore Saba**, in una clinica di Gorizia. Postumo, nel 1975, viene pubblicato il romanzo incompiuto *Ernesto*.

La morte (1957)

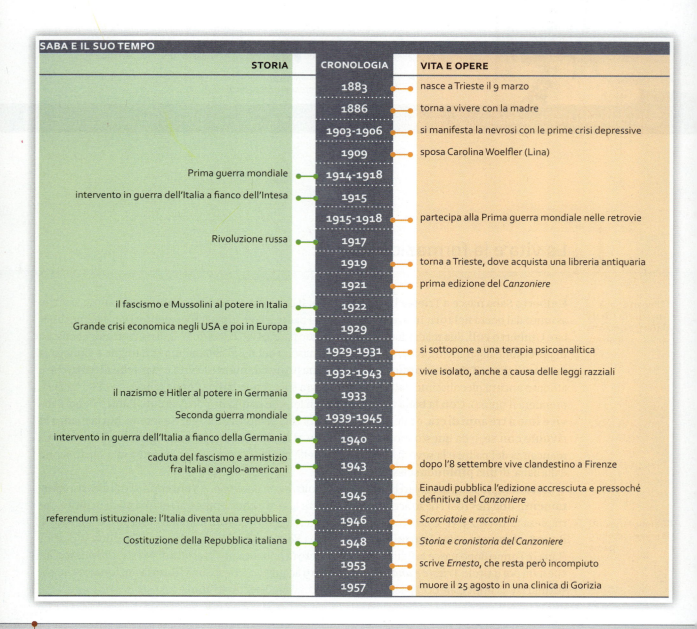

SABA E IL SUO TEMPO		
STORIA	**CRONOLOGIA**	**VITA E OPERE**
	1883	nasce a Trieste il 9 marzo
	1886	torna a vivere con la madre
	1903-1906	si manifesta la nevrosi con le prime crisi depressive
	1909	sposa Carolina Woelfler (Lina)
Prima guerra mondiale	1914-1918	
intervento in guerra dell'Italia a fianco dell'Intesa	1915	
	1915-1918	partecipa alla Prima guerra mondiale nelle retrovie
Rivoluzione russa	1917	
	1919	torna a Trieste, dove acquista una libreria antiquaria
	1921	prima edizione del *Canzoniere*
il fascismo e Mussolini al potere in Italia	1922	
Grande crisi economica negli USA e poi in Europa	1929	
	1929-1931	si sottopone a una terapia psicoanalitica
	1932-1943	vive isolato, anche a causa delle leggi razziali
il nazismo e Hitler al potere in Germania	1933	
Seconda guerra mondiale	1939-1945	
intervento in guerra dell'Italia a fianco della Germania	1940	
caduta del fascismo e armistizio fra Italia e anglo-americani	1943	dopo l'8 settembre vive clandestino a Firenze
	1945	Einaudi pubblica l'edizione accresciuta e pressoché definitiva del *Canzoniere*
referendum istituzionale: l'Italia diventa una repubblica	1946	*Scorciatoie e raccontini*
Costituzione della Repubblica italiana	1948	*Storia e cronistoria del Canzoniere*
	1953	scrive *Ernesto*, che resta però incompiuto
	1957	muore il 25 agosto in una clinica di Gorizia

2 | La poetica e la cultura

La poesia «onesta»

La poesia di Saba ha dei caratteri specifici e originali che la distinguono dall'estetismo di d'Annunzio, dall'esperienza di rottura delle avanguardie e dalla ricerca della parola «assoluta» che caratterizza la produzione di Ungaretti e poi le liriche dell'Ermetismo. La sua è una **poesia autentica e «onesta»** che contrappone la schiettezza della verità al culto dell'artificio e della «bellezza» formale. Saba espone il suo programma poetico già nell'articolo del 1911 intitolato *Quello che resta da fare ai poeti*, che viene respinto dalla rivista «La Voce» e sarà pubblicato solo dopo la morte dell'autore (cfr. **S1**). Qui afferma che **la poesia deve esprimere in modo limpido e semplice la verità del mondo interiore**, senza mistificazioni né abbellimenti. Per Saba il valore estetico di un componimento va misurato sulla sua capacità di attingere al vero dei moventi psichici: dall'«onestà» e dalla sincerità nasce la chiarezza dell'espressione (non è un caso che, in un primo tempo, l'autore pensa di intitolare *Chiarezza* il suo *Canzoniere*).

> **LA POETICA DI SABA**
> - la poesia "onesta" (esprime in modo chiaro e semplice la verità)
> - il rapporto con la tradizione (modelli: Petrarca, Leopardi, poeti del secondo Ottocento, linguaggio del melodramma)
> - la poesia narrativa e il rifiuto del frammentismo
> - la psicoanalisi
> - la funzione psicologica e sociale dell'arte

S1 — MATERIALI E DOCUMENTI

Una dichiarazione di poetica

I brani qui presentati sono tratti da un breve scritto (*Quello che resta da fare ai poeti*) che Saba mandò nel 1911 alla rivista fiorentina «La Voce», la quale però si rifiutò di pubblicarlo; così che lo scritto è rimasto inedito fino a dopo la morte di Saba. In effetti la tesi che esso contiene contrasta profondamente con le concezioni e le mode di quegli anni: basti pensare che Saba cita come modello negativo d'Annunzio che era al culmine della fama.
La proposta di Saba è profondamente antitetica a quella dannunziana: per Saba il poeta non è un superuomo privilegiato, ma quasi un semplice tecnico della conoscenza, e a esso spetta innanzitutto il compito di esprimere onestamente la propria verità interiore, facendo attenzione, più che all'astratta bellezza letteraria dei versi, alla loro sincerità.

▶▶ Ai poeti resta da fare la poesia onesta.

C'è un contrapposto,¹ che se può sembrare artificioso, pure rende abbastanza bene il mio pensiero. Il contrapposto è fra i due uomini nostri più compiutamente noti che meglio si prestano a dare un esempio di quello che intendo per onestà e disonestà letteraria: è fra Alessandro Manzoni e Gabriele d'Annunzio: fra gli *Inni Sacri* e i *Cori dell'Adelchi*, e il secondo libro delle *Laudi* e la *Nave*:² fra versi mediocri ed immortali e magnifici versi per la più parte caduchi.³ L'onestà dell'uno e la nessuna onestà dell'altro, così verso loro stessi come verso il lettore [...] sono i due termini cui può benissimo ridursi la differenza dei due valori.
A chi sa andare ogni poco oltre la superficie dei versi, apparisce⁴ in quelli del Manzoni la costante e rara cura⁵ di non dire una parola che non corrisponda perfettamente alla sua visione: mentre vede che l'artificio del d'Annunzio non è

---

1 **contrapposto**: *raffronto*.
2 **Inni Sacri...Nave**: gli *Inni Sacri* e l'*Adelchi* sono opere di Alessandro Manzoni (1785-1873), maestro del Romanticismo italiano. Gli *Inni Sacri* raccolgono poesie di argomento religioso, mentre l'*Adelchi* è una tragedia in versi la quale, secondo il modello greco classico, comprende numerosi *cori*. Le altre due opere citate sono invece di d'Annunzio: il secondo libro delle *Laudi* è *Elettra*; mentre la *Nave* è una tragedia in versi.
3 **versi mediocri... caduchi**: l'apparente controsenso si spiega con la concezione sabiana della poesia quale emerge anche da questo scritto: i versi letterariamente mediocri di Manzoni sono immortali perché onesti, mentre quelli **magnifici** ma "disonesti" di d'Annunzio sono **caduchi**, cioè destinati a cadere, a essere prima o poi dimenticati.
4 **apparisce**: *appare, si rivela*.
5 **cura**: *preoccupazione*.

S1

solo formale ma anche sostanziale, egli si esagera o addirittura si finge passioni ed ammirazioni che non sono mai state nel suo temperamento: e questo imperdonabile peccato contro lo spirito egli lo commette al solo e ben meschino scopo di ottenere una strofa più appariscente, un verso più clamoroso. Egli si ubriaca per aumentarsi, l'altro[6] è il più astemio e il più sobrio dei poeti italiani: per non travisare[7] il proprio io e non ingannare con false apparenze quello del lettore, resta se mai al di qua dell'ispirazione.

[...] quello che ò chiamato onestà letteraria [...] è prima un non sforzare mai l'ispirazione, poi non tentare, per meschini motivi di ambizione o di successo, di farla parere più vasta e trascendente[8] di quanto per avventura[9] essa sia: è reazione, durante il lavoro, alla pigrizia intellettuale che impedisce allo scandaglio di toccare il fondo;[10] reazione alla dolcezza di lasciarsi prender la mano dal ritmo, dalla rima, da quello che volgarmente si chiama la vena. Benché esser originali e ritrovar se stessi sieno[11] termini equivalenti, chi non riconosce in pratica che il primo è l'effetto e il secondo la causa; e parte non dal bisogno di riconoscersi ma da uno sfrenato desiderio dell'originalità, per cui non sa rassegnarsi, quando occorre, a dire anche quello che gli altri hanno detto; non ritroverà mai la sua vera natura, non dirà mai alcunché di inaspettato.[12]

[...] solo quando i poeti, o meglio il maggior poeta di una generazione, avrà rinunciato alla degradante ambizione propria – purtroppo! – ai temperamenti lirici, e lavorerà con la scrupolosa onestà dei ricercatori del vero, si vedrà quello che non per forza d'inerzia, ma per necessità deve ancora essere significato in versi.[13]

U. Saba, *Quello che resta da fare ai poeti* [1911], in *Prose*, a cura di L. Saba, Mondadori, Milano 1964, pp. 751-756.

---

6 **l'altro**: Manzoni, ovviamente.
7 **travisare**: esagerare, esaltare al di là del vero; come faceva d'Annunzio.
8 **vasta e trascendente**: *ampia e alta*, con riferimento all'**ispirazione**.
9 **per avventura**: nel caso specifico.
10 **scandaglio...fondo**: Saba tocca qui il cuore della propria concezione: la poesia deve servire a conoscere la profondità delle cose e in particolare della psiche, cioè l'inconscio; essere cioè come uno **scandaglio** (un apparecchio che serve a verificare la profondità del mare e la consistenza del fondale).
11 **sieno**: forma antiquata per *siano*.
12 **Benché...inaspettato**: per essere originali non bisogna cercare l'originalità, ma la verità della propria condizione, ed è solo attraverso l'onesta espressione di questa che può essere raggiunta una vera originalità.
13 **solo quando...in versi**: contro l'ambizione al successo, Saba rilancia un'idea di poesia votata a uno statuto quasi di scienza, proponendo «la scrupolosa onestà dei ricercatori del vero» come modello di comportamento per i poeti; e rilancia l'esigenza (la «necessità») della poesia come strumento di conoscenza al di fuori della semplice tradizione letteraria («forza d'inerzia»).

La verità al posto della bellezza

La poesia per lui è onesta ricerca della verità, **scandaglio che cerca nel fondo**, rifiutando ogni tipo di sperimentalismo formale, ogni eccessiva attenzione ai significanti, per curare invece il significato. Per questo il poeta diffiderà sempre apertamente dalla bellezza in se stessa, arrivando a preferire versi brutti ma veri a versi belli ma falsi, e quasi contrapponendo bellezza e verità.

Il rapporto con la tradizione

L'esigenza di una comunicazione aperta e comprensibile è alla base del **recupero della tradizione lirica italiana**. Saba si ricollega esplicitamente ai grandi modelli del passato (da Dante a Petrarca, da Leopardi agli autori del secondo Ottocento), attingendo anche al **linguaggio del melodramma**. La sua poesia mescola convenzionalità e autenticità, rivitalizzando le forme collaudate della tradizione che sono facilmente accessibili al pubblico dei lettori. Così la sua opera si presenta all'apparenza facile e antiquata, ma in realtà è estremamente moderna e complessa.

La cultura triestina

Questa **compresenza di vecchio e nuovo** è spiegata in parte dal ritardo del contesto culturale in cui si è formato: nascere a Trieste nel 1883 «era come nascere altrove nel 1850», scrive l'autore che, come Svevo, si sente italiano ed è ebreo e triestino. Allora **Trieste era sotto il dominio dell'Impero asburgico** e solo alla fine della Prima guerra mondiale entra a far parte dello Stato italiano: per questo è estranea ai movimenti d'avanguardia che circolano nella penisola, ma è aperta alle **novità della cultura europea**.

Il contatto precoce con Nieztsche e Freud

S • Saba e la psicoanalisi

Saba conosce con anticipo rispetto agli altri intellettuali italiani gli scritti di **Nieztsche e Freud**. In particolare **la psicoanalisi**, di cui fa esperienza diretta durante la terapia con il dottor Weiss, un allievo di Freud, gli fornisce un'imprescindibile **chiave per decifrare le contraddizioni del reale**. Per lui la poesia ha il compito di indagare l'«intimo vero», scavando nel fondo di dolore e nei nodi irrisolti della vita psichica. Ad emergere è una verità universale, valida per tutti, che coincide con le **segrete pulsioni dell'*eros***, ossia con quello che Freud definisce il «principio di piacere», contrapposto al «principio di realtà».

La funzione psicologica e sociale dell'arte

Per questa via Saba attribuisce all'arte una funzione psicologica e sociale e si propone come un **poeta nazionale, capace di esprimere i valori della collettività, partendo dall'analisi del pro-**

prio io. Il poeta triestino reagisce alla crisi del ruolo sociale dell'intellettuale elaborando una risposta opposta a quella di d'Annunzio, che in questi stessi anni è al culmine del suo successo. D'Annunzio riafferma il mito del poeta-vate che si distingue dalla massa degli uomini comuni e considera la poesia un'attività privilegiata; viceversa Saba è mosso dal desiderio di «vivere la vita di tutti / d'essere come tutti / gli uomini di tutti / i giorni», dall'accanito impulso di partecipare ad una socialità, da cui si sente tragicamente escluso. La poesia non può cancellare il dolore: resta tutt'al più una **consolazione che rende più leggero il peso della vita**.

Una poesia narrativa

Nei confronti del lettore **il poeta ha il dovere dell'«onestà»**: anche a costo di ripetersi, non deve mai smettere di inseguire una verità psicologica sempre sul punto di rivelarsi e sempre sfuggente. **Saba rifiuta l'oscurità e il frammentismo**, diffusi tra gli altri poeti del Novecento, perché solo considerando la vita nella sua interezza è possibile metterne a fuoco il meccanismo profondo. Per questo, la sua opera maggiore, *Il canzoniere*, ha un andamento narrativo e una struttura coesa. Ogni componimento è legato agli altri da rimandi e corrispondenze. Nulla è irrilevante e niente può essere sacrificato: anche la poesia meno riuscita è utile alla comprensione dell'insieme.

3 *Il canzoniere*: composizione e vicende editoriali

437 testi composti tra il 1900 e il 1954

Il canzoniere è l'opera complessiva che raccoglie tutta la produzione poetica maggiore di Saba. I **437 testi** che lo formano sono stati scritti **nell'arco di oltre mezzo secolo, tra il 1900 e il 1954**. A organizzare la propria opera poetica in un libro unitario Saba comincia a pensare, stando alle testimonianze, intorno al 1913-14, quando ha già pubblicato, fra il 1911 e il 1912, due raccolte di versi (*Poesie* e *Coi miei occhi*, che avrà poi il titolo di *Trieste e una donna*). **La prima edizione del Canzoniere viene** tuttavia **pubblicata solamente nel 1921**. Essa è divisa in **dieci sezioni** comprendenti **testi composti tra il 1900 e il 1921**. Recentemente tale opera è stata ripubblicata in edizione critica, nonché valutata e valorizzata come libro a sé (indipendentemente cioè dagli sviluppi e dalle variazioni seguenti); tanto più che le edizioni successive comporteranno, oltre che aggiunte cospicue (fino a triplicare la mole dell'opera), spostamenti, rifacimenti e numerose soppressioni. La prima edizione viene dunque ormai indicata con il titolo di *Canzoniere 1921*, al fine di distinguerla dalle successive.

La prima edizione del Canzoniere (1921)

La seconda edizione (1945) e i successivi ampliamenti

Una seconda edizione del libro vede la luce presso l'editore Einaudi di Torino **nel 1945**. Essa ridisegna il progetto dell'opera, accogliendo fra l'altro le otto raccolte pubblicate nel frattempo da Saba. **Compare ora la divisione in tre grandi "volumi"**, il primo dei quali riproduce di fatto l'edizione del 1921 (non senza i molti cambiamenti di cui si è parlato). **Questo *Canzoniere 1945*, a differenza di quello del 1921, corrisponde a un'idea definitiva**, che le varie aggiunte seguenti non modificheranno nella sostanza. **L'edizione del 1948 vede l'incremento di una nuova sezione**. Solo quattro anni dopo la morte del poeta, **nell'edizione del 1961** (la quinta di Einaudi), **vengono aggiunte altre quattro sezioni**, composte fra il 1947 e il 1954 e in parte già pubblicate in stampe a sé ma non inserite dall'autore nella terza e nella quarta edizione Einaudi. Tutte le sezioni aggiunte dopo l'edizione del 1945 entrano a far parte del libro terzo.

4 Il titolo e la complessa struttura dell'opera

Le ragioni del titolo

La scelta del titolo *Canzoniere* per la raccolta complessiva dei propri versi **mostra in Saba una chiara volontà di riconnettersi alla maggiore tradizione lirica italiana**, avente come capostipite canonico il *Canzoniere* petrarchesco. Vi è anche l'**intenzione di dare carattere unitario (e generico), a partire dal titolo, alla propria opera e alla propria ricerca**, salvo differenziarne con nettezza le varie e specifiche tappe interne (corrispondenti ai tre volumi e alle svariate sezioni, o raccolte). Non si possono infine escludere specifiche influenze, come quella della raccolta del poeta romantico tedesco **Heine *Buch der Lieder*** [Libro dei canti], molto apprezzata da Saba nella traduzione italiana di Zendrini, intitolata appunto *Canzoniere* (cfr. anche **S2**).

La struttura: tre "volumi" divisi in 25 sezioni

Il *canzoniere* sabiano è dunque organizzato in tre «volumi». Ogni volume è poi a sua volta suddiviso in numerose sezioni, corrispondenti spesso a raccolte pubblicate a sé. **Il volume primo** è formato da **otto sezioni** e raccoglie **156 poesie** composte tra il 1900 e il 1920. **Il volume secondo** è suddiviso anch'esso in **otto sezioni** e comprende **109 testi** composti tra il 1921 e il 1932. **Il volume terzo**, infine, raccoglie, nell'edizione postuma e definitiva, **nove sezioni** comprendenti **172 poesie** composte tra il 1933 e il 1954 (cfr. **S3**).

Il canzoniere quale opera unitaria: l'importanza della struttura

Già da questi dati si comprende bene che **la realizzazione progressiva dell'opera risponde a un disegno ambizioso e complesso**, all'interno del quale una responsabilità speciale è assegnata proprio alla struttura. Saba ha invitato in più occasioni il lettore, soprattutto nella *Storia e cronistoria del Canzoniere*, a **considerare l'opera in termini unitari**, cioè appunto come "opera" e non come semplice somma, o raccolta, di sequenze indipendenti. Se si pone attenzione, come è stato fatto, ai criteri di inclusione e di esclusione, nonché alle strategie di disposizione dei testi, ci si rende conto che molto spesso le scelte dell'autore non hanno obbedito tanto a princìpi di valore estetico quanto a una volontà di conferire all'insieme del *Canzoniere* la massima coerenza nella varietà: **il libro è stato via via definito quale percorso**, con il duplice obiettivo di rendere conto della profonda verità psicologico-esistenziale del poeta e di darne adeguata rappresentazione nell'opera nella sua interezza. Il modo migliore di rendere con intima autenticità il significato della vita dell'autore è parso insomma quello di puntare sulla coerenza strutturale, nel difficile ma necessario equilibrio tra complessità e unità.

Le strategie numeriche

Nel disegno dell'opera non mancano **puntuali strategie numeriche**. La divisione in tre volumi si proietta nella predilezione per i multipli di tre nelle numerose sequenze di testi presenti nell'opera. In particolare, sono svariate le serie di dodici e di quindici componimenti.

LA COMPLESSA STRUTTURA DEL *CANZONIERE*	
437 poesie scritte dal 1900 al 1954, distribuite in 3 volumi, divisi in numerose sezioni	**caratteristiche della struttura** • costruzione unitaria e coesa • architettura narrativa che traccia un percorso psicologico-esistenziale (*Il canzoniere* come "romanzo" psicologico) • autobiografismo e importanza della psicoanalisi

---

S2 — ITINERARIO LINGUISTICO

Canzoniere

La voce "canzoniere" (o "canzonere") indicava nell'italiano delle origini piuttosto il compositore di canzoni (come nel *Contrasto* di Cielo d'Alcamo) che non la raccolta di esse; mentre prevalse poi il secondo significato, oggi l'unico ancora vivo. Il canzoniere come raccolta di testi comprende tuttavia non solo canzoni, ma anche altre forme metriche in origine destinate al canto e poi vive anche senza notazione musicale. I canzonieri più antichi (del XIII secolo per l'area provenzale e francese, del XIV per quella italiana) sono organizzati secondo criteri regionali o metrici, e non secondo la paternità d'autore. Si tratta dunque di vere e proprie antologie dirette alla libera fruizione dei committenti più che a testimoniare una ricerca individuale.

Tra i primi canzonieri in senso moderno, cioè contenenti l'opera lirica di un unico autore, spicca quello di Petrarca, non chiamato tuttavia dall'autore con il nome "canzoniere" (che gli viene attribuito solo alla fine del Cinquecento, facendone poi il *Canzoniere* per antonomasia).

Il significato definitivamente prevalso nella nostra tradizione letteraria è dunque piuttosto lontano da quello originario, e viene inteso come 'raccolta originale dei testi lirici di un solo autore disposti secondo la struttura a essi conferita dall'autore medesimo'. È a questo significato che si ricollega anche la ripresa di Saba, che intitola appunto *Canzoniere* la propria opera poetica nel suo complesso.

S3 INFORMAZIONI

La struttura del *Canzoniere*

Si riporta qui la struttura del *Canzoniere* quale risulta dall'edizione ormai considerata definitiva (benché le ultime quattro sezioni siano state aggiunte postume).

Volume primo (1900-1920)	Volume secondo (1921-1932)	Volume terzo (1933-1954)
Poesie dell'adolescenza e giovanili (1900-1907)	*Preludio e canzonette* (1922-1923)	*Parole* (1933-1934)
Versi militari (Salerno, 12° Fanteria, 1908)	*Autobiografia* (1924)	*Ultime cose* (1935-1943)
Casa e campagna (1909-1910)	*I prigioni* (1924)	*1944*
Trieste e una donna (1910-1912)	*Fanciulle* (1925)	*Varie*
La serena disperazione (1913-1915)	*Cuor moriture* (1925-1930)	*Mediterranee* (1947)
Poesie scritte durante la guerra	*L'uomo* (1928)	*Uccelli* (1948)
Cose leggere e vaganti (1920)	*Preludio e fughe* (1928-1929)	*Quasi un racconto* (1951)
L'amorosa spina (1920)	*Il piccolo Berto* (1929-1931)	*Sei poesie della vecchiaia* (1953-1954)
		Epigrafe (1947-1948)

Relazioni tematiche tra le diverse sezioni

Più rilevanti ancora sono le relazioni tematiche tra una sezione e l'altra, con strategici smembramenti di eventi di particolare risalto in sezioni diverse. L'amore per Chiaretta è per esempio narrato tanto nell'ultima sezione del volume primo (*L'amorosa spina*) quanto nella prima del volume secondo (*Preludio e canzonette*), fungendo da ponte tra le due parti. D'altro lato, il volume secondo si conclude con la riscoperta e la rielaborazione del mondo infantile (*Il piccolo Berto*), riallacciandosi all'apertura della sezione prima del libro primo (*Poesie dell'adolescenza e giovanili*). Questo secondo caso indica la tendenza alla circolarità, spesso presente anche nella disposizione dei componimenti all'interno di una serie o di una sezione, come aspirazione all'armonia e alla chiarificazione. Infatti **il *Canzoniere*** è, sotto questa luce, **sia la narrazione di una vita sia la rappresentazione di un processo elaborativo intorno a essa**: mostra una vicenda e insieme il progressivo definirsi del suo significato profondo. Può anche accadere che una sezione ne anticipi un'altra, annunciandone i temi e lo svolgimento, con qualche episodio di sovrapposizione cronologica; è per esempio il caso di *Cuor moriture*, quinta sezione del volume secondo, le cui tematiche psicoanalitiche e infantili-adolescenziali vengono poi riprese e svolte nell'ottava, *Il piccolo Berto*. Infine vi può essere bilanciamento tra sezioni contigue, come nel caso di *I prigioni* (quindici sonetti di severa moralità) e delle successive *Fanciulle* (dodici leggeri testi di quattro quartine ciascuno dedicati a vivaci raffigurazioni erotiche femminili).

Tendenza alla circolarità e processo elaborativo

Continuità o bilanciamento tra sezioni contigue

L'importanza dei componimenti d'apertura e di chiusura

L'importanza della calibratura strutturale è rivelata dall'attenzione posta dal poeta nella scelta dei componimenti di apertura e di chiusura delle varie sezioni e dei volumi. Senza entrare in esemplificazioni troppo accurate, basterà fare riferimento all'oscillazione, nelle varie edizioni, nella scelta del testo d'apertura dell'opera, nonché alla preoccupazione degli ultimi anni di garantire una conclusione adeguata al libro. La volontà di conferire alle varie sezioni del libro un accento unitario e specifico ha fra l'altro determinato, in qualche caso, l'esclusione di alcuni testi, presenti nell'edizione del 1921, per pure ragioni metriche. Non poche sono d'altra parte le sezioni costituite per intero da un unico tipo metrico (per esempio il sonetto) o da forme metriche analoghe.

Struttura narrativa e tendenza all'unità

La robusta impalcatura strutturale ha infine la funzione di dare il massimo risalto all'aspetto narrativo dei testi, che Saba non concepisce quali frammenti lirici ma quali tasselli o **tessere di un disegno o mosaico complessivo** in cui le disparate esperienze di una vita trovino unità e coerenza. Si è perciò spesso parlato, per la poesia sabiana, di **tendenza narrativa** o poematica, arrivando a **considerare il *Canzoniere* come un romanzo**. Questa centralità della trama, fittamente richiamata da rimandi e riprese interne, caratterizza fra l'altro l'originalità dell'opera, soprattutto in un orizzonte nazionale di scelte poetiche tendenti per lo più alla purezza e all'assolutezza, e in contrasto fra l'altro con tutte le poetiche influenzate dall'idealismo crociano. È anche in virtù di questa specificità e originalità che **la poesia di Saba inizia e apre un filone specifico della nostra letteratura novecentesca in versi**, diverso da quello "montaliano" e del tutto alternativo a quello "ungarettiano" ed ermetico.

Il filone sabiano nella poesia italiana del Novecento

5 | I temi del *Canzoniere*

Il tema della scissione

Centrale nella fitta trama psicologica ed esistenziale del *Canzoniere* è la tematica della scissione dell'io. Essa si origina dall'opposto carattere dei genitori del poeta, che costituiscono ai suoi occhi esempi e modelli inconciliabili. D'altra parte, **la scissione è segnata anche dal trauma della doppia infanzia** (i primi tre anni con la balia, poi con la madre) **e dalla diversità fra la «madre di gioia» (la balia) e la «madre mesta» (la madre naturale)**. Il tema della scissione ritorna spesso, occupando con forza, in particolare, alcuni snodi fondamentali dell'opera, così da segnarne il senso. Si può anzi dire che **il grande libro delle poesie sabiane si configura appunto come un tentativo di**

La poesia come tentativo di superare la scissione oppure di sublimarla

portare luce su questo tema, di vincere le ragioni oscure e dolorose che hanno suscitato la scissione interiore del soggetto, **ricongiungere le due parti della personalità** e celebrare nella poesia il successo del riscatto. In particolare il periodo che coincide con la terapia psicoanalitica, alla fine degli anni Venti, sembra brevemente assicurare questo successo. E tuttavia la sezione *Preludio e fughe* mette drammaticamente in scena l'inconciliabilità tra le due voci che parlano, fin dalla nascita, dentro l'io; e **il *Secondo congedo*** (cfr. T8, p. 160) **dà l'annuncio definitivo del fallimento** e del limite imposto alla stessa attività della scrittura in versi: nascondere sotto le rose l'abisso interiore, senza però poterlo mai colmare.

Il tema dell'infanzia

La scissione getta le radici, si è detto, nell'infanzia. E l'infanzia è un altro tema capitale del libro. Nel modo di Saba di ritornare alla propria fanciullezza c'è però una novità assoluta rispetto a tutti i poeti precedenti: l'infanzia non è rievocata, nel *Canzoniere*, quale tempo felice e troppo fugacemente trascorso (secondo una tipologia tradizionale), ma, ben diversamente, quale origine delle difficoltà psicologiche dell'uomo adulto, quale incubazione di nevrosi e sorgente di infelicità. **Saba è**

Saba, primo poeta postfreudiano dell'infanzia

il primo poeta postfreudiano dell'infanzia, il primo cioè che tenga conto, nella trattazione del tema, delle scoperte compiute dalla psicoanalisi, valorizzando il mondo dell'infanzia e dell'adolescenza non solo in senso affettivo ma anche e soprattutto quale sorgente di conoscenza per i meccanismi profondi dell'io. **Il tema dell'infanzia è perciò nel *Canzoniere* al tempo stesso necessario e doloroso**; e Saba lo riaffronta instancabilmente, cercando di rubare al suo scrigno ogni volta la verità decisiva, quella che darebbe all'uomo adulto la serenità. Naturalmente è **soprattutto nel *Piccolo Berto***, la sezione partorita direttamente dall'esperienza psicoanalitica, che **il tema dell'infanzia occupa il primo piano in modo esplicito**.

S • Freud, Saba, l'infanzia

Il tema erotico

La diversità tra la madre e la balia influenza profondamente anche la rappresentazione sabiana delle successive figure femminili, e dunque la trattazione del tema erotico, a sua volta importantissimo nel *Canzoniere*. **Le donne possono assomigliare infatti alla madre**, esercitando sulla coscienza del poeta il ricatto del senso di colpa, **oppure possono assomigliare alla balia**, favorendo contatti spensierati e regressivi. **Le prime sono le donne-madri; le seconde sono le donne-fanciulle.** Alle donne-fanciulle Saba dedica una sezione del libro (intitolata appunto *Fanciulle*); e di questo genere sono anche alcune figure femminili ben individuate dell'opera, come Paolina e soprattutto Chiaretta (cui sono dedicate *L'amorosa spina* e *Preludio e canzonette*). **Piuttosto vicina al modello della donna-madre è invece** l'indiscussa protagonista femminile del *Canzoniere*, la mo-

Le donne-madri e le donne-fanciulle

La moglie Lina

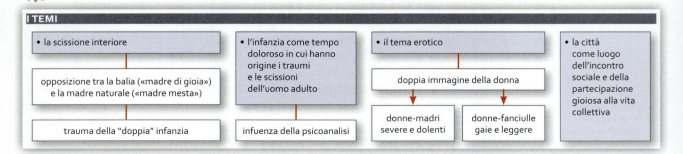

glie Lina, cantata fin dalle prime raccolte, celebrata drammaticamente in *Casa e campagna* e in *Trieste e una donna*, fedelmente accompagnata fino alle ultime sezioni: Lina può nei momenti migliori apparire una madre affettuosa e accogliente, ma ogni suo turbamento riconduce all'atteggiamento materno e ai sensi di colpa infantili. Proprio questa complessità garantisce a Lina una centralità affettiva nella vita del poeta e un ruolo rilevante nel sistema del *Canzoniere*.

I poeti, «sacerdoti di eros»

Il tema dell'amore, centrato sul personaggio della moglie Lina e su altri rapporti occasionali, ha nell'opera un'importanza anche al di fuori delle specifiche relazioni erotiche, dato che **Saba considera i poeti quali «sacerdoti di eros»**, cioè quali cantori della profonda verità elementare che unifica tutti i viventi: **la pulsione sessuale**, la freudiana *libido*, ovvero, con termine impiegato da Saba, **la «brama»**. La brama è il non-detto di tanta poesia, anche non strettamente d'amore, che Saba s'incarica di esplicitare; ed è il veicolo per mezzo del quale può avvenire il contatto con altre forme di vita e con diverse condizioni culturali e sociali. Si originano cioè dallo stesso nucleo concettuale tanto il fresco contatto sabiano con il mondo animale, spesso cantato con originale autenticità, quanto il bisogno di riconoscersi negli altri uomini, e soprattutto nei ceti sociali più immediatamente vicini alla natura, cioè quelli popolari, non corrotti dagli inautentici valori repressivi della cultura borghese (un testo esemplare è da questo punto di vista *Città vecchia*, **T2**, p. 139).

La brama, all'origine della pulsione vitale

Il contatto con la vita popolare e il tema dell'identità individuale

Saba amò sempre riconoscersi nella vita del popolo anche per un bisogno di identità personale. Si spiegano così sia **l'entusiasmo giovanile per la vita militare** (espresso nei *Versi militari*) sia **l'attenzione alle manifestazioni culturali di massa** (come il calcio, cantato in *Cinque poesie per il gioco del calcio*) e per i momenti di particolare significato collettivo (tra i tanti, si può citare un testo come *Teatro degli Artigianelli*, **T10**, p. 164). Anche l'amore per Trieste si esprime in forme tutt'altro che aristocratiche ed esclusive, benché la rappresentazione sabiana della città natale sia tra le più originali della poesia italiana, al punto di fare di Trieste un vero e proprio personaggio e non solo uno sfondo paesaggistico (cfr. soprattutto *Trieste e una donna*).

6 La metrica, la lingua, lo stile: un tradizionalismo rivoluzionario

La metrica del Canzoniere fra tradizionalismo e sperimentazione

L'originalità del *Canzoniere* nel Novecento è confermata dalle scelte metriche. Saba è infatti l'unico grande poeta italiano del secolo a conservare una intatta fiducia nelle forme metriche della tradizione, comprese quelle "chiuse" più datate (come la canzonetta e il sonetto), riconoscendo sempre un valore fondante ai versi tradizionali e alla rima. Ciò non vuol dire, tuttavia, che nel *Canzoniere* manchi una sperimentazione metrica. Al contrario, vi è grandissima varietà di soluzioni strofiche e ritmiche; così che ancora una volta si deve registrare, nella poesia sabiana, la presenza di **una forte tensione sperimentale entro le forme della tradizione**.

Assenza del verso libero

Dal *Canzoniere* è di fatto assente il ricorso a un vero e proprio verso libero. Anche alcuni, rari componimenti non riconducibili a schemi metrici regolari (come *A mia moglie*, **T1**, p. 135) sono di fatto composti da versi tradizionali liberamente alternati, e si presentano dunque quali polimetri. **Di gran lunga dominanti sono però i testi metricamente regolari.** Il verso più usato risulta l'**endecasillabo**, da solo o in tradizionale associazione con il settenario (sul modello soprattutto della canzone leopardiana). All'endecasillabo si sposano talvolta gli altri versi imparisillabi più brevi, come il quinario e il trisillabo. Il ricorso all'accoppiamento endecasillabo + trisillabo (o viceversa) è anzi uno dei più caratteristici del *Canzoniere* (cfr. per esempio la prima delle *Tre poesie alla mia balia*, **T4**, p. 146). Assai più raro è il novenario, e decisamente minoritari i versi parisillabi, rappresentati solo dall'ottonario.

Prevalenza dei versi imparisillabi

La corrosione interna delle forme metriche tradizionali

L'inquietudine formale novecentesca si manifesta in Saba, piuttosto che nel rifiuto dei versi canonici, nella loro corrosione interna. Questa si affida innanzitutto a un uso rilevantissimo dell'*enjambement*, con effetti di frantumazione metrica, raddoppiata dall'abile intreccio con la strutturazione sintattica (cfr. la strutturazione esemplare della terza delle *Tre poesie alla mia balia*).

L'importanza della rima

Altrettanto originale è l'atteggiamento sabiano verso la rima, accolta quale strumento irrinunciabile di caratterizzazione del dettato poetico e al tempo stesso arricchita di valenze e di modalità tipicamente novecentesche e perfino personali. Diversamente dalla maggior parte degli altri poeti del Novecento che ancora ricorrono sistematicamente alla rima, **Saba non rifiuta la rima facile**. Questo amore per la rima facile e per la profondità che si può celare dietro di essa è proclamato solennemente dall'autore stesso in sede di consuntivo della propria stagione creativa (cfr. *Amai*, T11, p. 166).

S • Le riforme metriche del *Canzoniere* (F. Brugnolo)

La lingua del *Canzoniere*

Le **forme metriche** adottate da Saba sono a loro volta spesso tradizionali e in prevalenza **di tipo strofico**. Una speciale attenzione è rivolta ad alcune forme chiuse canoniche, come il sonetto e la canzonetta (che dà perfino il titolo a una sezione: *Preludio e canzonette*). Ma non sono assenti neanche gli altri generi metrici canonici, dalla canzone, alla terza rima alla ballata al madrigale.

Come per la metrica, anche **per la lingua e per lo stile del *Canzoniere* si può ripetere quel che Saba ha detto delle proprie *Scorciatoie*: hanno «le radici nell'Ottocento e la testa nel 2000»**. Da una parte infatti è evidente che la base della lingua poetica sabiana è la tradizione lirica dell'Ottocento: Leopardi, Manzoni e anche i poeti del secondo (e minore) Romanticismo (fino a Prati, Aleardi e Carducci). Ma dall'altra questa lingua non è gestita come un prodotto naturale, cioè con atteggiamento classicistico, ma con una tensione semantica che sottrae ogni parola alla sua prevedibilità, forzandola ad assumere un significato nuovo, a esercitare una funzione imprevista e inedita. Se dunque si può parlare per Saba di classicismo, si tratta tuttavia di **un classicismo straniato e originale**. La rivoluzione del *Canzoniere* anche in questo caso non parte dall'esterno ma dall'interno: **anziché scegliere una lingua nuova, Saba violenta la vecchia, logora lingua della letteratura più vistosamente convenzionale**, e i vecchi panni assumono, sul corpo nuovissimo che li indossa, un aspetto imprevedibile e strano, moderno e tradizionale al tempo stesso.

Un classicismo straniato: la rivoluzione dentro la vecchia lingua letteraria

L'importanza del melodramma ottocentesco

Il ricorso sistematico a forme auliche e antiquate è veicolato, oltre che dai classici piccoli e grandi dell'Ottocento, dalla **lingua dei libretti d'opera**, nei quali Saba poteva trovare, come disse, i «detriti della grande poesia del passato».

L'accostamento di lessico letterario e di lessico quotidiano

Bisogna aggiungere che la complessa miscela linguistica da cui nasce il capolavoro del *Canzoniere* si avvantaggia di **un originale accostamento fra un lessico iperletterario e convenzionale e un lessico, invece, quotidiano e familiare**; non per ottenerne l'attrito ironico caro ai crepuscolari (nulla è più lontano dalle intenzioni di Saba), ma piuttosto per consentire una nobilitazione del quotidiano e dell'umile. È infatti da tale nobilitazione che prende il via la valorizzazione della biografia e della vicenda umana di tutti i giorni che sta alla base dell'opera poetica sabiana. La verità è assicurata dall'impiego dei termini bassi e colloquiali, dai nomi concreti e comuni delle cose; il valore esemplare dell'operazione conoscitiva compiuta per mezzo della scrittura poetica è garantito dal codice convenzionale della letteratura, dalla sua specifica "lingua altra", rispetto al quotidiano (cfr. **S4**).

S4 — MATERIALI E DOCUMENTI

Il più difficile dei poeti contemporanei. Pasolini legge Saba

In questo brano, Pier Paolo Pasolini rovescia l'idea dominante circa la presunta facilità della poesia di Saba, arrivando ad affermare che Saba è il più difficile dei poeti contemporanei. Con grande acume critico, Pasolini rivendica il valore della formazione triestina di Saba, il suo fertile isolamento rispetto alle mode nazionali; si sofferma quindi sulla specifica sperimentazione attuata dal poeta sulle forme metriche, sul lessico e sullo stile della tradizione, sperimentazione non appariscente ma tuttavia radicale. Infine Pasolini mette in evidenza il nesso indissolubile, nella poetica sabiana, tra psicologia e tecnica letteraria, denunciando come la difficoltà nella comprensione della poesia di Saba dipenda dalla complessità psicologica del suo universo, da cui le scelte formali dipendono.

▶▶ Saba è il più difficile dei poeti contemporanei: anche se in un volume di divulgazione la voce «Saba» risulterebbe caratterizzata da una sorta di facilità di lettura, nei confronti della oscurità ermetica, che per un trentennio lo ha isolato, umiliandolo, ai suoi margini, di cui potrebbe essere geograficamente simbolo quell'area marginale della letteratura italiana che è la civiltà letteraria triestina. Marginale, ma niente affatto arretrata, se si pensa alla straordinaria attualità di uno Svevo o di uno Slataper, o, oggi, di uno Stuparich o di un Quarantotti Gambini: e sarà da prendere una sua leggera goffaggine tra dialettale e moralistica, un suo leggero vizio di provincialità o addirittura di municipalità, come una caratteristica acutamente differenziante, come il segno di un'originalità profonda che, appunto, non ha bisogno di essere alla moda per essere attuale. Così Saba ha patito per anni l'ingiustizia di essere considerato da molti suoi coetanei e da molti giovani delle generazioni seguenti, formatisi in città più centrali, dove l'ultima poetica era necessaria e naturale, come un poeta anacronistico,[1] in certi suoi aspetti addirittura intollerabilmente remoto: a dissiparsi in una poesia di contenuto immediato e privo di suggestioni «europee», a esprimersi attraverso una sintassi discorsiva, a collimare la durata della sua ispirazione – sempre così crudamente sentimentale – con una durata metrica che pareva talvolta assurdamente scolastica, ottocentesca. In realtà questa sua facilità, urtante per chi avesse formato il proprio gusto durante il primo dopoguerra, era solo apparente: quando al più semplice esame linguistico non c'è parola in Saba – la più comune, il «cuore-amore» della rima famosa[2] – che non risulti intimamente violentata, o almeno, nei momenti in cui meno chiara e necessaria fosse la violenza espressiva, malconcia e strappata al suo abituale significato, al suo abituale tono semantico. E non come in Ungaretti, mettiamo, in cui il processo avviene manifestamente, e fa parte di tutto un mondo poetico che assume la propria «poetica» a protagonista, addirittura a ispirazione: in Saba quel processo è sottilissimo, talvolta così ambiguo da risultare infido e inafferrabile: e comunque assai meglio spiegabile sotto il segno della psicologia (così cara a Saba) che sotto quello della tecnica letteraria. Se, naturalmente, i due aspetti fossero separabili, o se il secondo non fosse un riflesso rigorosamente esatto, ineluttabile, del primo.[3] E allora bisognerà dire che è la psicologia di Saba che è difficile: che lo sono i suoi sentimenti (nel senso che sono complicati, ambivalenti, prodotti di un pathos interiore di quasi impossibile enunciazione [...]), e che quindi sono difficili anche i suoi più facili modi del lessico e della sintassi.

P.P. Pasolini, Saba: per i suoi settant'anni [1954], in Passione e ideologia, Garzanti, Milano 1977, pp. 376 sg.

1 **anacronistico**: *arretrato*.
2 **rima famosa**: la «rima famosa» è in realtà "fiore : amore" (in *Amai*, T11, p. 166). Evidentemente Pasolini cita a memoria.
3 **Se, naturalmente...primo**: insistendo sul legame tra scelte stilistico-formali e psicologia, Pasolini mette in opera un aspetto importante della lezione di Gianfranco Contini, da lui sempre tenuta ben presente.

7 | Il volume primo

156 testi divisi in otto sezioni

Prima sezione: *Poesie dell'adolescenza e giovanili* (1900-1907). La madre, la balia, Lina

T • *Meditazione*

Seconda sezione: *Versi militari* (1908). Adesione alla vita e identità rasserenata

Il volume primo del *Canzoniere* sabiano coincide con l'edizione del 1921 del libro, ridotta però di parecchio. Esso raccoglie **156 testi** composti tra il 1900 e il 1920, suddivisi in otto sezioni.

La prima sezione è quella delle *Poesie dell'adolescenza e giovanili* (16 poesie composte tra il 1900 e il 1907), cui Saba ha sempre attribuito un'importanza particolare nella struttura complessiva dell'opera. **Compaiono qui infatti i temi di fondo del *Canzoniere*: il rapporto conflittuale con la madre, l'amore per la balia, la figura di Lina.** Più in generale viene istituito qui il nesso tra mondo infantile-adolescenziale e identità psicologica del soggetto. Già nei testi di questa sezione giovanile, composta tra i 17 e i 24 anni, **si annunciano i caratteri formali della poesia sabiana**, spesso elementare nelle forme, di una classicità semplice e dimessa nello stile, e tuttavia increspata nei momenti più riusciti da un turbamento (anche formale) e da un bisogno di autenticità non frequenti nella poesia del Novecento.

L'ultimo componimento della prima sezione, come accade anche altre volte nel *Canzoniere*, annuncia il tema e l'ambientazione della **seconda,** *Versi militari*, composta nel 1908, durante l'esperienza del servizio militare prestato nell'esercito italiano. I *Versi militari* constano di **27 sonetti dedicati alla vita di soldato** e alle esercitazioni connesse. Corrispondono a un momento di adesione alla vita, favorito dalla concretezza dell'esperienza militare e dal contatto con una condizione – quella di soldato – idonea a risolvere, o a lenire, il bisogno di identità provato dal poeta. **Finalmente lontano dalla madre** e dalla sua sorveglianza, favorito dal ruolo sociale e dalla divisa che lo esprime, **Saba si abbandona a una entusiastica scoperta del mondo e di sé**. Fra l'altro, la divisa da soldato e il fucile si collegano agli anni della prima infanzia trascorsi con la balia, negati invece in seguito dalla madre per la spiccata simbologia maschile (cfr. su questo la terza delle *Tre poesie alla mia balia*, T4, p. 146 ed *Eroica*, T5, p. 151). **L'esperienza dei *Versi militari* si qualifica anche come riconquista simbolica delle proprie pulsioni profonde, esprimibili liberamente nell'infanzia con la balia e represse invece durante la vita con la madre. Anche per questa ragione, i *Versi militari* resteranno un capitolo importante nella vicenda biografica e poetica sabiana: segno di una possibile "guarigione" dalla nevrosi e conseguente ipotesi di un'identità rasserenata.

 T • *Ordine sparso*

Terza sezione: *Casa e campagna* (1909-1910). La tematica coniugale

Al 1909-1910 appartengono i cinque testi della **terza sezione**, *Casa e campagna*, cui va però unito anche il successivo *Intermezzo a Lina*, stampato in posizione separata e proteso verso la sensuale e problematica centralità della moglie nella sezione successiva. A *Casa e campagna* appartiene la celebre *A mia moglie* (cfr. **T1**), nella quale si annuncia fra l'altro la tendenza del poeta a proiettare sulla figura della compagna i tratti della madre. L'architettura del *Canzoniere* si complica dunque qui grazie a una tematica coniugale (e familiare) nuova.

 S • Una lettura di *A mia moglie* (A. Pinchera)

Quarta sezione: *Trieste e una donna* (1910-1912). La crisi del rapporto con Lina e la difficile riconciliazione

Con *Trieste e una donna* (1910-1912), **quarta sezione del volume primo**, l'impostazione romanzesca del *Canzoniere* riceve il sigillo definitivo e la grandezza di Saba si mostra per la prima volta in modo continuo. Si tratta di **quarantacinque testi, quindici dei quali** (di varia lunghezza ma tutti di tre strofe) **formano i** *Nuovi versi alla Lina*, centro narrativo della raccolta. **Protagoniste della vicenda sono, oltre il poeta, la città di Trieste**, cui è dedicata una poesia e che è in molte altre più che uno sfondo (cfr. **T2**, p. 139), **e la moglie Lina**. Quest'ultima riceve qui una caratterizzazione psicologica piuttosto tipica di un romanzo che non di testi lirici, grazie soprattutto alla compattezza tematica e allo sviluppo narrativo della raccolta. Lina non è solo un'ispiratrice petrarchesca o un'amante appassionata di tipo romantico; è una donna realisticamente connotata, della quale il poeta ricostruisce la vicenda prendendo le mosse dall'infanzia. E Lina è soprattutto una moglie turbata da inquietudini e sofferenze, che aprono un periodo di crisi nel rapporto con il marito. **I due si lasciano, e Lina ha una storia con altro uomo**; ma prevale infine la forza del legame con il poeta, che la accoglie nuovamente, pieno sì di ambivalenze ma anche di passione, con un miscuglio di risentimento e di senso di colpa in cui riemerge ancora una volta il vissuto sabiano del rapporto con la madre. **La vicenda di separazione e di riconciliazione è in particolare il tema dei** *Nuovi versi alla Lina*, felicemente formati da episodi meditativi e da vivaci dialoghi nei quali converge, come in non poche altre zone del *Canzoniere*, la cultura melodrammatica di Saba e il suo dichiarato amore per l'opera di Verdi (cfr. **T3**, p. 142).

Quinta sezione: *La serena disperazione* (1913-1915)

La quinta sezione del *Canzoniere* è costituita da *La serena disperazione* (1913-1915), venti testi che in parte proseguono l'atmosfera di *Trieste e una donna*, in parte ne mutano e allargano la prospettiva, con qualche sintomo di stanchezza e di crisi, preludio di una zona di ripiegamento e di ricerca che darà i suoi frutti più convincenti nella seconda metà degli anni Venti.

Sesta sezione: *Poesie scritte durante la guerra*

La sesta sezione comprende, come dice il titolo, dieci *Poesie scritte durante la guerra*, che lo stesso autore giudicava di scarsa riuscita complessiva e come soggiacenti al modello, ben altrimenti spontaneo e sentito, dei *Versi militari*.

Settima sezione: *Cose leggere e vaganti* e *L'amorosa spina* (1920). Paolina e Chiaretta

Dopo le *Tre poesie fuori luogo*, che costituiscono un passaggio tra la sesta e la settima sezione, **ci sono due sezioni** in qualche modo gemelle, entrambe composte nel 1920 e **dedicate all'amore per due giovani donne, Paolina e Chiaretta**. La prima è la destinataria prevalente di *Cose leggere e vaganti*, sedici poesie che tuttavia passano dal tenero amore carnale per la fanciulla alla delicata rappresentazione della figlia. **Alla più sensuale Chiaretta è invece interamente dedicata** *L'amorosa spina*, costituita da una serie di dodici composizioni, più una conclusione, tutte di tre strofe (secondo uno schema ricorrente in Saba). L'autore stesso ha dichiarato che «Chiaretta è, dopo Lina, la figura femminile più rilevante del *Canzoniere*»: si mescolano in lei ingenuità e malizia, vivacità fanciullesca e turbamento adolescenziale, facendone **il felice prototipo della donna-"fanciulla", intesa da Saba quale alternativa non problematica alla donna-madre, incarnata da Lina**. La vicenda d'amore con Chiaretta si prolunga nella **prima sezione del secondo volume**, *Preludio e canzonette*, costituendo uno degli strumenti di continuità tra le due parti dell'opera, quella della giovinezza e quella della maturità. **A conclusione dell'ultima sezione del primo volume**, e a conclusione dell'edizione del 1921 del libro, sta un testo, *In riva al mare*, che funge da controcanto rispetto al felice abbandono erotico della passione per Chiaretta: Saba si duole di aver preferito la vita alla morte. In questo modo la prima macrosezione del *Canzoniere* si chiude sulla stessa nota di dolente introversione che la apre, cioè con lo stesso rimando funebre contenuto nel primo testo delle *Poesie dell'adolescenza e giovanili*.

 T • «*Sovrumana dolcezza*»

T1 A mia moglie

OPERA
Casa di campagna

CONCETTI CHIAVE
- unicità della moglie fra le donne
- continuità fra la moglie e la madre

FONTE
U. Saba, *Il canzoniere*, Einaudi, Torino 1965.

S • Una lettura di *A mia moglie*

In *A mia moglie* Saba dice che la propria moglie è simile solo alle femmine degli animali mansueti (galline, mucche, cagne, coniglie, rondini, formiche, api), e che non assomiglia invece a nessun'altra donna. Scrive Saba nella *Storia e cronistoria del Canzoniere*: «La poesia provocò, appena conosciuta, allegre risate. [...] Ma nessuna intenzione di scandalizzare, e nemmeno di sorprendere, c'era, quando la compose, in Saba. La poesia ricorda piuttosto una poesia 'religiosa'; fu scritta come altri reciterebbe una preghiera. [...] Pensiamo che sia una poesia 'infantile'; se un bambino potesse sposare e scrivere una poesia per sua moglie, scriverebbe questa.
"Un pomeriggio d'estate" racconta Saba "mia moglie era uscita per recarsi in città. Rimasto solo, sedetti, per attenderne il ritorno, sui gradini del solaio. Non avevo voglia di leggere, a tutto pensavo fuori che a scrivere una poesia. Ma una cagna, la 'lunga cagna' della terza strofe, mi si fece vicino, e mi pose il muso sulle ginocchia, guardandomi con occhi nei quali si leggeva tanta dolcezza e tanta ferocia. Quando, poche ore dopo, mia moglie ritornò a casa, la poesia era fatta. [...] Mi aspettavo [da lei] un ringraziamento ed un elogio; con mia grande meraviglia, non ricevetti né l'una cosa né l'altra. Era invece rimasta male, molto male; mancò poco litigasse con me. Ma è anche vero che poca fatica durai [: impiegai] a persuaderla che nessuna offesa ne veniva alla sua persona, che era 'la mia più bella poesia', e che la dovevo a lei"».

Tu sei come una giovane,
una bianca pollastra.
Le si arruffano al vento
le piume, il collo china
5   per bere, e in terra raspa;
ma, nell'andare, ha il lento
tuo passo di regina,
ed incede sull'erba
pettoruta e superba.
10 È migliore del maschio.
È come sono tutte
le femmine di tutti
i sereni animali
che avvicinano a Dio.
15 Così se l'occhio, se il giudizio mio
non m'inganna, fra queste hai le tue uguali,
e in nessun'altra donna.
Quando la sera assonna
le gallinelle,
20 mettono voci che ricordan quelle,
dolcissime, onde a volte dei tuoi mali
ti quereli, e non sai
che la tua voce ha la soave e triste
musica dei pollai.

METRICA sei lunghe strofe di versi di varia lunghezza, ma generalmente brevi, con prevalenza di settenari e molte rime. Il primo verso di tutte le strofe tranne la terza è un settenario sdrucciolo.

● **1-9** *Tu* [: la moglie] *sei come una giovane, una bianca pollastra* [: gallina]. *A lei* (**le**) [: la pollastra] *si arruffano* [: si sollevano in modo scomposto] *le piume al vento,* [essa] *china il collo per bere, e gratta* (**raspa**) *in terra; ma, nel modo di camminare* (**nell'andare**), *ha lo stesso tuo passo lento di regina, e procede* (**incede**) *pettoruta e superba sull'erba.* Un elemento importante della poesia, presente in questi versi e poi anche in seguito, è la natura doppia delle similitudini (Pinchera): la donna è come la pollastra (vv. 1 sg.), ma la pollastra è come la donna (vv. 6 sg.). I due termini del paragone si scambiano le parti senza che la sintassi ne dia sempre adeguatamente conto (cfr. p. es. i vv. 18-24). Si direbbe che Saba tenga fissi gli occhi sulla moglie e che le immagini dei diversi animali nei quali la va riconoscendo (e che riconosce in lei) non assumano mai una vera autonomia. Si osservino, tra i vari espedienti formali di questi versi, gli *enjambements* ai vv. 3 sg., 4 sg., 6 sg. (volti a rallentare il ritmo così da esprimere meglio il *lento...passo di regina*), e le rime tra i vv. 3 e 6, 4 e 7, 8 e 9.

● **10-17** [*La pollastra*] *è migliore del maschio* [: il gallo]. [*Essa*] *è come sono tutte le femmine di tutti i sereni* [: docili, domestici] *animali che sono vicini* (**avvicinano**; intrans.) *a Dio. Così se l'occhio* [mio], *se il mio giudizio non mi ingannano* (**inganna**), *hai fra queste* [: le femmine degli animali docili] *le* [femmine] *uguali a te* (**tue**) *e* [non hai uguali] *in nessun'altra donna.* Emerge da questi versi la ragione profonda della poesia; ed essi infatti verranno ripresi nella conclusione. La primitiva vitalità e l'innata mansuetudine rendono la moglie simile alle femmine degli animali cui il poeta la va paragonando: infatti, le femmine degli animali sono vicine a Dio (cioè alla naturale semplicità del loro essere) più di qualsiasi donna. Il centro dell'ispirazione si allontana ancora dall'aspetto bozzettistico e si qualifica nelle sue ragioni esistenziali.

● **18-24** *Quando la sera fa venir sonno* (**assonna**) *alle gallinelle,* [queste] *emettono* (**mettono**) *voci che ricordano quelle, dolcissime, con le quali* (**onde**) *a volte ti lamenti* (**ti quereli**) *dei tuoi mali e non sai* [: quando ti lamenti in quel modo] *che la tua voce ha la musica soave e triste dei pollai.* Ancora una similitudine aperta, con brusco spostamento del soggetto dalle **gallinelle** alla moglie. **Assonna**: si noti la rima, in ripresa di periodo, con **donna** del verso precedente. Le rime, soprattutto se poste in clausola (vv. 8 sg., 67 sg., 75 sg.) o in ripresa (come qui), sottolineano il carattere di cantilena, quasi di cantico religioso (cfr. l'Introduzione) del testo. Per comprendere meglio questa prima strofa è utile leggere **espansioni digitali** T *La gallina.*

25 Tu sei come una gravida
   giovenca;
   libera ancora e senza
   gravezza, anzi festosa;
   che, se la lisci, il collo
30 volge, ove tinge un rosa
   tenero la sua carne.
   Se l'incontri e muggire
   l'odi, tanto è quel suono
   lamentoso, che l'erba
35 strappi, per farle un dono.
   È così che il mio dono
   t'offro quando sei triste.

   Tu sei come una lunga
   cagna, che sempre tanta
40 dolcezza ha negli occhi,
   e ferocia nel cuore.
   Ai tuoi piedi una santa
   sembra, che d'un fervore
   indomabile arda,
45 e così ti riguarda
   come il suo Dio e Signore.
   Quando in casa o per via
   segue, a chi solo tenti
   avvicinarsi, i denti
50 candidissimi scopre.

   Ed il suo amore soffre
   di gelosia.
   Tu sei come la pavida
   coniglia. Entro l'angusta
55 gabbia ritta al vederti
   s'alza,
   e verso te gli orecchi
   alti protende e fermi;
   che la crusca e i radicchi
60 tu le porti, di cui
   priva in sé si rannicchia,
   cerca gli angoli bui.
   Chi potrebbe quel cibo
   ritoglierle? chi il pelo
65 che si strappa di dosso,
   per aggiungerlo al nido
   dove poi partorire?
   Chi mai farti soffrire?

   Tu sei come la rondine
70 che torna in primavera.
   Ma in autunno riparte;
   e tu non hai quest'arte.
   Tu questo hai della rondine:
   le movenze leggere;
75 questo che a me, che mi sentiva ed era
   vecchio, annunciavi un'altra primavera.

- **25-37** *Tu sei come una mucca* (**giovenca**) *incinta* (**gravida**, tale aggettivo si usa quasi solo per gli animali, a differenza del sostantivo "gravidanza" usato anche e soprattutto per le donne); *ancora agile* (**libera**) *e senza pesantezza* (**gravezza**), *anzi festosa; la quale* (**che**), *se la accarezzi* (**lisci**), *rivolge* (**volge**) *il collo dove un rosa tenero colora* (**tinge**) *la sua carne. Se la incontri e la odi muggire, quel suono è tanto lamentoso, che strappi l'erba per farle un dono. È così che t'offro il mio dono quando sei triste.* Sono ancora messi in risalto gli elementi di animalesca vitalità femminile: la gravidanza e la giovinezza.

- **38-52** *Tu sei come una lunga cagna, che ha sempre negli occhi tanta dolcezza, e* [*ha*] *ferocia nel cuore. Ai tuoi* [: impersonale] *piedi sembra una santa che arda di un calore spirituale* (**fervore**) *invincibile* (**indomabile**), *e in questo modo* (**così**) *ti guarda come il suo Dio e Signore. Quando* [*ti*] *segue in casa o per via mostra* (**scopre**) *i denti bianchissimi* (**candi-**

dissimi) *a chi tenti solo di avvicinarsi. Ed il suo amore soffre a causa della* (**di**) *gelosia*. La cagna è stata la ispiratrice della poesia (cfr. l'Introduzione). La sua intensa animalità è caratterizzata dalla devozione amorosa per il padrone, ma anche dalla **ferocia** della **gelosia** di cui **soffre** (vv. 51 sg.); e questo tema della gelosia si collega a quello della tristezza e del lamentarsi della donna.

- **53-68** *Tu sei come la coniglia paurosa* (**pavida**). [*Essa*] *si alza dritta dentro la gabbia stretta* (**angusta**), *e protende verso te* [: impersonale; ma non si può escludere del tutto un riferimento secondario alla persona della moglie] *gli orecchi lunghi* (**alti**) *e fermi; dal momento che* (**che**) *tu le porti la crusca e i radicchi* [*quando è*] *priva dei quali* (**di cui**) *si rannicchia in sé* [*stessa*], *cerca gli angoli bui. Chi potrebbe ritoglierle quel cibo? chi* [*potrebbe ritoglierle*] *il pelo che si strappa di dosso per aggiungerlo al nido dove poi partorire? Chi mai* [*potrebbe*] *farti soffrire?* Ancora una volta la vitalità animale (della coniglia, in que-

sto caso) è esaltata (vv. 54-58 e 64-67 soprattutto) e subito però posta sotto l'ipotetica minaccia di una privazione (vv. 60 sg. e 63 sg.). Saba nega che tale minaccia possa realizzarsi e nega anche, conseguentemente, che egli possa far **soffrire** la moglie. Così che emerge con chiarezza la esigenza psicologica di tranquillizzare la donna sulle proprie intenzioni, per convincerla (e convincere se stesso) che non le si vuol fare del male, che non la si vuol fare soffrire (cfr. anche la Guida alla lettura).

- **69-76** *Tu sei come la rondine che in primavera ritorna. Ma in autunno riparte; e tu non hai questa abitudine* (**arte**). *Tu hai della rondine questa caratteristica* (**questo**): *il modo di muoversi* (**le movenze**) *aggraziato* (**leggere**); [*hai*] *questo* [*simile alla rondine: il fatto*] *che annunciavi a me, che mi sentivo* (**sentiva**; come subito dopo* «era» con desinenza arcaica in -a) *ed ero vecchio, un'altra primavera* [: risvegliavi in me, con la tua vitalità, il desiderio di vivere, quasi portandomi una nuova vita].

>   Tu sei come la provvida
>   formica. Di lei, quando
>   escono alla campagna,
> 80 parla al bimbo la nonna
>   che l'accompagna.
>   E così nella pecchia
>   ti ritrovo, ed in tutte
>   le femmine di tutti
> 85 i sereni animali
>   che avvicinano a Dio;
>   e in nessun'altra donna.

● **77-87** *Tu sei come la formica previdente* (**provvida**) [: perché fa provviste per l'inverno]. *Di lei* [: della formica] *parla* [: certamente con riferimento alla nota favola, in contrapposizione alla cicala] *al bimbo la nonna* [: soggetto] *che lo accompagna, quando passeggiano nei campi* (**escono alla campagna**). *E così ti ritrovo* [: riconosco somiglianze con te] *nell'ape* (**pecchia**; letterario, dal latino *apicula*), *ed in tutte le femmine di tutti gli animali sereni* [: docili] *che sono vicini* (**avvicinano**) *a Dio; e* [*non ti ritrovo*] *in nessun'altra donna*. **In tutte le femmine…**: cfr. vv. 11-14 e 17. A proposito del verso finale Saba stesso osserva che «può sembrare, ed è invece altra cosa, un complimento da madrigale» (è «altra cosa», se non altro, per la presenza delle forti ragioni psicologiche che abbiamo detto, estranee alla stilizzazione letteraria del madrigale).

T1 DALLA COMPRENSIONE ALL'INTERPRETAZIONE

COMPRENSIONE

Lina e gli animali   *A mia moglie* fa parte della terza sezione del *Canzoniere*, intitolata *Casa e campagna*, ed **è considerata dall'autore la sua «più bella poesia»**. Sei strofe di diversa lunghezza si succedono l'una dopo altra, accumulando **una serie di paragoni tra la donna e gli animali docili** del creato. Di volta in volta Saba paragona la moglie Lina alle femmine di diversi animali caratterizzati dalla mansuetudine: **la gallina, la mucca, la cagna, la coniglia, la rondine, la formica, l'ape**. Ogni strofa è aperta dalla comparazione tra la donna e un animale («Tu sei come…») e si chiude specificando o commentando le ragioni di questo rapporto. **Ad ogni animale sono assegnate delle qualità specifiche**, come nei bestiari medievali e nelle favole. Così, adottando in modo consapevole **un punto di vista infantile**, il poeta coglie la bellezza semplice dell'amata e di tutte le altre creature. La poesia opera quindi **un rovesciamento delle convenzioni**: i paragoni tra la donna e le femmine animali, che potrebbero apparire indelicati e offensivi alla sensibilità di un adulto, si trasformano in altrettanti motivi di lode e di amore. In particolare è celebrata **la spontaneità della donna**, che è in contatto con le pulsioni istintive e naturali della vita. Tuttavia questa istintività naturale nasconde **un aspetto perturbante**: la donna ha la «ferocia» della cagna, è animata da un'aggressività latente e minacciosa.

Pablo Picasso, *Donna che si pettina*, 1940. New York, Museum of Modern Art.

ANALISI

La struttura e il metro La poesia è strutturata in **sei strofe ineguali** (dai ventiquattro versi della prima agli otto della quinta), formate di **versi di varia lunghezza**. È forse questa l'unica poesia di Saba composta su uno **schema metrico del tutto libero**. Come accade spesso, nel Novecento, quando un poeta ricorre al metro libero, parallelamente alla liberazione dai vincoli formali si assiste a una loro intensificazione, sia pure, appunto, libera. Il primo verso di ogni strofa è sdrucciolo (con l'eccezione della terza strofa). Numerosissime, poi, sono le rime e le altre figure foniche. **Le rime** si presentano spesso in posizione baciata (vv. 8-9, 14-15, 17-18, 19-20, ecc.); più raramente in posizione alternata (vv. 22-24, 28-30, 33-35, ecc.); ma il più delle volte a distanza, con attente riprese e modulazioni (vv. 3-6, 4-7, 13-16-21). Di particolare efficacia la posizione baciata tra fine e inizio di periodo, come ai vv. 14-15 e 17-18: tra interruzione sintattica e contiguità fonica si crea infatti un attrito che valorizza la tenuta musicale del discorso. Talvolta le rime sono sostituite da figure foniche meno forti, come la quasi-rima (p. es. vv. 11-12), l'assonanza (p. es. vv. 2-5, 26-27, 50-51, 55-57-58), la consonanza (p. es. vv. 57-59). L'effetto è quello di una **musicalità avvolgente ed elementare**, anche grazie al fatto che i legami fonici sono collocati in fine di verso. È un tessuto musicale a metà strada tra l'ingenuità di una poesia infantile (secondo quanto Saba stesso disse) e la salmodia di un testo religioso (e anche il riferimento alla preghiera è stato fatto dal poeta).

La vitalità positiva degli istinti naturali Attraverso **le similitudini** con i vari animali è esaltata la vitalità femminile della donna, alludendo alla concezione profondamente positiva che Saba ha degli istinti naturali (la «brama», secondo la sua terminologia; il «principio di piacere», secondo quella freudiana; cfr. vol. 5, Parte Ottava, cap. VI, **S6**); in ciò sta appunto la religiosità della poesia di cui parla l'autore nell'autocommento della *Storia e cronistoria del Canzoniere* riportato nel «cappello» al testo.

INTERPRETAZIONE

La moglie e la madre L'unicità della moglie tra le donne allude all'unicità della **madre**. Inoltre, «se un bambino potesse sposare» – per riprendere ancora le parole dell'autocommento sabiano – sposerebbe con ogni probabilità la madre. Fra l'altro l'aspetto materno della destinataria è richiamato anche da altri elementi, come **la gravidanza della «giovenca»** (vv. 25-26) e la preparazione del «nido» in cui **la coniglia** partorirà (vv. 64-67). Vi è poi un aspetto che stabilisce una significativa continuità tra la figura della moglie, così come viene riconosciuta nei vari animali della poesia, e quella della madre che si riconosce in trasparenza: **il lamentarsi e il soffrire**. Questo tema unisce la rappresentazione dei primi quattro animali, decisivi dal punto di vista dello spazio a essi dedicato e delle valenze simboliche coinvolte. La «musica dei pollai» ricorda le voci per mezzo di cui a volte la donna si "querela" dei suoi «mali» (vv. 20-22); il muggire della «giovenca» è «lamentoso» (v. 34) al punto di spingere chi lo oda a un dono che ricorda quello offerto dal poeta alla moglie quando è «triste» (vv. 36-37); l'amore della cagna «soffre / di gelosia» (vv. 50-51); la coniglia, priva di cibo, «si rannicchia» in se stessa cercando «gli angoli bui» (vv. 61-62), così che nessuno potrebbe avere il coraggio di farle del male, al modo in cui nessuno potrebbe far «soffrire» la moglie del poeta (cfr. v. 68). **Il lamentarsi della donna, madre o moglie, è tema ricorrente nella poesia di Saba**, alla cui base sta l'atteggiamento della madre, abbandonata dal marito e sempre triste, severa nei confronti del figlio. Questi si sentiva dunque nevroticamente in colpa per le sofferenze della madre, oppure, in seguito, per quelle della moglie, stabilendo con quest'ultima un legame teso a riprodurre le dinamiche del rapporto con la madre.

Un tentativo di tranquillizzare la moglie Il soffrire e il lamentarsi della donna, provocando **senso di colpa** nel poeta, lo spingono a un **bisogno di autogiustificazione**. Non c'è dunque modo migliore per discolparsi che tranquillizzare la moglie (e, simbolicamente, la madre) circa le proprie intenzioni. Anche per questo è esaltata **l'unicità, fra le donne, della moglie**, simile solo alle femmine degli animali: garanzia, per la gelosia di lei, della fedeltà del marito.

L'attualizzazione e la valorizzazione Saba ha dichiarato di ritenere questa la sua poesia più bella. Possiamo essere d'accordo? Certamente è **una grande, originalissima poesia d'amore**: capace di unire il punto di vista ingenuo e infantile alla consapevolezza adulta della vitalità femminile, e cioè l'amore del bambino per la madre e quello dell'adulto per la moglie. Accanto a secoli di poesie d'amore in cui le donne vengono paragonate ad angeli e ad astri luminosi (o al massimo, dovendo ricorrere ad animali, a figure esotiche e favolose quali la cerva bianca che si incontra in Petrarca), la dimensione terrena e umana di queste similitudini non può che affascinarci e conquistarci.

T1 LAVORIAMO SUL TESTO

COMPRENDERE

1. Riassumi il testo in poche righe.

ANALIZZARE

La donna, Dio, gli animali

2. Quali relazioni sussistono fra la donna e gli animali a cui di volta in volta è paragonata?
3. Perché le femmine degli animali domestici «avvicinano» a Dio? Quale visione ha il poeta del mondo naturale?
4. **LINGUA E LESSICO** Sottolinea nella poesia tutti i termini e le espressioni riconducibili ai campi semantici della colpa, del lamento, del rimprovero.
5. Saba proietta sulla figura di Lina l'immagine della madre. Individua nella poesia le spie lessicali che alludono al tema della maternità.

Il poeta e Lina

6. Da cosa può dipendere la tristezza della donna? Quali emozioni suscita nel poeta?
7. Su quali valori si basa a tuo parere la relazione fra Saba e la moglie?

L'unicità di Lina

8. Perché nessun'altra donna potrà essere come lei?

INTERPRETARE

Una dichiarazione d'amore

9. Esprimi il tuo parere sul sentimento che sembra legare Saba alla moglie e sull'opportunità di una simile dichiarazione d'amore. Puoi scegliere la tipologia testuale che ritieni più opportuna.

LE MIE COMPETENZE: PRODURRE
Scegli, fra tutti i componimenti poetici a te noti, quello a tuo parere più lontano dalla poesia di Saba e illustrane le differenze in una breve relazione.

T2 Città vecchia

OPERA
Trieste e una donna

CONCETTI CHIAVE
- la «purezza» degli uomini umili

FONTE
U. Saba, *Il canzoniere*, cit.

Percorrendo i vicoli più antichi, miseri e malfamati della sua città, il poeta si sente fraternamente vicino all'umanità schietta e brulicante che popola il vecchio quartiere. Percepisce così la purezza di ciò che sembra impuro e riconosce «l'infinito / nell'umiltà».

Spesso, per ritornare alla mia casa
prendo un'oscura via di città vecchia.
Giallo in qualche pozzanghera si specchia
qualche fanale, e affollata è la strada.

5   Qui tra la gente che viene che va
dall'osteria alla casa o al lupanare,
dove son merci ed uomini il detrito
di un gran porto di mare,
io ritrovo, passando, l'infinito
10   nell'umiltà.

METRICA tre strofe di varia lunghezza, con prevalenza di endecasillabi, due settenari, tre quinari e un trisillabo. Molte rime, generalmente incrociate.

● **1-4** *Spesso per ritornare a casa mia percorro* (**prendo**) *una oscura* [: buia e malfamata] *via della città vecchia. Qualche fanale giallo si riflette* (**si specchia**) *in qualche pozzanghera, e la strada è affollata.* **Città vecchia**: è quella parte (chiamata nel dialetto locale "città vecia") di Trieste «più antica e più incontestabilmente italiana» (Saba), e anche più umile e malfamata, fatta di vicoli e vicoletti.

● **5-10** *Qui* [: nella città vecchia] *tra la gente che viene* [e] *che va dall'osteria alla casa o al postribolo* (**lupanare**), *dove uomini e merci sono i relitti* (**detrito**) *di un gran porto di mare, io passando riconosco* (**ritrovo**) *l'infinito nell'umiltà.* Secondo una concezione caratteristica di Saba, nelle forme più umili dell'esistenza si esprime in modo più autentico il vero significato della vita. Per questo nelle cose umili si possono riconoscere le più grandi: l'infinito e Dio stesso. **Un gran porto di mare**: è quello di Trieste, sul Mar Adriatico, che specialmente fino alla prima guerra mondiale aveva una notevole importanza commerciale, essendo il principale porto dell'Impero austro-ungarico.

Qui prostituta e marinaio, il vecchio
che bestemmia, la femmina che bega,
il dragone che siede alla bottega
del friggitore,
15 la tumultuante giovane impazzita
d'amore,
sono tutte creature della vita
e del dolore;
s'agita in esse, come in me, il Signore.

20 Qui degli umili sento in compagnia
il mio pensiero farsi
più puro dove più turpe è la via.

● **11-19** *Qui* [: nella città vecchia] *la prostituta e il marinaio, il vecchio che bestemmia, la femmina che litiga* (**bega**), *il soldato* (**dragone**) *che siede alla bottega del friggitore, la giovane sconvolta* (**tumultuante**) *impazzita d'amore, sono tutte creature della vita e del dolore; in esse si agita* [: si manifesta in modo vitale] *il Signore* [: Dio], *come in me*. I diversi tipi di umanità "bassa" che si incontrano nella città vecchia hanno tra loro in comune un'adesione più schietta alle pulsioni della vita (che si esprime anche nella sofferenza inevitabile che vi si accompagna). In essi si manifesta perciò la medesima autenticità vitale alla quale aspira anche il poeta. **Il Signore**: va inteso nel senso di una religiosità non specifica (annota Saba stesso che «la folla [...] rigurgitante gli ispira pensieri di [...] religiosa adesione»): è innanzitutto un riferimento a un livello profondo dell'esistenza, precedente la cultura e la civiltà stesse, e coincidente con la natura e le sue pulsioni.

● **20-22** *Qui* [: nella città vecchia] *in compagnia degli umili sento che il mio pensiero si fa* (**farsi**; con costruzione latineggiante) *più puro dove la via è più turpe* [: disonesta, impura].

DALLA COMPRENSIONE ALL'INTERPRETAZIONE

COMPRENSIONE

La città brulicante di vita Saba rappresenta **Trieste**, descrivendo la vita di un quartiere malfamato e popolare, in cui si raccoglie **una folla variegata di tipi umani**: prostitute, marinai, soldati, venditori, vecchi che bestemmiano e donne innamorate. In questi umili Saba ritrova «l'infinito», ossia **l'autenticità vitale** che accomuna tutte le creature. Circondato da questa umanità apparentemente «turpe» e impura, il poeta sente però di essere vicino alla **purezza originaria della vita**, che si manifesta con immediatezza nella gente del popolo, libera dai condizionamenti repressivi della civiltà. Il componimento è diviso in **tre strofe**: la prima strofa, composta da quattro endecasillabi, **introduce la scena**; **la seconda**, più lunga, è formata da quindici versi e descrive **il mondo vivo e brulicante del vecchio quartiere**; **l'ultima** di soli tre versi conclude la poesia riepilogandone il senso e dando voce alla **riflessione dell'autore**.

ANALISI

L'officina del poeta La poesia si apre con una quartina di endecasillabi di stampo classico, con rime tra i vv. 2 e 3 e un'assonanza tra i vv. 1 e 4; nel seguito della poesia le rime incrociate si alternano a quelle baciate e gli endecasillabi ad altri versi più brevi. Si noti che i primi tre endecasillabi hanno accenti sulla 1ª e sulla 6ª sillaba, così da esprimere un andamento lento e quasi misterioso (il procedere del poeta mentre si addentra nella «città vecchia»), rotto dal quarto endecasillabo (riferito alla descrizione della folla), con accenti più incalzanti su 1ª, 4ª e 7ª sillaba. Anche un altro espediente, in questo caso stilistico anziché metrico, suggerisce un'atmosfera di misteriosa sospensione: l'**anastrofe** dei vv. 2 sg. con l'aggettivo «giallo» assai distaccato dal sostantivo «fanale». Ancora, va osservato che tutti e tre i periodi della seconda e terza strofa iniziano con l'avverbio «**Qui**» (vv. 5, 11 e 20); e l'**anafora** sta a sottolineare una contrapposizione della città vecchia rispetto agli altri luoghi dove la repressione della civiltà ha trionfato sugli istinti.

Lo scandalo delle rime Si osservino le **quattro rime** in –ore che compaiono nella parte conclusiva della poesia: «**friggitore**» (v. 14), «**amore**» (v. 16), «**dolore**» (v. 18), «**Signore**» (v. 19). Le due rime interne, «amore» – «dolore», si potrebbero definire "trite", come le parole che Saba dice di avere sempre amato in *Amai* (cfr. T11, p. 166): non a caso in quella poesia subito dopo si dice «M'incantò la rima fiore / amore, / la più antica e difficile del mondo». Queste due rime – facili all'apparenza, ma in realtà culturalmente impegnative – sono incorniciate da due **rime imprevedibili e scandalose**, quelle che collegano «friggitore» con «Signore». Chi, se non Saba, avrebbe potuto fare rimare «friggitore» con «Signore», gettando un ponte tra il bassissimo e l'altissimo? E che cosa meglio di questa rima aiuta a capire che cosa vuol dire per il poeta trovare «l'infinito / nell'umiltà»? Ma l'azzardo della rima «friggitore» - «Signore» non è l'unico presente in questa poesia: ai vv. 7 e 9 Saba infatti fa rimare **«detrito»** con **«infinito»**.

Anche questa rima è fortemente semantica, e ricorda, per il suo spessore ideologico, quella tra «brutto» e «tutto» in *A se stesso* di Leopardi (cfr. volume *Leopardi, il primo dei moderni*, cap. II, T10). Una poesia parla in tanti modi; alcuni di questi linguaggi siamo più abituati a percepirli e a decifrarli, ad altri prestiamo meno attenzione e il loro messaggio rischia di sfuggirci. Le rime di *Città vecchia* ci insegnano ad essere più attenti nell'ascoltare le molte voci di una poesia.

INTERPRETAZIONE

Saba parla di *Città vecchia* Può essere assai utile leggere quello che Saba dice di questa poesia **in *Storia e cronistoria del Canzoniere***, fornendo una interpretazione d'autore: «Diremo poco di "Verso casa" [...]. Ma parleremo invece, a lungo e volentieri, di "Città vecchia", come di una delle poesie più intense e rivelatrici di Saba. "Città vecchia" rende tutto un lato della sua anima e della sua poesia: quel bisogno, innato in lui, di **fondere la sua vita a quella delle creature più umili ed oscure** [...]. Perduto nei vicoli e vicoletti di città vecchia (che erano la parte più antica e più incontestabilmente italiana della città, e furono poi, senza necessità, abbattuti) il poeta trova "l'infinito – nell'umiltà". **La folla** in essi rigurgitante gli ispira pensieri di (non sapremmo come altrimenti chiamarla) **religiosa adesione**: [segue la citazione dei vv. 11-19].
È il Saba delle "piccole cose", delle cose di ogni giorno, sulle quali hanno tanto insistito i suoi critici. Si dimenticarono però di dire che quelle "piccole cose" erano elevate ai vertici di un'alta spiritualità, che le trasfigurava in alta poesia».

Una implicita dichiarazione poetica La scelta di una **materia "bassa"** coincide con una volontà di fare della poesia lo strumento per **esprimere "onestamente" la verità** che sta al fondo delle cose, rivelando la segreta pulsione che unifica tutti gli esseri. In particolare la conclusione implica una specifica scelta di poetica: in contrapposizione a una concezione aristocratica e sublime della poesia (quale quella dannunziana, in piena affermazione al momento di questo testo sabiano), Saba ne propone una bassa, fedele ai valori elementari, e perciò fondamentali, dell'esistenza. **La purezza, secondo la poetica di Saba, dipende dalla onestà** e dalla fedeltà del poeta verso le ragioni profonde della vita: perciò il «pensiero» può farsi «più puro» dove la via è «più turpe», perché qui «turpe», come il resto della poesia mostra, allude alla naturalezza istintiva della vita, che solo l'ipocrisia borghese giudica «turpe»; il giudizio morale, pronunciato nel nome dei valori della civiltà, e cioè della repressione che questa comporta, è rovesciato nel nome di valori più profondi e naturali (nei quali, appunto, sta la religiosità, secondo il significato del tema religioso in Saba).

Salvador Dalí, *Periferia di Madrid*, 1922-23. Collezione privata.

T2 LAVORIAMO SUL TESTO

ANALIZZARE

La logica del contrasto

1. **LINGUA E LESSICO** Già a partire dalla scelta delle rime si rivela importante l'uso dell'ossimoro; sottolinea e spiega quelle che a tuo parere sono maggiormente in contrasto fra loro.

La vita turpe e pura

2. Quali valori sono importanti per il poeta nel cammino di formazione dell'uomo?

3. Quale rapporto si viene a creare fra Saba e i personaggi descritti?

4. Cosa può avere in passato tenuto lontano il poeta dalla realtà della vita turpe e pura insieme?

LE MIE COMPETENZE: CONFRONTARE

Questa poesia di Saba ha ispirato il testo di una famosa canzone di Fabrizio De André, intitolata appunto *La città vecchia*. La canzone, scritta nel 1962, è divisa in una serie di quadri che descrivono la vita di un quartiere popolare nel centro storico di Genova. Ascolta la canzone e metti a fuoco le differenze e i punti di contatto nella rappresentazione della città in Saba e in De André.

T3 «Dico al mio cuore, intanto che t'aspetto»

OPERA
Trieste e una donna

CONCETTI CHIAVE
- «generosità» e «viltà» del poeta di fronte alla moglie

FONTE
U. Saba, *Il canzoniere*, cit.

Le poesie di Nuovi versi alla Lina, di cui fa parte «Dico al mio cuore, intanto che t'aspetto», hanno una componente narrativa così forte che qualche critico le ha definite un «romanzo in versi», di una dolorosa vicenda del rapporto con la moglie: questa infatti lo abbandonò per un certo periodo essendosi innamorata di un altro uomo; ma poi tornò nuovamente con Saba. Nel testo qui presentato i due sono già sulla strada della riappacificazione. Il poeta non riesce a scordare Lina e tanto meno a odiarla, come forse "dovrebbe": finisce dunque con l'affrettarsi verso di lei e darle un bacio.

Dico al mio cuore, intanto che t'aspetto:
Scordala, che sarà cosa gentile.
Ti vedo, e generoso in uno e vile,
a te m'affretto.

5 So che per quanto alla mia vita hai tolto,
e per te stessa dovrei odiarti.
Ma poi altro che un bacio non so darti
quando t'ascolto.

Quando t'ascolto parlarmi d'amore
10 sento che il male ti lasciava intatta:
sento che la tua voce amara è fatta
per il mio cuore.

METRICA tre quartine di endecasillabi con un quinario di chiusura (il v. 6 è però, eccezionalmente, un novenario), e rime secondo lo schema ABBa.

- **1-4** Mentre (**intanto che**) ti aspetto, dico al mio cuore: dimènticala (**scòrdala**), e sarà meglio (**cosa gentile**). Ti vedo [giungere] e mi affretto verso di (**a**) te [: ti vengo incontro], [essendo] contemporaneamente (**in uno**) generoso e vile. Giunto per primo all'appuntamento che dovrà forse segnare la ripresa del rapporto con la donna, il poeta pensa che sarebbe meglio dimenticarla. Ma poi, vedendola arrivare, le va incontro con slancio. Questo atteggiamento contraddittorio è definito dai due aggettivi **generoso** e **vile**: il poeta è **generoso** perché perdona alla donna di averlo abbandonato e riesce a superare il rancore; **vile** perché il suo comportamento è determinato anche dall'incapacità di farla soffrire, e dalla volontà di non perderla a ogni costo, e perciò da una debolezza (e mancanza di dignità).
- **5-8** So che per tutto quello che (**quanto**) hai tolto alla mia vita, e per come sei fatta (**per te stessa**) dovrei odiarti. Ma poi quando ti ascolto non so darti altro che un bacio. Saba insiste ancora sulla contraddizione che lacera il suo atteggiamento: sente che dovrebbe portare rancore a Lina e odiarla per averlo fatto soffrire, ma le manifesta poi solo affetto e comprensione.
- **9-12** Quando ti ascolto parlarmi d'amore avverto (**sento**) che il male ti ha lasciata (**ti lasciava**) intatta [: che le sofferenze procurate e subìte non ti hanno cambiata]; avverto (**sento**) che la tua voce sofferente (**amara**) è adatta al (**fatta per il**) mio cuore. L'ultima strofa giunge a una conclusione che supera (almeno apparentemente) la contraddizione rivelata dalle due strofe precedenti: la donna può essere veramente perdonata perché in lei quel che è successo non ha lasciato traccia, è come se non fosse successo, e, soprattutto, perché lei è la donna ideale per il poeta; e non è che quest'ultimo fatto sia vero nonostante la **voce amara** di Lina, ma proprio grazie a questa. Infatti tale particolare ribadisce le ragioni che spingono il poeta verso la donna, facendogliela perdonare: la sofferenza di lei e il suo lamentarsene fanno inevitabilmente scattare in Saba un bisogno nevrotico di risarcirla consolandola con il proprio perdono, e in questa funzione (in cui il poeta ripete le modalità del rapporto con la madre) egli definisce la propria identità e riscopre il proprio amore.

Otto Dix, *Autoritratto*, 1912. Detroit Institute of Arts.

T3 DALLA COMPRENSIONE ALL'INTERPRETAZIONE

COMPRENSIONE

Il poeta e la moglie Questo è uno dei quindici componimenti riuniti sotto il titolo complessivo di **Nuovi versi alla Lina**, inclusi nella quarta sezione del *Canzoniere* intitolata *Trieste e una donna*. Saba ci dice che queste quindici liriche «sono come una poesia sola, un lungo canto di abbandono, frammisto a rimproveri, a rimpianti, ad accuse, che il poeta ora rivolge alla donna, ora a se stesso». Al centro dei *Nuovi versi alla Lina* c'è infatti **una vicenda di separazione e di riconciliazione**: Lina lascia il marito, ma poi ha un ripensamento; il poeta la perdona e la riaccoglie. Questo tredicesimo testo della serie ci racconta **un incontro tra il poeta e la donna che sembra preannunciare la successiva riappacificazione**: il poeta ha un appuntamento con la moglie e, mentre aspetta, pensa che dovrebbe dimenticarla e odiarla per il male che gli ha fatto; non appena la vede, però, le corre incontro e la bacia con slancio. Il componimento ha dunque **un impianto narrativo e autobiografico**.

ANALISI

Oltre i contrasti Le **opposizioni lessicali** rispecchiano le contraddizioni del poeta, insieme **«generoso» e «vile»**. La struttura delle prime due strofe riproduce l'**oscillazione del suo stato d'animo**, mostrando la distanza che separa i propositi (esposti nei primi due versi di ogni quartina) dai comportamenti reali (descritti nei due versi successivi), in cui l'**affettività prende il sopravvento sulla ragione**. L'**ultima strofa** apparentemente sancisce **la ricomposizione dei contrasti**: l'anafora di «sento», che ritorna in posizione iniziale ai vv. 10 e 11, ha un effetto unificante, dà coesione all'intera quartina e suggerisce l'idea di un superamento delle opposizioni precedenti.

INTERPRETAZIONE

Il senso di colpa e il perdono Come già accadeva in *A mia moglie* (cfr. **T1**, p. 135), anche qui il poeta proietta sul dolore della moglie il ricordo delle sofferenze della **madre**. Dinanzi all'esibizione del dolore della donna il poeta è preso da **un oscuro e ingiustificato senso di colpa**, che lo spinge a concedere con sollecitudine il proprio perdono. Di conseguenza conforta la moglie e la rassicura del suo amore, come se la crisi del rapporto fosse dovuta ad una propria mancanza e non ad una precisa scelta di Lina. Questo **perdono**, accordato troppo in fretta, è il frutto del bisogno nevrotico che spinge il poeta a consolare la donna-madre. Nello stesso periodo in cui compone le poesie di *Nuovi versi alla Lina*, Saba scrive anche una novella intitolata *L'uomo*, che verrà pubblicata solo nel 1956 nel volume *Ricordi-Racconti*. *L'uomo* narra la storia di **una crisi coniugale** simile a quella effettivamente vissuta dal poeta e da Lina. La conclusione della novella, però, ribalta la situazione reale: a differenza di Saba, il protagonista del racconto rifiuta di riconciliarsi con la moglie. In questo modo l'autore dà voce al rancore inespresso che segretamente nutre nei confronti della donna amata.

Lina che «assai fece soffrire e più sofferse» Come dimostra la poesia che abbiamo letto, in *Trieste e una donna* **il personaggio di Lina assume dei caratteri più precisi e individualizzati**. Nella sezione precedente a questa, *Casa e campagna*, la moglie non è mai chiamata per nome. «La giovane e bianca pollastra potrebbe essere Lina come una qualsiasi altra donna», scrive l'autore in *Storia e cronistoria del Canzoniere*, per poi aggiungere: «è solo a partire da *Trieste e una donna* che Saba tratteggia con amore (non senza – ripetiamo – una punta di ambivalenza) quella che, tra le figure femminili del *Canzoniere* è, se non la sola, certo la più importante, la dominatrice, la regina». Nel passaggio da *Casa e campagna* a *Trieste e una donna* **il dolore resta il tratto distintivo di Lina**. Però, mentre la protagonista di *A mia moglie* era mansueta, fedele e non possedeva l'«arte» della rondine che va via, adesso Lina diventa la donna concreta e inquieta che «assai fece soffrire e più sofferse» (*Nuovi versi alla Lina*, X).

T3 LAVORIAMO SUL TESTO

COMPRENDERE

1. Quale episodio autobiografico viene narrato dal poeta nei *Nuovi versi alla Lina*? E quale momento in particolare è rappresentato in questa poesia?

ANALIZZARE

2. Di quante strofe è composta la poesia? Quali caratteristiche formali di regolarità (rime, ripetizioni, parallelismi ecc.) la rendono compatta?

3. Le prime due strofe sono caratterizzate dall'atteggiamento contraddittorio del poeta: che cosa vorrebbe fare il poeta? E che cosa fa, invece?

prima strofa ....

seconda strofa ....

4. **LINGUA E LESSICO** «Generoso» e «vile» sono due aggettivi contrastanti che il poeta attribuisce a se stesso. Spiegane il significato.

5. La terza strofa supera – almeno apparentemente – la contraddizione rivelata dalle due precedenti. Che cosa "sente" il poeta? Perché la donna può essere perdonata?

INTERPRETARE

6. Anche in questa poesia, come in *A mia moglie*, Lina è caratterizzata dall'atteggiamento lamentoso. Perché la «voce amara» di Lina ha tanto potere sul cuore del poeta? Scegli l'opzione corretta:
   A) convinto di avere fatto un torto alla moglie lasciandola, Saba cerca di farsi perdonare offrendole il suo amore;
   B) memore del vittimismo che aveva contraddistinto la madre, Saba è spinto a riconciliarsi con la moglie dal bisogno di risarcirla del dolore offrendole il perdono.

7. **TRATTAZIONE SINTETICA** In una trattazione sintetica (max 20 righe) spiega le caratteristiche che fanno di Lina una donna concreta e vera, a differenza della Laura di Petrarca, la cui consistenza storica è controversa al punto che la questione è ormai lasciata cadere.

8 Il volume secondo

109 testi divisi in otto sezioni

Prima sezione: *Preludio e canzonette* (1922-1923). Chiaretta

Il volume secondo raccoglie 109 testi distribuiti ancora in otto sezioni, come per il volume primo, e composti **tra il 1921 e il 1932**.

La prima sezione (*Preludio e canzonette*) presenta ancora una serie di dodici testi, preceduta da un "preludio" e chiusa da un *Finale*. **Il preludio** riprende il tema e l'ambientazione della conclusione del volume primo, ridando però spazio alle pulsioni vitali e alle ragioni della creazione poetica. **Le dodici "canzonette" sono dedicate a Chiaretta o comunque ispirate da lei**, e presentano nella aggraziata e leggera forma metrica, che Saba dichiara di aver forgiato sulle *Odi* pariniane, temi anche impegnativi e inquietanti, tipici della poesia sabiana e qui affrontati di scorcio e con una felice cantabilità.

Seconda sezione: *Autobiografia* (1922)

Autobiografia, **seconda sezione**, stende in quindici sonetti il racconto della vita di Saba. Datata 1924 ma composta in realtà due anni prima, l'*Autobiografia* inaugura **il momento di massima concentrazione autoanalitica** presente nel *Canzoniere*, che avrà in *Cuor morituro* e in *Il piccolo Berto*, in coincidenza anche con una terapia psicoanalitica, i suoi momenti più intensi e riusciti.

T • «Mio padre è stato per me "l'assassino"»

Terza sezione: *I prigioni* (1924)

La terza e la quarta sezione del volume secondo stanno in rapporto di contrapposizione e di analogia. Entrambe mostrano un bisogno di oggettivazione e di raffigurazione realistica, come per alleggerire la troppo satura materia personale e creare una pausa di varietà tra *Autobiografia* e *Cuor morituro*. Entrambe composte nel 1923, **la prima** (*I prigioni*) è datata 1924 e **la seconda** (*Fanciulle*) 1925. *I prigioni* comprende una serie di **quindici sonetti** in cui vengono descritti altrettanti tipi umani, o caratteri, con riferimento, già nel titolo, alla forza rappresentativa di Michelangelo. L'identità di forma metrica e di numero con la sezione autobiografica che precede vale, per esplicita dichiarazione d'autore, a bilanciare lo spazio concesso al mondo interiore con uno equivalente dedicato a quello esterno. *Fanciulle* presenta invece **dodici testi** di quattro strofe dedicati a figure di giovani donne (le **donne-fanciulle contrapposte alle donne-madri** di cui si è parlato a proposito di Chiaretta). Vi è una vena di fresca sensualità, con qualche indizio di una maliziosa, personale misoginia.

Quarta sezione: *Fanciulle* (1925)

Quinta sezione:
Cuor morituro
(1925-1930)

Cuor morituro, **quinta sezione** del volume secondo, «è una delle raccolte più rilevanti del *Canzoniere*», secondo il giudizio del poeta stesso. Contiene **ventuno testi** composti tra il 1925 e il 1930, gli stessi anni, all'incirca, in cui Saba compone altre due raccolte di primissima qualità e importanza: *Preludio e fughe* e *Il piccolo Berto*, poste, nella struttura dell'opera, a conclusione del volume secondo. In particolare, alcuni testi importanti (come *Eros*, cfr. **T6**, p. 154 e *Preghiera alla madre*, cfr. **T7**, p. 157) appaiono strettamente legati a *Il piccolo Berto* e alla terapia psicoanalitica intrapresa nel 1928. **Al centro dell'attenzione vi sono l'infanzia e l'adolescenza del poeta**, con la rievocazione del rapporto difficile con la madre e con la riscoperta della balia e del suo valore pacificatore. Nella *Storia e cronistoria del Canzoniere* Saba stesso denuncia, a partire da questa raccolta, **un «illimpidimento» della scrittura**, ovvero una maggiore cura formale e una maggiore attenzione anche ai particolari stilistici meno rilevanti. L'osservazione è senz'altro fondata, e riguarda, al di là di *Cuor morituro*, tutta la ricca produzione di questi anni e dei successivi. Saba ne addita la causa sia nella **terapia psicoanalitica**, facendo corrispondere illimpidimento formale e illimpidimento psicologico, sia nel **contatto con le opere dei più raffinati autori novecenteschi**, a partire da Ungaretti.

La riscoperta dell'infanzia e l'«illimpidimento» della scrittura

Sesta sezione:
***L'uomo* (1926)**

Al 1926 (e non al 1928 dichiarato dalla datazione d'autore) appartiene il poemetto ***L'uomo***, nel quale Saba «si era proposto di scrivere la storia naturale di tutti gli uomini», ricostruita attraverso la vicenda esemplare di una vita, dalla nascita alla morte.

Settima sezione:
Preludio e fughe
(1928-1929). Un dissidio psicologico sublimato in musica

Al 1928-29 risale la **settima e penultima sezione del volume, *Preludio e fughe***, formata da **quindici testi** (numero ricorrente nell'opera): un *Preludio*, dodici "fughe" e due "congedi" (cfr. **T8**, p. 160). **Le fughe sono, con un'unica eccezione, a due "voci"**, tese a imitare l'effetto musicale di una composizione polifonica. Le due voci consentono una serie variata e musicalmente felicissima di effetti, di sovrapposizioni, contrasti e riprese, e favoriscono così l'espressione forse più piena della purezza lirica della poesia sabiana di questo periodo. D'altra parte le due voci che si confrontano esprimono anche il dissidio interno del poeta e il suo tragico peso psicologico, sublimandolo in musica. **Il dissidio interno, ovvero la scissione, è innanzitutto tra l'esempio materno** (austero e dolente) **e quello paterno** (leggero e spensierato), cioè tra le due possibili eredità ricevute quali modello dai genitori. Al confronto binario fa eccezione la *Sesta fuga*, a tre voci, uno dei testi più alti e stupefacenti di Saba.

Ottava sezione:
Il piccolo Berto
(1929-1931).
Indagine analitica e ricostruzione narrativa

Ultima e decisiva sezione del secondo volume è ***Il piccolo Berto***, composta da **sedici poesie** appartenenti al triennio 1929-31 e direttamente partorite dall'esperienza della terapia psicoanalitica intrapresa da Saba nel 1928 presso lo studio del dottor Weiss. **Il "piccolo Berto" è il poeta stesso bambino**: Berto, diminutivo di Umberto, è il modo con cui questi veniva chiamato dall'amata balia. La resurrezione di Berto nella memoria e nella poesia è il frutto dell'indagine psicoanalitica. **La raccolta è fondata su tre personaggi**, con poche altre figure di contorno: **il poeta bambino, la balia** (cfr. **T4**, p. 146), **la madre**. Vi è una vicenda narrativa la cui ricostruzione è la posta in palio tanto della terapia analitica quanto della scrittura poetica: l'affidamento di Berto alla balia, il suo traumatico ritorno a vivere con la madre a tre anni, il contrasto tra la dolcezza accogliente e serena della balia e la severa tristezza repressiva della madre (cfr. **T5**, p. 151). **Con *Il piccolo Berto*, Saba scrive una delle raccolte più originali e intense del *Canzoniere***, e per la quale tuttavia ricevette un'accoglienza niente affatto calorosa da critici e lettori, all'epoca digiuni di cultura psicoanalitica e a essa pregiudizialmente avversi sulla base dell'ostracismo crociano.

T • *Appunti*
S • Saba parla del *Piccolo Berto*

La conclusione del secondo volume: una provvisoria guarigione

Il recupero dell'infanzia, cioè del ricordo di essa, segna una rasserenante conquista nella struttura narrativa e autobiografica dell'opera. **La conclusione del secondo volume del *Canzoniere* delinea così una provvisoria guarigione dalla nevrosi**, lasciando profilare brevemente la possibilità di raggiungere davvero nel libro della propria vita quella esemplare conclusione positiva cui Saba aspirava. **Il volume terzo, tuttavia, mostrerà ancora i segni profondi del disagio esistenziale e psicologico su cui nasce l'opera sabiana**, benché da questo momento più che mai pacificato dalla coscienza raggiunta delle sue cause profonde (coscienza cui Saba resterà sempre orgogliosamente fedele).

T4 Tre poesie alla mia balia

TESTO OPERA

OPERA
Il piccolo Berto

CONCETTI CHIAVE
- il trauma della separazione dalla balia e la sua rielaborazione da adulto

FONTE
U. Saba, *Il canzoniere*, cit.

 Materiali per il recupero
 Ascolto
 Alta leggibilità

Nelle *Tre poesie alla mia balia*, Saba ricostruisce in particolare il momento della separazione dalla balia e racconta il tentativo di ritrovare serenità ed equilibrio recandosi a trovarla a casa.
La prima delle tre poesie introduce, attraverso un abbandono regressivo consentito dall'abbraccio protettivo della figlia, alla riconquista della figura della balia e della dolcezza serena che la vita con lei aveva rappresentato.
La seconda delle tre poesie, qui non riprodotta, si riferisce al bisogno che il poeta avverte di recarsi a trovare la balia dopo che il sogno l'ha ricondotta alla sua memoria.
La terza, infine, riguarda il momento decisivo della separazione e cerca in qualche modo di elaborarne la ferita: la poesia si conclude con un altro distacco dalla balia, per tornare dalla moglie; ma, questa volta, una nuova consapevolezza e una più matura capacità di scelta conferiscono alla separazione un significato assai diverso.

I

Mia figlia
mi tiene il braccio intorno al collo, ignudo;
ed io alla sua carezza m'addormento.

Divento
5   legno in mare caduto che sull'onda
galleggia. E dove alla vicina sponda
anelo, il flutto mi porta lontano.
Oh, come sento che lottare è vano!
Oh, come in petto per dolcezza il cuore
10 vien meno!

Al seno
approdo di colei che Berto ancora
mi chiama, al primo, all'amoroso seno,
ai verdi paradisi dell'infanzia.

METRICA tre strofe di varia lunghezza di endecasillabi, tranne il primo verso della prima e della terza e il primo e l'ultimo di quella centrale, più brevi (trisillabi). Il primo verso di ogni strofa rima con l'ultimo della precedente; vi sono poi altre rime, soprattutto baciate.

- **I 1-3** *Mia figlia mi tiene il braccio nudo (**ignudo**) intorno al collo; ed io mi addormento alla sua carezza*. In un momento di abbandono reso possibile dall'abbraccio e dalle carezze protettive della figlia, Saba si addormenta in uno stato d'animo regressivo, quasi come se tornasse bambino.
- **4-10** *Divento [come un] legno caduto in mare che galleggia sull'onda. E quando (**dove**) aspiro (**anelo**) alla riva (**sponda**) vicina [: quando cerco di prendere terra], il flutto mi porta lontano. Oh, come sento che lottare è inutile (**vano**)! Oh, come il cuore in petto [mi] viene meno per dolcezza!* L'abbandono regressivo si esprime attraverso immagini di dolce passività e di piccolezza (il pezzo di legno sballottato dalle onde), nell'abbraccio vasto e protettivo del mare. Tali immagini annunciano l'avvicinarsi di un sogno che presenta direttamente la situazione contenuta in forma simbolica in queste immagini.
- **11-14** *Approdo al seno di colei [: la balia] che ancora mi chiama Berto, al primo [seno], al seno amoroso, ai verdi paradisi dell'infanzia*. Il sogno, preparato dall'abbraccio protettivo (e carnale, nella sua innocenza) della figlia, riguarda dunque la balia con la quale Saba è vissuto fino a tre anni, quando la madre lo aveva rivoluto con sé: al sereno calore della balia (che chiamava il poeta con il diminutivo affettuoso **Berto**) si era sostituita così la severità triste della madre, contribuendo a determinare in lui una profonda scissione nevrotica. Molti anni dopo, grazie anche alla cura psicoanalitica alla quale il poeta si è sottoposto, egli è in grado di ripercorrere con la memoria quel passato lontano e di ritrovare la funzione positiva che la balia aveva esercitato. **Approdo**: come dopo aver navigato, secondo le immagini della seconda strofa. **Primo**: per distinguerlo dal seno materno, assai meno **amoroso** e sperimentato in un secondo momento.

III

...Un grido
s'alza di bimbo sulle scale. E piange
anche la donna che va via. Si frange
per sempre un cuore in quel momento.

     5   Adesso
sono passati quarant'anni.
                          Il bimbo
è un uomo adesso, quasi un vecchio, esperto
di molti beni e molti mali. È Umberto
10   Saba quel bimbo. E va, di pace in cerca,
a conversare colla sua nutrice;
che anch'ella fu di lasciarlo infelice,
non volontaria lo lasciava. Il mondo
fu a lui sospetto d'allora, fu sempre
15   (o tale almeno gli parve) nemico.

Appeso al muro è un orologio antico
così che manda un suono quasi morto.
Lo regolava nel tempo felice
il dolce balio; è un caro a lui conforto

METRICA tre strofe di varia lunghezza (l'ultima, di un solo verso) di endecasillabi (il primo verso completa metricamente l'ultimo della poesia precedente, sottolineando il carattere narrativo e unitario dei tre testi); molte rime.

- **III 1-4** ...*Si alza un grido di bimbo sulle scale. E anche la donna che va via* [: la balia] *piange. Un cuore in quel momento si spezza* (**frange**) *per sempre*. L'indagine della memoria, favorita da varie condizioni esterne e interiori, conduce infine, bruscamente, al momento decisivo della esistenza di Saba: quello in cui, a tre anni di età, la balia lo aveva dovuto riportare dalla madre e il piccolo Umberto era passato dalle cure affettuose di quella alla severità dolente di questa. Il **bimbo** è Saba bambino, la **donna che va via** è la balia. Si noti la efficacia drammatica con la quale, attraverso pochissimi tocchi descrittivi, è rappresentata la scena: il momento del distacco è colto nel suo punto più tragico, **sulle scale**, mentre la balia (fino ad allora, per Saba, una madre a tutti gli effetti) è costretta ad abbandonare il piccolo Umberto. ...**Un grido**: il brevissimo v. 1 va metricamente considerato unito all'ultimo verso (terminante con tre puntini di sospensione) della seconda delle *Tre poesie alla mia balia*, qui non riprodotta; infatti uniti formano un endecasillabo. Lo stesso vale per i vv. 4 sg. e 6 sg., costituenti propriamente (da un punto di vista metrico) un unico endecasillabo: lo spezzamento serve a isolare un termine per conferirgli maggiore importanza. **Si frange...**: è il tema ricorrente della scissione interiore, qui considerato in uno dei suoi moventi generativi.

- **5-15** *Adesso* [: da quel momento] *sono passati quarant'anni. Il bimbo adesso è un uomo, quasi un vecchio, esperto di molti beni e molti mali. Quel bimbo è Umberto Saba. E va, in cerca di pace, a conversare con la sua balia* (**nutrice**); *che fu anch'ella infelice di lasciarlo,* [che] *non lo lasciò* (**lasciava**) *di sua volontà* (**volontaria**). *Da allora il mondo fu per* (**a**) *lui* [: Saba] *sospetto* [: non affidabile], *fu sempre nemico (o almeno tale gli parve)*. Il presente dei vv. 1-4 e quello dei versi seguenti non si riferiscono allo stesso tempo; anzi, come dichiara il v. 6, tra i due tempi «sono passati quarant'anni». Ma il modo intenso con il quale è rivissuto il trauma infantile ha imposto l'uso del presente. Non si tratta di un presente storico: in verità si tratta di un modo per esprimere una legge dell'inconscio, per il quale la cronologia ha un valore relativo, essendo tutti i contenuti dell'inconscio (specie nelle situazioni nevrotiche) avvertiti e trattati come presenti. A tale proposito si può osservare il contrasto che c'è tra il presente dei vv. 1-4 e il pronome deittico **quel** del v. 4 (in luogo di *questo*, più confacente al presente), che allontana nel tempo ciò che il presente contemporaneamente avvicina. Ma **quel momento** ha una funzione di passaggio al séguito della poesia (contrapponendosi al contiguo **adesso**), ed è già perciò, come questo, sottoposto a un controllo razionale più attento. Dunque il presente dei vv. 5-15 riguarda il momento di composizione della poesia e racconta il ritornare di Saba dalla balia, ormai invecchiata, per ritrovare la pace che la separazione da lei, tanti anni prima, aveva distrutto. **Umberto / Saba**: il nome del poeta compare qui come espressione di verità e di chiarezza. **Il mondo...**: la diffidenza nei confronti del mondo è stata causata dal trauma della separazione infantile dalla balia; ora la parentesi del v. 15 rivela già una maggiore consapevolezza di questa origine nevrotica.

- **16-23** [*A casa della balia*] *è appeso al muro un orologio antico, così che manda un suono quasi morto* [: smorzato]. *Nel tempo felice* [: quando Saba viveva in quella casa] *lo regolava il dolce balio* [: il marito della balia]; *per* (**a**) *lui* [: Saba] *è una cara consolazione* (**conforto**)

20 regolarlo in suo luogo. Anche gli piace
a sera accendere il lume, restare
da lei gli piace, fin ch'ella gli dice:

«È tardi. Torna da tua moglie, Berto».

---

regolarlo al suo posto (**in suo luogo**). *Gli piace anche accendere il lume quando è* (**a**) *sera, gli piace restare da lei* [: la balia], *finché ella gli dice: «È tardi. Torna da tua moglie, Berto».*

Questa parte finale della poesia descrive quanto i vv. 10 sg. avevano annunciato: il recarsi di Saba a casa della balia e quel che egli vi fa. Si noti come il tono diventi via via più calmo e sereno, a esprimere il raggiungimento di quella **pace** (v. 10) che Saba va a cercare dalla balia.

Dal testo all'opera
Perché è un testo opera?

Perché è dominato dalla figura autobiografica della balia

Le *Tre poesie alla mia balia* fanno parte della sezione intitolata **Il piccolo Berto**, composta durante l'esperienza della psicoanalisi e dedicata al terapeuta Edoardo Weiss, allievo di Freud. Saba osserva che *Il piccolo Berto* «è una specie di "amoroso colloquio", non solo fra il poeta e la sua nutrice, ma, e più ancora, fra il poeta prossimo alla cinquantina e il bambino – quel particolare bambino – ch'era stato [...] tanti anni prima». **Il tema complessivo** delle *Tre poesie* è dato, come recita il titolo, dalla **rimemorazione del rapporto infantile con la nutrice**. L'efficacia della rievocazione è affidata al complesso gioco di pause, di sospensioni e di brusche riprese che dà evidenza alle scene descrittive rapide e intense. Le frasi sono brevi e giustapposte, mentre la metrica presenta continui *enjambements*. L'importanza della balia è segnalata innanzitutto dai nomi: Berto è il diminutivo di Umberto perché così essa chiamava il poeta durante l'infanzia. L'attaccamento alla balia inoltre fu tale che il poeta volle prenderne il nome, mediante lo pseudonimo che si scelse: il cognome paterno era infatti Poli e la nutrice slovena si chiamava invece Peppa Sabaz.

Nella prima delle tre poesie, nel sonno indotto dall'abbraccio della figlia, il poeta sogna la balia con cui ha trascorso i primi tre anni della sua vita («colei che Berto ancora / mi chiama»). La regressione onirica all'infanzia è, in questa prima poesia, caratterizzata dall'abbandono notturno e dall'estrema dolcezza: è descritta infatti come un ritorno ai «verdi paradisi dell'infanzia».

La seconda delle tre poesie, non riportata qui, si riferisce al bisogno del poeta di recarsi a incontrare la balia ormai anziana, nel suo negozietto triestino.

La terza poesia è dedicata al ricordo brusco e doloroso del momento traumatico della separazione: il momento cioè in cui «si frange / per sempre un cuore» perché la balia lo ha dovuto riconsegnare alla madre naturale.

Al centro di queste poesie ci sono **tre personaggi principali**: **la figlia**, che abbraccia il poeta mettendo in moto il flusso dei ricordi; **il "piccolo Berto"**, che è Saba stesso bambino; **la balia**, che è una madre sostitutiva dolce e amorosa. A queste figure dominanti si affiancano **due personaggi di contorno**: il **«balio»**, ossia il marito della balia, e **la moglie del poeta**. Nel terzo componimento il poeta compie gli stessi semplici gesti che un tempo spettavano al «balio», regolando l'orologio al suo posto. In questo modo si sostituisce idealmente al marito della nutrice, spinto da una pulsione infantile di possesso esclusivo della figura materna e dal desiderio di identificarsi in un'immagine maschile positiva, che colmi il vuoto lasciato dal padre assente. La moglie fa la sua apparizione nell'ultimo verso del testo, dove è la balia ad invitare il poeta a tornare da lei: proprio per questo la moglie assomiglia piuttosto alla balia che alla madre. La terza poesia si apre e si chiude con la scena del **distacco dalla balia**, ma tra l'inizio e la fine c'è una differenza profonda: il bambino è ora diventato un uomo adulto che ha trovato un maggiore equilibrio e il distacco non è più violento ma è il frutto di una scelta consapevole. Nelle

Tre poesie alla mia balia **è invece assente il personaggio della madre**. Si tratta di un'assenza eloquente: pur essendo una delle protagoniste della situazione reale descritta in questi versi, la madre non è mai nominata; il poeta ne omette la presenza e la cancella dalla scena. Tutta la sua attenzione è infatti rivolta all'"altra" madre: la nutrice, che è la madre «lieta», il «primo, [...] amoroso seno».

Perché incarna l'idea di una poesia narrativa e «onesta»

I componimenti riuniti sotto il titolo *Tre poesie alla mia balia* sono strettamente legati l'uno all'altro. La solidità dell'architettura narrativa è sottolineata dai punti di sospensione con cui si apre l'ultima poesia, che riprende e suggella la trama lirica già sviluppata nei testi precedenti. **Da una poesia all'altra si snoda un percorso di riscoperta dell'infanzia** che avanza attraverso il sogno, i ricordi, le associazioni tra immagini apparentemente slegate, ma in realtà connesse per ragioni profonde. Saba riproduce i meccanismi dell'inconscio per risalire all'**evento traumatico della separazione dalla balia**, che in un altro testo viene definita «madre di gioia». La poesia mira alla più assoluta **limpidezza ed «onestà»**: l'autore si mette a nudo, rinuncia a qualsiasi artificio e costruisce dei versi «"raso terra", i quali, non sopportando nessuna amplificazione, non si prestano a nessun inganno» (*Storia e cronistoria del Canzoniere*).

Infatti **l'andamento dei tre testi è narrativo**; **il lessico** è in apparenza piano e tradizionale, incentrato su parole semplici come «cuore», «pace», «amoroso seno», «tempo felice». Non si tratta di scelte casuali ma riferibili a una precisa poetica. Le scelte formali della poesia di Saba costituiscono infatti **una risposta opposta a quelle di d'Annunzio**, il poeta più celebre in quegli anni. Se per d'Annunzio il linguaggio prezioso dei versi separa il poeta dalla massa degli uomini comuni, Saba da parte sua nutre il desiderio di vivere la «vita di tutti, / d'essere come tutti / gli uomini di tutti / i giorni» (*Il borgo*). Secondo Saba, nei confronti del lettore il poeta ha **il dovere dell'«onestà»**. Per questo **rifiuta l'estetismo e l'oscurità** della poesia, presenti negli altri poeti novecenteschi, e imprime all'intero *Canzoniere* un andamento narrativo, particolarmente evidente nelle *Tre poesie alla mia balia*.

Perché esplora i meccanismi dell'inconscio

Queste poesie affondano le radici in una **dolorosa situazione autobiografica**, che viene riletta con la lente fornita al poeta dalla **psicoanalisi**. Affidato dalla madre (abbandonata dal marito) alla balia, il piccolo Saba era vissuto con lei, amandola come una madre, fino ai tre anni d'età, quando la madre naturale lo aveva rivoluto con sé. Il brusco cambiamento è tra le cause della **scissione nevrotica di Saba**. Il trauma della separazione originaria e la diversità tra la balia affettuosa e la madre severa e prodiga di recriminazioni antimaschili sono alla base della scissione dell'io. Incoraggiato dalla terapia psicoanalitica, Saba tenta di portare alla luce le ragioni profonde che hanno prodotto la sua scissione interiore per cercare di vincere la nevrosi. Per trovare le cause del suo malessere, il poeta deve **scavare nell'infanzia più lontana** alla ricerca di quella verità che gli potrebbe restituire una nuova serenità. Di conseguenza **il tema dell'infanzia** acquista un'importanza fondamentale in questa sezione del *Canzoniere*. Tuttavia la terapia psicoanalitica, interrotta troppo presto, non produce i risultati sperati. Il fantasma del "piccolo Berto", riemerso nel corso della cura, non troverà mai pace: «se questo fosse accaduto», spiega l'autore in *Storia e cronistoria del Canzoniere*, «il luttuoso fatto avrebbe avuto due conseguenze: la prima che Saba sarebbe completamente guarito, la seconda che non avrebbe più scritto poesie: *non avrebbe avuto più bisogno di scriverne*».

L'intera poesia è scritta tenendo presente la logica simmetrica dell'inconscio, e anche praticando le specifiche **tecniche associative della psicoanalisi**. In particolare, nel primo testo si passa, secondo i meccanismi della libera associazione e del sogno (e un sogno è, appunto, raccontato), attraverso varie immagini apparentemente slegate ma coerenti per ragioni profonde. Si noti per esempio il carattere protettivo e carnale delle immagini della terza strofa («seno», «amoroso seno») e si considerino le analogie con «il braccio [...] ignudo» della figlia: la mediazione fra i due momenti è

Oskar Kokoschka, *Bambini che giocano*, 1909, olio su tela, cm 73 x 108. Duisburg, Wilhelm Lehmbruck Museum Foundation - Centre of International Sculpture.

favorita dalle immagini marine («divento / legno in mare caduto che sull'onda/ galleggia», «sponda», «flutto», «e al seno / approdo») che dominano la seconda strofa e sono liberamente associate al sonno e all'immersione, grazie al sogno, nei «verdi paradisi dell'infanzia».

La logica dell'inconscio è presente anche nell'uso dei tempi verbali. Nella terza poesia, dedicata al momento traumatico della separazione, il tempo è al presente sia nei versi 1-4 («...Un grido / s'alza»; «piange»; «Si frange») che nei versi seguenti. Questi versi non si riferiscono affatto allo stesso momento: tra i due momenti «sono passati quarant'anni» (v. 6). **Il trauma infantile è tuttavia ricordato con l'uso del tempo presente**: si tratta di un modo per esprimere una fondamentale legge dell'inconscio, per il quale la cronologia non ha vero valore essendo i contenuti psichici, soprattutto quelli traumatici, avvertiti e trattati come sempre presenti.

Pablo Picasso, *Paulo che disegna*, 1923. Parigi, Musée Picasso.

Perché tratteggia una nuova immagine dell'infanzia come luogo della scissione interiore

Come si comprende anche leggendo queste poesie, **l'infanzia ha un'importanza centrale nel *Canzoniere*. Saba** si distingue nettamente dai poeti precedenti che hanno trattato questo tema e **ne dà un'interpretazione nuova e moderna**: è infatti il primo scrittore italiano che guarda all'infanzia dal punto di vista della psicoanalisi, tenendo conto delle scoperte di Freud. L'infanzia per lui non è il tempo felice e passeggero dell'innocenza, ma è **il luogo in cui hanno origine i conflitti, i traumi e le scissioni che segnano l'intera esistenza** dell'individuo. Per questo nel *Canzoniere* **l'infanzia non è rievocata con nostalgia, ma è indagata con ostinazione e sofferenza** per portare alla luce le radici del dolore. Il grande critico Giacomo Debenedetti sintetizza in una formula efficace la dolorosa vicenda umana del poeta triestino: per lui Saba è un «uomo che automaticamente abbozza il gesto di ripararsi dal diluvio, anche quando il cielo è ancora sereno». Come si legge nell'ultima delle *Tre poesie alla mia balia*, dal momento del distacco dalla nutrice «il mondo / fu a lui sospetto [...], fu sempre / (o tale almeno gli parve) nemico». Così al tema dell'infanzia si lega indissolubilmente il **tema della scissione dell'io** che ha un **equivalente formale nelle soluzioni metriche e stilistiche** adottate dal poeta in questi testi, e in particolare nel terzo della serie. Vi è una ricchissima presenza di **enjambements**, fino al caso limite dei vv. 9-10 della terza poesia, in cui la spezzatura metrica riguarda il nome stesso del poeta («Umberto / Saba»), così da esprimere anche in questo modo la scissione che attraversa il suo mondo interiore e segnalare lo strappo non ricucibile che è alla base della sua identità.

T4 LAVORIAMO SUL TESTO

ANALIZZARE

La logica del sogno

1. Cosa conduce Saba ad approdare in sogno alla balia?

Un cuore infranto

2. Quale episodio viene rivissuto dal poeta nella terza parte? Quale logica emotiva ed espressiva caratterizza questi versi?

In cerca di pace

3. Che funzione assumono gli oggetti citati nel testo?

4. **LINGUA E LESSICO** Il tempo verbale che domina in questa poesia è il presente. Secondo te, quale può essere il senso di questa scelta?

5. Da cosa capiamo che il poeta sembra riconciliato con il passato e capace di relazioni emotive più serene?

LE MIE COMPETENZE: PRODURRE

Rifletti sul rapporto che ti lega alle figure più importanti della tua infanzia; e riassumi la tua esperienza in tre fotografie che restituiscano un'immagine condensata del tuo passato. Attribuisci un titolo a ciascuna fotografia.

T5 Eroica

OPERA
Il piccolo Berto

CONCETTI CHIAVE
- la rinuncia ai giochi militari e al loro valore simbolico
- la conservazione delle pulsioni vitali nel «profondo cuore»

FONTE
U. Saba, *Il canzoniere*, cit.

 Testo interattivo
 Ascolto
 Alta leggibilità

Protagonista di questa poesia è ancora una volta il "piccolo Berto", la cui infanzia è segnata dalla dolorosa separazione dalla balia. Qui la diversità tra la madre e la balia viene affrontata con un taglio particolare: la madre proibisce al bambino le canzoni e i giochi di guerra che tanto gli piacevano quando abitava in casa della balia. Il figlio non si ribella al divieto materno e cerca di mostrarsi affettuoso e accondiscendente, ma nei suoi occhi lampeggia un «muto rimprovero». L'antica passione militare riemergerà a distanza di tanti anni, quando il poeta, ormai adulto e libero dai condizionamenti materni, comporrà i *Versi militari*.

> *Ecco el vapor che fuma,*
> *che vien dalla montagna.*
> *Addio papà e mama,*
> *me tocca de andar soldà.*

Nella mia prima infanzia militare
schioppi e tamburi erano i miei giocattoli;
come gli altri una fiaba, io la canzone
amavo udire dei coscritti.
5   Quando
con sé mia madre poi mi volle, accanto
mi pose, a guardia, il timore. Vestito
più non mi vide da soldato, in visita
da noi venendo, la mia balia. Assidui
10 moniti udivo da mia madre; i casi
della sua vita, dolorosi e mesti.
E fu il bambin dalle calze celesti,
dagli occhi pieni di un muto rimprovero,
buono a sua madre e affettuoso. Schioppi
15 più non ebbi e tamburi. Ma nel cuore
io li celai; ma nel profondo cuore
furono un giorno i versi militari;
oggi sono altra cosa: il bel pensiero,
forse, onde resto in tanto strazio vivo.

- **METRICA** diciotto endecasillabi divisi in tre strofe di lunghezza irregolare (tra la prima e la seconda un verso resta spezzato). Una rima lega l'ultimo verso della seconda strofa al primo della terza.

- **Ecco... soldà**: è la «la canzone dei coscritti» di cui si parla ai vv. 3-4; vi si registrano alcune varianti morfologiche tipiche dei dialetti nord-orientali.

- **1-4** *Nella mia prima infanzia* [: nella prima parte della mia infanzia] *militare* [: caratterizzata dal frequente gioco della guerra] *i miei giocattoli erano fucili* (**schioppi**) *e tamburi; come gli altri* [bambini amavano udire] *una favola* (**fiaba**), *io amavo udire la canzone dei coscritti* [: i soldati chiamati alle armi]. **Prima infanzia**: il tempo che il piccolo Umberto aveva passato con la balia, fino ai tre anni d'età.

- **5-11** *Quando poi mia madre mi volle con sé, mi pose accanto, a guardia, il timore. La mia balia non mi vide più vestito da soldato, venendo da noi in visita. Udivo da mia madre frequenti* (**assidui**) *rimproveri* (**moniti**); [*e udivo*] *i fatti* (**casi**) *dolorosi e tristi* (**mesti**) *della sua vita.* Si ricordi che Saba trascorse i primi anni della vita con la balia, alla quale la madre lo aveva affidato (sono gli anni felici dei giochi di guerra dei vv. 1-4); mentre in un secondo momento la madre lo rivolle con sé (cfr. T4, p. 146, *Tre poesie alla mia balia*, III), imponendogli un'educazione severa e rattristandolo con le proprie sventure. In particolare gli impedì di giocare alla guerra, probabilmente per reprimere nel figlio quella mascolinità che le ricordava il marito, causa, con l'abbandono, delle sue sventure. Questa educazione repressiva rende al piccolo Saba difficile l'identificazione con una figura maschile positiva, mancandogli il padre ed essendo il principio di realtà, la funzione educatrice, affidata esclusivamente ai modi vittimistici e intimidatori della madre.

- **12-19** *E il bambino con le* (**dalle**) *calze celesti* [: Saba] *fu buono e affettuoso con* (**a**) *sua madre*, [*pur*] *avendo gli* (**dagli**) *occhi pieni di un muto rimprovero. Non ebbi più fucili* (**schioppi**) *e tamburi. Ma io li nascosi* (**celai**) *nel cuore;* [*fucili e tamburi chiusi*] *nel profondo cuore diventarono* (**furono**) *un giorno i versi militari; oggi sono un'altra cosa: forse il bel pensiero grazie al quale* (**onde**) *resto vivo in tanta sofferenza* (**strazio**). Nel timore di dispiacere alla madre, il piccolo Saba non si ribella alla sua severità ed è anzi **buono** e **affettuoso** con lei; ma nei suoi occhi c'è il **rimprovero** inespresso (**muto**) di privarlo dei suoi giochi preferiti e, al di là di essi, di averlo privato della gioia sottraendolo alla balia che aveva avuto per lui funzione di madre.

T5 DALLA COMPRENSIONE ALL'INTERPRETAZIONE

COMPRENSIONE

La rinuncia ai giochi felici Al centro dell'attenzione è anche in questa poesia il "mito" della vicenda umana e letteraria di Saba: l'infanzia caratterizzata da una prima **fase felice e spontanea con la balia** e da una seconda **fase repressa e inquieta con la madre** che lo aveva rivolto con sé. Questa vicenda è qui narrata considerando i **giochi di guerra** con i quali il piccolo Umberto aveva potuto divertirsi finché aveva abitato con la balia e dei quali invece era stato successivamente privato dalla madre. Quest'ultima infatti tendeva a reprimere, nel piccolo Saba, con la propria severità, i caratteri della mascolinità a lei sgraditi per l'infelice esperienza matrimoniale; e questa **repressione** trovava modo di applicarsi con particolare valore simbolico ai giochi di guerra.

Alla **severità materna**, Berto non reagisce in modo aggressivo, e anzi nasconde dentro di sé la propria privazione: è «buono» e «affettuoso» con la madre, anche se interiormente le rimprovera di impedirgli i suoi giochi e, al di là di questo, di averlo sottratto alla vita felice con la balia. D'altra parte al piccolo Saba non è consentito altro che di essere «buono», dato che il messaggio comunicato dalla madre con la propria severità e con il proprio vittimismo è proprio un messaggio che tende a **colpevolizzare qualsiasi forma di aggressività**.

La pulsione profonda che i giochi di guerra rappresentano può solo conservarsi chiusa nel cuore per riemergere al di là dell'infanzia quando Saba avrà, sotto le armi, l'impressione di essersi liberato della repressiva figura materna (e quando, con chiaro legame simbolico, maneggerà veramente fucili e divise da soldato); o più in generale potrà riemergere come coscienza di quel **freudiano principio di piacere** che consente di superare le frustrazioni della vita.

ANALISI

Il «muto rimprovero» del bimbo «buono» e «affettuoso»: una formazione di compromesso La particolare situazione in cui è venuto a trovarsi, mette il piccolo Berto davanti a una scelta pericolosa: o obbedire alla madre, comportandosi in modo affettuoso ed essendo buono e dunque rinunciando ai giochi preferiti e a ciò che essi rappresentano simbolicamente (l'aggressività, la mascolinità, il principio di piacere), oppure ribellarsi alla madre per difendere i propri impulsi, e così subire il peso dei rimproveri materni e dei conseguenti sensi di colpa. Entrambe le soluzioni risultano inaccettabili per l'inconscio, in quanto costano un prezzo troppo alto. Ne deriva dunque una soluzione impossibile razionalmente ma possibile per l'inconscio e per le sue leggi: obbedire a entrambe le esigenze contraddittorie, trasformando l'*aut aut* in un *et et*, l'esclusione in inclusione, e mettendo dunque in opera una **"formazione di compromesso"** (secondo la terminologia psicoanalitica freudiana: cfr. **S5**). Berto così non gioca più con schioppi e tamburi, e obbedisce alla madre, essendo d'altra parte «buono [...] e affettuoso» con lei, e tuttavia difende i giochi preferiti (e il loro significato simbolico) dentro di sé (cfr. i vv. 15-16), esprimendo questa **tacita e innocua ribellione alla madre** nel «muto rimprovero» (v. 13) dei propri occhi. Il peso di questa scelta è calato sulla strutturazione sintattica di questo passaggio, duramente segnato da un'**anastrofe** (il «muto rimprovero» piomba a metà della frase principale, svolta ai vv. 12 e 14, e ne trasforma il significato) e da un **iperbato** («buono a sua madre e affettuoso», dove la separazione dei due aggettivi fa sentire la fatica dell'affetto).

INTERPRETAZIONE

L'"eroismo" della vitalità interiore Costretto a rinunciare ai suoi giochi e a quello che essi rappresentano simbolicamente (la possibilità di manifestare in qualche modo la propria aggressività infantile), **Saba li conserva interiormente vivi**: conserva cioè vivo in sé il principio di piacere. I *Versi militari* (una delle prime raccolte di poesie di Saba, scritte durante il servizio militare) sono il primo frutto di questa memoria interiore. Infatti, sotto le armi, allontanatosi dalla madre e avendo la possibilità di identificarsi in una figura maschile adulta (quella del soldato), Saba ebbe l'impressione di essere guarito dalla propria nevrosi. Per questa ragione, anche, sono poste in epigrafe le parole dei coscritti e il titolo della poesia è *Eroica*: al mondo militare corrispondono, nell'universo immaginario di Saba, la libertà e la sanità psichica. Infine, «oggi» questa sopravvivenza di vitalità interiore sembra aver modo di riscattarsi completamente, e di essere «altra cosa» (v. 18): la terapia psicoanalitica e il recupero delle pulsioni originali dell'infanzia (da cui nascono questa poesia e la raccolta *Il piccolo Berto*) danno a Saba l'impressione di aver conquistato nella sua essenza il principio di piacere («il bel pensiero», v. 18) che gli consente di sopravvivere pur attraverso le frustrazioni della realtà. Questo possesso si collega alla «prima infanzia» (v. 1) e ai suoi giochi felici, in quanto questi ne erano la manifestazione spontanea e completa; il «bel pensiero», anzi, in un certo senso, è il ricordo dell'infanzia felice. L'"eroismo" al quale allude il titolo della poesia sta dunque anche nella **capacità di aver conservato la vitalità delle pulsioni profonde** nonostante la repressione materna.

T5 LAVORIAMO SUL TESTO

ANALIZZARE

1. **LINGUA E LESSICO** Spiega il significato che, secondo te, può assumere la parola "eroica", scelta da Saba come titolo per questa poesia.

La repressione materna

2. Perché la madre proibisce al bambino i giochi e le canzoni militari?
3. Come si configura l'infanzia del poeta accanto alla madre?

Il «muto rimprovero del figlio»

4. Quali compromessi consentono al piccolo una relativa serenità?

INTERPRETARE

Il principio di piacere

5. Cosa rimane all'uomo adulto dell'infanzia e dei conflitti che l'hanno segnata?

LE MIE COMPETENZE: COLLABORARE, PRODURRE

In questa e in altre poesie Saba rilegge la propria infanzia attraverso la prospettiva della psicoanalisi. Anche per questo l'opera di Saba, apparentemente facile, è in realtà molto complessa. Da una parte la sua scrittura è chiara e semplice, dall'altra, però, Saba chiede al lettore di pedinare il fittissimo intreccio di rinvii e di legami tra le poesie, considerando la raccolta nella sua totalità e tenendo conto dei meccanismi spiegati dalla psicoanalisi. Collaborando con un gruppo di compagni, compila un piccolo dizionario dei termini psicoanalitici utili per interpretare *Il canzoniere* di Saba. Scegli i vocaboli da inserire e, intrecciando le informazioni che trovi in questo capitolo con quelle che puoi reperire consultando fonti specialistiche, scrivi in modo collaborativo le definizioni. Se lo ritieni opportuno, il tuo dizionarietto può essere progettato e realizzato nella forma di un ipertesto.

S5 INFORMAZIONI

Formazione di compromesso

Freud definisce "formazione di compromesso" il risultato di uno scontro tra esigenze opposte all'interno del soggetto. «In un compromesso – osserva Freud – si tiene conto delle richieste di ciascuna delle due parti, ma ciascuna di esse deve anche rinunciare a qualche cosa di ciò che avrebbe voluto ottenere». Desiderando per esempio un oggetto non ottenibile a causa di un divieto che non potrebbe essere disatteso se non con eccessivi sensi di colpa, ci si accontenta di ottenere un oggetto diverso da quello desiderato ma avente in comune con esso alcune qualità essenziali e non soggetto a divieto: il compromesso vede da una parte la rinuncia al pieno appagamento del desiderio originario, dall'altra la relativa trasgressione del divieto in quanto viene tuttavia raggiunto un oggetto che per il proprio mondo interiore vale, in parte, come quello proibito. Oltre che tra una pulsione libidica e un principio morale di tipo repressivo, può esservi formazione di compromesso anche tra desideri diversi e inconciliabili. Freud mostra come la formazione di compromesso si possa realizzare anche in forma di sogno, di fantasia, di motto di spirito, di lapsus; e cioè come il meccanismo della formazione di compromesso sia intrecciato a gran parte degli altri meccanismi del funzionamento psichico.

René Magritte, *Gli sguardi assenti*, 1927-28. Collezione privata.

T6 Eros

OPERA
Cuor morituro

CONCETTI CHIAVE
- l'atteggiamento ambivalente del ragazzo alla ricerca di un "compromesso"
- la regressione materna

FONTE
U. Saba, *Il canzoniere*, cit.

In un cinema popolare, dopo la proiezione, si svolge un numero di "varietà" a forte connotazione erotica: una donna balla, abbozzando forse uno spogliarello. Il poeta osserva il comportamento di un ragazzo, che fissa la donna e a tratti abbassa gli occhi; e immagina le possibili ragioni di questo comportamento ambivalente. Le ipotesi costituiscono in realtà una rievocazione della propria stessa adolescenza e dei meccanismi psicologici adottati per poter obbedire alla legge morale imposta dalla severa madre e, al tempo stesso, partecipare del fascino trasgressivo della situazione erotica. L'interpretazione del testo è possibile solamente decifrando il significato che la conclusione riveste all'interno del Canzoniere (e della psiche dell'autore). Per cui, oltre che all'analisi e interpretazione del testo, si rimanda, almeno, a Eroica (T5, p. 151) e alla terza delle Tre poesie alla mia balia (T4, p. 146).

Sul breve palcoscenico una donna
fa, dopo il Cine, il suo numero.
                        Applausi,
a scherno credo, ripetuti.
5   In piedi,
del loggione in un canto, un giovanetto,
mezzo spinto all'infuori, coi severi
occhi la guarda, che ogni tratto abbassa.
È fascino? È disgusto? È l'una e l'altra
10 cosa? Chi sa? Forse a sua madre pensa,
pensa se questo è l'amore. I lustrini,
sul gran corpo di lei, col gioco vario
delle luci l'abbagliano. E i severi
occhi riaperti, là più non li volge.
15 Solo ascolta la musica, leggera
musichetta da trivio, anche a me cara
talvolta, che per lui si è fatta, dentro
l'anima sua popolana ed altera,
         una marcia guerriera.

METRICA sedici endecasillabi (il secondo e il terzo spezzati in due versi, a significare uno stacco logico-narrativo) seguiti da un settenario conclusivo, separato da spazio interstrofico e dunque eccezionalmente valorizzato.

- **Eros**: 'amore', in greco. È anche il termine della psicoanalisi freudiana con cui vengono indicate le pulsioni sessuali. Saba considera i poeti «sacerdoti di Eros», cioè del dio classico dell'amore. Il titolo richiama l'attenzione sulla centralità del tema dell'eros nel testo.
- **1-4** *Dopo il film* (**il Cine**) *una donna fa il suo numero sul piccolo* (**breve**) *palcoscenico.* [Ci sono] *applausi insistenti* (**ripetuti**)*, credo per presa in giro* (**a scherno**). Si tratta evidentemente di un locale di basso livello, in cui artisti di scarsa professionalità si incontrano con un pubblico tutt'altro che indulgente e rispettoso.
- **5-11** *Un ragazzo* (**un giovanetto**)*, in piedi in un angolo* (**canto**) *del loggione, mezzo spinto all'infuori, la guarda con gli occhi severi* [: di condanna]*, che abbassa di continuo* (**ogni tratto**)*.*

È fascino? È disgusto? È l'una cosa e l'altra? Chissà? Forse pensa a sua madre, pensa [: si chiede] se questo sia (**è**) *l'amore*. **Loggione**: la parte più in alto di un teatro, con i posti più economici. **È fascino?…Chi sa?**: le ipotesi del poeta servono non solo a veicolare una interpretazione del comportamento del giovane, ma anche ad analizzare la propria lontana adolescenza e le sue leggi. Le domande varie e contrapposte evidenziano l'ambivalenza e la complessità delle pulsioni psichiche che determinano il comportamento del ragazzo davanti all'esibizione della nudità femminile. **A sua madre**: il riferimento alla madre ha un significato di interdizione e di condanna.

- **11-19** *I lustrini* [posti] *sul grande corpo di lei* [: la ballerina] *lo abbagliano con il mutevole* (**vario**) *movimento* (**gioco**) *delle luci. E* [una volta riaperti] *gli occhi severi,* [il ragazzo] *non li* [ri]*volge più là* [: nella direzione della donna]. *Ascolta solo la musica, una leggera musichetta volgare* (**da trivio**)*, talvolta cara anche a me, che per lui è diventata* (**si è fatta**)*, nella* (**dentro la**) *sua anima popolana e orgogliosa* (**altera**)*, una marcia guerriera*. Abbagliato dalla nudità femminile, il ragazzo smette di guardare lo spettacolo e si limita ad ascoltarne la colonna sonora, ma la musichetta volgare si trasforma nella sua percezione in una marcia guerriera. In questo modo, il ragazzo può conciliare le istanze repressive provenienti dalla figura materna, smettendo di osservare lo spettacolo, e la pulsione vitale, concentrata nell'udito e nella trasformazione della musica reale in una fittizia che ha tuttavia un profondo significato simbolico nella sua psiche. **Lustrini**: le *paillettes* brillanti poste sul corpo della ballerina. **Gran corpo**: il corpo della donna è definito "grande" sia perché 'rilevante' nello spazio visivo del ragazzo, sia, soprattutto, perché osservato in una prospettiva fanciullesca e regressiva, quale corpo materno scarsamente delimitabile e investito di mistero. **Anche a me cara talvolta**: è il modo in cui più esplicitamente il poeta confessa il proprio coinvolgimento nell'episodio narrato, favorendo il riconoscimento nel ragazzo in questione di un suo *alter ego*.

T6 DALLA COMPRENSIONE ALL'INTERPRETAZIONE

COMPRENSIONE

Uno spettacolo conturbante In *Storia e cronistoria del Canzoniere* Saba ci dice che questa poesia è stata scritta «dopo, o contemporaneamente, al *Piccolo Berto*, del quale ha, formalmente, tutte le caratteristiche». In particolare l'autore allude all'utilizzo dell'endecasillabo, che qui ha una cadenza prosastica e discorsiva, e alla rievocazione del rapporto infantile e adolescenziale con la madre. Qui Saba ci racconta un episodio minimo che però lo turba profondamente. In un cinema popolare, dopo la proiezione di un film, una donna sale sul palcoscenico e fa **uno spettacolo di "varietà"** che ha una esplicita connotazione erotica. Dal loggione **un ragazzo fissa la scena e poi, turbato, abbassa gli occhi, continuando però ad ascoltare la musica** che accompagna l'esibizione. Il poeta immagina le ragioni di questo comportamento contraddittorio e rivede nel ragazzo se stesso adolescente.

ANALISI

Una poesia in bilico tra raffinatezza e facilità popolare Come in molti momenti alti dell'arte di Saba, vi è qui una caratteristica compresenza di **elementi letterariamente raffinati e di elementi** invece **umili** e perfino popolari. Il metro ha alla base un facile **endecasillabo narrativo**, innalzato però dal ricorso alle **spezzature** a scalino ai vv. 2-3 e 4-5, dagli *enjambements* ai vv. 1-2, 7-8, 9-10, 12-13, 13-14, 15-16, 16-17, 17-18. Il lessico accosta **vocaboli di uso comune e basso** (come «palcoscenico», «Cine», «numero» nel senso di 'spettacolo', «loggione») e **vocaboli** invece **di registro più elevato** o addirittura letterario (come «breve» nel senso di 'piccolo', «canto» nel senso di 'angolo', «giovanetto»). Anche la sintassi alterna momenti piani e perfino colloquiali (per esempio «Chi sa?») ad altri caratterizzati da inversioni anche accentuate (come «del loggione in un canto»). Il risultato è infine una poesia simile all'«anima» del ragazzo come è definita qui: «popolana ed altera».

L'impianto narrativo e lo scandaglio dell'analisi psicologica In questo componimento è possibile riscontrare, saldamente intrecciati, i due elementi di fondo della poesia sabiana: l'impianto narrativo e l'analisi psicologica. La poesia **racconta** un episodio della vita reale, anzi un **episodio comune e banale**: una scenetta che si svolge in uno squallido cinema di periferia e che ha per attore un adolescente ai primi contatti con la sfera della sessualità. Ma lo scopo di questa narrazione non è la macchietta fine a se stessa: piuttosto, Saba è interessato alle **motivazioni psicologiche** che animano il comportamento del ragazzo, dapprima diviso tra attrazione e repulsione e poi deciso a chiudersi nel proprio mondo interiore, non osservando più **la scena perturbante**. La narrazione è dunque il mezzo attraverso il quale scandagliare (il paragone dello scandaglio è di Saba stesso) il mondo interiore, cioè psichico, del protagonista. Si aggiunga, infine, che dietro la figura del ragazzo qui rappresentato affiora quella dello stesso poeta, che in questo modo rappresenta un aspetto del proprio mondo interiore e **un momento della pro-**

Emil Nolde, *Ballerina*, 1920-1925. Seebüll, Nolde-Museum.

pria vicenda psicologica e umana. Anche questo raccontino, come altri del *Canzoniere*, serve dunque a conoscere meglio se stesso e a portare luce nel proprio mondo interiore.

INTERPRETAZIONE

L'ambivalenza nel contatto con l'eros L'atteggiamento del ragazzo nei confronti della ballerina è caratterizzato **da un'intima ambivalenza**. Già la posizione fisica indica una serie di **spinte psicologiche contrastanti**: indicano un protendersi verso la scena le espressioni «in piedi» al v. 5, e «la guarda» al v. 8; indicano un ritrarsi invece le espressioni «del loggione in un canto» al v. 6, «ogni tratto abbassa [gli occhi]» al v. 8; sono in se stesse doppie infine le espressioni «mezzo spinto all'infuori» e «coi severi / occhi la guarda» ai vv. 7-8. Le due spinte interiori vengono riassunte negli interrogativi del v. 9 («È fascino? È disgusto?»), mentre viene avanzata l'ipotesi che in questo caso possano convivere sentimenti contrastanti («È l'una e l'altra / cosa?», vv. 9-10). L'ambivalenza trae origine, come suggerisce il v. 10, dalla **figura della madre**, che rappresenta in una simile situazione un elemento repressivo e inibitorio. In sostanza, nei termini della psicoanalisi freudiana, la visione della nudità femminile sarebbe ragione di «fascino» e spingerebbe a guardare con piacere, secondo le pulsioni mosse dal principio di piacere, ma diviene invece colpa e motivo di «disgusto» (e disagio) sulla base delle leggi morali rappresentate, nel caso di Saba, dalla madre. Il dissidio descritto nell'episodio consiste nella necessità di scegliere uno dei due punti di vista, negando l'altro: scegliere cioè tra pensare alla madre e pensare all'amore (vv. 10-11).

La vista e l'udito. Una "formazione di compromesso" In realtà, il ragazzo di cui parla qui Saba, e cioè Saba stesso da ragazzo, riesce a non compiere questa scelta, obbedendo sia al desiderio vitale sia al divieto materno. Rinunciare alla pulsione erotica significherebbe infatti annullare la propria autenticità vitale; ignorare il divieto significherebbe scontrarsi con sensi di colpa insopportabili. Il meccanismo psichico che consente di non compiere questa scelta comunque terribile è stato definito da Freud **"formazione di compromesso"** (cfr. **S5**, p. 153). Si tratta di **conciliare le due esigenze**, fondendole in una soluzione che le appaghi entrambe. Ciò che sembra impossibile alla logica razionale diviene invece possibile alla luce della **logica dell'inconscio**. Una prima formazione di compromesso è già l'atteggiamento fisico del ragazzo nella prima parte del testo (cfr. il punto precedente): lo slancio obbedisce al **desiderio vitale**, il freno obbedisce al **divieto materno**; si può dunque guardare la donna seminuda, ma con «severi / occhi» (espressione non a caso ripetuta due volte, ai vv. 7-8 e 13-14, tutt'e due le volte con la sottolineatura dell'*enjambement*). Gli occhi «severi» sono quelli della madre, che il ragazzo fa propri; tuttavia guardando ciò che lo attrae. Ma è una soluzione troppo fragile e incerta. Una soluzione più solida e rassicurante è dunque quella conclusiva: smettere di guardare, obbedendo dunque alla legge repressiva della madre, e tuttavia risarcire simbolicamente la perdita attraverso la particolare percezione della musica. Si deve infatti ricordare che **il tema guerriero** (come attestano *Eroica*, **T5**, p. 151, e la prima delle *Tre poesie alla mia balia*, **T4**, p. 146) **rimanda alla prima infanzia del poeta, trascorsa con la balia** e non con la madre: libera e spensierata, dunque, anziché repressiva e dolorosa. La musica militare che il ragazzo si costruisce mentre smette di guardare prende il posto, simbolicamente, di ciò cui sta rinunciando, cioè dell'eros. Il simbolo è attinto da un vissuto personale che si contrappone alla legge repressiva materna e che corrisponde fra l'altro a una libera affermazione della propria identità sessuale maschile. La madre ha negato al figlio, tornato a vivere con lei, i giocattoli di guerra quali espressioni di mascolinità, per lei (scottata dalla infelice vicenda matrimoniale) portatrici di una minaccia; e gli nega oggi l'abbandono al piacere dell'eros insito nello spettacolo. Il ragazzo, resuscitando dentro di sé i giocattoli di guerra e **trasformando la «musichetta da trivio» in «una marcia guerriera»**, tutela e riafferma le ragioni profonde delle proprie pulsioni sessuali senza per questo disobbedire alla proibizione materna (infatti non guarda lo spettacolo proibito). Ciò che viene sacrificato alla vista, rinasce trionfalmente nell'udito. L'anima del ragazzo è definita «popolana ed altera» (v. 18) proprio per questa capacità di **riaffermare nonostante tutto le ragioni profonde della propria identità** e delle proprie pulsioni vitali.

L'attualizzazione e la valorizzazione Da quando Saba scriveva questa poesia e a maggior ragione dalla sua adolescenza, quasi un secolo fa, sono cambiate molte cose; ed è cambiato anche, e profondamente, il modo di vivere **la scoperta del sesso**: la visione della nudità, rara e proibita allora, è oggi pasto quotidiano dei telespettatori, volenti o nolenti. Ciò significa che non vi siano più ambivalenze nei confronti della sessualità, in particolare negli adolescenti? Che tra principio di piacere e legge morale non esista più conflitto? Che l'immagine della madre e l'immagine di una spogliarellista non possano sovrapporsi determinando, nella psiche di un giovane, uno speciale "cortocircuito"? È piuttosto probabile che le problematiche qui esposte dal poeta si siano modificate nella forma ma persistano nella sostanza; non sempre in modo meno confuso e sofferto. Su un testo come questo, dunque, ben si possono verificare le due operazioni sempre richieste dalla poesia e dall'arte in generale, quando ancora dotate di significato e di valore: capire la specificità storica dell'oggetto (il cinema di periferia, l'ingenuità del protagonista, ecc.) e riscoprire al suo interno un significato coinvolgente ancora per noi, e ancora attuale.

T6 LAVORIAMO SUL TESTO

ANALIZZARE

Attrazione e repulsione

1. Quali emozioni trapelano dall'atteggiamento esteriore del giovane?
2. Perché i suoi pensieri vanno alla madre? Che significato assume qui l'amore?
3. **LINGUA E LESSICO** Il «giovanetto» della poesia è agitato da pulsioni contrastanti. Sottolinea nel testo i termini che ci restituiscono il senso di questa intima lotta tra desideri opposti.

L'alter ego del poeta

4. Quale funzione assume la musica?
5. Quale rapporto c'è fra il ragazzo e il poeta? Perché?

INTERPRETARE

6. **TRATTAZIONE SINTETICA** Quale funzione sembra assumere il mondo degli affetti familiari nella poesia di Saba? Spiegalo in un testo di venti righe.

T7 Preghiera alla madre

OPERA
Cuor moriruro

CONCETTI CHIAVE
- rielaborazione in chiave psicoanalitica del ricordo della madre

FONTE
U. Saba, *Il canzoniere*, cit.

Il poeta si rivolge alla madre morta, rievocando la tristezza dei suoi anni adolescenziali ed esprimendo il desiderio di ricongiungersi a lei. Questo componimento, scritto dopo l'inizio della terapia psicoanalitica, chiude la sezione Cuor moriruro, *una delle più riuscite del* Canzoniere.

> Madre che ho fatto
> soffrire
> (cantava un merlo alla finestra, il giorno
> abbassava, sì acuta era la pena
> 5   che morte a entrambi io m'invocavo)
>   madre
> ieri in tomba obliata, oggi rinata
> presenza,
> che dal fondo dilaga quasi vena
> 10 d'acqua, cui dura forza reprimeva,
> e una mano le toglie abile o incauta
> l'impedimento;
> presaga gioia io sento
> il tuo ritorno, madre mia che ho fatto,
> 15 come un buon figlio amoroso, soffrire.

METRICA libera alternanza di endecasillabi (dominanti, anche se a volte spezzati in due versi) e di versi più brevi (settenari, quinari e ternari).

- **1-15** [O] *madre che ho fatto soffrire (un merlo cantava alla finestra, il giorno tramontava* (**abbassava**), *la sofferenza* (**la pena**) *era così forte* (**acuta**) *che io invocavo morte per* (**a**) *entrambi* [**noi**]), [*o*] *madre* [**che**] *ieri* [: *nel passato*] [*ho*] *dimenticata* (**obliata**) *nella* (**in**) *tomba,* [*e*] *oggi* [*sei*] *una presenza rinata, che dal profondo* (**dal fondo**): *della psiche, cioè dall'inconscio*) *emerge* (**dilaga**) *come* (**quasi**) *una sorgente* (**vena**) *d'acqua, che* (**cui**: *oggetto*) *una dura forza* [: *la rimozione*; *soggetto*] *reprimeva, e cui* (**le**) [*ora*] *una mano* [: *l'azione dello psicoanalista*] *abile o temeraria* (**incauta**) *toglie gli ostacoli* (**l'impedimento**); *io sento il tuo ritorno* [: *nella memoria*] [*come*] *gioia anticipatrice* (**presaga**), [*o*] *madre mia che ho fatto soffrire, come un buon figlio amoroso.* La madre, morta da anni e quasi dimenticata dal poeta, riacquista dentro di lui uno spazio significativo grazie alle cure psicoanalitiche. Come sempre nella poesia sabiana, il tema della sofferenza si lega alla figura della madre. (**cantava...m'invocavo**): riferimenti a momenti tesi del difficile rapporto tra madre e figlio negli anni della fanciullezza e dell'adolescenza; sono riconoscibili alcuni dei tratti che ispirano certe pagine del romanzo autobiografico *Ernesto*. **Abile o incauta**: perché il poeta non è certo che il riaffiorare in lui di questi lontani ricordi abbia un significato solo positivo; e anzi teme già la minaccia in essi implicita, e che si definirà bene nei versi conclusivi del componimento. **Madre mia che ho fatto...soffrire**: l'aver fatto soffrire la madre non implica l'esser stato cattivo o privo di amore per lei, e anzi, nella prospettiva della matura saggezza, pare al poeta un effetto inevitabile del rapporto madre-figlio, quasi, addirittura, una conseguenza dello stesso vincolo d'amore (come suggerisce l'energico inciso che spezza la frase).

Pacificata in me ripeti antichi
moniti vani. E il tuo soggiorno un verde
giardino io penso, ove con te riprendere
può a conversare l'anima fanciulla,
20 inebbriarsi del tuo mesto viso,
sì che l'ali vi perda come al lume
una farfalla. È un sogno,
un mesto sogno; ed io lo so. Ma giungere
vorrei dove sei giunta, entrare dove
25 tu sei entrata
– ho tanta
gioia e tanta stanchezza! –
farmi, o madre,
come una macchia dalla terra nata,
30 che in sé la terra riassorbe ed annulla.

● **16-30** [*Ormai*] pacificata, ripeti dentro di me (**in me**) antiche inutili (**vani**) ammonizioni (**moniti**). E io penso [che] il tuo soggiorno [nell'aldilà sia come] un verde giardino, dove la [mia] anima di bambino (**fanciulla**) può riprendere a conversare con te, ubriacarsi (**inebbriarsi**) del tuo viso triste (**mesto**), così da perdervi le ali (**che l'ali vi perda**) come una farfalla [le perde bruciandosele] a una lampada (**al lume**). [*Questo*] è [solo] un sogno, un triste sogno; e io lo so. Ma vorrei giungere dove sei giunta [tu], entrare dove tu sei entrata – ho [in me] tanta gioia e tanta stanchezza! – diventare (**farmi**), o madre, come una macchia nata dalla terra, che la terra riassorbe ed annulla in sé. Il recupero nella memoria della dolente figura della madre comporta un bisogno profondo di ricongiungersi a lei, di ritrovare l'unità madre-figlio perduta nel corso della vita adulta. Questo desiderio coincide, ora che la madre è morta, con un bisogno (o una minaccia) di annullamento: ricongiungersi alla madre significa infatti rimettere a lei il potere di revocare al figlio quella vita che ella stessa gli ha dato mettendolo al mondo.

 DALLA COMPRENSIONE ALL'INTERPRETAZIONE

COMPRENSIONE

Il ricordo della madre e il desiderio di morte Come suggerisce il titolo, la poesia è **una «preghiera» rivolta alla madre**, la cui figura è anche qui caratterizzata dai **motivi della sofferenza e del rimprovero** (per quest'ultimo motivo cfr. T1, p. 135). Il recupero dell'immagine materna si accompagna all'assunzione del suo punto di vista doloroso: questo slittamento è segnalato dal ricorrere dell'aggettivo «mesto» (v. 20), che in un primo momento è associato al «viso» della donna e poi passa a qualificare il «sogno» di morte del poeta (v. 23). L'**immaginazione luttuosa** è messa in moto da **un impulso regressivo**: il poeta vorrebbe ritornare bambino per conversare con la madre; ma la donna è morta. Di conseguenza la nostalgia per la dimensione infantile (o addirittura prenatale) si mescola con **un'ansia di annullamento e scomparsa**. Nella similitudine finale la madre è implicitamente paragonata alla «terra», che ha prodotto una «macchia» (la vita del figlio) e ora potrebbe riassorbirla in sé e cancellarla. In questi ultimi versi la regressione all'infanzia e il desiderio di annullamento si sovrappongono fino a coincidere.

ANALISI

Sintassi e lessico La poesia è formata da **due strofe di quindici versi** ciascuna. **La sintassi, piena di incisi**, di parentesi, di lineette, riproduce l'andamento ondeggiante del pensiero nei suoi **andirivieni tra passato e presente**, nell'oscillazione tra «gioia» e «stanchezza». Il lessico è semplice e quotidiano; in *Cuor moriture* lo spazio assegnato ai termini arcaici della tradizione letteraria si riduce: adesso le singole parole del linguaggio comune si caricano di valore e spesso vengono isolate nel verso (cfr. «soffrire» al v. 2, «madre» al v. 6, «presenza» al v. 8, «l'impedimento» al v. 12, ecc.), con una ricerca di densità espressiva che risente dell'**influenza di Ungaretti**. A differenza di Ungaretti, però, Saba non mira alla «purezza» e alla stilizzazione; viceversa, la sua poesia narrativa rispecchia la gioia e il dolore della vita nella sua «impurità», facendo emergere le verità represse dell'io.

INTERPRETAZIONE

Il rapporto con la madre Il modo di affrontare il tema della madre e della memoria di lei dopo la perdita causata dalla morte caratterizza questa poesia di Saba distinguendola da altri testi di tema analogo. **Ungaretti**, per esempio, in *La madre* **rappresenta l'aspetto religioso** della questione (cfr. cap. IV, T10, p. 109); mentre **Montale, in *A mia madre*, punta sull'aspetto materiale della memoria** (cfr. cap. VII, T1, p. 255). **Saba**, invece, **è interessato al significato psicologico** profondo rappresentato dalla figura materna per il soggetto. È per questa ragione che il ricordo non è considerato in termini stabili, ma prospettando la possibilità di una sua attenuazione o di una sua rinascita e rivivificazione («ieri in tomba obliata, oggi rinata / presenza», vv. 7-8), a seconda dello stato psichico dell'io, dei suoi presenti bisogni e dei **meccanismi inconsci** (rimozione, censura, rielaborazione del lutto). In particolare, il recupero del ricordo della madre è sollecitato dall'esperienza della **terapia psicoanalitica intrapresa da Saba con Edoardo Weiss** (cui si fa riferimento ai vv. 11-12). Fra l'altro **il riaffiorare della figura materna alla coscienza** del poeta può compiersi perché ora vengono meno le ragioni di tensione e di senso di colpa che avevano caratterizzato il rapporto con lei, favorendo la rimozione. Infatti l'aver fatto soffrire la madre viene spiegato ora all'interno di un rapporto d'affetto, doloroso sia per la madre che per il figlio (cfr. i vv. 1-5 e 14-15). **La rielaborazione del ricordo** della madre può essere dunque ora ragione di «gioia» (v. 13) e non di angoscia; benché permangano **una minaccia e un pericolo**, collegati allo specifico significato doloroso della lezione ricevuta dalla madre.

Giorgio de Chirico, *Autoritratto con la madre*, 1921. Rovereto, Museo di arte moderna e contemporanea di Trento e Rovereto.

T2 LAVORIAMO SUL TESTO

ANALIZZARE

Passato e presente

1. Quali dimensioni temporali si intrecciano nella poesia?
2. **LINGUA E LESSICO** La sintassi di questa poesia, che riproduce gli andirivieni fra passato e presente, è:
   - A lineare e semplice
   - B piena di incisi, di lineette, di parentesi

   Il lessico è
   - A ricercato e prezioso
   - B semplice e quotidiano

La metamorfosi materna

3. Quali metamorfosi subisce la figura materna agli occhi del poeta?

La metamorfosi del poeta

4. Il poeta definisce ora la sua anima «fanciulla»: per quale ragione?

INTERPRETARE

Lo spazio dell'inconscio

5. Saba parla esplicitamente in questo testo di sogno; rintraccia, nelle poesie dell'autore lette finora, la presenza di una logica simbolica e analogica.

LE MIE COMPETENZE: PRODURRE

Costruisci una piccola antologia di poesie del Novecento dedicate alla figura della madre. Con una ricerca in biblioteca individua le poesie da antologizzare (ricordando che il tema della madre ritorna, oltre che in Saba, in Montale, in Ungaretti, in Caproni, in Pasolini e in tanti altri autori). Scrivi un cappello introduttivo in cui presenti la poesia che ti ha colpito di più tra quelle che hai raccolto. Assegna un titolo alla tua antologia.

T8 Secondo congedo

OPERA
Preludio e fughe

CONCETTI CHIAVE
- la scissione dell'io

FONTE
U. Saba, *Il canzoniere*, cit.

Questa brevissima lirica si ricollega al tema della scissione, la cui origine è definita in Tre poesie alla mia balia (cfr. **T4**, p. 146). Il tentativo di raggiungere un'identità integra è caratterizzato, più che da un vero e proprio successo, da un continuo mascheramento della divisione che attraversa l'io.

> O mio cuore dal nascere in due scisso,
> quante pene durai per uno farne!
> Quante rose a nascondere un abisso!

METRICA un'unica terzina di endecasillabi con rima tra il primo e il terzo verso.

- *O mio cuore, diviso* (**scisso**) *in due* [**fin**] *dal nascere, quante sofferenze* (**pene**) *sopportai* (**durai**) *per farne* [: per fare di te] *uno* [**solo**]! *Quante rose* [ho adoperato] *per* (**a**) *nascondere un abisso!* **Dal nascere**: infatti una delle ragioni principali della scissione è legata alla infelice situazione famigliare e alla diversa origine razziale dei genitori e alla differenza dei loro caratteri.

T8 DALLA COMPRENSIONE ALL'INTERPRETAZIONE

COMPRENSIONE

L'abisso e le rose Tra le due parti della psiche del poeta l'inconciliabilità è così totale che egli parla di «abisso», riferendosi a una tematica (quella dell'**abisso interiore**) frequente nella poesia moderna da Baudelaire in poi; e i tentativi di superare tale scissione sono denunciati come semplici coperture di essa per mezzo di **rose** (metaforicamente rappresentanti cose dall'aspetto gradevole), cioè, usando la terminologia psicoanalitica, come **sublimazioni**. Le stesse **poesie, che pure nascono in parte dalla nevrosi, cercano di nasconderla** con le proprie qualità estetiche: trasformandola in bellezza, la rendono gradevole e la occultano.

ANALISI E INTERPRETAZIONE

La scissione interiore: un tema centrale Questa poesia, nella sua fulminea brevità, affronta il tema della scissione interiore, che percorre l'intero *Canzoniere*. Nel sonetto «**Mio padre è stato per me "l'assassino"**» (espansioni digitali **T**) il poeta individua una **prima causa di questa scissione nella diversità tra i genitori, che hanno caratteri opposti** e una differente visione del mondo. Quella della madre e del padre sono «due razze in antica tenzone». Saba ha in comune con la madre la propensione al dolore, ma eredita dal padre una pulsione alla leggerezza e alla trasgressione vitale. **Il conflitto tra la trasgressione e le inibizioni della repressiva morale materna** ritorna in *Eros* (**T6**, p. 154). Qui il poeta descrive l'atteggiamento ambiguo di un adolescente che assiste ad uno spettacolo di "varietà" messo in scena da una ballerina: il ragazzo si protende dal loggione per guardare verso il palco, ma il senso di colpa, indotto dal pensiero della madre severa, gli fa abbassare gli occhi. Saba rivede se stesso adolescente nel ragazzo che smette di guardare e si limita ad ascoltare la musica volgare, trasformandola con l'immaginazione in «una marcia guerriera». Le ambivalenze che caratterizzano l'adolescenza del poeta però affondano le radici ancora più lontano, nei primi anni dell'infanzia. Così nella sezione *Il piccolo Berto* il poeta si confronta con i suoi ricordi più remoti. L'esperienza del trattamento psicoanalitico agisce in modo decisivo sulle poesie di questo periodo. Lo scavo nel fondo della psiche fa riaffiorare il ricordo del "piccolo Berto", che è Saba bambino. Nelle *Tre poesie alla mia balia* (**T4**) la scrittura si fa carico di riprodurre i più sfuggenti meccanismi della psiche e porta a galla **l'episodio cruciale che ha innescato la nevrosi del poeta: la separazione dall'amata balia**. La poesia che abbiamo letto adesso è invece compresa nella sezione *Preludio e fughe* che risale al biennio compreso tra il 1928 e il 1929. In questa sezione del *Canzoniere* Saba adotta una soluzione audace e sperimentale: le *Fughe* sono **composizioni a due "voci"**, distinte l'una dall'altra anche attraverso degli accorgimenti tipografici. Queste voci si alternano, si sovrappongono ed entrano in conflitto fra loro, fino a ricreare l'effetto di una musica polifonica. Si esprime così il dissidio interiore del poeta, ma **la scissione dolorosa trova una sublimazione e un risarcimento nella raffinatezza musicale dei versi**, come testimonia anche *Secondo congedo*.

T8 LAVORIAMO SUL TESTO

INTERPRETARE

Bellezza e chiarezza

1. L'immagine delle rose è una metafora sublimante, che può essere riferita alla poesia. In questo caso quale funzione assume per Saba la scrittura?

9 Il volume terzo

172 testi divisi in nove sezioni

Il volume terzo del *Canzoniere* comprende **172 testi composti tra il 1933 e il 1954**. Delle **nove sezioni** che lo formano nell'edizione definitiva, e postuma, **solo le prime cinque comparivano nell'edizione del 1948**, l'ultima curata da Saba personalmente. Questa fase finale della poesia sabiana è caratterizzata da un ulteriore passo nella direzione già segnata da *Cuor moriture* e dai testi ultimi del volume secondo: **lo stile diviene più asciutto, la forma più sorvegliata**, la tendenza narrativa non scompare ma si organizza in modi più rapidi e concisi. Questo cambiamento non incide sulla personalità della poesia di Saba, e mostra tuttavia l'effetto del contatto con altri autori importanti del Novecento, Ungaretti e soprattutto Montale.

Prima sezione: *Parole* (1933-1934) **Seconda sezione:** *Ultime cose* (1935-1943)

La prima sezione, *Parole* (1933-34), comprende **29 testi** che formano come un'implicita antologia dei temi portanti del *Canzoniere* (cfr. **T9**, p. 162). **Con la sezione che segue, *Ultime cose*** (1935-43), che conta ben **43 testi**, *Parole* **raccoglie i momenti più significativi della produzione tarda di Saba**. Il tema del tempo che trascorre e dei ricordi, frequente soprattutto nella seconda sezione, perde lo slancio conoscitivo che lo caratterizza nel *Piccolo Berto* e un po' in tutta la produzione precedente di Saba. Ora i ritorni a motivi e fatti del passato sono contrassegnati piuttosto da tenerezza e rimpianto. Non va fra l'altro dimenticato che in particolare le poesie di *Ultime cose* furono scritte negli anni più cupi della dittatura fascista e nel periodo bellico, sotto la minaccia costante, per Saba (ebreo), della persecuzione razziale.

T • *Confine*

1944 e *Varie*

Le due brevi sezioni che seguono, *1944* (**cinque poesie**) e *Varie* (**sei testi**), affrontano il tema dell'occupazione nazista e della Liberazione (cfr. **T10**, p. 164), allargandolo con ricordi della prima guerra mondiale; fungono, nella struttura dell'opera, da ponte tra le prime due sezioni e quella che, nell'ultima edizione curata dal poeta, la concludeva: *Mediterranee*.

Quinta sezione: *Mediterranee* (1945-1946). **La giovinezza e il mito**

Mediterranee, **quinta sezione** del volume, comprende **27 testi**, composti tra il 1945 e il 1946. Qui riemerge ancora una volta il bisogno costante di giovinezza che anima il *Canzoniere*, ma oggettivato in figure mitiche di giovinetti, oppure segnato dalla malinconia della rinuncia e del distacco. **È una poesia di chiusura e di addio**, nella quale tuttavia non viene mai meno la serenità, magari dolente, che caratterizza l'estrema stagione di Saba (cfr. **T11**, p. 166).

T • *Ulisse*

Le ultime quattro sezioni

Le ultime quattro sezioni del libro, aggiunte come si è detto solo nell'edizione postuma **del 1961**, hanno collocazione incerta. Prevale oggi un ordinamento cronologico, nel rispetto del criterio generalmente seguito da Saba nella disposizione strutturale delle raccolte. In tale ordinamento, dunque, *Epigrafe* (composta nel 1947-48) ha la sesta posizione. **Vi si esprimono, così come in** *Sei poesie della vecchiaia* (composte tra il 1953 e il 1954 e collocate in **nona e ultima posizione**), **un'amarezza e un'inquietudine senza scampo**. Tanto il riacutizzarsi della nevrosi, con periodi di forte depressione, quanto la percezione, dopo la fine della guerra, di trasformazioni sociali e culturali lontanissime dalla propria concezione del mondo spingono Saba a un rifiuto – per la prima volta – dello strumento pacificatore della scrittura poetica. Le poche eccezioni al silenzio portano il segno di questo disagio e quasi il peso di un fallimento.

Epigrafe (1947-1948) e *Sei poesie della vecchiaia* (1953-1954). **Depressione e rifiuto delle trasformazioni sociali in corso**

Uccelli (1948) e Quasi un racconto (1951). Tra disillusione senile e utopia regressiva

Fanno solo parzialmente eccezione le **sezioni settima e ottava** (*Uccelli*, **11 poesie, e** *Quasi un racconto*, **39 testi**), collegate tra loro. *Uccelli* nasce in un breve periodo di serenità nell'estate del 1948; *Quasi un racconto* in un'eguale pausa della depressione, nel 1951. La rappresentazione della vita di volatili – di vario genere nella prima raccolta, canarini nella seconda – riaccende la personale vena narrativa della poesia sabiana, non senza facili deduzioni filosofico-esistenziali. Accanto a una ben percepibile amarezza **si viene costruendo il mito di una cercata regressione alla percezione infantile e candida del mondo**, riconsiderato dal punto di vista degli uccellini in gabbia o in libertà. Il suggestivo contrasto tra disillusione senile e utopia regressiva non basta a riscattare la marginalità di questi testi nel sistema dell'opera; e ben si comprende come Saba abbia rinunciato a fornire edizioni del *Canzoniere* che li includessero.

T9 Parole

OPERA
Parole

CONCETTI CHIAVE
- il linguaggio come strumento di conoscenza

FONTE
U. Saba, *Il canzoniere*, cit.

Questa è la prima poesia della raccolta intitolata appunto *Parole* (1933-34) e ha quasi una funzione di introduzione e di spiegazione. Al centro della ricerca di Saba non sono più, ora, tanto i fatti della sua vita, sui quali la psicoanalisi e le raccolte precedenti hanno portato un po' di luce, quanto le risorse espressive della lingua, l'intensità delle parole.

> Parole,
> dove il cuore dell'uomo si specchiava
> – nudo e sorpreso – alle origini; un angolo
> cerco nel mondo, l'oäsi propizia
> 5 a detergere voi con il mio pianto
> dalla menzogna che vi acceca. Insieme
> delle memorie spaventose il cumulo
> si scioglierebbe, come neve al sole.

METRICA unica strofa di sette endecasillabi (il secondo e il penultimo sdruccioli) preceduti da un primo verso trisillabo che rima con l'ultimo e che ripete il titolo.

- [O] parole, nelle quali (**dove**) alle origini [: del linguaggio] il cuore [: i sentimenti] dell'uomo si specchiava nudo e sorpreso; cerco nel mondo un angolo, l'oasi favorevole (**propizia**) per (a) ripulire (**detergere**) voi [: parole] con il mio pianto dalla menzogna che vi acceca [: vi rende false]. [Se riuscissi a fare questo], il cumulo delle memorie che fanno paura (**spaventose**) si *scioglierebbe* [: svanirebbe] tutto (**insieme**), come [fa la] *neve al sole*. **Si specchiava**: poteva guardare se stesso e riflettere su di sé come su una cosa apparentemente esterna, appunto come avviene fissandosi in uno specchio. **Nudo e sorpreso**: il linguaggio consente di portare alla luce sentimenti e pensieri nascosti (e perciò **nudo**) e da questa chiarezza riguardo a cose che sembravano misteriose derivano la sorpresa e lo stupore dell'uomo primitivo che scopriva il potere delle parole. **Origini**: sono le origini del linguaggio e insieme le origini della civiltà umana quale noi la concepiamo, legata all'invenzione del linguaggio. È possibile che si alluda anche alla scoperta delle parole di ogni uomo nell'infanzia. **Angolo...oäsi propizia**: un luogo non contaminato dalla falsità e dall'ipocrisia (la **menzogna** che annulla o riduce moltissimo, **acceca**, il potere chiarificatore e conoscitivo del linguaggio). La dieresi di **oäsi** (legata a ragioni metriche) impone una lettura lenta e larga, a suggerire lo spazio e la calma necessari alla restituzione di senso alle parole.

T9 DALLA COMPRENSIONE ALL'INTERPRETAZIONE

COMPRENSIONE

Una dichiarazione di poetica Questa poesia è un vero e proprio manifesto di poetica. Saba afferma il valore della parola poetica evidenziandone la capacità di mettere a nudo e di esprimere in modo limpido **la verità del mondo interiore,**

senza mistificazioni né abbellimenti. Per l'autore il valore estetico di un componimento va dunque misurato sulla sua capacità di attingere al vero dei moventi psichici e di **smascherare la menzogna**. La sua è una **poesia sincera e "onesta"**.

ANALISI

Il linguaggio, la psicoanalisi, la poesia   Il luogo non contaminato dall'ipocrisia e dalla falsità definito dalla parola «oäsi» al v. 4 del testo può anche essere rappresentato, per l'uomo moderno civilizzato, dalla coscienza che deriva dalla psicoanalisi, il cui strumento operativo principale, secondo Freud, è il linguaggio. Al linguaggio delle «menzogne» si contrappone quello della conoscenza. Da questo punto di vista il potere chiarificatore della psicoanalisi è doppiato da quello, simile, della poesia come Saba la intende: **momento di autocoscienza e onestà espressiva**. C'è dunque un felice **connubio tra psicoanalisi e poesia**. Il «cumulo» delle «memorie spaventose» non è tanto l'insieme dei ricordi consapevoli, quanto quello dell'inconscio, che la parola sincera e nitida potrebbe penetrare ed esprimere, risolvendo i conflitti nevrotici e restituendo alla psiche unità ed equilibrio.

L'iperbato del v. 7 («delle memorie spaventose il cumulo») evidenzia l'**intrico dei materiali profondi della psiche** attraverso l'**intrico sintattico**, che la parola potrebbe sciogliere come la neve si scioglie al sole e come la sintassi si scioglie nell'ultimo verso. Infine, dunque, la relativa coincidenza di questa **valorizzazione del linguaggio quale sorgente di autenticità** e di verità con la coeva teorizzazione ermetica risulta assai meno sostanziale di quanto possa apparire a un primo sguardo.

INTERPRETAZIONE

Saba ermetico?   «Molto inverno e molta neve cadono, anche materialmente, sulla poesia di *Parole*. Ma il lettore del *Canzoniere* avverte, arrivato a questo punto, qualcosa di nuovo, come una strana primavera. È la primavera che seguì per Saba, alla crisi del *Piccolo Berto*; una grande chiarificazione interna, alla quale risponde un uguale illimpidimento della forma. Con *Parole* prima, con *Ultime cose* poi, **Saba abbandona del tutto la sua vena narrativa**, che tanto, e tanto a torto, aveva disturbati i suoi critici. Saba vecchio avrà meno cose da narrare (almeno in versi), e più da cantare. Saba di *Parole* e di *Ultime cose* si presenta al nostro giudizio come "un lirico puro". [...] Dalla prima poesia di *Parole* in poi, Saba dà il suo pieno valore alla parola; da tale volontà e consapevolezza è nato non solo il libro, ma anche il titolo del libro. Questo era in principio "Distacco"; il poeta lo mutò – e lo mutò bene – in *Parole*» – così scrive lo stesso poeta nella *Storia e cronistoria del Canzoniere*. Si è parlato addirittura, per questa fase della poesia di Saba, di una qualche vicinanza all'Ermetismo. Ma il rapporto, se c'è, è molto superficiale e apparente. Infatti **per Saba il linguaggio non nasconde nessuna misteriosa verità simbolica** (come ritengono i poeti ermetici); in una lettera del settembre 1936 a Ettore Serra, Saba addirittura scrive: «Devo però avvisarti di una cosa (che ti dico in un orecchio), non credo più alla poesia. Non alla poesia di questo o di quel poeta, ma alla poesia in genere. La sento (Dante compreso) come un'illusione dell'umanità nella sua infanzia: mi fa l'effetto di un condensato di bugie». L'unico privilegio della parola è quello espressivo: **ciò che conta è pur sempre la realtà**, e al linguaggio il poeta chiede precisamente di esprimere la realtà in modo fedele e sincero («mai come in quegli anni la parola era infetta di menzogna» annota Saba sempre in *Storia e cronistoria del Canzoniere*). Cultura psicoanalitica ed esperienza di poeta si incontrano in questa fiducia e in questo impegno. È pur vero, d'altra parte, che l'aspirazione alla purezza e alla verità sono espresse qui attraverso il mito romantico (e simbolistico) delle origini, un ipotetico momento precedente la civiltà e caratterizzato da una condizione – anche linguistica – incontaminata.

T9 LAVORIAMO SUL TESTO

ANALIZZARE

Lontano dalla menzogna

1. **LINGUA E LESSICO**   Chiarisci il significato dell'espressione «nudo e sorpreso».
2. Cosa intende Saba per «origini»?

INTERPRETARE

Un linguaggio chiarificatore

3. Perché le lacrime possono purificare le parole dalla menzogna?
4. **TRATTAZIONE SINTETICA**   Spiega in una trattazione sintetica (max 15 righe) quale funzione viene attribuita alla poesia da Saba.

T10 Teatro degli Artigianelli

OPERA
1944

CONCETTI CHIAVE
- la fede politica e il vino "affratellano" gli uomini

FONTE
U. Saba, *Il canzoniere*, cit.

Nel 1944 Saba, che è di origine ebraica, si trova a Firenze, dove vive in clandestinità, cambiando continuamente domicilio per sottrarsi alle persecuzioni razziali. Qui, subito dopo il ritiro delle truppe naziste, assiste ad uno spettacolo allestito con pochi mezzi dal Partito Comunista. La poesia Teatro degli Artigianelli, *compresa nella sezione intitolata 1944, nasce da questo episodio concreto.*

> Falce martello e la stella d'Italia
> ornano nuovi la sala. Ma quanto
> dolore per quel segno su quel muro!
>
> Entra, sorretto dalle grucce, il Prologo.
> 5   Saluta al pugno; dice sue parole
> perché le donne ridano e i fanciulli
> che affollano la povera platea.
> Dice, timido ancora, dell'idea
> che gli animi affratella; chiude: «E adesso
> 10 faccio come i tedeschi: mi ritiro».
> Tra un atto e l'altro, alla Cantina, in giro
> rosseggia parco ai bicchieri l'amico
> dell'uomo, cui rimargina ferite,
> gli chiude solchi dolorosi; alcuno
> 15 venuto qui da spaventosi esigli,
> si scalda a lui come chi ha freddo al sole.

METRICA tre strofe, di varia lunghezza, di endecasillabi, con un settenario (v. 20). Alcune rime (vv. 7 sg. e 10 sg.) e assonanze.

- **1-3** *Falce, martello e la stella d'Italia ornano nuovi la sala. Ma quanto dolore [è stato necessario] per [poter mettere] quel segno su quel muro!* Il **segno**, o simbolo, di **falce**, **martello** e **stella** era quello del Partito Comunista Italiano; esso può ornare la sala nuovamente dopo che per vent'anni il fascismo prima, e l'occupazione tedesca dopo, lo avevano proibito, dichiarando illegali i partiti politici e perseguitando con particolare accanimento quello comunista. Ma per recuperare la libertà e poter rifare uso del simbolo è stata necessaria la sofferenza della guerra, delle lotte antifasciste e della milizia partigiana. Saba «vide per la prima volta» il simbolo – come egli stesso racconta –, «in luogo dei fasci e della croce uncinata, sulle bianche nude pareti» del Teatro degli Artigianelli.

- **4-10** *Entra il Prologo sorretto dalle stampelle (grucce). Saluta con il (al) pugno; dice le sue parole perché le donne e i fanciulli che affollano la povera platea ridano. Parla (dice), [in modo] ancora timido, dell'idea [comunista] che affratella gli animi; conclude (chiude) [dicendo]: «E adesso faccio come i tedeschi: mi ritiro».* **Entra...il Prologo**: il Prologo è il personaggio che introduce uno spettacolo teatrale; in questo caso si tratta di un invalido (e perciò porta le stampelle). **Saluta al pugno**: il saluto con il pugno chiuso alzato è una consuetudine internazionale dei militanti comunisti. **Timido ancora**: il ritiro dei tedeschi è appena avvenuto e la possibilità di parlare esprimendo idee fino a quel momento vietate non è sfruttata senza una qualche incertezza legata alla disabitudine. **«E adesso...mi ritiro»**: è una battuta di spirito volta a deridere l'esercito tedesco che era stato costretto a ritirarsi dopo mesi di sanguinosa occupazione.

- **11-16** *Tra un atto e l'altro [della rappresentazione], nella (alla) cantina, rosseggia in giro scarso (parco) nei (ai) bicchieri l'amico dell'uomo [: il vino], al quale (cui) rimargina ferite, [e] al quale (gli) chiude solchi dolorosi [: consolandolo]; qualcuno (alcuno) venuto qui da esilii (esigli) terribili (spaventosi) [: causati dalle persecuzioni politiche], si scalda a lui [: il vino] come chi ha freddo [si scalda] al sole.* A unire gli animi concorre non solo la comune fede politica, ma anche il contatto con i valori umili e però profondi della vita; il calore consolatorio del vino è tra questi valori e Saba non di rado se ne è fatto interprete, come di tutte le cose che uniscono gli uomini e che appartengono a tutti.

Firenze, il Ponte Vecchio e il lungarno danneggiati in seguito ai bombardamenti della Seconda guerra mondiale.

>   Questo è il Teatro degli Artigianelli,
>   quale lo vide il poeta nel mille
>   novecentoquarantaquattro, un giorno
> 20 di Settembre, che a tratti
>   rombava ancora il cannone, e Firenze
>   taceva, assorta nelle sue rovine.

● **17-22** *Questo [descritto] è il Teatro degli Artigianelli, quale il poeta [Saba] lo vide nel millenovecentoquarantaquattro, un giorno di settembre, che a tratti rombava ancora il cannone, e Firenze taceva, assorta nelle sue rovine*. La strofa conclusiva allarga di colpo l'orizzonte, inserendo in una vasta prospettiva storica l'episodio narrato e sottolineando contemporaneamente il carattere di testimonianza diretta del racconto. È il settembre 1944, la ritirata dei tedeschi dalla città è avvenuta da poco e ancora il fronte è così vicino che si sente tuonare il cannone, mentre Firenze è semidistrutta dalla guerra subìta e sembra come riflettere sulle proprie rovine, sia materiali che morali. **Teatro degli Artigianelli**: cfr. l'introduzione al testo.

T10 DALLA COMPRENSIONE ALL'INTERPRETAZIONE

COMPRENSIONE

La vicenda collettiva La poesia appartiene alla breve raccolta *1944*, riferita, come si evince dal titolo stesso, all'**occupazione nazista** che segnò le ultime fasi della guerra. Saba trascorse tale periodo, nascosto (era ebreo e perciò in pericolo di vita), a Firenze. E qui, appena ritiratisi i tedeschi più a Nord, gli capitò di assistere a un povero **spettacolo teatrale organizzato dal non più clandestino Partito Comunista**. Così scrive di quell'episodio il poeta nella *Storia e cronistoria del Canzoniere*: «Saba si commosse assistendo, dopo la lunga orribile prigionia, ad una rappresentazione popolare, dentro la cornice di uno di quei teatrini suburbani [: di periferia] sempre cari alla sua Musa [: la sua vena poetica], amante degli umili». La citazione introduce al tema profondo della poesia: **l'esistenza di valori e di esperienze comuni** nei quali è dato di riconoscersi e di trovare un'identità. In questo caso i due elementi sui quali Saba si sofferma sono: **la fede politica dei presenti** e **l'aspetto consolatorio del vino**; ed entrambi rimandano per contrasto alla sofferenza appena attraversata durante il fascismo, la guerra e l'occupazione, sofferenza che costituisce a sua volta un **elemento di unione e di uguaglianza tra gli uomini** (per questo tema cfr. *Città vecchia*, **T2**, p. 139). Si potrebbe aggiungere che **al poeta è pur sempre riconosciuto però un privilegio**: quello, espresso nell'ultima strofa, di **essere un testimone in grado di capire la portata storica** degli avvenimenti, inserendo anche quelli secondari nel contesto generale.

ANALISI

Lirismo ed epicità *Teatro degli Artigianelli* nasce da **uno slancio lirico**: la commozione del poeta per la libertà ritrovata è messa in risalto dal tono esclamativo dei vv. 2 e 3. A questo lirismo commosso si mescola u**na tensione epica e corale**: infatti la poesia esprime uno stato d'animo che non appartiene solo al soggetto, ma è condiviso da un'intera collettività. Il discorso si svolge in **forme distese e narrative**, ritmate dalla regolarità degli endecasillabi e dalla presenza di numerosi *enjambements*. Gli ultimi versi collocano l'episodio narrato in un tempo e in uno spazio precisi. Qui **l'autore si presenta come un testimon**e che ha il privilegio di comprendere, prima degli altri, l'eccezionalità degli eventi. Per la forza della testimonianza e per la **rappresentazione concreta** dei drammi della guerra, questo testo risente dell'**influenza del Neorealismo**, da cui solitamente la poesia di Saba resta lontana.

INTERPRETAZIONE

Saba interpreta *Teatro degli Artigianelli* A proposito di *Teatro degli Artigianelli* diamo la parola direttamente a Saba: «Il gruppo di poesie che Saba intitola all'anno terribile comprende cinque componimenti: "Avevo", 'Teatro degli Artigianelli", "Disoccupato", "Vecchio camino" e "Dedica". [...] Questa poesia ["Avevo"] che – lo diciamo ancora una volta – avrebbe dovuto diventar subito 'nazionale', fu pubblicata per la prima volta nella "Nazione del Popolo" di Firenze, nei primissimi giorni della liberazione, quando i tedeschi erano ancora a dieci chilometri dalla città, e quella libertà avrebbe anche potuto essere una libertà provvisoria. Non piacque. Piacque invece molto la poesia seguente "Teatro degli Artigianelli", che fu stampata, assieme ad "Avevo", nello stesso numero della "Nazione".

"Teatro degli Artigianelli", un duro macigno che il tempo ci metterà a scalfire, **passò per essere una poesia volutamente comunista**. Lo è per l'"ambiente" e per il verso iniziale: "Falce martello e la stella d'Italia" emblema che il poeta vide per la prima volta (in luogo dei fasci e della croce uncinata) sulle bianche nude pareti della povera sala. In realtà Saba si commosse assistendo, dopo la lunga orribile prigionia, ad una **rappresentazione popolare** dentro la cornice di uno di quei teatrini suburbani sempre cari alla sua Musa, amante degli umili, "del popolo in cui muoio, onde son nato" [è l'ultimo verso della poesia citata poco dopo, *cucina economica*]. Questa volta la sua commozione, favorita da tante circostanze, arrivò (come in "Cucina economica"), per scale già scavate nella sua anima, fino al pianto e al canto.

(A proposito del verso citato "Falce martello ecc." diremo che quando Saba lo lesse per la prima volta ad un suo amico – il pittore Carlo Levi – questi lo avvisò che era incorso in un errore. La stella a cinque punte dipinta accanto alla falce e al martello non era, allora, la stella d'Italia, ma quella dei Sovieti, che è pure a cinque punte. Saba rimase male. Lo aveva commosso il fatto che, contrariamente a quanto accadeva al tempo della sua giovinezza, quando i socialisti [i comunisti allora non esistevano] negavano, o quasi, il concetto di patria, essi ne riconoscessero adesso l'insopprimibile realtà nel cuore dell'uomo. Rimase male, ma non modificò il verso. Quando poi il PCI inserì nel suo emblema la stella d'Italia, il verso di Saba risultò, a posteriori, esatto; ebbe cioè tutto il significato che gli aveva dato il poeta quando lo scrisse). 'Teatro degli Artigianelli' è di nuovo – direbbe un nemico di Saba – **una poesia prosastica**. È invece una **poesia 'epica'**, in quanto dipinge un ambiente e narra fatti che in quell'ambiente accadono; **è lirica per l'intensità** colla quale il poeta canta, attraverso la propria dolorosa esperienza e sensibilità, la felicità amara di quelle prime giornate di libertà. Ed anche quella che può dare, in certi stati d'animo, un bicchiere di vino [Saba cita qui i vv. 11-16].

È un ritorno alla maniera giovanile di Saba, passata attraverso *Parole* ed *Ultime cose*. Tutta la poesia è una delle sue costruzioni più solide. Le cose diventano spontaneamente parole, le parole concorrono, come per forza propria, a formare il verso, ed i versi la strofa [vv. 17-22].

Benché, scrivendo "Avevo" e "Teatro degli Artigianelli", Saba non si proponesse, com'è naturale, altra cosa che scrivere delle poesie, esse rimangono, l'una e l'altra, come l'**espressione sintetica di un momento storico**. Gli italiani che leggono possono, nella loro maggioranza, per qualche tempo ancora ignorarle, ma verrà sicuramente il giorno in cui le ricorderanno e le avranno care» (U. Saba, *Storia e cronistoria del Canzoniere*, a cura di A. Stara, Mondadori, Milano 2001, pp. 311-316 [con tagli]).

T10 LAVORIAMO SUL TESTO

ANALIZZARE
Una poesia «epica» e «lirica»

1. Perché il poeta dice con chiarezza dove e quando si svolge l'azione narrata nella poesia?
2. Che valore assumono i simboli e gli ideali politici nel testo?

INTERPRETARE
La vita e la dignità dell'uomo

3. Perché il vino accompagna l'azione e gli ideali progressisti?
4. Quale funzione assume il poeta nel testo?

T11 Amai

OPERA
Mediterranee

CONCETTI CHIAVE
- la poesia come ricerca della «verità che giace al fondo»

FONTE
U. Saba, *Il canzoniere*, cit.

Questa poesia costituisce – ancora una volta – una dichiarazione di poetica. Saba riepiloga qui i caratteri della propria opera. Anzitutto sottolinea la scelta di soluzioni formali semplici ma non per questo banali. Sul piano del contenuto, egli ha voluto esprimere onestamente la verità profonda delle cose, e in particolare quella della psiche umana. Giunto al termine della vita e dell'attività poetica, Saba crede di avere effettivamente coinvolto il lettore e si dichiara soddisfatto dei risultati raggiunti.

Amai trite parole che non uno
osava. M'incantò la rima fiore

METRICA tre strofe di diversa lunghezza (due quartine e un distico), composte di endecasillabi con l'eccezione del v. 3 che è un trisillabo. Frequenti rime baciate, e sempre presenti, a legare le strofe tra loro, tra l'ultimo verso di ogni strofa e il primo di quella successiva.

- **1-4** *Amai parole consumate* (**trite**) *che nessuno* (**non uno**) *osava* [usare]. *Mi incantò la rima* [tra] *fiore* [e] *amo-*

amore,
la più antica difficile del mondo.

5 Amai la verità che giace al fondo,
quasi un sogno obliato, che il dolore
riscopre amica. Con paura il cuore
le si accosta, che più non l'abbandona.

Amo te che mi ascolti e la mia buona
10 carta lasciata al fine del mio gioco.

---

re, la più antica [e] difficile del mondo. Come in un lascito testamentario, Saba riepiloga le proprie scelte: un lessico facile, non ricercato e la volontà di esprimere cose comuni e perciò antiche ma anche difficili, perché nel dirle incombe sempre il pericolo della banalità (è questa la difficoltà profonda della rima **fiore** : **amore**, apparentemente facilissima). **La rima…**: di rime facili e intense la poesia di Saba è piena; e anche qui si vedano quelle ai vv. 4 sg., 6 sg. (che riprende quella dei vv. 2 sg.) e 8 sg. In particolare la rima **dolore** : **cuore** rientra in quelle *antiche* e *difficili*.

● **5-8** *Amai la verità che sta* (**giace**) *al fondo* [*delle cose e dell'uomo*], *come* (**quasi**) *un sogno dimenticato* (**obliato**), *che il dolore fa riscoprire* (**riscopre**) *amica* [: *capace di consolare e di dare aiuto*]. *Il cuore le* [: *alla verità*] *si accosta con paura, perché* (**che**) [*essa*] *non lo abbandona più* [*una volta scoperta*].

● **9-10** *Amo te* [: lettore] *che mi ascolti e la mia buona carta* [: le poesie] *lasciata alla fine del mio gioco*. **Buona carta**: buona perché onesta e dedicata ai valori appena affermati. **Gioco**: quello della vita, secondo un atteggiamento sdrammatizzante (o, forse, il «gioco» del fare poesia); vi è in ogni caso coerenza metaforica tra le espressioni «carta» e «gioco».

T11 DALLA COMPRENSIONE ALL'INTERPRETAZIONE

COMPRENSIONE

Un testamento poetico In *Amai* Saba riepiloga, come in un lascito testamentario, le proprie scelte poetiche. **Ogni strofa sottolinea un particolare aspetto della sua opera**: **nella prima** il poeta si concentra sulle caratteristiche formali e afferma la sua **predilezione per un lessico comune** (le «trite parole») e **per rime elementari** (come «fiore/amore»); **nella seconda**, soffermandosi sul contenuto, riconosce nella «**verità** che giace al fondo [delle cose e dell'uomo]» l'oggetto privilegiato della sua poesia; **nella terza**, infine, dichiara il proprio **amore al lettore e alla sua stessa opera**.

ANALISI E INTERPRETAZIONE

L'anafora e la metafora La lirica si fonda su una struttura semplice e raffinata. Ciascuna delle tre strofe è aperta, con **anafora, dal verbo "amare"**: ma mentre nelle prime due esso compare al passato («Amai»), nella terza, con significativa variazione, esso è al presente («Amo»). Notevole la presenza di **metafore**, a partire dalla seconda strofa: la verità «giace al fondo»; è simile a un «sogno obliato» («quasi» introduce qui una similitudine); la vita e la poesia sono accostate a un «gioco» di carte.

Le «trite parole» e «la verità che giace al fondo» La scelta di soluzioni formali semplici e comuni è, a ben vedere, una scelta impegnativa, perché implica il bisogno di **riscattarsi continuamente dal rischio della banalità**. Per questo la rima «fiore/amore» è anche «la più […] difficile del mondo». Il poeta rivendica orgogliosamente le proprie scelte formali, che «non uno / osava». D'altra parte, al di là delle apparenze, Saba non è affatto un poeta facile: attraverso parole «trite» e rime tradizionali egli veicola significati nuovi, che hanno a che fare con **gli aspetti più profondi delle cose e dell'io**. Il poeta guarda alla «verità che giace al fondo», con **uno sforzo di sincerità e di onestà** che comporta spesso «dolore» e «paura». Nella sua opera Saba racconta se stesso, ma, insieme, illumina i meccanismi psicologici che agiscono negli uomini in generale, assolvendo anche a una funzione sociale. Di qui la dichiarazione di amore al lettore e la soddisfazione per il risultato conseguito espressi nella conclusione.

T11 LAVORIAMO SUL TESTO

COMPRENDERE

1. La poesia appare come una dichiarazione di poetica. Sottolinea nel testo le parole-chiave che definiscono l'idea che l'autore ha della poesia.

ANALIZZARE

2. Saba dichiara di amare le rime tradizionali, che, infatti, ricorrono abitualmente nelle sue poesie.
   - A perché «fiore/amore» è definita come la rima «più antica difficile del mondo»?
   - B sottolinea le rime presenti nel testo

INTERPRETARE

3. Saba impiega «trite parole che non uno / osava». Possiamo scorgere in quest'affermazione una vena polemica contro altri poeti? Quali?
4. **TRATTAZIONE SINTETICA** La poesia onesta di Saba vuole illuminare «la verità che giace al fondo»: che cosa s'intende con questa espressione? Spiegalo in un testo che non superi le dieci righe.

10 La ricezione del *Canzoniere* e la linea "sabiana" nel Novecento

La lunga incomprensione della poesia di Saba

La ricezione della poesia di Saba si è svolta a lungo all'insegna dell'incomprensione e del rifiuto. Mentre gli altri due poeti maggiori del nostro Novecento – Montale e Ungaretti – hanno potuto contare fin dalle opere di esordio su critici e lettori partecipi, cioè su una sostanziale comprensione della propria novità e specificità, Saba ha dovuto attendere a lungo per veder riconosciuto il proprio valore e per leggere su di sé osservazioni pertinenti. Questo fatto riporta ancora una volta alla **origine triestina del poeta** e alla sua perifericità rispetto alla vita culturale italiana; ma testimonia anche **la novità che sta al fondo del *Canzoniere*** e della poetica sabiana. Come poteva infatti essere capita, per fare solo un esempio, un'opera basata su una concezione implicitamente o esplicitamente psicoanalitica in un paese che, come l'Italia fino agli anni Cinquanta, ignorava e rifiutava la psicoanalisi?

Il rifiuto da parte dell'ambiente della «Voce» (e della «Ronda»)

Il decennio che segue la pubblicazione delle prime raccolte sabiane, nel 1911 e nel 1912, è un susseguirsi di **interventi a volte autorevoli ma sempre fortemente riduttivi**: alla poesia di Saba è negata quasi ogni riuscita, vuoi per limiti di arretratezza letteraria e di inesperienza formale, vuoi per un eccesso di autobiografismo e di cronaca. Ecco allora i duri interventi di **Slataper** nel 1911 e di **Bacchelli** nel 1912, entrambi sulla «Voce»; di **Cecchi**, nel 1912, e infine di **Serra** (nelle *Lettere*, 1914). Nell'*Autobiografia*, Saba ricorderà di non essere mai piaciuto «a Giovanni Papini, alla famiglia che fu poi della Voce»; e la rivista fiorentina rifiutava proprio nel 1911 di pubblicare il saggio *Quello che resta da fare ai poeti*, in cui Saba esplicitava i fondamenti della propria poetica. Eguale, e anzi più duro ostracismo, caratterizza la romana «**Ronda**», che d'altra parte vede tra i propri animatori proprio due tra gli stroncatori precoci di Saba, Cecchi e Bacchelli.

La scoperta dei critici legati a «Solaria» negli anni Venti

È negli anni Venti che si determina una svolta, ma solo in una parte ben definita dell'ambiente letterario italiano. Dapprima le riviste torinesi «**Primo tempo**» e «**Il Baretti**», poi, soprattutto, la prestigiosa fiorentina «**Solaria**» **puntano sul valore di Saba** quale alternativa al sistema culturale e letterario dominante, tra l'asfittico classicismo rondesco e l'autarchia culturale del regime fascista. Saba, ebreo ai margini della nostra civiltà nazionale, consente la valorizzazione della migliore prospettiva letteraria europea. Dopo importanti interventi di **Giacomo Debenedetti** (nel 1924) e di **Sergio Solmi** (nel 1926), si giunge al decisivo **fascicolo speciale dedicato a Saba da «Solaria» nel 1928** (contenente anche un acuto intervento di Montale), una sorta di prima consacrazione ufficiale. Con questi interventi si fonda il primo embrione serio della interpretazione di Saba, quando ormai metà del *Canzoniere* è già stata scritta e pubblicata.

Gli anni Trenta: nuove stroncature e l'indebita appropriazione ermetica

I riconoscimenti positivi non escludono tuttavia il perdurare e perfino il prevalere di **letture avverse** o del tutto fuorvianti anche negli anni seguenti. Una vera e propria stroncatura è ancora quella di **Gargiulo** del 1930, che denuncia la «prosaicità» del *Canzoniere* dando avvio a una discussione polemica con Debenedetti. **Gli anni Trenta**, nel complesso, **non portano fortuna al poeta**, se alla forte limitazione del suo valore da parte di **De Robertis** nel 1934 segue una progressiva appropriazione da parte del gruppo dei **poeti ermetici**, che puntano sui pochi aspetti del *Canzoniere* avvicinabili – soprattutto in *Cuor moriture*, in *Parole* e in *Ultime cose* – alla propria poetica, così da rendere anche Saba un poeta dell'essenzialità e della ricerca musicale ed evocativa sulla parola.

Il secondo dopoguerra

Dopo la guerra perdurano non poche delle inadeguate etichette attaccatesi al *Canzoniere* negli anni precedenti, e in particolare quella di «lirico nuovo», cioè di poeta legato a un presunto rinnovamento della poesia novecentesca in chiave di lirica pura ed ermetica; etichetta impropria per Montale, e perfino discutibile per il primo Ungaretti, ma addirittura sbagliatissima per Saba. **È solo negli anni Cinquanta**, anche grazie alla pubblicazione nel 1945 e nel 1948 di nuove (e quasi complete) edizioni del *Canzoniere* nonché della sabiana *Storia e cranistoria del Canzoniere*, **che si aprono nuove e interessanti opzioni interpretative. Da una parte** viene rilanciata da **Pasolini** (in un importante intervento del 1954) la prospettiva di analisi stilistica precocemente avviata da Contini vent'anni prima; e il saggio pasoliniano ha il merito di mettere per la prima volta in luce la componente sperimentale della poesia sabiana, al di là della superficiale adesione al canone della tradizione ottocentesca (cfr. **S4**, p. 132). **Dall'altra si incomincia a prestare maggiore attenzione alla componente psicoanalitica dell'opera di Saba**, potendo finalmente fare i conti con le fonti di essa e con strumenti aggiornati. Questo secondo filone di studio, anticipato dagli scritti di **Debenedetti**, dà uno dei risultati più significativi nella prefazione scritta da Carlo **Muscetta** per l'*Antologia del «Canzoniere»* (uscita nel 1963 ma rispondente in parte a un progetto di Saba stesso).

Nuove prospettive negli anni Cinquanta

Gli studi più recenti

Gli anni più recenti hanno prodotto una notevole quantità di interventi critici su Saba, e in particolare sul *Canzoniere*; mentre ancora troppo in ombra resta la produzione in prosa. In particolare si è avuto un rilevante *pro*gresso in campo filologico, con **l'edizione critica del *Canzoniere 1921*** (curato da G. Castellani nel 1981) **e di *Coi miei occhi*** (curato da C. Milanini nello stesso anno), nonché con il recupero di molti testi non entrati mai a far parte dell'opera maggiore (il cosiddetto **Canzoniere apocrifo**). La maggiore consapevolezza filologica ha favorito l'apparire di numerosi studi su singoli testi, con complessiva rivalutazione della specificità sperimentale della scrittura poetica sabiana (sottolineata per esempio da Pier Vincenzo **Mengaldo** in più occasioni e già alla metà degli anni Settanta rivendicata, soprattutto per la metrica, in un attento studio di Antonio **Pinchera**). Molto cresciuta è anche la consapevolezza dell'importanza della cultura di Saba. Un capitolo di speciale significato è quello intestato alla interpretazione psicoanalitica dell'opera sabiana, in particolare coltivato da Mario **Lavagetto**.

Un poeta centrale nel canone del Novecento

Centrale ormai in ogni antologia della nostra poesia novecentesca, Saba fa parte di quei pochissimi autori del Novecento inclusi con consenso quasi unanime **nel canone dei maggiori**: rientra di diritto nei programmi scolastici; riceve l'attenzione di convegni e tavole rotonde; è oggetto continuo di ricerca da parte di numerosi studiosi.

Un'alternativa alla poesia "novecentesca": la linea sabiana

Anche prima di ricevere il riconoscimento ufficiale della propria importanza, tuttavia, Saba ha segnato in profondità la ricerca letteraria nel nostro paese, costituendo **una possibile alternativa alla prevalente linea novecentista**, che unisce, attraverso la mediazione ungarettiana, d'Annunzio e il Simbolismo agli ermetici. Anziché fondata sulla purezza, sul potere evocativo e sull'alone musicale del linguaggio, **la poesia sabiana è farcita di ingredienti realistici e narrativi, di tensioni psicologiche e di tematiche in senso lato civili**; risulta perciò variamente riutilizzabile e attualizzabile. All'alternativa sabiana guardano già negli anni Trenta poeti come Penna e come Pavese, per ragioni diverse estranei e avversi alle poetiche dominanti, e guardano, soprattutto dopo la guerra, i più giovani Caproni e Bertolucci (cfr., su questi poeti, il cap. VIII).

11 | Saba prosatore

Un prosatore originale e isolato

Soprattutto conosciuto e apprezzato per le sue poesie, raccolte nel *Canzoniere,* **Saba è in realtà anche un originalissimo prosatore**. Se per la poesia egli risulta un caso a sé, appartato nel panorama del tempo, lo stesso può dirsi per la prosa.

Il *corpus* delle prose sabiane

Il *corpus* delle prose di Saba comprende tre opere nate in periodi diversi della sua attività (ma soprattutto negli anni Dieci e subito dopo la Liberazione): ***Ricordi-Racconti*, *Scorciatoie e raccontini*** e ***Storia e cronistoria del Canzoniere***. Si devono poi aggiungere il **romanzo incompiuto *Ernesto***, pubblicato postumo, un ricco e suggestivo **epistolario**, in gran parte ancora disperso, e infine vari scritti sparsi (saggi, discorsi, recensioni e altro).

Ricordi-Racconti

Ricordi-Racconti, pubblicato nel **1956**, è formato da **due serie di scritti** risalenti al 1910-13, cui si aggiungono alcuni altri successivi (degli anni Trenta e Quaranta). **La prima serie (*Gli ebrei*)** comprende ricordi del mondo ebraico triestino; **la seconda (*Sette novelle*)**, più liberamente narrativa, raccoglie brevi racconti definiti da Saba stesso «assolutamente maligni»: «Famiglie che crollano, amori che si sfanno, l'equivoco fatale fra l'animo dell'uomo e quello della donna, fra il marito e la moglie, fra la madre e il figlio». I lettori del *Canzoniere* hanno fermato l'attenzione soprattutto su **due racconti**, *Un uomo* e *La gallina*. **Nel primo** viene replicata la storia della provvisoria separazione tra il poeta e Lina, narrata in *Trieste e una donna*, ma con un epilogo ben diverso da quello reale (e del *Canzoniere*): il protagonista maschile rifiuta la riappacificazione finale, respingendo il ripensamento della donna. **Nel secondo** il poeta si proietta nella figura di un adolescente che acquista, con i primi guadagni, una gallina, animale rilevante e quasi sacro per la sua psiche; ma la gallina viene uccisa dalla madre per un malinteso. Le numerose valenze psichiche attribuibili alla narrazione hanno offerto un efficace strumento interpretativo per il complesso mondo affettivo contenuto nei suoi versi poetici.

T • *La gallina*

Scorciatoie e raccontini (1946)

Scorciatoie e raccontini, pubblicato nel **1946**, è uno dei libri più suggestivi e vitali della nostra letteratura del Novecento; e giustamente Saba si lamentava del completo insuccesso. Le «scorciatoie» consistono in **165 aforismi**, quasi sempre brevissimi (da un rigo a una pagina), **aventi per oggetto tutti gli aspetti della vita sociale e della cultura** nei quali meglio possa svelarsi un contenuto di verità normalmente nascosto. Il presupposto è che il mondo sia dominato dall'inautenticità e dalle apparenze, sotto le quali covino tuttavia verità semplici, che il lampo della conoscenza senza ipocrisie può raggiungere fulmineamente. Come dichiara esplicitamente l'ultima «scorciatoia», **a modello di questa operazione stanno Nietzsche e Freud. Dal primo**, Saba riprende il rifiuto della morale tradizionale come insieme di false convenzioni, nonché la scelta di affidare contenuti rivoluzionari a uno stile della massima leggerezza. **Da Freud** è ripreso il metodo di interpretazione analitica, fondato sul sospetto e sull'indagine, sull'interesse per i particolari secondari e trascurati.

Dall'indizio banale allo svelamento del significato

I rapporti umani e la civiltà vengono indagati soffermandosi sul **dettaglio rivelatore, sotto il quale si mostra improvvisa e spiazzante la verità imprevista e rimossa**. La struttura delle «scorciatoie» è la seguente: a un'osservazione per lo più banale e perfino ovvia, cioè di fatti e comportamenti sotto gli occhi di tutti, segue una interpretazione bruciante e imprevedibile (la «scorciatoia» è appunto la via brevissima che congiunge il dato al suo significato). L'elemento scandaloso e la costante demistificazione che stanno alla base delle «scorciatoie» sabiane si esprimono sempre per mezzo di **uno stile sobrio e limpido**

Uno stile sobrio e limpido

uno stile sobrio e limpido, rivolto con la massima efficacia alla rapidità e alla nettezza. È una legge-

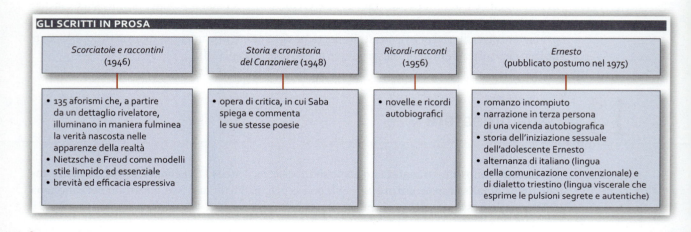

GLI SCRITTI IN PROSA

Scorciatoie e raccontini (1946)	*Storia e cronistoria del Canzoniere* (1948)	*Ricordi-racconti* (1956)	*Ernesto* (pubblicato postumo nel 1975)
• 135 aforismi che, a partire da un dettaglio rivelatore, illuminano in maniera fulminea la verità nascosta nelle apparenze della realtà • Nietzsche e Freud come modelli • stile limpido ed essenziale • brevità ed efficacia espressiva	• opera di critica, in cui Saba spiega e commenta le sue stesse poesie	• novelle e ricordi autobiografici	• romanzo incompiuto • narrazione in terza persona di una vicenda autobiografica • storia dell'iniziazione sessuale dell'adolescente Ernesto • alternanza di italiano (lingua della comunicazione convenzionale) e di dialetto triestino (lingua viscerale che esprime le pulsioni segrete e autentiche)

T • Al lettore

I «raccontini»

T • L'uomo nero

Ernesto, romanzo incompiuto pubblicato postumo

T • *La confessione alla madre*
S • La funzione di *Ernesto* nell'opera di Saba (M. Lavagetto)

L'intreccio di riflessione e di ricordo

Purezza e realismo della narrazione

L'alternanza di dialetto triestino e di italiano

Valore artistico e cultura di *Ernesto* e sua scarsa fortuna

rezza che non ha nulla di disimpegnato, e che rimanda piuttosto a un voluto controllo sulla materia trattata: anche i temi più inquietanti e tragici (come il giudizio sul recente nazismo) vengono affrontati con la stessa **moderazione espressiva** e con lo stesso **distacco, anche ironico** (cfr. **T12**).

I «raccontini» sono, come osservò lo stesso Saba, **delle «scorciatoie» un poco cresciute e ampliate**, dove lo spunto narrativo assume proporzioni più ampie. Anche i «raccontini» sono segnati da uno stile fatto di leggerezza e di trasparenza.

Ernesto, un romanzo in cinque parti, **fu composto nel 1953 e lasciato incompiuto e inedito** (intenzione di Saba era anzi di distruggerlo). **La pubblicazione è avvenuta solo nel 1975**. La narrazione, velatamente autobiografica benché in terza persona, rivisita l'adolescenza del poeta intrecciandosi a molti temi, per lo più non esplicitati, del *Canzoniere*. **Il racconto riguarda l'iniziazione al sesso del protagonista Ernesto**, avvenuta dapprima con un incontro omosessuale con un collega di lavoro più grande di lui, quindi con una prostituta. **Centrale è la figura della madre, severa e protettiva**, dalla quale Ernesto riceve il duro monito di non assomigliare al padre, che la ha abbandonata, e dunque l'invito pressante a essere buono e innocente, ma poi anche, in seguito alla confessione del figlio, il perdono riparatore.

La narrazione è compiuta lasciando operare, di continuo intercalati, **due registri temporali: quello del ricordo**, che richiama in vita ed enumera gli episodi lontani dell'adolescenza, **e quello della riflessione e del commento**, che interviene a chiarire e interpretare quei fatti e quei comportamenti alla luce sia delle esperienze successive sia, soprattutto, del rasserenante strumento psicoanalitico di conoscenza dei meccanismi profondi dell'io. A molti lettori è parsa eccezionale l'innocenza con cui il racconto si sofferma, senza censure moralistiche, anche sui particolari più realistici e crudi.

Lo strumento decisivo dello stile di *Ernesto* è il dialetto triestino, usato da Saba in sapientissima alternanza all'italiano, alludendo a due sfere diverse di competenza: non solo sul piano socio-culturale, ma soprattutto sul piano della morale e dei suoi valori convenzionali. Il dialetto disegna la zona franca dell'autenticità pulsionale, e grazie a esso divengono dicibili contenuti altrimenti proibiti.

In *Ernesto*, pur nella incompiutezza dell'opera, **la narrativa italiana del Novecento conta uno dei suoi risultati più originali e straordinari**, benché l'interesse per il romanzo – giunto fra l'altro in ritardo a causa della pubblicazione postuma – sia rimasto confinato a un numero di lettori piuttosto basso e, come per l'altro capolavoro di Saba prosatore, le *Scorciatoie*, si sia dovuto sostenere sull'interesse per l'opera poetica dell'autore.

T12 | Scorciatoie

OPERA
Scorciatoie e raccontini

CONCETTI CHIAVE
- la polemica contro la cultura italiana
- l'orrore della Shoah
- la critica del fascismo e del nazismo
- la chiave psicologica

FONTE
U. Saba, *Scorciatoie e raccontini*, in *Prose*, a cura di L. Saba, Mondadori, Milano 1964.

Sono qui presentate alcune «scorciatoie» sabiane. Nella n. 1 e nella n. 2 sono fornite alcune coordinate stilistiche e concettuali del libro, con una rivendicazione della originalità di un metodo di conoscenza portato a bruciare i passaggi intermedi, mettendo in brusco collegamento dato osservato e significato ultimo.

I testi qui raccolti rappresentano alcune delle diverse tipologie di Scorciatoie. *Si va dal quadretto ironico-allegorico (n. 3), alla ricostruzione in chiave psicologica di complessi meccanismi storico-culturali, a partire da un'osservazione magari banale o comunque da un rilievo ben noto (nn. 4 e 101), alla battuta bruciante, demistificante o rivelatrice (*Primissime Scorciatoie, *n. 31).*

1 *Grafia di Scorciatoie* Sono piene di parentesi, di «fra lineette», di «fra virgolette», di parole sottolineate nel manoscritto e che devono essere stampate in corsivo, di parole in maiuscolo, di «tre puntini», di segni esclamativi e di domanda. Che il proto[1] prima, e il lettore poi, mi perdonino. Non so più dire senza abbreviare; e non potevo abbreviare altrimenti.

---

1 il proto: il tipografo addetto alla composizione del testo.

2 *Scorciatoie*   Sono – dice il Dizionario – *vie più brevi per andare da un luogo ad un altro*. Sono, a volte, difficili; veri sentieri per capre. Possono dare la nostalgia delle strade lunghe, piane, diritte, provinciali.[2]

3 *Ultimo Croce*[3]   In una casa dove uno s'impicca, altri si ammazzano fra di loro, altri si danno alla prostituzione o muoiono faticosamente di fame, altri ancora vengono avviati al carcere o al manicomio, si apre una porta e si vede una vecchia signora che suona – molto bene – la spinetta.[4]

4 *Storia d'Italia*   Vi siete mai chiesti perché l'Italia non ha avuta, in tutta la sua storia – da Roma ad oggi – una sola vera rivoluzione? La risposta – chiave che apre molte porte – è forse la storia d'Italia in poche righe.

Gli italiani non sono parricidi; sono fratricidi.[5] Romolo e Remo, Ferruccio e Maramaldo, Mussolini e i socialisti, Badoglio e Graziani...[6] «Combatteremo» fece stampare quest'ultimo in un suo manifesto «*fratelli contro fratelli*». (Favorito, non determinato, dalle circostanze, fu un grido del cuore, il grido di uno che – diventato chiaro a sé stesso – finalmente si sfoghi). Gli italiani sono l'unico popolo (credo) che abbiano, alla base della loro storia (o della loro leggenda) un fratricidio.[7] Ed è solo col parricidio (uccisione del vecchio) che si inizia una rivoluzione.

Gli italiani vogliono darsi al padre, ed avere da lui, in cambio, il permesso di uccidere gli altri fratelli.[8]

5 *Dopo Napoleone*[9]   Ogni uomo è un po' di più, per il solo fatto che Napoleone è esistito. Dopo Maidaneck...[10]

101 *Dio dei tedeschi*[11]   (ritratto eseguito nel 1933) Con quei baffetti sotto il naso, e quella smorfia facciale, come fiutasse sempre... un cattivo odore. E lo fiuta infatti. Non gli viene – come egli crede – dall'esterno (da comunisti, ebrei, polacchi ed altri popoli slavi, intellettuali di destra e di sinistra, francesi degenerati, e via discorrendo... fino a comprendere tutto il mondo

---

2 provinciali: nel doppio significato di 'gestite dalla Provincia' e di 'arretrate, chiuse'. È evidente l'ironica rivendicazione della propria originalità, in polemica con l'arretratezza della cultura italiana del Ventennio fascista.

3 Ultimo Croce: con riferimento, di duro sarcasmo polemico, alle posizioni del filosofo idealista Benedetto Croce durante il Ventennio fascista e durante la guerra («ultimo» per distinguerlo da quello dei decenni precedenti). La descrizione della «casa» corrisponde a quella dell'Italia fascista e in guerra; nella «vecchia signora» si può riconoscere Croce stesso o anche la sua concezione della cultura, della superiorità e autonomia di essa rispetto al contesto storico-sociale.

4 la spinetta: un antico strumento a tastiera, più piccolo del pianoforte. La scelta indica raffinatezza, in aperto contrasto ironico con ciò che precede.

5 parricidi...fratricidi: cioè 'uccisori del padre' e 'uccisori dei fratelli'. Il significato dell'alternativa è spiegato da Saba alla fine del secondo capoverso.

6 Romolo...Graziani: Romolo e Remo sono i mitici fondatori di Roma; Maramaldo è un militare che nel 1530 uccise il nemico Ferruccio, già prigioniero e ferito, divenendo un prototipo di viltà; Mussolini fece inizialmente parte del Partito Socialista Italiano: espulso dal partito si vendicò una volta giunto al potere con persecuzioni durissime; Pietro Badoglio e Rodolfo Graziani sono due importanti generali preposti ai più alti gradi di comando tra la prima e la seconda guerra mondiale: rivali durante la campagna d'Africa, durante la seconda guerra mondiale e soprattutto nelle fasi conclusive di quest'ultima, allorché Badoglio formò un governo provvisorio nel Sud d'Italia alleandosi con gli anglo-americani e Graziani prese il comando delle truppe della fascista Repubblica Sociale Italiana di Salò, alleata con i nazisti. Il riferimento che segue al «manifesto» fatto stampare da Graziani va collocato nel clima della guerra civile tra nazisti e fascisti, da una parte, e partigiani (italiani anch'essi) dall'altra.

7 un fratricidio: quello, già ricordato, avvenuto tra Romolo e Remo.

8 Gli italiani...fratelli: è evidente che Saba pensa in particolare al fascismo e al culto per Mussolini (visto dagli italiani come padre), in cambio del quale diviene lecito uccidere altri italiani (antifascisti, ebrei, ecc.).

9 Napoleone: Napoleone Bonaparte (1769-1821) è uno dei personaggi storici più ammirati da Saba, che è un lettore instancabile dei libri dedicati alla biografia del grande condottiero.

10 Maidaneck: è il nome del primo, piccolo campo di concentramento scoperto dagli Alleati nei pressi di Lublino (Polonia). Quando Saba scrive queste prime *Scorciatoie*, non erano ancora conosciuti gli altri campi di sterminio (Buchenwald, Auschwitz, Dachau...), i cui nomi sarebbero poi diventati tristemente celebri. Qui **Maidaneck** diventa emblema della distruzione prodotta dal nazismo e della crudeltà degli uomini. I puntini di sospensione sottintendono una riflessione dolorosa: Saba sembra dirci che, dopo la Shoah, ogni uomo è un po' meno uomo.

11 Dio dei tedeschi: cioè Adolf Hitler. Questa scorciatoia rilegge la atroce vicenda del nazismo quale caso di grave malattia psicologica.

abitato) ma solo da lui, dal suo di dentro. È una malattia, ma una brutta malattia; ed anche – allo stato attuale della scienza – inguaribile. Si chiama paranoia.[12]

31 *Sincero* Le persone che fanno professione di sincerità, delle quali si dice che "hanno il cuore in bocca", sono le più simulatrici.[13] Dicono tutto a tutti per nascondere una cosa sola.

32 *Patriottismo, nazionalismo e razzismo* Stanno fra loro come la salute, la nevrosi e la pazzia.

- **12 paranoia**: è un grave disturbo psichico che rende il soggetto colpito incapace di confrontarsi seriamente con la realtà, condizionato e determinato com'è da un delirio interiore che può manifestarsi quale mania di grandezza o di persecuzione o in altre forme.
- **13 le più simulatrici**: quelle che fingono di più, nascondendo, come è detto subito dopo, ciò che veramente pensano, «una cosa sola», ma, evidentemente, terribile.

T12 DALLA COMPRENSIONE ALL'INTERPRETAZIONE

COMPRENSIONE

Una molteplicità di temi Le *Scorciatoie* sono caratterizzate dalla molteplicità dei temi. Nei testi **1 e 2** l'autore espone al lettore il significato e **la struttura delle *Scorciatoie***, rivendicando l'**originalità delle scelte stilistiche e del metodo di conoscenza**. Nella «scorciatoia» **3** attacca aspramente l'estetica di **Croce**, che viene rappresentato con sarcasmo nelle vesti di una **«vecchia signora»**, intenta a suonare il clavicembalo, mentre tutt'intorno si consumano tragedie e delitti. Alla presa di distanza dall'idealismo, che caratterizza la cultura del tempo, segue una riflessione polemica sulla tendenza degli Italiani a fare la guerra gli uni contro gli altri, senza mai ribellarsi all'autorità costituita.

La realtà in chiave psicologica La chiave psicologica è assunta da Saba quale modo privilegiato per interpretare la realtà: secondo questa chiave viene infatti ripercorsa fulmineamente l'intera «*Storia d'Italia*», caratterizzata da un susseguirsi di fratricidi (**4**). Comportamenti collettivi ed **eventi storici vengono letti alla luce di categorie psicoanalitiche**: così, per esempio, il **nazionalismo** corrisponde alla nevrosi (**32**). Al «*Dio dei tedeschi*» è diagnosticata la paranoia: essa lo porta a fiutare sempre «un cattivo odore», che però non proviene dall'esterno, «ma solo da lui, dal suo di dentro» ed è frutto della «paranoia» (**101**).

L'orrore della Shoah La **figura di Napoleone** è richiamata anche nella «scorciatoia» **5**, dove il poeta si confronta dolorosamente con la tragedia disumana dello **sterminio degli ebrei** (una tragedia di cui allora non si conoscevano ancora le proporzioni), citando il nome del primo campo di concentramento scoperto dalle truppe degli Alleati: Maidaneck. Qui la parola diventa reticente: la scrittura s'inabissa nei punti di sospensione, sconfina nello spazio bianco che esprime l'orrore ma non lo spiega.

Patologie private e pubbliche Le «scorciatoie» **31 e 32** colpiscono infine, con una bruciante battuta, due patologie: di carattere privato la prima, pubblico-politico la seconda. Bisogna diffidare delle attestazioni di sincerità e smascherarne l'ipocrisia; nel regime nazi-fascista **«nazionalismo» e «razzismo» coincidono**, rispettivamente, **con «la nevrosi e la pazzia»**.

ANALISI

Brevità e varietà Riprendendo il **modello di Nietzsche**, Saba ricorre all'**aforisma**, all'aneddoto allusivo e paradossale, all'osservazione rapida e spiazzante, per enunciare una verità che non coincide con l'opinione comune. Le *Scorciatoie*, tutte **brevi ed efficaci**, sono il prodotto di una **riflessione che rifiuta ogni sistematicità**. I testi che abbiamo antologizzato rappresentano alcune delle diverse tipologie di *Scorciatoie* e illustrano la varietà dei temi e delle forme che caratterizza il libro.

Uno stile mosso e rapido Le *Scorciatoie* hanno un andamento mosso e tagliente, fatto di **frasi brevi, piene di parentesi e di incisi**, di punti esclamativi e interrogativi, di **puntini di sospensione**. Come dichiara l'autore nel primo testo, è frequente anche l'impiego dei **caratteri corsivi** e delle **maiuscole** per evidenziare parole ed espressioni particolarmente significative. Questo **uso audace della punteggiatura e dei caratteri tipografici** riproduce l'andamento ellittico e zigzagante della riflessione, che brucia i passaggi intermedi, collegando in modo fulmineo i dati della realtà e il loro significato profondo.

INTERPRETAZIONE

Mettere a nudo le verità segrete Queste «**scorciatoie**», a partire da un dettaglio rivelatore, **illuminano in maniera fulminea la verità nascosta** nelle apparenze della realtà quotidiana, del costume, della politica e della cultura. Come l'autore ci spiega nel secondo aforisma, con il termine "scorciatoia" s'intende appunto **la via obliqua, poco battuta e più breve che conduce al significato delle cose**. Le *Scorciatoie* combinano il massimo della brevità con il massimo dell'efficacia espressiva. Nietzsche e Freud sono i modelli di queste prose brevi. Saba recupera da **Nietzsche** non solo la forma dell'**aforisma**, ma anche la **critica alla morale corrente** e al senso comune. Da **Freud** invece riprende la strategia dell'**indagine psicoanalitica**, che si basa sul rifiuto delle interpretazioni convenzionali e sull'esame degli indizi minimi, all'apparenza trascurabili, ma in realtà eloquenti, perché mettono a nudo una verità rimossa e sotterranea. Il modello conoscitivo della psicoanalisi è applicato a tutti gli aspetti della vita associata, che viene analizzata anche nei suoi risvolti più tragici e inquietanti (come nelle «scorciatoie» che hanno per oggetto lo sterminio degli ebrei compiuto dai nazisti).

T12 LAVORIAMO SUL TESTO

COMPRENDERE

1. Cosa intende indicare Saba con il titolo *Scorciatoie*.
2. Le *Scorciatoie*, nella loro brevità, presentano la forma dell'aforisma. Che cosa s'intende col termine "aforisma"?

ANALIZZARE

3. Nella prima scorciatoia Saba avverte il lettore della grafia anomala dei testi. Verifica l'affermazione dell'autore.

INTERPRETARE

4. Nell'interpretazione dei fatti storici, quale peso Saba attribuisce alle ragioni psicologiche? Scegli l'opzione corretta e spiegala con qualche esempio tratto dai testi, a tua scelta
   - A le ragioni psicologiche non possono essere prese in considerazione non essendo registrate nei documenti
   - B le ragioni psicologiche sono determinanti nelle scelte private e di conseguenza nella storia pubblica

S6 PASSATO E PRESENTE

Il tema dell'omosessualità nella letteratura italiana del Novecento

Al tema dell'omosessualità è ben presente e largamente celebrato nelle letterature classiche tanto nella variante maschile quanto in quella femminile (basti pensare a Saffo). Nelle letterature moderne esso diviene invece tabù, anche a causa della condanna morale da parte della Chiesa, che vi ravvisa un peccato contro natura. Gli omosessuali sono per esempio puniti da Dante nel settimo cerchio dell'Inferno, quello dei violenti (in un diverso girone dello stesso cerchio stanno fra l'altro gli assassini). Nel periodo rinascimentale la relativa laicizzazione della morale consente al tema di affiorare qua e là, tuttavia confinato per lo più in generi satirici e burleschi. Dalla cultura illuministica dipendono alcune tendenze libertine all'interno delle quali la vita sessuale, in tutte le sue forme, assume un valore di radicale contestazione sociale (esemplare è il caso di Sade).

È tuttavia solo nell'ultimo secolo che il tema emerge dalla rimozione culturale, comparendo nell'opera di grandi scrittori come Oscar Wilde, Marcel Proust, André Gide e Virginia Woolf. In Italia esso è centrale – ma sublimato – nella poesia di Sandro Penna, mentre resta del tutto sullo sfondo in quella del più vecchio Aldo Palazzeschi, pure schedato durante il fascismo quale omosessuale. Una spinta verso l'esplicitazione venne senza dubbio dalla diffusione della cultura psicoanalitica: Freud riconduce il fenomeno dell'omosessualità al vasto territorio delle perversioni sessuali, dandone una serie di spiegazioni causali che escludono ovviamente ogni possibile condanna morale.

Il tema dell'omosessualità diviene oggetto della scrittura sabiana solamente negli ultimi anni di vita, quando Saba si dedica al romanzo autobiografico, pubblicato postumo nel 1975, *Ernesto*.

Il tema dell'omosessualità si incontra più spesso nelle opere scritte dopo la Seconda guerra mondiale e soprattutto dopo la conoscenza del pensiero freudiano in Italia (dagli anni Cinquanta). Pier Paolo Pasolini passa da un atteggiamento assai cauto e sublimato alla confessione aperta delle ultime opere, fino alla estrema drammatizzazione del tema nel tardo e incompiuto romanzo *Petrolio* (pubblicato nel 1992).

In questi ultimi anni il tema è ritornato in varie opere di narrativa, e per esempio in alcuni romanzi di Aldo Busi (*Sodomie in corpo 11*, 1988), nonché in *Scuola di nudo* di Walter Siti (1994). Il tema occupa buona parte dell'opera di Dario Bellezza (1944-1995), ispirata fra l'altro alla lezione di Pasolini tanto nei romanzi (*Lettere da Sodoma*, 1972) quanto nelle poesie (per esempio *Invettive e licenze*, 1971, *Libro d'amore*, 1982).

Percorso
LO SPAZIO E IL TEMPO

PERCORSI TEMATICI

La città di Saba come desiderio «di vivere la vita / di tutti»

Marc Chagall, *Sopra la città*, 1918. Mosca, Galleria Tretyakov.

Il pittore ebreo russo Marc Chagall, al contrario degli espressionisti, per i quali la città è un luogo infernale, raffigura il cielo sopra Vitebsk, sua città natale, come l'ambientazione ideale di racconti onirici e fiabeschi, spesso dedicati al tema dell'amore e del desiderio. Nell'immaginario magico di Chagall, Vitebsk e il suo cielo sono la proiezione delle tenere pulsioni alla vita e all'amore che animano la pittura stessa e la sua ragion d'essere.

Lo spazio del *Canzoniere* è dominato da Trieste, ma **Saba promuove un'immagine di città diversa dalla convulsa città futurista o da quella anonima e angosciante di Montale o degli espressionisti**. Saba ignora la città borghese e rappresenta i quartieri popolari, il porto, la città vecchia, con cui stabilisce un rapporto di profonda adesione. **Trieste è un rifugio, un «cantuccio»** che risponde alla sua «vita pensosa e schiva» (*Trieste*), **o un luogo di incontro sociale**, in cui il poeta può sentirsi uguale agli altri uomini, «vivere la vita / di tutti» (*Il borgo*). Nel suo incontro con Trieste Saba dunque non prova il senso di smarrimento che l'inferno cittadino comunica a Montale, ma un sentimento di vitalità e di partecipazione a un'umanità semplice e unita da valori elementari.

La folla di cui parla Saba è quella che anima i vicoli: prostitute, marinai, soldati, vecchi, donne che litigano, sorpresi nella vivacità dei gesti quotidiani: in questi umili il poeta ritrova «l'infinito», l'autenticità di una condizione umana che accomuna tutte le creature (cfr. § 7 e **T2**, *Città vecchia*).

Trieste non è idealizzata, né colta nei suoi aspetti pittoreschi: il realismo sabiano la fissa anche negli aspetti considerati «turpi» o squallidi, ma ne capovolge il segno. Essi diventano una manifestazione di innocenza: proprio in queste creature, come nel poeta e negli animali, si agita, allo stato più puro, l'originario istinto vitale, l'unica sacralità che il poeta è disposto a riconoscere.

Questo bisogno di Saba di uscire da se stesso e di identificarsi in uno spazio sociale, alla ricerca di un'integrità pacificante, ispira più di un testo e trova la sua espressione più compiuta nel *Borgo*. Immergersi nella cordiale e istintiva vita del popolo esprime il desiderio del poeta di annullare, nella comune sorte degli altri uomini, il destino di diversità e di esclusione che grava sulla sua condizione: «La fede avere / di tutti, dire / parole, fare / cose che poi ciascuno intende, e sono, / come il vino e il pane, / come i bimbi e le donne, / valori / di tutti...». E ciò equivale anche a una dichiarazione di poetica (cfr. § 1, **S1**, *Una dichiarazione di poetica*).

La città di Trieste è perciò connotata da scene quotidiane, oggetti ordinari, dalle bottegucce del ghetto alle merci del porto, ma **la vita della gente si traduce in immagini intensamente vitali**. Il borgo ferve «d'umano lavoro», colori squillanti, gesti vivaci, odori «di droghe e di catrame» introducono una nota gaia nelle strade più tristi. Dal solitario cimitero ebraico si scopre «la nera foga / della vita [...] / e il mare con le navi e il promontorio, / e la folla e le tende e il cimitero» (*Tre vie*).

Negli scenari triestini che il poeta rappresenta prorompe ovunque, a sprazzi, l'eros e il populismo di Saba, più che generiche istanze ideologiche e sociali, si agita un fondo erotico; andare verso il popolo è come andare verso la vita, verso un'allegrezza senza perché, in cui il poeta ritrova un impulso al piacere di vivere: «Spalanchi le finestre o scendi tu / tra la folla: vedrai che basta poco / a rallegrarti: un animale, un gioco, / o, vestito di blu, [...] un garzone con una carriola» (*Il garzone con la carriola*).

Non a caso Trieste si umanizza, ha la «scontrosa grazia» di un monellaccio, uno dei tanti fanciulli, che sono la proiezione narcisistica dell'io-fanciullo del poeta: «...Se piace, / è come un ragazzaccio aspro e vorace, / con gli occhi azzurri e mani troppo grandi / per regalare un fiore; / come un amore / con gelosia» (*Trieste*). Quest'ultima immagine richiama un verso di *A mia moglie*: lo stesso amore accomuna Trieste, i fanciulli e Lina: «Né a te dispiaccia, amica mia, se amore / reco pur tanto al luogo ove son nato. / Sai che un più vario, un più movimentato / porto di questo è solo il nostro cuore» (*Il molo*).

La genesi del rapporto di Saba con Trieste va ricercata dunque in quella spinta verso il piacere, in quella «brama» che circola nella «calda vita» di ogni creatura e trova nell'incontro con la città la sua espressione forse più libera e radicale.

PERCORSI TEMATICI

Percorso
L'AMORE E LA DONNA

Le donne-madri e le donne-fanciulle del *Canzoniere*

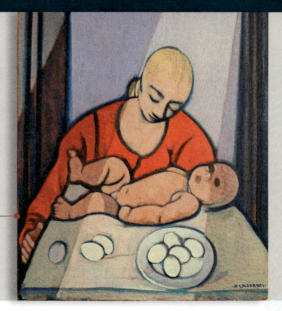

Felice Casorati, *Maternità con le uova* (particolare), 1958. Rovereto, Museo d'arte moderna e contemporanea di Trento e Rovereto.

In una *scorciatoia* (n. 137) **Saba congiunge il tema della donna a quello del fanciullo**: i poeti o sono fanciulli che cantano le loro madri o madri che cantano i loro fanciulli o una cosa e l'altra. Saba è una cosa e l'altra: quando canta la donna è un bambino che ama la madre e quando canta i fanciulli è la madre che ama il figlio-giovinetto, in cui proietta la gioia di vivere che egli era stato costretto a reprimere da bambino.

La questione è ulteriormente complicata dalla presenza in Saba di una doppia madre, la madre «lieta», la nutrice, e la madre «mesta». Esse lo costringono a una tensione irrisolta tra istanze opposte, che il poeta cerca di conciliare nella figura della moglie.

La figura femminile centrale del *Canzoniere*, la moglie Lina, fin dalle prime apparizioni vive infatti nell'ombra della donna-madre. La sua celebrazione amorosa, in *A mia moglie* (T1), avviene tramite una serie di malinconiche e serene femmine animali, collegate tra loro dal **motivo della maternità**. Non solo, ma **la donna è invocata come «regina» e «signora», è unica, non ha l'uguale in «nessun'altra donna»**; il poeta la idealizza e la innalza fino a farne un essere a lui superiore.

Da una parte il poeta sottolinea la sensualità e l'istintività naturale della donna, associandola a immagini animali; dall'altra vi percepisce un'aggressività latente e minacciosa: la cagna «tanta dolcezza ha negli occhi / ferocia nel cuore».

Un altro Leitmotiv che accomuna Lina alla madre è quello dei lamenti, le «querele» delle gallinelle, il «muggito lamentoso» della giovenca e infine la «voce amara» di Lina in *Trieste e una donna* ricordano i lamenti e i rimproveri della madre, sempre colta in atteggiamento triste e dolente (cfr. *Eroica*, T5, e *Preghiera alla madre*, T7). Il poeta non può ascoltare il lamento della giovenca senza strappare l'erba per farla tacere, così come non può veder soffrire la moglie, concependo il proprio «dono» amoroso come un risarcimento dovuto al dolore.

Ne è una riprova la poesia **«*Dico al mio cuore, intanto che t'aspetto*»** (T3), sempre rivolta a Lina, nel momento di crisi del rapporto amoroso, che ispira *Trieste e una donna*. Il testo **rivela il carattere coatto del perdono e dello stesso amore**, che contrasta con l'impulso a odiare la donna, sì che il poeta si sente insieme «generoso» e «vile». Ma non può resistere alla «voce amara» di Lina che torna a essere, proprio per questo, la donna ideale, «fatta» per il suo «cuore».

Saba proietta nel rapporto con Lina l'eros liberato dalla nutrice e il rapporto con la madre «austera», cui il bambino, buono e affettuoso, ubbidisce per non vederla soffrire, perché il suo dolore gli «lede» l'anima.

Tuttavia Lina, che compare nel *Canzoniere* come una figura femminile idealizzata, **in *Trieste e una donna* sfugge al totale controllo del poeta e all'assimilazione alla madre**: la donna, nel conflitto, conquista una sua autonomia e diventa un'antagonista del poeta. Prende la parola, accusa, mentisce e tradisce. **Liberatasi dall'archetipo della madre, ella costringe Saba a un confronto diretto con una realtà misteriosa e imprendibile**. Lina, la «sorella» con la «bella / faccia, di tanta nobiltà soffusa» («*Per quante notti che insonne ho giaciuto*») racchiude un'infamia. La naturalità femminile evocata in *A mia moglie* diventa coscienza di un'alterità minacciosa. **L'unico modo che resta al poeta per riaffermare il proprio dominio è il sogno di morte e di uccisione di Lina**: «ho sognato pur io d'averti uccisa / per l'ebbrezza di piangere su te» (*Carmen*).

La donna, dopo aver abbandonato Saba per un altro uomo, torna da lui. **Il poeta, nel momento in cui riaccetta Lina, ne ricostituisce l'immagine simbolica**: anche attraverso il peccato ella ha conservato «santità» e «purezza» («sento che il male ti lasciava intatta», «*Dico al mio cuore, intanto che t'aspetto*») (T3). La "diversità" di Lina appare smussata ed ella sarà d'ora in poi «muta testimone», in un rapporto ambivalente di odio-amore che durerà tutta la vita. Lina viene così risospinta verso l'archetipo materno, di cui si era liberata per divenire l'irriducibile presenza che Saba aveva dovuto riconoscere non senza accenti misogini.

Dopo *Trieste e una donna* Lina non farà nel *Canzoniere* che fugaci apparizioni, ma già l'ultima poesia della raccolta a lei dedicata, *La solitudine*, attesta il ripiegamento narcisistico del poeta («in me solo è quel perfetto amore»), che approderà alla coscienza del limite nel rapporto amoroso con la donna e al senso di impotenza di *Confine* (espansioni digitali T).

Di fronte alla donna-madre stanno le «fanciulle»; ma sono «cose leggere e vaganti», figure di pura sensualità, gioiosi fantasmi condannati a un ruolo decisamente subalterno. **L'eros si dispiega, sottratto al senso di colpa e dell'onore**: Paolina, Chiaretta e le altre fanciulle sono creature libere dalla madre, hanno la leggerezza dello scherzo e del puro desiderio erotico, perciò appaiono indifferenziate e interscambiabili. Da una parte sta la donna sacralizzata, dall'altra la fanciulla come pura trasgressione, su cui l'uomo può esercitare liberamente il proprio senso di superiorità e di dominio.

Ma anche questa felicità è provvisoria: *L'amorosa spina*, dedicata all'amore per Chiaretta, si conclude con la malinconica ritrattazione di *In riva al mare*, con un senso di vergogna che fa desiderare al poeta, contro ogni tentazione dell'eros, la morte. Il cuore «in due scisso» di Saba non riuscirà mai a conquistare l'integrità aspirata.

Pablo Picasso, *Madre e figlio saltimbanchi*, 1905. Stoccarda, Staatsgalerie.

Il fatto che Pablo Ruiz y Picasso abbia scelto di firmare tutte le sue opere della maturità con il solo cognome della madre, Maria Picasso y López, dimostra quanto sia profondo nella percezione di Picasso il legame fra la creatività e la maternità. L'immagine dolce della madre che gioca con il figlio, che egli ritrae nel corso di tutta la sua vita, in alcuni momenti si trasforma nella espressione di un'inquietudine malinconica, carica di tristezza. Questo avviene, ad esempio nella *Madre e bambino saltimbanchi* di Stoccarda, un'opera di passaggio fra il periodo blu e il periodo rosa, in cui lo sguardo assorto e pensieroso della madre e del figlio sembrano immersi in un dialogo segreto e silenzioso.

DAL RIPASSO ALLA VERIFICA

MAPPA CONCETTUALE — Umberto Saba

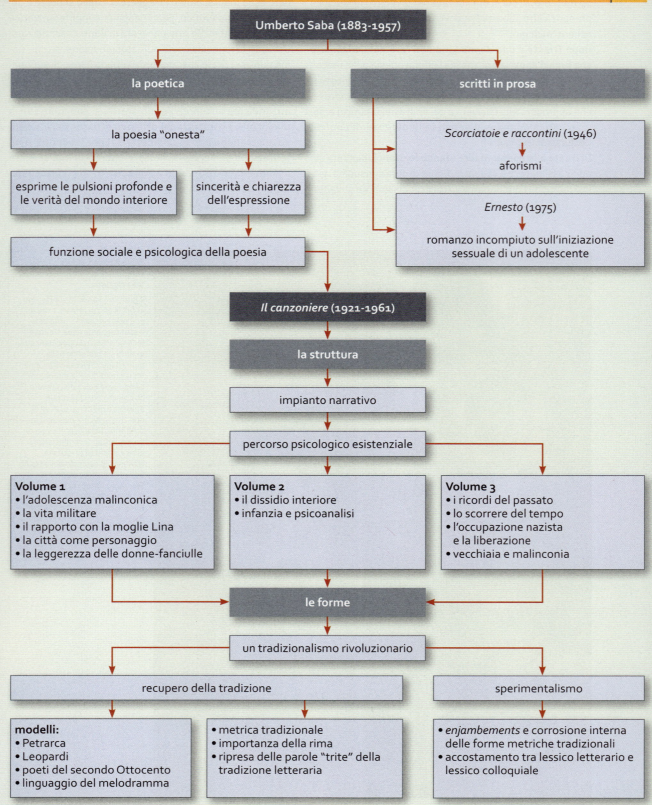

SINTESI

La vita
Umberto Saba nasce a Trieste il 9 marzo 1833, sua madre Rachele è ebrea; suo padre, Ugo Edoardo Poli, prima della nascita del figlio abbandona la famiglia e rinnega la religione ebraica a cui si era convertito in occasione del matrimonio. Tale situazione familiare segna profondamente la vita e la psiche di Saba che, già all'età di vent'anni, manifesta una nevrosi che lo accompagna tutta la vita e che neppure la terapia piscoanalitica, intrepresa tardi e non condotta a termine, riuscirà a guarire in modo duraturo. Dopo l'esperienza militare e dopo il matrimonio, nel 1919 acquista a Trieste una libreria antiquaria che per molti anni costituirà la sua principale occupazione e fonte di guadagno. Nel 1921 esce la prima edizione del *Canzoniere*. Tra il 1920 e il 1930 escono altre raccolte poetiche (tra le quali *Autobiografia* e *Preludio e fughe*) e nel 1931 viene pubblicato *Il piccolo Berto*, ispirato al trattamento psicoanalitico. L'incontro con la psicoanalisi costituisce per Saba la scoperta di uno strumento conoscitivo fondamentale. Durante la Seconda guerra mondiale è costretto a peregrinazioni e fughe continue. Dopo la guerra pubblica alcune opere in prosa: *Scorciatoie e raccontini* (1946); *Storia e cronistoria del Canzoniere* (1948); *Ricordi-Racconti* (1956). Pochi mesi dopo la morte della moglie, Saba muore il 25 agosto 1957.

La poetica
La poesia di Saba, in netta contrapposizione all'estetismo di d'Annunzio e alla tendenza assolutizzante dell'Ermetismo, è autentica e «onesta» e contrappone la schiettezza della verità al culto dell'artificio e della «bellezza» formale. Nell'articolo del 1911 intitolato *Quello che resta da fare ai poeti*, Saba afferma che la poesia deve esprimere in modo limpido e semplice la verità del mondo interiore, senza mistificazioni né abbellimenti. La sua poesia mescola convenzionalità e autenticità, rivitalizzando le forme collaudate dalla tradizione che sono facilmente accessibili al pubblico dei lettori. Inoltre la psicoanalisi, di cui fa esperienza diretta durante la terapia, gli fornisce un'imprescindibile chiave per decifrare le contraddizioni del reale. La poesia di Saba, che rifiuta l'oscurità e il frammentismo, esprime i valori della collettività, partendo dall'analisi dell'io del poeta. Questa non può cancellare il dolore: resta tutt'al più una consolazione che rende più leggero il peso della vita. Il principio fondamentale della poetica sabiana è dunque il rifiuto della poesia quale artificio e la ricerca della "chiarezza" e dell'"onestà". La chiarezza e l'onestà che i poeti devono perseguire è in relazione in primo luogo con la loro funzione sociale, che consiste nel rapporto profondo che la poesia è in grado di stabilire con le leggi elementari della vita. L'onestà del poeta deve rivelarsi innanzitutto nei confronti del proprio mondo psichico profondo, verso il quale è necessario gettare lo "scandaglio" dell'indagine conoscitiva.

Il canzoniere: la vicenda editoriale, il titolo, la struttura
Il canzoniere raccoglie tutta la produzione poetica maggiore di Saba dal 1900 al 1954. La prima edizione del libro viene pubblicata nel 1921. Una seconda edizione è del 1945. Essa ridisegna il progetto dell'opera: compare ora la divisione in tre grandi «volumi», il primo dei quali riproduce di fatto l'edizione del 1921. Questa seconda edizione corrisponde a un'idea definitiva, che le varie aggiunte seguenti non modificheranno nella sostanza. L'ultima edizione esce postuma nel 1961. La scelta del titolo mostra in Saba una chiara volontà di riconnettersi alla maggiore tradizione lirica italiana, che aveva come capostipite il *Canzoniere* petrarchesco. Vi è anche l'intenzione di dare carattere unitario alla ricerca, pur differenziandone con nettezza le varie tappe, corrispondenti alle articolazioni interne dell'opera. *Il canzoniere* è organizzato in tre «volumi», divisi in otto sezioni il primo e il secondo, in nove il terzo. La realizzazione progressiva del *Canzoniere* risponde a un disegno ambizioso e complesso, all'interno del quale una responsabilità speciale è assegnata proprio alla struttura, che ne fa un'opera unitaria e non una somma di sequenze indipendenti. La robusta impalcatura strutturale ha anche la funzione di dare il massimo risalto all'aspetto "narrativo" dei testi. Si è spesso parlato, per *Il canzoniere*, di tendenza narrativa, arrivando a considerarlo come un romanzo. Non tanto il racconto di una vita, quanto il racconto della ricerca intorno al significato di quella vita, il racconto cioè di un'autoanalisi.

I temi
Centrale nella fitta trama psicologica ed esistenziale del *Canzoniere* è la tematica della scissione dell'io, che affonda le sue radici nell'infanzia. Quest'ultima, è un altro tema capitale del libro, un'infanzia rievocata quale momento di incubazione delle nevrosi dell'uomo adulto. Altro tema importantissimo del *Canzoniere* è quello erotico. La diversità tra la balia e la madre influenza profondamente anche la rappresentazione delle figure femminili. Le donne possono somigliare infatti alla madre, esercitando sulla coscienza del poeta il ricatto del senso di colpa, oppure possono somigliare alla balia, favorendo contatti spensierati e regressivi. Le prime sono le donne-madri, le seconde sono le donne-fanciulle. Il tema dell'amore ha nell'opera un'importanza anche al di fuori delle specifiche relazioni erotiche, dato che Saba considera i poeti quali «sacerdoti di eros», cioè cantori della profonda verità elementare che unifica tutti i viventi: la pulsione sessuale, la «brama» come la chiama Saba.

La metrica e la lingua
L'originalità del *Canzoniere* è confermata anche dalle scelte metriche: Saba è l'unico grande poeta italiano del Novecento a conservare una intatta fiducia nelle forme metriche della tradizione. Come per la metrica, anche per la lingua e lo stile del *Canzoniere* si può dire che hanno «le radici nell'Ottocento e la testa nel 2000». Anziché scegliere una lingua nuova, Saba forza la vecchia lingua della letteratura, facendole assumere un aspetto che è insieme moderno e tradizionale, in un originale accostamento fra un lessico iperletterario e convenzionale e un lessico, invece, quotidiano e familiare.

DAL RIPASSO ALLA VERIFICA

DALLE CONOSCENZE ALLE COMPETENZE

1 Quale difficile situazione familiare caratterizza l'infanzia di Saba? (§ 1)

2 Il cognome Saba viene: (§ 1)
- A dal padre
- B dalla madre
- C dalla balia
- D dal padrino

3 Tra i pensatori europei sotto elencati quale influì maggiormente sulla formazione del poeta? (§§ 1, 2)
- A Schopenhauer
- B Nietzsche
- C Marx
- D Freud

4 Tra le due opzioni fornite indica quella corretta (§§ 2, 5, S1)
La poesia di Saba **è/non è** autentica e «onesta». Essa **non ricorre/ricorre** all'artificio, all'oscurità, al frammentismo; esprime in modo **artificioso/semplice** la verità del mondo interiore e dell'interà collettività e si pone in **continuità/contrapposizione** all'estetismo di **d'Annunzio/Ungaretti** e alla tendenza assolutizzante **del crepuscolarismo/dell'Ermetismo**. La psicoanalisi **riveste/non riveste** un ruolo determinante per decifrare le contraddizioni del reale.

5 Indica le date delle tre edizioni del *Canzoniere* (§ 3)
- A 1915 – 1945 – 1961
- B 1921 – 1945 – 1961
- C 1923 – 1956 – 1965
- D 1930 – 1945 – 1961

6
- A Il titolo del *Canzoniere* a quale tradizione fa esplicito riferimento? (§ 4, S2)
- B La sua struttura rimanda a
  - A una raccolta di frammenti lirici
  - B una narrazione unitaria
- C Oggetto del *Canzoniere* è
  - A la vita del poeta
  - B una travolgente passione d'amore
  - C un tentativo di autoanalisi
  - D il complesso rapporto di Saba con la madre

7 Quali sono i temi più rilevanti del *Canzoniere*? (§ 5)

8 Spiega in che senso le figure della madre e della balia hanno influenzato la tematica erotica del *Canzoniere*. Qual è inoltre la differenza tra donne-madri e donne-fanciulle? (§ 5)

9 Spiega perché Saba definisce i poeti «sacerdoti dell'eros»? (§ 5)

10 Quale parte del *Canzoniere* nasce direttamente dall'esperienza psicoanalitica? Chi sono i suoi protagonisti? (§ 7)

11 Confronta la protagonista di *A mia moglie* (T1) con *La signorina Felicita* di Gozzano (vol. 5)
- che rapporto hanno queste figure femminili con il modello dannunziano?
- quali diversi valori rappresentano per il poeta?
- con quali archetipi si identificano?

12 Trieste è più che un semplice sfondo nel *Canzoniere*, chiarisci perché a partire da T2.

13 Confronta *Tre poesie alla mia balia* (T4) e *Preghiera alla madre* (T7) e individua quale ruolo è attribuito a queste due figure femminili nella vita del poeta.

14 Prendendo come esempio la poesia *Amai* (T11), sottolinea modernità e tradizione del *Canzoniere*.

15 Quali sono le principali opere in prosa di Saba? (§ 11)

PROPOSTE DI SCRITTURA

ANALISI E INTERPRETAZIONE DEL TESTO

Goal

La seguente lirica, composta da Saba nel 1933-1934, conclude un ciclo di «Cinque poesie per il gioco del calcio», incluso nella raccolta *Parole*.

> Il portiere caduto alla difesa
> ultima vana, contro terra cela
> la faccia, a non veder l'amara luce.
> Il compagno in ginocchio che l'induce,
> con parole e con mano, a rilevarsi,
> scopre pieni di lacrime i suoi occhi.
>
> La folla – unita ebbrezza – par trabocchi
> nel campo. Intorno al vincitore stanno,
> al suo collo si gettano i fratelli.
> Pochi momenti come questo belli,
> a quanti l'odio consuma e l'amore,
> è dato, sotto il cielo, di vedere.
>
> Presso la rete inviolata il portiere
> – l'altro – è rimasto. Ma non la sua anima,
> con la persona vi è rimasto sola.
> La sua gioia si fa una capriola,
> si fa baci che manda di lontano.
> Della festa – egli dice – anch'io son parte.

COMPRENDERE

1. Da quale concreto episodio scaturisce la composizione di questa lirica?

ANALIZZARE

2. Qual è la struttura metrica (divisione strofica e presenza di rime) della poesia?
3. Attraverso alcuni esempi indica la compresenza, nel lessico, di voci specificamente legate all'argomento calcistico e di espressioni letterarie e classicheggianti.
4. Quali sono i diversi soggetti che occupano la scena? E quale rapporto s'instaura tra di loro?
5. Il testo si presta anche a un'interpretazione allegorica: prova a chiarirla riflettendo in particolare sul commento del poeta: «Pochi momenti come questo belli / [...] / è dato, sotto il cielo, di vedere».

INTERPRETARE E APPROFONDIRE

6. Quale significato assume, secondo te, il fatto che un poeta scelga di parlare di un tema prosastico come quello del calcio? Quale importanza assume questo sport nella società contemporanea? Conosci altri autori che hanno dedicato al calcio alcuni testi in versi o in prosa?

IL SAGGIO BREVE

La novità dell'infanzia nella rappresentazione del *Canzoniere*

A Raccogliamo i materiali (T2, T4, T5, T6, T7, T8, § 8)

DAL RIPASSO ALLA VERIFICA

B Selezioniamo dati e concetti utili
- il fanciullo di Saba è diverso dal fanciullo
    - di Pascoli
    - dei crepuscolari
    - degli ermetici
- è un fanciullo post-freudiano (cfr. il *Piccolo Berto*)
    - l'infanzia è all'origine dei conflitti della vita adulta
    - l'esplorazione dell'infanzia serve a conoscere ....
- il rapporto madre/figlio, l'assenza del padre e la figura della balia
    - sono analizzati attraverso il filtro
- il poeta scopre nell'infanzia l'origine della propria nevrosi
- il tema dell'infanzia ha uno spazio privilegiato nel *Canzoniere*
- il tema dell'infanzia coincide con quello della scissione del poeta
- ....

C Completa lo schema, organizza le idee in una scaletta e sviluppane i singoli punti in un saggio breve. Ricordati di individuare un titolo appropriato e di scegliere lo stile adatto alla sua destinazione editoriale.

Egon Schiele, *La famiglia*, 1918. Vienna, Österreichische Galerie im Belvedere.

Otto Dix, *Donna con bambino*, 1921.

Fino Severini, *Maternità*, 1916. Cortona, Arezzo, Museo dell'Accademia Etrusca.

IL CONFRONTO TRA TESTI

Saba amò sempre riconoscersi nella vita del popolo: confronta **T2** e **T10** e chiariscine analogie e differenze, considerando
- il contesto storico dei due componimenti
- la funzione dell'io nel rapporto con la gente comune

LA TRATTAZIONE SINTETICA

Spiega il ruolo della psicoanalisi nella vita e nella produzione letteraria di Saba (max 15 righe).

- **Materiali per il recupero** *Tre poesie alla mia balia*
- Indicazioni bibliografiche

 **3.0**

Personalizza il tuo libro selezionando per questo capitolo materiali integrativi da Prometeo (di seguito ti proponiamo un elenco di materiali, ma puoi trovarne altri utilizzando il motore di ricerca).

- MODULO TEMATICO INTERDISCIPLINARE   La malattia d'amore
- MODULO TEMATICO INTERDISCIPLINARE   Figure di madre

Capitolo VI — Eugenio Montale

My eBook+

Cliccando su questa icona, docenti e studenti accedono ad un'area di personalizzazione che permette di arricchire i contenuti digitali già linkati lungo le pagine del libro. Nell'area di personalizzazione è possibile infatti salvare ulteriori materiali: selezionati da Prometeo, prodotti autonomamente o ricercati nella rete.

▶ *Per un elenco di materiali integrativi presenti nella biblioteca multimediale di Prometeo o per attivare una ricerca cfr. p. 295*

Guido Peyron, *Ritratto di Eugenio Montale*, 1932. Collezione privata.

VIDEOLEZIONE

Montale fra modernità e Postmoderno (a cura di Romano Luperini)

In tutto l'arco della sua produzione Montale ha posto il problema del senso della vita e del modo di esprimerlo, passando dal simbolismo degli *Ossi di seppia* all'allegorismo umanistico delle *Occasioni* e all'allegorismo apocalittico della *Bufera e altro*, fino all'allegoria vuota dell'ultima fase della sua opera. La videolezione di Romano Luperini illustra questa lunga parabola poetica che attraversa buona parte del Novecento, delineando il profilo complessivo di uno dei poeti più significativi della nostra letteratura.

- Montale e il Novecento poetico italiano [2 min. ca.]
- Evoluzione della poesia montaliana [2 min. ca.]
- La poetica e la poesia degli *Ossi di seppia* [5 min. ca.]
- La poetica e la poesia delle *Occasioni* [6 min. ca.]
- La poetica e la poesia di *La bufera e altro* [3 min. ca.]
- Il silenzio poetico del decennio 1954-1963 e i racconti di *Farfalla di Dinard* [3 min. ca.]
- La svolta di *Satura* [6 min. ca.]
- L'ultimo Montale: la poesia diaristica [4 min. ca.]
- Storia di Montale: fra modernità e Postmoderno [4 min. ca.]

Attiviamo le competenze

- esercitare le competenze di ascolto
- scrivere una trattazione sintetica

Per definire la produzione poetica di Montale precedente a *Satura*, Romano Luperini parla di «classicismo modernista». Cosa intende lo studioso con questa espressione? Spiegalo in una trattazione sintetica che non superi le 20 righe.

1 La centralità di Montale nel canone poetico del Novecento

I primi tre libri di poesia

Montale è fra i poeti più grandi del secolo, probabilmente il maggiore in Italia e, comunque, fra i più importanti della letteratura europea del Novecento.

La sua esperienza poetica copre circa sessant'anni, dal 1920, quando scrisse le sue prime poesie, **al 1980**. Ha accompagnato dunque buona parte del secolo. **Montale esordisce con *Ossi di seppia*, nel 1925**, mostrando una formazione in cui confluiscono spinte opposte, e cioè la prosasticità e lo sperimentalismo dei crepuscolari (Gozzano, Govoni, Palazzeschi) e dei vociani (Sbarbaro, Rebora, Boine) e la tendenza al classicismo della «Ronda». **Poi, con *Le occasioni* (1939)**, si cimenta in una poesia alta, aristocratica, difficile, che sembrerebbe avvicinarlo all'Ermetismo, da cui tuttavia si distingue per il rifiuto del simbolismo e l'adesione, invece, a un allegorismo influenzato dal modello dantesco e dall'insegnamento del poeta inglese T.S. Eliot. **Nel libro successivo, *La bufera e altro* (1956)**, il registro elevato e il "grande stile" delle *Occasioni* sono ancora praticati, ma si combinano con esigenze più realistiche e immediate (si avverte, assai remota sullo sfondo, la presenza del Neorealismo).

Autonomia e coerenza di sviluppo nella poesia montaliana

Sino a questo momento, Montale sembra accompagnare i principali movimenti letterari (dal vocianesimo al rondismo, dall'Ermetismo al Neorealismo) **mantenendo sempre una autonomia che lo differenzia da essi** e mostrando una propria personale coerenza di svolgimento, improntata a una poesia eticamente risentita e filosoficamente impegnata: nel proprio destino di poeta egli intende cogliere i tratti che lo avvicinano agli altri uomini e indicare una possibilità di salvezza. **L'ideologia aristocratica** (Montale crede in un'aristocrazia dello spirito) e **la fiducia umanistica nei valori dell'intelligenza, della cultura e della poesia**, lo inducono a prendere posizione contro il fascismo e anche, più in generale, contro la massificazione della società.

Video • Intervista a Romano Luperini su Montale e l'Ermetismo

La vicenda degli anni Cinquanta e il silenzio poetico del decennio 1954-1964

Ma la vicenda economica, politica e culturale degli anni 1955-1963 (boom economico e seconda rivoluzione industriale italiana) pone in discussione tutti i valori in cui Montale crede, **spingendolo a ritenere ormai morta la poesia stessa**. In una società in cui dominano la massificazione, il consumismo, l'anonimato, l'informe, verrebbe meno, secondo lui, la possibilità stessa della "forma", cioè dell'arte. **Di qui il silenzio poetico di Montale, durato dieci anni (1954-1964). Quando egli riprende a scrivere, con *Satura* (1971)**, lo stile alto e raffinato viene abbandonato: prevale ora l'aspetto satirico, prosastico, diaristico. **Si tratta di una vera e propria svolta**, che presenta qualche tratto di parentela con la poesia provocatoria, ironica e "bassa" dei "novissimi", cioè dei poeti della Neoavanguardia (come Sanguineti e Porta), e soprattutto dei poeti più giovani che pure si rifacevano al suo insegnamento poetico, come Sereni.

Da *Satura* ad *Altri versi*

Le successive raccolte (da *Diario del '71 e del '72* ad *Altri versi*, 1980) approfondiscono tale inversione di rotta, rendendo radicale la tendenza alla prosa in versi e l'abbassamento di tono e di registro. **In quest'ultima fase**, in cui predomina lo stile della citazione e dell'autocitazione (Montale si ispira spesso, perlopiù ironicamente, alla propria precedente poesia), **evidenti sono alcuni punti di contatto con la poetica e con le ideologie del Postmoderno**: per esempio, sul piano della poetica, egli privilegia una poesia leggera, ludica o satirica, fondata sulla citazione; sul piano ideologico, pone in discussione l'idea stessa del tempo e della storia e critica le ideologie "forti" che avevano prevalso sino allora (lo storicismo, il marxismo, il neopositivismo).

L'originalità di Montale

Montale ha sfiorato tutte le principali tendenze del secolo, senza mai essere eclettico o ripetitivo. Pur avvicinandovisi, non si è identificato né nell'Ermetismo, né nel Neorealismo, né nella Neoavanguardia, e anzi ha preso posizione contro tutte queste tendenze. **La sua originalità** sta nel modo con cui ha conciliato, **nei primi tre libri**, classicismo e modernismo, tendenza metafisica ed esigenza di adesione al mondo fisico, stile elevato e confronto con la realtà, e **negli ultimi, dopo la svolta di *Satura***, prosasticità e impegno filosofico, gioco e protesta. Ma sta anche, e soprattutto, nella **coerenza con cui egli considera il destino dell'uomo moderno nella società di massa**, dapprima cercando una via di scampo e di salvezza, poi, negli ultimi libri, ironicamente denunciando la vanità di questa stessa ricerca, la quale tuttavia, pure in questa forma negativa, continua a essere al centro della sua riflessione.

La centralità di Montale

Per questo sforzo di congiungere classicità e modernità, per la tenacia con cui ha perseguito un rapporto con la storia, con la dimensione etica, con il mondo fisico e con l'esperienza concreta, **Montale ha fondato un canone poetico che appare oggi centrale e comunque diverso da quelli che hanno per capostipiti Ungaretti e Saba**. Da Ungaretti deriva il filone postsimbolista che confluisce nella "poesia pura" e nell'Ermetismo; da Saba il filone realistico e impressionistico. Montale, rifiutando la "poesia pura" e analogica, prendendo le distanze dal simbolismo e anteponendogli, già a partire dalle *Occasioni*, una pratica allegorica, si distanzia nettamente dal primo filone; ma mantenendo aperta una prospettiva metafisica, astratta, filosofica resta lontano anche dal secondo. **La linea di Montale è centrale** non solo perché si pone in posizione intermedia fra quella di Ungaretti e di Saba, ma anche e soprattutto perché condiziona profondamente tutte le più importanti esperienze poetiche successive.

2 La vita e le opere; la cultura e le varie fasi della produzione poetica

Possiamo distinguere la vita e l'attività poetica di Montale in cinque periodi.

Il primo Montale: la Liguria e gli *Ossi di seppia* (1896-1926)

L'infanzia tra Genova e Monterosso

Eugenio Montale nasce a Genova il 12 ottobre 1896. La famiglia appartiene a una **borghesia piuttosto agiata**: il padre è comproprietario di una ditta d'importazione di prodotti chimici. Dal 1905 Eugenio **trascorre le estati a Monterosso, nelle Cinque Terre**, dove il padre ha costruito una villa; e il paesaggio marino ligure ha un'importanza decisiva nelle tematiche di *Ossi di seppia*.

Gli studi

Nel 1915 si diploma ragioniere. Intanto ha cominciato a studiare canto. **Dal 1914 al 1917 legge moltissimo** frequentando la biblioteca comunale di Genova e seguendo i consigli della sorella Marianna, che studia filosofia. Delle letture del 1917 resta un quaderno di appunti (*Quaderno genovese*), che sarà pubblicato postumo. Montale si sta avvicinando ai poeti simbolisti francesi ma anche alle posizioni di avanguardia di Govoni e soprattutto di Palazzeschi, e ostenta atteggiamenti provocatori e antiborghesi, vagamente nietzschiani, che si alternano a fasi di frustrazione.

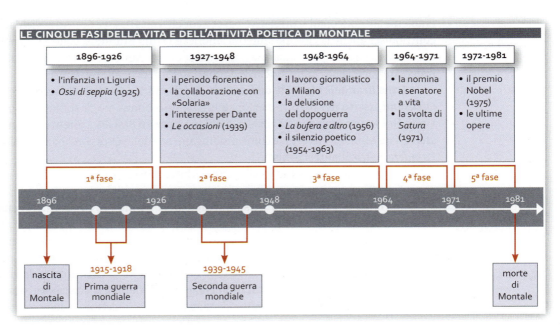

La collaborazione a «Primo tempo»

Dall'autunno 1917, dopo un corso per ufficiali alla scuola militare di Parma, **partecipa alla guerra**. In questo periodo conosce il critico e poeta **Sergio Solmi**, che dirige con Debenedetti una rivista gobettiana, **«Primo tempo»**. Dopo un'iniziale influenza di tematiche religiose e, in particolare, del modernismo, si era avvicinato infatti alle posizioni liberali del gruppo gobettiano. Su «Primo tempo» pubblica le sue prime poesie, nel 1922, con il titolo di *Accordi*.

Nel 1920 aveva conosciuto a Monterosso la giovanissima **Anna degli Uberti**, destinata a restare una delle costanti ispiratrici della sua poesia (con il nome di Arletta o di Annetta). Nel 1924 s'innamora di **Paola Nicoli**, una donna sposata.

Le due edizioni di Ossi di seppia

Nel 1925 esce *Ossi di seppia*, a Torino, presso l'editore Gobetti. Una seconda edizione della stessa opera, accresciuta di nuovi testi poetici, esce nel 1928.

Il caso Svevo

Nel 1925, coerentemente con la propria posizione liberale e filogobettiana, **Montale firma il manifesto degli intellettuali antifascisti redatto da Benedetto Croce**. Nello stesso anno **conosce Svevo** e contribuisce, con alcuni articoli scritti anche nell'anno successivo, a farne esplodere il caso.

S • Il giudizio di Montale: Zeno come «novissimo Ulisse» e come Charlot

Il secondo Montale:
Le occasioni e il periodo fiorentino (1927-1948)

Il trasferimento a Firenze

Nel 1927 Montale si trasferisce a Firenze, dove vivrà sino al 1948. Firenze appare a Montale come la culla dell'Umanesimo, una sorta di patria o di cittadella delle lettere e della cultura, intese come valore supremo da difendere contro l'ignoranza e la rozzezza del regime fascista. A **Firenze Montale lavora dapprima presso la casa editrice Bemporad** (1927-29), **poi come direttore del prestigioso Gabinetto Vieusseux** e della sua biblioteca (1929-1938). Dopo essere stato licenziato perché non iscritto al partito fascista, vive di traduzioni e di collaborazioni giornalistiche, fino al suo trasferimento a Milano come redattore del «Corriere della Sera» (1948).

Il rapporto con T.S. Eliot

In questo periodo Montale si apre alla cultura inglese, conosce T.S. Eliot e pubblica nel 1928 sulla rivista da lui diretta, «The Criterion», la poesia *Arsenio*, compresa nella seconda edizione di *Ossi di seppia*. Diventa amico dell'anglista Praz (è lui il traduttore di *Arsenio*) e del critico Gianfranco Contini. **Frequenta il caffè delle «Giubbe rosse»**, dove incontra Vittorini, Loria, Bonsanti, Gadda, tutti collaboratori della rivista «Solaria», alla cui redazione lavora anche Montale. **L'influenza di Contini e soprattutto di Eliot** è decisiva nel volgerlo a interessarsi a Dante e a **un metodo poetico allegorico**, per molti versi affine a quello teorizzato dal poeta inglese (il «correlativo oggettivo», che tende a escludere il momento della confessione soggettiva, dandone invece un equivalente oggettivo in un emblema allegorico; sul «correlativo oggettivo» cfr. cap. III, § 3 e **S2**). Ad avvicinare Montale a Dante contribuisce anche la giovane studiosa americana **Irma Brandeis**, conosciuta nel 1933 quando ella era venuta a Firenze per studiare la lingua del poeta medievale. La relazione d'amore durerà in modo irregolare per qualche anno, finché la donna non tornerà negli Stati Uniti.

La collaborazione a «Solaria»

L'interesse per Dante e l'incontro con Irma Brandeis

Le occasioni e Finisterre

A Irma Brandeis Montale dedica (con la sigla «a I. B.», restata a lungo misteriosa) **il libro delle** *Occasioni*, **uscito nel 1939** presso Einaudi, quando la donna era già tornata da pochi mesi negli Stati Uniti. **Nel 1943** a Lugano, in Svizzera, **e nel 1945** presso Barbèra a Firenze **escono le poesie di** *Finisterre*, che Montale concepiva come prolungamento delle *Occasioni* ma che poi vennero incluse in *La bufera e altro*, il suo terzo libro.

Nel 1939 va a vivere con Drusilla Tanzi (detta Mosca), moglie del critico d'arte Matteo Marangoni, da lui frequentata già da diversi anni.

L'attività politica nel dopoguerra e la collaborazione a «Il mondo»

Dopo la caduta del fascismo, e soprattutto nel biennio 1945-1946, attraverso un breve periodo di entusiasmo politico, si iscrive al Partito d'Azione, partecipa al Comitato di Liberazione Nazionale (CLN) della Toscana e fonda con Bonsanti, Loria e Scaravelli il quindicinale **«Il mondo»**. Le sue posizioni sono quelle di un liberale progressista. **Ma già nel 1947 la delusione politica**, dovuta all'egemonia da un lato della DC e dall'altro del PCI (le due Chiese, la nera e la rossa, di cui parla in una poesia della *Bufera e altro*), **lo induce a ritirarsi dall'impegno politico**. Comincia a collaborare sempre più frequentemente al **«Corriere della Sera»** e infine viene assunto come redattore di questo quotidiano (1948).

Video • Intervista a E. Sanguineti su Montale e il fascismo

Il terzo Montale:
La bufera e altro e il lavoro giornalistico a Milano (1948-1964)

Stabilitosi a Milano ed entrato nel mondo del giornalismo, Montale ha modo di confrontarsi più direttamente con la realtà industriale e con il mondo moderno, anche attraverso **numerosi viaggi** (in Francia, Inghilterra, Spagna, Israele e Medio Oriente, Stati Uniti). Scrive anche recensioni e numerosissimi articoli di critica musicale. **Le prose di carattere più narrativo sono riunite in** *Farfalla di Dinard* (**1956**, poi, in edizione accresciuta, **1960**), **alcune di quelle saggistiche in** *Auto da fé* (**1966**) e altre più giornalistiche (i *reportages*) in *Fuori di casa* (**1969**).

Attraverso queste esperienze, che si riflettono nella sua poesia fra il 1945 e il 1954 (poi confluita, insieme a *Finisterre*, nella *Bufera e altro*, il libro più vario, ricco e inquieto dell'intera produzione poetica montaliana), **cresce la delusione nei confronti del mondo moderno**, della meccanizzazione e della massificazione della vita, che a suo avviso mettono a repentaglio la sopravvivenza stessa della poesia. E infatti, **dopo l'uscita di** *La bufera e altro* **nel 1956, Montale sembra rinunciare a scrivere versi**. Comincia un silenzio poetico che dura dieci anni.

Sul piano privato, il biennio 1949-50 è segnato dall'**amore per la giovane poetessa Maria Luisa Spaziani**, cantata con il nome di **Volpe** nei «Madrigali privati» (una sezione di *La bufera e altro*) in implicita opposizione a Clizia (Irma Brandeis): si tratta infatti di un amore concreto e sensuale, ben diverso da quello dell'ispiratrice delle *Occasioni*, più idealizzato e sostanzialmente platonico. **Nel 1962 sposa Drusilla Tanzi** (**Mosca**) con cui conviveva da vari anni e che muore l'anno successivo. È proprio la rielaborazione del lutto della moglie che lo induce a ricominciare a scrivere versi nel 1964.

Il quarto Montale:
le poesie di *Satura* e la nomina a senatore a vita (1964-1971)

È questo il periodo in cui s'infittiscono i riconoscimenti, in Italia e all'estero. **Nel 1965** Montale partecipa alla cerimonia di apertura del Convegno internazionale per il centenario della nascita di Dante, leggendovi una importante relazione, a conferma del vivo interesse per l'autore della *Commedia* sempre da lui manifestato. **Nel 1967 riceve la laurea** *honoris causa* a **Cambridge** e, in patria, **la nomina a senatore a vita**. Sta diventando il poeta ufficiale della prima Repubblica.

Come autore di versi, Montale dà inizio a una nuova stagione poetica. Le poesie scritte per la morte della moglie e numerose altre di argomento invece satirico, polemico, comico, diaristico rivelano **una svolta in senso prosastico**. Si nota ancora l'influenza di Dante, soprattutto delle zone "comiche" dell'*Inferno*. D'altronde, nella società massificata non è più possibile, per Montale, una forma di poesia alta, quale quella che egli aveva praticato nei suoi libri precedenti e soprattutto nel secondo, *Le occasioni*, e nel terzo, *La bufera e altro*. **Il quarto libro**, *Satura*, che **esce nel 1971** da Mondadori raccogliendo le poesie scritte a partire dal 1964, segna dunque una svolta.

Il quinto Montale:
il premio Nobel e la stagione dei *Diari* e di *Altri versi* (1972-1981)

L'ultimo Montale è ancora più decisamente prosastico e diaristico. Si può parlare di un quinto Montale: dopo quello di *Ossi di seppia*, delle *Occasioni*, della *Bufera e altro*, di *Satura*, abbiamo **il Montale dei due** *Diari*: *Diario del '71 e del '72* (**1973**) e *Quaderno di quattro anni* (**1977**). Ma anche la successiva raccolta *Altri versi* (**1980**) conferma questa vocazione diaristica. **Nel 1980** esce, a cura del grande filologo Gianfranco Contini e di Rosanna Bettarini, l'**edizione critica di tutta** *L'opera in versi*.

Nel frattempo Montale aveva ricevuto **il premio Nobel per la Letteratura nel 1975**. Per l'occasione aveva tenuto un discorso, *È ancora possibile la poesia?*, dal titolo significativo: è difficile che la poesia possa sopravvivere essendo incompatibile con la società moderna.

La morte giunge all'età di quasi ottantacinque anni, a Milano, il 12 settembre 1981. Il funerale di stato si svolge alla presenza del Presidente della Repubblica Pertini e del Presidente del Consiglio Spadolini. L'arcivescovo di Milano celebra la messa in duomo. L'ufficializzazione e la canonizzazione del poeta sono così ratificate.

Nel 1991 cominciano a uscire le poesie di *Diario postumo* affidate ad Annalisa Cima (altre sono state pubblicate nel 1996).

MONTALE E IL SUO TEMPO

STORIA	CRONOLOGIA	VITA E OPERE
		Il periodo ligure (1896-1926)
	1896	nasce il 12 ottobre a Genova
	1905	da qui in avanti passa le estati a Monterosso, nelle Cinque Terre
		conosce Anna degli Uberti (Arletta o Annetta)
Prima guerra mondiale	1914-1918	
il fascismo e Mussolini al potere in Italia	1922	esordisce come poeta sulla rivista «Primo tempo»
	1925	*Ossi di seppia*; firma il Manifesto antifascista di Croce
		Il periodo fiorentino (1927-1948)
	1927	si trasferisce a Firenze, come redattore della casa editrice Bemporad
	1928	esce la seconda edizione accresciuta di *Ossi di seppia*
Grande crisi economica negli USA e poi in Europa	1929	viene nominato direttore del Gabinetto Vieusseux. Collabora a «Solaria»
il nazismo e Hitler al potere in Germania	1933-1938	ha una relazione con Irma Brandeis (Clizia)
	1939	pubblica da Einaudi il secondo libro di poesie, *Le occasioni*. Va a vivere con Drusilla Tanzi (Mosca)
Seconda guerra mondiale	1939-1945	
intervento in guerra dell'Italia a fianco della Germania	1940	
caduta del fascismo e armistizio fra Italia e anglo-americani	1943	
	1945	fa parte del Comitato di Liberazione Nazionale antifascista. Fonda con altri il quindicinale «Il mondo»
referendum per scegliere l'assetto istituzionale	1946	
governi centristi in Italia	1947-1960	**Milano e *La bufera e altro* (1948-1964)**
Costituzione della Repubblica italiana	1948	è assunto come redattore dal «Corriere della Sera». Pubblica *Quaderno di traduzioni*
	1949	relazione amorosa con Maria Luisa Spaziani (Volpe)
	1954-1964	decennio di silenzio poetico
denuncia dei crimini di Stalin da parte di Kruscev	1956	*La bufera e altro*. Escono le prose narrative *Farfalla di Dinard*
"miracolo economico" in Italia	1958-1963	
nascita dei governi di centro-sinistra in Italia	1960	
guerra del Vietnam	1961-1975	
	1962	sposa Drusilla Tanzi
	1963	morte della moglie
		***Satura* e la nomina a senatore a vita (1964-1971)**
	1964	riprende a scrivere poesie in memoria della moglie
	1967	è nominato senatore a vita; riceve a Cambridge la laurea *honoris causa*
movimento internazionale di contestazione	1968	
"autunno caldo" e inizio della "strategia della tensione" in Italia	1969	
	1971	*Satura*, quarto libro poetico
		Il premio Nobel e i *Diari* (1972-1981)
crisi petrolifera ed economica	1973	*Diario del '71 e del '72*
	1975	riceve il premio Nobel per la Letteratura e, nell'occasione, pronuncia il discorso *È ancora possibile la poesia?*
	1977	*Quaderno di quattro anni*
	1981	esce l'ultima raccolta *Altri versi*. Muore il 12 settembre a Milano

3 Poetica, psicologia e filosofia nel primo Montale

Il *Quaderno genovese*, il rapporto con il Simbolismo francese e con la poesia vociano-lacerbiana e crepuscolare

Il *Quaderno genovese* di appunti, redatto da Montale nel corso del 1917, rivela una psicologia, una poetica e la loro stretta relazione. **Vi domina un senso di frustrazione**, di fallimento imminente, spesso associato all'idea dell'inettitudine pratica, con i conseguenti esiti di «apatia», «indolenza», «impotenza». Nello stesso tempo, però, **questa condizione è polemicamente contrapposta al conformismo borghese**, ai miti dell'efficienza, al «buon senso» dominante. **Il giovane poeta appare sin da ora avviato a cercare un riscatto nella letteratura** e attraverso la letteratura. Si avvicina perciò al Simbolismo francese (quello, soprattutto, di Verlaine), ma tende a interpretarlo in chiave avanguardistica, rifacendosi alla lezione di Govoni e di Palazzeschi, ma in genere di tutto l'ambiente vociano-lacerbiano. **L'influenza del Simbolismo traspare nelle sette poesie di *Accordi* pubblicate su «Primo tempo» nel 1922**: già il titolo rinvia infatti al tentativo di rendere nei versi le note degli strumenti musicali e di sciogliere la poesia in musica (secondo l'insegnamento di Verlaine) e alla ricerca delle "corrispondenze" fra uomo e natura. Ma **in queste liriche è evidente anche la lezione del crepuscolarismo** (la metrica riprende il verso libero crepuscolare) e **della poesia vociana e lacerbiana**. Su «Primo tempo» compare anche la poesia ***Riviere***, in cui è scoperta l'influenza del simbolismo panico di d'Annunzio, con cui Montale si confronterà anche in altre liriche poi confluite in *Ossi di seppia*.

L'esordio poetico di *Accordi*

Il confronto con d'Annunzio

L'influenza di Sbarbaro

Nel 1920 Montale recensisce Sbarbaro, da cui desume la poetica dello scarto, del detrito, del residuo, dell'aridità vitale, dell'impotenza, dell'uomo fallito, esiliato e abbandonato. Più tardi Montale parlerà di se stesso come di un *outcast* («fuori di ogni casta», dunque un paria): **il poeta, cioè, è un escluso, privo di identità sociale, eternamente spaesato**. All'influenza di Sbarbaro (anche lui poeta ligure) si aggiunge poco dopo quella di altri poeti vociani, e soprattutto di Rebora (su Sbarbaro e Rebora, cfr. vol. 5).

L'influenza di Svevo e di Cecchi

Nella prima metà degli anni Venti (sino al 1926 circa) intervengono altri due elementi importanti che arricchiscono la problematica psicologica e culturale, nonché la poetica, di Montale: **la lezione di Svevo** (sul rapporto Montale-Svevo cfr. vol. 5) **e quella di Cecchi e della «Ronda»** (sulla «Ronda» cfr. vol. 5, Parte Ottava, cap. II, § 6). La prima, mentre consente a Montale di approfondire il tema dell'inettitudine, lo induce a vagheggiare un atteggiamento snobistico e un «dilettantismo» grande-borghese, ai quali d'altronde lo spinge anche Cecchi. Questo autore e «La Ronda», tuttavia, conferiscono a tale scelta **un taglio classicistico**, un'esigenza di distacco, di "decenza" formale, di decoro stilistico che negli anni Venti cominciano a influenzare anche la poesia di Montale. Ciò comporta **un abbandono delle iniziali posizioni avanguardistiche**, già evidente nel saggio *Stile e tradizione*, uscito sul «Baretti» nel gennaio 1925.

T • *Stile e tradizione*

Il saggio *Stile e tradizione* (1925)

Il rapporto con i gruppi gobettiani e l'influenza di Boutroux e Šestov

I contatti con Gobetti, la frequentazione di Sergio Solmi, la collaborazione a «Primo tempo» e al «Baretti» rivelano **le sue vicinanze ai gruppi gobettiani**. C'è in lui un risentito bisogno di moralità, che assume le forme del volontarismo etico vociano: il sacrificio per gli altri è necessario anche se sfuggono le ragioni ultime della vita ed è difficile definire il bene e il male. Forte, e coerente con l'insegnamento gobettiano, è anche l'influenza filosofica del contingentismo di Etienne-Emile Boutroux (1845-1921), un filosofo francese che contrappone alle «necessità» delle leggi naturali (la validità delle quali, lungi dall'essere universale, come sosteneva il positivismo, sarebbe a suo avviso solo «contingente») lo spazio interiore della libertà e della scelta individuale. Infine va ricordata anche la lettura del filosofo russo Lev Šestov (1868-1938), un kierkegaardiano che avvicinò Montale all'esistenzialismo, a una considerazione del limite della condizione umana e a un conseguente relativismo gnoseologico.

Dal simbolismo a una poesia filosofica e narrativa

Queste tensioni morali portano anche a un progressivo **superamento delle posizioni giovanili**: si passa **da una poetica delle sensazioni e della musicalità**, evidente non solo in *Accordi* ma anche nelle prime poesie di *Ossi di seppia*, **a una tendente a una poesia più ragionata e più narrativa**, in cui il pensiero si condensa in immagini-metafore, che mostrano già una loro oggettività emblematica. La tendenza che percorre il primo libro montaliano procede dunque da un simbolismo interpretato in senso avanguardistico a una poesia filosofica e narrativa in cui si percepisce già un'esigenza di tipo allegorico.

Video • Intervista a E. Sanguineti sul rapporto di Montale con la tradizione poetica recente e le avanguardie

4. *Ossi di seppia* come "romanzo di formazione" e la crisi del Simbolismo

Diverse tendenze di politica negli *Ossi di seppia*

Da quanto detto nel precedente paragrafo risulta evidente che *Ossi di seppia* è un libro composito **in cui confluiscono tendenze di poetica diverse**: 1) quelle dell'avanguardia primonovecentesca crepuscolare ed espressionista; 2) quelle simboliste desunte sia dalla poesia francese sia da quella italiana (da Pascoli e soprattutto da d'Annunzio); 3) quelle della restaurazione antiavanguardista promossa dalla rivista gobettiana «Il Baretti» ma anche dal classicismo della «Ronda». **D'altronde il libro esce nel 1925 in un momento di svolta politica e culturale**: sta morendo la stagione delle avanguardie e sta affermandosi in ogni campo un ritorno all'ordine. È naturale dunque che esso si regga su un baricentro precario, sottoposto a spinte contrastanti.

Le due edizioni (1925 e 1928)

La prima edizione (Gobetti, 1925) comprende poesie scritte quasi tutte fra il 1921 e il 1924 (solo pochissime, per esempio T2, «*Meriggiare pallido e assorto*», p. 196 e *Riviere*, sono precedenti al 1921). **La seconda edizione (Ribet, 1928) aggiunge sei liriche**, cinque del 1926 e una, *Arsenio*, del 1927, e modifica in diversi punti la struttura interna del libro.

Il titolo

Il titolo rinvia all'immagine marina degli "ossi di seppia", già presente nell'*Alcyone* di d'Annunzio. **Essi possono galleggiare felicemente nel mare** (simbolo della felicità naturale) **oppure essere sbattuti sulla spiaggia** come inutili relitti. **La prima possibilità**, vagheggiata in *Riviere* e in alcune poesie più giovanili, risulta sempre più difficile da attuarsi; tende a imporsi, invece, **la seconda** situazione: come l'"osso di seppia" gettato sulla terra, il poeta è esiliato dal mare, escluso dalla natura e dalla felicità.

I simboli contrapposti della terra e del mare

Come si vede, **i due simboli dominanti sono quelli del mare e della terra**. **Il primo** è il luogo dell'indifferenziato, di una beatitudine panica e naturale, quale quella perseguita da d'Annunzio nell'*Alcyone*; **la seconda** è la sede della privazione e dell'esilio, ma anche del rapporto sociale, del sacrificio, del momento etico. **Il libro di Montale è anche una sorta di "romanzo"** (d'altronde così il poeta chiamò i suoi primi tre libri) **e precisamente di "romanzo di formazione"**, in cui al distacco dal mare corrisponde l'accettazione stoica della terra e della scelta morale. Se la terra è il luogo-emblema dei limiti della condizione umana, tuttavia **anche su di essa sembrerebbe possibile, di tanto in tanto, una sorta di "miracolo" laico**, che può concretizzarsi in incontri rivelatori, in epifanie, in smemoramenti: per esempio, quelli concessi dall'odore dei limoni intravisti in un cortile e dal vortice inebriante del mare: cfr. T1, *I limoni*, p. 193 (per tale problematica e per meglio capire il tema di base su cui è costruito *Ossi di seppia* cfr. la prosa *Una spiaggia in Liguria*).

***Ossi di seppia* come "romanzo di formazione"**

Il "miracolo"

T • Una spiaggia in Liguria

OSSI DI SEPPIA

edizioni
- 1ª edizione → 1925
- 2ª edizione → 1928 con aggiunta di 6 nuove poesie

titolo
- l'immagine degli "ossi di seppia" è ripresa da d'Annunzio
- l'immagine rinvia alla condizione esistenziale del poeta che, come l'osso di seppia gettato sulla spiaggia, lontano dal mare, è escluso dalla felicità

struttura
- la raccolta è divisa in 4 sezioni («Movimenti», «Ossi di seppia», «Mediterraneo», «Meriggi e ombre»), che delineano il percorso di un "romanzo di formazione". Alla fine di questo percorso l'io lirico accetta «senza viltà» il proprio destino di sconfitta

temi
- il "male di vivere"
- l'aridità e l'indifferenza
- l'opposizione tra natura-città, mare-terra, infanzia-maturità
- la possibilità del "miracolo"

forme e stile
- tra sperimentalismo e classicismo
- stile aspro e arido che rifiuta l'eloquenza dannunziana

Il percorso del libro: dallo smemoramento nella natura allo spaesamento e alla coscienza morale

Video • «Non chiederci la parola» (P. Cataldi)

Ossi di seppia e *Alcyone*

Video • Terra e mare negli *Ossi di seppia*: il rapporto con d'Annunzio (P. Cataldi)

Il programma di «torcere il collo» all'eloquenza

Il Montale fisico e quello metafisico

L'evoluzione della metrica

Gli oggetti e le immagini emblematiche

La struttura del libro

T • *In limine*

Il sistema di opposizioni nella prima sezione

T • *Corno inglese*

La seconda sezione: l'aridità, l'ingorgo di oggetti, la distonia

Ossi di seppia delinea un percorso: **al momento felice dell'incanto** – coincidente con l'infanzia e con una adesione panica alla natura – **è seguito il disincanto della maturità**, alla pienezza di un rapporto organico e simbolico con il cosmo è succeduta **una condizione di spaesamento e di frammentazione** che investe non solo la realtà oggettiva ma anche quella soggettiva, l'anima essendo ormai «divisa» e «informe» (cfr. **T3**, «*Non chiederci la parola*», p. 199). All'uomo non resta che accettare la vita su una terra desolata e su un universo disgregato e franante; ma deve accettarla «senza viltà» (cfr. la fine di **T5**, *Incontro*, p. 205). La stagione del disincanto e della maturità implica dunque un programma esistenziale e morale e insieme una scelta di poetica che comporta l'**attraversamento e il superamento della prospettiva simbolistica e dannunziana**. In *Ossi di seppia*, e soprattutto nella sezione intitolata «Mediterraneo», si svolge un lungo confronto non solo linguistico e stilistico, ma esistenziale e morale con d'Annunzio. Anche *Alcyone*, come *Ossi di seppia*, è un libro marino; ma l'«**attraversamento di d'Annunzio**», di cui parla lo stesso Montale a proposito degli *Ossi di seppia*, **si conclude con un addio risoluto alle soluzioni umane e artistiche del poeta abruzzese**.

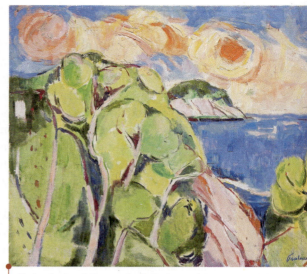
Enrico Paulucci, *Paesaggio*. Collezione privata.

Di qui, a livello di poetica, **la scelta antidannunziana di «torcere il collo» all'eloquenza**, «magari a rischio di una controeloquenza»: la scelta, cioè, di uno stile aspro e arido che vorrebbe aderire alla realtà delle cose al di là dell'inganno delle convenzioni ideologiche e linguistiche (cfr. **S1**, p. 192).

Sul piano linguistico e stilistico nel libro montaliano convergono momenti alti e bassi, toni prosastici e un vocabolario (tecnico, persino) fitto di oggetti concreti e di figure precise, ma anche toni classici e aulici. Questo **doppio registro** giunge a fusione nelle poesie più mature degli anni 1924-27. Qui il Montale fisico e quello metafisico, il poeta realistico o impressionistico e quello astratto, tendente all'immagine-emblema, pervengono già a una sintesi alta. **Anche nella metrica si coglie un'evoluzione**: nelle poesie del **primo periodo** si assiste a una sorta di **"ironia metrica"** (o di uso ironico di ritmi tradizionali) e comunque a un'oscillazione, da un lato, fra le forme aperte e il verso libero, e, dall'altro, le forme chiuse più consuete. **Nelle poesie successive Montale trova una sua originalità** nel recupero in chiave moderna della tradizione: l'alternarsi fra l'endecasillabo (prevalente) e il settenario (o il quinario) si piega a una musica sostenuta, che consente un tono elevato e tuttavia mai astrattamente lirico ma ragionativo e narrativo. La poesia montaliana resta ricca di cose, di oggetti, di particolari minuti ed esatti e nondimeno tende a condensarsi, in modi perentori, in immagini emblematiche di carattere universale o esistenziale.

Ossi di seppia si suddivide, dopo una poesia iniziale di premessa (*In limine*), **in quattro sezioni, e si chiude con** un testo giovanile collocato da solo alla fine, *Riviere*. Le quattro sezioni si intitolano «Movimenti», «Ossi di seppia», «Mediterraneo», «Meriggi e ombre».

La prima sezione è tutta giocata sull'opposizione mare-terra, natura-città, infanzia-maturità. I primi tre termini si corrispondono: mare=natura=infanzia, come i tre opposti: terra = città = maturità. Questa serie di opposizioni governa anche le sezioni successive, ma, in «Movimenti», appare ancora largamente prevalente la tendenza a un possibile "accordo" – musicale ed esistenziale insieme – con la natura.

Nella seconda sezione, che porta lo stesso titolo del libro («Ossi di seppia»), **domina invece il motivo dello scarto, dell'"osso di seppia" abbandonato**, della frantumazione, della distonia fra uomo e natura. Il simbolismo qui appare già in crisi: alberi e cose si presentano dotati di un senso e di un significato simbolico univoci. Di qui la disarticolazione della realtà, che si riduce a «un folto, un

La chiaroveggenza e la negatività

ingorgo di oggetti» (Contini), con la conseguente tendenza all'inventario, a un «archivio» di cose e aspetti disparati, eterogenei, disorganici. **Resta solo, come riscatto dall'atonia e dalla depressione dominanti, la possibilità della chiaroveggenza e della lucida indifferenza**, denominata «divina» (cfr. T4, «*Spesso il male di vivere ho incontrato*», p. 203). **Per questo il messaggio del poeta può essere solo negativo**: «Codesto solo oggi possiamo dirti, / ciò che *non* siamo, ciò che *non* vogliamo» (cfr. T3, «*Non chiederci la parola*», p. 199). Proprio la presenza di tale insistita negatività ha indotto qualche critico a fare il nome di Leopardi (Mengaldo: cfr. Analisi e interpretazione del testo di T3). **Sul piano formale**, la sezione è molto unitaria: comprende solo testi brevi, estremamente concentrati, che privilegiano il momento della sintesi fulminante e della definizione sentenziosa.

T • «Forse un mattino andando...»

La terza sezione, «Mediterraneo», poemetto unitario

La terza sezione, «Mediterraneo», è un poemetto unitario suddiviso in nove movimenti. Mentre **i primi** cantano il mare come «patria sognata» e «paese incorrotto», **gli ultimi** registrano il distacco e il "disaccordo" da esso. Nei movimenti conclusivi chiara si rivela la consapevolezza rancorosa del figlio che si oppone al padre-mare e che cerca altri modelli rispetto a quelli del «disfrenamento» panico e dionisiaco: per questo, **il soggetto lirico sceglie, con decisione, la terra e il momento del sacrificio etico** rappresentato dall'immagine dell'agave e del suolo che si spacca per far nascere una margherita. In questo poemetto sono evidenti l'attraversamento e il superamento di d'Annunzio.

T • «Giunge a volte, repente»

La quarta sezione: ripiegamento esistenziale e scelta etica

La quarta sezione, «**Meriggi e ombre**», **comprende i testi più lunghi e impegnati** del libro. Inizia, non casualmente, con una poesia dal titolo emblematico, ***Fine dell'infanzia***, e finisce con ***Incontro***, in cui l'io lirico accetta il proprio destino di sconfitta e di discesa verso il nulla, chiedendo però di poterlo almeno affrontare con dignità e «senza viltà» (cfr. T5, *Incontro*, p. 205). **Siamo ormai negli anni del fascismo trionfante, e al ripiegamento esistenziale si aggiunge quello politico e civile**. Inoltre già compare, in *Incontro*, una figura femminile (quella di una fanciulla presentata come morta, **Annetta o Arletta**) che assume una funzione se non proprio salvifica, certo di protezione e di assistenza morale: siamo alle soglie delle *Occasioni*, dove questo tema avrà grande spazio.

Video • Incontro [P. Cataldi]

S1 — MATERIALI E DOCUMENTI

Il programma di «torcere il collo» all'eloquenza

Nel 1946, rispondendo a una intervista immaginaria, Montale mette in risalto le novità formali del suo primo libro, consistenti in una «controeloquenza» da opporre alla «vecchia lingua aulica». La ricerca di una musica nuova è collegata alla condizione di disagio esistenziale: un senso di estraneità rispetto alla realtà esterna. La novità della controeloquenza, cioè lo sperimentalismo degli *Ossi di seppia*, è presentata come una opportunità di smascheramento delle convenzioni sociali e soprattutto delle illusioni delle filosofie tradizionali, basate sull'«inganno del mondo come rappresentazione».

▶▶ Scrivendo il mio primo libro[1] [...] ubbidii a un bisogno di espressione musicale. Volevo che la mia parola fosse più aderente di quella degli altri poeti che avevo conosciuto. Più aderente a che? Mi pareva di vivere sotto a una campana di vetro,[2] eppure sentivo di essere vicino a qualcosa di essenziale.[3] Un velo sottile, un filo appena mi separava dal *quid* definitivo.[4] L'espressione assoluta[5] sarebbe stata la rottura di quel velo, di quel filo: una esplosione, la fine dell'inganno del mondo come rappresentazione.[6] Ma questo era un limite irraggiungibile. E la mia volontà di aderenza restava musicale, istintiva, non programmatica. All'eloquenza della nostra vecchia lingua aulica volevo torcere il collo, magari a rischio di una controeloquenza.[7]

E. Montale, *Intenzioni. Intervista immaginaria*, in *Sulla poesia*, a cura di G. Zampa, Mondadori, Milano 1976.

1 **il mio primo libro**: gli *Ossi di seppia* (1925, 1928²).
2 **Mi pareva...di vetro**: cioè incapace di entrare in rapporto con la realtà.
3 **qualcosa di essenziale**: a cui appunto la parola del poeta cerca di essere **aderente**.
4 ***quid* definitivo**: il dato (*quid*, latino) essenziale, la cui scoperta provoca conseguenze definitive.
5 **L'espressione assoluta**: una parola capace di toccare l'essenziale, di coincidere con la verità, secondo il mito romantico e simbolistico; solo che qui (cfr. sotto) il contatto con l'assoluto è concepito come scoperta del carattere illusorio (l'**inganno**) della realtà apparente.
6 **mondo come rappresentazione**: con riferimento al tema schopenhaueriano, caricato da Montale in senso esistenzialistico: la realtà sarebbe solo un'apparenza proiettata dal soggetto intorno a sé, una sua rappresentazione; l'**espressione assoluta** romperebbe l'**inganno**.
7 **All'eloquenza...controeloquenza**: la ricerca soprattutto **musicale** spinge Montale a rifiutare la tradizione elevata (l'**eloquenza**) della lingua poetica (cfr. **aulica**), costringendola ad assumere forme nuove, il cui **rischio** è quello di dovere il proprio significato al rapporto di contrasto e di differenziazione con la lingua tradizionale (cioè di essere una **controeloquenza**, una forma diversa e polemica di *eloquenza*). «Torcere il collo» all'eloquenza è una citazione da *Arte poetica* di Verlaine (cfr. vol. 5).

T1 I limoni

OPERA
Ossi di seppia

CONCETTI CHIAVE
- paesaggio quotidiano vs paesaggio letterario
- una verità che non si rivela
- il valore simbolico dei limoni

FONTE
E. Montale, *Ossi di seppia*, Mondadori, Milano 2008.

In questa poesia programmatica, Montale contrappone alle piante rare e letterarie dei poeti ufficiali i limoni, simbolo di una realtà quotidiana e consueta. Il loro profumo e il silenzio estivo sembrano promettere il miracoloso rivelarsi del senso segreto della realtà: ma il miracolo non si compie, e le uniche divinità che sembrano manifestarsi sono in realtà le ombre degli uomini. D'inverno, nelle città, i limoni riappariranno però con i loro colori e il loro odore, a ricordare il clima solare e sospeso dell'estate.

Ascoltami, i poeti laureati
si muovono soltanto fra le piante
dai nomi poco usati: bossi ligustri o acanti.
Io, per me, amo le strade che riescono agli erbosi
5   fossi dove in pozzanghere
mezzo seccate agguantano i ragazzi
qualche sparuta anguilla:
le viuzze che seguono i ciglioni,
discendono tra i ciuffi delle canne
10   e mettono negli orti, tra gli alberi dei limoni.

Meglio se le gazzarre degli uccelli
si spengono inghiottite dall'azzurro:
più chiaro si ascolta il susurro
dei rami amici nell'aria che quasi non si muove,
15   e i sensi di quest'odore
che non sa staccarsi da terra
e piove in petto una dolcezza inquieta.
Qui delle divertite passioni
per miracolo tace la guerra,
20   qui tocca anche a noi poveri la nostra parte di ricchezza
ed è l'odore dei limoni.

Vedi, in questi silenzi in cui le cose
s'abbandonano e sembrano vicine

METRICA versi di varia misura, dal senario all'endecasillabo; i versi lunghi sono doppi (settenario + settenario, ottonario + ottonario, ecc.). Rime sparse liberamente (es.: vv. 2: 3, imperfetta; 8: 10; 12: 13, ecc.).

- **1-3** *Ascoltami:* i poeti illustri (**laureati**) si muovono soltanto fra le piante dai nomi poco comuni (**usati**): *bossi, ligustri o acanti*. Il poeta si rivolge a una donna. I **poeti laureati** cui si contrappone sono i poeti ufficiali, metaforicamente incoronati con il lauro, simbolo di gloria. **Bossi ligustri o acanti** sono piante ornamentali, spesso celebrate nella tradizione antica e nella lirica decadente.
- **4-10** *Io, per me, amo le strade che sbucano sui* (**riescono agli**) *fossi erbosi dove, in pozzanghere mezzo seccate, i ragazzi afferrano* (**agguantano**) *qualche esile* (**sparuta**) *anguilla: [amo] le stradine* (**viuzze**) *che costeggiano i terreni rialzati* (**seguono i ciglioni**), *scendono fra i pennacchi* (**ciuffi**) *delle canne e portano agli* (**mettono negli**) *orti, tra gli alberi dei limoni.* Montale contrappone al paesaggio stilizzato e letterario dei **poeti laureati** quello realistico della sua infanzia in Liguria.
- **11-17** *[È] meglio se i gridi* (**gazzarre** = allegro baccano) *degli uccelli finiscono* (**si spengono**) *perdendosi* (**inghiottite**) *nell'azzurro [del cielo]: [allora] si ascolta più chiaramente* (**chiaro**) *il sussurro dei rami amati* (**amici**) *[: dei limoni] nell'aria che quasi non si muove, e [si percepisce meglio] la sensazione* (**i sensi**) *di questo odore che non sa staccarsi da terra e riversa* (**piove**; transitivo) *nel petto una dolcezza inquieta.* Il paesaggio più gradito è quello silenzioso e assolato in cui si spande il profumo dei limoni: il loro odore che **non sa staccarsi da terra** è una metafora di fedeltà alla realtà quotidiana, contro le sublimazioni dei **poeti laureati**.
- **18-21** *Qui per miracolo si placa* (**tace**) *la guerra delle passioni che ci distraggono* (**divertite**), *qui anche a noi poveri tocca la nostra parte di ricchezza, che* (**ed**) *è l'odore dei limoni*. **Passioni divertite** sono quelle distolte dai problemi più profondi e reali. Il profumo dei limoni, mettendo fine alle ansie, riporta il poeta al senso delle cose (cfr. vv. seguenti).
- **22-29** *Vedi, in questi silenzi in cui le cose si abbandonano e sembrano vicine a rivelare*

a tradire il loro ultimo segreto,
25 talora ci si aspetta
di scoprire uno sbaglio di Natura,
il punto morto del mondo, l'anello che non tiene,
il filo da disbrogliare che finalmente ci metta
nel mezzo di una verità

30 Lo sguardo fruga d'intorno,
la mente indaga accorda disunisce
nel profumo che dilaga
quando il giorno più languisce.
Sono i silenzi in cui si vede
35 in ogni ombra umana che si allontana
qualche disturbata Divinità.

Ma l'illusione manca e ci riporta il tempo
nelle città rumorose dove l'azzurro si mostra
soltanto a pezzi, in alto, tra le <u>cimase</u>. → sinonimo di gronda (del tetto)
40 La pioggia stanca la terra, di poi; s'affolta
il tedio dell'inverno sulle case,
la luce si fa avara – amara l'anima. → chiasmo / assonanza
Quando un giorno da un malchiuso portone   allitterazione
tra gli alberi di una corte
45 ci si mostrano i gialli dei limoni;
e il gelo del cuore si sfa,
e in petto ci scrosciano
le loro canzoni
le trombe d'oro della (solarità).* immagine di luce

- (**tradire**) *il loro estremo* (**ultimo**) *segreto, talvolta ci si aspetta di scoprire uno sbaglio della Natura, il punto morto del mondo* [: il punto in cui le leggi consuete non valgono più]*, l'anello che non regge* (**tiene**) [: l'anello spezzato che permette di infrangere una catena]*, il filo* [**annodato**] *da districare* (**disbrogliare**) *che finalmente ci porti* (**metta**) *nel mezzo di una verità*. Le metafore dello **sbaglio**, del **punto morto** e dell'**anello** alludono a qualcosa di imprevisto, che sfugge alle leggi della natura e che riveli il senso nascosto della realtà; il **filo** ricorda quello che Arianna diede a Teseo per guidarlo fuori del labirinto.
- **30-33** *Lo sguardo cerca affannosamente* (**fruga**) *intorno, la mente indaga, fa dei collegamenti* (**accorda**)*, scompone* (**disunisce**) *nel profumo che si diffonde* (**dilaga**) *quando il giorno più si avvicina alla fine* (**languisce** = si indebolisce) [: al tramonto]. I sensi e la men-

te si interrogano alla ricerca del significato segreto e del miracolo che dovrebbe rivelarlo.
- **34-36** *Sono* [questi] *i silenzi in cui in ogni ombra umana che si allontana si vede una qualche Divinità disturbata* [: e che quindi sfugge dagli uomini]. Nel mondo di Montale il miracolo non si compie e non ci sono vere divinità: quelle che sembrano apparire, e che hanno un aspetto accigliato e scostante, sono solo le ombre degli uomini.
- **37-39** *Ma l'illusione* [: quella che ci riveli il senso della realtà] *viene meno* (**manca**) *e il tempo ci riporta nelle città rumorose dove l'azzurro* [del cielo] *si mostra soltanto a pezzi, in alto, fra i cornicioni* (**cimase**) [delle case].
- **40-42** *Poi* (**di poi**) *la pioggia colpisce* (**stanca**) *la terra; la noia* (**tedio**) *dell'inverno* [: il brutto tempo invernale, con le sue nuvole] *si addensa* (**s'affolta**) *sulle case, la luce diventa*

scarsa (**si fa avara**) [: le giornate sono più buie] – *amara sull'anima*. Si noti la paronomasia **avara-amara**.
- **43-49** *Finché* (**quando**) *un giorno da un portone semiaperto* (**malchiuso**) *fra gli alberi di un cortile* (**di una corte**) *ci si mostrano le macchie gialle* (**i gialli**) *dei limoni; e il gelo del cuore si dissolve, e le trombe d'oro della solarità* [: i limoni] *ci riversano* (**scrosciano**) *in petto le loro canzoni*. Per sinestesia, il colore giallo (qui al plurale, per indicare la molteplicità dei frutti) e il profumo dei limoni diventano una musica (le canzoni), suonata dalle **trombe d'oro della solarità** (i limoni stessi). Le **trombe** fanno pensare a un suono limpido e squillante, l'**oro** al materiale di cui è fatto lo strumento e al colore dei limoni; la **solarità** è la condizione di vita dolce e inquieta rievocata nelle strofe precedenti, e di cui i limoni sono il simbolo.

T1 DALLA COMPRENSIONE ALL'INTERPRETAZIONE

COMPRENSIONE

Un paesaggio umile, una poesia nuova Al paesaggio letterario e falso della recente tradizione poetica (dannunziana soprattutto), **Montale dichiara di preferire un paesaggio concreto** e quotidiano: strade di campagna, pozzanghere, viuzze che conducono a orti dove crescono alberi di limoni (**prima strofe**). In mezzo a tale paesaggio anche **i poeti umili** trovano la loro dose di felicità: è una «dolcezza inquieta», è la «parte di ricchezza» che «tocca anche a noi poveri» (**seconda strofe**). E soprattutto trovano uno spiraglio, **un "varco" che renda eccezionalmente visibile qualche verità** di solito nascosta, e in particolare la possibilità di sottrarsi alla catena delle necessità consuete (**terza strofe**). È però una condizione illusoria e di breve durata, cui segue l'esperienza del tedio cittadino e dell'autunno. Ma anche in città un giorno l'apparizione improvvisa e imprevista dei limoni in un cortile potrà riportare per un attimo la pienezza estiva e la felicità (quarta strofe).

ANALISI

Un miracolo che non si compie La lirica è costruita, nelle **prime due strofe**, come **la preparazione di un miracolo**: il profumo dei limoni, il silenzio dell'estate, l'intensità dell'azzurro del cielo sembrano sul punto di dischiudere l'«ultimo segreto» delle cose, rivelando «finalmente» «una verità» (se non *la* verità). Eppure **questo miracolo non si compie**. Nonostante gli sforzi dei sensi e della mente (vv. 30-31), non accade nulla. Le uniche Divinità – "disturbate" – che appaiono sono solo ombre di uomini che si allontanano. **È il capovolgimento dell'*Alcyone* di d'Annunzio**, in cui l'individuo si fondeva entusiasticamente con la natura, assisteva all'apparizione di creature divine nel paesaggio e sentiva la propria stessa vita come divina. **L'epifania**, cioè la rivelazione del senso delle cose cui la poesia simbolica tende, **fallisce: è solo un'«illusione»**. Anche quando si avvicina a una poetica simbolistica, dunque, Montale sceglie una via alternativa e autonoma. L'unica ricchezza di cui si può disporre è quella dei poveri (v. 20): la realtà così com'è, senza trasfigurazioni, fughe del mito, metamorfosi del poeta in vate o in illuminato.

INTERPRETAZIONE

I limoni: un simbolo **Il limone** è per Montale anzitutto una pianta comune, familiare nel paesaggio ligure della sua infanzia, contrapposta a piante rare e letterarie come «bossi ligustri o acanti». Essa ha dunque, all'inizio, un valore realistico, ma acquista subito un significato ulteriore: quello di **una vita concreta, quotidiana, lontana dalle favole dei «poeti laureati»**. Questo senso polemico si arricchisce gradualmente di sfumature più complesse. I rami dell'albero sono «amici»: quindi fra poeta ed elemento naturale inizia a instaurarsi una comunicazione privilegiata e intima. Il loro odore «non sa staccarsi da terra», cioè ricorda sempre la realtà concreta (a differenza delle piante «dai nomi poco usati»): Montale si vuole conservare fedele ai limoni, con una precisa scelta etica. Eppure proprio in questa realtà quotidiana e povera si trova una «ricchezza»: la quiete e la dimenticanza di passioni che distolgono l'individuo da sé e da ciò che ha valore. Il risultato non è uno stato di entusiasmo o di fusione panica con la natura (come in d'Annunzio, con cui Montale implicitamente polemizza), ma di «dolcezza inquieta»: l'ossimoro rivela l'ambivalenza fra desiderio di abbandono e ricerca di qualcosa, fascino della bellezza e incertezza sul suo significato. La Natura infatti è percepita come retta da leggi dure e costrittive (si veda in particolare l'immagine della catena al v. 27, da confrontare con espansioni digitali T *In limine*, lirica di apertura di *Ossi di seppia*): la «verità», cioè il senso delle cose, si rivela come uno sbaglio nel suo ordine, un «anello che non tiene». Eppure, nonostante la promessa di felicità del «profumo che dilaga», **il miracolo della rivelazione non si compie. I limoni diventano così il simbolo di una felicità reale, inquieta** e in fondo incomprensibile: anche quando la loro presenza ritorna, nel grigiore della città invernale, la sensazione di «solarità» rimane fine a se stessa, non rivela nulla di ulteriore. L'esperienza di «dolcezza inquieta», difficilmente razionalizzabile, è inscindibile dalla presenza fisica della pianta: tanto che colori e suoni si fondono, per sinestesia, nelle «canzoni» delle «trombe d'oro». Proprio per questo i limoni sono un simbolo: cioè **un oggetto concreto che si carica di significati totalizzanti**, inseparabili dall'oggetto stesso e dalla sua realtà sensoriale.

Carlo Carrà, *San Giacomo di Varallo*, 1924. Alessandria, Museo Civico e Pinacoteca.

T1 LAVORIAMO SUL TESTO

ANALIZZARE

La poetica
1. Chi sono i «poeti laureati»?
2. La polemica di Montale ha un bersaglio preciso?

Le forme
3. **LINGUA E LESSICO** Su quale lessico insiste Montale nella prima strofa?
4. Illustra in che modo e per quale motivo sono contrapposti paesaggio di campagna e paesaggio cittadino. Esiste qualche punto di contatto fra i due?

T2 «Meriggiare pallido e assorto»

OPERA
Ossi di seppia

CONCETTI CHIAVE
- il paesaggio aspro come correlativo oggettivo del disagio esistenziale

FONTE
E. Montale, *Ossi di seppia*, cit.

È una delle liriche più popolari di Montale, scritta a vent'anni nel 1916 e rivista nel 1922. È un caldo pomeriggio estivo: il poeta ascolta i pochi rumori della campagna, osserva le formiche sul terreno, spia il mare lontano, cammina lungo un muro disseminato di vetri aguzzi. Queste immagini di attonimento, di disagio, di distanza esprimono attraverso immagini oggettive il «travaglio» (cioè il dolore) della vita.

influenza di Pascoli nel linguaggio

Meriggiare pallido e assorto
presso un rovente muro d'orto,
ascoltare tra i pruni e gli sterpi
schiocchi di merli, frusci di serpi.

5 Nelle crepe del suolo o su la veccia
spiar le file di rosse formiche
ch'ora si rompono ed ora s'intrecciano
a sommo di minuscole biche.

Osservare tra frondi il palpitare
10 lontano di scaglie di mare
mentre si levano tremuli scricchi
di cicale dai calvi picchi.

E andando nel sole che abbaglia
sentire con triste meraviglia
15 com'è tutta la vita e il suo travaglio
in questo seguitare una muraglia
che ha in cima cocci aguzzi di bottiglia.

METRICA tre quartine e una strofa di cinque versi, composte da novenari, decasillabi, endecasillabi. Rime secondo lo schema AABB, CDC (ipermetra) D, EEFF, GHG (imperfetta) GH (queste ultime tutte consonanti).

- **1-4** *Trascorrere il pomeriggio* (**meriggiare**) *pallido e assorto presso un muro d'orto che scotta* (**rovente**), *ascoltare fra i rovi* (**pruni**) *e gli sterpi schiocchi di merli, frusciare di serpi* [: *che si muovono*]. In questa strofa, come le successive, i verbi compaiono all'infinito: è una descrizione sospesa, che fissa un momento (la calura di mezzogiorno, in estate) in una dimensione quasi intemporale. **Schiocchi**: i versi secchi del merlo.
- **5-8** *Spiare, nelle crepe del suolo o sull'erba selvatica* (**veccia**), *le file di formiche rosse che ora si interrompono e ora si intrecciano sulla sommità* (**a sommo**) *di minuscoli mucchietti di terra* (**biche**). Propriamente, le **biche** sono i mucchi di covoni di grano.
- **9-12** *Osservare tra i rami e le foglie* (**tra frondi**) *il tremolare* (**palpitare**) *lontano di scaglie di mare, mentre dalle rocce brulle* (**calvi picchi**) *si alza il frinire intermittente* (**tremuli scricchi**) *delle cicale*. La metafora delle **scaglie** di mare allude all'incresparsi della superficie marina, rotta in tante piccole onde.
- **13-17** *E andando al* (**nel**) *sole che abbaglia sentire con una meraviglia triste che* (**com<e>**) *tutta la vita e la sua sofferenza* (**travaglio**) *sono* (**è**) *in questo seguire* (**seguitare**) *una muraglia che ha sulla cima degli aguzzi cocci di bottiglia*. Il sentimento del «male di vivere» (cfr. «Spesso il male di vivere...») trova un'espressione sensibile nel procedere lungo un muro di cinta disseminato di vetri: è un'immagine di prigionia, resa più dura dall'asprezza dei suoni della strofa (cfr. *Dalla comprensione all'interpretazione*).

T2 DALLA COMPRENSIONE ALL'INTERPRETAZIONE

COMPRENSIONE

La vita come sofferenza È forse il componimento più antico del libro: Montale stesso lo ha datato al 1916, anche se vi ha apposto delle correzioni probabilmente nel 1922. Le **prime tre strofe** di questa poesia sono **realistiche e descrittive**: **il paesaggio è quello ligure estivo, brullo e assolato**, e gli oggetti sono concreti e umili (muri, orti, cicale, formiche). In un **pomeriggio opprimente** (il meriggio è propriamente il mezzogiorno, l'ora in cui il sole è più alto nel cielo e fa più caldo) il poeta ascolta i suoni della natura e ne osserva la vita. Sullo sfondo, il mare. Come spesso avviene negli *Ossi di seppia*, **la parte conclusiva** abbandona l'elemento descrittivo-paesistico iniziale ed espone **una riflessione etica e filosofica**. La poesia si chiude infatti sull'improvvisa **constatazione della vita come sofferenza**. Il «muro» già apparso al v. 2 ritorna al v. 14 con la variante **«muraglia»** (per esigenze di rima) ma stavolta con in più un soprasenso: analogamente all'«erto muro» di *In limine* (espansioni digitali T), esso rappresenta la necessità, **il confine invalicabile** che ci obbliga a muoverci entro percorsi stabiliti, a ripetere ogni giorno le stesse azioni, a rispettare i limiti dateci dalla natura e dalla società.

ANALISI

La musica aspra del testo La lirica ha **sonorità dure**, talvolta sgradevoli, che esprimono sensibilmente disagio e fatica. Montale si rifà qui alla **lezione di Dante** che, nei canti di Malebolge dell'*Inferno*, sperimenta «rime aspre e chiocce» e mette a punto una retorica della dissonanza. Anche in questa lirica **le rime sono difficili** o ricche di nessi consonantici: *-orto, -erpi, -eccia[no]* (questa complicata perché ipermetra), *-iche, -icchi, -aglia*, per di più in consonanza con *-iglia*. **L'unica eccezione è la rima** *palpitare* : *mare*, più facile e leggera, che non a caso compare in un breve **momento di incanto contemplativo**. Anche all'interno del verso si ripropone la stessa musica dura, soprattutto grazie alle **allitterazioni** e al susseguirsi di incontri consonantici difficili (per esempio: «ascoltare tra i pruni e gli sterpi»; «schiocchi di merli, frusci di serpi»; «tra frondi»; oppure: «che ha in cima cocci aguzzi di bottiglia»). Anche le singole parole sono scelte per il loro **suono aspro**, sia che debbano richiamare, per fonosimbolismo, la realtà naturale che descrivono («schiocchi», «frusci», «tremuli»), sia per deliberata scelta espressiva («pruni», «merli», «crepe», «scaglie», «calvi», «triste», «cocci aguzzi»). La presenza di figure retoriche, invece, è abbastanza contenuta: si segnalano solo alcune **metafore** («biche» per "mucchi di terra", «scaglie di mare», entrambe tratte da un ambito naturale vicino a quello descritto; «calvi picchi»): prevale la volontà di **chiamare le cose con il loro nome** e di descrivere impassibilmente una realtà che ha già in se stessa, ben visibili, i segni della propria assurdità, e cui il poeta restituisce la sua musica dura e spietata. Il testo può così essere avvicinato a quelli dell'**espressionismo** contemporaneo.

INTERPRETAZIONE

Un paesaggio anti-idillico La descrizione paesaggistica accompagnata da una riflessione filosofica o almeno dall'esplicitazione di un sentimento generale dell'esistenza è tipica della tradizione poetica, e ha trovato uno dei cultori più grandi in **Leopardi**, poeta amato da Montale. I suoi idilli, partono da un'evocazione paesaggistica per giungere a una **poesia di pensiero**. Montale qui segue uno schema analogo, ma capovolge i termini in cui il paesaggio è descritto: **non c'è più spazio per la bellezza della natura**, che rivela qui un volto duro, estraneo, respingente. Solo la contemplazione del **mare** (ma è un mare «lontano» e ridotto a «scaglie») sembra offrire **un momentaneo conforto**: altrimenti, il caldo è oppressivo, i suoni naturali stridenti, i gesti degli animali (come le formiche) ossessivi e incomprensibili. **La calura dà al paesaggio tratti allucinatori**. Non c'è più spazio neppure per l'estate celebrata da d'Annunzio in *Alcyone* (cfr. per esempio: *Stabat nuda Aestas*), dove essa acquistava tratti sensuali o entusiastici. **Il paesaggio** non è dunque tanto in funzione dello stato d'animo del soggetto, che per similitudine o per opposizione proietta su di esso la propria emotività, ma si impone nella sua **estraneità**, diventando il **correlativo oggettivo di un disagio esistenziale profondo**.

Montale e Leopardi secondo Calvino «Montale ci parla d'**un mondo vorticante**, spinto da un vento di distruzione, senza un terreno solido dove poggiare i piedi, col solo soccorso d'una morale individuale sospesa sull'orlo dell'abisso. [...]
Ho parlato di morale individuale per resistere al finimondo storico o cosmico che può cancellare da un momento all'altro la labile traccia del genere umano: ma bisogna dire che in Montale, pur lontano da ogni comunione corale e da ogni slancio solidaristico, è sempre presente l'interdipendenza d'ogni persona con la vita degli altri. [...] Questo difficile eroismo scavato nell'interiorità e nell'aridità e nella preca-

rietà dell'esistere, questo eroismo d'antieroi è la risposta che Montale diede al problema della poesia della sua generazione: come scrivere versi dopo (e contro) D'Annunzio (e dopo Carducci, e dopo Pascoli o almeno una certa immagine di Pascoli), il problema che Ungaretti risolse con la folgorazione della parola pura e Saba col recupero d'una sincerità interiore che comprendeva anche il *pathos*, l'affetto, la sensualità: quei contrassegni dell'umano che l'uomo montaliano rifiutava, o considerava indicibili.

Non c'è messaggio di consolazione o d'incoraggiamento in Montale se non si accetta la consapevolezza dell'universo inospite e avaro: è su questa via ardua che **il suo discorso continua quello di Leopardi**, anche se le loro voci suonano quanto mai diverse. Così come, confrontato con quello di Leopardi, **l'ateismo di Montale è più problematico**, percorso da tentazioni continue d'un soprannaturale subito corroso dallo scetticismo di fondo. Se Leopardi dissolve le consolazioni della filosofia dei Lumi, le proposte di consolazione che vengono offerte a Montale sono quelle degli irrazionalismi contemporanei che egli via via valuta e lascia cadere con una scrollata di spalle, riducendo sempre la superficie della roccia su cui poggiano i suoi piedi lo scoglio cui s'attacca la sua ostinazione di naufrago».

Insensatezza e prigionia: il soggetto e le cose La descrizione secca e attonita del paesaggio ne rivela **l'insensatezza**. Il poeta accumula infatti diverse piccole scene o sensazioni che, sebbene siano tutte coerenti e solidali perché riferite allo stesso tempo e luogo, tuttavia si susseguono senza legami causali espliciti. Questa contemplazione sembra dunque rivelare l'insensatezza dell'esistenza, i cui fenomeni si susseguono senza che si possa capirne il motivo. L'insensatezza, del resto, è sottolineata dalla posizione del soggetto. Anche se due aggettivi, «pallido e assorto», ne rivelano la presenza e le attitudini, tuttavia **l'uso dell'infinito**, modo per eccellenza **impersonale**, ne nasconde la presenza (Montale scrive infatti **«meriggiare» o «ascoltare»**, anziché «io meriggio» o «io ascolto»). Inoltre, sempre grazie all'uso dell'infinito, **la situazione si dilata in una dimensione statica, immutabile, quasi fuori del tempo**, cioè dalla concreta esperienza di un individuo. **Il soggetto si presenta così diminuito**, assediato da oggetti e sensazioni, **in una posizione passiva**: più che agire, egli infatti si lascia colpire dalle diverse sensazioni («ascoltare», «spiar», «osservare»), tanto che lo stesso pensiero si presenta come frutto di un «sentire» più che come elaborazione cosciente e volontaria. Le reazioni emotive sono attutite, in **una sorta di stordimento**: anche la «meraviglia» è «triste» ed esclude qualsiasi vitalità. **Il soggetto è insomma prigioniero di una realtà che non può comprendere e dalla quale non può evadere: l'immagine finale della «muraglia** / che ha in cima cocci aguzzi di bottiglia» riassume con violenza questo tema.

Alberto Giacometti, *Uomo in piedi e sole*, 1963.

T2 LAVORIAMO SUL TESTO

COMPRENDERE

1. Dove si trova il poeta?
2. In quale ora del giorno?

ANALIZZARE

Lo stile

3. Per quali suoni Montale mostra predilezione in questa lirica? Rintracciali.
4. **LINGUA E LESSICO** Perché Montale usa solo l'infinito («meriggiare… ascoltare…»)?

La natura e l'uomo

5. Quale tipo di paesaggio è descritto in questa lirica? Elenca tutti gli elementi che lo individuano.

6. In quale verso si passa dalla percezione sensoriale delle cose alla dimensione dell'io.

INTERPRETARE

7. Spiega la metafora conclusiva della lirica.

LE MIE COMPETENZE: CONFRONTARE, PRODURRE

Il momento del meriggio rappresentato in questa poesia rinvia al mondo dell'*Alcyone* di d'Annunzio e in particolare alla poesia omonima (cfr. vol. 5): anche in d'Annunzio è il momento della rivelazione, del tempo sospeso e messo tra parentesi. Ma tra i due testi ci sono delle differenze profonde. Leggi *Meriggio* di d'Annunzio. Quindi costruisci una mappa concettuale che renda evidenti i punti di distanza tra la poesia dannunziana e quella di Montale.

T3 «Non chiederci la parola»

TESTO OPERA

OPERA
Ossi di seppia

CONCETTI CHIAVE
- il messaggio negativo della poesia

FONTE
E. Montale, *Ossi di seppia*, cit.

 Ascolto
 Alta leggibilità

È il primo componimento della sezione «*Ossi di seppia*». È una sorta di manifesto o di dichiarazione di poetica rivolta al lettore (il *tu*, a cui il testo è indirizzato), che accomuna Montale ai poeti della sua generazione (di qui l'uso della prima persona plurale *noi*). A differenza di Carducci, ma anche di Pascoli o di d'Annunzio, il poeta non ha alcun messaggio positivo da rivolgere agli uomini: la sua anima divisa e informe può comunicare solo messaggi negativi, di denuncia del male di vivere e dell'insignificanza del mondo.

> Non chiederci la parola che squadri da ogni lato
> l'animo nostro informe, e a lettere di fuoco
> lo dichiari e risplenda come un croco
> perduto in mezzo a un polveroso prato.
>
> 5 Ah l'uomo che se ne va sicuro,
> agli altri ed a se stesso amico,
> e l'ombra sua non cura che la canicola
> stampa sopra uno scalcinato muro!
>
> Non domandarci la formula che mondi possa aprirti,
> 10 sì qualche storta sillaba e secca come un ramo.
> Codesto solo oggi possiamo dirti,
> ciò che *non* siamo, ciò che *non* vogliamo.

METRICA tre quartine di vario metro (endecasillabi sono i vv. 3, 4, 8, 11 e 12 – cioè quelli conclusivi di ogni strofa – e martelliani i vv. 2 e 10) con rime incrociate nelle prime due strofe e alternate nella terza. Nella seconda quartina è eccedente la rima amico : canicola.

- **1-4** *Non chiederci la parola* [: il discorso; con metonimia] *che rappresenti* (**squadri**) *da ogni lato il nostro animo senza forma* (**in-forme**) [: e quindi non rappresentabile], *e lo definisca* (**dichiari**) *con segni incancellabili* (**a lettere di fuoco**) *e* [: la parola] *brilli* (**risplenda**) *come un fiore* (**croco**) *perduto in mezzo a un prato polveroso*. Il **non** iniziale definisce subito il tono negativo della poesia e i tre *enjambements* sottolineano il carattere conseguentemente spezzato e faticoso di questo nuovo stile. **Croco**: genere di piante dal fiore giallo carico (la più diffusa e nota è lo zafferano).
- **5-8** *Ah l'uomo che va in giro* (**se ne va**) *sicuro* [: *di sé*], *amico degli* (**agli**) *altri e di* (**a**) *se stesso* [: in armonia con gli altri uomini e sicuro della propria identità], *e non bada* (**non cura**) *alla sua ombra che il sole di mezzogiorno* (**la canicola**) *disegna* (**stampa**) *sopra un muro scalcinato* [: con l'intonaco a pezzi; ma nelle Cinque Terre **scalcinato** è detto il muro a secco, cioè costruito senza calcina]*! L'esclamazione è formata da un periodo nominale e indica un atteggiamento ambivalente del poeta nei confronti della sicurezza ignara dell'uomo comune: disprezzo e pietà, da una parte, perché questi vive in una condizione di falsità e di illusioni; invidia, dall'altra, perché è felice e sicuro di sé e degli altri. Fare o non fare attenzione alla propria ombra vuol dire interrogarsi o meno riguardo alla propria identità e alla propria collocazione nella realtà, avvertire o meno, anche, la minaccia di un altro se stesso, cioè la minaccia della scissione. Decisivo è poi ovviamente lo scenario non naturale ma implicitamente cittadino, lo squallido, del **muro**, che allude a una condizione di limite e di chiusura, quasi di prigionia (il tema del muro è ricorrente nella poesia montaliana di questo periodo). La noncuranza dell'**uomo…sicuro** si rivela così tanto più ingiustificata e superficiale.
- **9-12** *Non domandarci la formula che abbia il potere* (**che…possa**) *di aprirti* [*nuovi*] *mondi* [: rivelarti verità nascoste], *ma* (**sì**; cioè: domandaci pure) *qualche sillaba storta e arida* (**secca**) *come un ramo. Oggi possiamo dirti solo codesto, ciò che non siamo, ciò che non vogliamo*. La terza strofa riprende e integra la prima. La **parola** capace di definire con sicurezza e completezza la condizione umana sarebbe una **formula** (una *ricetta*, o una *frase magica*, o una *soluzione scientifica*) dotata del potere di rivelare mondi, cioè significati, segreti e invisibili: secondo le prerogative in effetti riconosciute dal simbolismo alla poesia. Montale contrappone a questa illusione una dimensione espressiva nuova, fatta di parole *storte* e *secche*; pronte a esprimere non l'armonia ma la disarmonia tra uomo e realtà (non il colore splendente del **croco** ma la secchezza contorta del **ramo**); parole cioè capaci non di affermare ma di negare. Si badi però che i due versi conclusivi non sanciscono una soluzione nichilistica, ma rappresentano una risposta a suo modo affermativa alle questioni sollevate, una consapevolezza iniziale e minima di identità e di significato a partire dalla capacità di distinguersi attraverso la negazione e la critica. E non va sottovalutato il carattere provvisorio della conclusione, messo in risalto da quell'**oggi**.

Dal testo all'opera
Perché è un testo opera?

Perché è un manifesto di poetica

«*Non chiederci la parola*» è la poesia composta nel 1923 che **apre la sezione del primo libro di versi di Montale** intitolata come il libro stesso, *Ossi di seppia*. La stessa collocazione nella raccolta è una spia dell'importanza di questo testo che costituisce **una vera e propria dichiarazione di poetica**. Parlando a nome di una intera generazione di artisti, **Montale dichiara al lettore di non avere messaggi risolutivi da offrirgli**: non proclami ideologici, né verità assolute di tipo religioso o laico. Il valore di manifesto di questa poesia è quindi rimarcato sia dall'**appello iniziale al lettore** sia dall'**uso del "noi"** che include tutta una generazione di nuovi poeti e dà forza al rifiuto della poesia altisonante e affermativa di fine Ottocento. Quello di Montale, viceversa, è **un nuovo modo di concepire la poesia e la funzione del poeta**: la sua è **una poesia della negazione**, fatta di parole «storte e secche», capaci di esprimere solo il «male di vivere» e l'insignificanza del mondo.

Il testo è costruito su un sistema di semplici e radicali opposizioni. Da una parte stanno la parola che squadra da ogni lato, dichiara a lettere di fuoco, risplende (vv. 1-3), il croco (v. 3), l'uomo sicuro e amico di sé e degli altri (vv. 5 sg.), la formula che apre mondi (v. 9). Dall'altra parte stanno l'animo informe (v. 2), il prato polveroso (v. 4), la canicola e il muro scalcinato (vv. 7 sg.), le sillabe secche e storte come un ramo (v. 10). Sono, come si vede, **due modi opposti** di concepire la natura, la psicologia dell'uomo e la sua condizione, la funzione e la possibilità della poesia. A questi due modi corrispondono poi **due diverse poetiche**: per usare le parole stesse di Montale, al primo **quella dell'«inno»** – e cioè di una poesia piena e propositiva, sul modello di Carducci e soprattutto di d'Annunzio –, alla seconda **quella dell'«elegia»**, che contraddistingue la poesia negativa dei poeti delle nuove generazioni.

Perché rifiuta il modello di d'Annunzio e propone una nuova idea di poesia

Quando Montale, nel 1925, pubblica la raccolta *Ossi di seppia*, **Gabriele d'Annunzio** è ancora il letterato più famoso d'Italia. La sua vita e la sua concezione ideologica e artistica incarnano perfettamente la figura del vate e diffondono l'idea della **scrittura come privilegio conoscitivo, come rivelazione della verità assoluta**. A questa dimensione sublime dell'esistenza, così come a una soluzione formale altisonante e retorica, **Montale contrappone una visione del mondo e dell'uomo fondata, pessimisticamente, sul «male di vivere»** e sulla disperazione integrale, il cui corrispettivo espressivo non può essere che una lingua arida e scabra. Come tanti individui, anche il poeta moderno fa, infatti, esperienza della frustrazione e dello scacco: è inutile, dunque, chiedergli di sondare il mistero dell'universo e di dare risposte di senso o certezze che egli non può più fornire.

Distante non solo dalla tradizione dannunziana, ma anche da quella di Pascoli e Carducci, **la poesia di Montale perde ogni sacralità e ogni funzione consolatrice**. Essa non è più uno strumento integro, positivo e unificante di rappresentazione e interpretazione del mondo, bensì lo spazio problematico per l'**espressione del dubbio e dell'incertezza**. L'epoca delle sicurezze è finita e la certezza può albergare solo negli individui inconsapevoli (come si legge nella seconda strofa). L'opposizione alla poesia del poeta-vate, come Carducci o d'Annunzio, è ricorrente nel primo libro di Montale: ad esempio, nella poesia *I limoni* (**T1**, p. 193), anch'essa non a caso collocata tra le prime della raccolta, i comuni limoni sono a tal fine proposti come oggetto di poesia in luogo delle «piante / dai nomi poco usati».

Nell'epoca in cui l'ideologia fascista andava ostentando, come valori, aggressività e sicurezza, **Montale si sente inadeguato a proferire qualunque verità**. Di fronte a una esistenza che si presenta come accozzaglia disorganica di frammenti e di scarti, egli matura il senso di una **disarmonia profonda con la realtà e con se stesso**. Negata nel suo potere orfico di rivelazione universale immediata e assoluta, **la poesia**, tuttavia, **può essere ancora arma di consapevole resistenza alla violenza della storia e all'insensatezza del mondo**. Proprio aggirandosi tra i detriti essa può, con

La prima edizione degli *Ossi di seppia*, pubblicata a Torino nel 1925 da Piero Gobetti.

un percorso faticoso e in continua ridefinizione, tentare di proporre e di ricostruire volta a volta, entro il proprio orizzonte di civiltà, la possibilità di un senso e di un significato comuni.

Per storicizzare il **tema dello scacco della lingua poetica**, fondamentale in tutta la prima raccolta montaliana, bisogna anche considerare che essa fu pubblicata nelle edizioni di Piero Gobetti (1925). La vicinanza ai gruppi gobettiani e la collaborazione di Montale alle riviste «Primo tempo» e al «Baretti» rivela un forte bisogno di moralità appartata e volontaristica, avversa ai clamori della dittatura fascista. Inoltre l'insistenza sul valore dell'esistenza umana e sul suo carattere precario, accompagnata dal relativismo gnoseologico, caratterizza una corrente di pensiero, a cui Montale è stato accostato: l'esistenzialismo, di cui Kierkegaard è il precursore, e che si sviluppa in Europa tra gli anni Venti e gli anni Cinquanta del Novecento.

Perché descrive un paesaggio arido e disarmonico

Ossi di seppia è, come *Alcyone*, **un libro marino**, ma nella raccolta di Montale non resta nulla dell'esuberante e vitalistica ideologia dannunziana. Il panismo dannunziano rappresentava la possibilità non solo di un accordo tra uomo e natura, ma di una loro reciproca compenetrazione e fusione nell'unità mistica del tutto. Nel componimento di Montale che abbiamo letto, invece, il paesaggio è rievocato indirettamente, attraverso il confronto tra la condizione di incertezza dell'uomo e immagini prive di tratti vitali o sensuali. I soli elementi che lo compongono sono un prato polveroso, tipico delle periferie cittadine, un muro scalcinato, i rami secchi e contorti degli alberi. **Il paesaggio** dunque **è arido e squallido**, non ha niente della sensualità lussureggiante di quello dannunziano. Siamo lontani anche dal fascino e dal mistero della natura che si riscontrano nella poesia pascoliana. Ci troviamo piuttosto nei prati desolati delle periferie cittadine, cari ai crepuscolari, ma senza l'ironia e il languore di questi poeti. **La dimensione interiore** è quella della **privazione**, dell'informità, della scissione: rinvia a una situazione di squallore e di sdoppiamento riscontrabile nella poesia di Sbarbaro o nei romanzi e nei racconti di Pirandello (cui sembra rinviare il tema dell'ombra, presente per esempio nel *Fu Mattia Pascal*).

Perché testimonia il classicismo "paradossale" del primo Montale

A cambiare non sono solo i temi: anche il linguaggio non può più essere pieno, ricco, rivelatore, ma diventa anch'esso disarmonico, secco, contorto. Negli *Ossi* confluiscono infatti la predilezione per lo **stile prosastico** tipico dei crepuscolari e la tendenza al classicismo della «Ronda». Si tratta però di **un classicismo inquieto e "paradossale"**, che fonde alto e basso. L'autore sostiene infatti la scelta antidannunziana di **«torcere il collo all'eloquenza»**, facendo cozzare la lingua letteraria e il

Giorgio Morandi, *Paesaggio* (Marina all'Ardenza), 1924. Firenze, collezione privata.

lessico quotidiano, prediligendo **uno stile aspro e arido** che vuole aderire alla realtà delle cose. È evidente qui il nesso fra psicologia e poetica: da una situazione di impotenza e di frustrazione può nascere solo un atteggiamento critico, non un messaggio positivo. Se l'animo è informe, indefinito, incerto, allora diventa impossibile "squadrarlo da ogni lato", cioè definirlo, raccontarlo nei modi chiari e cristallini della tradizione: il linguaggio poetico deve cambiare perché le cose di cui parla sono cambiate. Ne deriva **una definizione per lo più in negativo dello stile**. La lirica infatti si conclude con questi versi: «Non domandarci la formula che mondi possa aprirti, / sì qualche storta sillaba e secca come un ramo. / Codesto solo oggi possiamo dirti, / ciò che *non* siamo, ciò che *non* vogliamo.» (vv. 9-12). I poeti, insomma, non offrono più ai lettori formule magiche, cioè non possono più rivelare il significato esistenziale né offrire grandi visioni ideologiche come avevano fatto Carducci e d'Annunzio, ma possono solo esprimersi con **parole e suoni disarmonici che testimoniano la crisi dell'uomo contemporaneo** e la sua mancanza di certezze. Il primo libro di Montale, dunque, attraversa e nello stesso tempo supera la tradizione dannunziana, approdando a una **concezione poetica nuova**, molto lontana dall'ottimismo simbolista. La poesia non può penetrare nella problematicità del reale e aprirvi un varco di senso: alla fine di questa illusione l'autore può contrapporre solo – almeno per ora («oggi», v. 11) – la propria **disposizione riflessiva al ragionamento**, alla meditazione, e il proprio dubbio, cioè «qualche storta sillaba e secca come un ramo». Nei due versi conclusivi del testo compare, così, l'unica sicurezza possibile: **dire ciò che non si è**, ciò che non si vuole.

Perché lascia emergere la negatività degli *Ossi di seppia*

A partire dall'organizzazione sintattica, prevale l'**andamento critico-negativo** tipico dell'intera prima raccolta montaliana, che invita il lettore a prendere consapevolezza della fragilità della condizione umana e, dunque, delle ambizioni della poesia e della sua sostanziale impotenza. Le **negazioni insistenti** non comportano, tuttavia, una soluzione nichilistica: definirsi per opposizione o assenza assume, infatti, il significato di una consapevolezza, seppur iniziale e minimale, di identità. È su queste basi critiche che Montale continuerà a costruire, nel tempo, la propria idea di poesia e di cultura, lontane da ogni mito o religione, e intese piuttosto come continua **tensione morale ed etica**, come **faticosa ricerca di senso** nella complessa, insignificante e franosa realtà del mondo. Non a caso un tema ricorrente degli *Ossi di seppia*, fin dal titolo, è dato dal residuo, dallo **scarto** (*Rottami* era il titolo provvisorio della prima raccolta di Montale). L'**osso di seppia**, infatti, è ciò che il mare ci restituisce dell'animale morto: uno scarto corroso, un detrito, un rimasuglio. Gettati dal mare, che li rifiuta, sulla spiaggia gli ossi di seppia sono ridotti a oggetti inariditi e inerti. Allegoria della condizione umana, essi **esprimono bene il senso di solitudine dell'io, l'impossibilità dell'unione originaria tra uomo e natura**, sancendo, così, l'idea di una definitiva distanza tra l'esistenza reale e la possibilità di rinvenirne il senso.

T3 LAVORIAMO SUL TESTO

ANALIZZARE

La forma del testo

1. Elenca le contrapposizioni sulle quali si fonda il componimento.

Un nuovo paesaggio

2. Quale visione della natura è proposta dall'autore? Quale rifiutata?

L'«animo informe»

3. Quale ruolo e quale identità sono possibili per l'uomo?

«l'uomo che se ne va sicuro»

4. Perché la certezza che dà sicurezza non viene considerata come un valore?

INTERPRETARE

Una poetica negativa

5. TRATTAZIONE SINTETICA Quale spazio rimane per la poesia in questa visione dell'uomo? Spiegalo in una trattazione sintetica (max 10 righe).

T4 «Spesso il male di vivere ho incontrato»

OPERA
Ossi di seppia

CONCETTI CHIAVE
- gli emblemi del male e del bene
- la «divina indifferenza» come unico rimedio al male

FONTE
E. Montale, *Ossi di seppia*, cit.

- Testo interattivo
- Ascolto
- Alta leggibilità

Anche questo testo fa parte della sezione «Ossi di seppia». A tre emblemi del male di vivere (il rivo strozzato, la foglia riarsa, il cavallo stramazzato) ne vengono contrapposti altrettanti di indifferenza (la statua, la nuvola, il falco), vista come unica soluzione esistenziale.

Spesso il male di vivere ho incontrato:
era il rivo strozzato che gorgoglia,
era l'incartocciarsi della foglia
riarsa, era il cavallo stramazzato.

5 Bene non seppi, fuori del prodigio
che schiude la divina Indifferenza:
era la statua nella sonnolenza
del meriggio, e la nuvola, e il falco alto levato.

METRICA due quartine di endecasillabi, con l'eccezione dell'ultimo verso, un martelliano o doppio settenario. Il sistema delle rime, ricco e complesso, è il seguente: ABBA, CDDA. La simmetria costruttiva delle due quartine è sottolineata dall'identica posizione di un *enjambement* tra il terzo e il quarto verso di ciascuna strofa.

- **1-4** *Ho incontrato spesso il male della vita* (**di vivere**)*: era* [: si manifestava in] *il ruscello* (**rivo**) *impedito* (**strozzato**) [: *nello scorrere, per una strettoia*] *che gorgoglia, era l'accartocciarsi* (**incartocciarsi**; *più raro e letterario*) *della foglia secca* (**riarsa**), *era il cavallo morto* (**stramazzato**). Tre immagini di impedimento, di aridità (cioè di privazione), di morte: con un doppio *climax*: dalla difficoltà a esistere (il **rivo**) alla vita sul punto di finire (la **foglia**) alla morte (il **cavallo**), e dall'esistenza inanimata a quella vegetale a quella animale. **Il male di vivere**: il dolore che è implicito nella vita, e anzi nell'esistenza (il primo dei tre esempi che seguono non presenta un essere vivente). **Era**: la triplice anafora serve a valorizzare e quasi a soppesare ogni singolo caso. Il verbo "gorgogliare" e il termine "strozza" si trovano uniti in un luogo dell'*Inferno* di Dante (VII, v. 125), segno non isolato del dantismo (in chiave espressionistica) di Montale. **Incartocciarsi**: l'arrotolarsi su se stessa della foglia, come una carta spiegazzata. **Riarsa**: prosciugata dalla aridità, con evocazione di una tematica frequente nel primo libro montaliano.

- **5-8** *Non ho conosciuto* (**non seppi**) *il bene, all'infuori* (**fuori**) *del miracolo che il distacco* (**Indifferenza**) [: soggetto] *divino* [: superiore] *consente* (**schiude** = apre)*: era* [: si manifestava in] *la statua nel mezzogiorno pieno di sonno* (**nella sonnolenza del meriggio**) *e* [*era*] *la nuvola, e* [*era*] *il falco sollevato* (**levato**) [**in**] *alto*. Alle tre immagini negative della prima quartina si contrappongono le tre positive di questa, espressione dell'unico bene possibile: il distacco e l'indifferenza. Si noti come accanto all'opposizione **male** *vs* **bene** si delinea quella **basso** *vs* **alto**: il bene è rappresentato in un progressivo innalzamento, in contrasto con la terrestrità bassa delle tre immagini della prima quartina (e la rima **stramazzato : levato** sottolinea un'antitesi propriamente spaziale). **Prodigio**: è il tema dell'eccezione miracolosa alla necessità, frequente nella poesia montaliana. **Schiude**: in contrasto con le immagini di chiusura della strofa precedente (**strozzato, incartocciarsi**). **Divina Indifferenza**: la maiuscola di **Indifferenza** segnala una vera e propria personificazione, come alludendo al nome di una dea. **La statua... /del meriggio**: è qui implicata senza dubbio la vita umana, alla quale compete la **sonnolenza** nelle ore calde del giorno e di cui si ritrovano le fattezze nella **statua**. Ma la condizione umana appare doppiamente degradata a causa della pietrificazione e del sonno. **Falco alto levato**: il **falco** in volo può essere anche un'immagine di chiaroveggenza. Eccedendo i limiti metrici degli altri versi e presentando una triplice assonanza, l'espressione si solleva anche fonicamente dalla struttura testuale.

T4 DALLA COMPRENSIONE ALL'INTERPRETAZIONE

COMPRENSIONE

Il «male di vivere» Questa poesia esprime il «male di vivere» (v. 1) che costituisce il tema centrale di tutta la poetica del primo Montale. Qui **il male** è rappresentato da tre immagini («**il rivo strozzato**», «**la foglia riarsa**», «**il cavallo stramazzato**»), alle quali ne vengono contrapposte altrettante (**la statua, la nuvola, il falco**), prese ad **emblema dell'indifferenza, unico «bene»** concesso dagli dèi all'uomo. Il testo ha quindi **una struttura binaria**, che contrappone in modo semplice ma radicale il «male» al «bene». **Il male è connaturato alla vita stessa** (si tratta di un'eco leopardiana) ed è rappresentato dalle tre immagini della **prima quartina**. Il bene, invece, è individuabile solo nella distanza, nella **imperturbabilità**, nella chiaroveggenza (temi, questi, di derivazione sbarbariana), rappresentate dalle tre immagini della **seconda quartina**. Come si vede, il bene è di tale natura – tutta negativa, in fondo – da rafforzare la **diagnosi pessimistica** della prima quartina.

ANALISI

La struttura metrica e il classicismo moderno Il testo è formato di **due quartine**. La prima, di tutti endecasillabi, ha rime incrociate (schema ABBA). La seconda presenta tre endecasillabi con schema di rima CDD, così che l'ottavo e ultimo verso della poesia è atteso dal lettore quale endecasillabo con uscita di rima C (cioè *-igio*), in modo da completare lo schema metrico (ABBA, CDD?). La prevedibilità di quella che in musica si chiamerebbe una "cadenza" è accresciuta dalla identica presenza di un *enjambement* tra terzo e quarto verso di ciascuna quartina. E invece, con un piccolo ma significativo colpo di scena, l'ottavo e ultimo verso rompe ogni regolarità e presenta una forte ipermetria leggibile metricamente come doppio settenario (o martelliano); non c'è, inoltre, l'attesa uscita di rima in *-igio*. È qualcosa di simile a ciò che in musica si chiamerebbe **"cadenza evitata"**. In questa soluzione è possibile cogliere un indizio del **classicismo moderno dell'autore**, che nell'atto stesso di rispettare una convenzione tradizionale (cioè classica), come è la doppia quartina di endecasillabi a rima incrociata, ne viola poi al dunque la compiutezza. Non si sa infine se sotto gli occhi del lettore sia più esibita la norma metrica tradizionale o la sua violazione. In ogni caso, le convenzioni della letteratura non sono accolte come fenomeni naturali, ma al contrario mostrate nella loro artificialità. Va però anche detto che nell'atto di deludere, con l'ultimo verso, le legittime attese del lettore, Montale risarcisce la perdita in due modi: da una parte l'uscita di rima in *-igio* che doveva trovarsi in fine di verso, e non c'è, è però rintracciabile in posizione interna («meriggio»), sia pure con una intensificazione consonantica; dall'altra l'uscita del verso conclusivo riprende e rilancia la rima esterna della prima quartina (*-ato*), rafforzando la solidità strutturale del componimento (schema: ABBA, CDDA).

INTERPRETAZIONE

Coerenza e pertinenza degli emblemi Si è detto che ognuna delle due quartine è abitata da tre oggetti con funzione di emblema: tre per il male, nella prima quartina; tre per il bene, nella seconda. Essi non sono scelti a caso. Soffermiamoci intanto sulla prima quartina. Per prima cosa, la disposizione dei tre emblemi è sottoposta alla legge del *climax* ascendente, sia quanto alla gravità del male patito sia quanto alla loro specifica natura. Il male patito si aggrava dal ruscello che fatica a scorrere ed emette un suono lamentoso, alla foglia che si accartoccia perdendo la sua natura vitale, al cavallo che cade a terra stecchito. La natura degli emblemi vede l'innalzarsi **dal grado minerale e inorganico del ruscello, al grado organico ma inanimato del vegetale foglia, al grado animato del cavallo**. I tre emblemi raffigurano dunque i **tre grandi regni dell'esistente**. Un quarto grado avrebbe contemplato l'uomo, che resta qui solo alluso dalla metafora umanizzante del verbo «strozzato» impropriamente riferita al ruscello. Anche i tre emblemi della seconda quartina sembrano presentare un *climax* ascendente, questa volta positivo, se l'innalzamento e il distacco sono qui le prerogative del bene: **la nuvola è più distaccata e in alto della statua, quanto il falco può esserlo della nuvola**. Si noti d'altra parte che ben due dei tre elementi occupano lo stesso grado dei tre elementi della prima quartina: **un minerale (la statua)** sta al primo posto, come lì il ruscello, e **un animale (il falco)** sta al terzo, come lì il cavallo. E ciascuno di questi due termini presenta contrasto e **rovesciamento rispetto al simmetrico della prima quartina**: al movimento impedito del ruscello si oppone la statica felice della statua; allo stramazzare a terra del cavallo si oppone il felice innalzarsi del falco verso l'alto. E la nuvola? Al suo posto ci saremmo aspettati di trovare un vegetale che completasse la serie di perfette rispondenze tra le due parti della poesia. Ma Montale ha voluto anche in questo caso deludere le attese. E tuttavia tra la nuvola e la foglia secca è possibile individuare un collegamento, se dalla nuvola potrebbe venire quella pioggia vivificante in grado di ridare freschezza alla foglia, impedendone l'inaridimento.

L'attualizzazione e la valorizzazione Poesia molto nota di Montale, «*Spesso il male di vivere*» è entrata addirittura a far parte di quel repertorio proverbiale che le persone colte ricavano dai testi della maggiore letteratura e utilizzano perfino nella conversazione quotidiana. Il **«male di vivere»** sembra dunque rappresentare con evidenza e sinteticità **una condizione dell'uomo contemporaneo** avvertita da molti. Tuttavia, se non è difficile riconoscere la forza del negativo raffigurato nelle tre immagini della prima quartina, meno ovvio è aderire alla debole positività tentata nella seconda. La diagnosi di Montale è forse troppo severa? È possibile immaginare valori, anche per l'individuo, che vadano al di là del distacco e dell'indifferenza?

T4 LAVORIAMO SUL TESTO

COMPRENDERE

Il tema

1. Qual è il tema fondamentale della breve lirica?

ANALIZZARE

2. Quali elementi naturali ne costituiscono la metafora?
3. Gli elementi appartengono in *climax* ascendente ai tre regni della natura, quali sono?
4. Gli elementi della seconda quartina sono anch'essi disposti in *climax* ascendente?
5. Quali elementi sono emblemi del male e quali del bene?
6. Che cosa distingue l'ultimo verso del componimento da tutti gli altri?
7. **LINGUA E LESSICO** Sottolinea nella prima quartina i verbi e gli aggettivi che esprimono il motivo dell'aridità e della secchezza.

INTERPRETARE

La «divina Indifferenza»

8. Qual è il messaggio del poeta?

A tu per tu con il poeta

9. Discuti, sulla base della tua esperienza personale, la posizione montaliana.

LE MIE COMPETENZE: COLLABORARE, PROGETTARE, PRODURRE

Montale riprende l'espressione «male di vivere» dal francese *mal de vivre*, che indica grosso modo quello che gli antichi chiamavano "malinconia" (o *tedium vitae* o "accidia") e i moderni "depressione". Il male di vivere moderno è la noia esistenziale, il disinteresse profondo per la vita che, nei casi più estremi, può portare al suicidio. L'espressione montaliana è entrata ormai a far parte del discorso comune ed è diventata quasi proverbiale in italiano (la si incontra spesso, ad esempio, in titoli di libri di psicoanalisti e di psicologici che trattano della depressione e dell'ansia). Fai una ricerca e trova almeno sei immagini d'arte e/o fotografie che, a tuo parere, illustrano in maniera esemplare il tema della malinconia, mettendo a confronto le rappresentazioni più antiche con quelle contemporanee. Correda ogni immagine con una breve didascalia.

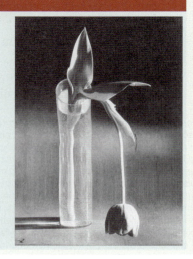

André Kertész, *Tulipano malinconico*, 1939.

T5 Incontro

OPERA
Ossi di seppia

CONCETTI CHIAVE
- la degradazione vegetale dell'uomo
- l'opposizione della donna
- la scelta coraggiosa di scendere «senza viltà» verso il nulla

FONTE
E. Montale, *Ossi di seppia*, cit.

Questo testo è del 1926 ed è inserito negli *Ossi di seppia* solo nella seconda edizione del libro, uscita nel 1928. Anzi, esso è posto a conclusione della sua ultima sezione, «Meriggi e ombre», e dunque in chiusura del libro (anche se poi segue, fuori sezione, una poesia giovanile, *Riviere*). Il poeta gli dà dunque una posizione eminente: esso contiene infatti un appello alla dignità dell'uomo, a scendere «senza viltà» verso il nulla. Nel testo compare una figura femminile di giovane donna precocemente scomparsa, che il poeta chiama Arletta o Annetta. E *Arletta* infatti era il titolo originario della poesia.

> Tu non m'abbandonare mia tristezza
> sulla strada
> che urta il vento forano
> co' i suoi vortici caldi, e spare; cara

METRICA sei strofe di nove versi ciascuna con prevalenza di endecasillabi (38) e di settenari (10) liberamente alternati ad altri versi più brevi, soprattutto quinari. Numerose le rime, in posizione libera.

• **1-9** [O] mia tristezza, tu non mi abbandonare [mentre cammino] sulla strada che il vento del largo (**forano**) colpisce (**urta**) con i (**co'** = coi) suoi colpi circolari (**vortici**) caldi, e [poi] si calma (**spare** = sparisce); [o] cara

5 tristezza al soffio che si estenua: e a questo,
   sospinta sulla rada
   dove l'ultime voci il giorno esala
   viaggia una nebbia, alta si flette un'ala
   di cormorano.

10 La foce è allato del torrente, sterile
   d'acque, vivo di pietre e di calcine;
   ma più foce di umani atti consunti,
   d'impallidite vite tramontanti
   oltre il confine
15 che a cerchio ci richiude: visi emunti,
   mani scarne, cavalli in fila, ruote
   stridule: vite no: vegetazioni
   dell'altro mare che sovrasta il flutto.

   Si va sulla carraia di rappresa
20 mota senza uno scarto,
   simili ad incappati di corteo,
   sotto la volta infranta ch'è discesa
   quasi a specchio delle vetrine,
   in un'aura che avvolge i nostri passi
25 fitta e uguaglia i sargassi
   umani fluttuanti alle cortine
   dei bambù mormoranti.

William Zorach, *Autunno nel New Hampshire*, 1917. Collezione privata.

tristezza [che sta con me] sotto il (**al**) **vento** (**soffio**) che finisce (**si estenua** = non ha più energia): e portata da (**e a**) questo [vento] viaggia la (**una**) nebbia spinta (**sospinta**) sulla insenatura (**rada**) dove il giorno emette (**esala**) gli ultimi suoni (**voci**) [: quindi è sera], si piegano in alto (**alta si flette**) le ali (**un'ala**; per metonimia) di [un] cormorano. È l'ora del tramonto; il poeta cammina (cfr. **strada**) in una sera nebbiosa in vista di una insenatura marina (**rada**) e chiede alla tristezza di non abbandonarlo. La richiesta assume un particolare valore, dato che molti elementi indicano il venir meno, il mancare: **spare, si estenua, ultima, esala**: riferimenti impliciti alla fine del giorno, ma anche allusioni alla condizione di privazione e di solitudine del poeta. La presenza del mare – così come l'avanzare della sera – è indicata solo attraverso alcuni indizi: il **vento forano** (che viene dal mare aperto), la **rada**, il **cormorano** (grande uccello marino nero).

● **10-18** *Di fianco* (**allato**) [alla strada c'è] la foce del torrente, privo (**sterile**) di acque, pieno (**vivo**) di pietre e di detriti (**calcine**); ma soprattutto (**più**) [è una] foce [: luogo dove si manifestano] di atti umani consumati (**consunti**) [: sempre uguali], di vite sofferenti (**impallidite** = diventate pallide) che si spengono (**tramontanti**) oltre il limite (**confine**) che ci imprigiona (**ci rinchiude**) come un cerchio (**a cerchio**); visi sciupati (**emunti**), mani magre (**scarne**), cavalli in fila, ruote cigolanti (**stridule**); non (**no**) vite [**vere**]; [ma] vegetazioni di quell'altro (**dell'altro**) mare [: la vita umana] che sta sopra (**sovrasta**) il mare (**il flutto**) [vero e proprio]. Questa strofa e la seguente sono quelle maggiormente caratterizzate in senso espressionistico. La vita umana nella società di massa è rappresentata come una sfilata cimiteriale: domina il senso di perdita e di morte (**consunti, impallidite, tramontanti, emunti, scarne**), così che acquistano un significato più completo gli elementi che nella prima strofa definivano la condizione della estinzione. La dimensione coatta dell'esistenza è sottolineata dalla ripetizione insensata di gesti sempre uguali e dalla prigionia inesorabile del **cerchio** (immagine di chiusura e di soffocamento). Si annuncia intanto (vv. 15-17) il "corteo" che costituirà il tema della strofa seguente. Tale condizione alienata dell'uomo non rappresenta più neppure una forma di vita (**vite no**) ma una degradazione vegetale: gli uomini sono come alghe del mare (cfr. i vv. 25 sg.). **La foce...del torrente**: la foce del torrente Bisagno. **Confine...ci rinchiude**: potrebbe essere, da un punto di vista strettamente referenziale, l'orizzonte, un confine circolare che chiude la vita; ma ha comunque, certamente, un significato più generale di coazione e prigionia. **Visi emunti**: una serie di frasi nominali a rappresentare in modo più diretto e tragico l'aspetto della realtà. È una delle numerose soluzioni espressionistiche dello stile di questo testo. **Altro mare che sovrasta il flutto**: l'**altro mare** è quello dei **sargassi umani** (vv. 25-26) caratterizzato da una vita anonima, monotona, ripetitiva: questo mare si sostituisce al libero **flutto** della vita, e anche lo vince. Al mare vero e proprio, immagine di libertà, si sostituisce il mare-prigione dei **sargassi umani**, dell'uomo ridotto a vita vegetale.

● **19-27** *Camminiamo* (**si va**), sulla carraia [: strada in terra con solchi per le ruote dei carri] [piena] di fango (**mota**) seccato (**rappresa**) senza una deviazione (**scarto**), come (**simili ad**) gente in processione vestita di mantelli (**incappati di corteo**), sotto la volta [del cielo] rotta (**infranta**) [: piove] che si è abbassata (**è discesa**) quasi a riflettersi nelle (**a specchio delle**) vetrine [dei negozi], in un'aria (**aura**) densa (**fitta**) [: nuvolosa] che circonda (**avvolge**) i nostri passi e rende uguali (**uguaglia**) le alghe (**i sargassi**) ondeggianti (**fluttuanti**) degli uomini (**umani**) ai raggruppamenti (**alle cortine**) dei bambù rumorosi (**mormoranti**). Si chiarisce e si completa qui l'immagine della strofa precedente: la vita degli uomini è rappresentata come una processione funebre che si svolge su un percorso squallido (il sentiero fangoso), in un'atmosfera lugubre (l'aria scura e nebbiosa), senza alcuna possibilità di scelta o di fuga (**senza uno scarto**). A compiere tale processione sono le figure già definite alla strofa precedente (vv. 15-17) – e si noti la coerenza tra le immagini dei **cavalli** e delle **ruote**, lì, e quella della **carraia**, qui –; ma ora la scena del corteo è anche rappresentata sinteticamente attraverso l'immagine degli **incappati**, che rimanda alla bolgia degli ipocriti nell'*Inferno* di Dante (canto XXIII) non senza una precisa volontà di denuncia specifica della ipocrisia collettiva. Il riferimento al fascismo, certamente presente in questi versi, è però da considerare contingente: la denuncia riguarda più in generale la moderna società di massa. I vv. 25-27 riprendono e completano l'immagine dei vv. 17-18: il fatto che gli uomini non siano più vera vita ma **vegetazioni** marine, cioè alghe (o **sargassi**), è qui dato ormai per scontato, e anzi si provvede a un allargamento e a una radicalizzazione del processo di metamorfosi vegetale, dichiarando l'analogia anche con i **bambù**. In d'Annunzio la natura veniva umanizzata: qui è l'uomo che si riduce al livello degli oggetti naturali, privato della propria facoltà di scegliere. **La volta infranta...delle vetrine**: è il cielo piovoso (che si è aperto lasciando cadere l'acqua) e basso, per la pesantezza delle nuvole, al punto da riflettersi nelle vetrine della città (che qui è

> Se mi lasci anche tu, tristezza, solo
> presagio vivo in questo nembo, sembra
> 30 che attorno mi si effonda
> un ronzio qual di sfere quando un'ora
> sta per scoccare;
> e cado inerte nell'attesa spenta
> di chi non sa temere
> 35 su questa proda che ha sorpresa l'onda
> lenta, che non appare.
>
> Forse riavrò un aspetto: nella luce
> radente un moto mi conduce accanto
> a una misera fronda che in un vaso
> 40 s'alleva s'una porta di osteria.
> A lei tendo la mano, e farsi mia
>
> un'altra vita sento, ingombro d'una
> forma che mi fu tolta; e quasi anelli
> alle dita non foglie mi si attorcono
> 45 ma capelli.
>
> Poi più nulla. Oh sommersa!: tu dispari
> qual sei venuta, e nulla so di te.
> La tua vita è ancora tua: tra i guizzi rari
> dal giorno sparsa già. Prega per me
> 50 allora ch'io discenda altro cammino
> che una via di città,
> nell'aria persa, innanzi al brulichio
> dei vivi; ch'io ti senta accanto; ch'io
> scenda senza viltà.

evocata, indirettamente, per la prima volta); oppure, meno bene, è il cielo piovoso che è sceso, attraverso la pioggia, a formare pozzanghere nelle quali si riflettono le vetrine.

● **28-36** *Se anche tu mi lasci,* [o] *tristezza, unico* (**solo**) *sentimento* (**presagio**) *vivo tra queste nuvole* (**in questo nembo**), *sembra che si diffonda* (**effonda**) *intorno* (**attorno**) *a me* (**mi**) *un rumore* (**ronzio**) *come* (**qual**) *di lancette* (**sfere**) [*di orologio*] *quando sta per suonare* (**scoccare**) *un'ora; e cado senza forze* (**inerte**), *nell'attesa senza speranza* (**spenta**) *di chi non sa* [*più neppure*] *temere, su questa riva* (**proda**) *che l'onda lenta, che non si vede* (**non appare**), *ha raggiunto di sorpresa* (**ha sorpresa**). Dopo l'ampia presentazione tragica, nella seconda e nella terza strofa, della condizione umana alienata, la quarta strofa si ricollega alla prima, della quale riprende l'invocazione alla tristezza con minime variazioni (*lasciare* anziché *abbandonare*). La tristezza può ora definirsi meglio come un'estrema affermazione della vita; e in assenza di essa non resta che misurare il vuoto trascorrere del tempo nell'inutile attesa di imponderabili eventi risolutivi. **Presagio**: propriamente 'annunzio riguardante il futuro, previsione'; il vocabolo collabora qui a definire un senso di **attesa** (cfr. v. 33), al quale coopera anche l'avvicinamento dello **scoccare** di un'**ora**. È il primo segnale dell'evento positivo della quinta strofa. **Ronzio**: in Montale questa parola ha quasi sempre un significato negativo di minaccia o di perdita. **Sfere**: così sono chiamate le lancette dei grandi orologi: ma il vocabolo spesso è usato a indicare i corpi celesti per la loro forma all'incirca sferica (così che, meno bene, i vv. 31 sg. possono anche essere interpretati in riferimento ai movimenti degli astri dei quali si avverte, secondo una tradizionale opinione classica, il suono; ma **scoccare** si usa proprio per il battere, o in genere l'arrivare, delle ore). **Proda**: è termine letterario o dialettale per 'riva, sponda'; ed è un caso non isolato del convergere nel lessico montaliano di suggestioni letterarie (in questo caso anche di origine dantesca) e di influssi dal dialetto ligure.

● **37-45** *Forse avrò di nuovo* (**riavrò**) *un volto* (**un aspetto**) [*vero*]: *nella luce orizzontale* (**radente**) [*del tramonto*] *un movimento* (**moto**) *mi porta* (**mi conduce**) *accanto a una povera* (**misera**) *pianta* (**fronda**) *coltivata* (**che...s'alleva**) *in un vaso sulla* (**s'una** = su una) *porta di* [*un*]*osteria. Stendo* (**tendo**) *la mano verso di* (**a**) *lei, e sento diventare* (**farsi**) *mia un'altra vita,* [*essendo*] *riempito* (**ingombro**) *di una forma che mi era stata* (**mi fu**) *tolta; e alle dita mi si attorcigliano* (**attorcono**) *non foglie ma capelli come* (**quasi**) *anelli*. Il contatto autentico con un'altra vita compie il "miracolo" di annullare le due trasformazioni negative descritte nella parte precedente della poesia: l'uomo, diventato vegetale, ritorna uomo (le **foglie** ridiventano **capelli**); il volto (l'**aspetto**) umano, annullato dalla copertura anonima delle cappe, è recuperato nella sua individualità. Il primo passaggio è rappresentato nella figura della donna incontrata; il secondo, nella persona del poeta. Il contatto si configura insomma come un vero e proprio recupero della identità individuale: l'aspetto riottenuto dal poeta coincide con la restituzione di una **forma** (cioè, filosoficamente, con il *principium individuationis*, il 'criterio di riconoscibilità') che era stata sottratta (**tolta**) nella ricopertura delle cappe. Il valore dell'incontro sta proprio in questo momentaneo ridefinirsi dell'identità, rovesciando la vegetalizzazione e la omologazione nella massa. **Luce radente**: la luce del sole al tramonto, che colpisce le cose obliquamente (in modo quasi orizzontale).

● **46-54** *Poi* [*non c'è*] *più nulla. Oh sommersa!: tu scompari* (**dispari**) *così come* (**qual**) *sei venuta* [: *in modo improvviso e inspiegabile*] *e di te* [*non*] *so* [*più*] *nulla. La tua vita è di nuovo* (**ancor**) *tua: annullata* (**sparsa**; participio passato di 'spargere') *già dal giorno* [: *dal trascorrere del tempo*] *insieme ai* (**tra i**) *rari movimenti* (**guizzi**) [*autentici*]. *Allora prega per me che io percorra in discesa* (**discenda**) *un percorso* (**cammino**) *diverso* (**altro**) *che una via di città, nell'aria buia* (**persa**), *davanti al muoversi confuso* (**brulichio**) *dei viventi* (**vivi**) [: *gli uomini*]; [*prega per me*] *che io ti senta vicina* (**accanto**); *che io scenda senza viltà*. La figura positiva dell'incontro è riassorbita dalla stessa realtà che la aveva offerta al poeta, così come spariscono e vengono disperse tutte le cose che hanno significato. L'incontro è concluso e non resta che la riaffermazione dello stesso valore con il quale si è aperta la poesia: il coraggio della tristezza, cioè il rifiuto della **viltà** (e della ipocrisia degli **incappati**). Il riferimento a Dante ancora presente in questa strofa (soprattutto per i vocaboli **persa** e **brulichio**) autorizza a definire come propriamente infernale il paesaggio conclusivo (e il termine **sommersa** rimanda ai «sommersi» danteschi – *Inf.* XX, 3 –, cioè alle anime dell'Inferno). Le rime, numerose in tutto il testo, hanno in quest'ultima strofa una particolare rilevanza. **Dispari** : **rari** sottolinea il destino di estinzione degli eccezionali spunti positivi dell'esistenza. **Te** : **me** lega per l'ultima volta i due protagonisti dell'incontro, così come la rima **brulichio** : **io** coinvolge brutalmente anche il poeta nella dimensione della massa. **Città** : **viltà** definisce la natura civilizzata e cittadina della mancanza di coraggio. Infine la rima, interna e lontana ma intensissima (e rilanciata dalla quasi rima equidistante **sparsa** al v. 49), tra **sommersa** (v. 46) e **persa** (v. 52) collega la sparizione della donna al nero cielo infernale. **Nulla...nulla**: la replicazione serve a sottolineare il vuoto della conclusione. **Sommersa**: nella versione della poesia uscita nel '26 su rivista compariva qui il nome di Arletta, la giovane morta ispiratrice di Montale; e **sommersa** vale appunto *morta* (sprofondata nel mare, cioè riconfusa nell'indifferenziato). **Guizzi**: qui si contrappone alla immobilità della non-vita (cfr. v. 33) e soprattutto ai movimenti lenti e prevedibili della vita consueta; indica perciò tutto quanto di vitale si affaccia all'esistenza. **Aria persa**: «aere perso» chiama Dante quello dell'Inferno (*Inf.* V, 89); e il "perso" (= persiano) è 'colore rosso scuro, quasi nero'.

T5 DALLA COMPRENSIONE ALL'INTERPRETAZIONE

COMPRENSIONE

La non-vita e il ricordo di Arletta Il poeta si aggira nei pressi del mare, circondato da **immagini di squallore e di umanità sofferente**, condannata a una sorta di vita vegetale o non-vita (**strofe I-IV**). Proprio il contatto con un vegetale, una pianta, provoca l'**improvviso "incontro" con la figura femminile** di Arletta, una giovane morta precocemente. Esso avviene attraverso la **metamorfosi della pianta in donna** che si verifica nella fantasia e nella memoria (**strofa V**). Ma l'incontro dura un attimo: la **cara figura scompare** e al poeta non resta che chiederle il coraggio di affrontare dignitosamente l'inutile cammino che resta da percorrere.

ANALISI

I temi Il **tema della giovane morta, Arletta o Annetta**, rievoca quello leopardiano di Nerina o di Silvia. Arletta compare anche in altri testi, negli *Ossi di seppia* e nei libri successivi di Montale. La sua vitalità spezzata ben rappresenta **il tema leopardiano della vita che resta senza realizzazione**, del segno autentico e promettente al quale non segue uno sviluppo perché viene di colpo troncato. Un altro motivo della poesia è quello delle «ombre» del tramonto. D'altra parte essa è collocata in una sezione che s'intitola appunto «Meriggi e ombre». Mentre nelle poesie di più ravvicinato confronto con d'Annunzio prevale il motivo del «meriggio», che si presta a soluzioni paniche e simbolistiche, la scelta delle «ombre» sposta l'attenzione dalla «gloria» aperta della natura alla «tristezza» del tramonto e allo squallore della vita cittadina. D'altronde **il mare non ha più qui un valore positivo**, ma è concepito come una minaccia per l'identità individuale: morire significa "sommergersi" (cfr. v. 46) o comunque «discendere» (v. 50) verso di esso, annullandovisi. Anche **il motivo del cammino e del viaggio**, presente pure in altre parti di *Ossi di seppia*, è visto in chiave negativa, perché coincide appunto con questo **fatale «discendere»**. Né è casuale che lo scenario di tale percorso obbligato sia la vita cittadina. **Il tema della città** diventa da qui in avanti sempre più importante. Esso introduce quello dell'**alienazione e dell'insensatezza**: alla natura felice e armoniosa cui tendono le prime poesie montaliane si sostituisce la città disarmonica e infernale, rappresentata con **evidenza espressionistica** e con **tratti danteschi**. In tale situazione il motivo etico (qui reso evidente dalla scelta coraggiosa di scendere «senza viltà») è non solo conservato ma rilanciato con forza. È tuttavia evidente un ripiegamento spiegabile anche storicamente e politicamente (nel 1925 il fascismo era diventato regime): la resistenza non è più un gesto socialmente utile, ma serve solo a preservare la dignità personale del poeta. Su tale dignità è chiamata a vegliare, in funzione protettiva, la donna a cui la poesia è rivolta. Comincia ad affiorare qui un altro tema: quello di **una figura femminile che assume una funzione di guida e di innalzamento morale**. Esso dominerà il prossimo libro, *Le occasioni*.

Espressionismo e dantismo Si considerino i vv. 15-17 o 19-21. Soprattutto i vv. 15-17 esprimono nella **sintassi paratattica, nominale e frantumata** un'ottica allucinata di chiara derivazione espressionistica. Inoltre è evidente l'**eco dantesca**, che ritorna anche nei vv. 19-24 (Montale è, con Rebora, il poeta del Novecento che maggiormente si rifà alla lezione dantesca). Il dantismo e l'**espressionismo** delle soluzioni formali, la scelta di un **linguaggio aspro e risentito** e di una **prospettiva visionaria**, l'andamento apertamente narrativo mostrano che Montale si è già lasciato alle spalle la tendenza agli accordi naturali e musicali della giovinezza e il simbolismo degli esordi.

INTERPRETAZIONE

L'ideologia La seconda e la terza strofa contengono una **rappresentazione della vita massificata** o della non-vita dell'uomo d'oggi. Il tema della massificazione, dell'anonimato della **vita cittadina, squallidamente ripetitiva**, da un lato rimanda a una ideologia esistenzialistica volta a sottolineare costantemente il limite della condizione umana in quanto tale, la sua gratuità, la sua mancanza di finalizzazione, ma dall'altro fa parte anche dell'ininterrotta **polemica di Montale contro la modernità**, da lui vista come nemica della vera vita e della poesia stessa. S'intravede qui la difesa del singolo individuo, che è tutt'uno con il liberalismo che contraddistingue l'ideologia politica montaliana.

T5 LAVORIAMO SUL TESTO

ANALIZZARE

La natura e la città

1. Quale ruolo e quale valore gioca qui la natura?

Il tema della massificazione

2. Quale sarà il destino dell'uomo Montale di fronte alla massificazione?

Una scelta etica
3. Cosa significa, secondo te, «ch'io scenda senza viltà»?

La figura femminile
4. Quale compito viene assegnato alla figura della donna morta precocemente?

5 | L'allegorismo umanistico delle *Occasioni*

Le poesie del periodo 1928-40 sono raccolte in *Le occasioni*

La letteratura come difesa e privilegio: la religione della cultura

Video • Rapporti e differenze tra *Ossi di seppia* e *Occasioni* (P. Cataldi)

Video • «*Addii, fischi nel buio, cenni, tosse*» (P. Cataldi)

S • L'ideologia di Montale (U. Carpi)

La scelta monostilistica

Il "classicismo modernista"

Il secondo libro di Montale, *Le occasioni*, esce nel 1939 e poi, in una **nuova edizione accresciuta, nel 1940**. Nella redazione definitiva **accoglie testi poetici scritti fra il 1928 e il 1940** (ma anche due del 1926).

Il nuovo libro riflette una situazione storica ormai mutata rispetto a quella degli *Ossi di seppia*. Il volontarismo utopico e il moralismo gobettiano non trovano più spazi in una condizione politica e letteraria che estrania gli scrittori dal contatto con la realtà sociale e con il pubblico, chiudendoli nella cittadella umanistica delle lettere. **La letteratura diventa l'ultima difesa e l'ultimo privilegio** per una generazione di autori che trova nella religione della cultura e dell'arte e nella sublimazione che essa comporta l'unico risarcimento possibile. **La Firenze di «Solaria» e di «Letteratura»** – le due riviste alle quali Montale collabora e che meglio rappresentano il clima di quegli anni (cfr. cap. II, § 1) – **diventa per lui**, che vi va ad abitare nel 1927, **una sorta di foscoliana culla delle lettere**, simbolo di una civiltà letteraria da difendere non solo dalla rozzezza e dalla grossolanità del regime fascista, ma anche dal dilagare della civiltà di massa e dei suoi «automi» (cfr. «*Addii, fischi nel buio, cenni, tosse*», T6, p. 212). **Ne deriva una ideologia che oppone alla massificazione dilagante i valori elitari di un'aristocrazia dello spirito**, derivante dalla cultura liberale dell'autore ma anche dalla tradizione umanistica e dall'influenza di Foscolo (Montale è uno dei pochi poeti del Novecento ad amarlo).

Questa nuova situazione storica e questa nuova condizione dell'intellettuale provocano **un cambiamento di poetica. Lo stile si innalza e si purifica**. Prevale un monostilismo di matrice petrarchesca anche se con forti infiltrazioni allegoriche di derivazione dantesca. L'elemento prosastico e quotidiano è assai meno presente che negli *Ossi di seppia*. Si può parlare di un vero e proprio **"classicismo modernista"**: la prosa della modernità viene accolta ma anche riqualificata dal contesto arduo ed elevato in cui viene collocata. **Lo sperimentalismo tematico e metrico del primo libro viene abbandonato**; si torna a una metrica più tradizionale, fondata sull'endecasillabo, e all'atteggiamento consueto del poeta lirico che si rivolge al "tu" della donna amata.

LE OCCASIONI

edizioni
- 1ª edizione → 1939
- 2ª edizione accresciuta → 1940

struttura
- 4 sezioni, numerate con cifre romane (l'unica sezione intitolata è la seconda, «Mottetti»)

temi
- donna-angelo
- motivo della luce e dello sguardo della donna amata
- opposizione tra interno ed esterno, tra il mito delle lettere e la violenza della storia
- città infernale

forme e stile
- poesia allegorica
- classicismo modernista
- metrica tradizionale
- stile alto e difficile

modelli
- Dante
- Eliot (teoria del "correlativo oggettivo") e gli altri poeti della tradizione in lingua inglese
- Baudelaire e Valéry

La poetica delle *Occasioni*

S • Montale simbolico o allegorico? (L. Anceschi e A. Jacomuzzi)

Video • Intervista a L. Barile su Montale ed Eliot

La scelta della grande tradizione europea di poesia alta e metafisica

L'interesse per l'allegorismo dantesco e per la teoria eliotiana del "correlativo oggettivo"

Il rapporto con Dante

Contemporaneamente **si approfondisce il distacco dal simbolismo e più chiara diventa l'opzione a favore di una poesia allegorica**. Negli *Ossi di seppia*, all'impressionismo figurativo veniva sovrapposto un soprasenso simbolico che lo interpretava. Nelle *Occasioni*, invece, tale dualismo è programmaticamente abolito. Ora infatti Montale intende tacere «l'occasione-spinta» – e cioè il momento soggettivo – e limitarsi a «esprimere l'oggetto» (cfr. **S4**, p. 222). Si tratta di una linea di ricerca già abbozzata nelle ultime poesie degli *Ossi di seppia* e di fatto convergente con la **teoria del "correlativo oggettivo" elaborata da T.S. Eliot** (cfr. cap. III, § 3). D'altra parte, mentre nel primo libro prevale una cultura letteraria eminentemente francese, *Le occasioni* e *La bufera e altro* rivelano l'acquisizione di quella inglese e angloamericana: a partire dal 1925, non solo Eliot ma anche Pound e poi Browning, Donne, Blake, Hopkins entrano a far parte dei riferimenti obbligati della ricerca montaliana.

Sulla scorta di questi autori – ai quali Montale aggiunge i francesi Baudelaire e Valéry – egli **si ripromette di entrare a far parte della grande tradizione europea di poesia alta e metafisica**, volta a trasferire un destino individuale su uno scenario universale. Si tratta di un programma che ispira non solo *Le occasioni*, ma anche *La bufera e altro*, e che verrà meno solo con *Satura*.

In questa linea letteraria, prevalentemente inglese, **sono dominanti la tendenza all'allegorismo e l'interesse per Dante**. La rivalutazione eliotiana dell'allegoria è d'altronde evidente anche nella teoria del "correlativo oggettivo", che rifiuta il metodo analogico delle corrispondenze fra soggetto e oggetto per tendere a esprimere solo l'oggettività di immagini assunte come emblema di una condizione interiore taciuta o cancellata.

Anche Montale avvia nelle *Occasioni* **un confronto ravvicinato con Dante**, non limitandosi a riprenderne aspetti linguistici e formali, ma derivandone invece alcuni temi fondamentali e la struttura dell'allegoria. **Come Dante** aveva giudicato una situazione storica trasponendola nei termini della salvezza e della condanna religiose e aveva fatto ricorso al linguaggio e ai miti della cultura pagana allegoricamente trasponendoli all'interno di quella cristiana, **così Montale, nelle *Occasioni* e in buona parte della *Bufera e altro*, compie una duplice e analoga operazione: da un lato**, infatti, trasporta su un piano di astrattezza metafisica e di universalità la propria vicenda biografica e storica riproponendo la stessa alternativa fra salvezza e condanna e la stessa figura di mediazione (la donna-angelo, la Beatrice) rispetto alla Divinità o al Valore; **dall'altro**, riutilizza i termini e i concetti della religione cristiana all'interno di una nuova cultura del tutto laica e di una nuova religione: quella delle lettere. **Il dantismo di Montale insomma non è solo un carattere linguistico o stilistico**, ma un modo per dare espressione a un dramma conoscitivo e morale tutto moderno.

Clizia, la nuova Beatrice

T • «Non recidere, forbice, quel volto»

Video • Intervista a M.A. Grignani su Clizia
Video • *Nuove stanze* (P. Cataldi)
Video • *Nuove stanze*: un'analisi di Romano Luperini

Il titolo del libro

La poesia delle *Occasioni* è difficile, non oscura

Estraneità di Montale all'Ermetismo

Nelle *Occasioni* e in molte poesie della *Bufera* **la donna-angelo, Clizia** (cfr. **S2**), **assume la funzione di una salvifica Beatrice dantesca**: le sue apparizioni, che si accompagnano a bagliori e a manifestazioni di luminoso splendore, coincidono con momenti di rivelazione del Valore, e questo a sua volta coincide con i contenuti umanistici della cultura europea, con la ragione, con la chiaroveggenza. **In assenza di Clizia – ed è l'assenza a prevalere – il soggetto poetico appare frustrato e sconfitto** (come in «Non recidere, forbice, quel volto»), ridotto a povera impotente pedina travolta sulla scacchiera della storia. Ma quando il soggetto è riscattato dalla sua presenza, gli «occhi d'acciaio» della donna-angelo sembrano poter salvare non solo lui, ma l'intera società umana (cfr. **T8**, *Nuove stanze*, p. 217, **S3**, p. 221).

Da questa struttura tematica deriva la centralità del motivo – tradizionale nella poesia lirica, a partire dallo stilnovismo – **dello sguardo** e degli occhi della donna amata e della luce che si accompagna alle sue epifanie, **nonché il titolo del libro**, che allude al carattere occasionale delle apparizioni di Clizia.

La poesia delle *Occasioni* è difficile più che oscura. Trascura di fornire al lettore i dati soggettivi e le informazioni che possono chiarirne alcuni passaggi. Tuttavia non allude a significati ultimi e misteriosi: non tende cioè all'oscurità allusiva della lirica simbolista. Indubbiamente, come la poesia dell'Ermetismo che si afferma proprio a Firenze nel corso degli anni Trenta (ed è dunque contemporanea a quella delle *Occasioni*), anche quella montaliana è cifrata, chiusa e ardua. Tuttavia, **la differenza dall'Ermetismo è netta e dichiarata più volte dall'autore** (cfr. **S4**).

S2 — INFORMAZIONI

Il nome di Clizia, e le altre donne di Montale

Il nome di Clizia compare solo nella *Bufera e altro* (e precisamente nel testo *La primavera hitleriana*; cfr. cap. VII, T4, p. 265). Tuttavia il personaggio che le corrisponde sul piano biografico, Irma Brandeis (giovane americana, studiosa di Dante), è dominante già nelle *Occasioni*, che sono appunto dedicate «a I.B.» (iniziali di Irma Brandeis). Il nome di Clizia deriva dalla mitologia greca e in particolare da un mito ripreso dal poeta latino Ovidio nelle *Metamorfosi*. Montale lo desume probabilmente dal commento di Contini alle *Rime di Dante* (uscito nel 1939), dove si legge, a proposito di un sonetto (dantesco o pseudodantesco) a Giovanni Quirini: «Clizia, figlia dell'Oceano ed amante del Sole, che, avendo per la sua gelosia provocato la morte di Leocotoe, fu dal Sole abbandonata e si trasformò in eliotropio o girasole, come narrano le *Metamorfosi*». Nel mito Clizia resta sempre fedele al Sole, cioè ad Apollo, dio della cultura; il suo simbolo è il girasole che si volge sempre verso il sole, e cioè verso quel valore supremo della cultura che caratterizza l'umanesimo fiorentino degli anni Trenta e la stessa ideologia montaliana. Per questo Clizia è una nuova Beatrice, l'annunciatrice di un nuovo valore e di una nuova religione: quella delle lettere.

A Clizia si opporrà, nelle poesie più tarde di *La bufera e altro*, Volpe, l'anti-Beatrice, donna concreta e sensuale, corrispondente nella realtà biografica alla poetessa Maria Luisa Spaziani. Anche la figura dell'anti-Beatrice è assunta da Dante e precisamente dalla *Vita nuova*.

Un'altra donna importante è la fanciulla scomparsa precocemente di cui si parla in *Incontro* (cfr. T4, p. 205), negli *Ossi di seppia*, nella *Casa dei doganieri* (cfr. T7, p. 214), nelle *Occasioni* e in diversi altri testi anche della vecchiaia, e che viene cantata con il nome di Arletta o di Annetta. Nella realtà biografica è Anna degli Uberti, conosciuta nelle estati marine trascorse a Monterosso, e niente affatto morta precocemente come risulterebbe invece dalle poesie di Montale.

Un'altra donna è una peruviana di origine genovese, da identificare con Paola Nicoli, a cui sono dedicati alcuni testi di *Ossi di seppia* e i primi tre "mottetti" nelle *Occasioni*.

Bisogna infine ricordare la moglie, Drusilla Tanzi, la quale aveva sposato in prime nozze il critico d'arte Marangoni. È presente in una poesia della *Bufera e altro* ed è cantata in *Satura*, dopo la morte (avvenuta nel 1963), con l'appellativo di Mosca, con cui la chiamavano gli amici. Mosca non ha l'eccezionalità di Clizia e nemmeno di Volpe; ma è assunta come maestra di vita per la capacità istintiva di aderire all'esistenza nella sua immediatezza, senza diaframmi ideologici.

Le quattro sezioni del libro e il titolo della seconda, «Mottetti»

Le prime due sezioni

Anche *Le occasioni*, come *Ossi di seppia*, è un libro suddiviso in **quattro sezioni, numerate con cifre romane. Solo la seconda porta un titolo, «Mottetti»**, desunto da una forma musicale nata nel Medioevo, breve e polifonica, di argomento prevalentemente sacro ma talora anche amoroso.

La prima sezione comprende figure di donna (Gerti, Liuba, Dora Markus) e immagini di paesaggi.

La seconda, «Mottetti», corrisponde a quella intitolata «Ossi di seppia» nel primo libro. Si tratta, anche in questo caso, di **componimenti brevi estremamente concentrati**, con una formula finale fulminante, spesso sentenziosa o concettosa. Il carattere polifonico è dato dall'alternarsi di due toni diversi, perlopiù affidati a due strofe successive. Esclusi i primi quattro, i mottetti **hanno per protagonista Clizia** che, negli ultimi, appare già angelicata. Essi sono comunque giocati sulla dialettica fra assenza/presenza della donna amata, con le conseguenti alternative di dannazione/salvezza, disvalore/valore alle quali corrispondono immagini contrapposte di tenebra/luce e di immobilità/movimento.

Le caratteristiche dei «Mottetti»

T • «Lo sai: debbo risponderti e non posso»

La terza sezione

La terza sezione comprende un poemetto unitario, come accadeva anche nella omologa di *Ossi di seppia*. Qui si tratta di **«Tempi di Bellosguardo»**, che si conclude con una presa di distanza dal mito foscoliano dell'umanesimo e della religione delle lettere, che pure informa di sé gran parte del libro, ma che, nella parte finale del poemetto, appare ormai incapace di far fronte alla «bufera» incombente della guerra.

La quarta sezione

La quarta sezione raccoglie le poesie più complesse e impegnate, sempre in analogia con la corrispondente degli *Ossi di seppia*. **In essa domina l'immagine dell'interno, della casa** (cfr., per esempio, T7, *La casa dei doganieri*, p. 214), dello studio, **spesso in opposizione a quella di un esterno minaccioso** rappresentato dalla città infernale, dal fascismo e, negli ultimi testi, dalla guerra (cfr. T8, *Nuove stanze*, p. 217). D'altronde la prevalenza degli interni e degli scenari cittadini distingue questa sezione (e, con essa, l'intero libro) dagli *Ossi di seppia*, che era invece ispirato alla natura e all'aria aperta. **È in questa sezione che l'allegorismo umanistico delle *Occasioni* dà i suoi risultati più alti**.

Video • *La casa dei doganieri* (P. Cataldi)

T6 «Addii, fischi nel buio, cenni, tosse»

OPERA
Le occasioni

CONCETTI CHIAVE
- l'alienazione degli uomini-massa
- l'intesa fra il poeta e la donna anche nella separazione

FONTE
E. Montale, *L'opera in versi*, a cura di R. Bettarini e G. Contini, Einaudi, Torino 1980.

Mottetto del 1939, dedicato a Clizia. Alla stazione un treno parte portando via la donna amata, confusa fra gli «automi», cioè gli uomini-massa (ridotti a robot). E il poeta si chiede se anche lei riconosca nel rumore del treno che si mette in moto lo stesso significato di persecuzione e di morte che gli attribuisce lui stesso.

Addii, fischi nel buio, cenni, tosse
e sportelli abbassati. È l'ora. Forse
gli automi hanno ragione. Come appaiono
dai corridoi, murati!
5 – Presti anche tu alla fioca
litania del tuo rapido quest'orrida
e fedele cadenza di carioca? –

METRICA due strofe, una formata da tre endecasillabi e un settenario, l'altra – separata da una linea di puntini che indica la cancellazione di una strofa – da un settenario e due endecasillabi. I due versi sdruccioli (il v. 3 e il v. 6) sono non rimati; i vv. 1 e 2 sono uniti da una quasi rima (tOSSE : fORSE), il v. 4 si collega al v. 2 attraverso una rima interna (abbassATI : murATI), il v. 5 e il v. 7 presentano la rima fiOCA : cariOCA.

● **1-4** *Addii, fischi nel buio* [: i segnali di partenza], *cenni, tosse e finestrini* (**sportelli**) [*che vengono*] *abbassati. È l'ora* [*della partenza*]. *Forse gli automi hanno ragione. Come appaiono dai corridoi* [*del treno*], *sepolti* (**murati**) [*vivi*]*!* Una serie di particolari considerati nella loro irrelatezza colpisce dolorosamente il poeta (si noti almeno la pungente assonanza iniziale – **addii** : **fischi** – che la rappresenta fonicamente). **È l'ora**: constatazione al centro di una significativa allitterazione (sp**OR**telli, **ORa**, f**OR**se, c**OR**ridoi, **OR**rida). **Gli automi**: qui indica, come ha spiegato Montale, «gli uomini nei loro comportamenti, gli uomini intesi come massa (e ignoranza)». È evidenziato l'atteggiamento omologato, la distruzione della identità personale e della libera scelta. **Hanno ragione**: perché si sono rassegnati e hanno rinunciato definitivamente a quella autenticità la cui ricerca fa inutilmente soffrire il poeta. Si può però anche spiegare: *hanno vinto*, cioè la loro logica è quella alla quale bisogna adattarsi.

● **5-7** – *Anche tu* [*come me*] *attribuisci* (**presti**) *al debole* (**fioca**) *suono lamentoso* (**litania**) *del tuo treno* (**rapido**) *questo terribile* (**orrida**) *e insistente* (**fedele**) *ritmo* (**cadenza**) *di* [*danza*] *carioca* [*che vi riconosco io*]? – La domanda è rivolta alla donna (alla quale è riservato di norma il 'tu', insistentissimo, delle *Occasioni*), evocata nel testo solo da tale pronome (ripetuto due volte ai vv. 5 e 6). Se anch'ella riconosce nel ritmo del treno il ritmo di una certa danza, orribilmente degradato e disarmonizzato, vuol dire che resiste l'intera intesa tra lei e il poeta nonostante la situazione alienata, vuol dire che il privilegio di un contatto e di un accordo di salvezza può essere conservato dal poeta anche mentre viene travolto dall'esperienza della massa. **Litania**: le 'litanie' sono propriamente le 'invocazioni a Dio e ai santi'; qui significa, in senso figurato, 'suono ripetuto e insistente' (come è quello provocato dal movimento del treno). **Carioca**: una danza popolare di origine brasiliana. Come molti altri riferimenti a danze nella poesia di Montale ha un valore persecutorio e negativo.

T6 DALLA COMPRENSIONE ALL'INTERPRETAZIONE

COMPRENSIONE

Il treno e gli uomini ridotti ad automi Il «tu» cui si rivolge il poeta è **Clizia, cioè Irma Brandeis**, la studiosa ebrea americana amata da Montale e costretta a lasciare l'Italia dopo l'introduzione delle leggi razziali del 1938. La scena descritta nella **quartina** iniziale è molto concreta: **la donna amata sta partendo in treno**, e il poeta è lì per salutarla. Il suo sguardo si sofferma però sugli **altri passeggeri, che gli appaiono come degli automi**, dei robot senz'anima, probabilmente complici dell'anonima volontà che sta allontanando Clizia da lui. La **seconda strofa** è una **frase interrogativa** di tre versi, che risulta di difficile interpretazione. Probabilmente il poeta si chiede se anche per la donna questa separazione sia triste e dolorosa come per lui. Egli infatti si pone dal punto di vista dell'amata e immagina che, chiusa nel suo scompartimento, senta **lo sferragliare del treno** in sottofondo, **simile a una «fioca litania»**, cioè a una musica dal suono attenuato, debole e monotono. E si chiede se anche a lei quella litania ricordi a sua volta un'altra musica che, per associazione di idee, viene in mente al poeta in quello stesso momento. Questa musica è **la carioca, un ballo popolare reso celebre dall'industria cinematografica** (dunque espressione di una cultura massificata), il cui ritmo scandito dalle *maracas* ricorda effettivamente lo sbuffare e lo sferragliare cadenzato del treno.

ANALISI

Plurilinguismo e monostilismo La poesia accosta **termini letterari** (come «fioca / litania» e «orrida / ...cadenza» in cui l'*enjambement* accresce la nobilitazione dei termini) ad altri **bassi e comuni**, come «fischi», «tosse», «sportelli», «corridoi», «rapido», «carioca» (quest'ultimo è addirittura un termine straniero seppure d'uso popolare). Siamo in presenza, insomma, di un **plurilinguismo**: anche in questo caso Montale inserisce nella poesia **termini quotidiani e tecnici** («rapido», per esempio, o «carioca»), con un gusto concreto e con precisione definitoria. Tuttavia il plurilinguismo viene smorzato e come assorbito dalla tessitura metrica, dagli artifici retorici, dalla **compattezza raffinata del testo**: si vedano gli *enjambements*, le rime palesi e occulte, le allitterazioni e le corrispondenze toniche (per esempio, quelle che, ai vv. 6 e 7, rendono il rumore cadenzato del treno attraverso la ripetizione delle R, delle D, delle C: fioCA, DEI, RapiDO, ORRIDA, feDEle, CADEnza, CARioCA). **Al plurilinguismo corrisponde insomma un monostilismo rigoroso**, che attesta un controllo aristocratico su una materia comune e banale.

INTERPRETAZIONE

Il tema e l'ideologia Il motivo della presenza/assenza **della donna amata**, da cui derivano la condanna o la salvezza del soggetto lirico, si collega qui al **tema del treno, simbolo sia della civiltà moderna**, già a partire da una famosa "ode barbara" di Carducci, *Alla stazione in una mattina d'autunno* (cfr. vol. 5), sia della inesorabilità del destino. Come nell'ode di Carducci, anche qui il treno indica la minaccia della modernità, inconciliabile con l'amore e qui rappresentata dalla alienazione degli «automi», e cioè degli uomini massificati. Il legame di autenticità fra il poeta e la donna e il valore di distinzione e di privilegio che esso assume nell'ideologia del poeta sono chiaramente contrapposti alla **società di massa**. Tale legame e tale valore sono tuttavia tutt'altro che sicuri: basta un attimo perché si dissolvano. Qui la partenza della donna li pone in discussione. E tuttavia può anche darsi che l'intesa fra i due (forse comprovata dalla possibile esperienza comune della sensazione di orrore comunicata dal rumore del treno: cfr. vv. 5-7) resti anche nella separazione. **La conclusione del mottetto, pur nella sua negatività, resta come sospesa** lasciando aperto, con l'interrogativo finale, uno spiraglio di speranza. Se infatti anche la donna riconosce nel ritmo del treno il ritmo di una certa danza, orribilmente degradato e disarmonizzato, vuol dire che resiste intera l'intesa tra lei e il poeta nonostante la situazione alienata, vuol dire che il privilegio di un contatto e di un accordo di salvezza può essere conservato dal poeta anche mentre viene travolto dalla esperienza della massa.

[1] Umberto Boccioni, *Stati d'animo I. Gli addii*, 1911. New York, Museum of Modern Art.
[2] Umberto Boccioni, *Stati d'animo II. Coloro che vanno*, 1911. New York, Museum of Modern Art.
[3] Umberto Boccioni, *Stati d'animo III. Coloro che restano*, 1911. New York, Museum of Modern Art.

Il trittico di Umberto Boccioni intitolato *Stati d'animo* è costituito da tre dipinti ambientati in una stazione ferroviaria. L'immagine del treno in corsa, delle rotaie che disegnano fughe infinite, delle macchine roventi, aveva dato ai futuristi l'occasione di celebrare la velocità e il progresso. Boccioni, al contrario, interpreta l'immagine del treno per riflettere sulle conseguenze psicologiche della velocità e transitorietà della vita moderna. I quadri della serie sono popolati di profili evanescenti di uomini e di donne che si salutano esprimendo la tristezza dell'abbandono. Il caos emotivo del momento degli addii, nel primo quadro della serie, si esprime nella fusione dei corpi nel vapore del treno. La costruzione lungo le linee oblique esprime la tristezza di coloro che vanno nel secondo dipinto del trittico. In *Quelli che restano* le linee verticali esprimono il peso della tristezza che sembra gravare sulle spalle di chi torna a casa nella solitudine.

T6 LAVORIAMO SUL TESTO

ANALIZZARE

Il luogo e l'ora

1. **LINGUA E LESSICO** La prima frase della poesia è nominale. Si tratta di un elenco di elementi che ti fanno capire il luogo e l'ora. Di quale luogo si tratta? Quale potrebbe essere l'ora?

2. **LINGUA E LESSICO** Quale predicato potrebbe essere secondo te sottinteso in questa frase nominale?

3. Le percezioni sensoriali presenti nella lirica sono soprattutto uditive o visive?

«anche tu»

4. A chi si rivolge l'io lirico nella seconda strofa?
5. La domanda degli ultimi tre versi nasce da
   - A necessità di un'informazione
   - B bisogno di condivisione
   - C bisogno di stabilire un'intesa
   - D soddisfacimento di una curiosità

INTERPRETARE

Il senso

6. La stazione, il treno che si muove assumono un significato allegorico. Quale potrebbe esserne il senso secondo te?

Gli uomini robot

7. Chi sono gli automi?
8. Come viene presentata l'umanità?

LE MIE COMPETENZE: INDIVIDUARE COLLEGAMENTI

In un libro intitolato *Treni di carta. L'immaginario in ferrovia: l'irruzione del treno nella letteratura moderna,* lo studioso Remo Ceserani ha esaminato il tema del treno in molti testi narrativi e poetici della letteratura europea tra Otto e Novecento. Il libro mostra come su questo mezzo di locomozione si siano proiettate le paure o, viceversa, le speranze di diverse generazioni: c'è chi lo ha dipinto come un mostro d'acciaio, simbolo di una modernità travolgente e spersonalizzante (da noi, Carducci), e chi invece ne ha esaltato il significato progressivo, facendone «il simbolo del progresso, del cammino ormai diritto e accelerato delle società umane, con l'aiuto della tecnologia, verso le nuove frontiere e conquiste della modernità» (sempre da noi, ad inizio Novecento, i Futuristi). E oggi? L'alone di modernità (in senso positivo o negativo) che circondava il treno si è in buona parte dissolto. Seleziona un film, un'opera d'arte figurativa, una canzone o un testo letterario dei nostri giorni da cui emerga il modo di percepire e di rappresentare il treno oggi.

T7 La casa dei doganieri

OPERA
Le occasioni

CONCETTI CHIAVE
- una poesia ricca di emblemi
- il contrasto fra memoria e fuga dal tempo
- la conclusione ambigua

FONTE
E. Montale, *L'opera in versi*, cit.

 Testo interattivo
 Ascolto
 Alta leggibilità

Questa poesia, datata 1930, apre la quarta e ultima parte delle *Occasioni*. Come Montale stesso ha rivelato molti anni dopo, essa è dedicata ad Arletta (o Annetta: cfr. **S2**, p. 211), la fanciulla morta che compare in numerosi altri testi montaliani e anche in *Incontro* (cfr. **T5**, p. 205). Si immagina che il poeta e la sua interlocutrice abbiano vissuto insieme un momento di vita vera (dunque, di autenticità) nella casa dei doganieri, passato il quale i rispettivi destini si sono separati: il poeta vive ancora, mentre la donna è morta. Il primo è rimasto tenacemente legato al ricordo di quel momento e del luogo dell'incontro, abbandonato invece, evidentemente, dalla donna. Ma non per questo è possibile sapere chi dei due sia davvero vivo e dunque fedele all'autenticità di quell'incontro lontano: l'apparente resistenza del poeta e l'apparente lontananza della donna potrebbero essere infatti fallaci.

Tu non ricordi la casa dei doganieri
sul rialzo a strapiombo sulla scogliera:
desolata t'attende dalla sera
in cui v'entrò lo sciame dei tuoi pensieri
5 e vi sostò irrequieto.

METRICA quattro strofe (le dispari di cinque versi, le pari di sei), con prevalenza di endecasillabi, in gran parte ipermetri, o di versi lunghi variamente formati in cui s'alternano spesso la formula settenario + quinario (per esempio, al v. 2 o al v. 6) o quinario + settenario (al v. 4 o al v. 14). Un settenario chiude la prima strofa. Le rime sono numerose e collegano una strofa all'altra, secondo lo schema ABBAc, DCDEEF, FGHGH, IBIILL (dove A, B e D sono consonanti e I presenta la quasi rima -ende : -ente).

● **1-5** *Tu non ricordi la casa dei doganieri* [*che stava*] *su un rilievo* (**sul rialzo**) *a picco* (**a strapiombo**) *sulla costa di scogli* (**scogliera**)*: ti aspetta* (**t'attende**) *abbandonata* (**desolata**) *dalla sera nella quale* (**in cui**) *vi entrò la ricchezza* (**lo sciame**) *dei tuoi pensieri, e vi si fermò* (**vi sostò**) *con inquieta vivacità* (**irrequieto**)*.* La prima strofa fissa subito il confronto – e il contrasto – tra due situazioni e due tempi: quello ormai lontano (la **sera in cui**...) della visita con la donna alla casa, e quello presente in cui la interlocutrice ha dimenticato l'episodio (**tu non ricordi**) e la casa stessa è in stato di abbandono. **Tu non ricordi**: il sintagma è ripetuto tre volte (all'inizio, a metà e alla fine della poesia), così da mettere in evidenza il tema centrale del ricordo e della interruzione ormai del rapporto con il poeta, il quale evidentemente ricorda. Il **tu** è per una giovane donna, Arletta o Annetta, conosciuta da Montale e poi morta, o comunque presentata dal poeta secondo questi riferimenti. **Sul rialzo**: «la rupe dei doganieri» dirà Montale tornando sul tema nel *Diario del '72* (*Annetta*, v. 6). **Desolata**: può anche voler dire 'addolorata'. **Sciame**: l'uso metaforico del termine allude qui – come l'aggettivo **irrequieto** – alla mobilità psicologica e intellettuale della donna, connotata positivamente come disponibilità e vitalità: **sostò irrequieto** è quasi un ossimoro.

Libeccio sferza da anni le vecchie mura
e il suono del tuo riso non è più lieto:
la bussola va impazzita all'avventura
e il calcolo dei dadi più non torna.
10   Tu non ricordi; altro tempo frastorna
la tua memoria; un filo s'addipana.

Ne tengo ancora un capo; ma s'allontana
la casa e in cima al tetto la banderuola
affumicata gira senza pietà.
15   Ne tengo un capo; ma tu resti sola
né qui respiri nell'oscurità.

Oh l'orizzonte in fuga, dove s'accende
rara la luce della petroliera!
Il varco è qui? (Ripullula il frangente
20   ancora sulla balza che scoscende...).
Tu non ricordi la casa di questa
mia sera. Ed io non so chi va e chi resta.

● **6-11** [*Il vento*] *Libeccio* [: da sud-ovest] *colpisce* (**sferza** = frusta) *da anni le vecchie mura* [*della casa*] *e il suono del tuo riso non è più felice* (**lieto**): *la bussola si muove* (**va**) *senza senso* (**impazzita**) *da una parte e dall'altra* (**all'avventura**) *e la somma* (**il calcolo**) *dei dadi non è più corretta* (**più non torna**). *Tu non ricordi* [*quei fatti*]; *un altro tempo* [: una diversa dimensione temporale] *distrae* (**frastorna**) *la tua memoria; si riaggomitola* [: viene ritirato e aggomitolato] (**s'addipana**) *un filo*. La seconda e la terza strofa insistono sulla dimensione di perdita e di separazione che minaccia il poeta, la casa e il ricordo; cioè il venir meno del significato dell'esperienza, inghiottita e annullata dal tempo, così come è accaduto alla donna. Tutte le immagini suggeriscono l'idea dell'aggressione (**libeccio sferza...altro tempo frastorna**), del disorientamento (**la bussola va impazzita...**) e della irrazionalità (**il calcolo dei dadi...**). **Il suono del tuo riso...lieto**: perché la donna è morta o, comunque, cambiata rispetto alla sera della visita alla casa, incalzata dal trascorrere del tempo. **Il calcolo...non torna**: si può spiegare: *non si ripete più il colpo fortunato che ci fece incontrare*. **Un filo s'addipana**: il filo dei ricordi che lega il presente al passato e il poeta alla donna si riavvolge su se stesso, lasciando il poeta in una solitudine senza più riferimenti certi (cfr. il v. 15 e la conclusione).

● **12-16** *Ne tengo* [: del filo] *ancora un capo* [: un'estremità]; *ma la casa si allontana e la banderuola affumicata in cima al tetto gira senza interruzione* (**senza pietà**). *Ne tengo* [: del filo] [*ancora*] *un capo; ma tu resti sola e non* (**né**) *respiri* [: non sei presente] *qui* [*con me*] *nel buio* (**nell'oscurità**). Prosegue la elencazione di segni di perdita e di minaccia, ai quali la fedele memoria del poeta tenta invano di opporsi (si noti la duplice ripresa del riferimento al **filo** della strofa precedente): per due volte alla sua resistenza (**ne tengo un capo**, cioè ricordo ancora, per parte mia, l'episodio) si contrappone un **ma** (il tempo passa e allontana le cose; la donna è separata dal poeta e assente). **Ne tengo ancora un capo**: l'immagine del poeta che cerca di controllare e bloccare la perdita causata dal trascorrere del tempo si associa qui a quella di chi cerca di recuperare una strada seguendo un filo disteso verso la meta (il 'filo di Arianna', così che non è da trascurare il rimando nascosto al nome della ispiratrice Arletta/Annetta). **La banderuola affumicata**: la **banderuola** è una 'piccola bandiera metallica (solitamente di latta) fissata sui tetti per indicare la direzione del vento'; è qui definita **affumicata** – con imprecisione lessicale – perché posta in corrispondenza del comignolo e perciò 'annerita dal fumo' del camino. Il suo continuo movimento rotatorio (**gira senza pietà**) indica che il vento proviene da direzioni incostanti e significa due cose: il trascorrere del tempo (l'alternanza dei venti) e la perdita di punti di riferimento affidabili (cfr. perciò il richiamo precedente alla **bussola**).

● **17-22**   *Oh l'orizzonte che si allontana* (**in fuga**), *sul quale* (**dove**) *raramente* (**rara**) *si accende la luce di una* (**della**) *petroliera! È qui il passaggio* (**varco**)? (*L'onda che si rompe* (**il frangente**) *riappare* (**ripullula**) *ancora sul precipizio* (**balza**) *che scende* (**scoscende**; intransitivo)...). *Tu non ricordi la casa di questa mia sera. Ed io non so chi* [*di noi due*] *va e chi resta*. All'**oscurità** che conclude la strofa precedente si contrappone qui il segnale misterioso di una luce lontana, percepita dal poeta come una possibilità di vita vera o di passaggio al di là di quel confine che lo tiene separato dalla donna. Ma il confronto tra la identità dello scenario e la trasformazione profonda intervenuta nella condizione del soggetto spinge il poeta a interrogarsi sulla reale condizione sua e della donna rispetto all'esperienza in questione, dichiarando di non sapere più chi sia veramente rimasto fedele a quel ricordo, se la donna che ha passato il varco (dell'assenza e della morte) o il poeta che è rimasto nel mondo del tempo e della sua apparente continuità (di presenza e di identità). **L'orizzonte in fuga**: perché non è possibile mai raggiungerlo, o forse perché sembra allontanarsi con l'allontanamento della petroliera; è un segno anch'esso di confine e di limite, così che la **luce** sembra indicare un punto di passaggio (il **varco**): tema caro alla poesia montaliana. **Qui**: nell'orizzonte, come ha chiarito lo stesso poeta. **Ripullula**: 'torna di continuo a formarsi', con riferimento alle onde che si rompono e con allusione ancora al passare del tempo e alla apparente continuità (cfr. **ancora**) dei fenomeni che si ripetono. **Tu non ricordi...chi va e chi resta**: la conclusione riprende il tema centrale della incomunicabilità tra il poeta e la donna, ma ne rovescia in sostanza la prospettiva. Il ricordo – al quale il poeta è rimasto e rimane fedele – si è rivelato in ogni senso una dimensione di lontananza e di perdita; e dunque: la interlocutrice, è vero, non ricorda, ma questo fatto non significa che lei si sia allontanata più del poeta dagli eventi passati o che li abbia persi più di lui. Forse, al contrario, è lei che è *restata*, con la morte, legata a essi; mentre il poeta è *andato* oltre incalzato dalla vita e dal trascorrere del tempo. Chi apparentemente è *restato* (nella vita) forse ha per questo sperimentato la lontananza dall'autenticità dell'esperienza passata e la perdita di essa.

T7 DALLA COMPRENSIONE ALL'INTERPRETAZIONE

COMPRENSIONE

Un ricordo di vita autentica Il testo può essere diviso in due parti: la prima parte coincide con le prime tre strofe, mentre la quarta strofa segna, nella conclusione, una svolta. **Nella prima strofa** il poeta recupera **un ricordo del passato**: un momento, un incontro vissuto **nella casa dei doganieri insieme a una donna (Arletta o Annetta)**. Ma lei, che viene data come morta, non ricorda più. **La seconda e la terza strofa** insistono sulla **dimensione di perdita che minaccia il poeta, la casa e la memoria**, introducendo una serie di oggetti dal significato inquietante (la bussola, i dadi, il filo, la banderuola). **La quarta strofa** determina una svolta: la luce della petroliera potrebbe indicare **un passaggio verso la vita vera («Il varco»)**. Il poeta non sa più se **la donna** se ne sia effettivamente *andata*: forse, invece, è *restata*, con la morte, **più legata di lui agli eventi autentici del passato**.

ANALISI

Gli oggetti-emblema Nel componimento si assiste a un procedimento tipico della poesia montaliana: la individuazione di **oggetti-emblema**, di oggetti, cioè, che hanno un valore particolare perché **carichi di un significato emblematico**, in quanto staccati dal contesto e ridotti a **correlativi oggettivi di aspetti soggettivi che vengono taciuti**: sono tali la **«bussola impazzita»**, che indica lo spaesamento e il disorientamento del soggetto lirico, e la **«banderuola»**, che significa il transito inesorabile del tempo. Anche il «calcolo dei dadi» del v. 9 e il «varco» del v. 19 sono immagini concrete, per quanto comunichino un significato astratto. La stessa «casa dei doganieri» ha, come vedremo, un preciso significato emblematico.

Il contrasto fra memoria e tempo, fra «restare» e «andare» Una coppia oppositiva di grande importanza è rappresentata nel testo dal **contrasto fra memoria e tempo**. Il trascorrere del tempo costituisce una minaccia perché può cancellare i valori e i significati del passato, custoditi invece dalla memoria. Quest'ultima tenta inutilmente di mantenere immutato e presente – cioè immobile – ciò che di necessità cambia e si allontana. Di qui **un conflitto anche fra "attendere"** (cfr. v. 3) **o "sostare"** (cfr. v. 5) **da un lato, e i movimenti violenti e confusi del tempo dall'altro** (cfr. «sferza» al v. 6, «va impazzita» al v. 8, «frastorna» al v. 10, «si addipana» al v. 11, «s'allontana» al v. 12, «gira» al v. 14); di qui anche la speranza di trovare un varco che permetta di immobilizzare il passato, speranza resa possibile dalla ciclicità e ripetitività della natura (si veda il contenuto semantico della parentesi ai vv. 19-20, dove l'avverbio di tempo «ancora» ha una forte carica positiva). L'**opposizione fra immobilità e movimento** è poi riassunta nella alternativa conclusiva (v. 22) fra **"andare" e "restare"**.

INTERPRETAZIONE

Il tema della casa e il messaggio della poesia Sin dal titolo compare **il tema della casa**, centrale nelle *Occasioni*, insieme con l'opposizione, a esso collegata, **interno/esterno** (per cui cfr. anche T8, *Nuove stanze*). L'interno è il luogo dell'autenticità, dell'interiorità psicologica e del ricordo; l'esterno quello della vita falsa, della società di massa e del fascismo. D'altra parte il riferimento ai «doganieri» – addetti ai confini – introduce **il motivo del limite** e, appunto, del confine **che separa la vita vera dalla vita falsa (o non-vita) e la vita dalla morte**. Il messaggio della poesia, riguardo a questa doppia opposizione, consiste nel negare la coincidenza fra vita biologica e vita-vera e quella fra morte e non-vita. Infatti gli uomini comuni sono **«automi»** (cfr. T6, «*Addii, fischi nel buio, cenni, tosse*», p. 212) e dunque vivi solo apparentemente, essendo in realtà morti in quanto incapaci di vita-vera o di vita autentica. D'altra parte **Arletta**, che è morta, può essere più viva degli «automi» e forse dello stesso poeta. Insomma è decisivo il confine fra vita vera e non-vita, mentre può non esserlo quello fra vita (biologica) e morte. Alla fine, con un capovolgimento rispetto alla parte iniziale in cui il soggetto lirico si presentava fedele alla autenticità dell'esperienza passata, si allude anche alla possibilità che lo stesso soggetto lirico sia più estraneo della fanciulla morta alla vita-vera rappresentata dall'emblema della casa dei doganieri: **ad andarsene può essere stato lui, non Arletta** (cfr. v. 22). La precedente negatività ne risulta così come raddoppiata.

Osvaldo Licini, *Piccolo naufragio*, 1956. Collezione privata.

T7 LAVORIAMO SUL TESTO

COMPRENDERE

Il ricordo
1. Qual è il contenuto essenziale della poesia?
2. **LINGUA E LESSICO** Sottolinea nella poesia le parole riconducibili al campo semantico della memoria e del ricordo.

ANALIZZARE

L'interlocutrice
3. Come appare la donna nei ricordi del poeta?
4. Perché la donna non può ricordare?

Il luogo e l'ora
5. Quale luogo viene ricordato?
6. In quale ora del giorno?
7. Come viene descritto il luogo?

Gli oggetti
8. Quali oggetti ti sembrano acquistare un particolare significato?
9. Quale potrebbe essere il loro significato?

Il varco
10. Quale significato ha il termine «varco»?
11. Quale significato ha la frase messa tra parentesi? Secondo te perché viene messa tra parentesi?
12. Quale significato assume la frase conclusiva della poesia?

INTERPRETARE

La figura di Arletta
13. La donna della quale si parla nella poesia è la stessa che troviamo in *Incontro* (cfr. **T5**, p. 205). Illustra le analogie e le differenze fra le due figure femminili e soprattutto fra i due contesti narrativi nei quali sono inserite.

LE MIE COMPETENZE: DIALOGARE, CONFRONTARE

La persistenza della memoria (realizzato nel 1931, appena un anno dopo la composizione della poesia *La casa dei doganieri*) è uno tra i quadri più famosi del pittore spagnolo Salvator Dalí (1904-1989), rappresentante, insieme a Paul Delvaux (1897-1994) e René Magritte (1898-1967), del movimento surrealista europeo. Scopo dell'avanguardia surrealista non è più l'imitazione della natura o della realtà materiale, bensì la trascrizione visiva della dimensione interiore all'artista. Nella sua manifestazione figurativa – esiste anche un surrealismo più astratto, fondato sulla tecnica della "scrittura automatica" che si può registrare, ad esempio, in Mirò – il surrealismo si serve ancora di elementi e oggetti ispirati alla vita reale, perfettamente riconoscibili, ma ne rifiuta l'interpretazione tradizionale comune. Gli orologi di Dalí sono deformati, collocati in uno spazio incongruo e decontestualizzati. Secondo te qual è il significato di questo dipinto? Quale idea della memoria emerge dall'opera? Sulla base di quali elementi è possibile accostare il quadro di Dalí alla poesia di Montale? Discutine in classe.

Salvador Dalí, *La persistenza della memoria*, 1931. New York, Museum of Modern Art.

T8 Nuove stanze

OPERA
Le occasioni

CONCETTI CHIAVE
- l'opposizione interno/esterno
- la chiaroveggenza di Clizia

FONTE
E. Montale, *L'opera in versi*, cit.

▶ **Videolezione** analisi del testo

Il titolo implica la ripresa di una precedente poesia delle Occasioni, intitolata Stanze, a cui si allude esplicitamente nella terza strofa del testo. Nuove stanze è una delle poesie conclusive del libro e una delle più alte in esso contenute. Fu scritta nel maggio 1939, quando già appariva inevitabile lo scoppio della seconda guerra mondiale, in effetti avvenuto pochi mesi dopo (cfr. **S3**, p. 221). Ai preparativi militari (compreso l'incontro di Hitler e Mussolini a Firenze l'anno prima), alla follia di morte del fascismo e del nazismo, si oppone la chiaroveggenza di Clizia, di cui qui si esalta il potere di opposizione connesso alla sua forza intellettuale e dunque al suo privilegio conoscitivo. Per il tema la poesia è assimilabile e confrontabile con La primavera hitleriana, in La bufera e altro (cfr. cap. VII, **T4**, p. 265).

Il poeta e Clizia giocano a scacchi in un interno, mentre il fumo della sigaretta della donna costruisce in aria una città ideale. Ma si apre una finestra e la minaccia dell'esterno, rappresentata dal soffio del vento, può penetrare nella stanza distruggendo l'ideale costruzione che in essa si svolgeva.

Al di là della finestra, all'esterno, fervono infatti i preparativi di guerra. Tuttavia il poeta non depone la speranza: può infatti dare una risposta al dubbio di un tempo (quello presente in Stanze) riguardante il potere di Clizia, cioè della cultura. La donna-angelo, con la chiaroveggenza dei suoi occhi d'acciaio, può tenere in scacco la barbarie che si avvicina.

> Poi che gli ultimi fili di tabacco
> al tuo gesto si spengono nel piatto
> di cristallo, al soffitto lenta sale
> la spirale del fumo
> 5 che gli alfieri e i cavalli degli scacchi
> guardano stupefatti; e nuovi anelli
> la seguono, più mobili di quelli
> delle tue dita.
>
> La morgana che in cielo liberava
> 10 torri e ponti è sparita
> al primo soffio; s'apre la finestra
> non vista e il fumo s'agita. Là in fondo,
> altro stormo si muove: una tregenda
> d'uomini che non sa questo tuo incenso,
> 15 nella scacchiera di cui puoi tu sola
> comporre il senso.

Giorgio De Chirico, *L'enigma dell'arrivo e del pomeriggio*, 1911-1912. Collezione privata.

METRICA quattro strofe di otto versi ciascuna. Ogni strofa è formata da endecasillabi (con l'eccezione dei vv. 4 e 10, settenari) e chiusa da un verso più breve (tre quinari nelle strofe I, II, IV, un settenario nella strofa III). Numerosissime le assonanze, le consonanze, le rime spesso dissimulate.

- **1-8** *Dopo* (**poi**) *che al tuo gesto gli ultimi fili di tabacco* [: un mozzicone di sigaretta] *si spengono nel portacenere* (**piatto**) *di cristallo, sale lentamente* (**lenta**) *verso il* (**al**) *soffitto, con movimento circolare, il fumo* (**la spirale del fumo**) *che gli alfieri e i cavalli degli scacchi guardano meravigliati* (**stupefatti**); *e lo seguono* [: il fumo; **la** è riferito a «spirale»] *altri* (**nuovi**) *anelli, più mobili di quelli* [: gli anelli] *alle* (**delle**) *tue dita.* La prima strofa rappresenta un interno, ricostruito attraverso allusioni ellittiche: c'è una scacchiera (gli **alfieri** e i **cavalli** sono pezzi importanti del gioco; più avanti verranno nominate le **pedine** - v. 31) e c'è la donna; l'attenzione del poeta si concentra in particolare su due aspetti di questa: il gesto di spegnere nel portacenere la sigaretta (v. 1 sg.), la presenza di numerosi anelli alle dita (vv. 7 sg.). Gli attributi di Clizia si rivelano già in questa strofa espressione di potere: gli anelli alle mani evocano una ricca simbologia di incantesimi; e non a caso la figura dell'anello si trasmette dalla mano di Clizia, che compie il **gesto** di spegnere la sigaretta, alle spire di fumo che se ne sprigionano, con un parallelismo sottolineato esplicitamente dal poeta (vv. 6-8). Queste figure di fumo costituiscono una vera e propria magia operata da Clizia, una raffigurazione, all'interno, dell'esterno (cfr. vv. 9-11 e 14). Una situazione comune e gesti quotidiani vengono sottoposti da Montale a una valorizzazione profonda, così da farne le espressioni definitive del significato della propria vita e di una situazione storica. Questo innalzamento è riscontrabile anche nella nobilitazione della materia banale descritta: il mozzicone è definito «ultimi fili di tabacco», il portacenere «piatto / di cristallo» (con *enjambement*), il fumo della sigaretta viene presentato come un rito sacro. Eguale funzione nobilitante hanno anche i fitti legami fonici: si notino almeno l'assonanza di **tabacco** (in quasi-rima con **scacchi**) con **piatto** (consonante con **soffitto** e in quasi rima con **stupefatti**) e con **cristallo** (in quasi-rima con **cavalli** e consonante con **anelli** e **quelli**, in rima con loro), la rima **sale : spirale** (in consonanza con **fili**), e l'insistenza delle /a/ in posizione tonica ai vv. 5 sg. («cavalli degli scacchi / guardano stupefatti»), dove ben tre termini sono legati dall'assonanza.

- **9-16** *Il miraggio* (**La morgana**) *che sprigionava* (**liberava**) *in aria* (**in cielo**) *torri e ponti è cessato* (**sparita**) *al primo soffio* [d'aria]; *la finestra si apre inavvertitamente* (**non vista**) *e il fumo si scompiglia* (**s'agita**). *Là in fondo* [: oltre la finestra], *si muove un altro esercito* (**stormo**) [: oltre quello degli scacchi]; *un raduno infernale* (**una tregenda**) *di uomini che non conosce* (**non sa**) *questo tuo fumo* (**incenso**), [stando] *sulla scacchiera* [: della storia] *della quale* (**di cui**) *soltanto* (**sola**) *tu puoi comprendere* (**comporre**) *il senso.* Il fumo concentrato nella stanza è diventato la rappresentazione della realtà esterna, ha di fatto costruito dentro la stanza una città: con allusione all'apparente controllo che la cittadella della cultura può esercitare sulla vera città degli uomini. Ma la realtà esterna incalza: la **finestra** si apre senza che si sappia come (cioè crolla il confine tra interno ed esterno, rivelandosi fragili le difese apprestate) e il vento della storia cancella quel miraggio scompigliando il fumo sul quale esso era costruito. La realtà esterna è la preparazione infernale della guerra, alla quale partecipano uomini ignari di Clizia e perciò ignari del significato della propria condizione (dato che solo la donna può dare un senso alla storia, mettendo insieme le varie parti che la formano). È qui evidenziato un parallelismo tra l'esercito degli scacchi e quello reale: la **scacchiera** del v. 15, con ogni probabilità, non è quella della prima strofa, ma quella della realtà storica (il luogo dove stanno gli uomini e non quello sul quale Clizia sparge il suo **incenso**). Morgana (o "fata morgana"): un fenomeno ottico che fa apparire come sospesa in aria, per miraggio, l'immagine di un oggetto. **Stormo**: dal tedesco "Sturm" ('tempesta'), è vocabolo di origine medievale, come il successivo **tregenda** (e medievale è la città del miraggio: cfr. **torri e ponti**, quasi allusione a una città assediata). **Tregenda**: raduno notturno di diavoli e streghe; l'espressione «tregenda / d'uomini» è dunque particolarmente forte, e sottolineata dall'*enjambement*. Il riferimento è ai movimenti militari e agli incontri politici volti a organizzare gli eserciti e a preparare il conflitto bellico. **Incenso**: qui vale il fumo aromatico prodotto dalla resina omonima, usata per riti religiosi; con allusione al fumo della sigaretta di Clizia. È un altro elemento della nobilitazione.

Il mio dubbio d'un tempo era se forse
tu stessa ignori il giuoco che si svolge
sul quadrato e ora è nembo alle tue porte:
20 follìa di morte non si placa a poco
prezzo, se poco è il lampo del tuo sguardo,
ma domanda altri fuochi, oltre le fitte
cortine che per te fomenta il dio
del caso, quando assiste.

25 Oggi so ciò che vuoi; batte il suo fioco
tocco la Martinella ed impaura
le sagome d'avorio in una luce
spettrale di nevaio. Ma resiste
e vince il premio della solitaria
30 veglia chi può con te allo specchio ustorio
che accieca le pedine opporre i tuoi
occhi d'acciaio.

- **17-24** *Il mio dubbio di un tempo riguardava* (**era**) *la possibilità che* (**se forse**) *tu stessa non capisci* (**ignori** = non sai) *il gioco che si svolge sul quadrato* [*degli scacchi*] *e ora è una tempesta* (**nembo**) [*che incombe*] *alle tue porte* [: *una minaccia alla tua esistenza*]: *la pazzia* (**follia**) *assassina* (**di morte**) [*del nazismo e del fascismo*] *non si calma* (**placa**) *a poco prezzo* [: *facilmente*], *ammesso che possa essere considerato poco* (**se poco è**) *il lampo del tuo sguardo*, *ma* [*la pazzia assassina*] *richiede* (**domanda**) [*per essere vinta*] *forze ben diverse* (**altri fuochi**), *al di là delle* (**oltre le**) *difese* (**cortine**) *spesse* (**fitte**) *che il destino* (**il dio del caso**), *quando è favorevole* (**quando assiste**), *contribuisce a creare* (**fomenta**) *per te*. In passato Montale non era certo della consapevolezza della donna, della sua capacità di conoscere e dominare il senso della storia attraverso la coscienza del proprio valore superiore: questo dubbio era stato espresso dieci anni prima nella poesia intitolata *Stanze*. In particolare appariva (e appare ancora) troppo forte la differenza di forze materiali tra la violenza degli eserciti che si schierano e lo sguardo lampeggiante di Clizia; cioè la bellezza della donna (e della cultura e della civiltà che ella qui rappresenta) è inerme rispetto all'incalzare della guerra e della barbarie. Per frenare le quali potrebbero essere necessarie altre forze, non migliori di quelle di Clizia, ma meglio capaci di incidere concretamente sugli avvenimenti: cioè armi e sofferenza. Il lampo dello sguardo di Clizia non è poca cosa (cfr. v. 21), ma è ignorato e perciò inattivo. Mentre le stesse difese che il caso e lo sforzo di autoprotezione possono costruire attorno a Clizia non bastano a garantirne l'incolumità: si è già visto il vento scompigliare il fumo dell'incantesimo di Clizia (vv. 11 sg.); ora il **soffio** (v. 11) è diventato un **nembo** che incalza l'isolamento della donna e dei valori che ella incarna: la cittadella delle lettere, cioè la cultura antifascista negli anni Trenta, è qui rappresentata sotto la minaccia della distruzione. **Ora è nembo alle tue porte**: bisogna tener presente, sul piano referenziale, che Clizia era ebrea, e perciò particolarmente minacciata dal razzismo nazista. **Cortine**: la "cortina" è propriamente una 'tenda con funzione separatoria'; per estensione e in senso figurato il termine indica la 'presenza di fumo, vapore o altro che impedisca, come una tenda, la vista'. Quest'ultimo è l'uso di Montale, con riferimento all'**incenso** (v. 14) di Clizia. L'aggettivo **fitte** significherà dunque 'dense'. **Fomenta**: il verbo "fomentare" significa 'accrescere, far aumentare'.

- **25-32** *Oggi ho capito* (**so**) *ciò che vuoi; la campana* (**la Martinella**) *batte il suo tocco debole* (**fioco**) *e spaventa* (**impaura**) *le forme* (**sagome**) *di avorio* [*degli scacchi*] *in una luce livida* (**spettrale**) *e fredda* (**di nevaio**). *Ma colui che* (**chi**) *può insieme a te* (**con te**) *contrapporre* (**opporre**) *i tuoi occhi di acciaio* [: *forti e penetranti*] *allo specchio bruciante* (**ustorio**) *che accieca i pezzi* (**le pedine**) [*degli scacchi*] *resiste* [*alle minacce*] *e vince il premio della veglia solitaria*. L'ultima strofa contiene una risposta positiva ai dubbi passati sulla reale consapevolezza e sull'effettivo potere di Clizia, e cioè sulla funzione della poesia, della cultura e della civiltà. All'avvicinarsi del pericolo – segnalato dal suono della campana e rappresentato dallo specchio incendiario – i pezzi degli scacchi, cioè gli uomini comuni coinvolti nei processi della storia ma ignari del loro significato, si spaventano e vengono travolti; il loro accecamento rappresenta l'ignoranza, oltre che la sconfitta e la morte. Invece chi è unito a Clizia e può contare sullo sguardo di lei (come il poeta) è in grado di resistere e di sopravvivere, intellettualmente, alla catastrofe, conservando la possibilità di vedere il significato delle cose senza essere accecato dalla apparente insensatezza e dalla brutalità della storia. Il **lampo** dello **sguardo** di Clizia (cfr. v. 21) è dunque insufficiente a sconfiggere la barbarie, ma ha la capacità di capirne il senso e di superarne la durata storica. Perché sia possibile questa funzione è necessaria una valorizzazione massima della lucidità intellettuale (è anche questo il senso degli **occhi d'acciaio**) e della scelta etica del soggetto (cfr. **resiste**): il quale deve restare sveglio mentre gli altri dormono (cfr. **veglia**), cioè contrapporre la propria solitudine (cfr. **solitaria**) alla massa irrazionale. È questo appunto che Clizia **vuole** dal poeta (v. 25). **La Martinella**: la campana di Palazzo Vecchio a Firenze, che suonava di norma per annunciare pericolo o vergogna. **Le sagome d'avorio**: i pezzi degli scacchi, con i quali il poeta e la donna stanno giocando (cfr. prima strofa); per rimando, rappresentano gli uomini impegnati nella storia (cfr. i vv. 15 e 18 sg.). **Luce spettrale**: cioè 'luce che ha l'aspetto di uno spettro' e quindi 'livida e terrificante'. **Nevaio**: grande accumulo di neve che non si scioglie mai. **Specchio ustorio**: cioè uno specchio concavo che, concentrando e riflettendo il calore del sole contro un oggetto, è in grado di incendiarlo (**ustorio** = che dà fuoco). Tali specchi erano anticamente usati con scopi militari (è rimasto celebre il ricorso a essi su consiglio dello scienziato Archimede nella battaglia di Siracusa per incendiare la flotta nemica che si avvicinava alla città); lo **specchio ustorio** rappresenta perciò qui la guerra. Ovviamente l'**acciaio** non può essere attaccato dal fuoco e questa è la ragione della metafora conclusiva.

T8 DALLA COMPRENSIONE ALL'INTERPRETAZIONE

COMPRENSIONE

La vicenda Per comprendere questa complessa poesia, che ha la struttura di un **apologo allegorico**, riportiamo la spiegazione che ne propone **Luperini** nel saggio *Montale e l'allegoria moderna*: «La narrazione si articola in **una doppia vicenda**: al racconto oggettivo di cui è protagonista **Clizia** si unisce la confessione autobiografia di cui è protagonista **il personaggio che dice "io"**. Il soggetto che osserva, narra e commenta sembra qui ridotto alla funzione intellet-

tuale: espone i propri dubbi trascorsi sui poteri di Clizia e li risolve. Anche lui, come la donna amata, appare sublimato in atti di pura coscienza razionale, sino alla dichiarazione finale: "Oggi *so* ciò che vuoi". Ma è percepibile comunque una storia che dal passato giunge al presente e dai dubbi passa alla certezza. Mentre la confessione autobiografica si svolge nella terza strofa e si conclude all'inizio della quarta, l'apologo narrativo vero e proprio, di cui è protagonista Clizia, si snoda dall'inizio alla fine, con una vicenda ben articolata in **tre fasi: antefatto (prima strofa), fatto (seconda e terza), scioglimento (quarta)**. All'inizio si rappresenta la scena: **in un interno** si alzano le volute di fumo, mentre la **donna gioca a scacchi**. Poi, ecco il fatto: nella **seconda strofa, si apre la finestra** e si scorge ciò che prima era impossibile vedere a causa del miraggio, **"una tregenda / d'uomini"** che prepara eserciti ben diversi da quelli che si fronteggiano sulla scacchiera. Nella **terza**, un accenno rinvia al piano narrativo, indicandone uno sviluppo: **"ora" quegli eserciti sono diventati un "nembo alle tue porte"**. Nella **quarta** continua, con quella dello "specchio ustorio", **l'immagine dell'assedio** avviata nella strofa precedente, ma la resistenza si preannuncia vittoriosa. Qui si racconta dunque un fatto, un micro-episodio: dapprima si approntano delle difese; poi queste sembrano rivelarsi insufficienti e si teme il peggio perché **la minaccia del mondo esterno** pare prevalere sull'incantesimo della donna, di cui infatti si narra la dissoluzione; infine la situazione si scioglie positivamente, con **una fiducia di vittoria** che investe il futuro» (R. Luperini, *Montale e l'allegoria moderna*, Liguori, Napoli 2012, p. 132).

ANALISI

Il gioco degli scacchi Gli scacchi hanno un **doppio valore emblematico**: da un lato rappresentano una guerra simulata e riproducono simbolicamente **la scacchiera dei campi di battaglia europei**; dall'altro sono **il gioco dell'intelligenza e della cultura** e dunque si adattano bene al personaggio di Clizia. Il gioco degli scacchi diventa così **allegoria di una possibilità di interpretare gli eventi storici**, di controllarli standone al di fuori o ai margini. La condizione di Clizia e del poeta è al tempo stesso quella del **privilegio aristocratico dell'intelligenza** e quella di assediati. Una ricca e coerente simbologia evoca **l'atmosfera di un assedio medievale** e, insieme, il clima di una magia, operata dalla donna come forma di controllo sulle cose. La **chiaroveggenza** nel gioco diventa così chiaroveggenza storica e potere intellettuale di dominare gli eventi.

Il personaggio di Clizia Clizia è un emblema allegorico, in cui si condensano – come per la Beatrice dantesca – sentimenti privati ed emozioni soggettive del poeta e valori ideologici oggettivi di tipo religioso: anche se la religione di Montale è laica e coincide con quella delle lettere, la donna **è rappresentata come una sacerdotessa** (si parla, infatti, di un suo «incenso» al v. 14). Già in questo testo l'elemento ideologico appare però in lei predominante su quello emotivo e sentimentale. Clizia sta assumendo sempre di più una fisionomia quasi esclusivamente morale e intellettuale, che ne pone in secondo piano il carattere umano. Questa sua durezza etica finirà, alla lunga, per allontanare il poeta. A tale allontanamento – che avverrà nel corso degli anni Quaranta e sarà narrato nella *Bufera e altro* (cfr. cap. VII) – collaborerà in modo decisivo anche l'anacronismo dei **valori umanistici da lei rappresentati** e ormai improponibili nella società di massa che si afferma dopo la fine della seconda guerra mondiale.

INTERPRETAZIONE

L'opposizione interno-esterno e l'ideologia di Montale In questa poesia **all'interno corrisponde il valore, all'esterno il disvalore**. Questa opposizione ha un chiaro significato ideologico. L'atmosfera di assedio e il ribadire la superiorità della cultura (e di Clizia che ne è emblema) riflettono la condizione reale e l'ideologia del ceto intellettuale antifascista o afascista negli anni Trenta. Un'intera generazione di scrittori e di letterati affermò la propria estraneità al fascismo e il riscatto della civiltà dalla **barbarie** del fascismo e poi della guerra, arroccandosi nella **cittadella delle lettere** e nei valori dell'umanesimo, cioè contrapponendo un'idea elevata ma appartata della cultura alla dimensione di massa delle ideologie totalitarie. Qui è evidente l'opposizione fra le povere «pedine», ignare e per questo spaurite e facilmente travolte sulla scacchiera della storia, e la «veglia» dei pochi eletti guidati dallo sguardo freddo e implacabile di Clizia.

L'allegorismo umanistico Tutto il componimento è fondato su **emblemi allegorici**: è allegorico **il gioco degli scacchi**, è allegorico **il contrasto interno/esterno**, è allegorico anche **il personaggio della donna-angelo**, messaggera dei valori della cultura, della ragione e dell'intelligenza. Anche **il procedimento del componimento è allegorico**: svolge **una tesi precisa e razionale**, e ha un andamento narrativo (non esprime una intuizione istantanea, legata a sensazioni immediate, come la poesia del Simbolismo). L'influenza dello schema allegorico della *Commedia* dantesca è inoltre evidente nella tematica di dannazione-salvezza e nella figura di Clizia come donna-angelo o nuova Beatrice. Ma il contenuto del messaggio non è di tipo religioso in senso cristiano: la religione di Clizia è quella della cultura e dell'umanesimo. Per questo si può parlare di **un allegorismo umanistico**.

Lavoriamo con la VIDEOLEZIONE: ANALISI DEL TESTO

Clizia è un'allegoria, una proiezione dell'immaginario. In questa videolezione Romano Luperini afferma che in *Nuove stanze* Clizia possiede due tipi di potere: il sortilegio (nelle prime due strofe) e la chiaroveggenza (nella parte finale). Sottolinea i passaggi del testo di Montale da cui emerge questo duplice potere della donna salvifica.

T8 LAVORIAMO SUL TESTO

ANALIZZARE

Una partita a scacchi

1. Quali valori assume il gioco degli scacchi, con le sue figure di alfieri e cavalieri?

Il «nembo alle tue porte»

2. Come viene descritta la realtà esterna da Montale?

INTERPRETARE

La «veglia» di Clizia

3. Quale funzione viene assunta dalla donna nella «solitaria veglia» dell'oggi?

4. **TRATTAZIONE SINTETICA** Mostra in una trattazione sintetica (max 15 righe) come nella figura di Clizia convivano la dimensione privata, soggettiva e quella oggettiva, universale.

Il poeta e la guerra

5. La poesia è del maggio del 1939; chiari sono i riferimenti a una guerra ormai imminente. Quale atteggiamento sembra assumere il poeta davanti alla scena politica internazionale? A quali valori sembra fare riferimento?

S3 MATERIALI E DOCUMENTI

La svolta poetica di *Nuove stanze*

In questo brano il critico Luigi Blasucci analizza la struttura di *Nuove stanze* e ne mette in luce l'originalità. *Nuove stanze* rappresenta una poesia di svolta: qui per la prima volta le emergenze della storia pubblica entrano con prepotenza nella scrittura di Montale. Per il rilievo che assume la rappresentazione disperata e apocalittica della guerra, la poesia sembra quindi anticipare i temi e le strategie formali che si presenteranno nella raccolta *La bufera e altro*.

▶▶ La lirica [...] si compone di quattro strofe: le prime due hanno un carattere prevalentemente descrittivo-narrativo, le altre due un carattere riflessivo. Le prime due contengono rispettivamente due tempi: a) incanto magico, b) rottura dell'incanto; tempi che si possono caratterizzare anche spazialmente così: a) interno, b) esterno. Le ultime due strofe contengono anch'esse due momenti: a) dubbio sui poteri della donna, b) certezza su questi poteri; momenti che si possono caratterizzare anche temporalmente così: a) un tempo, b) oggi. Questo legame a livello tematico tra gli elementi che compongono le singole coppie di strofe trova delle conferme a livello metrico, fonico e sintattico [...]. Ma all'interno di questa struttura a coppie successive, si può anche ravvisare una struttura chiastica:[1] la prima e l'ultima strofa, ossia le più ricche di rime [...], hanno in comune la oggettualità[2] delle immagini, e più specificamente il fatto che queste immagini si richiamino a un interno di stanza

1 **struttura chiastica**: struttura basata sulla figura retorica del chiasmo, che consiste nel disporre in modo incrociato gli elementi concettualmente affini, rompendo il normale parallelismo logico o sintattico del discorso.
2 **oggettualità**: *concretezza oggettiva, aderenza all'oggetto rappresentato.*

S3

dominato dalla presenza della donna; le due strofe mediane svolgono il discorso a livello più propriamente metaforico e si riferiscono prevalentemente a un 'fuori', dominato dalla presenza della follia di morte. Tuttavia gli oggetti dell'ultima strofa [...] sono simbolici rispetto a quelli della prima: e anche quell'interno di stanza è un interno ormai simbolico. Dimodoché la chiasticità non implica un vero e proprio ritorno al piano di partenza: il suggello della lirica (l'ultima strofa è anche la più ricca di rime perfette [...]) è dato da uno pseudo-ritorno che in realtà propone una situazione tutta diversa, non più di magia trasognata ma di folgorante potere della donna nei confronti della follia di morte.

Dopo questa analisi interna del componimento, mi sia permesso di fare qualche rilievo sulla sua collocazione nella diacronia[3] poetica di Montale. *Nuove stanze* è una lirica che segna una svolta importante nello sviluppo del discorso montaliano. [...] Dal punto di vista tematico, abbiamo qui per la prima volta l'introduzione della storia pubblica come massiccia presenza deuteragonistica[4] nella poesia di Montale: in questo senso, l'immagine della finestra che si apre, nella seconda strofa, acquista un valore emblematico. Per questa innovazione tematica Montale non ha avuto bisogno, è vero, di rovesciare i termini della sua *Weltanschauung*:[5] ciò che nelle *Occasioni* si riferiva a una condizione esistenziale di precarietà e di angoscia, Montale lo ha ribadito e potenziato con l'angoscia di una situazione di emergenza storica: la guerra. È l'operazione che caratterizzerà la serie di *Finisterre* nella *Bufera*, ma che trova in *Nuove stanze*, per esplicita ammissione del poeta, la sua prima applicazione. (Ed ecco allora la pregnanza[6] tematica dell'attributo, «nuove», che istituisce un tacito confronto colla situazione delle precedenti *Stanze* [1929], dove l'indagine del poeta verteva esclusivamente sulla donna e sul mistero della sua esistenza, con aperture cosmogoniche che si ricollegavano direttamente alla dimensione esistenziale, al disopra della storia; per non parlare dell'obiettivo divario tra una donna «ignara» dell'origine del suo dono, dalla natura insieme «voluta» e «disvoluta», e una donna che conosce invece l'entità dei suoi poteri, e di cui il poeta può dire di sapere ciò che essa vuole). Ma questa operazione tematica, diciamo, di innesto, ha inciso profondamente sulla qualità stessa del discorso montaliano: le note di alta e disperata religiosità della *Bufera* (in *Nuove stanze* vagamente preannunciate da quella metamorfosi donna-maga) non sarebbero concepibili senza l'esperienza apocalittica della guerra.

L. Blasucci, *Lettura e collocazione di* Nuove stanze, in ID., *Gli oggetti di Montale*, Il Mulino, Bologna 2002, pp. 168-170.

3 **diacronia**: *evoluzione cronologica*.
4 **deuteragonistica**: *comprimaria*. Il deuteragonista è il secondo attore del dramma antico; in un'opera letteraria è il personaggio che affianca il protagonista. Qui Blasucci intende affermare che la storia pubblica entra prepotentemente nella poesia di Montale e vi svolge un ruolo importante.
5 **Weltanschauung**: *visione del mondo*.
6 **pregnanza**: *densità, pienezza di significato*.

S4 — MATERIALI E DOCUMENTI
La poetica delle «occasioni» secondo Montale

Nell'*Intervista immaginaria* del 1946 Montale definisce anche la poetica del suo secondo libro segnando la distanza fra la propria esperienza e quella della «lirica pura» e, implicitamente, dell'Ermetismo. In lui non c'è stata la ricerca di un «giuoco di suggestioni sonore», ma il tentativo di rappresentare il carattere romanzesco della propria poesia eliminandone le premesse esterne e i riferimenti analogici alla vita interiore del soggetto e valorizzando invece al massimo l'oggetto.

▶▶ Non pensai[1] a una lirica pura nel senso ch'essa poi ebbe anche da noi, a un giuoco di suggestioni sonore;[2] ma piuttosto a un frutto che dovesse contenere i suoi motivi senza rivelarli, o meglio senza spiattellarli.[3] Ammesso che in arte esista una bilancia tra il di fuori e il di dentro, tra l'occasione e l'opera-oggetto bisognava esprimere l'oggetto e tacere l'occasione-spinta.[4] [...] Anche nel nuovo libro ho continuato la mia lotta per scavare un'altra dimensione nel nostro pesante linguaggio polisillabico,[5] che mi pareva rifiutarsi a un'esperienza come la mia. [...] Il nuovo libro non era meno romanzesco[6] del primo.

E. Montale, *Intenzioni. Intervista immaginaria*, in *Sulla poesia*, a cura di G. Zampa, Mondadori, Milano 1976.

1 **Non pensai**: con *Le occasioni* (1939).
2 **lirica pura...sonore**: con riferimento implicitamente polemico all'analogismo della lirica degli anni Trenta (Ermetismo incluso). Montale prende le distanze da un filone al quale veniva già indebitamente ascritto.
3 **spiattellarli**: mostrarli in modo del tutto esplicito, senza richiedere al lettore alcuno sforzo di penetrazione.
4 **Ammesso che...l'occasione-spinta**: l'**occasione** è l'evento reale (o immaginario) dal quale si orgina un testo poetico (e perciò è **il di fuori**, rispetto al testo stesso); l'**opera-oggetto** è il testo nella sua datità oggettuale (**il di dentro**). Montale definisce un tipo di poesia che fonda nell'**oggetto** testuale anche il momento soggettivo e generativo, l'**occasione-spinta**, facendone – secondo l'immagine precedente – un frutto che contiene i riferimenti alla realtà (storica, biografica, ecc.) senza metterli esplicitamente in evidenza. È qui presente un riferimento alla teoria eliotiana del «correlativo oggettivo».
5 **pesante linguaggio polisillabico**: con allusione alla lunghezza di molte parole italiane, formate da più sillabe (cioè *polisillabiche*) e in riferimento ancora alla propria ricerca di novità e di aderenza musicale.
6 **romanzesco**: cioè dotato di una struttura narrativa interna, di una tensione organizzativa che esclude la autonomia dei singoli testi (con conseguente ulteriore presa di distanza dalla poesia pura e dall'Ermetismo).

6. Il terzo Montale: *La bufera e altro*

La bufera e altro (1956) **raccoglie le poesie scritte fra il 1940 e il 1954**. È il libro più ricco e più maturo, e anche il più drammatico, che Montale abbia scritto. Per questo a esso dedichiamo un Primo Piano (cfr. cap. VII).

Accentuazione del plurilinguismo

Rispetto a *Le occasioni*, si segnalano – se si eccettua la prima sezione, intitolata *Finisterre* – l'abbandono del tendenziale monolinguismo del libro precedente e **una più decisa scelta in senso plurilinguistico**, anche se permane il controllo, estremamente elaborato, e comunque di timbro classicistico, di un rigoroso monostilismo. Insomma, siamo sempre nel solco alto della tradizione metafisica europea in cui Montale era entrato con *Le occasioni*, ma il poeta rivela ora **una maggiore apertura al realismo** e alla immediatezza, anche drammatica, delle impressioni.

L'esperienza umana e storica di Montale negli anni della *Bufera e altro*

D'altra parte il libro è segnato da una varia e complessa esperienza umana e storica: i lutti familiari (quello della madre soprattutto, ma vengono rievocati anche le sorelle e il padre morti negli anni Trenta), la malattia della futura moglie (Mosca), l'amore per Volpe (Maria Luisa Spaziani) sul piano privato; la guerra (la «bufera» del titolo), le speranze per la caduta del fascismo e per la guerra di liberazione, la delusione del dopoguerra (dovuta anche all'egemonia di due forze politiche entrambe aborrite, la Democrazia Cristiana e il Partito Comunista) su quello pubblico.

La crisi dell'allegorismo umanistico e poi di quello cristiano

L'allegorismo cristiano, ancora presente nella parte iniziale del libro, entra in crisi in quella centrale, nel corso della sezione intitolata **«Silvae»**. I valori etici e religiosi di Clizia sembrano anacronistici negli anni della delusione postbellica e dell'affermazione di una società di massa ancora più vasta e omogenea di quella dell'età fascista. **La stessa sopravvivenza della poesia appare in dubbio**; e Clizia, infatti, è costretta a una fuga nell'«oltrecielo» dei valori che rievoca quella foscoliana delle Grazie. **Al posto delle allegorie umanistiche e cristiane**, ormai improponibili, **troviamo così allegorie di animali**

Le allegorie di animali

che indicano la strada della salvezza non più nella cultura, nell'alto, nei valori cristiani della donna Cristofora (portatrice di Cristo), ma in basso, nel mondo degli istinti e dell'eros, nel fango della vita concreta (di qui, per esempio, **l'emblema dell'anguilla**). **Non è pertanto un caso che, a un certo punto, la Beatrice lasci il posto a un'anti-Beatrice, Volpe**, donna assai più concreta e passionale di Clizia. Ma alle speranze di una salvezza «per tutti» che quest'ultima aveva indicato nel biennio degli entusiasmi politici (1945-46) segue la possibilità di una salvezza soltanto personale o «privata» quale quella che Volpe sembra concedergli per un breve periodo (1949-50: gli anni di composizione dei «Madrigali privati» dedicati a questa donna).

Da una salvezza «per tutti» a una salvezza «privata»

Crisi della civiltà occidentale e della possibilità stessa della poesia

Alla fine, nelle «Conclusioni provvisorie» che chiudono il libro, prevale la convinzione che **la crisi della civiltà occidentale e dei suoi valori sia irreversibile** e che una catastrofe epocale stia per distruggerla. La stessa poesia appare ormai improponibile: di qui il silenzio poetico degli anni 1954-64 e la scelta del poeta di dedicarsi, in questo decennio, solo alla prosa.

7. La stagione della prosa e i racconti di *Farfalla di Dinard*; l'attività di traduttore

L'attività di traduttore

Fra il **1938**, quando fu licenziato dal Gabinetto Vieusseux, **e il 1948**, quando fu assunto dal «Corriere della Sera», **Montale per vivere si dedicò all'attività di traduttore**, volgendo in italiano dall'inglese vari romanzi. Inoltre traduceva poesie di Shakespeare, Eliot, Hopkins, Blake, Hardy, Kavafis, Maragall e poi pubblicava tali versioni – ma si tratta di veri e propri rifacimenti poetici – nel **Quaderno di traduzioni** (1948; l'edizione definitiva, ampliata, è del 1975).

Farfalla di Dinard, momento di passaggio dalla *Bufera e altro* a *Satura*

Contemporaneamente, fra il 1946 e il 1953, **Montale va scrivendo una serie di prose e di raccontini**, in cui l'aspetto antilirico e ironico è nettamente prevalente. Una loro selezione viene pubblicata nel **1956** con il titolo *Farfalla di Dinard* (Dinard è una località della Normandia, in Francia); una seconda edizione di quest'opera, accresciuta, esce nel 1960; una terza, ancora ampliata, nel 1973. In *Farfalla di Dinard* la stessa materia di «Silvae» (la sezione centrale di *La bufera e altro*) è trattata in modo prosastico e "comico". Proprio questa tendenza alla prosa, al linguaggio – non privo di sfumature snobistiche – della conversazione mondana e all'eloquio di ogni giorno, fanno di *Farfalla di Dinard* un momento fondamentale di passaggio verso le analoghe soluzioni che saranno praticate, in poesia, a partire da *Satura* (che raccoglie testi scritti dal 1964 al 1971).

Le quattro sezioni di *Farfalla di Dinard*

T • *Il bello viene dopo*

Farfalla di Dinard **è un libro suddiviso in quattro sezioni**. **Nella prima** la materia è offerta dai ricordi d'infanzia e da episodi legati alle villeggiature giovanili a Monterosso; **nella seconda** compaiono figure di personaggi-snob, visti in genere con distaccata simpatia; **la terza** è dedicata ai rituali della vita coniugale, alla moglie e ai ricordi del periodo fascista; **nella quarta** protagonista è l'io narrante colto sullo sfondo di alberghi di lusso, spiagge mondane, caffè.

I saggi e gli articoli di *Auto da fé*

Nel 1966 Montale riunisce in volume alcuni suoi saggi e articoli di argomento morale e culturale, sotto il titolo *Auto da fé*. Il titolo significa «atto di fede», ma allude anche ai falò con cui si bruciavano i libri proibiti. Il libro vuole essere dunque un atto di fede, ma comporta nello stesso tempo la convinzione dell'anacronismo e dell'inattualità di essa e forse anche della sua necessaria estinzione o perdita.

I *reportages* di *Fuori di casa*

Nel 1969 Montale pubblica in volume alcuni dei suoi *reportages* giornalistici (soprattutto all'estero), **con il titolo *Fuori di casa***. In un linguaggio mondano-borghese, da conversazione salottiera, l'autore vi propone un atteggiamento improntato allo snobismo e a un «dandismo inglese» come unica difesa dalla civiltà meccanizzata e dall'insensatezza della storia.

8 Il quarto Montale: la svolta di *Satura*

Il silenzio poetico

La morte della moglie e la nuova poesia montaliana inclusiva e ai limiti della prosa

Video • *Satura* (P. Cataldi)

S • *Ideologia e poetica nell'ultimo Montale* (R. Luperini)

La svolta "comica" di *Satura*

Video • *Intervista a M.A. Grignani su Satura*

Gli anni del "miracolo economico" (1956-1963) sono quelli del silenzio poetico montaliano. La moderna società industriale comporta per Montale la perdita della possibilità stessa della forma; la certezza della inevitabile morte della poesia induce dunque il poeta a tacere. Quando, nel 1964, la rielaborazione del lutto per la morte della moglie (avvenuta l'anno prima) spinge Montale a scrivere di nuovo dei versi, questi non hanno più niente di sublime o di elevato, ma si pongono consapevolmente al confine fra poesia e non-poesia. L'autore stesso afferma che **l'unica poesia possibile è quella cosciente di vivere nell'epoca della prosa**, in cui la poesia «dovrebbe logicamente tendere al mutismo»; cosicché, quando «è pur costretta a parlare», deve essere consapevole del suo porsi come atto intrinsecamente contraddittorio (cfr. **T9**, p. 226). **Nella società del «trionfo della spazzatura» e dell'«ossimoro permanente»** non è più possibile distinguere valore e disvalore, alto e basso. **L'insignificanza domina**, e per questo perdono ogni significato l'atteggiamento dualistico e la conseguente alternativa fra salvezza e condanna che avevano caratterizzato la poesia alta e drammatica delle *Occasioni* e della *Bufera e altro*. **Si passa così da una poesia selettiva ed esclusiva a una inclusiva**, che accetta ogni tipo di materiale, anche il più eterogeneo.

La poetica di *Satura*, il libro di versi uscito nel 1971 con le poesie scritte a partire dal 1964, rappresenta dunque una svolta decisiva, in senso basso, prosastico, satirico, "comico" (con riferimento anche alle soluzioni "comiche" dantesche nei canti infernali di Malebolge). Vi si recuperano le tendenze plurilinguistiche già affiorate in *La bufera e altro* e soprattutto l'elemento prosastico presente negli *Ossi di seppia*; ma siamo ormai lontani dal volontarismo etico del libro giovanile e dalla poesia alta e metafisica della seconda e terza raccolta.

La satira, l'ironia, la parodia e l'autoparodia. Il titolo

Nel nuovo libro prevalgono il sarcasmo, l'ironia, la parodia, la satira. La parodia assume spesso l'aspetto dell'**autoparodia**, con riferimento ironico dell'autore alla propria precedente produzione: di qui in avanti l'uso dell'autocitazione parodica sarà una costante. **Il titolo (*Satura*)** non allude solo agli aspetti, pur presenti, di satira politica e culturale, ma rinvia anche alla varietà e alla mescolanza dei temi e degli argomenti (come era in origine il genere della *satura* o *satira* latina). Inoltre non si può escludere un senso di sazietà, di sovrabbondanza, di non poterne più del consumismo e del bombardamento di informazioni da parte dell'universo dei mass-media.

Le poesie per la moglie morta…

…e quelle sulla catastrofe dei valori

Accanto al motivo della morte della moglie, da cui nascono le poesie più sofferte e commosse, **un altro tema dominante nel libro è quello del vivere dopo la catastrofe**, dopo un'alluvione che ha sommerso tutti i valori del passato (cfr. T10, «*L'alluvione ha sommerso il pack dei mobili*», p. 228). A causa di tale cataclisma, sono scomparse le contraddizioni (l'alternativa fra valore e disvalore, fra bene e male) ed è tramontata qualsiasi percezione del passato e del futuro, mentre domina **assoluta l'autorità del presente**: non è più concesso il tempo dell'attesa che caratterizzava diverse poesie delle *Occasioni* e della *Bufera*. **Al poeta sembra consentito solo un atteggiamento ludico e dissacratorio, amaramente divertito**.

T • *L'Arno a Rovezzano*

Aspetti postmoderni dell'ultimo Montale

Si affermano in questa fase elementi ideologici e scelte di poetica (come l'atteggiamento ludico e il citazionismo, la tendenza cioè a citare di continuo e a fare della riscrittura l'asse portante dell'attività artistica) che avvicinano Montale al **Postmoderno** (cfr., più avanti, Parte Decima, cap. I). Nello stesso tempo l'abbassamento stilistico, il plurilinguismo, la scelta prosastica, il confronto con i linguaggi tecnologici possono accostare il quarto Montale alle soluzioni della **Neoavanguardia** (Montale però resta lontano da ogni fiducia nel carattere rivoluzionario della poesia, che era tipica dei poeti «novissimi» affermatisi all'inizio degli anni Sessanta).

Aspetti comuni alla Neoavanguardia

L'allegorismo apocalittico

Anche l'allegorismo umanistico delle *Occasioni* e della prima parte della *Bufera* viene meno. L'allegoria non è più "piena" o propositiva, come avveniva con Clizia o con l'anguilla (cfr. cap. VII, T6, p. 272). All'allegorismo umanistico di Clizia o a quello vitalistico dell'anguilla subentra, in alcuni grandi componimenti di *Satura* (come il già citato «*L'alluvione ha sommerso il pack dei mobili*»),

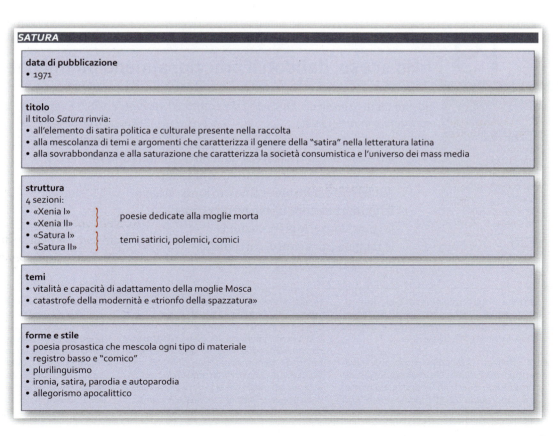

SATURA

data di pubblicazione
- 1971

titolo
il titolo *Satura* rinvia:
- all'elemento di satira politica e culturale presente nella raccolta
- alla mescolanza di temi e argomenti che caratterizza il genere della "satira" nella letteratura latina
- alla sovrabbondanza e alla saturazione che caratterizza la società consumistica e l'universo dei mass media

struttura
4 sezioni:
- «Xenia I» ⎫
- «Xenia II» ⎬ poesie dedicate alla moglie morta
- «Satura I» ⎫
- «Satura II» ⎬ temi satirici, polemici, comici

temi
- vitalità e capacità di adattamento della moglie Mosca
- catastrofe della modernità e «trionfo della spazzatura»

forme e stile
- poesia prosastica che mescola ogni tipo di materiale
- registro basso e "comico"
- plurilinguismo
- ironia, satira, parodia e autoparodia
- allegorismo apocalittico

un allegorismo negativo, apocalittico e giudicante, che riprende il tema della catastrofe del mondo occidentale e dei suoi valori, già affiorato alla fine della *Bufera e altro*.

La struttura del libro

La struttura del nuovo libro non è più romanzesca come nei primi tre, né è volta a comunicare, con la sua stessa organizzazione, un messaggio propositivo, magari anche solo quello della salvaguardia dell'orgoglio personale, come accadeva nelle «Conclusioni provvisorie» della *Bufera*. **Si limita a raggruppare i testi ora in modo tematico, ora sulla base delle loro tonalità espressive**. E tuttavia una struttura organizzativa ancora resiste, mentre nel quinto Montale dei *Diari* essa scompare, sostituita dalla semplice successione cronologica degli appunti di diario.

Le quattro sezioni di *Satura*

Il libro si suddivide in quattro sezioni. Le prime due, intitolate **«Xenia I» e «Xenia II»**, composte ciascuna di 14 testi, sono dedicate alla moglie morta; nelle altre due, **«Satura I» e «Satura II»**, prevalgono invece temi satirici, polemici, ludici, parodici.

Gli «Xenia»: l'insegnamento di Mosca e l'autocritica del poeta

Il termine *xenia* vuole indicare, in latino, i doni inviati a un amico che è stato nostro ospite. In questo caso **il titolo allude a un'offerta votiva alla moglie morta**. Mosca (soprannome – assai significativo, invero – della moglie) **è celebrata per la sua vitalità di insetto**, per la sua capacità di adattarsi a quel «trionfo della spazzatura» che è ormai la civiltà contemporanea, per la sua capacità istintiva di orientarsi "a vista" nell'informe quotidiano, senza farsi ingannare dagli astratti valori degli intellettuali (la cultura, la storia, la poesia, l'umanesimo) e anzi concentrandosi sulla nuda esistenza, come puro fatto fisico o materiale. **La chiaroveggenza di Clizia ha perduto in Mosca ogni elevatezza intellettuale e spirituale** ed è diventata un «radar di pipistrello», una sorta di saggezza originaria e primitiva, quasi animalesca. **È stata lei a capire, assai prima del poeta, che le contraddizioni e i dualismi inventati dagli uomini di cultura sono falsi**. Inoltre Mosca ha insegnato al poeta non solo a sopravvivere acquattandosi come un insetto negli interstizi dell'esistenza quotidiana, ma anche a difendersi attraverso l'ironia, il sarcasmo, la demistificazione delle ideologie e degli autoinganni della società e della cultura. **Di qui l'autocritica del poeta**, che in passato, invece, aveva puntato sui valori e sulle illusioni tipiche degli intellettuali (cfr. **T9**).

Video • «Ho sceso, dandoti il braccio, almeno un milione di scale» [P. Cataldi]
Video • «L'alluvione ha sommerso il pack dei mobili» [P. Cataldi]

T9 «Ho sceso, dandoti il braccio, almeno un milione di scale»

OPERA
Satura

CONCETTI CHIAVE
- la svolta prosastica
- «il vuoto» lasciato dalla morte della moglie
- le «vere pupille» di Mosca

FONTE
E. Montale, *L'opera in versi*, cit.

Questo testo fa parte di «Xenia II» ed è datato 20 novembre 1967. È dedicato alla moglie morta alcuni anni prima, nel 1963.

> Ho sceso, dandoti il braccio, almeno un milione di scale
> e ora che non ci sei è il vuoto ad ogni gradino.
> Anche così è stato breve il nostro lungo viaggio.
> Il mio dura tuttora, né più mi occorrono
> 5   le coincidenze, le prenotazioni,
> le trappole, gli scorni di chi crede
> che la realtà sia quella che si vede.

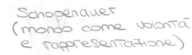

Schopenauer (mondo come volontà e rappresentazione)

METRICA due strofe di versi liberi, di andamento endecasillabico ma spesso più lunghi dell'endecasillabo e arieggianti l'esametro latino. Le rime sono scarse.

- **1-7** *Dandoti* [: a Mosca] *il braccio, ho sceso almeno un milione* (iperbole: moltissime) *di scale e ora che non ci sei* [più] [: dopo la tua morte] *sento* (è) *il vuoto a ogni gradino. Anche così* [: nonostante il milione di scale, cioè nonostante tutti gli anni passati insieme] *il nostro lungo viaggio* [: la nostra vita insieme, dal 1939 al 1963; metafora] *è stato breve. Il mio* [viaggio] [: la mia vita] *dura ancora adesso* (**tuttora**), *e non ho più bisogno delle coincidenze* [ferroviarie], *delle prenotazioni* [negli alberghi], *delle trappole e degli smacchi* (**scorni**) *di chi crede che la realtà sia quella che si vede*. Il tema iniziale della poesia è l'assenza di Mosca e il senso di smarrimento provato dal poeta. A lei egli affidava anzitutto il disbrigo delle incombenze pratiche durante i viaggi fatti insieme, come badare alle **coincidenze**, preoccuparsi delle **prenotazioni**. Queste sono **trappole** e **scorni** per chi crede che la realtà si esaurisca tutta nel mondo visibile. L'ultimo Montale, invece, sviluppa una filosofia che pone in dubbio l'esistenza stessa della realtà. **Scorni** è una di quelle parole insieme quotidiane ed espressive care a *Satura* e ai libri successivi.

> Ho sceso milioni di scale dandoti il braccio
> non già perché con quattr'occhi forse si vede di più.
> 10 Con te le ho scese perché sapevo che di noi due
> le sole vere pupille, sebbene tanto offuscate,
> erano le tue.

- **8-12** *Ho sceso milioni di scale dandoti il braccio* (anafora rispetto al v. 1), *ma non* (**non già**) *perché con quattr'occhi* [: i tuoi e i miei] *si vede forse di più. Le ho scese con te perché sapevo che, di noi due, le sole pupille* [che vedessero] *davvero, sebbene così indebolite* (**offuscate**) [: per una forte miopia], *erano le tue.* La seconda strofa chiarisce quale sia il vero senso di smarrimento del poeta. Mosca aveva infatti una conoscenza profonda delle cose, che non si arrestava alla superficie della **realtà che si vede**. La sua miopia era solo apparente; lo sguardo di Mosca era difatti anche più penetrante di quello del poeta. Attraverso il tema della potenza visiva (cfr. *Dalla comprensione all'interpretazione*), la donna riconferma il suo ruolo di guida di derivazione dantesca e petrarchesca. Ma mentre gli occhi di Clizia erano occhi che, come quelli di Beatrice, fissavano il sole dei valori eterni (cfr. nel cap. VII, **T4**, p. 265, *La primavera hitleriana*, vv. 32-33), quelli semiciechi di Mosca regolano una sapienza domestica, ironica e minimale.

T9 DALLA COMPRENSIONE ALL'INTERPRETAZIONE

COMPRENSIONE

L'arte di vedere in profondità Questa poesia si apre con **il senso della mancanza e della perdita provocato dalla morte della moglie**: insieme hanno sceso, nel viaggio della vita, milioni di scale e ora, a ogni gradino, il soggetto lirico avverte una sensazione di vuoto (vv. 1-3). Nei versi successivi (vv. 4-7) il poeta spiega che ora non ha più bisogno di quegli strumenti di cui necessitava quando credeva all'esistenza del tempo e alla realtà visibile (o, almeno, visibile così come la scorgono coloro che si dimenticano e si stordiscono negli impegni pratici). **Dalla moglie ha appreso la vera arte di vedere**: che non consiste nel credere alla superficie visibile delle cose, ma nel guardare in profondità sotto di essa (vv. 8-12).

ANALISI

Lo stile prosastico Si considerino i primi tre versi. Se non si andasse a capo e i versi fossero scritti di seguito, il testo sarebbe una prosa. Infatti **la sintassi è regolare**, la disposizione delle parole normale, mentre **mancano quasi del tutto gli artifici consueti della poesia** (si nota solo l'assonanza fra «brAcciO» e «viAggiO»); **il linguaggio è semplice e quotidiano**. Anche successivamente sintassi e linguaggio restano del tutto prosastici (si vedano termini come «coincidenza», «prenotazioni», «trappole»).

INTERPRETAZIONE

Lo sguardo e la saggezza di Mosca Il **tema dello sguardo della donna amata** ha origini stilnovistiche e petrarchesche, ed è frequente anche nelle *Occasioni* e nella *Bufera e altro*. **Clizia**, per esempio, era dotata di **«occhi d'acciaio»**, simbolo della sua chiaroveggenza intellettuale (cfr. **T8**, *Nuove stanze*, p. 217). Invece **gli occhi di Mosca** sono offuscati (la moglie era molto miope). Tuttavia essa guida egualmente il poeta perché provvista di una saggezza a lui ignota e del tutto diversa da quella della donna-angelo: essa infatti non è data da un privilegio culturale, come quello di Clizia, ma dalla **forza degli istinti e da una capacità innata, e, si direbbe, fisica, di orientamento**. Mosca sapeva che la realtà non coincide con quella visibile quale viene percepita da chi vive in preda alle scadenze temporali e agli impegni pratici. Il senso profondo della vita coincide con la percezione e con l'accettazione della nullità dell'esistenza e dunque non ha niente a che fare con il senso moderno del tempo.

Caratteri comuni con le altre poesie di «Satura» La poesia presenta due caratteristiche comuni a molte di *Satura*: 1) alla fine si registra **un effetto di sorpresa** provocato dalla **battuta conclusiva** dei vv. 10-12; 2) il testo, il cui **significato letterale è assai semplice**, resta invece **arduo da capire nel suo messaggio** o significato complessivo (non è del tutto chiaro, infatti, che cosa vedono in effetti le pupille offuscate di Mosca).

T9 LAVORIAMO SUL TESTO

COMPRENDERE
1. Quale situazione viene descritta nei primi due versi della poesia?

ANALIZZARE
2. Quale anafora lega le due strofe?
3. **LINGUA E LESSICO** Nel terzo verso lo stesso sostantivo viene connotato da due aggettivi contrari. Spiega la contraddizione.
4. Quale situazione rovescia paradossalmente la seconda strofa?
5. Il poeta fa un elenco di cose che non gli occorrono più. Di che si tratta? Qual è il loro senso?

Lo smarrimento di Montale
6. Montale parla di «scorni»: a cosa allude a tuo parere?

Le «vere pupille» di Mosca
7. Che significato assume il farsi guidare da una donna con le «pupille offuscate»?

INTERPRETARE
8. Confronta questa figura femminile, anch'essa salvifica, con le altre figure femminili della poesia montaliana: Arletta, Clizia.

T10 «L'alluvione ha sommerso il pack dei mobili»

OPERA
Satura

CONCETTI CHIAVE
- la catastrofe dei valori
- il prezioso «prestito» di Mosca

FONTE
E. Montale, *L'opera in versi*, cit.

 Materiali per il recupero

Questa poesia, datata 27 novembre 1966, è l'ultima degli «Xenia» (è cioè la quattordicesima di «Xenia II»). L'occasione contingente all'origine del testo è l'alluvione che colpì Firenze nel novembre 1966 a causa dello straripamento dell'Arno. In esso rimase sommersa la cantina in cui Montale aveva lasciato libri, quadri, documenti del suo periodo fiorentino. La distruzione operata dall'alluvione sugli oggetti lì conservati diventa allegoria della fine di un'epoca, del tramonto dei valori umanistici di un tempo e della crisi ormai irrecuperabile della identità del poeta. A lui non resta ormai che il coraggio trasmessogli dalla moglie. Esso è l'ultimo e unico valore possibile, consistente nella fermezza con cui il poeta constata l'insignificanza dominante, cioè la mancanza assoluta di valori morali e spirituali.

L'alluvione ha sommerso il pack dei mobili,
delle carte, dei quadri che stipavano
un sotterraneo chiuso a doppio lucchetto.
Forse hanno ciecamente lottato i marocchini
5   rossi, le sterminate dediche di Du Bos,
il timbro a ceralacca con la barba di Ezra,
il Valéry di Alain, l'originale
dei Canti Orfici – e poi qualche pennello
da barba, mille cianfrusaglie e tutte
10 le musiche di tuo fratello Silvio.

METRICA versi liberi con numerosi endecasillabi (vv. 1, 2, 7-10, 12, 16), anche ipermetri. Martelliani sono i vv. 4-5 e 13-15. Mancano del tutto le rime regolari, sostituite in un caso da un'assonanza collocata a distanza (fra SIlvIO al v. 10 e inIzIO al v. 15) e, in un altro, da una consonanza e quasi rima fra il v. 17 e il v. 19 (credUTa : sapUTo). Qualche rima interna, peraltro scarsamente avvertibile: lottATO (v. 4), incrostATO (v. 14), assediATO (v. 16) e IO (v. 14), mIO (v. 14), mIO (v. 18).

● **1-3** *L'alluvione ha sommerso l'insieme (il* **pack** = la banchisa dei ghiacci polari; inglese) *dei mobili, delle carte, dei quadri che riempivano* (**stipavano**) *una cantina* (**un sotterraneo**) *chiusa con doppia serratura* (**lucchetto**). *La cantina è il luogo più intimo e difeso dell'abitazione, quasi una allegoria della identità del soggetto. Qui sono raccolti gli oggetti che rappresentano il decoro borghese* (**mobili** e **quadri**) *e la continuità della cultura* (**carte**). *Inutile risulta la rigida difesa tentata dal* **doppio lucchetto**.

● **4-10** *Forse le rilegature* (**i marocchini**) *rosse [dei libri], le lunghissime* (**sterminate**) *dediche di Du Bos, il timbro a ceralacca con [incisa] la barba di Ezra [Pound], il [libro su] Valéry di Alain, l'[edizione] originale dei Canti Orfici [di Campana] – e poi qualche pennello da barba, moltissimi* (**mille**; indeterminato) *oggetti senza valore* (**cianfrusaglie**) *e tutte le musiche di tuo [: della moglie] fratello Silvio – hanno lottato [contro l'acqua] disperatamente* (**ciecamente**). *Gli oggetti elencati rappresentano alcuni dei più significativi punti di riferimento della cultura di Montale negli anni Venti-Trenta. Il loro tentativo di resistere alla distruzione è inutile: cedono*

> Dieci, dodici giorni sotto un'atroce morsura
> di nafta e sterco. Certo hanno sofferto
> tanto prima di perdere la loro identità.
> Anch'io sono incrostato fino al collo se il mio
> 15 stato civile fu dubbio fin dall'inizio.
> Non torba m'ha assediato, ma gli eventi
> di una realtà incredibile e mai creduta.
> Di fronte ad essi il mio coraggio fu il primo
> dei tuoi prestiti e forse non l'hai saputo.

L'alluvione di Firenze del 4 novembre 1966.

gli oggetti così come hanno ceduto nella realtà storica le forze e i valori dei quali essi sono testimonianza. **Ciecamente**: nell'avverbio c'è ambivalenza (una prima variante aveva un meno duro «a lungo»), significa infatti 'con tutte le forze, alla disperata' ma anche 'senza vedere; con mancanza di mezzi e in particolare di lucidità', si allude cioè a una sconfitta inevitabile, legata a un errore iniziale di valutazione (e cfr. vv. 15 e 17 e note). **Marocchini**: preziose rilegature di libri in pelle di capra. C'è allusione alla distinzione anche sociale che caratterizzava quella cultura. **Du Bos**: Charles Du Bos (1882-1939), importante critico letterario francese, amico di Montale; la lunghezza eccezionale delle dediche apposte ai suoi libri è indice di stravaganza e di snobismo, così come il timbro di Pound. **Timbro…Ezra**: una specie di sigillo posto dal poeta americano Ezra Pound (1885-1972) su libri o lettere inviate a Montale, del quale era amico. **Il Valéry di Alain**: uno studio del critico francese Alain (pseudonimo di Emile-Auguste Chartier, 1868-1951) sul poeta francese Paul Valéry (1871-1945), del quale erano stati pubblicati nel 1930 gli *Charmes* con il commento di Alain. **L'originale dei Canti Orfici**: la prima edizione dell'opera di Dino Campana, quella pubblicata a Marradi nel 1914 a cura dell'autore: assai rara e perciò pregiata. La poesia di Campana (come quella di Pound e di Valéry e come l'attività dei critici ricordati) godeva di grande fortuna nell'ambiente fiorentino degli anni Trenta, tra la rivista «Solaria» e gli scrittori ermetici. Il riferimento all'**originale** implica un richiamo alla autenticità dell'oggetto – così come segni di autenticità sono le dediche e il timbro, più sopra, e, ai vv. 9 sg., le **musiche** –; con rinvio a una concezione dell'arte come momento autentico. **Pennello…cianfrusaglie**: la loro presenza accanto agli oggetti preziosi appena ricordati è un segno della degradazione presente e insieme della desublimazione operata da Montale all'epoca di *Satura*, benché il **pennello / da barba**, fatto tradizionalmente con i peli del tasso, evochi un animale caro alla personale mitologia dell'autore. **Le cianfrusaglie** – come le **musiche** di cui si parla subito dopo – sono cioè oggetti di valore personale, legati all'esperienza del poeta: portatori di un'identità piuttosto individuale che storica (come invece gli altri sopra elencati). **Le musiche… Silvio**: le opere musicali scritte dal fratello della moglie, morto giovane e ignoto (Montale lo ricorda anche in un altro *xenion*: I,13): il suo fallimento artistico annuncia in qualche modo la vanità di ogni destino. Mentre d'altra parte la gelosa conservazione da parte di Montale di quelle musiche costituisce il tentativo (inutile, come si vede) di compiere il salvataggio di un'identità nella quale egli può in parte riconoscersi.

• **11-13** [*Tutte queste cose sono rimaste*] *dieci, dodici giorni sotto una terribile* (**atroce**) *aggressione* (**morsura**) *di nafta e sterco.* [*Esse*] *hanno certamente* (**certo**) *sofferto tanto prima di perdere la loro identità.* Prima di liberare la cantina dall'allagamento e dal fango sono passati molti giorni, nel corso dei quali gli oggetti in essa contenuti sono stati a poco a poco rovinati e distrutti, perdendo la propria **identità**. Ma questa parola-chiave coinvolge evidentemente il significato storico generale che quegli oggetti rappresentano, e implica la sua crisi irreparabile, così come coinvolge il significato della ricerca montaliana che in quegli oggetti aveva sperato di trovare le ragioni della propria identità. **Morsura**: è propriamente 'l'azione degli acidi sulle lastre di metallo nelle incisioni'; qui vale, in senso figurato, 'l'azione radicale di agenti esterni sugli oggetti'. **Sterco**: 'escremento, feci', qui significa 'fango' con caricamento semantico. Le tematiche fecali sono frequenti nella produzione di Montale a partire da *Satura* a rappresentare la degradazione della società di massa. **Certo**: l'avverbio, sottolineato dalla rima con **sofferto** e dalla quasi-rima con **sterco**, va posto in relazione con il **forse** del v. 4: gli oggetti hanno certamente sofferto di essere distrutti, mentre non è sicuro che abbiano lottato per difendersi; e così, nella prospettiva allegorica del componimento, la civiltà e la cultura che quegli oggetti rappresentano.

• **14-19** *Anche io* [: come gli oggetti] *sono incrostato* [*di fango*] *fino al collo dal momento che* (**se**) *il mio stato civile* [: *l'identità*] *fu incerto* (**dubbio**; aggettivo) *fin dall'inizio* [*della mia vita*]. *Non mi ha circondato* (**assediato**) *il fango* (**torba**), *ma i fatti* (**gli eventi**) *di una realtà assurda* (**incredibile**) *e alla quale non ho mai dato credito* (**mai creduta**). *Davanti* (**di fronte**) *ad essi* [: *i fatti della realtà*] *il mio coraggio è stato* (**fu**) *il più importante* (**il primo**) *dei tuoi* [: *della moglie*] *prestiti e forse non lo hai saputo*. Questi sei versi conclusivi svelano il senso allegorico della rappresentazione precedente, ne contengono cioè la chiave. La crisi di quei valori raffigurati dagli oggetti travolti dalla alluvione implica e comprende la crisi del poeta che in essi si era riconosciuto. Questi è stato aggredito non dal fango ma dalla storia; eppure il risultato è – sul piano metaforico – identico: anch'egli è incrostato come gli oggetti alluvionati, e cioè coinvolto nella mancanza di significato e nella assurda volgarità della storia. In particolare, ciò che accomuna la condizione del poeta e quella dei suoi miti è la perdita della identità. D'altra parte il poeta dichiara anche di non aver mai creduto all'aspetto esteriore della realtà, alla sua appartenenza storica (la vita non coincide con la storia, per l'ultimo Montale). Il **coraggio** trasmesso al poeta dalla moglie è appunto il coraggio di prendere atto della assurdità e insignificanza della storia, di fare cioè a meno dei miti consolatori (divenuti anche ideologie di massa) del progresso: una variante estrema (minimale e 'debole') dello 'stoicismo' montaliano. **Stato civile**: la condizione di un cittadino dal punto di vista delle grandi categorie sociali (nascita, morte, matrimonio ecc.). **Torba**: 'acqua e fango trasportati dalla corrente dei fiumi'. **Uno dei tuoi prestiti**: in quanto attributo di pertinenza della moglie da lei trasmesso al poeta; ella d'altra parte non ha forse mai saputo il significato della propria funzione.

T10 DALLA COMPRENSIONE ALL'INTERPRETAZIONE

COMPRENSIONE

Una catastrofe storica e personale Questa poesia fu scritta nel **novembre 1966**, in seguito all'**alluvione** che colpì Firenze quello stesso mese. Vittime dell'allagamento furono anche libri e vari oggetti personali lasciati da Montale e dalla moglie (morta nel 1963) in una cantina della città toscana dopo il trasferimento a Milano. **Il disastro materiale si carica di un significato allegorico: l'alluvione è il trionfo della società di massa**, che annulla le differenze e ignora i valori, mescolando tutto nella stessa melma. Di fronte all'insensatezza del presente, e alla perdita d'identità, l'unico valore in nome del quale il poeta può agire è il coraggio di denunciare l'assurdità di un mondo e di una società che hanno smarrito tutti i valori. La poesia può essere divisa in **due parti**. I **primi dieci versi** hanno un carattere descrittivo e, mediante un **catalogo** (forma tipica di Montale), rappresentano **libri e oggetti appartenuti al poeta e alla moglie finiti sotto il fango** dell'alluvione fiorentina del 1966. Da notare la mescolanza di alto e basso prodotta dall'alluvione: gli oggetti appartenuti a un mondo perduto (quello fiorentino degli anni Trenta) e alla grande cultura umanistica del Novecento sono adesso sparpagliati e confusi, nel fango, insieme agli effetti personali del poeta e della moglie. Gli **ultimi nove versi** mostrano che la poesia è un'allegoria. L'allegoria è resa possibile dall'**accostamento esplicito tra la sorte degli oggetti menzionati nei dieci versi precedenti e quella del poeta**, anche lui sommerso e assediato da qualcosa che non è però il fango ma una realtà assurda e alla quale non aveva mai dato credito. **Il finale apre uno spiraglio di positività**: benché l'identità sia ormai irrimediabilmente compromessa e la società di massa abbia vinto, **la poesia può ancora testimoniare** con coraggio l'insensatezza del processo storico che stiamo vivendo, e denunciarlo per le generazioni future.

ANALISI

Un allegorismo apocalittico L'alluvione di Firenze diventa qui un'**allegoria della distruzione dei valori della civiltà letteraria**. Non siamo più in presenza di allegorie piene e propositive, come quelle di Clizia in *Nuove stanze* (**T8**, p. 217) o dell'anguilla in *L'anguilla* (cfr. cap. VII, **T6**, p. 272). È venuto meno sia l'allegorismo umanistico degli anni Trenta sia quello vitalistico-biologico del dopoguerra. Siamo in presenza, ora, di un **allegorismo negativo**, corrispondente allo scetticismo e al **nichilismo** dell'ultimo Montale. Qui in particolare si denuncia **la catastrofe** che ha portato alla distruzione dei valori degli anni Trenta. Il riferimento è alla ideologia umanistica, cioè alla convinzione – tipica degli intellettuali non fascisti durante il regime – di poter affermare la propria identità e difendere il significato della cultura attraverso l'isolamento e la conservazione dei valori della civiltà e della poesia: la cantina rappresenta infatti la cittadella delle lettere, con i suoi fragili miti (non a caso gli oggetti che la riempiono rimandano alla cultura tra le due guerre mondiali). Si osservi che Montale non intende difendere i valori del passato, che riconosce come anacronistici e in se stessi assurdi; ma solo constatare la fine, con essi, di ogni possibilità di valore. I vecchi ideali "religiosi" e morali non sono sostituiti da nuovi. Montale si limita infatti a sostenere la **necessità di una saggezza elementare** e per dir così biologica: quella che deriva dal coraggio di esistere insegnatogli da Mosca.

Lo stile Si noti la forte riduzione degli artifici retorici che fa confinare questi versi con la **prosa**. Anche qui, come in «*Ho sceso, dandoti il braccio, almeno un milione di scale*» (**T9**, p. 226), un elemento caratterizzante del testo è **la battuta finale, a sorpresa**.

INTERPRETAZIONE

Una lettura critica dell'*Alluvione* Riportiamo qui l'interpretazione che del testo montaliano ha fornito **Roberto Castellana**: «Se letta all'interno del macrotesto di cui fa parte dal 1971 [...], la poesia rappresenta anche il momento di passaggio tra la prima sezione del libro e la "satira" vera e propria. Essa chiude, infatti, almeno temporaneamente, la riflessione intorno alla perdita del valore emblematizzata dalla scomparsa della moglie e inaugura, allo stesso tempo, quella relativa alla nuova condizione dell'io in **un mondo ormai totalmente spoglio di significato**. In questo universo, la cui mostruosa geografia si delineerà meglio nelle ultime due sezioni del libro (*Satura I* e *II*), la scettica e disillusa meditazione del vecchio poeta sarà solo di rado visitata dal fantasma della donna (meglio: delle donne), che tuttavia non potrà più essere, come era accaduto nei libri precedenti, simbolo o "figura" della salvezza individuale. *L'alluvione* rappresenta, servendosi [...] dei modi dell'allegoria, la **crisi storica e personale** attraversata da Montale tra la seconda metà degli anni Cinquanta e la prima del decennio successivo. L'allagamento della cantina dove sono raccolti cimeli e cianfrusaglie del passato assume infatti un significato metaforico che coinvolge tanto la sfera personale quanto quella storica e collettiva; l'alluvione segna la brusca interruzione della ricerca della propria identità e, allo stesso tempo, il tramonto di un'epoca e di una cultura, il cui epicentro si situava, per l'autore, negli anni Trenta del secolo, evocati da alcuni degli oggetti nominati nel testo sotto forma di elenco (cfr. vv. 5-8).

È proprio la presenza di questo espediente retorico […] che ci induce ad interpretare la scomparsa e **la "perdita d'identità" degli oggetti come il definitivo annientamento di cose già morte**, devitalizzate, ormai prive della loro funzionalità anche solamente in quanto semplici souvenir, oggetti-ricordo. Accatastati e stipati nel sotterraneo fiorentino per essere dimenticati lentamente e senza traumi, essi riemergono in modo inatteso quando un agente esterno ne decreta la fine: il loro riaffiorare alla coscienza non è altro, per l'io, che il congedo definitivo da essi. L'alluvione – fuor di metafora: **l'invasione della cultura di massa** che proprio a cavallo tra gli anni Cinquanta è Sessanta travolge la società italiana e contro cui Montale aveva polemizzato a più riprese in molti dei suoi scritti giornalistici – si caratterizza dunque, paradossalmente, sia come molla del «ritorno del rimosso», in senso freudiano, sia come segno dell'impossibilità di recuperare il passato, la memoria e, insieme con essi, l'identità di un soggetto che ha ormai rinunciato a proseguire la ricerca iniziata molto tempo addietro.

Al disastro del paesaggio interiore il poeta non può più contrapporre una figura femminile salvifica: il "tu" cui egli si rivolge altro non è che un doppio di se stesso […]. Neppure la finzione letteraria è in grado di dare alla donna la parola, perché ella non ha più labbra (*Xenia I*, 3). Le sue visite notturne sono per questo "mute" e "inesplicabili" (*Luci e colori* in *Satura II*) e brumosa, evanescente è sempre l'immagine di lei nel ricordo o nelle precarie epifanie del suo fantasma. Il carattere fittizio del dialogo risalta con particolare evidenza proprio qui, ne *L'alluvione*, che va letta decisamente come **una meditazione, in qualche modo già "postuma"**, che il soggetto fa di sé e della propria esistenza – come se gli eventi narrati, insomma, appartenessero ad una vita passata, anzi, alla vita, e li si stesse ormai contemplando dal di fuori (particolarmente notevole, al v. 18, l'**uso del passato remoto, "fu"**, che conferisce alla chiusa il **tono di un'epigrafe**)».

T10 LAVORIAMO SUL TESTO

COMPRENDERE

Il fatto

1. A quale episodio di cronaca si riferisce la poesia di Montale?

ANALIZZARE

Oggetti-emblemi

2. Quali oggetti occupano la cantina del poeta? Quali sono la loro provenienza e il loro significato?

Un'alluvione reale e allegorica

3. Quale significato allegorico può assumere l'alluvione?

4. **LINGUA E LESSICO** Il lessico usato in questa poesia è
   A aulico e prezioso
   B prosastico

   Segna la risposta corretta e motivala individuando nel testo termini ed espressioni significativi.

INTERPRETARE

La crisi del poeta

5. La sorte del poeta non sembra migliore di quella degli oggetti: perché?

Il coraggio di Mosca

6. Quale funzione ha assunto per il poeta Mosca?

> **LE MIE COMPETENZE: PRODURRE**
>
> Immagina di pubblicare questa poesia in un volume dedicato alla storia italiana del Novecento come testimonianza dell'alluvione del 1966 a Firenze: illustra il testo scegliendo le immagini che ritieni più appropriate (foto d'epoca, riproduzioni di opere d'arte, ecc.) e scrivi un cappello introduttivo per contestualizzare la poesia.

S5 MATERIALI E DOCUMENTI

La poetica di *Satura* secondo Montale

Nel 1965, mentre compone *Satura*, Montale scrive una recensione al libro di Vittorio Sereni *Gli strumenti umani*. In essa pone in rilievo i punti di contatto fra la poetica di Sereni e la propria: entrambi gli autori sanno che non è più possibile essere poeti, sono perciò consapevoli della contraddizione implicita nella stessa attività poetica e per questa ragione scrivono sul «rovescio della poesia»: non si fondano sulla forma – sulla sua distinzione e nobiltà –, ma sull'informe e sul prosastico, e accettano il linguaggio e la prospettiva dell'«uomo della strada» e quindi l'ottica di una società estranea alla poesia. Ne deriva la necessità, per chi continua a scrivere poesie, di una nuova musicalità, più bassa, da raggiungersi con parole semplici e banali. Si passa così da una poesia selettiva ed esclusiva a una inclusiva.

▶▶ Le composizioni [di Sereni] sono meditazioni che ricalcano dall'interno il pensiero, i ribollimenti e le angosce di un uomo d'oggi, di un poeta che, come Sereni ha detto, trova sempre più insopportabile la qualifica di poeta (e non è il solo a dirlo; ma il difficile comincia dopo, quando si è costretti a vivere sul rovescio della poesia, accettandone i rischi e le torture e la necessità di mimetizzarsi nel *modus vivendi*[1] dell'uomo della strada). Una poesia così fatta, che dovrebbe logicamente tendere al mutismo, è pur costretta a parlare. Lo fa con un procedimento accumulativo, inglobando[2] e stratificando paesaggi e fatti reali, private inquietudini e minimi eventi quotidiani, senza dimenticare che nel paesaggio dell'uomo strumentalizzato[3] l'officina e la macchina sostituiscono il già obbligato fondale della natura. [...] Il linguaggio è naturalmente dimesso, colloquiale pur consentendo parole tecniche, allitterazioni interne e rapide interiezioni intese come altrimenti inesprimibili salti d'umore. A volte un semplice Mah! ha valore di clausola musicale: è suono e insieme una somma di significati.

E. Montale, *Strumenti umani*, in *Sulla poesia*, a cura di G. Zampa, Mondadori, Milano 1976.

1 ***modus vivendi***: *modo di vivere* (latino).
2 **accumulativo...inglobando**: siamo in presenza di una poetica inclusiva, che ingloba ogni tipo di materiale, mentre la precedente poetica di Montale era esclusiva e selettiva.
3 **strumentalizzato**: ridotto a strumento, in quanto subordinato alle esigenze del consumismo e della produzione industriale. È la solita polemica montaliana contro la massificazione e la modernizzazione.

9 Il quinto Montale: i *Diari*

I tre libri del periodo 1971-1981

Video • Il quinto Montale: la stagione dei *Diari* (P. Cataldi)

L'informe poetico riproduce quello della realtà

Il decennio che va da *Satura* (1971) alla morte (1981) è eccezionalmente prolifico. Montale pubblica tre libri, ***Diario del '71 e del '72*** (1973), ***Quaderno di quattro anni*** (1977), ***Altri versi*** (1980), mentre negli anni successivi alla morte escono le poesie di ***Diario postumo***, scritte quasi tutte in questo periodo. Montale scrive versi quasi ogni giorno, cosicché la sua estrema produzione risulta più ampia di quella della giovinezza e della maturità. **Quanto era esclusivo, selettivo, raffinato il Montale dei primi tre libri, tanto è corrivo e "inclusivo" l'ultimo.** La logica dello sperpero e dello scialo trapassa dalla visione della realtà oggettiva, stracolma di linguaggi e di informazioni, alla poesia stessa, che sempre di più mima e riproduce il magma indifferenziato della società contemporanea. **La scrittura poetica tende infatti a divenire informe, sino al rifiuto di qualsiasi organizzazione:** da un lato le singole opere non sono più organicamente strutturate, dall'altro i testi che le occupano si presentano come fluide colate, senza interne articolazioni. Così i diversi libri ospitano le liriche in un **ordine prevalentemente cronologico**, secondo la logica del diario, operando solo qualche piccolo spostamento per esigenze di raggruppamento tematico o, più frequentemente, di scansione e di variazione ritmica. Quanto ai singoli componimenti, appaiono sempre più spesso privi di interne partizioni, a partire da quelle determinate dalla punteggiatura (non di rado, infatti, assente). Tale **asistematicità** contrasta ovviamente non solo con la calcolata organizzazione dei primi tre libri, ma anche con la complessa strategia strutturante di *Satura*. Essa è tuttavia **coerente con la crisi delle gerarchie e dei valori**, compreso ovviamente quello stesso della poesia (cfr. **S7**, p. 237).

LE ULTIME OPERE DI MONTALE

data di pubblicazione	temi
• *Diario del '71 e del '72* → 1973 • *Quaderno di quattro anni* → 1977 • *Altri versi* → 1980	• crisi dei valori • critica della società contemporanea

struttura delle ultime raccolte	forme e stile
• poesie disposte in ordine prevalentemente cronologico, secondo una logica diaristica • struttura debole e fluida	• poesia bassa e cronachistica • tono satirico • riduzione della punteggiatura

La radicalizzazione della tendenza prosastica

Nel complesso il quinto Montale continua ed estremizza il quarto, rendendo più radicale la tendenza prosastica e desublimante ed abbassando anche il tono della satira che tende a farsi, a mano a mano che ci si avvicina alla produzione estrema, sempre più facile e prevedibile. **Progressivamente viene meno**, rispetto a *Satura*, **anche l'impegno gnomico e ideologico**, ridotto ormai a poche stanche battute che ribadiscono le posizioni scettiche o agnostiche già note. L'abbandono della riflessione teorica e del terreno metafisico non si accompagna a una rivincita del mondo fisico. Il mondo della referenzialità, delle cose e degli oggetti viene sostituito da quello delle parole. **Le poesie sono solo frammenti o momenti di un lungo monologare**, che dilaga nel vuoto di ogni riferimento concreto. Domina il tempo presente del discorso o del borbottio del vecchio poeta. Del passato resta solo il saltuario ricorso ironico dal linguaggio dei primi tre libri, ripreso attraverso l'**autocitazione parodica** (cfr. T11, p. 234).

L'autocitazione parodica

Un'"arte povera"

Quanto ai mezzi tecnici, **l'autore mira a un'«arte povera»**, come lui stesso la chiama, **confinante con la prosa**: le rime, per esempio, si fanno sempre più facili e meno avvertibili a mano a mano che si procede nel tempo.

L'aneddotica memorialistica

Sul piano tematico, questa estrema stagione poetica è caratterizzata, rispetto alle precedenti, **dal motivo della aneddotica memorialistica**. Protagonisti divengono «la vecchia serva barbuta» dell'infanzia, il cagnetto Galiffa, i ricordi delle villeggiature adolescenziali e giovanili a Monterosso. Fra i vivi si salva dallo sberleffo o dallo spregio solo la governante, la fedele Gina, in qualche modo assimilabile alle vecchie serve di un tempo. A queste creature egli continua ad attribuire un'arte del vivere simile a quella che aveva celebrato in Mosca, una sapienza biologica e magari antropologica che non ha niente a che fare con la cultura e con i valori umanistici. Mentre **gli «angeli salvifici» del passato sono brutalmente buttati giù dal loro piedistallo**, questi personaggi, pur così desacralizzati, sono i loro sostituti. Il poeta conserva, e ostenta, un ultimo privilegio: quello di un legame profondo e segreto con il mondo semplice e primitivo.

Gina e le vecchie serve dell'infanzia

Una poesia omogenea al «trionfo della spazzatura»

Anche se con qualche isolata impennata (cfr., per esempio, T12, «*Spenta l'identità*», p. 236), **la poesia di questo periodo si fa desolatamente denotativa, ai limiti della cronaca più dimessa**. In essa trionfano l'opacità dell'informale, la nuda aneddoticità, il resoconto di triti fatti insignificanti. La carriera poetica di un autore che aveva cercato di inserirsi nella grande tradizione europea di poesia alta e metafisica si conclude con uno scacco che per Montale è tanto più grave perché riguarda l'intera civiltà occidentale, ormai priva di valori, divenuta un caotico magma, e infine descritta come **«trionfo della spazzatura»** (cfr. **S6**).

Video • «*Spenta l'identità*» (P. Cataldi)
Video • Intervista a M.G. Grignani sulla scrittura poetica dell'ultimo Montale
Video • Intervista a E. Sanguineti sull'ultimo Montale

S6 — PASSATO E PRESENTE

L'ultimo Montale: quale attualità?

L'ultimo Montale denuncia il magma, la dispersione confusa, lo sperpero di una vita quotidiana bombardata di messaggi e di informazioni, ricca di linguaggi, di merci, di consumi e di traffici, ma priva di valori e di significato. D'altra parte la sua estrema posizione non è quella di un reazionario legato ai valori del passato, perché egli demistifica anche quei valori, asserendo che la vita stessa è insignificante e bisogna imparare a viverla senza attribuirle significati ideali. Si coglie qui una contraddizione del vecchio poeta: se non esistono valori, perché – in nome di che cosa? – Montale denuncia l'insignificanza e il caos indifferenziato? È possibile davvero vivere senza valori o ideali? Per quanto riguarda Montale, si può capire il suo atteggiamento solo storicizzando la sua esperienza, vedendola cioè nel concreto della sua particolare vicenda di uomo e d'intellettuale. Egli perviene allo scetticismo e al nichilismo dell'ultima sua produzione a causa di due ragioni convergenti: 1) l'impostazione esistenzialistica della sua formazione culturale, sin dagli esordi, che lo induce a considerare la condizione umana in termini assoluti, astorici; 2) la delusione subita nel secondo dopoguerra, quando il mondo dell'umanesimo, in cui egli aveva creduto, era entrato irrimediabilmente in crisi: proprio perché Montale aveva puntato su valori alti e perenni, ma anche elitari o aristocratici, sperimenta il loro anacronismo nella moderna società industriale. Di qui l'approdo al nichilismo: se non possono sopravvivere i grandi valori del passato, ciò significa per Montale che non può esistere alcun valore.

S6

Per quanto riguarda invece noi e la nostra vita di oggi, il messaggio conclusivo della sua opera poetica si presta ad alcune considerazioni attuali. Indubbiamente la società d'oggi sta attraversando la crisi dell'umanesimo denunciata da Montale: la cultura e il mondo del passato rischiano di essere travolti dalla società tecnologica, informatizzata e spettacolarizzata in cui viviamo. Per recuperarne il valore e il significato, a poco servono gli atteggiamenti elitari ed esclusivi, o le ideologie dello snobismo e del privilegio intellettuale in cui Montale si era formato, o il suo estremo nichilismo. D'altra parte non è arroccandosi sul passato che è possibile salvare quest'ultimo, ma solo cambiando il presente.

L'immagine che Montale dà della società contemporanea è, nelle sue linee di fondo, esatta e quanto mai attuale (cfr., per esempio, **S7**, p. 237). Egli delinea una sorta di mutazione dell'uomo, sempre più scettico, privo di valori, prigioniero delle macchine e della logica del consumismo. Dalla sua arte, dalla sua capacità di conoscere e di rappresentare il presente, c'è dunque ancora molto da imparare. La sua estrema produzione non solo riflette il mondo contemporaneo, ma ne riproduce, nella sua stessa struttura stilistica e linguistica, il carattere informale, la banalità, l'insensatezza. Se invece isoliamo l'ideologia di Montale, bisogna dire che essa appare datata, legata a un gusto – quello degli anni Trenta – che, anche se viene respinto (come accade nell'ultima produzione), continua a operare proprio nel rovesciamento e nella negazione.

T11 «Si deve preferire»

OPERA
Diario del '71 e del '72

CONCETTI CHIAVE
- il rovesciamento negativo delle speranze giovanili

FONTE
E. Montale, *L'opera in versi*, cit.

Attraverso un confronto con la propria figura giovanile e con le posizioni espresse in Ossi di seppia, *l'autore prende le distanze dalle illusioni di un tempo.*

Si deve preferire
la ruga al liscio.
Questo pensava
un uomo tra gli scogli
5   molti anni fa.
Ma avvenne dopo
che tutto fu corrugato
e da allora l'imbroglio
non fu più sbrogliato.
10 Non più dunque un problema
quello di preferire
ma piuttosto
di essere preferiti.
Ma neppure questione
15 perché non c'entra la volontà.
Essa vuole soltanto
differire
e differire non è indifferenza.

METRICA versi liberi brevi.

●**1-9** Bisogna (**si deve**) preferire la ruga [: l'eccezione] a ciò che è (**al**) liscio [: la normalità]. *Un uomo tra gli scogli molti anni fa pensava questo. Ma dopo successe (**avvenne**) che tutto si è increspato (**corrugato**) e da allora il problema (**l'imbroglio**) non è stato (**non fu**) più chiarito (**sbrogliato**). L'uomo tra gli scogli* è ovviamente il giovane Montale nello scenario marino caratteristico degli *Ossi di seppia*. La preferenza per l'eccezione miracolosa come possibilità autentica attraversa larga parte dell'opera montaliana. Il passaggio **ruga** – **corrugato** costituisce uno sviluppo solo apparentemente coerente: si passa dalla metafora della **ruga** nel senso di 'ciò che esce dalla norma e dalla piattezza' – contrapposta a **liscio** – al senso negativo del *corrugamento* (**corrugato** = pieno di rughe). Da tale negatività deriva l'immagine dell'**imbroglio** e quella conseguente dello *sbrogliare* (che rimanda solo a parte dei significati di imbroglio, e significa 'sciogliere un groviglio intricato' e, in senso figurato, 'risolvere una situazione complicata').

●**10-21** Non [è] dunque più un problema quello di preferire ma piuttosto [quello] di essere preferiti. Ma [non è] neppure una questione dal momento che (**perché**) non c'entra la volontà. Questa (**essa**) vuole soltanto rimandare (**differire**) e rimandare (**differire**) non significa (**non è**) indifferenza. Questa [: l'indifferenza] ap-

Questa è soltanto degli Dei,
20 non certo
dell'uomo tra gli scogli.

---

partiene (**è**) *soltanto agli Dei, certamente* (**certo**) *non all'uomo tra gli scogli*. Se non ci sono più rughe e liscio ma un'indistinta confusione, è venuta meno la possibilità di **preferire** (cfr. v. 1): si tratta di prendere atto della completa passività dell'uomo rispetto alle circostanze (cfr. **essere preferiti**). La **volontà** stessa non ha più importanza e quindi non c'è più questione (o problema) da risolvere, dato che non ci sono alternative o scelte. Alla volontà resta solo il tentativo di rinviare (la inevitabile distruzione) e questo le toglie anche l'unico valore che sarebbe potuto sopravvivere, l'**indifferenza** (con gioco di parole tra **differire** e **indifferenza**). La ripresa finale del riferimento all'**uomo tra gli scogli** (cfr. v. 4) ha un chiaro significato desublimante e persino comico. **Indifferenza degli Dei**: con esplicito richiamo di un luogo famoso degli *Ossi di seppia* (**T4**, p. 203, «*Spesso il male di vivere*», v. 6: «divina indifferenza»), del quale è ripreso l'aggettivo **divina** e riferito letteralmente agli Dei (mentre nel testo giovanile significa probabilmente solo 'superiore').

T11 DALLA COMPRENSIONE ALL'INTERPRETAZIONE

COMPRENSIONE

La fine di ogni illusione Questa poesia marca **la distanza fra passato e presente**, tra la poetica degli *Ossi di seppia* e quella estrema del *Diario*. L'attesa di un miracolo o di un'eccezione appare ora insensata, perché tutto in realtà è eccezione, **tutto è irrazionale e inspiegabile**; così è insensato il volontarismo etico di allora: l'uomo è in realtà sempre dominato dalla realtà e passivo di fronte a eventi che non può controllare. L'**unica volontà umana consiste nel «differire» il momento della morte** e ciò non si concilia neppure con il programma esistenziale della indifferenza (presente, per esempio, in **T4**, «*Spesso il male di vivere ho incontrato*», sempre negli *Ossi di seppia*).

ANALISI E INTERPRETAZIONE

L'autocitazione parodica L'ultima poesia montaliana è spesso basata su **giochi intertestuali** (è questo un aspetto che l'avvicina alle poetiche del Postmoderno). Si tratta perlopiù di intertestualità interna: l'autore cita versi, parole e situazioni dei suoi primi tre libri. Qui **riprende una situazione tipica degli *Ossi di seppia* – l'uomo al mare**, tra gli scogli (cfr. vv. 4 e 21) – e un termine-chiave di questa raccolta, «**indifferenza**» (cfr. v. 18). Si tratta di autocitazioni, ma di **autocitazioni parodiche**: Montale infatti non solo non condivide più le posizioni di un tempo, ma le trova assurde se non addirittura ridicole nella loro pretesa di dare un significato alla vita e alle scelte razionali e morali dell'uomo.

Ideologia e retorica Il rovesciamento negativo delle **speranze giovanili** è compiuto attraverso procedimenti squisitamente retorici, e in particolare attraverso **giochi di parole** (cfr. «ruga-corrugato», «imbroglio-sbrogliato», «preferire-essere preferiti», «volontà-vuole», «differire-indifferenza»). Altre soluzioni implicherebbero ancora la fiducia in qualche valore; quella adottata si affida invece a un **uso nichilistico della poesia** secondo la prospettiva di **un azzeramento assoluto dei valori** e dei significati affermati in passato. Si notino anche lo stile dimesso, la sintassi regolare, il linguaggio basso e prosastico.

T11 LAVORIAMO SUL TESTO

ANALIZZARE

Citazioni

1. Nella poesia vi sono termini che hai già trovato in alcune liriche degli *Ossi di seppia*, il cui senso viene stravolto. Quali sono?
2. Chi è «l'uomo tra gli scogli»?

Passato/presente

3. Quali differenze e contraddizioni ci sono tra la visione del mondo del poeta come era nel passato e quella del presente? A cosa sono dovute le contraddizioni e i paradossi?

I termini

4. **LINGUA E LESSICO** Il senso della poesia si basa essenzialmente su due verbi; indicali e spiegane il significato all'interno del testo.

T12 «Spenta l'identità»

OPERA
Quaderno di quattro anni

CONCETTI CHIAVE
- la casualità e l'insensatezza della vita umana

FONTE
E. Montale, *L'opera in versi*, cit.

In questo testo (datato 4 giugno 1977) si esclude qualsiasi eccezione alla mancanza universale di identità. L'uomo esiste come la pigna, una volta svuotata dai pinoli, senza altro scopo che essere bruciata e senza sapere nulla di se stessa.

Spenta l'identità
si può essere vivi
nella neutralità
della pigna svuotata dei pinòli
5 e ignara che l'attende il forno.
Attenderà forse giorno dopo giorno
senza sapere di essere se stessa.

METRICA alternanza di settenari (vv. 1-3) e di endecasillabi (vv. 4 e 7). Questi appaiono dissimulati ai vv. 5 e 6, ipometro il primo e ipermetro il secondo, con possibilità di compensazione reciproca.

• [*Una volta*] morta (**spenta**) *l'identità, si può essere vivi nella condizione neutra* (**nella neutralità**) [: reificata, senza significato] *in cui sta la* (**della**) *pigna svuotata dei pinoli e ignara* [*del fatto*] *che la aspetta* (**l'attende**) *il forno* [: dove verrà bruciata]. *Forse aspetterà giorno dopo giorno senza sapere di essere se stessa* [: senza coscienza che la sua esistenza è solo questa].

T12 DALLA COMPRENSIONE ALL'INTERPRETAZIONE

COMPRENSIONE

Il tema Il tema dell'identità è centrale nei primi tre libri montaliani. Il primo può essere addirittura considerato un romanzo di formazione dell'identità, mentre negli altri due la realizzazione dell'identità è affidata a Clizia o ad altre figure salvatrici (sino all'anguilla e a Volpe). Ora invece l'autore è consapevole che si è trattato di un falso problema: tale realizzazione non è possibile perché **l'inidentità è universale. La vita dell'uomo è gratuita, casuale, insensata come quella di una pigna destinata al forno**: non sono dunque possibili maturazioni, bilanci, conquiste interiori che presuppongono valori in realtà inesistenti. Nel testo è dunque implicita un'autocritica.

ANALISI E INTERPRETAZIONE

La figuralità dissimulata Dietro l'**apparente ed esibita semplicità prosastica** di questo testo – che intende dare voce alla banalità insignificante della vita – si nasconde una fitta e **raffinatissima trama fonica**, secondo una procedura di **figuralità dissimulata** caratteristica dell'ultimo Montale. Già abbiamo visto, nella nota metrica, che i vv. 5 e 6 sono **endecasillabi dissimulati**. Ma vi sono anche **rime nascoste**: alle rime facili in fine di verso (identitÀ : neutralitÀ ai vv. 1-3, fORNO : giORNO ai vv. 5 e 6) si aggiungono quelle interne di attenderà e, ancora, giORNO al v. 6, e inoltre assonanze, come svuotAtA : ignArA ai vv. 4 e 5 e soprattutto SpEntA : SEnzA : StEssA che lega il v. 1 al v. 7 e la prima e l'ultima parola del testo, consonanze (ignaRa, sapeRe, esseRe, ai vv. 5 e 7), **allitterazioni** del gruppo *or* e *ra* (fORno e giORno; neutRAlità e ignaRA), del nesso *gna* (piGNA e iGNAra) ecc. Si noti poi la presenza di quattro /o/ toniche al v. 6 (con tre vocaboli in omoteleuto) e di tutti gli accenti sulla /e/ al v. 7, con allitterazione della /s/, a sottolineare **la centralità del termine «se»**, indice della inutile, perché ignorata, e negativa – perché condannata all'annullamento –, pretesa di identità individuale. Si noti anche la contrapposizione tra termini come «Spenta», «neutralità», «svuotata», «ignara», «senza» – da una parte – e «vivi» – dall'altra –: la vita corrisponde all'assenza di vitalità e di significato, cioè morte e vita coincidono. Si noti anche la relazione tra la metafora iniziale implicita nel termine «Spenta» (= morta, finita, venuta a mancare) e quella del «forno»: si spegne l'identità nel senso che essa corrisponde a un bruciare senza significato, a una trasformazione in cenere.

T12 LAVORIAMO SUL TESTO

ANALIZZARE

1. Esplicita il senso dell'analogia tra l'uomo e la pigna.

Confronto tra testi

2. Sottolinea i termini che caratterizzano in negativo l'«essere vivi».

INTERPRETARE

3. Il motivo dell'attesa (v. 6) assume un significato diverso rispetto agli *Ossi* e alle *Occasioni*. Precisalo.

S7 MATERIALI E DOCUMENTI

È ancora possibile la poesia?

Riportiamo qui una parte del discorso di Stoccolma, pronunciato da Montale nel 1975, in occasione della assegnazione del Premio Nobel per la letteratura. Esso contiene una analisi amara e pessimistica della società attuale, dominata dalla tendenza allo spettacolo e al consumismo, di cui sono vittime anche i giovani. Alla domanda, più volte ripetuta, se in tale situazione la poesia sia ancora possibile, il poeta non fornisce alcuna risposta, ma fa comunque intuire il proprio scetticismo.

▶▶ Evidentemente le arti, tutte le arti visuali, stanno democraticizzandosi nel senso peggiore della parola.[1] L'arte è produzione di oggetti di consumo, da usarsi e da buttarsi via in attesa di un nuovo mondo nel quale l'uomo sia riuscito a liberarsi di tutto, anche della propria coscienza. L'esempio che ho portato potrebbe estendersi alla musica esclusivamente rumoristica e indifferenziata che si ascolta nei luoghi dove milioni di giovani si radunano per esorcizzare l'orrore della loro solitudine.[2] Ma perché oggi più che mai l'uomo civilizzato è giunto ad avere orrore di se stesso?[3] [...]

Fa impressione il fatto che una sorta di generale millenarismo[4] si accompagni a un sempre più diffuso comfort, il fatto che il benessere (là dove esiste, cioè in limitati spazi della terra) abbia i lividi connotati della disperazione.[5] Sotto lo sfondo così cupo dell'attuale civiltà del benessere anche le arti tendono a confondersi, a smarrire la loro identità. [...]

In tale paesaggio di esibizionismo isterico[6] quale può essere il posto della più discreta delle arti, la poesia? [...]

Ma ora per concludere debbo una risposta alla domanda che ha dato un titolo a questo breve discorso. Nella attuale civiltà consumistica che vede affacciarsi alla storia nuove nazioni e nuovi linguaggi, nella civiltà dell'uomo robot,[7] quale può essere la sorte della poesia? Le risposte potrebbero essere molte. [...]

Si potrebbero moltiplicare le domande con l'unico risultato che non solo la poesia, ma tutto il mondo dell'espressione artistica o sedicente tale è entrato in una crisi che è strettamente legata alla condizione umana, al nostro esistere di esseri umani,[8] alla nostra certezza o illusione di crederci esseri privilegiati, i soli che si credono padroni della loro sorte e depositari di un destino che nessun'altra creatura vivente può vantare. Inutile dunque chiedersi quale sarà il destino delle arti.[9] È come chiedersi se l'uomo di domani, di un domani magari lontanissimo, potrà risolvere le tragiche contraddizioni in cui si dibatte fin dal primo giorno della Creazione (e se di un tale giorno, che può essere un'epoca sterminata, possa ancora parlarsi).[10]

E. Montale, *È ancora possibile la poesia?*, in *Sulla poesia*, a cura di G. Zampa, Mondadori, Milano 1976.

---

1 democraticizzandosi...parola: cioè stanno scendendo al livello non tanto del pubblico, quanto del mercato, smarrendo così la loro identità. Quando parla di **arti**, Montale allude anzitutto alle arti diffuse dai mezzi di comunicazione di massa (cinema, televisione, musica leggera, letteratura di consumo); pensa però anche a certi fenomeni di avanguardia informale e al destino della stessa arte colta.

2 L'esempio...solitudine: i grandi concerti pop o rock sono visti come inutili tentativi di allontanare la solitudine degli individui grazie all'ammasso di pubblico e allo stordimento prodotto da una musica che è in realtà rumore e confusione inarticolata (**indifferenziata**).

3 orrore di se stesso: mentre l'arte della grande tradizione richiama l'uomo a se stesso, quella contemporanea, piegata alla logica del consumismo, è intrattenimento che distoglie l'uomo da sé, e risponde così al suo bisogno di dimenticare la realtà alienante.

4 millenarismo: attesa della fine del mondo (come accadde all'approssimarsi dell'anno Mille).

5 si accompagni...disperazione: nello scritto giovanile *Stile e tradizione* Montale auspicava il sorgere di un «diffuso benessere e comfort intellettuale»; i tempi, invece, hanno prodotto un comfort solo materiale, che ha cancellato e frustrato le attese sue e della sua generazione. La delusione e il disinganno sono tra i temi portanti della poesia di Montale dalla *Bufera* a *Satura*.

6 esibizionismo isterico: è la esagitata mostra di sé cui ci abituano giornalisti e televisione.

7 uomo robot: l'uomo ridotto ad automa di cui parla, per esempio, il mottetto «*Addii, fischi nel buio, cenni, tosse*» (T6, p. 212).

8 non solo...umani: la crisi dei valori umanistici, difatti, si lega a quella dell'idea di uomo.

9 Inutile...arti: la domanda *È ancora possibile la poesia?* rimane dunque senza risposta.

10 (e se...parlarsi): (ed [è come chiedersi] se si possa ancora parlare di un tal giorno [: se, data la situazione attuale, sia sensato aspettarsi un tale giorno], che può essere un'epoca senza fine (**sterminata**). Anche la visione di Montale è, a suo modo, millenarista (cfr. nota 4). Egli però non vede una catastrofe, ma lo spegnersi della civiltà, il crollo senza rumore dei suoi valori. È l'idea della fine della storia: non nel senso che non si produrranno più grandi eventi, ma che questi scivoleranno via, triturati dall'informazione di massa, senza che nessuno possa farne più esperienza.

10 La ricezione e il conflitto delle interpretazioni

Il pubblico di Montale fra il 1930 e il 1960

La storia della ricezione di Montale è un capitolo importante della storia della cultura del Novecento. E ciò non solo perché la sua poesia ha costituito il banco di prova di tutte le principali metodologie critiche, ma anche e soprattutto perché essa ha contribuito a creare la sensibilità e lo spirito di alcuni settori importanti della borghesia colta fra il 1930 e il 1960. **Nella poesia di Montale si è riconosciuta una parte notevole della classe dirigente** – quella di estrazione liberale e genericamente democratica –; cosicché i riconoscimenti giunti al poeta negli anni Sessanta e Settanta sino ai funerali di Stato sono perfettamente comprensibili e vanno bene al di là del semplice attestato di valore poetico: riguardano anche un atteggiamento, un costume di distinzione, una vocazione elitaria sancita da scelte di gusto e di cultura.

Montale e il canone poetico del Novecento

Nello stesso tempo, **Montale ha influito potentemente sul canone poetico del Novecento**, contribuendo a ridefinirlo di volta in volta, a mano a mano che uscivano, nel corso di oltre mezzo secolo (dal 1925 di *Ossi di seppia* al 1980 di *Altri versi*), le sue singole opere. Anche l'immagine stessa del poeta e la visione complessiva della sua poesia subivano poi continui spostamenti in rapporto alla specifica e originale proposta di poetica contenuta in ogni libro e alle interpretazioni critiche che ciascuno di essi provocava.

L'immediato successo di critica

Sin dagli esordi Montale si è riconosciuto in gruppi intellettuali di formazione gobettiana e liberale, quali quelli che operavano in «Primo tempo», nel «Baretti», in «Solaria»; ed è stato da questi riconosciuto: da tali ambienti infatti provenivano molti dei suoi primi e più importanti recensori (come **Solmi, Debenedetti, Cecchi, Sapegno, Vittorini e Gadda**). Inoltre, il più importante critico formatosi negli anni Trenta, collaboratore di «Solaria» e di «Letteratura», **Gianfranco Contini**, sottopose già allora al vaglio della critica stilistica *Ossi di seppia* e *Le occasioni*. Se si aggiunge che anche altri protagonisti del dibattito critico fra le due guerre e dopo, come **Bo, Gargiulo e De Robertis**, seguirono attentamente la poesia di Montale dagli *Ossi di seppia* alle *Occasioni*, si può dire che **diversi degli scrittori più importanti e tutta la critica più prestigiosa fra gli anni Trenta e Quaranta si occupano di Montale** e contribuirono a elevare a canone la sua poesia.

Il pessimismo del poeta e le reazioni della critica al momento dell'uscita della *Bufera e altro*

Quando uscì *La bufera e altro* (1956), una parte della critica marxista espresse con Salinari le proprie riserve. Sono interessanti perché attestano anch'esse quale tipo di ricezione avesse avuto la prevalenza sino allora. Salinari infatti accusa il libro di non essere coerente con l'immagine di Montale antifascista e democratico che aveva avuto largo corso negli anni della Resistenza e dell'immediato dopoguerra. Se il suo pessimismo era motivato negli anni del fascismo, non lo sarebbe stato più dopo l'avvento della democrazia. **In realtà però l'antifascismo di Montale aveva avuto una dimensione non tanto immediatamente politica, quanto soprattutto culturale**; inoltre esso si nutriva di quel disagio esistenziale nei confronti della realtà, di un sentimento della disarmonia e di malessere, che riguardavano la civiltà moderna nel suo complesso: non c'è dunque da stupirsi se tali sensazioni e frustrazioni siano restate inalterate dopo la caduta del regime.

Gli studi sull'ideologia montaliana

Rimaneva semmai da stabilire con maggiore precisione **quali fossero le articolazioni reali dell'ideologia montaliana**. E a ciò si dedicò la parte migliore della critica marxista successiva, **da Fortini a Carpi**. I saggi di questo orientamento, negli anni Sessanta e Settanta, videro con esattezza il carattere non solo culturale, ma anche aristocratico e snobistico dell'antifascismo montaliano e della sua complessiva posizione verso il moderno.

La critica filologica e formalistica

Contemporaneamente, sulla scorta di Contini, **anche la critica filologica, formalistica e poi strutturalistica faceva le sue prove sui testi montaliani**. La stagione critica dello strutturalismo fu inaugurata significativamente da un saggio del 1965 di **D'Arco Silvio Avalle**, *Gli "orecchini" di Montale*. Più tardi altri critici strutturalisti, come Maria Corti, che recensì *Satura*, **Cesare Segre**, che si occupò di *Farfalla di Dinard*, e **Stefano Agosti**, applicarono le loro categorie a testi montaliani. Questa impostazione è stata in parte ripresa da studiosi della lingua poetica italiana, come **Pier Vincenzo Mengaldo** (autore di alcuni saggi fondamentali su Montale usciti fra gli anni Settanta e Novanta) e **Maria Antonietta Grignani**.

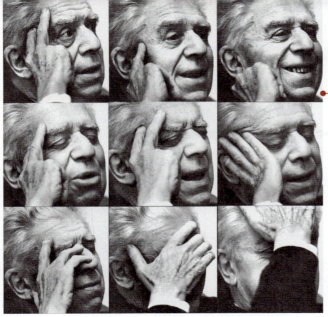

Eugenio Montale, foto di Giorgio Lotti del 1975, anno in cui ricevette il premio Nobel.

Le reazioni della critica all'uscita di *Satura*

L'uscita di *Satura* nel 1971 fu un vero e proprio shock. Alcuni dei vecchi lettori non riconobbero l'autore amato (fu questo il caso di Pasolini, che stroncò il libro), altri, come Fortini, vi trovarono la conferma dei limiti ideologici dell'autore. L'opera fu salutata invece con interesse e con consenso da Zanzotto e soprattutto da alcuni seguaci della Neoavanguardia (come Renato Barilli, per esempio) che videro in essa un abbassamento tonale, prosastico e ironico simile a quello operato dai poeti «novissimi» del Gruppo 63.

***Satura* modifica l'immagine del poeta e quella stessa della poesia del Novecento**

Il carattere innovativo di *Satura* e la sua incidenza su un panorama letterario già da alcuni anni caratterizzato dallo sperimentalismo di «Officina» e del Gruppo 63 (cfr. Parte Decima, cap. II) **contribuirono a ridisegnare l'interpretazione critica del Novecento poetico e a ridefinirne il canone**. Sino agli anni Sessanta la poesia di Montale era stata interpretata come espressione del filone postsimbolista e inserita, insieme con quella di Ungaretti, in un panorama dominato dall'Ermetismo. *Satura* però mostrava una linea diversa, e costringeva a rileggere con occhi nuovi l'intera produzione montaliana, dissociandola dall'Ermetismo e dalla linea ungarettiana. **Le principali antologie degli anni Cinquanta e Sessanta** (quella di Anceschi-Antonielli del 1953 [*Lirica del Novecento*, Vallecchi, Firenze], quella di Contini del 1968 [*Letteratura dell'Italia unita*, Sansoni, Firenze] e quella di Sanguineti del 1969 [*Poesia italiana del Novecento*, Einaudi, Torino]) accostavano Montale e Ungaretti e vedevano la loro poesia come culmine ed espressione della dominante linea postsimbolista. **Quelle degli anni Settanta** (per esempio, di Fortini nel 1977 [*I poeti del Novecento*, Laterza, Bari] e di Mengaldo nel 1978 [*Poeti italiani del Novecento*, Mondadori, Milano]) disegnavano invece il panorama di un Novecento policentrico e vario: in esso la linea postsimbolista, ungarettiana ed ermetica, era divenuta secondaria e comunque non includeva Montale.

S • La «diversità» di Montale nel panorama poetico novecentesco e il suo rapporto con Leopardi (I. Calvino)

Gli ultimi studi

S • Montale simbolico o allegorico? (A. Jacomuzzi)

Contemporaneamente gli **studi di Pietro Bonfiglioli** rivelavano l'importanza del rapporto di Montale con Dante e **quelli di Angelo Jacomuzzi** mettevano in luce l'evoluzione montaliana dal simbolo all'allegoria e l'indiscutibile rilievo di quest'ultima nella poesia del Montale maturo. Su questa stessa strada si poneva poi **Romano Luperini** in una monografia e in un saggio degli anni Ottanta, mostrando l'estraneità del poeta all'Ermetismo e ponendo in risalto le diverse fasi e i diversi aspetti dell'allegorismo montaliano.

L'edizione critica dell'*Opera in versi*

Il centenario della nascita (1996) è stato segnato da importanti contributi filologici. Gli studiosi e i lettori, che già dal 1980 potevano disporre dell'**edizione critica dell'*Opera in versi***, curata da Rosanna Bettarini e Gianfranco Contini, e di una bibliografia degli scritti preparata da Laura Barile (che ha pubblicato anche il *Quaderno genovese* del 1917), ora hanno a disposizione tutte le prose, tutti gli scritti narrativi e critici, e gran parte degli articoli musicali. **Così Montale è divenuto non solo uno dei classici del Novecento, ma il classico del secolo.**

Montale, il classico del Novecento

DAL RIPASSO ALLA VERIFICA

MAPPA CONCETTUALE | Eugenio Montale

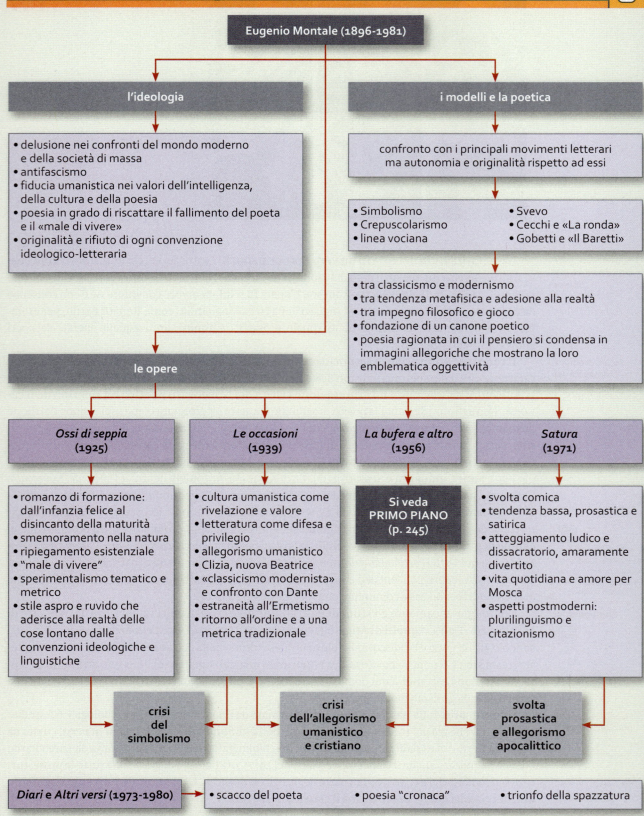

SINTESI

La vita

Eugenio Montale nasce a Genova il 12 ottobre 1896. Nel 1915 si diploma ragioniere. Dall'autunno del 1917 partecipa alla guerra e nel 1920 conosce a Monterosso la giovanissima Anna degli Uberti, destinata a restare una delle costanti ispiratrici della sua poesia (con il nome di Arletta o di Annetta). Nel 1925 firma il Manifesto degli intellettuali antifascisti redatto da Benedetto Croce e nello stesso anno viene pubblicata la sua prima raccolta poetica *Ossi di seppia*. Dal 1927 al 1948 vive a Firenze dove lavora come editore e bibliotecario e nel 1948 si trasferisce a Milano come redattore del «Corriere della Sera». Qui conosce Thomas S. Eliot, Irma Brandeis e Gianfranco Contini, la cui influenza è decisiva nell'accostamento alla cultura inglese, a Dante e a un metodo poetico allegorico. A Irma Brandeis inoltre dedica il libro delle *Occasioni* apparso nel 1939. Dopo un breve periodo di entusiasmo, nel 1947 si ritira definitivamente dall'impegno politico. Nel 1948 si stabilisce a Milano. Nel 1956 viene pubblicata la raccolta *La bufera e altro*, in cui appaiono la delusione del poeta nei confronti del mondo moderno, della meccanizzazione e della massificazione della vita e della cultura. Nel 1962 sposa Drusilla Tanzi (Mosca) con cui viveva già da vari anni. Nel 1967 riceve la laurea *honoris causa* a Cambridge e la nomina di senatore a vita in Italia. Nel 1971 esce il quarto libro di poesie, *Satura*, che segna una svolta decisiva nella poetica di Montale. Segue una produzione diaristica e in prosa: *Diario del '71 e del '72* (1973), *Quaderno di quattro anni* (1977), *Altri versi* (1980). Nel 1975 riceve il premio Nobel per la Letteratura. Muore a Milano il 12 settembre 1981.

Ossi di seppia

La raccolta appare nel 1925 in un momento di svolta politica e culturale in cui, dopo la stagione delle avanguardie, si sta affermando in ogni campo un ritorno all'ordine. Per tale ragione *Ossi di seppia* è un libro composito in cui confluiscono tendenze di poetica diverse: quelle dell'avanguardia primonovecentesca crepuscolare ed espressionista; quelle simboliste desunte sia dalla poesia francese sia da quella italiana (da Pascoli e soprattutto da d'Annunzio); quelle della restaurazione antiavanguardista promossa dalla rivista di Gobetti «Il Baretti» ma anche dal classicismo della «Ronda». Il titolo rinvia all'immagine marina degli «ossi di seppia» che possono galleggiare felicemente nel mare (simbolo della felicità naturale) oppure essere sbattuti sulla spiaggia come inutili relitti. I due simboli dominanti sono quelli del mare e della terra: il primo è il luogo della beatitudine panica e naturale; il secondo è la sede della privazione e dell'esilio. *Ossi di seppia* delinea inoltre un percorso biografico e conoscitivo: al momento felice dell'incanto, coincidente con l'infanzia e con una adesione panica alla natura, segue il disincanto della maturità che comporta il superamento della prospettiva simbolistica e dannunziana. Sul piano linguistico e stilistico convergono momenti alti e bassi, toni prosastici e un vocabolario fitto di oggetti concreti e di figure precise, ma anche toni classici e aulici.

Le occasioni

Il secondo libro di Montale, *Le occasioni*, esce nel 1939 e poi, in una nuova edizione accresciuta, nel 1940. La raccolta riflette una situazione storica ormai mutata rispetto a quella degli *Ossi di seppia*. L'elemento quotidiano è assai meno presente che negli *Ossi di seppia*. Si può parlare di un vero e proprio "classicismo modernista": la prosa della modernità viene accolta ma anche riqualificata dal momento arduo ed elevato in cui viene collocata. Nelle *Occasioni*, come in molte poesie della raccolta successiva, *La bufera e altro*, la donna angelo Clizia assume la funzione di una salvifica Beatrice dantesca, in assenza della quale il soggetto poetico appare frantumato e sconfitto. Il dantismo di Montale è così un modo per dare espressione a un dramma conoscitivo e morale tutto moderno ma è anche un carattere linguistico e stilistico. Questa nuova situazione storica e questa nuova condizione dell'intellettuale provocano un cambiamento di poetica. Lo stile si innalza e si purifica, si torna a una metrica tradizionale, fondata sull'endecasillabo, e all'atteggiamento consueto del poeta lirico che si rivolge al "tu" della donna amata.

La bufera e altro

La raccolta, pubblicata nel 1956, raccoglie poesie scritte fra il 1940 e il 1954. Il libro è segnato da una varia e complessa situazione umana e storica. L'allegorismo cristiano, ancora presente nella parte iniziale, entra in crisi e infatti, al posto delle allegorie umanistiche e cristiane, si trovano allegorie di animali che indicano la strada della salvezza non più nella cultura, nell'alto, nei valori della donna, ma in basso, nel mondo degli istinti e del caos, nel fango della vita concreta. È il libro più ricco e maturo, ma anche il più drammatico, che Montale abbia scritto. A *La bufera e altro* è dedicato un *Primo Piano* nel capitolo seguente.

Satura

Dopo un lungo silenzio poetico dal 1964 Montale torna a scrivere poesie poi apparse nel 1971 nella raccolta *Satura*. La poetica di *Satura* rappresenta una svolta decisiva, in senso basso, prosastico, satirico e "comico". Nella società del «trionfo della spazzatura» e dell'«ossimoro permanente» non è più possibile distinguere valore e disvalore, alto e basso, e domina l'insignificanza. Si passa così da una poesia selettiva ed esclusiva a una inclusiva, che accetta ogni tipo di materiale, anche il più eterogeneo. Nel nuovo libro prevalgono il sarcasmo, l'ironia, la parodia e la satira. Il titolo della raccolta non allude solo agli aspetti, pure presenti, di satira politica e culturale, ma rinvia anche alla varietà e alla mescolanza dei temi e degli argomenti (come era in origine il genere della satira latina). Accanto al motivo della morte della moglie, un altro tema dominante nel libro è quello del vivere dopo la catastrofe. Al poeta sembra consentito solo un atteggiamento ludico e dissacratorio. La chiaroveggenza di Clizia ha perduto in Mosca (soprannome della moglie morta) ogni elevatezza intellettuale e spirituale. È stata lei a capire, assai prima del poeta, che le contraddizioni e gli idealismi inventati dagli uomini di cultura sono falsi.

I Diari

Il decennio che va da *Satura* (1971) alla morte (1981) è eccezionalmente prolifico. Montale pubblica tre libri, *Diari del '71 e del '72* (1973), *Quaderno di quattro anni* (1977) e *Altri versi*

(1980), mentre negli anni successivi alla morte escono le poesie di *Diario postumo*, scritte quasi tutte in questo periodo. La scrittura poetica tende a divenire informe, sino al rifiuto di qualsiasi organizzazione. L'autore mira a un'«arte povera», come lui stesso la definisce, confinante con la prosa. Le rime, per esempio, si fanno più facili; la poesia si fa più denotativa, ai limiti della cronaca più dimessa; la struttura è più debole e scorrevole.

DALLE CONOSCENZE ALLE COMPETENZE

1 Illustra il rapporto di Montale con la cultura del suo tempo (§ 2)
- a Torino ....
- a Firenze ....
- a Milano ....

2 La scelta antifascista significò per Montale (due risposte) (§ 2)
- [A] fedeltà all'ideologia liberale
- [B] impegno attivo contro il regime
- [C] opposizione morale al fascismo
- [D] adesione ai partiti di sinistra

3 Quale evento segna nel 1975 la sua consacrazione ufficiale? (§ 2)

4 Quali lezioni eredita il primo Montale dalle correnti poetiche di seguito elencate? E a quali modelli guarda? (Colloca i poeti di seguito elencati nella corrente poetica esatta). (§ 3)

correnti	modelli	lezioni
Simbolismo	*es.*: Verlaine	
Crepuscolarismo		
linea vociana		
	Svevo	

Modelli: Verlaine, Palazzeschi, Sbarbaro, d'Annunzio, Govoni, Pascoli, Rebora

5 Scegli almeno due sinonimi per spiegare il senso dei simboli mare e terra. Rintraccia inoltre, nei testi studiati, quelle parole adoperate dallo stesso Montale che possano spiegarne il senso. (§ 4, T1, T2, T3, T4, T5)

6 Quale ruolo ha la figura di Annetta o Arletta nella poetica degli *Ossi di seppia*? Di cosa è espressione? (§ 4, T5)

7 A partire da «*Non chiederci la parola*» (T3) chiarisci perché il poeta può dire solo «ciò che non siamo, ciò che non vogliamo».

8 In «*Meriggiare pallido e assorto*» (T2) e «*Spesso il male di vivere ho incontrato*» (T4) rintraccia le immagini che segnano il passaggio da una visione positiva a una visione leopardiana della natura.

9 Perché l'unico «bene» che Montale dichiara di conoscere è «l'indifferenza»? (T4)

10 Scegli i due elementi che *Le occasioni* riprendono dalla prima raccolta montaliana. (§ 5)
- [A] la tensione verso la natura
- [B] la città come inferno
- [C] la presenza salvifica della figura femminile
- [D] la tendenza comunicativa

11 Spiega il ruolo della donna angelo nel contesto storico-culturale delle *Occasioni*. In che modo è possibile fare un confronto con Dante? (§ 5, S2, T6, T7, T8)

12 Domina nelle *Occasioni* la contrapposizione chiuso/aperto, interno/esterno. Completa lo schema mostrando in quali termini si pone in T7 e in T8 e quali valori allegorizza.

	La casa dei doganieri	*Nuove stanze*
interno	«casa», «attende»,	
esterno	libeccio,	
valori	la memoria,	

- A Illustra inoltre le analogie e le differenze tra i due contesti narrativi e tematici e tra le due figure femminili di Arletta e di Clizia.
- B Quale funzione l'accomuna alla Beatrice dantesca?

13 Montale, come Eliot, riprende la lezione di Dante (§ 5)
- A sul piano linguistico, infatti
- B sul piano allegorico, per esempio

14 Perché dal 1954 al 1964 Montale scelse il silenzio poetico? (§ 8)

15 Qual è la protagonista della raccolta e in cosa si distingue dalla figura di Clizia? (§§ 5, 8)

16 Elenca alcune caratteristiche delle figure femminili di Montale: Arletta, Clizia, Volpe, Mosca.

17 Spiega i titoli delle tre principali raccolte di poesie enucleando il tema a cui si ispirano. (§§ 4, 5, 6, 8)

18 Nella società del «trionfo della spazzatura» e dell'«uomo robot» è ancora possibile la poesia per Montale? (§ 8, **S6**)

19 Caratterizzano l'ultimo Montale (due risposte) (§ 9)
- A l'inclinazione diaristica
- B l'innalzamento del discorso
- C l'assenza di ogni speranza di riscatto
- D il rifugio nella poesia

20 Quali elementi tematici e stilistici prevalgono nel Montale dei *Diari*? (§ 9)

PROPOSTE DI SCRITTURA

GUIDA AL SAGGIO BREVE

Gli *Ossi di seppia* come «romanzo di formazione»?

- A Leggiamo il titolo: esso pone una domanda che può essere ulteriormente articolata. È rintracciabile nell'opera un percorso dall'infanzia all'età adulta, una ricerca di identità? Quale evoluzione poetica vi corrisponde?
- B Raccogliamo i materiali. Scegli tu stesso tra i testi antologizzati quelli che possono esserti più utili come testi di riferimento.
- C Selezioniamo nei testi dati e concetti utili
    - il poeta aspira all'accordo con il mare, ma è un sogno vano
    - compare il tema della città come chiusura, ma è sempre possibile
    - il poeta scopre la propria disarmonia con il mondo
    - la coscienza dell'anima «informe» comporta la ricerca di una poesia diversa
    - la realtà è recepita come
    - i tre esempi di vita strozzata rimandano all'impossibile realizzazione dell'io e alla crudeltà della natura. L'alternativa è
    - la città è l'inferno della spersonalizzazione
    - al poeta cosciente del nulla che l'attende non resta che accettare la vita desolata ma con dignità
    - gli *Ossi di seppia* narrano una ricerca che approda a una identità negativa
    - ....
- D Completa questa prima lista di idee, organizza quindi i concetti in una scaletta con
    - un'introduzione, che prospetti la tesi
    - un'argomentazione, che la sostenga con esempi e argomenti
    - una conclusione, che riprenda e concluda i punti salienti del discorso
- E Sviluppa quindi il saggio breve, indicando titolo e destinazione editoriale.

IL SAGGIO BREVE

Montale e Pasolini di fronte a «una nuova epoca della storia umana»

Tra il 1954 e il 1963 l'Italia conobbe un periodo di straordinario sviluppo economico: fu il cosiddetto boom o miracolo economico. Ma le trasformazioni in atto vennero spesso vissute dagli intellettuali come una fase di imbarbarimento e di volgarità.

DAL RIPASSO ALLA VERIFICA

Montale guardava con sfiducia alla nascente società di massa. Più sofferta e contraddittoria era la posizione di Pier Paolo Pasolini, del quale proponiamo il seguente testo, tratto dall'*Articolo delle lucciole*, comparso per la prima volta sul «Corriere della Sera» del 1 febbraio 1975 e poi incluso nel volume *Scritti corsari*.

> Non siamo ormai più di fronte, come tutti ormai sanno, a «tempi nuovi», ma a una nuova epoca della storia umana: di quella storia umana le cui scadenze sono millenaristiche. Era impossibile che gli italiani reagissero peggio di così a tale trauma storico. Essi sono divenuti in pochi anni (specie nel Centro-sud) un popolo degenerato, ridicolo, mostruoso, criminale. Basta soltanto uscire in strada per capirlo. Ma, naturalmente, per capire i cambiamenti della gente, bisogna amarla. Io, purtroppo, questa gente italiana, l'avevo amata: sia al di fuori degli schemi del potere (anzi, in opposizione disperata ad essi), sia al di fuori degli schemi populistici e umanitari. Si trattava di un amore reale, radicato nel mio modo di essere. Ho visto dunque «coi miei sensi» il comportamento coatto del potere dei consumi ricreare e deformare la coscienza del popolo italiano, fino a una irreversibile degradazione. Cosa che non era accaduta durante il fascismo fascista, periodo in cui il comportamento era completamente dissociato dalla coscienza. Vanamente il potere «totalitario» iterava e reiterava le sue imposizioni comportamentistiche: la coscienza non ne era implicata. I «modelli» fascisti non erano che maschere, da mettere e levare. Quando il fascismo fascista è caduto, tutto è tornato come prima.
>
> P.P. Pasolini, *Il vuoto del potere in Italia*, in *Scritti corsari*, Garzanti, Milano 2001.

1. Come risponde l'ultimo Montale alla nuova fase storica dominata dal boom economico e dalla società di massa?
2. Quale diverso atteggiamento caratterizza Montale e Pasolini? Per chi dei due si può parlare di snobismo e di distacco aristocratico?
3. Secondo Pasolini «il potere dei consumi» è, in un certo senso, più forte del potere del «fascismo fascista»: in che senso?
4. Pasolini registra l'avvento di «una nuova epoca della storia umana»: qual è il quadro della società attuale rispetto agli anni cui risale l'articolo?

Sulla base delle domande suggerite elabora un saggio breve sull'argomento.

LA TRATTAZIONE SINTETICA

1. Spiega perché la poesia di Montale si colloca in posizione intermedia tra quella di Ungaretti e di Saba, tra l'Ermetismo e il filone realistico.
2. Chiarisci come nella raccolta *Ossi di seppia* si vada maturando un percorso di formazione che culmina con la crisi del Simbolismo.
3. Spiega perché è possibile parlare di «classicismo modernista» in riferimento alla poesia delle *Occasioni* e in che modo Montale recuperi e riattualizzi la lezione di Dante.
4. Chiarisci perché *Satura* rappresenta la svolta poetica di Montale.

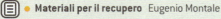 Materiali per il recupero Eugenio Montale
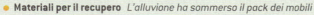 Materiali per il recupero L'alluvione ha sommerso il pack dei mobili
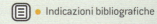 Indicazioni bibliografiche

Capitolo VII
PRIMO PIANO
La bufera e altro di Montale

Vedi **videolezione** a p. 183

My eBook+

Cliccando su questa icona, docenti e studenti accedono ad un'area di personalizzazione che permette di arricchire i contenuti digitali già linkati lungo le pagine del libro. Nell'area di personalizzazione è possibile infatti salvare ulteriori materiali: selezionati da **Prometeo**, prodotti autonomamente o ricercati nella rete.

▶ *Per un elenco di materiali integrativi presenti nella biblioteca multimediale di Prometeo o per attivare una ricerca cfr. p. 295*

Felice Casorati, *Natura morta con paesaggio*.

1. La composizione del testo; il titolo

La storia del testo

La bufera e altro, terzo libro poetico montaliano, **fu pubblicato dall'editore veneto Neri Pozza nel 1956 e, l'anno successivo, da Mondadori**. Raccoglie le **poesie scritte fra il 1940 e il 1954**, suddividendole in **sette sezioni. La prima di esse, «Finisterre»**, era già stata pubblicata come opera autonoma due volte: nel 1943 a Lugano, nel 1945 a Firenze; delle poesie successive, molte, prima di uscire in volume, erano apparse in rivista.

Fatti pubblici e privati che influenzano le poesie del periodo 1940-1954

L'arco cronologico (1940-54) corrisponde ad anni drammatici, sia sul piano pubblico che su quello privato. Nelle poesie di questo periodo si riflettono gli orrori della guerra, gli entusiasmi per la lotta di Liberazione, le speranze del biennio 1945-46 (Montale aderì allora al Partito d'Azione e diresse il quindicinale «Il mondo»), le delusioni successive di fronte alla società di massa e alla egemonia dei due maggiori partiti di allora, la DC e il PCI, entrambi aborriti, i timori per la sorte stessa della poesia e dei valori della civiltà occidentale. Ma **vi lasciano un segno profondo anche fattori privati ed esistenziali**: i lutti familiari (la morte della madre nel 1942 evoca quelle della sorella e del padre, avvenute negli anni Trenta), il ricordo dell'infanzia e dell'adolescenza liguri, la lontananza da

LA STORIA DEL TESTO

- **edizioni**
  - composizione → 1940-1954
  - pubblicazione → 1ª edizione («Finisterre») esce in volume nel 1943 e poi nel 1945.
    La bufera e altro:
    – 1956 presso Neri Pozza
    – 1957 presso Mondadori

Clizia (Irma Brandeis, ritornata negli Stati Uniti), la malattia di Mosca (la donna sposata anni dopo, nel 1962, e morta nel 1963), la collaborazione giornalistica al «Corriere della Sera» con il conseguente trasferimento a Milano nel 1948, l'incontro con Volpe (Maria Luisa Spaziani) avvenuto all'inizio del 1949.

Il titolo scartato: *Romanzo*

In un primo tempo Montale aveva pensato di intitolare il libro *Romanzo*, come risulta da una lettera del novembre 1949 all'amico saggista Giovanni Macchia. È un titolo significativo, non solo perché **conferma la vocazione romanzesca dei primi tre libri poetici di Montale**, ma perché dà conto di alcune specifiche caratteristiche di quest'ultimo. Il **nuovo libro presenta infatti un evidente filo narrativo**, giacché vi s'intravede una vicenda precisa, con una netta parabola evolutiva. Inoltre – proprio come in un romanzo – non vi mancano l'intenzione realistica, la drammaticità della storia, i fatti di cronaca (la guerra con i suoi morti, il ricordo della visita di Hitler a Firenze, le scritte murali; e poi il dopoguerra, l'opposizione alle due «chiese», la DC e il PCI, la processione delle «madonne pellegrine» nel 1948 ecc.).

Lo schema di libro immaginato nel 1949

Dallo schema presentato a Macchia nel 1949 l'opera doveva avere tuttavia l'aspetto prevalente del **romanzo stilnovistico, fondato sul contrasto fra la Beatrice (Clizia, in questo caso) e l'anti-Beatrice (Volpe)**. Nel 1949 Montale sperava ancora di poter indicare una speranza positiva, alternativa a quella simboleggiata da Clizia, nel vitalismo dell'anguilla e nella passionalità dell'anti-Beatrice.

Il titolo definitivo

Nel 1956 il libro esce con un titolo diverso, *La bufera e altro*. Il titolo è cambiato perché è venuta meno la speranza di suggerire al lettore un itinerario e un messaggio positivi. La stessa relazione con Volpe viene ad assumere un valore esclusivamente privato, mentre si addensano sempre più fosche le nuvole che preannunciano un'altra e più disastrosa "bufera": la catastrofe della intera civiltà occidentale. **L'ipotesi di una salvezza «per tutti», che Clizia sembrava promettere, si è disgregata, come pure si è logorata quella di un recupero "dal basso" dei valori, garantito da una donna-anguilla**. Ormai non resta che il dono privato che Volpe può offrire: «il dono che sognavo / non per me ma per tutti / appartiene a me solo». La precedente esemplarità della parabola romanzesca viene messa in discussione da tale **pessimismo conclusivo, che induce l'autore a modificare il titolo** e a sceglierne uno meno impegnativo e quasi descrittivo: la «bufera» rinvia alla seconda guerra mondiale, molto presente nelle prime sezioni del libro; «e altro» ad avvenimenti successivi o comunque estranei a essa.

Video • *La bufera e altro* (P. Cataldi)
Video • Il giudizio del poeta Sanguineti sul Montale della *Bufera*

2. L'organizzazione e la struttura

Una struttura prevalentemente cronologica

Le varie sezioni non sono più cronologicamente parallele, come nei primi due libri, ma **si dispongono in successione temporale a delineare una vicenda ideale**, di cui il pessimismo conclusivo pone in discussione l'esito positivo senza peraltro cancellarne il percorso.

Le sette sezioni

La prima sezione, «Finisterre», raccoglie testi scritti fra il 1940 e l'inizio del 1943; **la seconda, «Dopo»**, testi del 1943-45, come **la terza, «Intermezzo»**; **la quarta, «Flashes e dediche»**, degli anni 1948-52; **la quinta, «Silvae»**, del 1946-49 (a eccezione della prima poesia, che è del 1943-44); **la sesta, «Madrigali privati»**, del 1949-50; **la settima, «Conclusioni provvisorie»**, del 1953-54. Come si vede, **si sottrae alla successione cronologica la quarta, «Flashes e dediche»**, che contiene liriche appartenenti allo stesso periodo delle tre sezioni successive; ma si tratta di una serie costruita secondo una ragione, svelata dal titolo, eminentemente formale, rispondente all'esigenza di rapidità e di immediatezza di un «lampo di magnesio» o di un «flash».

«Flashes e dediche» si sottrae alla successione cronologica

Confronto con i due libri precedenti

Il libro è dunque molto più vario e mosso dei precedenti due, che erano suddivisi in quattro sezioni (qui ne compaiono tre di più) (cfr. **S1**). Come gli altri **anch'esso contiene una sezione di testi brevi e concentrati**; se nel primo libro avevamo la serie «Ossi di seppia» e nel secondo quella dei «Mottetti», qui la corrispondente è **«Flashes e dediche»**.

S1 INFORMAZIONI

L'organizzazione del libro *La bufera e altro*: le sette sezioni

Le sette sezioni sono contrassegnate da un numero romano e da un titolo.

La sezione I, «**Finisterre**», raccoglie 15 poesie scritte fra il 1940 e il 1943 (cfr. **T1** e **T2**, *A mia madre* e *L'arca*, p. 255, 258).

La sezione II è intitolata «**Dopo**»: dopo, cioè, le precedenti poesie; ma anche dopo la caduta del fascismo e l'arresto di Mussolini (luglio 1943) e l'8 settembre 1943, data dell'armistizio con gli angloamericani e dell'inizio della Resistenza. Raccoglie due *Madrigali fiorentini* (cfr. **T3**, «*Suggella, Herma, con nastri e ceralacca*», p. 261), *Da una torre* e *Ballata scritta in una clinica*, tutti testi scritti fra il 1943 e il 1945.

La sezione III, intitolata «**Intermezzo**», ha una funzione di passaggio o di transizione. Raccoglie due prose liriche scritte nel 1943 e la rielaborazione di una poesia del 1926.

La sezione IV, intitolata «**Flashes e dediche**», raccoglie 15 testi scritti fra il 1948 e il 1954 e unificati da una ragione formale: la brevità e la concentrazione. Si tratta spesso della registrazione di annotazioni paesaggistiche o di istanti, di impressioni, di emozioni raggelate (cfr. espansioni digitali T, *Lasciando un "Dove"*).

La sezione V, intitolata «**Silvae**», è la più intensa e alta del libro. Contiene 11 testi scritti fra il 1946 e il 1949, a eccezione del primo, *Iride*, del 1943-44. Vi compare, oltre a Clizia, anche Arletta (sulle donne di Montale, cfr. cap. VI, § 5, **S2**, p. 211). Cfr. **T4**, *La primavera hitleriana*, p. 265; **T5**, *Il gallo cedrone*, p. 270; **T6**, *L'anguilla*, che chiude la sezione, p. 272.

La sezione VI, dedicata a Volpe, contiene otto «**Madrigali privati**», scritti fra il 1949-50 o poco dopo. Cfr. **T7**, *Anniversario*, p. 280.

La sezione VII, «**Conclusioni provvisorie**», contiene solo due testi, *Piccolo testamento* del 1953 e *Il sogno del prigioniero* del 1954. (cfr. **T8**, p. 282).

Le eccezioni all'ordine cronologico all'interno delle sezioni

All'interno delle sezioni le singole poesie seguono prevalentemente l'ordine cronologico della loro composizione. Le eccezioni tuttavia non mancano e sono significative. Riguardano infatti, molto spesso, l'inizio e la chiusura delle sezioni: evidentemente l'autore vuole conferire un significato speciale a questi momenti.

LA STRUTTURA

7 sezioni
1. «Finisterre»
2. «Dopo» } successione cronologica
3. «Intermezzo»
4. «Flashes e dediche» } raccoglie poesie rapide e concentrate
5. «Silvae»
6. «Madrigali privati» } successione cronologica
7. «Conclusioni provvisorie»

3 La poetica, il linguaggio e lo stile

La condizione genetica della *Bufera e altro*

Le poesie della *Bufera e altro* – come e più di quelle delle *Occasioni* – rivelano una situazione tipica della lirica moderna. Esse si sviluppano infatti da due condizioni, fortemente connesse: 1) **la poesia è vissuta come «la forma di vita sostitutiva di chi veramente non vive»** (Mengaldo); 2) **nasce da una «totale disarmonia con la realtà»** (Montale: cfr. **S3**, p. 248), con il conseguente isolamento cui fascismo, guerra e delusione del dopoguerra fornirono sia un alibi, sia un incremento. **L'immagine del poeta prigioniero**, costretto all'attività impotente del sogno (cfr. **T8**, p. 282), **riflette entrambe queste condizioni** (cfr. **S4**, p. 249).

La differenza fra la *Bufera e altro* e *Le occasioni*

Ciò non toglie che le cause storiche abbiano profondamente influenzato la poetica e la pratica scrittoria di Montale. Egli ne era perfettamente consapevole. E infatti, in una intervista a se stesso del 1946 e in una "confessione" del 1951, afferma che le poesie di «Finisterre», nate negli anni del fascismo e della guerra, riflettevano tale situazione di asfissia e di oppressione inducendolo a una «esperienza petrarchesca», e dunque a un tipo di poesia «più chiusa, più concentrata», e per questo vanno considerate come un'appendice delle *Occasioni*, mentre quelle del dopoguerra rivelano una «ispirazione più immediata», tanto da far pensare a «un ritorno all'impressionismo degli *Ossi di seppia*»: insomma, conclude significativamente il poeta, egli ha reagito a due diverse situazioni storiche e perciò può sentirsi «perfettamente a posto col cosiddetto spirito del nostro tempo» (cfr. **S3**). A livello di poetica, Montale è insomma consapevole di **un passaggio da una poesia ardua, chiusa, aristocratica a un'altra più immediata e più realistica**.

Una poesia più immediata e realistica

Montale conduce insomma **una lotta su due fronti: da un lato, contro l'Ermetismo**, si apre ad alcune istanze del Neorealismo – di qui gli accenni a un'arte «realistica nel metodo e nella forma», all'impressionismo, a una poesia più diretta –; **dall'altro, contro lo stesso Neorealismo**, sostiene l'esigenza di una letteratura fondata su motivi esistenziali e sullo spessore di un «soprasenso».

Contro l'Ermetismo e contro il Neorealismo

Questo **intreccio fra motivi realistici ed esistenziali, ma anche fisici e metafisici**, è in effetti una caratteristica della *Bufera e altro*. In esso si riflette anche la **lezione di Eliot** dei *Four Quartets* [Quattro quartetti] e in genere di una tradizione di poesia lirica che ha i suoi maestri, oltre che in Eliot, in **Hölderlin** e in **Valéry**: una tradizione in cui musica e pensiero, vocazione all'altezza metafisica e fisicità delle immagini, concentrazione lirica e narratività si univano strettamente. Vale inoltre – ora più che mai – **la grande lezione di Dante**, di cui vengono ripresi **il plurilinguismo** congiunto con una vocazione all'elevato e al sublime e la tendenza a investire la cronaca umana e il mondo fisico di un **soprasenso allegorico**. Negli autori inglesi – in Hopkins (cfr. vol. 5) e in Eliot soprattutto – Montale ritrovava poi la capacità di unire canto e impegno etico-filosofico, altezza lirica e linguaggio prosastico, e di far sprigionare – attraverso il loro *sprung rhythm* (ritmo rotto) – la musica più varia «dal sottosuolo del lessico più comune» (sono parole di Montale).

L'influenza di Quattro quartetti di Eliot

Musica e pensiero, concentrazione lirica e narratività uniti strettamente

Di qui le soluzioni linguistiche, metriche, stilistiche. Pur restando fedele al "grande stile" e a una tradizione di lirica elevata, **Montale tende a unire registri alti e bassi**, termini del mondo biblico e religioso e del repertorio classico e termini tecnici e addirittura popolari e qualche volta dialettali, con aperture alle scritte murarie (in **T3**, p. 261) e ai gerghi speciali, come quello gastronomico (nel **T5**, p. 270 e nel **T8**, p. 282) o quello della cronaca politica (in **T4**, p. 265).

"Grande stile" e termini popolari, alto e basso fusi insieme

S2 — MATERIALI E DOCUMENTI

«Una *totale disarmonia con la realtà*»

In una dichiarazione di poetica del 1951 Montale chiarisce il motivo esistenziale profondo da cui nasce la propria poesia. I motivi esterni – il fascismo e la guerra – vi hanno certamente influito, ma il senso di una lacerazione, di un isolamento, di una estraneità al mondo erano precedenti. Insomma, la ragione esistenziale è stata decisiva.

▶▶ L'argomento della mia poesia (e credo di ogni possibile poesia) *è la condizione umana in sé considerata; non questo o quello avvenimento storico*. Ciò non significa estraniarsi da quanto avviene nel mondo; significa solo coscienza, e volontà, di non scambiare l'essenziale col transitorio.[1] Non sono stato indifferente a quanto è accaduto negli ultimi trent'anni; ma non posso dire che se i fatti fossero stati diversi anche la mia poesia avrebbe avuto un volto totalmente diverso.[2] [...]

Avendo sentito fin dalla nascita una *totale disarmonia con la realtà* che mi circondava, la materia della mia ispirazione non poteva essere che *quella* disarmonia. Non nego che il fascismo dapprima, la guerra più tardi, e la guerra civile[3] più tardi ancora mi abbiano reso infelice; tuttavia esistevano in me ragioni di infelicità che andavano molto al di là e al di fuori di questi fenomeni. Ritengo si tratti di un inadattamento, di un *maladjustement*[4] psicologico e morale che è proprio a tutte le nature a sfondo introspettivo,[5] cioè a tutte le nature poetiche.

E. Montale, *Confessioni di scrittori. Interviste con se stessi*, in *Sulla poesia*, a cura di G. Zampa, Mondadori, Milano 1976.

1. **non scambiare...transitorio**: nella tradizione umanistica, la poesia guarda sì al suo tempo (quindi a quello che è **transitorio**, passeggero), ma senza dimenticare valori che lo trascendono (l'**essenziale**).
2. **se i fatti...diverso**: la poesia è ispirata da un disagio esistenziale che precede il disagio storico.
3. **guerra civile**: la lotta fra nazi-fascisti e partigiani.
4. *maladjustement*: disadattamento; francese.
5. **a sfondo introspettivo**: portate all'introspezione, cioè all'autoanalisi e alla meditazione.

S3 — MATERIALI E DOCUMENTI

La poetica di Montale: il passaggio da «Finisterre» alle altre poesie della *Bufera e altro*

Riportiamo dapprima un brano dall'*Intervista immaginaria* del 1946, poi uno da *Confessioni di scrittori* (*Interviste con se stessi*) del 1951. La differenza fra la maggior parte delle poesie della *Bufera e altro*, da un lato, e quella dalle *Occasioni* e di «Finisterre» dall'altro, è affermata in modo netto. Il carattere più diretto e immediato delle poesie scritte dopo «Finisterre» è dichiarato esplicitamente e interpretato come un ritorno all'impressionismo degli *Ossi di seppia*.

▶▶ Ho completato il mio lavoro con le poesie di *Finisterre*,[1] che rappresentano la mia esperienza, diciamo così, petrarchesca.[2] Ho proiettato la Selvaggia o la Mandetta o la Delia[3] (la chiami come vuole) dei *Mottetti* sullo sfondo di una guerra cosmica e terrestre, senza scopo e senza ragione,[4] e mi sono affidato a lei, donna o nube, angelo o procellaria.[5] Il motivo era già contenuto e anticipato nelle *Nuove Stanze*, scritte prima della guerra.[6] Non ci voleva molto a essere profeti. Si tratta di poche poesie, nate nell'incubo degli anni '40-42, forse le più libere[7] che io abbia mai scritte, e pensavo che il loro rapporto col motivo centrale delle *Occasioni* fosse evidente. Se avessi orchestrato[8] e annacquato il mio tema sarei stato capito meglio. Ma io non vado alla ricerca della poesia, attendo di esserne visitato.[9] Scrivo poco, con pochi ritocchi, quando mi pare di non poterne fare a meno. Se neppur così si evita la retorica[10] vuol dire ch'essa è (almeno da me) inevitabile. [...]

In definitiva, fascismo e guerra dettero al mio isolamento quell'*alibi* di cui esso aveva forse bisogno.[11] La mia poesia di quel tempo non poteva che farsi più chiusa, più concentrata (non dico più oscura). Dopo la liberazione[12] ho scritto poesie di ispirazione più immediata che per certi lati sembrano un ritorno all'impressionismo[13] degli *Ossi di seppia*, ma attraverso il filtro di un più cauto controllo stilistico. Non vi mancano accenni a cose e fatti d'oggi. In ogni modo sarebbe impossibile pensarle scritte dieci anni fa. E perciò, a parte il loro valore, che non posso giudicare, debbo concludere che mi sento perfettamente a posto col cosiddetto spirito del nostro tempo.

E. Montale, Sulla poesia, a cura di G. Zampa, Mondadori, Milano 1976.

1. **il mio lavoro...Finisterre**: Montale considera *Finisterre* come continuazione di *Le occasioni*.
2. **petrarchesca**: perché organizzata in modo rigidamente formale.
3. **la Selvaggia...Delia**: le prime due furono cantate rispettivamente dagli stilnovisti Cino da Pistoia e da Cavalcanti, l'ultima dell'elegiaco latino Tibullo. Montale le richiama per riferirsi a Clizia.
4. **una guerra...ragione**: la seconda guerra mondiale (la guerra **terrestre**) è vista come un episodio della guerra eterna (**cosmica**) fra bene e male; e, proprio perché eterna, senza più lo **scopo** e la **ragione** determinate che ha avuto storicamente.
5. **donna...procellaria**: dunque una creatura a metà fra l'umano e il divino. La **procellaria** è un uccello marino dalle lunghe ali. Il nome deriva dal latino "procella" 'tempesta'; allude cioè alla *bufera* che dà il titolo al terzo libro montaliano.
6. **Nuove Stanze...guerra**: per questo testo cfr. cap. VI, **T8**, p. 217.
7. **più libere**: *più dirette*, *più immediate*, in quanto guardano direttamente all'**incubo degli anni '40-'42**.
8. **orchestrato**: *riadattato*, anziché presentarlo nella sua immediatezza.
9. **Ma io...visitato**: è un tema frequente nelle dichiarazioni di poetica di Montale (che, per esempio, sosteneva di aver composto una poesia complessa come *Iride* trascrivendola da un sogno). La profonda sedimentazione di pensiero e di cultura si organizza cioè in poesia per un moto non preordinato dall'intelletto. Il motivo della "visitazione" circonda la nascita del testo di un'aura sacrale.
10. **retorica**: *densità letteraria*.
11. **In definitiva...bisogno**: l'isolamento di Montale è infatti dettato da un dolore radicale, che precede le contingenze storiche. **Alibi**: *pretesto*.
12. **Dopo la liberazione**: dopo la fine della seconda guerra mondiale.
13. **impressionismo**: nel senso di scrittura che si tiene molto vicina allo stato d'animo o all'occasione che la ha provocata.

S4 — MATERIALI E DOCUMENTI

La dimensione esistenziale della poesia montaliana come sublimazione e rimozione della storia

La tendenza di Montale a tradurre in termini universali ed esistenziali la propria vicenda umana e le proprie contraddizioni storiche può essere interpretata come sublimazione e rimozione della realtà. È un approccio di lettura che *Il sogno del prigioniero* (cfr. **T8**, p. 282) potrebbe confermare e che Franco Fortini ha sviluppato in un saggio del 1968.

▶▶ Poeta lirico e dunque d'un unico tema, Montale ha dato voce alla figura dell'uomo che ridotto a essere o a credersi soltanto «traccia madreperlacea di lumaca / o smeriglio di vetro calpestato», sussiste tuttavia e veglia nel presentimento che tutto il reale può essergli restituito da un messaggero del miracolo ossia da una comunicazione cifrata dell'assoluto, che è, naturalmente, l'espressione poetica medesima. Murato da una forza di cui rifiuta i nomi storici[1] e che quindi gli interdice ogni rapporto col fare altrui, puro consumatore egli realizza se stesso scindendosi in due parti, di servo (smarrimento miseria necessità) e di signore (liber-

1. **Murato...storici**: prigioniero di una condizione negativa a cui Montale rifiuta di riconoscere i connotati storici di un conflitto sociale e politico.

tà potenza dispregio). Con capacità profetica e con una tensione che per esattezza intellettuale applicata al caos è pressoché unica nella poesia moderna, Montale ha espresso la rimozione che la parte più europea del ceto intellettuale italiano ha operato del conflitto fondamentale del nostro secolo – quello sociale e politico – sostituendolo col tema «eterno» dello scacco e della incomunicabilità. Le «bufere» della barbarie fascista, della guerra e della catastrofe atomica sono quindi interpretate come mere intensificazioni di una unica potenza intrinsecamente malvagia, l'esistenza. Il vero «sogno del prigioniero» (titolo, da Longfellow, dell'ultima poesia di *La bufera*) è, e per sempre, la prigionia. Ma per «ostinato rigore», la difesa contro la verità intersoggettiva diventa, in un poeta della forza di Montale, una potente e quasi mostruosa verità, una *verité noire*:[2] referto autentico di una dimora nell'inautentico.

Con quelle forse di Eliot, Benn e Pasternak, l'opera di Montale si situa tra le massime espressioni d'una condizione storica che crede salvarsi vivendosi come eterna: quella della coscienza carbonizzata viva dall'orgoglio e dal terrore del proprio destino.

F. Fortini, *Ventiquattro voci per un dizionario di lettere*, Il Saggiatore, Milano 1968, pp. 233-234.

2 **verité noire**: *verità nera*; francese.

4 I temi: il percorso romanzesco e l'intreccio fra pubblico e privato

I temi delle prime tre sezioni

La prima sezione di *La bufera e altro* è dedicata alla guerra, ai suoi orrori, alle rare apparizioni di Clizia, al tema dei lutti familiari. Questi motivi ritornano **nella seconda e nella terza sezione**, dove compaiono anche **quelli della malattia della moglie e dei ricordi della Liguria**. Comincia ad affacciarsi, in particolare, associato alla memoria della Liguria e dell'infanzia, **il tema dei morti**, che già in «Finisterre» tendono ad assumere un valore positivo: sono i custodi di una civiltà perduta contrapposta all'insignificanza e al disvalore del presente.

La funzione salvifica della donna nelle sezioni quarta, quinta e sesta

Nelle sezioni quarta, quinta e sesta domina il tema della donna e della sua possibile funzione salvifica. **Clizia** rappresenta i valori cristiani che dovrebbero incarnarsi nella storia: **è perciò presentata come la Cristofora**, portatrice di Cristo. **La simbologia cristiana** – una novità, rispetto ai primi due libri – è assunta non tanto per il suo contenuto dottrinale, quanto per la sua capacità di alludere a un valore assoluto capace di calarsi nella storia umana; non dunque «in quanto oggetto della fede, ma della speranza» (Jacomuzzi). **Tuttavia l'ipotesi dell'"incarnazione" del valore nel terreno e nella vicenda storica si rivela alla lunga illusoria.** Dopo gli entusiasmi del 1945-46, quando, con la sconfitta del nazismo e del fascismo, Clizia sembrava poter trionfare «per tutti», la situazione storica del 1947-48 si rivela contraria a ogni speranza; **Clizia deve allontanarsi in una sorta di «oltrecielo» ripetendo la foscoliana fuga delle Grazie.** È a questo punto che ricompaiono i morti, con il loro appello alla concretezza dei valori terreni; **la dimensione del «quaggiù» sembra riprendersi la sua rivincita anche attraverso allegorie di animali** (l'anguilla, il gallo cedrone) che rappresentano la vitalità e la forza degli istinti. **Nonostante la fuga di Clizia**, che sembra alludere alla necessaria scomparsa dell'arte dall'orizzonte umano, **la poesia può forse sopravvivere nel fango della vita quotidiana**, identificandosi con la stessa forza biologica dell'uomo. **L'anguilla** – che di questa forza è l'immagine poetica più potente – **diventa così allegoria di un valore analogo a quello della donna-angelo, ma ormai tutto immanente** (cfr. **T6**, p. 272).

La fuga di Clizia e il tema dei morti

L'anguilla, emblema di valori immanenti

Video • Intervista a M.A. Grignani su Clizia e Volpe

La relazione con Volpe rafforza all'inizio questa tendenza. **Volpe è un'anti-Beatrice**, che mantiene tratti angelici; **ma è espressione di un valore assai diverso da quello** – astratto, intellettuale e morale – **di Clizia**, perché rinvia al mondo concreto dell'eros e della passione.

La coscienza della negatività e della situazione di prigionia nella settima sezione

Il poeta si rende conto tuttavia che la **salvezza offertagli da Volpe è solo «privata», non «per tutti»**. Gli elementi ideologici positivi introdotti dal tema dei morti, della Liguria, della rivalutazione dell'istintuale cedono il posto alla coscienza negativa di una «prigionia» storica. **Nella settima e ultima sezione, il poeta non si riconosce nel mondo che lo circonda**, nella società di massa, nei *suoi due maggiori partiti (la DC e il PCI); denuncia lo stalinismo ma – come appare dagli articoli che scriveva in quel tempo – vede un pericolo anche nella civiltà industrializzata americana.* **In questa situazione non c'è da aspettarsi altro che la morte della poesia e la catastrofe della civiltà occidentale**, *incapace di difendere i valori da essa stessa elaborati. Al poeta non resta che il moto di orgoglio con cui ribadisce la propria coerenza: egli, per tutta la vita, ha ostinatamente cercato un «bagliore» di speranza.*

Il tema della morte della poesia e della catastrofe della civiltà occidentale

Come si vede, **temi privati e pubblici si intrecciano e si sovrappongono in modo da costituire un percorso romanzesco**: da una Beatrice o donna-angelo portatrice di valori intellettuali e morali si passa all'anti-Beatrice, dai simboli cristiani alla valorizzazione dei morti, dell'istintuale e della dimensione terrena dell'esistenza (paradossalmente, infatti, i morti, che rappresentano la civiltà del passato, stanno dalla stessa parte dell'anguilla, simbolo dell'eros); **per giungere, alla fine, a una posizione di deluso pessimismo**, che non esclude tuttavia un'impennata di orgoglio personale. Il passaggio dal momento iniziale a quello finale di ripiegamento e di sconfitta è contrassegnato dalla **crisi della speranza nell'"incarnazione"**: proprio perché il valore non si fa carne, cioè non si trasforma in storia, Clizia-Cristofora è costretta ad abbandonare gli uomini e a fuggire nell'«oltrecielo».

Il percorso romanzesco della Bufera e altro

5. L'allegorismo cristiano, le allegorie degli animali e l'allegorismo apocalittico

Dall'allegorismo umanistico delle Occasioni *a quello cristiano di* Iride *e di* La primavera hitleriana

La tendenza all'allegorismo e dunque la distanza dal Simbolismo, dalla "poesia pura" e dall'Ermetismo, già chiare nelle *Occasioni*, **si confermano nella *Bufera e altro***. Tuttavia la guerra di Liberazione, la nascita della democrazia e l'affermazione di una più articolata e moderna società di massa non restano senza conseguenze: il chiuso mondo solariano entra in crisi, mentre non è più possibile l'arroccamento degli intellettuali nella cittadella delle lettere. **Viene meno l'allegorismo umanistico delle *Occasioni*, espressione di valori elitari** che rovesciavano l'isolamento in privilegio aristocratico. **A esso si sostituisce un allegorismo cristiano, imperniato sulla figura della donna Cristofora**, l'Iride della poesia omonima di «Silvae» e la Clizia di *La primavera hitleriana* (cfr. **T4**, p. 265). **Ora la donna-angelo deve sacrificarsi «per tutti»**, in modo da calare il divino in mezzo agli uomini e incarnarlo nella storia. Non le bastano i doni della cultura e i valori dell'umanesimo, gli «occhi d'acciaio» della chiaroveggenza che caratterizzavano la figura femminile delle *Occasioni* (cfr. cap. VI, **T8**, p. 217); sono necessari ora i valori cristiani del sacrificio e della speranza.

Dall'allegorismo cristiano alle allegorie degli animali: la valorizzazione della vitalità istintiva e naturale

E tuttavia **il terzo libro montaliano è anche la storia della crisi dell'allegorismo cristiano**. La donna Cristofora è ancora **un emblema astratto**, che muove da esigenze squisitamente morali, religiose, intellettuali. Ha qualcosa di rigido, di freddo e di distante che difficilmente si concilia con il mondo terreno degli affetti e delle passioni. Già in «Finisterre» quest'ultimo appare piuttosto rappresentato dai morti e dagli animali. Questo tema viene ripreso e ampliato nella conclusione di «Silvae», dedicata al **gallo cedrone e all'anguilla**.

Le allegorie del gallo cedrone e dell'anguilla

A partire da Esopo e Fedro, gli animali si sono prestati ad apologhi allegorici. Ma qui siamo in presenza di allegorie ben più complesse e articolate. Anzitutto il gallo cedrone e l'anguilla **sono animali capaci di unificare mondi diversi**, cielo e terra nel primo caso, mare e terra nel secondo. **Si tratta inoltre di animali ambigui**, al confine fra specie diverse: metà gallo e metà volatile il primo, metà serpe e metà pesce il secondo. Nel soprasenso allegorico **entrambi rappresentano non solo la vitalità e la perennità dei cicli riproduttivi, ma anche, e contemporaneamente, il valore stesso della poesia**; e infatti l'uno è famoso per il suo canto d'amore, l'altra è paragonata a una sirena incantatrice (anche la sirena canta e incanta, come la poesia). Ciò significa che la poesia potrà sopravvivere solo se imparerà a praticare la stessa ambiguità dei due animali, a non farsi distinguere e classificare, a mimetizzarsi, a frequentare il fango, a identificarsi non più con un astratto "dover essere" ma con la stessa energia vitale che presiede ai «paradisi di fecondazione» dell'anguilla. **Sia il gallo cedrone che l'anguilla sono inoltre, per certi versi, figure ctonie**, hanno a che fare, cioè, con il mondo del sottoterra, della sepoltura e della morte. L'eternità del divino sta nel circolo che unisce morte e vita e fa della prima il preludio della seconda.

La figura di Volpe

Non è un caso, a questo punto, che **Volpe** sia il nome della donna amata subito dopo *L'anguilla* (cfr. T6, p. 272), nei mesi della stesura del *Gallo cedrone* (cfr. T5, p. 270). **Di nuovo il valore è racchiuso in un emblema animalesco**.

Tuttavia Volpe è ormai un valore solo "privato", come poi, e in modo più radicale, Mosca (altro nome desunto dal mondo animale) in *Satura*. A mano a mano che entra in crisi l'ipotesi dell'incarnazione, si assiste nella poesia di Montale a un incupimento pessimistico. **Il giudizio sulla società contemporanea e sulla vita stessa diventa sempre più negativo**.

Dalle allegorie degli animali all'allegorismo apocalittico

Le «Conclusioni provvisorie» riflettono questa fase successiva all'allegorismo vitalistico e immanentistico del *Gallo cedrone* e dell'*Anguilla*. Sinora **l'allegorismo montaliano** aveva assunto forme diverse – umanistiche, cristiane, vitalistico-biologiche – ma sempre positive o propositive; ora esso **tende a diventare apocalittico e giudicante** (il modello è ancora quello dantesco), **sostanzialmente negativo**. La civiltà occidentale appare condannata a una catastrofe epocale in *Piccolo testamento*, mentre la vita stessa è rappresentata come una prigione in T8, p. 282.

Dopo l'allegorismo apocalittico, si afferma, nella stagione dei Diari, l'allegorismo vuoto

Questa prospettiva apocalittica e il conseguente tipo di allegorismo continueranno in *Satura* (cfr., per esempio, «*L'alluvione ha sommerso il pack dei mobili*», in cap. VI, T10, p. 228). A partire dalle raccolte successive anch'**esso tenderà a venir meno**, sostituito da **un allegorismo vuoto**, volto a documentare l'insignificanza senza prospettare più alternative e anche senza più esplicite condanne (sull'allegorismo vuoto, cfr. vol. 5).

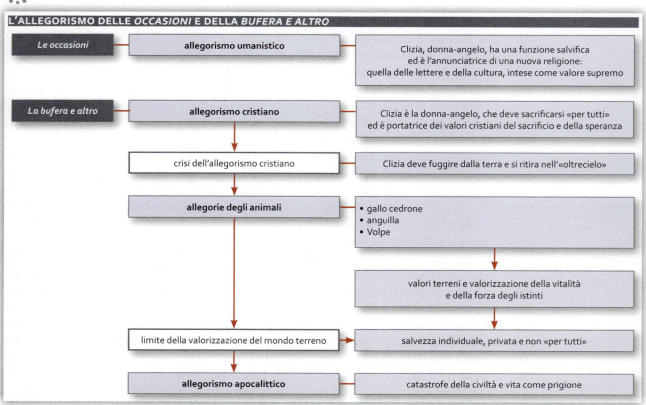

L'ALLEGORISMO DELLE *OCCASIONI* E DELLA *BUFERA E ALTRO*

6. Il tempo, lo spazio e l'ideologia

Il tempo delle *Occasioni* e quello della *Bufera e altro*

Il tempo nella *Bufera e altro* **non è quello delle *Occasioni***. In quest'ultimo libro esso era legato alle epifanie di Clizia e alle intermittenze del cuore: era un tempo frantumato, rotto da improvvisi movimenti e bagliori. **A uno spazio chiuso** – quello degli interni – **corrispondeva un tempo fermo, immobile**.

Il tempo romanzesco della *Bufera e altro*

Invece nella *Bufera e altro* il tempo è lineare e romanzesco, delinea un percorso e un filo narrativo; si protende indietro, alla memoria dei morti e dell'infanzia, e in avanti, al momento della salvezza «per tutti»: **è il tempo dell'attesa e della speranza**. Lo stesso ricordo di Clizia, e il senso della sua lontananza, se da un lato rinviano al passato, dall'altro aprono la prospettiva del ritorno di lei e dunque del futuro. **Il passato** (quello dei morti e dell'infanzia, ma anche quello della presenza di Clizia) **è dunque un polo positivo come il futuro, entrambi contrapposti a un presente negativo**. **Solo alla fine**, con il fallimento dell'ipotesi dell'incarnazione, **prevale invece la condizione di buio** e di acronia di una prigione collocata «nel fondo dove il secolo è il minuto» (come si legge in T8, p. 282). Viene così meno sia la prospettiva del passato che quella del futuro.

S • Il tempo nella *Bufera e altro* (E. Graziosi)

La condizione di acronia nelle «Conclusioni provvisorie»

Gli spazi aperti della città e della campagna

Questo dilatarsi e articolarsi del tempo è d'altronde connesso al variare degli spazi. Mentre al centro degli *Ossi di seppia* era il mare e lo spazio delle *Occasioni* era rappresentato dal chiuso della casa, **nella *Bufera e altro* prevalgono i luoghi aperti della città** (la Firenze di *La primavera hitleriana*, la Torino e la Milano di *Volpe*) **e della campagna. Sono luoghi in cui privato e pubblico s'incontrano**: la Firenze di Clizia è anche quella in cui giunge Hitler e in cui «nessuno più è incolpevole». Insomma la dimensione della storicità (e anche della cronaca e della politica) e quella esistenziale e metafisica si intrecciano nel modo stesso con cui sono trattate le categorie di tempo e di spazio.

Le coordinate spaziali e geografiche: l'opposizione verticale fra cielo e terra

Per quanto riguarda poi le coordinate spaziali, esistono nella *Bufera e altro* **assi verticali ben precisi**, nonché una altrettanto precisa geografia, insieme reale e ideale. **La verticalità è data dalla opposizione ma anche dalla possibile congiunzione fra cielo e terra, fra alto e basso**: il primo è il luogo della donna-angelo. Proprio perché Clizia tende alla profondità dei cieli e all'annullamento in Dio, essa resta estranea ai punti di riferimento umani. Opposta al freddo del cielo, sta la terra, con il suo fango e i suoi fossi, con il calore dei suoi affetti e delle sue passioni. Nella terra, e nel sottoterra, sono poi le tombe dei morti (le vecchie serve, la madre, il padre, la sorella), che vegliano sui vivi e ne proteggono il bisogno d'amore, d'espansione vitale, di affetti terreni e concreti. Tra i fossi dell'anguilla e le fosse dei morti c'è insomma una intesa profonda.

L'inversione fra basso e alto come luoghi del valore

A poco a poco fra i due poli opposti del cielo e della terra, del divino e del terreno, si realizza un'inversione, una sorta di rivoluzione copernicana: **il divino non sta nel cielo** o nella mente o nell'anima, **ma nel fango**, nei fossi dove vive l'anguilla e muore il gallo cedrone, negli istinti, nel sesso, nella natura.

Le coordinate geografiche: l'opposizione Nord-Sud

A queste coordinate verticali ne corrispondono altre geografiche, che si orientano secondo i punti cardinali opposti del **Nord e del Sud**. Clizia è personaggio nordico. Di origine tedesca, vive negli Stati Uniti fra i ghiacci della regione dei Grandi laghi, al confine con il Canada. Il freddo, il gelo, l'inverno accompagnano costantemente la sua figura. Quando annuncia la possibile salvezza «per tutti», «scende» al Sud, e precisamente «ai greti arsi del sud» (in T4, p. 265). Il Sud è, per Clizia, il polo opposto: **è il Meridione** in cui, in una poesia delle *Occasioni*, *Elegia di Pico Farnese*, le «donne barbute», nemiche di Clizia per la loro rozzezza e ignoranza, adorano il pesce, simbolo mezzo pagano (perché fallico) e mezzo cristiano (perché, alle origini del cristianesimo, emblema di Cristo). Ora quel Meridione che nelle *Occasioni* era condannato insieme ai culti delle «donne barbute» si prende la sua rivincita: significativamente è appunto un pesce, l'anguilla (di cui il poeta pone in risalto proprio il valore simbolico sessuale e precisamente fallico), a portare con sé il divino. **Il «quaggiù»**, termine ricorrente nel Montale del dopoguerra, **viene insomma rivalutato**.

Le rivalutazione del «quaggiù»...

...e la sua conclusiva negatività

Il limite di tale valorizzazione, evidente già nella figura di Volpe, **è confessato apertamente in** *Anniversario* (cfr. T7, p. 280). Se Dio si divide dagli uomini, se l'incarnazione non può realizzarsi, non basta certo la possibilità di una salvezza privata a riscattare il senso della vita. **La sensazione di una catastrofe e di una sconfitta diventa così sempre più incombente**, sinché, alla fine, il «quaggiù» si muterà nel «fondo» di una prigione (cfr. T8, p. 282): **anche l'ultimo luogo in cui si era annidato il valore viene conquistato dalla negatività**. Se il cielo è ormai deserto, anche la terra e la stessa vita umana appaiono una costrizione, e da esse scaturiscono ormai solo immagini d'impotenza e d'oppressione.

L'ideologia elitaria e signorile

Nel contempo, **l'ideologia elitaria**, signorile e snobistica che si era affermata negli anni Trenta come privilegio della cultura, **torna a riaffacciarsi con forza**, proprio nel momento del ripiegamento e della sconfitta; e infatti in *Piccolo testamento* assume la forma di una orgogliosa e quasi rancorosa rivendicazione di distinzione.

La crisi dell'ipotesi dell'incarnazione del valore

Essa rinasce proprio dal fallimento dell'ipotesi della incarnazione cristiana, su cui è costruito gran parte del terzo libro montaliano. Per un certo periodo, negli anni convulsi della guerra e dell'immediato dopoguerra, quando l'autore sembrava avere riacquistato una qualche fiducia nel rapporto con gli altri uomini e una dimensione anche sociale o collettiva del proprio dramma, la simbologia cristiana gli si era offerta, al posto di quella umanistica, come campo di valori e come possibilità non di una precisa fede religiosa (Montale resta un uomo di cultura laica e liberale) ma di speranza e di una possibile redenzione «per tutti» e dunque in una prospettiva non più aristocratica ma democratica. **La storia della** *Bufera e altro* **è quella della progressiva crisi della speranza dell'incarnazione**: dapprima si logora la possibilità affidata a una **donna-angelo** in grado di rinnovare la funzione di Cristo e di ricollegare al divino il terreno, poi quella diversa e per certi versi opposta della **donna-anguilla**, capace di portare «Amore in terra». Se **la prima** appare troppo fredda e lontana, troppo astratta e rigorosa, e perciò incompatibile con il caldo mondo dell'infanzia e delle passioni, anche **la seconda** è ormai espressione di un valore del tutto individuale e personale e quindi troppo limitato.

Il trionfo finale del pessimismo

Alla fine il pessimismo trionfa: non solo l'aspirazione al divino e all'eterno risulta irrimediabilmente frustrata, ma l'unica «persistenza» possibile è quella dell'«estinzione» (in *Piccolo testamento*); **la stessa civiltà occidentale appare sull'orlo di una catastrofe, mentre anche il destino della poesia sembra segnato**; cosicché al poeta non resta che affidarsi a un lascito testamentario orgoglioso quanto impotente o all'esile risarcimento del sogno. Se non esistono più valori e la poesia stessa sta per scomparire, **il silenzio poetico si presenta come unica e coerente soluzione**.

7. La prima sezione: «Finisterre»

Monostilismo e monolinguismo nell'«esperienza petrarchesca» di «Finisterre»

Le poesie di «Finisterre», scritte a partire dal 1940 e già pubblicate autonomamente a Lugano nel 1943 e a Firenze nel 1945, **avrebbero dovuto figurare per Montale in appendice alle** *Occasioni* e solo a malincuore furono inserite nella *Bufera e altro*. **Il registro stilistico e linguistico** è lo stesso dei «Mottetti» del secondo libro; identico **il tema dell'assenza-presenza della donna-angelo**, seppure ora proiettato sul nuovo scenario «di una guerra cosmica e terrestre, senza scopo e senza ragione» (parole di Montale). Monostilismo e monolinguismo, dunque, come nelle *Occasioni*: siamo ancora nell'ambito di un'«esperienza petrarchesca», come ebbe ad affermare il poeta stesso, e dunque, lontani dall'«immediatezza» drammatica – e piuttosto dantesca che petrarchesca – delle altre poesie della *Bufera e altro*.

Il titolo

Anche se non si può escludere che **il titolo derivi dal nome di una località marina della Bretagna**, in Francia, Finistère, **indubbiamente esso allude alla situazione all'estremo o al limite, di fine** (o confine) **della vita e della terra** ("finis terrae" = fine della terra), provocata dagli orrori del conflitto mondiale (la «bufera» che dà il titolo al primo testo della sezione e al libro intero).

La salvezza della donna-angelo e quella della letteratura, forma di difesa dalla crisi

L'astrattezza etica ed intellettuale di Clizia, «l'iddia che non s'incarna»

Gli animali

La morte della madre

Le ultime poesie di «Finisterre» prefigurano la svolta di «Silvae»

La donna-angelo rappresenta ovviamente l'alternativa di salvezza. D'altronde la letteratura stessa, con il suo rigore selettivo e con il suo concentrato classicismo, sembra erigersi a forma di controllo e di difesa estrema, contro i rischi di una doppia crisi: quella storica della guerra e quella esistenziale dovuta alla lontananza di Clizia e ai lutti familiari.

A questi elementi negativi bisogna aggiungere poi che **la figura stessa di Clizia**, con la sua astrattezza etica e intellettuale, **può talora provocare nel soggetto un moto di paura, se non di terrore**. Clizia è l'«iddia che non s'incarna» (in *Gli orecchini*). Il mondo dei desideri, della passione, della vita istintuale le è totalmente estraneo. **Cominciano ad apparire, nel rapporto con Clizia, i primi indizi di una crisi** che si manifesterà pienamente qualche anno più tardi.

La realtà terrena, con le sue concrete pulsioni, è **in «Finisterre» rappresentata dagli animali** (i delfini di *Su una lettera non scritta*, i cani di *L'arca*) **e dai morti**. La perdita della madre, avvenuta nel 1942, viene rielaborata dall'autore in un modo che lo induce a riscoprire il valore terreno dell'esistenza, nella sua irripetibile materialità (cfr. T1). Quasi contemporaneamente, in un'altra poesia (*L'arca*), i morti diventano i lari tutelari di una dimensione della vita – anche bassa e istintuale – che non può essere più rappresentata da Clizia.

Le ultime poesie, in senso cronologico, di «Finisterre», come appunto *L'arca* (cfr. T2, p. 258) **e *A mia madre*, annunciano una svolta** che si realizzerà compiutamente solo qualche anno dopo, nella quinta sezione, «Silvae», dove compare, con *L'anguilla*, l'esaltazione dell'elemento naturale e pulsionale.

T1 A mia madre

OPERA
La bufera e altro

CONCETTI CHIAVE
- il valore terreno dell'esistenza
- la sopravvivenza nella memoria dei vivi

FONTE
E. Montale, *L'opera in versi*, a cura di R. Bettarini e G. Contini, Einaudi, Torino 1980.

Poesia scritta alla fine del 1942, l'anno della morte della madre, Giuseppina Ricci (deceduta a Monterosso in novembre), e pubblicata su rivista nel 1943. Riflette un preciso momento della rielaborazione di questo lutto. La vita e il ricordo della madre sono inseparabili, per l'autore, dalla sua irripetibile materialità. Ella resterà viva non per qualche ragione trascendente (come lei credeva, nella sua fede religiosa) ma per la forza che il ricordo di lei – affidato a gesti precisi, connotati nella loro fisicità – conserva nei vivi.

> Ora che il coro delle coturnici
> ti blandisce nel sonno eterno, rotta
> felice schiera in fuga verso i clivi
> vendemmiati del Mesco, or che la lotta
> 5   dei viventi più infuria, se tu cedi
> come un'ombra la spoglia
>   (e non è un'ombra,
> o gentile, non è ciò che tu credi)

METRICA endecasillabi, con rime libere (rOTTA : lOTTA; oMBRA : sgOMBRA; clIVI : vIVI; cEDI : crEDI; StESSA : ESSA). Si noti il v. 6 a scalino, con assonanza fra spOgliA e OmbrA a unire i due emistichi (ma anche con rOttA e lOttA).

● **1-8** Adesso (**Ora**) [che sei morta, e] che nel [tuo] *sonno eterno ti conforta* (**blandisce**) *il canto* (**coro**) *delle coturnici*, [che formano una] *schiera spezzata* (**rotta**) *e felice in fuga* [: in volo] *verso le pendici* (**clivi**) *del Mesco, dove è stata fatta la vendemmia* (**vendemmiati**); adesso che la guerra dei vivi (**la lotta dei viventi**; è la seconda guerra mondiale) *infuria* [di] più, chi ti proteggerà [: chi difenderà il tuo ricordo], *se tu abbandoni* (**cedi**) *il* [tuo] *corpo* (**la spoglia**) *come* [se fosse solo] *un'ombra* (e, o [madre] *gentile*, non è [solo] *un'ombra*, non è *quello che tu credi* [che sia] [: cioè qualcosa che non ha valore di fronte all'immortalità dell'anima])? Siamo nel 1942, precisamente in autunno (infatti si è appena compiuta la vendemmia, ed è in quella stagione che le coturnici si spostano in stormi). La perifrasi ha anzitutto un valore referenziale, poiché la madre di Montale era morta in novembre; in secondo luogo l'autunno è, come in altri testi montaliani, una metafora della morte. Il duplice **ora** (vv. 1 e 4) collega il lutto privato con le vicende della guerra. Il piano strettamente personale si proietta così sullo sfondo della storia collettiva, secondo una costante della *Bufera*. Le **coturnici** sono uccelli della famiglia dei fagiani, dal piumaggio grigio; il loro volo **felice** è un segno di continuità con la vita

chi ti proteggerà? La strada sgombra
  non è una via, solo due mani, un volto,
10 *quelle* mani, *quel* volto, il gesto d'una
  vita che non è un'altra ma se stessa,
  solo questo ti pone nell'eliso
  folto d'anime e voci in cui tu vivi;

  e la domanda che tu lasci è anch'essa
15 un gesto tuo, all'ombra delle croci.

Umberto Boccioni, *Costruzione orizzontale*, 1911-12. Collezione privata.

Elaborato in piena temperie futurista, questo ritratto della madre, un tema che Boccioni affronta molte volte, è l'occasione per riflettere sulla dinamica fra interno ed esterno. La madre, infatti, è ritratta sullo spazio-limite della finestra, in uno spazio che mette in comunicazione il mondo intimo e privato della casa, in cui rientrano ancora le mani e il volto, con uno scorcio dell'esterno che sembra voler assorbire la figura per smaterializzarla.

e di consolazione. Esso traduce in chiave naturalistica un tema cristiano: quello degli angeli che accompagnano l'anima del defunto in cielo e là lo accolgono con il loro **coro**. Il **Mesco** è un promontorio delle Cinque Terre, in provincia di La Spezia, non molto lontano da Monterosso, dove la madre di Montale morì. **Gentile** rievoca i versi del coro su Ermengarda morente nell'*Adelchi* di Manzoni: «Sgombra [qui al v. 8, ma con diversa funzione grammaticale], o gentil, dall'ansia / mente i terrestri ardori». Montale però capovolge quelle certezze cristiane (cfr. sotto). In questo primo periodo, ma solo interrogativamente e negativamente (v. 6), è annunciato il tema della lirica: Montale respinge la fede cattolica della madre che, affermando l'immortalità del puro spirito, riduce il corpo a **ombra**.

● **8-15** *La strada* (metafora) *libera* (**sgombra**) [: dal peso del corpo] *non è una* [*vera*] *via* [*di salvezza*]; *solo due mani, un volto,* [*cioè*] *quelle mani, quel volto* [: di un individuo particolare e concreto], *il gesto di una vita che non vale* (**è**) [*in funzione di*] *un'altra* [: quella ultraterrena], *ma* [*vale per*] *se stessa, solo questo ti mette nel paradiso* (**eliso**) *popolato* (**folto**) *di anime e* [*di*] *voci in cui tu* [*ora*] *vivi; e la domanda che tu lasci è anch'essa un gesto tuo* [: qualcosa che appartiene alla tua concretezza di persona], *all'ombra delle croci* [*del cimitero*]. In questo secondo periodo, Montale espone positivamente la propria fede laica nella sopravvivenza oltre la morte (affermata dal **tu vivi** del v. 13). Essa si deve fondare sulla reale concretezza dell'individuo che abbiamo conosciuto, identificato dal suo **volto**, dalle sue **mani** e dai suoi gesti peculiari. Sono questi, impressi nel ricordo dei viventi, a garantire la vita oltre la morte. Perciò Montale non parla del paradiso cristiano, ma dell'**eliso** pagano, dimora delle anime dei defunti. Qui, esso coincide con la memoria. Il tema, insieme al classicismo della scelta lessicale, è foscoliano. Le frequenti ripetizioni (**solo due mani, un volto, / quelle mani, quel volto…solo questo**) hanno valore insieme affettivo e logico (**solo questo** vale come riepilogo). **Mani** e **volto** sono ciò che, specie nel vocabolario di Montale, identificano la realtà fisica dell'uomo. Il poeta non chiarisce che cosa riguardasse la **domanda** della madre. Si sono fatte varie ipotesi: probabilmente di credere in un'altra vita e di non preoccuparsi perciò del corpo.

T1 DALLA COMPRENSIONE ALL'INTERPRETAZIONE

COMPRENSIONE

La concretezza del ricordo La lirica è suddivisa in **tre strofe**, ma articolata sintatticamente in **due soli periodi**, con una non coincidenza tra struttura sintattica e struttura strofica. Il primo periodo è una lunga interrogativa che si chiude a metà del primo verso della seconda strofa (v. 8). Il secondo periodo comprende il resto della seconda strofa e anche la terza, formata da due soli versi, separati dai precedenti per ottenere un effetto di maggiore rilievo. Nella **prima strofa** sono delineate **l'occasione (la morte della madre) e il contesto storico (la guerra)** della poesia. Il poeta si chiede retoricamente chi, in questi tempi drammatici, proteggerà il corpo della madre morta (se cioè, in un'epoca di morte e distruzione come questo, sia possibile piangere i propri morti ed elaborare i propri lutti privati). **La parentesi**

introduce poi quasi sottovoce e in sordina quello che è in realtà **il tema centrale della lirica: il corpo non è «ombra»**, semplice parvenza di qualcosa che gli sopravvive e che è più importante (l'anima). Al contrario **la seconda strofa** ci dice che, nella **prospettiva laica** di Montale, **è proprio il corpo (le mani e il volto della madre), e il ricordo dei suoi gesti materiali, a sopravvivere al nulla**. È questo a far sì che, per il superstite, il defunto possa continuare a vivere come se si trovasse in un paradiso popolato di anime e di voci, e che la sua immagine non scompaia nel nulla. **Il distico finale** è di difficile interpretazione. Qual è **la domanda che la madre lascia all'ombra delle croci** (cioè nel cimitero dove ora riposa il suo corpo)? Si può ipotizzare che si tratti di una domanda di tipo religioso sull'esistenza di un'altra vita dopo a morte. Questa domanda però è della madre e non del poeta perché, come abbiamo visto, per lui è la fisicità della persona a perdurare nel ricordo, mentre l'ipotesi religiosa della sopravvivenza dell'anima è da lui negata. Ma anche questa interrogazione su un aldilà metafisico, questa genuina espressione di fede della madre, per quanto non condivisa dal figlio, ha per lui un valore e un senso: è infatti uno dei «gesti» e degli atteggiamenti che rivelano il carattere della defunta e la sua personalità.

ANALISI

La fede della madre e quella del poeta Alla **fede** della madre si allude due volte, nella parentesi ai vv. 6-7, e indirettamente ai vv. 8-11. **La madre ritiene che il corpo sia un «ombra»**, l'aspetto esteriore di una realtà più vera, quella dell'anima e della sua immortalità, e che perciò la morte sia la «via» che conduce a una vita eterna diversa da quella terrena (v. 9). **Il poeta invece pensa che la vita terrena non sia l'ombra di un'altra vita**, ma che essa invece valga di per se stessa (cfr. v. 11). Alla posizione trascendente della madre egli ne contrappone una immanente, fondata sul valore terreno dell'esistenza. **L'unica vita futura dei morti è nella memoria dei vivi**, e solo in essa la madre sopravvivrà. Questa memoria, che in qualche modo tiene in vita i morti, è chiamata, paganamente, «eliso», con eco foscoliana (Montale è uno dei poeti del Novecento più sensibili alla **lezione di Foscolo**). Per questo la poesia è anche **una difesa dell'unità anima-corpo**, della «singolarità dell'individuo incarnato», e un attestato dell'impossibilità, per l'autore, di «prescindere dal segno fisico come unica realtà ammissibile e conoscibile» (Blasucci).

INTERPRETAZIONE

Un confronto con Ungaretti Il tema della morte della madre è anche in una poesia di **Ungaretti**, *La madre*, del 1930 (cfr. cap. IV, T10, p. 109), che Montale può aver tenuto presente (per contrapporvisi, più che per imitarla). Le differenze sono notevoli: **Ungaretti vede la vita terrena come «ombra»** (parola presente tanto al v. 2 della sua poesia quanto al v. 6 di quella di Montale) e perciò condivide con la madre la fede religiosa che Montale invece respinge. Tutta la tensione dell'uno è volta all'aldilà, quella dell'altro all'aldiqua. Inoltre, mentre per Montale la scomparsa della madre apre la via a un discorso sulla morte, a un ragionamento anche filosofico e, in una certa misura, oggettivo (ciò che viene detto per la madre vale per ogni uomo), **in Ungaretti l'attenzione è prevalentemente puntata sull'io lirico**, sulla sua possibilità di salvezza grazie all'intervento della madre presso il Signore. Infine la figura materna è mostrata, nel testo ungarettiano, nei suoi gesti, che sono sì precisi ma anche patetici e atti a suscitare commozione: Ungaretti infatti vuole rendere poeticamente l'emozione soggettiva provocata dalla morte della madre e dal ricordo di lei (si veda il particolare toccante dei due versi conclusivi); Montale invece programmaticamente tace l'elemento emotivo e soggettivo, limitandosi a farlo intuire e mirando piuttosto a trasferirlo su un piano oggettivo ed emblematico, riguardante tutti gli uomini. **La poesia di Ungaretti tende al sacro** (la stessa parola «Madre» è scritta con la maiuscola) ed è per questo priva di referenti concreti nella realtà naturale; **quella di Montale è colma di animali, di particolari fisici, di oggetti** (le «coturnici», i «clivi vendemmiati del Mesco», «*quelle* mani, *quel* volto», le «croci» del cimitero). Già in questi aspetti si può cogliere la distanza fra Montale e Ungaretti e poi – data l'influenza di Ungaretti sull'Ermetismo – fra Montale e gli ermetici (la cui poesia è spesso di tipo religioso). Una poesia, di **Saba** (*Preghiera alla madre*, cfr. cap. V, T7, p. 157) e una di **Pasolini** (cfr. Parte Decima, cap. VI, espansioni digitali T, *Supplica a mia madre*) possono arricchire il confronto fra Montale e Ungaretti.

Il valore dei morti I morti rinviano alla concretezza **della vita terrena** e, per tale via, a **un valore contrapposto al disvalore della guerra**, cui si allude ai vv. 4-5 («or che la lotta / dei viventi più infuria»). I particolari fisici della donna, i suoi gesti, si collocano in un contesto preciso, connotato anche geograficamente (le Cinque Terre, il Mesco). Il valore dei morti coincide dunque con **il recupero dell'infanzia ligure**. La rielaborazione del lutto induce l'autore a riscoprire un tempo, un luogo, una civiltà da contrapporre al presente.

T1 LAVORIAMO SUL TESTO

ANALIZZARE

La natura e la storia

1. In quale contesto storico più vasto si inserisce la morte della madre?

Due visioni della morte

2. **LINGUA E LESSICO** Quale significato assume la parola «ombra»? Quale contrapposizione ideologica è celata dalle parole di Montale?

3. La domanda «chi ti proteggerà?» è posta al centro del componimento: perché?

INTERPRETARE

Quale idea della vita?

4. Quale concezione dell'esistenza traspare a tuo parere dall'espressione «eliso/folto d'anime e voci in cui tu vivi»?

LE MIE COMPETENZE: CONFRONTARE

Una delle maggiori poetesse italiane della seconda metà del Novecento, Alda Merini (1931-2009), ha dedicato alla madre morta questa poesia intitolata *Il grembiule*:

Il grembiule

Mia madre invece aveva un vecchio grembiule
per la festa e il lavoro,
a lui si consolava vivendo.
In quel grembiule noi trovammo ristoro
fu dato agli straccivendoli
dopo la morte, ma un barbone
riconoscendone la maternità
ne fece un molle cuscino
per le sue esequie vive.

Alda Merini, *Il grembiule*, in *Vuoto d'amore*, Einaudi, Torino 1991.

Qui il grembiule della madre, simbolo (per metonimia) del ventre materno, mantiene il suo valore consolatorio e ristoratore anche dopo la morte della donna, trasformandosi nel cuscino di un mendicante che ne ha riconosciuto (con un sesto senso che gli altri non hanno) il potere nascosto. Il tono e lo stile sono molto diversi da quelli di *A mia madre* di Montale. Fai un confronto tra le due poesie.

T2 L'arca

OPERA
La bufera e altro

CONCETTI CHIAVE
- la memoria minacciata dalla guerra

FONTE
E. Montale, *L'opera in versi*, cit.

La tempesta che scuote il salice presso la casa d'infanzia di Montale è l'allegoria della guerra, che sembra voler cancellare i segni del passato e quelli che, ora morti, egli amò da bambino. La casa diventa il rifugio ideale per loro (come l'arca che salvò Noè e i suoi dal diluvio): il pericolo di annientamento cui sono esposti suscita la fedeltà del poeta, anche se la loro sopravvivenza è precaria.

La tempesta di primavera ha sconvolto
l'ombrello del salice,
al turbine d'aprile
s'è impigliato nell'orto il vello d'oro
5 che nasconde i miei morti,
i miei cani fidati, le mie vecchie
serve – quanti da allora
(quando il salice era biondo e io ne stroncavo)

METRICA una strofa di endecasillabi e settenari (ma il v. 1 ha 12 sillabe, il v. 2 è un senario sdrucciolo). Le rime sono sostituite da assonanze e consonanze (p. es.: sconvolto: oro: morti: allora; stroncavo: calati: lontano; tempesta: tetto, ecc.).

1-10 La tempesta di primavera ha sconvolto la chioma (**ombrello**) del salice, per il vento impetuoso (**al turbine**) di aprile si è impigliato nell'orto il vello d'oro [: la chioma del salice] (cfr. sotto) che protegge (**nasconde**) le persone a me care morte (**i miei morti**), i miei cani fedeli (**fidati**), le mie vecchie serve – coloro che (**quanti**) sono caduti (**calati**), [ancora] vivi, nella trappola (**trabocchetto**) [della morte] da quel tempo in cui (**allora quando**) il salice aveva foglie gialle (**era biondo**) e io [bambino] ne tagliavo (**stroncavo**) rami e foglie (**le**

      le anella con la fionda) son calati,
10   vivi, nel trabocchetto. La tempesta
      certo li riunirà sotto quel tetto
      di prima, ma lontano, più lontano
      di questa terra folgorata dove
      bollono calce e sangue nell'impronta
15   del piede umano. Fuma il ramaiolo
      in cucina, un suo tondo di riflessi
      accentua i volti ossuti, i musi aguzzi
      e li protegge in fondo la magnolia
      se un soffio ve le getta. La tempesta
20   primaverile scuote d'un latrato
      di fedeltà la mia arca, o perduti.

anella = i riccioli [della sua chioma]) *con la fionda*. Una tempesta primaverile sconvolge la chioma di un salice cui il poeta è legato sin da bambino e, con esso, i ricordi della sua infanzia: in particolare, quelli su coloro che amò e che ora sono morti. La **tempesta**, come di consueto nella *Bufera*, è un'allegoria della seconda guerra mondiale, che sembra voler cancellare per sempre ogni cosa, senza rispettare neppure il passato. **Ombrello** è una metafora per indicare la chioma del salice, sottolineandone il carattere protettivo: si tratta infatti di una pianta cui sono collegati molti ricordi, e che perciò in qualche modo protegge quei ricordi e le cose cui essi si riferiscono, ma anche l'identità del poeta. Per il **vello d'oro** vedi Dalla comprensione all'interpretazione del testo. **Anella**: propriamente, i riccioli, in accordo con la metafora che definisce "chioma" l'insieme di rami e foglie di un albero. **Trabocchetto**: la trappola tesa dalla morte e in cui cadono i **vivi**.

 10-15 *Certo la tempesta li* [: i miei morti] *farà riunire sotto quel tetto* [: quella casa] *di un tempo* (**di prima**), *ma lontano* [: nell'aldilà], *più lontano di questa terra colpita dai fulmini* (**folgorata**) *dove bollono calce e sangue al passaggio degli uomini* (**nell'impronta del piede umano**). Per la tempesta, i morti cercheranno rifugio nella casa di un tempo: non più quella reale, ma una ideale, posta nell'oltretomba ovvero nella memoria del poeta (la sopravvivenza dei morti, infatti, per Montale si compie nel ricordo dei sopravvissuti, non in un mondo ultraterreno). La casa diviene così «l'arca» cui allude il titolo, simile a quella che salvò Noè e i suoi dal diluvio universale. **Tetto** per "casa" è sineddoche; ma contiene un'allusione all'etimo della parola (dal latino *tego* = "proteggo"). **Tempesta... folgorata**: le immagini di bufera sono ancora allegorie della guerra. **Dove...umano**: è un'immagine onirica: ormai il semplice passaggio dell'uomo è distruzione. Il **sangue** è quello delle vittime del conflitto, la **calce** probabilmente la calce viva, gettata sui cadaveri per evitare che la loro decomposizione risulti infetta.

● **15-19** *In cucina fuma la pentola di rame* (**il ramaiolo**), *la sua superficie circolare e riflettente* (**un suo tondo di riflessi**) *richiama su di sé* (**accentua**) *i volti scarni* (**ossuti**) [: dei parenti morti e delle vecchie serve], *i musi aguzzi* [: dei cani] *e in fondo* [all'orto] *li protegge la magnolia, se un soffio* [di vento tempestoso] *la proietta su di essa* [: sul ramaiolo] (**ve la getta**). Le presenze dei morti si raccolgono intorno al focolare, dove sono rispecchiate da una pentola che fuma. La **magnolia**, nella *Bufera*, è un'altra pianta protettiva.

● **19-21** *La tempesta primaverile scuote la mia arca* [: la mia casa] *suscitando un* (**d'un**) *latrato di fedeltà* [: quello dei cani di guardia], *o miei morti* (**perduti**). Il poeta si rivolge ora direttamente ai morti: la tempesta che li minaccia suscita un'estrema resistenza, simboleggiata dal latrare dei cani. **Arca**: la casa reale e ideale, come luogo in cui salvare i ricordi e le cose care. **Latrato di fedeltà**: non solo quello dei cani, come spiega Montale, ma anche il grido del poeta stesso, in un atto disperato di difesa. **O perduti**: nella concezione laica di Montale, la sopravvivenza dei defunti è affidata, precariamente, alla memoria dei sopravvissuti (cfr. T1, p. 255); ma essi restano, per chi vive ancora, perduti (tanto più in una situazione drammatica come quella della guerra).

T2 · DALLA COMPRENSIONE ALL'INTERPRETAZIONE

COMPRENSIONE

La sacralità dei ricordi e la distruzione della guerra Questa poesia è stata pubblicata in *Finisterre*, la breve raccolta che Montale pubblicò nel 1943 in Svizzera e che nel 1956 confluirà nella *Bufera*. Il senso della lirica è che **il ricordo dei nostri morti deve essere protetto dall'insensatezza** e dall'orrore della storia. **Il titolo allude all'arca di Noè**, in analogia con la memoria del poeta che salva il ricordo dei suoi morti (uomini e animali) dal diluvio che si sta abbattendo su una intera civiltà rischiando di distruggerla. Nel componimento possiamo distinguere due momenti:

● **vv. 1-10**: la tempesta primaverile ha scompigliato le fronde giallo-verdi del salice del cortile di casa, che come un sudario dorato ricopriva e proteggeva i morti così come la memoria protegge il loro ricordo. **L'immagine iniziale della «tempesta» racchiude simbolicamente quella della guerra** (la Seconda guerra mondiale), il cui infuriare determina una riflessione sulla morte più in generale. Qui come nella lirica *A mia madre* (T1) al negativo della guerra è contrapposto **il valore positivo della memoria del passato** e in particolare il ricordo dell'in-

fanzia e delle persone care che, nel corso degli anni, sono scomparse;
- **vv. 10-19**: la minaccia della distruzione totale farà riunire i morti lontano dai luoghi in cui sono vissuti e lontano dalla devastazione. Il luogo remoto dove si riuniscono i morti, dopo che la tempesta della guerra ha sconvolto le fronde del salice che idealmente li proteggeva nel giardino di casa, diventa per un attimo visibile attraverso la superficie riflettente del ramaiolo, il lungo cucchiaio col quale si raccoglie la minestra dalla pentola (un ricordo evidentemente caro all'infanzia del poeta). La parte convessa della sua estremità (cioè l'unica visibile quando è pieno) riflette le immagini circostanti (i volti dei vivi) in modo deformato facendo apparire i volti dei morti. L'albero che li protegge non è stavolta il salice ma la magnolia, i cui rami (forse visibili da una finestra o una porta) vengono riflessi dal ramaiolo quando il vento li sospinge verso lo spazio riflettente dell'oggetto da cucina. La **riunione dei morti** preannunciata al v. 11 si compie quindi in **un'altra dimensione** («lontano, più lontano / di questa terra folgorata») ma è allo stesso tempo percepibile in uno **spazio intimo e familiare**, quello della cucina.

ANALISI

Il ruolo della metafora La figura retorica che regge questa lirica è la metafora: essa da una parte traduce in termini concreti dei termini astratti, dall'altro nasconde il significato profondo dei versi. Così, la **«tempesta» è la guerra**; la chioma (**«ombrello»**) del salice è un riparo offerto sia al poeta, sia ai suoi ricordi (cioè ai suoi morti); il **«salice»** stesso è l'albero-simbolo del **mondo infantile** (perché posto presso la sua casa, perché vicino ad esso egli giocava con la fionda, e perché collegato a persone o cose del passato: i parenti, le serve, i cani); il **«trabocchetto»** è la morte; il **«tetto»** è la casa-arca, cioè il luogo ideale in cui si cerca un rifugio dal male e si ritrova, con il proprio passato, se stessi; la **«terra folgorata»** è l'Italia sconvolta dal conflitto; **«calce e sangue»** che bollono «nell'impronta del piede umano» sono le violenze e le atrocità belliche; il **«ramaiolo»** è la vita domestica; la **«magnolia»** è un nuovo simbolo di protezione (perché albero nobile e sempreverde); il **«latrato»** una disperata affermazione di fedeltà al passato. Come si vede, **ogni termine può essere letto secondo due significati**: un'esatta descrizione di spazio e tempo (la tempesta presso la casa del poeta); un'allegoria degli effetti della guerra sugli affetti del poeta. La forza dell'espressione lirica sta in questa volontà di concretezza e nella condensazione cui ogni parola si presta.

Un particolare: il «vello d'oro» Il vello d'oro, secondo quanto racconta **il mito greco, è la pelle d'oro di un montone** recuperato, dopo molte avventure, da Giasone e dagli Argonauti, suoi seguaci. Per Montale indica il «sudario che quando si alza scopre i ricordi», cioè la chioma delle foglie gialle del salice. L'accostamento chioma del salice-vello d'oro implica un riferimento al **carattere prezioso dei ricordi** e dei morti, che da esso sono protetti e vegliati ("nascosti"). E tuttavia non può sfuggire come, a un livello più profondo, questo accostamento contenga anche **un elemento perturbante: la vicenda di Giasone e di Medea**, la principessa-maga che lo aveva aiutato a impadronirsi del vello d'oro, si conclude tragicamente, con l'uccisione, da parte di Medea, dei figli avuti da Giasone.

INTERPRETAZIONE

La guerra, i morti, la memoria La distruzione della guerra non riguarda solo il presente, ma anche il passato: cancellando gli oggetti fisici fra i quali il poeta ha vissuto, essa **minaccia di annientare anche tutti i ricordi** che a quegli oggetti si riferivano. Per Montale, infatti, la sopravvivenza dei morti non è quella eterna dell'aldilà cristiano, ma quella precaria affidata alla memoria dei sopravvissuti, che si appoggia agli oggetti concreti cui i defunti erano legati (o cui li si può collegare). **La devastazione dello spazio fisico dell'infanzia** diventa così **la devastazione dell'identità del poeta**, che viene privato di quello che possedeva, in senso reale e ideale. A lui non resta che aggrapparsi ad essi e difenderli orgogliosamente, con la stessa elementare istintività di un cane di guardia che latra (vv. 19-21).

La casa-arca Il tema della casa si carica qui di intensi significati simbolici. **La casa è infatti il luogo dell'infanzia**, cioè del passato; ma **è anche un'«arca» di salvezza**, cioè una promessa di vita futura. Oltre alla casa reale esiste poi una casa che sta «lontano, più lontano», nel mondo interiore e nella memoria del poeta (e che per questo ha la funzione dell'oltretomba). La casa è dunque **un luogo di riparo e un segno della propria identità**. Perciò la abitano presenze antiche o addirittura arcaiche, tutte fortemente emblematiche: i morti, le serve, i cani. Al suo interno il ramaiolo indica il focolare, simbolo tradizionale dell'unità domestica perché legato al fuoco e al cibo comuni; all'esterno, il salice e la magnolia vegliano sulla sua intimità.

T2 LAVORIAMO SUL TESTO

ANALIZZARE

1. Di che cosa è allegoria l'arca? Di che cosa la tempesta?

Distruzione e sopravvivenza

2. Perché la guerra è distruzione non solo del presente, ma anche del passato?
3. Illustra il nesso fra il tema dei morti e quello della memoria presente in questa lirica.

INTERPRETARE

Il simbolo della casa

4. **TRATTAZIONE SINTETICA** Illustra in una trattazione sintetica (max 10 righe) i significati assunti in questa lirica dal tema della casa.

---

8 La seconda e la terza sezione: «Dopo» e «Intermezzo»

I temi di «Dopo» e di «Intermezzo»

«Dopo» e «Intermezzo» **sono due brevi sezioni di passaggio**, come fanno capire anche i titoli. Raccolgono testi scritti fra il 1943 e il 1945.

L'**«esperienza petrarchesca»** (come la chiama l'autore) **di «Finisterre» appare qui definitivamente chiusa. Clizia con i suoi bagliori è del tutto assente**. Compaiono semmai **altre figure femminili: Arletta, la sorella morta, Mosca** gravemente ammalata; **e di nuovo animali** (cani) come simbolo di vitalità contrapposto all'orrore di morte della guerra che continua. **Il linguaggio è più immediato e realistico**, non senza qualche eco lontana del Neorealismo (ad esempio in «*Suggella, Herma, con nastri e ceralacca*», T3). Il mutamento linguistico è evidente anche nel modo preciso con cui è descritto l'arredo minuto dell'ospedale, nel testo più lungo e complesso delle due sezioni, *Ballata scritta in una clinica*. **Anche le due prose liriche inserite in «Intermezzo»**, per quanto scritte in uno stile elevato, rivelano un'indubbia tendenza verso la prosa.

La tendenza alla prosa

L'opposizione presente-passato

Sul piano tematico, soprattutto nelle due prose liriche, **continua la polemica contro il presente cui si contrappone il passato**, rappresentato dal padre (morto nel 1931), da personaggi eccentrici come Fadin (cui è intitolata una delle due prose) e dal paesaggio ligure di Monterosso.

T3 «Suggella, Herma, con nastri e ceralacca»

OPERA
La bufera e altro

CONCETTI CHIAVE
- il tramonto della speranza nata dopo l'8 settembre 1943

FONTE
E. Montale, *L'opera in versi*, cit.

È il primo di due *Madrigali fiorentini. Apre la sezione «Dopo», rivolgendosi a una donna, Herma, una modella austriaca amica di Vittorini. Porta, nel testo, la data «11 settembre 1943».*

11 settembre 1943

esortazione
Suggella, Herma, con nastri e ceralacca
la speranza che vana
si svela, appena schiusa ai tuoi mattini.

METRICA endecasillabi con un settenario (al v. 2). Scarse le rime regolari in fine di verso (vANA : allontANA, in quasi rima con mA-No; mORTE : cORTE). Non mancano consonanze, assonanze (sin dalle prime parole: SuggEllA : HErmA) e rime interne: ceralAC-CA : biACCA (in assonanza con sperAnzA e con vAnA), mattINI : manifestINI.

● **1-3** [O] *Herma, suggella [come se fosse un plico prezioso] con nastri e ceralacca la speranza che, appena nata* (**schiusa**) *per i tuoi giorni* (**mattini**), *si rivela* (**svela**) *[già] vana*. **Herma** era un'austriaca presentata a Montale da Elio Vittorini. La **speranza** è quella della fine o almeno di un radicale mutamento nella guerra dopo l'armistizio dell'8 settembre; speranza rivelatasi immediatamente **vana**. Il poeta in-

> Sul muro dove si leggeva MORTE
> A BAFFO BUCO passano una mano
> 5 di biacca. Un vagabondo di lassù
> scioglie manifestini sulla corte
> annuvolata. E il rombo s'allontana.

vita però la donna a conservarla per il futuro, come se fosse un documento che, suggellato, va custodito. I **nastri** e la **ceralacca** (una cera rossa su cui si imprime il sigillo) sono infatti quelli usati in occasioni simili.

- **4-6** *Sul muro dove si leggeva morte a* [*quel*] *pederasta* (**buco**) [*di*] *Hitler* (**baffo**) *passano una pennellata* (**mano**) *di vernice bianca* (**biacca**). Dopo l'occupazione tedesca di Firenze, i nazi-fascisti cancellano un'ingiuria scritta su un muro. Hitler è detto **baffo** per i suoi tipici e sinistri baffetti; l'accusa di omosessualità (**buco** è fiorentino volgare) si collega all'isteria che il Führer manifestava nella scomposta eloquenza dei discorsi pubblici e alle dicerie (del resto motivate) sulla perversione dei capi nazisti.

- **6-8** *Un* [*aereo*] *vagante* (**vagabondo**) *dal cielo* (**di lassù**) *fa cadere* (**scioglie**) *manifestini sul cortile* (**corte**) *buio per le nuvole* (**annuvolato**). *E il* [*suo*] *rombo si allontana*. Era comune, durante la guerra, che gli aerei lanciassero volantini con avvisi alla popolazione. Anche se non è chiarito dal testo, sembra trattarsi di un aereo degli alleati anglo-americani, piuttosto che tedesco o italiano (i nazi-fascisti, infatti, non avevano nessuna necessità di lanciare volantini dall'alto, giacché occupavano la città). **Rombo** non ha dunque valore negativo, come altrove in Montale. È invece il fatto che l'aereo **si allontana** a suggerire sgomento: esso rappresenta il venir meno delle speranze di liberazione. Il clima rimane perciò sospeso e minaccioso (lo caratterizza, infatti, il cielo annuvolato).

T3 DALLA COMPRENSIONE ALL'INTERPRETAZIONE

COMPRENSIONE

"Dopo l'armistizio" La poesia è datata «11 settembre 1943»: siamo, dunque, tre giorni **dopo l'armistizio con gli anglo-americani**. Ma la speranza, appena nata, si è rivelata ben presto un'illusione: i tedeschi hanno invaso l'Italia – ora divisa in due, fra un centro-nord in mano alle forze germaniche e un sud controllato dall'esercito alleato –, mentre i fascisti stanno riorganizzandosi (il giorno successivo, il 12 settembre, Mussolini sarà liberato dai tedeschi e posto a capo della Repubblica di Salò). Per questo **le autorità hanno cancellato la scritta muraria contro Hitler** («baffo buco», con riferimento alla pederastia), mentre un aereo alleato, che ha sparso volantini, si allontana anche lui, come la speranza. Rivolgendosi ad un'amica, **Herma**, che gli era stata presentata da Vittorini, il poeta prende atto dell'**impossibilità di una immediata liberazione dai nazi-fascisti**, affermando che la speranza di un cambiamento repentino dopo l'armistizio si è rivelata vana. Montale invita però la donna a mantenere viva la speranza per il futuro.

ANALISI E INTERPRETAZIONE

Il rinnovamento linguistico La poesia si apre mimando la **conversazione quotidiana** e introducendo con essa particolari bassi e quotidiani («nastri e ceralacca»). Riporta poi – riproducendone addirittura le maiuscole – una **scritta muraria**, in cui l'insulto osceno è usato politicamente («MORTE / A BAFFO BUCO»): e qui **siamo sulle soglie della poetica neorealistica** che stava allora cominciando ad affermarsi. Infine si fa riferimento a un aereo che getta volantini sulla città. Beninteso, tutti questi **particolari realistici** sono nobilitati dagli **artifici metrici e retorici** (si veda, per esempio, l'*enjambement* che divide la scritta muraria; o la metonimia che allude all'aereo). E tuttavia è importante che **gli oggetti del mondo fisico e le presenze della storia** umana tornino a comparire nella poesia di Montale. Dimostrano che siamo ormai a una svolta di poetica su cui ha certamente influito in modo notevole la nuova situazione storica, più aperta ai grandi mutamenti, più inquieta e drammatica. D'altronde Montale, nonostante la sua vocazione metafisica, è un autore che si qualifica sempre per la tempestiva reattività agli avvenimenti storici.

T3 LAVORIAMO SUL TESTO

ANALIZZARE

1. **LINGUA E LESSICO** Analizza il livello lessicale (sottolinea i termini realistici e tecnici) e il livello fonico-metrico (rime interne, assonanze, *enjambements*).

INTERPRETARE

2. Individua il legame formale che unisce le tre immagini ispirate alla cronaca e il loro significato metaforico.

9. La quarta sezione: «Flashes e dediche»

Omogeneità stilistica con la sezione «Ossi di seppia» del primo libro e con i «Mottetti» del secondo

«Flashes e dediche» raccoglie quindici poesie scritte quasi tutte fra il 1948 e il 1952 (due sono quasi certamente del 1954). Si tratta dunque di liriche molto spesso cronologicamente successive alla sezione seguente, la quinta, «Silvae». **La serie di «Flashes e dediche» si sottrae infatti all'ordine cronologico** per raggruppare liriche rapide e concentrate, tutte formalmente omogenee, simili, per struttura, a quelle degli «Ossi di seppia» (nel libro omonimo) e dei «Mottetti» nelle *Occasioni*. Se ne differenzia, semmai, per la frequente **intonazione madrigalesca e amorosa** (vi si alternano, infatti, le figure di Clizia e di Volpe). Inoltre, rispetto ai «Mottetti», **le poesie di «Flashes e dediche»**, per quanto stilisticamente molto sostenute, **appaiono più aperte al mondo basso, vario e informe degli oggetti**: vi compaiono infatti interni borghesi, cicche, lavandini, treni, aerei, scale mobili, cronache giornalistiche. Molte poi sembrano fatte con gli appunti di una sorta di taccuino di viaggio (vi abbondano le indicazioni di località, spesso straniere) e trovano infatti sviluppi o conferme in *reportage* giornalistici poi pubblicati in *Fuori di casa*.

L'apertura al mondo basso e vario degli oggetti e della quotidianità

T • *Lasciando un "Dove"*

L'indebolimento dell'ipotesi di una donna-angelo

Questo abbassamento della materia non annulla peraltro l'aspirazione al sublime, presente anche nei numerosi riferimenti religiosi. Tuttavia è indubbio che, nel loro complesso, le quindici liriche della sezione documentino la **perdita di vigore della tematica stilnovistica e l'indebolimento dell'ipotesi di una donna-angelo cristofora**, intermediaria fra l'uomo e la divinità.

10. La quinta sezione, «Silvae»: dalla donna-angelo all'anguilla

La delusione del dopoguerra

La quinta sezione contiene le poesie più alte e impegnate del libro, quasi tutte legate alla crisi del dopoguerra, e precisamente al **periodo 1946-49. Le speranze suscitate dalla Liberazione durano poco**: già nel 1947 Montale non riconosce più come decisiva, nella sua interpretazione della storia europea, la discriminante fascismo-antifascismo, e anzi gli anni Venti e Trenta, nei quali male e bene, valore e disvalore almeno si fronteggiavano da sponde opposte, gli cominciano ad apparire preferibili al **presente, in cui i contrari convivono in un magma indifferenziato** (questo tema è presente in due testi di «Silvae», *L'ombra della magnolia* e *Il gallo cedrone*).

La crisi dei valori degli anni Trenta

Nella nuova situazione storica, e precisamente **nella società massificata del dopoguerra, i riferimenti culturali ed etici degli anni di «Solaria» entrano progressivamente in crisi**. Il poeta comincia ad avvertire l'anacronismo di una difesa del valore affidata al privilegio della poesia e alla sacralità della cultura; e vi fa fronte trasformando la donna in Cristofora (cfr. § 4). Ella mantiene tuttavia tratti di rigore morale e una tensione all'assoluto che la rendono inconciliabile con il presente, inducendola, alla fine, alla fuga.

Clizia Cristofora

Possibilità della sopravvivenza della poesia nel «fango» dell'esperienza quotidiana

Poiché tale inconciliabilità può comportare anche per la poesia l'impossibilità di sopravvivere, nascono i primi dubbi sulla sua sorte. **Il poeta prospetta allora l'ipotesi che la poesia si salvi rifugiandosi** non più nel cielo dei valori astratti, ma **nella concretezza della vita materiale e nel «fango» dell'esistenza quotidiana**: comunque, nel basso, non più nell'alto.

Il titolo

Siamo di fronte insomma a **una ricerca aperta e drammatica**, segnata da un lato dalla crisi dei vecchi valori, dall'altro dallo sforzo di individuarne di nuovi. Di qui il **carattere, anch'esso aperto e vario, della sezione**. Già **il titolo, «Silvae»**, è significativo: suggerisce varietà di motivi e di metri, occasionalità dell'ispirazione, un certo abbassamento di tono e di linguaggio (cfr. **S5**, p. 264). **Anche il linguaggio è ricco**, aperto a inserti quotidiani e talora persino dialettali, ma sempre sostenuto e

Il linguaggio

Paul Klee, *Adamo e la piccola Eva*, 1921. New York, The Metropolitan Museum of Art.

Nel luglio del 1937, alla "Mostra di arte degenerata" voluta dal regime nazista, vengono esposte ben settanta opere di Paul Klee. La mostra è un pretesto per appropriarsi delle maggiori collezioni tedesche d'arte contemporanea di cui erano proprietaria la colta classe intellettuale degli ebrei tedeschi, ma è anche lo strumento per umiliare gli artisti delle avanguardie che rappresentano per il Nazismo la pericolosa affermazione di una libertà fuori controllo. Per Paul Klee la libertà della creazione artistica è la libertà del gioco infantile, della natura che si fa presente nei gesti e nelle scelte dell'artista. L'artista, anzi, è uno strumento di cui la natura si serve per ampliare la creazione e tentare nuove vie e una nuova bellezza.

---

nobilitato dalla rigorosa tessitura metrica e stilistica. Si nota anche su questo piano, comunque, lo stesso tentativo di valorizzare il basso che osserviamo a livello tematico.

Il percorso narrativo di «Silvae»: da Iride-Cristofora alla donna-anguilla

L'emblema dell'anguilla

All'interno del "romanzo" della *Bufera e altro*, le «Silvae» possono essere individuate come un secondo "romanzo". Nella sezione, infatti, si scorge un preciso **percorso narrativo**, di cui sono chiarissimi i punti di partenza e di arrivo. Il primo è segnato dal testo iniziale, *Iride*; il secondo da quello finale, *L'anguilla*. **Iride è la donna-angelo, Clizia** divenuta Cristofora, che si annulla in Dio: per portare salvezza agli uomini, si disincarna. Viceversa *L'anguilla* celebra appunto la carne, il **terreno**: è nella forza biologica dell'istintuale che il poeta vede infatti la salvezza del valore. Da questo punto di vista, l'anguilla (emblema della speranza che si annida nel terreno) è sorella di Clizia; ma la salvezza che lei indica viene dal basso, non dai cieli in cui Clizia-Iride si disincarna.

Le poesie iniziali di «Silvae»

S • Confronto fra *Nuove stanze* e *La primavera hitleriana* (F. Croce)

Il trionfo di Clizia e la sua fuga

Nella sezione è insomma presente **una parabola narrativa, con una transizione dal cielo alla terra, dall'astratto al concreto, da Clizia all'anguilla**. Questo passaggio è mediato da **una serie di cinque poesie** collocate di seguito, senza soluzione di continuità, subito dopo *Iride*: in esse la donna-angelo non compare affatto e i protagonisti sono invece Arletta, il paesaggio dell'infanzia ligure, i defunti oppure, se appare (in *L'orto*), è in associazione appunto con tali immagini. **Esauritasi questa serie, Clizia torna in primo piano in altre cinque poesie, a partire da *La primavera hitleriana*** (1946), in cui ella porta la salvezza «per tutti» e l'annuncio di una nuova epoca (cfr. **T4**). Ma già nel testo successivo, *Voce giunta con le folaghe*, queste speranze sono cadute e anzi la sua figura appare in contraddizione con il mondo dei morti. Questo è rappresentato dal padre ancora attaccato a quella

---

S5 — INFORMAZIONI

Che cosa significa «Silvae»

La "silva" ('selva') è un genere della letteratura latina. A partire dal poeta Publio Papinio Stazio (50-96 d.C.), autore appunto di *Silvae* (32 carmi divisi in 5 libri), esprime il tentativo di allargare il campo della lirica a motivi anche non amorosi e d'inserirvi tutta una nuova "selva" di temi spontanei e occasionali. La "silva", insomma, indica una varietà di contenuti, anche improvvisati, e di forme, che per certi versi fa pensare alla "satura" (o satira), caratterizzata anch'essa, nella letteratura latina, dalla polimetria e dal carattere miscellaneo. Per Montale le "silvae" sono dunque un modo per superare i limiti della poesia d'amore e per confrontarsi con una materia più vasta e con modi più prosastici. Da questo punto di vista, il titolo della quinta sezione della *Bufera* sembra anticipare quello del quarto libro montaliano, *Satura*.

realtà dei ricordi e del terreno, da cui invece Clizia vuole distoglierlo. Infine **i tre componenti successivi hanno per argomento la fuga di Clizia**, che ripete quella foscoliana delle Grazie (in *L'ombra della magnolia*), **la morte della poesia e la possibilità di una sua rinascita nel fango del terreno** (in *Il gallo cedrone*; cfr. **T5**, p. 270) **e infine il viaggio dell'anguilla**, che indica un percorso molto diverso da quello della donna-angelo: dal basso all'alto, dall'acqua e dalla melma alle vette e alle rocce degli Appennini (cfr. **T6**, p. 272).

Il tema dell'incoronazione: da Clizia-Cristofora all'anguilla

Come si vede, **al centro della sezione sta il tema religioso dell'"incarnazione", della possibilità, cioè, del valore di farsi storia**. All'inizio tale ipotesi viene espressa attraverso l'immagine della Cristofora, della donna che, come Cristo, è mediatrice fra cielo e terra. Poi, a mano a mano che questa ipotesi entra in crisi, il poeta cerca altre soluzioni sino a quella, affidata alle ultime due poesie (*Il gallo cedrone* e *L'anguilla*), di **trovare il divino nel terreno**.

Dall'allegorismo cristiano alle allegorie degli animali

Sono le allegorie degli animali, ora, a esprimere una alternativa positiva rispetto al deserto dei valori della società contemporanea. L'allegorismo montaliano non è più umanistico (come era nelle *Occasioni*) e neppure cristiano (come in *Iride* o in *La primavera hitleriana*), ma vitalistico e immanentistico; e tuttavia tende comunque a essere ancora positivo o propositivo. Anzi, l'anguilla riunisce i due termini, contrapposti negli *Ossi di seppia* (cfr. cap. VI, § 4), del mare e della terra, dell'istintualità felice e della resistenza etica. Eros ed Ethos non si escludono più a vicenda, ma sono fra loro alleati (su questo nuovo tipo di allegorismo cfr. anche § 5).

T4 La primavera hitleriana

OPERA
La bufera e altro

CONCETTI CHIAVE
- la condanna del fascismo e del nazismo
- la funzione salvifica di Clizia, portatrice di salvezza «per tutti»

FONTE
E. Montale, *L'opera in versi*, cit.

Video • *La primavera hitleriana* (P. Cataldi)

Con questa poesia, posta al centro di «Silvae», Clizia torna a essere protagonista, dopo un intervallo dedicato ad Arletta, ai morti, ai valori del passato. Il testo fu elaborato in due fasi, nel 1939 e nel 1946 (cioè subito prima e subito dopo la guerra). Per il tema apertamente politico (la minaccia del nazismo rappresentata dalla visita di Hitler a Firenze nel maggio del 1938) questa poesia si collega a Nuove stanze *(cfr. cap. VI,* **T8**, *p. 217), ma con un'ispirazione meno aristocratica, più dichiaratamente democratica (la donna-angelo porta la salvezza «per tutti»). Inoltre la condanna del nazismo e del fascismo è qui esplicita, perentoria e durissima: Hitler e Mussolini, che accompagna il capo del nazismo nella visita di Firenze, sono dei «mostri».*

> Né quella ch'a veder lo sol si gira...
> DANTE (?) a Giovanni Quirini

Folta la nuvola bianca delle falene impazzite
turbina intorno agli scialbi fanali e sulle spallette,*
stende a terra una coltre su cui scricchia
come su zucchero il piede; l'estate imminente sprigiona
5   ora il gelo notturno che capiva

METRICA quattro strofe di diversa lunghezza formate da versi lunghi: dall'endecasillabo a un'originale ed efficace imitazione dell'esametro latino (cfr., per es., i vv. 1, 2, 4...).

● **Né quella ch'a veder lo sol si gira**: è il verso di un sonetto indirizzato a un rimatore del Trecento (**Giovanni Quirini**) e attribuito a Dante con qualche incertezza (di qui il punto interrogativo). Montale lo lesse nell'edizione delle *Rime* uscita nel 1939 a cura di Gian-

franco Contini, importante critico da lui frequentato in quegli anni. Il riuso di numerosi elementi della tradizione stilnovistica nella poesia di Montale riferita a Clizia si deve anche a questo rapporto personale. "Quella che si gira per vedere il sole" è appunto Clizia, la ninfa trasformata secondo il mito in girasole (cfr. anche i vv. 27 sg.). Il verso del sonetto successivo a questo citato in epigrafe è inserito al v. 34 nel corpo della poesia.

● **1-7** *Lo sciame* (**la nuvola**; metafora) *fitto* (**folta**) *e bianco delle farfalle* (**falene**) *impazzite turbina* [: gira in aria] *intorno ai lampioni* (**fanali**) *smorti* (**scialbi**) *e sui muretti del fiume* (**sulle spallette**) [*Arno*], *stende a terra uno strato* (**una coltre**: letteralmente 'una coperta', per metafora) *su cui i piedi scricchiolano* (**scricchia**: dal verbo raro 'scricchiare') *come su* [*dello*] *zucchero: l'estate che sta arrivando* (**imminente**) *ora emana* (**sprigiona**) *il gelo notturno che era* [*ancora*] *racchiuso* (**che capiva**; dal verbo intransitivo 'capire') *nei na-*

nelle cave segrete della stagione morta,
negli orti che da Maiano scavalcano a questi renai.

Da poco sul corso è passato a volo un messo infernale
tra un alalà di scherani, un golfo mistico acceso
10 e pavesato di croci a uncino l'ha preso e inghiottito,
si sono chiuse le vetrine, povere
e inoffensive benché armate anch'esse
di cannoni e giocattoli di guerra,
ha sprangato il beccaio che infiorava
15 di bacche il muso dei capretti uccisi,
la sagra dei miti carnefici che ancora ignorano il sangue
s'è tramutata in un sozzo trescone d'ali schiantate,
di larve sulle golene, e l'acqua séguita a rodere
le sponde e più nessuno è incolpevole.

20 Tutto per nulla, dunque? – e le candele
romane, a San Giovanni, che sbiancavano lente
l'orizzonte, ed i pegni e i lunghi addii
forti come un battesimo nella lugubre attesa
dell'orda (ma una gemma rigò l'aria stillando
25 sui ghiacci e le riviere dei tuoi lidi

Sopra e nella pagina a fianco, la visita di stato di Adolf Hitler in Italia, Firenze 1938.

scondigli (**nelle cave**) segreti della stagione morta [: l'inverno], negli orti che da Maiano [: un paese a Nord-Est di Firenze] si susseguono (**scavalcano**) [fino] a queste rive sabbiose (**renai**) [del fiume Arno]. Due dati realistici e insieme allegorici per il loro significato sinistro: la caduta a terra di moltissime farfalle bianche, così da formare uno strato raccapricciante di corpi che scricchiola sotto i piedi; un ritorno in piena primavera del freddo invernale, come se questo si fosse nascosto in qualche luogo inaccessibile e ora riuscisse fuori.

● **8-19** Da poco [tempo] è passato in fretta (**a volo**) sul corso [di Firenze] un inviato (**un messo**) dell'inferno (**infernale**) [: Hitler] tra un [grido di] 'alalà' di soldati (**scherani**) [: i fascisti che salutano], un golfo mistico [: la buca dell'orchestra nei teatri lirici] illuminato (**acceso**) e addobbato (**pavesato**) di croci a uncino [: il simbolo nazista] lo [: Hitler] ha accolto (**preso**) e inghiottito, sono state chiuse le vetrine [dei negozi], povere [: con scarse merci] e inoffensive benché anch'esse armate [: piene, con metafora] di cannoni e [di] giocattoli di guerra, il macellaio (**il beccaio**: fiorentino) che adornava (**infiorava**) di bacche il muso dei capretti uccisi ha chiuso (**sprangato** = messo la sbarra) [il negozio], la festa (**sagra**) dei miti assassini (**carnefici**) che ancora non conoscono (**ignorano**) il sangue [che sta per essere versato] si è trasformata (**tramutata**) in uno sporco (**sozzo**) ballo (**trescone**) di ali spezzate [: quelle delle farfalle], di insetti (**larve**) sugli argini (**sulle golene**), e l'acqua

continua (**séguita**) a consumare (**rodere**) le sponde e nessuno è più senza colpa (**incolpevole**). Sullo sfondo dei due dati realistici presentati nella prima strofa (uno dei quali è ripreso nella conclusione di questa) è collocato l'arrivo di Hitler, che attraversa velocemente la città passando per il **corso** (la via più importante), salutato dal grido tipico dei fascisti italiani («eja eja alalà» – di antica origine greca), ed è ricevuto nel Teatro Comunale per uno spettacolo musicale (al quale assistette in compagnia di Mussolini). La città accoglie l'arrivo del potente alleato con un'atmosfera di festa (cfr. **sagra**), chiudendo i negozi (poveri di merci ma pieni di giochi che richiamano l'ideologia guerresca del regime). Coloro che festeggiano Hitler non sanno di favorire con il proprio conformismo lo scatenarsi imminente della guerra, e per questo sono **miti carnefici** (un ossimoro molto forte). La caduta delle farfalle ha la funzione di smascherare l'ipocrisia dei non-colpevoli, di quelli che non sanno il significato della propria complicità: grazie a questo segno diventa chiaro che la festa è una macabra preparazione all'immenso sacrificio umano che sta per compiersi, annunciato anche dalla simbologia evidente dei **cannoni e giocattoli di guerra** nelle vetrine e della preparazione con **bacche** aromatiche del capretto come per un rito sacrificale. A questo punto, cioè, la verità è chiara a sufficienza perché più nessuno possa ritenersi o essere ritenuto senza colpa per buona fede o ignoranza. **Messo infernale**: è la rappre-

sentazione di Hitler come diavolo proveniente dall'inferno. **Scherani**: è vocabolo dispregiativo e vale 'sgherri, sicari, complici di omicidi'; anche in riferimento alla subalternità dei fascisti italiani nei confronti delle iniziative politiche e militari di Hitler. **Golfo mistico**: indica propriamente la zona ribassata, tra il palcoscenico e la platea, riservata all'orchestra; ma qui allude al teatro nella sua interezza, all'interno del quale Hitler prese posto nel palco d'onore insieme a Mussolini. **Inoffensive...armate**: è un ossimoro che annuncia quello del v. 16. **Trescone**: è una danza, connotata negativamente, al pari di molti altri balli nell'opera montaliana, forse anche per la somiglianza con il termine "tresca" = imbroglio, associazione con lo scopo di nuocere. **L'acqua...le sponde**: segno del passare del tempo, cioè dell'avvicinarsi della tragedia; e segno del procedere inesorabile della storia verso il suo esito catastrofico.

● **20-30** Tutto [quello che di positivo è stato fatto e che Clizia incarna è stato] dunque inutile (**per nulla**)? – sia (**e**) i fuochi d'artificio (**le candele romane**), nel giorno di (**a**) san Giovanni, che illuminavano (**sbiancavano**) l'orizzonte [ricadendo] con lentezza (**lente**), sia (**ed**) le promesse (**i pegni**) sia (**e**) gli addii prolungati (**lunghi**) [: insistenti] forti come un battesimo nella luttuosa (**lugubre**) attesa della massa violenta (**dell'orda**) [: i nazisti] (ma una pietra preziosa (**una gemma**) [: una stella cadente] attraversò (**rigò**) il cielo (**l'aria**) proiettando (**stillando**) sui ghiacci e le coste (**riviere**) delle tue regioni (**lidi**) i sette an-

gli angeli di Tobia, i sette, la semina
dell'avvenire e gli eliotropi nati
dalle tue mani – tutto arso e succhiato
da un polline che stride come il fuoco
e ha punte di sinibbio...
                                                                                    Oh la piagata
primavera è pur festa se raggela
in morte questa morte! Guarda ancora
in alto, Clizia, è la tua sorte, tu
che il non mutato amor mutata serbi,
fino a che il cieco sole che in te porti
si abbàcini nell'Altro e si distrugga
in Lui, per tutti. Forse le sirene, i rintocchi
che salutano i mostri nella sera
della loro tregenda, si confondono già
col suono che slegato dal cielo, scende, vince –
col respiro di un'alba che domani per tutti

geli di Tobia, la semina del futuro) sia (e) i girasoli (gli eliotropi) nati dalle tue mani – tutto bruciato (arso) e divorato (succhiato) da un polline [: le farfalle] che stride [: fa un rumore spiacevole] come il fuoco e ha punte di gelo (sinibbio; un vento del Nord)... Dato il trionfo, almeno apparente, del male, il poeta si chiede a che cosa siano serviti e quale valore abbiano i momenti positivi vissuti insieme a Clizia. Ripercorre così le tappe finali del rapporto con lei, elencando (vv. 20-28) i gesti che hanno preceduto la partenza di Clizia da Firenze, pochi mesi prima. Tutto sembra però essersi ridotto alla distesa raccapricciante di farfalle morte, cioè a un paesaggio di distruzione e di morte. Ma in una parentesi (vv. 24-27) è ricordato l'episodio più significativo in rapporto al proprio futuro: una stella cadente osservata insieme alla donna, e capace di trasmettere alle terre dove lei si dirige la possibilità di restare in contatto con il poeta e con gli altri uomini travolti dall'orrore. Infatti gli angeli di Tobia (e in particolare Raffaele) hanno secondo la Bibbia la funzione, tra l'altro, di comunicare a Dio i meriti degli uomini, nei quali è contenuta la preparazione del futuro (la semina dell'avvenire). Nella parentesi è nascosto il primo annuncio di un inevitabile riscatto futuro, che è il tema spiegato nell'ultima strofa. Le candele...San Giovanni: è la tradizione fiorentina di festeggiare il giorno di S. Giovanni, protettore della città, con fuochi d'artificio. Il poeta e Clizia vi hanno evidentemente assistito insieme. La luce dei fuochi che illumina l'orizzonte ha un significato simbolico: sembrava la promessa di un futuro positivo. Pegni: in senso stretto sono gli oggetti che ci si scambia reciprocamente, per esempio tra fidanzati, soprattutto prima di separarsi, in segno di promessa. Addii... battesimo: la separazione da Clizia era stata accompagnata da saluti intensi al punto da sembrare un battesimo, cioè da sembrare capaci di rigenerare introducendo a una nuova vita. Ghiacci...tuoi lidi: Clizia veniva dall'America del Nord, e là tornò per sfuggire al nazifascismo. Il Nord assume nella poesia di Montale il carattere di una categoria etica e spirituale positiva, e in qualche modo trascendente, mentre il Sud rappresenta la condizione immanente della storia e dell'esistenza materiale. Eliotropi: sono i girasoli cari a Clizia per il riferimento mitologico legato al suo nome (cfr. la nota all'epigrafe). Polline...sinibbio: si allude alle farfalle, riprendendo il riferimento al rumore spiacevole già contenuto al v. 3; con nuovo rimando anche al freddo tardivo. La primavera, anziché portare il polline dei fiori, ha portato un annuncio terrificante di orrore, nel quale si fondono fuoco e ghiaccio.

● **30-37** *Oh la primavera ferita* (**piagata**) [: dal freddo e dalla caduta di farfalle] è *ugualmente* (**pur**) [*una*] *festa se trasforma nel freddo della morte* (**se raggela in morte**) *questa morte* [: quella rappresentata da Hitler]! *Clizia, tu che conservi* (**serbi**) [*pur essendo*] *cambiata* (**mutata**) *lo* [*stesso*] *amore non cambiato* (**non mutato**), *guarda ancora verso l'alto* (**in alto**) [: verso il sole], *è* [*questo*] *il tuo destino* (**sorte**), *fino a quando* (**fino a che**) *il sole* [: l'amore] *segreto* (**cieco**) *che porti dentro di te* (**in te**) *sia abbagliato* (**si abbàcini**) *in Dio* (**nell'Altro**) *e si annulli* (**si distrugga**) *in Lui, per* [*la salvezza di*] *tutti*. I segni avversi della natura (la morìa di farfalle, il gelo inconsueto) possono configurare una prima sconfitta delle forze del male, una prima forma di morte per i portatori di morte nazifascisti. La funzione di Clizia non è dunque inutile o conclusa come nella terza strofa il poeta ha dichiarato di temere. Alla donna compete anzi ora il destino di riunirsi – con il proprio amore ancora umano – all'amore universale di Dio, ripetendo in qualche modo la funzione sacrificale di Cristo, per la salvezza dell'umanità intera (**per tutti**). Ci sono due elementi di novità, rispetto alle poesie dedicate a Clizia nelle *Occasioni*: 1) si allarga il numero degli uomini destinati alla salvezza portata da lei, poiché la poesia montaliana negli anni successivi alla fine della guerra acquista un nuovo orizzonte sociale; 2) Clizia tende ad allontanarsi dall'esistenza del poeta: rispetto a lui, ella si pone ormai come un'entità intoccabile, superiore e trascendente. Quest'ultimo cambiamento ha anche ragioni strettamente biografiche: la Clizia reale, Irma Brandeis, era tornata negli Stati Uniti e il rapporto vero e proprio con lei era più che mai sublimato in senso puramente intellettuale. **Clizia**: il nome mitologico della ispiratrice compare qui per la prima volta nell'opera di Montale; ed è chiaro che il destino di Clizia è quello di guardare **in alto**, verso il sole, a causa della propria natura di girasole (un fiore rivolto sempre, come dice il nome, verso il sole). **Il non mutato...serbi**: è il verso che segue quello citato in epigrafe, nello stesso sonetto attribuito a Dante. Si riferisce alla trasformazione della ninfa Clizia in girasole e alla permanenza in lei dello stesso amore per Apollo, dio del sole, anche dopo l'assunzione della nuova natura. In riferimento alla donna montaliana, si allude alle trasformazioni storiche e a quelle del rapporto personale, le quali non hanno cambiato la natura profonda di Clizia.

● **37-43** *Forse* [*i suoni del*]*le sirene, i rintocchi che festeggiano* (**salutano**) *i mostri* [: Hitler e Mussolini] *nella sera del loro incontro diabolico* (**tregenda**), *si mescolano* (**si confondono**) *già con il* (**col**) *suono che, liberato* (**slegato**) [: inviato] *dal cielo, scende* [*sulla Terra*], [*e*] *vince* – [*si mescolano*] *con il respiro* [: l'arrivo vitale] *di un'alba, bianca ma senza ali* [: quelle delle farfalle; cfr. v. 1] *orribili* (**di raccapriccio**), *che domani* [: nel futuro] *ri-*

si riaffacci, bianca ma senz'ali / di raccapriccio, ai greti arsi del sud...

[Handwritten annotations:
- senza ali demoniache
- valori democratici e ugualitari illuministici distrutti dal fascismo
- Italia bruciata
- Italia → laboratorio (da un punto di vista politico) es. dittatura totalitaria invenzione italiana]

spunti (**si riaffacci**) *per tutti* [*gli uomini*] *sulle rive* (**ai greti**) *bruciate* (**arsi**) *del sud...* Conclusione di speranza caratterizzata da un'eccezionale fiducia e da ottimismo nei confronti del futuro dell'uomo. Come dal gelo e dalla nevicata di farfalle si può ricavare già il segnale della sconfitta del nazi-fascismo, così nei suoni trionfali delle sirene e delle campane che festeggiano Hitler può già essere riconosciuto l'annuncio di un futuro migliore, di rinascita civile per tutti gli uomini. **Tregenda**: convegno di streghe e demoni. **Un'alba**: in contrapposizione alla *sera* del trionfo del male, a sottolineare la fine imminente di questo e il destino positivo del futuro. **Per tutti**: ripete l'espressione del v. 37, a mettere meglio in evidenza la natura sociale e civile di questa speranza. È una novità importante, rispetto all'individualismo delle poesie precedenti: destinata però a durare assai poco. **Senz'ali di raccapriccio**: il futuro sarà luminoso (cfr. **bianca**) e non sarà accompagnato da presagi di morte. **Greti arsi del sud...**: cioè, secondo la simbologia geografica montaliana, nella dimensione terrena della realtà storica e umana. I puntini di sospensione che concludono la poesia segnalano anch'essi l'apertura agli sviluppi del futuro.

T4 DALLA COMPRENSIONE ALL'INTERPRETAZIONE

COMPRENSIONE

L'orrore e la speranza Questa poesia è molto complessa e articolata. Si apre con un'**immagine di morte**: è sera, intorno ai lampioni dei lungarni volano **sciami di falene, che cadono morte a causa del gelo improvviso**. I loro corpi scricchiolano sotto i passi dei pedoni. **Hitler** è passato da poco sul Corso di una **Firenze addobbata a festa** per arrivare a Palazzo Pitti, nel cui cortile una banda militare suona musiche in suo onore. La folla dei fiorentini in festa che lo ha accolto, gente pacifica che ancora non si è macchiata dei crimini della guerra (ma che senza saperlo è già complice dei carnefici), ora che la manifestazione è terminata, cammina in fretta sui marciapiedi pieni di farfalle morte. Di fronte all'arrivo del «messo infernale» (Hitler) **Montale si chiede se le promesse scambiate tempo prima con Clizia e le speranze in un futuro migliore siano state inutili** e se il male abbia davvero vinto. Questa è la parte più oscura della poesia (vv. 20-30) per il riferimento biblico agli angeli di Tobia e alle regioni fredde del Nord America verso le quali Clizia era tornata dopo la **promulgazione in Italia delle leggi razziali del 1938**. La stella cadente illumina le coste nordamericane con la luce degli angeli biblici portatori di speranza. Infine **l'ultima strofe** (vv. 31-43) apre **una prospettiva di speranza** e di salvezza: **la sorte di Clizia è quella di salvare il mondo intero**. Come dal gelo e dalla nevicata di farfalle si può ricavare già il segnale della sconfitta del nazismo, così nei suoni trionfali delle sirene e delle campane che festeggiano Hitler può essere riconosciuto **l'annuncio di un futuro migliore**, di rinascita civile per tutti gli uomini.

Presente di morte e futuro di salvezza Per comprendere il significato del testo, bisogna individuare i **due assi spazio-temporali** sui quali si sviluppa. Il primo è quello del **presente, caratterizzato dal buio dall'ora serale** che segue l'arrivo del «messo infernale», cioè la visita di Hitler a

La visita di stato di Adolf Hitler in Italia, Firenze 1938.

Firenze; sul piano spaziale, a questa immagine si sovrappone quella di un generico sud e di una **terra inaridita e sterile** (l'Italia sotto il dominio fascista). A questo primo cronotopo si contrappone quello, situato nel passato ma anche futuro, della **luce solare** o dei suoi sostituti (i fuochi d'artificio, la stella cadente), tutti **emblemi legati a Clizia e alla sua terra d'origine** (il Nord America) caratterizzata dal freddo e dal **ghiaccio** (v. 25). A questo punto, il senso dell'insieme diventa più chiaro: inizialmente il gelo inatteso era sembrato al soggetto un segno di morte (le farfalle uccise), ma **la quarta strofa rovescia questa ipotesi e fa del gelo un segno di Clizia**, venuta a "uccidere" la morte («la piagata primavera è pur festa se raggela / in morte questa morte!»), dunque un presagio di salvezza nel futuro, con una allusione evidente alla sconfitta del nazismo.

ANALISI

Il presagio di una salvezza «per tutti» L'arrivo a Firenze **del dittatore tedesco**, visto come un personaggio infernale, è vissuto come una profanazione e una minaccia per i valori stessi della civiltà (d'altronde Firenze, culla delle lettere, è appunto un simbolo di civiltà). Il momento del trionfo del male e i **presagi tragici della guerra** e della carneficina imminente sembrano insomma rendere inutile la presenza di **Clizia** e dei valori che lei rappresenta, e perdente la sua lotta per il bene. Ma, nonostante tutto, si mostrano alcuni segni di una futura rivincita e di un possibile riscatto, presentato questa volta in termini non solamente individuali, ma civili e collettivi. **Alla fine Clizia** vince, e quella **nevicata di falene** che all'inizio sembrava un triste presagio di morte assume un diverso significato: di sconfitta e di morte, sì, ma per i «mostri».

Il linguaggio e lo stile Nella poesia ci sono numerosi **riferimenti biblici e cristiani** (cfr. vv. 21-27, 34-37), termini inusuali ed elevati (cfr., per esempio, «sinibbio», al v. 30, o i vv. 36-37), **costruzioni sintattiche ardite e complesse** (si vedano per esempio i vv. 20-30, che contengono una lunga parentesi). Tuttavia essa contiene anche **periodi semplici e prosastici** (per esempio, quelli ai vv. 10-15), parole desunte dalla **cronaca politica** (gli «alalà» del v. 9, le «croci a uncino» del v. 10), particolari precisi espressi in termini tecnici (per esempio, «golfo mistico»). Essa è un esempio straordinario di tensione metafisica e di esattezza fisica, di **astrazione** e di **realismo**, di concentrazione lirica e di narrativa. La grande maestria di Montale sta appunto nel conciliare quanto potrebbe sembrare inconciliabile.

INTERPRETAZIONE

L'allegoria di Clizia e quella delle falene Nella poesia agisce l'**allegoria della donna-angelo**, una nuova Beatrice che svolge una **funzione salvifica «per tutti»** (questa espressione è ripetuta significativamente due volte, al v. 37 e al v. 41), muovendo non più da un orizzonte umanistico (come era in *Nuove stanze*; cfr. cap. VI, T8, p. 217), ma cristiano (con riferimento proprio alla figura di Cristo). Naturalmente il Cristianesimo è assunto come campo di valori, come momento dell'attesa e della speranza, più che come corpo confessionale di dottrine. L'«Altro» (Dio: cfr. v. 36) è un emblema dei reali Valori: dunque un'allegoria anch'esso, da leggersi in termini essenzialmente laici.
Il **procedimento allegorico** del testo è scoperto. Si consideri per esempio l'immagine della nuvola delle falene. Essa non ha un significato simbolico, ma solo quello che il poeta di volta in volta, nel corso della stessa poesia, gli attribuisce per scelta soggettiva – dunque, allegoricamente. Tra particolare e universale, fra immagine e significato, fra segno e senso, non c'è cioè una relazione necessaria e organica, come accade nel simbolo, ma solo il legame occasionale che l'autore decide: l'universale (o il significato) non è nel particolare – qui, la nuvola delle falene – ma viene a esso collegato dall'esterno e perciò può subire le variazioni che il soggetto gli imprime. Così all'inizio **la nuvola delle falene** ha un significato negativo: rappresenta la vittoria del gelo e della morte, quindi del nazismo e del suo messaggero, Hitler. Alla fine (vv. 30-32), invece, essa assume il significato positivo di indicare la morte, cioè la fine, per «questa morte», vale a dire per il nazismo e per il fascismo.

T4 LAVORIAMO SUL TESTO

ANALIZZARE

Una moria di farfalle

1. Quale tema viene introdotto dalle «falene impazzite»?

La figura di Clizia

2. Quali sono gli attributi e i compiti di Clizia?

INTERPRETARE

3. La figura di Clizia assume forti connotati religiosi; per quale ragione il laico Montale fa questa scelta?

«nessuno è incolpevole»

4. I vv. 18 e 19 sembrano esprimere una condanna pesante per l'umanità; in quale senso, a tuo parere, vanno interpretati? In che misura possiamo condividere il punto di vista dell'autore?

LE MIE COMPETENZE: PROGETTARE, ESPORRE

La primavera hitleriana è una poesia complessa, capace di raccontare l'orrore e la speranza legate ad un preciso evento storico. Si sarebbe detto che nulla, dopo la dittatura di Hitler, avrebbe potuto eguagliare l'orrore e la ferocia con cui il nazismo perpetrò il genocidio degli ebrei e perseguì l'ideale della purificazione della razza. E invece anche in anni molto recenti nuove guerre in altre parti del mondo hanno riproposto, sia pure in scala minore, le stesse aberrazioni. Individua un testo (un film, un libro, una poesia, una foto o un'opera d'arte figurativa) che ha saputo raccontare gli orrori del nostro tempo. Parlando alla classe, spiega quale opera hai selezionato e quali argomenti affronta, argomentando la tua scelta. Prepara il tuo intervento orale progettando una scaletta dei punti da affrontare nell'esposizione.

T5 Il gallo cedrone

OPERA
La bufera e altro

CONCETTI CHIAVE
- morte della poesia e possibilità di una sua rinascita dal fango

FONTE
E. Montale, L'opera in versi, cit.

La poesia fu scritta e pubblicata nel 1949 (cronologicamente è dunque l'ultima di «Silvae»). Affronta il tema della sconfitta e della delusione storica, e quello della morte della poesia e della sua possibile rinascita. Il poeta s'identifica in un urogallo (o gallo cedrone), uccello famoso per il suo canto d'amore. L'animale viene colpito a morte. Ma come l'uccello lascia le sue uova sotterrate, che domani si schiuderanno, così il poeta lascia la sua testimonianza, che potrà sopravvivergli.

Dove t'abbatti dopo il breve sparo
(la tua voce ribolle, rossonero
salmì di cielo e terra a lento fuoco)
anch'io riparo, brucio anch'io nel fosso.

5   Chiede aiuto il singulto. Era più dolce
vivere che affondare in questo magma,
più facile disfarsi al vento che
qui nel limo, incrostati sulla fiamma.

Sento nel petto la tua piaga, sotto
10 un grumo d'ala; il mio pesante volo
tenta un muro e di noi solo rimane
qualche piuma sull'ilice brinata.

Zuffe di rostri, amori, nidi d'uova
marmorate, divine! Ora la gemma
15 delle piante perenni, come il bruco,
luccica al buio, Giove è sotterrato.

METRICA quattro quartine di endecasillabi. Al posto del vincolo delle rime regolari in fine di verso, abbiamo perlopiù quasi rime, assonanze e consonanze (per es., nella prima strofa: spaRO : rossoneRO, fuOcO : fOssO). Numerose invece le rime interne (per es., sempre nella prima strofa, spARO : ripARO).

- **Il gallo cedrone**: il gallo cedrone (o urogallo) è un grosso gallinaceo selvatico che vive nelle zone boscose delle Alpi.
- **1-4** *Anche io trovo rifugio* (**riparo**) *dove* [*tu*: il gallo cedrone] *cadi* (**t'abbatti**) *dopo il breve sparo, anche io brucio* [: soffro per il bruciore del colpo] *nel fosso* [*con te*] *(la tua voce singhiozza* (**ribolle**), [*mentre sembri*] *uno spezzatino* (**salmì**) [: un piatto simile allo stufato] *rosso e nero* (**rossonero**) *di cielo e terra* [*cucinato*] *a fuoco lento* [: basso]). Un gallo cedrone è stato colpito dallo sparo improvviso di un cacciatore ed è caduto a terra, cercando riparo in un fosso. Il poeta si identifica con il ferito, provando la stessa sofferenza di quello. La rima interna **sparo : riparo** (l'unica della strofa) lega intimamente il destino del poeta a quello del gallo. **Rossonero...lento fuoco**: nel corpo sofferente del gallo si mescolano il sangue e la terra (cfr. **rossonero**), e sembrano unirsi la natura celeste – quasi divina – e quella terrena dell'urogallo; la cui morte allude in qualche modo al sacrificio cristiano (e cfr. il riferimento conclusivo Giove/Dio). Il termine **salmì**, poi, evoca con crudele anticipazione – e abbassamento stilistico – il destino imminente dell'animale: essere cucinato.
- **5-8** *Il singhiozzo* (**singulto**) [*del gallo cedrone*] *chiede aiuto. Era più dolce* [: piacevole] *vivere che affondare in questo fango* (**magma**), [*era*] *più facile morire* (**disfarsi**) *al vento che qui nel fango* (**limo**), *incrostati sul bruciore* (**sulla fiamma**) [*della ferita*].
- **9-12** *Sento nel* [*mio*] *petto la tua ferita* (**piaga**), [*che hai*] *sotto un'ala raggrumata* [*di sangue*] (**sotto un grumo d'ala**); *il mio volo pesante* [: goffo] *tenta* [*di superare*] *un muro e sull'albero del leccio* (**sull'ilice**) *coperto di rugiada* (**brinata**) *rimane di noi* [: del gallo e del poeta identificato in lui] *solamente* (**solo**) *qualche piuma.* **Pesante volo**: per la ferita che toglie la forza e anche perché quello del gallo cedrone è comunque un volo breve e basso.
- **13-16** *Lotte* (**zuffe**) *di becchi* (**rostri**), *nidi di uova screziate* (**marmorate**), *divine! Ora il germoglio* (**la gemma**) *delle piante eterne* (**perenni**) *brilla* (**luccica**) *al buio, come il bruco; Giove è sepolto* (**sotterrato**). **Giove**: la divinità suprema della mitologia classica; è qui un valore religioso pagano che rappresenta l'eterno non nella trascendenza ma nell'immanenza. Il valore della vita sta nelle uova fecondate del gallo cedrone, dalle quali nascerà un nuovo urogallo eternando la specie, così come dal **bruco** (la crisalide) nasce la farfalla. **Marmorate**: variegate come il marmo. **La gemma**: è il germoglio (cioè il seme) dal quale nascerà una nuova pianta; ed è la pietra preziosa che **luccica al buio**, sotto terra, dove sono nascoste anche le uova fecondate.

T5 DALLA COMPRENSIONE ALL'INTERPRETAZIONE

COMPRENSIONE E ANALISI

Un apologo allegorico   Tradizionalmente (sin da Esopo e Fedro) gli animali si sono prestati all'**apologo allegorico**, cioè a brevi vicende narrative che significano "altro" perché contengono un messaggio morale. Qui l'apologo è quello dell'**uccisione del gallo cedrone, emblema della poesia**. La morte nel fango rappresenta dunque **la fine della poesia nella società contemporanea**. Anche il poeta è colpito a morte, dopo aver tentato invano di superare il «muro» della sua prigionia. E tuttavia, prima di morire, l'urogallo ha seppellito le sue uova: il valore divino che esse allegoricamente rappresentano sta dunque al sicuro («Giove è sotterrato») e potrà un giorno riaffermarsi. **La poesia potrà rinascere dal fango, dal basso**, da quella realtà terrena in cui abita anche un altro animale emblematico, l'anguilla (cfr. T6, p. 272).

Il percorso dell'allegoria Nella **prima strofa** è subito esplicitata la **"fratellanza" tra il gallo cedrone e il poeta**: nel fosso in cui dopo «il breve sparo» è precipitato l'urogallo, anche il poeta trova rifugio, bruciando di sofferenza. Il «salmì» del v. 3 sembra quasi una anticipazione gastronomica, cioè "bassa", del «*paté / destinato agl'iddii pestilenziali*» che troveremo in «*Il sogno del prigioniero*» (cfr. T8, p. 282), e la collocazione delle parole, a inizio e fine di verso, oltre che l'accentazione (sono entrambe parole tronche), rafforza la loro contiguità ideologica. Nella **seconda strofa** il «singulto» (che riprende il riferimento alla «voce» che «ribolle» della strofa precedente) è anche **la poesia di Montale, che «chiede aiuto», è in difficoltà, come il gallo ferito**. Meglio del fango era la vita; cioè: il poeta ha conosciuto momenti – storici ed esistenziali – di vita vera, ai quali ha ora fatto séguito una realtà di fango, orribile. È quella che qualche anno dopo, in *Satura*, sarà l'«atroce morsura / di nafta e sterco» di «L'alluvione ha sommerso il pack dei mobili» (cfr. cap. VI, T10, p. 228). Ma meglio della morte nel fango, incrostati di terra e del sangue della ferita, sarebbe anche stata una morte eroica, volando, «al vento»; cioè: sacrificarsi per una lotta nobile, come sarebbe stato possibile durante l'era fascista, anziché finire soffocati in una realtà degradata come quella contemporanea. Questa possibilità, di una sconfitta bruciante che però non comprometta – irridendolo – il senso di una intera esistenza, sembra negata nel «magma» e nel «limo» che assedia il presente. Nella **terza strofa** l'identificazione del poeta con il gallo cedrone raggiunge il suo culmine, così che il poeta può usare, indifferentemente, la seconda persona singolare («tua», v. 9), oppure la prima singolare («mio», v. 10) o plurale («noi», v. 11). **Il tentativo disperato di sfuggire alla cattura superando un muro** con le ultime forze evoca un luogo tipico della poesia montaliana: **il muro** inteso come prigionia e ostacolo alla realizzazione. Nell'**ultima strofa** viene rappresentata **la riflessione del poeta sul significato dell'apologo** raccontato (e forse, anche, i confusi ricordi vitali dell'animale agonizzante). Vengono rievocate le lotte per la conquista della femmina, gli accoppiamenti, i nidi pieni di uova. Questa esperienza vitale ha lasciato un'eredità capace di **sopravvivere alla morte**. Il senso allegorico della conclusione riguarda anche il lascito del poeta, la capacità della sua testimonianza di sopravvivergli. Una **speranza residuale** di districarsi dal magma indifferenziato, come individui e – assai più difficilmente – come società, sembra possibile. È ancora lontano l'approdo desolato dell'ultimo Montale, quello della «pigna svuotata dei pinòli / e ignara che l'attende il forno» (cfr. cap. VI, T12, p. 236).

INTERPRETAZIONE

Un nuovo valore Le speranze del poeta dopo la fine della guerra si sono rivelate infondate: la nuova società gli sembra addirittura simile a quella fascista, in cui almeno era possibile distinguere il bene dal male e morire eroicamente (cfr. i vv. 5-8, in cui è possibile cogliere una nostalgia per il passato). In questa situazione **la poesia non ha più alcuna funzione sociale** e rischia di soccombere. La sua eventuale salvezza non dipenderà dalla sua elevatezza ideale, ma dalla sua **capacità di vivere nel fango**, sottoterra, nel luogo dove stanno anche gli altri portatori di un senso possibile, i morti (protettori degli istinti e dell'eros). L'unica eternità religiosa è data dal valore biologico della perpetuazione della specie. Perciò sono **gli animali – l'urogallo, l'anguilla** – a rappresentare, con la loro vitalità, un nuovo **possibile significato positivo** per l'uomo (sul loro valore allegorico, cfr. § 5).

T5 LAVORIAMO SUL TESTO

ANALIZZARE

Un emblema della poesia

1. **TRATTAZIONE SINTETICA** Spiega in una trattazione sintetica che non superi le dieci righe su quali elementi si fonda l'analogia fra il poeta e il gallo cedrone?

La morte nel fango

2. Quale valore allegorico assumono il fango e il fosso?

INTERPRETARE

Il «muro»

3. Abbiamo già trovato l'immagine del muro in Montale: dove? Con quale significato?

La «gemma»

4. Quale consapevolezza chiude la poesia? Quale speranza rimane per il futuro?

T6 L'anguilla

OPERA
La bufera e altro

CONCETTI CHIAVE
- l'allegoria vitalistica dell'anguilla
- l'affermazione dei nuovi valori dell'eros, del biologico, della natura

FONTE
E. Montale, *L'opera in versi*, cit.

 Testo interattivo
 Ascolto
 Alta leggibilità
 S • Attualità dell'*Anguilla*: una poesia ecologica?
 Video • *L'anguilla* (P. Cataldi)
Video • Intervista a R. Luperini su *L'anguilla*

TESTO LABORATORIO

[annotazione a mano: alternanza versi brevi – versi lunghi → rimando formale al serpeggiare dell'anguilla]

Poesia del 1948, è posta a conclusione di «Silvae» non solo per la sua altissima qualità estetica, ma anche (e forse soprattutto) per il suo significato allegorico e per la forza positiva del suo messaggio. Il poeta reagisce alla crisi delle speranze e alla possibilità della morte della poesia indicando, come ne Il gallo cedrone (cfr. **T5**, p. 270), un nuovo valore: la forza biologica della vita, rappresentata dall'anguilla. La poesia stessa potrà sopravvivere se si identificherà con essa e imparerà a vivere nel fango e nel deserto della società contemporanea.

L'anguilla, la sirena
dei mari freddi che lascia il Baltico
per giungere ai nostri mari,
ai nostri estuarî, ai fiumi *[= greti arsi nel Sud – Prim. hitleriana]*
5   che risale in profondo, sotto la piena avversa,
di ramo in ramo e poi
di capello in capello, assottigliati,
sempre più addentro, sempre più nel cuore
del macigno, filtrando
10   tra gorielli di melma finché un giorno
una luce scoccata dai castagni
ne accende il guizzo in pozze d'acquamorta,
nei fossi che declinano *[=> rimando a "Limoni"]*
dai balzi d'Appennino alla Romagna;
15   l'anguilla, torcia, frusta,

[annotazione: NB: poesia fatta di apposizioni riferite all'anguilla → unico periodo. L'anguilla compare nei "Limoni" (T1 – pg 193)]

METRICA unica strofa di 30 versi, con prevalenza di endecasillabi e di settenari, ma anche con versi più lunghi (cfr. v. 5, un martelliano) e qualche ottonario (v. 3, v. 20, v. 26).

• **1-14** *L'anguilla, la sirena dei mari freddi che lascia il* [mar] *Baltico* [: nel Nord dell'Europa] *per giungere* [fino] *ai nostri* [: italiani] *mari, alle nostre foci* (**estuarî**), *ai fiumi che risale* [: percorre verso la sorgente] *in profondità* (**profondo**) [: per lunghi tratti verso l'interno], *affrontando* (**sotto**) *la corrente* (**piena**) *contraria* (**avversa**), *di affluente in affluente* (**di ramo in ramo**) *e poi di ruscello in ruscello* (**di capello in capello**), [lungo corsi d'acqua sempre] *più sottili* (**assottigliati**), [andando] *sempre più in profondità* (**addentro**) [: nella terra, lontano dal mare], *sempre più all'interno* (**nel cuore**) *della roccia* (**del macigno**), *passando* (**filtrando** = infiltrandosi) *tra fili d'acqua* (**gorielli**) *fangosi* (**di melma**) *fino a quando* (**finché**) *un giorno una luce* [: un raggio di sole] *che filtra improvvisamente* (**scoccata** = lanciata come una freccia) *attraverso i* (**dai**) *castagni accende il suo* (**ne** [: dell'anguilla] *guizzo* [: movimento a scatti] *in pozzanghere* (**pozze**) *di acqua stagnante* (**d'acquamorta**), *nei fossati* (**fossi**) *che scendono* (**declinano**) *dai rilievi* (**dai balzi**) *dell'Appennino alla Romagna*; questa prima parte della poesia descrive analiticamente il percorso dell'anguilla, che dai freddi mari del Nord raggiunge il mar Mediterraneo e di qui risale i fiumi, e poi i ruscelli, fino ad arrivare in pozze fangose lontanissime dal mare. Da un punto di vista scientifico la descrizione di Montale non è precisa: l'anguilla non vive nei mari freddi e nel Baltico. Il poeta ha ripreso alcuni spunti dalla vita del salmone. Si noti il *climax* discendente formato dall'elencazione dei luoghi attraversati: **mari** (v. 3), **estuarî** e **fiumi** (v. 4), **ramo** (v. 6), **capello** (v. 7), **cuore del macigno** (vv. 8 sg.), **gorielli** (v. 10), **pozze** (v. 12). **Sirena**: è l'essere mitologico metà donna e metà pesce, caratterizzato dall'essere al confine fra due specie (come l'anguilla, metà pesce e metà serpe) e dalla capacità di canto e di incanto (per cui l'anguilla-sirena è anche un simbolo del canto poetico). **Mari freddi...Baltico**: in riferimento alla caratterizzazione di Clizia come donna del Nord. **Estuarî**: le foci dei fiumi. **Di ramo...in capello**: sono metafore che servono a esprimere la diversa grandezza dei corsi d'acqua percorsi dall'anguilla: se il fiume è il tronco, i rami sono i suoi affluenti; e i capelli sono i ruscelli piccolissimi, stretti come un capello. **Una luce scoccata dai castagni**: il sole che attraversa di colpo le foglie degli alberi; ma sembra che a illuminare improvvisamente l'acqua siano gli stessi castagni che lasciano filtrare i raggi (e questi sembrano frecce, appunto, *scoccate* verso il basso). **Guizzo...pozze**: la forte consonanza sottolinea la repentina apparizione dell'anguilla, vivacemente mobile. **Dai balzi d'Appennino alla Romagna**: tra i monti della catena appenninica e le regioni marittime della Romagna, nella zona orientale dell'Italia centro-settentrionale.

freccia d'Amore in terra
che solo i nostri botri o i disseccati
ruscelli pirenaici riconducono
a paradisi di fecondazione; → rimando alla rinascita = la poesia come qualcosa che rimanda alla vitalità e alla rinascita
20 l'anima verde che cerca
vita là dove solo
morde l'arsura e la desolazione,
la scintilla che dice
tutto comincia quando tutto pare
25 incarbonirsi, bronco seppellito;
l'iride breve, gemella
di quella che incastonano i tuoi cigli → riferimento a Clizia nella "Primavera Hitleriana"
↳ dissolversi di Clizia nel sole = messaggio x tutti di rinascita
e fai brillare intatta in mezzo ai figli
dell'uomo, immersi nel tuo fango, puoi tu
30 non crederla sorella?
↳ domanda rivolta a Clizia (donna-angelo)

● **15-25** *l'anguilla, torcia, frusta, freccia di Amore sulla* (**in**) *Terra che solamente* (**solo**) *i nostri* [: italiani] *fossati* (**botri**) *o gli aridi* (**disseccati**) *ruscelli dei* [*monti*] *Pirenei* (**pirenaici**) *riportano* (**riconducono**) *alla beatitudine* (**a paradisi**) *dell'accoppiamento* (**di fecondazione**); *l'anima verde che cerca* [*la*] *vita* [: *si riproduce*] *in luoghi* (**là**) *dove feriscono* (**morde**) *soltanto* (**solo**) *l'aridità* (**l'arsura**) *e l'abbandono* (**la desolazione**); *la scintilla che dimostra* (**dice**) [*che*] *tutto* [*ri*]*comincia ogni volta che* (**quando**) *tutto sembra* (**pare**) *carbonizzarsi* (**incarbonirsi**) [: *morire*], [*il*] *ramo* (**bronco**) *seppellito*. Questa parte della poesia mette in evidenza il contrasto tra la vitalità dell'anguilla (cfr. soprattutto i vv. 15-16, 19, 20-21, 23-24) e la inospitalità del paesaggio naturale circostante: **botri, disseccati ruscelli, arsura, desolazione...** Tanto più è rilevante la vitalità dell'animale, quanto più difficili e dure sono le condizioni della sua sopravvivenza; e in tali condizioni, al limite delle possibilità di resistere, l'anguilla realizza il proprio istinto riproduttivo, il vertice della pulsione vitale. La stessa rima **fecondazione** : **desolazione** pone energicamente a contatto le due serie. **Torcia, frusta, freccia d'Amore**: sono riconoscibili alcuni attributi canonici del dio classico dell'amore (per cui la maiuscola): la **torcia** e la **freccia**. Ma i tre riferimenti riguardano soprattutto la forma fisica allungata dell'anguilla e il modo di procedere rapido (**freccia**) e guizzante (**frusta**); e valorizzano d'altra parte la simbologia sessuale di tipo fallico implicita nella forma dell'animale (non senza un collegamento con il tema riproduttivo che sta per essere introdotto). **Ruscelli pirenaici**: i corsi d'acqua quasi asciutti della zona dei Pirenei, la catena montuosa che separa la penisola iberica dalla Francia. **L'anima verde**: la pulsione elementare (**anima**) della vita (**verde**); ma **verde** (o verde-bruno) è all'incirca il colore dell'anguilla. **Morde**: aggredisce; con richiamo alla "morte" per anfibologia. **La scintilla**: con riferimento tanto alla metafora della *torcia* quanto al movimento guizzante e brillante del pesce; anche a indicare la elementare energia della sua fisicità. **Tutto comincia...incarbonirsi**: è la legge che l'anguilla enuncia con il proprio esempio, e che esprime la logica profonda di questa poesia, secondo la quale la vitalità primaria è il valore che consente all'esistenza di conservarsi e di durare e grazie al quale la morte è solo una funzione della vita e la fine la premessa di un nuovo inizio. È un tema eracliteo presente anche nella poesia di T.S. Eliot. **Bronco seppellito**: ancora un'immagine (il bronco/ramo) riferita alla forma fisica dell'anguilla. Il vocabolo **bronco** è di origine dantesca (*Inf.* XIII, 26), ma è usato anche da Foscolo e da Pascoli.

● **26-30** *La piccola* (**breve**) *iride* [: *occhi*; per sineddoche] [*dell'anguilla*], *uguale a* (**gemella di**) *quella* [*iride*] *che contengono* (**incastonano**) *i tuoi* [: *di Clizia*] *cigli e fai risplendere* (**brillare**) *intatta* [: *senza menomazioni*] *tra i* (**in mezzo ai**) *figli dell'uomo* [: *tra gli uomini*], *immersi nel tuo* [*stesso*] *fango, puoi tu non crederla sorella?* È la conclusione della lunghissima proposizione interrogativa, rivolta a Clizia (riconoscibile con certezza per il riferimento caratteristico all'**iride**) per chiederle di ammettere la propria somiglianza con l'anguilla. La domanda è ovviamente una domanda retorica, cioè apertamente affermativa. Si noti che in questi versi finali Clizia e l'anguilla si scambiano reciprocamente un particolare: l'**iride** degli occhi della donna appartiene anche all'anguilla, mentre Clizia è immersa nel fango come l'animale. E dato che nel fango di Clizia – è detto – stanno tutti gli uomini, il contesto della poesia rivela il proprio carattere allegorico: il paesaggio arido e inospitale è quello della vita, entro la quale possono resistere e consentire agli uomini la sopravvivenza solo le forze della vitalità: l'amore carnale dell'anguilla e quello "spirituale" di Clizia, per altro solo in parte distinguibili. **Iride**: la parte colorata dell'occhio. Ma anche i colori dell'arcobaleno, così che è possibile riferire il termine pure ai colori screziati della piccola (**breve**) anguilla. **Incastonano**: il verbo "incastonare" si usa in riferimento alle pietre preziose per indicare la loro collocazione a incastro in un gioiello. C'è dunque, nella metafora, una valorizzazione dello sguardo di Clizia (e cfr. il successivo **brillare**). **Intatta**: senza che il **fango** la alteri o contamini. **Gemella** : **sorella**: la rima conferma l'analogia tra i due esseri e rafforza la conclusione della poesia: l'unica forma nella quale Clizia – creatura angelica e disincarnata – può ancora sopravvivere nella poesia montaliana è quella della vitale terrestrità animale dell'anguilla.

T6 DALLA COMPRENSIONE ALL'INTERPRETAZIONE

COMPRENSIONE

Le due parti del testo Il testo si divide in **due parti**: nella prima (**vv. 1-14**) si descrive **il viaggio che l'anguilla compie dall'oceano al Mediterraneo e poi dal mar Tirreno agli Appennini** risalendo il corso di un fiume e dei suoi affluenti; nella seconda (**vv. 15-30**) prevale **l'aspetto gnomico: la vitalità invincibile dell'animale**, capace di sopravvivere e di riprodursi in condizioni di estremo disagio, viene assunta come **emblema di un valore simile a quello rappresentato da Clizia**.

ANALISI

La struttura "anguillare" del testo e il valore semantico degli artifici metrici e delle figure retoriche La superficie metrica rivela **un'alternanza di versi lunghi** (fino a quattordici sillabe) e brevi (fino a sette) che conferisce al componimento una **struttura "anguillare"**: una struttura, cioè, che tende a rendere visivamente sia il profilo dell'anguilla, sia il modo zigzagante del suo procedere. Di particolare rilievo è l'artificio che collega il primo verso all'ultimo, tanto sintatticamente, quanto attraverso il gioco dei significanti. L'«anguilla» del primo verso è un'anticipazione prolettica e in realtà funziona come complemento oggetto di un verbo che si trova all'ultimo verso («puoi tu / non crederla»): tutta **la poesia è costituita infatti da un'unica domanda retorica** (e infatti consta di un unico lungo periodo). Inoltre, l'ultima parola («sorella») è in quasi-rima con la prima («anguilla»), e dunque strettamente collegata a essa. **Il collegamento fra la prima e l'ultima parola** è reso più agevole dalla presenza nel testo di diversi trisillabi con liquida geminata, che lo percorrono dall'inizio alla fine: «anguilla» (v. 1), «capello...capello» (v. 7), «gorielli» (v. 10), «anguilla» (v. 15), «ruscelli» (v. 18), «scintilla» (v. 23), «gemella» (v. 26), «sorella» (v. 30); ma anche «seppellito» al v. 25, «quella» al v. 27, «brillare» al v. 28 presentano affinità foniche con le parole precedenti. Si notino poi gli *enjambements* dal v. 20 al v. 25: «l'anima verde che cerca / vita là dove solo / morde l'arsura e la desolazione, / la scintilla che dice/ tutto comincia quando tutto pare / incarbonirsi, bronco seppellito». In particolare l'*enjambement* tra «cerca» e «vita» ottiene l'effetto di potenziare il valore della ricerca e la forza di pronuncia della parola «vita» (i due termini risultano cioè entrambi potenziati nel loro significato). Anche l'*enjambement* tra «solo» e «morde» produce un singolare ed efficacissimo effetto semantico: la parola «morde», collocata in posizione parallela e speculare rispetto alla parola «vita», viene a evocare la parola «morte» (cui d'altronde si avvicina, con la sola differenza della dentale, sonora anziché sorda), così da rendere più forte la ricerca della vita nella morte da parte dell'anguilla. Si osservi infine l'**anagramma** che unisce «incarbonirsi» a «bronco» (tutte le lettere di questa seconda parola si ritrovano nella prima) ottenendo il risultato di far diventare positivo ciò che inizialmente era negativo: il ramo («bronco») «seppellito» diventa carbone, cioè calore e luce. cosicché «incarbonirsi» non significherà soltanto 'morire' o 'diventare fossile', ma anche trasformarsi in carbone, vale a dire in una possibilità di fuoco e di speranza. In una poesia di questo valore **il gioco dei significanti**, lungi dall'essere un artificio formale esteriore, **produce un'aggiunta di significato**.

Il linguaggio: la fusione di "alto" e "basso" Nella poesia di Montale, pur nell'ambito di un contesto **linguistico alto e sostenuto** (di cui sono documento termini come «sirena», «incarbonirsi», «bronco» – che viene da Dante, Foscolo, Pascoli –, «iride», «incastonano»), si incontrano **espressioni comuni** (come «piena» e «pozze d'acquamorta») o **termini dialettali toscani** come «gorielli» (parola versiliese che significa 'rigagnoli') e «botri» ('ruscelli'). Questo incontro di alto e basso, anche qui, non è solo un espediente tecnico; è anche un modo attraverso cui Montale cerca di **mettere in rapporto fra loro l'umile e l'elevato, il profano e il sacro**, attribuendo un valore religioso a un animale che vive nel fango e che rappresenta l'eros. Vanno notate poi, qui come in ogni altro testo poetico, **le parole-chiave**: nell'*Anguilla* quelle che **alludono alla contraddizione simbolica acqua** (= vita) *vs* «**macigno**» (= deserto e morte) e poi «guizzo»-«fossi»-«luce»-«scintilla»-«bronco»-«iride» *vs* «piena avversa»-«acquamorta»-«arsura»-«desolazione». E si ricordi che «scintilla» e «iride» sono termini di luce e di calore che in Montale alludono sempre alla presenza del valore e dunque di Clizia (presente anche in questa poesia nel «tu» cui essa è rivolta).

INTERPRETAZIONE

Contestualizzazione della poesia: Montale e la storia In questo testo, come nel *Gallo cedrone* (cfr. **T5**, p. 270), si affronta **la questione della morte della poesia**. Finita la breve stagione di speranze del periodo 1945-1947, quando Montale aveva creduto possibile un cambiamento profondo della società italiana dopo la caduta del fascismo, il poeta è costretto ad assistere al trionfo dei partiti di massa (le due «chiese» della DC e del PCI, come egli le chiamerà) e, più in generale, alla massificazione della società italiana. Secondo Montale, **la massificazione**, l'industrializzazione e la mercificazione rischiano di distruggere ogni valore, in particolare il valore della forma, della individualità, della originalità, e dunque della poesia. Montale, che negli anni del fascismo aveva mirato a un'immagine "alta" della letteratura (identificandola con Clizia, la donna-angelo, la nuova Beatrice), ora capovolge il senso della propria ricerca, spostandolo dall'alto al basso: nel deserto della società contemporanea, la salvezza dei valori, e soprattutto la salvezza della poesia, potrà darsi solo nella fedeltà alle **forze istintive dell'eros, del biologico, della natura**. Se vorrà sopravvivere, la poesia dovrà identificarsi con la forza stessa della vita, così come è qui rappresentata nell'anguilla. Si può anche supporre che questo richiamo alla positività della natura e alla **resistenza del biologico** sia stato suscitato da una riflessione sui pericoli di una guerra atomica (gli effetti di Hiroshima, devastata dalla bomba nucleare nel 1945, erano sotto gli occhi di tutti) e di una concezione solo ideologica della vita: alle ideologie che conducono alla morte, il poeta contrappone il «verde» dell'anguilla, della natura e della speranza.

Enrico Baj, *Figura atomica*, 1951. Collezione privata.

T6 LAVORIAMO SUL TESTO

COMPRENDERE

1. Fai la parafrasi del testo.
2. **LINGUA E LESSICO** Il lessico di Montale mescola alto e basso. Individua nel testo i termini aulici, le parole di uso comune e quelle del dialetto toscano.

ANALIZZARE

La struttura

3. Il testo ha una particolare struttura metrica e sintattica: quale? Perché?

Il viaggio dell'anguilla

4. Che viaggio compie l'anguilla? Quali paesaggi attraversa?
5. A quale scopo?

L'anguilla e la donna

6. A chi è rivolto l'interrogativo della poesia?
7. Che cosa è cambiato nella rappresentazione della figura femminile rispetto alle precedenti descrizioni di Clizia?

L'eros e il fango

8. Che cosa è cambiato nella scala di valori del poeta?

INTERPRETARE

La forza della vita

9. Il testo sembra dirci che è possibile far nascere la vita anche nel regno dell'arsura e della desolazione; quali mezzi rendono possibile il miracolo? Qual è il suo valore?

LABORATORIO
Dall'interpretazione alla riappropriazione

ATTUALIZZAZIONE E VALORIZZAZIONE

Una poesia ecologica?

La poesia *L'anguilla* descrive il lungo e difficile viaggio per la riproduzione intrapreso tenacemente dall'anguilla, che lascia il mar Baltico per il Mediterraneo e risale il corso di fiumi e di ruscelli sempre più minuti fino ai fossati fangosi degli Appennini. Montale esalta le caratteristiche dell'animale: la forza delle pulsioni vitali, espressa dai riferimenti agli attributi del dio dell'Amore (la «torcia» e la «freccia»), dalla stessa forma allungata dell'anguilla e dal suo modo di procedere guizzante. Infine la poesia si chiude con un domanda che suona retorica perché è scontata la riposta: come è possibile non ritenere una «sorella» l'anguilla che conserva nel fango uno sguardo umano del tutto simile a quello di Clizia?

L'anguilla segna una svolta nella produzione poetica di Montale. Sino al dopoguerra, Montale aveva puntato su valori ideali: quelli dell'umanesimo e dell'aristocrazia dello spirito prima, quelli incarnati dalla figura salvifica Clizia poi. A un certo momento, però, questo mondo ideale entra in crisi e appare al poeta anacronistico, inattuale. Egli si indirizza verso nuovi valori, rappresentati dal gallo cedrone e soprattutto dall'anguilla: quelli dell'istintualità, della natura, delle pulsioni, della forza biologica della vita. Poiché le ideologie sono fallite, Montale sembra volersi affidare alla vita stessa. Le ideologie si sono mostrate infatti incapaci di difendere l'uomo e anzi hanno creato una società mostruosa, caratterizzata non solo da fenomeni aberranti come il nazismo e lo stalinismo, ma dal rischio della distruzione atomica (si pensi agli effetti di Hiroshima, 1945) e anche dalle esigenze alienanti del profitto e del consumismo.

Montale attua insomma una sorta di rivoluzione e di rovesciamento: mentre sino ad allora la sua poesia si identificava con l'alto, con il cielo, con la parte elevata dell'uomo (la mente, l'anima), con il Nord (Clizia è personaggio nordico), ora egli capovolge la prospettiva e sceglie il basso, il sesso e gli istinti, la terra, il Sud. La resistenza al male, che un tempo era affidata a creature alate e angeliche, ora è invece identificata in una creatura del fango e della terra. L'anguilla unisce in sé le forze istintive e vitali dell'acqua e quelle morali della terra. Viene meno la scissione fra mare e terra, fra il luogo dell'istinto felice e il luogo del sacrificio etico, su cui era costruito il mondo degli *Ossi di seppia*. Ora l'anguilla riunisce in sé la forza biologica e quella morale. Ciò significa che stare dalla parte della vita e stare dalla parte del bene sono diventati una cosa sola.

Per certi versi, dunque, *L'anguilla* può essere letta come una poesia "ecologica", che contiene un messaggio quanto mai attuale oggi nella nostra società che, in nome delle ideologie del "progresso" e dello "sviluppo", continua ad opprimere la natura e a reprimere le forze della vita.

Paul Klee, *Magia di pesci*, 1925. The Philadelphia Museum of Art.

RIAPPROPRIAZIONE

La vitalità animale e l'ibridazione tra uomo e natura: l'anguilla e la sirena

Al centro di questa poesia di Montale sta il tema dell'animale, di cui viene sottolineata la vitalità biologica e l'ostinata capacità di sopravvivenza in condizioni estreme.

Le figure animali popolano tutta la tradizione letteraria occidentale, classica e cristiana, dai libri delle *Fabulae* di Fedro ai bestiari medievali, dalle tre fiere dell'*Inferno* dantesco fino alla *Metamorfosi* di Kafka e a *Bestie* di Tozzi nel Novecento. In questo lungo arco di tempo però è profondamente cambiato il modo di intendere e rappresentare l'animale.

In epoca moderna le presenze animali possono conservare tracce delle funzioni specifiche che l'*exemplum* assolveva nella predicazione e nei sermoni della tradizione medievale cristiana, dove essi incarnavano vizi e virtù: è quanto avviene ad esempio nel libro di Orwell, *La fattoria degli animali*, dove prevale l'aspetto didascalico e polemico.

Più spesso però nella letteratura novecentesca i connotati animaleschi sono sempre marcatamente corporei e istintuali: le bestie rappresentano la corporeità minacciata, l'immediatezza aggressiva o difensiva, le pulsioni profonde ed elementari dell'inconscio che sfuggono al controllo razionale. Pertanto nell'arte e nella letteratura l'animale, reale o fantastico, è stato spesso rappresentato come l'emblema tangibile di un'alterità perturbante.

La vitalità perturbante caratterizza ad esempio la sirena che dà il titolo al racconto *Lighea* di Giuseppe Tomasi di Lampedusa, l'autore del *Gattopardo*. La sirena è una figura archetipica, un'ibridazione di umano e bestiale, che mescola ferinità e spiritualità. Lighea rappresenta la Natura: la sua caotica brama di vita e la sua sensualità hanno in sé qualcosa di spaventoso e di primordiale: «essa non mangiava che roba viva», leggiamo nel racconto, «straziava coi denti un pesce argentato che fremeva ancora, il sangue le rigava il mento, […] era una bestia ma nel medesimo istante era anche una Immortale» (G. Tomasi di Lampedusa, *I racconti*, Feltrinelli, Milano 1961).

Il racconto di Tomasi si conclude con la morte per annegamento del protagonista che, ormai anziano, sceglie di ricongiungersi con la sirena amata in giovinezza, celebrando dunque una sorta di riconciliazione di inconscio e ragione, di umano e animale. Assai più macabra è invece la raffigurazione della sirena nel romanzo *La pelle* del 1949 di Curzio Malaparte, in cui è descritto l'agghiacciante banchetto organizzato da un generale americano: tra l'orrore dei commensali viene servita

René Magritte, *L'invenzione collettiva*, 1935. Düsseldorf, Kunstsammlung Nordrhein-Westfalen.

TESTO LABORATORIO

LABORATORIO
Dall'interpretazione alla riappropriazione

Give a hand to wildlife, campagna del WWF del 2007.

in tavola una piccola sirena, simile ad una bambina bollita. La sirena brutalmente uccisa si fa emblema della profanazione dell'innocenza e dell'orrore della guerra.

Anche nel romanzo *Sirene* (Einaudi, Torino 2007) di Laura Pugno gli uomini mangiano sirene: la scrittrice immagina un futuro livido e apocalittico in cui gli uomini allevano le sirene in vasche artificiali per poi macellarne i corpi e mangiare la loro carne prelibata e costosa. In quest'ultima trasformazione contemporanea e fantascientifica, la sirena rappresenta la ferinità residua di una natura oramai definitivamente guasta: le sirene della Pugno sono una razza modificata, cresciuta in cattività, trasformata in merce dall'avidità umana.

In un intervento intitolato *Natura e animale*, pronunciato in un convegno sulla presenza animale nell'arte organizzato nel 1982 dalla rivista di cultura psicoanalitica «Il piccolo Hans», lo scrittore Paolo Volponi ha riflettuto sulla distanza sempre più profonda che nella modernità si è aperta tra uomo e natura:

> La natura e l'animale sono in realtà molto lontani dal nostro mondo, spezzati e in parte dimenticati, indagati, usati, condizionali, strumentalizzati, allevati, certamente tirati fuori dalla loro realtà, dalla loro condizione originaria, unitaria. Infatti oggi gli uomini e le loro società possono preparare i loro piani, affinare i loro propositi, stabilire programmi e anche darsi dei riferimenti, dei valori, senza più aver sopra, come fissi – come accadeva un tempo, nemmeno lontanissimo – questi due elementi celesti e fatali, condizionanti.

Per Volponi l'uomo moderno vive in una dimensione totalmente artificiale, dove lo spazio della natura si è ridotto sino a scomparire del tutto.

Lo spazio della riappropriazione: dalla letteratura alla vita

Collaborando con un gruppo di compagni, crea una presentazione multimediale dal titolo *Bestiario contemporaneo*. La presentazione deve sviluppare un percorso tra letteratura, cinema, arte figurativa, musica e costume con lo scopo di mettere a fuoco i diversi significati che la rappresentazione degli animali acquista nell'immaginario di oggi.

Mostra la presentazione alla classe. Quale tra le rappresentazioni di animali in cui ti sei imbattuto nel corso del lavoro incarna in modo più pieno la vitalità naturale e la resistenza del biologico che caratterizzano l'anguilla di Montale? Discutine con il docente e compagni.

11. La sesta e la settima sezione: i «Madrigali privati» e le «Conclusioni provvisorie»

Il titolo di «Madrigali privati»

Mentre il titolo «Silvae», già nel nome del genere, implica il superamento di una lirica esclusivamente amorosa (cfr. **S1**, p. 247), **quello di «Madrigali» colloca le poesie di questa sezione all'interno di un genere diverso**, caratterizzato dall'**aspetto erotico-individuale**. L'aggiunta dell'**aggettivo «privati»** sottolinea questa particolarità, facendo intuire anche un processo di ripiegamento: dalla speranza «per tutti» di *La primavera hitleriana* (cfr. **T4**, p. 265) a una salvezza solo privata.

Poesie per Volpe

La sesta sezione contiene otto poesie scritte dopo la delusione del dopoguerra e dopo il tramonto delle speranze nel nuovo valore indicato da *L'anguilla* (cfr. **T6**, p. 272). Esse risalgono quasi tutte al biennio 1949-50 e **sono dedicate a Volpe**, cioè alla giovane poetessa **Maria Luisa Spaziani**, conosciuta nel gennaio 1949.

Una salvezza solo "privata"

Sia nel componimento iniziale che in quello conclusivo (*Anniversario*) compare il nome di Dio ed **è presente la tematica religiosa dell'incarnazione e del sacrificio**; ma essa è ridotta ormai al rituale di una passione privata ed esclude i simboli dell'olocausto cristiano «per tutti» (cfr. **T7**, p. 280).

L'anti-Beatrice

L'esperienza d'amore che appare da queste poesie è assai più concreta e passionale di quella per Clizia o per Arletta. **Volpe è la donna-anguilla, dunque un'anti-Beatrice**. Conserva sì una «virtù angelica», ma solo per l'investitura privata del poeta, per un suo atto d'incantesimo tanto precario quanto del tutto soggettivo. **Ella non è più una Cristofora**; i suoi simboli preferiti sono animali o piante, tutti emblemi della vitalità naturale.

Il tema della sconfitta e della morte: le «Conclusioni provvisorie»

Una salvezza solo privata è per Montale una sconfitta. E infatti, quando il poeta, con *Anniversario*, ne prende atto, lo fa con una nota profonda di scoraggiamento. Appare perciò quasi inevitabile che **torni ad affacciarsi, nella sezione successiva, la settima, il tema della morte – del poeta e, insieme, della poesia** – e del lascito dopo di essa. Siamo ormai nelle **«Conclusioni provvisorie»**, che chiudono il libro con **due liriche**, *Piccolo testamento* (del 1953) e *Il sogno del prigioniero* (dell'anno successivo).

Piccolo testamento e Il sogno del prigioniero: due poesie "politiche"

Si tratta di due poesie politiche o civili: **Piccolo testamento** allude esplicitamente alla catastrofe della civiltà occidentale, rappresentata dai tre fiumi che bagnano le principali città di Francia, Inghilterra e Stati Uniti, sui quali scende un messaggero di morte ad annunciare «È l'ora». Nel ***Sogno del prigioniero*** (cfr. **T8**, p. 282) abbondano situazioni e immagini desunte dalla cronaca politica delle purghe staliniane (Stalin era morto nel 1953 ed erano cominciate le rivelazioni sugli orrori del suo regime). Non si deve credere, tuttavia, a un diretto parteggiare o a un'esplicita presa di posizione a favore di una parte o dell'altra. **L'autore delinea la propria fede in negativo piuttosto che in positivo**, nella polemica contro i partiti di massa (la DC e il PCI), contro lo stalinismo e contro la società contemporanea – e più in generale, forse, contro la vita stessa – **più che nell'indicazione di una prospettiva**. È venuta meno, infatti, qualsiasi possibilità di alternativa. L'autore si limita pertanto a difendere, con uno scatto d'orgoglio (particolarmente risentito in *Piccolo testamento*) la dignità e la coerenza della propria ricerca, l'ostinazione con cui ha tenuto ferma la fede in una speranza possibile e, insieme, nella poesia. Il poeta può rappresentarsi soltanto sulle soglie della morte o **nell'impotenza forzata di una prigionia, costretto al testamento o al sogno**, ultima attività possibile di un autore che si raffigura, nel *Sogno del prigioniero*, come ostaggio di una condizione storica senza vie d'uscita. In quest'ultima poesia l'alterna vicenda dei tentativi di salvezza è presentata come appartenente al passato, e si chiude comunque con un fallimento. Anche se il sogno del valore non «è finito», tuttavia la sua realizzazione appare sempre più difficile, se non impossibile. **Infatti il declino della civiltà occidentale sembra al poeta ormai inevitabile, ed esso è destinato a travolgere ogni significato**, compreso quello che sino allora aveva avuto la poesia. Di qui il coerente silenzio poetico immediatamente successivo, di cui le «Conclusioni provvisorie» sono la necessaria premessa.

Video • Il sogno del prigioniero (P. Cataldi)

La morte e il "testamento", la prigionia e il "sogno" del poeta, ostaggio di una situazione senza via d'uscita

T7 Anniversario

OPERA
La bufera e altro

CONCETTI CHIAVE
- Volpe come portatrice di salvezza al poeta «solo»

FONTE
E. Montale, *L'opera in versi*, cit.

Si tratta di una poesia scritta nel 1949 o, più probabilmente, nel 1950, e posta a conclusione di «Madrigali privati». L'anniversario cui si riferisce è verosimilmente quello della nascita di Maria Luisa Spaziani (nata nel 1924), che corrisponde all'incirca all'uscita delle prime poesie di Montale (*Ossi di seppia* è del 1925). La poesia di Montale e la donna sono nate, dunque, contemporaneamente. Tutta l'attività poetica dell'autore è stata da allora segnata da un lato dall'adorazione del Valore (rappresentato allegoricamente dalla donna-angelo), dall'altro dall'orrore storico (il fascismo, la guerra). Ora continua l'atteggiamento adorante da parte del poeta, ma egli sa che la salvezza per tutti che attendeva non può realizzarsi e che l'unica possibile è privata: il Valore si è separato dagli uomini, e appartiene a lui soltanto.

    Dal tempo della tua nascita
    sono in ginocchio, mia volpe.
    È da quel giorno che sento
    vinto il male, espiate le mie colpe.

5   Arse a lungo una vampa; sul tuo tetto,
    sul mio, vidi l'orrore traboccare.
    Giovane stelo tu crescevi; e io al rezzo
    delle tregue spiavo il tuo piumare.

    Resto in ginocchio: il dono che sognavo
10 non per me ma per tutti
    appartiene a me solo, Dio diviso
    dagli uomini, dal sangue raggrumato
    sui rami alti, sui frutti.

METRICA due quartine e una strofa di cinque versi. Tranne i primi tre versi, ottonari, e i vv. 10 e 13, settenari, tutti gli altri sono endecasillabi. Nelle quartine rime e assonanze sono alternate, ma in un caso, e cioè nella prima quartina, l'assonanza è interna: il v. 2 rima con il v. 4 (vOLPE : cOLPE), mentre fra il v. 1 e il 3 si registra l'assonanza fra tEmpO e sEntO. Nell'ultima strofa il v. 11 non rima con nessun altro, mentre gli altri quattro versi sono uniti da una rima (tUTTI : frUTTI) e da un'assonanza (sognAvO : raggrumAtO).

- **1-4** *Dal tempo della tua nascita, [o] mia volpe, sono in ginocchio* [: nel duplice significato: sono vinto, e sono in atteggiamento adorante]. *È da quel giorno che sento* [che il [mio] male [di vivere] è stato] *vinto, [che] le mie colpe* [sono state] *espiate*. La nascita di Volpe (il *senhal* con cui Montale indica Maria Luisa Spaziani) è del 1924: un anno prima dell'uscita degli *Ossi di seppia*. Il poeta fa coincidere con questa data l'inizio della salvezza dal dolore e dal male (vv. 3-4).
- **5-8** *A lungo, bruciò un fuoco* (**arse una vampa**) [: infuriò la seconda guerra mondiale]; *vidi traboccare* [: manifestarsi in tutta la sua pienezza] *l'orrore* [: conobbi le terribili devastazioni che la guerra produceva] *sulla tua casa* (**tetto**) *e sulla mia* [: in tutta Italia]. *Tu, [come il] giovane stelo [di un fiore], crescevi; e io, nel riposo* (**al rezzo** = all'ombra) *delle tregue, osservavo* (**spiavo**) *il tuo crescere* (**piumare**). Durante la guerra Montale abitava a Firenze, mentre la Spaziani risiedeva a Torino. I due si conobbero ufficialmente solo il 10 gennaio 1949. Quando le tregue concedevano un po' di respiro, egli spiava la crescita della fanciulla alla vita. Può darsi che fra i due ci sia stato, prima del gennaio 1949, qualche contatto epistolare. Oppure il poeta vuole solo metaforicamente alludere alla sua attesa dell'amore negli anni precedenti all'incontro. Il **piumare** è propriamente il mettere le piume degli uccelli dopo la nascita. Volpe è qui ancora attratta nella sfera semantica di Clizia, donna-angelo dal volo miracoloso. La lirica segna un passaggio importante nel "romanzo" della *Bufera*: il differenziarsi di Volpe da Clizia, cioè il suo acquistare funzioni peculiari (e, in testi seguenti, opposte) rispetto a lei.
- **9-13** [Ancora adesso] *resto in ginocchio: il dono* [: la salvezza] *che sognavo non per me, ma per tutti, appartiene* [in realtà] *solo a me, [che sono come un] Dio lontano* (**diviso**) *dagli uomini, dal [loro] sangue raggrumato sugli alti rami e sui frutti* [dell'albero della vita]. Il **dono** è quello che Montale si attendeva da Clizia: la salvezza «per tutti» del v. 41 di *La primavera hitleriana* (cfr. T4, p. 265; il **per tutti** del v. 10 quindi è una precisa autocitazione). Dopo la fine della guerra, la speranza di un rinnovamento politico e morale cade; la donna amata non è più donna-angelo portatrice di valori collettivi, ma colei che gli dà un senso solo all'esistenza individuale del poeta. È lui, a questo punto, a diventare un custode dei valori: perciò si trasforma in un **Dio** (mentre, sempre nella *Primavera hitleriana*, Dio era «l'Altro» cui Clizia avvicinava). In questa posizione, egli è **diviso dagli uomini** e dalle vicende della loro esistenza. Il **sangue** allude alla tragicità della condizione umana in generale e della storia in particolare (la seconda guerra mondiale: cfr. vv. 5-6); esso imbratta i **rami** dell'albero della vita, definiti **alti** perché la vita rimane qualcosa di nobile e prezioso. La custodia dei valori coincide dunque con lo stato di isolamento dell'intellettuale, che è insieme rifiuto dell'orrore e rinuncia. Esso è presentato, oltre che come una scelta aristocratica, come un ripiegamento imposto dai tempi.

T7 DALLA COMPRENSIONE ALL'INTERPRETAZIONE

COMPRENSIONE

Volpe come anti-Beatrice Questa poesia che chiude la sezione della *Bufera* intitolata **«*Madrigali privati*»** è dedicata a Volpe. L'anniversario è infatti quello della nascita di Maria Luisa Spaziani, nata nel 1924, cioè quasi contemporaneamente all'uscita degli *Ossi di seppia* (1925). Si comprende qui il perché dell'aggettivo «privati» nel titolo della sezione: mentre Clizia aveva rappresentato la speranza di vedere la fine della violenza della guerra e incarnato un valore «per tutti», **Volpe** (l'anti-Beatrice) impersona **una salvezza privata e personale**, che appartiene solo al poeta. Montale conobbe la Spaziani nel gennaio 1949.

Il dono "privato" Il componimento è costituito da tre strofe. Nella **prima strofa** (vv. 1-4) **la nascita di Volpe** è vista come una sorta di **miracolo**, che permette al poeta di vincere il proprio male di vivere e di accettare la sofferenza. Secondo un *tópos* della lirica cortese, il poeta si descrive in ginocchio, cioè adorante, inchinato ai piedi dell'amata (ma l'espressione è ambigua: può significare anche vinto, sconfitto). Nella **seconda strofa** il poeta immagina di aver "spiato" **l'adolescenza di Volpe** nelle rare «tregue» della **guerra**. La **strofa conclusiva** è quella più complessa da interpretare. Siamo ora alla fine degli anni Quaranta, nell'immediato dopoguerra. Il «dono» del v. 9 è la salvezza che Montale si attendeva da **Clizia**: una **salvezza «per tutti»** (con ripresa testuale dell'espressione del v. 41 della *Primavera hitleriana*, **T4**, p. 265). Invece **la salvezza è toccata al solo poeta**: è una felicità privata e individuale. Pertanto il Dio diviso dagli uomini è il poeta stesso, ricongiunto con la messaggera del divino e perciò divinizzato; egli ha ormai preso le distanze dalla storia degli uomini, fatta solo di sangue e orrore. Particolarmente difficile è l'interpretazione dell'ultimo verso. Secondo alcuni commentatori **i «rami»** sui quali si raggruma il sangue sarebbero quelli dell'albero della vita, ma è anche possibile che si tratti di una allusione alla **selva dei suicidi del XIII canto dell'*Inferno*** di Dante e al sangue che fuoriesce dai rami spezzati degli alberi in cui i dannati sono stati trasformati. Montale ricorre spesso all'**immaginario dantesco** per rappresentare la condizione umana, priva di speranza di possibilità di riscatto.

ANALISI

Lo stile Rispetto alle poesie della *Bufera* dedicate a Clizia, lo stile è meno elevato e l'espressione meno concentrata, anche se le **molte allusioni e ambiguità** rendono il testo non facile da comprendere. Alcune scelte lessicali e alcune metafore risentono ancora del **mito stilnovista della donna-angelo** (lo stare in ginocchio, il male, le colpe espiate). Volpe, pur contrapponendosi nettamente a Clizia e rappresentando valori diversi, ne è per certi versi la continuatrice.

INTERPRETAZIONE

L'amore che unisce, l'amore che separa Nella *Bufera* Montale rappresenta **due tipi diversi di amore**: quello che, unendo due persone, li accomuna a tutti gli altri e conferisce senso e valore anche ai rapporti sociali; e quello che invece separa la coppia dal resto della collettività, che tende ad essere totalizzante ed esclusivo. Il primo tipo di amore è rappresentato da **Clizia** (e più esattamente dalla Clizia della *Primavera hitleriana*), il secondo da **Volpe, l'«antibeatrice»**. Anche nell'esperienza comune queste due concezioni spesso si contrappongono. La prima (amore come fondamento di civiltà) è di origine cristiana e infatti in Montale viene associata alla figura di Clizia Cristofora, cioè portatrice del messaggio salvifico di Gesù. La seconda appartiene invece alla tradizione romantica, ed è storicamente connessa con i concetti dell'amore-passione e dell'eros come forza irrazionale e distruttiva nei confronti delle convenzioni sociali.

T7 LAVORIAMO SUL TESTO

COMPRENDERE

1. A che cosa si riferisce il titolo «Anniversario»?
2. Chi è il «tu» cui si rivolge il poeta?

ANALIZZARE

3. **LINGUA E LESSICO** Nel corso della poesia ricorrono scelte lessicali che appartengono al campo semantico del sacro. Sottolineale sul testo.
4. «Arse a lungo una vampa»: spiega la metafora. A quale evento storico fa riferimento il poeta? Che relazione c'è tra tale evento e la «Bufera» che dà il titolo alla raccolta poetica?
5. «Giovane stelo tu crescevi»; «spiavo il tuo piumare»:

quali caratteristiche sono attribuite alla donna attraverso tali metafore?

INTERPRETARE

6. Chi avrebbe dovuto portare il «dono» *per tutti*? E chi, invece, lo ha reso un dono esclusivo *per il poeta*? Prova ad interpretare la poesia alla luce dell'opposizione tra la figura di Clizia e la figura di Volpe.
7. Quali eventi storici sono intervenuti nel passaggio da Clizia a Volpe? In che modo tali eventi hanno agito sul poeta?

LE MIE COMPETENZE: PRODURRE
Nella poesia di Montale la donna è portatrice di valore. Donne differenti sono protagoniste delle diverse fasi della sua produzione poetica. Realizza una mappa concettuale collegando le opere, la poetica e i principali personaggi femminili celebrati da Montale, delineandole un breve identikit e facendo opportuni riferimenti ai testi che hai letto.

T8 Il sogno del prigioniero

OPERA
La bufera e altro

CONCETTI CHIAVE
- la condizione di prigionia del poeta
- il parallelo sogno-poesia

FONTE
E. Montale, *L'opera in versi*, cit.

Poesia del 1954, l'ultima del libro e seconda delle due che compongono «Conclusioni provvisorie». Si finge che a parlare sia un prigioniero politico: un perseguitato nei campi di concentramento staliniani (dei quali si cominciava in quegli anni ad avere notizia); ma l'autore stesso ha invitato ad allargare l'ordine dei riferimenti, e non solo, ovviamente, ai campi di sterminio nazisti, ma anche alla condizione storica dell'uomo nella società di massa, se non addirittura alla situazione esistenziale dell'uomo in generale. In questa prospettiva, la poesia vuole essere un'allegoria della condizione dell'intellettuale-poeta, prigioniero di una situazione senza vie d'uscita e quindi costretto, data la propria impotenza pratica, all'unica attività del sogno. Il sogno del prigioniero coincide dunque con la poesia. Esso consiste nell'essere altrove che in cella, e nella capacità – propria, appunto, della poesia – di costruire con i particolari della prigionia una serie felice, ma illusoria, di associazioni. La poesia insomma è sublimazione dei dati reali. Nello stesso tempo, però, è anche testimonianza di un'aspirazione al valore cui il poeta non sa rinunciare: l'attesa della donna (emblema del Valore) e il sogno poetico di fatto s'identificano.

Albe e notti qui variano per pochi segni.

Il zigzag degli storni sui battifredi
nei giorni di battaglia, mie sole ali,
un filo d'aria polare,
5   l'occhio del capoguardia dallo spioncino,
crac di noci schiacciate, un oleoso
sfrigolìo dalle cave, girarrosti
veri o supposti – ma la paglia è oro,

[annotazione a margine: *Immagini delle favene in Prim. Htt.*]

METRICA cinque strofe (la prima di un solo verso) composte di endecasillabi, spesso ipermetri, o da versi più lunghi, sino a tredici sillabe (cfr. per esempio v. 11 o 28). Le rime regolari in fine di verso sono rare (vd., nella seconda strofa, battifrEDI : piEDI fra v. 2 e 10, polARE : focolARE tra v. 4 e v. 9); si notano anche rime interne (per esempio, sempre nella seconda strofa: stORNI : giORNI fra v. 2 e v. 3, girarrOSTI : suppOSTI, fra v. 7 e v. 8), mentre numerose sono le assonanze e le consonanze.

● **1** *Qui* [: nella prigione] *le albe e le notti sono* [tra loro] *differenti* (**variano**) *per pochi segni* [: per pochi particolari]. È subito definita con risalto la condizione del prigioniero dal punto di vista spaziale (**qui**) e temporale (l'indifferenza quasi assoluta del giorno e della notte, e la irrilevanza del trascorrere del tempo: tuttavia i **pochi segni** sono attentamente scrutati dal prigioniero).

● **2–10** *Il* [volo a] *zig zag* [: irregolare] *degli storni* [: di uccelli] *sulle torri di guardia* (**sui battifredi**) *nei giorni di battaglia, mie uniche* (**sole**) *ali, uno spiffero* (**un filo**) *di aria freddissima* (**polare** = dal Polo Nord), *l'occhio del capoguardia* [che mi osserva] *dallo spioncino, rumore* (**crac**) *di noci schiacciate, un rumore di olio che frigge* (**un oleoso sfrigolìo**) [proveniente] *dai forni* (**dalle cave**), *girarrosti veri o*

la lanterna vinosa è focolare
10 se dormendo mi credo ai tuoi piedi.
La purga dura da sempre, senza un perché.
Dicono che chi abiura e sottoscrive
può salvarsi da questo sterminio d'oche;
che chi obiurga se stesso, ma tradisce
15 e vende carne d'altri, afferra il mestolo
anzi che terminare nel *pâté*
destinato agl'Iddii pestilenziali.

Tardo di mente, piagato
dal pungente giaciglio mi sono fuso
20 col volo della tarma che la mia suola

sfarina sull'impiantito,
coi kimoni cangianti delle luci
sciorinate all'aurora dai torrioni,
ho annusato nel vento il bruciaticcio
25 dei buccellati dai forni,
mi son guardato attorno, ho suscitato
iridi su orizzonti di ragnateli
e petali sui tralicci delle inferriate,
mi sono alzato, sono ricaduto
30 nel fondo dove il secolo è il minuto –

e i colpi si ripetono ed i passi,
e ancora ignoro se sarò al festino

---

immaginati (**supposti**) – *ma la paglia* [*su cui sono*] *è* [*come*] *oro, la* [*luce*] *rossa* (**vinosa** = colore del vino) [*della*] *lampada* (**lanterna**) *è* [*come il*] *focolare* (**focolare**), *se mentre dormo* (**dormendo**) *credo di essere* (**mi credo**) *ai tuoi piedi* [: *della donna*] *piedi* [: *accanto a te*]. I vv. 2–8 elencano (ricorrendo a una sintassi nominale) i **segni** (v. 1) provenienti dall'esterno che il prigioniero è in grado di percepire. Si tratta di orribili presagi di tortura e di morte, o comunque di presenze persecutrici e minacciose; ma il dubbio sul loro corretto significato determina associazioni gratuite con il mondo della gastronomia. Attorno a tale ambito ruotano anche i successivi riferimenti alle persecuzioni fisiche (cfr. vv. 13, 15-18, 24-25, 32-33). È un modo per denunciare la degradazione presente e, d'altra parte, la fine di una tradizione poetica sublime (mentre non è senza significato il riferimento alla frequente metaforicità gastronomica del Dante descrittore di Malebolge, parte infima dell'*Inferno*). L'elenco delle percezioni sgradevoli è seguito (vv. 8–10) dal risarcimento del «sogno»: l'illusione raggiunta, dormendo, di essere accanto alla donna amata trasforma la misera ospitalità della prigione in una situazione felice. La rima **battifredi : piedi** che incornicia la strofa sottolinea l'illusoria armonia procurata dal sogno; così come il rovesciamento della situazione è evidenziato dalla rima **polare : focolare**. **Storni**: uccelli; qui immagini di aerei da combattimento (cfr. il riferimento ai **giorni di battaglia**) e delle loro evoluzioni (**zigzag**). **L'occhio…dallo spioncino**: per accertarsi che il prigioniero non fugga e controllarne il comportamento; è immagine persecutoria. Lo **spioncino** è quel buco o piccolo sportello che sta nelle porte all'altezza degli occhi e che serve a guardare al di là della porta (dal verbo "spiare" = osservare di nascosto). **Crac…schiacciate**: forse il rumore delle torture inflitte ad altri prigionieri, spezzandone le ossa. Il vocabolo **crac** esprime onomatopeicamente il rompersi di oggetti rigidi. **Un oleoso…dalle cave**: altre probabili torture, con allusione ai forni crematori e al bruciarsi dei corpi. **Girarrosti**: ancora un riferimento a possibili torture.

● **11–17** *La persecuzione* (**purga**) *dura da sempre, senza una ragione. Dicono che chi rinnega le proprie idee* (**chi abiura**) *e aderisce* (**sottoscrive**) [: *a confessioni e denunce*] *può salvarsi da questo sterminio di oche* [: *di esseri indifesi*]; [*dicono*] *che chi critica* (**obiurga**) *se stesso, ma* [*al tempo stesso*] *tradisce e vende carne di altri* [*uomini*] [: *denunciandoli per salvarsi*], *impugna* (**afferra**) *il cucchiaione* (**il mestolo**) *invece che* (**anzi che**) *finire* (**terminare**) *nel pâté* [: *nel cibo*] *destinato agli Dei* (**agl'Iddii**) *orribili* (**pestilenziali** = *delle pesti*). L'unica possibilità di sfuggire alla prigionia, alla tortura e alla morte è tradire altri uomini, diventando complici dei carnefici e passando dalla loro parte: con riferimento alle autodenunce e alle delazioni che accompagnarono le persecuzioni della Unione Sovietica staliniana, e in generale alla viltà che si impadronisce di chi è in condizioni di debolezza e di sofferenza. L'adesione alla logica della strage di innocenti inermi rappresenta anche una forma estrema e colpevole di conformismo alla logica del potere. Si notino le rime **purga : obiurga** e **dura : abiura**, legate dalla ripresa allitterante del gruppo /ur/ e dall'omoteleuto, formanti un compatto blocco semantico. Rilevanti anche la rima **perché : pâté** e la paronomasia **sterminio / terminare**, che mette meglio in rapporto i riferimenti contigui alle **oche** e al **pâté**. **La purga…senza un perché**: mentre il termine **purga** rimanda alle epurazioni (eliminazioni) staliniane che furono così chiamate, l'indefinito allargamento temporale (**da sempre**) e l'assenza di ragioni (**senza un perché**) definiscono la condizione del prigioniero come essenziale, cioè legata alla dimensione esistenziale dell'uomo. Dato storico e dato filosofico, cioè, convivono. **Sterminio d'oche**: a dire la ferocia con la quale sono colpite le vittime, innocenti e incapaci di difendersi, come **oche**. Il successivo riferimento al ***pâté*** prolunga sinistramente la metafora delle oche, essendo il ***pâté*** una specialità della cucina francese (simile a una crema densa) preparata spesso appunto con il fegato d'oca. **Afferra il mestolo**: data la costante trasposizione metaforica di tipo gastronomico, l'adesione alla parte degli oppressori coincide con l'impossessamento degli strumenti della cucina (che sono, fuor di metafora, strumenti di tortura). **Iddii pestilenziali**: oscure e imprecisate divinità del male, rappresentazioni in chiave metafisica della ferocia cannibalica del potere.

● **18-34** *Lento* (**tardo**) *di mente* [: *privo di lucidità intellettuale, abbrutito*], *ferito* (**piagato**) *dal letto* (**giaciglio**) *pungente* [: *di paglia*; cfr. v. 8] *mi sono identificato nel* (**fuso col**) *volo della tarma che la mia suola* [*della scarpa*] *schiaccia* (**sfarina** = *rende simile a farina*) *sul pavimento* (**sull'impiantito**), *nell'aspetto colorato* (**coi kimoni** = *variopinti abiti orientali*) [*e*] *mutevole* (**cangianti**) *delle luci sparse* (**sciorinate**) *all'aurora dalle torri* (**dai torrioni**), *ho odorato* (**annusato**) *nel vento il puzzo di bruciato* (**il bruciaticcio**) *delle ciambelle* (**dei buccellati**) [*proveniente*] *dai forni, mi sono guardato attorno, ho creato* (**suscitato**) [: *con la fantasia*] *arcobaleni* (**iridi**) *sull'orizzonte* [*segnato ai miei occhi*] *di ragnatele e* [*immaginato*] *petali* [*di fiori*] *sulle sbarre* (**sui tralicci**) *delle inferriate* [: *le sbarre della prigione*], *mi sono alzato* [*in piedi*], *sono ricaduto sul fondo* [*della prigione*] *dove il minuto dura* (**è**) [*come*] *un* (**il**) *secolo – e si ripetono* [: *si susseguono senza interruzione*] *i colpi e i passi, e non so* (**ignoro**) *ancora se al banchetto* (**al festino**) *sarò colui che cucina* (**farcito-**

> farcitore o farcito. L'attesa è lunga,
> il mio sogno di te non è finito.

re) o colui che è cucinato (**farcito**). *L'attesa è lunga, il mio sogno di te* [: della donna; cfr. v. 10] *non è* [ancora] *finito*. Le ultime due strofe presentano la condizione del prigioniero giunta a una specie di delirio allucinatorio, nel quale i segni della realtà e quelli della proiezione fantastica si fondono perfettamente. La sofferenza fisica (**piagato**) e quella mentale (**tardo**) collaborano a creare questa condizione senza lucidità. È questo però anche il momento nel quale la tendenza al «sogno» – cioè al risarcimento fantastico – si manifesta in modo più pronunciato: costretto nel limite della cella, il prigioniero si sente unito a tutte le manifestazioni, anche minime, di libertà che gli si mostrano (la **tarma** che vola, le **luci** dell'alba); nonostante il fatto che esse rivelino con chiarezza il proprio limite (la tarma è presto uccisa dal poeta stesso, l'alba appare dalle torri di guardia della prigione). Lo stesso odore dei prigionieri cremati nei forni è interpretato come odore di dolci, secondo la consueta metafora gastronomica. L'orizzonte ristretto di ragnatele e inferriate è sublimato con abbellimenti illusori. In questa attribuzione consolatoria di significati positivi alla realtà circostante è qui rappresentata anche l'illusione del poeta. Nei versi conclusivi tende a imporsi nuovamente la coscienza della verità: l'alzarsi e il ricadere dei vv. 29 sg. rappresentano appunto l'alternarsi di illusione e delusione, cioè di sogno e realtà. Il rumore di **colpi** e **passi** riporta al dubbio fondamentale sulla posizione che il prigioniero assumerà rispetto alla strage (il **festino** dei malvagi); dubbio espresso nei termini gastronomici consueti (**farcitore** o **farcito**) e che implica la adesione alla parte dei carnefici (cioè il tradimento) o l'assunzione di quella delle vittime. La fitta rete fonica di questa seconda metà della poesia è dominata dalla presenza della /t/ in uscita di parola. Attorno alla rima in *-ato* (ripresa da **destinato** nella terza strofa (v. 17) e presente ai vv. 18, 24, 26 – due volte – e 29) ruotano diverse serie di rime e di consonanze (da **impiantito** al v. 21 a **farcito** e **finito** ai vv. 33 sg., attraverso le uscite in *-ate, -ato, -ati, -uto* presenti ai vv. 23, 24, 25, 28, 29, 30). **Tarma**: piccolo insetto. **Sciorinate**: letteralmente il vb. "sciorinare" vuol dire 'stendere i panni all'aria' ed è qui usato metaforicamente a proposito dell'espandersi della luce all'alba per coerenza con l'altra metafora dei *kimoni*, usata per indicare tale luce. **Farcitore o farcito**: «farcire» significa propriamente 'riempire (un dolce, una carne) con qualche condimento'.

T8 DALLA COMPRENSIONE ALL'INTERPRETAZIONE

COMPRENSIONE

La struttura del testo   Le **prime tre strofe** (vv. 1-17) costituiscono la prima parte del testo dedicata alla **descrizione della condizione di prigionia**. Già nei vv. 8-10 si allude però al sogno del poeta, tema ripreso e sviluppato nella seconda parte della poesia, corrispondente alla **quarta strofa** (vv. 18-30), tutta dedicata al **parallelo sogno-poesia** e a un bilancio della vita e dell'attività poetica del soggetto. La **quinta strofa** (vv. 31-34) costituisce la terza parte del componimento: rinvia alla situazione descrittiva iniziale (vv. 31-33), ma attesta anche **la fedeltà del poeta al proprio sogno, per quanto impotente, e all'attesa della donna**, portatrice del Valore (vv. 33-34).

ANALISI

La tendenza all'autoritratto   La tendenza all'autoritratto è frequente in Montale. S'incontra soprattutto nelle zone finali delle sue opere: per esempio, nei versi conclusivi di *Incontro* (cfr. cap. VI, **T5**, p. 205), in chiusura di *Ossi di seppia*, o in *Notizie dall'Amiata*, che chiude *Le occasioni*. Infatti, offrendo una sorta di autoritratto ideale, il poeta vuole congedare il lettore con un messaggio in cui **la propria vicenda personale viene ad assumere un valore universale**. Nell'autoritratto – per esprimersi con le parole stesse di Montale – l'io "empirico" e l'io "trascendentale" si uniscono e si fondono: l'autore muove dalla propria esperienza individuale (o "empirica"), ma nello stesso tempo le attribuisce un significato universale (o "trascendentale"). Qui, per esempio, presenta la propria estraneità al mondo, il senso della propria **"disarmonia" con la realtà** (cfr. **S2**, p. 248), come una forma di prigionia e di impotenza, e da tale condizione fa nascere **la poesia-sogno**. Nello stesso tempo questo atteggiamento viene caricato di una **forte tensione morale e ideale**: la tendenza al sogno non è solo la conseguenza negativa di una prigionia, ma è anche espressione positiva dell'«attesa» (v. 33) della donna e del valore che essa rappresenta.

INTERPRETAZIONE

Il messaggio del testo   **Il poeta si rappresenta come prigioniero**, costretto a fare della propria oggettiva impotenza il fondamento necessario del proprio sogno fantastico (cioè della propria poesia). Si tratta di una prigionia che, per quanto presentata in termini storici e politici (con riferimento alle "purghe" staliniane, cui si accenna al v. 11), è individuale realtà esistenziale (cfr. § 3 e **S2**). **La poesia insomma trasfigura la realtà**, trasformando la «paglia» in «oro», la «lanterna» in «focolare» (vv. 8-10) e suscitando «iridi su orizzonti di ragnateli / e petali sui tralicci delle inferriate» (vv. 27-28). Nel bilancio della propria esistenza di poeta il soggetto lirico ricorda che si sono alternati momenti di caduta e momenti di ripresa, ma che la condizione di immobilità, di atemporalità, di buio – tipica del prigioniero – è stata la costante di fondo (vv. 29-30). **L'attività poetica si è posta dunque come risarcimento di uno scacco esistenziale**, e potrebbe addirittura essere interpretata negativamente come mistificazione illusoria della reale sofferenza della prigionia umana. Tuttavia questo messaggio non è univoco: la conclusione vuole, in qualche modo, restare aperta, problematica, «provvisoria», comunicando anche un significato meno negativo o addirittura cautamente positivo (la cautela è espressa chiaramente dalla litote del verso finale: «il mio sogno di te non è finito»). Il poeta intende attestare, con i vv. 33-34, **la fedeltà al proprio sogno e dunque, insieme, alla poesia e alla donna**: quest'ultima rappresenta infatti il Valore che egli si ostina ad attendere («L'attesa è lunga, / il mio sogno di te non è finito»).

T8 LAVORIAMO SUL TESTO

ANALIZZARE

Il poeta prigioniero

1. Cosa c'è di reale e cosa di fantastico nella descrizione della prigionia?

Il linguaggio gastronomico

2. Quale sorte sembra destinata al prigioniero?

La poesia-sogno

3. Quale spazio e quale funzione sono affidati alla poesia?

INTERPRETARE

«L'attesa è lunga»

4. Quale significato assume il tema dell'attesa nella poesia di Montale?

12 La ricezione: *La bufera e altro* e il conflitto delle poetiche negli anni Cinquanta

La svolta del 1956

La bufera e altro uscì in un anno di svolta per la società e per la letteratura italiana, il 1956. I cambiamenti economici e sociali e l'europeizzazione del nostro paese favorirono la diffusione della cultura angloamericana e l'avvio dello sperimentalismo attraverso riviste come «Officina» (in cui operava Pasolini) e «Il Verri», da cui nascerà la Neoavanguardia.

La bufera e altro e i poeti della nuova generazione: Pasolini e Giuliani

Il libro di Montale spiazzò molti lettori che non si aspettavano, come scrisse Contini, tale «irruzione, sconvolgente e massiccia» della realtà "esterna". **Esso indusse dunque a una rilettura dell'intero Montale** che tenesse conto di questo elemento (ed è quanto fa appunto Contini; cfr. espansioni digitali **S**, *Il primum di Montale non è di natura formale o letteraria*), **e incontrò il favore dei giovani poeti più aperti** e impegnati nella costruzione del nuovo, **come Pasolini** (cfr. **S6**, p. 286) su «Officina» e Giuliani sul «Verri». Da fronti diversi, un critico come Pietro Bonfiglioli e un poeta come Andrea Zanzotto videro nel libro la conferma della estraneità di Montale al «misticismo orfico ed ermetico» e la sua vicinanza invece alle soluzioni allegoriche dantesche.

L'interpretazione di Bonfiglioli e di Zanzotto

La bufera e altro conferma la distanza di Montale dall'Ermetismo

Si può dire dunque che ***La bufera e altro* contribuì in modo decisivo a definire la distanza di Montale dall'Ermetismo** e, implicitamente, a ridimensionare questo fenomeno. Nello stesso tempo, indicò ai giovani una direzione di ricerca che non solo non coincideva con il Neorealismo ma ne postulava il superamento.

La critica marxista ortodossa: Salinari

L'impegno verso la storia non bastò tuttavia ad accontentare i critici marxisti più ortodossi, allora volti alla difesa della poetica neorealistica. In particolare **Carlo Salinari** (cfr. **S6**) vide nella conclusione pessimistica del libro l'incapacità di Montale di stare «al passo con i tempi, con la nuova situazione storica che si è venuta creando in questi anni». Mentre il pessimismo del poeta era in chiave con la situazione degli anni Trenta, non lo sarebbe stato più, insomma, nel dopoguerra.

La bufera e altro, ai vertici dell'arte montaliana

Oggi la critica sembra concordare con il parere dello stesso autore che giudicava *La bufera e altro* il suo capolavoro; oppure pone sullo stesso piano, ai vertici dell'arte montaliana e dell'intero panorama poetico del secolo, insieme, il suo secondo e suo terzo libro: «il Montale che, di gran lunga, più conta è soprattutto l'autore delle *Occasioni* e della *Bufera*» (Mengaldo, 1995).

S6 IL CONFLITTO DELLE INTERPRETAZIONI — MATERIALI E DOCUMENTI

Il giudizio di Pasolini e quello di Salinari sulla *Bufera e altro*

Recensendo *La bufera e altro* nel 1957, Pasolini dapprima descrive l'opera, poi ne considera gli elementi di novità. A livello descrittivo, vede nel libro un'operazione di riduzione del mondo ad alcuni dati e di loro successiva dilatazione simbolica. Ne analizza poi gli aspetti più nuovi, rintracciandoli nel "superamento" della posizione delle *Occasioni* e in un più diretto confronto con la storia. Sta in quest'ultimo elemento la ragione dell'interesse di Pasolini che vede congiunta nell'opera montaliana un'alta tradizione letteraria e un impegno storico diverso da quello del Neorealismo, più libero ed eterodosso. D'altronde in questo periodo Pasolini andava proponendo una forma di sperimentalismo che non rifiutava affatto l'impegno storico-ideologico ma, mentre recuperava anche la dimensione intima ed esistenziale, lo collocava al di fuori degli schemi di scuola e dell'ottimismo pregiudiziale promossi invece da Salinari e dagli altri sostenitori del Neorealismo (di qui la differenza di posizioni rispetto a Salinari).

▶▶ Per gran parte de *La bufera* non c'è niente da aggiungere a quanto si è detto a proposito degli *Ossi* e delle *Occasioni*. L'angoscia, proprio nei meri termini clinici, produce una riduzione delle reazioni, una fossilizzazione della vita in atti maniacamente propiziatori, in una certa mostruosità della percezione: insomma produce il bisogno di negarsi per sopravvivere. Questa aridità si maschera in forme di estrema intelligenza – lucida soprattutto nell'atto del trasformare le sensazioni in esposizioni – di elegantissima elusività – come manutenzione del segreto inesauribile e ineffabile della propria persona – di pathos calcolato. [...]

Ne *La bufera* però ci sono delle novità. In molte liriche di questa raccolta, la situazione «tipica», su esposta, apparentemente conservata nella identità degli stilemi e dei metri, è superata.

In *Ballata scritta in una clinica* e in *Voce giunta con le folaghe*, Montale non è più in rapporto con un frammento del mondo, ma con il mondo visto in sintesi, in una sua interezza che coincide con un intero modo di essere dell'umanità. L'angolo visuale si sposta in alto, e gli oggetti, i dati, si appiattiscono, si fondono, si uniscono. Lo stesso sforzo di sintesi (che non è ancora un atto storico e razionale), avviene ne *L'anguilla*. Nei *Madrigali fiorentini*, ne *La primavera hitleriana* e specialmente nel *Sogno del prigioniero*, Montale si pone addirittura in rapporto non solo con un mondo unificato sui suoi oggetti, non screpolato dal nulla, ma con un mondo circostanziatamente storico, con la società. [...] Nel *Sogno del prigioniero* la protesta ha una violenza e una universalità mai riscontrate prima in Montale.

In queste liriche Montale appare dunque non progredito, o regredito, secondo i gusti, ma *sostanzialmente* rinnovato.

P.P. Pasolini, *Montale*, in ID., *Passione e ideologia*, Einaudi, Torino 1985.

Negli stessi mesi anche Carlo Salinari, come Pasolini, recensisce *La bufera*, ma, pur trovandovi poesie belle o molto belle, ne dà un giudizio nel complesso limitativo, non individuando nel libro montaliano novità rispetto al precedente e quindi giudicandolo poco al passo con i tempi, in quanto prigioniero di un pessimismo e anche di una sensibilità e di una cultura tipici della letteratura fra le due guerre e dunque superati. All'inizio del saggio Salinari introduce la figura di un giovane che respinge la poesia montaliana perché la ritiene responsabile di averlo indotto a un atteggiamento «passivo di fronte alla vita». Il tema del giovane è ripreso nella parte finale dello scritto, qui riprodotta. È evidente che il critico difende e propone una poetica diversa da quella montaliana (ma anche da quella pasoliniana), più propositiva, più impegnata e ottimistica: quella del Neorealismo.

▶▶ L'ultimo libro di versi [*La bufera e altro*] non aggiunge nulla, mi sembra, al Montale che conoscevamo. [...]
Questo libro pare si ponga allo estremo limite di una vena ormai esausta, perché incapace – senza tradire se stessa – di sviluppare ed arricchire i suoi temi. Montale, che sentivamo così nostro fino al '42, ora ci appare più distante, quasi distaccato dalle nostre recenti esperienze, dalla nostra sofferenza di oggi. *Sparir non so né riaffacciarmi* è un verso che potrebbe quasi compendiare questa nostra impressione e potrebbe far sospettare nel poeta la coscienza di aver esaurito tutto quanto aveva da dire. È certo che Montale non è stato al passo coi tempi, con la nuova situazione storica che si è venuta creando in questi anni. [...]

Tuttavia a me pare sbagliato chiedergli di rinnovarsi. Quel giovane che lo respingeva, cercava in lui un lievito per una poesia di domani che non poteva trovare e che Montale non poteva dare. Il ciclo della sua poesia è ormai conchiuso, come è conchiuso il giro della vicenda storica da cui essa è sorta ed in cui essa ha operato.

C. Salinari, *Montale dopo la bufera*, in Id., *Preludio e fine del Neorealismo in Italia*, Morano, Napoli 1967.

PERCORSI TEMATICI

Percorso
LO SPAZIO E IL TEMPO

Lo spazio e il tempo nella poesia di Montale

Giorgio Morandi, *Natura morta*, 1932. Roma, Galleria d'Arte Moderna.

Mentre il viaggio di Hitler in Italia preannunciava la bufera della guerra, artisti come Morandi e Casorati continuano la loro ricerca aliena dalle sirene dell'arte ufficiale. Il rifiuto di una realtà storica violenta e inaccettabile si esprime nella scelta di dipingere soprattutto nature morte. Morandi così si aggira sempre tra gli stessi umili oggetti quotidiani, ma dai loro diversi accostamenti fa scaturire suggestioni poetiche inesauribili. Gli oggetti, come in Montale, diventano emblemi. In questa *Natura morta* del 1932, l'alternarsi di colori chiari e scuri mette in risalto l'armonia compositiva, ma i contorni degli oggetti si sfaldano, perdono la luminosa definizione delle opere precedenti. Alludono a un mondo popolato non più dalle cose, ma dai fantasmi delle cose.

Nella poesia montaliana, dagli *Ossi di seppia* (1925) a *Satura* (1971), la natura tende progressivamente ad eclissarsi per lasciare posto al deserto cittadino.

Gli *Ossi* sono un libro marino, dominato dal paesaggio ligure e mediterraneo, in cui la terra è aggredita dalla minaccia del mare e che unisce la fissità rupestre alla mobilità delle acque, due attributi significativi anche sul piano etico e simbolico.

La natura ha un duplice aspetto, è figura di vitalità (il mare) e di friabilità e di decomposizione. Ma anche il mare ha un'immagine ambigua: positiva, perché rappresenta un sogno di simbiosi con la natura e di immersione nell'atemporalità; negativa, perché è percepito nello stesso tempo dal poeta come un pericolo di annientamento della propria individualità, come un nemico. Consapevole della sua diversità dal mare, egli perciò sceglie la terra («Mia vita è questo secco pendio», «Giunge a volte, repente»).

Il senso di disarmonia con la realtà, già presente in *Corno inglese* (cfr. espansioni digitali T) **rende precario il rapporto tra l'io e il paesaggio, che approda a una rottura dolorosa**: l'esperienza della divisione è anche incapacità di conoscere e di comunicare (cfr. cap. VI, T3, «*Non chiederci la parola*»). Il poeta infatti si sente un frammento isolato, un'esistenza marginale e minacciata: l'agave che si aggrappa allo scoglio, il fiore che nasce tra le crepe del suolo «non erbato», il ciottolo, il rottame. Il bisogno di individuazione («il distacco dalle antiche radici») contro l'indifferenziazione dell'infanzia è vissuto come accettazione del limite storico della condizione umana e mette in crisi la concezione simbolista della realtà.

Ottone Rosai, *Uomo sulla panchina*, 1930. Collezione privata.

Nelle visioni di città di Rosai, uno degli artisti più interessanti e contraddittori degli anni Trenta, la presenza umana è costituita da personaggi umili e popolari, grottescamente ritratti, i cui volti spesso somigliano a maschere deformi. La tendenza di Rosai a costruire scenari di città e di paesaggi dal sapore quattrocentesco, spesso geometrizzanti e realizzati per accostamenti di volumi essenziali, la sua carica espressionistica costituiscono una scelta anomala. La pittura di Rosai, infatti, nonostante i riconoscimenti pubblici che gli conferirà il regime fascista, è lontana dalla retorica dannunziana e futurista che caratterizza molti artisti coinvolti nella celebrazione di Mussolini e del fascismo.

PRIMO PIANO
La bufera e altro di Montale · capitolo VII

Percorso
LO SPAZIO E IL TEMPO — Lo spazio e il tempo nella poesia di Montale

La natura, arida e desolata, cede sempre più all'invadenza della città, rappresentata espressionisticamente nei suoi attributi negativi e angoscianti. Il nuovo paesaggio è popolato di «visi emunti /, mani scarne, cavalli in fila, ruote / stridule: vite no», solo eccezionalmente attraversato da una presenza di vita vera (cfr. cap. VI, T5, *Incontro*). Ma la ricerca da parte del poeta di un «altro cammino / che una via di città» resterà delusa: il paesaggio ligure viene meno nella raccolta successiva, *Le occasioni*, dove riemerge solo nel ricordo e in forme non più solari, ma notturne.

Il tempo degli *Ossi di seppia* è il tempo circolare della natura, un fluire ripetitivo coincidente con una sostanziale immobilità («ora i minuti sono eguali e fissi / come i giri di ruota della pompa»), a cui si uniscono il senso di inerzia e di prigionia di *Incontro* o l'«immoto andare» di *Arsenio*. Questa uniformità temporale è sconvolta dall'incontro inatteso: l'istante imprevisto che annuncia l'evento salvifico o catastrofico e introduce una discontinuità nel tempo, che non vale, tuttavia, a riscattarne l'insensatezza.

Il viaggio di formazione del poeta attraverso gli *Ossi* non approda all'identità, ma è un discendere. Se la natura non offre più un rifugio consolatorio, la città e la storia costituiscono la scoperta della prigionia nella società di massa, che impedisce una vita autentica.

Nelle *Occasioni* (1939) dominano infatti gli spazi chiusi, che difendono da una realtà esterna sempre più ostile e dai caratteri infernali. L'interiorità è opposta alla società degli automi (cfr. cap. VI, T6, «*Addii, fischi nel buio, cenni, tosse*») e all'«inferno» cittadino. Con il trionfo del fascismo e della barbarie delle «orde», il «prodigio» non può più scaturire da un evento esterno. Ora la poesia diventa l'unico valore di resistenza e di speranza, che si difende ritirandosi in una dimensione ultraterrena (cfr. cap. VI, § 5). La poesia, identificata con la donna-angelo, lampeggia, nel privato, barlumi di un'"altra" storia, mentre il presente infuria, si fa «nembo», «follia di morte» che assedia la stanza in cui è arroccata Clizia con i suoi pochi seguaci (cfr. cap. VI, T8, *Nuove stanze*). L'opposizione interno/esterno, luce/oscurità, presenza/assenza della donna, che domina le *Occasioni*, corrisponde all'opposizione tra il privilegio conoscitivo e la cultura dei pochi e la massa degli automi, delle "pedine acciecate", che ignorano Clizia e non vedono il «miracolo» dell'apparizione momentanea del vero.

Sempre in una casa, quella dei doganieri, il poeta cerca il «varco» in un incontro memoriale con la donna. Ma lo spazio è vuoto e la memoria stessa si rivela incapace di trattenere il passato («tu non respiri nell'oscurità») di fronte all'inesorabile rapina del tempo (cfr. cap. VI, T7, *La casa dei doganieri* ma anche il mottetto, *Non recidere forbice, quel volto*, espansioni digitali T).

Il paesaggio delle *Occasioni* non è solo caratterizzato dall'opposizione chiuso/aperto, ma anche dalla tecnica della frammentazione e del ritaglio spaziale. **La successione rapida di immagini comunica il carattere istantaneo e frammentario del tempo.** Anche qui, come negli *Ossi*, il tempo non ha svolgimento, è bloccato e uniforme, rotto da intermittenze. In questo «schermo di immagini», che ha «i segni della morte», balugina l'immagine della donna: apparizione istantanea, essa è luce, «folgore», «lampo», «guizzo», scintilla che ripiomba rapidamente nel buio. An-

Arturo Nathan, *Statua solitaria*, 1930. Gorizia, Museo provinciale.

L'opera fa parte di un gruppo di tre dipinti che l'ebreo triestino Arturo Nathan espose alla Biennale di Venezia del 1932. Come molte sue opere presenta un paesaggio marino insieme sereno e inquietante, immobile custode di relitti, di fari spenti, di statue antiche. Le atmosfere di Nathan, così vicine alla pittura di De Chirico, sembrano esprimere, nell'incombente presenza di cieli carichi di ombre, il presagio di una catastrofe epocale. Nathan muore nel 1944, nel campo di concentramento di Biberach an der Riß, in Germania.

che i suoni, come i fenomeni luminosi, scoppiano improvvisi, violenti, striduli o strazianti e dileguano nel silenzio. I movimenti sono effimeri, rapidi e si accampano su uno sfondo dominato dal vuoto e da una condizione di sostanziale acronia (cfr. cap. VI, § 5).

La donna diventa un mito attivo in *Nuove stanze* e soprattutto nella successiva raccolta che attraversa la guerra e il dopoguerra, **La bufera e altro, dove i testi** disposti in successione cronologica, dal 1940 al 1956, **testimoniano di per sé la volontà nuova di un confronto del poeta con il mondo esterno**. Inoltre le apparizioni, le scomparse, la speranza del ritorno della donna danno origine a un movimento temporale che si configura come una vera e propria storia (cfr. § 6). Dal presente negativo della guerra il poeta si volge a un recupero positivo del passato, dei morti e dell'infanzia (cfr. T1, *A mia madre*) e si protende verso il futuro, il ritorno e l'incarnazione di Clizia. **Il tempo della *Bufera* è infatti essenzialmente scandito sul tema dell'attesa**. Nella *Primavera hitleriana* (cfr. T4) il futuro diventa il tempo della speranza e della salvezza, non solo per pochi, ma «per tutti». Clizia stessa è soggetta a un mutamento giacché il messaggio elitario e umanistico di *Nuove stanze* si democratizza in una speranza cristiana che abbraccia tutta l'umanità.

Anche lo spazio si apre alla città e alla campagna in un paesaggio nuovo in cui privato e pubblico si incontrano (cfr. T3, «*Suggella, Herma, con nastri e ceralacca*»).

Nel corso della *Bufera* si inverte, inoltre, la direttiva spaziale della poesia precedente, caratterizzata dalla discesa, da un movimento dall'alto verso il basso, dal cielo alla terra. Con *Il gallo cedrone* (cfr. T5) e *L'anguilla* (cfr. T6), la tensione vitale verso la rinascita sale dal basso, addirittura da sottoterra o dall'acqua verso la terra e le montagne, in una fusione degli opposti in cui il «fango» acquista la valenza creatrice della «argilla divina». Il paesaggio dell'anguilla unisce l'«arsura» e la «desolazione» ai «paradisi di fecondazione» mentre anche la donna da angelo si fa creatura terrestre, animale, volpe che abita le grotte, le tane, le fratte.

La divaricazione tra eventi pubblici, culminanti nella guerra, e l'attesa privata di una possibile salvezza, si chiude negli anni del dopoguerra con il senso di una sconfitta radicale. Montale, deluso dagli eventi, non vede nella democrazia di massa una società migliore di quella fascista.

Nel *Sogno del prigioniero* il paesaggio dei lager ribadisce la prigionia storica ed esistenziale dell'uomo «ricaduto / nel fondo dove il secolo è minuto», dove anche il tempo è immobilizzato in una insensata condanna infernale (T8). Dopo un decennio di silenzio da parte del poeta, che coincide con un periodo di grandi trasformazioni della società italiana (boom economico, avvento della società e cultura di massa e della TV), compare nel 1971 *Satura*. **Questa, come le successive raccolte, *Diario del '71 e del '72* e *Quaderno di quattro anni*, esprime il rifiuto di Montale della cosiddetta civiltà del benessere e porta alle estreme conseguenze la dimensione spaziale e temporale dell'alienazione cittadina** (cfr. cap. VI, §§ 8 e 9). La nuova realtà trova un'espressione appropriata nella metafora della stalla, della spazzatura, della latrina. Alberghi, stazioni, bar, negozi, i luoghi dell'anonimato collettivo, della babele di linguaggi e dell'incomunicabilità costituiscono lo sfondo dell'ultima poesia montaliana. La vita è viaggio senza meta, interrotto dalla morte (cfr. cap. VI, T9, «*Ho sceso, dandoti il braccio, almeno un milione di scale*»).

Tempo e storia sono i termini che ricorrono di più in *Satura*, ma sono definibili solo in negativo. «La storia non si snoda / come una catena di anelli ininterrotta... La storia non contiene / il prima e il dopo... la storia non è magistra / di niente che ci riguardi». Montale nega progresso e provvidenza, rifiutando ogni concezione ottimistica della storia, che gli appare dominata dal caso e dal caos. Se egli non ha mai creduto alla continuità storica, aveva tuttavia sperato in occasioni eccezionali di vita autentica e nella possibilità di salvezza per qualcuno. Ora non c'è più differenza tra la prigionia e l'"oltre", tra bene e male. Cade ogni ipotesi di futuro; la scomparsa del futuro va di pari passo con quella del passato e tutto si condensa in un presente aleatorio e indecifrabile. L'immagine del tempo-acqua acquista ora una connotazione diversa rispetto agli *Ossi*. L'alluvione dell'Arno diventa la metafora di una catastrofe storica, che travolge l'identità culturale di un'intera epoca e del poeta stesso (cfr. cap. VI, T10, «*L'alluvione ha sommerso il pack dei mobili*»). Così i grandi fiumi diventano il simbolo del tempo percepito come «vortice» e «rapina», quindi del sostanziale annientamento della storia. Il tempo circolare della natura informa anche il tempo della storia in uno scorrimento senza direzione e sviluppo, senza identità (cfr. espansioni digitali T, *L'Arno a Rovezzano*, e cap. VI, T12, «*Spenta l'identità*»).

La visita di stato di Adolf Hitler in Italia, nella foto con Benito Mussolini a Firenze nel 1938.

Percorso
L'AMORE E LA DONNA

La donna-angelo, la donna-volpe, la donna-mosca

Felice Casorati, *Daphne*. Collezione privata.

La poesia di Montale si rivolge spesso a un «tu» femminile. Inoltre *Le occasioni* sono state definite un «canzoniere d'amore». Tuttavia l'amore, nelle sue implicazioni sentimentali ed emotive, è poco presente nell'opera montaliana. **L'amore in Montale assume un carattere totalizzante e impossibile, coincidendo con la tensione del poeta verso un'alternativa radicale all'inferno della storia e alla "prigione" dell'esistenza quotidiana.** Le figure femminili presentano, sino agli ultimi testi della *Bufera*, attributi alti e rarefatti, in quanto sono incarnazioni diverse di uno stesso sogno di salvezza. Non si dà la possibilità di un rapporto reale con la donna; perciò essa non è mai descritta fisicamente, tranne in alcuni particolari simbolici, lo sguardo, i capelli, il passo. La donna è infatti soggetta a una sublimazione che l'allontana dalla concreta fisionomia storica e la trasforma in una creatura inafferrabile, che appare, scompare e ricompare in barlumi di luce.

«La significatività della donna passa attraverso la sua scomparsa come avviene per le grandi figure femminili della poesia italiana, Beatrice, Laura, Silvia e Nerina» (Gioanola). Montale recupera il modello stilnovistico e dantesco della donna-angelo, portatrice di salvezza, e la "salute" è possibile solo come fuga dal mondo della storia; perciò la donna deve rappresentare una dimensione "altra", quella della morte (Arletta), della religione (Clizia), oppure del mondo istintivo e biologico degli animali (Volpe e Mosca).

Negli *Ossi di seppia* la folata di vento vivificatore, che porta un segnale di salvezza a chi è chiuso «di qua dall'erto muro», è associata ad Arletta-Annetta, figura di donna giovanissima, conosciuta dal poeta nei soggiorni a Monterosso, che egli finge precocemente morta (cfr. cap. VI, **S2**). Arletta compare in *Incontro* come improvvisa rivelazione nella memoria del poeta. Questi, sullo sfondo di una città infernale raggelata in una fissità mortuaria, vive l'incontro miracoloso con una pianta che si trasforma tra le proprie dita nei capelli della donna. Il contatto vivificante dura un attimo, ma la donna resta depositaria di una forza morale, che il poeta invoca perché lo aiuti a scendere «senza viltà» (cfr. cap. VI, **T5**). Arletta torna ancora in un recupero memoriale nella *Casa dei doganieri*, con la funzione di rappresentare il «varco», in una zona dove è incerto il confine tra i vivi e i morti (cfr. cap. VI, **T7**).

Un'altra donna si affianca ad Arletta in una parte degli *Ossi di seppia* e nei primi tre mottetti delle *Occasioni*, la peruviana Paola Nicoli. Anch'essa resta in una lontananza irraggiungibile, diventa «la straniera». L'incapacità del poeta di dare concretezza e continuità al rapporto con la donna si esprime nel mottetto «*Lo sai: debbo riperderti e non posso*» (espansioni digitali **T**), che riprende il tema stilnovistico della donna donatrice di un «segno», di un «pegno» di salvezza. La sua presenza è «grazia», la sua perdita coincide per il poeta con il trionfo dell'inferno.

Questo tema dell'opposizione della donna all'inferno della città e a una storia sempre più degradata è sviluppato sino alle estreme conseguenze nelle *Occasioni* e si concentra nel mito di Clizia.

Nel 1933 nella vita di Montale era comparsa Irma Brandeis, una giovane studiosa americana, di famiglia ebrea e dotata di forti sentimenti morali e religiosi. **La donna prende il nome mitologico di Clizia (l'amante del Sole, Apollo, dio della cultura) ed è associata al simbolo del girasole** (cfr. cap. VI, **S2**). Clizia ha gli attributi contrastanti del fuoco e del gelo (suggeriti dal significato del suo nome tedesco, **Brand**-fuoco, **eis**-ghiaccio) e incarna i valori umanistici della cultura minacciati dalla barbarie fascista.

Nei «Mottetti» la presenza femminile vive nei «barbagli», in lampi improvvisi visibili solo al poeta; di nuovo la donna è presente in quanto assente. Il motivo della presenza/assenza della donna, legato alla salvezza/condanna del poeta, in «*Addii, fischi nel buio, cenni, tosse*» esprime l'incom-

patibilità tra la città degli automi e la possibilità stessa dell'amore (cfr. cap. VI, **T6**).
Clizia diventa così la nuova Beatrice e assume connotati soprannaturali: è la donna-angelo che scende dalle «alte nebulose» a visitare il poeta in «*Ti libero la fronte dai ghiaccioli*», dove la fronte rinvia alla decisione e al coraggio e le ali alla natura sovrumana del valore che la donna rappresenta. Il carattere sacrale e la chiaroveggenza di Clizia si concentrano nei suoi «occhi di acciaio» in *Nuove stanze*: ella vi appare come la sacerdotessa di un rituale capace di tenere in scacco, con la forza della lucida intelligenza, la follia della guerra che si avvicina (cfr. cap. VI, **T8**). La missione di Clizia culmina in *La primavera hitleriana* (1939-1946), che fa parte della *Bufera*, dove la donna, personificazione della salvezza, costituisce un'occasione di esperienza del divino.

L'angelo visitatore si trasforma nella «cristofora», la donna portatrice del messaggio cristiano. Ebrea e cristiana, costretta a fuggire e a ritornare in America all'inizio delle persecuzioni razziali (1938), essa diventa nella *Bufera* la vittima sacrificale che assume su di sé il male del mondo. **L'allegoria umanistica di Clizia si converte nell'allegoria religiosa del riscatto per tutti gli uomini**, e non più solo per il poeta o per pochi eletti.

Su uno sfondo di gelo e di morte, nella città percorsa dal «messo infernale» (Hitler), Clizia, abbacinata dal sole, scende dall'alto verso i «greti arsi del sud» a indicare una speranza che salvi l'umanità dai «mostri» che stanno per travolgere l'Europa nella catastrofe (cfr. **T4**).

Ma di fronte alla guerra, che tuttavia si scatena, alle delusioni del dopoguerra e all'avvento della società di massa **Clizia si rivela sempre più inadeguata**, mentre il rigore esclusivamente morale del suo messaggio inaccessibile agli affetti quotidiani, allontana il poeta: «ho amato il sole, / ...or chiedo il bruno, / chiedo il fuoco che cova, questa tomba / che non vola» (cfr. espansioni digitali **T**, *Lasciando un "Dove"*).

Ora Montale cerca la salvezza non più nei valori alti e nelle ideologie, ma nel "basso", nella vitalità degli istinti puramente biologici e sessuali, nella terra o nel fango in cui si riproducono il gallo cedrone e l'anguilla (cfr. **T5** e **T6**). **Ed ecco la donna-Volpe** (la poetessa Maria Luisa Spaziani), **l'antagonista di Clizia, l'anti-Beatrice, la «donnola», il «carnivoro biondo»**, il «genio perfido delle fratte». Volpe è creatura terrestre portatrice di un eros concreto, ed è dunque ben diversa dalla precedente figura femminile.

Mosca (la moglie) è infine l'«insetto miope», ma capace di vedere e di orientarsi istintivamente con il suo «radar di pipistrello» nell'informe vita quotidiana e nel «trionfo della spazzatura». Sullo sfondo del tramonto della civiltà occidentale, Mosca rappresenta in *Satura* il valore della pura esistenza fisica e materiale: «di noi due / le sole vere pupille, sebbene tanto offuscate, / erano le tue» (cfr. cap. VI, **T9**, «*Ho sceso, dandoti il braccio, almeno un milione di scale*»).

Felice Casorati, *La preghiera*, 1914 circa. Collezione privata.

Percorso
LA GUERRA E LA PACE

PERCORSI TEMATICI

La guerra come allegoria della catastrofe

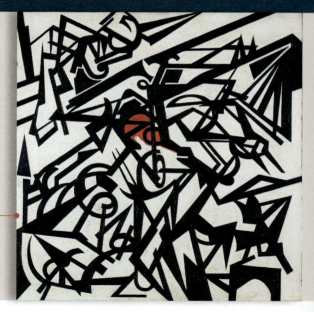

Emilio Vedova, *Campo di concentramento (Persone e filo spinato)*, 1950.

Montale ha esplicitamente negato un'influenza diretta degli eventi storici sulla sua poesia, richiamandone la genesi a un senso di «totale disarmonia con la realtà» di carattere esistenziale (cfr. **S2**). Tuttavia la guerra costituisce lo sfondo costante delle ultime poesie delle *Occasioni* e dà addirittura il titolo a un'intera raccolta, *La bufera*. Della prima sezione, «Finisterre», Montale stesso suggerisce una lettura storicizzata indicandone il significato in *finis-terrae*, fine del mondo.

La guerra – afferma ancora Montale – è intesa come «guerra cosmica e terrestre senza scopo e senza ragione»; **allegoria della condizione tragica dell'uomo sulla terra**, essa **rappresenta il punto culminante di una storia vista in una prospettiva apocalittica**.

La direzione del tempo umano e storico va verso la catastrofe, la «notte del mondo»; e la guerra rappresenta il disfrenamento della follia e delle forze di distruzione latenti nell'uomo. Perciò **la guerra non è mai espressa direttamente, ma attraverso** la mediazione culturale di **metafore attinenti all'ambito dei fenomeni naturali e a quello biblico-apocalittico**.

La guerra è «bufera», «nembo», «tempesta», «vampa» spesso contrapposta a «tetto», «naufragio delle mie genti», «calanca vertiginosa», che inghiotte vittime.

L'insistenza sulle metafore meteorologiche non esclude l'indicazione della responsabilità umana, sia dei capi (i «mostri», il «messo infernale») che delle masse («pedine acciecate», «nessuno è incolpevole») (cfr. cap. VI, **T8**, *Nuove stanze* e **T4**, *La primavera hitleriana*). **Dominano tuttavia immagini di sofferenza universale, che assumono il tono biblico della fine del mondo**.

Le immagini naturalistiche sono riassorbite nella trama di una storia che va verso la calamità e a cui il poeta contrappone l'attesa di un ritorno salvifico di Clizia. **Alla minaccia della guerra è opposta «la veglia» della ragione**, ossia l'arroccamento nella cittadella delle lettere, vigilata dagli «occhi d'acciaio» della donna (cfr. cap. VI, **T8**, *Nuove stanze*). La fiducia in una incarnazione di Clizia, divenuta allegoria della salvezza di tutti gli uomini contro i «mostri» che scatenano la guerra, culmina nella *Primavera hitleriana* (cfr. **T4**), dove al «messo infernale» inghiottito, tra un «alalà di scherani», da una marea di croci uncinate, si contrappone la speranza di «un'alba che domani per tutti / si riaffacci».

Ma il compito di Clizia nel mondo è destinato all'insuccesso e la donna deve fuggire: i valori della poesia e della cultura si rivelano impotenti dinanzi alla violenza della storia.

La fine della guerra e del fascismo segna un momento di speranza, che trova la sua massima espressione nell'*Anguilla* (cfr. **T6**), «torcia, frustra, / freccia d'Amore in terra». È tuttavia una breve illusione: la nuova società del benessere, con la sua totale negazione dei valori umanistici agli occhi di Montale non si mostra migliore di quella fascista.

Ben presto un'altra catastrofe si profila all'orizzonte, quella della civiltà stessa, travolta dalla società di massa e minacciata dalla distruzione atomica.

L'allegoria apocalittica, prima usata per la guerra, ritorna in *Piccolo testamento* nell'immagine di una nuova fine del mondo che incombe sul genere umano, quando «un ombroso Lucifero scenderà su una prora / del Tamigi, del Hudson, della Senna / scuotendo l'ali di bitume semi -/ mozze dalla fatica, a dirti: è l'ora».

L'immagine della vita-prigione, già presente negli *Ossi*, nel *Sogno del prigioniero* (cfr. **T8**), **si trasforma nell'allegoria di una condizione storico-esistenziale di violenza e di oppressione**, dominata dagli «Iddii pestilenziali» («La purga dura da sempre»). Unico segno di vita nella degradazione psico-fisica del poeta prigioniero è il sogno impossibile della donna, superstite emblema di "valore", in un mondo ormai ridotto a un panorama di sterminio.

DAL RIPASSO ALLA VERIFICA

MAPPA CONCETTUALE *La bufera e altro*

SINTESI

Composizione, titolo e struttura

La bufera e altro (1956), terzo libro poetico montaliano, raccoglie le poesie scritte fra il 1940 e il 1954, periodo che corrisponde ad anni drammatici, sia sul piano pubblico che su quello privato. Il libro, che in un primo tempo (nel 1949) Montale aveva pensato di intitolare *Romanzo*, presenta un evidente filo narrativo, giacché vi si intravede una vicenda precisa, con una netta parabola evolutiva. Inoltre, proprio come un romanzo, non vi mancano l'intenzione realistica, la drammaticità della storia e i fatti della cronaca. La precedente esemplarità della parabola romanzesca viene però messa in discussione da un pessimismo conclusivo che induce l'autore a modificare il titolo e a sceglierne uno meno impegnativo e quasi descrittivo. La «bufera» infatti rinvia alla seconda guerra mondiale, e «altro» ad avvenimenti successivi o comunque estranei ad essa. Le sette sezioni che compongono il

DAL RIPASSO ALLA VERIFICA

libro («Finisterre», «Dopo», «Intermezzo», «Flashes e dediche», «Silvae», «Madrigali privati», «Conclusioni provvisorie») si dispongono in successione temporale – diversamente da quanto accade per le prime due raccolte – a delineare una vicenda ideale. Solo «Flashes e dediche» si sottrae alla successione cronologica.

● Il "romanzo" montaliano dalla prima alla settima sezione
La prima sezione è dedicata agli orrori della guerra, alle rare apparizioni di Clizia, al tema dei lutti familiari. Questi motivi ritornano nella seconda e nella terza sezione, dove compaiono anche quelli della malattia della moglie e dei ricordi della Liguria. Nelle sezioni quarta, quinta e sesta domina il tema della donna e della sua possibile funzione salvifica. Clizia rappresenta i valori che dovrebbero incarnarsi nella storia. Ma l'ipotesi dell'"incarnazione" dei valori nella storia, di un trionfo di Clizia «per tutti», si rivela illusoria: Clizia deve allontanarsi in una sorta di «oltrecielo». D'altro canto la salvezza offerta al poeta da Volpe, espressione di un valore assai diverso da quello di Clizia perché rinvia al mondo dell'eros, è solo «privata», non «per tutti». Nonostante la fuga di Clizia, che sembra alludere alla scomparsa dell'arte dall'orizzonte umano, la poesia può forse sopravvivere nel fango della vita quotidiana. L'anguilla diventa così allegoria di un valore analogo a quello della donna-angelo, ma ormai tutto immanente. Nella settima e ultima sezione, il poeta non si riconosce nel mondo che lo circonda, da cui non c'è da aspettarsi altro che la morte della poesia e la catastrofe della civiltà occidentale. Al poeta non resta che il moto di orgoglio con cui ribadisce la propria coerenza. Nel libro, dunque, temi pubblici e privati si intrecciano e si sovrappongono in modo da costruire un percorso romanzesco, che va da una speranza iniziale nei valori rappresentati da Clizia a una posizione finale di deluso pessimismo.

● Tra realismo e motivi metafisici
Nella *Bufera e altro* si passa dalla poesia ardua e aristocratica delle *Occasioni* a un'altra più immediata e realistica. Montale conduce una lotta su due fronti: da un lato, contro l'Ermetismo, si apre ad alcune istanze del Neorealismo, all'Impressionismo, a una poesia più diretta; dall'altro, contro lo stesso Neorealismo, sostiene l'esigenza di una letteratura fondata su motivi esistenziali e sullo spessore di un «soprasenso». Questo intreccio tra motivi realistici ed esistenziali, ma anche fisici e metafisici, è una caratteristica della *Bufera e altro*. In esso si riflette una tradizione di poesia lirica che ha i suoi maestri in Eliot, Hölderlin, Valéry. Vale inoltre – ora più che mai – la lezione del pluristilismo dantesco. Di qui le soluzioni linguistiche, metriche, stilistiche. Pur restando fedele a una tradizione di lirica elevata, Montale tende a unire registri alti e bassi, termini del mondo religioso e del repertorio classico e termini tecnici, addirittura popolari, e qualche volta dialettali.

DALLE CONOSCENZE ALLE COMPETENZE

1
  A **La metafora della "bufera" si riferisce** (§ 1)
  - [A] ai lutti familiari
  - [B] alla tragedia della guerra
  - [C] ai cambiamenti del dopoguerra
  - [D] all'avvento della società di massa

  B **Le poesie più alte e impegnate della raccolta si ispirano**
  - [A] agli orrori della guerra
  - [B] alla crisi del dopoguerra

  C **La narrazione segue prevalentemente un ordine**
  - [A] cronologico
  - [B] tematico

2 Montale voleva inizialmente intitolare *La bufera* .... La sua struttura infatti segue un criterio .... e presenta .... (§ 1)

3 Spiega come nella *Bufera e altro* Montale superi le tendenze dell'Ermetismo e del Neorealismo. (§ 3)

4 Quali sono le soluzioni stilistiche e linguistiche adoperate nella raccolta? (§ 3)

5 In quali figure Montale trova un'alternativa alla "bufera"? Che ruolo assume il personaggio di Clizia? Quale altra figura può offrire consolazione al poeta e che tipo di salvezza può offrire? (§§ 1, 4, 5)

6 Spiega i seguenti concetti e indica i personaggi e le figure che se ne fanno espressione (§ 5)
  - allegorismo cristiano
  - allegorie degli animali
  - allegorismo apocalittico

7 In quale sezione della raccolta si assiste alla crisi definitiva dell'allegorismo cristiano? (§ 10)

8 Cosa rappresentano allegoricamente il gallo cedrone e l'anguilla? (§§ 5, 10, T5, T6)

9 Scegli le affermazioni corrette a partire dalla lettura di **T1** e **T2**
- [A] la valorizzazione dei morti coincide con il recupero dell'infanzia
- [B] il poeta vuole così fuggire dal presente e dagli orrori della guerra
- [C] il poeta vuole opporre alle distruzioni del presente la civiltà passata
- [D] il poeta cerca una speranza di salvezza nell'aldilà

10 Cancella la risposta sbagliata. Quali eventi inducono Montale a riscoprire il valore biologico dell'esistenza? (**T1**, **T2**)
- [A] la fuga di Clizia
- [B] la passione per Volpe
- [C] la morte della madre
- [D] il naufragio di ogni ideale

11 *La bufera e altro* raccoglie le poesie scritte tra il 1940 e il 1954: quali tracce emergono di questo travagliato periodo storico in **T2**, **T3**, **T4**, **T5**?

12 La simbologia cristiana nella *Primavera hitleriana* (**T4**) assume
- [A] un significato religioso
- [B] un significato laico
- [C] esprime la salvezza per pochi eletti
- [D] esprime la speranza di una salvezza per tutti

13 Nelle ultime sezioni della *Bufera* non più la donna-angelo, ma l'anguilla (**T6**) assume un significato positivo
- motivane le ragioni storiche e biografiche
- spiega il valore nuovo di questo emblema

14 La figura femminile assume diverse incarnazioni, tutte legate al motivo della salvezza. Che cosa differenzia tuttavia Clizia (**T4**) dalla donna dell'*Anguilla* (**T6**) e che cosa unisce questa a Volpe in *Anniversario*? (**T7**)

15 L'immagine del poeta-prigioniero quale condizione storica ed esistenziale riflette? (**T8**)

PROPOSTE DI SCRITTURA

IL CONFRONTO FRA TESTI

- Confronta la casa-arca di **T2** con la *Casa dei doganieri* (cap. VI, **T7**): nonostante le evidenti differenze, chiarisci quali motivi, tra quelli elencati, hanno in comune i due testi
  - [ ] la memoria del passato
  - [ ] l'infanzia
  - [ ] l'amore
  - [ ] i mortii
  - [ ] la promessa di salvezza

LA TRATTAZIONE SINTETICA

1. Spiega in che modo, e in riferimento a quali vicende storiche e biografiche, nella *Bufera e altro* l'ideologia di Montale sia proiettata verso un sostanziale pessimismo (max 10 righe).
2. Chiarisci come nella raccolta si assista al passaggio dall'allegorismo cristiano all'allegorismo apocalittico (max 10 righe).

- **Materiali per il recupero** Eugenio Montale
- **Indicazioni bibliografiche**

prometeo 3.0

Personalizza il tuo libro selezionando per questo capitolo materiali integrativi da Prometeo (di seguito ti proponiamo un elenco di materiali, ma puoi trovarne altri utilizzando il motore di ricerca).

- **MODULO TEMATICO INTERDISCIPLINARE** Figure di madre
- **VIDEO LE IDEE E LE IMMAGINI** Pietro Cataldi, *Eugenio Montale*
- **VIDEO LEZIONI D'AUTORE** Luigi Blasucci, *Spesso il male di vivere ho incontrato* dagli *Ossi di seppia* di Montale
- **VIDEO** Pietro Cataldi, *Leopardi primo dei moderni. Il caso di Montale*
- **MODULO PASSATO E PRESENTE** Dante nel terzo millennio

Capitolo VIII
La poesia in Italia: l'Ermetismo e la linea "antinovecentista"

My eBook+

Cliccando su questa icona, docenti e studenti accedono ad un'area di personalizzazione che permette di arricchire i contenuti digitali già linkati lungo le pagine del libro. Nell'area di personalizzazione è possibile infatti salvare ulteriori materiali: selezionati da **Prometeo**, prodotti autonomamente o ricercati nella rete.

▶ Per un elenco di materiali integrativi presenti nella biblioteca multimediale di Prometeo o per attivare una ricerca cfr. p. 342

Lucian Freud, *Uomo con piuma* (autoritratto), 1943. Collezione privata.

1. Le due linee della poesia del Novecento: Ermetismo e "Antinovecentismo"

All'origine dei filoni della poesia italiana del Novecento: Ungaretti, Saba, Montale

Mentre il primo quarto del Novecento è caratterizzato in Italia dalla spinta innovatrice del Futurismo, del Crepuscolarismo e dei poeti vociani, il periodo che va dalla fine della Prima guerra mondiale alla metà degli anni Venti vede apparire, nel giro di pochissimo tempo, delle opere che influenzano a fondo tutta la poesia successiva: nel 1919 esce *Allegria di naufragi* di Ungaretti, nel 1921 *Il canzoniere* di Saba, nel 1925 *Ossi di seppia* di Montale.

Nel corso di tutto il Novecento si possono allora distinguere due diverse tendenze poetiche: da una parte si assiste alla fioritura di una poesia fondata sul primato dell'analogia e del simbolo, su un linguaggio alto e sull'aspirazione all'essenzialità e alla purezza (sul modello di *Sentimento del tempo* di Ungaretti); dall'altra si afferma una poesia lontana dall'assolutezza lirica e spesso animata da una tensione narrativa, talora con inclinazioni popolaresche e realistiche o prosastiche e diaristiche.

La linea "novecentista"

La prima linea è detta "novecentista", perché per lungo tempo è stata considerata la tendenza predominante del Novecento, e in essa vanno collocati Quasimodo e gli ermetici.

La seconda linea invece venne chiamata "antinovecentista" da Pasolini.

La linea "antinovecentista": la lezione di Saba e quella di Montale

Il capostipite dell'Antinovecentismo è Saba, poeta che è stato considerato a lungo ottocentesco per gusto e per linguaggio, in quanto radicalmente antisimbolista (e quindi lontano dalla poesia pura e dall'Ermetismo) e in quanto aspirante a una misura classica e popolare insieme. In realtà Saba scrive con *Il canzoniere* una sorta di romanzo psicologico in versi che presuppone la conoscenza della psicoanalisi e quindi di un clima culturale pienamente novecentesco.

Saba e Montale

Se **alla lezione di Saba sono riconducibili** in modi diversi **Penna**, **Pavese**, **Caproni**, è **piuttosto alla corrosione della tradizione simbolista operata da Montale che guardano** altri due importanti poeti trattati in questo capitolo, **Luzi** (§ 7) e **Sereni** (§ 8), nonché un terzo, più giovane, non meno importante, **Zanzotto** (di cui si parla nella Parte Decima).

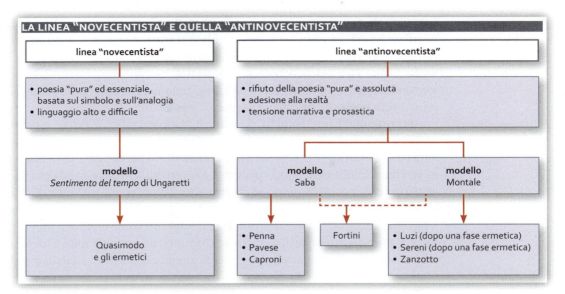

Montale, poeta della crisi del Simbolismo

Montale è infatti non tanto il poeta che afferma la tradizione del Simbolismo, quanto quello che ne documenta la crisi e cerca perciò percorsi alternativi. Da questo punto di vista la ricerca di Montale appare esemplare. Essa si colloca sì al centro del Novecento, ma non perché ne interpreti una sua supposta linea fondamentale – quella del Simbolismo e del postsimbolismo –, ma perché ne vive la crisi e, conseguentemente, cercando altre soluzioni, si situa all'incrocio di percorsi da essa diversi o lontani.

Fortini verso l'allegorismo

Non direttamente riconducibile né alla lezione di Saba né a quella di Montale, e tuttavia segnato da entrambe, **è Fortini** il poeta più giovane fra quelli trattati in questo capitolo, nonché quello che con maggiore consapevolezza prende le distanze dalla dominante ermetica e postsimbolista, aprendosi a una originale sperimentazione tendenzialmente allegorica.

2 L'Ermetismo e Salvatore Quasimodo

La cultura e la poesia di fronte al fascismo

Le sorti della poesia italiana degli anni Trenta sono condizionate dalla situazione storico-politica. La distinzione operata dal fascismo fra «cultura-azione», che interessava direttamente le grandi masse, e «cultura-laboratorio», elaborata da piccoli gruppi di intellettuali per un pubblico d'*élite* e dunque relativamente meno soggetta al controllo da parte della censura (cfr. cap. I, § 5), costrinse i letterati a scegliere tra due possibili strade: **o fare arte-propaganda per conto del regime** e così venire in contatto con il grande pubblico, **oppure ritirarsi in un atteggiamento di distacco** e di "purezza" (cioè di estraneità a ogni forma di impegno sociale e politico) limitandosi a scrivere per pochissimi lettori. Per i poeti che scelgono questa seconda strada – i più significativi – **ritorno alla tradizione significa ritorno alla purezza della lirica**, che invece i poeti della generazione precedente, vociani, crepuscolari e futuristi, avevano intorbidato e contaminato variamente. Anche per l'influenza dominante del filosofo idealista Benedetto Croce e della sua idea dell'arte come intuizione pura, si sceglie una poesia rarefatta, ridotta a semplice sensibilità metaforica, programmaticamente estranea a un tessuto logico o ragionativo.

Ritorno alla tradizione e purezza lirica

I caratteri dell'Ermetismo, episodio postsimbolista

L'Ermetismo deve il suo nome al giudizio polemico di un critico letterario, Francesco Flora, che in un saggio del 1936 metteva a fuoco il carattere arduo, aristocratico, chiuso (appunto "ermetico") delle nuove tendenze poetiche. **In fondo l'Ermetismo è un episodio di estremismo**

postsimbolista. Il Surrealismo francese, che pure è tenuto presente e talora assunto a modello, viene smussato nelle sue tendenze provocatorie e avanguardiste e fatto rientrare nella grande tradizione del simbolismo orfico. E poiché le singole parole stesse devono tendere a un massimo di assolutezza, si mira a renderle indeterminate e astratte, si eliminano gli articoli che potrebbero conferire loro una determinazione, si omettono i nessi grammaticali e sintattici per meglio isolarle e per eliminare dalla poesia l'elemento razionale.

I luoghi e i tempi dell'Ermetismo: Firenze e il periodo 1932-1942

Il centro dell'Ermetismo fu, dal punto di vista geografico, **Firenze**, e, dal punto di vista cronologico, il **periodo fra il 1932 e il 1942**. La tendenza ermetica continuò comunque fino agli inizi degli anni Cinquanta, con Luzi, Sereni e il primo Zanzotto. **A partire dal 1943** – con la caduta del fascismo e con l'immersione nella realtà cui furono costretti gli scrittori a causa della guerra – **l'Ermetismo entrò in crisi**, mentre cominciò ad affermarsi una nuova poetica, il Neorealismo.

I poeti ermetici

Furono poeti ermetici **Alfonso Gatto**, **Mario Luzi** (su cui cfr. § 7) e **Salvatore Quasimodo**. Ungaretti e Montale, talvolta erroneamente definiti come ermetici, non furono invece mai interni al movimento ermetico, anche se Ungaretti ne anticipò temi e forme con *Sentimento del tempo*. Montale, da parte sua, prese pubblicamente le distanze sia dalla poesia pura che dall'Ermetismo.

Salvatore Quasimodo (1901-1968)

Salvatore Quasimodo nasce a Modica (Ragusa), in Sicilia, **il 20 agosto 1901**. Nel 1908 si trasferisce con il padre, ferroviere, a Messina, distrutta dal terremoto. Segue gli studi tecnici a Palermo e nel 1919 va a Roma per studiare ingegneria. Ma deve lavorare per vivere: impiegato al Genio civile, è trasferito a Reggio Calabria. **Nel 1929 va a vivere a Firenze** su invito di amici (tra cui Vittorini) legati all'ambiente della rivista «**Solaria**», sulla quale **nel 1930** pubblica le prime poesie. Nello stesso anno esordisce con la raccolta *Acque e terre*. **Nel 1932** esce l'*Oboe sommerso*. Ma il lavoro lo costringe a vari spostamenti finché si stabilisce a **Milano**, dove riesce a trovare un'attività stabile come giornalista. **Nel 1942 esce *Ed è subito sera***, che raccoglie tutta la produzione precedente (cfr. T1 e T2, p. 300). E intanto lavora a numerose **traduzioni dei classici latini e greci** (nel 1940 sono uscite quelle dei *Lirici greci*, tra i risultati più maturi e convincenti della sua attività) **oltre che di Shakespeare e di pochi moderni**. Pubblica altre raccolte di versi: *Giorno dopo giorno* (1947; cfr. T3, p. 301 e T4, p. 303), *La vita non è sogno* (1949), *Il falso e vero verde* (1956), *La terra impareggiabile* (1958), *Dare e avere* (1966). Dal 1941 insegna letteratura italiana al Conservatorio musicale milanese, senza abbandonare mai l'attività giornalistica e partecipando attivamente al dibattito letterario e anche politico. **Nel 1959 gli viene assegnato il premio Nobel per la Letteratura**. Muore improvvisamente a Napoli il **14 giugno 1968**.

T • Salvatore Quasimodo, Ride la gazza, nera sugli aranci

T • Salvatore Quasimodo, A me pare uguale agli dei

Dall'Ermetismo al Neorealismo: una sostanziale continuità

Legato prima (sino a *Ed è subito sera*, 1942) al clima della letteratura ermetica degli anni Trenta e poi all'impegno neorealistico (fra il 1943 e il 1956), **Quasimodo resta nella sostanza sempre fedele a una concezione della poesia come punto di vista superiore e privilegiato**, seppure dapprima in senso mitico ed estetico e poi in senso morale e civile. **Si nota** indubbiamente, dopo il 1943, e **a partire dalla raccolta *Giorno dopo giorno* (1947)**, **il passaggio a una poesia più esplicitamente ideologica e politica**, ma resta costante lo sforzo di usare un linguaggio classico e letterario, consacrato dalla tradizione, senza arrivare a scelte espressive estreme (cfr. T4).

T • Salvatore Quasimodo, Uomo del mio tempo

La poesia come distacco e come innocenza

Il presupposto di tutta la produzione poetica di Quasimodo è comunque che la poesia consenta una specie di distacco dalla realtà, una innocenza originaria, un non-coinvolgimento. **La parola del poeta si sottrae alla storia e alla società, e si colloca in una dimensione assoluta**: il distacco si esprime come purezza e sublimazione nella prima fase della produzione quasimodiana, anche come possibilità di giudizio e di critica nella seconda fase. Ma **la separazione tra realtà ed espressione poetica resta incolmabile**. La vocazione più sincera del poeta è alla contemplazione e alla descrizione.

Astrazione e mitizzazione

La stessa descrizione esclude però, in genere, soprattutto nella prima fase, riferimenti puntuali alle cose: prevale la tendenza all'astrazione e alla mitizzazione, secondo l'insegnamento ermetico. Ciò è in particolar modo vero per il **paesaggio siciliano**, che ritorna di continuo nella produzione giovanile, guardato come dimensione favolosa e irreale, come scenario di tipo prevalentemente esistenziale (in rapporto soprattutto al tema dell'esiliato che guarda il paese delle proprie origini perdute).

T1 Salvatore Quasimodo
Ed è subito sera

OPERA
Ed è subito sera

CONCETTI CHIAVE
- fragilità esistenziale
- solitudine degli individui

FONTE
S. Quasimodo, *Poesie e discorsi sulla poesia*, Mondadori, Milano 1983.

Questa brevissima lirica, nel gusto dell'*Allegria* di Ungaretti, è la più nota di Quasimodo, e ha assunto quasi un valore proverbiale. Rappresenta in modo fulmineo la fragilità della condizione umana e il sentimento esistenziale di questa precarietà.

> Ognuno sta solo sul cuor della terra
> trafitto da un raggio di sole:
> ed è subito sera.

METRICA il v. 1 è un dodecasillabo (o doppio senario), il v. 2 un novenario, il v. 3 un settenario.

T1 DALLA COMPRENSIONE ALL'INTERPRETAZIONE

COMPRENSIONE

Cuore, raggio, sera Tutti e tre i versi si reggono su un sottinteso di tipo metaforico: il «**cuor della terra**» indica la centralità emotiva e sentimentale della condizione dell'individuo; il «**raggio di sole**» raffigura la breve felicità consentita agli uomini; la «**sera**» che rapidamente sopraggiunge allude alla morte o comunque al rapido concludersi dei momenti felici. In questo modo la dichiarazione di **una verità filosofica è affidata per intero a immagini**, secondo il modello della tradizione simbolista. A tale tradizione appartiene anche il riferimento alla rivelazione implicito al v. 2.

ANALISI

La metrica e lo stile La **progressiva riduzione della lunghezza dei versi** e il passaggio da un metro parisillabo a due versi imparisillabi producono una sensazione di irreparabile **corsa tragica e disperata verso l'annullamento**. Anche la rima imperfetta fra il v. 1 e il v. 3 (terra : sera) contribuisce a stringere la poesia in una morsa epigrammatica, accresciuta dal rapporto fra la più lunga frase iniziale e la secca conclusione che segue i due punti e chiude la riflessione.

INTERPRETAZIONE

Un testo esemplare dell'Ermetismo Questo componimento appartiene al **primo periodo della poesia di Quasimodo** e dà il titolo alla raccolta che riunisce tutta la sua produzione ermetica (*Ed è subito sera*, pubblicata nel 1942). Si tratta infatti di un testo esemplare che presenta **una precisa "grammatica" ermetica**, determinata dai seguenti elementi: 1) uso di un'**immagine astratta** dal forte **valore evocativo**; 2) impiego di **simboli** e di accostamenti analogici; 3) riduzione del lessico a **poche parole chiave** («cuor», «terra», «raggio», «sera»); 4) **brevità**; 5) **riduzione dei nessi grammaticali e sintattici**. Con questi accorgimenti Quasimodo vuole dar vita ad **una parola "assoluta"** e allusiva, capace di esprimere la fragilità della condizione umana. **La precarietà del vivere** e **la solitudine** sono i temi di questa poesia che, come sempre accade nei componimenti ermetici, privilegia i motivi intimistici ed esistenziali, sottraendosi al confronto con la storia e con la realtà sociale.

T1 LAVORIAMO SUL TESTO

ANALIZZARE
La precarietà individuale
1. Analizza il testo mettendo in risalto il modo in cui viene evidenziata la precarietà della condizione umana.

INTERPRETARE
La forza di un verbo
2. **LINGUA E LESSICO** Quale significato complesso esprime il verbo «trafitto»?

T2 Salvatore Quasimodo
Davanti al simulacro d'Ilaria del Carretto

OPERA
Ed è subito sera

CONCETTI CHIAVE
- il rifiuto del presente
- la maniera ermetica

FONTE
S. Quasimodo, *Poesie e discorsi sulla poesia*, cit.

La solitudine esistenziale del poeta e la difficoltà di rapporto con i propri simili lo spingono a un colloquio con la donna (Ilaria del Carretto) rappresentata in un antico monumento funebre. La riflessione riguarda prima la distanza tra il mondo dei vivi e quello dei morti (vv. 1-11), poi la distanza che separa tra loro i vivi stessi: uguali sono la malinconia e lo sconforto. L'analogia comporta una possibilità di identificazione con la morta, pur nella sua lontananza, o per meglio dire il riconoscimento del proprio destino in quello di lei.

Sotto tenera luna già i tuoi colli,
lungo il Serchio fanciulle in vesti rosse
e turchine si muovono leggere.
Così al tuo dolce tempo, cara; e Sirio
5   perde colore, e ogni ora s'allontana,
e il gabbiano s'infuria sulle spiagge
derelitte. Gli amanti vanno lieti
nell'aria di settembre, i loro gesti
accompagnano ombre di parole
10 che conosci. Non hanno pietà; e tu
tenuta dalla terra, che lamenti?
Sei qui rimasta sola. Il mio sussulto
forse è il tuo, uguale d'ira e di spavento.
Remoti i morti e più ancora i vivi,
15 i miei compagni vili e taciturni.

Jacopo della Quercia, *Monumento funebre di Ilaria del Carretto*, 1406-1407. Lucca, Cattedrale.

METRICA endecasillabi sciolti.

- ***Davanti...del Carretto***: cioè *poesia scritta davanti...* Il **simulacro** è la raffigurazione, nella statua di marmo, di Ilaria del Carretto (una giovane donna), opera (1413) del grande scultore senese Jacopo della Quercia, conservata nella cattedrale di Lucca.
- **1-7** *I tuoi* [: *della tua terra*] *colli* [*sono*] *già sotto* [*la luce della*] *luna fioca* (**tenera**), *lungo il* [*fiume*] *Serchio* [*alcune*] *fanciulle con vestiti* (**in vesti**) *rossi e azzurri* (**turchine**) *si muovono con grazia* (**leggere**). *Così* [*avveniva anche*] *al tuo tempo piacevole* (**dolce**), *o cara; e* [*la stella*] *Sirio perde luminosità* (**colore**) [: *si avvicina al tramonto*], *e ogni ora passa* (**si allontana**), *e il gabbiano si accanisce* (**s'infuria**) [: *forse in cerca di preda*] *sulle spiagge abbandonate* (**derelitte**).
- **7-12** *Gli amanti passeggiano* (**vanno**) *contenti* (**lieti**) *nell'aria di settembre, parole dette piano* (**ombre di parole**) [: *d'amore*] *che* [*tu; Ilaria*] *conosci accompagnano i loro gesti. Non hanno pietà; e tu* [*che sei*] *tenuta* [: *sepolta*] *dalla terra, che* [*cosa*] *lamenti?* [: *di che cosa soffri?*] *Qui* [: *nella tomba*] *sei rimasta sola*. **Ombre di parole**: l'espressione può alludere, oltre che al tono sussurrato delle parole d'amore, anche al loro carattere "umbratile", alla loro vuotezza e inconsistenza simile a quella che caratterizza le ombre.
- **13-15** *Il mio sentimento* (**sussulto**) *forse è* [*come*] *il tuo, uguale per* (**d'** = *di*) *ira e per spavento. I morti* [*sono*] *lontani* (**remoti**) *e ancora più* [*lontani sono*] *i vivi, i miei compagni vili e silenziosi* (**taciturni**) [: *chiusi nel proprio egoismo*]. **Sussulto**: contiene un'idea di frustrazione e di indignazione repressa (cfr. **ira** e **spavento**).

T2 DALLA COMPRENSIONE ALL'INTERPRETAZIONE

COMPRENSIONE

Descrizione e riflessione La poesia, costituita da **un'unica strofa di 15 versi**, può essere divisa in **due parti**. La prima (**vv. 1-10**) ha carattere descrittivo e mostra come **la vita continui a svolgersi anche dopo la morte di Ilaria**. Si alternano qui immagini positive (vv. 2-3, 7) e negative (v. 6, 8-9). La seconda parte della poesia (**vv. 10-15**) introduce **la riflessione del poeta**, che si identifica con lo stato d'animo di Ilaria (vv. 12-13), lamentandosi della compagnia dei vivi, che sono «vili e taciturni».

ANALISI

Quasimodo e la "maniera" ermetica Questo testo appartiene alla prima stagione di Quasimodo, quella ermetica. Come è noto esiste una **"maniera" ermetica**, che ha una sua "grammatica". Il punto di vista del poeta è, simbolisticamente, privilegiato e a questo privilegio corrispondono precise scelte linguistiche: la parola poetica si sottrae alla storia e alla società e si colloca in una **dimensione assoluta e preziosa**. Rientrano in questa strategia nobilitante l'**ellissi del verbo** al v. 1, l'**omissione dell'articolo** al v. 1 e al v. 2 («sotto tenera luna» e «fanciulle»), gli *enjambements* ai vv. 2-3, 4-5, 6-7, 7-8, 8-9, 9-10, 10-11, 12-13 la **metonimia** – il singolare per il plurale – al v. 6 («il gabbiano» per "i gabbiani"), il **polisindeto** ai vv. 4-6 («e Sirio… e ogni ora… e il gabbiano»), il **lessico fortemente letterario**.

INTERPRETAZIONE

Le "affinità elettive" tra Ilaria e il poeta La vita continua a svolgersi come nei tempi lontani in cui Ilaria era viva. Ed è proprio questo che appare crudele al poeta. Da ciò deriva la caratterizzazione malinconica del **paesaggio notturno con cui si apre la poesia**. Ma d'altra parte tale paesaggio è anche ridimensionato nel confronto con il «dolce tempo» della «cara» Ilaria: a quel tempo spetta, come mostrano l'aggettivo «dolce» (v. 4) e il pronome «tuoi» (v. 1), l'adesione sentimentale del poeta, mentre l'identico scenario nel presente si svela come inutile ripetizione, la cui funzione poetica è solo quella di costruire la triste distanza, nella morte, della giovane. Nell'ora di uno **squallido oggi** «il gabbiano s'infuria sulle spiagge/derelitte» (vv. 6-7) e gli amanti non riescono a pronunciare che «ombre di parole» (v. 9): la cieca furia rabbiosa del gabbiano in cerca di preda e la pallida inconsistenza, la vacuità delle parole degli amanti sono due modi diversi per suggerire la stessa conclusione, due percorsi che conducono a un medesimo approdo: **il rifiuto del presente**. Il passaggio rivelatore del testo è «non hanno pietà» (v. 10): l'illusione dei vivi, benché sia solo un'illusione, offende crudelmente chi la ha al suo tempo condivisa e vissuta (cfr. «che conosci», v. 10) e ora ne è escluso. È qui esplicitata l'**identificazione con la morta**: il poeta prova nei confronti dell'egoismo cinico degli uomini la stessa ira che immagina in Ilaria e la stessa paura. L'incontro con Ilaria ha il limite della distanza, è vero, ma tale distanza è persino maggiore con i vivi, chiusi in se stessi: questo il senso dei due versi conclusivi. I vivi sono compagni, sì, ma rifiutati per la loro "viltà"; compagni muti, incapaci di parlare (cfr. «taciturni», v. 15) al cuore del poeta come invece riesce a fare, a dispetto della lontananza temporale, la «cara» Ilaria. **La "solitudine" di Ilaria è dunque anche la solitudine di Quasimodo.**

T2 LAVORIAMO SUL TESTO

ANALIZZARE

I vivi e i morti

1. Che valore ha l'alternanza tra passato e presente?
2. Quale distanza separa il mondo dei vivi da quello dei morti?
3. Perché gli amanti «non hanno pietà»?

INTERPRETARE

Il poeta e Ilaria

4. Perché i «vivi» sono ancora più lontani dei «morti»? Che cosa giustifica l'identificazione del poeta con Ilaria?

T3 Salvatore Quasimodo
Milano, agosto 1943

OPERA
Giorno dopo giorno

CONCETTI CHIAVE
- la critica contro la guerra
- il passaggio alla stagione "politica"

FONTE
S. Quasimodo, *Poesie e discorsi sulla poesia*, cit.

Il testo che segue trae ispirazione dal bombardamento che colpì Milano nell'agosto del 1943.

> Invano cerchi tra la polvere,
> povera mano, la città è morta.
> È morta: s'è udito l'ultimo rombo

METRICA versi liberi con tendenza al ritmo dell'endecasillabo (i vv. 2, 4 e 6 sono endecasillabi veri e propri).

● **1-6** [O] *povera mano, invano frughi* (**cerchi**: quasi scavando) *tra la polvere* [*delle macerie*], *la città è morta: si è udito il rombo* [: di esplosioni e crolli] *finale* (**ultimo**) *precisamente sul* (**sul cuore del**; ma «cuore» contiene un'i-

---

La poesia in Italia: l'Ermetismo e la linea "antinovecentista" **capitolo VIII**

sul cuore del Naviglio. E l'usignolo
5   è caduto dall'antenna, alta sul convento,
    dove cantava prima del tramonto.
    Non scavate pozzi nei cortili:
    i vivi non hanno più sete.
    Non toccate i morti, così rossi, così gonfi:
10 lasciateli nella terra delle loro case:
    la città è morta, è morta.

dea di intimità fragile e devastata) *Naviglio. E l'usignolo è caduto dall'antenna, alta sul convento, dove cantava* [ancora] *prima del tramonto.*

• **7-11** *Non scavate* [più] *pozzi nei cortili* [delle case] [: in cerca di acqua potabile]: *i vivi non hanno più sete. Non toccate i morti, così rossi, così gonfi: lasciateli nella terra* [: fra le macerie] *delle loro case: la città è morta, è morta.*

Milano 1943, Piazza della Vetra dopo i bombardamenti.

T3 DALLA COMPRENSIONE ALL'INTERPRETAZIONE

COMPRENSIONE

La distruzione e la guerra Questa poesia è una dura e **disperata requisitoria contro la distruzione** e la morte che sono lo sterile frutto di tutte le guerre e, insieme, una testimonianza del **cambiamento di poetica di Quasimodo** dalla stagione ermetica degli anni Trenta a quella "politica" del secondo dopoguerra. Il componimento ha un **titolo** («Milano, agosto 1943») che individua un tempo e uno spazio precisi e connotati tragicamente. La distruzione del **bombardamento**, arrivata di notte, ha cancellato ogni forma di vita (compreso il simbolico «usignolo»), colpendo anche il centro della città (attraversato da un canale, il «Naviglio»). Inutilmente le mani disperate e impotenti («povere») di un superstite cercano tra le macerie (forse quelle della propria casa) segni di vita: l'intera città «è morta».

La disperazione del momento terribile a cui fa riferimento il testo si esprime in una denuncia capace solo di un messaggio negativo: anche **i vivi stessi sono come i morti**, hanno perso il gusto della vita e sono estranei ai suoi bisogni (come la sete). Nel presente desertificato dalla guerra «scavare pozzi» non è solo inutile perché le falde d'acqua si sono inaridite, ma anche tragicamente insensato perché all'assenza dell'acqua corrisponde l'assenza della sete.

ANALISI

La svolta di poetica Questa poesia fa parte della raccolta *Giorno dopo giorno* (1947), che **segna una svolta** nella produzione di Quasimodo: dal linguaggio prezioso e allusivo dei testi precedenti si passa a un **lessico realistico** benché privo di punte violente. È soprattutto **l'esperienza tragica della guerra** a suggerire un impegno nelle vicende storiche e sociali in contrapposizione ai miti letterari delle opere precedenti. La lontananza dalla stagione ermetica (cfr. **T2**, p. 300) è evidente già a partire dal **titolo, nudamente referenziale**, che esprime il rifiuto deliberato della sublimazione letteraria. Nell'orrore della tragedia non c'è più posto per gli artifici retorici. Il linguaggio, semplice e quotidiano, è segnato dalla negazione e dalla **morte, termine-chiave** che è ripetuto ben cinque volte, con minime variazioni, in undici versi. La negatività di questo messaggio di morte (vedi il punto seguente) si affida anche agli imperativi negativi dei vv. 7 («Non scavate pozzi nei cortili») e 9 («Non toccate i morti»).

INTERPRETAZIONE

Il canto e il rombo: una discesa nell'orrore In un epigramma di Poliziano si legge: «Tu mi regali vino. Ne ho troppo, di vino: se vuoi / farmi godere, regalami la sete»; è proprio questo prezioso "dono della sete" che non è più possibile dopo i bombardamenti e dopo Auschwitz. In un mondo in cui al canto dell'usignolo si è sostituito il «rombo» delle esplosioni, l'unico gesto di pietà che resta da compiere è quello di lasciare i morti nella terra delle loro case crollate; cioè rifiutare che la vita riprenda, rifiutarsi alla vita. La posizione del poeta è dunque assai critica nei confronti della **degenerazione bellica** (come lo è quella di Ungaretti in un testo tematicamente affine a questo, *Non gridate più*, cap. IV, **T12**, p. 114), e sarà altrettanto critica nei confronti della società del dopoguerra, stravolta dalle ingiustizie e dalla follia consumistica.

T3 LAVORIAMO SUL TESTO

ANALIZZARE

La città morta

1. **LINGUA E LESSICO** Nel v. 1 si trova una parola-chiave: «polvere». Di quale significato simbolico si carica questo termine e quale "orientamento" dà alla interpretazione della poesia?

«i vivi non hanno più sete»

2. Quali significati simbolici sono collegati ai «pozzi», all'acqua, alla «sete»?

INTERPRETARE

Una grammatica realistica

3. Confronta la poesia con *Davanti al simulacro d'Ilaria del Carretto* (T2). Quali sono le principali differenze stilistiche e di poetica?

T4 Salvatore Quasimodo
Alle fronde dei salici

OPERA
Giorno dopo giorno

CONCETTI CHIAVE
- l'orrore della guerra
- la testimonianza della poesia

FONTE
S. Quasimodo, *Poesie e discorsi sulla poesia*, cit.

Dopo la caduta del fascismo e dopo la fine della seconda guerra mondiale fu criticato da alcuni l'atteggiamento degli scrittori italiani legati alla tradizione ermetica, che non avevano adeguatamente preso posizione contro l'orrore, rifugiandosi piuttosto nel silenzio. Questa poesia di Quasimodo (la prima di *Giorno dopo giorno*, 1947) sembra rispondere a tali critiche, rivendicando il valore di quel silenzio, da leggere non come disimpegno o viltà ma come scelta consapevole e polemica.

E come potevamo noi cantare
con il piede straniero sopra il cuore,
fra i morti abbandonati nelle piazze
sull'erba dura di ghiaccio, al lamento
5   d'agnello dei fanciulli, all'urlo nero
della madre che andava incontro al figlio
crocifisso sul palo del telegrafo?
Alle fronde dei salici, per voto,
anche le nostre cetre erano appese,
10   oscillavano lievi al triste vento.

METRICA endecasillabi sciolti.

1 noi: i poeti. **cantare**: scrivere versi.
2 Il piede straniero: riferimento all'occupazione tedesca subita dall'Italia centro-settentrionale fra il settembre del 1943 e l'aprile del 1945.
3 i morti…piazze: così facevano i nazisti con i partigiani fucilati, per scoraggiare gli oppositori e terrorizzare la popolazione.
5 d'agnello: simile a quello degli agnelli (con implicito riferimento religioso al sacrificio cristiano). **nero**: disperato.
8 per voto: per scelta solenne.
9 cetre: la cetra è un antico strumento musicale a corde, tradizionalmente usato per accompagnare la poesia; rappresenta qui l'attività stessa della scrittura in versi.

T4 DALLA COMPRENSIONE ALL'INTERPRETAZIONE

COMPRENSIONE

La poesia di fronte alla guerra Questa è una delle poesie più note di Quasimodo ed è posta in apertura della raccolta *Giorno dopo giorno* del 1947. La collocazione iniziale e **l'uso del "noi"** fanno sì che il testo assuma il valore paradigmatico di un manifesto. I primi sette versi ospitano una domanda angosciante: il poeta si chiede **cosa resta da fare ai poeti in un mondo sconvolto dalla violenza** e dalla distruzione della guerra (la situazione storica concreta che viene descritta è quella dell'occupazione tedesca). Gli ultimi tre versi del componimento forniscono la risposta all'interrogativa precedente: dinanzi alla devastazione **la poesia è impotente e può offrire solo il silenzio**. Ma è **un silenzio polemico**, pieno di significati, che si fa carico del dolore dell'umanità.

ANALISI

Metrica e stile   Questa poesia adotta un metro di grande tradizione classica: l'**endecasillabo sciolto**. Quasimodo ne propone una variante solenne, nella quale prevalgono gli endecasillabi *a maiore* (cioè con accento sulla sesta sillaba e cesura dopo la settima o l'ottava). L'unico endecasillabo *a minore* (con accento sulla quarta sillaba e cesura dopo la quinta) è il v. 4, con un moderato effetto di controtempo drammatico. Prevale così un andamento cantabile e melodico, piuttosto dolente e malinconico che tragico. In questo modo la forma poetica assume la funzione di restituire comunque una profonda armonia alla crudeltà delle immagini evocate e alle sofferenze storiche. Anche le scelte stilistiche e retoriche appartengono alla tradizione canonica della **poesia simbolista (ed ermetica)**, con la tendenza a sfumare la realtà attraverso **metafore** e **metonimie** (cfr. soprattutto i vv. 2 e 4-5) e con la presenza perfino di una **sinestesia** (l'«urlo nero» al v. 5). D'altra parte la struttura sintattica complessiva si regge su una lunga interrogativa retorica (vv. 1-7), che vuol dire "noi non potevamo cantare, cioè comporre versi", e su una mesta, più sintetica immagine conclusiva che evidenzia in modo figurato la risposta.

I riferimenti biblici   Tanto l'inizio quanto la conclusione del testo contengono una trasparente allusione al **salmo 137 della Bibbia**, reso celebre anche dalla ripresa nel coro «Va pensiero» del *Nabucco* di Giuseppe Verdi («Arpa d'or dei fatidici vati/ perché muta dal salice pendi?»). Eccone due passaggi: «Come possiamo cantare i canti del Signore/ stando in terra straniera? [...] Ai salici di quella terra appendemmo le nostre cetre». La presenza di questi **riferimenti religiosi** (cui vanno aggiunti quelli del **sacrificio pasquale** al v. 5 e della **crocefissione** al v. 7) serve a dare solennità e autorevolezza alla scelta del **silenzio poetico**, **paragonato a quello degli Ebrei durante la cattività babilonese**; e serve a universalizzare il valore di quella situazione storica e di quella scelta etica.

INTERPRETAZIONE

La storia entra nella poesia   Per quanto filtrata da una formalizzazione letteraria assai esibita, la storia penetra in questa poesia, con la sua violenza e la sua crudeltà. L'**occupazione tedesca** (v. 2), la crudeltà delle ritorsioni naziste nei confronti dei partigiani che li combattevano (vv. 3-7), l'angoscia e l'impotenza degli artisti di fronte a tanto strazio (vv. 1 e 8-10) vengono tematizzati in modo esplicito e drammatico. In questo modo la stessa poetica di Quasimodo subisce un profondo rinnovamento, aprendosi alla **realtà concreta** e abbandonando la ricerca di una dimensione mitica, astratta e sublimata, che la caratterizza negli anni Venti e Trenta. La posizione di apertura che questo testo occupa nel primo libro pubblicato dal poeta dopo la fine della guerra vale dunque ad assegnargli la funzione di **una dichiarazione di poetica**.

T4 LAVORIAMO SUL TESTO

COMPRENDERE

La situazione storica

1. A che cosa allude il «piede straniero» evocato al v. 2?

Scelta o necessità?

2. Perché i poeti non hanno più scritto, durante la guerra?

ANALIZZARE

Le immagini di violenza

3. Elenca e analizza le immagini di violenza contenute nel testo.

Riferimenti religiosi

4. Quali riferimenti religiosi sono presenti nel testo?

INTERPRETARE

La fragilità dell'arte

5. Rifletti sull'aggettivo «lievi» che compare nell'ultimo verso.

LE MIE COMPETENZE: DIALOGARE

«Auschwitz ha dimostrato inconfutabilmente il fallimento della cultura. Il fatto che potesse succedere in mezzo a tutta la tradizione della filosofia, dell'arte e delle scienze illuministiche, dice molto di più che essa, lo spirito, non sia riuscito a raggiungere e modificare gli uomini. In quelle regioni stesse con la loro pretesa enfatica di autarchia, sta di casa la non verità. Tutta la cultura dopo Auschwitz, compresa la critica urgente ad essa, è spazzatura. [...] Neppure il silenzio fa uscire dal circolo vizioso: esso razionalizza soltanto la propria incapacità soggettiva con lo stato di verità oggettiva e così la degrada ancora una volta a menzogna». Rifletti con i compagni su queste affermazioni del filosofo tedesco Adorno. La poesia di Quasimodo vuole comunicare lo stesso messaggio che emerge dalle riflessioni di Adorno? Discuti la questione in classe.

3. Purezza e peccato nella poesia di Sandro Penna

La nascita, a Perugia, nel 1906

Sandro Penna nasce a Perugia il **12 giugno 1906**. Diplomato ragioniere, lavorò sempre in modo saltuario e discontinuo (fu, tra l'altro, commesso in una libreria di Milano), vivendo, dai ventitré anni in poi, per lo più a Roma. Collaborò ad alcuni giornali, ma senza troppa assiduità.

Le opere

Il suo esordio come poeta avviene nel 1939 per interessamento di Saba, che lo aiuta a pubblicare la raccolta *Poesie*. Nel **1950** pubblica *Appunti*; nel **1956**, *Una strana gioia di vivere*; nel **1958**, *Croce e delizia*. Nel **1970** raccoglie la sua produzione in *Tutte le poesie*, con molti inediti. La sporadica attività di prosatore è stata raccolta in due volumi di racconti.

Muore a Roma nel 1977

Il carattere schivo e ritroso, anche a causa dell'omosessualità, tiene Penna sempre in disparte rispetto alla società letteraria, anche negli ultimi anni, quando conosce, almeno in ambienti ristretti, un discreto successo; così che prima della sua morte, avvenuta a Roma nel **gennaio del 1977**, furono addirittura rivolti appelli perché si desse qualche aiuto al poeta, malato e privo di mezzi di sostentamento.

Estraneità all'Ermetismo e legami con Saba

Sandro Penna esordisce dunque alla fine degli anni Trenta, all'epoca della poesia pura e dell'Ermetismo, da cui può rimanere estraneo **rifacendosi piuttosto a Saba**, a **una sorta di realismo sublimato e leggero**, comunque lontano dalla tradizione simbolista e postsimbolista degli ermetici.

Diversità, esclusione, discriminazione sociale

La poesia di Penna appare tutta segnata dal **sentimento dell'esclusione e della discriminazione sociale**, da un lato, e, dall'altro, **dal desiderio costante** – benché per lo più implicito – **di essere accettato e reintegrato**. Alla base di tale condizione sta il dato autobiografico dell'omosessualità del poeta, in una società intollerante e caratterizzata dalla morale repressiva piccolo-borghese. Tanto più che egli, anziché rifiutarla, in qualche modo vi si riconosce e mira a farsi accettare socialmente.

T • Sandro Penna, «Per averlo soldanto guardato»

Dall'esclusione sociale all'autoesclusione

D'altra parte **Penna non rinuncia alla propria diversità**, e cerca di difendersi dall'intolleranza degli uomini attraverso la chiusura in se stesso: all'isolamento egli risponde con un rifiuto della società. In questo modo l'**esclusione si trasforma in autoesclusione** (cfr. **T5**, p. 306).

Il tema erotico

La poesia di Penna è dedicata a un unico tema: quello erotico. Ma il poeta non tenta in questo modo, come potrebbe sembrare, di contrapporre la propria diversità alla normalità borghese; egli tenta piuttosto di farla accettare, o almeno tollerare. Tale tentativo è svolto cercando di fondere i due momenti in una superiore unità. A rendere possibile questa fusione è chiamata la poesia. **Nella poesia il poeta si confessa e può perciò manifestare pubblicamente quella "colpa" che altrimenti è costretto a nascondere**; ma il modo nel quale avviene tale confessione basta a renderla innocua e quindi accettabile, dato che il valore estetico neutralizza il contenuto, e in nome dell'arte e della bellezza (valori socialmente positivi e anzi ritenuti superiori) qualsiasi confessione è lecita. La poesia, a ben vedere, permette di confessare ciò che è socialmente inconfessabile, ma al tempo stesso annulla quella confessione grazie alla forma, che sublima il contenuto e sposta l'attenzione del lettore su altri elementi. La repressione sociale agisce insomma anche nella poesia attraverso la forma.

T • Sandro Penna, «Era fermo per me»

T • Sandro Penna, «Sempre fanciulli nelle mie poesie»

La perfezione formale classica e l'irregolarità morale

Non è dunque un caso che la poesia di Penna rappresenti, sul piano formale, **una ricerca costante di grazia, di leggerezza, di candore**. La struttura dei testi esprime questo bisogno di perfezione formale assoluta; la **brevità** serve a favorire la creazione di congegni formalmente impeccabili: esatti nel metro e rigorosamente chiusi dalle rime. **Quanto più il contenuto si fa scabroso, tanto più il rispetto di rigorose leggi formali serve a compensare l'infrazione** e a renderla accettabile sul piano sociale. Si comprende, dunque, perché Penna attribuisca tanto valore alla poesia, alla sua trasgressione lecita e regolata. Ma si comprende anche – e non va in nessun caso dimenticato – la ragione per cui questo valore non basta a un vero equilibrio, a una vera reintegrazione del poeta; così che egli deve perennemente inseguire sul piano dei significanti quell'armonia che il piano dei significati nega ed esclude (cfr. **T6**, p. 307).

S • L'eros "diverso" di Sandro Penna

T5 Sandro Penna
«Mi nasconda la notte e il dolce vento»

OPERA
Poesie

CONCETTI CHIAVE
- esclusione sociale e ripiegamento interiore
- amare il proprio dolore

FONTE
S. Penna, *Tutte le poesie*, Garzanti, Milano 1970.

In questo testo si mostra in modo evidente l'origine del ripiegamento e dell'apparente distanza dalla dimensione storica e sociale che caratterizzano la poesia di Penna. Cacciato da casa, il poeta decide di amare solo il proprio dolore.

Mi nasconda la notte e il dolce vento.
Da casa mia cacciato e a te venuto
mio romantico amico fiume lento.

Guardo il cielo e le nuvole e le luci
5 degli uomini laggiù così lontani
sempre da me. Ed io non so chi voglio
amare ormai se non il mio dolore.

La luna si nasconde e poi riappare
– lenta vicenda inutilmente mossa
10 sovra il mio capo stanco di guardare.

Georgia O'Keeffe, *New York street with Moon*, 1925. Madrid, Museo Thyssen-Bornemisza.

METRICA dieci endecasillabi divisi in due terzine e una quartina, posta in posizione centrale; rime tra il primo e il terzo verso delle terzine.

- **1-3** *La notte e il dolce vento mi nascondano* (**mi nasconda**; concordato con uno solo dei due soggetto). [Nascondano me che sono stato] cacciato da casa mia e [sono] venuto da (**a**) te, mio amico romantico, fiume [che scorri] lento.
- **4-7** *Guardo laggiù il cielo e le nuvole e le luci degli uomini* [: le case illuminate] *sempre così lontani da me. Ed io ormai non so chi voglio amare se non il mio dolore.*
- **8-10** *La luna si nasconde e poi riappare* [: passa il tempo] – avvenimento (**vicenda**) lento che si svolge (**mossa**) inutilmente sulla mia testa (**sovra il mio capo**; **sovra** = sopra) stanca di guardare.

T5 DALLA COMPRENSIONE ALL'INTERPRETAZIONE

COMPRENSIONE

Esclusione e perdita d'identità La poesia è fatta da tre strofe. La **prima strofa** (vv. 1-3) delinea una contrapposizione tra «casa mia» e «notte» – «vento» – «fiume», e cioè tra la condizione sociale (infelice e negativa) e la natura (rasserenante e protettiva). Il tratto essenziale è l'**espulsione dalla casa**, che allude all'esclusione sociale subìta dal poeta. All'esclusione dalla società **il poeta reagisce nella seconda strofa (vv. 4-7)** rinchiudendosi in se stesso; alla lontananza degli uomini da lui, con la propria lontananza da loro («guardo...laggiù»); al loro rifiuto, con il rifiuto. Questo atteggiamento del poeta deriva dall'introiezione della discriminazione sociale.
La **terza strofa** (vv. 8-10) mostra le conseguenze dolorose dell'esclusione sociale, che il ripiegamento e la distanza cautelativi del poeta non bastano a scongiurare; il semplice «guardare» la vita, essendone esclusi, comporta la scomparsa del significato dell'esistenza e **la perdita dell'identità** («inutilmente», «stanco»); e questa crisi segna il fallimento (storico e individuale) del risarcimento tentato.

ANALISI E INTERPRETAZIONE

La tensione con le dimensioni della storia e della società All'origine dell'esclusione rappresentata in questo componimento sta **il pregiudizio sociale** verso l'omosessualità del poeta. Il tentativo di stabilire un rapporto privilegiato con la natura costituisce un possibile risarcimento psicologico. Anche il ripiegamento su se stesso costituisce la ricerca, nella poesia, di **un punto di vista esterno alla società** e alla sua morale intollerante, un punto di vista che coincida con **la natura**. Tuttavia la poesia non riesce a incarnare davvero le forze benefiche della natura in forma non problematica e non contraddittoria, dal momento che essa rappresenta pur sempre una dimensione legata alla società e alla storia: il rapporto con la società non può infatti limitarsi al guardare (cfr. la conclusione) da lontano. Resta pur sempre il fortissimo **desiderio di essere accettato**, di essere riammesso nel consorzio sociale; e resta **la frustrazione** che deriva dall'impossibilità di vedere realizzato tale desiderio.

T5 LAVORIAMO SUL TESTO

COMPRENDERE

La natura e il pregiudizio sociale

1. Quali termini oppongono la natura alla società e quali invece uniscono l'io alla natura?

INTERPRETARE

2. Analizza come reagisce il poeta all'esclusione sociale. Che cosa significa amare solo il proprio «dolore»?

T6 Sandro Penna
«È l'ora in cui si baciano i marmocchi»

OPERA
Una strana voglia di vivere

CONCETTI CHIAVE
- regolarità formale
- reticenza
- senso di colpa per la propria omosessualità

FONTE
S. Penna, *Tutte le poesie*, cit.

La brevissima lirica, pubblicata nel 1956, descrive un contesto notturno: è sera e precisamente l'ora in cui si baciano i bambini per mandarli a letto. Ma il poeta vaga ancora per le strade, da solo, consapevole della propria diversità e sentendosi un «mostro da niente».

> È l'ora in cui si baciano i marmocchi
> assonnati sui caldi ginocchi.[1]
> Ma io, per lunghe strade, con i miei occhi
> inutilmente. Io, mostro da niente.[2]

METRICA una quartina di tre endecasillabi e un decasillabo (il v. 2) con rime secondo lo schema AAAB.

1 **È l'ora…ginocchi:** è sera, quando le madri baciano i figli (**marmocchi**), tenendoli sulle gambe.

2 **Ma io…da niente:** *Ma io* [invece], camminando per lunghe strade, inutilmente [cerco] con i miei occhi [un amore]. Io, [che sono un] mostro da niente [: di poco conto, non pericoloso].

T6 DALLA COMPRENSIONE ALL'INTERPRETAZIONE

COMPRENSIONE

Un «mostro da niente» Nella lirica sono rappresentate **due situazioni contrapposte**: da una parte ci sono **le case**, con la loro intimità familiare; dall'altra parte stanno **le stra**de, in cui il poeta vaga cercando inutilmente amore. È l'omosessualità che esclude dalle case e condanna alle strade. L'accogliente clima domestico rivela anche tratti di sensualità («si baciano», «caldi ginocchi») che attirano il soggetto. Proprio questa attrazione fa del poeta un «mostro»: Penna **avverte infatti la propria omosessualità come una colpa**. Egli si autodefinisce però **un «mostro da niente»**, cioè un 'mostro di poco conto', 'innocuo'. Infatti, il desiderio di Penna non trova soddisfazione, e il suo peccato resta solo potenziale: egli cerca sì uomini da amare, ma «inutilmente»; contempla sì i «marmocchi», ma da lontano. Non ripudia tuttavia la sua natura, difendendo così il proprio diritto a desiderare.

ANALISI E INTERPRETAZIONE

Una semplicità costruita La lirica è apparentemente molto semplice: brevissima, scandita da **rime ben evidenti** (una interna all'ultimo verso: «inutilmente»: «niente»), retta da una **sintassi elementare** e caratterizzata da un **lessico quotidiano**. In realtà, a uno sguardo più attento, si scopre la cura del poeta. Infatti: la rima in -occhi non è facile (è una delle rime «aspre e chiocce» di Dante); due forti *enjambements* interrompono i vv. 1-2 e 3-4; la quartina è nettamente divisa in due parti dall'**avversativa «Ma»** al v. 3; le due frasi dei vv. 2-4 sono entrambe prive di verbo. Nonostante **la leggerezza**, l'effetto complessivo è di **grande concentrazione lirica**: il senso di un'esistenza è riassunto in un attimo emblematico.

La reticenza Questa lirica, come molte altre di Penna, si regge su alcuni **silenzi**, cioè sulla figura della reticenza: la frase dei vv. 3-4 («Ma io, per lunghe strade, coi miei occhi/ inutilmente») è priva del verbo che ne chiarisca il contenuto, pur intuibile; né è spiegato perché il poeta sia un «mostro da niente». Entrambi questi due silenzi, come è evidente dalla lettura complessiva della poesia di Penna, riguardano l'**omosessualità**: è questa che fa sentire il soggetto «un mostro» ed è questa che lo spinge a cercare «inutilmente», con gli occhi, qualcuno da amare.

T6 LAVORIAMO SUL TESTO

ANALIZZARE

1. La lirica è costruita sulla figura della reticenza. Quali sono gli esempi che trovi nel testo? Qual è la funzione di questa figura retorica?

INTERPRETARE

2. Il poeta si definisce un «mostro da niente»: perché?

3. Tutta la poesia di Penna è dominata dalla tematica erotica. Quale immagine dell'omosessualità ci dà l'autore? Pensi che sia ancora attuale? Discutine in classe con i tuoi compagni.

4 L'oggettivazione narrativa di Cesare Pavese

La nascita, in Piemonte, nel 1908

Cesare Pavese nasce il 9 settembre 1908 a Santo Stefano Belbo, nelle Langhe, in provincia di Cuneo (Piemonte). Determinante per la sua formazione è l'**incontro con Augusto Monti**, antifascista e prestigioso uomo di cultura, che Pavese ha come insegnante al liceo. Nel 1932 si laurea in Lettere a Torino con una tesi su Whitman.

Le traduzioni

L'intensa attività di traduttore di narratori americani (Melville, Dos Passos, Faulkner, ecc.) **e l'impegno politico e culturale** (tra l'altro la collaborazione alla casa editrice Einaudi appena fondata) **vengono interrotti dall'arresto (maggio 1935) e dal confino in Calabria**, cui è condannato dai tribunali fascisti per ragioni politiche. Graziato nel marzo **1936**, **torna a Torino** e riprende l'attività culturale. Alla fine dell'anno pubblica la sua prima opera, *Lavorare stanca*, ma senza successo. Nel **1941** esce *Paesi tuoi*, il primo romanzo; al quale seguiranno, tra il 1942 e il 1950, i romanzi *La spiaggia*, *Il compagno*, *Prima che il gallo canti* (contenente due opere, tra cui *La casa in collina*), *La bella estate*, *La luna e i falò*, i racconti di *Feria d'agosto* e le prose filosofiche dei *Dialoghi con Leucò*

Il confino
Le opere

	(sull'attività di narratore, cfr. cap. X, § 2). Benché il successo finalmente lo raggiunga nel 1950 con l'assegnazione del prestigioso Premio Strega, le delusioni biografiche, unitamente alla sfiducia nel ruolo degli intellettuali, lo inducono al **suicidio**, avvenuto in un albergo di Torino il **26 agosto 1950**.
Il suicidio (1950)	
Le opere postume	Le opere principali pubblicate postume sono: ***Verrà la morte e avrà i tuoi occhi*** (poesie), ***La letteratura americana e altri saggi*** (saggi di critica e di teoria letteraria), ***Il mestiere di vivere*** (diario, 1936-1950).
	Pavese dedica prevalentemente alla narrativa l'ultimo decennio circa della propria vita, tra il 1939 e il 1950, scrivendo alcuni romanzi tra i più significativi della letteratura italiana del Novecento. Aveva però esordito, nel 1936, con un'opera di poesia: ***Lavorare stanca***.
Lavorare stanca (1936): la poesia-racconto. Realismo e oggettività	Questo libro **fornisce un esempio di poesia narrativa o di poesia-racconto del tutto controcorrente** in quegli anni, nei quali stava affermandosi la poetica dell'Ermetismo. Sono chiarissimi, già sul piano delle intenzioni esplicite, la **volontà di Pavese di evitare qualsiasi sfogo lirico-soggettivo, e il suo rifiuto della musicalità** e della retorica letteraria. E altrettanto evidente è la volontà di costruire una struttura poetica in grado di rappresentare precise situazioni individuali realistiche e oggettive, per così dire esterne alla soggettività del poeta. Anzi, le situazioni e i personaggi di *Lavorare stanca* riflettono una condizione umana ben definita sul piano antropologico e sociale:
Il mito e la storia	**l'attenzione di Pavese si concentra in particolare sulla civiltà contadina**. E la ricerca di un fondo mitico nella cultura del popolo non esclude una consapevole tensione verso la storia. Il senso di chiusura e di soffocamento caratteristico di molte poesie va ricondotto in eguale misura alla cultura repressiva e senza speranza di cambiamento della civiltà contadina e all'oppressione politica del regime fascista. Alcuni testi, anzi, insistono esplicitamente su questo secondo aspetto.
L'esclusione sociale e la solitudine esistenziale	Da una poesia all'altra, **ritornano temi analoghi e situazioni affini**. I personaggi preferiti sono quelli che con difficoltà si inseriscono nella collettività sociale (ricorrono **le figure del vecchio e del ragazzo**), in grado di rivelare la condizione di estraniamento e di solitudine dell'uomo. **Ma i tentativi di uscire da questa condizione si rivelano destinati al fallimento**.
La seconda edizione: verso una valorizzazione simbolica T • Cesare Pavese, *Lo steddazzu*	**All'interno della struttura di *Lavorare stanca* si osserva un'evoluzione** specialmente evidente nelle poesie aggiunte per la seconda edizione, definitiva, del 1943. Si passa infatti dalla semplice costruzione narrativa di personaggi e di situazioni (cfr. **T7**) alla valorizzazione di alcuni particolari in vista di un loro più ampio significato simbolico. **Uguale, in ogni caso, resta però il metro adoperato**, che rappresenta forse il segno più evidente dell'originalità di Pavese. Egli inventò **un verso lungo narrativo**, formato per lo più da un decasillabo con l'aggiunta di uno o più piedi. Tale metro (che
Il verso lungo narrativo e antilirico	ha solo l'apparenza del verso libero) **dà l'impressione di un tono in qualche misura epico**, e accentua la tendenza antilirica dei testi.
Le poesie d'amore degli ultimi anni T • Cesare Pavese, «Hai viso di pietra scolpita»	Nelle poesie successive all'edizione del '43 di *Lavorare stanca*, e cioè ***La terra e la morte*** (1945) e ***Verrà la morte e avrà i tuoi occhi*** (il titolo e la pubblicazione sono postumi), **la tendenza ad accentuare l'aspetto lirico-simbolico** già presente nelle ultime poesie di *Lavorare stanca* **si manifesta appieno**, con un ritorno a modi più tradizionali, legati all'espansione sentimentale del poeta e alle sue soggettive associazioni analogiche.

T7 Cesare Pavese
Antenati

OPERA *Lavorare stanca*	*Antenati* appartiene alla raccolta *Lavorare stanca, la cui prima edizione, pubblicata nel 1936, fu anche l'opera di esordio di Pavese. La sua novità fu recepita con interesse da pochissimi: dominava infatti un tipo di poesia del tutto diverso, volto a esasperare la funzione lirica, a incentrare sul soggetto-autore l'intera ricerca. In* Lavorare stanca, *invece, la tendenza al realismo e all'oggettivazione comportano un taglio risolutamente narrativo e un tono addirittura epico.*

CONCETTI CHIAVE
- la realtà antropologica degli «antenati»
- il ruolo subordinato delle donne

FONTE
C. Pavese, *Poesie*, Einaudi, Torino 1961.

S • Pavese parla della sua poetica

Stupefatto del mondo mi giunse un'età
che tiravo dei pugni nell'aria e piangevo da solo.
Ascoltare i discorsi di uomini e donne
non sapendo rispondere, è poca allegria.
5 Ma anche questa è passata: non sono più solo
e, se non so rispondere, so farne a meno.
Ho trovato compagni trovando me stesso.

Ho scoperto che, prima di nascere, sono vissuto
sempre in uomini saldi, signori di sé,
10 e nessuno sapeva rispondere e tutti eran calmi.
Due cognati hanno aperto un negozio – la prima fortuna
della nostra famiglia – e l'estraneo era serio,
calcolante, spietato, meschino: una donna.
L'altro, il nostro, in negozio leggeva romanzi
15 – in paese era molto – e i clienti che entravano
si sentivan rispondere a brevi parole
che lo zucchero no, che il solfato neppure,
che era tutto esaurito. È accaduto più tardi
che quest'ultimo ha dato una mano al cognato fallito.

20 A pensar questa gente mi sento più forte
che a guardare lo specchio gonfiando le spalle
e atteggiando le labbra a un sorriso solenne.
È vissuto un mio nonno, remoto nei tempi,
che si fece truffare da un suo contadino
25 e allora zappò lui le vigne – d'estate –
per vedere un lavoro ben fatto. Così
sono sempre vissuto e ho sempre tenuto
una faccia sicura e pagato di mano.

E le donne non contano nella famiglia.
30 Voglio dire, le donne da noi stanno in casa

METRICA versi lunghi narrativi formati da un decasillabo con l'aggiunta (tranne che per il v. 42) di uno o più piedi di varia lunghezza (per esempio: «stupefatto del mondo mi giunse / un'età», v. 1), divisi in quattro strofe di varia lunghezza.

- **1-7** [Quando ero ancora] stupito (**stupefatto**) del mondo, raggiunsi (**mi giunse**); dà il senso di fatalità e di passività) un'età [: l'adolescenza] in cui (**che**) tiravo pugni nell'aria e piangevo da solo. È poca allegria [: è triste] ascoltare i discorsi di uomini e donne non sapendo rispondere. Ma è passata anche questa: non sono più solo e, se non so rispondere, so farne a meno. Trovando me stesso ho trovato [anche] compagni. **Ho trovato compagni...**: il raggiungimento dell'equilibrio nell'età matura rende possibile la socializzazione.
- **8-10** Ho scoperto che, prima di nascere, sono già (**sempre**) vissuto in uomini solidi (**saldi**) [: sicuri], padroni (**signori**) di sé, e nessuno [di loro] sapeva rispondere e tutti erano calmi [lo stesso].
- **11-19** Due cognati [in passato] hanno aperto un negozio – la prima fortuna della nostra famiglia – e l'estraneo [: quello, dei due, che non apparteneva alla famiglia per legame di sangue] era serio, calcolatore, spietato, meschino: [come] una donna. L'altro [cognato], il nostro [parente di sangue], in negozio leggeva romanzi – in paese era [già] molto [: sul piano culturale] – e i clienti che entravano [nel negozio] si sentivano rispondere con (**a**) brevi [: poche] parole che lo zucchero non c'era (**no**), che il solfato neppure [c'era], che era tutto esaurito. Più tardi è accaduto che quest'ultimo [: il cognato «nostro»] ha aiutato il (**dato una mano al**) cognato [che era] fallito [: l'altro]. **Una donna**: la concezione negativa della donna e la discriminazione nei suoi confronti sono ampiamente presentate nella terza strofa. **Solfato**: è un sale dell'acido solforico, usato in agricoltura.
- **20-22** Pensando (**a pensar**) [a] questa gente [: gli antenati] mi sento più forte che a guardare lo specchio [: a guardarmi nello specchio] gonfiando le spalle e atteggiando la bocca (**le labbra**) a un sorriso serio (**solenne**). La coscienza di avere una tradizione famigliare e un solido passato rassicurano il soggetto circa la propria identità individuale più che guardandosi nello specchio, e gli dà un sentimento di forza. Egli può ispirarsi a un modo di essere già dato e riconoscersi in un modello rassicurante.
- **23-28** È vissuto un mio nonno, lontano (**remoto**) nel tempo, che si fece ingannare (**truffare**) da un suo [: al suo servizio] contadino e allora zappò [: fu costretto a zappare] lui le vigne – d'estate – per vedere un lavoro fatto bene. [Anch'io] sono sempre vissuto così [: badando da me ai miei interessi] e ho sempre avuto (**tenuto**) una faccia sicura [di me] e pagato di tasca mia (**di mano**). **Nonno**: potrebbe essere una indicazione generica, e rimandare a un avo meno prossimo del genitore del padre o della madre (come suggerisce la specificazione **remoto nei tempi**).
- **29-35** E nella famiglia le donne non contano [nulla]. Voglio dire [che] da noi le donne stanno

       e ci mettono al mondo e non dicono nulla
       e non contano nulla e non le ricordiamo.
       Ogni donna c'infonde nel sangue qualcosa di nuovo,
       ma s'annullano tutte nell'opera e noi,
35   rinnovati così, siamo i soli a durare.
       Siamo pieni di vizi, di ticchi e di orrori
       – noi, gli uomini, i padri – qualcuno si è ucciso,
       ma una sola vergogna non ci ha mai toccato,
       non saremo mai donne, mai ombre a nessuno.

40   Ho trovato una terra trovando i compagni,
       una terra cattiva, dov'è un privilegio
       non far nulla, pensando al futuro.
       Perché il solo lavoro non basta a me e ai miei;
       noi sappiamo schiantarci, ma il sogno più grande
45   dei miei padri fu sempre un far nulla da bravi.
       Siamo nati per girovagare su quelle colline,
       senza donne, e le mani tenercele dietro la schiena.

---

in casa e ci mettono al mondo [: ci partoriscono] *e non dicono nulla e non contano nulla e non* [dopo la morte] *non le ricordiamo* [neppure]. *Ogni donna ci trasmette* (**c'infonde**) *nel sangue qualcosa di nuovo, ma* [esse] *si annullano interamente* (**tutte**) *nell'opera* [procreatrice] *e noi* [maschi], *così rinnovati* [: con il loro apporto genetico], *siamo i soli a durare* [nel ricordo].

● **36-39** *Noi, gli uomini, i padri, siamo pieni di vizi, di tic* (**ticchi**) *e di cose orribili* (**orrori**), *qualcuno si è ucciso* [: suicidato], *ma una vergogna almeno* (**sola**) *non c'è* (**ha**) *mai toccata: non saremo mai donne, mai ombre di qualcuno* (**a nessuno**) [: degli uomini].

● **40-47** *Trovando i compagni ho trovato una terra* [: una identità geografica], *una terra cattiva, dove è un privilegio non far nulla, pensando al futuro. Perché* [infatti] *il solo lavoro non basta a me e ai miei* [famigliari] [: non ci soddisfa]; *noi sappiamo ammazzarci* (**schiantarci**) [di fatica], *ma il sogno più grande dei miei padri fu sempre* [quello di non] *far nulla da bravi. Siamo nati per andare a spasso* (**girovagare**) *su quelle colline, senza donne, e tenerci* (**tenercele**; **le** è pronome pleonastico) *le mani dietro la schiena* [: inattive]. **Ho trovato…i compagni**: parallelo al v. 7. La maturità porta legami e amicizie e questi producono, o rafforzano, a loro volta, il senso dell'identità geografica e culturale. **Terra cattiva**: una regione povera e culturalmente severa, con tradizioni che non consentono eccezioni alle proprie rigide leggi. **A me e ai miei**: l'identificazione con il gruppo etnico e con gli antenati e la famiglia fanno, in questa conclusione, tutt'uno (cfr. **noi…miei padri…Siamo**).

 T7 DALLA COMPRENSIONE ALL'INTERPRETAZIONE

COMPRENSIONE

La cultura degli avi Nel testo che abbiamo letto, a parlare è **un personaggio che ricostruisce la storia del rapporto con la propria terra d'origine** e soprattutto con la sua **cultura**, mediata dalla **tradizione famigliare** (di qui anche il titolo della poesia). L'identità individuale è raggiunta proprio attraverso la scoperta di tale tradizione e l'identificazione con essa. Ma la poesia, attraverso questo filo conduttore, mette in rilievo anche altri aspetti della cultura contadina, come la discriminazione nei confronti della donna e il senso di immobilità; sempre, però, dal punto di vista della cultura rappresentata, e cioè nella **chiave mitica** che concepisce quelle condizioni antropologiche e storiche come immutabili ed eterne.

ANALISI E INTERPRETAZIONE

Una poesia narrativa L'impianto narrativo del testo è evidente fin dai primi versi, che ripercorrono **il passaggio dall'adolescenza alla maturità**, e definiscono i caratteri dell'una e dell'altra: l'adolescenza, insicura, irrequieta, triste e soprattutto solitaria; la maturità, più sicura di sé e non più sola. **Il tema dell'adolescenza e quello della crescita** sono assai frequenti in Pavese. La stessa maturità, d'altra parte, è da lui concepita come una verifica adulta dei miti costruiti nell'infanzia. Si tratta di miti caratterizzati in senso sociale e storico, presentati dal poeta con profonda consapevolezza antropologica. Con la maturità arriva la scoperta dei propri antenati, nei quali è come se si fosse già vissuto (per il rapporto di sangue); e arriva soprattutto la scoperta di una tradizione culturale, di un modo ancestrale di essere. **La scoperta degli antenati è la scoperta di un tempo estraneo alla storia**, dominato dal ritorno dell'identico e dalla immutabilità.

Le storie di antenati Nel testo il poeta inserisce **due storie di antenati** (la prima è ai vv. 11-19, la seconda ai vv. 23-26). Esse mettono in evidenza l'elemento narrativo e, contemporaneamente, forniscono esempi di fatti passati come se fossero presenti, cioè come facenti parte di **una memoria collettiva famigliare** che li ha ormai mitizzati e li tramanda in una prospettiva immutata, senza il necessario spessore storico. Per altro gli elementi del racconto sono confusi e slegati: degli avvenimenti reali sopravvivono nella tradizione del ricordo solo quegli aspetti che più colpiscono in sé la fantasia (cfr. vv. 14-18) o che si collegano all'ostilità per chi è estraneo alla famiglia (cfr. vv. 12 sg.) o che rappresentano interessi materiali (cfr. vv. 11 sg. e 18 sg.). Alla memoria famigliare appartiene anche un altro episodio, che contiene una morale evidente, alla quale si riferisce l'intervento diretto del soggetto ai vv. 26-28. L'episodio racconta di un antenato che fu costretto a occuparsi personalmente dei propri beni, dopo essere stato ingannato da un contadino al suo servizio. La morale implica la necessità di curare da sé i propri interessi. Le scelte di vita trovano conferma nelle **storie esemplari della famiglia** e questa rispondenza infonde sicurezza. La lezione però impone anche sacrifici e sofferenze.

Maschi e femmine La terza strofa è dedicata a indicare le differenze tra i maschi e le femmine. Si noti che il poeta continua ad assumere il punto di vista dei propri personaggi, secondo una scelta di tipo realistico che non esclude ma accoglie in modo solamente implicito la prospettiva ideologica. D'altra parte anche **la concezione maschilista** qui affermata appartiene alla **cultura contadina tradizionale**, e, come gli altri suoi elementi qui considerati, essa non viene posta in discussione dal personaggio della poesia, ma condivisa e perpetuata. La superiorità degli uomini, dei maschi, è garantita dal loro non essere donne («ombre» degli uomini); anche se poi difetti e vizi non mancano, e, anzi, sembrano colpire piuttosto gli uomini che le donne. E in particolare affiora ora la denuncia di debolezze caratteriali nevrotiche degli uomini (vv. 36 sg.), denuncia che verrà meglio definita nella strofa seguente, quasi traendone le conclusioni antropologiche.

«Un far nulla da bravi» **L'ultima strofa** riprende e conclude tutti i temi principali della poesia, e in particolare quello dell'identità individuale legata a una tradizione: e soprattutto il tema del carattere dei maschi, che aspirano a poter non lavorare, condizione concepita non solo nei termini socio-economici del relativo privilegio cui corrisponde, ma anche in termini psicologici e culturali, entro la propensione al «girovagare». Questo **tema del girovagare, del vagabondare ozioso** senza scopo, è un tema frequente e importante della ricerca di Pavese. Corrisponde alle debolezze caratteriali, di cui ai vv. 36 sg., ed esprime l'insoddisfazione per una vita concepita secondo un modello rigidamente preordinato, senza aperture o scopi al di fuori del lavoro e della famiglia. A questo **senso di chiusura e di soffocamento** (aggravato dal rigore della dittatura fascista) l'unica risposta data è il desiderio di girovagare inoperosi; è, cioè, una risposta del tutto interna al modello antropologico e mitico di quella società, una risposta completamente non politica.

T7 LAVORIAMO SUL TESTO

COMPRENDERE

1. Riassumi il testo in forma essenziale.

ANALIZZARE

Lo stile

2. Il testo ha un carattere narrativo. Il racconto segue un criterio cronologico e lineare o alterna ricordi, riflessioni, confronti tra passato e presente?
3. Che funzione hanno le ripetizioni e le riprese?

I miti dell'infanzia

4. Come è rappresentata l'adolescenza e cosa caratterizza il passaggio all'età adulta?
5. Quali elementi di continuità l'io narrante cerca nei propri antenati?

INTERPRETARE

La figura della donna

6. Metti a fuoco gli aspetti che caratterizzano la cultura contadina, in particolare l'atteggiamento verso la donna.

5 Attilio Bertolucci tra impressionismo e narrazione

Tra Saba e Pascoli: narrazione, autobiografia, impressionismo Come Penna riprende **da Saba** la grazia e la felice classicità delle costruzioni formali, portandola a una perfezione alessandrina, così Bertolucci ne riprende e amplifica **la proiezione narrativa**, il radicamento alla esperienza biografica dell'io, tutta calata sul quotidiano ed estranea alla liricizzazione sublime degli ermetici, aggiungendovi un acuto senso impressionistico che affonda le radici in Pascoli e in alcuni poeti inglesi. Il recupero della narrazione e del vissuto giunge in Bertolucci fino al tentativo di un vasto poema autobiografico, caso più unico che raro nel Novecento.

La vita

Attilio Bertolucci nasce a San Lazzaro, nella campagna di Parma, il 18 novembre 1911. Dopo gli studi a Parma e a Bologna, insegna fino al 1950 storia dell'arte, dedicandosi anche a un'intensa attività nell'editoria, come consulente e come traduttore. Per molti anni ha alternato la propria residenza tra l'Appenino emiliano e Roma, dove ha lavorato alla radio e nel cinema (i figli Bernardo e Giuseppe sono affermati registi). È morto a Roma il **14 giugno 2000**.

La prima fase poetica

L'esordio poetico avviene, giovanissimo, con *Siria* (1929), già segnata da una personale inclinazione ironico-contemplativa e da una felice adesione agli aspetti anche elementari della vita quotidiana. Seguono *Fuochi in novembre* (1934), il poemetto *La capanna indiana* (1951), *Lettera da casa* (1951) e *In un tempo incerto* (1955): tutte prove in cui la personale alternativa al filone simbolistico-ermetico viene progressivamente maturando, con un gusto per la narrazione e per la raffigurazione di ambienti agresti o cittadini che costituisce la via del poeta al rapporto affettuoso e coinvolto con la realtà (cfr. T8, p. 314).

Viaggio d'inverno (1971)

Giunge quindi il libro più importante di Bertolucci, *Viaggio d'inverno* (1971). Qui l'accarezzamento della semplice gioia di vivere ai margini della storia, nella calma provincia e nei campi, si scontra con l'esperienza della modernità, vissuta a Roma negli anni del "miracolo economico". **Ora quel mondo appare in pericolo, e anzi destinato a perdersi inesorabilmente**. Da questa consapevolezza scaturisce una tensione drammatica che può scaricarsi o nella rievocazione nostalgica sul filo della memoria, o nel tentativo di dominare ancora, al presente, i segni della distruzione e della decadenza.

T • Attilio Bertolucci, *Decisioni per un orto*

Il poema della vita: *La camera da letto*

Il recupero del passato quale fonte di identità e di senso, anche sotto l'influsso decisivo della poetica proustiana, porta Bertolucci a dedicarsi alla **minuziosa ricostruzione della propria vicenda familiare, nel poema *La camera da letto*** (la prima parte è uscita nel 1984, la seconda nel 1988), organizzato in quarantasei lunghi frammenti. Testimonianza della tuttora intensa ricerca dell'autore è *La lucertola di Casarola* (1997), ultima tappa della sua carriera.

Frammento e dimensione poematica

La scrittura poetica di Bertolucci sa incarnarsi **tanto nel frammento breve e brevissimo quanto nella misura del testo lungo, e fin nel poemetto e nel poema**. Nel primo caso un dato narrativo o impressionistico, o più spesso le due cose insieme, e cioè una narrazione nata da un'impressione, si stagliano solitari, con la semplicità dell'appunto, della riflessione provvisoria, della minima affermazione di presenza. Nel caso di sviluppi più estesi, vi è tuttavia spesso egualmente un nocciolo minimo di azione o di memoria a fungere da motore, e attorno a cui ruotare come per contemplare e possedere interamente quella porzione di realtà, o per rifletterci e sprigionarne un senso al presente per il soggetto e per la sua identità.

L'originalità e la durata della poesia di Bertolucci

L'adozione prevalente di un verso libero sempre sorvegliatissimo e musicale, lo stile colloquiale ma nobile e austero, il rifiuto di una troppo densa coloritura retorica a vantaggio di una espressione diretta ed esplicita cooperano a caratterizzare con forza l'**originalità inconfondibile della poesia di Bertolucci**, che ancora negli anni più tardi dell'autore ha saputo esprimersi a un alto livello di qualità, in strabiliante coerenza e continuità con le proprie più lontane premesse.

T8 Attilio Bertolucci
Gli anni

OPERA
Lettera da casa

CONCETTI CHIAVE
- ripensare al passato «lietamente»

FONTE
A. Bertolucci, *Le poesie*, Garzanti, Milano 1990.

Una felice congiuntura stagionale e la rassicurante ambientazione provinciale sospendono per un attimo il trascorrere del tempo, rendendone reversibili gli effetti e annullando la sensazione della perdita.

Le mattine dei nostri anni perduti,
i tavolini nell'ombra soleggiata dell'autunno,
i compagni che andavano e tornavano, i compagni
che non tornarono più, ho pensato ad essi lietamente.

5 Perché questo giorno di settembre splende
così incantevole nelle vetrine in ore
simili a quelle d'allora, quelle d'allora
scorrono ormai in un pacifico tempo,

la folla è uguale sui marciapiedi dorati,
10 solo il grigio e il lilla
si mutano in verde e rosso per la moda,
il passo è quello lento e gaio della provincia.

METRICA tre quartine di versi liberi, non di rado sostenuti da un ritmo endecasillabico.

T8 DALLA COMPRENSIONE ALL'INTERPRETAZIONE

COMPRENSIONE E ANALISI

Una giornata «incantevole» I primi due versi restano sintatticamente irrelati, quasi periodi nominali, e costituiscono la premessa della **riflessione essenziale sulla morte**, affidata ai vv. 3-4 (in cui si rievocano gli amici che fino a un certo punto sono andati via e poi sono tornati e che invece a un tratto non sono tornati più, perché sono morti). La possibilità di pensare a essi lietamente (v. 4), cioè con serenità, dipende da quanto verrà detto nelle due quartine successive. Queste rivelano la ragione della serenità con cui il poeta può pensare al passato: **una bella giornata di settembre sembra resuscitare il tempo perduto** («ore/ simili a quelle d'allora»), e il passato pare rasserenato, come raccolto in un tempo separato da quello presente ma tuttavia «pacifico», cioè appunto sereno (il tempo della memoria). Ad esprimere la continuità coopera la presenza di una **folla uguale a quella del passato**, soprattutto per il modo lento e spensierato («gaio») di camminare, tipico della città di provincia, benché i colori dei vestiti siano cambiati per il mutarsi delle mode: pure nella serenità resta una crepa di inquietudine a indicare una segreta consapevolezza della **irrecuperabilità del tempo perduto**.

INTERPRETAZIONE

Il ritorno, pacificato, del passato In questo intenso componimento continuità e rottura, **ritorno dell'identico e mutazione irreparabile** si confrontano e si affrontano, mentre il testimone poeta tenta di esorcizzare il possibile prevalere del primo termine, affidandosi al valore consolatorio del secondo. Il motivo tradizionale e tragico del **passare del tempo** è qui affrontato con un **piglio malinconico ma sobrio**, senza alcuna drammatizzazione, secondo lo stile inconfondibile dell'autore; e **la riflessione è affidata per intero a fatti concreti e materiali**, a indizi perfino minimi (come il mutare della moda, registrato sui colori degli abiti).

T8 LAVORIAMO SUL TESTO

ANALIZZARE

1. Cogli le immagini relative allo scorrere del tempo e quelle che sottolineano invece la continuità tra il passato e il presente. Quali prevalgono?

2. Come è rappresentata la vita provinciale (in modo realistico, idillico, idealizzato)?

6 Primato della vita e tensione filosofica nella poesia di Giorgio Caproni

La nascita, a Livorno, nel 1912

Le raccolte poetiche

Video • Il percorso poetico di Giorgio Caproni (R. Luperini)

La morte (1990)

Vocazione narrativa e apertura realistica. I modelli di Saba e di Pascoli

La ricerca di una letterarietà popolare

T • Giorgio Caproni, «Le giovinette così nude e umane»

Giorgio Caproni nasce a Livorno il **7 gennaio 1912**. Trasferitosi a dieci anni a Genova, vi trascorre gran parte della giovinezza. Si iscrive all'Università e intanto studia violino; ma dovrà abbandonare, per necessità contingenti, l'una e l'altra cosa. Richiamato al fronte, **partecipa alla Seconda guerra mondiale e poi alla lotta partigiana di liberazione**. Intanto, nel 1936, ha pubblicato il primo libro di versi, *Come un'allegoria*. Del 1943 è *Cronistoria*; del 1956, *Il passaggio di Enea*; del 1959, *Il seme del piangere* (il titolo è una citazione da *Purgatorio*, XXXI, 46: «[...] pon giù il seme del piangere e ascolta [...]» sono parole che Beatrice rivolge a Dante nel Paradiso terrestre); del 1965, *Congedo del viaggiatore cerimonioso & altre prosopopee*; del 1976, *Il muro della terra*; del 1982, *Il franco cacciatore*; del 1986, *Il Conte di Kevenhüller*. Postumo (1992) è uscito il libro di versi **Res amissa** (sul percorso poetico di Caproni). Oltre a svolgere l'attività di poeta, Caproni ha insegnato per molti anni e si è dedicato alla traduzione (da autori francesi tra cui Proust e Céline) e al giornalismo, dando anche alcune prove narrative. È vissuto per molti anni a Roma, dove **è morto nel 1990**.

Benché nasca e si affermi negli anni del successo dell'Ermetismo, **la poesia di Caproni** ne resta distante, e anzi **si configura in termini antitetici rispetto alla poetica ermetica**. Agiscono su di lui, piuttosto, **la lezione di Saba e quella più lontana di Pascoli**. Il che spiega anche **l'aspetto "attardato" della poesia di Caproni**, il suo frequente rifarsi al descrittivismo più semplice e musicale, con una predilezione per forme metriche antiquate (come il sonetto e la canzonetta).

La vocazione narrativa di Caproni agisce **su due fronti**: da una parte, **sul rapporto con la materia poetica**, che viene trattata cercandone la intima verità problematica, e, dall'altra, **sul rapporto con il pubblico**, al quale vuole consegnare con onestà e fedeltà un resoconto della vita e non solo un congegno letterario. **Ciò non significa che Caproni cerchi di ridurre il grado di letterarietà delle proprie poesie**, o di nascondere l'importanza dell'aspetto formale. Al contrario, egli rende evidente la "finzione" imposta dal genere lirico attraverso il ricorso a espedienti formali per lo più semplici e appariscenti, senza timore di banalità o di eccessiva aderenza alla tradizione più popolare. **Ciò che egli rifiuta è la ricerca formale intellettualistica e raffinata**, che gli pare un'astrazione fine a se stessa, lontana dalla realtà concreta, e perciò in qualche modo colpevole.

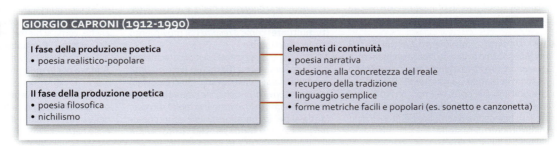

GIORGIO CAPRONI (1912-1990)

I fase della produzione poetica	elementi di continuità
• poesia realistico-popolare	• poesia narrativa
	• adesione alla concretezza del reale
II fase della produzione poetica	• recupero della tradizione
• poesia filosofica	• linguaggio semplice
• nichilismo	• forme metriche facili e popolari (es. sonetto e canzonetta)

Le ultime raccolte: fare poesia con le rovine

T • Giorgio Caproni, *Dies illa* – *Lo stoico* – *Il perfido*

La letteratura, un inganno da accettare fino in fondo

Video • *La gente se l'additava* (P. Cataldi)

Anche **nelle prove tarde, animate da un originale nichilismo**, ironico e autoironico (cfr. **T10**, p. 318), non sono abbandonate le forme più semplici e tradizionali. Infatti l'attività letteraria non può rinunciare a questa identità formale storicamente data, e oggi **è necessario fare poesia con le rovine della tradizione poetica**, e accettare il "ridicolo" di tale atto, piuttosto che uscire definitivamente dalla tradizione e dal suo registro un tempo sublime e ormai grottesco: l'identità della poesia è infatti oggi quella delle rovine.

D'altra parte, alla base di tale adesione al regime della letteratura, nel momento stesso in cui alla letteratura è rifiutato qualsiasi primato (che spetta solo alla vita), sta proprio **la coscienza che la letteratura è un inganno, una finzione, un artificio**. Ma al poeta non è dato di uscirne in nessun modo. L'unica possibilità per accorciare la distanza che separa l'inganno dalla realtà, cioè la poesia dalla vita, è affidata, per l'appunto, all'inganno stesso, nel senso che sarà sempre un avvicinamento artificiale e apparente. La coscienza di questa distanza verrà allora percepita in modo doloroso, ma potrà anche essere segno di forza realistica, di più intima aderenza alla verità (come in **T9**).

T9 Giorgio Caproni
La gente se l'additava

OPERA
Il seme del piangere

CONCETTI CHIAVE
- la vitalità e la discrezione della madre
- una poesia descrittiva

FONTE
G. Caproni, *Poesie*, Garzanti, Milano 1969.

Il testo qui presentato appartiene alla serie dei *Versi livornesi,* dedicati alla madre del poeta Anna Picchi (1894-1950), contenuti nella raccolta *Il seme del piangere* (1950-1958).

Non c'era in tutta Livorno
un'altra di lei più brava
in bianco, o in orlo a giorno.
La gente se l'additava
5   vedendola, e se si voltava
anche lei a salutare,
il petto le si gonfiava
timido, e le si riabbassava,
quieto nel suo tumultuare
10   come il sospiro del mare.
        Era una personcina schietta

e un poco fiera (un poco
magra), ma dolce e viva
nei suoi slanci; e priva
15   com'era di vanagloria
ma non di puntiglio, andava
per la maggiore a Livorno
come vorrei che intorno
andassi tu, canzonetta:
20   che sembri scritta per gioco,
e lo sei piangendo: e con fuoco.

METRICA tre strofe di diversa lunghezza (la terza è un semplice distico) con molte rime variamente disposte (1ª strofa: ABABBCBBCC; 2a strofa: DEFFGBAAD; 3a strofa: EE).

• **1-3** *Un'altra* [sarta] *più brava di lei* [: la madre] *nel* [fare] *ricamo bianco su bianco* (**in bianco**)*, o a ricamare* (**in**) *l'orlo a giorno non c'era in tutta Livorno.* **In bianco…a giorno**: termini tecnici che indicano due tipi di ricamo: con filo bianco su stoffa bianca, ponendo per esempio cifre o fregi su biancheria o semplice rifinitura a delimitare il bordo della stoffa.

• **4-10** *Vedendola, la gente se la indicava* (**l'additava**) [*a vicenda*] [: con ammirazione] *e se anche lei* [: la madre] *si voltava a salutare, il petto le si gonfiava timido, e le si riabbassava, calmo* (**quieto**) [*pur*] *nel suo ansimare* (**tumultuare**) *come il respiro* [: il movimento leggero] *del mare.*

• **11-21** *Era una personcina semplice* (**schietta**) *e un poco orgogliosa* (**fiera**) (*un poco magra*), *ma dolce e vitale* (**viva**) *nei suoi slanci ed essendo* (**com'era**) *priva di presunzione* (**vanagloria**) *ma non di puntiglio, a Livorno aveva molto successo* (**andava per la maggiore**) *come vorrei che intorno ne avessi* (**andassi**), sottinteso 'per la maggiore') *tu,* [*o mia*] *canzonetta: che sembri scritta per gioco, e* [*invece*] *lo sei* [: scritta] *piangendo: e con passione* (**fuoco**). **Personcina**: indica insieme la corporatura minuta (cfr. vv. 11-13: **un poco magra**) e la semplice umiltà, ma anche, come **schietta**, una certa dose di forza nel carattere. **Puntiglio**: vale 'precisione', ma anche 'caparbietà, pignoleria, amor proprio'. **Andava per la maggiore**: "andare per la maggiore" è espressione idiomatica e significa 'avere successo, fortuna; essere famosi, apprezzati'. **A Livorno**: la città toscana, sul mare, nella quale la madre del poeta viveva e dove egli è nato.

parte nona   Il fascismo, la guerra e la ricostruzione: dall'Ermetismo al Neorealismo (1925-1956)

T9 DALLA COMPRENSIONE ALL'INTERPRETAZIONE

COMPRENSIONE E ANALISI

Una poesia "semplice" e commossa La figura della madre è presentata **nelle vesti di una giovane donna**, ed è messo in risalto il suo carattere semplice e pudico ma insieme vitale e deciso. I due momenti convivono in una ricostruzione di grande e fresca naturalezza, dove l'oggettiva vitalità della **scena realisticamente narrata** prevale sulla tristezza del punto di vista del poeta (il quale sa che la madre è destinata a morire): a quest'ultimo è riservato il solo momento del **commiato**, dove egli può dichiararlo esplicitamente.
Il rivolgersi, in conclusione, alla propria stessa poesia, come se si trattasse di un essere autonomo e ragionante, risale alla **tradizione lirica antica** (si pensi, per esempio, a Guido Cavalcanti e a Petrarca). La **canzonetta** è una canzone dalla struttura più modesta e semplice: versi brevi, rime facili, argomento leggero, dimensione contenuta. Qui tale struttura è stata scelta dal poeta per essere fedele alla semplicità popolare e alla vitalità della madre, e perciò il testo «sembra scritto per gioco»; mentre la rievocazione della madre è fatta dal poeta con **intensa commozione**, cioè con dolore («piangendo») e con passione («con fuoco»; si tratta di un'espressione tecnica musicale).

Il carattere semplice e vitale della protagonista La figura della madre ragazza viene rievocata con voluta semplicità, cercando di non tradire con eccessi di letterarietà la sua natura «fine e popolare». In primo piano è posto il **carattere vitale e deciso, ma insieme pudico e umile, della madre**; e questi due aspetti sono presentati uniti, con grande efficacia, al v. 9, dove l'aggettivo «quieto» e il verbo «tumultuare» si contraddicono a vicenda. Lo stesso si può dire per «gonfiava / timido» ai vv. 7-8, dove i due termini dovrebbero escludersi a vicenda, e dove l'*enjambement* accresce l'espressività del costrutto, trasmettendo, con la sua sospensione, l'idea di una vitalità espansiva tenuta però a freno e controllata per pudore e umiltà. In generale, nella rappresentazione del carattere della protagonista sono impiegate nella poesia **due serie parallele** di elementi. La prima indica **vitalità**: «gonfiava» (v. 7), «tumultuare» (v. 9), «fiera» (v. 12), «viva» (v. 13), «slanci» (v. 14), «puntiglio» (v. 16). La seconda indica invece **autocontenimento e discrezione**: «timido» (v. 8), «quieto» (v. 9), «personcina schietta» (v. 11), «magra» e «dolce» (v. 13), «priva...di vanagloria» (vv. 14 e sg.). L'effetto espressivo è ottenuto con l'unione delle due serie.

INTERPRETAZIONE

La poetica di Caproni: una poesia che si adegua all'oggetto La scelta di adattare la forma della poesia all'oggetto rappresentato (la madre) anziché allo stato d'animo del soggetto lirico (il dolore del poeta) è di grande significato e indica l'originalità di Caproni rispetto al filone lirico intimista del Novecento poetico italiano, caratterizzando il suo **atteggiamento narrativo e realistico**. In questa poesia sono dunque evidenti le scelte di poetica dell'autore. In un altro testo della stessa serie (*Battendo a macchina*), Caproni si rivolge con queste parole alla propria stessa mano che scrive: «sii fine e popolare / come fu lei [: la madre] – sii [...] / [...] tutta storia / gentile, senza ambizione» (vv. 16-19). **La poesia** che Caproni si propone di scrivere deve essere cioè **«popolare»** (semplice e immediata, autentica, comunicativa) **e «fine»** (dotata di eleganza e grazia); e deve essere **narrativa** («tutta storia»), non aspirare a significati troppo generali o astratti («senza ambizione»), come faceva invece, per esempio, la poesia ermetica.

T9 LAVORIAMO SUL TESTO

ANALIZZARE

La scelta narrativa

1. Individua i riferimenti alla cronaca e alla realtà quotidiana presenti nel testo.

La figura della madre

2. In quali momenti e con quali tratti psicologici è rievocata la figura della madre?

INTERPRETARE

La poetica

3. Perché il poeta dice alla canzonetta «sembri scritta per gioco, / e lo sei piangendo»?

4. Come realizza Caproni gli obiettivi della sua poetica?
    - la "popolarità" ....
    - l'"eleganza" ....

> **LE MIE COMPETENZE: INDIVIDUARE COLLEGAMENTI, DIALOGARE**
>
> Questa poesia fa parte della raccolta *Il seme del piangere* (1959), il cui titolo è tratto dal trentunesimo canto del *Purgatorio* di Dante: «pon giù il seme del piangere e ascolta» (*Purg.*, XXXI, v. 46). Rileggi il canto della *Commedia* per capire il contesto in cui si inserisce il verso in questione. Perché Caproni sceglie questa citazione di Dante come titolo per la sua raccolta di poesia? Elabora una tua ipotesi interpretativa; poi confronta la tua interpretazione con le ipotesi formulate dai compagni.

T10 Giorgio Caproni
Senza esclamativi

OPERA
Il muro della terra

CONCETTI CHIAVE
- vitalità del passato e vuoto del presente

FONTE
G. Caproni, *Tutte le poesie*, Garzanti, Milano 1999.

Nella produzione di Caproni la crisi del genere lirico procede di pari passo con l'accentuazione del pessimismo del poeta, motivato, oltre che dall'inclinazione personale, dall'impossibilità di dare un senso all'alienazione della società contemporanea e al degrado incombente. Questa poesia, scritta nel 1970, fa parte della raccolta *Il muro della terra*, pubblicata nel 1976, che apre l'ultima stagione poetica di Caproni. È l'epoca in cui il disagio dei poeti si rende più evidente: nel 1975 Montale, ricevendo il premio Nobel per la Letteratura, tiene all'Accademia di Svezia un discorso dal titolo *È ancora possibile la poesia?*, dove fa un'analisi spietata della società, che vede dominata dall'esibizionismo che cela «l'orrore della solitudine», e tuttavia non rinuncia alla poesia, pur adottando un tono più prosastico. Da parte sua, Caproni negli stessi anni adotta modi sempre più secchi e cupi senza peraltro rinnegare la propria vocazione narrativa, ma riducendola all'essenziale, come per mostrare solo l'ossatura degli avvenimenti cui si riferisce.

Dal punto di vista del contenuto, *Il muro della terra* è dominato dallo sconforto, ma senza cedimenti vittimistici. La forza del poeta e il suo resistere all'alienazione dilagante si legano proprio a questo atteggiamento disilluso ma non rassegnato, che consente ancora affermazioni puntuali, cioè la denuncia del vuoto storico e della perdita di significato dell'esistenza.

Senza esclamativi è un testo esemplare fin dal titolo, che esclude ogni enfasi, per comprendere come Caproni sia passato dalla poesia «magra» che dava vita alla figura della madre (cfr. **T9**, p. 316) a questa scarnificata che raffigura il presente come «vuoto».

*Ach, wo ist Juli
und das Sommerland**

Com'è alto il dolore.
L'amore, com'è bestia.
Vuoto delle parole
che scavano nel vuoto vuoti
5   monumenti di vuoto. Vuoto
del grano che già raggiunse
(nel sole) l'altezza del cuore.

METRICA un'unica strofe di sette versi liberi che oscillano tra la misura del settenario e quella del novenario, con rime ricorrenti, anche al mezzo (**dolore** : **amore**; **parole** : **sole**), assonanze e consonanze.

- ***** *Ah, dove è luglio / e il paese dell'estate*: sono versi del poeta austriaco Hugo von Hofmannsthal (1874-1929).
- **1-7** *Com'è alto il dolore. L'amore* [invece] *com'è bestia.* [Ora rimane] *il vuoto delle parole che scavano nel nulla* (**nel vuoto**) *inutili costruzioni* (**vuoti monumenti**) *di insensatezza* (**di vuoto**). [Ora rimane] *il vuoto del grano che un tempo* (**già**) *raggiunse* (*nell'estate*) *l'altezza del cuore*. **Alto**: riferito a **dolore** non significa solo 'intenso', ma assume anche un significato intellettuale, in opposizione al termine **bestia** attribuito per contrasto all'amore in quanto forza vitale e istintiva. **Vuoto**: è la parola chiave del testo, replicata in modo ossessivo, ora come aggettivo, ora come sostantivo. Nella parafrasi si è cercato di rendere di volta in volta il significato specifico che assume nei diversi casi, ma si tratta di approssimazioni di necessità insufficienti, perché i vari significati convivono nei singoli casi, anche con sfumature diverse. **Grano…cuore**: il significato letterale è che durante l'estate (**nel sole**) il grano era alto fino al petto; ma se si considera, sulla scorta di Fortini, che qui il grano è «simbolo di fecondità e positività», si comprende che **il grano che già raggiunse…l'altezza del cuore** è metafora che allude a un felice rapporto tra vitalità e giovinezza (**nel sole** = 'nell'estate', cioè nell'estate della vita), che ora è perduto per sempre, come si capisce dall'espressione **già raggiunse**, al passato remoto.

Mario Schifano, *Vero amore incompleto*, 1962. Collezione privata.

T10 DALLA COMPRENSIONE ALL'INTERPRETAZIONE

COMPRENSIONE

La contrapposizione passato positivo/presente negativo La poesia brevissima – sette versi, una trentina di parole – è esemplare dello stile «senza esclamativi» che il titolo enuncia. **Il «vuoto» dell'esistenza è il tema della poesia**, ribadito dalla ripetizione martellante della parola «vuoto» che ricorre cinque volte nel breve spazio del testo, in qualità sia di sostantivo sia di aggettivo. L'energia vitale del passato, rappresentata dal «grano» che d'estate arrivava all'altezza del «cuore», se ne è andata e al suo posto è rimasto il «vuoto», cioè il nulla e l'insensatezza moltiplicata all'infinito in altri «vuoti». L'«amore», forza vitale e animale («bestia»), non c'è più. Al suo posto c'è il «dolore», con la grandezza che gli deriva dal suo durare ed imporsi. Al vuoto dell'esistenza si aggiunge **la sfiducia nella parola** e nella sua funzione ordinatrice: il vuoto è infatti anche quello delle «parole che scavano nel vuoto», dando origine a una moltiplicazione di «vuoti». È questa la ragione – tematica e formale insieme – per la quale la poesia di Caproni si fa sempre più scarna, ad evitare di contribuire ai «vuoti / monumenti di vuoto».

ANALISI

Opposizione e ripetizione L'opposizione è esplicita nei primi due versi, che mettono in forma di **chiasmo** i termini «dolore»/«amore» e «alto»/«bestia». Il dolore è «alto» mentre, al contrario, l'amore è «bestia»: vi si legge il contrasto tra la razionalità del dolore e la vitalità istintiva dell'amore. Inoltre, si instaura **l'opposizione tra il passato rappresentato dalla solarità del «grano» e il presente espresso dal «vuoto»**: implicitamente vi si legge l'opposizione «estate»/«inverno» e, di conseguenza, «passato»/«presente». La ripetizione, oltre che sulla **parola chiave «vuoto»**, insiste anche su altri elementi della poesia: in particolare nella rima che si propone come ultimo baluardo di resistenza della poesia tradizionale. Così, il primo e l'ultimo verso della poesia sono legati dalla **rima** cosiddetta **"facile" «dolore» : «cuore»** (che rimanda a **Saba**) e dalla presenza della stessa radice in «alto» e «altezza». La straordinaria **compattezza formale**, il rigore del metro e delle rime rappresentano dunque una forma di coraggiosa resistenza del poeta nell'autunno della sua vita.

INTERPRETAZIONE

La presenza dei modelli letterari Per l'interpretazione del testo risultano determinanti i **due versi posti in epigrafe**, che sono tratti da *La nostalgia del vecchio per l'estate* di **Hofmannsthal** (come annota lo stesso Caproni): già nel titolo è chiara l'allusione al sentimento di **nostalgia del poeta per la sua stagione del «grano»** ormai irrimediabilmente trascorsa. In questa citazione esplicita si cela un ulteriore rimando letterario alla lirica *Metà della vita* (*Hälfte des Lebens*) del poeta romantico **Hölderlin**: ciò non fa che ribadire il tema del vuoto, che viene come inseguito attraverso i riferimenti letterari. Ma proprio il rincorrersi dei riferimenti conferma il valore della poesia in se stessa, pur quando si fa carico di esprimere il nulla.

Concentrazione e vocazione narrativa Per rappresentare il vuoto il poeta si serve di una **forma ridotta alla massima concentrazione**. Si tratta però di una concentrazione del tutto diversa da quella perseguita dall'Ermetismo: **la poesia di Caproni, a differenza di quella ermetica, mantiene infatti una vocazione narrativa**, suggerita dall'uso dei tempi verbali e dall'esistenza di un prima e di un poi. Manca tuttavia qualsiasi accenno agli avvenimenti intercorsi tra questi due termini, e al lettore non resta che prendere atto dell'opposizione che il poeta rappresenta. Anche la musicalità del verso, che è componente specifica del genere lirico e che ancora suonava nei *Versi livornesi* con note secche come quelle di un violino, ora non c'è più.

T10 LAVORIAMO SUL TESTO

COMPRENDERE E ANALIZZARE

1. La vocazione narrativa della poesia di Caproni è riconoscibile anche in questa poesia, pur estremamente breve. Quale indizio lo dimostra?
   - A il riferimento a fatti ed episodi della vita del poeta
   - B il riferimento alla letteratura del passato
   - C l'opposizione tra il passato e il presente pur senza riferimenti a fatti espliciti
   - D l'opposizione tra la storia privata del poeta e quella pubblica

2. Gli ultimi tre versi si caratterizzano per il valore metaforico. Che cosa rappresenta il «grano»? Individua l'opzione corretta e spiegala:
   - [A] la vitalità e la giovinezza passate
   - [B] il denaro e il successo
3. **LINGUA E LESSICO** «Vuoto» è la parola chiave. Sottolineala nel testo e individuane le caratteristiche grammaticali (aggettivo/sostantivo) e semantiche.

INTERPRETARE

4. **TRATTAZIONE SINTETICA** Sulla base dell'analisi condotta, spiega in un testo breve (max 10 righe) il significato del titolo *Senza esclamativi*.

7 Mario Luzi dall'Ermetismo al magma della crisi

La nascita, a Firenze, nel 1914

Mario Luzi è nato a Castello, vicino a Firenze, il **20 ottobre 1914**, e a Firenze è morto il **28 febbraio 2005**. Laureato in Lettere, Luzi ha insegnato al Liceo e poi all'Università. Negli anni Trenta ha collaborato alle più rilevanti riviste fiorentine, come «Letteratura» e «Frontespizio», partecipando criticamente all'esperienza ermetica. All'attività di poeta si è continuamente affiancata quella di critico letterario e quella di traduttore. Nel **2004** Carlo Azeglio Ciampi lo ha nominato **senatore a vita**.

Le raccolte poetiche

L'esordio poetico è del 1935 (*La barca*); *Avvento notturno* è del 1940; *Un brindisi*, del 1946; *Quaderno gotico*, del 1947; *Primizie del deserto*, del 1952; *Onore del vero*, del 1957 (tutte confluite in *Il giusto della vita*, 1960). *Nell'opera del mondo* (1979) contiene invece *Nel magma* (1963), *Dal fondo delle campagne* (1965), *Su fondamenti invisibili* (1971), *Al fuoco della controversia* (1978). Del 1985 è *Per il battesimo dei nostri frammenti*; del 1990, *Frasi e incisi di un canto salutare*, del 1992 *Viaggio terrestre e celeste di Simone Martini*.

Video • Intervista a Mario Luzi sul suo percorso poetico

Stabilità e mutamento tra religiosità e trasformazioni storiche

Mario Luzi è il maggior poeta del gruppo degli ermetici fiorentini, affermatisi negli anni Trenta. Poche esperienze poetiche nel Novecento, non solo italiano, uniscono in se stesse **i segni della stabilità e quelli del mutamento** come avviene in Luzi. **La stabilità** è assicurata da un'ideologia religiosa (la fede cristiana) e perciò – entro certi limiti – sottratta al logorio dei tempi, o almeno sollecitata con minore violenza dalle incessanti trasformazioni, anche culturali, degli ultimi sessant'anni, entro i quali si colloca la produzione di Luzi. **Il mutamento** deriva invece dalla forma profondamente problematica in cui Luzi ha sempre vissuto la propria fede: come una dimensione assoluta, ma nel costante bisogno di verificarla nei rapporti sociali e storici, e nel suo stesso modo di fare poesia.

T • Mario Luzi, *Linfe*

Una fiducia tragica nel valore della realtà e della poesia

Tali certezze, benché problematiche e critiche, gli hanno permesso una condizione rassicurante e solida, rispetto alla crisi di identità che travaglia la maggior parte dei poeti novecenteschi (cfr. **T12**, p. 324). D'altra parte **la visione della realtà presente nelle opere luziane è quasi sempre angosciata e cupa**, rientrando, all'interno della tradizione cattolica, nel filone pessimistico di Pascal e di

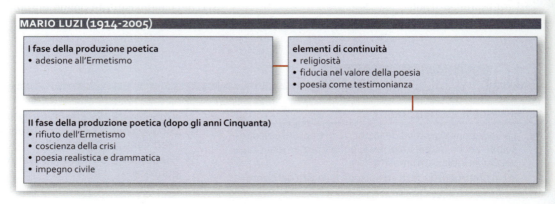

Video • *Nell'imminenza dei quarant'anni* (P. Cataldi)

La poesia come testimonianza e come riconoscimento del valore nella storia

Un'adesione originale all'Ermetismo

S • *Il poeta secondo Luzi*

Gli interrogativi e lo sperimentalismo formale delle ultime raccolte: una poesia nel magma della crisi

T • Mario Luzi, «Il pianto sentito piangere»

Manzoni. **Ma resta comunque una duplice e complementare certezza**: il valore, nonostante tutto, della realtà, e il valore conseguente della scrittura poetica. La realtà, infatti, anche nel suo aspetto tragico di sofferenza e di sopraffazione, contiene (deve contenere, per fede) necessariamente un significato e una positività, anche quando essi sfuggano alla comprensione umana, come avviene (e Luzi stesso non si stanca di ricordarlo) il più delle volte (cfr. **T11**). La certezza, sempre riaffermata, che un senso e un progetto divino esistano e si compiano nella storia, servendosi degli uomini in modo provvidenziale, porta alla rinuncia a intervenire, a una condizione di distacco che non contiene mai indifferenza, ma semmai l'orgogliosa certezza di chi sa inarrestabile comunque il trionfo della giustizia e del bene. **L'attività del poeta allora sta innanzitutto nella testimonianza.**

Il valore della testimonianza si fonda sulla fiducia nel valore della scrittura poetica. Su questo punto formazione ideologica (fede religiosa) e formazione culturale e letteraria si incontrano in Luzi. **Infatti, da una parte la concezione cristiana** riconosce alla parola un valore di grande positività, essendo a essa assegnato il compito di mettere in comunicazione la sfera del divino con quella dell'umano, così che Cristo non è altro che parola fatta carne. **Dall'altra parte la coincidenza con la concezione letteraria degli ermetici è fortissima**, e Luzi non a caso partecipa (fin dagli anni d'esordio, e in una posizione di primo piano) alla vita delle riviste dell'Ermetismo fiorentino degli anni Trenta, rimanendo legato a quell'atmosfera culturale anche in seguito.

Ma Luzi non ripone la sua fiducia nel dono misterioso della poesia, come altri poeti ermetici, dunque nel privilegio conoscitivo del poeta, in grado di cogliere il senso delle cose e la loro armonia segreta in quanto poeta; la **fiducia di Luzi sta** altrove, **nel valore della vita e della storia**. Il privilegio sta a monte dell'atto poetico, e la fiducia nella scrittura presuppone quella nelle cose, nel loro valore.

Per questa ragione **Luzi è in grado di investire la propria ricerca poetica di interrogativi**, al dunque, **non dissimili da quelli di poeti da lui diversissimi**: interrogativi, specialmente nelle raccolte più recenti, capaci di sconvolgere anche la composizione formale e la tenuta strutturale dei testi, superando l'aspirazione classica di ordine e di compostezza delle prime raccolte e raggiungendo risultati decisamente originali e audaci sul piano della sperimentazione formale. **Le certezze** offerte dalla adesione al Cristianesimo e dalla appartenenza alla tradizione della poetica simbolistica **non impediscono, nella fase ultima della produzione luziana, un coinvolgimento drammatico e appassionato nella prospettiva della crisi**: la poetica dello sperimentalismo formale (nel solco delle grandi avanguardie del secolo) è anche un modo per gettare definitivamente nel magma inquietante della condizione moderna le proprie certezze, nel bisogno di verifiche e di risposte.

T11

Mario Luzi
Nell'imminenza dei quarant'anni

OPERA
Onore del vero

CONCETTI CHIAVE
- la poetica ermetica
- l'interiorizzazione del paesaggio
- la fiducia della prospettiva religiosa

FONTE
M. Luzi, *Tutte le poesie*, Garzanti, Milano 1988.

Testo interattivo

Avvicinandosi una "tappa" biografica (il compimento, come segnala il titolo, dei quarant'anni), il poeta in questo testo (1954) sente che è necessario un ripensamento globale sul significato della propria vita e su quello dell'esistenza in generale. È cioè investito da una crisi di tipo esistenziale. Soprattutto egli sente la necessità di capire il senso del dolore e della morte (anche, cioè, della fine delle cose in generale).

La risposta gli viene dalla propria ideologia religiosa; la fede in Dio e nella Provvidenza (alla quale si allude in modo non esplicito) consentono di riconoscere un valore che investe non solo la vita ma anche la morte: tutto è finalizzato alla realizzazione del progetto divino, al compimento della Rivelazione cristiana. In questa prospettiva può essere accettato anche il destino individuale, nella fiducia che esso non si esaurisca in se stesso ma si prolunghi, con tutte le cose, al di là della estinzione apparente.

Il pensiero m'insegue in questo borgo
cupo ove corre un vento d'altipiano
e il tuffo del rondone taglia il filo
sottile in lontananza dei monti.

5   Sono tra poco quarant'anni d'ansia,
d'uggia, d'ilarità improvvise, rapide
com'è rapida a marzo la ventata
che sparge luce e pioggia, son gli indugi,
lo strappo a mani tese dai miei cari,
10 dai miei luoghi, abitudini di anni
rotte a un tratto che devo ora comprendere.
L'albero di dolore scuote i rami...

Si sollevano gli anni alle mie spalle
a sciami. Non fu vano, è questa l'opera
15 che si compie ciascuno e tutti insieme
i vivi i morti, penetrare il mondo
opaco lungo vie chiare e cunicoli
fitti d'incontri effimeri e di perdite
o d'amore in amore o in uno solo
20 di padre in figlio fino a che sia limpido.

E detto questo posso incamminarmi
spedito tra l'eterna compressione
del tutto nella vita nella morte,
sparire nella polvere o nel fuoco
25 se il fuoco oltre la fiamma dura ancora.

Michelangelo Pistoletto, *Esperimento*, 1959. Collezione privata.

METRICA quattro strofe di endecasillabi (con l'eccezione del v. 4, un decasillabo).

- **1-4** *Il pensiero mi insegue in questo paese* (**borgo**) *buio* (**cupo**) [: triste] *dove soffia* (**corre**) *un vento di altipiano e* [*dove*] *il volo rapido* (**il tuffo**) *dei rondoni* [: il singolare per il plurale]. *attraversa* (**taglia**) *la linea* (**il filo**) [: la cresta] *sottile dei monti* [*che si vede*] *in lontananza*. Il paesaggio qui rappresentato è fatto di elementi realistici, ma il loro accostamento produce un effetto indistinto e irreale, così che diviene impossibile immaginare uno scenario preciso e il lettore è posto in una condizione di sospensione e di astrattezza. **Il pensiero**: è, come suggerisce l'articolo determinativo, il pensiero per eccellenza, e cioè il pensiero esistenziale, che si interroga sul significato delle cose e della vita (cfr. soprattutto il v. 11).
- **5-12** *Tra poco saranno* (**sono**; è più drammatico ed efficace) *quaranta anni di ansia, di noia* (**uggia**), *di improvvise gioie* (**ilarità**), *rapide* [: brevi] *come è rapido a marzo il colpo di vento* (**la ventata**) *che sparge luce e pioggia, saranno* (**son**) *le attese* (**gli indugi**), *la separazione a mani tese dai miei cari, dai miei luoghi,* [*le*] *abitudini di anni interrotte* (**rotte**) *a un tratto che a questo punto* (**ora**) *devo comprendere. Per il* (**di**) *dolore l'albero scuote i rami...* Sul punto di compiere quarant'anni (come già è annunciato dal titolo della poesia), Luzi sente la necessità di **comprendere** il senso profondo della propria esistenza, con le sue gioie e con i suoi dolori: e, questi ultimi, di gran lunga prevalenti, anche perché intrinsecamente più bisognosi di trovare una ragione che li renda sensati e perciò accettabili. **L'albero di dolore...**: l'**albero** rappresenta probabilmente l'uomo; e la tendenza all'antropomorfizzazione della natura è tipica della tradizione poetica simbolista e passa quindi nell'Ermetismo italiano.
- **13-20** *Alle mie spalle gli anni* [*trascorsi*] *si sollevano a gruppi* (**sciami**). *Non è stato* (**fu**; è più drammatico ed enfatico) *inutile* (**vano**) *attraversare* (**penetrare**) *il mondo incomprensibile* (**opaco**) *lungo vie chiare e* [*lungo*] *cunicoli* [: bui] *dove sono stati frequenti gli* (**fitti di**) *incontri fuggevoli* (**effimeri**) *e le* (**di**) *perdite o* [*attraversare il mondo*] *di amore in amore o in uno* **solo** [*che si trasmette*] *di padre in figlio fino a che sarà* (**sia**) *limpido* [: perfetto]: [*infatti*] *è questa l'opera che compiamo* (**si compie**; forma impersonale toscana) *ognuno* (**ciascuno**) *e tutti insieme i vivi e i morti*. Nella seconda strofa si dichiara di dover comprendere il senso delle sofferenze e dei distacchi senza introdurre altra risposta che quella del **dolore** (v. 12). Ma la terza assume quasi subito un tono affermativo che dà risposta positiva al senso dell'esistenza. Perciò vivere non è inutile. La prospettiva che Luzi assume per fare propria questa fiducia è quella della religione cristiana: attraverso un cammino non sempre lineare e sicuro, l'umanità nel suo insieme (vivi e morti) realizza un'**opera**, rendendo a poco a poco **limpido l'amore** cristiano, e cioè facendo apparire nel mondo perfetta la Rivelazione del Vangelo. Questo fine provvidenziale permette al cristiano di camminare **lungo vie chiare** benché esse attraversino **il mondo opaco** (**opaco**, qui, è l'opposto di **chiaro**): l'ideologia religiosa dà un senso alle cose e alla vita. **Si sollevano gli anni...**: come le foglie di un albero (cfr. la rima **rami** : **sciami**), gli anni passati volano via, quasi staccandosi dalla persona che li ha vissuti.
- **21-25** *E* [*dopo aver*] *detto questo posso incamminarmi con sicurezza* (**spedito**) *tra l'eterna compressione del tutto* [: di Dio] *nella vita* [*e*] *nella morte,* [*posso*] *sparire nella polvere o nel fuoco, se* [*è vero che*] *il fuoco dura ancora dopo* (**oltre**) *la fiamma*. L'aver raggiunto una certezza (in questo caso, la fede nella Provvidenza e in Dio) consente al poeta di riprendere a vivere, forte di una fiducia nell'esistenza di un significato della vita. E tale significato è la presenza di un valore superiore (il **tutto** del v. 23; cioè Dio), che dura oltre le apparenze e che si realizza al di là di esse (come già si è detto ai vv. 14-16). Per questo il venir meno dell'esperienza individuale (e la stessa fine, perciò, delle cose richiamate nella seconda strofa) non è veramente completo e definitivo: non solo **polvere**, ma anche **fuoco**, dal momento che (e il **se** del v. 25 ha questo valore affermativo, non di dubbio) il **fuoco**, cioè la vita, **dura ancora**, anche **oltre la fiamma**, cioè dopo l'estinzione dell'esistenza materiale. **Nella vita nella morte**: l'asindeto sottolinea sul piano formale l'indissolubile unità dei due momenti, comunemente invece presentati come contrapposti.

T11 DALLA COMPRENSIONE ALL'INTERPRETAZIONE

COMPRENSIONE

Una risposta religiosa alle domande radicali Questa poesia affronta **la grande questione esistenziale del tempo che passa**. Si avvicina il giorno del compleanno del poeta che sta per compiere quarant'anni: l'occasione dell'anniversario spinge Luzi a fare **un bilancio del suo passato**. La sua vita ha avuto momenti di spensieratezza («ilarità improvvise», v. 6), ma è stata piena di preoccupazioni e di dolori. Quindi **il poeta s'interroga sul senso dell'esistenza**. Perché esiste il male? Dove ci conduce questo viaggio che è la nostra vita? Luzi riflette su questi temi, mentre cammina per le vie di un paese ventoso. Intanto pensa al cammino che **l'intera umanità** ha compiuto lungo le «vie chiare» e i «cunicoli» (gli stretti passaggi sotterranei) del mondo. Questo andare ha uno scopo e un significato? Luzi risponde di sì: **la fede cristiana** gli permette di riconoscere **un disegno divino nella storia** degli uomini e lo porta a sperare nella vita dopo la morte.

ANALISI

La metrica e la sintassi: turbamento e armonia Il testo di Luzi è organizzato in **una rigorosa struttura metrica**: a due strofe più brevi (di quattro e cinque versi) poste in apertura e in chiusura se ne affiancano due più lunghe e con eguale numero di versi poste nelle posizioni centrali. Tale struttura equilibrata e simmetrica trasmette il senso di un equilibrio anche psicologico e ideologico, alludendo a **una segreta armonia del rapporto fra l'uomo e il suo destino**. Un senso classico di armonia è assicurato anche dalla metrica, saldamente assestata sul ritmo dell'**endecasillabo**. D'altra parte dal senso di armonia si esprimono tanto l'adesione di questo poeta alla nostra **tradizione poetica illustre (da Petrarca a Leopardi)** quanto la rassicurante presenza dell'ideologia religiosa. Tuttavia nella tessitura metrica si riscontrano poi anche alcune incrinature, dalle quali si esprime il sentimento turbato di un ripiegamento esistenziale di tipo problematico e malinconico: conseguenza del tema luttuoso affrontato. In particolare, **il turbamento** è affidato soprattutto ad alcuni *enjambements* assai forti alla fine dei vv. 1, 3, 7, 10, 13, 14, 16, 17, 21, 22 (particolarmente forti risultano quelli, numerosi, fra sostantivo e aggettivo). Un'espressione di turbamento può essere considerato anche il repentino irrompere di **una sintassi frantumata e affannosa nella seconda strofe**; la quale tende poi, nel corso della terza, a recuperare la distesa serenità solenne della prima, fino al **completo rasserenamento della quarta strofe**.

Un grande testo esemplare della poetica ermetica Alcuni elementi di questo grande testo evidenziano in modo esemplare la **poetica ermetica**: il **paesaggio indefinito** della prima strofa non è rappresentato in modo realistico, ma attraverso caratteri allusivi; **l'esperienza biografica** del poeta è presentata, anch'essa, senza **nessun riferimento concreto**; la problematica esistenziale è affrontata attraverso l'uso insistente di immagini materiali con il solo valore di metafore (cfr. i vv. 17 e 24 sgg.), con chiara **intenzione simbolica**. Domina cioè la volontà di parlare di ciò che è individuale attraverso l'aspirazione costante al suo valore universale, innalzando la materia per mezzo della sua simbolizzazione. Si esprime così la **fiducia nel valore superiore della poesia**, in grado non solo di conoscere il mondo, ma anche di affermarne i valori, con validità sia per il soggetto-poeta che per l'umanità in generale.

INTERPRETAZIONE

La costruzione del paesaggio Per quanto riguarda in particolare il paesaggio, lo scopo è quello di alludere, attraverso un'apparente esattezza realistica e l'uso di riferimenti concreti, a un **paesaggio interiore**, cioè a una condizione psichica del soggetto e, in senso generale, metafisica. Tale tendenza alla interiorizzazione e alla **spiritualizzazione del paesaggio** è qui determinata soprattutto **da due elementi: gli oggetti evocati sono quasi sempre al singolare**, come volendo rappresentare la loro essenza più che la loro realtà; gli elementi vengono accostati in modo da creare **un effetto di incoerenza e di spaesamento**. Per esempio – come ha osservato Debenedetti –, non si può dire se il borgo sia in un altipiano o se sia solo il vento ad assomigliare al «vento d'altipiano»; né si può definire con esattezza che cosa abbia di particolare un vento d'altipiano.

Attualizzare: la crescita e il lutto Il tema affrontato qui da Luzi riguarda la grande questione esistenziale del **rapporto fra crescita e morte**. Per ciascun individuo il passare degli anni comporta una maturazione, e magari in molti casi un guadagno di esperienze e di sicurezza; ma anche, inevitabilmente, la percezione di una perdita e dunque il sentimento di un lutto. Compiere gli anni vuol sempre dire, per questo, misurarsi con il futuro che si apre davanti ai nostri passi, ma anche fare i conti con il passato che si dilegua: con le persone che non ci sono più, con le esperienze finite e che non si potranno ripetere. Soprattutto allo scoccare degli anniversari, dunque, il passare del tempo chiede l'elaborazione di un bilancio esistenziale; e accanto alla felicità non si può fare a meno di sentire il peso della malinconia, fedele accompagnatrice delle esperienze di lutto. Il poeta Luzi riesce infine a risolvere questo passaggio appellandosi al significato dell'esistenza nella sua dialettica di vita e morte quale è rappresentato nella prospettiva della fede cristiana. **La risposta religiosa** è uno dei modi possibili per affrontare questo disagio; ve ne possono essere altri. L'importante è trovare una risposta capace di dare senso e valore alla vita.

T11 LAVORIAMO SUL TESTO

ANALIZZARE

Un apparente realismo

1. Che rapporto c'è tra paesaggio naturale e paesaggio interiore?

Individuo e universale

2. L'espressione «Non fu vano» segna il passaggio dal piano biografico a quello generale dell'umanità? Perché?
3. In quali versi affiora la prospettiva religiosa del poeta? Che significa «se il fuoco oltre la fiamma dura ancora»?

INTERPRETARE

L'ermetismo

4. **TRATTAZIONE SINTETICA** Individua gli elementi che rimandano alla poetica ermetica e passali in rassegna in una trattazione sintetica che non superi le quindici righe.

LE MIE COMPETENZE: RICERARE, COLLABORARE, PRODURRE

Mario Luzi è stato uno dei grandi protagonisti della scena culturale italiana. Fai una ricerca sul web per reperire i video e i testi delle interviste che ha rilasciato nel corso degli anni. Isola i passaggi delle interviste che ti hanno colpito di più e leggili (o mostrali) in classe. Poi lascia la parola agli altri compagni che, a loro volta, esporranno i risultati delle loro ricerche. Collaborando con il resto della classe scrivi un'intervista impossibile a Mario Luzi, immaginando di interrogare il poeta sulle grandi domande dell'esistenza. Le risposte di Luzi devono essere citazioni tratte dalle sue poesie e dalle interviste che hai consultato.

T12 Mario Luzi
«A che pagina della storia»

OPERA
Al fuoco della controversia

CONCETTI CHIAVE
- interrogazione della storia e risposta divina

FONTE
M. Luzi, *Tutte le poesie*, cit.

Il testo qui presentato (1978) fa parte di una raccolta, come altre della produzione matura di Luzi, nella quale i temi religiosi della sua ricerca sono posti a confronto con problematiche civili, in una prospettiva che rimanda sempre all'assoluto della fede, ma anche al bisogno di verifica storica e terrena.

> A che pagina della storia, a che limite della sofferenza –
> mi chiedo bruscamente, mi chiedo
> di quel suo «ancora un poco
> e di nuovo mi vedrete» detto mite, detto terribilmente

METRICA due strofe di quattro e cinque versi liberi (però un endecasillabo è il v. 7, di particolare forza affermativa).

- **1-4** *A che pagina* [: in che momento] *della storia, a che limite della sofferenza* [tornerà Cristo?] – *mi chiedo all'improvviso* (**bruscamente**), *mi chiedo relativamente a* (**di**) *quella sua* [: di Cristo] [*frase*] *«ancora un poco* [*di tempo*] *e* [*poi*] *mi vedrete di nuovo» detta con mitezza* (**mite**), *detta in modo terribile* (**terribilmente**). *«Ancora un poco»*: cfr. nel Vangelo di Giovanni (XVI, 16): «Ancora un poco e non mi vedrete più; e ancora un poco e poi mi vedrete di nuovo», detto da Cristo con allusione alla propria morte e risurrezione.

    5   e lui forse è là, fermo nel nocciolo dei tempi,
         là nel suo esercito di poveri
         acquartierato nel protervo campo
         in variabili uniformi: uno e incalcolabile
         come il numero delle cellule. Delle cellule e delle rondini.

● **5-9** *e lui* [: Cristo] *forse è là, fermo* [: stabile] *nel cuore* (**nòcciolo**) *dei tempi,* [*è*] *là nel suo gran numero* (**esercito**) *di poveri abitante* (**acquartierato**) *nell'accampamento* (**campo**) *che non si arrende* (**protervo**) *in uniformi* [: forme] *variabili:* [*è*] *unico* (**uno**) *e incalcolabile come il numero delle cellule.* [È incalcolabile come il numero] *delle cellule e delle rondini.*

T12 DALLA COMPRENSIONE ALL'INTERPRETAZIONE

COMPRENSIONE

Cristo e gli oppressi Nella prima strofa (vv. 1-4) **la promessa di ritorno lasciata da Cristo** prima di morire provoca il «brusco» (cioè improvviso e diretto) interrogarsi del poeta: quanto dolore è necessario perché la promessa si avveri, e quando ciò avverrà?
Nella seconda strofa (vv. 5-9) Luzi si risponde che «forse» **la presenza di Cristo** va ricercata **nell'umanità oppressa** e sventurata, quale che sia nel tempo e nello spazio il suo aspetto.

Così in questa poesia all'esigenza di vedere il manifestarsi, nella storia, della divinità, corrisponde la fiducia che tale manifestazione, in verità, sia già profondamente presente e visibile; all'ansia di verità e di giustizia corrisponde, con perfetta circolarità, l'appagamento. Ma si tratta di un **appagamento problematico e combattivo**, senza rassegnazione e apertamente **schierato dalla parte degli oppressi e degli sfruttati**.

ANALISI E INTERPRETAZIONE

La drammatizzazione formale La figura dell'**anafora** sorregge la tensione della **domanda che anima il testo** («a che... a che... mi chiedo... mi chiedo...»: vv. 1 e 2), così come sottolinea l'importanza dell'evento che l'ha provocata («detto... detto...»: v. 4). Anche **gli avverbi** (e soprattutto «mite» e «terribilmente») servono a drammatizzare la prima strofa, e a rendere problematico e complesso, il carattere stesso della promessa di Cristo («mite», infatti, contrasta con «terribilmente» – v. 4 –, anche se le due prospettive si completano a vicenda).

Una religiosità combattiva e problematica La fede religiosa di Luzi non si appaga qui (e in genere) dell'esistenza trascendente e metafisica di Dio, ma ne ricerca i segni nell'immanenza e nella «storia» (v. 1). Anche la risposta ipotizzata nella seconda strofa presuppone la storicità e la materialità dell'esistenza divina, benché individuando un livello profondo delle cose e degli avvenimenti che rimanda alla fede come presupposto metafisico. Le immagini evocano un'idea di forza e di scontro, in quanto sono riprese dal **lessico militare**, con prolungata metafora («esercito», «acquartierato», «campo», «uniformi»; e cfr. anche l'energico aggettivo «protervo»). Luzi non presenta un'idea tradizionale di rassegnazione, ma allude piuttosto al **valore rivoluzionario dell'insegnamento cristiano**. Tuttavia, l'immagine conclusiva rimanda a una grazia e a un'armonia della quale l'unica garanzia è appunto la presenza, tra i sofferenti e tra gli oppressi, di Cristo, e che senza di lui non sarebbe possibile. Armonia, perciò, fondata sulla fede più che sulla visione materiale del mondo.

T12 LAVORIAMO SUL TESTO

ANALIZZARE

La presenza di Dio

1. Dove cerca Luzi la presenza di Dio? Perché la domanda iniziale assume una forza drammatica?
2. Quale dubbio sorregge la seconda strofa?

Lo stile

3. **LINGUA E LESSICO** Sottolinea il lessico militare e l'immagine di Dio che ne emerge.

INTERPRETARE

La dimensione storica e quella dell'eternità

4. Dove possono congiungersi la dimensione storica e quella religiosa?
5. Come interpreta Luzi il messaggio cristiano?

8 Vittorio Sereni: resistenza e decoro

La vita. Nasce a Luino nel 1913

Vittorio Sereni nasce a Luino, sul Lago Maggiore, in provincia di Varese, il **27 luglio 1913**. Compie gli studi superiori a Brescia e si laurea in Lettere a Milano nel 1936. Partecipa alla vita letteraria di quegli anni, collaborando a varie riviste d'avanguardia, legate in particolare all'Ermetismo. Dopo una breve esperienza di insegnamento e dopo essersi sposato, **l'esordio poetico (***Frontiera***, 1941) coincide con l'inizio della partecipazione alla seconda guerra mondiale**, in Africa e in Grecia. Nel 1943 è fatto prigioniero dagli agloamericani e internato per due anni nei campi di prigionia dell'Algeria e del Marocco; tale esperienza è alla base del secondo libro di versi, ***Diario d'Algeria***

La guerra: *Diario d'Algeria* **(1947)**

(1947). **Dopo la guerra vive a Milano**, prima insegnando in un liceo, poi lavorando presso l'Ufficio Stampa della Pirelli, infine presso la casa editrice Mondadori, come direttore editoriale. **Nel 1965 escono** *Gli strumenti umani* **e nel 1981** *Stella variabile*. Muore a Milano il **10 febbraio 1983**.

La morte (1983)

***Frontiera* (1941): tra responsabilità civile e «perplessità esistenziale»**

La «frontiera» cui allude il titolo del primo libro è quella che separa l'Italia fascista dall'Europa democratica, non lontana, geograficamente, dai luoghi natali del poeta. Eppure sono assenti nella raccolta prese di posizione politiche esplicite, benché sembri non estranea al clima di quegli anni la cupezza delle atmosfere di molti testi di *Frontiera*, e benché da tale sconforto nasca spesso, per contrasto, l'aspirazione dell'autore a utopici equilibri di armonia individuale e sociale. È insomma già visibile una prima caratteristica della poesia di Sereni: **un sottofondo di responsabilità civile e di consapevolezza storica che preferiscono non spingersi fino alla soglia dell'impegno politico**, ma restano piuttosto aspirazioni (spesso sottintese) di carattere etico più ancora che ideologico. D'altra parte **la «frontiera» è anche un'entità simbolica**, riferibile a una condizione di precarietà e di incertezza esistenziale dell'io. Anzi, è a questo secondo significato che va probabilmente riconosciuta la priorità, anche perché esso permette di individuare un'altra caratteristica della ricerca di Sereni. Si tratta di una sorta di **«perplessità esistenziale»** (Mengaldo), di una sempre più netta e irreparabile **condizione di crisi del soggetto** attraverso cui si esprime lo scontro tra i valori piccolo-borghesi del poeta (riserbo e decoro, innanzitutto) e la nuova civiltà di massa. **Il poeta non assiste senza scosse alla radicale trasformazione storica, ma neppure si scontra con essa** uscendone riscattato dall'antagonismo o travolto; una reazione di Sereni agli avvenimenti storici e sociali c'è sempre, ma la fedeltà al proprio orizzonte psicologico e culturale resta tuttavia la cosa più importante e più resistente. Quello di Sereni è dunque «un equilibrio instabile, ma durevole nella propria instabilità» (Fortini).

Video • La poesia di Vittorio Sereni (R. Luperini)

Legami con l'Ermetismo e motivi di distanza

Le stesse coordinate ermetiche dell'origine poetica di Sereni (ben visibili anche nel secondo libro, *Diario d'Algeria*), mostrano vistose irregolarità rispetto ai contemporanei più ortodossi; anche perché **nel tessuto della tradizione ermetica Sereni introduce la lezione di Pascoli e più ancora di Gozzano**, subendo anche l'influenza dell'opera montaliana. Se insomma è possibile riscontrare la presenza di segni caratteristici della poetica ermetica, è altresì evidente **l'originalità di Sereni**: l'i-

---

VITTORIO SERENI (1913-1983)

I fase della produzione poetica	opere
• tra vicinanza all'Ermetismo e tensione realistica (lezione di Gozzano e di Saba) • perplessità esistenziale • tema della frontiera come limite positivo e come prigione	• *Frontiera* (1941) • *Diario d'Algeria* (1947)

II fase della produzione poetica	opere
• distacco dall'Ermetismo • lezione di Montale • apertura al reale • tema dei morti	• *Gli strumenti umani* (1965) • *Stella variabile* (1981)

dentificazione tra la puntuale esperienza individuale e l'assoluto di un significato trascendente che sta al centro della concezione ermetica lascia il posto in lui a un privilegiamento laico e spesso pessimistico del presente e del dato particolare visti in se stessi.

Questa problematica affiora più fortemente nel terzo e decisivo libro, **Gli strumenti umani**, e nelle successive prove (soprattutto in **Stella variabile**). Così come più netto appare il distacco dalla tradizione dell'Ermetismo e del postsimbolismo. In particolare va registrato **il cospicuo arricchimento dei registri espressivi**: è abbandonata ogni tentazione di uniformità stilistica e abbracciato un deciso (benché sempre sobrio, niente affatto espressionistico) pluristilismo e plurilinguismo. **La lingua della tradizione colta e letteraria è posta accanto al "parlato"**, magari in vista di un dialogo dell'io con altri, frutto di incontri occasionali o più spesso di un'interrogazione rivolta ai morti. **Il tema dei morti** costituisce anzi uno dei più costanti motivi conduttori della poesia di Sereni sino ad assumere nella sua seconda (e più significativa) fase un valore centrale. **Da un lato i morti rappresentano** la condizione-limite dell'esistenza umana, lo svelamento del suo reale significato, la conferma della sua fragilità; **ma dall'altro indicano** un modello di stabilità definitiva che può avere anche una funzione di incoraggiamento, e soprattutto impongono al poeta di uscire dalla sua costituzionale esitazione, di rompere la prudenza. **E per tale ragione che essi provocano in Sereni, al tempo stesso, senso di colpa e rasserenamento**; perché rappresentano nella forma più aspra la responsabilità dei valori borghesi del poeta nel fallimento di tanti destini, mentre gli consegnano una estrema possibilità di riscatto: dare voce a quel vuoto restituendogli un significato (cfr. **T13**).

Gli strumenti umani (1965) e Stella variabile (1981)

Un sobrio pluristilismo

Il tema dei morti: tra senso di colpa e rasserenamento

Video • *La spiaggia* (P. Cataldi)

T13 Vittorio Sereni
La spiaggia

OPERA
Gli strumenti umani

CONCETTI CHIAVE
• il riscatto delle energie umane sprecate

FONTE
V. Sereni, *Tutte le poesie*, Mondadori, Milano 1986.

L'occasione della poesia è l'annuncio, dato da qualcuno al telefono con fastidiosa sicurezza, che gli amici sono partiti dal luogo di vacanza in via definitiva. Questo evento minimo di cronaca viene assunto dal poeta come indicativo di un atteggiamento di rimozione nei confronti dei morti, dove per "morti" si intende i «condannati storici al mutismo (popoli, classi)» (Fortini) e, soprattutto, ciò che dello stesso soggetto individuale va perduto o fallisce. Il poeta, al contrario, si impegna a vedere gli indizi che annunciano il futuro riscatto anche di ciò che, non avendo senso, appare morto. Un giorno, dichiara, anche quelle zone d'ombra (storiche e individuali) si animeranno come il paesaggio all'illuminarsi del sole, rivelando il loro valore e salvandosi dall'insensatezza.

    Sono andati via tutti –
    blaterava la voce dentro il ricevitore.
    E poi, saputa: – Non torneranno più –.

    Ma oggi
5   su questo tratto di spiaggia mai prima visitato

METRICA versi liberi.

• **1-3** *La voce dentro il ricevitore* [del telefono] *diceva in modo sgradevole* (**blaterava**): *– Sono andati tutti via –. E poi* [aggiungeva] *saccente* (**saputa**): *– Non torneranno più –*. Questa prima strofa presenta con un'esposizione assai sintetica l'occasione della poesia: la notizia che gli amici sono partiti (probabilmente da un luogo di vacanza) e che non ritorneranno acquista un valore generale, di un atteggiamento nei confronti dei morti e delle parti inespresse dell'esistenza di ciascuno. La scelta del verbo "blaterare" ('parlare a vanvera, senza riflettere, in modo prolisso e leggero') e dell'aggettivo **saputa** ('che crede di sapere tutto, presuntuosa') serve a manifestare la superficiale sicurezza dell'interlocutore. Mentre **non torneranno più** viene ad assumere un significato assoluto, nella rielaborazione compiuta dal poeta (da 'non torneranno più qui quest'estate' a 'non torneranno qui mai più, cioè sono morti').

• **4-8** *Ma oggi su questo pezzo* (**tratto**) *di spiaggia mai visitato* [da me] *prima* [ci sono] *quelle macchie* (**toppe**) *di sole* (**solari**)... [Sono] *segnali* [: indizi] *di loro* [: gli amici] *che*

quelle toppe solari... Segnali
di loro che partiti non erano affatto?
E zitti quelli al tuo voltarti, come niente fosse.

10 I morti non è quel che di giorno
in giorno va sprecato, ma quelle
toppe d'inesistenza, calce o cenere
pronte a farsi movimento e luce.
                               Non
dubitare, – m'investe della sua forza il mare –
parleranno.

---

*non erano per nulla (**affatto**) partiti? E loro (**quelli**) [stanno] zitti mentre tu [: il poeta] ti volti (**al tuo voltarti**), come se tutto fosse normale (**come niente fosse**). Dalla telefonata di cui si parla nella prima strofa è passato del tempo, come rivela qui l'espressione **Ma oggi**, e il poeta sta visitando un luogo fino ad allora sconosciuto. Qui le macchie di sole, che attraverso le nuvole illuminano vivacemente a tratti il paesaggio circostante, gli appaiono come possibili segnali della presenza degli amici partiti, cioè, anche, dei morti. Segnali che non parlano (**zitti**), non rispondono allo sguardo del poeta. **Toppe**: sono propriamente le parti di stoffa che si cuciono su un'altra stoffa per coprire un buco o riparare uno strappo; la diversità di colore o di materiale le rende spesso rilevabili così come le parti di paesaggio illuminate dal sole.*

● **9-15** *I morti non sono (**è**) ciò (**quel**) che di giorno in giorno va sprecato [: perduto], ma quelle macchie (**toppe**) di non esistenza (**d'inesistenza**), [simili a] calce o cenere, pronte a trasformarsi in (**a farsi**) movimento e [in] luce./ Il mare mi colpisce (**m'investe**) con la (**della**) sua forza [dicendomi]: – Non avere dubbi (**non dubitare**), parleranno –*. Queste due strofe finali rappresentano la parte riflessiva della poesia. Il senso della morte non è semplicemente nel trascorrere dell'esistenza, con il suo consumarsi inutile (cfr. **sprecato**) di energie; ma è quella parte della vita che rimane nascosta, inespressa, incompresa, irrealizzata (**toppe d'inesistenza**): la **calce** e la **cenere** rappresentano appunto tale assenza di vita e di energia (la **calce**, è una sostanza bianca usata anche per la disinfezione delle sepolture; la **cenere** è ciò che resta dopo la combustione di sostanze organiche e implica una forte idea di morte – tra l'altro "ceneri" si chiamano i resti della cremazione dei cadaveri). E però questa parte apparentemente inutile e non compiuta della vita non è persa per sempre, ma aspetta di realizzarsi e di riscattarsi (**pronte a farsi movimento e luce**), di manifestare la propria forza positiva come è accaduto nei **segnali** degli amici scomparsi, come parti del paesaggio che dall'ombra spenta passino nella luce solare accendendosi di colore. Lo stesso **mare**, elemento decisivo del paesaggio per grandezza e significato vitale, trasmette al poeta la certezza conclusiva che il silenzio del v. 8, cioè la indecifrabilità di quelle presenze misteriose, è destinato a sciogliersi e a trasformarsi in parola, cioè in riscatto della vita mancata.

T13 DALLA COMPRENSIONE ALL'INTERPRETAZIONE

COMPRENSIONE

I morti: partiti, muti, infine «parleranno» **La prima strofa** contiene l'**occasione della poesia**: qualcuno annuncia per telefono al poeta che tutti se ne sono andati da un luogo di vacanza e che «non torneranno più». **La seconda strofa** fa riferimento a un episodio avvenuto qualche tempo dopo: **passeggiando, il poeta vede il sole che illumina a chiazze la spiggia** e riconosce in quelle «toppe solari» probabili «segnali» di coloro che se ne sono andati. Il sovrasenso metaforico di questa prima parte del testo viene chiarito nella **terza strofa**, in cui si introduce esplicitamente **il tema dei morti**. I vv. 9-12 cercano di definire un significato della parola «morti», che tuttavia resta ambigua. Ma **la conclusione lascia un messaggio positivo**: la vita mancata potrà realizzarsi facendosi «movimento e luce»; **i morti «parleranno»**.

ANALISI

La metrica e lo stile: una poesia al confine della prosa Tanto la metrica quanto lo stile di questo testo rifiutano le istituzioni codificate della lirica tradizionale, perseguendo una forma rinnovata, che si avvicina alla prosa, esattamente come suggerito dalla grande lezione di Montale nella sua seconda fase. Il lessico accoglie **elementi tipici del parlato** (come «blaterava» e «ricevitore» al v. 2 o «saputa» al v. 3 o l'espressione «come niente fosse» al v. 8); la sintassi si sviluppa lungo **proposizioni brevi**, con una netta tendenza alla **nominalizzazione** (come per l'intera seconda strofa, formata da tre frasi nominali). La metrica alterna versi brevi (come i vv. 4 e 14) ad altri più lunghi, evitando di proporre strutture ritmiche convenzionali o andamenti musicali. La distanza dalla prosa è tuttavia garantita, sul piano metrico, soprattutto dall'animazione degli **a capo**, che interrompono lo svolgimento delle varie frasi, imprimendo un senso di inquietudine e di movimento. Un effetto di particolare intensità ed efficacia è poi garantito, nella strofa conclusiva, dalla **collocazione in ultima posizione del verbo «parleranno»**, ritardato dall'introduzione dell'inciso.

INTERPRETAZIONE

La distanza dalla tradizione simbolista Questo testo è quello conclusivo degli *Strumenti umani* e, oltre a riepilogare e definire uno dei temi decisivi del libro, quello dei morti, ne riassume anche la poetica. Appare qui netta **la distanza dalle origini ermetiche**, e dunque dalla tradizione simbolista che ne sta alle spalle. Qui il soggetto non cerca una comunione o una corrispondenza con la natura, ma ricostruisce a contatto con i segni del paesaggio naturale (la spiaggia, il sole, il mare) un proprio **itinerario intellettuale**. E in esso si esprime **un giudizio storico altamente impegnato e quasi profetico**, annuncio di un riscatto delle energie umane sprecate nel quale si identifica la possibilità stessa di un valore positivo della vita e della storia.

Chi sono i morti? Il conflitto delle interpretazioni Il poeta non esplicita il significato da attribuire ai «morti» nominati al v. 9. Dice solo che essi corrispondono a «quel che di giorno / in giorno va sprecato» (vv. 9-10); ma non solo a quello. Dunque, in ogni caso, **i morti** non sono qui solamente i morti propriamente detti: dietro l'immagine dei morti si cela un rimando alla **vita come mancata realizzazione**. Fra gli interpreti questo tema ha suggerito ora una **lettura di tipo esistenziale**, secondo la quale Sereni alluderebbe ai limiti e ai vuoti delle vite individuali, ora invece una **lettura** (proposta per esempio da Franco Fortini) di **tipo anche sociale**, secondo la quale sarebbe qui presente un riferimento ai fallimenti storici e alle mancate realizzazioni collettive dell'umanità. Tutte e due le letture sono rese possibili dal testo.

T13 LAVORIAMO SUL TESTO

ANALIZZARE E INTERPRETARE

Il poeta e gli altri

1. **LINGUA E LESSICO** Quale contrapposizione si delinea tra il poeta e gli altri? Individua la differenza dei linguaggi.

Il tema dei morti

2. Quale definizione dà il poeta dei morti (vv. 9-12)?
3. Quali indizi di vita ne coglie?
4. Quale profezia annunciano i morti pronti «a farsi movimento e luce»?

9 Franco Fortini: la poesia come contraddizione

La vita. Nasce a Firenze nel 1917

Franco Lattes (**Fortini è il cognome della madre**, assunto nel 1940) nasce a Firenze nel **1917**. Dopo studi giuridici compiuti per volontà del padre, avvocato, si laurea in Lettere nel 1940. L'anno precedente ha ricevuto il battesimo divenendo, da ebreo, valdese. A Firenze frequenta soprattutto il gruppo riunito intorno alla rivista diretta da Giacomo Noventa, **«La riforma letteraria»**. Richiamato alle armi, dopo l'8 settembre 1943 si rifugia in Svizzera. Alla fine della guerra (1945) si stabilisce **a Milano**; qui **collabora al «Politecnico» di Vittorini e all'«Avanti!»**, l'organo del PSI, partito al quale è iscritto dal 1944 (lo rimarrà fino al 1957, anno della svolta in senso socialdemocratico di questo partito). Dal 1947 al 1953 lavora presso la **Olivetti**, nel settore pubblicità. Dal 1955 al 1957 partecipa alla vita della rivista politico-culturale **«Ragionamenti»** e, dal 1958 al 1959, a quella di **«Officina»**. Nei primi anni Sessanta è vicino alla rivista a carattere politico-sociologico **«Quaderni rossi»**, nonché l'ispiratore della più culturale **«Quaderni piacentini»**. Dopo una esperienza come docente presso istituti di istruzione secondaria, dal 1971 al 1986 insegna Storia della critica letteraria presso la Facoltà di Lettere dell'Università di Siena. **Muore a Milano nel 1994**.

La morte (1994)

LE RACCOLTE POETICHE DI FRANCO FORTINI (1917-1984)

Foglio di via (1946)
- influenza e superamento dell'Ermetismo
- apertura alla storia

Poesia ed errore (1959)
- poesia come registrazione di fatti

Una volta per sempre (1963)
- «simbolismo razionale»
- realtà alienata del capitalismo
- impegno intellettuale

Questo muro (1962-1972) e Passaggio con serpente (1984)
- incupirsi del pessimismo

Composita solvantur (1994)
- pessimismo e utopia
- impegno politico
- temi della corporalità e della morte

Una complessa figura di intellettuale

Franco Fortini non è mai stato esclusivamente un poeta: è autore di **opere di saggistica e critica letteraria** nonché di numerose **traduzioni**; intensa e continua è stata la sua attività di **pubblicista** e non minore importanza ha avuto quella di **insegnante e professore universitario**. La sua è **una complessa figura di intellettuale**, cosa di cui tener conto avvicinandone l'opera poetica; così come si deve tenere presente il fatto che la sua militanza politica lo induce a porre come primario il rapporto tra poesia e contesto extraletterario.

Foglio di via (1946)

La prima raccolta di versi che Fortini pubblica, *Foglio di via* (1946), comprende poesie scritte negli anni fiorentini, durante i quali era avvenuta la sua formazione letteraria, e in quelli successivi, attraversati dalla guerra. Nei componimenti di questa prima raccolta **è ancora visibile**, soprattutto a livello formale, **la presenza della componente ermetica** (oltre che l'influenza dei poeti "moderni" e di Ungaretti), **ma anche il suo superamento**. D'altra parte l'esperienza della guerra, con la grande speranza di cambiamento che porta con sé, obbliga l'io lirico a uscire dalla propria individualità per incontrare gli altri, ovvero la storia, in cui fondersi e realizzarsi.

La collaborazione al «Politecnico» e l'impegno politico

Fino dalla sua fondazione, nell'ottobre del 1945, e nel corso del 1946, **Fortini collabora al «Politecnico»**, la rivista diretta a Milano da Elio **Vittorini**, l'espressione culturale di un rinnovamento generale della società. La pubblicazione sarà di fatto costretta a cessare la sua attività nel 1947, quando la dirigenza del Partito Comunista, che ne garantiva la distribuzione, toglierà il proprio appoggio. Questo episodio segna l'inizio, per Fortini, di **un decennio di opposizione da sinistra**, condotta al di fuori della politica culturale del PCI e delle tendenze letterarie allora più diffuse, come il Neorealismo. Sono anni difficili, che lasciano una traccia nei versi scritti in questo periodo.

Poesia ed errore

T • Franco Fortini, *Metrica e biografia*

Nel 1959 escono le poesie composte fino a quel momento, in una raccolta che porta il titolo di *Poesia ed errore*. L'«errore» del titolo allude sia a quanto, esterno alla poesia, ne è oggetto, sia all'errore che è nella poesia e la inquina. **Si tratta di una poesia volutamente disadorna, «brutta»**, come è stato detto, **che vuole essere cronaca**, registrazione di fatti.

Una volta per sempre (1963)

T • Franco Fortini, *La gronda*

La poesia di Fortini acquista rigore e lapidarietà nella raccolta successiva, *Una volta per sempre* (1963), in corrispondenza con il bisogno di esprimere in un «simbolismo razionale» (vale a dire molto controllato) la realtà alienata del neocapitalismo. La riflessione che muove dalla registrazione delle trasformazioni subite dalla realtà in seguito allo sviluppo economico richiede ora un distacco, ottenuto anche grazie al recupero di **una poesia complessa e densa di immagini, apparentemente lontana dal reale** (cfr. T14).

La poesia, contraddittoria figura di liberazione ed espressione delle classi dominanti

In *Verifica di poteri* (1965), la raccolta che comprende la contemporanea **produzione saggistica**, Fortini accoglie tra l'altro e rielabora una concezione della poesia come figura delle capacità degli uomini di determinare la propria esistenza (l'obiettivo del comunismo) ma anche, al presente,

---

IL SIGNIFICATO DELLE PAROLE

• **Pubblicista**
Il *pubblicista* è un collaboratore abituale di quotidiani, periodici e riviste che – a differenza del giornalista – non ha un rapporto di lavoro fisso continuativo con nessun giornale.

espressione inesorabile delle classi dominanti. Tale riflessione si colloca entro quella più ampia sull'impegno in letteratura.

Questo muro

Nelle poesie di ***Questo muro* (1962-1972)** tutto ciò induce ad accordare ora una preminenza al verbo al presente (« il verbo al presente porta tutto il mondo»: *Il falso vecchio*). **Tornano qui i motivi delle precedenti raccolte, ma come "decantati"**, si direbbe; il senso tragico della storia è ora filtrato da un io che può guardare a se stesso, anche in quanto fisicità, corporeità, o alla propria perdita/compimento con distacco e saggezza.

Paesaggio con serpente (1984): tra negazione del futuro e bisogno di verità

Le poesie di ***Paesaggio con serpente*** (1984) scandiscono un tempo ancora diverso: il cupo decennio 1973-1983. Il rancore, lo scherno sembrano ormai – come è stato scritto a proposito di questi versi – il solo modo per reagire alla negazione del futuro e della memoria storica. Numerose sono le immagini barocche, le rivisitazioni di miti classici (i riferimenti a Poussin, autore del quadro da cui è tratto il titolo della raccolta, Milton, Góngora), per mostrare la impossibilità di armonia, di unità. E tuttavia l'ultima figura del libro rimane quella **di una tenacia, di una resistenza che sostiene il bisogno di verità**. La poesia, «il canto-incanto [che] può uccidere il serpente», pur nel suo moto ambiguo, sempre di segno duplice, consente ancora questa resistenza. I componimenti poetici di *Paesaggio con serpente* e molti di quelli successivi giocano su questa contraddizione con lucida consapevolezza e con stravolta ironia di grande manierista.

Antonio Sanfilippo, *Numerosi spazi*, 1957. Roma, Archivio Sanfilippo.

Nel secondo dopoguerra "Forma 1", l'avanguardia in cui avviano la loro attività alcuni fra i maggiori artisti del Novecento (Accardi, Consagra, Dorazio, Perilli, Sanfilippo, Turcato), propone una visione dell'arte in cui prevale l'attenzione per il segno puro, che non descrive né rappresenta la natura. Antonio Sanfilippo nei suoi quadri elabora condensazioni e rarefazioni che ottiene sovrapponendo nero e bianco, e lasciando che il dinamismo dei segni suggerisca all'immagine un'emozione che non è mai identificabile.

Composita solvantur (1994)

Video • Franco Fortini, «*Stanotte...*» (P. Cataldi)
Video • L'itinerario poetico di Franco Fortini (R. Luperini)

Nello stesso anno della morte (1994) viene infine pubblicato ***Composita solvantur*** [Si dissolvano le cose che stanno insieme], in cui **i temi della corporalità e della morte si affiancano con eguale passione a quelli storico-politici** della precedente ricerca fortiniana. Sullo sfondo di un tragico pessimismo sulle sorti del mondo e sulle reali possibilità, almeno a breve termine, di una sua autentica trasformazione rivoluzionaria, **resiste tuttavia la fiducia nel valore dell'utopia e dell'impegno politico**, estrema eredità consegnata ai giovani (cfr. **T15**, p. 334).

T14 Franco Fortini
Traducendo Brecht

OPERA
Una volta per sempre

CONCETTI CHIAVE
• la debole arma della poesia

FONTE
F. Fortini, *Una volta per sempre*, Einaudi, Torino 1978.

Questo testo denso e articolato mette in luce la complessità della ricerca di Fortini, in cui il pessimismo tragico per le sorti del mondo, che appare dominato dall'oppressione, convive con la fiducia residuale e contrastata nella possibilità della poesia di conoscere il reale e di opporre resistenza al male.

Un grande temporale
per tutto il pomeriggio si è attorcigliato
sui tetti prima di rompere in lampi, acqua.

METRICA prevalenza di martelliani e di quinari più settenari tra i versi lunghi; tre settenari (vv. 1, 8, 14).

• **1-3** *Un grande* [: violento] *temporale ha ammassato nubi* (**si è attorcigliato**) [: si è avvolto su se stesso] *sopra i tetti, prima di scoppiare* (**rompere**) *fra lampi e* [*rovesci di*] *acqua*.

Fissavo versi di cemento e di vetro
dov'erano grida e piaghe murate e membra
anche di me, cui sopravvivo. Con cautela, guardando
ora i tegoli battagliati ora la pagina secca,
ascoltavo morire
le parole di un poeta o mutarsi
in altra, non per noi più, voce. Gli oppressi
sono oppressi e tranquilli, gli oppressori tranquilli
parlano nei telefoni, l'odio è cortese, io stesso
credo di non sapere più di chi è la colpa.

Scrivi mi dico, odia
chi con dolcezza guida al niente
gli uomini e le donne che con te s'accompagnano
e credono di non sapere. Fra quelli dei nemici
scrivi anche il tuo nome. Il temporale
è sparito con enfasi. La natura
per imitare le battaglie è troppo debole. La poesia
non muta nulla. Nulla è sicuro, ma scrivi.

- **4-6** *Guardavo intensamente* (**fissavo**) *versi [duri e impenetrabili] come il* (**di**) *cemento e [fragili e trasparenti] come il* (**di**) *vetro in cui erano* (**dov'erano**) *imprigionate* (**murate**) *grida [di dolore] piaghe e membra [umane] appartenenti anche a me* (**anche di me**) *e alla cui amputazione* (**cui**) *[io] sopravvivo.*
- **6-10** *Con attenzione* (**con cautela**), *guardando alternativamente* (**ora...ora**) *le tegole colpite* (**battagliati**) *[dallo scrosciare della pioggia] e la pagina essiccata* (**secca**), *avvertivo* (**ascoltavo**) *il venir meno* (**morire**) *[della possibilità di comunicare] dei versi* (**le parole**) *di un poeta o [il loro] mutarsi in un diverso messaggio* (**altra...voce**) *ma non più* (**valido**) *per [la maggior parte di] noi [che viviamo in questo tempo].* Lo scoppio del temporale, l'ira della natura, sembra al poeta in sintonia e contemporaneamente in opposizione a quella dei versi che sta traducendo (vv. 6-8); versi che non comunicano più nulla, sono morti, a noi che viviamo in questo tempo. Ma forse ciò che il poeta ascolta, mentre infuria il temporale, è il loro trasformarsi in altre parole, indecifrabili al presente; e proprio questo consente il rinnovarsi di una speranza.
- **10-13** *Gli oppressi subiscono l'oppressione* (**sono oppressi**) *senza averne coscienza* (**e tranquilli**), *gli oppressori parlano attraverso il telefono* (**nei telefoni**) *sicuri di sé* (**tranquilli**); *l'odio è nascosto sotto parole cortesi* (**è cortese**) *e io stesso credo di non sapere più di chi è la colpa [di questo stato di cose].* L'aggettivo **tranquilli** ha due diversi significati: riferito agli **oppressi**, al v. 11, indica una condizione di passività e non coscienza, mentre la *tranquillità* degli oppressori rimanda alla sicurezza, certa di impunità, con cui essi gestiscono il loro potere. Il telefono è qui lo strumento che sottolinea il carattere sempre più impersonale e apparentemente indolore dell'oppressione, e dunque la difficoltà di individuare l'identità degli oppressori che si celano dietro di esso.
- **14-17** *Scrivi, dico a me stesso* (**mi dico**), *odia chi con modi gentili* (**con dolcezza**) *conduce* (**guida**) *verso una vita priva di significato* (**al niente**) *gli uomini e le donne che ti sono compagni* (**che con te s'accompagnano**) *e credono di non sapere [: e pertanto aspettano di essere guidati, incapaci di prendere in mano il proprio destino].*
- **17-18** *Fra i nomi di coloro che devi combattere* (**dei nemici**) *scrivi anche il tuo [stesso] nome.* Per meglio comprendere questi versi è utile riferirsi a un articolo del 1977, *Che cos'è la reazione* (poi compreso in *Insistenze*), in cui Fortini ricorda che il filosofo tedesco E. Bloch «chiedeva agli studenti genericamente estremizzanti di prendere un foglio di carta e di scrivere nomi e cognomi di quelli che consideravano propri nemici, in ordine di precedenza». Se una parte delle **membra** del poeta è "murata", sacrificata insieme con quelle degli uomini ridotti al silenzio, un'altra parte di lui – quella per cui egli appartiene, in quanto intellettuale borghese, alla classe degli **oppressori** – è obiettivamente nemica degli oppressi e dell'altra parte di se stesso, quella che condivide le ragioni delle vittime.
- **18-21** *Il temporale è cessato* (**sparito**) *con violenza* (**con enfasi**). *La natura per imitare le battaglie [della storia] non ha sufficiente forza* (**è troppo debole**). *La poesia non può cambiare nulla. Niente è sicuro [: non è dato avere nessuna certezza], ma [ciò nonostante] scrivi.*

T14 DALLA COMPRENSIONE ALL'INTERPRETAZIONE

COMPRENSIONE

Le contraddizioni della poesia È questa una poesia assai complessa. **La situazione iniziale** da cui muove la riflessione (che culmina nella seconda strofa) è quella di **qualcuno che sta leggendo e traducendo versi mentre fuori è scoppiato un temporale**. Lo scrosciare della pioggia attrae a tratti l'attenzione del personaggio assorto nel proprio lavoro e sembra suggerirgli (si vedano soprattutto i versi iniziali e quelli finali) **una contrapposizione tra la**

forza della natura e quella della storia (oggetto dei versi che ha davanti), fra **la vitale presenza dell'acqua, fuori, e l'aridità della pagina scritta** (che è definita «secca»), all'interno.

I versi che il poeta sta traducendo parlano dello strazio delle **masse d'uomini schiacciate dalla storia**. Ma sono versi ormai muti, cioè non più compresi: coloro che soffrono e sono oppressi non hanno coscienza della barbarie del potere, ogni cosa ha un'apparenza di normalità e tranquillità.

La seconda strofa contiene la "ripresa": dopo lo scoramento («io stesso /credo di non sapere più di chi è la colpa», vv. 12-13) è ribadita **la necessità di riconoscere e odiare i colpevoli** («odia /chi con dolcezza guida al niente», vv. 15-16) **e di continuare a scrivere**, per quanto debole sia quest'arma, e per quanto l'autore sappia che, nella misura in cui è corresponsabile anche lui del potere dominante, il suo nome è tra quelli che egli deve considerare nemici (nemici, cioè, di quella parte degli uomini – e di quella parte di sé – che è oppressa e umiliata).

ANALISI

Lo stile: la retorica e le contraddizioni della poesia   **La prima strofa e la prima parte della seconda** sono caratterizzate da **periodi lunghi** e talvolta complessi, come a esprimere il tentativo di definire, avvolgendola per mezzo della sintassi, la complessità della materia trattata. Si veda per esempio il diverso significato assunto dall'aggettivo «tranquilli» nelle due riprese al v. 11: mentre nel primo caso si allude alla passività degli oppressi, resi impotenti dalla mancanza di coscienza storica e politica, nel secondo caso, ben diversamente, ci si riferisce alla impunità degli oppressori, resi tranquilli proprio dalla mancanza di combattività dei loro oppressi. E si veda il forte **iperbato al v. 10**, dove l'inserimento della frase «non per noi più» fra «altra» e «voce» allude con molta efficacia alla perdita di contatto del presente con la voce del poeta e con le sue indicazioni anche politiche. In questo modo **lo stile cerca di evocare la natura contraddittoria della realtà** e il modo a sua volta contraddittorio in cui la poesia stabilisce con la realtà un contatto: ora denunciandone l'orrore, ma ora, anche, risultando inutile o perfino complice dell'orrore. Nella seconda parte della seconda strofa (**a partire dal v. 17**), lo stile subisce una modificazione improvvisa: ora ai periodi lunghi si sostituiscono **frasi brevi e icastiche**, per lo più collocate a cavallo di due versi, con forti *enjambements*. La contraddizione non è superata, ma sollecitata al massimo (questo è fra l'altro un possibile significato della spezzatura metrica). Ma si tratta di **denunciare la contraddizione su cui la poesia si fonda**, senza per questo rinunciare a servirsi anche dello strumento della poesia per conoscere e cambiare la realtà.

INTERPRETAZIONE

La forza e la fragilità della poesia   Tema centrale di questo testo è **la duplice natura della poesia** considerata dal punto di vista della operatività storico-politica: forza e fragilità. Si tratta di un tema che Fortini condivide con Brecht (non a caso oggetto della traduzione cui allude il titolo). Le due metafore che al v. 4 definiscono in termini contraddittori i versi che il poeta sta traducendo forniscono la chiave di lettura del componimento. Quei versi gli appaiono oscuri, impenetrabili, e allo stesso tempo chiari, trasparenti, «di vetro». Sono però versi «di cemento», come chiariscono i due versi successivi, anche perché esprimono la durezza e la tragicità del corso della storia, cui la poesia sa adeguare le proprie potenzialità espressive. D'altra parte **la fragilità e la trasparenza del vetro** sembrano anche implicare una considerazione della forma poetica come compiutezza e come fragilità. Gli ultimi due versi sottolineano infine la contraddittorietà intrinseca della poesia (dopo che nei versi precedenti tale contraddizione è stata riconosciuta nel poeta stesso): la poesia non può essere in se stessa strumento di cambiamento dell'ordine pratico-politico ma può consentire **una resistenza all'ingiustizia**, oltre che permettere la conoscenza di essa. Inoltre, scrivendolo, essa può impedire che venga dimenticato il nome di coloro che si sanno nemici.

Attualizzare: la poesia ha un'utilità?   I temi posti da Fortini appaiono particolarmente attuali. **La poesia è considerata pochissimo** nel panorama delle attività umane, **e tuttavia la funzione poetica è penetrata un po' ovunque**, dalla pubblicità alla politica... Si tratta però di forme poetiche del tutto subalterne alle condizioni sociali date, incapaci di un punto di vista critico e alternativo. La poesia è dunque veramente un nome da scrivere fra quello dei nemici? Perché non sia così – o almeno perché non sia solamente così – bisogna ancora puntare sul **potere della poesia di conoscere**: la realtà generale e quella particolare dell'individuo, consentendo forme di discorso che tengano insieme il destino del singolo (inclusa la sua profondità psichica) e quello generale dell'umanità. Purtroppo a tutelare una simile funzione attiva e non regressiva della poesia è rimasta quasi solo la scuola: una ragione in più per difenderla.

T14 LAVORIAMO SUL TESTO

ANALIZZARE

La natura e la storia

1. Entro quale cornice si svolge la riflessione di Fortini? A quale realtà si contrappone l'ira della natura?

Una poesia muta

2. Come è caratterizzata la poesia di Brecht? Perché le sue parole si mutano in «altra, non per noi più, voce»?

La tranquillità degli oppressi

3. Che immagine della società contemporanea dipinge Fortini (vv. 10-13)?

INTERPRETARE

L'ambiguità del poeta

4. **TRATTAZIONE SINTETICA** Spiega in un testo che non superi le cinque righe perché il poeta si sente diviso tra la condizione di oppresso e quella di oppressore.

5. Se la poesia «non muta nulla», perché scrivere?

LE MIE COMPETENZE: RICERCARE, INDIVIDUARE COLLEGAMENTI

L'importanza di Bertolt Brecht nella letteratura in lingua tedesca del Novecento è stata enorme, sul piano artistico come su quello teorico. Sia il teatro sia la lirica di Brecht scaturiscono dallo sguardo critico sul presente e dalla volontà di incidere nel proprio tempo attraverso l'attività intellettuale, ma sono nutriti anche dalle personali esperienze dell'autore, filtrate attraverso un linguaggio poetico di grande ricchezza. In biblioteca leggi una poesia di Brecht (preferibilmente nella versione di Fortini, che è stato il maggiore traduttore italiano di questo autore) che ti sembra particolarmente esemplare per comprendere la sua poetica. Alla luce di ciò che hai letto prova a spiegare perché qui Fortini stabilisce un legame tra i suoi versi e quelli del poeta tedesco.

T15 Franco Fortini «Stanotte...»

OPERA
Composita salvantur

CONCETTI CHIAVE
- una poesia allegorica
- il rischio della sublimazione letteraria dell'orrore

FONTE
F. Fortini, *Composita salvantur*, Einaudi, Torino 1994.

Questa poesia, composta nel 1985, è stata dapprima pubblicata con il titolo L'animale; titolo poi passato a indicare l'intera sezione del libro in cui questo testo è stato infine collocato.
La uccisione di una «bestiola» da parte di un «animale», destinato a sua volta a morire perché contaminato dal veleno che aveva inquinato la sua vittima, è l'evento che assume qui valore allegorico, diventa cioè allegoria del presente, caratterizzato da un cupo pessimismo.

Stanotte un qualche animale
ha ucciso una bestiola, sottocasa. Sulle piastrelle
che illumina un bel sole
ha lasciato uno sgorbio sanguinoso
5   un mucchietto di visceri viola
e del fiele la vescica tutta d'oro.

METRICA prevalenza di endecasillabi ipermetri nella prima parte, prosastica e descrittiva, e di settenari nella seconda, in cui il tono si innalza (sono martelliani i vv. 11 e 16).

- **1-2** Questa notte (**stanotte**) un animale sconosciuto (**qualche**) ha ucciso una bestiola, davanti a casa (**sottocasa**).
- **2-6** Sull'impiantito (**piastrelle**) che un bel sole [: soggetto] illumina, [l'animale] ha lasciato un segno informe (**uno sgorbio**) pieno di sangue (**sanguinoso**) [:] un mucchietto di visceri [color] viola e la vescica che contiene il fiele (**del fiele**) di colore giallo (**tutta d'oro**) [della bestiola uccisa]. **Visceri**: è il plurale di "viscere" (ogni organo del torace e dell'addome) ed è stato preferito a "viscere" (plurale del raro "viscera") perché indica, in senso proprio, 'gli organi contenuti nell'addome' e, in senso figurato, 'un sentimento molto profondo' o 'la parte più interna di qualcosa'.

          Chissà dove ora si gode, dove dorme, dove sogna
          di mordere e fulmineo eliminare
          dal ventre della vittima le parti
10   fetide, amare.
          Vedo il mare, è celeste, lietissime le vele.
          E non è vero.
          Il piccolo animale sanguinario
          ha morso nel veleno
15   e ora cieco di luce
          stride e combatte e implora dagli spini pietà.

- **7-10** *Chissà dove ora gode* (**si gode**; con il 'si' pseudoriflessivo) [*per il pasto*], *dove dorme, dove sogna di addentare* (**mordere**) [*la preda*] *e rapido* (**fulmineo**) *eliminare dal ventre della* [*sua*] *vittima le parti maleodoranti* (**fetide**) *e amare* [: *le viscere*].
- **11** *Guardo* (**vedo**) *il mare, è* [*di colore*] *celeste, le vele* [*appaiono*] *molto serene* (**lietissime**).
- **12-16** *Ma non è così* (**E non è vero**). *Il piccolo animale feroce* (**sanguinario**) *ha morso* [*addentando la sua vittima*] *nel veleno* [*che era in essa*] *ed ora, accecato dall'agonia* (**cieco di luce**) *grida in modo stridulo* (**stride**) *e si dibatte* (**combatte**) *e invoca compassione* (**pietà**) *dalle spine* [*che lo trafiggono*].

T15 DALLA COMPRENSIONE ALL'INTERPRETAZIONE

COMPRENSIONE

Una piccola storia animale I **versi 1-6** hanno un carattere prosastico e descrittivo; raccontano un avvenimento accaduto durante la notte: **l'uccisione di una «bestiola» da parte di un «animale»**, testimoniata dalla traccia sanguinosa rimasta sulle «piastrelle». L'animale-vittima è chiamato «bestiola», diminutivo di "bestia", una parola che suggerisce l'idea di un animale piccolo, innocuo e quindi indifeso, mentre «animale», la parola usata per indicare l'aggressore, è un sostantivo che può essere impiegato anche per indicare i tratti più istintivi e violenti dell'uomo. I **versi 7-10** sono dedicati al **"sogno" dell'animale aggressore**. Un sogno la cui tragica illusorietà sarà rivelata nell'ultima parte della poesia (vv. 11-16), che si apre con l'irruzione dell'io lirico nella compagine dell'allegoria («Vedo il mare», v. 11). I **vv. 10-11** sono gli unici in cui **la piccola vicenda animale e il suo sovrasenso allegorico** e umano per un momento si incrociano. **Non è vera, cioè reale, l'immagine di gioia** restituita dalla vista del mare; non è vero che **il piccolo, feroce animale** ora trionfa vittorioso: mordendo la bestiola esso è rimasto **contaminato dal veleno che già contaminava il sangue della sua vittima**. Questa era cioè già inquinata dal veleno, il quale, attraverso il morso, penetra ora anche nel sangue del suo aggressore, provocandone la morte. Le immagini di armonia e di lietezza comunicate dal mare e dalle vele sono solo un'apparenza ingannevole.

ANALISI E INTERPRETAZIONE

Il significato allegorico del testo Lo svelamento dell'**allegoria** che sorregge questo testo è facilitato dal **riferimento alla vita di animali**, frequentemente destinata ad allegorizzazioni antiche e moderne. **Dietro l'animale è da riconoscere l'uomo**. E, se è così, il messaggio indica che uccidere significa entrare a far parte della brutalità e della violenza che inquinano alle radici la vita e la storia, anche se ci si può illudere di essere in grado di eliminare da sé il germe del male, «le parti / fetide amare» (come fa qui l'animale). **La violenza si vendica sempre** – anche quando la rimuoviamo, la sublimiamo –, e il prezzo che esige non può che essere pagato in termini di altra violenza, spesso autodistruttiva. Le vele «lietissime» con cui cerchiamo di esorcizzarla, non sono altro che un "sogno", un autoinganno della nostra falsa coscienza.

Il limite della poesia Anche questo testo, come molti altri di Fortini, implica **una riflessione sulla poesia**, ancora una volta concepita quale sublimazione e falsificazione che minacciano la capacità di denuncia e di conoscenza. Infatti la letteratura sa imporre anche alla scena di brutale violenza un'armonia superiore, per esempio servendosi del forte **iperbato** del v. 6, usato per innalzare il tono del racconto e quasi per distanziarne, con l'espediente retorico, l'aspetto eccessivamente violento e crudele. Dal rischio che questa **sublimazione letteraria** comporta, Fortini mette in guardia nel brusco passaggio dal v. 11 (il vertice della rimozione letteraria del dato brutale) al v. 12 («E non è vero»), che denuncia con forza **le contraddizioni e i conflitti che attraversano la realtà e la poesia stessa**.

T15 LAVORIAMO SUL TESTO

ANALIZZARE

Il male della vita e della storia

1. Reperisci i segni di corruzione e di disfacimento che accomunano la vittima al carnefice.

La mistificazione della poesia

2. Evidenzia il contrasto tra immagini luminose e immagini di morte: quale senso allegorico assumono nel testo? La poesia ha la possibilità di trasformare il brutto e il male in bellezza; ma è davvero questa la sua funzione, secondo Fortini?

3. Quale contraddizione svelano i versi 11 e 12? Che cosa «non è vero»?

INTERPRETARE

Un'allegoria animale

4. Dopo aver letto l'analisi del testo spiega il senso allegorico del testo.

10. La poesia in dialetto. Marin e Noventa

La poesia dialettale nell'Ottocento e nel Novecento

Nell'Ottocento la poesia dialettale era ancora l'espressione di una lingua nazionale a base regionale e dunque conservava forti legami con le esigenze della comunicazione. **Nel Novecento**, a mano a mano che lo stato nazionale si consolida e rafforza la propria unità e omogeneità culturale e linguistica, **la poesia in dialetto diventa una forma di ricerca strettamente letteraria**. Tende dunque ad allontanarsi da un ambito comunicativo, a esprimere stati d'animo lirici o di protesta individuale, magari affiancando altre tendenze letterarie a livello nazionale o addirittura militando al loro interno. Si è visto per esempio che uno dei maggiori poeti espressionisti attivi in Italia, Delio Tessa, scrive in dialetto milanese (cfr. vol. 5). Tuttavia, a partire dagli anni Venti la poesia in dialetto entra in una fase di crisi e di involuzione, dalla quale si risolleverà solamente dopo gli anni Cinquanta.

Trilussa

Resistono allora, **da una parte**, fenomeni di scrittura poetica in dialetto quale espressione popolare diretta e ingenua; mentre **dall'altra** si svolgono alcune ricerche solitarie di più ampio respiro e di maggior valore. Un caso esemplare del primo tipo è il romano **Trilussa** (pseudonimo di Carlo Alberto Salustri, 1871-1950), autore di una produzione sconfinata di grandissimo successo ma risolta quasi sempre in bozzetto di costume, in facile moralismo, in ingenua allegorizzazione sociale (non senza punte schiettamente qualunquistiche). Del secondo genere sono invece il gradese Biagio Marin e soprattutto il veneto Giacomo Noventa.

Biagio Marin

Biagio Marin nasce nel **1891** nell'isola di Grado (poi collegata alla terraferma), in provincia di Gorizia. La sua formazione si svolge secondo l'impronta della cultura tedesca (la sua città apparteneva all'impero asburgico); nel 1911 vive a Firenze, collaborando a «La Voce»; si laurea poi in Filosofia a Roma con Giovanni Gentile, dopo aver studiato a Vienna. Partecipa alla guerra come volontario nell'esercito italiano. Esercita poi varie attività: insegnante, impiegato nell'amministrazione, bibliotecario. Muore nel **1985**.

L'insistenza di Marin su pochi temi e forme costanti

Dopo l'esordio nel 1912, con *Fiuri de tapo*, Marin allinea un numero enorme di raccolte di versi, tutte in dialetto gradese (non lontano dal triestino). **L'insistenza sui medesimi temi e su forme sostanzialmente immutate** conferisce alla vastissima opera del poeta un tratto di monotonia che è però fedeltà al proprio mondo e alla propria idea di scrittura in versi. L'amore, le abitudini della propria terra, le gioie e i dolori comuni della vita quotidiana si esprimono in una scrittura limpida e curata, musicalissima e avvolgente; il lessico è curato ma privo di enfasi; lo stile predilige una medietà sostenuta, nobile e naturale al tempo stesso.

Tempra maggiore di artista e di intellettuale ha **Giacomo Noventa**, impegnato nel dibattito culturale negli anni del fascismo e autore di una produzione tanto esigua quanto ponderata.

Giacomo Noventa

Giacomo Ca' Zorzi (questo è il nome anagrafico del poeta) nasce a Noventa di Piave, in provincia di Venezia, il **31 marzo 1898**. Dopo aver partecipato come volontario alla Prima guerra mondiale, si laurea in Legge a Torino nel 1923 e dal 1926 al 1934 vive in vari paesi europei, formandosi una cultura vasta e internazionale. Tornato in Italia, è perseguitato in vari modi dal regime per il suo antifascismo. **Dal 1934 collabora alla prestigiosa «Solaria»** e poi, nel 1936, fonda, assieme all'ex-direttore di questa rivista, Alberto Carocci, **«La Riforma letteraria»**, caratterizzata da una costante polemica nei confronti della cultura ufficiale. Dopo la guerra, fonda e dirige la «Gazzetta del Nord» e, dopo la fine del settimanale (1947), vive a Torino, dove collabora a varie pubblicazioni di area socialista e cattolico-riformista. Dal 1954 alla morte (**4 luglio 1960**) vive a Milano. Nel 1956 pubblica il suo primo e unico libro di poesie, *Versi e Poesie*.

L'impegno politico e letterario

Critico nei confronti delle tendenze letterarie dominanti tra anni Venti e anni Cinquanta (e soprattutto verso Ungaretti e la tradizione ermetica, ma senza risparmiare Montale e Saba), **Noventa fu impegnato in una battaglia culturale (e anche politica) piuttosto che nella ricerca poetica**. Anzi la pubblicazione della sua piccola produzione fu attuata dal poeta solo molto tardi, a cinquantotto anni, quattro prima della morte. Questa reticenza e l'atteggiamento polemico nei confronti della tradizione poetica e culturale dominante (che lo portò a schierarsi anche contro il trionfante idealismo crociano e gentiliano) spiegano in parte il tardivo riconoscimento della sua importanza artistica.

Il dialetto veneziano come polemica contro la cultura della lingua "ufficiale"

L'uso del dialetto veneziano nella parte più significativa della poesia di Noventa ha ragioni profonde e diverse da quelle attive solitamente negli altri poeti dialettali del Novecento. Intanto, **quello di Noventa non è veramente neppure un dialetto**, ma, come egli stesso dichiara, una lingua sua originale, formata dal veneziano e dall'italiano insieme. Inoltre il ricorso a tale strumento espressivo personalissimo non rivela né un'intenzione populistica né una ricerca d'ambiente, ma piuttosto **il rifiuto della cultura dominante e dell'italiano come sua lingua "ufficiale"**. L'adesione al dialetto è un atto intellettuale di politica culturale, per così dire; e Noventa adopera il proprio mezzo linguistico con la dignità di una lingua, trattando una ricca varietà di temi, da quelli erotico-privati a quelli di polemica letteraria, sociale e politica.

Un cattolicesimo radicale e impegnato

Il dialetto consente a Noventa una posizione potenzialmente non compromessa con la cultura ufficiale, un punto di vista esterno e fermamente critico dal quale attaccare l'idealismo di Croce e di Gentile in nome di un cattolicesimo radicale e impegnato, oppure la poesia pura e l'equazione poesia-vita degli ermetici in nome della tradizione del classicismo e del romanticismo tedesco (Goethe e Heine). Ma **il dialetto è anche indice di una scelta "facile"**, di una fuga in un rifugio sicuro: nel dialetto la poesia può rinunciare più agevolmente al proprio splendore ingannevole, e mostrare coscienza dei propri limiti, confidando anche di realizzare l'incontro tra i valori aristocratici della minoranza intellettuale e i valori delle masse popolari, di compiere la fusione tra bellezza e verità, o tra sublime e realtà. Ma tale compito è irrealizzabile: la poesia entra senza possibilità di scampo in un orizzonte storico e sociale che ne evidenzia piuttosto il carattere contraddittorio che una eventuale superiore armonia.

T • Giacomo Noventa, «*Fusse un poeta...*»
T • Giacomo Noventa, *Soldi, soldi... (Inno patriottico)*

Percorso
LO SPAZIO E IL TEMPO

PERCORSI TEMATICI

I poeti e il tema della solitudine, dell'estraneità e dell'alienazione

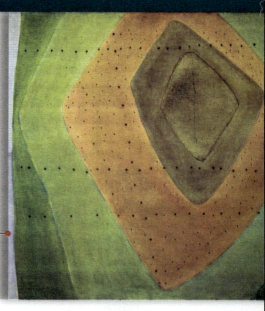

Lucio Fontana, *Concetto spaziale*, 1957.

Gli sconvolgimenti della guerra e la ricostruzione postbellica mettono definitivamente in crisi il mondo contadino e la cultura umanistica, che è alla base della nostra tradizione letteraria. Il segno di questa svolta è evidente in tutta la produzione poetica a cavallo della seconda guerra mondiale. **Il tema della «frontiera»** (Sereni), **del "passaggio", del "viaggio" da un'epoca all'altra**, ma anche dalla vita alla morte (Caproni), **si coniuga spesso, da una parte, alla ricerca di un rifugio nella campagna**, nella continuità delle tradizioni familiari o nella fede religiosa (Luzi), **dall'altra, alla necessità di una coscienza critica del presente** e di una strenua resistenza all'alienazione dilagante (Fortini).
Il confronto con la storia, imposto dalla guerra, assume un carattere traumatico, travolgendo le torri d'avorio dei letterati puri, mentre avanza un nuovo paesaggio industriale che sradica antichi miti e valori, rivelando una realtà più vuota e crudele di quella dell'epoca precedente. **Il senso della delusione storica e della perdita, insieme al passato, delle speranze in una società più giusta generalizza, estendendola anche all'uomo comune, la condizione di solitudine e di estraneità**, prima riservata all'artista.
Perciò l'uomo «solo» di *Lo steddazzu*, incapace di stabilire un rapporto con le cose e ridotto alla muta contemplazione dell'insensata ripetitività della vita, in cui Pavese oggettiva la propria disperazione, **anticipa in modo emblematico la tematica dell'incomunicabilità** destinata a diffondersi nella società del benessere.
Il passaggio da un'età all'altra è chiaramente percepibile nel percorso di Caproni. Dall'immediato slancio vitalistico, che accende la visione de «*Le giovinette così nude e umane*», **Caproni passa negli anni Cinquanta al bisogno di recuperare un'identità nell'adesione** alla vita popolare d'inizio secolo e **al proprio passato biografico**. Così, attraverso la memoria, che annulla le differenze temporali tra vecchio e giovane, vivo e morto, egli rievoca, attraverso l'immagine di una ragazza «dolce e viva / nei suoi slanci», la madre morta (cfr. **T9**, «*La gente se l'additava*»).
Ma **il dolore e la morte, momentaneamente esorcizzati, finiscono con l'imporsi nella poesia successiva, dove appare ormai impossibile salvare un passato che frana**, mentre il futuro è incerto e buio. Questa condizione è allegorizzata dal mito di Enea, affiorante sullo sfondo di un inferno cittadino: Enea «in spalla / un passato che crolla tenta invano / di porre in salvo [...] e per la mano / ha ancora così gracile un futuro / da non reggersi ritto» (si legga *Il passaggio di Enea*, vv. 68-72).
La visione del mondo di Caproni si incupisce in un nichilismo sempre più risentito, nella denuncia del vuoto di valori imperante nella civiltà delle macchine. La morte, concepita materialisticamente come «trapasso» «dal sangue, al sasso», «un sasso o un nome perso tra l'erba», emblematizza il deserto della vita. Nell'assenza di Dio e di certezze storiche collettive, l'uomo si trova tragicamente solo con la sua coscienza nella scelta del bene e del male (cfr. *Dies illa - Lo stoico - Il perfido*).
Un percorso analogo a quello di Caproni, anche se tenacemente ancorato alla fede religiosa, **è riscontrabile in Luzi**. Se il paesaggio di *Linfe* esprime nell'identità tra cielo e terra, Dio e il creato, la felice concordanza dell'uomo con la natura, **questa condizione di innocenza e di estraneità alla storia vacilla nei testi scritti dopo la guerra**. La campagna si fa brulla, desolata, battuta da un «cupo» «vento di altipiano». **La misura del tempo irrompe nei versi e costringe il poeta a una verifica del senso della propria vita, cosciente dello «strappo», della lacerazione che divide il presente dal passato** («abitudini di anni / rotte a un tratto che devo ora comprendere», cfr. **T11**, *Nell'imminenza dei quarant'anni*). La ribadita certezza religiosa non impedisce l'acuirsi dell'interrogazione esistenziale in un mondo crudele, in cui l'uomo appare sempre più estraneo a se stesso e agli altri. In **T12**, «*A che pagina della storia*»,

il poeta ipotizza ancora una presenza di Cristo nell'umanità oppressa di ogni tempo e luogo, ma «Il pianto sentito piangere» nell'albergo danubiano e ingoiato nel sonno dell'indifferenza, diventa il simbolo, nell'ubiquità spaziale e temporale in cui esso si dilata, di un dolore universale che non trova risposte né storiche né metafisiche (si legga «*Il pianto sentito piangere*»). **Il lungo tormentato interrogativo registra solo lo smarrimento del poeta** in un mondo sconvolto da un dolore non più decifrabile per mezzo di nessuna certezza. **La ricerca di un senso approda alla sospensione di ogni senso.**

Sereni cerca invece un confronto continuo con il mondo della storia e con la realtà del presente, compresa quella della metropoli industriale. Dopo il ritorno dalla prigionia in Africa, **dominano la sua poesia i segni della sconfitta e delle promesse mancate**, che egli scorge ovunque intorno a sé, mentre il «braccio» del nuovo potere, che si abbatte più forte sugli oppressi, gli fa proclamare: «Non lo amo il mio tempo, non lo amo» (si legga *Nel sonno*).

Di qui il senso di precarietà e di crisi con cui Sereni registra il mutamento. In *La spiaggia* (**T13**) sull'idea della scomparsa si accampa quella di un riscatto dei morti, di tutto ciò che sembra andare perduto o è destinato al silenzio. **Il tema della morte trionfa infine decisamente su ogni ambiguità in** *Paura seconda*, dove il senso di colpa per non aver meglio saputo difendere i propri valori (altrove il poeta parla di «rimorsi», di una «ferita» nascosta per non aver potuto partecipare alla Resistenza) si trasforma in una resa incondizionata alla morte.

Il senso di colpa di Sereni è sostituito in Fortini da una lucida coscienza delle proprie contraddizioni e insieme dalla denuncia dell'alienazione imperante nella società neocapitalista (cfr. § 7). Atteggiamento, questo, condiviso con Noventa, e che diventa in Fortini stoico appello alla non resa. Di fronte alla mercificazione di ogni valore, all'apparente omologazione di bene e male, di oppressi e oppressori, che rende muta la voce di Brecht e di ogni speranza di cambiamento, Fortini ribadisce la necessità di insistere: «La poesia / non muta nulla. Nulla è sicuro, ma scrivi» (cfr. **T14**, *Traducendo Brecht*). Anche nella più recente e cupa visione della negatività del reale egli persiste nel salvaguardare alla poesia la difficile funzione di conoscenza critica e da demistificazione del mondo, così da rivelarlo quale esso realmente è (cfr. **T15**, «*Stanotte...*»).

Alberto Giacometti, *Piazza Cittadina*, 1948. Collezione privata.
Ad Alberto Giacometti (Stampa 1901-Coira 1966) ha dedicato un saggio nel 1948 lo scrittore Jean-Paul Sartre, che ha voluto identificare la «ricerca dell'assoluto» di questo scultore con le tematiche dell'esistenzialismo francese. Le figure di Giacometti, influenzate formalmente dall'arte cicladica e africana, attraversano uno spazio, come per ricercare il centro, con la sicurezza dei sonnambuli; tuttavia appaiono fisse, immutabili. L'attenzione dello scultore è dedicata al rapporto fra volume e vuoto, fra la massa filiforme della materia e lo spazio che la avvolge e la sgretola, togliendo senso alla sua stessa presenza. Secondo Sartre, Giacometti «elabora il modello uomo con un effetto che non è né disumano né umano, ma umano frammentario; una rappresentazione non muta, tuttavia, ma eloquente». L'uomo è sempre là, «distante, è vero», precisa Sartre, ma «dopo tutto è l'uomo che ha creato la distanza e questa non ha senso che in uno spazio umano».

DAL RIPASSO ALLA VERIFICA

MAPPA CONCETTUALE — L'Ermetismo e la lirica "antinovecentista"

Ermetismo → che si ispira a Ungaretti → **Quasimodo**
- la poesia come privilegio
- estraneità alla storia e tematiche esistenziali
- impiego dell'analogia
- parola "assoluta" ed evocativa
- brevità e riduzione dei nessi

La lirica "antinovecentista"

che si ispira a Saba

Penna
- centralità del tema erotico
- sentimento dell'esclusione sociale e desiderio di essere accettato

Pavese
- poesia-racconto
- realismo e oggettività
- la civiltà contadina

Caproni
- vocazione narrativa e popolare
- la poesia che appartiene a tutti
- approdo al nichilismo

Bertolucci
- esperienza biografica dell'io
- senso impressionistico
- frammento e dimensione poematica

che si ispira a Montale

Luzi
- la fede verificata nei rapporti storico-sociali
- la poesia come riconoscimento e testimonianza di valori
- verso l'impegno civile

Sereni
- perplessità esistenziale
- la poesia del "qui e ora"
- la voce dei morti come riscatto delle energie umane

Fortini
- l'incontro dell'io lirico con gli altri
- priorità del rapporto tra poesia e contesto civile
- il rancore e lo scherno contro il neocapitalismo alienante

SINTESI

● "Novecentismo" e "antinovecentismo"

In Italia nella prima metà degli anni Venti si determina una sorta di canonizzazione dei due filoni fondamentali che raccoglieranno per vari decenni la produzione poetica del nostro paese: la "linea novecentista", in cui si collocano Ungaretti e gli ermetici, e una linea "antinovecentista", frastagliata al suo interno, che ha come capostipiti Saba e Montale. Nel corso di tutto il Novecento si possono allora distinguere due diverse tendenze poetiche: da una parte si assiste alla fioritura di una poesia fondata sul primato dell'ideologia e del simbolo, su un linguaggio alto e sull'aspirazione all'essenzialità e alla purezza, dall'altra si afferma una poesia lontana dall'assolutezza lirica e spesso animata da una tensione narrativa, talora con inclinazioni popolaresche e realistiche o prosastiche e diaristiche.

● L'Ermetismo

L'Ermetismo si sviluppa, soprattutto a Firenze, tra il 1932 e il 1942. Furono poeti ermetici Alfonso Gatto (1909-1976), Mario Luzi (1914-2005) e Salvatore Quasimodo (1901-1968). Ungaretti e Montale, talvolta erroneamente definiti come ermetici, non sono collocabili nel movimento ermetico, anche se Ungaretti ne anticipò temi e forme con *Sentimento del tempo*. A partire dal 1943, con la caduta del fascismo e con l'immersione nella realtà cui furono costretti gli scrittori a causa della guerra, l'Ermetismo entra in crisi e si afferma la nuova poetica del Neorealismo.

● I poeti

Legato prima (sino a *Ed è subito sera*, 1942) al clima della letteratura ermetica degli anni Trenta e poi all'impegno neorealistico tra il 1943 e il 1956, Quasimodo resta sempre fedele a una concezione della poesia come punto di vista superiore privilegiato, seppure dapprima in senso mitico ed estetico e poi in senso morale e civile. A partire dalla raccolta *Giorno dopo giorno* (1947), si nota il passaggio a una poesia più esplicitamente ideologica e politica. Dopo l'esperienza traumatica della guerra, Quasimodo abbandona l'Ermetismo e la sua poesia si apre alla rappresentazione delle violenze della storia e della realtà concreta. La poesia di Sandro Penna (1906-1977), in cui è centrale il tema erotico, risulta percorsa, da un lato, dal sentimento dell'esclusione sociale – alla cui base sta l'omosessualità del poeta – e dall'altro dal desiderio costante di essere accettato nella società intollerante e bigotta che lo discrimina.

Il libro con cui Cesare Pavese (1908-1950) esordisce, *Lavorare stanca* (1936), fornisce un esempio di poesia narrativa, in cui è chiarissima la volontà di evitare qualsiasi sfogo lirico-soggettivo e di costruire una struttura poetica in grado di rappresentare precise situazioni realistiche e oggettive.

La vocazione narrativa di Giorgio Caproni (1912-1990) è un tentativo di dare voce all'aspetto mutevole delle cose vive, e quindi un mezzo di conoscenza. Agiscono su di lui la lezione di Saba e quella più lontana di Pascoli, il che spiega l'aspetto "attardato" della sua poesia e il rifiuto della ricerca formale intellettualistica e raffinata. La scrittura poetica di Bertolucci (1911-2000) sa incarnarsi tanto nel frammento breve e brevissimo quanto nella misura del testo lungo e fin nel poemetto e nel poema.

Mario Luzi (1914-2005) è il maggior esponente del gruppo degli ermetici fiorentini. Poche ricerche poetiche del Novecento uniscono in se stesse i segni della stabilità e del mutamento come avviene in Luzi. La stabilità è assicurata dall'ideologia religiosa (la fede cristiana); il mutamento deriva dalla forma profondamente problematica in cui Luzi ha sempre vissuto la propria fede.

Vittorio Sereni (1913-1983) non assiste senza scosse alla radicale trasformazione storica che conduce alla nuova civiltà di massa, ma neppure si scontra con essa: la sua non è né una poesia ignara della dimensione storica e sociale, né una poesia che trovi in essa il proprio movente.

Quella di Franco Fortini (1917-1994) è una complessa figura di intellettuale, che è indotto dalla militanza politica a porre come primario il rapporto tra poesia e contesto extraletterario.

DALLE CONOSCENZE ALLE COMPETENZE

1 La tendenza poetica "antinovecentista" si caratterizza per (§ 1)
- A il gusto analogico-simbolista
- B le inclinazioni popolaresche e realistiche
- C la purezza lirica
- D Il linguaggio alto

2 Il capostipite della linea "antinovecentista" è (§ 1)
- A Saba
- B Ungaretti
- C Caproni
- D Fortini

3 La raccolta di Quasimodo che segna l'abbandono dell'Ermetismo è (§ 2)
- A *Oboe sommerso*
- B *Giorno dopo giorno*
- C *Ed è subito sera*
- D *Acque e terre*

4 Elenca i principali motivi che caratterizzano la poesia di Sandro Penna. (§ 3)

5 Analizza il carattere narrativo della poesia di Pavese e spiega in che senso è possibile parlare di "oggettivazione narrativa". (§ 4)

DAL RIPASSO ALLA VERIFICA

6 La poesia di Bertolucci ricorre a (§ 5)
- uno stile ....
- un verso ....
- una retorica ....

7 Caproni aspira a una poesia «fine» e «popolare», tutta «storia» e «senza ambizione». In che misura *La gente se l'additava* (T9) realizza questo programma? (§ 6)

8 Scegli le risposte corrette (§ 7)

A **Mario Luzi è il maggior poeta**
- A del Neorealismo
- B dell'Ermetismo

B **vive la fede cristiana in modo**
- A dogmatico
- B problematico

C **concepisce la poesia come**
- A intervento sulla realtà
- B pacifica testimonianza del progetto provvidenziale
- C ricerca di un valore nella storia
- D evasione nella magia della parola

9 Quali vicende storico-politiche fanno da sfondo alle raccolte poetiche di Sereni *Frontiera* e *Diario d'Algeria*? (§ 8)

10 A partire da *Traducendo Brecht* (T14) spiega, anche alla luce di § 9, quale lezione Fortini eredita dal poeta tedesco.

PROPOSTE DI SCRITTURA

IL SAGGIO BREVE

Il tema dell'incomunicabilità emerge con forza nella poesia contemporanea, come incapacità esistenziale a stabilire un rapporto con le cose (Pavese), come dramma della differenza (Penna), come percezione dell'assenza di significati (Caproni) o coscienza della mercificazione di ogni valore (Fortini). Argomenta in un saggio breve le diverse prospettive con cui questo tema ricorre nei testi letti. (§§ 3, 4, 6, 9, T11, espansioni digitali T *La gronda*, espansioni digitali T *«Per averlo soltanto guardato»*, T3)

IL TEMA

«La fiducia di Luzi nella parola è anche fiducia nel valore della vita e della storia, che pure sfugge alla comprensione umana». Spiega il senso di questo giudizio anche alla luce del rapporto tra poesia e storia oggi. (§ 7, T11, T12)

prometeo 3.0

Personalizza il tuo libro selezionando per questo capitolo materiali integrativi da Prometeo (di seguito ti proponiamo un elenco di materiali, ma puoi trovarne altri utilizzando il motore di ricerca).

- **VIDEO** LE IDEE E LE IMMAGINI   Romano Luperini, *La poesia italiana del secondo Novecento*
- **MODULO TEMATICO INTERDISCIPLINARE**   Potere e lavoro
- **MODULO TEMATICO INTERDISCIPLINARE**   Figure di madre

Capitolo IX — Il romanzo e la novella in Europa e in America

Tino Modotti, *Macchina da scrivere*, Messico 1928.

My eBook+

Cliccando su questa icona, docenti e studenti accedono ad un'area di personalizzazione che permette di arricchire i contenuti digitali già linkati lungo le pagine del libro. Nell'area di personalizzazione è possibile infatti salvare ulteriori materiali: selezionati da **Prometeo**, prodotti autonomamente o ricercati nella rete.

1. La narrativa in Europa e in America: la nascita della "tradizione novecentesca"

La "normalizzazione" del romanzo

Dopo la grande stagione del romanzo d'avanguardia primonovecentesco (Kafka, Proust, Joyce, Woolf, Musil, Svevo), il **romanzo tende a normalizzarsi**. Recupera alcuni aspetti della struttura ottocentesca (l'importanza della trama e dell'azione, l'impianto realistico), ma nello stesso tempo riprende alcune delle soluzioni sperimentali che la narrativa d'avanguardia aveva elaborato: tecniche surreali, monologo interiore, problematicità e pluralità di prospettive della narrazione. **Si forma in questo periodo la "tradizione novecentesca"**: essa non comporta una restaurazione, ma tende a un rapporto sempre mobile, vario e originale fra oggettività narrativa e analisi interiore, realismo e surrealismo, norma e infrazione. **Può adottare strutture aperte** (è il caso di Gadda, in Italia) **o chiuse** (come nel romanzo neorealista), **ricorrere ai moduli del romanzo d'intrattenimento** (il giallo, il rosa ecc.) **oppure scegliere soluzioni raffinate e sperimentali**, spaziare dal linguaggio letterario ai gerghi. La rottura primonovecentesca ha lasciato dunque una sua traccia profonda. Ne derivano una grande libertà e disponibilità, con una conseguente notevolissima ricchezza di soluzioni, dal romanzo realista di tipo tradizionale all'opera aperta (cfr. vol. 5, Parte Ottava, cap. III, **S1**), dal romanzo fantastico e surreale al romanzo borghese. **Anche i temi variano** dal populismo contadino all'esistenzialismo intellettualistico, dalla rappresentazione lirico-simbolica della campagna (Pavese) al motivo del disadattato (Céline) o degli "indifferenti" (Moravia) o della "nausea" (Sartre) o dello "straniero" (Camus) e a quello del labirinto e della biblioteca di Babele (Borges).

La tradizione novecentesca

I temi

La tendenza all'epos

Sempre sul piano dei temi, **una tendenza all'epos resiste nel romanzo americano** (Faulkner) **e in quello russo** (Pasternak), **mentre in quello europeo il respiro si restringe**: prevale l'ambientazione borghese, con esiti spesso soffocanti. Non mancano tuttavia – nel romanzo americano, come in quello italiano – aperture alla condizione operaia e a quella contadina e popolare, magari mitizzata in chiave simbolica (nel Pavese di *Paesi tuoi* o nel Vittorini di *Conversazione in Sicilia*).

2 La narrativa negli Stati Uniti

La narrativa americana alle radici dell'uomo

Nel romanzo americano realismo e romanticismo, denuncia e mito, narrazione ed epica si coniugano con uno slancio vitalistico ignoto alla vecchia Europa. **Il fascino che la narrativa americana ebbe agli occhi degli europei** (e anche degli italiani: si pensi a Pavese e a Vittorini) **sta proprio in questa forza originaria, quasi primitiva**, che dava l'impressione di andare alle radici dell'essenza stessa dell'uomo. **Faulkner, Hemingway, Steinbeck** sono i principali rappresentanti di una nutritissima schiera di narratori che esordisce negli anni Venti e si afferma definitivamente negli anni Trenta e Quaranta. Oltre a questi tre, fra i molti protagonisti di questa età bisogna ricordare almeno

Dos Passos e Henry Miller

John Roderigo Dos Passos (1896-1970) ed **Henry Miller** (1891-1980), che racconta, sullo sfondo di Parigi, le vicende di un "io" spregiudicato e innocente, alla ricerca continua della realizzazione sessuale.

Fitzgerald e il "mito" americano: *Il grande Gatsby*

Alle spalle di questi autori sta la figura di Francis Scott Fitzgerald (1896-1940), che può essere considerato **il fondatore del "mito" americano**. All'inizio degli anni Venti la vita e le opere di Fitzgerald sembrarono rappresentare simbolicamente gli "anni ruggenti" del decennio di impetuoso sviluppo fra la fine della Prima guerra mondiale e la Grande crisi del 1929: è il periodo della frenesia del successo e dello slancio produttivo, dell'esistenza come invenzione e movimento che sembra modellarsi sul ritmo stesso della musica di quegli anni, il jazz. E tuttavia questo è anche il momento delle delusioni, dei fallimenti, della spietatezza economica che distrugge ogni possibilità di fede. **Capolavoro di Fitzgerald è** *Il grande Gatsby*, uscito nel **1925**. Gatsby incarna il "sogno americano" di esuberanza vitale, ma anche di grandezza e di onnipotenza, che risulta alla fine frustrato.

T • Francis Scott Fitzgerald, *I funerali del grande Gatsby*

William Faulkner (1897-1962) è romanziere più sperimentale e complesso. Proveniente dal Sud (il Mississippi è la sua regione), **descrive la decadenza della sua terra con uno stile che risente insieme della grande tradizione del realismo americano e del "flusso di coscienza" di Joyce.** Le storie infatti vengono narrate da personaggi che monologano, spesso in modo confuso e sussultorio. Inoltre nella narrazione possono convivere punti di vista diversi, che esprimono diversi monologhi interiori. Questa tecnica, tipica del resoconto introspettivo, si accompagna tuttavia a **una rappresentazione cruda e oggettiva**, spesso quasi naturalistica, **a toni tragici e ad atmosfere di cupa primitività**. L'andamento della narrazione tende all'epico, ed è, anche in questo, tipicamente americano.

Faulkner

I capolavori di Faulkner

La tecnica complessa impiegata da Faulkner dà i suoi migliori risultati nella fase della maturità, fra il 1929 e il 1936, quando escono i suoi capolavori: *L'urlo e il furore*, *Mentre morivo*, *Santuario*, *Luce d'agosto* e *Assalonne, Assalonne!*. Faulkner continuerà a scrivere sino alla morte, solo raramente raggiungendo l'intensità di queste sue prime opere.

LA NARRATIVA NEGLI STATI UNITI			
Fitzgerald	**Faulkner**	**Hemingway**	**Steinbeck**
• *Il grande Gatsby* (1925)	• *L'urlo e il furore* (1929)	• *Addio alle armi* (1929) • *I quarantanove racconti* (1938) • *Per chi suona la campana* (1940)	• *La battaglia* (1936) • *Furore* (1939)
• fondazione del "mito" americano	• realismo ed epicità • "flusso di coscienza" e comprensenza di diversi punti di vista	• vitalismo e gusto per l'avventura • realismo ed epicità	• denuncia sociale • realismo

parte nona Il fascismo, la guerra e la ricostruzione: dall'Ermetismo al Neorealismo (1925-1956)

Hemingway

Il gusto per l'avventura e lo spiccato vitalismo caratterizzano anche la vita e l'opera di Ernest Hemingway (1899-1961). Hemingway partecipò alla Prima guerra mondiale (da lui descritta in *Addio alle armi*, del 1929), poi alla guerra di Spagna (a cui è dedicato l'altro romanzo *Per chi suona la campana*, del 1940); amava la lotta, la caccia grossa in Africa (si veda il suo *Verdi colline d'Africa*, 1935), la sfida alla morte, gli sport violenti, la corrida (a cui si ispira *Morte nel pomeriggio*, uscito nel 1932). Non resistette alla vecchiaia, e preferì il suicidio al declino fisico.

Il culto della forza e il codice d'onore: *Il vecchio e il mare*

Il culto della forza non diventa però in Hemingway cinico dannunzianesimo; egli segue un codice di lealtà, di onore, di rispetto per l'avversario. Si pensi all'ultima sua grande opera, *Il vecchio e il mare* (1952), dove la lotta fra un vecchio pescatore e un gigantesco pescespada ha una sua grandiosità epica.

I quarantanove racconti

T • Ernest Hemingway, *Il ritorno del soldato*

Oltre che romanziere, Hemingway è anche autore di novelle. Suo capolavoro è *I quarantanove racconti*, uscito nel 1938, che raccoglie novelle nate in circostanze diverse (la guerra, le avventure di caccia e di pesca, la corrida), e tuttavia unite da uno scattante realismo e dalla eccezionale essenzialità dello stile.

Steinbeck

John Steinbeck (1902-1968) è più legato a interessi sociali immediati. Riflette in ciò l'esperienza americana della Grande crisi. Fra i suoi successi vanno ricordati *La battaglia* (1936), *Furore*, *Pian della Tortilla* (1935). Steinbeck ebbe una notevole influenza politica con le sue opere di denuncia sociale. Come narratore, piacque molto in Italia nell'immediato dopoguerra per il suo realismo aspro ma non privo di una nota sentimentale e talvolta quasi romantica.

3 La narrativa in Francia

La narrativa francese è ricca di personalità e di tendenze diverse. Spiccano grandi figure isolate, come **Céline**, o **Marguerite Yourcenar** (pseudonimo di M. Cleenewerck de Crayencourt, 1903-1987).

Marguerite Yourcenar

Grande viaggiatrice, grecista, prima donna a essere ammessa (nel 1980) alla prestigiosa Accademia di Francia, **Marguerite Yourcenar** ha scritto romanzi, poesia, saggistica e teatro. Raggiunge la prima notorietà con *Fuochi* (1936), una collezione di racconti sulle grandi figure femminili della mitologia e della letteratura greca; tuttavia la sua fama è legata soprattutto alla produzione romanzesca. Il suo capolavoro è *Memorie di Adriano*, del 1951: **un lungo monologo interiore, sotto forma di lettera**, che si immagina scritto dall'imperatore Adriano a Marco Aurelio. Ammalato, in attesa della morte, l'imperatore ripercorre la sua vita: il rapporto con la madre, le campagne militari, la vita quotidiana, le meditazioni filosofiche. Con le *Memorie* la Yourcenar dà vita a **una forma molto particolare di romanzo storico**, che cerca di ricostruire soprattutto la verità umana e interiore di Adriano, giocando su un dialogo possibile tra la figura storica dell'imperatore e i suoi lettori moderni.

Memorie di Adriano

L'opera al nero e la trilogia *Il labirinto del mondo*

Altro romanzo storico, ma di ambientazione rinascimentale, allegoria di un mondo in frantumi, è *L'opera al nero*, pubblicato nel 1968. In seguito la Yourcenar lavora a una trilogia intitolata *Il labirinto del mondo*, in cui si dedica alla ricostruzione, in forma romanzesca, della propria famiglia, da parte materna (*Care memorie*, 1974), e paterna (*Archivi del Nord*, 1977). Il terzo libro della trilogia, *Che? L'eternità*, è rimasto incompleto per la morte dell'autrice.

Queneau e Bataille, scrittori surrealisti

T • Raymond Queneau, *Qualche "esercizio di stile"*

L'esperienza surrealista agisce in due personalità assai diverse, **Raymond Queneau** e Georges Bataille (1897-1962). Queneau (**1903-1976**) dedicò alla vicenda surrealista il racconto *Odile* (1937). Nel periodo che qui ci interessa pubblica i romanzi *Pierrot amico mio* (1942) e *Zazie nel metrò* (1959), nonché un esperimento destinato a fare scuola, *Esercizi di stile* (1947), dove un banale episodio quotidiano è raccontato in novantanove modi diversi.

Il caffè parigino *Les Deux Magots*, nel quartiere di Saint-Germain-des-Prés.
La piazza antistante, in onore dei frequentatori che lo hanno reso celebre, è dedicata a Jean-Paul Sartre e Simone de Beauvoir.

Jean-Paul Sartre

Scrittore-filosofo (fu il massimo esponente dell'esistenzialismo francese; cfr. cap. I, § 7), **Jean-Paul Sartre (1905-1980)** fu autore di teatro, romanziere e novelliere. Nella sua produzione si ispira a Dostoevskij e a Kafka, ma anche all'americano Dos Passos. Come novelliere, si afferma con la raccolta di racconti *Il muro* (1939). Come romanziere, la sua opera maggiore è *La nausea* (1938), strettamente collegata al suo pensiero filosofico. Sartre scrisse anche una **trilogia romanzesca** dal titolo complessivo *Le vie della libertà* (i primi due romanzi, *L'età della ragione* e *Il rinvio* sono del 1945, il terzo, *La morte nell'anima* è del 1949).

Albert Camus

Dalla filosofia esistenzialistica viene anche **Albert Camus (1913-1959)**, che ha elaborato la sua visione del mondo in una serie di saggi. Il più famoso, *Il mito di Sisifo* (1942), esprime la fase più pessimistica del pensiero di Camus, corrispondente al primo romanzo, *Lo straniero* del **1942** (cfr. T1, p. 348): poiché la vita è assurda e priva di significato, essa appare come un'inutile fatica di Sisifo. Quando se ne prende coscienza, si può vivere solo come stranieri, estranei all'esistenza. Un altro saggio, *L'uomo in rivolta* (1951), esprime invece la necessità della rivolta contro l'insensatezza. Solo ribellandosi, l'esistenza può acquistare un suo significato. A questa fase del pensiero di Camus corrisponde un nuovo romanzo, *La peste* (1947), rappresentazione allegorica dei flagelli che colpiscono l'umanità (il riferimento è al nazismo) fornita attraverso la descrizione del dramma della città di Orano colpita dall'epidemia. Nell'assurdità dell'esistenza non resta che la ribellione all'insensatezza di chi s'impegna – pur senza garanzie di verità e di certezza – ricercando la solidarietà con i propri simili.

La peste

LA NARRATIVA IN FRANCIA

Yourcenar	Queneau	Sartre	Camus	Céline
• *Memorie di Adriano* (1951)	• *Esercizi di stile* (1947)	• *La nausea* (1938)	• *La peste* (1938)	• *Viaggio al termine della notte* (1932) • *Morte a credito* (1936)
• romanzo storico • inserti saggistici • monologo interiore	• surrealismo • sperimentalismo	• romanzo filosofico • insensatezza del vivere	• assurdità dell'esistenza • impegno collettivo	• senso di morte • furore distruttivo e violenza verbale • critica della civiltà occidentale

Louis-Ferdinand Céline: anarchismo e nichilismo

Louis-Ferdinand Céline (1894-1961) denuncia una totale assenza di valori e di significati. **La vita è ridotta a una trama brutale di spinte materiali e di bisogni elementari** – la fame, il sesso –: sotto le cristallizzazioni della civiltà, l'uomo è essenzialmente un selvaggio, una creatura cinica, anarchica, volta a un'affermazione istintiva di sé al di fuori di ogni morale. L'anarchismo cinico-distruttivo, un feroce nichilismo, costituiscono gli atteggiamenti di fondo dei due grandi romanzi di Céline, *Viaggio al termine della notte* (1932) e *Morte a credito* (1936).

La vita e l'ideologia di Céline

La vita di Céline – che fu medico condotto nei quartieri popolari di Parigi – è caratterizzata da un **senso di morte e di furore distruttivo**. Egli identificò nella razza ebraica quella civiltà occidentale di cui coglieva tutto l'orrore, approdando a **posizioni fasciste e razziste, sino a comporre un libello antiebraico** – *Bagattelle per un massacro* (1937) – e ad aderire al collaborazionismo filonazista. Arrestato nel dopoguerra per queste sue posizioni, fu amnistiato nel 1951.

Viaggio al termine della notte

Viaggio al termine della notte racconta la storia di Ferdinand Bardamu che, ferito nella prima guerra mondiale, va in convalescenza a Parigi, dove conosce un'americana, Lola. Intenzionato a partire per l'America, si ritrova invece in Africa, dove assiste all'orrore del colonialismo. Finalmente raggiunge l'America, che gli appare non meno spaventosa dell'Africa. **È l'intera civiltà occidentale che così viene posta sotto accusa**. Infine, con una somma di denaro prestatagli da Lola, Ferdinand torna in Francia, dove vive aprendo uno studio medico e procurando aborti illegali. Alla fine un amico gli trova un nuovo lavoro.

T • Louis-Ferdinand Céline, *La missione del dragone Bardamu*

Morte a credito

Morte a credito **è il resoconto**, ancora in prima persona, **della vita di un medico** (il nome è ancora quello autobiografico di Ferdinand), **negli anni che precedono la prima guerra mondiale**. Ferdinand è un miserabile che viaggia fra gli orrori e le infamie di un mondo dominato dal mito distruttore del Progresso, del lavoro produttivo, dello «sgobbo». Non a caso, l'unico personaggio positivo, la bellissima Nora, si suicida in una delle pagine più intense del libro.

Simone de Beauvoir

Elaborò i principi dell'esistenzialismo sartriano la compagna del filosofo, **Simone de Beauvoir**, che fu notevolissima saggista, autrice di memorie, di romanzi, di impressioni di viaggio. Come saggista, la Beauvoir sostenne la causa della emancipazione e della libertà femminile nel libro **Il secondo**

S1 MATERIALI E DOCUMENTI

L'invenzione della donna

La donna è ridotta a immagine vivente dell'Alterità: tutto ciò che è fuori dall'uomo, in cui il soggetto (maschile) può proiettarsi. Lo scarto tra l'esistenza fisica della donna e il "sogno" maschile crea una situazione frustrante e fallimentare per entrambi i sessi.

▶▶ Se la donna è stata spesso paragonata all'acqua, è, tra l'altro, perché la donna è lo specchio in cui il Narciso[1] maschio si contempla: si piega su di lei in buona o in cattiva fede. Ma in ogni caso, ciò che le chiede è di essere fuori di lui tutto quello che egli non può cogliere in sé, perché l'interiorità dell'esistente è un nulla e, per pervenire a se stesso, bisogna che egli si proietti in un oggetto. La donna è per lui la ricompensa suprema poiché, in una forma estranea che gli è concesso di possedere, rappresenta la sua apoteosi.[2] È precisamente il «fenomeno incomparabile», il se stesso che egli stringe quando ha tra le braccia la creatura che riepiloga il Mondo e alla quale ha imposto i suoi valori e le sue leggi. Unendosi a quest'altro che ha fatto proprio, spera di raggiungere se stesso. Tesoro, preda, gioco e rischio, musa, guida, giudice, mediatrice, specchio, la donna è l'Altro in cui il soggetto si supera senza essere limitato, che si oppone a lui senza negarlo; è l'Altro che si lascia annettere senza cessare di essere l'Altro. E in ciò è talmente necessaria alla gioia dell'uomo e al suo trionfo che si può dire che se non esistesse, gli uomini l'avrebbero inventata.

L'hanno inventata. Ma essa esiste anche senza tale invenzione. Perciò essa è contemporaneamente l'incarnazione e lo scacco di un loro sogno.

S. De Beauvoir, *Il secondo sesso*, trad. R. Cantini e M. Andreose, Il Saggiatore, Milano 2002.

1   **Narciso**: nel mito greco Narciso era un bellissimo giovane che, innamorato della propria immagine, rimase a contemplarsi nell'acqua di uno stagno finché vi cadde dentro e morì.
2   **la sua apoteosi**: *il suo avvicinarsi al divino*.

sesso (1949). In esso analizza dal punto di vista antropologico, psicologico e sociologico le implicazioni connesse con l'essere donna. **Simone de Beauvoir dimostra che il concetto di "femminilità" è una costruzione sociale maschile**, contrabbandata come se fosse naturale e assoluta (cfr. **S1**, p. 347). Come autrice di memorie vanno ricordati i volumi autobiografici ***Memorie di una ragazza perbene***, ***L'età forte***, ***La forza delle cose***, ***A conti fatti***, usciti fra il 1958 e il 1971, nonché i libri dedicati alla morte della madre (***Una morte dolcissima***) e alla morte di Sartre (***La cerimonia degli addii***). **Dei suoi tre romanzi, *L'invitata* (1943), *Il sangue degli altri* (1944) e *I mandarini* (1954), ha particolare rilievo l'ultimo**: i mandarini sono gli intellettuali francesi; protagonisti due amici, uno dei quali, appresa nel 1946 la notizia dei campi di concentramento stalinisti, vorrebbe rivelarne l'esistenza e dire comunque la verità, mentre l'altro si oppone temendo che la notizia possa giovare alle forze reazionarie. Dopo un litigio, i due amici si riconciliano, consapevoli dell'impotenza degli intellettuali nei confronti della politica.

T1 Albert Camus
La morte della madre

OPERA
Lo straniero

CONCETTI CHIAVE
- sintassi rapida e asciutta
- estraneità e indifferenza di Meursault

FONTE
A. Camus, *Lo straniero*, trad. it. di A. Zeri, Bompiani, Milano 1988.

Meursault è un impiegato di origini francesi che vive ad Algeri. Un giorno lo raggiunge la notizia della morte della madre in un ospizio a Marengo. Come in un sogno, estraneo a se stesso e indifferente al mondo, egli raggiunge la defunta, senza mostrare nessun coinvolgimento emotivo rispetto all'accaduto. Trovando la bara già sigillata, sceglie comunque di non farsela aprire.

Oggi la mamma è morta. O forse ieri, non so. Ho ricevuto un telegramma dall'ospizio: «Madre deceduta. Funerali domani. Distinti saluti». Questo non dice nulla: è stato forse ieri. L'ospizio dei vecchi è a Marengo,[1] a ottanta chilometri da Algeri. Prenderò l'autobus delle due e arriverò ancora nel pomeriggio. Così potrò vegliarla e essere di ritorno domani sera. Ho chiesto due gior-
5 ni di libertà al principale e con una scusa simile non poteva dirmi di no. Ma non aveva l'aria contenta. Gli ho persino detto: «Non è colpa mia». Lui non mi ha risposto. Allora ho pensato che non avrei dovuto dirglielo. Insomma, non avevo da scusarmi di nulla. Stava a lui, piuttosto, di farmi le condoglianze. Ma certo lo farà dopodomani, quando mi vedrà in lutto. Per adesso è un po' come se la mamma non fosse morta; dopo il funerale, invece, sarà una faccenda esaurita e
10 tutto avrà preso un andamento più ufficiale.

    Ho preso l'autobus delle due: faceva molto caldo. Prima ho mangiato in trattoria, da Celeste, come al solito. Avevano tutti molta compassione per me e Celeste mi ha detto: «Di mamme ce n'è una sola». Quando ho fatto per andarmene, mi hanno accompagnato alla porta. Ero un po' intontito perché ero anche andato su da Emanuele a farmi prestare una cravatta nera e
15 una benda per il braccio. Lui ha perso suo zio qualche mese fa.

    Ho dovuto correre per non perdere l'autobus. La gran fretta, la corsa, certo è per questo, oltre alle scosse, all'odor di benzina, al riverbero della strada e del cielo, che presto mi sono assopito. Ho dormito quasi tutto il percorso. E quando mi sono svegliato ero addossato a un militare che mi ha sorriso e mi ha chiesto se venivo di lontano. Ho detto «Sì» per non dover più parlare.

20   L'ospizio è a due chilometri dal villaggio: ho fatto la strada a piedi. Volevo vedere subito la mamma, ma il portinaio mi ha detto che dovevo prima andare dal direttore. Siccome era occupato, ho atteso per un po' e intanto il portinaio non smetteva di parlare. Poi ho visto il direttore: mi ha ricevuto nel suo ufficio. È un vecchietto col nastrino della Legion d'onore.[2] Mi

---

- 1 **Marengo**: altro nome della città algerina di Hadjout.
- 2 **nastrino della Legion d'onore**: un'onorificenza con la quale lo Stato francese riconosce meriti civili o militari.

ha fissato con i suoi occhi chiari, poi mi ha stretto la mano e l'ha tenuta così a lungo che non sapevo come fare per ritirarla. Ha consultato un incartamento e mi ha detto: «La signora Meursault è entrata qui tre anni fa. Voi eravate il suo unico sostegno». Ho creduto che mi rimproverasse qualcosa e ho cominciato a spiegargli. Ma lui mi ha interrotto: «Non avete da giustificarvi, caro figliolo. Ho letto la pratica di vostra madre. Voi non eravate in grado di provvedere ai suoi bisogni. Aveva bisogno di un'infermiera. Il vostro stipendio è modesto. E, in fondo, lei era più felice qui». Ho detto: «Sì, signor direttore». Lui ha soggiunto: «Capirete, aveva degli amici, persone della sua età. Con loro, poteva avere in comune interessi che sono di un altro tempo. Voi siete giovane e con voi doveva annoiarsi».

Aveva ragione. Quando era a casa la mamma passava il suo tempo a seguirmi con lo sguardo in silenzio. I primi giorni, all'ospizio, piangeva spesso. Ma era per via dell'abitudine. Dopo qualche mese, avrebbe pianto se l'avessero portata via di lì. Sempre per l'abitudine. È un po' per questo che l'ultimo anno non ci sono andato quasi più. E anche perché così perdevo tutta la domenica – a parte la fatica di prendere l'autobus, comprare i biglietti, e fare due ore di viaggio.

Locandina del film del 1967 *Lo straniero*, di Luchino Visconti, tratto dal romanzo di Albert Camus.

Il direttore mi ha parlato ancora. Ma io non lo ascoltavo quasi più. Poi mi ha detto: «Immagino che vorrete vedere vostra madre». Mi sono alzato senza dir nulla e lui si è avviato per primo verso la porta. Scendendo le scale, mi ha spiegato: «L'abbiamo trasportata nel nostro piccolo obitorio. È per non impressionare gli altri. Ogni volta che un pensionante muore, gli altri sono nervosi per due o tre giorni, e questo rende difficile il servizio». Abbiamo attraversato un cortile dove c'erano molti vecchi che chiacchieravano a piccoli gruppi. Al nostro passaggio, smettevano di parlare. E dietro a noi le conversazioni riprendevano. Come un cicaleccio sordo di pappagalli. Davanti alla porta di un piccolo edificio, il direttore mi ha salutato: «Vi lascio, signor Meursault. Sono a vostra disposizione nel mio ufficio. I funerali sono fissati per domattina alle dieci: abbiamo pensato che così potrete vegliare la scomparsa. Un'ultima cosa. Pare che vostra madre abbia sovente espresso ai suoi compagni il desiderio di essere sepolta religiosamente. Mi sono occupato io di tutto il necessario. Ma volevo avvertirvi». L'ho ringraziato. La mamma, senza essere atea, non aveva mai pensato alla religione in vita sua.

Sono entrato. Era una stanza molto chiara, imbiancata a calce e coperta da una vetrata. Il mobilio era composto di seggiole e cavalletti a forma di X. Due di questi, al centro, reggevano una bara chiusa col suo coperchio. Sulle assi dipinte color noce spiccavano alcune viti lucide conficcate soltanto un poco. Accanto alla bara c'era un'infermiera araba in camice bianco, con in testa un fazzoletto a colori sgargianti.

In quel momento, alle mie spalle, è entrato il portinaio. Doveva aver fatto una corsa. Mi ha detto balbettando un po': «L'hanno coperta, ma devo svitare la cassa perché voi possiate vederla». Si stava avvicinando alla cassa, ma l'ho fermato. Mi ha detto: «Non volete?». Ho risposto: «No». Si è interrotto e io ero imbarazzato perché sentivo che non avrei dovuto dirlo. Dopo un momento mi ha guardato e mi ha chiesto: «Perché», ma senza accento di rimprovero, come se volesse informarsi. Gli ho detto: «Non so». Allora, attorcigliandosi i baffi bianchi, ha dichiarato senza guardarmi: «Capisco». Aveva due begli occhi azzurri e la faccia un po' rossa. Mi ha dato una sedia e anche lui si è messo a sedere, un po' dietro di me.

T1 DALLA COMPRENSIONE ALL'INTERPRETAZIONE

COMPRENSIONE

Tre parti Il testo può essere diviso in tre parti. Nella prima parte (**righi 1-19**) **il protagonista riceve la notizia della morte della madre**; chiede perciò due giorni di libertà al principale per raggiungere l'ospizio, consuma un pasto in trattoria e prende l'autobus per Marengo. La seconda parte (**righi 20-59**) è occupata dal **colloquio con il direttore dell'ospizio**: dalla conversazione emerge che la madre è rimasta ricoverata per tre anni, ricevendo di rado le visite del figlio, sollevato anche dall'incombenza di organizzare i funerali. Con la terza parte (**righi 60-72**) arriviamo finalmente **nella stanza della defunta**: ma la bara è già chiusa e il figlio non può vedere la madre; al portinaio che giunge di corsa per aprirla, Meursault dice di lasciar perdere.

ANALISI

Una scrittura telegrafica Ciò che immediatamente colpisce della prosa di Camus è la **sintassi estremamente rapida e asciutta**, dominata dalla **paratassi** e costituita da **frasi brevi e brevissime**. Nei primi due paragrafi del testo si contano venti periodi: dieci sono formati da due proposizioni, gli altri dieci da una soltanto. Si tratta di una scrittura telegrafica, che comunica fatti e azioni accaduti riducendoli ai minimi termini, come se si trattasse di annotazioni rapide di cronaca: «Oggi la mamma è morta»; «L'ospizio dei vecchi è a Marengo», «Ho chiesto due giorni di libertà al principale», «Ho preso l'autobus delle due: faceva molto caldo».

INTERPRETAZIONE

Il tema dell'estraneità Sancendo una **distanza fra il soggetto e le cose** che gli accadono intorno, lo stile calza perfettamente con i temi affrontati. Come sottolinea anche il titolo del romanzo, **Meursault è uno straniero nei confronti di se stesso**, e non risulta coinvolto dagli accadimenti della propria vita: nonostante i fatti siano narrati in prima persona, è come se il protagonista si vedesse dall'esterno. Non emergono sentimenti o emozioni, se non riguardo a stati d'animo insignificanti (la reazione del capoufficio, il sonno in autobus, il disagio di fronte al direttore dell'ospizio, l'imbarazzo verso il portinaio). Niente, invece, circa il fatto doloroso che costituisce il motivo centrale dell'azione, ossia la morte della madre. **L'indifferenza** è già tutta espressa nella battuta iniziale: «Oggi la mamma è morta. O forse ieri, non so». Le azioni che seguono non fanno che confermare questo senso di estraneità. La morte della madre è un fatto, ma, non avendo provocato ripercussioni materiali, sembra non esistere: «Per adesso è un po' come se la mamma non fosse morta; dopo il funerale, invece, sarà una faccenda esaurita». La vita interiore del protagonista appare vuota e la realtà viene ridotta a un insieme di convenzioni, riti, incombenze senza senso.

T1 LAVORIAMO SUL TESTO

COMPRENDERE

1. Meursault raggiunge in autobus Marengo, dove si trova l'ospizio in cui era ricoverata la madre. Durante il viaggio il protagonista
   - A è afflitto e agitato
   - B parla con un militare seduto accanto a lui
   - C dorme quasi sempre
   - D ricorda la madre

ANALIZZARE

2. Rintraccia nel testo tutte le battute di discorso diretto pronunciate dal protagonista: che cosa noti?

INTERPRETARE

3. **TRATTAZIONE SINTETICA** Il titolo del romanzo di Camus può essere spiegato alla luce del ritratto del protagonista emerso in questo brano. In una trattazione sintetica (max 15 righe) sviluppa i seguenti punti:
   - A metti in luce l'estraneità di Meursault, facendo riferimento a passi significativi del testo;
   - B confronta il personaggio di Meursault con quello di altri "estranei alla vita" protagonisti della narrativa primonovecentesca (pensa ai romanzi di Pirandello, Tozzi, Kafka).

4. La narrativa in lingua tedesca e quella in lingua spagnola e portoghese: Böll, Borges e Pessoa

Il movimento della "Nuova oggettività"

Fra le due guerre i maggiori scrittori tedeschi furono **Thomas Mann**, che apparteneva alla vecchia generazione e che perciò abbiamo già trattato (cfr. vol. 5), e **Bertolt Brecht** (cfr. cap. III, § 4). Prima dell'avvento di Hitler al potere, il movimento della "Nuova oggettività" espresse pochi narratori di valore.

Il "Gruppo 47" e Heinrich Böll

Nel dopoguerra si formò il "Gruppo 47". Il maggior esponente del Gruppo si affermò solo negli anni Cinquanta e Sessanta: **è Heinrich Böll** (1917-1985). Esordì alla fine degli anni anni Quaranta con una serie di racconti e poi, all'inizio dei Cinquanta, con alcuni romanzi: *Dov'eri Adamo?*, *E non disse nemmeno una parola* e *Casa senza custode*. La successiva produzione narrativa, dai racconti *Tutti i giorni Natale* a *Raccolta di silenzi del dottor Murkes*, pone sotto accusa il consumismo e l'ipocrisia della borghesia tedesca, la sua propensione a dimenticare il passato e a non fare i conti con il nazismo: spicca fra questi lavori il romanzo *Biliardo alle nove e mezzo* (1959). **Capolavoro di Böll è *Opinioni di un clown* (1963)**, in cui l'autore assume la prospettiva estraniata, satirica e ironica, di un personaggio sradicato e ribelle. Altri romanzi sono *Foto di gruppo con signora* (1971) e *L'onore perduto di Caterina Blum* (1974) *Assedio preventivo* (1979) e *Donne con paesaggio fluviale*.

La narrativa spagnola

In Spagna l'esperienza surrealista fermentò soprattutto nella poesia, nella pittura, nel cinema. La narrativa ebbe in questo periodo un ruolo secondario.

L'argentino Borges: la vita e le idee

In lingua spagnola comincia però a fiorire negli anni Trenta **una ricca letteratura ispanoamericana**. Il suo maggiore esponente è l'argentino **Jorge Luis Borges (1899-1986)**, scrittore cosmopolita (una parte della sua famiglia era inglese, e l'inglese fu la sua prima lingua), vissuto a lungo in Europa (in Svizzera dal 1914 al 1919, in Spagna dal 1919 al 1921). Aderì ai movimenti di avanguardia, fra Espressionismo e Surrealismo. Dal 1924 al 1927, ritornato in patria, collaborò alla rivista «Martin Fierro», che determinò una svolta in senso avanguardista della letteratura argentina. Iniziò poco dopo il suo **sodalizio con lo scrittore Adolfo Bioy Casares**, con cui scrisse racconti polizieschi, come *Sei problemi per don Isidro Parodi* (1942). Intanto componeva versi e numerosi saggi, e acquisiva

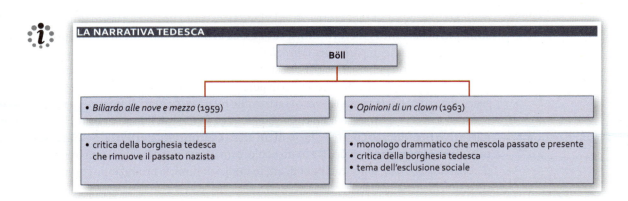

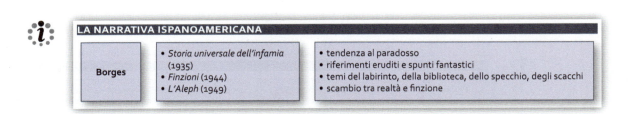

una straordinaria erudizione, anche in campi eccentrici, come la cultura araba, ebraica, orientale. Da posizioni liberali si oppose alla dittatura di Perón. Alla caduta del dittatore, venne nominato direttore della Biblioteca Nazionale di Buenos Aires. Afflitto negli ultimi anni da cecità, non rallentò il suo lavoro di scrittore, che gli dette fama internazionale, tanto da essere considerato **uno degli autori più importanti del Novecento**.

Le novelle: i temi prevalenti

Borges eccelle soprattutto nel racconto breve. La sua prima raccolta di novelle è *Storia universale dell'infamia*, del 1935, ispirata a fatti storici che si svolgono poi, nell'invenzione narrativa, in modo paradossale. Le raccolte successive sono i suoi capolavori: *Finzioni* **(1944)** e *L'Aleph* **(1949)**. Borges inventa le sue trame a partire da riferimenti culturali ed eruditi, sui quali imbastisce una fitta rete di simboli e di spunti fantastici. **I temi prevalenti sono quelli del labirinto, degli specchi, degli scacchi, della biblioteca**, con i quali egli comunica la sovrapposizione e lo scambio reciproco fra mondo delle parole e mondo della realtà: tutto è, insieme, reale e falso, vero e inventato (di qui il titolo di *Finzioni*), basato sul gioco della casualità e della combinazione (un capolavoro, da questo punto di vista, è *La biblioteca di Babele*, cfr. T2). Nuovi libri di racconti sono *Il manoscritto di Brodie* (1970), *Il congresso del mondo* (1971) e *Il libro di sabbia* (1975). Altre opere sono caratterizzate dalla mescolanza di prosa e poesia, come *L'artefice* (1960) ed *Elogio dell'ombra* (1965).

T • Jorge Luis Borges, *La casa di Asterione*
T • Jorge Luis Borges, *Il libro di sabbia*

Il portoghese Fernando Pessoa

Per molti versi eccentrica è la vicenda di **Fernando Pessoa (1888-1935)**, riconosciuto ormai come **il massimo autore della letteratura portoghese contemporanea** ed uno dei più grandi del Novecento. Caratteristiche del tutto particolari, se non uniche, ha infatti il modo in cui Pessoa si è imposto all'attenzione dei lettori e dei critici, divenendo – a molti anni di distanza dalla sua morte – un classico tradotto in moltissime lingue, letto, studiato e imitato. Rimasto orfano di padre a cinque anni, Pessoa visse dal 1896 al 1905 a Durban, dove la madre aveva seguito il suo secondo marito, console portoghese. In Sudafrica Pessoa imparò perfettamente l'inglese, che divenne la sua seconda lingua. Ritornato nel 1905 a Lisbona, lavorò fino alla morte come corrispondente commerciale in ditte di import-export conducendo **un'esistenza metodica e appartata**, sicché – nonostante la sua intensa attività intellettuale di collaboratore e fondatore di riviste letterarie, di traduttore, di animatore del dibattito culturale – era quasi del tutto sconosciuto fuori del suo paese. Da vivo pubblicò firmandole con il proprio nome solo **alcune raccolte poetiche in inglese** (*35 sonnets*, 1918; *English poems*, 1921) **e in portoghese** (*Mensagem* [Messaggio, 1934]). Altre opere aveva pubblicato sotto vari eteronimi: **Ricardo Reis, Alberto Caeiro, Alvaro de Campos**. Più che "nomi immaginari" gli eteronimi pessoani sono "autori immaginari" – talora evidenti *alter ego* dello scrittore – di cui viene ricostruita una altrettanto immaginaria biografia; **sono più di settanta gli eteronimi a cui Pessoa affida un frammento della propria complessa personalità**. Così egli parla, nel *Libro dell'inquietudine*, di questo originale procedimento: «Ho creato in me varie personalità. Creo costantemente personalità. Ogni mio sogno, appena lo incomincio a sognare, è incarnato in un'altra persona che inizia a sognarlo, e non sono io. [...] Sono la scena viva sulla quale passano svariati attori che recitano svariati drammi». La maggior parte delle opere di Pessoa – compreso il *Livro do desassossego* [Il libro dell'inquietudine, 1982], **capolavoro narrativo presentato come il diario di un altro eteronimo, Bernardo Soares** – venne pubblicata postuma, dopo che fu scoperta in un baule, ormai diventato famoso, una ingente mole di inediti. A partire dal 1942 sono stati pubblicati, in undici volumi, la produzione completa in versi e molti volumi di prosa.

Gli eteronimi di Pessoa

T • Fernando Pessoa, «Mi srotolo come una matassa multicolore»

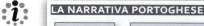

LA NARRATIVA PORTOGHESE

| Pessoa | • *Il libro dell'inquietudine* (1982) | • diario di Bernardo Soares, uno dei tanti *alter ego* dell'autore |

ga. Un altro (molto consultato in questa zona) è un mero[32] labirinto di lettere, ma l'ultima pagina dice *Oh tempo le tue piramidi*.[33] È ormai risaputo: per una riga ragionevole, per una notizia corretta, vi sono leghe di insensate cacofonie,[34] di farragini[35] verbali e di incoerenze. (So d'una regione barbarica i cui bibliotecari ripudiano la superstiziosa e vana abitudine di cercare un senso nei libri, e la paragonano a quella di cercare un senso nei sogni o nelle linee caotiche della mano... Ammettono che gli inventori della scrittura imitarono i venticinque simboli naturali, ma sostengono che questa applicazione è casuale, e che i libri non significano nulla di per sé. Questa affermazione, lo vedremo, non è del tutto erronea).[36]

Per molto tempo si credette che questi libri impenetrabili corrispondessero a lingue preterite[37] o remote. Ora, è vero che gli uomini più antichi, i primi bibliotecari, parlavano una lingua molto diversa da quella che noi parliamo oggi; è vero che poche miglia a destra la lingua è già dialettale, e novanta piani più sopra è incomprensibile. Tutto questo, lo ripeto, è vero, ma quattrocentodieci pagine di inalterabili MCV non possono corrispondere ad alcun idioma, per dialettale o rudimentale che sia. Alcuni insinuarono che ogni lettera poteva influire sulla seguente, e che il valore di MCV nella terza riga della pagina 71 non era lo stesso di quello che la medesima serie poteva avere in altra riga di altra pagina; ma questa vaga tesi non prosperò. Altri pensarono a una crittografia,[38] quest'ipotesi è stata universalmente accettata, ma non nel senso in cui la formularono i suoi inventori.[39]

Cinquecento anni fa, il capo d'un esagono superiore* trovò un libro tanto confuso come gli altri, ma in cui v'erano quasi due pagine di scrittura omogenea, verosimilmente leggibile. Mostrò la sua scoperta a un decifratore ambulante, e questo gli disse che erano scritte in portoghese; altri gli dissero che erano scritte in yiddish.[40] Poté infine stabilirsi, dopo ricerche che durarono quasi un secolo, che si trattava d'un dialetto samoiedo-lituano del guaranì, con inflessioni di arabo classico.[41] Si decifrò anche il contenuto: nozioni di analisi combinatoria, illustrate con esempi di permutazioni a ripetizione illimitata.[42] Questi esempi permisero a un bibliotecario di genio di scoprire la legge fondamentale della Biblioteca.

Questo pensatore osservò che tutti i libri, per diversi che fossero, constavano di elementi eguali: lo spazio, il punto, la virgola, le ventidue lettere dell'alfabeto. Stabilì, inoltre, un fatto che tutti i viaggiatori hanno confermato: non vi sono, nella vasta Biblioteca, due soli libri identici. Da queste premesse incontrovertibili dedusse che la Biblioteca è totale, e che i suoi scaffali registrano tutte le possibili combinazioni dei venticinque simboli ortografici (numero, anche se vastissimo, non infinito) cioè tutto ciò ch'è dato di esprimere, in tutte le lingue. Tutto: la storia minuziosa dell'avvenire, le autobiografie degli arcangeli, il catalogo fedele della Biblioteca, migliaia e migliaia di cataloghi falsi, la dimostrazione della falsità di questi cataloghi, la dimostrazione della falsità del catalogo fedele, l'evangelo gnostico di Basilide, il commento di questo evangelo, il commento del commento di questo evangelo, il resoconto veridico della tua morte, la traduzione di ogni libro in tutte le lingue, le interpolazioni di ogni libro in tutti i libri.[43]

* Prima, per ogni tre esagoni c'era un uomo. Il suicidio e le malattie polmonari hanno distrutto questa proporzione. Fatto indicibilmente malinconico: a volte ho viaggiato molte notti per corridoi e scale polite senza trovare un solo bibliotecario.

- **32** **mero**: *puro*.
- **33** **Oh tempo...piramidi**: il verso, di gusto simbolista, non è meno enigmatico di un insieme di lettere qualunque.
- **34** **cacofonie**: incontri sgradevoli di suoni.
- **35** **farragini**: *ammassi*.
- **36** **(So d'una...erronea)**: nel racconto si assiste a una proliferazione di interpretazioni, nessuna delle quali davvero sbagliata e da rifiutare sino in fondo. Questo accresce l'inquietudine e suggerisce l'idea che tutte le interpretazioni siano in realtà arbitrarie.
- **37** **preterite**: *morte*.
- **38** **crittografia**: scrittura in codice.
- **39** **quest'ipotesi...inventori**: le interpretazioni sopravvivono, ma sono snaturate. Esse finiscono per avere lo stesso carattere dei testi cui si applicano.
- **40** **yiddish**: è la lingua parlata dagli Ebrei dell'Europa dell'est; naturalmente, non ha nulla a che fare con il portoghese.
- **41** **un dialetto...classico**: una mescolanza di lingue fra loro del tutto diverse ed estranee. Il **samoiedo** si parla in Siberia; il **guaranì** è delle tribù indigene del Paraguay.
- **42** **analisi combinatoria...illimitata**: sono complessi sistemi di calcolo.
- **43** **la Biblioteca è totale...in tutti i libri**: la Biblioteca contiene non solo un vastissimo numero di libri indecifrabili ma anche, confusi fra quelli, libri reali. Questo, però, equivale a mettere sullo stesso piano gli uni e gli altri. L'elenco, con il suo gusto per lo stravagante e il gioco logico-verbale, ha qualcosa di surrealista. **L'evangelo gnostico di Basilide** è un'opera del II secolo di cui, in realtà, resta pochissimo; per lo gnosticismo cfr. nota 26.

Quando si proclamò che la Biblioteca comprendeva tutti i libri, la prima impressione fu di straordinaria felicità. Tutti gli uomini si sentirono padroni di un tesoro intatto e segreto. Non v'era problema personale o mondiale la cui eloquente soluzione non esistesse: in un qualche esagono. L'universo era giustificato,[44] l'universo attingeva[45] bruscamente le dimensioni illimitate della speranza. A quel tempo si parlò molto delle Vendicazioni:[46] libri di apologia[47] e di profezia che giustificavano per sempre gli atti di ciascun uomo dell'universo e serbavano arcani[48] prodigiosi per il suo futuro. Migliaia di ambiziosi abbandonarono il dolce esagono natale e si lanciarono su per le scale, spinti dal vano proposito di trovare la propria Vendicazione.

Questi pellegrini s'accapigliavano negli stretti corridoi, profferivano oscure minacce, si strangolavano per le scale divine, scagliavano i libri ingannevoli nei pozzi senza fondo, vi morivano essi stessi, precipitativi dagli uomini di regioni remote. Molti impazzirono. Le Vendicazioni esistono (io ne ho viste due, che si riferiscono a persone da venire, e forse non immaginarie), ma quei ricercatori dimenticavano che la possibilità che un uomo trovi la sua, o qualche perfida variante della sua, è sostanzialmente zero.

Anche si sperò, a quel tempo, nella spiegazione dei misteri fondamentali dell'umanità: l'origine della Biblioteca e del tempo. È verosimile che di questi gravi misteri possa darsi una spiegazione in parole: se il linguaggio dei filosofi non basta, la multiforme Biblioteca avrà prodotto essa stessa l'inaudito idioma necessario, e i vocabolari e la grammatica di questa lingua. Già da quattro secoli gli uomini affaticano[49] gli esagoni... Vi sono cercatori ufficiali, inquisitori. Li ho visti nell'esercizio della loro funzione: arrivano sempre scoraggiati; parlano di scale senza un gradino, dove per poco non s'ammazzarono; parlano di scale e di gallerie con il bibliotecario; ogni tanto, prendono il libro più vicino e lo sfogliano, in cerca di parole infami. Nessuno, visibilmente, s'aspetta di trovare nulla.

Alla speranza smodata, com'è naturale, successe un'eccessiva depressione. La certezza che un qualche scaffale d'un qualche esagono celava libri preziosi e che questi libri preziosi erano inaccessibili, parve quasi intollerabile. Una setta blasfema suggerì che s'interrompessero le ricerche e che tutti gli uomini si dessero a mescolare lettere e simboli, fino a costruire, per un improbabile dono del caso, questi libri canonici.[50] Le autorità si videro obbligate a promulgare ordinanze[51] severe. La setta sparì, ma nella mia fanciullezza ho visto vecchi uomini che lungamente s'occultavano nelle latrine, con dischetti di metallo in un bossolo[52] proibito, e debolmente rimediavano al divino disordine.

Altri, per contro, credettero che l'importante fosse di sbarazzarsi delle opere inutili. Invadevano gli esagoni, esibivano credenziali[53] non sempre false, sfogliavano stizzosamente un volume e condannavano scaffali interi: al loro furore igienico,[54] ascetico, si deve l'insensata distruzione di milioni di libri. Il loro nome è esecrato,[55] ma chi si dispera per i «tesori» che la frenesia di coloro distrusse, trascura due fatti evidenti. Primo: la Biblioteca è così enorme che ogni riduzione d'origine umana risulta infinitesima. Secondo: ogni esemplare è unico, insostituibile, ma (poiché la Biblioteca è totale) restano sempre varie centinaia di migliaia di facsimili imperfetti, cioè di opere che non differiscono che per un lettera o per una virgola. Contrariamente all'opinione generale, credo dunque che le conseguenze delle depredazioni commesse dai Purificatori siano state esagerate a causa dell'orrore che quei fanatici ispirarono. Li sospingeva l'idea delirante di conquistare i libri dell'Esagono Cremisi:[56] libri di formato minore dei normali; onnipotenti, illustrati e magici.

- **44** era giustificato: *aveva senso*.
- **45** attingeva: *raggiungeva*.
- **46** Vendicazioni: *Punizioni, Vendette*. La ricerca di questi libri esprime l'inutile ricerca di senso dell'esistenza individuale.
- **47** apologia: *difesa, giustificazione*.
- **48** serbavano arcani: *trasmettevano misteri*.
- **49** affaticano: *frugano*.
- **50** Una setta...canonici: la setta è blasfema perché vorrebbe un intervento degli uomini sull'ordine della Biblioteca, che è invece intoccabile (come sono inviolabili le leggi della natura). Libri canonici: libri la cui autorevolezza è riconosciuta ufficialmente, come accade con i testi sacri.
- **51** promulgare ordinanze: *emanare decreti*.
- **52** bossolo: *piccolo vaso*. Sui dischetti sono scritte le lettere: i vecchi ne tirano a sorte alcune, creando nuove combinazioni e, con ciò, improvvisando testi che, nella loro casualità, fanno concorrenza a quelli della Biblioteca.
- **53** credenziali: *documenti*. Questa setta ricorda il furore degli iconoclasti, che nell'VIII secolo distruggevano le immagini sacre.
- **54** igienico: *di riordino*.
- **55** esecrato: *odiato [per la sua empietà]*.
- **56** Cremisi: *rosso vivo*.

Sappiamo anche d'un'altra superstizione di quel tempo: quella dell'Uomo del Libro.[57] In un certo scaffale d'un certo esagono (ragionarono gli uomini) deve esistere un libro che sia la chiave e il compendio perfetto di tutti gli altri: un bibliotecario l'ha letto, ed è simile a un dio. Nel linguaggio di questa zona si conservano alcune tracce del culto di quel funzionario remoto. Molti peregrinarono in cerca di Lui, si spinsero invano nelle più lontane gallerie. Come localizzare il venerando esagono segreto che l'ospitava? Qualcuno propose un metodo regressivo:[58] per localizzare il libro A, consultare previamente il libro B; per localizzare il libro B, consultare previamente il libro C; e così all'infinito... In avventure come queste ho prodigato[59] e consumato i miei anni.

Non mi sembra inverosimile che in un certo scaffale dell'universo esista un libro totale*; prego gli dèi ignoti che un uomo – uno solo, e sia pure da migliaia d'anni! – l'abbia trovato e l'abbia letto. Se l'onore e la sapienza e la felicità non sono per me, che siano per altri. Che il cielo esista, anche se il mio posto è all'inferno. Ch'io sia oltraggiato e annientato, ma che per un istante, in un essere la Tua enorme Biblioteca si giustifichi.

Affermano gli empi che il nonsenso è normale nella Biblioteca, e che il ragionevole (come anche l'umile e semplice coerenza) vi è una quasi miracolosa eccezione. Parlano (lo so) della «Biblioteca febbrile, i cui casuali volumi corrono il rischio incessante di mutarsi in altri, e tutto affermano, negano e confondono come una divinità in delirio». Queste parole, che non solo denunciano il disordine, ma lo illustrano, testimoniano generalmente del pessimo gusto e della disperata ignoranza di chi le pronuncia. In realtà, la Biblioteca include tutte le strutture verbali, tutte le variazioni permesse dai venticinque simboli ortografici, ma non un solo nonsenso assoluto.[61] Inutile osservarmi che il miglior volume dei molti esagoni che amministro s'intitola *Tuono pettinato*, un altro *Il crampo di gesso* e un altro *Axaxaxas mlö*. Queste proposizioni, a prima vista incoerenti, sono indubbiamente suscettibili d'una giustificazione crittografica o allegorica,[62] questa giustificazione è verbale, e però, *ex hypothesi*,[63] già figura nella Biblioteca. Non posso immaginare alcuna combinazione di caratteri

dhcmrlchtdj

che la divina Biblioteca non abbia previsto, e che in alcuna delle sue lingue segrete non racchiuda un terribile significato. Nessuno può articolare una sillaba che non sia piena di tenerezze e di terrori, che non sia, in alcuno di quei linguaggi, il nome poderoso[64] di un dio. Parlare è incorrere in tautologie.[65] Questa epistola inutile e verbosa già esiste in uno dei trentadue volumi dei cinque scaffali di uno degli innumerabili esagoni – e così pure la sua confutazione.[66] (Un numero *n* di lingue possibili usa lo stesso vocabolario: in alcune, il simbolo *biblioteca* ammette la definizione corretta di *sistema duraturo e ubiquitario*[67] *di gallerie esagonali*, ma biblioteca sta qui per *pane*, o per *piramide*, o per qualsiasi altra cosa, e per altre cose stanno le sette parole che la definiscono. Tu, che mi leggi, sei sicuro d'intendere la mia lingua?).[68]

---

* Ripeto: perché un libro esista, basta che sia possibile. Solo l'impossibile è escluso.[60] Per esempio: nessun libro è anche una scala, sebbene esistano sicuramente dei libri che discutono, che negano, che dimostrano questa possibilità, e altri la cui struttura corrisponde a quella d'una scala.

● **57 Uomo del Libro**: anche in questa **superstizione** si esprime un'ansia di salvezza e una ricerca del Messia che ricorda i secoli intorno all'affermarsi del Cristianesimo.
● **58 regressivo**: *che va all'indietro*.
● **59 prodigato**: *sperperato*.
● **60 perché un libro...escluso**: poiché la biblioteca è totale, in essa esiste tutto quello che si può pensare e non va contro i principi della logica. Borges riprende quest'idea dalla filosofia di Leibniz (1646-1716): in questo modo, screditata i sistemi filosofici reali, riducendoli a giochi di parole arbitrari.
● **61 In realtà...nonsenso assoluto**: è la svolta (in un certo modo mistica) del racconto. Si rivela ora che ogni libro ha senso, anche quello apparentemente più assurdo; ma questo senso rimane oscuro e minaccioso.
● **62 crittografica o allegorica**: sono cioè in un linguaggio in codice o hanno un senso secondo. I primi due titoli sono di gusto surrealista.
● **63 ex hypothesi**: *per ipotesi*; latino filosofico.
● **64 poderoso**: *potente*.
● **65 tautologie**: frasi che ripetono qualcosa di già contenuto nel soggetto (per esempio: 'Un morto non è vivo'). Parlare non produce nulla di nuovo, perché già tutto è scritto. È il tema, che si afferma dalla fine dell'Ottocento, della vecchiaia della cultura occidentale.
● **66 confutazione**: *smentita*.
● **67 ubiquitario**: *onnipresente*.
● **68 Tu...lingua?**: il tema della impossibilità di dare interpretazioni sicure e verificabili si rivolge sul testo stesso che leggiamo, in un gioco di specchi.

170   Lo scrivere metodico mi distrae dalla presente condizione degli uomini, cui[69] la certezza di ciò, che tutto sta scritto, annienta o istupidisce. So di distretti in cui i giovani si prosternano[70] dinanzi ai libri e ne baciano con barbarie le pagine, ma non sanno decifrare una sola lettera. Le epidemie, le discordie eretiche, le peregrinazioni che inevitabilmente degenerano in banditismo, hanno decimato la popolazione. Credo di aver già accennato ai suicidi, ogni anno più fre-
175 quenti. M'inganneranno, forse, la vecchiezza e il timore, ma sospetto che la specie umana – l'unica – stia per estinguersi, e che la Biblioteca perdurerà: illuminata, solitaria, infinita, perfettamente immobile, armata di volumi preziosi, inutile, incorruttibile, segreta.

    Aggiungo: *infinita*. Non introduco quest'aggettivo per un'abitudine retorica; dico che non è illogico pensare che il mondo sia infinito. Chi lo giudica limitato, suppone che in qualche luogo
180 remoto i corridoi e le scale e gli esagoni possano inconcepibilmente cessare; ciò che è assurdo. Chi lo immagina senza limiti, dimentica che è limitato il numero possibile dei libri. Io m'arrischio a insinuare questa soluzione: *La Biblioteca è illimitata e periodica*. Se un eterno viaggiatore la traversasse in una direzione qualsiasi, constaterebbe alla fine dei secoli che gli stessi volumi si ripetono nello stesso disordine che, ripetuto, sarebbe un ordine: l'Ordine. Questa elegante
185 speranza rallegra la mia solitudine*.[71]

    1941, Mar della Plata.

* Letizia Alvarez de Toledo ha osservato che la vasta Biblioteca è inutile, a rigore, basterebbe *un solo volume*, di formato comune, stampato in corpo nove o in corpo dieci,[72] composto d'un numero infinito di fogli infinitamente sottili. (Cavalieri,[73] al principio del secolo XVII, affermò che ogni corpo solido è la sovrapposizione d'un numero infinito di piani). Il maneggio di questo serico *vademecum*[74] non sarebbe comodo: ogni foglio apparente si sdoppierebbe in altri simili; l'inconcepibile foglio centrale non avrebbe rovescio.[75]

- **69** **cui**: *che* [: i quali uomini].
- **70** **prosternano**: *inchinano*.
- **71** **Questa...solitudine**: al bibliotecario resta solo la speranza di un ordine puramente formale, anche se completamente inutile e terribile perché ignora l'esistenza umana.
- **72** **in corpo...dieci**: sono le dimensioni dei caratteri tipografici; normalmente si usa il corpo dodici.
- **73** **Cavalieri**: Bonaventura Cavalieri, il grande studioso di geometria e matematica (1598-1647).
- **74** **Il maneggio...vademecum**: *l'uso di questa guida [con la carta] simile a seta* (**serico**).
- **75** **l'inconcepibile...rovescio**: il foglio centrale sarebbe impensabile, perché dovrebbe avere una faccia sola. Il racconto si conclude con un altro paradosso.

T2 DALLA COMPRENSIONE ALL'INTERPRETAZIONE

COMPRENSIONE

Desrizione e interpretazione della «Biblioteca»   Il testo non narra un episodio, ma **descrive una «Biblioteca» (corrispondente all'universo) e cerca poi di interpretarne il significato**. Dopo una prima parte in cui si traccia un quadro dettagliato della «Biblioteca» (righi 1-40) – che «si compone di un numero indefinito, e forse infinito, di gallerie esagonali» – si introducono due «assiomi» («*La Biblioteca esiste ab aeterno*» e «*Il numero dei simboli ortografici è di venticinque*», righi 41-65). Poi si avanzano delle **ipotesi interpretative sulla «Biblioteca»**; secondo una «superstizione», esisterebbe un «Uomo del Libro», venuto a contatto con **un «libro totale»** (rigo 135 e sgg.) che racchiude il senso dell'universo. Nella conclusione il narratore sostiene il proprio punto di vista: «*La Biblioteca è illimitata e periodica*» (rigo 182).

ANALISI

Un testo descrittivo con uno sviluppo apparentemente rigoroso   La voce narrante non è quella dell'autore: **Borges finge infatti di riprodurre il manoscritto di un anonimo**, come esplicita in una nota al testo (cfr.

«*Nota dell'editore*»). Il testo non ha un vero e proprio taglio narrativo, non racconta una vicenda: si affaccia solo qua e là la storia di un uomo, ormai vecchio e vicino alla morte, che ha speso la sua vita a cercare di dare un senso alla «Biblioteca», di decifrarne il contenuto e l'organizzazione. **Il racconto consiste** piuttosto **in una descrizione**, accompagnata da riflessioni. Il discorso è organizzato in modo rigoroso (vedi per esempio l'esposizione del primo e del secondo «assioma»). Ma **il rigore dell'argomentazione è** in realtà **solo apparente**: la situazione è paradossale e le affermazioni assurde e fuori da ogni logica.

INTERPRETAZIONE

L'allegoria della biblioteca di Babele La chiave per interpretare il racconto è fornita in apertura dallo stesso autore, quando sottolinea **il carattere allegorico del testo**: «L'universo (che altri chiama la Biblioteca)». Quindi, **la «Biblioteca» corrisponde all'universo**, ciò che si dice di essa può essere trasferito alla totalità del reale. E quale quadro dell'universo si ricava? Viene descritto un luogo governato da **un ordine geometrico, perfetto e disumano che rimanda a un mondo ambiguo, caotico** e incomprensibile: infatti la «Biblioteca» è sede di libri, e nei libri realtà e finzione si mescolano fino a identificarsi. Inoltre, Babele evoca l'idea del caos: è il luogo dove gli uomini vollero costruire una torre così alta da raggiungere il cielo; ma Dio li punì e, per impedire il loro progetto, confuse la loro lingua che prima era una sola.

La continua, vana ricerca di senso Di fronte al **caos**, Borges non si arrende: c'è sempre in lui il desiderio e **la speranza di trovare un ordine**. L'uomo è descritto come un «imperfetto bibliotecario» impegnato a dare un'organizzazione e un significato a ciò che vede e cataloga. Di qui, per esempio, la nascita della religione (cui alludono l'«Uomo del Libro» e il «libro totale»). Si rifiuta l'idea del «nonsenso assoluto»: ogni libro della «Biblioteca» nasconde un significato, benché oscuro e minaccioso. Anche la conclusione testimonia una ribellione all'idea del caos: «gli stessi volumi si ripetono nello stesso disordine che, ripetuto, sarebbe un ordine: l'Ordine. Questa elegante speranza rallegra la mia solitudine» (righi 183-185). Tuttavia, **la ricerca del senso ultimo**, della soluzione dell'enigma, **resta aperta**: nel racconto si assiste a **un accumulo di interpretazioni**, nessuna delle quali appare valida o sbagliata fino in fondo. Forse l'umanità si estinguerà, mentre la «Biblioteca» perdurerà, ormai inutile e ancora segreta. In altre parole, il nucleo del racconto appare **l'antitesi ordine-disordine, senso-insensatezza del mondo**, uno dei grandi temi della cultura contemporanea.

T2 LAVORIAMO SUL TESTO

COMPRENDERE

1. Il racconto s'intitola *La biblioteca di Babele*: che cosa avvenne a Babele, secondo la tradizione biblica?

2. In un certo senso potremmo dire che Borges non è l'autore di questo racconto: perché?

ANALIZZARE

3. Il racconto non ha un vero e proprio taglio narrativo, ma è piuttosto una descrizione. Distingui nel testo le parti di pura descrizione da quelle di riflessione filosofica.

INTERPRETARE

4. Il racconto va interpretato in chiave allegorica: come esplicita subito il narratore, la «Biblioteca» rappresenta l'universo. Rispondi alle seguenti domande usando alcuni dei sostantivi suggeriti.
   A Com'è caratterizzato lo spazio della biblioteca?
   B Quale immagine dell'universo si ricava dall'allegoria della biblioteca di Babele?

LE MIE COMPETENZE: COLLABORARE, PRODURRE

In Borges il tema della biblioteca si intreccia con quello del labirinto. La traccia di ambito artistico-letterario per la prima prova della maturità del 2012 richiedeva di scrivere un saggio breve o un articolo di giornale sul tema del labirinto. Corredavano la traccia i seguenti materiali:

- Pablo Picasso, *Minotauromachia*, 1935;
- Jason Pollock, *Pasiphaë*, 1943;
- Maurits Cornelis Escher, *Relatività*, 1953;
- Ludovico Ariosto, *Orlando furioso*, Canto dodicesimo, ottave 7-12;
- Jorge Luis Borges, *L'immortale*, in *L'Aleph*;
- Italo Calvino, *Pentesilea*, in *Le città invisibili*;
- Umberto Eco, un brano tratto da *Il nome della rosa*, in cui viene descritto il labirinto della biblioteca dell'abbazia.

Collaborando con un gruppo di compagni, realizza una presentazione multimediale sul tema del labirinto intrecciano i documenti forniti per l'Esame di Stato del 2012 con altri selezionati da te. La presentazione multimediale deve ospitare almeno un riferimento al tema della biblioteca e al testo di Borges che hai studiato.

5. Il romanzo nella Russia di Stalin: Bulgakov, Pasternak

Il "realismo socialista"

L'affermazione del regime staliniano comporta in Unione Sovietica la repressione delle avanguardie e della libertà artistica e l'affermazione del realismo socialista. L'imposizione dall'alto di una poetica di partito e di un modello realistico di romanzo non giovarono alla narrativa russa. Ne nacque una letteratura retorica e pedagogica, pesantemente condizionata da schemi ideologici.

Bulgakov e Pasternak

I capolavori del periodo di Stalin sono opere di autori estranei al regime e per questo pubblicate solo con molto ritardo o all'estero: ci riferiamo a *Il Maestro e Margherita* di Bulgakov, scritto negli anni Trenta ma apparso solo postumo nel 1966, e a *Il dottor Živago* di Pasternak, scritto fra il 1946 e il 1956, e uscito per la prima volta non in URSS (dove fu bloccato dalla censura) ma in Italia, in traduzione, nel 1957.

Michail Bulgakov

Michail Bulgakov (1891-1940) incontrò difficoltà con le autorità sovietiche già con il suo primo romanzo *La guardia bianca*, la cui pubblicazione nel 1925 su rivista venne interrotta dalla censura. Sempre del 1925 è *Cuore di cane*, in cui la narrazione è affidata al punto di vista straniato di un cane, che viene trasformato in ominide da uno scienziato, con esiti disastrosi. Alla fine non resta che farlo tornare cane. Dopo *Le uova fatali* e *Diavoleide*, Bulgakov si dedica a un vasto romanzo a cui lavora sino alla morte, **Il Maestro e Margherita, in cui riprende sia la satira contro la burocrazia sovietica sia i temi fantastici della precedente produzione narrativa**. Nel nuovo romanzo elementi grotteschi e comico-satirici ed elementi esistenziali, surreali e fantastici si fondono in modo geniale. **Si mescolano tre diverse dimensioni: quella della cronaca contemporanea** di Mosca negli anni Trenta, **quella legata alla vicenda di Ponzio Pilato e di Cristo; e infine quella metafisica, che pone il problema del bene e del male** e della salvezza dell'uomo. La prima è introdotta nel romanzo dalla figura di Satana, che s'incarna in Woland, un professore di magia nera che agisce nella Mosca della burocrazia sovietica mettendo in subbuglio la città, smascherando le ingiustizie e prestando il proprio aiuto al Maestro, uno scrittore rinchiuso dalle autorità in manicomio a causa di un suo romanzo su Ponzio Pilato; la seconda è giocata sull'esposizione di alcuni capitoli di tale romanzo, in cui si narrano la condanna a morte e la crocifissione di Yeshua (Gesù); nella terza confluiscono le due precedenti: il Maestro viene liberato grazie all'intervento di Margherita, la donna amata, che accetta di diventare strega e di guidare per una notte il gran sabba di Satana.

Il Maestro e Margherita

T • Michail Bulgakov, *Uno spettacolo di magia nera a Mosca*

Boris Leonidovič Pasternak

Boris Leonidovič Pasternak (1890-1960), nato a Mosca da una famiglia di artisti e di intellettuali di origine ebraica, esordì come poeta negli anni della rivoluzione russa. Nei poemi degli anni Venti Pasternak si avvicina a temi storici. Poi, nel 1946, comincia a scrivere **Il dottor Živago**, in cui narra una storia individuale sullo sfondo di quella collettiva del popolo russo, fra il 1905 e la seconda guerra mondiale. Il fascino del romanzo è legato all'incanto del paesaggio russo, alla figura di Lara, la donna amata da Živago, che rappresenta la tenerezza e la passionalità femminili, all'opposizione fra i sentimenti e l'orrore della storia. Il dottor Živago riscosse un grande successo internazionale, culminato nella premiazione di Paternak con il Nobel nel 1958.

Il dottor Živago

T • Boris Pasternak, *Vita privata ed eventi pubblici: il dottor Živago e la rivoluzione russa*

LA NARRATIVA IN RUSSIA

Bulgakov	Pasternak
• *Il maestro e Margherita*	• *Il dottor Živago*
• mescolanza di fantastico, surreale, comico e grottesco • motivi esistenziali ed elementi di critica sociale	• conflitto tra amore e guerra • vicenda individuale e storia collettiva

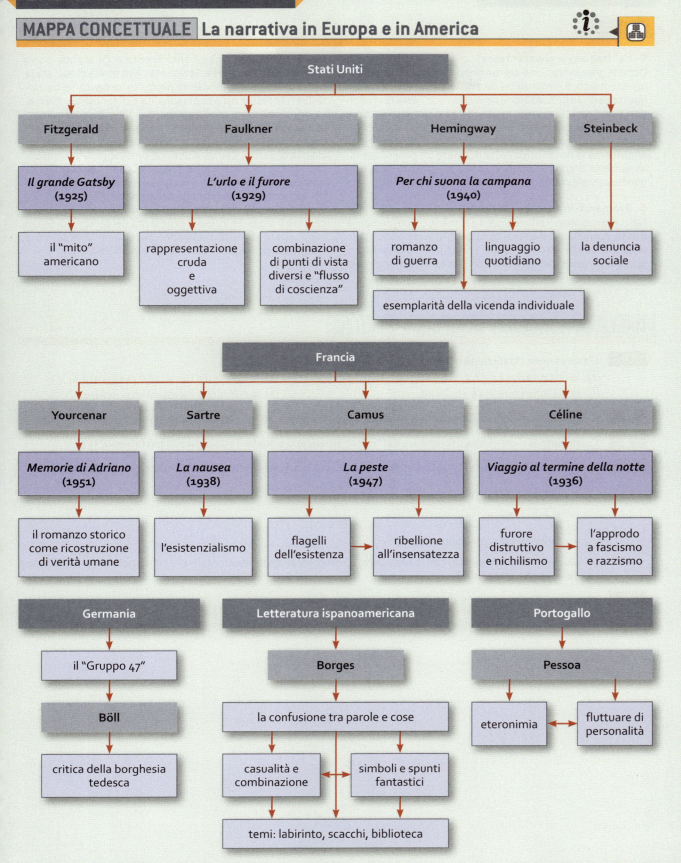

DAL RIPASSO ALLA VERIFICA

SINTESI

● **La "tradizione novecentesca"**
Dopo la grande stagione del romanzo d'avanguardia primo-novecentesco, il romanzo tende a normalizzarsi. Si forma in questo periodo la "tradizione novecentesca": essa non comporta una restaurazione, ma tende a una misura sempre mobile, varia e originale fra oggettività narrativa e analisi interiore, realismo e surrealismo, norma e infrazione. Negli anni Trenta la novellistica cessa di essere un genere prevalentemente di consumo e diventa – soprattutto in Italia – un genere prevalentemente artistico.

● **Il romanzo in America e in Europa**
Nel romanzo americano realismo e romanticismo, denuncia e mito, narrazione ed epos si coniugano in uno slancio vitalistico ignoto alla vecchia Europa. I principali rappresentanti di una nutritissima schiera di autori che esordisce negli anni Venti e si afferma negli anni Trenta e Quaranta, sono Faulkner, Hemingway e Steinbeck. Alle spalle di essi sta la figura di Fitzgerald, fondatore del "mito" americano. La narrativa francese è ricca di personalità e di tendenze diverse. Le principali sono: quella cattolica di Mauriac e Bernanos; quella individualistica di Malraux e Saint-Exupéry; quella di derivazione surrealista di Bataille e Queneau; quella esistenzialista di Sartre, Camus e Simone de Beauvoir. Vi sono poi casi isolati clamorosi, come quello di Céline o di Marguerite Yourcenar. In Germania, il rappresentante più significativo del "Gruppo 47", nato alla fine della guerra, è Böll. Il maggior esponente della ricca letteratura ispanoamericana, è l'argentino Borges. In Russia, i capolavori del periodo di Stalin sono opere di autori estranei al regime: *Il Maestro e Margherita* di Bulgakov e *Il dottor Živago* di Pasternak.

DALLE CONOSCENZE ALLE COMPETENZE

1 L'espressione "tradizione novecentesca" nella narrativa si riferisce a (§ 1)
- [A] la restaurazione del romanzo ottocentesco
- [B] la ripresa del romanzo d'avanguardia
- [C] l'equilibrio tra realtà e analisi interiore
- [D] la diffusione del romanzo popolare

2 Quali caratteristiche della narrativa americana hanno affascinato gli scrittori italiani tra le due guerre? (§ 1)

3 Quale autore si considera il fondatore del "mito" americano e qual è il suo romanzo più famoso? (§ 2)

4 **A** In Francia il romanzo segue diversi filoni. Completa lo schema indicandone gli autori principali (§ 3)
- filone surrealista ....
- filone esistenzialista ....
- filone anarchico-nichilista ....

B Quale scrittrice francese, con la sua opera, dà un contributo fondamentale alla causa dell'emancipazione e della libertà femminile?

5 Che cosa è il "Gruppo 47" e chi è il suo maggiore esponente? (§ 4)

6 Il labirinto è un tema prediletto dallo scrittore argentino Jorge Luis Borges: sai spiegare perché? (§ 4)

Capitolo X — Il romanzo e la novella in Italia

Carlo Levi, *Autoritratto*, 1945.

My eBook+

Cliccando su questa icona, docenti e studenti accedono ad un'area di personalizzazione che permette di arricchire i contenuti digitali già linkati lungo le pagine del libro. Nell'area di personalizzazione è possibile infatti salvare ulteriori materiali: selezionati da **Prometeo**, prodotti autonomamente o ricercati nella rete.

▶ *Per un elenco di materiali integrativi presenti nella biblioteca multimediale di Prometeo o per attivare una ricerca cfr. p. 425*

1. Le principali tendenze della narrativa in Italia

La lenta affermazione del romanzo

La piena affermazione del romanzo si ha in Italia solo negli anni Trenta. È vero che **già Borgese, all'inizio degli anni Venti, aveva riproposto questo genere** sia sul piano teorico (con i saggi di *Tempo di edificare*), sia con l'esempio pratico (il romanzo *Rubè*), e che altrettanto aveva fatto nella seconda metà degli anni Venti Bontempelli con il "realismo magico"; è vero anche che il romanzo di consumo incontrava largo successo di pubblico; **ma il romanzo di ricerca stentava ad attecchire**, giacché, nel campo dei registri letterari più raffinati ed elaborati, il modello prevalente era ancora quello della prosa d'arte.

Dalla prosa d'arte al racconto...

L'evoluzione dalla prosa d'arte al romanzo si realizzò gradualmente passando attraverso il racconto, in cui si sperimentarono quella durata narrativa e quei moduli immediati di rappresentazione che caratterizzano la misura romanzesca. Così, mentre cominciavano a uscire i primi esempi di "tradizione novecentesca" (cfr. cap. IX, § 1) nel campo del romanzo (per esempio, *Gli indifferenti* di Moravia, che è del 1929),

...e al romanzo

a poco a poco **questo genere prese piede per affermarsi definitivamente nel corso degli anni Trenta** con Gadda, Landolfi, Vittorini. Nel ventennio fra il 1935 e il 1955 il romanzo diventò il genere artistico per eccellenza, quello tipico di una società di massa.

Le varietà di romanzo

Le varietà di romanzo riscontrabili fra i primi tentativi degli anni Venti e la piena affermazione del decennio successivo possono essere ricondotte a quattro: 1) **il romanzo fra classicismo e tradizione moderna**; 2) **il romanzo di fantasia e d'invenzione surreale**; 3) **il romanzo solariano**; 4) **il nuovo realismo**.

Il romanzo fra classicismo e tradizione moderna

Bacchelli e poi Morante e Tomasi di Lampedusa

Il primo tipo – il romanzo fra classicismo e tradizione moderna – appare già negli anni Venti con Riccardo Bacchelli (*Il diavolo al Pontelungo* è del 1927; gli segue, un decennio dopo, *Il mulino del Po*), che ne offre una variante ispirata a una lingua fortemente letteraria e sostenuta, in cui l'influenza della «Ronda» (di cui Bacchelli fu redattore) è decisiva (cfr. vol. 5). **Negli anni Quaranta e Cinquanta Elsa Morante e poi Tomasi di Lampedusa** ne danno una variante più consona alle esigenze della tradizione moderna, ma sempre antisperimentale e antiavanguardistica (cfr. § 7 e Parte Decima, cap. IV).

Il romanzo fantastico e surreale

Massimo Bontempelli e il "realismo magico"

La narrativa del secondo tipo – quella di fantasia e d'invenzione surreale – appare anch'essa negli anni Venti. Fra i suoi maggiori esponenti c'è **Massimo Bontempelli** (nato a Como nel 1878, morto a Roma nel 1960), che esordisce nel clima del Futurismo. Durante e dopo l'esperienza di «900» (cfr. cap. II, § 1), egli lavora a romanzi in cui il realismo quotidiano e borghese è avvolto da un'atmosfera surreale, sorretta però da un rigoroso meccanismo narrativo. È il cosiddetto **"realismo magico"**. Si ispira invece direttamente al Surrealismo **Alberto Savinio** (pseudonimo di Andrea De Chirico, fratello del pittore), vissuto fra 1891 e 1952 (cfr. ad esempio, *Hermaphrodito*, che è un esempio di frammentismo e di autobiografismo "vociani"). Le due opere più importanti di Savinio sono dedicate all'infanzia o, meglio, all'inconscio infantile: si tratta di *Tragedia dell'infanzia* (1937) e soprattutto di *Infanzia di Nivasio Dolcemare* (1941). Il punto di vista infantile è qui contrapposto a quello "normale" degli adulti, con esiti di notevole straniamento critico. L'indubbio talento di Savinio si rivela anche nelle opere successive (*Casa «La Vita»* e *Tutta la vita*, rispettivamente del 1943 e del 1945).

Alberto Savinio

Dino Buzzati

Un cultore del fantastico in forme tradizionali è invece **Dino Buzzati** (Belluno 1906-Milano 1972). **In Buzzati la componente magica e surreale agisce nella creazione di atmosfere**: i singoli particolari possono apparire tutti "normali" e realistici ma il loro accumulo crea una situazione di sospensione che altera i dati reali e fa sprofondare il lettore a poco a poco in un mondo fantastico. Sia in *Bàrnabo delle montagne* (1933), sia nella sua opera più nota, *Il deserto dei Tartari* (1940), protagonista è il tempo, vissuto come attesa in uno scenario di solitudine. Nel *Deserto dei Tartari* il tenente Giovanni Drogo attende per anni l'attacco dei Tartari in una fortezza lontana dalla civiltà e ai margini del deserto. In un'atmosfera irreale i soldati si addestrano a un avvenimento che non si registra

Il deserto dei Tartari

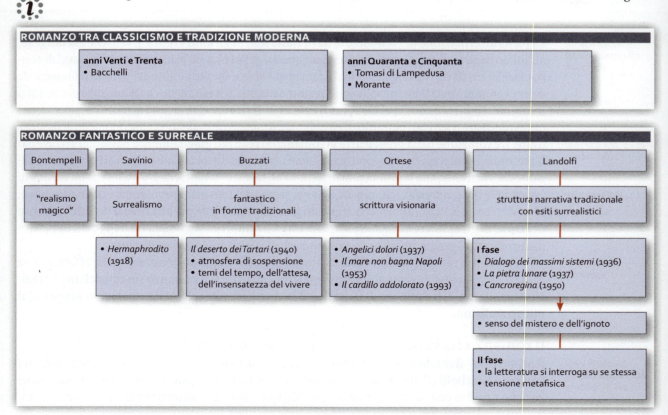

mai. E tuttavia Drogo non riesce a lasciare la fortezza; anzi, quando si reca in città, si accorge di essere ormai indifferente alla vita normale e si affretta a ritornare nel deserto. Qui, nella fortezza, si ammala. Mentre i Tartari sembrano avvicinarsi davvero e fervono i preparativi di resistenza, Drogo muore senza sapere se si tratti di realtà o di un nuovo inganno delle apparenze. **La vita è stata sperperata in un'attesa monotona, squallida e soprattutto inutile**. È questo il significato simbolico del libro, in cui si avverte l'influenza del nichilismo kafkiano (cfr. T1, p. 367).

La sottolineatura del non-senso dell'esistenza e un elemento nuovo, il tema del terrore, caratterizzano l'ultima opera importante di Buzzati, i racconti de *I sette messaggeri* (1943). Tra le altre raccolte di racconti ricordiamo: *Paura alla scala* (1949), *Il crollo della Baliverna* (1954), *Sessanta racconti* (1958; premio Strega), *Siamo spiacenti di* (1960 e poi 1975), *Il colombre* (1966), *Le notti difficili* (1971). Le opere successive a *I sette messaggeri* (da *Paura alla scala* a *Esperimento di magia* e *Un amore*) rientrano nella narrativa di consumo piuttosto che in quella d'arte.

Nel 1969 Mondadori pubblica il *Poema a fumetti* di Dino Buzzati, una sorta di riscrittura surreale e onirica del mito di Orfeo e Euridice.

Bisogna infine ricordare **Anna Maria Ortese** (nata a Roma, 1914-1998) che muove, nella sua prima opera di racconti, *Angelici dolori* (1937), dal "realismo magico" di Bontempelli, per aprirsi poi all'invenzione fantastica di tipo surrealistico, alla argomentazione saggistica e persino alla documentazione neorealistica nei romanzi del dopoguerra (*L'infanta sepolta*, 1950; *Il mare non bagna Napoli*, 1953; *I giorni del cielo*, 1958; *Silenzio a Milano*, 1958), sino alla polemica morale de *L'iguana*, 1965, e a quella che è forse la prova più complessa e ambiziosa della Ortese, *Il cardillo addolorato*, 1993.

Una personalità più spiccata è quella di **Tommaso Landolfi** (1908-1979). Egli parte da una cura dannunziana per la bella prosa e da un vivo interesse per il fantastico e il grottesco (anche tedesco e russo). **Nella prima fase della sua produzione**, dai racconti di *Dialogo dei massimi sistemi* del 1937 a *Cancroregina* del 1950, c'è rispetto per la struttura narrativa tradizionale, anche se con esiti inventivi e surrealistici. **Prevale il senso del mistero e dell'ignoto**, comunicato dall'apparizione di **figure inquietanti di animali** (topi, o blatte come nel romanzo *Il mar delle blatte*, 1939, o la scimmia che le protagoniste di *Le due zittelle*, 1945, finiscono per uccidere perché insozza l'altare di una chiesa, o il ragno del racconto *Il babbo di Kafka*), ora invece da figure enigmatiche come quelle del romanzo *La pietra lunare* del 1939. Qui un motivo tipico della letteratura degli anni Trenta – quello del ragazzo che scopre la vita durante le vacanze – si complica perché l'adolescenza assume l'aspetto ambiguo di una fanciulla-capra, Gurù, di cui si innamora il giovane Giovancarlo. Alla fine la fanciulla sparisce e il ragazzo ritorna alla dimensione "normale" della realtà. Il misterioso splendore sensuale della ragazza, rappresentato sullo sfondo magico di paesaggi lunari, raffigura la realtà imprendibile e incomprensibile di una vita il cui significato rimane sempre enigmatico. **La seconda fase inizia nel 1953 con** *La bière du pecheur* (titolo che può essere tradotto sia come "la birra del pescatore", sia come "la bara del peccatore") e arriva sino a *Des mois* [Mesi], del 1967. **In essa, il tessuto narrativo viene frantumato** e la letteratura diventa un dubbioso interrogarsi su se stessa, unendo sperimentalismo e tensione metafisica.

Il romanzo solariano

Il terzo tipo di romanzo è quello solariano, cioè degli autori che pubblicarono su «Solaria» (cfr. cap. II, § 1). **Lo caratterizza l'"aura poetica"**, cioè la propensione a sentimenti sfumati, all'allusione e alla delicatezza, all'evasività incantata. Fra i maggiori esponenti vanno ricordati anzitutto **Gianna Manzini** (1896-1974), che segue il flusso di coscienza dei personaggi e lo complica di risonanze simbolistiche; **e Anna Banti** (1895-1985), che intreccia racconto e riflessione sul racconto e spesso si apre a un punto di vista femminista (cfr. *Artemisia*).

Loria e Comisso

Con **Arturo Loria** (1902-1957) e **Giovanni Comisso** (1895-1969) **prevale la forma del racconto**, in una scrittura asciutta e tesa, o impressionistica e vitalista. **Il tema centrale è quello dell'adolescenza**: esso può esprimere senso di estraniazione e di frustrazione, o desiderio di avventura ed evasione; ma si tratta delle due facce della stessa realtà.

Romano Bilenchi (1909-1989)

Questo tema è fondamentale anche in **Romano Bilenchi** (1909-1989), autore di romanzi e soprattutto di racconti. Egli fu anche uomo politico e giornalista: dopo aver militato nel "fascismo di sinistra", partecipò alla Resistenza aderendo al Partito Comunista, dal quale si staccò negli anni Cinquanta. Riallacciandosi a Tozzi e a Kafka, ha una vocazione intimista che segue due linee: un compatto e scabro lirismo nella rappresentazione dell'infanzia; un espressionismo freddo e drammatico quando narra di adolescenti. **Suo capolavoro è** *Gli anni impossibili*, che raccoglie **tre racconti lunghi** (*La miseria*, *La siccità* e *Il gelo*).

T • Romano Bilenchi, *Il campo dei girasoli e la scoperta del sesso*

Il romanzo del nuovo realismo

Il quarto tipo di narrativa – quello del nuovo realismo – è il più complesso. Vi rientra anzitutto **un filone di narrativa meridionalistica**, che riprende a modello Verga filtrandolo attraverso suggestioni novecentesche, da Pirandello e d'Annunzio al Surrealismo. I temi centrali sono la drammatica situazione del Sud e la scissione dell'intellettuale, diviso fra estrazione contadina o piccolo-borghese e inserimento nei meccanismi della metropoli moderna. Nel calabrese **Corrado Alvaro** (1895-1956), autore fra l'altro di *Gente in Aspromonte* (1930) si oscilla fra realismo critico e trasfigurazione mitico-simbolica. Il siciliano **Vitaliano Brancati** (1907-1954) punta invece sull'ironia, la satira e una vena di moralismo (per esempio con *Don Giovanni in Sicilia*, del 1941). Il napoletano **Carlo Bernari** (1909-1994) è invece più sperimentale: *Tre operai* (1934) è sì un romanzo neoveristico, ma in esso il resoconto oggettivo lascia il posto al monologo interiore. La via dell'impegno politico diretto è infine quella dell'abruzzese **Ignazio Silone** (1900-1979), a partire da *Fontamara* (1933).

La narrativa del nuovo realismo. I meridionalisti: Alvaro, Brancati, Bernari, Silone

T • Corrado Alvaro, *La vita dei pastori in Aspromonte*

T • Ignazio Silone, *Fontamara*

Il realismo borghese e il realismo mitico-simbolico

Un altro filone di nuovo realismo è quello del realismo borghese, fra esistenzialismo e denuncia sociale (il **Moravia** degli *Indifferenti* e *Agostino*). Rientrano nella tendenza al realismo anche il realismo mitico-simbolico di **Pavese** e di **Vittorini** e il **Neorealismo** (Pratolini, Moravia dopo *Agostino* e, in forme del tutto personali, Fenoglio). A questi autori sono dedicati i paragrafi seguenti.

ROMANZO SOLARIANO

Autori che collaborano alla rivista «Solaria»

- **Gianna Manzini**
  - flusso di coscienza
  - risonanze simbolistiche
- **Anna Banti**
  - *Artemisia* (1947)
  - punto di vista femminista
- **Arturo Loria** / **Giovanni Comisso**
  - prevalenza del racconto
  - tema dell'adolescente
- **Romano Bilenchi**
  - temi dell'infanzia e dell'adolescenza
  - lirismo ed espressionismo

NARRATIVA DEL NUOVO REALISMO

- **i meridionalisti**
  - modello di Verga
  - **temi**: la situazione del Sud Italia e la scissione dell'intellettuale, diviso tra mondo contadino e inserimento nella grande città
- **realismo borghese di Moravia**
- **realismo mitico-simbolico di Vittorini e Pavese**

Meridionalisti:
- **Alvaro** — *Gente in Aspromonte* (1930)
- **Brancati** — *Don Giovanni in Sicilia* (1941)
- **Bernari** — *Tre operai* (1934)
- **Silone** — *Fontamara* (1933)

T1 Dino Buzzati
L'apparizione di un cavallo

OPERA
Il deserto dei Tartari, cap. XII

CONCETTI CHIAVE
- la minaccia rappresentata da un cavallo: arriveranno i Tartari?

FONTE
D. Buzzati, *Il deserto dei Tartari*, Rizzoli, Milano 1940.

Il tenente Drogo, di guardia, vede qualcosa che si muove nella pianura: è un cavallo che potrebbe annunciare l'arrivo dei Tartari.

Il giorno dopo Giovanni Drogo[1] comandò la guardia alla Ridotta Nuova. Era questa un fortino staccato, a tre quarti d'ora di strada dalla Fortezza, in cima a un cono di roccia, incombente sulla pianura dei Tartari. Era il presidio più importante, completamente isolato, e doveva dare l'allarme se qualche minaccia[2] si avvicinava.

Drogo uscì alla sera dalla Fortezza al comando di una settantina di uomini: tanti soldati occorrevano perché i posti di sentinella erano dieci, senza contare due cannoniere. Era la prima volta che egli metteva piede al di là del passo,[3] praticamente si era già fuori confine. Giovanni pensava alle responsabilità del servizio ma soprattutto meditava il sogno su Angustina.[4] Questo sogno gli aveva lasciato nell'animo una risonanza ostinata. Gli pareva che ci dovessero essere oscuri collegamenti con le cose future, benché lui non fosse specialmente[5] superstizioso.

Entrarono nella Ridotta Nuova, si fece il cambio delle sentinelle, poi la guardia smontante[6] se n'andò e dal ciglio[7] della terrazza Drogo stette ad osservarla che si allontanava attraverso i ghiaioni.[8] La Fortezza di là appariva come un lunghissimo muro, un semplice muro con dietro niente. Le sentinelle non si scorgevano perché troppo lontane. Solo la bandiera di tanto in tanto era visibile quando veniva agitata dal vento.

Per ventiquattr'ore nella solitaria ridotta l'unico comandante sarebbe stato Drogo. Qualsiasi cosa fosse successa non si potevano domandare aiuti. Anche se fossero arrivati nemici, il fortino doveva bastare a se stesso. Il Re medesimo fra quelle mura, per ventiquattr'ore, contava meno di Drogo.

Aspettando che venisse la notte Giovanni restò a guardare la pianura settentrionale. Dalla Fortezza non ne aveva potuto vedere che un piccolo triangolo, per via delle montagne davanti. Adesso la poteva invece scorgere tutta, fino ai limiti estremi dell'orizzonte dove ristagnava la solita barriera di nebbia. Era una specie di deserto, lastricato di rocce, qua e là macchie di bassi cespugli polverosi. A destra, in fondo in fondo, una striscia nera poteva essere anche una foresta. Ai fianchi l'aspra catena delle montagne. Ve n'erano di bellissime con sterminati muraglioni a picco e la vetta bianca per la prima neve autunnale. Eppure nessuno le guardava: tutti, Drogo e i soldati, tendevano istintivamente a guardare verso nord, alla desolata pianura, priva di senso e misteriosa.[9]

Fosse il pensiero di essere completamente solo a comandare il fortino, fosse la vista della disabitata landa, fosse il ricordo del sogno di Angustina, Drogo sentiva ora crescergli attorno, col dilatarsi della notte, una sorda inquietudine.

Era una sera di ottobre di incerto tempo, con chiazze di luce rossiccia disseminate qua e là sulla terra, riflesse non si capiva da dove, e progressivamente inghiottite dal crepuscolo colore di piombo.

Come al solito entrava al tramonto nell'animo di Drogo una specie di poetica animazione.[10] Era l'ora delle speranze. E lui ritornava a meditare le eroiche fantasie tante volte costruite nei

---

- **1 Giovanni Drogo**: è tenente nella fortezza posta ai margini del deserto dei Tartari.
- **2 minaccia**: di un'invasione dei Tartari.
- **3 passo**: *valico*.
- **4 il sogno su Angustina**: Drogo aveva sognato che il tenente Angustina, suo amico, se ne fosse andato da una finestra, rispondendo al richiamo dei fantasmi. È un preannuncio di morte.
- **5 specialmente**: *particolarmente*.
- **6 smontante**: *che smontava* [: finiva] [*il turno*].
- **7 ciglio**: *bordo*.
- **8 ghiaioni**: sono gli accumuli di detriti che si depositano alla base di una parete rocciosa.
- **9 Eppure nessuno...misteriosa**: è chiaro il senso allegorico, che fa della pianura una metafora della fascinazione della morte.
- **10 Era una sera...poetica animazione**: corrispondenza fra stato d'animo e paesaggio, descritto liricamente.

lunghi turni di guardia e ogni giorno perfezionate con nuovi particolari. In genere pensava a una disperata battaglia impegnata da lui, con pochi uomini, contro innumerevoli forze nemiche; come se quella notte la Ridotta Nuova fosse stata assediata da migliaia di Tartari. Per giorni e giorni lui resisteva, quasi tutti i compagni erano morti o feriti; un proiettile aveva colpito anche lui, una ferita grave ma non tanto, che gli permetteva di sostenere ancora il comando. Ed ecco le cartucce stanno per finire, lui tenta una sortita alla testa degli ultimi uomini, una benda gli fascia la fronte; e allora finalmente arrivare rinforzi, il nemico sbandarsi e volgere in fuga, lui cadere sfinito stringendo la sciabola insanguinata.[11] Qualcuno però lo chiama, «Tenente Drogo, tenente Drogo» chiama, lo scuote per rianimarlo. E lui Drogo apre lentamente gli occhi: il Re, il Re in persona è chinato su di lui e gli dice bravo.

Era l'ora delle speranze e lui meditava le eroiche storie che probabilmente non si sarebbero verificate mai, ma che pure servivano a incoraggiare la vita. Certe volte si accontentava di molto meno, rinunciava ad essere solo lui l'eroe, rinunciava alla ferita, rinunciava anche al Re che gli diceva bravo. In fondo sarebbe bastata una semplice battaglia, una battaglia sola ma sul serio, caricare in grande uniforme ed essere capace di sorridere precipitando verso le facce ermetiche[12] dei nemici. Una battaglia, e dopo forse sarebbe stato contento per tutta la vita.[13]

Ma quella sera non era facile sentirsi un eroe. Le tenebre avevano già avvolto il mondo, la pianura del nord aveva perso ogni colore, ma non si era ancora assopita,[14] come se qualcosa di tristo[15] vi stesse nascendo.

Erano già le otto di sera e il cielo si era tutto riempito di nubi quando a Drogo parve di scorgere nella pianura, un po' a destra, proprio sotto la ridotta, una piccola macchia nera che si muoveva. «Devo avere gli occhi stanchi» pensò «a forza di guardare ho gli occhi stanchi e vedo delle macchie». Anche un'altra volta gli era capitato lo stesso, quando era ragazzo e stava alzato la notte a studiare.

Provò a tenere chiuse per qualche istante le palpebre, poi rivolse gli sguardi agli oggetti attorno; a un secchio che doveva essere servito per lavare la terrazza, a un uncino di ferro sul muro, a un panchetto che l'ufficiale di servizio prima di lui doveva essersi fatto portare lassù per stare seduto. Solo dopo qualche minuto tornò a guardare in basso dove poco prima gli era parso di scorgere la macchia nera. Era ancora là, e si spostava lentamente.

«Tronk!»[16] chiamò Drogo in tono agitato.

«Comandi, signor tenente?» gli rispose immediatamente una voce tanto vicina che lo fece trasalire.

«Ah, lei è qua?» disse e prese respiro. «Tronk, non vorrei sbagliarmi ma mi pare... mi pare di vedere qualcosa che si muove laggiù in basso».

«Sissignore» rispose Tronk con voce regolamentare.[17]

«È già parecchi minuti che la sto osservando».

«Come?» fece Drogo. «L'ha vista anche lei? Che cosa vede?»

«Quella cosa che si muove, signor tenente».

Drogo si sentì rimescolare il sangue. Adesso ci siamo, pensò, dimenticando completamente le sue fantasie guerriere, proprio a me doveva capitare, adesso succede qualche pasticcio.[18]

«Ah, l'ha vista anche lei?» domandò ancora, nell'assurda speranza che l'altro negasse.

«Sissignore» fece Tronk. «Saranno dieci minuti. Ero andato da basso per vedere la pulizia dei cannoni, poi sono salito qui e l'ho vista».

- **11** **e allora...insanguinata**: qui e di seguito, l'uso dell'infinito (**arrivare, sbandarsi, volgere, cadere**), secondo un costrutto latino, vuole dilatare l'immaginazione verso l'intemporale.
- **12** **ermetiche**: enigmatiche.
- **13** **Una battaglia...la vita**: le fantasie di Drogo lo risarciscono di una vita in cui non accade nulla.
- **14** **assopita**: addormentata; si intuiscono cioè ancora segni di vita.
- **15** **tristo**: malvagio.
- **16** **Tronk**: è un soldato particolarmente ligio ai regolamenti.
- **17** **regolamentare**: allude ironicamente allo scrupolo del personaggio.
- **18** **Drogo...pasticcio**: com'è facile capire, le fantasie di Drogo lo tengono al riparo dalla vita reale.

Tacquero entrambi, anche per Tronk doveva pur essere un fatto strano e inquietante.

«Che cosa dice che sia, Tronk?».

«Non riesco a capire, si muove troppo adagio».

«Come troppo adagio?».

«Sì, pensavo che potessero essere i ciuffi delle canne».

«Ciuffi? Che ciuffi?».

«C'è un canneto laggiù in fondo» fece un segno verso destra, ma era inutile perché nel buio non si vedeva niente. «Sono piante che in questa stagione ci vengono[19] dei ciuffi neri. Alle volte il vento li stacca, questi ciuffi, e siccome sono leggeri volano via, sembrano dei piccoli fumi... Ma non può essere – aggiunse dopo una pausa – si muoverebbero più svelti».

«E che cosa può essere allora?».

«Non capisco» fece Tronk. «Uomini sarebbe strano. Verrebbero su da un'altra parte. E poi continua a muoversi, non si capisce».

«Allarmi! Allarmi!» gridò in quel momento una sentinella vicina, poi un'altra, poi un'altra ancora. Anch'esse avevano scorto la macchia nera. Dall'interno della ridotta accorsero immediatamente gli altri soldati non di turno. Si ammassarono al parapetto, incuriositi e con un po' di paura.

«Non lo vedi?» diceva uno. «Ma sì, proprio qui sotto. Adesso è fermo».

«Sarà della nebbia» diceva un altro. «La nebbia certe volte ha dei buchi e si vede attraverso quello che c'è dietro. Sembra che ci sia qualcuno che si muove e invece sono dei buchi nella nebbia».

«Sì, sì, adesso vedo» si sentiva dire. «Ma c'è sempre stato quel coso nero lì, è un sasso nero, ecco che cos'è».

«Ma che sasso! Non vedi che si muove ancora? Sei orbo?».

«Un sasso, ti dico. L'ho sempre visto, un sasso nero che assomiglia a una monaca».

Qualcuno rise. «Via, via di qua, tornate subito dentro» intervenne Tronk, prevenendo il tenente a cui tutte quelle voci aumentavano l'orgasmo.[20] I soldati a malincuore si ritirarono nell'interno e si fece di nuovo silenzio.

«Tronk» chiese Drogo a un tratto non sapendosi decidere da solo. «Lei darebbe l'allarme?».

«L'allarme alla Fortezza, dice? Dice di sparare un colpo, signor tenente?».

«Mah, non so neppur io. Le pare che ci sia da dare l'allarme?».

Tronk scosse il capo: «Io aspetterei di veder meglio. Se si spara, alla Fortezza si mettono in agitazione. E poi se non c'è niente?».

«Già» ammise Drogo.

«E poi – aggiunse Tronk – sarebbe anche fuori del regolamento. Il regolamento dice che bisogna dare l'allarme solo in caso di minaccia, proprio così dice, «"in caso di minaccia, di comparsa di reparti armati e in tutti i casi in cui persone sospette si avvicinino a meno di cento metri al confine delle mura"», dice così il regolamento».

«Eh già – assentì Giovanni – e saranno più di cento metri, vero?».

«Dico anch'io» approvò Tronk. «E poi come si fa a dire che sia una persona?».

«E che cosa vuole che sia allora, uno spirito?» fece Drogo vagamente irritato. Tronk non rispose.

Sospesi sull'interminabile notte, stettero Drogo e Tronk appoggiati al parapetto con gli occhi fissi verso il fondo, là dove cominciava la pianura dei Tartari. L'enigmatica macchia appariva immobile, quasi stesse dormendo, e a poco a poco Giovanni ricominciava a pensare che davvero non ci fosse nulla, soltanto un nero macigno assomigliante a una monaca, e che i suoi occhi si

---

- **19** **che in questa stagione ci vengono**: *alle quali in questa stagione spuntano*. È la sintassi del parlato.
- **20** **l'orgasmo**: *l'agitazione*.

fossero ingannati, un po' di stanchezza, null'altro, una stupida allucinazione. Ora sentiva perfino un'ombra di opaca amarezza, come quando le gravi ore del destino ci passano vicine senza toccarci e il loro rombo si perde lontano mentre noi rimaniamo soli, fra gorghi di foglie secche, a rimpianger la terribile ma grande occasione perduta.²¹

130 Ma poi, dalla valle buia, con l'andar della notte, risaliva il soffio della paura. Con l'andar della notte Drogo si sentiva piccolo e solo, Tronk gli era troppo diverso per potergli servire da amico. Oh, se avesse avuto accanto i compagni, magari uno soltanto, allora sì sarebbe stato diverso, Drogo avrebbe anche trovato la voglia di scherzare e aspettare l'alba non gli avrebbe causato pena.

135 Lingue di nebbia si andavano intanto formando nella pianura, pallido arcipelago sopra oceano nero. Una di esse si stese proprio ai piedi della ridotta, nascondendo l'oggetto misterioso. L'aria si era fatta umida, dalle spalle di Drogo il mantello pendeva floscio e pesante.

Che lunga notte. Drogo aveva già perso la speranza che potesse mai terminare quando il cielo cominciò a impallidire e folate gelide annunciarono che l'alba non era lontana. Fu allora che
140 lo sorprese il sonno. In piedi, appoggiato al parapetto della terrazza, Drogo per due volte lasciò ciondolare il capo, due volte lo raddrizzò di soprassalto, infine la testa si abbandonò inerte e le palpebre cedettero al peso. Il nuovo giorno nasceva.

Si ridestò perché qualcuno gli toccava un braccio. Riemerse adagio dai sogni, sbalordito dalla luce. Una voce, la voce di Tronk, gli diceva: «Signor tenente, è un cavallo».

145 Ricordò allora la vita, la Fortezza, la Ridotta Nuova, l'enigma della macchia nera. Guardò subito in basso, avido di sapere, e desiderava vilmente di non scorgere altro che pietre e cespugli, niente altro che la pianura, così come era sempre stata, solitaria e vuota.

La voce invece gli ripeteva: «Signor tenente, è un cavallo». E lui Drogo lo vide, inverosimile cosa, fermo ai piedi della rupe.
150 Era un cavallo, non grande ma basso e grossetto, di curiosa bellezza per le gambe sottili e la criniera fluente. Strana era la sua forma ma soprattutto meraviglioso il colore, un colore nero splendente che macchiava il paesaggio.

Da dove era giunto? Di chi era? Nessuna creatura, da moltissimi anni – se non forse qualche corvo o biscia – si era avventurata in quei luoghi. Ora invece era apparso un cavallo e si capiva
155 subito che non era selvatico, ma una bestia scelta, un vero cavallo da militari (forse solo le gambe erano un po' troppo sottili).

Era una cosa straordinaria, di significato inquietante. Drogo, Tronk, le sentinelle – e pure gli altri soldati attraverso le feritoie del piano di sotto – non riuscivano a staccarne gli occhi. Quel cavallo spezzava la regola, riportava le antiche leggende del nord, coi Tartari e le battaglie, ri-
160 empiva della sua illogica presenza l'intero deserto.

Da solo non significava gran che, ma dietro al cavallo si capiva che dovevano arrivare altre cose. Esso aveva la sella in ordine come se poco tempo prima fosse stato montato. C'era dunque una storia in sospeso, ciò che fino a ieri era assurdo, ridicola superstizione, poteva dunque essere vero. Drogo aveva l'impressione di sentirli, i misteriosi nemici, i Tartari, appiattiti fra i ce-
165 spugli, nelle spaccature delle rocce, immobili e muti, coi denti serrati: aspettavano il buio per attaccare. E altri intanto ne giungevano, un minaccioso formicolio che usciva lento dalle nebbie del nord. Essi non avevano musiche né canzoni, non spade scintillanti, non belle bandiere. Le loro armi erano opache perché non scintillassero al sole e i cavalli allenati a non nitrire. Ma un cavallino – questo fu l'immediato pensiero alla Ridotta Nuova – un cavallino era fuggito ai
170 nemici e corso avanti a tradirli. Probabilmente essi non se n'erano accorti perché la bestia era fuggita dall'accampamento durante la notte.

● **21** **Ora sentivo...perduta**: lo stile è metaforico e letterario. **Opaca**: *triste*; **gravi**: *difficili*; **rombo**: *rumore*; **gorghi**: *mulinelli*. Le **foglie secche** sono metafore del rimpianto per qualcosa che non si è realizzato.

Il cavallo aveva così portato un messaggio prezioso. Ma di quanto tempo precedeva i nemici? Fino a sera Drogo non avrebbe potuto informare il Comando della Fortezza e intanto i Tartari potevano farsi sotto.[22]

175 Dare dunque l'allarme? Tronk diceva di no: in fondo si trattava di un semplice cavallo, diceva; il fatto ch'era giunto ai piedi della ridotta poteva significare che si era trovato isolato, forse il padrone era un cacciatore solitario spintosi imprudentemente nel deserto e morto, o ammalato; il cavallo, rimasto solo, era andato a cercare la salvezza, aveva sentito la presenza dell'uomo dalla parte della Fortezza e adesso aspettava che gli portassero biada.

180 Questo appunto faceva dubitare seriamente che un esercito stesse avvicinandosi. Che motivo poteva avere avuto la bestia per fuggire da un accampamento in una terra così inospitale? E poi, diceva Tronk, aveva sentito dire che i cavalli dei Tartari erano quasi tutti bianchi, anche in un vecchio dipinto appeso in una sala della Fortezza si vedevano i Tartari montati tutti su destrieri bianchi e questo invece era nero come il carbone.

185 Così Drogo, dopo molte titubanze, decise di aspettare la sera. Nel frattempo il cielo si era schiarito e il sole illuminò il paesaggio riscaldando il cuore dei soldati. Anche Giovanni si sentì rinfrancare dalla chiara luce; le fantasie dei Tartari persero consistenza, tutto ritornava alle proporzioni normali, il cavallo era un semplice cavallo e alla sua presenza si poteva trovare una quantità di spiegazioni senza ricorrere a incursioni nemiche. Allora, dimenticando le paure
190 notturne, egli si sentì improvvisamente disposto a qualsiasi avventura e lo riempiva di gioia il presentimento che il suo destino era alle porte, una sorte felice che lo avrebbe messo al di sopra degli altri uomini.[23]

● **22 Il cavallo...farsi sotto**: l'apparizione del cavallo è al tempo stesso banale e stupefacente. In sé, infatti, non rappresenta alcun pericolo reale; ma sembra promettere qualche evento straordinario, seppure lontano e misterioso. In questo modo, l'apparizione non rompe il clima della fortezza, ma lo conferma: è un altro segno di attesa, in un mondo in cui non muta nulla.
● **23 allora...degli altri uomini**: Drogo ritorna alle fantasticherie di gloria dell'inizio: tutto è immutato.

T1 DALLA COMPRENSIONE ALL'INTERPRETAZIONE

COMPRENSIONE

L'attesa e il deserto Il brano ha **un andamento circolare** e può essere diviso in tre parti. **La prima parte** (righi 1-55) ci presenta **il tenente Drogo**, il protagonista del romanzo, che per la prima volta lascia la Fortezza e si avventura con i soldati di guardia in **un presidio nel deserto**. Il personaggio è animato da emozioni contrastanti: da una parte sente **una sottile inquietudine**, alimentata dal sogno perturbante sul generale Angustina (quasi un presagio di morte) e dalla vastità del deserto; dall'altra è dominato dal desiderio illusorio di prendere parte a qualche impresa eroica. **Nella seconda parte** (righi 57-142) il fantasticare di Drogo è interrotto da **un evento inaspettato**. Nella dimensione immobile di attesa che caratterizza la vita dei soldati, accade qualcosa: una sagoma nera si materializza in lontananza. Drogo e il soldato Tronk fissano la pianura buia tentando di dare significato a ciò che vedono. Drogo ha dimenticato di colpo le immaginazioni eroiche, che lo tengono lontano dalla vita vera, e si sente inquieto e allarmato dinanzi alla prospettiva che in effetti qualcosa interrompa lo stato di sospensione. **Nella terza parte** (righi 143-192) **tutto ritorna come prima**: la macchia all'orizzonte si rivela **un cavallo**, la cui apparizione banale e al tempo stesso straordinaria, non rompe il clima di attesa in cui vivono Drogo e gli altri soldati della Fortezza. È **un segno ulteriore che ribadisce la necessità dell'attesa**. Il cavallo è, appunto, un semplice cavallo e la sua presenza non implica necessariamente l'arrivo dei Tartari. Drogo e Tronk decidono di non dare l'allarme. Il protagonista sprofonda ancora una volta nelle sue fantasie.

ANALISI

Lo stile: il Surrealismo normalizzato di Buzzati Si noti la **normalità del linguaggio**, niente affatto sperimentale, e dello stile, privo di audacie. Il Surrealismo di Buzzati è assai moderato. Se paragonato a quello di Savinio o di Landolfi, è assai meno innovativo. Si può parlare di un **Surrealismo normalizzato**, ormai interno alla "tradizione novecentesca".

INTERPRETAZIONE

L'allegoria della Fortezza e quella del cavallo La vita alla Fortezza rappresenta allegoricamente la condizione umana. L'uomo attende sempre che gli accada qualcosa, vive organizzando la propria esistenza in funzione del domani; ma l'unica cosa certa è che prima o poi sopraggiungerà invece la morte. La comparsa del cavallo suscita nel protagonista eccitazione e timore: da un lato l'arrivo dei Tartari darebbe senso alla sua attesa, dall'altro però turberebbe l'equilibrio determinato dalle consuetudini dell'**attesa stessa**. **Il cavallo è l'imprevisto**: è **simbolo minaccioso dell'ignoto** che può irrompere nell'ordinata esistenza umana. Solo quando, alla fine del brano, Drogo si rassicura convincendosi che si tratta solo di un «semplice cavallo», senza conseguenze, tutto ritorna per lui nelle normali proporzioni; anzi, lo scampato pericolo gli dà una sensazione di gioia.

T1 LAVORIAMO SUL TESTO

COMPRENDERE

1. Confronta le fantasie eroiche di Drogo con la sua vita quotidiana. Quale rapporto egli intrattiene con la realtà?
2. Il testo è pervaso da un'atmosfera di inquietudine e di attesa che culmina nell'apparizione del cavallo. Sottolinea gli accorgimenti narrativi che contribuiscono a creare il senso del mistero.

INTERPRETARE

3. Osserva come è rappresentato lo spazio: il deserto, la fortezza, il cavallo stesso hanno un significato realistico, simbolico o allegorico?

2 Il realismo mitico e simbolico di Vittorini e di Pavese

Vittorini e Pavese fra realismo e simbolismo. Il mito dell'America

Vittorini e Pavese sono i maestri del "nuovo realismo" degli anni Trenta e poi del Neorealismo postbellico. Ma il loro realismo è sperimentale e **non ha una matrice naturalistica o veristica, bensì lirica e simbolica**. Il mito dell'America di cui entrambi furono promotori non portò solo all'assimilazione del realismo "americano" (scarno, sobrio, sintetico, fatto di frasi brevi e incisive), ma anche a sognare ideologicamente un'umanità totale, un Uomo assoluto e universale, e dunque indeterminato, di cui si voleva cogliere l'essenza attraverso l'arte.

Elio Vittorini fra letteratura e impegno politico

Il siciliano **Elio Vittorini** (Siracusa **1908**-Milano **1966**) vive dapprima a Firenze, nell'ambiente di «Solaria» e del "fascismo di sinistra", poi a Milano, facendo il traduttore dall'inglese (è lui a tradurre molti romanzi americani e a curare l'**antologia *Americana*, nel 1941**), lavorando poi nell'industria editoriale e dirigendo infine la rivista **«Il Menabò»**, dopo che nell'immediato dopoguerra aveva diretto **«Il Politecnico»** (cfr. cap. II, § 1). Ai suoi esordi unisce un'indiscussa fiducia nella letteratura a un impegno politico e ideologico. L'influenza della formazione giovanile lo induce a **una permanente oscillazione fra letteratura e politica, fra elemento simbolico ed elemento ideologico, fra lirismo e realismo, fra "mito" e "storia"**. Il punto più alto di fusione delle due tendenze si ha nel capolavoro, *Conversazione in Sicilia*, uscito su «Letteratura» fra il 1937 e il 1939 e in volume nel 1941.

Da Piccola borghesia a Il garofano rosso ed Erica e i suoi fratelli

Vittorini aveva esordito con i racconti di *Piccola borghesia* (1931), in cui si mescolano motivi ideologici tipici del «fascismo di sinistra» **«fascismo di sinistra»** (l'esaltazione dell'istintività, la critica alla borghesia) ed esigenze letterarie ispirate invece alla lezione del grande romanzo europeo

---

IL SIGNIFICATO DELLE PAROLE

- **Fascismo di sinistra**
Corrente politica e culturale che, ponendosi all'interno delle istituzioni politiche del regime, ne enfatizzava aspetti popolari e ostili al capitalismo. Molti giovani esponenti del cosiddetto "fascismo di sinistra" divennero, come Vittorini, antifascisti. Per molti "fascisti di sinistra" la guerra civile in Spagna (1936-1939) rappresentò un momento di forte delusione. Durante questo conflitto Mussolini e Hitler appoggiarono i "franchisti" aiutandoli ad abbattere il governo democratico spagnolo con un colpo di Stato.

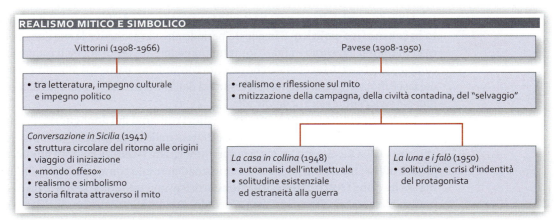

Vasilij Kandinskij, *Paesaggio estivo* (*Case a Murnau*), 1909. San Pietroburgo, Museo di Stato.

(Proust, Joyce, Svevo), risolte nel monologo interiore e nel "flusso di coscienza". Dopo **Il garofano rosso** ed **Erica e i suoi fratelli** (1936), storia di una ragazza del popolo in un quartiere operaio, **lo scoppio della guerra di Spagna gettò nello sconforto Vittorini**, facendo capire a lui e ai suoi amici (Bilenchi, Pratolini) il carattere illusorio delle posizioni politiche "di sinistra" sino allora sostenute: il fascismo, infatti, si schierò dalla parte di Franco e non della legittima repubblica, come essi avevano sperato (cfr. cap. II, § 1). **Ha inizio per Vittorini una fase di vuoto e di «astratti furori» da cui nasce *Conversazione in Sicilia*** (cfr. **T2**, p. 375) e in cui il ripiegamento nella letteratura si accompagna a una forte tensione etica e populistica. La tendenza a tradurre i dati reali in analogie simboliche avvicina Vittorini agli ermetici; ma ciò non impedisce allo scrittore di mostrare il proprio interesse per ambienti e situazioni del mondo popolare e di schierarsi a favore degli offesi e delle vittime, anticipando modi che saranno ripresi dal Neorealismo.

Il romanzo è costruito in modo circolare, essendo basato sulla ripetizione, in ognuna delle sue cinque parti, di battute, situazioni e personaggi che ritornano anche nelle altre. **Esso ha la forma mitico-simbolica di un ritorno alle origini**: il protagonista, **Silvestro**, che parla in prima persona, supera la situazione d'inerzia e di «astratti furori» compiendo un viaggio verso il paese siciliano in cui è nato.

Nel romanzo la storia – la miseria siciliana, la guerra di Spagna – **è ben presente**. Rimandano a questa dimensione storica l'ideologia del «mondo offeso», per cui «non ogni uomo è uomo», ma al-

La genesi di Conversazione in Sicilia

La struttura di Conversazione in Sicilia

T • Elio Vittorini, *L'«ehm!» del soldato morto e i figli di Cornelia*

L'ideologia del «mondo offeso»

REALISMO MITICO E SIMBOLICO	
Vittorini (1908-1966)	**Pavese (1908-1950)**
• tra letteratura, impegno culturale e impegno politico	• realismo e riflessione sul mito • mitizzazione della campagna, della civiltà contadina, del "selvaggio"
Conversazione in Sicilia (1941) • struttura circolare del ritorno alle origini • viaggio di iniziazione • «mondo offeso» • realismo e simbolismo • storia filtrata attraverso il mito	**La casa in collina (1948)** • autoanalisi dell'intellettuale • solitudine esistenziale ed estraneità alla guerra / **La luna e i falò (1950)** • solitudine e crisi d'identità del protagonista

cuni (coloro che soffrono) sono «più uomini» e altri (gli oppressori) «meno uomini» (questa ideologia torna nel titolo del libro successivo: *Uomini e no*), e la convinzione che occorrono perciò «nuovi doveri» (cfr. **T3**, p. 378). **Ma la storia viene filtrata ed espressa nella forma simbolica del mito**, del ritorno alle origini, del viaggio di iniziazione.

Le opere del dopoguerra

La fusione fra i due aspetti, realizzata in *Conversazione in Sicilia*, torna a scindersi nel dopoguerra: da un lato, se prevale la storia, abbiamo *Uomini e no* (il romanzo, uscito nel 1945, in cui l'autore descrive la propria esperienza nella Resistenza) e *Le donne di Messina* (1949); **dall'altro**, se prevale il mito, *Il Sempione strizza l'occhio al Frejus* (1947), *La garibaldina* (1950), *Le città del mondo* (1965).

Il tema del mito e della campagna in Pavese

Cesare Pavese (nato a Santo Stefano Belbo nel 1908, morto suicida a Torino nel 1950) fu traduttore dall'inglese, poeta, saggista e impegnato in attività editoriali presso la casa editrice Einaudi. **La sua cultura è caratterizzata dalla mitizzazione della campagna** – contrapposta alla città –, **del "selvaggio" e dell'America** come luogo del primitivo, dall'interesse, in questa chiave, per gli studi di etnologia e per il mondo dei miti e dell'antropologia. La campagna è colta dal punto di vista dell'intellettuale di città che, nei riti antichi di sangue e di sesso, vuole recuperare il senso vero dell'esistenza e finisce ogni volta per riscoprire la propria solitudine.

L'estraneità dell'intellettuale e lo sprofondamento nell'arcaico e nel primitivo

La ricerca artistica pavesiana oscilla fra due poli: può concentrarsi sull'estraneità e sull'impotenza dell'intellettuale oppure può inseguire un progetto di sprofondamento nell'arcaico o di rivelazione del «destino» umano nei miti del passato. Limitandoci alle opere di narrativa più importanti, **la prima strada** è quella del romanzo più intenso di Pavese, *La casa in collina*; **la seconda** è quella di *Paesi tuoi* e di *La luna e i falò* (ma anche *Dialoghi con Leucò* può rientrare in questa seconda tendenza).

Naturalismo e decadentismo nel primo Pavese. L'importanza di Paesi tuoi

I racconti e i romanzi della prima fase della narrativa pavesiana (1938-41) si muovono fra temi decadenti e naturalisti: ricordiamo *Il carcere*, resoconto del periodo passato al confino, *La spiaggia* e *La bella estate*. Più interessante è l'altro romanzo, *Paesi tuoi* (1941), in cui il naturalismo dell'ambientazione contadina e il decadentismo delle atmosfere violente e morbose raggiungono una maggiore intensità. Inoltre *Paesi tuoi* **è anche il più "americano" dei libri di Pavese** (evidente è l'influenza di Faulkner), come mostrano l'essenzialità dei gesti e dei dialoghi e la programmatica antiletterarietà. Per questo divenne poi un punto di riferimento fondamentale della giovane narrativa del Neorealismo.

La vicenda di Paesi tuoi

***Paesi tuoi* narra una storia cupa e violenta di passioni primitive**: la racconta in prima persona **Berto**, un cittadino, un operaio uscito di galera, che è andato a vivere in campagna con un suo compagno di prigionia, il contadino **Talino**. **Scopre così un mondo arcaico, selvaggio e irrazionale**, in cui Talino, finito in carcere per aver dato fuoco alla cascina di un rivale, può avere avuto un rapporto incestuoso con la sorella Gisella. Tra Berto e la ragazza nasce un idillio. Quando, durante la trebbiatura, Talino scorge la sorella che offre a Berto un secchio d'acqua, fuori di sé dalla gelosia e dalla stanchezza, la uccide per poi darsi alla fuga nei campi. **La lenta morte per dissanguamento della ragazza ha più il valore mitico di un rito arcaico** (il sacrificio per le messi) che quello realistico di un documento sociale (cfr. **T4**, p. 381).

La produzione di Pavese nel dopoguerra

All'indomani della guerra, ha inizio la seconda fase della narrativa pavesiana, più impegnata in senso etico-politico. È in questo periodo che Pavese scrive le sue due opere più durature: *La casa in collina* e *La luna e i falò*. Contemporaneamente tenta anche il romanzo neorealista con *Il compagno* (storia di un operaio che diventa comunista e partecipa alla lotta clandestina negli anni del fascismo) e affronta il tema dell'assurdità dell'esistenza negli ambienti della ricca borghesia in *Il diavolo sulle colline* e in *Tra donne sole*.

La casa in collina, autoanalisi di un intellettuale. Il tema della solitudine

La casa in collina (1948) è uno dei migliori romanzi del dopoguerra. Si distingue per il coraggio dell'autoanalisi: l'intellettuale, messo di fronte alla tragedia della guerra e alle esigenze di impegno poste dalla Resistenza, rivela la propria ambiguità. **Il tema è sempre quello, caro a Pavese, della solitudine**; ma essa si presenta nel romanzo non solo come **immobile condizione esistenziale**, ma anche come **frutto di una situazione storica**; non solo come segno di un destino, ma anche come prodotto sociale. Il protagonista, **Corrado**, è un intellettuale che, durante la guerra, può fuggire

La vicenda

dalla città e vivere in collina. La sua impotenza ad agire è insieme privilegio di casta e vizio sociale, e si tramuta in doppio gioco, nell'abitudine alla maschera. **L'incontro con Cate** (una donna amata dieci anni prima) e con il figlio di questa, che potrebbe anche essere proprio (così Corrado si compiace di immaginare) mette in moto un bisogno di contatti umani e rivela un'esigenza frustrata di paternità. Un altro termine di confronto è costituito da **Fonso**, un operaio comunista che diventa partigiano e che con le sue scelte mette in discussione gli alibi intellettualistici con cui Corrado giustifica la propria inazione. Quando Cate e tutti i suoi amici antifascisti vengono arrestati, Corrado si salva, ma anche in ciò egli individua solo la propria inutilità sociale. Scampato, egli si rifugia in un convento, poi sulle colline, infine affronta un lungo viaggio attraverso le campagne desolate e sconvolte dalla guerra per tornare al paese natale. **Le ultime pagine sono segnate da una riflessione dolorosa sul senso della guerra e della realtà stessa**. La guerra appare a Corrado in tutto il suo peso tangibile di orrore e di morte, ma anche come simbolo che rivela l'assurdità stessa della vita. Ma proprio perché essa mostra l'insensatezza della realtà, qualunque forma di impegno diventa impossibile. **Di fronte a essa, come di fronte alla realtà, è possibile solo la fuga**. Per questo, alla fine, Pavese non sa rispondere alla domanda «E dei caduti che facciamo? Perché sono morti?» (cfr. **T5**, p. 384): l'estraneità alla guerra diventa estraneità alla storia, incapacità di attribuirle senso e valore.

T • Cesare Pavese, *L'arresto di Cate*

Una riflessione sul senso della guerra e della vita

La luna e i falò

In *La luna e i falò* (1950), **ultima opera di Pavese, l'autoanalisi assume l'aspetto di una dolorosa e vana ricerca d'identità**. La solitudine e l'estraneità del protagonista sono già implicite nella sua nascita di «bastardo» e in una vita trascorsa da espatriato in America. Quando ritorna, dopo anni, al paese natale, non è solo per il gusto di ritrovare nostalgicamente le proprie origini, ma per la speranza di un nuovo radicamento e di una sicura identità. La situazione è simile a quella di *Conversazione in Sicilia*. **Anguilla**, il protagonista ritornato dall'America, dialoga soprattutto con **Nuto**, un collaboratore dei partigiani che assiste impotente alla fine del clima della Resistenza e che ricorda gli anni del fascismo e dell'antifascismo e in particolare la storia di **Santa**, che finirà uccisa dai partigiani. Oltre a Nuto, Anguilla incontra **Cinto**, un ragazzo sciancato, in cui egli rivive la propria infanzia. **Anche Cinto ha un destino simile al suo**: è diverso dagli altri a causa della sua infermità fisica. **La parte finale del romanzo è occupata da due incendi**: quello che Valino, padre di Cinto, vittima della povertà e preso da improvvisa follia, dà alla propria casa per sterminare la famiglia e poi suicidarsi, e quello che brucia il cadavere di Santa, nella cui ambiguità (ella faceva la spia per conto dei partigiani ma anche dei repubblichini) si riflette quella stessa della borghesia che abita in villa sulle colline. Questi incendi rievocano i falò mitici, visti nell'infanzia e accesi allora per propiziare il raccolto; ma sono anche da essi irrimediabilmente diversi: esprimono l'onnipotenza dell'orrore storico. **Di fronte a tale realtà fallisce lo stesso progetto di ritrovare un'identità e un paese**: quest'ultimo è anch'esso diventato irrimediabilmente straniero. **Anguilla riparte dopo aver dolorosamente sperimentato il crollo di ogni speranza di radicamento e d'identità**. La sua parabola di sconfitta sembra introdurre alla decisione dell'autore di suicidarsi, di poco successiva alla conclusione del romanzo.

L'impossibilità di trovare un'identità e un paese

T2 Elio Vittorini
Gli «astratti furori» di Silvestro per «il genere umano perduto»

OPERA
Conversazione in Sicilia, cap. I

CONCETTI CHIAVE
• il «genere umano perduto» e «la quiete nella non speranza»

FONTE
E. Vittorini, *Conversazione in Sicilia*, Rizzoli, Milano 1988.

Riportiamo qui l'inizio di Conversazione in Sicilia *(1941).*

I

Io ero, quell'inverno,[1] preda ad astratti[2] furori. Non dirò quali, non di questo mi son messo a raccontare. Ma bisogna dica ch'erano astratti, non eroici, non vivi; furori, in qualche modo, per il

• **1 quell'inverno**: anche se non è precisato, giacché la situazione deve restare in un clima di assolutezza, dovremmo essere nel 1938, anno cruciale della guerra di Spagna, ormai indirizzata alla vittoria dei franchisti.

• **2 astratti**: perché, come spiegherà, non si riferiscono tanto a qualche evento concreto, ma a una situazione di disagio generale per le sorti dell'umanità.

Dodici anni dopo la pubblicazione di *Conversazione in Sicilia*, Elio Vittorini pubblica una seconda edizione del romanzo, per Bompiani (1953). La novità dell'edizione è il corredo fotografico selezionato e impaginato dallo stesso Vittorini. Le immagini, tuttavia, non sono l'illustrazione del testo, ma anzi sono autonome rispetto alla scrittura e sembrano scelte con gli stessi criteri con cui l'autore seleziona la materia del racconto.

genere umano perduto. Da molto tempo questo,[3] ed ero col capo chino. Vedevo manifesti di giornali squillanti[4] e chinavo il capo; vedevo amici, per un'ora, due ore, e stavo con loro senza dire una parola, chinavo il capo; e avevo una ragazza o moglie che mi aspettava ma neanche con lei dicevo una parola, anche con lei chinavo il capo. Pioveva intanto e passavano i giorni, i mesi, e io avevo le scarpe rotte, l'acqua che mi entrava nelle scarpe, e non vi era più altro che questo: pioggia, massacri sui manifesti dei giornali, e acqua nelle mie scarpe rotte, muti amici, la vita in me come un sordo[5] sogno, e non speranza, quiete.

Questo era il terribile: la quiete nella non speranza. Credere il genere umano perduto e non aver febbre[6] di fare qualcosa in contrario, voglia di perdermi, ad esempio, con lui. Ero agitato da astratti furori, non nel sangue, ed ero quieto, non avevo voglia di nulla. Non mi importava che la mia ragazza mi aspettasse; raggiungerla o no, o sfogliare un dizionario era per me lo stesso; e uscire a vedere gli amici, gli altri, o restare in casa era per me lo stesso. Ero quieto; ero come se non avessi mai avuto un giorno di vita, né mai saputo che cosa significa esser felici, come se non avessi nulla da dire, da affermare, negare, nulla di mio da mettere in gioco, e nulla da ascoltare, da dare e nessuna disposizione a ricevere, e come se mai in tutti i miei anni di esistenza avessi mangiato pane, bevuto vino, o bevuto caffè, mai stato a letto con una ragazza, mai avuto dei figli, mai preso a pugni qualcuno, o non credessi tutto questo possibile, come se mai avessi avuto un'infanzia in Sicilia tra i fichidindia e lo zolfo, nelle montagne; ma mi agitavo entro di me per astratti furori, e pensavo il genere umano perduto, chinavo il capo, e pioveva, non dicevo una parola agli amici, e l'acqua mi entrava nelle scarpe.[7]

- **3 questo**: [*accadeva*] *questo*.
- **4 manifesti...squillanti**: perché annunciano la vittoria franchista e fascista in Spagna.
- **5 sordo**: *chiuso* [*al mondo esterno*]. Da
- **Pioveva...**: i dati di realtà si dilatano in una prospettiva simbolica.
- **6 febbre**: *desiderio, smania*.
- **7 Ero quieto...scarpe**: il senso di delusione di fronte alla storia cancella anche il senso dell'esistenza individuale, e porta alla paralisi della vita emotiva e della volontà.

DALLA COMPRENSIONE ALL'INTERPRETAZIONE

COMPRENSIONE

Gli «astratti furori» A narrare in prima persona è **Silvestro, il protagonista autobiografico**. La vicenda è ambientata nel **1938, l'anno della guerra di Spagna**, come testimoniano i «manifesti di giornali squillanti» che annunciano la vittoria franchista. Gli «astratti furori» del protagonista nascono da **un senso inquieto e indeterminato di impotenza** che poi si trasforma gradualmente, a partire appunto dai capitoli centrali dell'opera, in maggiore coscienza. La questione è quella del **«mondo offeso»** e del male storico. Chi soffre per Vittorini è «più uomo» di chi l'opprime, e dunque «non ogni uomo è uomo» e «genere umano non è tutto il genere umano» (cap. XXVII).

ANALISI

Lo stile: la tecnica della ripetizione Lo stile di Vittorini in *Conversazione in Sicilia* si basa essenzialmente sulla **ricorsività**. Una parola o gruppi di parole sono insistentemente ripetuti e ritornano nel corso del capitolo o in più capitoli successivi. Qui, per esempio, nel primo capoverso del capitolo iniziale, s'incontrano termini o espressioni che ritornano più volte, talora con leggere variazioni: «astratti furori...furori, capo chino...chinavo il capo», e poi di nuovo «chinavo il capo...chinavo il capo, vedevo...vedevo, l'acqua che mi entrava nelle scarpe...acqua nelle mie scarpe rotte», ecc. Ne risulta una **prosa fortemente ritmica e scandita**, che contribuisce a rendere "astratto" e rituale tutto il racconto. In altri capitoli **la tecnica della ripetizione** è usata anche nei dialoghi **in funzione antinaturalistica** per evitare il pericolo (altrimenti fortissimo nella trascrizione di battute di conversazione) di pura mimesi realistica. D'altronde la ripetizione caratterizza la stessa **struttura del romanzo, diviso in cinque parti**, che rappresentano altrettante **"stazioni" di un viaggio circolare**: in ogni "stazione" ritornano infatti situazioni, personaggi, battute delle "stazioni" precedenti, così da dare alla narrazione **un effetto ciclico**, rituale e vagamente magico.

INTERPRETAZIONE

Il mito e la storia, i simboli e l'ideologia La storia è presente subito nell'accenno iniziale (rigo 4) ai «manifesti di giornali» e al **«genere umano perduto»** (rigo 10). Il protagonista è sprofondato nella «quiete della non speranza», cioè in una situazione di inerzia dove **la rabbia e il furore sono «astratti», generici, non identificati**. Il corso della narrazione, pur non fornendo risposta alle ragioni del male storico, chiarisce però la ragione del malessere: da un lato vi sono le vittime, che meglio rappresentano la condizione umana, dall'altro gli oppressori che sono «meno uomini». L'uomo intero si trova nel dolore e nella sofferenza. Questo **messaggio ideologico** viene trasmesso attraverso una serie di **simboli**: per questo in una nota conclusiva l'autore avvisa che, al posto della Sicilia, sarebbe stato possibile trovare la Persia o il Venezuela. E infatti qui i simboli del dolore sono rappresentati da figure universali, come il cinese espatriato che vende collanine, l'ammalato e l'affamato.

Uscire dall'inerzia «Il terribile» per Silvestro è «credere il genere umano perduto e non aver febbre di fare qualcosa in contrario». Vivere in una bolla di apatia e di indifferenza. Accettare l'orrore (si ricordi l'accenno ai «manifesti di giornali squillanti») per assuefazione. "Chinare il capo". Nel romanzo **il ritorno in Sicilia significherà spezzare questo incantesimo raggelante**. Il male di cui soffre all'inizio Silvestro non è così diverso da quello che ci insidia oggi. Con l'aggravante del fatto che le sirene del mondo virtuale possono farci perdere la lucida consapevolezza che Silvestro fin dalle prime righe del romanzo dimostra di possedere: siamo malati e nemmeno sappiamo di esserlo. La lettura di *Conversazione in Sicilia* dunque può servire anche a stimolarci a compiere lo stesso itinerario di Silvestro, uscendo dall'anestesia della coscienza e dei sentimenti.

T2 LAVORIAMO SUL TESTO

COMPRENDERE

1. I furori di Silvestro sono definiti «astratti» perché
   A sono infondati
   B sono privi di un legame concreto con la realtà
   C sono generici
   D non possono tradursi in azione

ANALIZZARE

Spazio e tempo

2. Perché Silvestro crede «il genere umano perduto»? Da quale clima storico-politico prende avvio il romanzo? Quali espressioni vi alludono?

3. **LINGUA E LESSICO** Sottolinea le parole e le espressioni che si ripetono e chiarisci la funzione di questa ripetizione: evocativa, lirico-simbolica, realistica.

INTERPRETARE

Il protagonista

4. Quale immagine visualizza la prostrazione di Silvestro? Come si concilia la sua inerzia con il suo furore?

LE MIE COMPETENZE: FARE RICERCHE, ESPORRE

Nel 1941 Elio Vittorini pubblicava l'antologia *Americana* che ha fatto scoprire in Italia narratori statunitensi fino ad allora sconosciuti. Fu un'operazione editoriale di grande novità, perché andava contro le scelte culturali del regime (ed infatti l'opera fu sequestrata dalla censura fascista) e, al tempo stesso, forniva un nuovo modello letterario ed intellettuale ai giovani scrittori. Tra gli autori antologizzati c'era Ernest Hemingway, da cui Vittorini in *Conversazione in Sicilia* riprende la prosa asciutta e i dialoghi fatti di botta e risposta, senza pause introspettive. Hemingway fu per Vittorini anche un modello di "antifascismo": infatti prese parte alla guerra civile spagnola, combattendo contro le milizie di Franco. Documentati sulla vita e sull'opera di Hemingway ed esponi alla classe il risultato del tuo lavoro di ricerca.

T3 Elio Vittorini
La scoperta che «non ogni uomo è uomo»

OPERA
Conversazione in Sicilia, cap. XXVII

CONCETTI CHIAVE
- ripetizione e circolarità
- solidarietà verso «il mondo offeso»

FONTE
E. Vittorini, *Conversazione in Sicilia*, cit.

Riportiamo un capitolo centrale di Conversazione in Sicilia. *Esso si apre con una riflessione di Silvestro: la questione è quella del «mondo offeso» e del male storico. Per il protagonista chi soffre, l'oppresso, è «più uomo» dell'oppressore, e dunque «non tutto il genere umano è genere umano». La seconda parte del capitolo è occupata da un lungo dialogo con la madre, che Silvestro accompagna nel suo giro per il paese a fare iniezioni ai malati.*

Io conoscevo questo[1] e più di questo, potevo comprendere la miseria di un malato e della sua gente attorno a lui, nel genere umano operaio.[2] E non la conosce ogni uomo? Non può comprenderla ogni uomo? Ogni uomo è malato una volta, nel mezzo della sua vita, e conosce quest'estraneo che è il male, dentro a lui, l'impotenza sua con quest'estraneo; può comprendere il proprio simile...

Ma forse non ogni uomo è uomo; e non tutto il genere umano è genere umano. Questo è un dubbio che viene, nella pioggia, quando uno ha le scarpe rotte, acqua nelle scarpe rotte, e non più nessuno in particolare che gli occupi il cuore, non più vita sua particolare, nulla più di fatto e nulla da fare, nulla neanche da temere, nulla più da perdere, e vede, al di là di se stesso, i massacri del mondo.[3] Un uomo ride e un altro uomo piange. Tutti e due sono uomini; anche quello che ride è stato malato, è malato; eppure egli ride perché l'altro piange.[4] Tutti e due sono uomini; anche quello che ride nella non speranza, lo vede che ride sui suoi giornali e manifesti di giornali, non va con lui che ride ma semmai piange, nella quiete, con l'altro che piange. Non ogni uomo è uomo, allora. Uno perseguita e uno è perseguitato; e genere umano non è tutto il genere umano, ma quello soltanto del perseguitato. Uccidete un uomo; egli sarà più uomo. E così è più uomo un malato, un affamato; è più genere umano il genere umano dei morti di fame.

Chiesi a mia madre: – Tu che ne pensi?

– Di che? – mia madre disse.

E io: – Di tutti questi ai quali fai la iniezione.

E mia madre: – Penso che forse non potranno pagarmi.[5]

– Va bene, – dissi io. – E ogni giorno vai lo stesso da loro, fai loro la iniezione, e speri che invece possano pagarti, in qualche modo. Ma cosa pensi di loro? Cosa pensi che sono?

– Io non spero, – disse mia madre. – Io so che qualcuno può pagarmi e qualcuno no. Io non spero.

– Pure vai da tutti, – dissi io. – Ma cosa pensi di loro?

– Oh! – mia madre esclamò. – Se vado per uno posso andare anche per un altro, – disse. – Non mi costa nulla.

– Ma cosa pensi di loro? Cosa pensi che sono? – io dissi.

Mia madre si fermò in mezzo alla strada dove eravamo e mi rivolse un'occhiata leggermente strabica. Sorrise anche, e disse:

– Che strane domande fai! Cosa debbo pensare che sono? Sono povera gente con un po' di tisi o con un po' di malaria...

Io scossi il capo. Facevo delle strane domande, mia madre poteva vedere questo, eppure non mi dava delle strane[6] risposte. E io questo volevo, strane risposte. Chiesi: – Hai mai visto un cinese?

- **1 questo**: la miseria e la malattia di un uomo visitato nel capitolo precedente, a cui la madre del narratore fa delle iniezioni per guadagnare qualcosa.
- **2 nel genere...operaio**: alla connotazione universale (**genere umano**) si unisce una specificazione di classe (**operaio**): simbolo e concretezza storica convivono.
- **3 Questo...del mondo**: riprende il cap. I, in cui si descrive la stessa situazione.
- **4 eppure...piange**: l'ordine sociale si regge sullo sfruttamento e sul dolore delle classi basse.
- **5 Penso...pagarmi**: la madre, che non risponde alla domanda del narratore, mette l'accento sulla materialità della vita.
- **6 strane**: *nuove* [: che rivelino qualcosa di nuovo].

35 – Certo, – mia madre disse. – Ne ho visti due o tre... Passano per vendere le collane.
– Bene, – dissi io. – Quando hai davanti un cinese e lo guardi e vedi, nel freddo, che non ha cappotto, e ha il vestito stracciato e le scarpe rotte, che cosa pensi di lui?
– Ah! nulla di speciale, – mia madre rispose. – Vedo molti altri, qui da noi, che non hanno cappotto per il freddo e hanno il vestito stracciato e le scarpe rotte.[7]
40 – Bene, – dissi io. – Ma lui è un cinese, non conosce la nostra lingua e non può parlare con nessuno, non può ridere mai, viaggia in mezzo a noi con le sue collane e cravatte, con le sue cinture, e non ha pane, non ha soldi, e non vende mai nulla, non ha speranza. Che cosa pensi tu di lui quando lo vedi che è così un povero cinese senza speranza?
– Oh! – mia madre rispose. – Molti altri vedo che sono così qui da noi... Poveri siciliani senza
45 speranza.
– Lo so, – dissi io. – Ma lui è cinese. Ha la faccia gialla, ha gli occhi obliqui, il naso schiacciato, gli zigomi sporgenti e forse fa puzza. Più di tutti gli altri egli è senza speranza. Non può aver nulla. Che cosa pensi tu di lui?
– Oh! – rispose mia madre. – Molti altri che non sono poveri cinesi hanno la faccia gialla, il
50 naso schiacciato e forse fanno puzza. Non sono poveri cinesi, sono poveri siciliani, eppure non possono aver nulla.
– Ma vedi, – dissi – io. – Egli è un povero cinese che si trova in Sicilia, non in Cina, e non può nemmeno parlare del bel tempo con una donna. Un povero siciliano invece può...
– Perché un povero cinese non può? – chiese mia madre.
55 – Bene, – dissi io. – Immagino che una donna non darebbe nulla a un povero viandante che fosse un cinese invece di un siciliano.
Mia madre si accigliò. – Non saprei, – disse.
– Vedi? – io esclamai. – Un povero cinese è più povero di tutti gli altri. Cosa pensi tu di lui?
Mia madre era stizzita.
60 – Al diavolo il cinese, – disse.
E io esclamai: – Vedi? Egli è più povero di tutti i poveri e tu lo mandi al diavolo. E quando lo hai mandato al diavolo e lo pensi, così povero nel mondo, senza speranza e mandato al diavolo, non ti sembra che sia più uomo, più genere umano di tutti?
Mia madre mi guardò sempre stizzita.
65 – Il cinese? – disse.
– Il cinese, – dissi io. – O anche il povero siciliano che è malato in un letto come questi ai quali fai l'iniezione. Non è più uomo e più genere umano, lui?
– Lui? – disse mia madre.
– Lui, – dissi io.
70 E mia madre chiese: – Più di chi?
Risposi io: – Più degli altri. Lui che è malato... Soffre.
– Soffre? – esclamò mia madre. – È la malattia.
– Soltanto? – io dissi.
– Togli la malattia e tutto è passato, – disse mia madre. – Non è nulla... È la malattia.
75 Allora io chiesi: – E quando ha fame e soffre, che cos'è?
– Bene, è la fame, – mia madre rispose.
– Soltanto? – io dissi.
– Come no? – disse mia madre. – Dagli da mangiare e tutto è passato. È la fame.
Io scossi il capo. Non potevo avere strane risposte da mia madre, eppur chiesi ancora:
80 – E il cinese?

●[7] **Ah! nulla...rotte**: per la madre la miseria è un fatto universale, irrimediabile e al quale si finisce per adattarsi; il narratore insiste invece sull'emarginazione e sull'estraneità alla vita che essa comporta.

Mia madre, ora, non mi diede risposta; né strana, né non strana; e si strinse nelle spalle. Essa aveva ragione, naturalmente: togliete la malattia al malato, e non vi sarà dolore; date da mangiare all'affamato e non vi sarà dolore. Ma l'uomo, nella malattia, che cos'è? E che cosa è nella fame?[8]

85 Non è, la fame, tutto il dolore del mondo diventato fame? Non è, l'uomo nella fame, più uomo? Non è più genere umano? E il cinese?...

---

8 Essa aveva ragione…nella fame: anche il narratore riconosce il primato delle condizioni materiali; ma le interpreta come segno di un disagio esistenziale più vasto.

T3 DALLA COMPRENSIONE ALL'INTERPRETAZIONE

COMPRENSIONE

La riflessione e il dialogo "bloccato" Il testo può essere diviso in due parti: **la prima parte** (righi 1-16), più breve, è occupata dalla **riflessione del protagonista**, incentrata sulla tesi che «non ogni uomo è uomo; e non tutto il genere umano è genere umano». L'umanità risulta infatti divisa in due categorie: «un uomo ride e l'altro piange», «uno perseguita e uno è perseguitato». Secondo Silvestro, il perseguitato, il malato, l'affamato «è più genere umano». Nella **seconda parte** (righi 17-86), il protagonista cerca di confrontarsi con la madre su questi temi, ma il dialogo risulta "bloccato". Più volte infatti **Silvestro chiede alla madre che «cosa pensi» degli ammalati** ai quali va a fare quotidianamente l'iniezione, ma non riceve da lei le «strane risposte» che vorrebbe. Allora, le propone di considerare il caso specifico di «un povero cinese senza speranza»; ma la madre continua a non capire il discorso del figlio ed è infine «stizzita» dalla sua insistenza. D'altra parte **la donna valuta la realtà secondo una prospettiva materiale** («Togli la malattia e tutto è passato», «Dagli da mangiare e tutto è passato»); mentre **Silvestro coglie un disagio esistenziale** più vasto («Non è, la fame, tutto il dolore del mondo diventato fame? Non è, l'uomo nella fame, più uomo?»).

ANALISI

Lo stile: la tecnica della ripetizione Il tratto stilistico dominante del capitolo (ma anche di tutto il romanzo) è l'**insistita ripetitività**, che riprende probabilmente un tratto tipico di certa narrativa americana amata da Vittorini (fra tutti, **Hemingway**). Qui, in particolare, **la funzione iterativa** è svolta dal continuo ritorno delle interrogative e delle esclamative nel dialogo tra Silvestro e la madre. D'altronde la ripetizione caratterizza l'intera struttura del libro, che rappresenta **un viaggio circolare** in cui ricorrono le stesse situazioni, gli stessi personaggi e le stesse battute. L'apertura di questo capitolo riprende, per esempio, il capitolo I, dove Silvestro dice: «io avevo le scarpe rotte, l'acqua che mi entrava nelle scarpe» ed «Ero quieto; ero come se non avessi nulla da dire, da affermare, negare, nulla di mio da mettere in gioco, e nulla da ascoltare, da dare e nessuna disposizione a ricevere […]». Come si vede, la stessa situazione e un'analoga riflessione tornano in questo capitolo (righi 6-10).

INTERPRETAZIONE

La storia e i simboli Il romanzo si fonda sull'**ideologia del «mondo offeso»**, per cui «non ogni uomo è uomo»: da un lato ci sono **le vittime**, che meglio rappresentano la condizione umana; dall'altro **gli oppressori**, che sono «meno uomini». Questa posizione ideologica è legata a un contesto e a fatti precisi (la miseria siciliana, la guerra civile in Spagna con lo schieramento dei fascisti a fianco di Franco); tuttavia l'autore filtra la componente storica e trasmette il suo messaggio attraverso una serie di **simboli**. I simboli del dolore sono qui rappresentati da figure universali, come il cinese espatriato che vende collanine, l'ammalato e l'affamato. Vittorini intende così affermare verità assolute, svincolate dal contesto contingente. Non a caso in una nota conclusiva l'autore avvisa che, al posto della Sicilia, sarebbe stato possibile trovare la Persia o il Venezuela.

T3 LAVORIAMO SUL TESTO

COMPRENDERE

1. Silvestro afferma che «non ogni uomo è uomo». Che cosa significa?
   - A Che il potente è più uomo del debole
   - B Che l'oppresso è più uomo dell'oppressore
   - C Che il siciliano è più uomo del cinese

ANALIZZARE

2. Il messaggio ideologico di Vittorini viene trasmesso attraverso una serie di simboli. Sottolinea nel testo i riferimenti a figure simboliche.

INTERPRETARE

3. Dal dialogo tra Silvestro e la madre emergono due visioni diverse della vita: alle «strane domande» del figlio, la donna non fornisce «strane risposte». Qual è, infatti, il punto di vista della madre?

4. **TRATTAZIONE SINTETICA** Vittorini intendeva dare messaggi universali, validi anche in contesti storico-sociali diversi da quello in cui egli scriveva. In quali categorie di uomini e in quali situazioni, secondo te, prende forma oggi il «mondo offeso»? Argomenta la tua opinione in proposito in una trattazione sintetica che non superi le 15 righe.

T4 Cesare Pavese
La morte di Gisella

OPERA
Paesi tuoi

CONCETTI CHIAVE
- il mondo arcaico e primitivo della campagna
- il primato delle forze istintive
- i simboli della morte di Gisella

FONTE
C. Pavese, *Paesi tuoi*, Einaudi, Torino 1957.

Siamo quasi alla fine di Paesi tuoi. *Durante la trebbiatura del grano, Talino, geloso della sorella, con cui ha avuto un rapporto incestuoso, quando la vede offrire l'acqua a Berto, la uccide.*

Tornato Vinverra,[1] cominciano a scaricare. Il grassone[2] aveva disfatto le corde che tenevano fermi i covoni,[3] poi s'erano messi col tridente lui e Talino, sopra il carro, e piantavano delle forcate là dentro, come due facchini. Sotto, Ernesto[4] e le ragazze prendevano in spalla i covoni e li gettavano sotto il portico.

– Su e giù, su e giù, – gridava quello grasso, in mezzo alla polvere e al sole, – domani ballate[5] per l'ultima volta.

A vedere Ernesto che s'era tolto la giacca e faceva il contadino, e la schiena piegata di quelle ragazze, e l'Adele[6] che dalla finestra della sua stanza guardava e pareva che ridesse, mi viene vergogna e do mano a un tridente per aiutare anch'io.[7] – Forza, – grida Talino, – si mette anche il macchinista –.[8] Parlava sghignazzando, il sudore e le vene del collo lo eccitavano. I covoni pesavano e Talino me li gettava sulla testa come fossero dei cuscini. Ma tenevo duro; dopo cinque o sei viaggi vedevo solo come un incendio[9] e avevo in bocca un sapore di grano, di polvere e sangue. E sudavo.

Poi mi fermo, arrivando sotto il portico. Quelle erano le gambe di Gisella. Il covone mi bruciava il collo come un disinfettante. E sento Talino che dice: – Gisella è venuta a vederti, forza! – Getto il covone sul mucchio e la vedo che passa ridendo col secchio, fresca e arrabbiata. Mi asciugo il sudore, e Gisella era già contro il pozzo, che agganciava.[10] Tanto io che Ernesto le lasciamo tirare su l'acqua, e poi corriamo insieme a bere. – Uno per volta, – diceva Gisella, e gli altri due si fermano lassù coi tridenti piantati.[11]

– Quando abbiamo finito, porta qui la bottiglia, – dice Vinverra traversando il portico.

Mi ricordo che Gisella guardava dritto nel grano, mentre bevevo. Guardava tenendomi il secchio a mani giunte, con fatica, come aveva fatto per Ernesto ma lui lo guardava, e con me

---

- 1 **Vinverra**: il padre di Talino.
- 2 **Il grassone**: uno dei contadini.
- 3 **covoni**: i fasci di spighe.
- 4 **Ernesto**: il proprietario di un podere confinante.
- 5 **ballate**: *lavorate*, ironico.
- 6 **l'Adele**: una sorella di Talino e Gisella.
- 7 **do mano...anch'io**: il narratore, Berto, lavora come operaio di città; **do mano a**: *afferro*.
- 8 **il macchinista**: appunto Berto.
- 9 **un incendio**: per la luce accecante.
- 10 **agganciava**: sott.: il secchio alla catena del pozzo.
- 11 **piantati**: sott.: in terra.

stava invece come se godesse facendosi baciare. Quando ci penso, mi sembra così. O magari era soltanto lo sforzo, e il capriccio di avercene due intorno che bevevano. Non gliel'ho più potuto chiedere.

Ecco che saltano dal carro Talino e Gallea.[12] Vengono avanti come due ubriachi, Talino il primo, con le paglie[13] in testa e il tridente nel pugno.

– Là si lavora e qui si veglia, – fa con la voce di suo padre.

– C'è chi veglia di notte[14] e chi veglia di giorno, – gli risponde Gisella. Ma lui dice: – Fa' bere, – e si butta sul secchio e ci ficca la faccia. Gisella glielo strappa indietro e gli grida: – No, così sporchi l'acqua –. Dietro, vedo la faccia sudata dell'altro – Talino, – fa Ernesto, – non attaccarti alle donne.[15]

Forse Gisella cedeva; forse in tre potevamo[16] ancora fermarlo; queste cose si pensano dopo. Talino aveva fatto due occhi da bestia e, dando indietro un salto, le aveva piantato il tridente nel collo. Sento un grosso respiro di tutti; Miliota[17] dal cortile che grida «Aspettatemi»; e poi Gisella lascia andare il secchio che m'inonda le scarpe. Credevo fosse il sangue e faccio un salto e anche Talino fa un salto, e sentiamo Gisella che gorgoglia.[18] – Madonna! – e tossisce e le cade il tridente dal collo.

Mi ricordo che tutto il sudore mi era gelato addosso e che anch'io mi tenevo la mano sul collo, e che Ernesto l'aveva già presa alla vita e Gisella pendeva, tutta sporca di sangue, e Talino era sparito. Vinverra diceva «d'un cristo, d'un cristo» e corre[19] addosso ai due e nel trambusto[20] la lasciano andar giù come un sacco, a testa prima[21] nel fango. – Non è niente, – diceva Vinverra, – è una goffa,[22] alzati su –. Ma Gisella tossiva e vomitava sangue, e quel fango era nero. Allora la prendiamo, io per le gambe, e la portiamo contro il grano e non potevo guardarle la faccia che pendeva, e la gola saltava perdendo[23] di continuo. Non si vedeva più la ferita.

Poi arrivano le sorelle, arrivano i bambini e la vecchia, e cominciano a gridare, e Vinverra ci dice di stare indietro, di lasciar fare alle donne perché bisogna levarle la camicetta. – Ma qui ci vuole un medico, – dico – non vedete che soffoca? Anche Ernesto si mette a gridare e per poco col vecchio non si battono.[24] Finalmente parte Nando[25] e gli grido dietro di far presto, e Nando corre corre come un matto.

– Altro che medico, – dice Gallea che ci guardava dal pilastro – ci vuole il prete.

– E Talino? – fa Ernesto, con gli occhi fuori.

In quel momento l'Adele tornava col catino correndo e si fa largo e s'inginocchia. Mi sporgo anch'io e sento piangere e vedo la vecchia[26] che le tiene la testa, e Miliota che piange e l'Adele le tira uno schiaffo. Gisella era come morta, le avevano strappata la camicetta, le mammelle scoperte, dove non era insanguinata era nuda. Poi la vecchia ci grida di non guardare. Mi sento prendere il braccio. – Dov'è Talino? – chiede ancora Ernesto.

Si fa avanti Gallea. – È scappato sul fienile, – ci dice tutto scuro, – gli ho levata la scala.

Ernesto voleva salire. Gallea lo tiene e lo tengo anch'io. Batto i piedi in un manico. Era il tridente di Gisella, tutto sporco sul manico ma non sulle punte. – Teniamo questo, – gli dico, – senz'un'arma Talino è un vigliacco.

Poi sentiamo di nuovo tossire. Meno male, era viva. Il fango dov'era caduta col secchio faceva spavento, così nero;[27] e la strada fino al grano era sempre più rossa, più fresca. Vinverra rico-

---

- **12** **Gallea**: un contadino.
- **13** **le paglie**: *i fili di paglia*.
- **14** **C'è chi...di notte**: Gisella fa del sarcasmo su Talino, che una notte aveva dato fuoco a una casa.
- **15** **non attaccarti alle donne**: *non litigare con le donne*.
- **16** **cedeva...potevamo**: *avrebbe ceduto...*

avremmo potuto. L'uso dell'indicativo è del parlato.
- **17** **Miliota**: altra sorella di Talino e Gisella.
- **18** **gorgoglia**: poiché il sangue, scorrendole in gola, le rende difficile parlare.
- **19** **corre**: si passa al presente per effetto drammatico.
- **20** **trambusto**: *confusione*.

- **21** **a testa prima**: *a testa in giù*.
- **22** **goffa**: *sciocca*.
- **23** **saltava perdendo**: *sussultava perdendo [sangue]*.
- **24** **si battono**: *si picchiano*.
- **25** **Nando**: un contadino.
- **26** **la vecchia**: la madre.
- **27** **nero**: per il sangue che ci si è mescolato.

mincia a bestemmiare coi bambini, e si guardava intorno: cercava Talino. Si alza l'Adele e dice a Pina:[28] – Tu va' avanti –. Poi chiamano Ernesto che venga a aiutare. Io no, perché ero nuovo, e da quel momento mi cessò il sopraffiato[29] e cominciarono a tremarmi i denti. La prendono Ernesto e Vinverra; e Miliota le teneva per un braccio. La vecchia mandava via i bambini. Attraversano adagio il cortile, le avevano coperto le mammelle, entrano in cucina. Le vedo l'ultima volta i capelli che pendevano e una gamba scoperta. Poi la portano su.

- 28 **Pina**: altra sorella di Talino e Gisella.
- 29 **il sopraffiato**: *l'affanno*.

T4 DALLA COMPRENSIONE ALL'INTERPRETAZIONE

COMPRENSIONE

Un colpo di scena Il racconto si apre descrivendo un'attività tipica della campagna: in una calda giornata estiva, i contadini sono impegnati a raccogliere i covoni di grano. **Berto**, che fa «il macchinista», si offre di aiutarli, ma sente presto la fatica. Così, vedendo **Gisella** tirare su l'acqua dal pozzo, corre subito da lei per bere. Tra i due c'è attrazione: a Berto sembra che Gisella gli stia davanti «come se godesse facendosi baciare». Sopraggiunge **Talino**, lamentandosi che «là si lavora e qui si veglia». Fra Talino e la sorella inizia un battibecco, quand'ecco il colpo di scena: l'uomo, con «due occhi da bestia», le conficca il tridente nel collo. **La situazione precipita, divenendo drammatica e caotica**: intervengono i contadini, poi accorrono le sorelle e la madre della ragazza; infine, Gisella – che continua a tossire e a vomitare sangue – viene trasportata in casa, seguita dallo sguardo di Berto, che le vede «l'ultima volta i capelli che pendevano e una gamba scoperta».

ANALISI

Lo stile: il linguaggio e il punto di vista Il linguaggio e la sintassi sono semplici, elementari. **I periodi sono brevi**, asciutti, essenziali. Lo stile vuole rendere l'idea di una umanità anch'essa essenziale in quanto primitiva. **Il narratore in prima persona** – **Berto**, un operaio, un uomo di città – registra una realtà a lui estranea, quella della campagna con i suoi riti primordiali e selvaggi, reagendovi con gesti e pensieri che s'ispirano a una sobria virilità, ma che lasciano trapelare anche il raccapriccio dell'uomo civile di fronte all'esplosione di forze oscure e incontrollabili. La reazione che esprime il pensiero e l'emozione del soggetto assume talora l'andamento di un appena accennato monologo interiore. Si veda per es., al rigo 62: «Meno male, era viva». Come si vede, è assente l'autorità di un punto di vista superiore (per esempio, quella del narratore onnisciente). Ciò contribuisce a dare alla narrazione un'**assoluta immediatezza**. Ci sono solo i fatti e le reazioni dirette del soggetto. Di qui **lo stile "americano"**, che si qualifica proprio per il suo essere privo di mediazioni.

INTERPRETAZIONE

Fra Naturalismo e Simbolismo L'uomo sembra dipendere totalmente dai condizionamenti naturali: Talino uccide spinto dalla gelosia non meno che dallo stordimento prodotto dal sole e dalla stanchezza. Questo **determinismo**, questo **primato delle forze istintive e dei condizionamenti naturali**, rinviano al **Naturalismo** e fanno pensare anche al primo d'Annunzio, quello verista di *Terra vergine* e di *Novelle della Pescara* (cfr. vol. 5). Nel medesimo tempo, però, **la trebbiatura diventa anche un fatto mitico e simbolico**: le messi vogliono un sacrificio di sangue. Cosicché **l'uccisione di Gisella rientra anche in un rito propiziatorio arcaico**. Con ciò siamo fuori del Naturalismo, e si entra, invece, nell'ambito dei significati simbolici arcaici e primitivi. Assume un valore simbolico anche l'acqua del pozzo, che è la causa immediata del delitto. Secondo il critico Giorgio Barberi Squarotti, «l'acqua è uno dei molti simboli su cui è costruito il romanzo»; essa non esprime una «metafora di purificazione», bensì è **«simbolo primordiale del caos**, della confusione, del mistero che viene su alla luce dal profondo della terra dove dominano le divinità ctonie [cioè del mondo sotterraneo]».

«Un ritorno all'indietro nel mondo arcaico dei miti» Il breve viaggio di Berto, protagonista di questo romanzo, da Torino alle Langhe, fa parte di un progetto esistenziale che torna in tutte le opere di Pavese: è un ritorno all'indietro nel mondo arcaico dei miti. Ma l'evasione dalla civiltà e dalla città non porta salvezza: attraverso di essa si scopre invece il profondo destino di violenza e di sangue che segna l'umanità in quanto tale. Su questo aspetto del romanzo, Barberi Squarotti ha scritto: «È il vertiginoso viaggio all'indietro, verso le origini, il mondo primitivo, le radici dell'uomo, che Pavese colloca come ancora esistente ed evidente in quelle **Langhe** che non sono tanto un luogo geografico, ma **uno spazio metastorico**, dove, perché isolato dalle correnti di vita moderna e di cultura industriale, può aversi ancora l'epifania del primitivo. Questa è la grande idea di fondo che regge *Paesi tuoi* come la maggior parte delle opere di Pavese. Quella presenza del primitivo, che la letteratura novecentesca tanto insistentemente cerca di identificare in luoghi remoti che possano essere visti come fuori del tempo e della storia [...], si concreta per Pavese nel mito langarolo che comporta la sublimazione della regione del Piemonte sudoccidentale a immagine e specchio di quello che l'uomo fu alle origini. Per questo le Langhe sono per Pavese la non storia, l'inattualità, ma anche l'esemplarità assoluta, perché in esse l'uomo appare ancora come era nei tempi primitivi, prima di ogni civiltà. Il viaggio dei personaggi pavesiani è, di conseguenza, che siano o no consapevoli, **un viaggio di conoscenza delle origini**, ma tale conoscenza non è consolatoria, e neppure appaga, ma è tragica, perché il viaggiatore scopre che le radici sono violenza, sangue, immolazione rituale, non meno rituale sacrificio anche nell'ambito del sesso (e i due gesti di Talino verso la sorella sono anche la ripetizione di riti remotissimi)». (G. Barberi Squarotti, *La narrativa degli anni Venti e Trenta*, in AA.VV., *Storia della civiltà letteraria italiana*, vol. V, t. 2, *Il secondo Ottocento e Novecento*, UTET, Torino 1966).

T4 LAVORIAMO SUL TESTO

ANALIZZARE

Uno stile in presa diretta

1. Che ruolo assume nel brano la realtà materiale, corporea e percettiva? Da quale punto di vista è descritta?

La regia della tragedia

2. Com'è la prima inquadratura di Gisella? Perché?
3. È coerente con l'esclamazione di Talino?
4. Come sono caratterizzate le mosse successive della donna? Da quale punto di vista?

5. Come viene descritta la furia di Talino?

INTERPRETARE

Un rito arcaico

6. Perché l'ultima inquadratura di Gisella è parziale, frammentaria?
7. Quali espressioni caricano la morte di Gisella di un significato simbolico?

T5 Cesare Pavese
«E dei caduti che facciamo? Perché sono morti?»

OPERA
La casa in collina, cap. XXIII

CONCETTI CHIAVE
- insensatezza della guerra

FONTE
C. Pavese, *La casa in collina*, in *Prima che il gallo canti*, Einaudi, Torino 1994 [1948].

Riportiamo la pagina finale di La casa in collina. *Essa è caratterizzata dal coraggio dell'autoanalisi (il narratore si accorge di essere vissuto in un «isolamento», che è stato in realtà «una futile vacanza») e da una riflessione amara, etica ed esistenziale insieme, sul senso della guerra, che si conclude con la domanda «perché sono morti?».*

M'accorgo adesso che in tutto quest'anno,[1] e anche prima, anche ai tempi delle magre follie,[2] dell'Anna Maria, di Gallo, di Cate,[3] quand'eravamo ancora giovani e la guerra una nube lontana, mi accorgo che ho vissuto un solo lungo isolamento, una futile[4] vacanza, come un ragazzo che giocando a nascondersi entra dentro un cespuglio e ci sta bene, guarda il cielo da sotto le foglie e
5 si dimentica di uscire mai più.

- [1] **in tutto quest'anno**: fra il 1943 e 1944. Parla il protagonista-narratore, Corrado.
- [2] **magre follie**: poveri divertimenti.
- [3] **dell'Anna Maria...Cate**: Gallo è un amico di gioventù, morto in guerra; le due donne sono state amate dal protagonista e la seconda, Cate, è reincontrata ora dopo dieci anni.
- [4] **futile**: sciocca.

È qui[5] che la guerra mi ha preso, e mi prende ogni giorno. Se passeggio nei boschi, se a ogni sospetto di rastrellatori[6] mi rifugio nelle forre,[7] se a volte discuto coi partigiani di passaggio (anche Giorgi[8] c'è stato, coi suoi: drizzava il capo e mi diceva: «Avremo tempo le sere di neve a riparlarne»),[9] non è che non veda come la guerra non è un gioco, questa guerra che è giunta fin qui, che prende alla gola anche il nostro passato.[10] Non so se Cate, Fonso, Dino,[11] e tutti gli altri, torneranno. Certe volte lo spero, e mi fa paura. Ma ho visto i morti sconosciuti, i morti repubblichini.[12] Sono questi che mi hanno svegliato. Se un ignoto, un nemico, diventa morendo una cosa simile, se ci si arresta e si ha paura a scavalcarlo, vuol dire che anche vinto il nemico è qualcuno, che dopo averne sparso il sangue bisogna placarlo, dare una voce a questo sangue, giustificare chi l'ha sparso. Guardare certi morti è umiliante. Non sono più faccenda altrui; non ci si sente capitati sul posto per caso.[13] Si ha l'impressione che lo stesso destino che ha messo a terra quei corpi, tenga noialtri inchiodati a vederli, a riempircene gli occhi. Non è paura, non è la solita viltà. Ci si sente umiliati perché si capisce – si tocca con gli occhi – che al posto del morto potremmo essere noi: non ci sarebbe differenza, e se viviamo lo dobbiamo al cadavere imbrattato. Per questo ogni guerra è una guerra civile: ogni caduto somiglia a chi resta, e gliene chiede ragione.[14]

Ci sono giorni in questa nuda campagna che camminando ho un soprassalto: un tronco secco, un nodo d'erba, una schiena di roccia, mi paiono corpi distesi. Può sempre succedere. Rimpiango che Belbo[15] sia rimasto a Torino. Parte del giorno la passo in cucina, nell'enorme cucina dal battuto[16] di terra, dove mia madre, mia sorella, le donne di casa, preparano conserve. Mio padre va e viene in cantina, col passo del vecchio Gregorio.[17] A volte penso se una rappresaglia, un capriccio, un destino folgorasse la casa e ne facesse quattro muri diroccati e anneriti. A molta gente è già toccato. Che farebbe mio padre, che cosa direbbero le donne? Il loro tono è «La smettessero un po'», e per loro la guerriglia, tutta quanta questa guerra, sono risse di ragazzi, di quelle che seguivano un tempo alle feste del santo patrono. Se i partigiani requisiscono farina o bestiame, mio padre dice: – Non è giusto. Non hanno il diritto. La chiedano piuttosto in regalo. – Chi ha il diritto? – gli faccio. – Lascia che tutto sia finito e si vedrà, – dice lui.[18]

Con Cesare Pavese la casa editrice Einaudi si avvia a diventare un importante punto di riferimento della cultura italiana. Le storiche collane dei Coralli e dei Supercoralli, aperte, oltre che alla narrativa, alla psicoanalisi e agli studi antropologici, accolgono le novità della cultura internazionale e promuovono la diffusione di molti classici contemporanei.

- **5** **qui**: nell'isolamento della casa in collina.
- **6** **rastrellatori**: soldati delle pattuglie di rastrellamento.
- **7** **forre**: *gole*.
- **8** **Giorgi**: un amico partigiano, di Torino.
- **9** **«Avremo tempo...riparlarne»**: Giorgi oppone la necessità immediata dell'azione al distacco riflessivo di Corrado.
- **10** **che prende...passato**: che cioè obbliga a riconsiderare anche il senso della vita passata.
- **11** **Fonso, Dino**: partigiani amici del narratore, arrestati.
- **12** **repubblichini**: *fascisti*; chiamati così dalla Repubblica di Salò, fondata nel 1943 da Mussolini con l'appoggio dei nazisti.
- **13** **Se un ignoto...per caso**: il riconoscere, nei fascisti morti, degli uomini, impone di ripensare alla guerra, e di darle una motivazione così profonda che possa giustificare il sangue sparso. Questa giustificazione è un fatto collettivo, storico, ma anche individuale.
- **14** **Per questo...ragione**: gli chiede perché è morto, e che la sua vita di sopravvissuto sia degna.
- **15** **Belbo**: il cane di Corrado.
- **16** **battuto**: *pavimento*.
- **17** **Gregorio**: il vecchio oste.
- **18** **Il loro tono...dice lui**: il padre del narratore è indifferente alle ragioni e alla tragedia della guerra, cui oppone il proprio interesse personale. Il **diritto** e la ragione, per lui, sono quelli dei vincitori (**lascia che sia tutto finito e si vedrà**). Anche se con motivazioni del tutto diverse, il narratore si sente invischiato in questo clima di distanza dalla storia.

Io non credo che possa finire. Ora che ho visto cos'è guerra, cos'è guerra civile, so che tutti, se un giorno finisce, dovrebbero chiedersi: – E dei caduti che facciamo? perché sono morti? – Io non saprei, cosa rispondere. Non adesso, almeno. Né mi pare che gli altri lo sappiano. Forse lo sanno unicamente i morti, e soltanto per loro la guerra è finita davvero.[19]

- **19 Io non credo…davvero**: la morte è un dramma così alto, da cancellare il senso della storia e da rendere impossibile qualunque spiegazione. La **guerra** non può finire perché non si può dare alcuna pacificazione.

T5 DALLA COMPRENSIONE ALL'INTERPRETAZIONE

COMPRENSIONE

Corrado riflette Il testo è interamente occupato dalla **riflessione del protagonista**. L'esperienza della guerra porta Corrado a riconsiderare il senso della propria vita, nella quale riconosce «un solo lungo isolamento, una futile vacanza». Il disagio del protagonista nasce, in particolare, dalla vista dei «morti repubblichini»: **anche i caduti fascisti sono degli uomini** («anche vinto il nemico è qualcuno») e il loro sangue esige una giustificazione. Infatti, «ogni caduto somiglia a chi resta, e gliene chiede ragione». Lo sguardo di Corrado si sposta verso la propria realtà domestica (la madre, la sorella, le donne di casa, il padre che lamenta l'ingiustizia di consegnare farina e bestiame ai partigiani), per poi concludere la propria riflessione con **un interrogativo bruciante e drammatico**: «E dei caduti che facciamo? Perché sono morti?».

ANALISI

La prosa fluida, quasi parlata Sul piano dello stile, Pavese predilige, com'è evidente in questa pagina, forme e modi vicini al **registro parlato** e comunque mai eccessivamente elaborati. Ne risulta una **prosa fluida, sciolta ed essenziale**, fatta di **frasi spesso brevi o brevissime** (per esempio «Sono questi che mi hanno svegliato», righi 16-17; «Guardare certi morti è umiliante», righi 21-22; «Può sempre succedere», rigo 34; «Non adesso, almeno», rigo 46). Nella narrazione vengono introdotti inserti di **dialogo** generalmente poco estesi ma efficaci: notiamo qui, per esempio, le poche significative battute del padre di Corrado (righi 42-43). Tipiche dell'italiano colloquiale sono le strutture paratattiche, **le riprese e le ripetizioni** («M'accorgo adesso che…, righi 1-3; mi accorgo che»; «È qui che la guerra mi ha preso, e mi prende ogni giorno», righi 6-7; «Se…, se…, se…», righi 7 e sgg.).

INTERPRETAZIONE

«Perché sono morti?»: una domanda senza risposta L'amara riflessione di Corrado sulla guerra non ricade solo sul soggetto-protagonista o sulla "casta" degli intellettuali, ma chiama in causa tutti gli uomini. Nella pagina finale, il romanzo mostra con grande evidenza la sua ricchezza di significati, insieme esistenziali, morali, sociali, politici. La domanda conclusiva «perché sono morti?» resta senza risposta: di fronte a tanti orrori cadono infatti le motivazioni e le giustificazioni di tipo politico, mentre un sentimento di **pietà** si rivolge anche al «cadavere imbrattato» del nemico. Al cospetto della morte, **ogni guerra si trasforma in un'insensata guerra civile**: «ogni guerra è una guerra civile: ogni caduto somiglia a chi resta, e gliene chiede ragione». Pavese non sa trovare questa «ragione», né crede che gli altri riescano a farlo.

T5 LAVORIAMO SUL TESTO

ANALIZZARE
Una riflessione etica

1. Perché attraverso la guerra il protagonista scopre di essere vissuto fino ad allora in una «futile vacanza»?
2. Quali interrogativi pone il nemico morto? In che senso «ogni caduto assomiglia a chi resta»?
3. Come giudica il padre la guerra partigiana?

INTERPRETARE
La guerra e il senso della vita

4. E l'autore? A quali ragioni è sensibile? «Perché sono morti?»: cosa significa il fatto che non sappia rispondere a questa domanda?

3. Fra realismo ed esistenzialismo: il romanzo borghese di Alberto Moravia

Esistenzialismo e realismo in Moravia

Alberto Moravia è l'iniziatore del romanzo borghese. In ciò è erede di Svevo. Egli riconduce alle forme del realismo e della lucidità razionale la crisi esistenziale e sociale della borghesia degli anni del fascismo e del dopoguerra. Esistenzialismo e realismo, scavo interiore e rappresentazione razionale, soggettività e oggettività si uniscono strettamente nei suoi romanzi.

La vita

Alberto Moravia (ma il suo vero nome sarebbe stato, per intero, Alberto Pincherle Moravia) nacque nel **1907** da una agiata famiglia borghese dedita a professioni intellettuali. Ammalato di tubercolosi ossea, visse da ragazzo l'esclusione determinata da tale condizione; e ciò favorì indubbiamente la sua vocazione di scrittore. Il suo primo romanzo, *Gli indifferenti* (**1929**), ebbe un notevole successo di pubblico. **Alternò poi il lavoro di romanziere a quello di giornalista**, facendo l'inviato all'estero e scrivendo numerosi *reportage*. **Nel 1941 sposò la scrittrice Elsa Morante**. Poi, separatosi dalla moglie, convisse con un'altra scrittrice, **Dacia Maraini**. Negli anni Cinquanta fondò la rivista **«Nuovi Argomenti»**, alla cui redazione lavorò poi con Pasolini ed Enzo Siciliano. **Fu anche deputato al Parlamento europeo**, eletto nelle liste del PCI. Non fu mai però un intellettuale marxista: Moravia rappresenta piuttosto un **modello di intellettuale laico e illuminista**, razionalista e analitico, che può servirsi anche del marxismo, ma come strumento di conoscenza e non come ricetta sociale e politica. **È morto nel 1990.**

Le tre fasi della produzione narrativa

La produzione di Moravia si può dividere in tre diversi periodi. **Il primo va dal 1929 al 1945** e cioè da *Gli indifferenti* ad *Agostino*: **è la fase del realismo borghese** e della fusione di elementi realistici, esistenzialistici e anche, negli anni 1935-1941, surreali (è questo il periodo in cui più forte è l'influenza del "realismo magico" di Bontempelli). **Il secondo periodo va dal 1947** (quando esce *La romana*) **al 1957** (anno di *La ciociara*): **è la fase del Neorealismo** e in essa appaiono spesso personaggi popolari che rappresentano un'alternativa positiva rispetto al mondo borghese. **Il terzo periodo va dal 1960**, quando esce *La noia*, alla morte, ed è segnato da un accentuato pessimismo: caduta l'alternativa popolare, l'orizzonte torna a essere quello di una borghesia in crisi, priva di valori e di vitalità, mentre riemergono tematiche esistenzialistiche e psicoanalitiche: il tema dell'estraneità, della passività di fronte alla vita e della insensatezza di quest'ultima diventa dominante. Al di là di queste interne suddivisioni **la produzione migliore di Moravia** – consistente nei tre romanzi *Gli indifferenti*, *Agostino*, *La noia* **e in alcuni racconti** degli anni Trenta, come *Inverno di malato* – **presenta alcune caratteristiche costanti:**

Le costanti della narrativa moraviana:

Il tema del sesso e del denaro

1. **nella realtà borghese contano solo il sesso e il denaro**, concepiti come mezzi per possedere le persone (evidenti sono le influenze di Freud e Marx);

Il tema dell'estraneità

2. **l'intellettuale o l'adolescente sono personaggi estraniati, impotenti e in crisi**, incapaci di uscire dalla classe in disfacimento a cui appartengono;

Il realismo critico

3. **il metodo di scrittura si ispira a un realismo critico**, che rivela un lucido razionalismo e si risolve, nei casi migliori, in impietoso sarcasmo antiborghese;

Il moralismo empirico

4. **tale realismo critico è analitico ed empirico**: nasce da un moralismo che non costruisce mai una visione del mondo alternativa a quella dei personaggi borghesi;

La vita borghese rispecchia la struttura romanzesca

5. **la struttura del genere "romanzo"** così come era stata teorizzata da Bontempelli – e cioè come costruzione fondata sull'intrigo, sull'intreccio, sulla trama, sull'inganno, sull'avventura appun-

LA PRODUZIONE NARRATIVA DI MORAVIA

1ª fase (1929-1945)	2ª fase (1947-1957)	3ª fase (1960-1990)
realismo borghese	Neorealismo	esistenzialismo e pessimismo
• *Gli indifferenti*	• *La romana*	• *La noia*
• *Agostino*	• *La ciociara*	

to "romanzesca" – **diventa per Moravia il rispecchiamento della vita borghese**: la struttura del romanzo coincide con il suo oggetto di rappresentazione, una borghesia che sa vivere solo di intrighi, inganni, tresche più o meno avventurose.

Negli *Indifferenti* questi aspetti sono tutti presenti. Il romanzo descrive l'opacità, il grigiore, l'"indifferenza", ora apatica, ora cinica, di **quattro personaggi borghesi**: **Leo**, un affarista libertino e senza scrupoli, sprofondato in una vita ridotta a una serie di imbrogli economici ed erotici, in cui contano solo il sesso e il denaro, è contrapposto a **Michele**, che, a differenza del rivale, è incapace di agire, è inconcludente e distaccato dalla vita. A questa coppia se ne oppone un'altra femminile: quella di **Mariagrazia**, amante di Leo e madre di Michele, donna vana, corrotta e gelosa, e della figlia **Carla**, che vive nella noia e nel disgusto delle abitudini (cfr. **T6**).

Renato Guttuso, *Ritratto di Moravia*, 1982. Roma, Casa Museo "Alberto Moravia".

Gli indifferenti

S • Il realismo critico degli *Indifferenti* (E. Sanguineti)

Il tema del ragazzo, delle vacanze e della scoperta del sesso in *Agostino*

T • Alberto Moravia, *Agostino scopre che la mamma è una donna*

Il punto di vista estraniato del figlio geloso della madre

Protagonista di *Agostino* è un ragazzo che trascorre le vacanze estive in Versilia con la madre. Agostino non è più un bambino né è ancora un adulto: è privo cioè di identità individuale, perché si sente diverso; è privo inoltre di identità sociale, perché avverte il disagio di essere figlio della ricca borghesia, prigioniero dei suoi pregiudizi e delle sue convenzioni, ma non riesce neppure a integrarsi fra i ragazzi proletari e sottoproletari che conosce sulla spiaggia, affascinanti perché più vivi e spregiudicati di lui, ma anche troppo rozzi e volgari. **Il momento delle vacanze coincide con quello della scoperta del mondo e del sesso** e con lo shock dell'impatto con la realtà sociale. Inoltre il romanzo presenta anche un'altra ragione d'interesse: i rapporti sociali ed erotici (per esempio quelli della madre con un giovane sconosciuto) sono visti attraverso la prospettiva estraniata del protagonista, a volte con risultati di grande efficacia: per esempio, quando una scena d'amore è rappresentata dal punto di vista critico, del tutto inedito, di un figlio geloso della madre.

Le opere del periodo neorealista: *La romana*, *La ciociara*

Nelle opere del secondo periodo – quello del Neorealismo – alla borghesia Moravia contrappone il popolo, capace di adeguarsi alle leggi naturali del corpo e dunque di vivere, mentre l'intellettuale borghese resta prigioniero della sua ambiguità morale e della sua impotenza vitale. È questa la storia che ritorna nei due romanzi maggiori di questo periodo, ***La romana*** e ***La ciociara***.

Le opere del terzo periodo e il tema della noia

Nel terzo periodo, l'opera più importante è quella che gli dà inizio, ***La noia*** (1960). Finita l'epoca del Neorealismo, nella società del "miracolo economico" non esiste più un'alternativa positiva rappresentata dal popolo: **tutto il mondo è preda dell'insensatezza e dell'alienazione borghese**. Ritorna qui il tema dell'indifferenza del primo romanzo, trasformata in «noia», inerzia, incapacità di avere rapporti. **Tutto è mercificato o condizionato dal denaro**, che stravolge ogni rapporto, facendolo diventare inautentico e inutile.

T6 Alberto Moravia
Una cena borghese

OPERA
Gli indifferenti, cap. II

CONCETTI CHIAVE
- critica al mondo borghese
- consapevolezza e impotenza di Michele

FONTE
A. Moravia, *Agostino*, Bompiani, Milano 1966.

I quattro personaggi principali del romanzo s'incontrano intorno a un tavolo, riuniti dal rito borghese della cena, che si trasforma in sorda esplosione di malcontenti e di diffidenze reciproche. Mariagrazia sfoga il proprio risentimento e la propria gelosia nei confronti dell'amante Leo, un affarista senza scrupoli che mira alla figlia di lei, Carla. Michele è sprofondato nell'indifferenza: coglie l'ipocrisia della scena ma non ha la forza di reagire; mentre sua sorella, annoiata e disgustata, aspira confusamente e passivamente a cambiare vita, non importa come.

Sotto il lampadario a tre braccia il blocco bianco della tavola scintillava di tre minute schegge[1] di luce, i piatti, le caraffe, i bicchieri, come appunto un blocco di marmo appena scalfito dagli scalpellini; c'erano delle macchie, il vino era rosso, il pane marrone, una minestra verde fumava dal fondo delle scodelle; ma quel candore le aboliva e splendeva immacolato tra quattro pareti su cui, per contrasto, tutto, mobili e quadri, si confondeva in una sola ombra nera; e già seduta al suo posto, cogli occhi attoniti fissi nel vapore della vivanda, Carla aspettava senza impazienza.

Prima dei tre entrò la madre, colla testa voltata verso Leo che la seguiva, dichiarando con voce ironica ed esaltata: «Non si vive per mangiare, ma si mangia per vivere ... invece lei fa tutto l'opposto... beato lei».[2]

«Ma no... ma no... – disse Leo entrando a sua volta e toccando con un gesto sfiduciato, per pura curiosità, il termosifone appena tiepido –; lei non mi ha capito...; io ho detto che quando si fa una cosa non bisogna pensare ad altro...; per esempio quando lavoro non penso che a lavorare... quando mangio non penso che a mangiare... e così di seguito... allora tutto va bene...».

«E quando rubi?» avrebbe voluto domandargli Michele che gli veniva dietro: ma non sapeva odiare un uomo che a malavoglia invidiava. «In fondo ha ragione – si disse andando al suo posto –; io penso troppo».[3]

«Beato lei, – ripeté la madre sarcastica – invece a me tutto va male». Sedette, assunse un aspetto di triste dignità e cogli occhi bassi rimescolò col cucchiaio la minestra, affinché si freddasse.

«E perché tutto va male? – domandò Leo sedendosi a sua volta – io al suo posto sarei felice: una graziosa figlia... un figlio intelligente e pieno di belle speranze... una bella casa... cosa si può desiderare di più?».

«Eh, lei mi capisce a volo» disse la madre con un mezzo sospiro.

«Io no, a rischio di passare per ignorante le confesso che non capisco nulla...». La minestra era finita, Leo posò il cucchiaio: «E del resto siete tutti malcontenti voi... non creda signora di esser la sola... vuol vedere? ... Dunque, tu Carla, di' la verità, sei contenta tu ?...».

La fanciulla alzò gli occhi: questo spirito gioviale e falsamente bonario inaspriva la sua impazienza: ecco, ella sedeva alla tavola familiare, come tante altre sere; c'erano i soliti discorsi, le solite cose, più forti del tempo, e soprattutto la solita luce senza illusioni e senza speranze, particolarmente abitudinaria, consumata dall'uso come la stoffa di un vestito e tanto inseparabile dalle loro facce, che qualche volta accendendola bruscamente sulla tavola vuota ella aveva avuto la netta impressione di vedere i loro quattro volti, della madre, del fratello, di Leo e di se stessa, là, sospesi in quel meschino alone; c'erano dunque tutti gli oggetti della sua noia, e ciononostante Leo veniva a pungerla proprio dove tutta l'anima le doleva,[4] ma si trattenne: «Infatti potrebbe andare meglio», ammise; e riabbassò la testa.

- **1 schegge**: *sprazzi*.
- **2 Non si vive...lei**: dando del lei al proprio amante e nascondendosi dietro la vuotezza dei luoghi comuni, Mariagrazia Ardengo dimostra di essere una donna fatua, attenta solo a salvare le apparenze.
- **3 E quando...penso troppo**: il giudizio di Michele non si esprime e, anzi, finisce per cancellarsi dando ragione a Leo.
- **4 le doleva**: *le faceva male*.

«Ecco, – gridò Leo trionfante –, glielo avevo detto... anche Carla... ma non basta... pure Michele, sicuro... Non è vero Michele che pure a te le cose vanno male?».

Anche il ragazzo prima di rispondere lo guardò. «Ecco, – pensava – ora bisognerebbe rispondergli per le rime, ingiuriarlo, far nascere una bella questione e alfine rompere con lui»; ma non ne ebbe la sincerità; calma mortale;[5] ironia; indifferenza.

«E se tu la facessi finita? – disse tranquillamente –; lo sai meglio di me come vanno le cose».

«Eh furbacchione... – gridò Leo – furbacchione di un Michele.... vuoi evitare la risposta, vuoi passarci sopra... ma è chiaro che anche tu sei un malcontento, altrimenti non faresti quella faccia lunga come la quaresima».[6] Si servì dal piatto che la cameriera gli porgeva; poi: «Ed io invece signori miei tengo ad affermare che tutto mi va bene, anzi benissimo e che sono contentissimo e soddisfattissimo e che se dovessi rinascere non vorrei rinascere che come sono e col mio nome: Leo Merumeci».

«Uomo felice! – esclamò Michele ironico –; ma almeno dicci come fai».

«Come faccio?» ripeté l'altro colla bocca piena; «così... ma volete sapere invece, – egli soggiunse versandosi da bere –, perché voi tre non siete come me?».

«Perché ?».

«Perché – egli dice – vi arrabbiate per delle cose che non meritano...».[7] Tacque e bevve; seguì un minuto di silenzio; tutti e tre, Michele, Carla e la madre si sentivano offesi nel loro amor proprio; il ragazzo si vedeva com'era, miserabile, indifferente e sfiduciato, e si diceva: «Ah vorrei vederti in queste mie condizioni»; Carla pensava alla vita che non cambiava, a quelle insidie dell'uomo,[8] e avrebbe voluto gridare: «Io ho delle vere ragioni»; ma per tutti e tre fu la madre impulsiva e loquace che parlò.

L'essere stata accomunata coi figli in quella generale tendenza al malcontento, per il gran concetto in cui ella si teneva,[9] l'aveva ferita come un tradimento; l'amante non solamente l'abbandonava ma anche si burlava di lei:

«Va bene, – disse alfine dopo quel silenzio, con la voce ironica e malevola di chi vuole attaccar briga –; ma io, caro lei, ho delle buone ragioni per non esser contenta».

«Non ne dubito» disse Leo tranquillamente.

«Non ne dubitiamo» ripeté Michele.

«Non sono più una bambina come Carla, – continuò la madre in tono risentito e commosso –, sono una donna che ha avuto delle esperienze, che ha avuto dei dolori, oh sì, molti dolori» ella ripeté eccitata dalle sue parole; «che è passata attraverso molte noie[10] e molte difficoltà, e ciò nonostante ha saputo sempre serbare[11] intatta la propria dignità e sempre mantenersi superiore a tutti, sì, caro Merumeci – ella proruppe amara e sarcastica –; a tutti quanti compreso lei...».

«Non ho mai pensato che...» incominciò Leo; ora tutti comprendevano che la gelosia della madre aveva trovato una via e l'avrebbe percorsa per intero; tutti prevedevano con noia e disgusto la meschina tempesta che si addensava in quella luce tranquilla della cena.[12]

«E lei caro Merumeci – cominciò Mariagrazia fissando sull'amante gli occhi spiritati – ha parlato pocanzi molto leggermente[13]... io non sono una di quelle sue eleganti amiche senza tanti scrupoli per la testa, che non pensano che a divertirsi e a tirare avanti, oggi uno, domani un altro, alla meno peggio... no, lei s'inganna... io mi sento molto ma molto diversa da quelle signore...».

- **5 calma mortale**: [ebbe invece una] calma mortale.
- **6 quella faccia...quaresima**: quella faccia triste (**lunga**) come [chi sta in un periodo di] penitenza (**quaresima**).
- **7 Perché...non meritano**: nella sua cieca soddisfazione di sé, Leo fa un'analisi superficiale e inattendibile.
- **8 a quelle insidie dell'uomo**: cioè alla corte insidiosa di Leo.
- **9 gran...si teneva**: per la grande stima che aveva di sé.
- **10 noie**: problemi.
- **11 serbare**: conservare.
- **12 ora tutti...cena**: tutta la scena è retta sulla frattura fra quello che tutti sanno (la relazione fra Mariagrazia e Leo) e quello che nessuno, per ipocrisia borghese, vuol mostrare di sapere.
- **13 molto leggermente**: con troppa superficialità.

«Non ho voluto intendere questo...».

«Io sono una donna, – continuò la madre con crescente esaltazione – che potrebbe insegnare a vivere a lei e a tanti altri pari suoi, ma che ha la rara delicatezza o la stupidaggine di non mettersi in prima fila, di parlar poco di se stessa e perciò è quasi sempre misconosciuta e incompresa... ma non per questo» ella disse alzando la voce al diapason[14] più forte; «non perché sono troppo buona, troppo discreta, troppo generosa, non per questo, ripeto, ho meno delle altre il diritto di domandare di non venire insultata ad ogni momento da chicchessia...».[15] Diede un ultimo folgorante sguardo all'amante e poi abbassò gli occhi e si diede macchinalmente[16] a cambiar di posto gli oggetti che le stavano davanti. La più grande costernazione si dipinse su tutti i volti.[17] «Ma io non ho mai pensato di insultarla – disse Leo con calma –; ho detto soltanto che tra tutti noi il solo che non sia malcontento sono io».

«Eh, si capisce, – rispose la madre molto allusiva[18] –, si capisce benissimo che lei non sia malcontento».

«Vediamo mamma, – intervenne Carla – egli non ha detto nulla di insultante»: ora, dopo quest'ultima scena, un'atterrita[19] disperazione possedeva la fanciulla: «finirla – pensava guardando la madre puerile e matura che a testa bassa pareva ruminare[20] la propria gelosia –; finirla con tutto questo, cambiare ad ogni costo». Delle risoluzioni[21] assurde passavano per la sua testa; andarsene, sparire, dileguarsi nel mondo, nell'aria. Si ricordò delle interessanti parole di Leo: «Tu hai bisogno di un uomo come me». Era la fine: «Lui o un altro...» pensò; la fine della sua pazienza, dalla faccia della madre i suoi occhi sofferenti passarono a quella di Leo: eccoli i volti della sua vita, duri, plastici,[22] incomprensivi, allora riabbassò gli sguardi sul piatto dove il cibo si freddava nella cera coagulata dell'intingolo.[23]

«Tu, – ordinò la madre – non dir nulla; non puoi capire».

«Eh, mia cara signora, – protestò l'amante – anch'io non ho capito nulla».

«Lei – disse la madre calcando sulle parole e inarcando le sopracciglia – mi ha capito fin troppo».

«Sarà», incominciò Leo stringendosi nelle spalle.

«Ma taccia... taccia dunque – lo interruppe la donna con dispetto –; è meglio che lei non parli... al suo posto io tenterei di farmi dimenticare, di scomparire». Silenzio; la cameriera entrò e tolse via i piatti. «Ecco – pensò Michele vedendo quell'espressione adirata del volto della madre a poco a poco distendersi –; il temporale è passato, ora torna il bel tempo». Alzò la testa e: «Dico, – domandò senz'ombra di allegria – l'incidente è chiuso?».

«Chiusissimo – rispose Leo con sicurezza –; io e tua madre ci siamo riconciliati». Si volse verso Mariagrazia: «Non è vero signora che ci siamo riconciliati?». Un sorriso patetico esitava sulla faccia dipinta[24] della donna; ella conosceva quella voce e quel tono insinuante dei tempi migliori, di quando ella era ancora giovane e l'amante era ancora fedele; «Crede Merumeci – domandò guardandosi vezzosamente[25] le mani – che sia così facile perdonare?».

La scena diventava sentimentale; Carla fremette e abbassò gli occhi; Michele sorrise di disprezzo.

«Ecco – pensò – ci siamo, abbracciatevi e non se ne parli più».

«Perdonare – disse Leo gravemente buffonesco –, è dovere di ogni buon cristiano» («Che il diavolo se la porti – pensava intanto –; per fortuna che c'è la figlia a compensarmi della madre»). Osservò la fanciulla, impercettibilmente, senza voltar la testa; sensuale; più di sua madre; lab-

---

- **14 diapason**: *tono*.
- **15 non perché...chicchessia**: il comportamento isterico e protagonistico di Mariagrazia smentisce le sue parole.
- **16 macchinalmente**: *meccanicamente*.
- **17 La più grande...volti**: per il cattivo gusto della scenata.
- **18 allusiva**: Mariagrazia sospetta o sa delle tante avventure di Leo.
- **19 atterrita**: *spaventata*.
- **20 ruminare**: *rimasticare, ripensare a*.
- **21 risoluzioni**: *decisioni*.
- **22 plastici**: *marmorei* [: fissi e indifferenti come statue].
- **23 nella cera...dell'intingolo**: *nella gelatina rappresa della salsa*.
- **24 dipinta**: *truccata*.
- **25 vezzosamente**: *in modo civettuolo*.

120 bra rosse, carnose; certo disposta a cedere; dopo cena bisognava tentare; battere il ferro finché è caldo; il giorno dopo no.[26]

«Allora – disse la madre del tutto rassicurata –, siamo cristiani e perdoniamo». Il sorriso, fin allora contenuto, s'allargò patetico e brillante su due file di denti d'una bianchezza dubbia; tutto il corpo disfatto[27] palpitò: «E, a proposito» ella soggiunse con improvviso amor materno;
125 «non bisogna dimenticarlo: domani è l'anniversario[28] della nostra Carla».

«Non si usa più, mamma» disse la fanciulla alzando la testa.

«E invece lo festeggeremo – rispose la madre, solenne –, e lei Merumeci si consideri già invitato per domani mattina».

Leo fece una specie d'inchino sopra la tavola: «obbligatissimo»; poi rivolgendosi verso Carla,
130 «quanti anni?» domandò.

Si guardarono; la madre che sedeva in faccia alla fanciulla alzò due dita e compose la bocca come per dire «venti»; Carla vide, capì, esitò; poi un'improvvisa durezza devastò la sua anima: «Vuole – pensò – che io mi diminuisca gli anni per non invecchiar lei»; e disobbedì; «Ventiquattro» rispose senza arrossire.

135 Un'espressione delusa passò sul volto della madre.

«Così vecchia?» esclamò Leo con scherzosa meraviglia; Carla assentì: «Così vecchia» ripeté.

«Ma non avresti dovuto dirlo» rimproverò la madre; l'arancia agra che stava mangiando aumentava l'acidità della sua espressione; «si ha sempre l'età che si mostra... Ora tu non mostri più di diciannove anni». Inghiottì l'ultimo spicchio, l'arancia era finita; Leo estrasse l'astuccio delle
140 sigarette e ne offrì a tutti; il fumo azzurro salì sottile dalla tavola in disordine; per un istante stettero immobili guardandosi negli occhi, attoniti; poi la madre si alzò. «Andiamo nel salotto» disse; e uno dopo l'altro uscirono tutti e quattro dalla sala da pranzo.

- **26** **sensuale...il giorno dopo no**: nelle frasi, tutte senza verbo, si riporta il rapido monologo interiore di Leo.
- **27** **disfatto**: *decaduto* [per l'età].
- **28** **anniversario**: *compleanno*.

T6 DALLA COMPRENSIONE ALL'INTERPRETAZIONE

COMPRENSIONE

Una conversazione a tavola Come chiarisce il primo capoverso, **la scena è ambientata in una sala da pranzo**. Vi entrano, uno dopo l'altro, i vari protagonisti: **la madre Mariagrazia, l'amante Leo, i figli della donna Michele e Carla**. Seduti attorno al tavolo per la cena, essi iniziano a dialogare. La **conversazione** coinvolge inizialmente tutti e quattro i personaggi ed è condotta da Leo, che coglie l'ingiustificato malcontento dei suoi interlocutori. Di contro, egli si dichiara «contentissimo e sodisfattissimo» della propria vita. Suscita perciò il risentimento di Mariagrazia, che dà il via a una lunga polemica dettata dalla gelosia. I figli – dapprima Carla, poi Michele – intervengono per porre fine all'imbarazzante situazione. Finalmente Mariagrazia si calma e introduce un nuovo argomento: il compleanno della figlia, l'indomani. Dopo uno scambio di battute sull'età della giovane, la scena si chiude con i quattro che escono dalla sala da pranzo.

ANALISI

La tecnica teatrale Il romanzo è costruito con un'**impostazione teatrale**, come si coglie già in queste pagine. Ecco le caratteristiche che rimandano alla tecnica del teatro:
1. **pochi personaggi** (cinque in tutto: ai quattro qui presentati si aggiunge Lisa, che cerca di sedurre Michele);
2. prevalenza di **ambienti interni**: anche questa scena è ambientata nel chiuso di un'abitazione borghese;
3. **scenografia accuratissima**, descritta attraverso minuziose **didascalie**, come quella che apre questo secondo capitolo;
4. **prevalenza del dialogato e dei cosiddetti "a parte"**, che ci consentono di conoscere i pensieri dei personaggi (qui, in particolare, quelli di Michele).

Viene messa in scena **una squallida commedia borghese**. I personaggi, infatti, sono «indifferenti» e non hanno la forza di far precipitare la situazione, come avviene nella tragedia.

I personaggi La scena delinea il sistema dei personaggi del romanzo, mettendo anche in rilievo le caratteristiche di ciascuno. Osserviamoli uno per uno.

- **Mariagrazia**: donna egoista, falsa, ipocrita e risentita. È concentrata solo sull'amante, mentre non sembra tenere in alcuna considerazione i figli. Nell'attacco a Leo si coglie tutto il risentimento della donna tradita, che si rende infine ridicola nel tentativo di mascherare la propria età.
- **Leo**: personaggio cinico, sicuro di sé, privo di ogni scrupolo morale. Con superficialità interpreta il malcontento dei suoi interlocutori, che non possono essere felici perché – dice loro – «vi arrabbiate per delle cose che non meritano...» (rigo 51). È insofferente alle parole di Mariagrazia avendo ormai concentrato il proprio interesse sulla giovane Carla.
- **Carla**: giovane annoiata e disgustata dalla vita («c'erano i soliti discorsi, le solite cose, più forti del tempo, e soprattutto la solita luce senza illusioni e senza speranze» (righi 27-28). Prova un desiderio confuso di «finirla con tutto questo, cambiare ad ogni costo»; è pronta perciò a legarsi a Leo, o meglio, senza distinzione, a «lui o un altro...».
- **Michele**: personaggio segnato dall'impotenza, che, pur cogliendo l'ipocrisia e lo squallore della scena, non si risolve a intervenire. Si rileva un costante contrasto tra ciò che egli pensa e ciò che effettivamente mette in atto, tra le intenzioni e la realtà (la forma che connota il personaggio è non a caso il condizionale «avrebbe voluto» (rigo 14). Michele, dunque, avrebbe voluto rispondere per le rime a Leo, «ma non ne ebbe la sincerità; calma mortale; ironia; indifferenza» (righi 38-39).

INTERPRETAZIONE

Michele tra consapevolezza e impotenza Tra i personaggi analizzati, **Michele** ha un rilievo particolare, nonostante pronunci solo poche battute. Egli è in grado di cogliere con perfetta lucidità l'intreccio ripugnante di falsità ed egoismo che si è creato nella famiglia, ma resta paralizzato di fronte a esso. Il profilo di Michele rispecchia quello dell'**intellettuale**, lucidissimo nel giudicare la realtà ma **incapace di agire**. Con questo personaggio si introduce negli *Indifferenti* un'opposizione: quella fra Michele e i suoi interlocutori (Leo soprattutto), ovvero tra l'autocoscienza dell'uno e l'inconsapevolezza degli altri. Come ha precisato Edoardo Sanguineti, si coglie una ferma **contrapposizione tra «una figura oscuramente consapevole [...] e un ambiente umano** che rifiuta costantemente di riconoscersi e di giudicarsi [...]. Contrapposizione, dunque, di una figura che non è fatta, come egli stesso dichiara, "per questa vita", e di una cerchia sociale in cui si ritagliano personaggi che sono invece per tale vita mirabilmente nati, e soltanto per quella». Per un verso quindi **Michele rappresenta la coscienza critica** all'interno del mondo borghese, l'esigenza di autenticità contro un ambiente falso e degradato. D'altra parte, però, la sua forma di opposizione si arresta all'analisi e non sa concretizzarsi in azione. **La paralisi di Michele** risulta più che mai evidente in una delle scene finali del romanzo, quando, andato a casa di Leo con l'intento di ucciderlo, gli spara con una pistola scarica.

T6 LAVORIAMO SUL TESTO

COMPRENDERE

La scena

1. Il romanzo è costruito con tecnica teatrale. Relativamente a questo capitolo indica: il luogo dell'azione, i personaggi sulla scena e i loro rapporti reciproci.

ANALIZZARE

Identikit dei personaggi

2. Dall'episodio emergono già i profili dei quattro personaggi del romanzo
   - A con colori diversi, sottolinea nel testo le parti che evidenziano i sentimenti di ciascuno.
   - B descrivi ciascun personaggio attraverso uno o due aggettivi scelti fra quelli di seguito elencati

   isterico, geloso, cinico, falso, ipocrita, indifferente, annoiato, disgustato, inetto, impotente, superficiale, perbenista, amorale, sicuro, insicuro, insofferente, passivo, cosciente, egocentrico

INTERPRETARE

Primo piano su Michele

3. Michele acquista un particolare rilievo all'interno del sistema dei personaggi. Egli introduce nel romanzo – spiega Sanguineti – una «ferma opposizione». A chi o a che cosa si contrappone infatti Michele? Quali sono le due facce del personaggio? Quale condizione rappresenta?

LE MIE COMPETENZE: INDIVIDUARE COLLEGAMENTI, PRODURRE

Michele, caratterizzato dall'indifferenza, si può collegare agli inetti del romanzo primonovecentesco italiano? Compila un piccolo "dizionario dei personaggi inetti", che ospiti una galleria dei personaggi letterari inetti in cui ti sei imbattuto. Per ogni personaggio indica la data di nascita (cioè la data di pubblicazione dell'opera in cui compare) e stendi una breve descrizione che non superi le cinque righe.

4 Il Neorealismo e Pratolini

Storia e caratteri del Neorealismo

Il Neorealismo nasce dal "nuovo realismo" degli anni Trenta (cfr. § 1) ma ha caratteri propri, essendo caratterizzato da **un più deciso impegno ideologico e morale** e da una **maggiore fedeltà alla tradizione nell'impianto narrativo**. **A una prima fase** di Neorealismo come tendenza spontanea o "corrente involontaria" (1943-1948) **ne segue una**, a partire dal 1949, **più organizzata** perché articolata in una poetica coerente (cfr. cap. II, § 2 e **S5**, p. 20): il romanzo deve avere protagonisti popolari "positivi", fare intravedere la prospettiva socialista, e descrivere i rapporti fra le classi. Tuttavia non sempre il romanzo neorealista, anche negli anni fra il 1949 e il 1956, si attiene a queste norme. In genere si limita al recupero di alcuni aspetti strutturali del romanzo tradizionale ottocentesco, realista o verista, come la trama, l'oggettività dei personaggi, l'autorità del narratore. Ma **i risultati sono modesti**.

Vasco Pratolini

Il principale rappresentante del Neorealismo è Vasco Pratolini, che fu anche uno degli iniziatori del "nuovo realismo". Nato a Firenze nel 1913 da famiglia popolare, autodidatta, fece parte con Bilenchi e Vittorini del "**fascismo di sinistra**" (cfr. cap. II, § 1). Diresse, con Gatto, la rivista ermetica «**Campo di Marte**» (1938-39), in cui si incontrarono i nuovi lirici puri e i giovani narratori populisti. **Poi nel dopoguerra approdò al Neorealismo** e cercò di scrivere anche un romanzo che rientrasse nelle caratteristiche del "realismo socialista", *Metello*. È morto a Roma nel **1991**.

Il quartiere, rappresentazione di un luogo mitico

Video • *Il quartiere* (G. Taviani)

La sua prima opera importante è *Il quartiere* (1944). Vi confluiscono tutti gli elementi della sua formazione: il populismo, il lirismo dei ricordi, il realismo storico e ambientale (il quartiere è quello di Santa Croce a Firenze negli anni della guerra d'Etiopia). Del "quartiere" c'è anche l'ideologia, vale a dire l'idea di una comunità popolare originaria e intatta, caratterizzata dalla solidarietà e dall'autenticità. Il "quartiere" diventa così un luogo mitico. Un più pesante e invadente realismo, è presente invece in altre opere di questo periodo come *Cronache di poveri amanti* (1947), *Un eroe del nostro tempo* (1951), *Le ragazze di San Frediano* (1951). A questo punto però Pratolini decide di lasciare il "quartiere" e le sue "cronache" (termine tipico del primo Neorealismo), per dedicarsi a vasti affreschi di storia nazionale e a un impegno realistico più robusto. Progetta la **trilogia** ***Una storia italiana***, composta di tre romanzi: *Metello* (1955), *Lo scialo* (1960), *Allegoria e derisione* (1966). *Metello* nasce con l'obiettivo di rappresentare la vita di un operaio edile, visto come eroe positivo sullo sfondo storico delle prime lotte organizzate dalla classe lavoratrice fra la fine dell'Ottocento e l'inizio del nuovo secolo, nell'ambito di un'ideologia esplicitamente politica e programmaticamente ottimistica. Ma **le altre due opere** tornano al tema della crisi della borghesia e dell'intellettuale e al motivo di fondo della ricerca di Pratolini: il bisogno frustrato di identità e d'integrazione.

Le altre opere

La trilogia *Una storia italiana*: *Metello*, *Lo scialo* e *Allegoria e derisione*

NEOREALISMO COME «CORRRENTE INVOLONTARIA» (1943-1949)

- esigenza spontanea di raccontare e di testimoniare
- temi: guerra, resistenza, esperienze drammatiche vissute in quegli anni (es.: Carlo Levi confinato in Lucania; Primo Levi deportato ad Auschwitz)
- intreccio di generi diversi (narrativa, memorialistica, saggismo)

NEOREALISMO COME POETICA ORGANICA (1949-1956)

- "realismo socialista"
- eroe positivo in conflitto con la società borghese
- impegno politico
- impianto narrativo tradizionale

→ Vasco Pratolini
Renata Viganò
Francesco Jovine

La vicenda di *Metello*

T • Vasco Pratolini, *Ersilia e le altre donne sotto il carcere delle Murate*

S • Il conflitto delle interpretazioni su *Metello*. La critica di Muscetta
S • Il conflitto delle interpretazioni su *Metello*. La replica di Salinari

***Metello*, romanzo neorealista**

Metello **è la storia di un orfano**, allevato in una famiglia di anarchici negli ultimi anni dell'Ottocento; poi, divenuto socialista e muratore, partecipa ai moti del 1898 contro il governo Di Rudinì, viene arrestato e condotto alle Murate, il carcere di Firenze. Fra le donne che gridano la loro solidarietà sotto le mura del carcere c'è **Ersilia**, figlia di un anarchico morto cadendo da un'impalcatura. Uscito dal carcere, Metello sposa Ersilia e diventa uno dei dirigenti della camera del lavoro. Nel 1902 viene proclamato il grande sciopero degli operai edili. Dopo qualche settimana, una parte degli scioperanti comincia a cedere, mentre Metello è distratto dall'amore per una donna sposata, **Idina**. La situazione precipita, con scontri davanti ai cantieri cui interviene la polizia sparando e ferendo un operaio. Alla notizia che a livello nazionale i padroni hanno ceduto, lo sciopero si conclude e il lavoro riprende, ma la polizia arresta tutti i dirigenti sindacali, Metello compreso. Ersilia, che intanto lo ha perdonato, lo aspetterà un'altra volta.

Metello **è il romanzo di Pratolini più coerente con i principi del Neorealismo come poetica**: presenta un eroe positivo di estrazione popolare, è ispirato all'ideologia socialista, è costruito con la tecnica del tradizionale realismo ottocentesco (compreso il narratore onnisciente).

5 La memorialistica

Il Neorealismo come «corrente involontaria»: cronache, memorie, testimonianze

Il periodo che va **dal 1943 al 1948** è quello del **Neorealismo come «corrente involontaria»** (Corti). Nell'ultimo periodo della guerra e nel primo del dopoguerra domina una smania di raccontare (cfr. cap. II, § 2, e **S5**, p. 20) e di testimoniare: sorge **un movimento spontaneo e caotico**, non regolato da indirizzi precisi di poetica, ma volto comunque al **realismo** e all'**impegno etico** e politico. Tale movimento è fortemente suggestionato dalla scrittura clandestina dei giornali partigiani, dal racconto orale, dall'**esigenza di documentare avvenimenti importanti o tragici**. È questo il momento dei **primi romanzi e racconti del Neorealismo (come quelli di Calvino)** e soprattutto delle «cronache», delle memorie, delle **testimonianze**.

Cristo si è fermato a Eboli di Carlo Levi

È inseparabile da questo clima *Cristo si è fermato a Eboli* di Carlo Levi, opera che si situa **al confine fra generi diversi**: si tratta, per certi aspetti, di un libro di memorie quasi diaristico, per altri di un saggio di etnologia o di sociologia, per altri ancora di un romanzo. Il piemontese Carlo Levi (1902-1975) d'altronde era, insieme, scrittore e pittore, uomo politico, medico e scienziato. Confinato dal regime fascista in un paese della Lucania, dove visse fra il 1935 e il 1936, dette testimonianza di questa sua esperienza qualche anno dopo, fra il 1943 e il 1944, scrivendo *Cristo si è fermato a Eboli* (1945). In Carlo Levi sono presenti interessi e atteggiamenti diversi: da un lato il bisogno razionalistico di comprendere e di spiegare scientificamente e politicamente, dall'altro l'attrazione per l'irrazionale, la curiosità non priva di turbamento per la realtà oscura e profonda dell'inconscio collettivo e in particolare dei miti e dei riti della **civiltà contadina**; e anche: da un lato la consapevolezza della **problematica meridionalistica**, dall'altro, invece, **la mitizzazione di un mondo arcaico e immobile**, sconosciuto e privo di storia – e anzi estraneo e ostile alla storia che lo soffoca –, in cui si riflettono istanze primordiali presenti nella vita di ognuno e che proprio per questo sembra spesso preso a modello della condizione umana.

T • Carlo Levi, «Per i contadini lo Stato è più lontano del cielo»

Video • *Cristo si è fermato a Eboli* (G. Taviani)

Primo Levi

Nella memorialistica rientra anche uno dei capolavori di questo periodo, **Se questo è un uomo** di **Primo Levi** (torinese, chimico di professione, nato nel 1919, morto suicida nel 1987), che fu anche saggista, autore di racconti (per esempio, *Storie naturali* e *Vizio di forma*), di poesie e di romanzi (come *Il sistema periodico* del 1975, *La chiave a stella* del 1978, e *Se non ora, quando?* del 1982). A Primo Levi è dedicato il capitolo XII di questa Parte.

6 Fra Neorealismo ed epica esistenziale: Fenoglio

I risultati migliori della letteratura sulla Resistenza

La letteratura sulla Resistenza e il romanzo neorealista abbondano di eroi "positivi" falliti artisticamente. Negli anni del Neorealismo i risultati migliori si danno quando l'intellettuale ha il coraggio di guardare in faccia le proprie contraddizioni e di analizzarsi coraggiosamente – come fa Pavese in *Una casa in collina* –, oppure **quando la Resistenza non è vista ideologicamente come prospettiva sociale e politica, ma come prova epica di un destino**. È questo il caso di **Fenoglio**, indubbiamente **il maggiore narratore della Resistenza**. Beppe Fenoglio è l'unico scrittore che rappresenti davvero eroi "positivi"; ma nessuno di essi muore per un'ideologia politica. Ciò lo distingue nettamente dal Neorealismo. Il suo impegno è di tutt'altra natura: è un impegno verso la vita stessa, intesa come dignità dell'esistere, come scommessa che si realizza in scelte radicali in cui si mette alla prova l'onore della persona umana in quanto tale. Per Fenoglio la Resistenza (a cui aderì da badogliano, cioè da liberale conservatore) è stata sentita anzitutto come un'espressione dell'avventura umana, un'ulteriore prova, anche terribile, della vitalità e della dignità dell'uomo.

Il caso particolare di Fenoglio: eroi positivi, ma non ideologici

Vita e opere di Fenoglio

Beppe Fenoglio (nato ad Alba, in Piemonte, nel **1922**; morto a Torino nel **1963**) aveva una conoscenza viva e diretta della letteratura inglese e americana. La prima redazione del romanzo *Il partigiano Johnny* fu addirittura scritta in inglese (e permangono intere frasi in questa lingua anche nelle stesure successive). Dopo aver partecipato alla lotta partigiana nelle Langhe, non visse da letterato, ma facendo il procuratore di una casa vinicola. **I suoi primi libri** – i racconti *I ventitré giorni della città di Alba* e *La malora* – furono pubblicati da Vittorini nella collana dei «Gettoni», rispettivamente nel 1952 e nel 1954. A questa prima fase appartiene anche il romanzo **La paga del sabato**, pubblicato postumo. Nel 1959 uscì da Garzanti **Primavera di bellezza**, un romanzo breve, che si allontana dai moduli neorealistici in parte ancora percepibili nelle prime opere. Un'altra serie di racconti, *Un giorno di fuoco*, apparve nel 1963, poco dopo la morte, insieme con un nuovo romanzo breve, *Una questione privata*.

T • Beppe Fenoglio, *Il partigiano Raoul*

La materia autobiografica di *Primavera di bellezza* e di *Partigiano Johnny*

Tanto *Primavera di bellezza* quanto *Il partigiano Johnny* partono da vicende autobiografiche: nella seconda redazione del primo romanzo, pubblicata dall'autore nel 1959, la storia comincia nel momento in cui Johnny è allievo ufficiale a Roma e termina, con svolgimento molto rapido, quando, tornato ad Alba e passato fra le fila partigiane, incontra la morte; la prima redazione del *Partigiano Johnny* parte dall'arrivo di Johnny ad Alba, e descrive la sua partecipazione alla lotta partigiana dapprima fra i "rossi" (comunisti), poi fra gli "azzurri" (badogliani), sino alla morte, mentre la seconda redazione, più veloce e lineare, racconta le stesse vicende ma prendendo avvio dall'ultima azione militare condotta con i "rossi".

Differenza fra le prime opere e le ultime

**I racconti dei *Ventitré giorni della città di Alba* e il romanzo breve *La malora* risentono dei modi secchi, brevi, incisivi di certo Neorealismo postbellico – ispirato a Pavese e agli scrittori americani –, così come la prima redazione del *Partigiano Johnny* rivela un'esigenza di testimonianza e

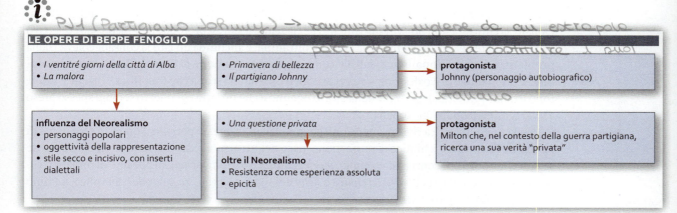

- **S** • *Primavera di bellezza* di Beppe Fenoglio

La lingua del *Partigiano Johnny*

- **T** • Beppe Fenoglio, L'«esperienza terribile» della battaglia

- **Video** • *Il partigiano Johnny* (G. Taviani)

Una questione privata

- **S** • Fenoglio fra epica, realismo e romanzo (F. Petroni)
- **S** • Epica e "grande stile" in Fenoglio (G.L. Beccaria)
- **S** • La "resistenza" di Fenoglio (G. Ferroni)

un'eco delle "cronache" del periodo. La successiva redazione di questo romanzo e ***Una questione privata*** sembrano invece lontani dal Neorealismo e mostrano piuttosto il progetto di un romanzo di formazione, che si snoda con uno stile più disteso e con un ritmo quasi epico. Ai moduli del romanzo di formazione si avvicina anche *Primavera di bellezza*, che rievoca l'adolescenza e la giovinezza del partigiano Johnny, ma con stile più sobrio ed essenziale.

Dopo le due raccolte di racconti, le opere di maggior rilievo sono indubbiamente il pur incompiuto *Il partigiano Johnny* e *Una questione privata*. La prima opera è anche linguisticamente assai complessa: restano numerose frasi in inglese e vi si notano dialettalismi e numerosi neologismi. Tuttavia ciò non va in direzione dell'immediatezza neorealistica o del "parlato", ma tende piuttosto a un rigore astratto, a un sovrappiù di tensione espressiva. **La guerra di Resistenza è vista come prova terribile e assurda**: Fenoglio non la interpreta secondo i miti ideologici del tempo, ma come segno dell'estraneità e della negatività dell'esistenza. E tuttavia l'uomo è chiamato a impegnarvisi sino allo spasimo e alla morte, senza scappatoie: solo così può dimostrare – anzitutto a se stesso – la propria dignità (cfr. **T7**). Il ritmo epico del racconto deriva dal carattere frontale del rapporto fra l'eroe e il mondo, dal duello mortale in cui la resistenza e l'onore si battono contro l'orrore e l'assurdo.

Una questione privata è la storia del partigiano Milton. Egli viene a sapere casualmente degli incontri che la ragazza da lui amata, Fulvia, ha avuto con Giorgio, un partigiano suo amico. Scopre allora che cosa c'è stato fra i due e comincia a cercare Giorgio, che milita in un'altra formazione partigiana ed è stato fatto prigioniero dai fascisti. Vorrebbe perciò prendere a sua volta un fascista come prigioniero per scambiarlo con l'amico e salvargli la vita. Ma il suo tentativo risulta vano perché è costretto a uccidere il soldato fascista appena catturato. Mentre cerca di tornare alla villa di Fulvia, viene sorpreso e trucidato. C'è, anche in Milton, uno slancio di passionalità e di generosità. Tutto in lui è assoluto, senza riserve, dall'amore per la ragazza che forse lo ha tradito al tentativo di salvare l'amico dalla fucilazione (cfr. **T8**, p. 402). L'opera di Fenoglio ha sollevato vivaci dibattiti fra i critici. Interessante è soprattutto il confronto fra quanti vedono in lui un esempio di epicità e di "grande stile" e quanti invece, pur non negando la componente epica della sua scrittura, la ricollegano tuttavia al realismo e alle vicende morali e politiche della guerra e del dopoguerra.

T7 Beppe Fenoglio
L'ultima battaglia di Johnny

OPERA
Il partigiano Johnny

CONCETTI CHIAVE
- epicità e plurilinguismo
- la Resistenza come destino

FONTE
B. Fenoglio, *Il partigiano Johnny*, Einaudi, Torino 1994.

Riportiamo qui il finale dell'ultima redazione del Partigiano Johnny.

Dopo un'ultima curva apparve la sommità della collina, idilliaca anche sotto quel cielo severo e nella sua grigia brullità.¹ A sinistra stava un crocchio² di vecchie case intempeiriate,³ appoggiate l'una all'altra come per mutuo soccorso contro gli elementi della natura e la stregata solitudine dell'alta collina, a destra della strada, all'altezza delle case stava un povero camion a gasogeno, con barili da vino sul cassone.⁴ Johnny rallentò e sospirò, tutto parendogli sigillare la speranza e l'inseguimento,⁵ il segnale per il ritorno a mani vuote. Si voltò e vide serrar sotto mozziconi della colonna,⁶ tutti sfisonomiati ed apneizzati⁷ dalla marcia. Quando una grande, complessa

---

- **1 brullità**: *spoglia aridità*.
- **2 crocchio**: *insieme raccolto*. Di solito il termine è usato per riferirsi ad un gruppo di persone che sono riunite a parlare insieme per strada. In questo caso, le vecchie case assumono dei tratti umani e vengono personificate.
- **3 intempeiriate**: *rovinate dalle intemperie*.
- **4 camion a gasogeno...cassone**: durante la Seconda guerra mondiale, a causa della penuria di combustibile molti automezzi civili e militari furono dotati di **gasogeno**, cioè di un dispositivo che produceva gas dalla combustione di masse solide (carbone, coke o legna). Il gas povero così prodotto era un succedaneo "autarchico" della benzina. Il **cassone** è la parte della carrozzeria del camion destinata a contenere la merce da trasportare.
- **5 tutto parendogli sigillare la speranza e l'inseguimento**: *perché gli sembrava* (**parendogli**) *che tutto confermasse la chiusura definitiva* (**sigillare**) *della speranza di sorprendere i fascisti e del buon esito dell'inseguimento*.
- **6 mozziconi**: *rimasugli, pezzi residui* della colonna di partigiani che si è disunita. Johnny è in avanscoperta e precede la colonna dei partigiani per individuare il luogo in cui si sono appostati i nemici.
- **7 sfisonomiati ed apneizzati**: *stravolti nell'aspetto e senza fiato*, con il respiro mancante.

scarica dalle case fulminò la strada e Johnny si tuffò nel fosso a sinistra, nel durare di quella interminabile salva.[8] Atterrò nel fango, illeso, e piantò la faccia nella mota[9] viscosa. Si era appiattito al massimo, era il più vicino a loro, a non più di 10 passi, dalle case vomitanti fuoco. Gli arrivò un primo martellare di fucile semiautomatico ed egli urlò facendo bolle nel fango, poi tutt'un'altra serie ranging[10] ed egli scodava come un serpente,[11] moribondo. Poi il semiautomatico ranged[12] altrove ed egli sollevò la faccia e si sdrumò[13] il fango dagli angoli. Set[14] giaceva stecchito sulla strada. Poi fuoco ed urla esplosero alle sue spalle, certo i compagni si erano disposti sulla groppa[15] della collina alla sua sinistra, il bren frullava[16] contro le finestre delle case e l'intonaco saltava come lavoro d'artificio.[17] Tutto quel fuoco e quell'urlio lo ubriacò, mentre stranitamente[18] si apprestava all'azione ad occhi aperti. Si sterrò[19] dal fango e tese le braccia alla proda erta e motosa,[20] per inserirsi nella battaglia, nel mainstream[21] del fuoco. Fece qualche progresso, grazie a cespi d'erba che resistevano al peso e alla trazione,[22] ma l'automatico[23] rivenne su di lui, gli parve di vedere l'ultimo suo colpo insinuarsi nell'erba vischiosa come un serpe grigio, così lasciò la presa e ripiombò nel fosso. E allora vide il fascista segregato[24] e furtivo, sorpreso dall'attacco in un prato oltre la strada, con una mano teneva il fucile e con l'altra si reggeva i calzoni, e spiava il momento buono per ripararsi coi suoi nelle case. L'uomo spiava, poi si rannicchiò, si raddrizzò scuotendo la testa alla situazione. Johnny afferrò lo sten,[25] ma appariva malfermo e inconsistente, una banderuola segnavento anziché una foggiata massa di acciaio.[26] Poi l'uomo balzò oltre il fossato e Johnny sparò tutto il caricatore e l'uomo cadde di schianto sulla ghiaia e dietro Johnny altri partigiani gli spararono crocifiggendolo.

Johnny sospirò di stanchezza e pace. La raffica era stata così rapinosa che Johnny aveva sentito quasi l'arma involarsi[27] dalle sue mani.

Il volto di una giovane donna sbuca sorridente dalla prima pagina del «Corriere della sera» che titola *È nata la Repubblica italiana*. Il 2 giugno del 1946, durante i festeggiamenti della vittoria dei repubblicani al referendum monarchia-repubblica, Federico Patellari scatta la foto simbolo della fine della Resistenza e l'inizio di una nuova fase della storia italiana.

- 8 **salva**: *sparo simultaneo delle armi da fuoco*.
- 9 **mota viscosa**: *fango appiccicoso*.
- 10 **serie ranging**: *serie di spari mirati*.
- 11 **scodava come un serpente**: *si agitava come un serpente cui è stata mozzata la coda*.
- 12 **ranged**: *mirò*.
- 13 **si sdrumò**: *si grattò via*.
- 14 **Set**: *un partigiano della formazione di Johnny*.
- 15 **groppa**: *dorso*.
- 16 **il bren frullava**: *la mitragliatrice (il bren), sparando, faceva un fruscio rumoroso e continuato (frullava), come quello prodotto dagli uccelli che sbattono le ali per alzarsi in volo*.
- 17 **lavoro d'artificio**: *fuoco d'artificio*.
- 18 **stranitamente**: *in modo disorientato, distaccato e intontito*. Johnny ha la sensazione di non riuscire a intervenire in modo risoluto nella battaglia.
- 19 **Si sterrò**: *si ripulì*.
- 20 **proda erta e motosa**: *pendio ripido e fangoso*.
- 21 **mainstream**: *corrente più intensa*.
- 22 **alla trazione**: *alla forza con cui Johnny tira i ciuffi d'erba e vi si aggrappa per avanzare sul terreno*.
- 23 **automatico**: *arma automatica, che spara a raffiche continue fino a quando non viene rilasciato il grilletto. Invece, a differenza di quelle automatiche, le armi semiautomatiche, cui si fa riferimento più avanti nel brano, hanno bisogno che il grilletto venga premuto ogni volta che il tiratore vuole sparare un colpo*.
- 24 **segregato**: *nascosto ed isolato*.
- 25 **lo sten**: *è un arma da fuoco, simile ad una piccola mitragliatrice, facile da usare, da smontare e anche da produrre. Proprio per queste sue caratteristiche lo sten è l'arma più usata dai partigiani, che ne ricevono ampie forniture dalle truppe degli Alleati*.
- 26 **ma...foggiata massa d'acciaio**: *ma gli sembrava poco affidabile (**malfermo**) e privo di consistenza (**inconsistente**), più simile ad una di quelle banderuole che si mettono sulla sommità delle case per segnare la direzione del vento (**banderuola segnavento**) che ad massa solida fatta (**foggiata**) di acciaio*. Questa notazione mette in evidenza la scarsa lucidità di Johnny, che si sente estraneo e distaccato da quanto accade intorno a lui e non riesce a partecipare al combattimento con il fervore e l'eccitazione consueti.
- 27 **involarsi**: *prendere il volo*.

L'urlio più del fuoco massimo[28] assordava, i fascisti asserragliati urlavano a loro «Porci inglesi!» con voci acutissime, ma quasi esauste e lacrimose, da fuori i partigiani urlavano: «Porci tedeschi! Arrendetevi!»

Poi Johnny riafferrò l'erba fredda, affilata. L'automatico tornò su di lui, ma con un colpo solo, quasi soltanto per interdizione,[29] e Johnny stavolta non ricadde nel fosso, prese altre due pigliate d'erba e si appoggiò col ventre al bordo della ripa.[30] Lí stavano i suoi compagni, a gruppi e in scacchiera, stesi o seduti, Pierre nel centro, che miscelava economiche raffiche del suo Mas nel fuoco generale.[31] Johnny sorrise, a Pierre e a tutti, gli stavano a venti passi ma sentiva che non li avrebbe raggiunti mai, come fossero a chilometri o un puro miraggio. Comunque superò tutto il risalto[32] e fu con tutto il corpo nel grosso della battaglia. Il fuoco del bren lo sorvolava di mezzo metro, il semiautomatico stava di nuovo ranging[33] su lui. Chiuse gli occhi e stette come un grumo, una piega del terreno, tenendo stretto a parte lo sten vuoto. Un urlo di resa gli scrosciò nelle orecchie, balzo a sedere alto nell'aria acciaiata[34] brandendo la pistola verso la strada. Ma erano due partigiani che correvano a ripararsi dietro il camion per di là prender d'infilata certe finestre ignivome[35] e correndo urlavano ai fascisti di arrendersi.

Il fuoco dei suoi compagni gli scottava la nuca e gli lacerava i timpani, come in sogno individuò la voce di Pierre,[36] urlante e vicina all'afonia.[37] Scoccò un'occhiata alle case ma non vide che una finestra a pianterreno, ed un fascista ripiegato sul davanzale, con le braccia già rigide tese come a raccattar qualcosa sull'aia. La voce di Pierre gli tempestava nelle orecchie, incomprensibile. Braced and called up himself:[38] questa era l'ultima, unica possibilità di inserirsi nella battaglia, di sfuggire a quell'incubo personale e inserirsi nella generale realtà. Sguisciando nel fango fece rotta su Pierre, mentre un mitragliatore dalle finestre apriva sulla loro linea e Franco[39] ci incespicò netto, e cadde, con un maroso[40] di sangue erompente dal suo fazzoletto azzurro,[41] e giacque sulla strada di Johnny. Johnny scansò il cadavere, lentamente, faticosamente come una formica che debba scansare un macigno e arrivò stremato da Pierre. – Debbono arrendersi, – gridò Pierre con la bava alla bocca, – ora si arrendono –. E urlò alle case di arrendersi, con disperazione. Johnny urlò a Pierre che era senza munizioni e Pierre se ne inorridí e gli gridò di scappare, di scivolar lontano e via. Ma dov'era il fucile di Franco? Girò sul fango e strisciò a cercarlo.

Ora i fascisti non sparavano più sulla collina, ma rispondevano quasi tutti al fuoco repentino e maligno che i due partigiani avevano aperto da dietro il camion. I fusti vennero crivellati[42] e il vino spillò[43] come sangue sulla strada. Poi dalla casa l'ufficiale fascista barcollando si fece sulla porta, comprimendosi il petto con ambo le mani, ed ora le spostava vertiginosamente ovunque riceveva una nuova pallottola, gridando barcollò fino al termine dell'aia, in faccia ai partigiani, mentre da dentro gli uomini lo chiamavano angosciati. Poi cadde come un palo.

Ora la montagnola ridava e ririceveva[44] il fuoco generale. Johnny smise di cercare il fucile di Franco e tornò carponi verso Pierre. Gridava ai fascisti di arrendersi e a Johnny di ritirarsi, mentre inseriva nel Mas l'ultimo caricatore. Ma Johnny non si ritirò, stava tutto stranito,[45] inginocchiato nel fango, rivolto alle case, lo sten spallato,[46] le mani guantate di fango con erba infissa. – Arrendetevi! – urlò Pierre con voce di pianto. – Non li avremo, Johnny, non li avremo –. Anche il bren diede l'ultimo frullo, soltanto il semiautomatico pareva inesauribile, it ranged[47] preciso,

- 28 **massimo**: *in grado massimo*.
- 29 **per interdizione**: *per impedirgli di sparare a sua volta*.
- 30 **ripa**: *parete scoscesa*.
- 31 **miscelava…generale**: *mescolava (**miscelava**) agli spari di tutti gli altri (**nel fuoco generale**) poche mitragliate (**economiche raffiche**) del suo Mas, economizzate per non esaurire le munizioni. Il **Mas** è un modello di mitragliatrice*.
- 32 **risalto**: *sporgenza della parete rocciosa*.
- 33 **ranging**: *mirando*.
- 34 **acciaiata**: *d'acciaio (perché è trafitta dall'acciaio delle pallottole)*.
- 35 **ignivome**: *che vomitavano fuoco*.
- 36 **Pierre**: *è un partigiano, amico di Johnny*.
- 37 **afonia**: *perdita di voce*.
- 38 **Braced and called up himself**: *Chiamò a raccolta le proprie forze e si riscosse*.
- 39 **Franco**: *è un partigiano, compagno di Johnny*.
- 40 **maroso**: *onda, grosso fiotto*.
- 41 **fazzoletto azzurro**: *è l'emblema distintivo che caratterizza i partigiani «badogliani», d'ispirazione monarchica e conservatrice*.
- 42 **I fusti vennero crivellati**: *I barili di vino vennero bucherellati dalle pallottole*.
- 43 **spillò**: *uscì dai fori*.
- 44 **ririceveva**: *riceveva nuovamente*.
- 45 **stranito**: *trasognato e intontito*.
- 46 **spallato**: *portato in spalla*.
- 47 **it ranged**: *esso mirò*.

meticoloso, letale. Pierre si buttò a faccia nel fango e Tarzan[48] lo ricevette in pieno petto, stette fermo per sempre. Johnny si calò tutto giù e sguisciò al suo fucile. Ma in quella scoppiò un fuoco di mortai, lontano e tentativo,[49] solo inteso ad avvertire i fascisti del relief[50] e i partigiani della disfatta. Dalle case i fascisti urlarono in trionfo e vendetta, alla curva ultima del vertice apparve un primo camion, zeppo di fascisti urlanti e gesticolanti.

Pierre bestemmiò per la prima ed ultima volta in vita sua. Si alzò intero e diede il segno della ritirata. Altri camion apparivano in serie dalla curva, ancora qualche colpo sperso di mortaio, i partigiani evacuavano la montagnola lenti e come intontiti, sordi agli urli di Pierre. Dalle case non sparavano più, tanto erano contenti e soddisfatti della liberazione.

Johnny si alzò col fucile di Tarzan ed il semiautomatico...

Due mesi dopo la guerra era finita.[51]

Finale fortemente ellittico

- **48 Tarzan**: un altro partigiano, realmente vissuto e morto da eroe a Valdivilla.
- **49 tentativo**: *fatto per pura prova, senza uno scopo preciso*.
- **50 relief**: *soccorso*.
- **51 Due mesi dopo...finita**: la guerra si chiude nell'aprile del 1945, a distanza di due mesi dalla battaglia di Valdivilla, che ha luogo il 24 febbraio.

T7 DALLA COMPRENSIONE ALL'INTERPRETAZIONE

COMPRENSIONE

La battaglia finale La storia di Johnny si conclude **a Valdivilla, nelle Langhe**. Qui, tra il fango, i camion a gasogeno e le case occupate dai fascisti, si svolge **una sanguinosa battaglia**. Mentre esplodono le scariche dei fucili nemici, **Johnny** si ripara dagli spari gettandosi a terra e riconosce nelle vicinanze il cadavere di un partigiano. Poi si sforza di entrare nel vivo della battaglia e, con una raffica di colpi, uccide un fascista sorpreso allo scoperto. Completamente sporco di fango, rimasto senza munizioni, riesce ad avvicinarsi all'amico **Pierre**, che, dopo un inutile tentativo di resistere, invoca a gran voce la ritirata. Ma è troppo tardi: **i partigiani cadono uno dopo l'altro**, mentre all'orizzonte si materializza una colonna di camion carichi di altri soldati fascisti. Con fatica **Johnny si rialza ancora una volta**, imbracciando il fucile appartenuto ad un compagno morto, ma i fascisti ricominciano a sparare. **Sulla scena cala un silenzio pietrificato** e l'azione s'inabissa nei **puntini di sospensione**. Dopo questo stacco Fenoglio si limita ad aggiungere che «**due mesi dopo la guerra era finita**».

ANALISI

Il plurilinguismo La prosa del *Partigiano Johnny* è caratterizzata dal **plurilinguismo** e dalla mescolanza. L'elemento più appariscente di questa lingua magmatica è l'impiego massiccio di espressioni e **termini tratti dall'inglese** («ranging», «Braced and called up himself», «mainstream», «relief»...). L'inglese usato da Fenoglio è **una lingua plastica e malleabile** che viene manipolata per fini espressivi: così, ad esempio, il brano è scandito dal ricorrere del verbo *to range* ('mirare'), variamente declinato, che riproduce il martellare degli spari. Spesso il modello linguistico anglosassone agisce sull'italiano, deformandone la sintassi e il lessico. Molti sono i **neologismi coniati sul calco dell'inglese**: così all'inizio del brano troviamo subito «intemperiate», che si rifà al termine *weathered*, mentre più avanti nel testo incontriamo l'aggettivo «tentativo», composto sull'esempio dell'inglese *tentative* ('di prova', 'sperimentale'), e l'espressione «lavori d'artificio» (dall'inglese *fireworks*). La lingua di Fenoglio è estremamente composta, piena di neologismi (tra cui abbondano i participi aggettivali come «sfisonomiati», «apneizzati», «acciaiata», «spallato»), di **latinismi** («ignivome», «ripa»), di termini tecnici («bren», «sten», «Mas») e di **inserti dialettali** («si sdrumò»).

Espressionismo e classicità Questa originale torsione della lingua mira a dare concretezza e **assolutezza** alla narrazione. Spesso gli aggettivi astratti vengono trasformati in sostantivi («brullità»), mentre abbondano **i gerundi e i participi** usati con funzione verbale e non solo aggettivale («vomitanti fuoco»), che comunicano un'idea di brevità e velocità, ma insieme scandiscono la prosa imponendo **un ritmo formulare**. In questo modo l'**energia espressionista** che si sprigiona dalle pagine di Fenoglio risulta sempre sorvegliata e tende ad **una misura classica**. L'effetto di **epicità** è accentuato dall'uso delle iperboli che ingigantiscono il rumore assordante della battaglia e la durata degli spari («quella interminabile salva»), dalle **similitudini che confondono gli elementi bellici con quelli del mondo animale** («gli parve di vedere l'ultimo suo colpo insinuarsi nell'erba vischiosa come un serpe grigio»), dalla presenza di alcune **costanti tematiche** (i motivi ricorrenti del fango, del sangue, del fuoco) e stilistiche (si pensi ad esempio al continuo ritorno del verbo *to range*).

Un crescendo di tensione   Il brano avanza in un crescendo di **inquietudine**: Johnny si sente estraneo alla battaglia, non riesce ad inserirsi nel vivo del combattimento, assiste agli eventi in modo distaccato, **«come in sogno»**, sempre più sbigottito e insensibile a quanto sta accadendo. I dati della realtà sono rappresentati in modo allucinato e deformato, mentre lo sguardo di Johnny mette a fuoco delle **immagini perturbanti isolate dal contesto**, come quella del «fascista ripiegato sul davanzale, con le braccia già rigide tese come a raccattar qualcosa sull'aia». Mentre Johnny cerca di «sfuggire a quell'incubo personale e inserirsi nella generale realtà», la tensione aumenta vertiginosamente. A questa **accelerazione del ritmo narrativo** corrisponde la progressiva alterazione della voce di Pierre, «urlante e vicina all'afonia», che grida ai fascisti di arrendersi con «disperazione» via via più intensa.

INTERPRETAZIONE

Un finale controverso   Il racconto si interrompe bruscamente. **La morte di Johnny** non viene direttamente rappresentata sulla pagina, ma è soltanto **suggerita dai puntini di sospensione**. L'ambiguità della conclusione ha acceso il **dibattito critico**: alcuni studiosi ritengono che l'opera, allo stadio in cui ci è giunta, sia tronca e incompiuta, ma numerose spie presenti nel testo sembrano indicare che Fenoglio abbia costruito un finale volutamente allusivo e sospeso. Infatti il brano è attraversato da **presagi funerei**: Johnny scorge ovunque i segni della morte incombente. I suoi ripetuti sprofondamenti nel **fango**, che lo portano a confondersi con il terreno per non essere raggiunto dal fuoco nemico («stette come un grumo, una piega del terreno»), sembrano quasi prefigurare la sua definitiva **discesa agli inferi**. In ogni caso, che Johnny muoia o sopravviva, la parabola letteraria del personaggio si conclude qui. L'ultima battuta del romanzo ricorda il finale di *Paisà*, un film neorealista di Rossellini. Nella pellicola del 1946, mentre sullo schermo appare la parola «Fine», una voce fuori campo recita: «Questo accadeva nell'inverno del 1944. All'inizio della primavera la guerra era finita». Analogamente nel romanzo una breve didascalia avverte il lettore che la guerra si sarebbe conclusa nel giro di due mesi.

La morte antieroica di Johnny   Anche se Johnny ha molti tratti dell'eroe epico, **la sua morte non ha nulla di eroico**, non avviene nel corso di uno scontro decisivo per le sorti del conflitto, ma porta a compimento il percorso individuale del protagonista, che sacrifica la vita per un ideale di libertà e giustizia. In questo senso **la condizione di Johnny è quella dell'uomo contemporaneo**, soggetto agli arbitri del caso: la sua morte è ininfluente nel contesto della guerra. Non c'è nessuna trascendenza: il sacrificio di Johnny non suggella un destino eroico di riscatto collettivo; al contrario, la morte fa parte della precarietà e della materialità dell'esperienza umana.

T7 LAVORIAMO SUL TESTO

ANALIZZARE E INTERPRETARE

1. Quale punto di vista sceglie Fenoglio per raccontare la Resistenza? Scegli l'opzione che ritieni corretta e spiega la tua scelta con riferimenti al testo.
   - A Fenoglio assume il punto di vista dell'osservatore consapevole dell'inesperienza e della disorganizzazione amministrativa dei gruppi partigiani, soffermandosi ad evidenziare la sofferenza e la dignità dei singoli senza indulgere in nessuna celebrazione
   - B Fenoglio assume il punto di vista di colui che ha vissuto l'esperienza partigiana come una grande stagione epica ed è determinato a raccontarne esclusivamente gli aspetti positivi e a celebrarne l'eroismo collettivo

2. La guerra della Resistenza appare a Fenoglio come una prova: quale significato assume tale prova? Scegli la risposta che ritieni corretta e spiegala, oppure proponi una tua interpretazione personale.
   - A è una prova terribile e assurda come lo è la guerra; tuttavia l'uomo è chiamato ad impegnarvisi sino alla morte per provare a se stesso la propria dignità
   - B è una prova di coraggio e di affermazione di se stesso e della propria superiorità intellettuale e fisica: chi non la supera è un debole o un inetto a vivere
   - C ....

3. **LINGUA E LESSICO**   Sottolinea nel testo i termini coniati sul calco dell'inglese.

T8 Beppe Fenoglio
La morte di Milton

OPERA
Una questione privata, cap. XIII

CONCETTI CHIAVE
- una corsa epica
- la Resistenza
- il tema della morte

FONTE
B. Fenoglio, *Una questione privata*, Einaudi, Torino 2006.

Riportiamo qui il capitolo finale del romanzo. Milton ritorna là dove il suo viaggio era iniziato: alla villa di Fulvia, la donna che ha amato. Quando ormai è in vista della casa, s'imbatte in un plotone di soldati nemici. Sotto la pioggia incessante che inonda le colline, Milton inizia a correre per sfuggire agli spari. Dapprima avanza nel fango «goffamente», poi il suo passo diventa sempre più veloce, aereo, come se stesse correndo in «un piano asciutto, elastico, invitante». Alla fine di questa lunghissima fuga, entrato in un bosco, crolla al suolo.

A quell'ora[1] Milton era in marcia verso la villa di Fulvia sull'ultima collina prima di Alba. Aveva già fatto il più della strada, si era già lasciato di molto alle spalle il cocuzzolo dal quale aveva avuto la prima vista della casa. Gli era apparsa fantomatica,[2] velata com'era dalle cortine[3] della pioggia. Pioveva come non mai, a piombo,[4] selvaggiamente. La strada era una pozzanghera sen-
5   za fine nella quale egli guadava[5] come in un torrente per lungo, i campi e la vegetazione stavano sfatti e proni,[6] come violentati dalla pioggia. La pioggia assordava. Dal cocuzzolo si era buttato giù nella valletta, senza frenarsi, anzi sollecitando le scivolate. Scivolò sul dorso un paio di volte, ognuna per dieci-dodici metri sul pendio gonfio e ondoso, tenendo con le due mani la pistola come un timone.[7] Poi prese a risalire il poggetto in cima al quale gli si sarebbe riofferta la
10 visione della casa di lei. Sgambando[8] con tutta la forza, procedeva con un passetto da bambino. E intanto tossiva e gemeva. «Ma che ci vado a fare? Stanotte ero pazzo, certo deliravo per la febbre. Non c'è nulla da chiarire, da approfondire, da salvare. Non ci sono dubbi. Le parole della donna, una per una, e il loro senso, il loro unico senso...»[9] Arrivò in cima e prima di allungare lo sguardo si scartò dalla fronte i capelli[10] che la pioggia alternativamente incollava e scuoteva. Ec-
15 co la villa, alta sulla sua collina, a un duecento metri in linea d'aria. Certo le fitte cortine di pioggia concorrevano a sfigurarla, ma egli la vide decisamente brutta, gravemente deteriorata e corrotta, quasi fosse decaduta di un secolo in quattro giorni.[11] I muri erano grigiastri, i tetti ammuffiti, la vegetazione all'intorno marcia e sconquassata.[12]

«Ci vado, ci vado ugualmente. Non saprei proprio che altro fare e non posso stare senza far
20 niente. Manderò in città il ragazzo del contadino, per sapere di lui.[13] Gli darò... gli darò le dieci lire che dovrebbero restarmi in tasca».

Si avventò giù per il pendio, perdendo immediatamente la vista della villa, e arrivò in scivolata sulla riva del torrente, a valle del ponte. L'acqua sommergeva di un palmo i massi collocati per il guado. Passò da un pietrone all'altro con l'acqua gelida e grassa[14] alle caviglie. Poi imboccò
25 la stradina percorsa al ritorno davanti a Ivan,[15] quattro giorni prima. Al piano, camminò con furore, rispondendo al furore della pioggia. «In che stato sono. Sono fatto di fango, dentro e fuori.

- **1 A quell'ora**: nell'ora in cui Riccio e Bellini, due giovanissime staffette partigiane, venivano fucilate.
- **2 fantomatica**: irreale e fantastica.
- **3 cortine**: veli.
- **4 a piombo**: in modo verticale, diritto.
- **5 guadava**: attraversava.
- **6 sfatti e proni**: flosci e abbattuti.
- **7 sul pendio...timone**: la metafora marina domina tutta la prima parte del brano: la discesa lungo il pendio è assimilata ad una traversata in acqua. La pioggia ha infatti sconvolto il paesaggio, trasformando le colline in un mare tempestoso e pieno di onde (**ondoso**). Mentre scivola giù per il pendio, Milton tiene stretta la pistola come se fosse un timone.
- **8 Sgambando**: Camminando a fatica.
- **9 «Ma che ci vado...unico senso...»**: dopo aver ucciso il soldato fascista, vanificando così ogni possibilità di liberare Giorgio mediante uno scambio di prigionieri, Milton decide di ritornare alla villa di Fulvia per parlare nuovamente con la custode. Adesso le parole pronunciate dalla donna durante il loro primo incontro gli appaiono terribilmente chiare.
- **10 si scartò...capelli**: si liberò la fronte dai capelli.
- **11 Ecco la villa...in quattro giorni**: sono trascorsi quattro giorni dall'inizio del romanzo, ossia da quando Milton, durante un giro di perlustrazione, è arrivato con Ivan nei pressi della villa di Fulvia. La magica, luminosa villa dei ciliegi gli si rivela solo adesso per quello che è veramente: un luogo lugubre e in disfacimento.
- **12 sconquassata**: sconvolta.
- **13 di lui**: di Giorgio.
- **14 grassa**: abbondante e piena di fango.
- **15 al ritorno davanti a Ivan**: il riferimento è alla scena del terzo capitolo in cui, dopo aver parlato con la custode, Milton si allontana dalla villa e ritorna verso il presidio partigiano, camminando con furia davanti al compagno Ivan.

Mia madre non mi riconoscerebbe, Fulvia, non dovevi farmi questo. Specie pensando a ciò che mi stava davanti. Ma tu non potevi sapere che cosa stava davanti a me, ed anche a lui e a tutti i ragazzi.[16] Tu non devi saper niente, solo che io ti amo. Io invece debbo sapere, solo se io ho la tua anima. Ti sto pensando, anche ora, anche in queste condizioni sto pensando a te. Lo sai che se cesso di pensarti, tu muori, istantaneamente? Ma non temere, io non cesserò mai di pensarti».

Saliva al penultimo ciglione,[17] a occhi serrati e piegato in due. Quando si fosse saputo al culmine, sarebbe scattato dritto e avrebbe sgranato gli occhi per riempirseli subito della casa di lei. Le gocce gli picchiavano in testa come pallini di piombo, e aveva a volte voglia di urlare d'intolleranza.[18] E così, fra tutto, non vide una figura umana che avanzava di contro a lui, a ridosso di una siepe, in un campo a un trenta passi a sinistra di lui. Era un giovane contadino, che camminava in punta di piedi in quel fango, rannicchiato e svelto come una scimmia, come se ad ogni momento dovesse buttarsi a correre e mai si fidasse di scattare. Presto la figura si dissolse nella pioggia.

Lui arrivò al culmine[19] e subito lanciò gli occhi in alto alla villa, senza fermarsi, quasi inciampando nella prima discesa. Nel riequilibrarsi livellò gli occhi[20] e si vide dinnanzi i soldati. Si arrestò netto in mezzo alla stradina, con le due mani premute sul ventre.

Erano una cinquantina, sparsi per i campi, in tutte le direzioni, uno solo sulla strada, non tutti con l'arma pronta, tutti in mimetico ammollato,[21] la pioggia si polverizzava[22] sui loro elmetti splendenti. Il meno lontano era quello sulla strada, a trenta metri da lui, teneva il moschetto[23] fra spalla e braccio, come se lo ninnasse.[24]

Nessuno si era ancora accorto di lui, parevano tutti, lui compreso, in trance.

Con una zecca[25] del pollice sbottonò la fondina, ma non estrasse la pistola. Nell'istante in cui il soldato più vicino dirigeva su di lui gli occhi frastornati dall'acqua, Milton ruotò seccamente all'indietro. Non gli arrivò l'urlo dell'allarme, solo un rantolo di stupore.

Camminava verso il culmine con passi lunghi e indifferenti, mentre il cuore gli batteva in tanti posti e tutti assurdi e sentiva la schiena allargarglisi,[26] fino a debordare[27] dalla strada. «Sono morto. Mi prendesse alla nuca.[28] Ma quando arriva?»

«Arrenditi!» Gli si ghiacciò il ventre e gli mancò netto[29] il ginocchio sinistro, ma si raccolse e scattò verso il ciglio.[30] Già sparavano, di moschetto e di mitra, a Milton pareva non di correre sulla terra, ma di pedalare sul vento[31] delle pallottole. «Nella testa, nella testa!»[32] urlava dentro di sé e in tuffo sorvolò il ciglione e atterrò sul pendio, mentre un'infinità di pallottole spazzavano il culmine e tranciavano la sua aria.[33] Fece una lunghissima scivolata, fendendo[34] il fango con la testa protesa, gli occhi sbarrati e ciechi, sfiorando massi emergenti e cespi di spine. Ma non aveva sensazione di ferite e di sangue spicciante, oppure il fango richiudeva, plastificava tutto.[35] Si rialzò e corse, ma troppo lento e pesante, senza il coraggio di sbirciare all'indietro, per non vederli ormai sul ciglione, allineati come al banco di un tirasegno. Correva goffamente tra un argine e il torrente, e a un certo punto pensò di fermarsi, visto che tanto non gli riusciva

---

- **16** **Ma tu non potevi sapere...tutti i ragazzi**: Fulvia non poteva sapere che sarebbe esplosa la guerra civile e che Milton, Giorgio e tutti i ragazzi della loro età avrebbero rischiato la vita.
- **17** **ciglione**: sporgenza del terreno.
- **18** **d'intolleranza**: di insofferenza.
- **19** **al culmine**: alla cima della collinetta.
- **20** **Nel riequilibrarsi livellò gli occhi**: Nel riprendere l'equilibrio guardò dritto davanti a sé, portando gli occhi allo stesso livello.
- **21** **in mimetico ammollato**: in tuta mimetica bagnata, piena zeppa di pioggia.
- **22** **si polverizzava**: si frantumava in gocce più piccole.
- **23** **moschetto**: fucile leggero, a canna corta.
- **24** **ninnasse**: cullasse.
- **25** **zecca**: colpo secco.
- **26** **sentiva...allargarglisi**: sentiva la propria schiena farsi più larga, diventando così un bersaglio più facile da colpire.
- **27** **debordare dalla strada**: uscire fuori dagli argini della strada, in cui Milton sta camminando.
- **28** **mi prendesse alla nuca**: Milton si augura che la prima pallottola che riceverà lo colpisca alla nuca, uccidendolo sul colpo e risparmiandogli inutili sofferenze. Il partigiano preferisce una morte veloce alla possibilità di essere catturato dai fascisti.
- **29** **gli mancò...sinistro**: gli mancò d'un tratto la forza nel ginocchio sinistro.
- **30** **verso il ciglio**: verso il margine del terreno.
- **31** **sul vento**: nella scia.
- **32** **«Nella testa, nella testa!»**: Mi colpiscano in testa, in testa!
- **33** **spazzavano...aria**: si abbattevano con violenza sulla cima della collina e tagliavano l'aria intorno a lui (**sua**).
- **34** **fendendo**: attraversando.
- **35** **Ma non aveva...tutto**: Ma non aveva la sensazione di essere ferito o di sangue che uscisse, oppure il fango chiudeva e ricopriva (**plastificava**) tutte le ferite.

di prender velocità. Sempre aspettando la scarica. «Non nelle gambe, non nella spina!»³⁶ Continuò a correre verso il tratto più alberato del torrente. Quando li intravvide sull'arginello,³⁷ probabilmente un'altra pattuglia, seminascosti dietro le gaggíe sgrondanti,³⁸ a un cinquanta passi da lui. Non l'avevano ancora individuato, lui era come uno spettro fangoso, ma ecco che ora urlavano e spianavano le armi.

«Arrenditi!»

Aveva già frenato e rinculato.³⁹ Puntò dritto al ponte e dopo tre passi si avvitò⁴⁰ su se stesso e rotolò via. Sparavano da due lati, dal ciglione e dall'arginello, urlando a lui e a se stessi, eccitandosi, indirizzandosi, rimproverandosi, incoraggiandosi. Milton era di nuovo in piedi, rotolando aveva urtato contro una gobba del terreno. Dietro, davanti e intorno a lui la terra si squarciava e ribolliva, lanci di fango svincolati⁴¹ dalle pallottole gli si avvinghiavano alle caviglie, di fronte a lui gli arbusti della riva saltavano con crepiti secchi.

Ripuntò al ponticello minato. Era una morte identica a quell'altra,⁴² ma agli ultimi passi il suo corpo pianse⁴³ e si rifiutò di saltare in aria a brandelli. Senza l'intervento del cervello, frenò seccamente e saltò nel torrente volando oltre i cespugli tranciati dalla fucileria.⁴⁴

Cadde in piedi e l'acqua gli grippò⁴⁵ le ginocchia, mentre ramaglia⁴⁶ potata dal fuoco gli crollava sulle spalle. Non indugiò più di un secondo, ma seppe che era bastato, se solo osava girar gli occhi avrebbe certo visto i primi soldati già sulla sponda, che gli miravano il cranio con sette, otto, dieci armi. La mano gli volò alla fondina, ma la trovò vuota, sotto le dita non schizzò via che un po' di fango. Perduta,⁴⁷ certo gli era sfuggita in quell'enorme scivolata a capofitto giù dal ciglione. Per la disperazione voltò intera la testa e guardò tra i cespugli. Un solo soldato gli era vicino, a un venti passi, col moschetto che gli ballava tra mano e gli occhi fissi all'arcata del ponte. Con uno sciacquio⁴⁸ assordante si tuffò avanti di ventre e con un solo guizzo si aggrappò all'altra sponda. Riscoppiò dietro l'urlio e la sparatoria. Scavalcò la riva sul ventre e si buttò per lo sconfinato nudo prato. Ma le ginocchia gli cedettero nell'intollerabile sforzo di acquistar subito velocità. Stramazzò. Urlarono a squarciagola. Una voce terribile malediceva i soldati. Due pallottole si conficcarono in terra vicino a lui, morbide, amichevoli.⁴⁹ Si rialzò e corse, senza forzare, rassegnatamente, senza nemmeno zigzagare.⁵⁰ Le pallottole arrivavano innumerevoli, a branchi, a sfilze. Arrivavano anche in diagonale, alcuni si erano precipitati a sinistra per coglierlo d'infilata, e gli sparavano anche d'anticipo,⁵¹ come a un uccello. Queste diagonali lo atterrivano infinitamente di più, le dirette⁵² avevano tutte le probabilità di farlo secco. «Nella testa, nella testaaaa!» Non aveva più la pistola per spararsi, non vedeva un tronco contro cui fracassarsi la testa, correndo alla cieca si alzò le due mani al collo per strozzarsi.

Correva, sempre più veloce, più sciolto, col cuore che bussava, ma dall'esterno verso l'interno, come se smaniasse di riconquistare la sua sede.⁵³ Correva come non aveva mai corso, come nessuno aveva mai corso, e le creste delle colline dirimpetto, annerite e slavate⁵⁴ dal diluvio, balenavano come vivo⁵⁵ acciaio ai suoi occhi sgranati e semiciechi. Correva, e gli spari e gli urli scemavano,⁵⁶ annegavano in un immenso, invalicabile stagno fra lui e i nemici.

- **36** **nella spina!**: nella spina dorsale.
- **37** **sull'arginello**: sull'argine del torrente.
- **38** **dietro le gaggíe sgrondanti**: dietro le piante di acacia che gocciolavano.
- **39** **rinculato**: indietreggiato.
- **40** **si avvitò**: si rigirò.
- **41** **lanci di fango svincolati**: schizzi di fango sollevati.
- **42** **Era una morte identica a quell'altra**: morire saltando in aria nell'esplosione del ponticello minato sarebbe stato uguale a morire colpito dagli spari.
- **43** **ma agli ultimi passi il suo corpo pianse**: ma il suo corpo si ribellò alla prospettiva di morire in questo modo.
- **44** **tranciati dalla fucileria**: tagliati dalle raffiche dei fucili.
- **45** **grippò**: bloccò.
- **46** **ramaglia**: i rami secchi.
- **47** **Perduta**: sott. la pistola.
- **48** **sciacquio**: è il rumore prodotto dall'agitarsi dell'acqua.
- **49** **Due pallottole...amichevoli**: Milton ha la sensazione di essere invulnerabile: le pallottole gli sembrano morbide e inoffensive (**amichevoli**: in quanto non lo hanno colpito).
- **50** **zigzagare**: avanzare a zig zag per non farsi colpire.
- **51** **per coglierlo d'infilata, e gli sparavano anche d'anticipo**: per colpirlo di traverso, e gli sparavano anche calcolando in anticipo la direzione dei suoi passi, mirando al punto in cui prevedibilmente sarebbe arrivato.
- **52** **le dirette**: i colpi diretti.
- **53** **di riconquistare la sua sede**: di ritornare al suo posto.
- **54** **slavate**: scolorite.
- **55** **vivo**: risplendente.
- **56** **scemavano**: diminuivano.

Correva ancora, ma senza contatto con la terra, corpo, movimenti, respiro, fatica vanificati.[57] Poi, mentre ancora correva, in posti nuovi o irriconoscibili dalla sua vista svanita,[58] la mente riprese a funzionargli. Ma i pensieri venivano dal di fuori, lo colpivano in fronte come ciottoli scagliati da una fionda.[59] «Sono vivo. Fulvia. Sono solo. Fulvia, a momenti mi ammazzi!»

Non finiva di correre. La terra saliva sensibilmente ma a lui sembrava di correre in piano, un piano asciutto, elastico, invitante. Poi d'improvviso gli si parò dinnanzi[60] una borgata. Mugolando Milton la scartò,[61] l'aggirò sempre correndo a più non posso. Ma come l'ebbe sorpassata, improvvisamente tagliò a sinistra e l'aggirò di ritorno. Aveva bisogno di veder gente e d'esser visto, per convincersi che era vivo, non uno spirito che aliava[62] nell'aria in attesa di incappare nelle reti degli angeli. Sempre a quel ritmo di corsa riguadagnò l'imbocco del borgo e l'attraversò nel bel mezzo. C'erano ragazzini che uscivano dalla scuola e al rimbombo di quel galoppo[63] sul selciato si fermarono sugli scalini, fissi alla svolta. Irruppe Milton, come un cavallo, gli occhi tutti bianchi, la bocca spalancata e schiumosa, a ogni batter di piede saettava[64] fango dai fianchi. Scoppiò un grido adulto, forse della maestra alla finestra, ma lui era già lontano, presso l'ultima casa, al margine della campagna che ondava.[65]

Correva, con gli occhi sgranati, vedendo pochissimo della terra e nulla del cielo. Era perfettamente conscio della solitudine, del silenzio, della pace, ma ancora correva, facilmente, irresistibilmente. Poi gli si parò davanti un bosco e Milton vi puntò dritto. Come entrò sotto gli alberi, questi parvero serrare[66] e far muro e a un metro da quel muro crollò.

- 57 **vanificati**: *cancellati*.
- 58 **svanita**: *annebbiata*.
- 59 **Ma i pensieri...da una fionda**: Milton non riesce più a guidare il corso dei suoi pensieri: essi nascono autonomamente dalla sua volontà e si abbattono su di lui con la violenza di corpi estranei che lo colpiscano da fuori.
- 60 **gli si parò dinnanzi**: *gli si presentò davanti*.
- 61 **la scartò**: *la evitò*.
- 62 **aliava**: *volteggiava*.
- 63 **galoppo**: la corsa di Milton viene assimilata al galoppo di un cavallo. L'accostamento è mantenuto e riattivato anche nella frase succesiva, dove la fisionomia di Milton, sconvolta dallo sforzo, sembra aver perso ogni connotato umano ed il suo aspetto è esplicitamente paragonato a quello di un cavallo.
- 64 **saettava**: *schizzava*.
- 65 **ondava**: *ondeggiava* come un mare.
- 66 **serrare**: *stringersi*.

T8 DALLA COMPRENSIONE ALL'INTERPRETAZIONE

COMPRENSIONE

Un percorso circolare Il viaggio di Milton è circolare: dopo quattro giorni di interminabili vagabondaggi trascorsi alla ricerca dapprima di Giorgio e poi di un fascista da scambiare con Giorgio, **il protagonista ritorna al luogo di partenza**. Tutto è cambiato: **la villa di Fulvia adesso gli appare irriconoscibile**, tetra e sfigurata. Anche il paesaggio circostante è profondamente mutato: sotto la pioggia incessante, **le colline sembrano un mare increspato dalle onde**. L'atmosfera è irreale e sospesa. Ad un tratto, inaspettatamente, **si materializzano i soldati fascisti**. Con un inatteso rovesciamento della situazione di partenza, il protagonista, che per tutto il libro ha inseguito qualcosa e qualcuno, adesso viene inseguito a sua volta dagli spari dei nemici e si trasforma da cacciatore in preda: inizia così la sua **interminabile fuga**, che si conclude quando stremato crolla per terra.

ANALISI

Un montaggio vertiginoso La narrazione avanza con **un montaggio quasi cinematografico**, alternando **il punto di vista allucinato e convulso di Milton, che a tratti prosegue il suo** dialogo immaginario con Fulvia, ad una **prospettiva dall'esterno**. Soprattutto nel finale, l'occhio dell'autore sembra allontanarsi dal protagonista, inquadrandolo da lontano. La scena della corsa ha una durata incredibilmente lunga: il suo **ritmo frenetico** è sottolineato dalla rapidità della sintassi paratattica, scandita dalle **ripetizioni** martellanti («Arrenditi!», «Arrenditi!»; «corse», «correva», «continuava a correre», ecc.) e dall'uso del **passato remoto** («si avventò», «si tuffò», «si aggrappò», ecc.). Quando, poco prima di entrare nel borgo, il protagonista comincia a correre senza fatica, «facilmente, irresistibilmente», il ritmo decelera: **la corsa prosegue quasi al rallentatore**, cadenzata dalle **anafore dell'imperfetto** «correva», che si sostituisce al passato remoto.

La fuga La vertiginosa corsa di Milton è caratterizzata da alcuni elementi:

1. **la straordinarietà**: l'autore ci dice che il partigiano «correva come non aveva mai corso, come nessuno aveva mai corso». La sua corsa è paragonata ad una navigazione tra le colline «ondose», ad un volo (i soldati gli sparano «d'anticipo, come a un uccello»). Man mano che procede nella fuga, il corridore acquista leggerezza, diventa quasi invulnerabile, indifferente alle pallottole che gli sembrano oramai «morbide, amichevoli». Poi, arrivato nei pressi di un bosco, crolla di schianto;

2. **il primato del corpo e lo stravolgimento delle percezioni**: Milton corre spinto da un istinto primordiale di sopravvivenza. Il corpo prende il sopravvento sulla mente («il suo corpo pianse e si rifiutò di saltare in aria a brandelli») e si fa energia, azione, movimento. Mentre il protagonista corre, il suo cuore batte «dall'esterno verso l'interno», i suoi occhi, offuscati dalle «cortine» della pioggia, sono «sgranati e semiciechi», i pensieri lo colpiscono «dal di fuori [...] come ciottoli scagliati da una fionda»: gesti, azioni, pensieri acquistano una fisicità e una drammaticità elementari;

3. **lo sconvolgimento del paesaggio**: la descrizione della natura non obbedisce ad un intento di rappresentazione naturalistica, ma acquista una densità simbolica. Sotto i passi di Milton, la campagna sommersa dal diluvio ondeggia come un oceano in tempesta, replicando e intensificando con la sua furia caotica la concitazione del personaggio;

4. **la traiettoria tortuosa**: il percorso tracciato dal fuggitivo non è lineare, ma è un vorticoso zig zag. Quella di Milton è una corsa in circolo, senza meta, piena di svolte come il suo stesso viaggio di ricerca. Per tutto il libro il protagonista non ha fatto altro che girare a vuoto, inseguendo una verità che conosce sin dall'inizio.

INTERPRETAZIONE

Una corsa verso la morte La pubblicazione postuma di *Una questione privata* ha aperto un acceso **dibattito filologico, relativo soprattutto al finale**: per la studiosa **Maria Corti** Fenoglio avrebbe bruscamente interrotto il romanzo, ma oggi **la maggior parte degli critici ritiene invece che l'opera vada considerata perfettamente conclusa**, benché all'autore sia mancato il tempo per un'ultima revisione. Infatti alcune spie disseminate nel testo inducono a pensare che il verbo «crollò», con cui si chiude il libro, alluda alla **morte del protagonista**. La morte è una presenza incombente, tanto che Milton viene continuamente **paragonato ad un fantasma**, ad uno «spettro fangoso», ad «uno spirito che aliava nell'aria in attesa di incappare nelle reti degli angeli».

T8 LAVORIAMO SUL TESTO

COMPRENDERE

1. Dov'è ambientato l'episodio finale del romanzo? Che collegamento c'è tra il luogo in cui si apre il romanzo e quello in cui il romanzo si chiude?
2. Che cosa succede quando Milton è in vista della villa? Riassumi brevemente l'episodio finale in una frase articolata di circa 40 parole.

ANALIZZARE

3. Il capitolo è suddiviso in due macrosequenze: il cammino di Milton verso la villa e la corsa di Milton sotto il fuoco dei fascisti. Dove si colloca il capoverso di snodo tra la prima e la seconda parte?
4. Quali sentimenti prova Milton verso Fulvia, ora che si incammina per l'ultima volta verso la sua villa?
   - A astioso risentimento
   - B amorosa passione
   - C indifferenza e prostrazione
   - D indulgenza affettuosa
5. La scena della corsa sotto le fucilate si protrae al di là di ogni attesa, in un accumulo di tensione. Essa è rappresentata in due modi: dall'interno del protagonista e dall'esterno – si direbbe dall'alto – mentre corre. Rintraccia e trascrivi un esempio dell'uno e dell'altro modo.

   A focalizzazione interna a Milton

   ....

   A prospettiva esterna

   ....

6. A volte le due prospettive, interna ed esterna, si combinano. Considera, ad esempio, la frase finale: «Come entrò sotto gli alberi, questi parvero serrare a far muro e a un metro da quel muro crollò». A chi si riferisce il verbo «parvero»? Quale focalizzazione è messa in atto?
7. Rivela nella scena della corsa di Milton l'energia dei verbi e l'anafora del verbo «correva». Quale effetto comunica questo stile?

LE MIE COMPETENZE: FARE RICERCHE, COLLEGARE, DIALOGARE

In un saggio del 1949 Calvino aveva affermato che in Italia mancava un romanzo in cui si potesse riconoscere «tutta la Resistenza», un'opera che potesse «dire veramente di sé: "io rappresento la Resistenza"». Quando nel 1964 scrive la nuova *Prefazione* al *Sentiero dei nidi di ragno*, il panorama letterario gli sembra profondamente mutato. Nel 1963 è apparsa *Una questione privata*: Calvino riconosce subito nel libro di Fenoglio il romanzo di un'intera generazione, che dà voce alla «Resistenza proprio com'era, di dentro e di fuori», costruito intorno ad un intreccio «di follia amorosa e cavallereschi inseguimenti come l'*Orlando furioso*». Fenoglio però non ha la leggerezza e l'ironia di Ariosto: a differenza di Orlando e degli altri cavalieri arioteschi, Milton compie una ricerca dolorosa e angosciante, attraversando un mondo popolato di rovine che ha perso il suo significato. Con una ricerca in biblioteca o in rete reperisci la *Prefazione* al *Sentiero dei nidi di ragno* e leggila per intero. In classe riassumi e discuti il giudizio di Calvino; dialogando con i compagni, metti a fuoco gli elementi che giustificano il paragone tra il libro di Fenoglio e il poema di Ariosto.

7 Due romanzieri "tradizionali": Elsa Morante e Tomasi di Lampedusa

Elsa Morante. La vita e le opere maggiori

Elsa Morante è nata a **Roma nel 1912**. Dopo gli studi liceali si distacca dalla famiglia di origine e riesce a mantenere la propria autonomia collaborando a giornali e riviste ed effettuando lavori redazionali. **Nel 1941 conosce Alberto Moravia**, che in seguito diviene suo marito. Risale a questo periodo il suo esordio di narratrice con la raccolta di racconti *Il gioco segreto* (1941) e la fiaba per bambini *Le bellissime avventure di Caterì dalla trecciolina* (1942). Già nei racconti confluiti nel *Gioco segreto* si rivelano gli aspetti che sempre caratterizzeranno la sua narrativa: un'ammirazione sconfinata per **la letteratura, sentita come capacità di rivelazione e di bellezza**; la tendenza a **una narrazione totale**, grandiosamente atteggiata e insieme volutamente ingenua; **la ricerca del meraviglioso**, con esiti fantastici, onirici; l'**aspirazione realistica** e ottocentesca al ritratto complessivo, al quadro storico, all'analisi dei rapporti sociali e della psicologia dei personaggi. Di qui la compresenza, nella produzione della Morante, di **elementi ottocenteschi e novecenteschi**: i primi, impliciti nella fiducia sconfinata che la Morante nutre nella letteratura, si risolvono in una struttura per **moduli tradizionali**; i secondi si rivelano nella tendenza all'eccesso, al magico, al "sortilegio", al surreale. Nel 1948 e nel 1957 dà alle stampe i suoi romanzi forse più convincenti: *Menzogna e sortilegio* (premio Viareggio) e *L'isola di Arturo* (premio Strega). Dopo la separazione da Moravia, avvenuta nel 1962, si apre per la Morante un periodo di crisi e di riflessione, che indirizza i suoi scritti verso una dimensione più politica e verso la ricerca di una possibile salvezza nel mondo infantile e popolare. Da questo clima, legato anche agli anni della contestazione, nascono *Il mondo salvato dai ragazzini* (1968) e *La Storia* (1974). Durante gli anni Settanta, in un periodo di cupa disillusione, ossessionata dalla propria vecchiaia, inizia il suo ultimo romanzo, *Aracoeli*, terminato nel **1982**. L'anno successivo **tenta il suicidio**, anche a causa dei problemi di salute, che la costringono a lunghi ricoveri e all'impossibilità di camminare. **Muore a Roma nel 1985**.

La letteratura: rivelazione e bellezza

I ROMANZI DI ELSA MORANTE TRA TRADIZIONE E INNOVAZIONE

	elementi di continuità con la tradizione ottocentesca	elementi di modernità
• *Menzogna e sortilegio* (1948) • *L'isola di Arturo* (1957) • *La Storia* (1975) • *Aracoeli* (1982)	• struttura narrativa ordinata e solida • fiducia nella letteratura come rivelazione e bellezza • tendenza al realismo e all'affresco storico	• tendenza all'eccesso, al surreale, al magico, al «sortilegio»

Una scrittrice di valore che fonde tradizione e innovazione

S • Autobiografismo e invenzione narrativa in Elsa Morante (D. La Monaca)

Il giudizio complessivo su Elsa Morante divide gli studiosi. Senza dubbio si tratta di una narratrice di valore, la cui esperienza nel Novecento segna un tentativo originale di fondere tradizione e innovazione: da una parte infatti permane nella Morante, fin dentro la stagione del rinnovamento degli anni Cinquanta e Sessanta e oltre, il desiderio di costruire "grandi narrazioni" in senso tradizionale, producendo romanzi "ben fatti", con vicende ampiamente strutturate; e tuttavia, d'altra parte, la scrittura mostra una sensibilità schiettamente novecentesca, aderendo ai **turbamenti dell'infanzia e dell'adolescenza**, ed esprimendo una lotta per il significato e non una certezza della sua esistenza.

Menzogna e sortilegio

Nel 1948 viene pubblicato **Menzogna e sortilegio**, considerato da molti il capolavoro della Morante. Si tratta di un romanzo denso, diviso in sei parti. A raccontare la storia è **una narratrice-testimone, Elisa**, che tuttavia rievoca anche fatti accaduti prima della sua nascita. Rimasta sola dopo la morte della madre adottiva, la prostituta Rosaria, Elisa ricostruisce **la storia della sua famiglia siciliana, attraverso tre generazioni**, a cavallo fra gli ultimi decenni dell'Ottocento e i primi del Novecento. Si sofferma soprattutto sulle vicende della madre naturale Anna, che, pur innamorata del cugino Edoardo, sposa Francesco; da questo matrimonio piccolo-borghese nasce Elisa. Al centro del romanzo è appunto il cosmo della **piccola borghesia**, con le sue convenzioni, la sua religione fanatica e superstiziosa, la sua passione per la ricchezza, il suo desiderio esasperato di scalata sociale. **Tutti i personaggi mentono**, assumendo pose e atteggiamenti teatrali, e la narratrice, riproducendone il linguaggio, ne smaschera l'ipocrisia. Accanto alla "menzogna", nel romanzo, compare però anche il **"sortilegio": una sorta di oscura magia, di tragico destino**, di incantata assurdità dell'esistenza, di cui invano la narratrice ricerca il senso. Menzogna e sortilegio sono inseparabili nella narrazione che Elisa compie, e si intrecciano anche nel definire la figura e l'identità stessa della narratrice.

T • Elsa Morante, *Una sepolta viva e una donna perduta*

L'isola di Arturo

La storia raccontata nel romanzo successivo, ***L'isola di Arturo*** (1957), si svolge in un ambiente solare e mitico, **l'isola di Procida**, una sorta di regno favoloso dove **il ragazzo protagonista, Arturo**, cerca ambiguamente un'altra madre (cfr. T9, p. 410), innamorandosi della **giovanissima matrigna Nunziata**. Dopo aver tentato invano di instaurare un **rapporto con il padre**, spesso assente per quelle che al ragazzo sembrano imprese favolose (e che invece si riveleranno, più tardi, squallide avventure omosessuali), fallito il tentativo di amare la matrigna, Arturo conoscerà il sesso con una vedova e infine abbandonerà l'isola per partire in guerra (siamo negli anni del secondo conflitto mondiale). La felicità è ormai tutta dietro le spalle: coincide con **un'infanzia favolosa** e con lo spazio geografico stesso dell'isola, età dell'oro e regno delle possibilità. In questo romanzo è dunque **l'elemento mitico-simbolico** a strutturare **la rappresentazione del ragazzo alla ricerca della propria identità**.

T • Elsa Morante, *Un'infanzia solitaria e favolosa*

Un periodo di crisi esistenziale

Dopo *L'isola di Arturo* comincia per la Morante un periodo di crisi esistenziale e intellettuale. A parte la riedizione in volume di alcuni **racconti** (*Il gioco segreto*, 1963), per la scrittrice sono **anni di silenzio**, scanditi da tragedie personali (la separazione da Moravia) e inframmezzati da numerosi viaggi all'estero. I contatti sempre più frequenti, dalla metà degli anni Sessanta, con gli ambienti politici della nuova sinistra portano l'attenzione della Morante sulla società e sulla storia contemporanea: a questo periodo risalgono la conferenza intitolata *Pro o contro la bomba atomica* (1965) e *Il mondo salvato dai ragazzini* (1968), un libro eccentrico che raccoglie poesie e disegni e che divide la società nelle categorie dei "Felici Pochi" e degli "Infelici Molti"; le uniche possibilità di salvezza intraviste per questi ultimi sono affidate al messaggio ancora vitale del mondo infantile e popolare.

Il mondo salvato dai ragazzini

La Storia: un grande affresco

Ma l'opera più significativa di questo periodo è senza dubbio ***La Storia***, uscita nel **1974**, che ebbe un grande successo di pubblico e fu accompagnata da consensi entusiastici e da feroci polemiche. La Storia – si legge in copertina – è «uno scandalo che dura da diecimila anni»; è cioè sempre stata la storia del dominio e dell'orrore, che ha travolto nel suo insensato percorso le masse dei deboli, delle vittime, delle donne e dei bambini. Le vicende della guerra e della Resistenza sono ripercorse attraverso la "storia" personale di una maestra elementare, Ida Ramundo, e dei suoi due figli, Nino e il piccolo Useppe. Attorno a loro gravita tutta una folla di personaggi oppressi dalla "Storia".

T • Elsa Morante, *L'infanzia di Useppe*

Aracoeli

L'ultima opera della Morante, *Aracoeli* (1982), ripropone **il tema della ricerca della madre da parte del quarantenne Emanuele, omosessuale frustrato** ed escluso. Ma il viaggio alla ricerca del passato, se libera **frammenti di memoria** (per i quali la Morante utilizza uno stile scopertamente cinematografico), approda a risultati negativi. La storia che viene ricostruendosi narra come la madre di Emanuele, l'andalusa Aracoeli, approdata in Italia da un remoto villaggio della zona di Almerìa, distrugga la felicità e la sicurezza nel figlio appena uscito dall'infanzia, preferendo amare l'immagine eroica del fratello Manuel o il ricordo dell'altra figlia Carina, morta in tenera età. Stravolta mentalmente e preda di inspiegabili ossessioni erotiche, Aracoeli muore infine per un cancro al cervello. **La ricerca di Emanuele fallisce**, approdando in una specie di deserto che è anche deserto di ricordi e di sentimenti. È il padre, rimasto a Roma, e non la madre, ad appropriarsi dell'ultima immagine-ricordo di un sentimento di amore, per quanto deformato e stravolto, da parte del protagonista.

Il "caso" editoriale del Gattopardo *di Tomasi di Lampedusa*

Il nobile siciliano **Giuseppe Tomasi di Lampedusa (1896-1957)**, vissuto sempre appartato, estraneo agli ambienti letterari, ma appassionato **studioso di letteratura francese e inglese**, scrisse invece un unico romanzo negli ultimi anni di vita. L'opera, *Il Gattopardo*, stentò all'inizio a trovare un editore, e fu pubblicata solo **postuma nel 1958**. Riscosse un grande successo di critica e di pubblico (accresciutosi poi in seguito al film che Visconti trasse dal libro, cfr. **S1**, p. 417), ma suscitò anche vive polemiche, in chi vi vide il ritorno a soluzioni letterarie troppo tradizionali o la proposta di atteggiamenti conservatori o reazionari. Anch'essi postumi, uscirono nel **1961** *I racconti*, il più celebre dei quali è *La sirena*, storia di un incontro davvero straordinario, quello tra un uomo e una sirena.

T • Giuseppe Tomasi di Lampedusa, *La sirena*

Fra "romanzo storico" e prospettiva interiore

Nel *Gattopardo* moduli ottocenteschi ispirati a Stendhal, Balzac, De Roberto **si uniscono ad altri del tutto novecenteschi**, filtrati soprattutto attraverso l'insegnamento di Proust e di Virginia Woolf. Da un lato, infatti, il romanzo presenta una **costruzione compatta e distesa nel tempo (fra il 1860 e il 1910)**, scandita nella forma del **"romanzo storico"** quale si era affermato nella **tradizione siciliana da *I Vicerè* di De Roberto a *I vecchi e i giovani* di Pirandello**; dall'altro, **il tempo viene fermato in quadri staccati** – ciascuno dei quali corrispondente a una Parte (o capitolo) – in cui la durata non supera quasi mai le ventiquattro ore e la prospettiva è quella tutta interiore provocata dall'eco che gli avvenimenti hanno nell'animo del protagonista, il principe di Salina. Di qui **la duplice trattazione del tempo**: storica, lineare e progressiva per un verso; immobile, analitica e tutta interiore per un altro.

L'ideologia del principe di Salina e quella dell'autore

Nell'ideologia, bisogna distinguere la prospettiva del protagonista (per alcuni versi autobiografica) da quella dell'autore. **Il principe di Salina** aspira a una distanza superiore e signorile, all'immobilità, al controllo sul tempo, al distacco concessogli dall'estrazione nobiliare, dall'osservazione delle stelle (è un astronomo) e dalla contemplazione o corteggiamento della morte. Accetta così la soluzione propostagli dal **nipote Tancredi** nell'**anno della rivoluzione e dell'annessione della Sicilia al Piemonte**: tutto deve cambiare in modo che tutto resti inalterato. L'autore (ma alla fine anche il suo personaggio) è invece consapevole che **Garibaldi** e la borghesia hanno vinto e che il tempo storico travolge qualunque aspirazione alla nobiltà e alla superiorità signorili (cfr. **T10**, p. 413).

T • Giuseppe Tomasi di Lampedusa, *Don Fabrizio e il «sonno» dei siciliani*

Quadri storici e senso decadente della morte

Il romanzo presenta **quadri storici** efficaci, alternandoli a momenti d'intensa interiorità, in cui s'intrecciano l'influenza del romanzo solariano (fra analisi psicologica, prosa lirica e "aura poetica") e senso decadente della morte e del disfacimento di una classe e di una civiltà.

IL *GATTOPARDO* (1958) DI TOMASI DI LAMPEDUSA

- romanzo storico (i fatti narrati si svolgono in Sicilia tra il 1860 e il 1910)
- disillusione
- analisi psicologica
- senso della morte e del disfacimento
- tempo lineare della storia *vs* tempo come durata interiore

T9 Elsa Morante
Arturo: un nome leggendario

OPERA
L'isola di Arturo, cap. I

CONCETTI CHIAVE
- evasione fantastica
- amore
- amicizia

FONTE
E. Morante, *L'isola di Arturo*, Einaudi, Torino 1957.

 Videolezione analisi del testo

L'inizio del romanzo introduce subito il lettore in una dimensione fiabesca e leggendaria: il protagonista spiega l'origine del suo nome, che richiama il celebre re Artù e la brillante stella Arturo. Inoltre, il nome è ancora più importante perché è legato al ricordo della madre. Segue poi una prima descrizione dell'isola di Procida, cinta da «muri», e dei suoi abitanti, schivi e riservati.

Re e stella del cielo

Uno dei miei primi vanti era stato il mio nome. Avevo presto imparato (fu *lui*,[1] mi sembra, il primo a informarmene), che Arturo è una stella: la luce più rapida e radiosa della figura di Boote,[2] nel cielo boreale! E che inoltre questo nome fu portato pure da un re dell'antichità, comandante a una schiera di fedeli: i quali erano tutti eroi, come il loro re stesso, e dal loro re trattati alla pari, come fratelli.

Purtroppo, venni poi a sapere che questo celebre Arturo re di Bretagna non era storia certa, soltanto leggenda; e dunque, lo lasciai da parte per altri re più storici (secondo me, le leggende erano cose puerili). Ma un altro motivo, tuttavia, bastava lo stesso a dare, per me, un valore araldico[3] al nome Arturo: e cioè, che a destinarmi questo nome (pur ignorandone, credo, i simboli titolati),[4] era stata, così seppi, mia madre. La quale, in se stessa, non era altro che una femminella analfabeta; ma più che una sovrana, per me.

Di lei, in realtà, io ho sempre saputo poco, quasi niente: giacché essa è morta, all'età di nemmeno diciotto anni, nel momento stesso che io, suo primogenito, nascevo. E la sola immagine sua ch'io abbia mai conosciuta è stata un suo ritratto su cartolina. Figurina stinta, mediocre, e quasi larvale;[5] ma adorazione fantastica di tutta la mia fanciullezza.

Il povero fotografo ambulante, cui si deve quest'unica sua immagine, l'ha ritratta ai primi mesi della sua gravidanza. Il suo corpo, pure fra le pieghe della vesta ampia, lascia già riconoscere ch'è incinta; ed essa tiene le due manine intrecciate davanti, come per nascondersi, in una posa di timidezza e di pudore. È molto seria, e nei suoi occhi neri non si legge soltanto la sottomissione, ch'è solita in quasi tutte le nostre ragazze e sposette di paese; ma un'interrogazione stupefatta e lievemente spaurita. Come se, fra le comuni illusioni della maternità, essa già sospettasse il suo destino di morte, e d'ignoranza eterna.

L'isola

Le isole del nostro arcipelago, laggiù, sul mare napoletano, sono tutte belle.

Le loro terre sono per grande parte di origine vulcanica; e, specialmente in vicinanza degli antichi crateri, vi nascono migliaia di fiori spontanei, di cui non rividi mai più i simili sul continente. In primavera, le colline si coprono di ginestre: riconosci il loro odore selvatico e carezzevole, appena ti avvicini ai nostri porti, viaggiando sul mare nel mese di giugno.

Su per le colline verso la campagna, la mia isola ha straducce solitarie chiuse fra muri antichi, oltre i quali si stendono frutteti e vigneti che sembrano giardini imperiali. Ha varie spiagge dalla sabbia chiara e delicata, e altre rive più piccole, coperte di ciottoli e conchiglie, e nascoste fra grandi scogliere. Fra quelle rocce torteggianti, che sovrastano l'acqua, fanno il nido i gabbiani e le tortore selvatiche, di cui, specialmente al mattino presto, s'odono le voci, ora lamentose,

---

- 1 *lui*: il padre di Arturo.
- 2 **Boote**: costellazione del cielo boreale, la cui stella più luminosa è Arturo.
- 3 **araldico**: di uno stemma nobiliare.
- 4 **titolati**: nobili.
- 5 **larvale**: spettrale.

ora allegre. Là, nei giorni quieti, il mare è tenero e fresco, e si posa sulla riva come una rugiada. Ah, io non chiederei d'essere un gabbiano, né un delfino; mi accontenterei d'essere uno scòrfano, ch'è il pesce più brutto del mare, pur di ritrovarmi laggiù, a scherzare in quell'acqua.

Intorno al porto, le vie sono tutte vicoli senza sole, fra le case rustiche, e antiche di secoli, che appaiono severe e tristi, sebbene tinte di bei colori di conchiglia, rosa o cinereo.[6] Sui davanzali delle finestruole, strette quasi come feritoie, si vede qualche volta una pianta di garofano, coltivata in un barattolo di latta; oppure una gabbietta che si direbbe adatta per un grillo, e rinchiude una tortora catturata. Le botteghe sono fonde e oscure come tane di briganti. [...]

Nel nostro porto non attraccano quasi mai quelle imbarcazioni eleganti, da sport o da crociera, che popolano sempre in gran numero gli altri porti dell'arcipelago; vi vedrai delle chiatte[7] o dei barconi mercantili, oltre alle barche da pesca degli isolani. Il piazzale del porto, in molte ore del giorno, appare quasi deserto; sulla sinistra, presso la statua di Cristo Pescatore, una sola carrozzella da nolo aspetta l'arrivo del piroscafo di linea, che si ferma da noi pochi minuti, e sbarca in tutto tre o quattro passeggeri, per lo più gente dell'isola. Mai, neppure nella buona stagione, le nostre spiagge solitarie conoscono il chiasso dei bagnanti che, da Napoli e da tutte le città, e da tutte le parti del mondo, vanno ad affollare le altre spiagge dei dintorni. E se per caso uno straniero scende a Procida, si meraviglia di non trovarvi quella vita promiscua e allegra, feste e conversazioni per le strade, e canti, e suoni di chitarre e mandolini, per cui la regione di Napoli è conosciuta su tutta la terra. I Procidani sono scontrosi, taciturni. Le porte sono tutte chiuse, pochi si affacciano alle finestre, ogni famiglia vive fra le sue quattro mura, senza mescolarsi alle altre famiglie. L'amicizia, da noi, non piace. E l'arrivo di un forestiero non desta curiosità, ma piuttosto diffidenza. Se esso fa delle domande, gli rispondono di malavoglia; perché la gente, nella mia isola, non ama d'essere spiata nella propria segretezza.

L'isola di Procida.

- **6** **cinereo**: *grigio come la cenere.*
- **7** **chiatte**: *barconi a fondo piatto, utilizzati per traghettare persone o merci.*

T9 DALLA COMPRENSIONE ALL'INTERPRETAZIONE

COMPRENSIONE E ANALISI

La struttura del romanzo Il brano è tratto dalle pagine iniziali del romanzo *L'isola di Arturo*, che, al suo interno, è suddiviso in **otto parti**, ripartite a loro volta in **brevi capitoletti**. I titoli che introducono i singoli capitoli (qui sono riportati i primi due: *Re e stella del cielo* e *L'isola*) danno un'impronta fiabesca e melodrammatica alla narrazione.

Lo sguardo ingenuo e mitizzante di Arturo Il racconto è condotto **in prima persona dal protagonista adolescente, Arturo**, che nel romanzo narra a ritroso la sua infanzia fino al giorno del suo sedicesimo compleanno, ripercorrendo le tappe cruciali del percorso di formazione che lo conduce alla maturità. Arturo, il ragazzo che ha il nome di una stella, guarda al mondo da una **prospettiva sognante e fantasiosa**, che lo induce a idealizzare e a mitizzare la realtà in cui vive: così, nel brano che abbiamo letto, la madre è descritta come una «sovrana»; **il nome Arturo acquista un «valore araldico»** e una risonanza leggendaria, perché rimanda alla stella «più rapida e più radiosa» e all'eroico Artù «re di Bretagna»; le piccole botteghe dell'isola di Procida sono paragonate a «tane di briganti». La percezione che Arturo ha delle cose è dunque deformata da un eccesso di immaginazione, che proietta la realtà concreta nella dimensione incantata del mito. *L'isola di Arturo* è, però, **la storia di uno svelamento e di una caduta**: crescendo, il protagonista deve rinunciare ai sogni e scontrarsi con la realtà. Alla fine del libro, l'io narrante rinuncia alle illusioni dell'infanzia ed entra nell'età adulta, andando via dall'isola e lasciandosi alle spalle, per sempre, la felicità.

L'isola: un eden fuori dal tempo Il secondo capitoletto è dedicato alla descrizione dell'isola di Procida, che si presenta come un intricato labirinto di viottoli e di case. Ogni elemento descrittivo è delineato con **realismo** e verosimiglianza e, però, allo stesso tempo, perde la propria concretezza per acquistare, agli occhi del protagonista, un **aspetto fantastico**. A caratterizzare l'isola sono il silenzio («neppure nella buona stagione, le nostre spiagge solitarie conoscono il chiasso dei bagnanti», «I Procidani sono scontrosi, taciturni», ecc.), la chiusura e la separazione dal mondo esterno: Procida vive asserragliata in se stessa, al di fuori della storia. L'inizio del romanzo non fornisce al lettore **nessuna indicazione temporale: Procida è un luogo chiuso e senza tempo**, distante nello spazio ed escluso dalle cupe e convulse vicende che si svolgono fuori dall'isola. Raggiungere la maturità, per Arturo, significherà abbandonare l'isola e il paradiso dell'infanzia per rientrare nel tempo lineare della storia, arruolandosi come soldato nella seconda guerra mondiale.

INTERPRETAZIONE

La madre e «*lui*» L'inizio della narrazione coincide con **la rievocazione del ritratto della madre**, morta di parto, che il fanciullo conosce attraverso una fotografia ingiallita. L'importanza del nome Arturo, che sembra annunciare un destino glorioso, è strettamente legata all'immagine della madre: «a destinarmi questo nome (pur ignorandone, credo, i simboli titolati), era stata, così seppi, mia madre. La quale, in se stessa, non era altro che una femminella analfabeta; ma più che una sovrana, per me». **Il tema della madre perduta è autobiografico**: infatti Elsa Morante nasce da un'unione irregolare e lascia la famiglia subito dopo gli studi liceali. Nel brano Arturo si confronta con la mancanza della figura materna, che è il centro perduto degli affetti: una madre che è morta nel darlo alla luce, ma che per il ragazzo diventa motivo di «adorazione fantastica di tutta la mia fanciullezza». Invece **il padre, l'idolo irraggiungibile**, il dio distratto che domina il mondo di Arturo, qui non è descritto direttamente, ma la sua presenza affiora subito in un'incidentale inserita tra parentesi: «(fu *lui*, mi sembra, il primo a informarmene)», dove «*lui*» è significativamente sottolineato dal corsivo, a preannunciare il ruolo di primo piano che gli è attribuito dal figlio.

Lavoriamo con la VIDEOLEZIONE: ANALISI DEL TESTO

Pietro Cataldi analizza le strategie di cui si serve la Morante per mitizzare la vicenda narrata. Dopo aver ascoltato la videolezione, compila un elenco in cui annoti le diverse tecniche narrative e le modalità rappresentative che innescano il meccanismo di innalzamento del reale. Leggi in classe il tuo elenco e spiega ai compagni cosa intende lo studioso per "mitizzazione".

T9 LAVORIAMO SUL TESTO

COMPRENDERE

1. Riassumi il brano in un massimo di dieci righi.
2. Chi è l'io narrante? Che caratteristiche ha?
3. Quali personaggi compaiono nel brano che hai letto?

ANALIZZARE

4. **LINGUA E LESSICO** Sottolinea nel testo le espressioni e i termini da cui emerge la prospettiva fantastica e mitizzante con cui Arturo guarda al mondo.

Arturo: un nome importante

5. Perché il primo capitolo è intitolato *Re e stella del cielo*?

L'elemento autobiografico

6. Nel primo capitolo, intitolato *Re e stella del cielo*, Elsa Morante ha inserito qualche elemento autobiografico? Quale?

La descrizione dell'isola

7. Quali elementi caratterizzano la descrizione dell'isola di Procida?

LE MIE COMPETENZE: INDIVIDUARE COLLEGAMENTI, DIALOGARE

L'*Isola di Arturo* è la storia dell'infanzia e dell'adolescenza del protagonista in cerca della sua identità. Il tema dell'adolescenza ricorre con insistenza nella narrativa di questi anni ed è centrale anche nelle opere di autori come Vittorini, Moravia e Calvino. Secondo te, perché questo tema è così frequente nella letteratura del Novecento? Discutine con il docente e i compagni.

T10 Giuseppe Tomasi di Lampedusa
La morte del principe

OPERA
Il Gattopardo, Parte Settima

CONCETTI CHIAVE
- il tema della morte
- la vittoria del tempo storico sull'immobilità aristocratica

FONTE
G. Tomasi di Lampedusa, *Il Gattopardo*, in *Opere*, a cura di G. Lanza Tomasi, Mondadori, Milano 1995.

Il Gattopardo è diviso in otto Parti o capitoli. Diamo qui il momento centrale e finale della Parte settima. Il Principe don Fabrizio di Salina è gravemente ammalato. Di ritorno da un viaggio a Napoli, dove si è recato a consultare un medico, non ha la forza per raggiungere il proprio palazzo e allora il nipote Tancredi e la figlia Concetta, che lo accompagnano, lo fanno ospitare in un albergo. Qui, in un luogo estraneo, vive gli ultimi momenti della propria vita.

Era solo, un naufrago alla deriva su una zattera, in preda a correnti indomabili.

C'erano i figli, certo. I figli. Il solo che gli rassomigliasse, Giovanni, non era più qui.[1] Ogni paio di anni inviava saluti da Londra; non aveva più nulla da fare con il carbone e commerciava in brillanti; dopo che Stella era morta era giunta all'indirizzo di lei una letterina e poco dopo un pacchettino con un braccialetto. Quello sì. Anche lui aveva "corteggiato la morte",[2] anzi con l'abbandono di tutto aveva organizzato per sé quel tanto di morte che è possibile metter su continuando a vivere. Ma gli altri... C'erano anche i nipoti: Fabrizietto,[3] il più giovane dei Salina, così bello, così vivace, tanto caro.

Tanto odioso. Con la sua doppia dose di sangue Màlvica,[4] con gl'istinti goderecci, con le sue tendenze verso un'eleganza borghese.[5] Era inutile sforzarsi a credere il contrario, l'ultimo Salina era lui, il gigante sparuto[6] che adesso agonizzava sul balcone di un albergo. Perché il significato di un casato nobile è tutto nelle tradizioni, nei ricordi vitali; e lui era l'ultimo a possedere dei ricordi inconsueti, distinti da quelli delle altre famiglie. Fabrizietto avrebbe avuto dei ricordi banali, eguali a quelli dei suoi compagni di ginnasio, ricordi di merende economiche, di scherzucci malvagetti agli insegnanti, di cavalli acquistati avendo l'occhio al loro prezzo più che ai loro pregi; ed il senso del nome[7] si sarebbe mutato in vuota pompa[8] sempre amareggiata dall'assillo che altri potessero pompeggiare[9] più di lui. Si sarebbe svolta la caccia al matrimonio ricco quando questa sarebbe divenuta una *routine*[10] consueta e non più un'avventura audace e predatoria[11] come era stato quello di Tancredi.[12] Gli arazzi di Donnafugata, i mandorleti di Ragattisi, magari, chissà, la fontana di Anfitrite[13] avrebbero avuto la sorte grottesca di esser metamorfizzati[14] in terrine di *foie-gras*[15] presto digerite, in donnine da *Ba-ta-clan*[16] più labili del loro belletto,[17] da quelle delicate e sfumate cose che erano.[18] E di lui sarebbe rimasto soltanto il ricordo di un vecchio e collerico nonno che era schiattato in un

---

- 1 **qui**: in Italia.
- 2 **Anche lui...la morte"**: è Tancredi che, all'inizio del capitolo, dice al principe: «Tu, zione, corteggi la morte».
- 3 **Fabrizietto**: il figlio di Paolo, il primogenito di Don Fabrizio.
- 4 **Màlvica**: parenti del principe, da lui poco stimati.
- 5 **borghese**: anziché aristocratica.
- 6 **sparuto**: smagrito.
- 7 **nome**: casato.
- 8 **pompa**: sfarzo.
- 9 **pompeggiare**: esibire sfarzo.
- 10 **routine**: abitudine.
- 11 **predatoria**: da cacciatore.
- 12 **come...Tancredi**: allude all'impegno del nipote Tancredi per ottenere la mano di Angelica.
- 13 **Gli arazzi...Anfitrite**: i beni di famiglia dei principi di Salina; **Anfitrite** è una divinità marina greca.
- 14 **metamorfizzati**: trasformati.
- 15 **foie-gras**: [pâté di] fegato d'oca; franc.
- 16 **Ba-ta-clan**: varietà volgare e pretenzioso.
- 17 **belletto**: trucco.
- 18 **da quelle...erano**: ironico.

pomeriggio di Luglio proprio a tempo per impedire al ragazzo[19] di andare a fare i bagni a Livorno. Lui stesso aveva detto che i Salina sarebbero sempre rimasti i Salina. Aveva avuto torto. L'ultimo era lui. Quel Garibaldi, quel barbuto Vulcano[20] aveva dopo tutto vinto.[21]

Dalla camera vicina aperta sullo stesso balcone gli giungeva la voce di Concetta:[22] «Non se ne poteva fare a meno; bisognava farlo venire; non mi sarei mai consolata se non lo si fosse chiamato». Comprese subito: si trattava del prete.[23] Un momento ebbe l'idea di rifiutare, di mentire, di mettersi a gridare che stava benissimo, che non aveva bisogno di nulla. Presto si accorse del ridicolo delle proprie intenzioni: era il principe di Salina e come un principe di Salina doveva morire, con tanto di prete accanto. Concetta aveva ragione. Perché poi avrebbe dovuto sottrarsi a ciò che era desiderato da migliaia di altri morenti? E tacque aspettando di udire il campanellino del Viatico.[24] Quel ballo dai Ponteleone: Angelica aveva odorato come un fiore fra le sue braccia.[25] Lo sentì presto: la parrocchia della Pietà era quasi di fronte. Il suono argentino e festoso si arrampicava sulle scale, irrompeva nel corridoio, si fece acuto quando la porta si aprì: preceduto dal direttore dell'Albergo, svizzerotto seccatissimo di avere un moribondo nel proprio esercizio,[26] padre Balsàno, il parroco entrò recando sotto la pìsside[27] il Santissimo[28] custodito dall'astuccio di pelle. Tancredi e Fabrizietto sollevarono la poltrona, la riportarono nella stanza; gli altri erano inginocchiati. Più col gesto che con la voce, disse: «Via! via!». Voleva confessarsi. Le cose si fanno o non si fanno. Tutti uscirono, ma quando dovette parlare si accorse che non aveva molto da dire: ricordava alcuni peccati precisi ma gli sembravano tanto meschini che davvero non valeva la pena di aver importunato un degno sacerdote in quella giornata di afa. Non che si sentisse innocente: ma era tutta la vita ad esser colpevole, non questo o quel singolo fatto; vi è un solo peccato vero, quello originale; e ciò non aveva più il tempo di dirlo. I suoi occhi dovettero esprimere un turbamento che il sacerdote poté scambiare per espressione di contrizione; come di fatto in un certo senso era; fu assolto. Il mento, a quanto sembrava, gli poggiava sul petto perché il prete dovette inginocchiarsi lui per insinuargli la particola[29] tra le labbra. Poi furono mormorate le sillabe immemoriali che spianano la via[30] e il sacerdote si ritirò.

La poltrona non fu più trascinata sul balcone. Fabrizietto e Tancredi gli sedettero vicino e gli tenevano ciascuno una mano; il ragazzo lo guardava fisso con la curiosità naturale in chi assiste alla sua prima agonia, e niente di più; chi moriva non era un uomo, era un nonno, il che è assai diverso. Tancredi gli stringeva forte la mano e parlava, parlava molto, parlava allegro: esponeva progetti cui lo associava, commentava i fatti politici; era deputato, gli era stata promessa la legazione di Lisbona,[31] conosceva molti fatterelli segreti e sapidi.[32] La voce nasale, il vocabolario arguto delineavano un futile fregio[33] sul sempre più fragoroso erompere delle acque della vita. Il Principe era grato delle chiacchiere, e gli stringeva la mano con grande sforzo ma con trascurabile risultato. Era grato, ma non lo stava a sentire. Faceva il bilancio consuntivo della sua vita, voleva raggranellare fuori dall'immenso mucchio di cenere delle passività[34] le pagliuzze d'oro dei momenti felici: eccoli. Due settimane prima del suo matrimonio, sei settimane dopo; mezz'ora in occasione della nascita di Paolo,[35] quando sentì l'orgoglio di aver prolungato di un rametto l'albero di casa Salina. (L'orgoglio era abusivo,[36] lo sapeva adesso, ma la fierezza vi era stata davvero); alcune conversazioni con Giovanni[37] prima che questi scomparisse, alcuni monologhi, per esser veritieri, durante

---

- **19 al ragazzo**: a Fabrizietto.
- **20 Vulcano**: il dio latino delle armi, barbuto e zoppo come Garibaldi (che fu ferito a una gamba).
- **21 aveva...vinto**: cioè aveva permesso la fondazione di uno stato e di un quadro sociale che finivano per cancellare le tradizione di nobili come il principe di Salina.
- **22 Concetta**: la figlia più amata.
- **23 prete**: per l'estrema unzione.
- **24 Viatico**: il rito dell'estrema unzione.
- **25 Quel ballo...braccia**: in una festa da ballo, il principe aveva ballato con la nipote acquisita, al culmine della sua bellezza.
- **26 esercizio**: *impresa*; il vocabolo è scelto perché insiste sull'aspetto commerciale.
- **27 pìsside**: la coppa con coperchio e velo in cui sono tenute le ostie.
- **28 il Santissimo**: l'eucaristia.
- **29 la particola**: l'ostia.
- **30 le sillabe...la via**: *le sillabe antichissime* (**immemoriali**) *che aprono la via* [*verso l'aldilà*].
- **31 la legazione di Lisbona**: la rappresentanza diplomatica a Lisbona.
- **32 sapidi**: *divertenti*.
- **33 futile fregio**: *inutile ricamo*; metafora.
- **34 passività**: *perdite*, nel linguaggio commerciale.
- **35 Paolo**: il figlio primogenito.
- **36 abusivo**: *immotivato*.
- **37 Giovanni**: un altro figlio, che ormai vive all'estero.

i quali aveva creduto scoprire nel ragazzo un animo simile al suo, molte ore in osservatorio[38] assorte nell'astrazione[39] dei calcoli e nell'inseguimento dell'irraggiungibile: ma queste ore potevano davvero esser collocate nell'attivo[40] della vita? Non erano forse un'elargizione[41] anticipata delle beatitudini mortuarie? Non importava, c'erano state.

Nella strada sotto, fra l'albergo e il mare, un organetto si fermò e suonava nell'avida speranza di commuovere i forestieri che in quella stagione non c'erano. Macinava "Tu che a Dio spiegasti l'ale";[42] quel che rimaneva di Don Fabrizio pensò a quanto fiele[43] venisse in quel momento mescolato a tante agonie in Italia da queste musiche meccaniche. Tancredi col suo intuito corse al balcone, buttò giù una moneta, fece segno di tacere. Il silenzio fuori si richiuse, il fragore dentro ingigantì.

Tancredi. Certo, molto dell'attivo proveniva da lui: la sua comprensione tanto più preziosa in quanto ironica, il godimento estetico di veder come si destreggiasse fra le difficoltà della vita, l'affettuosità beffarda come si conviene che sia; dopo, i cani: Fufi, la grossa *mops*[44] della sua infanzia, Tom, l'irruento barbone confidente ed amico, gli occhi mansueti di Svelto, la balordaggine[45] deliziosa di Bendicò, le zampe carezzevoli di Pop, il *pointer*[46] che in questo momento lo cercava sotto i cespugli e le poltrone della villa e che non lo avrebbe più ritrovato; qualche cavallo, questi già più distanti ed estranei. Vi erano le prime ore dei suoi ritorni a Donnafugata, il senso di tradizione e di perennità espresso in pietra ed in acqua, il tempo congelato,[47] lo schioppettare allegro di alcune cacce, il massacro affettuoso dei conigli e delle pernici, alcune buone risate con Tumeo,[48] alcuni minuti di compunzione al convento fra l'odore di muffa e di confetture.[49] Vi era altro? Sì, vi era altro: ma erano di già pepite[50] miste a terra: i momenti sodisfatti nei quali aveva dato risposte taglienti agli sciocchi, la contentezza provata quando si era accorto che nella bellezza e nel carattere di Concetta si perpetuava una vera Salina, qualche momento di foga amorosa; la sorpresa nel ricevere la lettera di Arago[51] che spontaneamente si congratulava per l'esattezza dei difficili calcoli relativi alla cometa di Huxley. E perché no? L'esaltazione pubblica quando aveva ricevuto la medaglia in Sorbona,[52] la sensazione delicata di alcune sete di cravatte, l'odore di alcuni cuoi macerati,[53] l'aspetto ridente, l'aspetto voluttuoso di alcune donne incontrate, quella intravista ancora ieri alla stazione di Catania, mescolata alla folla col suo vestito marrone da viaggio e i guanti di camoscio che era sembrata cercare il suo volto disfatto dal di fuori dello scompartimento insudiciato. Che gridio di folla. «Panini gravidi!».[54] «Il Corriere dell'Isola!» E poi quell'anfanare[55] del treno stanco senza fiato... E quell'atroce sole all'arrivo, quei sorrisi bugiardi, l'eromper via delle cateratte...[56]

Nell'ombra che saliva si provò a contare per quanto tempo avesse in realtà vissuto: il suo cervello non dipanava[57] più il semplice calcolo: tre mesi, venti giorni, un totale di sei mesi, sei per otto ottantaquattro... quarantottomila..., $\sqrt{840.000}$ ... Si riprese. "Ho settantatré anni, all'ingrosso ne avrò vissuto, veramente vissuto, un totale di due... tre al massimo". E i dolori, la noia, quanto erano stati? Inutile sforzarsi a contare tutto il resto: settant'anni.

Sentì che la mano non stringeva più quella dei nipoti. Tancredi si alzò in fretta ed uscì... Non era più un fiume che erompeva da lui, ma un oceano, tempestoso, irto[58] di spume e di cavalloni sfrenati...

- **38 in osservatorio**: a studiare le stelle.
- **39 astrazione**: *astrattezza*.
- **40 attivo**: *guadagno*.
- **41 elargizione**: *dono*. La contemplazione delle stelle, infatti, non è partecipazione alla vita attiva.
- **42 "Tu che a Dio...l'ale"**: è un'aria con coro che conclude la *Lucia di Lammermoor* di Donizetti. La canta Edgardo, il protagonista maschile, quando scopre che Lucia è morta. Tancredi la fa interrompere perché ha carattere funebre (e al tempo stesso, nel gusto di Lampedusa, fatuo).
- **43 fiele**: *amarezza*.
- **44 mops**: è una razza di cani da compagnia.
- **45 balordaggine**: *stupidità*.
- **46 pointer**: cane da caccia.
- **47 congelato**: *bloccato*.
- **48 Tumeo**: l'organista della chiesa madre di Donnafugata.
- **49 confetture**: le marmellate prodotte dalle monache.
- **50 pepite**: continua la metafora della ricerca delle **pagliuzze d'oro** nella propria vita.
- **51 Arago**: Dominique-François Arago (1786-1853), fisico e astronomo francese.
- **52 Sorbona**: l'università di Parigi.
- **53 macerati**: *conciati*.
- **54 gravidi**: *imbottiti*.
- **55 anfanare**: *ansimare*.
- **56 l'eromper...cateratte**: *il fluire* [: della vita] *via traboccando*. Le **cateratte** sono salti nel corso di un fiume, dai quali l'acqua scorre più impetuosa.
- **57 dipanava**: *risolveva*.
- **58 irto**: *segnato dalle punte*.

Doveva aver avuto un'altra sincope[59] perché si accorse a un tratto di esser disteso sul letto: qualcuno gli teneva il polso: dalla finestra il riflesso spietato del mare lo accecava; nella camera si udiva un sibilo: era il suo rantolo ma non lo sapeva; attorno vi era una piccola folla, un gruppo di persone estranee che lo guardavano fisso con un'espressione impaurita: via via li riconobbe: Tancredi, Concetta, Angelica, Francesco-Paolo, Carolina,[60] Fabrizietto; chi gli teneva il polso era il dottor Cataliotti; credette di sorridere a questo per dargli il benvenuto ma nessuno poté accorgersene: tutti, tranne Concetta, piangevano; anche Tancredi che diceva: «Zio, zione caro!».

Fra il gruppetto ad un tratto si fece largo una giovane signora: snella con un vestito marrone da viaggio ad ampia *tournure*,[61] con un cappellino di paglia ornato da un velo a pallottoline che non riusciva a nascondere la maliosa avvenenza del volto. Insinuava una manina inguantata di camoscio fra un gomito e l'altro dei piangenti, si scusava, si avvicinava. Era lei, la creatura bramata da sempre che veniva a prenderlo: strano che così giovane com'era si fosse arresa a lui; l'ora della partenza del treno doveva esser vicina. Giunta faccia a faccia con lui sollevò il velo e così, pudica ma pronta ad esser posseduta, gli apparve più bella di come mai l'avesse intravista negli spazi stellari.[62]

Il fragore del mare si placò del tutto.

- **59** **sincope**: *crisi cardiaca.*
- **60** **Francesco-Paolo, Carolina**: due dei sette figli del Principe.
- **61** **tournure**: *giro.*
- **62** **Era lei...stellari**: la donna intravista alla stazione di Catania diventa insieme un emblema delle seduzioni della vita che finisce e un'immagine pacificata della morte.

T10 DALLA COMPRENSIONE ALL'INTERPRETAZIONE

COMPRENSIONE

«L'ultimo Salina era lui» È il momento del **«bilancio consuntivo» di una vita**; il Principe, dolorosamente consapevole di essere **l'ultimo dei Salina** («Noi fummo i Gattopardi, i Leoni; quelli che ci sostituiranno saranno gli sciacalletti, le iene; e tutti quanti Gattopardi, sciacalli e pecore, continueremo a crederci il sale della terra») vuole «raggranellare fuori dall'immenso mucchio di cenere delle passività le pagliuzze d'oro dei momenti felici». Sono pochissimi, anche a voler mettere nel conto le «pepite miste a terra», tra le quali – con molta generosità tassonomica – si possono annoverare persino «la sensazione delicata di alcune sete di cravatte, l'odore di alcuni cuoi macerati». **La conclusione di questo bilancio è desolante**: «Ho settantatré anni, all'ingrosso ne avrò vissuto, veramente vissuto, un totale di due... tre al massimo». L'agonia del Principe è prigioniera della ragnatela di questo inventario impietoso. Su questo passo cruciale del romanzo Giulio Ferroni ha scritto: «La scena dell'**agonia e della morte del Principe di Salina** è tra le più belle del romanzo. Anche perché la figura del vecchio autocrate è trattata senz'ombra di patetismo. La sua sofferenza è dovuta alla sensazione che **sta abbandonando, oltre alla vita, una quantità di oggetti cari** [...], sui quali negli anni si è come cristallizzato il suo affetto [...]: "il cuore gli si strinse, dimenticò la propria agonia pensando all'imminente fine di queste povere cose care"». (G. Ferroni, *Storia della letteratura italiana*, vol. XV, Mondadori, Milano 2006).

ANALISI

La prospettiva dall'interno Si parla spesso del *Gattopardo* come di un romanzo ottocentesco o come di un **romanzo storico**. Indubbiamente non vi mancano elementi fortemente tradizionali. E tuttavia questo capitolo è tutto costruito su una **prospettiva dall'interno**. La morte non è rappresentata da fuori – come accade per esempio nel capitolo finale di *Mastro-don Gesualdo* (cfr. vol. 5) – ma da dentro, attraverso **un'ottica che coincide con quella stessa del moribondo**. Si possono cogliere in ciò l'aspetto novecentesco del romanzo e la sua innegabile modernità.

INTERPRETAZIONE

Il "corteggiamento della morte" e la vittoria del tempo storico Il Principe di Salina ha cercato per tutta la vita di sottrarsi al tempo storico: il senso della tradizione nobiliare era per lui anche quello di una possibile «perennità», quale si esprimeva, per esempio, nelle mura dei suoi palazzi (quello di Donnafugata gli dava appunto la sensazione di un «tempo congelato» o immobilizzato). Per questo **ha sempre corteggiato la morte**: la contemplazione delle stelle (il protagonista è un astronomo) aveva per lui il significato di una contemplazione della morte (per tale ragione, nella pagina finale, la morte gli appare ora «più bella di come mai l'avesse intravista negli spazi stellari). **La vista delle stelle** gli garantiva un distacco rassicurante dagli uomini, dagli eventi e dalla storia. Ora, facendo un bilancio della propria vita nel momento dell'agonia, si rende conto di avere avuto torto: il tempo non si è congelato, la tradizione non si è conservata, i figli e i nipoti hanno assunto consuetudini borghesi: «quel Garibaldi, quel barbuto Vulcano aveva dopo tutto vinto». La sua morte stessa rivela tale fallimento: **egli muore in un ambiente estraneo e ostile**, in un albergo gestito da uno «svizzerotto» (un borghese, in somma) scontento e allarmato per dover ospitare un moribondo. La situazione rievoca quella verghiana della morte di Gesualdo, un borghese, in un palazzo nobiliare di Palermo (cfr. vol. 5). D'altra parte, **la vittoria del tempo storico sulla vocazione metafisica e atemporale del Principe** non comporta alcuna fiducia nel progresso e nella storia: la borghesia ha imposto solo disvalori e il tempo è in realtà soltanto dissoluzione e annientamento. Ora la morte a lungo contemplata e desiderata sopraggiunge, assumendo l'aspetto di una bella dama che lo porta via. La bellezza e il fascino della vita ormai coincidono con il nulla, con la coscienza della inutilità, della dissipazione e della rapina del tempo espressa, all'inizio del capitolo, dall'immagine della sabbia i cui «granellini si affollano e sfilano ad uno ad uno, senza fretta e senza soste, dinanzi allo stretto orifizio di un orologio a sabbia»; lo stesso avviene degli «attimi di tempo che evadevano dalla sua vita».

T10 LAVORIAMO SUL TESTO

ANALIZZARE

Il tempo dell'eternità

1. **LINGUA E LESSICO** Quali termini e quali espressioni si riferiscono al tempo? Quale sentimento del tempo rivelano?

Il tempo della storia

2. A che cosa è collegata la solitudine del Principe?

3. Quale profonda diversità lo separa dai figli e dai nipoti?

INTERPRETARE

L'immagine della morte

4. La morte si presenta come una donna bella e affascinante. Perché? Quale idea del presente e della storia suggerisce questa metafora?

S1 CINEMA

Luchino Visconti, *Il Gattopardo* (1963)

La trama
La vicenda è quella narrata nel romanzo *Il Gattopardo* di Giuseppe Tomasi di Lampedusa. Il principe Fabrizio di Salina assiste con preoccupazione allo sbarco dei garibaldini in Sicilia e comprende che il mondo dei suoi avi è destinato a scomparire. Nondimeno approva la scelta del prediletto nipote Tancredi di arruolarsi fra i rivoltosi e appoggia apertamente l'annessione della Sicilia allo Stato sabaudo. Pur sapendo che la figlia Concetta è innamorata del nipote, il principe acconsente al matrimonio fra Tancredi e Angelica, figlia del nuovo sindaco di Donnafugata, don Calogero Sedara. Questa unione tra un esponente della vecchia aristocrazia e una donna della nascente borghesia, affarista e cinica, è il segno di un cambiamento epocale. Mentre Tancredi si adatta con disinvoltura ai nuovi tempi, durante un ballo in un palazzo di Palermo don Fabrizio percepisce con malinconia l'ineluttabile decadenza della sua classe sociale e la fine di tutta un'epoca.

Dal romanzo al film
Con la collaborazione, tra gli altri, di Suso Cecchi D'Amico, Visconti adatta per il grande schermo il romanzo *Il Gattopardo*, pubblicato da Tomasi di Lampedusa pochi anni prima della realizzazione del film, nel 1958. Per Visconti l'opera di Tomasi è un soggetto congeniale, perché gli permette di dare espressione ai grandi temi che lo hanno affascinato da sempre. Così, per esempio, il tema del Risorgimento come rivoluzione mancata e quello della decadenza della società nobiliare sono già stati affrontati in *Senso*, un film girato dieci anni prima del *Gattopardo*. Nel *Gattopardo* però questi stessi temi sono rappresentati dalla prospettiva dolente e malinconica di don Fabrizio e si arricchiscono di una nota più intima e sofferta. Infatti il regista, che come Tomasi appartiene ad una famiglia di antica nobiltà, fa propri il punto di vista e la malinconia del principe di fronte all'inarrestabile declino di un mondo. Il senso della decadenza è restituito anche dalla descrizioni degli ambienti.

Sia nel film sia nel romanzo la rappresentazione delle case e delle residenze nobiliari assume un grande risalto. Nel *Gattopardo* e nelle pagine autobiografiche dei *Ricordi d'infanzia* Tomasi fa della rievocazione della casa degli avi uno dei temi portanti della sua scrittura. Nella loro magnificenza artificiosa le ville e i palazzi che compaiono nel libro sono gli spazi del privato in cui l'aristocrazia fa sfoggio delle sue ricchezze e del suo prestigio sociale. Nello stesso tempo, però, sulle case si incidono i segni di un irreversibile decadimento e si depositano le tracce dei sommovimenti della storia. Dal canto suo anche Visconti dedica un'attenzione privilegiata alle scenografie, alle architetture e agli arredi: l'accuratezza della ricostruzione non è un esercizio raffinato e gratuito, ma serve a caricare gli ambienti di significati simbolici. La pellicola e il romanzo sono entrambi attraversati da annunci luttuosi e da presagi di morte. In questo senso è emblematica la sequenza finale che preannuncia la morte incombente del protagonista: dopo aver osservato a lungo il quadro *La morte del giusto* di Greuze, esposto in una delle sale di palazzo Ponteleone, don Fabrizio s'incammina stanco nell'alba, percorre un vicolo buio circondato da palazzi in rovina e s'inginocchia al passaggio di un prete che porta il Santo Viatico. Con questa sequenza si conclude il film, che ha un finale diverso da quello del romanzo. Se il libro termina dopo la morte del principe, la pellicola si chiude prima: la morte di don Fabrizio è annunciata e allusa, ma non viene direttamente messa in scena.

L'affresco di un'epoca
Lo spazio dell'intreccio è ridotto. A Visconti non interessa tanto dar vita ad un intreccio avvincente quanto tratteggiare il monumentale affresco di una società e di un'epoca. Il film procede per blocchi narrativi ed è racchiuso tra due grandi scene, che coincidono di fatto con il momento iniziale e quello finale dell'opera. Nell'apertura del film, in un susseguirsi di carrellate sottolineate dal commento musicale di Rota, l'occhio della macchina da presa passa in rassegna la villa nobiliare dei Salina, inquadrando dei dettagli significativi (il giardino, le statue sbrecciate, la facciata della casa...) che testimoniano la decadenza della casata siciliana, per poi inoltrarsi all'interno di una delle stanze. Qui il principe e le sue figlie recitano il rosario. Una voce fuori campo proveniente dal giardino interrompe però la recitazione e annuncia il ritrovamento del cadavere di un soldato: è il primo della nutrita serie di presagi funerei che percorrono il film. Più avanti l'azione si sposta a Palermo, dove arrivano le truppe dei garibaldini. La scena della battaglia per le strade di Palermo, che nel romanzo è solo accennata, assume qui una evidenza decisiva. Al travolgente spettacolo della guerra si contrappone l'episodio finale del ballo, che nella trasposizione di Visconti acquista un'importanza esorbitante. Dalla contrapposizione tra queste due sequenze corali emerge il conflitto tra i fatti della storia pubblica e le vicende private dell'aristocrazia. Mentre tutt'intorno infuria la guerra e hanno luogo straordinari rivolgimenti, la nobiltà è intenta a partecipare a riti sociali svuotati di senso e resta chiusa nel suo immobilismo.

La scena del ballo
Lo sfarzo e l'illusoria vivacità del ballo celano i segnali della fine imminente. Nella lussuosa cornice di palazzo Ponteleone si raccolgono tutti i personaggi principali: tra questi compaiono Angelica, con la sua bellezza abbagliante ed effimera, e Tancredi, che con cinismo e leggerezza invoca la fucilazione dei disertori, pri-

ma di ballare una quadriglia. Passando da una sala all'altra del ricco palazzo illuminato a festa, il principe scorge ovunque i segni della decadenza e della morte. In questo caso Visconti legge il romanzo di Tomasi attraverso il ricordo di Proust. La sterminata opera narrativa di Proust, intitolata *Alla ricerca del tempo perduto*, si conclude infatti in modo analogo: il protagonista-narratore partecipa ad un ricevimento in casa dei nobili Guermantes; qui, mentre si aggira tra le sale magnifiche e incontra gli eleganti invitati, è scosso dalla percezione del rapinoso trascorrere del tempo che tutto rovina e distrugge. Così ha una folgorazione improvvisa: per far rivivere il "tempo perduto", egli dovrà scrivere un'opera, in cui le reminiscenze del passato acquistino tanta consistenza e densità da sopravvivere alla morte. Anche Visconti ingaggia una sfida contro il tempo e fa rivivere sullo schermo, per la sola durata del film, una società oramai estinta, che viene rappresentata nel momento stesso della sua scomparsa.

Realismo e memoria
L'ambientazione del romanzo di Tomasi è cara a Visconti che in Sicilia ha girato anche *La terra trema*, la pellicola del 1948 tratta dai *Malavoglia*, considerata una delle più riuscite del cinema neorealista. Mentre l'isola descritta in *La terra trema* è lo spazio arcaico e primitivo in cui si muove il popolo degli umili e degli oppressi, la Sicilia del *Gattopardo* è invece una terra sontuosa e aristocratica. In questa pellicola l'allestimento di Visconti è ricco e fastoso. Inoltre se *La terra trema* è un film impegnato e fortemente orientato in senso politico, nel *Gattopardo* il regista prende le distanze in modo definitivo dal Neorealismo, pur non rinunciando al realismo della messa in scena e all'accuratezza della ricostruzione storica. Da un lato, infatti, il regista mira a dare una rappresentazione realistica degli eventi narrati; dall'altro, sulla precisione del resoconto s'innesta la trama dei ricordi. Come Visconti ha affermato in più occasioni, questo intreccio di realtà e di memoria è dovuto alla duplice influenza di Verga e Proust: attraverso questi due grandi modelli letterari il regista ha riletto e interpretato la vicenda narrata da Tomasi.

Il Gattopardo, regia di Luchino Visconti; soggetto: Giuseppe Tomasi di Lampedusa; sceneggiatura: Luchino Visconti, Suso Cecchi D'Amico, Pasquale Festa Campanile, Enrico Medioli, Massimo Franciosa; interpreti: Burt Lancaster, Alain Delon, Claudia Cardinale, Paolo Stoppa; montaggio: Mario Serandrei; scenografia: Mario Garbuglia, Giorgio Rotunno; fotografia: Giuseppe Rotunno; costumi: Marcel Escoffier e Piero Tosi; musiche: Nino Rota; durata: 205 minuti; Italia 1963.

Percorso
LO SPAZIO E IL TEMPO

La mitizzazione del tempo e dello spazio nella narrativa tra le due guerre

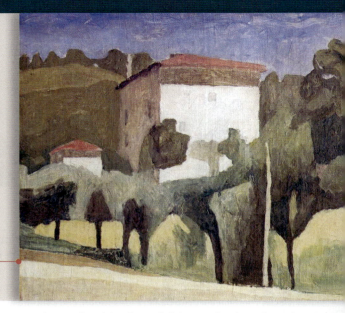

Giorgio Morandi, *Paesaggio*, 1936. Roma, Galleria Nazione d'Arte Moderna e Contemporanea.

L'interesse della narrativa di questi anni per la rappresentazione della condizione umana in ciò che essa ha di universale si collega al nuovo clima politico e culturale, caratterizzato dal rilancio di ideologie globali e dalla ricerca di valori assoluti: si pensi alle poetiche ermetiche, da una parte, e alla tendenza alla mitizzazione tipica dei regimi fascisti, dall'altra, ma anche allo sviluppo degli studi antropologici ed etnologici e al fascino che questi esercitano su scrittori come Pavese, Vittorini e Carlo Levi.

Ne consegue la tendenza a una destoricizzazione delle categorie spazio-temporali, che assumono il carattere di una dimensione psichica o di una metafora della condizione umana, mentre l'irrazionalismo e il vitalismo, già presenti nella cultura del primo Novecento, tendono a fissarsi in simboli e miti di carattere individuale e collettivo. **L'America, per esempio, non è un luogo storico-geografico, ma coincide con il mito del selvaggio**, del primitivo e della libertà (cfr. cap. I, **S7**, *La leggenda dell'America*). Così, anche nel nuovo romanzo realista, i contadini, le Langhe, i pastori, il quartiere diventano il simbolo di un'umanità originaria, più vicina alla natura.

La società contadina, nei romanzi di Pavese, è sede di forze primigenie, in cui agiscono istinti ancestrali di sangue e di morte. L'uccisione di Gisella da parte del fratello, in *Paesi tuoi*, associa al tabù dell'incesto una sorta di antico rito sacrificale (cfr. **T4**, *La morte di Gisella*). Il tragico incendio della Gaminella evoca i falò della morte e della guerra, della festa e dell'infanzia. La lotta civile è follia cieca e incomprensibile, che grava come un destino di violenza sull'umanità in quanto tale (cfr. **T5**, *«E dei caduti che ne facciamo? Perché sono morti?»*). Perciò il paesaggio è indeterminato e funge da proiezione delle angosce e dei moti oscuri dell'inconscio privato e pubblico.

Anche la Sicilia di Vittorini può essere Persia o Venezuela; il viaggio del protagonista nel proprio paese, in *Conversazione in Sicilia*, è un ritorno simbolico alle origini e insieme una ricerca di verità esistenziali. Lo spazio e i gesti, grazie a uno stile pieno di iterazioni e di ellissi, sono astratti e rituali; **i personaggi divengono emblemi del «mondo offeso»**, in cui Silvestro rintraccia i segni di un'umanità più vera, carica di un'autenticità eversiva nei confronti della violenza assurda della storia (cfr. **T2**, *Gli «astratti furori» di Silvestro per il «genere umano perduto»* e **espansioni digitali T**, *L'«ehm» del soldato morto e i figli di Cornelia*).

Di qui il fenomeno del populismo, l'"andare verso il popolo", celebrato dall'intellettuale-ideologo come espressione di vitalità, di istinti sani e solidali. **Anche quando con la guerra e con la Resistenza la storia irrompe di nuovo nella narrativa, persiste nel romanzo neorealista questo modo mitico di guardare al popolo come esemplarità positiva**. Lo dimostra, nell'omonimo romanzo di Pratolini, il personaggio di Metello, in cui la sensualità e la spontaneità si identi-

Armando Pizzinato, *Liberazione di Venezia* (*Insurrezione a Venezia*), 1952.

Percorso LO SPAZIO E IL TEMPO
La mitizzazione del tempo e dello spazio nella narrativa tra le due guerre

Lucania, affresco di Carlo Levi del 1961.

ficano con la generosità politica (cfr. § 4).

La dura vita dei pastori può essere inoltre oggetto di una visione del tutto lirica e soggettiva, come accade in *Gente in Aspromonte* di Corrado Alvaro. Pur nell'assunto etico-politico del romanzo, questa si confonde con un'umanità arcaica dai tratti biblici e leggendari, che esprime la tensione nostalgica dello scrittore per la propria terra natale.

Ancora il Sud, questa volta dei contadini della Lucania, nell'ottica etnologica di Carlo Levi, i**ncarna il mito di un'umanità metastorica, totalmente 'altra'**, estranea allo Stato, alla "civiltà", allo stesso cristianesimo, immobile nella perpetuazione dei suoi antichissimi riti di magica intesa con la natura.

Il mondo primitivo, evocatore di istinti ancestrali, ha in *Cristo si è fermato a Eboli* una valenza diversa da quello violento e tragico di Pavese. Il fascino dell'esotico e dell'irrazionale si unisce a una mitizzazione dell'autenticità del popolo contadino, con cui lo scrittore entra in rapporto di immediata solidarietà. Tuttavia, a differenza di Pratolini, Levi non si identifica con la mentalità ingenua del popolo contadino ma, esplorando quel mondo arcaico, rivelatore degli oscuri istinti dell'inconscio collettivo, esplora anche le radici profonde del proprio io (cfr. espansioni digitali T, «*Per i contadini, lo Stato è più lontano del cielo*»).

Alla mitizzazione, in chiave lirica e simbolica, dello spazio e del tempo si affianca un'altra tendenza, quella del realismo magico, che assume invece la dimensione fantastica e surreale del sogno come strumento di decifrazione dell'irrazionalità del reale. Sia il misterioso paesaggio del *Deserto dei Tartari* sia l'oscuro paesaggio lunare, popolato di presenze stregate della *Pietra lunare*, esprimono messaggi inquietanti. Il viaggio di iniziazione notturna, che coincide con l'esperienza del sogno, permette a Giovancarlo, il protagonista del romanzo di Landolfi, di crescere attraverso una simbolica immersione nelle profonde pulsioni dell'inconscio (cfr. espansioni digitali T, *Le apparizioni delle Madri*).

In questo contesto in cui diventano evanescenti i connotati reali dello spazio **anche il tempo perde ogni attributo storico-cronologico per assumere connotazioni simboliche**.

Il tempo è il vero protagonista del *Deserto dei Tartari*: sia il tempo soggettivo della lunga, monotona attesa («l'esistenza di Drogo si era come fermata»), sia il fiume del tempo esteriore che continua a fluire e a corrodere le cose. L'uomo non riesce ad «agganciare» la fuga del tempo e a dare un senso alla vita, dissipata in un'inutile attesa. Il deserto e il tempo diventano dunque un'allegoria della vita umana.

Oppure il tempo s'identifica con una dimensione interiore, con la memoria e con l'infanzia. Perciò si dilata nel flusso di coscienza dei personaggi di *Tempo innamorato* della Manzini. Si tratta di un tempo diverso, che sfugge alla progressione della storia, ma che esplora, attraverso le libere associazioni e gli andirivieni dell'immaginazione, la realtà fantastica e onirica della psiche.

Sempre il tema del tempo è anche al centro del *Gattopardo*, come un teatro del drammatico scontro tra l'aspirazione metafisica all'atemporalità del principe di Salina e il tempo di una storia che precipita verso la distruzione. Nella scena della morte del principe, il tempo che evade sempre più rapidamente dalla sua vita (dapprima come granelli di sabbia, poi come una cascata e un oceano) viene a coincidere, in una stessa immagine di dissoluzione e di annientamento, con quello della storia: la morte del principe è la morte di un mondo di "bellezza", travolto dall'unificazione italiana e dal trionfo dei disvalori dell'incipiente società borghese (cfr. T10, *La morte del principe*).

Anche nella narrativa di Fenoglio, ispirata direttamente dall'esperienza resistenziale, persiste la tendenza a svincolare gli eventi da una precisa collocazione politica e sociale. Nel *Partigiano Johnny* la rappresentazione della crudeltà della guerra è la manifestazione di una condizione che caratterizza costantemente i rapporti umani: e la scelta dell'impegno partigiano è ricondotta essenzialmente alla ricerca di un senso della dignità umana che prescinde da specifiche ideologie e circostanze storiche (cfr. espansioni digitali T, *L'«esperienza terribile» della battaglia*). In *Una questione privata*, la tensione angosciosa della corsa mortale di Milton, sullo sfondo di un paesaggio di nebbia e di fango, assume l'esemplarità simbolica del racconto epico, di un racconto collocato cioè in una sfera atemporale e assoluta. (cfr. T8, *La morte di Milton*).

Percorso
L'AMORE E LA DONNA

Una visione dell'eros tra violenza e regressione edipica: la donna-vittima e la donna-madre

Ernst Ludwig Kirchner, *Marcella*, 1910. Stoccolma, Moderna Museet.

L'immagine malinconica dell'adolescente mostra il trapasso problematico dallo stato di fanciulla a quello di donna. La posizione instabile del corpo, fragile e dolorosamente contratto, indica il disagio e l'insicurezza della ragazza di fronte all'infelice destino che l'attende in una società dominata dalle convenzioni e dall'ipocrisia. Lo squilibrio del corpo è accentuato dal volume pesante della testa che lo sovrasta, con la massa scura dei capelli; gli occhi enormi e la bocca rossa assumono un risalto inquietante nel volto magro.

La donna-madre e la donna-sesso sono le figure femminili che ossessionano l'immaginario adolescenziale a cui, nella narrativa degli anni Trenta, è per lo più collegata l'esplorazione dell'eros.

L'esperienza sessuale, che segna il passaggio all'età adulta, **è un'esperienza di shock, giacché l'accesso del ragazzo all'universo maschile si presenta sotto il segno della degradazione e della violenza**.

L'amore ideale e assoluto di Gustavo per Ida si scontra, nel racconto *Il fratellino* di Loria (cfr. espansioni digitali **T**, *L'ultimo appuntamento con Ida*), con l'incomprensione e la brutale sensualità dei coetanei. Perciò il suo rifiuto della «sguaiata virilità» dei fratelli, che gli «avevano guasta per sempre la donna desiderata come sposa», è radicale e non trova alternative che nella «fantasia sanatrice» di due dolci sorelle e nella morte.

L'identificazione tra sesso, aggressività e mondo maschile ritorna in Bilenchi con un analogo rifiuto, da parte del protagonista di *Il gelo* di una simile iniziazione al mondo crudele degli adulti. La ragazza vittima della violenza e costretta a prostituirsi è contrapposta alle figure femminili parentali, la madre, la zia e la cugina presso cui l'adolescente si rifugia, rotta ogni complicità maschile con il sadismo dei coetanei. **Scatta anche qui l'alleanza tra mondo femminile e adolescente**, entrambi vittime di una stessa condizione di inferiorità e di esclusione (cfr. espansioni digitali **T**, *Il campo dei girasoli e la scoperta del sesso*).

Il mito maschilista della prestanza e del dominio virile, coltivato specialmente negli anni del fascismo, ritorna nei romanzi di Brancati nell'ironica rappresentazione del "gallismo", dove l'ossessione erotica dei suoi personaggi e la smania di collezionare donne-oggetto tradiscono una profonda misoginia e l'infantile incapacità a stabilire un rapporto d'amore.

L'impossibilità del rapporto d'amore caratterizza, anche se in maniera diversa, la narrativa di Pavese, dove l'avventura erotica è motivo di frustrazione o è spiata e desiderata da lontano. L'incontro con Cate nella *Casa in collina* rivela l'aspirazione profonda all'amore, ma anche l'impotenza ad affrontarlo da parte del protagonista, che devia l'affetto sul figlio. Nessuna coppia è rappresentata negli scritti di Pavese. Le donne che vi compaiono sono dominate dalla sessualità e questa è associata al sangue in *Paesi tuoi*, dove Gisella paga con la vita la propria sensuale femminilità (cfr. **T4**, *La morte di Gisella*). Il rogo della Santina infine, ne *La luna e i falò*, ha il sapore di un'agressione sadica, di una sorta di «vendetta contro il genere femminile» (D. Fernandez). Solo il racconto *Tra donne sole* propone una figura femminile nuova, sostenuta da un senso di autoaffermazione e di dignità esistenziale che arriva fino alla scelta del suicidio, ma questa immagine è un'evidente proiezione dell'autore stesso.

Alla complicità otto-novecentesca tra l'artista e la prostituta si sostituisce ora quella tra l'artista e la donna-vittima.

Questo tema è ovviamente al centro della narrativa femminile ed è collegato alla doppia esclusione sessuale e sociale della donna. Vittima è Clementina in *Tempo innamorato* della Manzini ed anche Artemisia, la pittrice seicentesca protagonista dell'omonimo romanzo (1947) di Anna Banti. «Oltraggiata nell'onore e nell'amore, vittima svillaneggiata di un pubblico processo di stupro», Artemisia cerca tuttavia di riscattare la propria inferiorità sessuale e sociale nell'autoaffermazione artistica e dunque diventa portatrice di un messaggio femminista esplicitamente sottolineato dall'autrice: «Una delle prime donne che sostennero colle parole e colle opere il diritto al lavoro congeniale e a una parità di spirito fra i due sessi».

Vittime di una emarginazione secolare, le donne scrittrici esprimono con acuita sensibilità la condizione di separazione e di estraneità dalla vita dell'artista.

Percorso
L'AMORE E LA DONNA — Una visione dell'eros tra violenza e regressione edipica...

PERCORSI TEMATICI

Elisa in *Menzogna e sortilegio* vive in un universo immobile e segregato, in una specie di carcerazione senza scampo. Proprio questa solitaria e soffocante atmosfera permette alla narratrice di riscattare nella scrittura il dramma della propria vita (cfr. **espansioni digitali** T, *Una sepolta viva e una donna perduta*).
Al polo opposto della donna-vittima, nell'immaginario letterario di questi anni, sta una figura femminile forte, quella della madre. Essa domina l'universo familiare, mentre manca o è debole la presenza paterna; perciò il confronto madre-figlio assume un carattere frontale e decisivo.
Nei racconti di Bilenchi la madre è oggetto di un rapporto ambiguo e violento di odio-amore da parte del figlio. Il peso negativo che ella ha nel processo di emancipazione del figlio, scatena in questo impulsi contraddittori, volontà di ribellione e insieme paura e senso di inibizione, che lo condannano a una frustrante quanto impossibile regressione nell'infanzia perduta.

In *Agostino* invece si impone il mito della femmina materna. La madre, prima oggetto di amore infantile, si trasforma in femmina spiata dal figlio e oggetto dei suoi desideri turbati. Riunendo in sé i tratti della maternità e della sessualità, in genere rigidamente divisi, essa stessa fa da tramite alla scoperta del sesso da parte del figlio, senza tuttavia colmarne il senso di lacerazione e di solitudine (cfr. **espansioni digitali** T, *Agostino scopre che la mamma è una donna*).
Conversazione in Sicilia è un ritorno alla madre dell'uomo adulto, che identifica in essa l'infanzia e il paese natale. Incarnazione dei miti arcaici della madre terra, la donna ha una forza preponderante che schiaccia il debole padre, invertendo i tradizionali ruoli maschili e femminili dell'autorità e della mediazione. La madre è, dunque, non solo figura di affetto, ma anche portatrice di valori: contrapponendosi alla donna di pietra del monumento ai caduti, essa esprime il rifiuto delle ideologie eroiche, che coprono i delitti della storia ufficiale e maschile (cfr. **espansioni digitali** T, *La conclusione del romanzo: l'«ehm» del soldato morto e i figli di Cornelia*).
Altre figure di madre emergono nella narrativa di questi anni, dalla madre-prostituta di *Menzogna e sortilegio*, generosa e accogliente (cfr. **espansioni digitali** T, *Una sepolta viva e una donna perduta*), alle madri simboliche della *Pietra lunare*, potenze terribili e insieme mediatrici del mondo oscuro dell'inconscio e della sessualità (cfr. **espansioni digitali** T, *Le apparizioni delle Madri*). Si tratta, tuttavia, in questo caso, di un'iniziazione al mondo adulto dell'adolescente, tramite l'accettazione del femminile e del mondo notturno degli istinti, una via diversa da quella esperita tramite la sopraffazione violenta della virilità.
In queste varie modulazioni dell'imagine materna vengono così a convergere alcuni temi fondamentali dell'immaginario collettivo e letterario del tempo, dal mito delle origini a quello dell'ambivalenza erotica adolescenziale alla negazione infine del maschilismo imperante, attraverso la celebrazione di un'utopia sociale al femminile, che riscatti i valori del «mondo offeso» (cfr. **T3**).

Felice Casorati, *Madre* o *Maternità*, 1923-1924. Berlino, Staatliche Museen.

DAL RIPASSO ALLA VERIFICA

MAPPA CONCETTUALE — Il romanzo e la novella in Italia

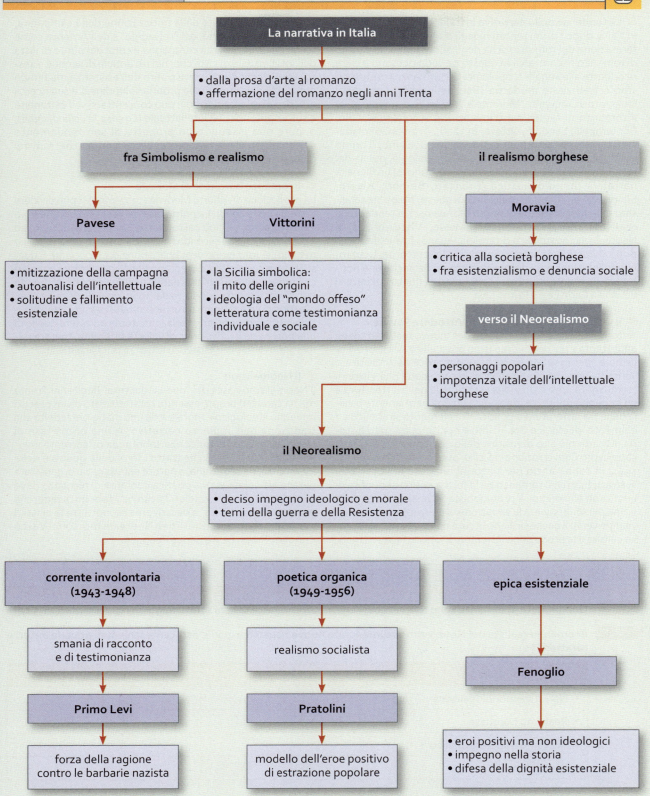

DAL RIPASSO ALLA VERIFICA

SINTESI

● Le tendenze della narrativa in Italia
In Italia, dopo i primi tentativi degli anni Venti, la piena affermazione del romanzo si ha negli anni Trenta. Le varietà di romanzo riscontrabili in questo periodo possono essere ricondotte alle seguenti tipologie: 1) il romanzo fra classicismo e tradizione moderna (Bacchelli e poi, negli anni Quaranta e Cinquanta, Morante e Tomasi di Lampedusa); 2) il romanzo di fantasia e d'invenzione surreale (Savinio, Bontempelli, Landolfi, Ortese, Buzzati); il romanzo solariano fra analisi e "aura poetica" (Manzini, Bonsanti, il primo Vittorini, Banti, Bilenchi); 4) la quarta tipologia, quella del nuovo realismo, è più complessa. Vi rientrano: a) un filone di narrativa meridionalistica (Brancati, Bernari, Alvaro, Silone); b) un filone di realismo borghese, fra esistenzialismo e denuncia sociale (il primo Moravia); c) la tendenza al realismo mitico-simbolico (Pavese, Vittorini); d) il Neorealismo postbellico (Pratolini, Viganò, Jovine, Moravia dopo *Agostino*, e infine, in modi del tutto particolari, Fenoglio). Negli anni del Neorealismo si ha anche una fioritura della memorialistica. I capolavori di questo genere si devono a Carlo Levi e Primo Levi.

● Il realismo mitico e simbolico: Vittorini e Pavese
Vittorini e Pavese sono i maestri del "nuovo realismo" degli anni Trenta e poi del Neorealismo postbellico. Ma il loro realismo è sperimentale e non ha una matrice naturalistica o veristica, bensì lirica e simbolica. Ai suoi esordi Elio Vittorini (1908-1966) unisce un'indiscussa fiducia nella letteratura a un impegno politico e ideologico, in una permanente oscillazione fra letteratura e politica, fra elemento simbolico ed elemento ideologico, fra lirismo e realismo, fra mito e storia. Il punto più alto di fusione delle due tendenze si ha nel capolavoro *Conversazione in Sicilia*, pubblicato in volume nel 1941, in cui ha inizio per Vittorini una fase di vuoto e di «astratti furori». Il romanzo ha la forma mitico-simbolica di un ritorno alle origini: il protagonista Silvestro, che parla in prima persona, supera la situazione di inerzia compiendo un viaggio verso il paese siciliano in cui è nato.
La cultura e la produzione letteraria di Cesare Pavese (1908-1950) è caratterizzata dalla mitizzazione della campagna, contrapposta alla città, del "selvaggio" e dell'America come luogo del primitivo. La campagna è colta dal punto di vista dell'intellettuale di città che, nei riti antichi di sangue e sesso, vuole recuperare il senso vero dell'esistenza ma finisce ogni volta per riscoprire la propria solitudine. La sua ricerca artistica oscilla tra due poli: può concentrarsi sull'estraneità e sull'impotenza dell'intellettuale (*La casa in collina*, 1948), oppure può inseguire un progetto di sprofondamento nell'arcaico o di rivelazione del destino umano nei miti del passato (*Paesi tuoi*, 1941; *La luna e i falò*, 1950).

● Il romanzo borghese di Moravia
La produzione di Alberto Moravia (1907-1990) si può dividere in tre diversi periodi. La prima fase del realismo borghese va dal 1929 al 1945 e cioè dal romanzo *Gli indifferenti* (1929) ad *Agostino* (1943). La seconda fase va dal 1947 (quando esce *La romana*) al 1957 (anno di pubblicazione di *La ciociara*). È questa la fase neorealistica in cui appaiono i personaggi popolari che rappresentano un'alternativa positiva rispetto al mondo borghese. Il terzo periodo va dal 1960, quando esce *La noia*, alla morte, ed è segnato da un accentuato pessimismo: caduta l'alternativa popolare, l'orizzonte torna ad essere quello di una borghesia in crisi, priva di valori e di vitalità, mentre riemergono tematiche esistenzialistiche e psicoanalitiche.

● Il Neorealismo
Il Neorealismo nasce dal "nuovo realismo" degli anni Trenta ma ha caratteri propri, essendo caratterizzato da un preciso impegno ideologico e morale e da una maggiore fedeltà alla tradizione nell'impianto narrativo. A una prima fase di Neorealismo come tendenza spontanea o "corrente involontaria" (1943-1948) che tratta i temi della guerra e della Resistenza, ne segue una, a partire dal 1949, più organizzata perché articolata in una poetica coerente: il romanzo deve avere protagonisti popolari "positivi", fare intravedere la prospettiva socialista, e descrivere i rapporti tra le classi. I maggiori rappresentanti del Neorealismo sono Vasco Pratolini, Primo Levi e Beppe Fenoglio.

DALLE CONOSCENZE ALLE COMPETENZE

1 Quali varietà di romanzo sono riscontrabili negli anni Venti in Italia? Chi sono i maggiori rappresentanti? (§ 1)

2 Il romanzo realista del Novecento assume forme nuove rispetto a quelle ottocentesche. Individuane autori e caratteri (§ 1)

filoni	autori	caratteri
• Narrativa meridionalistica		
• Realismo borghese		
• Realismo mitico-simbolico		
• Neorealismo		

3 A cosa fanno riferimento gli «astratti furori» citati all'inizio del romanzo di Vittorini *Conversazione in Sicilia*? (§ 2, T2)

4 Nel romanzo di Vittorini *Conversazione in Sicilia*, l'interesse per la storia e la vita sociale si esprime attraverso immagini mitiche: individua il significato simbolico dei principali personaggi. (§ 2, T2 e T3)
- la madre
- il padre
- il soldato morto

5 Quali sono le due tendenze della ricerca artistica di Pavese? (§ 2)

6 Il protagonista della *Casa in collina* (1948) è un intellettuale che si confronta con la guerra e la Resistenza. Che domande si pone? Perché non sa rispondere? (§ 2, T5)

7 Quali sono le fasi della produzione narrativa di Moravia e quali romanzi ne fanno parte? (§ 3)

8 Quali sono le caratteristiche costanti della produzione narrativa del primo Moravia? (§ 3, T6)

9 Quale ritratto della famiglia borghese traccia Moravia negli *Indifferenti*? (§ 3)

10 In quali anni si sviluppa il Neorealismo? Quali sono i suoi caratteri? (§ 4)

11 Quale tipologia di "eroe" caratterizza i romanzi di Fenoglio? (§ 6, T7)

12 Quali sono i romanzi più importanti di Elsa Morante? Perché, inoltre, è possibile considerare *L'isola di Arturo* un romanzo di formazione? (§ 7)

PROPOSTE DI SCRITTURA

LA TRATTAZIONE SINTETICA

1. Chiarisci in una trattazione sintetica la funzione che ha il mito in Pavese e in Vittorini. (§ 2, T2, T4)
2. Spiega come la produzione letteraria di Moravia, partendo da una tendenza realistica, approdi a una fase esistenzialistica. (§ 3, T6)
3. Chiarisci quali sono gli elementi di tradizione e di innovazione nei romanzi di Elsa Morante. (§ 7, T9)

prometeo 3.0

Personalizza il tuo libro selezionando per questo capitolo materiali integrativi da Prometeo
(di seguito ti proponiamo un elenco di materiali, ma puoi trovarne altri utilizzando il motore di ricerca).

- **MODULO TEMATICO INTERDISCIPLINARE**   L'adolescente
- **SCHEDA**   *Cancroregina* di Tommaso Landolfi
- **SCHEDA**   Il realismo critico degli *Indifferenti* (E. Sanguineti)
- **SCHEDA**   *Artemisia* di Anna Banti
- **SCHEDA**   La linea *Pomeriggio. La miseria-Il gelo* e l'"espressionismo freddo" di Bilenchi (R. Luperini)
- **SCHEDA**   Una lettera di Vittorini sulla guerra di Spagna
- **SCHEDA**   Il viaggio e la conversazione, il simbolo e l'allegoria in *Conversazione in Sicilia* (F. Rappazzo)
- **SCHEDA**   *Il quartiere* di Vasco Pratolini
- **SCHEDA**   *La paga del sabato*: una lettera di Calvino a Vittorini
- **SCHEDA**   Guido Chiesa, *Il partigiano Johnny* (2000)
- **SCHEDA**   I trasformismi del Gattopardo (T. De Mauro)
- **SCHEDA**   Epica e "grande stile" in Fenoglio (G.L. Beccaria)
- **TESTO**   Dino Buzzati, *Le maiuscole*
- **TESTO**   Dino Buzzati, *Il mago*
- **TESTO**   Gianna Manzini, *Il suicidio di Raffaello*
- **TESTO**   Arturio Loria, *L'ultimo appuntamento con Ida*
- **TESTO**   Romano Bilenchi, *Pomeriggio*
- **TESTO**   Alberto Moravia, *Agostino scopre che la mamma è una donna*
- **MODULO INTERCULTURALE**   La letteratura incontra l'universo cinese: la Cina di Moravia, Fortini e Arbasino

Capitolo XI — Carlo Emilio Gadda

My eBook+

Cliccando su questa icona, docenti e studenti accedono ad un'area di personalizzazione che permette di arricchire i contenuti digitali già linkati lungo le pagine del libro. Nell'area di personalizzazione è possibile infatti salvare ulteriori materiali: selezionati da **Prometeo**, prodotti autonomamente o ricercati nella rete.

▶ *Per un elenco di materiali integrativi presenti nella biblioteca multimediale di Prometeo o per attivare una ricerca cfr. p. 463*

Carlo Emilio Gadda in una foto degli anni Sessanta.

1. La vita dell'ingegnere-scrittore

Nasce a Milano nel 1893

Carlo Emilio Gadda nasce a Milano il **14 novembre 1893**, figlio primogenito di un piccolo imprenditore, Francesco Ippolito, e di una insegnante di lettere di origine ungherese, Adele Leher. **Il padre** ha seriamente compromesso la stabilità economica della famiglia in sventurate iniziative economiche e alla sua morte, nel 1909, **la madre** costringe i tre figli a durissimi sacrifici per mantenere un regime di vita adeguato alle apparenze della borghesia lombarda di inizio secolo. Dopo un'infanzia e un'adolescenza segnate da un'educazione severa e scarsamente affettiva, il giovane Carlo Emilio, ultimato il liceo nel 1912, è spinto a rinunciare ai poco redditizi studi letterari, che lo attraggono, a favore della più promettente **iscrizione al Politecnico, per laurearsi in ingegneria**.

L'iscrizione al Politecnico

L'esperienza della guerra: il trionfo del disordine e della irrazionalità

Gli studi universitari vengono interrotti nel **1915** per la **chiamata alle armi**. **L'esperienza della guerra**, combattuta in trincea e conclusasi dopo Caporetto con oltre un anno di prigionia, **si rivela decisiva per la formazione della personalità gaddiana**. Dell'evoluzione delle sue idee e del suo carattere ci dà testimonianza il diario scritto in quegli anni, il *Giornale di guerra e di prigionia*, pubblicato solamente nel 1955 e contenente il germe delle opere future. L'esperienza della guerra si rivela **una cocente delusione** per il giovane Gadda: segnato dai valori positivistici e lombardi dell'efficienza e dell'importanza della tecnica e della razionalità, educato al culto della patria, Gadda non si stanca di reagire desolato alla «bestialità» della organizzazione militare e dei comandi dell'esercito, che conducono senza alcuna scusante alla disfatta di Caporetto.

La morte, in guerra, del fratello Enrico

La prigionia aggrava ulteriormente la depressione di Gadda, facendolo sentire inutile e vile. Il ritorno a Milano nel gennaio del 1919 gli riserva l'ulteriore ferita della **morte in guerra dell'amatissimo fratello Enrico**. Questa fine diviene nella biografia dell'autore un vero e proprio mito personale, un estremo segno di valore entro un mondo abitato solo da disvalori, un esempio di coraggio e di coerenza sul quale misurare con continui sensi di colpa la propria impotenza e inutilità. **La morte del fratello mina definitivamente il fragile equilibrio dei rapporti familiari** scatenando dure tensioni verso la madre e alimentando la rinuncia a vivere che caratterizzerà l'intera esistenza di Gadda, con la **misoginia** e il progressivo fastidio anche per forme non familiari di relazione sociale, fino alla **misantropia** degli ultimi anni.

La laurea in ingegneria e il lavoro

Nel 1920 Gadda ottiene la laurea in ingegneria e inizia a lavorare, dapprima in **Lombardia** e in **Sardegna**, quindi, tra il 1922 e il 1924, in **Argentina**. Al rientro a Milano riprende gli studi letterari, tentando di laurearsi in filosofia: dà tutti gli esami ma non presenta la tesi (su Leibniz). Insegna matematica per vivere. Nel **1925 si trasferisce a Roma**, lavorando nuovamente in qualità di ingegnere, spostandosi via via in molte sedi anche straniere. **L'incontro con l'ambiente fiorentino di «Solaria»**, a partire dal 1926, incoraggia la svolta professionale verso la letteratura, anche se solamente dalla fine degli anni Trenta Gadda potrà rinunciare definitivamente all'attività di ingegnere. Nelle edizioni di «Solaria» esce il primo volume di Gadda, *La Madonna dei filosofi* (1931), seguito da *Il castello di Udine* (1934). Gli amici solariani (tra i quali Montale) accolgono con calore queste prove narrative, che costituiscono d'altro canto solo una parte delle molte avviate o progettate dall'autore in questi anni.

Il contatto con «Solaria» e le prime opere

La morte della madre e *La cognizione del dolore*

Alla morte della madre (1936), Gadda si dedica alla stesura della *Cognizione del dolore*, una sorta di sofferta rielaborazione della propria giovinezza e dei difficili rapporti con la madre, la cui pubblicazione su «Letteratura» tra il 1938 e il 1941 resta tuttavia incompiuta.

A Firenze (1940-1950)

Tra il 1940 e il 1950 vive a Firenze, trascorrendo uno dei periodi più fertili e creativi, e collaborando a numerose riviste. **Nel 1944 esce *L'Adalgisa***. Tra il 1946 e il 1947 pubblica a puntate su «Letteratura» la prima stesura di un nuovo romanzo, *Quer pasticciaccio brutto de via Merulana*, che verrà ripubblicato in volume nel **1957**. I molti racconti composti in questi anni e nei seguenti escono in varie edizioni più o meno parziali. A una rappresentazione deformata e sarcastica del fascismo, cui tuttavia Gadda aveva inizialmente aderito, è dedicato *Eros e Priapo* (*Da furore a cenere*).

Quer pasticciaccio brutto de via Merulana

A Roma: il successo e l'isolamento nevrotico

Il trasferimento a Roma nel 1950 gli offre l'opportunità di un lavoro meno incerto e più redditizio di quanto siano le difficili collaborazioni giornalistiche: quello di **responsabile culturale dei programmi RAI**. Dal 1955, tuttavia, Gadda decide di dedicarsi solamente alla attività creativa, lavorando al *Pasticciaccio* e dando alle stampe varie opere inedite. **Arriva finalmente il successo**, con crescenti riconoscimenti di critica e qualche significativo segnale positivo anche da parte del pubblico, con buone affermazioni sul mercato librario; benché la fortuna di Gadda resti, e fino a oggi, non priva di contrasti, e benché all'iniziale ironica soddisfazione dell'autore segua un moto di fastidio e di reazione difensiva. **Gli ultimi quindici anni** sono segnati da una intensa attività di risistemazione e pubblicazione delle proprie opere passate, ma anche dalla mancanza di nuovi progetti letterari, dalla ricerca dell'isolamento e dalla sofferenza causata dalla nevrosi. **Muore a Roma il 21 maggio 1973**.

La morte (1973)

2. La formazione, le idee, la scrittura

La tradizione dell'Illuminismo lombardo

Nella formazione culturale di Gadda converge la tradizione illuministica e positivistica lombarda, con il culto della razionalità, della conoscenza scientifica, della trasformabilità pratica del reale. Tale amore per la razionalità e l'ordine divengono tanto più forti nel giovane Gadda quanto più instabile e minacciata è la sua condizione familiare e sociale: deprivato negli affetti per la rigida educazione materna e per la morte precoce del padre, l'autore sperimenta d'altra parte difficoltà economiche e conseguente umiliazione sociale.

L'ideologia di Gadda: il tradimento della borghesia moderna

Soprattutto **a causa della delusione bellica**, il bisogno psicologico di solidità e di ordine resta frustrato. La borghesia italiana (e in particolare lombarda) diviene agli occhi di Gadda l'inetta attrice di un tradimento storico. **Contro di essa Gadda mette in opera ogni forma di derisione e di critica**, servendosi in particolare delle armi della parodia e del sarcasmo. La critica ai ceti dominanti è condotta tutta in nome di valori e modelli sociali del passato (lo Stato romano descritto da Cesare e da Livio), e dunque in termini propriamente reazionari. Anche **davanti al fascismo**, Gadda esita, dapprima credendo di riconoscervi un modello di ordine, di razionalità e di efficienza, e successiva-

L'atteggiamento verso il fascismo

mente identificandovi il punto di degradazione estrema dei gruppi dirigenti e della società italiana, con il cedimento ai motivi più volgari della civiltà di massa.

La scrittura per Gadda

L'attività dello scrittore è rappresentata da Gadda quale dura lotta con la realtà esterna, con cui ogni pretesa dell'io deve misurarsi. **Il mondo è un groviglio caotico di cose e di fenomeni** che rende impossibile e ridicolo ogni tentativo dell'io di fondare un giudizio sulla propria soggettività: il soggetto stesso è infatti mosso e determinato da cause esterne, che lo avvolgono, lo inglobano, lo sfregiano, fino a fare anche del soggetto un elemento qualsiasi di disordine e di irrazionalità.

Il caos del mondo e il *pastiche* linguistico

L'assurda complessità del mondo, il suo caos, invadono la pagina gaddiana per mezzo dei codici linguistici di continuo mescolati e fusi nel *pastiche*; e d'altra parte l'autore si vendica dell'assurdità e del caos denunciandoli e portandoli al massimo di intensità. L'effetto fortemente artificiale comunicato dalla lingua gaddiana ha appunto la funzione di mettere in rilievo, per mezzo di un originale straniamento linguistico, il non-senso della normalità.

T • *Come lavoro io*
S • *Pastiche*

Una scrittura centrifuga, all'inseguimento dei nessi e delle cause

Questa scrittura composita e "centrifuga" va inutilmente all'inseguimento dei rapporti di causa-effetto, si svia in interminabili piste alla ricerca del senso, rendendola infine inutile; viene in particolare a mancare la possibilità di ricondurre a cause portanti e risolutive la trafila «fessissima» degli eventi. Anche confrontandosi con il genere letterario del "giallo", la ricerca delle cause, cioè dell'assassino, perde per Gadda ogni valore risolutivo: la causa, o movente, dell'omicidio si colloca all'interno di un gomitolo inestricabile di relazioni, così che, anche se il colpevole venisse infine individuato e scoperto, non si sarebbe in verità spiegato nulla. Da qui deriva anche l'**impossibilità dell'autore di concludere le proprie opere e la necessità strutturale del non-finito**: la letteratura non può più davvero conoscere e organizzare in un sistema appagante ciò che ha conosciuto. Il suo passato splendore si converte al presente in una condizione di miseria e di vergogna, di debolezza e di impotenza.

L'impossibilità di concludere

È una conclusione cui Gadda cede con dolore, essendo tuttavia mosso da una formazione culturale e da un'ideologia che lo spingerebbero a indagare con fiducia le ragioni dei fenomeni, a dirne con nettezza i contorni e a puntare sulla loro modificabilità razionale. **E proprio da questo dolore**, e da questo sentimento di sconfitta e di impotenza, **prende origine il furore pessimistico e dissacratorio**, l'accanimento rabbioso contro i valori della tradizione non più praticabili. Tra questi sta anche la letteratura stessa, la cui unica funzione ancora possibile può essere appunto quella di registrare criticamente l'assurdità del reale, la stupidità dilagante della società borghese, il caos provocato dallo sviluppo produttivo e sociale nella modernità. Se alla letteratura non è più consentita nessuna grandezza e ogni posa eroica è ridicolizzata quale mistificazione, tuttavia può ancora essere percorsa fino in fondo la strada della conoscenza; benché senza contare in altro approdo che non sia quello dell'assurdo.

Il furore pessimistico

L'estrema funzione della letteratura: conoscere l'assurdo

IL SIGNIFICATO DELLE PAROLE

• *Pastiche*

Il termine *pastiche* è usato in letteratura a indicare una scrittura lessicalmente e stilisticamente composita, nella quale convergono codici, linguaggi speciali e gerghi diversi.

3 L'opera: la necessità dell'incompiutezza

Un groviglio di testi incompiuti

L'insieme dell'opera di Gadda si presenta quale un caotico groviglio di abbozzi, tentativi, appunti, diari e meditazioni, dove anche le prove più rifinite non sfuggono alla **legge dell'incompiutezza** che accomuna tutti gli scritti gaddiani di più lungo respiro. Gli stessi importanti racconti si definiscono spesso, più che come organismi in sé compiuti e "perfetti", quali porzioni di scritture più vaste, quali parti di un tutto che manca. Accade così che anche l'insieme dell'opera gaddiana partecipi della stessa rappresentazione del caos e della stessa impossibilità di dominarlo e circoscriverlo che si riscontra nella scrittura, all'interno di ciascuna singola opera.

In questo paragrafo si tenterà di fornire un **quadro d'insieme dell'opera gaddiana**, incrociando ragioni cronologiche e ragioni di materia (di genere e di tema), rimandando però la trattazione dei tre libri maggiori ai tre paragrafi che seguono.

Scritti teorico-filosofici

Il *corpus* dell'opera gaddiana comprende **vari scritti teorico-filosofici e critici**, in parte privati (appunti di studio) in parte destinati alla pubblicazione. L'unica raccolta di questi ultimi curata dall'autore è ***I viaggi, la morte*** (uscita nel 1958), che contiene saggi dedicati in particolare a problemi linguistici e di poetica. Vari altri scritti di argomento analogo, usciti in origine su rivista, sono stati ripubblicati postumi.

***I viaggi, la morte* (1958)**

***Meditazione milanese* (1928)**

Di carattere più filosofico sono alcuni scritti pubblicati postumi, fra i quali spicca l'incompiuto trattato ***Meditazione milanese***, dedicato al problema della conoscenza, redatto nel 1928 in due stesure entrambe frammentarie e pubblicato nel 1974.

Le molte strade della narrativa gaddiana

Gli altri scritti di Gadda possono essere ricondotti al campo della narrativa, rispetto al quale si collocano tuttavia in modi assai diversi: si va dal diario personale del ***Giornale di guerra e di prigionia***, al saggio-invettiva di ***Eros e Priapo***, alla raccolta di raccontini e apologhi del ***Primo libro delle favole***, ai quadri narrativi della ***Madonna dei filosofi*** – in cui Gadda dà già prova del proprio virtuosismo espressivo – e del ***Castello di Udine***, agli spaccati di vita dell'***Adalgisa*** e di molti racconti, ai tentativi di veri e propri romanzi (da ***La meccanica*** alla ***Cognizione del dolore*** al ***Pasticciaccio***).

LE PRINCIPALI OPERE DI GADDA

scritti teorico-filosofici
- *I viaggi, la morte* → raccolta di saggi
- *Meditazione milanese* → trattato filosofico incompiuto
- *Eros e Priapo* → *pamphlet* contro il fascismo

scritti autobiografici
- *Giornale di guerra e di prigionia* → diario composto durante la prima guerra mondiale

raccolte di racconti
- *La Madonna dei filosofi*
- *Castello di Udine*
- *L'Adalgisa. Disegni milanesi*
- *Novelle del Ducato in fiamme*
- *Accoppiamenti giudiziosi*
- *Il primo libro delle favole* → racconti brevi e apologhi

romanzi
- *La meccanica* → romanzo incompiuto
- *Un fulmine sul 220* → abbozzo di romanzo: da questo materiale narrativo sono tratti i racconti che confluiscono nell'*Adalgisa*
- *La cognizione del dolore* → romanzo incompiuto
- *Quer pasticciaccio brutto de via Merulana* → romanzo giallo incompiuto

Giornale di guerra e di prigionia (1915-1919)

La più antica fra le prove mature di Gadda è il *Giornale di guerra e di prigionia*, composto tra il 1915 e il 1919 e pubblicato nel 1955 e poi, in forma pressoché integrale, nel 1965. Nel *Giornale* è rappresentato il passaggio dall'iniziale entusiasmo interventista alla delusione rabbiosa provocata dall'esperienza concreta della guerra: quel mondo di valori in nome dei quali Gadda si era schierato a favore del conflitto si rivela in realtà una ipocrisia senza sostanza, mentre il comportamento incompetente e cinico dei comandi militari mette inutilmente a repentaglio la vita dei soldati, e mina ogni fiducia dell'autore nella disciplina e nell'ordine (le basi ideologiche e psicologiche della sua formazione).

Racconto italiano di ignoto del Novecento (1924)

Il primo tentativo originale di misurarsi con la scrittura narrativa d'invenzione risale al **1924**, allorché Gadda decide di partecipare a un premio letterario per un romanzo. Stende quindi il frammentario e incompiuto *Racconto italiano di ignoto del Novecento* (pubblicato solamente nel 1983), una narrazione a metà tra il fatto di sangue e la spietata cronaca storico-sociale dell'Italia che sta per cedere al fascismo.

La meccanica (1928-29)

Più organico è **un altro tentativo incompiuto di narrazione romanzesca**, risalente al **1928-29**, anch'esso pubblicato solo molti anni dopo, nel 1970: *La meccanica*. Oggetto della rappresentazione è qui Milano allo scoppio della guerra: tanto il socialismo delle classi popolari quanto l'interventismo parolaio della borghesia sono fatti bersaglio della carica distruttiva e del furore espressionistico gaddiano.

La Madonna dei filosofi (1931)

Alla seconda metà degli anni Venti risalgono anche i testi che formano la prima opera in volume pubblicata, *La Madonna dei filosofi*, uscita nel 1931 per le edizioni di «Solaria». Il volume comprende **Teatro**, **Manovre di artiglieria da campagna**, **Studi imperfetti** (divisi in otto capitoli), **Cinema**, *La Madonna dei filosofi*. I brani, diversi per lunghezza e per impostazione, vanno dalla rappresentazione straniata di uno spettacolo operistico (*Teatro*) alla più complessa configurazione dello scritto conclusivo, che dà il titolo al volume, in cui forte è la componente autobiografica.

T • *Teatro*

Il castello di Udine (1934)

Nella raccolta successiva di testi narrativi l'esperienza della guerra subisce la rielaborazione più organica. *Il castello di Udine* è stampato, ancora da «Solaria», nel 1934, e raccoglie frammenti, bozzetti e brani narrativi già per lo più usciti in rivista nei tre anni precedenti. **Il libro si compone di tre parti**: *Il castello di Udine* (raccoglie cinque scritti sulla guerra), *Crociera mediterranea* (su una crociera effettivamente compiuta nel 1931, narrata in cinque parti), *Polemiche e pace* (con sei pezzi su alcuni aspetti della società del tempo).

Le descrizioni giornalistiche

I punti di contatto con la prosa d'arte rondesca (diffusa soprattutto negli anni Venti; sulla «Ronda» cfr. vol. 5, Parte Ottava, cap. II, § 6), superficialmente riscontrabili nei pezzi della *Madonna dei filosofi* e del *Castello di Udine*, sono più significativi nei frammenti descrittivi che Gadda continua a comporre negli anni successivi, raccogliendoli poi nei volumi *Le meraviglie d'Italia* (1939), *Gli anni* (1943) e *Verso la Certosa* (1961).

Un progetto di romanzo milanese: Un fulmine sul 220

Ben più cospicuo è tuttavia l'approfondimento operato nel corso degli anni Trenta entro le possibilità aperte dal *pastiche* plurilinguistico, a contatto per lo più con la Milano del mondo popolare e borghese. **I numerosi pezzi di questi anni appartenevano al progetto complessivo di un romanzo** di vita milanese intitolato *Un fulmine sul 220* (finalmente leggibile nel testo curato da Dante Isella: Garzanti, Milano 2000), a cui Gadda lavorò dal 1932 al 1936; abbandonato il progetto del romanzo, **essi confluiranno nel volume *L'Adalgisa. Disegni milanesi***, al quale è dedicato il § 5. All'incirca nello stesso periodo si colloca il ben diverso impegno formale della *Cognizione del dolore*, composta nel 1937 e centrata su una oggettivazione del rapporto dell'autore con la madre; qui lo stile non rinuncia alle risorse del plurilinguismo e al *pastiche*, ma piega queste tecniche a un risultato di intensa, stravolta tragicità. A questo capolavoro gaddiano è dedicato il paragrafo che segue.

Un decennio creativo. I racconti

Il decennio a cavallo della seconda guerra mondiale è il più fertile della vita creativa di Gadda: nascono in questo periodo, oltre ai disegni dell'*Adalgisa* e alla *Cognizione*, il *Pasticciaccio*, *Eros e Priapo*, e un gran numero di racconti. Questi verranno poi raccolti con non poche esclusioni nelle *Novelle del Ducato in fiamme* (1953) e negli *Accoppiamenti giudiziosi* (1963): si veda su di essi il § 7.

Quer pasticciaccio brutto de via Merulana (1946)

Quer pasticciaccio brutto de via Merulana fu composto in gran parte nel **1946**, uscendo a puntate sulla rivista «Letteratura»; nel **1957** fu pubblicata un'edizione accresciuta e corretta in volume, tuttavia incompiuta. **L'incompiutezza è in questo caso tanto più appariscente** in quanto l'autore sceglie di misurarsi con la struttura del **romanzo giallo** (cfr. **S1**). L'investigazione attorno a un atro-

S1 INFORMAZIONI

Il giallo

Il fondatore riconosciuto del genere poliziesco o "giallo" (perché questo era il colore delle copertine di quei libri nell'Italia degli anni Trenta) è Edgar Allan Poe. Già nei racconti che hanno per protagonista Auguste Dupin, scritti fra 1841 e 1845, si riconoscono gli elementi tipici: la *suspense* dell'indagine, la presenza di uno stesso investigatore in testi diversi, la destinazione commerciale dell'opera. Poe ispira, in Francia, É. Gaboriau (1832-75), creatore del *detective* Lecoq, e vicino alle tecniche del *feuilleton*. Gli imitatori di Poe sono molti, sia in Europa che in America: qui i "gialli" si diffondono come "romanzi da dieci cents", come, ad esempio, le *Avventure di Nick Carter*. Compare invece nel 1887, con *Uno studio in rosso*, lo Sherlock Holmes di A.C. Doyle (1859-1930), in cui si uniscono gusto dell'avventura e fiducia nei metodi positivisti. Sempre in Inghilterra, dagli anni Dieci pubblica le storie di padre Brown G.K. Chesterton (1874-1936); mentre dalla fine degli anni Venti emerge Agatha Christie (1897-1976). In lei, la cura della trama è massima, e si accompagna alla caratterizzazione ironica di due investigatori: Hercule Poirot e miss Jane Marple. In Francia, nel frattempo, Georges Simenon (1903-1989) punta, con il suo Maigret, a definire climi psicologici di inquietudine. Ma è in America che il genere conosce il successo maggiore, anche grazie al cinema. È il caso del Philo Vance di S.S. Van Dine (1888-1939); del Nero Wolfe di R. Stout (1886-1976); del Philip Marlowe di R. Chandler (1888-1959); infine dei romanzi di Ellery Queen (1905-1982), di S. Dashiell Hammett (1894-1961), di M. Spillane (1918). In questi ultimi, conta sempre più la ricostruzione dell'ambiente metropolitano, sino a raggiungere una sorta di realismo polemico. Già in loro, tuttavia, c'è l'accentuazione dei temi della violenza, del sesso, dell'orrido che porteranno il giallo a dissolversi, con gli anni Settanta, nella *spy story* e nel *thriller* dell'orrore. È dagli anni Quaranta che il giallo, genere ormai del mercato internazionale, interessa scrittori "seri": proprio per la sua codificazione così forte, esso si presta al gioco metaletterario. Sono i casi, pur diversi, dei *Sei problemi per don Isidro Parodi* di J.L. Borges e A. Bioy Casares; di *Le gomme* di A. Robbe-Grillet; di vari romanzi di F. Dürrenmatt. Quanto all'Italia, il poliziesco trova dei cultori solo dagli anni Trenta con A. Varaldo, A. De Angelis e soprattutto G. Scerbanenco (1911-1969); e dagli anni Sessanta ha avuto un buon successo la coppia Fruttero e Lucentini. Siamo nel campo della letteratura di intrattenimento. Sta invece a sé l'impegno sociale di L. Sciascia (*A ciascuno il suo* è del 1966). Nell'ultimo cinquantennio il romanzo giallo ha avuto, nel mondo e in Italia, uno straordinario successo, con una proliferazione di autori e di opere che testimonia la vitalità del genere.

---

ce delitto diviene l'occasione per una indagine conoscitiva sui meccanismi della realtà e sull'inestricabile groviglio (o «pasticcio») di rapporti causali. L'indagine, che pure arriva a un soffio dal successo portando il romanzo sul ciglio dello scioglimento, non può tuttavia essere completata, così come l'opera che la narra: **la vera conclusione del *Pasticciaccio* riguarda infatti la sfiducia nella autentica conoscibilità del reale**. In questo modo la struttura poliziesca del romanzo è smentita e rovesciata (cfr. il § 6).

Eros e Priapo. (Da furore a cenere)

Legato al contesto storico del grande romanzo è anche l'originale saggio dedicato da Gadda al fascismo, *Eros e Priapo. (Da furore a cenere)*, composto nello stesso periodo del *Pasticciaccio* e affidato a procedure stilistico-espressive analoghe. Qui tuttavia il *pastiche* si fonda su una base di lingua letteraria arcaizzante e toscaneggiante, sulla quale inserire degradanti incursioni nel lessico basso e triviale, nei gerghi meno formalizzati.

Una critica del fascismo fondata sulla degradazione del comportamento

Il bersaglio polemico è il fascismo, colpevole di aver gettato l'Italia nel fondo di un «abisso dove Dio stesso ha paura guatare». Ma l'analisi gaddiana rifiuta deliberatamente le grandi prospettive storiche, appuntandosi ostinatamente sui dati di costume, sui movementi segreti e torbidi della psicologia di massa, sulla degradazione che si specchia nei particolari minimi delle abitudini e dei comportamenti di un popolo. **In Gadda la storia è groviglio di pulsioni mediocri cui il fascismo ha saputo dare modo di esprimersi** e di spadroneggiare, in un paese purtroppo indebolito nei prinpìci etici da una vicenda storica spesso infelice. Il fascismo d'altra parte non è mai neppure nominato, come lo stesso Mussolini, contro il quale pure si appunta di preferenza la feroce invettiva dell'autore.

Potere ed erotismo: il fascismo e la psicologia delle masse

Al di là del divertimento assicurato dalle **invenzioni pirotecniche dello stile gaddiano**, l'aspetto tuttora più interessante e attuale del libro consiste nell'indicazione del **legame esistente tra potere ed erotismo**. La psicologia delle masse è guardata come un territorio che facilmente cade in preda degli esibizionismi erotici di smargiassi affetti da un'esagerata carica narcisistica. **Le ragioni del trionfo di Mussolini e del fascismo** starebbero innanzitutto nella capacità di mettere in scena questa ostentazione fallica dell'eros (di qui le ragioni del titolo), atta a sedurre la femminilità delle masse e a sollecitare in ciascuno gli aspetti più bassi e bestiali dell'amor proprio, sotto la copertura dei vari titoli gerarchici e delle parate militari. **Il ventennio fascista è visto dunque come un cedi-

S2 — INFORMAZIONI

Erotismo, masse, spettacolo. Una questione attuale

Al centro della sdegnata denuncia gaddiana di *Eros e Priapo* sta la constatazione del trionfo, nel fascismo, di Eros su Logos, cioè della pulsione libidica elementare e dell'irrazionalità sul controllo razionale che dovrebbe improntare l'organizzazione sociale moderna. La riflessione di Gadda ha il merito specifico di soffermarsi sul rapporto esistente tra spettacolarizzazione dell'Eros e controllo delle masse. In questa prospettiva, Mussolini sarebbe un abilissimo esibizionista capace di sedurre le masse sul piano erotico più basso e però efficace.

Le premesse teoriche di *Eros e Priapo* vanno rintracciate in un'opera di Freud (*Psicologia delle masse e analisi dell'io*) che analizza appunto lo specifico comportamento psicologico delle masse, soprattutto nel momento in cui esse vengano inquadrate in organizzazioni (come la Chiesa e l'esercito). Secondo Freud l'appartenenza a un gruppo di massa comporta alcune importanti modificazioni della psicologia dei vari individui. Ogni individuo, una volta inserito in una massa, diviene cioè capace di provare emozioni, di condividere idee e scelte e perfino di compiere azioni di cui sarebbe invece del tutto incapace in se stesso. In situazioni limite, può darsi il caso di individui che, in quanto coinvolti in una struttura di massa, arrivino a compiere azioni addirittura contrarie al proprio abituale modo di pensare e di agire. Le trasformazioni dell'individuo si legano in sostanza, nella interpretazione freudiana, a una accentuazione delle sensazioni e dei sentimenti elementari e a una corrispondente riduzione delle capacità ragionative; cioè a una erotizzazione delle idee e del comportamento. Questo dato è poi polarizzato dalla presenza di un capo, o di un punto di riferimento carismatico, la cui azione catalizzatrice nei confronti della massa non fa leva sul ragionamento e sulla persuasione intellettuale ma innanzitutto sulla seduzione erotica.

È una prospettiva che deve farci riflettere, in un mondo sempre più dominato dalla massificazione e sempre più disposto a fare della stessa vita politica una esibizione pubblica di pochi capi, il giudizio sui quali sempre di più rischia di prescindere dalle idee concrete e dalla tensione ideale, per riferirsi invece alla suggestione "erotica" del personaggio quale è veicolata dalla mediazione soprattutto televisiva. Da questo punto di vista, la denuncia gaddiana può costituire anche per noi un allarme e un invito alla critica, così che i nostri comportamenti sappiano criticamente rispondere a una nostra ragione il più possibile meditata e non semplicemente affidata alla seduzione dei miti di massa.

Una denuncia ancora attuale — mento del Logos (della razionalità) a Eros. È naturalmente una lettura che non tiene in alcun conto le cause decisive sul piano economico, sociale, culturale che stanno alla base del fascismo. E tuttavia l'elemento di verità che essa contiene potrebbe costituire un allarme anche rispetto alla più raffinata ma per certi aspetti egualmente pericolosa seduzione esercitata dai mezzi di comunicazione di massa nella attuale nostra civiltà dell'immagine (cfr. **S2**).

I Luigi di Francia e Il primo libro delle favole — Gli anni Cinquanta e Sessanta sono dedicati da Gadda in prevalenza alla risistemazione e alla pubblicazione di opere già scritte, magari con integrazioni e aggiunte. Tuttavia ai titoli fin qui ricordati si possono ancora aggiungere *I Luigi di Francia* (testi composti per trasmissioni radiofoniche di ricognizione storica e di costume) e *Il primo libro delle favole*, una serie di 186 brevi pezzi di bravura (apologhi, aforismi, favolette) per lo più di impianto narrativo ma spesso allusivi di facili allegorie, secondo i modelli classici di Esopo e di Fedro.

4 La cognizione del dolore

La stesura del romanzo, nel 1937, dopo la morte della madre — **Morta la madre** nel 1936, **Gadda affronta il nucleo della propria nevrosi familiare**, stendendo nel corso del 1937 gran parte del romanzo *La cognizione del dolore*. È un periodo, come si è visto, di straordinaria fecondità artistica per lo scrittore; benché resti in genere altalenante e incerto ogni progetto compiuto. Non fa eccezione questo, che infine darà luogo a uno dei capolavori del Novecento.

L'edizione definitiva (e incompiuta) — **La versione ultima del romanzo è del 1971** (ma la prima edizione in volume risale al 1963). Questa edizione definitiva e, **ancora una volta, incompiuta è strutturata in due parti**, rispettivamente **di quattro e cinque «tratti»** (così li chiama Gadda) ciascuna. **Precede una immaginaria conversazione tra Autore ed Editore** (*L'Editore chiede venia del recupero chiamando in causa l'Autore*). **Chiude il volume la poesia** *Autunno*, estrema testimonianza di contaminazione dei generi letterari e, insieme, paradossale irrisione della struttura tradizionale del "giallo": al lettore viene consegnato non il nome dell'assassino, ma un testo lirico.

L'ambientazione della vicenda

La vicenda è ambientata in un immaginario paese del sud America, il Maradagàl (dietro cui non è difficile riconoscere l'Italia), vittorioso nella recente guerra contro il confinante Parapagàl (l'Austria).

I protagonisti: Gonzalo e la madre

Protagonisti della vicenda sono innanzitutto **Gonzalo Pirobutirro d'Eltino**, un ingegnere nevrotico e depresso, **e sua madre**, chiamata spesso «la Signora». Dopo la morte del capofamiglia e di un fratello di Gonzalo (quest'ultimo, in guerra), **i due vivono in una villa di Lukones, nella Néa Keltiké** (sul piano biografico è la villa costruita dal padre di Gadda a Longone al Segrino, in Brianza, il Serruchón della *Cognizione*). Come si vede, è una costruzione che ricalca fedelmente le coordinate della biografia gaddiana e che sollecita dunque l'emersione del vissuto doloroso dell'autore. Da questo punto di vista, il titolo del romanzo sembra alludere, fra l'altro, all'operazione letteraria in se stessa: **la «cognizione del dolore» sarebbe cioè la conoscenza autoanalitica della propria sofferenza**, quale è possibile raggiungere per mezzo della scrittura e della rappresentazione romanzesca.

S • Il personaggio di Gonzalo tra autobiografia e travestimento letterario
[R. Dombroski]

Il conflitto psicologico sulla gestione simbolica della villa: aperta o chiusa all'esterno

Madre e figlio vivono un duro conflitto psicologico, giocato innanzitutto nella diversa concezione e gestione dello spazio simbolico della villa. La vecchia donna intende alleviare la sofferenza per la morte del marito e del figlio aprendo lo spazio della casa alla folla che ruota attorno a essa: un popolo soprattutto di contadini e di bambini cui dare lezioni di francese (la Signora è stata insegnante, come la madre dell'autore). La sua generosità si scontra con l'opposto desiderio del figlio. **Questi concepisce lo spazio domestico come il luogo chiuso** nel quale trovare protezione dall'orrore e dalla volgarità che caratterizzano il mondo esterno. In questo desiderio nevrotico di chiusura e di regressione convergono il timore che la madre, vecchia e malata, possa affaticarsi nella difficile gestione dei molti rapporti esterni e, d'altra parte, la gelosia per quanto la madre fa per gli altri, trascurando al contrario lui, privandolo dell'amore necessario e delle cure desiderate. **Questa gelosia esplode in scene di violenza furiosa**, nelle quali il figlio arriva a minacciare la madre di morte qualora non cessi di accogliere estranei in casa. La gelosia per la madre assume in alcuni casi espliciti connotati edipici (cfr. vol. 5), con aggressioni alla memoria del padre (del quale viene in un accesso d'ira calpestato il ritratto). D'altra parte la tensione psicologica che anima i gesti sospettosi e aggressivi di Gonzalo pare dipendere anche da una reazione difensiva verso i sensi di colpa provati per la morte del fratello e per essergli sopravvissuto (altro tema autobiografico).

Gelosia, nevrosi edipica, sensi di colpa

T • L'orologio e il ritratto

La vicenda

La disponibilità sociale della madre, scontrandosi con il desiderio di chiusura del figlio, produce le occasioni per lo scarno sviluppo della vicenda narrativa. **L'odio di Gonzalo verso i borghesi delle**

LA COGNIZIONE DEL DOLORE

date
- stesura → 1937
- pubblicazione in volume → 1963 e poi 1971

struttura
- premessa in forma di dialogo tra editore e autore
- prima parte: 4 «tratti» (cioè capitoli)
- seconda parte: 5 «tratti»
- poesia *Autunno*

titolo
- *cognizione* → graduale percorso di conoscenza
- *del dolore* → delle cause della sofferenza di Gonzalo (e di Gadda)

protagonisti
- Gonzalo e la vecchia madre (personaggi autobiografici)

ambientazione
- la vicenda è ambientata in un immaginario paese del Sud America, il Maradagal (dietro cui si riconosce l'Italia fascista). L'azione si svolge per lo più nella villa, in cui abitano Gonzalo e la madre

temi
- conflitto psicologico tra madre e figlio
- critica della famiglia borghese
- nevrosi di Gonzalo

forme e stile
- *pastiche* linguistico (mescolanza di italiano letterario, dialetto e spagnolo)
- intensificazione tragica
- deformazione comica

[1] Jean Auguste Dominique Ingres, *Edipo scioglie l'enigma della Sfinge*, 1808. Parigi, Museo del Louvre.
[2] Immagine dell'ex libris di Sigmund Freud raffigurante Edipo di fronte alla Sfinge e recante una citazione dell'*Edipo Re* di Sofocle.
[3] Giorgio De Chirico, *Edipo e la Sfinge*, 1968. Roma, Fondazione Giorgio e Isa De Chirico.

Figura centrale della riflessione di Freud, Edipo è il protagonista di una tradizione iconografica che De Chirico, attingendo a elementi del quadro di Ingres, ma anche comuni all'ex libris di Freud, sintetizza in un'immagine in cui Edipo assume le fattezze di un manichino.

S • L'ideologia di Gadda e la proprietà della villa per Gonzalo (G. Baldi)

altre ville, verso i popolani della campagna, verso l'irrespirabile clima culturale dell'intera regione e del paese lo spinge a una chiusura sempre più ossessiva, portandolo fra l'altro a rifiutare la protezione del «Nistitúos de vigilancia para la noche» (Istituto di vigilanza notturna), un'organizzazione di reduci di guerra chiaramente equivoca, dietro la quale non è difficile riconoscere una parodia dello squadrismo fascista e della struttura del regime: l'adesione alla protezione del «Nistitúos» è in realtà un obbligo per evitare ritorsioni a opera della stessa organizzazione. Forse da questa scelta dipende **l'uccisione della madre, avvenuta in circostanze misteriose**, di notte, durante un'assenza del figlio. Tra le possibili soluzioni della vicenda, un rilievo particolare ha **l'eventualità del matricidio**. Il tema del matricidio resta un oscuro non-detto, espressione estrema del senso di colpa e al tempo stesso dell'aggressività repressa. L'uccisione della madre si presenta **quale folle possibilità di liberazione dal vincolo nevrotico che lega Gonzalo a lei** e quale rivendicazione del proprio potere sul luogo simbolico della casa; e infatti questa tensione omicida si annuncia al protagonista in un terribile sogno (cfr. **T1**).

L'omicidio della madre e l'ombra del matricidio

S • La chiave lirica della *Cognizione del dolore* secondo Contini e Luperini. Il sogno di Gonzalo

Il punto di vista della madre e l'incomunicabilità

Il punto di vista della madre trova a sua volta nel romanzo squarci di straordinaria intensità: la vecchiaia indifesa della donna è colta nell'inesorabile precipitare verso il nulla, con accenti di angoscia e di terrore non frequenti nelle letterature moderne. **L'assunzione a tratti del punto di vista della madre illumina tra l'altro la nevrotica incomunicabilità con il figlio** e l'incapacità di questi a esprimere il proprio affetto, replica della passata incapacità materna: Gonzalo non sa ora sorreggere la vecchiaia della madre, che pure contempla con tenerezza e orrore, così come la madre non ha un tempo saputo sorreggere l'infanzia del figlio.

La famiglia borghese e la devastazione della nevrosi

Uno dei temi del romanzo riguarda dunque **la famiglia borghese**, con le sue debolezze meschine e terribili, con le sue manie (come quella della villa) e la sua negazione di affetti autentici. È **un territorio devastato dalla nevrosi**, rappresentato con disprezzo e insieme con partecipazione dolorante. D'altra parte la sofferenza per le carenze affettive della madre e per la durezza dell'educazione repressiva ricevuta coincide con il disprezzo per i valori borghesi che stanno all'origine di quella carenza e di quella durezza.

La nevrosi di Gonzalo: una possibilità di conoscenza senza vie di riscatto

Tuttavia, la nevrosi di Gonzalo, se rispecchia la crisi di una classe, la borghesia, non indica nessuna alternativa che non sia quella puramente regressiva (e funebre) della resistenza e della chiusura verso l'esterno. **La nevrosi di Gonzalo** vale a denunciare i limiti della società borghese e dei suoi rapporti d'affetto, ma **non indica nessun possibile oltrepassamento** che non sia quello della pura conoscenza.

Nevrosi privata e crisi storica del ceto intellettuale

La mancanza di identificazione nei valori collettivi fa di Gonzalo un asociale, un disadattato, un diverso, destinato a essere espulso (ma Gadda scrive «defecato») dalla società. E questa condizione pare alludere a quella del ceto intellettuale negli anni del fascismo e, in genere, nelle moderne società di massa. **La nevrosi familiare è raddoppiata dalla crisi del ceto intellettuale**, privato di ogni plausibile funzione sociale e di ogni illusione "umanistica", costretto o a lavorare senza né scopo né pubblico oppure a servire, amplificandola, la sciocca commedia della cultura di massa (e di regime). **Il pessimismo che si esprime nella *Cognizione* è un pessimismo senza riscatto**: se la letteratura è una forma di conoscenza (o di «cognizione»), l'unica realtà conoscibile sarà infine quella del «dolore». L'intero movimento di narrazione-conoscenza ha come sfondo e come unico senso possibile la morte. E l'arroccamento nella casa non è per Gonzalo la condizione di una resistenza all'orrore dilagante e la premessa per una futura sortita di rivincita, ma solo il confinamento nevrotico di un folle inutilmente sopravvissuto alla scomparsa del proprio ceto e dei propri valori.

Un pessimismo senza riscatto: la conoscenza del dolore

Pastiche linguistico e intensificazione tragica

La lingua è, come nelle altre opere gaddiane, il luogo nel quale il lavoro di conoscenza si svolge compiutamente, con la consueta **mescolanza linguistica di lingua letteraria e di dialetti** (dal lombardo al napoletano), con l'aggiunta di **una spolveratura di spagnolo**, ora per un intento di innalzamento colto, ora verso la deformazione comica.

T1 Il sogno di Gonzalo

OPERA
La cognizione del dolore, parte I, cap. III

CONCETTI CHIAVE
- Il tema del sogno
- la gelosia nei confronti della madre

FONTE
C.E. Gadda, *La cognizione del dolore*, ed. critica a cura di E. Manzotti, Einaudi, Torino 1987.

Il brano qui presentato presenta un tratto del lungo dialogo di Gonzalo con il dottor Higueróa, che è venuto a fargli visita.

Un passo facile, d'una corsa leggera e spensierata, e il rapido franare[1] del ghiaietto dopo che il cancello aveva cigolato inopinatamente[2] li[3] avvertì che arrivava qualcuno, di certo un ragazzo. Da dietro il cantone della casa un ragazzo se ne venne correndo, sudato; di colpo, allo scorgere i due uomini, arrestò quella corsa, in un'attitudine un po' contrariata, quasi avesse veduto sfumare i cioccolatini.[4] Con una maglia caffè,[5] un quaderno tra mano, le gambe tutte nude. I ginocchi, pieni d'ammaccature e di tagli, erano la cosa principale[6] dopo la fanciullaggine d'un viso rotondo, imperlato dal sudore. Ansimava leggermente, come una locomotiva che seguiti a soffiare anche dopo ferma, nonostante la presenza dei ministri.[7] Era un bimbo sano, dal torace color caffè, d'un dodici anni all'incirca, dagli occhi vuoti d'ogni criterio: tutto il mondo, per lui, doveva essere una specie di pera acerba, dove non poteva mettere i denti. La sua anima senza sillabe testimoniava dell'anamnèsi.[8] Ora taceva, guardando, ritto e fermo, con quelle gambe: «Che

10

---

1. **franare**: è il movimento della ghiaia, segnalato dal rumore. Il verbo, che allude implicitamente al trascorrere ineluttabile del tempo, ritorna nella conclusione del brano.
2. **inopinatamente**: *inaspettatamente*.
3. **li**: Gonzalo e il dottore.
4. **quasi...cioccolatini**: quelli che si aspettava di ricevere dalla vecchia donna. Il timore di non riceverli più è provocato dalla visione di Gonzalo, di cui il ragazzo ha già avuto modo di sperimentare l'ostilità.
5. **una maglia caffè**: una maglietta color caffè.
6. **la cosa principale**: la parte del corpo che si notava di più.
7. **ministri**: *macchinisti*.
8. **La sua anima...anamnèsi**: *la sua anima del tutto incolta* (**senza sillabe** = illetterata) *dava testimonianza della concezione platonica della conoscenza come reminiscenza* (**anamnèsi** = ricordo; grecismo sottolineato dall'accentazione piana); cioè: ciò che quel ragazzo sapeva non era frutto di apprendimento né di educazione, che in lui non vi erano stati, ma solo di sapere innato (ricordo presente alla nascita). È ovviamente osservazione ironica, come quella che precede.

vuoi?», gli gridò malamente il figlio, come spazientito dal silenzio. Quello, senza farsi innanzi, balbettò di lontano qualche cosa come la lezione, il francese, ... la Signora.[9] «Vattene!» imperò[10] il figlio. Con una severità inconcepibile, che lo fece sparire: e lasciò interdetto il medico.

«... Ma non è il nipotino del Di Pascuale?»,[11] dimandò[12] questi.

«... Non so chi sia, né di chi sia nipote... Quel che so è che mia madre è rimbambita... come tutti i vecchî...»: parlò concitatamente.[13] Il dottore si batteva il polpaccio con la bacchetta. «... che[14] ha bisogno di bavare[15] bontà sul primo vitello che le càpita tra i piedi... sul primo cane randagio che viene a oltre...[16] Anche i nipoti dei colonnelli in vacanza, adesso... da fargli ripetere choux, bijoux, cailloux,[17] poveri tesori... Perché si diventa buoni, buoni!». Gridava. Pareva ammattire. «Buoni, buoni!... si diventa... Fino a che i gerani, le màmmole, ci premiano della nostra buona condotta... della nostra bontà definitiva...».[18]

«È un fior d'un medico...»[19] arrischiò il dottore con quel suo discorso un po' brontolato, fatto perennemente a capo chino, quasi un monologo «... e, credo, un funzionario integerrimo...»: poveraccio, sembrava recitare un «a parte» nel teatro dei nobili.[20]

«Non è una ragione per tirarsi in casa tutta la sua coniglièra di nipoti!... Il francese che se lo impàrino a i scuola... che è fatta apposta... E se non lo impàrano», guardò fisso il dottore: «se non lo impàrano,... szàc!».[21] Fece l'atto del frustar le gambe a un qualcuno, a un cavallo?; che ne avesse di lunghe, nude, diritte. Mise il capo in orizzontale ad accompagnare il sussulto della spalla, il gesto impetuoso del braccio, come avesse davvero a mano la frusta. Un'ira incredibile alterò la sua fisionomia incoerente. «E non lo imparano... e non lo impareranno mai!... perché i vitelli non parlano idioma...[22] Stentano a scrivere due proposizioni in castellano...[23] E allora szàc, szàc, szàc!... sulle gambe nude... Ecco che arriva la carità, la bontà!...». Urlava. «Le lezioni di francese, arrivano! In coppa[24] ai vitelli... A gratis.[25] Sull'orlo della fossa...[26] per gli altri...![27] per il peone...[28] per il nipotino... qualunque cosa, pur che sia per gli altri... per gli altri!».

Il medico taceva, confuso: vergognandosi di quel mezzo centimetro di barba,[29] si sarebbe detto: in realtà meravigliato, addolorato. Senza poter giustificare in alcun modo ciò che udiva, ciò che vedeva, capì tuttavia che un qualcosa di orrido stava ribollendo in quell'anima. Pensò di incanalare altrove le idee del malato, se idee eran quelle.

Il figlio si ricompose: parve ridestarsi da un'allucinazione: lo guardò: lo fissava come gli domandasse, a lui,[30] «che cosa ho detto?», come implorasse «mi dica che cosa ho detto!... Stavo male! non ha veduto? Non ha veduto che stavo male?... Perché non ha voluto credermi, non ha

---

- **9 balbettò...la Signora**: la risposta del ragazzo allude alla lezione di francese che deve ricevere dalla Signora (come lui la chiama).
- **10 imperò**: ordinò.
- **11 Di Pascuale**: un colonnello amico di famiglia. La battuta del medico costituisce implicita obiezione al comportamento severo e aggressivo di Gonzalo.
- **12 dimandò**: domandò, con variante arc. e letter.
- **13 concitatamente**: in modo agitato.
- **14 che**: sottinteso "quel che so è".
- **15 bavare**: sbavare, cioè spandere, con metafora aggressiva legata al paragone del ragazzo a un vitello (e poi a un cane randagio). È trasparente la gelosia.
- **16 a oltre...**: evidentemente "a oltrepassare", sottinteso "i confini della proprietà, della casa". La reticenza esprime l'ansia del dato e sottolinea il suo connotato simbolico.
- **17 choux...cailloux**: sono tre delle sette eccezioni nella formazione del plurale dei nomi francesi terminanti per -ou (hanno la -x anziché la -s). Allude alle lezioni di francese che la madre dà al ragazzo. Il successivo **poveri tesori** è naturalmente sarcastico.
- **18 «Buoni, buoni!...definitiva...»**: Gonzalo fa riferimento alla bontà della madre, che interpreta come cedimento e debolezza; e allude alla morte, che dovrebbe portare il premio alla bontà e che è però un premio assurdo (il seppellimento cui allude il riferimento ai fiori) per chi è ormai definitivamente buono, cioè privo di vita.
- **19 «È...medico...»**: allude al colonnello, come nella battuta successiva.
- **20 sembrava recitare...nobili**: il modo prudente e sommesso di parlare del dottore nel timore di suscitare l'ira di Gonzalo è paragonato al modo in cui un attore recita alcune battute fra sé e sé (tecnicamente dette "a parte"), che benché pronunciate a voce alta esprimono un pensiero interiore. Tali battute sono rivolte di fatto al pubblico (immaginato quale pubblico di un «teatro dei nobili»).
- **21 szàc**: è il rumore della immaginaria frustata sulle gambe suggerita da Gonzalo, a sfogare la propria gelosa aggressività.
- **22 idioma**: lingua umana.
- **23 castellano**: castigliano, cioè 'spagnolo'. Con riferimento all'ambientazione sudamericana del romanzo.
- **24 in coppa**: sopra; in dialetto napoletano.
- **25 A gratis**: gratis; espressione ricorrente nel parlato lombardo.
- **26 Sull'orlo della fossa**: sul punto di morire. Allude alla madre.
- **27 per gli altri...!**: è il punto centrale dell'invettiva: Gonzalo soffre del fatto che le cure della madre siano rivolte agli altri anziché a lui.
- **28 per il peone...**: è l'uomo per cui la madre talvolta cucina da mangiare (gesto evidentemente di alto significato simbolico). Dallo spagnolo "peon" = 'manovale, bracciante'.
- **29 mezzo centimetro...di barba**: la propria, non curata.
- **30 a lui**: al dottore.

voluto soccorrermi?... Avevo smarrito il discorso... che cosa dicevamo...». I suoi occhi rinvennero a una espressione di angoscia.[31] Un passo correva di fuori, discendendo, d'uno stupido folletto,[32] sotto cui franavano[33] i sassi della stradaccia, dopo il cigolìo del cancello, ch'era pitturato di verde.

«... Sono stato un bimbo anch'io...», disse il figlio. «... Allora forse valevo un pensiero buono... una carezza no; era troppo condiscendere... era troppo!»[34] e l'ira gli tornava nel volto, ma si spense. Poi riprese: «... La mamma è spaventosamente invecchiata... è malata... forse sono stato io...[35] Non so darmi pace... Ma ho avuto un sogno spaventoso...».

«Un sogno?... e che le fa un sogno?... È uno smarrimento dell'anima... il fantasma di un momento...».[36]

«Non so, dottore: badi... forse è dimenticare, è risolversi![37] È rifiutare le scleròtiche figurazioni della dialettica,[38] le cose vedute secondo forza...».

«Secondo forza?... che forza?...».

«La forza sistematrice del carattere...[39] questa gloriosa lampada a petrolio[40] che ci fuma di dentro,... e fa il filo, e ci fa neri di bugìe, di dentro,... di bugìe meritorie, grasse, bugiardosissime... e ha la buona opinione per sé, per sé sola... Ma sognare è fiume profondo, che precipita a una lontana sorgiva, ripùllula nel mattino di verità».[41]

Parve incredibile al dottor Higueróa che un uomo di corporatura normale, alta anzi, di condizione socialmente così «elevata», potesse lasciarsi ancorare a delle sciocchezze come quelle. Ma lo sgomento e la tristezza erano troppo evidenti nello sguardo; di persona che teme, che ha un qualcosa che l'occupa, un rimorso; terrore, odio?[42] anche nel sole pieno: nel canto, nella pienezza dolce e distesa della terra.[43]

«... Un sogno... strisciatomi verso il cuore... come insidia di serpe. Nero.

Era notte,[44] forse tarda sera: ma una sera spaventosa, eterna, in cui non era più possibile ricostituire il tempo degli atti possibili,[45] né cancellare la disperazione... né il rimorso; né chiedere perdono di nulla... di nulla! Gli anni erano finiti! In cui si poteva amare nostra[46] madre... ca-

- **31 rinvennero...angoscia**: si *ripresero con una espressione di angoscia*.
- **32 uno stupido folletto**: forse un ragazzo, o magari un animale (un cane?); comunque una presenza avvertita nella sua sciocca vitalità negativa. **Folletto**: secondo le credenze popolari è un piccolo uomo bizzarro dai poteri sovrannaturali.
- **33 franavano**: cfr. la nota 1.
- **34 «...Sono stato un bimbo anch'io... troppo!»**: Gonzalo si riferisce al duro contegno della madre nei suoi riguardi durante l'infanzia, spiegando così il dispetto per la generosità affettuosa della donna verso il figlio del colonnello. Le regole rigide dell'educazione borghese tolleravano «un pensiero buono» ma di certo non «una carezza», che sarebbe stato troppo.
- **35 forse...io...**: a farla invecchiare e ammalare; è il senso di colpa di Gonzalo, del quale il sogno che sta per narrare offre una possibile chiave interpretativa.
- **36 «Un sogno?...momento...»**: il dottore rappresenta una concezione prepsicoanalitica della vita onirica, e ritiene dunque irrilevante il contenuto di un sogno, per quanto spaventoso.
- **37 è dimenticare, è risolversi!**: *dimenticare* le razionalizzazioni che appianano nella veglia i conflitti interni e restituiscono una apparente armonia alle ansie profonde, **risolversi** ad abbracciare l'autentico senso tragico dell'esistenza. Il sogno, cioè, sarebbe, nella prospettiva qui presentata da Gonzalo, un momento di verità. È dunque tenuta ben presente l'ottica psicoanalitica freudiana, benché non limitandosi al suo orizzonte.
- **38 È rifiutare...dialettica**: sognare vorrebbe dire rifiutare le rigide (**sclerotiche**) costruzioni (**figurazioni**) del ragionamento (**della dialettica**), cioè entrare in collegamento con energie psichiche profonde, che sfuggono al potere di razionalizzazione e di controllo esercitato dal carattere individuale adulto (come Gonzalo spiega subito dopo).
- **39 «La forza...carattere...»**: sognare significa dunque rifiutare le cose quali sono vedute nella prospettiva della forza organizzatrice e razionalizzatrice (**sistematrice**) del carattere individuale, dalla cui azione derivano la falsità e l'alta stima di sé (come si dice subito dopo).
- **40 lampada a petrolio**: indica per metafora la coscienza individuale, cioè il controllo razionale sulla propria vita interiore; e da questa metafora derivano le successive del **filo** (di fumo) e dell'anneramento (per il fumo).
- **41 Ma sognare...verità**: Invece (**ma**) *il sognare è* [come] *un fiume profondo che risale* (**precipita**) *verso una sorgente* (**sorgiva**) *lontana, ed emerge* (**ripùllula**) *nella luce* (**nel mattino**) *della verità*. Il sogno contiene dunque una verità profonda che emerge da un luogo lontano (dal rimosso psichico individuale) e si contrappone alle bugie della razionalizzazione.
- **42 un rimorso; terrore, odio?**: tutt'e tre le ipotesi contengono un aspetto di verità.
- **43 nel canto...terra**: è uno dei numerosi squarci lirici (soprattutto descrittivi) del romanzo, la cui funzione si giustifica soprattutto rispetto alla contrapposizione con l'orrore del dolore rappresentato nei protagonisti. L'espressione **canto...della terra** è metaforica (a indicare l'armonia).
- **44 Era notte**: inizia qui il sogno.
- **45 non era più possibile... possibili**: il senso di morte e di consunzione temporale che domina il sogno si esprime innanzitutto in questa impossibilità di accedere ancora all'azione, di mutarne lo svolgimento. La morte entra nel sogno come negazione di ogni modifica di un processo inesorabilmente compiuto.
- **46 nostra**: di Gonzalo e del fratello morto. L'uso del pronome plurale suggerisce l'identificazione nello stato del fratello, ovvero la regressione a un punto della vita in cui entrambi i fratelli sono ancora vivi. Regressione all'infanzia e angoscia di morte sono qui d'altra parte strettamente intrecciate.

rezzarla... oh! aiutarla... Ogni finalità, ogni possibilità, si era impietrata nel buio...[47] Tutte le anime erano lontane come frantumi di mondi;[48] perse all'amore... nella notte... perdute... appesantite dal silenzio, conscie del nostro antico dileggio...[49] esuli senza carità da noi[50] nella disperata notte...

E io ero come ora, qui. Sul terrazzo. Qui, vede?... nella nostra casa deserta,[51] vuotata dalle anime... e nella casa rimaneva qualche cosa di mio, di mio, di serbato... ma era vergogna indicibile alle anime... degli atti, delle ricevute...[52] non ricordavo di che... Le more[53] della legge avevano avuto chiusura... Il tempo era stato consumato! Tutto, nel buio, era impietrata memoria... nozione definita, incancellabile... Delle ricevute... che tutto, tutto era mio! mio!... finalmente... come il rimorso.[54]

E il sogno, un attimo!, si riprese[55] in una figura di tenebra.. là!... là, dove sono andato or ora, ha visto? al cantone[56] della casa... Ecco, vede? là... nera, muta, altissima: come rivenuta dal cimitero. Forse, col suo silenzio, arrivava alla gronda:[57] sembrò velo funereo, che ne[58] ricadesse... Forse era al di là d'ogni dimensione, d'ogni tempo...

Non suffusa d'alcuna significazione d'amore, di dolore...[59] Ma nel silenzio. Sotto il cielo di tenebra... Veturia, forse, la madre immobile di Coriolano, velata...[60] Ma non era la madre di Coriolano! oh! il velo non mi ha tolto la mia oscura certezza: non l'ha dissimulata al mio dolore.

Conoscevo, sapevo chi era. Non poteva esser altro... altissima, immobile, velata, nera...

Nulla disse: come se una forza orribile e sopraumana le usasse impedimento[61] ad ogni segno d'amore: era ferma oramai... Era un pensiero... nel catalogo[62] buio dell'eternità... E questa forza[63] nera, ineluttabile... più greve di coperchio di tomba... cadeva su di lei![64] come cade l'oltraggio[65] che non ha ricostituzione nelle cose...[66] Ed era sorta in me, da me!...[67] E io rimanevo solo.

- **47 Ogni finalità...buio...**: *ogni scopo* (**finalità**), *ogni possibilità si erano bloccate nel nulla* (**impietrate nel buio**).
- **48 Tutte le anime...mondi**: le anime dei famigliari si sono disperse in questa morte senza redenzione come i frantumi di mondi lontani.
- **49 conscie...dileggio**: *consapevoli* (**conscie**) *della nostra antica irrisione* (**dileggio**). Questo particolare allude all'ostilità tra i famigliari.
- **50 esuli... noi**: *lontane* (**esuli** = in esilio) *da noi senza amore* (**carità**).
- **51 nostra casa deserta**: è il momento centrale della prima parte del sogno, centrata sulla solitudine del protagonista nella casa deserta, abbandonata dai famigliari morti.
- **52 degli atti, delle ricevute...**: allusioni oscure ma ben interpretabili all'eredità (gli **atti** sono quelli della successione, le **ricevute** riguardano l'accoglimento dell'eredità). Oggetto centrale dell'eredità è appunto la casa, la villa, di cui nel sogno Gonzalo si proclama unico proprietario, censurando tuttavia, in un primo momento, questo dato (cfr. il **non ricordavo di che** che segue). La realizzazione di questo desiderio inconscio è sentita quale aggressione ai propri cari, e di qui la **vergogna**.
- **53 Le more**: *i ritardi*; cioè i tempi necessari allo svolgimento delle procedure.
- **54 tutto era mio...come il rimorso**: il possesso di tutto porta con sé, chiarendosi, il senso di colpa: il sogno dà luogo al desiderio inconscio ma al tempo stesso anche alla paura segreta che quel desiderio possa davvero realizzarsi (rendendo colpevole il soggetto).
- **55 si riprese**: *proseguì*; si entra qui nella seconda parte del sogno.
- **56 al cantone**: *in un angolo*.
- **57 Forse...gronda**: l'altezza della figura funebre (della madre, si vedrà presto) è accresciuta dal senso di colpa del figlio, che è qui regredito alla condizione infantile, e il senso di colpa si alimenta del silenzio angoscioso d'accusa della madre; è per questo che tra altezza e silenzio può qui essere stabilito un legame. Il silenzio, che domina anche il seguito del racconto, è anche indizio di incomunicabilità e di morte.
- **58 ne**: dalla gronda.
- **59 Non suffusa...dolore...**: *non segnata* (**soffusa**) *da nessuna espressione* (**significazione**) *d'amore o di dolore*. L'ombra luttuosa porta con sé solo rimorso e morte.
- **60 Veturia...velata...**: sottinteso: "la donna era". Il riconoscimento della madre nella figura nera può avvenire solo attraverso la mediazione analogica di un episodio classico, di cui Gadda trovava le fonti in Plutarco, in Livio e soprattutto in Shakespeare. Figura a metà tra la storia e la leggenda, Coriolano avrebbe guidato (nel V sec. a.C.) una spedizione contro Roma per vendicarsi dell'esilio ingiustamente comminatogli; ma poi, benché vincitore, avrebbe desistito dal far guerra alla propria città su preghiera della madre Veturia (che Shakespeare presenta vestita a lutto). In un appunto manoscritto al romanzo, Gadda commenta: «la madre aveva insegnato al fanciullo le storie: e nell'inconscio le due figure [cioè quella della propria madre e quella di Veturia madre di Coriolano] si erano fuse». In ogni caso, il riconoscimento di una madre nella donna velata è il primo passo verso il riconoscimento in questa della propria madre. La frase seguente suona infatti: «Ma non era la madre di Coriolano!» (cioè: era la madre di Gonzalo).
- **61 le usasse impedimento**: *esercitasse su di lei il divieto*.
- **62 catalogo**: *seguito*.
- **63 questa forza**: la «forza orribile e sopraumana» che la impedisce, nominata tre righi sopra. Ed è una forza assassina che nasce, come si dirà tra poco, dall'interno del protagonista per abbattersi contro la madre.
- **64 cadeva su di lei!**: si abbatteva contro la madre.
- **65 l'oltraggio**: *l'offesa*; ma anche, etimologicamente, 'ciò che supera i limiti (della vita)'.
- **66 che non ha ricostituzione nelle cose...**: *che non può essere riparato nei fatti*; cioè che provoca effetti irreparabili, dunque la morte.
- **67 Ed era...me!...**: è questo il nucleo angoscioso del sogno: ciò che uccide la madre è una forza che il soggetto ha sentito scatenarsi dal proprio interno, un'aggressività omicida che appartiene ai suoi sentimenti più segreti.

Con gli atti...[68] scritture di ombra... le ricevute... nella casa vuotata delle anime... Ogni mora aveva raggiunto il tempo, il tempo dissolto...».

Le cicale franàrono nella continuità eguale del tempo, dissero la persistenza:[69] andàvano ai confini dell'estate.[70] Il dottor Higueróa sembrava cercar le betulle, bianche virgole[71] nei querceti a tramontana[72] di Lukones.[73]

- **68 Con gli atti...**: qui e nelle espressioni seguenti vengono ripresi i termini già impiegati e relativi alle procedure ereditarie.
- **69 Le cicale...persistenza**: il canto delle cicale che prosegue nel movimento eguale e continuo del tempo reale segnala il proseguire delle cose, al di là del tempo interrotto e consumato del sogno. Il verbo **franàrono** indica sia il discendere del tempo (cfr. la nota 1), sia un rimando, per paronomasia, a "frinirono" (il verso tipico delle cicale).
- **70 andavano...estate**: *si avvicinavano alla fine dell'estate*.
- **71 virgole**: *piccoli segni*; *metafora.
- **72 a tramontana**: a Nord.
- **73 Lukones**: è deformazione spagnolesca di Longone, il paese brianzolo nel quale era situata la villa della famiglia Gadda.

T1 DALLA COMPRENSIONE ALL'INTERPRETAZIONE

COMPRENSIONE

L'ira di Gonzalo e la rievocazione del sogno Gonzalo è in pena per l'assenza della madre – andata a mettere, in seguito alle lamentele del figlio, qualche fiore sulla tomba del marito – e ne attende febbrilmente il ritorno. L'arrivo di un ragazzo cui ella dovrebbe dar lezione di francese lo manda su tutte le furie, facendogli pronunciare **parole d'ira** dalle quali trapela **l'infelicità per la propria fanciullezza senza amore e gelosia per la disponibilità della madre verso gli altri**. Poi il dolore di Gonzalo si acutizza nella **rievocazione di un sogno** avente come oggetto la casa e la madre, un sogno dunque che concentra in sé tutti i riferimenti reali e simbolici sui quali è costruito il romanzo: **il sogno raffigura la morte della madre** e il passaggio del possesso della villa a Gonzalo, suscitando in lui atroci sensi di colpa, come se lui stesso fosse il colpevole dell'evento luttuoso. **Viene così anticipato il tema del matricidio**.

ANALISI

Una liricità negata Secondo l'interpretazione di Contini la chiave stilistica della *Cognizione* gaddiana è di tipo lirico. Tuttavia a questa interpretazione se ne è affiancata anche un'altra del tutto diversa, secondo la quale **il registro lirico è sì largamente presente, ma continuamente contraddetto e negato**. Intanto vi è **un'aspirazione al tragico** che esclude ogni abbandono all'espressione della soggettività o alla intesa tra io e mondo. In secondo luogo **il pastiche linguistico** gaddiano, qui meno radicale che in altre opere ma tuttavia presente, esclude quella stabilità di registro espressivo che costituisce una delle premesse del genere lirico. Un esempio di questo fenomeno si può ricavare, nel brano che precede, da rigo 34, dove al napoletano «in coppa ai vitelli» si affianca il milanesismo «Agratis». Una terza ragione di antiliricità riguarda **il trattamento del paesaggio**, la cui rappresentazione appare dotata di tutti i caratteri della liricità, ma che tuttavia contiene poi sempre un particolare che impedisce la coerenza di cui la liricità ha bisogno per esistere. Avviene d'altra parte così anche per **la poesia *Autunno*** posta da Gadda a conclusione dell'edizione in volume del romanzo. Nella conclusione di questo brano, per esempio, nell'espressione «le cicale franàrono nella continuità eguale del tempo, dissero la persistenza» (rigo 93) l'uso del verbo "franare", se da una parte può avere la funzione lirica di registrare l'irreversibile trascorrere del tempo, dall'altra appare caricato in senso espressionistico, non senza un rimando paronomastico al più comune – riferito alle cicale – "frinire". Proprio **l'effetto di straniamento suscitato nel lettore dall'espressione «le cicale franàrono»** (e non "frinirono") distrugge ogni possibile abbandono alla naturalezza della rappresentazione, ogni possibile legame tra significato e significante, distrugge cioè le basi della lirica. È, in diverso modo, l'effetto provocato sulla narrazione dalla poetica pirandelliana dell'umorismo.

INTERPRETAZIONE

Il movente psicoanalitico Tutto l'episodio qui narrato e in particolare la parte relativa al sogno di Gonzalo si prestano bene a un'**interpretazione psicoanalitica**; e non sono mancati infatti vari contributi in questa direzione. Il moto di rabbia che scaglia Gonzalo contro il nipote del colonnello si spiega, per esempio, da una parte quale reazione di delusione (ad arrivare non è la mamma, attesa, ma un estraneo) e, dall'altra, soprattutto quale scatto di gelosia per un concorrente rispetto ai sentimenti e alle attenzioni della madre. Tanto più che le cure che la madre dedica ora a questo fanciullo (e ad altri) non sono state affatto dedicate, quando era un bambino, al figlio Gonzalo (cfr. «per gli altri...! [...] qualunque cosa, pur che sia per gli altri... per gli altri» – righi 34-35 – e «"...Sono stato un bimbo anch'io...", disse il figlio. "...Allora forse valevo un pensiero buono... una carezza no; era troppo condiscendere... era troppo!"» – righi 47-48). Del sogno, lo stesso Gonzalo chiede di decifrare un nascosto contenuto di verità che sfugge nelle razionalizzazioni della veglia: queste rappresentano «bugìe meritorie, grasse, bugiardosissime» (rigo 57), laddove «sognare è fiume profondo, che precipita a una lontana sorgiva, ripullula nel mattino di verità» (righi 58-59). **Il sogno fonde in un'unica angosciosa figura sia il ricordo infantile della madre** (che appare infatti «altissima» e minacciosa: righi 86 sgg.) **sia l'oscura concretizzazione dell'aggressività matricida del figlio** (e la donna è infatti carica di segni luttuosi, come una morta portatrice di morte: «muta [...] come rivenuta dal cimitero [...] velo funereo [...] Forse era al di là di ogni dimensione, d'ogni tempo» ecc.: righi 80-82). A unire i due momenti **c'è il senso di separazione dalla madre**, l'impossibilità di scambiare con lei gesti d'affetto (cfr. righi 87-88: «Nulla disse: come se una forza orribile e sopraumana le usasse impedimento ad ogni segno d'amore»).

D'altra parte il sogno mostra la inconciliabilità delle pulsioni di **Gonzalo**, che da una parte **aspira al possesso simbolico dello spazio domestico**, mira cioè ad appropriarsi della casa, della villa, per viverci la propria nevrosi regressiva, per esercitarvi una **perfetta tutela del passato**, nella celebrazione del padre e del fratello morto, e dall'altra, però, per realizzare questo desiderio deve scontrarsi con la presenza della madre, che intende in modo del tutto opposto la gestione della casa, invitandovi per esempio il nipote del colonnello per dargli lezioni. Accade cioè che i desideri profondi di Gonzalo delineino la necessità di eliminare la madre, di farla morire, di desiderarne la morte, per potersi abbandonare al proprio regressivo sogno nevrotico. Il sogno porta alla luce questo desiderio, ma, anche, mette in evidenza il prezzo terribile della sua realizzazione futura: **il senso di colpa**. Nella casa infine vuota (righi 73-78), cioè dopo la morte della madre, tutto appartiene a Gonzalo, ma a lui appartiene anche «il rimorso».

T1 LAVORIAMO SUL TESTO

COMPRENDERE

Il tema

1. Spiega le ragioni dell'aggressività di Gonzalo contro il ragazzo e contro la madre
   - fastidio ....

INTERPRETARE

2. Quale giudizio esprime il medico sulla crisi d'ira del personaggio? Questo giudizio ti aiuta a stabilire un rapporto tra l'episodio e il sogno?

Il desiderio profondo di Gonzalo

3. Quali indizi suggeriscono il significato matricida del sogno?

LE MIE COMPETENZE: FARE RICERCHE, ESPORRE

Nella *Cognizione del dolore* il sogno è descritto come un «fiume» che risplende «nei mattini di verità», un momento solenne in cui emergono il rimorso e le pulsioni autentiche. Il sogno rappresenta quindi uno spazio di verità. L'immagine del sogno che emerge in questa e in altre opere novecentesche risente della lezione di Freud, che considera il sogno «la via regia che porta alla conoscenza dell'inconscio». Fai una ricerca sulla natura e sulle funzioni del sogno, per come sono state delineate da Freud. Esponi in classe le informazioni che hai appreso nel corso della ricerca.

5 I "quadri milanesi" dell'*Adalgisa*: critica sociale e vitalità

Il fulmine sul 220, un grande progetto di romanzo cui Gadda lavora tra il 1932 e il 1936

Tra il 1932 e il 1936, Gadda si dedica attivamente, ma anche con continue interruzioni legate al lavoro di ingegnere, **al progetto di un grande romanzo** di ambientazione milanese. Il titolo sarebbe dovuto essere *Un fulmine sul 220*. Il ritrovamento da parte di Dante Isella, nel 1993, di alcuni quaderni autografi e la successiva pubblicazione, nel 2000, del testo hanno consentito di ricostruire, a grandi linee, la vicenda dell'opera, da strutturarsi in **cinque lunghi capitoli** comprendenti **un affresco imponente della Milano tra la prima guerra mondiale e il fascismo**; su questo sfondo si svolge la tenera **storia d'amore tra Bruno ed Elsa**, destinata a concludersi con la tragica morte di lui, per folgorazione, a causa forse di un fulmine caduto sulla cabina elettrica nei pressi della quale si svolgono gli appuntamenti segreti d'amore (e di qui il titolo progettato).

Una realizzazione frammentaria

La realizzazione del romanzo resta al dunque gravemente incompiuta, e il lavoro dell'autore si divide tra materiali meno elaborati (restati inediti) e brani narrativi autonomi, destinati a comparire nelle raccolte di racconti o, soprattutto, a comporre un insieme di **dieci «disegni milanesi»** (come la sottotitola Gadda) che formano come le schegge di un organismo narrativo unitario non realizzato. Si tratta di un'opera pubblicata alla fine del **1943** con il titolo *L'Adalgisa. Disegni milanesi*.

***L'Adalgisa* (1943)**
I dieci «disegni milanesi»

I dieci «disegni» sono *Notte di luna*, *Quando il Girolamo ha smesso…*, *Claudio disimpara a vivere*, *Quattro figlie ebbe e ciascuna regina*, *Strane dicerie contristano i Bertoloni*, *I ritagli di tempo*, *Navi approdano al Parapagàl* (cfr. **T2**), *Un "concerto" di centoventi professori*, *Al Parco una sera di maggio*, *L'Adalgisa*. Il quinto e il settimo confluiranno nella *Cognizione del dolore*; altri vedono la luce, prima della stampa in volume, su riviste.

Milano e la critica della borghesia

Protagonisti dell'opera sono Milano e le classi sociali che la abitano. La città è raffigurata con intensa partecipazione emotiva, ma nello stesso tempo è oggetto di ironia e di parodia. Più severo è tuttavia l'accanimento che colpisce la borghesia cittadina, dedita a una **commedia di apparenze sociali**, al bisogno di figurare, di rispettare una morale senza sostanza, frutto di ipocrisie e di opportunismi.

Il popolo tra degradazione e riscatto

Allo spaccato squallido di questa classe sociale fa in parte da controcanto la rappresentazione del popolo. Gadda non manca di mettere in risalto la volgarità sciocca anche delle classi basse; ma la vitalità quasi animalesca e la lotta per la sopravvivenza che le caratterizzano assumono tuttavia i tratti di un paradossale eroismo. La stessa protagonista dell'ultimo ampio brano, **l'Adalgisa** che dà il titolo all'opera, è in effetti una popolana che ha saputo conquistarsi una posizione sociale ragguardevole, riscuotendo successo nel canto, e che ora deve difendersi dalle maldicenze pettegole delle gelose borghesi, rese più insistenti dalla sua condizione di vedova. Davanti all'ipocrita moralismo dominante, **Adalgisa è infine l'unico elemento positivo del libro.**

Adalgisa
Lo sperimentalismo linguistico

Lo sperimentalismo linguistico e stilistico di Gadda raggiunge qui il livello di originalità e di intensità che gli è proprio nelle opere maggiori. Il dialetto di riferimento è il milanese, mescolato con linguaggi speciali, in particolare con quelli della scienza (e della biologia in primo luogo). Ma il lavoro dell'autore sul linguaggio si esprime soprattutto nella consueta mescolanza parodica con i registri letterari tradizionali.

T2 — Manichini ossibuchivori

OPERA
Navi approdano al Parapagàl

CONCETTI CHIAVE
- la retorica borghese dell'apparenza
- rappresentazione caricaturale della borghesia milanese
- *pastiche* linguistico

FONTE
C.E. Gadda, *L'Adalgisa*, Einaudi, Torino 1960.

È qui riportato un brano da uno dei «disegni milanesi» dell'*Adalgisa*. Si tratta per altro di un frammento che verrà poi accolto nella edizione in volume della *Cognizione del dolore*. È una raffigurazione duramente critica della vita sociale della borghesia lombarda, trasferita in una ipotetica regione sudamericana (il Parapagàl del titolo) che consente di aumentare la già satura ricchezza linguistica.

Camerieri neri,[1] nei «restaurants»,[2] avevano il frac, per quanto pieno di padelle:[3] e il piastrone d'amido,[4] con cravatta posticcia.[5] [...]

Sì, sì: erano consideratissimi, i fracs. Signori seri, nei «restaurants» delle stazioni, e da prender sul serio, ordinavano loro con perfetta serietà «un ossobuco con risotto».[6] Ed essi, con cenni premurosi, annuivano. E ciò nel pieno possesso delle rispettive facoltà mentali.[7] Tutti erano

- **1** **neri**: [vestiti di] nero.
- **2** **«restaurants»**: fra virgolette, per sottolineare con disprezzo la pretenziosità della parola francese.
- **3** **padelle**: macchie; metafora del parlato.
- **4** **piastrone d'amido**: propriamente, è la parte della corazza che protegge il petto; qui indica un pezzo di stoffa che simula la parte della camicia che si vede sotto la giacca; **d'amido**: inamidato.
- **5** **posticcia**: finta.
- **6** **«un ossobuco…risotto»**: tipico piatto milanese; nonostante l'ambientazione in un'ipotetica America latina, Gadda ha di mira la Lombardia.
- **7** **E ciò…mentali**: è la formula giuridica che indica la sanità di mente. Per Gadda la scena rivela un'intrinseca follia.

presi sul serio: e si avevano[8] in grande considerazione gli uni gli altri. Gli attavolati si sentivano sodali nella eletta situazione delle poppe, nella usucapzione d'un molleggio adeguato all'importanza del loro deretano, nella dignità del comando.[9] Gli uni si compiacevano della presenza degli altri, desiderata platea.* E a nessuno veniva fatto di pensare, sogguardando[10] il vicino, «quanto è fesso!». Dietro l'Hymalaia[11] dei formaggi, dei finocchi, il guardiasala notificava le partenze: «¡Para Corrientes y Reconquista! ¡Sale a las diez el rápido de Paraná! ¡Tercero andén!».[12]

Per lo più, il coltello delle frutta[13] non tagliava. Non riuscivano a sbucciar la mela. O la mela gli schizzava via dal piatto come sasso di fionda, a rotolare[14] fra scarpe lontanissime. Allora, con voce e dignità risentita, era quando dicevano:[15] «Cameriere! ma questo coltello non taglia!». Tra i cigli, improvvisa, una nuvola imperatoria.[16] E il cameriere accorreva trafelato,[17] con altri ossibuchi: ed esternando tutta la sua costernazione, la sua piena partecipazione, umiliava sommessa istanza appiè il corruccio delle Loro Signorie: (in un tono più che sedativo):[18] «provi questo, signor Cavaliere!»: ed era già trasvolato.[19] Il quale «questo»[20] tagliava ancora meno di quel[21] di prima. Oh, rabbia! mentre tutti, invece, seguitavano a masticare, a bofonchiare[22] addosso agli ossi scarnificati,[23] a intingolarsi[24] la lingua, i baffi.* Con un sorriso appena, oh, un'ombra, una

---

* La prossimità nonché il commercio delle genti e' son grandemente appetiti dai vanitosi e da tutti quelli cui natura ha devoluto un temperamento narcisico: (indebitamente ritenuti socievoli e lodati come tali).[25] Della società non glie ne importa un cacchio: e vi si destreggiano secondo la brama e la tecnica centripeta del più puro egoismo.[26] Ma «vogliono» gli altri, li vogliono vicini e fisicamente presenti: e di una cotal[27] presenza godono, godono: perocché la stapiante carica erotica del loro narcisismo ovvero auto-erotismo ella necessita di una adeguata parete di rimbalzo cioè superficie di riflessione: di uno specchio grande,[28] in poche parole.

- **8** **si avevano**: *si tenevano*.
- **9** **Gli attavolati…comando**: *gli uomini a tavola* (**attavolati**) [: i clienti] *si sentivano uniti* (**sodali**) [fra di loro] *nella posizione scelta* (**eletta situazione**) *dei seni* (**poppe**), *nell'uso* (**usucapione**) *di una poltrona molleggiata* (**d'un molleggio**) *adeguata all'importanza del loro sedere* (**deretano**) [: avevano scelto una poltrona abbastanza comoda per i loro sederi spropositati], *nella dignità di chi dà ordini* (**del comando**) [: ai camerieri]. **Usucapzione**: nel lessico giuridico (ma la forma consueta è "usucapione"), appropriazione di qualcosa in seguito al suo uso prolungato.
- **10** **sogguardando**: *guardando di nascosto*.
- **11** **l'Hymalaia**: *la montagna* [: il cumulo]; iperbole e antonomasia.
- **12** **il guardiasala…andén!»**: il *capocameriere* (**guardiasala**) *annunciava* (**notificava**) *le partenze* [delle ordinazioni]: «Per Corrientes e Reconquista! Parte alle dieci il [treno] rapido di Paraná! Terzo binario!». Il capocameriere commenta ironicamente la scena, come se fosse un addetto delle ferrovie (è questo il significato proprio di **guardiasala**, o, più comunemente, "guardasala"). **Corrientes, Reconquista** e **Paraná** sono città argentine, sulle sponde dello stesso fiume (appunto il Paraná).
- **13** **delle frutta**: plurale letterario.
- **14** **come…rotolare**: *come* [un] *sasso da* (**di**) [una] *fionda, per* (**a**) *rotolare*. Similitudine comica.
- **15** **Allora…dicevano**: costruisci: *era allora che* (**quando**) *dicevano*; è sintassi popolare.
- **16** **Tra i cigli…imperatoria**: *Negli occhi* (**tra i cigli** = tra le ciglia, lett.) [comparirà] *un'espressione cupa* (**nuvola**; metafora) *di comando* (**imperatoria**).
- **17** **trafelato**: *ansimante*; ma la situazione è comicamente sottolineata dalla presenza degli **altri** (nel senso di *ennesimi*) **ossibuchi**.
- **18** **ed esternando…sedativo**: *e manifestando* (**esternando**) *tutto il suo profondo dispiacere* (**costernazione**), [**tutta**] *la sua partecipazione* [alla sventura del cliente], *porgeva umilmente* (**umiliava**) *preghiera* (**istanza**) *a bassa voce* (**sommessa**) *davanti* (**appiè** = ai piedi) *alle Loro Signorie corrucciate* (**il corruccio delle Loro Signorie**): *(con* (**in**) *un tono più che tranquillizzante* (**sedativo**)). Comico contrasto fra il linguaggio aulico e la situazione, che rende il contrasto fra l'atteggiamento falsamente preoccupato dei camerieri e la boria degli avventori. Un'altra sottolineatura parodica è data dalle volute cacofonie (**esternando, costernazione, partecipazione**).
- **19** **trasvolato**: *corso via*.
- **20** **Il quale «questo»**: *e il nuovo coltello*; «questo» riprende le parole del cameriere.
- **21** **quel**: *quello* [: quel coltello]; lett.
- **22** **bofonchiare**: *borbottare*; sembra che i commensali parlino non fra loro, ma agli ossibuchi che stanno mangiando.
- **23** **scarnificati**: *spolpati*; ma con intensità allucinata.
- **24** **intingolarsi**: *impiastricciarsi*; propriamente: *sporcarsi di salsa* (l'intingolo).
- **25** **La prossimità…tali**: *la vicinanza* (**prossimità**) *nonché il contatto* (**commercio**) *fra le persone* (**genti**) *sono desiderate* (**e' son…appetite**; **e'**: pleon.) *molto* (**grandemente**) *dai vanitosi e da tutti quelli a cui* [la] *natura ha dato* (**devoluto**) *un carattere* (**temperamento**) *narcisistico* (**narcisico**): ([e costoro sono] *ingiustamente* (**indebitamente**) *considerati socievoli e lodati come tali*). Gadda usa un linguaggio toscano falso-antico (particolarmente evidente nell'uso di **e'**). **Narcisico**: il narcisismo è l'affezione psicologica di chi ha rivolto su se stesso l'amore che dovrebbe andare a un oggetto esterno.
- **26** **e vi si…egoismo**: *e vi si muovono abilmente* (**destreggiano**) *secondo i desideri* (**la brama**) *e la tecnica accentratrice* (**centripeta**) *del più puro egoismo*. **Centripeta**: perché l'egoista o narcisista riferisce tutto a se stesso, che considera il centro del mondo.
- **27** **cotal**: *tale*; lett. arc.
- **28** **perocché…grande**: *poiché* (**perocché**) *l'incontenibile* (**strapiante**) *carica istintuale* (**erotica**) *del loro narcisismo o meglio* (**ovvero**) *autoerotismo ha bisogno* (**ella necessita**; **ella** è pleon.) *di una adeguata parete su cui rimbalzare* (**di rimbalzo**) *o* (**cioè**) [di una] *superficie in cui riflettersi* (**di riflessione**): *di un grande specchio*. Il narcisista ha bisogno degli altri solo perché ha bisogno di un ideale **specchio** in cui vedere riflesso se stesso. In tutta la nota c'è un voluto contrasto fra lo stile da antico trattato e moderni concetti psicoanalitici. **Carica erotica**: è la pulsione libidica descritta da Freud, cioè la spinta di origine sessuale alla base del comportamento umano. **Ovvero auto-erotismo**: l'interesse per gli altri è di origine sessuale; quindi il narcisismo, dirigendo verso se stessi quella pulsione, è autoerotismo.

prurigine³⁷ d'ironia, la coppia estrema³⁸ ed elegantissima, lui, lei, lontan lontano, avevan l'aria di seguitar³⁹ a percepire quella mela, finalmente immobile nel mezzo la corsìa:⁴⁰ lustra,⁴¹ e verde, come l'avesse pitturata il De Chirico.⁴² Nella quale, bestemmiando sottovoce, alla bolognese, ci intoppavano⁴³ ogni volta le successive ondate dei fracs-ossibuchi,⁴⁴ per altro con lesti⁴⁵ calci in discesa, e quasi in rimando, l'uno all'altro: alla Meazza, alla Boffi.⁴⁶ [...]

Tutti, tutti: e più che mai quei signori attavolati. Tutti erano consideratissimi! A nessuno, mai, era mai venuto in mente di sospettare che potessero anche essere dei bischeri, putacaso,⁴⁷ dei bambini di tre anni.

Nemmeno essi stessi, che pure conoscevano a fondo tutto quanto li riguardava, le proprie unghie incarnite, e le verruche, i nèi, i calli, un per uno, le varici, i foruncoli, i baffi solitari: neppure essi, no, no, avrebbero fatto di se medesimi un simile giudizio.⁴⁸

E quella era la vita.⁴⁹

Fumavano. Subito dopo la mela. [...]

Ed erano appunto in procinto di addivenire⁵⁰ a quell'atto improvviso, e però curiosissimo,⁵¹ ch'era così instantemente⁵² evocato dalla tensione delle circostanze.

Estraevano, con distratta noncuranza, di⁵³ tasca, il portasigarette d'argento: poi, dal portasigarette, una sigaretta, piuttosto piena e massiccia, col bocchino di carta d'oro; quella te la picchiettavano leggermente sul portasigarette, richiuso nel frattempo dall'altra mano, con un tatràc; la mettevano ai labbri;⁵⁴ e allora, come infastiditi, mentre che⁵⁵ una sottil ruga orizzontale si delineava sulla lor fronte, onnubilata di cure altissime,⁵⁶ riponevano il trascurabile portasigarette. Passati alla cerimonia dei fiammiferi, ne rinvenivano finalmente, dopo aver cercato in due o tre tasche, una bustina a matrice:⁵⁷ ma, apertala, si constatava che n'erano già stati tutti spiccati,⁵⁸ per il che, con dispitto, la bustina veniva immantinenti estromessa dai confini dell'Io.⁵⁹ E derelitta,⁶⁰ ecco, giaceva nel piatto, con bucce. Altra,⁶¹ infine, soccorreva, stanata ul-

---

Gli umani²⁹ funzionano per loro da specchio psichico: e, se essi talora li amano, soltanto li amano in quanto specchio lusingatore. Salotti, alberghi, piroscafi, e monti e spiagge balnearie e marciapiedi dell'avenida³⁰ e caffè ne vanno in rigurgito di cotestoro:³¹ e dovunque ne incontri.

Il meccanismo auto-erotico allògasi, qual più qual meno,³² in tutte le anime: nelle più ritenute³³ e modeste, nonché nelle ciarliere ed ingenue: come quella del garzone di parrucchiere andaluso,³⁴ venuto e trasmigrato dalle lontane sierre³⁵ verso la sua «straordinaria speranza».³⁶

- **29 Gli umani**: *gli* [*esseri*] *umani*.
- **30 avenida**: *corso*; lo spagnolo è usato per verisimiglianza geografica.
- **31 ne vanno...cotestoro**: *di gente simile* (**cotestoro** = *costoro*) *ne hanno in quantità esorbitante* (**in rigurgito**). La frase è arcaizzante.
- **32 allògasi...meno**: *si trova, ora più ora meno*. Altro costrutto letterario.
- **33 nelle più ritenute**: *nelle* [*anime*] *più discrete*.
- **34 andaluso**: l'Andalusia è una regione della Spagna meridionale.
- **35 sierre**: regioni montuose spagnole.
- **36 «straordinaria speranza»**: quella di fare fortuna in America; le virgolette sottolineano l'ironica presa di distanza dell'autore), che finge di citare le frasi stesse usate dagli interessati.
- **37 prurigine**: *prurito*; cioè 'sfumatura'.
- **38 estrema**: *all'estremità* [*della sala*].
- **39 seguitar**: *continuare*, il troncamento è letterario (come in **lontan** e **avean**).
- **40 nel mezzo la corsìa**: *in mezzo allo spazio per passare* [*tra i tavoli*].
- **41 lustra**: *lucida*.
- **42 De Chirico**: Giorgio De Chirico (1888-1978), pittore metafisico prima, poi classicheggiante; Gadda, che lo ammirava, qui allude a certe sue nature morte dai colori particolarmente vivaci.
- **43 Nella quale...ci intoppavano**: *Nella quale* [: *nella mela*] *...inciampavano*; misto di sintassi colta (per il relativo) e parlata (per il **ci** pleonastico).
- **44 fracs-ossibuchi**: i camerieri, ormai ridotti all'abito indossato e alla pietanza servita.
- **45 lesti**: *rapidi*.
- **46 alla Meazza, alla Boffi**: due calciatori particolarmente famosi nella seconda metà degli anni Trenta.
- **47 dei bischeri, putacaso**: *degli imbecilli*, [o] *per caso*; fiorentino e lett.
- **48 Nemmeno essi stessi... giudizio**: neppure loro, che nel loro narcisismo avevano un culto maniacale di sé, potevano arrivare a dare un **giudizio** corretto su loro stessi, cioè sulla propria stupidità. **Varici**: affezione delle vene; **baffi**: *peli*, ma con intensificazione grottesca.
- **49 E quella...vita**: quello spettacolo meschino di autocompiacimento sarebbe la vita, la realtà dei rapporti sociali seri e ufficiali. Alle convenzioni borghesi si contrappone la percezione del «male oscuro» dell'esistenza.
- **50 addivenire**: *arrivare*.
- **51 però curiosissimo**: *perciò* (**però**; arc.) *eccezionale*.
- **52 instantemente**: *insistentemente*.
- **53 di**: *dalla*.
- **54 ai labbri**: *alle labbra*; lett.
- **55 mentre che**: *mentre*.
- **56 onnubilata...altissime**: *offuscata da preoccupazioni gravissime*.
- **57 una bustina a matrice**: di quelle con i fiammiferi disposti a pettine e tutti attaccati per la base.
- **58 spiccati**: *strappati via*; lett.
- **59 per il che...Io**: [*e*] *perciò, con contrarietà* (**dispitto**; arc.), *la bustina* [*di fiammiferi*] *veniva subito* (**immantinenti**) *allontanata* (**estromessa**) *dai limiti* (**confini**) *dell'individuo* (**dell'Io**) [: *buttata via*]. Parodia aulica.
- **60 derelitta**: *abbandonata*.
- **61 Altra**: [*Un'*]*altra* [*bustina di fiammiferi*]; l'assenza di articolo è un tratto di stile arcaico.

timamente[62] dal 123° taschino. Dissigillavano il francobollo-sigillo, ubiqua immagine del Fisco Uno e Trino, fino a denudare in quella pettinetta miracolosa la Urmutter di tutti gli spiritelli con capocchia.[63] Ne spiccavano una unità, strofinavano, accendevano; spianando a serenità nuova la fronte, già così sopraccaricata di pensiero:[64] (ma pensiero fessissimo, riguardante, per lo più, articoli di bigiutteria in celluloide).[65] Riponevano la non più necessaria cartina in una qualche altra tasca: quale? oh! se ne scordano all'atto stesso; per aver motivo di rinnovare (in occasione d'una contigua[66] sigaretta) la importantissima e fruttuosa ricerca.

Dopo di che, oggetto di stupefatta ammirazione da parte degli «altri tavoli»,[67] aspiravano la prima boccata di quel fumo d'eccezione, di Xanthia o di Turmac;[68] in una voluttà da sibariti in trentaduesimo,[69] che avrebbe fatto pena a un turco stitico.[70]

E così rimanevano: il gomito appoggiato sul tavolino, la sigaretta fra medio e indice, emanando voluttuosi ghirigori;[71] mescolati di miasmi,[72] questo si sa, dei bronchi e dei polmoni felici, mentre che lo stomaco era tutto messo in giulebbe, e andava dietro come un disperato ameboide a mantrugiare e a peptonizzare l'ossobuco.[73] La peristalsi veniva via[74] con un andazzo trionfale, da parer canto e trionfo,[75] e presagio[76] lontano di tamburo, la marcia trionfale dell'Aida o il toreador della Carmen.[77]

Così rimanevano. A guardare. Chi? Che cosa? Le donne? Ma neanche. Forse a rimirare[78] se stessi nello specchio delle pupille altrui. In piena valorizzazione[79] dei loro polsini, e dei loro gemelli da polso. E della loro faccia di manichini ossibuchivori.[80]

- **62 soccorreva...ultimamente**: *giungeva in aiuto, scovata alla fine.*
- **63 Dissigillavano...capocchia**: *strappavano [dalla busta] la marca da bollo (il francobollo-sigillo) [: quella dei Monopoli di Stato], immagine onnipresente (ubiqua) del Fisco [che è come] Dio (Uno e Trino), fino a scoprire (denudare) in quel pettine (pettinetta) miracoloso [: perché unisce i fiammiferi, considerati, per il loro accendersi, prodigiosi] la matrice (Urmutter = madre primigenia, ted.) di tutti i fiammiferi (spiritelli) con [la] capocchia [di zolfo]. Spiritelli alludeai fiammiferi come oggetti magici; il termine è preso ironicamente dalla poesia dello stilnovista Guido Cavalcanti, dove indica le funzioni vitali.*
- **64 spianando...pensiero**: cfr. nota 56.
- **65 bigiutteria in celluloide**: *bigiotteria di plastica;* la deformazione della parola **bigiutteria** ne indica una pronuncia da persona incolta, riportata con disprezzo dall'autore.
- **66 contigua**: *[di poco] successiva.* La dimenticanza permetterà di inscenare, poco dopo, un'altra complessa ricerca.
- **67 «altri tavoli»**: tra virgolette, perché è uno stereotipo linguistico.
- **68 di Xanthia...Turmac**: marche di sigarette.
- **69 sibariti in trentaduesimo**: *dissoluti in piccolo;* **trentaduesimo** è il formato più piccolo dei libri (oggi diremmo: di serie B).
- **70 a un turco stitico**: alla fine del periodo sta la punta comica; il **turco** è qui richiamato perché ha fama di fumatore incallito.
- **71 ghirigori**: quelli del fumo.
- **72 miasmi**: *esalazioni malsane.*
- **73 mentre...l'ossobuco**: *mentre (mentre che) lo stomaco era messo tutto in estasi (giulebbe; è ironico), e continuava (andava dietro; dial.) come una specie di ameba (ameboide) a scomporre (mantrugiare) e ridurre in peptoni (peptonizzare) l'ossobuco.* Con linguaggio scientifico, è descritta la difficoltà della digestione. **Giulebbe**: "andare in giulebbe" è un'espressione figurata del parlato (propriamente il giulebbe è uno sciroppo dolce); **ameboide**: l'ameba è un tipo comune di protozoo, richiamato perché la sua forma ricorda quella dello stomaco; **mantrugiare**: arcaico; **peptonizzare**: i peptoni sono i componenti delle proteine.
- **74 La peristalsi veniva via**: *la peristalsi proseguiva;* **peristalsi**: è il movimento di contrazione del tubo digerente.
- **75 da parer...trionfo**: *[tanto] da sembrare un canto trionfale* **canto e trionfo**; endiadi.
- **76 presagio**: *sensazione.*
- **77 la marcia...della Carmen**: i due famosi brani delle opere di Giuseppe Verdi (1871) e del francese Georges Bizet (1875).
- **78 rimirare**: *guardare attenti.*
- **79 valorizzazione**: *considerazione della bellezza.*
- **80 manichini ossibuchivori**: *manichini mangiatori di ossobuchi;* **manichini** indica la spersonalizzazione degli uomini, ridotti ad automi dai riti assurdi della vita sociale; **ossibuchivori** è parola inventata da Gadda.

T2 DALLA COMPRENSIONE ALL'INTERPRETAZIONE

COMPRENSIONE

Una serata al ristorante A essere rappresentata è una serata al ristorante, con la **sciocca e vanitosa esibizione collettiva**. La **comicità** del pezzo nasce dal confronto tra la serietà compunta con cui i personaggi svolgono la propria commedia sociale e il concentrato di **volgarità**, «fessaggine» e ipocrisia messo in luce dalla rappresentazione gaddiana. **Le note dell'autore**, che integrano il testo, assolvono – come in altri testi gaddiani – alla funzione di "raddoppiare", in **chiave parodica**, **la puntigliosa pedanteria della descrizione**.

ANALISI

La struttura del testo: divagazione e rincorsa dei nessi casuali Il testo si presenta come una **vasta divagazione narrativa**, che i narratologi chiamerebbero un motivo libero. Ciò risulta soprattutto allorché il brano viene inserito nella struttura romanzesca della *Cognizione del dolore*. Non si tratta di una divagazione che ha per fine il divertimento. Come accade spesso, anzi, l'ironia di Gadda è feroce e risentita, dotata di una politicità molto forte. Qui si tratta per esempio di deridere i costumi borghesi dell'Italia del tempo, cioè di criticare i suoi valori, non di ridere per il piacere di farlo. La divagazione, piuttosto che a un principio di comicità, risponde a un bisogno filosofico, da parte dell'autore, di **inseguire la raggera dei nessi causali, soffermandosi sui particolari anche minimi** che abbiano con la realtà trattata una relazione di dipendenza reciproca. A questo fine di ricostruzione integrale del sistema dei nessi che collegano la realtà coopera anche l'aggiunta di note d'autore, che raddoppiano qui il punto di vista sul narrato, introducendovi una prospettiva generalizzante e filosofica. Da questo bisogno di ricostruire per intero la rete delle relazioni e di illuminare tutti gli angoli del mondo raffigurato dipendono d'altra parte anche la tendenza gaddiana all'**accumulo stilistico**, cioè alla **frantumazione paratattica**, la scrittura per quadri staccati e per frammenti, nonché l'impossibilità dell'autore di portare a conclusione le opere narrative romanzesche.

Il lessico: il plurilinguismo di Gadda Come sempre, ricchissima e variegata è la lingua di Gadda. Il lessico in particolare mostra apporti dalle direzioni più svariate. Moltissimi **i termini crudamente letterari**, soprattutto nella nota al rigo 9; ecco alcuni esempi: «sogguardando» al rigo 9, «imperatoria» al rigo 15, «umiliava sommessa istanza appiè il corruccio» ai righi 16-17, «trasvolato» al rigo 18, «però» nel senso di 'perciò' al rigo 34, «onnubilata di cure altissime» al rigo 40, «dispitto» al rigo 43, ecc. Tuttavia, accanto a questa parte rilevante e nel complesso maggioritaria del lessico (e della sintassi) trova posto un **repertorio svariato di vocaboli e di espressioni comuni, gergali, basse e talvolta volgari**, con un effetto, nell'accostamento, di cozzo comico. Si veda per esempio ai righi 6-8: «Gli attavolati si sentivano sodali nella eletta situazione delle poppe, nella usucapzione d'un molleggio adeguato all'importanza del loro deretano, nella dignità del comando». Qui le voci elevate o rare «attavolati», «sodali», «eletta», «dignità del comando» e il tecnicismo giuridico «usucapzione» stridono per l'accostamento ai termini plebei «poppe» e «deretano». Il fine espressivo è di mostrare l'assurda **ridicolaggine della messa in scena sociale**, il contrasto tra l'esibizione reciproca della propria presunta dignità e la sostanziale «fessaggine» dei convenuti e del loro rito pubblico. Se per dire che uno butta via una scatola vuota di fiammiferi si scrive che «la bustina veniva immantinenti estromessa dai confini dell'Io» (righi 43-44) e si descrive la digestione con i toni grottescamente trionfali dei righi 58-60 è per alludere al fatto che eguale alla **sproporzione tra la ricercatezza lessicale e stilistica e la sostanza semantica** è la sproporzione tra le forme di questa recita e la sua realtà intima; è per dire, anche, che eguale all'inautenticità del discorso è quella dell'oggetto della sua rappresentazione.

INTERPRETAZIONE

La retorica dell'apparenza e lo svelamento dell'assurdo L'intera rappresentazione della serata al ristorante punta sul **valore delle apparenze**, l'unica cosa che davvero conti (e della quale tutti i presenti si accontentano). I camerieri, per esempio, hanno il frac, benché sporco, e hanno la parvenza di una camicia, benché poi la camicia, per risparmiare, manchi (righi 1-2). Azioni come quella di mangiare l'ossobuco o di fumare una sigaretta divengono occasioni per **esibirsi agli occhi degli altri**, «desiderata platea» (rigo 9). Non c'è gesto che venga compiuto al di fuori del rispetto delle apparenze, in un rituale di cerimonialità privo di senso e di vantaggi. È solo un modo per rivendicare ed **esibire la distinzione di classe dei presenti**, senza tuttavia che questa distinzione corrisponda ad alcunché di sostanziale. È infine una retorica dell'apparenza che richiama alla memoria il modello del *Giorno* pariniano (soprattutto nella descrizione minuziosa dell'accensione del fiammifero): azioni insulse assumono la dignità derivante dalla descrizione accurata. Tuttavia Gadda affida alla propria tecnica rappresentativa il compito di smascherare, esattamente come Parini nei confronti della nobiltà settecentesca, l'assurdità del mondo borghese suo contemporaneo. Lo **smascheramento** si affida a varie tecniche, dall'enfatizzazione di particolari insignificanti, così da renderli ridicoli, alla sottolineatura di figuracce (come la caduta a terra della mela: righi 12 sgg.). Un modo particolarmente efficace per mostrare l'assurdità della retorica delle apparenze consiste nel rovesciare di colpo il punto di vista, con un effetto di "doccia fredda" (o di **straniamento**). Ecco un esempio. La «fronte» di chi sta per fumare è definita «sopraccaricata di pensiero»; ma subito si aggiunge, in parentesi: «pensiero fessissimo, riguardante, per lo più, articoli di bigiutteria in celluloide» (righi 48-49). D'altra parte «a nessuno veniva fatto di pensare, sogguardando il vicino, "quanto è fesso!"» (righi 9-10). Infatti il sentimento della propria importanza si regge sulla reciproca considerazione, sulla tenuta della commedia sociale: «Tutti erano consideratissimi! A nessuno, mai, era mai venuto in mente di sospettare che potessero anche essere dei bischeri, putacaso, dei bambini di tre anni» (righi 26-28). Ciò che a nessuno viene in mente finisce con l'essere una possibilità che, gettata ripetutamente di colpo dal narratore sulla pagina, conquista il punto di vista della verità e impone **una lettura straniata e caricaturale di tutto l'episodio**.

Una implicita critica ideologica La degradata rappresentazione gaddiana della borghesia implica anche una critica della sua inettitudine storica, e cioè una critica ideologica. Come **Parini** avrebbe sognato una nobiltà capace di meritare il ruolo di classe dirigente, così Gadda non immagina che altri gruppi sociali possano prendere il posto della borghesia nella gestione del potere. Il suo **pessimismo** dipende anzi proprio dal non vedere possibili alternative al presente. Proprio per questo il comportamento dell'unico ceto legittimato al comando assume i tratti di una disfatta storica, di un tradimento del proprio ruolo.

L'attualizzazione e la valorizzazione Attuale è questa pagina gaddiana, e attuale è la sua **tecnica di rappresentazione dei riti sociali**, nella misura in cui non mancano di certo, anche nella nostra società, fenomeni e situazioni simili a quelli descritti qui. Al contrario, la massificazione crescente ha allargato a nuovi ceti la partecipazione alla convenzionalità borghese. Si pensi, per fare un facile esempio, all'uso dell'aggettivo "esclusivo" nella pubblicità di prodotti spesso venduti in milioni di copie (e dunque tutt'altro che "esclusivi"!) e al tentativo che tale uso comporta di sedurre l'esibizionismo e il narcisismo dei possibili compratori, sia pure offrendogli un appagamento del tutto inautentico e mistificato. D'altra parte, se qui Gadda rappresenta nel **grottesco** la tragedia sociale delle apparenze che prendono il posto della sostanza, come non vedere in questa pagina **un atto di accusa a maggior ragione grave verso la nostra società interamente spettacolarizzata** e incapace di fare i conti con «le proprie unghie incarnite, e le verruche, ecc.» (righi 29 sgg.)? Quanto al valore artistico del brano, non si può fare a meno di riconoscere l'efficacia anche spassosa con cui Gadda riesce a formalizzare il dissidio tra parere ed essere, e a dare una visibilità assoluta alla inettitudine storica di una classe sociale.

T2 LAVORIAMO SUL TESTO

ANALIZZARE

La polemica

1. Riassumi il contenuto polemico di queste pagine.

Lo stile

2. Analizza lo stile, soffermandoti su
   - enumerazioni: ....
   - dilatazione di particolari insignificanti: ....
   - metafore e similitudini parodiche: ....

La retorica delle apparenze

3. Dopo l'analisi dello stile, precisa
   A l'effetto complessivo del brano
   B quali aspetti della realtà si vogliono svelare
   C quali aspetti della realtà si vogliono colpire

INTERPRETARE

Il tradimento della borghesia

4. Perché Gadda si accanisce tanto contro la borghesia?
5. Si può fare un confronto con la critica alla borghesia di Moravia? In che termini?

6 Quer pasticciaccio brutto de via Merulana

La composizione, la pubblicazione, il titolo

All'inizio del 1946, Gadda, prendendo spunto da un caso di cronaca, **inizia a scrivere un racconto giallo**. Il racconto si dilata presto in **romanzo**. Nello stesso 1946, sulla rivista «Letteratura», ne escono cinque puntate. Per anni, anche se discontinuamente, Gadda da una parte va avanti nella stesura, dall'altra sottopone quello che ha già scritto a un'accurata revisione. ***Quer pasticciaccio brutto de via Merulana*** **esce in volume nel 1957**. Il «pasticciaccio» a cui allude il titolo è il delitto che si consuma in via Merulana e, in senso figurato, il groviglio degli eventi inestricabilmente correlati, il caos e la terribilità delle cose.

La vicenda del romanzo

S • *Quer pasticciaccio brutto de via Merulana*
Primo Piano • *Quer pasticciaccio brutto de via Merulana*

La vicenda del romanzo è ambientata a Roma, nel 1927. Il commissario della Squadra Mobile **Francesco (Ciccio) Ingravallo** – molisano, trentacinquenne – sta indagando su **un furto** perpetrato ai danni della **contessa Menegazzi, in via Merulana**. Ma dopo pochi giorni, di fronte all'appartamento del furto, si consuma un delitto. Viene scoperto, orrendamente sgozzato, il cadavere di **Liliana Balducci**. L'indagine sull'omicidio si dipana – o si aggroviglia – senza che si arrivi allo scioglimento del giallo. **Nessuno dei sospettati**, dal primo (**Giuliano Valdarena**, cugino della vittima) fino all'ultima (**Assunta Crocchiapani**, cameriera dei Balducci) **può essere individuato con certezza come l'assassino. Il romanzo resta dunque privo di una soluzione**. Il *Pasticciaccio* inizia con la presentazione dell'investigatore e delle sue teorie: e tuttavia quelle stesse teorie minano la struttura tradizionale del giallo. In questa, infatti, la ricostruzione dei fatti avviene grazie all'individuazione di un movente e alla linearità del percorso investigativo. Ma Ingravallo non crede a questa linearità (cfr. T3, p. 448). Si prepara in tal modo **una trama aggrovigliata, un intreccio che diventa un intrico nel quale è facile smarrirsi**. In altre parole, Gadda programma da subito l'impossibilità di chiudere il suo racconto. Le cose sono troppo invischiate nel male perché Gadda possa aderire alla morale rassicurante del giallo, secondo la quale, alla fine dell'investigazione e del libro, è assicurata la comprensione degli eventi. Se il giallo deve segnare il trionfo della razionalità, il *Pasticciaccio* costruisce il suo finale al di fuori di essa, e in qualche modo ne segna il fallimento.

T • «No, sor dottò, nun so' stata io!»

Un realismo scrupoloso

Gadda vuole, in primo luogo, essere un realista. Perciò la ricostruzione dei fatti, nella trama, persegue maniacalmente la verisimiglianza. Date, luoghi, circostanze, tutto è accertato con lo zelo di un narratore naturalista. La stessa resa del romanesco ha come primo movente quello realistico (anche se si piega ad altri effetti di stile). **Lo sguardo del narratore del *Pasticciaccio* è lo sguardo di un investigatore, ma di un investigatore troppo curioso delle cose**, cose che sono tutte quante correlate (cfr. T3), e che quindi condannano l'indagine al naufragio.

L'impossibilità di una rappresentazione oggettiva

D'altro lato, Gadda non crede in un'ingenua confusione di realismo e oggettività. **L'oggettività è per lui impossibile**: «Conoscere è inserire alcunché nel reale, è, quindi, deformare il reale» egli osserva in *Meditazione milanese*. Come nella fisica quantistica, l'osservatore, con il semplice atto di osservare, interviene sull'evento, modificandolo.

La storia come emblema del male e come allegoria

Nel *Pasticciaccio* lo spostamento allegorico cade e **l'Italia fascista diventa oggetto di rappresentazione diretta**. Eppure, non cade il valore allegorico dei fatti storici. Anzi, Gadda non è interessato ai fatti storici in quanto tali, ma in quanto emblemi di un male universale. Tra la cornice della Roma del 1927 e il fattaccio c'è sì un legame ambientale: le circostanze dell'indagine, specie nella persona di Ingravallo, sono condizionate dalla politica mussoliniana di «moralizzazione dell'Urbe». Ma il legame vero va cercato altrove. **L'Italia in balia del fascismo è un'Italia in preda a una follia sessuale**, imbambolata e sedotta dall'esibizionismo del Duce e dal suo virilismo di quart'ordine. È

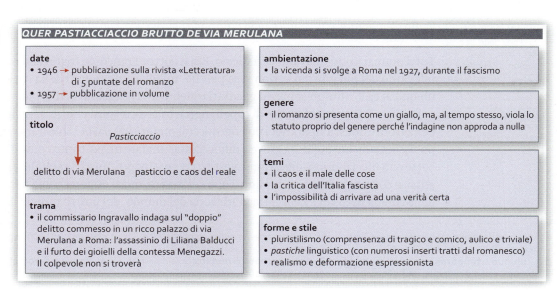

Il delitto, il fascismo, l'eros

S • La misoginia del *Pasticciaccio*

un'Italia di donne-galline impazzite e di maschi bellimbusti. Il «quanto di erotia» (cfr. **T3**) che si scatena nel fascismo è lo stesso che soggiace al furto Menegazzi e al delitto Balducci. La contessa è una delle tante femmine-oche ossessionate dal terrore dell'aggressione: cioè, in termini freudiani, dal desiderio di essere aggredita sessualmente. E quanto a Liliana, basti qui dire che soggiace sempre al fascino del maschio latino il cui prototipo è Mussolini, ma che si incarna anche nel marito Remo, e, soprattutto, nel cugino Giuliano Valdarena; sino a insinuare che possa essersi «conceduta» al «polso villoso» del suo «carnefice» (cfr. **T4**, p. 452).

Compresenza dell'aulico e del triviale, del tragico e del comico

Il *Pasticciaccio* è la *summa* dell'esperienza gaddiana. In esso la compresenza di diverse "maniere" diventa mescolanza ravvicinata, continua: confusione degli stili, compresenza dell'aulico e del triviale, del tragico e del comico nella stessa pagina, nella stessa frase. I brani più impressionanti a questo proposito sono forse quelli sul cadavere di Liliana nel II capitolo (cfr. **T4**): dove la sublimità commossa di certi stilemi, il tono alto e patetico si contaminano con il crudo realismo del dialetto e del linguaggio tecnico della squadra scientifica, persino con l'orribile e il grottesco. **Nessuna risorsa linguistica o stilistica è risparmiata**; è una specie di enciclopedia, di vocabolario universale tutto dispiegato sotto i nostri occhi. Gadda giunge così a un integrale plurilinguismo.

T • *Il sogno del brigadiere*

Eterogeneità dei materiali e unità di tono

L'impasto linguistico gaddiano è dunque straordinariamente eterogeneo: tutte le epoche e gli strati della lingua e della letteratura italiana, dialetti inclusi, vengono saccheggiati. E in più, si aggiungono il latino e il greco (spesso, per travestire il plebeo o l'osceno), così come il francese, l'inglese, il tedesco. **Ma il tono è unitario**. È un fatto, anzitutto, di sintassi. Gadda costruisce il periodo con una cura che tradisce l'assidua frequentazione dei prosatori latini e dei classici italiani.

La ricerca di espressività e la deformazione satirica

In secondo luogo, l'inventività linguistica, **dati due termini analoghi, scarta quello più comune e opaco, e sceglie quello più raro ed espressivo**. Perciò si sostituirà a "ragazzina" l'arcaico «fantolilla»; a "casi oscuri" il più efficace «affari tenebrosi»; a "pettegoli" il tecnicismo «glossatori»; a "frasi" il colto «enunciati». La sostituzione sinonimica, che agisce in direzione di una ricerca di espressività, diventa deformazione satirica della realtà attraverso il linguaggio. Dal romanzo gaddiano Pietro Germi nel 1959 ha tratto un film intitolato *Un maledetto imbroglio* (cfr. espansioni digitali).

S • Il narratore del *Pasticciaccio* (P.P. Pasolini)
S • Gadda e il romanzo (G. Guglielmini)

T3 Il commissario Ingravallo

OPERA
Quer pasticciaccio brutto de via Merulana, cap. I

CONCETTI CHIAVE
• la teoria delle concause e del «quanto di erotia»

FONTE
C.E. Gadda, *Quer pasticciaccio brutto de via Merulana*, in *Romanzi e racconti*, II, a cura di G. Pinotti, D. Isella, R. Rodondi, Garzanti, Milano 1994.

Il commissario Francesco Ingravallo è un molisano trentacinquenne, nero di capelli, dinoccolato, un po' scorbutico e incline alla meditazione. Le sue idee gli meritano la fama canzonatoria di filosofo: dove gli altri vedono una causa unica, egli vede un groviglio di concause; dove gli altri vedono un movente elementare, egli vede il segno di un nodo psicologico, con implicite origini sessuali.

Tutti oramai lo chiamavano don Ciccio. Era il dottor Francesco Ingravallo comandato alla mobile:[1] uno dei più giovani e, non si sa perché, invidiati funzionari della sezione investigativa: ubiquo ai casi, onnipresente su gli affari tenebrosi.[2] Di statura media, piuttosto rotondo della persona, o forse un po' tozzo, di capelli neri e folti e cresputi che gli venivan fuori dalla metà della fronte quasi a ripargli i due bernoccoli metafisici[3] dal bel sole d'Italia, aveva un'aria un po' assonnata, un'andatura greve e dinoccolata,[4] un fare un po' tonto come di persona che combatte con una laboriosa digestione: vestito come il magro onorario statale gli permetteva di vestirsi, e con una o due macchioline d'olio sul bavero, quasi impercettibili però, quasi un ricordo della collina molisana. Una certa praticaccia del mondo, del nostro mondo detto «latino», ben-

---

• **1 comandato alla mobile**: in servizio presso la [squadra] mobile [della Polizia].
• **2 ubiquo...tenebrosi**: sempre presente (**ubiquo** = che è dovunque; lat.) a [tutti i] casi, sempre presente nelle (**su gli**; arcaico) vicende oscure. Variazione sinonimica.
• **3 i due bernoccoli metafisici**: le due sporgenze sulla fronte, dette metafisiche perché, secondo la fisiognomica, rivelerebbero l'attitudine al pensiero.
• **4 greve e dinoccolata**: pesante e ciondolante.

ché giovine (trentacinquenne), doveva di certo avercela: una certa conoscenza degli uomini: e anche delle donne. La sua padrona di casa lo venerava, a non dire adorava: in ragione di e nonostante quell'arruffio[5] strano d'ogni trillo[6] e d'ogni busta gialla[7] imprevista, e di chiamate notturne e d'ore senza pace, che formavano il tormentato contesto del di lui[8] tempo. «Non ha orario, non ha orario! Ieri mi è tornato che faceva giorno!» Era, per lei, lo «statale[9] distintissimo» lungamente sognato, preceduto da cinque A[10] sulla inserzione del *Messaggero*,[11] evocato, pompato fuori[12] dall'assortimento infinito degli statali con quell'esca della «bella assolata affittasi»[13] e non ostante la perentoria intimazione in chiusura: «Escluse donne»: che nel gergo delle inserzioni del *Messaggero* offre, com'è noto, una duplice possibilità d'interpretazione.[14] E poi era riuscito a far chiudere un occhio alla questura su quella ridicola storia dell'ammenda… sì, della multa per la mancata richiesta della licenza di locazione…[15] che se la dividevano a metà, la multa, tra governatorato[16] e questura. «Una signora come me! Vedova del commendatore Antonini! Che si può dire che tutta Roma lo conosceva: e quanti lo conoscevano, lo portavano tutti in parma de mano,[17] non dico perché fosse mio marito, bon'anima! E mo me[18] prendono per un'affatticamere![19] Io affittacamere? Madonna santa, piuttosto me butto a fiume».[20]

Nella sua saggezza e nella sua povertà molisana, il dottor Ingravallo, che pareva vivere di silenzio e di sonno sotto la giungla nera[21] di quella parrucca, lucida come pece e ricciuluta come d'agnello d'Astrakan,[22] nella sua saggezza interrompeva talora codesto sonno e silenzio per enunciare qualche teoretica[23] idea (idea generale s'intende) sui casi degli uomini: e delle donne. A prima vista, cioè al primo udirle, sembravano banalità. Non erano banalità. Così quei rapidi enunciati, che facevano sulla sua bocca il crepitio improvviso d'uno zolfanello[24] illuminatore, rivivevano poi nei timpani della gente a distanza di ore, o di mesi, dalla enunciazione: come dopo un misterioso tempo incubatorio.[25] «Già!» riconosceva l'interessato: «il dottor Ingravallo me l'aveva pur detto». Sosteneva, fra l'altro, che le inopinate[26] catastrofi non sono mai la conseguenza o l'effetto che dir si voglia d'un unico motivo, d'una causa al singolare: ma sono come un vortice, un punto di depressione ciclonica nella coscienza del mondo,[27] verso cui hanno cospirato tutta una molteplicità di causali[28] convergenti. Diceva anche nodo o groviglio, o garbuglio, o gnommero, che alla romana vuol dire gomitolo. Ma il termine giuridico «le causali, la causale» gli sfuggiva preferentemente di bocca: quasi contro sua voglia. L'opinione che bisognasse «riformare in noi il senso della categoria di causa» quale avevamo dai filosofi, da Aristotele o da Emmanuele Kant,[29] e sostituire alla causa le cause era in lui una opinione centrale e persistente: una fissazione, quasi: che gli evaporava[30] dalle labbra carnose, ma piuttosto bianche, dove un mozzicone di sigaretta spenta pareva, pencolando[31] da un angolo, accompagnare la sonnolenza dello sguardo e il quasighigno, tra amaro e scettico, a cui per «vecchia» abitudine soleva atteggiare la metà inferiore della faccia, sotto quel sonno della fronte e delle palpebre e

---

- **5** **arruffio**: *confusione*.
- **6** **trillo**: *squillo* [*di telefono*].
- **7** **gialla**: quelle entro cui erano inviati i messaggi della polizia.
- **8** **di lui**: di Ingravallo.
- **9** **statale**: [*dipendente*].
- **10** **cinque A**: l'AAAAA che serve a richiamare l'attenzione dei lettori e a mettere l'annuncio in prima posizione (li si ordina, infatti, in ordine alfabetico).
- **11** *Messaggero*: il quotidiano di Roma.
- **12** **pompato fuori**: *buttato fuori, emerso*.
- **13** «**bella assolata affittasi**»: sottinteso «camera».
- **14** **duplice…interpretazione**: poteva infatti nascondere l'indicazione di una casa d'appuntamenti per soli uomini.
- **15** **licenza di locazione**: quella che occorre per affittare ("locare") delle camere.
- **16** **governatorato**: *il comune* [*di Roma*], secondo la designazione in uso durante l'epoca fascista (1925-43).
- **17** **in parma de mano**: *in palma di mano*; romanesco.
- **18** **mo me**: *adesso mi*; romanesco.
- **19** **affittacamere**: per la vedova Antonini, qualifica infamante, perché segno di decadimento sociale.
- **20** **me butto a fiume**: *mi butto nel Tevere*, cioè *mi ammazzo*; romanesco.
- **21** **giungla nera**: metafora.
- **22** **agnello d'Astrakan**: la sua pelliccia è appunto **nera**, **lucida** e **ricciuta** come i capelli di Ingravallo.
- **23** **teoretica**: *teorica, speculativa*.
- **24** **il crepitio…zolfanello**: metafora.
- **25** **incubatorio**: *di incubazione*.
- **26** **inopinate**: *impreviste*; latino.
- **27** **un punto…del mondo**: *un momento di profondo sconvolgimento nella* [*nostra*] *conoscenza della realtà*. **Depressione ciclonica** è metafora tratta dalla meteorologia; indica propriamente un punto di bassa pressione atmosferica.
- **28** **causali**: *cause*, in linguaggio giuridico (cfr. sotto).
- **29** **Aristotele…Kant**: il filosofo greco (384-322 a.C.) e quello tedesco (1724-1804) sono richiamati per le loro categorie, che sistemano i princìpi e i modi della conoscenza.
- **30** **evaporava**: *esalava, usciva*.
- **31** **pencolando**: *oscillando, stando in bilico*.

quel nero pìceo[32] della parrucca.[33] Così, proprio così, avveniva dei «suoi»[34] delitti. «Quanno me chiammeno!... Già. Si me chiammeno a me... può stà ssicure ch'è nu guaio: quacche gliuommero... de sberretà...»[35] diceva, contaminando napolitano,[36] molisano, e italiano.

La causale apparente, la causale principe,[37] era sì, una. Ma il fattaccio era l'effetto di tutta una rosa di causali che gli eran soffiate addosso a molinello[38] (come i sedici venti della rosa dei venti quando s'avviluppano a tromba[39] in una depressione ciclonica) e avevano finito per strizzare nel vortice del delitto la debilitata «ragione del mondo».[40] Come si storce il collo a un pollo. E poi soleva dire, ma questo un po' stancamente, «ch'i femmene se retroveno addò n'i vuò truvà».[41] Una tarda riedizione italica[42] del vieto «cherchez la femme».[43] E poi pareva pentirsi, come d'aver calunniato 'e femmene,[44] e voler mutare idea. Ma allora si sarebbe andati nel difficile. Sicché taceva pensieroso, come temendo d'aver detto troppo. Voleva significare[45] che un certo movente affettivo, un tanto o, direste oggi, un quanto[46] di affettività,[47] un certo «quanto di erotia»,[48] si mescolava anche ai «casi d'interesse»,[49] ai delitti apparentemente più lontani dalle tempeste d'amore. Qualche collega un tantino invidioso delle sue trovate, qualche prete più edotto dei molti danni del secolo,[50] alcuni subalterni, certi uscieri, i superiori, sostenevano che leggesse dei libri strani: da cui cavava tutte quelle parole che non vogliono dir nulla, o quasi nulla, ma servono come non altre ad accileccare[51] gli sprovveduti, gli ignari. Erano questioni un po' da manicomio: una terminologia da medici dei matti.[52] Per la pratica ci vuol altro! I fumi e le filosoficherie[53] son da lasciare ai trattatisti: la pratica dei commissariati e della squadra mobile è tutt'un'altro affare: ci vuole della gran pazienza, della gran carità: uno stomaco pur anche a posto: e, quando non trabalii tutta la baracca dei taliani,[54] senso di responsabilità e decisione sicura, moderazione civile;[55] già: già: e polso fermo. Di queste obiezioni così giuste lui, don Ciccio, non se ne dava per inteso:[56] seguitava a dormire in piedi, a filosofare a stomaco vuoto, e a fingere di fumare la sua mezza sigheretta,[57] regolarmente spenta.

- **32 pìceo**: *della tonalità della pece*.
- **33 parrucca**: *ammasso di capelli*.
- **34 «suoi»**: *quelli di cui si occupava*.
- **35 «Quanno me chiammeno!...de sberretà...»**: «*Quando mi chiamano!... Già. Se mi chiamano a me... puoi stare sicuro che è un [bel] guaio: qualche groviglio...da dipanare...*». I solecismi (**me...a me** = a me mi) e la mistione dialettale rendono la sintassi del parlato.
- **36 napolitano**: *napoletano*; italiano arcaico o fiorentino.
- **37 principe**: *principale*.
- **38 a molinello**: *a mulinello* (italiano arcaico o fiorentino): cioè 'vorticando'.
- **39 s'avviluppano a tromba**: *si ingorgano [formando una]* **tromba** *[d'aria]*: un'altra metafora meteorologica.
- **40 strizzare...mondo**: *ridurre male* (**strizzare** = stringere) *nel caos del delitto il [già] debole* (**debilitata**) *«senso delle cose»* («ragione del mondo»; filosof.). Nel delitto si rivela il male, inteso come insensatezza delle cose.
- **41 «ch'i femmene...truvà»**: «*che le donne si trovano dove non le vuoi trovare*»; meridionale.
- **42 italica**: *italiana*; aulico e scherzoso.
- **43 del vieto...femme»**: *dell'abusato «cercate la donna»*: è un modo di dire francese proverbiale e indica, appunto, che le donne stanno ovunque, specie dietro i guai.
- **44 'e femmene**: *le donne*; meridionale.
- **45 significare**: *intendere, dire*.
- **46 quanto**: il "quantum" è, in fisica, un'unità minima di energia.
- **47 affettività**: *pulsione psicologica*, in senso lato.
- **48 erotia**: *pulsione sessuale*, in un linguaggio che imita quello della psicoanalisi. Dal greco "eros" (amore); è un neologismo gaddiano.
- **49 d'interesse**: *di interesse [economico]*: il cui movente cioè è il denaro.
- **50 edotto...secolo**: *a conoscenza dei mali del mondo*; linguaggio pretesco e latino.
- **51 accileccare**: *abbindolare, prendere in giro*.
- **52 terminologia...matti**: designazione sprezzante delle dottrine della psicoanalisi, qui volgarmente identificata con la psichiatria (disciplina dei **medici dei matti**). È in particolare Sigmund Freud (1856-1939) a individuare nelle pulsioni sessuali le forze che muovono l'inconscio.
- **53 I fumi e le filosoficherie**: *le teorie fumose e le complicazioni da filosofi*.
- **54 tutta...taliani**: l'Italia, vista come edificio traballante (metafora); **taliani** è aferesi dialettale per "italiani".
- **55 moderazione civile**: *coscienza civile*.
- **56 non se ne dava per inteso**: *se ne disinteressava, non dava ascolto*.
- **57 sigheretta**: *sigaretta*; fiorentino.

T3 DALLA COMPRENSIONE ALL'INTERPRETAZIONE

COMPRENSIONE

Il commissario filosofo e la pluralità delle cause Il brano che abbiamo letto è **l'inizio del romanzo** e può essere suddiviso in due parti. Nella prima (**righi 1-24**) **viene descritto il commissario Ingravallo**, osservato attraverso il punto di vista distorto della padrona di casa. Nella seconda parte (**righi 25-68**) viene spiegata **la sua visione "filosofica"**. Il commissario Ingravallo è una delle tante **maschere autobiografiche** che compaiono nell'opera di Gadda. Si tratta di un personaggio allo stesso tempo serio e caricaturale: **la sua è la "filosofia" dell'autore stesso**, che nel 1928 ha scritto anche un trattato filosofico incompiuto intitolato *Meditazione milanese*. Per Gadda e per il suo commissario **la realtà è un «pasticcio» o un «gomitolo» dove tutte le cose sono legate**, connesse e ingarbugliate. Ingravallo rifiuta la nozione stessa di «causa prossima» e a questa sostituisce l'idea della **pluralità delle cause correlate**. Le cause, e non la causa. Perché una molteplicità di fattori concorre a determinare il singolo evento. «"Ogni effetto ha la sua causa" è un'asserzione che non comprendo assolutamente», si legge nella *Meditazione milanese*, «io dico "ogni effetto (grumo di relazioni) ha le sue cause"». La possibilità di accedere ad una conoscenza obiettiva del reale è compromessa anche dalla **parzialità di ogni giudizio umano**: l'interesse soggettivo condiziona la ricerca della **verità, che diventa irraggiungibile**. Questo *incipit* mette in allerta il lettore: come verrà scoperto il colpevole se chi deve indagare non crede che sia possibile risalire alle cause dei fatti? Il libro quindi si presenta come un giallo tradizionale, con un protagonista che è un commissario, ma al tempo stesso sin da subito **mette in crisi lo statuto del genere** cui appartiene.

ANALISI

Lo stile e la voce narrante Gadda sceglie di aprire il suo romanzo con un tono che è, dal punto di vista stilistico, piuttosto lontano da quello cui – specie negli ultimi capitoli – ci abituerà. Lo caratterizza una sorta di **affabilità letteraria, colta e umoristica, di ascendenza manzoniana**. Ci sono delle impennate verso l'alto, ma parodizzate: come nel lessico e nella sintassi dotta di «ubiquo ai casi, onnipresente su gli affari tenebrosi». Oppure, **le voci rare sono scelte in funzione ironica o espressiva**: è quanto accade in «accileccare gli sprovveduti». Così pure la teoria del «quanto di erotia» può sì ricorrere a elaborate metafore (quella della «depressione ciclonica»), ma in sostanza tenta di rendere familiare un **linguaggio filosofico**: tanto più che a essa seguono le canzonature di chi diffida di Ingravallo, secondo cui si tratta solo di una «terminologia da medici dei matti». La voce del narratore cerca un **dialogo continuo con il lettore**: non è la voce perentoria di un narratore onnisciente, giudice infallibile del bene e del male, ma quella di chi esita, corregge giudizi, avanza ipotesi (di qui i vari «non si sa perché», «doveva di certo avercela», «s'intende», «sembravano banalità. Non erano banalità», «la causale principale, era sì, una. Ma..., direste oggi»). Questa **colloquialità** può sfociare nell'indiretto libero: la prima volta, riferendo **i pensieri della vedova Antonini**, che si risolvono in un **discorso diretto vero e proprio**; la seconda volta, quando si riportano le obiezioni mosse a Ingravallo. **La voce narrativa, insomma, inizia a sfrangiarsi in voci diverse, composte, discordanti**; perciò accoglie **linguaggi eterogenei**, che svariano dalle chiacchiere della vedova Antonini alle teorie di Aristotele, dal parlato quotidiano al tecnicismo legale. Quanto al dialetto, compare quasi esclusivamente nel discorso diretto; e non come dialetto puro. La Antonini mescola **italiano e romanesco**; Ingravallo parla «contaminando napoletano, **molisano** e italiano». Le presenze dialettali nel testo narrativo sono appena tre: «gnommero», che ripete il pensiero di Ingravallo («Diceva anche...»); «e' femmene» che, ancora, è un'espressione del commissario; i «taliani» in ambito di indiretto libero: anche se, questa volta, non è possibile individuare un parlante preciso. Il dialetto, insomma, entra nel *Pasticciaccio* innanzitutto attraverso la strada naturalistica dell'imitazione di qualcuno; ma non può essere ridotto a questa pratica.

INTERPRETAZIONE

Un compendio del *Pasticciaccio* Dal punto di vista strutturale, è proprio **l'oscillare della voce narrante** a spiegare alcune caratteristiche del nostro passo. La tendenza ad **assumere le voci dei personaggi** porta alla **divagazione**: come è, in sostanza, la lamentela della Antonini. Ma, in realtà, il brano è composto come un compendio dei temi di tutto il *Pasticciaccio*, in base ai princìpi del **romanzo-sinfonia**. Anzitutto, l'aperta esposizione del **tema del pasticcio**, in duplice senso: quello di **intrico di eventi** (con la teoria delle concause); quello del **garbuglio psicologico** (con la teoria del «quanto di erotia»). Il primo ha un rilievo anche metaletterario: funziona, difatti, come **programma narrativo del libro**. Il secondo, preannuncia le chiavi di lettura sia del caso Menegazzi, sia del caso Balducci. Di qui si passa conseguenzialmente al tema delle «femmene», che percorrerà tutto il romanzo. Lo sconquasso della «baracca dei taliani», con la necessità di «moderazione civile», adombra infine **la polemica e la satira sul fascismo** e l'opposizione di Ingravallo a quest'ultimo. Sin da ora, si comprende che essa non è propriamente politica: il compito del commissario è **ristabilire la ragione in un mondo caotico**, e si risolve perciò in **un impegno conoscitivo ed etico**.

T3 LAVORIAMO SUL TESTO

COMPRENDERE
Un groviglio di concause
1. Riassumi il contenuto della filosofia del commissario.

ANALIZZARE
Lo stile del "pasticcio"
2. Sottolinea le metafore attinenti all'idea di "pasticcio": «inopinate catastrofi»…

La visione poliprospettica
3. Individua i diversi punti di vista: del narratore, della vedova Antonini e di Ingravallo.
4. Attraverso quali elementi sono resi riconoscibili?

Il plurilinguismo
5. **LINGUA E LESSICO** Distingui i vari linguaggi usati: letterario, tecnico scientifico, dialettale.

INTERPRETARE
6. Puoi mostrare la pertinenza delle scelte linguistiche e stilistiche gaddiane al punto di vista introdotto da Ingravallo?

> **LE MIE COMPETENZE: COLLABORARE, PROGETTARE, PRODURRE**
> Collaborando con un gruppo di compagni, progetta di organizzare un *workshop* intitolato *Tutti i colori del giallo*. Compila un elenco dei possibili relatori; scegli il luogo e i tempi dell'incontro; progetta una scaletta dei lavori. Quindi realizza una *brochure* che presenti il tema ed esponga nel dettaglio il programma del *workshop*.

T4 Il cadavere di Liliana

OPERA
Quer pasticciaccio brutto de via Merulana, cap. II

CONCETTI CHIAVE
- il carattere ambiguo della vittima
- la pluralità dei punti di vista
- il *pastiche* linguistico

FONTE
C. E. Gadda, *Quer pasticciaccio brutto de via Merulana*, in *Romanzi e racconti*, cit.

Siamo nel secondo capitolo. La polizia sta ispezionando casa Balducci. Il sangue di Liliana, orribilmente ferita alla gola, e con gli abiti scomposti, è gocciolato sul pavimento; i cassetti aperti recano tracce di un furto. Mentre si scattano foto impietose e Giuliano Valdarena è sorvegliato da due agenti, Ingravallo osserva la scena del delitto e medita turbato.

I parenti furono «avvertiti»[1] ufficialmente a sera tardi, ma Ingravallo, fin da la matina,[2] aveva proibito de falli entrà.[3] Rinnovate inchieste e puntuali contestazioni autoptiche,[4] tanto der capoccione[5] don Ciccio che der maresciallo Valiani, be', se sa,[6] non significarono gran che. Be', cioè: qualche evidenza[7] di furto. Nessun'arme[8] fu rinvenuta. Ma diversi tiretti[9] e cassetti, a guardacce dentro, se capì che quarche cosa aveveno da sapé.[10] Non apparvero poi tanto ignari, quanto dal di fuori si davan l'aria.[11] Armi, no. E nessuna indicazione, eccettoché le gocce rosse per terra, e quel sangue… trascinato dai tacchi. Presso lo sciacquatore,[12] in cucina, il pavimento a mattonelle era bagnato d'acqua. Un coltello «affilatissimo»[13] e del tutto assente era il più indiziato d'aver potuto lavorare a quel modo. Le gocce, anziché da mano assassina, parevano gocciolate giù da un coltello. Nere,[14] ora. La inopinata[15] lucentezza, il tagliente[16] e la breve acuità[17] d'una lama. In lei[18] uno sgomento. Lui,[19] di certo, aveva colpito all'improvviso: e insistito poi

---

1. **«avvertiti»**: dell'omicidio di Liliana; tra virgolette perché riporta il linguaggio freddo e burocratico di agenti di polizia e giornali.
2. **da la matina**: *dalla mattina*; romanesco.
3. **de falli entrà**: *di farli entrare* [: in casa Balducci]; romanesco.
4. **contestazioni autoptiche**: *rilievi personali*; linguaggio tecnico della polizia. Il termine "autopsia" è qui usato nel senso etimologico di "vedere da sé".
5. **der capoccione**: *del testone*; rom. Indica sia la massa di capelli di Ingravallo, sia la sua riflessività.
6. **be', se sa**: *beh, si sa*; rom. parlato, da indiretto libero.
7. **evidenza**: *prova chiara*.
8. **Nessun'arme**: *nessuna arma*; può essere sia aulico, sia dialettale.
9. **tiretti**: *cassetti*; dialettale.
10. **a guardacce…sapé**: *a guardarci dentro, si capì che qualche cosa dovevano saperla* (romanesco): recavano cioè le tracce del furto.
11. **ignari…si davan l'aria**: i cassetti sono personificati in testimoni renitenti.
12. **sciacquatore**: *lavabo*; romanesco.
13. **«affilatissimo»**: tra virgolette, perché è un superlativo da cronaca giornalistica.
14. **Nere**: perché il sangue si è ormai coagulato.
15. **inopinata**: *imprevista, insospettata*.
16. **il tagliente**: la parte tagliente e affilata della lama.
17. **acuità**: *affilatezza*.
18. **lei**: Liliana.
19. **Lui**: l'omicida.

nella gola, nella trachea, con efferata[20] sicurezza. La «colluttazione» se pure era da credervi, doveva essere stata nient'altro che un misero conato,[21] da parte della vittima, uno sguardo atterrito e subitamente implorante, l'abbozzo di un gesto: una mano levata appena, bianca, a stornare[22] l'orrore, a tentar di stringere il polso villoso, la mano implacabile e nera dell'omicida, la sinistra, che già le adunghiava[23] il volto e le arrovesciava[24] il capo a ottener la gola più libera, interamente nuda e indifesa contro il balenare d'una lama: che la destra aveva già estratto a voler ferire, ad uccidere.

Una cerea[25] mano si allentava, ricadeva... quando Liliana aveva già il cortello dentro il respiro, che le lacerava, le straziava la trachea: e il sangue, a tirà er fiato, le annava giù ner polmone:[26] e il fiato le gorgogliava fuora[27] in quella tosse, in quello strazio, da paré tante bolle de sapone rosse:[28] e la carotide, la jugulare,[29] buttaveno[30] come due pompe de pozzo, lùf, lùf,[31] a mezzo metro de distanza. Il fiato, l'ultimo, de traverso, a bolle, in quella porpora atroce della sua vita:[32] e si sentiva il sangue, nella bocca, e vedeva quegli occhi, non più d'uomo,[33] sulla piaga: ch'era ancora da lavorare: un colpo ancora: gli occhi! della belva infinita. La insospettata ferocia delle cose... le si rivelava d'un subito...[34] brevi anni![35] Ma lo spasimo le toglieva il senso,[36] annichilava[37] la memoria, la vita. Una dolciastra, una tepida sapidità della notte.[38]

Le mani bianchissime, con quelle tenere unghie, color pervinca,[39] ora, non presentavano tagli: non aveva potuto, non aveva osato afferrare il tagliente,[40] o fermare la determinazione del carnefice. Si era conceduta al carnefice. Il viso e il naso apparivano sgraffiati, qua e là, nella stanchezza e nel pallore della morte, come se l'odio avesse oltrepassato[41] la morte. Le dita erano prive di anelli, la fede era sparita. Né veniva in mente, allora, di imputarne la sparizione alla patria.[42] Il coltello aveva lavorato da par suo. Liliana! Liliana! A don Ciccio pareva che ogni forma del mondo si ottenebrasse, ogni gentilezza del mondo.[43]

L'incaricato dell'ufficio criminologico[44] escluse il rasoio, che dà tagli più netti, ma più superficiali, così opinò,[45] e, in genere, multipli: non potendo venir adibito[46] di punta, né con tanta violenza. Violenza? Sì,[47] la ferita era profondissima, orribile: aveva resecato metà[48] il collo, a momenti. In tutta la camera da pranzo, no, nessun indizio... all'infuori der[49] sangue. In giro pe l'altre[50] camere nemmeno. Salvoché ancora sangue: delle tracce palesi[51] ne lo sciacquatore de cucina:[52] diluito, da parer[53] quello d'una rana: e molte gocce scarlatte, o già nere, sur[54] pavimento, rotonde e radiate[55]

- [20] **efferata**: *feroce.*
- [21] **conato**: *tentativo.*
- [22] **stornare**: *allontanare.*
- [23] **adunghiava**: *afferrava*; si dice delle belve.
- [24] **arrovesciava**: *spingeva indietro.*
- [25] **cerea**: *pallida come cera*; è la **mano** di Liliana.
- [26] **a tirà...ner polmone**: *a prendere il fiato* [: quando respirava] *le andava giù nei polmoni*; romanesco.
- [27] **fuora**: *fuori*; romanesco.
- [28] **da paré...rosse**: *che sembravano* (**da paré** = da parere) *tante bolle rosse di sapone*; mescola romanesco e italiano.
- [29] **carotide...jugulare**: rispettivamente, l'arteria che porta il sangue dal cuore alla testa, attraverso il collo, e la vena ("giugulare") che lo porta dalla testa al cuore.
- [30] **buttaveno**: *buttavano* [il liquido]; romanesco.
- [31] **lùf, lùf**: onomatopea, imita il rumore di una pompa.
- [32] **in quella porpora...vita**: *in quel rosso terribile* [: il sangue] *in cui era la sua vita.*
- [33] **non più d'uomo**: sia perché, morendo, Liliana non lo riconosce più, sia perché l'omicida diventa una **belva infinita** e una personificazione del male.
- [34] **d'un subito**: *improvvisamente.*
- [35] **brevi anni**: Liliana ha trent'anni.
- [36] **il senso**: *i sensi, la percezione.*
- [37] **annichilava**: *annullava.*
- [38] **tepida...notte**: *tiepido gusto della notte.* La metafora (e sinestesia) indica il sapore del sangue, tiepido e acre, e la percezione della morte (qui indicata dal buio della **notte**).
- [39] **pervinca**: fiore azzurro-violetto.
- [40] **il tagliente**: cfr. nota 16.
- [41] **oltrepassato**: perché mostra i suoi segni anche dopo la morte di Liliana.
- [42] **Né veniva...alla patria**: a partire dagli anni 1935-36, l'oro delle fedi nuziali veniva dato alla "patria" per sostenere la guerra d'Etiopia e l'economia autarchica.
- [43] **che ogni forma...del mondo**: *che ogni ordine* (**forma**; in senso filosof.) *del mondo, che ogni nobiltà* (**gentilezza**, arcaico) *del mondo venissero meno* (**si ottenebrasse** = si oscurasse). La sintassi è emotiva per la ripetizione, aulica per la cadenza.
- [44] **ufficio criminologico**: quello incaricato dei rilievi scientifici.
- [45] **opinò**: *dedusse.*
- [46] **venir adibito**: *essere usato.* È il linguaggio burocratico del criminologo.
- [47] **Violenza? Sì...**: andamento da indiretto libero.
- [48] **resecato metà**: *tagliato a metà.*
- [49] **der**: *del*; romanesco.
- [50] **pe l'altre**: *per le altre*; la preposiz. è romanesco.
- [51] **palesi**: *evidenti.*
- [52] **ne lo sciacquatore de cucina**: *nel lavabo della cucina*; romanesco italianizzato.
- [53] **da parer**: [in modo tale] *da sembrare.*
- [54] **sur**: *sul*; romanesco.
- [55] **radiate**: *circondate da una raggiera di piccoli schizzi*; latino.

come ne fa il sangue a lassallo gocciolà[56] per terra: come sezioni d'asteroidi.[57] Quelle gocce, orribili, davano segno d'un itinerario[58] evidente:
45 dal superstite ingombro del corpo,[59] dalla tepida[60] testimonianza di lei, morta!... Liliana! fino a lo sciacquatore de cucina, al gelo e al lavacro:[61] al gelo che d'ogni memoria ci assolve.[62] Molte gocce, nella camera da
50 pranzo, ecco, di cui cinque o pure più ereno finitime[63] all'altro sangue, a tutto quer pasticcio,[64] alle macchie e alla pozza più grossa, de dove l'aveveno preso pe strascinallo
55 in giro co le scarpe,[65] quei maledetti caprari.[66] Molte ner corridore,[67] un po' piccole, molte in cucina: e alcune sfregate via come pe cancellalle co la sòla da nun falle vede[68] su le
60 mattonelle bianche, ad esagono. Furono tentati[69] i mobili: undici fra cassetti e sportelli, d'armadi e de credenze, non li poterono aprire. Giuliano,[70] in salotto, era guardato a vista da due agenti. Cristoforo[71] j'aveva[72] portato du[73] panini e du aranci. Tutti quegli
65 omacci seguitavano[74] a girare e a scalpicciare[75] per la casa. Un urto de nervi.[76] Don Ciccio sedette, affranto, in anticamera, in attesa del giudice. Poi riandò là: guardò, come per un commiato, la povera creatura sopra a cui stavano a disputà[77] sottovoce li[78] fotografi, badando non insudiciarsi pure loro o le loro trappole,[79] con lampade, schermi, fili, treppiedi, macchinoni a soffietto. Aveveno[80] già scovato due prese de dietro a du portrone,[81] e aveveno già fatto sartà la varvo-
70 la du o tre vorte,[82] una de le tre varvole dell'appartamento. Si decisero per il magnesio.[83] Aggeg-

René Magritte, *L'assassino minacciato*, 1927. New York, Museum of Modern Art.

Dal 1925 in avanti Magritte si concentra sulla pittura surrealista. Conosciuta la pittura di De Chirico, infatti, inizia a concepire scene enigmatiche, il cui significato, per rendere l'idea della impossibilità di conoscere tutti gli aspetti della realtà, non si svela mai del tutto. Nell'*Assassino minacciato* Magritte ci presenta una scena inquietante: il cadavere di una donna su un sofà, l'assassino elegantemente atteggiato vicino a un grammofono, tre testimoni immobili alla finestra, due personaggi, fuori della stanza, che stanno preparando un agguato per l'assassino.

- **56   a lassallo gocciolà**: *a lasciarlo* [: quando lo si lascia] *sgocciolare*; romanesco.
- **57   come sezioni d'asteroidi**: tagliati in *sezione*, cioè lungo un asse che attraversi il centro, gli asteroidi si rivelano circolari, ma con i margini sfrangiati.
- **58   itinerario**: *percorso*: quello compiuto dall'omicida.
- **59   dal superstite...corpo**: *dall'ostacolo* [: per i movimenti dell'omicida] *del corpo* [*di Liliana*], [*che era quello*] *che rimaneva* [*di lei*] (**superstite**).
- **60   tepida**: *tiepida*, ancora calda (perché è appena morta).
- **61   al gelo...lavacro**: *al freddo* [*dell'acqua*] *del lavabo*: endiadi aulica (ricorda i «tepidi lavacri» del coro dell'*Adelchi* di Manzoni).
- **62   al gelo...assolve**: *al gelo che ci libera* (**assolve** = *scioglie*; latino) *da ogni ricordo*: il **gelo** della morte. È linguaggio letterario.
- **63   ereno finitime**: *erano vicine*; accosta romanesco e latino.
- **64   quer pasticcio**: *quel* (romanesco) *pasticcio*; richiama il titolo del romanzo, e dà valore di metafora a un'espressione denotativa.
- **65   de dove...scarpe**: *da dove l'avevano preso per strascinarlo con le scarpe*; romanesco italianizzato.
- **66   queli...caprari**: *quei maledetti cafoni*; è l'imprecazione che, poche pagine prima, è sfuggita a Ingravallo vedendo il sangue pestato dagli agenti di polizia.
- **67   ner corridore**: *nel corridoio*; romanesco.
- **68   pe cancellalle...vede**: *per cancellarle con la suola*, [*in modo*] *da non farle vedere*; romanesco.
- **69   Furono tentati**: (= furono messi alla prova): *si provò* [*ad aprire*].
- **70   Giuliano**: Valdarena, il cugino di Liliana.
- **71   Cristoforo**: un agente.
- **72   j'aveva**: *gli aveva*; romanesco.
- **73   du**: *due*; romanesco.
- **74   seguitavano**: *continuavano*.
- **75   scalpicciare**: *camminare strascinando i piedi*.
- **76   Un urto de nervi**: *un motivo di irritazione* [: per Ingravallo].
- **77   a disputà**: *a disputare, a discutere*; romanesco.
- **78   li**: *i*; romanesco.
- **79   trappole**: le macchine fotografiche, un tempo munite di **soffietto**, montate su un **treppiedi** e molto ingombranti (**macchinoni**).
- **80   Aveveno**: *avevano*; romanesco.
- **81   de dietro a du portrone**: *dietro a due poltrone*; romanesco.
- **82   aveveno già...vorte**: *e avevano già fatto saltare la valvola* [*dell'impianto elettrico*] *due o tre volte*; rom.
- **83   magnesio**: quello che, prendendo fuoco, produceva il *flash* delle macchine fotografiche.

giavano come du angeloni sinistri pieni de voja de falla franca,⁸⁴ al di sopra di quella terrificante stanchezza:⁸⁵ un freddo, un povero relitto, ora, della cattiveria del mondo.⁸⁶ Le loro manovre de mosconi,⁸⁷ queli fili, quelo strigne li diaframmi, quer mettese d'accordo sottovoce pe vedé de nun faje pijà foco a tutta la baracca...⁸⁸ erano il primo ronzare dell'eternità sui sensi opachi⁸⁹ di lei, de quer corpo de donna che nun ciaveva⁹⁰ più pudore⁹¹ né memoria.⁹² Operavano sulla «vittima» senza riguardarne⁹³ la pena, e senza poterne riscattare l'ignominia.⁹⁴ La bellezza, l'indumento, la spenta⁹⁵ carne di Liliana era là: il dolce corpo, rivestito ancora agli sguardi. Nella turpitudine⁹⁶ di quell'atteggiamento involontario – della quale erano motivi, certo, e la gonna rilevata addietro⁹⁷ dall'oltraggio e l'ostensione⁹⁸ delle gambe, su su, e del rilievo e della solcatura di voluttà che incupidiva⁹⁹ i più deboli: e gli occhi affossati, ma orribilmente aperti nel nulla, fermi a una meta inane¹⁰⁰ sulla credenza – la morte gli apparve, a don Ciccio, una decombinazione estrema dei possibili, uno sfasarsi di idee interdipendenti, armonizzate già nella persona.¹⁰¹ Come il risolversi¹⁰² d'una che non ce la fa più ad essere e ad operare come tale,¹⁰³ nella caduta improvvisa dei rapporti, d'ogni rapporto con la realtà sistematrice.¹⁰⁴

Il dolce pallore del di lei volto, così bianco nei sogni opalini¹⁰⁵ della sera, aveva ceduto per modulazioni funebri a un tono cianotico, di stanca pervinca:¹⁰⁶ quasicché l'odio e l'ingiuria fossero stati troppo acerbi al conoscere,¹⁰⁷ al tenero fiore¹⁰⁸ della persona e dell'anima. Dei brividi gli¹⁰⁹ correvano la¹¹⁰ schiena. Cercò a riflettere.¹¹¹ Sudava.

- **84 Aggeggiavano...de falla franca**: *si davano da fare* (**aggeggiavano**) *come due grossi angeli funesti* (**sinistri**) *pieni di voglia di farla franca*. **Aggeggiare** *è toscano familiare; il resto è romanesco. L'immagine degli* **angeloni** *ricorda il sonetto* Er giorno der giudizzio *di G.G. Belli*.
- **85 stanchezza**: *quella di Liliana*.
- **86 relitto...mondo**: *ciò che ora rimaneva* (**relitto** = *resto;* lat.) *di fronte alla* (**della** = *dalla*) *crudeltà del mondo*.
- **87 mosconi**: *metafora, che giunge sino al successivo* **ronzare**.
- **88 queli fili...baracca**: *quei fili* [: i cavi elettrici], *quello stringere i diaframmi* [*delle macchine fotografiche*], *quel mettersi d'accordo sottovoce per vedere di non fare* (**faje** = *fargli*) *prendere* (**pijà** = *pigliare*) *fuoco a tutta la casa*; *romanesco*.
- **89 opachi**: *senza vita*.
- **90 de quer corpo...ciaveva**: *di quel corpo di donna che non aveva*; *romanesco*.
- **91 pudore**: *perché è stata trovata con la gonna alzata, come si dirà poco dopo*.
- **92 memoria**: *perché la morte l'ha cancellata*.
- **93 riguardarne**: *aver rispetto per*.
- **94 ignominia**: *oltraggio* [*patito*].
- **95 spenta**: *senza vita*.
- **96 turpitudine**: *vergogna, sconcezza*.
- **97 rilevata addietro**: *alzata* [*e portata*] *indietro; lett.*
- **98 ostensione**: *mostra, esibizione*.
- **99 solcatura...incupidiva**: *e del solco* [*dell'inguine, promessa*] *di piacere* (**voluttà**) *che suscitava il desiderio* (**incupidiva**); *letterario e latino*.
- **100 fermi...inane**: *fissi su un oggetto* [*che era*] *inutile* [*guardare*].
- **101 una decombinazione... nella persona**: *l'estremo decomporsi delle possibilità, uno scollegarsi* (**sfasarsi**) *di idee correlate l'una all'altra* (**interdipendenti**), *e che prima* (**già**) *si armonizzavano nella* [*unità della*] *persona*. *È linguaggio filosofico, con cadenze nobilmente letterarie*.
- **102 risolversi**: *sciogliersi, scomporsi*; *latino*.
- **103 come tale**: *come unità*.
- **104 nella caduta...sistematrice**: *nell'improvviso venir meno delle relazioni* [*che le cose hanno tra loro*], *di ogni relazione con la realtà in cui* [*le cose*] *sono organizzate* (**sistematrice** = *che fa da sistema, che crea un ordine*).
- **105 opalini**: *iridescenti*. *È immagine della poesia decadente*.
- **106 per modulazioni...pervinca**: *attraverso i toni* (**per modulazioni**) [*del pallore*] *della morte* (**funebri**) *a un colore livido* (**cianotico**), [*come*] *di una pervinca appassita* (**stanca**). *La* **pervinca** *è un fiore azzurro-violetto*.
- **107 acerbi al conoscere**: *duri per la coscienza*.
- **108 tenero fiore**: *è la metafora tradizionale del "fiore degli anni"*.
- **109 gli**: *a Ingravallo*.
- **110 correvano la**: *correvano per la*: *l'uso transitivo del verbo è letterario*.
- **111 Cercò a**: *si sforzò di*; *arcaico*.

T4 DALLA COMPRENSIONE ALL'INTERPRETAZIONE

COMPRENSIONE

Il corpo violato È il momento più tragico del romanzo: giovedì 17 marzo 1927 Liliana Balducci, una donna bella e affascinante, viene assassinata. Sono passati solo tre giorni da quando un uomo in tuta da meccanico e con una sciarpa di lana verde-bruno ha derubato di denaro e gioielli la vedova Menegazzi, che vive sullo stesso pianerottolo, dirimpetto ai Balducci. Malinconica, dignitosamente estenuata, indifesa Liliana è remissivamente pronta ad accogliere il mondo esterno fino al rischio dell'annullamento. Pochi giorni prima Ingravallo, invitato a cena dai Balducci, è stato sedotto dal suo fascino malinconico. Ora il corpo delicato della donna è stato violato: **non solo Liliana è stato aggredita e uccisa da uno sconosciuto, ma il suo cadavere è esposto alla vista di poliziotti, parenti e cu-**

riosi. Per restituire il senso di questa violazione Gadda descrive il corpo straziato nei particolari adottando il punto di vista dei presenti e **passando continuamente da una focalizzazione all'altra**.

ANALISI

Il pluristilismo Il problema dello stile può essere affrontato rispondendo a una domanda di natura narratologica: chi parla? su chi è focalizzato il racconto? Il romanesco dovrebbe identificare l'insieme dei parlanti, ossia un ipotetico **"coro" che commenta le vicende dal proprio punto di vista**. In realtà, questo coro è ben lontano dalla consistenza naturalistica, mettiamo, della comunità di Aci Trezza nei *Malavoglia* di Verga. In esso, infatti, si inseriscono, come **punti di vista diversi, elementi eterogenei, tutti con una precisa connotazione linguistico-stilistica**: le espressioni da cronaca giornalistica, virgolettate; i tecnicismi della squadra scientifica (su cui, però, ricade il giudizio di Ingravallo: «Quei maledetti caprari» al rigo 54); il pathos, fatto di commenti ed esclamazioni («Liliana! Liliana!» al rigo 33), dello sguardo del commissario; l'innalzarsi del tono sino al **sublime** decadentistico (specie nell'ultimo paragrafo: «Il dolce pallore...» ai righi 85 sgg.); un registro **"comico"** in cui una realtà orribile richiama immagini della quotidianità (la carotide e la giugulare paragonate a una pompa al rigo 22, i fotografi definiti «mosconi» dell'eternità ai righi 73-75). Il risultato è **una mescolanza così densa e ravvicinata** che diventa riduttivo o illegittimo voler semplicemente riportare a forza linguaggi e stili differenti a personaggi differenti. Così, per esempio, quella che dovrebbe essere un'osservazione di Ingravallo assume un tono troppo alto perché possa essere attribuita con verisimiglianza alla sua cultura (almeno nella forma in cui viene espressa): «A don Ciccio pareva che ogni forma del mondo...» ai righi 33-34).

Polifonia e stratificazione degli stili La voce narrante è dunque una pluralità polifonica di voci. Ma questa non basta. La voce narrante, infatti, non è composta solo da vari gradi di lingua parlata o d'uso (dai linguaggi settoriali al giornalismo), ma anche da **un linguaggio letterario elaboratissimo**. La stratificazione dello stile investe sia il piano orizzontale (**i linguaggi del presente, socialmente e geograficamente connotati**) sia quello verticale (**dall'aulico al triviale**). Perciò viene spazzato via qualunque nesso convenzionale tra argomento e stile: il tragico e il comico (o grottesco) sono correlati inestricabilmente: le distinzioni di genere saltano.

INTERPRETAZIONE

L'ambiguità tematica La rottura delle distinzioni di genere corrisponde a una **profonda ambiguità tematica**. Il **ritratto di Liliana** oscilla tra quello di una **vittima innocente** e quello di chi, comunque, è **invischiato nel male**: «Vittima» compare tra virgolette (rigo 76); il campo semantico dell'«ignominia» e della «turpitudine» (righi 75-78) può essere interpretato sia come 'offesa subita', sia come 'vergogna cui ci si è esposti'; la mancanza di resistenza (la «"colluttazione" se pure era da crederivi», rigo 12) deriva dalla debolezza fisica, ma può sembrare anche **volontà di morire e di cedere all'aggressore**. E difatti di Liliana non si dice, come pure ci si aspetterebbe, che "aveva ceduto", ma che «si era conceduta al carnefice» (rigo 30), come qualcuno che si dia a un rapporto sessuale.

Un processo di conoscenza Dal punto di vista strutturale, a questa ambiguità fa riscontro la focalizzazione multipla di cui abbiamo detto; e il fatto che il racconto non sia una relazione oggettiva, ma **una ricostruzione ipotetica dei fatti**. Il giallo inscena dunque **un processo di conoscenza**. E, forse, un errore: giacché alla fine i sospetti ricadranno non sul «polso villoso» (rigo 15) di un uomo, ma su una donna (Assunta Crocchiapani).

L'attualizzazione e la valorizzazione Che cosa può ancora rendere interessante e significativo per il lettore di oggi il brano qui riportato? Non certo la struttura da giallo, con la *suspense* connessa: Gadda rispetta così poco le regole del giallo da poter dire che arriva addirittura a rovesciarle. Le ragioni di interesse si annidano, evidentemente, per lettori esperti ed educati alla letteratura alta, innanzitutto nello stile, capace di raffigurare la difficile ricerca della verità e dunque **la complessità** imprendibile dei nessi causali. **È una scrittura che rappresenta l'intrico, il groviglio** di fenomeni e di sentimenti che agitano l'agire umano. C'è dunque al fondo la coscienza modernissima di questa complessità; e c'è la sfida rivolta verso di essa, cioè **il tentativo di raggiungere, comunque, un'ipotesi interpretativa**, di ricostruire un percorso di significato. È una scrittura che dice **la crisi delle nostre conoscenze**, e che **non si arrende alla irrazionalità**. Il valore sta in questa fiducia non ingenua nelle facoltà conoscitive della letteratura, e il valore è dunque la possibilità, per il lettore, di portare anche il proprio sguardo conoscitivo più in fondo di quanto gli accada di fare solitamente. Certo, non è detto che tutti ne abbiano voglia: è un valore, questo, necessariamente attuale solo per chi lo accosta con la dovuta buona volontà.

T4 LAVORIAMO SUL TESTO

ANALIZZARE

Una pluralità di voci

1. Esamina il punto di vista dei diversi personaggi, distinguendo fra interventi nel discorso diretto e interventi nel corso della narrazione stessa:
   - abitanti del palazzo
   - inquirenti
   - Ingravallo

discorso diretto	discorso indiretto

2. Ci sono anche interventi dell'autore?

Una pluralità di stili e linguaggi

3. **LINGUA E LESSICO** Caratterizza i diversi registri stilistici e i diversi linguaggi
   - realistico-oggettivo ....
   - comico-realistico ....
   - tecnico-scientifico ....
   - lirico ....

INTERPRETARE

La complessità del reale

4. È possibile stabilire un legame tra stile e argomento?

L'ambiguità della donna

5. Su quali aspetti si sofferma la descrizione del corpo della donna? Ne emerge un'immagine coerente della donna?

7 | I racconti

Un grandissimo autore di racconti

Gadda è un grandissimo autore di racconti, uno dei più grandi del Novecento e della nostra storia letteraria. Tuttavia, i suoi racconti nascono per lo più a margine di un impegno narrativo che tende all'affresco del romanzo, al grande quadro della rappresentazione sociale; anzi, **i testi confluiti nelle raccolte di racconti sono spesso frammenti di più vaste opere non realizzate**. Racconti sono in fondo anche i dieci «quadri milanesi» dell'*Adalgisa*.

Accoppiamenti giudiziosi (1963)

La prima raccolta di racconti pubblicata è **Novelle del Ducato in fiamme** (1953), ampliata e mutata di titolo, dieci anni dopo, con il volume **Accoppiamenti giudiziosi**, che costituisce il *corpus* ufficiale "approvato" dall'autore. Si tratta di **diciannove racconti** (erano quattordici nel volume del 1953), composti tra il 1924 e il 1958. A questi vanno aggiunti sette racconti dispersi. Vi si potrebbero d'altra parte aggiungere, accanto ai «quadri» già ricordati dell'*Adalgisa*, anche i pezzi della *Madonna dei filosofi* e del *Castello di Udine*.

Una struttura rivoluzionaria, che rifiuta la trama

Quel che in ogni caso caratterizza i racconti gaddiani è la strutturazione rivoluzionaria e personalissima (anche nel Novecento). Vi è infatti un sostanziale rifiuto della trama, della vicenda, dello svolgimento, cioè della compiutezza che caratterizza il genere del racconto (spesso anche nei suoi maestri novecenteschi, come Pirandello e Tozzi). **I racconti gaddiani inscenano una totale indifferenza rispetto a ciò che viene narrato**, fondandosi su un **procedimento divagatorio** presente anche nei romanzi. Nei casi limite è come se i racconti fossero costituiti esclusivamente da un *excursus*, non si sa a partire da quale situazione narrativa e verso quale esito.

San Giorgio in casa Brocchi: la repressione e la vitalità

T • *L'amore di Gigi e Jole*

Tra i racconti più significativi spicca **San Giorgio in casa Brocchi**, storia della esplosiva iniziazione sessuale del diciannovenne Gigi, la cui vitalità si incontra infine con quella della cameriera Jole, travolgendo d'un colpo tutte le precauzioni moralistiche messe in opera dalla repressiva educazione familiare (il grosso del racconto – che è il più lungo di quelli composti dallo scrittore – è occupato dalla rappresentazione dei vuoti rituali della famiglia Brocchi).

L'incendio di via Keplero

T • *L'incendio di via Keplero*

Altro grande racconto è **L'incendio di via Keplero**, affine per ambientazione all'*Adalgisa*. Gli effetti delle fiamme sugli abitanti di un caseggiato milanese scatenano la furia descrittiva e caricaturale di Gadda, che, rappresentando la varia umanità coinvolta nell'evento, fonde l'implicita ammirazione per la vitalità istintiva della "gente" al distacco per le forme meschine e degradate assunte dalla vita sociale.

8 Una fortuna contrastata

Un successo tardivo

Salvo casi isolati e un ristretto gruppo di ammiratori tra gli addetti ai lavori, **la fortuna critica di Gadda è tardiva e contrastata**. A riconoscimenti più vasti danno il via la pubblicazione in volume di *Quer pasticciaccio brutto de via Merulana* nel 1957 e quella della *Cognizione del dolore* nel 1963. L'autore è settantenne.

I primi isolati riconoscimenti

Prima di questa "scoperta", Gadda è autore periferico, per lo più inedito o limitato a tirature ridicole (non oltre le poche migliaia di copie: pochissimo, per un narratore). Anche la critica è incredibilmente scarsa. Fino al 1945, gli interventi non arrivano alla decina. Gadda ha già cinquant'anni e all'attivo i volumi della *Madonna dei filosofi* e del *Castello di Udine*, oltre che la pubblicazione su rivista della *Cognizione*; nel 1944 è uscita, quasi inosservata, *L'Adalgisa*. Tuttavia, tra i pochi scritti se ne segnalano alcuni assai autorevoli, di **Carlo Bo**, di **Giuseppe De Robertis**, di **Alfredo Gargiulo**, di **Giacomo Devoto** e di **Gianfranco Contini**. Quest'ultimo sarà in seguito uno degli studiosi decisivi dell'opera gaddiana, costituendosi in certo senso come **suo critico "ufficiale"**: amico dell'autore, Contini stenderà varie introduzioni ai volumi di Gadda, fornendone una chiave di lettura cui dovranno fare riferimento tutti gli studiosi successivi.

La svolta con l'edizione in volume del *Pasticciaccio* e della *Cognizione del dolore*

Come si è detto, **le cose cambiano radicalmente a partire dall'uscita in volume del *Pasticciaccio***: tra il 1957 e il 1958 vengono pubblicati più studi su Gadda di quanti ne siano usciti nei venticinque anni che precedono. **E il ritmo subisce una ulteriore accelerazione dopo l'edizione in volume della *Cognizione* nel 1963**. Fra l'altro anche il pubblico si accorge finalmente dello scrittore, decretando il successo dei maggiori romanzi. **Il 1963 si può anzi considerare un anno-chiave**. È infatti l'anno della introduzione di Contini alla *Cognizione*, in cui si esprime la più compiuta sistemazione interpretativa del grande critico; ed **è l'anno della Neoavanguardia** (e del Gruppo 63), **che fa subito di Gadda un nome-simbolo della propria offensiva**: lo svecchiamento della letteratura che i neoavanguardisti si propongono riconosce in Gadda, e soprattutto nel suo sperimentalismo linguistico, un modello alla pari con i grandi stranieri del Novecento (e per esempio Joyce e Céline).

La Neoavanguardia

La lettura linguistica di Contini: l'espressionismo lirico

La lettura di Contini punta sia sull'analisi linguistica sia sulla collocazione storica. L'analisi linguistica coglie la tensione e l'originalità dello stile gaddiano rispetto alla tradizione letteraria passata e rispetto ai caratteri linguistici della società presente, riconducendo tuttavia lo sperimentalismo dell'autore a **un centro di tipo lirico**, cioè fondato sulla soggettività e dunque non realistico ma simbolico. Si tratta, a giudizio di Contini, di **una liricità di tipo espressionistico**, riconducibile all'ambiente vociano e più in generale a un versante minore ma importante della nostra letteratura. Quella di Contini è una collocazione che privilegia la caratterizzazione stilistica rispetto alla ricognizione delle coordinate filosofiche, narratologiche o ideologiche.

La critica filologica

Dal punto di vista filologico, **il successo favorisce la pubblicazione di inediti**, e, dopo la morte dell'autore, **il recupero di opere rimaste manoscritte** (come la *Meditazione milanese* e il *Racconto d'ignoto italiano del Novecento*). È un settore nel quale si rivelano decisivi soprattutto l'attività e la guida di **Dante Isella**, direttore fra l'altro della prima edizione completa delle «Opere di Carlo Emilio Gadda», in cinque grossi volumi. A Emilio Manzotti si deve l'edizione critica della *Cognizione* (1987), con ampio commento.

La critica ideologica

La ricognizione dei connotati ideologici di Gadda favorisce talvolta le prese di distanza dal conservatorismo in essi implicito, come per **Cesare Cases**; ma in altri casi favorisce una più attenta valutazione delle strutture narrative e del loro significato artistico e storico, come nel caso di **Guido Baldi**, il cui limitativo giudizio complessivo sull'autore appare tuttavia del tutto inaccettabile, e di **Romano Luperini**.

Gli studi di Roscioni

Decisivi, nel quadro della critica gaddiana, risultano infine gli studi dedicati fin dagli anni Sessanta da **Gian Carlo Roscioni** alla formazione filosofica di Gadda e alla importante funzione da essa esercitata sulla sua scrittura. Quella di Roscioni costituisce anzi una delle prime monografie su Gadda, se non l'unica, davvero all'altezza.

Percorso
L'AMORE E LA DONNA

Percorsi tematici

Il rapporto madre-figlio: una demistificazione della maternità, della famiglia e della società

Henry Moore, *Madre e bambino*, 1976. Londra, Tate Gallery.

I rapporti familiari, e in particolare quello con la madre, costituiscono un nodo tematico che percorre tutta l'opera di Gadda e trova la più compiuta espressione nella *Cognizione del dolore*.

Già nel *Giornale di guerra e di prigionia* Gadda percepisce come il senso di vuoto e di isolamento che lo angoscia non sia solo imputabile all'esperienza traumatica della guerra e alle delusioni del dopoguerra, ma anche a un oscuro malessere interiore, che mette in discussione la famiglia che «un tempo adorava».

Si delinea fin d'ora quel conflitto con la madre («Con la mamma fui cattivo e prevedo che sarò sempre», «È perché vuole più bene ai muri di Longone, alle seggiole di Milano, che a me, che a Clara malata») **da cui si generano alcuni motivi di fondo della *Cognizione del dolore***: l'identificazione madre-villa, il mito dell'infanzia infelice, il senso di irreparabile esclusione dalla vita e dall'amore.

Il tema del bimbo «straziato» da un'educazione rigidamente repressiva, dalle privazioni materiali e affettive inflitte da genitori unicamente protesi alla difesa della proprietà e del prestigio sociale, **torna con insistenza nella *Cognizione*** quale origine del *male oscuro* di Gonzalo e del suo doloroso rapporto con il mondo. Sono le memorie infantili ad alimentare le sue esplosioni di rancore contro la madre e i deliranti attacchi contro le tradizioni familiari e l'intera società borghese.

La rivolta contro il padre e la madre, che dopo la morte del marito ne eredita princìpi e comportamenti, **accomuna Gadda ad altri grandi scrittori del Novecento** italiano ed europeo (Saba, Svevo, Kafka) nella distruzione di ogni immagine idillica dei rapporti tra genitori e figli, di cui si illumina il versante distruttivo, fonte di malattia e di nevrosi (cfr. § 4).

La visione retrospettiva dell'infanzia è infatti costantemente segnata, in Gadda, dalla sensibilità dell'escluso, del non desiderato e non amato: «prova difettiva di natura», il ragazzo è costretto a macerarsi nello studio e a ottemperare alla Legge per meritare un affetto che sente per natura non dovuto.

Attraverso Virgilio, Gadda ribadisce un'antica e dolorosa verità: «Colui a cui i genitori non hanno saputo sorridere né un dio vorrà degnarlo della sua mensa, né una dea del suo letto»; la condanna del non essere amati si rovescia nell'incapacità di amare e di avere una donna e una vita normale. Da questo senso di privazione scatta il rabbioso confronto con il bimbo cretino, ma ricco, amato e felice, che innesca la feroce parodia dei borghesi al ristorante con le loro donne (cfr. T2, *Manichini ossibuchivori*). Una funzione inibitoria nei confronti dell'eros assume la figura materna anche nel racconto *San Giorgio in casa Brocchi*, quando il protagonista, di fronte a Jole, si trova a dover fare i conti con la propria educazione repressiva (cfr. espansioni digitali T, *L'amore di Gigi e Jole*).

Nella *Cognizione* la madre si identifica con la villa e diventano entrambe oggetto di odio e d'amore violenti. Simbolo della proprietà e del decoro, la villa è l'incarnazione della civiltà borghese dei genitori e insieme lo spazio totalizzante della famiglia da cui Gonzalo, contraddittoriamente, vuole liberarsi e nel quale, al tempo stesso, vuole barricarsi (lui solo con la madre) come in una estrema difesa contro l'«oceano» montante della «stupidità». **È il sogno impossibile di un «nido», in cui la convivenza con la madre si rivela un inferno**.

Il legame continuamente ribadito tra la madre e le questioni economiche caratterizza in senso sociale il dramma esistenziale di Gonzalo: **nevrosi personale e rabbia sociale sono inscindibili** in un mondo che dà la priorità al possesso e al prestigio rispetto ai bisogni affettivi, e che vede nel denaro un sostituto dell'amore. La villa rappresenta dunque l'io borghese della madre che, nella più squallida miseria, simula con i dipendenti dignità e larghezza signorili, ella stessa specchio della borghese società delle apparenze, tronfia, vuota e fallimentare, eppure soddisfatta nella propria insensatezza (cfr. T2).

L'avarizia di Gonzalo è una reazione alla prodigalità della madre e le ire che questa puntualmente scatena nel figlio si inscrivono in una dinamica psichica stravolta, che considera un tradimento le cure dedicate dalla madre agli altri: **l'odio di Gonzalo verso la madre, che non gli ha mai concesso tenerezza e calore, tradisce la gelosia e il rancore verso la madre che ama l'Altro e soprattutto il padre**.

Perciò Gonzalo distrugge con tanto accanimento il ritratto paterno, svelando il carattere edipico che improntano il suo rapporto con la madre (cfr. espansioni digitali T, *L'orologio e il ritratto*). **Il bisogno d'amore del figlio, frustrato e represso, si rovescia in un delirio aggressivo che sfiora il sadismo e l'impulso omicida**. Lo conferma il sogno di Gonzalo, tragica materializzazione del suo senso di colpa: la figura nera, altissima, velata, schiacciata da una forza ineluttabile, che proviene dal figlio stesso, condensa l'oscura spinta matricida, come istinto di liberazione dalla casa-madre (le ricevute della vendita) e come angoscioso rimorso, che genera invece solo vuoto, tenebre e dolore (cfr. T1, *Il sogno di Gonzalo*).

Così, se il figlio è vittima di un divieto che lo fissa ossessivamente alla madre e alla villa, impedendogli di vivere fuori della cerchia familiare una sua vita autonoma, anche la madre è inclusa nella stessa prigione nevrotica. Ella vaga sola e smarrita nella casa, terrorizzata dalle esplosioni di ira e dalle minacce del «tristo» figlio, di cui ha intuito i desideri omicidi, anch'ella vittima indifesa e senza scampo di una forza oscura che si abbatte su di lei come un male inesorabile. In questo nodo inestricabile di dolore e di rancore la mutua richiesta di amore diventa indicibile: «un disperato dolore occupò l'animo del figlio [...] avrebbe voluto inginocchiarsi e dire: perdonami, perdonami! Mamma, sono io! Disse "Se ti trovo ancora una volta nel branco dei maiali, scannerò te e loro"». È l'inconscio preannuncio del delitto.

«Lo spaventoso groviglio» di odio e amore e di risentimento e dolore che caratterizza la condizione gaddiana di figlio non si arresta tuttavia alla "cognizione" di una personale nevrosi, ma negli anni cruciali delle «calamità catastrofizzanti» (1938-41) assume il valore di una scandalosa carica eversiva. Distruggendo ogni retorica del focolare e della maternità, fondamento della società borghese, che il fascismo aveva ulteriormente enfatizzato come sorgente di valori patriottici, Gadda colpiva al cuore il grandioso progetto di restaurazione del regime, conclamato dai «cavalieri della patria, della purezza, della famiglia, della sapienza latina».

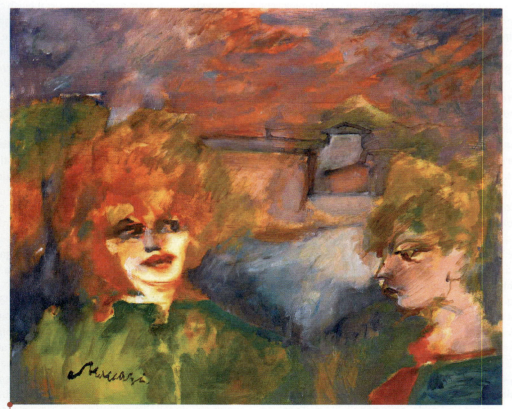

Mino Maccari, *Rivalità*, 1969.

DAL RIPASSO ALLA VERIFICA

MAPPA CONCETTUALE Carlo Emilio Gadda

```
Carlo Emilio Gadda (1893-1973)
           │
           ▼
• assurdità caotica del reale e stupidità del mondo
• culto della razionalità e della conoscenza scientifica
• tradimento della borghesia moderna e inautenticità
  della famiglia borghese
• fascismo come degradazione
           │
           ▼
• scrittura come lotta con la realtà e come denuncia
• sconfitta della letteratura tradizionale
• necessità dell'incompiutezza
• pastiche linguistico
```

Quer pasticciaccio brutto de via Merulana	*La cognizione del dolore*	*L'Adalgisa*
• scrupolo realistico • impossibilità di una rappresentazione oggettiva • storia come emblema del male	• nevrosi privata di Gonzalo e crisi storica del ceto intellettuale • pessimismo senza riscatto • incomunicabilità madre-figlio	• ipocrisia della borghesia milanese • il popolo tra degradazione e riscatto • vitalità animalesca come valore paradossale

SINTESI

● La vita

Carlo Emilio Gadda nasce a Milano il 14 novembre 1893. Alla morte del padre, nel 1909, la madre costringe i tre figli a durissimi sacrifici per mantenere un regime di vita adeguato alle apparenze della borghesia lombarda. Nel 1915 Gadda interrompe gli studi universitari per la chiamata alle armi. L'esperienza della guerra in trincea e della prigionia si rivela decisiva nella formazione della personalità gaddiana. La morte, in guerra, del fratello Enrico, mina definitivamente il fragile equilibrio dei rapporti familiari, scatenando dure tensioni verso la madre e alimentando la rinuncia a vivere che caratterizzerà l'intera esistenza di Gadda, dalla misoginia fino alla misantropia degli ultimi anni. Ottenuta nel 1920 la laurea in Ingegneria, Gadda inizia a lavorare, dapprima in Italia, quindi, tra il 1922 e il 1924, in Argentina. Dopo il ritorno in patria, l'incontro con l'ambiente fiorentino di «Solaria», nel 1926, incoraggia la svolta professionale verso la letteratura. Tra il 1940 e il 1950 è a Firenze, dove trascorre uno dei periodi più fertili e creativi della sua vita. Nel 1950 si trasferisce a Roma, e inizia a lavorare come responsabile culturale dei programmi RAI. Dal 1955 Gadda si dedica solo all'attività creativa, dedicando gli ultimi anni della sua vita a un intenso lavoro di risistemazione e pubblicazione delle proprie opere. Muore a Roma il 21 maggio 1973.

● La formazione culturale. La letteratura e il "pasticciaccio"

Nella formazione culturale di Gadda converge la tradizione illuministica e positivistica lombarda con il culto della razionalità, della conoscenza scientifica, della trasformabilità pratica del reale. L'amore per la razionalità e l'ordine divengono tanto più forti quanto più instabile è la sua condizione familiare e sociale. A causa soprattutto della delusione bellica, il bisogno gaddiano di un ordine razionale da servire e da difendere resta frustrato. La borghesia italiana diventa ai suoi occhi l'inetta responsabile di un tradimento storico. Contro di essa Gadda mette in atto – con le armi della parodia e del sarcasmo – ogni forma di derisione e di critica. L'attività dello scrittore è rappresentata da Gadda quale dura lotta contro quel groviglio di cose e di fenomeni che è il mondo, il cui caos invade la pagina per mezzo di codici linguistici di continuo giustapposti e mescolati nel *pastiche*. La letteratura, posta di fronte al "pasticciaccio" che costituisce la realtà, non può che denunciare la propria impotenza. Da qui deriva anche l'impossibilità dell'autore di concludere le proprie opere e la necessità strutturale del non-finito: la letteratura non può davvero conoscere e organizzare in un sistema appagante ciò che ha conosciuto. Il suo passato splendore si converte al presente in una con-

DAL RIPASSO ALLA VERIFICA

dizione di miseria e vergogna, di debolezza e di impotenza. È una conclusione cui Gadda cede con dolore e da questo dolore prende origine il suo furore pessimistico e dissacratorio.

● **Le opere**
Il *corpus* dell'opera gaddiana si presenta come un intrico, segnato dalla disorganicità e dall'incompiutezza, di abbozzi, tentativi, appunti, diari e meditazioni. Fra gli scritti teorico-filosofici e critici, l'unica raccolta curata dall'autore è *I viaggi la morte* (1958); postumi e di carattere più filosofico è l'incompiuto trattato *Meditazione milanese* (1974). Gli altri scritti di Gadda possono essere ascritti al campo della narrativa, rispetto al quale si collocano tuttavia in modi assai diversi: si va dal diario personale del *Giornale di guerra e di prigionia* (1955), al saggio *Eros e Priapo* (1967) che si presenta come una invettiva contro il fascismo, alla raccolta di raccontini e apologhi del *Primo libro delle favole* (1952), ai quadri narrativi della *Madonna dei filosofi* (1931) e del *Castello di Udine* (1934), agli spaccati di vita dell'*Adalgisa* (1943) e di molti racconti (poi confluiti negli *Accoppiamenti giudiziosi*, 1963), ai tentativi di veri e propri romanzi quali *La meccanica* (1970), *La cognizione del dolore* (1963), *Quer pasticciaccio brutto de via Merulana* (1957). Quest'ultimo romanzo è la *summa* dell'esperienza gaddiana. In esso la compresenza di diverse "maniere" diventa mescolanza ravvicinata, continua: confusione degli stili, compresenza dell'aulico e del triviale, del tragico e del comico nella stessa pagina.
Nessuna risorsa linguistica o stilistica è risparmiata; è una specie di enciclopedia, di vocabolario universale. Gadda giunge così a un integrale plurilinguismo e il suo impasto linguistico è straordinariamente eterogeneo.

DALLE CONOSCENZE ALLE COMPETENZE

1 Quali sono gli elementi biografici e storici che più influiscono sull'ideologia di Gadda e sulla sua critica alla società borghese? (§§ 1, 2)
- l'educazione repressiva ricevuta in famiglia
- ....
- ....
- ....

2 Perché la morte in guerra del fratello Enrico condiziona la vita di Gadda? (§ 1)

3 Quale opinione Gadda manifesta nei confronti della moderna borghesia e del fascismo? (§ 2)

4 Che cos'è il *pastiche*? (§ 2)
- A uno stile confuso e volutamente impreciso
- B uno stile che mescola diversi linguaggi
- C uno stile che ne imita un altro
- D uno stile che registra automaticamente l'inconscio

5 Spiega la poetica dell'autore considerando (§ 2)
- il rapporto tra scrittura e realtà
- l'uso della mescolanza linguistica
- l'impossibilità di concludere

6 L'originalità dell'opera di Gadda risiede soprattutto nello stile: documenta su un testo la natura del *pastiche* e rifletti sul rapporto tra stile e ideologia. (§§ 2, 3)

7 Perché i romanzi di Gadda restano incompiuti? (§ 3)

8 Contro cosa è rivolta e com'è giustificata la critica di Gadda nel saggio *Eros e Priapo*? (§ 3)

9 A cosa allude il titolo del romanzo *La cognizione del dolore*? (§ 4)

10 Il "pasticciaccio" a cui allude il titolo del romanzo si riferisce a... (§ 6)

11 A partire da T2, mostra la natura degradata e grottesca che assume nell'opera di Gadda la rappresentazione dei ceti dominanti.

12 Traccia il ritratto del commissario Ingravallo soffermandoti sulla sua visione della realtà (T3)

13 A quale criterio si attiene Gadda nella ricostruzione dei fatti? Crede tuttavia nella loro oggettività? (T3 e T4)

14 Da quanti punti di vista è descritto il cadavere di Liliana? A quale scopo) (T4)

PROPOSTE DI SCRITTURA

L'ARTICOLO DI GIORNALE

L'originalità di Gadda risiede soprattutto nello stile. Ecco un passo tratto dalla *Cognizione del dolore*: descrive il modo in cui gli architetti della città di Pastrufazio hanno infestato di ville la zona presso il monte Serruchon.

> Di ville, di ville!; di villette otto locali doppi servissi; di principesche ville locali quaranta ampio terrazzo sui laghi veduta panoramica del Serruchón – orto frutteto, garage, portineria, tennis, acqua potabile, vasca pozzo nero oltre settecento ettolitri: – esposte mezzogiorno, o ponente, o levante, o levante-mezzogiorno, o mezzogiorno-ponente, protette d'olmi o d'antique ombre dei faggi avverso il tramontano e il pampero, ma non dai monsoni delle ipoteche, che spirano a tutt'andare anche sull'anfiteatro morenico del Serruchón e lungo le pioppaie del Prado; di ville! di villule! di villoni ripieni, di villette isolate, di ville doppie, di case villerecce, di ville rustiche, di rustici delle ville, gli architetti pastrufaziani avevano ingioiellato, poco a poco un po' tutti, i vaghissimi e placidi colli delle pendici preandine, che, manco a dirlo, «digradano dolcemente»: alle miti bacinelle dei loro laghi.

Immagina, in occasione di una riedizione dell'opera di Gadda, di dover scrivere un articolo di giornale per una rivista non specialistica in cui spieghi la natura del *pastiche* sottolineando

A la pluralità dei linguaggi
  - letterario e arcaico
  - parlato o informale
  - dialettale o straniero
  - tecnico
  - gergale (da agente immobiliare)
B la deformazione lessicale
C la mescolanza di alto e basso
D la parodia

LA TRATTAZIONE SINTETICA

1. Spiega quale funzione Gadda attribuisca alla letteratura e in che modo si manifesti il suo peculiare furore pessimistico e dissacratorio.
2. Quale immagine della madre appare in sogno a Gonzalo? Quale rapporto madre/figlio lascia intravedere (T1) Metti in luce, in una sintetica trattazione, il legame di famiglia e nevrosi che emerge dalla *Cognizione del dolore*. (§ 4)
3. Chiarisci come il *pastiche* tipico della produzione di Gadda possa declinarsi e concettualizzarsi su piani letterari diversi, ideologici, linguistici, stilistici e retorici.

 • Indicazioni bibliografiche

prometeo 3.0

Personalizza il tuo libro selezionando per questo capitolo materiali integrativi da Prometeo (di seguito ti proponiamo un elenco di materiali, ma puoi trovarne altri utilizzando il motore di ricerca).

- **SCHEDA** Il narratore del *Pasticciaccio* (P.P. Pasolini)
- **TESTO** *L'incendio di via Keplero*
- **VIDEO** DAL TESTO ALLO SCHERMO Angela Prudenzi, *Il giallo. Viaggio nel genere attraverso i suoi protagonisti*
- **VIDEO** DAL TESTO ALLO SCHERMO Angela Prudenzi, *Il giallo. Un maledetto imbroglio*

Capitolo XII — Primo Levi

Larry Rivers, *Survivor* (Ritratto di Primo Levi), 1986. Torino, collezione privata.

My eBook+

Cliccando su questa icona, docenti e studenti accedono ad un'area di personalizzazione che permette di arricchire i contenuti digitali già linkati lungo le pagine del libro. Nell'area di personalizzazione è possibile infatti salvare ulteriori materiali: selezionati da **Prometeo**, prodotti autonomamente o ricercati nella rete.

▶ Per un elenco di materiali integrativi presenti nella biblioteca multimediale di Prometeo o per attivare una ricerca cfr. p. 499

1 La vita del chimico-scrittore

La giovinezza e le leggi razziali

S • Le leggi razziali italiane

Primo Levi **nasce a Torino nel 1919** da una famiglia della borghesia ebraica. Frequenta il liceo classico ma si appassiona soprattutto alla scienza, e dopo la maturità prosegue gli studi alla **Facoltà di Chimica**. Nel **1938** vengono proclamate **le leggi razziali**, che sottraggono agli Ebrei italiani molti diritti; in quanto già iscritto all'Università, però, Levi viene risparmiato dal provvedimento di espulsione dal corso di studi. Il trauma della perdita della propria identità di "italiano" trasforma la sua insofferenza verso il fascismo in un antifascismo convinto e motivato.

La guerra

Le leggi del '38 impediscono agli Ebrei di svolgere il servizio militare; perciò, a differenza della maggior parte dei suoi coetanei, Levi non viene mobilitato quando, il 10 giugno 1940, l'Italia entra in guerra. Comincia invece a lavorare, sotto falso nome perché era proibito dare impiego a un ebreo, prima in una miniera vicino a Torino, poi a Milano. L'8 settembre del 1943 il governo italiano firma un armistizio con gli Alleati; le regioni del Nord e Centro Italia vengono occupate dalle truppe tedesche, che mettono Mussolini a capo del governo della neonata Repubblica di Salò. Subito cominciano a partire i treni che portano gli Ebrei italiani verso i campi di sterminio dell'Europa orientale; il primo trasporto dall'Italia parte da Roma dopo la razzia del ghetto, avvenuta il 16 ottobre 1943.

Auschwitz

S • Perché il razzismo?
S • Primo Levi, *Perché i Lager?*
T • Primo Levi, *Esame di chimica: Alex e il doktor Pannwitz*

Nelle frenetiche settimane successive all'armistizio, **Levi si unisce a una banda partigiana, ma viene catturato** con i suoi compagni dalle milizie fasciste il 13 dicembre 1943; dichiara di essere Ebreo e viene inviato al **campo di raccolta di Fossoli**, vicino Modena. Il 20 **febbraio del 1944** le SS prendono possesso del campo; due giorni dopo parte un convoglio per **Auschwitz** carico di seicento persone, tra cui Levi. Il 26 febbraio il treno arriva alla banchina del Lager. Levi è dichiarato abile al lavoro e inviato in uno dei campi secondari di Auschwitz, presso il villaggio di **Monowitz**, dove circa 10.000 prigionieri lavorano in una fabbrica di gomma sintetica, la «Buna». Solo negli ultimi due mesi della permanenza in Lager gli viene riconosciuta la qualifica di chimico e può lavorare in un laboratorio, al riparo dalle intemperie e dalla brutale fatica del lavoro da schiavo. Quei due mesi, insieme all'amicizia di Alberto Dalla Volta e al nutrimento offertogli da un muratore italiano, Lorenzo Perrone, gli consentono di sopravvivere; ma è soprattutto la scarlattina contratta nel gennaio del '45 a salvarlo, impedendogli di unirsi alla «marcia della morte» con cui le SS evacuano il campo all'approssimarsi dell'Armata Rossa, e durante la quale Alberto muore.

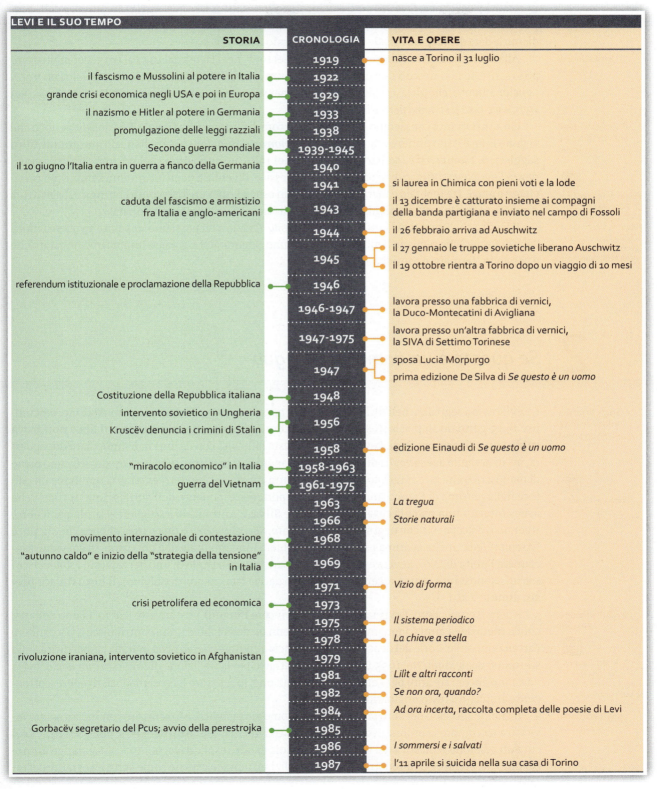

LEVI E IL SUO TEMPO

STORIA	CRONOLOGIA	VITA E OPERE
	1919	nasce a Torino il 31 luglio
il fascismo e Mussolini al potere in Italia	1922	
grande crisi economica negli USA e poi in Europa	1929	
il nazismo e Hitler al potere in Germania	1933	
promulgazione delle leggi razziali	1938	
Seconda guerra mondiale	1939-1945	
il 10 giugno l'Italia entra in guerra a fianco della Germania	1940	
	1941	si laurea in Chimica con pieni voti e la lode
caduta del fascismo e armistizio fra Italia e anglo-americani	1943	il 13 dicembre è catturato insieme ai compagni della banda partigiana e inviato nel campo di Fossoli
	1944	il 26 febbraio arriva ad Auschwitz
	1945	il 27 gennaio le truppe sovietiche liberano Auschwitz; il 19 ottobre rientra a Torino dopo un viaggio di 10 mesi
referendum istituzionale e proclamazione della Repubblica	1946	
	1946-1947	lavora presso una fabbrica di vernici, la Duco-Montecatini di Avigliana
	1947-1975	lavora presso un'altra fabbrica di vernici, la SIVA di Settimo Torinese
	1947	sposa Lucia Morpurgo; prima edizione De Silva di *Se questo è un uomo*
Costituzione della Repubblica italiana	1948	
intervento sovietico in Ungheria; Kruscëv denuncia i crimini di Stalin	1956	
	1958	edizione Einaudi di *Se questo è un uomo*
"miracolo economico" in Italia	1958-1963	
guerra del Vietnam	1961-1975	
	1963	*La tregua*
	1966	*Storie naturali*
movimento internazionale di contestazione	1968	
"autunno caldo" e inizio della "strategia della tensione" in Italia	1969	
	1971	*Vizio di forma*
crisi petrolifera ed economica	1973	
	1975	*Il sistema periodico*
	1978	*La chiave a stella*
rivoluzione iraniana, intervento sovietico in Afghanistan	1979	
	1981	*Lilìt e altri racconti*
	1982	*Se non ora, quando?*
	1984	*Ad ora incerta*, raccolta completa delle poesie di Levi
Gorbacëv segretario del Pcus; avvio della perestrojka	1985	
	1986	*I sommersi e i salvati*
	1987	l'11 aprile si suicida nella sua casa di Torino

Il ritorno

Il 27 gennaio 1945 le truppe sovietiche liberano Auschwitz; comincia la grande avventura che Levi racconta nel libro *La tregua* (1963): **un viaggio di dieci mesi attraverso l'Europa**, che dura fino al 19 ottobre 1945, giorno del suo ritorno a Torino. Già due mesi dopo, **nel gennaio del '46**, Levi trova lavoro in **una fabbrica di vernici**, la Duco-Montecatini di Avigliana; licenziatosi dopo un anno viene assunto da un'altra fabbrica di vernici, la SIVA di Settimo Torinese. Più difficile è il ritorno alla normalità psicologica, favorito però dall'incontro con la futura moglie, Lucia Morpurgo, e dalla **scoperta del valore terapeutico della scrittura**: il primo capitolo di *Se questo è un uomo* di cui possediamo la data di redazione **risale infatti al febbraio 1946** (cfr. § 2).

Il mestiere di chimico

Alla SIVA, di cui diventa direttore generale nel 1967, Levi lavora dal 1947 al 1975. Per molto tempo lo scrittore non riesce a fare della sua esperienza lavorativa una fonte di scrittura; solo con il prepensionamento, che gli lascia più tempo libero per scrivere, questa difficoltà sembra sciogliersi. **Nel 1975 esce così** *Il sistema periodico*.

Il successo degli anni Ottanta e il suicidio

Gli anni Ottanta consacrano Primo Levi scrittore di fama internazionale. È in questo periodo che vedono la luce il suo primo e unico romanzo, ***Se non ora, quando?*** (1982) e il suo ultimo **grande libro saggistico, *I sommersi e i salvati*, pubblicato nel 1986**, un anno prima del suicidio. Fin dalla giovinezza Levi aveva sofferto di ricorrenti crisi depressive, diventate negli ultimi anni sempre più ravvicinate e gravi. Tra febbraio e marzo è ricoverato in ospedale per un intervento chirurgico. La mattina di sabato **11 aprile 1987 si suicida** gettandosi nella tromba delle scale del suo palazzo.

Video • Intervista a P.V. Mengaldo sui temi dell'opera di Primo Levi
Video • Intervista a Primo Levi sul bisogno della scrittura e della testimonianza

Il lascito che Primo Levi ci affida è inestimabile. Grazie a lui possiamo imparare a vedere i molti "vizi di forma" che segnano il mondo in cui viviamo, sfigurandolo; grazie a lui abbiamo imparato che è possibile "fermarsi e considerare".

2 *Se questo è un uomo* e *La tregua*

1947: la prima edizione di *Se questo è un uomo*

È Levi stesso a segnalare nell'ultima pagina di *Se questo è un uomo* le date di composizione: «dicembre 1945-gennaio 1947»; la stesura lo impegna dunque per poco più di un anno. **Il libro non trova subito un editore**: più tardi, Levi spiegherà questa difficoltà con il clima dell'immediato dopoguerra, in cui nessuno aveva voglia di rievocare tristi memorie; le scrivanie delle case editrici erano piene di manoscritti che raccontavano storie della guerra appena terminata. Levi trova comunque un editore nella persona di Franco Antonicelli, un importante esponente dell'antifascismo torinese che aveva fondato **una piccola casa editrice, la De Silva**. È Antonicelli a scegliere il titolo per il libro, traendolo dalla poesia che oggi si trova in epigrafe, *Shemà* (*Shemà* è una parola ebraica che significa "Ascolta", ed è anche la prima parola della preghiera fondamentale dell'ebraismo, in cui viene proclamata l'unità di Dio); Levi aveva pensato di usare invece il titolo di uno dei capitoli, *I sommersi e i salvati*. Nonostante alcune recensioni, tutte elogiative (tra cui una di Calvino), **il libro finisce presto dimenticato**.

Video • *Shemà* (E. Zinato)

1958: l'edizione Einaudi

Nel frattempo, però, Levi era riuscito a convincere **Einaudi** a ristampare il libro. Siamo nella seconda metà degli anni Cinquanta: il primo decennale della Liberazione contribuisce a riaccendere l'attenzione sulle storie dei deportati, e si comincia a comprendere anche in Italia la specificità dello sterminio degli Ebrei. Nel 1955 Levi firma il contratto per la riedizione di *Se questo è un uomo*, ma ci vorranno ancora tre anni per l'effettiva pubblicazione; lo scrittore ha così modo di rivedere, correggere e ampliare il testo originario.

T • *Nel Sistema periodico Levi racconta come è nato Se questo è un uomo*

1973: l'edizione scolastica

Il grande successo del libro fa di Levi un personaggio pubblico, e lo scrittore comincia a essere invitato a raccontare la propria esperienza concentrazionaria, soprattutto nelle scuole. Nel 1973 Levi cura un'edizione scolastica del libro, corredandola di note esplicative; nel 1976 vi aggiunge un'*Appendice*, che viene oggi riprodotta anche nelle edizioni non scolastiche come parte integrante del te-

Il labirintico viaggio di ritorno di Primo Levi da Auschwitz a Torino descritto in *La tregua*.

L'ingresso al campo di concentramento di Auschwitz Birkenau in Polonia. Fotografia di Michael Kenna del 1992.

sto. Lo scrittore vi approfondisce alcuni dei nodi storiografici che ricorrevano con maggior frequenza nelle domande degli studenti.

Il libro è caratterizzato dall'uso di **un italiano classico** nel quale si incunea continuamente la memoria sonora del Lager, popolato di prigionieri provenienti da ogni angolo d'Europa e perciò **"babele" di lingue** diverse. La ricerca stilistica di Levi mira alla parola «giusta, cioè commisurata, breve e forte»: se l'italiano classico è "giusto" per le parti saggistiche e riflessive, in quelle narrative le soluzioni adottate sono molto più varie.

Il libro, dopo una breve *Prefazione* (cfr. **T1**, p. 468), presenta infatti **un'alternanza di sezioni saggistico-riflessive e parti più propriamente narrative**, sia nel succedersi dei 17 capitoli, sia nell'accostamento dei paragrafi all'interno di un singolo capitolo; il critico Pier Vincenzo Mengaldo lo ha definito un **«racconto commentato»**. Levi rifugge da un andamento cronachistico: l'organizzazione della materia rispetta rigorosamente la successione cronologica solo nell'ultimo capitolo, *Storia di dieci giorni*, che ha forma diaristica. Degli altri capitoli, alcuni costituiscono dei micro-saggi (*Al di qua del bene e del male*; *I sommersi e i salvati*, cfr. **T2**, p. 474), altri si concentrano su un singolo episodio (*Iniziazione*, *Il canto di Ulisse*, cfr. **T3**, p. 478), altri ancora presentano una struttura iterativa, narrano cioè eventi che si riproducono identici giorno dopo giorno (*Il lavoro*; *Le nostre notti*).

Nel 1963 esce il secondo libro memorialistico di Levi, *La tregua*. Il racconto attinge nuovamente alle memorie dello scrittore, perché narra le avventure del suo ritorno, in poco meno di un anno e attraverso buona parte dell'Europa orientale, da Auschwitz a Torino. Il libro ha uno straordinario successo di critica e di vendite, tanto che già nel '64 alcuni registi come Francesco Rosi e Mario Monicelli pensano di trarne un film (che sarà realizzato nel 1997 da Rosi). I legami con *Se questo è un uomo* sono ben marcati: *La tregua* comincia dove finisce il primo libro e il cupo incubo finale rende ragione del titolo, evocando gli effetti incancellabili dell'esperienza subìta ad Auschwitz (cfr. **T4**, p. 482). Eppure ***La tregua* è anche un romanzo di formazione,** o meglio, di ri-formazione alla vita, alla «gioia di vivere che Auschwitz aveva spento», e contiene alcune delle pagine più divertenti che Levi abbia mai scritto.

La lingua e lo stile

Video • Intervista a P.V. Mengaldo sullo stile di P. Levi

La struttura

Video • Intervista a P.V. Mengaldo sulla specificità di *Se questo è un uomo*

T • Primo Levi, *Iniziazione*

La tregua

T • Primo Levi, *Il viaggio*

T1 L'inizio di *Se questo è un uomo*

OPERA
Se questo è un uomo

CONCETTI CHIAVE
- la "fortuna" di Levi
- «uno studio pacato di alcuni aspetti dell'animo umano»
- la catena alla fine della quale sono i Lager
- alle origini del libro

FONTE
P. Levi, *Se questo è un uomo*, in *Opere*, Einaudi, Torino 1997, vol. I, pp. 4-6.

 Testo interattivo
 Ascolto
 Alta leggibilità

Proponiamo qui l'incipit di Se questo è un uomo. La Prefazione stesa nel 1947 è preceduta dalla poesia di seguito riportata.

    Voi che vivete sicuri
    Nelle vostre tiepide case
    Voi che trovate tornando a sera
    Il cibo caldo e visi amici:

5   Considerate se questo è un uomo,
    Che lavora nel fango
    Che non conosce pace
    Che lotta per mezzo pane
    Che muore per un sì o per un no.
10 Considerate se questa è una donna,
    Senza capelli e senza nome
    Senza più forza di ricordare
    Vuoti gli occhi e freddo il grembo
    Come una rana d'inverno.

15 Meditate che questo è stato:
    Vi comando queste parole.
    Scolpitele nel vostro cuore
    Stando in casa andando per via,
    Coricandovi alzandovi:
20 Ripetetele ai vostri figli.
    O vi si sfaccia la casa,
    La malattia vi impedisca,
    I vostri nati torcano il viso da voi.

10 gennaio 1946

Prefazione
Per mia fortuna, sono stato deportato ad Auschwitz solo nel 1944, e cioè dopo che il governo tedesco, data la crescente scarsità di manodopera, aveva stabilito di allungare la vita media dei prigionieri da eliminarsi, concedendo sensibili miglioramenti nel tenor di vita e sospendendo temporaneamente le uccisioni ad arbitrio dei singoli.

    Perciò questo mio libro, in fatto di particolari atroci, non aggiunge nulla a quanto è ormai noto ai lettori di tutto il mondo sull'inquietante argomento dei campi di distruzione.[1] Esso non è stato scritto allo scopo di formulare nuovi capi di accusa; potrà piuttosto fornire documenti per uno studio pacato di alcuni aspetti dell'animo umano. A molti, individui o popoli, può accadere di ritenere, più o meno consapevolmente, che «ogni straniero è nemico». Per lo più questa

---

- **1** **campi di distruzione**: campo di distruzione (o di annientamento) è la traduzione italiana del termine tedesco *Vernichtungslager*.

convinzione giace in fondo agli animi come una infezione latente; si manifesta solo in atti saltuari e incoordinati, e non sta all'origine di un sistema di pensiero. Ma quando questo avviene, quando il dogma inespresso diventa premessa maggiore di un sillogismo,[2] allora, al termine della catena, sta il Lager. Esso è il prodotto di una concezione del mondo portata alle sue conseguenze con rigorosa coerenza; finché la concezione sussiste, le conseguenze ci minacciano. La storia dei campi di distruzione dovrebbe venire intesa da tutti come un sinistro segnale di pericolo.

Mi rendo conto e chiedo venia dei difetti strutturali del libro. Se non di fatto, come intenzione e come concezione esso è nato già fin dai giorni di Lager. Il bisogno di raccontare agli «altri», di fare gli «altri» partecipi, aveva assunto fra noi, prima della liberazione e dopo, il carattere di un impulso immediato e violento, tanto da rivaleggiare con gli altri bisogni elementari; il libro è stato scritto per soddisfare a questo bisogno; in primo luogo quindi a scopo di liberazione interiore. Di qui il suo carattere frammentario: i capitoli sono stati scritti non in successione logica, ma per ordine di urgenza. Il lavoro di raccordo e di fusione è stato svolto su piano, ed è posteriore.

Mi pare superfluo aggiungere che nessuno dei fatti è inventato.

[1947]

---

2 il dogma...sillogismo: sillogismo che Levi stesso formula nel modo seguente: «Tutti gli stranieri sono nemici (premessa maggiore). I nemici devono essere soppressi. Tutti gli stranieri devono essere soppressi».

Dal testo all'opera
Perché è un testo opera?

Perché è la soglia d'accesso dell'opera

Questo *incipit* è costituito da **due testi molto diversi ma complementari** che ci aiutano a comprendere il senso profondo del libro: **la poesia di epigrafe** che si fa carico del dolore e della rabbia del sopravvissuto al Lager, e **la *Prefazione* in prosa**, che nasce invece dallo sforzo di comprendere e indagare razionalmente l'esperienza di barbarie estrema di cui è stato vittima l'autore. **La poesia** che costituisce la prima soglia dell'opera **non è lirica ma meditativa ed epigrammatica**. Qui l'autore invita i lettori, che vivono «sicuri / nelle [...] tiepide case» in cui trovano «a sera / il cibo caldo e visi amici», a considerare se si può definire umana la condizione cui accenna nei versi e che descriverà nel libro: «considerate se questo è un uomo»; «considerate se questa è una donna». La poesia si chiude ordinando di meditare e tramandare il ricordo «che questo è stato» e lanciando **una maledizione** contro coloro che non obbediranno; comando e maledizione sono una libera traduzione dei versetti del *Deuteronomio* (Deut. 6, 4-7) che formano una delle preghiere più importanti dell'ebraismo, lo *Shemà*, che significa 'ascolta' (e così Levi intitola la poesia, **Shemà**, nella raccolta *Ad ora incerta*). La poesia è importante perché **in essa troviamo tutto quello che nel libro non c'è**: l'urlo, la maledizione, l'uso ri-contestualizzato della parola sacra.

Il tono dominante, gli intenti e la forma di *Se questo è un uomo* sono annunciati invece dalla **Prefazione**. L'autore vi spiega che **il suo racconto rifuggirà dai «particolari atroci»**. Quello che interessa allo scrittore non è tanto lo sterminio fisico, cioè la morte scientificamente programmata e tecnologicamente efficiente di milioni di persone. A Levi interessa raccontare quello che lui stesso ha subìto: **non la distruzione fisica, ma quella morale**. La stessa ideologia presiede alla cancellazione sistematica di un popolo dalla faccia della Terra e alla trasformazione delle persone in cose: alla base sta **il disconoscimento della comune umanità**. In questo senso in Auschwitz abita una logica morale rovesciata rispetto a quella che vige all'esterno.

Perché fa emergere la centralità del tema della memoria

Un tema dominante nell'opera di Primo Levi è quello della memoria. *Se questo è un uomo* si presenta infatti come testimonianza della *Shoah* (cfr. **S1**). **Il tema della memoria tuttavia è trattato in modo molto diverso in *Shemà*, la poesia d'apertura, e nella *Prefazione*.** Nella poesia *Shemà* (1946) **il tema della memoria è svolto come imperativo e maledizione**. Le due prime strofe infatti contrappongono la vita tranquilla di chi gode di benessere e affetti alla degradazione fisica e morale cui sono sottoposti i deportati nel Lager. La terza strofa contiene un disperato ammonimento a non dimenticare e una invettiva diretta contro chi non vuole ricordare, esemplata su quelle bibliche, dei profeti.

Nella *Prefazione* (1947) invece **il bisogno di raccontare** e di rendere partecipi gli altri della storia dei campi di distruzione, che informa di sé l'intera opera, è svolto non come invettiva («non allo scopo di formulare nuovi capi d'accusa») bensì per «fornire documenti per **uno studio pacato** dell'animo umano». A questo scopo vengono esclusi dalla narrazione i particolari più crudi e atroci per dare spazio ai lucidi ragionamenti.

Perché intreccia testimonianza e riflessione

Primo Levi non è infatti solo il testimone di uno degli eventi capitali del XX secolo. È anche e soprattutto un grande scrittore. Ciò significa che **la sua scrittura non è una nuda testimonianza o un documento, è anche la rielaborazione di un'esperienza**. I fatti del Lager entrano cioè in un sistema di immagini al servizio del pensiero, non vengono offerti al lettore come in un nudo archivio ma vengono interpretati, resi dicibili, passati attraverso il filtro di un sistema riflessivo e immaginativo, restituiti in forma più "pacata" al giudizio del lettore. Il libro **è soprattutto un coraggioso tentativo di ragionare e riflettere**, e di farci ragionare e riflettere, su una condizione umana estrema, dalla quale, come sempre dalle situazioni limite, è possibile ricavare una più profonda conoscenza del comportamento degli esseri umani.

L'arrivo di un gruppo di deportati nel campo di sterminio di Auschwitz-Birkenau nel maggio 1944.

S1 INFORMAZIONI

Shoah

Il termine *Shoah* è il vocabolo standard usato in Israele per indicare la distruzione degli Ebrei d'Europa; si è diffuso in tutto il mondo grazie al film-documentario omonimo di Claude Lanzmann (1985). *Shoah* è la traslitterazione di una parola ebraica che significa 'devastazione, catastrofe'; nell'ebraico biblico questa parola implica l'idea di una punizione divina, ma i parlanti ebraico contemporaneo non avvertono più questa sfumatura di significato. Altri termini usati per indicare il progetto di sterminio su basi razziali del totalitarismo nazista sono *Olocausto* e *Ḥurban*.
La parola greca 'olocausto' letteralmente indica un sacrificio religioso in cui il corpo della vittima viene completamente bruciato. Le implicazioni del vocabolo, che equipara sotterraneamente camere a gas e altari religiosi, lo rendono profondamente ambiguo.
Il termine *Ḥurban* viene usato soprattutto da pensatori ebrei religiosi ultraortodossi, che inseriscono lo sterminio in una prospettiva storico-teologica: quanto avvenuto in Europa tra il '33 e il '45 sarebbe il terzo *Ḥurban* (lo *Ḥurban Europa*) dopo la distruzione del Primo Tempio di Gerusalemme, cui seguì l'esilio del popolo ebraico in Babilonia, e quella del Secondo Tempio nel 70 d.C., cui seguì la diaspora. Negli scritti che adoperano il termine *Ḥurban*, il significato di punizione divina è apertamente rivendicato: l'ebraismo europeo si sarebbe reso colpevole, a partire dalla fine del Settecento, dell'abbandono delle antiche tradizioni e dell'assimilazione alla società circostante.

Daniel Libeskind, Jüdisches Museum, 1998-2001. Berlino.

Daniel Libeskind, figlio di ebrei polacchi sopravvissuti all'Olocausto, fra gli architetti contemporanei più influenti e apprezzati, è l'autore del Museo ebraico di Berlino. Si tratta di un grande edificio in cui, secondo l'estetica del decostruttivismo, vetro, acciaio e cemento disegnano spazi scomposti e disarticolati, che annullano il confine fra interno ed esterno. Nell'immagine sopra è visibile uno dei passaggi del museo in cui i visitatori entrano a contatto con l'installazione *Shalechet* (*Foglie cadute*) di Menashe Kadishman. Si tratta di migliaia di dischi di ferro che coprono l'intero pavimento. Ogni piastra metallica ha le fattezze di un volto stilizzato che urla dolore e disperazione. L'effetto emotivamente inquietante dell'installazione è accresciuto dal fatto che Libeskind ha previsto che nel luogo giungano le voci gioiose dei bambini di un asilo che è ospitato in uno degli spazi del museo.

TESTO OPERA — T1

Perché spiega la struttura del libro

Nella *Prefazione* Levi ci parla anche della forma del suo racconto, spiegandoci che essa deriva dalla sua duplice genesi: **in un primo momento vi è stata l'urgenza di raccontare**, la cui intensità era pari a quella di altri bisogni corporei; **in seguito si è svolto il «lavoro di raccordo e di fusione»** delle pagine così generate. **Levi ha costruito dunque il suo libro per accumulo**, con inserimenti e aggiunte successivi; *Se questo è un uomo* risulta costituito di frammenti (tessere, le ha chiamate il critico Giovanni Tesio), più o meno brevi, ora narrativi ora riflessivi, che si dispongono nei capitoli per criteri di affinità, contiguità o contrasto. L'opera nasce da **una sapiente commistione di narrazione memoriale e rielaborazione saggistica**, con una forte selezione dei fatti esemplari, dei dettagli e della lingua scelta per rappresentarli.

Vale la pena soffermarsi sulla frase che chiude la *Prefazione*, sottolineando la veridicità del libro: «superfluo aggiungere che nessuno dei fatti è inventato». Nel corso della sua vita, però, Levi ebbe modo di sperimentare che **non era poi così «superfluo» ribadire la natura non fittizia ma storica dei fatti narrati**. A partire dalla fine degli anni Settanta, infatti, fanno periodicamente scalpore sui media le tesi di "storici" che negano o minimizzano la realtà dello sterminio degli Ebrei d'Europa. Levi fu uno dei più importanti intellettuali a lottare contro questo **"revisionismo negazionista"**, non solo con i suoi saggi, articoli e interventi, ma anche scrivendo il suo ultimo libro, *I sommersi e i salvati*.

Perché propone una riflessione sul male e sulla violenza umana

Il libro di Levi fin dall'inizio assume i tratti rigorosi di una **verifica sperimentale sul campo**: «Si rinchiudano tra i fili spinati migliaia di individui diversi per età, condizione, origine, lingua, cultura e costumi, e siano quivi sottoposti a un regime di vita costante, controllabile, identico per tutti e inferiore a tutti i bisogni: è quanto di più rigoroso uno sperimentatore avrebbe potuto istituire».

Ci si può chiedere infatti come mai, ad esempio, nelle pagine di *Se questo è un uomo* vengano spesso ricordati anche la piccole disumanità e l'individualismo sfrenato degli stessi prigionieri. Molte pagine di *Se questo è un uomo* sono infatti dedicate alla minuziosa analisi delle piccole furberie messe in opera dalle vittime per sottrarre a altre vittime cibo e oggetti di sopravvivenza, alla lotta animale di tutti contro tutti, insomma. Levi registra questi fatti perché **il Lager è per lui l'occasione**

Menashe Kadishman, *Cracked Earth*, 1973-1974. Londra, Tate Gallery.

decisiva per verificare sul campo quanto resti di propriamente umano nell'animale-uomo. Ricordare vuol dire insomma tenere bene a mente una verità antropologica radicale della nostra identità di umani: la coesistenza, nella nostra specie, *homo sapiens*, di due elementi antagonisti. Da una parte **l'inestirpabile violenza individualista**, dall'altra un prezioso briciolo di **socialità** o **solidarietà** trasmissibile.

La *Prefazione* comprende il primo dei molti ragionamenti dell'intera opera: ossia **la paziente messa a nudo della catena di pregiudizi** («sillogismi e dogmi inespressi») **che alimenta il razzismo e che può culminare nello sterminio**. L'idea che «ogni straniero è nemico», secondo l'analisi di Levi, è una convinzione profonda, giace in fondo agli animi e può riguardare solo gli individui o interi popoli.

Per definire "pacatamente" il razzismo, Levi ricorre ai termini "oggettivi" della medicina e della filosofia. Il razzismo per Levi è «infezione latente» perché come un virus può abitare ogni essere umano. Se dallo stadio «latente», come ostilità, diffidenza e odio inespresso contro l'Altro, il razzismo passa a uno stadio organizzato e manifesto, giunge all'annientamento dell'Altro, «con rigorosa coerenza». Per questo è importante usare la ragione per cercare di comprendere quanto è successo: solo la ragione può essere veramente efficace contro la propria perversione.

T1 LAVORIAMO SUL TESTO

COMPRENDERE E ANALIZZARE

1. **TRATTAZIONE SINTETICA** La *Prefazione* inizia con questa frase: «Per mia fortuna, sono stato deportato ad Auschwitz solo nel 1944». In che cosa consiste quella che Levi chiama – ironicamente – la sua «fortuna»? Spiegalo in una trattazione sintetica che non superi le cinque righe.

2. Chi è il narratore di *Se questo è un uomo*? Dalla specifica tipologia di narratore si deduce che l'io narrante
    - A non è personale, ma è la voce comune di tutti i deportati
    - B si fa interprete di vicende che gli sono state raccontate
    - C è sopravvissuto all'esperienza del Lager
    - D non è sopravvissuto all'esperienza del Lager

3. Secondo la testimonianza dell'autore, le varie parti di *Se questo è un uomo* vennero scritte
    - A in ordine cronologico
    - B partendo dalle ultime esperienze per risalire a quelle precedenti
    - C scegliendo gli episodi più atroci
    - D secondo l'urgenza del raccontare

4. Quando Levi pubblica *Se questo è un uomo*, le conoscenze riguardo ai campi di sterminio
    - A sono assenti
    - B sono edulcorate
    - C riguardano solo i campi di raccolta italiani
    - D si soffermano in genere su particolari atroci

5. Qual è l'intento di Levi nello scrivere *Se questo è un uomo*?
    - A testimoniare che l'esperienza del Lager è veramente accaduta
    - B ragionare e far ragionare su una condizione umana estrema
    - C assolvere ad un giuramento fatto durante la prigionia
    - D curare la propria depressione con la scrittura

6. Levi afferma che i campi di sterminio (scegli l'opzione corretta)
    - A sono stati il frutto di un programma determinato
    - B sono derivati da «atti saltuari e incoordinati»

7. A che cosa si riferisce Levi quando parla di «infezione latente»?

INTERPRETARE

8. «Mi pare superfluo aggiungere che nessuno dei fatti è inventato». A distanza di tempo, possiamo dire che davvero è superfluo ribadire la realtà storica dei Lager nazisti?

LE MIE COMPETENZE: PROGETTARE, PRODURRE

Nella poesia che introduce il romanzo *Se questo è un uomo*, Primo Levi si rivolge ai posteri esortandoli a non dimenticare il dramma della deportazione degli ebrei nei Lager nazisti. Ricordare – ci suggerisce Levi – è l'unico antidoto per evitare che quell'orrore torni a ripetersi. «La Shoah», ha scritto lo storico Enzo Traverso, «ci appare una sorta di automutilazione dell'Occidente», che si è incisa nella nostra memoria come una ferita sempre aperta. La letteratura e il cinema si sono misurati innumerevoli volte con la rappresentazione dell'olocausto. Progetta il programma di un cineforum sulla *Shoah* da organizzare nella tua scuola: scegli l'elenco dei film da proiettare e realizza una locandina per presentare e pubblicizzare la rassegna cinematografica.

T2 — *I sommersi e i salvati*: il cuore saggistico del libro

OPERA
Se questo è un uomo

CONCETTI CHIAVE
- l'innalzamento del tono e il linguaggio sperimentale
- l'"esperimento" di Auschwitz
- la lotta per la sopravvivenza
- la ricerca del potere e del privilegio e la distinzione tra "sommersi" e "salvati"

FONTE
P. Levi, *Se questo è un uomo*, in *Opere*, cit.

I sommersi e i salvati è *il capitolo che sta esattamente al centro di* Se questo è un uomo. *La sua importanza è ulteriormente rilevata dal fatto che l'autore avrebbe voluto dare al libro lo stesso titolo di questo capitolo, che userà quarant'anni dopo per il suo ultimo libro. Come nel capitolo precedente,* Al di qua del bene e del male, *predomina qui la modalità di scrittura saggistica.*

Vorremmo far considerare come il Lager sia stato, anche e notevolmente, una gigantesca esperienza[1] biologica e sociale.

Si rinchiudano tra i fili spinati migliaia di individui diversi per età, condizioni, origine, lingua, cultura e costumi, e siano quivi sottoposti a un regime di vita costante, controllabile, identico per tutti e inferiore a tutti i bisogni: è quanto di più rigoroso uno sperimentatore avrebbe potuto istituire per stabilire che cosa sia essenziale e che cosa acquisito nel comportamento dell'animale-uomo di fronte alla lotta per la vita.

Noi non crediamo alla più ovvia e facile deduzione: che l'uomo sia fondamentalmente brutale, egoista e stolto come si comporta quando ogni sovrastruttura civile sia tolta, e che lo «Häftling»[2] non sia dunque che l'uomo senza inibizioni.[3] Noi pensiamo piuttosto che, quanto a questo, null'altro si può concludere, se non che di fronte al bisogno e al disagio fisico assillanti, molte consuetudini e molti istinti sociali sono ridotti al silenzio.

Ci pare invece degno di attenzione questo fatto: viene in luce che esistono fra gli uomini due categorie particolarmente ben distinte: i salvati e i sommersi. Altre coppie di contrari (i buoni e i cattivi, i savi e gli stolti, i vili e i coraggiosi, i disgraziati e i fortunati) sono assai meno nette, sembrano meno congenite, e soprattutto ammettono gradazioni intermedie più numerose e complesse.

Questa divisione è molto meno evidente nella vita comune; [...]

Ma in Lager avviene altrimenti: qui la lotta per sopravvivere è senza remissione,[4] perché ognuno è disperatamente ferocemente solo. Se un qualunque Null Achtzehn[5] vacilla, non troverà chi gli porga una mano; bensì qualcuno che lo abbatterà a lato, perché nessuno ha interesse a che un «mussulmano»[6] di più si trascini ogni giorno al lavoro; e se qualcuno, con un miracolo di selvaggia pazienza e astuzia, troverà una nuova combinazione[7] per defilarsi dal lavoro più duro, una nuova arte che gli frutti qualche grammo di pane, cercherà di tenerne segreto il modo, e di questo sarà stimato e rispettato, e ne trarrà un suo esclusivo personale giovamento; diverrà più forte, e perciò sarà più temuto, e chi è temuto è, ipso facto,[8] un candidato a sopravvivere.

Nella storia e nella vita pare talvolta di discernere una legge feroce, che suona «a chi ha, sarà dato; a chi non ha, a quello sarà tolto».[9] Nel Lager, dove l'uomo è solo e la lotta per la vita si riduce al suo meccanismo primordiale, la legge iniqua[10] è apertamente in vigore, è riconosciuta da tutti. Con gli adatti, con gli individui forti e astuti, i capi[11] stessi mantengono volentieri contat-

---

- **1 esperienza**: *esperimento* (è un francesismo).
- **2 Häftling**: 'prigioniero, detenuto' in tedesco.
- **3 inibizioni**: *freni ai propri desideri*, di natura sociale (le leggi) o interiore (la morale).
- **4 remissione**: tregua.
- **5 Null Achtzehn**: 'Zero Diciotto' in tedesco. Sono gli ultimi tre numeri del numero di matricola di un prigioniero di cui Levi ha parlato all'inizio di *Ka-Be*, il quarto capitolo di *Se questo è un uomo*: un uomo a tal punto svuotato e annullato dalla sofferenza da non avere conservato neppure la memoria del proprio nome.
- **6 «mussulmano»**: spiega Levi in una nota dell'edizione scolastica: «Con tale termine, "Muselmann", ignoro per quale ragione, i vecchi del campo designavano i deboli, gli inetti, i votati alla selezione».
- **7 combinazione**: nel gergo del Lager, indica uno stratagemma, una soluzione ingegnosa che aggira le norme del campo.
- **8 ipso facto**: *per questo stesso fatto* (latino).
- **9 «a chi ha...tolto»**: è una frase del Vangelo di Matteo (13,12 e 25,25).
- **10 iniqua**: ingiusta.
- **11 capi**: i Kapos, i prigionieri che avevano una carica ed esercitavano potere sugli altri.

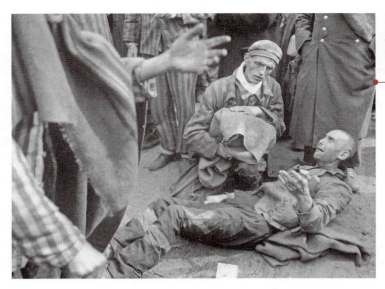

Detenuti del campo di concentramento tedesco di Wöbbelin, dopo la loro liberazione. Foto scattata il 4 maggio 1945.

ti, talora quasi camerateschi, perché sperano di poterne trarre forse più tardi qualche utilità. Ma ai mussulmani, agli uomini in dissolvimento, non vale la pena di rivolgere la parola, poiché già si sa che si lamenterebbero, e racconterebbero quello che mangiavano a casa loro. Tanto meno vale la pena di farsene degli amici, perché non hanno in campo conoscenze illustri, non mangiano niente extrarazione, non lavorano in Kommandos[12] vantaggiosi e non conoscono nessun modo segreto di organizzare.[13] E infine, si sa che sono qui di passaggio, e fra qualche settimana non ne rimarrà che un pugno di cenere in qualche campo non lontano, e su un registro un numero di matricola spuntato. Benché inglobati e trascinati senza requie dalla folla dei loro simili, essi soffrono e si trascinano in una opaca intima solitudine, e in solitudine muoiono e scompaiono, senza lasciar traccia nella memoria di nessuno.

Il risultato di questo spietato processo di selezione naturale si sarebbe potuto leggere nelle statistiche del movimento dei Lager. Ad Auschwitz, nell'anno 1944, dei vecchi prigionieri ebrei (degli altri non diremo qui, ché altre erano le loro condizioni),[14] «kleine Nummer», piccoli numeri inferiori al centocinquantamila, poche centinaia sopravvivevano; *nessuno* di questi era un comune Häftling, vegetante nei comuni Kommandos e pago della normale razione. Restavano solo i medici, i sarti, i ciabattini, i musicisti, i cuochi, i giovani attraenti omosessuali, gli amici o compaesani di qualche autorità del campo; inoltre individui particolarmente spietati, vigorosi e inumani, insediatisi (in seguito a investitura da parte del comando delle SS, che in tale scelta dimostravano di possedere una satanica conoscenza umana) nelle cariche di Kapo,[15] di Blockältester,[16] o altre; e infine coloro che, pur senza rivestire particolari funzioni, per la loro astuzia ed energia fossero sempre riusciti a organizzare con successo, ottenendo così, oltre al vantaggio materiale e alla reputazione, anche indulgenza e stima da parte dei potenti del campo. Chi non sa diventare un Organisator, Kombinator, Prominent[17] (truce eloquenza dei termini!) finisce in breve mussulmano. Una terza via esiste nella vita, dove è anzi la norma; non esiste in campo di concentramento.

- **12 Kommandos**: le squadre di lavoro in cui erano inquadrati i prigionieri.
- **13 organizzare**: sempre nel gergo del campo, indica un modo illecito per procurarsi cibo supplementare.
- **14 prigionieri non ebrei...condizioni**: la principale differenza era che "criminali" e "politici" non venivano uccisi nelle camere a gas. La loro morte era una conseguenza non necessaria delle brutali condizioni di vita, ma non lo scopo del loro internamento.
- **15 Kapo**: responsabile di un Kommando, di una squadra di lavoro. L'origine della parola non è chiara: potrebbe essere l'abbreviazione di *KAmeradenschaftPOlizei* ('polizia tra i compagni'), derivare dall'italiano oppure dal francese *Caporal* ('caporale').
- **16 Blockältester**: responsabile di una baracca (Block).
- **17 Organisator...Prominent**: qualcuno che "organizza" una "combinazione", cioè trova un modo per guadagnarsi cibo supplementare, oppure conquista il rango di *Prominent*, cioè si conquista una posizione di potere.

Soccombere è la cosa più semplice: basta eseguire tutti gli ordini che si ricevono, non mangiare che la razione, attenersi alla disciplina del lavoro e del campo. L'esperienza ha dimostrato che solo eccezionalmente si può in questo modo durare più di tre mesi. Tutti i mussulmani che vanno in gas hanno la stessa storia, o, per meglio dire, non hanno storia; hanno seguito il pendio fino al fondo, naturalmente, come i ruscelli che vanno al mare. Entrati in campo, per loro essenziale incapacità, o per sventura, o per un qualsiasi banale incidente, sono stati sopraffatti prima di aver potuto adeguarsi; sono battuti sul tempo, non cominciano a capire il tedesco e a discernere qualcosa nell'infernale groviglio di leggi e di divieti, che quando il loro corpo è già in sfacelo, e nulla li potrebbe più salvare dalla selezione o dalla morte per deperimento. La loro vita è breve ma il loro numero è sterminato; sono loro, i Muselmänner,[18] i sommersi, il nerbo del campo; loro, la massa anonima, continuamente rinnovata e sempre identica, dei non-uomini che marciano e faticano in silenzio, spenta in loro la scintilla divina, già troppo vuoti per soffrire veramente. Si esita a chiamarli vivi: si esita a chiamar morte la loro morte, davanti a cui essi non temono perché sono troppo stanchi per comprenderla.

Essi popolano la mia memoria della loro presenza senza volto, e se potessi racchiudere in una immagine tutto il male del nostro tempo, sceglierei questa immagine, che mi è familiare: un uomo scarno, dalla fronte china e dalle spalle curve, sul cui volto e nei cui occhi non si possa leggere traccia di pensiero.

Se i sommersi non hanno storia, e una sola e ampia è la via della perdizione, le vie della salvazione sono invece molte, aspre e impensate.

● 18 **Muselmänner**: plurale di Muselmann, 'mussulmano'.

T2 DALLA COMPRENSIONE ALL'INTERPRETAZIONE

COMPRENSIONE

I capitoli centrali di *Se questo è un uomo* I primi sei capitoli di *Se questo è un uomo* descrivono il processo di apprendimento del mondo concentrazionario; le tappe sono rappresentate da singoli episodi (come l'ingresso in *Ka-Be*; *Ka-Be* è l'acronimo di *Krankenbau*, infermeria) oppure da narrazioni iterative della *routine* del campo. Nella parte centrale del libro, invece, **il tempo della narrazione si arresta per lasciare spazio a due capitoli in forma di trattato**, *Al di qua del bene e del male* e *I sommersi e i salvati*. Si ripropone così, a livello macrostrutturale, **l'alternarsi di episodio e riflessione, narrazione e meditazione** che è tipico della struttura di ogni singolo capitolo.

Nel brano Levi disegna le coordinate di quella «gigantesca esperienza biologica e sociale» che furono i Lager. **Nell'universo concentrazionario esistono due sole categorie di uomini: quella dei «sommersi» e quella dei «salvati»**; e viene spiegato come e perché si diventi «mussulmano», destinato a morte certa entro tre mesi, o «Prominent», temporaneamente "salvato". Ma, precisa Levi, «sono loro, [...] i sommersi, il nerbo del campo», la triste norma a cui corrisponde «su un registro un numero di matricola spuntato». I "salvati" sono l'eccezione statistica e la loro salvezza giunge per «molte, aspre e impensate» vie.

ANALISI

L'innalzamento del tono e l'approccio scientifico L'inizio del capitolo *I sommersi e i salvati* è caratterizzato da un percepibile innalzamento di tono: **il ritmo della sintassi rallenta**, come per consentire al lettore di soffermarsi più a lungo sui concetti che vengono espressi, mentre il narratore conferisce maggior rilievo alla propria parola adottando **ora la prima persona plurale, ora una terza persona impersonale**. Quest'ultima strategia dipende dalla definizione cruciale che chiude il secondo capoverso: è possibile **interpretare quanto è accaduto in Auschwitz come un "esperimento"**, le cui condizioni sono elencate dal terzo paragrafo («Si rinchiudano...siano sottoposti...»).

Il linguaggio del darwinismo La teoria «biologica e sociale» attraverso la quale Levi "legge" l'esperimento è quella darwiniana, come evidenziato dal **lessico** («lotta per sopravvivere», «candidato a sopravvivere», «lotta per la vita», «gli adatti», «spietato processo di selezione naturale», «insospettabili risorse sotterranee che sorreggono le stirpi e gli individui nei tempi crudeli», «lotta estenuante di ciascuno contro tutti»). Potremmo parafrasare in questo modo i termini dell'**esperimento darwiniano** di Auschwitz: fino a che punto, spazzati via i princìpi di regolamentazione del comportamento introiettati attraverso le istituzioni culturali e sociali, posto in un ambiente ostile e in presenza di concorrenti agguerriti, l'essere umano regredisce alla condizione animale e si trasforma in una macchina per la sopravvivenza?

INTERPRETAZIONE

La vita sociale del Lager Nelle scienze naturali, gli esperimenti svolti in condizioni estreme servono a dedurre i fondamenti delle leggi di funzionamento ordinario del mondo. In maniera analoga, poiché **in Auschwitz la vita si svolge in una situazione limite**, possiamo trarne **conclusioni di valenza universale**: proprio perché più rozze ed essenziali, prive delle mediazioni della vita ordinaria, le forme di socialità e asocialità che si sviluppano all'interno del Lager illuminano alcuni fondamenti della vita dell'uomo, e in maniera particolare come l'adattamento a condizioni di oppressione estrema passi attraverso la ricerca di modi per sottrarvisi garantiti dal privilegio.

Il significato ironico del termine "salvati" La vita all'interno del Lager non si riduce all'azzeramento di ogni sovrastruttura: l'esperimento rivela che l'uomo è davvero un animale sociale, e che le forme della lotta umana per la sopravvivenza si inquadrano in Auschwitz in norme e gerarchie più brutali, ma comunque socialmente istituite. Il "salvato" è colui che riesce ad adattarsi a queste nuove norme per organizzare la propria sopravvivenza; ma, ammonisce Levi in una nota dell'edizione scolastica, «il termine [...] ha valore aspramente ironico. **In Lager non si salva il virtuoso, ma l'uomo che si "organizza"**, che opprime o soppianta il suo prossimo, che soffoca in sé ogni moto di carità o solidarietà».

T2 LAVORIAMO SUL TESTO

COMPRENDERE

1. Quale domanda si pone lo scrittore nel primo capoverso, e quale risposta dà nel secondo?
2. **LINGUA E LESSICO** L'autore usa alcuni termini che appartengono al glossario specifico del Lager e che vanno compresi per intendere il significato del brano. Collega ciascun termine alla definizione pertinente.

Häftling	prigioniero debole, inetto
Null Achtzehn	capo squadra
Muselmänner	prigioniero, detenuto
Kommando	squadra di lavoro
Kapo	prigioniero che non ricorda più nemmeno il proprio nome

3. **LINGUA E LESSICO** Individua i termini del lessico darwiniano utilizzati da Levi.

ANALIZZARE

4. Il capitolo *I sommersi e i salvati* si trova proprio al centro del libro: che cosa rappresenta tale collocazione?
5. Levi afferma che ad Auschwitz è stata compiuta una «gigantesca esperienza». Di che tipo di «esperienza» si è trattato? E quali furono le condizioni dell'esperimento?
6. Dall'"esperimento" di Auschwitz, Levi deduce che
   - A l'uomo è fondamentalmente egoista e brutale
   - B la condizione dei prigionieri rispecchia quella originale degli uomini
   - C l'assillo dei bisogni fisici annulla molte consuetudini e istinti sociali e morali
   - D l'uomo è fondamentalmente generoso con i suoi simili
7. L'"esperimento" del Lager evidenzia la suddivisione in due categorie fondamentali. Quali? E perché tale suddivisione è particolarmente visibile nel Lager?

INTERPRETARE

8. Levi enuncia la legge della vita con una frase biblica: «a chi ha, sarà dato; a chi non ha, a quello sarà tolto». Perché Levi la definisce una legge «feroce»? E in che modo essa viene applicata nel Lager?
9. Quale comportamento caratterizza i «sommersi»? E che cosa rappresentano agli occhi dello scrittore?
10. In quale senso Primo Levi adotta il termine «salvati»? (scegli l'opzione corretta e spiega la tua scelta)
    - A in senso biblico, ad indicare gli uomini giusti, che sono sopravvissuti al Lager grazie all'intervento divino
    - B in senso ironico, ad indicare i prigionieri che si sono arrangiati in tutti i modi per procurarsi il cibo e sopravvivere nel campo

T3 — Il canto di Ulisse

OPERA
Se questo è un uomo

CONCETTI CHIAVE
- identità personale e memoria letteraria
- Ulisse come "figura" del destino dell'uomo in Auschwitz
- la metafora del naufragio

FONTE
P. Levi, *Se questo è un uomo*, in *Opere*, cit.

Quello che riportiamo sotto è uno dei passi più famosi e toccanti di Se questo è un uomo. *Tra le ragioni che hanno consentito a Primo Levi di tornare dal Lager (solo il cinque per cento degli italiani deportati ad Auschwitz è sopravvissuto), oltre a quelle che l'autore stesso elenca («principalmente la fortuna», poi «l'allenamento alla vita di montagna», il «mestiere di chimico» che gli «ha concesso qualche privilegio negli ultimi mesi di prigionia», l'«interesse, mai venuto meno, per l'animo umano»), si può annoverare anche la straordinaria capacità, che questo brano testimonia, di preservare le radici dell'umanità – e tra queste vi è senza dubbio anche la letteratura, la poesia di Dante – anche nell'orrore del Lager, sottraendosi così «a quella totale umiliazione e demoralizzazione che conduceva molti al naufragio spirituale».*

… Il canto di Ulisse. Chissà come e perché mi è venuto in mente: ma non abbiamo tempo di scegliere, quest'ora già non è più un'ora. Se Jean[1] è intelligente capirà. Capirà: oggi mi sento da tanto.

… Chi è Dante. Che cosa è la Commedia. Quale sensazione curiosa di novità si prova, se si cerca di spiegare in breve che cosa è la Divina Commedia. Come è distribuito l'Inferno, cosa è il contrappasso. Virgilio è la Ragione, Beatrice è la Teologia.

Jean è attentissimo, ed io comincio, lento e accurato:

> Lo maggior corno della fiamma antica
> Cominciò a crollarsi mormorando,
> Pur come quella cui vento affatica.
> Indi, la cima in qua e in là menando
> Come fosse la lingua che parlasse
> Mise fuori la voce, e disse: Quando…[2]

Qui mi fermo e cerco di tradurre. Disastroso: povero Dante e povero francese! Tuttavia l'esperienza pare prometta bene: Jean ammira la bizzarra similitudine della lingua, e mi suggerisce il termine appropriato per rendere «antica».

E dopo «Quando»? Il nulla. Un buco nella memoria. «Prima che sì Enea la nominasse». Altro buco. Viene a galla qualche frammento non utilizzabile: «… la piéta Del vecchio padre, né 'l debito amore Che doveva Penelope far lieta…» sarà poi esatto?

… Ma misi me per l'alto mare aperto.

Di questo sì, di questo sono sicuro, sono in grado di spiegare a Pikolo, di distinguere perché «misi me» non è «je me mis», è molto più forte e più audace, è un vincolo infranto, è scagliare se stessi al di là di una barriera, noi conosciamo bene questo impulso. L'alto mare aperto: Pikolo ha

---

1 Jean: così Levi presenta Jean all'inizio del capitolo intitolato *Il canto di Ulisse*: «Jean era uno studente alsaziano; benché avesse già ventiquattro anni, era il più giovane Häftling [detenuto] del Kommando Chimico. Era perciò toccata a lui la carica di Pikolo, vale a dire di fattorino-scritturale, addetto alla pulizia della baracca, alla consegna degli attrezzi, alla lavatura delle gamelle [recipienti metallici in cui veniva consumato il rancio], alla contabilità delle ore di lavoro del Kommando». Nella *Appendice* scritta nel 1976 per l'edizione scolastica di *Se questo è un uomo*, Levi precisa: «È vivo e sta bene Jean, il "Pikolo" del Canto di Ulisse: la sua famiglia era stata distrutta, ma si è sposato dopo il ritorno, e ora ha due figli, e conduce una vita molto tranquilla come farmacista in una cittadina della provincia francese».

2 Lo maggior…Quando: sono i vv. 85-90 del canto XXVI dell'*Inferno*. Levi li riporta nella forma in cui sono rimasti incisi nella sua memoria, che non corrisponde al testo filologicamente corretto. Spiega l'autore stesso nella nota all'edizione scolastica: «I passi della *Divina Commedia* contenuti in questo capitolo sono citati a memoria, e perciò contengono molte inesattezze».

viaggiato per mare e sa cosa vuoi dire, è quando l'orizzonte si chiude su se stesso, libero diritto e semplice, e non c'è ormai che odore di mare: dolci cose ferocemente lontane.

Siamo arrivati al Kraftwerk,[3] dove lavora il Kommando dei posacavi. Ci dev'essere l'ingegner Levi. Eccolo, si vede solo la testa fuori della trincea. Mi fa un cenno colla mano, è un uomo in gamba, non l'ho mai visto giù di morale, non parla mai di mangiare.

«Mare aperto». «Mare aperto». So che rima con «diserto»:

«... quella compagna Picciola, dalla qual non fui diserto», ma non rammento più se viene prima o dopo. E anche il viaggio, il temerario viaggio al di là delle colonne d'Ercole, che tristezza, sono costretto a raccontarlo in prosa: un sacrilegio. Non ho salvato che un verso, ma vale la pena di fermarcisi:

> ... Acciò che l'uom più oltre non si metta.

«Si metta»; dovevo venire in Lager per accorgermi che è la stessa espressione di prima, «e misi me». Ma non ne faccio parte a Jean, non sono sicuro che sia una osservazione importante. Quante altre cose ci sarebbero da dire, e il sole è già alto, mezzogiorno è vicino. Ho fretta, una fretta furibonda.

Ecco, attento Pikolo, apri gli orecchi e la mente, ho bisogno che tu capisca:

> Considerate la vostra semenza:
> Fatti non foste a viver come bruti,
> Ma per seguir virtute e conoscenza.

Come se anch'io lo sentissi per la prima volta: come uno squillo di tromba, come la voce di Dio. Per un momento, ho dimenticato chi sono e dove sono.

Pikolo mi prega di ripetere. Come è buono Pikolo, si è accorto che mi sta facendo del bene. O forse è qualcosa di più: forse, nonostante la traduzione scialba e il commento pedestre[4] e frettoloso, ha ricevuto il messaggio, ha sentito che lo riguarda, che riguarda tutti gli uomini in travaglio,[5] e noi in specie; e che riguarda noi due, che osiamo ragionare di queste cose con le stanghe della zuppa sulle spalle.

> Li miei compagni fec'io sì acuti...

... e mi sforzo, ma invano, di spiegare quante cose vuol dire questo «acuti». Qui ancora una lacuna, questa volta irreparabile. «... Lo lume era di sotto della luna» o qualcosa di simile; ma prima?... Nessuna idea, «keine Ahnung» come si dice qui. Che Pikolo mi scusi, ho dimenticato almeno quattro terzine.

– Ça ne fait rien, vas-y tout de même.[6]

> ... Quando mi apparve una montagna, bruna
> Per la distanza, e parvemi alta tanto
> Che mai veduta non ne avevo alcuna.

Sì, sì, «alta tanto», non «molto alta», proposizione consecutiva. E le montagne, quando si vedono di lontano... le montagne... oh Pikolo, Pikolo, di' qualcosa, parla, non lasciarmi pensare

---

- **3 Kraftwerk**: *centrale elettrica.*
- **4 pedestre**: *di basso livello, privo di originalità.*
- **5 travaglio**: *pena, sofferenza.*
- **6 Ça ne fait rien, vas-y tout de même**: *Non ha importanza, continua lo stesso.*

alle mie montagne, che comparivano nel bruno della sera quando tornavo in treno da Milano a Torino!

Basta, bisogna proseguire, queste sono cose che si pensano ma non si dicono. Pikolo attende e mi guarda.

65 Darei la zuppa di oggi per saper saldare «non ne avevo alcuna» col finale. Mi sforzo di ricostruire per mezzo delle rime, chiudo gli occhi, mi mordo le dita: ma non serve, il resto è silenzio. Mi danzano per il capo altri versi: «... la terra lagrimosa diede vento...» no, è un'altra cosa. È tardi, è tardi, siamo arrivati alla cucina, bisogna concludere:

Tre volte il fe' girar con tutte l'acque,
70 Alla quarta levar la poppa in suso
E la prora ire in giù, come altrui piacque...

Trattengo Pikolo, è assolutamente necessario e urgente che ascolti, che comprenda questo «come altrui piacque», prima che sia troppo tardi, domani lui o io possiamo essere morti, o non vederci mai più, devo dirgli, spiegargli del Medioevo, del così umano e necessario e pure inaspettato anacronismo,[7] e altro ancora, qualcosa di gigantesco che io stesso ho visto ora soltanto, nell'intuizione di un attimo, forse il perché del nostro destino, del nostro essere oggi qui...

Siamo oramai nella fila per la zuppa, in mezzo alla folla sordida e sbrindellata dei porta-zuppa degli altri Kommandos. I nuovi giunti ci si accalcano alle spalle. – Kraut und Rüben? – Kraut und Rüben –. Si annuncia ufficialmente che oggi la zuppa è di cavoli e rape: – Choux et navets. –
80 Káposzta és répak.[8]

Infin che 'l mar fu sopra noi rinchiuso.

- **7 così umano...anacronismo**: in una lettera al suo traduttore tedesco, Levi spiega così questo passo: «L'anacronismo a cui mi riferisco è la frase "come altrui piacque", che è tipicamente cristiana, eppure chi la pronuncia è un pagano, morto forse 15 secoli prima di Cristo, e per giunta dannato; e mi pare umano e necessario, perché a questo punto tale è il calore poetico del racconto che Dante e Ulisse vengono a confondersi, e chi parla è Dante cristiano. Questo poeta, che altrove appare un astratto teorico della teologia, e dei dannati dice "ogni pietà convien che qui sia morta", in questi versi invece è pieno di ammirazione e di amore per il suo Ulisse, eroe e peccatore ad un tempo».
- **8 Kraut...répak**: 'cavoli' e 'rape' in tedesco, francese e polacco.

T3 DALLA COMPRENSIONE ALL'INTERPRETAZIONE

COMPRENSIONE

La cornice dei ricordi Jean, il "Pikolo" del Kommando, è protagonista di un evento significativo, **un incontro pienamente umano** che consente a lui e al narratore **il recupero della propria identità passata**. L'eccezionalità del momento è segnalata anche dalla **inconsueta condizione meteorologica**; il sole e il calore suscitano nuove sensazioni, che provocano a loro volta qualcosa di insolito, un ricordo della propria vita anteriore («Faceva tiepido fuori, il sole sollevava dalla terra grassa un leggero odore di vernice e di catrame che mi ricordava una qualche spiaggia estiva della mia infanzia» dice Levi in una parte del capitolo qui non antologizzata). Chiacchierando, Primo e Jean si raccontano quelle che erano state per entrambi esperienze di libertà: il mare per Jean («Pikolo ha viaggiato per mare e sa cosa vuole dire»), le montagne per Primo (le «mie montagne, che comparivano nel bruno della sera quando tornavo in treno da Milano a Torino!»). È questo **momento eccezionale di sospensione**, di precarissima tregua, a favorire in Primo il riemergere dalla memoria dei **versi della Commedia dedicati a Ulisse e al suo «folle volo»**; ed è un drammatico conflitto quello che viene messo in scena. Il conflitto tra l'urgenza di ricordare comunicando a Jean i brandelli di questo ricordo così parziale eppure così importante, e il rischio di un oblio che duplicherebbe il naufragio di Ulisse: sarebbe cioè il naufragio di quel residuo di umanità che può avere diritto di cittadinanza nel Lager. La memoria, sia pure frammentaria e spesso fallimentare, di un canto dell'Inferno di Dante, rappresenta dunque **un legame con la propria identità passa-**

ta, e consente anche **un'intuizione sul presente,** secondo una concezione alta, conoscitiva della letteratura, di cui Dante è un modello e che Levi farà propria in tutta quanta la sua opera.

ANALISI

Memoria di Dante e identità In questo brano Dante non viene solo citato, ma arriva a contaminare il racconto perché fa parte dell'identità profonda dell'io. Levi lo spiega bene in un capitolo dei *Sommersi e i salvati*, *Intellettuale ad Auschwitz*, in cui torna a riflettere sull'episodio narrato in *Se questo è un uomo*: «Dove ho scritto "darei la zuppa di oggi per saldare 'non ne avevo alcuna' con il finale", non mentivo e non esageravo. Avrei dato veramente pane e zuppa, cioè sangue, per salvare dal nulla quei ricordi, che oggi, col supporto sicuro della carta stampata, posso rinfrescare quando voglio e gratis, e che perciò sembrano valere poco. Allora e là, valevano molto. Mi permettevano di **ristabilire un legame col passato,** salvandolo dall'oblio e fortificando la mia identità. Mi convincevano che la mia mente, benché stretta dalle necessità quotidiane, non aveva cessato di funzionare. Mi promuovevano, ai miei occhi e a quelli del mio interlocutore. Mi concedevano una vacanza effimera ma non ebete, anzi liberatoria e differenziale: un modo insomma di **ritrovare me stesso**».

La metafora del naufragio **Il mare** è l'immagine più ricorrente in questo brano: il mare aperto attraversato da Jean, il mare che si rinchiude sopra Ulisse e «sopra noi». La fine dell'eroe dantesco è figura del **naufragio dell'umanità dentro Auschwitz**, metafora ricorrente in tutto *Se questo è un uomo* attraverso il termine (anch'esso dantesco) del «sommerso» (cfr. **T2**, p. 474). Come scrive lo stesso autore in una nota all'edizione scolastica del libro: «Il verso, che chiude il Canto di Ulisse col tragico naufragio in vista del Monte del Purgatorio, chiude anche un altro *folle volo*, e cioè la breve parentesi umana, lo sforzo dell'autore e di Pikolo di sollevarsi per un momento al di sopra dell'orizzonte desolato della prigionia». Attraverso Dante, attraverso i ricordi, attraverso la loro stessa germinale amicizia, Primo e Jean fanno risorgere dentro il Lager **il mondo di fuori**, il mondo di prima, il mondo in cui gli uomini sono fatti «per seguir virtute e conoscenza». **Jean e Primo sono tanto audaci quanto Ulisse** («noi due, che *osiamo* ragionare di queste cose con le stanghe della zuppa sulle spalle»), e questo incontro sembra rendere quasi possibile una risposta affermativa all'interrogazione suprema del Lager, "se questo è un uomo": sì, questo è un uomo, io Primo che oso ragionar di queste cose sono un uomo.

INTERPRETAZIONE

Il finale Ma il naufragio finale di Ulisse «come altrui piacque» ingloba il destino di Jean e Primo, il cui «altrui» è l'intero nuovo inferno di Auschwitz con le sue leggi, l'inferno il cui fine è la distruzione dell'uomo, l'annullamento dell'umanità in coloro che a priori erano stati dichiarati non umani. **Il naufragio di Ulisse in vista della montagna della salvezza riflette il naufragio di Primo,** anch'egli in vista della montagna della salvezza, cioè la momentanea riconquista, grazie al ricordo, del proprio io passato. La realtà di Auschwitz torna a dominare, Babele delle lingue che aumenta l'incomprensione, necessità fisica, dolore: la possibile salvazione, in Lager, come ci ha insegnato il capitolo *I sommersi e i salvati* (cfr. **T2**) è l'opposto di «virtute e conoscenza».

T3 LAVORIAMO SUL TESTO

COMPRENDERE

1. Riassumi brevemente il passo collegando in forma narrativa i punti che trovi qui enucleati.
   - l'ambiente
   - il canto di Ulisse
   - il valore della lingua
   - lo sforzo di ricordare
   - il ritorno e la conclusione

ANALIZZARE

2. Rintraccia nel testo la descrizione di Jean, le sue mansioni, il suo atteggiamento. Che cosa fa di lui un personaggio particolare?

3. Nel rapporto di complicità che si instaura tra Primo e Jean, quale importanza assume la lingua?

4. Levi, prigioniero ad Auschwitz, recita i versi di Dante. Da dove, a tuo parere, attinge il ricordo del canto di Ulisse? Scegli la risposta che ritieni corretta e spiega la tua scelta.
   - A dai ricordi di studente liceale
   - B dagli studi universitari
   - C da una lettura personale
   - D dalla lettura praticata in famiglia

5. Estrapola dal racconto di Levi i versi di Dante, e ricercali nel canto XXVI dell'*Inferno*. Quali passaggi tornano alla mente dello scrittore? I versi ritornano alla mente in modo faticoso e frammentario, oppure continuo e sciolto?

INTERPRETARE

6. Nel passo entrano significativamente le immagini delle montagne e del mare. Rintracciale nel testo. Quale valore assumono per i due prigionieri?

7. **TRATTAZIONE SINTETICA** Perché Levi cerca di comunicare a Pikolo proprio il canto di Ulisse? Che rapporto può esservi tra l'eroe dantesco e il Lager? Spiegalo in una trattazione sintetica (max 10 righe).

8. Quali versi colpiscono Levi «come uno squillo di tromba, come la voce di Dio»? E per quale motivo, a tuo parere?

9. Il verso che chiude il capitolo è lo stesso che chiude il canto XXVI dell'*Inferno*. Come spieghi tale coincidenza voluta dal narratore?

T4 Il sogno del reduce dal Lager

OPERA
La tregua

CONCETTI CHIAVE
- l'incubo del ritorno dal Lager
- il carattere illusorio della normalità

FONTE
P. Levi, *La tregua*, Einaudi, Torino 2010.

È la pagina finale de *La tregua*. Ricomincia la vita normale del reduce, sopravvissuto al campo di sterminio e finalmente ritornato in patria. Faticosamente egli si libera dalle abitudini del Lager e si riabitua alla "normalità" di un «letto largo e pulito», del cibo e del lavoro quotidiani. Ma l'incubo del Lager non è esorcizzato. Né può esserlo. Il sogno del reduce dal Lager è ancora più terribile del Sogno del prigioniero (cfr. cap. VII, **T8**, p. 282). Il prigioniero montaliano, pur dentro la "bufera", può immaginare un altrove felice, anche se illusorio. La sua cella ospita «kimoni cangianti» e «iridi su orizzonti di ragnatele». L'universo implacabilmente concentrazionario in cui vive Levi anche dopo la "tregua" (la consapevolezza di vivere una "tregua" implica l'attesa dell'inferno che è sempre in agguato, e che sicuramente verrà se gli uomini dimenticheranno) sarà sempre visitato dall'incubo del Lager e insidiato dal dubbio che tutto il resto sia «breve vacanza, o inganno dei sensi, sogno». Da questo incubo Primo Levi uscirà l'11 aprile 1987, suicidandosi.

Giunsi a Torino il 19 di ottobre,[1] dopo trentacinque giorni di viaggio: la casa era in piedi,[2] tutti i familiari vivi, nessuno mi aspettava. Ero gonfio, barbuto e lacero, e stentai a farmi riconoscere. Ritrovai gli amici pieni di vita, il calore della mensa[3] sicura, la concretezza del lavoro quotidiano, la gioia liberatrice del raccontare. Ritrovai un letto largo e pulito, che a sera (attimo di terrore)[4] cedette
5   morbido sotto il mio peso. Ma solo dopo molti mesi svanì in me l'abitudine di camminare con lo sguardo fisso al suolo, come per cercarvi qualcosa da mangiare o da intascare presto e vendere per[5] pane; e non ha cessato di visitarmi, ad intervalli ora fitti, ora radi, un sogno pieno di spavento.

È un sogno entro un altro sogno, vario nei particolari, unico nella sostanza. Sono a tavola con la famiglia, o con amici, o al lavoro, o in una campagna verde: in un ambiente insomma placido e disteso, apparentemente privo di tensione e di pena;[6] eppure provo un'angoscia sottile e profonda, la sensazione definita di una minaccia che incombe.[7] E infatti, al procedere del sogno, a poco a poco o brutalmente, ogni volta in modo diverso, tutto cade e si disfa intorno a me, lo scenario, le pareti, le persone, e l'angoscia si fa più intensa e più precisa. Tutto è ora volto[8] in caos: sono solo al centro di un nulla grigio e torbido, ed ecco, io so che cosa questo significa, ed
15 anche so di averlo sempre saputo: sono di nuovo in Lager e nulla era vero all'infuori del Lager. Il resto era breve vacanza,[9] o inganno dei sensi, sogno: la famiglia, la natura in fiore, la casa. Ora questo sogno interno, il sogno di pace, è finito, e nel sogno esterno, che prosegue gelido, odo risuonare una voce, ben nota; una sola parola, non imperiosa, anzi breve e sommessa. È il comando dell'alba in Auschwitz, una parola straniera, temuta e attesa: alzarsi, «Wstawać».[10]

- **1   il 19 di ottobre**: del 1945.
- **2   in piedi**: non era cioè crollata nei bombardamenti. È il primo segno di una normalità che, lontano dall'orrore dei campi di concentramento, sembra perdurare.
- **3   mensa**: *tavola*. È la riscoperta della decenza e della gioia della vita quotidiana.
- **4   (attimo di terrore)**: dopo il duro tavolaccio del Lager, paradossalmente un letto morbido può "terrorizzare", perché sentito ormai come estraneo.
- **5   per**: *per [comprare del]*.
- **6   Sono a tavola...pena**: è la riconquistata pace di tutti i giorni.
- **7   eppure...incombe**: è il ricordo, incancellabile, di quello che è accaduto.
- **8   volto**: trasformato.
- **9   vacanza**: *tregua*, come titola il romanzo.
- **10 «Wstawać»**: è polacco.

T4 DALLA COMPRENSIONE ALL'INTERPRETAZIONE

COMPRENSIONE

Il ritorno, il sogno Il brano è nettamente diviso in **due parti**, a ciascuna delle quali è dedicato un capoverso. Nella prima Levi racconta, con la consueta secchezza, **la conclusione del lungo viaggio di ritorno** da Auschwitz a Torino, che è l'argomento de *La tregua*. La seconda è una sequenza onirica, in cui viene descritto **un sogno** che non ha cessato di visitare lo scrittore fin dai primi momenti del suo ritorno a casa, alla vita normale, e che è la continuazione di quei fatti nel Lager (come spiegheremo meglio più avanti).

ANALISI

Due poesie *in limine* Entrambi i due libri più famosi del Levi memorialista, *Se questo è un uomo* e *La tregua*, hanno in epigrafe una poesia, *Shemà* e *Alzarsi*. I due testi furono **composti a un giorno di distanza l'uno dall'altro, il 10 e l'11 gennaio del 1946**. Leggerli è indispensabile per comprendere il passo antologizzato. La poesia *Shemà* è riportata in T1, p. 468. Riportiamo qui di seguito la poesia che apre *La tregua*.

Alzarsi Sognavamo nelle notti feroci / Sogni densi e violenti / Sognati con anima e corpo: / Tornare; mangiare; raccontare. / Finché suonava breve e sommesso / il comando dell'alba: / «Wstawać»; / E si spezzava in petto il cuore. // Ora abbiamo ritrovato la casa, / Il nostro ventre è sazio, / Abbiamo finito di raccontare. / È tempo. Presto udremo ancora / Il comando straniero: / «Wstawać». / *11 gennaio 1946*

Nell'edizione Einaudi del 1965 Levi aggiunse queste considerazioni, che riportiamo perché sono anch'esse necessarie all'analisi: «Questa pagina, che chiude il libro su una nota inaspettatamente grave, chiarisce il senso della poesia posta in epigrafe, e ad un tempo giustifica il titolo. Nel sogno, **il Lager si dilata ad un significato universale**, è divenuto il simbolo della stessa condizione umana ("nulla era vero all'infuori del Lager"), e si identifica con la morte a cui nessuno si sottrae. Esistono remissioni, "tregue", come nella vita del campo l'inquieto riposo notturno; e **la stessa vita umana è una tregua, una proroga**; ma sono intervalli brevi, e presto interrotti dal "comando dell'alba" temuto ma non inatteso dalla voce straniera (**"wstawać" significa "alzarsi"**, in polacco) che pure tutti intendono e obbediscono. Questa voce comanda, anzi invita, alla morte, ed è sommessa, perché la morte è iscritta nella vita, è implicita nel destino umano, inevitabile, irresistibile; allo stesso modo nessuno avrebbe potuto pensare di opporsi al comando del risveglio, nelle gelide albe di Auschwitz».

INTERPRETAZIONE

Il sogno dentro l'incubo Nella scena onirica si intrecciano **due sogni, quello della tranquillità idillica e quello del Lager**. Sono le due prospettive dell'umanità, divisa tra la serenità quotidiana e l'abisso del male, della «banalità del male». Ma il significato conclusivo è tutt'altro che lieto e rassicurante: probabilmente, se ci si risveglia (il capitolo conclusivo del libro è intitolato significativamente *Il risveglio*) dalle abitudini rassicuranti della normalità, che costituiscono **un sogno che ci distoglie dalla vista del vero**, ci possiamo accorgere che intorno a noi l'orrore continua e che da un momento all'altro possiamo anche noi precipitarvi di nuovo. Forse, insomma, viviamo in una finzione che non ci fa percepire che, a poche ore di volo dall'Italia, la gente muore di fame, o combatte ferocemente, o viene torturata; e che forse anche in Italia è così. È possibile inoltre dare un altro significato all'incubo finale, questa volta esistenziale (esso non esclude necessariamente il precedente, e anzi gli si può aggiungere): **l'eventualità della morte è sempre presente**; da un momento all'altro essa può giungere e impartire l'ordine di «alzarsi» e andarsene per sempre dalla vita. **La tranquillità dell'esistenza normale rappresenta, in ogni caso, per Levi un falso idillio.** Il viaggio avventuroso del ritorno, i dieci mesi fra il gennaio e l'ottobre del '45, fra il Lager tedesco e la normalità in Italia, sono stati davvero solo una "tregua": quella che divide l'orrore evidente da una falsa normalità che non lo annulla ma lo nasconde. La "normalità", «la famiglia, la natura in fiore, la casa» altro non sono che un «inganno dei sensi», un sogno precario e fragile all'interno di un incubo perenne: quel «nulla grigio e torbido» che è il Lager. **L'incubo consiste insomma nella possibilità che non sia la vita "normale", quella del ritorno, a contenere il Lager e l'esperienza a esso connessa, ma che sia piuttosto il contrario,** che la realtà stabile della vita sia il Lager e che eccezionalmente si vivano, come in un sogno e forse proprio quale sogno in senso stretto, delle parentesi di pace, che sono solo brevi e insignificanti interruzioni dell'orrore. Se così è, l'esperienza del Lager ha segnato a tal punto la coscienza del prigioniero da fargli perdere la fiducia sulla corretta gerarchia fra i vari momenti dell'esistenza individuale e della storia collettiva. È il trionfo terribile e macabro del Lager.

T4 LAVORIAMO SUL TESTO

COMPRENDERE E ANALIZZARE

Il bisogno e la gioia del racconto

1. «La gioia liberatrice del raccontare». Che cosa aggiunge questa espressione all'altra, contenuta nella Prefazione (cfr. **T1**), in cui si accenna al «bisogno di raccontare agli "altri"»?

Il Lager come «caos»

2. «Tutto è ora volto in caos: sono solo al centro di un nulla grigio e torbido, ed ecco, io so che cosa questo significa, ed anche so di averlo sempre saputo: sono di nuovo in Lager». Levi non usa mai le parole a caso, con leggerezza; perché, dunque, nel sogno del reduce il Lager è definito come «caos», come «un nulla grigio e torbido»?

INTERPRETARE

3. Rifletti sui possibili legami che il sogno suggerisce tra Lager e realtà quotidiana.

4. Perché, a tuo avviso, Levi all'inizio del secondo paragrafo dice «È un sogno entro un altro sogno» e non, come ci si aspetterebbe, "È un sogno entro un incubo".

«Nessuno mi aspettava»

5. «La casa era in piedi, tutti i familiari vivi, nessuno mi aspettava». Qual è il terribile non detto che si spalanca dietro quel «nessuno mi aspettava»? A che cosa attribuisci questa reticenza?

«E nulla era vero all'infuori del Lager»

6. Se «nulla era vero all'infuori del Lager» che senso ha raccontare Auschwitz? Per chi o per cosa conservare memoria dell'orrore? Prova a rispondere a questa domanda che Levi deve essersi posta mille volte prima di scrivere *Se questo è un uomo* e *La tregua*.

> **LE MIE COMPETENZE: CONFRONTARE, DIALOGARE**
> La tematica di questo brano può essere collegata alle riflessioni di Levi riportate in **S2** (p. 496) *«Senza pregiudizi e senza collera»*? Confronta i due testi e, dialogando con i compagni, rifletti sul pericolo di un'attualità sempre possibile dei Lager.

3 I racconti del "centauro"

Il "centauro"

Grazie a *La tregua*, critici e lettori cominciano a capire che la densità umana e letteraria di *Se questo è un uomo* non era legata esclusivamente all'eccezionalità dei suoi contenuti: nel "chimico che scrive" sta nascosto uno scrittore. Ai giornalisti che lo intervistano, **Levi parla del proprio rapporto con il mondo letterario come quello di un essere «anfibio», un «centauro»**: «Io sono un anfibio, [...] un centauro [...]. Io sono diviso in due metà. Una è quella della fabbrica, sono un tecnico, un chimico. Un'altra, invece, è totalmente distaccata dalla prima, ed è quella nella quale scrivo, rispondo alle interviste, lavoro sulle mie esperienze passate e presenti» (da un'intervista del 1966).

Storie naturali

Non è facile per Levi "cambiare pelle", né le sere in cui, scrivendo, opera la metamorfosi dall'una all'altra delle sue nature, né pubblicamente: nel 1966, al momento di presentare al pubblico la prima raccolta dei suoi racconti di invenzione, privi dunque della spinta testimoniale che aveva dato origine a *Se questo è un uomo* e autorizzato la libera vena narrativa di *La tregua*, Levi accetta il consiglio del suo editore di non pubblicare in copertina il proprio nome: **Storie naturali esce firmato da "Damiano Malabaila"**. Come scrive Levi stesso nella quarta di copertina, «io sono entrato (inopinatamente) nel mondo dello scrivere con due libri sui campi di concentramento; non sta a me giudicarne il valore, ma erano senza dubbio libri seri, dedicati a un pubblico serio. Proporre a questo pubblico un volume di racconti-scherzo, di **trappole morali, magari divertenti ma distaccate**, fredde: non è questa frode in commercio, come chi vendesse vino nelle bottiglie dell'olio? Sono domande che mi sono posto, all'atto dello scrivere e del pubblicare queste "storie naturali". Ebbene, non le pubblicherei se non mi fossi accorto (non subito, per verità) che **fra il Lager e queste invenzioni una continuità**, un ponte esiste: **il Lager**, per me, è stato il più grosso dei "vizi", [...] **il più minaccioso dei mostri generati dal sonno della ragione**».

T • Primo Levi, *Angelica farfalla*

Gli altri libri di racconti

Alla prima raccolta ne seguono diverse altre: *Vizio di forma* nel 1971, *Lilìt e altri racconti* nel 1981, *Racconti e saggi* nel 1986. Molti di questi racconti sono ascrivibili al **genere fantascientifico**: prendono spunto da un'ipotesi fantastica motivata scientificamente, e ne traggono le estreme conseguenze di natura morale. Le "storie naturali" di Levi non sono per nulla "naturali", ma il narratore ce le presenta rendendole credibili e al tempo stesso inquietanti. È sempre percepibile, infatti, uno scarto tra le certezze del senso comune e ciò che ci viene mostrato come naturale nel corso del racconto. Questo scarto serve a evidenziare **il "vizio di forma" che si annida nel nostro mondo**, e che è generato da un progresso tecnologico sempre più veloce, rispetto al quale i nostri codici etici non riescono a tenere il passo.

4 I libri del lavoro: *Il sistema periodico* e *La chiave a stella*

Le storie del chimico

Il sistema periodico, **uscito nel 1975,** è il libro con cui Levi cerca di trasmettere ai lettori il «sapore forte e amaro» del **mestiere del chimico**. Il titolo del libro fa riferimento alla **tavola di Mendeleev, rappresentazione grafica della struttura ordinata degli elementi**, dalle cui combinazioni è formato tutto ciò che esiste. Come nella tabella del sistema periodico, **Levi ordina il racconto della propria vita in una serie di capitoli, ognuno intitolato a un elemento diverso** e connesso alla narrazione da legami referenziali o simbolici (cfr. **T5**, p. 486).

Le storie del montatore

Anche il libro successivo, *La chiave a stella* (1978), verte sull'**esperienza del lavoro, inteso come sfida con la materia**, messa alla prova delle proprie capacità, gioia della ricerca e gusto dell'avventura. Il protagonista è questa volta **un operaio specializzato, Tino Faussone**, che gira il mondo per montare le strutture complesse di gru, derrick, piloni e tralicci. Ogni capitolo corrisponde a un nuovo episodio, che Faussone racconta a un altro italiano incontrato per caso in Unione Sovietica, dove entrambi si trovano per motivi professionali. **L'interlocutore non ha nome,** ma è un chimico e uno scrittore, ed è stato ad Auschwitz: è insomma Primo Levi. I due personaggi dialogano tra loro in un **italiano parlato intriso di termini tecnici e arricchito dall'influenza della lingua madre di Faussone, il dialetto piemontese**.

S • Primo Levi, *Amare il proprio lavoro*

Larry Rivers, *Periodic Table* (Ritratto di Primo Levi), 1986. Torino, collezione privata.

T5 Storia di un atomo di carbonio

TESTO LABORATORIO

OPERA
Il sistema periodico, Carbonio

CONCETTI CHIAVE
- una storia infinitamente piccola e infinitamente grande che arriva fino al cervello dell'autore

FONTE
P. Levi, *Il sistema periodico*, Einaudi, Torino 1976.

 Ascolto
 Alta leggibilità

Riportiamo quasi per intero il capitolo conclusivo del Sistema periodico: Carbonio. *L'intreccio tra infinitamente piccolo e infinitamente grande, tra tempo cosmico e tempo dell'uomo sgomenta, eppure la prosa di Levi non è mai stata così nitida e "scientifica". Della storia avventurosa e sempre nuova dell'atomo di carbonio restano impressi vividamente i suoi legami con la storia dell'uomo (a partire dal piccone che lo stacca della roccia calcarea in cui si trova incistato). E forse la lezione più segreta di questo testo cosmico di Levi è rivolta proprio all'uomo, allo scopo di ridimensionare leopardianamente i suoi deliri antropocentrici: «se l'intera umanità, circa 250 milioni di tonnellate, venisse ripartita come un rivestimento di spessore omogeneo su tutte le terre emerse, la "statura dell'uomo" non sarebbe visibile a occhio nudo; lo spessore che si otterrebbe sarebbe di circa sedici millesimi di millimetro».*

Al carbonio, elemento della vita, era rivolto il mio primo sogno letterario, insistentemente sognato in un'ora e in un luogo nei quali la mia vita non valeva molto: ecco, volevo raccontare la storia di un atomo di carbonio.

È lecito parlare di "un certo" atomo di carbonio? Per il chimico esiste qualche dubbio, perché non si conoscono fino ad oggi (1970) tecniche che consentano di vedere, o comunque isolare, un singolo atomo; nessun dubbio esiste per il narratore, il quale pertanto si dispone a narrare.

Il nostro personaggio giace dunque da centinaia di milioni di anni, legato a tre atomi d'ossigeno e a uno di calcio, sotto forma di roccia calcarea: ha già una lunghissima storia cosmica alle spalle ma la ignoreremo. Per lui il tempo non esiste, o esiste solo sotto forma di pigre variazioni di temperatura, giornaliere e stagionali, se, per la fortuna di questo racconto, la sua giacitura non è troppo lontana dalla superficie del suolo. La sua esistenza, alla cui monotonia non si può pensare senza orrore, è un'alternanza spietata di caldi e di freddi, e cioè di oscillazioni (sempre di ugual frequenza) un po' più strette o un po' più ampie: una prigionia, per lui potenzialmente vivo, degna dell'inferno cattolico. A lui, fino a questo momento, si addice il tempo presente, che è quello della descrizione, anziché uno dei passati, che sono i tempi di chi racconta: è congelato in un eterno presente, appena scalfito dai fremiti moderati dell'agitazione termica.

Ma appunto per la fortuna di chi racconta, che in caso diverso avrebbe finito di raccontare, il banco calcareo di cui l'atomo fa parte giace in superficie. Giace alla portata dell'uomo e del suo piccone (onore al piccone e ai suoi più moderni equivalenti: essi sono tutt'ora i più importanti intermediari nel millenario dialogo fra gli elementi e l'uomo): in un qualsiasi momento, che io narratore decido per puro arbitrio essere nell'anno 1840, un colpo di piccone lo staccò e gli diede l'avvio verso il forno a calce, precipitandolo nel mondo delle cose che mutano. Venne arrostito affinché si separasse dal calcio, il quale rimase per così dire con i piedi per terra e andò incontro a un destino meno brillante che non narreremo; lui, tuttora fermamente abbarbicato a due dei tre suoi compagni ossigeni di prima, uscì per il camino e prese la via dell'aria. La sua storia, da immobile, si fece tumultuosa.

Fu colto dal vento, abbattuto al suolo, sollevato a dieci chilometri. Fu respirato da un falco, discese nei suoi polmoni precipitosi, ma non penetrò nel suo sangue ricco, e fu espulso. Si scosse per tre volte nell'acqua del mare, una volta nell'acqua di un torrente in cascata, e ancora fu espulso. Viaggiò col vento per otto anni, ora alto, ora basso, sul mare e fra le nubi, sopra foreste, deserti e smisurate distese di ghiaccio; poi incappò nella cattura e nell'avventura organica.

Il carbonio, infatti, è un elemento singolare: è il solo che sappia legarsi con se stesso in lunghe catene stabili senza grande spesa di energia, ed alla vita sulla terra (la sola che finora conosciamo) occorrono appunto lunghe catene. Perciò il carbonio è l'elemento chiave della sostanza vivente: ma la sua promozione, il suo ingresso nel mondo vivo, non è agevole, e deve seguire un cammino obbligato, intricato, chiarito (e non ancora definitivamente) solo in questi ultimi anni. Se l'organicazione[1] del carbonio non si svolgesse quotidianamente intorno a noi, sulla scala dei miliardi di tonnellate alla settimana, dovunque affiori il verde di una foglia le spetterebbe a pieno diritto il nome di miracolo.

L'atomo di cui parliamo, accompagnato dai suoi due satelliti che lo mantenevano allo stato di gas, fu dunque condotto dal vento, nell'anno 1848,[2] lungo un filare di viti. Ebbe la fortuna di rasentare una foglia, di penetrarvi, e di essere inchiodato da un raggio di sole. Se qui il mio linguaggio si fa impreciso ed allusivo, non è solo per mia ignoranza: questo avvenimento decisivo, questo fulmineo lavoro a tre, dell'anidride carbonica, della luce e del verde vegetale, non è stato ancora descritto in termini definitivi, e forse non lo sarà per molto tempo ancora, tanto esso è diverso da quell'altra chimica "organica" che è opera ingombrante, lenta e ponderosa dell'uomo: eppure questa chimica fine e svelta è stata "inventata" due o tre miliardi d'anni addietro dalle nostre sorelle silenziose, le piante, che non sperimentano e non discutono, e la cui temperatura è identica a quella dell'ambiente in cui vivono. Se comprendere vale farsi un'immagine, non ci faremo mai un'immagine di uno happening la cui scala è il milionesimo di millimetro, il cui ritmo è il milionesimo di secondo, ed i cui attori sono per loro essenza invisibili. Ogni descrizione verbale sarà mancante, ed una varrà l'altra: valga quindi la seguente.

Entra nella foglia, collidendo con altre innumerevoli (ma qui inutili) molecole di azoto e ossigeno. Aderisce a una grossa e complicata molecola che lo attiva, e simultaneamente riceve il decisivo messaggio dal cielo sotto la forma folgorante di un pacchetto di luce solare: in un istante, come un insetto preda del ragno, viene separato dal suo ossigeno, combinato con idrogeno e (si crede) fosforo, ed infine inserito in una catena, lunga o breve non importa, ma è la catena della vita. Tutto questo avviene rapidamente, in silenzio, alla temperatura e pressione dell'atmosfera, e gratis: cari colleghi,[3] quando impareremo a fare altrettanto saremo «sicut Deus»,[4] ed avremo anche risolto il problema della fame nel mondo.

Ma c'è di più e di peggio, a scorno nostro e della nostra arte. L'anidride carbonica, e cioè la forma aerea del carbonio, di cui abbiamo finora parlato: questo gas che costituisce la materia prima della vita, la scorta permanente a cui tutto ciò che cresce attinge, e il destino ultimo di ogni carne, non è uno dei componenti principali dell'aria, bensì un rimasuglio

---

- **1 organicazione**: è il processo di conversione di elementi chimici dallo stato inorganico a quello organico; l'organicazione del carbonio avviene attraverso la fotosintesi.
- **2 nell'anno 1848**: è l'anno decisivo delle rivoluzioni europee: l'anno in cui la borghesia cessò per sempre di essere classe in ascesa e, per mantenere il potere conquistato, non esitò a rivolgere i cannoni contro il proletariato urbano. Levi non sceglie a caso l'anno: lo utilizza per alludere a un contrasto fra natura e storia, fra la ciclicità naturale degli eventi chimici dell'atomo di carbonio e la violenza della storia umana.
- **3 cari colleghi**: sono, ovviamente, i chimici, così come, poche righe più sotto, **la nostra arte** è la chimica.
- **4 «sicut Deus»**: latino: *come Dio*. Nella Bibbia (*Genesi*, 3, 22) davanti all'albero della vita, dopo il peccato originale, Dio dice «Ecco, Adamo è diventato *come noi* e sa cosa sia bene e male». Acquisendo la conoscenza del bene e del male, l'uomo diviene «*sicut deus*» paradossalmente proprio nel momento della sua caduta. Levi utilizza ironicamente il linguaggio biblico per alludere alla perfezione dei mutamenti della materia, quanto a risparmio energetico, rispetto alla imperfezione della tecnologia umana.

ridicolo, un'«impurezza» trenta volte meno abbondante dell'argon di cui nessuno si accorge. L'aria ne contiene il 0,03 per cento: se l'Italia fosse l'aria, i soli italiani abilitati ad edificare la vita sarebbero ad esempio i 15000 abitanti di Milazzo, in provincia di Messina. Questo, in scala umana, è un'acrobazia ironica, uno scherzo da giocoliere, una incomprensibile ostentazione di onnipotenza-prepotenza, poiché da questa sempre rinnovata impurezza dell'aria veniamo noi: noi animali e noi piante, e noi specie umana, coi nostri quattro miliardi di opinioni discordi, i nostri millenni di storia, le nostre guerre e vergogne e nobiltà e orgoglio. Del resto, la nostra stessa presenza sul pianeta diventa risibile in termini geometrici: se l'intera umanità, circa 250 milioni di tonnellate, venisse ripartita come un rivestimento di spessore omogeneo su tutte le terre emerse, la "statura dell'uomo" non sarebbe visibile a occhio nudo; lo spessore che si otterrebbe sarebbe di circa sedici millesimi di millimetro.

Ora il nostro atomo è inserito: fa parte di una struttura, nel senso degli architetti; si è imparentato e legato con cinque compagni, talmente identici a lui che solo la finzione del racconto mi permette di distinguerli. È una bella struttura ad anello, un esagono quasi regolare, che però va soggetto a complicati scambi ed equilibri con l'acqua in cui sta sciolto; perché ormai sta sciolto in acqua, anzi, nella linfa della vita, e questo, di stare sciolti, è obbligo e privilegio di tutte le sostanza che sono destinate a (stavo per dire "desiderano") trasformarsi. Se poi qualcuno volesse proprio sapere perché un anello, e perché esagonale, e perché solubile in acqua, ebbene, si dia pace: queste sono fra le non molte domande a cui la nostra dottrina sa rispondere con un discorso persuasivo, accessibile a tutti, ma fuori luogo qui.

È entrato a far parte di una molecola di glucosio, tanto per dirla chiara: un destino né carne né pesce, mediano, che lo prepara ad un primo contatto con il mondo animale, ma non lo autorizza alla responsabilità più alta, che è quella di far parte di un edificio proteico. Viaggiò dunque, col lento passo dei succhi vegetali, dalla foglia per il picciolo e per il tralcio fino al tronco, e di qui discese fino a un grappolo quasi maturo. Quello che seguì è di pertinenza dei vinai: a noi interessa solo precisare che sfuggì (con nostro vantaggio, perché non lo sapremmo ridurre in parole) alla fermentazione alcoolica, e giunse al vino senza mutare natura.

È destino del vino essere bevuto, ed è destino del glucosio essere ossidato. Ma non fu ossidato subito: il suo bevitore se lo tenne nel fegato per più di una settimana, bene aggomitolato e tranquillo, come alimento di riserva per uno sforzo improvviso; sforzo che fu costretto a fare la domenica seguente, inseguendo un cavallo che si era adombrato. Addio alla struttura esagonale: nel giro di pochi istanti il gomitolo fu dipanato e ridivenne glucosio, questo venne trascinato dalla corrente del sangue fino ad una fibrilla muscolare di una coscia, e qui brutalmente spaccato in due molecole di acido lattico, il tristo araldo della fatica: solo più tardi, qualche minuto dopo, l'ansito dei polmoni poté procurare l'ossigeno necessario ad ossidare con calma quest'ultimo. Così una nuova molecola di anidride carbonica ritornò all'atmosfera, ed una parcella dell'energia che il sole aveva ceduta al tralcio passò dallo stato di energia chimica a quello di energia meccanica e quindi si adagiò nell'ignava condizione di calore, riscaldando impercettibilmente l'aria smossa dalla corsa e il sangue del corridore. «Così è la vita», benché raramente essa venga così descritta: un inserirsi, un derivare a suo vantaggio, un parassitare il cammino in giù dell'energia dalla sua nobile forma solare a quella degradata di calore a bassa temperatura. Su questo cammino all'ingiù, che conduce all'equilibrio e cioè alla morte, la vita disegna un'ansa e ci si annida.

Siamo di nuovo anidride carbonica, del che ci scusiamo: è un passaggio obbligato, anche questo: se ne possono immaginare o inventare altri, ma sulla terra è così. Di nuovo vento, che questa volta porta lontano: supera gli Appennini e l'Adriatico, la Grecia l'Egeo e Cipro: siamo sul Libano e la danza si ripete. L'atomo di cui ci occupiamo è ora intrappolato in una struttura che promette di durare a lungo: è il tronco venerabile di un cedro, uno degli ultimi; è ripassato per gli stadi che abbiamo già descritti, ed il glucosio di cui fa parte appartiene, come il grano di un rosario, ad una lunga catena di cellulosa. Non è più la fissità allucinante e geologica della roccia, non sono più i milioni di anni, ma possiamo bene parlare di secoli, perché il cedro è un albero longevo. È in nostro arbitrio abbandonarvelo per un anno o per cinquecento: diremo che dopo vent'anni (siamo nel 1868) se ne occupa un tarlo. Ha scavato la sua galleria fra il tronco e la corteccia, con la voracità cieca e ostinata della sua razza; trapanando è cresciuto, il suo cunicolo è andato ingrossando. Ecco, ha ingoiato e incastonato in se stesso il soggetto di questa storia; poi si è impupato, ed è uscito in primavera sotto forma di brutta farfalla grigia che ora si sta asciugando al sole, frastornata e abbagliata dallo splendore del giorno: lui è là, in uno dei mille occhi dell'insetto, e contribuisce alla visione sommaria e rozza con cui esso si orienta nello spazio. L'insetto viene fecondato, depone le uova e muore: il piccolo cadavere giace nel sottobosco, si svuota dei suoi umori, ma la corazza di chitina resiste a lungo, quasi indistruttibile. La neve e il sole ritornano sopra di lei senza intaccarla: è sepolta dalle foglie morte e dal terriccio, è diventata una spoglia, una «cosa», ma la morte degli atomi, a differenza della nostra, non è mai irrevocabile. Ecco al lavoro gli onnipresenti, gli instancabili e invisibili becchini del sottobosco, i microrganismi dell'humus. La corazza, con i suoi occhi ormai ciechi, è lentamente disintegrata, e l'ex bevitore, l'ex cedro, ex tarlo, ha nuovamente preso il volo.

Lo lasceremo volare per tre volte intorno al mondo, fino al 1960, ed a giustificazione di questo intervallo così lungo rispetto alla misura umana faremo notare che esso è assai più breve della media: questa, ci si assicura, è di duecento anni. Ogni duecento anni, ogni atomo di carbonio che non sia congelato in materiali ormai stabili (come appunto il calcare, o il carbon fossile, o il diamante, o certe materie plastiche) entra e rientra nel ciclo della vita, attraverso la porta stretta della fotosintesi. [...]

Si può dimostrare che questa storia, del tutto arbitraria, è tuttavia vera. Potrei raccontare innumerevoli storie diverse, e sarebbero tutte vere: tutte letteralmente vere, nella natura dei trapassi, nel loro ordine e nella loro data. Il numero degli atomi è tanto grande che se ne troverebbe sempre uno la cui storia coincida con una qualsiasi storia inventata a capriccio. [...] Ne racconterò invece soltanto ancora una, la più segreta, e la racconterò con l'umiltà e il ritegno di chi sa fin dall'inizio che il suo tema è disperato, i mezzi fievoli, e il mestiere di rivestire i fatti con parole fallimentare per sua profonda essenza.

È di nuovo tra noi, in un bicchiere di latte. È inserito in una lunga catena, molto complessa, tuttavia tale che quasi tutti i suoi anelli sono accetti al corpo umano. Viene ingoiato: e poiché in ogni struttura vivente alberga una selvaggia diffidenza verso ogni apporto di altro materiale di origine vivente, la catena viene meticolosamente frantumata, e i frantumi, uno per uno, accettati o respinti. Uno, quello che ci sta a cuore, varca la soglia intestinale ed entra nel torrente sanguigno: migra, bussa alla porta di una cellula nervosa, entra e soppianta un altro carbonio che ne faceva parte. Questa cellula appartiene a un cervello, e questo è il mio cervello, di me che scrivo, e la cellula in questione, ed in essa l'atomo in questione, è addetta al mio scrivere, in un gigantesco minuscolo gioco che nessuno ha ancora descritto. È quella che in questo istante, fuori da un labirintico intreccio di sì e di no, fa sì che la mia mano corra in un certo cammino sulla carta, la segni di queste volute che sono segni; un doppio scatto, in su e in giù, fra due livelli d'energia guida questa mia mano ad imprimere sulla carta questo punto: questo.

T5 DALLA COMPRENSIONE ALL'INTERPRETAZIONE

COMPRENSIONE

Da un atomo a un punto, dal carbonio a Primo Levi L'**atomo di carbonio** è all'inizio prigioniero in una roccia calcarea. Un colpo di piccone lo libera e la scheggia di pietra che lo contiene viene calcinata in un forno; l'atomo di carbonio si unisce a due atomi di ossigeno e vola via nell'aria sotto forma di anidride carbonica. Seguiranno molte vicissitudini. Complici la clorofilla e **la fotosintesi**, l'atomo di carbonio, passando vicino a una foglia, verrà trafitto da un raggio di sole, staccato dall'ossigeno e fissato in una molecola di glucosio. La pianta è una vite, il glucosio finirà in un acino d'uva, **l'acino in vino** e il vino nel fegato di un bevitore. Poi tornerà ad essere **anidride carbonica**, nel vento che soffia su mari e montagne, e di nuovo lo catturerà la fotosintesi per incatenarlo nella cellulosa di un tronco di **cedro**. Qui un tarlo se lo mangia. Alla morte del **tarlo**, divenuto farfalla, qualche batterio becchino rimette un'altra volta in circolazione il nostro atomo di carbonio, finché finisce in **un bicchiere di latte** da dove – facendo parte di una molecola di zucchero – passa nella cellula nervosa di un uomo che ha bevuto il latte. L'uomo è lo stesso **Primo Levi,** e l'energia di quella molecola di zucchero servirà a fargli mettere il punto finale del racconto.

ANALISI E INTERPRETAZIONE

Un progetto nato, contro ogni logica, nel Lager Il carbonio è l'**elemento che sta alla base della vita**. Ciascun essere vivente, dall'organismo unicellulare all'uomo, è costruito con atomi di carbonio. Per Levi il carbonio (proprio in quanto indispensabile alla vita) è, tra tutti, l'elemento che più **avvicina il mondo della chimica a quello della scrittura**, la scienza all'umanesimo. È l'autore stesso a rivelarlo, riferendo il suo progetto di narrare la storia di un atomo di carbonio addirittura all'esperienza del Lager: «Al carbonio, elemento della vita, era rivolto il mio primo sogno letterario, insistentemente sognato in un'ora e in un luogo nel quale la mia vita non valeva molto: ecco, volevo raccontare la storia di un atomo di carbonio».

Storie che si intrecciano Questo brano è tratto dal capitolo che conclude *Il sistema periodico* (1975). Il libro si compone di **ventuno capitoli, ciascuno dei quali è intitolato a un elemento chimico** (Idrogeno, Nikel, Potassio, e così via): trasponendo dunque in forma narrativa **la tavola periodica degli elementi** elaborata dal chimico russo Mendeleev nel 1869, che dà il titolo al volume. L'autobiografia dell'autore s'intreccia nel testo con la storia degli elementi chimici: nel primo capitolo, intitolato *Argon*, un gas «perfetto», «raro» e «inoperoso», si narra infatti la vicenda della ramificata famiglia di ebrei piemontesi antenati di Levi.

In tal modo Levi intreccia tre storie: la sua **autobiografia personale**, dall'adolescenza all'età adulta, la vicenda della sua generazione dentro **il dramma storico** della deportazione e dello sterminio, e la vicenda della **ricerca chimica**, come lotta con la materia per carpirne i segreti e piegarli a vantaggio dell'uomo. Tale sovrapposizione di piani viene suggellata da **questo ultimo racconto, che sembra avvolgersi su se stesso**. Levi racconta la storia di un atomo di carbonio; alla fine il lettore scopre che **l'atomo di carbonio non è solo l'oggetto del racconto, ma è il racconto stesso**. Dopo infinite trasformazioni l'atomo di carbonio è infatti divenuto parte di una delle cellule del cervello dell'autore impegnato a scrivere la storia. **Chimica e autobiografia, storia naturale e storia individuale finiscono per coincidere.**

T5 LAVORIAMO SUL TESTO

COMPRENDERE

1. Riassumi in un testo di cinque righe la vicenda raccontata da Levi.

ANALIZZARE

2. LINGUA E LESSICO Sottolinea nel testo parole ed espressioni tratte dal linguaggio specialistico della chimica.

INTERPRETARE

3. Confronta la definizione del carbonio tratta dal dizionario con la narrazione che ne fa Levi. Quali considerazioni ti suggerisce questo confronto?

LABORATORIO
Dall'interpretazione alla riappropriazione

ATTUALIZZAZIONE E VALORIZZAZIONE

Scienza e letteratura

Il sistema periodico è una delle pochissime opere di tutta la letteratura italiana in cui scienza e letteratura coesistono, potenziandosi a vicenda. Le cosiddette "due culture", quella scientifica e quella umanistica, che di solito avvertiamo come contrapposte, qui si integrano tra loro grazie alla scrittura.

La separazione tra arte e scienza, propria della tradizione letteraria italiana, è tanto più sorprendente se si pensa che uno dei primi grandi scienziati della modernità, Galileo Galilei, era insieme un uomo di lettere e un uomo di scienza, al punto che Italo Calvino è arrivato a definirlo «il più grande scrittore della letteratura italiana d'ogni secolo» (*Una pietra sopra*).

Nel Novecento la distanza tra letteratura e scienza si riduce grazie alle opere di tre grandi scrittori italiani: Gadda, Levi e Calvino.

L'oscillazione tra letteratura e ingegneria segna l'intera vicenda biografica di Gadda, condizionandone profondamente le scelte inventive. Troppo integrato nel mondo dell'ingegneria, e ingegnere troppo a lungo, per considerarsi con disinvoltura un uomo di lettere; troppo allettato dalle lettere per sentirsi a pieno titolo un ingegnere, Gadda è diviso tra due culture discordanti ma non inconciliabili. Il "doppio mestiere" si rivela una risorsa: la sua scrittura barocca accoglie l'«espressione impura (ma non meno vivida) della marmaglia, dei tecnici» (come scrive ad un amico in una sua lettera del 1926). Le relazioni complesse che intervengono a comporre il tessuto del reale non gli sembrano poi tanto dissimili da quelle chiamate in causa nel montaggio di una centrale elettrica. Gadda può quindi guardare alle lettere con l'occhio del tecnico e costruire la sua opera, rigo dopo rigo, con la logica e la perizia artigianale dell'ingegnere.

Allo stesso modo Primo Levi individua un legame profondo tra letteratura e scienza: per lui il mestiere di chimico, che mette insieme catene di molecole, è molto simile a quello dello scrittore, che lega tra loro catene di parole. In un caso e nell'altro il nemico da combattere è il caos che va ordinato e indagato. Per questo, parlando di Levi, Calvino ha scritto che una «stessa disposizione di spirito» anima il suo lavoro di chimico e quello di scrittore.

Sia Levi sia Calvino hanno steso racconti fantascientifici che sviluppano in senso fantastico le implicazioni insite nelle diverse teorie scientifiche e si sono misurati in modo diverso con la scienza. Calvino proviene da una famiglia di agronomi e di studiosi di botanica: la sua curiosità per la scienza dà forma ai racconti delle *Cosmicomiche*, pubblicati nel 1965, dove l'esattezza del linguaggio scientifico si mescola con il gusto per la scomposizione e la combinazione letteraria. Le *Cosmicomiche* di Calvino condividono con il racconto di Levi che abbiamo letto l'adozione di un punto di vista non antropocentrico: protagonisti in entrambi casi non sono gli uomini ma le particelle di materia. In questo modo, recuperando la lezione del Leopardi delle *Operette morali*, sia Levi sia Calvino mirano a smascherare le illusioni dell'uomo e la sua tendenza a sentirsi al centro del cosmo.

Kazimir Malevič, *Cerchio nero*, 1915. San Pietroburgo, Museo Statale Russo.

L'interesse per la scienza caratterizza anche i romanzi degli ultimi anni e spesso costituisce un tratto di riconoscibilità esibito per attrarre il pubblico dei lettori. Si pensi al bestseller del 2008 *La solitudine dei numeri primi* di Paolo Giordano, laureato in fisica, dove l'analogia matematica è dichiarata già nel titolo.

Certamente più complesso, e assai più controverso, è il romanzo *Le particelle elementari* dello scrittore e chimico francese Michel Houellebecq, che nel 1998 ha rilanciato il rapporto tra scienza e letteratura. La pubblicazione delle *Particelle elementari* ha dato vita ad un vero e proprio caso letterario, suscitando innumerevoli polemiche. Il romanzo nar-

LABORATORIO
Dall'interpretazione alla riappropriazione

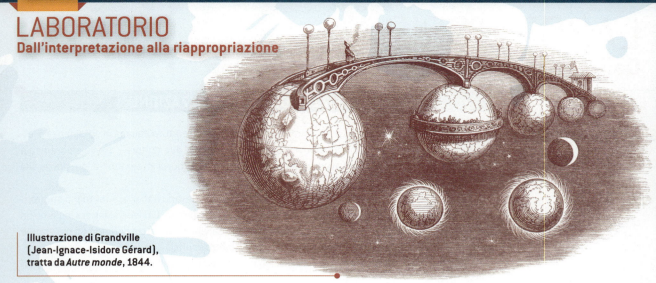

Illustrazione di Grandville (Jean-Ignace-Isidore Gérard), tratta da *Autre monde*, 1844.

ra le vite divergenti di due fratelli: il più grande, Bruno, passa da un'avventura erotica all'altra, cercando di riempire con il sesso la frustrazione di un'intera generazione che sconta la «distruzione progressiva dei valori morali» avviata dagli «hippy degli anni Sessanta»; il secondogenito, Michel, è un biologo molecolare. Un anonimo narratore del 2070 ricostruisce con toni ammirati il percorso biografico di Michel, le cui ricerche scientifiche gettano le basi per la creazione di un'umanità nuova, geneticamente modificata, finalmente libera dalle pulsioni istintive, dal sesso, dalla vecchiaia, dall'egoismo, dalla violenza. Le *Particelle elementari* è un romanzo provocatorio dalle ambizioni enciclopediche che, mescolando saggismo e invenzione, mette a nudo le colpe della società occidentale e insieme prospetta una sua trasformazione salvifica e, allo stesso tempo, inquietante: la «mutazione metafisica» dell'uomo che passa attraverso i progressi dell'eugenetica.

RIAPPROPRIAZIONE

La «percezione di ciò che è infinitamente minuto e mobile e leggero»

La storia che Levi ci racconta ha un suo lontano antecedente nel poema scientifico latino di un grande atomista dell'antichità: lo scrittore latino Lucrezio, vissuto nel I secolo a.C. e autore del *De rerum natura*, un poema in sei libri, in cui s'incontra la prima descrizione letteraria degli atomi che compongono la materia. Per Lucrezio la realtà è costituita da particelle indivisibili in perenne movimento, che aggregandosi e disaggregandosi danno vita a tutto ciò che ci circonda.

> E ora se il numero degli atomi è così sterminato
> che un'intera età dei viventi non basterebbe a contarli,
> e persiste la medesima forza e natura che possa
> congiungere gli atomi dovunque nella stessa maniera
> in cui si congiunsero qui, è necessario per te riconoscere
> che esistono altrove nel vuoto altri globi terrestri
> e diverse razze di uomini e specie di fiere.

Lucrezio, *De rerum natura*, libro II, vv. 1070-1076, traduzione di L. Canali, Rizzoli, Milano 2006.

Come ha scritto Calvino nelle *Lezioni americane*, «il *De rerum natura* di Lucrezio è la prima grande opera di poesia in cui la conoscenza del mondo diventa dissoluzione della compattezza del mondo, percezione di ciò che è infinitamente minuto e mobile e leggero». Dal canto suo, nell'antologia *La ricerca delle radici* pubblicata nel 1981 anche Primo Levi esprime la sua grande ammirazione per il «poeta ricercatore»:

Vasilij Kandiskij, *Diversi cerchi*, 1926. New York, Solomon R. Guggenheim Museum.

Se avessi letto Lucrezio in liceo me ne sarei innamorato, ma Lucrezio non si legge volentieri nei licei, ufficialmente perché è troppo difficile, di fatto perché dai suoi versi ha sempre emanato odore di empietà; perciò, fin dall'antichità gli si è costruito intorno un involucro di silenzio, ed oggi di quest'uomo straordinario non si sa quasi nulla. Coscientemente o no, per lungo tempo è stato considerato pericoloso perché cercava un'interpretazione puramente razionale della natura, aveva fiducia nei propri sensi, voleva liberare l'uomo dalla sofferenza e dalla paura, si ribellava contro ogni superstizione, e descriveva con lucida poesia l'amore terrestre. La sua fiducia ad oltranza nella esplicabilità dell'universo è la stessa degli atomisti moderni, il suo materialismo, anzi meccanicismo, è candido e ci fa sorridere, ma affiorano qua e là intuizioni sorprendenti.

Primo Levi, *La ricerca delle radici. Antologia personale*, Einaudi, Torino 1981.

A distanza di tanti secoli Levi, come Lucrezio, ha voluto raccontare in forma letteraria l'infinitamente piccolo, narrando la storia dell'atomo di carbonio.
Il carbonio che ci compone nacque in una "fucina stellare" alla temperatura di miliardi di gradi. La stella, a un certo punto collassò ed esplose, spargendo il carbonio e altri elementi pesanti nello spazio. È una scoperta che si deve ai matematici e astronomi Fred Hoyle e William Fowler, e che Levi mette in versi in una delle sue straordinarie poesie: *Nel principio* (1970), che riportiamo di seguito.

Nel principio

Fratelli umani a cui è lungo un anno,
Un secolo un venerando traguardo,
Affaticati per il vostro pane,
Stanchi, iracondi, illusi, malati, persi;
5   Udite, e vi sia consolazione e scherno:
Venti miliardi d'anni prima d'ora,
Splendido, librato nello spazio e nel tempo,
Era un globo di fiamma, solitario, eterno,
Nostro padre comune e nostro carnefice,
10 Ed esplose, ed ogni mutamento prese inizio.
Ancora, di quell'una catastrofe rovescia
L'eco tenue risuona dagli ultimi confini.
Da quell'unico spasimo tutto è nato:
Lo stesso abisso che ci avvolge e ci sfida,
15 Lo stesso tempo che ci partorisce e travolge,
Ogni cosa che ognuno ha pensato,
Gli occhi di ogni donna che abbiamo amato,
E mille e mille soli, e questa
Mano che scrive.

13 agosto 1970

Lo spazio della riappropriazione: dalla letteratura alla vita

Primo Levi viene associato soprattutto all'esperienza della deportazione nei Lager. In questo testo invece hai incontrato uno scrittore capace di narrare la storia grandiosa e poetica di un semplice atomo, e, con essa, la gioia e lo sgomento del vivere corporeo, dell'appartenenza degli umani alla materia del cosmo.
Ci sono altre opere di tua conoscenza (film, *graphic novel*, romanzi, canzoni, ecc.) che ti hanno dato una simile immagine di epica microcosmica e macrocosmica? Quali?
Confronta le opere che hai individuato con quelle selezionate dai compagni. Quindi allarga il confronto: dopo esserti documentato su Lucrezio e sul suo poema, dialogando con i compagni, rintraccia analogie e differenze tra il *De rerum natura*, la *Storia di un atomo di carbonio* e gli altri testi che hai reperito.

5 Le poesie: *Ad ora incerta*

Sottovalutazione di Levi poeta

Primo Levi ha scritto molto, sia quando lavorava come chimico, sia quando, dal 1975, diede più ampio spazio al suo "secondo mestiere", quello di scrittore. Eppure questa vasta produzione, cha va da *Se questo è un uomo* (1947) a *I sommersi e i salvati* (1986), e che abbraccia vari generi – dalla memorialistica alla narrativa, alla saggistica, alla poesia – ancora oggi è poco rappresentata nel canone scolastico. Quasi sempre è solo il Levi memorialista che si legge; fanalino di coda è il Levi poeta, nettamente – e ingiustamente – sottovalutato. Eppure Levi ha scritto poesie per tutta la vita, anzi da esse e con esse ha incominciato.

Da *L'osteria di Brema* a *Ad ora incerta*

Le poesie di Primo Levi sono state raccolte prima in una edizione di Scheiwiller, ***L'osteria di Brema*** (1975; il titolo deriva dall'amato Heine del *Buch der Lieder*), poi i 27 testi di *L'osteria di Brema* sono confluiti in una più vasta raccolta poetica (in tutto 63 testi), pubblicata nel 1984 da Garzanti col titolo di ***Ad ora incerta*** («*Since then, at an uncertain hour*» è un verso della *Ballata del vecchio marinaio* di Coleridge). A queste si aggiungono poi 10 traduzioni (soprattutto dal *Buch der Lieder* di Heinrich Heine) e altri 18 testi scritti tra il settembre 1984 e il gennaio 1987. Se escludiamo le traduzioni, dunque, il "canzoniere" leviano consta di ottantadue testi, a cui bisognerebbe aggiungerne un ottantatreesimo, «Ci riconoscete? Siamo le pecore del ghetto», contenuto in *Se non ora, quando?* e attribuito nel romanzo a Martin Fonsach. Tutte le poesie sono datate, dalla prima, *Crescenzago*, del febbraio **1943**, all'ultima, *Almanacco*, del 2 gennaio **1987**: tre mesi dopo, l'11 aprile 1987 Levi si suicidò.

Levi giudica la propria poesia

A proposito della propria poesia Primo Levi dice: «Uomo sono. Anch'io, ad intervalli irregolari, "ad ora incerta", ho ceduto alla spinta: a quanto pare, è inscritta nel nostro patrimonio genetico. In alcuni momenti, **la poesia mi è sembrata più idonea della prosa per trasmettere un'idea o un'immagine**. Non so dire perché, e non me ne sono mai preoccupato: conosco male le teorie della poetica, leggo poca poesia altrui, non credo alla sacertà dell'arte, eppure credo che questi miei versi siano eccellenti. Posso solo assicurare l'eventuale lettore che in rari istanti (in media, non più di una volta all'anno) singoli stimoli hanno assunto *naturaliter* una certa forma, che la mia metà razionale continua a considerare innaturale».

I temi

Il tema che ossessivamente ricorre nella poesia leviana, in modo implicito o esplicito, è quello della **Shoah** (cfr. **S1**, p. 471). C'è poi un folto gruppo di poesie in cui **i protagonisti, quasi sempre parlanti in prima persona, sono animali o piante**. Infine, ci sono alcune **poesie "di congedo"**. In questi testi Levi prende congedo dagli amici e dalla vita, con molti anni di anticipo rispetto alla data del suicidio. E lo fa con una serena e dolce tristezza, speziata di **autoironia**.

T • Primo Levi, *Meleagrina*

6 Il romanzo, l'America e *I sommersi e i salvati*

L'attività intellettuale accanto alla scrittura

All'inizio degli **anni Ottanta** Levi è un chimico in pensione e uno scrittore riconosciuto: scrive regolarmente **articoli per il quotidiano «La Stampa»**, che vengono raccolti in volume (*L'altrui mestiere*, 1985; *Racconti e saggi*, 1986); prepara una **"antologia personale"** dei libri per lui più importanti (*La ricerca delle radici*, 1981); traduce *Il processo* di Kafka (1983); vengono pubblicate anche le sue poesie (*Ad ora incerta*, 1984). In questi lavori di natura più o meno occasionale Levi si costruisce un'immagine autobiografica di intellettuale curioso, di dilettante aperto ai più vari campi del sapere.

Se non ora, quando?

In questo periodo Levi tenta anche il salto oltre la forma breve e si impegna nella scrittura del suo unico romanzo, un **romanzo storico** intitolato *Se non ora, quando?* (1982). Sulla base di documenti autentici, Levi immagina le avventure di una banda di partigiani ebrei russi, che tra il '43 e il '45 prendono le armi per combattere i nazisti e aprirsi, attraverso l'Europa in guerra, la via verso la Palestina. **Levi cerca di ricostruire il mondo degli Ebrei** orientali, quella cultura ormai scomparsa accomunata dalla lingua yiddish, che lo scrittore si mette a studiare per conferire realismo alla propria opera.

L'America "scopre" Primo Levi

Dalla metà degli anni Ottanta comincia la **scoperta "americana" di Primo Levi**. *Se questo è un uomo* era già stato tradotto in inglese negli anni Sessanta, ma non aveva avuto grande eco; nel 1984, invece, *Il sistema periodico* viene tradotto negli Stati Uniti, e la pubblicazione viene accompagnata da un grandissimo interesse, anche da parte di importanti scrittori come Saul Bellow e Philip Roth (con quest'ultimo Levi stringe un'intensa seppur breve amicizia). Nel 1985 Levi intraprende un ciclo di lezioni e conferenze che in due settimane lo porta da New York alla California. Il travolgente successo americano fa dello scrittore un personaggio internazionale, consacrandone definitivamente la fama.

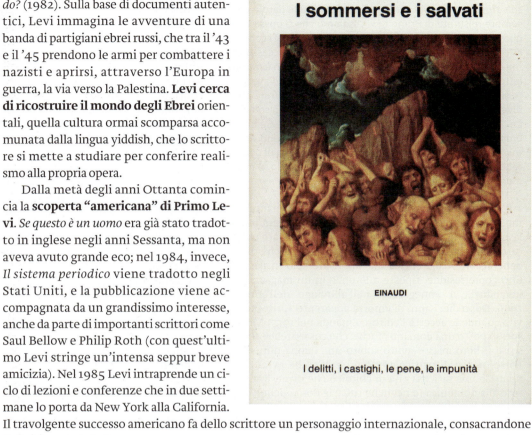

I sommersi e i salvati

La composizione di *Se non ora, quando?* aveva occupato Levi per due anni, dal 1980 al 1982, e aveva costituito una parentesi felice («Non avevo altro per la testa, tutto il resto mi sembrava secondario, lavoravo delle volte quattro ore, delle volte sei, delle volte un'ora, altre volte niente, ma mi sentivo in pace con il mondo» dirà in un'intervista del 1983) all'interno di un lavoro di scrittura più travagliato. Fin dalla metà degli anni Settanta, infatti, Levi lavora a una raccolta di saggi in cui intende ritornare, con gli strumenti dello storico, dello scienziato sociale e dell'antropologo, sulla propria e altrui esperienza concentrazionaria. *I sommersi e i salvati* viene pubblicato nel 1986, ed è il suo ultimo grande libro. Ancora una volta lo scrittore spiazza il proprio pubblico e deforma l'immagine che si è consolidata di lui: da **"scrittore-scrittore" (inventore di racconti, romanziere, poeta), sembra tornare a farsi "testimone"**. Le circostanze della sua morte incrementano la tendenza a ridurre la sua esperienza umana e letteraria al nodo cruciale del primo e dell'ultimo libro (cfr. **S2**, p. 496).

S • La zona grigia ne *I sommersi e i salvati*

Il doppio legame

I sommersi e i salvati è l'ultimo libro di Levi che ci è rimasto, non l'ultimo da lui progettato e parzialmente scritto. Negli ultimi mesi di vita Levi scrive un **romanzo epistolare**, *Il doppio legame*, in cui un anziano chimico si rivolge a una «Signora», per spiegarle i fondamenti chimici di alcuni fenomeni della vita quotidiana. Chi ha avuto accesso alle carte di Levi testimonia che le lettere andavano assumendo una forma autobiografica sempre più intima, indagando i nodi irrisolti della psiche dello scrittore. Il precipitare del malessere psichico arresta la composizione del *Doppio legame*; Levi sembra spostare l'intento autobiografico accettando una serie di interviste con il critico Giovanni Tesio, finalizzate alla stesura di una biografia autorizzata, ma le interrompe nel febbraio dell'87. L'11 aprile 1987 muore suicida.

S2 MATERIALI E DOCUMENTI

«Senza pregiudizi e senza collera»

Riportiamo qui l'*incipit* dell'ultimo capitolo de *I sommersi e i salvati*, che si intitola *Lettere di tedeschi*. Dalle parole come sempre misurate di Primo Levi crediamo che si possa trarre questo insegnamento: è vero che la storia deve fare i conti con il "cosa-è-successo" e non con il «cosa-sarebbe-successo-se»; ma è altrettanto vero che il "cosa-è-successo" non è mai ineluttabile. Esiste sempre uno spazio, precario e insidiato quanto si voglia, in cui esercitare il libero arbitrio e operare scelte divergenti, assumendosene la responsabilità. L'episodio che Levi racconta nell'ultimo paragrafo lo dimostra. Se questo umile e impegnativo esercizio della responsabilità individuale fosse stato fatto, «la storia di allora e la geografia di oggi sarebbero diverse». Se domani sarà fatto, il mondo, il nostro mondo, sarà migliore.

▶▶ *Se questo è un uomo* è un libro di dimensioni modeste, ma, come un animale nomade, ormai da quarant'anni si lascia dietro una traccia lunga e intricata. Era stato pubblicato una prima volta nel 1947, in 2500 copie, che furono bene accolte dalla critica ma smerciate solo in parte: le 600 copie residue, riposte a Firenze in un magazzino di invenduti, vi annegarono nell'alluvione dell'autunno 1966. Dopo dieci anni di «morte apparente», ritornò alla vita quando lo accettò l'editore Einaudi, nel 1957. Mi sono spesso posto una domanda futile: che cosa sarebbe successo se il libro avesse avuto subito una buona diffusione? Forse niente di particolare: è probabile che avrei continuato la mia faticosa vita di chimico che diventava scrittore alla domenica (e neanche tutte le domeniche); o forse invece mi sarei lasciato abbagliare ed avrei, chissà con quale fortuna, issato le bandiere dello scrittore in grandezza naturale. La questione, come dicevo, è oziosa: il mestiere di ricostruire il passato ipotetico, il cosa-sarebbe-successo-se, è altrettanto screditato quanto quello di antivedere l'avvenire.

Malgrado questa falsa partenza, il libro ha camminato. È stato tradotto in otto o nove lingue, adattato per la radio e per il teatro in Italia ed all'estero, commentato in innumerevoli scuole. Del suo itinerario, una tappa è stata per me d'importanza fondamentale: quella della sua traduzione in tedesco e della sua pubblicazione in Germania Federale. Quando, verso il 1959, seppi che un editore tedesco (la Fischer Bücherei) aveva acquistato i diritti per la traduzione, mi sentii invadere da un'emozione violenta e nuova, quella di aver vinto una battaglia. Ecco, avevo scritto quelle pagine senza pensare ad un destinatario specifico; per me, quelle erano cose che avevo dentro, che mi invadevano e che dovevo mettere fuori: dirle, anzi, gridarle sui tetti; ma chi grida sui tetti si indirizza a tutti e a nessuno, chiama nel deserto. All'annuncio di quel contratto, tutto era cambiato e mi era diventato chiaro: il libro lo avevo scritto sì in italiano, per gli italiani, per i figli, per chi non sapeva, per chi non voleva sapere, per chi non era ancora nato, per chi, volentieri o no, aveva acconsentito all'offesa; ma i suoi destinatari veri, quelli contro cui il libro si puntava come un'arma, erano loro, i tedeschi. Ora l'arma era carica.

Si ricordi, da Auschwitz erano passati solo quindici anni: i tedeschi che mi avrebbero letto erano «quelli», non i loro eredi. Da soverchiatori, o da spettatori indifferenti, sarebbero diventati lettori: li avrei costretti, legati davanti ad uno specchio. Era venuta l'ora di fare i conti, di abbassare le carte sul tavolo. Soprattutto, l'ora del colloquio. La vendetta non mi interessava; ero stato intimamente soddisfatto dalla (simbolica, incompleta, tendenziosa) sacra rappresentazione di Norimberga [nel Processo di Norimberga (20 novembre 1945-1 ottobre 1946) vennero giudicati i capi nazisti responsabili della *Shoah*], ma mi stava bene così, che alle giustissime impiccagioni pensassero gli altri, i professionisti. A me spettava capire, capirli. Non il manipolo dei grandi colpevoli, ma loro, il popolo, quelli che avevo visti da vicino, quelli tra cui erano stati reclutati i militi delle SS, ed anche quegli altri, quelli che avevano creduto, che non credendo avevano taciuto, che non avevano avuto il gracile coraggio di guardarci negli occhi, di gettarci un pezzo di pane, di mormorare una parola umana.

Ricordo molto bene quel tempo e quel clima, e credo di poter giudicare i tedeschi di allora senza pregiudizi e senza collera. Quasi tutti, ma non tutti, erano stati sordi, ciechi e muti: una massa di «invalidi» intorno a un nocciolo di feroci. Quasi tutti, ma non tutti, erano stati vili. Proprio qui, e con refrigerio, e per dimostrare quanto mi siano lontani i giudizi globali, vorrei raccontare un episodio: è stato eccezionale, ma è pure avvenuto.

Nel novembre del 1944 eravamo al lavoro, ad Auschwitz; io, con due compagni, ero nel laboratorio chimico che ho descritto a suo luogo. Suonò l'allarme aereo, e subito dopo si videro i bombardieri: erano centinaia, si prospettava una incursione mostruosa. C'erano nel cantiere alcuni grandi bunker, ma erano per i tedeschi, a noi erano vietati. Per noi dovevano bastare i terreni incolti, ormai già coperti di neve, compresi entro la recinzione. Tutti, prigionieri e civili, ci precipitammo per le scale verso le rispettive destinazioni, ma il capo del laboratorio, un tecnico tedesco, trattenne noi *Häftlinge* chimici [detenuti-chimici]: «Voi tre venite con me». Stupiti, lo seguimmo di corsa verso il bunker, ma sulla soglia stava un guardiano armato, con la svastica sul bracciale. Gli disse: «Lei entra; gli altri, fuori dai piedi». Il capo rispose: «Sono con me: o tutti o nessuno», e cercò di forzare il passaggio; ne seguì un pugilato. Certo avrebbe avuto la meglio il guardiano, che era robusto, ma per fortuna di tutti suonò il cessato allarme: l'incursione non era per noi, gli aerei avevano proseguito verso nord. Se (un altro se! ma come resistere al fascino dei sentieri che si biforcano?), se i tedeschi anomali, capaci di questo modesto coraggio, fossero stati più numerosi, la storia di allora e la geografia di oggi sarebbero diverse.

P. Levi, *I sommersi e i salvati*, Einaudi, Torino 1986, pp. 137-139.

DAL RIPASSO ALLA VERIFICA

MAPPA CONCETTUALE | Primo Levi

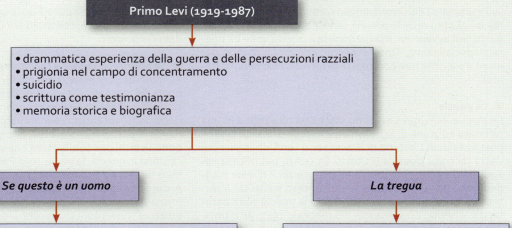

SINTESI

● La vita

Primo Levi nasce a Torino nel 1919 da una famiglia della borghesia ebraica. Malgrado le leggi razziali, riesce a laurearsi in Chimica nel 1941. Dopo l'armistizio del 1943, Levi si unisce a una banda partigiana, ma viene catturato con i suoi compagni dalle milizie fasciste il 13 dicembre 1943. Inviato al campo di raccolta di Fossoli, vicino Modena, il 22 febbraio del 1944 viene aggregato a un convoglio in partenza per Auschwitz, dove arriva il 26 febbraio. Trascorre undici mesi nel Lager, riuscendo a sopravvivere. Il 27 gennaio 1945 le truppe sovietiche liberano Auschwitz; comincia la grande avventura che Levi racconta nel libro *La tregua* (1963): un viaggio di dieci mesi attraverso l'Europa, che dura fino al 19 ottobre 1945, giorno del suo ritorno a Torino. Trova lavoro in una fabbrica di vernici e fino al 1975 si divide tra la sua professione di chimico e il suo "secondo mestiere" di scrittore, iniziato nel 1947 con la pubblicazione di *Se questo è un uomo*. Gli anni Ottanta consacrano Primo Levi scrittore di fama internazionale. La mattina di sabato 11 aprile 1987 si suicida nella sua casa torinese.

● La memorialistica: *Se questo è un uomo* e *La tregua*

Il primo libro di Levi, *Se questo è un uomo*, stenta ad affermarsi. Il successo arriva solo con la seconda edizione Einaudi del 1958 (la prima, presso De Silva, è del 1947). Il libro, dopo una breve Prefazione, presenta, nel succedersi dei 17 capitoli, un'alternanza di sezioni saggistico-riflessive e parti più propriamente narrative. Nel 1963 esce il secondo libro memorialistico di Levi, *La tregua*. Il racconto attinge nuovamente alle memorie dello scrittore, perché narra le avventure del suo ritorno, in poco meno di un anno e attraverso buona parte dell'Europa orientale, da Auschwitz a Torino. *La tregua* è anche un romanzo di formazione, o meglio, di ri-formazione alla vita, alla «gioia di vivere che Auschwitz aveva spento» e contiene alcune delle pagine più divertenti che Levi abbia mai scritto.

● Le raccolte di racconti

La prima raccolta di racconti leviani, *Storie naturali*, esce nel 1966 ed è pubblicata sotto lo pseudonimo di Damiano Malabaila. Alla prima raccolta ne seguono diverse altre: *Vizio di forma* nel 1971, *Lilìt e altri racconti* nel 1981, *Racconti e saggi* nel 1986. Molti di questi racconti sono ascrivibili al genere fantascientifico: prendono spunto da un'ipotesi fantastica motivata scientificamente, e ne traggono le estreme conseguenze di natura morale.

● I libri del lavoro

Il sistema periodico, uscito nel 1975, è il libro con cui Levi cerca di trasmettere ai lettori il «sapore forte e amaro» del mestiere del chimico. Il titolo del libro fa riferimento alla tavola di Mendeleev, rappresentazione grafica della struttura ordinata degli elementi. Come nella tabella del sistema periodico, Levi ordina il racconto della propria vita in una serie

DAL RIPASSO ALLA VERIFICA

di capitoli, ognuno intitolato a un elemento diverso e connesso alla narrazione da legami referenziali o simbolici. Anche il libro successivo, *La chiave a stella* (1978), verte sull'esperienza del lavoro, inteso come sfida con la materia, messa alla prova delle proprie capacità, gioia della ricerca e gusto dell'avventura. Il protagonista è questa volta un operaio specializzato, Tino Faussone, che gira il mondo per montare le strutture complesse di gru, derrick, piloni e tralicci.

● Le poesie

Le poesie di Primo Levi sono state raccolte prima in una raffinata edizione di Scheiwiller, *L'osteria di Brema* (1975), poi i 27 testi di *L'osteria di Brema* sono confluiti in una più vasta raccolta poetica (in tutto 63 testi), pubblicata nel 1984 da Garzanti col titolo di *Ad ora incerta*. A queste si aggiungono poi 10 traduzioni e altri 18 testi scritti tra il settembre 1984 e il gennaio 1987. Tutte le poesie sono datate, dalla prima, *Crescenzago*, del febbraio 1943, all'ultima, *Almanacco*, del 2 gennaio 1987: tre mesi dopo, l'11 aprile 1987 Levi si suicida. Il tema che ossessivamente ricorre nella poesia di Levi è quello della *Shoah*. C'è poi un folto gruppo di poesie in cui i protagonisti sono animali o piante. Ci sono anche alcune poesie dove Levi prende congedo dagli amici e dalla vita, con molti anni di anticipo rispetto alla data del suicidio.

● Se non ora, quando? e I sommersi e i salvati

All'inizio degli anni Ottanta Levi tenta il salto oltre la forma breve del racconto e si impegna nella scrittura di un romanzo storico intitolato *Se non ora, quando?* (1982). Sulla base di documenti autentici, Levi immagina le avventure di una banda di partigiani ebrei russi, che tra il 1943 e il 1945 prendono le armi per combattere i nazisti e aprirsi, attraverso l'Europa in guerra, la via verso la Palestina. L'ultimo grande libro di Levi è *I sommersi e i salvati*, pubblicato nel 1986. Ancora una volta lo scrittore spiazza il proprio pubblico e deforma l'immagine che si è consolidata di lui: da "scrittore-scrittore" (inventore di racconti, romanziere, poeta), sembra tornare a farsi "testimone".

DALLE CONOSCENZE ALLE COMPETENZE

1 La prima edizione di *Se questo è un uomo* apparve nel 1947 per i tipi della casa editrice (§ 2)
- [A] Einaudi
- [B] Garzanti
- [C] Mondadori
- [D] De Silva

2 Il libro *Se questo è un uomo* si apre con (§ 2)
- [A] una poesia
- [B] una prefazione
- [C] una dedica
- [D] una preghiera

3 Perché, secondo Primo Levi, i lager vanno ricordati? Quale monito rappresentano per le generazioni presenti e future? Ricordare gli orrori del passato ci dovrebbe preservare dagli errori del presente e del futuro? (§ 2, T1)

4 Che cosa significa propriamente il termine 'olocausto'? (S1)
- [A] lo sterminio degli Ebrei mediante le camere a gas compiuto dal nazismo
- [B] antico sacrificio religioso, nel quale la vittima animale veniva per intero bruciata sull'altare
- [C] distruzione di una città mediante il fuoco
- [D] miscuglio composto dalle cose più varie ed eterogenee, messe insieme alla rinfusa

5 Nei brani che hai letto i personaggi che popolano l'"inferno" del Lager sono portatori di qualche elemento che li contraddistingue, nel bene o nel male, agli occhi di Levi. Indica per ognuno di essi l'elemento caratterizzante. (T1, T2, T3, T4)

6 Tra tutti i personaggi presenti nei brani che hai letto, a quale il narratore assegna maggiore spazio e quindi maggiore importanza? (T1, T2, T3, T4)

7 Alla luce dei passi che hai letto, commenta questa frase tratta da *Se questo è un uomo*. (T1, T2, T3, T4)

> «Ci toglieranno anche il nome: e se vorremo conservarlo, dovremo trovare in noi la forza di farlo, di fare sì che dietro al nome, qualcosa ancora di noi, di noi quali eravamo, rimanga».

8 Quale argomento tratta *Il sistema periodico* e a cosa fa riferimento il titolo? (§ 4)

9 Quali sono i temi delle poesie di Levi e in che modo l'autore giudica la propria poesia? (§ 5)

PROPOSTE DI SCRITTURA

TRATTAZIONE SINTETICA DI ARGOMENTI A CARATTERE PLURIDISCIPLINARE

All'alba del 18 dicembre 2009 è stata rubata ad Auschwitz la scritta in ferro "Arbeit macht frei" [Il lavoro rende liberi], posta nel 1940 all'ingresso del Lager. Tre giorni dopo essa è poi stata ritrovata nel Nord del paese dalla polizia polacca, che ha arrestato cinque persone accusate di aver operato il furto, probabilmente su commissione. L'episodio, che ha suscitato profondo scalpore in tutto il mondo, ha avuto largo spazio sulla stampa internazionale. Il quotidiano «la Repubblica» il 19 dicembre 2009 pubblicò un intervista allo storico Marcello Pezzetti, che allo studio del campo di concentramento di Auschwitz ha dedicato gran parte della sua carriera: ne riportiamo alcuni stralci.
Leggi il passo e commentalo alla luce delle tue conoscenze storiche e letterarie. Lunghezza del testo: circa 15 righe.

Professor Pezzetti, la scritta è sempre stata all'ingresso del campo di Auschwitz I? «Fu messa sulla cancellata d'ingresso fin dall'inizio, nel 1940, quando il campo di lavoro fu allestito». [...] Chi volle quella frase? «Insegne simili campeggiavano sull'ingresso di tutti i campi di concentramento all'interno del Reich fin dai primi anni '30. Fu probabilmente Rudolph Höss, il primo comandante del campo, a ordinare l'esecuzione della scritta sul modello degli altri siti in Germania». Perché scrivere "il lavoro rende liberi"? «Ho spesso letto e sentito dire che si trattava di una scritta ironica. Non è così, era una frase dall'alto valore simbolico della filosofia nazista. I campi di concentramento, perché all'inizio Auschwitz I viene concepito come tale, erano un tassello del sistema carcerario del Reich, un sistema repressivo-punitivo certamente atipico, ma con finalità rieducative. Per la filosofia nazista era ammissibile che la riabilitazione avvenisse attraverso il lavoro forzato, per cui i prigionieri portati ad Auschwitz I sono all'inizio tutti destinati, appunto, al lavoro. Il vicino Birkenau, invece, fu da subito un campo di sterminio e sul cancello non c'è alcuna scritta».

«la Repubblica», 19 dicembre 2009.

L'ingresso al campo di concentramento di Auschwitz.

 Materiali per il recupero *Il viaggio*   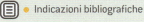 Indicazioni bibliografiche

prometeo 3.0

Personalizza il tuo libro selezionando per questo capitolo materiali integrativi da Prometeo (di seguito ti proponiamo un elenco di materiali, ma puoi trovarne altri utilizzando il motore di ricerca).

- **MODULO TEMATICO INTERDISCIPLINARE**   Scienza ed etica
- **TESTO**   Primo Levi, *Ka-Be: la coscienza della strage*
- **TESTO**   Primo Levi, *L'ultimo: la fine del percorso di adattamento*
- **TESTO**   Primo Levi, *Iniziazione: il sergente Steinlauf*
- **TESTO**   Primo Levi, *Verso Occidente*
- **VIDEO** LE IDEE E LE IMMAGINI   Emanuele Zinato, *Primo Levi*
- **SCHEDE**   Steven Spielberg, *Schindler's List* (1993)

Capitolo XIII — Il teatro

My eBook+

Cliccando su questa icona, docenti e studenti accedono ad un'area di personalizzazione che permette di arricchire i contenuti digitali già linkati lungo le pagine del libro. Nell'area di personalizzazione è possibile infatti salvare ulteriori materiali: selezionati da **Prometeo**, prodotti autonomamente o ricercati nella rete.

▶ *Per un elenco di materiali integrativi presenti nella biblioteca multimediale di Prometeo o per attivare una ricerca cfr. p. 518*

Eduardo De Filippo in *Natale in casa Cupiello*, nella messinscena del 1976 al Teatro Eliseo di Roma.

1. Caratteri della drammaturgia occidentale

Le caratteristiche del teatro occidentale

Il teatro in Francia

Il teatro della crudeltà di Artaud

S • Il teatro e la crudeltà (A. Artaud)

Il teatro occidentale fra il 1925 e il 1956 presenta le seguenti caratteristiche: 1) **la continuità della tradizione del Surrealismo** che giunge a influenzare, all'inizio degli anni Cinquanta, il "teatro dell'assurdo"; 2) **la nascita del "teatro epico" di Brecht**, in Germania; 3) **la definitiva affermazione del teatro statunitense** (a O'Neill seguono Wilder, Williams, Miller).

Ovviamente il Surrealismo agisce soprattutto **nell'area francese**. Accanto a una produzione drammatica rispettosa delle convenzioni, nella Francia fra il 1926 e il 1950 operano in profondità l'avanguardia surrealista e l'insegnamento sperimentale di **Alfred Jarry**.

Antonin Artaud (1896-1948) era attore, regista, autore (in *Les Cenci* [I Cenci, 1935]) e soprattutto teorico del teatro. **Espulso nel 1926 dal movimento surrealista** perché non disposto ad aderire al marxismo di Breton (cfr. vol. 5), produsse la sua attività teorica più significativa nel corso degli anni Trenta, scrivendo fra l'altro un saggio famoso, *Il teatro e la crudeltà* **(1933)**. Rifacendosi anche alle manifestazioni d'arte primitive, **Artaud teorizza la distruzione di tutte le mediazioni care al teatro occidentale**, in cui i «misfatti del teatro psicologico derivato da Racine ci hanno disabituato all'azione immediata e violenta che dovrebbe essere propria del teatro». **Si tratta di liberare l'inconscio e la forza trasgressiva della corporalità**, di sovvertire il pensiero e la logica, e di distruggere tutti i ruoli tradizionali, a partire da quello attore/spettatore e palcoscenico/platea. Al posto della rappresentazione c'è una festa che porta ai limiti estremi l'elemento distruttivo: è la festa della crudeltà, **il teatro come "peste"**, che deve ricostruire grandi emozioni, energie magiche e forze mitiche collettive precedenti alle istituzioni civili e in antitesi con esse. Il teatro non si pone più come rappresentazione o finzione, ma come evento, come atto dell'esistenza che svela le mistificazioni e le incrostazioni della falsa vita civile. **In questa festa la parola stessa perde ogni centralità**: si riduce a suono materiale mescolato ad altri nella prospettiva di creare uno «spettacolo totale».

Sartre e Camus

Alla fine degli anni Trenta si dedicarono al teatro anche i massimi esponenti dell'esistenzialismo, **Jean-Paul Sartre** e **Albert Camus**, che già conosciamo anche come romanzieri (cfr. cap. IX, § 3).

Rapporto e differenza fra esistenzialismo e "teatro dell'assurdo"

L'influenza dell'esistenzialismo si nota anche nel "teatro dell'assurdo" che nasce intorno al **1950** a Parigi. Il tema di fondo, il "non senso" della vita, è comune anche al teatro esistenzialista. Ma le differenze sono notevoli. Mentre Sartre e Camus esprimono l'assurdità della vita con ragionamenti lucidi e razionalmente costruiti, **Ionesco e Beckett, i fondatori del "teatro dell'assurdo"**, si qualificano per l'abbandono di ogni strategia razionale e per una messa sotto accusa della parola argomentante: da un lato essi si limitano a mostrare il non-senso, che dilaga anche nel linguaggio stesso, dall'altro l'assurdità "appare" sulla scena, si fa essa stessa scena, al di là della parola.

Ionesco

Il primo autore del teatro dell'assurdo fu un rumeno, **Eugène Ionesco** (1912-1994), abitante a Parigi e scrittore in lingua francese. La sua opera, *La cantatrice calva*, fu messa in scena nel maggio 1950. I personaggi hanno perduto ogni identità e si sovrappongono fra loro, mentre viene meno ogni corrispondenza fra significanti e significati: se si odono diciassette colpi alla pendola, il commento sarà «Guarda! sono le nove». Pochi mesi dopo, sempre a Parigi e in francese, esce l'opera di un russo di origine armena, **Arthur Adamov**, *La grande e la piccola manovra*, mentre il 5 gennaio 1953 viene presentato un dramma di un autore irlandese, collaboratore di Joyce, **Samuel Beckett** (nato nel 1906), anche lui trasferitosi in Francia e scrittore in francese: *Aspettando Godot*.

Aspettando Godot di Beckett

Torneremo su questi autori nella Parte Decima, a causa dell'influenza decisiva che essi ebbero, in Italia, sulla letteratura e sul teatro della Neoavanguardia degli anni Sessanta.

2. Il teatro in lingua tedesca: Brecht e il "teatro epico"

Uno dei maggiori autori di teatro fra il 1925 e il 1956 è il tedesco **Bertolt Brecht** (1898-1956) (sulla sua produzione poetica cfr. cap. III, § 4).

Le tre fasi della produzione teatrale di Brecht

Nell'opera teatrale di Brecht si distinguono tre fasi: a) **quella del momento tardo-espressionista, dal 1922 al 1927**, in cui rientrano le prime opere, come *Tamburi nella notte*, *Un uomo è un uomo* e *L'opera da tre soldi*; b) **quella dei drammi didattici degli anni 1929-32**, in cui è evidente la conversione al marxismo: lo scopo dell'autore è quello didattico di mostrare che la realtà può essere mutata (sono di questa fase i drammi *Volo di Lindbergh*, *L'accordo*, *Il consenziente e il dissenziente*, *La linea di condotta*, *Santa Giovanna dei macelli*, *Gli Orazi e i Curiazi*, *La madre* e *L'eccezione e la regola*); c) **quella del periodo dell'esilio, dal 1933 al 1947**, in cui Brecht scrive i drammi della maturità. Fa parte di questa fase (a cui appartengono i suoi capolavori: *Vita di Galileo*, *L'anima buona di Sezuan*, *Il signor Puntila e il suo servo Matti*, *La resistibile ascesa di Arturo Ui*, *Il cerchio di gesso del Caucaso*) anche *Madre Courage e i suoi figli*.

Il teatro epico

In questa fase Brecht sviluppa i princìpi del "teatro epico" che già aveva cominciato ad attuare nella fase precedente. Il teatro epico rappresenta il superamento di quello espressionista, volto a suscitare forti emozioni e a turbare lo spettatore. **Il teatro epico vuole provocare non emozioni ma ragionamenti**; non si propone di suscitare suggestioni ma di agitare argomenti, intende favorire non l'immedesimazione, ma il giudizio critico e lo straniamento (cfr. **S1**, p. 502), costringendo lo spettatore a decisioni di carattere morale e politico e a una visione generale della storia.

S • Il teatro epico (B. Brecht)

La composizione e la fonte di *Madre Coraggio*

Il dramma *Madre Courage e i suoi figli*, ispirato a un romanzo picaresco tedesco del Seicento, fu composto da Brecht durante l'esilio, nel 1939, e messo in scena al suo ritorno in Germania. **Il sottotitolo dell'opera, *Cronache della guerra dei Trent'anni*,** mentre ne sottolinea l'intenzione realistica, annuncia il motivo centrale della guerra.

Madre Courage e i suoi figli di Bertolt Brecht, per la regia di Tony Simotes. Produzione Shakespeare & Company (Lenox, Massachusetts), 2013.

12 scene e una vicenda che va dal 1624 al 1636

Il dramma, diviso in dodici scene (o quadri) di varia lunghezza e importanza, **rappresenta le vicende della vivandiera Anna Fierling, soprannominata Madre Courage** perché ha sfidato le cannonate di una battaglia per vendere cinquanta pagnotte che stavano ammuffendo. La vicenda ha inizio nel **1624**, da quando cioè Madre Courage segue l'avanzata di un reggimento dell'esercito svedese in Polonia su un carro trainato dai figli **Schweizerkas e Eilif** e con la figlia muta **Kattrin**, e ha termine nel **1636**, quando la protagonista ormai sola e lacera, con poche mercanzie sul carro malridotto, riprende il cammino al seguito di un altro reggimento. Ogni scena è introdotta da una didascalia riassuntiva degli avvenimenti, in cui sono indicati il tempo e il luogo in cui essi si svolgono. **Le canzoni che Courage e altri personaggi cantano**, talvolta intercalando alle strofe cantate commenti in prosa, hanno la duplice funzione di interrompere la recitazione, costringendo chi ascolta a osservare in modo straniato quanto accade in scena riflettendo su di esso (cfr. **S1**), e di permettere all'autore di intervenire direttamente, aggiungendo la propria voce a quella del personaggio.

La didascalia e le canzoni

Madre Courage, vittima e complice della guerra

Madre Courage è, nelle intenzioni dell'autore, un personaggio scisso: madre e trafficante, vittima ma anche, nel suo egoismo di "piccola capitalista", complice della guerra (cfr. **T1**). Sino alla fine, e nonostante la perdita di tutti i suoi figli, ella continua infatti a ritenere che la guerra possa essere un affare. **Il vero protagonista di *Madre Courage* è dunque la guerra**, che permea l'esistenza di tutti i personaggi, ne determina e stravolge mentalità e comportamenti. In essa va cercato il tema centrale del dramma, che Brecht stesso così riassume: «Quello che una rappresentazione di *Madre Courage* deve mostrare più di ogni altra cosa, è prima di tutto che in guerra i buoni affari non li fa la gente qualunque, e poi che la guerra, che è la continuazione degli affari con altri mezzi, colpisce a morte le virtù umane anche in chi le possiede, e quindi deve essere combattuta».

La centralità del tema della guerra

S • *Madre Courage*: l'interpretazione di Di Fede e quella di Mittner

---

S1 INFORMAZIONI

Che cos'è lo straniamento

Nei suoi *Scritti teatrali* Brecht teorizza quell'artificio di straniamento che egli mette in pratica nei suoi drammi. Esso consiste nel fare apparire "strano" o oggetto di attenzione particolare ciò che invece si presenta immediatamente come "normale" e può passare inosservato. Introduce dunque una mediazione e ostacola l'immediatezza della fruizione da parte dello spettatore. Consiste dunque nell'impedire la immedesimazione nella vicenda o nel protagonista di essa.
Per ottenere l'effetto di straniamento la vicenda può essere improvvisamente interrotta – come accade nei drammi di Brecht – attraverso canzoni o riflessioni estranee allo sviluppo della trama. In tal modo lo spettatore viene indotto a distaccarsi dalla storia che vede, a riflettere su di essa e ad assumere un atteggiamento critico, a esprimere un giudizio morale e politico. L'arte tradizionale mira invece a una fruizione passiva: essa promuove un'adesione solo emotiva ai fatti raccontati che l'uso dello straniamento vuole invece combattere.

T1 Bertolt Brecht
Il mestiere della guerra

OPERA
Madre Courage e i suoi figli, scena 1ª

CONCETTI CHIAVE
- paradossale elogio della guerra
- l'attenzione agli interessi economici

FONTE
B. Brecht, *Madre Courage e suoi figli*, in *Capolavori di Brecht*, Einaudi, Torino 1971, vol. I.

T • Bertolt Brecht, *Scena II*
T • Bertolt Brecht, *Scena III*
T • Bertolt Brecht, *Scena V*
T • Bertolt Brecht, *Scene XI e XII*

Il dramma ha inizio con lo sfogo di un reclutatore dell'esercito svedese e di un brigadiere, presso la città di Dalarne; nei discorsi dei due è contenuto un elogio della guerra che sconcerta l'ascoltatore e ne suscita il riso: ciò che sente è paradossale, incongruo. È un procedimento che sarà adottato sistematicamente nel corso del dramma.

I due fermano con un pretesto il carro di Madre Courage, tirato dai suoi due figli, Eilif e Schweizerkas; è con loro anche la sorella Kattrin, che è muta. La donna si oppone energicamente al brigadiere e al reclutatore che intendono arruolare i suoi due figli; ma con uno stratagemma (il brigadiere finge di voler acquistare una fibbia) uno dei due la distrae mentre l'altro convince Eilif a seguirlo.

PRIMAVERA DEL 1624. A DALARNE,[1] IL COMANDANTE OXENSTJERNA[2] RECLUTA SOLDATI PER LA CAMPAGNA DI POLONIA. LA VIVANDIERA ANNA FIERLING, NOTA COL NOME DI MADRE COURAGE, SI VEDE PORTAR VIA UN FIGLIO.

Strada maestra vicino alla città.

Un brigadiere e un reclutatore, tremanti di freddo.

Reclutatore Come fa uno, qui, a raccapezzarsi una squadra? Brigadiere, di tanto in tanto mi succede di pensare al suicidio. Per il dodici devo presentare al comandante quattro drappelli; ma, da queste parti, la gente è tanto perfida, che la notte non riesco più a dormire. Metti caso che ne abbia scovato uno; e abbia subito capito il tipo; e abbia fatto finta di non accorgermi
10 che è stretto di costole e che ha le vene varicose; e l'abbia sborniato ben bene; ecco che ha già firmato; ormai non c'è da far altro che pagare il fiasco; e quello esce fuori dall'uscio, e io dietro, perché c'è qualcosa che non mi persuade; difatti è proprio così, se l'è battuta come il pidocchio sotto l'unghia. Qui non conta parola di galantuomo, non c'è né fiducia, né timor di Dio, né onore. La fiducia nell'umanità, io l'ho persa qui, brigadiere.
15 *Brigadiere* Si vede che è troppo tempo che non hanno fatto guerra, da queste parti. Allora, dico io, come volete che ci sia una morale? La pace è roba da rammolliti; non c'è che la guerra per metter ordine. In tempo di pace, l'umanità fa cilecca. Gente, bestie, uno spreco da porci, come valessero zero. Tutti ingozzano quel che gli pare, un pezzo di formaggio sul pan bianco, e poi giù, anche una fetta di lardo sul formaggio. Quanti giovanotti e quanti cavalli ci saranno in
20 questi paesi, Dio solo lo sa; nessuno li ha mai contati. Io sono arrivato in certi posti, che non c'era stata mai guerra da settant'anni e gli uomini non sapevano nemmeno come si chiamavano, non sapevano chi erano. Soltanto dove c'è guerra ci sono elenchi ben ordinati, liste di nomi, grano nei sacchi e sacchi in spalla, gente e bestie li contano proprio bene, e poi li portano via. Perché, si sa: senz'ordine, niente guerra![3]
25 *Reclutatore* Proprio vero!
Brigadiere Come tutte le cose buone, anche la guerra, da principio, è difficile. Ma poi, quando ha attaccato, tien duro. Allora la gente ha paura della pace, come chi gioca a dadi ha pau-

---

• **1 Dalarne**: città situata in una regione della Svezia.
• **2 Oxenstjerna**: fu ministro di Gustavo Adolfo, re di Svezia; alla morte di questi (1632), nella battaglia di Lützen, ne continuerà la guerra in Germania. La Svezia e la Polonia erano nemiche storiche.
• **3 Qui non conta...guerra!**: Il comportamento dei contadini che cercano di sfuggire all'arruolamento è definito perfido, privo di onore e di «timor di Dio» dal reclutatore; il brigadiere tesse l'elogio della guerra, che instaura l'ordine, la disciplina, la morale: entrambi esprimono un punto di vista che fa sembrare strana, e condannabile, la pace e colpevole il tentativo dei contadini vessati dai soldati di sfuggire la guerra; la esibizione di una logica aberrante, presentata come normale, costringe lo spettatore a riflettervi.

ra di smettere perché viene il momento di fare i conti, di vedere quanto s'è perduto. Ma da principio, davanti alla guerra, se la battono. Gli fa l'effetto di qualcosa di nuovo.

Reclutatore   Ohè, c'è un carro. Due donne e due giovanotti. Ferma la vecchia, brigadiere. Se facciamo fiasco anche questa volta, te lo dico proprio, a pigliarmi questa tramontana d'aprile, non ci resto più.

Si ode un rullo di tamburo. Viene avanti un carro tirato da due giovani. Vi siedono Madre Courage e sua figlia Kattrin, che è muta.

Madre Courage   Buongiorno, signor brigadiere!
Brigadiere (*sbarrando il passo*)   Buongiorno, gente! Chi siete?
Madre Courage   Mercanti. (*Canta*)
O comandanti, basta i tamburi,
dategli requie alle fanterie.
Madre Courage è qui con le scarpe
che dentro meglio ci si cammina.
Con quelle loro lèndini[4] e pulci,
con i carriaggi, i cannoni e i traini,
se alla battaglia devono marciare
di scarpe buone hanno di bisogno.
   Vien primavera. Sveglia, cristiani!
   Sgela la neve. Dormono i morti.
   Ma quel che ancora morto non è
   sugli stinchi si leverà.
O comandanti, la vostra gente
senza pagnotta alla morte non va.
Per tutti i guai di corpo e d'anima
Courage col vino se li conforti.
O comandanti, il cannone a digiuno
alla salute non giova gran che:
ma se son sazi, che sian benedetti,
e fin in fondo all'inferno portateveli.
   Vien primavera. Sveglia, cristiani!
   Sgela la neve. Dormono i morti.
   Ma quel che ancora morto non è
   sugli stinchi si leverà.[5]
Brigadiere   Alt! Di dove venite, straccioni?
Figlio maggiore   Secondo reggimento finlandese.
Brigadiere   Fuori le carte!
Madre Courage   Che carte?
Figlio minore   Ma questa è Madre Courage!
Brigadiere   Mai sentita nominare. Perché si chiama Courage?

- **4** **lèndini**: sono le uova dei pidocchi.
- **5** **O comandanti...si leverà**: La canzone che Madre Courage canta è la sua presentazione: i soldati hanno bisogno di scarpe per marciare, e per andare alla morte devono mangiare e bere, come i loro comandanti sanno; per dare la possibilità di vendere le sue mercanzie, facciano dunque cessare i tamburi e sostare la fanteria. Madre Courage vuole fare affari con la guerra; non esprime su di essa un punto di vista opposto a quello dei due soldati, anche se come madre cercherà di impedire l'arruolamento dei figli; dopo che i due sono riusciti a sottrargliene uno, Eilif, il brigadiere potrà dirle: «Se della guerra vuol campare / qualche cosa gli dovrà dare».

Madre Courage   Courage mi chiamano, brigadiere, perché avevo tanta paura che mi rovinassero, che son passata tra le cannonate di Riga con cinquanta pagnotte nel carro. Erano già un po' ammuffite, era tempo, non c'era altro da fare.

[...]

Eilif   Mamma, posso rompergli il muso? Ne avrei proprio tanta voglia.

Madre Courage   E io te lo proibisco, stai fermo. E ora, signori ufficiali, non avete bisogno di una buona pistola, o di una fibbia? La sua, signor brigadiere, è già mezza rotta.

Brigadiere   Mi ci vuole qualcos'altro. Vedo, vedo; questi giovanotti cresciuti come betulle, toraci rotondi, zampe robuste: perché se la svignano dal servizio militare? Vorrei proprio saperlo!

Madre Courage (*svelta*)   Niente da fare, brigadiere. I miei figli non son fatti per il mestiere della guerra.

Reclutatore   E perché no? Ci si guadagna. Ci si fa onore. Vender stivali è roba da femmine. (*A Eilif*) Vieni avanti, fatti toccare, vediamo se hai muscoli o se sei un pulcino.

Madre Courage   È un pulcino. Se qualcuno lo guarda storto, rischia di cadere per terra.

Reclutatore   Già: e se casca su un vitello, lo ammazza. (*Vuol portarselo via*).

Madre Courage   Lo vuoi lasciare in pace? Non è per voialtri.

Madre Courage   Mi ha offeso, ha detto che la mia faccia era un muso. Ora ce ne andiamo in quel campo e regoliamo la faccenda fra uomini.

Eilif   Stai tranquilla, lo metto a posto, mamma.

Madre Courage   Fermo qui, cialtrone. Ti conosco, non pensi che a picchiarti. E si porta anche un coltello negli stivali, bello lungo.

Reclutatore   Glielo cavo io come un dente di latte! Vieni, giovanotto!

Madre Courage   Signor brigadiere, lo dirò al capitano e vi sbatterà in galera. Il tenente aspira alla mano di mia figlia.

Brigadiere   Con le buone, fratello. (*A Madre Courage*) Che cos'hai contro il servizio militare? Non era soldato suo padre? Non è caduto da uomo onorato? L'hai detto tu.

Madre Courage   Ma è ancora un bambino. Lo volete portar al macello, vi conosco. Vi do cinque fiorini per lui.

Reclutatore   Intanto gli dànno un bel berretto e un paio di stivaloni, no?

Eilif   Da te non li voglio.

Madre Courage   Vieni, andiamo a pescare, come diceva il pescatore al verme. (*A Schweizerkas*) Mettiti a correre, grida forte che vogliono portar via tuo fratello. (*Sfodera un coltello*) Provatevi a portarlo via: v'infilzo, cialtroni! Ve la do io, voler fare la guerra con lui! Noi vendiamo biancheria e prosciutto e siamo gente tranquilla.

Brigadiere   Si capisce dal tuo coltello che gente tranquilla siete! Vergognati, vecchia strega, e mettilo via! L'hai detto tu stessa, che sulla guerra ci vivi. Come faresti, se non ci fosse guerra? Ma come ci può esser guerra, se non ci sono soldati?

Madre Courage   Non è detto che debbano essere i miei.

Brigadiere   Ah, la tua guerra dovrebbe mangiare il torsolo e sputar la pera! La tua covata deve ingrassare sulla guerra, e tu non vuoi pagar gli interessi. Che se la veda lei, e s'arrangi, vero? Ti chiami Courage, eh? E hai paura della guerra, della guerra che ti dà il pane? Ai tuoi figliuoli non gli fa paura, lo vedo.

Eilif   Non ho paura di nessuna guerra, io.

Brigadiere   E poi perché? Guardatemi: m'ha fatto male, a me, il mestiere del soldato? E mi sono arruolato a diciassett'anni.

Madre Courage   Non ne hai ancora sessantasette.

Brigadiere   Li posso aspettare.

Madre Courage   Già, sotto terra, forse.

Brigadiere   Mi vuoi offendere? Dirmi che morirò?

Madre Courage   E se fosse la verità? Se vedessi che hai la morte in viso? Che hai l'aria di un cadavere in permesso, eh?

Schweizerkas   Ha la seconda vista, lei, lo dicon tutti. Legge il futuro.

120   *Reclutatore*   Allora leggi un po' il futuro al signor brigadiere, forse si diverte.

Brigadiere   Non ci credo.

Madre Courage   Dammi l'elmo.

Il brigadiere glielo dà.

Brigadiere   Tutte balle. Ma almeno mi ci diverto.

125   *Madre Courage* (*prende un foglio di pergamena e lo strappa*)   Eilif, Schweizerkas e Kattrin, tutti quanti si finirebbe strappati così, se ci pigliassimo troppa confidenza con la guerra. (*Al brigadiere*) Eccezionalmente glielo faccio gratis. Il nero è la morte. Su questo pezzo di carta ci faccio una croce nera.

Schweizerkas   E quell'altro lo lascia bianco, vedi?

130   *Madre Courage*   Ora li piego, ora li mischio. Tutti siamo mischiati così, da quando eravamo nel ventre di nostra madre. E ora tira, e guarda che c'è.

[…]

Brigadiere   Non mi sento affatto bene.[6]

Reclutatore   Forse hai preso freddo, eh già, ti sei levato l'elmo, con questo vento. Trattienila con qualche traffico. (*Ad alta voce*) Dovresti badare un po' alle tue fibbie, brigadiere. Questa

135   brava gente vive di commercio, no? Ehi, voi, il brigadiere vuol comprarsi una fibbia!

Madre Courage   Mezzo fiorino. In realtà una fibbia come questa ne vale due. (*Ridiscende in fretta dal carro*).

Brigadiere   Non è nuova. C'è tanto vento, voglio guardarmela con calma. (*Va dietro il carro*).

140   *Madre Courage*   Di che vento parli?

Brigadiere   Forse vale mezzo fiorino davvero, è d'argento.

Madre Courage (*va con lui dietro il carro*)   Son sei once buone.

Reclutatore (*a Eilif*)   E poi, tra noialtri uomini, uno fa carriera. Ho qui dei soldi, vieni.

Eilif è indeciso.

145   *Madre Courage*   Dunque, mezzo fiorino.

Brigadiere   Non capisco. Sempre indietro, sto. Non c'è posto più sicuro di quello del brigadiere. Sei tu che mandi avanti gli altri a cercare la gloria. Mi son guastato il pranzo. Lo so bene, non riuscirò a inghiottire nemmeno un boccone.

Madre Courage   Non devi prendertela da perder l'appetito. Basta che te ne stai indietro. Su,

150   un sorso di grappa, brigadiere. (*Gli dà da bere*).

Reclutatore (*ha preso sottobraccio Eilif e lo porta via con sé*)   Dieci fiorini, uno sull'altro, e sei un coraggioso, ti batti per il re e le donne ti corron dietro. E per esempio, se t'ho offeso, puoi rompermi il grugno.

Escono. Kattrin la muta salta giù dal carro e mugola rocamente.

● **6 Non…bene**: Madre Courage gli ha fatto estrarre da un elmo un foglietto con il quale gli ha predetto un destino di morte (dei due foglietti, uno bianco, l'altro con una croce nera, il brigadiere ha estratto quest'ultimo). Anche i figli hanno estratto ciascuno un foglietto con una croce nera.

● **7 Che sciocco**: Non c'è una responsabilità diretta di Madre Courage nell'arruolamento del figlio, che prelude alla sua perdita, ma essa non c'era, non ha potuto impedirlo perché intenta ai suoi commerci (e ciò si ripeterà per ognuno degli altri figli). L'esclamazione «Che sciocco» riferita al figlio ne condanna l'irruenza e l'aggressività per le quali ha dimenticato il pericolo in cui poneva la sua vita.

155 *Madre Courage* Subito, Kattrin, subito. Il signor brigadiere mi sta pagando. (*Morsica il mezzo fiorino*) Delle monete non mi fido mai. Sono stata scottata più di una volta, brigadiere. Ma questa è buona. E ora si riparte. Dov'è Eilif?
Schweizerkas Se n'è andato col reclutatore.
Madre Courage (*tace, poi*) Che sciocco.[7] (*A Kattrin*) Lo so, tu non puoi parlare, non ne hai
160 colpa.
Brigadiere Bevilo tu un sorso di grappa, madre. Così va il mondo. I soldati non son mica i peggiori. Vorresti vivere sulla guerra, ma vorresti starne fuori tu e i tuoi, vero?
Madre Courage Ora tocca a te tirare il carro insieme a tuo fratello, Kattrin.

Il fratello e la sorella si mettono le corregge dei finimenti e tirano.
165 *Madre Courage cammina accanto a loro. Il carro si muove.*

Brigadiere (*seguendoli con lo sguardo*)
Se della guerra vuol campare
qualche cosa gli dovrà dare.

T1 DALLA COMPRENSIONE ALL'INTERPRETAZIONE

COMPRENSIONE E ANALISI

Ambivalenza di Madre Courage È molto significativo che Madre Courage perda il primo figlio mentre contratta con il brigadiere il prezzo della fibbia. (L'episodio della fibbia fu aggiunto da Brecht, insieme ad altre modifiche, dopo la prima rappresentazione zurighese del 1941, per contrastare l'interpretazione del personaggio della Courage come madre vittima della guerra, eppure sorretta da una grande forza vitale, che era stata data dai primi recensori). Si manifesta così **il carattere contraddittorio del personaggio, in cui convivono la madre e la trafficante**, per la quale la guerra è il tempo adatto per i commerci. Nel dramma, Madre Courage è presentata come **donna forte, libera, non sottoposta ad alcuna autorità maschile**; eppure alla fine **il suo scacco è totale** e tanto più tragico poiché, suo malgrado, è proprio lei che finisce per spingere i figli verso la morte. Brecht suggerisce che questo rapporto madre-figli potrebbe essere diverso, se la protagonista potesse capire la legge che regola i fenomeni sociali e gli eventi bellici. Invece **l'atteggiamento di Madre Courage nei confronti della guerra è ambivalente**. Ella la considera **un affare**: sulla guerra ci vive. La madre-trafficante, abile e astuta fino al cinismo, è una contraddizione vivente e le fasi salienti del dramma scandiscono i momenti di questo suo incontro-scontro con la guerra, destinato a un bilancio fallimentare. Lo ribadisce il finale, quando Madre Courage abbandona il cadavere di Kattrin per riprendere da sola a tirare il suo lacero carro, senza sapere che anche Eilif è morto: «Spero di farcela da sola, col carro. Camminerà, non c'è molta roba dentro. Devo riprendere il mio commercio» è l'ultima battuta di Madre Courage e del dramma.

Il destino dei figli Il titolo completo del dramma è *Madre Courage e i suoi figli*; l'estrazione di un foglietto con una croce nera, che simboleggia la morte, appare una oscura premonizione; ognuno di loro potrà salvarsi, raccomanda la madre, solo rimanendo fedele alla propria natura ed esaltando le proprie qualità: **Eilif** è intraprendente, coraggioso, audace e dovrà farsi furbo per non soccombere alla guerra; **Schweizerkas** è onesto, e dovrà esserlo fino allo scrupolo; **Kattrin** è buona, e muta, e la raccomandazione di sua madre è di stare sempre zitta, ciò che a lei non dovrebbe risultare difficile (ma anche di non essere più troppo buona). Ognuno di loro, al contrario, si perderà proprio grazie alle proprie qualità: l'audacia, l'onestà e la bontà saranno loro fatali. Si può forse osservare anche in questo la cecità del personaggio: tanto Madre Courage **è lucida nel cogliere i fattori economici** ed egoistici che sono alla base della guerra e dei comportamenti degli uomini, quanto **è cieca di fronte alla propria condizione** (e alla propria corresponsabilità).

INTERPRETAZIONE

Il carro Il carro rimane sulla scena dall'inizio alla fine al dramma, e appare progressivamente sempre più malridotto (come gli stessi personaggi). Il suo significato è strettamente legato a quello del personaggio di Madre Courage; ha potuto perciò essere interpretato in modi diversi e contrapposti: emblema «della forza vitale dell'uomo» e della sua «ricchezza e miseria», per quei commentatori che considerano Madre Courage l'eterno simbolo «del dolore umano e soprattutto della "maternità dolorosa"»; o, invece, per chi storicizza il personaggio di Madre Courage, **allegoria della merce e immagine della miseria**, che ossessiona la vivandiera, incapace di separarsene (e per tale incapacità perderà il secondo figlio, Schweizerkas), perché in esse ella si identifica.

Madre Courage, guerra e capitalismo Uno scritto di Brecht contiene alcune considerazioni su Madre Courage e sul **rapporto fra guerra e capitalismo** rappresentato nel dramma. Le riportiamo perché aiutano a comprendere e interpretare meglio la figura di Madre Courage:
«*Spettatore* Alcuni hanno detto che la fine del tuo lavoro non è giusta perché la vivandiera, malgrado le sventure che l'hanno colpita, non ha imparato niente.
Autore Guardati attorno: ce n'è tanta di gente a cui la guerra ha arrecato sventure. Quanti di loro hanno imparato qualcosa? Voglio dire, imparato per conto proprio, senza aiuto, come avrebbe dovuto fare la Courage?
Spettatore Dici dunque che vuoi solo mostrare la verità?
Autore Sì. La guerra dei Trent'anni fu una delle prime guerre gigantesche scatenate in Europa dal capitalismo. E nel capitalismo è tremendamente difficile che la guerra non sia necessaria all'individuo singolo; perché nel capitalismo la guerra è necessaria, beninteso per il capitalismo. Questo sistema economico si basa sulla lotta di ognuno contro tutti – dei grandi contro i grandi, dei grandi contro i piccoli, dei piccoli contro i piccoli. Si dovrebbe, dunque, almeno riconoscere che il capitalismo è una calamità per capire che la guerra, apportatrice di sventure, è cattiva, cioè inutile» (B. Brecht, *Scritti teatrali*, Einaudi, Torino 1975).

T1 LAVORIAMO SUL TESTO

ANALIZZARE

Di fronte alla guerra

1. Esamina la posizione che assumono esplicitamente o implicitamente di fronte alla guerra
   - i militari
   - Madre Courage
   - i contadini
   - i figli

La guerra di Madre Coraggio

2. Perché la protagonista si chiama Courage [Coraggio]? Quale guerra combatte? Con quali mezzi?

Lo straniamento

3. In quali punti del testo appare evidente la tecnica dello straniamento? (**S1**)

INTERPRETARE

«Se della guerra vuol campare…»

4. Madre Courage può essere recepita come un modello positivo di maternità? Quali contraddizioni ne svelano le battute finali? Perché?

3 Il teatro in lingua inglese e lingua spagnola

La rinascita del dramma in versi in Gran Bretagna. Assassinio nella cattedrale di T.S. Eliot

In Gran Bretagna gli anni Venti sono il momento della rinascita del dramma in versi, che si rifà ai modi dell'espressione popolare e spontanea, al teatro di varietà, al *music-hall*. È in questo clima che il poeta **T.S. Eliot** (su cui cfr. cap. III, § 3) elabora il suo primo dramma, **Assassinio nella cattedrale**, rappresentato nel 1935. Il dramma rappresenta la morte dell'arcivescovo di Canterbury Thomas Beckett, assassinato nel 1170 da quattro cavalieri inviati dal re Enrico II che intendeva punirlo per la sua intransigente fedeltà alla Chiesa. A questo primo dramma seguirono *La riunione di famiglia* (1939), **The Coktail Party** (1950), *L'impiegato di fiducia* (1954), *Il grande statista* (1959).

Il teatro negli Stati Uniti

Negli Stati Uniti, mentre continua la grande stagione di O'Neill, si afferma definitivamente il teatro, sia attraverso il dramma sociale degli anni della Grande crisi, sia attraverso il successo, negli anni Trenta e Quaranta, di tre grandi drammaturghi, Thornton Wilder, Tennessee Williams, Arthur Miller.

Thornton Wilder

Thornton Wilder (1897-1975) crea un teatro di atmosfere e di silenzi, ispirato a Čechov, e tendente al crepuscolarismo e al simbolismo. Si afferma già nel 1931 con l'atto unico *Il lungo pranzo di*

Natale, in cui è evidente l'inclinazione al simbolismo e a una poeticità fatta di gesti minimi e di allusioni. L'attenzione per i fatti minuti della vita, per la sua frammentata cerimonialità, con risultati di straordinaria essenzialità, caratterizza **il capolavoro di Wilder**, *Piccola città* (1938), storia di due famiglie in una cittadina di provincia, condotta con la tecnica pirandelliana del teatro nel teatro. *A fior di pelle* (1942), opera più sofisticata, fra dramma e farsa, e non priva di esiti surreali, rappresenta la vita di un uomo vista all'interno della storia concepita, alla stregua di Joyce, come successione di ricordi.

Tennessee Williams

Tennessee Williams (1914-1983) è autore del Sud, sanguinoso e talvolta violento. I temi della patologia sessuale, della degradazione dell'individuo, della brutalità della vita ritornano ossessivamente nelle sue opere, da quella che gli dette il successo, *Zoo di vetro* (1945), a **La dolce giovinezza** (1959), centrata sul motivo dell'evirazione.

Arthur Miller

Arthur Miller (1915-2005) riesce a riunire, nei suoi drammi migliori, come **Morte di un commesso viaggiatore** (1949), una vigorosa tempra di polemista sociale (alla Ibsen) con la ricerca esistenziale. In *Morte di un commesso viaggiatore* **il realismo dell'ambientazione** (il fallimento di un vecchio commesso, visto in opposizione ai figli e nel quadro di una società dominata dal mito del successo e del denaro) **si accompagna a una nota di analisi intima** condotta con grande sottigliezza e al valore simbolico del tema, che rinvia al mito o al "sogno" americano. Una volontà di denuncia anima anche il successivo *Il crogiuolo* (1953), in cui il clima della caccia alle streghe nel Seicento è introdotto in polemica contro il maccartismo del dopoguerra. Temi di natura sociale si uniscono a motivi psicopatologici nella storia di una famiglia di immigrati italiani e della morte di un suo esponente, uno scaricatore di Brooklyn, in *Uno sguardo dal ponte* (1955). Dopo questa fase, e dopo un periodo di silenzio coincidente in parte con il matrimonio con Marilyn Monroe, scrisse **Dopo la caduta** (1964), *La creazione del mondo e altri affari* (1973) e *L'orologio americano* (1980), un affresco della vita americana durante la grande depressione.

T • Arthur Miller, *La morte del commesso viaggiatore*

Il teatro in Spagna: García Lorca

In Spagna negli anni Trenta il maggior autore di drammi è il poeta **Federico García Lorca (1899-1936)**. **Il teatro di Lorca**, come la sua poesia (su cui cfr. cap. III, § 5), **intreccia motivi tragici di sapore arcaico a elementi onirici di derivazione surrealista**. Tra il realistico e l'onirico è *Nozze di sangue* (1932), dove protagonisti sono due innamorati fuggiaschi e una madre custode dell'onore familiare; se in questo dramma il sentimento primordiale è l'onore, nel successivo *Yerma* (1935) è l'ansia di maternità. Le due ultime opere, **Donna Rosita nubile o il linguaggio dei fiori** (1935) e **La casa de Bernarda Alba** (1936), sono ambientate nella piccola borghesia, con i suoi divieti e i suoi tabù.

4 Il teatro in Italia dal fascismo al dopoguerra: Eduardo De Filippo

Durante il fascismo, tranne Pirandello (morto nel 1936), non si hanno grandi figure di autori tetrali.

I teatri stabili

Nel dopoguerra cominciano a diffondersi i teatri stabili, sovvenzionati dallo Stato, sul modello del **Piccolo Teatro di Milano**, nato nel 1947 a opera di Giorgio Strehler e Paolo Grassi.

Il ruolo del regista: l'esempio di Visconti

Nel contempo **si istituzionalizza il ruolo del regista** che già aveva cominciato ad affermarsi negli anni Trenta. In particolare figure come **Luchino Visconti (1906-1976)** – che fu anche famoso regista cinematografico – e **Giorgio Strehler (1921-1997)** contribuiscono in modo decisivo a fare del regista il creatore unico dello spettacolo teatrale.

I fratelli De Filippo

A Napoli i tre fratelli De Filippo (Eduardo, Peppino, Titina) formano nel 1929 la "**Compagnia del teatro umoristico**" che si prolunga sino al 1944, quando Peppino se ne dissocia. Sino a questo momento i testi sono scritti dai due fratelli, Eduardo (1900-1984) e Peppino (1903-1980); ma, men-

Peppe e Toni Servillo in *Le voci di dentro* di Eduardo De Filippo. Regia di Toni Servillo. Produzione Piccolo Teatro, Teatro di Roma, Teatri Uniti in collaborazione con Théâtre du Gymnase Marseille, 2014.

tre il secondo si rivela soprattutto grande attore comico, il primo unisce alle qualità attoriali quelle di notevolissimo scrittore che emergono soprattutto dopo il 1944, quando Eduardo e Titina danno vita al "Teatro di Eduardo" sino al 1953.

La produzione di Eduardo dalla farsa al realismo e al dramma

Sino al 1944 Eduardo è autore soprattutto di commedie farsesche, in cui riprende, sotto diversa forma, la lezione del personaggio napoletano di Pulcinella, maltrattato e deriso, ma capace di prendersi gioco degli altri con una sua amara saggezza. **Dopo il 1944 la produzione di Eduardo si fa più realistica, più complessa** e ricca di sfumature, si allarga a toni patetici, a risentimenti di natura morale, a situazioni e ragionamenti di tipo pirandelliano.

Cantata dei giorni pari

Nel primo periodo – le cui opere sono riunite in *Cantata dei giorni pari* – la commedia più riuscita è *Natale in casa Cupiello* (1931), costruita sul contrasto fra l'illusione della festa e l'amara consapevolezza – che non abbandona invece il protagonista – della dolorosa realtà della vita.

Cantata dei giorni dispari

La nuova stagione di Eduardo – raccolta in *Cantata dei giorni dispari* – comincia con **Napoli milionaria!** (1945), una commedia, ambientata a Napoli durante la guerra, in cui si avverte un'eco dei *Malavoglia*. Gennaro vive poveramente con la moglie Amalia e tre figli, Amedeo, Maria Rosaria e la piccola Rituccia, in un "basso". La moglie, intraprendente, allestisce una sorta di bar clandestino a cui Gennaro non si oppone. Catturato durante un rastrellamento, Gennaro è portato via dai tedeschi. In sua assenza la situazione precipita; la corruzione e l'immoralità penetrano nella famiglia. Quando Gennaro torna, tutto è cambiato: la famiglia vive in un'equivoca ricchezza e lui non trova più neppure il proprio letto. A poco a poco però egli riesce a ricondurre i propri familiari sulla retta via. Si spiega così il titolo: **la Napoli onesta non potrà mai diventare milionaria**. È questa l'opera di Eduardo più vicina al Neorealismo (soprattutto quello cinematografico di De Sica e di Zavattini) (cfr. T2).

Filumena Marturano, Questi fantasmi e Le voci dentro

Altre grandi opere di Eduardo sono **Filumena Marturano** (1946), scritta per la sorella Titina (che vi impersonava la figura di una madre la quale, per amore dei figli, si finge moribonda in modo da indurre l'uomo con cui convive, loro padre naturale, a sposarla), **Questi fantasmi** (1946) sul tema dell'adulterio, e soprattutto **Le voci di dentro** (1948): qui il protagonista sogna l'assassinio che i vicini avrebbero commesso di un ricco parente, lo scambia per realtà e lo racconta, scoprendo che tutti ci credono e si danno da fare per trarne vantaggio, accusandosi a vicenda. Ovviamente il parente è vivo e vegeto, ma le anime umane hanno rivelato sino in fondo l'abisso di orrore in cui sono cadute.

T2 Eduardo De Filippo
«Ha da passà 'a nuttata»

OPERA
Napoli milionaria!, Atto III

CONCETTI CHIAVE
- il ritorno della famiglia Jovine a una semplice e onesta quotidianità

FONTE
E. De Filippo, *Cantata dei giorni dispari*, Einaudi, Torino 1961.

È la conclusione della commedia. Gennaro che, ritornato a casa dopo essere stato deportato dai tedeschi, aveva trovato tutto cambiato – la città in mano ai soldati americani e la famiglia corrotta da un'equivoca ricchezza –, riesce a ricondurre sulla retta strada la moglie Amalia (arricchitasi alla «borsa nera»), la figlia Maria Rosaria (che si è data a un soldato americano) e il figlio Amedeo (divenuto ladro di gomme). Gennaro riporta la famiglia al senso del dovere, attraverso la fedeltà agli atti quotidiani, alla vita semplice, umile e concreta di ogni giorno. Farsi un caffè, offrirne una tazzina, accudire alla bambina ammalata mettendosi a sedere di fianco al letto: questi gesti elementari sono per la famiglia la riscoperta di una legge morale che da un lato ricollega alla sicurezza della tradizione e dall'altro consente la speranza nel futuro. La battuta finale, ma più volte in precedenza ripetuta, «Ha da passà 'a nuttata», acquista così un valore simbolico: non si riferisce solo alla salute della piccola, ma al futuro della famiglia.

Amalia   E pecché me guarde? Aggio fatto chello che hanno fatto ll'ate.[1] Me so' difesa, me so' aiutata... E tu pecché me guarde e nun parle? 'A[2] stammatina tu me guarde e nun parle. Che colpa me può da'? Che t'hanno ditto?

Gennaro (che a qualunque costo avrebbe voluto evitare la spiegazione)   Aggia parla'? Me vuo' sèntere proprio 'e parla'?[3] E io parlo (*A 'o miezo Prèvete*).[4] Miezo Pre', aggio pacienza, vattenne, ce vedimmo dimane mmatina.

'O miezo Prèvete (alzandosi e mettendo a posto la sedia)   Buona nottata (*esce*).

Gennaro   Ricòrdate 'a 'mmasciata.[5]

'O miezo Prevète (dall'interno)   Va bene.

Gennaro (chiude il telaio a vetri e lentamente si avvicina alla donna. Non sa di dove cominciare; guarda la camera della bimba ammalata e si decide)   Ama',[6] nun saccio pecché, ma chella criatura ca sta llà dinto me fa penza' 'o paese nuosto.[7] Io so' turnato e me credevo 'e truva' 'a famiglia mia o distrutta o a posto, onestamente. Ma pecché?... Pecché io turnavo d' 'a guerra... Invece, ccà nisciuno ne vo' sèntere parla'. Quann'io turnaie 'a n'ata guerra, chi me chiammava 'a ccà, chi me chiammava 'a llà. Pe' sape' pe' sèntere 'e fattarielle,[8] gli atti eroici... Tant'è vero ca, quann'io nun tenevo cchiù che dicere, me ricordo ca, pe' m' 'e lleva' 'a tuorno, dicevo buscie, cuntavo pure cose ca nun erano succiese, o ca erano succiese all'ati surdate...[9] Pecché era troppa 'a folla, 'a gente ca vuleva sèntere... 'è guagliune...[10] (*Rivedendo le scene di entusiasmo di allora*). 'O surdato! 'Assance sèntere, conta![11] Fatelo bere! Il soldato italiano! Ma mo pecché nun ne vonno sèntere parla'? Primma 'e tutto pecché nun è colpa toia, 'a guerra nun l'he' vuluta tu, e po' perché 'e ccarte 'e mille lire fanno perdere 'a capa...[12] (*Comprensivo*). Tu ll'he' accumminciate a vede' a poco 'a poco 'a vota, po' cchiù assaie, po' cientomila, po' nu milione... E nun he' capito niente cchiù...[13] (*Apre un tiretto del comò e prende due, tre pacchi di biglietti da mille di occupazio-*

- [1] **ll'ate**: le altre.
- [2] **'A**: Da.
- [3] **Aggia...parla'?**: Devo parlare? Mi vuoi proprio sentir parlare?
- [4] **'o miezo Prèvete**: al mezzo Prete, un vicino che è andato a trovarli.
- [5] **'a 'mmasciata**: l'imbasciata.
- [6] **Ama'**: Amalia.
- [7] **chella...nuosto**: quella creatura che sta là dentro mi fa pensare al nostro paese, all'Italia nei mesi terribili subito dopo la fine della guerra.
- [8] **ccà nisciuno...fattarielle**: qua nessuno ne vuol sentire parlare. Quando io sono tornato dall'altra guerra, chi mi chiamava di qua, chi mi chiamava di là, per sapere per sentire le notizie. Il clima dell'ultimo dopoguerra era diverso da quello del 1918.
- [9] **quann'io nun tenevo...surdate**: quando io non sapevo più che dire, mi ricordo che, per levarmeli di torno, dicevo bugie, raccontavo pure cose che non erano vere o che erano succese agli altri soldati.
- [10] **'è guagliune...**: i ragazzi.
- [11] **'O surdato...conta!**: Il soldato! Facci sentire! Racconta!
- [12] **Primma...capa**: Prima di tutto perché non è colpa tua, la guerra non l'hai voluta tu, e poi perché i biglietti da mille lire fanno perdere la testa... Erano i biglietti da mille lire stampati dal comando di occupazione militare.
- [13] **Tu...cchiù**: Tu li hai cominciati a vedere un poco alla volta, poi molti di più, poi centomila poi un milione... E non hai capito più niente.

ne. Li mostra ad Amalia). Guarda ccà. A te t'hanno fatto impressione pecché ll'he' viste a ppoco 'a vota e nun he' avuto 'o tiempo 'e capì' chello ca capisco io ca so' turnato e ll'aggio viste tutte nzieme... A me, vedenno tutta sta quantità 'e carte 'e mille lire me pare nu scherzo,[14] me pare na pazzia. (Ora alla rinfusa fa scivolare i biglietti di banca sul tavolo sotto gli occhi della moglie). Tiene mente,[15] Ama': io 'e ttocco e nun me sbatte 'o core... E 'o core ha da sbattere quanno se toccano 'e ccarte 'e mille lire. (Pausa). Che t'aggia di'? Si stevo cca, forse perdevo 'a capa pur'io... A mia figlia, ca aieressera, vicino 'o lietto d' 'a sora, me cunfessaie tutte cosa, che aggi'a' fa'? 'A piglio pe' nu vraccio, 'a metto mmiez 'a strada[16] e le dico: – Va fa' 'a prostituta? – E quanta pate n'avesser' 'a caccia 'e ffiglie? E no sulo a Napule. Ma dint' a tutte 'e paise d' 'o munno. A te ca nun he' saputo fa' 'a mamma, che faccio, Ama', t'accido? Faccio 'a tragedia?[17] (Sempre più commosso, saggio). E nun abbasta 'a tragedia ca sta scialanno pe' tutti o' munno, nun abbasta 'o llutto ca purtammo nfaccia tutte quante...[18] E Amedeo? Amedeo che va facenno 'o mariuolo?[19]

Amalia trasale, fissa gli occhi nel vuoto. Le parole di Gennaro si trasformano in immagini che si sovrappongono una dopo l'altra sul volto di lei. Gennaro insiste.

Amedeo fa 'o mariuolo. Figlieto arrobba. E... forse sulo a isso nun ce aggia penza', pecché ce sta chi ce penza...[20] (Il crollo totale di Amalia non gli sfugge, ne ha pietà). Tu mo he' capito. E io aggio capito che aggi'a' sta ccà. Cchiù a famiglia se sta perdenno e cchiù 'o pate 'e famiglia ha da piglia' 'a responsabilità.[21] (Ora il suo pensiero corre verso la piccola inferma). E se ognuno putesse guarda' 'a dint'a chella porta... (mostra la prima a sinistra) ogneduno se passaria 'a mano p' 'a cuscienza... Mo avimm' aspetta', Ama'...[22] S'ha da aspetta'. Comme ha ditto 'o dottore? Deve passare la nottata. (E lentamente si avvia verso il fondo per riaprire il telaio a vetri come per innovare l'aria).

Amalia (vinta, affranta, piangente, come risvegliata da un sogno di incubo)   Ch'è ssuccieso... ch'è ssuccieso...

Gennaro (facendo risuonare la voce anche nel vicolo)   'A guerra, Ama'!

Amalia (smarrita)   E che nne saccio? Che è succieso!

Maria Rosaria, dalla prima a sinistra, recando una ciotolina con un cucchiaio, si avvia verso la «vinella».[23]

Gennaro   Marì, scàrfeme[24] nu poco 'e cafè...

Maria Rosaria senza rispondere si avvicina al piccolo tavolo nell'angolo a destra, accende una macchinetta a spirito e dispone una piccola «còcoma».[25]

Amalia (rievocando a se stessa un passato felice di vita semplice)   'A ascevo a ffa' 'o ppoco 'e spesa... Amedeo accumpagnava a Rituccia a scòla e ghieva a fatica'... Io turnavo 'a casa e cucenavo... Ch'è ssuccieso... 'A sera ce assettàvamo tuttu quante attuorno 'a tavola e primma 'e mangia' ce facevamo 'a croce...[26] Ch'è ssuccieso... (E piange in silenzio).

- **14** **e nun he' avuto...scherzo**: *e non hai avuto il tempo di capire quello che capisco io che sono tornato e li ho visti tutti insieme... A me pare uno scherzo vedere tutta questa quantità di biglietti da mille lire. Amalia si è abituata un poco alla volta, quasi senza accorgersene, alla corruzione, che invece ha colpito duramente lui al ritorno dalla guerra.*
- **15** **Tiene mente**: *Sta attenta.*
- **16** **Si stevo cca...'a strada**: *Se stavo qua, forse perdevo anch'io la testa... A mia figlia, che ieri sera, vicino al letto della sorella, mi ha confessato tutto che devo fare? La piglio per un braccio e la metto in mezzo alla strada...?*
- **17** **E quanta pate...tragedia?**: *E quanti padri dovrebbero cacciare di casa le figlie? E non solo a Napoli, ma in tutti i paesi del mondo. A te, che non hai saputo fare la mamma, che faccio, Amalia, ti uccido? Faccio una tragedia?*
- **18** **E nun abbasta...quante**: *E non basta la tragedia che sta trionfando in tutto il mondo? Non basta il lutto che ci portiamo in faccia tutti quanti? La disgregazione morale non è solo nella sua famiglia, ma è dappertutto nel dopoguerra. Così Gennaro cerca di mettersi dal punto di vista della moglie che è rimasta vittima della generale corruzione.*
- **19** **'o mariuolo**: *il ladro.*
- **20** **Figlieto...penza**: *Tuo figlio ruba. E... forse solo a lui non debbo pensare, perché c'è chi ci pensa, cioè la polizia.*
- **21** **mo he' capito...responsabilità**: *ora mi hai capito; e io ho capito che devo stare qua. Più la famiglia si sta perdendo e più il padre deve assumersene la responsabilità.*
- **22** **E se...Ama'...**: *E se ognuno potesse guardare dietro quella porta... (mostra la prima a sinistra), si metterebbe la mano sulla coscienza... Ora dobbiamo aspettare, Amalia...*
- **23** **vinella**: *cortiletto.*
- **24** **Marì, scàrfeme**: *Maria, scaldami.*
- **25** **«còcoma»**: *bricco, recipiente per scaldare il caffè.*
- **26** **'A ascevo...croce...**: *Uscivo a fare un po' di spesa... Amedeo accompagnava la Rituccia a scuola e andava a lavorare... Io tornavo a casa e cucinavo... Ch'è successo... La sera ci sedevamo tutti quanti a tavola e prima di mangiare ci facevamo la croce... Amalia cerca di capire, rievocando il passato, come ha potuto perdersi. La dissoluzione morale che ha colpito la famiglia di Gennaro non rivela un vizio organico, ma è un momentaneo traviamento indotto dall'esempio degli altri; perciò essa, come il figlio, è pronta a reagire e seguire l'esempio del marito.*

Amedeo (*entra lentamente dal fondo. Guarda un po' tutti e chiede ansioso*) Comme sta Rituccia?

Gennaro (*che si era seduto accanto al tavolo, alla voce di Amedeo trasale. Il suo volto s'illumina. Vorrebbe piangere, ma si domina*) S'è truvata 'a mmedicina. (*Si alza e dandosi un contegno prosegue*). 'O duttore ha fatto chello ch'avev' 'a fa'. Mo ha da passa' 'a nuttata. (*Poi chiede con ostentata indifferenza*). E tu? nun si ghiuto 'appuntamento?[27]

Amedeo (*timido*) No. Aggio pensato ca Rituccia steva accussì a me ne so' turnato. Pareva brutto.[28]

Gennaro (*con lieve accento di rimprovero*) Era brutto. Damme nu bacio. (*Amedeo bacia Gennaro, con effusione*). Va' te miette nu poco vicino 'o lietto d' 'a piccerella ca tene 'a freva forte.[29]

Amedeo Sì, papà. (*Si avvia*).

Gennaro (*fermandolo*) E si Rituccia dimane sta meglio, t'accumpagno io stesso 'a Cumpagnia d' 'o Gas, e tuorne a piglia' servizio.

Amedeo (*convinto*) Sì, papà. (*Ed esce per la prima a sinistra*).

Maria Rosaria ha riscaldato il caffè e ora porge la tazzina al padre. Gennaro la guarda teneramente. Avverte negli occhi della fanciulla il desiderio d'un bacio di perdono, così come per Amedeo. Non esita. L'avvince a sé e le sfiora la fronte. Maria Rosaria si sente come liberata e, commossa, esce per la prima a sinistra. Gennaro fa l'atto di bere il suo caffè, ma l'atteggiamento di Amalia, stanco e avvilito gli ferma il gesto a metà. Si avvicina alla donna e, con trasporto di solidarietà, affettuoso, sincero, le dice:

Gennaro Teh... Pígliate nu surzo 'e cafè...[30] (*Le offre la tazzina. Amalia accetta volentieri e guarda il marito con occhi interrogativi nei quali si legge una domanda angosciosa: «Come ci risaneremo? Come potremo ritornare quelli di una volta? Quando?» Gennaro intuisce e risponde con il suo tono di pronta saggezza*). S'ha da aspetta', Ama'. Ha da passà 'a nuttata.[31] (*E dicendo questa ultima battuta, riprende posto accanto al tavolo come in attesa ma fiducioso*).

- **27** **nun si ghiuto 'appuntamento?**: *non sei andato all'appuntamento?* Il figlio doveva recarsi con amici a trattare uno dei suoi affari illeciti.
- **28** **Aggio...brutto**: *Ho pensato che Rituccia stava così* [male] *e me ne sono tornato. Mi* pareva **brutto**, *immorale.*
- **29** **Va'...forte**: *Vatti a mettere un po' accanto al letto della bambina, che ha la febbre alta.*
- **30** **Teh...cafè**: *Tieni, prenditi un sorso di caffè.*
- **31** **Ha da passà 'a nuttata**: *Deve passare la* nottata. La frase è ripetuta tre volte e oltre al significato realistico (deve passare la notte perché la bambina guarisca) acquista una valenza simbolica (deve passare la notte di smarrimento morale perché il mondo possa poi ritrovare la salute e la serenità).

T2 DALLA COMPRENSIONE ALL'INTERPRETAZIONE

COMPRENSIONE

Verso la "guarigione" La **prima parte** del testo è per lo più occupata dall'**intervento di Gennaro**: egli non solo è **preoccupato per la malattia della figlia minore Rita**, ma anche per la degenerazione morale degli altri membri della famiglia. Parlando alla moglie Amalia, Gennaro si mostra amareggiato per lo stato in cui ha ritrovato la propria famiglia al ritorno dalla guerra. E tuttavia l'uomo è anche comprensivo nei confronti della moglie che ha ceduto alla corruzione, perché «e ccarte 'e mille lire fanno perdere 'a capa». Anche i figli hanno "perso la rotta": Maria Rosaria aspetta un bambino senza essere sposata e Amedeo fa «'o mariuolo». Eppure Gennaro è disposto al perdono, sancito da un bacio affettuoso dato prima ad Amedeo e poi a Maria Rosaria. Infine, si rivolge verso Amalia e le offre «nu surzo 'e cafè». **La battuta finale** («Ha da passà 'a nuttata») esprime la fiducia di Gennaro non solo nella guarigione di Rita ma anche nella **"guarigione" di tutta la famiglia**.

ANALISI

L'uso del dialetto *Napoli milionaria!* è scritta in dialetto. Il dialetto, che ha una lunga e fortunata tradizione nel teatro italiano, risponde in questa commedia a **un fine realistico**: i personaggi usano infatti la sola lingua che conoscono. Parlare con la lingua del popolo acquista anche **un particolare significato ideologico**: dopo la dittatura fascista, si dà voce alle classi più basse affinché possano esprimere il proprio parere sulla sorte del loro Paese. Da questo punto di vista, *Napoli milionaria!* rivela la sua **vicinanza con il Neorealismo**, soprattutto quello cinematografico di De Sica e di Zavattini.

Gennaro, il protagonista Protagonista della commedia è **Gennaro Jovine**, **un personaggio positivo** che svolge un ruolo educativo. Da un lato incarna l'**immagine tradizionale di capofamiglia** che tutela i valori domestici; dall'altro, è una figura nuova, lontana da quella del classico padre-padrone e invece **disponibile al dialogo** e pronto al perdono. Il protagonista ha fiducia nella possibile "guarigione" della famiglia, benché sia consapevole delle difficoltà da affrontare. La sua visione delle cose è espressa nella battuta finale, divenuta proverbiale: «Ha da passà 'a nuttata».

INTERPRETAZIONE

Dal degrado al riscatto I figli e la moglie di Gennaro sono caduti nel degrado morale: esso caratterizza in verità molti cittadini all'indomani dalla Seconda guerra mondiale. **La malattia di Rita simboleggia dunque la malattia dell'intera famiglia e di tutto «'o paese nuosto»** (cioè dell'Italia). Contro la guerra che ha spazzato via i vecchi valori, Gennaro rimane fedele a se stesso e ai princìpi in cui credeva anche prima di essere fatto prigioniero. Solo da questa memoria di sé e del passato può nascere un riscatto. Per questo Gennaro attende «fiducioso» che la notte passi.

Un finale troppo ottimista? Da un lato *Napoli milionaria!* può dirsi ancora attuale nella misura in cui «ci invita a meditare [...] sul pericolo che **il denaro, assunto come valore dominante**, possa svuotare di senso ogni azione umana» (C. Montariello). Dall'altro lato però **il finale all'insegna della fiducia e della speranza** può risultare oggi troppo ottimista. Lo ammette lo stesso De Filippo in un articolo pubblicato su «l'Espresso» il 1 settembre 1974: «Quindici o vent'anni fa si poteva ancora supporre, sperare, che dallo sfacelo generale si sarebbe salvata la famiglia. Oggi quella speranza non c'è più».

T2 LAVORIAMO SUL TESTO

COMPRENDERE

1. Dal dialogo di Gennaro con la moglie Amalia, emerge la vicenda della famiglia Jovine: quale strada hanno preso le vite di Amalia, Maria Rosa e Amedeo in assenza del capofamiglia?

ANALIZZARE

2. **LINGUA E LESSICO** Individua quattro espressioni in napoletano che ti sembrano particolarmente lontane dall'italiano e spiegale.

INTERPRETARE

3. **TRATTAZIONE SINTETICA** Gennaro è il protagonista della commedia. In una trattazione sintetica (max 15 righe) ricostruiscine l'identikit indicando:
   - in quali valori crede
   - quali comportamenti dei suoi cari critica
   - quale atteggiamento assume nei confronti della moglie e dei figli
   - che cosa intende con la battuta ripetuta più volte «ha da passà 'a nuttata»

4. Nella scena, anche se non è mai in primo piano, si fa spesso riferimento alla bambina malata: quale significato profondo assume questo elemento della vicenda?

Percorso
LA GUERRA E LA PACE

Madre Courage: una condanna moderna della guerra

Madre Courage e i suoi figli di Bertolt Brecht, messo in scena dal Berliner Ensemble al Brecht Festival di Augusta nel 2014.

L'ambientazione di *Madre Courage e i suoi figli* durante la guerra dei Trent'anni, mentre era in corso la Seconda guerra mondiale, non è casuale. **La seicentesca guerra di religione**, per il cumulo di rovine seminate in Europa pur nell'assenza di ogni giustificazione moderna della guerra, **permette a Brecht una completa smitizzazione delle ideologie belliciste e una presa di posizione radicale contro la guerra.**

Questa non fa leva sull'appello alla pietà per le vittime (perciò Brecht ha sempre combattuto l'interpretazione di Madre Courage in chiave di *"mater dolorosa"*), ma sulla presa di coscienza dei meccanismi che scatenano la guerra e sulle conseguenze che essa produce negli uomini.

L'assunto di Brecht è di svelare, contro ogni mitologia eroica, **le origini economiche e mercantili della guerra**, la sua subordinazione agli interessi capitalistici («la guerra è la continuazione degli affari con altri mezzi»). **I piccoli dunque non dovrebbero sperare vantaggi da guerre scatenate dai grandi**: «A noi altri, gente comune, vincere e perdere ci costa caro lo stesso» (cfr. espansioni digitali T, Scena III).

Eppure i figli di Madre Courage corrono ad arruolarsi; gli umili non solo subiscono, ma accettano la guerra sedotti dalla propaganda, che fa leva sui soldi e sul miraggio della gloria. In antitesi all'esaltazione nazionalista della guerra "benefica", Brecht ne denuncia l'azione profondamente corruttrice sull'animo umano.

La guerra rovescia i valori e distrugge le virtù anche in chi le possiede: il coraggio diventa violenza sui deboli, la bellezza e la salute una disgrazia, l'amore maledizione. **Madre Courage stessa accetta la guerra; credendo di servirsene in realtà non fa che servirla.** Nella logica cinica della sopravvivenza e dell'utile individuale si salvano solo i furbi, i preti spergiuri, i contadini corrotti, gli ufficiali che sanno saccheggiare e speculare. Anche Madre Courage continuerà a fiancheggiare gli eserciti che le hanno ucciso tutti i figli, vittima insieme della guerra e della sua logica mercantile. «Devo riprendere il mio commercio» sono le ultime parole di Madre Courage davanti al cadavere della figlia.

Se la guerra sovverte ogni sentimento, non c'è guerra giusta. Brecht non guarda alla guerra come a una fatalità: essa deriva da precise responsabilità storiche e umane. La condanna totale della guerra da parte di Brecht suonò allora poco gradita anche ai sistemi democratici e socialisti.

C'e anche un aspetto antropologico della guerra che l'autore mette in luce e che alimenta la sua dura polemica contro il mito dell'eroe. È la guerra come «faccenda fra uomini», l'esaltazione maschilista, accentuata dal militarismo nazifascista, che liberava gli istinti di aggressività e di dominio, rimossi nella vita normale.

Perciò Brecht affida a Kattrin, umile vittima, sfregiata e senza voce, l'unico autentico messaggio di rivolta contro la guerra; in un mondo in cui tutti convivono con la violenza, Kattrin sa esprimere, seppur muta e indifesa, l'orrore che promana da un mondo stravolto e il suo totale rifiuto.

D'altro canto, mentre canta la canzone della *Grande capitolazione* e riconosce l'inutilità e la "pericolosità" delle virtù, **Madre Courage riafferma il valore elementare della vita** che, sia pure attraverso l'egoistica ottica materna, trova nella donna una difesa istintiva.

Ciò tuttavia non basta; a differenza di Kattrin, Madre Courage è presentata dall'autore come personaggio negativo per la sua cecità. Ella non si rende conto di essere vittima di una guerra, da cui invece vuole trarre profitto, che le uccide i figli, ma che lei si ostina a considerare fonte di vita. Tuttavia proprio attraverso la scissione di questo personaggio, accentuata dalla tecnica dello straniamento (cfr. S1), **passa la lezione di Brecht, che intende svelare agli spettatori l'accecamento di cui non solo Madre Courage, ma milioni di uomini, durante la guerra, furono vittime.**

DAL RIPASSO ALLA VERIFICA

MAPPA CONCETTUALE — Il teatro fino agli anni '50

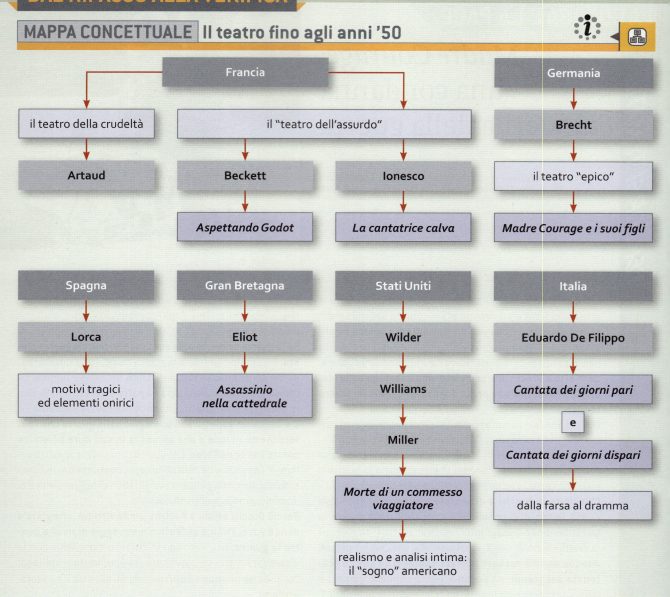

SINTESI

● **Caratteristiche del teatro occidentale**

Il teatro occidentale fra il 1925 e il 1956 presenta le seguenti caratteristiche: 1) la continuità della tradizione del Surrealismo che giunge a influenzare, all'inizio degli anni Cinquanta, il "teatro dell'assurdo"; 2) la nascita del "teatro epico" di Brecht in Germania; 3) la definitiva affermazione del teatro statunitense (a O'Neill seguono Wilder, Williams, Miller).

● **Il teatro in Europa e in America**

In Francia, fra il 1926 e il 1950 operano in profondità l'avanguardia surrealista e l'insegnamento sperimentale di Alfred Jarry (1873-1907). Antonin Artaud (1896-1948), in *Il teatro della crudeltà* (1933), teorizza la liberazione dell'inconscio e della forza trasgressiva della corporalità. Alla fine degli anni Trenta si dedicarono al teatro anche i massimi esponenti dell'esistenzialismo, Jean-Paul Sartre (1905-1980) e Albert Camus (1913-1960). L'influenza dell'esistenzialismo si nota anche nel "teatro dell'assurdo" che nasce intorno al 1950 a Parigi e i cui esponenti più significativi sono Eugène Ionesco (1912-1994) e Samuel Beckett (1906-1989). Uno dei maggiori autori di teatro fra il 1925 e il 1956 è il tedesco Bertolt Brecht (1898-1956). Brecht formula nel 1931 la teoria del "teatro epico". Il teatro epico non vuole provocare emozioni, ma ragionamenti, favorendo nello spettatore il giudizio critico e lo straniamento. Capolavoro di questo teatro è *Madre Courage e i suoi figli* (1941). In Gran Bretagna si assiste alla rinascita del dramma in versi, che si rifà ai modi dell'espressione popolare e spontanea, al teatro di varietà, al *music-hall*. È in questo clima che Thomas S. Eliot (1888-1965) elabora il suo primo dramma, *Assassinio nella cattedrale* (1935). Negli Stati Uniti, mentre continua la grande stagione di O'Neill, si afferma definitivamente il teatro, sia attraverso il dramma sociale degli anni della Grande crisi (con Elmer Rice, Maxwell Anderson e Clifford Odets), sia attraverso il successo, negli anni Trenta e Quaranta, di tre grandi drammaturghi, Thornton Wilder (1897-1975), Tennessee Williams (1914-1983) e Arthur Miller (1915). In Spagna, negli anni Trenta, il maggior autore di drammi è Federico García Lorca (1899-1936).

● **Il teatro in Italia. Eduardo De Filippo**

In Italia, durante il fascismo, tranne Pirandello non si hanno grandi figure di autori teatrali. Sul piano della produzione drammaturgica l'unico autore di rilievo è Ugo Betti (1892-1953). Nel dopoguerra, esprime bene il clima del Neorealismo un autore che fu anche un grande regista, Luigi Squarzina (1922). A Napoli i tre fratelli De Filippo (Eduardo, Peppino, Titina) formano nel 1929 la "Compagnia del teatro umoristico" che si prolunga sino al 1944, quando Peppino se ne dissocia. Sino a questo momento i testi sono scritti dai due fratelli, Eduardo (1900-1984) e Peppino (1903-1980); ma mentre il secondo si rivela soprattutto un grande attore comico, il primo unisce alle qualità di attore quelle di notevolissimo scrittore. Le opere di Eduardo fino al 1944 sono riunite in *Cantata dei giorni pari*, quelle della nuova stagione in *Cantata dei giorni dispari*.

DALLE CONOSCENZE ALLE COMPETENZE

1 Completa lo schema indicando le principali tendenze teatrali che si affermano, tra il 1925 e il 1956, nei seguenti paesi (§ 1)

paesi	tendenze	autori
Francia		
Germania		
Italia		
Stati Uniti		

2
- **A** Quali temi il teatro dell'assurdo condivide con quello esistenzialista? (§ 1)
- **B** Quale linguaggio invece lo differenzia? (§ 1)

3
- **A** Il teatro epico vuole provocare negli spettatori (§ 2)
  - [A] forti emozioni
  - [B] ragionamenti e riflessioni
  - [C] sensazioni autentiche
  - [D] identificazione nei personaggi
- **B** La tecnica usata è quella dello "straniamento", cioè? (S1)

DAL RIPASSO ALLA VERIFICA

4 Il teatro di Edoardo De Filippo: (§ 4)
- A si impone durante il fascismo
- B si afferma nell'immediato dopoguerra
- C è influenzato dal simbolismo
- D è aperto alle istanze neorealiste

PROPOSTE DI SCRITTURA

IL TEMA

«Quello che una rappresentazione di *Madre Courage* deve mostrare più di ogni altra cosa, è prima di tutto che in guerra i buoni affari non li fa la gente qualunque, e poi che la guerra, che è la continuazione degli affari con altri mezzi, colpisce a morte le virtù umane anche in chi le possiede, e quindi deve essere combattuta».
Usa questa dichiarazione di Brecht come titolo di un tema che indaghi insieme sul contesto storico e su quali strumenti Brecht usi per la sua denuncia

- quale funzione ha la protagonista nel dramma (è vittima o complice?)
- quali strategie di straniamento sono messe in atto

LA TRATTAZIONE SINTETICA

Individua nel passo riportato da *Napoli milionaria* gli elementi stilistici che rimandano al Neorealismo.

prometeo 3.0

Personalizza il tuo libro selezionando per questo capitolo materiali integrativi da Prometeo
(di seguito ti proponiamo un elenco di materiali, ma puoi trovarne altri utilizzando il motore di ricerca).

- MODULO TEMATICO INTERDISCIPLINARE   Scienza ed etica
- LO SPETTACOLO TEATRALE: LA SCENA E GLI ATTORI   La riforma registica in Italia

Parte decima

Il tardo capitalismo: sperimentalismo, nuove avanguardie e Postmoderno (dal 1956 ai nostri giorni)

Capitolo I
La contemporaneità: il passaggio dal Moderno al Postmoderno

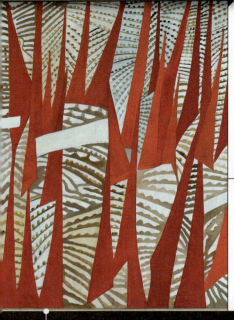

Giulio Turcato, *Comizio* (particolare), 1950. Roma, Galleria Comunale d'Arte Moderna e Contemporanea.

My eBook+

Cliccando su questa icona, docenti e studenti accedono ad un'area di personalizzazione che permette di arricchire i contenuti digitali già linkati lungo le pagine del libro. Nell'area di personalizzazione è possibile infatti salvare ulteriori materiali: selezionati da Prometeo, prodotti autonomamente o ricercati nella rete.

▶ Per un elenco di materiali integrativi presenti nella biblioteca multimediale di *Prometeo* o per attivare una ricerca cfr. p. 565

1. Caratteri, periodizzazione e quadro d'insieme del secondo Novecento

L'età del "tardo capitalismo"

L'età del "tardo capitalismo" o "capitalismo maturo" è quella iniziata alla fine della seconda guerra mondiale. Si definisce in tal modo l'età più recente del capitalismo, egemonizzata dalle grandi multinazionali e organizzata a livello planetario.

Le due fasi del periodo: la svolta del 1973...

Il periodo qui considerato comprende due fasi successive. **La prima** comincia alla fine degli anni Quaranta negli Stati Uniti, all'inizio degli anni Cinquanta nei maggiori paesi europei e fra il 1956 e il 1958 in Italia, e si prolunga sino al 1972-1973: è una fase di sviluppo economico rapido in cui trionfa una forma organizzata di capitalismo (il cosiddetto "neocapitalismo", cioè una economia "mista", fondata sull'intreccio di settore pubblico e privato, e perciò in buona parte controllata dallo Stato) con risultati addirittura sorprendenti (si parla infatti di "miracolo economico") ed esplodono ampie lotte sociali che hanno per protagonisti studenti e operai. **La seconda** si apre dopo il 1973 ed è segnata dalla stagnazione, dall'inflazione e dalla crisi economica che provoca una ristrutturazione industriale e produttiva (il "postfordismo"), il ritorno all'ordine e imponenti fenomeni di disoccupazione. **Sul piano letterario** alla prima corrispondono lo sperimentalismo e la Neoavanguardia, mentre la seconda coincide con il postmodernismo. **Il 1956 è assunto come data iniziale** sia perché segna la fine dello stalinismo (XX Congresso del PCUS), sia perché, in Italia, è l'anno in cui cominciano le pubblicazioni la più importante delle nuove riviste, «Il Verri» e in cui esce la prima opera della Neoavanguardia, *Laborintus* di Edoardo Sanguineti.

...e la crisi economica successiva

Lo sperimentalismo: la linea di «Officina» e quella della Neoavanguardia

Si chiama sperimentalismo la tendenza letteraria a sperimentare forme e contenuti nuovi, diversi dal passato. Esso implica dunque una polemica contro le tendenze precedenti giudicate superate, e cioè contro il Neorealismo e contro l'Ermetismo. Tuttavia, **mentre lo sperimentalismo di Pasolini e della rivista «Officina»** (1955-1959) non rinnega la tradizione (tende infatti a recuperare quella di fine Ottocento – Pascoli e in parte anche Carducci – e del primo Novecento – i "vociani" –), **il movimento della Neoavanguardia** conduce una lotta radicale non solo contro il Neorealismo e l'Ermetismo, ma anche contro l'intera tradizione italiana otto-novecentesca ricollegandosi all'avanguardia europea del primo Novecento (e cioè al Surrealismo e al Futurismo e al romanzo come "opera aperta" di Joyce). **La Neoavanguardia di fatto coincide con il Gruppo 63**, nato a Palermo appunto in quell'anno e fondato da poeti come Sanguineti, Porta, Giuliani, Balestrini e Pagliarani (i cosiddetti "novissimi") e da narratori come Manganelli, Arbasino, Malerba.

Il '68 e l'"autunno caldo"

Quando si parla di "'68" si allude a un movimento di lotta che, nato inizialmente nell'ambito studentesco delle università e delle scuole nel biennio 1967-68, si allarga poi all'intero mondo della cultura (giornalismo, cinema, teatro) e a quello operaio e sindacale (dall'"autunno caldo" del 1969 si prolungò a tutto l'anno 1970). Esso contesta il potere e tutte le autorità costituite e mira a forme di organizzazione democratica dal basso (l'assemblea studentesca, i consigli operai nelle fabbriche).

Carattere internazionale del '68

Questo periodo di contestazione ebbe carattere non solo nazionale ma internazionale: i movimenti giovanili si diffusero dagli Stati Uniti all'Europa, con punte particolarmente acute in Francia, Germania, Italia. Ma si svilupparono anche altrove (in Cina con la "rivoluzione culturale" e in Sudamerica con la guerriglia promossa da Che Guevara). **Dovunque si affievoliscono però agli inizi degli anni Settanta per chiudersi nel 1972-73**. Dopo il 1973 la contestazione segna il passo e si assiste piuttosto a un lento ma progressivo ritorno all'ordine. **In Italia** il momento culminante di questo processo è il periodo degli anni Ottanta, caratterizzato dall'irrigidimento dell'alleanza fra DC e PSI, dalla crescita del potere politico del leader socialista Craxi e dalla corruzione politica.

Il ritorno all'ordine dopo il 1973

Dalla "società del benessere" alla "società dei sacrifici"

La svolta del 1972-73 si avverte anche sul piano economico, culturale e letterario. Su quello economico, con la "crisi petrolifera" (che provoca l'aumento del costo della benzina e una restrizione dei consumi) si passa dalla "società del benessere" degli anni Sessanta alla "società dei sacrifici" degli anni Settanta. **Sul piano culturale** entra in crisi l'atteggiamento scientifico che aveva caratterizzato tanto il "neomarxismo" (il marxismo che aveva accompagnato i movimenti di contestazione) quanto lo strutturalismo (che è l'ideologia culturale dominante nel decennio 1960-70) e si diffondono invece orientamenti di tipo nichilistico (ispirati al recupero di Nietzsche e di Heidegger). **Sul piano letterario** viene meno la tendenza alla sperimentazione che aveva caratterizzato sia il gruppo di «Officina» facente capo a Pasolini, sia il gruppo del «Verri» che confluisce nella Neoavanguardia: si assiste, infatti, al "ritorno alla poesia" (concepita in modo tradizionale, secondo il canone del Simbolismo) e al recupero della narrativa e del "racconto ben fatto".

La svolta culturale degli anni Settanta

La svolta letteraria

Il primato della cibernetica e dell'informazione

Dopo il 1972-73, gli anni della svolta, **sul piano economico** e produttivo comincia a diffondersi negli anni Ottanta **l'informatizzazione** nelle fabbriche e negli uffici. **In campo scientifico e tecnologico la cibernetica e l'informatica** diventano le discipline-guida. Inoltre la produzione eco-

---

IL SIGNIFICATO DELLE PAROLE

● **Cibernetica**
La cibernetica studia il modo con cui, dati certi comandi o certe informazioni, una macchina può procedere da sola. Essa si occupa dunque dell'intelligenza artificiale, degli elaboratori, dei computer, dei robot.

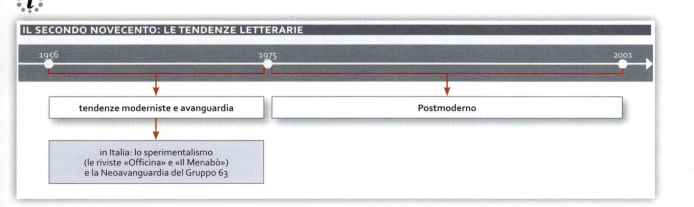

La contemporaneità: il passaggio dal Moderno al Postmoderno — capitolo I

La "globalizzazione"

nomica assume i connotati della cosiddetta **"globalizzazione"** o "mondializzazione". Il sistema produttivo cioè non ha più rapporti preferenziali con il territorio-nazione ma si deterritorializza, estendendosi in una rete di comunicazione transnazionale organizzata attraverso i sistemi informatici. **La caduta del comunismo in URSS e quella del muro di Berlino** (1989) accelerano questo processo, introducendo i paesi dell'Est europeo nel mercato occidentale; ma esso si allarga ormai anche all'Asia, all'America Latina, all'Africa.

Il "postfordismo"

Si chiama "postfordismo" o "toyotismo" il nuovo modo di produzione che si afferma negli anni Ottanta, fondato appunto sulla globalizzazione o sulla riorganizzazione transnazionale della produzione, sull'informatizzazione del lavoro e su una sua nuova organizzazione. Nelle grandi aziende tende a scomparire il sistema di sorveglianza e di gerarchia della fabbrica quale era stato organizzato da Ford e da Taylor all'inizio del Novecento. Nel contempo la **robotizzazione** e gli altri sistemi di lavoro automatico provocano una diminuzione drastica dell'occupazione in tutto l'Occidente.

L'ideologia e l'immaginario del Postmoderno

S • La proposta di periodizzazione di uno studioso americano, Jameson

Chiamiamo età del Postmoderno quella affermatasi fra gli anni Sessanta e Settanta negli Stati Uniti e sviluppatasi in Europa a partire dalla svolta del 1973. È il francese Lyotard a usare l'espressione «Postmoderno» in un saggio (*La condizione postmoderna*) del 1979. Da allora è stata impiegata in accezioni anche diverse, ma in genere per indicare il periodo in cui è **venuta meno la fiducia, tipica del moderno, in un progresso lineare e illimitato**. Nel Postmoderno domina piuttosto il senso del limite, della complessità e della relatività delle conoscenze. In esso le acquisizioni del moderno si presentano come saturazione giunta a un punto morto, a una situazione di stallo non drammatica ma "normale" che offre possibilità di combinazioni innumerevoli ma non quella di grandiose trasformazioni. **Tutto è stato già fatto e visto**; ora si può solo cercare di orientarsi in un mondo sempre più babelico e labirintico.

La distinzione fra Postmoderno e postmodernismo

S • La periodizzazione del Postmoderno. La posizione di Ceserani e quella di Luperini

Video • Postmoderno e postmodernismo (M. Ganeri)
Video • Intervista a T. Eagleton su inizio e fine del Postmoderno

Negli ultimi anni **si sono infittite le discussioni sui limiti cronologici del fenomeno e suoi suoi caratteri**. In queste pagine distinguiamo Postmoderno da "postmodernismo": **il Postmoderno** o la Postmodernità **è il nome di un periodo storico**, indica cioè un momento preciso che si afferma in Europa dopo il 1973 e che si qualifica per il predominio dell'informatica e della cibernetica, per un certo modo di vivere il tempo e lo spazio, per una certa comune sensibilità (la percezione di saturazione del linguaggio e della informazione, il senso della complessità, il gusto dell'intertestualità), per un comune orizzonte culturale dominato dalla coscienza della problematicità delle conoscenze e dal conseguente relativismo. **Chiamiamo invece postmodernismo** la tendenza ideologica, artistica e letteraria che valuta del tutto positivamente i caratteri del Postmoderno, esaltando in particolare il nichilismo morbido, la "crisi della ragione", la convinzione della fine delle contraddizioni, il manierismo, l'uso del *pastiche* come gioco e come giustapposizione indolore di stili e di linguaggi. Come Leopardi appartiene all'età del Romanticismo, condividendone la sensibilità e l'orizzonte culturale, ma non può dirsi per questo romantico; così ci sono scrittori che rappresentano dall'interno il Postmoderno senza essere postmodernisti e anzi combattendone le ideologie e le poetiche dominanti (è questo, per esempio, in Italia, il caso di Volponi).

Caratteristiche principali della cultura e della poetica del postmodernismo

Le tendenze culturali dominanti del Postmoderno – e dunque le ideologie e le poetiche postmoderniste – **possono essere sintetizzate nei seguenti punti**:

1. **"indebolimento" del soggetto, della ragione e del pensiero**, che, consapevoli della loro impotenza e dei rischi di totalitarismo impliciti in ogni logocentrismo (viene chiamato logocentrismo la presunzione che il "logos" o la ragione possano ordinare e regolare la vita), rinunciano a ogni ambizioso progetto di comprensione complessiva del mondo e della storia;
2. **"crisi dei fondamenti"**: non si cerca più la causa ultima, in senso scientifico, di un fenomeno (come la lotta di classe in Marx o l'inconscio in Freud), ma si tende piuttosto a considerazioni di tipo ontologico-esistenziale riguardanti il destino umano nel suo complesso;
3. **sostituzione del linguaggio alle cose**: l'universo dei linguaggi è diventato così pervasivo da cancellare il "referente", il mondo delle cose e dell'esperienza reale (quest'ultima diventa nella società d'oggi sempre più "virtuale", essendo mediata dalla televisione, dal computer ecc.);

Alighiero Boetti, *Mappa*, arazzo del 1989.

4. **intertestualità**: la centralità del linguaggio porta a immaginare l'opera letteraria come lavoro su altri testi, come citazionismo, come combinazione o *pastiche* e dunque essenzialmente come atto manieristico, implicante la riscrittura o il rifacimento di altri testi;
5. **fine delle contraddizioni e morte o impossibilità delle avanguardie**: mentre le avanguardie presuppongono un senso lineare della storia di cui esse vogliono interpretare e anticipare il senso e lo sviluppo attraverso lo scontro con il passato (si pensi al Futurismo), il postmodernismo non crede più né alla possibilità di individuare un senso nella storia né a un'azione di rottura: ha, per così dire, interiorizzato tutte le innovazioni del moderno e se ne serve in modo indifferenziato per esprimere un disorientamento ormai scontato e normalizzato, senza drammi e senza illusioni di cambiamenti radicali;
6. **fine della distinzione fra arte sperimentale e arte di consumo**: si tende a una forma d'arte che utilizza i risultati delle avanguardie ma li "normalizza" cercando forme espressive non difficili, ma "popolari", adatte cioè al consumo di massa.

In Italia il postmodernismo è affiorato già negli anni Sessanta, ma si è imposto solo alla fine degli anni Settanta e all'inizio degli anni Ottanta. Da questo punto di vista la data del **Nome della rosa (1980)**, il romanzo postmodernista di Eco, appare decisiva.

Video • Intervista a R. Ceserani sui tratti stilistici caratterizzanti del Postmoderno
Video • Intervista a C. Pavone sull'identità storica del Novecento
Video • Intervista a R. Luperini sul bilancio globale del Novecento e sull'importanza della letteratura

Il postmodernismo in Italia

S1 — MATERIALI E DOCUMENTI

I caratteri del postmodernismo: il *pastiche* e un mondo ridotto a parole e a testi

Lo studioso americano Fredric Jameson indica qui due caratteri tipici del postmodernismo: il *pastiche* e la sostituzione dei testi e delle parole al mondo. Il *pastiche* è una mescolanza di stili e di lingue che non vuole essere più parodica o critica: registra solo la babele dei linguaggi da cui l'uomo d'oggi è bombardato, giustapponendoli, senza più alcun intento polemico. Quanto al secondo aspetto, esso tende a cancellare la materialità del "referente" (come avviene anche nella linguistica poststrutturalistica) e dell'esperienza reale. Si vive solo in un mondo di parole – un mondo immateriale e per molti aspetti virtuale – che sostituiscono integralmente le cose.

▶▶ La scomparsa del soggetto individuale, insieme alla conseguenza che ne deriva sul piano della forma, la sparizione progressiva dello *stile* personale, genera oggi la pratica quasi universale di quello che si potrebbe chiamare *pastiche*. Questo concetto, che dobbiamo a Thomas Mann (nel *Docktor Faustus*), che lo deve a sua volta alla grande opera di Adorno sulle due vie della sperimentazione musicale (la pianificazione innovativa di Schönberg, l'eclettismo irrazionale di Stravinskij), va distinto chiaramente dalla più comune idea di parodia.

[...]

Nella nuova situazione, la parodia si viene a trovare priva di una sua vocazione; ha fatto il suo tempo, e quella strana cosa che è il *pastiche* viene a prenderne lentamente il posto. Il *pastiche* è, come la parodia, l'imitazione di una particolare maschera, un discorso in una lingua morta: ma è una pratica neutrale di questa mimica, senza nessuna delle ulteriori motivazioni della parodia, monca dell'impulso satirico, priva di comicità e della convinzione che accanto a una lingua anormale presa momentaneamente in prestito esista ancora una sana normalità linguistica. Il *pastiche* è dunque una parodia bianca, una statua con le orbite vuote [...].

Sembrerebbe quindi che la diagnosi profetica di Adorno si sia realizzata, quantunque in modo negativo: non Schönberg (del cui sistema compiuto abbiamo già intravisto la sterilità) ma Stravinskij è il vero precursore della produzione culturale postmoderna. Infatti, con il crollo dell'ideologia moderna avanzata dello stile – che è unico e inconfondibile quanto la propria impronta digitale, incomparabile come il proprio corpo (la vera e propria fonte, per il primo Roland Barthes, dell'invenzione e dell'innovazione stilistiche) – i produttori di cultura non possono rivolgersi che al passato: all'imitazione di stili morti, a un eloquio costituito da tutte le maschere e le voci immagazzinate nel museo immaginario di una cultura divenuta globale.

Questa situazione determina evidentemente ciò che gli storici dell'architettura chiamano «storicismo», ovvero il saccheggio indiscriminato di tutti gli stili del passato, il gioco all'allusione stilistica indiscriminata, e più in generale ciò che Henri Lefebvre ha chiamato il primato crescente del «neo».[1] Questa onnipresenza del *pastiche* non è tuttavia incompatibile con un certo humour (né scevra da ogni passione) o almeno con un bisogno, un'assuefazione – storicamente originale – dei consumatori a un mondo trasformato in pure immagini di se stesso o a pseudo-eventi e «spettacoli». [...] È a oggetti di questo tipo che vorremmo riservare la concezione platonica del «simulacro» – copia identica di un originale mai esistito. Si può dire che la cultura del simulacro prenda *vita* in una società in cui il valore di scambio si è talmente generalizzato da cancellare la stessa memoria del valore d'uso, una società in cui, come ha osservato Guy Debord con una frase straordinaria, «l'immagine è diventata la forma finale della reificazione» (*La société du spectacle*).[2] [...]

L'efficace slogan di Guy Debord è ancora più calzante per una società spogliata di ogni storicità, il cui passato putativo[3] è poco più di un insieme di spettacoli polverosi. In stretta conformità con la teoria linguistica poststrutturalista, il passato come «referente» è gradualmente messo tra parentesi, e quindi completamente cancellato; a noi non restano altro che testi.

F. Jameson, *Il postmoderno o la logica culturale del tardo capitalismo*, Garzanti, Milano 1989, pp. 35-39.

1 Henri Lefebvre...«neo»: il filosofo francese contemporaneo, autore, fra l'altro, dei *Problemi attuali del marxismo*, sottolinea la moda recente di richiamarsi in tutti i campi a fenomeni culturali e artistici del passato (neopositivismo, neomarxismo, neostoricismo ecc.).
2 (La société du spectacle): *La società dello spettacolo*, trad. di V. Fantinel e M. Silvera, De Donato, Bari 1968.
3 putativo: non reale, ma supposto o considerato tale.

2 La situazione economica, sociale e politica negli Stati Uniti e in Europa

Il grande sviluppo industriale, commerciale, demografico del ventennio 1950-1970

Gli anni che vanno dal 1956 al 1973 sono segnati da un grande sviluppo industriale, che coinvolge soprattutto Nordamerica, Europa occidentale, Unione Sovietica e Giappone. Fra il 1950 e il 1970 si quadruplica **la produzione mondiale di manufatti**, mentre il commercio internazionale cresce di dieci volte. In Occidente è questa l'età delle automobili per tutti, della diffusione della televisione, dei frigoriferi, della lavatrice, dei telefoni, dei transistor, del turismo di massa. Comincia **la conquista dello spazio**: nel 1958 l'URSS invia il primo satellite artificiale; nel 1969 una navicella spaziale statunitense giunge sulla luna con due uomini a bordo. Contemporaneamente, negli anni Sessanta, si va verso forme di **pieno impiego** mai precedentemente riscontrate: la disoccupazione si abbassa nei paesi della Comunità Europea all'1,5% e in Giappone all'1,3%. La crescita dell'occupazione e dei salari garantisce quella dei consumi e questa, a sua volta, l'aumento della produzione. Nasce e si sviluppa lo **"Stato assistenziale"** (o *Welfare State*) sul modello della politica laburista inglese e poi di quella socialdemocratica svedese. Anche **la crescita demografica**, in seguito al miglioramento delle condizioni igieniche e sanitarie, è enorme: la popolazione mondiale raddoppia fra il 1950 e il 1987, quando arriva a 5 miliardi. Questi risultati – che fanno parlare di **"miracolo economico"** – sono il prodotto, in Occidente, di un nuovo tipo di capitalismo, che assume il nome di "nuovo capitalismo" o **"neocapitalismo"**.

Il "neocapitalismo"

La politica di "coesistenza pacifica"

Questa fase economica in rapido sviluppo si avvale di una situazione politica favorevole. **In URSS il XX Congresso del Partito comunista** (1956) segna l'affermazione di Kruscëv, la denuncia dei crimini di Stalin e l'avvio di una politica di coesistenza pacifica con gli Stati Uniti. Indubbiamente il mondo continua a essere diviso in due, e non mancano momenti di crisi, come la repressione sovietica dell'insurrezione ungherese nel 1956. Ma nel complesso sia la politica di Kruscëv (1958-64), sia quella del presiden-

Duane Hanson, *Supermarket Shopper*, 1970.

Keith Haring, *Andy Mouse - New Coke*, 1985.

te americano Kennedy (1960-63) tendono alla **distensione internazionale** e alla pace. Nuove tensioni si avranno con la decisione americana di intervenire in **Vietnam**, ma neppure questa guerra, che durerà un decennio – dal 1965 al 1975 –, pose a vero repentaglio la politica di coesistenza pacifica.

La Comunità europea

Un altro fattore positivo fu rappresentato dall'autonomo sviluppo dell'Europa che nel **1957** si era costituita in **Comunità europea** attraverso il **trattato di Roma**: i sei paesi che dettero inizio al processo (Francia, Germania, Italia, Olanda, Lussemburgo, Belgio) divennero poi dodici (si aggiunsero la Gran Bretagna, l'Irlanda, la Spagna, il Portogallo, la Danimarca e la Grecia) e più tardi quindici (con Austria, Finlandia e Svezia); dal 1° luglio 2013, con l'adesione della Croazia, gli Stati membri sono ventotto.

Le trasformazioni sociali

Sul piano delle trasformazioni sociali, questa prima fase è contrassegnata da cinque fenomeni, alcuni dei quali (il secondo, il quarto e il quinto) continuano anche nella successiva:

1. **la classe operaia cresce e si rafforza** grazie ai processi di urbanizzazione, immigrazione interna, abbandono delle terre da parte dei contadini: si afferma, come figura sociale, l'operaio di linea, dequalificato, spesso ex-contadino, un operaio generico o operaio-massa, che non teme la disoccupazione e il licenziamento e dunque è più combattivo (di qui le grandi lotte operaie francesi del 1968 e italiane nel 1969-1970);
2. **la classe contadina tende a scomparire** a causa della meccanizzazione dell'agricoltura non solo nei maggiori paesi dell'Europa occidentale (dove già negli anni Cinquanta non arriva neppure al 10% della popolazione attiva), ma anche nel Terzo Mondo;
3. **nasce un nuovo soggetto sociale e politico, rappresentato dalle masse giovanili** in via di scolarizzazione: gli studenti delle scuole medie superiori e delle università triplicano o quadruplicano il loro numero nel corso degli anni Sessanta, facendo esplodere le strutture scolastiche e universitarie inadeguate a una scuola di massa;
4. **emerge anche un nuovo soggetto politico, il movimento femminista** (cfr. **S2**, p. 526), espressione di un cambiamento sostanziale nella condizione femminile: le donne sposate cominciano a lavorare, mentre le giovani frequentano gli studi superiori e le università come i coetanei maschi; contemporaneamente le donne hanno ormai acquisito quasi ovunque il diritto di voto e conducono lotte per il divorzio e per la liberalizzazione dell'aborto nei paesi, come l'Italia, dove non esistevano leggi di tal tipo, e, dovunque in Occidente, per un trattamento egualitario e per le "pari opportunità" con l'altro sesso;
5. **lo sviluppo del terziario** è tale che, in Occidente, i lavoratori dei servizi superano ormai quelli dell'industria e dell'agricoltura.

IL SIGNIFICATO DELLE PAROLE

- **Terziario**

In economia le attività del settore *terziario* sono quelle che non rientrano nel settore primario (agricoltura) o nel secondario (industria). Del *terziario* fanno parte il commercio, i servizi, i trasporti, il turismo e (terziario avanzato) l'organizzazione aziendale, l'informazione, l'istruzione, la sanità.

La denuncia degli accordi di Bretton Woods

La situazione di sviluppo si arresta all'inizio degli anni Settanta. Un primo segno di instabilità è la denuncia unilaterale americana (nel 1971) degli accordi monetari che erano stati stabiliti a Bretton Woods nel 1944. Con la **denuncia degli accordi di Bretton Woods** gli Stati Uniti non riconoscevano più la convertibilità in oro e dunque veniva a cadere qualunque garanzia oggettiva del valore del dollaro. Ciò determinò una caduta di valore della moneta americana e una tendenza all'inflazione. Il rialzo dei prezzi che ne seguì divenne ancor più pesante in seguito alla **crisi petrolifera**: i paesi arabi detentori del petrolio ne alzarono il prezzo durante la guerra del Kippur (1973) fra Egitto (appoggiato dalla Siria) e Israele (il nuovo stato nato in Palestina nel 1948). **L'inflazione** cominciò a galoppare toccando il 10% nei maggiori paesi europei e addirittura il 20% in Italia. Contemporaneamente, anche come conseguenza dell'aumento dei prezzi, calarono i consumi, diminuì la produzione e la disoccupazione tornò a impennarsi. **Era l'inizio di una crisi economica gravissima** destinata a permanere anche negli anni Ottanta.

La crisi petrolifera

La disoccupazione

La disoccupazione, a cui accennavamo prima, è anche una delle conseguenze della **ristrutturazione industriale** delle nuove politiche neoliberiste. Le industrie fanno fronte alla crisi attraverso processi di tecnologizzazione del lavoro che presuppongono la robotizzazione e l'informatizzazio-

S2 INFORMAZIONI

Dal femminismo dell'uguaglianza al femminismo della differenza

L'emergere delle donne come soggetti sociali autonomi costituisce uno dei fenomeni culturali e politici più rilevanti del Novecento, poiché i movimenti femministi a cui esse hanno dato vita hanno promosso mutamenti di lungo periodo, destinati a incidere sulla mentalità, sul costume e sul rapporto tra sessi.
Il femminismo tra Otto/Novecento aveva lottato per la parità di diritti e l'uguaglianza fra i sessi. Anche se Anna Kuliscioff individuava la necessità di liberare la donna dalla doppia oppressione, del dominio di classe e del dominio di sesso, di fatto la causa femminile era stata subordinata a quella più generale della lotta di classe e indirizzata alle rivendicazioni giuridiche ed economiche. Dopo la parentesi del fascismo (cfr. Parte Nona, cap. I, **percorso**, *L'amore e la donna*, p. 42) e il contributo dato dalle donne alla Resistenza, nel dopoguerra si riorganizzano le associazioni femminili affiancate ai vari partiti (nel 1944 nasce la rivista «Noi Donne», espressione dell'UDI [Unione Donne Italiane], vicina al PCI e al PSI). Esse riprendono le tematiche emancipazioniste, lottando per le libertà civili (divorzio) e i servizi sociali al fine di sollevare le donne dalla schiavitù delle cure familiari.
Un nuovo femminismo esplode alla fine degli anni Sessanta insieme alle grandi mobilitazioni antiautoritarie degli studenti. Nella emancipata società del benessere le donne si trovano a sperimentare un conflitto di ruolo derivante dai due diversi destini sociali a cui esse sono chiamate, quello extrafamiliare e quello domestico e privato. Il conflitto diventa acuto quando investe ampie fasce della popolazione femminile (per la prima volta anche le donne sposate normalmente lavorano), deludendo le larghe aspettative di liberazione, connesse all'emancipazione economica. Nei luoghi di lavoro, come nei gruppi politici militanti, le donne infatti si scoprono non uguali, ma diverse, e sperimentano i limiti di un'emancipazione che le costringe ad essere "come gli uomini".
Il femminismo degli anni Settanta nasce dunque non per la conquista della parità con il sesso forte, ma per l'affermazione della differenza fra i sessi, a partire dalla costruzione di forti relazioni fra donne. Questa volta le donne attaccano la nozione di uguaglianza, quale ci è stata consegnata dal pensiero e dalla politica moderni, secondo cui il soggetto è uno, neutro, universale e maschile. Non si tratta di ripristinare le disuguaglianze, magari ribaltando la gerarchia uomo-donna, ma di uscire dall'alternativa esclusione/omologazione. La differenza è ora difesa non come inferiorità, ma come rifondazione positiva di un soggetto-donna, dotato di specificità, identità e valore autonomi. I movimenti femministi, pur nella diversità delle tendenze, si impegnano dunque in un duplice lavoro: di decostruzione del pensiero occidentale (che avendo monopolizzato la rappresentazione del femminile ha impedito alle donne di pensarsi come diverse, a partire da sé); di liberazione di una nuova soggettività femminile. Di qui le pratiche di separatismo («si diventa donne attraverso altre donne»), i gruppi di autocoscienza, il rifiuto di condividere la cultura, la medicina e la politica maschili, l'importanza data ai temi del corpo e della sessualità, la ricerca di un linguaggio e di una dimensione simbolica specificamente femminili. Riflessioni che alimenteranno pratiche sociali (il movimento per i consultori e il controllo sulla salute) e battaglie civili, come quelle sulla questione dell'aborto e della violenza sessuale. Questi temi, con accenti e prospettive spesso diversificati, sono al centro del femminismo internazionale, da quello francese (Simone de Beauvoir, Luce Irigaray) a quello americano (Betty Friedan, Kate Millet, Rosi Braidotti), a quello italiano, che sviluppa un vivace dibattito su numerose riviste (tra cui ricordiamo «Effe», «Differenze», «Rosa», «DWF donnawomanfemme», «Memoria»).
Con gli anni del riflusso si arresta la vitalità del femminismo come movimento di massa, che continua a operare nella riflessione di piccoli gruppi, dediti all'approfondimento di tematiche antropologiche e psicoanalitiche.

ne e dunque tendono a espellere la mano d'opera tradizionale. **Si entra, insomma, nella fase del "postfordismo" e della "mondializzazione" dell'economia** (cfr. § 1). Si passa cioè da un'organizzazione internazionale a una transnazionale: mentre nella prima le multinazionali avevano ancora rapporti privilegiati con uno Stato, ora pochi gruppi industriali agiscono al di fuori di ogni controllo nazionale e sovranazionale (per via transnazionale). Ormai i confini nazionali sono un ostacolo, non più una protezione. Di conseguenza la politica direttiva dello Stato sull'economia non è più possibile. Questa riduzione drastica del potere economico da parte degli Stati nazionali comporta la **crisi dello "stato assistenziale"** e favorisce la politica neoliberista che lascia al mercato ogni decisione e smantella il settore pubblico. **Gli anni Ottanta** vedono dunque la fine del neocapitalismo, il ripudio radicale della politica rooseveltiana del ventennio 1950-70 e il trionfo del neoliberismo rappresentato dal presidente americano **Reagan** (1980-1988) e dal primo ministro inglese **Thatcher** (1979-1990), l'uno repubblicano, l'altra conservatrice.

Robert Rauschenberg, *Skyway*, 1964. Collezione privata.

Inoltre **la rivoluzione informatica**, con il conseguente sviluppo a partire dal 1975 delle telecomunicazioni e della telematica (telefonia + informatica), porta a un nuovo tipo di produzione: la produzione dell'informazione, della cultura, dello spettacolo, dell'*Entertainment*. La cultura diviene insomma la nuova merce. I maggiori gruppi economici sono ormai anche produttori di immagini e di cultura, sono impegnati nelle televisioni, nello sport-spettacolo e nell'editoria.

Anche la situazione politica è meno propizia. Il decennio che va dalla fine della guerra nel Vietnam (1975) alla morte di Brežnev (leader, per un ventennio, dell'URSS), avvenuta nel 1984, vede

L'organizzazione transnazionale della produzione

Crisi dello "stato assistenziale" e affermazione della politica neoliberista

La produzione di cultura, spettacolo, informazioni

La crisi dell'URSS e il crollo del muro di Berlino

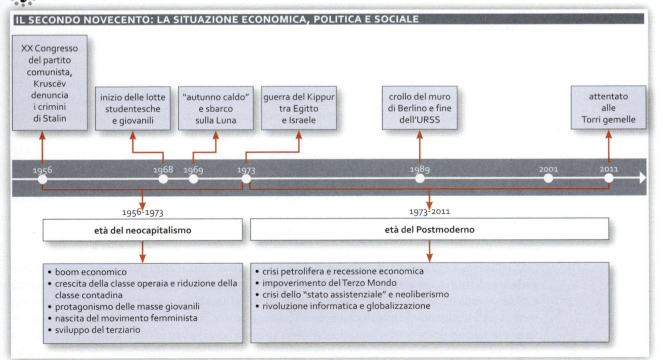

La contemporaneità: il passaggio dal Moderno al Postmoderno **capitolo I** **527**

Soldati della Germania dell'Est appaiono da una breccia aperta dalla folla nel muro di Berlino nei pressi della Porta di Brandeburgo, 11 Novembre 1989.

rinascere una **seconda "guerra fredda"**, caratterizzata dalla corsa frenetica agli armamenti da parte delle due superpotenze. Solo quando in URSS va al potere **Gorbačëv** (1985-1991) riprende una politica di coesistenza pacifica. E tuttavia proprio la coraggiosa apertura all'Occidente di Gorbačëv determina la **crisi e poi il crollo dell'URSS**. Questo paese, che aveva conosciuto un forte sviluppo negli anni Cinquanta, era ormai dissanguato dalle spese militari volute da Brežnev e da un'enorme spesa pubblica, e incapace di competere con gli Stati Uniti sul piano tecnologico. Fu proprio l'interazione con l'economia mondiale capitalistica a mostrarne la debolezza e l'arretratezza e a renderlo vulnerabile. **L'impero sovietico crolla nel 1989 insieme al muro di Berlino** (eretto nel 1961), simbolo della divisione tedesca e della repressione della libertà nei paesi a cosiddetto "socialismo realizzato". **Dal 1989 al 1991 l'URSS si dissolve** anche in seguito al rigurgito dei nazionalismi dei vari stati che la componevano, e solo a partire dal 1991, sotto la guida di Eltsin, riprende, con il nome restaurato di Russia, una vita politica quasi normale in forme liberaldemocratiche.

I nostri giorni: i nuovi conflitti internazionali

La crisi del comunismo e la vittoria dell'Occidente capitalistico anziché garantire un ordine mondiale, fondato sulla pace e sulla rimozione delle ingiustizie e delle sofferenze, **portano alla luce l'esistenza di gravi squilibri**, prima rimossi, e inaugurano un'epoca di nuovi contrasti etnici, sociali ed economici. **La guerra del Golfo** apre, nel **1991**, un periodo storico caratterizzato da una sfrenata corsa al petrolio, da particolarismi etnici e identitari, da scontri per l'autodeterminazione nazionale dei paesi prima riuniti nell'Unione Sovietica o nella federazione iugoslava, da moti di insurrezione e guerre civili che rivendicano istituzioni più partecipative e democratiche (Egitto 2011), da integralismi religiosi e, soprattutto, dal fenomeno del terrorismo internazionale (l'attentato alle Torri gemelle di New York dell'11 settembre 2001). **La vera frattura, ora, è tra Nord e Sud del mondo**, tra la civiltà del benessere – appannaggio di pochi popoli privilegiati – e la massa di disperati che per rivendicare i più elementari diritti umani si spostano dalle proprie terre, in cerca di pace e di sicurezza.

La fine del Postmoderno e l'inizio del nostro tempo

Il XX secolo si è chiuso insomma all'insegna di una generale incertezza. Nei paesi industrializzati, il cui livello di sviluppo appare giunto a saturazione, si radicalizzano l'instabilità economico-finanziaria e le problematiche sociali: la popolazione invecchia, aumentano la disoccupazione e il precariato lavorativo, si fanno sempre più evidenti le differenze tra opportunità e stili di vita, appare stringente il bisogno di trovare energie alternative il cui sfruttamento non alteri irreparabilmente l'equilibrio ecologico della terra. **Le zone sottosviluppate del mondo si affacciano, d'altra parte, prepotentemente sulla scena internazionale** con tutto il carico delle loro difficoltà e contraddizioni. L'incontrollata esplosione industriale di stati fino a pochi anni fa arretrati ha alterato i tradizionali equilibri del mercato, mentre **un'immigrazione massiccia** da paesi a tutt'oggi attanagliati nella morsa di carestie, della miseria e delle guerre, ripropone un'aspra dialettica tra atteggiamenti razzisti e cultura dell'accoglienza, tra volontà di chiusura nei propri orizzonti d'interesse e faticosi tentativi di integrazione etnica e culturale.

3. La situazione economica e politica in Italia dal "centro-sinistra" alla crisi della prima Repubblica

I governi di centro-sinistra

In Italia una serie di fattori determinò, alla fine degli anni Cinquanta, un notevole cambiamento politico: il tramonto del "centrismo" (l'alleanza fra DC, PLI, PSDI e PRI) e il passaggio al "centro-sinistra", basato sull'alleanza governativa fra la DC e il PSI (il quale, sino ad allora, era stato all'opposizione a fianco del PCI). Il primo governo di centro-sinistra diresse il paese nel 1962-63 (governo Fanfani), e a esso ne seguirono altri, nel corso degli anni Sessanta, sotto la guida di Aldo Moro.

La politica del centro-sinistra

Il centro-sinistra attuò un'importante riforma scolastica (la scuola media dell'obbligo, introdotta nel dicembre 1962) **e la nazionalizzazione dell'energia elettrica**. Gestì inoltre gli effetti del "miracolo economico" anche negli anni successivi in cui l'economia italiana cominciò a rallentare.

Le radicali trasformazioni prodotte dal "miracolo economico"

Nel periodo fra il 1959 e il 1963 l'Italia conosce una radicale trasformazione. Il *boom* distrugge il precedente tessuto economico-sociale, dimezzando la classe contadina (dal 45% al 29%); fa entrare l'Italia nel novero dei paesi più industrializzati del mondo; provoca grandiosi spostamenti di popolazioni (un terzo degli italiani cambia residenza); modifica il costume e la mentalità attraverso la televisione e la scuola media obbligatoria per tutti; crea una articolata rete autostradale che contribuisce a sviluppare l'industria automobilistica e facilita le comunicazioni fra Nord e Sud. Si tratta di **una vera e propria «rivoluzione antropologica» o «mutazione» degli italiani**, come la chiamò allora Pasolini (cfr. **S4**, p. 533). **Nel decennio 1951-61**, mentre il reddito degli italiani raddoppia, il Sud si spopola e le campagne vengono abbandonate; l'immigrazione interna si indirizza soprattutto verso il Nord-Ovest e incrementa il numero degli operai (un milione di operai di fabbrica in più); la disoccupazione crolla; la produzione di manufatti cresce in media, dal 1959 al 1963, del 10,1% ogni anno. Al vecchio operaio di mestiere, qualificato e legato alle organizzazioni sindacali e politiche della sinistra e alla loro disciplina, si sostituisce un operaio-massa, dequalificato, proveniente dalle campagne e spesso dal Meridione. I consumi raddoppiano, anche perché dal 1958 al 1964 i salari aumentano dell'80%.

La rivolta del '68

Le strutture civili, sindacali, culturali non erano attrezzate a tale crescita impetuosa. Le scuole e l'università per esempio erano del tutto inadeguate, nella struttura e negli ordinamenti, a fronteggiare una situazione segnata dal passaggio da una scuola d'élite a una scuola e a una università di massa. Di qui **il ciclo di lotte che si apre nel 1967 e che si chiude nel 1973. È il '68**. Si tratta soprattutto, all'inizio, di lotte studentesche e giovanili, che prendono di mira le istituzioni e l'autoritarismo nella famiglia e nella scuola, sostenendo l'esigenza di una maggiore libertà e di una democrazia di base, non rappresentativa, diretta, articolata dal basso nella forma dell'assemblea. Esse si collegano a lotte simili che avvengono nei *campus* universitari negli Stati Uniti, in Francia, in Germania, e idealmente si rifanno ad altri fenomeni di massa, come la rivoluzione culturale in Cina del 1967, la guerriglia di Che Guevara in America Latina e dei vietcong in Vietnam, la rivolta dei neri negli Stati Uniti. **Dalla scuola e dall'università** (che vengono occupate e bloccate quasi ininterrottamente fra l'autunno 1967 e l'inverno 1969-70) **il movimento si estende ai giornali, al cinema, al teatro, alle case editrici**. Le richieste e le esigenze di questo movimento si articolano intorno **a tre questioni**:

1. **l'antiautoritarismo e l'antistituzionalismo**: alla logica delle istituzioni borghesi che vogliono creare lavoratori obbedienti, integrati nel sistema, si contrappone il libero sviluppo dell'individuo finalizzato a una solidarietà sociale che deve svilupparsi dal basso, al di fuori del controllo delle gerarchie;
2. **l'esigenza di eguaglianza e di democrazia diretta**, con la conseguente critica alla democrazia rappresentativa;
3. **una viva coscienza antimperialistica** che porta a solidarizzare con i popoli del Terzo Mondo, con i movimenti d'indipendenza nazionale in America Latina, in Africa e in Asia e che individua negli Stati Uniti e progressivamente anche nell'URSS i nemici della pace e della libertà dei popoli (cfr. **S3**, p. 531).

S • Vecchio e nuovo nel '68

[SOPRA] Scontri fra manifestanti e polizia a Valle Giulia a Roma nel 1968.
[A SINISTRA] La ragazza con la bandiera, Parigi, maggio 1968. Fotografia di Jean-Pierre Rey.

L'"autunno caldo"

A partire dall'autunno del 1968 e soprattutto da quello del 1969 (l'"autunno caldo") **entrano in lotta anche gli operai**, che si battono contro il taglio dei tempi, il cottimo, l'organizzazione del lavoro e contestano anche loro la tradizionale organizzazione sindacale, sostituendola in fabbrica con forme di democrazia diretta (i consigli operai).

Le conquiste del '68

Nei movimenti del '68-'69 esigenze di ammodernamento e di razionalizzazione del sistema si mescolano ad altre di tipo rivoluzionario, ora ispirate al surrealismo e all'anarchismo, ora invece, più frequentemente, legate alla cultura marxista. **Le acquisizioni maggiori del '68** vanno cercate nei cambiamenti avvenuti **nel costume** (che diventa assai più libero e spregiudicato) e **nella legislazione sociale e civile** volta a tutelare maggiormente i diritti dei lavoratori, a salvaguardarne la salute, a rafforzare lo stato assistenziale, a liberalizzare la scuola e la famiglia (il referendum che sancisce definitivamente la possibilità del divorzio, nel 1974, è una conseguenza del mutato clima culturale).

Il problema politico di gestire la crisi economica successiva al 1973

La crisi del 1973 segna il passaggio dalla società dei consumi a quella dei sacrifici. Stagnazione e inflazione colpiscono pesantemente l'economia (il tasso di inflazione giungerà in Italia addirittura al 20%). In questa situazione il sindacato concorda con il padronato una comune gestione della crisi, accettando di muoversi all'interno delle "compatibilità" del sistema economico. A garantire tale "gestione contrattata" della crisi il centro-sinistra si dimostra però impotente: si pone perciò l'esigenza che anche il maggior partito dell'opposizione e il maggior rappresentante politico degli interessi dei lavoratori, il PCI, vi venga associato. Si creano così le basi di una **politica di "solidarietà nazionale"** e di una **intesa fra DC e PCI**. Si trattava di far fronte non solo alla crisi economica ma anche a una seconda emergenza, quella rappresentata dal terrorismo di destra e di sinistra. Quest'ultimo era diventato, nella seconda metà degli anni Settanta, particolarmente pericoloso e feroce, dan-

La politica del "compromesso storico" di Berlinguer

IL SIGNIFICATO DELLE PAROLE

● **Cottimo**
Il *cottimo* è un contratto di lavoro in cui la retribuzione è commisurata – in tutto o in parte – alla produzione realizzata.

I governi di unità nazionale

dosi organizzazioni clandestine (le Brigate Rosse e Prima Linea soprattutto) che rischiavano di destabilizzare il sistema politico attraverso una serie di sanguinosi attentati.

Occorreva dunque un'intesa fra i maggiori partiti nazionali per controllare la crisi economica e per sconfiggere il terrorismo. Di qui **i governi di unità nazionale** che si realizzarono, inizialmente sotto la direzione del democristiano Aldo Moro, **fra il 1976** e **il 1979**. Il PCI, pur non essendo rappresentato nel governo, faceva parte della maggioranza che lo sosteneva.

S3 La storia, la cultura e l'immaginario del '68

INFORMAZIONI

Il movimento del '68 nacque dalla lotta sviluppatasi alla fine del 1967 a Pisa, Trento e Torino con l'occupazione delle università e poi estesasi anche a Milano, Roma e negli altri centri accademici, e infine anche alle scuole medie superiori. All'inizio il movimento oscillò fra ipotesi (prevalenti a Torino) di lotta contro l'istituzione e contro l'autoritarismo accademici e ipotesi (prevalenti invece a Pisa) volte a sindacalizzare il movimento degli studenti partendo dalle loro condizioni materiali e dall'idea che essi devono considerarsi futuri lavoratori intellettuali. Poi il movimento si diffuse con obiettivi analoghi in tutta Italia: assemblea e democrazia dal basso al posto degli organismi rappresentativi tradizionali; egualitarismo e antindividualismo (sino alla proposta di esami collettivi con voto eguale per tutti); unità con gli altri ceti in lotta e soprattutto con gli operai; solidarietà antimperialistica con la guerriglia in America Latina (nasce allora il mito di Che Guevara), con la rivoluzione castrista a Cuba, con i vietcong in lotta contro gli Stati Uniti nel Vietnam, con la rivoluzione culturale cinese.

L'immaginario e la cultura del '68 appaiono influenzati dagli avvenimenti politici di quell'anno e dalla cultura specifica di quella generazione di giovani. Fra gli avvenimenti politici, oltre a quelli già ricordati, bisogna elencare la rivolta dei neri nei ghetti degli Stati Uniti guidati dal movimento del *Black Power*, la ribellione dei "figli dei fiori" a Berkeley e nelle altre università americane (dai "figli dei fiori" nacquero poi gli *hippies*), che ebbe molta popolarità anche per il rifiuto della guerra nel Vietnam, e la "primavera di Praga" di Dubček repressa dai carri armati sovietici nel corso del 1968. Sul piano culturale, una influenza notevole ebbero, all'inizio, il movimento situazionista francese (di cultura surrealista, voleva "l'immaginazione al potere") e quello americano dei *beat* (Kerouac, Ginsberg). Un'influenza più direttamente politica ebbero i documenti del *Black Power* e soprattutto l'autobiografia del leader nero Malcom X (tradotta in Italia nel 1967). Sempre dagli Stati Uniti giunse il libro del filosofo Herbert Marcuse, *L'uomo a una dimensione*, che poneva sotto accusa la società dei consumi mostrando l'omologazione di massa e la sostanziale illiberalità che essa produceva (il libro, uscito nel 1964, fu tradotto in italiano nel 1967: cfr. più avanti **S5**, p. 537). Un grande successo ebbe fra i giovani il *Diario* di Che Guevara, che creava il mito del guerrigliero antimperialista.

Bisogna infine ricordare la diffusione che ebbero i movimenti anti-istituzionali anche nel campo della psichiatria e della giustizia. In Italia si diffuse il pensiero dello psichiatra sudafricano David Cooper e si cominciò a mettere in discussione la struttura stessa del manicomio. Nacque allora il movimento di "Psichiatria libera". Ma movimenti affini nacquero anche in altre istituzioni, per esempio in quella della giustizia.

In Italia l'educazione politica era formata soprattutto dalle riviste del '68, molte delle quali di origine operaia (cfr. cap. II, § 4). Fra i libri grande influenza ebbe *Lettera a una professoressa* (1967), scritto da un prete, don Milani, e dai suoi alunni, i ragazzi di Barbiana, a Vicchio di Mugello. Esso poneva sotto accusa la selezione e il carattere borghese della scuola media dell'obbligo. Fra gli intellettuali, solo Franco Fortini, con *Verifica dei poteri* (1965), ebbe un forte impatto nella formazione della nuova generazione, proponendo un marxismo moderno, assai diverso da quello della tradizione togliattiana.

Come si vede, nell'immaginario del '68 confluiscono aspetti diversi: una carica critica, negativa, talora anarchica e comunque sempre antiautoritaria e antiistituzionale, e una tendente piuttosto al senso della collettività, della solidarietà, all'egualitarismo, alla messa in discussione della differenza fra lavoro manuale e intellettuale, all'utopia comunista. Le figure prevalenti nell'immaginario sono quelle del guerrigliero che si sacrifica per il popolo, dell'intellettuale che rinuncia al proprio ruolo borghese, del militante che dedica la propria vita a un ideale. A ciò bisogna unire il mito dell'operaio forte e buono, visto come indispensabile compagno di lotta.

Mentre in un primo momento, nel triennio 1967-1969, prevalse la spontaneità del movimento, con i suoi caratteri inventivi e con la sua creatività di massa, successivamente esso si suddivise in tanti gruppi organizzati, ora di tipo economicista e antistituzionale (volti cioè a sollecitare le lotte economiche in fabbrica e lotte direttamente politiche contro le istituzioni), come Lotta Continua e Autonomia Operaia, ora invece ispirati alla storia del movimento operaio, come Avanguardia Operaia (che si rifaceva al leninismo e al trotzkismo) o il Movimento Studentesco della Statale di Milano (che recuperava anche lo stalinismo).

Dalla logica dei piccoli gruppi, e anzi dalla loro degenerazione, nacquero poi negli anni Settanta vere e proprie organizzazioni clandestine e terroriste (come le Brigate Rosse e Prima Linea) che riprendevano il dogmatismo della tradizione marxista-leninista adattandolo a giustificare pratiche di guerriglia urbana e attentati contro cose e persone. Queste organizzazioni, chiuse e strutturate in modo gerarchico e autoritario, non hanno però più nulla a che fare con il '68, che era invece un movimento democratico di massa, essenzialmente libertario.

Il corpo di Aldo Moro ritrovato il 9 maggio 1978 nel portabagagli di una Renault 4 rossa a Roma, in via Caetani.

L'assassinio di Moro

La linea della solidarietà nazionale crollò in seguito al rapimento e all'assassinio di Moro (il maggior artefice della politica di solidarietà nazionale) da parte delle Brigate Rosse (1978) e allo sviluppo della crisi economica, che esigeva una ristrutturazione costosa per la classe operaia, con licenziamenti in massa. Il nuovo leader del PSI, **Bettino Craxi**, dette vita a un'alleanza organica fra PSI e DC escludendo il PCI e incoraggiando gli atteggiamenti neoliberistici diffusi nel padronato. Craxi diventò presidente del consiglio esercitando direttamente il potere fra il 1983 e il 1987, d'intesa peraltro con i due maggiori leader della DC Andreotti e Forlani.

L'ascesa al potere di Craxi

La trasformazione del PCI e la nascita del PDS

Questa politica non trovò d'altronde opposizione, a causa dell'immobilismo in cui sembrava caduto il PCI dopo la morte del suo segretario **Enrico Berlinguer** (1984). Solo quando divenne segretario **Occhetto** nel 1988 vennero gettate le basi della svolta del 1991, con la quale il partito abbandonò l'ideologia comunista e si trasformò in un partito di tipo socialdemocratico europeo assumendo il nome di **PDS** (**Partito Democratico della Sinistra**).

L'azione giudiziaria di "Mani pulite"

Intanto **nel biennio 1992-1993** prende improvviso e travolgente vigore l'azione della magistratura (soprattutto quella di Milano) che pone sotto accusa il sistema delle tangenti e gli stessi dirigenti della DC e del PSI, Forlani e Craxi, mentre Andreotti viene accusato di collusioni con la mafia siciliana. È il periodo di "Mani pulite". I due partiti di governo, la DC e il PSI, ne vengono travolti. Craxi è costretto alle dimissioni da segretario del PSI nel 1993. Infine nel 1994 la DC e il PSI, nel frattempo ridimensionati anche sul piano elettorale, sono costretti a sciogliersi.

La fine della prima Repubblica e le elezioni politiche del 1994

Nel 1993 attraverso i referendum popolari vengono approvate nuove leggi elettorali che segnano la **fine della prima Repubblica** e il passaggio a una forma di Stato fondata sul bipolarismo, cioè sull'alternanza al governo di schieramenti di Destra e di Sinistra. Il nuovo sistema viene inaugurato dalle elezioni politiche del 1994 che vedono il successo, come leader della Destra, di un industriale, **Berlusconi**, proprietario di reti televisive e fondatore del movimento e poi del partito **Forza Italia**. Egli vince le elezioni alleandosi con Alleanza Nazionale nel Centro e nel Sud e con la Lega Nord del Settentrione. Alleanza Nazionale è un partito nuovo, nato dalle ceneri del vecchio MSI, a sua volta erede del partito fascista.

Il governo Berlusconi

Il governo di Silvio Berlusconi non dura però neppure otto mesi. **La Lega Nord**, in cui prevalgono le posizioni secessioniste, esce dall'alleanza, facendolo cadere. Dopo un intermezzo (**governo Dini**) si va a nuove elezioni (1996). Questa volta vince un governo imperniato sull'alleanza fra PPI (Partito Popolare Italiano, erede della sinistra della DC) e PDS, di cui nel frattempo è divenuto segretario **Massimo D'Alema**, appoggiata dall'esterno da Rifondazione Comunista. Nasce così il governo diretto da **Romano Prodi** con un programma volto al risanamento economico e a far entrare l'Italia nei parametri previsti dall'Unione Europea per l'unità monetaria. Caduto nel 1998 il governo Prodi si succederanno fino al 2000 **due governi guidati da D'Alema**, leader del PDS (1998-1999), e **Giuliano Amato** (2000-2001). Le elezioni politiche del 2001 vedranno, ancora una volta, vincitore Berlusconi, che governerà fino al 2006. Dopo il breve intermezzo di un secondo governo Prodi (2006-2008), sarà **Berlusconi** a vincere, in modo netto, le elezioni del 2008.

Il governo Prodi

Il primo quindicennio del XXI secolo

I governi della crisi

La **grave crisi economica** che a partire dal 2008 attanaglia il mondo intero sarà una delle concause della **caduta del governo Berlusconi** nel novembre del 2011. Seguiranno il governo "tecnico" di **Mario Monti** (novembre 2011-aprile 2013), e, nella XVII legislatura, l'attuale, il governo **Letta** (aprile 2013-febbraio 2014) e il governo **Renzi** (dal febbraio 2014).

S4 — MATERIALI E DOCUMENTI

La scomparsa delle lucciole, la società dei consumi e la «mutazione» degli italiani

In uno dei suoi ultimi articoli, prima della tragica morte, Pier Paolo Pasolini descrive la mutazione avvenuta nel popolo italiano negli anni Sessanta e Settanta. Le masse popolari perdono le loro tradizionali caratteristiche e vengono omologate dalla società dei consumi che distrugge le tradizioni e unifica con i suoi falsi valori la nazione italiana. Neppure il fascismo era riuscito a unificare e ad appiattire a tal modo il popolo italiano. Il giudizio sulla «mutazione» è acuto, ma integralmente negativo.

▶▶ Nei primi anni Sessanta, a causa dell'inquinamento dell'aria, e, soprattutto, in campagna, a causa dell'inquinamento dell'acqua (gli azzurri fiumi e le rogge[1] trasparenti) sono cominciate a scomparire le lucciole. Il fenomeno è stato fulmineo e folgorante. Dopo pochi anni le lucciole non c'erano più. (Sono ora un ricordo, abbastanza straziante, del passato: e un uomo anziano che abbia un tale ricordo, non può riconoscere nei nuovi giovani se stesso giovane, e dunque non può più avere i bei rimpianti di una volta).

Quel "qualcosa" che è accaduto una decina di anni fa lo chiamerò dunque "scomparsa delle lucciole" […].

Dopo *la scomparsa delle lucciole*. I "valori", nazionalizzati e quindi falsificati, del vecchio universo agricolo e paleocapitalistico, di colpo non contano più. Chiesa, patria, famiglia, obbedienza, ordine, risparmio, moralità non contano più. E non servono neanche più in quanto falsi. Essi sopravvivono nel clericofascismo emarginato (anche il Msi[2] in sostanza li ripudia). A sostituirli sono i "valori" di un nuovo tipo di civiltà, totalmente "altra" rispetto alla civiltà contadina e paleoindustriale. Questa esperienza è stata fatta già da altri Stati. Ma in Italia essa è del tutto particolare, perché si tratta della prima "unificazione" reale subita dal nostro paese; mentre negli altri paesi essa si sovrappone, con una certa logica, alla unificazione monarchica e alla ulteriore unificazione della rivoluzione borghese e industriale. Il trauma italiano del contatto tra l'"arcaicità" pluralistica[3] e il livellamento industriale ha forse un solo precedente: la Germania prima di Hitler. Anche qui i valori delle diverse culture particolaristiche sono stati distrutti dalla violenta omologazione dell'industrializzazione: con la conseguente formazione di quelle enormi masse, non più antiche (contadine, artigiane) e non ancora moderne (borghesi), che hanno costituito il selvaggio, aberrante, imponderabile corpo delle truppe naziste. In Italia sta succedendo qualcosa di simile: e con ancora maggiore violenza, poiché l'industrializzazione degli anni settanta costituisce una "mutazione" decisiva anche rispetto a quella tedesca di cinquant'anni fa. Non siamo più di fronte, come tutti ormai sanno, a "tempi nuovi", ma a una nuova epoca della storia umana: di quella storia umana le cui scadenze sono millenaristiche. Era impossibile che gli italiani reagissero peggio di così a tale trauma storico. Essi sono divenuti in pochi anni (specie nel centro-sud) un popolo degenerato, ridicolo, mostruoso, criminale. […]

Ho visto dunque "coi miei sensi" il comportamento coatto del potere dei consumi ricreare e deformare la coscienza del popolo italiano, fino a una irreversibile degradazione. Cosa che non era accaduta durante il fascismo fascista, periodo in cui il comportamento era completamente dissociato dalla coscienza.

P.P. Pasolini, *Il vuoto del potere in Italia*, in «Corriere della Sera», 1 febbraio 1975.

---

1 **rogge**: canali artificiali di modeste dimensioni.
2 **Msi**: *Movimento sociale italiano*: è il partito politico di destra fondato nel 1946 da reduci della Repubblica di Salò. Il suo uomo politico più rappresentativo fu Giorgio Almirante.
3 **l'"arcaicità" pluralistica**: allude al particolarismo delle diverse culture presenti nella società preindustriale.

4. La nuova organizzazione della cultura e la crisi della figura dell'intellettuale

La trasformazione dell'industria culturale

La svolta degli anni Cinquanta determina profonde trasformazioni nell'organizzazione della cultura in tutto l'Occidente. Si sviluppa un'enorme "macchina culturale" che si articola in grandi "apparati" (editoria, televisione, cinema, audiovisivi, scuola), operando un reclutamento di massa degli intellettuali (il numero dei quali cresce in modo vertiginoso), canalizzando i servizi e le merci verso una destinazione sociale di massa, organizzandosi industrialmente e puntando al massimo profitto possibile.

La situazione italiana

Anche in Italia, fra il 1956 e la fine degli anni Sessanta, si assiste all'organizzazione in senso industriale dell'apparato culturale, che supera la precedente fase artigianale e dà avvio a un rapido processo di concentrazione e d'integrazione nelle grandi multinazionali.

Le trasformazioni delle case editrici e della produzione libraria, ora destinata a un pubblico di massa

Nelle case editrici al posto del redattore culturale (che poteva essere anche un letterato prestigioso, come Vittorini o Calvino), s'installa il manager, che si affida alle regole del marketing. **Il libro tende a diventare un "prodotto"**, una merce come le altre. Contemporaneamente si passa dalla strategia delle "due culture" ("alta" e "popolare") e dei due tipi di pubblico (quello raffinato o colto e quello comune) alla produzione di un'unica cultura di massa rivolta a un pubblico omogeneo, unificato dai massmedia, dalla scolarizzazione di massa, dal mondo della pubblicità. **Fra il 1962 e il 1965 si assiste al "boom dell'edicola"** – dalle dispense ai tascabili – ben esemplificato da una collezione come gli Oscar Mondadori, che ospita libri a basso prezzo (e per questo venduti, appunto, in edicola) e contiene romanzi, saggi, poesie, narrativa d'intrattenimento, classici, capolavori dell'antichità, libri di gastronomia e di giardinaggio. Insomma, al posto di due mercati, si istituisce **un unico mercato**, un'unica variegata produzione di cultura che va dal settimanale popolare al settimanale di politica e cultura per i gruppi dirigenti, dal quotidiano al mensile, dal romanzo giallo e rosa al romanzo d'arte.

Il "boom dell'edicola"

S • Il libro nella società del mercato e dello spettacolo

Il ruolo della televisione e della scolarizzazione di massa

Questa trasformazione è favorita dallo sviluppo della televisione e dalla scolarizzazione di massa. La televisione si diffonde con straordinaria velocità favorendo l'omogeneizzazione linguistica e culturale del paese. La scuola media dell'obbligo prima e la liberalizzazione degli accessi all'università poi segnano il passaggio della scuola media superiore e dell'università da scuole d'élite, com'erano sino a metà degli anni Cinquanta, a scuole di massa.

Aumenta il numero degli intellettuali

Ne deriva **un'enorme crescita numerica del ceto intellettuale**. Aumenta ovviamente il numero degli insegnanti che diventano alcune centinaia di migliaia. Ma cresce anche quello degli addetti alla RAI-TV e all'editoria.

Cocktail Party, pannello dal collage murale lungo oltre settanta metri *The Americans* di Saul Steinberg, 1958. Bruxelles, Musées royaux des Beaux-Arts de Belgique.

La trasformazione della figura dell'intellettuale

Le conseguenze sono soprattutto due:
1. il processo di proletarizzazione, già avviatosi nell'età giolittiana e poi bloccato dal fascismo, riprende su vasta scala: l'**intellettuale diventa "di massa"**, trasformandosi in una sorta di "tecnico" o di "operaio intellettuale" multi-uso, sottoposto ai processi di dequalificazione e di disoccupazione crescente;
2. **la funzione dell'intellettuale umanista**, che era stata restaurata fra le due guerre e mantenuta dalla cultura dello storicismo postbellico, **entra in crisi**, anche a causa della perdita di prestigio dell'umanesimo in un mondo dominato ormai dalla tecnologia: si sfalda l'immagine dell'intellettuale come portatore di valore e depositario di una visione totalizzante del mondo. Di fatto, l'intellettuale non forma più ideologie ma può solo diffonderle da posizioni subalterne, per conto degli "apparati" in cui lavora.

La reazione degli intellettuali: il sovversivismo e la riqualificazione del ruolo

La trasformazione degli intellettuali determina negli anni Sessanta due reazioni diverse. Da un lato, come era già accaduto nell'età giolittiana, **si registra un processo di sovversivismo diffuso**: la dequalificazione produce la tendenza a rifiutare un ruolo ormai decaduto e a contestare l'intera società (è il movimento del '68). **Dall'altro si verifica una tendenza alla riqualificazione del ruolo e all'aggiornamento** che si realizza non solo attraverso il rinnovamento culturale (si pensi al ruolo della rivista «Il Verri» – su cui cfr. cap. II, § 3 – e all'apertura al neopositivismo, alla fenomenologia e allo strutturalismo), ma anche attraverso le nuove condizioni lavorative prodotte dall'inserimento nella televisione e nell'industria culturale: accadde così, per esempio, con gli scrittori della Neoavanguardia e del Gruppo 63, i quali stabilirono stretti rapporti con le case editrici – Feltrinelli, soprattutto – e con la TV.

Gli intellettuali negli anni Settanta

A partire dalla seconda metà degli anni Settanta i processi materiali sopra descritti si approfondiscono e s'intensificano, ma in una situazione economica e politica ormai mutata. **Le tendenze sovversive segnano il passo e si assiste a un ritorno all'ordine** che negli anni Ottanta appare ormai pienamente realizzato. La dequalificazione e la disoccupazione intellettuale sono state ormai interiorizzate e appaiono come scontate, cosicché non provocano più vasti movimenti di ribellione.

L'intreccio fra potere economico, potere culturale e potere politico

Per capire i cambiamenti in corso, consideriamo anzitutto l'organizzazione della produzione della cultura, poi i mutamenti nel pubblico e infine le conseguenze che ne derivano per gli intellettuali. **Con la rivoluzione informatica e cibernetica**, che fa dei beni immateriali – e cioè della parola, dell'immagine, dell'informazione e dello spettacolo – una merce privilegiata, **le grandi multinazionali diventano produttrici dirette di cultura**, favorendone la trasformazione in intrattenimento o, con parola inglese, *Entertainment*. Di conseguenza i grandi gruppi industriali e finanziari intervengono direttamente nel campo dell'intrattenimento, dell'informazione e della cultura e diventano così diretti detentori anche del potere culturale. Tutto ciò determina, fra l'altro, **un cambiamento nel giornalismo**, limitandone di fatto l'autonomia (il «padrone», infatti, è entrato «in redazione»).

S • Il padrone in redazione (G. Bocca)

"Mondializzazione" della produzione culturale

Poiché inoltre le multinazionali agiscono ormai in modi transnazionali, **la "mondializzazione" influenza in modo decisivo la produzione e la distribuzione dei prodotti culturali**. Nascono imperi multimediali mondiali (CBS, Disney, Hachette ecc.) che tolgono ogni spazio all'articolazione di una cultura nazionale.

Comunicazione, consumo di massa e "comunicazioni segmentate"

La mondializzazione e il post-fordismo agiscono anche sul pubblico. Accanto alla produzione di cultura tendente a un consumo di massa comincia a diffondersene una volta a individuare settori specifici di pubblico e a sviluppare "comunicazioni segmentate". La produzione tende ad adeguarsi a un processo complessivo che vede unità e concentrazione al vertice della piramide, omologazione al centro, spappolamento e polverizzazione alla base e alla periferia, con la conseguente frantumazione di pubblici settorializzati. Si pensi alla nascita di un mercato per i giovani, che da qualche anno tende a estendersi dalla musica e dalla canzone alla letteratura (si veda il fenomeno dei "cannibali": cfr. cap. II, § 6). Niente, insomma, sfugge più al controllo della produzione e della distribuzione della cultura come nuova merce di massa.

Gli intellettuali

Per quanto riguarda gli intellettuali, drastica è la perdita di potere e di funzione di quanti operano nei settori meno toccati dal mercato e dalla "mondializzazione". È così per quelli che sono attivi nella scuola e nelle università (soprattutto nelle facoltà umanistiche), nonostante i tentativi in corso di trasformare tali istituzioni in aziende o comunque di inserirle nella logica del mercato. In generale **si assiste alla scomparsa della figura tradizionale dell'intellettuale**, quale si era formato nella seconda metà del Settecento ed era sopravvissuto sino alla metà del Novecento. A ogni livello, **tramonta l'"intellettuale-legislatore"**, che propone un insieme di valori e un modello di società. Al suo posto si affermano lo specialista, esperto di un solo settore e a esso limitato, o l'interprete, che non agisce più come mediatore sociale complessivo o come portavoce collettivo, ma come portatore individuale di un'esperienza culturale circoscritta all'apparato in cui opera (in genere, la scuola o l'università). A livello alto, ciò significa che, mentre scompare la figura tradizionale dell'intellettuale come distributore di ideologie e di valori, si diffondono invece nuove tipologie: quelle dell'**intellettuale-manager** o dell'**intellettuale-esperto** che lavorano per un'azienda o per il governo esclusivamente in base alle loro competenze tecniche; e quella, più diffusa, dell'**intellettuale-intrattenitore** che agisce per l'*Entertainment*, al servizio della TV e delle informazioni di massa.

Il tramonto dell'"intellettuale-legislatore"

Nel campo umanistico **tramonta definitivamente la figura dello scrittore-intellettuale**, che cerca i nessi fra etica, cultura e società, conosce la grande cultura occidentale – storia, politica e filosofia – e individua negli avvenimenti i segni di un destino storico che egli peraltro intende influenzare o condizionare. **Gli ultimi grandi intellettuali di questo tipo sono stati Fortini e Pasolini**, mentre l'unico della generazione successiva che vi si avvicina, **Sanguineti**, può far rivivere tale modello solo attraverso una distanziazione ironica e autoironica, che la dice lunga sia sui cambiamenti strutturali nel frattempo intercorsi, sia sulla difficoltà e sulle contraddizioni di tale prosecuzione.

La crisi dello scrittore-intellettuale

In questa situazione di isolamento sociale degli intellettuali, **anche il dibattito culturale si estingue**. Già nella seconda metà degli anni Ottanta vengono a mancare in Italia **riviste culturali** di discussione collettiva. Significativamente anche le pagine culturali tendono a sparire. **La "terza pagina"** consacrata alla cultura, nata all'inizio del secolo, langue e muore nel corso degli anni Ottanta, sostituita da un "paginone" dedicato all'*Entertainment*. Anche lo spazio delle recensioni di libri si riduce progressivamente: viene confinato in appositi inserti o in riviste specialistiche a circolazione ridotta. Al loro posto si diffonde, come garanzia di successo, la presentazione televisiva a un *talk show* o in un altro spettacolo del genere. Di conseguenza **tende a venir meno la mediazione della critica**: gli autori, spalleggiati dalle case editrici, mirano a un rapporto diretto con il pubblico, mediato unicamente dal mercato e dai canali dell'informazione di massa al suo servizio. Come nell'insieme della società viene meno la mediazione degli intellettuali, sostituita dall'informazione di massa, così nel campo della letteratura tende a scomparire la mediazione della critica.

La "fine del dibattito culturale"

S • Case editrici ed evoluzione della cultura

5. La rivoluzione della mentalità e i cambiamenti dell'immaginario

Il cittadino-consumatore e la diffusione dei bisogni "artificiali"

La società dei consumi e del benessere s'afferma in Occidente fra gli anni Cinquanta e Sessanta. In essa i bisogni sono in buona misura indotti dall'industria e dalla pubblicità e dunque diventano sempre più "artificiali". **Il cittadino si trasforma in un consumatore** che acquista merci stimolato dalla propaganda commerciale e dai miti che la società dello spettacolo suscita a getto continuo. Gli istinti profondi e le pulsioni inconsce vengono provocati e poi incanalati in **stereotipi** di massa, suggeriti dal divismo cinematografico, televisivo, musicale, sportivo. Il desiderio erotico, l'ambizione personale, l'aggressività vengono colonizzati e indirizzati dai massmedia e dalla pubblicità.

IL SIGNIFICATO DELLE PAROLE

• Stereotipi

Si intende per *stereotipo* un atteggiamento o un comportamento o un discorso fisso, convenzionale, assunto in modo passivo e acritico. Il termine corrisponde al francese *cliché*.

La spinta alla liberazione individuale e quella opposta al conformismo di massa

Ne derivano tanto una spinta alla liberalizzazione dei costumi e un'esigenza di liberazione individuale dai vincoli della tradizione quanto un nuovo conformismo di massa. Il primo aspetto determina la crisi della coppia e del matrimonio, favorisce i rapporti fra i sessi, apre la strada a una nuova legislazione nel campo del divorzio e dell'aborto. Il secondo tende a creare una omogeneità di massa, una generale omologazione e insomma «l'uomo a una dimensione», come scrisse allora un filosofo che ebbe grande influenza sui movimenti giovanili degli anni Sessanta, Herbert Marcuse (cfr. S5).

Le nuove forme di comunicazione

Negli anni Settanta, Ottanta, Novanta acquistano un ruolo fondamentale nella vita quotidiana le nuove forme di comunicazione determinate dalla televisione, dalla telematica e dal computer (Internet). L'esperienza reale del mondo appare sempre più impraticabile. Il rapporto corpo-mondo è infatti mediato dalla simulazione della realtà e dalla virtualità dell'esperienza. La stessa di-

---

S5 — MATERIALI E DOCUMENTI

La società dei consumi: i "falsi" bisogni

Herbert Marcuse, un filosofo della Scuola di Francoforte vissuto in California, ha analizzato la società dei consumi accusandola di produrre «l'uomo a una dimensione», cioè una omologazione di massa. Il libro che porta questo titolo, uscito nel 1964 negli Stati Uniti, ebbe un grande successo fra i giovani contestatori. In Italia fu tradotto nel 1967 e servì come stimolo al movimento del '68. Riportiamo le pagine in cui Marcuse considera come il consumismo provochi una serie di bisogni indotti, da lui definiti «falsi» o artificiali.

▶▶ L'intensità, la soddisfazione e persino il carattere dei bisogni umani, al di sopra del livello biologico, sono sempre stati condizionati a priori. Che la possibilità di fare o lasciare, godere o distruggere, possedere o respingere qualcosa sia percepita o no come *un bisogno* dipende da che[1] la cosa sia considerata o no desiderabile e necessaria per le istituzioni e gli interessi sociali al momento prevalente. In questo senso i bisogni umani sono bisogni storici e, nella misura in cui la società richiede lo sviluppo repressivo dell'individuo, i bisogni di questo e la richiesta di soddisfarli sono soggetti a norme critiche di importanza generale.

È possibile distinguere tra bisogni veri e bisogni falsi.

I bisogni "falsi" sono quelli che vengono sovrimposti all'individuo da parte di interessi sociali particolari cui preme la sua repressione: sono i bisogni che perpetuano la fatica, l'aggressività, la miseria e l'ingiustizia. Può essere che l'individuo trovi estremo piacere nel soddisfarli, ma questa felicità non è una condizione che debba essere conservata e protetta se serve ad arrestare lo sviluppo della capacità (sua e di altri) di riconoscere la malattia dell'insieme e afferrare le possibilità che si offrono per curarla. Il risultato è pertanto un'euforia nel mezzo dell'infelicità. La maggior parte dei bisogni che oggi prevalgono, il bisogno di rilassarsi, di divertirsi, di comportarsi e di consumare in accordo con gli annunci pubblicitari, di amare e odiare ciò che altri amano e odiano, appartengono a questa categoria di falsi bisogni.

Tali bisogni hanno un contenuto e una funzione sociali che sono determinati da potenze esterne, sulle quali l'individuo non ha alcun controllo; lo sviluppo e la soddisfazione di essi hanno carattere eteronomo. Non importa in quale misura tali bisogni possano essere divenuti quelli propri dell'individuo, riprodotti e rafforzati dalle sue condizioni di esistenza; non importa fino a qual punto egli si identifica con loro, e si ritrova nell'atto di soddisfarli: essi continuano ad essere ciò che erano sin dall'inizio, i prodotti di una società i cui interessi dominanti chiedono forme di repressione.

Il prevalere di bisogni repressivi è un fatto compiuto, accettato nel mezzo dell'ignoranza e della sconfitta, ma è un fatto che deve essere rimosso sia nell'interesse dell'individuo felice sia di tutti coloro la cui miseria è il prezzo della sua soddisfazione. I soli bisogni che hanno un diritto illimitato ad essere soddisfatti sono quelli vitali: il cibo, il vestire, un'abitazione adeguata al livello di cultura che è possibile raggiungere. La soddisfazione di questi bisogni è un requisito necessario per poter soddisfare tutti gli altri bisogni [...].

In ultima analisi sono gli individui che debbono dire quali sono i bisogni veri e falsi, ma soltanto in ultima analisi; ossia solo se e quando essi sono liberi di dare una risposta. Fintanto che sono ritenuti incapaci di essere autonomi, fintanto che sono indottrinati e manipolati (sino al livello degli istinti), la risposta che essi danno a tale domanda non può essere accettata come fosse la loro. Per lo stesso motivo, tuttavia, nessun tribunale può legittimamente arrogarsi il diritto di decidere quali bisogni dovrebbero essere sviluppati e soddisfatti. Qualsiasi tribunale del genere è da biasimare, benché la nostra ripulsa non elimini certo la domanda: in che modo delle persone che sono state l'oggetto di un dominio efficace e produttivo possono creare da sé le condizioni della libertà?

H. Marcuse, *L'uomo a una dimensione*, Einaudi, Torino 1967, pp. 22-26.

---

[1] **da che**: dal fatto che.

Internet Dream, video installazione di Nam June Paik, 1994.

Il trionfo del virtuale

La «solitudine multipla» e il «trionfo della moltitudine»

stinzione fra realtà e simulazione della realtà, fra verità e suo racconto televisivo, appare sempre più precaria. L'universo dei linguaggi tende a sovrapporsi a quello delle cose sino a sostituirsi a esso.

Di fronte alla televisione e al computer ciascuno è solo e, nello stesso tempo, accomunato a molti altri. **La società postmoderna è caratterizzata da un senso di «solitudine multipla»**: è il «trionfo della moltitudine» (Bonomi), in cui l'individuo è solo, non più protetto dalla comunità nazionale o dal senso di appartenenza a una classe. Si tratta della conseguenza della "globalizzazione" dell'economia, della deterritorializzazione dei centri di produzione e di potere, della crisi dello stato nazionale prodotta dall'organizzazione transnazionale dell'industria, del tramonto della nazione e della classe.

Un nuovo sensorio e una nuova percezione del tempo

Cambia il modo di abitare il mondo. L'uomo vive in una dimensione nuova il tempo e lo spazio. **Nasce un nuovo sensorio, cioè un nuovo modo di percezione.** Grazie alla tecnologia, è possibile restringere il tempo sino a coglierlo nei suoi momenti minimi, al di sotto della comune percezione sensoriale (per esempio, vedendo alla moviola, rallentata, un'azione di gioco del calcio), oppure accelerarlo e vivere la velocità a una dimensione anch'essa non percepibile comunemente, come accade nei *videogames* o nei *videoclips*. Di qui la sensazione che il tempo non sia naturale ma esclusivamente tecnologico.

S • Come è cambiato il modo di percepire il tempo (O. Calabrese)

La fine del passato e del futuro: la percezione di un eterno presente

Ciò si ripercuote nel senso e nella visione del passato e del futuro. Il passato è ridotto, nell'immaginario comune, alla banca-dati che lo rende attuale e fruibile al presente, segmentandolo in elementi diversi e irrelati fra loro. Non è un'altra dimensione, ma un'appendice dell'oggi. I romanzi e i film lo riducono a scenario, a spettacolo, a fondale colorato per il divertimento di massa. Quanto al futuro, questo non è che la continuazione del presente. Venuta meno l'idea del cambiamento o della rivoluzione, molto attiva nell'immaginario degli anni Sessanta, e crollato il mito del comunismo nell'Europa orientale alla fine degli anni Ottanta, **sembrano dominare un unico modello di vita**, quello americano, **e un "pensiero unico"**, che non ammette alternative al sistema politico ed economico oggi dominante. Si vive insomma in un **eterno presente**.

La nuova percezione dello spazio

Anche per quanto riguarda lo spazio, si assiste a una sua dilatazione e, insieme, a una sua **progressiva astrazione**. Il turismo internazionale, la mondializzazione dell'economia, l'utilizzazione dei satelliti artificiali, l'esplorazione del cosmo rendono l'uomo cittadino del mondo. Nel medesimo tempo però l'esperienza dello spazio è mediata dai canali che colonizzano l'immaginario. Il viaggio non è più l'esperienza formativa per eccellenza, com'era stato nel Settecento il *Grand Tour*. L'Africa di un safari organizzato dalle agenzie di turismo internazionali è stata già vista mille volte al cinema e alla televisione.

I non-luoghi e il concetto di "glocale"

Per l'uomo che lo abita, lo spazio cessa d'identificarsi con un luogo. La disgregazione della comunità – città, classe, nazione – porta con sé quella dei luoghi sociali. **Sempre più si vive in non-luoghi** – discoteche, supermarket, aeroporti, stazioni – dove non si danno relazioni ma incontri for-

Richard Estes, *Nedick's*, 1970. Madrid, Museo Thyssen-Bornemisza.

tuiti. Nel medesimo tempo questi non-luoghi sono però attraversati dalla mondializzazione delle merci e del linguaggio (la pubblicità è dovunque, mentre si diffonde l'uso dell'inglese come lingua internazionale). Al posto della relazione faccia a faccia si afferma la relazione attraverso gli strumenti di comunicazione – telefono, computer, Internet – che hanno per confini il globo e che si svolgono in tempo reale, ma senza esperienza diretta. Per definire tale nuova condizione dell'uomo è stato usato **il concetto di "glocale"**, che fonde "globo" e "locale": da un lato la dimensione della comunicazione è il globo, dall'altro è il singolo, come individuo collocato in una situazione locale precisa ma al di fuori di una comunità che lo accolga e gli dia identità.

> **S** • Il concetto di "glocale" e il trionfo della moltitudine (A. Bonomi)

> La cosiddetta "fine delle ideologie"

Questo modo di vivere il tempo e lo spazio determina un forte senso della complessità e della relatività delle conoscenze. Ne deriva la crisi delle filosofie della storia e dei sistemi globali di pensiero, delle ideologie totalizzanti (è la cosiddetta **"fine delle ideologie"**). La fiducia stessa nella scienza viene meno. Nel contempo si registra la **fine dell'unità dei saperi**, messa in discussione dagli specialismi sempre più settoriali. L'attenzione si sposta dal mondo oggettivo al linguaggio e ai suoi modi di trasmissione. Si assiste a una "svolta linguistica" che riguarda sia la filosofia che le scienze. **In campo scientifico** nuova e decisiva importanza viene ad assumere **la cibernetica**, che studia i modi di comunicare e di far funzionare comandi e informazioni (sulla cibernetica, cfr. § 1). **Domina la riflessione sul linguaggio**, dalla semiotica prevalente negli anni Sessanta al nuovo interesse per la retorica negli anni Ottanta. Ciò si spiega perfettamente se si pensa che si vive in un mondo pervaso e intasato da linguaggi di ogni tipo, un mondo dove la merce-guida è il linguaggio dell'informazione, della pubblicità e dell'*Entertainment* e dove la rivoluzione informatica e cibernetica domina la produzione economica e i rapporti sociali. **Tutto è linguaggio** o tende a risolversi comunque in linguaggio. La storia stessa viene interpretata come retorica o narrazione e non come scienza che registra fatti oggettivamente accaduti. **In campo letterario** ciò comporta la propensione a vedere il testo letterario in rapporto ad altri testi letterari (o storici o filosofici) nell'ambito di una intertestualità infinita, fatta di echi e di rimandi da un testo a un altro.

> La "svolta linguistica" nelle scienze (con il primato della cibernetica) e nella filosofia

> Il concetto di intertestualità

I NUOVI TEMI

- il labirinto
- la biblioteca
- il complotto
- il linguaggio e la letteratura
- la storia come sfondo "spettacolare"
- il già visto, il già detto e il già fatto (intertestualità e saturazione)
- la fine delle esperienze e il trionfo del virtuale

Il "nichilismo morbido"

Mentre la fine dell'Ottocento si era accompagnata alla fiducia nel progresso e nella scienza, **la fine del Novecento è dominata dalla coscienza della complessità e della relatività** e dunque si unisce a un **senso di disorientamento e di spaesamento**, che, peraltro, può essere vissuto anche in modo non drammatico, come "nichilismo morbido", perplessità, incertezza e anche come apertura al possibile.

I temi dell'immaginario artistico

Nell'immaginario artistico questa situazione si presta a una serie di temi privilegiati:

1. **il labirinto**, come immagine della complessità e del disorientamento (si pensi a Calvino e alla sua "sfida al labirinto": cfr. cap. II, § 2, **S2**, p. 571);
2. **la biblioteca** come immagine del sapere o anche di un mondo ridotto a linguaggio (il tema è presente in Calvino e in Eco);
3. **il complotto**, come trama oscura del potere e simbolo della sua indecifrabilità ed estraneità all'uomo comune (si pensi a Sciascia);
4. **il linguaggio stesso**, per cui diventano temi letterari la consapevole intertestualità e la riflessione dell'opera su se stessa, e cioè l'elemento metapoetico o metanarrativo;
5. **la storia e il passato** ricreati artificialmente, come accade nel romanzo neostorico (Eco, Vassalli, Malerba) o nella proliferazione della poesia in dialetto, dove quest'ultimo non è più una lingua regionale di comunicazione ma ricostruzione filologica di parlate locali in via d'estinzione e ormai quasi incomprensibili;
6. **il già visto, il già detto, il già letto**: tutto quanto si narra o si poetizza è stato già narrato e poetizzato, con la conseguenza non solo dell'intertestualità e del rifacimento manieristico o della riscrittura (già implicati nel punto 4), ma di un senso di saturazione, di ripetizione, di sovrabbondanza, che può tradursi in malinconia di fronte all'eterno ritorno delle stesse situazioni (è così in Tabucchi) o in comicità fumettistica degli stereotipi (è il caso dei film di Tarantino o dei giovani "cannibali", per esempio);
7. **la rappresentazione della fine delle esperienze e del trionfo del virtuale** e dell'artificiale, con la conseguente descrizione della smaterializzazione della fabbrica, delle merci e del denaro e della trasformazione del paesaggio naturale (si pensi a *Le mosche del capitale* di Volponi; cfr. cap. IV, § 13).

6 Il rinnovamento culturale degli anni Sessanta

L'affermazione dello strutturalismo

Gli anni Sessanta sono caratterizzati in tutto l'Occidente dall'affermazione dello strutturalismo, che, modellandosi sulla linguistica assunta come scienza-guida, condiziona tutte le scienze umane. **In Italia** la diffusione della linguistica, del formalismo e dello strutturalismo è rapida e profonda, e contribuisce a porre in crisi la cultura crociogramsciana e lo storicismo idealista e marxista. **La rottura è netta**. Tutte quelle discipline moderne che le tre culture sino allora dominanti – quella cattolica, quella idealistica e quella marxista – avevano rimosso, ostacolato e tenuto fuori dai confini nazionali, ora penetrano largamente nel nostro paese. È così per la fenomenologia, per la sociologia, per la psicoanalisi, per l'antropologia culturale.

I pensatori francesi influenzati dallo strutturalismo

In Europa appaiono condizionati dallo strutturalismo i principali pensatori francesi affermatisi negli anni Sessanta: l'antropologo Claude Lévi-Strauss, lo psicoanalista freudiano Jacques Lacan, lo studioso delle istituzioni sociali e del potere Michel Foucault, il semiologo Roland Barthes, il filosofo marxista Louis Althusser.

Gli indirizzi filosofici degli anni Sessanta e Settanta

Fra gli anni Sessanta e Settanta si diffondono altri **tre indirizzi che caratterizzano soprattutto la fase del Postmoderno**:

1. **la filosofia della scienza** che ha per capostipite Popper;
2. **la continuazione della Scuola di Francoforte** iniziata negli anni Trenta e continuata nella seconda metà del secolo da Marcuse e da Habermas;

S • Ermeneutica

La filosofia della scienza: il pensiero di Popper

La Scuola di Francoforte: Marcuse

Habermas

Hans Georg Gadamer, fondatore della neoermeneutica

S • Il "circolo ermeneutico", la "fusione di orizzonti" e la linguistica dell'esperienza del mondo (H.G. Gadamer)

Le varie tendenze della neoermeneutica

3. l'**ermeneutica** avviata dal tedesco Gadamer all'inizio degli anni Sessanta e clamorosamente affermatasi negli anni Settanta e Ottanta in filoni diversi e talora anche contrastanti tra loro (come il decostruzionismo di Derrida, il relativismo pragmatico di Rorty, il "pensiero debole" di Vattimo in Italia).

La filosofia della scienza fa capo a Karl Popper (1902-1997), un austriaco emigrato in Inghilterra. Per Popper la storia della scienza è la storia di una serie di fallimenti: basta un solo dato empirico a mettere in crisi il valore di una teoria. Tuttavia resta una differenza profonda fra scienza e non-scienza: la prima è falsificabile, cioè può essere dimostrata falsa mediante asserzioni empiriche, mentre la non-scienza e la metafisica non sono confutabili o falsificabili. **La scienza è dunque un insieme precario di ipotesi, ma è sempre preferibile alla pseudoscienza o alla metafisica**. Sia il marxismo, lo storicismo e la dialettica, sia la psicoanalisi sono pseudoscienze, perché non lasciano spazio alla falsificazione e pretendono sempre e comunque di poter rivelare la verità.

La Scuola di Francoforte, fondata da Adorno e Horkheimer negli anni Trenta, continua nel secondo Novecento soprattutto con **Herbert Marcuse e Jürgen Habermas. Marcuse (1898-1979)** parte da Marx e da Freud, sottoponendoli però a notevoli correzioni. Accetta il presupposto di questi due pensatori, e cioè la necessità che l'uomo cerchi di realizzare la felicità o di avvicinarsi a essa. Ma il soggetto capace di liberare l'umanità non può essere la classe operaia, ormai integrata nel sistema: i nuovi soggetti rivoluzionari sono gli emarginati, i giovani, gli esclusi. Marcuse fu perciò assunto a maestro dei giovani contestatori americani (Marcuse, tedesco, era emigrato negli Stati Uniti e insegnava all'università in California).

Il tedesco **Jürgen Habermas** (nato nel 1929) resta maggiormente fedele all'insegnamento di Adorno e di Horkheimer. La sua riflessione parte infatti dal loro libro *Dialettica dell'illuminismo* e dall'analisi che vede pochi gruppi economici controllare la vita sociale e privata dell'uomo contemporaneo. Habermas propone di superare la falsa razionalità del dominio e i bisogni da esso indotti attraverso un altro tipo di razionalità, una razionalità discorsiva che rimetta ogni volta in discussione i vincoli del potere, smascherandoli.

Hans Georg Gadamer (1900-2002, ha insegnato ad Heidelberg a partire dal 1949) è il fondatore della neoermeneutica, cioè di una concezione dell'ermeneutica non più come mera tecnica dell'interpretazione ma come filosofia complessiva. Il titolo del suo libro principale, *Wahrheit und Methode* [Verità e metodo], uscito nel 1960, suggerisce una contrapposizione fra verità e metodo. Il metodo è proprio delle scienze naturali, la verità è invece l'esperienza precipua delle discipline umanistiche (storia, filosofia, letteratura ecc.) che tendono a un risultato non quantificabile con strumenti scientifici. Le discipline che hanno per oggetto i segni dell'uomo si misurano non su fatti ma su testi, esigono quindi il momento interpretativo e danno luogo a una esperienza particolare, a un momento di verità esistenziale che si realizza, nel "circolo ermeneutico", attraverso la comprensione o la «fusione di orizzonti» fra interprete e opera.

La lezione di Gadamer appare decisiva per gli sviluppi della filosofia degli anni Settanta e Ottanta. L'attenzione si sposta dall'oggetto al soggetto interpretante. Si può dire che la svolta degli anni Settanta sia costituita in campo filosofico, estetico e nella teoria della letteratura dall'avvento della neoermeneutica, da cui sono influenzati pensatori assai diversi, dal fenomenologo francese Paul Ricoeur (autore di un libro significativo già dal titolo, *Il conflitto delle interpretazioni*) all'americano Rorty, dal nichilismo decostruzionista di un altro francese, Derrida, al "nichilismo morbido" del cosiddetto "pensiero debole" italiano.

IL SIGNIFICATO DELLE PAROLE

• **Ermeneutica**
In passato l'ermeneutica costituiva l'insieme delle regole necessarie per una corretta interpretazione di testi, documenti e raffigurazioni dell'antichità. A partire da Heidegger la stessa esistenza umana diventa il segno da interpretare e decifrare. Ha così inizio la moderna ermeneutica o neoermeneutica.

7. Dalla centralità del testo a quella del lettore: l'estetica e le teorie letterarie

I concetti di "testo" e di "scrittura"

La riflessione sull'estetica perde di rilievo a partire dagli anni Sessanta. L'arte cessa infatti d'essere considerata un momento o una categoria dello spirito o una forma di conoscenza del mondo e diventa semplicemente linguaggio, un modo d'espressione che, quando viene distinto dagli altri, è solo per la propria specificità linguistica. **Tutto ciò che è espresso**, a prescindere dal fatto che appartenga alla filosofia o alla storiografia o alla letteratura, **è un testo** – termine preferito sino a metà degli anni Settanta – **oppure una "scrittura"** – come si preferisce dire nell'ultimo quarto del secolo XX. **Quando però si usa il termine "testo"**, questo viene concepito, come suggerisce il termine, alla stregua di una tessitura, si coglie cioè in esso la presenza di un ordine che bisogna descrivere nella sua coerenza; **quando invece prevale il termine di "scrittura"**, l'accento viene posto sull'atto dello scrivere e sulla sua correlazione con quello speculare del leggere e dell'interpretare. **Nel primo caso**, il "testo" letterario avrebbe una sua peculiarità e una sua differenza dai testi non letterari dovuta allo specifico tipo di linguaggio che caratterizzerebbe la letteratura; **nel secondo caso**, la "scrittura" letteraria non si distinguerebbe sostanzialmente da altre forme di scrittura se non per l'uso che ne fa il lettore e cioè per la disposizione che l'interprete assume nei suoi confronti (estetica, filosofica ecc.).

La considerazione della "funzione poetica della lingua" nello strutturalismo

Lo strutturalismo – a cui si deve la diffusione del termine "testo" – **vede nella "funzione poetica della lingua"** posta in rilievo da Jakobson e dai formalisti russi **l'elemento specifico del linguaggio letterario**: questo si caratterizzerebbe infatti per la capacità di autoriflessione, per la qualità cioè del linguaggio di giocare con se stesso, a prescindere dalle sue funzioni comunicative e referenziali. La produzione teorica che ne deriva tende a fondare dei modelli descrittivi e a privilegiare un approccio tecnico-linguistico piuttosto che a studiare la natura stessa dell'arte, come fa invece l'estetica.

Il concetto di "scrittura" nel poststrutturalismo

Quando poi s'impone – a partire dai teorici francesi – **la nozione di "scrittura"**, questa tende a unificare tutti i modi espressivi; anzi la saggistica, la filosofia e la storiografia cercano consapevolmente di assumere forme letterarie e artistiche. Infatti, **nel periodo poststrutturalista che si afferma dopo il 1973 circa**, la prevalenza di ipotesi nichilistiche disgrega anche la certezza che esista una specificità letteraria; rimanda al lettore la responsabilità di porsi in atteggiamento estetico di fronte a qualsiasi documento; vede nella scrittura una polivalenza di significati o una loro "deriva" che rappresenterebbero la fluidità e l'evanescenza stessa della "verità": di qui la tendenza dei filosofi neonichilisti a civettare con la letteratura o a trasformare la loro scrittura in una forma espressiva

Jean-François Rauzier, *Bibliothèque idéale 1*, 2012.

La crisi dell'estetica...

marcatamente letteraria e magari "poetica". **Anche in questo caso, ovviamente, la riflessione estetica in senso tradizionale viene spesso a cadere**: l'arte appare sì degna di una attenzione privilegiata ma solo perché il suo statuto "debole" diventa esemplare di una magmaticità del senso che riguarda in realtà tutti i tipi di scrittura. **Unica eccezione, in questo quadro, è l'"estetica della ricezione"** fondata dal tedesco Jauss e dalla "scuola di Costanza", che muove dal presupposto della centralità del pubblico e della fortuna dell'autore.

...e il trionfo della teoria della letteratura. Strutturalismo e poststrutturalismo

Al posto dell'estetica tende a imporsi una nuova disciplina, la teoria della letteratura. Essa lascia sullo sfondo i princìpi filosofici che pure implica e, piuttosto che dedicarsi all'essenza della letteratura, ne studia i modi in cui si presenta e le modalità d'approccio. La teoria strutturalista della letteratura pone al centro della propria attenzione il testo: mira a offrirne modelli descrittivi, sviluppando la ricerca dei formalisti russi e fornendo una serie di strumenti tecnici per leggere un testo narrativo (**nasce così la "narratologia"**); oppure studia il rapporto fra la struttura del testo e quella del contesto, proponendo una semiologia della cultura. **La teoria poststrutturalista della letteratura pone al centro dell'attenzione il lettore e il momento ermeneutico**, anche se con prospettive che possono essere di volta in volta assai diverse fra loro a seconda dei vari indirizzi a cui dà vita.

S • Dalla centralità dell'autore alla centralità del lettore
S • Tendenze dello strutturalismo e del poststrutturalismo

Dalla centralità del testo a quella del lettore

In conclusione, **la differenza di fondo fra strutturalismo e le varie tendenze poststrutturaliste** sta nella sottolineatura di una diversa centralità: mentre il primo pone al centro il testo, il poststrutturalismo vi pone il lettore; mentre il primo mette al primo posto la descrizione, il secondo vi mette l'interpretazione.

8 L'arte contemporanea

Caratteri delle arti del secondo Novecento

A partire dal secondo dopoguerra **il sistema della produzione artistica cambia repentinamente volto**, spesso conservando la scia segnata dalle avanguardie storiche del primo Novecento, ma anche trasgredendo quelle premesse.

L'innovazione tecnologica

L'innovazione tecnologica, che a partire dalla metà del Novecento riceve una impressionante accelerazione, investe il mondo dell'arte e modifica profondamente il sistema della produzione artistica. **La rivoluzione tecnologica**, infatti, **rende onnipresenti le arti**: la radio, la televisione, il cinema, le audiocassette e poi il compact disc, i lettori mp3, il videoregistratore, il DVD, i dispositivi digitali attuali, diffondono in maniera capillare e istantanea le novità artistiche, praticamente su scala planetaria.

Il disegno industriale

La progettazione artistica, tra l'altro, nel corso della seconda metà del Novecento, prendendo spunto dalle avanguardie, ha influito sui linguaggi creando l'idea stessa di design industriale, cioè **la progettazione d'autore di prodotti di largo consumo**, dall'editoria all'industria automobilistica, dall'arredamento all'industria della moda, dall'utensileria minima fino all'architettura a più larga scala.

L'estetizzazione diffusa

Questa estetizzazione diffusa ha investito a vari livelli tutto il mondo industrializzato, da un lato **confermando l'importanza della ricerca artistica ed estetica** (si pensi al caso della moda o al successo del made in Italy), dall'altro **inflazionando il concetto stesso di arte** e suggerendo uno dei grandi equivoci del nostro tempo, e cioè che si è annullato il confine fra ciò che è "arte" e ciò che non lo è.

La nuova geografia dell'arte

A queste tendenze generali corrisponde **lo spostamento dell'asse del sistema mondiale dell'arte** dall'Europa, che ancora oggi riveste un ruolo importante, in molti casi di guida, prima agli Stati Uniti, e da un paio di decenni in Oriente, Giappone, Cina, Corea, India.

Ludwig Mies van der Rohe, *Seagram Building*, **1958. New York, Park Avenue.**

Ludwig Mies van der Rohe, che aveva fatto parte dell'avanguardia del Bauhaus e aveva dato un contributo notevole all'affermazione dell'*International Style*, nel 1933 modifica lo stile precedente, che univa alla razionalità l'asimmetria e il dinamismo spaziale, per convergere su un metodo di costruzione altamente razionalizzato e rivolto alla ricerca della simmetria e della monumentalità. Tale soluzione fu largamente adottata negli anni Cinquanta dall'industria edilizia americana.

Giò Ponti, Antonio Fornaroli, Alberto Rosselli, Giuseppe Valtolina, Egidio dell'Orto, *Grattacielo per gli uffici Pirelli*, **ora sede degli uffici della Regione, 1955-1960. Milano.**

L'edificio si leva nel centro di Milano, svettante come una lama, grazie alla pianta rastremata alle estremità che si risolve lungo i lati nel taglio netto degli spigoli dell'edificio. Ispirata ai princìpi di razionalità modernista, che interpreta originalmente, la costruzione è un simbolo del progresso economico, della vocazione moderna e industriale di Milano e insieme un monumento alla potenza dell'industria Pirelli, di cui era sede amministrativa.

L'architettura

Lo "Stile internazionale" e il suo declino

In architettura, almeno **fino agli anni Sessanta, domina l'*International Style***. La ricerca della distinzione delle funzioni (abitazione, lavoro, svago, circolazione), la regolarità e la standardizzazione degli edifici, insieme ai bassi costi derivati dall'uso dei prefabbricati, ne fanno lo stile dominante nella ricostruzione delle città distrutte dalla guerra. In risposta ai bisogni delle grandi masse, infatti, si progettano giganteschi complessi abitativi, mentre **i grattacieli diventano il simbolo delle metropoli americane**; ne è un celebre esempio il *Seagram Building* di Mies van der Rohe.

Louis Khan, *Edificio dell'Assemblea Nazionale*, **1962-1973. Dacca, Bangladesh.**

In Italia la realizzazione più importante dell'architettura razionalistica e dell'*International Style* è il *Grattacielo Pirelli* di Giò Ponti.

Prime prese di distanza dal razionalismo

La lezione dell'indirizzo razionalista di Mies van der Rohe, di Frank Lloyd Wright, di Le Corbusier, resta determinante per comprendere l'architettura dagli anni Trenta agli anni Sessanta. E tuttavia **la ricerca di edifici più adatti alla dimensione umana e integrati nella natura circostante**, inizia a farsi spazio nell'uso di materiali tradizionali e nel dialogo tra spazio interno e ambiente. In questa direzione sono emblematiche le ricerche, negli anni Cinquanta, di **Le Corbusier**, di **Alvar Aalto**, di **Louis Kahn**. Quest'ultimo, ad esempio, abbandona l'idea che sia necessario partire dalle funzioni per progettare gli edifici, e la sostituisce con un metodo compositivo in cui vengono esaltate le geometrie di grandi spazi solenni, segnati più sul piano simbolico che su quello funzionale e pratico.

Charles Moore, *Piazza d'Italia*, 1979. New Orleans.
Moore trapianta una immaginaria piazza d'Italia nel sud degli USA, in omaggio alla popolazione italiana immigrata. Si tratta di una piazza circolare, inserita nel contesto di nuove costruzioni, dall'effetto scenografico sorprendente. Nell'opera le allusioni populiste coesistono con una concezione della storia intesa come deposito di accessori scenografici.

Renzo Piano e Richard Rogers, *Centre Pompidou*, 1972-1977. Parigi.
Il *Centre Georges Pompidou*, costruito a Parigi fra il 1972-1977 su progetto di Renzo Piano e Richard Rogers, è un edificio in vetro, plastica e metallo che allude ironicamente a una raffineria di petrolio. La superficie esterna è coperta da un intrico di tubature, tubi d'accesso di vetro, reticoli metallici, scale mobili, ascensori. L'esibizione paradossale e spettacolare di una tecnologia da fantascienza si coniuga con il rispetto per la specificità delle funzioni. L'edificio, che ospita biblioteche, musei, centri culturali e di ricreazione, porta all'estremo l'idea di una progettazione spaziale indeterminata ed estremamente flessibile. Si tratta, inoltre, di una costruzione completamente estranea al proprio contesto urbano, che si impone attraendo su di sé l'attenzione per la sua natura sensazionale.

Rifiuto del razionalismo e affermazione del postmodernismo

La critica ai modelli del razionalismo modernista maturata durante gli anni Sessanta sfocia negli **anni Settanta** in aperto rifiuto. **Il postmodernismo**, in particolare, propone un'architettura dallo stile eclettico, citazionista, palesemente decorativo, molto distante dal rigore progettuale del razionalismo.

Robert Venturi

L'architetto americano **Robert Venturi** (nato nel 1925), nel 1966 elabora **un nuovo modello di città postmoderna**: contrappone all'ideale di purezza quello dell'**ibridismo**, alla semplicità la **ridondanza**, all'ideale di «ovvia unità» quello di «vitalità confusa», di **ambiguità** e di **complessità**.

Frank O. Gehry, *Guggenheim Museum*, 1993-1997. Bilbao.
L'edificio, che ospita parte della collezione di arte contemporanea della Fondazione Solomon R. Guggenheim, è caratterizzato da linee flessuose e geometrie instabili. Le lastre di titanio che lo rivestono accentuano il dinamismo dei volumi e sottolineano lo scambio continuo fra interno ed esterno.

L'apertura al gusto popolare si coniuga all'idea di **una città malleabile**, che sfugge ai piani razionali degli urbanisti e in cui le funzioni non sono più separate, ma coesistono in uno spazio polivalente che è insieme teatro, emporio commerciale, museo, luogo di divertimento. L'aspetto scenografico e spettacolare, il citazionismo degli stili (cfr. Charles Moore, *Piazza d'Italia*) caratterizza le opere più tipiche del postmodernismo architettonico: centri commerciali, alberghi, costruzioni pubbliche a scopi educativi e d'intrattenimento culturale (come il *Centre Pompidou* di Renzo Piano e Richard Rogers).

Il decostruzionismo

In anni più recenti, dalla fine degli anni Ottanta ad oggi, **la polemica contro il razionalismo** e il suo rigore formale ha preso forma negli spazi disarticolati e scomposti del **decostruzionismo**. Uno fra i rappresentanti più consapevoli e raffinati di questa corrente è **Frank Gehry**, l'autore del **Museo Guggenheim di Bilbao**, uno degli edifici simbolo dell'architettura contemporanea.

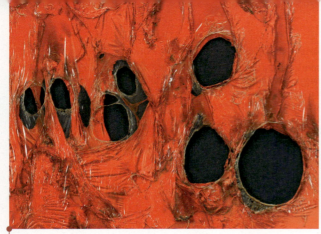

Alberto Burri, *Rosso plastica*, 1963. Collezione privata.

Lucio Fontana, *Concetto spaziale*, 1966. Collezione privata.

Le arti figurative

Nelle arti figurative le avanguardie storiche hanno indotto una **libertà di sperimentazione e una ricchezza di esperienze** ancora più ampia rispetto all'architettura.

L'Arte informale

Il primo importante filone, anche se non organizzato intorno a un manifesto, **è quello dell'arte informale**. Gli artisti informali vogliono mettere in discussione la forma, figurativa o astratta che sia, in quanto espressione di un calcolo sugli strumenti della tradizione. **L'artista informale**, invece, deve "soltanto" fare in modo che l'espressione non sia mediata dagli strumenti materiali e culturali del mestiere artistico, e lasciare che l'espressione si concretizzi nel gesto e nella materia in modo spontaneo, perfino violento.

L'Arte informale in Italia

In Italia l'arte informale ha avuto due grandi protagonisti, **Alberto Burri e Lucio Fontana**.

Entrambi affrontano **un tema centrale per l'arte contemporanea, quello della materia** dell'opera d'arte.

Henry Darger, *Untitled (Spangled Blengins)*, New York, Museum of Modern Art.

Al momento della morte Henry Darger, umile custode di un ospedale che svolge attività di volontariato in centri dove vengono curati bambini abusati o abbandonati, è un uomo emarginato e silenzioso. All'interno del suo piccolo appartamento di Chicago viene ritrovata una quantità immensa di disegni e di scritti che ha acceso l'attenzione degli esperti di *outsider art*. Gran parte del suo lavoro di narratore e disegnatore, durato oltre 60 anni, si era riversato in una monumentale opera, *The story of the Vivian Girls*, costituita da oltre 15000 pagine di racconto e diversi volumi illustrati contenenti collage, acquerelli, ritagli di giornale. Le immagini sono spesso rappresentazioni cruente e inquietanti di violenza e costituiscono una delle opere d'arte contemporanea più interessanti e influente del nostro tempo.

Il problema della materia

Se la realtà, infatti, ha cessato di essere rappresentabile, perché vuota di significato, **oggetto del quadro non è più l'immagine, ma la materia stessa**: la tela, il campo cioè sul quale si dipinge, e i colori, gli strumenti con i quali si copre il campo. **Burri** usa sacchi di tela, vernici plastiche, brucia il cellophane, lascia seccare spesse vernici in modo da segnarle con le loro stesse crepe, assembla materiali umili per ottenere opere dal forte impatto visivo ed emotivo. D'altro canto Lucio **Fontana**, con l'uso dei tubi al neon, della carta e delle lamine metalliche bucate, delle polveri e dei frammenti di vetro, delle tele segnate dal taglio, apre la strada a una nuova percezione del rapporto fra spazio e opera d'arte.

L'Art brut

Una posizione particolare nell'informale occupa **Jean Dubuffet**. Questi, nel 1945, usa per la prima volta l'espressione *Art brut* (Arte bruta) per indicare tutte le espressioni artistiche inconsapevoli come i disegni infantili o le manifestazioni espressive dei malati mentali. **La rivoluzione che im-**

Jackson Pollock, *Sentieri ondulati*, 1947. Roma, Galleria Nazionale d'Arte Moderna.

Christo e Jeanne-Claude, *Wrapped Reichstag*, 1971-1995. Berlino.

plica la proposta di Dubuffet è radicale; l'artista, infatti, non solo non è più il depositario di un ruolo privilegiato, ma è l'outsider che vive in una condizione di difficoltà esistenziale, ai margini della società e di un sistema culturale inquinato e massificante.

L'*Action Painting*

Anche l'***Action Painting***, il cui esponente principale è l'americano **Jackson Pollock**, rientra nella ricerca riferibile al concetto di Arte Informale. **L'arte di Pollock esprime, forse meglio di qualsiasi altra, il disagio della società del benessere americana.** L'artista è solo di fronte alla tela bianca; vi lascia cadere una goccia di colore. È un'azione casuale? Il colore avrebbe potuto lasciare un segno diverso? **La decostruzione della pittura in un groviglio di segni equivale alla distruzione dell'estetismo diffuso** della società consumistica. L'espressione dell'inconscio tuttavia non riguarda solo l'aspetto psichico, come nei surrealisti, ma coinvolge anche il corpo e il suo movimento. Egli non ricorre infatti alla posizione tradizionale dell'artista che sta fermo davanti alla tela che dipinge, ma vi gira intorno, vi sale sopra, in un costante movimento. **La sua anti-tecnica è forse il corrispettivo visivo più vicino al jazz**: un ritmo nasce quasi per caso, viene lasciato cadere quasi subito, ma per un istante, poi ripreso ed elaborato fino all'esaurimento; l'importante, perché la musica abbia un senso, anche se nasce dall'inconscio, è che quel ritmo non si perda mai.

L'arte di Pollock e il disagio della società americana

Il *Nouveau réalisme*. Rauschenberg, Manzoni, Christo e Jean-Claude

In altri ambiti la figurazione non viene del tutto abbandonata. Il caso del **New dada** e del *Nouveau réalisme* è eloquente. **Robert Rauschenberg**, ad esempio, elabora grandi opere in cui pittura e oggetti convivono. Il trasferimento di immagini da riviste, il coinvolgimento di oggetti di uso comune (celebre il suo *Letto* del 1955, oggi al Moma di New York), il segno che incide le superfici con colature di vernice e drammatici impasti sono gli strumenti con cui Rauschenberg mette sotto gli occhi del pubblico la vita di tutti i giorni, quella che solitamente sfugge alla nostra attenzione. In maniera analoga possono essere interpretate le sperimentazioni provocatorie e geniali con cui **Piero Manzoni** ha criticato il mercato artistico e la logica dell'attribuzione di valore alla firma dell'artista. *Merda d'artista* (1961), una serie di scatolette in cui l'artista fa sigillare i suoi escrementi, è una delle opere d'arte fondamentali del Novecento. Anche **Christo e Jeanne-Claude**, una coppia di artisti che vive e lavora tra la Francia e gli Stati Uniti, ottiene lo stesso effetto impacchettando gli oggetti, o arrivando al punto di realizzare installazioni monumentali come *Wrapped Reichstag*, l'impacchettamento del Reichstag di Berlino.

L'*Arte concettuale*

E tuttavia la maggiore innovazione nei linguaggi artistici novecenteschi è forse da attribuire all'***Arte concettuale***. Joseph **Kosuth**, massimo esponente di questa corrente alla quale oggi sono riferibili esperienze molto diverse e distanti, ha dichiarato che «essere un artista oggi significa indagare la natura dell'arte», e cioè concedere uno spazio sempre più ampio al momento ideativo della creazione artistica per sottrarlo all'oggetto. Da questo modo nuovo di procedere nasce, ad esempio, *Una e tre sedie*, un'opera che nasce dall'accostamento fra la foto di una sedia, una sedia, la definizione di sedia riprodotta da un dizionario. **Nell'arte concettuale la componente emotiva può essere taciuta del tutto.**

La Land art. L'Arte povera

Anche la *Land art*, con cui l'artista interviene direttamente sulla natura, e l'*Arte povera*, in cui si cerca di riaccostarsi alle energie naturali, **esprimono una critica esplicita alla logica del mercato artistico**.

La Pop art

A partire dagli anni Sessanta diventa sempre più forte sull'arte la pressione dell'industria dell'informazione, mentre la gigantesca macchina dei consumi crea soltanto oggetti di scarso o nullo valore, seriali, futili, deperibili, rottamabili. In questi anni **modernismo e postmodernismo s'incontrano nella *Pop art*** (*popular art*), che nasce in Inghilterra già negli anni Cinquanta e si afferma negli Stati Uniti negli anni Sessanta per poi diffondersi nei paesi europei. **Essa attinge largamente all'immaginario e ai materiali della società dei consumi**, riprendendone i miti "popolari", le forme espressive, le immagini tratte dalla pubblicità o dall'industria culturale (dalle lattine della Coca-Cola ai fumetti). **Viene meno il carattere difficile e cerebrale dell'avanguardia**; quello della *Pop art* è uno sperimentalismo figurativo, la cui lieve ironia può passare anche inosservata allo spettatore comune.

La Pop art negli Stati Uniti

La *Pop art* negli Stati Uniti nasce come reazione al carattere elitario dell'*Action painting* e attinge al materiale "banale" delle immagini quotidiane trasmesse dai mass-media, ingrandite, ripetute, rese ossessive. **Roy Lichtenstein** (1923-1997) e **Andy Warhol** (1930-1987), nella società dell'informazione illimitata e martellante, che toglie valore estetico agli oggetti riducendoli a merce, **accettano il loro ruolo di tecnici dell'informazione**, senza tuttavia rinunciare a fare dei loro slogan visivi uno «specchio implacabilmente fedele dell'esperienza dell'usuale» nella vita contemporanea.

Roy Lichtenstein

Roy Lichtenstein ha lavorato fino al 1957 nell'ambito dell'*Espressionismo astratto*, ha poi concentrato la sua attenzione sui mezzi di comunicazione di massa. **Le tele per cui è più conosciuto sono tratte dai fumetti**, immagini note a tutti, di cui avvertiva fortemente tutta la brutale forza di comuni-

IMMAGINE ATTIVA

Roy Lichtenstein, *Crying Girl*

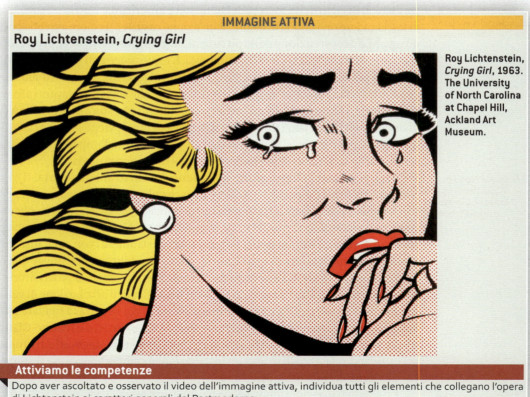

Roy Lichtenstein, *Crying Girl*, 1963. The University of North Carolina at Chapel Hill, Ackland Art Museum.

- esercitare le competenze di ascolto
- stabilire nessi tra testo e contesto

Attiviamo le competenze

Dopo aver ascoltato e osservato il video dell'immagine attiva, individua tutti gli elementi che collegano l'opera di Lichtenstein ai caratteri generali del Postmoderno.

cazione emotiva ed allo stesso tempo la inevitabile transitorietà. Usando i colori acrilici spesso insieme ai colori ad olio e una tecnica pittorica derivata dall'impressionismo puntinista, **Lichtenstein isola un'immagine della striscia, la studia al microscopio, la ingrandisce enormemente** e costringe lo spettatore distratto a fermarsi, a guardare e vedere il "discorso" e a chiedersi cosa si vuole comunicare. Si può dunque parlare per questo artista di **uso simbolico dell'arte**: simbolico e critico allo stesso tempo della futilità culturale nella quale, compiaciuto o no, si trovava costretto ad operare.

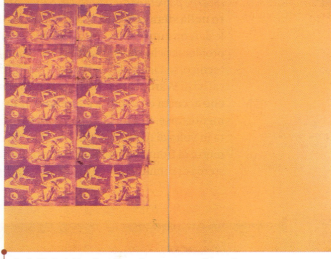

Andy Warhol, *Five Deaths on Orange*, cromolitografia.

Andy Warhol

Di Andy Warhol sono note soprattutto le **gigantesche serigrafie**, tratte da immagini dei volti di personaggi famosi: Marilyn Monroe, Jacqueline Kennedy, Liz Taylor, persino Mao. Warhol utilizza ingrandimenti fotografici riportandoli, in modi volutamente neutri e oggettivi, su tela e personalizzandoli poi con il colore: **riproduce così il notissimo volto di Marilyn Monroe** (*Marilyn*, 1964) **oppure i barattoli della zuppa Campbell** (*Campbell's soup*, 1962) **o una serie di scarpe**

IMMAGINE ATTIVA

Andy Warhol, *Campbell's Soup Cans*

Andy Warhol, *Campbell's Soup Cans*, 1962. New York, Museum of Modern Art.

esercitare le competenze di ascolto
prendere appunti
stabilire nessi tra il passato e la contemporaneità
dialogare

Attiviamo le competenze

Annota tutti gli spunti forniti nella spiegazione dell'immagine attiva sulla riproducibilità dell'opera d'arte e sul rapporto tra arte e merce. Ritieni che le considerazioni di Warhol sul valore democratico di un arte popolare e mercificata siano ancora oggi valide e attuali? Prendi posizione sulla questione e confronta la tua opinione con quella dei compagni.

L'anonimato degli oggetti e la serialità

(*Scarpe polvere di diamanti*: cfr. **S6**). **L'anonimato dell'oggetto mercificato viene così introdotto nella sfera estetica**, quasi a emblema dell'estetizzazione diffusa prodotta dal sistema industriale dei consumi. **La serialità è la chiave interpretativa per capire l'opera di Warhol** e le connesse problematiche del valore, del consumo, del giudizio estetico. Dal punto di vista più strettamente tecnico, se Lichtenstein lavorava con la luce implacabile e veritiera della grafica, i lavori più significativi di Warhol impiegano invece l'ombra e le distorsioni percettive che essa produce. **L'eredità che accetta ed esplora è quella dell'Espressionismo**, ma ne fa un mezzo di denuncia estremamente forte. In *Five Deaths on Orange* un incidente stradale ripetuto più volte e tinteggiato di volta in volta di rosso, di verde o di arancio, ci attira e ci disgusta allo stesso tempo, ma soprattutto ci mette di fronte all'inevitabile conclusione: il dramma è stato divorato, digerito e reimmesso nel sistema di comunicazione di cui siamo una parte.

> **S** • I caratteri del postmodernismo: un confronto tra Warhol e Van Gogh (F. Jameson)

S6

ARTE

Van Gogh, Magritte e Warhol: tre modi diversi di concepire il rapporto tra l'uomo e la realtà

Partendo dalle osservazioni di Jameson (cfr. *espansioni digitali* **S** *I caratteri del postmodernismo: un confronto tra Warhol e Van Gogh*), integrate da Ceserani in *Raccontare il postmoderno*, possiamo dare un'idea della odierna rivoluzione antropologica e del diverso modo, sempre più artificiale, di vivere e immaginare la vita, facendo un confronto fra tre celebri quadri di Van Gogh, di Magritte e di Warhol sullo stesso tema delle scarpe.

Il primo è un dipinto del 1887 di Van Gogh, nel momento di passaggio dall'impressionismo all'espressionismo, e rappresenta in primo piano due scarponi. Si tratta di oggetti materiali, senza l'uomo, ma la presenza di quest'ultimo è resa visibile attraverso i particolari, che rivelano il mondo della miseria agricola e del lavoro contadino. Insomma il quadro presenta un particolare, che rimanda a una più generale dimensione storica e sociale (cfr. fig. 1).

Con Magritte siamo invece nell'ambito dell'esperienza surrealista e del gusto della provocazione avanguardistica. Dalle scarpe fuoriescono delle dita di piedi: anche qui l'uomo è assente, al suo posto c'è un particolare fisico isolato, che assume un aspetto anomalo e abnorme e produce uno shock su chi osservava. Magritte crede ancora alla possibilità della contraddizione tra parole e cose. Nel quadro di Warhol, invece, le scarpe sono tutte uguali, come se fossero esposte in vetrina per qualsiasi acquirente. Qui non c'è spessore, è solo la superficie che conta. Persa la profondità della dimensione storica, le cose si presentano naturalmente come merci, espressione di quella "seconda natura" artificiale, prodotta dalla mercificazione in cui l'uomo di oggi è completamente inserito (cfr. fig. 2).

[2] Andy Warhol, *Scarpe polvere di diamanti*, 1980.

[1] Vincent Van Gogh, *Un paio di scarponi*, 1887. Baltimora, The Baltimore Museum of Art.

In Italia la *Pop art* è rappresentata da Mario Schifani e Valerio Adami.

L'Iperrealismo

La **Pop art è continuata in modi nuovi dall'*Iperrealismo*** diffusosi negli anni Settanta e Ottanta negli Stati Uniti e poi in Europa. È un tipo di pittura e di scultura che, basandosi sulla fotografia e sulla diapositiva, riproduce con freddezza ed esattezza meccanica le proporzioni e i dettagli della realtà.

La musica

Nel campo musicale la distinzione fra musica colta, ridotta a spazi sempre più elitari, **e musica leggera d'intrattenimento tende invece a rimanere profonda**. Rientra nella musica leggera quella per i giovani, più sensibile alle mode e direttamente influenzata dall'industria discografica e delle audiocassette dapprima, dei compact disc e degli mp3 poi.

Gli anni sessanta e il rock'n roll

Gli anni Sessanta sono quelli dei **Beatles** e dei **Rolling Stones**, che diffondono in Europa il *rock'n roll*, miscela di musica nera (*blues e rhytm'n blues*) e musica bianca *country* affermatasi alla fine degli anni Cinquanta negli Stati Uniti (nasce allora il mito di Elvis Presley). **Si tratta di fenomeni ancora di tipo modernista.**

La "disco-music"

È invece già postmodernista quello successivo della "disco-music" che si afferma alla fine degli anni Settanta e in cui alla musica si collega la visualizzazione spettacolare dell'esecuzione o dei sentimenti e delle immagini che dovrebbe produrre: tecniche diverse vi si fondono, valorizzando la simultaneità e la rapidità, e cioè il nuovo modo di vivere il tempo e lo spazio delle nuove generazioni, e contribuendo in modo potente a colonizzarne l'inconscio e a creare un nuovo sensorio. **Rientra in tale clima anche la nascita delle discoteche, non-luoghi** (cfr. § 5) dove il sensorio è sollecitato al massimo in modo artificiale e suoni e fasci di luce immergono in un'atmosfera onniavvolgente e totale.

La musica colta: l'avanguardia post-weberniana

Nella musica colta gli anni Cinquanta sono quelli dell'**avanguardia post-weberniana**, del "**serialismo" viennese** e del **puntillismo**. Essa si afferma all'Istituto Kranischstein di Darmstadt con il francese **Pierre Boulez**, il tedesco **Karlheinz Stockhausen** e l'italiano **Luigi Nono**. La rigorosa tendenza razionale e strutturale, addirittura matematica, dell'avanguardia post-weberniana conosce un momento di svolta nel 1956-57: è la "crisi dello strutturalismo", prodotta dalla consapevolezza – presente anzitutto in Boulez – del ruolo dell'*alea*, del caso, della possibilità. **Nasce l'idea dell'"opera aperta"**. Si può così realizzare un incontro fra la scuola di Darmstadt e quella statunitense di **John Cage** (1912-1992), che muoveva invece dai presupposti dell'irrazionalismo vitalistico assai diffuso in America (si pensi, in letteratura, alla *beat generation*, che è degli stessi anni, o, in pittura, all'*Action painting*). Di qui l'apertura all'imprevedibilità dell'esistenza, all'*happening*, al fortuito.

La svolta del 1956-1957: la "crisi dello strutturalismo"

La musica in Italia

In Italia bisogna ricordare, oltre a **Luigi Nono** (1924-1990), **Bruno Maderna** (1920-1973), **Luciano Berio** (1925-2003) e infine **Sylvano Bussotti** (nato nel 1931), che attinge anche lui alla letteratura e tende al gestualismo e al cosiddetto "teatro totale". Particolarmente Berio e Bussotti, ma anche Franco Donatoni e Giuseppe Chiari, esprimono negli anni Sessanta una volontà di provocazione e di rottura analoga a quella della Neoavanguardia letteraria.

La musica elettronica

Gli autori sopra ricordati giungono tutti ben presto alla musica elettronica. Essa era stata anticipata dalla "musica concreta", che, ispirandosi anche a precedenti esperienze in tal senso del Futurismo, si era sviluppata soprattutto a Parigi ed era stata sperimentata con successo a metà degli anni Cinquanta da Stockhausen a Darmstadt. Essa può essere realizzata unicamente da attrezzature elettroniche oppure può servirsi anche di strumenti musicali o di rumori e suoni poi rielaborati elettroacusticamente. È su questo terreno che possono incontrarsi musica elettronica e musica concreta.

S • Le avanguardie musicali dal 1956 a oggi

Musica colta e musica leggera

La distinzione fra musica colta e musica leggera, fra produzione d'élite e produzione di massa, **resta dunque ben ferma**, contribuendo a tenere la prima lontana dalle tendenze postmoderniste dominanti nelle altre arti.

Il cinema

Il cinema: la crisi degli anni Settanta

Non è così, ovviamente, per il cinema, arte popolare più di ogni altra. Negli anni Cinquanta e Sessanta domina ancora nel mondo il **cinema americano**, con le sue commedie leggere interpretate da attori popolarissimi (Marilyn Monroe e Cary Grant). Ma il sistema occidentale di produzione cinematografica attraversa subito dopo una grave crisi, dovuta alla concorrenza della televisione. Ne-

La dolce vita (1960) di Federico Fellini.

Django Unchained (2012) di Quentin Tarantino.

gli Stati Uniti si assiste al tramonto delle grandi case hollywoodiane, dei generi tradizionali e dello *star system* e si realizza un'inversione di tendenza nella produzione: nel giro di un solo anno, si passa dai 248 film del 1979 ai 209 del 1980, ma più della metà di essi sono ormai *hard-core* (film pornografici). **Una ripresa si ha negli anni Ottanta** grazie alla raffinata ricerca di "effetti speciali" che richiamano di nuovo il pubblico.

La *nouvelle vague* in Francia e il cinema d'autore fra gli anni Cinquanta e Sessanta

La reazione al cinema commerciale si sviluppa a cavallo fra anni Cinquanta e Sessanta con la *nouvelle vague* [nuova ondata] francese e con il *free cinema* britannico, che ripropongono film di autori impegnati nell'analisi della società. Spicca, all'interno della *nouvelle vague* (a cui partecipano i registi Louis Malle, François Truffaut, Alain Resnais), la figura di **Jean-Luc Godard**, che lancia il nuovo movimento con *Fino all'ultimo respiro* (1959). Mentre però, negli anni Cinquanta, il rifiuto del cinema commerciale è affidato a poche grandi personalità isolate – lo svedese Bergman, il giapponese Kurosawa, lo spagnolo Buñuel, l'italiano Fellini –, **negli anni Sessanta il film d'autore si afferma su scala più vasta**: negli Stati Uniti, per esempio, emergono prima **Stanley Kubrick**, un autore dalla forte carica morale (da *Il dottor Stranamore*, 1964, a *Eyes Wide Shut*, 1999) capace di riflettere anche in termini esistenziali sul destino dell'uomo (in *2001: Odissea nello spazio*), poi, all'inizio degli anni Settanta, **Robert Altman e Woody Allen**.

La frammentazione del pubblico e la spettacolarizzazione

Dopo la crisi degli anni 1975-80 il pubblico di massa omogeneo si dissolve in una frammentazione di pubblici settoriali. Il nuovo cinema da un lato tenta di tener conto di questi pubblici settoriali, dall'altro punta le sue carte soprattutto sulla spettacolarizzazione: gli spettatori non vengono più conquistati con un'ideologia rassicurante come avveniva fra anni Trenta e Sessanta ma divertendoli con effetti barocchi e rutilanti e con l'aggressività della visione.

L'"ipermassa" postmoderna e il cinema degli "effetti speciali"

Ha dato l'esempio **il nuovo cinema americano**. Esso ha superato la crisi ripudiando i vecchi moduli e i vecchi generi hollywoodiani (la commedia brillante, per esempio) e **puntando sul cinema-spettacolo, con "effetti speciali" grandiosi e impressionanti**, esaltati ancora di più dall'introduzione della tecnologia 3D (si pensi, ad esempio, ad *Avatar*, 2009, di James Cameron). **L'obiettivo del cinema-spettacolo non è più il pubblico della classe media** o che aspira a diventare tale, **ma la cosiddetta "ipermassa" postmoderna**, che non s'identifica in una classe o nell'ideologia comunicata dal tradizionale "lieto fine" ma cerca emozioni, divertimento, grandiosità.

Gli "effetti speciali" e i registi di qualità

D'altra parte **agli "effetti speciali" ricorrono anche i registi di qualità**: basti pensare a **Steven Spielberg** (si ricordi per esempio *Jurassic Park*, 1993), o a **Francis Ford Coppola** di *Apocalypse now* (1979) o, soprattutto, di *Dracula* (1992) o ai film horror di **Brian De Palma**. Ma anche **Martin Scorsese**, pure autore controcorrente, non si sottrae a uno stile aggressivo e violento.

Il postmodernismo: De Palma e Tarantino

Il postmodernismo si afferma soprattutto con autori come **Brian De Palma**, che alterna al tema del terrore motivi tipici del gangster, ma con citazioni ironiche e colte, o, soprattutto, come **Quentin Tarantino** che, dopo *Le iene* (1992), ha avuto un'enorme influenza anche sulla narrativa giovanile italiana con **Pulp Fiction** del 1994, stracolmo di citazioni dai film gangster e dai fumetti, e di motivi orrorosi e violenti che tuttavia denotano il gusto ironico (ma niente affatto elitario) del *pastiche*

S • Quentin Tarantino, *Pulp fiction* (1994)

C'era una volta il West (1968) di Sergio Leone.

Ludwig (1973) di Luchino Visconti.

Novecento (1976) di Bernardo Bertolucci.

Blow-up (1966) di Michelangelo Antonioni.

più che una volontà di scandalizzare o di provocare. Tra i film più recenti di Tarantino vanno ricordati *Bastardi senza gloria*, 2009, e *Django Unchained*, 2012, un vero e proprio omaggio al "western all'italiana" (il film si ispira a *Django*, 1966, di Sergio Corbucci).

L'Italia: il "neorealismo rosa"...

In Italia negli anni Cinquanta si afferma il cosiddetto "neorealismo rosa", una forma di commedia popolare che traduce l'impegno democratico e la denuncia sociale propri del Neorealismo in gusto bozzettistico per il folklore e per il pittoresco (cfr. Parte Nona, cap. I, § 8).

...e la "commedia all'italiana"

A partire da *Divorzio all'italiana* di Pietro Germi (1962), questo filone cede il passo alla cosiddetta **"commedia all'italiana" o "commedia borghese"**: negli anni del boom economico, la borghesia in ascesa diventa protagonista della maggior parte delle sceneggiature, che prediligono ora tematiche sentimentali e grottesche. **La commedia borghese**, che avrà ampio corso anche negli anni Settanta, **è affidata quasi più agli attori e agli sceneggiatori che ai registi**: grandi attori come **Alberto Sordi, Vittorio Gassman, Nino Manfredi e Ugo Tognazzi**, e sceneggiatori come **Age e Scarpelli**, hanno infatti contribuito in modo determinante alla creazione del genere e al successo dei singoli film.

Il "fenomeno Totò" e il "western all'italiana"

Oltre alla commedia popolare e a quella borghese, cui si affianca il genere comico-satirico del **"fenomeno Totò"** (con un centinaio di film di successo), a partire dalla metà degli anni Sessanta, si incontra il cosiddetto **"western all'italiana"** (o "spaghetti western"), un genere che ha avuto in Sergio Leone il suo maestro (*Per un pugno di dollari*, 1965, *Il buono, il brutto, il cattivo*, 1966, *C'era una volta il West*, 1969).

Michelangelo Antonioni

Su questi filoni di fondo spiccano alcuni registi caratterizzati da una poetica personale eccentrica sia rispetto al Neorealismo del dopoguerra che alla "leggerezza" della commedia all'italiana: **Michelangelo Antonioni** (1912-2007), che, nato come documentarista, ha interpretato tematiche legate soprattutto alla crisi dei sentimenti e delle istituzioni nella società borghese, e alla solitudine e alienazione dell'uomo nel mondo contemporaneo (*Cronaca di un amore*, 1950, *Il grido*, 1957, *La*

S • Michelangelo Antonioni, *Blow-up* (1966)

Nuovo cinema Paradiso (1988) di Giuseppe Tornatore.

Mediterraneo (1991) di Gabriele Salvatores.

La vita è bella (1997) di Roberto Benigni.

L'attore Toni Servillo in *La grande bellezza*, film del 2013 di Paolo Sorrentino, premio Oscar come miglior film straniero.

Federico Fellini

notte, 1961, *L'eclisse*, 1962 – il tema è presente anche nella *Dolce vita* di Fellini –, *Blow-up*, 1967, *Zabriskie Point*, 1969, *Professione: reporter*, 1975, *Identificazione di una donna* 1982); e **Federico Fellini** (1920-1995), che alterna l'analisi di piccoli fatti quotidiani della vita di provincia in chiave umoristica (*Lo sceicco bianco*, 1952, *I vitelloni*, 1953) a una personale malinconia esistenziale (*La strada*, 1954, *Le notti di Cabiria*, 1957). Mai rinunciando a un autobiografismo al limite tra onirismo e realtà (*Amarcord*, 1973, *La città delle donne*, 1980, *La voce della luna*, 1990), **Fellini si mostra sensibile anche all'analisi del mondo dello spettacolo** (*Otto e mezzo*, 1963, *Ginger e Fred*, 1985), **e della società** (*La dolce vita*, 1960), usando spesso l'uno come metafora dell'altra e della sua crisi (*Prova d'orchestra*, 1979, *E la nave va*, 1983).

Luchino Visconti

Si tenga inoltre presente che continua a operare in questo periodo un grande regista di cui già si è parlato nella Parte Nona per il Neorealismo, **Luchino Visconti** (1906-1976). Risente ancora del realismo postbellico *Rocco e i suoi fratelli* (1960), mentre s'ispirano piuttosto alla vocazione decadente ed estetizzante i film tratti da capolavori letterari, come *Il Gattopardo* (1963) da Tomasi di Lampedusa, *Vaghe stelle dell'Orsa* (1965) e *L'innocente* (1976) da d'Annunzio, *Morte a Venezia* (1971) da Thomas Mann. Notevole soprattutto, nell'ultima produzione, *Ludwig* (1973).

Bellocchio, Paolo e Vittorio Taviani, Pasolini, Ferreri, Bertolucci

Altri registi di grande rilievo sono **Marco Bellocchio** (*I pugni in tasca*, 1965, *La Cina è vicina*, 1967, fino a *Bella addormentata*, 2012); i fratelli **Paolo e Vittorio Taviani** (*Un uomo da bruciare*, 1962, *San Michele aveva un gallo*, 1971, *La notte di san Lorenzo*, 1982, due film "pirandelliani", *Kaos*, 1984, e *Tu ridi*, 1998, *La masseria delle allodole*, 2007, e l'intenso *Cesare deve morire*, messa in scena del *Giulio Cesare* di Shakespeare realizzata dai detenuti di Rebibbia che ha valso agli autori l'Orso d'oro al festival di Berlino del 2012, fino a *Meraviglioso Boccaccio* del 2015); **Pier Paolo Pasolini** (*Accattone*, 1961, *Uccellacci uccellini*, 1966, la "trilogia della vita" composta da *Decameron*, 1971, *Il fiore delle Mille e una notte*, 1972, e *I racconti di Canterbury*, 1974, e l'ultimo film girato prima della morte, *Salò o le 120 gior-*

nate di Sodoma, 1975; su Pasolini cfr. cap. VI); **Marco Ferreri** (*La donna scimmia*, 1963, *La grande abbuffata*, 1973, *Chiedo asilo*, 1979, *Storia di Piera*, 1983, *Nitrato d'argento*, 1996), **Bernardo Bertolucci** (*Prima della rivoluzione*, 1964, *Strategia del ragno*, 1970, *Ultimo tango a Parigi*, 1972, *Novecento* 1976, *Il tè nel deserto*, 1990, *The Dreamers*, 2003).

Una nuova generazione di registi: Moretti, Tornatore, Salvatores, Benigni

Negli ultimi decenni hanno convissuto una crisi generale del cinema italiano – incalzato dal successo di prodotti stranieri (soprattutto statunitensi), minacciato dalla competizione televisiva e segnato dalla perdita di alcuni grandi maestri – **e una ripresa di interesse e di ricerca** affidata a una nuova generazione di registi, il più apprezzato dei quali è **Nanni Moretti** (*Ecce bombo*, 1978, *Caro diario*, 1993, *La stanza del figlio*, 2001, *Il caimano*, 2006, *Habemus papam*, 2011); ma è opportuno ricordare anche **Giuseppe Tornatore**, **Gabriele Salvatores** e **Roberto Benigni** insigniti con l'Oscar rispettivamente per *Nuovo cinema Paradiso*, 1988, *Mediterraneo*, 1991 e *La vita è bella*, 1997.

I registi più giovani: Martone, Garrone, Sorrentino, Virzì

Tra i registi che hanno esordito più di recente segnaliamo **Mario Martone** (*Morte di un matematico napoletano*, 1992; del 2014 è *Il giovane favoloso*, un film dedicato alla figura di Giacomo Leopardi), **Matteo Garrone** (*Terra di mezzo*, 1996), **Paolo Sorrentino** (*L'uomo in più*, 2001; *La grande bellezza*, 2013, ha vinto il premio Oscar per il miglior film straniero), e **Paolo Virzì** (*La prima cosa bella*, 1994; *Il capitale umano*, 2013, ha ricevuto una serie davvero notevole di premi). Nei film di questi registi è evidente una grande cura formale insieme alla costruzione di narrazioni e personaggi complessi.

Video • Intervista a L. Miccichè sul ruolo rivoluzionario del cinema nel Novecento

9 La lettura, il pubblico, i generi letterari

Il passaggio da una cultura monomediale a una multimediale

Il secondo Novecento segna il passaggio da una società monomediale a una multimediale, e cioè da un tipo di cultura e di formazione fondato sulla lettura a un altro in cui prevalgono i mezzi audiovisivi. Ciò spiega perché, nonostante l'enorme aumento dell'alfabetizzazione, il numero dei lettori tenda a ristagnare e anzi quello dei lettori abituali (si chiamano così quanti leggono almeno 6 libri all'anno) a diminuire (d'altronde essi, in Italia, nel 1986, corrispondevano solo al 18% della popolazione, a fronte di un 53% di non lettori e a un 28% di lettori occasionali).

Diminuisce il numero dei lettori abituali. La marginalizzazione della letteratura

Nel nuovo modo di vivere si restringe lo spazio della lettura, mentre si allarga quello della televisione e degli altri audiovisivi. Ne consegue un crescente processo di **marginalizzazione della letteratura**. Mentre ancora negli anni Cinquanta un ingegnere o un medico o un avvocato avevano anche una cultura letteraria, ciò oggi si verifica in misura molto minore.

Il fenomeno dei best seller

Esiste certo un pubblico di massa – ma di non grandi dimensioni – **che dà vita al fenomeno dei best seller**, a partire dal grande successo del *Gattopardo* di Tomasi di Lampedusa (100.000 copie vendute fra il 1958 e il 1959), d'altronde poi replicato poche volte: i casi più clamorosi sono stati quello della *Storia* della Morante nel 1974, del *Nome della rosa* di Eco nel 1980, di *Va' dove ti porta il cuore* della Tamaro nel 1994 e più recentemente dei romanzi gialli di Andrea Camilleri (un alto numero, benché nettamente inferiore a quello dei libri ora citati, ha conseguito anche Calvino con *Se una notte d'inverno un viaggiatore*). **Ma, in generale, si assiste a una trasformazione e a un rimescolamento del pubblico**: da un lato viene a cadere la distinzione fra *highbrawn* (lettori d'élite, appartenenti alla classe dirigente), *lowbrawn* (lettori popolari) e *middlebrawn* (la massa dei lettori della piccola e media borghesia); dall'altro non si realizza tuttavia una indiscriminata e generica unificazione del pubblico, come era sembrato negli anni Sessanta. Si nota invece, a partire dagli anni Settanta, la formazione di pubblici differenziati, di una segmentazione che produce lettori limitati a fasce di età o al sesso, specializzati, o a circuito interno. Indubbiamente l'editoria cerca, puntando al *best seller*, di toccare insieme una certa quantità di questi settori; ma poi destina anche a ciascuno di essi un prodotto specifico.

Trasformazione e rimescolamento del pubblico

La segmentazione del pubblico

Cambia il rapporto fra autore e pubblico

In questa situazione anche il rapporto dell'autore con il pubblico tende a cambiare. A partire dagli anni Ottanta, tranne rare eccezioni, gli autori non scrivono più per il capolavoro o comunque per contraddire o per raggiungere un certo ideale estetico o ideologico: mirano piuttosto a "far notizia", e cioè a tenere in movimento la propria immagine sul mercato e a restare comunque a galla sul mare massmediologico dell'informazione di massa e dello spettacolo. La mediazione fra autore e pubblico non è più rappresentata dalla critica, ma dal mondo delle comunicazioni di massa e soprattutto dalla televisione.

Le autrici: la scrittura e le donne

La mancanza di un vasto pubblico appassionato di letteratura incide anche sulla produzione narrativa e poetica mantenendola in limiti un po' angusti e contribuendo a impedirne un profondo rinnovamento. Manca, per esempio, nel nostro paese una produzione letteraria di spicco da parte femminile: le donne entrate a far parte del canone del Novecento sono poche, né la situazione è cambiata negli ultimi venti-trenta anni (cfr. **S7**).

I generi tra Neoavanguardia e Postmoderno

Per quanto riguarda i generi letterari, la Neoavanguardia e lo sperimentalismo ne avevano corroso i limiti e gli statuti, mentre il Postmoderno li ha riscoperti e rilanciati, riproponendo, per esempio, il romanzo storico che sembrava scomparso o il romanzo poliziesco.

Libertà e istituzionalizzazione del genere lirico

Fra i generi il più refrattario al postmodernismo è anche il più istituzionalizzato, cioè la poesia. Le sperimentazioni del primo Novecento e quelle del secondo hanno lasciato una traccia profonda, terremotando la sintassi, la punteggiatura, l'articolazione del discorso, e lasciando al produttore di versi una straordinaria libertà (metrica, stilistica, linguistica), ma sempre all'interno di una istituzionalizzazione letteraria molto codificata. Anche i tentativi di una poesia postmodernistica affidata all'oralità (quelli del Gruppo 93; cfr. cap. II, § 5) si rivelano poi, alla lettura, estremamente "difficili" ed elaborati. Le conseguenze sono evidenti: **da un lato la poesia è meno toccata dalla crisi** che ha attraversato gli altri generi mantenendosi a livelli alti di elaborazione e di "purezza", **dall'altro vede progressivamente ridotto il numero dei lettori**: un libro di qualsiasi dei maggiori poeti contemporanei viventi viene tirato in genere a un massimo di 3.000 copie. In altri termini, il pubblico della poesia coincide con quello dei suoi produttori e dei suoi critici.

Forme di romanzo e fasce di pubblico

Non è così per il romanzo e per la narrativa in generale. Qui si possono riconoscere **quattro livelli** a cui corrispondono altrettante stratificazioni di pubblico. **Vi è il romanzo sperimentale** che si rivolge a un pubblico limitato all'incirca corrispondente a quello della poesia o poco più ampio di esso (da cinquemila a diecimila persone: è il pubblico, per esempio, dei romanzi più "difficili" o impegnati di Volponi). **Vi è poi una narrativa «istituzionalizzata», tradizionalmente "letteraria" ma comunque «leggibile»** (Spinazzola) che può arrivare alle centomila unità e oltre (è il pubblico del *Gattopardo* o della *Storia*). **Un terzo livello è quello dell'intrattenimento letterario**, costitui-

---

S7 INFORMAZIONI

La scrittura e le donne

Nel canone del Novecento italiano le scrittrici sono poche. L'ultimo tentativo (è del 1996) di delineare il canone del secolo – quello di Asor Rosa nelle *Opere* della *Letteratura italiana* Einaudi – sceglie, a caratterizzare il secolo, quarantasette opere, di cui cinque soltanto sono di donne. Si potrebbe discutere la scelta di Asor Rosa. Le cinque opere sono: *Una donna* (1906) di Sibilla Aleramo (1876-1960), *Cortile a Cleopatra* (1966) di Fausta Cialente (1898-1994), *Nessuno torna indietro* (1938) di Alba de Céspedes (1911-1997), *L'isola di Arturo* (1957) di Elsa Morante (1912-1985) e *Lessico famigliare* (1963) di Natalia Ginzburg (1916-1991). Come si vede si tratta solo di narratrici; neppure una poetessa. Chi ha seguito sin qui il nostro discorso, si sarà accorto che le scelte di questo manuale sono in parte diverse. Certo è che il numero delle scrittrici entrate nel canone è comunque ridotto, sia confrontato a quello dei colleghi maschi, sia confrontato ad altre letterature (in Inghilterra, Germania, Francia, per esempio, il numero delle scrittrici entrate nel canone è più alto che in Italia). Perché?

Si possono fare ipotesi diverse. Una è che il canone è determinato da istituzioni in cui il potere è maschile. Dominando nella società e nelle università i maschi, con il loro gusto e i loro valori, le donne vi sono ammesse a stento e in numero scarso. Oppure si può ritenere che la scrittura letteraria stessa si è formata secondo valori, regole e istituti prevalentemente maschili che hanno improntato con il loro segno i modi stessi di fare letteratura. Si pensi che nel Cinquecento Gaspara Stampa per esprimere i propri sentimenti di donna è costretta a riprendere temi e procedure stilistiche del poeta (maschio) che ha determinato il canone lirico, e cioè Petrarca. E quest'ultima considerazione potrebbe spiegare perché in Italia, dove il peso della tradizione e del canone istituzionalizzato è più forte che in altri paesi europei, il numero delle donne scrittrici penetrato nel canone sia più basso che in altri paesi europei.

to da letture piacevoli e non impegnative, molto spesso di prodotti stranieri, ma talora anche italiani, e può arrivare al milione di copie (è il caso per esempio del successo della Tamaro). **Un quarto livello è quello della paraletteratura**, dei romanzi rosa, del fumetto per adulti, che si rivolge ai nuovi ceti incolti di massa e dunque a un pubblico, alfabetizzato ma non acculturato, molto ampio (si pensi che nel solo anno 1985 sono stati venduti 20 milioni di romanzi rosa).

Sviluppo della saggistica negli anni Sessanta e suo successivo declino

Infine la saggistica. Essa ebbe un grande sviluppo negli anni Sessanta, quando superò addirittura nelle vendite la narrativa. Rispondeva infatti a un bisogno di politicizzazione e di informazione culturale di massa molto diffuso fra i giovani. Successivamente invece ha perduto sempre più spazio. **Attualmente essa appare suddivisa in una saggistica specialistica** (letteraria, filosofica, storiografica, sociologica, ecc.) **e in una giornalistica**, più divulgativa, affidata alle grandi firme della carta stampata o delle televisioni. **La prima** è destinata al dibattito fra esperti e alla formazione degli studenti all'interno dell'università, **la seconda** alla grande massa dei lettori comuni. Il tentativo di superare il fossato che divide questi due tipi principali di saggistica è certamente in atto, ma sinora non ha raggiunto in Italia grandi risultati.

10 La situazione della lingua

Trionfo dell'italiano e crisi dei dialetti

Nel periodo qui considerato l'Italia diventa un paese di "italofoni". La scuola media dell'obbligo e la crescita della scolarizzazione da un lato e l'influenza della televisione dall'altro hanno ridotto l'uso del dialetto sino a farlo quasi sparire. A ciò bisogna aggiungere la facilità degli spostamenti e le migrazioni interne (particolarmente intense negli anni del boom) che hanno favorito l'italianizzazione tanto degli emigranti quanto degli abitanti locali. Nel 1974 la percentuale di quanti usavano il dialetto era ridotta al 12-13% della popolazione, abitante soprattutto nelle zone del Nord-est o del Sud estremo. **L'italiano parlato tende a coincidere sempre di più con quello della televisione**, e dunque con una lingua povera e semplificata e insieme eccessiva perché tendente all'enfasi spettacolare. Esso è tuttavia sufficientemente omogeneo sul territorio nazionale, anche se subisce ancora ovviamente l'influenza dei precedenti sostrati dialettali.

L'italiano come lingua della televisione

L'invasione dei termini stranieri e la semplificazione della sintassi

Le caratteristiche del nuovo italiano parlato sono soprattutto lessicali e sintattiche. Sul piano lessicale, si assiste all'invasione di termini stranieri (inglesi soprattutto) desunti dall'informatica, dalla pubblicità, dalla tecnologia e dalla scienza; l'inglese tende a entrare anche nell'eloquio quotidiano delle persone che ignorano la lingua ma ne usano alcune parole (per esempio, in espressioni come "okay"). Certe esperienze letterarie (per esempio, i poeti del Gruppo 93 [cfr. cap. II, § 5] o i giovani narratori) tendono a "mimare" questo italiano informe, ridotto a *pastiche*, formato o attraversato da un inglese posticcio, da residui dialettali, da termini tecnologici e dominato dal lessico pubblicitario. **Sul piano sintattico**, la semplificazione delle strutture discorsive induce a un impoverimento dell'articolazione del discorso, evidente per esempio nella progressiva scomparsa dell'uso del congiuntivo.

Le controtendenze alla crisi del dialetto: il loro rilancio per ragioni politiche e il loro uso come lingua della poesia

Per quanto riguarda il dialetto, la sua effettiva presenza come lingua di comunicazione si è indubbiamente ridotta in modo rapido e significativo. Tuttavia bisogna registrare **alcune controtendenze** a questo fenomeno pur dominante: 1) la resistenza all'omogeneizzazione dall'alto, con quanto essa comporta di appiattimento e di schiacciamento di tradizioni locali, si traduce nella rivitalizzazione delle parlate locali, sostenuta anche da processi politici e culturali volti a rivalutare le tradizioni regionali (si pensi al fenomeno della Lega nel Nord Italia); 2) sul piano letterario il dialetto si è affermato negli anni Settanta come lingua della poesia, sia presso poeti in lingua (come Zanzotto e Pasolini, che si servono anche del dialetto), sia presso poeti che scrivono solo in dialetto (come Pierro, Loi, ecc.). È significativo però che essi non usino il dialetto come lingua di comunicazione regionale legittimata da un'alta tradizione letteraria (come il milanese o il napoletano), ma parlate locali, che sono impiegate in zone del tutto marginali o circoscritte oppure sono in via di estinzione o del tutto estinte (è questo, per esempio, il caso di Pierro) e vengono perciò ricostruite in laboratorio, con cura filologica. In questo caso (che poi è il più diffuso e caratterizzante) **il dialetto diventa una sorta di "lingua morta" che di fatto coincide però con la lingua "pura"** di una poesia che rifiuta il linguaggio massificato e inespressivo oggi dominante.

11 L'"americanizzazione" e l'Italia fuori d'Italia

L'americanizzazione della società e della cultura

Negli anni del "miracolo economico" l'Italia supera lo storico ritardo che la divideva dai maggiori paesi industrializzati. Arriva a questo appuntamento con un'identità nazionale e culturale assai meno forte di quella delle maggiori nazioni europee (Francia, Inghilterra, Germania) e quindi più sensibile all'influenza del paese-guida dell'Occidente, gli Stati Uniti. Beninteso, il fenomeno dell'"americanismo" (come lo chiamava Gramsci) era diffuso già a partire dagli anni Trenta e riguarda tutto il mondo. Tuttavia **è dal dopoguerra che l'influenza degli Stati Uniti diviene sempre più pressante e onnipervasiva**, dapprima attraverso il Piano Marshall, poi attraverso la presenza diretta delle multinazionali, della pubblicità, della televisione e dei suoi spettacoli che dilagano nel nostro paese senza quelle pur caute resistenze che altri paesi europei hanno invece frapposto. L'Italia è divenuta così, sul piano dell'*Entertainment*, una provincia dell'impero americano.

La dipendenza dagli Stati Uniti nel campo della ricerca culturale "alta"

D'altronde, **anche sul piano della cultura "alta" la dipendenza dagli Stati Uniti appare crescente**. Se fino agli anni Sessanta e all'inizio dei Settanta la cultura francese si presentava ai giovani come un polo indubbio d'attrazione, non è più così nell'ultimo quarto del Novecento. La frequenza di contatti con gli ambienti della ricerca nordamericana è diventata pressoché obbligatoria quasi per tutte le categorie degli uomini di cultura (non solo per gli scienziati, ma anche per i filosofi o i teorici della letteratura). Dagli Stati Uniti giungono la maggior parte delle proposte culturali e artistiche e delle teorie della letteratura.

Le traduzioni

L'Italia è dunque una delle province dell'impero più «americanizzate»; anzi per certi versi ha accentuato – e perlopiù involgarito – tendenze di costume e di spettacolo provenienti da oltre Oceano. Nello stesso tempo, però, è anche una delle nazioni del mondo in cui si traduce di più, e non solo, ovviamente, libri di lingua inglese. Anche attraverso tale strumento le "novità" culturali provenienti dall'estero entrano rapidamente in circolo. **La "globalizzazione" insomma funziona anche sul piano culturale**. Ciò produce effetti non solo positivi ma anche negativi. Dato che l'industria della cultura è dominata da gruppi e da logiche multinazionali (cfr. § 4), tutte le culture nazionali stanno subendo un processo di erosione e di logoramento, e l'Italia, per le ragioni sopra accennate, è uno dei paesi più esposti a tale perdita d'identità culturale.

Il rischio di una perdita d'identità culturale

Scarsa presenza della cultura italiana all'estero

In questa situazione il nostro paese, come accade dalla fine del Cinquecento, **ha un ruolo assai più passivo che attivo**: assimila idee dall'estero piuttosto che esportarne. In alcuni campi – come la musica colta, l'architettura, in parte la pittura – mantiene un'autorità internazionale. In altri l'influenza italiana è nettamente diminuita negli ultimi decenni: basti pensare al cinema, che dopo il successo internazionale del Neorealismo e l'affermazione di grandi artisti molto noti anche all'estero (Visconti, Antonioni, Fellini, in parte Pasolini) ha conosciuto un momento di grave crisi. Per quanto riguarda il teatro, l'unico autore italiano conosciuto nel mondo nell'ultimo quarto di secolo è Dario Fo, che è stato infatti insignito del premio Nobel.

Mimmo Rotella, *Casablanca 1963-73*.

L'handicap della lingua italiana

Gli autori del Novecento italiano conosciuti all'estero

 Intervista a E. Sanguineti sul canone letterario novecentesco

Nel secondo Novecento l'altro premio Nobel italiano in campo letterario è stato Eugenio Montale, a conferma dell'**alto livello della produzione poetica del nostro paese**. Mentre infatti, in questo periodo, la narrativa italiana non conosce, a livello internazionale, valori di grande spicco, così non è per la poesia. Ma per questa, forse ancora più che per i pochi narratori di valore, vale un *handicap* formidabile, quello della lingua. **L'italiano è una lingua poco nota all'estero**, e sempre di meno lo sarà giacché l'emigrazione di massa è ormai un ricordo del passato e i figli degli emigranti si allontanano dalla lingua dei genitori e assimilano quella del paese dove sono nati. In questa situazione gli unici autori italiani del secondo Novecento che abbiano una qualche autorità, notorietà e influenza internazionale si contano sulle dita di una sola mano: sono Pasolini, Calvino, Sciascia (ma più Calvino di Sciascia), Fo, Eco (noto come romanziere e come semiologo). E se allarghiamo l'orizzonte a tutto il secolo solo il nome di Pirandello appare universalmente riconosciuto, mentre, nel campo della scrittura saggistica, si assiste a una notevole fortuna, soprattutto negli Stati Uniti, ma anche in America Latina e in diversi paesi del Terzo Mondo, del pensiero di Antonio Gramsci.

Percorso
LO SPAZIO E IL TEMPO

Percorsi tematici

Il tempo come eterno presente e lo spazio come non-luogo

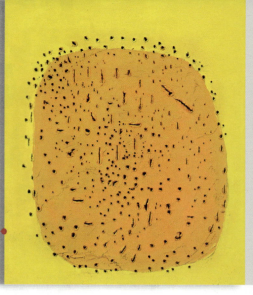

Lucio Fontana, *Concetto spaziale*, 1961-62. Collezione privata.

La mondializzazione della produzione e del mercato capitalistici **e la rivoluzione informatica hanno avuto due effetti** concomitanti: **l'indebolimento dei legami sociali e storici** con le tradizionali comunità di appartenenza (stato-nazione, classe) **e la distruzione dell'esperienza diretta della realtà.**

Già all'inizio del Novecento la velocità, identificata dai futuristi con lo spirito della modernità, aveva modificato profondamente l'esperienza del reale. Ma il perfezionamento elettronico delle attuali tecnologie audiovisive e la loro diffusione a livello di massa hanno prodotto lo sfondamento dei limiti naturali della percezione del tempo (del limite inferiore, tramite il *ralenti*, e di quello superiore, tramite l'estrema accelerazione del tempo). Tutto l'universo della comunicazione di massa tende oggi all'abbattimento della soglia superiore del tempo e a sviluppare comportamenti capaci di una crescente velocità di risposta agli stimoli esterni (*videoclips*, *videogames* ecc.). La sindrome del pulsante permette inoltre di saltare da un canale televisivo all'altro, allineando nello stesso istante, sullo schermo, immagini di epoche e di tempi diversi. Di qui il senso ormai diffuso di vivere in un periodo di «totale contemporaneizzazione» di ogni evento.

Il dominio non della cosa in sé, ma della sua immagine promuove la formazione di un nuovo apparato percettivo nelle giovani generazioni, distruggendo la fiducia nella verifica personale dei fatti: **la certezza non dipende più dal proprio controllo sul mondo, ma dalla sua rappresentazione sul video** (cfr. **espansioni digitali S**, *Come è cambiato il modo di percepire il tempo*).

La simultaneità temporale comporta anche la distruzione dello spazio, come luogo concreto e determinato, che si trasforma in un luogo dell'immaginario, disancorato da ogni appartenenza storico-geografica.

Insieme alla globalizzazione economica, **l'internazionalizzazione delle reti televisive accelera questo processo** collegando tutti i luoghi del mondo, sì che eventi e co[stu]mi di un paese tendono a modellarsi direttamente su "altrove" egemone. Lo sradicamento dei rapporti so[ciali] dai contesti locali è inoltre accentuato dalla tende[nza] sempre più diffusa all'istaurazione di rapporti tra pers[one] "assenti" (cfr. il successo di Internet) in uno spazio ind[efi]nito, in cui il singolo individuo si incontra direttamente [con] il mondo: unico tramite il codice linguistico, che gli perm[et]te di "navigare" artificialmente tra i flutti di un universo [po]limorfico e labirintico.

La deterritorializzazione dei centri di produzione po[rta] **anche alla deterritorializzazione più generale dell'ind**[ivi]**duo**, la cui condizione di «solitudine multipla» è sinte[tiz]zata efficacemente dal sociologo Aldo Bonomi nel con[cet]to di uomo "glocale". Anche Jameson evidenzia il sens[o di] spaesamento e di decentramento del soggetto, ind[otto] dallo spazio postmoderno, analizzando la struttura ar[chi]tettonica di un gigantesco hotel di Los Angeles, il Wes[tin] *Bonaventure* (cfr. § 8).

Questo processo di artificializzazione dello spazio in[ve]**ste tutta quanta la natura e trasforma l'uomo stesso**[.] «scomparsa delle lucciole» in Pasolini, l'intellettuale [ita]liano che ha avvertito più acutamente l'entità delle t[ra]sformazioni del dopoguerra, diventa metafora di una [mu]tazione antropologica, in cui la violenta omologazi[one] dell'industrialismo distrugge non solo le diversità cultu[ra]li e sociali, ma la coscienza stessa degli italiani (cfr. **S**[,] *La scomparsa delle lucciole, la società dei consumi* [e la] «mutazione» degli italiani). La polemica pasoliniana c[on]tro il potere dei consumi, che ha ricreato e deformat[o la] coscienza collettiva, trova corrispondenza nella cele[bre] analisi di Marcuse nell'*Uomo a una dimensione*. L'in[du]stria dei consumi e i massmedia modellano l'uomo sec[on]do falsi bisogni, cioè bisogni artificiali, che Marcuse [de]nuncia come nuova e più sofisticata forma di controllo [e di] soggezione dell'individuo al potere (cfr. **S5**, *La società* *consumi: i "falsi" bisogni*). Sul feticismo della società dei consumi e sull'alienazione del soggetto nella merce che caratterizza la società contemporanea si veda inoltre il confronto istituto da Jameson tra Van Gogh e Warhol (cfr. **S6**, *Van Gogh, Magritte e Warhol: tre modi diversi di concepire il rapporto tra l'uomo e la realtà*). Non a caso la lotta contro la colonizzazione dell'inconscio e l'omologazione che ne deriva (e che provoca la sensazione di una falsa libertà, di una falsa uguaglianza, di una falsa indipendenza) unifica tutti i movimenti di lotta degli anni Sessanta dagli studenti agli operai, alle donne, ai neri, ai popoli del Terzo Mondo (cfr. **S2**, *Dal femminismo dell'uguaglianza al femminismo della differenza*, **S3**, *La storia, la cultura e l'immaginario del '68*).

La modificazione del senso dello spazio verso una dimensione sempre più astratta e indeterminata è strettamente legata – abbiamo detto – **alla distruzione della temporalità storica.**

Se infatti la memoria "meccanica" si è enormemente dilatata, è invece venuto meno il rapporto con il passato. Il trauma storico documentato da tutta la poesia e la narrativa del dopoguerra (cfr. capitoli III e IV) coincide con il senso di una perdita irrimediabile del passato, mentre il presente si impone come unico tempo per leggere il passato e il futuro. Perciò non è più possibile un rapporto né di continuità, né di opposizione con il passato, come lo avevano le avanguardie, per la mancanza di un progetto e di una proiezione utopica nel futuro.

Questo stato di sospensione e di *no future* è la causa principale del senso di vuoto e del nichilismo che caratterizza questa fine secolo (cfr. § 5).

Eppure mai è stata così grande, nell'arte e nella letteratura, la nostalgia verso la storia, come attestano tutti i fenomeni «neo», dal neostoricismo architettonico al romanzo neostorico. **La mancanza di un'identità forte del presente e la contemporaneizzazione di ogni evento ed esperienza portano a un recupero archeologico, decorativo e scenografico della storia**, fatta oggetto di un indiscriminato saccheggio di stili (cfr. **S1**, *I caratteri del postmodernismo: il pastiche e un mondo ridotto a parole e a testi*). Il passato diventa dunque una forma dell'immaginario odierno, che funge da specchio alle inquietudini del presente (cfr. per esempio il Medioevo che fa da sfondo al *Nome della rosa* di Eco).

Non solo ciò comporta l'incapacità di pensare il passato come orizzonte autonomo e come apporto di tradizioni e di identità, ma **viene a cadere ogni idea di storicità come progresso**, per cui diventa impossibile oggi trovare un senso e un fine alla storia. L'idea di un presente che tutto ingloba e distrugge è diffusissima nella poesia contemporanea (basti pensare all'ultimo Montale). Mentre il panorama di inutilità e di azzeramento dei significati, che caratterizza l'ultimo ventennio, è ugualmente al centro della rappresentazione letteraria e artistica che oscilla tra la denuncia e l'acquiescenza a una visione della realtà come magma, labirinto, mercato e spettacolo.

Il Westin Bonaventure Hotel di Los Angeles, costruito tra il 1974 e il 1976.
È un albergo grandioso in cui tutto è autentico e artificiale allo stesso tempo. Al vetro, alla plastica e al metallo delle strutture si aggiungono zone verdi e vere e proprie cascate di acqua. L'hotel è cioè un iperspazio, frequentato sia dai turisti che dagli abitanti della città, una sorta di luogo totale, nello stesso tempo incluso nella città e separato da essa. L'interno è formato da un atrio con una grande colonna, circondata da un lago in miniatura. Intorno sono collocate quattro torri simmetriche, che ospitano le camere, con i rispettivi ascensori. Gallerie sospese nel vuoto collegano le torri e sono sormontate da una copertura simile a quella delle serre, mentre le scale mobili portano a una sala ruotante da cui si può contemplare il panorama della città.

DAL RIPASSO ALLA VERIFICA

MAPPA CONCETTUALE — La contemporaneità

La contemporaneità

1956-1973
- miracolo economico
- trionfo dell'industria e del neocapitalismo
- rafforzamento della classe operaia
- protagonismo delle masse giovanili
- rivolta del '68
- diffusione della TV come strumento di comunicazione

1973-oggi
- crisi della produzione industriale
- inflazione e "frana" economica
- globalizzazione e conformismo di massa
- impoverimento del terzo mondo ed emigrazione
- rivoluzione informatica e robotizzazione
- diffusione di Internet

- nuovo modo di vivere spazio e tempo
- fine dell'esperienza reale e trionfo del virtuale
- "solitudine multipla"
- metafora del labirinto

sperimentalismo e avanguardismo

Pasolini e «Officina»
→ recupero della tradizione di fine Ottocento e di inizio Novecento

Neoavanguardia e Gruppo 63
→ radicale rifiuto della tradizione otto-novecentista

postmodernismo
- "crisi della ragione" e "crisi dei fondamenti"
- uso del *pastiche*
- fine della distinzione tra arte sperimentale e arte di consumo

SINTESI

Dallo sperimentalismo e dalla Neoavanguardia al Postmoderno
Il periodo che va dal 1956 ai nostri giorni si può dividere in due fasi: la prima (1956-1973) è quella del "miracolo economico" e dei movimenti sociali e politici di contestazione (il '68); la seconda è quella della "frana" economica, della rivoluzione informatica, della globalizzazione dell'economia e del "postfordismo" nella organizzazione del lavoro. La prima fase corrisponde, sul piano letterario e artistico, allo sperimentalismo e alla Neoavanguardia (che in Italia assume il nome di Gruppo 63); la seconda al Postmoderno, che propone forme artistiche basate sul citazionismo, sul manierismo, sulla riscrittura di altre opere, sull'intertestualità.

Sperimentalismo, Neoavanguardia, Postmodernismo
Si chiama Sperimentalismo la tendenza letteraria a sperimentare forme e contenuti nuovi, diversi dal passato. Esso implica dunque una polemica contro le tendenze precedenti giudicate superate, e cioè contro il Neorealismo e contro l'Ermetismo. Tuttavia, mentre lo sperimentalismo di Pasolini e della rivista «Officina» non rinnega la tradizione e tende a recuperare persino quella di fine Ottocento, il movimento della Neoavanguardia conduce una lotta radicale contro la tradizione italiana otto-novecentesca. La Neoavanguardia di fatto si istituzionalizza con il "Gruppo 63", nato a Palermo in quell'anno e fondato dai poeti cosiddetti "novissimi". Il Postmodernismo è la tendenza ideologica, artistica e letteraria, che valuta del tutto positivamente i caratteri del Postmoderno, esaltando in particolare la "crisi della ragione", la convinzione della fine delle contraddizioni, il manierismo, l'uso del *pastiche* come gioco e come giustapposizione di stili e di linguaggi.

Una nuova cultura

L'industria dello spettacolo, delle comunicazioni e dei beni immateriali (compresa la cultura) assume un ruolo prioritario diffondendo direttamente opinioni e miti di massa. Entra perciò in crisi la figura dell'intellettuale umanista e dell'intellettuale-legislatore, portatore di valori e di ideologie; si diffondono invece le figure dell'intellettuale-esperto e dell'intellettuale-manager che lavorano per un'azienda o per il governo esclusivamente in base alle loro competenze tecniche e dell'intellettuale-intrattenitore inserito nei mass media. La centralità della cibernetica e dell'informatica, le comunicazioni a grande distanza in tempo reale, il televisore, il computer, il fax e Internet contribuiscono a diffondere un nuovo modo di vivere il tempo e lo spazio. Nasce un nuovo "sensorio" che presuppone la distruzione dell'esperienza reale, il trionfo del virtuale, il primato della simulazione e della riproduzione sulla realtà direttamente vissuta. Il mondo appare complesso e labirintico. La perdita della referenzialità pone al centro dell'attenzione il linguaggio. Il labirinto, il complotto, la biblioteca sterminata e incomprensibile diventano i nuovi temi letterari.

Il pensiero filosofico e le teorie letterarie

Mentre negli anni Sessanta prevalgono atteggiamenti intellettuali e filosofici fondati sul primato della scienza, a partire dagli anni Settanta si sviluppa la critica ai "fondamenti" scientifici e razionali del sapere e si privilegia l'asse nichilistico di Nietzsche e Heidegger. Nella teoria letteraria si passa dalla centralità del testo alla centralità del lettore. Nasce la neoermeneutica, fondata dal filosofo tedesco Gadamer. Nel periodo poststrutturalista che si afferma dopo il 1973, al posto dell'estetica tende ad imporsi la teoria della letteratura che pone al centro dell'attenzione il lettore e il momento ermeneutico.

Le arti e la letteratura

Nelle arti al modernismo (ispirato alle avanguardie) che domina sino agli anni Sessanta succede il postmodernismo che rifiuta il carattere elitario delle avanguardie e ricerca forme di espressione "popolari". In letteratura, mentre la Neoavanguardia aveva posto in discussione i generi letterari, il Postmoderno li ripropone (rinasce, per esempio, il romanzo storico). Sul versante linguistico, la televisione e la scolarizzazione di massa fanno trionfare l'italiano e pongono in crisi i dialetti come lingua di comunicazione.

DALLE CONOSCENZE ALLE COMPETENZE

1 Il tardo capitalismo si divide in due fasi: neocapitalismo e postfordismo. Scrivi definizioni corrette. (§ 1)

2 Completa le frasi che seguono (§ 1)
- Globalizzazione è l'estensione del sistema produttivo oltre i confini ....
  in una rete ....
  attraverso i mezzi ....
- La globalizzazione influenza anche la produzione e la diffusione della cultura infatti ....

3 Segna i caratteri del Postmoderno (§ 1)
- [A] fiducia nella scienza e nel progresso
- [B] ideologie forti
- [C] centralità del soggetto
- [D] relativismo delle conoscenze
- [E] irrazionalismo
- Il Postmoderno si afferma in Italia negli anni .... Il romanzo di Umberto Eco che inaugura questa tendenza letteraria è ....

4 Che cosa è il "Gruppo 63" e chi sono i "novissimi"? (§ 1)

5 Qual è la differenza tra lo sperimentalismo di Pasolini e della rivista «Officina» e quello della Neoavanguardia? (§ 1)

6 Elenca inserendo le parole chiave che si riferiscono rispettivamente al periodo moderno e a quello postmoderno. (§ 1)

7 Quali fattori economici, politici e sociali portarono alle rivolte del '68? (§ 3)

8 Scegli nell'elenco che segue gli elementi che differenziano l'intellettuale inserito nei mass media dall'intellettuale-legislatore (§ 4)

	INTELLETTUALE-LEGISLATORE	INTELLETTUALE NEI MASS MEDIA
è portatore di valori	☐	☐
ha un ruolo puramente tecnico	☐	☐
ha una funzione ideologica	☐	☐
ha una funzione di intrattenimento	☐	☐

DAL RIPASSO ALLA VERIFICA

9 Che cosa intende con l'ossimoro "solitudine multipla"? (§ 5)

10 Segna le due affermazioni corrette (§§ 5, 6)
- [A] i mass media ampliano, attraverso la riproduzione diretta, l'esperienza del reale
- [B] grazie al loro intervento il mondo appare più leggibile
- [C] è sempre più difficile distinguere tra realtà e simulazione della realtà
- [D] il linguaggio si sovrappone e si sostituisce alle cose

11 Perché i centri commerciali sono "non luoghi"? Quali altri spazi simili potresti elencare? (§ 6)

12 Cosa indica il termine "ermeneutica"? (§§ 6-7)

13 A Elenca i principali temi dell'immaginario postmoderno. (§§ 7, 8)
B Puoi attribuire al clima culturale postmoderno la disco-music? Per quali caratteri?

14 Che cosa studia la teoria della letteratura? (§ 7)

15 Dopo aver letto il § 8 sintetizza in poche parole-chiave i due modelli di città che informano la concezione modernista e postmoderna.

16 Alla luce di quanto hai appreso in S2 osserva il manifesto femminista che ti proponiamo. A quale ordine ("uguaglianza" o "differenza") sembra ispirarsi? Motiva la risposta.

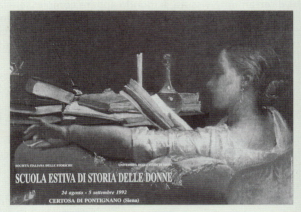

Manifesto che pubblicizza un convegno sulla storia delle donne.

PROPOSTE DI SCRITTURA

IL SAGGIO BREVE

Il potere dei mass media

Scrivi un articolo sul potere dell'informazione di indirizzare le scelte e gli umori della pubblica opinione e sulla necessità della libertà di stampa.
Puoi elaborare la tua argomentazione traendo spunto anche dal brano estratto da *Il padrone in redazione* di Giorgio Bocca. Illustra l'opinione dell'autore e sostieni la tua idea personale sull'argomento cercando di convincere i lettori.
Destina il tuo articolo per l'editoriale di prima pagina di un quotidiano. Trova per il tuo "pezzo" un titolo accattivante.

> Le discussioni sui giornali, sull'editoria pura o impura, sulla libertà di stampa sono pura accademia, aria fritta se il giornalismo non viene datato, visto con i piedi per terra dentro il suo tempo.
> E il nostro è il tempo del potere economico egemone in cui le aziende spendono in investimenti culturali più dello stato, in cui il loro braccio è armato di potentissime lire, la pubblicità è onnipresente, in cui la rete delle pubbliche relazioni produttivistiche e commerciali ci avvolge da mattino a sera.
> Stando così le cose, la divisione, la contrapposizione manichea fra giornalismo puro, buono, onesto e informazione impura, cattiva, fra redattori al servizio della verità e padroni al servizio del loro capitale va lasciata ai demagoghi. [...]
> I signori del potere economico hanno parecchie fonti di informazione diverse dai giornali: la ricerca, lo spionaggio industriale, i viaggi di studio, le università specializzate, i seminari, le traduzioni, i congressi e via dicendo. Ma solo il giornalismo, solo i media hanno i loro terminali dentro la società in movimen-

> to, solo essi possono creare il consenso o frenare il dissenso delle masse. Sono la mediazione indispensabile fra la produzione delle cose e la produzione dei desideri, sono il software, il bene immateriale senza cui non funziona l'hardware, la produzione materiale. [...]
>
> G. Bocca, *Il padrone in redazione*, Sperling & Kupfer, Milano, 1989, pp. 21-26.

LA TRATTAZIONE SINTETICA

Neoavanguardie e postmodernismo
Facendo riferimento alle tendenze storico-culturali del secondo Novecento, chiarisci la differenza tra la Neoavanguardia e il postmodernismo.

Il cittadino consumatore
Traccia il profilo del cittadino consumatore immaginato da Marcuse e spiega perché questo diventa un bersaglio della contestazione del '68.

Intellettuali e mass media
La svolta degli anni Cinquanta determina profonde trasformazioni nell'organizzazione della cultura in tutto l'occidente, favorite soprattutto dallo sviluppo della televisione e del computer. Spiega come sia cambiata, in questo contesto, la figura dell'intellettuale.

La rivoluzione informatica
La rivoluzione informatica, aprendo la strada al dominio virtuale, ha radicalmente trasformato la società e i costumi. Tratta sinteticamente l'argomento.

  • **Materiali per il recupero** Il secondo Novecento: dal "miracolo economico" alla crisi   • Indicazioni bibliografiche

prometeo 3.0

Personalizza il tuo libro selezionando per questo capitolo materiali integrativi da Prometeo
(di seguito ti proponiamo un elenco di materiali, ma puoi trovarne altri utilizzando il motore di ricerca).

- **INTERSEZIONI** La macchina
- **INTERSEZIONI** Lavoro e diritti sociali
- **INTERSEZIONI** Il mercante
- **INTERSEZIONI** Stato e potere
- **MODULO TEMATICO INTERDISCIPLINARE** Potere e lavoro
- **LO SPETTACOLO TEATRALE: LA SCENA E GLI ATTORI** La crisi della rappresentazione: l'avanguardia teatrale degli anni Sessanta e Settanta
- **VIDEO** LE IDEE E LE IMMAGINI   Margherita Ganeri, *Postmoderno e letteratura*
- **VIDEO** Giovanna Taviani, *I nostri 30 anni. Generazioni a confronto*
- **VIDEO** Margherita Ganeri, *L'identità del Novecento*

Capitolo II
Le riviste, i movimenti letterari, le poetiche

My eBook+

Cliccando su questa icona, docenti e studenti accedono ad un'area di personalizzazione che permette di arricchire i contenuti digitali già linkati lungo le pagine del libro. Nell'area di personalizzazione è possibile infatti salvare ulteriori materiali: selezionati da **Prometeo**, prodotti autonomamente o ricercati nella rete.

▶ *Per un elenco di materiali integrativi presenti nella biblioteca multimediale di Prometeo o per attivare una ricerca cfr. p. 581*

Francis Bacon, *Figura seduta*, 1961. Londra, Tate Gallery.

1 I movimenti letterari in Europa e negli Stati Uniti

La tendenza avanguardistica in Europa e negli Stati Uniti fra il 1950 e il 1970

Il ventennio dal 1950 al 1970 è caratterizzato in Europa e negli Stati Uniti dalla **ripresa delle tematiche dell'avanguardia primonovecentesca** (dal Futurismo al Surrealismo). Lo sviluppo industriale del neocapitalismo, il miracolo economico, la società del benessere ma anche dell'alienazione e della omologazione di massa, il disagio crescente degli intellettuali sempre più massificati e subordinati, i movimenti di rivolta studentesca e intellettuale ma anche operaia creano le condizioni per **atteggiamenti di protesta e di lotta**. A differenza del primo Novecento, però, solo una parte minoritaria delle nuove avanguardie si collega alla lotta politica e ai suoi contenuti; il grosso del movimento concepisce la **rivolta come fatto del tutto letterario**, come eversione eminentemente tecnico-linguistica.

L'avvento del Postmoderno nel corso degli anni Settanta e l'egemonia della cultura americana

Nel corso degli anni Settanta la tendenza neoavanguardistica declina in tutta Europa, mentre cominciano ad affermarsi modi di scrittura di tipo postmoderno in seguito ai cambiamenti in corso nel mondo dell'industria e nella società nel suo complesso, ma anche per influenza della letteratura nordamericana, che, a partire da questo momento, assume una posizione ancor più nettamente egemonica che in passato nei confronti di quella europea.

La situazione in URSS

Al quadro sinora tracciato si sottrae, sino al 1989 (data del crollo del muro di Berlino), solo la **letteratura russa**, divisa fra il conformismo interno e il "dissenso" ormai quasi tutto esterno (dovuto a russi emigrati all'estero) o limitato, all'interno, alla circolazione clandestina di manoscritti.

Il "teatro dell'assurdo" in Francia

L'influenza del Surrealismo è evidente, in Francia, nel "**teatro dell'assurdo**" di Ionesco e di Beckett che si afferma a Parigi fra il 1950 e il 1952 (e su cui cfr. Parte Nona, cap. XII e più avanti, in questa stessa Parte Decima, cap. IX). **Ionesco e Beckett** influenzeranno le avanguardie teatrali, ma anche quelle letterarie, di tutta Europa nel quindicennio 1955-1970. D'altronde già nel 1960 era nato a Parigi, per iniziativa di Queneau, l'**Oulipo** (**Ouvroir de Littérature potentielle**: Laboratorio di let-

L'*Ouvroir de Littérature potentielle*

teratura potenziale) – a cui aderirono anche Calvino e Perec – che si caratterizza per le ricerche più spericolate sul linguaggio, fra combinazione matematica, gioco e non-senso.

Il "nouveau roman"

È possibile scorgere una ripresa della grande narrativa d'avanguardia primonovecentesca anche nel movimento della cosiddetta **"école du regard"** (scuola dello sguardo) e del **"nouveau roman"**, a cui aderirono Alain Robbe-Grillet, Nathalie Sarraute e Michel Butor. Il manifesto del movimento fu steso da Robbe-Grillet nel 1956, nel saggio *Una via per il romanzo futuro*. Alain Robbe-Grillet rifiuta il romanzo tradizionale che mira alla riproduzione del reale e invece lo interpreta in chiave antropomorfica. **Bisogna mostrare le cose, il loro "essere lì", nella loro fisicità** e nella loro assoluta estraneità, neutralità e indifferenza, quali risultano da un semplice sguardo. Ciò comporta sia la rottura con qualsiasi visione umanistica del mondo, sia l'eliminazione di ogni aspetto psicologico, anzi della soggettività stessa. **La descrizione si risolve in una visività tutta spaziale**, che ignora la temporalità e la scala di valori della narrativa tradizionale. Il linguaggio è povero, freddo, oggettivo.

La rivista «Tel Quel»

Infine **la rivista «Tel Quel»** [Tale Quale], fondata nel 1960 da Philippe Sollers (e continuata sino al 1982), istituisce un legame teorico assai ricco e duttile fra sperimentalismo letterario e nuove scienze umane (semiologia e psicoanalisi soprattutto). Dopo il 1968 la rivista evolve verso posizioni sempre meno impegnate in senso avanguardistico, concentrandosi soprattutto sulla nozione di "scrittura" e sul rifiuto tanto di una concezione della letteratura come produttrice di senso quanto di un atteggiamento scientifico nei suoi confronti.

Gli "Angry young men" in Inghilterra

In Inghilterra la tendenza degli "Angry young men" (giovani arrabbiati) ha caratteri molto più generici rispetto a quelli francesi e italiani e riguarda soprattutto il teatro, in cui riprende per qualche aspetto quello francese dell'assurdo (ma il movimento ebbe una sua influenza anche sul romanzo). L'opera di maggior spicco è *Look Back in Anger* [Ricorda con rabbia] di John Osborne, messa in scena nel 1956, da cui deriva il nome del movimento.

La *beat generation* negli Stati Uniti

Gli anni Cinquanta e Sessanta sono anche quelli della *beat generation* (generazione "battuta" ma anche, nella concezione mistico-religiosa del gruppo, "beata"). Il movimento nacque a New York dall'incontro fra due narratori, **Jack Kerouac** e **William Burroughs** (cfr. cap. IV, § 5), e il poeta **Allen Ginsberg** (cfr. cap. III, § 3), che con l'opera ***Howl*** [Urlo], del 1956, fornì l'espressione e quasi il manifesto della nuova tendenza. In esso Kerouac portò la passione per il jazz e per la spontaneità espressiva, Burroughs quella per la droga, Ginsberg, il profeta del gruppo, quella per una tensione politico-religiosa di tipo anarchico. **I *beats* protestavano contro il conformismo americano**, usavano la droga e praticavano la libertà sessuale, erano pacifisti (dal loro seno nasceranno negli anni Sessanta **gli *hippies*** e i movimenti di ribellione alla guerra nel Vietnam), identificavano la loro sorte con quella degli emarginati e dei vagabondi. Sul piano ideologico univano anarchismo e filosofie orientali ispirate al buddismo zen, mentre le loro poetiche si rifacevano a Whitman, Blake, Rimbaud e al Surrealismo.

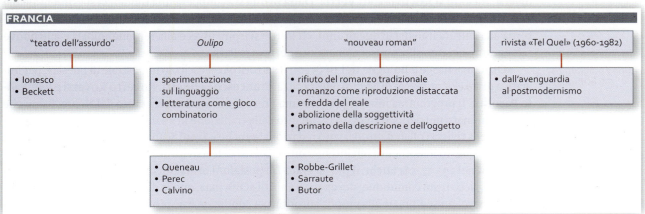

Caratteri della narrativa postmoderna in Nordamerica

Negli anni Settanta si affermò negli Stati Uniti, soprattutto nel romanzo (fortemente influenzato, peraltro, dal cinema), **la tendenza postmoderna**. Essa è **caratterizzata dai seguenti elementi**:

1. "indebolimento" del pensiero, crisi delle filosofie "forti" che vogliono interpretare e cambiare il mondo, ritorno a Nietzsche e a Heidegger, mediato da due teorici francesi, Derrida e Foucault, che ebbero in Nordamerica grande successo,
2. "morte del soggetto" e centralità dei "media": a una narrativa umanistica ne subentra una che riprende le modalità espressive della televisione, degli audiovisivi e della pubblicità;
3. recupero della narratività che si ispira tuttavia a quella romanzesca e "visiva" dei *cartoons* o dei film dell'horror o di avventure;
4. gusto del *pastiche*, del rifacimento dei testi altrui, della citazione, della contaminazione.

Il minimalismo

Possono essere considerati interni al Postmoderno anche il "minimalismo" e la *"fiction cyberpunk"*. Il minimalismo veramente nacque in opposizione al Postmoderno, di cui rifiutava la vocazione metanarrativa: tende infatti non a un discorso che cita i discorsi altrui ma a far parlare direttamente e semplicemente le cose, in modo disadorno e neutro. Ma del Postmoderno riprende il tema dell'insignificanza come orizzonte normale e scontato della quotidianità e il linguaggio freddo e oggettivo della televisione. Il minimalismo accomuna un gruppo di narratori fra anni Ottanta e Novanta, che assunsero a maestro Raymond Carver e, prima ancora, Salinger. Spicca fra loro David Leavitt.

La *"fiction cyberpunk"*

Più recente è la ***"fiction cyberpunk"*** che vorrebbe mettere in scena ansie e meraviglie dello spazio-tempo virtuali, ispirandosi alle nuove dimensioni rivelate dalla cibernetica.

2 «Officina» e «Il Menabò»

La svolta di «Officina» e del «Verri»

In Italia la svolta si verifica a metà degli anni Cinquanta. Essa prende avvio da **due riviste** assai diverse fra loro: **«Officina»** e **«Il Verri»**. **Dalla prima** si svilupperà una tendenza sperimentale ma non avanguardistica; **dalla seconda** nascerà la Neoavanguardia italiana. Mentre «Officina» resta interna alla cultura italiana di quegli anni, «Il Verri» si ispira invece alla fenomenologia e alle nuove scienze umane, sino allora quasi sconosciute nel nostro Paese.

Storia e programma di «Officina»

«Officina» nasce a Bologna nel 1955 con il sottotitolo «Fascicolo bimestrale di poesia», per iniziativa di tre ex-compagni di liceo di questa città: **Francesco Leonetti**, **Roberto Roversi** e **Pier Paolo Pasolini**. Il programma iniziale prevede una presa di distanza critica tanto dal Neorealismo che aveva dominato nel periodo 1945-1955, quanto dalla tradizione lirica dell'Ermetismo. Nella seconda fase della rivista collaborano al lavoro redazionale anche Gianni Scalia, Angelo Romanò e **Franco Fortini**. È questo il momento più interessante e aperto dell'attività della rivista (che chiude le pubblicazioni nel 1959), ma anche il più lacerato fra posizioni ormai inconciliabili. La personalità di maggior spicco resta comunque, nei quattro anni di «Officina», quella di **Pasolini**, che, da Roma dove ormai vive, finisce, grazie alla propria autorità, per condizionarne profondamente la linea.

La poetica di «Officina»

Il programma letterario e le proposte di poetica di «Officina» sono così riassumibili:
1. critica al Neorealismo e al Novecentismo (così è chiamata la tradizione lirica e intimistica del Novecento, che si esprime soprattutto nella poesia pura e nell'Ermetismo);
2. rifiuto delle poetiche di partito e delle visioni ideologiche precostituite e, più in generale, delle indicazioni provenienti dalla politica culturale del PCI;
3. necessità di porre al centro della ricerca letteraria la contraddizione fra impegno politico e intimismo borghese e decadente, senza condannare aprioristicamente quest'ultimo come facevano allora i marxisti ufficiali o "dogmatici";
4. proposta di uno sperimentalismo (o neosperimentalismo), cioè di una innovazione stilistica fondata non già sulla rottura della tradizione (come sosterranno invece gli autori della Neovanguardia) ma sul recupero di modelli prenovecenteschi (Pascoli soprattutto, ma anche Carducci), sulla lezione dei dialettali in poesia e di Gadda in prosa e sulla linea antinovecentista dei moralisti vociani, di Saba, Penna e Bertolucci. Quest'ultimo punto è sviluppato in particolare da Pasolini che, nell'articolo *La libertà stilistica* del 1957, meglio definisce gli specifici caratteri dello sperimentalismo sostenuto dalla rivista.

S • La libertà stilistica (P.P. Pasolini)

La funzione storica di «Officina»

La funzione storica di «Officina» riguarda questi aspetti:
1. essa ha rappresentato una prima, importante rottura con la cultura e con la letteratura del dopoguerra, con il Neorealismo e con l'Ermetismo;
2. ha contribuito a tratteggiare una nuova figura d'intellettuale il cui "impegno" prescinde ormai da una militanza all'interno dei partiti di sinistra;
3. ha creato le condizioni per una situazione di ricerca aperta, capace di coniugare rigore etico-politico e sperimentalismo formale.

La rivista «Il Menabò» diretta da Vittorini e da Calvino

La linea di «Officina» è ripresa da «Il Menabò», ma con maggiore apertura alle posizioni sperimentali espresse dalla nascente Neoavanguardia. D'altra parte il nuovo periodico nasceva presso un grande editore, Einaudi (rappresentato nella rivista da **Italo Calvino**), in una realtà sociale ed economica come quella milanese, assai più avanzata rispetto alla "provinciale" «Officina». Essa **era** inoltre **diretta da un intellettuale come Vittorini** che, con il suo solito "fiuto" per il nuovo, andava percependo le implicazioni della rivoluzione industriale neocapitalistica e della svolta culturale rappresentata dal pensiero scientifico e filosofico moderno (neopositivismo, fenomenologia, strutturalismo) e si interrogava perciò sul ruolo della letteratura nel nuovo universo tecnologico.

I temi di «Il Menabò»

La rivista o collana pubblicava grossi fascicoli – veri e propri volumi – **senza periodicità fissa, imperniati, ogni volta, su uno o due temi**. In tutto ne uscirono **dieci**, il primo nel 1959, l'ultimo nel 1967, quando Vittorini era già morto. **I temi affrontati** furono nell'ordine: lingua e dialetto; la narra-

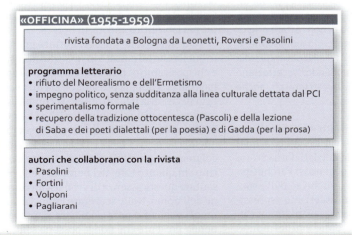

«OFFICINA» (1955-1959)

rivista fondata a Bologna da Leonetti, Roversi e Pasolini

programma letterario
- rifiuto del Neorealismo e dell'Ermetismo
- impegno politico, senza sudditanza alla linea culturale dettata dal PCI
- sperimentalismo formale
- recupero della tradizione ottocentesca (Pascoli) e della lezione di Saba e dei poeti dialettali (per la poesia) e di Gadda (per la prosa)

autori che collaborano con la rivista
- Pasolini
- Fortini
- Volponi
- Pagliarani

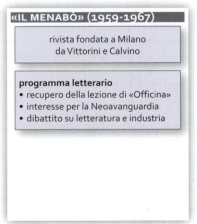

«IL MENABÒ» (1959-1967)

rivista fondata a Milano da Vittorini e Calvino

programma letterario
- recupero della lezione di «Officina»
- interesse per la Neoavanguardia
- dibattito su letteratura e industria

IL SIGNIFICATO DELLE PAROLE

• **Menabò**

La parola "menabò" deriva da una espressione gergale lombarda "mena bò" 'mena buoi'. Essa venne assunta nel lavoro tipografico per indicare la traccia o il modello di lavoro a cui i redattori di un giornale dovevano attenersi. Sta a indicare il modello di stampa in cui devono essere inseriti gli articoli.

tiva di guerra; la narrativa meridionale; letteratura e industria; una rassegna di autori della nascente Neoavanguardia; la preparazione di una rivista europea, «Gulliver», di scrittori italiani, francesi e tedeschi (il progetto non andò però in porto); una rassegna di scrittori tedeschi unificata sotto l'etichetta «Letteratura come storiografia»; infine un numero commemorativo dedicato a Vittorini. Fra questi argomenti, due erano di particolare rilievo: **la discussione con i giovani** che stavano per dare vita al Gruppo 63 e **l'analisi del rapporto fra letteratura e industria**. **Il primo tema** venne affrontato pubblicando testi e interventi di diversi autori della Neovanguardia (come Pagliarani e Sanguineti), aprendosi ai nuovi indirizzi culturali di cui essi erano portatori e sviluppando perciò un dibattito su neopositivismo, fenomenologia e strutturalismo. Non si trattò tuttavia di un'apertura acritica e indiscriminata. In proposito **le prese di posizione di Calvino** sono significative: esse mirano infatti a misurarsi con il nuovo salvaguardando il momento dell'impegno e della razionalità e non nascondendo una certa preoccupazione verso la diffusione di posizioni irrazionalistiche o comunque arrese o rassegnate di fronte all'insensatezza: al «mare dell'oggettività», al punto di vista del «magma», alla «resa al labirinto», verso cui sembrava inclinare una parte della ricerca giovanile, egli opponeva una «letteratura della coscienza» e quindi della responsabilità e della moralità (cfr. **S1** e **S2**).

Letteratura e industria

Molto ricco e interessante è il dibattito su letteratura e industria, accompagnato da testi di notevole valore letterario, come il poemetto *La ragazza Carla* di Pagliarani (uscito peraltro già sul n. 2), la poesia di Sereni, *Una visita in fabbrica*, o, in prosa, *Taccuino industriale* di Ottiero Ottieri.

La posizione di Vittorini

Il dibattito è aperto dal saggio *Industria e letteratura*, in cui **Vittorini** accusa gli scrittori contemporanei di «arretratezza», rimproverandoli di continuare a guardare la realtà industriale con l'occhio con cui veniva considerata quella rurale: la letteratura deve invece porsi «all'altezza della situazione» e adeguare i propri strumenti a un'industrializzazione dilagante, in cui il «progresso» passa attraverso la crescente «integrazione» o omologazione di ogni aspetto della vita umana e dunque anche della letteratura.

S • Il dibattito su letteratura e industria: la posizione di Vittorini e quella di Fortini

S1 — MATERIALI E DOCUMENTI

La sfida al labirinto

Italo Calvino individua nel labirinto la figura-principe della contemporaneità che si presenta come magma informe e privo di significato. Ebbene, per Calvino si tratta di entrare nel labirinto, cioè di essere all'altezza della problematicità e della complessità dell'oggi, ma nello stesso tempo di non restare prigionieri del suo fascino, di sforzarsi di conoscerlo e di uscirne. È questa la sfida al labirinto. Gli esponenti della Neoavanguardia risposero polemicamente a Calvino, difendendo l'accettazione del labirinto e la scelta del non-senso. Su questi temi cfr. anche **S2**.

▶▶ Lo spazio non antropocentrico che Robbe-Grillet[1] configura, ci appare come un labirinto spaziale di oggetti al quale si sovrappone il labirinto temporale dei dati d'una storia umana. Questa forma del labirinto è oggi quasi l'archetipo delle immagini letterarie del mondo, anche se dall'esperienza di Robbe-Grillet, isolata nel suo ascetismo espressivo, passiamo a una configurazione su molti piani ispirata alla molteplicità e complessità di rappresentazioni del mondo che la cultura contemporanea ci offre.

Anche qui è la forma del labirinto che domina: il labirinto della conoscenza fenomenologica del mondo in Butor,[2] il labirinto della concrezione e stratificazione linguistica in Gadda, il labirinto delle immagini culturali di una cosmogonia più labirintica ancora, in Borges.

Questa letteratura del labirinto gnoseologico-culturale (e quella che ho passato in rassegna nel capitolo precedente, e che possiamo definire del coacervo biologico-esistenziale) ha in sé una doppia possibilità. Da una parte c'è l'attitudine oggi necessaria per affrontare la complessità del reale, rifiutandosi alle visioni semplicistiche che non fanno che confermare le nostri abitudini di rappresentazione del mondo; quello che oggi ci serve è la mappa del labirinto la più particolareggiata possibile. Dall'altra parte c'è il fascino del labirinto in quanto tale, del perdersi nel labirinto, del rappresentare questa assenza di vie d'uscita come la vera condizione dell'uomo. Nello sceverare l'uno dall'altro i due atteggiamenti vogliamo porre la nostra attenzione critica, pur tenendo presente che non si possono sempre distinguere con un taglio netto (nella spinta a cercare la via d'uscita c'è sem-

1 **Robbe-Grillet**: scrittore francese contemporaneo, aderente al movimento d'avanguardia dell'"école du regard" (cfr. §1).

2 **Butor**: Michel Butor, scrittore francese anch'esso, come Robbe-Grillet, vicino alle posizioni del "nouveau roman" (cfr. §1).

S1

pre anche una parte d'amore per i labirinti in sé; e del gioco di perdersi nei labirinti fa parte anche un certo accanimento a trovare la via d'uscita).

Resta fuori chi crede di poter vincere i labirinti sfuggendo alla loro difficoltà; ed è dunque una richiesta poco pertinente quella che si fa alla letteratura, dato un labirinto, di fornirne essa stessa la chiave per uscirne. Quel che la letteratura può fare è definire l'atteggiamento migliore per trovare la via d'uscita, anche se questa via d'uscita non sarà altro che il passaggio da un labirinto all'altro. È la *sfida al labirinto* che vogliamo salvare, è una letteratura della *sfida al labirinto* che vogliamo enucleare e distinguere dalla letteratura della *resa al labirinto*.

Così soltanto si supera quell'«atteggiamento disperato» che Vittorini («Il Menabò», 4, p. 19) rimprovera alla vecchia avanguardia e all'eredità che essa ha lasciato alla nuova: la non-speranza nel potere determinante della cultura.

Oggi cominciamo a richiedere dalla letteratura qualcosa di più d'una conoscenza dell'epoca o d'una mimesi degli aspetti esterni degli oggetti o di quelli interni dell'animo umano. Vogliamo dalla letteratura un'immagine cosmica (questo termine è il punto di convergenza del mio discorso con quello di Eco), cioè al livello dei piani di conoscenza che lo sviluppo storico ha messo in gioco.

E a chi vorrebbe che in cambio rinunciassimo (e a chi è pronto ad accusarci di rinunciare) alla nostra continua esigenza di significati storici, di giudizi morali, risponderò che anche di ciò che ora si pretende (e forse ha le sue ragioni per pretendersi) metastorico, quel che conta per noi è la sua incidenza nella storia degli uomini; che anche di ciò che ora si rifiuta (e forse ha le sue ragioni per rifiutarsi) a un giudizio morale, quel che conta per noi è quello che ci insegna.

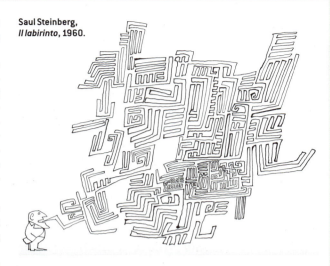

Saul Steinberg, *Il labirinto*, 1960.

I. Calvino, *La sfida al labirinto*, in «Il Menabò», 5, 1962; poi in *Una pietra sopra. Discorsi di letteratura e società*, Einaudi, Torino 1980, pp. 96-97.

S2 — INFORMAZIONI

Attualità della "sfida al labirinto"

Il tema del labirinto appare centrale in molti autori del Novecento. Calvino cita, oltre a Butor, Gadda e Borges, anche Musil, Queneau e soprattutto Robbe-Grillet, che nel 1959 aveva pubblicato il libro *Dans le labyrinthe* [Nel labirinto]. Esso è presente anche in molti autori postmoderni, come Umberto Eco (nel *Nome della rosa*) e lo stesso ultimo Calvino (per esempio, nelle *Città invisibili*).

La centralità del tema deriva dalla complessità del mondo contemporaneo e dall'impossibilità dell'uomo di acquisire tutte le conoscenze per comprenderlo e per padroneggiarlo; e anche dalla percezione crescente della insignificanza della vita e della incapacità di orientarne il corso secondo princìpi e valori (morali, filosofici, politici).

Di qui la tendenza che Calvino chiama di «resa al labirinto»: il fascino del labirinto può trionfare in noi e indurci a compiacerci – non senza esiti irrazionalistici o mistici – della stessa insignificanza e della oscurità in cui viviamo e a rappresentarle come orizzonte unico e necessario dell'esistenza umana. È quanto accade non solo in alcuni degli autori citati da Calvino, ma anche in non poche filosofie ispirate al nichilismo postmodernista. Calvino offre una indicazione interessante: se è sbagliato sia far finta che il labirinto non esista, sia fornire a esso risposte riduttive e semplificanti, è sbagliata anche la «resa al labirinto». Insomma bisogna vivere sino in fondo la condizione di problematicità e di contraddittorietà del presente senza chiudersi in facili formule che si limitano a esorcizzare il labirinto senza farci davvero i conti; e nondimeno, nello stesso tempo, pur consapevoli dei limiti dell'uomo in generale e delle nostre conoscenze in particolare, non ci si può sottrarre alla responsabilità della ragione giudicante e di una valutazione del mondo in termini storici e morali. È questa la sfida al labirinto dei nostri giorni.

Richard Serra, *La materia dei tempi*, 2003, Bilbao, Guggenheim.

3 «Il Verri», la nascita del Gruppo 63 e «Quindici»: le riviste della Neoavanguardia

Anceschi e «Il Verri»

«Il Verri» nacque a Milano nel 1956 come bimestrale (poi trimestrale) di letteratura, per iniziativa del critico **Luciano Anceschi** che ne fu direttore. Nasceva dalla consapevolezza della crisi della letteratura e delle poetiche allora dominanti, il Neorealismo e l'Ermetismo.

La cultura europea e nordamericana penetra in Italia con «Il Verri»

A metà degli anni Cinquanta, d'altronde, i tempi erano maturi per un ingresso degli orientamenti letterari e culturali europei nel nostro paese; e infatti, **attraverso «Il Verri», la fenomenologia, la psicoanalisi, lo strutturalismo, l'antropologia culturale penetrarono ampiamente in Italia**. L'interesse per le scienze (di qui il titolo illuministico e settecentesco della rivista) e per i nuovi rapporti fra l'uomo e la tecnica si riscontra anche nell'impostazione della rivista e nell'organizzazione del lavoro redazionale, fondate sull'impegno collettivo di un'équipe omogenea e specializzata in settori distinti d'indagine e d'intervento.

Centralità della ricerca sul linguaggio e dell'innovazione formale

Sul piano strettamente letterario «Il Verri» privilegia la ricerca sul linguaggio e l'innovazione formale, rifacendosi a esempi soprattutto francesi (la rivista «Tel Quel» e il "nouveau roman", a cui è dedicato nel 1959 un intero fascicolo) e all'insegnamento delle avanguardie storiche europee. Il suo sperimentalismo prescinde dunque dai contenuti etico-politici a cui invece era ancora legato il gruppo di «Officina».

S • Anceschi e Balestrini raccontano come nacque «Il Verri» e ne espongono il programma letterario

Alla rivista collaborarono poeti (Porta, Barilli, Giuliani erano stretti collaboratori di Anceschi) **e critici** (Angelo Guglielmi, Curi, Eco, Barilli) che poi faranno parte della Neoavanguardia. **Il primo manifestarsi organizzato del movimento fu un'antologia di poeti** ruotanti appunto intorno al «Verri»: si tratta di *I novissimi. Poesie per gli anni '60*, uscita nel 1961. In essa sono rappresentati cinque poeti, Pagliarani, Giuliani, Sanguineti, Porta e Balestrini, introdotti da uno di loro, Giuliani. **L'antologia dei "novissimi" rompeva con tutti gli schemi letterari allora imperanti in Italia**, lasciando alle spalle una volta per tutte le discussioni sul realismo, sul Neorealismo, sull'Ermetismo, sull'intimismo.

I novissimi

La Neoavanguardia: nascita del Gruppo 63

I "novissimi" costituiscono il primo nucleo della Neoavanguardia che nel 1963, in un convegno tenutosi a Palermo, si organizza in gruppo assumendo la definizione di **Gruppo 63** (sul modello tedesco del Gruppo 47). A esso aderiscono, oltre ai "novissimi" e ai collaboratori del «Verri» sopra ricordati, anche Arbasino, Malerba, Manganelli, Leonetti. Ne consegue che il Gruppo è assai più ampio e variegato rispetto alla cerchia dei collaboratori di Anceschi, e anche assai meno omogeneo ideologicamente: di qui le contraddizioni che lo qualificano sin dalla nascita.

Gli obiettivi del Gruppo 63

Il Gruppo 63 si riuniva annualmente in convegni in cui si analizzavano temi specifici e si leggevano e criticavano testi letterari. Nonostante le notevoli differenze esistenti al suo interno, esso

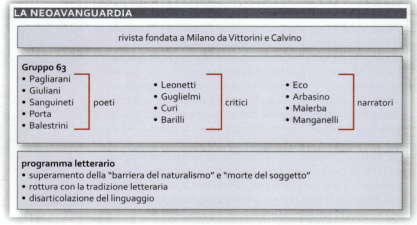

mantenne per alcuni anni una solida unità organizzativa che presupponeva peraltro alcuni obiettivi comuni. Alcuni di essi erano di natura culturale e organizzativa. Si trattava:

1. di porre fine al dibattito culturale sull'impegno, sul Neorealismo, sull'Ermetismo, giudicato arretrato e provinciale;
2. di aprire la cultura e la letteratura italiana alle correnti filosofiche, letterarie e artistiche europee e alla lezione delle avanguardie storiche;
3. di occupare il centro del dibattito, da un lato criticando istituzioni e orientamenti dell'*establishment* letterario e dall'altro inserendosi nella industria culturale e nei mass media in modo da scalzare il potere della vecchia generazione di letterati: Cassola, Bassani, Moravia, Pasolini, Fortini sono oggetto costante della lora polemica.

Gastone Novelli, *Il vocabolario*, 1964. Roma, Archivio Gastone Novelli.

Fra gli obiettivi di natura specificamente letteraria due erano particolarmente forti e condivisi:

1. occorreva distruggere una concezione della letteratura come mimesi della realtà (bisognava insomma andare al di là – si diceva – della "barriera del naturalismo") o come espressione lirica dei sentimenti (si teorizzava perciò la morte del soggetto) o come sede di messaggi "forti", o del sacro o del sublime,
2. bisognava rivoluzionare il linguaggio esistente disarticolandolo e lavorando poi sul montaggio, sull'abbassamento prosastico, sul comico, sull'onirico.

Le proposte della Neoavanguardia per la narrativa: il romanzo sperimentale

Per quanto riguarda il romanzo, il convegno del Gruppo 63 tenutosi (ancora a Palermo) nel 1965 e dedicato al romanzo sperimentale avanzò **le seguenti proposte**:

1. «normalizzazione» del personaggio: congedo al personaggio-eroe, cioè al personaggio esemplare in senso politico o morale;
2. «abbassamento» della vicenda, con la conseguente «dilatazione della quotidianità» e predilezione per l'ovvio, l'usuale, il trascurabile;
3. svuotamento dell'azione narrativa, della trama, a tutto vantaggio dell'inazione o della staticità narrativa, oppure scelta di un'azione pura, del tutto inventata, fantastica, artificiale e astratta;
4. rifiuto dell'ideologia come cemento unificante della narrazione;
5. rifiuto dell'evocazione e della rappresentazione a favore di una descrizione capace di rendere la magmaticità del reale;
6. scelta di uno "stile basso" e "comico", del *pastiche* linguistico, di tecniche basate sul monologo interiore e sull'onirismo;
7. struttura aperta della narrazione.

«Quindici»

Il Gruppo 63 si appoggiò all'editore Feltrinelli (che dal 1962 assunse anche la diffusione del «Verri»), ma non ebbe sino al 1967 una propria rivista. **Fra i periodici che ne ripresero le idee e le proposte il principale fu il mensile «Quindici»**, diretto da Alfredo Giuliani e poi da Nanni Balestrini, ma in buona misura egemonizzato dalla personalità di Eco. La nuova rivista durò solo due anni. Finì infatti travolta dalle contraddizioni aperte nel suo seno dalla contestazione studentesca e operaia del 1968 e 1969. Dopo aver per anni creduto che le uniche contraddizioni possibili fossero quelle letterarie e artistiche, ora infatti gli autori della Neoavanguardia si trovavano davanti conflitti sociali e politici che, per mancanza di strumenti e di cultura specifica, non sapevano analizzare né sostanzialmente capire. **Fu la fine della Neovanguardia**.

4 Le riviste del '68 e la crisi degli anni Settanta: «Alfabeta»

Le riviste politiche dei giovani

Fra il 1961 e il 1968 si registra un fenomeno singolare: si assiste alla **nascita di una serie di riviste giovanili**, a carattere politico o politico-culturale, che raggiungono un momento massimo di diffusione e di incidenza fra il 1967 e il 1971 e poi decadono e spesso muoiono fra il 1971 e il 1974, quando tramonta il movimento di contestazione (il cosiddetto "Sessantotto") da cui esse traevano alimento. **Si tratta di riviste che si ispirano al cosiddetto "neomarxismo"**, vale a dire a un pensiero teorico che recupera alcuni aspetti del "marxismo critico" elaborato da un periodico come «Ragionamenti» fra il 1955 e il 1957 (vi collaborò attivamente Franco Fortini). Il neomarxismo assume aspetti provocatori di critica "da sinistra" alla politica culturale e alla linea politica complessiva del PCI. **Il campo privilegiato di interessi di queste riviste non è la letteratura, ma la politica**, l'ideologia, il costume, le lotte operaie e sindacali, le vicende del movimento studentesco.

«Quaderni rossi» e «Quaderni piacentini»

Fra queste riviste ne spiccano due di particolare rilievo, **«Quaderni rossi»** (1961-1965) e **«Quaderni piacentini»** (1962-1985). **Alla prima**, fondata a Torino nel 1961, parteciparono sociologi, sindacalisti e politici come Rieser, Tronti, Negri, Foa, ma anche letterati come Asor Rosa e Fortini. **La seconda** nacque a Piacenza nel 1962, fu diretta per un lungo periodo da Piergiorgio Bellocchio, Grazia Cherchi e Goffredo Fofi ed ebbe, a differenza dell'altra, lunga vita (chiude le pubblicazioni nel 1985). A essa collaborarono scrittori e critici come Fortini, Cases, Giudici, Raboni, Majorino, Asor Rosa, Timpanaro. «Quaderni rossi» si dedicò allo studio della condizione operaia privilegiando il metodo dell'inchiesta ma vedendo anche nell'organizzazione della fabbrica e del lavoro un modello di organizzazione dell'intera società. Più eclettica, ma anche più varia, ricca e pungente fu **«Quaderni piacentini»** che di **fatto divenne l'organo della "nuova sinistra" e della contestazione studentesca** negli anni fra il 1967 e il 1970. Essa condusse una critica sferzante non solo delle ideologie borghesi, ma del costume e della cultura della sinistra.

Il tramonto della "nuova sinistra" e della Neoavanguardia

Agli inizi degli anni Settanta si estinguono, insieme, i fermenti di rinnovamento dei gruppi politici della "nuova sinistra" e quelli della Neoavanguardia. Il dibattito letterario e culturale tende a declinare e illanguidirsi. Anche le riviste letterarie e politico-culturali perdono a poco a poco la funzione di stimolare la discussione.

La rivista «Alfabeta»

Unica eccezione è **«Alfabeta»**, che può essere considerata **l'ultima rivista del Novecento**, l'ultimo nucleo culturale che tiene acceso il dibattito letterario, politico e culturale fra la fine degli anni Settanta e l'inizio degli Ottanta. Si tratta di un **mensile nato a Milano nel 1979 per iniziativa di Balestrini e uscito sino al 1988** (va segnalato che la rivista è rinata, col nome «Alfabeta2», nel luglio del 2010). La direzione è formata da un gruppo di scrittori che avevano fatto parte del Gruppo 63 o delle tendenze sperimentali degli anni Sessanta (Eco, Porta, Balestrini, Leonetti, Volponi), di critici letterari e di semiologi legati alla stagione dello strutturalismo, come Maria Corti (oltre, s'intende, a Eco) o del marxismo, di filosofi invece legati alle nuove tendenze del "pensiero debole", di organizzatori culturali.

I temi del dibattito culturale promosso da «Alfabeta»

Ogni numero della rivista era strutturato su temi di dibattito generali decisi dalla direzione e su recensioni, organizzate intorno a gruppi di libri d'argomento omogeneo anche se appartenenti a campi di ricerca eterogenei. **I terreni principali di discussione furono quattro**: **quello politico**, legato al garantismo, (contro le leggi speciali e in difesa degli imputati politici), ma anche al ripensamento del '68 e ai nuovi movimenti (Verdi, femminismo); **quello artistico** ruotante sulla Transavanguardia e sul Postmoderno; **quello filosofico**, incentrato sulla discussione sul "pensiero debole", sulla crisi della ragione, sull'ermeneutica; **quello letterario**, che si sviluppò attraverso una serie di convegni e un ampio dibattito (*Il senso della letteratura*) di cui ci occuperemo più avanti.

S • Le riviste del periodo 1955-1990

5. Dal "ritorno alla poesia" negli anni Settanta al Gruppo 93

Il "ritorno alla poesia" dopo il 1973

La crisi della Neoavanguardia e dei movimenti del '68 coincide con l'affermazione, nel corso degli anni Settanta, di **una nuova generazione di scrittori**, che si esprime soprattutto nella poesia (nella narrativa i movimenti sono più sotterranei e comunque meno organizzati). Dopo il 1973, i giovani accomunano in un analogo rifiuto la contestazione letteraria del Gruppo 63 e quella politica della "nuova sinistra", vedendo in entrambe una tendenza a rifiutare la poesia come rivelazione del sentimento, come evocazione lirica, come bellezza suscitatrice di miti e di simboli. **È il momento del "ritorno alla poesia", che coincide per molti con un "ritorno al privato"** dopo le passioni pubbliche del decennio precedente. Ciò determina una ripresa di tematiche e suggestioni del Simbolismo e del postsimbolismo (ovviamente anche dell'Ermetismo) e, prima ancora, del Romanticismo.

La linea "orfica" e "neoromantica": l'antologia La parola innamorata

L'**antologia** poetica curata da Pontiggia e Di Mauro *La parola innamorata*, uscita nel 1978, **delinea una nuova tendenza**, definita – soprattutto dagli avversari – "**orfica**" o "**neoromantica**". Ne è appassionato portavoce il poeta Giuseppe Conte che, in polemica con la Neoavanguardia, ripropone la scoperta del mito, i temi della natura e dell'eros, dell'arcaico e del simbolico.

Il convegno di «Alfabeta» sul Senso della letteratura

Quando, **nel 1984**, si tiene a Palermo il primo dei convegni organizzati da «Alfabeta» (il tema è *Il senso della letteratura*), **la tendenza orfica o neoromantica appare ancora dominante**. Tuttavia **le si oppone un gruppo**, sia pure minoritario, **di poeti e di critici** (Leonetti, Sanguineti, Luperini) **che si rifanno allo sperimentalismo degli anni Sessanta**, ma che sostengono anche l'esigenza di impegno politico da parte degli scrittori. Sul piano della proposta di poetica, essi si rifanno all'allegoria contro il simbolo e a un lavoro sul linguaggio ispirato all'Espressionismo primonovecentesco. Il contrasto fra "neoromantici" ed "espressionisti" o allegorici è ormai pubblico.

Il Gruppo 93

Quando, **nel 1989**, esce **l'antologia** *Poesia italiana della contraddizione*, a cura di Franco Cavallo e Mario Lunetta, appare chiara **la nascita di un'altra generazione di poeti** estranei alla poetica della «parola innamorata» e polemici nei suoi confronti. Alcuni di essi (Baino, Cepollaro, Voce, Falasca, Frixione, Ottonieri), proprio nel corso del 1989, daranno vita al **Gruppo 93**, nato nel 1989 con l'intento, poi realizzato, di sciogliersi appunto nel 1993. Ne fanno parte Mariano Baino, Biagio Cepollaro e Lello Voce, i quali danno vita nel 1990 alla rivista «Baldus»; un gruppo di poeti liguri legati alla pubblicazione «Altri luoghi» e alcuni giovani di Roma (Frasca, Ottonieri).

La babele dei linguaggi e l'oralità: continuità e rottura rispetto all'esperienza della Neoavangurdia

Essi si dichiarano postmoderni perché intendono esprimere la commistione e la babele dei linguaggi (dal dialetto agli spot pubblicitari, dalle lingue morte o arcaiche all'inglese o il francese moderni), rendendone il *pastiche* e giocando con le citazioni e l'intertestualità. **Alcuni di essi puntano inoltre sull'oralità**, utilizzano particolari strumenti di amplificazione dei suoni e corredano i loro libri di poesia di compact disc perché alla lettura si associ la *performance* della viva voce. Nel medesimo tempo però **essi presentano come "critico" il loro postmodernismo** perché adottano tecniche allegoriche (per esempio, il montaggio) rivolte a far emergere, dalla complessità contraddittoria dei linguaggi, un significato di denuncia etico-politica.

6. La poetica del Postmoderno: da Eco ai "cannibali"

La poetica del Postmoderno nelle Postille al Nome della rosa di Umberto Eco

Quando, nel **1980**, esce *Il nome della rosa* di Umberto Eco, nella letteratura italiana si assiste «alla **prima, consapevole produzione di un romanzo postmoderno**» (Ceserani). E infatti la poetica della nuova tendenza si trova espressa, almeno parzialmente, nelle **Postille al Nome della rosa**, pubblicate nel 1983 da Eco su «Alfabeta». Schematicamente **essa consiste nei seguenti punti**:

1. fine della distinzione fra arte sperimentale e arte di massa e tendenza a coniugare la complessità con la piacevolezza, e cioè con il piacere della narrazione "per tutti" e con il gusto dell'intreccio;
2. ricorso sistematico alla citazione, all'intertestualità, all'ironia, alla riscrittura di altri testi;
3. rivisitazione della storia passata come affresco decorativo e "spettacolare";
4. tendenza al *pastiche* come commistione non esplosiva e non contraddittoria di generi, di stili e di linguaggi diversi;
5. deresponsabilizzazione dell'autore rispetto ai significati dell'opera;
6. il tema del labirinto, del complotto, della torre di Babele, dell'assurdità oppressiva del potere e dell'insignificanza della vita;
7. un sostanziale pessimismo coincidente con un nichilismo non drammatico (come quello primo-novecentesco), ma "morbido" che dà ormai per scontata la fine dei valori e dei significati "forti" (cfr. **S3**).

Il "romanzo neostorico"

Il tema della rivisitazione storica in chiave postmoderna torna soprattutto nel genere del "romanzo neostorico" che s'impone negli anni Ottanta anche grazie al successo del *Nome della rosa* (fra gli autori di romanzi che rientrano in questa categoria ricordiamo soprattutto Malerba, Tabucchi e Vassalli).

La narrativa dei giovani e il fenomeno letterario dei "cannibali"

Negli anni Novanta il Postmoderno si evolve con l'affermazione di una generazione di **giovani che sembrano ignorare la mediazione letteraria**. Il citazionismo postmoderno si esercita ora non più sui testi letterari del passato, ma direttamente sul **linguaggio del presente, soprattutto quello degli spot pubblicitari, della televisione, degli audiovisivi, del cinema**. E se i romanzi postmoderni degli anni Ottanta presentavano personaggi di carta (costruiti cioè con citazioni di situazioni e di psicologie di altri libri), ora i nuovi personaggi sono fatti di *cartoons*, e richeggiano i fumetti dell'orrore e della fantascienza, i *comics*, i film d'avventura e del terrore. Perciò i temi orrorosi e truculenti non svolgono una funzione perturbante, ma da intrattenimento persino piacevole. La nuova tendenza, che si rifà specialmente a un noto film di Tarantino, *Pulp Fiction* (cfr. cap. I, § 8), e per questo **è anche definita "pulp"**, ammette in genere un unico antecedente letterario, quello dei romanzi di Pier Vittorio Tondelli, che negli anni Ottanta aveva messo in scena la vita dei giovani fra discoteche, bar, auto, ambienti metropolitani e periferie di città. Anche questa degli anni Novanta, d'altronde, è una narrativa generazionale, scritta da giovani, si direbbe, per altri giovani.

L'antologia Gioventù cannibale

La nuova tendenza è apparsa in modo unitario al grande pubblico grazie a un'antologia, *Gioventù cannibale*, uscita nel 1996. Di qui la denominazione di **scrittori "cannibali"**, con riferimento alla truculenza delle trame. Oltre a quelli contenuti nell'antologia (fra i quali i più noti sono Niccolò Ammaniti, Matteo Galiazzo, Aldo Nove), occorre ricordare Isabella Santacroce, Enrico Brizzi e Tiziano Scarpa.

LA POETICA DEL POSTMODERNO

- piacere della narrazione e gusto dell'intreccio: letteratura adatta al consumo di massa
- citazione, intertestualità, riscrittura, rivisitazione ironica della letteratura del passato
- mescolanza di generi, stili, linguaggi diversi
- successo del romanzo "neostorico" e storia come sfondo "spettacolare", in cui ambientare la vicenda narrata
- deresponsabilizzazione dell'autore
- "nichilismo morbido"
- temi del labirinto, del complotto, della biblioteca

SCRITTORI "CANNIBALI"

- citazionismo che si esercita sul linguaggio dei media e del cinema
- personaggi e intrecci fumettistici
- temi orrorosi e truculenti
- modelli: film di Tarantino e romanzi di Tondelli

autori
- Ammaniti
- Galiazzo
- Nove
- Santacroce
- Brizzi
- Scarpa

S3 MATERIALI E DOCUMENTI

La poetica del Postmoderno: le «postille» al *Nome della rosa*

Nelle *Postille* al *Nome della rosa*, uscite nel 1983 su «Alfabeta» e poi poste in appendice a una nuova edizione del romanzo, Umberto Eco afferma di considerare il Postmoderno non come un periodo storico, ma come una tendenza metastorica, una sorta di permanente Manierismo che gioca su stili e su motivi già noti, affermati o addirittura classici. Il suo romanzo presenta appunto questa forma di Manierismo: presuppone infatti la coscienza che tutto è già stato detto e può essere solo citato, magari con ironia e divertimento. Si noti che l'ironia di cui qui si parla non è quella illuministica: si congiunge alla piacevolezza, al gioco metalinguistico, non all'irrisione polemica. Altri aspetti postmoderni del discorso di Eco possono essere poi rintracciati nel recupero delle forme dell'arte di massa e in particolare dell'intreccio, nell'affermazione della caduta della distinzione fra arte sperimentale e produzione di consumo, e nel programma di una rivisitazione ironica del passato.

▶▶ Credo tuttavia che il post-moderno non sia una tendenza circoscrivibile cronologicamente, ma una categoria spirituale, o meglio un *Kunstwollen*,[1] un modo di operare. Potremmo dire che ogni epoca ha il proprio post-moderno, così come ogni epoca avrebbe il proprio manierismo (tanto che mi chiedo se post-moderno non sia il nome moderno del Manierismo come categoria metastorica). Credo che in ogni epoca si arrivi a dei momenti di crisi quali quelli descritti da Nietzsche nella *Seconda Inattuale*,[2] sul danno degli studi storici. Il passato ci condiziona, ci sta addosso, ci ricatta.

L'avanguardia storica (ma anche qui intenderei quella di avanguardia come categoria metastorica) cerca di regolare i conti con il passato. [...]

Ma arriva il momento che l'avanguardia (il moderno) non può più andare oltre, perché ha ormai prodotto un metalinguaggio che parla dei suoi impossibili testi (l'arte concettuale). La risposta post-moderna al moderno consiste nel riconoscere che il passato, visto che non può essere distrutto, perché la sua distruzione porta al silenzio, deve essere rivisitato: con ironia, in modo non innocente. Penso all'atteggiamento post-moderno come a quello di chi ami una donna, molto colta, e che sappia che non può dirle "ti amo disperatamente", perché lui sa che lei sa (e che lei sa che lui sa) che queste frasi le ha già scritte Liala. Tuttavia c'è una soluzione. Potrà dire: «Come direbbe Liala, ti amo disperatamente». A questo punto, avendo evitata la falsa innocenza, avendo detto chiaramente che non si può più parlare in modo innocente, costui avrà però detto alla donna ciò che voleva dirle: che la ama, ma che la ama in un'epoca di innocenza perduta. Se la donna sta al gioco, avrà ricevuto una dichiarazione d'amore, ugualmente. Nessuno dei due interlocutori si sentirà innocente, entrambi avranno accettato la sfida del passato, del già detto che non si può eliminare, entrambi giocheranno coscientemente e con piacere al gioco dell'ironia [...] Ma entrambi saranno riusciti ancora una volta a parlare d'amore.

Ironia, gioco metalinguistico, enunciazione al quadrato.[3] Per cui se, col moderno, chi non capisce il gioco non può che rifiutarlo, col post-moderno è anche possibile non capire il gioco e prendere le cose sul serio. Che è poi la qualità (il rischio) dell'ironia. C'è sempre chi prende il discorso ironico come se fosse serio.

U. Eco, *Postille a «Il nome della rosa»*, in appendice a *Il nome della rosa*, Bompiani, Milano 1988 [1993], pp. 528-530.

---

1 *Kunstwollen*: volontà artistica (dal tedesco).
2 *Seconda Inattuale*: si tratta della seconda delle *Considerazioni inattuali*, intitolata *Utilità e danno della storia per la vita* (1874).
3 *enunciazione al quadrato*: enunciazione potenziata dal gioco metalinguistico, come indica l'esempio che precede.

---

7 Le tendenze del nostro tempo

La letteratura del primo quindicennio del XXI secolo è caratterizzata da un **progressivo ritorno alla realtà** e al documento.

La fine del postmodernismo

Mentre **il postmodernismo** aveva sostenuto **il primato dell'ironia e della leggerezza**, il mondo del **terzo millennio** è apparso invece dominato dalla gravità e dalla pesantezza dei contrasti rinascenti: gli attentati terroristici, a partire da quello alle Torri gemelle di New York l'**11 settembre 2001**, la seconda guerra del Golfo, i conflitti interetnici e religiosi, l'invasione dell'Europa da parte dei popoli affamati dell'Est e del Sud del mondo, infine la crisi economica.

Segnali di cambiamento in America

Il cambiamento è avvenuto anzitutto negli Stati Uniti, ma è stato favorito anche dalla diffusione in Nordamerica e in Europa della nuova narrativa proveniente dall'Africa e dall'Asia. Negli **Stati Uniti**, anche scrittori postmodernisti, come **Don DeLillo**, hanno finito per abbandonare questa tendenza (DeLillo con *Underworld* si è avvicinato a soluzioni originalmente realiste), mentre altri, come **Philip Roth** (particolarmente in *Pastorale americana*), **Michael Cunningham** (particolarmente con *Carne e sangue*) e **Jonathan Franzen** (con *Le correzioni* e *Libertà*) hanno delineato articolati profili del contrasto fra le generazioni e vaste e complesse rappresentazioni della società americana. La letteratura di **scrittori turchi** (come **Orhan Pamuk**), **pakistani** (come **Mohsin Hamid**), **sudafricani** (come **John M. Coetzee**), **iraniani** (come **Azar Nafisi**), **afgani** (come **Khaled Hosseini**), **israeliani** (come **Abraham B. Yehoshua**, **Amos Oz**, **David Grossman**), **nigeriani** (come **Chimamanda Ngozi Adichie**) ha indubbiamente contribuito a introdurre in Occidente un tipo di narrativa ispirata ai problemi scottanti e non eludibili dei conflitti razziali, interetnici, sociali.

Il ritorno alla realtà

A partire dalla fine degli anni Novanta qualcosa dunque comincia a cambiare in tutta la cultura occidentale. **In Italia** si può parlare anzitutto di **un ritorno alla realtà nella letteratura e nel cinema**. Indubbiamente continua a prodursi nel nostro Paese anche una letteratura postmodernista, e tuttavia si tratta ormai di un postmodernismo estremo che non rinuncia a una esigenza di tipo saggistico e conoscitivo. Il più interessante rappresentante di questo postmodernismo estremo è **Walter Siti**, che nelle sue opere più importanti, *Troppi paradisi* (2007) e *Resistere non serve a niente* (che ha vinto il Premio Strega nel 2013), analizza il mondo della televisione, dei programmi di intrattenimento come i *reality show*, della finanza corrotta, cercando nel contempo di caratterizzare gli stili di vita, le ideologie, i comportamenti, la «mediocrità» dell'Occidente. Ma soprattutto nella produzione narrativa comincia a profilarsi una tendenza apertamente realistica, fondata sulla documentazione (nel cinema il genere del documentario acquista nuovo risalto, mentre in letteratura acquista importanza il *reportage*) e sull'impegno etico-civile. Essa riguarda sia scrittori della vecchia generazione come **Nanni Balestrini** (che scrive un romanzo sulla camorra, *Sandokan*, nel 2004; cfr. cap. IV, § 18), sia autori più giovani come **Roberto Saviano**, autore di *Gomorra*, anche questa un'opera sulla camorra, oscillante fra *reportage* e autobiografia, uscita nel 2006 (cfr. cap. IV, § 18). Bisogna aggiungere che in questo periodo alcuni fra i "cannibali" si evolvono in questa stessa direzione rappresentando casi reali di un'Italia concreta: si pensi a *Io non ho paura* (2001) di **Niccolò Ammaniti**, ispirato a un fatto di cronaca nera o a *Mi chiamo Roberta* (2006) di **Aldo Nove**, che documenta la condizione di precariato delle giovani generazioni. Anche altri narratori tornano a ispirarsi a fatti della storia recente: è il caso di *Campo di sangue* (1997) di **Eraldo Affinati**, che racconta un viaggio ad Auschwitz, o di *L'abusivo* (2001) di **Antonio Franchini**, sull'omicidio di un giornalista. Il più importante di questi libri è indubbiamente *Gomorra*, un romanzo-*reportage* in cui Roberto Saviano ha il coraggio di denunciare nomi e fatti della camorra, da cui è stato più volte minacciato di morte (vive infatti sotto scorta).

Gomorra di Saviano

Le nuove voci della poesia: Valerio Magrelli

Anche **la poesia** degli ultimi anni è caratterizzata da un'esigenza di confronto con il reale. Ci limitiamo a segnalare, tra i tanti autori interessanti, il solo **Valerio Magrelli**. Al centro della sua ispirazione si colloca il soggetto lirico, ma colto nel tentativo faticoso e frustrante del rapporto conoscitivo col mondo esterno. Per Magrelli, a differenza dei poeti "innamorati" (cfr. § 5), la poesia non è dono, ma scommessa, rischio, sfida estrema della ragione che può conseguire solo – e a prezzo di un umile impegno, artigianale e costruttivo – risultati approssimativi e parziali (cfr. cap. III, § 11).

Lavoriamo con la VIDEOLEZIONE

In questa videoezione Luperini illustra il frastagliato panorama della letteratura del nuovo millennio, caratterizzata dal superamento del Postmoderno e dal ritorno alla realtà. Quali romanzi o libri di poesie degli ultimi anni hai letto ed amato? Confronta le tue letture con quelle degli altri compagni. Quindi, con la guida dell'insegnante, lavorando in classe in modo cooperativo, prova a tracciare una mappa degli scrittori del terzo millennio, che tenga conto delle esperienze di lettura tue e dei compagni. Quali tra gli scrittori inseriti nella mappa esibiscono nella propria opera i segnali di cambiamento rilevati da Luperini?

DAL RIPASSO ALLA VERIFICA

MAPPA CONCETTUALE — L'avanguardia in Europa e negli USA

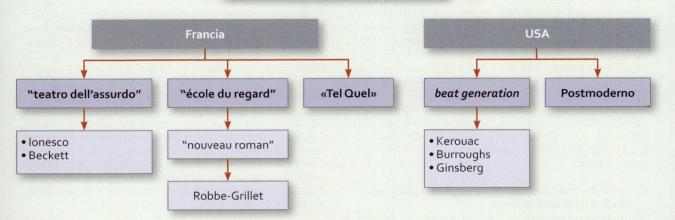

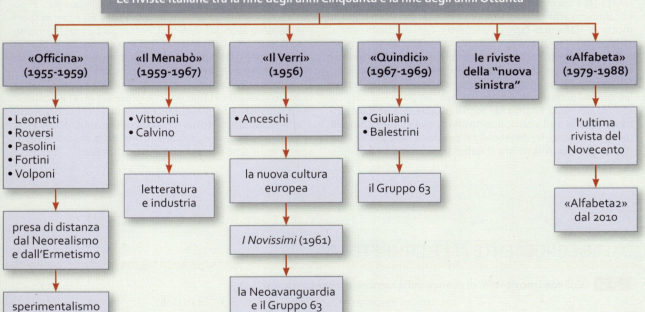

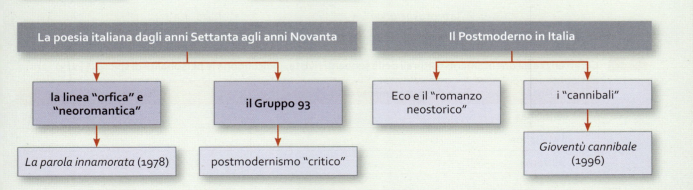

DAL RIPASSO ALLA VERIFICA

SINTESI

● L'avanguardia in Europa e negli Stati Uniti

Negli anni Cinquanta e Sessanta prevalgono in Europa e negli Stati Uniti i movimenti d'avanguardia. In Francia nascono il "teatro dell'assurdo" (Ionesco, Beckett), che si caratterizza per le ricerche più spericolate del linguaggio, fra combinazione matematica, gioco e non senso; la "scuola dello sguardo" che propone un "nuovo romanzo" che mostra le cose nella loro fisicità e rifiuta ogni aspetto psicologico (ne è massimo esponente Robbe-Grillet) e la rivista «Tel Quel» che istituisce un legame tra sperimentalismo letterario e le nuove scienze umane, semiologia e psicoanalisi soprattutto; negli Stati Uniti si afferma la *beat generation* (Kerouac, Ginsberg, Burroughs). Sempre negli Stati Uniti alla fine degli anni Sessanta si diffonde il Postmoderno.

● Le riviste "militanti" dalla fine degli anni Cinquanta alla fine degli anni Ottanta

Nel 1955 viene fondata da Pasolini, Roversi e Leonetti, a Bologna, la rivista «Officina», che rompe con il Neorealismo e con l'Ermetismo e propone forme di sperimentalismo. Alla rivista (alla cui redazione si associa più tardi anche Fortini) collaborano attivamente Volponi e Pagliarani. Poco dopo la morte di «Officina» (1959), Vittorini e Calvino danno vita a «Il Menabò» (1959-1967), che continua nella linea sperimentale proponendo fra l'altro il tema del rapporto fra letteratura e industria. La rivista guarda con simpatia alla nascente Neoavanguardia, anche se Calvino non ne accetta la «resa al labirinto» (di qui il titolo di un famoso saggio di Calvino, *La sfida al labirinto*). Intanto nel 1956 il critico Luciano Anceschi fonda la rivista «Il Verri», aperta alla nuova cultura europea (neopositivismo, fenomenologia, psicoanalisi) e alla ricerca d'avanguardia. Alla rivista collaborano i poeti che nel 1961 fanno uscire l'antologia dei *novissimi*: Sanguineti, Giuliani, Porta, Balestrini, Pagliarani. È una rottura netta con il passato. I nuovi poeti sono ben più radicali degli autori di «Officina»: si rifanno al Surrealismo, al Dadaismo e alle altre avanguardie europee primonovecentesche. Due anni dopo viene fondato a Palermo il Gruppo 63, che unisce, oltre ai *novissimi*, tutti gli scrittori che aderiscono alla Neovanguardia. Ne fanno parte anche narratori e saggisti come Eco, Manganelli, Malerba, Barilli, Angelo Guglielmi. La rivista del Gruppo 63, «Quindici» (1967-1969), è travolta dalle lotte studentesche del '68. Tra gli anni Sessanta e Settanta si affermano inoltre altre riviste, espressione della nascente "nuova sinistra"; le più importanti sono «Quaderni rossi» e «Quaderni piacentini». L'ultima rivista che sollecita il dibattito culturale è «Alfabeta» (1976-1988). Quando essa cessa le pubblicazioni, il dibattito culturale tende a venir meno, soffocato dalla cultura-spettacolo promossa dalla televisione e dai mass media.

● Dai "neo-orfici" al Gruppo 93. La poetica del Postmoderno

Negli anni Settanta si assiste al "ritorno della poesia", in polemica con il "rifiuto della letteratura" del '68 e con lo sperimentalismo avanguardistico. L'antologia *La parola innamorata* documenta l'affermazione di una generazione di poeti (come Conte o De Angelis) che si rifanno alla tradizione del Romanticismo e del Simbolismo (sono i "neo-orfici"). Questa tendenza si estingue alla fine degli anni Ottanta, quando nasce il Gruppo 93, che professa invece posizioni antisimboliste e sperimentali. La poetica del Postmoderno si afferma soprattutto nel romanzo grazie al *Nome della rosa* di Umberto Eco, che propone la fine della separazione fra sperimentalismo e arte di consumo o di massa.

DALLE CONOSCENZE ALLE COMPETENZE

1 Collega i movimenti di avanguardia elencati ai rispettivi paesi (§ 1)

- il teatro dell'assurdo •   • Stati Uniti
- la scuola dello sguardo •   • Francia
- la *beat generation* •   • Italia
- la Neoavanguardia •

2 Caratterizza gli orientamenti culturali delle seguenti riviste, indicandone le personalità di spicco (§§ 2, 3)

riviste	orientamento culturale	scrittori
«Officina»		
«Il Menabò»		
«Il Verri»		

3 A quale delle riviste sopra citate si riferiscono queste dichiarazioni di poetica?

A poiché [...] il mondo si era ridotto a oggetto di poesia, e quindi di un'apparente sconfinata libertà linguistica, è chiaro che in seguito alla crisi [...] la lingua che era stata portata *tutta al livello della poesia*, tende ad essere abbassata *tutta al livello della prosa*, ossia del razionale, del logico, dello storico, con l'implicazione di una ricerca stilistica esattamente opposta a quella precedente [degli ermetici]».

B «Lo scrittore è di fabbriche e aziende che racconta ma non ha interesse agli oggetti nuovi e gesti nuovi che costituiscono alla nuova realtà attraverso gli sviluppi delle fabbriche e aziende. [...] Ora una letteratura che fosse pienamente all'altezza della situazione in cui l'uomo si trova davanti al mondo industriale conterebbe tra l'altro l'istanza di questo passaggio».

4 Il movimento del '68 rifiuta la letteratura perché... (§ 4)

5 Il Gruppo 63 e il Gruppo 93: indicane continuità e rottura (§§ 3, 5)

	GRUPPO 63	GRUPPO 93
propone una narrativa d'avanguardia	☐	☐
si dichiara postmoderno	☐	☐
si ispira alla quotidianità	☐	☐
rifiuta le ideologie	☐	☐
usa il *pastiche*	☐	☐
ricorre alla intertestualità	☐	☐

6 Segna la risposta sbagliata. (§ 6) La poetica del Postmoderno

A rifiuta l'intreccio e il piacere della narrazione
B ricorre sistematicamente alla citazione
C rivisita in chiave attuale la storia passata
D mescola linguaggi diversi

7 Che tipo di romanzo propongono gli scrittori "cannibali"? (§ 6)

PROPOSTE DI SCRITTURA

LA RELAZIONE

Illustra in una breve relazione qual è il ruolo delle riviste nella cultura del secondo Novecento.

LA TRATTAZIONE SINTETICA

Perché la metafora del labirinto è una figura principe della contemporaneità? Bisogna arrendersi o sfidare il labirinto? Ricostruisci per sommi capi il dibattito tra Calvino e gli esponenti della Neoavanguardia su una questione che non riguarda solo gli scrittori. (**S1** e **S2**)

prometeo 3.0

Personalizza il tuo libro selezionando per questo capitolo materiali integrativi da Prometeo (di seguito ti proponiamo un elenco di materiali, ma puoi trovarne altri utilizzando il motore di ricerca).

- **SCHEDA** Quentin Tarantino, *Pulp fiction* (1994)
- **VIDEO** LE IDEE E LE IMMAGINI Margherita Ganeri, *Postmoderno e letteratura*
- **VIDEO** Margherita Ganeri, *L'identità del Novecento*
- **TESTO** Raffaele Donnarumma, *Ipermodernità: ipotesi per un congedo dal Postmoderno*

Capitolo III — La poesia

My eBook+

Cliccando su questa icona, docenti e studenti accedono ad un'area di personalizzazione che permette di arricchire i contenuti digitali già linkati lungo le pagine del libro. Nell'area di personalizzazione è possibile infatti salvare ulteriori materiali: selezionati da Prometeo, prodotti autonomamente o ricercati nella rete.

▶ *Per un elenco di materiali integrativi presenti nella biblioteca multimediale di Prometeo o per attivare una ricerca cfr. p. 629*

René Magritte, *La memoria*, 1948. Bruxelles, Magritte Museum.

1 La poesia contemporanea tra regressione e ricerca

La poesia alla fine del millennio

Il periodo che va dalla metà degli anni Cinquanta alla fine del secolo (e del millennio) **è per la poesia un periodo particolarmente difficile e complesso.** Fondandosi sulla comunicazione verbale, la poesia vive con forza i grandi cambiamenti e le profonde novità che riguardano il mondo della comunicazione e dei linguaggi. La diffusione e il trionfo dei mass media e poi dell'informatica e dunque di nuovi linguaggi, spesso non verbali o non esclusivamente verbali, provocano sulla poesia effetti estremi. **Da una parte essa si trova messa in discussione** nella sua stessa ragion d'essere da quanti la considerano uno strumento espressivo superato. **D'altra parte si verifica anche un movimento contrario**: proprio perché così inattuale e arcaica, e proprio nella sua semplicità costitutiva (per scrivere una poesia bastano carta e penna), la poesia viene in questo periodo anche indicata da altri quale unica alternativa possibile all'alienazione linguistica e alla crisi della comunicazione intersoggettiva.

Negazione della poesia e suo rilancio estremo

I poeti e la doppia crisi della poesia: sociale e linguistica

In realtà i maggiori poeti del periodo non possono essere avvicinati a nessuna delle due posizioni, che non si limitano d'altra parte a darsi il cambio ma per lo più convivono l'una accanto all'altra, perfino nella concezione comune. I maggiori poeti, per così dire, conoscono quanto di vero c'è in queste due semplificazioni e si fanno carico del paradosso che caratterizza la loro convivenza. Ognuno di essi, dunque, propone una propria personale risposta alla doppia crisi che si abbatte sulla poesia: crisi di funzione sociale e crisi linguistica. **I risultati più interessanti** provengono perciò da quei poeti che non si rifugiano nella vecchia concezione della poesia, ma che si rivelano capaci di accogliere e di far giocare sul terreno della scrittura le novità, innanzitutto linguistiche e percettive, prodotte dalla civiltà attuale. I risultati più interessanti sono dunque infine quelli dai quali si ricava una nuova proposta tanto per la funzione della poesia (cioè sul suo significato storico-sociale) quanto per la configurazione linguistica di essa.

Uno scenario frastagliato e vario

Le soluzioni a questo ordine di questioni, qui necessariamente semplificato al massimo, sono molte e varie. Se già la prima parte del Novecento presenta uno scenario di poetiche e di soluzioni testuali tutt'altro che unitario, a maggior ragione ciò accade per la **seconda metà del secolo**, ancora più frastagliata e complessa. Con un ulteriore sforzo di semplificazione, si può tuttavia dire che **si affrontano due tendenze generali**: **una di tipo sperimentale**, dunque di ricerca, che a volte arriva a configurarsi come vera e propria avanguardia; **una invece di tipo restaurativo, o regressivo**, con il rilancio di una funzione sociale tradizionale e con la conseguente riscoperta di modi espressivi del passato. Entrambe le tendenze si presentano al loro interno ricche di soluzioni diverse e talvolta contrapposte. Tuttavia, **la seconda guarda in genere al modello del Simbolismo ottocentesco**, di cui riprende la fiducia nel potere evocativo della parola poetica, incrociando la funzione privilegiata assegnata dai simbolisti alla figura sociale del poeta con suggestioni di tipo decadente. **La tendenza sperimentale**, assai più importante per funzione storica e per qualità di risultati, **è ancora più frastagliata**. Si va dal rilancio manieristico e straniato di moduli tradizionali (fino alla riscoperta di forme metriche come il sonetto) alla contestazione radicale delle procedure linguistiche esistenti (fino al non-senso e alla elaborazione al computer). Se la tendenza regressiva si ispira, come si è detto, soprattutto al Simbolismo, quella sperimentale oscilla tra il modello delle grandi avanguardie storiche del primo Novecento (Espressionismo soprattutto) e quello del Surrealismo francese.

La tendenza restaurativa

La tendenza sperimentale

L'interesse per la poesia

I paesi nei quali la poesia offre i risultati nel complesso più interessanti sono la Francia, gli Stati Uniti, la Germania e l'Italia (se ne parla nei paragrafi seguenti). In ogni caso, l'interesse per la poesia, anche nelle generazioni più giovani, non sembra essere venuto meno: segno, forse, che uno spazio critico e importante per la poesia esiste ancora nella civiltà del Postmoderno e che la lunghissima storia di questo modo umano di esprimersi non è ancora finita (cfr. **S1**).

S1 — INFORMAZIONI

È ancora possibile la poesia?

La domanda qui posta nel titolo è quella cui Eugenio Montale intitolò il discorso pronunciato a Stoccolma il 12 dicembre 1975 in occasione della consegna del premio Nobel. Montale stesso specifica che la domanda potrebbe porsi anche in termini più specifici: «potrà sopravvivere la poesia nell'universo delle comunicazioni di massa?». La risposta data in quell'occasione è sostanzialmente positiva. Proprio la inutilità e la marginalità della poesia rispetto alla spettacolarizzazione che domina la civiltà dei mass media ne dovrebbe assicurare la funzione, fondata sul bisogno antropologico degli esseri umani di dare un senso a certe condizioni esistenziali, o anche alla condizione esistenziale in se stessa della vita sulla Terra. Tuttavia, Montale immagina che questa sopravvivenza si svolgerà parallelamente all'«esibizionismo isterico» delle comunicazioni di massa, in una nicchia periferica che potrà assumere le forme più imprevedibili, non necessariamente eguali a quelle del passato; e immagina che diventerà forse ancora più difficile il raggiungimento di un destinatario, cioè di un lettore disposto a ricevere il messaggio specifico espresso nella poesia. Quella di Montale è dunque un'ipotesi debolmente ottimistica.

In effetti tutta la modernità si svolge all'insegna di una minaccia nei confronti dell'arte (è la "morte dell'arte" profetizzata già da Hegel), o almeno dell'arte tradizionalmente intesa. E la poesia vive in questi decenni al confine tra una fortuna esagerata (molti scrivono poesie) e una dimenticanza irreparabile (pochissimi leggono le opere pubblicate, anche dei maggiori poeti). Bisogna fra l'altro considerare che le tecniche di comunicazione prevalenti nell'epoca postmoderna formano un'esperienza tutta fondata sulla rapidità e spesso sulla superficialità, così che il contatto con un testo denso come quello poetico (che richiede lentezza e profondità di ricezione) risulta anacronistico: faticoso, inappagante, ostico. D'altra parte è proprio da questa condizione sottilmente alienante e omologante e dal pericolo di passività che essa rappresenta per tutti che deriva il bisogno per i singoli soggetti di trovare forme di espressione personali, per mezzo delle quali riflettere sulla propria identità e magari comunicare davvero con altri: e la poesia, spesso, risulta la tecnica più adatta all'esercizio di questi tentativi.

È una delle numerose contraddizioni del nostro tempo, che determina anche in molte altre forme, al tempo stesso, bisogni nuovi e distruzione della possibilità di esprimerli e soddisfarli.

Non bisogna fra l'altro dimenticare che le tecniche espressive (soprattutto retoriche) della poesia vivono nella pratica quotidiana e pervasiva della pubblicità. Ma lo scopo è in questo caso quello di persuadere: uno scopo che la poesia non ha mai messo al primo posto, e che forse non può appartenere al suo codice genetico.

Sta di fatto che l'ultima forma di fruizione critica della poesia resta oggi la scuola, che garantisce un contatto con alcuni fra i maggiori esempi del grande patrimonio storico della tradizione e nei casi migliori fornisce gli strumenti minimi per procedere da soli nella investigazione di esso e nella conoscenza anche dei poeti più interessanti di oggi. È una funzione sulla quale è bene riflettere, che si creda o meno nel valore di civiltà insito nella poesia.

2. La poesia in Francia. René Char

André Frénaud, Henri Michaux e Francis Ponge

La vivacità della letteratura francese recente nella narrativa non ha l'eguale nella poesia, benché si registri anche in questo ambito la presenza di alcune personalità di grande interesse. Tra questi spiccano soprattutto **André Frénaud** (1907-1993), **Henri Michaux** (nato in Belgio nel 1899 e morto a Parigi nel 1984) e **Francis Ponge** (1899-1988).

Jacques Prévert

Forse poco rigorosa sul piano filosofico, ma premiata da un grande successo internazionale, è stata la contestazione del linguaggio lirico tradizionale operata da **Jacques Prévert** (1900-1977), che collaborò con grandi registi come René Clair e scrisse i testi di alcune delle canzoni più fortunate e felici del secolo (come *Le foglie morte*), consegnando, soprattutto negli anni Quaranta e Cinquanta, una produzione poetica fondata su temi e linguaggio quotidiani e diretti, di facile comunicabilità ma anche estrosi e intensi (cfr. **S2**).

La bellezza e l'orrore: la poesia di René Char fra simbolismo e surrealismo impegnato

Legato profondamente all'esperienza del Simbolismo è anche il maggiore poeta francese del periodo, **René Char** (1907-1988). I testi dell'esordio surrealista confluirono in **Le marteau sans maître** [Il martello senza padrone, 1934] e in altre raccolte minori che non sorpassano comunque lo scoppio della guerra. La partecipazione al conflitto e alla resistenza modificarono radicalmente la poetica di Char e la sua visione del mondo, dapprima accendendo la protesta contro l'assurda malvagità del mondo, in cui non c'è spazio per la bellezza e per la poesia, quindi incoraggiando la ricerca proprio del margine, o del nucleo, nel quale invece è possibile, nonostante tutto, riconoscere i segni della

---

S2 — INFORMAZIONI

Poesia e canzoni

La nascita della lirica moderna vede l'intreccio strettissimo di parole e musica, come testimoniano anche i nomi delle varie forme metriche (canzone, sonetto, ballata, ecc.). Il divorzio dalla musica che segna ben presto l'evoluzione delle parole, già compiuto nel Trecento, non implica l'assenza, da quel momento in poi, di scambi e incontri. Continuano sempre, e in alcuni momenti in modo particolare, a esistere testi composti apposta per essere musicati e cantati. Soprattutto in momenti di accesa protesta sociale e politica si incontrano letterati che compongono testi in versi finalizzati all'esecuzione musicale (accade così, per esempio, per il risorgimentale *Fratelli d'Italia* di Mameli). È un fenomeno tuttavia di carattere prevalentemente popolare, tale da lasciare nell'anonimato, il più delle volte, la personalità dell'autore dei testi (e delle note). Ciò non toglie che la notorietà di molti di questi testi sia assai superiore rispetto alla letteratura propriamente detta, perlopiù ignorata dalle masse popolari e piccolo-borghesi scarsamente o niente affatto scolarizzate. Non si deve d'altra parte dimenticare che, soprattutto tra Settecento e Ottocento, le forme di scrittura poetica che godono della ricezione di massa sono quelle destinate al teatro melodrammatico, cioè a una funzionalizzazione appunto musicale.

L'affermazione, nell'ultimo secolo in particolare, della società di massa e la nascita dell'industria culturale moderna hanno impresso uno sviluppo fortissimo al genere della canzone, anche in forza delle nuove possibilità tecniche di diffusione e di commercializzazione (radio, dischi, televisione, ecc.). La canzone si diversifica in modo da soddisfare diverse esigenze culturali (e di mercato). Accanto alle prevalenti proposte convenzionali e stereotipate (tanto nelle parole quanto nella musica), si riscontrano vari filoni di ricerca qualitativamente elevata, soprattutto costituiti da cantautori. Si tratta di artisti che compongono sia il testo letterario che quello musicale (come in genere Fabrizio De André, Edoardo Bennato, Lucio Dalla, Francesco De Gregori, Sergio Endrigo, Francesco Guccini, Enzo Jannacci, Bruno Lauzi, Domenico Modugno, Gino Paoli, Luigi Tenco, Roberto Vecchioni e molti altri). In modi e forme diverse a seconda dei casi si incrociano le istanze in senso lato poetiche e la ricerca di una fruizione semplificata, così che i tratti della sperimentazione letteraria si presentano spesso fusi alla banalizzazione e alla facile ricerca dell'effetto. Ciò non esclude una certa qualità dei testi, che presentano tematiche sociali (e talvolta politiche) alternate a tematiche private. È un uso del linguaggio secondo criteri poetici (con uso di versi, figure retoriche, perfino rime, ecc.) che coinvolge un immenso pubblico, soprattutto giovanile, diversamente dalla ricerca di punta dei poeti "alti", confinata perlopiù entro una circolazione assai ristretta. L'osmosi tra i due mondi (non sempre a senso unico) porta tuttavia il pubblico vasto della canzone leggera a contatto con tendenze e modi propri perfino della ricerca d'avanguardia: non pochi cantautori hanno introdotto, per esempio, nei propri testi effetti di *non-sense* di derivazione surrealistica.

Un caso diverso è poi il contributo di alcuni poeti "alti" alla scrittura di testi di canzone. Qui il compromesso tra le varie esigenze si mantiene in genere a maggior ragione a un livello elevato. Testi di canzoni hanno scritto, per esempio, Italo Calvino, Franco Fortini, Pier Paolo Pasolini, Roberto Roversi e molti altri.

FRANCIA

Char	Prévert
• protesta contro la crudeltà del mondo • aspirazione alla bellezza	• poesia tradizionale • linguaggio quotidiano • scrittura di testi di canzoni

Le raccolte di Char

bellezza, della grazia, dell'armonia. Dall'attraversamento dell'esperienza surrealista, Char conserva tuttavia il gusto per la concisione drammatica e per l'effetto arguto, fino all'aforisma. Tra le sue raccolte più apprezzate, si ricordano **Feuillets d'Hypnos** [Pagine d'Hypnos, 1946], l'opera che segnò la svolta dopo la guerra, **Recherche de la base et du sommet** [Ricerca della base e del culmine, 1955], **Commune présence** [Comune presenza, 1964], **Retour amont** [Ritorno sopramonte, 1966], **La nuit talismanique** [La notte talismano, 1972], **Fenêtres dormantes et porte sur le toit** [Finestre addormentate e porta sul tetto, 1978].

3. La poesia negli USA. Allen Ginsberg

La poesia negli USA fra marginalizzazione e nuova identità

Il processo di marginalizzazione subito dalla poesia nel corso del Novecento si presenta negli Stati Uniti con comprensibile anticipo, dovuto tanto alla struttura sviluppata della società nordamericana quanto all'assenza di una tradizione illustre paragonabile a quella europea. La presenza negli USA di un intreccio fittissimo di razze e di culture favorisce d'altra parte l'affermazione di una funzione della poesia quale catalizzatore di identità etniche e culturali. A partire soprattutto dagli anni Cinquanta si assiste dunque all'emersione di forme di scrittura poetica radicate in contesti sociali periferici e minoritari, con una componente folklorica spesso affiancata a intenti rivendicativi. È in questo periodo e con premesse non dissimili che **si impone anche una poesia di donne** in quanto tale. A questo filone si ricollega la vicenda esemplare di **Sylvia Plath** (1932-1963). Se i temi della Plath anticipano la stagione femminista che avrebbe fatto seguito alla sua morte, non meno innovative e originali sono le soluzioni formali adottate, dalla metrica personalissima alle metafore dense e incisive alla limpida espressività del lessico, sospeso tra parlato e aspirazione al distacco, ora vibrante di denuncia ora ripiegato sul proprio mondo interiore. L'unica raccolta poetica pubblicata in vita dalla Plath è **The colossus** [Il colosso, 1960], cui seguirono, postumi, **Ariel** (1965), **Winter trees** [Alberi invernali] e **Crossing the water** [Attraversando l'acqua] (entrambi del 1971).

Rifiuto dei vincoli sociali e rinnovamento formale in Sylvia Plath

La *beat generation* fra rottura formale e protesta sociale

In un contesto socialmente marginale ma culturalmente inquieto e vivacissimo matura ed esplode il fenomeno della ***beat generation*** (cfr. **S3**, p. 586). Esso prende l'avvio ufficiale proprio dalla lettura di un testo poetico (**Howl** [Urlo]) di Allen Ginsberg, durante una serata del 1956 a San Fran-

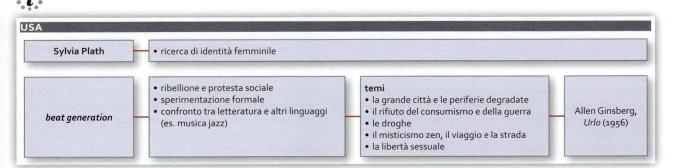

cisco. Come nella narrativa, anche nella poesia la *beat generation* portò la propria **carica di inquietudine e di ribellione, unendo rottura formale e protesta sociale**. L'estremismo espressivo si appoggia a **luoghi e temi nuovi**: il paesaggio urbano e suburbano delle periferie degradate, la provincia alienata, il viaggio come esperienza di iniziazione autentica, la diversità quale veicolo di anticonformismo, la liberazione sessuale, il rifiuto del consumismo e della guerra, la derisione degli intellettuali integrati, il consumo di droghe, il misticismo zen. Dal punto di vista formale, accanto ai modelli colti della recente poesia americana (William Carlos Williams e Walt Whitman soprattutto) ed europea (Rimbaud, ovviamente) prendono posto le esperienze della musica jazz, con il gusto del ritmo sincopato e dell'improvvisazione, e altre forme espressive non letterarie. In questo modo **si apre**, per la prima volta con tanta evidenza, **un nuovo confronto della letteratura con altri linguaggi**, fenomeno destinato ad accentuarsi negli anni successivi e a costituire un aspetto importante della scrittura postmoderna.

Modelli letterari e apertura extraletteraria

Jack Kerouac e Allen Ginsberg in una foto degli anni Cinquanta.

I poeti *beat*

I poeti più importanti della tendenza sono **Gregory Corso** (1930-2001), **Lawrence Ferlinghetti** (1919) e soprattutto **Allen Ginsberg**.

Allen Ginsberg: il profetismo anticapitalistico

Ginsberg nacque nel New Jersey nel **1926**, segnato nell'adolescenza dalla fertile originalità dei genitori, con la vocazione poetica paterna e la inquieta follia della madre, così come subito dopo dall'incontro con gli altri futuri esponenti della *beat generation*, Kerouac e Burroughs. La vocazione poetica

---

S3   ITINERARIO LINGUISTICO

Beat

Il termine deriva dall'inglese, nella cui lingua uno dei significati originali è 'battuta' in senso musicale. In questa accezione il termine veniva usato dai musicisti jazz per indicare l'accompagnamento ritmico dell'orchestra. Tuttavia esso venne utilizzato da un gruppo di giovani scrittori americani (tra cui Kerouac, Ginsberg, Burroughs), per definire se stessi, nel senso di 'battuti', o 'sfiniti' (secondo un'altra accezione della voce in inglese). In questo modo veniva puntato l'accento sulle caratteristiche di sconfitta e di emarginazione che qualificavano molti giovani negli anni Cinquanta. D'altra parte accanto a questo significato è presente anche quello, in qualche modo contraddittorio, di 'beato', ricavabile dall'analogia del termine "beat" con il latino *beatus*. Questa seconda accezione punta sul riscatto sociale che la cultura "beat" intende rappresentare, rendendo possibile per una generazione in crisi di recuperare la felicità e la vitalità per mezzo della valorizzazione di alcuni luoghi-simbolo (come la strada), di alcune forme di espressione e di alcuni modi di vivere i rapporti sociali.

Il termine "beat" viene tuttavia usato, per estensione, anche per indicare coloro che, soprattutto negli anni Sessanta, rifiutarono e contestarono il modello produttivo prevalente in Occidente, combattendo quindi il consumismo, le apparenze borghesi, la competizione e l'aspirazione al potere e al denaro. I modi in cui questo anticonformismo si espresse sono vari e diversi, dal semplice gusto eccentrico nel vestire, all'uso di droghe quale stimolo alla creatività, al rifiuto della famiglia e alla pratica della vita in comune, all'amore libero, ecc.

Il termine "beat" qualifica d'altra parte anche un genere di musica leggera diffuso soprattutto negli anni Sessanta, a partire dall'Inghilterra. Nato dall'incontro di vari filoni (dal jazz al rock), questo genere musicale espresse contenuti ribellistici, raccogliendo le spinte anticonformistiche e antiborghesi tipiche della cultura *beat*. I maggiori esponenti ne sono stati i Beatles e i Rolling Stones, due complessi che hanno rivoluzionato la musica leggera di tutto il mondo.

di Ginsberg si identifica con la **scelta della protesta sociale più estrema**, in opposizione al mostro distruttore del capitalismo. Quale alternativa vengono valorizzati i ceti diseredati e oppressi della grande America, considerati quali santi contemporanei, nonché le religioni orientali, espressioni di un senso della vita perduto dall'Occidente tecnologizzato, consumistico e aggressivo. **La protesta sociale si esprime dunque nella forma del profetismo**, non senza accensioni mistiche. **Fin dall'esordio di** *Howl* [Urlo, 1956], la poesia di Ginsberg mostra di saper unire sapientemente i nuovi temi dell'universo urbano tecnologizzato a una emozionante tensione liberatoria. **La successiva produzione di Ginsberg** scava sia sul versante esistenziale (*Kaddish*, 1960, in morte della madre), sia nella riscoperta del buddismo zen (*Indian Journal* [Diario indiano], 1970), sia nella critica della corruzione statunitense (*The fall of America* [La caduta dell'America], 1972; cfr. **T1**), rivolgendosi quindi prevalentemente alla ricerca di nuove forme espressive (come in *First blues, rags, ballads and armonium songs* [Primi blues, rags, ballate e canti con l'armonium], 1975) e di nuove dimensioni mentali (*Mind breaths* [Respiri mentali], 1977). Al centro di un culto internazionale ma con minore fertilità creativa si svolgono gli ultimi anni di vita del poeta, fino alla morte, avvenuta nel **1997**.

Urlo (1956)

T1

Allen Ginsberg
Litania del profitto di guerra

OPERA
La caduta dell'America

CONCETTI CHIAVE
- la logica del profitto della guerra del Vietnam

FONTE
A. Ginsberg, *La caduta dell'America*, a cura di F. Pivano, Mondadori, Milano 1996 [1981].

È qui presentato uno dei numerosi testi politici che caratterizzano l'opera di Ginsberg, soprattutto negli anni Sessanta. Oggetto della denuncia è la guerra del Vietnam, nella quale gli Stati Uniti si coinvolsero direttamente a partire dal 1965, ma che anche prima li aveva visti intervenire indirettamente (di qui l'allusione al decennio 1958-1968, anno, quest'ultimo, in cui è ultimata la poesia).

Ecco i nomi delle compagnie che hanno fatto soldi con questa guerra novecentosessantotto
       Annodomini quattromilaottanta Ebraico
Ecco le corporazioni che hanno profittato vendendo fosforo bruciapelle o bombe frammentate
       in migliaia di aghi trafiggenti la carne
ed ecco elencati milioni di denaro guadagnati da ogni consorzio per la produzione
ed ecco i guadagni elencati, indici ingrossati un decennio, ordinati,
5   ecco i nomi dei padri in carica in queste industrie, telefoni che dirigono la finanza,
nomi di direttori, creatori di destini, e i nomi degli azionisti di questi Aggregati designati,
ed ecco i nomi dei loro ambasciatori al Capitale, deputati alla legislatura, quel che siedono a
       bere negli atri degli alberghi per persuadere,
e in una lista separata, quelli che usano Anfetamine coi militari, spettegolano litigano e persuadono
suggerendo politica pronunciando linguaggio proponendo strategie, questo come retribuzione
       quali ambasciatori al Pentagono, consulenti dei militari, pagati dalla loro industria:
10 ed ecco i nomi dei generali & comandanti militari, che adesso così lavorano per i produttori di
       materiale di guerra;
e su questi, elencati, i nomi delle banche, consorzi, trusts di investimenti che controllano queste industrie:

- *Litania*: 'invocazione religiosa' (e cfr. i riferimenti religiosi al v. 1) ma anche, per estensione, 'serie, elenco', spesso con significato di 'lamentela'.
- **1** **novecentosessantotto...Ebraico**: anno di Dio 1968 e anno 4080 secondo il calendario ebraico.
- **4** **indici...un decennio**: parametri aumentati per un decennio.
- **5** **padri**: *padroni*; **telefoni**: ogni industriale esercita il suo potere per mezzo di un telefono, fin quasi a identificarsi con esso.
- **7** **ambasciatori al Capitale**: tanto i politici quanto i giornalisti, cui allude il seguito del verso, sono considerati solo rappresentanti degli interessi capitalistici.
- **8-9** **quelli che usano Anfetamine...industria**: c'è una critica feroce del mondo militare, e soprattutto dei suoi consiglieri, capaci solo di drogarsi, di spettegolare e litigare, mentre tuttavia persuadono a determinate scelte politiche (convenienti ai militari). **Anfetamine**: sostanze che prolungano artificialmente la resistenza psico-fisica. **Pentagono**: la sede delle decisioni militari degli USA.
- **10** I militari conducono le operazioni di guerra nell'interesse delle industrie belliche, e quindi è come se lavorassero per esse.
- **11** **trusts**: *gruppi*.

>   ed ecco i nomi dei giornali posseduti da queste banche
>   ed ecco i nomi delle radio possedute da questi consorzi:
>   ed ecco i numeri di migliaia di cittadini impiegati da questi citati affari;
> 15   e l'inizio di questo conto è il 1958 e la fine il 1968, statistica che sia contenuta in mente ordinata, coerente & precisa,
>   e la prima forma di questa litania iniziata il primo giorno di Dicembre 1967 continua questa poesia di questi Stati.

- **12-13** Anche i mezzi d'informazione sono dunque controllati dai medesimi gruppi, e con ogni probabilità non restano insensibili agli interessi dei propri finanziatori.
- **16** **questa poesia…Stati**: l'opera a struttura in qualche modo poematica dedicata da Ginsberg agli Stati Uniti, che questa poesia prosegue.

T1 DALLA COMPRENSIONE ALL'INTERPRETAZIONE

COMPRENSIONE

La guerra e la logica del profitto Ginsberg collega lo svolgimento del conflitto del Vietnam ai concreti **interessi economici americani**, fingendo di elencare, con i nomi, tutte le imprese e società e tutti gli individui coinvolti. In realtà è la lunghezza stessa delle **categorie elencate** a produrre l'effetto complessivo, sottolineando **la vastità degli interessi in gioco**. Lo svolgimento distruttivo del conflitto (nel quale morivano fra l'altro anche numerosissimi giovani americani) è ricondotto alla pura e semplice logica del profitto, dalla quale d'altra parte dipendono anche gli atteggiamenti dei mezzi d'informazione.

ANALISI

Una litania laica «Litania» è un termine che rimanda alla sfera del sacro; **una litania è formata da una serie di invocazioni a Dio**, alla Vergine, ai santi. Oggetto di questa "litania laica" è invece la guerra e le sue motivazioni economiche (sono queste che, al di là delle nobili – e ipocrite – petizioni di principio, ne smascherano la vera natura) e **le denunce hanno preso il posto delle invocazioni**. L'efficacia del testo sta nell'uso martellante dell'**anafora** («Ecco…», «ed ecco…») e di un **linguaggio antilirico e scabro** che attinge al quotidiano («hanno fatto soldi», «spettegolano»), al **lessico economico, politico, scientifico** («trusts di investimenti», «Pentagono», «Anfetamine»), e in cui **termini aulici e iperletterari** («Annodomini») confliggono con **neologismi** di brutale efficacia («fosforo bruciapelle»).

INTERPRETAZIONE

Il profetismo critico di Ginsberg La **protesta** di Ginsberg è estrema. Senza possibilità di mediazioni o compromessi. Tutta la «Litania» lo testimonia. Ma c'è un punto in cui la denuncia, gridata e dirompente, tocca corde profonde, di grande attualità. È quando Ginsberg chiama in causa i «direttori, creatori di destini». Quanti «creatori di destini» condizionano ancora le nostre esistenze, e non solo nel senso – drammatico, e tutt'altro che lontano dal nostro orizzonte – di una guerra, ma anche in quello, apparentemente più modesto ma sicuramente più pericoloso, di un controllo e di una eterodirezione del nostro quotidiano, delle nostre scelte economiche, politiche, culturali, esistenziali? Di fronte alla pervasività di queste **invasioni e colonizzazioni del nostro privato**, possiamo ancora dirci liberi o siamo simili agli «automi» di cui parlava Montale (cfr. Parte Nona, cap. VI, **T6**, p. 212) in una poesia che precede di molti anni quella di Ginsberg?

T1 LAVORIAMO SUL TESTO

ANALIZZARE

Lo stile
1. Identifica gli elementi formali che caratterizzano la "litania".

Guerra ed economia
2. Cogli i legami diretti e indiretti che uniscono la guerra al profitto.

INTERPRETARE

La denuncia
3. Quale immagine traccia l'autore della società capitalistica?
4. Quale intento si propone?

4. La poesia in Germania. Celan ed Enzensberger

Il dopoguerra e gli anni Cinquanta: prevalente fine dell'impegno eccezioni

La poesia del dopoguerra è in Germania segnata da una prevalente ripresa di modi disimpegnati, che in genere rilanciano poetiche postsimboliste e coltivano il mito della natura. **Non mancano tuttavia eccezioni**, destinate a divenire via via più frequenti e rilevanti inoltrandosi negli anni Cinquanta; fino ad aprire uno dei periodi più ricchi della poesia tedesca, occupato da numerose e varie sperimentazioni.

Paul Celan (1920-1970): trauma storico e negazione del presente

Al confine tra la ripresa di moduli simbolistici, magari in prospettiva surrealista, e nuova tensione sperimentale, di continuo tentata dalla dissoluzione radicale delle forme e della semantica è la poesia di uno dei maggiori poeti tedeschi del secolo, l'ebreo **Paul Celan** (pseudonimo di Paul Antschel), nato a Czernowitz, in Bucovina, nel **1920**. **Lo sterminio subito dal suo popolo**, nel quale Celan perse i genitori e la fidanzata, **diviene il paesaggio insuperabile della sua scrittura**, costituendo anche la premessa del suicidio, a Parigi (dove viveva dal 1948), nel **1970**. Su questa base così duramente storica e concreta, tuttavia Celan costruisce **una poesia irreale ed evanescente**, tutta chiusa in sé: sfiduciata nella possibilità di una comunicazione sociale, nella possibilità di redimere un mondo irreparabilmente segnato dall'insensatezza e dalla morte. La poesia si costituisce come spazio a sé, eletto o misero non importa, nel quale tentare un esorcismo che dia un luogo ai morti, alla vita negata e interrotta, al bisogno di significato. Da queste premesse potrebbe facilmente scaturire una poetica mistica, volta a rilanciare il privilegio dell'espressione poetica; e invece in Celan questo spazio angosciosamente ritagliato non diviene un valore alternativo ma una scommessa contro le cose, in cui cioè il peso delle cose resta sempre centrale.

La poesia: un luogo per i morti e per il significato

Le raccolte di Celan

T • Paul Celan, *Qualunque pietra tu alzi*
S • Paul Celan e le «radici» di Primo Levi

L'itinerario poetico di Celan si snoda lungo varie raccolte: *La sabbia nelle urne* (1948), ampliata in *Oppio e memoria* (1952), *Di soglia in soglia* (1955), *Grata di parole* (1959), *La rosa di nessuno* (1963), che apre al Dio ebraico ma senza alcun rasserenamento; *Pausa del respiro* (1967), *Soli filiformi* (1968), *Obbligo di illuminare* (1970), e infine, postume, *Zona di neve* e *Fattoria del tempo* (1976), resoconto di un viaggio a Gerusalemme.

La contestazione della lingua, della poesia e del loro ruolo sociale

Lo sperimentalismo formale di Celan apre al rinnovamento della poesia tedesca tra gli anni Sessanta e Settanta. È da queste premesse che nascono alcune proposte successive, diversamente giocate sulla visione della lingua quale mezzo inautentico di espressione. Solo l'artificio estremo di una sperimentazione costante può riscattare l'artificialità sociale del linguaggio, detenuta dal potere e investita dalla banalizzazione.

Il filone della denuncia sociale

Un diverso filone di ricerca, riconducibile alla lezione di Brecht, punta invece sul potere di demistificazione e di denuncia sociale della poesia, con modi ora popolarmente accesi ora invece mediati da un rigoroso impianto teorico-politico, ora, come in Brecht, l'una e l'altra cosa insieme. Appartengono a tale filone **Heinz Kahlau** (1931-2012), **Günter Kunert** (1929) e **Wolf Biermann** (1936).

Enzensberger: la sperimentazione contro il neocapitalismo

Tuttavia il maggior poeta riconducibile a Brecht e, insieme a Celan, il più significativo del dopoguerra è **Hans Magnus Enzensberger**, nato nel **1929** a Kaufbeuren, in Baviera, e vissuto per lo più a Bonn. La sua poesia cresce accanto a una ricca produzione saggistica critica e teorica in cui la rifles-

GERMANIA	
Celan	Enzensberger
• esperienza drammatica dello sterminio del popolo ebraico • poesia chiusa ed evanescente • insensatezza del mondo	• lezione di Brecht • orrore del neocapitalismo

sione sull'orrore del neocapitalismo, che minaccia le stesse coscienze, si intreccia a quella sulla inutilità di un'avanguardia letteraria o artistica. Tuttavia, la poesia di Enzensberger si affida a una **sapiente mescolanza di moduli tradizionali e di sperimentazione metrica e linguistica**. Nella sua scrittura si alternano infatti formule della retorica alta ed espressioni gergali, spesso ricavate dal genere saggistico, nel tentativo sia di ingenerare un brechtiano straniamento dei significati dati, sia di concentrare al massimo le possibilità di significazione. L'itinerario poetico di Enzensberger, che alterna poesie brevi fino all'epigramma ad altre che sfiorano la misura poematica, non senza lunghe e significative pause di silenzio, si snoda attraverso varie raccolte: *Difesa dei lupi* (1957), *Lingua natale* (1960), *Scrittura per ciechi* (1964), *Mausoleum* (1975), *L'affondamento del Titanic* (1978).

Le raccolte di Enzensberger

5. La poesia postermetica e la linea lombarda. Giovanni Giudici

In Italia, alla metà degli anni Cinquanta tanto lo sperimentalismo legato alla rivista bolognese «Officina» quanto quello animato dalla milanese «Il Verri», da cui sarebbe nata la Neoavanguardia, rompono sia con il Neorealismo che con la tradizione ermetica (cfr. cap. II, §§ 2 e 3). Quest'ultima prosegue tuttavia ben dentro gli anni Cinquanta e oltre, alimentando le opere di numerosi poeti che a essa continuano a guardare come a un modello. Nei casi più significativi, tuttavia, si assiste a un rinnovamento profondo delle coordinate ermetiche (è il caso di Luzi e di Zanzotto), che ora vengono incrociate con istanze di tipo narrativo e civile, ora complicate con nuovi e diversi modelli. È quanto accade ai poeti della cosiddetta **«linea lombarda»**, ruotanti attorno alla cultura milanese e segnati da alcuni tratti comuni.

Prosecutori della linea ermetica

Caratteri e modelli della linea lombarda

I caratteri della linea lombarda consistono in una **poetica delle cose connotata da un senso civile e razionale di tipo illuministico**, e tuttavia malinconicamente lirica e "novecentesca". Punti di riferimento di questi poeti, nati attorno al 1920, sono il più anziano Vittorio Sereni (cfr. Parte Nona, cap. VIII, § 8), nonché alcuni maestri del Novecento come Montale (che vive a Milano dal 1948) e Rebora. Alla linea lombarda possono essere ascritti soprattutto **Bartolo Cattafi** (1922-1979), **Luciano Erba** (1922-2010), **Giorgio Orelli** (1921-2013), **Nelo Risi** (1920); alcuni tratti in comune con essa hanno anche **Elio Pagliarani** (su cui cfr. il § 8), ai suoi esordi, e soprattutto il più giovane **Giudici**, che è vissuto a Milano la maggior parte della vita.

Giovanni Giudici (1924-2011)

Giovanni Giudici nasce a Le Grazie (in provincia di La Spezia) il 26 giugno **1924**. Trasferitosi a Roma nel 1933, vi resta ventidue anni, laureandosi in Letteratura francese e dedicandosi al giornalismo e alla politica. Comincia a lavorare per la Olivetti (nel settore pubblicitario) e dopo brevi soggiorni a Ivrea e a Torino si stabilisce a Milano nel 1958. La prima rilevante raccolta di versi è *L'educazione cattolica* del 1963, che confluì, nel 1965, in *La vita in versi*. Seguono *Autobiologia* (1969), *O Beatrice* (1972), *Il male dei creditori* (1977), *Il ristorante dei morti* (1981), *Lume dei tuoi misteri* (1984), *Salutz* (1986), *Prove del teatro* (1989), *Fortezza* (1990), *Quanto spera di campare Giovanni* (1993) ed *Empie stelle* (1996), *Eresia della sera* (1999). È morto a La Spezia il 24 maggio 2011.

Le raccolte di Giudici

Intensa è anche la produzione saggistica di Giudici e di alto livello la sua attività di traduttore, soprattutto di poeti slavi e inglesi.

GIOVANNI GIUDICI

raccolte principali	
• *La vita in versi* (1965) • *Autobiologia* (1969)	• autobiografismo • poesia narrativa e prosastica • ironia e parodia • volontà comunicativa • alienazione dell'uomo-massa

Un autobiografismo narrativo e desublimato

Il riferimento all'esperienza autobiografica è costantemente al centro della poesia di Giudici. *La vita in versi* e *Autobiologia* si intitolano due fra le sue raccolte più importanti. L'autobiografismo non implica però alcuna tendenza al lirismo e anzi si esprime prevalentemente in forme narrative: **Giudici è infatti legato alla tradizione sabiana**, soprattutto attraverso la mediazione del corregionale Caproni (e importante è anche l'influenza di un altro ligure: Montale). Inoltre l'ampio spazio concesso all'io è dominato dalla figura dell'ironia e da tutte le forme dell'abbassamento prosastico e desublimante: si tratta di una difesa preventiva di stampo crepuscolare, legata al senso di colpa e di insufficienza del poeta, sospeso tra i richiami dell'educazione cattolica e quelli dell'impegno politico di comunista.

L'io poetico come uomo-massa del neocapitalismo

Il soggetto poetico coincide con la persona biografica e fisica del poeta, ma al tempo stesso rappresenta un io-massa senza più privilegi o distinzioni: è un qualunque impiegato della moderna Milano industriale. L'io diviene in tal senso il frutto di una costruzione, un personaggio il più possibile autonomo dall'autore. Ciò consente una **denuncia senza vittimismi o indulgenze della condizione alienata dell'uomo-massa** all'interno del meccanismo produttivo del neocapitalismo.

Una lingua bassa

Come rinuncia ai canoni tradizionali del genere lirico, forzandoli in senso narrativo ed epigrammatico, così Giudici respinge il materiale stilistico e lessicale della lirica. **La natura prosastica** (fino ai modi del parlato) **della lingua di Giudici** ha una funzione «fortemente straniata» (Bandini), capace di abbassare di colpo il punto di vista nella dimensione della socialità.

Volontà comunicativa e proposta di significati alternativi

La volontà comunicativa allontana la ricerca di Giudici dal solco dello sperimentalismo, continuando egli a perseguire un risultato di critica e di alternativa (nei significati) attraverso il ricorso agli stessi codici linguistici da contestare e superare: tanto quelli delle forme letterarie quanto quelli degli ambiti specialistici e della cronaca. **L'effetto è a volte consapevolmente parodico e manieristico**; ma all'intento dissacratorio e distruttivo della parodia Giudici sostituisce comunque una **volontà di significazione alternativa**, parlando – per usare una sua espressione – «nel linguaggio complice il linguaggio liberatore» (cfr. **T2**).

T • Giovanni Giudici, *Lais*

T2 | Giovanni Giudici
Tempo libero

→ ∈ al post-ermetismo (tematiche + sociali e + satiriche)

OPERA
La vita in versi

CONCETTI CHIAVE
- la banalità del quotidiano
- uno stile narrativo e realistico

FONTE
G. Giudici, *Poesie*, Garzanti, Milano 1991.

Come indica già il titolo della raccolta della quale questo testo fa parte (La vita in versi), al centro dell'attenzione sta la realtà quotidiana dell'esistenza.

    Dopo cenato amare, poi dormire,
    questa è la via più facile: va da sé   enjambement → evidenzia una
    lo stomaco anche se il vino era un po' grosso.   tendenza al
    Ti rigiri, al massimo straparli.   prosastico

5   Ma chi ti sente? – lei dorme più di te,
    viaggia verso domani a un vecchio inganno: → Schopenauer = la vita
    la sveglia sulle sette, un rutto, un goccettino
    – e tutto ricomincia – amaro di caffè.

→ lavora come impiegato

METRICA due quartine con prevalenza di ritmo endecasillabico (con vari versi ipermetri). I vv. 7 sgg. sono martelliani: il verso doppio sottolinea l'incalzare inesorabile delle tappe quotidiane, accrescendo l'effetto comico della rappresentazione (per cui cfr. anche la rima «sé : te : caffè» e l'allitterazione / tt/ ai vv. 7 sgg.).

● **1-4** *La via* [: il modo di vivere] *più facile è questa: dopo* [aver] *cenato amare, poi dormire: lo stomaco funziona da solo* (**va da sé**) *anche se il vino era un po' pesante* (**grosso**). *Ti rigiri* [nel letto], *al massimo parli a vanvera* (**straparli**) [nel sonno].

● **5-8** *Ma chi ti sente? – lei* [: la moglie] *dorme più di te: va* (**viaggia**) *verso l'indomani* (**verso domani**) *a* [ritrovare] *un vecchio inganno: la sveglia alle* (**sulle**) *sette, un rutto, un sorso* (**un goccettino**) *di caffè amaro – e tutto ricomincia.* Si noti la comica circolarità narrativa della poesia, che comincia con un riferimento alla cena e termina con il caffè ad apertura del nuovo giorno: in mezzo, la difficoltosa digestione notturna, testimoniata dal rigirarsi nel letto, dal parlare nel sonno e dal prosaico **rutto** che inaugura degnamente la giornata.

T2 DALLA COMPRENSIONE ALL'INTERPRETAZIONE

COMPRENSIONE

Il «vecchio inganno» della routine   Nel testo il **«tempo libero» appare in realtà interamente determinato dall'esterno**, programmato secondo ritmi ai quali non è possibile sottrarsi: non è, insomma, un tempo veramente "libero". Anche i momenti di intimità famigliare sono segnati dalla prevedibilità e dalla **meccanica ripetitività**: la stessa relazione di coppia è presentata sotto un profilo squallido, non senza alludere alla **mancanza di una vera comunicazione** (cfr. v. 5). Non deve però sfuggire la implicita denuncia che attraversa la poesia: **vivere nel modo qui rappresentato «è la via più facile» e non l'unica**; accettare i valori che sono sottintesi in questo stile di vita significa cadere in un «vecchio inganno». Sarebbe dunque possibile, rifiutando l'inganno, seguire **una via diversa, più difficile**. In questa apertura è dato cogliere, accanto a quello critico, l'aspetto propositivo della politicità di Giudici.

ANALISI E INTERPRETAZIONE

Una poesia del quotidiano   Il taglio narrativo e realistico pone questo testo nella **linea sabiana** della poesia italiana novecentesca. **L'esistenza quotidiana** viene considerata sempre da **un punto di vista critico** e **insieme ironico** (o auto-ironico). Giudici rappresenta se stesso senza indulgenza, senza riservarsi nessuno spazio privilegiato: anche la vita del poeta è coinvolta nei meccanismi della società di massa, travolta dalla inautenticità e dall'alienazione.

T2 LAVORIAMO SUL TESTO

ANALIZZARE

Lo stile
1. Definisci il registro stilistico del testo.

Una meccanica ripetitiva
2. Attraverso quali immagini è resa la routine della vita familiare?

INTERPRETARE

Il punto di vista critico
3. Perché, secondo te, il poeta definisce la routine «la via più facile» e «un vecchio inganno»? Che atteggiamento rivelano queste parole?

6   Andrea Zanzotto: in cammino dentro il linguaggio

La vita   Andrea Zanzotto è nato a Pieve di Soligo (Treviso) il **10 ottobre 1921**; al suo paese natio egli è restato sempre legato. Nel 1942 si è laureato in Lettere a Padova. Ha partecipato alla lotta partigiana. Per molti anni ha insegnato nelle scuole medie.

Le raccolte poetiche   **Nel 1951** ha pubblicato il suo primo libro di versi (*Dietro il paesaggio*); nel 1957, *Vocativo*; nel 1962, *IX Egloghe*; nel 1968, *La Beltà*; nel 1969, *Gli sguardi i fatti e senhal*; nel 1973, *Pasque*; nel 1976, *Filò*, che raccoglie testi in dialetto; nel 1978, 1983 e 1986 ha pubblicato tre raccolte che formano una specie di trilogia: *Il Galateo in Bosco*, *Fosfeni*, *Idioma*; nel 1996 è uscito *Meteo*, nel 2001 *Sovrimpressioni*; nel 2009 *Conglomerati*. All'attività di insegnante e di poeta, Zanzotto ha affiancato un impegno saggistico e giornalistico soprattutto rivolto alla critica letteraria, con risultati di altissimo livello. È morto il 18 ottobre 2011.

Dal postermetismo allo sperimentalismo   Zanzotto ha dunque esordito nel clima – ancora postermetico – **degli anni Cinquanta, ma si è pienamente affermato** solo con la produzione più sperimentale degli **anni Sessanta** (*La Beltà*), vivendo in modo nuovo e originale la crisi del postsimbolismo (la sua formazione era stata, infatti, di tipo ermetico e simbolistico).

La riflessione sul linguaggio, deposito della storia e dell'esperienza psichica

Come per molti altri poeti del Novecento, anche per Zanzotto **la riflessione e la ricerca sul linguaggio costituiscono un momento di decisiva importanza**. E però, rispetto alle due ipotesi estreme degli ermetici (lingua e poesia = verità) e della Neoavanguardia (lingua = falsità e inautenticità), Zanzotto si colloca in un punto defilato che costituisce la prima ragione della sua originalità. **Da una parte**, infatti, **per lui la lingua è, nella società massificata, il luogo massimo dell'inautenticità** e dell'alienazione, per responsabilità soprattutto dell'usura cui la sottopongono i mass-media rendendo sempre meno funzionale il rapporto tra significante e significato. **Ma d'altra parte la lingua è anche il deposito di usi e di significati passati**, e nella lingua è pur sempre presente, accanto all'aspetto immediato e superficiale, la profondità dell'intera sua storia. **Nella lingua, insomma, è depositata la vastità dell'esperienza umana**,

Andrea Zanzotto in un acquarello di Paolo Steffan.

anche relativamente alle varie fasi dello sviluppo psichico individuale. La fiducia di Zanzotto nella poesia è subordinata a questa concezione; ma poiché nulla dà garanzia della possibilità di recuperare veramente, nel linguaggio inautentico, un qualche significato autentico, si tratta pur sempre di una fiducia limitata e continuamente posta in discussione.

T • Andrea Zanzotto, *Così siamo*

Il dialetto e il *petèl*

Non sorprende, con tali premesse, che Zanzotto sia giunto all'uso del **dialetto** in parecchi suoi testi e abbia anche recuperato i modi del **linguaggio infantile** (**il *petèl***), con i suoi balbettìi e le sue onomatopee. Infatti nel dialetto e nel *petèl* l'aspetto giocoso e creativo del linguaggio prevale su quello normalizzante e usurato, e **vi si manifesta** piuttosto **il principio di piacere** che il principio di realtà, e quindi una superiore autenticità ed espressività.

Il lavoro sui significanti

Oppure, più spesso, la sua ricerca si è rivolta alla lingua in una prospettiva iperletteraria, servendosi di forme arcaiche o letterarie e operando sul linguaggio in modo da stravolgerne le consuete strutture. In particolare è stato privilegiato il lavoro sui significanti, sino al punto di lasciarsi guidare da semplici suggestioni foniche; il risultato è pur sempre quello dell'indicazione di nuovi significati che possono scaturire dalle impreviste e inconsuete associazioni dei significanti (per esempio: «neve nevissima novissima», «astrazioni astrificazioni formulazioni d'astri / assideramento [...] / assideramenti assimilazioni [...] l'ubertà nivale / come vale: a valle [...]»).

La poesia come lingua decentrata rispetto alla norma

Sia che scelga la prospettiva "bassa" del dialetto o del *petèl*, sia che scelga quella "alta" dell'iperletteratura, per Zanzotto l'importante è collocarsi in una **dimensione decentrata rispetto al linguaggio ordinario**. Il privilegio che egli riconosce alla poesia consiste appunto in questa potenzialità di spostamento. E il fine è quello di rintracciare un significato che è sempre più profondamente nascosto nel linguaggio. In questo senso la concezione zanzottiana del linguaggio approda a esiti materialistici sin quasi a vedere la realtà linguistica come un evento biologico. **Nel *Galateo in***

ANDREA ZANZOTTO

raccolte principali
- *Vocativo* (1957)
- *La Beltà* (1968)
- *Il Galateo in Bosco* (1978)

- dall'Ermetismo allo sperimentalismo
- riflessione sul linguaggio come deposito della storia e dell'esperienza psichica
- uso del dialetto, del *petèl* (linguaggio infantile), delle suggestioni foniche, della lingua arcaica e letteraria, del linguaggio colloquiale e prosastico
- ricerca del significato nascosto nel linguaggio
- ironia e autoironia
- miseria ed eroismo della poesia

Il residuo vitale dentro le stratificazioni linguistiche

T • Andrea Zanzotto, *Sonetto dello schivarsi e dell'inchinarsi*

Bosco, che segna, con *La Beltà*, forse il momento più alto e riuscito di questa ricerca, **il linguaggio è** implicitamente **paragonato alla stratificazione biologica del bosco**. Infatti nel bosco la civiltà e la natura si incontrano sul piano della trasformazione materiale della civiltà in natura: **gli ossari** sono l'immagine di questo penetrare della civiltà nella natura e, soprattutto, dell'imporsi delle leggi materiali e biologiche della natura sulla civiltà. **La lingua corrisponde agli ossari**. Come in questi, c'è in essa un residuo vitale. A Zanzotto importa il recupero di tale residuo che giace sepolto sotto i morti detriti dell'inautenticità e dell'insignificanza. Questi morti detriti corrispondono, però, con apparente paradosso, alla lingua presente dei vivi, e il residuo vitale è riconosciuto piuttosto nella morte che nella vita: **il linguaggio dei vivi è il linguaggio dell'insensatezza e del nulla, mentre la lingua dei morti** e del passato, come l'ossario, può ancora recuperare un senso di presenza e di vita (cfr. **T3**). Ciò che nel bosco della civiltà umana è più profondo (l'ossario, l'*humus*) contiene la potenzialità di mostrare ancora un sentiero e una salvezza. E la poesia può raggiungere questa profondità, grazie alle proprie possibilità di collocamento estremo entro l'orizzonte del linguaggio (il dialetto e il *petèl*, oppure la letterarietà esasperata).

Orgoglio e miseria della poesia

Video • Il percorso poetico di Andrea Zanzotto
Video • Andrea Zanzotto parla della sua poesia

L'orgoglio della poesia è però anche la sua miseria: il riscatto, che dovrebbe avvenire nelle cose e nella realtà, avviene solo nel linguaggio. Certo, Zanzotto si affida consapevolmente a questa chiusura: nel fondo del linguaggio, lo abbiamo visto, egli confida di rintracciare il fondo nascosto del significato, cioè della vita. Ma sa che la sua scommessa è affidata al tentativo eroico e insieme ridicolo (donde l'ironia e il sarcasmo, spesso nei propri stessi confronti) di **uscire dalla palude dell'insensatezza e del nulla tirandosi da sé per i capelli** (come il barone di Münchhausen della poesia *Al mondo*, cfr. **T4**, p. 597). Eppure proprio in questo coesistere di massima chiusura nell'universo dei segni e di massima apertura verso la realtà esterna (anche in nome di quella chiusura) stanno **l'originale drammaticità della ricerca di Zanzotto e la sua modernità e grandezza**.

T3 Andrea Zanzotto
Nino negli anni Ottanta

OPERA
Idioma

CONCETTI CHIAVE
• il paesaggio guastato dalla civiltà industriale

FONTE
A. Zanzotto, *Idioma*, Mondadori, Milano 1986.

Gran parte della raccolta di cui questo testo fa parte è costituita da poesie in dialetto e dedicata per lo più a umili figure del popolo ormai scomparse. In questo senso è evidente il rapporto con un importante filone della ricerca zanzottiana (caratteristico anche di altri poeti del Novecento, come Montale): nel passato e nei morti sono individuati una autenticità e un senso che al presente e ai vivi ormai mancano. Si tratta di un tema per esempio affrontato apertamente in *Così siamo*. In qualche caso eccezionale questa stessa tematica può rifarsi a figure non morte, ma anacronistiche e irreali, quasi dei sopravvissuti. Il contadino Nino, al quale è dedicata questa poesia, è la più rappresentativa di tali figure.

25 gennaio 1983, S. Paolo

  Durante l'estate sotto l'equivoco sudore
  del solstizio arrancavi
  Nino, come reggendoti a malapena
  sulla sponda dell'aldiquà,
5 salivi le chine incretinite
  del tuo feudo ormai scalpato
        d'ogni vite,
  dai grevi tacchini sbeccuzzato
  vedovo di lepri e fagiani, strampalato.

METRICA versi liberi.

• **1-9** *Durante l'estate sotto il sudore equivoco del solstizio arrancavi, Nino, come reggendoti a fatica* (**a malapena**) *sulla sponda dell'aldiquà* [: in vita], *salivi le salite* (**chine**) *di creta* (**incretinite**) *della tua regione* (**feudo**) *ormai privata* (**scalpato**) *di ogni vite, corroso* (**sbeccuzzato**) *dai fastidiosi* (**grevi** = pesanti) *tacchini* [e] *privo* (**vedovo**; per metafora) *di lepri e fagiani, senza senso* (**strampalato**).

10 Tu faticavi, vestito di nero, ansimavi
    la tua già irreale presenza
    anche se egregiamente
    raccordato a fermezze finezze
    imprinting elementi
15 per ogni dove a noi da sempre sfuggenti.
    Ora no: splende ora gennaio
    e la gloria di gennaio ti assume
                               a sé –
    immune da malattie
20 svelto del tuo costume,   privo
    dei defedanti soprabiti.
    E certo la tua fronte può di ghiaccioli
    farsi scintillante com'è di quotidianità
    e di furbizia contro l'aldilà,
25 quando, pedalando
    tra i novanta e i cento anni quasi volage,
    ti addentri nel mistero delle colline
    per te ricanticchiato, riacutizzato senza fine.

Giuseppe Modica, Skyline - Gasometro, 2008. Collezione privata.

Solstizio: è la condizione astronomica che si verifica due volte l'anno; qui si allude al *solstizio d'estate*, il 21 giugno, e, per estensione, all'estate in generale. **Arrancavi**: faticavi a procedere. **Nino**: è un vecchissimo agricoltore della zona del poeta, che guarda a lui come all'incarnazione di un'umanità autentica e priva di angosce, e però destinata all'estinzione. **Aldiquà**: contrapposto al molto più comune "aldilà" (= oltretomba), vale 'mondo, vita'. **Incretinite**: 'di creta', sì, ma anche 'diventate cretine, prive di senso' (cfr. il seguente **strampalato** = senza capo né coda, insensato). **Feudo**: così era detto, nel Medioevo, il territorio di competenza del signore (feudatario); qui il termine ha significato metaforico e ironico benevolo, con riferimento anche al testo di *La Beltà*, dove «feudo» (v. 29) è giustificato dalla definizione di Nino come « duca per diritto divino / e per universa investitura» (vv. 7 sg.). **Scalpato**: propriamente "scalpare" significa 'scuoiare, staccare il cuoio capelluto'; ma qui, per metafora, si allude alla distruzione della vegetazione (della vite in particolare).

- **10-15** Tu [: Nino] *faticavi, vestito di nero, ansimavi* [con] *la tua presenza già irreale, anche se* [ancora] *egregiamente* [: molto bene, con saldezza] *attaccato* (**raccordato**) *a cose solide* (**fermezze**) *e a*] *cose minime* (**finezze**), [a] *abitudini definitive* (**imprinting**; inglese = in psicologia le fasi decisive dell'apprendimento) *[e] elementi da ogni parte* (**per ogni dove**) *a noi* [: gli altri] *da sempre sfuggenti*.
- **16-21** *Ora no* [: non fatichi né ansimi]: *ora splende gennaio* [: è un gennaio luminoso] *e la gloria di gennaio ti assume a sé* [: gennaio è il momento della tua gloria] – [tu sei] *immune da malattie, svelto nel tuo comportamento* (**costume**; o, forse, 'vestiario'), *privo dei soprabiti che appesantiscono* (**defedanti**). Quelle doti positive che permettevano a Nino di sopravvivere, benché in difficoltà, durante l'estate, si manifestano al massimo grado con il freddo invernale, e il personaggio recupera la propria sanità e dinamicità vitali.
- **22-28** E *certamente* (**certo**) *la tua fronte può farsi brillante* (**scintillante**) *di ghiaccioli* [*così*] *come* [*lo*] *è di doti quotidiane* (**quotidianità**) *e di furbizia contro l'aldilà, quando, pedalando tra i novanta e i cento anni quasi con disinvoltura* (**volage**; francesismo = leggero, volubile), *ti addentri nel mistero delle colline* [: nelle colline misteriose] *per te sempre* (senza fine) *ripetuto come un ritornello familiare* (**ricanticchiato**) [e] *rinnovato* (**riacutizzato**). Contro la morte, Nino schiera la propria furbizia e la propria vita armoniosa di tutti i giorni, e anche i ghiaccioli che il freddo formerà sulla fronte possono acquistare un carattere di talismano o di portafortuna. **Pedalando...**: è l'aggiornamento esplicito di un riferimento di *Le profezie di Nino* in *La Beltà*, dove si legge: «tra i settanta e gli ottanta anni pedalando quasi volage» (v. 31).

T3 DALLA COMPRENSIONE ALL'INTERPRETAZIONE

COMPRENSIONE

L'autenticità di Nino Alla figura del contadino Nino, centrale in questo testo, Zanzotto aveva già dedicato una notevole poesia di *La Beltà* (**Le profezie di Nino**), e qui compie una specie di aggiornamento di quel testo a distanza di vent'anni. **Tutto è peggiorato a causa della speculazione prodotta dalla civiltà industriale** e il paesaggio nel quale Nino continua, vecchissimo, a vivere non è quasi più lo stesso; tuttavia la sua capacità di aderire profondamente e armoniosamente ad aspetti della realtà che a tutti gli altri sfuggono, ancora lo salva dalla morte e lo protegge dall'alienazione e dall'angoscia. **Morti, annullati sono, rispetto a Nino, gli altri uomini**, ai quali il mistero delle cose non comunica più nulla perché essi ne sono estraniati e inesorabilmente distanti. Così la sopravvivenza quasi incredibile di Nino viene a mostrare, soprattutto, in quale nulla e in quale insignificanza l'uomo abbia ridotto se stesso.

ANALISI

Un caso di intertestualità Come abbiamo visto, Zanzotto aggiorna con *Nino negli anni Ottanta* un testo della *Beltà* (*Le profezie di Nino*). È interessante la ripresa qui di vari elementi da quel testo, dai termini che descrivono il paesaggio (il «feudo» di Nino, la «vite», i «fagiani») a quelli che caratterizzano Nino («pedalando tra i novanta e i cento anni quasi volage»). Tuttavia tra le due composizioni si registra **una trasformazione profonda: il paesaggio è stato stravolto** da recenti speculazioni e abbandoni, privato di viti, fagiani, lepri e solo frequentato da tacchini che rovinano con il becco il poco verde che rimane. **Lo stesso Nino, sotto il calore dell'estate, appare affaticato** e quasi sul punto di non farcela ad andare avanti. È una trasformazione che registra il degrado della natura determinato dalla industrializzazione, dietro la quale tuttavia si può leggere anche una crisi più acuta della fiducia simbolistica nel valore armonizzante del paesaggio.

La "lingua degli ossari" Alla lingua di plastica dell'omologazione culturale e dei mass media, con la sua inautenticità e la sua prevedibile banalità, Zanzotto contrappone una lingua che ha una gamma amplissima di realizzazioni, variando **dal dialetto al *petèl*** alle voci iperletterarie al gioco sui significanti. **Lo scavo linguistico** di Zanzotto mira a recuperare il residuo vitale, e autentico, sepolto nella **"lingua degli ossari"**. *Nino negli anni Ottanta* esemplifica in modo chiaro i termini di questa ricerca. Il testo presenta una mescolanza straordinariamente ricca di registri linguistici, da uno **colloquiale e prosastico** («reggendoti a malapena», v. 3; «incretinite», v. 5; «sbeccuzzato», v. 8; «strampalato», v. 9, ecc.), a uno alto, con voci tratte da **linguaggi settoriali** («imprinting», v. 14; «defedanti», v. 21, che propriamente è un termine medico, ma viene qui usato forse tenendo anche conto del **significato etimologico del verbo "defedare"**: 'imbruttire', dal latino *foedus* = 'brutto'), fino ad arrivare al rarissimo **francesismo «volage»** del v. 26. La lingua di Zanzotto è dunque una continua invenzione e **una sfida ostinata alla massificazione**.

INTERPRETAZIONE

Vivere con armonia il paesaggio Affaticato dal caldo estivo, Nino inizia, a partire dal v. 12, la riaffermazione delle proprie prerogative positive, consistenti nella **capacità di mantenere con l'ambiente (la realtà, il paesaggio) un rapporto privilegiato e personale**. Anche se egli sembra sul punto di non farcela (vv. 2-4), sembra ridotto a una presenza impossibile («irreale», v. 11), in verità è attaccato alle cose circostanti attraverso legami solidi e invisibili agli altri. La positività del personaggio consiste appunto in questa capacità di essere in armonia con la realtà, di farne parte in **una prospettiva autentica e spontanea**. Nino è cioè in grado di stabilire con il paesaggio un rapporto sempre rinnovato e significativo, di sfuggire all'alienazione, anche dinanzi ai guasti operati dalla civiltà industriale, in questo consiste il "riacutizzarsi" (quasi 'risvegliarsi') infinito del «mistero delle colline» (vv. 17 sg.) per il solo Nino, che continua a essere in grado di coglierlo nella sua autenticità. Per **il tema dello stravolgimento che la civiltà industriale ha provocato nel paesaggio naturale** e urbano, si veda anche *Il pianto della scavatrice*, di Pasolini (cfr. cap. VI, **T1**, p. 783).

T3 LAVORIAMO SUL TESTO

ANALIZZARE

Un sopravvissuto

1. Perché Nino appare al poeta «sulla sponda dell'aldiquà»?

Il paesaggio sfigurato

2. Di quali privazioni soffre il paesaggio, «vedovo»?

Le doti di Nino

3. Da dove trae Nino la sua forza vitale? Che cosa lo protegge dall'aldilà?

Il lessico della salute

4. **LINGUA E LESSICO** Quale lessico sottolinea la sorprendente sanità del contadino ultranovantenne? Che valore emblematico assume l'atto di pedalare?

INTERPRETARE

«Il mistero delle colline»

5. **TRATTAZIONE SINTETICA** Pur nel degrado della natura, quale segreto Nino riesce a conservare? Spiegalo in un testo di cinque righe.

LE MIE COMPETENZE: PRODURRE, ESPORRE

Il paesaggio è il punto di partenza della poesia di Zanzotto, che fin dalle prime raccolte sostiene la necessità di «cingersi intorno il paesaggio», ovvero di intonarsi al paesaggio per raggiungere uno sguardo più libero verso il mondo. A differenza di altri poeti della tradizione italiana, da Petrarca a Leopardi, Zanzotto però mette al centro della sua riflessione le trasformazioni del paesaggio, spesso rappresentando una natura guasta, violata dall'uomo. Crea una galleria di immagini intitolata *Il paesaggio violato*, raccogliendo fotografie e altri materiali visivi che rimandano alla tua esperienza personale. Motiva le tue scelte alla classe.

T4 Andrea Zanzotto
Al mondo

OPERA
La Beltà

CONCETTI CHIAVE
- impossibilità che il mondo si manifesti in se stesso, senza la mediazione linguistica dell'uomo

FONTE
A. Zanzotto, *La Beltà*, Mondadori, Milano 1968.

Al mondo è uno dei testi più importanti di Zanzotto. Si riferisce al problema del rapporto con la realtà (con il mondo), sempre centrale nella ricerca poetica zanzottiana; e allude in particolare alla relazione tra linguaggio del soggetto e datità dell'oggetto, cioè alla possibilità che l'oggetto (la realtà, il mondo) si manifesti al di fuori della mediazione del soggetto (il poeta) e del suo linguaggio. Il desiderio che ciò avvenga testimonia la tensione materialistica del poeta, che vorrebbe conoscere una realtà materiale non inquinata dalle categorie del soggetto. Ma la consapevolezza che ciò è impossibile rivela la sfiducia nelle possibilità di esprimere con il linguaggio qualcosa che possa dare garanzia della propria reale esistenza, e cioè la sfiducia nel rapporto tra segno e cosa, tra significante e significato. Da tale sfiducia, Zanzotto deriva la coscienza che il poeta ha a che fare con un mondo di segni e di significanti il cui rapporto con le cose e con i significati non è affatto scontato: ma d'altra parte Zanzotto non rinuncia a tale rapporto proclamando l'autonomia o la superiorità del proprio mondo linguistico rispetto alla realtà fenomenica. Al contrario si ostina a cercare un punto e un modo di rapporto. Ma sa che tale rapporto è difficile e non affermabile in nome del punto di vista del soggetto e del linguaggio.

> Mondo, sii, e buono;
> esisti buonamente,
> fa' che, cerca di, tendi a, dimmi tutto,
> ed ecco che io ribaltavo eludevo
> 5   e ogni inclusione era fattiva
> non meno che ogni esclusione;
> su bravo, esisti,
> non accartocciarti in te stesso in me stesso
>
> Io pensavo che il mondo così concepito
> 10   con questo super-cadere super-morire
> il mondo così fatturato
> fosse soltanto un io male sbozzolato
> fossi io indigesto male fantasticante

METRICA tre strofe irregolari di versi liberi.

- **1-3** [O] *mondo, sii* [: *esisti*, 2ª persona imperativo singolare presente di "essere"], *e sii buono; esisti* in modo buono (**buonamente**, avverbio creato dal poeta), *fa'* [: 2ª persona singolare imperativo presente di "fare"] *che, cerca di, tendi a, dimmi tutto*. Il poeta si rivolge ironicamente al mondo invitandolo a esistere e a essere buono; e invitandolo a manifestarsi nella sua oggettività (v. 3), a esprimersi compiutamente ai suoi occhi (**dimmi tutto**). **Mondo**: oltre che di un sostantivo potrebbe trattarsi di un aggettivo (= pulito; cfr. il verbo "mondare" = pulire), creando un parallelismo con l'altro aggettivo **buono**, quasi il verso significasse: 'sii pulito e buono'; il che aggiunge ironia. **Fa' che...tendi a**: le prime esortazioni del v. 3 non hanno senso compiuto essendo incomplete sul piano logico-grammaticale (infatti sono semplici enunciati verbali, in modo imperativo, accompagnati da particelle preposizionali che dovrebbero introdurre a un secondo verbo e a un oggetto – p. es.: "fa' che... riesca la cosa", "cerca di... avere ragione", "tendi a... raggiungere la vetta"). Ma d'altra parte è proprio attraverso la loro incompletezza che si esprime ciò che il poeta vuol dire: quel che conta non è *che cosa* il mondo faccia, ma *il fatto che* faccia qualcosa, cioè, appunto, che dimostri di esistere veramente.

- **4-6** *ed ecco che io* [così chiedendo] *rovesciavo* (**ribaltavo**) [e] *sfuggivo* (**eludevo**) [*il rapporto con il mondo*] *e ogni* [*mia*] *inclusione era costruttiva* (**fattiva**; da "fare") *non meno che ogni esclusione*.

- **7-8** *forza* (**su**) *bravo* [: al mondo], *esisti, non rinchiuderti* (**accartocciarti**) *in te stesso* [*o*] *in me stesso*. Ancora un invito al mondo a manifestare la sua esistenza, senza restarsene fermo nella sua indecifrabile e inespressiva datità (**in te stesso**) e senza essere espresso solo e sempre dal punto di vista e dalla voce del soggetto conoscente (**in me stesso**). **Accartocciarti**: chiuderti ripiegandoti su di te, come una carta appallottolata, o come una foglia secca che si arrotola.

- **9-16** *Io pensavo che il mondo concepito in questo modo* (**così**) [: secondo un atteggiamento idealistico e soggettivistico] *con questo cadere di grande importanza* (**super-cadere**) [*e questo*] *morire di grande importanza* (**super-morire**), [*credevo che*] *il mondo così falsificato* (**fatturato**) *fosse soltanto un io* [: l'espressione di un soggetto] *immaturo* (**male sbozzolato** = non bene uscito dal bozzolo, allo stato di larva; **male**, avverbio = malamente), *fossi io* [*nella condizione di un*] *estraneo* (**indigesto** = non digerito, difficile da assimilare; con significato metaforico) *che fantastica* [: pensa e crede] *in modo sbagliato* (**male fantasticante**) *e* [*che è*] *guardato* (**fantasticato**) *in modo errato* (**male**; av-

>   male fantasticato mal pagato
> 15   e non tu, bello, non tu «santo» e «santificato»
>   un po' più in là, da lato, da lato
>
>   Fa' di (ex-de-ob etc.)-sistere
>   e oltre tutte le preposizioni note e ignote,
>   abbi qualche chance,
> 20   fa' buonamente un po';
>   il congegno abbia gioco.
>   Su, bello, su.
>   Su, münchhausen.

---

verbio), *ricambiato* (**pagato**) *malamente* (**mal**; avverbio) *e* [*pensavo che il mondo così concepito e falsificato*] *non* [*fossi*] *tu* [: *mondo*], *bello, non tu* [*che sei*] «*santo*», *e* «*santificato*», [*spòstati*] *un po' più in là, da una parte, da una parte* (**da lato, da lato**). **Super-cadere super-morire**: la fine, la morte del soggetto, apparendo a questo inaccettabile, lo spinge a coinvolgere in essa il mondo intero, facendolo divenire un morire di alta e decisiva importanza; l'ironia è rivelata dall'uso del prefisso *super* (dal latino = al di sopra, di più), tipico della pubblicità, e quindi di un linguaggio futile per eccellenza, in contrasto con la presunta gravità dell'argomento. **Fatturato**: vale 'falsificato, artefatto', ma anche 'stregato, colpito da maleficio', dal sostantivo "fattura" = incantesimo, maleficio (oltre che 'ricevuta di valore fiscale'). **Un po' più di là…**: forse allude ironicamente al prendere posizione per una foto-ricordo, con invito, rivolto ancora al mondo, a mettersi in posa, in modo da essere catturato dall'obiettivo del soggetto (ed essere, così, da lui conosciuto).

● **17-21** *Fa' di (ex-de-ob etc.)-sistere e* [*di essere*] *oltre tutte le preposizioni note e ignote, abbi qualche possibilità* (**chance**; francese), *comportati* (**fa'**) *un po' bene* (**buonamente**); *il meccanismo* (**congegno**) [*del mondo*] *si metta in moto* (**abbia gioco**). **Fa' di (ex-de-ob etc.)-sistere**: i prefissi latini contenuti nella parentesi possono essere uniti a **-sistere** creando verbi con diversi significati (esistere, cessare, resistere), e lo stesso **sistere** in sé «significa, qui, 'stare in piedi', 'star saldo'» (nota del poeta); d'altra parte l'**etc.**; nella parentesi (latino "et coetera" = eccetera) allude alla possibilità, potenzialmente infinita, di altre composizioni verbali: ancora una volta l'importante non è quel che il mondo fa, ma che faccia qualcosa, che esista e si manifesti. **E oltre tutte le preposizioni…**: allarga esplicitamente il suggerimento di **etc.** del v. 17 indicando una possibilità di esistenza per il mondo anche al di là della concezione umana, al di là dei modi conosciuti. **Chance**: «non esiste equivalente in italiano; approssimativamente: 'probabilità', 'fortuna' (dovuta anche al caso)» (nota del poeta). **Fa' buonamente un po'**: modo colloquiale, esortazione usata in senso assoluto, senza oggetto (non si dice che cosa il mondo debba *fare*) vale a dire: "fa' qualcosa".

● **22-23** **münchhausen**: il barone di Münchhausen è un noto personaggio letterario (creazione di R.E. Raspe, 1737-1794) che, come ricorda Zanzotto stesso in una nota, «si liberò dalla palude tirandosi per i capelli».

T4 DALLA COMPRENSIONE ALL'INTERPRETAZIONE

COMPRENSIONE

Dialogo con il «mondo» in tre strofe Nella **prima strofa le richieste stesse rivolte dal poeta al mondo** servono in qualche modo a rovesciare la questione che lo spinge a rivolgerle, e a sfuggirla: volendo dal mondo una prova di esistenza oggettiva, pur sempre il poeta pone se stesso, con le proprie sollecitazioni, al centro della realtà e perciò si mette al posto del mondo (per cui rovescia il giusto rapporto con esso), e così sfugge alla verifica della oggettiva e autonoma esistenza della realtà. Infatti dal punto di vista del soggetto (il poeta) valgono, sono produttrici di senso (cfr. «fattiva»), tutte le ipotesi sull'oggetto (il mondo), sia quelle positive, di esistenza («inclusione»), sia quelle negative, di non esistenza («esclusione»). **La seconda strofa** espone i dissensi del poeta nei confronti di una concezione del mondo di tipo idealistico (per cui la forza stessa delle idee del soggetto conoscente basta a dare realtà al mondo-oggetto, a farlo esistere quale lo si pensa). Ma tali dissensi sono espressi fingendo di averli superati e di essersi ricreduto (come è indicato dall'uso dell'imperfetto): si tratta di un modulo retorico e letterario, usato per esempio da Leopardi, chiamato **palinodia**. In verità Zanzotto non si è ricreduto affatto, come dimostrano l'ironia diffusa (soprattutto ai vv. 10 e 15) e lo stacco sarcastico del v. 16. Il senso generale è: **credevo che il mondo come proiezione narcisistica del soggetto fosse una falsificazione e che esprimesse solo l'immaturità del soggetto stesso**, che non sa vedere al di fuori di sé (con esasperazione appunto narcisistica), e che quindi non può essere neppure a sua volta realmente visto dal mondo, e **credevo che perciò tale mondo non fosse veramente il mondo**, quel mondo definito dalla tradizione idealistica «bello […] santo e santificato» (e così lo chiama Zanzotto fingendo di riconoscere giusti tali epiteti e di essersi perciò ricreduto; ma l'ironia è evidente). Nella **terza strofa** si torna ai modi della prima strofa, con **il rivolgersi diretto del poeta al mondo, ironicamente**. La conclusione porta al massimo l'ironia (sottolineata dalla comica familiarità con cui il poeta si rivolge al mondo): l'esortazione si riduce alla sua forma più sintetica e sbrigativa, con **la trovata finale di chiamare il mondo «münchhausen»**, rivelando apertamente quanto scarse siano le aspettative nei suoi confronti. Il paradosso esprime **l'impossibilità per il mondo (come per Münchhausen) di darsi da se stesso la salvezza e l'esistenza**: il mondo non può affermarsi come realtà senza la mediazione (linguistica) del soggetto, a meno di non fare come Münchhausen, di sollevarsi dallo sprofondamento nella palude e tirandosi per i capelli, cioè di esistere in forma illusoria e apparente.

ANALISI

«Mondo, sii» Nel testo qui presentato **è ironicamente smentita la tradizione idealistica**, che riconosce al mondo la sua esistenza solo in nome delle proprie categorie conoscitive, e che esalta la realtà quale esse la rappresentano. Zanzotto invita invece il mondo a esistere in se stesso, per proprio conto, a manifestarsi senza mediazioni; ma sa che tale invito non può essere raccolto se non in forma paradossale e illusoria: l'esistenza delle cose non può affermare da sola se stessa e d'altra parte ogni affermazione compiuta dall'esterno si riferisce pur sempre prima di ogni altra cosa a se stessa. Cercando non di eludere ma di provocare questa **contraddizione tra linguaggio e realtà**, Zanzotto utilizza una lingua che evita di definire interamente un àmbito preciso di significato, e che spesso resta (anche sul piano grammaticale e logico) aperta e indefinita. Non si tratta di una lingua che si pone come unica verità e come realtà essa stessa, bensì di una lingua che si sforza sempre di raggiungere la definizione di un significato, di entrare in contatto con la realtà, pur nella consapevolezza di non essere, in sé, altro che un sistema di segni.

INTERPRETAZIONE

Le possibilità del linguaggio Come molti altri testi zanzottiani, *Al mondo* **indaga le potenzialità del linguaggio**. Fin dall'inizio la possibilità che il mondo si esprima nella sua oggettività coincide con la possibilità di rivelarsi linguisticamente («dimmi tutto», v. 3). E come illusoria (e ironica) è la prima speranza, così lo è, a maggior ragione, la seconda. **Il linguaggio è infatti una prerogativa del soggetto e non dell'oggetto**: è l'uomo che tenta di conoscere linguisticamente le cose, e non sono le cose che si mostrano nella mediazione linguistica (cfr. i vv. 5-6). In queste condizioni, **il tentativo di dare al mondo un senso servendosi del linguaggio corrisponde al tentativo paradossale di Münchhausen che voleva uscire dalla palude tirandosi da solo per i capelli**. In questo modo, Zanzotto mette qui in guardia anche dall'eccessiva fiducia, di stampo idealistico, nelle possibilità dell'espressione poetica. La ricerca sulla lingua condotta nella scrittura è una ricerca che insegue affannosamente un senso oggettivo del mondo, ma senza alcuna garanzia di poterlo davvero conquistare.

T4 LAVORIAMO SUL TESTO

ANALIZZARE

La disarticolazione del discorso

1. Cosa rivela l'incompletezza logico grammaticale evidente già dai primi versi?
2. Quali espressioni rimandano alla vita quotidiana, quali alla lingua filosofica e quali alla preghiera?

Una preghiera ironica

3. Quale relazione tra soggetto e oggetto emerge dalla seconda strofa?

INTERPRETARE

«Su, münchhausen»

4. Come puoi interpretare il riferimento al barone di Münchhausen che conclude la poesia?

7 I poeti di «Officina». Paolo Volponi e Francesco Leonetti

Alle coordinate culturali e di poetica di «Officina» (cfr. cap. II, § 2) **sono riconducibili**, oltre ai tre redattori della rivista (Pasolini, Leonetti e Roversi), **anche Paolo Volponi e Elio Pagliarani**, che collaborarono a «Officina».

Paolo Volponi

L'impegno letterario di **Paolo Volponi** è diviso tra poesia e narrativa (sul narratore, cfr. cap. IV, § 12). Tale fatto aiuta in parte a spiegare la cura riservata nei romanzi alla scrittura (di straordinaria intensità) e il taglio prevalentemente narrativo delle opere poetiche. **Il taglio narrativo delle opere poetiche è una scelta consapevole e non isolata**, che si riscontra in altri poeti del Novecento e soprattutto in quelli di «Officina», a cui Volponi collaborò legandosi soprattutto a Pasolini. **La forma del poemetto** è, anche per Volponi, come per gli altri autori di «Officina», quella prevalente. D'altra parte il taglio oggettivo e narrativo si riscontra anche, benché in modo diverso, nei testi più brevi: il poeta non confida le proprie impressioni soggettive, affidandole magari a un modo originale di rappresentare il paesaggio, ma organizza gli elementi dell'esperienza in modo narrativo, quasi raccontando (benché assai sinteticamente) un fatto preciso; il fine, così, non è quello di coinvolgere il lettore in uno sfogo sentimentale, ma quello di comunicare con lui attraverso la razionalità della struttura testuale. **Alla tendenza narrativa corrisponde la necessità di un pensiero**, anche di un pensiero filosofico e politico.

Il poemetto e il taglio oggettivo e narrativo

In questo modo la ricerca di Volponi si contrappone alla tradizione simbolistica e, in particolare, all'esperienza ermetica; anche se le sue prime raccolte (*Il ramarro*, 1948, e *L'antica moneta*, 1955) risentono (ma in modo contraddittorio e originale) di tali influenze. **Con *Le porte dell'Appennino* (1960) si apre una nuova fase della ricerca del poeta**, confermata poi dalle raccolte successive (*Poesie e poemetti. 1946-66*, 1980, che raccoglie in gran parte le opere precedenti, *Con testo a fronte*, 1986, e *Nel silenzio campale*, 1990).

Le raccolte di Volponi

Soprattutto nei testi lunghi, apertamente poematici, si riscontra la caratteristica fondamentale della poesia di Volponi: l'impegno discorsivo, meditativo e concettuale, e l'urgenza di esprimere la definita posizione dell'io all'interno di tale impegno e rispetto a esso. Convivono così una forte tensione etico-politica (che coinvolge nel proprio sistema anche la condizione della letteratura) e una messa in questione della dimensione privata, psichica e corporale.

Riflessione e impegno concettuale e politico nella poesia di Volponi

L'unione di impianto narrativo e di impegno ideologico implica, sul piano formale, **il rifiuto delle strutture metriche della tradizione lirica**: al centro dell'interesse volponiano stanno la precisione del lessico e l'efficacia ragionativa della sintassi, spesso complessa e ardita, nella prevalenza di periodi lunghi, ricchi di interconnessioni. E però la scelta prevalente del **verso libero** e la rinuncia a ogni facile musicalità sono riscattate da una fittissima rete di legami fonici e in generale da una costante cura delle specificità retorico-formali del testo poetico. Sono evitate le soluzioni banali o consuete, a vantaggio di un'idea della poesia che non dimentica mai la sua specificità e che però tende costantemente a proporsi come affermazione di **problematiche che vanno al di là dei confini tradizionali della letteratura** e che oltre quei confini, come può, trascina la letteratura medesima (cfr. **T5**).

Il rifiuto delle strutture metriche tradizionali e la ricerca di un «oltre» al di là dei confini della letteratura

T • Paolo Volponi, *A quest'ora*

Francesco Leonetti

Scrittore politico sia nei saggi che nei romanzi che nelle poesie, e scrittore vigorosamente sperimentale, è **Francesco Leonetti**, nato a Cosenza nel 1924 ma vissuto prima a Bologna e poi, dal 1963, a Milano. **La scrittura poetica leonettiana fonde le ragioni concrete e materiali della sog-

PAOLO VOLPONI	
• impianto oggettivo e narrativo della poesia	• sintassi complessa
• impegno concettuale e politico	• precisione del lessico
• verso libero e fitta rete di rimandi fonici	• scelta del poemetto

I modelli di Leonetti

gettività a quelle politiche della dimensione sociale. Vi è al fondo un dramma privato che si svolge alla luce di una dimensione collettiva. Su questa strada, al recupero della tradizione ottocentesca di Carducci e soprattutto di **Leopardi** (il Leopardi materialista e ateo) segue la risalita alla poesia civile di Parini e alla sentenziosità dura di Campanella. Del Novecento si percepisce l'interesse per l'Espressionismo e, tra i poeti italiani, soprattutto per i vociani e per Rebora, del quale Leonetti riprende il lessico aspro e tagliente, l'uso risentito e vigoroso del verbo, la carica ragionativa. **Dopo il 1968** si avverte d'altra parte l'influenza del poeta cinese Lu Hsün e di Brecht: la scrittura poetica aspira con più forza a inserirsi dentro la prospettiva della lotta politica, superando i limiti della propria separatezza intellettuale. In ogni caso, i due momenti tematicamente forti della poesia leonettiana sono la rivendicazione della corporalità del soggetto e la tensione verso l'adempimento politico della scrittura, sia quale strumento di conoscenza sia quale strumento di intervento e di lotta.

Rivendicazione della corporalità e lotta politica

Le raccolte poetiche

Le tappe di Leonetti poeta, strettamente intrecciate alla ricerca narrativa (per cui cfr. cap. IV, § 11), prendono il via fra il 1952 e il 1953 con due *plaquettes*, **Antiporta** e **Poemi**, per dare un primo risultato completo con i poemetti raccolti in **La cantica** (1959). Gli anni più profondamente segnati dall'impegno politico sono oggetto di una rigorosa ricostruzione che unisce privato e politico nel successivo **Percorso logico del 1960-75** (1976). La sconfitta delle ipotesi rivoluzionarie è registrata invece nel libro **In uno scacco (nel settantotto)** (1979). Ma i risultati forse più convincenti della poesia leonettiana arrivano con i due libri più recenti, a testimonianza della vitalità e della durata di questa ricerca: **Palla di filo** (1986), che contiene cinque poemetti di analisi materialistica e di riflessione teorica, e **Le scritte sconfinate** (1994). Sono raccolti in questo notevole libro anche i **Foglietti pirati**, brevi testi in prosa da considerare fra i più riusciti dell'autore. Nel 2009, infine, Leonetti ha pubblicato **Un uomo argentino**.

T • Francesco Leonetti, *Foglietti pirati*

T5 Paolo Volponi
Uno strale

OPERA
Nel silenzio campale

CONCETTI CHIAVE
- la rottura dell'equilibrio del soggetto
- la speranza di un recupero dell'equilibrio

FONTE
P. Volponi, *Nel silenzio campale*, Manni, Lecce 1990.

Il rapporto del soggetto con la realtà circostante (rappresentata, in particolare, da un tramonto: cfr. vv. 4 sg. e 17 sg.) ha perso ogni possibile naturalezza, e la conoscenza procede attraverso complesse mediazioni. Un evento, come lo scendere della notte, tra i più sfruttati dalla tradizione poetica di tutti i tempi è qui affrontato in modo radicalmente originale: in particolare appare evidente la distanza del taglio ragionativo e meditativo di questo testo dall'abbandono lirico caratteristico della tradizione simbolistica ed ermetica.

Un dolore politico e letterario, uno strale
dalla fortezza inglobata, ma non arresa,
una contrazione reumatica o una virale
infezione devasta e sfonda la mia attesa
5   della notte: blocca lo svolgimento orizzontale
della pellicola all'altezza della fascia stesa
sui contorni del circondario e trancia il verticale

METRICA versi lunghi (di tredici o quindici sillabe metriche) nella prima parte (vv. 1-9) e in alternanza a metri più brevi liberi nella seconda. Decisiva la funzione della rima, con due sole clausole (-ale ed -esa) alternate, tolta la chiusa a rima baciata e con l'eccezione del v. 16 estraneo al sistema per sovrappiù di importanza semantica. L'uscita in -ale è per altro anche nel titolo del testo (oltre che in quello dell'intera raccolta che lo comprende e del maggior numero delle opere, soprattutto narrative, di Volponi).

● **1-19** *Un dolore [di origine] politica o letteraria, una freccia (**strale**) [proveniente] dalla fortezza accerchiata (**inglobata**), ma non arresa, una contrazione [muscolare di origine] reumatica o una malattia (**infezione**) causata da un virus (**virale**) fa a pezzi (**devasta**) e distrugge (**sfonda**) la mia attesa della notte: interrompe (**blocca**) il procedere (**lo svolgimento**) orizzontale della pellicola [: la percezione della realtà, intesa come rappresentazione] all'altezza [: nel punto] della fascia [: la zona rosseggiante vicino all'orizzonte nell'ora del tramonto] distesa (**stesa**) sui contorni dell'ambiente circostante (**del cir-***

perno di sostegno, da impedirne la presa
che può ricondurlo vicino, strumento reale
10   di contatto, braccio, piede, estesa
mano, e anche mentale
condotto fino a un punto fermo, a difesa
di ogni vera presenza, del diritto ambientale
alla stanza, ariosa, tiepida, accesa
15   di una rispettosa luce che seppure artificiale
capace sarà di cedere,
di assecondare la discesa
del lume astrale
dentro la favilla animale.

---

condario) *e spezza* (**trancia**) *l'asse* (**il…perno**) *di sostegno verticale* [: il controllo dell'Io sulla realtà percettiva], [*in modo*] da impedirne la presa che può riportarlo (**ricondurlo**) vicino [alle cose circostanti], *reale mezzo* (**strumento**) *di contatto* [con il mondo], *braccio, piede, grande* (**estesa**) *mano e anche meccanismo* (**condotto** = passaggio) *mentale* [capace di arrivare] *fino a un punto fermo, a difesa di ogni presenza autentica* (**vera**), [a difesa] *del diritto ambientale alla stanza, ariosa, tiepida, illuminata* (**accesa**) *di una luce rispettosa che benché* (**seppure**) *artificiale sarà capace di cedere, di favorire* (**assecondare**) *la discesa* [: il tramonto] *della luce* (**lume**) *della stella* (**astrale**) [: il sole] *dentro alla scintilla* (**favilla**) *animale* [: dell'uomo, inteso nella sua caratterizzazione corporea e biologica].
Lo svolgimento orizzontale della pellicola: secondo una ormai lunga tradizione esistenzialistica (che ha influenzato anche alcuni testi di Montale) la realtà percepita dal soggetto può essere concepita come una "finzione", una rappresentazione senza necessaria verità oggettiva; la crisi del soggetto svela tale illusione interrompendola e creando una specie di punto morto, nel quale il rapporto con la realtà è sospeso. **Braccio… mentale condotto**: l'Io attorno al quale si organizza la conoscenza si serve di strumenti fisici (è esso stesso un ente fisico) e di strumenti mentali, razionali. **Mentale** può perciò essere riferito anche a **strumento** di due versi prima, in opposizione e completamento rispetto a **reale** (cioè *materiale*); e in questo caso **condotto** del v. 12 va legato, come participio passato anziché come sostantivo, a quel che segue (*strumento reale… e anche mentale, portato fino a un punto fermo…*). **Sarà**: la presenza di un futuro al v. 16 al posto del *sia* che sarebbe stato lecito attendersi, trasforma la descrizione del fallimento delle strategie difensive e conoscitive del soggetto in un loro speranzoso rilancio, quasi che sia di nuovo possibile metterle in atto (già l'indicativo **può** al v. 9, in luogo di un *avrebbe potuto*, annuncia tale trasformazione).

T5 DALLA COMPRENSIONE ALL'INTERPRETAZIONE

COMPRENSIONE

Un momento di crisi Cercando di definire più da vicino il "contenuto" per così dire narrativo del testo, è utile soffermarsi sulla **rottura dell'equilibrio e della serenità psichica del soggetto**, nell'**attesa della notte**, causata da una crisi di angoscia – la cui origine può essere privata, e persino fisica, o pubblica – (vv. 1-5). Tale crisi colpisce violentemente il soggetto (si noti l'insistenza di verbi brutalmente dinamici) distruggendo sia le condizioni necessarie ad avere un rapporto utile e rassicurante con il mondo (vv. 8-15 in particolare), sia soprattutto la solidità dell'io che tale rapporto dovrebbe istituire e gestire (vv. 7 sg.). **La conclusione** del testo, in specie a causa del v. 16 (con un verbo al futuro ed estraneo al sistema di rime), si riapre alla **speranza di un recupero dell'equilibrio spezzato**: quasi che la poesia abbia operato una specie di "stregoneria" propiziatoria per scongiurare il trionfo senza scampo della crisi.

ANALISI

Impegno concettuale e sintassi complessa Può essere utile osservare il taglio diverso della **prima parte del testo** (fitta di **termini distruttivi**) rispetto alla **seconda** (volta a una progressiva **ricostruzione rasserenante**). Più in generale, la complessa costruzione stilistica e metrica della poesia, risolta in un **unico periodo sintattico** e costantemente sottratta al confine del verso dai continui *enjambements*, ne sottolinea il **taglio ragionativo**.

INTERPRETAZIONE

Pubblico e privato I primi versi («Un dolore politico e letterario… o una virale infezione») istituiscono uno stretto rapporto tra la dimensione privata del poeta e quella pubblica; politica e letteratura sono qui messe sullo stesso piano ed entrambe caratterizzate da profondo coinvolgimento, anche emotivo ed esistenziale: testimonianza di **una concezione totale dell'esperienza umana** e valorizzazione dell'**atto letterario come integralmente politico**. La «fortezza inglobata, ma non arresa» può essere sia la dimensione politica e letteraria, sia il soggetto impegnato al suo interno; lo «strale» è un evento spiacevole, o anche solo una improvvisa crisi d'ansia.

T5 LAVORIAMO SUL TESTO

ANALIZZARE

Lo stile ragionativo

1. LINGUA E LESSICO Rintracciare i termini che rivelano un'energia distruttiva e quelli che rivelano un impulso rasserenante.

Dimensione pubblica e dimensione privata

2. In quale rapporto sono poste politica e letteratura?

INTERPRETARE

3. Come viene vista la realtà?
4. Quale rapporto stabilisce il poeta tra pensiero e corpo?

8 *I novissimi*. Elio Pagliarani ed Edoardo Sanguineti

All'origine della Neoavanguardia: l'antologia *I novissimi*

Il periodo di tensione che si apre nella poesia alla metà degli anni Cinquanta è inizialmente dominato dagli orientamenti di «Officina», ma negli anni Sessanta diviene invece determinante il contributo della nuova avanguardia, organizzatasi nel Gruppo 63. **La proposta della Neoavanguardia in poesia è già definita con l'antologia *I novissimi*** uscita nel **1961** a cura di Alfredo Giuliani e contenente testi, oltre che del curatore, di Pagliarani, Sanguineti, Balestrini e Porta (cfr. cap. II, § 3).

***I novissimi*: modelli e caratteri**

La ricerca degli autori neoavanguardisti aspira a occupare il centro del dibattito e a rovesciarne a proprio vantaggio i termini. **I cinque poeti** (Giuliani, Pagliarani, Sanguineti, Balestrini, Porta) **raccolti nell'antologia *I novissimi. Poesie per gli anni Sessanta*** (1961) intendono rifiutare sia l'esperienza ermetica e simbolista, sia quella neorealista, ma non già per collegarsi a Pascoli e ai vociani come proponevano i poeti di «Officina», ma prendendo a modello Thomas, Pound, Eliot, l'esperienza del *collage* e, più in generale, quella delle avanguardie storiche e soprattutto il Surrealismo. **Con loro, la poesia mette radicalmente in causa la centralità del soggetto lirico** e pone invece in primo piano l'ammasso di informazioni, suoni, oggetti, frammenti della *palus putredinis* (l'espressione è di Sanguineti) della civiltà neocapitalistica. Ne consegue un **abbassamento stilistico e linguistico**, che oggettivamente riprende alcune acquisizioni della stagione neorealistica.

Rifiuto dell'impegno e mimesi della schizofrenia universale

In genere la Neoavanguardia privilegia il momento distruttivo su quello costruttivo. Pur non rifiutando di schierarsi ideologicamente, i poeti "novissimi" rifiutano la prospettiva dell'impegno in senso tradizionale portando le loro innovazioni soprattutto sul terreno dei significanti e sul linguaggio inteso quale luogo delle contraddizioni della moderna società di massa. **La lingua è sottoposta dunque a un processo di straniamento** che distrugge ogni possibile armonia consolatoria e ogni appagante approdo sintattico: **la poesia deve infatti essere**, come scrive Giuliani nell'introduzione alla seconda edizione (1965) dell'antologia, **«mimesi critica della schizofrenia universale**, rispecchiamento e contestazione di uno stato sociale e immaginativo disgregato». Questa contestazione del presente attraverso la contestazione dei suoi linguaggi coincide con il rifiuto della soggettività lirica tradizionale, rilanciata anche di recente dagli ermetici.

Elio Pagliarani

I più significativi poeti legati alla Neoavanguardia sono Elio Pagliarani ed Edoardo Sanguineti. **Elio Pagliarani** nasce a Viserba di Rimini il **25 maggio 1927** da famiglia operaia. Nel 1951 si laurea in Scienze Politiche presso l'Università di Padova; ma precedente di alcuni anni è il suo contatto con il mondo del lavoro (come impiegato in una ditta milanese, e come insegnante di ripetizioni private) e la pubblicazione, su rivista, delle prime poesie. **La raccolta di esordio esce nel 1954** (*Cronache e altre poesie*), seguita poi da numerose altre e anche da alcune opere di carattere critico e teorico. Dopo la laurea vive per un decennio a Milano, insegnando in scuole private e divenendo poi (nel 1956) redattore dell'«Avanti!». Nel 1960 tale lavoro lo costringe a trasferirsi a Roma, dove tuttora risiede.

Il carattere costante nella poesia di Pagliarani dai primi testi degli anni Quaranta a quelli di questi ultimi anni **è la tensione etica**, cioè un atteggiamento risentito e critico verso la realtà che esclude comunque i due estremi della poesia novecentesca – la chiusura nella interiorità del soggetto, la rappresentazione impersonale e distaccata dagli oggetti. Il "destino" di Pagliarani sta piuttosto in **un faccia a faccia tra io e mondo**; e il conflitto che se ne sprigiona avviene nei termini di una critica anche apertamente politica alla società classista del capitalismo.

Sul piano formale, questa posizione sceglie di esprimersi nel taglio narrativo, con una **tendenza al poemetto** che trova nella *Ragazza Carla* (1960) il suo esito più coerente e significativo. L'influenza della tradizione crepuscolare si rivela nell'adesione populistica o nel semplice distacco ironico che sono all'origine dello scatto narrativo di Pagliarani; ma rapidamente si afferma un'energia negatrice che trasforma il racconto in **apologo di demistificazione e di denuncia radicale**. La società contemporanea è rappresentata attraverso i suoi stessi linguaggi speciali, con un realismo descrittivo che non esclude mai il commento. Il punto di vista dell'autore si esprime però soprattutto nel montaggio delle diverse realtà linguistiche (cfr. **T6**, p. 606).

La tensione sperimentale e la vocazione narrativa avvicinano la ricerca di Pagliarani, negli anni Cinquanta, allo sperimentalismo di «Officina» (e in qualche modo allo stesso Pasolini); mentre negli anni Sessanta Pagliarani aderisce alla Neoavanguardia, spinto dal riconoscimento comune che l'ideologia borghese sia strettamente intrecciata al linguaggio, e che lì vada messa a nudo e criticata. **Si riduce** di conseguenza **lo spazio della discorsività narrativa** (che però non viene mai meno del tutto) **a vantaggio di un'azione concentrata sul versante linguistico del testo**, sul significante. Tale ricerca porta dapprima alla inserzione di linguaggi specialistici – dalla fisica quantistica alla psicoanalisi – nel tessuto letterario (*La lezione di fisica e Fecaloro*), poi alla ossessiva concentrazione attorno a parole-chiave delle quali non si esplora il valore evocativo e analogico ma la resistenza semantica e il contenuto "ideologico" (*Rosso corpo lingua*), infine alla riscrittura di testi dati, nella doppia valorizzazione della distanza tra originale e rifacimento, da una parte e, dall'altra, dell'appropriazione del poeta (*Esercizi platonici* ed *Epigrammi ferraresi*). Nel 1995 è stata pubblicata una sorta di vasto affresco poematico dedicato soprattutto agli anni del "miracolo economico", cui il poeta ha lavorato per vari decenni: *La ballata di Rudi*.

Tensione etica e critica politica

Video • La poesia di Elio Pagliarani

Il poemetto: la denuncia radicale di *La ragazza Carla* (1960)

Video • Elio Pagliarani, *La ragazza Carla*

La sperimentazione sul linguaggio e la critica dell'ideologia borghese

T • Elio Pagliarani, *Dagli Epigrammi ferraresi*

***La ballata di Rudi* (1995)**

«Chi scrive una poesia (e dunque anche chi la riscrive leggendola) sperimenta tutta la possibile ambiguità e comprensività del linguaggio. Strozzata apparizione, rito demente e schernitore, discorso sapiente, pantomima incorporea, gioco temerario, la nuova poesia si misura con la *degradazione dei significati* e con l'*instabilità fisiognomica* del mondo verbale in cui siamo immersi».

Copertina dell'antologia *I novissimi*.

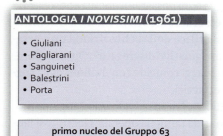

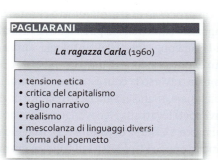

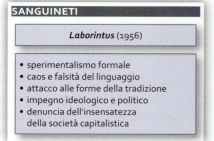

Lungo tutto l'arco di questa ricerca dura comunque la volontà di **associare alla negazione della realtà esistente l'affermazione di un possibile significato alternativo**. A differenza di quanto avviene in altri autori legati alla Neoavanguardia, il realismo di Pagliarani non accetta mai di limitarsi alla riproduzione della realtà, di cedere alla sua insignificanza; si ostina invece in una ipotesi di senso che implica la resistenza, nonostante tutto, di una volontà comunicativa.

Edoardo Sanguineti è nato a Genova il 9 dicembre 1930, e qui ha vissuto e insegnato letteratura italiana all'Università, presso la Facoltà di Lettere. **È morto a Genova il 18 maggio 2010**.

Attivissimo, oltre che come autore, come critico e come intellettuale, Sanguineti ha fatto parte del Gruppo 63 (dopo essere stato compreso nell'antologia dei *Novissimi*, 1961), legandosi alla ricerca della Neoavanguardia, della quale ha rappresentato l'ala più impegnata sul piano politico-ideologico. Di alto livello la sua collaborazione, anche al di fuori dell'ambito letterario specifico, con le avanguardie musicali (Berio), pittoriche (Baj) e teatrali (Ronconi).

Due costanti possono essere individuate nell'opera di Sanguineti: **lo sperimentalismo formale e l'impegno ideologico-politico**. Soprattutto notevole e caratteristica sarà anzi l'organicità della relazione tra i due momenti: lo sperimentalismo formale è guidato dalla prospettiva ideologico-politica e a essa finalizzato.

Negli anni Cinquanta, quando Sanguineti esordisce con *Laborintus* (1956), l'impegno politico dei letterati si rivolgeva in genere alla sola sfera dei contenuti, scegliendo tematiche e ambientazioni popolari (basti pensare alla poetica neorealista). Rispetto a questo contesto culturale, che riteneva inutile una riflessione sulle forme della letteratura (e per lo più utilizzava la struttura del romanzo tradizionale), l'esordio di Sanguineti appare di eccezionale originalità. Infatti in lui a essere poste al centro dell'attenzione sono proprio quelle strutture linguistiche e quelle forme letterarie che altri autori utilizzavano come semplici strumenti espressivi. Sanguineti, con furore soprattutto distruttivo, si accanisce, in questo primo momento, a dimostrarne la falsità. Dotato di una cultura europea aggiornata e profonda, egli introduce nell'attività poetica la consapevolezza che gli deriva dalla riflessione teorica e critica. Anziché riferirsi utopisticamente a un nuovo mondo da creare, **egli svela l'orrore della civiltà capitalistica, riproducendone, attraverso il linguaggio, l'insensatezza e lo squallore**, vale a dire la "palude" dell'alienazione. Ma questa riproduzione non è in nessun modo, a sua volta, una neutrale "fotografia" della realtà. Il realismo di Sanguineti, al contrario, consiste nello stravolgimento della realtà operato attraverso lo sperimentalismo formale. Il caos della pagina non ha il solo valore di un documento, ma lo spessore consapevole della denuncia. Il linguaggio e la poesia denunciano se stessi come momento inautentico e insensato di una più generale inautenticità e insensatezza.

Al fondo di questo atteggiamento stanno le **posizioni teoriche dell'autore**. Secondo Sanguineti, allo scrittore rivoluzionario non resta che fare la rivoluzione, prima di ogni altra cosa, sul piano che gli è più proprio: quello delle parole e delle forme. In questo modo egli può realmente attaccare il sistema in un suo punto vitale, dato che tra le parole e le cose c'è una relazione che non è solo di subordinazione delle parole alle cose, ma di interdipendenza reciproca. In particolare **allo scrittore rivoluzionario spetta il compito di sabotare il meccanismo della letteratura**, di scrivere non entro le sue regole, ma contro di esse, cioè contro quel momento particolare – il linguaggio, la letteratura – delle regole generali del sistema.

La prima raccolta di Sanguineti, *Laborintus*, **ha perciò un carattere distruttivo e negativo**. Ma questo atteggiamento si evolve in parte nelle opere successive, quando egli cerca di non limitare la propria ottica alla demistificazione, ma sente l'esigenza di costruire una possibile e valida alternativa. Già **nelle successive raccolte (***Erotopaegna*, 1960 e *Purgatorio de l'Inferno*, 1964**) si nota**, accanto alla tensione critica, **la volontà di individuare e comunicare contenuti diversi e positivi**. Alla denuncia della falsità e dell'orrore del capitalismo si affianca la scoperta di una verità e di un significato non compromessi (o, meglio, non del tutto compromessi). In particolare **si afferma una tematica** che avrà poi sempre grande importanza nella ricerca sanguinetiana, **quella della corporalità**, della fisiologia e della materialità.

Un'altra tematica portante è quella apertamente politica e impegnata: accanto a un'alternativa "privata" si profila così anche la possibilità di un'alternativa "pubblica", non senza gli inevitabili rapporti e scambi reciproci. Soprattutto alcuni avvenimenti storici (quali la rivoluzione culturale cinese) offrono l'opportunità di affermare l'esistenza di valori contrapposti all'insensatezza delle società occidentali. Escono, in questa prospettiva, nuove raccolte: **Wirrwarn** (1972), raccolta con le precedenti in **Catamerone 1951-1971** (1974), e **Postkarten** (1978).

La crisi della cultura

La crisi dei valori alternativi e antagonistici rispetto al capitalismo e la crisi dell'intellettuale impegnato rappresentano agli occhi di Sanguineti **una crisi** in assoluto **della cultura e dei valori intellettuali**. Infatti egli non concepisce una funzione intellettuale e culturale al di fuori di un impegno diretto nella società. La mancanza, soprattutto nel corso degli anni Ottanta, di una prospettiva di questo genere provoca in Sanguineti **un ripiegamento, anche cinico e dissacrante, nella letteratura**.

Il ripiegamento sulla letteratura

Qui il prevalente stile "basso" della quotidianità si sposa a spigliati esperimenti metrici e retorici, con risultati di disimpegnata leggerezza. È però sempre in serbo lo scatto coinvolgente e violento della demistificazione e dell'accusa. Mentre non mancano esempi di diretto impegno ideologico-politico, misurato tanto sul serbatoio realistico della cronaca e degli *slogan* rivoluzionari quanto sui modelli formali della più illustre tradizione retorica. A questo periodo appartengono altre raccolte: **Stracciafoglio** (1980), **Scartabello** (1981), la nuova opera complessiva **Segnalibro-Poesie 1951-1981** (1982), **Novissimum testamentum** (1986), **Bisbidis** (1987), **Senza titolo** (1992), **Corollario** (1997).

Le ultime raccolte

Video • Edoardo Sanguineti, «questo è il gatto con gli stivali»

I testi sanguinetiani qui antologizzati, *«questo è il gatto con gli stivali»* (**T7**, p. 609) e **Ballata della guerra** (**T8**, p. 611,) appartengono il primo ad una raccolta degli anni Sessanta, *Purgatorio de l'Inferno*, poi confluita in *Segnalibro*, e il secondo a una degli anni Ottanta, *Novissimun testamentum*.

stile sperimentale → far entrare termini non poetici in poesia

T6 Elio Pagliarani
La ragazza Carla al lavoro

OPERA
La ragazza Carla

CONCETTI CHIAVE
- l'angoscioso ingresso nel mondo del lavoro
- impostazione narrativa
- punti di vista e linguaggi diversi

FONTE
E. Pagliarani, *La ragazza Carla e altre poesie*, Mondadori, Milano 1962.

Il poemetto La ragazza Carla (composto tra il 1954 e il 1957) fu pubblicato nel '60. Esso è diviso in tre parti, ulteriormente suddivise al loro interno in sottoparti. È qui presentata la prima sottoparte della seconda parte.

L'argomento del poemetto è il primo contatto di una ragazza diciassettenne (Carla) con il mondo del lavoro, in una grande città industriale (Milano), negli anni del boom economico. Tale evento rappresenta un momento di crisi per la giovane, costretta a un rapido passaggio alla coscienza adulta. È qui riprodotto il momento relativo alla prima giornata lavorativa e al conseguente smarrimento di Carla, alla sera, dopo il ritorno a casa.

Pagliarani fonde nel poemetto numerosi punti di vista diversi (quello dei datori di lavoro, dei familiari e persino dei vicini di casa di Carla, quello di Carla stessa e quello proprio, a commento) utilizzando codici linguistici diversi (da quello tecnico del manuale di dattilografia a quello del gergo politico a quello della tradizione letteraria). La vocazione narrativa e il plurilinguismo distinguono doppiamente la poesia di Pagliarani dalla tradizione lirica del Novecento.

Carla Dondi fu Ambrogio di anni
diciassette primo impiego stenodattilo
all'ombra del Duomo

METRICA versi liberi (ma sono riconoscibili numerosi metri tradizionali, decasillabi e dodecasillabi nella prima parte, endecasillabi soprattutto nella seconda), disposti sulla pagina a gruppi, con una valorizzazione delle divisioni e della distribuzione grafica assai superiore che nella strofe tradizionale.

● **1-3** È qui utilizzato il linguaggio burocratico, con le sue formule fisse. È un modo per mettere in risalto la spersonalizzazione del soggetto. **Fu Ambrogio**: *significa figlia di Ambrogio* (cioè "del fu [: morto]..."). **Primo impiego**: *il primo impiego della quale è...* **stenodattilo**: *stenodattilografa*, impiegata che può sia stenografare (scrivere sotto dettatura secondo un codice sintetico di grande rapidità) sia scrivere a macchina (dattilografare). **All'ombra del Duomo**: nel centro di Milano, sotto il Duomo.

Sollecitudine e amore, amore ci vuole al lavoro
5   sia svelta, sorrida e impari le lingue
le lingue qui dentro le lingue oggigiorno
capisce dove si trova? TRANSOCEAN LIMITED
qui tutto il mondo...
                    è certo che sarà orgogliosa

10 Signorina, noi siamo abbonati
alle Pulizie Generali, due volte
la settimana, ma il Signor Praték è molto
esigente – amore al lavoro è amore all'ambiente – così
nello sgabuzzino lei trova la scopa e il piumino
15 sarà sua prima cura la mattina.

        UFFICIO A   UFFICIO B   UFFICIO C

Perché non mangi? Adesso che lavori ne hai bisogno
                    adesso che lavori ne hai diritto
                                molto di più.

20 S'è lavata nel bagno e poi nel letto
s'è accarezzata tutta quella sera.
Non le mancava niente, c'era tutta
come la sera prima – pure con le mani e la bocca
si cerca si tocca si strofina, ha una voglia
25 di piangere di compatirsi
                    ma senza fantasia
come può immaginare di commuoversi?

Tira il collo all'indietro ed ecco tutto.

Mimmo Rotella, *Divertitevi a dare*, 1959-60. Collezione privata.

● **4-9** In questa strofe e nella seguente sono presentate alla rinfusa varie frasi evidentemente dette a Carla sul posto di lavoro, durante il primo giorno, dai suoi superiori. L'uso ridotto e approssimativo della punteggiatura comunica il modo confuso e angoscioso con cui Carla recepisce le varie ammonizioni e raccomandazioni. I vv. 4-8, riscritti con una punteggiatura normalizzata, suonerebbero così: "Sollecitudine e amore, amore ci vuole al lavoro. Sia svelta, sorrida e impari le lingue. Le lingue... Qui dentro... Le lingue oggigiorno... Capisce dove si trova? TRANSOCEAN LIMITED. Qui tutto il mondo...". Si noti, evidenziato nella trascrizione dai puntini di sospensione, l'uso della reticenza, con mimesi del linguaggio parlato e della ricezione frammentaria di Carla. Possibili integrazioni sono: *qui dentro* [serve conoscere le lingue straniere], *le lingue oggi* [sono molto importanti per lavorare bene], *qui* [si hanno contatti con] *tutto il mondo*. **TRANSOCEAN LIMITED**: è il nome della società che ha assunto Carla, e già rivela l'attività internazionale. **È certo che sarà orgogliosa**: di lavorare in una società importante.

● **10-15** Benché l'ufficio venga pulito da un'impresa apposita (le **Pulizie Generali**) **due volte la settimana**, Carla deve ogni giorno spolverare i mobili con il **piumino** e scopare in terra prima di iniziare il proprio lavoro. Infatti **il Signor Praték** (il capoufficio) **è molto esigente** (cioè pretende molto dai propri impiegati): la frase chiusa nell'inciso è evidentemente la citazione di un suo modo di dire (e significa: chi ama il proprio lavoro deve amare innanzitutto l'ambiente, il luogo dove esso si svolge, e perciò tenerlo pulito; ed è ripresa qui l'ipocrita idea del v. 9). **Sgabuzzino**: piccola stanza dove si tengono gli attrezzi; ripostiglio. **Sarà sua prima cura la mattina**: sottinteso "pulire" (**cura** = occupazione).

● **16** Sono le varie stanze della ditta.

● **17-19** Queste parole sono evidentemente dette a Carla dalla madre, alla sera, dopo il ritorno a casa; anch'esse (come i vv. 9 e 13) contengono il presupposto che, lavorando, Carla abbia conquistato qualcosa di positivo, in questo caso il **diritto** di mangiare, magari di mangiare **di più**. Per capire poi meglio il significato del richiamo al cibo e al **diritto** di mangiare è utile sapere che nella quarta sottoparte di questa seconda parte del poemetto è riferito che il marito della sorella di Carla mangia una porzione di carne e contorno da solo, mentre un'altra porzione viene divisa fra le tre donne (Carla, la sorella, la madre).

● **20-28** Questi versi si riferiscono a Carla direttamente, senza riprodurre le parole a lei rivolte da altri; e questo fatto spiega il tono affettuoso (con una sfumatura patetica), contrapposto al tono estraneo, falso o almeno distante della parte precedente.

T6 DALLA COMPRENSIONE ALL'INTERPRETAZIONE

COMPRENSIONE

Il punto di vista degli altri e quello di Carla Il brano che è qui riportato **presenta la protagonista Carla servendosi a lungo solo del punto di vista degli altri**: noi vediamo ciò che a Carla viene detto dagli altri, vediamo il modo in cui Carla viene presentata all'interno della realtà produttiva, ma non riceviamo nessuna informazione circa la reazione della ragazza a quel modo di essere trattata, a quella collocazione dentro un meccanismo così spersonalizzante. Solo **una volta arrivata a casa, Carla ha modo di esprimere delle reazioni autentiche**, le quali tuttavia vengono rappresentate dal poeta in modo del tutto implicito, descrivendo il comportamento fisico della ragazza e alludendo alla sua inesprimibile scontentezza: manca cioè una ideologizzazione esplicita del **meccanismo lavorativo alienante** rappresentato.

I gesti di Carla una volta tornata a casa esprimono il tentativo di cancellare l'esperienza angosciosa del lavoro – lavandosi (v. 20) – e di riappropriarsi della propria identità fisica – accarezzandosi (vv. 20-24). Ma è un tentativo che non può comunque riuscire del tutto: la ragazza sperimenta nel senso di tristezza (vv. 25 sg.) l'alienazione del lavoro, **il sentimento di aver perduto irrimediabilmente una parte di se stessa**, una parte della propria identità individuale. D'altra parte la semplicità del suo carattere le impedisce anche di «commuoversi» (vv. 27 sg.) – o così ella dice a se stessa –, quasi che anche il piangere sulla propria infelicità sia un lusso di persone colte, ovvero un privilegio sociale. A lei non resta che **piegare il collo all'indietro** (v. 28), evidentemente nel tentativo di combattere l'indolenzimento per la posizione tenuta durante il giorno battendo a macchina; e il gesto, però, assume anche **un valore implicito di rifiuto e di resa**.

ANALISI E INTERPRETAZIONE

Narrazione e commento morale (implicito) Il poemetto presenta **un'impostazione di tipo narrativo**. La narrazione non è condotta da un punto di vista unitario, né tanto meno organizzata secondo le idee dell'autore, assistita dal suo commento. Al contrario, essa procede servendosi di accostamenti di **punti di vista diversi, per lo più coincidenti con specifici linguaggi**. Ciò non significa che l'autore si limiti a montare i vari linguaggi registrando passivamente la realtà oggettiva: il taglio narrativo e il plurilinguismo sono invece orientati da un vivissimo **sentimento etico e politico**; accanto alla descrizione sta di continuo **il commento morale**, anche se lo sforzo del poeta è quello di sciogliere il commento nella descrizione stessa, di calarlo nella tecnica di montaggio dei vari punti di vista e dei vari linguaggi.

T6 LAVORIAMO SUL TESTO

ANALIZZARE

Prospettive e voci diverse

1. Attraverso quali punti di vista è presentata la protagonista?
2. **LINGUA E LESSICO**
   A distingui la differenza di tono e di lessico delle varie voci
   - dei datori di lavoro
   - dei familiari
   - del narratore
   B su quali temi converge la loro attenzione?
3. **LINGUA E LESSICO** Caratterizza il linguaggio attraverso cui Pagliarani dà voce al il tema dell'alienazione.

INTERPRETARE

La santificazione del lavoro

4. Quale ideologia del lavoro trionfa nell'ufficio? E nella vita familiare?

Il pianto di Carla

5. Perché Carla ha «voglia di piangere»? Come affiora nel testo il suo punto di vista? Attraverso un commento, un monologo, o semplici gesti?

LE MIE COMPETENZE: RICERCARE, DIALOGARE

Il tema del poemetto di Pagliarani è l'alienazione del lavoro nella realtà industriale. Negli ultimi anni si sono andate strutturando nuove forme di "lavoro flessibile", con la conseguente diffusione del "precariato". Che cosa s'intende per "lavoro flessibile"? Quali possono essere, secondo te, i vantaggi e i costi umani del lavoro flessibile? Qual è la differenza tra "flessibilità" e "precarietà"? Documentati su questi temi; quindi discutine in classe.

T7 Edoardo Sanguineti
«questo è il gatto con gli stivali»

OPERA
Purgatorio de l'Inferno

CONCETTI CHIAVE
- parodia del modello didattico
- la legge del profitto e il trionfo del nulla

FONTE
E. Sanguineti, *Segnalibro*, Feltrinelli, Milano 1982.

Pur rafforzandosi la volontà di costituzione, nelle raccolte sanguinetiane degli anni Sessanta esiste una sostanziale componente negativa e distruttiva, volta alla demistificazione della realtà alienante e disumana della civiltà capitalistica. In questa poesia l'aspetto positivo e costruttivo è evidente nella struttura didascalica, che rappresenta un momento del rapporto con il figlio e della sua educazione; inoltre Sanguineti si affida apertamente all'ideologia marxista, della quale esemplifica un presupposto di fondo (la riduzione del mondo a denaro e il non essere nulla del denaro, e quindi la nullificazione del mondo stesso, privato di significati e di valori). L'aspetto distruttivo consiste nella demistificazione della struttura stessa dell'insegnamento (e questa poesia costituisce una sua efficace parodia): tutte le cose che il poeta mostra al figlio, benché diverse e lontane tra loro, rimandano a un unico significato, cioè al loro essere merce, e perciò denaro sotto altra forma; e poiché il denaro non contiene significati o valori al di fuori di se stesso, tutte le cose sono in verità nulla. L'innocente lezione, stravolta dalla parodia, trasmette la tragica notizia dell'annullamento dei significati e dei valori nella civiltà capitalistica; e la giocosa prospettiva dell'ironia si rivela un annuncio lacerante di crisi e di insensatezza.

Andy Warhol, *Two Dollar Bills*, 1962. Colonia, Museo Ludwig.

```
     questo è il gatto con gli stivali, questa è la pace di Barcellona
     fra Carlo V e Clemente VII, è la locomotiva, è il pesco
     fiorito, è il cavalluccio marino: ma se volti il foglio, Alessandro,
     ci vedi il denaro:

5             questi sono i satelliti di Giove, questa è l'autostrada
     del Sole, è la lavagna quadrettata, è il primo volume dei Poetae
     Latini Aevi Carolini, sono le scarpe, sono le bugie, è la Scuola d'Atene, è il burro,
     è una cartolina che mi è arrivata oggi dalla Finlandia, è il muscolo massetere,
     è il parto: ma se volti il foglio, Alessandro, ci vedi
10   il denaro:
```

METRICA tre strofe irregolari di versi liberi lunghi, sostenute ritmicamente dalla replicazione insistente di un'identica costruzione sintattica.

● **1-4** *questo è il gatto con gli stivali, questa è la pace di Barcellona fra Carlo V e Clemente VII, [questa] è la locomotiva, [questo] è il pesco fiorito, [questo] è il cavalluccio marino: ma se volti il foglio* [: se guardi al di là dell'aspetto immediato], *Alessandro, ci vedi il denaro.* **Questo**: l'inizio con la minuscola, frequente in Sanguineti come in molti altri poeti contemporanei, allude qui alla casualità dell'esordio, sottolineando il carattere caotico e non organizzato dell'elenco che segue. **Il gatto con gli stivali**: con allusione alla favola di Charles Perrault *Le chat botté* (1697). **La pace di Barcellona...**: firmata nel 1529 dall'imperatore Carlo V e dal papa Clemente VII, con impegni reciproci di alleanza e di sostegno.

● **5-10** *questi sono i satelliti di Giove, questa è l'autostrada del Sole, [questa] è la lavagna a quadretti* (**quadrettata**), [questo] *è il primo volume dei Poeti latini dell'epoca* (**Aevi**; latino) *di Carlomagno* (**Carolini**; latino), [queste] *sono le scarpe,* [queste] *sono le bugie,* [questa] *è la Scuola di Atene,* [questo] *è il burro,* [questa] *è una cartolina che mi è arrivata oggi dalla Finlandia,* [questo] *è il muscolo massetere,* [questo] *è il parto: ma se volti il foglio, Alessandro, ci vedi il denaro.* Ancora un elenco casuale e privo di coerenza, suggerito con ogni probabilità dalle circostanze della lezione (e unendo perciò i libri e i riferimenti culturali della

e questo è il denaro,
e questi sono i generali con le loro mitragliatrici, e sono i cimiteri
con le loro tombe, e sono le casse di risparmio con le loro cassette
di sicurezza, e sono i libri di storia con le loro storie:

15 ma se volti il foglio, Alessandro, non ci vedi niente:

---

scrivania del poeta ai giochi del bambino). I **satelliti di Giove**: i cosiddetti *Palloni medicei*, le lune di Giove, scoperti da Galileo nel 1610. **L'autostrada del Sole**: unisce Milano a Napoli, attraverso Firenze e Roma. **Poetae Latini...**: una raccolta di poesie dell'epoca di Carlomagno (VIII-IX secolo). La **Scuola d'Atene**: è un notissimo affresco di Raffaello nel Vaticano, del quale il poeta indica una riproduzione. Il **muscolo massetere**: un muscolo facciale che serve a muovere le mandibole. **Il parto**: una raffigurazione del parto.

● **11-15** *e questo è il denaro, e questi sono i generali con le loro mitragliatrici, e [questi] sono i cimiteri con le loro tombe, e [queste] sono le casse di risparmio con le loro cassette di sicurezza, e [questi] sono i libri di storia con le loro storie: ma se volti il foglio, Alessandro, non ci vedi niente*. Questi ultimi versi rovesciano il procedimento dei precedenti e completano efficacemente la lezione. Ora il poeta mostra al figlio il denaro e le cose che a esso sono direttamente collegate: le guerre (e il mondo militare) e le banche, «due aspetti esemplari del sistema sociale capitalistico» (Boarini-Bonfiglioli). A tali elementi si affiancano i cimiteri e i libri di storia, in quanto espressione di un passato morto e privato di senso dalla furia distruttiva del potere economico e militare. **Niente**: i due punti che concludono il testo alludono alla sua apertura, e in particolare alla possibilità di ampliare a volontà i suoi esempi sempre raggiungendo le medesime conclusioni. **Le loro storie**: c'è un'intenzione sarcastica denigratoria: **storie**, in contesti particolari, significa 'finzioni, capricci'.

T7 DALLA COMPRENSIONE ALL'INTERPRETAZIONE

COMPRENSIONE

Il modello didattico e la legge del profitto La situazione rappresentata nel testo è quella di una **"lezione" casuale che il poeta si trova a impartire al figlio** («Alessandro», v. 3). Secondo un modulo didattico tradizionale e ovvio, il maestro addita all'alunno gli oggetti e le immagini che gli sono davanti, spiegando le caratteristiche di ogni cosa dopo averne detto il nome. Ma qui **tale modello è sconvolto**, ovvero presentato in forma parodistica: **ogni cosa**, benché in sé diversa dalle altre e definita da un nome originale, **rimanda a un solo e costante significato, e cioè alla legge del profitto**.

ANALISI

La struttura retorica Il testo è costruito su una struttura retorica piuttosto semplice, che – in assenza di una metrica tradizionale – assume anche funzione organizzativa. Vi è un'insistita **anafora** che costituisce una vera e propria gabbia stilistico-tematica: «questo è... questa è... e... è...». Tale struttura stilistica ritorna identica nella prima e nella seconda parte. Nella terza parte, tuttavia, vi è una leggera variante («e questo... e questi... e sono... e sono...»), dove la «e» sottintende un "infine", come alludendo al fatto che si è infine giunti al cuore del problema.

Dalla enumerazione caotica all'"ordine" terribile del denaro Le prime due strofe contengono **un accumulo caotico di "oggetti"** che il padre-maestro addita al figlio-discepolo (e anche in questo disordine magmatico è da vedere un elemento della **corrosiva parodia dell'insegnamento**). **Nella terza strofa**, oltre al mutamento indicato nel punto precedente, ve ne è un altro assai importante. Dal caos irridente si passa alla terribile coerenza e consequenzialità del male prodotto dal denaro: guerre, banche e morte. La storia con tutte le sue "storie" altro non è che questo nulla.

INTERPRETAZIONE

La denuncia politica La struttura ironica della poesia esprime un contenuto reale, legato alle convinzioni politiche dell'autore: infatti appartiene a Marx **la denuncia del denaro** come "equivalente universale" capace di ridurre tutta la realtà a merce. In questa prospettiva, la lezione appare seria: la cosa fondamentale che bisogna capire, al cospetto della realtà di oggi, è la legge del profitto che governa ogni attività umana e ogni angolo dell'esistenza. Vi è poi un risvolto tragico, dato che l'imporsi di un unico valore, quello del denaro (cioè la logica del profitto), determina **il trionfo del nulla**. Se il valore di scambio delle cose distrugge del tutto il valore d'uso, ecco che la civiltà è annullata (secondo una "profezia" di Marx) e che dunque prevale il nulla (di significati e di valori). È questo il senso autentico dell'insegnamento che il poeta dà al figlio e affida a questo testo. **Demistificare le "storie", cioè le menzogne**, che i libri di storia raccontano **è il vero scopo della lezione**.

T7 LAVORIAMO SUL TESTO

ANALIZZARE

Il senso della lezione

1. Che legame c'è tra gli oggetti elencati e il denaro?
2. E tra il denaro e il niente?

Una struttura ironica

3. **LINGUA E LESSICO** Che funzione attribuisce il poeta all'espressione linguistica? Gli elenchi hanno un senso?

INTERPRETARE

Oltre il foglio

4. Si può voltare il foglio e vedere qualcosa di diverso dalle previsioni? Il testo lo consente?

T8 Edoardo Sanguineti
Ballata della guerra

OPERA
Novissimum testamentum

CONCETTI CHIAVE
- la logica del profitto e della sopraffazione
- la guerra come invariante della storia umana

FONTE
E. Sanguineti, *Novissimum testamentum*, Manni, Lecce 1986.

*Il testo qui presentato è notevole per la forza demistificatoria che emerge dalle prime tre strofe, volte a mostrare il legame che la storia umana intrattiene con la distruzione e con il nulla, essendo dominata dalla logica del profitto e della sopraffazione, e quindi segnata dal susseguirsi di guerre. Ma ancora più notevole è poi il passaggio, nella quarta e ultima strofa, dal tono ironico e malinconico delle precedenti all'esplicita e irruenta affermazione di un'alternativa e di un invito: lottare contro le guerre, cioè contro la loro logica di insensatezza che nasconde il nulla (e cfr., per questo tema, anche **T7**, «questo è il gatto con gli stivali», p. 609), e aderire alla prospettiva politica marxista della lotta di classe. In tale conclusione è più che mai evidente la ragione per cui il poeta ha fatto il ricorso alla forma della ballata, in età moderna destinata spesso all'incitamento, alla protesta sociale, alla prospettiva di lotta. L'efficacia della poesia sta, più in generale, nel gran numero di riferimenti che vi sono accumulati, spesso lontanissimi tra loro per ragioni storiche e culturali, e affini a volte magari solo sul piano fonico. La quantità e l'eterogeneità aiutano entrambe a dare quell'idea di insignificanza e di dispersione che è il nucleo tematico della poesia.*

per Gian Carlo Binelli

    dove stanno i vichinghi e gli aztechi,
    e gli uomini e le donne di Cro-Magnon?
    dove stanno le vecchie e nuove Atlantidi,
    la Grande Porta e la Invicibile Armata,
5   la Legge Salica e i Libri Sibillini,
    Pipino il Breve e Ivan il Terribile?

METRICA tre strofe di dieci versi (gli ultimi quattro costituenti in tutt'e tre una specie di ritornello, con varianti di volta in volta) e una di quattro versi con rime AABB. Versi liberi, ma prossimi spesso alla misura dell'endecasillabo (o, come p. es. i due di chiusura, endecasillabi regolari).

- **1-2 Vichinghi**: guerrieri navigatori scandinavi, nei secoli VIII-IX si spinsero fino in Groenlandia e in Nord-America. **Aztechi**: una delle civiltà precolombiane, che cioè fiorì in America prima dell'arrivo degli europei, tra il XV e il XVI secolo, che li sterminarono. Come i Maya, gli Aztechi abitavano l'America centrale. **Gli uomini... Cro-Magnon**: un tipo di uomo preistorico che prende nome dalla località della Francia Sud-occidentale dove nel secolo scorso vennero rinvenuti alcuni suoi resti scheletrici. È il diretto progenitore dell'uomo attuale.

- **3-6 Vecchie e nuove Atlantidi**: già secondo gli antichi nell'oceano Atlantico sarebbe esistita una grande isola poi sprofondata; tale ipotesi favolosa è stata riproposta da alcuni scienziati moderni (cfr. **vecchie e nuove**). C'è probabilmente anche un'allusione al trattato del filosofo inglese Francesco Bacone *La Nuova Atlantide* (1627), in cui viene delineato un modello utopico di società perfetta; forse non senza riferimento alla crisi dei progetti di trasformazioni della società. **Grande Porta**: così era detta la corte dell'antica Bisanzio. **Invincibile Armata**: è la *Invencibile Armada* [= flotta invincibile; spagnolo], la flotta (di 130 navi) allestita nel 1588 dal re spagnolo Filippo II per tentare lo sbarco in Inghilterra; ma senza successo. **Legge Salica**: antica (secolo V circa) raccolta di leggi dei Franchi salii, popolazione germanica. **Libri Sibillini**: l'insieme dei testi oracolari usati dai romani nelle pratiche religiose pubbliche. **Pipino il Breve**: Pipino III detto «il Breve», re dei Franchi dal 752 al 768. **Ivan il Terribile**: Ivan IV (1530-84), zar di Russia.

tutto è finito, lì a pezzi e a bocconi,
dentro le molli mascelle del tempo:
qui, se a una cosa non ci pensa una guerra,
10   un'altra guerra ci ha lì pronto il rimedio:

dove stanno le Triplici e Quadruplici,
la Belle Epoque e le Guardie di Ferro?
dove stanno Tom Mix e Tom Pouce,
il Celeste Impero, gli Zeppelin, il New Deal,
15   l'Orient Express, l'elettroshock, il situazionismo,
il twist, l'O.A.S., i capelli all'umberta?
tutto è finito, lì a pezzi e a bocconi,
dentro la pancia piena della storia:
qui, se a una cosa non ci pensa una guerra,
20   un'altra guerra ci ha lì pronto il rimedio:

oh, dove siete, guerre di porci e di rose,
guerre di secessione e successione?
oh, dove siete, guerre sante e fredde,
guerra di trenta, guerre di cento anni,
25   di sei giorni e di sette settimane,
voi, grandi guerre lampo senza fine?

Enrico Baj, *Testa di generale*, 1970. Collezione privata.

- **7-10** *Tutto è finito dentro le morbide* (**molli**; vale anche 'bagnate', letterario) *mascelle del tempo lì* [: tra le cose che non ci sono più] *a pezzi e a bocconi: qui* [: nel mondo], *se a una cosa non ci pensa una guerra* [: a distruggerla], *un'altra guerra ci ha lì* [: sùbito] *pronto il rimedio*. Su questi versi cfr. Analisi e interpretazione del testo. Si noti l'uso pleonastico, caratteristico di Sanguineti, degli avverbi di luogo **lì** e **qui** e del pronome **ci**. E si noti l'ironia dissacrante dei vv. 9 sg., dove il termine **rimedio** significa 'capacità distruttiva'; è un «rimedio» contro le possibilità di sopravvivenza e di durata.

- **11-16 Triplici e Quadruplici**: sottinteso "alleanze". La Triplice Alleanza si formò tra Germania, Austria e Italia nel 1882 allo scopo di isolare la Francia; la Quadruplice Alleanza risale al 1718 e riunì Francia, Inghilterra, Olanda e Austria contro la Spagna. **Belle Epoque** [= età felice; francese]: il periodo a cavallo tra il XIX e il XX secolo, fino alla guerra mondiale, cosiddetto per la felice congiuntura economica e la caratteristica fiducia nella civiltà e nel progresso. **Guardie di Ferro**: organizzazione militare romena (camicie verdi) fondata nel 1930 e sciolta definitivamente nel 1941 dopo aver partecipato ai moti che determinarono l'abdicazione del re Carol II. **Tom Mix**: popolare attore americano, protagonista di numerosi film western (1881-1940). **Tom Pouce**: un fortunato personaggio del circo, nano ("pouce" = pulce, francese). **Celeste Impero**: così era detta la Cina sotto il potere degli imperatori. **Zeppelin**: grandi dirigibili progettati dal tedesco Ferdinand Zeppelin (1838-1917). **New Deal** [= nuovo corso; inglesi]: il complesso di riforme, soprattutto economiche, con le quali il Presidente degli Stati Uniti d'America Roosevelt affrontò negli anni 1933-38 la ripresa dopo la crisi del 1929. **Orient Express**: il famoso treno che univa Parigi a Istanbul. **Elettroshock**: un metodo di cura di alcuni disturbi psichici, consistente nella applicazione di scosse elettriche al fine di provocare la reazione dei centri nervosi; oggi superato. **Situazionismo**: un movimento filosofico, artistico e politico, soprattutto francese, legato al Surrealismo; attivo negli anni Trenta e dopo. **Twist**: un popolare ballo originario degli USA assai in voga in Italia negli anni Sessanta. **O.A.S.**: l'Organisation Armée Secrète (= organizzazione Armata Segreta; francese), organizzazione paramilitare clandestina fondata nel 1961 da ufficiali francesi in Algeria per impedire con la forza l'indipendenza del Paese occupato. **Capelli all'umberta**: o "alla Umberto", cioè a spazzola e corti come li portava il re italiano Umberto I di Savoia (1844-1900).

- **17-20** Cfr. Analisi e interpretazione del testo.

- **21-22 Guerre di porci e di rose**: di porci, con riferimento al tentativo militare di sbarco, appoggiato dagli USA, degli esuli politici nella Cuba castrista (1961), preludio al momento più acuto della guerra fredda – cfr. sotto – (e si noti l'ironia insita nel possibile equivoco con il plurale del sostantivo "porco" = maiale); di **rose**, cioè delle Due Rose, dall'immagine contenuta negli stemmi dei Lancaster (rosa rossa) e degli York (rosa bianca), che scatenarono in Inghilterra alla fine del XV sec. una vera e propria guerra civile. **Secessione**: le guerre di secessione (1861-65) furono combattute negli USA tra gli Stati del Nord e quelli del Sud, ritiratisi dalla Confederazione. **Successione**: così sono dette in particolare le guerre svoltesi in Spagna, in Polonia e in Austria nella prima metà del secolo XVIII per ragioni dinastiche (di successione = per ragioni ereditarie).

- **23-26 Guerre sante**: quelle combattute in difesa della religione, e in particolare le Crociate (secoli XI-XIII). **Fredde**: è chiamata "guerra fredda" il complesso di azioni ostili di tipo soprattutto diplomatico ed economico ma non militare (perciò "fredda", non "calda", non combattuta), in particolare «guerra fredda» è stata detta la tensione che contrappose gli USA e l'URSS negli anni dopo la seconda guerra mondiale. **Trenta**: la guerra dei Trent'anni coinvolse, tra il 1618 e il 1648, quasi tutti i paesi europei, con un complesso svolgimento e per ragioni soprattutto religiose e politiche. **Cento anni**: è chiamata guerra dei Cento anni quell'insieme di conflitti che, tra il 1337 e il 1475, contrappose Francia e Inghilterra. **Sei giorni**: la guerra dei Sei giorni, tra Israele e alcuni paesi arabi (1967). **Sette settimane**: forse per semplice gioco allitterante. **Guerre lampo**: quella teorizzata dai nazisti (in tedesco "blitzkrieg") all'alba della seconda guerra mondiale; poi rivelatasi invece una **guerra senza fine**, cioè lunghissima.

>   finite siete, lì a pezzi e a bocconi,
>   dentro il niente del niente di ogni niente:
>   qui, se a una guerra non ci pensa una pace,
> 30   un'altra pace ci ha lì pronta la guerra:
>
>   prìncipi, presidenti, eminenti militesenti potenti,
>   erigenti esigenti monumenti indecenti,
>   guerra alle guerre è una guerra da andare,
>   lotta di classe è la guerra da fare:

- **27-30** Cfr. Analisi e interpretazione del testo.
- **31-34** *prìncipi, presidenti, ragguardevoli* (**eminenti**) [*e*] *potenti* [*ed*] *esenti da obblighi militari* (**militesenti**), *che erigete* (**erigenti**) *indecenti monumenti* [: *alla guerra, ai caduti*] *pieni di pretese* (**esigenti**), *una guerra da fare* (**andare**) *è* [*la*] *guerra alle guerre, la guerra da fare è* [*la*] *lotta di classe*. Cfr. Dalla comprensione all'interpretazione. **Militesenti**: è termine tecnico-burocratico e indica chi è esentato dagli obblighi di leva: i potenti dichiarano le guerre, ma non le combattono mai di persona; il termine ha nel contesto un ovvio effetto ironico. **Esigenti**: può riferirsi ai monumenti o ai **presidenti**; in questo secondo caso si allude al desiderio dei potenti di essere onorati, magari per le "loro" vittorie. **Monumenti indecenti**: in ogni caso **indecenti** (= ipocriti e offensivi) paiono al poeta quei monumenti che rappresentano come fatti gloriosi cose (come le guerre) che hanno avuto invece solo un significato di interesse per pochi, provocando dolori e morte per molti. **Lotta di classe**: con aperta adozione della terminologia e della prospettiva del marxismo.

T8 DALLA COMPRENSIONE ALL'INTERPRETAZIONE

COMPRENSIONE E ANALISI

Collocazione del testo *La Ballata della guerra* fa parte di ***Novissimum testamentum*** [Ultimissimo testamento] (1986). Tale raccolta è caratterizzata, fra le altre cose, dall'**utilizzazione di forme letterarie tradizionali** (dall'ottava al sonetto), in apparente contraddizione con la precedente ricerca del poeta, volta a contestare e a «sabotare» la letteratura. Ma tale utilizzazione è in verità ancora un modo di **sabotare l'istituzione letteraria** e, attraverso di essa, il linguaggio e il sistema che ne è il produttore. Infatti le forme che Sanguineti riprende subiscono uno stravolgimento profondo, e in particolare è l'atteggiamento del poeta a essere radicalmente diverso da quello tradizionale: si oscilla tra l'esibizione del "vissuto" autobiografico con i suoi aspetti "bassi" e "quotidiani", senza nulla di sublime o di eccezionale, e l'impegno apertamente politico e ideologico. L'autorità del poeta e la sacralità della poesia (da molti altri scrittori difese e rilanciate negli stessi anni) sono del tutto rifiutate e irrise.

Una circolarità ossessiva Il testo è composto da **quattro strofe**. Le prime tre, di dieci versi ciascuna, si concludono con un ritornello variabile di quattro versi; l'ultima è di quattro versi. Esaminiamo più da vicino queste quattro quartine collegate dalla ripetizione (sia pure con variazioni) e dalla collocazione (a conclusione delle prime tre strofe e dell'intera poesia), che creano all'interno del testo un effetto di insistita e ossessiva circolarità. La **prima quartina** denuncia **lo scandalo della guerra**, di tutte le guerre: attraverso esse (cioè, in generale, attraverso i conflitti legati a ragioni economiche), il tempo (e, poi, la storia e il nulla) divorano tutte le cose. E se l'azione distruttrice e divoratrice di una guerra non è sufficiente, sarà la successiva a porre rimedio a questo deficit di efficienza. Nella **seconda quartina** l'unica variante rispetto ai vv. 7-10 è «pancia piena della storia» invece di «molli mascelle del tempo»: c'è cioè **uno sviluppo dell'affermazione precedente**; come se il tempo masticasse tutte le cose e la storia le ingoiasse accogliendole nella propria pancia, pronta a digerirle. Le immagini metaforiche hanno una **violenza espressionistica di tipo dissacratorio** (si pensi alla nobile idea tradizionale della storia, qui degradata). Nella **terza quartina** le varianti rispetto ai vv. 7-10 e 17-20 sono più notevoli. Tutte le cose vengono distrutte da guerre, e **le guerre stesse vengono divorate dal tempo e finiscono nel «niente»**. A ogni «guerra» mette fine una «pace» (un trattato di pace), ma poi da ogni pace nasce una nuova guerra, in quanto le condizioni stabilite dall'accordo di pace risultano presto mutate o non più accettate. **Guerra e pace non sono in alternativa, ma si integrano** in un orrido rapporto di sorellanza. È la logica del profitto che porta necessariamente alla guerra e alla distruzione che essa comporta. L'alternativa che il poeta offre a tale **insensatezza** verrà pronunciata solo negli ultimi due versi della poesia. La **quartina conclusiva** ha un tono improvvisamente diverso: **non più ironico ma risentito e violento**. La prospettiva politica dalla quale muove la dissacrazione delle tre strofe precedenti diviene nella quarta esplicita: **la logica delle guerre è quella del potere** (economico e politico) e quindi l'unica cosa giusta è combattere le guerre e **schierarsi con la classe dei lavoratori contro le classi dominanti**. Gran parte dell'efficacia di questa conclusione è dovuta agli espedienti fonici e ritmici: le **rime baciate** dei vv. 31 sg. e 33 sg. (dove la rima *-enti* è ripresa otto volte in due versi, con un effetto martellante), la replicazione del **termine-chiave guerra/e** (quattro volte in due versi), le **allitterazioni** ai vv. 31 sg. (tre parole inizianti con /p/, tre con /e/, due con /m/).

INTERPRETAZIONE

La ripresa e l'attualizzazione di un *tópos* filosofico e letterario   Nelle interrogazioni retoriche che reggono la struttura di questo testo è possibile riconoscere un *tópos* retorico di grande tradizione filosofico-letteraria. La domanda «dove stanno?» e «dove siete?» ha alle spalle la desolata interrogazione biblica sulla vanità delle cose terrene (è **il tema dell'«*ubi sunt*?»** [dove sono?]). Essa è naturalmente trasportata da Sanguineti in un clima del tutto profano e laico, come testimonia la risentita conclusione: c'è qui l'intenzione di **denunciare gli interessi che producono le guerre**, e non di dimostrare la vanità delle cose terrene. Il *tópos* ha una fortuna letteraria che spazia dal grande poeta medievale francese **François Villon** (XV secolo) all'americano **Edgar Lee Masters** (1869-1950). Il primo è autore di una ballata notissima intitolata *Ballade des dames du temps jadis* [Ballata delle donne del tempo passato] (cfr. vol. 2), la quale è caratterizzata dalla ripresa, a ogni strofa, di un'espressione che ricorda quelle del testo sanguinetiano («*Mais ou sont...?*» [«Ma dove sono...?»]). Il poeta americano è autore di un componimento (*The Hill* [La collina]), che apre *Spoon River Anthology* [Antologia di Spoon River], nel quale torna l'espressione «*Where are...?*» [«Dove sono...?»] a proposito dei morti sepolti nel cimitero. Il modo in cui Sanguineti utilizza questo *topos* letterario e le varie suggestioni che convergono in esso sembra essere tuttavia debitore piuttosto a **Bertolt Brecht** (1898-1956), le cui poesie contengono la stessa politicità presente in questo testo sanguinetiano, e prendono egualmente spesso a oggetto di demistificazione la storia e la civiltà dell'uomo (di Brecht si legga almeno *Domande di un lettore operaio*, in B. Brecht, *Poesie*, Einaudi, Torino 1997, p. 157 o, in rete, http://www.filosofico.net/brecht83operaio3.htm).

T8 LAVORIAMO SUL TESTO

ANALIZZARE

La tecnica compositiva

1. Eventi, personaggi, guerre sono elencati secondo la tecnica dell'accumulo, senza un criterio logico o cronologico. Individua almeno tre esempi.

INTERPRETARE

Il senso della storia

2. Che uso fa Sanguineti del *tópos* medievale dell'*ubi sunt?* (dove sono?). Quale idea della storia ne emerge?
3. **TRATTAZIONE SINTETICA**   Confronta questo testo con la poesia «*questo è il gatto con gli stivali*» (cfr. **T7**, p. 609) e mostrane analogie e differenze in un testo che non superi le dieci righe.

LE MIE COMPETENZE: COLLABORARE, PRODURRE

La ballata è una forma metrica che risale al Trecento. Collaborando con i compagni, seleziona almeno tre testi poetici in forma di ballata. Immagina che questi testi vadano inclusi in una piccola antologia che raccolga ballate antiche e moderne. Scegli un titolo per l'antologia e scrivi una presentazione del libro da inserire nella quarta di copertina.

9 Lo sperimentalismo emozionale di Amelia Rosselli

La vita e le opere   **Amelia Rosselli nasce a Parigi nel 1930. Il padre Carlo**, che vi stava da un anno in esilio perché antifascista, sarebbe stato assassinato su ordine di Mussolini nel 1937. **La madre, inglese**, sarebbe morta nel 1948. Amelia vive fino al 1946 all'estero (Francia, Inghilterra, Stati Uniti), compiendo studi irregolari in vari campi, e poi, dal 1950, soprattutto a Roma, **dedicandosi in particolare alla musica** (come compositrice e come esecutrice) **e alla letteratura** (come poetessa, saggista, traduttrice, consulente editoriale). **L'esordio poetico avviene nel 1963**, quando Pasolini presenta un gruppo di suoi testi sul «Menabò». L'anno successivo esce il primo volume di versi, *Variazioni belliche*; nel 1969, *Serie ospedaliera*; nel 1976, *Documento 1966-73*; nel 1981, il poemetto *Impromptu*; nel 1987, un'*Antologia poetica*. Alla produzione in italiano si affiancano importanti prove in francese e in inglese (*Sleep. Poesie in inglese*, 1992). Amelia Rosselli è morta suicida nel **1996**.

AMELIA ROSSELLI

modelli
- poesia metafisica inglese
- Surrealismo francese

- le contraddizioni della poesia come possibilità di autenticità e alienazione
- eccezionalità della metrica e della sintassi anticonvenzionale

La formazione europea

La poesia di Amelia Rosselli si configura estranea alla tradizione italiana, grazie anche alla formazione europea dell'autrice. La Rosselli ha d'altra parte sempre inteso concorrere alla creazione di **una lingua universale**, capace di esprimere, in un linguaggio contingente, l'unità sostanziale dell'«esperienza sonora logica associativa» (secondo le sue stesse parole). La competenza musicale (e gli studi in particolare di etnomusicologia) ha favorito il sorgere nella Rosselli della convinzione di poter riconoscere nella "necessità" fonica del testo la sua identità specifica e, insieme, il suo rapporto profondo con un universale (se non addirittura con un assoluto). Di qui la proposta di **una metrica originalissima**, spesso rigorosamente fondata sulla omogeneità ritmica e tipografica.

La metrica e la musica

I modelli letterari

Un mito centrale della tradizione romantico-simbolista (la tendenziale unità e universalità dei linguaggi espressivi nel segno della musica) viene riproposto dalla Rosselli entro una concezione segnata in profondità dalla radicale rottura della **poesia metafisica inglese**, **dei surrealisti francesi** e, per la metrica, **dal verso lungo alla Pavese**: esperienze tutte decisive nella formazione della poetessa. Anche questa tensione interna della poetica della Rosselli rimanda alla eterogeneità della sua formazione rispetto alle vicende artistiche nazionali; e spiega la ripresa privilegiata, nella nostra tradizione novecentesca, di due autori diversamente ma costitutivamente segnati dai "miti" simbolistici e insieme dalla coscienza della loro estinzione: Campana e Montale.

La poesia come trasparenza e come chiusura

Accanto a questo contrasto epocale si colloca un contrasto specifico della personalità di Amelia Rosselli. **La poesia è, da una parte, il luogo di una integrale dicibilità**, il luogo nel quale vengono meno i confini tra interno ed esterno, tra privato e sociale, in una completa ricollocazione dell'io nel mondo; **ma è anche, d'altra parte, una chiusura** non evitabile dei significati e della comunicazione, l'eruzione di un organismo radicalmente autosufficiente e separato. **La lingua della poesia**, infine, è da un lato lingua del privato e occasione di una conoscenza non compromessa; ma dall'altro lingua estranea del mondo, ostaggio dell'alienazione e della inautenticità.

Lingua del privato e lingua estranea

Il violento sperimentalismo della lingua e dello stile

Da rilevare, accanto alla eccezionalità della metrica, la eccedenza della lingua rispetto alla norma, sul piano sia lessicale sia sintattico. La violenza dello stile – confermata dalla distribuzione emozionale della punteggiatura – persegue l'autenticità del referto psichico, nella fiducia della sua comunicabilità estrema; e non a caso si attenua, dopo le prime raccolte, venendo meno tale fiducia (cfr. **T9**).

Nell'esiguo canone delle scrittrici del Novecento, Amelia Rosselli occupa un posto importante (cfr. cap. I, **S7**, p. 556).

T • Amelia Rosselli, «*Propongo un incontro col teschio*»

Amelia Rosselli
Tènere crescite

OPERA
Serie ospedaliera

CONCETTI CHIAVE
- metrica e sintassi anticonvenzionali
- la malattia e l'incomunicabilità

FONTE
A. Rosselli, *Antologia poetica*, Garzanti, Milano 1987.

Il testo che segue si riferisce, come gli altri testi dello stesso libro e come indica già il titolo, alla esperienza di una grave malattia e alle sofferenze e angosce legate a essa e alle cure subìte.

Tènere crescite mentre l'alba s'appressa tènere crescite
di questa ansia o angoscia che non può amare né sé né

METRICA versi liberi lunghi di eguale lunghezza tipografica, volti a valorizzare le potenzialità musicali e semantiche insite nell'enunciato, al di là di organizzazioni sintattiche o metriche convenzionali e perciò date *a priori*. Ogni verso va letto valorizzando l'isolamento dato dall'"a capo" finale.

• **1-7** *Mentre si avvicina* (**s'appressa**) [: arriva] *l'alba* [*si verificano*] *dolci* (**tènere**) *aumenti* (**crescite**), *dolci aumenti di questa ansia o angoscia che non permette di* (**non può**) *amare né sé* [*stessi*] *né coloro che facendomi vivere* (**esistere**) [: forse in riferimento alle cure] *mi distruggono*

coloro che facendomi esistere mi distruggono. Tenerissima
la castrata notte quando dai singulti dell'incrociarsi
5   della piazza con strada sento stridori ineccepibili,
le strafottenti risa di giovinotti che ancora vivere
sanno se temere è morire. Nulla può distrarre il giovane
occhio da tanta disturbanza, tante strade a vuoto, le
case sono risacche per le risate. Mi ridono ora che le
10 imposte con solenne gesto rimpalmano altre angosce
di uomini ancor più piccoli e se consolandomi d'esser
ancora tra i vivi un credere, rivedo la tua gialla faccia
tesa, quella del quasi genio – è per sentire in tutto
il peso della noia il disturbarsi per così poco.

[: mi fanno soffrire, mi lasciano nell'angoscia]. [È] dolcissima (**Tenerissima**) *la notte senza energia* (**castrata**) *quando dai singhiozzi* (**singulti**) [: *mentre piango*] *sento grida* (**stridori**) *contro le quali non c'è nulla da dire* (**ineccepibili**) [*provenienti*] *dall'incrociarsi della piazza con* [una] *strada,* [e cioè] *le risate irriverenti* (**strafottenti**) *di giovinotti che sono capaci* (**sanno**) *ancora di vivere* [: che non hanno paura] *se temere significa* (**è**) *morire*. Il contrasto tra l'angoscia e il pianto della poetessa e le **risa** ignare dei giovani dalla strada segna la differenza tra la consapevolezza di chi ha paura (ed è perciò impossibilitato a vivere) e la incoscienza di chi sa ancora vivere (perché non conosce la paura che nasce dalla consapevolezza). Il contrasto nasconde però anche una possibile somiglianza, almeno dal punto di vista della conscia considerazione del soggetto, come indica la ripresa enfatizzata dell'aggettivo "tenero" (usato dapprima, e replicato, a proposito della condizione dell'io) in riferimento a quella realtà esterna della quale i giovani sono la più notevole presenza. **Tènere crescite**: la tenerezza (dolcezza o gentilezza) riguarda l'affetto con cui il soggetto considera se stesso, i propri deboli e cari sentimenti, espressioni comunque gradevoli di identità. **Castrata**: così è definita la notte, forse, per la sua incapacità di amare (cfr. v. 2; e si ricordi che "castrare" significa propriamente 'privare della sessualità' e, in senso figurato, 'impedire, ostacolare; togliere la forza; piegare il carattere').

● **7-9** *Nulla può distrarre* [: allontanare] *il* [mio] *giovane occhio* [: la mia attenzione] *da tanto fastidio* (**disturbanza** = disturbo), [ci sono] *tante strade inutili* (**a vuoto**), *le case sono di risonanza* (**risacche**) *per le risate*. Difficile la spiegazione. Forse il fastidio che le risate provocano è accresciuto dal rimbombo prodotto dalle facciate delle case sulle strade deserte. **Disturbanza** (per cui cfr. l'inglese *disturbance* = interferenza sonora): la desinenza in *-anza*, irregolare in questo vocabolo, ne intensifica l'importanza attirando l'attenzione del lettore. In questo modo diviene anche più facilmente rilevabile la ripresa del termine nell'ultimo verso. La desinenza irregolare dà poi un sapore antiquato al vocabolo, collegandolo alla serie di termini ricercati (come **ineccepibili**, v. 5, e **rimpalmano**, v. 10) contrapposta a quella di termini "bassi" (come **castrata** e **strafottenti**); e d'altra parte risponde anche a esigenze foniche accrescendo il numero delle /a/ in posizione tonica. **Risacche**: la "risacca" è propriamente il 'movimento delle onde sulla riva' e, per estensione, il 'suono prodotto da tale movimento'; qui il termine è scelto soprattutto per la presenza della forte allitterazione con **risate** (e cfr. sopra **DI**S**T**rarre e **DI**S**T**urbanza, e, ai vv. 3-6, di**STR**uggono, ca**STR**ata, **STR**idori, **STR**afottenti; notando la rilevanza in tutte le serie, e in altre parole, della /s/ e della /t/) e della replicata assonanza (cfr. distr**A**rr**E**, str**A**d**E**, c**A**s**E**, ris**A**cch**E**, ris**A**t**E**).

● **9-14** [*I giovani*] *ridono per me* (**Mi**) *ora che altre* [: rispetto alla mia] *angosce di uomini ancor più piccoli* [: forse nel senso di "meschini"] *chiudono* (**rimpalmano**) *la finestra* (**le imposte** = le ante) *con gesto solenne e se mentre mi consolo* (**consolandomi**) *del fatto che vi sia* (**d'esser**; **d'** = di) *ancora fiducia* (**un credere**) *tra gli uomini* (**i vivi**) *rivedo la tua faccia gialla preoccupata* (**tesa**), *quella del quasi genio – è per avvertire* (**sentire**) *in tutte le cose il peso della noia, il disturbarsi per così poco*. Difficile, anche qui, la spiegazione. Probabilmente qualcuno, nel timore che le risa provenienti dalla strada turbino e infastidiscano la malata, chiude la finestra, spinto in verità da una propria angoscia, compiendo comunque un gesto convenzionale, distante ed estraneo rispetto alla reale condizione interiore della poetessa, per la quale quei rumori di vitalità inconsapevole possono anche rappresentare un segno di implicita fiducia nell'esistenza. **Mi ridono**: costruzione irregolare, per l'uso inconsueto del pronome personale in funzione di una specie di dativo di interesse ("ridono proprio per me"). **Rimpalmano**: il verbo "impalmare" significa 'congiungere le palme delle mani'; qui la inconsueta forma con il prefisso /ri/ dovrebbe valere, per estensione, 'ricongiungere le due ante della finestra' (cioè chiuderla); per le ragioni stilistiche di questa scelta, vd. la nota precedente, considerando inoltre, per quanto riguarda le ragioni foniche, le allitterazioni **IMP**oste, **r**I**MP**almano e **R**I**s**acche, **R**I**s**ate, **R**I**mp**almano, **R**I**v**edo. **E se consolandomi...un credere**: si può spiegare anche diversamente da come si è fatto nella parafrasi: *e se mentre l'esistenza di una fiducia* (**un credere**) *mi consola di essere ancora viva...* Il senso non cambia sostanzialmente. **Gialla faccia...quasi genio**: sono descritti con pochi tratti deformanti e aggressivi la fisionomia e il carattere di un interlocutore la cui rilevanza resta implicita; è forse lo stesso che ha chiuso la finestra con gesto **solenne** (cioè come facendo una cosa importante), vinto da una angoscia meschina e perciò con la **faccia tesa** (**tesa**, da "tendere", significa 'tirata, in tensione per interna emozione e in particolare preoccupazione e ansia'). **Per sentire...disturbarsi per così poco**: è sia il fastidio eccessivo provato dal soggetto, sia l'intervento di chi ha chiuso le finestre, con **il disturbarsi per così poco**, la inautenticità di un gesto compiuto in modo convenzionale, così come convenzionale è la frase "disturbarsi per così poco", detta nei rapporti formali per ringraziare di una gentilezza o di un interessamento che si finge di non meritare. Qui il modo di dire è utilizzato per indicare l'atteggiamento cui esso corrisponde, il livello di rapporti umani, ipocriti o comunque non autentici, al quale esso rimanda. Inoltre l'espressione si ricollega per contrasto a **tanta disturbanza** del v. 8: lì il *disturbo* (cioè l'estraneità) dei rumori esterni è presentato come origine di complesse conseguenze psicologiche e di significati ambivalenti; nella conclusione tale *disturbo* è ridotto, nella semplificatrice interpretazione dell'interlocutore, a un fastidio inopportuno. Non è per altro da escludere che la conclusione rappresenti, oltre che il punto di vista del soggetto sul proprio interlocutore, anche il punto di vista di quest'ultimo sulla malata, ed esprima la sua incomprensione e riprovazione per le reazioni di lei – giudicate eccessive – ai rumori esterni. Le due funzioni probabilmente sono fuse nel polisenso della conclusione.

T9 DALLA COMPRENSIONE ALL'INTERPRETAZIONE

COMPRENSIONE

La malattia come privilegio Il tema è quello dello scontro tra la gravità della condizione esistenziale del soggetto e la superficiale vanità dei comportamenti ordinari e quotidiani degli uomini. Secondo una tradizione ricchissima nelle letterature europee del Novecento, **la malattia e la sofferenza** dello stato patologico divengono **occasioni persino privilegiate di conoscenza**; e qui, in particolare, **modi per smascherare la inautenticità della vita collettiva** e di molti gesti individuali.

Si tenga presente per la comprensione del significato letterale del testo che **il punto di vista è quello della malata**, e che attraverso di esso vengono filtrati gli eventi esterni: il sopraggiungere di risa dalla strada, intorno all'alba, in una stanza segnata dal risvegliarsi dell'angoscia e dal dubbio sul valore dell'esistenza; il confronto tra tale segno minimo di vitalità e di fiducia da un lato, e l'impossibilità di partecipare direttamente, senza ipocrisia, al dolore altrui.

ANALISI

Una metrica che scavalca le convenzioni storiche Scrivendo poesie, Amelia Rosselli non si riferisce tanto alle forme metriche convenzionali della tradizione quanto a **princìpi musicali e ritmici** che aspirano a raggiungere una comunicazione con le strutture profonde della psiche. Infatti la poetessa ritiene che le convenzioni sociali (incluse quelle metriche) non possano che esprimere l'inautenticità, mentre alla poesia spetta di perseguire una comunicazione il più possibile autentica, e dunque sottratta ai rischi insiti nei modelli già definiti. I versi hanno dunque una lunghezza che prescinde tanto dal numero di sillabe quanto dall'andamento sintattico, e che allude piuttosto a un **ritmo profondo della psiche**.

Una lingua e uno stile forzati verso l'autenticità Come la metrica, anche la lingua e lo stile sono segnati dalle strutture storiche e convenzionali, e dunque sempre minacciati dalla inautenticità. D'altra parte, senza usare né il lessico né lo stile della tradizione, un poeta smette di essere comprensibile. Si tratta dunque di tentare una zona che non cada in preda all'aspetto inerte delle convenzioni e che però, al tempo stesso, non sprofondi nell'incomunicabilità di un linguaggio solamente soggettivo, e dunque chiuso alla comprensibilità degli altri. Amelia Rosselli intende raggiungere questa zona. Forza dunque la lingua verso la periferia del lessico e della sintassi, introducendo **vocaboli inesistenti ma egualmente comprensibili** (come qui «disturbanza» al v. 8) oppure forzando le parole in **costrutti** e in **usi impropri** ed eccezionali (come qui «stridori ineccepibili» al v. 5 o «mi ridono» al v. 9). Lo scopo è quello di raggiungere una **zona franca della comunicazione, capace di attingere alla verità profonda dell'io** (e del suo inconscio), esprimendo dunque un quoziente adeguato di autenticità.

INTERPRETAZIONE

Normalità e malattia psichica: un dialogo impossibile Uno dei temi del testo è il rapporto fra la condizione del **malato psichico** e la condizione dei cosiddetti **sani**. Si tratta di un rapporto particolarmente difficile, che di fatto vede negata ogni comunicazione fondata sulla reciprocità. Infatti **gli altri, che curano il soggetto, sono accusati ai vv. 2-3 di distruggerlo** proprio nel momento in cui lo aiutano a esistere; così che l'io confessa di non poterli amare (come d'altra parte non può amare se stesso). Allo stesso modo, nella parte finale della poesia, **la persona "sana" presente nella stanza della poetessa non sa interpretare le sensazioni provate da questa** nell'udire le voci allegre provenienti dalla strada: crede che la disturbino, e chiude le finestre; mentre proprio da quelle voci derivava un invito vitale che poteva produrre qualche effetto benefico. Accade così che il "normale" non sappia capire la malata; né questa può esprimere quel che prova. **L'incomunicabilità è totale.** Anche il momento di relazione positiva della malata con le voci provenienti dalla strada resta confinato all'interno del soggetto: né i giovani che passano per strada né i presenti ne sapranno mai nulla. Il soggetto malato, cioè, anche allorché riceva un messaggio dal mondo dei sani non può rispondere a quel messaggio: **ogni reciprocità è interrotta** alla pari di ogni comunicazione.

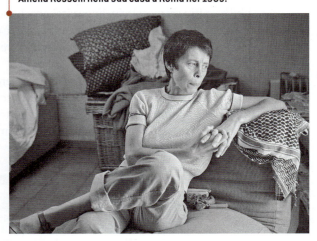

Amelia Rosselli nella sua casa a Roma nel 1985.

T9 LAVORIAMO SUL TESTO

ANALIZZARE

Una percezione alterata della realtà...

1. Analizza il complesso rapporto tra dimensione psichica e mondo esterno: c'è comunicazione, contrasto, indifferenza?
2. Nell'ottica della malata che valore assume la vita che la circonda?

... e il suo riflesso sul linguaggio

3. Il testo presenta alcuni caratteri comuni alla poesia della Neoavanguardia: sintassi disarticolata, ellissi, parole legate da una rete di alitterazioni. Fai alcuni esempi.

INTERPRETARE

4. Il linguaggio irregolare quale stato psichico definisce?

10 La poesia in dialetto: Albino Pierro e Franco Loi

La ripresa della poesia in dialetto dopo gli anni Cinquanta

La poesia dialettale, che alla fine degli anni Cinquanta sembra quasi in estinzione, conosce nel periodo successivo, **e fino a oggi, una fase di rifioritura e addirittura di rigoglio**. Il processo di accentramento che si sviluppa ai vertici dell'amministrazione e dell'industria determina, alla base, una realtà di disgregazione e di polverizzazione delle singole situazioni locali che, distrutto l'ambito della comunicazione regionale, mirano ad offrirsi nelle loro particolarità. A ciò concorrono anche **motivi politici ed etici**: venute meno le grandi utopie e le proiezioni nel futuro, la ricerca d'identità si volge spesso al passato, all'investigazione di radici remote. Né va trascurata una ricerca di autenticità espressiva da rintracciarsi in **una lingua non corrotta dalla massificazione imposta dai linguaggi massmediologici**. In quest'ultimo senso **è esemplare il caso di Pierro**, che scrive nel dialetto, ormai scomparso e comunque sconosciuto, di Tursi, una cittadina in provincia di Matera in cui si parlava, fino a pochi decenni fa, una lingua per molti versi unica e comunque assai diversa da quella del resto della Basilicata. **In Pierro il dialetto finisce per essere una sorta di lingua pura della poesia**, una lingua dell'anima, da coltivarsi negli anni in cui l'industrializzazione ha distrutto ogni altra forma di autenticità. Ciò mostra il carattere per certi versi artificiale del recupero del dialetto in un'epoca in cui la lingua standardizzata dei mass media ha ormai cancellato o comunque sta cancellando le parlate locali.

Albino Pierro

Albino Pierro nasce a Tursi, in provincia di Matera, **il 19 novembre 1916**. Morta la madre dopo pochi mesi, viene affidato alle zie. Segue gli studi in varie città italiane, anche nel Nord, conservando sempre un legame con il paese d'origine; si laurea infine a Roma in Filosofia nel 1944. A Roma vive insegnando storia e filosofia nei licei. **L'esordio come poeta è del 1946, con** *Liriche*, cui seguono altre sei raccolte in lingua italiana. L'esordio in dialetto (accolto da uno straordinario e costante successo presso la critica più autorevole) è del 1960, con *'A terra d'u ricorde* [La terra del ricordo], seguita nel 1963 da *Metaponto* e *I 'nnamurete* [Gli innamorati]. A queste tengono dietro numerose altre raccolte. **È morto a Roma nel 1995**.

T • Albino Pierro, *I 'nnamurete*
T • Albino Pierro, *Schitte d'i cruce*

Franco Loi

Franco (Francesco) **Loi** nasce a Genova il **21 gennaio 1930**, ma vive a Milano fin dall'età di sette anni. Il contatto con la realtà periferica della metropoli e soprattutto con il dialetto contaminato dall'inurbamento sono decisivi per la formazione della sua poesia. Dal 1946 al 1955 è impiegato alle Ferrovie; poi presso l'ufficio pubblicitario della Rinascente; infine, dal 1960 al 1983, all'ufficio stam-

LA POESIA IN DIALETTO

Albino Pierro	**Franco Loi**
• il dialetto arcaico di Tursi, lingua pura della poesia	• il dialetto milanese: realismo e violenza espressionistica

pa della casa editrice Mondadori. Dal 1945 al 1962 milita nel Partito Comunista, e poi, fino al 1969, nelle formazioni della Nuova Sinistra. **Inizia a scrivere poesie nel 1965**, quando prende il via una produzione abbondante e irregolare, nella quale si alternano periodi straordinariamente fecondi ad altri di silenzio.

Una poesia espressionistica

La poesia di Loi – in dialetto milanese – si colloca nel solco del grande Espressionismo novecentesco. Ma la continuità nei confronti dell'importante precedente di **Tessa** non dipende, come potrebbe sembrare, da una influenza diretta, dal momento che Loi lo lesse solo molto tardi (conosceva invece il modello di **Porta**; su Porta cfr. vol. 4; su Tessa cfr. vol. 5). D'altra parte il milanese di Loi è estraneo alla illustre tradizione letteraria cittadina, attingendo piuttosto al parlato del popolo (come Tessa, e questo spiega in parte le analogie tra i due poeti). **L'adozione del dialetto è innanzitutto il risultato di una scelta di campo politica** a favore del proletariato urbano, operata tanto in nome della lotta di classe della tradizione comunista quanto in nome di una tradizione egualitaria nella quale gli insegnamenti del Vangelo convivono con l'anarchismo. **La tendenza realistica e mimetica** ha perciò un valore che non si limita alla ricostruzione di un ambiente, ma impone un punto di vista fortemente critico e schierato. **La violenza espressionistica della poesia di Loi** ha questo significato.

Il punto di vista del proletariato urbano

La difficile funzione della poesia

Il poeta è concepito come un testimone che deve prendere posizione, ma in grado anche di svolgere un'operazione di filtraggio e di mediazione rispetto al proprio orizzonte di riferimento. La deformazione linguistica è perciò anche il frutto di una fiducia nella funzione della poesia, da esercitare attraverso la soggettività del poeta. Quest'ultima si assume il compito, da un lato, di esprimere – attraverso la «lingua segreta degli uomini tutti» – la verità oggettiva di una condizione storico-sociale, dall'altro di esercitare sempre una vigilanza su se stessa per non cadere in un puro esercizio culturale.

Le raccolte di Loi

La successione delle opere di Loi mostra un'evoluzione storicamente significativa, **dall'impegno sociale più aperto e fiducioso delle prime prove** (*I cart* [Le carte], uscito nel 1973, e *Stròlegh* [Astrale], del 1975) **al ripiegamento di taglio più intimistico ed esistenziale delle successive** (fra le quali si segnalano *Teater* [Teatro], del 1978, *Angel* e *L'aria*, del 1981, *Bach*, del 1986, *Liber*, del 1987 e *Umber*, del 1992). Non senza un rapporto con le tendenze generali della poesia italiana a cavallo degli anni Settanta e Ottanta si registra anche in Loi una diminuzione della tensione espressionistica e un incremento della fiducia nel valore in sé della poesia come possibilità di comunicazione e di significato.

T • Franco Loi, «L'acqua del mar e tra i pèss mort 'na piüma»

11 Dopo la Neoavanguardia: il neo-orfismo della "parola innamorata" e il neosperimentalismo

La fine della Neoavanguardia

Il movimento della Neoavanguardia occupa tutti gli anni Sessanta e si estingue all'inizio dei Settanta. La sua parabola è parallela a quella della contestazione studentesca e operaia che ebbe il suo epicentro nel 1968. Ancora una volta, come all'inizio del secolo, rivolta sociale e fenomeni di radicale rinnovamento letterario e artistico si corrispondono.

Il riflusso degli anni Settanta

Il periodo successivo, che si apre alla metà degli anni Settanta, **è quello del riflusso e del ritorno al privato**. Venute meno le utopie e le speranze di cambiamento, in campo filosofico s'impongono tendenze irrazionalistiche, in campo letterario **prevale una prospettiva di disimpegno, ora intimistica e neoromantica, ora ludica e postmoderna**. Non c'è da stupirsi dunque se la generazione seguita alla Neoavanguardia afferma la propria identità proprio in polemica con la precedente stagione sperimentale, ancora colpevole, ai suoi occhi, di puntare su cambiamenti politici o su rotture linguistiche.

I "poeti innamorati", neo-orfismo, mito e bellezza

I nuovi poeti che si affermano nel quindicennio che va dal 1972-73 al 1988 circa vengono talora definiti **"poeti innamorati"** in quanto appaiono insieme in un'antologia intitolata appunto *La pa-*

rola innamorata, che uscì nel **1978** a cura di Pontiggia e Di Mauro. Essi propongono un **ritorno al soggettivismo lirico, alla concezione orfica della poesia e alla linea della tradizione simbolista**. A causa di queste coordinate di poetica, si è parlato anche di **neo-orfismo**, sottolineando l'attribuzione, di nuovo, di una funzione sacrale alla poesia, quasi come fidando ormai solo nel potere di verità della bellezza, o addirittura identificando verità e bellezza. Se d'altra parte in questi poeti ritornano varie posizioni tipiche del Simbolismo decadente e dell'Ermetismo, si tratta tuttavia di una resurrezione consapevolmente anacronistica e dunque vissuta come **tensione nostalgica verso un mondo di armonia perduto** (e magari verso i connessi privilegi sociali, a maggior ragione perduti). In ogni caso la centralità della bellezza affermata da questi poeti sconta in partenza **un rifiuto di misurarsi con tematiche storico-sociali forti**: la poesia è coltivata al di fuori del mondo e magari contro di esso, quale alternativa radicale o quale residuo momento di verità e di autenticità in un mondo inautentico. Il successo di questa tendenza negli anni Settanta e Ottanta dipende in eguale misura, oltre che dalla immediata spettacolarizzazione di massa (fino ai festival di poesia), dalla delusione generazionale dinanzi alla riorganizzazione del neocapitalismo dopo la contestazione degli anni Sessanta, con il conseguente **ritorno consolatorio al privato**, e dalla disponibilità a ricaricare un'istituzione come la poesia di aspettative consolatorie non prive di ingenuità.

Tra i molti altri poeti legati alla dominante tendenza neo-orfica più o meno interessanti, può essere utile ricordare **Valerio Magrelli**, tra i pochissimi poeti significativi esorditi dopo il 1970.

Valerio Magrelli: la poesia come pensiero e come scommessa artigianale di senso

Valerio Magrelli, nato a Roma nel **1957**, ha pubblicato diverse raccolte di poesie, tra cui *Ora serrata retinae* (1980), *Nature e venature* (1987), *Esercizi di tiptologia* (1992); ora raccolte tutt'e tre in *Poesie* (1996). Se anche nella poesia di Magrelli al centro sta il soggetto, esso risulta tuttavia interessato a ragionare sulle condizioni (e i limiti) della conoscenza e dell'espressione che non a effondere i propri sentimenti o a dare per scontato il possesso di un privilegio poetico. **La poesia per Magrelli non è "dono"**, come per i poeti innamorati meno consapevoli, **ma scommessa e rischio**, effetto conseguibile, nella sua parzialità, solo a prezzo di rigore costruttivo e artigianale sapienza. La sua è una poesia colta, costruita e misurata (cfr. **T10**). Negli ultimi anni la poesia di Magrelli ha subito una evoluzione in senso civile, testimoniata ad esempio dalle raccolte *Didascalie per la lettura di un giornale* (1999), *Disturbi del sistema binario* (2006) e *Il sangue amaro* (2014).

La tensione conoscitiva di Alda Merini

Appartata si è svolta fin dagli anni Cinquanta la poesia di **Alda Merini**, (Milano **1931-2009**), la cui ispirazione robusta e intensa si è fatta nuovamente notare, dopo un ventennio di silenzio trascorso per lo più nella cura di una grave crisi psichica, a partire dagli anni Ottanta. **Al primo periodo** appartengono dunque *La presenza di Orfeo* (1953), *Paura di Dio* e *Nozze romane* (entrambe del 1955), *Tu sei Pietro* (1961); **al secondo** appartengono *Destinati a morire* (1980; ripubblicato nel 1981 con il titolo *Le rime petrose*), *La terra santa* (1983), *Testamento* (1988), *Vuoto d'amore* (1991), *Ballate non pagate* (1995), *Superba è la notte* (2000). I temi della ricerca testimoniata da queste raccolte ruotano attorno all'esperienza limite della follia, con una valorizzazione non regressiva del privato, all'insegna di una tensione conoscitiva obliqua e cattiva, che non si abbandona mai a indulgenze consolatorie (cfr. **T11**, p. 622). **La produzione di Alda Merini si intensifica dopo il 2000**, con una preferenza accordata per la pubblicazione a piccoli editori (e non è una scelta casuale), e, parallela-

NEO-ORFISMO		
• funzione sacrale della poesia • recupero del simbolismo	antologia di poeti *La parola innamorata* (1978)	Valerio Magrelli

NEOSPERIMENTALISMO DEGLI ANNI NOVANTA
• marginalità della poesia • sperimentalismo formale senza intenti di rottura sociale • legame con la cultura postmoderna: recupero della metrica tradizionale, citazionismo, *pastiche* e parodia

S • *Canzone per Alda Merini* di Roberto Vecchioni

mente cresce la sua "visibilità mediatica", di cui sono testimonianza la canzone che Roberto Vecchioni ha dedicato alla poetessa, il cofanetto con videocassetta e libro *Più bella della poesia è stata la mia vita* (Einaudi Stile libero, 2003), il CD *Milva canta Merini* (2004), il documentario *Alda Merini, una donna sul palcoscenico* del regista Cosimo Damiano Damato (2009).

Ricerche controcorrente negli anni Settanta e Ottanta

Durante i quindici anni più nettamente segnati dalle tendenze neo-orfiche, non mancano dunque, come si vede, **esperienze alternative alla poetica dominante**. Continuano d'altra parte a essere attivi in questo periodo molti dei poeti più anziani (perfino Montale, che muore nel 1981), mentre non pochi nuovi poeti proseguono consapevolmente la traccia della Neoavanguardia, e altri tentano percorsi alternativi che rifiutano però l'antisperimentalismo regressivo dei poeti innamorati.

La ripresa della ricerca alla fine degli anni Ottanta

Nuove esperienze contrapposte al neo-orfismo si affacciano con forza e consapevolezza teorica a partire soprattutto dalla fine degli anni Ottanta. Esse sono rappresentate da giovani nati tra il 1955 e il 1965 che rifiutano ogni qualifica generazionale e si ricollegano invece esplicitamente ai maestri dello sperimentalismo degli anni Cinquanta e Sessanta, non senza essere talvolta sostenuti da alcuni vecchi esponenti della Neoavanguardia. Essi hanno in qualche modo introiettato il nuovo contesto culturale e sociale del Postmoderno, e rivendicano tuttavia, in modi diversi, la necessità di vivere quel clima senza adeguarvisi ideologicamente e anzi in modo critico. **La loro poesia si fonda dunque sul *pastiche* linguistico**, sulla commistione dei generi e dei linguaggi, sul riuso di modelli metrici e stilistici del passato, **sulla citazione e sul montaggio**; ma tutte **queste tecniche sono adottate** non al fine ludico ed edonistico che improntà l'arte postmoderna, ma piuttosto **nell'intento di denunciare l'orizzonte del presente** facendone esplodere i conflitti e mettendone in mostra le interne tensioni irrisolte. D'altra parte lo spazio riconosciuto alla poesia è ormai così esiguo e marginale da rendere difficile ogni rinnovamento capace di parlare a un pubblico reale.

Un *pastiche* finalizzato alla denuncia e allo straniamento

T10 Valerio Magrelli
«Senza accorgemene ho compiuto»

OPERA
Ora serrata retinae

CONCETTI CHIAVE
• la geometrica circumnavigazione di se stesso

FONTE
V. Magrelli, *Poesie (1980-1992)*, Einaudi, Torino 1996.

Il testo qui presentato è quello conclusivo della prima raccolta di Magrelli, racchiude le linee portanti di tutta l'opera, in metafore brevi e dense di significato. Torna l'idea del poeta come corpo-isola, circumnavigabile seguendo gli approdi del figlio e della scrittura.

     Senza accorgermene ho compiuto
     il giro di me stesso.
     Ho iniziato il racconto
     ma inavvertitamente
5   sono arrivato alla fine
     ad illustrarmi, a nascondere
     nell'angolo del quadro
     la mia immagine.
     Con l'ultimo cabotaggio si conclude
10   questa passione geometrica
     o forse solamente
     si arriva a prospettare
     la descrizione di un punto
     da infiniti altri punti.

METRICA versi liberi. Tra le varie figure foniche, rilevata è soprattutto la rima conclusiva tra i versi 10 e 13.

T10 DALLA COMPRENSIONE ALL'INTERPRETAZIONE

COMPRENSIONE

La collocazione e il tema La poesia chiude la prima raccolta di Valerio Magrelli, *Ora serrata retinae*. Il libro, uscito nel 1980, rappresenta **una novità nel panorama della poesia degli anni Settanta** dominata da una generale tendenza all'espressione dei sentimenti e delle passioni soggettive. Viceversa la poesia di Magrelli, come emerge anche da questo testo, mette al centro **il rapporto intellettuale tra io e realtà** e ha un andamento sobrio e ragionativo. Il **tema centrale della vista** si lega qui a quello della conoscenza e alla riflessione sulla poesia stessa.

ANALISI E INTERPRETAZIONE

Una «passione geometrica» La poesia risponde a un principio della **simmetria compositiva**, vigente sia a livello di macrotesto, la raccolta è formata di (due sezioni di quarantacinque poesie ciascuna), che di microtesto (attraverso numerose corrispondenze interne). I verbi al v. 6 esprimono una precisa indicazione di poetica: **l'inchiostro della scrittura è la traccia nera** che sottrae luce al chiarore del foglio e in cui il poeta può nascondersi; **la sottrazione di luce è, in realtà, l'unico modo per illuminare**, porre in evidenza la propria opera. Altrettanto decisivi **gli avverbi e le locuzioni avverbiali** («Senza accorgermene», «inavvertitamente») che non devono essere interpretati in senso contraddittorio rispetto alla «passione geometrica». L'equilibrio che corregge il prodursi poetico appartiene alla struttura degli assiomi geometrici: **ogni testo ricompone una mappa**, descrive il luogo mentale che è scopo e oggetto della ricerca poetica, da qualunque punto l'analisi abbia inizio.

T10 LAVORIAMO SUL TESTO

COMPRENDERE

1. Riassumi in poche frasi il contenuto di questa poesia.

ANALIZZARE

2. Evidenzia le corrispondenze semantiche e formali interne al testo.

T11 Alda Merini
«Mi sono innamorata»

OPERA
Vuoto d'amore

CONCETTI CHIAVE
- l'amore per se stessa

FONTE
A. Merini, *Vuoto d'amore*, Einaudi, Torino 1991.

È presentato qui un testo della seconda fase creativa della poetessa.

> Mi sono innamorata
> delle mie stesse ali d'angelo,
> delle mie nari che succhiano la notte,
> mi sono innamorata di me
> 5 e dei miei tormenti.
> Un erpice che scava dentro le cose,
> o forse fatta donzella
> ho perso le mie sembianze.
> Come sei nudo, amore,
> 10 nudo e senza difesa:

● **6 Un erpice**: è una macchina agricola impiegata per rompere le zolle (di qui il successivo **scava**). Il rimando energico riprende la forza del precedente **tormenti** e può essere d'altra parte collegato all'idea dell'amore come discesa dentro il proprio io.

● **7-8** *o forse, una volta divenuta ragazza, ho perso la mia identità*. La poetessa allude probabilmente alla propria crisi psichica, all'origine dei **tormenti** di cui ha parlato al v. 5.

> io sono la vera cetra
> che ti colpisce nel petto
> e ti dà larga resa.

- **11-13** Si conferma qui la dichiarazione d'apertura, ripresa dopo il rimando centrale al nucleo di sofferenza attraversato: la vera sorgente d'ispirazione è per la poetessa il proprio io, da cui ricava i propri risultati espressivi. **Cetra**: uno strumento a corde pizzicate identificato tradizionalmente con la poesia. **Ti colpisce nel petto**: *ti commuove e anima*. **Ti dà**: *provoca in te*. **Larga resa**: *risonanza profonda*, cioè 'effetto adeguato'.

T11 DALLA COMPRENSIONE ALL'INTERPRETAZIONE

COMPRENSIONE

La centralità dell'io lirico Questa poesia presenta una caratteristica alternanza di dolcezza trasognata e di forza, ruotando attorno al nucleo della propria identità fino a chiudersi in una **contemplazione assoluta del proprio orizzonte esistenziale**. L'amore che il soggetto dice di provare per se stesso è la forza che muove la sua poesia.

ANALISI E INTERPRETAZIONE

Passionalità e tormento Questo testo mette in evidenza alcune caratteristiche proprie della poesia di Alda Merini: la concentrazione sull'**io lirico**; il tema della **passionalità** che si esprime in tutta la sua forza, libera da controlli razionali, in cui felicità e dolore finiscono per coincidere (si noti la sovrapposizione di amore e «tormenti»); una misura stilistica che tende all'equilibrio formale e alla **narratività**, ma che presenta inaspettate **accensioni metaforiche**.

T11 LAVORIAMO SUL TESTO

ANALIZZARE

L'amore e la poesia

1. Quali immagini rappresentano l'io come soggetto e oggetto della forza amorosa?
2. Evidenzia l'alternanza delle metafore di leggerezza e forza.

LE MIE COMPETENZE: COLLABORARE, PROGETTARE, PRODURRE

Le poetesse che hai studiato in questo capitolo, Amelia Rosselli e Alda Merini, presentano un elemento comune: un'esperienza biografica segnata dalla sofferenza psichica. Documentati sulla vita e sulla produzione di queste importanti autrici; quindi, collaborando con in gruppo di compagni, realizza una presentazione multimediale che metta a confronto l'opera dell'una e dell'altra, intrecciando testi e altri materiali (fotografie, video, ecc.).

Percorso
LO SPAZIO E IL TEMPO

PERCORSI TEMATICI

«Al posto della storia è subentrato uno spazio in cui tutto ciò che accade diventa insensato»

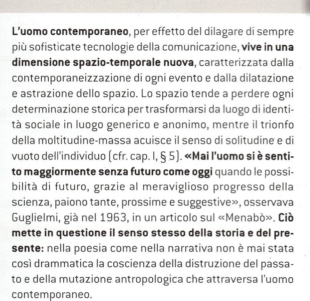

Carlo Mattioli, *Paesaggio*, 1990. Collezione privata.

L'uomo contemporaneo, per effetto del dilagare di sempre più sofisticate tecnologie della comunicazione, **vive in una dimensione spazio-temporale nuova**, caratterizzata dalla contemporaneizzazione di ogni evento e dalla dilatazione e astrazione dello spazio. Lo spazio tende a perdere ogni determinazione storica per trasformarsi da luogo di identità sociale in luogo generico e anonimo, mentre il trionfo della moltitudine-massa acuisce il senso di solitudine e di vuoto dell'individuo (cfr. cap. I, § 5). **«Mai l'uomo si è sentito maggiormente senza futuro come oggi** quando le possibilità di futuro, grazie al meraviglioso progresso della scienza, paiono tante, prossime e suggestive», osservava Guglielmi, già nel 1963, in un articolo sul «Menabò». **Ciò mette in questione il senso stesso della storia e del presente**: nella poesia come nella narrativa non è mai stata così drammatica la coscienza della distruzione del passato e della mutazione antropologica che attraversa l'uomo contemporaneo.

Nelle *Profezie di Nino* (1968) e poi in *Nino negli anni Ottanta* (**T3**), **Zanzotto proietta** pure nel passato e **nella figura anacronistica del vecchio contadino un'autenticità scomparsa nella civiltà presente,** dominata da un paesaggio sfigurato dall'avanzare dell'industria.
La scelta di scrivere nella lingua di un passato scomparso segnala in Albino Pierro come la tensione vitale all'espressione coincida con il rapporto con i morti. Anche nell'uso del dialetto da parte di Franco Loi è evidente un "tornare indietro" alla dimensione dell'infanzia-adolescenza. Mentre l'ottica totalmente "altra" del proletariato svela nell'immediatezza bruciante del vissuto l'essenza primordiale di violenza e di ingiustizia che grava sulla realtà attuale.
Un rapporto polemico con il presente ostile sta alla base della poesia di Giudici, dove anche lo spazio dell'intimità della vita quotidiana è segnato dalla futilità e dall'insensatezza (cfr. **T2**, *Tempo libero*).

Mimmo Paladino, *Chiaro di luna*, 2008-2009. Collezione privata.

Nella *Ragazza Carla* (**T6**) di Pagliarani l'ufficio, la casa, la metropoli industriale diventano il luogo dell'alienazione e della perdita di sé, nonché il segno di una modernità destituita di significato e di valore (cfr. § 8).

Il senso di annientamento della storia, che permea la poesia della Neovanguardia, è espresso esplicitamente da Guglielmi nell'articolo su «Menabò» a cui abbiamo accennato: «**La linea avanguardistica della cultura contemporanea tende a prospettarsi il mondo come centro invincibile di disordine**. Il polo positivo è sparito, determinando l'impossibilità di ogni giuoco dialettico, quindi l'impossibilità della Storia. [...] **Al posto della Storia è subentrato uno spazio in cui tutto ciò che accade diventa insensato e viene falsificato**». La disarticolazione dei nessi, la distruzione della sintassi, l'accumulo casuale degli oggetti, tipici della scrittura e dell'arte d'avanguardia, riflettono questa riduzione dello spazio a magma, dove persone e cose sono degradate a frammenti inerti di materia.

Nella *Ballata della guerra* (T8) Sanguineti dissacra l'idea tradizionale della storia ricorrendo all'immagine annientante del tempo, le cui «molli mascelle» ingoiano irrevocabilmente gli eventi umani. Ma la rivelazione del nulla che si cela dietro le cose, ridotte a merce, si lega qui alla denuncia storica della logica del profitto e della violenza che informa la civiltà capitalistica (cfr. anche «*questo è il gatto con gli stivali*», **T7**). Un'analoga denuncia del nesso tra guerra ed economia, e quindi della insensatezza di uno sviluppo che ha come motore e fine la distruzione, anima la poesia di Ginsberg sulla guerra del Vietnam (cfr. **T1**, *Litania del profitto di guerra*).

Il disagio della condizione alienata dell'uomo moderno non si esprime solo nella tendenza all'oggettivazione e all'estraneazione dell'io nelle cose, ma anche nella tendenza alla chiusura dell'io nello spazio dell'interiorità. L'angoscia e la malattia in Amelia Rosselli (cfr. **T9**, *Tènere crescite*), il vuoto d'amore che si ripiega su se stesso in Alda Merini (cfr. **T11**, «*Mi sono innamorata*»), delineano il dramma di un soggetto chiuso nell'impossibilità di espandersi e di comunicare. Ma anche gli innamorati di Albino Pierro «hanno paura di sparire toccandosi col fiato»: «si potevano stringere / si potevano baciare [...], ma non fecero niente» (cfr. **espansioni digitali T**, *l'nnamurète*).

Come è interrotto il rapporto tra passato e presente, tra esterno ed interno, così si frange quello tra parole e cose: l'io si rinchiude in un delirio interiore, o si annienta negli oggetti che gremiscono lo spazio, ridotto a un caos insensato, rapidamente consumato dal tempo.

«La caratteristica del tempo è una misurata indifferenza, / tutto interessa un poco per brevissimo tempo, / ogni cosa muore, deperisce, sé consuma e sfoltisce / nel forno della memoria». Così Roberto Roversi, in *Decima descrizione in atto* (1969), coglie il nuovo senso comune del tempo non più come deposito, ma come distruzione della memoria personale e storica.

Enrico Baj, *Parata a sei*, 1964.

DAL RIPASSO ALLA VERIFICA

MAPPA CONCETTUALE — La poesia contemporanea in Italia

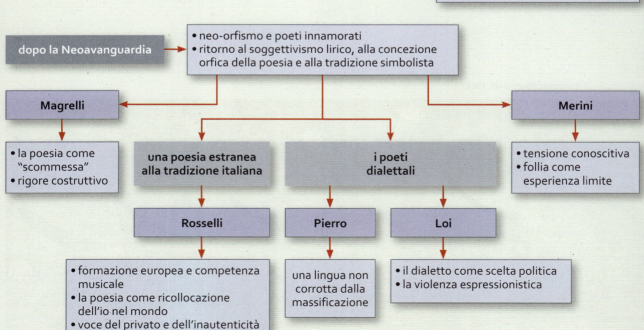

SINTESI

● **La poesia alla fine del secondo millennio**
Alla fine del secolo (e del millennio) la poesia appare in una condizione di crisi sociale e linguistica, determinata dalla spettacolarizzazione della cultura e dal trionfo dei mass media. Gli scrittori reagiscono ora in modo restaurativo e tradizionalistico, ora con rinnovate istanze sperimentali che a volte arrivano a configurarsi come vera e propria avanguardia.

● **La poesia in Francia, negli USA, in Germania**
In Francia la poetica surrealista continua a costituire un orizzonte determinante. Tuttavia, nel maggiore poeta francese del dopoguerra, René Char (1907-1988), si assiste anche a un originale recupero di modi simbolistici. Negli USA la poesia, benché socialmente marginalizzata, diviene una forma di rivendicazione delle identità meno riconosciute (come nella poesia femminile di Sylvia Plath) o di contestazione radicale (come in Allen Ginsberg e nei poeti della *beat generation*). In Germania si svolgono la ricerca di Paul Celan (1920-1970), segnata dal trauma storico dello sterminio degli ebrei e protesa alla disperata ricerca di un significato, e quella di Hans Magnus Enzensberger (1929), che riprende la lezione impegnata di Brecht.

● **La poesia in Italia**
In Italia il panorama appare assai frastagliato. La linea ermetica è originalmente proseguita, con molti aggiornamenti, dai poeti della cosiddetta "linea lombarda", cui può essere ricondotto anche Giovanni Giudici (1924-2011), che punta sui temi quotidiani e autobiografici, fino a fornire una specie di diario dell'alienazione negli anni del miracolo economico. Un diverso superamento dell'Ermetismo si registra in Andrea Zanzotto (1921-2011), che affida a un crescente sperimentalismo formale la propria ricerca sul linguaggio, inteso quale deposito della storia e dell'esperienza psichica. Contro il Neorealismo e contro l'Ermetismo si muovono i poeti della rivista bolognese «Officina» (1955-1959), che propongono una scrittura narrativa e civilmente impegnata. Tra di essi spiccano soprattutto Pier Paolo Pasolini (1928-1975), Paolo Volponi (1924-1994) e Francesco Leonetti (1924). Una forma diversa di sperimentalismo, che rifiuta l'impegno e intende piuttosto registrare l'alienazione sociale e denunciare l'inautenticità dei linguaggi (poesia compresa), è praticata dai poeti "novissimi" (Alfredo Giuliani, Antonio Porta, Nanni Balestrini, Elio Pagliarani, Edoardo Sanguineti), poi riuniti nel Gruppo 63. Alla Neoavanguardia è in qualche modo riconducibile anche la poesia emozionale di Amelia Rosselli (1930-1996). La ripresa della poesia in dialetto veicola una ricerca di autenticità espressiva e la coscienza della marginalità culturale. Scrivono in dialetto Pasolini e Zanzotto. I maggiori poeti dialettali sono tuttavia Albino Pierro (1916-1995) e Franco Loi (nato a Genova nel 1930, scrive in milanese). Il riflusso degli anni Settanta determina la fortuna di tendenze tradizionaliste, definite neo-orfiche per la ripresa del culto della bellezza. Non mancano tuttavia, soprattutto a partire dalla fine degli anni Ottanta, esperienze sperimentali del tutto alternative.

DALLE CONOSCENZE ALLE COMPETENZE

1 Individua di volta in volta la risposta giusta (§ 1)

   A ai mutamenti economici e sociali degli anni Cinquanta corrisponde nella poetica degli scrittori attivi in Italia in quegli anni

      A una continuità
      B una svolta

   B infatti i poeti privilegiano

      A un linguaggio alto
      B la tendenza narrativa
      C la tradizione simbolista
      D la purezza lirica

2 Segna l'affermazione corretta. Il trionfo dei mass media e dell'informatica negli anni Settanta per la poesia (§ 1)

    A ne facilita la diffusione a livello di massa
    B ne provoca la crisi linguistica
    C ne riscatta la funzione sociale
    D non incide in modo significativo sulla sua condizione

DAL RIPASSO ALLA VERIFICA

3 Le tendenze poetiche più significative dalla fine degli anni Sessanta sono quelle che si rifanno alla ricerca sperimentale. Quale programma hanno in comune? (§ 1)
- A il rifiuto dell'Ermetismo
- B il rifiuto del Neorealismo
- C l'impegno politico
- D l'innovazione linguistica
- E la lezione delle avanguardie
- F la lezione del Surrealismo

4 A In USA il filone della nuova poesia (§ 3)
1. V F punta sul recupero della tradizione
2. V F dà spazio alle differenze etniche e culturali
3. V F dà voce alla protesta sociale e anticapitalistica
4. V F ribadisce il conformismo culturale
5. V F attraversa una grave crisi, per l'avanzare dei mass media

B A quali temi si ispira la nuova poesia?

C Il suo maggior rappresentante è

5 Che significa *Beat generation*? (§ 3)

6 Che cosa è la "linea lombarda" e quali caratteri persegue? (§ 5)

7 Barra l'affermazione sbagliata. Secondo Zanzotto (§ 6, T3 e T4)
- A il linguaggio è irrimediabilmente falso
- B esprime la verità profonda delle cose
- C è il deposito dell'esperienza e della storia umana
- D è logorato e alienato dai mass media
- E occorre inventare un linguaggio autonomo dalla lingua corrente

8 Perché Zanzotto sceglie di utilizzare il dialetto e il *petèl*? (§ 6)

9 La scomparsa del mondo contadino è associata spesso alla degradazione del presente: che valore assume in Zanzotto la figura del vecchio Nino? Chi sono i veri sopravvissuti? (T3)

10 Chi sono i maggiori poeti della rivista «Officina» e contro quali correnti letterarie si muovono? (§ 7)

11 La Neoavanguardia privilegia il momento distruttivo su quello costruttivo perché .... (§ 8)

12 Perché, in riferimento alla poesia di Amelia Rosselli, è possibile parlare di "sperimentalismo emozionale"? (§ 9)

13 Dopo la Neoavanguardia (§ 11)
- A si recuperano la tradizione umanistica e i modelli classici
- B si riprende la tradizione simbolista e la "concezione orfica"
- C il poeta torna ad essere un vate depositario di utili verità
- D la poesia descrive il caos del mondo contemporaneo

14 Che cosa si intende per "neo-orfismo". (§ 11)

PROPOSTE DI SCRITTURA

IL CONFRONTO TRA TESTI

- Esamina la *Litania del profitto di guerra* di Allen Ginsberg (**T1**) e *«questo è il gatto con gli stivali»* di Sanguineti (**T7**). Possono considerarsi poesie postmoderne? Considera per entrambe
  - i criteri usati per leggere la realtà
  - la struttura e la funzione delle due poesie
  - il contesto in cui sono scritte
- Confronta la poesia di Amelia Rosselli (**T9**) e quella di Alda Merini (**T11**) in relazione all'indagine dello spazio dell'interiorità e alla difficoltà dell'io di comunicare con l'esterno. Documenta questi motivi nei testi riportati.

LA TRATTAZIONE SINTETICA

1. Spiega, facendo riferimento agli autori studiati, come nella poesia di fine secolo coesistano tendenze tradizionalistiche e tendenze sperimentali. (§ 1)
2. Alfredo Giuliani, nella introduzione alla seconda edizione dell'antologia *I Novissimi*, scrive che la poesia deve essere «mimesi critica della schizofrenia universale, rispecchiamento e contestazione di uno stato sociale e immaginativo disgregato». Avvalendoti di tale giudizio, spiega le caratteristiche della poetica della Neoavanguardia. (§ 8)
3. La poesia in dialetto, che fino alla prima metà del secolo sembrava in estinzione, conosce, a partire dagli anni Sessanta fino ad oggi, una fase di orgogliosa rifioritura. Chiariscine le ragioni, citando alcuni dei poeti studiati che utilizzano il dialetto. (§§ 6, 10)

 • Indicazioni bibliografiche

prometeo 3.0

Personalizza il tuo libro selezionando per questo capitolo materiali integrativi da Prometeo (di seguito ti proponiamo un elenco di materiali, ma puoi trovarne altri utilizzando il motore di ricerca).

- **MODULO TEMATICO INTERDISCIPLINARE**   Figure di madre
- **SCHEDA**   «L'unica avanguardia oggi possibile è aideologica, disimpegnata, astorica» (A. Guglielmi)
- **VIDEO** LE IDEE E LE IMMAGINI   Romano Luperini, *La poesia italiana del secondo Novecento*
- **VIDEO** LE IDEE E LE IMMAGINI   Margherita Ganeri, *Postmoderno e letteratura*

Capitolo IV — Il romanzo e la novella

My eBook+

Cliccando su questa icona, docenti e studenti accedono ad un'area di personalizzazione che permette di arricchire i contenuti digitali già linkati lungo le pagine del libro. Nell'area di personalizzazione è possibile infatti salvare ulteriori materiali: selezionati da **Prometeo**, prodotti autonomamente o ricercati nella rete.

▶ *Per un elenco di materiali integrativi presenti nella biblioteca multimediale di Prometeo o per attivare una ricerca cfr. p. 725*

Robert Rauschenberg, *Bookworms Harvest* [Anagram (A Pun)], 1998. New York, Museum of Modern Art.

1. Caratteri generali della narrativa: temi e forme

Le trasformazioni del genere romanzesco

Nella società del capitalismo avanzato il romanzo subisce essenzialmente due trasformazioni:
1. tende a diventare un "prodotto" dell'industria culturale e a dipendere sempre più strettamente (e comunque assai più della poesia) dalle esigenze del mercato;
2. è sempre più influenzato dalle tecniche cinematografiche, televisive, pubblicitarie, dal linguaggio dei mass-media e dall'immaginario tecnologico diffuso dai processi di informatizzazione.

I temi e le forme

Si nota inoltre un cambiamento di temi e di forme. Al centro ci sono la complessità e l'oscurità del mondo contemporaneo, con i **motivi del labirinto, della torre di Babele, del complotto o della congiura**, ed esiti di tipo oggettivo (la rappresentazione delle trame del potere) o soggettivo (la rappresentazione della nevrosi o degli stati onirici). **L'insignificanza appare comunque scontata**; non è più drammatica o traumatica, come nel primo Novecento (per esempio, in Kafka o in Pirandello), ma appartiene alla quotidianità, senza più stupore o indignazione. Il mondo della campagna tende a sparire: **dominano i linguaggi, i suoni, le immagini di una civiltà tecnologica**; e, se si parla della natura o di epoche passate, queste sono descritte come fondali decorativi, come spettaco-

Giulio Paolini, un dettaglio dell'installazione *Trionfo della rappresentazione*, 1986.

li, o scenari televisivi ricostruiti artificialmente. **Il romanzo** non pretende più di essere riproduzione della realtà o sua immagine veritiera, ma **si esibisce come meccanismo narrativo, come artificio, o come citazione**, parodia e rifacimento di altri linguaggi. **Il personaggio** non è più un eroe, un portatore di significati o di verità, ma è "abbassato" e ridotto alla prosasticità e all'insignificanza che lo circondano. **Anche lo stile e il linguaggio** privilegiano il momento "comico", "basso", ironico; oppure tendono al *pastiche*, all'intreccio di generi e di lingue. D'altronde anche la figura del narratore viene deresponsabilizzata: i suoi messaggi non pretendono di dare significati o valori "forti" (cfr. **S1**).

Differenze fra il romanzo sperimentale e il romanzo postmoderno

Questi temi e queste tecniche appartengono sia alla fase sperimentale e avanguardistica che corrisponde al periodo dal 1955 al 1970, sia a quella postmoderna del trentennio successivo.

Tuttavia, **vanno registrate due importanti differenze**:
1. mentre **la Neoavanguardia** crede ancora alla forza del conflitto e della contraddizione ed esibisce i propri prodotti come strumenti di un'eversione del linguaggio e di una rivoluzione cultura-

S1 — INFORMAZIONI

Un giro in libreria in cerca di un buon romanzo

Entrare in libreria oggi in cerca di un buon romanzo da leggere implica una selezione non facile. Infatti l'offerta è sovrabbondante, ma di qualità non sempre pari alla quantità. Su che cosa converrà allora fissare l'attenzione? Certo, un grande classico sarà sempre una scelta sicura. Un grande romanzo dell'Ottocento, di Stendhal o di Tolstoj, deluderà difficilmente. Ma anche un classico del Novecento potrà risultare una scelta felice: Pirandello o Svevo, oppure Gadda o Primo Levi o Fenoglio o Calvino, per stare all'Italia, oppure da Kafka a Virginia Woolf, per uscirne, non mancano capolavori su cui puntare. Le stesse pagine di questo capitolo possono offrire non poche indicazioni per autori più recenti, e le schede di invito alla lettura consentono già un primo orientamento. Tuttavia, chi volesse scegliere un romanzo uscito negli ultimi anni sarebbe lo stesso in difficoltà. Una storia della letteratura, soprattutto se dedicata alla scuola, non può certo inseguire i mille rivoli della produzione internazionale. Ecco allora qui di seguito alcune proposte per un amante della narrativa che voglia leggere qualche romanzo recente e recentissimo; senza alcuna pretesa di sistematicità e di completezza.

La prima considerazione riguarda lo scarso livello medio della produzione italiana, da cui provengono ben pochi romanzi solidi e convincenti. Accanto a opere di autori già storicizzati, come Tabucchi, si collocano pochissimi titoli interessanti di giovani, come *Io non ho paura* di Niccolò Ammaniti (Einaudi 2001), *Il tempo materiale* di Giorgio Vasta (minimum fax 2008), vari titoli di Silvia Ballestra (ultimo il racconto-reportage *Piove sul nostro amore*, Feltrinelli 2008, dedicato alla molteplice violenza contro le donne nell'Italia di oggi) e ovviamente *Gomorra* di Roberto Saviano (Mondadori 2006). Sempre godibili e di qualità i romanzi di Andrea Camilleri.

È però fra gli autori stranieri che si trovano i romanzi più convincenti e adeguati al presente. In primo piano stanno alcuni narratori statunitensi, capaci di rappresentare in modo profondo le trasformazioni della società attuale. Il più abbordabile è Michael Cunningham: da *Le ore* (Bompiani 1999) è stato tratto un fortunato film, e *Giorni memorabili* (Bompiani 2005) è il più recente, ma il capolavoro è *Carne e sangue* (Bompiani 2000). Più complessi Jonathan Franzen (*Le correzioni*, Einaudi 2002 e *Libertà*, Einaudi 2002 e 2011) e Don DeLillo (*Underworld*, Einaudi 1999, *L'uomo che cade*, Einaudi 2008). Un romanzo "fantastorico" (o "fantapolitico") è *Il complotto contro l'America* di Philip Roth (Einaudi 2005), prolifico autore statunitense, che deve la sua fama soprattutto a *Pastorale americana*, 1997; il titolo uscito più di recente in Italia è *Nemesi* (Einaudi 2011). Statunitense è anche Cormac McCarthy, che ha avuto successo soprattutto con *Non è un paese per vecchi* (Einaudi 2007), da cui è stato tratto un fortunato film, ma ha rappresentato con *La strada* (Einaudi 2007) un futuro di distruzione ancora abitato da una esile speranza umana. Canadese è Alice Munro (premio Nobel per la Letteratura nel 2013), autrice però di intensi racconti e non di romanzi (fra i titoli più recenti: *In fuga*, *Segreti svelati* e *Le lune di Giove*, Einaudi 2004 e 2008). Francese è invece Michel Houellebecq, nel cui capolavoro *Le particelle elementari* (Bompiani 2000) è sottoposta a critica spietata la società nata dalla rivoluzione sessuale. Inglese è infine Ian McEwan, che con *Espiazione* (Einaudi 2002) ha scritto il suo capolavoro e con il più recente *Chesil Beach* (Einaudi 2007) ha abilmente raffigurato le difficoltà sessuali di una giovane coppia alla prima notte di nozze.

Di particolare interesse possono risultare autori appartenenti a culture più lontane o diverse. Una forte connotazione etica hanno i romanzi dell'israeliano Abraham B. Yehoshua, da *Un divorzio tardivo* (Einaudi 1996), forse il più intenso e originale, a *La sposa liberata* (Einaudi 2002) a *Il responsabile delle risorse umane* (Einaudi 2004) a *Fuoco amico* (Einaudi 2008). Una intensa rievocazione autobiografica della cultura ebraica è *Una storia di amore e di tenebra* di Amos Oz (Feltrinelli 2003). Indiane sono due scrittrici attente soprattutto alla dimensione dell'interiorità e dei rapporti familiari: Arundhati Roy (*Il dio delle piccole cose*, TEA 2001) e Anita Desay (*Chiara luce del giorno*, Einaudi 1998). Sudafricano è il premio Nobel J. M. Coetzee, interessato a reinterpretare alcuni capolavori del passato in una prospettiva interculturale, come in *Foe* (Einaudi 2005), che riscrive la vicenda di Robinson Crusoe secondo un'ottica consapevole delle atrocità coloniali. Centrato sul tema dell'incontro fra culture è il fascinoso *La pelle che ci separa* di Kym Ragusa (Nutrimenti 2008), scritto da un'autrice che incrocia l'identità afroamericana della madre e quella italoamericana del padre.

le, **il postmodernismo** non contesta più il mondo e i suoi linguaggi, ma squaderna questi ultimi davanti al lettore come elementi di un orizzonte dato, limitandosi a giustapporli. Il *pastiche* postmodernista non vuole più far stridere una contraddizione, ma solo registrare come normale la babele di segni in cui viviamo;

2. mentre **il romanzo della Neoavanguardia è programmaticamente "difficile"** e si rivolge a un pubblico ristretto, **la narrativa postmodernista cerca di porre fine alla frattura fra sperimentalismo e consumo di massa**, tendendo a conciliare complessità e modi di comunicazione accessibili al grande pubblico e mirando alle forme "popolari" del prodotto "per tutti". Recupera perciò i "generi forti" tradizionali (il romanzo storico, il romanzo giallo e poliziesco, il romanzo del terrore).

In conclusione, **fra la fase della Neoavanguardia e quella successiva del Postmoderno non mancano elementi di continuità** (e d'altronde ci sono scrittori che passano agevolmente dall'una all'altra, come in Italia Eco e Malerba). E tuttavia è anche percepibile una differenza abbastanza netta.

2 La tradizione del moderno nella narrativa europea e nordamericana. Christa Wolf

La "tradizione novecentesca"

Abbiamo sinora parlato delle tendenze principali. Bisogna tener presente però che **non pochi autori sfuggono a ogni classificazione**. Molti possono rientrare in una categoria vasta e generica che potremmo chiamare **"tradizione novecentesca" o "tradizione del moderno"**. Essa è forte soprattutto in Inghilterra, ma esprime i suoi autori di maggior prestigio in Germania (Böll e Christa Wolf) e negli Stati Uniti (Capote, Mailer, Bellow, Salinger, Updike). Un caso particolare poi è quello del russo Solženicyn.

Heinrich Böll in Germania

Grande scrittore è il tedesco **Heinrich Böll (1917-1985)**, che persegue una **poetica della «contemporaneità»** – come lui stesso l'ha chiamata – volta a documentare il presente e a reagirvi criticamente. I suoi racconti e i suoi romanzi intervengono con passione civile su temi politici e morali della storia tedesca, dal dopoguerra al miracolo economico e al conformismo della società neocapitalista. I suoi romanzi migliori sono *Opinioni di un clown* (1963) – d'impostazione satirica: il discendente di una casata industriale si fa *clown* per irridere al mondo in cui è stato educato – e *Foto di gruppo con signora* (1971), in cui viene messa sotto accusa l'ipocrisia della società tedesca.

Christa Wolf

Sempre in Germania (ma in quella dell'Est) bisogna ricordare **Christa Wolf (1929-2011)**, che ha affrontato più volte nei suoi romanzi, a partire dal primo, *Il cielo diviso* (1963), **il tema della divisione del suo paese** e quello delle difficoltà dell'individuo a inserirsi nella società socialista (in *Riflessioni su Christa T.*, 1968). Di grande rilievo è poi, in questa scrittrice, **il tema dell'immaginario e dell'identità femminili**, saggiato in *Cassandra* (1983), dove il recupero del mondo classico è funzionale all'indagine dell'interiorità femminile e alla denuncia dei pericoli attuali di conflitto nucleare e di trionfo del conformismo e dell'inautenticità. Anche in *Medea. Voci* (1996) lo scontro tra l'identità femminile, considerata "diversa" e selvaggia, e la cultura dominante porta alla distruzione della figura materna rappresentata da Medea. Il libro è costruito come un contrappunto di voci diverse, in cui ogni personaggio racconta la storia dal suo punto di vista.

T • Christa Wolf, *Gli ultimi giorni di Troia*

LA TRADIZIONE DEL MODERNO

Germania	URSS	Stati Uniti
• Heinrich Böll • Christa Wolf	• Aleksandr Solženicyn	• Jerome D. Salinger

Le opere del russo Solženicyn

Una giornata di Ivan Denisovič

T • Aleksandr Solženicyn, *Un'ordinaria giornata di lavoro*

Il giovane Holden di Salinger

T • Jerome D. Salinger, *Il guantone di Allie*

Interna alla tradizione russa e al suo misticismo religioso è la produzione di **Aleksandr Solženicyn (1918-2008)**, **premio Nobel per la Letteratura nel 1970**, espulso dall'URSS quattro anni dopo con l'accusa di aver pubblicato all'estero il primo volume di *Arcipelago Gulag*, un'imponente raccolta di dati sulle deportazioni e i lager dell'epoca staliniana. Divenne allora il *leader* del "dissenso" russo. Era stato un segno di "disgelo" la pubblicazione in URSS del suo romanzo *Una giornata di Ivan Denisovič* (1962), che aveva fatto scalpore nel mondo per la denuncia dei lager di Stalin. Altri suoi libri sono dedicati allo stesso argomento, ma dovettero uscire all'estero: *Reparto C*, *Il primo cerchio* e la già citata opera documentaria in tre volumi *Arcipelago Gulag* (1974-78). La sua opera più intensa resta *Una giornata di Ivan Denisovič*, ambientata in un campo di concentramento siberiano nel 1951. La descrizione è minuta e oggettiva, senza commenti, senza patetismi, senza tirate ideologiche; e risulta per questo più agghiacciante.

Particolarmente interessante è la produzione dello statunitense **Jerome D. Salinger (1919-2010)**, soprattutto per l'eco che ha avuto il suo ***Il giovane Holden***, uscito nel 1951, storia di un adolescente timido e spaventato, in cerca di autenticità, ma represso dal conformismo della classe media e alta americana. L'uso dei gerghi giovanili e la rappresentazione minuta e "povera" degli ambienti hanno influenzato David Leavitt e il "minimalismo" degli anni Ottanta.

3 | La narrativa in Francia dal "nouveau roman" al Postmoderno

La narrativa fra sperimentalismo e Postmoderno in Francia

Il "nuovo romanzo" o la morte del soggetto

Alain Robbe-Grillet e *La gelosia*

T • Alain Robbe-Grillet, *L'inizio di La gelosia*

Il romanzo *La gelosia*

S • Il "nuovo romanzo": l'interpretazione di Goldman

La narrativa sperimentale e d'avanguardia segue in Francia, negli anni Cinquanta, due filoni principali: **quello che costeggia il "teatro dell'assurdo"** e che, infatti, ha in un suo rappresentante, Beckett (cfr. cap. IX, § 2), l'autore di maggior spicco, **e quello del "nouveau roman"** [nuovo romanzo] **o dell'"école du regard"** [scuola dello sguardo]. Esauritasi, nel corso degli anni Sessanta, la tendenza alla rottura e all'innovazione clamorosa delle avanguardie, le segue quella ispirata al **manierismo postmoderno**, che ha in Perec e in Tournier i rappresentanti più significativi.

Il "nuovo romanzo" deriva da una riflessione sul linguaggio e sui punti di vista narrativi, portando sino in fondo, in modo sperimentale, il programma di partire da un "grado zero" di partecipazione e di coinvolgimento emotivo e psicologico. **Si tende insomma alla "morte del soggetto", e si rinuncia, nel contempo, a una letteratura di significati e di valori**.

Il maggior teorico del "nuovo romanzo" e della "scuola dello sguardo" fu **Alain Robbe-Grillet**, che riunì i suoi saggi teorici nel libro *Il "nuovo romanzo"*, 1963. Nato a Brest nel **1922**, di professione ingegnere, esordì con *Le gomme*, 1952, e raggiunse il successo con *Le gelosia*. La sua tecnica di scrittura deriva evidentemente da quella della cinepresa, mirando a un massimo di oggettività e di visività che annulla i nessi causali e temporali. È morto il 18 febbraio **2008**.

Nella *Gelosia* il punto di vista del "geloso" è solo un campo visivo, un'inquadratura che freddamente registra ciò che passa all'interno del suo ambito: in questo caso, una villa di legno in stile coloniale, di cui non si precisa la collocazione geografica e storica, e che viene descritta minutamente. **L'osservatore-narratore non ha psicologia né coscienza**: s'intuisce, però, che è "geloso" della padrona di casa. A., sua moglie, che si muove nella villa insieme a un amico, Franck, proprietario di una piantagione vicina, per il quale ella mostra un'aperta simpatia. **Il romanzo è costruito sulla ripetizione degli stessi particolari** che si susseguono con pochi mutamenti, associati con altri, rari, che sono invece nuovi: le quasi impercettibili variazioni denotano probabili cambiamenti dei quali non è fornita spiegazione. Mancando una successione temporale di tipo cronologico, i piani verbali si mescolano e si alternano, rivelando da un lato la fissità ossessiva dell'occhio che guarda (e della gelosia dell'osservatore), dall'altro il concatenarsi oggettivo di una possibile vicenda.

Marguerite Duras

In genere si accosta alla scuola del "nuovo romanzo" anche la produzione narrativa di **Marguerite Duras (1914-1996)**. In realtà questa scrittrice, che partecipò in prima persona alla Resistenza e militò poi nel partito comunista francese (da cui venne espulsa per dissidenza nel 1950), **si ispirò all'inizio a Hemingway** e alla narrativa americana, **nonché al nostro Pavese** (in particolare nel romanzo *Una diga sul Pacifico*, 1950). Il periodo più sperimentale è quello in cui la Duras si avvicina alla "scuola dello sguardo", e va da *Il piccolo giardino* (1955) a *India song* (1974). L'opera più ragguardevole di questa fase è *Moderato cantabile* del 1958. In esso appare il motivo del desiderio e del masochismo, che ritornerà nella fase successiva della produzione della Duras, quella autobiografica. Ne è espressione molto nota (anche perché ne è stato tratto un film famoso) *L'amante* (1984), storia autobiografica dell'amore adolescenziale di una ragazza francese, nata in Indocina e qui vissuta sino a diciotto anni, con un cinese. Rientrano in questo filone anche *Il dolore* (1985) e *Il Viceconsole* (1986). Ma nell'ultima produzione della Duras non mancano opere sperimentali come *Occhi blu capelli neri* (1986).

La centralità del linguaggio

In molti di questi casi, l'**attenzione dello scrittore è attirata più dall'atto dello scrivere**, dall'operazione linguistica in quanto tale, **che dalla rappresentazione della realtà**. Per capire il passaggio dallo sperimentalismo neoavanguardistico al Postmoderno bisogna considerare appunto questa predilezione per il linguaggio in quanto tale che tende a sostituire la realtà e a porsi come universo totale.

Georges Perec

La ricerca di **Georges Perec (1936-1982)** rientra appunto in tale clima. L'opera più importante di Perec è *La vita, istruzioni per l'uso*, uscita nel 1978. Perec passa in rassegna, una per una, sistematicamente, tutte le stanze (appartamenti, uffici, cantine) di un edificio di una strada parigina. Descrivendo le stanze, balzano in primo piano le cose con le loro storie e con quelle degli abitanti dello stabile, cosicché passato e presente si mescolano. **Fra i vari personaggi domina quello di Perceval Bartlebooth**, un inglese che per dieci anni ha percorso il mondo per disegnare ad acquarello cinquecento paesaggi di porti di mare e che poi, dopo averli trasformati in *puzzle*, cerca, per altri vent'anni, di ricomporli. Ma, una volta ricostituiti, essi sono poi immersi in un acido che ne annulla colori e figure, riducendoli a nulla. Né diverso sarà l'esito di un pittore abitante in un altro appartamento che vorrebbe rappresentare tutti gli abitanti della via e che invece lascerà una tela quasi del tutto bianca. Insomma, **l'insignificanza e il nulla dominano l'esistenza umana**.

Tournier e il Postmoderno

Michel Tournier fa della riscrittura il proprio terreno preferito; ma, a differenza di Perec, tende a uno stile semplice e piano, evitando le acrobazie della Neoavanguardia. La complessità e il turbamento più angoscioso vanno espressi, a differenza di quanto accade nelle avanguardie, nel modo più tradizionale. **Con Tournier, insomma, siamo già penetrati più dentro il clima del Postmoderno**.

Le opere di Tournier

Michel Tournier (nato nel **1924**) muove sempre da un altro testo o da un insieme di testi o da leggende e miti: se *Venerdì o il limbo del Pacifico* (1967) è una riscrittura del *Robinson Crusoe* di Defoe, *Il re degli ontani* (1970) si rifà alle leggende nordiche e alla figura fantastica dell'orco, trasferendoli nell'ambiente del Terzo Reich, mentre *Gaspare, Melchiorre e Baldassarre* (1980) riscrive la storia dei Tre Magi.

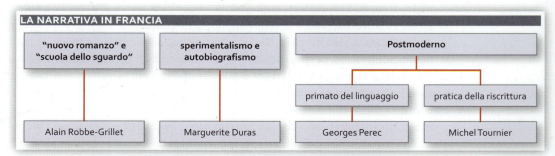

Venerdì o il limbo del Pacifico

Il romanzo più noto e affascinante di Tournier resta probabilmente il primo, *Venerdì o il limbo del Pacifico*, in cui lo scrittore francese riprende e rovescia Defoe. Mentre il romanziere inglese aveva rappresentato in Robinson la storia della civiltà borghese che stabilisce ordine, disciplina e logica produttiva anche in un'isola sperduta del Pacifico, a tal scopo addestrando e assoggettando gli indigeni (rappresentati da Venerdì), il Robinson di Tournier ne ripete sì, nella prima parte del romanzo, gli sforzi tesi a ripristinare – nell'isola selvaggia dove il naufragio l'ha gettato, da lui ribattezzata Speranza – le leggi della civiltà e a insegnarle a un indigeno; ma poi, nella seconda, i rapporti si rovesciano: in seguito a un'esplosione e alla catastrofe conseguente provocata involontariamente da Venerdì, **Robinson si trova costretto a ricominciare da zero, e allora sarà l'indigeno a fargli da maestro** (cfr. **T1**; altri brani del romanzo di Tournier si possono leggere nel vol. 3).

S • Il tema di Robinson

T1 Michel Tournier
L'iniziazione di Robinson

OPERA
Venerdì, o il limbo del Pacifico, cap. IX

CONCETTI CHIAVE
- Venerdì diventa il maestro di Robinson
- il confronto-scontro tra due mondi

FONTE
M. Tournier, *Venerdì o il limbo del Pacifico*, Einaudi, Torino 1994; trad. it. di C. Lusignoli.

Venerdì provoca senza volere un'enorme esplosione, proprio mentre Robinson sta per colpirlo con lo staffile a causa di una sua disobbedienza. Quando Robinson si riprende, buona parte dell'organizzazione civile che aveva tentato di ripristinare sull'isola risulta distrutta; poco dopo, un terremoto provocato dall'esplosione completa l'opera di annientamento, e Robinson stesso morirebbe se non fosse salvato da Venerdì. Robinson deve ricominciare da zero. Ma rinuncia a ricostruire la disciplina, l'ordine produttivo, le istituzioni della civiltà borghese e preferisce affidarsi all'istinto naturale di Venerdì, che a quelle strutture mai si era adattato. I rapporti fra i due s'invertono. Comincia l'iniziazione di Robinson da parte di Venerdì.

La libertà di Venerdì – cui cominciò ad iniziarsi Robinson nei giorni successivi – non consisteva soltanto nella negazione dell'ordine cancellato dalla superficie dell'isola per opera dell'esplosione. Grazie al ricordo dei primi tempi passati a Speranza,[1] Robinson ricordava troppo bene cosa sia una vita scardinata che va alla deriva in preda a tutti gli impulsi del capriccio e a tutte le ri-
5 cadute dello scoraggiamento, per non presentire nella condotta del compagno un'unità nascosta, un implicito principio.

Non lavorava mai, Venerdì, nel vero senso della parola. All'oscuro d'ogni nozione di passato o di futuro, viveva racchiuso nell'istante attuale. Passava intere giornate in un'amaca di liane intrecciate che aveva teso tra due alberi del pepe e, standosene così, abbatteva a volte con la
10 cerbottana gli uccelli che, ingannati dalla sua immobilità, venivano a posarsi sui rami. A sera, gettava il frutto di questa caccia infingarda[2] ai piedi di Robinson che non si domandava più se tale gesto era quello d'un fedele cane da riporto, oppure quello di un padrone tanto imperioso da non degnarsi nemmeno di esprimere i propri ordini. In verità aveva superato, nelle sue relazioni con Venerdì, lo stadio di queste meschine alternative. Si limitava ad osservarlo, attento
15 con passione sia alle gesta del compagno, sia all'eco di queste nel proprio animo, dove suscitavano una metamorfosi sconvolgente.

Ne aveva subìto il primo colpo il suo aspetto esteriore. Rinunciando a radersi il capo, lasciava che i capelli gli si attorcessero in boccoli fulvi, di giorno in giorno più esuberanti. In compenso, si era tagliata la barba già saccheggiata[3] dall'esplosione, e ogni mattina si passava sulle guan-
20 ce la lama del coltello, dopo averla affilata a lungo su di una pietra vulcanica, abbastanza comune nell'isola. Così aveva perduto d'un tratto quell'aspetto solenne e patriarcale, quell'aria da

---

• **1 Speranza**: è il nome che Robinson ha dato all'isola su cui è naufragato.
• **2 infingarda**: *pigra*.
• **3 saccheggiata**: *sfoltita*.

«Dio-padre» che sosteneva tanto bene la sua vecchia autorità.[4] Sembrava ringiovanito d'una generazione, e un'occhiata allo specchio gli rivelò che c'era ormai – per un fenomeno di mimetismo[5] molto spiegabile – un'evidente rassomiglianza tra la sua faccia e quella del compagno.

Per anni interi era stato a un tempo il signore e il padre di Venerdì. In pochi giorni ne era diventato il fratello – e non era troppo sicuro d'essere lui il fratello maggiore. Anche il suo corpo si era trasformato. Aveva sempre temuto le scottature da sole, come uno dei peggiori pericoli che minacciano un inglese – di pelo rosso, per giunta – in zona tropicale, e prima di esporsi ai suoi raggi, si copriva con cura ogni parte del corpo, non dimenticando, per supplementare precauzione, un grande parasole di pelli di capra. Il soggiorno in fondo alla grotta, poi l'intimità con la terra avevano finito di dare alla sua pelle la bianchezza lattea e fragile delle rape e dei tuberi. Adesso, incoraggiato da Venerdì, si esponeva nudo al sole. Timoroso dapprima, tutto raggomitolato e brutto, si era andato sciogliendo a poco a poco. La pelle gli aveva preso un bel tono ramato, gli gonfiava il petto e i muscoli una fierezza nuova. Dal suo corpo s'irradiava un calore da cui gli sembrava che l'anima attingesse una sicurezza che non aveva mai conosciuta. Scopriva così che un corpo accettato, voluto, o forse vagamente desiderato – per un certo narcisismo nascente –, può diventare non solo un migliore strumento per inserirsi nella trama delle cose esteriori, ma anche un compagno fedele e forte.[6]

Partecipava con Venerdì a giochi e a esercizi che un tempo avrebbe giudicato incompatibili con la sua autorità. Ad esempio, non si diede pace finché non seppe camminare sulle mani così bene come l'araucano.[7] In principio, non trovò affatto difficile mettersi «piedi al muro» contro una roccia a strapiombo. Più complicato fu invece staccarsi da quel punto d'appoggio ed avanzare senza rovesciarsi all'indietro né sfiancarsi. Sotto il peso schiacciante di tutto il resto del corpo, le braccia gli tremavano, non per mancanza di forza, ma piuttosto perché non aveva ancora acquistato l'equilibrio e la presa adeguata a quell'insolito fardello.[8] Ci si accaniva, considerando come un progresso decisivo sulla nuova strada in cui si era avviato la conquista d'una specie di *polivalenza*[9] tra le sue membra. Sognava di trasformare il proprio corpo in una mano gigantesca le cui cinque dita fossero testa, braccia e gambe. La gamba doveva potersi alzare come un dito indice, le braccia camminare come gambe, il corpo posare indifferentemente su questo o quel membro, come una mano si appoggia su qualsiasi dito.

Tra le rare occupazioni di Venerdì, c'era quella di costruire archi e frecce con cura minuziosa, ancor più notevole per il fatto che poco se ne serviva per la caccia.[10] Dopo aver tagliato semplici archi nei legni più pieghevoli e più regolari – sandalo, amaranto, copaibe[11] – arrivò rapidamente a collegare su un'anima[12] di bosso[13] laminette in corno di capro che ne moltiplicavano il vigore.

Ma la maggiore diligenza l'applicava alle frecce giacché, se accresceva senza posa[14] la potenza degli archi, lo faceva per poter aumentare la lunghezza delle frecce che presto superarono i cinque piedi.[15] Per lui, l'equilibrio delicato della punta e dell'impennaggio[16] non era mai abbastanza esatto, ed era dato vederlo per ore intere fare oscillare l'asticella sullo spigolo di una pie-

---

- **4** **Così...autorità**: il particolare ha un valore allegorico subito spiegato dal narratore.
- **5** **mimetismo**: imitazione, spontaneo conformarsi.
- **6** **Scopriva così...forte**: quello della riscoperta del **corpo**, contro le costrizioni del pensiero occidentale e dell'ordine borghese, è uno dei temi centrali della filosofia francese degli anni Sessanta.
- **7** **l'araucano**: Venerdì, che appartiene a questa popolazione dell'America del Sud.
- **8** **fardello**: *peso*.
- **9** **polivalenza**: uso molteplice.
- **10** **ancor più...caccia**: la mentalità di Venerdì non è una mentalità strumentale, tesa cioè ad assoggettare le cose all'uso e alla produttività (caratteristica della civiltà occidentale su cui insiste la filosofia francese degli anni Sessanta). L'interesse per il "pensiero selvaggio" viene a Tournier dagli studi di un grande antropologo contemporaneo, Claude Lévi-Strauss (n. 1908).
- **11** **sandalo...copaibe**: legni di piante tropicali.
- **12** **anima**: pezzetto di legno che serve di appoggio in uno strumento.
- **13** **bosso**: arbusto dal legno molto duro.
- **14** **senza posa**: *senza stancarsi*.
- **15** **cinque piedi**: un metro e mezzo (i **piedi** erano l'unità di misura in uso nei paesi anglosassoni, pari a circa 0,3 m).
- **16** **impennaggio**: l'aletta che rende una freccia aereodinamica e stabile.

tra per trovarne il centro di gravità. Davvero impennava le frecce al di là di ogni limite ragionevole, usando a questo scopo ora penne di pappagallo, ora foglie di palma, e poiché ne tagliava la punta a forma di aletta in una scapola di capra, era evidente che non voleva ottenere dai suoi strali che colpissero una preda con forza e precisione, ma che volassero, che si librassero più lontano e più a lungo possibile.[17]

Quando tendeva l'arco, il volto di Venerdì si chiudeva in uno sforzo di concentrazione quasi doloroso. Cercava a lungo come inclinare la freccia in modo da ottenere la traiettoria più gloriosa. Finalmente la corda veniva a sfregare sibilando contro il riparo di cuoio che gli proteggeva l'avambraccio sinistro. Con tutto il corpo spinto in avanti, le due braccia tese in un gesto ch'era insieme di slancio e d'implorazione, accompagnava la corsa del dardo.[18] Il viso gli brillava dal piacere per tutto il tempo che la forza viva vinceva l'attrito dell'aria e la pesantezza. Ma sembrava che in lui si spezzasse qualcosa quando la punta si piegava verso il suolo, frenata appena nella caduta dell'impennaggio.

Robinson si domandò a lungo quale significato potevano avere quei tiri con l'arco, senza selvaggina, senza bersaglio, in cui Venerdì si prodigava fino a restarne fiaccato.[19] Credette finalmente di aver compreso, un giorno che un vento di mare piuttosto forte faceva spumeggiare le onde che si rompevano sulla spiaggia. Venerdì stava provando nuove frecce, di smisurata lunghezza, impennate per circa tre piedi da piume sottili prese dalle remiganti[20] di un gabbiano. Tese l'arco inclinando la freccia a quarantacinque gradi in direzione della foresta. La freccia salì fino a un'altezza di almeno centocinquanta piedi. Là, sembrò esitare per un attimo, ma invece di ricadere verso la spiaggia, si diresse orizzontalmente e filò verso la foresta, con rinnovata energia. Quando fu scomparsa dietro la cortina[21] dei primi alberi, Venerdì si volse raggiante verso Robinson.

– Cadrà tra i rami, non la ritroverai, – gli disse Robinson.

– Non la ritroverò, – rispose Venerdì, – ma perché quella non ricadrà mai.[22]

- **17 era evidente…possibile**: Venerdì si sforza non di costruire uno strumento il più possibile efficace, ma un giocattolo. **Strali**: frecce.
- **18 dardo**: *freccia*.
- **19 si prodigava…fiaccato**: *spendeva tutte le sue forze sino a rimanere sfinito*.
- **20 remiganti**: *le penne principali dell'ala*.
- **21 cortina**: *barriera*.
- **22 Non la ritroverò…mai**: la risposta di Venerdì rivela il suo atteggiamento mitico, la sua ricerca del magico e dello straordinario anziché dell'utilità pratica immediata.

T1 DALLA COMPRENSIONE ALL'INTERPRETAZIONE

COMPRENSIONE E ANALISI

La struttura, o stile e l'ideologia del brano Il brano comprende **tre parti**. Nella **prima parte** Robinson medita sul da farsi e decide di rinunciare a ripristinare l'ordine civile distrutto e di accettare come maestro e "iniziatore" Venerdì, quando viene sorpreso dal **terremoto** che completa la catastrofe. Nella **seconda parte** si chiarisce l'ideologia del racconto, quale già emerge nella prima: in realtà **«l'isola amministrata»** rappresentava per Robinson un peso o una costrizione. Venerdì può significare ora per lui la libertà. **Venerdì** infatti: a) rappresenta non semplicemente la negazione del vecchio ordine – ciò provocherebbe disorientamento e ansia –, ma **un nuovo modo di vivere**; b) tale nuovo modo è fondato sul **rifiuto del lavoro e della logica produttiva**: la caccia è fatta per gioco e solo per mangiare; c) Venerdì non è ossessionato dal tempo e non ne ha una idea lineare e progressiva, **ma vive esclusivamente nel presente** (si avverte qui l'insegnamento di Nietzsche); d) **il gioco, la cura del corpo e la capacità di controllarne gli equilibri** diventano più importanti degli aspetti razionali e organizzativi. Nella **terza parte** si descrive l'interesse che Venerdì mostra per le frecce: esso non ha una finalità pratica, ma **rivela** invece **nel selvaggio la preponderanza del momento magico e fantastico**. Si delinea, insomma, nel brano una prospettiva culturale che rovescia i parametri ideologici di Defoe e della cultura settecentesca di tipo illuministico e che riprende semmai alcuni aspetti del sensismo settecentesco per congiungerli ad altri di derivazione nietzscheana o desunti dalla moderna antropologia culturale (Lévi-Strauss). Lo stile è piano, semplice, tradizionale.

INTERPRETAZIONE

«Non lavorava mai» È questo il vero scandalo in cui si rivela l'attrito tra due civiltà, la faglia che le separa. **Venerdì vive «racchiuso nell'istante attuale»**. Ignora, felicemente, ogni esigenza, scrupolo, ossessione di progettualità. Anche quando Venerdì sembra dedicarsi a un "lavoro", così come l'Occidente lo intende – una attività finalizzata al raggiungimento di un fine pratico da cui discendono concreti e immediati vantaggi –, e cioè alla costruzione di archi e frecce, in realtà i suoi scopi sono insondabilmente "altri". I tiri con l'arco di Venerdì sono «senza selvaggina, senza bersaglio», e dunque, secondo la logica "economica" che è stata a lungo di Robinson e che ora incomincia a vacillare, assolutamente incomprensibili. A Venerdì interessa la freccia perfetta, che non ricadrà mai sulla terra, non il volatile da trafiggere per la cena. Eppure **tra due mondi così radicalmente alternativi** come sono quello di Robinson e di Venerdì **è possibile un dialogo**, una osmosi. Robinson può smettere di sentirsi «signore e padre» di Venerdì e scoprirsi suo fratello, avendo anche perduto l'ultima residuale certezza consolatoria: quella di «essere lui il fratello maggiore». La possibilità di una «metamorfosi sconvolgente» è in agguato per Robinson. E per noi?

Il postmodernismo di Tournier Possiamo delineare quattro aspetti del postmodernismo di Tournier: 1) **la riscrittura di un'opera letteraria** già nota (qui, quella di Defoe); 2) **la rivisitazione storica del passato** (qui, il Settecento), problematizzato però in chiave attuale, come nei romanzi del genere "neostorico"; 3) **l'ideologia che giustappone alla civiltà un'altra possibilità**, con la conseguente scoperta dell'Altro e con la messa in discussione di una concezione cronologica di tipo lineare e progressivo (il tempo viene ridotto al presente); 4) **lo stile senza "stile", cioè piano e "popolare"**. Vale la pena di riflettere soprattutto sul punto 3): mentre il moderno esalta o condanna la civiltà occidentale, qui **la critica** a essa **resta aperta e ambigua**. Venerdì rappresenta davvero un'alternativa a Robinson? La sua sorte (alla fine del romanzo s'imbarca sulla nave dei negrieri ed è presumibile che sia fatto schiavo) lascia molti dubbi sulla possibilità per l'uomo di sopravvivere nelle forme naturali rappresentate da Venerdì. D'altra parte il mozzo della *Whitebird*, la nave che ha "trovato" Robinson e Venerdì, fugge dal veliero e ricomincia una nuova vita "selvaggia" con Robinson. Insomma **la conclusione resta enigmatica**, alludendo alla complessità del problema piuttosto che indicando una soluzione. Proprio **la congiunzione fra complessità e stile semplice** e popolare è una delle caratteristiche salienti del postmodernismo.

T1 LAVORIAMO SUL TESTO

COMPRENDERE

I protagonisti

1. Chi sono i personaggi? Sono antagonisti? Quali differenze e quali identità vi sono tra loro?

ANALIZZARE

La libertà di Venerdì

2. Quale rapporto ha Venerdì con la natura, con il tempo? Quale modello nuovo di vita incarna il selvaggio?

Lo scambio dei ruoli

3. Quali ragioni inducono Robinson ad accettare come maestro Venerdì?

La metamorfosi di Robinson

4. La lezione di libertà che Robinson riceve da Venerdì passa attraverso la riscoperta del corpo. Descrivi la metamorfosi di Robinson.

INTERPRETARE

Attualizzare

5. «All'oscuro d'ogni nozione di passato o di futuro, viveva racchiuso nell'istante attuale». Ti sembra un ideale di vita?

LE MIE COMPETENZE: INDIVIDUARE COLLEGAMENTI

Il mito di Robinson, che ha avuto inizio con il romanzo di Defoe uscito nel 1719, è stato ripreso in innumerevoli libri e in diversi film. Tra questi ultimi possiamo ricordare *Cast Away* di Robert Zemeckis (2000), una rilettura cinematografica della storia di Robinson Crusoe che viene trasposta ai giorni d'oggi. Come Robinson, il protagonista del film è un naufrago. Come Robinson, cerca di sopravvivere in un contesto selvaggio. Eppure il film rinnova profondamente il modello proposto dal romanzo di Defoe, che viene sottoposto ad un radicale rovesciamento. Guarda il film e rifletti sul diverso modo di attualizzare il personaggio di Robinson nel romanzo di Tournier e nel film di Zemeckis.

4. Il romanzo europeo fra sperimentalismo e Postmoderno: Grass, Saramago, Kundera

Ingeborg Bachmann

Fra gli scrittori in lingua tedesca del **Gruppo 47** più impegnati politicamente e più aperti allo sperimentalismo va ricordata l'austriaca **Ingeborg Bachmann** (nata nel **1926**, morta a Roma nel **1973**). Poetessa, esordisce nella narrativa in prosa con i **racconti usciti nel 1961** nella raccolta *Il trentesimo anno*, in cui si rappresentano lo scollamento fra nomi e cose e la conseguente sospensione dell'esistenza in un vuoto che potrebbe di continuo riempirsi di qualche misteriosa rivelazione. **Il romanzo successivo,** *Malina* (1971) – la sua opera di maggior rilievo in campo narrativo – **è un atto di accusa contro la società**, contro i dogmi autoritari rappresentati dal potere del padre sulla famiglia e contro i meccanismi che escludono e opprimono l'ebreo o il diverso.

Günter Grass

Molto amato dagli autori della Neoavanguardia italiana fu il tedesco **Günter Grass** (1927-2015), membro del Gruppo 47. Grass presenta diversi aspetti in comune con Böll (cfr. Parte Nona, cap. VIII, § 2): la polemica contro le contraddizioni dell'identità tedesca, l'impegno volto a unire letteratura e politica. Ma **la sua scrittura è più immaginosa e sperimentale: tende al barocco, all'espressionismo e al grottesco**, all'"abbassamento" drastico della vicenda, alla degradazione del personaggio.

Il tamburo di latta

La componente barocca ed espressionista è evidente nel romanzo che gli dette il successo internazionale, *Il tamburo di latta* (1959), dove protagonista è un nano. Questi, Oskar, chiuso in manicomio, ricorda con l'aiuto di un tamburo di latta – strumento di giochi e di magia – la storia della propria famiglia (e in particolare della nonna materna contadina e della madre) e della propria infanzia. Rievoca così la decisione, a tre anni, di non crescere più e di restare nano in odio ai due padri (quello vero, l'amante della madre, e quello anagrafico) e per protesta contro i tempi. Grass ha ricevuto il premio Nobel per Letteratura nel 1999.

T • Günter Grass, *La decisione di non crescere più*

José Saramago

Un grande narratore si afferma in Portogallo fra la fine degli anni Settanta e l'inizio degli Ottanta: è **José Saramago (1922-2010)**, che è anche notevolissimo poeta e drammaturgo. Saramago muove dalla letteratura d'avanguardia, ma, nelle sue opere migliori, riesce a unire **una prosa magmatica, fondata sul monologo interiore e sul gusto dell'oralità**, l'inclinazione postmoderna per la narratività e per il romanzo storico. È così nelle sue opere più importanti, uscite all'inizio degli anni Ottanta, a partire da *Una terra chiamata Alentejo*, un "romanzo-saga" dalle prime lotte contadine portoghesi alla rivoluzione del 1974. Seguono ***Memoriale del convento*** (1982), la raccolta di racconti ***Oggetto quasi*** (1984) e soprattutto ***L'anno della morte di Ricardo Reis*** (1984), probabilmente il suo capolavoro.

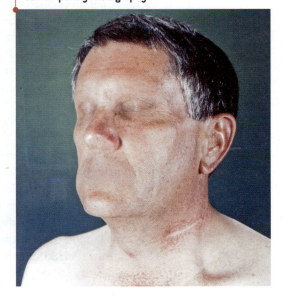

Aziz-Cucher, *George*, 1994. Chicago, Museum of Contemporary Photography.

FRA SPERIMENTALISMO E POSTMODERNO

Günter Grass	José Saramago	Milan Kundera
• letteratura e politica	• gusto per l'oralità • inclinazione per la narrativa e il romanzo storico	• l'alternativa impossibile tra «leggerezza» e «pesantezza»

Cecità, film del 2008 di Fernando Meirelles, tratto dal romanzo omonimo di José Saramago.

L'anno della morte di Ricardo Reis di Saramago

L'anno della morte di Ricardo Reis è un romanzo complesso in cui confluiscono le **tendenze magiche e surreali** e l'angosciosa ricerca di sé di Pessoa (cfr. Parte Nona, cap. IX, § 4), il **tema del "doppio"** di derivazione pirandelliana ma anche pessoaiana, il **monologo interiore** e la magmaticità dell'*Ulisse* **di Joyce**, la volontà descrittiva e oggettivistica di Robbe-Grillet. Ma queste suggestioni e tecniche avanguardistiche sono riassorbite in una scrittura e in una struttura capaci di "narrare" e di ricostruire una situazione storica e una vicenda reale o apparentemente tale. Ricardo Reis, per esempio, per un verso è un fantasma, una delle incarnazioni fantastiche di Pessoa, per un altro è un uomo in carne e ossa che scende da un piroscafo a Lisbona, una notte di fine d'anno del 1935 (dunque quando Pessoa era già morto, seppure da poco) e qui è protagonista di situazioni irreali (l'incontro ripetuto con l'immagine di Pessoa), ma anche di altre del tutto verosimili e storicamente documentabili. **Così il romanzo è insieme storico e realistico** – è la rappresentazione di quanto accade in Portogallo nell'anno 1936, quando il dittatore Salazar si allea con Mussolini e Hitler – **e fantastico e surreale**. Nella narrazione, d'altronde, si uniscono o si sovrappongono due tempi diversi: quello della storia oggettiva e quello interiore del personaggio, che vive una sua vita segreta fra pensieri e fantasmi (cfr. T2).

Gli altri romanzi di Saramago

Rientra piuttosto nel genere fantastico, rivolto a cogliere l'irrealtà del reale, in modi densamente problematici ma sempre affascinanti, il successivo *La zattera di pietra* (1986), dove s'immagina che la penisola iberica si stacchi dal resto dell'Europa e cominci a errare nell'Oceano Atlantico alla ricerca di un nuovo destino. In seguito sono usciti *Il Vangelo secondo Gesù* (1991), *Cecità* (1995), *Tutti i nomi* (1997), *La caverna* (2000), *L'uomo duplicato* (2002), *Saggio sulla lucidità* (2004, continuazione ideale di *Cecità*), *Caino* (2009), *L'ultimo quaderno* (2010), raccolta di brevi testi che Saramago affidava al suo blog e testimonianza del suo lungo impegno civile e altre opere. L'autore ha vinto il **premio Nobel nel 1998**.

T • José Saramago, *Formazione* [2]

Milan Kundera

Uno dei capolavori del romanzo degli anni Ottanta è *L'insostenibile leggerezza dell'essere* del ceco **Milan Kundera** (nato nel **1929**). Autore del dissenso, Kundera è stato pubblicato all'estero, dove peraltro si era rifugiato (vive da tempo in Francia) negli anni della repressione esercitata dal regime socialista nel suo paese di origine. Come narratore (è anche poeta e drammaturgo) esordì con i racconti *Amori ridicoli* nella prima metà degli anni Sessanta e poi con il romanzo *Lo scherzo* (1967), cui seguirono *La vita è altrove*, *Il valzer degli addii*, *Il libro del riso e dell'oblio*, tutti pubblicati negli anni Settanta. Dopo *L'insostenibile leggerezza dell'essere* (1984), sono usciti *L'immortalità* (1988) e *La lentezza* (1994). In quest'ultimo libro, è evidente un aspetto tipico delle poetiche postmoderniste: esso si presenta infatti come riscrittura di un'opera del tardo Settecento francese, *Senza domani* di Dominique-Vivant Denon.

L'insostenibile leggerezza dell'essere

La filosofia del romanzo *L'insostenibile leggerezza dell'essere* è sospesa in **una alternativa senza soluzione: quella fra "leggerezza" e "pesantezza"**. **La prima** presuppone l'idea di un tempo in divenire, in cui ogni istante è nuovo e diverso, e in cui perciò la lezione dell'esperienza è inutilizzabile. **La seconda** presuppone l'"eterno ritorno" di ogni cosa, la ripetizione incessante di ogni aspetto della vita, l'esperienza che ne deriva e dunque, per l'uomo, la responsabilità morale. Alla fine **la coppia Tomáš/Tereza** si stabilisce in campagna per vivere l'idillio dell'"eterno ritorno" dei cicli naturali. Ma come è «insostenibile» la «leggerezza», così è impossibile vivere nella dimensione della "pesantezza" rappresentata dal tempo ciclico. Solo gli animali, come il cane Karenin, hanno il dono di vivere felicemente e pienamente la "pesantezza" dell'"eterno ritorno": all'uomo ciò non è concesso. Si spiega così perché il medico Tomáš, che vorrebbe vivere la "leggerezza", abitare in Svizzera (dove è fuggito dopo l'invasione russa di Praga, nel 1968) e passare da un'avventura erotica all'altra, finisce invece, travolto da sensi di colpa e da esigenze morali, per sposare Tereza e ritornare a Praga dove, per vivere, dovrà fare il lavavetri.

S • «Leggerezza» e «pesantezza» nel romanzo di Kundera (I. Calvino)

T • Milan Kundera, *Il sorriso di Karenin*

T2 José Saramago
La visita alla tomba di Pessoa

OPERA
L'anno della morte di Ricardo Reis

CONCETTI CHIAVE
• Ricardo reis, personaggio fantastico e uomo in carne e ossa, "doppio" di Pessoa
• prosa ininterrotta

FONTE
J. Saramago, *L'anno della morte di Ricardo Reis*, Einaudi, Torino 1996; trad. di R. Desti.

Ricardo Reis è un personaggio creato da Pessoa, un suo doppio o "alter ego". Nello stesso tempo è il protagonista del romanzo. Giunto in piroscafo a Lisbona, alla fine dell'anno 1935, dal Brasile, dove era rimasto quattordici anni, il dottor Reis, che è anche poeta d'ispirazione oraziana, prende dimora in un albergo. Il giorno dopo l'arrivo, comprando i giornali, legge i necrologi per la morte di Pessoa e va a visitarne la tomba.

Sta andando Ricardo Reis in cerca di giornali, sta andando là dove sempre dovrà andare chi vorrà sapere le cose del mondo passato, qui nel Bairro Alto[1] dove il mondo è passato, qui dove ha lasciato l'impronta del suo piede, tracce, rami spezzati, foglie calpestate, parole, notizie, è ciò che del mondo resta, l'altro resto è la parte di invenzione necessaria perché del suddetto mondo possa rimanere anche un volto, uno sguardo, un sorriso, un'agonia. Ha provocato una dolorosa impressione nei circoli intellettuali la morte inattesa di Fernando Pessoa, il poeta di Orfeu, mirabile spirito che coltivava non solo la poesia in forme originali ma anche la critica intelligente, è morto l'altro ieri in silenzio, come sempre ha vissuto, ma poiché le lettere in Portogallo non mantengono nessuno, Fernando Pessoa si era impiegato presso un ufficio commerciale, e,
10   qualche riga più avanti, i suoi amici sulla tomba hanno deposto fiori in ricordo.[2] Di più non dice questo giornale, un altro dice in altro modo la stessa cosa, Fernando Pessoa, lo straordinario poeta di Mensagem, poema di esaltazione nazionalistica tra i più belli che siano mai stati scritti, è stato sepolto ieri, la morte lo ha colto cristianamente in un letto dell'ospedale di S. Luís, sabato sera, nella poesia non era solo lui, Fernando Pessoa, lui era anche Alvaro De Campos, e Alberto
15   Caeiro, e Ricardo Reis,[3] ecco, ci mancava l'errore, la disattenzione, lo scrivere per sentito dire, quando sappiamo molto bene, noi, che Ricardo Reis è invece quest'uomo che sta leggendo il giornale con i propri occhi aperti e vivi, medico, di quarantotto anni,[4] uno di più di Fernando Pessoa al momento in cui gli hanno chiuso gli occhi, questi sì, morti, non ci dovrebbe esser biso-

---

• **1 Bairro Alto**: un quartiere di Lisbona, collocato nella parte più alta della città.
• **2 Ha provocato...in ricordo**: è un passo del giornale che Ricardo Reis sta leggendo e che commenta la morte del grande poeta e critico portoghese Fernando Pessoa (1888-30 novembre 1935). **Orfeu** (fondata nel 1915) era la rivista dei letterati modernisti portoghesi.
• **3 Fernando...Reis**: un altro necrologio, questa volta più retorico e legato alla politica di regime. **Mensagem** è un poema epico di Pessoa, del 1934; **De Campos**, **Caero** e **Reis** sono tre personaggi pseudonimi (un futurista, un filosofo antimetafisico, un poeta oraziano) a cui Pessoa attribuiva determinate sezioni della sua produzione.
• **4 ecco...anni**: il narratore gioca sulla mistione del piano fantastico e di quello reale.

gno di altre prove o certificati che non si tratta della stessa persona, e se qualcuno ha ancora qualche dubbio, vada all'Hotel Bragança e parli con il signor Salvador, che è il direttore, gli chieda se non vi sia tra gli ospiti un signore chiamato Ricardo Reis, medico, venuto dal Brasile, e lui dirà di sì. Il signor dottore non viene per pranzo, ma ha detto che cenerà, se vuole lasciare qualche messaggio, io personalmente m'incaricherò di comunicarglielo,[5] a questo punto chi oserà dubitare della parola di un direttore di albergo, eccellente fisionomista e conoscitore d'identità. Ma, per non accontentarci della parola di uno che conosciamo così poco, ecco quest'altro giornale che ha messo la notizia nella pagina giusta, quella dei necrologi, e per esteso identifica il deceduto, Ha avuto luogo ieri il funerale del dottor Fernando António Nogueira Pessoa, celibe, di quarantasette anni, notate bene, nato a Lisbona, laureato in Lettere presso l'Università d'Inghilterra, scrittore e poeta molto noto nell'ambiente letterario, sulla bara hanno deposto mazzi di fiori di campo, peggio per loro, poveretti, appassiscono più in fretta.[6] Mentre aspetta il tram che lo condurrà al cimitero dos Prazeres, il dottor Ricardo Reis legge l'orazione funebre proferita sull'orlo della fossa, la legge vicino al luogo dove fu impiccato, lo sappiamo noi, sono duecentoventitré anni, regnava allora Giovanni V,[7] che non ebbe posto in Mensagem, stavamo dicendo, dove fu impiccato un genovese truffaldino che a causa di una pezza di stoffa uccise uno dei nostri portoghesi, piantandogli un coltello nella gola, e poi fece lo stesso alla donna del morto, che se ne rimase lì stecchita, e a un servo diede due coltellate non letali e a un altro gli cavò un occhio come a un coniglio, e se non proseguì fu perché finalmente lo presero, ed eseguirono la sentenza proprio qui perché era vicino alla casa del delitto, con grande affluenza di popolo, non c'è paragone con questa mattina del millenovecentotrentacinque, trenta dicembre, con un cielo così coperto, solo chi non ne può fare a meno cammina per le strade, benché non piova in questo preciso istante in cui Ricardo Reis, appoggiato a un lampione in cima alla Calçada do Combro,[8] sta leggendo l'orazione funebre, non quella del genovese, che non l'ebbe, a meno che non sia stata sostituita dalle ingiurie del volgo, ma quella di Fernando Pessoa, poeta, innocente di assassinii, Due parole sul suo passaggio su questa terra, per lui bastano due parole, o nessuna, sarà preferibile il silenzio, il silenzio, che già lo avvolge, a lui e a noi, che è grande come il suo spirito, a lui si addice ciò che è vicino a Dio, pur tuttavia non devono, né possono, coloro che gli furono compagni nel convivio della Bellezza, vederlo scendere nella terra, o meglio salire agli orizzonti definitivi dell'Eternità, senza esprimere la protesta calma, ma umana, per la rabbia che ci lascia dentro la sua scomparsa, non possono i suoi compagni dell'Orfeu, anzi, i suoi fratelli dello stesso sangue ideale della sua bellezza, non possono, ripeto, lasciarlo qui, nella terra estrema, senza almeno aver sfogliato sulla sua morte gentile il giglio bianco del loro silenzio e del loro dolore, piangiamo l'uomo, che la morte ci rapisce, e con lui la perdita del miracolo del suo convivio e della grazia della sua presenza umana, soltanto l'uomo, è duro dirlo, poiché al suo spirito e al suo potere creativo il destino ha decretato una bellezza particolare, che non muore, tutto il resto spetta al genio di Fernando Pessoa.[9] Ma va, ma va, per fortuna che ancora si trovano eccezioni nelle regolarità della vita, è fin da Amleto che diciamo, Il resto è silenzio, alla fin fine, chi si fa carico del resto è il genio, e se lo fa lui, forse lo fa anche qualcun altro.[10]

Il tram è già arrivato e ripartito, Ricardo Reis è seduto, solo sul sedile, ha pagato il suo biglietto da settantacinque centesimi, col tempo imparerà a dire, Uno da sette e mezzo, e si rimette a leggere il funereo congedo, non riesce a convincersi che il suo destinatario sia Fernando Pessoa, morto davvero se consideriamo l'unanimità delle notizie, ma dalle anfibologie[11]

● **5** **Il signor dottore...comunicarglielo**: si riporta la possibile risposta del direttore d'albergo alla domanda.
● **6** **peggio per loro...fretta**: è un commento ironico, che fa da controcanto alla freddezza burocratica di questo nuovo annuncio.
● **7** **Giovanni V**: re di Portogallo (1689-1750) assolutista, vanitoso e dissipatore.
● **8** **Calçada do Combro**: una via del centro di Lisbona.
● **9** **Due parole...Pessoa**: è l'orazione funebre, con il suo stile solenne e accademico. **Senza almeno...dolore**: su questa metafora si appunteranno, nel capoverso seguente, i commenti di Reis.
● **10** **Ma va...altro**: il commento di Reis prende le distanze dalla banale ampollosità del discorso. **Il resto è silenzio** è, come ricordato qui, una citazione ormai proverbiale dall'*Amleto* di Shakespeare (atto V, scena 2ª).
● **11** **anfibologie**: *ambiguità*.

grammaticali e lessicali che lui avrebbe detestato, come lo conoscevano male per parlare così a lui o di lui, si sono approfittati della morte, aveva mani e piedi legati, soffermiamoci su quel giglio bianco e sfogliato, come una giovinetta morta di febbre tifoidea, su quell'aggettivo gentile, mio Dio, che commemorazione balorda, scusate la volgarità, quando l'oratore aveva proprio lì la morte sostantiva che avrebbe dovuto dispensare da tutto il resto, specialmente dal resto, tutto così poco, e siccome gentile significa nobile, cavalleresco, distinto, elegante, piacevole, cortese, a quanto dice il dizionario, luogo di dizione, allora la morte si dirà nobile, o cavalleresca, o distinta, o elegante, o piacevole, o cortese, quale di queste sarà stata la sua, se cristianamente, nel letto dell'Ospedale di S. Luís, gli fu concesso di scegliere, vogliano gli dèi che sia stata piecevole, con una morte che lo fosse, solo si perderebbe la vita.

Quando Ricardo Reis arrivò al cimitero, la campanella del portone stava suonando, rintoccava nell'aria un'eco di bronzo crepato, come di casolare rustico, nel torpore del riposino. Ormai quasi nascosta, una portantina sollevata a braccia faceva dondolare luttuose mantovane,[12] un gruppo di gente buia seguiva il carro funebre, volti coperti da scialli neri e abiti maschili da matrimonio, alcuni lividi crisantemi fra le braccia, altri ad adornare i bordi superiori della cassa, nemmeno i fiori hanno uno stesso destino. Il carro è sparito laggiù e Ricardo Reis è andato all'amministrazione, al registro dei defunti, a chiedere dov'è sepolto Fernando António Nogueira Pessoa, deceduto il giorno trenta del mese scorso, sotterrato il giorno due del corrente, ospitato in questo cimitero fino alla fine dei tempi, quando Dio farà risvegliare i poeti dalla loro provvisoria morte. L'impiegato capisce di trovarsi di fronte a una persona istruita e di riguardo, spiega con zelo, dà la via, il numero, ché questa è come una città, caro signore, e, poiché si confonde con le indicazioni, esce da questa parte del bancone, viene fuori e mostra, ormai con decisione, Prosegua lungo il viale senza mai lasciarlo, giri alla svolta a destra, poi sempre diritto, ma attenzione, le rimane sul lato destro, lì, a circa due terzi della lunghezza della strada, la tomba è piccola, è facile non notarla. Ricardo Reis ha ringraziato per le spiegazioni, si è incamminato tra i venti che dal largo arrivavano sul mare e sul fiume, non li ha sentiti gementi come converrebbe a un cimitero, solo c'è l'aria che è grigia, umidi i marmi e i graniti per la pioggia recente, e più verdescuro i cipressi, sta scendendo lungo questo viale come gli hanno detto, alla ricerca del quattromilatrecentosettantuno, numero che domani non esce, è già uscito, e non uscirà più, lo ha estratto il destino, non la fortuna.[13] La strada scende dolcemente, come in una passeggiata, almeno non sono stati difficili gli ultimi passi, la camminata estrema, l'accompagnamento finale, che Fernando Pessoa nessuno lo accompagnerà più, se poi davvero in vita lo hanno fatto coloro che poi lo hanno seguito da morto. Ecco il gomito[14] dove dobbiamo svoltare. Ci chiediamo cosa siamo venuti a fare qui, quale lacrima abbiamo serbato per venirla a versare qui, e perché, se non l'abbiamo pianta al tempo giusto, forse perché allora è stato minore il dolore dello spavento, è venuta solo dopo, sorda, come se tutto il corpo fosse un unico muscolo calpestato dentro, senza una macchia nera che di noi mettesse in mostra il luogo del lutto. Da una parte e dall'altra le cappelle di famiglia sono chiuse, le vetrate coperte con tendine di pizzo, candido lino come di lenzuola, finissimi fiori ricamati fra due pianti, oppure di pesante crochet[15] tessuto con aghi come spade nude, o richelié, o ajour,[16] modi di dire francesizzanti, pronunciati Dio sa come, proprio come i bambini dell'Highland Brigade[17] che a quest'ora è lontana e naviga verso nord, su mari dove il sale delle lacrime lusitane[18] è solo di pescatori, fra le onde che li ammazzano, o della loro gente, che grida sulla spiaggia, le rotte le ha fissate la compagnia coats and clark,[19] col simbolo dell'ancora, per non farci uscire fuori dalla storia tragicomarittima. Ricardo Reis ha già percorso metà del cammino, guarda a destra, eterno rimpianto, pietoso ricordo, qui

---

- **12** **mantovane**: frange decorative.
- **13** **numero...fortuna**: il numero della tomba di Pessoa diventa come un numero del lotto o di un gioco.
- **14** **gomito**: angolo.
- **15** **crochet**: pizzo all'uncinetto.
- **16** **o richelié, o ajour**: tipi di ricamo.
- **17** **Highland Brigade**: la nave su cui Reis è arrivato a Lisbona dal Brasile.
- **18** **lusitane**: *portoghesi*.
- **19** **la compagnia...clark**: la compagnia di navigazione.

giace, alla memoria di,[20] sarebbero uguali dal lato sinistro se guardassimo di là, angeli con ali sbeccate, lacrimose figure, dita intrecciate, pieghe composte, panneggi raccolti, colonne spezzate,[21] ma le faranno già così i marmisti e le consegneranno intere perché le rompano poi i parenti del defunto come segno di lutto, come chi, solennemente, alla morte del capo, spezza gli scudi, e poi teschi alla base delle croci,[22] l'evidenza della morte è il velo con cui la morte si camuffa. Ricardo Reis ha oltrepassato la tomba che cercava, nessuna voce l'ha chiamato, Pst, è qui, e c'è ancora chi insiste nell'affermare che i morti parlano, poveri loro, se non avessero un segno di riconoscimento, un nome sulla pietra, un numero come le porte dei vivi, solo per renderci capaci di ritrovarli è valsa la fatica di insegnarci a leggere, immaginate uno dei tanti analfabeti che abbiamo, sarebbe necessario accompagnarlo dirgli con la nostra voce, È qui, magari ci guarderebbe sospettoso, chi sa che non lo stiamo ingannando, chi sa che per nostro sbaglio, o malignità, non vada a pregare da un Montecchi lui che è un Capuleti, da un Mendes lui che è un Gonçalves.[23]

Sono titoli di proprietà e locazione,[24] tomba di Dona Dionisia de Seabra Pessoa,[25] iscritti sul frontone,[26] sui cornicioni sporgenti di questa garitta[27] dove la sentinella, romantica suggestione, sta dormendo, sotto, all'altezza del chiavistello inferiore della porta, un altro nome, niente di più, Fernando Pessoa, con le date di nascita e morte, e la sagoma dorata di un'urna che dice, sono qui, e a voce alta Ricardo Reis ripete, non sapendo di aver sentito, È qui, ed è allora che ricomincia a piovere. È venuto da tanto lontano, da Rio de Janeiro, ha navigato notti e giorni sulle onde del mare, quanto vicino e distante gli sembra oggi il viaggio, che deve fare ora, solo in questa stradina, tra funeree dimore, col parapioggia[28] aperto, ora di colazione, lontano si sente il suono fioco della campanella, si aspettava di sentire, quando fosse arrivato qui, quando avesse toccato questi ferri, un sussulto nel fondo dell'anima, una lacerazione, un terremoto interiore, come grandi città che cadono in silenzio dato che noi non ci siamo, portici e torri bianche che crollano, e alla fine soltanto, e lievemente, un bruciore agli occhi che è già passato, neanche il tempo di pensarci e di commuoversi al pensarlo. Non c'è altro da fare in questo luogo, ciò che ha fatto è nulla, dentro la tomba una vecchia pazza[29] che non può essere lasciata incustodita, e c'è anche, custodito da lei, il corpo imputridito di un creatore di versi che ha lasciato la sua parte di pazzia nel mondo, è questa la grande differenza che c'è tra i poeti e i matti, il destino della pazzia che li ha colti. Sentì paura pensando alla nonna Dionisia, là dentro, all'afflitto nipote Fernando, lei vigile con gli occhi sbarrati, lui che svia[30] i suoi, alla ricerca di una fessura, di un alito di vento, di una minuscola luce, e il malessere si trasformò in nausea, come se lo colpisse e lo soffocasse una grande onda marina, lui che in quattordici giorni di viaggio non aveva mai sofferto. Allora pensò, D'ev'essere perché sono a stomaco vuoto, e probabilmente era così, ché in tutta la mattina non aveva mangiato. C'è stato un forte scroscio, al momento giusto, ora Ricardo Reis ce l'avrà un buon motivo per rispondere, se glielo domanderanno, No, non mi sono trattenuto, pioveva troppo. Mentre risaliva la strada, lentamente, sentì che la nausea svaniva, gli restava solo un vago mal di testa, forse un vuoto nella testa, come una mancanza, un pezzo di cervello in meno, la parte che mi è toccata. Sulla porta dell'amministrazione del cimitero c'era il suo informatore,[31] era chiaro, dall'unto sulle labbra, che aveva appena finito di pranzare, dove, proprio qui, un tovagliolo spiegato sulla scrivania, il cibo che si era portato da casa, ancora tiepido perché avvolto in giornali, magari riscaldato su un fornelletto laggiù, in fondo all'archi-

---

- [20] **eterno...memoria di**: Reis sta leggendo le iscrizioni tombali.
- [21] **angeli...spezzate**: monumenti funebri. **Sbeccate**: spuntate.
- [22] **e poi teschi...croci**: secondo un motivo iconologico tradizionale nelle scene di crocifissione.
- [23] **da un Montecchi...Gonçalves**: famiglie tradizionalmente nemiche.
- [24] **locazione**: affitto.
- [25] **Dona Dionisia...Pessoa**: la nonna del poeta.
- [26] **frontone**: coronamento architettonico a forma di triangolo.
- [27] **garitta**: propriamente, il cabinotto in cui sta la sentinella; qui, per metafora, la tomba.
- [28] **parapioggia**: ombrello.
- [29] **una vecchia pazza**: Dona Dionisia. Il legame fra nonna e nipote continua nella morte.
- [30] **svia**: distoglie.
- [31] **informatore**: il guardiano del cimitero, che ha spiegato a Reis dove si trova la tomba.

150 vio, interrompendo tre volte la masticazione per registrare delle entrate, in definitiva, devo essermi trattenuto più del tempo che credevo. Allora ha trovato la tomba che cercava, L'ho trovata, ha risposto Ricardo Reis, e oltrepassando la soglia ha ripetuto, L'ho trovata, era proprio là.

T2 DALLA COMPRENSIONE ALL'INTERPRETAZIONE

COMPRENSIONE E ANALISI

Una vicenda magmatica Si veda, all'inizio del brano, come sono riportati i **necrologi per la morte di Pessoa**. Non sono posti fra virgolette né esiste alcun cenno che si tratti di una citazione. Inoltre sono inframmezzati, di nuovo senza alcuna marca distintiva, dai commenti del protagonista, dai suoi pensieri, dalle sue divagazioni. Così nel **monologo interiore del personaggio** – che costituisce il fondale su cui scorre tutto il romanzo e che viene riportato secondo un modello che riecheggia la prosa dell'*Ulisse* di Joyce – s'inseriscono brani di realtà, senza che esistano confini divisori. Non manca poi di tanto in tanto **l'apparizione fugace del narratore che gioca con il lettore**, fingendo che questi non sappia che Reis è un'invenzione di Pessoa: è così per esempio ai righi 16-17 («quando sappiamo molto bene, noi, che Ricardo Reis è invece quest'uomo che sta leggendo il giornale»). Ne nasce una **prosa magmatica e ininterrotta**, in cui i capoversi sono rari e **manca una divisione netta in capitoli**, sostituita da **spazi bianchi tipografici**. Il discorso scorre attraverso lunghi e avvolgenti periodi che vogliono rendere, con il loro flusso, quello stesso dei pensieri del protagonista. **Il caos è sempre controllato**; la trama scorre, il giudizio intellettuale del personaggio e del narratore resta vigile: per esempio, i necrologi non costituiscono solo un documento oggettivo, ma s'intravede la **parodia del giornalismo** dell'epoca, inquinato dalla retorica del regime fascista di Salazar. Si noti inoltre la ricchezza di particolari: la scrittura di Saramago dà conto non solo dei pensieri del protagonista ma anche di tutto ciò che entra dall'esterno nella sua prospettiva, con estrema **minuzia di dettagli**.

Ironia e malinconia All'ironia della prima parte del brano segue la tristezza malinconica, la sommessa poesia, della seconda, al cimitero. Sono questi, d'altronde, – l'ironia e la malinconia – i due registri prevalenti di una prosa che scorre, in ogni parte del libro, con regolare e uniforme intensità.

INTERPRETAZIONE

Il tema del "doppio" La visita alla tomba di Pessoa ripete quella di **Mattia Pascal** alla propria tomba, in Pirandello. Ricardo Reis infatti è il "doppio" di Pessoa, anzi un suo eteronimo. Lo stesso Reis d'altronde è una figura duplice: se da un lato è un'invenzione di Pessoa, dall'altro, nella costruzione narrativa del romanzo, è un uomo in carne e ossa, con una sua vicenda verosimile. E infatti nel romanzo si alternano parti fantastiche e surreali (per esempio, i dialoghi con Pessoa per le strade di Lisbona) ad altre reali e storiche.

T2 LAVORIAMO SUL TESTO

COMPRENDERE

Il fatto
1. Scrivi un breve riassunto del brano.
2. Chi è Ricardo Reis?
3. In che senso si tratta di un romanzo fantastico?

ANALIZZARE

Il doppio registro
4. Distingui i passi in cui prevale il registro ironico o quello malinconico.
5. Distingui gli interventi del narratore dal punto di vista del personaggio.
6. Individua i passi in cui le due ottiche ti sembrano sovrapporsi.

7. Come viene reso il monologo interiore del protagonista?

Al cimitero
8. Spiega la frase «l'evidenza della morte è il velo con cui la morte si camuffa».

INTERPRETARE

Poesia e follia
9. **TRATTAZIONE SINTETICA** Quale differenza c'è tra i "matti" e i "poeti"? Approfondisci il tema della "follia" in una trattazione sintetica (max 20 righi) attraverso il riferimento a opere di altri autori che conosci (per esempio Pirandello).

5. La narrativa negli Stati Uniti dalla *beat generation* al Postmoderno e ai "minimalisti"

Il movimento *beat*

William Burroughs

Gli anni Cinquanta e Sessanta sono negli Stati Uniti un momento di liberazione e di protesta che si coagula nel **movimento *beat*** (su cui cfr. cap. III, § 3, **S3**, p. 586). I due maggiori rappresentati, nel campo del romanzo, della *beat generation*, sono **William Burroughs** (1914-1997) e **Jack Kerouac** (1922-1969). Il primo, dedito alla droga, visse vagabondo fra emarginati e sbandati, e cominciò a scrivere solo dopo una cura disintossicante. Nelle sue prose narrative egli muove dalla propria esperienza autobiografica, esasperandola ed elaborandola in modo sperimentale, attraverso una tecnica fondata su tagli e inserti che interrompono di continuo la struttura narrativa, con esiti surreali, onirici e visionari.

Jack Kerouac e *Sulla strada*

Jack Kerouac come molti scrittori americani passò buona parte della sua vita esercitando vari mestieri e vagabondando. All'inizio degli anni Cinquanta, con Burroughs e con il poeta Allen Ginsberg, dette vita al movimento della "beat generation", stabilendosi prevalentemente a San Francisco. **Gli dette un successo internazionale il romanzo *Sulla strada* del 1957, che divenne il "manifesto" dei giovani in rivolta contro il conformismo americano** e alla ricerca di autenticità nella vita di gruppo, nella droga, delle religioni orientali. *Sulla strada* è imperniato sul **tema del viaggio come avventura e vagabondaggio**, alla ricerca – vana ma sempre ripetuta – di momenti autentici di vita.

T • Jack Kerouac, *Una notte a Los Angeles*

Le opere di Thomas Pynchon

Maestro della narrativa postmoderna è considerato Thomas Pynchon (nato nel 1937). Egli utilizza una quantità straordinaria di nozioni e di linguaggi che fanno parte di quell'enorme frullatore di culture rappresentato dalla società contemporanea dell'informazione, dello spettacolo e della divulgazione: dalla fisica quantistica alla musica, dalla tecnologia alle letterature europee. Tale pluralità di messaggi non si orienta secondo un senso unico, e anzi diventa apertura di significati, ai limiti dell'enigma rappresentato nel **primo romanzo**, *V* (1963), appunto da questa lettera dell'alfabeto. L'idea di un mondo oppressivo, dove un oscuro potere controlla l'insieme delle comunicazioni cosicché ai dissidenti e agli emarginati non resta che costruirsi un sistema postale segreto, è alla base del romanzo *L'incanto del lotto 49* (1966). Nel romanzo successivo *Arcobaleno della gravità* (1976) – al cui centro è la parabola di un missile V-2 – la tecnologia e l'umano ormai si identificano. La rappresentazione della paranoia della vita quotidiana, colta nel quadro di una California permissiva e sovrabbondante di merci, è in *Vineland* (1990).

Altri autori postmodernisti: Barthelme e DeLillo

Se Pynchon è l'anticipatore, gli autori più importanti della narrativa postmodernista americana sono Barthelme e DeLillo. **Donald Barthelme** (1933-1989) riprende la tecnica della *popart* per costruire *collages* e *pastiches* con materiali desunti da scritture del passato, da fiabe e miti rielaborati dalla società di massa, cosicché ai linguaggi e ai frantumi del passato si mescolano le immagini e i linguaggi dell'oggi. Titoli come *Ritorna, dottor Caligari* (1964) o *Biancaneve* (1967) sono di per sé significativi. **Don DeLillo** utilizza i generi "forti" del consumo di massa, come la fantascienza e il giallo, e le tecniche del giornalismo, incentrandole sul tema, anch'esso tipico del Postmoderno, del complotto. Da tale punto di vista, è notevole soprattutto il romanzo *Libra* (1988), storia dell'uccisione del presidente Kennedy, della vita di Oswald, l'assassino, e di un complotto della CIA.

I "minimalisti" da Carver a Leavitt

Contro la tendenza metanarrativa del postmodernismo si sono schierati i giovani "minimalisti", che promuovono uno stile della quotidianità e che amano situazioni normali e personaggi minori, al limite della convenzionalità. **Loro maestro e caposcuola è Raymond Carver** (1938-1988). Fra i giovani che ne hanno seguito le tracce spicca **David Leavitt** (nato nel 1961).

6 García Márquez e il romanzo latinoamericano

Il romanzo latinoamericano dal 1930 al 1950

Il romanzo latinoamericano, in lingua spagnola o portoghese, si afferma in tutto il mondo negli anni Sessanta e Settanta. Però già a partire dagli anni Trenta aveva cominciato a mostrare quei caratteri che durano tutt'oggi e che sono riconducibili all'intreccio fra realismo e simbolismo, fra analisi delle strutture sociali e politiche (la miseria contadina, le dittature) e sprofondamento nel mondo mitico delle radici razziali e culturali degli *indios*. Il prestigio internazionale ottenuto da García Márquez con *Cent'anni di solitudine*, nella seconda metà degli anni Sessanta, ha indubbiamente contribuito al *boom* della narrativa latinoamericana nell'ultimo trentennio. **I nomi di rilievo sono numerosi**; qui ci limiteremo a considerare i tre maggiori: il peruviano **Vargas Llosa**, l'argentino **Cortázar** e il colombiano **García Márquez**.

Mario Vargas Llosa

Mario Vargas Llosa, nato nel **1936** ad Arequipa, in Perù, ha vissuto a lungo in Europa, a Parigi, Londra, Barcellona. **Il suo primo romanzo di successo, *La città e i cani*** (1962), rivela, nell'ottica critica con cui è considerata la vita di un collegio militare, l'impegno politico di sinistra che caratterizza la sua prima produzione. Seguono ***La casa verde*** (1966) e il romanzo politico ***Conversazione nella cattedrale*** (1971). Di stile comico sono i due successivi, ***Pantaleone e le visitatrici*** (1973) e ***La zia Giulia e lo scribacchino*** (1978). Fra romanzo storico e romanzo politico è ***La guerra della fine del mondo*** (1981), **forse la sua opera più notevole**. Ne è protagonista una comunità di sbandati che, alla fine dell'Ottocento, nella lontana città di Canudos, si sono riuniti agli ordini di un predicatore, formando una setta dai connotati religiosi e politici che il potere alla fine riuscirà ad annientare. Intanto, già **a partire dalla seconda metà degli anni Settanta, le posizioni politiche di Vargas Llosa andavano gradualmente modificandosi**: egli assume una posizione rivolta sia contro le

Il romanzo politico *La guerra della fine del mondo*

L'evoluzione politica di Vargas Llosa

Frida Kahlo, *Il sole e la vita*, 1947. Collezione privata.

dittature di destra sia contro **Fidel Castro**, a favore di una linea liberale che, con gli anni, assume tratti sempre più marcati di destra. Questo nuovo atteggiamento, che in parte traspare già in *La guerra della fine del mondo*, è ancora più evidente in **Storia di Mayta** (1985), che racconta le generose illusioni e le contraddizioni di un rivoluzionario e il tentativo fallito di una insurrezione in America Latina. In *Il sogno del celta* (2010) raccontando la vita di Roger Casement, Vargas Llosa racconta la storia – e gli orrori – del colonialismo. Vargas Llosa ha ricevuto il premio Nobel per la Letteratura nel 2010.

Lo scrittore argentino Julio Cortázar

Più sperimentale e vicino alle nuove avanguardie europee **è lo scrittore argentino Julio Cortázar (1914-1984)**, d'altronde vissuto quasi sempre a Parigi per sfuggire al regime peronista. Cortázar si ispira alla filosofia esistenzialistica e al senso dell'assurdo, aprendosi a motivi fantastici e a tematiche postmoderniste (il tema del labirinto) vissute però nei modi risentiti e polemici del modernismo. **I suoi racconti, da *Bestiario*** (1951) a ***Tanto amore per Glenda*** (1980), **e i suoi romanzi**, da *Il viaggio premio* (1960) a *Un tale Lucas* (1979), passando attraverso la sua opera più sperimentale, *Il libro di Manuel* (1973), si collocano quindi sul crinale incerto che distingue lo sperimentalismo avanguardistico degli anni Cinquanta e Sessanta e il postmodernismo successivo.

Gabriel García Márquez

Gabriel García Márquez, nato nel **1928** in Colombia, e vissuto in Messico, in Francia e in Spagna. Esordì sotto l'influenza di Faulkner. Contemporaneamente ad altri due romanzi, *Nessuno scrive al colonnello* (1961) e *La mala ora* (1962), compose i racconti *I funerali della Mamá Grande* (1962), dove già compare il mondo mitico, grottesco e paradossale del **suo capolavoro**, *Cent'anni di solitudine* (1967). **Nel 1982 ottiene il premio Nobel**. Aveva nel frattempo scritto altri due romanzi: *L'autunno del patriarca* (1975), storia visionaria, fra mito e politica, di un dittatore, e *Cronaca di una morte annunciata* (1981), nonché un racconto lungo, *L'incredibile e triste storia della candida Eréndira e della sua nonna snaturata*. "Gabo", così tutti lo chiamavano, è morto il 17 aprile 2014.

Cent'anni di solitudine

Cent'anni di solitudine ha una struttura insieme realistica e mitico-simbolica. Da un lato vuole raffigurare, nella **storia di una famiglia, i Buendía, e di un paese, Macondo**, il destino intero dell'America Latina, la solitudine, la possibilità di ricchezza e l'attuale miseria del subcontinente; dall'altro affronta una serie di temi – il tempo della memoria, la morte, la stirpe, il conflitto fra culture diverse – che sono ricchi di valori simbolici e che affondano talora le loro radici nel mondo mitico e arcaico delle antiche civiltà (da quella degli zingari a quella degli *indios*). **Il tempo e lo spazio si presentano con caratteristiche doppie**: da un lato delineano dimensioni mentali o mitiche; dall'altro sono invece il tempo storico della cronaca e dei calendari e lo spazio misurabile dell'uomo civile.

S • Il tempo e lo spazio in *Cent'anni di solitudine* (C. Segre)

Compresenza di stili diversi

Di qui la compresenza di stili diversi: da quello realistico a quello fantastico, dall'epico al comico. Verità e sogno si sovrappongono e s'intrecciano di continuo. L'impegno politico è evidente nella storia stessa del paese di Macondo, in cui l'oppressione del potere si fa con gli anni sempre più spietata, provocando la reazione popolare, scioperi, sollevazioni, stragi militari (cfr. **T3**). Ma, accanto a questo tema, eguale importanza ha quello della solitudine antica e invincibile.

La vicenda del romanzo

La vicenda – già si è accennato – **coincide con quella della famiglia Buendía e del paese di Macondo** da essa fondato in una zona della Colombia. All'inizio i capostipiti, José Arcadio Buendía e la moglie Ursula Iguaran, giungono, attraverso un lungo e impervio viaggio in zone sconosciute, sul luogo dove viene fondato il paese. **Macondo passa poi attraverso fasi diverse**: il momento di massima seppure apparente fortuna coincide con l'arrivo dei nordamericani che vi trapiantano modi di sfruttamento industriale di una piantagione di banane, ma a esso segue immediatamente la decadenza, che coincide con la fine della stirpe e con la morte dell'ultimo discendente dei Buendía, Aureliano Babilonia. **Delle varie vicende del paese è testimone la centenaria Ursula**, mentre il marito José Arcadio vive assorto in un desiderio maniacale di scoprire tutto lo scibile umano. La storia della famiglia ricalca poi le profezie segnate su antiche pergamene dallo zingaro Melquíades. Dal maleficio della distruzione – che è anche soprattutto autodistruzione – sembra impossibile uscire. Questo, sembra voler dire l'autore, è il destino dell'America Latina. **La conclusione è dunque amaramente pessimistica**.

T3 Gabriel García Márquez
Lo sciopero e la repressione

OPERA
Cent'anni di solitudine

CONCETTI CHIAVE
- la compresenza di realismo e simbolismo mitico
- la violenza degli oppressori
- la memoria a tutela della verità

FONTE
G. García Márquez, *Cent'anni di solitudine*, Feltrinelli, Milano 1968; trad. di E. Cicogna.

Nella piantagione di banane, sfruttata industrialmente dai nordamericani, i lavoratori scendono in sciopero. La repressione militare è terribile: una strage. Quando José Arcadio Segundo si riprende, si trova su un treno che trasporta migliaia di cadaveri portati via per nascondere il massacro. Ma quando il protagonista torna a Macondo gli viene detto che nulla è accaduto. Potrebbe trattarsi anche di una sua allucinazione. La realtà è stata rimossa, e così – sembra – sarà sempre in Sudamerica. Ma la memoria di José Arcadio Segundo resterà a tutelare la verità orribile.

Il grande sciopero esplose. I coltivi[1] rimasero a mezzo, la frutta maturò sugli alberi e i treni di centoventi vagoni si fermarono sui binari morti. Gli operai oziosi fecero traboccare i villaggi. La Strada dei Turchi splendette in un sabato di molti giorni,[2] e nella sala dei biliardi dell'Hotel di Jacob fu necessario stabilire turni di ventiquattro ore. Lì si trovava José Arcadio Secondo il giorno in cui si annunciò che l'esercito era stato incaricato di ristabilire l'ordine pubblico. Benché non fosse uomo di presagi, la notizia fu per lui come un annuncio della morte, che aveva aspettato fin dal lontano mattino in cui il colonnello Gerineldo Márquez gli aveva permesso di assistere a una fucilazione. Tuttavia, il malaugurio non alterò la sua solennità. Tirò il colpo che aveva previsto e non sbagliò la carambola.[3] Poco dopo i rulli del tamburino, i latrati della tromba, le grida e la confusione della gente, gli indicarono che non soltanto la partita a biliardo ma anche la taciturna e solitaria partita che giocava con se stesso dal mattino dell'esecuzione erano finalmente terminate. Allora si affacciò in strada, e li vide. Erano tre reggimenti, la cui marcia ritmata da tamburi di galeotti faceva trepidare[4] la terra. Il loro alito di drago multicefalo[5] impregnò di un vapore pestilenziale il chiarore di mezzogiorno. Erano piccoli, massicci, bruti. Sudavano con sudore di cavallo, e avevano un odore di carnaccia macerata dal sole, e l'impavidità taciturna e impenetrabile degli uomini dell'altipiano. Benché ci mettessero più di un'ora a passare, si sarebbe potuto pensare che fossero soltanto poche squadre intente a girare in giro, perché tutti erano identici, figli della stessa madre, e tutti sopportavano con uguale stolidità[6] il peso dei tascapane e delle borracce, e la vergogna dei fucili con le baionette innestate, e la scoglionatura[7] dell'obbedienza cieca e del senso dell'onore. Ursula li sentì passare dal suo letto di tenebre[8] e alzò la mano con le dita in croce.[9] Santa Sofia de la Piedad ebbe un attimo di esistenza,[10] curva sulla tovaglia ricamata che aveva appena stirato, e pensò[11] a suo figlio, José Arcadio Secondo, che vide passare senza scomporsi gli ultimi soldati dalla porta dell'Hotel di Jacob.

La legge marziale dava facoltà all'esercito di assumere funzioni di arbitro nella controversia, ma non fu fatto nessun tentativo di conciliazione. Non appena eseguita la loro esibizione a Macondo, i soldati misero da parte i fucili, tagliarono e caricarono le banane e fecero muovere i treni. I lavoratori, che fino a quel momento si erano accontentati di aspettare, si buttarono nella selva senza altre armi che i loro machetes[12] da lavoro, e cominciarono a sabotare il sabotaggio. Incendiarono poderi e magazzini, distrussero i binari per impedire il passaggio dei treni che cominciavano ad aprirsi la strada col fuoco delle mitragliatrici, e tagliarono i fili del telegrafo e del telefono. I canali di irrigazione si tinsero di sangue. Il signor Brown,[13] che era vivo nella capponaia[14]

- **1 coltivi**: campi coltivati.
- **2 in un sabato…giorni**: come se fosse continuamente festa.
- **3 carambola**: colpo al biliardo, con il quale una palla ne tocca altre due.
- **4 trepidare**: tremare.
- **5 multicefalo**: *dalle molte teste*. La realtà concreta è trasformata, per via di metafora, in mito.
- **6 stolidità**: stupida obbedienza.
- **7 scoglionatura**: seccatura.
- **8 di tenebre**: posto nell'oscurità.
- **9 alzò…in croce**: in segno di scongiuro.
- **10 Santa Sofia de la Piedad…esistenza**: l'immagine della santa, invocata, sembra animarsi e diventare, per un attimo, reale.
- **11 che aveva…pensò**: il soggetto è Ursula.
- **12 machetes**: lunghi coltelli in uso nell'America Latina.
- **13 Brown**: l'americano che agisce per la multinazionale impiantata a Macondo.
- **14 capponaia**: gabbia dove si tiene a ingrassare il pollame.

elettrificata, fu fatto uscire da Macondo con la sua famiglia e quelle di altri suoi compatrioti, e tutti furono condotti in territorio sicuro sotto la protezione dell'esercito. La situazione minacciava di degenerare in una guerra civile impari e sanguinosa, quando le autorità diramarono un comunicato ai lavoratori perché si concentrassero a Macondo. Il comunicato annunciava che il Capo Civile e Militare della provincia sarebbe arrivato il venerdì seguente, disposto a intercedere nel conflitto.

José Arcadio Secondo si trovava tra la folla che si era concentrata nella stazione fin dal mattino del venerdì. Aveva partecipato a una riunione dei dirigenti sindacali ed era stato incaricato insieme al colonnello Gavilán di mescolarsi alla folla e di orientarla secondo le circostanze. Non si sentiva bene, e ruminava una pasta salnitrosa[15] sul palato, da quando aveva notato che l'esercito aveva piazzato nidi di mitragliatrici intorno alla piazzetta, e che la città recintata della compagnia bananiera era protetta da pezzi di artiglieria. Verso le dodici, in attesa di un treno che non arrivava, più di tremila persone, tra lavoratori, donne e bambini, traboccavano nello spazio scoperto davanti alla stazione e si ammassavano nelle strade adiacenti che l'esercito chiuse con file di mitragliatrici. Sembrava in quei momenti, più che un'accoglienza, una fiera allegra. Avevano fatto venire i banchi di frittelle e le baracche di bibite dalla Strada dei Turchi, e la gente sopportava di buon animo il fastidio dell'attesa e il sole rovente. Poco prima delle tre corse voce che il treno ufficiale non sarebbe arrivato fino al giorno dopo. La folla stanca esalò un sospiro di avvilimento. Un tenente dell'esercito salì allora sul tetto della stazione, dove erano piazzati quattro nidi[16] di mitragliatrici puntate sulla folla, e ci fu lo squillo del silenzio. Di fianco a José Arcadio Secondo c'era una donna scalza, molto grassa, con due bambini di quattro e sette anni circa. Prese in braccio il minore, e chiese a José Arcadio Secondo, senza conoscerlo, di alzare l'altro perché potesse sentire meglio quello che avrebbero detto. José Arcadio Secondo prese il bambino sulle spalle. Molti anni dopo, quel bambino avrebbe continuato a raccontare, anche se nessuno gli credeva, di aver visto il tenente leggere dentro una tromba da grammofono[17] il Decreto Numero 4 del Capo Civile e Militare della provincia. Era firmato dal generale Carlos Cortes Vargas, e dal segretario, il maggiore Enrique García Isaza, e in tre articoli di ottanta parole dichiarava gli scioperanti *un branco di malfattori* e dava facoltà all'esercito di ucciderli a fucilate.

Letto il decreto, in mezzo a un'assordante fischiata di protesta, un capitano sostituì il tenente sul tetto della stazione, e con la tromba da grammofono fece segno che voleva parlare. La folla tornò a fare silenzio.

«Signore e signori» disse il capitano con voce bassa, lenta, un po' stanca, «concedo cinque minuti perché tutti si ritirino».

I fischi e gli urli raddoppiati soffocarono lo squillo di tromba che annunciò l'inizio del tempo concesso. Nessuno si mosse.

«Sono passati cinque minuti», disse il capitano con lo stesso tono. «Un minuto ancora e poi si farà fuoco».

José Arcadio Secondo, sudando ghiaccio,[18] fece scendere il bambino dalle spalle e lo consegnò a sua madre. «Questi cornuti sono capaci di sparare», mormorò la donna. José Arcadio Secondo non ebbe il tempo di parlare, perché in quello stesso momento riconobbe la voce rauca del colonnello Gavilán che faceva eco con un grido alle parole della donna. Ubriacato dalla tensione, dalla meravigliosa profondità del silenzio e, inoltre, convinto che nulla avrebbe smosso quella folla ammaliata dal fascino della morte, José Arcadio Secondo si alzò sulla punta dei piedi al di sopra delle teste che aveva davanti a lui e per la prima volta in vita sua alzò la voce.

«Cornuti!» gridò. «Vi regaliamo il minuto che manca».

- **15** **salnitrosa**: *che sapeva di salnitro*, cioè di nitrato di potassio.
- **16** **nidi**: *postazioni*.
- **17** **una tromba da grammofono**: usata come altoparlante.
- **18** **ghiaccio**: *freddo*.

Al termine del suo grido accadde qualcosa che non gli causò spavento ma una specie di allucinazione. Il capitano diede l'ordine di fuoco e quattordici nidi di mitragliatrici gli risposero all'istante. Ma tutto sembrava una farsa. Era come se le mitragliatrici fossero state caricate con fuochi pirotecnici, perché si udiva il loro affannoso crepitio, e si vedevano gli schizzi incandescenti, ma non si percepiva la benché minima reazione, né una voce, nemmeno un sospiro, tra la folla compatta che sembrava pietrificata da una invulnerabilità istantanea. Improvvisamente, da un lato della stazione, un grido di morte lacerò l'incanto: «Aaaahi, madre mia». Una forza sismica, un alito vulcanico, un ruggito da cataclisma, scoppiarono nel centro della folla con una straordinaria potenza espansiva. José Arcadio Secondo ebbe appena il tempo di sollevare il bambino, mentre la madre con l'altro era assorbita dalla folla centrifugata dal panico.[19]

Molti anni dopo, il bambino avrebbe raccontato ancora, nonostante i vicini continuassero a crederlo un vecchio svitato, che José Arcadio Secondo lo aveva alzato sopra la sua testa, e si era lasciato trascinare, quasi in aria, come fluttuando nel terrore della folla, verso una strada adiacente. La posizione privilegiata del bambino gli consentì di vedere che in quel momento la massa traboccante cominciava ad arrivare all'angolo e la fila delle mitragliatrici aprì il fuoco. Parecchie voci gridarono contemporaneamente:

«Buttatevi a terra! Buttatevi a terra!».

Quelli delle prime file lo avevano già fatto, falciati dalle raffiche di mitragliatrice. I sopravvissuti, invece di gettarsi a terra, cercarono di tornare nella piazzetta, e il panico diede allora una codata da drago,[20] e li mandò in un'ondata compatta contro l'altra ondata compatta che si moveva in senso contrario, lanciata dall'altra codata da drago della strada opposta, poiché anche lì le mitragliatrici sparavano senza sosta. Erano accerchiati, giravano in un vortice gigantesco che a poco a poco si riduceva al suo epicentro[21] perché i suoi bordi venivano sistematicamente ritagliati in tondo, come una cipolla, quando viene pelata, dalle forbici insaziabili e metodiche della mitraglia. Il bambino vide una donna inginocchiata, con le braccia in croce, in uno spazio vuoto, misteriosamente vietato agli scoppi. Lì lo mise José Arcadio Secondo, nell'attimo di stramazzare con la faccia bagnata di sangue, prima che il branco colossale travolgesse lo spazio vuoto, la donna inginocchiata, la luce dell'alto cielo di secca.[22] [...]

Quando José Arcadio Secondo si svegliò era disteso supino nel buio. Si accorse che stava viaggiando su un treno interminabile e silenzioso, e che aveva i capelli appiccicati dal sangue secco e che gli dolevano tutte le ossa. Provò una tremenda stanchezza. Con una voglia di dormire per ore e ore, al sicuro dal terrore e dall'orrore, si accomodò sul lato che gli faceva meno male, e soltanto allora scoprì d'esser sdraiato sui morti. Non c'era uno spazio libero nel vagone, tranne il corridoio centrale. Dovevano essere trascorse parecchie ore dal massacro, perché i cadaveri avevano la temperatura del gesso in autunno, e la sua stessa consistenza di schiuma pietrificata, e coloro che li avevano messi nel vagone avevano avuto il tempo di stivarli nell'ordine e nel senso con cui si trasportano i caschi di banane. Cercando di sfuggire all'incubo, José Arcadio Secondo si trascinò di vagone in vagone, nella direzione verso la quale avanzava il treno, e nei lampi di luce che divampavano tra le assi di legno quando passavano per i villaggi addormentati vedeva i morti uomini, i morti donne, i morti bambini, destinati ad essere gettati in mare come le banane di scarto. Riconobbe soltanto una donna che vendeva rinfreschi in piazza e il colonnello Gavilán, che teneva ancora stretto nella mano il cinturone con la fibbia d'argento col quale aveva cercato di aprirsi la strada attraverso il panico. Quando arrivò nel primo vagone fece un salto nel buio, e rimase disteso nella cunetta[23] finché il treno non fu passato del tutto. Era il treno più lungo che aveva mai visto, con quasi duecento carri merci, e una locomotiva

---

- **19** **Al termine...panico**: la descrizione tende a effetti surreali. **Fuochi pirotecnici**: *fuochi d'artificio*.
- **20** **diede...drago**: *li fece spostare come la coda di un drago*.
- **21** **si riduceva al suo epicentro**: *si stringeva intorno al suo centro*.
- **22** **di secca**: *asciutto*, da cui non pioveva da tempo.
- **23** **nella cunetta**: *in un avvallamento del terreno*.

ad ogni estremo e una terza nel centro. Non aveva nessuna luce, nemmeno i fanali verdi e rossi di posizione, e scivolava a una velocità notturna e furtiva. Sopra il tetto dei carri si vedevano le masse scure dei soldati con le mitragliatrici piazzate.

Dopo mezzanotte scrosciò un acquazzone torrenziale. José Arcadio Secondo ignorava dove era saltato, ma sapeva che camminando in senso contrario a quello del treno sarebbe arrivato a Macondo. Dopo più di tre ore di marcia, inzuppato fino alle ossa, con un terribile mal di testa, scorse le prime case alla luce dell'alba. Attratto dall'odore del caffè, entrò in una cucina dove una donna con un bambino in braccio era curva sul focolare.

«'giorno» disse esausto. «Sono José Arcadio Secondo Buendía».

Pronunciò il nome completo, spiaccicando ogni sillaba, per convincersi di essere vivo. Fece bene, perché la donna aveva pensato che fosse un fantasma vedendo sulla porta la figura squallida, oscura, con la testa e i vestiti sporchi di sangue, e toccata dalla solennità della morte. Lo conosceva.[24] Portò una coperta perché vi si avvolgesse mentre gli asciugava la roba vicino al focolare, gli scaldò l'acqua perché si lavasse la ferita, che era solo una lacerazione della pelle, e gli diede una fascia pulita perché si bendasse la testa. Poi gli offrì una ciotola di caffè, senza zucchero, come le avevano detto che lo bevevano i Buendía, e sciorinò la roba vicino al fuoco.

José Arcadio Secondo non parlò finché non ebbe bevuto il caffè.

«Dovevano essere un tremila», mormorò.

«Cosa?».

«I morti», spiegò lui. «Dovevano essere tutti quelli che erano nella stazione».

La donna lo guardò con un'occhiata di compassione. «Qui non ci sono stati morti», disse. «Dai tempi di tuo zio, il colonnello, non è successo nulla a Macondo». In tre cucine dove si fermò José Arcadio Secondo prima di arrivare a casa gli dissero la stessa cosa: «Non ci sono stati morti». Attraversò la piazzetta della stazione, e vide i banchi di frittelle ammucchiati l'uno sull'altro, e nemmeno lì trovò traccia alcuna del massacro. Le strade erano deserte sotto la pioggia tenace e le case sbarrate, senza vestigia di vita interna. L'unica nota umana era il primo rintocco della messa.

● 24 **Lo conosceva**: perché i Buendía sono la famiglia più nota di Macondo.

T3 DALLA COMPRENSIONE ALL'INTERPRETAZIONE

COMPRENSIONE

L'incubo e il risveglio Nella **prima parte** del brano viene descritta **la dura repressione dell'esercito contro gli scioperanti** delle piantagioni di banane di Macondo. Con loro è schierato anche José Arcadio Secondo: in mezzo alla folla concentrata alla stazione, egli ascolta, tenendo un bambino sconosciuto in braccio, un tenente dell'esercito leggere «il Decreto Numero 4 del Capo Civile e Militare della provincia», che «dichiarava gli scioperanti *un branco di malfattori* e dava facoltà all'esercito di ucciderli a fucilate». È proprio José Arcadio Secondo a pronunciare la provocazione («Cornuti! [...] Vi regaliamo il minuto che manca») che determina il via al fuoco. La folla, inizialmente «pietrificata», comincia a spostarsi a ondate fino a essere accerchiata dalle raffiche delle mitragliatrici. Nella **seconda parte del brano** assistiamo al **risveglio di José Arcadio Secondo in un treno colmo di cadaveri**. Saltato giù dal primo vagone, **il protagonista s'incammina sotto la pioggia per ritornare a Macondo**. Raggiunge le prime case all'alba ed entra in una cucina, ma la donna che lo accoglie nega la strage appena avvenuta: «Qui non ci sono stati morti». E la stessa cosa viene ripetuta nelle altre tre case dove José Arcadio Secondo si ferma.

ANALISI

Realismo e simbolismo Nel brano appena letto, come del resto in tutto il romanzo, si assiste a una compresenza di due stili diversi. **Lo sciopero, la strage e il viaggio notturno** vengono rappresentati con **realismo** potente e insieme come un **incubo** o un'allucinazione terribile. **Verità e sogno** si sovrappongono e si intrecciano di continuo. Osserviamo, per esempio, la descrizione della marcia dei soldati, contenuta nel primo capoverso. Gli uomini sono qui definiti con spiccato e crudo realismo: sono «piccoli, massicci, bruti»; sudano «con sudore di cavallo»; emettono un odore acre, come di «carnaccia macerata al sole». Ma, mescolati a questi elementi di spietata concretezza, se ne trovano altri surreali. I soldati sembrano infatti tutti identici, una schiera infinita di gemelli partoriti dalla stessa madre. E il loro alito, che spira dai fiati affaticati dalla marcia, è pestilenziale come quello di un mostro dalle molte teste (il mitico «drago multicefalo»). **Realtà e magia** si alternano così sulla stessa pagina, addirittura all'interno della stessa descrizione.

INTERPRETAZIONE

Il circolo amaro del tempo Il brano mostra con efficacia **il trattamento del tempo** che caratterizza *Cent'anni di solitudine*. Non si tratta di un'andatura lineare, che segue la freccia del tempo dal passato al futuro; né si tratta di una narrazione a ritroso, che dal presente resuscita il passato. Si ha piuttosto a che fare con **un racconto circolare e ripetitivo**: mentre alcuni eventi vengono anticipati, altri vengono fatti riaffiorare dal ricordo. Consideriamo, per esempio, il passo seguente: «José Arcadio Secondo prese il bambino sulle spalle. Molti anni dopo, quel bambino avrebbe continuato a raccontare, anche se nessuno gli credeva, di aver visto il tenente leggere dentro una tromba da grammofono il Decreto Numero 4 del Capo Civile e Militare della provincia» (righi 54-57). In *Cent'anni di solitudine*, il tempo gira come una ruota, fra slanci verso il futuro e balzi nel disgraziato passato. Da questo circolo amaro non si esce: non ne escono i Buendía e non ne esce l'America Latina.

T3 LAVORIAMO SUL TESTO

COMPRENDERE

1. Dividi il brano in sequenze e per ciascuna di esse trova un titolo.
2. Descrivi brevemente quanto avviene nel brano.

ANALIZZARE

3. La memoria del vecchio che era stato il bambino riuscirà a restituire ai fatti la dimensione reale?
4. Qual è il ruolo di José Arcadio Secondo tra i due gruppi antagonisti?

INTERPRETARE

5. Il treno dei morti ha un valore simbolico?

LE MIE COMPETENZE: RICERCARE, INDIVIDUARE COLLEGAMENTI

Il successo planetario di *Cent'anni di solitudine* ha offerto ad altri scrittori non europei un nuovo modello romanzesco, alternativo a quello della tradizione europea e basato sul "realismo magico", che mescola il realismo al fantastico. Con una ricerca in rete e in biblioteca individua uno o più romanzi contemporanei di autori sudamericani o africani che hanno recuperato la lezione di Márquez.

7 La narrativa giapponese

La letteratura orientale: un universo sconosciuto

La letteratura orientale, che con una semplificazione estrema riconduciamo a due paesi, la Cina e il Giappone, è un universo pressoché sconosciuto per gli uomini dell'Occidente, anche quelli mediamente acculturati. Non sorprende quindi che un francese, un italiano, un tedesco, un inglese sappiano chi sia (e perché sia importante) Albert Camus, Italo Svevo, Heinrich Böll, George Orwell, e tutti poi, dal primo all'ultimo, non abbiano letto una pagina del cinese Mo Yan, che pure ha ricevuto il premio Nobel per la Letteratura nel 2012. Se dalla contemporaneità ci si spinge all'indietro, l'ignoranza è ancora più imbarazzante. Quanti italiani colti oltre al *Decameron* di Boccaccio hanno letto anche la *Storia di Genji. Il principe splendente*, nonostante ne esistano pregevoli traduzioni? Le ragioni di questo gap conoscitivo sono facilmente individuabili: la letteratura è stata per troppo tempo eurocentrica (l'aggettivo, ovviamente, include anche l'America del Nord e quella del Sud), e appagata del suo eurocentrismo.

L'"emersione" di nuovi continenti letterari

Fino al secondo Novecento, paradossalmente, l'Estremo Oriente per gli italiani è stato, da un punto di vista letterario, quello di Marco Polo (cfr. vol. 1) e del gesuita Daniello Bartoli (cfr. vol. 3). Ma da parecchi anni a questa parte le cose stanno cambiando. La globalizzazione agisce anche in letteratura, e i suoi effetti, in questo campo, sono sicuramente positivi. Continenti letterariamente inesplorati (l'Africa, l'Asia, l'Oceania) finalmente emergono alla attenzione dei lettori.

L'Italia e la letteratura giapponese

Un caso particolare è, in Italia, quello della letteratura giapponese, che sta assumendo sempre più importanza. Già Yukio Mishima (1925-1970) ha avuto un notevole successo, velato, come nel caso di Céline (cfr. Parte Nona, cap. IX, § 3) da ragioni (ma forse sarebbe più giusto dire pregiudizi) ideologiche.

Due autori *cult*

Più recentemente, due sono gli autori giapponesi che ormai sono diventati *cult* (con tutti gli aspetti positivi e negativi che il termine comporta): Murakami Haruki (nato a Kyoto nel 1949; l'uso giapponese vuole che il cognome preceda sempre il nome, secondo l'uso occidentale si dovrebbe scrivere Haruki Murakami) e Banana Yoshimoto (nata a Tokyo nel 1964).

Copertina della prima edizione originale di *1Q84* di Murakami Haruki, pubblicata nel maggio 2009 dalla casa editrice Shinchosha di Tokyo.

Murakami Haruki

Il successo italiano (e internazionale) di Murakami è andato crescendo in maniera esponenziale, da *Sotto il segno della pecora* (1982) a *La fine del mondo e il paese delle meraviglie* (1985), *Norwegian wood* (1987), *L'uccello che girava le viti del mondo* (1994-1995), *Kafka sulla spiaggia* (2002), e ha trovato la sua consacrazione definitiva con *1Q84. Libro 1 e 2* (2009) e la sua continuazione *1Q84. Libro 3* (2010). Il romanzo successivo è *L'incolore Tazaki Tsukuru e i suoi anni di pellegrinaggio* (2013). Una prova tangibile dell'interesse dei lettori per le opere di Murakami sta nell'arco temporale che intercorre tra la pubblicazione in giapponese di un romanzo e la sua traduzione in italiano: se all'inizio potevano passare anche dieci anni tra l'una e l'altra (è il caso di *Sotto il segno della pecora*; ma gli anni diventano addirittura ventotto se si considera non la prima edizione Longanesi, ma quella Einaudi del 2010 che ha dato piena visibilità al libro), ora basta un anno (è il caso di *L'incolore Tazaki Tsukuru e i suoi anni di pellegrinaggio*). Le ragioni di questo interesse stanno nelle atmosfere oniriche e straniate che Murakami riesce a creare, nei mondi paralleli che sa evocare (nei suoi libri si apre sempre una porta che conduce dal Giappone contemporaneo a uno di essi), nel perfetto ingranaggio narrativo dei suoi romanzi che si affacciano sempre su orizzonti "altri" – il bisogno di orizzonti "altri" è una delle chiavi di successo di Murakami, come qualche anno prima era accaduto per il "Medioevo fantastico" della saga dedicata da Tolkien alla «Terra di mezzo».

Banana Yoshimoto

Banana Yoshimoto ha nella generazione dei lettori ventenni/trentenni il suo punto di forza. Se, in altri tempi, il primo romanzo "adulto" letto poteva essere *Siddharta* di Hermann Hesse, adesso è molto probabile che sia *Kitchen* (1988) di Banana Yoshimoto (non a caso, la scrittrice giapponese più tradotta nel mondo; non a caso, voce della gioventù alienata degli **otaku**). Dopo il grande successo come *Kitchen*, per cui ha vinto vari premi letterari, *Tsugumi* (1989), da cui è stato tratto un film, *Lucertola* (1993), *A proposito di lei* (2008).

T • Banana Yoshimoto, *Una ragazza sola, in cucina*

Ma è impossibile rendere conto della letteratura giapponese in una trattazione sintetica come questa: non si può far altro che affidarsi a un solo esempio testuale per ciascuno dei due autori più recenti citati.

IL SIGNIFICATO DELLE PAROLE

• **Otaku**

Il termine indica una tipologia di giovane incapace di comunicare con gli altri, completamente assorbito in una passione o in un hobby – fino all'ossessione autistica –, ripiegato in se stesso al punto da identificarsi con lo spazio fisico della sua camera dove trascorre il tempo guardando cartoni, giocando ai videogames e navigando in Internet.

T4 Murakami Haruki
L'*incipit* di *1Q84*, un anno – e un mondo – col punto interrogativo

OPERA
1Q84

CONCETTI CHIAVE
- viaggio
- intreccio di reale e surreale

FONTE
Murakami Haruki, *1Q84. Libro 1 e 2*, Einaudi, Torino 2011.

Un taxi intrappolato nel traffico della tangenziale di Tokyo. Un autista, una passeggera, musica di sottofondo. Apparentemente niente di più ordinario, banale. Eppure… Eppure il taxi è straordinariamente silenzioso e confortevole e la sua radio è di una qualità insolitamente elevata. L'ingorgo è inusuale, a quell'ora, su quella strada. La musica è un brano – la Sinfonietta *di Janáček – non* proprio comune, che la passeggera, Aomame, riconosce subito, attribuendogli paternità e anno di composizione, senza riuscire a spiegarsi il perché di questo inspiegabile riconoscimento. L'autista ha un che di soavemente inquietante. Aomame, che sta andando a un importante appuntamento di lavoro, sul fondo della borsa ha un misterioso «oggetto dalla punta acuminata». E infine: la scala – *tópos* archetipico di tutte le discese e risalite che la letteratura ha saputo immaginare –, «soluzione d'emergenza» proposta dall'autista per tirarsi fuori dall'impiccio, subito definita un sistema «non molto ortodosso». Le parole sibilline con cui il tassista si congeda dalla sua passeggera danno il colpo di grazia alla "normalità" con cui sembra aprirsi il romanzo: «le cose sono diverse da come appaiono… […] non si lasci ingannare dalle apparenze. La realtà è sempre una sola».

Questo è l'incipit intrigante di *1Q84 (le ragioni del titolo criptico sono spiegate alle pp. 141-142: «Anno 1Q84. Ecco, d'ora in poi lo chiamerò così, decise Aomame. Q è la Q del question mark, il punto interrogativo. […] Che mi piaccia o no, adesso mi trovo in questo anno 1Q84. Il 1984 che conoscevo non esiste più da nessuna parte. Ora è l'anno 1Q84. L'aria è cambiata, il paesaggio è cambiato. Devo adattarmi il più in fretta possibile a questo mondo con punto interrogativo»]*. È quasi superfluo aggiungere che il titolo contiene un implicito omaggio a George Orwell e al suo 1984.

Nel taxi la radio trasmetteva un programma di musica classica in FM. Il brano era la *Sinfonietta* di Janáček. Non esattamente la musica più adatta da sentire in un taxi bloccato nel traffico. E del resto nemmeno l'autista sembrava ascoltarla con troppa attenzione. L'uomo, di mezza età, era impegnato a guardare in silenzio la fila interminabile di auto che aveva davanti, come un
5 pescatore provetto che, ritto a prua, scruta un minaccioso gorgo di correnti. Aomame, sprofondata nel sedile posteriore, gli occhi leggermente socchiusi, ascoltava la musica.

Quante persone ci saranno al mondo che, sentendo l'attacco della *Sinfonietta* di Janáček, possono dire con sicurezza che si tratta proprio della *Sinfonietta* di Janáček? La risposta potrebbe variare tra «pochissimi» e «quasi nessuno». Eppure, per qualche ragione, Aomame era in gra-
10 do di riconoscerla. […]

Aomame chiuse gli occhi e si concentrò sulla musica. Lasciò che il bellissimo riverbero prodotto dall'unisono dei fiati le invadesse la mente. Poi, di colpo, si accorse di una cosa. La qualità acustica era troppo elevata per la radio di un taxi. Nonostante il volume fosse piuttosto basso, il suono era profondo e gli armonici si distinguevano perfettamente. Aprì gli occhi, si sporse in
15 avanti e guardò lo stereo incastrato nel cruscotto. L'apparecchio era lucido e nero e scintillava orgoglioso. Aomame non riusciva a leggere il nome della marca, ma era evidente che si trattava di un apparecchio di lusso. Aveva molte manopole e i numeri verdi galleggiavano eleganti sul display. Senza dubbio era uno stereo di alta tecnologia. Non l'apparecchio che ci si aspetterebbe di trovare sulla vettura di una normale compagnia di taxi.

20 Aomame girò di nuovo lo sguardo all'interno dell'auto. Dopo essere salita a bordo, troppo presa dai suoi pensieri, non si era accorta che anche sotto altri aspetti quello non era un taxi comune. La qualità della tappezzeria era eccellente, e i sedili straordinariamente confortevoli. Ma, soprattutto, era silenzioso. L'isolamento acustico era tale che non arrivavano rumori dall'esterno. Sembrava di essere in uno studio di registrazione perfettamente insonorizzato.

Forse era un taxi privato. C'erano autisti proprietari della loro vettura che per attrezzarla in modo adeguato non badavano a spese. Spostando solo lo sguardo cercò la targhetta di immatricolazione, ma non la trovò. Eppure non aveva l'aria di un taxi abusivo: un regolare tassametro scandiva con precisione la tariffa. Adesso la cifra indicata era 2150 yen. Tuttavia, da nessuna parte si vedeva la targhetta con il nome del conducente.

– È un'ottima macchina. Ed è molto silenziosa, – disse Aomame, rivolgendosi all'autista. – Che auto è?

– È una Toyota Crown Royal Saloon, – rispose l'uomo concisamente.

– La musica si sente benissimo.

– È un'auto silenziosa. L'ho scelta anche per questo. Per l'isolamento acustico, la tecnologia Toyota è tra le migliori al mondo.

Aomame annuì e tornò ad adagiarsi sul sedile. C'era qualcosa, nel modo di parlare dell'autista, che non la convinceva del tutto. Era come se in ogni sua frase ci fosse un elemento importante che rimaneva inespresso. Per esempio (ma è solo un esempio), sembrava voler suggerire che le Toyota fossero impeccabili per quanto riguardava l'isolamento acustico, ma che da altri punti di vista avessero *qualcosa* che non andava. Quando aveva finito una frase, restava nell'aria un piccolo grumo silenzioso, carico di allusioni. E quel grumo aleggiava nello stretto spazio della vettura come un'immaginaria nuvoletta in miniatura. Per questa ragione, Aomame provava una lieve sensazione di disagio.

– Sì, è davvero silenziosa, – disse, come per scacciar via quella nuvoletta. – Anche lo stereo sembra un apparecchio piuttosto lussuoso.

– Prima di comprarlo, mi sono trovato di fronte a una scelta, – disse l'autista, col tono di un ufficiale di stato maggiore in pensione che parla delle sue antiche strategie militari. – Ma dovendo passare tanto tempo in macchina, volevo, per quanto possibile, un'ottima qualità del suono, e poi...

Aomame aspettava il seguito. Ma il seguito non venne. Chiuse di nuovo gli occhi, e tornò ad ascoltare la musica. Non aveva la minima idea di che tipo di uomo potesse essere stato Janáček. Una cosa però era certa: mai avrebbe potuto immaginare che nel lontano 1984 qualcuno avrebbe ascoltato la musica da lui composta all'interno di una Toyota Crown Royal Saloon ultrasilenziosa, nel traffico paralizzato della tangenziale di Tōkyō.

«Ma come ho fatto a capire subito che questo brano è la *Sinfonietta* di Janáček? – si chiese stupita Aomame. – E come mai so con certezza che è stato composto nel 1926?» Non era appassionata di musica classica. Né aveva alcun ricordo personale collegato a Janáček. Eppure, dal momento in cui aveva sentito l'attacco dell'orchestra, le si era subito affacciata alla mente, in modo automatico, una serie di informazioni. Come se dalla finestra aperta fosse entrato uno stormo di uccelli. Tuttavia quella musica le provocò anche una strana sensazione, simile a una *torsione*. Nessun dolore o altri sintomi spiacevoli. Ma era come se la sua struttura fisica fosse stata sottoposta a una manipolazione piuttosto invasiva. Aomame era sconcertata. «Com'è possibile che questa *Sinfonietta* provochi in me una reazione così assurda?» pensò.

– Janáček, – disse Aomame, quasi inconsciamente. E subito si pentì di averlo fatto.

– Come?

– Janáček. È il nome del compositore di questa musica.

– Non lo conosco.

– È un compositore ceco, – disse Aomame.

– Ah, – fece l'autista, con una certa ammirazione.

– Il suo è un taxi privato? – chiese Aomame per cambiare discorso.

– Sì, – rispose l'uomo. Poi, dopo una pausa, aggiunse: Lavoro in proprio. Questa è la mia seconda automobile.

– I sedili sono veramente comodi.

– La ringrazio. Ma senta, signora... – disse l'autista girando appena la testa verso di lei. – Per caso ha fretta?

– Ho appuntamento con una persona a Shibuya. Per questo le avevo chiesto di prendere la tangenziale.

– A che ora è il suo appuntamento?

– Alle quattro e mezza, – rispose Aomame.

– Adesso sono le tre e quarantacinque. Con questo traffico non ce la farà ad arrivare in tempo.

– Pensa che la situazione sia così disastrosa?

– Deve esserci stato un brutto incidente più avanti. Questo non è un ingorgo normale. E già da un po' che siamo completamente fermi.

«Perché l'autista non ascolta le informazioni sul traffico? – si domandò sorpresa Aomame. – Ci troviamo in un ingorgo spaventoso, completamente bloccati. Di solito in questi casi l'autista si sintonizza su un canale che dà notizie sulla circolazione».

– Lo capisce anche senza ascoltare le informazioni sul traffico? – chiese Aomame.

– Le informazioni che danno alla radio sono inaffidabili, – disse l'autista con un tono vagamente annoiato. – Le cose che dicono sono per metà bugie. Quelli dell'Ente Autostrade diffondono esclusivamente le notizie che fanno comodo a loro. Uno si può fare un'idea di ciò che sta accadendo solo guardando con i propri occhi e giudicando con la propria testa.

– E giudicando con la sua testa, lei pensa che questo ingorgo non si risolverà facilmente?

– Per il momento, è impossibile, – rispose l'autista scuotendo il capo. – Glielo posso garantire. Quando c'è un blocco di questo tipo, la tangenziale diventa un inferno. Aveva un appuntamento importante?

Aomame rifletté un attimo.

– Sì, molto importante. Un impegno di lavoro, con un cliente.

– Allora è un bel guaio. Mi dispiace, ma temo proprio che non ce la farà.

Dopo aver pronunciato queste parole, l'autista ruotò leggermente la testa a destra e a sinistra, come per rilassare i muscoli del collo. Le rughe sulla nuca si mossero come una creatura preistorica. Mentre seguiva distrattamente con lo sguardo quel movimento, Aomame si ricordò di colpo dell'oggetto dalla punta acuminata[1] che aveva sul fondo della borsa a tracolla. I palmi delle mani le si ricoprirono di un leggero velo di sudore.

– Allora cosa potrei fare?

– Non può fare niente. Visto che siamo sulla tangenziale, non ci sono alternative fino a quando non arriveremo alla prossima uscita. Non può scendere e raggiungere la fermata più vicina del metrò come avrebbe potuto fare su una strada normale.

– Qual è la fermata più vicina?

– Ikejiri, ma è probabile che non ci arriveremo prima del tramonto.

Il tramonto? Aomame si immaginò imprigionata in quel taxi fino al tramonto. La musica di Janáček continuava. Gli archi, in sordina, si fecero avanti come per calmare il suo nervosismo. Quella sensazione di prima, simile a una torsione, si era notevolmente placata. Ma cosa era stato?

[...] Sulla corsia opposta, il traffico procedeva in modo regolare. Solo nella loro era tragicamente bloccato. In genere a quell'ora, cioè dopo le tre del pomeriggio, la tangenziale n. 3 non era particolarmente trafficata. Per questo Aomame aveva chiesto al tassista di prendere quella strada.

● **1 oggetto dalla punta acuminata:** questa nota dovrebbe spiegare che cos'è l'**oggetto dalla punta acuminata**, a che cosa serve, che ruolo ha nella vita e nel lavoro di Aomame. Non lo farà, contravvenendo, per una volta, all'onesto compito di tutte le note. La ragione di questa innocua trasgressione sta nell'auspicio che siano i lettori di questo testo a darsi la risposta, leggendo il romanzo di Murakami.

– Sulla tangenziale non si applica la tariffa oraria, – disse l'autista, guardandola attraverso lo specchietto retrovisore. – Quindi non deve preoccuparsi per la spesa. Piuttosto, se arriva tardi all'appuntamento avrà dei problemi, giusto?

– Certo che avrò dei problemi, ma mi ha detto che non c'è niente da fare, no?

L'autista lanciò un'occhiata al viso di Aomame dallo specchietto retrovisore. Portava occhiali da sole dalle lenti di colore chiaro. A causa dell'angolazione della luce, da dove sedeva lei non poteva distinguerne l'espressione.

– Beh, non è che non ci sia proprio nessuna possibilità. Una soluzione d'emergenza, magari un po' azzardata, l'avrebbe per raggiungere da qui la metropolitana per Shibuya.

– Una soluzione d'emergenza?

– Beh, non è un sistema molto ortodosso.

Aomame, gli occhi socchiusi, attese in silenzio che l'uomo proseguisse.

– Vede quella piazzola, laggiù, dove possono fermarsi le macchine? – disse l'autista indicando un punto davanti a loro. – Dove c'è quella grande insegna della Esso.

Aomame concentrò lo sguardo e vide, sul lato sinistro della carreggiata a doppia corsia su cui si trovavano, uno spazio per le auto in panne. Poiché sulla tangenziale non c'erano corsie di soccorso, qui e là erano predisposte delle piazzole d'emergenza. In quella c'era una colonnina gialla per l'S.O.S. dotata di telefono per chiedere aiuto all'Ente Autostrade in caso di necessità. In quel momento nella piazzola non c'era nemmeno un'auto. Oltre la carreggiata opposta, a quell'altezza, c'era un edificio con in cima una grande insegna pubblicitaria della Esso. Una tigre sorridente teneva nella zampa il tubo per il rifornimento del carburante.

– In effetti, lì c'è una scala per scendere al livello inferiore. Esiste perché, in caso di incendi o terremoti, gli automobilisti possano lasciare l'auto e scendere sino alla sede stradale ordinaria. Normalmente è utilizzata solo dagli operai addetti alla manutenzione della tangenziale. Se scende da quella scala, una volta giù troverà a breve distanza una stazione della metropolitana dove fermano anche i treni della linea Tōkyū. Se prende uno di quelli, sarà a Shibuya in un attimo.

– Non avevo idea che sulla tangenziale ci fossero scale di sicurezza, – disse Aomame.

– È una cosa che non sa quasi nessuno.

– Ma usandola senza autorizzazione in assenza di un'emergenza grave, non è che poi uno rischia di trovarsi in qualche guaio?

L'autista sembrò riflettere per qualche istante.

– Mah, non saprei. Non conosco il regolamento dell'Ente Autostrade nei dettagli. Ma se uno non crea particolari problemi, penso che anche loro chiudano un occhio. E in ogni caso, di solito non è un posto sorvegliato. L'Ente Autostrade è famoso per il fatto che ha un sacco di dipendenti sparsi ovunque, ma solo pochi lavorano sul serio.

– Che tipo di scala è?

– Assomiglia a una scala antincendio. Di quelle che si trovano spesso sul retro di vecchi edifici. Non è particolarmente pericolosa. Corrisponde più o meno a un palazzo di tre piani, ma si scende senza difficoltà. All'ingresso c'è un'inferriata, ma non è alta, e volendo la si scavalca facilmente.

– Lei è mai sceso per quella scala?

L'autista non rispose. Si limitò a un debole sorriso nello specchietto. Era un sorriso che poteva essere interpretato in vari modi.

– La decisione sta a lei, – disse picchiettando leggermente la punta delle dita sul volante, a ritmo di musica. – Se preferisce starsene tranquilla seduta in auto, ascoltando la musica con un buon impianto stereo, per me va benissimo. Pur con tutta la buona volontà, non possiamo andare da nessuna parte; in questo caso possiamo soltanto prepararci tutti e due all'attesa. Se invece il suo impegno è davvero così urgente, una soluzione d'emergenza, come le ho detto, *non è che non ci sia*. […]

Aomame lasciò vagare i pensieri per un po'. Cercò di fare ordine tra varie considerazioni, seguendo un criterio di priorità. Per giungere alla conclusione non le ci volle molto tempo. Anche la musica di Janáček, con un tempismo perfetto, era arrivata all'ultimo movimento.

170 Pescò dalla borsa a tracolla un paio di piccoli Ray-Ban e li indossò. Poi tirò fuori dal portafogli tre banconote da 1000 yen e le porse all'autista.

– Scendo qui. Non posso permettermi di arrivare in ritardo, – disse.

L'uomo annuì prendendo i soldi e chiese: – Ha bisogno della ricevuta?

– No, non mi serve. E nemmeno il resto.

175 – Grazie, – disse l'autista. – Faccia attenzione, il vento è piuttosto forte. Stia attenta a non scivolare.

– Starò attenta, – disse Aomame.

– E poi... – aggiunse l'autista guardando nello specchietto retrovisore. – Le consiglierei di tenere a mente un fatto, e cioè che le cose sono diverse da come appaiono.

180 «Le cose sono diverse da come appaiono...» Aomame si ripeté queste parole nella mente. Poi corrugò leggermente le sopracciglia.

– E questo cosa vorrebbe dire?

L'autista rispose, scegliendo con cura le parole:

– Allora, detto in altri termini, lei sta per fare una cosa *che non è usuale.* Non è vero? Scendere
185 da una scala d'emergenza in una tangenziale in pieno giorno, non è un'azione che le persone farebbero normalmente. E tantomeno una donna.

– No, forse no, – disse Aomame.

– Quindi, una volta fatta una cosa del genere, è possibile che il suo paesaggio quotidiano le appaia, come dire, un po' diverso. Anch'io ho avuto un'esperienza simile. Ma non si lasci ingan-
190 nare dalle apparenze. La realtà è sempre una sola.

T4 DALLA COMPRENSIONE ALL'INTERPRETAZIONE

COMPRENSIONE

Sogno o realtà? Il brano costituisce **l'*incipit* della trilogia *1Q84*,** apparsa in Giappone tra il 2009 e il 2010 e salutata dalla critica e dal pubblico come il suo capolavoro. L'opera racconta una **storia d'amore sospesa tra realtà e sogno.** Questo *incipit* presenta **la protagonista Aomane** inserendola immediatamente in un contesto anomalo, in cui **i dati della realtà** (il traffico cittadino, il viaggio in taxi) si mescolano ad alcuni **elementi incongrui e fantastici.** La Sinfonietta di Janáček introduce nella scena quotidiana un primo elemento misterioso, come misteriose sono le informazione che Aomane possiede su questa musica. **La situazione diventa via via più onirica** in virtù delle frasi allusive e sibilline dell'autista. La scala da percorrere per arrivare in tempo all'appuntamento è il segno definitivo di uno **slittamento dal reale e surreale**: come una novella Alice, Aomane inizia il suo viaggio in un mondo "altro" e parallelo.

ANALISI E INTERPRETAZIONE

Una scrittura cinematografica Murakami ci descrive **un Giappone moderno, globalizzato**, che trova i suoi principali punti di riferimento nella cultura e nel costume occidentale. In questo modo la sua opera segna una **frattura generazionale**: quell'Occidente, che alla generazione dei padri appariva "diverso" e perturbante, pervade ora l'immaginario dei giovani, è parte della loro identità. La forza principale della narrazione che abbiamo letto sta però nella capacità di **intrecciare in un montaggio sapiente reale e surreale.** La sua scrittura è caratterizzata dal taglio cinematografico, dal **virtuosismo** e dall'**accuratezza delle descrizioni**, dalla miscela di sentimentalismo e crudeltà.

T4 LAVORIAMO SUL TESTO

COMPRENDERE

1. Suddividi il testo in sequenze e assegna un titolo a ciascuna sequenza.

ANALIZZARE

2. Sottolinea nel testo gli elementi che producono lo slittamento dal reale al fantastico.

INTERPRETARE

3. Secondo te cosa rappresenta l'immagine della scala?

8 | Temi, forme e linee di sviluppo della narrativa di "ricerca" e del romanzo "di consumo" in Italia

L'area sperimentale dopo il 1956

A metà degli anni Cinquanta il tradizionale "ritardo" italiano rispetto alle altre maggiori culture tende ad assottigliarsi sin quasi a sparire, cosicché la curva dell'evoluzione segue ormai molto da vicino quella delle principali letterature straniere. Superato il periodo del Neorealismo, si forma una vasta area sperimentale che va dagli autori di «Officina» (Pasolini, Leonetti, Roversi, Volponi) a scrittori isolati come Pizzuto, D'Arrigo, Consolo, Bianciardi, Testori. Anche Calvino, dopo una fase neorealistica, si avvicina allo sperimentalismo.

Lo sperimentalismo narrativo del Gruppo 63

Negli stessi anni (e precisamente nel periodo 1963-1972), **gli autori del Gruppo 63** (Manganelli, Sanguineti, Malerba, Balestrini, Arbasino) **portano ai limiti estremi la tendenza sperimentale**, mettendo da parte ogni forma di impegno esplicitamente ideologico e rifacendosi ai grandi esempi dell'avanguardia europea primonovecentesca.

Il ritorno alla narratività negli anni Settanta

Agli inizi degli anni Settanta la Neoavanguardia e lo sperimentalismo entrano in crisi. **Gli anni Settanta e gli anni Ottanta vedono il "ritorno** alla narratività", e cioè **a una narrativa più tradizionale**, volta a raccontare fatti e vicende, spesso legate a situazioni autobiografiche e generazionali (è il caso, per esempio, di Tondelli, che descrive la vita dei giovani). Il grande successo della Morante con un libro tradizionale come *La Storia*, uscito nel 1974, segna l'inversione di tendenza.

Il romanzo postmodernista

Alla fine degli anni Settanta, anche in seguito al cambiamento culturale in corso (crisi del marxismo, dello strutturalismo e del neopositivismo, affermazione del "pensiero debole", riflessione sull'esaurimento del "moderno"), **comincia a profilarsi una tendenza postmodernista**, ora volta alla metanarrativa, alla riscrittura e alla sperimentazione, con una coscienza talora acuta della complessità labirintica della società contemporanea, ora invece più "popolare" (nel senso in cui è "popolare" la televisione, beninteso). La prima strada è seguita dall'ultimo Calvino (quello di *Se una notte d'inverno un viaggiatore*, 1979), da Tabucchi, da Consolo; la seconda, che privilegia il genere del romanzo neostorico, da Eco, Vassalli e Malerba. **Il nome della rosa (1980) di Umberto Eco segna una data importante** sia perché si colloca consapevolmente nell'alveo del Postmoderno, sia perché inaugura appunto il filone del romanzo "neostorico".

La narrativa dei giovani

Anche tendenze giovanili recenti (per esempio, i "cannibali") rientrano in una letteratura **di tipo postmodernista**. Però questi nuovi narratori hanno caratteri spiccatamente generazionali e appaiono più attenti alle esperienze della televisione, del cinema, dei fumetti, degli audiovisivi che non a quelle della letteratura.

I "cannibali"

Il fenomeno dei "cannibali" è una riprova del peso crescente dell'industria culturale, che ormai è alla ricerca frenetica del *best seller*, individua settori di pubblico a cui rivolgere determinati prodotti culturali e tende a vendere il libro come prodotto esclusivamente commerciale. Poiché i giovani narratori vengono letti dai coetanei e quindi hanno un loro pubblico, il fenomeno è stato promosso, lanciato, gonfiato.

Il romanzo come best seller

La logica del *best seller* era stata avviata dal successo che, alla fine degli anni Cinquanta, aveva avuto *Il Gattopardo* di Tomasi di Lampedusa e che in parte era stato replicato, agli inizi degli anni Sessanta, da opere come *La ragazza di Bube* di Cassola e *Il giardino dei Finzi-Contini* di Bassani. Ma poi, nel decennio 1963-73, il predominio dello sperimentalismo, che promuoveva libri "difficili", aveva bloccato il fenomeno. D'altra parte, negli anni Cinquanta e Sessanta, le case editrici perseguono una loro politica culturale e si avvalgono della consulenza di intellettuali prestigiosi che si battono per una linea di qualità e nello stesso tempo partecipano al conflitto delle poetiche (Calvino e Vittorini, ad esempio). **A partire dagli anni Settanta** e con maggior decisione negli anni Ottanta **le case editrici seguono invece una logica quasi esclusivamente economica** che si disinteressa del conflitto delle poetiche e perlopiù anche della qualità.

Fallimento del "best seller di qualità"

I successi della *Storia* della Morante (1974) e soprattutto del *Nome della rosa* di Eco (1980) fanno scuola. E se all'inizio non manca un qualche sforzo di cercare o di promuovere un "*best seller* di qualità" secondo l'esempio di questi due romanzi e anche di *Se una notte d'inverno un viaggiatore* di Calvino, poi la legge del mercato diviene sempre più imperante e coercitiva a danno della qualità media del prodotto. **Gli anni Ottanta e Novanta sono anche quelli della crisi della narrativa di "ricerca"** e in buona misura, dunque, della narrativa *tout court*.

Crisi del romanzo di ricerca

Negli anni Novanta il romanzo di ricerca è praticato ormai solo da autori della vecchia generazione o da alcuni scrittori postmoderni più sensibili alla grande letteratura europea (come Tabucchi) o comunque formatisi negli anni dello sperimentalismo (come Malerba e Consolo). Per altri postmoderni che teorizzano la fine della distinzione fra letteratura di ricerca e letteratura di consumo, come Eco, o per i più giovani (i cosiddetti "cannibali", per esempio) che sembrano ignorare addirittura le mediazione letteraria, successo letterario e successo di mercato sono ormai una cosa sola. **Tendono dunque a prevalere prodotti che puntano sulla facile leggibilità** e narratività e soprattutto sulla immediatezza o dei sentimenti o degli istinti. Significativo il successo di *Va' dove ti porta il cuore* (1994) di **Susanna Tamaro** che ha venduto un milione di copie in Italia puntando su un facile patetismo.

T • Susanna Tamaro, *L'inizio di* Va' dove ti porta il cuore

Il "caso Camilleri"

Caratteristiche anomale ha il caso di Andrea Camilleri (1925). Si tratta di un autore che, dopo una lunga esperienza di regista teatrale e televisivo, incomincia a pubblicare tra la fine degli anni Settanta e l'inizio degli anni Ottanta, ma che ottiene un significativo successo solo nel 1995 con **Il birraio di Preston**. Da allora i suoi libri – nonostante le difficoltà di una lingua che ibrida disinvoltamente dialetto siciliano, siciliano italianizzato e italiano – sono stati per mesi, e spesso con più titoli contemporaneamente, al vertice delle classifiche delle vendite. In particolare, fortunatissima è stata la serie di romanzi gialli che hanno come protagonista il **commissario Montalbano** (il nome del protagonista ammicca a un altrettanto famoso autore di gialli spagnolo: Manuel Vázquez Montalbán): *La forma dell'acqua* (1994), *Il cane di terracotta* (1996), *Il ladro di merendine* (1996), *La voce del violino* (1997), *La gita a Tindari* (2000) e poi altri quattordici romanzi (ma ci sono anche raccolte di racconti con Montalbano protagonista), fino a *Il sorriso di Angelica* (2010) e agli ultimi romanzi del 2014 *Inseguendo un'ombra* e *La piramide di fango* (ancora un caso del commissario Montalbano). La persistente fortuna di Camilleri, rilanciata anche da una serie televisiva dedicata al commissario Montalbano, e le tirature record dei suoi libri (sulla copertina di una edizione supereconomica del 1999 di *Gli arancini di Montalbano* si fa riferimento a due milioni di copie vendute), hanno probabilmente colto di sorpresa, almeno all'inizio, i suoi stessi editori: date le caratteristiche della scrittura di Camilleri tutto lasciava presagire, nella migliore delle ipotesi, un buon successo locale. E dunque si può parlare, per Camilleri, almeno in parte di *best seller* non annunciati e di **un successo decretato dai lettori** e poi doppiato dall'industria editoriale.

T • Andrea Camilleri, *L'inizio di* Il sorriso di Angelica

LINEE DI SVILUPPO DELLA NARRATIVA

1963-1972	anni '70 e '80	Postmodernismo
• Neoavanguardia e Gruppo 63	• ritorno alla narrativa: Elsa Morante	• Italo Calvino, *Se una notte d'inverno un viaggiatore* (1979) • Umberto Eco, *Il nome della rosa* (1980)

9. La tradizione novecentesca: Giorgio Bassani, Lalla Romano, Natalia Ginzburg

La tradizione novecentesca

È radicata ormai in Italia una narrativa borghese, consapevole delle innovazioni introdotte da Proust e da Svevo, ma volta a riassorbirle in una scrittura più tradizionale, in cui il grado d'inventività, talora persino cospicuo, non giunge però mai a urtare la sensibilità comune. In genere – e anzi sono, questi, i casi migliori – **si tratta di scrittori borghesi che scrivono sulla borghesia**: è il caso, per esempio, di Giorgio **Bassani**, Lalla **Romano**, Natalia **Ginzburg**.

Memoria e analisi del mondo borghese

Questi tre autori hanno in comune il tema della memoria, dell'analisi psicologica, del rapporto tra passato e presente, con implicazioni ora scopertamente ora larvatamente autobiografiche. Inoltre appartengono tutti alla stessa generazione, quella formatasi negli anni Trenta: Lalla Romano è del 1909, Natalia Ginzburg e Giorgio Bassani del 1916.

Giorgio Bassani

Giorgio Bassani (1916-2000) è di famiglia ebrea, come Natalia Ginzburg. I suoi libri sono stati da lui unificati sotto il titolo comune **Il romanzo di Ferrara**, e infatti sono dedicati alla borghesia ebraica ferrarese, fra fascismo e dopoguerra. Il ciclo comprende **Cinque storie ferraresi** (1956), **Gli occhiali d'oro** (1958), **Il giardino dei Finzi Contini** (1962), **Dietro la porta** (1964), **L'airone** (1968) e i racconti **L'odore del fieno** (1972). Bassani privilegia una narrativa fatta di sfumature, di raccordi simbolici, di sofferta intimità. I personaggi ebraici riflettono un destino di emarginazione e di solitudine che è quello stesso dell'intellettuale nella società contemporanea.

Lalla Romano

Lalla Romano (1909-2001) è stata una scrittrice elegante ed appartata. **La sua prima opera, Le metamorfosi**, è stata pubblicata da Elio Vittorini nel 1951, nella collana Einaudi "I Gettoni" che raccoglieva i migliori risultati della ricerca letteraria italiana. **Il tema autobiografico**, trattato con estremo pudore e asciuttezza di tratto, lega come un filo tutti i suoi romanzi, a partire da **La penombra che abbiamo attraversato** (1964), primo grande successo di pubblico, a **Le parole tra noi leggere** (premio Strega 1969), sul rapporto con il figlio, al rapporto con il marito (**Nei mari estremi**, 1987). Il suo romanzo di maggior successo è probabilmente **Una giovinezza inventata** (1979), dove Lalla Romano, attraverso il racconto della propria educazione culturale e sentimentale, riesce a sottolineare quell'elemento tragico che fa parte di tutte le esperienze di formazione per le giovani donne: la lotta disperata per uno spazio dove poter liberamente ricercare la propria identità ed espressività.

T • Lalla Romano, *Lo scaffale*

Natalia Ginzburg

Il terreno preferito della memoria familiare e dell'autobiografia la avvicina a Natalia Ginzburg (nata Levi nel **1916**, vissuta a Torino e morta nel **1991** a Roma; il cognome è quello del primo marito Leone Ginzburg, ucciso in carcere dai fascisti nel 1944). La sua vocazione all'analisi dei rapporti familiari è confermata dalla ricostruzione storica de **La famiglia Manzoni**, attenta soprattutto alle figure femminili che vissero a fianco dello scrittore. Anche i suoi interessi morali e politici (è stata deputato nella sinistra indipendente nel 1983) sono sempre filtrati, nei romanzi e nei racconti, da un'ottica privata. Così per esempio nel suo primo ampio romanzo, **Tutti i nostri ieri** (1952), pure dedicato agli ultimi anni del fascismo e alla guerra, le vicende pubbliche passano attraverso l'ottica di due gruppi familiari.

Lessico famigliare, **capolavoro della Ginzburg**

Il suo capolavoro è *Lessico famigliare*, **del 1963**. In esso si realizza infatti una svolta: anzitutto la Ginzburg sceglie decisamente la strada dell'autobiografismo, in secondo luogo aggiunge **una buona dose di affettuosa ironia e di distaccato umorismo** a una materia sino ad allora trattata in modo elegiaco-intimistico (ci si riferisce ai romanzi brevi scritti fra il 1941, anno di *Un'assenza*, al 1951, quando esce *Valentino*). **Dopo *Lessico famigliare* la scrittura della Ginzburg perde questa carica affettuosamente ironica**: sempre più, infatti, il tema familiare si associa a quello della solitudine, della dissoluzione, della fragilità (si vedano *Caro Michele* e *Famiglia*, usciti nel 1977). Il romanzo *Lessico famigliare* deve il titolo al gergo usato nella famiglia dell'autrice dominata da un padre simpaticamente dispotico e autoritario e formata dalla madre Lidia e da cinque figli (Natalia era l'ultima nata). L'ottica narrativa coincide con lo sguardo della bambina (e poi ragazza), che vede sfilare nella casa ospiti illustri senza peraltro degnarli di un'attenzione privilegiata.

T • Natalia Ginzburg, *Il padre*

Dacia Maraini

Nella linea della tradizione novecentesca può rientrare anche – ed è la più giovane del gruppo – **Dacia Maraini** (nata nel **1936**), che nei suoi romanzi, dopo aver toccato temi legati alla condizione femminile e al femminismo, ha rielaborato esperienze autobiografiche (per esempio, in *Bagheria*, la migliore fra le sue opere recenti, uscita nel 1993), proiettandole anche nel passato, alla ricerca di lontane radici familiari, in una sorta di romanzo storico (*La lunga vita di Marianna Ucrìa*, 1990). L'ultimo romanzo della Maraini, *L'amore rubato*, è del 2012.

Del 2013 è un libro dedicato a Chiara d'Assisi: *Chiara d'Assisi. Elogio della disobbedienza*.

10. Leonardo Sciascia fra romanzo e *pamphlet*

Sciascia e Calvino: analogie e differenze

Leonardo Sciascia presenta molti aspetti in comune con Calvino (per cui cfr. cap. V): il razionalismo, l'interesse per l'Illuminismo e per il Settecento, gli stretti legami con la cultura francese, il riferimento a Borges, il tema del labirinto (che in lui però assume per lo più l'aspetto del complotto politico), lo stile classico fondato sulla nitidezza e sulla semplicità. **Da Calvino si distacca** per una carica morale più urgente, immediata e risentita, che lo induce a un confronto più diretto con l'attualità politica; e per un pessimismo che risulta alla fine meno capace di gioco e più cupo, intriso degli umori di una tradizione letteraria siciliana che risale a Verga, De Roberto, Pirandello, Brancati.

Le due fasi della ricerca di Sciascia e il suo rapporto con il Postmoderno

Come Calvino, **Sciascia, dopo un avvio in cui non mancano echi del Neorealismo** e soluzioni volte a un impegno di tipo sperimentale non lontane da quelle di «Officina», **si avvicina negli anni Settanta a temi e a forme di scrittura del Postmoderno**: il motivo del complotto, la sovrapposizione e il riuso di generi diversi (il romanzo-saggio, il "giallo", il romanzo storico, l'inchiesta, il *pamphlet*), il conseguente recupero di generi "popolari" (il "giallo", il romanzo storico), la riscrittura di altri romanzi, il ricorso alla parodia e all'ironia. E tuttavia il suo nichilismo, negli anni Settanta e Ottanta, si ispira a un moralismo polemico che lo distanzia dalle tendenze dominanti nel Postmoderno.

La vita, l'impegno politico, la questione della mafia

Nato a Racalmuto (Agrigento) nel 1921, Sciascia fece il maestro elementare a Caltanissetta. Il suo primo libro importante, *Le parrocchie di Regalpetra*, si rifà al genere delle "cronache" tipico del Neorealismo. Nella seconda metà degli anni Cinquanta abitò **a Roma** lavorando al Ministero della Pubblica Istruzione. **Poi tornò in Sicilia, dove visse dapprima a Caltanissetta, poi a Palermo, sino alla morte (1989)**, con frequenti soggiorni a Parigi. Nel 1961 aveva raggiunto il successo con un romanzo sulla mafia, *Il giorno della civetta*. Di questo argomento si occupò anche nei decenni successivi apparendo, in certi momenti, come **l'intellettuale italiano più esposto nella lotta contro la mafia** e, in altri, invece, suscitando polemiche che lo fecero passare, a torto, come oppositore ambiguo o tiepido di questo fenomeno (ciò accadde quando Sciascia si oppose all'"antimafia" istituzionalizzata, o "professionale", e difese il garantismo). **Vasta eco sollevarono le sue prese di posizione nelle settimane del rapimento di Moro**, in cui egli sostenne la necessità di trattare con le Brigate Rosse per salvare la vita dello statista (sulla vicenda egli scrisse il *pamphlet* intitolato *L'affaire Moro*, uscito nel 1978).

Le due fasi della ricerca letteraria

La produzione narrativa si può suddividere in due periodi. Il primo va da *Le parrocchie di Regalpetra* (1956) alla fine degli anni Sessanta; **il secondo** da *Il contesto* (1971) alla morte. Sia nel primo che nel secondo, Sciascia racconta sempre la stessa vicenda: la sconfitta della ragione, del buon senso illuministico, della moralità. Ma **il primo è legato alla storia siciliana**, è ricco di spunti realistici e di un moralismo in cui si avverte ancora una combattiva speranza di cambiare le cose; **il secondo si sposta invece sulla politica nazionale**, tende a un distacco allegorico (che rende più astratta la trama) ed è dominato da un pessimismo sempre più acre.

I primi romanzi: *Il giorno della civetta, A ciascuno il suo* e *Il Consiglio d'Egitto*

Nei primi romanzi – *Il giorno della civetta* (1961), *Il Consiglio d'Egitto* (1963), *A ciascuno il suo* (1966) – **resiste ancora il personaggio "positivo" o problematico**, portatore dei valori di razionalità, onestà, volontà riformistica: **si tratta del capitano Bellodi** nel primo romanzo (dedicato alla

Il giorno della civetta, film del 1968 di Damiano Damiani, tratto dall'omonimo romanzo di Leonardo Sciascia.

lotta alla mafia), **dell'avvocato Di Blasi** nel secondo (un romanzo ambientato nella Sicilia settecentesca), **del professore Laurana** nel terzo (in cui ritorna un delitto di mafia). Il primo e il terzo sono romanzi costruiti sullo schema dell'inchiesta, dell'indagine poliziesca (nel primo) o personale (nel terzo) rivolta all'accertamento della verità; il secondo è un romanzo storico. **A questi tre romanzi seguì** la ricostruzione storica di un episodio avvenuto in Sicilia nel Seicento: l'uccisione di un inquisitore da parte di un inquisito torturato e poi condannato al rogo (*Morte dell'inquisitore*, 1967). Quest'ultima è un'opera che si situa in un genere scarsamente praticato ma riattivato proprio da Sciascia: è **un genere ibrido, fra storia, saggio e narrazione, che risente fortemente del *pamphlet* illuministico** e del modello della *Storia della colonna infame* di Manzoni (il quale è, con Voltaire e Borges, uno dei grandi maestri di Sciascia).

Fra queste opere un'attenzione particolare merita ***Il giorno della civetta***. **Il capitano Bellodi**, ex-partigiano, repubblicano, settentrionale, conduce in Sicilia un'inchiesta per trovare i mandanti di un delitto di mafia, di cui resta vittima **Salvatore Colasberna**, presidente di una piccola cooperativa. Viene assassinato anche un testimone, un potatore, responsabile di avere visto l'assassino. Attraverso un confidente, il capitano risale al capomafia locale, **Mariano Arena**, e lo incrimina. Ma appena il capitano ha una breve licenza, scatta il meccanismo delle connivenze politiche: gli imputati vengono forniti di alibi falsi ma perfetti e vengono scarcerati. A questo punto Bellodi potrebbe lasciar perdere l'inchiesta; decide invece di tornare in Sicilia e continuare il proprio lavoro: «Mi ci romperò la testa», dichiara. Ma non è un pessimismo rassegnato. **Nel romanzo si fronteggiano due personaggi ideologici: il protagonista**, portatore dei valori riformistici e democratici dell'Italia post-resistenziale, **e**

Morte dell'inquisitore: fra storia e *pamphlet*

La trama di *Il giorno della civetta*

La contrapposizione fra Bellodi e il capomafia

Le opere della seconda fase

LA PRODUZIONE NARRATIVA DI SCIASCIA

I fase (1956-1967)	II fase (1971-1989)
• interesse per la storia siciliana	• interesse per la politica nazionale
• spunti realistici	• distacco allegorico
• moralismo combattivo	• incupirsi del pessimismo

IL *PAMPHLET*

	modelli	principali *pamphlet* di Sciascia
genere misto, che unisce ricostruzione storica, riflessione saggistica e invenzione narrativa	• gli scrittori dell'Illuminismo • il Manzoni della *Storia della colonna infame*	• *Morte dell'inquisitore* (1967) • *La scomparsa di Majorana* (1976) • *L'affaire Moro* (1978)

Todo modo, film del 1976 di Elio Petri, tratto dall'omonimo romanzo di Leonardo Sciascia.

Romanzi, racconti "gialli" e ricorso al *pamphlet*

il capomafia, che espone invece una visione del mondo con radici profonde nella realtà siciliana e fondato sull'immobilità della storia e sul valore della singola individualità (il contrasto, a suo avviso, è fra veri uomini da un lato e *quaquaraquà* – o uomini da nulla –, dall'altro; cfr. T5, p. 666).

Il secondo periodo comincia con *Il contesto* (1971). Di qui in avanti si analizzano – con lucido e corrosivo pessimismo, e dunque senza più illusioni di tipo riformistico – situazioni dell'Italia contemporanea o che a essa alludono; gli argomenti sono a forte carattere politico e riflettono una situazione stagnante; **al romanzo si alterna frequentemente il *pamphlet*** dedicato alla ricostruzione di fatti risalenti alla cronaca politica attuale o alla storia del passato, ma comunque ricchi di risonanze con il mondo odierno. **Sono romanzi *Il contesto*, *Todo modo*, *Candido ovvero Un sogno fatto in Sicilia***, mentre appartengono comunque al filone più propriamente narrativo anche **racconti "gialli" come *Porte aperte*, *Il cavaliere e la morte*, *Una storia semplice***, pubblicati poco prima della morte. **Rientrano nel *pamphlet*** (fra saggio e ricostruzione storica) *I pugnalatori* (1975), *La scomparsa di Majorana* (1976), *L'affaire Moro* (1978), *La strega e il capitano* (1986), *1912+1* (1986).

***Il contesto* come parodia e allegoria**

Il contesto porta, come sottotitolo, l'indicazione *Una parodia*. In effetti il romanzo vuole essere **una parodia e un'allegoria**: vuole cioè portare alle estreme conseguenze – sino alla parodia, appunto – alcuni tratti del panorama politico di un paese sudamericano che rappresenta allegoricamente l'Italia agli inizi degli anni Settanta. Ha per protagonista un ispettore di polizia, **Rogas**, che conduce un'inchiesta sui misteriosi assassinii di quattro magistrati. Scopre così una trama di complicità che lega fra loro interessi pubblici e privati, partiti di governo e partiti di opposizione. Alla fine, grazie alla propria capacità di analisi razionale, viene a conoscenza di un complotto contro lo Stato, ma viene ucciso dalla polizia segreta e sulla sua morte viene steso il silenzio grazie all'accordo raggiunto in proposito fra il governo e il Partito Rivoluzionario Internazionale che sta all'opposizione: **ragion di Stato e ragion di partito prevalgono su ogni esigenza morale e civile**.

T • Leonardo Sciascia, *Il complotto del potere*

Un altro apologo del potere e un altro "giallo", *Todo modo*

Sulla stessa linea si colloca *Todo modo* (1974). Il titolo deriva da una frase degli *Esercizi spirituali* di Ignazio di Loyola, il fondatore dell'ordine dei Gesuiti. La narrazione è ambientata in un albergo di lusso in cui gli esponenti del partito cattolico al governo si ritirano a fare gli "esercizi spirituali" e in realtà a concertare le trame con cui esercitano il loro potere. Improvvisamente però cominciano a succedersi misteriosi delitti che colpiscono i diversi partecipanti, appartenenti al mondo della politica, dell'economia, della Chiesa. Anche questo romanzo, come *Il contesto*, è un apologo sul potere, che si rivela strettamente congiunto all'assassinio e alla morte. La struttura del "giallo" resta aperta, gli assassini non vengono scoperti (cfr. T6, p. 671, e S2, p. 666).

S • Elio Petri, *Todo modo* (1976)

Video • Sciascia giallista: *Todo modo*

Il romanzo e la novella **capitolo IV** 665

S2 INFORMAZIONI

Un tema attuale: i giudici e le trame del potere

Nel romanzo di Sciascia *Il contesto* l'ispettore di polizia e i giudici sono gli unici personaggi che ancora credono alla giustizia e all'onestà in un mondo dominato da interessi brutali di ordine economico che esercitano un potere occulto, parallelo a quello palese. Il libro di Sciascia è del 1971. Siamo ancora lontani dall'inchiesta giudiziaria «Mani pulite», che all'inizio degli anni Novanta rivelerà quale torbido intreccio fra economia, politica e interessi privati abbia gravato sull'Italia degli anni Settanta e Ottanta. È interessante che Sciascia abbia preceduto di quasi vent'anni alcune conclusioni dell'inchiesta condotta dai giudici milanesi di «Mani pulite». Nello stesso tempo però egli tocca un tema ancora più profondo e attuale, quello dell'estraneità della politica e del potere rispetto alla vita dei cittadini. Da un lato tutta la vicenda politica sembra svolgersi alla luce del sole, anzi sotto le luci violente e artificiali delle cineprese e della televisione; dall'altro i cittadini avvertono il potere politico come una trama segreta e remota, per molti versi incomprensibile e a volte addirittura assurda. Da una parte la trasparenza della democrazia sembra assicurata, oltre che dai suoi meccanismi costituzionali, dalla diffusione dei massmedia; dall'altra l'uomo comune avverte un senso crescente di disagio e di estraneità cosicché la politica assume per lui l'aspetto stesso di un complotto ordito contro la comunità. Si tratta probabilmente di una contraddizione su cui bisogna riflettere. Essa rivela un contrasto tipico delle società a capitalismo avanzato, strutturate democraticamente ma organizzate in modo tale che il reale potere economico, politico e culturale risulta estremamente concentrato e dunque in mano di pochi individui o di pochi gruppi che, operando nell'ombra, condizionano il mondo della informazione (il sistema dei massmedia) e quello della politica. Proprio perché questa è una caratteristica di tutte le società avanzate dell'Occidente, il motivo della politica come complotto è ampiamente ricorrente anche nelle letterature di altri paesi: per esempio, negli Stati Uniti, in un romanzo come *Libra* di Don DeLillo.

Candido ovvero Un sogno fatto in Sicilia

È invece una riscrittura *Candido ovvero Un sogno fatto in Sicilia* (1977). Come in molte opere del Postmoderno, Sciascia riscrive un romanzo altrui, qui quello dell'illuminista Voltaire, *Candide* (cfr. vol. 4). **Candido incarna la rivolta del buon senso**, delle ragioni elementari del corpo e della ragione, **contro le costrizioni sociali e contro le ideologie totalizzanti** rappresentate dalle due Chiese contrapposte: quella della religione cattolica e del suo partito, la DC, e quella della religione laica del comunismo incarnata dal PCI. In questo romanzo, come nel *Giorno della civetta* e in *Il contesto*, lo stile di Sciascia risulta estremamente concentrato, tutto azione e cose, senza sbavature patetiche o sentimentali.

T • Leonardo Sciascia, *Il lungo viaggio*

Oltre ai romanzi, Sciascia ha scritto anche racconti, che sono raccolti in *Gli zii di Sicilia* (1960) e *Il mare colore del vino* (1973).

Sciascia, intellettuale nuovo

Sciascia è già un intellettuale nuovo. A differenza degli intellettuali del dopoguerra, tende a non avere rapporti organici con i partiti, e a esprimere una forma di dissenso all'"americana", tutta individuale. **La forza della sua attualità sta nella lucidità del suo pessimismo**, nel carattere critico-negativo di una razionalità sempre impietosamente analitica, nella denuncia, condotta spesso con esatta lungimiranza, della corruzione e dei complotti del potere (cfr. **S2**).

T5 Leonardo Sciascia
Il capitano Bellodi e il capomafia

OPERA
Il giorno della civetta

CONCETTI CHIAVE
- l'ideologia democratica di Bellodi e quella antica del capomafia
- il muto riconoscimento fra i due personaggi

FONTE
L. Sciascia, *Il giorno della civetta*, Einaudi, Torino 1961.

Il capitano Bellodi ha saputo da un confidente, Calogero Dibella, che il mandante dell'omicidio di Salvatore Colasberna e di un potatore, possibile testimone del delitto, potrebbe essere il capomafia don Mariano Arena. A questo punto il capitano lo interroga nel proprio ufficio. Il capomafia risponde in modo elusivo ma non manca di mostrare rispetto per il capitano che a suo avviso appartiene alla categoria degli uomini e non a quella dei quaquaraquà, *in cui rientrerebbe invece il confidente della polizia.*

– Mi permetta[1] una domanda: lei che affari crede che io faccia?
   – Tanti, e diversi.

● 1 **Mi permetta**: parla don Mariano Arena, rivolgendosi al capitano Bellodi.

– Non faccio affari: vivo di rendita.
– Che rendita?
– Terre.
– Quanti ettari ne possiede?
– Ventidue salme[2] e...: facciamo novanta ettari.
– Dànno buona rendita?
– Non sempre: secondo l'annata.
– In media, che reddito può dare un ettaro delle sue terre?
– Una buona parte della mia terra io la lascio germa:[3] per il pascolo... Non posso dire dunque quanto mi rende per ettaro quella lasciata germa: posso dire quanto mi rendono le pecore... A tagliare di grasso,[4] mezzo milione... o resto, in grano, fave, mandorle e olio, secondo le annate...
– Quanti ettari sarebbero, quelli coltivati?
– Cinquanta sessanta ettari.
– E allora posso dirle io quanto rendono per ettaro: non meno di un milione.
– Lei sta scherzando.
– Eh no, è lei che sta scherzando... Perché mi dice di non avere, oltre le terre, altre fonti di reddito; che non ha mano in affari industriali o commerciali... Ed io le credo: e perciò ritengo che quei cinquantaquattro milioni che lo scorso anno ha depositato in tre diverse banche, poiché non risultano prelevati da precedenti depositi presso altre banche, rappresentino esclusivamente il reddito delle sue terre. Un milione per ettaro, dunque... E le confesso che un perito agrario, da me consultato, è rimasto strabiliato; perché, secondo il suo parere, non c'è terra, in questa zona, che possa dare un reddito netto superiore alle centomila lire per ettaro. Lei pensa che si sbagli?
– Non si sbaglia – disse don Mariano, incupito.
– Dunque siamo partiti sul piede sbagliato... Torniamo indietro: da quali fonti provengono i suoi redditi?
– Non torniamo indietro per niente: io i soldi miei li muovo come voglio... Posso solo precisare che non sempre li tengo in banca: a volte ne faccio prestiti ad amici, senza cambiali, in fiducia...[5] E l'anno scorso tutti i soldi che avevo fuori mi sono ritornati: e ho fatto quei depositi nelle banche...
– Dove c'erano già altri depositi, a suo nome e a nome di sua figlia...
– Un padre ha il dovere di pensare all'avvenire dei figli.
– È più che giusto: e lei ha assicurato a sua figlia un avvenire di ricchezza... Ma non so se sua figlia riuscirebbe a giustificare quel che lei ha fatto per assicurargliela, questa ricchezza... So che per ora si trova in un collegio di Losanna: costosissimo, famoso... Immagino lei se la ritroverà davanti molto cambiata: ingentilita, pietosa verso tutto ciò che lei disprezza, rispettosa verso tutto ciò che lei non rispetta...
– Lasci stare mia figlia – disse don Mariano contraendosi in una dolorosa fitta di rabbia. E poi rilassandosi, come a rassicurare se stesso, disse – Mia figlia è come me.
– Come lei?... Mi auguro di no: e d'altra parte lei sta facendo di tutto perché sua figlia non sia come lei, perché sia diversa... E quando non riconoscerà più sua figlia, tanto sarà diversa, lei avrà in qualche modo pagato lo scotto[6] di una ricchezza costruita con la violenza e la frode...
– Lei mi sta facendo la predica.
– Ha ragione... Lei il predicatore va a sentirlo in chiesa, e qui vuol trovare lo sbirro:[7] ha ragione... Parliamo dunque di sua figlia per quel che le costa in denaro, per il denaro che lei accumula

---

- **2 salme**: unità di misura agraria siciliana corrispondente a circa quattro ettari.
- **3 germa**: *a riposo*.
- **4 A tagliare di grasso**: *a giudicare all'ingrosso*.
- **5 in fiducia**: sulla fiducia, e quindi senza ricevute scritte.
- **6 lo scotto**: *il prezzo*.
- **7 lo sbirro**: *il poliziotto*, spregiativo.

in suo nome... Molto, moltissimo denaro, di provenienza, diciamo, incerta... Guardi: queste sono le copie fotografiche delle schede, intestate a suo nome e a nome di sua figlia, che si trovano presso le banche. Come vede, abbiamo cercato non solo nelle agenzie[8] del suo paese: ci siamo spinti fino a Palermo... Molto, moltissimo denaro: lei può spiegarne la provenienza?

– E lei? – domandò impassibile don Mariano.

– Tenterò: perché nel denaro che lei accumula così misteriosamente bisogna cercare le ragioni dei delitti sui quali sto indagando; e queste ragioni bisogna in qualche modo illuminare[9] negli atti in cui la imputerò di mandato[10] per omicidio... Tenterò... Ma lei una spiegazione al fisco deve pur darla, agli uffici fiscali noi ora trasmetteremo questi dati...

Don Mariano fece un gesto di noncuranza.

– Abbiamo anche copia della sua denuncia dei redditi e della cartella di esattoria:[11] lei ha denunciato un reddito...

– Uguale al mio – intervenne il brigadiere.[12]

– ... e paga di tasse...

– Un po' meno di me – disse ancora il brigadiere.

– Vede? – disse il capitano. – Ci sono molte cose da chiarire, che lei deve spiegare...

Di nuovo don Mariano fece un gesto di noncuranza.

«Questo è il punto – pensò il capitano – su cui bisognerebbe far leva. È inutile tentare di incastrare nel penale[13] un uomo come costui: non ci saranno mai prove sufficienti, il silenzio degli onesti e dei disonesti lo proteggerà sempre. Ed è inutile, oltre che pericoloso, vagheggiare[14] una sospensione di diritti costituzionali. Un nuovo Mori[15] diventerebbe subito strumento politico-elettoralistico;[16] braccio non del regime, ma di una fazione del regime: la fazione Mancuso-Livigni o la fazione Sciortino-Caruso.[17] Qui bisognerebbe sorprendere la gente nel covo dell'inadempienza[18] fiscale, come in America. Ma non soltanto le persone come Mariano Arena; e non soltanto qui in Sicilia. Bisognerebbe, di colpo, piombare sulle banche; mettere mani esperte nelle contabilità, generalmente a doppio fondo,[19] delle grandi e delle piccole aziende; revisionare i catasti.[20] E tutte quelle volpi,[21] vecchie e nuove, che stanno a sprecare il loro fiuto dietro le idee politiche o le tendenze o gli incontri dei membri più inquieti di quella grande famiglia che è il regime, e dietro i vicini di casa della famiglia, e dietro i nemici della famiglia, sarebbe meglio si mettessero ad annusare intorno alle ville, le automobili fuori serie, le mogli, le amanti di certi funzionari: e confrontare quei segni di ricchezza agli stipendi, e tirarne il giusto senso. Soltanto così ad uomini come don Mariano comincerebbe a mancare il terreno sotto i piedi... In ogni altro paese del mondo, una evasione fiscale come quella che sto constatando sarebbe duramente punita: qui don Mariano se ne ride, sa che non gli ci vorrà molto ad imbrogliare le carte».

– Gli uffici fiscali, a quanto vedo, non sono la sua preoccupazione.

– Non mi preoccupo mai di niente – disse don Mariano.

– E come mai?

– Sono un ignorante; ma due o tre cose che so, mi bastano: la prima è che sotto il naso abbiamo la bocca: per mangiare più che per parlare...

– Ho la bocca anch'io, sotto il naso – disse il capitano – ma le assicuro che mangio soltanto quello che voi siciliani chiamate il pane del governo.[22]

- [8] **agenzie**: agenzie bancarie.
- [9] **illuminare**: spiegare.
- [10] **di mandato**: con un mandato, cioè con l'ordine dell'autorità giudiziaria.
- [11] **cartella di esattoria**: scheda del fisco.
- [12] **il brigadiere**: quello che sta assistendo all'interrogatorio.
- [13] **nel penale**: quanto a reati puniti dal codice penale.
- [14] **vagheggiare**: *sognare*; la **sospensione dei diritti costituzionali** si avrebbe solo in uno stato di dichiarata emergenza ed eccezionalità.
- [15] **Mori**: il prefetto che, durante il fascismo, contrastò la mafia.
- [16] **politico-elettoralistico**: di potere e di scambi di voti.
- [17] **braccio non del regime... Caruso**: strumento non del sistema di governo nel suo complesso, ma di alleanze fra politici locali.
- [18] **inadempienza**: evasione.
- [19] **a doppio fondo**: truccata.
- [20] **catasti**: gli uffici comunali che registrano le proprietà immobiliari.
- [21] **volpi**: ironico.
- [22] **il pane del governo**: lo stipendio di dipendente statale.

– Lo so: ma lei è un uomo.

– E il brigadiere? – domandò ironicamente il capitano indicando il brigadiere D'Antona.

– Non lo so – disse don Mariano squadrando il brigadiere con molesta, per il brigadiere, attenzione.

– Io – proseguì poi don Mariano – ho una certa pratica del mondo: e quella che diciamo l'umanità e ci riempiamo la bocca a dire umanità, bella parola piena di vento,[23] la divido in cinque categorie: gli uomini, i mezzi uomini, gli ominicchi,[24] i (con rispetto parlando) pigliànculo e i quaquaraquà...[25] Pochissimi gli uomini; i mezz'uomini pochi, ché[26] mi contenterei l'umanità si fermasse ai mezz'uomini... E invece no, scende ancora più giù, agli ominicchi: che sono come i bambini che si credono grandi, scimmie che fanno le stesse mosse dei grandi... E ancora più in giù: i pigliànculo che vanno diventando un esercito... E infine i quaquaraquà: che dovrebbero vivere come le anatre nelle pozzanghere, ché la loro vita non ha più senso e più espressione di quella delle anatre... Lei, anche se mi inchioderà su queste carte come un Cristo, lei è un uomo...

– Anche lei – disse il capitano con una certa emozione. E nel disagio che subito sentì di quel saluto delle armi[27] scambiato con un capo mafia, a giustificazione pensò di avere stretto le mani, nel clamore di una festa della nazione, e come rappresentanti della nazione circonfusi[28] di trombe e bandiere, al ministro Mancuso e all'onorevole Livigni: sui quali don Mariano aveva davvero il vantaggio di essere un uomo.[29] Al di là della morale e della legge, al di là della pietà, era[30] una massa irredenta[31] di energia umana, una massa di solitudine, una cieca e tragica volontà: e come un cieco ricostruisce nella mente, oscuro ed informe, il mondo degli oggetti, così don Mariano ricostruiva il mondo dei sentimenti, delle leggi, dei rapporti umani.[32] E quale altra nozione poteva avere del mondo, se intorno a lui la voce del diritto era stata sempre soffocata dalla forza e il vento degli avvenimenti aveva soltanto cangiato il colore delle parole su una realtà immobile e putrida?[33]

– Perché sono un uomo: e non un mezz'uomo o addirittura un quaquaraquà? – domandò con esasperata durezza.

– Perché – disse don Mariano – da questo posto dove lei si trova è facile mettere il piede sulla faccia di un uomo: e lei invece ha rispetto... Da persone che stanno dove sta lei, dove sta il brigadiere, molti anni addietro io ho avuto offesa peggiore della morte: un ufficiale come lei mi ha schiaffeggiato; e giù, nelle camere di sicurezza, un maresciallo mi appoggiava la brace del suo sigaro alla pianta dei piedi, e rideva... E io dico: si può più dormire quando si è stati offesi così?

– Io dunque non la offendo?

– No: lei è un uomo – affermò ancora don Mariano.

– E le pare cosa da uomo ammazzare o fare ammazzare un altro uomo?

– Io non ho mai fatto niente di simile. Ma se lei mi domanda, a passatempo, per discorrere di cose della vita, se è giusto togliere la vita a un uomo, io dico: prima bisogna vedere se è un uomo...

– Dibella[34] era un uomo?

– Era un quaquaraquà – disse con disprezzo don Mariano: si era lasciato andare, e le parole non sono come i cani cui si può fischiare a richiamarli.

- **23** **piena di vento**: *vuota*.
- **24** **ominicchi**: *omiccioli, uomini da poco; sicilianismo*.
- **25** **quaquaraquà**: *viene dal verso delle oche, e indica prima i chiacchieroni o gli spioni, quindi gli uomini che non valgono niente*.
- **26** **ché**: *e*.
- **27** **saluto delle armi**: *il saluto di un nemico che si rispetta*.
- **28** **circonfusi**: *circondati*.
- **29** **sui quali don Mariano...uomo**: *l'accusa di Sciascia non si rivolge solo alla mafia, ma anche a una classe politica corrotta e meschina*.
- **30** **era**: *c'era*.
- **31** **irredenta**: *senza salvezza*.
- **32** **e come...dei rapporti umani**: *l'umanità, che è detta per metafora una **massa di energia e di solitudine**, è ordinata da don Mariano in una scala di rapporti e di dignità, dagli uomini veri ai quaquaraquà*.
- **33** **e quale...putrida?**: *la legge dello Stato, cioè, non ha mai operato realmente, imponendosi alle coscienze*.
- **34** **Dibella**: *l'assassinato sul quale si stanno svolgendo le indagini*.

T5 DALLA COMPRENSIONE ALL'INTERPRETAZIONE

COMPRENSIONE

Il confronto fra il commissario e il capomafia Il testo riproduce l'**interrogatorio del commissario Bellodi al capomafia don Mariano Arena**, sospettato di essere il mandante degli omicidi di Salvatore Colasberna e di Calogero Dibella. Nella **prima parte** dell'interrogatorio, il commissario chiede ad Arena di giustificare le ingenti cifre depositate a nome suo e di sua figlia presso tre diverse banche. Ma **don Mariano non si cura delle accuse** di evasione fiscale, certo che «non gli ci vorrà molto ad imbrogliare le carte». A questo punto, nella **seconda parte** del confronto **il capomafia prende la parola per esporre la sua "teoria" sull'umanità**, che risulta divisa in «cinque categorie: gli uomini, i mezzi uomini, gli ominicchi, i (con rispetto parlando) pigliainculo e **i quaquaraquà**». Egli riconosce nel commissario un uomo, che non approfitta della sua posizione per commettere soprusi (righi 116-117). L'informatore Dibella al contrario «era un quaquaraquà» e per questo la sua uccisione è considerata giusta.

Un dialogo tra i due personaggi ideologici Il **capitano Bellodi** esprime l'**ideologia dell'Italia democratica e antifascista** che crede nelle riforme e nel diritto (basta questo per farne, agli occhi di un mafioso, un «comunista»). **Il capomafia** espone invece una ideologia antica, una visione della vita che ha radici remote e senza tempo: contano solo due cose, la bocca per mangiare e la forza individuale. La prima autorizza l'egoismo individuale, legittima il sopruso e la violenza; la seconda **distingue i veri uomini dai sottouomini**, sino al grado più basso, quello dei *quaquaraquà*, che dovrebbero vivere come animali e che non riescono a dare senso ed espressione alla loro vita.

ANALISI

L'anomalia di un giallo senza lieto fine In *Il giorno della civetta* alla fine **il capitano Bellodi risulta sconfitto**. Non rinuncia alla sfida: ritornerà in Sicilia a "rompersi la testa"; ma il suo coraggio civile non attenua lo scacco. Nei gialli successivi di Sciascia gli investigatori non sono solo sconfitti, ma uccisi. È questa una macroscopica violazione della norma non scritta – e assai consolatoria – che è alla base del genere: il buon esito dell'indagine e la punizione dei colpevoli. A proposito di questa anomalia e della **struttura aperta dei gialli di Sciascia**, uno studioso austriaco, H. Schulz-Buschhaus, ha fatto considerazioni assai interessanti, che qui in parte riportiamo: «Nei romanzi di Sciascia **l'investigatore fallisce sempre** e senza eccezioni. Nel *Giorno della civetta* riesce almeno a salvare la pelle, dopo che gli intrighi e le manipolazioni hanno demolito la sua ricostruzione dei delitti. Nel romanzo successivo, *A ciascuno il suo*, la cui struttura di base è analoga a quella del *Giorno della civetta*, l'investigatore viene attirato in una trappola ed assassinato nello stesso momento in cui gli si sono palesati, nei loro tratti essenziali, i collegamenti del caso d'assassinio, impostato ancora una volta nello stile del «delitto passionale». Con ciò **il capovolgimento di quel *happy ending* garantito per tradizione** compie in un certo senso un passo avanti. Non solo è l'immoralità del potere costituito a trionfare, ma in più viene fisicamente distrutta l'unica istanza di critica e di morale che nel romanzo si oppone e reagisce all'ordine malvagio. L'investigatore – di regola immortale – ritorna tra i mortali, ai quali viene così a mancare la certezza di una giustizia che sia ideale e immanente al mondo insieme. [...] **Gli investigatori di Sciascia sono diventati ormai completamente degli *outsiders***. La loro disperata opera di chiarificazione non viene né ricompensata né tanto meno tollerata: si rivela invece come una interferenza nel giro degli affari e come tale viene eliminata insieme a coloro che ne sono la causa. Quando alla fine di *A ciascuno il suo* la società riacquista il suo equilibrio, ciò accade non perché essa abbia espulso da sé il crimine e i criminali, ma perché ha annientato nell'investigatore [...] l'ultimo *out-sider*, il cui modo di vedere fa sì che egli avverta ancora il crimine laddove tutti gli altri ravvisano solo la normalità».

INTERPRETAZIONE

Le due culture di Sciascia Il capomafia riconosce che il capitano Bellodi è un uomo; e a sua volta anche il capitano riconosce che il suo antagonista è un uomo, certo migliore di certi ministri a cui ha dovuto stringere la mano. Questo **mutuo riconoscimento** ha suscitato non poche **polemiche**, che si sono rinfocolate quando, negli anni Ottanta, Sciascia ha criticato l'antimafia di Stato, e cioè l'uso della lotta alla mafia per ragioni di affermazione personale o di singoli gruppi di potere. Stando al brano in questione, **non c'è dubbio che Sciascia condanni la mafia** e dunque veda nel capitano l'eroe positivo contrapposto a un eroe negativo, il capomafia. Ma lo scrittore sembra disposto a riconoscere maggior valore umano a un capomafia che a certi ministri democristiani degli anni Cinquanta. Si può cogliere qui una **polemica contro il potere** che caratterizza tutta la ricerca di Sciascia e che ha per lui la stessa importanza della polemica contro la mafia: d'altronde

Il giorno della civetta si conclude mostrando **le connivenze e le complicità del mondo politico** che distruggono l'operato del capitano Bellodi e permettono al capomafia di sfuggire alla condanna. In realtà si fronteggiano in Sciascia due aspetti diversi della sua formazione e della sua personalità: da un lato l'uomo democratico moderno, l'illuminista che sceglie Parigi come capitale ideale della propria cultura, dall'altro l'uomo legato a una concezione pessimistica che non assegna alcun valore alla evoluzione storica e agli ideali astratti («umanità» è per il capomafia una «bella parola piena di vento»: cfr. rigo 94) e vede nell'uomo solo un animale condizionato dagli istinti e dai bisogni. Questa **visione del mondo, sfiduciata, pessimistica e materialistica**, è certamente radicata nella cultura e nella **letteratura siciliana**, e infatti è facile individuarla, per esempio, nell'opera di Verga, di De Roberto o di Tomasi di Lampedusa.

T5 LAVORIAMO SUL TESTO

COMPRENDERE

I fatti e i personaggi

1. La narrazione è sostituita da discorsi diretti in cui senza filtro emergono i caratteri dei personaggi. Chi sono questi personaggi e quale ruolo hanno?
2. Trasforma il brano in una narrazione in terza persona che riporti obiettivamente i discorsi tra i personaggi.

ANALIZZARE

Il dialogo

3. Quale differenza riscontri tra questo testo e una sceneggiatura teatrale?
4. **LINGUA E LESSICO** Cosa significa la parola «quaquaraquà»? Quale differenza c'è tra uomini e «quaquaraquà»?
5. Spiega il senso della similitudine finale.

INTERPRETARE

La mafia e le istituzioni

6. **TRATTAZIONE SINTETICA** Quale ritratto della mafia emerge dal dialogo di Bellodi con don Mariano? Spiegalo in un testo di 5 righe.
7. Perché il dialogo getta una luce inquietante sulle istituzioni?
8. Qual è il punto, secondo il capitano, su cui si può incastrare don Mariano?

Due concezioni della giustizia...

9. Quale visione della vita e della giustizia ha Bellodi? Quale il capomafia?

... e dell'uomo

10. Che cos'è un «uomo» per don Mariano? E per Bellodi?
11. Perché entrambi, da fronti opposti, riconoscono l'uno nell'altro un uomo?

T6 Leonardo Sciascia
La confessione

OPERA
Todo modo

CONCETTI CHIAVE
- un giallo senza soluzione

FONTE
L. Sciascia, *Todo modo*, in *Opere 1971-1983*, Bompiani, Milano 2001.

Siamo nelle ultime pagine del romanzo e ci troviamo di fronte a un finale aperto: le indagini si interrompono senza arrivare a individuare il colpevole, mentre il pittore confessa, non creduto, che è stato lui a uccidere don Gaetano.

E se – dissi – ad uccidere don Gaetano fosse stato un altro, uno che sapeva dove stava nascosta la pistola o che per caso l'avesse trovata?

Oh Dio – disse Scalambri – ma perche dobbiamo complicare le cose, che sono già abbastanza complicate?... La pistola era nascosta dove colui che ha sparato a Michelozzi l'aveva nascosta, e 5 ben nascosta; nessun altro poteva saperlo né, per caso o per ragionamento, scoprirla. Se poi il commissario la pensa come te, e ammette la possibilità che un altro potesse trovarla, dovrebbe riconoscere la propria incapacità e senza perdere un minuto dimettersi: che era compito suo quello di trovarla, e per due giorni l'ha cercata con perquisizioni nelle camere, nei bagagli, guardando ogni ripostiglio e scrutando palmo a palmo il terreno –. E puntando l'indice sul commis-
10 sario – Lei crede che qualche altro abbia trovato la pistola, che ad uccidere don Gaetano non sia stata la stessa persona che ha ucciso Michelozzi?

Non credo niente, io... Soltanto, non mi spiego la ragione per cui la pistola sia stata lasciata lì, accanto a don Gaetano.

Perché non serviva più: può essere una spiegazione, no?

15 Può essere – disse il commissario. Ma per tagliar corto.

E se può essere, perché dobbiamo cercarne altre complicate e che complicano? – E rivolgendosi a me – Pensa: nell'ora in cui don Gaetano è stato fuori, quasi tutti erano nelle loro camere; e il quasi esclude soltanto me, te, il commissario, gli agenti, il cuoco, il personale di servizio; e don Gaetano. Comunque tutti i sospettabili erano dentro, ciascuno nella propria camera. Così almeno mi assicurano e giurano... L'agente che era di guardia tra la scala e l'ascensore dice che 20 nessuno è uscito; né ha visto rientrare qualcuno che non aveva visto uscire. La stessa cosa dice quello che era di guardia alla scala di servizio. E il commissario, che se ne stava qui, a fare la siesta su una sdraio, conferma: nessuno è uscito, nessuno è rientrato... E allora?

Non ebbe da noi risposta, e se la diede da sé: con soddisfazione. – E allora io trovo una spiegazione abbastanza semplice, abbastanza sensata: uno dei tre, due dei tre, tutti e tre, si sono al-
25 lontanati per un momento o, più facilmente, si sono addormentati.

Non io – disse il commissario.

Va bene: lei non si è né allontanato né addormentato. Va bene. E nemmeno l'agente che stava tra l'ascensore e la scala. Ma quello che era di guardia alla scala di servizio... ecco, lei dov'era precisamente?
30
Lì – indicò il commissario.

E da lì lei può giurare di aver costantemente sorvegliato la porta principale e quella di servizio? E tanto più che lei non stava lì per sorvegliare, ma per fare la siesta, per riposare...

Non posso giurarlo.

35 Ecco, vede: l'agente deve essersi addormentato e lei poteva star guardando altrove, quando l'assassino è sgattaiolato fuori. Non c'è altra spiegazione, se vogliamo restare sul terreno della realtà, del buon senso. Se poi vogliamo uscirne, possiamo arrivare dove vogliamo: anche a pensare che uno di noi tre... Ecco: lei dice di essere rimasto qui, a fare la siesta; ma è lei che lo dice... E tu – a me – tu dici di essere andato... Dov'è che te ne sei andato?

40 A uccidere don Gaetano – dissi.

Lo vedi dove si arriva, quando si lascia la strada del buon senso? – disse trionfalmente Scalambri. – Si arriva che tu, io, il commissario diventiamo sospettabili quanto costoro, e anche di più: e senza che ci si possa attribuire una ragione, un movente... Io lo dico sempre, caro commissario, sempre: il movente, bisogna trovare, il movente...

T6 DALLA COMPRENSIONE ALL'INTERPRETAZIONE

COMPRENSIONE E ANALISI

Un finale paradossale Il processo di destrutturazione del giallo avviato da Sciascia tocca il suo culmine in questo **finale aperto: il caso resta irrisolto**, mentre il colpevole si lascia andare a **una confessione paradossale** che non viene neppure presa in considerazione dal procuratore Scalambri. *Todo modo* ripropone dunque l'azzardo del *Pasticciaccio* di Gadda, ovvero del «più assoluto "giallo" che sia mai stato scritto, un "giallo" senza soluzione», secondo le parole stesse di Sciascia. **La soluzione è semmai offerta al solo lettore**, chiamato a interpretare gli indizi disseminati nel testo e a ricostruire lo svolgimento dei fatti. È significativo che l'autore consegni al lettore questa responsabilità: attraverso il giallo poliziesco, Sciascia intende infatti interrogare la coscienza individuale di ciascuno, stimolare a formulare un giudizio sulle – peraltro verosimili – vicende narrate, aprire una riflessione sul concetto di giustizia. D'altra parte la figura del detective ufficiale non risulta più all'altezza del suo compito: **il procuratore Scalambri si dimostra pigro e superficiale**, sempre pronto a sfuggire le complicazioni e alla ricerca della spiegazione più semplice e lineare (se ce n'è una disponibile, «perché dobbiamo cercarne altre complicate e che complicano?»). La sua schematica ricostruzione dei fatti viene messa in dubbio perfino dal commissario suo collaboratore e, soprattutto, dal **pittore** che, con colpo di scena, **ammette la propria colpevolezza**. Ma Scalambri ignora la sua confessione: il procuratore, che resta fedele alle regole del giallo, non è disposto a credere a **un omicidio senza movente**.

INTERPRETAZIONE

L'omicidio come atto gratuito? Se è vero che è stato il pittore a uccidere don Gaetano, sorge una domanda inevitabile: perché l'ha fatto? In molti hanno riconosciuto nel comportamento omicida del protagonista un atto gratuito e irrazionale, una risposta impulsiva e violenta alla minaccia dell'irrazionalità continuamente avvertita nel confronto verbale con il prete. Questo tipo di interpretazione sarebbe peraltro sostenuta dalla presenza, in coda al romanzo, di una **lunga citazione dai** *Sotterranei del Vaticano* **di Gide** (cfr. vol. 5), **il romanzo che celebra appunto l'atto gratuito**, l'omicidio immotivato e liberatorio compiuto dal giovane Lafcadio. D'altra parte però l'assassinio di don Gaetano sembra pur servire a qualcosa: esso consente infatti al pittore di riconquistare la propria libertà e razionalità laiche, aprendo al contempo l'esigenza di rifondare una nuova ragione, meno dogmatica e meno schematica di quella illuministica nella quale il protagonista si era riconosciuto fino a quel momento.

T6 LAVORIAMO SUL TESTO

COMPRENDERE

1. Chi è il narratore che dice "io" nel romanzo?

ANALIZZARE

2. Perché il procuratore Scalambri non crede alla veridicità della confessione del pittore?
3. **TRATTAZIONE SINTETICA** Perché questo finale sembra violare lo statuto del genere giallo? Spiegalo in una trattazione sintetica (max 10 righe).

LE MIE COMPETENZE: FARE RICERCHE, ESPORRE

Dal libro di Sciascia è stato tratto un film realizzato nel 1976 dal regista Elio Petri (cfr. espansioni digitali S). Il film rielabora profondamente il romanzo di Sciascia, trasformando quello che Pasolini definisce un «giallo metafisico» in un esplicito atto di accusa contro la corruzione della politica italiana. La pellicola di Petri infatti s'inserisce in un preciso filone della cinematografia italiana: quello del "cinema politico" degli anni Sessanta e Settanta che, come la narrativa coeva di Sciascia, indaga le degenerazioni del potere e i conflitti sociali del presente oppure rilegge in chiave critica episodi del passato recente. Quali sono i registi e i film d'inchiesta più significativi di questo filone? Fai una ricerca ed esponi alla classe le informazioni che hai reperito.

11 La narrativa sperimentale di «Officina»

Caratteri comuni negli autori di «Officina»

Gli autori di «Officina» – Roversi (1923), Leonetti (1924), Pasolini, Volponi – presentano una serie di componenti formali e tematiche che continuano a caratterizzarli per tutto l'arco della loro carriera letteraria anche al di là dell'esperienza della rivista, cronologicamente limitata alla seconda metà degli anni Cinquanta (sulla rivista, cfr. cap. II, § 2). **Sul piano formale, sperimentano tanto la prosa quanto la poesia**, sia coltivandole separatamente, sia mescolandole. **Inoltre si cimentano anche in altre forme espressive** (saggistica, teatro, cinema, giornalismo). **Si tratta dunque di poeti che sono insieme narratori** (o viceversa: di narratori che sono pure poeti). Anche nella loro produzione poetica tendono non alla concentrazione lirica, bensì alla narratività, optando per il genere del poemetto. **Mirano a un'innovazione formale che però non vuole prescindere dalla tradizione** (come invece faranno gli autori della Neoavanguardia): si rifanno infatti ad autori di fine Ottocento (Pascoli e Carducci) e agli espressionisti primonovecenteschi della «Voce».

Visceralità e impegno etico-politico

Sul piano tematico non eludono il confronto con la realtà, che per loro assume il volto preciso del "miracolo economico" e del neocapitalismo; e a essa reagiscono unendo passione o visceralità a progettualità politica e utopica e praticando una forma di "impegno" ormai tutto personale e dunque molto diverso da quello, collettivo e organizzato, degli anni del Neorealismo. **I temi prevalenti** rinviano alla distruzione del mondo contadino, ai cambiamenti prodotti dallo sviluppo economico nel costume delle masse popolari (sempre più omologate dal sistema capitalistico, dal consumismo, dalla televisione), alle nuove forme di organizzazione industriale nelle fabbriche e nella società, alla delusione per la fine del clima eroico della Resistenza e per il conformismo dominante anche nei partiti di sinistra.

I temi

Volponi, Pasolini, Leonetti e Roversi fra poesia e narrativa

Dei quattro autori che abbiamo sopra ricordato, per quanto riguarda la narrativa in prosa **il maggiore è senza dubbio Volponi** a cui dedicheremo un intero paragrafo, il prossimo. **Degli altri tre**, **Pasolini** (su cui cfr. cap. VI) raggiunge i suoi risultati migliori in poesia (a cui dedica anche un interesse più continuativo), **mentre Roversi e Leonetti** si sono occupati con eguale passione – almeno negli anni Sessanta e Settanta – di entrambe queste forme espressive.

12 Letteratura e industria, impegno politico e invenzione formale nei romanzi di Volponi

La vita e l'impegno intellettuale e politico

Grande narratore e notevole poeta, **Paolo Volponi (1924-1994)**, vissuto fra Urbino e Milano, **è una figura anomala di letterato italiano**, l'unico che abbia avuto una esperienza di lavoro, lunga e continuata, **all'interno del mondo industriale**, dapprima alla **Olivetti** di Ivrea (dove collaborò con Adriano Olivetti, industriale democratico e utopista), poi alla **FIAT** di Torino, come responsabile dei rapporti tra fabbrica e città. Allontanato dalla FIAT per le sue dichiarazioni politiche a favore del **PCI**, Volponi è stato eletto senatore nelle liste di questo partito a partire dal 1983 e poi ha aderito a Rifondazione Comunista.

Le idee politiche

S • Volponi espone agli studenti le sue idee sull'industria e sulla letteratura

Volponi, come confermano i suoi scritti teorici e politici (*Scritti dal margine*, 1994, e, composto in collaborazione con Leonetti, *Il leone e la volpe*, 1995), **non ha mai avuto un atteggiamento di rifiuto pregiudiziale della realtà industriale** e del modo capitalistico di produzione: anzi, si è battuto per una loro correzione o riforma e cioè per una loro armonizzazione sociale, che tenesse conto dell'interesse comune e non solo del profitto privato. Soltanto quando, vivendo all'interno del mondo dell'industria, si è reso conto della sordità del sistema a queste esigenze, ha progressivamente maturato un atteggiamento sempre più radicale di critica.

Unione di impegno etico-politico e di sperimentalismo formale

Sul piano letterario, Volponi muove dall'esperienza di «Officina» e del «Menabò», unendo impegno etico-politico e sperimentalismo formale, analisi sociale e una forte capacità innovativa e inventiva che lo avvicina, negli anni Settanta, ad alcune soluzioni proposte dalla Neoavanguardia (alla quale, peraltro, non ha mai aderito). **Il suo sperimentalismo consiste tanto** nell'introduzione di nuovi contenuti (per esempio, quelli relativi al mondo della fabbrica, presente in alcuni dei suoi li-

I ROMANZI DI PAOLO VOLPONI

il mondo della fabbrica	corporalità e fantascienza apocalittica
• *Memoriale* (1962) • *Le mosche del capitale* (1989)	• *Corporale* (1974) • *Il pianeta irritabile* (1978)
la storia di un "diverso"	una vicenda ambientata negli anni del fascismo
• *La macchina mondiale* (1965)	• *Il lanciatore di giavellotto* (1981)
un romanzo tradizionale	un romanzo giovanile
• *Il sipario ducale* (1976)	• *La strada per Roma* (1991)

bri più importanti, *Memoriale* e *Le mosche del capitale*), **quanto** nella capacità, più evidente nelle opere degli anni Settanta e Ottanta, di far confluire poesia e prosa, motivi lirici e grotteschi, spunti realistici, espressionisti e surreali, il sogno utopico e incantato di una natura intatta e di una civiltà medievale e rinascimentale con essa in armonia (è il paesaggio di Urbino) e la rabbiosa constatazione dei guasti prodotti dall'industria sul mondo naturale e civile.

Dopo aver esordito come poeta negli anni Cinquanta, Volponi s'impegna, durante gli anni Sessanta, nel romanzo, dapprima con *Memoriale* (1962), poi con *La macchina mondiale* (1965). Tanto il primo romanzo, che s'inseriva nel dibattito sulla letteratura e industria promosso da Vittorini sul «Menabò», quanto il secondo presentano alcune caratteristiche comuni: **protagonisti sono due personaggi "diversi", esclusi e irregolari** (un contadino paranoico divenuto operaio in *Memoriale*; un contadino marchigiano, utopista e a suo modo filosofo e scienziato, nella *Macchina mondiale*) che fronteggiano la realtà moderna della fabbrica (nel primo) o della burocrazia della capitale (nel secondo).

Nel 1974 esce uno dei romanzi più intensi di Volponi, *Corporale*, storia di un intellettuale in crisi, Gerolamo Aspri, che, nella prospettiva di una catastrofe nucleare, si fa costruire un rifugio antiatomico. Solo la corporalità, la fisicità, la materialità biologica e la vitalità che essa comporta sembrano poter costituire ancora una resistenza all'alienazione dilagante e ai rischi di una catastrofe mondiale.

Più tradizionale è il romanzo successivo, *Il sipario ducale* (1976): una ragazza di campagna, Dirce, trova nella propria corporalità la forza di resistere ai soprusi. Insieme al vecchio anarchico Subissoni, decide d'abbandonare la favolosa Urbino per l'impegno politico a Milano.

Il tema della corporalità ritorna nel romanzo fantascientifico *Il pianeta irritabile* (1978). Il riferimento al genere di consumo della fantascienza non deve ingannare: **modelli letterari sono infatti le *Operette morali* di Leopardi**, con la loro critica all'antropocentrismo, **e la *Commedia* di Dante**, con il suo viaggio iniziatico e allegorico. La trama si svolge in un lontano 2293: dopo numerose distruzioni nucleari, i quattro protagonisti devono superare una serie di prove per sopravvivere e tentare infine la costruzione di una nuova società. Essi sono **l'elefante parlante Roboamo, il babbuino Epistola, l'oca Plan Calcule** e **il nano Mamerte**. Ad aiutare i quattro c'è un personaggio misterioso, **l'Imitatore del canto di Tutti gli Uccelli**, che difende una perduta memoria storica del mondo: il suo sacrificio nello scontro finale è decisivo per il raggiungimento della vittoria. **Il primo obbiettivo polemico del romanzo è anzitutto il capitalismo**, la cui logica del profitto determina fatalmente la distruzione del mondo (cfr. **S3**, p. 676). I quattro protagonisti rappresentano, da parte loro, un'esigenza rivoluzionaria che coincide ormai con l'istinto vitale. **La conclusione del romanzo rimane tuttavia sospesa**: si afferma una nuova società di eguali, oppure la vita viene conservata solo a patto di regredire allo stato di natura? (cfr. **T7**, p. 677).

Dopo *Il lanciatore di giavellotto* (1981), ambientata negli anni del fascismo, **Volponi scrive *Le mosche del capitale*, probabilmente il maggior romanzo degli anni Ottanta** (uscì nel 1989), facendolo poi seguire da un'opera giovanile, composta negli anni Cinquanta e rimasta allora inedita, *La strada per Roma* (1991). Protagonisti sono tre giovani che lasciano la città natale per la capitale, nel cui mondo cinico e grettamente utilitaristico incontrano delusioni e sconfitte.

Il primo romanzo pubblicato, *Memoriale*, e l'ultimo scritto, *Le mosche del capitale*, sono caratterizzati dal **tema dell'industria**. Ma la fabbrica degli anni Ottanta non è più quella di vent'anni prima: è più un ufficio che una fabbrica, e **vi dominano il computer e una produzione smaterializzata**. Nel primo romanzo esiste ancora una dialettica città-natura, fabbrica-campagna, mentre nel secondo essa è venuta meno: il mondo artificiale ha ormai soppiantato quello naturale.

In *Memoriale* il protagonista è Albino Saluggia, un contadino reduce dalla guerra e dalla prigionia, che trova lavoro come operaio. La storia è narrata da lui stesso in prima persona. La fabbrica gli appare all'inizio un modello di organizzazione e sembra confermare le sue aspettative, d'altronde ingigantite da una sensibilità paranoica. Poi però la situazione peggiora rapidamente. Quando si ammala di tubercolosi, immagina una congiura dei medici contro di lui e rifiuta di curarsi. Da qui in avanti alterna momenti di lavoro – peraltro sempre più marginali e degradati – ad altri di riposo a casa. Dopo dieci anni, viene licenziato per aver fatto propaganda a uno sciopero.

La vicenda di *Le mosche del capitale*

T • Paolo Volponi, *Dialogo delle piante e del terminale*

Video • *Le mosche del capitale* (M. Ganeri)

La civiltà del Postmoderno e la sua critica

S • *Le mosche del capitale*, un grande romanzo sul potere nell'età contemporanea (R. Luperini)

Le mosche del capitale **è imperniato sulla vicenda** (in parte autobiografica) **di un intellettuale, Bruto Saraccini**, che vorrebbe conciliare progettualità democratica e riformista con le esigenze del profitto capitalista ma si scontra con la logica grettamente utilitaristica degli altri dirigenti – dapprima Nasàpeti, poi Sommersi Cocchi –, che infine riescono a emarginarlo e a espellerlo dal loro mondo. Alle responsabilità degli ambienti industriali (vi si intravvedono, nella seconda parte del romanzo, anche quelli della FIAT e della famiglia Agnelli) si aggiungono quelle del protagonista, troppo velleitario e anche troppo invischiato nei meccanismi del potere per poterli davvero contestare. **Altro protagonista del romanzo è un operaio, Tecraso**, licenziato e imprigionato perché esponente di punta della lotta sindacale e perché accusato di avere dato ospitalità a esponenti di gruppi terroristici.

Il romanzo mette in scena la civiltà – lo spazio, il tempo, l'architettura degli uffici, l'urbanistica – **del Postmoderno; ma adotta una tecnica del tutto estranea alle poetiche e alle ideologie del postmodernismo**, in quanto basata sullo straniamento critico, sul montaggio allegorico, sul senso acuto delle contraddizioni e su un conseguente esplicito impegno etico-civile. Il paesaggio è ormai fatto di merci, è artificiale e plastificato, e anche la luna cessa d'essere la trasposizione di uno stato d'animo lirico per diventare solo un «satellite su cui schizzano le telefonate intercontinentali» (cfr. T8, p. 680, e T9, p. 684).

S3 — INFORMAZIONI

L'immaginario apocalittico di fine millennio

Nell'immaginario filmico e letterario del secondo Novecento si riaffaccia con insistenza l'antico tema dell'apocalisse, della catastrofe della specie umana legata all'avvento di un mondo "altro". La svolta è segnata dalla bomba di Hiroshima e dall'allarme ecologico scattato negli anni Settanta, che hanno messo in crisi, con l'ottimismo scientifico, ogni sogno di conquista dello spazio e di dominio antropocentrico sulla natura.

Dalla visione di una cultura opposta alla natura, che si accompagna all'alleanza uomo-robot contro l'alieno, tipica della fantascienza degli anni Quaranta e Cinquanta, si passa, negli anni Settanta, a una rappresentazione positiva dell'alieno (si pensi al celebre film di Spielberg, *E.T.*) e a una connotazione negativa dell'uomo (l'uomo stesso costruisce alieni che hanno più dignità dell'umanità degradata in *Blade Runner*), oppure l'uomo è annientato dagli esiti imprevisti di un incauto esperimento biologico (*Jurassic Park*). La perdita di ogni controllo razionale ed etico sulle forze scatenate dalla scienza e dalla tecnologia libera e potenzia le tendenze più violente e distruttive. La civiltà stessa genera mostri e l'uomo non riconosce più se stesso. È la ripresa di un tema classico, che assume, nell'immaginario odierno, dimensioni apocalittiche.

In letteratura è Swift, estraneo agli entusiasmi scientifici del Settecento, a inaugurare, nei *Viaggi di Gulliver*, il rovesciamento uomo-animale nel paese dei cavalli, i civilissimi Houyhnhnm. Nel Novecento *La coscienza di Zeno* si chiude con l'immagine dell'esplosione della Terra e della distruzione dell'uomo, come unica possibilità di liberare il mondo dalla malattia che lo inquina alle radici. Contemporaneamente l'elogio sveviano dell'"abbozzo" prefigura un essere umano che, nella mancanza di forma e di identità precisa, più degli altri è adattabile alla molteplicità del divenire (cfr. vol. 5). Il nano Mamerte di Volponi ricorda la metafora sveviana, che anticipa la tematica modernissima del divenire altro dell'uomo, di un 'oltreuomo' in simbiosi con le trasformazioni del sistema ecologico. La regressione animale a mollusco, dinosauro, pesce, protozoo, caratterizza il proteiforme personaggio di *Ti con zero* e delle *Cosmicomiche*, vigile testimone dei mutamenti geologici e biologici della vita cosmica (cfr. cap. V, § 4). Ma se le entità che si muovono in questo mondo delle origini assumono in Calvino forme umane, in Volponi l'umiliazione dell'antropocentrismo della specie umana approda a una sorta di grado zero dell'umanità e di identificazione con la naturalità animale.

E.T. l'extra-terrestre, film del 1982 di Steven Spielberg.

T7 Paolo Volponi
Una «nuova figura sociale»

OPERA
Il pianeta irritabile

CONCETTI CHIAVE
- la metamorfosi animale del nano Mamerte
- l'ambigua conclusione del romanzo

FONTE
P. Volponi, Il pianeta irritabile, Einaudi, Torino 1978.

Il viaggio e il superamento delle prove è stato un duro apprendistato per tutti i componenti del piccolo gruppo e soprattutto per il nano. I tre sopravvissuti hanno superato ogni egoismo: sono ormai una trinità, «una figura sociale» immune dai guasti che hanno indotto la civiltà a produrre la bomba. Nella pagina conclusiva la mutazione di Mamerte può dirsi conclusa: le mani con cui poteva forgiare prometeicamente attrezzi e ordigni sono divenute "zoccoli" ed è ormai disposto a dividere con i suoi due compagni come cibo il foglio di riso per lui fino al quel momento tanto prezioso.

I tre compagni[1] sapevano già quale fosse la strada da prendere.

Erano ancora su quella sponda, anche se più lontani dal lago ormai invisibile nello sprofondo, solo per riposarsi.

Il sottomarino, sempre tra le fronde, non gocciava più.[2]

Ma erano ancora in quel posto anche per cancellare del tutto l'emozione dell'ultima battaglia e quella più grande di essere rimasti soli. Avevano potuto smaltirne molta ritrovandosi insieme. Ma proprio per il fatto di ritrovarsi insieme, molta altra gliene era cresciuta. E questa avevano cercato di amministrarsela con i pensieri, con il recupero del giaccone, con i discorsi, con la pulizia del nano, con la lacerazione della busta[3] e con tanti e brevi spostamenti, atti, sbadigli che ripetevano uno dietro l'altro, e sempre con un senso di novità.

Tutti questi gesti venivano compiuti, singolarmente o insieme, anche per saggiare la dimensione del nuovo gruppo e quella dei nuovi rapporti. Perché ciascuno potesse trovare la propria posizione e la misura adatta dentro la nuova figura sociale. Tanto più che nessuno pensava di poter guidare e governare come capo assoluto.[4]

In quei gesti ciascuno voleva provare di esistere per quel che era, e intendeva inoltre dichiarare ed esprimere il proprio senso di parità con gli altri.

Roboamo non sentì più il bisogno di filosofeggiare;[5] né l'oca di fissare gli occhi e di avviarne i tre dischi in senso contrario uno all'altro; né di fare solfeggi o canzoni con il sassofono del collo e le note del quaqua.[6]

Il nano non sentì più la colpa di nascondere qualcosa di suo.[7]

Eppure il nano e l'elefante ebbero lo stesso sussulto, come se fossero stati battuti insieme dalla picca dello stesso domatore, quando videro impigliato su un ramo che riemergeva lungo la sponda sotto di loro, un brandello giallo del canotto.

Si guardarono, ma poi si quietarono in giro, ciascuno a suo modo.

Arrivò il momento in cui sentirono naturale la loro trinità: sia retta, che angolata, che triangolare.[8] Allora si misero in marcia, anche se in quel momento stava facendo buio, nella direzione che conoscevano senza bisogno di avvertimenti o di comandi.

- **1 tre compagni**: si tratta di Mamerte, Plan Calcule e Roboamo. Epistola, che fino a quel momento aveva costituito l'autorità assoluta del gruppo, è morto nel decisivo duello con il governatore.
- **2 sottomarino...più**: il relitto del sottomarino del governatore, affondato nel lago, è rraffiorato perché l'acqua è scomparsa.
- **3 lacerazione della busta**: si tratta di una busta rinvenuta dal nano addosso a un pilota nell'abitacolo di un razzo militare. Fino a quel momento l'aveva custodita gelosamente nel proprio giaccone, insieme agli oggetti più cari e al foglio di riso donatogli dalla suora. Ma, dopo l'ultima battaglia e la morte del governatore e di Epistola, Mamerte sente che non c'è più ragione di tenerla e la lacera in tanti pezzetti gettandola via.
- **4 figura...assoluto**: i tre costituiscono l'embrione e il modello di una nuova società caratterizzata dall'assenza di gerarchie e da un senso di assoluta parità.
- **5 Roboamo...filosofeggiare**: in precedenza il compito dell'elefante era stato quello di educare il nano con sentenze e consigli: era stato l'"intellettuale" del gruppo, il depositario e custode di saperi e di memoria. Ora questa sua funzione è estinta.
- **6 l'oca...quaqua**: al circo l'oca era stata addestrata al canto e alla contabilità, per intrattenere il pubblico. Nel quartetto diretto da Epistola aveva ricoperto il ruolo dell'esploratore. Nel nuovo gruppo non deve più esercitare nessuno di questi mestieri.
- **7 Il nano...suo**: Mamerte durante il viaggio aveva nascosto alcuni oggetti di proprietà privata nel giaccone. In essi aveva visto l'ultimo baluardo della sua umanità rispetto all'animalità dei compagni e aveva pagato i suoi segreti con il senso di colpa rispetto al gruppo.
- **8 naturale...triangolare**: dopo un primo momento di adattamento, i tre superstiti

Marciarono per un tempo che nessuno calcolò verso le tre lune, traversando molti ordini di colline dalla vegetazione sempre più rada. Seguirono colline d'argilla e di pietra.

30 Dovettero scalare un fronte di colline di pomice.⁹ Scavalcarono un altro giro di colline, più alte, di una roccia rossastra che si sfaldava e si sfarinava come talco. Salirono un altipiano di lava e affrontarono un territorio in salita, ricoperto di coni di carbone e di stagno.

Di stagno e molto ripida era l'ultima rampa in fondo, che arrivava quasi a toccare le tre lune.

Queste erano rimaste sempre scoperte e immobili; a ingrandirsi e a impallidire via via che la
35 marcia avanzava verso di loro.

Lo stagno a metà della rampa scottava e nelle punte più alte si fondeva creando dei rivoli mortali.

I tre superarono la cima di corsa e a volo. Non poterono vedere lo scatto in alto delle tre lune e il lungo dondolio che sopportarono per rimettersi esattamente alla pari e alla stessa distanza
40 fra loro, alla nuova quota che quasi raggiungeva lo zenith.¹⁰

Scamparono in un deserto di sassi lucidi e regolari come quelli di un vecchio letto di fiume... e questa fu l'ultima immagine, che appena li sfiorò... Ma i sassi erano così pesanti da rendere impraticabile il percoso.

Il nano riusciva a sollevare e a spostare di mezzo passo, dopo sforzi immani e molto perico-
45 losi per i suoi ginocchi, solo i sassi grandi come i bottoni del suo giaccone.

Sotto c'erano ancora altri sassi: più lucidi e tutti in ordine secondo la grandezza di quelli in superficie.

In sosta tra quei sassi si accorsero dello spostamento delle tre lune e lo ritennero, senza alcun commento, del tutto naturale.

50 Più oltre, sempre dentro quel deserto faticoso, assistettero alla caduta della luna di mezzo.

La videro scuotere la faccia un attimo, con un tremolio che si specchiò nel lucido dei sassi impassibili: staccarsi dalla luce, che consumò in un attimo il proprio cerchio in alto, e precipitare di schianto con una palla nera che nella velocità della caduta si deformava e cresceva. La palla strisciò al margine del deserto e scomparve.¹¹

55 Non restarono molto a guardare le due lune superstiti, e a notare come le rimpiccioliese la nuova distanza che le separava.

Quando l'orizzonte fu solo quello dei sassi che poteva distinguere davanti a sé, il nano si fermò.

Tirò fuori adagio, con le mani ormai ridotte a zoccoli, dove le dita ripiegate s'impastavano nelle piaghe e nel callo,¹² il foglio di riso sul quale la suora di Kanton aveva scritto per lui la poe-
60 sia. Svolse il foglio adagio, con molta attenzione; lo ripiegò in modo diverso e poi lo strappò per dividerlo in due parti: una grande tre quarti, e una un quarto.

Consegnò quella più grande a Roboamo e divise ancora la più piccola in due: ne diede un pezzo all'oca e l'altro lo tenne per sé. Lo stirò ancora, gli soffiò sopra angolo per angolo, lo rialzò verso la luce, se lo accostò al buco¹³ e cominciò a mangiarlo.

---

avvertono come **naturale** la loro nuova società non gerarchica. La figura del triangolo rinvia alla Sacra Trinità della dottrina cattolica. A differenza che in tutte le strutture piramidali, qui non vi è alcun vertice: ciò viene sottolineato con il ricorso a diverse figure geometriche.

- **9 pomice**: roccia vulcanica vetrosa. Il paesaggio infernale ricorda anche quello di una gigantesca acciaieria o fonderia: colline di polvere rossa, coni di carbone, rivoli di stagno fuso.
- **10 lo scatto...zenith**: in cielo le tre lune che hanno sempre accompagnato e orientato la marcia del gruppo ora iniziano a subire straordinarie trasformazioni: balzano verso l'alto, fino quasi a porsi verticalmente rispetto al punto della Terra in cui si trovano i tre eroi (**zenith**) e dondolano a lungo per riposizionarsi. Il movimento delle lune, oltre a dare all'intera sequenza una connotazione surreale e onirica, serve a imprimere agli ultimi gesti degli eroi una solennità epica.
- **11 La videro...scomparve**: la sequenza della caduta della luna di mezzo assume un'alta intensità figurale, epica e visionaria. I tre eroi assistono impassibili, come i sassi, a un fenomeno cosmico inaudito. Il precipitare della "palla nera" al margine del deserto è un'allegoria di cui non è fornita la chiave immediata. Tuttavia è verosimile pensare alla catastrofe della luna come raffigurazione dell'estinguersi della civiltà del dominio, a cui gli animali e i sassi guardano indifferenti.
- **12 zoccoli...callo**: le prove durissime hanno deformato le mani del nano creando piaghe e callosità. Tuttavia l'espressione «**mani ridotte a zoccoli**» sembra alludere anche alla mutazione biologica dallo stato umano a quello animale. Le "mani" sono infatti una delle principali prerogative della specie umana, per la loro alta capacità di precisione.
- **13 buco**: la bocca, orrendamente sfigurata.

T2 DALLA COMPRENSIONE ALL'INTERPRETAZIONE

COMPRENSIONE

La metamorfosi animale È il finale del romanzo: in seguito alla morte del capo, il babbuino Epistola, rimasto ucciso nell'epico duello ingaggiato contro il governatore Moneta, **il nano, l'oca e l'elefante perdono via via i tratti caratteriali distintivi** e raggiungono quella **condizione democratica e primordiale di «felice irresponsabilità»**, sulla quale si fonda, a detta di Volponi, la specificità dello *status* **animale**. Questa metamorfosi viene suggellata dalla sequenza grottesca del rito in cui **il foglio di riso della suora di Kanton si converte in «pane comune»** e viene diviso tra i tre superstiti. Così, alla fine del viaggio, anche il nano perde definitivamente ogni carattere umano.

Alla trasformazione subita dai personaggi corrisponde, su scala più ampia, la metamorfosi perpetua messa in atto dal pianeta stesso, che, alla stregua di un essere vivente, è permeabile agli stimoli e reagisce alle sollecitazioni esterne. **L'«irritabilità» biologica della natura**, modificata dall'esplosione, viene rappresentata dalla sua continua metamorfosi: qui ad esempio gli astri e la luna scompaiono dall'orizzonte nell'indifferenza generale.

ANALISI

Un poemetto in prosa L'ultimo blocco testuale presenta le caratteristiche formali del **poemetto in prosa**: la **sintassi spezzata**, il cui andamento sincopato viene reso più acuto dai continui capoversi, il forte tasso di **figuralità**, inusuale in una descrizione, il **lessico alto** e nobilitante, le **dittologie** dei verbi, degli aggettivi e dei sostantivi: "sfaldava e sfarinava", "di carbone e di stagno", "scoperte e immobili", "lucidi e regolari".

La caduta della luna La solennità della scena è accompagnata dalle modificazioni degli astri e dalla caduta di una luna. A questo proposito occorre sottolineare lo **spunto leopardiano** (nel Frammento XXXVII dei *Canti*, si legge: «ed ecco all'improvviso / distaccarsi la luna»). Davanti al fenomeno cosmico tuttavia il nano e i due animali restano indifferenti: gli astri e la luna, simboli cari alla poesia occidentale, non significano più nulla per i superstiti, che hanno per sempre lasciato alla spalle la civiltà umana e i suoi guasti.

Rito eucaristico e utopia sociale Il nano con lentezza rituale spezza **il foglio di riso** fino a quel momento custodito come patrimonio privato e lo offre come cibo ai suoi compagni. **È il rito che inaugura una nuova società senza interessi individuali** o poteri. **Il rinvio al rito eucaristico** è palese («lo rialzò verso la luce»). La proprietà privata, origine delle guerre e della catastrofe ecologica, è estinta, come pure la formalizzazione estetica a vantaggio del **"bene comune"**.

INTERPRETAZIONE

Il nano Mamerte e la conquista dell'animalità La prospettiva utopica (la società di liberi e uguali) che si cela sotto **l'allegoria** comporta paradossalmente la marcia indietro verso una condizione primordiale e **una regressione dell'uomo all'animalità**. Il **viaggio di iniziazione del nano** coincide infatti con **una progressiva perdita degli attributi umani** e con la discesa verso la regione delle pulsioni elementari. È necessario che il nano si spogli totalmente del passato che lo lega alla specie umana per poter risorgere come "animale diverso" a cui, unico tra gli umani superstiti, è predisposto dalla sua condizione di essere informe e deforme, ai confini dell'animalità già nella vita del circo. **Il peccato umano, di cui il nano deve liberarsi, è la tendenza al possesso**, a conservare qualcosa di "suo". Spetta a Roboamo, l'elefante, educarlo a eliminare ogni complicità con il vecchio ordine di cose e ad aiutarlo a liberarsi dagli utensili, dalle ideologie e dalla memoria di ogni legame con la specie umana. Ciò segna la finale **immersione nella libertà e nella mutevolezza della natura**, anch'essa mimesi della fluida inconsistenza della terra alla ricerca di una forma nuova. **Il rovesciamento della tradizionale gerarchia tra l'uomo e gli animali** segnala il radicale rovesciamento dei valori e dei significati umani, allegorizzato dallo **scontro finale con il governatore Moneta, metafora del potere come artificialità** e degradazione della vita asservita all'interesse economico. Anche **il linguaggio umano viene sistematicamente ignorato**, dimenticato o irriso fino alla distruzione della scrittura e alla riduzione della poesia a oggetto commestibile. L'**utopia finale** resta volutamente ambigua: il regno di liberi e di uguali coincide con un mitico stato di natura e con la spinta elementare del puro esistere? Il nano si è liberato, durante il viaggio, di ogni residuo umano, esclusa la poesia della suora di Kanton, che ora spartisce con i due compagni per cibarsene: è il segno della totale negazione dei valori della civiltà o della necessità di una loro ricongiunzione con la materialità dell'esistenza e con il recupero di un loro valore d'uso comunitario?

T7 LAVORIAMO SUL TESTO

ANALIZZARE

Lo stile poetico

1. **LINGUA E LESSICO** Caratterizza sintassi, lessico e immagini del testo.

Una naturale «trinità»

2. Quale nuova società prefigura il trio dei superstiti? Quali gesti e pensieri la esprimono?

La caduta della luna

3. La marcia del nano e dei due animali si compie attraverso un paesaggio desolato e instabile, tra due catastrofi, l'affondamento del sottomarino e la caduta della luna. Perché l'inaudito fenomeno cosmico li lascia del tutto indifferenti? Che valore allegorico puoi attribuire alla scena?

INTERPRETARE

La mutazione come riscatto

4. **TRATTAZIONE SINTETICA** Quali termini lasciano intuire la trasformazione animale del nano? Alla fine questi mangia e fa mangiare la poesia scritta su un foglio di riso e a lungo conservata. Come puoi interpretare questo rito finale? Spiegalo in una trattazione che non superi le 10 righe.

T8 Paolo Volponi
La grande città industriale

OPERA
Le mosche del capitale, Parte I

CONCETTI CHIAVE
- il sonno della città industriale
- il trionfo del capitale
- l'enumerazione caotica

FONTE
P. Volponi, *Le mosche del capitale*, Einaudi, Torino 1989.

S • Analisi dell'inizio di *Le mosche del capitale* (P.V. Mengaldo)

Riportiamo l'inizio del romanzo Le mosche del capitale.

Saraccini guarda dall'alto della collina la grande città industriale[1] che si estende nella pianura, spianata dalla notte oltre se stessa fino a sparire tra i riflessi del fiume e le fumate dei campi.

Egli è sereno e gode soddisfatto di quella vista e del generale silenzio. «E sì, è proprio un altro grande generale, il silenzio», confida a se stesso e all'universo. Tutto lo spazio intorno, con il fiato trattenuto e cauto ad ogni tonfo, sembra capirlo e ubbidirgli, riconoscergli con premura di essere quasi ricco, quasi innamorato, ancora giovane e forte, il primo nella sua città esemplare e anche nella regione; il più intelligente, equilibrato e capace dei direttori della sua gloriosa Azienda.

La grande città industriale riempie la notte di febbraio senza luna, tre ore prima dell'alba. Dormono tutti o quasi, e anche coloro che sono svegli giacciono smemorati e persi: fermi uomini animali edifici; perfino le vie i quartieri i prati in fondo, le ultime periferie ancora fuori della città, i campi agricoli intorno ai fossati e alle sponde del fiume; anche il fiume da quella parte è invisibile, coperto dalla notte se non dal sonno. Buie anche le grandi antenne delle radio comunicazioni e dei radar della collina. È un rumore del sonno quello di un tram notturno che
15 striscia tra gli edifici del centro. Gli uomini le famiglie i custodi i soldati le guardie gli ufficiali gli studenti dormono, ma dormono anche gli operai: e non si sentono nemmeno quelli dei turni di notte, nemmeno quelli dei turni di guardia di ronda tra le schiere dei reparti o sotto le volte dei magazzini. Quasi tutti dormono sotto l'effetto del Valium, del Tavor e del Roipnol.[2]

Ma dormono anche gli impianti,[3] i forni, le condutture, dormono i nastri trasportatori delle
20 scale mobili che depositano le pozioni chimiche nelle vasche della verniciatura o nei lavelli delle tempere. Dorme la stazione ferroviaria, dormono anche le farmacie notturne, le porte e le anticamere del pronto soccorso, dormono le banche: gli sportelli le scrivanie i cassetti le poste pneumatiche[4] le grandi casseforti i locali blindati; dormono l'oro l'argento i titoli industriali;

- 1 **la grande città industriale**: anche se non se ne fa il nome, è Torino.
- 2 **Valium...Roipnol**: alcuni tra i sonniferi e tranquillanti più diffusi.
- 3 **gli impianti**: quelli dell'industria metalmeccanica.
- 4 **le poste pneumatiche**: sistema di trasporto interno della posta che, inserita in capsule di metallo, viene sospinta a destinazione dalla pressione attraverso dei tubi.

dormono le cambiali i certificati mobiliari i buoni del tesoro.⁵ Dormono i garzoni con le mani sul grembiule o dentro i sacchi di segatura. Dormono le prostitute i ladri gli sfruttatori le bande organizzate, i sardi e i calabresi; dormono i preti i poeti gli editori i giornalisti, dormono gli intellettuali; quanto caffè, alcool, fumo tra quelle ore. E mentre tutti dormono il valore aumenta, si accumula secondo per secondo all'aperto o dentro gli edifici.⁶

Dormono i calcolatori, ma non perdono il conto nei loro programmi. È un problema di ordine, efficienza, produzione. Saraccini confida negli psicofarmaci e nei calcolatori. Capiranno i giornali, i finanzieri, i direttori, i tecnici, i giovani specializzati, i consigli d'amministrazione, i contabili, i sindacalisti di fabbrica, quelli provinciali e nazionali, poi i sindaci, i politici, e poi anche i vertici della confindustria,⁷ dell'Iri,⁸ e poi i ministri e gli editori. Tutti dovranno capire il primato sociale, culturale, scientifico dell'industria: e lo stesso capitale dovrà sottomettersi e seguirne le ragioni. Il capitale verrà rinnovato e regolato dall'industria.⁹

Il midollo spinale dei nastri¹⁰ crepita, memoria e calcolo, come nel sonno il sangue circola, l'inconscio dilaga, il sogno si versa, il cervello si alimenta di nuovi scatti per i pensieri nuovi di domani. Già al primo risveglio sul lavandino sulla tazza o ancora prima sul sapore del cuscino, cresce spinto dalla vita di tutto e di tutti, il corpo e il valore del capitale. Mai un istante, anche nelle più cupe notti, cessa di crescere e prevalere; si sposta si assesta recupera forze distribuisce risorse immagina e progetta nuove strategie delinea nuovi organi e nuove facoltà.

Il sonno si spande senza alcuna innocenza, e non per fisico gravame,¹¹ ma come ulteriore dato e calcolo delle compatibilità¹² favorevoli al capitale. Tutta la città gli è sottoposta; così ciascun dormiente, ciascuno nel suo posto e letto, nel proprio sonno come in quello più grande e generale che si svuota di vapori. Il calcolatore guida e controlla, concede rincorre codifica assume imprime. Dormono anche i padroni e i custodi del calcolatore, dorme la loro coscienza vigilata da infiniti sistemi d'allarme, elettronici quanto morali,¹³ sociali politici biochimici. Ronza nel grande sonno il palazzo degli uffici, anch'esso in riposo, staccato isolato da novantotto delle sue cento correnti: restano le guardie, i ronzii dei commutatori,¹⁴ le bocche dei revolvers, le garitte¹⁵ dei turni, i quadranti degli orologi, quelli di rappresentanza del grande salone d'ingresso e delle sale d'attesa.

Giuseppe Puglisi, *Atlante della terra (verso sera)*, 2010. Collezione privata.

● **5 i certificati...tesoro**: i primi sono le obbligazioni del mercato azionario; i secondi i titoli emessi dal Ministero del Tesoro (come i BOT e i CCT, rispettivamente buoni ordinari e certificati di credito del Tesoro).
● **6 E mentre tutti dormono... edifici**: il capitale non smette di fruttare mai.
● **7 confindustria**: la Confederazione generale dell'industria italiana, organo di rappresentanza degli industriali.
● **8 Iri**: Istituto per la ricostruzione industriale, l'ente pubblico che gestisce i grandi interessi finanziari e industriali, sotto il controllo del Ministero delle Partecipazioni Statali.
● **9 Tutti dovranno...industria**: l'utopia di Saraccini è infatti quella di un mondo produttivo, in cui l'industria abbia anche una funzione civile.
● **10 nastri**: i nastri trasportatori delle fabbriche, viste come un corpo vivo e animato.
● **11 gravame**: *peso, stanchezza*.
● **12 compatibilità**: *insieme di circostanze*; è il gergo dell'industria e della finanza.
● **13 elettronici quanto morali**: la pervasività del sistema capitalistico non riguarda solo il mondo economico e sociale, ma le stesse coscienze degli individui.
● **14 commutatori**: apparecchi per la distribuzione dell'elettricità.
● **15 garitte**: *gabbiotti [delle guardie]*.

65 Ogni cinque minuti scatta il calcolo degli interessi,[16] ogni dieci quello del tasso di inflazione, ogni mezz'ora, avendo intanto percorso il giro del mondo, l'indice di costo delle principali materie prime, ogni tre ore l'indice di valore del dollaro e del marco svizzero, seguito dopo venti minuti da quello di tutte le altre monete dei principali paesi industriali del mondo. Spesso manca la quotazione della lira. Il suo dato rimbalza all'improvviso fuori luogo insieme con quelli bigiornalieri del costo del lavoro, compresa la contingenza[17] con la specificazione di un indice
70 medio generale e dei seguenti indici di settore: metalmeccanici chimici tessili poligrafici, trasporti, comunicazioni, edili, cartai.

- **16** **Ogni...interessi**: quelle di seguito elencate sono tutte operazioni compiute dai mercati finanziari.
- **17** **contingenza**: è la parte delle retribuzioni che varia a seconda del variare del costo della vita.

T8 DALLA COMPRENSIONE ALL'INTERPRETAZIONE

COMPRENSIONE

La città e il capitale Il protagonista, **Bruto Saraccini**, uno dei direttori dell'Azienda in cui lavora, assapora il successo che lo attende e intanto guarda dall'alto di una collina **la grande città industriale** ancora addormentata. **Tutto è regolato dal capitale**, anche il sonno; e, mentre tutti si riposano, continua a scattare e a vivere il meccanismo del profitto, calcolato dai computer. A vegliare è il grande corpo del Capitale, fonte di ogni valore. Si noti come il *topos* del **riposo notturno** – tipico della poesia di ogni tempo e qui con echi precisi dai lirici greci (Alcmane) – venga ripreso e insieme sottoposto a trattamento ironico: niente è più naturale, neppure il sonno, che è prodotto artificialmente dai tranquillanti e dai sonniferi.

ANALISI

La città postindustriale Nel brano **Bruto Saraccini** osserva, poco prima dell'alba, **il panorama della città** dall'alto di una collina, unico residuo naturale del paesaggio. Egli è cioè ancora in grado di **mettere distanza tra sé e il mondo**, di guardare e riflettere dall'esterno. Il suo punto di vista coincide con quello dello stesso Volponi che sceglie, per la propria narrazione, una prospettiva straniata e straniante.

Il trionfo del capitale Ma nelle pagine riportate, così come nell'intero romanzo, il vero protagonista non è Bruto Saraccini, quanto piuttosto **il valore del capitale**. L'economia postindustriale ha sempre meno bisogno della presenza umana: automazione e informatizzazione costituiscono un sistema autosufficiente che non solo ha drasticamente ridotto il contributo operativo degli individui, ma sembra anche prescindere da ogni finalità pubblica e sociale. Proprio nel momento in cui la globalizzazione delle conoscenze è arrivata a costituire un'efficace rete di comunicazione transnazionale, il meccanismo del calcolo e del guadagno esclude, di fatto, la massa e si fa sempre più funzionale all'interesse cinico di pochissimi e "invisibili" privilegiati.

Lo stile dell'enumerazione caotica L'insistente **enumerazione di ambienti, oggetti e figure**, che costituisce la cifra stilistica del brano riportato, non assolve alle esigenze di una riproduzione particolareggiata e realistica. Al contrario, accumulando, senza criteri logici evidenti, ogni elemento della realtà, **azzera le differenze** e trasmette un'immagine globale di assoluto livellamento e totale uniformità. **Saltata ogni gerarchia di valore, sembra che cose e persone occupino lo stesso piano**, nella narrazione come nel mondo. Gli uomini si confondono con gli strumenti, la forza biologica con l'intelligenza artificiale; tutto ciò che è vero, materiale e concreto appare, cioè, come dissolto e assorbito nell'universo astratto della tecnologia, che domina ogni ambito dell'esistenza. Buio e silenzio caratterizzano, anche dal punto di vista simbolico, una realtà che si presenta immobile e, apparentemente, immutabile, definita attraverso un sonno comune che è assenza di movimento e rumore, ma anche di coscienza critica. La città postindustriale – esito urbanistico e sociale di un capitalismo tanto pervasivo quanto astratto – è ormai ridotta a un vuoto simulacro. La presenza delle figure umane, degli edifici, delle strade, cioè della sua componente viva e materiale, è sovrastata, specialmente nella seconda parte del passo, dal minuzioso elenco delle operazioni che regolano il mercato finanziario: l'invio dei dati, il calcolo degli interessi, i tassi d'inflazione, gli indici dei valori e dei costi.

INTERPRETAZIONE

Il fallimento del progetto utopistico di Bruto Saraccini

Nel romanzo di Volponi, **Bruto Saraccini sogna un capitalismo "dal volto umano"**, cioè una realtà industriale che contenga il potere dei padroni e, assumendo parametri etici di condotta, rappresenti un progresso diffuso per l'intera società. **Era la posizione dello stesso Volponi** che, negli oltre vent'anni trascorsi nel mondo dell'industria, ha sempre difeso la possibilità di conciliare sviluppo tecnologico e ricerca scientifica, mercato e impegno politico, leggi del capitale e progresso culturale. Nel corso del romanzo, però, il progetto utopistico di Saraccini è destinato a scontrarsi con la logica utilitaristica e parassitaria (le «mosche» del titolo alludono a questa dimensione inconsapevolmente cieca e servile) degli altri dirigenti, che riescono a emarginarlo e, infine, a espellerlo dal loro ambiente. Nell'Azienda, ma anche nella città e nel mondo, non sembra esserci più posto per le relazioni umane e per il senso di responsabilità individuale e collettiva: tutto appare soggiogato da una dimensione irreale e incorporea. **L'intero universo è ormai dominato dalla logica immateriale di un capitalismo finanziario** astratto, che destina all'insuccesso qualunque progetto di una sua direzione illuminata, civile e democratica.

T8 LAVORIAMO SUL TESTO

ANALIZZARE

1. Il romanzo di Volponi mette in scena la civiltà postmoderna, in primo luogo lo spazio. Da che cosa è costituito principalmente il paesaggio?

2. Il sonno della città industriale è
   - [A] innocente e ristoratore
   - [B] naturale dopo la fatica del lavoro
   - [C] rilassante e gratuito
   - [D] innaturale e subordinato al calcolo favorevole al capitale

3. La figura retorica dominante nel testo è l'accumulazione, che consiste nell'affiancare in modo disordinato diversi nomi, aggettivi, frasi. Rintracciane qualche esempio. Quale valore espressivo assume tale procedimento?

4. «Il midollo spinale dei nastri crepita, memoria e calcolo, come nel sonno il sangue circola, l'inconscio dilaga, il sogno si versa, il cervello si alimenta di nuovi scatti per i pensieri nuovi di domani» (righi 48-50). Rintraccia nel passo citato il procedimento col quale Volponi trasforma le macchine in senso antropomorfico.

5. In quale contesto storico e culturale si inserisce il romanzo di Volponi? Rintraccia i due intrusi nell'elenco degli elementi proposti qui di seguito.
   - [ ] la caduta del muro di Berlino
   - [ ] la fine della Guerra fredda
   - [ ] la crisi dell'ideologia comunista
   - [ ] l'attacco terroristico alle Torri gemelle di New York
   - [ ] la diffusione del lavoro computerizzato
   - [ ] il potere del capitalismo finanziario
   - [ ] il pontificato di papa Giovanni XXIII
   - [ ] la delocalizzazione del lavoro industriale

LE MIE COMPETENZE: FARE RICERCHE, DIALOGARE

Volponi conosce da vicino il mondo della grande industria e del capitale: lo scrittore infatti lavorò tanti anni alle dipendenze di Adriano Olivetti, che nel 1956 lo chiamò ad Ivrea a dirigere i servizi sociali aziendali, per poi affidargli la direzione di tutto il settore delle relazioni aziendali. Nel 1971, quasi dieci anni dopo la morte di Adriano Olivetti, Volponi fu candidato ad assumere il ruolo di amministratore delegato dell'impresa, che poi però spettò ad Ottorino Beltrami. Documentati sulla storia dell'Olivetti e sulla figura di Adriano Olivetti. Quale modello di sviluppo industriale era caldeggiato da Olivetti (e da Volponi)? Pensi che il cosiddetto "modello Olivetti" mantenga ancora oggi la sua attualità? Discutine con il docente e i compagni.

Lo scrittore Paolo Volponi alla Olivetti, dove lavorò dal 1956 al 1971.

T9 Paolo Volponi
Il dialogo della luna e del calcolatore

OPERA
Le mosche del capitale, Parte I

CONCETTI CHIAVE
- dialogo surreale fra la luna e un computer
- potere totale e impersonale del capitale (e del computer)

FONTE
P. Volponi, *Le mosche del capitale*, cit.

Di notte, quando tutto tace, nell'ufficio direzionale il computer («il calcolatore»), oggetto-emblema dell'era informatica, dialoga con la luna, che dalla sua remota lontananza si fa spiegare come funziona il mondo dominato dalla logica del profitto.

L'ufficio notturno all'ultimo piano di un grande edificio direzionale. Sede nota e celebrata di uno dei più prestigiosi centri di potere, penetrabile unicamente con tessere e voti di appartenenza e offici di sudditanza e fedeltà.[1]

L'ufficio è arredato con strutture nitide di metallo. I finestroni di cristallo, ampi come pareti, specchiano una notte serena e silenziosa a quell'altezza, addensata dal clic meccanico[2] dei sistemi in funzione, dal loro respiro.

Nell'angolo a sinistra alcuni ficus[3] ornamentali, compatti e rigogliosi dentro l'oscurità. A destra spiccano le strutture e le tastiere della facciata di un calcolatore, per il resto affondato nel buio.

10 Dai finestroni entra trasversalmente un raggio di luna, del diametro di circa due metri; tocca le schermature del calcolatore, si insinua tra le fessure dei lineamenti minori.

– Tu sei un calcolatore? – domanda la luna.
– Sì, un calcolatore elettronico.
Non ti conoscevo, ma ho sentito parlare di te.
15 – Tu sei la luna?
– Sì.
– Anch'io ho sentito parlare di te, alcuni dei miei[4] sono stati programmati per la tua conoscenza. Anch'io ho qualche dato su di te. Potrei dirti con precisione dove sarai fra trecento anni a quest'ora.
20 – Lo so anch'io.
– Ma non conosci la curva dei tuoi luoghi praticabili, approdi possibili, ora per ora, e nemmeno l'esatta dislocazione dei medesimi. Dove accoglierai domani, a quest'ora, un'astronave?
– Non lo so. Ma io non devo accogliere nessuno, e il mio corso ha una fissità più grande di me e di qualsiasi calcolo tu possa fare.
25 – Cosa credi di sapere e di fare?
– Poco. Devo girare e guardar correre il mondo. La corrente dei miei sguardi[5] lo influenza senza nemmeno ch'io lo voglia.
– Anch'io guardo correre il mondo, i suoi capitali, e influenzo l'uno e gli altri con dati e proiezioni. Tu sai che una navicella è atterrata su di te?[6] Con tre uomini a bordo? Ed è già ripartita?
30 – Una navicella giunta in volo dalla terra e che poi vi è ritornata?
– Sì, con navigatori a bordo, tornati in buona salute. Hanno parlato bene di te. Veramente più di se stessi che di te. Ti hanno visto soprattutto come un traguardo, una misura già presto superabile.
– Ma perché sono venuti?
35 – Appunto, non certo per toccare il tuo viso, ma per prepararsi ad andare ancora più lontano.
– Ah, dunque, nel loro solito modo. Dovevo immaginarlo.

- **1 penetrabili...fedeltà**: a cui si accedeva solo grazie a favoritismi politici e atteggiamenti di piena sottomissione.
- **2 clic meccanico**: il rumore prodotto dalle macchine in funzione.
- **3 ficus**: pianta originale delle zone tropicali.
- **4 alcuni dei miei**: alcuni miei parenti, cioè altri calcolatori.
- **5 la corrente...sguardi**: riferimento al moto che compie la luna e che influenza vari fenomeni del nostro pianeta tra cui, ad es., le maree.
- **6 Tu sai...te**: riferimento allo sbarco sulla luna, avvenuto il 20 luglio 1969.

– Ma tu, più di loro, ti comporti nel solito modo.

– Ma io sono un cardine[7] dell'ordine generale. Un principio e uno specchio. Non sono soltanto un abitatore come loro, e nemmeno destinata a morire così rapidamente come loro.

– È per questo che viaggiano, per studiare. Ogni viaggio è uno studio. Ogni scoperta è uno strumento.

– E tu servi a loro per studiare?

– Sì.

– Che cosa hanno da studiare? Li vedo sempre così ugualmente inquieti, così infelicemente indaffarati.

– Studiano proprio per poter cambiare, loro stessi e la terra, e forse perfino il tuo giro, il tuo specchio.

– E tu li aiuti?

– Sì.

– In che modo?

– Compio delle operazioni numeriche, e ne tengo memoria per altri successivi e ancora più complessi calcoli.

– Fammene un esempio.

– Io numero tutti gli uomini che lavorano in questa città, li ordino per classi e categorie, secondo l'età il mestiere le capacità il rendimento.

– Che classi? Che categorie?

– Quelle del mio programma.

– Ma allora sei tu che stabilisci e misuri...

– Certo... gli uomini si affidano a me.

– Tutti gli uomini?

– Sì, tutti. Ma non certo tutti vengono con le loro dita a manovrare i miei tasti... solo i migliori.

– E chi dice che quelli che vengono a toccarti siano proprio i migliori?

– Lo so dai loro dati e piani di programmazione, e ne trovo conferma anche nel sottoprogramma delle retribuzioni.[8]

– Ma, dimmi, per conoscere gli uomini debbo passare attraverso di te, oppure, per conoscere te è meglio passare attraverso la conoscenza degli uomini?

– Ma tu cosa sai di loro?

– Nulla. Li vedo. Vedo come occupano la terra, come la dividono e la lavorano. Vedo come spasimano e crescono le loro città, anche la tua, come dormono e sfriggono.[9]

– Sì, così dicono anche i ficus qui davanti. Specie quando parlano fra loro, e soprattutto adesso, per l'ondata di pessimismo che li ha travolti, dal momento in cui vennero tolti dall'ufficio del dottor Astolfo.[10] Invece io posso dire molto di più, e con precisione posso calcolare quanti siano gli uomini che dormono e quanti quelli che vegliano, occupati nei lavori notturni... Posso anche analizzare e specificare cos'è la sfriggitura di cui vai parlando, fumosa, che tanto ti commuove. Forse è dovuta allo sfrido[11] della crescita del capitale... Devi sapere che ogni cosa appartiene al capitale... aumenta con un tasso di valore che io sono in grado di calcolare esattamente insieme con la velocità stessa dell'aumento e della sua accumulazione.

– E cos'è il capitale?

– La ricchezza la moneta il potere, ecco, più di ogni altra cosa è il potere.

- **7 cardine**: elemento fondamentale.
- **8 ne trovo...retribuzioni**: il criterio di giudizio del calcolatore si basa su una logica di guadagno.
- **9 sfriggono**: crepitano, cioè emettono sfrigolii, come se friggessero.
- **10 dottor Astolfo**: insieme a Donna Fulgenzia è il padrone della fabbrica.
- **11 sfrido**: termine del linguaggio industriale, che indica sia il logorio di un pezzo a causa del processo produttivo, sia il relativo residuo di lavorazione.

– E a chi appartiene?
– Agli eletti, ai migliori, alla scienza.
– E tu fai parte di questa schiera?
– Certo.
85 – Ma allora quelli che ti manovrano ti sovrastano anche...
– No, affatto, solo una piccola parte... Sono io lo strumento delle decisioni del capitale.
– E quali sono gli uomini più vicini al capitale?
– Te l'ho già detto, quelli che comandano, il dottor Astolfo per esempio, che occupa la stanza qui accanto alla mia.
90 – Ci parli?
– No. Ma calcolo i suoi pensieri, dispongo nella pratica le sue operazioni, e anche le controllo... Sono una parte di lui.

T9 DALLA COMPRENSIONE ALL'INTERPRETAZIONE

COMPRENSIONE

La luna interroga «un calcolatore elettronico» Dopo una breve introduzione descrittiva, il testo è interamente occupato dal **surreale dialogo fra la luna e «un calcolatore elettronico»**. Dapprima il computer sfoggia le sue conoscenze sul satellite della Terra, poi **risponde alle domande della luna** illustrando i suoi compiti, vantando una conoscenza approfondita degli uomini e fornendo un'interessante definizione del capitale.

ANALISI

Un'operetta morale Il surreale dialogo fra il computer e la Luna assume la forma di una **leopardiana operetta morale**. La verità sull'economia e la società post-industriale è affidata alla **voce meccanica del calcolatore, che qui si propone come una divinità**, impassibile e onnipotente, pronto a sostituirsi alla luna che ancora si crede intangibile ed eterna. Come la luna, ma non per rimanerne estraneo, il computer guarda «correre il mondo, i suoi capitali» e «influenza l'uno e l'altro con dati e proiezioni». Esso si pone di fronte alla sua interlocutrice con un atteggiamento di sfida, certo della propria superiorità.

Il genere del dialogo e il messaggio che Volponi intende affidargli Il **dialogo**, costruito sul doppio registro del serio e del comico, e con **protagonisti che possono essere anche animali e oggetti inanimati**, è di antica tradizione (risale a **Luciano di Samosata**, II secolo d.C.), ma nella letteratura italiana ha il suo modello nelle *Operette morali* di Leopardi, l'influenza delle quali è evidente in Volponi. Qui sono messi a confronto due elementi molto diversi l'uno naturale (**la luna**) e l'altro inorganico e ad altissimo contenuto tecnologico, **il computer**. Ciò è funzionale al messaggio politico e satirico dell'autore, che vuole provocare nel lettore lo shock derivante dalla **contaminazione fra naturale e artificiale**. Rappresentando la vita aziendale dal punto di vista di un oggetto (il calcolatore), Volponi intende mostrare un universo in cui la concretezza e la materialità delle cose sono annientate dal carattere astratto, artificiale, immateriale delle leggi del capitale e dei suoi strumenti informatici. Il capovolgimento dell'angolo di visuale – dal mondo degli uomini a quello delle cose – allude dunque a quest'altro capovolgimento prodotto dalla moderna (o postmoderna) **reificazione** (e cioè dalla trasformazione della realtà in cosa inorganica – *res*, in latino – o in merce).

INTERPRETAZIONE

Il potere del capitale e del calcolatore elettronico Centrale nel colloquio del computer con la luna è la definizione del **capitale come potere totale e impersonale** («più di ogni altra cosa è il potere»). Nella sua pervasiva onnipresenza, il capitale supera le frontiere geografiche o biofisiche, arrivando ad abbracciare – ed influenzare – la totalità dello spazio, degli esseri viventi e degli oggetti. Tuttavia il capitale è immateriale: il suo *alter ego* materiale e tangibile è il calcolatore elettronico, «strumento delle decisioni del capitale». Capitale e calcolatore appartengono «agli eletti, ai migliori, alla scienza» e con essi si identificano esercitando il proprio controllo sul mondo e sugli uomini. Lo strapotere del computer – strumento tecnologico e artificiale – cancella così anche quel residuo lato umano che sopravvive nei dirigenti.

T9 LAVORIAMO SUL TESTO

ANALIZZARE

1. Analizza i "personaggi" che prendono la parola in questo dialogo.

INTERPRETARE

2. Mentre informa la luna sullo stato attuale dell'umanità e sulle sue sorti, il calcolatore conduce un'analisi acuta e amara della società post-industriale. Spiega e commenta le seguenti frasi-chiave:
   - A «[Il capitale è] la ricchezza la moneta il potere, ecco, più di ogni altra cosa è il potere»
   - B «[Il capitale] appartiene agli eletti, ai migliori, alla scienza»
   - C «Sono io lo strumento delle decisioni del capitale»

LE MIE COMPETENZE: INDIVIDUARE COLLEGAMENTI, CONFRONTARE

Nel brano che abbiamo letto Volponi recupera la lezione delle *Operette morali* di Leopardi. In quale delle *Operette* compare la luna come personaggio? Sulla base di quali elementi è possibile stabilire un confronto tra il testo leopardiano e quello di Volponi?

13 Il romanzo della Neoavanguardia: Sanguineti, Balestrini, Arbasino, Manganelli

Primi romanzi sperimentali

Fra il 1961, anno in cui esce l'antologia dei poeti novissimi e **ha inizio dunque il movimento della Neoavanguardia, e il 1970-71, quando esso termina**, uscirono numerosi romanzi che cercarono di trasferire nella narrativa in prosa la stessa esigenza di rottura che si ebbe nella poesia. Quando nel 1965 si tenne a Palermo **il convegno del Gruppo 63** sul romanzo sperimentale, questo era dunque già una realtà di fatto: erano già uscite le opere di Alberto Arbasino (*Fratelli d'Italia*, 1963), Edoardo Sanguineti (*Capriccio italiano*, 1963) e Giorgio Manganelli (*Hilarotragoedia*, 1964), che infatti vi vennero discusse e prese a modello. Un altro importante punto di riferimento era poi costituito dai romanzi di Gadda: *Quer pasticciaccio brutto de via Merulana*, uscito nel 1957, e *La cognizione del dolore* del 1963.

Caratteri del romanzo sperimentale della Neoavanguadia

I romanzi sperimentali presentano caratteri comuni:
1. giocano le loro carte sull'innovazione formale rifiutando i contenuti ideologici o etico-politici;
2. danno congedo alla figura del protagonista-eroe;
3. scelgono l'ottica degradata e bassa della quotidianità;
4. dissolvono la trama tradizionale;
5. privilegiano strutture aperte di narrazione sul modello del romanzo d'avanguardia primonovecentesco (Joyce, Musil, Kafka, Svevo sono assunti a maestri) e del "nouveau roman" francese;
6. prediligono modi di scrittura informali fondati sull'onirismo, sul *pastiche* e sul monologo interiore.

Sanguineti, Balestrini, Arbasino e Manganelli

Un ruolo notevole nel lancio del romanzo neoavanguardistico ebbero Edoardo Sanguineti e Nanni Balestrini. Si tratta di autori che negli anni Sessanta si affermarono soprattutto come poeti, ma che si esercitarono anche nel romanzo. Oltre a questi due autori, bisogna poi ricordare **Alberto Arbasino** (1930) e **Giorgio Manganelli** (1922-1990).

LA NARRATIVA DELLA NEOAVANGUARDIA

caratteristiche	autori
• sperimentalismo linguistico • dissoluzione della trama • struttura aperta • rifiuto dell'impegno etico-politico • abolizione del protagonista-eroe • primato del *pastiche* e del monologo interiore	• Sanguineti • Balestrini • Arbasino • Manganelli • Malerba (prime opere)

La produzione narrativa di Sanguineti

Il Giuoco dell'oca e Capriccio italiano

T • Edoardo Sanguineti, *Un concepimento indesiderato*

Nanni Balestrini da *Vogliamo tutto* (1971) a *I furiosi* (1994)

T • Nanni Balestrini, *La partenza degli ultras e lo scontro con i tifosi*

L'editore e Sandokan

T • Nanni Balestrini, *Il macero*

Fratelli d'Italia di Arbasino

Manganelli e la letteratura come menzogna

Hilarotragoedia e Nuovo commento

T • Giorgio Manganelli, *Il necrologio*

Metaletteratura e postmoderno nell'ultimo Manganelli

T • Giorgio Manganelli, *Novantasette*

Edoardo Sanguineti (1930-2010) è soprattutto un poeta (cfr. cap. III, § 8). Tuttavia negli anni Sessanta produsse due opere di narrativa, *Capriccio italiano* (1963) e *Il Giuoco dell'oca* (1967) **che fecero scandalo** e che influirono notevolmente – soprattutto la prima – sul dibattito teorico e sulla evoluzione del genere. *Il Giuoco dell'oca* è opera più astratta, in cui prevale lo smontaggio "ludico" delle forme tradizionali. **In *Capriccio italiano* domina** invece **un realismo degradato e grottesco** che assume l'aspetto del sogno e la forma del linguaggio onirico ma che si misura su situazioni, temi e ambienti concreti e ben riconoscibili. Centrale, nel romanzo, è il tema del matrimonio, affrontato in forme allucinate e stravolte, volutamente prosastiche, che lasciano ampio spazio ai motivi della corporalità e a un acre materialismo che porta in primo piano il rapporto sesso-matrimonio, corpo-parto-famiglia. Il nucleo narrativo di *Capriccio italiano* è infatti costituito da una crisi matrimoniale risolta con la nascita di un terzo figlio inizialmente non voluto.

L'elemento biologico-vitalistico è fondamentale anche nella produzione narrativa di Nanni Balestrini (nato nel 1935) e soprattutto nei suoi romanzi migliori, come *Vogliamo tutto* (1971) e *Gli invisibili* (1987), entrambi dedicati alle lotte sociali e politiche degli anni Sessanta e Settanta, e *I furiosi* (1994), che ha per argomento, invece, il fenomeno degli ultras negli stadi. Sorprendenti sono le coincidenze fra il primo e l'ultimo di questi romanzi: benché il protagonista del primo sia un operaio impegnato nella lotta sindacale e politica durante l'"autunno caldo" e il secondo un giovane tifoso del Milan, del tutto spoliticizzato, i due romanzi vedono nel vitalismo, nella visceralità, nell'estremismo comportamentale e "furioso", nella stessa violenza collettiva una reazione, tutto sommato salutare, all'alienazione e al conformismo di massa. Ma notevole è anche *L'editore* (1989), centrato sul tema postmoderno del complotto e dell'assassinio politico (qui, quello dell'editore Feltrinelli) e della sua ricostruzione in una sceneggiatura cinematografica. *Sandokan*, del 2004, è un romanzo-documento sulla camorra (Sandokan è il nome di un feroce camorrista).

Alberto Arbasino (nato nel 1930), giornalista di successo e scrittore, **dopo i racconti di *L'Anonimo Lombardo*, ha scritto il suo capolavoro con *Fratelli d'Italia***, uscito nel 1963, ma poi riedito in diverse stesure negli anni Settanta e Novanta. Il romanzo è tutto costruito sull'abilità, invero straordinaria, di mimare il parlato "basso", vagamente fumettistico, della media e dell'alta borghesia, rappresentata da personaggi viaggianti su e giù per l'Italia del *boom*. Nei libri successivi – *La bella di Lodi* (1972), *Il principe costante* (1972), *Specchio delle mie brame* (1974) – Arbasino porta alle estreme conseguenze il gusto per il divertimento linguistico e l'uso parodico del kitsch.

Giorgio Manganelli (1922-1990), docente universitario, traduttore di Eliot e di Poe, è uno dei maggiori prosatori usciti dall'esperienza del Gruppo 63. **Convinto che la letteratura sia menzogna** (*Letteratura come menzogna* è il titolo significativo di un suo libro di saggi, uscito nel 1967), le attribuisce, proprio per questo, un valore eversivo: l'artificio e la finzione che costituiscono la letteratura rappresentano per lui «uno scandalo inesauribile».

Le forme del trattato o dello pseudo-trattato tardorinascimentale e barocco prevalgono in ***Hilarotragoedia*** (1964) e in ***Nuovo commento*** (1969), opere nelle quali a parti saggistiche se ne alternano altre narrative. *Hilarotragoedia* ha per tema la «natura discenditiva» dell'uomo «Adediretto», tendente cioè alla morte o all'Ade. ***Nuovo commento*** si presenta come un insieme di annotazioni, commenti, osservazioni teoriche in margine a un testo inesistente.

L'oscillazione fra racconto-visione e trattato continua in *Sconclusione* (1976), *Discorso dell'ombra e dello stemma o del lettore e dello scrittore considerati come dementi* (1982) sino a *Encomio del tiranno scritto all'unico scopo di fare i soldi* (1990). Importanti anche i racconti fantastici di *Agli dèi ulteriori* (1973) e *Centuria* (1979), libri in cui Manganelli si avvicina a forme di metaletteratura frequentate anche dalla letteratura postmoderna, privilegiando soluzioni combinatorie sul tema dell'insensatezza dell'esistenza e della vita come discesa verso la morte. *Centuria*, per esempio, catalogo di «cento piccoli romanzi fiume», si avvicina a esiti sperimentati in quegli anni anche da Calvino.

Altri due autori che esordirono come avanguardisti ma che poi si sono volti verso altre direzioni di ricerca sono Giuseppe Pontiggia (1934-2003) e Gianni Celati (nato nel 1937).

14. Altri narratori sperimentali: Meneghello, Bianciardi e Pizzuto

Lo sperimentalismo delle forme e quello dei contenuti

Anche nell'area estranea alla Neoavanguardia e al neosperimentalismo di «Officina» il romanzo tende ad assumere, nel periodo che va dalla fine degli anni Cinquanta agli inizi dei Settanta, caratteri sperimentali per contenuto e per forme. **Possiamo distinguere uno sperimentalismo linguistico e formale** talora aperto al dialetto e spesso riconducibile al modello di Gadda, **e uno sperimentalismo ispirato alla nuova realtà industriale** e dunque impegnato su contenuti e temi realistici e sociali. **Rientrano nel primo tipo** Lucio **Mastronardi** (1930-1979), Giovanni **Testori** (1923-1993), Luciano **Bianciardi**, Stefano **D'Arrigo** (1919-1992), – di cui bisogna ricordare lo sterminato *Horcynus Orca*, 1975 – e, per il plurilinguismo di *I piccoli maestri* (1964), Luigi **Meneghello**, mentre **un posto a sé spetta**, anche per ragioni di età, **ad Antonio Pizzuto**, coetaneo di Gadda; **nel secondo** Goffredo **Parise** (1929-1986) per *Il padrone*, 1965, e Ottiero **Ottieri** (1924-2002) per *Donnarumma all'assalto*, 1959, e *La linea gotica*, 1963, tutti romanzi ispirati al tema del rapporto fra industria e letteratura. Ma i due sperimentalismi spesso s'incrociano: per esempio, in Mastronardi e in Bianciardi.

Luigi Meneghello

Luigi Meneghello (Malo, Vicenza, **1922-2007**) è un'interessante figura di narratore dalla forte vena autobiografica, attento alla ricostruzione storica e alla realtà sociale ma ormai lontano dalla fiducia della tradizione neorealista nel senso della storia, e interessato piuttosto al corpo a corpo fra soggetto e realtà oggettiva. Dopo aver partecipato alla **Resistenza** combattendo in brigate partigiane vicine alle posizione del futuro Partito d'Azione, si laurea in Lettere. Deluso dell'Italia postbellica, **nel 1947 si trasferisce in Gran Bretagna**, dove insegna (presso l'Università di Reading) fino al 1980, quando si ritira a vivere a Londra. L'esperienza dell'emigrazione è raccontata in **Il dispatrio** (1993). **Le due opere più importanti di Meneghello sono *Libera nos a malo* (1963)** e *I piccoli maestri* (1964). Mentre il secondo è una rigorosa ricostruzione dell'esperienza partigiana dell'autore (cfr. T10, p. 690), *Libera nos a malo* presenta un ritratto della vita del suo paese (Malo) e della provincia veneta fra gli anni del fascismo e quelli del miracolo economico. Il titolo riprende le parole conclusive del *Pater noster* latino, giocando sul nome del paese natale, così che si può tradurre 'liberaci dal male' ma anche 'liberaci da Malo'; e questo doppio senso ironico annuncia **la cifra stilistica dominante, fatta di una felice mescolanza fra lingua e dialetto veneto**, fra codice letterario e costante ricorso ai gerghi e ai linguaggi bassi. Pur presentato come "romanzo", il libro costituisce un evidente esempio della commistione novecentesca dei generi letterari, ora piegando verso i caratteri dell'autobiografia e ora procedendo secondo modi saggistici. Il filo conduttore è l'io che ricorda, confrontando in un originale monologo interiore il punto di vista della maturità con quello della vita passata, a partire dall'infanzia.

T • Luigi Meneghello, *Sul monte Ortigara*
S • La lunga gestazione di *Piccoli maestri* (L. Meneghello)

Luciano Bianciardi

Il toscano **Luciano Bianciardi (1922-1971)** si rifà, oltre che a Gadda e agli americani Henry Miller (da lui tradotto) e Kerouac, alla tradizione dell'espressionismo della sua regione. Dopo la rappresentazione allucinata del neocapitalismo nell'*Integrazione* (1960), **Bianciardi scrive il proprio capolavoro con *La vita agra* (1962)**, un romanzo in parte autobiografico che racconta la fuga da Grosseto e il tentativo di inserirsi nell'industria culturale milanese: il protagonista cerca, ostinatamente ma invano, di mantenere intatta l'originaria rivolta anarchica. La sua scrittura riflette immediatamente gli umori ribelli e vitalistici del protagonista, con risultati notevolissimi di satira grottesca. Più stanchi i successivi *La battaglia soda* (1964) e *Aprire il fuoco* (1969).

TRA SPERIMENTALISMO E IMPEGNO

Luigi Meneghello	• autobiografismo • ricostruzione storica • contaminazione di linguaggi e generi diversi

Antonio Pizzuto

Antonio Pizzuto (Palermo 1893 - Roma 1976) **appartiene alla stessa generazione di Gadda**, di cui condivide i valori e la cultura umanistica. **Era questore di polizia**, costretto dunque a vivere in una società e in una posizione difficilmente conciliabili con i suoi ideali elitari. Cominciò a pubblicare con il proprio nome solo tardi, dopo essere andato in pensione (prima aveva pubblicato alcuni libri, poi ripudiati, firmandoli con uno pseudonimo).

Opere di Pizzuto

Anche Pizzuto, come Gadda, ama un lessico composito che mescola – in modo però assai più frigido – espressioni quotidiane e preziose, lingue morte (greco, latino) e lingue straniere. **La sua invenzione formale spesso tende a un virtuosismo** che, già evidente in *Paginette* (1964), *Sinfonia* (1966), *Testamento* (1969), risulta persino eccessivo, sino alla sterilità, nelle ultime (*Pagelle I*, 1973; *Pagelle II*, 1975; *Ultime e penultime*, 1978). Qui infatti si giunge alla piena cancellazione della narratività sia nei contenuti (che, già in *Sinfonia* e *Testamento*, sono solo filosofici), sia nella forma espressiva (tende a prevalere una sintassi nominale in cui l'infinito surroga un tempo narrativo). **Le opere di maggior rilievo sono pertanto le prime**, *Signorina Rosina* (uscita in prima edizione nel 1956 e in una seconda nel 1959), *Si riparano bambole* (1960) e *Ravenna* (1962), in cui peraltro la struttura narrativa già comincia a vacillare. Protagonisti sono personaggi declassati: Bibi e Compiuta – l'uno geometra, l'altra dattilografa – in *Signorina Rosina*, un vecchio socialmente decaduto che ricorda l'infanzia in *Si riparano bambole* e che è costretto a vivere come pigionante in *Ravenna*.

T • Antonio Pizzuto, *La morte della gatta Camilla*

T10 Luigi Meneghello
L'*ethos* di un capo partigiano

OPERA
I piccoli maestri

CONCETTI CHIAVE
- due mondi che si incontrano
- le parole vuote

FONTE
L. Meneghello, *I piccoli maestri*, Rizzoli, Milano 2009.

«Cammina e cammina sui monti scabri a Nord di Asiago; spunta il giorno, e schiarisce dossi e pianori: Su un pianoro schiarito trovammo il primo vero reparto di montagna». Inizia così, con un tono quasi favolistico, l'episodio qui in parte antologizzato, in cui il protagonista fa la conoscenza del capo partigiano Castagna. Concreto e pratico, il Castagna non ama i piani (che lo confondono): per lui la guerra va fatta senza «teorie preconcette» e «secondo il bisogno, senza andare a cercarsi rogne speciali».

Passammo al campo un altro giorno o due prima di andar su in Ortigara[1] perché eravamo in anticipo. C'erano trasporti di esplosivi e esercitazioni con le armi, molto libere. Le coturnici,[2] inseguite da questo tipo di raffiche per la prima volta nella loro storia, sembravano disorientate; i francolini[3] scendevano a picco come bolidi radendo i costoni, e non si sapeva mai se erano francolini vivi in picchiata, o francolini morti in caduta libera; in fondo sparivano tra le cime dei pini. Partivano piccole spedizioni, altre ne arrivavano; tutti erano disinvolti, convinti, convincenti. Parlai col Castagna[4] dei nostri piani di guerra. Aveva il viso inquadrato da una barba che pareva fatta con un fastello di rovi spinosi. Non aveva teorie preconcette: l'idea generale era di spostare la gioventù dell'Altipiano dai piccoli centri abitati ai greppi[5] deserti; la guerra si sarebbe fatta secondo il bisogno, senza andare a cercarsi rogne speciali. Conoscevano bene i greppi, i boschi, la macchia, le grotte, le scafe:[6] ogni volta che venissero i tedeschi, contavano di cavarsela; non occorrevano piani. «I piani confondono» mi disse il Castagna. «Vedremo in pratica». Volevo anche informarmi un

---

- **1 Ortigara**: il monte Ortigara si trova vicino al confine fra Veneto e Trentino-Alto Adige, nella parte settentrionale dell'altopiano di Asiago.
- **2 coturnici**: uccelli dal piumaggio cinerino striato di nero e di grigio scuro, zampe e becco rosso.
- **3 francolini**: uccelli dal piumaggio grigio-bruno variegato di rosso, ormai rarissimi in Italia.
- **4 Castagna**: è il «direttore d'orchestra» (così si definisce) di un gruppo di partigiani dell'altopiano di Asiago. Di lui il protagonista dice: «Era di quegli uomini positivi, sodi, pratici di cui si sentiva istintivamente il bisogno. [...] Il Castagna era uno di quelli che parlano adagio adagio, e pare che prendano tutte le cose in dolce; ma ispirava fiducia, e se le frasi erano lente e quasi pigre, le conclusioni erano in realtà perentorie».
- **5 greppi**: cigli scoscesi di un pendio.
- **6 scafe**: le scafe sono stretti ripiani sporgenti da una ripida parete rocciosa.

po' sul loro ethos,[7] ma naturalmente c'è lo svantaggio che in dialetto un termine così è sconosciuto. Non si può domandare: «Ciò, che ethos gavìo vialtri?».[8] Non è che manchi una parola per caso, per una svista dei nostri progenitori che hanno fabbricato il dialetto. Tu puoi voltarlo e girarlo, quel concetto lì, volendolo dire in dialetto, non troverai mai un modo di dirlo che non signifìchi qualcosa di tutto diverso; anzi mi viene in mente che la deficienza non sta nel dialetto ma proprio nell'ethos, che è una gran bella parola per fare dei discorsi profondi, ma cosa voglia dire di preciso non si sa, e forse la sua funzione è proprio questa, di non dir niente, ma in modo profondo. Ce ne sono tante altre di questo tipo; la più frequente, all'università, presso studenti e professori, era *istanze*. Adesso che ci penso anche *istanze* in fondo vuol dire *ethos*, cioè niente.

Domandai quindi al Castagna: «Perché siete qua voi altri?».

Il Castagna disse: «Come perché?».

«Come mai che vi siete decisi a venire qua?»

«E dove volevi che andassimo?» disse il Castagna.

Questo chiuse questa parte dell'indagine. Poi io dissi:

«E quando finisce la guerra, cosa pensate di fare?».

«Andiamo giù, no?».

«E cosa farete, quando siete giù?».

«I saccheggi» disse il Castagna.

Annuii con un senso di scandalo non disgiunto dall'ammirazione. M'informai se c'erano dei piani prestabiliti per questi saccheggi. Mi parve di capire che il Castagna pensasse soprattutto a dei festeggiamenti, un banchetto all'aperto, il tiro alla fune, le corse nei sacchi tra ex fascisti. Sacchi, da cui forse saccheggi.

«E poi?» dissi «dopo i saccheggi?».

Il Castagna si mise a guardarmi, e disse: «Voi siete studenti, no?».

Io feci segno di sì, e lui disse: «Si vede subito che siete finetti».

«Castagna» dissi. «Non credi che bisognerebbe provare a cambiare l'Italia? Non andava mica bene, come era prima. Si potrebbe dire che siamo qui per quello».

«A dirtela proprio giusta», disse il Castagna «a me dell'Italia non me ne importa mica tanto».

«Ma t'importerà chi comanda a Canóve, no?» Canóve era il suo paese.

Disse che si sapeva già, chi avrebbe comandato a Canóve.

«Sentiamo» dissi.

«Il sottoscritto» disse il Castagna. «Solo per qualche giorno».

«Facciamo qualche settimana».

«E dopo?» dissi io.

«Dopo andrà su un governo, no?».

Gli domandai se non gli interessava che governo andasse su. Il Castagna mi disse di fargli vedere le mani. Gliele feci vedere dalla parte delle palme (perché questa frase in dialetto vuol dire così) e lui ci mise vicino le sue. Sulle palme io avevo qualche callo qua e là, ma recente, pallido, avventizio; lui aveva tutta una crosta antica, scura, quasi congenita; non erano calli, ma una mutazione dei tessuti.

«Vedi?» disse il Castagna. «Quando va su un governo, noialtri dobbiamo lavorare».

«Anche se fossero fascisti?» dissi.

«Eh no, per la madonna» disse lui. «I fascisti non sono mica un governo».

«Già» dissi io. «I fascisti sono...» Cercavo una formula salveminiana.[9]

● **7** **ethos**: *valori morali*. È una parola colta, "importante", che sarà subito dopo oggetto della corrosiva ironia di Meneghello.
● **8** **«Ciò, che ethos gavìo vialtri?»**: «Che ethos avete voi?», «Qual è il vostro ethos?»; il dialetto è quello vicentino.
● **9** **salveminiana**: nello stile di Gaetano Salvemini, cioè caratterizzata da nettezza e rigorismo morale. Gaetano Salvemini (1873-1957) fu intellettuale antifascista, professore universitario e uomo politico (fu eletto deputato per il P.S.I. nel 1919 e, a causa della sua fiera opposizione a Mussolini, fu arrestato e, dopo un'amnistia, espatriò in Francia).

«Rotti in culo» disse il Castagna.

Questo era il suo ethos. Mi disse anche cosa avrebbe fatto se per disdetta tornassero su proprio loro.

60 «Allora», disse «torniamo su anche noi. Torniamo qua».

Ottimo, ottimo, pensavo.

T10 DALLA COMPRENSIONE ALL'INTERPRETAZIONE

COMPRENSIONE

L'incontro tra due mondi Ciò che in questa pagina viene descritto è l'incontro **tra due mondi che la guerra e la lotta partigiana casualmente e provvisoriamente avvicina**: il mondo dei «finetti» e quello delle mani callose; quello delle parole vuote, buone a «non dir niente, ma in modo profondo» e quello della "pratica" e delle azioni sode; quello di una coscienza politica sincera ma ancora vagamente libresca e quello di una indifferenza nei confronti della politica che nasce dalla consapevolezza che «Quando va su un governo, noialtri dobbiamo lavorare». Contro **la disarmante semplicità del Castagna** si infrange l'*avance* pedagogico-politica del protagonista: «Non credi che bisognerebbe provare a cambiare l'Italia? Non andava mica bene, come era prima. [...]». «A dirtela proprio giusta – risponde il Castagna – a me dell'Italia non me ne importa mica tanto». La battuta conclusiva, in cui mentre l'io narrante si attarda a cercare la giusta «formula salveminiana» per definire i fascisti, il Castagna ribatte icasticamente «Rotti in culo», esprime bene la distanza tra i due mondi, l'affettuosa partecipazione con cui Meneghello guarda a quello incarnato dal capo partigiano e, non ultimo, il salutare esercizio di **autoironia** che rende credibile il protagonista del libro e, più in generale, l'operazione culturale condotta dal suo autore.

ANALISI

La piccola resistenza di Meneghello Il racconto resistenziale dei *Piccoli maestri* non ha nulla della retorica ufficiale, al contrario, è **ironico e desublimante**. È la piccola resistenza non la liturgia paludata della Grande Resistenza che interessa Meneghello. Nella *Nota* scritta dall'autore per l'edizione del 1976 dei *Piccoli maestri* si legge: «I *piccoli maestri* è stato scritto con un esplicito proposito civile e culturale: volevo esprimere un modo di vedere la Resistenza assai diverso da quello divulgato, e cioè **in chiave anti-retorica e anti-eroica**. Sono convinto che solo così si può rendere piena giustizia agli aspetti più originali e più interessanti di ciò che è accaduto in quegli anni». Al modo non retorico – e dunque vitale – di rappresentare la Resistenza contribuisce non poco anche il forte stacco temporale tra il tempo in cui si svolge **la vicenda raccontata (dall'8 settembre 1943 alla fine della guerra)** e quello in cui essa si fa scrittura (**il libro fu scritto nel 1963 e pubblicato nel 1964**). «È un po'» – sostiene Maria Corti – come scrivere di un amore vent'anni dopo: la commozione affiora, ma filtrata dal distacco spirituale e temporale, quindi senza scorie; quelle scorie che con tanta abbondanza ti vengono incontro nella letteratura neorealistica».

INTERPRETAZIONE

Le "parole-parole" e le "parole-cose" La **riflessione sulle parole** che non esistono in dialetto, ma solo nella lingua è più che mai attuale. Termini come 'ethos' o 'istanze' non sono vuoti in sé, ma possono facilmente diventarlo. Sono parole pericolose perché si prestano alla falsificazione della realtà, quando non alla costruzione di una "realtà seconda", del tutto virtuale, che si sovrappone alla "realtà reale" smussandone gli spigoli, occultandone i conflitti, trasformando la pesantezza in una ingannevole leggerezza. Se le parole-parole prevalgono sulle parole-cose, se cioè **la mistificazione seducente** ha la meglio sulla scabra "datità", è grande il rischio di restare irretiti in una prigione dorata, rinunciando alla libertà per cui combatterono i "piccoli maestri".

T10 LAVORIAMO SUL TESTO

COMPRENDERE

Fatti e persone della guerra partigiana

1. Che cosa implica il fatto che le esercitazioni con le armi siano «molto libere»? In che cosa la disciplina di una formazione partigiana è diversa da quella di un esercito regolare?

2. Quale funzione narrativa assolve la descrizione delle coturnici e dei francolini sorpresi dagli spari?

3. Qual è il tono complessivo del dialogo tra il protagonista e il Castagna? Quali ruoli ricoprono i due personaggi?

ANALIZZARE

L'*ethos* del Castagna

4. **TRATTAZIONE SINTETICA** Quando il Castagna dice che, dopo la fine della guerra, andrà con i suoi uomini «giù» a fare «i saccheggi», il protagonista annuisce «con un senso di scandalo non disgiunto dall'ammirazione». Perché «scandalo» e «ammirazione»? Spiega il senso di queste parole in un testo di 5 righe.

5. Il fatto che la guerra «si sarebbe fatta secondo il bisogno» e senza piani è indice di improvvisazione, di mancanza di una visione strategica, di dilettantismo o corrisponde a una struttura profonda della cultura del Castagna?

INTERPRETARE

Le parole e le cose

6. **LINGUA E LESSICO** Perché certi concetti non si possono esprimere in dialetto? È un limite del dialetto o un suo pregio? Rifletti sulla parte in cui si parla della parola *ethos* e della severa critica a cui Meneghello, un intellettuale, la sottopone.

15 | Malerba e Consolo dallo sperimentalismo al Postmoderno

Divergenze e convergenze fra Malerba e Consolo

S • Malerba dallo sperimentalismo del *Serpente* alla restaurazione del codice narrativo nelle *Pietre volanti* (R. Luperini)

S • Consolo dalla letteratura come «impostura» alla letteratura come consolazione (R. Luperini)

Luigi Malerba: la vita e le prime opere

Le opere successive alla fase sperimentale

T • Luigi Malerba, *Il mostro*

Luigi Malerba e Vincenzo Consolo hanno storie diverse: il primo ha partecipato al Gruppo 63 e dunque ha fatto parte attivamente del movimento della Neoavanguardia; il secondo ne è rimasto estraneo e ha piuttosto praticato forme di sperimentalismo legate al clima di «Officina», volte a congiungere gusto del *pastiche* di origine gaddiana e moralismo politico ispirato a Sciascia, suo conterraneo. **Entrambi però hanno conosciuto una parabola simile** che dallo sperimentalismo li ha portati, negli anni Ottanta, ad avvicinarsi a posizioni postmoderniste. Mentre tuttavia Malerba ha praticato soprattutto il genere – caratteristico del postmodernismo italiano – del "romanzo neostorico", Consolo si è volto soprattutto al manierismo ed al citazionismo. Questa evoluzione è evidente nel **mutamento della loro concezione della letteratura**: mentre negli anni Sessanta e Settanta hanno sottolineato entrambi l'inganno della letteratura, vista come menzogna da contestare (non senza un atteggiamento fortemente autocritico in Consolo), poi hanno elevato al quadrato la scrittura vedendo in essa una rivelazione di verità (Malerba) o l'unica possibilità di consolazione e di dignità (Consolo).

Luigi Malerba (1927-2008), nato a Berceto (Parma) ha vissuto per molti anni a Roma, lavorando come sceneggiatore cinematografico e giornalista. I romanzi e i racconti degli anni Sessanta e Settanta tendono all'umorismo (non manca la lezione di Pirandello e di Svevo) e allo straniamento comico. Protagonista sovrano è sempre il linguaggio, ma questo è visto nella sua incapacità di comunicare e di impadronirsi della realtà. **Già nel primo libro di Malerba, *La scoperta dell'alfabeto* (1963), il titolo vuole indicare la rivelazione della divaricazione fra parole e cose**. A questa frattura corrisponde poi quella fra pensiero e immaginazione da una parte e realtà dall'altra. I protagonisti dei primi due romanzi, *Il serpente* (1966) e *Salto mortale* (1968), sono **nevrotici e visionari**: si muovono in un mondo di immaginazione che non trova corrispondenze al di fuori di sé. Per esempio, il protagonista del primo romanzo, un commerciante di francobolli, parla ininterrottamente (tutto il racconto è un lungo, delirante monologo) di una ragazza, Miriam, con cui avrebbe una relazione e la cui stessa esistenza è incerta (cfr. T11, p. 696).

I primi tre romanzi (*Il serpente*, 1966, *Salto mortale*, 1968, *Il protagonista*, 1973) **e i racconti che li accompagnano**, usciti nel 1979 con il titolo *Dopo il pescecane*, costituiscono forse la parte più nuova e stimolante della produzione narrativa di Malerba. Lo sperimentalismo continua tuttavia – ma in forme già attenuate – nella raccolta successiva di racconti, *Testa d'argento* (1988) e nel romanzo, strutturato come un "giallo", *Il pianeta azzurro* (1986). Negli anni Novanta Malerba ha scritto *Le pietre volanti* (1992), un romanzo ambientato nell'Italia contemporanea. Ne è protagoni-

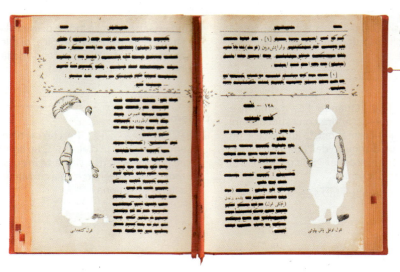

Emilio Isgrò, *Codice ottomano della solitudine*, 2010, Taksim Sanat Galerisi, Istanbul.

sta un pittore che cerca le proprie radici e si confronta con la figura del padre. **Qui l'impianto sperimentale è del tutto scomparso** e la scrittura segue moduli più tradizionali e convenzionali. **Ciò vale anche per i due romanzi "neostorici" che escono nello stesso periodo:** *Il fuoco greco* (1990), ambientato nella corte dell'antica Bisanzio, ruota intorno al tema postmoderno del complotto e dell'intrigo politico, e *Le maschere* (1995), ambientato invece nella Roma del Cinquecento e anch'esso costruito sul tema del potere (non senza qualche pungente riferimento implicito all'Italia degli anni Ottanta e dei primi anni Novanta). **Sono due romanzi storici molto diversi da** *Il pataffio* (1978) con cui Malerba aveva esordito in questo genere (il romanzo è ambientato nel Medioevo italiano). **Nel** *Pataffio* **infatti l'invenzione linguistica è decisiva** (la lingua è maccheronica, costituita da un intreccio di dialetto, latino, italiano antico), mentre nei due romanzi storici degli anni Novanta il linguaggio è ormai del tutto normalizzato. In questa piena restaurazione del codice linguistico si può ben percepire il senso dell'evoluzione di Malerba. **Del 1997 è** *Itaca per sempre*, una rivisitazione – ma dalla parte di Penelope – del mito odissiaco. L'ultimo libro di Malerba, *Fanstasmi romani*, è del 2006.

Vincenzo Consolo, nato a Sant'Agata di Militello (Messina) nel **1933** e morto a Milano nel gennaio **2012**, si ispira alla Sicilia nella forma prevalente del romanzo storico. Ma l'uso che egli fa di questo genere è alquanto anomalo: i suoi romanzi (almeno quelli degli anni Settanta e Ottanta) sono storici per contenuto, non per struttura. La vicenda infatti non viene esposta in ordine cronologico, ma alternando piani diversi di narrazione e dunque in modi sperimentali che mescolano il moralismo di Sciascia, il suo gusto del *pamphlet* storico-politico, al pluristilismo e al *pastiche* linguistico di Gadda. **Dopo un primo romanzo,** *La ferita d'aprile* (1963) ambientato nell'immediato dopoguerra in Sicilia, **Consolo scrive il suo capolavoro con** *Il sorriso dell'ignoto marinaio* (1976), in cui il realismo della situazione storica – la Sicilia delle rivolte contadine a metà dell'Ottocento –, il vibrante impegno civile e politico, la coscienza della letteratura come menzogna e impostura delle classi dominanti sono espressi in un linguaggio che alterna narrazione e riflessione, il registro del documento storico e quello del saggio, l'accensione lirica e la narrazione oggettiva, il rigoglio barocco delle immagini e il rigore del messaggio politico. **Protagonista del romanzo è** il possessore del quadro di Antonello da Messina *Il sorriso dell'ignoto marinaio*, **il barone Enrico Pirajno di Mandralisca**, che ritrova quel medesimo sorriso in volto a un clandestino, **l'avvocato Interdonato**, tornato in Sicilia

Le opere di Vincenzo Consolo

Un romanzo storico originale, Il sorriso dell'ignoto marinaio

T • Vincenzo Consolo, *Lettera di Enrico Pirajno all'avvocato Giovanni Interdonato*

VINCENZO CONSOLO
• impegno etico e politico
• complessità dello stile e del linguaggio
• romanzo storico

Vanessa Beecroft, *VB62*, 2008. Palermo, Spasimo.

per organizzare un movimento antiborbonico. Nel sorriso ambiguo del quadro si esprime la stessa ambiguità dell'intellettuale borghese, anche quando professi propositi rivoluzionari.

Retablo

Dopo un'opera intensa ma minore destinata alla rappresentazione scenica, *Lunaria* (1985), Consolo scrive un altro romanzo d'argomento storico, ***Retablo*** (1987), ambientato nel Settecento e composto per quadri staccati (come suggerisce il titolo in lingua catalana). Protagonista è un pittore milanese che viaggia per la Sicilia e invia alla donna che ama, Teresa Blasco, il proprio diario. **È la storia di una passione amorosa sconvolgente e irrealizzabile** sullo sfondo di una Sicilia barocca e sensuale.

Le pietre di Pantalica e L'olivo e l'olivastro

Il degrado della Sicilia d'oggi è invece al centro sia dei racconti di *Le pietre di Pantalica* (1988), **sia di** *L'olivo e l'olivastro* (1994), che però è opera più complessa e ricca, in cui lo sfondo mitico della Sicilia è posto a realistico e duro confronto con lo sfacelo attuale: mito e realtà si fronteggiano senza cancellarsi reciprocamente ma anzi potenziandosi nel costante parallelismo.

Il romanzo storico: Nottetempo, casa per casa

Sebbene per certi versi si ponga come sua continuazione, *L'olivo e l'olivastro* è diverso anche dal romanzo d'argomento storico ***Nottetempo, casa per casa*** (1992), ambientato in Sicilia negli anni dell'avvento del fascismo. Protagonista è un maestro elementare, Petro, che alla fine, dopo avere effettuato un attentato in segno di protesta contro gli oppressori (grandi proprietari e fascisti), fugge dalla Sicilia aiutato dagli anarchici suoi amici per andare esule in Tunisia. **Il romanzo è l'opera più postmoderna di Consolo**, fondato com'è sulla citazione letteraria (da Manzoni, d'Annunzio, Verga, Pascoli, Montale...), sulla parodia, sul rifacimento, sull'alternarsi di lingue diverse (latino, inglese, dialetto siciliano). Alla fine però la letteratura si pone come estrema difesa e consolazione dalla degradazione trionfante. Non è più «impostura», come nel *Sorriso dell'ignoto marinaio*, ma salvezza.

T • Vincenzo Consolo, *La conclusione di Nottetempo, casa per casa: l'esilio di Pietro e il valore della scrittura*

Lo Spasimo di Palermo

Amaro e senza possibilità di riscatto è il quadro della società contemporanea che Consolo traccia nello *Spasimo di Palermo* (1998). Lo "Spasimo" a cui si allude nel titolo è dunque ben più di un complesso coventuale (non casualmente adibito nella sua storia secolare a plurime funzioni, da teatro a ospedale); è la cifra del presente.

IL ROMANZO POSTMODERNO	
• valorizzazione della trama • riuso dei generi tradizionali • citazionismo, riferimenti letterari, *pastiche* • rinuncia all'impegno etico-politico • leggerezza e ironia • personaggi senza spessore psicologico • indecifrabilità del reale accettata senza drammi ("nichilismo morbido") • storia come mero sfondo spettacolare • temi della biblioteca, del labirinto, del complotto	**autori** • Eco • Malerba • Vassalli • Tabucchi

T11 Luigi Malerba
Miriam e le parole che nascondono le cose

OPERA
Il serpente, cap. XI

CONCETTI CHIAVE
- la frattura tra soggetto e mondo e quella tra linguaggio e cose

FONTE
L. Malerba, *Il serpente*, Bompiani, Milano 1966.

Il protagonista monologante, paranoico e visionario, è un commerciante di francobolli. Dopo lunghe attese riesce finalmente a incontrare Miriam (donna forse reale, forse solo immaginaria). Ma invece di interessarsi davvero a lei o di comunicare con lei segue piuttosto i propri pensieri, che si ispirano alla logica del sospetto e si sviluppano per accostamenti analogici.

La riconobbi subito da lontano, dai passetti corti sui tacchi alti, dal paltoncino[1] che era ancora quello della prima volta quando l'avevo incontrata nella palestra di Furio Stella. Eccola, mi dissi. Era lei infatti. Quanto tempo era passato da quando l'avevo vista l'ultima volta il giorno della radiologia? Quanto tempo è passato oggi dal giorno in cui la incontrai sul Lungotevere[2] camminando sotto gli alberi verso il Ponte? E che giorno è oggi, allora? La salutai semplicemente, ciao Miriam. Che cos'era cambiato nel frattempo? Tante cose erano cambiate, ma adesso era inutile star lì a farsi delle domande.

A forza di aspettare sapevo che sarebbe arrivata e infatti era arrivata. Amore mio, avrei voluto dirle, ma non sono mai stato capace di dire una cosa come questa. Camminammo insieme fino a ponte Garibaldi (evitai di proposito via Giulia) e io le dicevo lo sai che ti trovo bene? Una banalità. Tu sei dimagrito, diceva lei, ma stai bene così magro, sei un po' pallido ma stai bene. Stavo malissimo invece, mi girava la testa, certi giorni vedevo doppio come vedono doppio gli ubriachi. Miriam mi guardava, sguardi improvvisi, obliqui. Chiedimi tutto quello che vuoi e io ti risponderò, ma non guardarmi così, non usare sotterfugi con me, Miriam.

Il negozio era tutto in disordine, da qualche giorno avevo incominciato a contare le buste dei francobolli sullo scaffale e poi i francobolli dentro le buste, a segnare tutto su un quaderno secondo la nazionalità. Avevo incominciato anche a mettere in ordine negli album dei pezzi rari che tengo confusi agli altri per ingannare i ladri. Forse forse mi conveniva staccarli e metterli nella cassaforte insieme alle altre rarità più pregiate, insieme ai francobolli della Inflazione Tedesca.[3] Ma che cos'è questa smania di ordine?[4] mi dicevo. Stai forse facendo un inventario? Questo che stai facendo assomiglia più a un testamento che a un inventario. Così avevo lasciato tutto in disordine, le buste sul pavimento, pacchi di album da tutte le parti, sul tavolino, sullo schedario Olivetti.

Miriam si guardava intorno, saranno migliaia e migliaia questi francobolli, diceva. E io dicevo di sì, ma non li avevo mai contati. E come vanno gli affari? aveva domandato. Vanno così così. Questo mi dispiace, aveva detto. Ma le dispiaceva veramente? Attenzione, mi dicevo, le parole servono sempre a nascondere qualcosa. Che cosa vuole nascondere Miriam?[5] Come poteva dispiacerle se i miei affari andavano così così? Che cosa nascondeva questo interesse improvviso per il commercio dei francobolli? Sembrava una spia in missione di spionaggio.

Guarda questo, è triangolare, diceva Miriam guardando un francobollo triangolare. Ci sono francobolli triangolari, dicevo io, e ci sono anche rotondi quadrati ovali, ci sono anche esagonali e ottagonali, ce n'è di tutte le forme, anche a mezzaluna. Ma il triangolo è una forma perfetta, mi dicevo, come è perfetta la Santissima Trinità, se è lecito il paragone. E allora a che cosa intendeva alludere Miriam? Sicuramente voleva alludere a qualcosa.[6]

- [1] **paltoncino**: *cappottino*.
- [2] **sul Lungotevere**: siamo a Roma (di cui si citano dopo **ponte Garibaldi** e **via Giulia**).
- [3] **della Inflazione Tedesca**: degli anni subito successivi alla I guerra mondiale, quando l'inflazione vertiginosa costringeva a stampare sempre nuove banconote e francobolli.
- [4] **Ma che...ordine?**: è un sintomo di nevrosi ossessiva, collegato (come sa il narratore stesso) a una pulsione di morte.
- [5] **Che cosa...Miriam?**: il tema delle parole che nascondono le cose (per cui cfr. Analisi e interpretazione del testo) si lega al sospetto paranoico.
- [6] **E allora...a qualcosa**: altra forma di pensiero paranoico, che legge in ogni cosa simboli e oscure allusioni.

Un odore di fumo freddo di sigarette fumate parecchie ore prima stagnava nel negozio. Sul banco era rimasto un cartoccio di uva nera di Terracina. Miriam prese un grappolo e incominciò a mettersi in bocca gli acini uno alla volta, in silenzio, con gesti precisi. Lei mangia l'uva, mi dicevo, e fra poco io mangio lei.[7] Era un pensiero bizzarro, una bizzarria e niente altro. Pensieri che di solito si ricacciano indietro, si ringoiano prima che siano venuti fuori del tutto e sono già dimenticati prima di essere nati. Questo invece era venuto fuori così e era un pensiero quasi da ridere. Ma chi aveva voglia di ridere in quel momento? Miriam prese una stecca di torrone che stava sul banco. Si può mangiare? domandò. È lì per questo, dissi. Incominciò a romperlo sotto i denti robusti, il torrone duro come un sasso. Ecco, mi venne ancora da pensare, lei mangia il torrone e io mangerò lei. Era un pensiero che andava per conto suo, andava e veniva. Certe volte non ne potevo più dei miei pensieri. Tirai fuori torroni e torroncini di vario tipo, comprati in giorni diversi. Nocciolato semplice, nocciolato con camicia di cioccolato, mandorlato bianco, pistacchio tenero, un assortimento. Le stecche grandi erano un prodotto di Ronzi & Singer, gli altri, i torroncini, erano prodotti industriali delle grandi fabbriche del Nord.

Questa non c'era, diceva Miriam, e indicava una stufetta a gas che infatti avevo comprato da pochi giorni. Intendeva forse mettermi in guardia facendomi notare che a lei non sfuggiva niente? O forse alludeva al fatto che adesso ci si poteva spogliare senza prendere freddo? Voleva rimproverarmi di aver preso freddo quando era venuta da me? O voleva dire piuttosto che quando non c'è l'amore bisogna scaldarsi con la stufa? A che cosa alludeva? Che cosa voleva intendere?

Osservavo Miriam mentre masticava il torrone e i miei pensieri continuavano a girare senza posa in tondo e per traverso, con scatti improvvisi, impennate. Miriam aveva le mascelle sporgenti come quelli che hanno masticato pane duro per molte generazioni, i romani hanno spesso la mascella sporgente, non è un segno di volontà, è il marchio della fame sofferta attraverso le generazioni. Miriam aveva questo marchio della fame.[8]

- [7] **Lei mangia...lei**: l'idea nasce da un'associazione linguistica improvvisa e speculare.
- [8] **Miriam...fame**: Miriam (già dal momento in cui con i **denti robusti** rompe il **torrone duro come un sasso**) è vista come una creatura minacciosa, affamata. Al terrore inconscio di essere mangiato dalla donna (cioè di essere castrato), il protagonista risponde con il pensiero di mangiarla lui stesso.

T11 DALLA COMPRENSIONE ALL'INTERPRETAZIONE

COMPRENSIONE E ANALISI

Le cose separate dal loro senso Si consideri il penultimo capoverso. Il linguaggio qui presuppone un gesto che indica **la stufa**. Ma immediatamente **il senso dell'oggetto sfugge e diventa problematico**. «Gli interrogativi ipotetici diramano l'interpretazione in tutti i significati connotativi», uniformandosi alla logica di **«un'ermeneutica del sospetto»** (ha scritto un critico, Francesco Muzzioli). Gli **interrogativi** giungono sino a **«un climax di negatività»**, che va dall'avvertimento al rimprovero sino alla constatazione di una distanza irreparabile fra il soggetto e le cose e fra il soggetto e l'interlocutrice. Già la necessità di interpretare rivela **la caduta del rapporto di intesa spontanea** da cui soltanto potrebbe nascere l'immediatezza della comunicazione. Il critico sopra citato conclude: «una fondamentale diffidenza separa il detto dall'inteso, scinde il legame fra il segno e il suo significato».

La successione dei pensieri e la sospensione del senso La successione dei pensieri non segue un ordine logico né nessi temporali o causali. Essa è provocata sostanzialmente da due ordini di ragioni: **la tendenza al sospetto maniacale e l'accostamento analogico**. Il penultimo capoverso sopra considerato ma anche il quarto (righi 24-29) obbediscono al primo ordine di ragioni. Consideriamo ora due passi che obbediscono al secondo. Si vedano a tal fine i righi 37-41 (da «Lei mangia l'uva...» a «Ma chi aveva voglia di ridere in quel momento?») e i righi 55-59, da «i miei pensieri continuavano a girare...» a «Miriam aveva questo marchio della fame». Qui **la concatenazione dei pensieri è del tutto gratuita**: poiché Miriam mangia l'uva, al protagonista viene in mente di poter mangiare Miriam, e poi la mascella quadrata di lei viene associata agli antichi romani e alla fame sofferta attraverso le generazioni. Nel primo caso l'accostamento rivela una volontà inconscia di possesso e un impulso di aggressività, nel secondo s'innesta piuttosto **un meccanismo centrifugo di distrazione**. In ogni caso **il tipo di stile e di scrittura risulta sperimentale**. L'adozione della **prospettiva straniata e distorta di un nevrotico** permette di sciogliere i consueti rapporti che legano l'uomo alle cose e di sospendere i significati esistenti.

INTERPRETAZIONE

Malerba e la Neoavanguardia: un mondo di parole che non sostituisce la realtà Nel quarto capoverso, righi 26-27, si legge: «Attenzione, mi dicevo, le parole servono sempre a nascondere qualcosa». Il mondo delle parole gira a vuoto, non morde la realtà, non la conosce, non comunica con essa; piuttosto la nasconde. Lo iato fra il soggetto e il mondo si trasferisce nella frattura fra linguaggio e cose. Mentre **il postmodernismo fa coincidere il linguaggio e il mondo**, il primo Malerba ancora li distingue e contrappone. Mentre il postmodernismo italiano esalta la letteratura e il suo linguaggio come momento di rivelazione – e anche l'ultimo Malerba arriverà a tale soluzione – **nel *Serpente* il linguaggio non sostituisce la realtà che resta, inesplicabile**, davanti all'uomo: il linguaggio serve solo a nasconderla e dunque è una sorta di mistificazione. In questa posizione si colgono entrambi gli aspetti più interessanti della **Neoavanguardia**: la critica alla società in cui non si danno più rapporti reali né significati possibili, e la critica alla letteratura stessa come mondo di parole che girano a vuoto, separate dalle cose.

T11 LAVORIAMO SUL TESTO

COMPRENDERE

1. Individua i personaggi e il luogo dove si svolge l'azione.

ANALIZZARE

Un discorso senza ordine

2. Sottolinea le frasi in cui la successione dei pensieri è del tutto casuale.
3. Individua quelle in cui prevale l'accostamento analogico.

INTERPRETARE

La logica del sospetto

4. Il protagonista non sembra credere molto alle parole; quale conseguenza ha questa sfiducia maniacale nel rapporto con la donna?

Le parole e le cose

5. Attraverso la logica paranoica del personaggio quale messaggio Malerba vuole comunicare?

16 La narrativa degli anni Ottanta: Tondelli, Busi, Tabucchi, Eco

Ragioni della fine dello sperimentalismo

Fra la metà degli anni Settanta e la fine degli anni Ottanta si afferma una nuova generazione di scrittori ormai estranea allo sperimentalismo. Le ragioni di questo **cambiamento** rinviano al mutamento complessivo di clima politico e culturale. Possono tuttavia essere indicate anche **due ragioni specifiche**: 1) l'industria incoraggia un ritorno alla trama, al piacere del racconto tradizionale e al resoconto delle esperienze di vita; 2) i giovani si ribellano sia al rifiuto della letteratura e al primato della politica teorizzati dalla generazione del '68, sia alla letteratura come puro artificio e invenzione formale praticata dagli autori della Neoavanguardia. Ovviamente nei migliori, come Busi o Tabucchi o Benni o Bufalino (che appartiene alla vecchia generazione ma esordisce con *Diceria dell'untore* nel 1981), non manca il gusto del gioco linguistico, ma esso viene sempre incanalato in strutture narrative pienamente leggibili.

Pier Vittorio Tondelli

T • Pier Vittorio Tondelli, *Una meditazione sulla solitudine*

Pier Vittorio Tondelli (1955-1991) si lega inizialmente alla letteratura del vissuto e dell'esperienza reale rappresentando le consuetudini linguistiche e comportamentali dei giovani alla fine degli anni Settanta nella sua prima raccolta di racconti, *Altri libertini* (1980). La vita dell'ultima generazione è al centro di tutti i suoi romanzi: quella militare in *Pao, Pao* (1982), e quella della costa romagnola fra discoteche e piscine in *Rimini* (1986). Uno straziante amore omosessuale è al centro del suo ultimo romanzo, prima della morte precoce: *Camere separate* (1989). A Tondelli si rifanno

Aldo Busi

alcuni dei narratori che hanno esordito negli anni Novanta e in particolare i cosiddetti "cannibali".

Aldo Busi (nato nel 1948), scrittore narcisista e onnivoro, muove nei suoi romanzi dall'esperienza autobiografica, risolvendola in inventività linguistica e in distorsione espressionistica (*Seminario della gioventù*, 1984; *Vita Standard di un venditore provvisorio di collant*, 1985; *La Delfina Bizantina*, 1986; *Sodomie in corpo 11*, 1988; *Sentire le donne*, 1991, fino ai più recenti *Casanova di se stessi*, 2000 e *El especialista de Barcelona*, 2012). Con gusto tipicamente postmoderno, ha scritto anche un rifacimento del *Decameron* (*Il Decamerone da un italiano all'altro*, 1991).

Antonio Tabucchi

Antonio Tabucchi (Pisa 1943-Lisbona 2012) **è forse il narratore più importante emerso nella seconda metà degli anni Settanta e all'inizio degli Ottanta**. Nella sua formazione concorrono vari indirizzi letterari e culturali, a partire dall'influenza della letteratura portoghese, di Pessoa e dell'avanguardia primonovecentesca. Il vitalismo ribelle di **Piazza d'Italia** (1975) già lascia intravedere un sostanziale relativismo. Nelle opere successive esso si rivela fondato su

La vita come "rebus"

Locandina del film di Roberto Faenza, del 1995, tratto dal libro di Antonio Tabucchi.

una concezione della vita come disorientamento, "rebus", "equivoco senza importanza". I "rebus" e gli "equivoci", l'enigmaticità stessa del reale vengono vissuti, man mano che la scrittura di Tabucchi si caratterizza in senso postmoderno, in forme di nichilismo morbido piuttosto che con la drammaticità e l'intensità del moderno e delle avanguardie.

Aspetti postmodernisti di Tabucchi

Rientrano nel postmodernismo non solo tale nichilismo, ma anche questi altri aspetti: **il riuso dei generi ottocenteschi**, dal racconto fantastico al romanzo storico (*Sostiene Pereira*) e al poliziesco (*La testa perduta di Damasceno Monteiro*); **il relativismo** che induce a vedere la vita come un gioco in cui i significati sono sempre rovesciabili; **la citazione costante**, talora aperta più spesso occulta, di altre opere, con una sottolineatura consapevole del momento della **intertestualità** (per esempio, nel racconto **Rebus**). L'impegno morale e politico del primo romanzo (*Piazza d'Italia*) non viene però mai del tutto meno, e lo si riscontra anche negli ultimi: **Sostiene Pereira** (1994), **La testa perduta di Damasceno Monteiro** (1997) e **Tristano muore** (2003).

Gli ultimi romanzi

Il romanzo neostorico postmoderno

Il romanzo neostorico s'impone a partire dal grande successo internazionale del *Nome della rosa* di Umberto Eco, uscito nel 1980. Ora la storia è vista come qualcosa di lontano, di oscuro o di esotico. Nei complotti e negli intrighi delle abbazie medievali o della corte bizantina si rivive l'indecifrabilità del presente. La storia si presenta come scenario spettacolare in cui si rivela la fragilità moderna dei significati, come intercambiabilità delle situazioni e dei destini umani. **È la sfiducia nella storia il motivo ispiratore del romanzo neostorico**.

L'importanza della trama e il "già scritto"

Sul piano letterario, il materiale storico offre la possibilità di riabbandonarsi al piacere della scrittura e alla libertà della narrazione, di ridare valore alla trama, ai fatti, ai personaggi. Nello stesso tempo trama, fatti, personaggi appaiono irrimediabilmente "di carta": sono echi letterari, citazioni, rifacimenti. **Il romanzo storico riscrive storie già scritte** o finge di farlo. Sia per quanto riguarda l'ideologia, sia per quanto riguarda le situazioni letterarie siamo **dunque in pieno Postmoderno**.

Umberto Eco

All'inizio c'è, dunque, *Il nome della rosa*, uscito nel 1980. L'autore, Umberto Eco (nato nel 1932 ad Alessandria), è uno studioso di filosofia medievale e di semiologia noto anche all'estero. Aveva partecipato alla Neoavanguardia e alle sue riviste. Nel 1963 aveva pubblicato **Diario minimo**, all'incrocio fra saggistica e narrativa, ricco di umori brillanti e polemici.

Il nome della rosa

Il nome della rosa **può essere letto con intenti e risultati diversi da diverse fasce di lettori**: il lettore ingenuo si appassionerà al "giallo", quello colto all'allegoria politica e culturale e al fitto tes-

Il nome della rosa, film del 1986 di Jean-Jacques Annaud, tratto dall'omonimo romanzo di Umberto Eco.

suto intertestuale (dalla Bibbia alla filosofia medievale sino a Conan Doyle ma anche a Borges, cui si rifà il tema della biblioteca). L'opera ricalca apertamente i generi "forti" cari al grande pubblico internazionale (come il romanzo "giallo" e il romanzo gotico, molto diffuso negli Stati Uniti già dal dopoguerra). Quanto alla scrittura, essa tende a un registro piano e quasi piatto, senza ricercatezze e virtuosismi: uno stile, si direbbe, da traduzione (cfr. T13, p. 705).

Gli altri romanzi di Eco

Il romanzo ha avuto un grande successo in tutto il mondo, confermato e ampliato dal film che ne è stato tratto. Sembrava poter aprire una nuova fase della narrativa italiana, quella – si disse allora – del "*best seller* di qualità". In realtà non fu così, e i libri successivi dello stesso Eco non ebbero il medesimo risalto. Dopo *Il nome della rosa*, egli ha pubblicato **Il pendolo di Foucault** d'ambientazione contemporanea e altri due romanzi storici, **L'isola del giorno prima** e **Baudolino**, che restano lontani dalla piacevolezza del *Nome della rosa*. Gli ultimi romanzi pubblicati da Eco sono **La misteriosa fiamma della regina Luana** (2004), **Il cimitero di Praga** (2010) e **Numero zero** (2015).

T12 — Antonio Tabucchi — Rebus

OPERA
Piccoli equivoci senza importanza

CONCETTI CHIAVE
- insensatezza della vita

FONTE
A. Tabucchi, *Rebus*, in *Piccoli equivoci senza importanza*, Feltrinelli, Milano 1985.

È questo il terzo degli undici racconti di *Piccoli equivoci senza importanza* (1985). Ne riportiamo qui la parte iniziale e finale, dove emerge l'idea della vita come viaggio, appuntamento mancato, equivoco, rebus. L'io narrante racconta a un ascoltatore («Monsieur») una storia, che poi questi stenderà in racconto. C'è dunque un iniziale sdoppiamento dell'autore – caro anche a Pessoa – fra il soggetto-protagonista e voce narrante, da un lato, e il soggetto che raccoglie e scrive il racconto, dall'altro. La trama s'impernia sull'incontro del protagonista con una donna misteriosa, Miriam, in un ambiente mondano (Biarritz) e in una situazione di pericolo, vagamente cinematografica o fumettistica, che alla fine assume l'aspetto di un attentato (ammesso che davvero sia tale) durante un rally. Alla fine la donna scompare senza lasciare traccia.

Stanotte ho sognato Miriam. Indossava una lunga veste bianca che da lontano sembrava una camicia da notte; avanzava lungo la spiaggia, le onde erano paurosamente alte e si frangevano in silenzio, doveva essere la spiaggia di Biarritz,[1] ma era completamente deserta, io stavo seduto su una poltrona a sdraio, la prima di un'interminabile fila di poltrone deserte, ma forse era

---

1 **Biarritz**: località balneare francese, sul golfo di Guascogna, non lontano dal confine spagnolo; fu particolarmente di moda a cavallo fra Ottocento e Novecento.

un'altra spiaggia, perché a Biarritz non mi ricordo poltrone come quelle, era solo l'idea di una spiaggia, e le ho fatto cenno col braccio invitandola a sedersi, ma lei ha continuato a camminare come se non si fosse accorta di me, guardando fisso in avanti, e quando mi è passata vicino mi ha investito una folata di aria gelida, come un alone che si portava dietro: e allora, con lo stupore senza sorpresa dei sogni, ho capito che era morta. A volte una soluzione sembra plausibile solo in questo modo: sognando. Forse perché la ragione è pavida,[2] non riesce a riempire i vuoti fra le cose, e stabilire la completezza, che è una forma di semplicità, preferisce una complicazione piena di buchi, e allora la volontà affida la soluzione al sogno. Ma poi domani, o un altro giorno, sognerò che Miriam è viva, essa passerà vicino al mare e acconsentirà al mio richiamo e si siederà vicino a me su una sdraio della spiaggia di Biarritz, o un'altra idea di spiaggia, si ravvierà[3] i capelli come faceva lei, con un gesto lento e languido, pieno di sensi, e guardando il mare mi indicherà una vela, o una nuvola, e riderà, e rideremo insieme, di avercela fatta, di essere lì entrambi, di esserci trovati al nostro appuntamento.

La vita è un appuntamento, lo so di dire una banalità, Monsieur, solo che noi non sappiamo mai il quando, il chi, il come, il dove. E allora uno pensa: se avessi detto questo invece di quello, o quello invece di questo, se mi fossi alzato tardi invece che presto, o presto invece che tardi, oggi sarei impercettibilmente differente. O sarebbe lo stesso, e io non potrei saperlo.

Ma per esempio non starei qui a raccontare una storia, a proporre un rebus che non ha soluzione, o ha una soluzione che è inevitabilmente quella che ebbe e che io ignoro, e così la racconto a qualche amico, ogni tanto, raramente, bevendo un bicchiere, e dico: ti propongo un rebus, vediamo come lo risolvi. Ma poi perché a lei interessano i rebus, ha la passione dell'enigmistica o forse è solo la curiosità sterile di chi osserva la vita altrui?

Un appuntamento e un viaggio, anche questa è una banalità, mi riferisco alla vita, naturalmente, chissà quante volte è stato detto,[4] e poi nel grande viaggio si fanno dei viaggi, sono i nostri piccoli percorsi insignificanti sulla crosta di questo pianeta che a sua volta viaggia, ma verso dove? È tutto un rebus, le sembrerò maniaco. Però a quel tempo io ero fermo, era un momento di stasi, il mio tempo ristagnava in una pozza di accidia,[5] con quella tranquillità di quando non si è più troppo giovani ma non si è ancora troppo adulti, e si aspetta semplicemente la vita. E invece arrivò Miriam. Sono la contessa du Terraill,[6] devo raggiungere Biarritz. E io sono il marchese di Carabas,[7] ma di norma non esco mai dalle mie proprietà. Cominciò proprio così, con queste battute. Eravamo da «Chez Albert», dalle parti di Porte Saint-Denis, che non era esattamente un posto per contesse.[8] [...]

Quando entrammo a Biarritz era sabato, il rallye sarebbe stato l'indomani,[9] pensavo che saremmo andati all'Hôtel des Palais e avremmo preso due stanze, ma lei scelse un altro albergo, l'Hôtel d'Angleterre, e si fece registrare col mio nome,[10] anche negli alberghi di lusso non chiedono i documenti alle signore. Si stava nascondendo, era evidente: e mi tornava in mente in modo ossessivo quella sua strana frase del nostro primo incontro, era un argomento che aveva sempre rifiutato di riprendere, e io allora le misi le mani sulle spalle guardandola negli occhi, eravamo scesi sulla spiaggia di Biarritz, era il tramonto, c'erano dei gabbiani a terra, segno di brutto tempo, dicono, alcuni bambini giocavano con la sabbia; voglio sapere, dissi, e lei mi rispose: domani saprai tutto, dopo la corsa, domani sera, diamoci appuntamento qui sulla spiaggia, facciamo un giro in macchina, ti prego, non insistere.

- **2 pavida**: *paurosa*.
- **3 si ravvierà**: *si sistemerà*.
- **4 chissà...detto**: è il tema postmoderno secondo cui tutto è già stato detto e la letteratura non può che ripetere e riscrivere.
- **5 accidia**: *inattività*.
- **6 la contessa du Terrail**: il cognome di Miriam è quello di Pierre Aletis Ponson du Terrail (1829-1871), l'inventore del personaggio di Rocambole e autore di romanzi d'appendice.
- **7 il marchese di Carabas**: citazione ironica dalla fiaba *Il gatto con gli stivali* di Perrault.
- **8 Eravamo...contesse**: il quartiere di Saint-Denis a Parigi è il quartiere delle prostitute. «Chez Albert» (*Da Albert*) è un bistrot, cioè una sorta di bar tipicamente parigino.
- **9 Quando...l'indomani**: accompagnato da Miriam, il narratore vuole partecipare alla gara con l'automobile (una Bugatti) appartenuta a Proust, l'autore di *Alla ricerca del tempo perduto*.
- **10 si fece...nome**: come se fosse la moglie.

La corsa prevedeva abiti d'epoca, ogni automobilista doveva vestirsi secondo l'epoca della sua macchina, io mi ero comprato un paio di pantaloni alla zuava[11] e un berretto di tela chiara con la visiera, questa è una fantocciata,[12] dissi a Miriam, non è una corsa, è una sfilata di moda, ma lei disse di no, che avrei visto. Non fu una vera competizione, ma quasi. Il percorso era tutto il lungomare, che è pieno di curve a strapiombo sull'Atlantico: Bidart, Saint Jean de Luz, Donibane, fino a San Sebastiano.[13] Partivamo a tre a tre, a sorteggio, senza che tenessero conto del tipo di automobile, tanto era a cronometro[14] e il conteggio sarebbe poi stato fatto in base alle cilindrate. Con noi partirono una Hispano-Suiza del Ventotto, la Boulogne, e una Lambda del Ventidue[15] rossa fiammante, una cosa superba, non per niente la Lambda fu la macchina di Mussolini; ma anche l'altra non era da meno, di grande eleganza, col coupé[16] verde bottiglia e il lungo cofano cromato.[17] Partimmo fra i primi, alle dieci di mattina. Era una bella giornata atlantica, con un vento fresco e un sole attraversato da nuvole veloci. La Hispano-Suiza partì a razzo, lasciamola andare, dissi a Miriam, non voglio fare la mia corsa sugli altri, la riprendiamo[18] quando voglio io. La Lambda si era messa dietro, abbastanza tranquilla. La guidava un giovanotto coi baffi neri accompagnato da una ragazza giovane, italiani ricchi, probabilmente, che sorridevano e ogni tanto ci facevano ciao. Ci stettero dietro per tutte le curve fino a Saint Jean de Luz, poi ci sorpassarono a Hendaye, alla frontiera, e cominciarono a rallentare sul rettilineo fino a Donibane. Trovai strano che rallentassero proprio sul rettilineo, la Hispano-Suiza l'avevano sorpassata prima di Irun,[19] ora contavo di pigiare sull'acceleratore e mi aspettavo che la Lambda facesse altrettanto. Invece si lasciò sorpassare con facilità, stettero un centinaio di metri affiancati a noi, la ragazza rideva e faceva salutini, sono dei buontemponi, dissi a Miriam. Ce li ritrovammo addosso in sorpasso in fondo al rettilineo. In quel punto c'è una brutta curva con controcurva che avevamo saggiato[20] la sera prima e che mi era rimasta impressa nella memoria. Miriam gridò quando vide che ci venivano addosso stringendoci verso lo strapiombo. Io frenai e poi accelerai di colpo: fu d'istinto, perché riuscii a prenderli in coda, fu un urto secco e rapido ma bastò. La Lambda sbandò sulla sinistra, sfregò contro il terrapieno per una ventina di metri, io seguivo la scena nello specchietto retrovisore, perse un parafango contro un palo, sbandò verso il centro della strada e tornò di nuovo sulla sinistra, ormai senza velocità, arenandosi contro un mucchio di ghiaia. Non si erano fatti nulla di grave, evidentemente. Io ero sudato da capo a piedi, di un sudore freddo. Miriam mi stringeva un braccio. Non ti fermare, disse, ti prego, non ti fermare. Proseguii la corsa, San Sebastiano era proprio sotto di noi, credo che alla scena non avesse assistito nessuno. Dopo avere tagliato il traguardo entrai nel box allestito all'aperto, ma non scesi. È stato intenzionale, dissi, lo hanno fatto apposta. Miriam era pallidissima, non diceva niente, pareva pietrificata. Io vado alla polizia, dissi, voglio denunciare l'accaduto. Ti prego, mormorò lei. Ma non capisci che lo hanno fatto apposta, gridai, volevano ammazzarci. Lei mi guardò, aveva un'espressione stravolta e allo stesso tempo implorante. Dell'automobile puoi occupartene tu, dissi allora, fai raddrizzare il paraurti, io faccio due passi. Uscii sbattendo lo sportello, la macchina non aveva niente di grave, poteva essere stato un brutto sogno. Vagai per San Sebastiano, mi aggirai sul lungomare, è bella San Sebastiano con quei bianchi edifici liberty, poi entrai in un caffè enorme con le pareti di specchi anneriti, caffè come ci sono solo in Spagna, che hanno anche ristorante, e mangiai un piatto di pesce fritto. Miriam mi aspettava sulla macchina, vicino ai box. Si era ricomposta e rifatta il trucco, lo spavento era passato, i meccanici aveva-

---

- 11 **alla zuava**: allacciati al ginocchio.
- 12 **fantocciata**: *mascherata*, *buffonata*.
- 13 **Bidart...San Sebastiano**: località fra Biarritz e il territorio spagnolo.
- 14 **a cronometro**: sono **a cronometro** quelle gare in cui i concorrenti non partono tutti insieme, ma separatamente (o, come in questo caso, a piccoli gruppi). Qui, nella valutazione finale, influisce anche la potenza dell'automobile (le **cilindrate**).
- 15 **Con noi...del Ventidue**: macchine degli anni Venti, di produzione europea (l'ultima è una Lancia).
- 16 **coupé**: un tipo di carrozzeria, in cui contano di più aereodinamicità e bellezza che capienza di passeggeri.
- 17 **cromato**: sottoposto a un procedimento che dà una particolare lucentezza alla vernice.
- 18 **riprendiamo**: *raggiungiamo*.
- 19 **Irun**: ormai in Spagna.
- 20 **saggiato**: *provato*.

no raddrizzato il paraurti, la corsa era finita, la gente stava sfollando. Le chiesi se avevamo vinto. Non lo so, rispose, non ha importanza, torniamo in albergo. Non feci caso all'ora, dovevano essere le tre del pomeriggio. Fino a Irun nessuno parlò, alla frontiera ci fecero passare con un gesto della mano, quando videro che si trattava di una macchina del rallye, eravamo di nuovo in Francia. E fu allora che me ne accorsi. Me ne accorsi per puro caso, perché avevamo il sole alle spalle e il suo riflesso sulla scultura del cofano[21] mi dava fastidio come se scintillasse in uno specchio. Anche all'andata, al mattino, avevamo il sole alle spalle, ma il riflesso non mi dava fastidio perché il legno aveva in parte assorbito la cromatura che era diventata opaca. Fermai la macchina, non avevo bisogno di scendere a controllare perché ero più che certo. Hanno cambiato l'elefante, dissi, questa è una statuetta di metallo, d'acciaio o d'argento non lo so, ma non è più la stessa. E poi pensai un'altra cosa ancora, fu un'idea così, un po' assurda, ma la dissi: voglio sapere cosa c'è dentro. Miriam mi guardò e diventò pallida. Era di nuovo terrea come quando era successo l'incidente, e mi parve che tremasse. Te lo dirò stasera, disse, ti prego, mio marito arriva fra poche ore, voglio andare via. E allora io chiesi: è di lui che hai paura, quando ti conobbi tu mi confessasti una cosa, ricordi, è di lui che hai paura? Lei mi strinse la mano, tremava, andiamo, disse, ti prego, non perdiamo tempo, voglio tornare in albergo. Ci amammo di un amore intenso, quasi convulso, come se fosse un atto estremo dettato da un impulso di sopravvivenza. Restai intontito fra le lenzuola ma non dormii, giacevo in quella sorta di assopimento del corpo che permette alla mente di vagare libera di immagine in immagine, e davanti ai miei occhi sfilavano Albert e l'officina Pégase,[22] e poi la piazza di Pau e le sue mansarde, e un piccolo elefante di metallo e poi il nastro di una strada e un dirupo sull'Oceano, Miriam era in piedi sull'orlo di quel dirupo, allora il conte si avvicinava senza far rumore e le dava una spinta e lei precipitava nel vuoto tenendosi stretta al petto la sua borsa che non lasciava mai. Il meccanismo dei miei pensieri fu più o meno questo, poi Miriam si alzò e andò in bagno, il mio braccio destro scivolò verso il pavimento alla ricerca della borsetta, la aprii con delicatezza e vi introdussi la mano, sentii il calcio[23] di una pistola, senza sapere perché la presi, mi alzai in fretta e mi vestii. Guardai l'orologio, avevo tutto il tempo. Miriam uscì dal bagno e capì subito, ma non fece obiezioni. Le dissi di fare le valigie e di aspettarmi. No, disse lei, ti aspetterò alla spiaggia, ho paura di restare sola in una stanza. Alle nove e mezza, dissi io. La macchina lasciala a me, disse lei, è più prudente che tu vada in taxi. Scesi a pagare il conto e presi un taxi. Stava calando un po' di nebbia. Mi feci lasciare nei pressi della stazione e girai per le strade, pensavo a cosa avrei fatto e sapevo perfettamente che non lo sapevo, mi sembrava ridicolo stare lì ad aspettare un uomo che avevo visto due volte in tutta la mia vita, per fare che cosa, per minacciarlo, per dirgli che io sapevo che voleva uccidere sua moglie? E che se non desisteva dal suo proposito... Che cosa avrei fatto se avesse reagito? Rigiravo in tasca quella piccola pistola che pareva un giocattolo, sotto la pensilina della stazione c'era poca gente, l'altoparlante annunciò l'arrivo del treno, io mi nascosi con aria indifferente dietro una colonna del marciapiede, perché lui mi conosceva. Pensavo: lo affronto qui oppure lo seguo per strada? La mia mano che rigirava la pistola era tutta sudata, poi i passeggeri cominciarono a scendere, un gruppo di spagnoli allegri, una nurse[24] con due bambini biondi, una coppia di sposini, qualche turista: poca gente. E infine gli inservienti delle ferrovie, con scope e pompe, aprirono tutti gli sportelli e cominciarono le pulizie. Mi ci volle qualche secondo per rendermi conto che lui non era su quel treno: quando me ne resi conto, all'improvviso, mi colse il panico. Non proprio il panico, ma una grande ansia, attraversai l'atrio della stazione in fretta, presi un taxi e mi feci portare all'Hôtel des Palais, potevo andarci a piedi ma avevo fretta di arrivarci. Il Palais era un hôtel magnifico, uno dei più antichi di

---

- 21 **sulla scultura del cofano**: l'emblema della marca automobilistica.
- 22 **Albert...Pégase**: Albert è l'amico proprietario del bi-strot (cfr. nota 8); l'officina è quella comprata dal narratore.
- 23 **il calcio**: l'impugnatura.
- 24 **nurse**: bambinaia; inglese.

Biarritz, bianco e maestoso, eppure leggero nei suoi grandi volumi. L'impiegato della réception[25] guardò attentamente il registro dall'inizio alla fine e dalla fine all'inizio, scorrendo col dito sul nome dei clienti. No, disse, questa persona non risulta fra i nostri ospiti. Forse deve ancora arrivare, dissi io, controlli fra le prenotazioni, per favore, dovrebbero essere un signore e una signora. Lui prese il registro delle prenotazioni e lo guardò con identica cura. No, signore, mi spiace ma non abbiamo nessuna prenotazione a questo nome. Mi feci dare il telefono e chiamai l'Hôtel d'Angleterre. La signora è partita poco dopo di lei, disse l'impiegato della portineria. Ne è certo? Certissimo, ha consegnato a me le chiavi della camera ed è partita in macchina, il facchino ha caricato i bagagli. Uscii dal Palais e mi avviai a piedi verso la spiaggia, è a due passi. Scesi la scalinata, camminai lentamente sulla sabbia, erano le nove e mezza, era scesa la nebbia e il mare si era gonfiato, a volte fa freddo, a Biarritz, le sere d'estate. Nel luogo del nostro appuntamento c'era uno stabilimento balneare con una fila di poltrone. Mi sedetti su una poltrona e mi misi a guardare il mare. Sentii il campanile di Biarritz che batteva le dieci, e poi le undici, e poi la mezzanotte. Avevo ancora la pistola in tasca, fui tentato di buttarla nel mare e poi non ne fui capace, non so perché.

Lo sa che una volta ho messo perfino un annuncio su «Le Figarò»?[26] *Elefante perduto cerca Bugatti del Ventisette*. Buffo, vero? Ma fu molto tempo fa, ora mi sembra ridicolo. Ah, ma lei mi ha fatto bere troppo, Monsieur, però in quanto a bicchieri è una buona compagnia. Sa, a volte, quando si è bevuto un po', la realtà si semplifica, si saltano i vuoti fra le cose, tutto sembra combaciare e uno dice: ci sono. Come nei sogni. Ma a lei perché interessano le storie altrui? Anche lei deve essere incapace a riempire i vuoti fra le cose. Non le sono sufficienti i suoi propri sogni?

- 25 **réception**: l'ufficio in cui vengono accolti i clienti; francese.
- 26 **Le Figarò**: uno dei quotidiani francesi più diffusi.

T12 DALLA COMPRENSIONE ALL'INTERPRETAZIONE

COMPRENSIONE

Il protagonista e la donna misteriosa Il testo si apre con **la descrizione di un sogno**: Miriam avanza lungo la spiaggia, senza rispondere al richiamo del protagonista, ma investendolo con «una folata di aria gelida» che fa pensare alla morte della donna. Nel corso del racconto si chiarisce il senso di questo sogno. Il protagonista racconta infatti la propria storia – che ha piuttosto i caratteri di «un rebus» – al **suo ascoltatore, Monsieur**. **L'incontro con Miriam** avviene in un *bistrot* di Parigi, e fin da subito la donna mostra di avere qualcosa da nascondere. La sensazione è confermata a Biarritz, nel corso di un rally. Una «Lambda del Ventidue» tenta infatti di gettare nello strapiombo la macchina sulla quale gareggia il protagonista assieme a Miriam. Il mistero si accresce quando il protagonista nota che l'elefante sul cofano della sua auto è stato sostituito; ma Miriam continua a rimandare ogni spiegazione. Giunti in albergo dopo essere scampati all'incidente, i due trascorrono una notte d'amore. Al mattino, il protagonista trova nella borsa di Miriam una pistola: decide perciò, armato, di andare in cerca del marito di lei, riconosciuto evidentemente come il persecutore e l'attentatore della donna. Ma non lo trova né alla stazione né all'Hôtel des Palais. E non trova più neppure Miriam, con la quale aveva fissato un appuntamento alla spiaggia di Biarritz.

ANALISI

Un intreccio di testi Il racconto qui riportato è tutto **un intreccio di testi diversi**: al **racconto orale** si sovrappone **la stesura per iscritto dell'ascoltatore** (il «Monsieur» a cui l'io narrante si rivolge), che a sua volta riecheggia **citazioni letterarie e cinematografiche**. Per esempio, si trova un'eco di **Marcel Proust** (d'altronde più volte citato nella parte del racconto qui non riprodotta) in quell'inseguire i ricordi sulla spiaggia deserta, mentre l'immagine inquietante della donna sembra una citazione da **Fitzgerald** (l'autore del *Grande Gatsby*; cfr. Parte Nona, cap. IX, § 2). È evidente, poi, l'influenza di film degli anni Trenta e Quaranta come *Casablanca*. Di qui la sensazione di "già visto e già sentito", tipica della narrativa postmoderna, basata sulla convinzione secondo cui **tutto sia già stato detto e scritto**, e che l'unica possibilità sia la riscrittura, il **riuso combinato di opere precedenti**.

INTERPRETAZIONE

La vita come rebus La vita – si dice nella prima parte del racconto – è un «appuntamento» mancato, **un «rebus» che resta irrisolto** o anche un viaggio di cui però è ignota la meta. Per un momento il protagonista ha creduto di **trovare un senso incontrando Miriam**. Ma è stata solo un'illusione: **la scomparsa della dama misteriosa** (donatrice di vita e di morte, dunque di significato) **è, alla fine, la scomparsa stessa del senso**, vissuta peraltro senza drammaticità ma con una malinconia quasi scontata.

T12 LAVORIAMO SUL TESTO

COMPRENDERE

Il riassunto della storia

1. L'io narrante racconta a un ascoltatore («Monsieur») una storia bizzarra e surreale, che poi questi stenderà in racconto. Immagina di essere tu il "signore" in ascolto e riassumi in massimo 15 righe la narrazione che ti viene fatta.

ANALIZZARE

Il "già visto e già sentito"

2. Il racconto è intriso di una sensazione di "già visto e già sentito": numerose sono infatti le citazioni di altri testi, sia letterari sia cinematografici. Dopo averne rintracciato gli esempi nel testo, prova a giustificare la ragione di questo procedimento, anche in base alle teorie tipiche della narrazione postmoderna.

INTERPRETARE

Una donna misteriosa

3. **TRATTAZIONE SINTETICA** Il racconto si apre introducendo una donna misteriosa: «Stanotte ho sognato Miriam». Caratterizza questa figura femminile e spiega perché può essere considerata una metafora della vita.

T13 Umberto Eco
«Nomina nuda tenemus»

OPERA
Il nome della rosa

CONCETTI CHIAVE
- l'uso della citazione
- l'inaccessibilità del senso originario delle cose

FONTE
U. Eco, *Il nome della rosa*, Bompiani, Milano 1988 [1980].

È l'ultima pagina del romanzo, quella che ne suggerisce il messaggio ideologico e filosofico. Sono passati degli anni dall'incendio della biblioteca, in cui è morto l'assassino dei frati, l'abate Jorge de Burgos, ed è andato perduto, insieme con l'abbazia e l'intera biblioteca, il secondo libro della Poetica di Aristotele. Il protagonista narratore, Adso da Melk, si reca sul luogo dove si ergeva il monastero e trova i resti della biblioteca scomparsa. Raccoglie allora due sacche di frammenti di libri, una sorta di «biblioteca minore», «fatta di brani, citazioni, periodi incompiuti, moncherini di libri», con la quale cerca di ricostruire la biblioteca maggiore ormai distrutta. Il brano antologizzato si apre a questo punto, mentre Adso, ormai vecchio, cerca invano il senso della sua «biblioteca minore». Anche la rievocazione delle vicende che portarono all'incendio e che sono da lui narrate nel romanzo gli sembra solo un confuso ed enigmatico riflesso di quei frammenti insensati, i quali, a loro volta, non sono che i resti di una biblioteca originaria perduta per sempre. Quindi non ci sono che nomi: «nomina nuda tenemus», cioè possediamo solo i nudi nomi: solo i nomi e il linguaggio, non le cose, né la loro essenza. La verità è perduta, e Dio stesso è – come dice la citazione tedesca – un puro Nulla.

Più rileggo questo elenco[1] più mi convinco che esso è effetto del caso e non contiene alcun messaggio. Ma queste pagine incomplete mi hanno accompagnato per tutta la vita che da allo-

---

1. **questo elenco**: quello dei frammenti di libro scampati al rogo della biblioteca.

ra mi è restata da vivere, le ho spesso consultate come un oracolo, e ho quasi l'impressione che quanto ho scritto su questi fogli, che tu ora leggerai, ignoto lettore, altro non sia che un centone, un carme a figura, un immenso acrostico[2] che non dice e non ripete altro che ciò che quei frammenti mi hanno suggerito, né so più se io abbia sinora parlato di essi o essi abbiano parlato per bocca mia. Ma quale delle due venture[3] si sia data, più recito a me stesso la storia che ne è sortita,[4] meno riesco a capire se in essa vi sia una trama che vada al di là della sequenza naturale degli eventi e dei tempi che li connettono. Ed è cosa dura per questo vecchio monaco, alle soglie della morte, non sapere se la lettera che ha scritto contenga un qualche senso nascosto, e se più di uno, e molti, o nessuno.

Ma questa mia inabilità a vedere è forse effetto dell'ombra che la grande tenebra che si avvicina sta gettando sul mondo incanutito.[5]

Est ubi gloria nunc Babylonia?[6] Dove sono le nevi di un tempo?[7] La terra danza la danza di Macabré,[8] mi sembra a tratti che il Danubio sia percorso da battelli carichi di folli[9] che vanno verso un luogo oscuro.

Non mi rimane che tacere. O quam salubre, quam iucundum et suave est sedere in solitudine et tacere et loqui cum Deo![10] Tra poco mi ricongiungerò col mio principio,[11] e non credo più che sia il Dio di gloria di cui mi avevano parlato gli abati del mio ordine, o di gioia, come credevano i minori di allora,[12] forse neppure di pietà. Gott ist ein lautes Nichts, ihn rührt Nun noch Hier...[13] Mi inoltrerò presto in questo deserto amplissimo, perfettamente piano e incommensurabile, in cui il cuore veramente pio soccombe beato. Sprofonderò nella tenebra divina, in un silenzio muto e in una unione ineffabile, e in questo sprofondarsi andrà perduta ogni eguaglianza e ogni disuguaglianza, e in quell'abisso il mio spirito perderà se stesso, e non conoscerà né l'uguale né il disuguale, né altro: e saranno dimenticate tutte le differenze, sarò nel fondamento semplice, nel deserto silenzioso dove mai si vide diversità, nell'intimo dove nessuno si trova nel proprio luogo. Cadrò nella divinità silenziosa e disabitata dove non c'è opera né immagine.[14]

Fa freddo nello scriptorium,[15] il pollice mi duole. Lascio questa scrittura, non so per chi, non so più intorno a che cosa: stat rosa pristina nomine, nomina nuda tenemus.[16]

- **2 un centone...acrostico**: rispettivamente, una composizione che è, in realtà, un insieme di citazioni; una poesia i cui versi sono disposti in modo da formare un'immagine; un componimento in cui le lettere iniziali dei versi compongono una parola di senso compiuto. Sono tutti generi letterari in cui prevale l'aspetto enigmatico, citazionista o di gioco combinatorio.
- **3 venture**: casi.
- **4 sortita**: uscita, nata.
- **5 Ma questa...incanutito**: oscuro presentimento della fine dei tempi. **Incanutito**: invecchiato.
- **6 Est ubi...Babylonia?**: *Dov'è la gloria di Babilonia?* Citazione in stile biblico (anche se non tratta dalla *Bibbia*); Babilonia è l'emblema del peccato e della superbia umani. Il topos è quello dell'*ubi sunt* (= dove sono?, latino), cioè della scomparsa e della pochezza delle cose umane.
- **7 Dove...un tempo?**: citazione dalla *Ballata delle dame di un tempo* del poeta francese F. Villon (1431-1463 ca.): quindi, un voluto anacronismo.
- **8 danza di Macabré**: *danza macabra* (quella in cui i morti, come scheletri, trascinano i vivi), secondo la dicitura più antica. **Macabré** è forse un nome proprio, di significato oscuro.
- **9 battelli...folli**: è il motivo della nave dei folli, per cui cfr. Guida alla lettura.
- **10 O quam...Deo!**: *O quanto salutare, quanto lieto e dolce è starsene in solitudine, tacere e parlare con Dio!* Probabile citazione dall'*Imitazione di Cristo*, trattato monastico devozionale del Medioevo.
- **11 mio principio**: Dio, origine di tutte le cose.
- **12 e non credo...di allora**: né il Dio dei benedettini (al cui ordine Adso appartiene), né il Dio dei francescani (i **minoriti di allora**, cioè del tempo delle vicende narrate).
- **13 Gott...Hier**: *Dio è un puro nulla, non lo tocca né il qui né l'ora* [: è al di fuori del tempo e dello spazio]. Citazione, ancora una volta volutamente anacronistica, dal mistico tedesco Angelo Silesio (1624-1677).
- **14 Mi inoltrerò...immagine**: sono temi del pensiero mistico, e in particolare di quello del domenicano tedesco Meister Eckhart (1260 ca.-1328). **Fondamento semplice**: Dio è il fondamento di tutte le cose, e al tempo stesso è assoluta unità e semplicità.
- **15 scriptorium**: la parte del monastero in cui si copiano i manoscritti.
- **16 stat...tenemus**: *la rosa originaria esiste per il nome* [: l'essenza di ogni cosa è nel suo nome, cioè in un contenuto mentale astratto], *noi teniamo i nomi nudi* [: conosciamo solamente i nomi, non la realtà delle cose]. È «un verso da *De contemptu mundi* [Il disprezzo del mondo] di Bernardo Morliacense, un benedettino del XII secolo, il quale varia sul tema dell'*ubi sunt* (da cui poi il *mais ou sont les neiges d'antan* di Villon) [cfr. nota 7], salvo che Bernardo aggiunge al *topos* corrente (i grandi d'un tempo, le città famose, le belle principesse, tutto svanisce nel nulla) l'idea che di tutte queste cose scomparse ci rimangono puri nomi» (Eco).

T13 DALLA COMPRENSIONE ALL'INTERPRETAZIONE

COMPRENSIONE

Alla fine del *Nome della rosa* Il testo, che costituisce **la conclusione del *Nome della rosa*, può essere diviso in tre parti**. Nella prima, **il protagonista-narratore riflette sulle «pagine incomplete» scampate al rogo della biblioteca**, cercando invano di trovarvi un senso. La storia che Adso ha raccontato all'«ignoto lettore» rischia infatti di rimanere un enigma. Nella seconda parte, **immagina il momento imminente della propria morte**, quando sprofonderà «nella tenebre divina, in un silenzio muto e in una unione ineffabile», nel regno dell'indifferenziato («il mio spirito perderà se stesso, e non conoscerà né l'uguale né il disuguale, né altro: e saranno dimenticate tutte le differenze»). La terza parte è occupata dalla **citazione finale, che sigilla il messaggio ideologico e filosofico del romanzo** (che da essa trae infatti anche il titolo): «la rosa originaria esiste per il nome, noi teniamo i nomi nudi», cioè possediamo solo i nomi delle cose e non la loro essenza.

ANALISI

Il citazionismo La pagina è intessuta di **citazioni di cui è taciuta la fonte**. Esse sono tratte dalla **Bibbia** e dai ***topoi* della cultura medievale** (per esempio, quello dell'«*Ubi sunt...*» [Dove sono...?]), ma anche dal poeta francese Villon (vissuto nel Quattrocento) a cui rimanda la domanda «Dove sono le nevi di un tempo?» (*La ballata delle dame di un tempo*). Anche il motivo dei «battelli carichi di folli» rinvia al *topos* della nave dei pazzi alla deriva come simbolo dell'umanità, molto diffuso nella letteratura tedesca fra la fine del Quattrocento e il Cinquecento. Come si vede, le citazioni sono tratte anche da **opere appartenenti a epoche successive rispetto a quelle dello scrivente** (Adso è un uomo del Trecento). Questo uso disinvolto della citazione è un tratto tipico del **Postmoderno**, che non tende all'esattezza della ricostruzione storica ma piuttosto a mostrare che **tutto è stato già detto**, non importa quando. Si noti che le citazioni comportano il ricorso a un *pastiche* linguistico: se Villon è tradotto in italiano, la Bibbia è citata in latino, né mancano citazioni in tedesco (che d'altronde è la lingua naturale di Adso). È in latino anche la citazione che dà il titolo al romanzo: l'esametro «*Stat rosa pristina nomine, nomina nuda tenemus*» è tratto dal *De contemptu mundi* [Il disprezzo del mondo] di Bernardo Morliacense, un benedettino del XII secolo.

INTERPRETAZIONE

Il messaggio ideologico e filosofico Il protagonista, **Guglielmo**, è un seguace del nominalismo di Ockham che, dividendo il mondo degli uomini, dei segni e del linguaggio da quello dei valori ultimi, apre la strada all'empirismo inglese e al moderno spirito scientifico, non più subordinato alla dottrina religiosa e ai dettami della fede, ma rivolto a decifrare i segni del mondo terreno. Dietro la filosofia di Guglielmo si intravede ovviamente la filosofia di Eco, studioso di semiotica (la scienza dei segni). Tuttavia l'interpretazione che qui viene data del nominalismo semiotico è in una chiave nichilistica evidentemente influenzata dai risultati del **"pensiero debole"** dominante alla fine degli anni Settanta, quando il libro è stato composto. Per ricostruire tale ideologia filosofica si colgano i collegamenti fra quattro passi della pagina finale del romanzo: 1) **Adso avvisa che quanto ha scritto** (la storia raccontata nel romanzo) **gli sembra «un carme a figura**, un immenso acrostico che non dice e non ripete altro che ciò che quei frammenti [quelli della biblioteca distrutta da lui raccolti] mi hanno suggerito»; 2) d'altra parte ciò che ha scritto **ha un senso enigmatico** o forse anche nessun senso, esattamente come quei frammenti; 3) **l'uomo possiede solo i nomi delle cose, non la loro essenza** che gli sfugge; 4) **Dio è il nulla fuori del tempo e dello spazio in cui si precipita dopo la morte**, il luogo in cui i contrari si equivalgono, eguaglianze e diseguaglianze si confondono, e dove **l'origine e il punto d'arrivo della vita coincidono**. Dunque lo scritto di Adso non è che il pallido riflesso dei frammenti che ha raccolto e questi non sono a loro volta che il riflesso di una grande biblioteca perduta. La **biblioteca** originaria è quella in cui si uniscono verità religiosa e verità scientifica, il «libro di Dio» e il «libro della natura». Essa però è irricostruibile, cosicché il senso del suo messaggio e della sua verità resta sconosciuto (esattamente come accadeva alla biblioteca del racconto di Borges, *La biblioteca di Babele*). Insomma abbiamo a che fare con scritture che rimandano ad altre scritture, all'infinito; ma il senso ultimo, consegnato al libro originario o a Dio, resta inaccessibile. **Ogni scrittura ripete altre scritture**, è parlata da esse: «né so più» – dice Adso – «se io abbia sinora parlato di essi [i frammenti della biblioteca] o essi abbiano parlato per bocca mia». Siamo davanti a un punto-chiave dell'ideologia del postmodernismo. Le **poetiche della riscrittura e del rifacimento** si basano infatti su simili presupposti.

T13 LAVORIAMO SUL TESTO

COMPRENDERE

Adso
1. Adso in questa pagina è il giovane novizio al seguito di frate Guglielmo o un vecchio frate alla fine dei suoi anni?

ANALIZZARE

L'uso delle citazioni
2. Individua le numerose citazioni presenti nel testo.
3. L'uso delle citazioni segue una precisa tecnica letteraria. Come si chiama? A quale corrente letteraria si lega?

INTERPRETARE

La storia effetto del caso
4. Qual è la filosofia di Adso e quale quella di Eco?

Una verità sconosciuta
5. Qual è la biblioteca originaria? Perché non può essere ricostruita?

Quale messaggio?
6. **TRATTAZIONE SINTETICA** Spiega in poche righe l'ultima frase, «nomina nuda tenemus», alla luce della riflessione di Adso sulla scrittura.

> **LE MIE COMPETENZE: COLLABORARE, PRODURRE**
>
> Il complotto, il labirinto, la biblioteca: questi temi, tipici dell'immaginario degli anni Ottanta e Novanta, assumono una rilevanza centrale già nel romanzo *Il nome della rosa*. Tenendo conto di quanto hai studiato, scegli il tema che ti è più congeniale tra quelli elencati sopra e, collaborando con un gruppo di compagni, crea una presentazione multimediale che ne metta in luce la presenza nella letteratura, nell'arte, nel cinema del Postmoderno.

17 La narrativa dei "giovani" negli anni Novanta

La narrativa di giovani che scrivono per altri giovani

Alla fine degli anni Ottanta e all'inizio dei Novanta si afferma una nuova generazione di scrittori, nati intorno al 1960 o anche dopo. **Esordiscono in questo periodo anche autori della generazione precedente, come Maurizio Maggiani** (nato nel 1951), che esprime la vena anarchica dei "narratori della costa" (è lunigiano) e ha scritto un romanzo, *Il coraggio del pettirosso* (1995), con cui ha vinto il premio Viareggio, e **Walter Siti** (nato nel 1947), autore di *Scuola di nudo* (1994). **Ma protagonisti diventano ora i giovani o i giovanissimi**, per i quali si apre un preciso spazio editoriale: sono infatti giovani che scrivono per altri giovani e quindi si rivolgono a un pubblico reale.

S • Il protagonismo dei giovani in letteratura nella seconda metà del Novecento

Il fenomeno non è nuovo. Già negli anni Settanta, *Porci con le ali* (1976) di Lidia Ravera e Marco Lombardo Radice, che descrive le abitudini (anche sessuali) e il linguaggio dell'ultima generazione, **era stato un** *best seller*. Ma ora si è in presenza di un vero e proprio fenomeno letterario, che, già avviato agli inizi degli anni Novanta, a metà del decennio ha assunto un aspetto vistoso e una fortunata etichetta giornalistica, quella di **"cannibali"**.

Un caso a sé: Alessandro Baricco

Tuttavia non tutta la letteratura dei "giovani" è riconducibile a tale tendenza. Alessandro Baricco (nato nel 1958), per esempio, nei suoi romanzi (da *Castelli di rabbia*, 1991, a *Mc Gwyn*, 2011, e *Tre volte all'alba*, 2012) squaderna una ricca serie di riferimenti letterari (da Céline a Calvino, da Conrad a Perec), che sarebbero impensabili nella narrativa dei "cannibali".

L'universo *trash* e i "cannibali"

L'universo *trash* e l'influenza "comica" dei *cartoons* appaiono già, prima ancora che nei "cannibali" veri e propri, nella prima opera di **Enrico Brizzi** (*Jack Frusciante è uscito dal gruppo*, 1994) che appartiene però a una **prima fase della narrativa della nuova generazione**, ispirata a un giovanilismo leggero e felice. **La seconda** privilegia invece temi *horror* e una comicità "nera". Di essa fanno parte i cosiddetti **"cannibali"**, **che si affermano nel 1996 con una fortunata antologia**, *Gioventù cannibale*, contenente testi di autori di un certo rilievo come **Niccolò Ammaniti**, **Matteo Galiazzo** e **Aldo Nove** (nato nel 1967), il più dotato di questo gruppo, autore anche di una serie di racconti usciti nel 1995 con il titolo *Woobinda*. Rientra in questa tendenza anche il secondo romanzo di Enrico Brizzi (nato nel 1974), *Bastogne* (1997). Anche un altro autore in genere associato ai "cannibali", **Tiziano Scarpa** (nato nel 1963), rivela nel suo primo romanzo, *Occhi sulla graticola* (1996), una complessità di echi letterari (Sterne soprattutto) che lo distingue nettamente dai coetanei. E poi po-

T • Enrico Brizzi, *Il vecchio Alex alle prese con la famiglia davanti al televisore*

LA NARRATIVA DEGLI SCRITTORI "CANNIBALI"

modelli
- Tondelli
- cinema di Tarantino

personaggi
- giovani personaggi senza spessore, costruiti sul modello dei film, della televisione, dei fumetti

temi
- vita giovanile
- degradazione e violenza
- scambio tra reale e virtuale, tra esperienze e finzione
- prospettiva schiacciata sul presente

autori
- Nove
- Brizzi
- Ammaniti
- Scarpa

forme e stile
- gergo giovanile
- linguaggio omologante della televisione e della pubblicità
- italiano standard
- rifiuto della tradizione

tremmo ricordare **Isabella Santacroce**, **Giuseppe Caliceti**, **Giuseppe Culicchia**, autore di un fortunato *best seller*, *Tutti giù per terra* (1993).

Le caratteristiche dei giovani narratori

Ecco, sinteticamente, le caratteristiche di questi giovani narratori. **Sul piano tematico**: rappresentano la vita giovanile, strade, auto, incidenti stradali, discoteche, supermercati, droga, interni di case dove domina la televisione, cessi, vomito, periferie di città, stupri, scene di violenza e d'orrore mostrate con candida comicità o come se fossero la cosa più normale del mondo; il passato e il futuro sono assenti, domina una prospettiva totalmente schiacciata sul presente; lo scambio fra reale e virtuale, fra simulazione ed esperienza, fra verità e sua rappresentazione fittizia (televisiva, filmica, fumettistica, ecc.) è totale. **Sul piano linguistico e stilistico**: gli oggetti scompaiono sostituiti dai nomi delle marche o dalle caratteristiche merceologiche; la terminologia è desunta dal mondo degli *spot*, dal linguaggio della pubblicità in genere, dai programmi televisivi, dal mondo dello sport, della musica e dell'intrattenimento in generale; una quota di lessico è costituita da un turpiloquio ormai normalizzato, dal gergo dei clan giovanili e dall'inglese come lingua franca internazionale, divenuto talora una sorta di automatismo inconscio; **vanno rilevate l'assenza totale di polifonia e una totale univocità** (tutti parlano nel medesimo modo, usano lo stesso linguaggio: quello delle merci e della pubblicità).

La fine della mediazione letteraria

In generale si può dire che **nella narrativa dei "cannibali" veri e propri** (Nove, Santacroce, Ammaniti, Galiazzo, il Brizzi del secondo romanzo) **la lingua italiana "standard" non esiste più**, così come non esiste più l'italiano letterario; anzi **questi giovani sembrano voler ignorare la mediazione letteraria** (se si eccettua, forse, un riferimento a Tondelli) per rifarsi soprattutto al cinema (*Pulp Fiction* di Tarantino è il modello indiscusso, cfr. cap. I, § 8), alla televisione, ai *cartoons* e ai *comics*. Sta qui poi la differenza rispetto alla precedente generazione postmoderna (quella di Tabucchi o dello stesso Tondelli, nonché, ovviamente, di Eco). Mentre il romanzo postmoderno degli anni Ottanta creava dei personaggi di carta montandoli attraverso citazioni letterarie, i **nuovi personaggi, più che di carta, sono di** *cartoons*, uniformandosi a modelli filmici, televisivi e fumettistici. Siamo in presenza, insomma, di una diversa forma di citazionismo.

18. Fine del postmodernismo? La letteratura dopo l'attentato alle Torri gemelle

La stagione del postmodernismo

Il postmodernismo è stato il movimento letterario che ha dominato in Europa nell'ultimo quarto del secolo XX. I suoi presupposti teorici hanno cominciato a indebolirsi già nel corso degli anni Novanta: la prima Guerra del Golfo in Iraq (2 agosto 1990-28 febbraio 1991) aveva rivelato infatti quanto fosse stata infondata la speranza da cui era nato il postmodernismo, quella di una fase nuova, priva di progetti "forti" e orientata da un "pensiero debole" e dal "nichilismo morbido" prodotti dalla crisi delle ideologie. Successivamente, **nel primo decennio del nuovo secolo, i fondamenti del postmodernismo sono entrati in crisi**. Mentre il postmodernismo aveva sostenuto il primato della ironia e della leggerezza, il mondo è apparso invece dominato dalla gravità e dalla pesantezza dei contrasti rinascenti: gli attentati terroristici, a partire da quello alle Torri Gemelle di New York l'11 settembre 2001, la seconda Guerra del Golfo (iniziata il 20 marzo 2003), i conflitti interetnici e religiosi, l'invasione dell'Europa da parte dei popoli affamati dell'Est e del Sud del mondo, infine la crisi economica. **Il postmodernismo si basava inoltre sul primato del linguaggio**, sulla cancellazione del referente, sul rifiuto dell'impegno, sul citazionismo, sulla riscrittura. La realtà veniva dimenticata o elusa oppure rappresentata attraverso gli stereotipi del linguaggio televisivo e pubblicitario; poteva prevalere o un postmodernismo retorico (basato sul citazionismo e sul rifacimento ironico di modelli del passato e inaugurato in Italia da *Il nome della rosa* di Eco, cfr. **T13**, p. 705) o un postmodernismo apparentemente "mimetico" e rappresentativo (quello dei "cannibali", per esempio), ma in tutti e due i casi non si poteva certo parlare di realismo e **la cifra dominante era il disimpegno**.

Il cambiamento è avvenuto anzitutto negli Stati Uniti, ma è stato favorito anche dalla diffusione in Nordamerica e in Europa della nuova narrativa proveniente dall'Africa e dall'Asia. **Negli Stati Uniti, anche scrittori postmodernisti, come Don DeLillo, hanno finito per abbandonare questa tendenza** (DeLillo con *Underwold* si è avvicinato a soluzioni originalmente realiste), **mentre altri, come Philip Roth** (particolarmente in *Pastorale americana*, cfr. **T14**) e **Michael Cunningham** (particolarmente con *Carne e sangue*) hanno delineato articolati profili del contrasto fra le generazioni e vaste e complesse rappresentazioni della società americana. **La letteratura di scrittori turchi** (come Orhan Pamuk), **pakistani** (come Mohsin Hamid), **sudafricani** (come John M. Coetzee), **iraniani** (come Azar Nafisi), **afgani** (come Khaled Hosseini), **israeliani** (come Abraham Yehoshua, Amos Oz, David Grossman) **ha indubbiamente contribuito a introdurre in Occidente un tipo di narrativa ispirata ai problemi scottanti** e non eludibili dei conflitti razziali, interetnici, sociali.

A partire dalla fine degli anni Novanta qualcosa dunque comincia a cambiare in tutta la cultura occidentale. **In Italia si può parlare anzitutto di un ritorno alla realtà nella letteratura e nel cinema**. Indubbiamente continua a prodursi nel nostro paese anche una letteratura postmodernista, e tuttavia si tratta ormai di **un postmodernismo estremo** che non rinuncia a una esigenza di tipo saggistico e conoscitivo. Il rappresentante più interessante di questo postmodernismo estremo è **Walter Siti**, che nella sua opera più importante, ***Troppi paradisi*** (2007), analizza il mondo della televisione e dei programmi di intrattenimento come i *reality show*, cercando nel contempo di caratterizzare gli stili di vita, le ideologie, i comportamenti, la «mediocrità» dell'Occidente. **Ma soprattutto nella produzione narrativa comincia a profilarsi una tendenza apertamente realistica**, fondata sulla documentazione (nel cinema il genere del documentario acquista nuovo risalto, mentre in letteratura acquista importanza il *reportage*) e sull'impegno etico-civile. **Essa riguarda sia scrittori della vecchia generazione come Nanni Balestrini** (che scrive un romanzo sulla camorra, *Sandokan*, nel 2004), **sia giovani come Roberto Saviano**, autore di *Gomorra*, un'opera su questo stesso argomento, oscillante fra *reportage* e autobiografia, uscita nel 2006. Bisogna aggiungere che in questo periodo **alcuni fra i "cannibali" si evolvono in questa stessa direzione rappresentando casi reali di un'Italia concreta** (si pensi a *Io non ho paura*, 2001, di **Niccolò Ammaniti**, ispirato a un fatto di cronaca nera da cui Salvatores ha tratto il film omonimo o a *Mi chiamo Roberta*, 2006, di **Aldo Nove**, che documenta la condizione di precariato delle giovani generazioni), e che anche altri narratori tornano a ispirarsi a fatti della storia recente: è il caso di *Campo di sangue* (1997) di **Eraldo Affinati**, che racconta un viaggio ad Auschwitz, o di *L'abusivo* (2001) di **Antonio Franchini** sull'omicidio di un giornalista.

Il più importante di questi libri è indubbiamente *Gomorra* da cui è stato tratto un film con lo stesso titolo a opera del regista Matteo Garrone. **Roberto Saviano ha il coraggio di denunciare nomi e fatti della camorra**, da cui è stato più volte minacciato di morte (vive infatti sotto scorta). In quest'opera l'autore si rappresenta autobiograficamente nella realtà di un ricercatore precario che si

Io non ho paura, film del 2003 di Gabriele Salvatores, tratto dal romanzo omonimo di Niccolò Ammanniti.

reca in Vespa sui luoghi del crimine nel napoletano e nel casertano, fra gigantesche discariche di rifiuti, fiumi di cemento, villaggi abusivi, quartieri e periferie degradati in cui si accumulano masse enormi di denaro, di armi e di merci. Per Saviano infatti lo scrittore deve anzitutto dire la verità, e ciò significa assistere di persona, documentarsi sul posto, compromettersi, esporsi direttamente. Solo così la letteratura può assumere una nuova funzione civile. **Saviano riprende insomma la tradizione di denuncia di Pasolini e di Sciascia, ma in una prospettiva nuova.** Mentre Pasolini e Sciascia, come Volponi o Calvino o Fortini, erano ancora intellettuali che potevano occupare il centro della scena pubblica e condizionarla come protagonisti, ora si vive in un'epoca in cui questa centralità è stata conquistata dalla televisione e dagli strumenti di comunicazione di massa e la figura dell'intellettuale-legislatore, capace di parlare a nome dell'intera società, non è più possibile. **Saviano rappresenta bene una nuova realtà, quella dell'intellettuale** invece **periferico, precario e marginale** che tuttavia, proprio per questo, può rappresentare tutti gli esclusi e i marginali del pianeta e parlare anche in loro nome.

Video • *Gomorra*

S • Matteo Garrone, *Gomorra* (2008)

T14 — Philip Roth
Un dialogo impossibile

OPERA
Pastorale americana, Capitolo sesto

CONCETTI CHIAVE
- il conflitto tra le generazioni
- il conflitto tra ordine borghese e disordine

FONTE
P. Roth, *Pastorale americana*, trad. di V. Mantovani, Einaudi, Torino 1998.

In *Pastorale Americana* (1997) Philip Roth, uno dei principali scrittori statunitensi contemporanei, racconta la storia di Seymour Levov, un ebreo benestante, bello biondo e atletico (chiamato per questo lo Svedese) che rappresenta il simbolo perfetto del sogno americano. Levov sembra predestinato ad una vita di successi professionali e di gioie familiari, fino a quando, una mattina del 1968, l'amatissima figlia sedicenne Merry fa scoppiare una bomba nell'emporio del paesino in cui vive la famiglia Levov, causando la morte di un medico. Merry si dà alla clandestinità. La vita di Seymour Levov cambia per sempre. Attraverso le vicende private del protagonista, Roth ripercorre cinquant'anni di storia americana (dal 1940, quando Levov frequenta il primo anno di liceo, al 1995, l'anno della sua morte). Nel romanzo si intrecciano diversi temi: *Pastorale americana* è un libro sul rapporto tra le generazioni, sulla memoria, sul dolore, sulla vecchiaia, sulla malattia e sulla paura della morte. Ed è soprattutto un libro sull'America, sulle aspettative e le contraddizioni del grande sogno americano.
Il brano che riportiamo qui racconta il sofferto incontro tra Levov e la figlia Merry. Sono passati cinque anni dalla fuga di Merry: ora la ragazza è denutrita, sporca, vestita di stracci. Racconta al padre di aver organizzato altri attentati, uccidendo tre persone. Lo Svedese è sconvolto, vorrebbe portarla via, tentare per l'ultima volta di salvarla, ma Merry rifiuta.

Merry lo aveva visto. Come avrebbe potuto non vederlo? Come avrebbe potuto non vederlo anche in una strada dove c'era la vita e non la morte, dove si accalcava chi lotta e chi ha l'anima in pena e chi è come un ossesso e chi sa quello che vuole, e dove non c'era questo vuoto maligno?

Ecco suo padre, quell'elegante spilungone di suo padre, perfettamente riconoscibile, il padre più bello che una ragazza avrebbe mai potuto desiderare. Attraversò la strada di corsa, questa spaventevole creatura e, come la bambina spensierata che si era divertito ad immaginare quando era lui stesso un bambino spensierato, la bambina che si dondolava sull'altalena davanti alla casa di pietra, si gettò contro il suo petto, buttandogli le braccia al collo. Da sotto il velo che portava sopra la metà inferiore del viso – che le oscurava la bocca e il mento, un velo trasparente che era il piede stracciato di una vecchia calza di nailon – disse all'uomo che aveva finito per odiare: – Papà! Papà! – impeccabilmente, proprio come una bambina normale, e con l'aria di una persona la cui tragedia era di non essere mai stata la figlia di nessuno.

Piangono a dirotto, il fido padre che è fonte di ogni ordine, che non potrebbe lasciarsi sfuggire o sanzionare il minimo segno del caos – per il quale tenere a bada il caos era stata la via scelta dall'intuizione per raggiungere la certezza, il rigoroso dato quotidiano della vita – e la figlia che è il caos stesso.

[...]

– Ho ucciso quattro persone, – rispose lei, con la stessa innocenza con cui un tempo avrebbe potuto dirgli: – Oggi pomeriggio ho cotto al forno dei biscotti al cioccolato.

– No! Urlò lui. Il giainismo,[1] il legalismo, l'incredibile innocenza, tutta disperazione, tutto per prendere le distanze dai quattro che sono morti. – Non me la bevo! Tu non sei una donna algerina! Tu non vieni dall'Algeria, non vieni dall'India! Sei una ragazza americana di Old Rimrock, New Jersey! Una ragazza americana con le idee molto, molto confuse! Quattro persone? No! – E adesso era *lui* che non voleva crederci, adesso era per lui che la colpa non aveva senso e non poteva esistere. Merry era stata troppo fortunata perché questo potesse essere vero. E anche lui. Non avrebbe mai potuto generare l'assassina di quattro persone. Tutto ciò che la vita le aveva dato, tutto ciò che la vita le offriva, tutto ciò che la vita pretendeva da lei, tutto ciò che le era capitato dal giorno in cui era nata lo rendeva *impossibile*. Ammazzare la gente? Non era uno dei loro problemi. Misericordiosamente, la vita lo aveva omesso dalle loro vite. Ammazzare la gente era la cosa più lontana che ci fosse da tutto ciò che i Levov erano nati per fare. No, quella non era, non poteva essere sua figlia. – Se è vero che non dici mai bugie, che non prendi mai niente che non ti venga donato[2] (tutte queste balle, Merry, queste balle assolutamente insensate), ti prego, dimmi la verità!

– La verità è semplice. Ecco la verità. Devi farla finita con l'egoismo e con le passioni.

– Merry, – gridò lui, – Merry, Merry, – e, non riuscendo a trattenersi, non potendo più impedirsi di attaccarla, con tutta la sua forza virile si gettò su di lei rannicchiata là su quel materasso sporco. – Non sei tu! Non potresti averlo fatto! – Quando lui le strappò dal viso il velo tagliato dal piede di una calza, Merry non fece resistenza. Dove avrebbe dovuto esserci il calcagno c'era il suo mento. Non c'era niente di più fetido di un oggetto usato da un piede, e lei se lo mette sulla bocca. Noi l'amavamo, lei ci amava... E questo è il risultato: si infila una calza sulla faccia. – Parla, adesso! – le ordinò.

Ma lei si rifiutò. Lui le aprì la bocca con le dita, rinunciando a un principio al quale non era mai venuto meno: il divieto di usare la forza. Era la fine di ogni intesa. Non era più possibile capirsi, anche se lui sapeva che la violenza era inumana e inutile, e che l'unica cosa che poteva ottenere un risultato duraturo era il dialogo: ragionare con calma nel tempo necessario per giungere a un accordo. Il padre che non aveva mai potuto usare la forza con sua figlia, per il quale rappresentava una bancarotta morale,[3] aprì la bocca di quella donna e le prese la lingua con le dita. Le mancava un dente davanti, uno dei suoi magnifici denti. Ecco la prova che quella non era Merry. Gli anni delle macchinette per i denti, l'ancoraggio, l'apparecchio per la notte, tutti

---

● **1 giainismo**: è un'antica religione che predica un'assoluta non-violenza ed impone una forma estrema di vegetarianesimo che esclude molti vegetali e vieta di bere acqua non filtrata, per non ingerire piccoli organismi. Per questo motivo, come nel caso di Merry (cfr. righi 8-10), molti giainisti indossano maschere sulla bocca e sul naso per impedirsi di distruggere le varie forme di vita che si trovano nell'aria.

● **2 Se...donato**: tra i princìpi che caratterizzano il giainismo vi è quello della «sincerità», secondo il quale è necessario dire sempre la verità e condannare la falsità, e quello del «distacco» che impone di allontanarsi dalle questioni mondane, e di non possedere niente che non venga donato.

● **3 bancarotta morale**: è l'accusa più frequente fatta da Merry a suo padre.

quegli aggeggi per sistemarle la chiusura, per salvarle le gengive, per migliorarle il sorriso: *questa non poteva essere la stessa ragazza.*

50 – Parla! – intimò, e finalmente gli arrivò il suo vero odore, l'odore umano più cattivo che ci sia, escluso solo il puzzo dei vivi che marciscono e dei morti che si decompongono. Stranamente, benché lei gli avesse detto che non si lavava per non fare del male all'acqua, lo Svedese non aveva ancora sentito niente (né quando si erano abbracciati per la strada, né mentre lui stava seduto, al buio, davanti al suo giaciglio), nient'altro che un'ignota esalazione, acidula e nauseante, che aveva attribui-
55 to a quella casa impregnata di piscio. Ma l'odore che si sentì adesso, mentre le apriva la bocca, era di un essere umano e non di un edificio, un essere umano che sguazza, felice, nei propri escrementi. La sua sporcizia gli aveva aperto gli occhi. Che disgusto! Sua figlia è una cloaca[4] che puzza di liquame. Il suo odore è l'odore di tutto ciò che, di organico, si disgrega. È l'odore dell'incoerenza. È l'odore di ciò che è diventata. Poteva farlo e l'ha fatto; e questo rispetto per la vita è l'estrema oscenità.

60 Cercò un muscolo, nella propria testa, per tappare l'apertura che aveva in gola, qualcosa che lo fermasse e che impedisse a tutt'e due di scivolare ulteriormente in quella fogna, ma non c'era. Un rigurgito di secrezioni gastriche e di cibo non digerito gli venne su per l'esofago e, in un flusso acido e amaro, gli finì, nauseante, sulla lingua. E quando lui gridò: – *Chi sei tu?* – glielo schizzò in faccia con le sue parole.

65 Anche nel buio di quella stanza lo Svedese, quando fu sopra di lei, capì chi era. Non era necessario che parlasse a viso aperto per informarlo che l'inesplicabile aveva definitivamente cancellato ciò che un tempo lui credeva di sapere. Se non era più bollata come Merry Levov dalla balbuzie,[5] era individuata inconfondibilmente dagli occhi. Nelle occhiaie profondamente scavate, gli occhi erano quelli dello Svedese. Suoi erano gli occhi e la statura. Quella ragazza era
70 tutta sua. Il dente che mancava le era stato tolto o spaccato.

Quando lo Svedese arretrò verso la porta Merry non lo guardò ma, ansiosamente, volse lo sguardo nella stanza angusta come se, nella sua frenesia, lui avesse ridotto a mal partito gli innocui microrganismi che con lei abitavano quella solitudine.

Quattro persone. Non c'era da meravigliarsi che fosse sparita. E neanche che lui fosse an-
75 nientato. Quella era sua figlia, ed era irriconoscibile. Quest'assassina è mia. Aveva il suo vomito sul viso, un viso che, a parte gli occhi, era ormai molto diverso da quello di sua madre o di suo padre. Il velo era caduto, ma dietro il velo c'era un altro velo. Non è sempre così?

– Vieni con me, – implorò.

– Vattene, papà. Vattene.

80 – Merry, mi stai chiedendo di fare una cosa estremamente dolorosa. Mi stai chiedendo di lasciarti. Ti ho appena ritrovato. Ti prego, – la implorò, – vieni con me. Torna a casa.

– Papà, lasciami stare.

– Ma io devo vederti. Non posso lasciarti qui. Devo vederti!

– Mi hai visto. Ora vattene, ti prego. Se mi ami, papà, lasciami in pace.

- **4 cloaca**: è un condotto sotterraneo che ha la funzione di raccogliere e scaricare le acque piovane e i liquidi di rifiuto.
- **5 Merry...balbuzie**: da piccola Merry, ragazzina vivace e intelligente, soffriva di una grave forma di balbuzie a cui, però, non si era mai arresa. Seguita da uno psichiatra e da una foniatra, sotto lo stimolo dei genitori cercava comunque di migliorare e di avere una vita sociale soddisfacente, nonostante le numerose difficoltà. La balbuzie, che i genitori si ostinavano a combattere, rappresentava comunque il segno della sua radicale "diversità".

T14 DALLA COMPRENSIONE ALL'INTERPRETAZIONE

COMPRENSIONE

Padre e figlia: due mondi inconciliabili Dopo un momento di commozione, in cui «il fido padre che è la fonte di ogni ordine [...] e la figlia che è il caos stesso» si abbracciano piangendo a dirotto, **lo Svedese cerca di trovare un punto**

di contatto con Merry. È, tuttavia, **un dialogo impossibile**: alla **logica razionale e all'equilibrio del padre** la figlia oppone l'intransigenza severa e ossessiva dell'ideologia, rifiutando qualsiasi tipo di comunicazione. Seppure segnata da una vita difficile, Merry non rinuncia a ostentare la sua personalità, costruita in **opposizione al modello del padre**, e a esprimere orgogliosamente le sue idee, senza incepparsi più nella balbuzie cantilenante che tanto l'aveva fatta soffrire in passato; con fermezza rivendica gli omicidi e le scelte compiute fino a quel momento, rinnegando **il conformismo borghese della sua famiglia**. È l'incontro tra **due mondi inconciliabili** che non possono venire a contatto senza distruggersi a vicenda.

ANALISI

Uno stile moderno Dal punto di vista formale è evidente l'eredità dei narratori ottocenteschi (Dostoevskij e Balzac), soprattutto nell'**impianto realistico e tradizionale del romanzo**. Roth però innova profondamente le strutture tradizionali, pur senza stravolgerle. **Il racconto è in terza persona**, ma la voce narrante non ha niente del narratore onnisciente ottocentesco: è la voce di **un autore-testimone presente nella trama come personaggio secondario** (nella finzione romanzesca è Nathan Zuckerman, compagno di scuola del fratello dello Svedese). Il narratore si sdoppia prendendo su di sé ora il punto di vista dello Svedese, ora quello di Merry, non scegliendo mai da che parte stare; presenta le convinzioni del padre e della figlia e, nello stesso tempo, ne prende le distanze. **Il moltiplicarsi dei punti di vista** sembra mimare chiaramente **le contraddizioni e l'instabilità di un mondo segnato dalla fine degli ideali**, dal sovvertimento dei valori e dal disordine caotico della storia, e nello stesso tempo dà vita ad una **complessa polifonia**, in cui si riflette un relativismo pienamente moderno e novecentesco.

INTERPRETAZIONE

Il sogno americano e la sua crisi **L'America è la grande protagonista del romanzo**. Ha un ruolo centrale nell'immaginario di Marry e di suo padre. **Per lo Svedese l'America rappresenta un mito felice**, il successo, la possibilità di un'affermazione per tutti; essere americano è per lui come possedere un passaporto invisibile che gli consente di attraversare la vita con dignità ed orgoglio: «tutto ciò che conferiva un significato alle sue imprese era americano», si legge allora in un passo del romanzo. Nel brano il padre si rifiuta di credere al racconto di Merry proprio appellandosi alla sua natura di "brava" «ragazza americana»: «Tu non sei una donna algerina! Tu non vieni dall'Algeria, non vieni dall'India! Sei una ragazza americana di Old Rimrock, New Jersey! Una ragazza americana con le idee molto, molto confuse!» **Per Merry, invece, l'America è una «minaccia», una «malattia»** per cui prova un'«esecrazione irrefrenabile», che la divora dall'interno e la trasforma in un'assassina senza scrupoli. **La "pastorale" americana, richiamata nel titolo, è il sogno dello Svedese (e di un'intera generazione)**: un sogno che prometteva prosperità, ordine e felicità, ora implacabilmente contraddetto dalla feroce confusione degli anni Sessanta, quando viene a cadere il «vecchio compromesso intergenerazionale» per cui «ognuno conosceva il proprio ruolo e osservava le regole con massima serietà». Il risultato delle scelte di Merry è proprio quello di sbalzare lo Svedese «dalla tanto desiderata pastorale americana», proiettandolo «in tutto ciò che è la sua antitesi e il suo nemico, nel furore, nella violenza e nella disperazione della contropastorale: nell'innata rabbia cieca dell'America». **La tragedia privata dello Svedese esprime la frantumazione dell'immagine idealizzata, e a tratti ipocrita, della società del benessere**. La forza di *Pastorale americana* sta allora nel descrivere, in maniera rigorosa e precisa, **la crisi di valori collettiva che segna drammaticamente la storia americana negli anni Sessanta e Settanta**. La scrittura di Roth si sofferma in particolare sullo **scontro generazionale** che s'inasprisce con la maturazione politica e culturale di una nuova generazione, decisa ad opporsi al sistema istituzionale dominante. **Il conflitto tra lo Svedese e Merry** mette in luce, infatti, la contraddizione tra la necessità di quieta normalità (il lavoro, la famiglia, lo sport) e la tendenza alla devianza, al sovversivismo, che domina la storia degli Stati Uniti.

T14 LAVORIAMO SUL TESTO

COMPRENDERE

1. Descrivi le caratteristiche dei due protagonisti.

ANALIZZARE

2. Sottolinea in rosso i punti del testo in cui la voce narrante sembra aderire alla prospettiva di Merry e in blu quelli in cui invece rispecchia il punto di vista dello Svedese.

INTERPRETARE

3. **TRATTAZIONE SINTETICA** Spiega in un massimo di cinque righe il significato del titolo *Pastorale americana*.

T15
Roberto Saviano
Come la camorra effettua il test di un taglio di coca

OPERA
Gomorra

CONCETTI CHIAVE
- un genere letterario ibrido
- realismo e crudeltà rappresentativa

FONTE
R. Saviano, *Gomorra*, Mondadori, Milano 2006, pp. 81-85.

Quando la camorra deve vendere un nuovo taglio di coca, ne prova la qualità somministrandola gratuitamente ai tossicodipendenti, chiamati in gergo Visitors. Se il taglio è scadente, chi lo sperimenta può morire nella indifferenza di chi glielo ha offerto. In questo episodio, ambientato in un quartiere periferico di Napoli, il malcapitato si salva solo attraverso un rimedio brutale escogitato dalla sua fidanzata.

Anche qui i clan di Secondigliano sono in anticipo su tutti e il vantaggio è prezioso. Qui ci sono i Visitors: gli eroinomani. Li chiamano come i personaggi del telefilm degli anni '80 che divoravano topi e sotto un'apparente epidermide umana nascondevano squame verdastre e viscide. I Visitors li usano come cavie, cavie umane, per poter sperimentare i tagli. Provare se un taglio è
5 dannoso, che reazioni genera, sin dove possono spingersi ad allungare la polvere. Quando i "tagliatori" hanno bisogno di molte cavie, abbassano i prezzi. Da venti euro a dose, scendono anche a dieci. La voce circola e gli eroinomani vengono persino dalle Marche, dalla Lucania, per poche dosi. L'eroina è un mercato in totale collasso. Gli eroinomani, i tossici, sono in diminuzione. Disperati. Prendono i bus barcollando, scendono e risalgono sui treni, viaggiano di notte,
10 prendono passaggi, camminano a piedi per chilometri. Ma l'eroina meno costosa del continente merita qualsiasi sforzo. I "tagliatori" dei clan raccolgono i Visitors, gli regalano una dose e poi attendono. In una telefonata riportata nell'ordinanza di custodia cautelare in carcere del marzo 2005, emessa dal Tribunale di Napoli, due parlano tra loro dell'organizzazione di un provino, un test su cavie umane per provare il taglio della sostanza. Prima si chiamano per organizzarlo:
15 «Le levi cinque magliette... per le prove allergiche?».
Dopo un po' si risentono:
«Hai provato la macchina?».
«Sì...».
Intendendo ovviamente, se aveva testato:
20 «Sì, mamma mia, troppo bello, compa' siamo number one, devono chiudere tutti».
Esultavano, felici del fatto che le cavie non erano morte, anzi, avevano gradito molto. Un taglio ben riuscito raddoppia la vendita, se di ottima qualità viene subito richiesto sul mercato nazionale e la concorrenza viene sbaragliata.
Solo dopo aver letto questo scambio di commenti telefonici capii la scena a cui avevo assisti-
25 to qualche tempo prima. Non riuscivo davvero a comprendere cosa in realtà mi si muoveva davanti agli occhi. Dalle parti di Miano, poco distante da Scampia,[1] c'erano una decina di Visitors. Erano stati chiamati a raccolta. Uno spiazzo davanti a dei capannoni. C'ero finito non per caso ma con la presunzione che sentendo l'alito del reale, quello caldo, quello più vero possibile, si possa arrivare a comprendere il fondo delle cose. Non sono certo sia fondamentale osservare ed
30 esserci per conoscere le cose, ma è fondamentale esserci perché le cose ti conoscano. C'era un tizio vestito bene, anzi direi benissimo, con un completo bianco, una camicia bluastra, scarpe sportive nuovissime. Aprì un panno di daino sul cofano dell'auto. Aveva dentro un po' di siringhe. I Visitors si avvicinarono spingendosi, sembrava una di quelle scene – identiche, medesime, sempre uguali da anni – che mostrano i telegiornali quando in Africa giunge un camion con
35 i sacchi di farina. Un Visitors però si mise a urlare:
«No, non la prendo, se la regalate non la prendo... ci volete ammazzare...».
Bastò il sospetto di uno, che gli altri si allontanarono immediatamente. Il tizio sembrava non aver voglia di convincere nessuno e aspettava. Ogni tanto sputava per terra la polvere che i

---

[1] **Scampia**: è un quartiere degradato di Napoli.

Perché una serie su *Gomorra*?

Per esplorare la *complessità* del reale, attraverso il racconto reiterato di una storia e dei suoi personaggi, in tutte le sue sfaccettature, e attualizzare il *piacere della serialità*, tipico del romanzo d'appendice ottocentesco, con una nuova attenzione al *vero* e alla *verità*, di cui i giovani, e il nostro paese in generale, hanno più che mai bisogno. «La nuova serialità, che oggi rende la serie tv molto più sperimentali del cinema, è esercizio alla complessità. Affronta spesso temi attuali e mondi veri o verosimili, facendo della realtà – anche la più cruda, anche la più difficile da accettare – il fulcro su cui svilupparsi, e non la dimensione da cui fuggire».

Roberto Saviano

Gomorra la serie TV (2014)

da un'idea di Roberto Saviano

REGIA: Stefano Sollima, Francesca Comencini, Claudio Cupellini
CON: Marco D'Amore, Fortunato Cerlino, Maria Pia Calzone, Salvatore Esposito, Marco Palvetti, Domenico Balsamo
PRODUZIONE: Sky Atlantic, Cattleya e Fandango, in collaborazione con La7 e in associazione con Beta Film

▶ Vedi il video di Giovanna Taviani con una video intervista a Roberto Saviano in esclusiva per il Salinadocfest e interviste a S. Sollima, F. Comencini, M.P. Calzone, F. Cerlino.

Visitors camminando alzavano e che gli si posava sui denti. Uno si fece avanti lo stesso, anzi si fece avanti una coppia. Tremavano, erano davvero al limite. In rota,[2] come si dice solitamente. Lui aveva le vene delle braccia inutilizzabili, si tolse le scarpe, e anche le piante dei piedi erano rovinate. La ragazza prese la siringa dallo straccio e se la mise in bocca per reggerla, intanto gli aprì la camicia, lentamente, come se avesse avuto cento bottoni, e poi lanciò l'ago sotto il collo. La siringa conteneva coca. Farla scorrere nel sangue permette di vedere in breve tempo se il taglio funziona o se è sbagliato, pesante, scadente. Dopo un po' il ragazzo iniziò a barcollare, schiumò appena all'angolo della bocca e cadde. Per terra iniziò a muoversi a scatti. Poi si stese supino e chiuse gli occhi, rigido. Il tizio vestito di bianco iniziò a telefonare al cellulare:

«A me pare morto... sì, vabbè, mo gli faccio il massaggio...».

Iniziò a pestare con lo stivaletto il petto del ragazzo. Alzava il ginocchio e poi lasciava cadere la gamba con violenza. Il massaggio cardiaco lo faceva con i calci. La ragazza al suo fianco blaterava qualcosa, lasciando le parole ancora attaccate alle labbra: «Lo fai male, lo fai male. Gli stai facendo male...».

Cercando con la forza di un grissino di allontanarlo dal corpo del suo ragazzo. Ma il tizio era disgustato, quasi impaurito da lei e dai Visitors in genere:

«Non mi toccare... fai schifo... non ti azzardare a starmi vicino... non mi toccare che ti sparo!».

Continuò a tirare calci in petto al ragazzo; poi con il piede poggiato sullo sterno ritelefonò:

«Questo è schiattato. Ah, il fazzolettino... aspetta che mo vedo...».

Prese un fazzolettino di carta dalla tasca, lo bagnò con una bottiglietta d'acqua e lo stese aperto sulle labbra del ragazzo. Se soltanto avesse avuto un flebile fiato avrebbe forato il kleenex, dimostrando di essere ancora vivo. Precauzione che aveva usato perché non voleva neanche sfiorare quel corpo. Richiamò per l'ultima volta:

«È morto. Dobbiamo fare tutto più leggero...».

● **2 in rota:** in crisi di astinenza (espressione del gergo).

Il tizio rientrò in auto dove l'autista non aveva neanche per un secondo smesso di zompettare[3] sul sedile ballando una musica di cui non riuscivo a sentire neanche un rumore, nonostante si muovesse come se fosse stata al massimo volume. In pochi minuti tutti si allontanarono dal corpo, passeggiando per questo frammento di polvere. Rimase il ragazzo steso a terra. E la fidanzata, piagnucolante. Anche il suo lamento rimaneva attaccato alle labbra, come se l'eroina permettesse una cantilena rauca come unica forma di espressione vocale.

Non riuscii a capire perché la ragazza lo fece, ma si calò il pantalone della tuta e accovacciandosi proprio sul viso del ragazzo gli pisciò in faccia. Il fazzolettino gli si attaccò sulle labbra e sul naso. Dopo un po' il ragazzo sembrò riprendere i sensi, si passò una mano sul naso e la bocca, come quando ci si toglie l'acqua dal viso dopo essere usciti dal mare. Questo Lazzaro di Miano resuscitato da chissà quali sostanze contenute nell'urina, lentamente si alzò. Giuro che se non fossi stato stordito dalla situazione, avrei gridato al miracolo. Invece camminavo avanti e indietro. Lo faccio sempre quando sento di non capire, di non sapere cosa fare. Occupo spazio, nervosamente. Facendo così devo aver attirato l'attenzione, poiché i Visitors iniziarono ad avvicinarmi, a urlarmi contro. Pensavano fossi un uomo legato al tizio che stava quasi uccidendo quel ragazzo. Mi gridavano contro: «Tu... tu... volevi ammazzarlo...».

Mi si fecero intorno, mi bastò allungare il passo per seminarli, ma continuavano a seguirmi, a racimolare da terra schifezze varie e lanciarmele. Non avevo fatto niente. Se non sei un tossico, sarai uno spacciatore. Spuntò d'improvviso un camion. Dai depositi ne uscivano a decine tutte le mattine. Frenò vicino ai piedi, e sentii una voce che mi chiamava. Era Pasquale. Aprì lo sportello e mi fece salire. Non un angelo custode che salva il suo protetto, ma piuttosto due topi che percorrono la stessa fogna e si tirano per la coda.

Pasquale mi guardò con la severità di un padre che tutto aveva previsto. Quel ghigno che basta a sé, e non deve neanche perdere tempo a pronunciarsi per rimproverare. Io invece gli fissavo le mani. Sempre più rosse, screpolate, spaccate sulle nocche e anemiche nel palmo. Difficile che i polpastrelli abituati alle sete e ai velluti dell'alta moda possano accomodarsi per dieci ore sui manubri di un camion. Pasquale parlava ma continuavano a distrarmi le immagini dei Visitors. Scimmie. Anzi meno che scimmie. Cavie. A testare il taglio di una droga che girerà mezza Europa e non può rischiare di ammazzare qualcuno. Cavie umane che permetteranno a romani, napoletani, abruzzesi, lucani, bolognesi, di non finire male, di non colare sangue dal naso e schiuma dai denti. Un Visitors morto a Secondigliano è solo un ennesimo disperato su cui nessuno farà indagini. Già tanto sarà raccoglierlo da terra, pulirgli il viso dal vomito e dal piscio e sotterrarlo. Altrove ci sarebbero analisi, ricerche, congetture sulla morte. Qui solo: overdose.

- **3 zompettare**: *saltare* (termine regionale diffuso nell'Italia centrale).

T15 DALLA COMPRENSIONE ALL'INTERPRETAZIONE

COMPRENSIONE

Le due parti del racconto Il testo può essere diviso in due parti. **La prima parte**, a carattere informativo, spiega **il modo in cui la camorra sperimenta un taglio di coca**, somministrandolo ai cosiddetti Visitors. La **seconda parte**, a carattere narrativo, racconta **un episodio di cui Saviano stesso è stato testimone** e in cui un "tagliatore" offre una dose a un eroinomane usato come «cavia umana». Solo dopo aver letto un'intercettazione telefonica fra due "tagliatori" che parlavano di «un provino», Saviano può comprendere la scena a cui aveva assistito qualche tempo prima: «dalle parti di Miano, poco distante da Scampia, c'erano una decina di Visitors» e «c'era un tizio vestito bene, anzi direi benissimo», un "tagliatore" che vuole sperimentare il taglio. Mentre tutti si allontanano diffidenti, una coppia si avvicina. Il taglio è scadente: il ragazzo cade a terra e sembra morto. Il "tagliatore" se ne accerta dopo avergli fatto «il massaggio cardiaco [...] con i calci» e aver verificato con un fazzoletto di carta bagnato che non respira più. Ma la ragazza riesce a resuscitare «questo Lazzaro di Miano» urinandogli in faccia. Nel frattempo, Saviano ha attirato l'attenzione dei Visitors, che lo inseguono credendolo uno spacciatore. Ma Pasquale, caricandolo sul suo camion, lo toglie dai guai.

ANALISI

Il genere letterario Il genere letterario di *Gomorra* è incerto o ibrido. Non è un romanzo; somiglia a un **reportage giornalistico**, ma ha anche del **saggismo** e dell'**autobiografia**. Nel brano qui presentato sono evidenti tanto il taglio da *reportage* giornalistico quanto la componente autobiografica. Da un lato infatti si documenta una scena reale di vita vissuta, dall'altro la figura dell'io narrante è ben rappresentata. **Il soggetto narrante è uno che vuole capire** e per questo si reca direttamente sui luoghi frequentati dalla camorra. Vuole essere presente, «esserci». All'inizio non riesce a capire la scena che gli si presenta davanti; poi, quando comincia a comprenderne la dinamica, si agita nervosamente sino ad attrarre l'attenzione dei tossicodipendenti, che lo scambiano per uno spacciatore. Nel mondo della droga, in quel quartiere squallido, si può essere, infatti, solo aguzzini o vittime, camorristi e spacciatori o tossici.

INTERPRETAZIONE

Realismo e crudeltà rappresentativa La scena è descritta con grande **forza realistica**. Il modo di agire dei tossicodipendenti, il comportamento dei camorristi (l'abbigliamento elegante e pacchiano insieme, il cinismo dei gesti), **il paesaggio e l'ambiente segnato dalla polvere** e dall'aridità sono rappresentati puntigliosamente. Saviano non risparmia al lettore **i particolari più crudeli e degradanti**. La crudeltà rappresentativa appare soprattutto in tre luoghi: 1) nel modo con cui il camorrista spacciatore fa il massaggio cardiaco al tossico che sembra sul punto di morire, senza toccarlo ma limitandosi a colpirlo sul petto a calci; 2) nella freddezza con cui ne annuncia la morte presunta per telefono, preoccupato solo dal cattivo esito del taglio di coca e con cui poi fa la prova del kleenex sulla bocca del ragazzo; 3) nella raffigurazione dell'autista restato all'interno della macchina che, mentre il tossico rischia la morte, continua a «zompettare» sul sedile ballando al suono della musica della radio. Degradante, anche se fortunatamente tempestivo, è poi l'intervento della ragazza che salva il compagno urinandogli sulla faccia.

T15 LAVORIAMO SUL TESTO

COMPRENDERE

"Visitors" e "Tagliatori"

1. Spiega perché il paragone tra il comportamento dei Visitors e quello degli africani quando arriva un camion carico di farina risulta amaro e intensamente drammatico.

2. Qual è l'atteggiamento del "tagliatore" nei confronti dei tossicodipendenti?

ANALIZZARE

Dalla televisione alla realtà

3. **LINGUA E LESSICO** Come sono caratterizzati (anche linguisticamente) i "tagliatori"?

4. Che cosa hanno in comune i tossicodipendenti con i protagonisti della serie televisiva *Visitors*? Quali considerazioni ti suggerisce il fatto che il nome affibbiato agli eroinomani derivi dall'immaginario televisivo?

INTERPRETARE

Il mondo desolato dei tossici

5. L'episodio qui raccontato è certamente crudo. Quali sono le modalità narrative scelte dall'autore per rappresentare questa crudezza?

6. A un certo punto dell'episodio raccontato i Visitors scambiano Saviano per uno spacciatore, gli urlano contro e vorrebbero aggredirlo. Questo particolare, insieme alla descrizione dei Visitors fatta nel primo capoverso, sotto quale luce presentano il mondo della tossicodipendenza?

LE MIE COMPETENZE: COLLABORARE, PROGETTARE, PRODURRE

Roberto Saviano è un intellettuale che fa sentire spesso la sua voce intervenendo sui giornali o in televisione. Con una ricerca individua un intervento pubblico di Saviano (nella forma di uno spezzone video o di un articolo) da cui emerga una riflessione sul valore della letteratura. Condividi con i compagni il documento che hai selezionato e commentalo in classe.

Percorso
LO SPAZIO E IL TEMPO

PERCORSI TEMATICI

Letteratura e industria: dalla fabbrica al laboratorio informatico

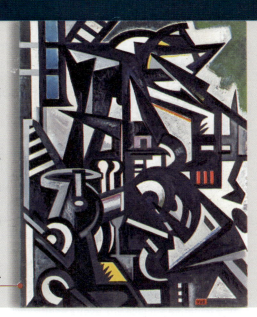

Emilio Vedova, *Interno di fabbrica*, 1946.

Negli anni Sessanta, in coincidenza con il *boom* economico che trasforma l'Italia in un paese capitalistico moderno, **la realtà della fabbrica entra nella letteratura**, non solo come nuovo tema da esplorare, ma come terreno di confronto con i mutamenti sociali e culturali indotti dall'industrialismo (cfr. espansioni digitali S, *Letteratura e industria*). L'acceso dibattito su letteratura e industria, promosso nel 1962 dalla rivista «Il Menabò» (cfr. cap. II, § 2), mostra l'attualità di una questione rimasta fino ad allora marginale e connessa al cambiamento del ruolo sociale dello scrittore, che diventa in quegli anni sempre più un salariato dell'industria: diversi scrittori rappresentativi lavorano non solo nell'industria editoriale, ma anche all'Olivetti, alla Pirelli e alla Fiat. Tra questi è **Volponi che rappresenta in *Memoriale* (1962) la vita di fabbrica dall'interno** e, attraverso l'ottica stravolta del protagonista, un operaio paranoico, **rivela la disumanizzazione che si cela dietro l'apparente razionalità del lavoro industriale**. Il dominio del tempo tecnologico della catena di montaggio, che riduce il lavoro a una meccanica, ossessiva ripetizione, dilaga anche fuori della fabbrica, condizionando l'intera vita dell'operaio, ridotta a un uniforme e insensato grigiore. Il lavoro in fabbrica, ambito dal contadino inurbato come strumento di promozione economica e sociale, si rivela come luogo dell'alienazione umana (un tema reso celebre dal film di Chaplin *Tempi moderni*). Anche la malattia del protagonista, espulso infine dal lavoro, diventa un emblema del senso di vuoto e di devastazione interiore che caratterizza la vita della città industriale (cfr. espansioni digitali T, *Il lavoro in fabbrica*).

L'alienazione dalla fabbrica si estende a tutta l'organizzazione capitalistica del lavoro, all'ufficio, alla scuola, all'attività di giornalisti e scrittori. Il motivo della solitudine è al centro del poemetto di Pagliarani, *La ragazza Carla*

Giulio Turcato, *Composizione con fabbrica*, 1947-48.

Il romanzo e la novella — **capitolo IV** — 719

Percorso LO SPAZIO E IL TEMPO — Letteratura e industria: dalla fabbrica al laboratorio informatico

(1960), ispirato alla vita di una dattilografa oppressa dall'uniformità soffocante sia dell'ufficio, luogo squallido dello sfruttamento e degli intrighi, sia di una città dal *cielo d'acciaio*, che *non concede smarrimenti* (cfr. cap. III, § 8 e **T6**, *La ragazza Carla al lavoro*).

La vita della metropoli, nella sua quotidiana normalità, assume caratteri ostili e disumani anche nella *Vita agra* di Bianciardi, che negli stessi anni documenta il fenomeno della proletarizzazione degli intellettuali – come Mastronardi nel *Maestro di Vigevano* quello degli insegnanti – sullo sfondo della Milano del miracolo economico. Il mito del benessere e del progresso si capovolge nei due romanzi nella visione di un mondo stravolto da latente follia, abitato non più da uomini ma da *gusci* e fantasmi. Dal luogo di lavoro l'alienazione tende a investire tutta la società: sta qui la differenza rispetto alla visione della città ottocentesca.

Questa tematica subisce una svolta negli anni Settanta con l'esplosione della rivolta operaia e studentesca. Nel romanzo di Balestrini *Vogliamo tutto* (1971) prende direttamente la parola un giovane operaio della Fiat protagonista delle lotte dell'autunno caldo. Assumendo il punto di vista dell'immigrato, totalmente estraneo alla logica industriale, l'autore esprime la carica di rifiuto radicale del lavoro e della società capitalistica, che caratterizza la protesta giovanile della nuova classe operaia massificata della fabbrica fordista.

Ma non è l'utopia rivoluzionaria, bensì la rivoluzione informatica a trasformare negli anni Ottanta il lavoro, la città e la vita stessa della gente. È ancora Volponi, lo scrittore più sensibile al rapporto tra letteratura e industria (cfr. **espansioni digitali S**, *Volponi espone agli studenti le proprie idee sull'industria e sulla letteratura*), con *Le mosche del capitale* scrive nel 1989 il primo grande romanzo sulla civiltà postmoderna (cfr. **espansioni digitali S**, *Le mosche del capitale, un grande romanzo sul potere nell'età postmoderna*).

La città notturna che Saraccini osserva dall'alto ci pone dinanzi una metropoli diversa da quella degli anni Cinquanta. Scompare ogni distinzione tra città e campagna, ancora presente nel primo romanzo, tra fabbrica e città. Questa non si identifica più con un territorio preciso, perde le tradizionali determinazioni spaziali (strade, piazze, case). Si riduce a un unico, immenso spaccato di interni, dove uffici, impianti, uomini, calcolatori si allineano caoticamente in un universo indifferenziato, attraversato dai flussi di informazione delle tecnologie informatiche (cfr. § 12, **T8**, *La grande città industriale*).

Il «midollo spinale» della città sono infatti i nastri che registrano contemporaneamente a livello planetario calcoli, interessi, costi, quotazioni finanziarie. Nuovo strumento del potere capitalistico, «il calcolatore guida e controlla, concede rincorre codifica assume imprime». Anche la luna, persa ogni "aura", rientra in questo mondo artificiale, ridotta a semplice satellite su cui schizzano le telefonate intercontinentali.

Come **lo spazio non ha più centro e periferia, identificandosi con una rete di comunicazioni e di relazioni mercantili, così il tempo tecnologico domina ormai completamente sul tempo della natura e della storia.**

La velocità del capitalismo odierno tende infatti ad annullare il carattere corporeo del lavoro, della merce e della vita stessa. **Nell'ambito di queste trasformazioni**, che assumono le dimensioni di un mutamento antropologico, **acquista un'importanza centrale la questione del linguaggio.** Paradossalmente, in un'epoca in cui le possibilità e gli strumenti di comunicazione si sono straordinariamente moltiplicati, diventa in realtà sempre più difficile comunicare con le persone e con le cose.

La difficoltà di comunicare per eccesso e inflazione dei mass media, che creano interferenze e svuotano di senso le parole, è un tema già presente nel racconto di Pynchon, *Entropia* (scritto negli anni Sessanta, ma pubblicato nel 1984), in cui **la catastrofe per degradazione del mondo è anche catastrofe di un linguaggio che 'trasmette' continuamente, ma impedisce un dialogo tra gli individui.** Dialogo che non esiste più neanche nelle *Mosche del capitale*, dove tutti, animali, piante, oggetti, uomini, parlano ormai il linguaggio spersonalizzato del potere, trasformato da luogo di espressione e di comunicazione a meccanica e insensata logorrea (cfr. **espansioni digitali S**, *Le mosche del capitale: un grande romanzo sul potere nell'età postmoderna*).

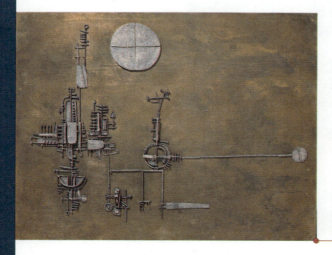

Arnaldo Pomodoro, *La luna il sole la torre*, 1955.

DAL RIPASSO ALLA VERIFICA

MAPPA CONCETTUALE — La narrativa contemporanea in Italia

la tradizione novecentesca
- scrittura tradizionale
- narrativa borghese

autori
- Giorgio Bassani
- Lalla Romano
- Natalia Ginzburg
- Dacia Maraini

la narrativa tra sperimentazione e impegno

Leonardo Sciascia
- impegno politico e moralità
- la questione della mafia e gli intrighi della politica
- romanzo "giallo" senza lieto fine
- il genere del *pamphlet* tra saggio, storia e invenzione

Paolo Volponi
- letteratura e industria
- impegno etico-politico
- sperimentalismo formale
- polemica contro il capitalismo

Vincenzo Consolo
- impegno etico
- sperimentalismo linguistico
- interesse per la storia

Luigi Meneghello
- autobiografismo
- ricostruzione storica
- commistione di linguaggi

la narrativa della Neoavanguardia
- gioco linguistico
- contaminazione di stili e generi diversi
- dissoluzione della trama e rifiuto della tradizione

autori
- Sanguineti
- Balestrini
- Manganelli
- Arbasino
- Malerba (prima parte della sua produzione)

la narrativa del Postmoderno
- riuso dei generi tradizionali e citazionismo ironico
- importanza della trama
- "nichilismo morbido" e rifiuto dell'impegno
- romanzo neostorico
- temi della biblioteca, del labirinto, del complotto

autori
- Eco
- Malerba (seconda parte della sua produzione)
- Tabucchi
- Vassalli

la narrativa degli anni Novanta ai giorni nostri

anni Novanta
- postmoderno fumettistico degli scrittori "cannibali"

dal 2001 a oggi
- romanzo postmodernista, ma con esigenze saggistiche
  - Siti
- "ritorno alla realtà"
  - Saviano

SINTESI

I caratteri della narrativa contemporanea

Nella società del capitalismo avanzato il romanzo subisce essenzialmente due trasformazioni: 1) tende a diventare un "prodotto" dell'industria culturale e a dipendere più strettamente dalle esigenze del mercato; 2) è sempre più influenzato dalle tecniche cinematografiche, televisive, pubblicitarie, dal linguaggio dei mass-media e dall'immaginario tecnologico diffuso dai processi di informatizzazione. Cambiano inoltre i temi e le forme. Al centro ci sono le complessità e l'oscurità del mondo contemporaneo, mentre tende a sparire il mondo della campagna. Dominano i linguaggi, i suoni e le immagini della civiltà tecnologica; lo stile e il linguaggio privilegiano il momento "comico", "basso" e ironico; oppure tendono al *pastiche*, all'intreccio di generi e di lingue.

In Italia agli inizi degli anni Settanta la Neoavanguardia e lo sperimentalismo entrano in crisi. Gli anni Settanta e gli anni Ottanta vedono il "ritorno alla narratività", a una narrativa più tradizionale volta a raccontare fatti e vicende, spesso legate a situazioni autobiografiche e generazionali. Negli anni Novanta prevalgono romanzi di facile leggibilità che puntano all'immediatezza dei sentimenti e degli istinti.

DAL RIPASSO ALLA VERIFICA

● **Il romanzo in Europa e negli Stati Uniti**
Nella "tradizione novecentesca" rientrano scrittori di spicco come i tedeschi Böll (1917-1985) e Christa Wolf (1929-2011), il russo Solženicyn (1918-2008) e l'americano Salinger (1919-2010). La stagione dello sperimentalismo e della Neoavanguardia vede in Francia l'affermazione della "scuola dello sguardo" e del "nuovo romanzo". Il caposcuola è Alain Robbe-Grillet (1922-2008). Georges Perec (1936-1982) si colloca invece a metà strada fra lo sperimentalismo del "nuovo romanzo" e il Postmoderno. Suo capolavoro è *La vita, istruzioni per l'uso* (1978). Dal rinnovamento narrativo derivano anche le opere di Marguerite Duras (1914-1996). Vicino al Postmoderno è Michel Tournier, autore di *Venerdì o il limbo del Pacifico* (1967). Negli anni Ottanta si affermano in Europa il ceco Milan Kundera (1929) con *L'insostenibile leggerezza dell'essere* (1984) e il portoghese José Saramago (1922-2010). Negli Stati Uniti, tramontata la stagione della *beat generation*, alla fine degli anni Sessanta si sviluppa il Postmoderno, il cui capofila è Thomas Pynchon (1937), contro cui si oppongono i cosiddetti "minimalisti" come Raymond Carver (1938-1988) e David Leavitt (1961). Intanto il successo di *Cent'anni di solitudine* (1967) di García Márquez (1928-2014) fa conoscere in tutto il mondo il romanzo latinoamericano.

● **Il romanzo in Italia**
In Italia, dopo la stagione del romanzo sperimentale (1956-1973), prevalgono il romanzo di consumo e la logica del *best-seller*. Ai *best-seller* di qualità – come *La storia* (1974) di Elsa Morante, *Se una notte d'inverno un viaggiatore* (1979) di Calvino, *Il nome della rosa* (1980) di Eco – seguono *best-seller* più commerciali, come quelli di Susanna Tamaro. La "tradizione novecentesca" ha in Lalla Romano (1909-2001), Natalia Ginzburg (1916-1991), Giorgio Bassani (1916-2000) ed Elsa Morante (1912-1985) i rappresentanti più significativi. Leonardo Sciascia (1921-1989) tenta soluzioni sperimentali non nella forma ma nella struttura del romanzo, oscillante fra il poliziesco, il *pamphlet*, il romanzo storico. Lo sperimentalismo di «Officina» raggiunge i suoi risultati migliori con Pier Paolo Pasolini (1922-1975) e soprattutto con Paolo Volponi (1924-1994), che si cimenta con il tema dell'industria. Due autori di notevole valore, Luigi Malerba e Vincenzo Consolo, passano dallo sperimentalismo al Postmoderno. Negli anni Settanta si affermano Pier Vittorio Tondelli (1955-1991), Aldo Busi e Antonio Tabucchi. Nel 1980 esce *Il nome della rosa* di Umberto Eco, che adotta consapevolmente moduli e temi del Postmoderno. Nell'ambito del Postmoderno rientra anche la narrativa dei giovani, come quella dei cosiddetti "cannibali". Alla fine degli anni Novanta continua a prodursi una letteratura postmodernista, che non rinuncia a una esigenza di tipo saggistico e conoscitivo. Il rappresentante più interessante di questo postmodernismo estremo è Walter Siti, che in *Troppi paradisi* (2007) analizza il mondo della televisione e dei *reality show*, cercando nel contempo di caratterizzare gli stili di vita, le ideologie, i comportamenti e la «mediocrità» dell'Occidente. Prevale inoltre una tendenza apertamente realistica, fondata sulla documentazione e sull'impegno civile. Tra gli autori più giovani di questa tendenza spicca il nome di Roberto Saviano, autore del *best-seller Gomorra* pubblicato nel 2006.

DALLE CONOSCENZE ALLE COMPETENZE

1. Per quali motivazioni il genere romanzo subisce delle trasformazioni nell'era del capitalismo avanzato? (§ 1)
2. Quali divengono i temi privilegiati del romanzo contemporaneo? (§ 1)
3. Quali sono le differenze tra il romanzo sperimentale della Neoavanguardia e il romanzo postmoderno? (§ 1)
4. A quale pubblico si rivolge la letteratura postmoderna? (§ 1)
5. Quali sono i maggiori autori europei e americani della tradizione del moderno? Quali le loro opere principali? (§ 2)
6. Il panorama letterario europeo, dagli anni Cinquanta ai Settanta, presenta una fase di rilancio delle tendenze sperimentali di avanguardia. Ne è un esempio *l'école du regard* che ispira il "nuovo romanzo", ma influenza anche il cinema francese e italiano. Definiscine i princìpi e metti a fuoco la differenza tra questa nuova poetica dell'oggettività e il Neorealismo. (§ 3)
7. Quali sono i maggiori autori europei fra sperimentalismo e Postmoderno? Quali le loro opere principali? (§ 4)
8. Contemporaneamente, negli Stati Uniti, con Kerouac e il poeta Allen Ginsberg, si sviluppa la letteratura della *beat generation*. Illustra i temi principali di questa narrativa del dissenso. (§ 5)
9. Completa il seguente schema

	caratteristiche del romanzo	autori
anni Sessanta		
anni Settanta		
anni Ottanta		
anni Novanta		

10 Perché è possibile suddividere in due fasi la produzione narrativa di Leonardo Sciascia? Quali sono le caratteristiche e quali i principali romanzi? (§ 10)

11 Il motivo del complotto e la polemica contro il potere e contro il riuso del "giallo" sono comuni a tutta la narrativa di Sciascia: illustrane gli aspetti nel *Giorno della civetta* e nel *Contesto* e rifletti se si può considerare anche Sciascia uno scrittore postmodernista. (§ 10, T5, T6)

12 In Italia sono le riviste, «Officina» e successivamente «Il Menabò», ad aggregare gli scrittori sperimentali, che si confrontano con la realtà del miracolo economico e con il tema dell'industrialismo. Questo tema ispira il romanzo di Volponi *Memoriale* e sarà ripreso dallo stesso scrittore, alla fine degli anni Ottanta, con *Le mosche del capitale*. Evidenzia, attraverso i testi, il punto di vista dell'autore sul mondo industriale prima e dopo la rivoluzione informatica. (§ 12, T7, T8, T9)

13 Negli anni Sessanta in Italia il movimento della Neoavanguardia (Gruppo 63) lancia un modello nuovo di romanzo che rifiuta ogni impegno ideologico per puntare sullo sperimentalismo formale. Chi sono i maggiori rappresentanti e in che cosa consiste la loro novità? (§§ 13, 14)

14 Perché *Il serpente* di Luigi Malerba può definirsi un romanzo nevrotico e visionario? Rintraccia in T11 le parole del protagonista che ne esprimono il concetto. (§ 15)

15 Negli anni Ottanta il panorama culturale cambia a livello internazionale, e anche in Italia la ricerca d'avanguardia cede alle tendenze postmoderniste. Soffermati su alcuni temi e caratteri fondamentali della nuova narrativa (per es. il tema del complotto, della catastrofe, il gusto della rievocazione storica, del rifacimento di altri testi, del *pastiche*) che puoi meglio documentare. (§§ 16, 17)

16 Perché in riferimento alla produzione narrativa di Walter Siti è possibile parlare di postmodernismo estremo? (§ 18)

17 Quale tendenza narrativa prevale in Italia dopo il postmodernismo? Chi è l'autore delle nuove generazioni più rappresentativo? (§ 18, T15)

PROPOSTE DI SCRITTURA

IL SAGGIO BREVE

Il tema della strada nella letteratura fra Moderno e Postmoderno

Elabora un breve saggio in cui si evidenzi come il tema della strada assuma connotati e valore simbolico assai diversi tra Moderno e Postmoderno.
Immagina di scrivere il breve saggio per una rivista non specialistica.
Trova un titolo adeguato alla tua trattazione e, se lo ritieni opportuno, organizza la trattazione suddividendola in paragrafi ai quali potrai dare sottotitoli specifici.
Nel romanzo di Jack Kerouac, la strada diviene il luogo di tutti coloro che scelgono di vivere fuori dal chiuso del sistema borghese. Il libro narra in prima persona un immaginario viaggio di un giovane scrittore, ed è in realtà un racconto di anni di viaggi realmente effettuati da Kerouac in compagnia di altri amici. Nel romanzo Kerouac è Sal Paradise e il suo coprotagonista Dean Moriarty raffigura l'amico Neal Cassady. Il nome Dean è coniato su quello dell'attore James Dean, divo del cinema mito per la generazione del suo tempo, morto in un tragico incidente al volante della sua Porsche nel 1955.

> Ammucchiammo i mobili di mio fratello nella parte posteriore della macchina e ci mettemmo in viaggio col buio, promettendo di essere di ritorno entro trenta ore: trenta ore per milleseicento chilometri a nord e a sud. Ma era così che voleva Dean. Fu un viaggio duro, ma nessuno di noi se ne accorse; l'impianto del riscaldamento non funzionava e di conseguenza il parabrezza si copriva di vapore e di ghiaccio; Dean continuava a sporgersi mentre guidava a più di cento l'ora per ripulirlo con uno straccio e aprirsi un buco dal quale vedere la strada. "Ah, benedetto buco!"
> Nell'ampia Hudson c'era parecchio posto perché potessimo sedere tutti e quattro davanti. Una coperta ci copriva le ginocchia. La radio non funzionava. Era una macchina nuova fiammante comprata cinque giorni prima, ed era già un rottame. Inoltre ne era stata pagata una sola rata. Via ce ne andammo, a nord verso Washington, sulla 301, un'autostrada diritta a due vie, senza molto traffico. E Dean parlava, nessun altro parlava. Gesticolava furiosamente, qualche volta si protendeva fino a me per chiarire un argomento, qualche altra non metteva affatto le mani sul volante, e pur tuttavia la macchina filava dritta come una freccia, senza deviare mai dalla riga bianca nel centro della strada, che scorreva baciando la ruota anteriore sinistra.
>
> Jack Kerouac, *On the road - Sulla strada*, trad. di Magda Maldini de Cristofaro, Mondadori, Milano 1959.

DAL RIPASSO ALLA VERIFICA

Nel romanzo di Márquez, la strada è il luogo di incontro della gente di Macondo, mentre ciò che è destinato a stravolgere le abitudini viene da lontano ed è il simbolo stesso della modernità: la via ferrata e il treno.

All'inizio dell'inverno, però, una donna che era andata a lavare i panni al fiume nell'ora della calura fece di corsa la via principale urlando in un allarmante stato di agitazione.

«Arriva» trovò il fiato di spiegare, «un affare spaventoso come una cucina che si trascina dietro un paese.»

E contemporaneamente il villaggio fu scosso da un fischio dalle risonanze spaventose e da un immane ansito.

Durante le settimane precedenti si erano viste squadre di operai sistemare traversine e rotaie, ma nessuno vi aveva badato perché si pensava che fosse un'ennesima trovata degli zingari tornati un'altra volta con la loro secolare e ormai screditata fiera di zufoli e bubbole per vantare chissà quale stronzo intruglio di giulebbatici geni gerosolimitani. Ma quando si ripresero dal turbamento causato da sibili e sbuffi, tutti gli abitanti scesero in strada e riconobbero Aureliano Triste che salutava con la mano la locomotiva, e incantati videro arrivare con otto mesi di ritardo il primo treno inghirlandato di fiori, l'innocente treno giallo che tante certezze e verità, e tante lusinghe e sventure, e tanti cambiamenti, calamità e nostalgie avrebbe in seguito portato a Macondo.

Gabriel García Marquez, *Opere narrative*, vol. I, trad. di Enrico Cicogna, I Meridiani, Einaudi, Torino 1987.

Dall'introduzione a *La chimera* di Sebastiano Vassalli.

Dalle finestre di questa casa si vede il nulla. Soprattutto d'inverno: le montagne scompaiono, il cielo e la pianura diventano un tutto indistinto, l'autostrada non c'è più, non c'è più niente. Nelle mattine d'estate, e nelle sere d'autunno, il nulla invece è una pianura vaporante, con qualche albero qua e là e un'autostrada che affiora dalla nebbia per scavalcare altre due strade, due volte: laggiù, su quei cavalcavia, si muovono piccole automobili, e camion non più grandi dei modellini esposti nelle vetrine dei negozi di giocattoli. Capita anche di tanto in tanto – diciamo venti, trenta volte in un anno – che il nulla si trasformi in un paesaggio nitidissimo, in una cartolina dai colori scintillanti; ciò si verifica soprattutto in primavera, quando il cielo è blu come l'acqua delle risaie in cui si rispecchia, l'autostrada è così vicina che sembra di poterla toccare e le Alpi cariche di neve stanno là, in un certo modo che ti si allarga il cuore solamente a guardarle. Si vede allora un orizzonte molto vasto, di decine e di centinaia di chilometri; con le città e i villaggi e le opere dell'uomo inerpicate sui fianchi delle montagne, e i fiumi che incominciano là dove finiscono le nevi, e le strade, e lo scintillio di impercettibili automobili su quelle strade: un crocevia di vite, di storie, di destini, di sogni; un palcoscenico grande come un'intera regione, sopra cui si rappresentano, da sempre, le vicende e le gesta dei viventi in questa parte di mondo. Un'illusione...

[...]

Guardando questo paesaggio, e questo nulla, ho capito che nel presente non c'è niente che meriti d'essere raccontato. Il presente è rumore: milioni, miliardi di voci che gridano, tutte insieme in tutte le lingue e cercando di sopraffarsi l'una con l'altra, la parola "io" ... Per cercare le chiavi del presente, e per capirlo, bisogna uscire dal rumore: andare in fondo alla notte, o in fondo al nulla...

Sebastiano Vassalli, *La chimera*, Einaudi, Torino 1990.

Camminando lungo la strada che taglia la vita, Simona Vinci, «la Repubblica», maggio 2006.

Cos'è una strada?

Una domanda talmente ovvia che anche un bambino delle elementari potrebbe rispondere senza la minima esitazione: una strada – come peraltro recita il dizionario della lingua italiana – è "un'opera intesa a consentire, o a facilitare il transito in corrispondenza di una via di accesso o di comunicazione" / una strada è anche "un cammino, un itinerario". Una strada dunque è un passaggio. E a cosa serve? Per l'appunto a passarci, a transitarci, serve a collegare i posti, a spostarsi da un luogo all'altro, a mettere in comunicazione luoghi distanti, serve perché le persone possano muoversi con meno difficoltà nello spazio. E qui è arrivato il mio primo spaesamento. Un ciclista o un pedone che si mettano in viaggio su questa strada, lo fanno a proprio rischio e pericolo, come un gatto, una lepre, una formica o un riccio che decidano di attraversare la strada perché gli gira di attraversarla: questo muoversi con meno difficoltà infatti è ormai vero solo per i camion. [...] E i camion che passano a centotrenta all'ora ci fanno barcollare e tremare tutti quanti come figure ritagliate nella carta velina. Ci guardiamo negli occhi smarriti, e pensiamo la stessa cosa io credo, e cioè che una strada serve perché gli esseri umani si spostino da un luogo all'altro, che sia per lavoro, per necessità, o semplicemente per fare una passeggiata, e che dovrebbe essere evidente, naturale, ovvio, che una strada, ogni strada, fosse pensata perché ciascuno possa servirsene nel modo in cui desidera, o è costretto, a servirsene: se ho una macchina vado in macchina, se ho solo i piedi vado a piedi. [...]

Sotto i miei occhi, oggi, c'è la strada. L'asfalto crepato e ruvido. Pieno di buchi, crateri, fenditure, mozziconi di sigaretta, merde di cane rinsecchite, gatti spiaccicati, piume d'uccello, lattine accartocciate, frammenti di copertoni esplosi, chiodi, bulloni, pezzi di ferro arrugginito, carcasse di animali ormai irriconoscibili. Niente idea di progresso, collegamenti rapidi e sicuri, è una strada mortale, che attraversa piccoli centri – paesi grandi, medi, minuscoli, frazioni – e li deturpa, li soffoca, li ammutolisce. Con la lenta agonia dell'asfalto che si corrode sotto milioni di pneumatici, agonia di falene schiantate contro i parabrezza, di nutrie spappolate, civette, incidenti mortali. E io sono di nuovo qui, parte di questo movimento incessante, questa concrezione di tempo e storie e movimenti su un nastro d'asfalto, a cercare di immaginare come era il mondo prima, prima dell'ottimismo degli asfaltatori. Adesso, ci sono dei periodi che tutti questi chilometri di strada si popolano di striscioni rabbiosi e lenzuola graffitate appese ai muri degli edifici, che sventolano fuori dalle finestre come bandiere di guerra: via il traffico pesante dalla Trasversale. Siamo stanchi di respirare veleno. Stop ai camion. Siamo noi, che cerchiamo di riprenderci ciò che dovrebbe essere nostro: le strade, i passaggi, le vie di collegamento e transito, lo spazio e i luoghi e il tempo.

Simona Vinci, Camminando lungo la strada, «la Repubblica», maggio 2006.

 • Indicazioni bibliografiche

prometeo 3.0

Personalizza il tuo libro selezionando per questo capitolo materiali integrativi da Prometeo (di seguito ti proponiamo un elenco di materiali, ma puoi trovarne altri utilizzando il motore di ricerca).

- **INTERSEZIONI** La macchina
- **MODULO TEMATICO INTERDISCIPLINARE** Giustizia e responsabilità
- **MODULO TEMATICO INTERDISCIPLINARE** L'immagine del potere
- **MODULO TEMATICO INTERDISCIPLINARE** Emigrazione e imperialismo
- **MODULO TEMATICO INTERDISCIPLINARE** Lo specchio della luna
- **VIDEO LE IDEE E LE IMMAGINI** Margherita Ganeri, *Postmoderno e letteratura*
- **VIDEO** Roberto Saviano, *La potenza della letteratura*
- **VIDEO** Angela Prudenzi, *Il giallo. Viaggio nel genere attraverso i suoi protagonisti*
- **VIDEO** Margherita Ganeri, *L'identità del Novecento*
- **MODULO INTERCULTURALE** Defoe, Tournier, Coetzee: la metamorfosi del Selvaggio
- **SCHEDA** Analisi dell'inizio di *Le mosche del capitale* (P.V. Mengaldo)

Capitolo V — Italo Calvino

Italo Calvino, New York, 1983.

My eBook+

Cliccando su questa icona, docenti e studenti accedono ad un'area di personalizzazione che permette di arricchire i contenuti digitali già linkati lungo le pagine del libro. Nell'area di personalizzazione è possibile infatti salvare ulteriori materiali: selezionati da Prometeo, prodotti autonomamente o ricercati nella rete.

▶ Per un elenco di materiali integrativi presenti nella biblioteca multimediale di Prometeo o per attivare una ricerca cfr. p. 768

1 Le diverse fasi della vita e della produzione narrativa di Calvino

Varietà e unità della ricerca di Calvino

Italo Calvino è forse il narratore più importante del secondo Novecento. Ne ha frequentato tutte le principali tendenze letterarie, dal Neorealismo al Postmoderno, ma sempre restando a una certa distanza da esse e svolgendo un proprio coerente percorso di ricerca. Di qui l'impressione contraddittoria che offrono la sua opera e la sua personalità: **da un lato una grande varietà di atteggiamenti** che riflette il vario succedersi delle poetiche e degli indirizzi culturali nel quarantennio fra il 1945 (data di esordio con il racconto *Campo di mine*) e il 1985 (data della morte); **dall'altro, invece, una sostanziale unità** determinata da un atteggiamento ispirato a un razionalismo più metodologico che ideologico, dal gusto dell'ironia, dall'interesse per le scienze e per i tentativi di spiegazione del mondo, nonché, sul piano stilistico, da una scrittura sempre cristallina e a volte, si direbbe, classica.

Le varie strade tentate da Calvino e l'approdo conclusivo

Proprio in questa varietà e unità va cercato il significato più profondo della vicenda artistica di Calvino: egli ha cercato per tutta la vita una risposta, in termini razionali e morali, al senso di un mondo che gli si è andato rivelando sempre più labirintico e incomprensibile, e ha seguito a questo scopo strade diverse: da quella dell'"impegno" postbellico a quella della scienza e della semiologia negli anni Sessanta; sino ad approdare infine a una pessimistica impotenza che non esclude tuttavia la salvaguardia dei valori dell'arte cari all'autore e del gusto razionale dell'indagine e della ricerca.

I due periodi dell'attività letteraria: dal 1945 al 1964 e dal 1964 al 1985

Per dare conto della varietà e dell'articolazione del percorso di Calvino **è utile anzitutto suddividere il quarantennio della sua attività in due periodi** di quasi identica lunghezza: **quello fra il 1945 e il 1964, e il successivo dal 1964 al 1985. Il 1964** è l'anno di svolta, corrispondente al momento in cui Calvino si sposa, lascia Torino e va ad abitare a Parigi. **Mentre nel periodo che va dai primi racconti a *La giornata dello scrutatore* (1963) fermentano ancora esigenze di impegno e di realismo e istanze culturali di tipo marxista, in quello successivo** l'impegno tende progressivamente a ridursi, mentre prevalgono poetiche di tipo combinatorio e poi postmoderno e ideologie scientiste prima (ispirate soprattutto allo strutturalismo e alla semiologia), vagamente nichiliste poi.

CALVINO E IL SUO TEMPO

STORIA	CRONOLOGIA	VITA E OPERE
il fascismo e Mussolini al potere in Italia	1922	
	1923	il 15 ottobre nasce a Santiago de Las Vegas (Cuba)
	1925	trasferimento a Sanremo
grande crisi economica negli USA e poi in Europa	1929	
il nazismo e Hitler al potere in Germania	1933	
Seconda guerra mondiale	1939-1945	
intervento in guerra dell'Italia a fianco della Germania	1940	
caduta del fascismo e armistizio fra Italia e anglo-americani	1943	partecipa alla Resistenza
referendum istituzionale e proclamazione della Repubblica	1946	
	1947	si laurea in Lettere a Torino; esce *Il sentiero dei nidi di ragno*
governi centristi in Italia	1947-1960	
Costituzione della Repubblica italiana	1948	
	1948-1949	comincia a lavorare con Einaudi e a collaborare a «l'Unità»
	1952	*Il visconte dimezzato*
intervento sovietico in Ungheria; Kruscëv denuncia i crimini di Stalin	1956	
	1957	*Il barone rampante*. Calvino esce dal PCI
"miracolo economico" in Italia	1958-1963	
	1959	*Il cavaliere inesistente*; direzione, con Vittorini, de «Il Menabò»
	1960	*I nostri antenati*
guerra del Vietnam	1961-1975	
primi governi di centro-sinistra in Italia	1962	
	1963	*Marcovaldo ovvero Le stagioni in città* e *La giornata di uno scrutatore*
	1964	sposa Esther Judith Singer e si stabilisce a Parigi
	1965	*Le cosmicomiche*
	1967	*Ti con zero*
movimento internazionale di contestazione	1968	
"autunno caldo" e inizio della "strategia della tensione" in Italia	1969	
	1972	*Le città invisibili*
crisi petrolifera ed economica	1973	*Il castello dei destini incrociati*
morte di Franco e ritorno della democrazia in Spagna	1975	
rivoluzione iraniana; intervento sovietico in Afghanistan	1979	*Se una notte d'inverno un viaggiatore*
	1980	si stabilisce a Roma con l'incarico di consulente Einaudi; pubblica la raccolta di saggi *Una pietra sopra*
	1983	*Palomar*
Gorbaciov segretario del PCUS; avvio della *perestrojka*	1985	muore il 19 settembre a Siena
	1988	esce postumo *Lezioni americane. Sei proposte per il prossimo millennio*

I due momenti del primo periodo: quello neorealistico e quello sperimentale

D'altra parte **ciascuno dei due periodi è suddivisibile in due diversi momenti: in quello dal 1945 al 1964**, si passa da una fase neorealistica (corrispondente all'immediato dopoguerra e all'inizio degli anni Cinquanta) a una successiva ispirata a una ricerca aperta (per certi versi affine allo sperimentalismo teorizzato da «Officina») procedente ora in direzione realistica (nei racconti *La speculazione edilizia* e *La nuvola di smog*, rispettivamente del 1957 e del 1958, e in *La giornata di uno scrutatore* del 1963), ora invece in direzione fantastico-allegorica (nei tre romanzi brevi scritti negli anni Cinquanta e riuniti, nel 1960, sotto il titolo complessivo *I nostri antenati*). **Anche il secondo periodo presenta due fasi diverse**, la prima qualificata da un vivo interesse per le scienze (astronomia, fisica, antropologia culturale, strutturalismo, semiologia) e corrispondente agli anni 1964-1970 circa (quelli delle *Cosmicomiche*, 1965, e del *Castello dei destini incrociati*, 1969) e una successiva in cui prevalgono tendenze di tipo postmodernista (da *Le città invisibili*, 1973, a *Palomar*, 1983).

I due momenti del secondo periodo: quello segnato dall'interesse per le scienze e quello postmoderno

La vita sino al 1955

Nato nel 1923 a Santiago de las Vegas (Cuba) da genitori dediti alle scienze (il padre, agronomo, aveva una azienda sperimentale a Cuba), **cresciuto a Sanremo** – dove la famiglia, tornata in Italia, era andata ad abitare nel 1925 –, educato in un ambiente antifascista, laico e colto, il giovane Calvino **partecipa alla Resistenza e milita nel PCI**. Laureatosi in Lettere nel 1947 con una tesi su Conrad, frequenta il gruppo di intellettuali che collabora con la **casa editrice Einaudi** e con **«Il Politecnico»**, stabilendo una relazione d'amicizia soprattutto con **Pavese** e con **Vittorini**. È il periodo del Neorealismo, a cui Calvino dà il proprio contributo con i racconti scritti a partire dal 1945 e poi riuniti in *Ultimo viene il corvo* (1949) e con il romanzo *Il sentiero dei nidi di ragno*, uscito nel 1947 e subito recensito positivamente da Pavese. In questo periodo lo scrittore collabora al giornale del PCI «l'Unità» e lavora (dal 1950 in modo organico) presso la casa editrice Einaudi, dapprima come impiegato, poi come dirigente, infine come consulente (i rapporti con Einaudi si interrompono solo nel 1983, quando Calvino sceglie come proprio editore Garzanti).

L'attività culturale e letteraria fra il 1955 e il 1964

La presa di distanza dal Neorealismo è già chiara nel saggio del 1955 *Il midollo del leone*. Entra in crisi, nel biennio 1956-57, anche il rapporto con il PCI. Nel frattempo Calvino si è avvicinato a **«Officina»** dove pubblica un romanzo poi ripudiato, *I giovani del Po*. Nel 1959 con Vittorini dà avvio alla rivista **«Il Menabò»** (su cui cfr. cap. II, § 2) che durerà sino al 1967. Nel frattempo scrive altri racconti, riuniti nella raccolta *I racconti* (1958), il ciclo fantastico-allegorico dei tre romanzi che formano *I nostri antenati* (*Il visconte dimezzato*, 1952; *Il barone rampante*, 1957; *Il cavaliere inesistente*, 1959) e una serie di racconti o di fiabe fantastiche ma di ambientazione realistica, *Marcovaldo ovvero Le stagioni in città* (1963). L'interesse per le fiabe è d'altronde documentato dalla pubblicazione nel 1956 del volume *Fiabe italiane*. Nel 1963 esce anche il racconto lungo (o romanzo breve: è questa la misura preferita da Calvino) *La giornata di uno scrutatore*, **che pone fine al primo periodo** della vita e della produzione narrativa di Calvino.

Il periodo francese (1964-1980)

Nel 1964 Calvino si sposa con l'argentina Ester Judith Singer, traduttrice dall'inglese, **e va ad abitare a Parigi** (dove resta sino al 1980, quando tornerà in Italia per stabilirsi a Roma). In Francia entra in contatto con il gruppo di **Ouvroir de littérature potentielle** [Laboratorio di letteratura potenziale] (Oulipo), con Queneau (di cui traduce *I fiori blu*), con Perec, con Barthes e con la rivista «Tel Quel». Anche l'influenza di Borges si fa ora evidente. **I suoi interessi scientifici**, connaturati alla sua stessa educazione di figlio di scienziati e di ex-studente della Facoltà di Agraria (poi abbandonata per Lettere), **tornano a emergere con forza** a contatto con gli ambienti del neopositivismo. I racconti fantascientifici di questi anni (*Le Cosmicomiche*, 1965 e *Ti con zero*, 1967), sempre condotti

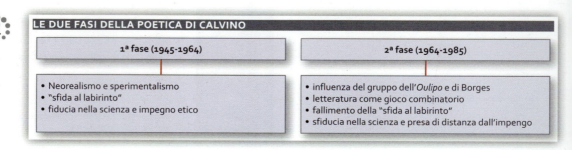

LE DUE FASI DELLA POETICA DI CALVINO	
1ª fase (1945-1964)	**2ª fase (1964-1985)**
• Neorealismo e sperimentalismo • "sfida al labirinto" • fiducia nella scienza e impegno etico	• influenza del gruppo dell'*Oulipo* e di Borges • letteratura come gioco combinatorio • fallimento della "sfida al labirinto" • sfiducia nella scienza e presa di distanza dall'impengo

La letteratura come «gioco combinatorio»

con elegante ironia, rientrano in questo clima. Dal gruppo dell'Oulipo e dalla frequentazione degli strutturalisti e dei semiologi francesi nasce in lui **l'idea della letteratura come «gioco combinatorio»**, come attività condotta in laboratorio e volta a costruire romanzi artificiali. La combinazione dei possibili finisce per identificarsi con quella stessa del mondo: le parole si sostituiscono alle cose. Questa ipotesi teorica tipicamente postmodernista tende, con il tempo, a essere segnata da sfiducia e scetticismo crescenti. **Il gioco combinatorio rivela il nulla che gli sottostà**. È questo il percorso che va da **Il castello dei destini incrociati** (1969), condotto secondo le metodologie degli studi semiotici ai romanzi degli anni Settanta, dove la combinazione resta sì, ma solo per stringere il vuoto (in

L'ultima produzione

Se una notte d'inverno un viaggiatore, 1979). La sensazione di un cambiamento e forse di una svolta è d'altronde confermata dalla postfazione al libro dei saggi pubblicato nel 1980, *Una pietra sopra*: già il titolo vuole porre la «pietra sopra» ai tentativi («baldanzosi», scrive Calvino) da lui fatti in passato per «sfidare il labirinto» del non senso. **Calvino prende le distanze insomma sia dall'impegno, sia dalla fiducia nella scienza** (cfr. **S1**). Nel magma del presente, del suo disordine morale trionfante, agli «onesti» non resta che accettare la marginalità irriducibile di una «controsocietà» che pretende solo di poter «vivere la propria diversità».

T • Apologo sull'onestà nel paese dei corrotti

S1 «Sotto quella pietra»

MATERIALI E DOCUMENTI

Nel 1980 Calvino pubblica una raccolta dei suoi saggi più significativi scritti fra il 1955 e il 1978 e le impone un titolo significativo, *Una pietra sopra*: è, per così dire, una pietra sopra il proprio passato. Nell'appendice al libro, intitolata *Appendice: Sotto quella pietra*, Calvino ricostruisce brevemente le tappe della propria carriera di scrittore, mostrando il fallimento delle ipotesi di volta in volta perseguite, da quella dell'«impegno» e della fiducia nella possibilità d'incidere sulla società attraverso la letteratura alla scoperta che il mondo è complicato e incomprensibile e che quanto in esso conta avviene attraverso «processi millenari» e quasi impercettibili. Di fronte alla «complessità del mondo» naufraga «la difesa della supremazia del soggetto cosciente e razionale».

▶▶ In poche parole, il tema del libro sarebbe questo: per un certo numero d'anni c'è uno che crede di lavorare alla costruzione d'una società attraverso il lavoro di costruzione d'una letteratura. Col passare degli anni s'accorge che la società intorno a lui (la società italiana, ma sempre vista in relazione con le trasformazioni in atto nel mondo) è qualcosa che risponde sempre meno a progetti o previsioni, qualcosa che è sempre meno padroneggiabile, che rifiuta ogni schema e ogni forma. E la letteratura è anch'essa refrattaria a ogni progettazione, non si lascia contenere in nessun discorso. Per un po' il protagonista del libro cerca di tener dietro alla complessità crescente architettando formule sempre più dettagliate e spostando i fronti d'attacco; poi a poco a poco capisce che è il suo atteggiamento di fondo che non regge più. Comincia a vedere il mondo umano come qualcosa in cui ciò che conta si sviluppa attraverso processi millenari oppure consiste in avvenimenti minutissimi e quasi microscopici. E anche la letteratura va vista su questa doppia scala. Gli scritti che ho scelto per «montare» il libro potrebbero servire a tracciare una storia come quella che ho raccontato. Ma certo non voglio imporre una direzione di lettura univoca: se ci sarà chi ricaverà dal libro un'altra vicenda, non ha che da proporre la sua tesi e dimostrarla.

Quanto al titolo da dare al libro, dapprima ho cercato se tra i titoli originali dei vari saggi ce ne fosse uno che facesse al caso. Ma erano per lo più titoli baldanzosi ed energetici come *Il midollo del leone* o *La sfida al labirinto*, mentre io cercavo un titolo adeguato allo stato d'animo in cui oggi rileggo e ricapitolo la mia esperienza. Ho scelto *Una pietra sopra* per dare il senso d'una storia conclusa e per la quale non c'è proprio da cantar vittoria, per significare che non si può riprendere il discorso se non dopo aver allontanato da sé molte pretese senza fondamento. Ma *Una pietra sopra* ha anche il senso della necessità di fissare la propria esperienza così come è stata, perché possa servirci a qualcosa.

[...]

Questo saggio è l'ultimo mio tentativo di riassorbire tutte le obiezioni possibili in un disegno generale. Di lì in poi non posso più nascondermi la sproporzione tra la complessità del mondo e i miei mezzi d'interpretazione: per cui abbandono ogni tono di sfida baldanzosa e non tento più sintesi che si pretendano esaustive [definitive]. La fiducia in un lungo sviluppo della società industriale che m'ha sostenuto fin qui (ripetuti accenni negli scritti di quest'epoca provano che io credevo in un progressivo avvicinamento di America e Russia come livello di vita e mentalità e sistema economico-sociale) si dimostra insostenibile, così come una possibilità di progettazione che non sia a breve scadenza, per tirare avanti alla meno peggio.

I. Calvino, *Appendice: Sotto quella pietra*, in *Saggi 1945-1985*, a cura di M. Barenghi, Mondadori, Milano 1995, pp. 401-404.

In questa situazione la letteratura stessa diventa un gioco elegante sull'orlo dell'abisso: le sue qualità alludono a una possibile salvezza che si dà solo nello stile e nella capacità multiprospettica di osservare una inesauribile complessità. È questo il messaggio del suo ultimo lavoro, destinato agli studenti americani, *Lezioni americane. Sei proposte per il prossimo millennio*, rimasto incompiuto. Il senso di una sconfitta conoscitiva caratterizza anche i tre racconti *Sotto il sole giaguaro*, opera anch'essa incompiuta e pubblicata postuma (nel 1986) come le *Lezioni americane* (nel 1988).

Le Lezioni americane

2. La cultura e la poetica

L'illuminismo come metodo

La cultura di Calvino – al di là dell'adesione giovanile al marxismo e di quella allo strutturalismo e alla semiotica degli anni Sessanta – presenta come elementi costanti di fondo **il gusto cosmopolita, l'interesse per le scienze, la tendenza illuministica alla chiarezza e all'esattezza**. L'illuminismo di Calvino non è una ideologia complessiva, una visione del mondo che spiega la realtà, ma un metodo che fa ricorso all'analisi razionale per circoscrivere una complessità che all'intelletto appare, a mano a mano che si passa dagli anni Cinquanta ai Sessanta e ai Settanta, sempre più labirintica e insondabile. **L'illuminismo calviniano può perciò combinarsi con la fantasia** e affidarsi a ipotesi fantascientifiche, al gioco, alla fiaba: d'altronde quest'ultima è concepita da Calvino come una combinazione razionale di elementi più che come uno sprofondamento nel sentimentale o nel mitico o nell'irrazionale. Non per nulla l'autore che Calvino più ama, Ariosto (cui egli dedica il libro *Orlando furioso di Ludovico Ariosto raccontato da Italo Calvino*, 1970), controlla con grande padronanza e superiorità razionale il mondo vario e fantastico che mette in scena.

Proprio per influenza della tradizione illuministica **Calvino ama una scrittura dai caratteri neoclassici, chiara, nitida, esatta, precisa**.

La poetica

Video • La prefazione al *Sentiero dei nidi di ragno* (R. Luperini)

La poetica di Calvino è affidata a una serie di saggi che definiscono anche la parabola del suo svolgimento dal 1945 al 1985. Il modo con cui Calvino visse il Neorealismo è esposto nella **Prefazione a *Il sentiero dei nidi di ragno*** scritta del 1964 e parzialmente riprodotta in questa antologia nella Parte Nona, cap. II, § 2, **S4**, p. 55. Egli afferma con forza il carattere collettivo e spontaneo del movimento (almeno nella sua prima fase, sino al 1948) e l'esigenza sperimentale di creare un nuovo linguaggio; mostra quali erano i modelli (*I Malavoglia* di Verga, *Paesi tuoi* di Pavese, *Conversazione in Si-*

I PRINCIPALI SAGGI DI CALVINO
Prefazione del 1964 a *Il sentiero dei nidi di ragno* (1947) • il Neorealismo come "corrente involontaria"
Il midollo del leone (1955) • impegno morale della letteratura e sua autonomia dalle direttive dei partiti politici
Il mare dell'oggettività (1959) e *La sfida al labirinto* (1962) • necessità di analizzare il "labirinto" del reale, di sforzarsi di conoscerlo e di impegnarsi ad uscirne
Il romanzo come spettacolo (1970) • romanzo come gioco combinatorio e primato del linguaggio sulla realtà
Una pietra sopra (1980) • la sconfitta della "sfida al labirinto"
Lezioni americane. Sei proposte per il prossimo millennio (pubblicate postume nel 1988) • l'avvicinamento al Postmoderno • l'elogio della "leggerezza" e della molteplicità dei punti di vista • la complessità del reale

cilia di Vittorini), e sostiene, per quanto lo riguarda, di essere rimasto estraneo a ogni intento documentario e oratorio: la Resistenza del protagonista del *Sentiero dei nidi di ragno* è picaresca e fiabesca. **La crisi e il superamento del Neorealismo sono testimoniati dal saggio *Il midollo del leone*, del 1955**, in cui Calvino, pur accettando ancora l'ipotesi di una letteratura come «educazione» e impegno morale, respinge la sua subordinazione a compiti documentari e a poetiche di partito. Successivamente due grandi saggi scritti rispettivamente nel 1959 e nel 1962, *Il mare dell'oggettività* e *La sfida al labirinto*, mostrano un confronto serrato con il «nuovo romanzo» francese e con le teorie della Neoavanguardia: Calvino crede ancora alla possibilità di studiare la complessità (il "labirinto") senza farsene travolgere e anzi mantenendo vigile un impegno razionale

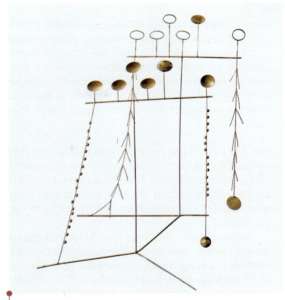

Fausto Melotti, *Ombre vaganti*, 1975. Milano, collezione privata.

e morale volto a trasformare la realtà (il saggio *La sfida al labirinto* è riportato nel cap. II, § 2, **S1**, p. 570, cui rimandiamo). Già in un articolo del 1970, *Il romanzo come spettacolo*, questa posizione appare superata. **Approdato alla semiologia, Calvino**, che ha appena pubblicato *Il castello dei destini incrociati*, **ha sposato l'idea che l'universo linguistico abbia soppiantato e sostituito la realtà**, e concepisce il romanzo come un meccanismo chiuso in sé, che gioca artificialmente con le combinazioni possibili delle parole, senza rimandare più a un esterno da riprodurre. **È questa la posizione di Calvino più vicina a quella della Neoavanguardia**. Ma da essa peraltro egli si distanzia per uno stile e per un linguaggio che non intendono mai essere espressionistici o viscerali o rivoluzionari.

Nel corso degli anni Settanta la "sfida al labirinto" risulta ormai perduta, come dimostra l'Appendice a *Una pietra sopra* (1980), in cui Calvino fa un bilancio della propria ricerca artistica prendendo le distanze dalle speranze e dalla fiducia del passato (cfr. **S1**, p. 729). **Siamo negli anni in cui Calvino si avvicina al Postmoderno**, di cui accetta una serie di motivi e di problematiche culturali, più che le soluzioni formali modellate sul romanzo di consumo. Si tratta talora di temi che derivano dalla cultura delle avanguardie degli anni Sessanta ma che sono ora privati della baldanza aggressiva d'allora. Ne elenchiamo i principali: **la sostituzione delle parole alle cose**, a causa dell'onnipervasività del linguaggio e della caduta della referenzialità; **il motivo del labirinto** e della complessità; **il nichilismo**, vissuto peraltro senza drammi; **la tendenza al gioco e all'ironia**; **il gusto della riscrittura** (*Le città invisibili* rifà *Il Milione* di Marco Polo); **l'esaltazione della "leggerezza"** e del piacere di cogliere la superficie di cose ridotte a mobili apparenze **e quella della "molteplicità"** dei punti di vista e della prospettiva. Molti di questi temi appaiono svolti e teoricamente approfonditi nelle *Lezioni americane* (cfr. **S2**).

S • Il romanzo come prodotto artificiale, nato in laboratorio (I. Calvino)

La "pietra sopra" al passato e l'avvicinamento al Postmoderno

Video • Intervista a G. Ferretti sulla novità di Calvino

Video • intervista a R. Ceserani su Calvino tra moderno e Postmoderno

---

S2 — MATERIALI E DOCUMENTI

L'elogio della leggerezza e quello della molteplicità

Nel 1985 Calvino fu invitato all'Università di Harvard negli Stati Uniti a tenere un ciclo di lezioni per l'anno accademico 1985-86. Aveva in mente di scrivere sei lezioni, ma ne portò a compimento cinque, a causa della morte improvvisa, che lo colse prima della partenza. Si tratta del libro postumo intitolato *Lezioni americane. Sei proposte per il prossimo millennio*. Le sei proposte riguardano le sei qualità o valori che Calvino attribuisce alla letteratura o almeno alla letteratura che egli ama o preferisce: leggerezza, rapidità, esattezza, visibilità, molteplicità e consistenza (ma quest'ultimo tema non è stato sviluppato, data l'incompiutezza dell'opera). Riportiamo alcune pagine dell'ultima lezione, relative alla «molteplicità». Qui Calvino considera un aspetto della leggerezza che è la capacità di vedere la molteplicità del mondo, la «rete dei possibili», come ha fatto uno dei maestri di Calvino, Borges (su cui cfr. Parte Nona, cap. IX, § 4).

▶▶ Tra i valori che vorrei fossero tramandati al prossimo millennio c'è soprattutto questo: d'una letteratura che abbia fatto proprio il gusto dell'ordine mentale e della esattezza, l'intelligenza della poesia e nello stesso tempo della scienza e della filosofia, come quella del Valéry saggista e prosatore. [...]

Nella narrativa se dovessi dire chi ha realizzato perfettamente l'ideale estetico di Valéry d'esattezza nell'immaginazione e nel linguaggio, costruendo opere che rispondono alla rigorosa geometria del cristallo e all'astrazione d'un ragionamento deduttivo, direi senza esitazione Jorge Luis Borges. Le ragioni della mia predilezione per Borges non si fermano qui; cercherò di enumerarne le principali: perché ogni suo testo contiene un modello dell'universo o d'un attributo dell'universo: l'infinito, l'innumerabile, il tempo, eterno o compresente o ciclico; perché sono sempre testi contenuti in poche pagine, con una esemplare economia d'espressione; perché spesso i suoi racconti adottano la forma esteriore d'un qualche genere della letteratura popolare, forme collaudate da un lungo uso, che ne fa quasi delle strutture mitiche. Per esempio il suo più vertiginoso saggio sul tempo, *El jardín de los senderos que se bifurcan* (*Il giardino dei sentieri che si biforcano*), si presenta come un racconto di spionaggio, che include un racconto logico-metafisico, che include a sua volta la descrizione d'uno sterminato romanzo cinese, il tutto concentrato in una dozzina di pagine.

Le ipotesi che Borges enuncia in questo racconto, ognuna contenuta (e quasi nascosta) in poche righe, sono: un'idea di tempo puntuale, quasi un assoluto presente soggettivo [...]; poi una idea di tempo determinato dalla volontà, in cui il futuro si presenti irrevocabile come il passato; e infine l'idea centrale del racconto: un tempo plurimo e ramificato in cui ogni presente si biforca in due futuri, in modo di formare «una red creciente y vertiginosa de tiempos divergentes, convergentes y paralelos» [una rete crescente e vertiginosa di tempi divergenti, convergenti e paralleli]. Questa idea d'infiniti universi contemporanei in cui tutte le possibilità vengono realizzate in tutte le combinazioni possibili non è una digressione del racconto ma la condizione stessa perché il protagonista si senta autorizzato a compiere il delitto assurdo e abominevole che la sua missione spionistica gli impone, sicuro che ciò avviene solo in uno degli universi ma non negli altri, anzi, che commettendo l'assassinio qui e ora, egli e la sua vittima possano riconoscersi amici e fratelli in altri universi.

Il modello della rete dei possibili può dunque essere concentrato nelle poche pagine d'un racconto di Borges, come può fare da struttura portante a romanzi lunghi o lunghissimi, dove la densità di concentrazione si riproduce nelle singole parti. Ma direi che oggi la regola dello «scrivere breve» viene confermata anche dai romanzi lunghi, che presentano una struttura accumulativa, modulare, combinatoria.

Queste considerazioni sono alla base della mia proposta di quello che chiamo «l'iper-romanzo» e di cui ho cercato di dare un esempio con *Se una notte d'inverno un viaggiatore*. Il mio intento era di dare l'essenza del romanzesco concentrandola in dieci inizi di romanzi, che sviluppano nei modi più diversi un nucleo comune, e che agiscono su una cornice che li determina e ne è determinata. Lo stesso principio di campionatura della molteplicità potenziale del narrabile è alla base d'un altro mio libro, *Il castello dei destini incrociati*, che vuol essere una specie di macchina per moltiplicare le narrazioni partendo da elementi figurali dai molti significati possibili come un mazzo di tarocchi. Il mio temperamento mi porta allo «scrivere breve» e queste strutture mi permettono d'unire la concentrazione nell'invenzione e nell'espressione con il senso delle potenzialità infinite.

I. Calvino, *Lezioni americane. Sei proposte per il prossimo millennio*, in *Saggi 1945-1985*, a cura di M. Barenghi, Mondadori, Milano 1995, pp. 635-637 e 728-730.

3 Il primo periodo della produzione narrativa: dal Neorealismo a *La giornata di uno scrutatore*

La fase neorealistica

La fase propriamente neorealistica di Calvino comprende due libri, il romanzo *Il sentiero dei nidi di ragno* (1947) e *Ultimo viene il corvo* (1949), trenta racconti scritti con vena comico-picaresca fra il 1945 e il 1948, di argomento resistenziale e sociale.

Il sentiero dei nidi di ragno

Il libro d'esordio, *Il sentiero dei nidi di ragno*, e i racconti scritti negli stessi anni presentano uniti i due aspetti – quello fantastico e quello realistico – che poi, negli anni Cinquanta, si divideranno. Nel romanzo Calvino resta lontano da tentazioni ideologiche e propagandistiche, scegliendo come protagonista un ragazzo, **Pin, una figura svelta e leggera**, che concepisce la vita come un'avventura picaresca. Nel romanzo compare il tema del mito che sembra rinviare a Pavese: il ragazzo, che proviene dal sottoproletariato cittadino ed è fratello di una prostituta, dunque sboccato, petulante e malizioso – anche se mantiene sempre un fondo di candore e di ingenuità –, ha rubato una pistola a un tedesco e l'ha nascosta in un luogo favoloso noto a lui solo, un sentiero dove fanno il nido i ragni. Acciuffato dai tedeschi, riesce a evadere aiutato da un partigiano comunista, **Lupo Rosso**, e poi a congiungersi – questa volta con l'aiuto di **Cugino** – con una banda di partigiani arruffoni e privi di coscienza politica (cfr. T1, p. 734). Intanto la pistola è stata sottratta da un amico di Pin, un traditore, **Pelle**, che sta dalla parte dei tedeschi e che distrugge il luogo dei nidi di ragno. Quando Pin ritrova l'arma nella camera della sorella, capisce che lei è diventata amante di Pelle, e allora la rimprovera violentemente. Affiora così in lui un qualche embrione di coscienza politica. Come si vede dunque, **i partigiani di Calvino non sono certo esemplari**; allo scrittore preme il ritmo felicemente fantastico del racconto più che la propaganda ideologica o la documentazione di episodi della lotta resistenziale.

La narrativa degli anni Cinquanta: il filone fantastico-allegorico e quello realistico

Negli anni Cinquanta la produzione narrativa di Calvino sperimenta strade nuove. Pur restando fedele a un impegno etico-politico, egli tende ad abbandonare i moduli del Neorealismo e a tentare uno sperimentalismo in parte simile a quello indicato dalla rivista «Officina». **Gli elementi costitutivi del primo romanzo – quello realistico e quello fantastico – si scindono in due filoni diversi: uno è quello fantastico-allegorico**, ispirato ad Ariosto e a Voltaire, **l'altro quello sociale** volto a una conoscenza critica della storia e della realtà italiana del dopoguerra. **Nel primo** rientrano i tre romanzi brevi (*Il visconte dimezzato*, 1952; *Il barone rampante*, 1957; *Il cavaliere inesistente*, 1959) poi riuniti sotto il titolo *I nostri antenati*. **Nel secondo** racconti lunghi come *L'entrata in guerra* (1954), *La speculazione edilizia* (1957), *La nuvola di smog* (1958) e il romanzo breve *La giornata di uno scrutatore* (1963). I due filoni s'incontrano e si sovrappongono nei racconti *Marcovaldo ovvero Le stagioni in città* (1963), dove un manovale, Marcovaldo, ha una serie di avventure surreali in una città industrializzata ed estranea, dove la natura è ormai scomparsa.

I tre romanzi fantastico-allegorici: Il visconte dimezzato, Il barone rampante, Il cavaliere inesistente

T • *Sulle tracce del visconte dimezzato*

I tre romanzi fantastici sono ambientati in epoche remote: alla fine del Seicento *Il visconte dimezzato*, fra Settecento e inizio dell'Ottocento *Il barone rampante*, nell'età di Carlo Magno *Il cavaliere inesistente*. **Protagonisti sono creature bizzarre e irreali**, con le quali tuttavia Calvino vuole rappresentare allegoricamente determinati aspetti della condizione umana: la scissione dell'uomo contemporaneo, alla ricerca di un'impossibile unità ed estraneo a se stesso nel *Visconte dimezzato*; la situazione dell'intellettuale che sceglie la strada della separazione dal mondo e che tuttavia non rinuncia a volerlo conoscere e migliorare nel *Barone rampante*; la vita vuota e artificiale dell'uomo d'oggi, ridotta a funzionamento astratto e cerebrale, nel *Cavaliere inesistente*. E infatti **nel primo romanzo** il protagonista, **Medardo di Terralba**, viene tagliato in due da una palla di cannone: le due parti (quella buona, che vive nel personaggio chiamato Buono, e quella cattiva, che vive nell'altro personaggio detto Gramo) conducono un'esistenza indipendente l'una dall'altra e si ricompongono solo in virtù dell'amore per la pastorella Pamela, di cui entrambe sono innamorate. **Nel secondo**, **il settecentesco barone Cosimo Piovasco di Rondò** decide, all'età di dodici anni, dopo un litigio con il padre, e per protesta contro le convenzioni sociali, di salire sugli alberi e di non scendere più sulla terra: vive così il periodo dalla Rivoluzione francese alla Restaurazione da una posizione estraniata che gli consente un atteggiamento critico ma anche la partecipazione agli avvenimenti e alla vita degli altri (cfr. T2, p. 738). **Nel terzo Agilulfo**, ridotto a un'armatura vuota al suo interno, è amato da Bradamante, a sua volta amata da Rambaldo, e si congiunge infine a lei. Sulla intera trilogia cfr. espansioni digitali S.

T • *Agilulfo: un'armatura dall'iridescente cimiero*
T • *Gli esercizi del cavaliere inesistente*
T • *Un pranzo movimentato*
S • *I nostri antenati*. Calvino racconta la genesi della *Trilogia*

LA PRIMA FASE DELLA PRODUZIONE NARRATIVA DI CALVINO (1945-1964)

narrativa neorealista sul tema della Resistenza
- *Il sentiero dei nidi di ragno*
- *Ultimo viene il corvo*

narrativa realistico-sociale che critica la realtà italiana del dopoguerra
- *L'entrata in guerra*
- *La speculazione edilizia*
- *La nuvola di smog*
- *La giornata di uno scrutatore*
- *Marcovaldo ovvero Le stagioni in città*

narrativa fantastica e allegorica
- la trilogia *I nostri antenati*

Il «*pathos* della distanza» nel *Barone rampante*

Il più riuscito dei tre è *Il barone rampante*, che affronta uno dei nodi cruciali della riflessione di Calvino dagli anni Cinquanta agli Ottanta: la condizione intellettuale. Vivendo fra terra e cielo, il protagonista interpreta quella vocazione elitaria che un critico (Cases) ha chiamato, con formula nietzschiana, «*pathos* della distanza». Essa si presenta, qui e altrove, con una doppia valenza: da un lato è garanzia di conoscenza "pura", non contaminata dal mondo; dall'altro lato è segno dell'alienazione dell'intellettuale costretto a una vita estraniata e separata (cfr. **T2**, p. 738).

- **S** • Calvino e il *pathos* della distanza (C. Cases)
- **T** • «Un solitario che non sfuggiva la gente»

I racconti realistici e il romanzo breve *La giornata di uno scrutatore*

L'altro filone narrativo ha un'ambientazione realistico-sociale che rimanda all'Italia del boom (la "speculazione edilizia" che dà il titolo al racconto era una delle conseguenze del "miracolo economico", così come la devastazione dell'ambiente operata dalla "nuvola di smog" dell'altro racconto) o a quella delle elezioni politiche del 1953 (nel romanzo breve *La giornata di uno scrutatore*). In **La giornata di uno scrutatore** il protagonista, l'intellettuale **Amerigo Ormea**, scrutatore in un seggio elettorale al Cottolengo, viene posto bruscamente di fronte all'universo abnorme e deforme dei ricoverati ed è indotto a riflettere sulla debolezza della ragione e della civiltà rispetto al potere della natura. Alla fine, il senso della vita può essere forse meglio percepito ed espresso dall'atto di amore di un padre che schiaccia le mandorle per offrirle alla sua creatura infelice o dalla scelta di dedizione e di carità fatta dalle suore (cfr. **T3**, p. 741). Come si vede anche da questa conclusione, **La giornata di uno scrutatore è un libro di crisi che chiude la stagione delle speranze e dell'impegno**.

Paul Klee, *Albero di pino*, 1932. Collezione privata.

IL SIGNIFICATO DELLE PAROLE

- **Scrutatore**
Lo *scrutatore* è un componente di un seggio elettorale che ha il compito di seguire e controllare le operazioni di voto e di scrutinio.

T1 — Pin si smarrisce di notte e incontra un partigiano che lo porta in salvo

OPERA
Il sentiero dei nidi di ragno, cap. IV

CONCETTI CHIAVE
- tono fiabesco
- uno sguardo inedito sulla Resistenza

FONTE
I. Calvino, *Il sentiero dei nidi di ragno*, Einaudi, Torino 1972 [1947].

Pin, arrestato dai tedeschi per aver rubato la pistola a uno di loro, riesce a fuggire aiutato da un giovane partigiano, Lupo Rosso. Ma questi lo lascia per andare in esplorazione. Restato solo, Pin si addormenta. Quando si sveglia, attende invano il ritorno dell'amico. Allora si reca al sentiero dei nidi di ragno a controllare che la pistola sia ancora nascosta al solito posto. Poi se ne va alla ventura, di notte, affamato e spaventato. Già sta piangendo quando incontra un omone, il partigiano Cugino, che lo conduce con sé all'accampamento della banda del Dritto.

Pin si scuote di soprassalto: quanto avrà dormito? Intorno a lui è notte fonda. E Lupo Rosso[1] perché non è tornato ancora? Avrà incontrato una pattuglia[2] e sarà stato preso? Oppure sarà tornato e l'avrà chiamato mentre dormiva e se ne sarà andato credendo che lui non ci sia più. O

---

1. **Lupo Rosso**: è il partigiano comunista sedicenne che Pin, il protagonista, ha conosciuto in prigione.
2. **una pattuglia**: di nazi-fascisti.

forse stanno battendo la campagna tutto intorno per cercare loro due e non ci si può muovere d'un passo.

Pin esce da dietro il serbatoio:[3] il gracidare delle rane nasce da tutta l'ampia gola del cielo, il mare è una grande spada luccicante nel fondo della notte.[4] L'essere all'aperto gli dà un senso strano di piccolezza che non è paura. Ora Pin è solo, solo su tutto il mondo. E cammina per i campi coltivati a garofani e a calendule.[5] Cerca di tenersi alto sul declivio delle colline, per passar sopra alla zona dei Comandi.[6] Poi scenderà al fossato: là sono i suoi luoghi.

Ha fame: di quest'epoca sono mature le ciliege. Ecco un albero, distante da ogni casa: che sia sorto lì per incantesimo? Pin si arrampica tra i rami e comincia a sfrondarli con diligenza. Un grosso uccello gli piglia il volo quasi tra le mani: era lì che dormiva. Pin si sente amico di tutti, in quel momento, e vorrebbe non averlo disturbato.[7]

Quando sente che la fame s'è un po' chetata[8] si riempie di ciliege le tasche e scende, e riprende la strada sputando noccioli. Poi pensa che i fascisti possono seguire la scia dei noccioli di ciliegia e raggiungerlo. Ma nessuno può essere così furbo da pensare quello, nessuno tranne una persona al mondo: Lupo Rosso! Ecco: se Pin lascerà una scia di noccioli di ciliegia Lupo Rosso riuscirà a trovarlo, dovunque sia![9] Basta lasciar cadere un nocciolo ogni venti passi. Ecco: girato quel muretto, Pin mangerà una ciliegia, poi un'altra da quel vecchio frantoio, un'altra passato l'albero di nespolo: così via fino ad arrivare al sentiero delle tane di ragno. Ma ancora non ha raggiunto il fossato che già le ciliege sono finite: Pin capisce allora che Lupo Rosso non lo ritroverà mai più.

Pin cammina nel letto del fossato quasi secco, fra grandi sassi bianchi e il frusciare cartaceo[10] delle canne. In fondo alle pozze dormono le anguille, lunghe quanto un braccio umano, che a togliere l'acqua si possono acchiappare con le mani. Alla foce del torrente nella città vecchia chiusa come una pigna,[11] dormono gli uomini ubriachi e le donne sazie d'amore. La sorella di Pin dorme sola o in compagnia e s'è già dimenticata di lui, non pensa né se è vivo né se è morto.[12] Sulla paglia della sua cella, unico veglia il suo padrone Pietromagro, vicino a morire, col sangue che diventa giallo di piscio nelle vene.[13]

Pin è arrivato ai propri posti: ecco il beudo,[14] ecco la scorciatoia con i nidi. Riconosce le pietre, guarda se la terra è stata smossa: no, nulla è stato toccato. Scava con le unghie, con ansia un po' voluta: a toccare la fondina ha un senso di commozione dolce, come da piccolo a un giocattolo sotto il guanciale. Estrae la pistola e passa il dito sugli incavi per togliere la terra. Dalla canna, svelto svelto, esce un ragnetto: era andato a farsi il nido dentro!

È bella la sua pistola: è l'unica cosa che resti al mondo a Pin. Pin impugna la pistola e immagina d'essere Lupo Rosso, cerca di pensare a cosa farebbe Lupo Rosso se avesse quella pistola in mano. Ma questo gli ricorda che è solo, che non può cercar aiuto da nessuno, né da quelli dell'osteria così ambigui e incomprensibili, né da sua sorella traditrice, né da Pietromagro carcerato. Anche di quella pistola non sa che farsene: non sa come si carica, se lo trovano con la pistola in mano sarà di certo ucciso. La rimette nella fondina e la ricopre di pietre e terra ed erbe. Ora non gli resta che mettersi a camminare a caso per la campagna, e non sa assolutamente cosa fare.

- **3 Pin...serbatoio**: per dormire, Pin aveva trovato riparo dietro un serbatoio d'acqua in cemento, nella campagna.
- **4 il gracidare...della notte**: sono metafore di gusto lirico. Il contatto con la natura, pur nel suo tono favoloso, ricorda in parte certe descrizioni dei *Malavoglia* di Verga. Il **mare** è quello ligure.
- **5 calendule**: fiori simili alle margherite.
- **6 zona dei Comandi**: la zona dei comandi partigiani.
- **7 Ecco un albero...disturbato**: altro momento fiabesco di contatto immediato con il mondo naturale.
- **8 chetata**: *placata*.
- **9 Poi pensa...dovunque sia**: lo stesso stratagemma è nella fiaba di Pollicino.
- **10 cartaceo**: che ha il rumore della carta.
- **11 chiusa...pigna**: *tutta chiusa in se stessa*. La similitudine richiama l'esperienza quotidiana di Pin.
- **12 La sorella...morto**: la ragazza è una prostituta e ha sempre mostrato scarsa attenzione per il fratello.
- **13 Sulla paglia...vene**: Pietromagro è il ciabattino presso il quale Pin lavora; «passa metà dell'anno in prigione, perché è nato disgraziato e quando c'è un furto nei dintorni finiscono sempre per mettere dentro lui» (cap. I). Ha una malattia renale.
- **14 beudo**: *canale*, ligure.

Ha preso a seguire il beudo: nel buio a camminare per il beudo è facile perdere l'equilibrio e mettere un piede a bagno nella cunetta[15] o cascare nella fascia di sotto. Pin concentra ogni suo pensiero nello sforzo di stare in equilibrio: così crede di tenere indietro le lacrime che già gli pesano nella voluta delle orbite.[16] Ma il pianto già lo raggiunge, e annuvola[17] le pupille e inzuppa le vele delle palpebre;[18] prima pioviggina silenzioso, poi scroscia dirotto con un martellare di singhiozzi su per la gola. Mentre il ragazzo cammina così piangendo, una grande ombra d'uomo sorge incontro a lui nel beudo. Pin si ferma; e si ferma anche l'uomo.

– Chi va là! – dice l'uomo.

Pin non sa cosa rispondere, ha le lacrime che urgono,[19] e ripiomba in un pianto totale, disperato.

L'uomo s'avvicina: è grande e grosso, vestito in borghese e armato di mitra, con una mantellina arrotolata a tracolla.

– Di', perché piangi? – dice.

Pin lo guarda: è un omone con la faccia camusa[20] come un mascherone da fontana: ha un paio di baffi spioventi e pochi denti in bocca.

– Che cosa fai qui, a quest'ora? – dice l'uomo, – ti sei perso?

La cosa più strana di quell'uomo è il berretto, un berrettino di lana col bordo ricamato e il pon-pon in cima, non si capisce di che colore.

– Ti sei perso: io a casa non ti posso riaccompagnare, io con le case ci ho poco da vedere, non posso mica riportare i bambini smarriti, io!

Dice tutto questo quasi per giustificarsi, più verso se stesso che verso Pin.

– Non mi sono smarrito, – dice Pin.

– E allora? Che fai tu in giro per di qua? – fa l'omone col berrettino di lana.

– Dimmi prima che fai tu.

– Bravo, – dice l'uomo. – Sei in gamba. Vedi che sei in gamba, perché piangi? Io vado a ammazzare la gente, la notte. Hai paura?

– Io no, sei un assassino?

– Ecco: neanche i bambini hanno più paura di chi ammazza la gente. Non sono un assassino ma ammazzo lo stesso.

– Vai ad ammazzare un uomo, adesso?

– No. Ritorno.

Pin non ha paura perché sa che c'è chi ammazza la gente eppure è bravo: Lupo Rosso parla sempre d'ammazzare eppure è bravo, il pittore che stava di fronte a casa sua ha ammazzato sua moglie eppure era bravo, Miscèl Francese adesso avrebbe ammazzato gente anche lui e sarebbe sempre restato Miscèl Francese.[21] Poi l'omone col berrettino di lana parla d'ammazzare con tristezza, come lo facesse per castigo.

– Lo conosci Lupo Rosso? – chiede Pin.

– Perdio, se lo conosco; Lupo Rosso è uno del Biondo. Io sono uno del Dritto.[22] E tu come lo conosci?

– Ero con lui, con Lupo Rosso, e l'ho perduto. Siamo scappati d'in prigione. Abbiamo messo l'elmo alla sentinella. A me prima m'hanno frustato con la cinghia della pistola. Perché l'ho rubata al marinaio di mia sorella. Mia sorella è la Nera di Carrugio Lungo.[23]

- 15 **cunetta**: *canaletto di scolo.*
- 16 **voluta delle orbite**: *cavo* (**voluta** = giro) *degli occhi.*
- 17 **annuvola**: *offusca.*
- 18 **le vele delle palpebre**: *il velo delle palpebre.*
- 19 **urgono**: *vogliono uscire.*
- 20 **camusa**: *con il naso schiacciato.*
- 21 **Pin…Francese**: Pin mescola i partigiani, che uccidono per necessità di guerra, e chi, pur avendo ucciso per motivi del tutto personali, gli è tuttavia simpatico. **Miscèl Francese** *il giovane partigiano che ha spinto Pin al furto della rivoltella; deve il suo soprannome al fatto che, prima della guerra, ha lavorato in Francia.*
- 22 **è uno…Dritto**: il **Biondo** e il **Dritto** sono due capi partigiani.
- 23 **Ero con lui…Lungo**: Pin era stato arrestato, insieme ad altri, in una retata dopo il furto della pistola a un **marinaio** tedesco, cliente di sua sorella. Imprigionato, è scappato con Lupo Rosso; **d'in**: *dalla*, dialettale; **Carrugio**: *vicoletto*; ligure.

85 L'omone in berrettino di lana si passa un dito sui baffi: – Già già già già… – dice, nello sforzo di capire la storia tutta in una volta. – E adesso dove vuoi andare?
– Non lo so, – dice Pin. – Tu dove vai?
– Io vado all'accampamento.
– Mi ci porti? – dice Pin.
90 – Vieni. Hai mangiato?
– Ciliege, – dice Pin.
– Ben.[24] Tieni del pane, – e tira fuori di tasca il pane e glielo dà.
Ora camminano per un campo d'olivi. Pin morde il pane: ancora qualche lacrima gli cola per le guance e lui la inghiotte assieme al pane masticato. L'uomo lo ha preso per mano: è una ma-
95 no grandissima, calda e soffice, sembra fatta di pane.[25]
– Dunque, vediamo un po' com'è andata… Al principio di tutto, m'hai detto, c'è una donna…
– Mia sorella. La Nera di Carrugio Lungo, – dice Pin.
– Naturalmente. Al principio di tutte le storie che finiscono male c'è una donna, non si sbaglia. Tu sei giovane, impara quello che ti dico: la guerra è tutta colpa delle donne…[26]

- **24 Ben:** [va] bene; dialettale.
- **25 è una mano…pane:** l'aspetto strano, un po' terribile e un po' buffo, dell'omone diventa ora quello di un gigante protettivo.
- **26 Naturalmente…donne…:** nel mondo fiabesco non c'è spazio per le reali motivazioni storico-politiche.

T1 DALLA COMPRENSIONE ALL'INTERPRETAZIONE

COMPRENSIONE

Pin prima solo e poi in compagnia di «un omone» Il testo può essere diviso in **due parti** aventi circa la stessa lunghezza. La prima (**righi 1-48**) si apre con **il risveglio di Pin, che si ritrova solo, nel bosco, a notte fonda**. Il bambino decide di incamminarsi verso «i propri posti»: inizialmente è tranquillo, in armonia con la natura che lo circonda («Pin si sente amico di tutti, in quel momento») ed eccitato nel momento in cui dissotterra la pistola («a toccare la fondina ha un senso di commozione dolce»); ma poi è colto dalla paura e inizia a piangere.
La seconda parte del testo (**righi 48-99**) narra **l'incontro di Pin con «un omone»**, un partigiano della banda del Dritto. Questi lo porta con sé all'accampamento: durante il cammino l'uomo offre al bambino del pane e lo tiene per mano.

ANALISI

Lo stile, il punto di vista e un'immagine inedita della Resistenza Lo stile è fatto di **frasi brevi e semplici, accostate paratatticamente**, sul modello di Pavese di *Paesi tuoi* (cfr. Parte Nona, cap. X, § 2, T4, p. 381). Si nota subito la **nitidezza espressiva** che sarà sempre propria di Calvino. Le immagini hanno un'ampiezza indeterminata e fantastica, tendono al **registro del mito e della favola**: si vedano per esempio, subito all'inizio, «l'ampia gola del cielo», il mare come una «grande spada luccicante nel fondo della notte» (rigo 7). D'altra parte il personaggio tenderebbe a un accordo armonico con la natura, tipico dell'infanzia, che si manifesta sia nell'episodio dell'uccello disturbato (cfr. righi 12-14), sia soprattutto al momento di ritrovare i «propri posti». La narrazione segue **il punto di vista ingenuo del personaggio, disposto a credere agli incantesimi** (cfr. righi 11-12) e a ripetere i gesti delle favole. Già tale **prospettiva niente affatto eroica** è una novità nella narrativa della Resistenza, e permette di considerarla da una prospettiva inedita e comunque mai retorica. Anche il partigiano che Pin incontra, con un berrettino di lana dotato di pon-pon, è tutt'altro che una figura solenne o seriosa.

INTERPRETAZIONE

Il tono favolistico e la ripresa di un episodio delle *Confessioni di un italiano* di Nievo La situazione è da fiaba. Il ragazzo smarrito di notte nel bosco è infatti un *topos* delle favole: rientrano in questo stesso registro la sua propensione a vedere in un albero un «incantesimo», o i gesti di gettare a terra i noccioli delle ciliege, ripetendo l'atto di Pollicino, o il modo di considerare la pistola, vista da lui come una sorta di giocattolo magico. Anche la figura protettiva dell'«omone», con quella sua «mano grandissima, calda e soffice», che sembra «fatta di pane», rimanda all'**immaginario delle favole**. Ma nell'episodio si avverte anche l'**influenza di un passo delle *Confessioni di un italiano* di Nievo**: nel terzo capitolo di questo romanzo, infatti, Carlino si smarrisce di notte e viene salvato da un famoso **brigante**, **Spaccafumo**, che lo fa salire con sé sul cavallo e lo riconduce al castello di Fratta. L'influenza di Nievo non è casuale: a Calvino piaceva il tono libero e avventuroso del romanzo, e cerca di riprodurne alcune movenze.

Attualizzare: la storia vista dai bambini Nei momenti in cui vi è una sostanziale stabilità storica e sociale, lo spazio dei bambini è definito da strutture rassicuranti: la famiglia, la scuola, ecc. Ma nei momenti più incerti, turbinosi e tragici, questo spazio viene messo in crisi e talvolta annullato. I bambini vengono travolti nei grandi processi storici, senza avere tuttavia categorie e strumenti psicologici adeguati per resistere alla forza destabilizzante e all'angoscia che ne deriva. Avviene così soprattutto durante le guerre: quelle del passato e quelle tuttora in corso, purtroppo assai più numerose di quanto si sia soliti ricordare. **Assumere il punto di vista di un bambino non è facile**, e da questa scelta deriva gran parte del fascino di questo romanzo di Calvino. Una scelta in parte simile ha compiuto anche Roberto Benigni nel film *La vita è bella*, in cui la tragedia della Shoah è raffigurata nella prospettiva di un bambino internato con il padre in un lager.

T1 LAVORIAMO SUL TESTO

COMPRENDERE

1. Nel testo è presente un riferimento che spiega il titolo del romanzo: a che cosa allude il "sentiero dei nidi di ragno"?

ANALIZZARE

Un punto di vista ingenuo

2. Quanto è importante il punto di vista di Pin nella narrazione?

3. **LINGUA E LESSICO** A volte la scrittura di Calvino assume un tono fiabesco: dove? Verifica questa affermazione rintracciando nel testo le espressioni che rimandano al registro della fiaba.

L'immagine del partigiano

4. Come viene descritto il partigiano? Quale funzione ha?
5. Che ruolo viene attribuito a Lupo Rosso?

LE MIE COMPETENZE: FARE RICERCHE, ESPORRE

Genericamente con la parola "partigiano" s'intende chi sostiene in modo fazioso e intransigente un'idea, un partito o un gruppo, di cui condivide il pensiero e l'attività. In Italia il termine acquista un significato più specifico dopo l'armistizio dell'8 settembre 1943, quando passa a indicare i combattenti della Resistenza contro l'occupazione tedesca e il governo fascista di Salò. Il partigiano è un combattente volontario che non appartiene ad un esercito regolare, ma si aggrega spontaneamente ad una formazione armata che agisce sul territorio invaso dal nemico, svolgendo azioni di guerriglia e attività di propaganda clandestina. Molti romanzieri italiani nell'immediato dopoguerra hanno scritto opere che parlano della lotta partigiana. Leggi in biblioteca la *Prefazione* alla seconda edizione del *Sentiero dei nidi di ragni*, stesa da Calvino nel 1964, per capire cos'è la letteratura della Resistenza e quali sono, a suo giudizio, gli autori più importanti. Quindi esponi in classe il contenuto di questo importante saggio sul Neorealismo.

T2 Cosimo sugli alberi

OPERA
Il barone rampante, cap. X

CONCETTI CHIAVE
- la natura sconfigge la cultura
- una allegoria della condizione dell'intellettuale

FONTE
I. Calvino, *Il barone rampante*, Einaudi, Torino 1957.

Cosimo, il protagonista del Barone rampante, *vive ormai sugli alberi. Qui, come ci è spiegato da suo fratello, il narratore, impara a distinguere i tipi di piante e a conoscere la vita naturale. Il mondo degli uomini, sotto, si allontana dal suo sguardo e assume strane proporzioni.*

Gli olivi, per il loro andar torcendosi, sono a Cosimo vie comode e piane,[1] piante pazienti e amiche, nella ruvida scorza, per passarci e per fermarcisi, sebbene i rami grossi siano pochi per pianta e non ci sia gran varietà di movimenti. Su un fico, invece, stando attento che regga il peso,

● 1 **Gli olivi...comode e piane**: gli olivi, che hanno tronchi e rami rattorti, offrono a Cosimo buone possibilità di arrampicarvisi e di saltare da uno all'altro.

non s'è mai finito di girare; Cosimo sta sotto il padiglione delle foglie,[2] vede in mezzo alle nervature trasparire il sole, i frutti verdi gonfiare a poco a poco, odora il lattice che geme nel collo dei peduncoli.[3] Il fico ti fa suo, t'impregna del suo umore gommoso, dei ronzii dei calabroni; dopo poco a Cosimo pareva di stare diventando fico lui stesso e, messo a disagio, se ne andava. Sul duro sorbo, o sul gelso da more, si sta bene; peccato siano rari. Così i noci, che anche a me, che è tutto dire, alle volte vedendo mio fratello perdersi in un vecchio noce sterminato, come in un palazzo di molti piani e innumerevoli stanze, veniva voglia d'imitarlo, d'andare a star lassù; tant'è la forza e la certezza che quell'albero mette a essere albero, l'ostinazione a esser pesante e duro, che gli s'esprime persino nelle foglie.

Cosimo stava volentieri tra le ondulate foglie dei lecci (o elci,[4] come li ho chiamati finché si trattava del parco di casa nostra, forse per suggestione del linguaggio ricercato di nostro padre) e ne amava la screpolata corteccia, di cui quand'era sovrappensiero sollevava i quadrelli[5] con le dita, non per istinto di far del male, ma come d'aiutare l'albero nella sua lunga fatica di rifarsi. O anche desquamava la bianca corteccia dei platani, scoprendo strati di vecchio oro muffito. Amava anche i tronchi bugnati[6] come ha l'olmo, che ai bitorzoli ricaccia getti teneri e ciuffi di foglie seghettate e di cartacee samare,[7] ma è difficile muovercisi perché i rami vanno in su, esili e forti, lasciando poco varco.[8] Nei boschi, preferiva faggi e querce: perché sul pino le impalcate[9] vicinissime, non forti e tutte fitte di aghi, non lasciano spazio né appiglio; ed il castagno, tra foglia spinosa, ricci, scorza, rami alti, par fatto apposta per tener lontani.

Queste amicizie e distinzioni Cosimo le riconobbe poi col tempo a poco a poco, ossia riconobbe di conoscerle; ma già in quei primi giorni cominciavano a far parte di lui come istinto naturale. Era il mondo ormai a essergli diverso, fatto di stretti e ricurvi ponti nel vuoto, di nodi o scaglie o rughe che irruvidiscono le scorze, di luci che variano il loro verde a seconda del velario[10] di foglie più fitte o più rade, tremanti al primo scuotersi d'aria sui peduncoli o mosse come vele insieme all'incurvarsi dell'albero. Mentre il nostro, di mondo, s'appiattiva là in fondo, e noi avevamo figure sproporzionate e certo nulla capivamo di quel che lui lassù sapeva, lui che passava le notti ad ascoltare come il legno stipa[11] delle sue cellule i giri che segnano gli anni nell'interno dei tronchi,[12] e le muffe allargano la chiazza al vento tramontano,[13] e in un brivido gli uccelli addormentati dentro il nido rincantucciano il capo là dove più morbida è la piuma dell'ala, e si sveglia il bruco, e schiude l'uovo dell'averla.[14] C'è il momento in cui il silenzio della campagna si compone nel cavo dell'orecchio in un pulviscolo di rumori, un gracchio, uno squittio, un fruscio velocissimo tra l'erba, uno schiocco nell'acqua, uno zampettio tra terra e sassi, e lo strido della cicala alto su tutto. I rumori si tirano un con l'altro, l'udito arriva a sceverarne[15] sempre di nuovi come alle dita che disfano un bioccolo[16] di lana ogni stame[17] si rivela intrecciato di fili sempre più sottili ed impalpabili. Le rane intanto continuano il gracidio che resta nello sfondo e non muta il flusso dei suoni, come la luce non varia per il continuo ammicco delle stelle. Invece a ogni levarsi o scorrer via del vento, ogni rumore cambiava ed era nuovo. Solo restava nel cavo più profondo dell'orecchio l'ombra di un mugghio o murmure:[18] era il mare.

- **2** **padiglione delle foglie**: metafora per indicare la **chioma** degli alberi; propriamente, il **padiglione** è una tenda da campo.
- **3** **il lattice...peduncoli**: il **lattice** è un liquido denso e vischioso che sgocciola (**geme**) attraverso le incisioni praticate sulle piante; i **peduncoli** sono le fibre che tengono frutti e fiori attaccati ai rami.
- **4** **elci**: *lecci*, ma, come spiegato subito dopo, in linguaggio aulico.
- **5** **quadrelli**: pezzetti di corteccia che si staccano, detti così per la loro forma quadrangolare.
- **6** **bugnati**: propriamente, il 'bugnato' è un rivestimento murario a pietre lavorate sporgenti; qui, indica la superficie scabra e divisa in pezzi di certe cortecce.
- **7** **cartacee samare**: la 'samara' è un frutto secco; è detta 'cartacea' perché presenta una specie di ala membranacea, che ha la consistenza della carta.
- **8** **varco**: *spazio*.
- **9** **impalcate**: propriamente, l'impalcato' è l'insieme di legnami che formano l'ossatura di un pavimento: e in effetti è sui rami che cammina Cosimo.
- **10** **velario**: *velo, superficie*.
- **11** **stipa**: *stringe, racchiude*.
- **12** **i giri...tronchi**: sezionando un tronco, si vedono vari cerchi, che corrispondono agli anni di vita della pianta.
- **13** **vento tramontano**: *vento del nord*.
- **14** **averla**: uccello di media grandezza, della famiglia dei passeri.
- **15** **sceverarne**: *distinguerne*.
- **16** **bioccolo**: *batuffolo*.
- **17** **stame**: *filo*.
- **18** **l'ombra...murmure**: *l'eco* (**ombra**; metafora) *di uno scroscio* (**mugghio**) *o di un mormorio* (**murmure**, lett.).

T2 DALLA COMPRENSIONE ALL'INTERPRETAZIONE

COMPRENSIONE

Il mondo di Cosimo sugli alberi Nella **prima parte** del testo (righi 1-22) vengono passate in rassegna **le «amicizie e distinzioni» che Cosimo ha imparato a fare tra gli alberi**, riconoscendo le specie più adatte ad accogliere i suoi movimenti o le sue soste: il barone rampante apprezza l'olivo (che offre «vie comode e piane»), il fico (in cui «non s'è mai finito di girare»), il «duro sorbo», il gelso da more, il noce (con la sua «ostinazione a esser pesante e duro»), i lecci dalla «screpolata corteccia», «i tronchi bugnati come ha l'olmo», i faggi e le querce. Nella **seconda parte** del testo il narratore tenta di descrivere **il mondo di Cosimo, contrapposto al mondo degli uomini** che «s'appiattiva là in fondo», abitato da «figure sproporzionate» che non potevano capire «quel che lui lassù sapeva». Sugli alberi Cosimo può percepire i piccoli rumori della campagna che si nascondono dietro l'apparente silenzio, rinnovandosi a ogni soffio di vento.

ANALISI

Precisione scientifica e gusto letterario Lo stile di Calvino è estremamente preciso e si compiace di soffermarsi, in una **minuta descrizione**, sugli aspetti anche più piccoli della realtà. Per far ciò, sfrutta due diverse risorse: **un linguaggio scientifico** (qui, quello della botanica, come con «lattice», «peduncoli», «samare»); **un linguaggio letterario o comunque ricercato**, che cerca il più possibile di avvicinarsi alle cose (per esempio, si vedano gli accurati elenchi: «nodi o scaglie o rughe»; oppure «gracchio... squittio... fruscio... schiocco... zampettio... strido...»). Il tono prevalente, però, è proprio quello letterario: anche se di una letteratura sciolta, con una sintassi mobile e che, a volte, **rifà elegantemente i modi del parlato** (p. es.: «Mentre il nostro, di mondo...»). La letteratura è dunque al servizio dei sensi e delle cose, che si sforza di rendere in un modo insieme fedele, analitico e suggestivo: ecco perché, nel finale, compare l'immagine 'poetica' del mare.

INTERPRETAZIONE

Lo sguardo dell'intellettuale Quello del narratore, che si sforza in ogni modo di assumere lo sguardo del protagonista, Cosimo, è uno **sguardo straniato**. La vita quotidiana di tutti gli uomini, cioè il mondo storico-sociale, sfuma in lontananza, per assumere «figure sproporzionate» che non possono capire cosa accade sugli alberi. Prevale invece il mondo naturale e solitario, oggetto della massima attenzione. Si capovolgono così gli equilibri voluti dalla società contemporanea: **la natura riassume i suoi diritti**, e soppianta la cultura. Questa scoperta avviene però attraverso **la distanza, che è insieme privilegio e segno di esclusione**. Cosimo si rivela così un'allegoria dell'intellettuale che paga con la separatezza la sua attenta **visione dall'alto**. In questo modo Calvino denuncia un rischio insito nel rapporto fra intellettuali e società nel Novecento inoltrato. Proprio perché la funzione riconosciuta dalla società agli intellettuali è sempre meno preziosa, può accadere che gli intellettuali si isolino dal mondo reale e si rinchiudano nei loro studi. È un rischio del quale non si può fare però colpa solo agli intellettuali: infatti il rapporto fra intellettuali e società deve essere improntato a uno scambio reciproco; dove la società ritenga di poter fare a meno della funzione intellettuale (cioè della mediazione che gli intellettuali esercitano), si è in presenza di una crisi di ruolo cui non è facile resistere, da parte degli intellettuali, senza pericolose regressioni e fughe dalla realtà.

T2 LAVORIAMO SUL TESTO

ANALIZZARE

Vivere sugli alberi

1. Quale mondo la scelta di Cosimo pone in primo piano?
2. Quanta parte hanno nella sua rappresentazione gli elementi sensoriali? Perché?

Un mutamento di prospettiva

3. Il mondo umano che posto viene a occupare nell'ottica di Cosimo?

4. **LINGUA E LESSICO** Sottolinea nel testo i termini tratti dal linguaggio scientifico e spiegane il significato.

«nulla capivamo di quel che lui lassù sapeva»

5. La sua nuova condizione è un'esclusione o un privilegio?

T3 — Il padre che schiacciava le mandorle

OPERA
La giornata di uno scrutatore, cap. XII

CONCETTI CHIAVE
- l'alternanza di descrizione e riflessione
- la crisi delle ideologie di fronte all'orrore e al caos della condizione umana

FONTE
I. Calvino, *La giornata di uno scrutatore*, Einaudi, Torino 1963.

È il penultimo capitolo. Amerigo Ormea è un intellettuale, d'orientamento illuminista e di ideologia marxista, che fa parte, come scrutatore per conto del PCI, di un seggio elettorale istituito al Cottolengo di Torino, dove sono ricoverati pazzi, deficienti, minorati fisici e mentali. Il suo compito è di impedire che vengano fatte votare persone incapaci di avere una loro volontà e dipendenti da suore e preti che li avrebbero indotti a votare (o avrebbero votato al loro posto) per la DC. Per i ricoverati più gravi viene istituito un "seggio distaccato" di cui Amerigo si trova a far parte. Così deve visitare l'inferno della malattia e dell'insensatezza, e intervenire per impedire che vengano fatti votare alcuni malati incapaci di intendere e di volere. Ma la sua attenzione è ben presto attirata da altro, e cioè da scene di amore e di carità di cui sono protagoniste le suore e soprattutto un vecchio padre contadino che spezza mandorle al figlio deficiente. Questi aspetti della realtà mettono in crisi una ideologia tutta giocata sul progresso sociale ma incapace di considerare il condizionamento della natura, nel male e anche nel bene. Riportiamo la parte iniziale e finale del capitolo, dove questo tema emerge con maggior forza.

Un certo numero degli iscritti a votare del «Cottolengo»[1] erano malati che non potevano lasciare il letto e la corsia. La legge prevede in questi casi che tra i componenti del seggio se ne scelgano alcuni per costituire un «seggio distaccato» che vada a raccogliere i voti dei malati nel «luogo di cura» cioè là dove si trovano. Si misero d'accordo per formare questo «seggio distaccato» con
5 il presidente, il segretario, la scrutatrice in bianco[2] e Amerigo. Il «seggio distaccato» aveva in dotazione due scatole, una con le schede da votare e l'altra per raccogliere le schede votate, un fascicolo speciale come registro e l'elenco dei «votanti nel luogo di cura».

Presero le cose e andarono. Li guidava su per le scale un ricoverato di quelli «bravi»,[3] un giovanotto piccolo e tozzo che, nonostante i brutti lineamenti, la zucca rapata e subito sotto i so-
10 pracigli spessi e uniti, si dimostrava all'altezza del suo compito e premuroso, tanto che pareva finito lì per sbaglio, per via della faccia. – In questo reparto ce n'è quattro –. Ed entrarono.

Era un camerone lungo e si andava tra due bianche file di letti. L'occhio, uscendo dall'ombra della scala, provava un senso d'abbagliamento, doloroso, che forse era soltanto una difesa, quasi un rifiuto di percepire in mezzo al bianco d'ogni monte di lenzuola e guanciali la forma di co-
15 lore umano che ne affiorava; oppure una prima traduzione, dall'udito nella vista, dell'impressione d'un grido acuto, animale, continuo: ghiii... ghiii... ghiii... che si levava da un qualche punto della corsia, a cui rispondeva a tratti da un altro punto un sussultare come di risata o latrato: gaa! gaa! gaa! gaa!

Il grido acuto proveniva da una minuscola faccia rossa, tutta occhi e bocca aperta in un fermo riso, d'un ragazzo a letto, in camicia bianca, seduto, ossia che spuntava col busto dall'imboc-
20 catura del letto come una pianta viene su da un vaso, come un gambo di pianta che finiva (non c'era segno di braccia) in quella testa come un pesce, e questo ragazzo-pianta-pesce (fino a dove un essere umano può dirsi umano? si chiedeva Amerigo) si muoveva su e giù inclinando il busto a ogni «ghiii... ghiii...». E il «gaa! gaa!» che gli rispondeva era d'uno che nel letto prendeva meno
25 forma ancora, eppure protendeva una testa boccuta,[4] avida, congestionata,[5] e doveva avere braccia – o pinne – che si muovevano sotto le lenzuola in cui era come insaccato, (fino a che

---

- **1** «**Cottolengo**»: casa di ricovero per disabili fisici e psichici, retta da religiosi. Deve il suo nome al fondatore, il beato Giuseppe Cottolengo (1786-1842). Istituita a Torino nel 1832, come Piccola Casa della Divina Provvidenza, ha poi avuto successo anche in altre città italiane.
- **2 in bianco**: perché vestita con un camice bianco.
- **3** «**bravi**»: tranquilli, senza squilibri psichici gravi.
- **4 boccuta**: in cui spiccava la bocca.
- **5 congestionata**: *gonfia e arrossata*.

punto un essere può dirsi un essere, di qualsiasi specie?), e altri suoni di voci gli facevano eco, eccitate forse dall'apparire di persone nella corsia, e anche un ansare e gemere, come d'un urlo che stesse per levarsi e subito si soffocasse, questo d'un adulto.

Erano, in quell'infermeria, parte adulti – pareva – parte ragazzi e bambini, se si doveva giudicare dalle dimensioni e da segni, come i capelli o il colore della pelle, che contano tra le persone di fuori. Uno era un gigante con la smisurata testa da neonato tenuta ritta dai cuscini: stava immobile, le braccia nascoste dietro la schiena, il mento sul petto che s'alzava in un ventre obeso, gli occhi che non guardavano nulla, i capelli grigi sulla fronte enorme, (un essere anziano, sopravvissuto in quella lunga crescita di feto?), impietrito in una tristezza attonita.

Il prete, quello col basco,[6] era già nella corsia, ad aspettarli, anche lui con in mano un suo elenco. Vedendo Amerigo si fece scuro in viso. Ma Amerigo in quel momento non pensava più all'insensato motivo[7] per cui si trovava lì; gli pareva che il confine di cui ora gli si chiedeva il controllo fosse un altro: non quello della «volontà popolare»,[8] ormai perduto di vista da un pezzo, ma quello dell'umano.

Il prete e il presidente s'erano avvicinati alla Madre[9] che dirigeva quel reparto, coi nomi dei quattro iscritti a votare, e la Madre li indicava. Altre suore venivano portando un paravento, un tavolino, tutte le cose necessarie per fare le elezioni lì.

Un letto alla fine della corsia era vuoto e rifatto; il suo occupante, forse già in convalescenza, era seduto su una seggiola da una parte del letto, vestito d'un pigiama di lana con sopra una giacca, e seduto dall'altra parte del letto era un vecchio col cappello, certamente suo padre, venuto quella domenica in visita. Il figlio era un giovanotto, deficiente, di statura normale ma in qualche modo – pareva – rattrappito nei movimenti. Il padre schiacciava al figlio delle mandorle, e gliele passava attraverso al letto, e il figlio le prendeva e lentamente portava alla bocca. E il padre lo guardava masticare.

I ragazzi-pesce scoppiavano nei loro gridi, e ogni tanto la Madre si staccava dal gruppo di quelli del seggio per andare a zittire uno troppo agitato, ma con scarso esito. Ogni cosa che accadeva nella corsia era separata dalle altre, come se ogni letto racchiudesse un mondo senza comunicazione col resto, salvo per i gridi che s'incitavano uno con l'altro, in crescendo, e comunicavano un'agitazione generale, in parte come un chiasso di passeri, in parte dolorosa, gemente. Solo l'uomo con la testa enorme stava immobile, come non sfiorato da nessun suono.

Amerigo continuava a guardare il padre e il figlio. Il figlio era lungo di membra e di faccia, peloso in viso e attonito, forse mezzo impedito da una paralisi. Il padre era un campagnolo vestito anche lui a festa, e in qualche modo, specie nella lunghezza del viso e delle mani, assomigliava al figlio. Non negli occhi: il figlio aveva l'occhio animale e disarmato, mentre quello del padre era socchiuso e sospettoso, come nei vecchi agricoltori. Erano voltati di sbieco, sulle loro seggiole ai due lati del letto, in modo da guardarsi fissi in viso, e non badavano a niente che era intorno. Amerigo teneva lo sguardo su di loro, forse per riposarsi (o schivarsi) da altre viste, o forse ancor di più, in qualche modo affascinato. [...]

Quelli del seggio guardarono un po', dalla soglia, poi si ritirarono, ripercorsero la corsia. La Madre li precedeva. – Lei è una santa, – disse la scrutatrice. – Non ci fossero anime come lei, questi infelici...

La vecchia suora muoveva lì intorno gli occhi chiari e lieti, come si trovasse in un giardino pieno di salute, e rispondeva alle lodi con quelle frasi che si sanno, improntate a modestia e ad amore del prossimo, ma naturali, perché tutto doveva essere molto naturale per lei, non ci dovevano essere dubbi, dacché[10] aveva scelto una volta per tutte di vivere per loro.

- **6** **basco**: un tipo di berretto.
- **7** **all'insensato motivo**: far votare i poveri malati, che neppure sembrano esseri umani.
- **8** **«volontà popolare»**: quella che si esprime con il voto; Amerigo dovrebbe controllare che essa si esprima liberamente, senza ingerenze.
- **9** **Madre**: la suora che è Madre Superiora.
- **10** **dacché**: *da quando*; o anche: *poiché*.

Anche Amerigo avrebbe voluto dirle delle parole di ammirazione e simpatia, ma quel che gli veniva da dire era un discorso sulla società come avrebbe dovuto essere secondo lui, una società in cui una donna come lei non sarebbe considerata più una santa perché le persone come lei si sarebbero moltiplicate, anziché star relegate in margine, allontanate nel loro alone di santità, e vivere come lei, per uno scopo universale, sarebbe stato più naturale che vivere per qualsiasi scopo particolare, e sarebbe stato possibile a ognuno esprimere se stesso, la propria carica sepolta, segreta, individuale, nelle proprie funzioni sociali, nel proprio rapporto con il bene comune...[11]

Ma più s'ostinava a pensare queste cose, più s'accorgeva che non era tanto questo che gli stava a cuore in quel momento, quanto qualcos'altro per cui non trovava parole. Insomma, alla presenza della vecchia suora si sentiva ancora nell'ambito del suo mondo, confermato nella morale alla quale aveva sempre (sia pur per approssimazione e con sforzo) cercato di modellarsi, ma il pensiero che lo rodeva lì nella corsia era un altro, era ancora la presenza di quel contadino e di suo figlio, che gli indicavano un territorio per lui sconosciuto.[12]

La suora aveva scelto la corsia con un atto di libertà, aveva identificato – respingendo il resto del mondo – tutta se stessa in quella missione o milizia,[13] eppure – anzi: proprio per questo – restava distinta dall'oggetto della sua missione, padrona di sé, felicemente libera. Invece il vecchio contadino non aveva scelto nulla, il legame che lo teneva stretto alla corsia non l'aveva voluto lui, la sua vita era altrove, sulle sue terre, ma faceva alla domenica il viaggio per veder masticare suo figlio.

Ora che il giovane idiota aveva terminato la sua lenta merenda, padre e figlio, seduti sempre ai lati del letto, tenevano tutti e due appoggiate sulle ginocchia le mani pesanti d'ossa e di vene, e le teste chinate per storto – sotto il cappello calato il padre, e il figlio a testa rapata come un coscritto[14] – in modo di continuare a guardarsi con l'angolo dell'occhio.

Ecco, pensò Amerigo, quei due, così come sono, sono reciprocamente necessari.

E pensò: ecco, questo modo d'essere è l'amore.

E poi: l'umano arriva dove arriva l'amore; non ha confini se non quelli che gli diamo.[15]

- **11 ma quel che gli veniva... comune...**: Amerigo pensa a un mondo rinnovato dagli ideali socialisti, in cui gli uomini, liberati dalle costrizioni, esprimono la parte migliore di loro stessi.
- **12 Ma più...sconosciuto**: sia la suora sia Amerigo hanno infatti scelto una ideologia: sono avversari politici, ma agiscono sullo stesso terreno di libertà. Il padre e il figlio, invece, si trovano in una posizione del tutto diversa, in cui non è stato possibile compiere scelte consapevoli e culturali.
- **13 milizia**: chi entra in un'ordine entra infatti nella Chiesa Militante, cioè nella Chiesa che combatte nel mondo per diffondere l'insegnamento di Cristo.
- **14 un coscritto**: *una recluta* [dell'esercito].
- **15 Ecco...gli diamo**: alla propria scelta, che ha implicato uno **sforzo** e la volontà di **modellarsi**, cioè il tentativo di conformarsi a un ideale politico, Amerigo ora oppone una condizione puramente esistenziale, non acquisita, ma imposta dalla vita.

T3 DALLA COMPRENSIONE ALL'INTERPRETAZIONE

COMPRENSIONE

I confini dell'umano Il testo che abbiamo letto è ambientato **durante le elezioni politiche del 1953** e vede come protagonista **Amerigo Ormea, un intellettuale marxista** chiamato a fare lo scrutatore in un seggio elettorale al **Cottolengo**. Qui viene posto di fronte all'**universo deforme dei malati** e riflette sulla debolezza della ragione e della civiltà di fronte alla natura (**righi 1-43**). In un secondo momento (**righi 44-64**) la sua attenzione è attirata da **un padre «vestito a festa» che accudisce il figlio malato**, sgusciando delle mandorle che il ragazzo «lentamente porta alla bocca». I due sono assorti e concentrati, quasi isolati dal chiasso della corsia. Alla fine (**righi 65-98**), osservando **una suora** che soccorre i malati e continuando a riflettere sul **legame tra il padre e il figlio** ricoverato, si convince che **il senso dell'esistenza può non essere necessariamente nell'azione politica** in cui lui si è impegnato per anni, ma nei gesti quotidiani di dedizione e di amore nei confronti degli altri, perché «**l'umano arriva dove arriva l'amore**» (rigo 98).

ANALISI

Una visione ferma e nitida della realtà, alternata alla continua riflessione La rappresentazione dell'orrore non ha niente di espressionistico. Anche in questa circostanza **Calvino respinge ogni visceralità**, ogni eccesso di immediatezza. La descrizione dei malati è impietosa e puntuale, ma non grottesca o esasperata. Lo stile mantiene **un controllo classico** che evita turgori ed eccessi. Si concentra sull'osservazione, sulla **visività, sempre nitida**, e sulla esattezza dei contorni e delle proporzioni. Accanto al controllo dello stile c'è poi quello della ragione, che interviene direttamente attraverso la riflessione costante su ciò che viene descritto. **L'alternanza fra rappresentazione e riflessione** trasporta così il dramma dall'esterno all'interno, comunicando al lettore, in presa diretta, i pensieri del soggetto che sono i veri protagonisti del capitolo. Il Cottolengo diventa l'occasione per un ripensamento radicale. E infatti La *giornata di uno scrutatore* rappresenta per Calvino **un momento di svolta**.

INTERPRETAZIONE

L'«insensato motivo» ovvero la crisi dell'illuminismo e dell'ideologia del progresso Amerigo si trova al Cottolengo per difendere la correttezza e la libertà del voto, per evitare cioè che ci si approfitti di poveri invalidi a fini elettorali. Eppure questo «motivo» gli appare, a un certo momento, «insensato» (rigo 38). Qui è in gioco qualcosa di più della "volontà popolare" quale si esprime nella consultazione elettorale: **è in gioco il senso stesso della vita che non può esser ridotto al suo aspetto politico e sociale**. L'attenzione alla società non basta; occorre quella alla natura. Analogamente non bastano le ricette sociali, ma occorre chiedersi quali siano le molle antropologiche dell'agire umano, quelle che spingono il vecchio padre ogni domenica a venire a schiacciare le mandorle per il figlio deficiente. Insomma l'intellettuale illuminista e marxista sperimenta l'inadeguatezza della propria ideologia di fronte all'orrore e al caos della condizione umana. **Di qui in avanti Calvino si concentrerà sul mondo, sulla natura, sull'antropologia più che sulla società e sulla politica**. Per questo *La giornata di uno scrutatore* è per lo scrittore **il libro di congedo dal primo periodo della sua vita** e della sua produzione narrativa.

T3 LAVORIAMO SUL TESTO

ANALIZZARE

I malati del Cottolengo

1. Da quale punto di vista sono descritti i degenti del Cottolengo?

Il tormento di Amerigo

2. Quale interrogativo tormenta Amerigo? Che cosa vorrebbe dire alla suora?

Padre e figlio

3. Perché il protagonista è affascinato dalla scena del padre e del figlio?

4. Per che cosa Amerigo non trova le parole?
5. Qual è, infine, la parola?

INTERPRETARE

«Questo modo di essere è l'amore»

6. Cosa pensi della conclusione a cui giungono Amerigo e con lui Calvino?

4. Il secondo periodo della produzione narrativa: da *Le cosmicomiche* a *Palomar*

Teorie scientifiche e mondo alle origini in *Le cosmicomiche* e *Ti con zero*

Video • Intervista a R. Ceserani su Calvino e l'immaginario scientifico

Il secondo periodo dell'attività letteraria di Calvino prende avvio da due libri di racconti, *Le cosmicomiche* (1965) e *Ti con zero* (1967). È un periodo di vivo interesse per le teorie scientifiche relative alla nascita e alla costituzione del cosmo, all'origine della vita, alla struttura della materia. **Si tratta di un mondo alle origini, precedente la comparsa dell'uomo sulla terra**; ma le entità che vi si muovono assumono forme umane e vivono esperienze di vita quotidiana quasi normali. Mentre la fantascienza sviluppa le proprie storie nel futuro e rappresenta il fantastico come normale, **Calvino** le ambienta nel passato e **trasforma il normale in fantastico** nell'intento – dichiarato dall'autore – di «vivere anche il quotidiano nei termini più lontani dalla nostra esperienza». Di qui l'effetto comico (denunciato dal titolo) e straniante.

Fausto Melotti, *Il castello*, 1947. Collezione privata.

Le cosmicomiche e *Ti con zero*: 29 racconti riuniti in *Cosmicomiche vecchie e nuove*

Le cosmicomiche sono dodici racconti unificati dalla voce di **un narratore, Qfwfq**, che ha attraversato tutte le fasi della vita del cosmo assumendo di volta in volta forme diverse di vita (cfr. T4, p. 748). Le fonti sono disparate, e vanno da Leopardi a Borges, da Giordano Bruno ai *comics* di Popeye (Braccio di ferro). **Ti con zero contiene ancora quattro "cosmicomiche" e altri testi** accomunati a esse dalla riflessione scientifica sulla vita delle cellule e sulle combinazioni dei possibili. I due libri, con l'aggiunta di altri racconti, per un totale di 29 pezzi, sono stati ripubblicati nel 1984 con il titolo *Cosmicomiche vecchie e nuove*.

Il cosmo come combinazione di eventi possibili

Il cosmo si presenta qui come una combinazione di eventi possibili. La scienza non rivela certezze, ma mette a nudo problemi. Ne deriva un **senso estremo di relatività**: l'evoluzione del cosmo non segue un percorso sicuro, ma una delle tante strade possibili e interscambiabili.

La sovrapposizione fra linguaggio e cosmo: l'approccio al mondo come gioco linguistico

La combinatoria narrativa rispecchia dunque una combinatoria universale. Siamo alla sovrapposizione fra cosmo e linguaggio. L'attività combinatoria che sceglie alcuni fra gli sviluppi possibili della trama non è diversa da quella del creato. Anzi il mondo del linguaggio tende a porsi come unico e assoluto, e la narrativa a risolversi in metanarrativa, in riflessione cioè, sul proprio carattere astratto e artificiale. L'ordine medesimo che l'uomo cerca di vedere nel mondo non è che quello che egli dà al linguaggio con cui tenta di mettere in ordine la realtà. In altri termini, la realtà in sé è inconoscibile: l'approccio al mondo si risolve in gioco linguistico (cfr. § 2).

Il gioco combinatorio nel *Castello dei destini incrociati*

Il percorso narrativo del *Castello dei destini incrociati* (1969) (ma il discorso vale anche per il successivo *La taverna dei destini incrociati*, 1973) è affidato alla **concatenazione e alla combinazione dei possibili determinata dalle immagini effigiate sulle carte da gioco** (qui vengono utilizzate quelle dei tarocchi dipinte da Bonifacio Bembo per i Visconti a metà del secolo XV). Un gruppo di viandanti giunge a un castello e, poiché sembra che abbiano perduto la parola, raccontano varie storie disponendo sul tavolo le carte. Ma esse possono essere lette in direzioni diverse e con infinite diverse prospettive. Certo, resta la «mania» dell'autore di «far tornare i conti»; ma di mania appunto si tratta. Non esiste una verità del racconto, anzi **le storie si sovrappongono, si mescolano, si confondono** secondo percorsi inestricabili.

T • *La luna è un deserto*

Le città invisibili: si riapre il confronto fra la letteratura e la realtà

Il gioco combinatorio resta al centro anche del successivo *Le città invisibili* (1972), che si ispira al *Milione* di Marco Polo. Questo romanzo presenta però risultati artistici più interessanti e ricchi perché **in esso resta aperto il confronto fra letteratura e realtà**, fra la descrizione di città ipotetiche costruite dalla fantasia e dal linguaggio e la consapevolezza che nondimeno, al di là delle pa-

LA SECONDA FASE DELLA PRODUZIONE NARRATIVA DI CALVINO (1964-1985)			
narrativa fantascientifica e comica • *Le cosmicomiche* • *Ti con zero*	**narrativa combinatoria** • *Il castello dei destini incrociati* • *Le città invisibili* • *La taverna dei destini incrociati*	**"metaromanzo"** • *Se una notte d'inverno un viaggiatore*	**apologo allegorico** • *Palomar*

Video • *Le città invisibili* (D. Brogi)

La struttura dell'opera

Il dialogo fra Kublai Kan e Marco Polo e le 55 descrizioni di città

Gli undici percorsi tematici contenenti ciascuno cinque descrizioni di città

Primo Piano • *Le città invisibili*

***Le città invisibili* e il postmoderno**

S • Le *Città* di Calvino, il labirinto della condizione postmoderna

***Se una notte d'inverno un viaggiatore*: dieci racconti interrotti, una struttura aperta…**

role, esiste un «inferno» che bisogna conoscere: giacché «la menzogna non è nel discorso, è nelle cose». Si riapre così la possibilità di un discorso morale che sembrava annullata nel precedente *Il castello dei destini incrociati*.

***Le città invisibili* è composto da 9 capitoli**, ciascuno aperto e chiuso da una **cornice in corsivo** nella quale si profila lo scenario e si mette in scena il dialogo tra i due protagonisti: **Kublai Kan**, l'imperatore dei tartari, e **Marco Polo**, il giovane viaggiatore veneziano, autore del *Milione*. Particolarmente importante è **la descrizione dell'ultima città, Berenice**. È alla luce di quanto Calvino scrive in questo testo che si può comprendere meglio il senso dell'ultimo atto del dialogo tra Kublai Kan e Marco Polo, quello che chiude *Le città invisibili* (cfr. **S3**, p. 753). **Fuori dalla cornice, si snodano**, in carattere tondo, **le descrizioni delle città, 55 in tutto**, corrispondenti ai paragrafi. I capitoli comprendono un numero variabile di **paragrafi**. **Questi hanno titoli tematici**: le città descritte, che hanno tutte nomi di donna, non compaiono nel titolo. I titoli, che hanno come inizio la dicitura generica «le città» (ad esempio: «Le città e la memoria», «Le città e il desiderio», «Le città e i segni» ecc.), rendono subito esplicita la valenza simbolica delle singole narrazioni, che alludono sempre anche a un significato generale riguardante la città come *topos*. **I paragrafi**, insomma, **sono i tasselli di un'unica narrazione** sulla città intesa come spazio simbolico della cultura che si contrappone allo spazio della natura.

I percorsi tematici, che seguono ognuno la sua numerazione, **sono undici in tutto, e prevedono al loro interno cinque descrizioni di città**, distribuite nei capitoli in modo irregolare. «Le città e i segni», ad esempio, è presente due volte nel primo capitolo (1 e 2), una volta nel secondo (3), una nel terzo (4) e una nel quarto (5). «Le città e la memoria» è presente con quattro passi nel primo capitolo (1, 2, 3, 4) e con uno nel secondo (5). **L'articolazione strutturale del romanzo, resa evidente dall'indice, è criptica**, ermetica. Il lettore è spinto subito a interrogarsi sul significato delle simmetrie e della distribuzione dei temi e dei numeri. L'indice rende l'opera aperta, ne suggerisce fruizioni alternative al percorso lineare tradizionale, fa pensare a modalità di lettura trasversali, per percorsi tematici, ad esempio, invece che per scorrimento unidirezionale. **Tale struttura** a ordini multipli **è essa stessa immagine della logica combinatoria**. Sulle sue ragioni sono state avanzate molte ipotesi. Qualcuno, ad esempio, ha spiegato la presenza di nove capitoli come un'allusione alle nove parti del corpo umano, e la ripetizione modulare del numero cinque come un'allusione ai cinque sensi (Giuseppe Bonura). In realtà, ogni sforzo di trovare una spiegazione univoca alle corrispondenze numeriche risulta vano: le città descritte in un percorso (nel nostro caso «le città e i segni»; cfr. **T5**, p. 751) non hanno rapporto più stretto tra loro che con quelle degli altri percorsi. Non c'è una ragione precisa dietro la complessa costruzione architettonica, finalizzata soprattutto a sollecitare la riflessione dei lettori sulla logica compositiva del testo. Da questo punto di vista, ***Le città invisibili* è un tipico romanzo autoriflessivo e metatestuale**, nel senso che produce una riflessione su se stesso e sulle modalità del funzionamento della narrativa. Anche il titolo contribuisce a favorire questo effetto, dal momento che **la definizione di «invisibili»** attribuita a città che vengono sistematicamente descritte fa pensare a un senso nascosto del racconto, a un senso allegorico che il lettore è costantemente spinto a ricercare.

Gli aspetti postmoderni delle *Città invisibili* sono evidenti e riguardano la pratica della riscrittura (con il riferimento al *Milione*) e della metanarratività (con la cornice del dialogo fra Marco e il Kan); inoltre si mescolano vari generi: dal racconto "filosofico" alla favola allegorica, dal trattato al romanzo. Soprattutto, all'ordine delle cose reali si sostituisce l'ordine del discorso, che non riesce più a fare presa sugli oggetti. Il tempo e lo spazio sono ormai rarefatti, astratti, mentali.

L'ultima opera metanarrativa è il romanzo *Se una notte d'inverno un viaggiatore* (1979). Più che di vero romanzo si tratta di un "**metaromanzo**", di un racconto cioè che intende mettere in discussione i meccanismi stessi della narrazione, affrontando in particolare la questione dei rapporti fra scrittore e lettore e, più in generale, quella del senso stesso della scrittura. **Il libro è formato di dodici capitoli e comprende dieci inizi di altrettanti romanzi**. I loro titoli, letti di seguito con l'aggiunta del titolo di un altro romanzo possibile, formano poi un altro *incipit* romanzesco. I dieci inizi si possono leggere come racconti autonomi, ma tutti interrotti. Ovviamente **questa struttura ha un valore allegorico**: vuole alludere all'impossibilità di un senso compiuto e di un romanzo tradizionale. Ma – data la sovrapposizione fra linguaggio e mondo – è poi la realtà stessa che risulta aperta, incomprensibile, sfuggente.

Questa struttura aperta, complessa e problematica è **però inserita in una storia invece chiusa, tradizionale, dotata di lieto fine, che ha funzione di cornice**. Sin dall'inizio lo scrittore si rivolge con il tu a un interlocutore, il lettore (cfr. T6, p. 756), immaginando che questi, comprata una copia del romanzo di Calvino *Se una notte d'inverno un viaggiatore*, scopra, dopo le prime pagine, che il libro è difettoso e si metta alla ricerca di una edizione integra dell'opera. In questa ricerca incontra in libreria una lettrice, Ludmilla; ma i loro tentativi falliscono: s'imbattono solo in inizi di romanzi appartenenti a ogni genere (poliziesco, erotico, fantascientifico, realistico ecc.). **Alla fine il lettore e la lettrice, molto tradizionalmente, si sposano.**

Disegno di Saul Steinberg del 1948.

Questa conclusione ironicamente divertita, l'apertura al romanzo di consumo e d'intrattenimento, la citazione dai *comics* (il riferimento è al personaggio di Snoopy) non possono far dimenticare **la sospensione del senso cui alludono i dieci** *incipit*. Calvino ci pone dinanzi un mondo sconvolto in cui **le storie cominciano e non finiscono**. La ricerca del romanzo compiuto fallisce, come fallisce la ricerca di un significato complessivo da dare alla vita e al mondo.

Le ultime opere narrative di Calvino sono i racconti di *Palomar* (1983) **e di** *Sotto il sole giaguaro*. Quest'ultimo libro avrebbe dovuto intitolarsi *I cinque sensi* e articolarsi su altrettanti racconti (uno per senso), ma ne furono scritti solo tre.

Più importante è *Palomar* **opera strutturata in tre parti** (*Le vacanze di Palomar*, *Palomar in città*, *I silenzi di Palomar*) **di nove raccontini ciascuna** (per un totale, dunque, di 27), scritti in terza persona da un narratore esterno e uniti dal personaggio, visibilmente autobiografico, del signor Palomar. **Ciascuna parte poi è suddivisa in tre capitoli, ognuno dei quali è formato da tre pezzi**. La struttura insomma è attentamente studiata e calibrata. Bisogna aggiungere poi che ogni capitolo rappresenta esperienze conoscitive di tre tipi: semplicemente visive; oppure coinvolgenti anche la cultura e il linguaggio; oppure infine eminentemente speculative e aventi per oggetto l'infinito, il tempo, la mente ecc.

Ogni volta Palomar osserva aspetti diversi della natura e della società, ora minutissimi (le erbe di un prato, per esempio), ora vastissimi e infiniti (il cielo stellato, per esempio; cfr. T7, p. 759). **Palomar** – il cui nome significativamente corrisponde a quello di un famoso osservatorio astronomico americano – **intende trovare la chiave per capire la realtà**, rintracciare un ordine che gli permetta di «padroneggiare la complessità del mondo» senza far ricorso a schemi precostituiti di tipo ideologico o scientifico. In effetti qualsiasi osservazione di Palomar, come di qualunque uomo, è condizionata dai suoi strumenti di percezione e dal sistema di segni di cui dispone, cosicché nel mondo ritroviamo «solo ciò che abbiamo imparato a conoscere in noi». La conseguenza è radicale: bisognerebbe annullare l'io, e, paradossalmente, l'uomo dovrebbe «imparare a essere morto». E Palomar muore cercando appunto di pensare alla propria morte.

Anche in *Palomar* **è possibile leggere un apologo allegorico** sulla resistenza della ragione all'insignificanza, sui modi di fronteggiare la complessità e la relatività del presente, ma anche sulla sconfitta e sulla morte dell'intellettuale.

T4 Tutto in un punto

OPERA
Le cosmicomiche

CONCETTI CHIAVE
- una scrittura fondata sul paradosso "normalizzato"
- l'incontro tra scienza e letteratura

FONTE
I. Calvino, *Le cosmicomiche*, Einaudi, Torino 1971.

La rivelazione del «vecchio Qfwfq» è sensazionale: il tempo, lo spazio, l'universo – fino ad allora stipato tutto in un punto – si generano, squadernandosi in tutta la sua incommensurabile vastità, a partire da un piatto di tagliatelle; meglio: dalla forza esplosiva dello «slancio d'amore generale» che abita le parole della sempre rimpianta signora Ph(i)Nk$_o$. Mai prima di Calvino (e di Qfwfq) una teoria cosmogonica era risultata così gustosa e intensamente umana.

Attraverso i calcoli iniziati da Edwin P. Hubble sulla velocità d'allontanamento delle galassie, si può stabilire il momento in cui tutta la materia dell'universo era concentrata in un punto solo, prima di cominciare a espandersi nello spazio.

Si capisce che si stava tutti lì, – *fece il vecchio Qfwfq*, – e dove, altrimenti? Che ci potesse essere lo spazio, nessuno ancora lo sapeva. E il tempo, idem: cosa volete che ce ne facessimo, del tempo, stando lì pigiati come acciughe?

Ho detto «pigiati come acciughe» tanto per usare una immagine letteraria: in realtà non c'era spazio nemmeno per pigiarci. Ogni punto d'ognuno di noi coincideva con ogni punto di ognuno degli altri in un punto unico che era quello in cui stavamo tutti. Insomma, non ci davamo nemmeno fastidio, se non sotto l'aspetto del carattere, perché quando non c'è spazio, aver sempre tra i piedi un antipatico come il signor Pber^t Pber^d è la cosa più seccante.

Quanti eravamo? Eh, non ho mai potuto rendermene conto nemmeno approssimativamente. Per contarsi, ci si deve staccare almeno un pochino uno dall'altro, invece occupavamo tutti quello stesso punto. Al contrario di quel che può sembrare, non era una situazione che favorisse la socievolezza; so che per esempio in altre epoche tra vicini ci si frequenta; lì invece, per il fatto che vicini si era tutti, non ci si diceva neppure buongiorno o buonasera.

Ognuno finiva per aver rapporti solo con un ristretto numero di conoscenti. Quelli che ricordo io sono soprattutto la signora Ph(i)Nk$_o$, il suo amico De XuaeauX, una famiglia di immigrati, certi Z'zu, e il signor Pber^t Pber^d che ho già nominato. C'era anche una donna delle pulizie – «addetta alla manutenzione», veniva chiamata –, una sola per tutto l'universo, dato l'ambiente così piccolo. A dire il vero, non aveva niente da fare tutto il giorno, nemmeno spolverare – dentro un punto non può entrarci neanche un granello di polvere –, e si sfogava in continui pettegolezzi e piagnistei.

Già con questi che vi ho detto si sarebbe stati in soprannumero; aggiungi poi la roba che dovevamo tenere lì ammucchiata: tutto il materiale che sarebbe poi servito a formare l'universo, smontato e concentrato in maniera che non riuscivi a riconoscere quel che in seguito sarebbe andato a far parte dell'astronomia (come la nebulosa d'Andromeda) da quel che era destinato alla geografia (per esempio i Vosgi) o alla chimica (come certi isotopi del berillio). In più si urtava sempre nelle masserizie della famiglia Z'zu, brande, materassi, ceste; questi Z'zu, se non si stava attenti, con la scusa che erano una famiglia numerosa, facevano come se al mondo ci fossero solo loro: pretendevano perfino di appendere delle corde attraverso il punto per stendere la biancheria.

Anche gli altri però avevano i loro torti verso gli Z'zu, a cominciare da quella definizione di «immigrati», basata sulla pretesa che, mentre gli altri erano lì da prima, loro fossero venuti dopo. Che questo fosse un pregiudizio senza fondamento, mi par chiaro, dato che non esisteva né un prima né un dopo né un altrove da cui immigrare, ma c'era chi sosteneva che il concetto di «immigrato» poteva esser inteso allo stato puro, cioè indipendentemente dallo spazio e dal tempo.

Era una mentalità, diciamolo, ristretta, quella che avevamo allora, meschina. Colpa dell'ambiente in cui ci eravamo formati. Una mentalità che è rimasta in fondo a tutti noi, badate: continua a saltar fuori ancor oggi, se per caso due di noi s'incontrano – alla fermata d'un autobus, in un cinema, in un congresso internazionale di dentisti –, e si mettono a ricordare di allora. Ci salutiamo – alle volte è qualcuno che riconosce me, alle volte sono io a riconoscere qualcuno –, e subito prendiamo a domandarci dell'uno e dell'altro (anche se ognuno ricorda solo qualcuno di quelli ricordati dagli altri), e così si riattacca con le beghe di un tempo, le malignità, le denigrazioni. Finché non si nomina la signora $Ph(i)Nk_o$ – tutti i discorsi vanno sempre a finir lì –, e allora di colpo le meschinità vengono lasciate da parte, e ci si sente sollevati come in una commozione beata e generosa. La signora $Ph(i)Nk_o$, la sola che nessuno di noi ha dimenticato e che tutti rimpiangiamo. Dove è finita? Da tempo ho smesso di cercarla: la signora $Ph(i)Nk_o$, il suo seno, i suoi fianchi, la sua vestaglia arancione, non la incontreremo più, né in questo sistema di galassie né in un altro.

Sia ben chiaro, a me la teoria che l'universo, dopo aver raggiunto un estremo di rarefazione, tornerà a condensarsi, e che quindi ci toccherà di ritrovarci in quel punto per poi ricominciare, non mi ha mai persuaso. Eppure tanti di noi fan conto che su quello, continuano a far progetti per quando si sarà di nuovo tutti lì. Il mese scorso, entro al caffè qui all'angolo e chi vedo? Il signor $Pber^t Pber^d$. – Che fa di bello? Come mai da queste parti? – Apprendo che ha una rappresentanza di materie plastiche, a Pavia. È rimasto tal quale, col suo dente d'argento, e le bretelle a fiori. Quando si tornerà là, – mi dice, sottovoce, – la cosa cui bisogna stare attenti è che stavolta certa gente rimanga fuori... Ci siamo capiti: quegli Z'zu...

Avrei voluto rispondergli che questo discorso l'ho sentito già fare a più d'uno di noi, che aggiungeva: «ci siamo capiti... il signor $Pber^t Pber^d$...»

Per non lasciarmi portare su questa china, m'affretto a dire: – E la signora $Ph(i)Nk_o$, crede che la ritroveremo?

– Ah, sì... Lei sì – fece lui, imporporandosi.

Per tutti noi la speranza di ritornare nel punto è soprattutto quella di trovarci ancora insieme alla signora $Ph(i)Nk_o$. (È così anche per me che non ci credo). E in quel caffè, come succede sempre, ci mettemmo a rievocare lei, commossi, e anche l'antipatia del signor $Pber^t Pber^d$ sbiadiva, davanti a quel ricordo.

Il gran segreto della signora $Ph(i)Nk_o$ è che non ha mai provocato gelosie tra noi. E neppure pettegolezzi. Che andasse a letto col suo amico, il signor De XuaeauX, era noto. Ma in un punto, se c'è un letto, occupa tutto il punto, quindi non si tratta di *andare* a letto ma di *esserci*, perché chiunque è nel punto è anche nel letto. Di conseguenza, era inevitabile che lei fosse a letto anche con ognuno di noi. Fosse stata un'altra persona, chissà quante cose le si sarebbero dette dietro. La donna delle pulizie era sempre lei a dare la stura alle maldicenze, e gli altri non si facevano pregare a imitarla. Degli Z'zu, tanto per cambiare, le cose orribili che ci toccava sentire: padre figlie fratelli sorelle madre zie, non ci si fermava davanti a nessuna losca insinuazione. Con lei invece era diverso: la felicità che mi veniva da lei era insieme quella di celarmi io puntiforme in lei, e quella di proteggere lei puntiforme in me, era contemplazione viziosa (data la promiscuità del convergere puntiforme di tutti in lei) e insieme casta (data l'impenetrabilità puntiforme di lei). Insomma, cosa potevo chiedere di più?

E tutto questo, così come era vero per me, valeva pure per ciascuno degli altri. E per lei: conteneva ed era contenuta con pari gioia, e ci accoglieva e amava e abitava tutti ugualmente.

Si stava così bene tutti insieme, così bene, che qualcosa di straordinario doveva pur accadere. Bastò che a un certo momento lei dicesse: – Ragazzi, avessi un po' di spazio, come mi piacerebbe farvi le tagliatelle! – E in quel momento tutti pensammo allo spazio che avrebbero occupato le tonde braccia di lei muovendosi avanti e indietro con il mattarello sulla sfoglia di pasta, il petto di lei calando sul gran mucchio di farina e uova che ingombrava il largo tagliere mentre

85 le sue braccia impastavano impastavano, bianche e unte d'olio fin sopra al gomito; pensammo allo spazio che avrebbero occupato la farina, e il grano per fare la farina, e i campi per coltivare il grano, e le montagne da cui scendeva l'acqua per irrigare i campi, e i pascoli per le mandrie di vitelli che avrebbero dato la carne per il sugo; allo spazio che ci sarebbe voluto perché il Sole arrivasse con i suoi raggi a maturare il grano; allo spazio perché dalle nubi di gas stellari il Sole si
90 condensasse e bruciasse; alle quantità di stelle e galassie e ammassi galattici in fuga nello spazio che ci sarebbero volute per tener sospesa ogni galassia ogni nebula ogni sole ogni pianeta, e nello stesso tempo del pensarlo questo spazio inarrestabilmente si formava, nello stesso tempo in cui la signora $Ph(i)Nk_o$ pronunciava quelle parole: – ...le tagliatelle, ve', ragazzi! – il punto che conteneva lei e noi tutti s'espandeva in una raggera di distanze d'anni-luce e secoli-luce e mi-
95 liardi di millenni-luce, e noi sbattuti ai quattro angoli dell'universo (il signor $Pber^t\ Pber^d$ fino a Pavia), e lei dissolta in non so quale specie d'energia luce calore, lei signora $Ph(i)Nk_o$, quella che in mezzo al chiuso nostro mondo meschino era stata capace d'uno slancio generoso, il primo, «Ragazzi, che tagliatelle vi farei mangiare!», un vero slancio d'amore generale, dando inizio nello stesso momento al concetto di spazio, e allo spazio propriamente detto, e al tempo, e alla
100 gravitazione universale, e all'universo gravitante, rendendo possibili miliardi di miliardi di soli, e di pianeti, e di campi di grano, e di signore $Ph(i)Nk_o$ sparse per i continenti dei pianeti che impastano con le braccia unte e generose infarinate, e lei da quel momento perduta, e noi a rimpiangerla.

T4 DALLA COMPRENSIONE ALL'INTERPRETAZIONE

COMPRENSIONE

Un racconto paradossale Prendendo spunto dalla **teoria scientifica di Hubble** richiamata dal corsivo che apre il brano, Calvino, per bocca del **«vecchio Qfwfq»**, ci racconta nel modo più normale del mondo una serie incredibile di paradossi. **Il primo paradosso** consiste nella raffigurazione di una **vita sociale quasi normale all'interno di un unico punto** praticamente senza dimensioni; il **secondo paradosso** consiste nel riprodursi, all'interno di questo spazio così esiguo, di tutte le **dinamiche sociali** che caratterizzano la nostra storia (perfino la diffidenza verso i presunti immigrati); il **terzo paradosso** consiste nel modo in cui si aprirebbe all'improvviso, solo perché pensata da tutti sulla **suggestione delle tagliatelle**, la sconfinata e complessa realtà universale.

ANALISI

Uno stile semplice e il paradosso della normalità Come in altre sue opere, Calvino utilizza in questo racconto **uno stile lineare e scorrevole**, in qualche modo semplice. Non sceglie cioè una sintassi ardua o complessa, come altri scrittori centrali del Novecento, ma punta sulla **trasparenza espressiva**, privilegiando ad esempio le **strutture coordinative** su quelle subordinative, limitando la ricercatezza del lessico, introducendo **modi vicini al parlato**. Stile semplice non vuol dire stile trasandato. Tutt'altro. C'è nella scrittura di Calvino una raffinata capacità evocativa, una suggestiva forza della comunicazione, una immediatezza coinvolgente del discorso. Ciò avviene anche perché l'immediatezza espressiva è posta al servizio di una **rappresentazione del tutto paradossale**, costituendo così un **contrasto tra forme del contenuto e forme dell'espressione**.

INTERPRETAZIONE

Scienza e letteratura Come nelle altre «cosmicomiche», Calvino prende spunto dalle più moderne teorie scientifiche per sviluppare trame narrative del tutto inconsuete, sempre **al confine tra l'assurdo e il gusto del paradosso**. Qui la teoria di riferimento, rapidamente evocata nel corsivo iniziale, è quella dell'**universo in espansione**, con il **Big Bang** dal quale avrebbe preso origine l'universo: da una concentrazione altissima di materia all'interno di uno spazio così ristretto da non poter essere neppure considerato tale si sarebbe sviluppata una sorta di esplosione, con progressivo espandersi della materia in tutte le direzioni. Nel corso del racconto si fa d'altra parte riferimento anche a una teoria che integra la precedente, ritenendo **l'espansione progressiva della materia nello spazio destinata a rallentare e poi ad arrestarsi**, con un successivo avvio del moto inverso, centripeto anziché centrifugo. In questo modo la materia convergerebbe progressivamente di nuovo verso un unico punto, ricreando lo stato iniziale; dal quale poi ripartire con un nuovo ciclo (teoria dell'universo pulsante). **L'incontro fra scienza e letteratura** che questi riferimento postulano è una delle caratteristiche originali della scrittura di Calvino, il quale ha sempre rivendicato per gli scrittori moderni la necessità di confrontarsi con gli altri campi del pensiero e della ricerca.

L'ironia e la critica del senso comune Il paradosso sul quale è costruito il racconto fa sì che la vita si svolga in modo sostanzialmente normale in condizioni che invece la renderebbero del tutto impossibile; ed è accresciuto dal continuo riferirsi alle difficoltà imposte dalla speciale situazione di vivere tutti costretti in un unico punto senza dimensioni e senza tempo, come se ciò costituisse solo una condizione particolare della vita e non una condizione tale da impedirla nel modo più completo. Di qui deriva **la costante ironia nella raffigurazione delle dinamiche interpersonali**, fino al paradosso, per esempio, di qualcuno che vuol tendere un filo per il bucato all'interno di un punto senza dimensioni (righi 28-29). Questa ironia è lo strumento del quale l'autore si serve per mettere in stato di accusa il senso comune, per **mostrare cioè l'assurdità di certi comportamenti** e soprattutto di certi pregiudizi (come quello verso gli immigrati, che con ogni evidenza non possono essere tali).

T4 LAVORIAMO SUL TESTO

COMPRENDERE

1. Qual è il motivo per cui la signora Ph(i)Nk$_o$ è apprezzata e rimpianta da tutti?

ANALIZZARE

2. **TRATTAZIONE SINTETICA** Analizza in un testo breve (max 10 righe) qualcuno dei paradossi determinati dal vivere in un universo superconcentrato, puntiforme.

INTERPRETARE

3. **LINGUA E LESSICO** La sintassi di Calvino è semplice e lineare o difficile e complessa? Motiva la tua risposta con esempi tratti dal testo.

4. Come interpreti le parole di Qfwfq a proposito del concetto di immigrato, quando afferma che esso «poteva esser inteso allo stato puro, cioè indipendentemente dallo spazio e dal tempo»?

T5 Le città e i segni. 5. Olivia

OPERA
Le città invisibili

CONCETTI CHIAVE
- la città della menzogna
- «un misero buco nero di mosche»: il lato oscuro della storia

FONTE
I. Calvino, *Le città invisibili*, Mondadori, Milano 1995.

La quinta ed ultima tappa del percorso dei segni è Olivia, la città delle ipotesi e delle menzogne. «Non si deve mai confondere la città col discorso che la descrive» dice Marco Polo al Gran Kan, sapendo di mentire. Nella cornice del terzo capitolo, infatti, l'imperatore aveva provato a descrivere città immaginarie come se esistessero e aveva convenuto, con Marco Polo, che ciò è possibile a patto che il discorso su esse risulti coerente. Nel passo che segue Marco Polo giunge alla conclusione che su Olivia si possono solo fare ipotesi, perché la menzogna «non è nel discorso, è nelle cose».

Nessuno sa meglio di te, saggio Kublai, che non si deve mai confondere la città col discorso che la descrive. Eppure tra l'uno e l'altro c'è un rapporto. Se ti descrivo Olivia, città ricca di prodotti e guadagni, per significare[1] la sua prosperità non ho altro mezzo che parlare di palazzi di filigrana[2] con cuscini frangiati[3] ai davanzali delle bifore; oltre la grata d'un patio[4] una girandola di 5   zampilli innaffia un prato dove un pavone bianco fa la ruota.[5] Ma da questo discorso tu subito comprendi come Olivia è avvolta in una nuvola di fuliggine e d'unto che s'attacca alle pareti

---

- 1 **per significare**: per esprimere.
- 2 **palazzi di filigrana**: palazzi eleganti, finemente decorati con arabeschi e merlettature.
- 3 **frangiati**: con frange.
- 4 **patio**: cortile in stile spagnolo, delimitato da portici.
- 5 **una girandola...ruota**: *una girandola di zampilli innaffia un prato su cui un pavone bianco gonfia la ruota*. L'immagine è fortemente simbolica: pochi elementi e una descrizione non naturalistica del prato evocano la scissione tra interno ed esterno.

delle case; che nella ressa[6] delle vie i rimorchi in manovra schiacciano i pedoni contro i muri. Se devo dirti dell'operosità degli abitanti, parlo delle botteghe dei sellai odorose di cuoio, delle donne che cicalano[7] intrecciando tappeti di rafia,[8] dei canali pensili le cui cascate muovono le pale dei mulini: ma l'immagine che queste parole evocano nella tua coscienza illuminata è il gesto che accompagna il mandrino contro i denti della fresa[9] ripetuto da migliaia di mani per migliaia di volte al tempo fissato per i turni di squadra. Se devo spiegarti come lo spirito di Olivia tenda a una via libera e a una civiltà sopraffina, ti parlerò di dame che navigano cantando la notte su canoe illuminate tra le rive d'un verde estuario; ma è soltanto per ricordarti che nei sobborghi dove sbarcano ogni sera uomini e donne come file di sonnambuli, c'è sempre chi nel buio scoppia a ridere, dà la stura[10] agli scherzi ed ai sarcasmi.

Questo forse non sai: che per dire d'Olivia non potrei tenere altro discorso. Se ci fosse un'Olivia davvero di bifore e pavoni, di sellai e tessitori di tappeti e canoe e estuari, sarebbe un misero buco nero di mosche, e per descriverlo dovrei fare ricorso alle metafore della fuliggine, dello stridere di ruote, dei gesti ripetuti, dei sarcasmi. La menzogna non è nel discorso, è nelle cose.

- **6** **ressa**: calca.
- **7** **cicalano**: chiacchierano.
- **8** **rafia**: fibra tessile ricavata dalla pianta omonima, di origine africana.
- **9** **mandrino…fresa**: albero principale della macchina utensile che trasmette il moto rotatorio alla fresatrice, sulla quale è adagiata la **fresa**, un utensile rotante dotato di lame taglienti.
- **10** **la stura**: il via.

T5 DALLA COMPRENSIONE ALL'INTERPRETAZIONE

COMPRENSIONE E ANALISI

Olivia e i segni Con Olivia si conclude il percorso dei segni, ma è una **conclusione paradossale**. Al termine dell'itinerario si scopre infatti che **non c'è una meta d'arrivo**. Il rapporto che intercorre tra le città e i segni non è spiegato entro il percorso: il senso è suggerito in modo problematico a ogni livello del romanzo, in un discorso che si intreccia senza soluzione di continuità con quello degli altri percorsi.

Olivia come figura di pensiero La città si presenta come **figura di pensiero** più che come figura della realtà. Anche se si dovrebbe distinguere la città dal discorso che la descrive, è difficile riuscire a cogliere l'oggettività di Olivia. **Olivia è l'immagine dell'impossibile totalità del "discorso"**, della sua mancata corrispondenza con le cose. Essa **rappresenta la parzialità di ogni enunciato** di significazione. Il senso, che si esprime nel segno, tende sempre ad altro da sé. Ogni discorso, in quanto somma di segni, promuove altri discorsi, genera processi di significazione e comunicazione in cui le cose sono sempre più nascoste e lontane. Da questo punto di vista il cerchio si chiude: Olivia è come Tamara, la prima città del percorso.

Olivia, città della doppiezza In Olivia **ogni cosa richiama il suo contrario**. Se il narratore ne descrive la ricchezza, riferendosi ai sontuosi palazzi e agli eleganti giardini, l'ascoltatore coglierà il lato omesso della descrizione: immaginerà lo sporco e il chiasso delle zone commerciali. Se il narratore ne menziona la civiltà raffinata o l'operosità dei cittadini, l'altro penserà alla lascivia dei bassifondi e alle macchine industriali che scandiscono ritmi ripetitivi. Tale **duplicità** deriva dalla **natura dialettica dell'argomentazione**. Il "discorso", infatti, è intimamente autocontraddittorio, essendo da una parte dominato dalla tensione verso le cose e dall'altra dalla dialettica che muove e alimenta il pensiero in se stesso.

INTERPRETAZIONE

Il messaggio politico È possibile riconoscere un messaggio politico che spinge a **demistificare ogni rappresentazione idillica della bellezza e della ricchezza**, per coglierne il lato nascosto dalla storia, oscuro e degradato. Emblematico in questo senso è il periodo conclusivo del brano, in cui Marco Polo afferma che se ci fosse davvero una Olivia fatta di «bifore e pavoni, di sellai e tessitori di tappeti e canoe e estuari», una Olivia fatta insomma dei simboli di un passato fiabesco, essa sarebbe oggi solo un «misero buco nero di mosche», un luogo che non è più possibile in alcun modo idealizzare. La **polemica sulla realtà metropolitana industriale**, pur lasciata sullo sfondo, è costante nel romanzo.

A proposito delle metafore e dei parallelismi che richiamano la modernità industriale, si è parlato per Calvino addirittura di nichilismo.

La denuncia dell'inferno della storia e il nichilismo filosofico Il **nichilismo** si rivela nella riflessione sul linguaggio e sui processi della significazione. In effetti, **la separazione tra il "discorso" e le cose** esclude la possibilità di una fondazione ontologica o storica del segno. Per Calvino, il segno poggia le sue radici sul nulla. Anche sul piano politico è visibile **un pessimismo cupo**: la proiezione utopica verso una città ideale è costantemente contraddetta dalla percezione dell'**impossibilità dell'utopia**. La critica resta per Calvino necessaria; ma, dopo **il tramonto della stagione dell'impegno politico**, si è indebolita la convinzione che essa possa fare presa sulla realtà. Tuttavia *Le città invisibili* si conclude affermando la necessità di individuare e di difendere «chi e che cosa, in mezzo all'inferno, non è inferno». Ma la speranza di mantenere alta la dimensione morale contro il degrado del presente entra indubbiamente in contraddizione con il dominante nichilismo filosofico.

L'attualizzazione e la valorizzazione L'ultima tappa della narrazione di Marco Polo è senz'altro una delle più inquietanti e attuali. Viene infatti, come in molti altri momenti del libro, messa in risalto **la non coincidenza tra parole e cose**, tema caro alla tradizione del moderno e avvertito con particolare forza proprio nella civiltà delle immagini, degli spot e della spettacolarizzazione di tutto. Ma Calvino non si limita a denunciare il fatto che **le parole contengono una menzogna**, non potendo comunque coincidere con le cose che descrivono. È invece **la stessa realtà umana a risultare contraddittoria e bifronte**: e dove c'è splendore e ricchezza, lì c'è anche squallore e miseria; e le due facce sono così intrecciate che l'interprete avvertito non ha neppure bisogno di ascoltare la descrizione dell'orrore, perché egli sa benissimo che essa si ricava già da quella dello splendore, nella quale è insita indissolubilmente. Al di là di una fruizione troppo giocosamente semiotica cui viene solitamente sottoposta, appartiene all'opera di Calvino anche una dura lezione circa questo **nesso di splendore e orrore**, in nome del quale la menzogna, come conclude il brano, non è nel discorso (o non è solo nel discorso) ma è nelle cose. Non sono soltanto le parole che parlano del mondo a contenere un inganno; ma **è il mondo stesso a presentarsi ai nostri occhi con volto ingannevole**. Come non riferire questo duro nucleo di riflessione al rapporto esistente, nel nostro mondo, tra la ricchezza luccicante delle vetrine europee e la condizione miserevole di due terzi dell'umanità nei grandi continenti della fame?

T6 LAVORIAMO SUL TESTO

ANALIZZARE

1. Perché su Olivia è possibile solo fare ipotesi?
2. **LINGUA E LESSICO** Quali elementi risaltano nella descrizione della città? Sottolinea nel testo gli aggettivi che qualificano Olivia e ne rivelano la duplicità.
3. Quali elementi risaltano nella descrizione della città? Qual è la loro funzione?

INTERPRETARE

4. Olivia è un luogo dove sarebbe possibile vivere?

LE MIE COMPETENZE: COLLABORARE, PROGETTARE
Collaborando con un gruppo di compagni, progetta di realizzare una mostra dal titolo *Le città invisibili* che prenda spunto dal libro di Calvino. Come immagini che possa essere organizzata una mostra su questo tema? Fai un progetto e produci del materiale pubblicitario.

S3 MATERIALI E DOCUMENTI

La conclusione delle *Città invisibili*

I due testi che presentiamo costituiscono l'*explicit* delle *Città invisibili*. Il primo brano contiene la descrizione di *Berenice*, la quinta città del percorso tematico "Le città nascoste", e anche l'ultima del libro; il secondo ospita l'ultima cornice in corsivo, il colloquio finale tra Marco Polo e il Gran Kan.
In *Berenice* città giuste e ingiuste si incastrano una nell'altra in un vertiginoso gioco di scatole cinesi; la giustizia germoglia all'interno della ingiustizia, ma portando in sé il seme di altre ingiustizie; il futuro, che sembra aprire prospettive di cambiamento e di speranza, si volge verso il passato. E questo succedersi di giusto e ingiusto non si dispone lungo una consolante sequenza temporale di prima e poi, oggi e domani, ma si aggroviglia nella terribile condanna della simultaneità, della compresenza "indistricabile". Acquistano significato, proprio alla luce di *Berenice*, le parole di Marco Polo sull'«inferno dei viventi» che chiudono il libro. Anche se è possibile costruire la città

perfetta («Forse – dice Polo al Kan – mentre noi parliamo sta affiorando sparsa entro i confini del tuo impero»), tuttavia è la città infernale che oggi «ci risucchia». È facile arrendersi all'inferno, ma malgrado tutte le disillusioni e la lucida consapevolezza che il labirinto ha trionfato, non è questa la via che Polo-Calvino indica. Il suo ultimo lascito all'interlocutore di carta, il Kan, e ai molti interlocutori reali che sono i lettori è ancora una volta una ardua sfida: «cercare e saper riconoscere chi e cosa, in mezzo all'inferno, non è inferno, e farlo durare, e dargli spazio».

[1] Le città nascoste. 5. Berenice

▶▶ Anziché dirti di Berenice, città ingiusta, che incorona con triglifi abachi metope[1] gli ingranaggi dei suoi macchinari tritacarne (gli addetti al servizio di lucidatura quando alzano il mento sopra le balaustre e contemplano gli atri, le scalee, i pronai[2] si sentono ancora più prigionieri e bassi di statura), dovrei parlarti della Berenice nascosta, la città dei giusti, armeggianti con materiali di fortuna nell'ombra di retrobotteghe e sottoscale, allacciando una rete di fili e tubi e carrucole e stantuffi e contrappesi che s'infiltra come una pianta rampicante tra le grandi ruote dentate (quando queste s'incepperanno, un ticchettio sommesso avvertirà che un nuovo esatto meccanismo governa la città); anziché rappresentarti le vasche profumate delle terme sdraiati sul cui bordo gli ingiusti di Berenice intessono con rotonda eloquenza i loro intrighi e osservano con occhio proprietario le rotonde carni delle odalische[3] che si bagnano, dovrei dirti di come i giusti, sempre guardinghi per sottrarsi alle spiate dei sicofanti[4] e alle retate dei giannizzeri,[5] si riconoscano dal

---

1 triglifi abachi metope: sono elementi ornamentali del fregio di un tempio; i triglifi sono costituiti da riquadri di terracotta o di pietra con due scanalature verticali che si alternano a intervalli regolari con le metope, lastre di terracotta, di pietra o marmo, dipinte o scolpite; l'abaco è l'elemento di raccordo fra il capitello di una colonna e l'architrave sovrastante.
2 pronai: il pronao in un tempio antico è lo spazio compreso tra la cella e il colonnato antistante.
3 osservano...odalische: *osservano con l'occhio di un padrone che considera una sua proprietà i corpi splendidi e flessuosi delle odalische*. Le odalische sono schiave, concubine di sultani, pascià e alti funzionari dell'impero turco.
4 sicofanti: *delatori, spie*. È una parola greca.
5 giannizzeri: i giannizzeri propriamente sono i soldati di un corpo speciale di fanteria dell'impero ottomano.

Max Ernst, *La città intera*, 1935-36. Zurigo, Kunsthaus.

modo di parlare, specialmente dalla pronuncia delle virgole e delle parentesi;[6] dai costumi che serbano austeri e innocenti eludendo gli stati d'animo complicati e ombrosi; dalla cucina sobria ma saporita, che rievoca un'antica età dell'oro: minestrone di riso e sedano, fave bollite, fiori di zucchino fritti.

Da questi dati è possibile dedurre un'immagine della Berenice futura, che ti avvicinerà alla conoscenza del vero più d'ogni notizia sulla città quale oggi si mostra. Sempre che tu tenga conto di ciò che sto per dirti: nel seme della città dei giusti sta nascosta a sua volta una semenza maligna; la certezza e l'orgoglio d'essere nel giusto – e d'esserlo più di tanti altri che si dicono giusti più del giusto – fermentano in rancori rivalità ripicchi,[7] e il naturale desiderio di rivalsa sugli ingiusti si tinge della smania d'essere al loro posto a far lo stesso di loro. Un'altra città ingiusta, pur sempre diversa dalla prima, sta dunque scavando il suo spazio dentro il doppio involucro delle Berenici ingiusta e giusta.

Detto questo, se non voglio che il tuo sguardo colga un'immagine deformata, devo attrarre la tua attenzione su una qualità intrinseca di questa città ingiusta che germoglia in segreto nella segreta città giusta: ed è il possibile risveglio – come un concitato[8] aprirsi di finestre – d'un latente amore per il giusto, non ancora sottoposto a regole, capace di ricomporre una città più giusta ancora di quanto non fosse prima di diventare recipiente dell'ingiustizia. Ma se si scruta ancora nell'interno di questo nuovo germe del giusto vi si scopre una macchiolina che si dilata come la crescente inclinazione a imporre ciò che è giusto attraverso ciò che è ingiusto, e forse è il germe d'un'immensa metropoli...

Dal mio discorso avrai tratto la conclusione che la vera Berenice è una successione nel tempo di città diverse, alternativamente giuste e ingiuste. Ma la cosa di cui volevo avvertirti è un'altra: che tutte le Berenici future sono già presenti in questo istante, avvolte l'una dentro l'altra, strette pigiate indistricabili.

[2]

▶▶ *L'atlante del Gran Kan contiene anche le carte delle terre promesse visitate nel pensiero ma non ancora scoperte o fondate: la Nuova Atlantide, Utopia, la Città del Sole, Oceana, Tamoé, Armonia, New-Lanark, Icaria.*[9]

Chiese a Marco Kublai: – Tu che esplori intorno e vedi i segni, saprai dirmi verso quale di questi futuri ci spingono i venti propizi.

– Per questi porti non saprei tracciare la rotta sulla carta né fissare la data dell'approdo. Alle volte mi basta uno scorcio che s'apre nel bel mezzo d'un paesaggio incongruo, un affiorare di luci nella nebbia, il dialogo di due passanti che s'incontrano nel viavai, per pensare che partendo di lì metterò assieme pezzo a pezzo la città perfetta, fatta di frammenti mescolati col resto, d'istanti separati da intervalli, di segnali che uno manda e non sa chi li raccoglie. Se ti dico che la città cui tende il mio viaggio è discontinua nello spazio e nel tempo, ora più rada ora più densa, tu non devi credere che si possa smettere di cercarla. Forse mentre noi parliamo sta affiorando sparsa entro i confini del tuo impero; puoi rintracciarla, ma a quel modo che t'ho detto.

Già il Gran Kan stava sfogliando nel suo atlante le carte delle città che minacciano negli incubi e nelle maledizioni: Enoch, Babilonia, Yahoo, Butua, Brave New World.

Dice: – Tutto è inutile se l'ultimo approdo non può essere che la città infernale, ed è là in fondo che, in una spirale sempre più stretta, ci risucchia la corrente.

E Polo: – L'inferno dei viventi non è qualcosa che sarà; se ce n'è uno, è quello che è già qui, l'inferno che abitiamo tutti i giorni, che formiamo stando insieme. Due modi ci sono per non soffrirne. Il primo riesce facile a molti: accettare l'inferno e diventarne parte fino al punto di non vederlo più. Il secondo è rischioso ed esige attenzione e apprendimento continui: cercare e saper riconoscere chi e cosa, in mezzo all'inferno, non è inferno, e farlo durare, e dargli spazio.

I. Calvino, *Le città invisibili*, Einaudi, Torino 1972.

---

6 specialmente dalla pronuncia delle virgole e delle parentesi: ovviamente non è possibile percepire la pronuncia di una virgola o di una parentesi; Calvino intende dire che i giusti si riconoscono nel loro modo di parlare – che poi è il loro modo di pensare – da dettagli anche minimi, come una virgola o una parentesi appunto, ma che però possiedono una grande capacità razionalizzatrice, sono cioè in grado di dare maggiore ordine e chiarezza a un discorso.
7 ripicchi: *ripicche*.
8 concitato: *affrettato, incalzante*.
9 Nuova…Icaria: Nel testo vengono citate tredici città: le prime otto (Nuova Atlantide, Utopia, la Città del Sole, Oceana, Tamoé, Armonia, New-Lanark, Icaria) sono «terre promesse», le altre cinque (Enoch, Babilonia, Yahoo, Butua, Brave New World) «minacciano negli incubi e nelle maledizioni». Alcune di queste tredici città sono fantastiche, altre reali. **Nuova Atlantide** è stata immaginata da Francesco Bacone (*New Atlantis*, scritto nel 1624 e pubblicato postumo nel 1627), **Utopia** da Tommaso Moro (*Utopia*, 1516), **la Città del Sole** da Tommaso Campanella (*La città del Sole*, 1602), **Oceana** da James Harrington (*The Commonwealth of Oceana*, 1656), **Tamoé** dal marchese de Sade (*Aline et Valcour, ou le Roman philosophique*, 1793), **Icaria** da Étienne Cabet (1788-1856) in *Voyage en Icarie* (1840) romanzo ispirato a *Utopia* di Tommaso Moro. **New Lanark** fu fondata in Scozia nel 1786 da David Dale e, a partire dal 1800, la sua gestione fu affidata a un consorzio in cui la figura di maggior spicco era Robert Owen, genero di Dale, filantropo e seguace del socialismo utopistico. **Enoch** è un personaggio del Vecchio Testamento (Genesi, 5, 21-23), padre di Matusalemme e nonno di Noè. Di lui il Libro della Genesi dice che «visse in tutto 365 anni, e camminò con Dio, poi non fu più veduto, perché Iddio se lo prese». A **Babilonia** o Babele, secondo il racconto biblico (Genesi, 11), la costruzione di una torre smisurata sarebbe stata all'origine dell'ira di Dio e della punizione con cui colpì gli uomini: la confusione delle lingue. Gli **Yahoo** sono gli abitanti di un'isola immaginata da Jonathan Swift nei *Viaggi di Gulliver*; simili agli uomini, ma stupidi e bestiali, erano soggetti alle creature dominanti dell'isola, i cavalli, chiamati Houyhnhnms. **Butua** o Butwa è il nome di uno stato africano precoloniale famoso per la sua ricchezza e il suo oro. **Brave New World** è il titolo (*Il mondo nuovo* in italiano) di un celebre romanzo distopico di A. Huxley.

T6 Posizione di lettura

TESTO EPOCA

OPERA
Se una notte d'inverno un viaggiatore, cap. I

CONCETTI CHIAVE
- comunicazione diretta fra scrittore e lettore
- riflessione sui meccanismi della narrazione (metanarrativa)

FONTE
I. Calvino, *Se una notte d'inverno un viaggiatore*, Einaudi, Torino 1979.

 Ascolto
 Alta leggibilità

Riportiamo qui la prima pagina del romanzo, dove lo scrittore si rivolge direttamente al lettore, fornendogli consigli per una buona e comoda lettura.

Stai per cominciare a leggere il nuovo romanzo *Se una notte d'inverno un viaggiatore* di Italo Calvino. Rilassati. Raccogliti. Allontana da te ogni altro pensiero. Lascia che il mondo che ti circonda sfumi nell'indistinto. La porta è meglio chiuderla: di là c'è sempre la televisione accesa. Dillo subito, agli altri: «No, non voglio vedere la televisione!». Alza la voce, se no non ti sentono; «Sto leggendo! Non voglio essere disturbato!». Forse non ti hanno sentito, con tutto quel chiasso; dillo più forte, grida: «Sto cominciando a leggere il nuovo romanzo di Italo Calvino!». O se non vuoi non dirlo; speriamo che ti lascino in pace.

Prendi la posizione più comoda: seduto, sdraiato, raggomitolato, coricato. Coricato sulla schiena, su un fianco, sulla pancia. In poltrona, sul divano, sulla sedia a dondolo, sulla sedia a sdraio, sul pouf. Sull'amaca, se hai un'amaca. Sul letto, naturalmente, o dentro il letto. Puoi anche metterti a testa in giù, in posizione yoga. Col libro capovolto, si capisce.

Certo, la posizione ideale per leggere non si riesce a trovarla. Una volta si leggeva in piedi, di fronte a un leggio. Si era abituati a stare fermi in piedi. Ci si riposava così quando si era stanchi d'andare a cavallo. A cavallo nessuno ha mai pensato di leggere; eppure ora l'idea di leggere stando in arcioni, il libro posato sulla criniera del cavallo, magari appeso alle orecchie del cavallo con un finimento speciale, ti sembra attraente. Coi piedi nelle staffe si dovrebbe stare molto comodi per leggere; tenere i piedi sollevati è la prima condizione per godere della lettura.

Bene, cosa aspetti? Distendi le gambe, allunga pure i piedi su un cuscino, su due cuscini, sui braccioli del divano, sugli orecchioni della poltrona, sul tavolino da tè, sulla scrivania, sul pianoforte, sul mappamondo. Toglititi le scarpe, prima. Se vuoi tenere i piedi sollevati; se no, rimettitele. Adesso non restare lì con le scarpe in una mano e il libro nell'altra.

Regola la luce in modo che non ti stanchi la vista. Fallo adesso, perché appena sarai sprofondato nella lettura non ci sarà più verso di smuoverti. Fa' in modo che la pagina non resti in ombra, un addensarsi di lettere nere su sfondo grigio, uniformi come un branco di topi; ma sta' attento che non le batta addosso una luce troppo forte e non si rifletta sul bianco crudele della carta rosicchiando le ombre dei caratteri come in un mezzogiorno del Sud. Cerca di prevedere ora tutto ciò che può evitarti d'interrompere la lettura. Le sigarette a portata di mano, se fumi, il portacenere. Che c'è ancora? Devi far pipì? Bene, saprai tu.

Non che t'aspetti qualcosa di particolare da questo libro in particolare. Sei uno che per principio non s'aspetta più niente da niente. Ci sono tanti, più giovani di te o meno giovani, che vivono in attesa di esperienze straordinarie; dai libri, dalle persone, dai viaggi, dagli avvenimenti, da quello che il domani tiene in serbo. Tu no. Tu sai che il meglio che ci si può aspettare è di evitare il peggio. Questa è la conclusione a cui sei arrivato, nella vita personale come nelle questioni generali e addirittura mondiali. E coi libri? Ecco, proprio perché lo hai escluso da ogni altro campo, credi che sia giusto concederti ancora questo piacere giovanile dell'aspettativa in un settore ben circoscritto come quello dei libri, dove può andarti male o andarti bene, ma il rischio della delusione non è grave.

Dal testo al contesto storico-culturale
Perché è un testo epoca?

Perché gioca con i meccanismi della narrazione

Siamo all'inizio del romanzo *Se una notte d'inverno un viaggiatore*. Questo *incipit* è di grande impatto: è una metanarrazione caratterizzata dalla rottura della finzione narrativa. Si tratta cioè di **una narrazione che parla di se stessa**, dei suoi meccanismi, del rapporto tra autore e lettore. Infatti **l'autore fa appello direttamente al lettore**, gli suggerisce dei consigli per scegliere, tra i tanti romanzi in libreria, proprio il suo, e poi gli detta con ironia delle norme per leggere il libro nel migliore dei modi. Pertanto questo *incipit* ha molti livelli di lettura, come è tipico del Postmoderno: costituisce l'inizio della cornice di un romanzo che racchiude tanti inizi di romanzo. *Se una notte d'inverno un viaggiatore* è infatti un libro postmoderno e combinatorio, costruito da **dieci romanzi avviati e non conclusi**, tenuti insieme da **una cornice** dedicata alla ricerca affannosa di **un Lettore e di una Lettrice** che desiderano conoscere le continuazioni dei loro romanzi interrotti da continui errori e disguidi tipografici (pagine mancanti, copie difettose, traversie editoriali). I due personaggi della cornice sono in tal modo costretti a correre da un romanzo all'altro, tra librai, case editrici, traduttori e scrittori, fino a imbattersi in complotti e società segrete. **I dieci** *incipit* di *Se una notte d'inverno un viaggiatore* **rifanno i generi più diversi del romanzesco**, disposti in una gamma eterogenea sia per collocazione storico-geografica (romanzo statunitense, russo, ispano-americano, giapponese) sia per genere (romanzo giallo, politico, d'avventura, di spionaggio). I loro titoli inoltre, grazie al solito gioco combinatorio, se letti in successione, formano a loro volta l'*incipit* di un altro romanzo possibile.

L'enfasi sulla finzione e la struttura combinatoria degli *incipit* interrotti rinviano all'epoca in cui il testo è concepito: **l'epoca postmoderna**. L'idea che la letteratura sia soprattutto un gioco di ricombinazione di materiali testuali precedenti, che parli dunque di altra letteratura e che ogni testo si riferisca ad altri, ripescati in una rete infinita e ricombinati in una nuova struttura (**intertestualità**) diviene infatti dominante negli ultimi decenni del Novecento.

Perché mette al centro il lettore

A differenza delle opere d'avanguardia e in linea con la tendenza postmoderna, già in questo brano iniziale **Calvino non provoca il lettore ma cerca in tutti i modi di ammaliarlo**, di avvolgerlo nelle spire del racconto, grazie a **uno stile agile e cristallino** e a una serie di sorprese narrative. Una di queste è la scelta di stravolgere la tradizionale allocuzione al lettore («tu, lettore») facendo di costui

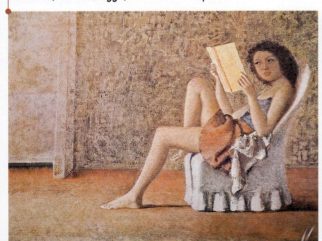

Balthus, *Katia che legge*, 1974. Collezione privata.

Giulio Paolini, *Studio per L'autore che credeva di esistere*, 2013.

un personaggio vero e proprio e anzi il protagonista del libro. Nel testo **Calvino elenca quattro "regole di lettura"**: 1) «Rilassati. Raccogliti»; 2) «Prendi la posizione più comoda»; 3) «Regola la luce in modo che non ti stanchi la vista»; 4) «Cerca di prevedere ora tutto ciò che può evitarti d'interrompere la lettura». Dopo queste prescrizioni, nell'ultima parte del brano l'autore fornisce un **breve ritratto psicologico del suo lettore**, disincantato e pessimista («Sei uno che per principio non s'aspetta più niente da niente»; «Tu sai che il meglio che ci si può aspettare è di evitare il peggio»), ma disposto a concedersi il «piacere giovanile dell'aspettativa in un settore ben circoscritto come quello dei libri». Si tratta di un lettore "ideale", smaliziato e mediamente colto, capace di **appassionarsi alla trama** ma al tempo stesso abile a **decodificare gli artifici** e i dispositivi della scrittura. **Chi legge si sente direttamente interpellato dallo scrittore**, addirittura spiato nel momento in cui prende il libro tra le mani. E finisce per guardarsi dall'esterno, verificando se le circostanze elencate dallo scrittore (la posizione, l'illuminazione, l'acustica) lo riguardano davvero. **Tale effetto è provocato dall'uso del "tu", dai verbi all'imperativo e dalla presenza di un ampio elenco di possibili condizioni di lettura**. Si spazia dalle più quotidiane e diffuse (la posizione in poltrona) alle più improbabili (a testa in giù, con il libro capovolto), in modo che proprio tutti possano sentirsi personalmente coinvolti. L'espediente di rivolgersi al lettore e di trasformarlo nel protagonista del testo rinvia al passaggio **dalla centralità del testo alla centralità del lettore** che si realizza nella teoria e critica letteraria a partire dagli anni Settanta.

Perché propone un'idea di letteratura in linea con la poetica del Postmoderno

Questo *incipit*, rompendo la finzione narrativa, esibisce **l'artificialità della costruzione romanzesca**: *Se una notte d'inverno un viaggiatore* si presenta subito come **un romanzo sull'impossibilità di scrivere romanzi nel mondo contemporaneo**. E difatti il libro è composto da una serie di romanzi interrotti, che non proseguono e non hanno conclusione. Tuttavia, nel momento stesso in cui ne dichiara l'impossibilità, **Calvino rilancia paradossalmente il genere**: dalla somma di tanti romanzi tradizionali incompiuti nasce un romanzo postmoderno che si chiude ironicamente nel modo più canonico, con il matrimonio del Lettore e della Lettrice.

Il testo che abbiamo letto, però, non lascia spazio a dubbi: per Calvino l'idea di una letteratura realista e impegnata appartiene ormai al passato, perché nel mondo contemporaneo la realtà è stata sostituita da un'infinità di discorsi (verbali e visivi) che costituiscono il vero ambiente di vita umano. Il romanzo viene messo a nudo, diventa un prodotto artificiale, tanto che risulta impossibile prestare fede al mondo che esso costruisce. L'immedesimazione nella storia è negata, dal momento che **il lettore diventa pienamente cosciente delle regole del gioco**. Viene così legittimata **una concezione della scrittura come gioco combinatorio e come citazione**, ovvero come ripresa, variata, di discorsi già fatti da altri, dei "classici". Da questo punto di vista, la poetica di Calvino ha molti punti di contatto con quella del Postmoderno che si sta affermando negli Stati Uniti.

LAVORIAMO SUL TESTO

COMPRENDERE

Consigli d'autore

1. Quali sono i consigli di lettura che Calvino dà al lettore?

ANALIZZARE

Parlare al lettore

2. L'inizio del romanzo è di forte impatto sul lettore, che si sente direttamente chiamato in causa, risucchiato dentro la pagina. In che modo lo scrittore riesce a creare questo effetto così coinvolgente? Sottolinea nel testo gli elementi responsabili di questo risultato.

INTERPRETARE

Un "metaromanzo"

3. A proposito di *Se una notte d'inverno un viaggiatore*, si può parlare di "metaromanzo": perché? Spiegalo alla luce della struttura del libro e del contenuto dell'*incipit* qui riportato.

LE MIE COMPETENZE: INDIVIDUARE COLLEGAMENTI

Non soltanto la letteratura, ma tutte le arti – in determinati momenti del loro percorso – tendono a riflettere su se stesse. Ti viene in mente qualche altro esempio di opera d'arte (letteraria o cinematografica) in cui l'atto del raccontare è più importante della storia stessa?

T7 La contemplazione delle stelle

OPERA
Palomar

CONCETTI CHIAVE
- il carattere precario e relativo della conoscenza
- l'ostilità verso Palomar ovvero verso l'intellettuale

FONTE
I. Calvino, *Palomar*, Einaudi, Torino 1983.

 Videolezione analisi del testo

La contemplazione delle stelle porta, nell'indice del volume, il segno distintivo l.3.3: significa che è inserito, in terza posizione, nel terzo capitolo (Palomar guarda il cielo) della prima parte (Le vacanze di Palomar). La cifra 3 – informa l'autore – lo fa rientrare nel momento della «meditazione» e infatti i racconti così marcati «rendono conto d'esperienze di tipo più speculativo, riguardanti il cosmo, il tempo, l'infinito, i rapporti fra l'io e il mondo, la dimensione della mente». In effetti qui Palomar, contemplando le stelle, cerca di mettere a fuoco i rapporti fra l'io e il mondo e di dare un ordine al cosmo e all'infinito; rischiando peraltro di passare per un «demente».

Quando c'è una bella notte stellata, il signor Palomar dice: – *Devo* andare a guardare le stelle –. Dice proprio: – *Devo*, – perché odia gli sprechi e pensa che non sia giusto sprecare tutta quella quantità di stelle che gli viene messa a disposizione. Dice «Devo» anche perché non ha molta pratica di come si guardano le stelle, e questo semplice atto gli costa sempre un certo sforzo.

La prima difficoltà è quella di trovare un posto dal quale il suo sguardo possa spaziare per tutta la cupola del cielo senza ostacoli e senza l'invadenza dell'illuminazione elettrica:[1] per esempio una spiaggia marina solitaria su una costa molto bassa.

Altra condizione necessaria è il portarsi dietro una mappa astronomica, senza la quale non saprebbe cosa sta guardando; ma da una volta all'altra egli dimentica come si fa a orientarla e deve prima rimettersi a studiarla per mezz'ora. Per decifrare la mappa al buio deve portarsi anche una lampadina tascabile. I frequenti confronti tra il cielo e la mappa lo obbligano ad accendere e spegnere la lampadina, e in questi passaggi dalla luce al buio egli resta quasi accecato e deve riaggiustare la sua vista ogni volta.[2]

Se il signor Palomar facesse uso d'un telescopio le cose sarebbero più complicate sotto certi aspetti e semplificate sotto altri; ma, ora come ora, l'esperienza del cielo che interessa a lui è quella a occhio nudo, come gli antichi navigatori e i pastori erranti.[3] Occhio nudo per lui che è miope significa occhiali; e siccome per leggere la mappa gli occhiali deve toglierseli,[4] le operazioni si complicano con questo alzare e abbassare degli occhiali sulla fronte e comportano l'attesa di alcuni secondi prima che il suo cristallino[5] rimetta a fuoco le stelle vere o quelle scritte. Sulla carta i nomi delle stelle sono scritti in nero su sfondo blu e bisogna accostare la lampadina accesa proprio addosso al foglio per scorgerli. Quando si alza lo sguardo al cielo lo si vede nero, cosparso di vaghi chiarori; solo a poco a poco le stelle si fissano e dispongono in disegni precisi, e più si guarda più se ne vedono affiorare.

Si aggiunga che le mappe celesti che lui ha bisogno di consultare sono due, anzi quattro: una molto sintetica del cielo in quel mese, che presenta separatamente la mezza volta sud e la mezza volta nord; e una di tutto il firmamento, molto più dettagliata, che mostra in una lunga striscia le costellazioni di tutto l'anno per la parte mediana del cielo intorno all'orizzonte, mentre quelle della calotta intorno alla Stella Polare sono comprese in un'annessa mappa circolare. Insomma il localizzare una stella comporta il confronto delle varie mappe e della volta celeste, con tutti gli atti relativi: levare e mettere gli occhiali, accendere e spegnere la lampadina, dispiegare e ripiegare la mappa grande, perdere e ritrovare i punti di riferimento.[6]

- **1 l'invadenza...elettrica**: questa infatti offusca la luce delle stelle.
- **2 riaggiustare...volta**: riadattare gli occhi ai cambi di luce e di oscurità.
- **3 pastori erranti**: come quelli del *Canto notturno di un pastore errante dell'Asia* di Leopardi.
- **4 per leggere...toglierseli**: chi è miope ha bisogno di lenti solo per guardare lontano.
- **5 cristallino**: la lente naturale interna all'occhio, le cui modificazioni permettono di mettere a fuoco gli oggetti.
- **6 Insomma...riferimento**: la decifrazione della natura è cioè un atto intellettuale e pratico complesso, lontanissimo dalla confidenza che con essa avevano gli antichi.

Dall'ultima volta in cui il signor Palomar ha guardato le stelle sono passate settimane o mesi; il cielo è tutto cambiato; la Grande Orsa[7] (è agosto) si distende quasi ad accucciarsi[8] sulle chiome degli alberi a nord-ovest; Arturo[9] cala a picco sul profilo della collina trascinando tutto l'aquilone di Boote;[10] esattamente a ovest è Vega, alta e solitaria; se Vega è quella, questa sopra il mare è Altair e lassù è Deneb[11] che manda un freddo raggio dallo zenit.[12]

Stanotte il cielo sembra molto più affollato di qualsiasi mappa; le configurazioni schematiche nella realtà risultano più complicate e meno nette; ogni grappolo potrebbe contenere quel triangolo o quella linea spezzata che stai cercando; e ogni volta che rialzi gli occhi su una costellazione ti sembra un po' diversa.[13]

Per riconoscere una costellazione, la prova decisiva è vedere come risponde quando la si chiama.[14] Più convincente del collimare[15] di distanze e configurazioni con quelle segnate sulla mappa, è la risposta che il punto luminoso dà al nome con cui è stato chiamato, la prontezza a identificarsi con quel suono diventando una cosa sola.[16] I nomi delle stelle per noi orfani d'ogni mitologia[17] sembrano incongrui[18] e arbitrari; eppure mai potresti considerarli intercambiabili. Quando il nome che il signor Palomar ha trovato è quello giusto, se ne accorge subito, perché esso dà alla stella una necessità e un'evidenza che prima non aveva; se invece è un nome sbagliato, la stella lo perde dopo pochi secondi, come scrollandoselo di dosso, e non si sa più dov'era e chi era.

A varie riprese il signor Palomar decide che la Chioma di Berenice[19] (costellazione da lui amata) è questo o quello sciame luminoso dalle parti di Ofiuco:[20] ma non torna a sentire il palpito altre volte provato al riconoscere quell'oggetto così sontuoso e pur così leggero. Solo in seguito si rende conto che se non la trova è perché la Chioma di Berenice di questa stagione non si vede.

Per larga parte il cielo è attraversato da striature e macchie chiare; la Via Lattea[21] prende d'agosto una consistenza densa e si direbbe che trabocchi dal suo alveo;[22] il chiaro e lo scuro sono così mescolati da impedire l'effetto prospettico d'un abisso nero sulla cui vuota lontananza campeggiano, ben in rilievo, le stelle; tutto resta sullo stesso piano:[23] scintillio e nube argentea e tenebre.

È questa l'esatta geometria degli spazi siderei,[24] cui tante volte il signor Palomar ha sentito il bisogno di rivolgersi, per staccarsi dalla Terra, luogo delle complicazioni superflue e delle approssimazioni confuse? Trovandosi davvero in presenza del cielo stellato, tutto sembra che gli sfugga. Anche ciò a cui lui si credeva più sensibile, la piccolezza del nostro mondo rispetto alle distanze sconfinate, non risulta direttamente. Il firmamento è qualcosa che sta lassù, che si vede che c'è, ma da cui non si può ricavare nessuna idea di dimensioni o di distanza.

- **7 la Grande Orsa**: la costellazione dell'Orsa Maggiore.
- **8 accucciarsi**: *abbassarsi*; metafora (come se la costellazione fosse veramente un'orsa).
- **9 Arturo**: è la stella più luminosa della costellazione di Boote.
- **10 l'aquilone di Boote**: costellazione di forma pentagonale.
- **11 Vega...Deneb**: Vega è la stella più luminosa della costellazione della Lira, **Altair** dell'Aquila, **Deneb** del Cigno.
- **12 zenit**: il punto d'incontro fra la verticale che parte dall'osservatore e la sfera celeste.
- **13 Stanotte...diversa**: la natura non risponde perfettamente agli schemi che l'intelletto, semplificando, si costruisce per leggerla.
- **14 Per riconoscere...chiama**: Palomar abbandona i criteri rigidamente scientifici, e ne adotta uno suggestivo e simbolico.
- **15 collimare**: *coincidere*.
- **16 la risposta...sola**: la coincidenza, quasi magica, fra il nome e la cosa è un elemento simbolico.
- **17 per noi...mitologia**: i nomi delle costellazioni si riferiscono quasi tutti alla **mitologia** greco-latina, che gli uomini moderni hanno dimenticato (perciò, con una sfumatura di rimpianto, Calvino li dice **orfani**).
- **18 incongrui**: *impropri*.
- **19 la Chioma di Berenice**: la regina Berenice offrì in voto ad Afrodite i propri capelli, affinché il marito Tolomeo III tornasse incolume dalla guerra (III secolo a.C.): così fu e la chioma della donna, come narra il poeta greco Callimaco, fu trasformata in costellazione.
- **20 Ofiuco**: o Serpentario, è una costellazione vicina allo Zodiaco. La sua stella principale forma un triangolo equilatero con Vega e Altair.
- **21 la Via Lattea**: la fascia luminosa e indistinta di stelle della nostra galassia.
- **22 trabocchi dal suo alveo**: *fuoriesca dai suoi limiti* [: sembra più luminosa e più grande].
- **23 il chiaro...piano**: normalmente, la Via Lattea sembra il bordo luminoso di un **abisso** oscuro, visto da lontano (perciò per **effetto prospettico**). Ma in agosto si perde questo senso di distanza, ed essa appare più diffusa e piatta.
- **24 siderei**: *stellari*.

Se i corpi luminosi sono carichi d'incertezza,[25] non resta che affidarsi al buio, alle regioni deserte del cielo. Cosa può esserci di più stabile del nulla? Eppure anche del nulla non si può essere sicuri al cento per cento.[26] Palomar dove vede una radura[27] del firmamento, una breccia vuota e nera, vi fissa lo sguardo come proiettandosi in essa; ed ecco che anche lì in mezzo prende forma un qualche granello chiaro o macchiolina o lentiggine; ma lui non arriva a esser sicuro se ci sono davvero o se gli sembra solo di vederli. Forse è un chiarore come se ne vedono ruotare tenendo gli occhi chiusi (il cielo buio è come il rovescio delle palpebre solcato da fosfèni);[28] forse è un riflesso dei suoi occhiali; ma potrebbe anche essere una stella sconosciuta che emerge dalle profondità più remote.

Questa osservazione delle stelle trasmette un sapere instabile e contraddittorio, – pensa Palomar, – tutto il contrario di quello che sapevano trarne gli antichi. Sarà perché il suo rapporto col cielo è intermittente e concitato,[29] anziché una serena abitudine? Se lui si obbligasse a contemplare le costellazioni notte per notte e anno per anno, e a seguirne i corsi e i ricorsi lungo i curvi binari[30] della volta oscura, forse alla fine conquisterebbe anche lui la nozione d'un tempo continuo e immutabile, separato dal tempo labile e frammentario degli accadimenti terrestri. Ma basterebbe l'attenzione alle rivoluzioni celesti[31] a marcare in lui questa impronta? o non occorrerebbe soprattutto una rivoluzione interiore, quale egli può supporre solo in teoria, senza riuscirne a immaginare gli effetti sensibili sulle sue emozioni e sui ritmi della mente?

Della conoscenza mitica degli astri egli capta solo qualche stanco barlume; della conoscenza scientifica, gli echi divulgati dai giornali; di ciò che sa diffida; ciò che ignora tiene il suo animo sospeso. Soverchiato,[32] insicuro, s'innervosisce sulle mappe celesti come su orari ferroviari scartabellati in cerca d'una coincidenza.

Ecco una freccia splendente che solca il cielo. Una meteora? Sono queste le notti in cui è più frequente scorgere delle stelle cadenti. Però potrebbe essere benissimo un aereo di linea illuminato. Lo sguardo del signor Palomar si tiene vigile, disponibile, sciolto da ogni certezza.

Sta da mezz'ora sulla spiaggia buia, seduto su una sdraio, contorcendosi verso sud o verso nord, ogni tanto accendendo la lampadina e avvicinando al naso le carte che tiene dispiegate sui ginocchi; poi a collo riverso ricomincia l'esplorazione partendo dalla Stella Polare.

Delle ombre silenziose si stanno muovendo sulla sabbia; una coppia d'innamorati si stacca dalla duna, un pescatore notturno, un doganiere, un barcaiolo. Il signor Palomar sente un sussurro. Si guarda intorno: a pochi passi da lui s'è formata una piccola folla che sta sorvegliando le sue mosse come le convulsioni d'un demente.[33]

- [25] **carichi d'incertezza**: perché è difficile individuarli e addirittura, come accade con la Via Lattea, sembrano mutare.
- [26] **non resta...cento**: Palomar si accosta a una prospettiva nichilista, ma subito la rifiuta: alla disperazione preferisce una forma di scetticismo.
- [27] **radura**: *spazio vuoto*.
- [28] **fosfèni**: i fenomeni ottici (piccole luminescenze mobili) registrati dalla retina a occhi chiusi.
- [29] **concitato**: *agitato*.
- [30] **curvi binari**: metafora per indicare le traiettorie degli astri.
- [31] **rivoluzioni celesti**: il moto che un corpo celeste compie intorno a un altro con un'orbita ellittica.
- [32] **Soverchiato**: *sopraffatto*.
- [33] **a pochi passi...demente**: il finale riprende gli elementi ironici sparsi in tutto il racconto.

T7 DALLA COMPRENSIONE ALL'INTERPRETAZIONE

COMPRENSIONE

Le difficoltà di Palomar e della conoscenza Nel testo si possono identificare **sette momenti successivi che caratterizzano altrettante difficoltà dell'osservazione e della conoscenza** da parte dell'uomo: 1) **la ricerca del posto adatto** per contemplare le stelle; 2) **la consultazione delle quattro mappe**, da far corrispondere alla vista diretta della stelle, resa complicata, per Palomar, dalla necessità di accendere e spegnere una lampadina elettrica e di levare e mettere gli occhiali; 3) **l'impossibilità di definire con qualche sicurezza** non solo dimensioni e distanze, ma il buio e il nulla stessi; 4) la conseguente **consapevolezza di quanto sia «instabile e contraddittorio»** (rigo 75) **il sapere umano**; 5) la considerazione che **per poter cogliere la nozione di tempo degli astri occorrerebbe una «rivoluzione interiore»** (rigo 82); 6) **il senso di relatività**, di scetticismo, di diffidenza che investe anche ciò che Palomar sa («di ciò che sa diffida; ciò che ignora tiene il suo animo sospeso»: righi 85-86); 7) la constatazione che **chi si ostina a cercare un senso rischia di passare per «demente»** (rigo 97), come accade a Palomar contemplante le stelle, attorno a cui si forma una piccola folla.

ANALISI

Un universo labirintico, un intellettuale in crisi, una società indifferente e ostile I **punti 1, 2 e 3** del paragrafo precedente vogliono sottolineare **quanto sia precaria, relativa e condizionata la conoscenza**: essa dipende infatti da una serie di condizioni oggettive in cui si pone il soggetto che osserva, dalla posizione geografica, dagli strumenti adoperati (carte, lampada elettrica, occhiali) e infine dalla **impossibilità di definire con sicurezza alcunché**: il cielo è labirintico e inconoscibile, tanto è vero che anche il buio e il nulla potrebbero non essere tali. I **punti 4, 5 e 6** riguardano invece **le condizioni soggettive e storiche dell'osservatore**, la sua cultura, la sua educazione: un tempo, per esempio, il cosmo suggeriva un sapere certo e stabile; forse occorrerebbe una rivoluzione interiore per poter contemplare in maniera diversa il firmamento; ma intanto, oggi, non resta che diffidare, vigilare, **non chiudersi in alcuna certezza prestabilita** («lo sguardo del signor Palomar si tiene vigile, disponibile, sciolto da ogni certezza»: rigo 90). Questo sembra, appunto, il messaggio conclusivo: continuare a indagare il senso delle cose senza pregiudizi, in modo vigile e aperto. **L'intellettuale in crisi** – perché tale è il signor Palomar, **un "doppio" dell'autore** – si rende conto del carattere paradossale della propria ricerca affidata agli strumenti razionali, e tuttavia non desiste. Senonché accade qualcosa che rende più amara la conclusione del racconto: in realtà l'intellettuale non è solo, ma vive in una **società indifferente e ostile** che lo isola e non lo comprende e di fronte alla quale egli rischia di apparire folle e ridicolo (appunto un «demente»).

INTERPRETAZIONE

La contemplazione delle stelle e il moderno Il tema affrontato da Calvino nel capitoletto di *Palomar* dedicato alla contemplazione delle stelle non è certo un tema nuovo nella letteratura: **l'affissarsi dello sguardo nel cielo** è anzi uno dei motivi ricorrenti di tutte le epoche (basti pensare per esempio a Dante). Tuttavia, è solo con il moderno che lo sguardo dell'uomo verso il cielo assume i connotati che si riscontrano anche in queste pagine: il cielo non è più, infatti, la rasserenante dimora della divinità, ma lo scenario inquietante che contiene l'avventura dell'uomo e che assiste alle sue pene con una indifferenza che può parere ostile. La fiducia e le certezze che potevano venire dalla vastità infinita del cosmo, per i moderni, dotati di mezzi di conoscenza raffinatissimi, si mutano in ragione di **inquietudine** e di **smarrimento**. Un prototipo di questo nuovo sguardo, interrogante e smarrito, si ha nel *Canto notturno di un pastore errante dell'Asia* di Leopardi (cfr. Volume *Leopardi, il primo dei moderni*): il pastore protagonista osserva la luna e il cielo con un'ansietà non lontana da quella di Palomar in questo racconto. **Fissare il cielo implica il bisogno di un significato del quale non si è più certi**. Tra quel canto di Leopardi e queste pagine di Calvino corre un secolo e mezzo, nel corso del quale **la crisi del rapporto io-natura** e le difficoltà nel reperimento di un significato affidabile si sono profondamente aggravate.

Lavoriamo con la VIDEOLEZIONE: ANALISI DEL TESTO

«Calvino è uno scrittore moderno che assimila alcuni tratti del Postmodernismo»: dopo aver ascoltato la videolezione, spiega questa affermazione di Romano Luperini, specificando quali elementi di *Palomar* si collegano al Modernismo e quali invece risentono dell'influenza del Postmodernismo.

T7 LAVORIAMO SUL TESTO

ANALIZZARE

Uomo e natura

1. Come si configura a partire dall'*incipit* il rapporto fra uomo e natura? Qual è il ruolo del lungo indugio sulle operazioni preliminari?
2. Perché Palomar ha bisogno di mappa e telescopio?
3. LINGUA E LESSICO Usando due colori diversi, sottolinea nel testo i termini e le espressioni che si riferiscono al paesaggio naturale e quelli che indicano oggetti creati dall'uomo e tipici della modernità.

INTERPRETARE

La conclusione di Palomar

4. Nonostante tutto ciò, «trovandosi davvero in presenza del cielo stellato, tutto sembra che gli sfugga». A quale conclusione arriva dunque Palomar? Nichilista? Scettica?

LE MIE COMPETENZE: CONFRONTARE

Che rapporto lega il testo di Calvino a due testi leopardiani, *Il dialogo di Colombo e Gutierrez* e *Il canto notturno di un pastore errante nell'Asia*? Come si snoda nei due autori la riflessione sull'instabilità della natura umana, sul nulla?

5 La ricezione e il conflitto delle interpretazioni

Calvino, classico del Novecento

Video • Intervista a R. Ceserani sulla fortuna mondiale di Calvino

L'evoluzione degli studi

Calvino è entrato nel canone del Novecento come un classico. È uno degli autori del nostro secolo più studiati e conosciuti all'estero, sia perché la sua produzione degli anni Sessanta si collega alle ricerche dell'avanguardia internazionale (Borges, Queneau, Perec), alla metodologia e all'ideologia dello strutturalismo e della semiologia, sia perché quella successiva presenta aspetti tematici significativi della cultura postmoderna che è al centro dell'interesse attuale della critica anglo-americana. Se **negli anni Sessanta e Settanta** l'attenzione della critica era appuntata soprattutto sul linguaggio, sulle strutture narrative e sulla componente metanarrativa, **negli anni Ottanta e Novanta** essa si sposta su elementi tematici e di storicizzazione ponendo anche il problema dell'appartenenza o meno di Calvino all'ambito del Postmoderno.

Due giudizi opposti: quello di Asor Rosa e quello di Garboli

S • Il Calvino scrittore morale di Asor Rosa e il Calvino scrittore immobile di Garboli

C'è poi **il problema di definire i caratteri unitari di una ricerca artistica tanto variata** e, anche in rapporto a ciò, di stabilire il valore artistico complessivo dell'opera calviniana. Per esempio, **Asor Rosa** tende a trovare l'unità e il punto di forza di Calvino nella funzione morale della sua scrittura, mentre **Garboli**, nell'ambito di un giudizio più limitativo, vede una sostanziale immobilità della ricerca calviniana sempre caratterizzata dal gioco e dal gusto di ordinare il reale in superficie, senza drammaticità. Per questo conflitto interpretativo cfr. espansioni digitali **S**.

PERCORSI TEMATICI

Percorso L'ANIMA E IL CORPO

L'occhio e la mente: centralità dello sguardo nella narrativa di Calvino

Paul Klee, *Suonatore di timpano*, 1940. The Art Institute of Chicago.

Calvino stesso non ha mancato di sottolineare, lungo l'arco della sua attività, l'**inclinazione per soluzioni visive nella propria scrittura**.
Questo interesse è presente fin dagli anni dell'impegno, in cui egli dichiara di rifiutare ogni indottrinamento per far agire «figure e fantasia», come appare nel *Sentiero dei nidi di ragno*, dove la Resistenza è osservata dallo sguardo ingenuo e fantastico di un ragazzo, che trasforma natura e uomini in apparizioni favolose (cfr. T1). Una sintassi cinematografica per la rapidità, per la precisione e per il taglio dei particolari si alterna a pause meditative e segnala una scelta di stile a cui Calvino resterà fedele: **privilegiare lo sguardo per stimolare la riflessione**. L'insistenza sull'aspetto sensibile delle cose non significa dunque mimesi naturalistica della realtà, ma tentativo di trasformare l'immagine in strumento di conoscenza, in coincidenza, in questo caso, con la demistificazione di ogni visione eroica della storia.

Figlio dell'incipiente civiltà delle immagini e animato da un'autentica passione per il cinema, Calvino, nella lezione americana sulla *visibilità*, confessa la forte suggestione esercitata dalle figure sulla formazione del proprio immaginario. **«All'origine di ogni mio racconto c'era un'immagine visuale»**, egli osserva a proposito della genesi dei racconti fantastici: così è per l'uomo tagliato in due del *Visconte dimezzato*, per il personaggio che passa da un albero all'altro nel *Barone rampante* o per la vuota armatura che costituisce l'emblema del *Cavaliere inesistente*.
Alla fine degli anni Cinquanta tuttavia lo sguardo dell'intellettuale si fa più perplesso e Calvino riassume ancora in un'immagine esemplare la crisi delle certezze e delle speranze di rinnovamento alimentate dalla Resistenza: «Noi

René Magritte, *Falso specchio*, 1928. New York, Museum of Modern Art.

guardiamo il mondo precipitando nella tromba delle scale». Si tratta di incollare lo sguardo al corpo che precipita nel vuoto tentando, tramite la precisione e la nitidezza delle forme, di resistere alla frantumazione del mondo e dell'io.

La prospettiva si allontana, come nel *Barone rampante* (1957), che sceglie la fuga dal mondo e sale sugli alberi, senza tuttavia rinunciare a osservare e a giudicare gli eventi che lo circondano. È «il *pathos* della distanza» che caratterizza la lucida ottica dell'"osservatore" superiore, ma separato da una realtà che lo estrania e su cui è sempre più difficile incidere (cfr. espansioni digitali S, *Calvino e il pathos della distanza*).

Le immagini hanno una funzione decisiva in un libro di svolta come *La giornata di uno scrutatore* (1963). Ma l'occhio di Amerigo non si posa sui relitti umani del Cottolengo per registrarne impassibilmente le forme, come teorizzavano Robbe-Grillet e l'"*école du regard*", di cui Calvino in quegli anni pur subisce il fascino. Amerigo infatti «era abituato a *ragionare* per immagini» ed è la vista dei malati e della loro fisica deformità ad aprire il processo di crisi e di revisione delle convinzioni del protagonista e di un'ideologia incapace di misurarsi con i condizionamenti della natura. **Solo quello che Amerigo vede stimola il suo pensiero e alimenta una ricerca di significato** (cfr. T3). L'importanza che assume nella narrazione il motivo dello sguardo rimanda a una problematica che era allora al centro della riflessione critica di Calvino. Nei saggi *Il mare dell'oggettività* e *La sfida al labirinto* (cfr. cap. II, S1) lo scrittore, nel momento in cui prende atto dei mutamenti culturali intervenuti, che tendono a sommergere il soggetto cosciente nel mare degli oggetti, ammonisce a non lasciarsi annegare nel magma, rifiutando la resa incondizionata sia all'oggettività, sia al labirinto della complessità. Calvino riafferma ancora la fiducia nell'intervento dell'uomo nella storia e a una «provvisoria catarsi» alludono le immagini (il tramonto che rosseggia, la visione di una città utopica) che concludono la giornata di Amerigo.

Con *Le città invisibili* **e** *Palomar* **tale fiducia viene progressivamente meno**. La fine dello storicismo e il trionfo dello strutturalismo, con la riduzione degli eventi a segni e della realtà a linguaggio, esercitano un'influenza decisiva sulla tendenza calviniana a rappresentare il mondo in figure ed emblemi. **La scrittura si visualizza ulteriormente sganciandosi da ogni rapporto con la realtà**: l'immagine del labirinto, dei tarocchi, degli scacchi diventa emblema della complessità del mondo; ma la rottura di ogni corrispondenza tra segno e senso non argina più il vuoto che corrode un «universo pericolante, contorto e senza requie».

La scoperta della complessità degli eventi, che pare vadano avanti da soli, vanifica ogni speranza nella possibilità umana di indirizzarne il corso. Tra conoscenza e trasformazione della realtà non esiste più alcun rapporto: **all'osservatore non resta altro che cercare di avere un'idea di come è fatto il mondo**.

È lo sforzo ostinato **dello sguardo di Palomar**: l'atto del guardare e gli occhi sono gli elementi costitutivi del personaggio, ossessivamente proteso nell'«operazione di osservare» un universo che si rivela impenetrabile, carico di significati molteplici e contraddittori. Tuttavia «Lo sguardo del signor Palomar si tiene vigile, disponibile, sciolto da ogni certezza»: sulla tentazione dell'annullamento dell'io prevale il "dovere" dello sguardo, dell'osservazione impassibile che cataloga immagini nel vano tentativo di mettervi ordine (cfr. T7).

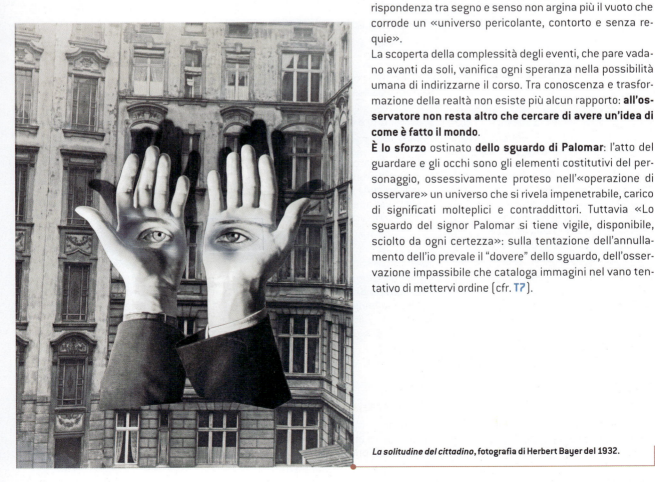

La solitudine del cittadino, fotografia di Herbert Bayer del 1932.

DAL RIPASSO ALLA VERIFICA

MAPPA CONCETTUALE — Italo Calvino

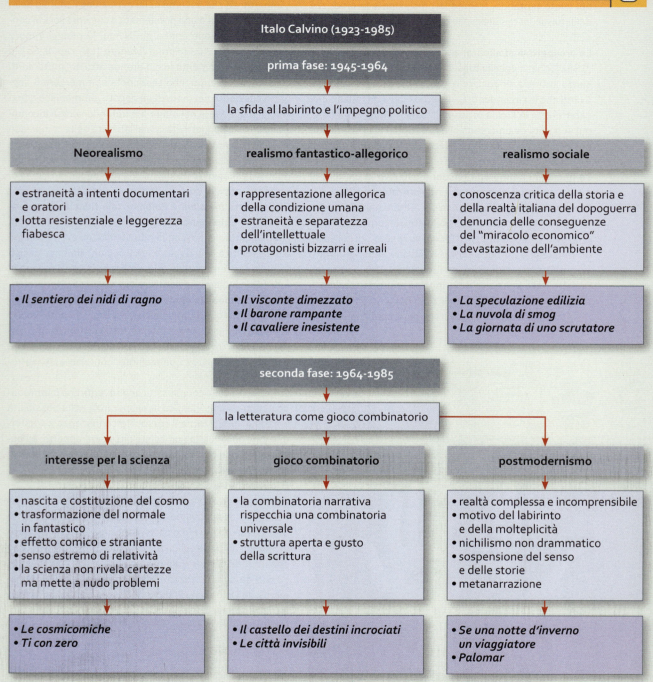

SINTESI

● **Le due fasi della produzione narrativa di Calvino**
Italo Calvino (1923-1985) è un classico del Novecento e uno degli autori italiani più noti all'estero. Attraversa tutte le principali tendenze del secondo Novecento, senza peraltro aderire pienamente a nessuna. Nel primo periodo della sua attività (1945-1964) sfiora il Neorealismo e poi lo sperimentalismo di

«Officina» e del «Menabò»; nel secondo (1964-1985), trascorso perlopiù in Francia, passa all'interesse per la scienza e per la semiologia e infine pratica le tematiche del Postmoderno. Ma in ogni caso mantiene la propria autonomia di svolgimento, caratterizzata dal distacco razionale e da uno stile limpido e classico. Calvino prende le distanze insomma sia dall'impegno, sia dalla fiducia nella scienza e in questa situazione la letteratura stessa diventa un gioco elegante sull'orlo dell'abisso.

● **La cultura di Calvino**
La cultura di Calvino è caratterizzata da un atteggiamento cosmopolitico e illuministico, che si combina con la fantasia e il gioco, dall'attenzione per le ipotesi scientifiche e dall'amore per le soluzioni fantastiche (Ariosto è l'autore che ha più amato). All'"impegno" del primo periodo segue, nel secondo, il gusto per la combinazione linguistica artificiale e per la metanarrazione astratta. Ma resta costante la tendenza all'esattezza espressiva. Negli anni Settanta Calvino si avvicina al Postmoderno di cui accetta una serie di motivi come: il labirinto, la tendenza al gioco e all'ironia, il gusto della riscrittura, l'esaltazione della "leggerezza" e quella della "molteplicità".

● **La prima fase**
Alla fase neorealista corrisponde il romanzo sulla Resistenza *Il sentiero dei nidi di ragno* (1947). Subito dopo, negli anni di «Officina» e del «Menabò», la sua produzione si biforca: da un lato abbiamo il filone fantastico-allegorico (*Il visconte dimezzato*, 1952; *Il barone rampante*, 1957; *Il cavaliere inesistente*, 1959, poi riuniti in *I nostri antenati*); dall'altro il filone realistico di argomento sociale (i racconti lunghi *La speculazione edilizia*, *La nuvola di smog* e il romanzo *La giornata di uno scrutatore*, 1963).

● **La seconda fase**
Nel secondo periodo, la fase degli interessi scientifici e semiologici è segnata dalle *Cosmicomiche* (1965) e *Ti con zero* (1967) e da una narrazione ispirata ai princìpi astratti e allegorici della combinazione (*Il castello dei destini incrociati*, 1969). La poetica postmoderna della riscrittura e dell'intertestualità e la scomparsa del mondo referenziale a vantaggio di quello linguistico caratterizzano le opere dell'ultima fase: *Le città invisibili* (1972), *Se una notte d'inverno un viaggiatore* (1979), *Palomar* (1983).

DALLE CONOSCENZE ALLE COMPETENZE

1 Ricostruisci la carriera letteraria di Calvino (§ 1)

2 L'immagine della Resistenza presente nel *Sentiero dei nidi di ragno* ti sembra rispondere a un intento documentario? Per quale ragione? (T1) Inoltre, qual è il giudizio di Calvino sul Neorealismo e a quali modelli guarda? (§ 1)

3 Indica l'autore italiano che Calvino ha amato di più. (§ 2)

periodo	luoghi	opere	poetica
1954-1964			a)
			b)
1964-1985			a)
			b)

4 Quali elementi costanti presenta la cultura di Calvino? (due risposte) (§ 2)
- A interesse per la scienza
- B tendenza illuministica alla chiarezza
- C adesione al marxismo
- D interesse per la psicoanalisi

5 La resistenza del giovane Pin, protagonista del *Sentiero dei nidi di ragno*, è (§ 2)
- A ideologica e concettuale
- B picaresca e fiabesca
- C politica e interventista
- D impegnata ma ingannevole

6 Elenca i motivi che Calvino riprende dal Postmoderno (§ 2)

7 Quali sono le opere del filone realistico e quali argomenti trattano? (§ 3)

8 Indica le alternative corrette (§ 3)
- la prospettiva fantastica nel *Barone rampante*
  - A coesiste con le simpatie illuministiche
  - B contrasta
- infatti Calvino in questo romanzo (§ 3)
  - A rifiuta la letteratura come educazione
  - B rappresenta allegoricamente la società contemporanea

DAL RIPASSO ALLA VERIFICA

9 Cosimo, il protagonista del *Barone rampante*, decide di vivere la sua vita sugli alberi. In riferimento al periodo in cui il romanzo è ambientato, tale gesto è espressione di che cosa? (§ 3, T2)

10 Quando e perché entra in crisi l'intellettuale progressista? In quale romanzo si manifesta questa svolta? (§ 3)

11 *Se una notte d'inverno un viaggiatore* è un "metaromanzo" perché .... (§ 4)

12 Il nome *Palomar* è quello di un famoso osservatorio astronomico americano. Perché Calvino sceglie di dare questo nome al suo protagonista? Quali caratteristiche vuole mettere in risalto? (§ 4)

13 Tra i brani antologizzati scegli quello che meglio risponde all'idea del romanzo come prodotto da laboratorio. Spiega perché e a quali presupposti culturali rimanda. (espansioni digitali S, *Il romanzo come prodotto artificiale, nato in laboratorio*)

PROPOSTE DI SCRITTURA

LA RELAZIONE

Ricostruisci in una relazione i vari momenti della poetica di Calvino facendo opportuni riferimenti ai testi antologizzati.

GUIDA AL SAGGIO BREVE

Pin, Cosimo, Amerigo e Palomar riflettono i modi diversi in cui l'autore si pone di volta in volta di fronte alla realtà
Puoi rintracciare un filo unitario in una ricerca così varia?

A leggiamo il titolo. 1) Esso chiede di analizzare attraverso personaggi emblematici come cambia l'atteggiamento dello scrittore di fronte alla società. 2) Pone inoltre il problema di cercare se esiste un punto di forza che leghi i momenti diversi dell'opera di Calvino

B selezioniamo i materiali: T1, T2, T3, T7, §§ 3, 4, espansioni digitali S, *Calvino e il pathos della distanza*, espansioni digitali S, *Il Calvino scrittore morale* di Asor Rosa e il *Calvino scrittore immobile* di Garboli

C estraiamo dati e concetti utili
- Pin è immerso nel mondo e istintivamente sta dalla parte di chi lo vuole migliorare
- il barone rampante si separa dal mondo, ma non rinuncia a volerlo conoscere e...
- Amerigo scopre il limite della ragione e dell'azione umana nel...
- entra in crisi l'impegno politico...
- resta l'impegno morale: «non farsi mai troppe illusioni e non smettere di credere che ogni cosa che fai potrà servire»
- il pessimismo da storico si fa esistenziale...
- resta tuttavia in Calvino fino alla fine l'«ostinato rigore della ricerca»
- cade però la speranza di trovare un senso...

D completa e sviluppa questi punti in un saggio breve, oppure cambiali, cercando ad esempio una linea di continuità nel gioco, dall'avventura di Pin ai giochi con le parole «trattate come pezzi sulla scacchiera», oppure sottolineando semplicemente la discontinuità tra i vari momenti della ricerca di Calvino.

  • Materiali per il recupero   Italo Calvino e *I nostri antenati*   • Indicazioni bibliografiche

Personalizza il tuo libro selezionando per questo capitolo materiali integrativi da Prometeo
(di seguito ti proponiamo un elenco di materiali, ma puoi trovarne altri utilizzando il motore di ricerca).

- **MODULO TEMATICO INTERDISCIPLINARE**   Educazione e utopia
- **MODULO TEMATICO INTERDISCIPLINARE**   La follia
- **MODULO TEMATICO INTERDISCIPLINARE**   Lo specchio della luna
- **MODULO TEMATICO INTERDISCIPLINARE**   L'adolescente
- **VIDEO** LE IDEE E LE IMMAGINI   Daniela Brogi, *Calvino*
- **VIDEO** LE IDEE E LE IMMAGINI   Giovanna Taviani, *Il Neorealismo. Letteratura e cinema*
- **VIDEO**   Emanuele Zinato, *Confronto fra autori: Levi e Calvino*

Capitolo VI — Pier Paolo Pasolini

My eBook+

Cliccando su questa icona, docenti e studenti accedono ad un'area di personalizzazione che permette di arricchire i contenuti digitali già linkati lungo le pagine del libro. Nell'area di personalizzazione è possibile infatti salvare ulteriori materiali: selezionati da Prometeo , prodotti autonomamente o ricercati nella rete.

▶ *Per un elenco di materiali integrativi presenti nella biblioteca multimediale di Prometeo o per attivare una ricerca cfr. p. 807*

Pier Paolo Pasolini, *Autoritratto con il fiore in bocca*, 1947.

1. La vita dell'intellettuale "corsaro"

La vita — **Pier Paolo Pasolini** nasce a Bologna il **5 marzo 1922**, e qui compie gli studi universitari laureandosi in Lettere (con una tesi su Pascoli): tra i suoi maestri (e tra i primissimi recensori), il grande critico Gianfranco Contini. La severa durezza del padre e la mitezza dell'amatissima madre sono alla base di un profondo conflitto edipico al quale è da ricollegare la stessa **omosessualità** del poeta. **L'esordio come poeta avviene nel 1942, con le *Poesie a Casarsa***, in dialetto friulano. Nel 1949 Pasolini si trasferisce a Roma, dove, dopo un periodo di difficoltà economiche, ottiene i primi successi con i romanzi *Ragazzi di vita* (1955) e *Una vita violenta* (1959; cfr. § 3). Tra il 1955 e il 1959 partecipa alla vita della rivista bolognese «Officina», aperta allo sperimentalismo formale e politicamente impegnata (cfr. cap. II, § 2). **Dal 1960 in poi la scoperta del cinema** come mezzo espressivo porta Pasolini al massimo della fama non solo nazionale.

L'assassinio — **All'alba del 2 novembre 1975 Pasolini è ritrovato assassinato presso Fiumicino** (Roma); la cattura del giovane colpevole non basta a diradare le incertezze sui modi e sulle cause del delitto.

LE DUE FASI DELL'ATTIVITÀ DI PASOLINI

- 1ª fase
  - primato della letteratura
  - attività di poeta, di romanziere, di critico
- svolta nel 1960
- 2ª fase
  - primato del cinema
  - consapevolezza dell'incapacità della letteratura di rispondere ai nuovi bisogni

2. Pasolini poeta: tra lo sperimentalismo di «Officina» e il rifiuto della poesia

Complessità della figura di Pasolini

La grande varietà dell'impegno artistico e intellettuale nel corso di un trentennio rende assai difficile la valutazione della poesia di Pier Paolo Pasolini. Infatti le scelte poetiche sono sempre collegate all'insieme dell'attività pasoliniana ed è necessario collocarle all'interno di questa. Tanto più che lo straordinario successo dell'autore a partire soprattutto dagli anni Sessanta non si deve certamente alle opere poetiche ma a quelle narrative e soprattutto all'attività di regista cinematografico. **Per il grande pubblico il nome di Pasolini è legato a film come** *Uccellacci uccellini* o *Decameron*

La critica della società borghese e della omologazione capitalistica

(ma il primo film è *Accattone*, del 1961). D'altra parte la notorietà così raggiunta consente a Pasolini di intervenire efficacemente su questioni culturali e socio-politiche, assumendo un punto di vista critico-radicale nei confronti del "sistema" borghese e della «rivoluzione antropologica» operata dal capitalismo (la trasformazione del popolo e della sua cultura in massa organica alla società dei consumi). Tali posizioni vengono sostenute in particolare sulle colonne del **«Corriere della Sera»**. All'inizio degli anni Settanta Pasolini è l'intellettuale ufficiale dell'opposizione culturale, il **portatore di uno scandalo politico** (il marxismo non ortodosso) **e personale** (l'omosessualità) che accoglie su di sé le contraddizioni della società contemporanea più di quanto riesca a denunciarle nella loro obiettività.

Video • La figura di Pasolini (R. Luperini)

Riferendosi al passaggio all'attività cinematografica (dal 1960 circa) è possibile distinguere due fasi principali nella storia di Pasolini, della durata di circa un quindicennio ciascuna.

Le due fasi dell'attività di Pasolini

La prima fase, più tradizionale e letteraria

La prima fase è quella più tradizionale: la priorità spetta indiscutibilmente all'attività letteraria, cui Pasolini si dedica nelle vesti di **poeta**, di **romanziere** e di **critico**. Al suo interno si nota un'evoluzione significativa, dal Simbolismo decadente delle prime opere (raccolte poi in *La meglio gioventù*, 1954, in dialetto friulano, e in *L'usignolo della Chiesa Cattolica*, 1958) all'impegno civile e ideologico della seconda metà degli anni Cinquanta (*Le ceneri di Gramsci*, 1957 e *La religione del mio tempo*, 1961). Nelle opere più giovanili domina **il tema dell'adolescenza** divisa tra innocente purezza regressiva e maturità peccaminosa: alla civiltà contadina del passato si lega la prima, mentre la seconda coincide con la moderna civiltà industriale. D'altra parte il contrasto purezza/peccato ha anche una origine privata nell'**irrisolto complesso edipico del poeta**: all'infanzia corrisponde l'identificazione innocente con l'amatissima figura materna, mentre l'amore esclusivo per lei diviene colpevole dopo l'adolescenza e apre drammaticamente il destino di desideri trasgressivi e proibiti

Video • *Le ceneri di Gramsci* (P. Cataldi)

Il contrasto purezza/peccato

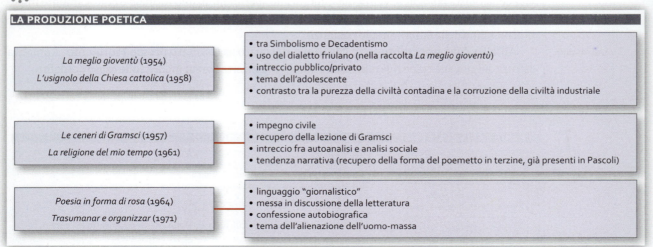

LA PRODUZIONE POETICA	
La meglio gioventù (1954) *L'usignolo della Chiesa cattolica* (1958)	• tra Simbolismo e Decadentismo • uso del dialetto friulano (nella raccolta *La meglio gioventù*) • intreccio pubblico/privato • tema dell'adolescente • contrasto tra la purezza della civiltà contadina e la corruzione della civiltà industriale
Le ceneri di Gramsci (1957) *La religione del mio tempo* (1961)	• impegno civile • recupero della lezione di Gramsci • intreccio fra autoanalisi e analisi sociale • tendenza narrativa (recupero della forma del poemetto in terzine, già presenti in Pascoli)
Poesia in forma di rosa (1964) *Trasumanar e organizzar* (1971)	• linguaggio "giornalistico" • messa in discussione della letteratura • confessione autobiografica • tema dell'alienazione dell'uomo-massa

che caratterizza la vita e l'opera pasoliniana. Come si vede, fin dall'origine è presente la **duplicità pubblico/privato**, e la condizione personale diventa un modo di mettere a fuoco ed esprimere gli stravolgimenti e i conflitti della società di massa.

Le opere poetiche della maturità

Questa duplicità acquista una consapevolezza ideologica e anche critica assai maggiore nelle **opere poetiche della maturità**, che superano il tono spesso elegiaco e impressionistico dei testi precedenti (influenzati dal naturalismo pascoliano e dall'Ermetismo). Intanto Pasolini in veste di critico letterario ha preso le distanze dalla tradizione lirica e simbolistica del Novecento, promuovendo un filone sperimentale aperto al plurilinguismo e caratterizzato soprattutto dalla tendenza narrativa (gli interventi critici pasoliniani sono raccolti in *Passione e ideologia*, che esce nel 1960). **Nascono così i poemetti narrativi in terzine** (con un riferimento ancora al Pascoli, ma nel suo aspetto più "impegnato" e dantesco, il meno fortunato nel Novecento). Il punto di vista ideologico, che risente soprattutto del pensiero di Gramsci, permette a Pasolini di affrontare i grandi problemi della società contemporanea; ciò non esclude la presenza costante delle tematiche private. Anzi, i risultati migliori (come il poemetto *Il pianto della scavatrice*, cfr. T1, p. 772) si devono proprio all'incontro dei due piani. Anche sul piano formale ci si trova davanti a esiti di notevole rilievo e originalità, dove il verso base (l'**endecasillabo**) è stravolto in ogni direzione con grande libertà sperimentale, la stessa che si ritrova nei legami della rima. Altre volte, però, **la "passione" della soggettività** prende il posto dell'analisi e si propone direttamente come teatro dei conflitti e come loro potenziale superamento, come affermazione disperata di "vitalità", unico possibile valore positivo. Oppure la crudeltà dell'autoanalisi cede il posto alla **autocommiserazione vittimistica** e la **trasgressione dei valori borghesi** viene presentata come unica alternativa, anche politica, alle leggi del sistema. È da questa ipotesi, d'altro lato, che prendono spunto i due romanzi di questo periodo (*Ragazzi di vita*, 1955, e *Una vita violenta*, 1959: cfr. § 3), ambientati tra i giovani del sottoproletariato romano, come i primi film degli anni Sessanta: viene valorizzata al massimo la carica positiva implicita nelle pulsioni vitali del "popolo", fino a esaltarla ideologicamente come alternativa possibile alla spietatezza economica del capitalismo.

Pascoli e Gramsci

Lo sperimentalismo formale

La seconda fase, al di là della letteratura

Si apre così la seconda fase della ricerca pasoliniana. Le coordinate ideologiche che la caratterizzano non si limitano ora a mettere in discussione una forma o una concezione della letteratura, ma **mettono in discussione la letteratura in se stessa**, evidentemente incapace di rispondere ai nuovi bisogni della società di massa, di esprimerli e di andare loro incontro. Il cinema non è soltanto uno strumento alternativo alla letteratura, ma anche un modo di criticarla e persino di rifiutarla. Per la letteratura non sarebbe invece possibile staccarsi dalla sua condizione tradizionale, mettersi in crisi, criticarsi. Dopo la fase di passaggio delle poesie raccolte in *Poesia in forma di rosa* (1964), dove la dialettica tra ideologia e apertura autobiografica è ormai sostituita dalla pura confessione, si arriva così a **una proposta di poesia che in qualche modo coincide con il silenzio**, tanto ha rotto i ponti con la propria funzione e i propri modi tradizionali: *Trasumanar e organizzar* (1971) **presenta la condizione alienata dell'uomo-massa** facendo ormai coincidere l'esperienza vissuta del poeta con l'unica "verità", anche sociale e politica, ancora possibile. In tal modo il solo spiraglio non ancora sbarrato dalla omologazione della società di massa è lo scarto tra la dimensione pubblica e quella privata, cioè il ritardo della seconda nell'adeguamento alla prima. La poesia, come il giornalismo, può solo sforzarsi di tenere vivo questo divario. Non deve stupire, perciò, che Pasolini possa essere stato considerato un maestro negli anni del "riflusso" e del disimpegno politico dalla fine degli anni Settanta in poi.

Le raccolte poetiche

T • *Supplica a mia madre*

Contro l'omologazione: il privato e la corporalità

L'estremo messaggio pasoliniano non va certo nella direzione del ritorno all'ordine e dell'esaltazione dei valori poetici che hanno caratterizzato il quindicennio successivo alla sua morte. Esso **esprime piuttosto un disperato tentativo di scandalo** dentro il meccanismo di creazione del consenso (portato al suo parossismo nell'ultima opera cinematografica, l'incompiuto *Salò o le centoventi giornate di Sodoma*) **e una definitiva rinuncia al potere consolatorio e pacificatore della poesia** (di cui è testimonianza la riscrittura in forma di feroce palinodia, negli ultimi mesi di vita, delle giovanili poesie friulane).

Lo scandalo

T • *A Rosari*

Video • La ricerca poetica di Pasolini (R. Luperini)

S1 MATERIALI E DOCUMENTI

La figura di Pasolini nel ricordo dello scrittore Paolo Volponi

Questo brano è tratto dall'intervento commemorativo scritto da Paolo Volponi all'indomani dell'assassinio di Pasolini. Volponi riflette sulla lezione politica e culturale di Pasolini, mettendo in evidenza la sua capacità di leggere la società contemporanea e di proporre ai lettori una «provocazione attiva», intervenendo sui temi più urgenti del presente. In questo modo, Pasolini ha raccolto e attualizzato la grande eredità intellettuale di Leopardi e di Gramsci.

▶▶ [Pasolini] è stato uno dei primi intellettuali italiani a riprendere la cultura come politica. Nei momenti in cui la cultura si frazionava nella specializzazione, in cui sorgevano tante scienze e discipline umane, egli ricostituiva il senso della letteratura come storia, con la ripresa dei motivi della comunità con la ricerca in profondità della coscienza culturale e quindi politica delle masse popolari.

In quegli anni di successo egli ha lavorato molto e bene: i suoi libri di poesie restano fondamentali. Io lo considero un poeta di prima grandezza, il miglior poeta italiano dopo il nostro Giacomo Leopardi, superiore anche ai grandi poeti che pure abbiamo avuto in questo secolo. Superiore proprio per il fatto che ha riscoperto i motivi di fondo della tradizione letteraria italiana, quei motivi che in qualche modo l'accademismo[1] unitario aveva offuscato e distorto. Pasolini ha ripreso quei temi leopardiani attraverso cui si vedeva l'Italia unita come unità delle culture.

In questo senso è stata importantissima per lui la lettura che ha fatto con grande penetrazione delle opere di Gramsci. In fondo è un grande allievo di Gramsci. Non per niente ha dedicato il suo libro forse più bello, più importante, alle Ceneri di Gramsci, alla modesta tomba nel cimitero degli Inglesi[2] che lui andava spesso a visitare, proprio come omaggio affettuoso oltre che riverente alla grandissima figura di politico e di uomo di cultura. Oggi, infatti, proprio soltanto attraverso l'analisi gramsciana, riusciamo a trovate i motivi per cui si può sperare e lavorare a una unità popolare che possa riequilibrare le sorti del Paese.

E anche questo Pasolini l'ha capito e l'ha capito certe volte anche in polemica con i movimenti organizzati della classe operaia, in polemica anche con il Pci, come si legge nelle poesie delle *Ceneri di Gramsci* o in quelle della *Religione del mio tempo*. [...]

Certo Pier Paolo non consentiva e non dava indulgenze.[3] Non le dava nei suoi libri, non le dava come persona, non ne voleva; non accettava abbreviazioni, non accettava la comodità dell'organizzazione; era un buon maestro sempre in dibattito con lo scolaro, in quella tensione cioè davvero innovativa, al punto da rovesciare spesso le parti. E come scolaro lui si poneva spesso, davanti a tanti interlocutori, ai lettori dei suoi libri, o in numerosi dibattiti o in tante rubriche sulla stampa, da quella di «Vie Nuove» a quella ultima su «Il Mondo».[4]

Era un affascinante conversatore; riusciva a intrattenere i pubblici di varia estrazione parlando con convinzione, dicendo delle cose semplici ma profonde, e aprendo delle discussioni dalle quali tutti ricavavano sempre qualcosa e nelle quali anch'egli spesso poteva modificare e arricchire le proprie posizioni. Era un provocatore ma in senso attivo, in buona fede e con grande generosità.

P. Volponi, *Pasolini maestro e amico*, in Id., *Romanzi e prose II*, a cura di E. Zinato, Einaudi, Torino 2002, pp. 654-656.

1. **accademismo**: la tendenza della letteratura, e più in generale dell'arte, ad osservare i canoni e le forme della tradizione in modo piatto e poco originale.
2. **cimitero degli Inglesi**: è il cimitero di Roma in cui si trova la tomba di Antonio Gramsci.
3. **indulgenze**: *assoluzioni, scusanti*.
4. **«Vie Nuove»...«Il Mondo»**: dal 1960 al 1965 Pasolini tiene una rubrica di «Dialoghi» con i lettori sul settimanale «Vie Nuove» e negli anni Settanta collabora con «Il Mondo». Gli articoli pubblicati su queste riviste, insieme a quelli usciti su «Tempo» e sul «Corriere della Sera», sono raccolti negli *Scritti corsari* (1975) e nelle *Lettere luterane* (1976).

T1 Il pianto della scavatrice

OPERA
Le ceneri di Gramsci

CONCETTI CHIAVE
- il «pianto» per la perdita del passato e per l'avanzare della «luce del futuro»
- l'adesione alla condizione operaia

FONTE
P.P. Pasolini, *Bestemmia. Tutte le poesie*, Garzanti, Milano 1994.

Sono qui presentati l'inizio e la fine di un poemetto, datato 1956, di circa 400 versi divisi in sei parti, delle quali sono riprodotti di séguito i primi 30 versi della prima (circa un terzo) e l'intera sesta (58 versi). Il poemetto racconta di una sera estiva a Roma in cui il poeta medita sul proprio passato, cercando di vincere il pessimismo cui è tentato di abbandonarsi, narra poi del suo ritorno a casa e della notte trascorsa ancora nello sforzo di una difficile rielaborazione esistenziale, fino all'alba e al riprendere della vita, rappresentato dal rumore proveniente da un vicino cantiere edile. Qui il lavoro di un gruppetto di operai e soprattutto il rumore di una vecchia scavatrice (che sembra manifestare una disperazione quasi umana) riassumono con alta carica simbolica il senso delle parti precedenti: il dolore per la trasformazione, anche quando sia per il meglio, accanto al sentimento – che però resta sostanzialmente implicito – del fallimento storico delle rivendicazioni operaie.

I

Solo l'amare, solo il conoscere
conta, non l'aver amato,
non l'aver conosciuto. Dà angoscia

il vivere di un consumato
5   amore. L'anima non cresce più.
Ecco nel calore incantato

della notte che piena quaggiù
tra le curve del fiume e le sopite
visioni della città sparsa di luci,

10   echeggia ancora di mille vite,
disamore, mistero, e miseria
dei sensi, mi rendono nemiche

le forme del mondo, che fino a ieri
erano la mia ragione d'esistere.
15   Annoiato, stanco, rincaso, per neri

piazzali di mercati, tristi
strade intorno al porto fluviale,
tra le baracche e i magazzini misti

agli ultimi prati. Lì mortale
20   è il silenzio: ma giù, a viale Marconi,
alla stazione di Trastevere, appare

ancora dolce la sera. Ai loro rioni,
alle loro borgate, tornano su motori
leggeri – in tuta o coi calzoni

25   di lavoro, ma spinti da un festivo ardore
i giovani, coi compagni sui sellini,
ridenti, sporchi. Gli ultimi avventori

chiacchierano in piedi con voci
alte nella notte, qua e là, ai tavolini
30   dei locali ancora lucenti e semivuoti.

METRICA terzine di versi liberi legate da rime o, più spesso, da assonanze e consonanze, secondo lo schema della terzina dantesca (ABABCBCD...), ma non senza alcune eccezioni. Frequentissimi e assai importanti gli *enjambements*, ai quali spetta la funzione, tra l'altro, di regolare l'andamento di un ritmo che rischia sempre di sconfinare nella prosa o di sciogliersi in un troppo facile canto, e che invece riesce a restare, di solito, nei termini di un andamento narrativo di tipo epico, benché spesso frantumato e mutevole, secondo una caratteristica (rappresentata anche da certi abbandoni emotivi) tipica della lirica.

I

● **1-5** *Ha valore* (**conta**) *soltanto* (**solo**) *l'amare soltanto il conoscere, non l'aver amato, non l'aver conosciuto* [*nel passato*]. *Il vivere di un amore* [*ormai*] *finito* (**consumato**) *dà angoscia. L'anima non cresce* [: matura] *più*. L'apertura del poemetto contiene un'aperta affermazione del vitalismo caratterizzante la personalità e l'opera di Pasolini: è una difesa del valore dell'amore e della conoscenza nel presente, valore che è tale solo nell'esperienza continua. Il collegamento con quel che segue va rintracciato soprattutto nei vv. 12-24; l'amore del poeta per la vita e per il mondo (il mondo, si vedrà, della città e dei suoi abitanti) è a un tratto messo in crisi.

● **6-14** *Nel calore incantato* [: magico] *della notte fonda* (**piena**) *che ancora risuona* (**echeggia**) *di mille* [: numerose; indeterminato] *vite, quaggiù tra le curve del fiume* [Tevere] *e le visioni sfumate* (**sopite** = addormentate) *della città* [: Roma] *disseminata* (**sparsa**) *di luci, ecco* [che] *disamore, mistero, e miseria dei sensi* [: soggetto] *mi rendono nemici* [: odiosi] *gli aspetti* (**le forme**) *del mondo* [: complemento oggetto], *che fino a ieri erano la mia ragione di esistere*. In questi versi inizia a delinearsi il carattere narrativo del poemetto, attraverso l'introduzione di elementi spazio-temporali: è una notte estiva in una grande città ancora animata (dai riferimenti successivi – cfr. anche i vv. 20 sg. – si ricaverà che la città è Roma). È inoltre introdotto il punto di vista del soggetto, il quale è spinto a non riconoscersi più in quelle **forme del mondo** fino a quel momento rappresentanti il suo orizzonte esistenziale. Le cause di tale crisi di distacco sono indicate ai vv. 11 sgg.: e si tratta di cause oggettive e soggettive, che delineano contemporaneamente il rigetto del poeta nei confronti dell'esterno e un rifiuto di questo nei confronti del poeta: il distacco è cioè anche il frutto di un'emarginazione oggettiva. Il termine **mistero** indica la incapacità di cogliere il senso delle cose, e le espressioni **disamore** e **miseria dei sensi** alludono al rapporto conflittuale con le proprie pulsioni sessuali e la difficoltà di viverle socialmente.

● **15-30** [*Io*] *torno a casa* (**rincaso**) *annoiato, stanco attraverso* (**per**) *neri* [: bui] *piazzali dove si tengono i* (**di**) *mercati,* [*attraverso*] *tristi* [: povere] *strade intorno al porto del fiume* (**fluviale**), *tra le baracche e i magazzini mescolati* (**misti**) [: alternati] *agli ultimi prati. Lì il silenzio è mortale* [: completo]: *ma giù, a viale Marconi, alla stazione di Trastevere, la sera appare ancora mite* (**dolce**). *I giovani ridenti, sporchi tornano ai loro quartieri* (**rioni**), *alle loro borgate, su motorini* (**motori leggeri**), *con i* (**coi**) [: portando i] *compagni sui sellini* [*posteriori*] – *in tuta o con i calzoni di lavoro,* *ma* [*già*] *spinti da un entusiasmo* (**ardore**) *festivo. Gli ultimi clienti* (**avventori**) *chiacchierano con voci rumorose* (**alte**) *nella notte* [*stando*] *in piedi qua e là,* [*e seduti*] *ai tavolini dei locali ancora illuminati* (**lucenti**) *e* [*già*] *semivuoti*. È qui introdotto con maggiore esattezza realistica il soggetto (v. 15: **rincaso**) e delineato nei particolari lo scenario della città notturna, e anche il riferimento temporale è puntualizzato al v. 25, che sembra alludere alla vigilia di un giorno di festa. Soprattutto l'attenzione si concentra sulle figure umane che ancora popolano la città. Il séguito del poemetto porterà a una graduale riaffermazione di positività proprio a partire dalla vitalità di tali figure (e si guardi, ai vv. 22-27, con quale slancio ed esuberanza sono rappresentati i **giovani**). **Baracche** (v. 18): povere costruzioni generalmente in lamiera, legno o plastica, poste ai margini del tessuto urbano e spesso addensate in **borgate** (v. 23), i quartieri più periferici ed emarginati, di solito abusivi e senza infrastrutture (strade, scuole, ospedali, fognature, giardini...); lo scenario evocato da questi termini si riferisce a una realtà ancora esistente, ma grave soprattutto negli anni del *boom* economico, caratterizzati da un rapido inurbamento delle popolazioni rurali e da un'indiscriminata speculazione edilizia di infimo grado. **Viale Marconi...stazione di Trastevere**: luoghi romani frequentati (almeno negli anni Cinquanta) soprattutto dalle classi popolari. **Locali**: come sostantivo vale propriamente 'stanze', ma nell'uso colloquiale indica in particolare gli 'esercizi pubblici' (in questo caso ristoranti e soprattutto bar, con relativi **tavolini**).

[...]

VI

Nella vampa abbandonata
del sole mattutino – che riarde,
ormai, radendo i cantieri, sugli infissi

riscaldati – disperate
5 vibrazioni raschiano il silenzio
che perdutamente sa di vecchio latte,

di piazzette vuote, d'innocenza.
Già almeno dalle sette, quel vibrare
cresce col sole. Povera presenza

10 d'una dozzina d'anziani operai,
con gli stracci e le canottiere arsi
dal sudore, le cui voci rare,

le cui lotte contro gli sparsi
blocchi di fango, le colate di terra,
15 sembrano in quel tremito disfarsi.

Ma tra gli scoppi testardi della
benna, che cieca sembra, cieca
sgretola, cieca afferra,

quasi non avesse meta,
20 un urlo improvviso, umano,
nasce, e a tratti si ripete,

così pazzo di dolore, che, umano,
subito non sembra più, e ridiventa
morto stridore. Poi, piano,

25 rinasce, nella luce violenta,
tra i palazzi accecati, nuovo, uguale,
urlo che solo chi è morente,

nell'ultimo istante, può gettare
in questo sole che crudele ancora splende
30 già addolcito da un po' d'aria di mare...

● **1-7** *Nella calura* (**vampa**) *deserta* (**abbandonata**) *del sole del mattino* (**mattutino**) – *che ormai brucia di nuovo* (**riarde**) *sugli infissi riscaldati, colpendo obliquamente* (**radendo**) *i cantieri* – *vibrazioni disperate cancellano* (**raschiano**) *il silenzio che sa senza rimedio* (**perdutamente**) *di latte vecchio* [: inacidito], *di piazzette vuote, di innocenza*. Torna il giorno, e il calore del sole si manifesta fin dalle prime ore del mattino (**vampa** e **riarde** soprattutto, ma anche **riscaldati**, esprimono questo calore estivo). Intanto un rumore percussivo e vibrante (proveniente dai **cantieri**, dove il lavoro è già ripreso: cfr. vv. 8 sg.) annulla i segni perduranti del riposo notturno, evocati dal poeta con complesse associazioni di tipo sinestetico, sono sinestesie sia l'affermazione che *il silenzio...sa* (cioè *ha sapore di*) **vecchio latte** (infatti il silenzio non ha propriamente alcun sapore), sia a maggior ragione le aggiunte successive, che implicano riferimenti a termini di paragone, privi già in sé di sapore (**piazzette vuote**) o addirittura astratti (**innocenza**), così che quel **sa** va spiegato con *fa venire in mente... ricorda sensazioni del tipo di...* Ma le sinestesie contengono un potere espressivo assai maggiore, qualificando l'aspetto puramente sensoriale e associativo dei riferimenti, come intuiti nel dormiveglia o nella rilassatezza del risveglio. Per questa ragione qui le sinestesie hanno piuttosto una connotazione di tipo realistico che simbolistico, non pretendendo di esprimere un punto di vista o di giudizio più alto e profondo, ma anzi determinato e particolare. **Radendo**: il verbo "ràdere" significa sia 'rasare' (soprattutto nella forma riflessiva "radersi" = 'farsi la barba') e 'distruggere' (nella locuzione "radere al suolo"), sia, come qui, 'sfiorare'; colpire di lato, indirettamente', da cui il participio presente "radente" e il gerundio "radendo".

● **8-15** *Quel vibrare* [: aumenta] *con il sole* [: insieme al crescere del sole] *almeno dalle sette* [: essendo cominciato alle ore sette]. [*Provocato dalla*] *povera presenza di una dozzina di anziani operai, con gli abiti miseri* (**gli stracci**) *e le canottiere accesi* (**arsi**; participio passato di "ardere") [: bagnati] *dal sudore, le cui voci rare* [: le cui poche parole], *le cui lotte contro i blocchi di fango sparsi* [*qua e là*], [*contro*] *le colate di terra, sembrano annullarsi* (**disfarsi**) *in quel tremito* [: il vibrare]. Il rumore vibrante, iniziato alle sette e cresciuto a poco a poco, proviene dunque da un cantiere edile. In esso un gruppetto di operai lavora con fatica sotto il sole, quasi essendo annullato dal rumore stesso in ogni propria manifestazione vitale (parole e atti).

● **16-30** *Ma tra i colpi* (**scoppi**) *insistenti* (**testardi**) *della benna* [: vedi sotto], *che sembra cieca*, [*e*] *sgretola cieca*, [*e*] *afferra cieca, quasi non avesse un fine* (**meta**), *nasce e a tratti si ripete un urlo improvviso, umano, così pazzo di dolore, che, sùbito non sembra più umano, e ridiventa* (*torna a sembrare*) *uno stridore inanimato* (**morto**) [: meccanico]. *Poi, rinasce piano, nella luce violenta, tra i palazzi dalle finestre murate* (**accecati**), *nuovo, monotono* (**uguale**), *urlo che solamente* (**solo**) *chi è sul punto di morire* (**morente**) *può emettere* (**gettare** = lanciare), *nell'ultimo istante, in questo sole crudele che* [*ri*]*splende ancora già addolcito* [: stemperato] *da un po' d'aria di mare...* Si chiarisce qui quale sia l'origine delle **vibrazioni** (v. 5): esse provengono dalla **benna** e da un altro attrezzo meccanico per ora non meglio definito (al v. 35 sarà infine nominata la **scavatrice**, già introdotta però dal titolo del poemetto). Per altro si spiega anche l'aggettivo **disperate** (v. 4) riferito all'inizio di questa sesta parte alle **vibrazioni**. Il rumore straziante della scavatrice è simile a un urlo umano disperato, e a esso è affidato, nella conclusione del poemetto, il compito di esprimere il punto di vista del poeta sul senso della trasformazione provocata dalla civiltà. La **scavatrice** è antropomorfizzata ovvero innalzata a simbolo del cambiamento indotto dalla civiltà. **Benna**: la grande pala meccanica in fondo al braccio delle gru, per dissodare il terreno e asportare materiale di scavo.

A gridare è, straziata
da mesi e anni di mattutini
sudori – accompagnata

dal muto stuolo dei suoi scalpellini,
35 la vecchia scavatrice: ma, insieme, il fresco
sterro sconvolto, o, nel breve confine

dell'orizzonte novecentesco,
tutto il quartiere... È la città,
sprofondata in un chiarore di festa,

40 – è il mondo. Piange ciò che ha
fine e ricomincia. Ciò che era
area erbosa, aperto spiazzo, e si fa

cortile, bianco come cera,
chiuso in un decoro ch'è rancore;
45 ciò che era quasi una vecchia fiera

di freschi intonachi sghembi al sole,
e si fa nuovo isolato, brulicante
in un ordine ch'è spento dolore.

Piange ciò che muta, anche
50 per farsi migliore. La luce
del futuro non cessa un solo istante

di ferirci; è qui, che brucia
in ogni nostro atto quotidiano,
angoscia anche nella fiducia

55 che ci dà vita, nell'impeto gobettiano
verso questi operai, che muti innalzano,
nel rione dell'altro fronte umano,

il loro rosso straccio di speranza.

● **31-40** *A gridare è la vecchia scavatrice, straziata da mesi e anni di sudori mattutini – accompagnata dal muto gruppo* (**stuolo**) *degli scalpellini* [: operai] *che sono con lei* (**suoi**): *ma, insieme,* [a gridare è] *il fresco* [: recente] *buco nella terra* (**sterro**) *scompigliata* (**sconvolto**), *o* [a gridare è] *tutto il quartiere, nel breve confine dell'orizzonte novecentesco* [: chiuso da alti palazzi]... [*A gridare*] è *la città, sprofondata in un chiarore di festa* [: che sembra festivo], – *è il mondo*. L'urlo di dolore della **scavatrice** (il suo **pianto**, rifacendosi al titolo del poemetto) esprime il pianto di tutta la città, e anzi del mondo stesso, dinanzi alla fatica umana e, soprattutto, dinanzi al mutamento, alle svolte della storia. Si noti il contrasto tra il **gridare** della **scavatrice** e l'aggettivo **muto** riferito agli operai (che porta alle estreme conseguenze il **voci rare** del v. 12). D'altra parte la **scavatrice** è **vecchia**, così come **anziani** (v. 10) sono gli operai. All'oggetto meccanico, e anzi al suo rumore, è affidato il punto di vista del poeta, che identifica la fatica degli uomini in quel grido inanimato; esso rappresenta tutta la realtà (comprese le sue ingiustizie). Dal punto di vista formale, si notino almeno le ellissi frequentissime di questi ultimi versi, le quali servono ad accrescere la drammaticità della conclusione; e un fine identico hanno, d'al-

tra parte, anche le non rare replicazioni.
● **40-48** [*La scavatrice*] *piange ciò che finisce* (**ha fine**) *e ricomincia* [: le trasformazioni]. [*Piange*] *ciò che era area erbosa, spiazzo aperto, e diventa* (**si fa**) *cortile, bianco come cera, chiuso in un decoro che è* [: che esprime] *rancore*; [*piange*] *ciò che era quasi una vecchia fiera di intonaci* (**intonachi**; è plurale raro di "intonaco") *freschi storti* (**sghembi**) *al sole, e diventa* (**si fa**) *isolato nuovo, affollato* (**brulicante**) *in un ordine che è dolore represso* (**spento**). Il pianto della scavatrice esprime il pianto (cioè il rimpianto doloroso) suscitato dalle trasformazioni, rappresentate dal caso esemplare della casa in costruzione. Tale lavoro comporta la distruzione del verde (v. 42) e delle casette (vv. 45 sg.) che occupavano lo spazio dove essa deve sorgere, portando con sé il **decoro** (cioè la dignità e l'eleganza) di un **cortile** che esprime il **rancore** (l'invidia e la rivalità) dei futuri abitatori, e l'**ordine** nel quale la loro sofferenza dovrà acquetarsi. **Fiera**: propriamente il termine indica i raduni periodici di compravendita, e vale quasi 'mercato'; spesso si usa per indicare una 'festa paesana' e anche 'ambiente festoso'. Qui per estensione il significato è 'rassegna variata e multicolore'. **Isolato**: gruppo raccolto di palazzi, separato per mezzo di strade dal resto del tessuto urbano (e di qui il nome).

● **49-58** [*La scavatrice*] *piange ciò che cambia* (**muta**), *anche* [*se cambia*] *per farsi migliore. La luce del futuro non smette* (**cessa**) *un solo istante di ferirci*: [*tale luce*] *è qui, che vive con dolore* (**brucia**) *in ogni nostro atto quotidiano,* [è] *angoscia anche all'interno della* (**nella**) *fiducia che ci dà vita,* [*anche*] *nello slancio* (**impeto**) [*di tipo*] *gobettiano* [: vedi sotto] *verso questi operai, che nel quartiere* (**rione**) *dell'altro fronte di uomini* [: gli oppressi], *innalzano muti il loro rosso straccio* [: misera bandiera] *di speranza*. Il rimpianto per i cambiamenti riguarda anche ciò che migliora, e provoca angoscia anche per le trasformazioni nelle quali si crede e si spera; ed è un rimpianto che perciò accompagna lo slancio stesso verso gli operai e l'adesione politica alla loro causa. **Gobettiano**: con riferimento a Piero Gobetti, importante personalità politica degli anni Venti, ucciso dai fascisti, nella sua originale concezione (che univa la cultura liberale a molte esigenze dell'ideologia socialista) la classe operaia è posta al centro dell'attenzione. **Rosso straccio di speranza**: è la bandiera rossa dei partiti della sinistra, espressione anch'essa di un desiderio di trasformazione, definita dall'autore **straccio** non per disprezzo ma per indicare la povertà (e forse l'impotenza) della classe operaia (coerentemente, perciò, alla presentazione degli operai contenuta ai vv. 9-12).

T1 DALLA COMPRENSIONE ALL'INTERPRETAZIONE

COMPRENSIONE

Dalla notte alla mattina Nella **prima parte** del poemetto si delinea il carattere narrativo del testo, con **riferimenti alla situazione** (il poeta riflette mentre ritorna a casa), al **tempo** (è notte), **allo spazio** (siamo a Roma e vengono nominate zone precise della città; vv. 20-21), **ai tipi umani incontrati** dal soggetto (i giovani ridenti sul motorino, gli ultimi avventori; vv. 22-30). **La sesta e ultima parte del poemetto presenta uno scenario mutato: è mattina e ci troviamo nei pressi di un cantiere**. A un certo punto si leva «un urlo improvviso» (v. 20): solo al v. 35 il poeta chiarisce da dove esso provenga, introducendo finalmente «la vecchia scavatrice» che dà il titolo al poemetto. **Il pianto della scavatrice è suscitato dalle trasformazioni che investono il mondo** («Piange ciò che / ha fine e ricomincia», «Piange ciò che muta, anche / per farsi migliore»). La conclusione presenta una nota più chiaramente ideologica facendo riferimento all'«impeto gobettiano / verso questi operai, che muti innalzano / [...] / il loro straccio di speranza».

ANALISI

Il realismo politico di Pasolini Nella **prima parte** del poemetto, si nota la presenza, tipicamente pasoliniana, di **atmosfere e figure "umili"**, legate al sottoproletariato. A esse Pasolini attribuisce una connotazione per lo più positiva (coerentemente ai principi del marxismo), in particolare in nome dei valori della corporalità e della sensualità. Nella **sesta parte**, tra le prove più alte dell'arte di Pasolini, deve invece essere sottolineata l'intensa **caratterizzazione simbolica della realtà** rappresentata, ferma restando sempre l'adesione a una poetica realistica. Più in generale, il carattere realistico e antilirico di questo testo è rivelato anche dalla **struttura narrativa del poemetto** (piuttosto rara, nel Novecento italiano).

L'adesione del poeta alla condizione operaia è rivelata da molti particolari della sesta parte, nei quali viene sottolineata la miseria dei proletari (cfr. «povera», v. 9, e «stracci», v. 11), la loro fragilità (cfr. «anziani», v. 10; «arsi / dal sudore», vv. 11-12; «voci rare», v. 12; «disfarsi», v. 15), mettendone contemporaneamente in luce un qualche umile eroismo («lotte contro...», v. 13). Questa adesione rivela tuttavia piuttosto **un atteggiamento intenerito e commosso di tipo populistico** che non una prospettiva di classe.

INTERPRETAZIONE

Pubblico e privato Caratteristica di questo poemetto (e in generale di Pasolini) è l'unione di privato e di politico, compiuta dall'autore trasferendo i **conflitti storici** nell'ambito della propria soggettività, e vivendoli perciò come **conflitti esistenziali**. Lo sperimentalismo pasoliniano, che implica un'apertura della lingua e dello stile poetico alle risorse del **dialetto** e ai caratteri della **prosa**, è fatto anche di questo scambio tra dimensione soggettiva e oggettiva, tra "visceralità" e ideologia.

La devastazione del passato In un articolo del 1963 pubblicato sul «Menabò» il critico **Guglielmi** osservava: «Mai l'uomo si è sentito maggiormente senza futuro come oggi quando le possibilità di futuro, grazie al meraviglioso progresso della scienza, paiono tante, prossime e suggestive». Ciò mette in discussione il senso stesso della storia e del presente: nella poesia come nella narrativa di Pasolini è drammatica la coscienza della distruzione del passato e della **mutazione antropologica che attraversa l'uomo contemporaneo**. La percezione del salto tra passato e presente è vissuta da Pasolini come una perdita irrimediabile e come una ferita alle radici vitali dell'esistenza. **La dissoluzione del mondo contadino e della vecchia città** («ciò che era / area erbosa, aperto spiazzo», vv. 41-42) promette un progresso industriale minaccioso, «un decoro ch'è rancore» (v. 44), «un ordine ch'è spento dolore» (v. 48). Su questo e di questo piange la scavatrice.

T1 LAVORIAMO SUL TESTO

ANALIZZARE

Spazio e tempo

1. Precisa le coordinate spaziali e temporali del testo.
2. Squallore e vitalità coesistono nell'ambiente in cui si muove il poeta. A quali diverse realtà si riferiscono?

Il populismo

3. **LINGUA E LESSICO** Quali particolari svelano la simpatia dell'autore per i ceti più umili? Rintraccia nel testo i termini che esprimono la miseria e l'eroismo degli operai.

INTERPRETARE

Il pessimismo

4. Chiarisci lo stato d'animo del poeta. Perché il suo amore per la vita è messo in crisi (vv. 11-14)?

Il dolore per la trasformazione

5. Quale valore simbolico assume la cecità della scavatrice (vv. 17-18)? Quale il suo «urlo... umano»?
6. **TRATTAZIONE SINTETICA** Perché c'è «angoscia anche nella fiducia / che ci dà vita»? Spiega in un breve testo l'ottica contraddittoria con la quale il poeta guarda al futuro.

LE MIE COMPETENZE: PRODURRE

Pasolini è stato un poeta, un narratore, un regista, un intellettuale di primo piano e, insieme, un "personaggio pubblico", che ha fatto discutere per le sue prese di posizione imprevedibili e provocatorie. La sua morte tragica lo ha trasformato in un "mito", in una vittima di quel presente degradato, contro cui si era rivolta la sua protesta disperata e controcorrente. Fai una ricerca e raccogli tutto il materiale che riesci a reperire sulla sua attività artistica e intellettuale (alle informazioni e ai testi riportati in questo capitolo puoi aggiungere i documenti, le testimonianze, gli articoli di giornale, le interviste, le fotografie, i video che trovi in rete). Seleziona il materiale e organizzalo in un progetto coerente; quindi crea un prodotto multimediale intitolato *Pier Paolo Pasolini "personaggio pubblico"*.

Puoi realizzare:
- un ipertesto, utilizzando Word, PowerPoint, il codice html;
- una mappa concettuale, utilizzando Word o uno dei programmi gratuiti che puoi scaricare da Internet;
- una galleria di immagini, con eventuale aggiunta di audio e testi;
- un video, utilizzando spezzoni di filmati reperibili in rete;
- un prodotto multimediale che combini le diverse tipologie elencate nei punti precedenti.

Presenta il tuo lavoro in classe con l'ausilio della LIM e discuti della figura intellettuale e dell'opera di questo grande protagonista del Novecento con il docente e i compagni.

3 La produzione narrativa

Pier Paolo Pasolini romanziere

Video • *Ragazzi di vita e Una vita violenta* (G. Rondolino)

Petrolio, romanzo incompiuto

Una vita violenta

Ragazzi di vita e l'uso del dialetto

La produzione narrativa ha indubbiamente in Pasolini un rilievo minore rispetto a quella in poesia. Come romanziere, ha prodotto **due opere importanti**, entrambe risalenti al periodo di «Officina», *Ragazzi di vita* (1955) e *Una vita violenta* (1959). **Un terzo romanzo**, giovanile e neorealistico, di argomento sociale e di ambientazione friulana, *Il sogno di una cosa*, per quanto scritto diversi anni prima, fu pubblicato solo nel 1962. Due racconti giovanili, a carattere autobiografico, sono riuniti in *Amado mio*, uscito postumo; altri in *Alì dagli occhi azzurri* (1965). A partire dagli inizi degli anni Sessanta Pasolini abbandona la narrativa per il cinema. Tuttavia, a **un quarto romanzo**, *Petrolio*, stava lavorando al momento della morte: esso, concepito – ha lasciato scritto l'autore – come «una specie di *summa* di tutte le mie esperienze, di tutte le mie memorie», **è rimasto incompiuto** ed è stato pubblicato postumo nel 1993. Il protagonista, Carlo, di cui si rappresenta la scissione psicologica sullo sfondo di un'Italia dominata dagli interessi economici e dalla volgarità neocapitalistica, è largamente autobiografico.

Anche se *Petrolio* ha una sua terribilità e un suo fascino, **le due opere più significative restano quelle del periodo di «Officina», e più la prima che la seconda**. *Una vita violenta*, infatti, è costruito un po' meccanicamente secondo il modulo realistico e tradizionale dell'educazione sentimentale, morale e politica di un ragazzo delle borgate romane, Tommasino Puzzilli, che, dopo numerose bravate teppistiche, diventa militante del PCI e muore per salvare una prostituta.

Entrambi i romanzi sono scritti in un italiano che risente del romanesco e che vuole rendere il linguaggio basso e gergale delle borgate (non manca, nell'originale soluzione linguistica, un'eco del *Pasticciaccio* di Gadda). **Ma** *Ragazzi di vita* – formato da una serie di racconti riuniti a formare una storia in qualche misura unitaria – **è più libero, meno costruito**, essendo privo di una vera e

I ROMANZI DI PASOLINI

Ragazzi di vita (1955) *Una vita violenta* (1959)	• sperimentalismo e collocazione nell'ambito dell'esperienza di «Officina» • dialoghi in dialetto romanesco • ambientazione nelle borgate romane • giovani delle borgate come protagonisti • vitalità del popolo • realismo crudo della narrazione
Petrolio (romanzo incompiuto pubblicato postumo)	

propria vicenda narrativa. **È incentrato sul tema chiave della produzione artistica pasoliniana: la visceralità, la corporalità**, la sfrontata e scandalosa giovinezza e vitalità, qui colte e rappresentate nel sottoproletariato romano. Questo diventa immagine della diversità stessa dello scrittore. Si capisce dunque come, sotto l'esattezza quasi scientifica della rappresentazione, si avverta la lacerazione di una testimonianza soggettiva più che l'oggettività del documento sociale caro alla narrativa naturalistica. Come sempre in Pasolini, protagonista è la **contraddizione fra irrazionalità, istintualità, visceralità da un lato e ragione o ordine dall'altro**. Ma non manca anche il fascino decadente per la corruzione, per lo sfacelo morale e fisico, per la degradazione.

Irrazionalità e visceralità vs *ragione e ideologia*

La struttura di Ragazzi di vita

Ragazzi di vita **è formato da otto capitoli**, che possono essere letti anche come racconti autonomi. I dialoghi sono in dialetto romanesco, mentre nelle parti connettive al prevalente italiano letterario si uniscono inserti gergali. **Fra le varie figure giovanili spiccano quelle del Riccetto** (cfr. T2), che, dopo varie imprese teppistiche, alla fine sceglie il lavoro e s'integra nella società, **di Amerigo**, forte e sicuro di sé e ribelle sino al suicidio, **e di Genesio**, timido e pensoso, che muore nel tentativo di mostrare a se stesso una forza non ancora raggiunta.

Lo scandalo di Ragazzi di vita

Il romanzo suscitò vivaci polemiche per il modo crudo – assai diverso da quello tutto ideologico del Neorealismo – con cui veniva presentato il popolo e per le scene di sesso (l'autore e l'editore furono persino denunciati per "pubblicazione oscena").

T2 Riccetto viene arrestato

OPERA
Ragazzi di vita, cap. V

CONCETTI CHIAVE
- la miserabile condizione del sottoproletariato romano
- l'impasto linguistico sperimentale

FONTE
P.P. Pasolini, *Ragazzi di vita*, Einaudi, Torino 1979 [1955].

Dopo aver partecipato con tre compagni a un tentativo fallito di furto, Riccetto, all'alba, torna a casa da solo (uno è finito all'ospedale, due sono stati presi e consegnati alla polizia). E affamato, e tenta di trovare qualcosa da mangiare nella spazzatura che aiuta a scaricare dal camion della nettezza urbana. Ma, schifato, ci rinuncia. Dopo aver tentato al mercato di rubare del formaggio ed essere stato sorpreso e picchiato dal padrone della bancarella, torna a casa e s'addormenta. Ma è svegliato dai poliziotti venuti ad arrestarlo.

Il Riccetto se ne tornava, bianco in faccia come un cencio,[1] giù verso via Taranto,[2] piano piano, aspettando che piazzassero le bancarelle del mercatino e venisse gente a far la spesa. Aveva una fame, povero figlio,[3] che stava per sturbarsi,[4] e metteva un piede avanti all'altro senza sapere neanche lui dove andava. Via Taranto era lì presso: che ci voleva a arrivarci? Imboccò via Taranto, difatti, ch'era deserta come un campo minato, con migliaia di persiane chiuse sulle facciate che si ammas-
5 savano, scure, sulla scesa,[5] verso il cielo pieno di quei fuochi artificiali canditi.[6] E il venticello, fresco, che faceva diventare bianchi e celesti in faccia come finocchi, dava ogni tanto uno scossone alle due file di alberelli appennicati e tubercolosi[7] che salivano, di qua e di là dalla strada, con le facciate, verso il cielo di San Giovanni.[8] Ma lì dov'era il mercatino, all'incrocio di via Monza o di via Orvieto, di bancarelle nemmeno il ricordo. Ma nemmeno un pezzo di carta si vedeva: un torsolo, una
10 coccia,[9] uno spicchio d'aglio acciaccato,[10] niente, pareva che lì di mercati non ce ne fossero stati mai, o che mai ci dovessero venire. – Ah vabbè, – fece il Riccetto, con le mani affondate nelle saccocce,[11] tanto in giù che aveva cacciato il cavallo dei calzoni alle ginocchia, e rannicchiandosi dentro la camicetta col collo rialzato. E risvoltò per la prima strada che gli capitò davanti, locco locco.[12]
15 Mannaccia la m..., – fece incazzandosi improvvisamente, a denti stretti e a voce quasi forte. – Tan-

---

- **1 cencio**: straccio.
- **2 via Taranto**: a Roma.
- **3 povero figlio**: inserto da narratore corale, come in Verga o in certe pagine del *Pasticciaccio* di Gadda.
- **4 sturbarsi**: svenire. La spiegazione di questa voce romanesca, come di molte altre, viene dal glossario che Pasolini stesso ha messo in appendice al romanzo.
- **5 scesa**: discesa.
- **6 quei fuochi...canditi**: sono, per metafora, i bagliori dell'alba sulle nuvole.
- **7 appennicati e tubercolosi**: assonnati e gracili. Propriamente, la "pennica" è il riposo dopo il pasto.
- **8 San Giovanni**: la basilica di San Giovanni in Laterano.
- **9 coccia**: buccia.
- **10 acciaccato**: schiacciato.
- **11 saccocce**: tasche.
- **12 locco locco**: mogio mogio.

to qqua chi me sente? – disse poi lanciando un'occhiata esplorativa[13] intorno, – e si pure[14] me sentono, che me frega –. Stava tremando come una foglia. I fanali[15] ch'erano ancora accesi si smorzarono di botto,[16] la luce cadde più cruda e triste dal cielo e s'incollò sui[17] muri. Tutti, dai portieri agli impiegati, dalle donne di servizio ai commendatori, dormivano ancora dietro le imposte verniciate di via Pinerolo. Ma a un tratto in fondo alla strada, dei freni si misero a stridere così forte che li avrebbero sentiti fino a San Giovanni; e poi subito dopo dei botti, che rimbombarono in tutto il quartiere ormai investito dal biancore[18] del giorno. Il Riccetto si diresse senza forzare da quella parte, e imboccò piazza Re di Roma. Era lì che facevano tutto quel fracasso. Dietro gli alberetti sulle aiuole nere e bagnate, con le panchine vuote, era fermo il camion dell'immondezza,[19] e in fila lungo il marciapiede, una dozzina di bidoni, con intorno i canestrari[20] con le maniche rimboccate che bestemmiavano. Il conducente era sceso, e coi riccioletti sull'occhio, se li stava a sentire appioppato[21] a un parafango zozzo[22] del camion, con le mani in saccoccia. Un pischello,[23] con un sorrisetto che gli stirava la bocca, divertendosi pure lui perché non gliene fregava niente di quella discussione, e, anzi, gli andava bene perché così non lavorava, se ne stava zitto un po' discosto, con un'asse in mano –. Ma nun lo sei ito a cchiamà, quer fijo de na mignotta?[24] – fece il conducente, rivolgendosi di botto al giovincello: quello arrossì un pochetto, e poi fece calmo: – Come no. – Aoh, a fiji belli, che ve devo da dì!²⁵ – fece il conducente rivolto ai due spazzini. – Arrangiatevi un po'! – E se ne risalì in cabina, allungandosi sul sedile e cacciando i piedi fuori dal finestrino. Ma non era tanto una gran disgrazia per gli spazzini: dovevano soltanto scaricare loro i bidoni dentro il camion anziché uno dei pischelli: l'altro, con una faccia da schiaffi, e sporco come uno zingaro, ci stava. E poi, dopo tutto, l'animaccia loro,[26] se alla Borgata Gordiani o al Quadraro[27] non si fossero trovati dei maschi[28] che, per poi avere diritto d'andare a capare[29] tra l'immondizia, s'alzavano alle tre del mattino e sfaticavano per quattro o cinque ore, non l'avrebbero dovuto fare da sé sempre quel lavoro? Ma ormai s'erano abituati male e gli rodeva,[30] poveracci, a ritrovarsi così inguaiati.[31] Il Riccetto se ne stava lì, con le mani già tirate mezze fuori dalle saccocce, e gli occhi che parlavano.

Uno sdentato, con la barba nera come il carbone sulle mascelle bianche per la giannetta,[32] e due occhi da povero cristo, che luccicavano come quelli d'un cane, da ubbriaco, con tutto ch'erano[33] le quattro del mattino, gli fece: – Daje[34] –. Il Riccetto non se lo fece dire due volte, e mentre i canestrari ridacchiavano, dicendo, chini sui bidoni gelati: – Daje, che mo qua ce magni de grasso.[35] – Approfitta, a maschiè,[36] che qua è na pacchia, – senza filarli[37] per niente, prese l'altra asse che sporgeva dal camion e con l'altro suo collega si mise, di lena, a rotolare dentro il camion i bidoni dell'immondezza e a scaricarli.

Una macchia di vapore grigio e sporco, come inchiostro annacquato, intanto s'andava allargando per le strisce di cielo che s'intravedevano in cima ai palazzoni, nei vuoti della piazza: e il disastro[38] di nuvolette, prima scoloriva, poi veniva assorbito da quel sudiciume. Il bel nuvolone bianco, coi riflessi d'acciaio, s'era smandrappato e sbrillentato,[39] e ora scompariva pure lui come neve nella fanga.[40] L'estate stava per finire. Per tre ore il Riccetto col paraguletto[41] della Borgata Gordiani scaricò bidoni d'immodezza sul camion, sul mucchio che si faceva sempre più alto e che raschiava sempre più i polmoni con un odore che pareva d'essere in un aranceto bruciato. Già si

- 13 **esplorativa**: *di esplorazione.*
- 14 **si pure**: *anche se.*
- 15 **fanali**: *lampioni.*
- 16 **si smorzarono di botto**: *si spensero di colpo.*
- 17 **s'incollò sui**: *colpì i*; metafora.
- 18 **biancore**: *prima luce.*
- 19 **dell'immondezza**: *della nettezza urbana.*
- 20 **canestrari**: *spazzini.*
- 21 **appioppato**: *appoggiato di peso.*
- 22 **zozzo**: *sporco.*
- 23 **pischello**: *ragazzetto.*
- 24 **– Ma...mignotta? –**: *– Ma non lo sei andato a chiamare quel figlio di puttana? –.*
- 25 **– Come no...da dì! –**: *– Certo. – Beh, ragazzi, cosa devo dirvi? –.*
- 26 **l'animaccia loro**: imprecazione generica, tipo: *figuriamoci!*
- 27 **alla Borgata...Quadraro**: quartieri popolari.
- 28 **maschi**: *ragazzi.*
- 29 **capare**: *frugare.*
- 30 **gli rodeva**: *li irritava.*
- 31 **inguaiati**: *in difficoltà.*
- 32 **giannetta**: *arietta fresca.*
- 33 **con tutto ch'erano**: *sebbene fossero.*
- 34 **– Daje –**: *– Dài –* [: datti da fare].
- 35 **– Daje...de grasso**: *– Dài, che adesso qui ci mangi a volontà –.*
- 36 **a maschiè**: *ragazzo*; **a** si usa per precedere il vocativo.
- 37 **senza filarli**: *senza curarsene.*
- 38 **disastro**: *ammasso* [: come di rottami].
- 39 **smandrappato e sbrillentato**: *strappato e lacerato.*
- 40 **nella fanga**: *nel fango.*
- 41 **col paraguletto**: *con il furbetto.*

vedevano in giro le prime serve con le borse vuote, e si sentivano sempre più frequenti i gniiiiu, gnieeeeu dei tranvi[42] alle svoltate: e il camion tagliò[43] dal quartiere della gente perbene e granosa,[44] prese la Casilina, rasentò con la sua puzza fresca fresca i casamenti dei poveracci, ballò la samba[45] per strade piene di buche, coi marciapiedi che parevano fogne, tra grandi cavalcavia scrostati, steccionate, impalcature, cantieri, rioni di casupole, villaggi di tuguri,[46] incrociando coi tranvetti di Centocelle[47] coi grappoli d'operai ai predellini, e arrivò, per la Strada Bianca, fin sotto le prime abitazioni della Borgata Gordiani, sola come un campo di concentramento, in mezzo a un piccolo altopiano tra la Casilina e la Prenestina, battuta dal sole e dal vento.

Dove il camion s'era fermato, poco prima d'entrare in borgata, c'erano da una parte e dall'altra della strada distese di campi che dovevano esser di grano, ma ch'erano tutti pieni di fratte,[48] buchi e canneti: e più avanti un orto, con gli alberi ancora più vecchi del casolare cadente, e non potati più almeno da una ventina d'anni. Il fossatello era pieno d'acqua nera, e passeggiavano su e giù per l'erba e la terra ancor più nere delle vecchie papere sbandate. Poco più in là del casolare finivano i campi di grano, sperdendosi come andava andava[49] su delle cave abbandonate e ridivenute anch'esse campi, tutti spelacchiati, buoni per i greggi sabini[50] o abbruzzesi di passaggio, e interrotti qua e là da burroncelli e strapiombetti. Il viottolo s'insabbiava lì, e lì il camion s'arrestò. – Namo, spicciateve,[51] – fece il conducente, com'ebbe fatto manovra rivoltando il muso del camion verso la Strada Bianca e la parte di dietro sull'orlo di una scarpata quasi a picco. I due lavoranti aprirono le sponde[52] di dietro, e il mucchio dell'immondezza si scaricò giù per la scarpata. Come[53] la frana cessò di rotolare in basso per forza naturale, i due le fecero tener dietro i resti, blu di prussia e rosso pomodoro, ch'erano rimasti a puzzare nel cassone, scopando tutti allaccati.[54] Poi l'autista mise in moto il camion e se ne andò.

Il Riccetto e l'altro restarono soli nella tanfa,[55] con sotto il piano della cava e intorno i campicelli slabbrati.[56] Si misero a sedere uno in alto e uno in basso, e cominciarono a cercare tra i rifiuti.

L'altro era pratico, e se ne stava tutto curvo e attento, con una faccia seria come se stesse a fare un lavoro di precisione: e il Riccetto fece come lui, ma siccome gli schifava[57] raspare colle mani, andò a strappare un ramo da un fico oltre un reticolato che pareva lì dai tempi di Crispi[58] e con quello, stando accucciato,[59] cominciò a spostare le carte zozze, i cocci, le scatole di medicinali, gli avanzi delle minestre e tutta l'altra roba che gli puzzava intorno. Le ore piano piano passarono, e prima di diventare definitivamente grigio e sciroccoso,[60] il cielo fece giusto in tempo a rasserenarsi, lì sopra la Borgata Gordiani, perché il solicello ardente delle nove del mattino picchiasse sulle schiene curve dei due lavoratori. Il Riccetto era tutto un bagno di sudore, e gli occhi ogni tanto gli si oscuravano: vedeva intorno a sé nel buio delle strisce verdi e rosse: era sul punto di sturbarsi per la fame. – Vaffan... mannaccia d...! – disse tutto a un botto, sbavando di rabbia. Si drizzò in piedi, e senza neppure salutare l'altro, che del resto neppure lui fece lo sforzo di voltarsi, fece la bella[61] e se n'andò. Percorse sbiellando[62] dalla stanchezza la Strada Bianca, che difatti era tutta bianca di polvere e di sole, sotto il cielo che tornava a offuscarsi, e arrivò rincoglionito sulla Casilina. Lì aspettò un tranvetto, s'attaccò ai respingenti,[63] e dopo un viaggio di più di mezz'ora era di nuovo in via Taranto: a gironzolare come un cane randagio pel mercatino, tra le bancarelle, fiutando gli odori che nell'afa dello scirocco fiatavano a migliaia, e tutti appetitosi, in quel piccolo spiazzo incassato tra i palazzoni.

- 42 **i gniiiiu...tranvi**: *lo sferragliare dei tram.*
- 43 **tagliò**: *passò.*
- 44 **granosa**: *ricca.*
- 45 **ballò la samba**: *passò sussultando.*
- 46 **tuguri**: *capanne.*
- 47 **incrociando...Centocelle**: *incrociando i tram [che passavano] per Centocelle, altro quartiere popolare.* **Tranvetti** *è diminutivo di "tram".*
- 48 **fratte**: *sterpi.*
- 49 **come andava andava**: *come capitava.*
- 50 **sabini**: *della campagna romana.*
- 51 **– Namo, spicciateve –**: – *Andiamo, sbrigàteve –.*
- 52 **sponde**: *ante del camion.*
- 53 **Come**: *Non appena.*
- 54 **allaccati**: *stanchi.*
- 55 **tanfa**: *puzzo.*
- 56 **slabbrati**: *[dai confini] irregolari.*
- 57 **schifava**: *faceva schifo.*
- 58 **Crispi**: *Francesco Crispi fu primo ministro nel 1887-91 e nel 1893-96; qui indica, genericamente, un tempo lontano.*
- 59 **accucciato**: *seduto sulle gambe.*
- 60 **sciroccoso**: *afoso.*
- 61 **fece la bella**: *se ne andò*; *la metafora gergale viene dal gioco, dove la* **bella** *è la partita finale e decisiva.*
- 62 **sbiellando**: *perdendo l'equilibrio.*
- 63 **respingenti**: *le sporgenze alle estremità dei vagoni.*

Allumava[64] le bancarelle dei fruttaroli, e, qualche persica[65] e due o tre mele, riuscì a fregarle: se le andò a mangiare in un vicoletto. Poi tornò più affamato ancora con quel po' di dolce nello stomaco, attratto dall'odore del formaggio che veniva dalla fila delle bancarelle bianche proprio lì di fronte al vicoletto, dietro la funtanella, sul selciato fradicio. C'erano allineate delle mozzarelle, delle caciotte, e dei provoloni appesi in alto, e sopra il banco c'erano delle pezze già tagliate di emmenthal e di parmigiano, o di pecorino: ce n'erano pure dei pezzi ridotti alla misura di tre o quattro etti, e anche meno, isolati e sparsi tra le forme intere. Il Riccetto, turbato, mise gli occhi su una fetta di gruviera, dalla pasta un po' ingiallita, e così odorosa da che toglieva il fiato. Ci s'accostò, facendo moina,[66] e aspettando che il padrone fosse assorbito dalla discussione con una cliente, grassa come un vescovo, che stava da un bel pezzetto lì a esaminare con aria velenosa il formaggio, e con una mossa fulminea zac si beccò[67] il pezzo di gruviera e se lo schiaffò[68] in saccoccia. Il padrone lo sgamò.[69] Piantò il coltello in una forma, fece: – Un minuto, a signò,[70] – uscì fuori dal banco, acchiappò pel colletto della camicia il Riccetto che se la squagliava facendo il tonto,[71] e con aria paragula,[72] sentendosi in pieno diritto di farlo, gli ammollò due sganassoni[73] che lo voltò dall'altra parte. Il Riccetto furioso, come si riebbe[74] dall'intontimento, senza pensar tanto gli si buttò sotto a testa bassa, tirando alla disperata[75] dei ganci ai fianchi: l'altro sbarellò[76] un momento, ma poi, siccome era grosso due volte il Riccetto, cominciò a menarlo in modo tale che se degli altri bancarellari[77] non fossero corsi lì a separarli, l'avrebbe mandato diretto al Policlinico.[78] Ma però, da fusto e da dritto[79] come si sentiva, poté permettersi di calmarsi subito. Disse a quelli che lo reggevano: – Lassateme, lassateme, a moretti, che nun je fo' niente. Che me metto co li regazzini, io?[80] Il Riccetto invece, tutto pesto[81] e con un po' di sangue che gli spuntava tra i denti, continuò a calciare[82] ancora per un pezzetto tra le braccia di quelli che lo reggevano. – Damme er formaggio mio, e spesa,[83] – fece già quasi conciliante il formaggiaro. – E daje sto formaggio, – fece un pesciarolo lì appresso.[84] Il Riccetto sfilò fiacco[85] dalla tasca il pezzo di gruviera, e glielo porse, con una faccia smorta, masticando[86] vaghi pensieri di vendetta e inghiottendo il rancore con il sangue delle gengive. Poi, mentre che il treppio[87] intorno si scioglieva, siccome che[88] il fatto era proprio trascurabile, se ne andò giù in mezzo alla folla, tra le bancarelle rosse, verdi, gialle, tra montagne di pomodori e di melanzani, coi fruttaroli[89] che urlavano intorno così forte che si dovevano piegare sulla pancia, tutti allegri e contenti. Si diresse giù a via Taranto, e si fece piano piano i quattrocento scalini che portavano al pianerottolo dove dormiva. Non si reggeva più in piedi per la debolezza: vide, sì, che la porta dell'appartamento vuoto, di solito chiusa, era aperta e sbatteva di tanto in tanto a qualche colpo d'aria: ma non ci fece caso. Barcollando e a gesti lenti come uno che nuota sott'acqua, cacciò dalla saccoccia un pezzo di spago, lo fece passare per due occhielli[90] e lo legò, tenendo così chiusi i battenti. Poi s'allungò sul pavimento, già addormentato. Non doveva essere passata neppure mezzora – giusto il tempo perché la portiera facesse una telefonata e quelli arrivassero – che il Riccetto si sentì svegliare a pedate e si vide addosso due poliziotti. Per farla breve, durante la notte l'appartamento lì accanto era stato svaligiato: per questo la porta sbatteva. Il Riccetto, svegliato, poverello, da chissà che sogni – forse di mangiare a un ristorante[91] o di dormire su un letto – s'alzò stropicciandosi gli occhi, e senza capir-

---

- 64 **Allumava**: *Sogguardava*.
- 65 **persica**: *pesca*.
- 66 **facendo moina**: *facendo finta di niente*.
- 67 **si beccò**: *afferrò*.
- 68 **se lo schiaffò**: *se lo ficcò*.
- 69 **sgamò**: *sorprese*.
- 70 **a signò**: *signora*.
- 71 **se la squagliava…tonto**: *se ne andava via facendo finta di niente*.
- 72 **paragula**: *da furbo*.
- 73 **gli ammollò due sganassoni**: *gli diede due ceffoni*.
- 74 **si riebbe**: *si riprese*.
- 75 **alla disperata**: *come capitava*.
- 76 **sbarellò**: *oscillò*.
- 77 **bancarellari**: *commercianti*.
- 78 **al Policlinico**: *all'ospedale*.
- 79 **Ma…dritto**: *Però, da grande e grosso e da furbo*.
- 80 **– Lassateme…io? –**: *– Lasciatemi, lasciatemi, gente, che non gli faccio niente. Che dovrei mettermi [a litigare] con i ragazzini, io? –* **Moretti**: propriamente, chi è scuro di capelli; per estensione, appellativo generico.
- 81 **pesto**: *malconcio*.
- 82 **calciare**: *scalciare*.
- 83 **– Damme…spesa –**: *– Dammi il mio formaggio, e vattene*.
- 84 **– E daje…appresso –**: *– E dàgli questo [benedetto] formaggio, – disse un pescivendolo lì dietro*.
- 85 **fiacco**: *senza forza*.
- 86 **masticando**: *rimuginando*.
- 87 **treppio**: *il crocchio, l'insieme di persone*.
- 88 **siccome che**: *poiché*.
- 89 **fruttaroli**: *fruttivendoli*.
- 90 **occhielli**: *fori*.
- 91 **ristorante**: *mensa carceraria*, ironico.

135 ci niente seguì ciondolando giù per le scale i poliziotti. – Perché m'avranno preso, – si chiedeva, ancora non del tutto sveglio. – Boh…! – Lo portarono a Porta Portese, e lo condannarono a quasi tre anni – ci dovette star dentro fino alla primavera del '50! – per imparargli[92] la morale.

● 92 **imparargli**: *insegnargli*.

T2 DALLA COMPRENSIONE ALL'INTERPRETAZIONE

COMPRENSIONE

Riccetto sfortunato In apertura vediamo **Riccetto**, affamato, camminare all'alba per certe vie di Roma (via Taranto, via Monza, via Orvieto, via Pinerolo) ancora "addormentate". Il silenzio è rotto dal rimbombo provocato dal camion della netturbanza. **Il ragazzo accetta di scaricare l'immondizia** in cambio di poter poi rovistare nei rifiuti **in cerca di cibo**. Il camion finisce il suo giro nella Borgata Gordiani, un quartiere periferico. Riccetto comincia a rovistare fra la spazzatura, ma presto si schifa e lascia perdere. Torna su un autobus in via Taranto, dove nel frattempo il mercatino ha aperto. Il ragazzo riesce a **rubare qualche frutto**, ma è poi sorpreso a intascare un pezzo di groviera. «Tutto pesto» per **le botte ricevute** dal padrone della bancarella, si dirige «al pianerottolo dove dormiva». Ma il sonno è presto interrotto dal sopraggiungere della polizia. L'appartamento accanto è stato derubato e **Riccetto è accusato del furto**: portato in prigione, vi resterà per tre anni.

ANALISI

La struttura Si distinguono **tre livelli diversi**: la **lingua letteraria** nelle descrizioni, con qualche breve inserto dialettale; l'uso del **gergo romanesco nei dialoghi**; la **contaminazione fra i due registri** nella rappresentazione dell'azione narrativa. Per la prima modalità si vedano i righi 48-52 (da «Una macchia di vapore…» a «L'estate stava per finire»): la descrizione è prevalentemente letteraria, come conferma l'immagine dell'«inchiostro annacquato», certamente estranea al mondo del protagonista, e dei «riflessi d'acciaio», mentre gli inserti dialettali si limitano ai due verbi «s'era smandrappato e sbrillentato». Per la seconda modalità si vedano le battute di dialogo ai righi 30 e 44-45: per esempio, «Ma nun lo sei ito a cchiamà, quer fijo de na mignotta?» o «Daje, che mo qua ce magni de grasso» sono in dialetto. Per la terza modalità si veda l'inizio dell'ultimo capoverso, righi 96-106, da «Allumava le bancarelle» a «Il padrone lo sgamò». Qui espressioni gergali (come, all'inizio, «Allumava» e, alla fine, «sgamò») si alternano ad altre in italiano letterario (per esempio: «Poi tornò più affamato ancora con quel po' di dolce sullo stomaco»).

INTERPRETAZIONE

Il sottoproletariato e l'intellettuale Nel brano si sovrappongono dunque esigenze diverse: sul piano formale, è evidente, nell'impasto linguistico, lo **sperimentalismo di «Officina»**; sul piano dell'**impegno etico-politico**, si nota la volontà di far conoscere la situazione, ai limiti della sopravvivenza, del sottoproletariato romano; sul piano passionale e viscerale, Pasolini è attratto da quanto c'è d'eversivo e di scandaloso, ma anche di morboso e di corrotto, nel **mondo popolare**: stabilisce cioè un parallelo sotterraneo fra la **"diversità" del popolo e quella dell'intellettuale**.

«Soli nella tanfa» Il «paraguletto della Borgata Gordiani» e Riccetto – spazzini avventizi e abusivi – **frugano nella spazzatura alla ricerca di qualcosa da mettere sotto i denti**. Per quanto orribile possa sembrare, è un modo per sopravvivere («E poi, dopo tutto, l'animaccia loro, se alla Borgata Gordiani o al Quadraro non si fossero trovati dei maschi che, per poi avere il diritto di andare a capare tra l'immondizia, s'alzavano alle tre del mattino e sfaticavano per quattro o cinque ore», righi 35-38). Riccetto ha acconsentito a unirsi ai «canestrari» perché, da una parte, è spinto dalla fame, dall'altra, è allettato dalla prospettiva di soddisfarla in qualche modo («Daje, che mo qua ce magni de grasso. – Approfitta, a maschiè, che qua è na pacchia», righi 44-45). Questo accadeva a **Roma**, negli anni del **secondo dopoguerra**. I protagonisti della ricerca tra «le carte zozze, i cocci, le scatole di medicinali, gli avanzi delle minestre e tutta l'altra roba che gli puzzava intorno» (righi 82-83) appartengono al **sottoproletariato urbano**. Immagini simili siamo abituati a vederle ancora, nel nostro presente. Sono girate negli sterminati *slums* di città come Nairobi, nell'inferno delle *favelas* di città latinoamericane. Le vediamo, trasmesse dal telegiornale, magari mentre pranziamo; e non ostacolano affatto la digestione. La televisione, infatti, le depotenzia, le rende virtuali: appartengono a un mondo che non è il nostro, anche se in qualche caso è a poche ore di volo da noi. La cruda rappresentazione che Pasolini fa di questo orribile rimescolare nella «tanfa» può servire a ricordarci che questo accadeva anche in Italia non molti decenni fa. E che questo mondo sordido e degradato, che per molti aspetti sembra essere diventato invisibile, esiste ancora, non solo in un qualche "altrove" sufficientemente remoto, ma anche a casa nostra.

T2 LAVORIAMO SUL TESTO

COMPRENDERE

Il fatto

1. Riassumi il contenuto del brano.

ANALIZZARE

Il linguaggio sperimentale

2. **LINGUA E LESSICO** In quali parti del testo è usato il dialetto romanesco? A quale scopo risponde quest'uso?

L'immagine del "popolo"

3. Ricostruisci rapidamente il ritratto di Riccetto: dove prevale l'intento conoscitivo e dove la "visceralità" dell'autore?

INTERPRETARE

4. Che cosa differenzia il "popolo" di Pasolini dal personaggio popolare di stampo neorealistico?

LE MIE COMPETENZE: COLLABORARE, CONFRONTARE

Campeggia nel brano il tema ossessivo della fame, una fame divorante e insaziata, che rimanda a un nucleo centrale del romanzo, legato al tema altrettanto importante del denaro. Il mondo di Riccetto è ridotto a pulsioni elementari, in esso parla unicamente il linguaggio del corpo. L'autore non esprime un giudizio morale sul personaggio, i cui gesti sono istintivi e ubbidiscono a una logica elementare, quella della sopravvivenza. Guarda il film *Accattone* (1961) di Pier Paolo Pasolini (cfr. espansioni digitali **S**): collaborando con i compagni, metti a confronto Riccetto e il "ragazzo di vita" protagonista della pellicola, individuando i punti di distanza e quelli di contiguità tra il linguaggio della letteratura e quello del cinema.

---

4 La scelta del cinema

I primi contatti con il mondo del cinema e l'esordio di *Accattone* (1961)

S • P.P. Pasolini, *Accattone*

A Roma, dove si trasferisce nel 1949, **Pasolini entra presto in contatto con alcuni ambienti intellettuali legati al mondo del cinema**, che vive in quegli anni un periodo di crescente successo; partecipa alla realizzazione di alcuni film come sceneggiatore e si interessa sempre di più alla tecnica cinematografica. **L'esordio in qualità di regista, con *Accattone* (1960), non è dunque, come a volte si ripete, frutto di improvvisazione.** Certo Pasolini resterà sempre un regista per certi aspetti "dilettante", come informano le testimonianze dei professionisti che hanno lavorato con lui (direttori della fotografia, montatori, ecc.). Tuttavia molti tratti della sua irregolarità tecnica corrispondono all'intenzione di essere originale, di non cedere al mondo del cinema inteso quale orizzonte chiuso in se stesso, e soprattutto all'intenzione di portare nel cinema le esigenze e i punti di vista della propria creatività espressiva (e anche esplicitamente poetica). Non a caso anche le interessanti osservazioni teoriche sul cinema fissate da Pasolini in numerosi scritti tendono a rompere i confini tecnici (e dunque in qualche modo "ontologici") del genere filmico. **Pasolini capisce infatti che la riproduzione audiovisiva sta diventando una forma decisiva di rappresentazione e di interpretazione della realtà**, soprattutto grazie alla televisione, e che bisogna dunque spezzarne la tendenza a fondare solo al proprio interno (all'interno del proprio mondo e dei propri codici) i suoi criteri di interpretazione.

Originalità della riflessione teorica sul cinema

T • *Contro l'ontologia dell'audiovisivo*

La ricerca di un pubblico di massa

Le ragioni che spingono Pasolini a confrontarsi in qualità di autore, cioè di regista, con il cinema hanno innanzitutto a che fare con la **volontà di allargare la ricezione delle proprie opere**. Mentre un romanzo, anche di successo, può contare su centomila lettori al massimo, un film ne raggiunge molti di più. Una simile moltiplicazione dell'utenza sembra restituire all'intellettuale-scrittore una funzione sociale, risarcendolo della crisi di mandato sancita con l'avvento della seconda rivoluzione industriale e con la crescente diffusione dei mass media (televisione in testa).

Analogie e differenze tra cinema e letteratura

D'altra parte, **Pasolini vede tra la scrittura letteraria e la realizzazione di un film una differenza soprattutto tecnica**; e ritiene dunque possibile, a patto di confrontarsi con la tecnica specifica, proseguire per mezzo del cinema la propria ricerca di romanziere e di poeta. **Il cinema, anzi, consente secondo Pasolini una più diretta adesione realistica all'oggetto**. Infatti le lingue scritte o parlate, cioè verbali, costituiscono «traduzioni per evocazione»: traducono la realtà e la prospettiva dell'autore evocandole per mezzo di segni linguistici convenzionali che non hanno con la realtà o con una data concezione soggettiva alcun legame naturale o diretto. Al contrario, le lingue audiovisive (e per esempio il cinema) costituiscono «traduzioni per riproduzione»: traducono la realtà riproducendola. **Il cinema è dunque una «lingua della realtà»**. Di più ancora: il cinema sta alla realtà, secondo Pasolini, così come la lingua scritta sta a quella orale, intesa nella sua accezione più vasta (comprese le riflessioni interiori, i sogni, ecc.); il cinema cioè fissa e organizza in un linguaggio grammaticalizzato (cioè sottoposto a strutturazione convenzionale) ciò che nella realtà si esprime liberamente e al di fuori di qualsiasi ordine logico o schema o codice. Il cinema è dunque la «lingua scritta della realtà». In questa prospettiva il cinema è una tecnica intesa a dare alla realtà quale essa sia coordinamento e organizzazione, cioè significato.

Pasolini sul set di *Accattone*, 1961.

Il cinema, «lingua della realtà»

Video • Cinema e letteratura in Pasolini (G. Rondolino)

Un cinema critico

Queste riflessioni e la pratica concreta di Pasolini regista, nel diverso valore artistico dei suoi risultati (cfr. **S2**), definiscono complessivamente **un coraggioso tentativo di coinvolgere il cinema in una prospettiva critica globale**, investita da forti esigenze filosofiche (ed esplicitamente ideologiche); un tentativo, se si vuole, di trasportare nel cinema la tradizione umanistica largamente intesa. Si tratta di un tentativo da interpretare quale rifiuto della rappresentazione audiovisiva intesa come trionfo dell'immaginario di massa. **La concezione pasoliniana dell'audiovisivo filmico si definisce dunque in perfetta contrapposizione al trionfo della televisione-spettacolo**, la cui diffusione iniziava in quegli anni.

T • Canzonissima (con rossore)

S2

CINEMA

Pasolini e il cinema

L'interesse per il cinema

Per Pasolini il cinema è una «vecchia passione» coltivata già da ragazzo, quando sognava «di fare il regista» e seguiva i corsi universitari sulle arti figurative tenuti dal grande critico Roberto Longhi. A partire dal 1954 Pasolini inizia a collaborare come sceneggiatore per alcuni tra i più rinomati registi del tempo: Mario Soldati, Federico Fellini e Mauro Bolognini. La sua attività di cineasta comincia nel 1961, quando realizza il suo primo film, *Accattone*, al quale ne seguiranno molti altri negli anni successivi. Come spiega nei tanti saggi dedicati a quest'argomento, le ragioni del suo interesse per il cinema sono essenzialmente tre:

– il cinema è un mezzo espressivo nuovo e sperimentale che consente di riprodurre direttamente la realtà, rappresentandola in tutta la sua vitalità e concretezza. Attraverso il montaggio, il regista coordina i «segni viventi» del mondo catturati dalla macchina da presa e li organizza in una narrazione carica di senso;

– il cinema consente di raggiungere un pubblico ampio e trasversale. In questo modo, l'intellettuale può parlare ad un pubblico di massa, allargando la ricezione delle proprie opere;

– il cinema è una forma d'arte inclusiva, che combina linguaggi diversi. Alla realizzazione di un film cooperano la letteratura, la musica e le arti figurative, da cui il regista trae ispirazione e suggestioni. Il punto di incontro tra cinema e letteratura è la sceneggiatura, che per Pasolini costituisce un vero e proprio genere letterario, «un'opera integra e conclusa in se stessa». Ma c'è di più: il cinema va all'origine stessa della letteratura, perché riproduce l'oralità, che in un film prende il posto della parola scritta. Per restituire la freschezza e l'autenticità della lingua parlata, spesso Pasolini sceglie di far recitare i suoi film ad attori non professionisti, presi dalla strada.

I film di ambientazione romana (1961-1963)

Nel 1961 Pasolini realizza il suo primo film, intitolato *Accattone* (cfr. espansioni digitali), al quale seguono *Mamma Roma* nel 1962 e *La ricotta* nel 1963. Queste tre pellicole sono tutte ambientate a Roma e hanno dei protagonisti di estrazione popolare. *Mamma Roma* è interpretato dalla grande attrice Anna Magnani e da Ettore Garofalo, un giovane cameriere che Pasolini nota in una trattoria romana mentre porta un vassoio di frutta, «proprio come una figura di Caravaggio». I contrasti forti della pittura di Caravaggio rivivono nelle immagini del film, che narra la vicenda di una prostituta, chiamata appunto «Mamma Roma». La donna cerca di rifarsi una vita per garantire un futuro migliore per sé e per il figlio Ettore. Ma il finale è tragico: venuto a conoscenza del mestiere esercitato dalla madre, Ettore incomincia a rubare e poi muore in carcere. *La ricotta* è parte del film *Ro.Go.Pa.G*, il cui titolo è formato dalle iniziali dei registi che girano i singoli episodi: Rossellini, Godard, Pasolini, Gregoretti. L'episodio firmato da Pasolini mette in scena un set cinematografico in cui si sta girando un lungometraggio sulla Passione di Cristo. Durante le riprese si consuma una tragedia grottesca: il proletario che recita il ruolo del ladrone muore davvero sulla croce a causa di un'indigestione. Infatti, spinto dalla fame, in una pausa delle riprese, ha mangiato una quantità eccessiva di ricotta.

Le nuove tensioni sperimentali (1963-1964)

Prima di girare *La ricotta*, Pasolini ha realizzato insieme a Giovanni Guareschi un film di montaggio sui grandi eventi politici e sociali degli anni Cinquanta e Sessanta, intitolato *La rabbia*. Tra il 1963 e il 1964 Pasolini sperimenta generi alternativi, misurandosi con i documentari, i *reportages* di viaggio e i film d'inchiesta, come *Comizi d'amore*, in cui, attraverso interviste a gente comune e ad intellettuali, il regista conduce un'inchiesta sull'amore e sul sesso nell'Italia degli anni Sessanta. Molti di questi materiali rimangono allo stato d'abbozzo, ma testimoniano l'ininterrotta ricerca di nuovi linguaggi. Al tempo stesso, la riflessione sulle potenzialità espressive del cinema è al centro di saggi e prose critiche, che per lo più sono riuniti nella raccolta *Empirismo eretico*.

Passione e ideologia (1964-1966)

Nel *Vangelo secondo Matteo* del 1964 l'autore segue fedelmente il racconto evangelico, dando voce allo scandalo della predicazione e della vita di Gesù. Il Cristo di Pasolini è un personaggio dal volto umano, lontano dall'iconografia tradizionale: è un isolato, un *outsider*, il cui messaggio d'amore è insieme paradossale e rivoluzionario. A partire da questo momento Pasolini realizza dei film «più aristocratici e difficili», che si contrappongono intenzionalmente al cinema mercificato e di facile consumo in voga negli anni del *boom* economico. Nel contempo teorizza la necessità di un «cinema di poesia», che mescoli insieme i linguaggi diversi del cinema e della letteratura, per liberare la carica lirica insita nella realtà e normalmente oscurata dal velo dei condizionamenti sociali. *Uccellacci e uccellini* è una favola allegorica, interpretata da Totò, da Ninetto Davoli (un ragazzo delle borgate romane, figlio di contadini calabresi) e da un corvo ammaestrato che nel film parla con la voce dell'intellettuale Francesco Leonetti. Il corvo è una «figura ideologica» che esprime le nuove tensioni della visione politica di Pasolini e, al tempo stesso, si mostra incapace di comprendere i processi reali che si sviluppano nella società. Il corvo scorta lungo il cammino i due protagonisti, che alla fine però decidono di mangiare questo predicatore importuno.

Miti classici e parabole moderne (1967-1970)

Negli anni successivi Pasolini si confronta con il mito classico: in *Edipo re* (1967) rilegge il mito attraverso la psicoanalisi e l'esperienza autobiografica, attualizzando un grande dramma universale; in *Appunti per un'Orestiade africana* (1969) ambienta l'*Orestea* di Eschilo in un'Africa in bilico tra passato tribale e modernità; in *Medea* (1969) mette in scena il conflitto tra la visceralità di Medea, interpretata dalla cantante lirica Maria Callas, e la fredda razionalità di Giasone. Mentre si rivolge al mito greco, Pasolini gira però anche delle parabole moderne sulla corruzione della società borghese. L'attività di questo periodo è intensissima: tra il 1967 e il 1968 Pasolini firma l'episodio *La terra vista dalla luna*

Mamma Roma, film del 1962 di Pier Paolo Pasolini, interpretato da Anna Magnani.

Edipo re, film del 1967 di Pier Paolo Pasolini, basato sull'omonima tragedia di Sofocle e interpretato da Silvana Mangano e Franco Citti.

Uccellacci e uccellini, film del 1966 di Pier Paolo Pasolini, interpretato da Totò e Ninetto Davoli.

per il film a più mani *Le streghe* e gira *Che cosa sono le nuvole?* che confluisce in *Capriccio all'italiana*. Nel '69 è la volta di *La sequenza del fiore di carta* per un'altra pellicola ad episodi, intitolata *Amore e rabbia*. Tutte queste brevi narrazioni cinematografiche hanno la struttura di apologhi allegorici, intenzionalmente destinati ad esprimere un concetto. Un procedimento allegorico caratterizza anche le prove più impegnative di questi anni: *Teorema* e *Porcile*. *Teorema* nasce come una tragedia in versi, da cui Pasolini trae sia il soggetto per un nuovo film sia un'opera letteraria che viene pubblicata nel 1968 da Garzanti. La vicenda narrata nel film mira a dimostrare l'incapacità dell'uomo moderno di accogliere il «verbo sacro»: un angelico studente visita una casa borghese e tutti i membri della famiglia s'innamorano di lui. Il rapporto con quest'ospite misterioso mette in crisi i falsi valori dei personaggi che, però, non sanno rinunciare alla propria individualità e si avviano alla perdizione; solo la domestica, che è una contadina, abbraccia la via della salvezza e accede alla santità. *Porcile* (1969), invece, è una parabola sulla società che divora chi si ribella alle sue regole.

La *Trilogia della vita* e *Salò o le 120 giornate di Sodoma*

Nei primi anni Settanta Pasolini porta sullo schermo la cosiddetta *Trilogia della vita*, composta da *Il Decameron*, che propone un adattamento cinematografico di nove delle cento novelle narrate da Boccaccio, *I racconti di Canterbury*, tratto dall'opera di Chaucer, e *Il fiore delle Mille e una notte*. Pasolini sceglie di adattare per il cinema questi capolavori della tradizione novellistica mondiale, perché gli danno la possibilità di esprimere la sua personale visione del mondo e di polemizzare contro la società in cui vive. Così, a fronte di un presente dominato dall'omologazione, il regista sceglie di ritornare al passato raccontato dalla letteratura, descrivendo un mondo arcaico, mitico e vitale. Il corpo e l'*eros* sono i temi centrali dei tre film della *Trilogia*, dove la trasgressione è sempre innocente e la vita, autentica e gioiosa, è amata da una folla di personaggi che comunicano attraverso l'espressività dei corpi, della mimica, dei gesti. La vitalità si esprime anche attraverso la concretezza della lingua: infatti, i personaggi sono interpretati da attori non professionisti che parlano la «lingua viva» del popolo. Alla valorizzazione del corpo e alla componente comica si affianca però una sottile riflessione sulla morte, che, nelle intenzioni dell'autore, sarebbe dovuta diventare l'elemento portante di un altro trittico mai portato a termine: la *Trilogia della morte*, di cui Pasolini arriva a realizzare solo il primo film, *Salò o le 120 giornate di Sodoma*. Si tratta di una pellicola cupa, violenta e disperata, ambientata durante la seconda guerra mondiale, in cui sono rappresentate allegoricamente le più bieche perversioni del potere. Si chiude così nel 1975 con un finale tragico la parabola del Pasolini regista.

Ninetto Davoli nel ruolo di Andreuccio da Perugia nel film *Il Decameron* di Pier Paolo Pasolini, 1971.

Medea (1969) di Pier Paolo Pasolini, basato sull'omonima tragedia di Euripide e interpretato da Maria Callas.

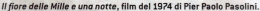

Il fiore delle Mille e una notte, film del 1974 di Pier Paolo Pasolini.

I racconti di Canterbury (1972) di Pier Paolo Pasolini.

Teorema (1968) di Pier Paolo Pasolini.

Porcile (1969) di Pier Paolo Pasolini.

5 «Mutazione antropologica» e questioni linguistiche

Gli scrittori e la cultura di massa: Montale ed Eliot

Due scrittori tra i più grandi e rappresentativi del Novecento, **Montale ed Eliot**, concepiscono il proprio tempo quale crisi della borghesia e dei suoi valori culturali e artistici. La diffusione della cultura di massa comporta ai loro occhi la perdita dei valori (borghesi) su cui si è costruita la civiltà occidentale moderna. Si può dire, semplificando, che lo scopo della loro attività di scrittori sia quello di tutelare la durata di quei valori in crisi. Pasolini invece sceglie un punto di vista in parte opposto in parte complementare. Secondo lui **la diffusione della cultura di massa** (avvenuta in Italia soprattutto a partire dagli anni Cinquanta) **mette in crisi l'esistenza della varietà di forme culturali**, minacciando dunque di estinzione le più deboli e inorganiche, tendendo insomma a omologarle tutte alla cultura dominante (quella espressa dai ceti dominanti, dal potere, attraverso i suoi strumenti: i mass media). **Secondo Pasolini il pericolo non è la perdita della grande civiltà borghese moderna, ma piuttosto la perdita delle varie culture, soprattutto popolari**, alternative a quella borghese dominante. La massificazione non minaccerebbe i valori dei dominatori, ma quelli dei dominati. Non è, come denunciano Montale ed Eliot, la borghesia che si popolarizza a causa della civiltà di massa; nel giudizio di Pasolini è il popolo che si borghesizza, assumendo passivamente i valori organici al dominio borghese (per esempio la logica del consumo).

La posizione di Pasolini: in difesa dell'identità dei dominati

La cultura borghese e quella popolare davanti all'omologazione

È evidente che le due prospettive qui ricordate non possono essere considerate soltanto contrapposte e alternative. Esse contengono anche un elemento di complementarità. Innanzitutto perché la civiltà di massa, omologando tutte le culture, modifica profondamente e stravolge tanto quella dei ceti dominanti quanto quelle dei ceti dominati. In secondo luogo, le forme culturali alte per mezzo delle quali la borghesia ha storicamente espresso se stessa, anche legittimando il proprio potere prima del trionfo della civiltà di massa e dei mass media, devono lasciare il posto a forme più immediatamente consumabili, più direttamente efficaci e ricevibili da un pubblico di massa; dunque forme inevitabilmente degradate. E l'omologazione culturale avviene a livello di queste ultime, non di quelle alte prodotte in precedenza dalla borghesia. **Le necessità della società di massa** (e del neocapitalismo, fondato anche sulle comunicazioni di massa) **implicano dunque tanto una degradazione della cultura borghese quanto la cancellazione di quella popolare**.

Divisione del lavoro e consumo

Quest'ultima considerazione ci riporta al centro della riflessione pasoliniana. **L'omologazione delle culture popolari da parte della cultura borghese** non riguarda infatti i modelli alti ma, appunto, lo stile di vita e la concezione dei rapporti sociali. L'imborghesimento consiste proprio nell'accettazione di uno stile di vita e di rapporti sociali interamente diretti al mantenimento e al rafforzamento di un dato sistema produttivo (fondato sulla divisione del lavoro) e di un dato modello sociale (fondato sul consumo; cfr. **T3**, p. 788).

La «mutazione antropologica»

La sparizione delle culture popolari alternative, realizzata nel nostro paese con la seconda rivoluzione industriale dopo la metà degli anni Cinquanta, **ha determinato secondo Pasolini una vera e propria «mutazione antropologica»** (cfr. cap. I, **S4**, *La scomparsa delle lucciole, la società dei consumi e la «mutazione» degli italiani*, p. 533): l'Italia rurale è scomparsa, o tende a scomparire; il sottoproletariato urbano (quello delle borgate e delle periferie) ha rinunciato a ogni antagonismo di classe, a ogni identità propria, e guarda agli stessi modelli della borghesia. Cambia di conseguenza il modo di vivere, e cambiano il modo di vestire, di gesticolare, di parlare. Il carattere antropologico della mutazione sta anzi proprio in questa sua capacità di incidere su elementi comportamentali radicati in lunghissimi

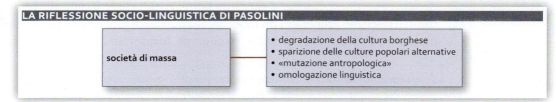

tempi storici, di trasformare perfino la fisionomia e l'espressività fisica. Tanto in alcuni film degli ultimi anni (e soprattutto in *Salò o le 120 giornate di Sodoma*) quanto nell'incompiuto romanzo *Petrolio* e in svariati interventi giornalistici, Pasolini sceglie anzi di misurare e verificare il cambiamento intercorso proprio a partire da indizi comportamentali e fisiognomici.

Tuttavia, **il campo nel quale la mutazione antropologica produce gli effetti più vistosi e meglio registrabili è la lingua**. Pasolini ricorre alla propria formazione teorica in campo linguistico per tentare una ricognizione delle trasformazioni in atto in questo ambito così caratteristico e storicamente significativo nella nostra storia nazionale. La riflessione pasoliniana sulle trasformazioni dell'italiano sono affidate a numerosi scritti, il più importante dei quali è *Nuove questioni linguistiche*, pubblicato su «Rinascita» nel 1964, al termine della seconda rivoluzione industriale. In tale scritto Pasolini prende innanzitutto in considerazione la peculiare assenza storica, in Italia, di una lingua nazionale, di una *koiné* condivisa dall'universalità dei parlanti. Diversa risulta la configurazione dell'italiano parlato anche dai ceti colti rispetto a quella dell'italiano scritto (o letterario). Entrambi esprimono, o hanno espresso, il punto di vista della borghesia, e spesso della piccola borghesia, cioè i suoi modelli letterari scolastici di orientamento fatalmente puristico. **Con la seconda rivoluzione industriale si registra** tuttavia, agli occhi di Pasolini, **un movimento nuovo**, di cui l'autore coglie sul nascere le direzioni di sviluppo: la forza del modello televisivo, del nuovo primato delle scienze e della tecnologia sulle vecchie discipline umanistiche e degli interessi produttivi (pubblicitari) determina **una riorganizzazione e una unificazione di tutti i codici linguistici del passato** (dialettali e altro), omologando anche le due tipologie dello scritto e del parlato a **una nuova *koiné* tecnico-scientifica fortemente semplificante e unitaria**. In questo modo sembra compiersi dunque un processo di unificazione linguistica, e sembra nascere una lingua nazionale unitaria; ma la sua origine è quella della logica aziendale. Questo fenomeno impone per inciso agli scrittori di allontanarsi dalla media dominante, ora scendendo verso il basso dei gerghi popolari e dei dialetti, ora puntando verso l'innalzamento delle specialità e della tradizione colta, ora (come Gadda) oscillando violentemente tra i due opposti.

In ogni caso **la nuova lingua nazionale** dettata dagli interessi aziendali e dal dominio culturale delle scienze, diramata capillarmente ovunque grazie ai nuovi mezzi di comunicazione di massa, **appare l'equivalente espressivo della omologazione culturale che ha colpito abitudini e modi di pensare**. E un primo effetto sulla lingua di questa rivoluzione è il prevalere delle funzioni linguistiche direttamente strumentali alla comunicazione contro quelle più largamente espressive. Si esplicita in questo modo una delle ragioni di crisi della letteratura e si chiarisce un aspetto della "crisi di mandato" degli intellettuali-scrittori (i vecchi letterati tradizionali), non più necessari ai processi storico-sociali in atto, e anzi palesemente marginalizzati da essi. Gli anni in cui Pasolini fissa queste riflessioni sono, non a caso, gli stessi in cui si dedica con maggiore impegno al giornalismo e al cinema, cioè a forme di comunicazione e di espressione nuove rispetto alla letteratura (cfr. **T4**, p. 792).

T3 Contro la televisione

OPERA
Scritti corsari

CONCETTI CHIAVE
- il «centralismo» omologante della televisione

FONTE
P.P. Pasolini, *9 dicembre 1973. Acculturazione e acculturazione*, in *Scritti corsari*, Garzanti, Milano 1975.

L'articolo che segue fu pubblicato il 9 dicembre 1973 sul «Corriere della Sera» con il titolo Sfida ai dirigenti della televisione.

Nessun centralismo fascista[1] è riuscito a fare ciò che ha fatto il centralismo della civiltà dei consumi. Il fascismo proponeva un modello, reazionario e monumentale, che però restava lettera morta.[2] Le varie culture particolari (contadine, sottoproletarie, operaie) continuavano imper-

- 1 **centralismo fascista**: il controllo centralizzato, negli anni del regime fascista, da parte delle autorità politiche, della vita sociale e culturale del paese.
- 2 **lettera morta**: *inefficace*.

turbabili a uniformarsi ai loro antichi modelli: la repressione si limitava ad ottenere la loro adesione a parole. Oggi, al contrario, l'adesione ai modelli imposti dal Centro[3] è totale e incondizionata. I modelli culturali reali sono rinnegati. L'abiura[4] è compiuta. Si può dunque affermare che la «tolleranza» della ideologia edonistica[5] voluta dal nuovo potere, è la peggiore delle repressioni della storia umana. Come si è potuta esercitare tale repressione? Attraverso due rivoluzioni, interne all'organizzazione borghese: la rivoluzione delle infrastrutture[6] e la rivoluzione del sistema d'informazioni. Le strade, la motorizzazione ecc. hanno ormai strettamente unito la periferia al Centro, abolendo ogni distanza materiale. Ma la rivoluzione del sistema d'informazioni è stata ancora più radicale e decisiva. Per mezzo della televisione, il Centro ha assimilato a sé l'intero paese, che era così storicamente differenziato e ricco di culture originali. Ha cominciato un'opera di omologazione[7] distruttrice di ogni autenticità e concretezza. Ha imposto cioè – come dicevo – i suoi modelli: che sono i modelli voluti dalla nuova industrializzazione, la quale non si accontenta più di un «uomo che consuma», ma pretende che non siano concepibili altre ideologie che quella del consumo. Un edonismo neolaico,[8] ciecamente dimentico di ogni valore umanistico e ciecamente estraneo alle scienze umane.

L'antecedente ideologia voluta e imposta dal potere era, come si sa, la religione: e il cattolicesimo, infatti, era formalmente l'unico fenomeno culturale che «omologava» gli italiani. Ora esso è diventato concorrente di quel nuovo fenomeno culturale «omologatore» che è l'edonismo di massa: e, come concorrente, il nuovo potere già da qualche anno ha cominciato a liquidarlo.

Non c'è infatti niente di religioso nel modello del Giovane Uomo e della Giovane Donna proposti e imposti dalla televisione. Essi sono due Persone che avvalorano la vita solo attraverso i suoi Beni di consumo (e, s'intende, vanno ancora a messa la domenica: in macchina). Gli italiani hanno accettato con entusiasmo questo nuovo modello che la televisione impone loro secondo le norme della Produzione creatrice di benessere (o, meglio, di salvezza dalla miseria). Lo hanno accettato: ma sono davvero in grado di realizzarlo?

No. O lo realizzano materialmente solo in parte, diventandone la caricatura, o non riescono a realizzarlo che in misura così minima da diventarne vittime. Frustrazione o addirittura ansia nevrotica sono ormai stati d'animo collettivi. Per esempio, i sottoproletari,[9] fino a pochi anni fa, rispettavano la cultura e non si vergognavano della propria ignoranza. Anzi, erano fieri del proprio modello popolare di analfabeti in possesso però del mistero della realtà. Guardavano con un certo disprezzo spavaldo i «figli di papà», i piccoli borghesi, da cui si dissociavano, anche quando erano costretti a servirli. Adesso, al contrario, essi cominciano a vergognarsi della propria ignoranza: hanno abiurato dal proprio modello culturale (i giovanissimi non lo ricordano neanche più, l'hanno completamente perduto), e il nuovo modello che cercano di imitare non prevede l'analfabetismo e la rozzezza. I ragazzi sottoproletari – umiliati – cancellano nella loro carta d'identità il termine del loro mestiere, per sostituirlo con la qualifica di «studente». Naturalmente, da quando hanno cominciato a vergognarsi della loro ignoranza, hanno cominciato anche a disprezzare la cultura[10] (caratteristica piccolo borghese, che essi hanno sùbito acquisito

---

- **3 Centro**: che non è più un centro politico ma un centro metaforico, costituito da interessi economici e dalla corrispondente cultura a essi organica.
- **4 L'abiura**: la rinuncia alle radici antropologiche e culturali.
- **5 la «tolleranza»…edonistica**: l'apparente libertà concessa a ogni idea, nel rispetto di un principio edonistico, cioè volto alla ricerca superficiale del piacere, tutto risolto dunque in consumismo.
- **6 infrastrutture**: le strutture secondarie (come le strade, ecc.) che servono al funzionamento e al rapporto tra le strutture principali (fabbriche, case, ecc.).
- **7 omologazione**: riduzione di ogni identità a un unico modo di essere.
- **8 edonismo neolaico**: un inseguimento del piacere immediato che sembra incarnare i valori laici, cioè terreni e non religiosi, in quanto pone al centro la vita del mondo e non l'aldilà, e che però ha caratteri nuovi e specifici rispetto al laicismo ottocentesco e primonovecentesco.
- **9 i sottoproletari**: i ceti ai margini del sistema produttivo, spesso al limite tra sottoccupazione e disoccupazione e di solito confinati nelle periferie delle grandi città industriali. È noto l'interesse di Pasolini per questa classe sociale, considerata quale estrema resistenza inconsapevole di valori culturali sorpassati dalla modernizzazione e quale fonte di vitalità autentica (il «mistero della realtà» di cui si parla qualche rigo dopo).
- **10 disprezzare la cultura**: cioè quei valori prima rispettati quali diversi dai propri: il di-

per mimesi).¹¹ Nel tempo stesso, il ragazzo piccolo borghese, nell'adeguarsi al modello «televisivo» – che, essendo la sua stessa classe a creare e a volere, gli è sostanzialmente naturale – diviene stranamente rozzo e infelice. Se i sottoproletari si sono imborghesiti, i borghesi si sono sottoproletarizzati. La cultura che essi producono, essendo di carattere tecnologico e strettamente pragmatico,¹² impedisce al vecchio «uomo» che è ancora in loro di svilupparsi. Da ciò deriva in essi una specie di rattrappimento delle facoltà intellettuali e morali.¹³

La responsabilità della televisione, in tutto questo, è enorme. Non certo in quanto «mezzo tecnico», ma in quanto strumento del potere e potere essa stessa. Essa non è soltanto un luogo attraverso cui passano i messaggi, ma è un centro elaboratore di messaggi. È il luogo dove si fa concreta una mentalità che altrimenti non si saprebbe dove collocare. È attraverso lo spirito della televisione che si manifesta in concreto lo spirito del nuovo potere.

Non c'è dubbio (lo si vede dai risultati) che la televisione sia autoritaria e repressiva come mai nessun mezzo di informazione al mondo. Il giornale fascista e le scritte sui cascinali di slogans mussoliniani¹⁴ fanno ridere:¹⁵ come (con dolore) l'aratro rispetto a un trattore. Il fascismo, voglio ripeterlo, non è stato sostanzialmente in grado nemmeno di scalfire l'anima del popolo italiano: il nuovo fascismo,¹⁶ attraverso i nuovi mezzi di comunicazione e di informazione (specie, appunto, la televisione), non solo l'ha scalfita, ma l'ha lacerata, violata, bruttata¹⁷ per sempre...

---

sprezzo per la cultura è invece indice di un malessere sociale tipico dei ceti collocati in posizione instabile (come la piccola borghesia), né radicati dunque nella cultura popolare né in quella borghese (di tradizione umanistica), ma spaventata dall'una e dall'altra.
- **11 per mimesi**: *per imitazione*.
- **12 pragmatico**: immediatamente operativo, privo dunque di attenzione per valori culturali non immediatamente utili.
- **13 rattrappimento...morali**: le facoltà intellettuali e morali potrebbero svilupparsi adeguatamente, secondo Pasolini, solo nel rispetto dei bisogni profondi dell'individuo, che vanno al di là dell'efficienza tecnologica e della funzionalità pratica.
- **14 le scritte...mussoliniani**: sono le brevi frasi (inglese "slogans") che Mussolini aveva fatto scrivere sulle facciate delle case di campagna, quale forma di persuasione e di propaganda.
- **15 fanno ridere**: risultano del tutto superate e inefficaci.
- **16 il nuovo fascismo**: così Pasolini definiva il sistema neocapitalistico, proprio in riferimento alla reale mancanza di libertà e all'autoritarismo che lo caratterizza, benché i mezzi adoperati siano meno appariscenti (ma più efficaci) di quelli utilizzati dal fascismo propriamente detto.
- **17 bruttata**: *sporcata*.

T3 DALLA COMPRENSIONE ALL'INTERPRETAZIONE

COMPRENSIONE

L'omologazione televisiva In questo articolo Pasolini prende risolutamente posizione **contro la televisione**, accusata di essere lo strumento che ha reso possibile al Centro (cioè al Potere) la distruzione di ogni forma di cultura autentica e alternativa, **omologando tutti a un unico modo di sentire e di pensare**, ai medesimi valori, a modelli non rifiutabili. Da questo punto di vista, la televisione è riuscita a compiere una **centralizzazione** che neppure il «centralismo fascista» aveva potuto realizzare (e si intuisce qui una delle motivazioni che spingevano Pasolini a parlare, per anni successivi al miracolo economico, di «nuovo fascismo»).

ANALISI

Lo stile della provocazione Pasolini prende spunto da un'esperienza quotidiana collettiva per collegarla al problema generale del rapporto tra centro e periferia. Durante l'austerità imposta dalla crisi petrolifera (1973), quando fu proibito nei giorni festivi di circolare in automobile, venne alla ribalta tutto lo squallore in cui versavano le periferie urbane. Da questo dato concreto Pasolini parte per lanciare la sua provocazione. Il discorso procede per **schematizzazioni violente**, attraverso una serie di **affermazioni perentorie**: ogni frase è netta, scandita, lapidaria. Pasolini rifiuta i mezzi termini perché vuole colpire il lettore. I suoi giudizi sono estremi. L'argomentazione culmina ai righi 6-8 in un ossimoro che doveva suonare scandaloso («la 'tolleranza' della ideologia edonistica [...] è la peggiore delle repressioni della storia umana»). Anche a non voler prendere alla lettera le sue provocazioni, **il ricorso al paradosso** ha una funzione precisa nella strategia comunicativa pasoliniana. **Provocando il lettore**, spazzando via ogni pregiudizio e certezza scontata richiama prepotentemente l'attenzione sul nucleo di verità esplosiva che si sprigiona da un confronto sempre radicale e appassionato con la realtà.

La scrittura è incisiva, ma anche coinvolgente. Pasolini comunica le sue certezze intensificando le sue affermazioni con **una serie di anafore** e di ripetizioni di termini («ciecamente dimentico [...] ciecamente estraneo», righi 17-18;

«strumento del potere e potere essa stessa», rigo 50). Predilige il ricorso a **immagini di una straordinaria concretezza visiva**. Non c'è migliore dimostrazione della forza omologante dell'edonismo, che spodesta i valori della religione cattolica, del «Giovane Uomo e della Giovane Donna» che «vanno ancora a messa la domenica: in macchina». Così la **trasformazione antropologica del popolo** assume la forma dei giovani sottoproletari che «cominciano a vergognarsi», «cancellano nella loro carta d'identità il termine del loro mestiere». Pasolini rifiuta insomma ogni approccio astratto, razionale ed equilibrato e crea un ordine retorico e stilistico che **fa immediatamente presa a livello emotivo**.

INTERPRETAZIONE

Centro e periferia Sono questi due i termini-chiave della polemica pasoliniana **contro l'omologazione operata dai mass media**. Il primo indica il nuovo Potere, un potere con la P maiuscola che l'autore dice di non sapere ancora definire (*Il Potere senza volto*, 24 giugno 1974) ma che, abbandonati i vecchi valori clerico-fascisti, ha fatto proprio **il modello consumistico ed edonistico su cui si regge il sistema di produzione neocapitalistico**. Il secondo indica il patrimonio ricco e vario delle **culture popolari, contadine, proletarie e sottoproletarie**, sopravvissute al fascismo e ora **sopraffatte dal centralismo della società dei consumi**. Quanto più radicale è la denuncia del carattere totalizzante del nuovo Potere, tanto maggiore è **il rimpianto per la civiltà preindustriale** e contadina come tensione all'autenticità e alla bellezza, al recupero di un'esistenza basata sulla concretezza dei rapporti umani e non su strumentali rapporti di scambio. Certamente Pasolini indulge a una idealizzazione del passato contadino, considerandolo come un tempo mitico e naturale precedente all'alienazione industriale. Ma a chi, come Calvino, lo accusava di rimpiangere l'«Italietta fascista», Pasolini così risponde: «È questo illimitato mondo contadino pre-nazionale e pre-industriale, sopravvissuto fino a solo pochi anni fa, che io rimpiango [...]. Gli uomini di questo universo non vivevano un'*età dell'oro*, come non erano coinvolti, se non formalmente con l'Italietta. Essi vivevano quella che Chilanti ha chiamato l'*età del pane*. Erano cioè consumatori di beni estremamente necessari. Ed era questo, forse, che rendeva estremamente necessaria la loro povera e precaria vita» (*Limitatezza della storia e immensità del mondo contadino*, «Paese Sera», 08-07-1974, ora in *Scritti corsari*).

Contro la televisione Pasolini porta alle estreme conseguenze il discorso sull'omologazione attraverso l'attacco contro il potere della televisione. Fin dalla sua comparsa **ne intuisce la forza di condizionamento psicologico e il pericoloso legame con il potere**. La **televisione** – mette sull'avviso – non è un «mezzo tecnico neutrale», ma **«strumento del potere e potere essa stessa»**. Essa non è semplicemente un mezzo per trasmettere messaggi, ma «centro elaboratore di messaggi». Per questo attraverso la televisione si «manifesta in concreto lo spirito del nuovo potere». Tramite la televisione il Centro ha assimilato a sé l'intero Paese, riducendo non solo le periferie a dormitori senza più vita autonoma, ma livellando ogni differenza di classe nei comportamenti dettati dal profondo. Infatti mentre il fascismo si contentava di un consenso ideologico e politico, **la televisione esercita una seduzione più subdola, agisce «di soppiatto»**, attraverso forme di persuasione occulta che cambiano il vissuto, la cultura e i modi di essere della gente. Pasolini si rende conto che non è la volontà pedagogica delle trasmissioni educative che conta, ma la realtà quotidiana rappresentata nella **pubblicità**. La televisione plasma insomma l'opinione pubblica perché ha dalla sua la forza del linguaggio delle cose, che non ammette repliche o alternative. Ne deriva **un conformismo di massa** in cui la persona scompare perdendo ogni identità propria. Perciò egli parla di nuovo fascismo che, a differenza del vecchio che non era riuscito a scalfirla, attraverso i nuovi mezzi di comunicazione di massa «ha lacerata, violata, bruttata per sempre» l'anima del popolo italiano. Nell'analisi di Pasolini la televisione dunque determina l'avvento non solo di un nuovo modello umano, ma anche di una nuova **immagine del potere come totalità pervasiva e sistema globale**, che stava mutando radicalmente la base sociale delle vecchie istituzioni. Profeticamente Pasolini intravede nell'**onnipotenza dei mass media** l'avvento di un dispotismo strisciante di tipo nuovo che, sotto apparenze democratiche, mostra un volto più feroce del dispotismo fascista.

T3 LAVORIAMO SUL TESTO

COMPRENDERE

1. Come di consueto, Pasolini prende le mosse da una situazione concreta per far luce su un problema di carattere generale. Da quale circostanza prende spunto il testo?
2. Quale accusa Pasolini rivolge alla «civiltà dei consumi»?

ANALIZZARE E INTERPRETARE

3. Pasolini si serve di definizioni forti ed efficaci, destinate ad entrare nel vocabolario giornalistico (e non solo). Che cosa intende con l'espressione «edonismo di massa» (righi 21-22)?
4. Che cosa intende lo scrittore con l'espressione «rattrappimento delle facoltà intellettuali e morali»?

T4 La nuova lingua nazionale

OPERA
Empirismo eretico

CONCETTI CHIAVE
- l'affermazione di una *koiné* tecnico-scientifica omologante

FONTE
P.P. Pasolini, *Empirismo eretico*, Garzanti, Milano 1972.

Il brano qui riportato è tratto dalla parte conclusiva del saggio Nuove questioni linguistiche *(1964).*

Qualcosa di fondamentale è successo alle radici del linguaggio politico ufficiale.

Esso, insieme al linguaggio letterario, è sempre stato caratterizzato da quel fenomeno anacronistico in quanto tipicamente rinascimentale che è l'osmosi[1] col latino. Ora tale fenomeno è stato sostituito alla base da un altro fenomeno, l'osmosi col linguaggio tecnologico della civiltà altamente industrializzata.

La caratteristica fondamentale di tale sostituzione è che mentre l'osmosi col latino, di tipo eletto,[2] tendeva a differenziare il linguaggio politico dagli altri linguaggi, la tecnologia tende al fenomeno contrario: a omologare,[3] cioè, il linguaggio politico agli altri linguaggi.

Si potrebbe dire, insomma, che *centri creatori, elaboratori e unificatori di linguaggio, non sono* 10 *più le università, ma le aziende.*

Si osservi per esempio il potere di suggestione linguistica enorme che hanno gli *slogans* nel «linguaggio della pubblicità»: linguaggio vero e proprio, in quanto sistema con le sue norme interne e i suoi principi regolatori tendenti alla fissazione. Parte di queste sue norme e di questi suoi principi linguistici cominciano già a passare alla lingua parlata: ma ciò che è maggiormente 15 rilevante è l'archetipo[4] linguistico offerto dallo *slogan*: un massimo addirittura metafisico di fissazione diagrammatica.[5]

Anche nel linguaggio della pubblicità, naturalmente, il principio omologatore e direi creatore è la tecnologia e quindi la prevalenza assoluta della comunicazione: sicché lo *slogan* è l'esempio di un tipo finora sconosciuto di «espressività». Il suo fondo, infatti, è espressivo: ma at-
20 traverso la ripetizione la sua espressività perde ogni carattere proprio, si fossilizza, e diventa totalmente comunicativa, comunicativa fino al più brutale finalismo.[6] Tanto che anche il modo di pronunciarla possiede una allusività di tipo nuovo: che si potrebbe definire, con una definizione *monstrum*:[7] espressività di massa.[8] [...]

Oggi, è dunque per un fatto storico d'una importanza in qualche modo superiore a quella
25 dell'unità italiana del 1870 e della susseguente unificazione statale-burocratica, che ci troviamo in una diacronia[9] linguistica in atto, assolutamente senza precedenti: la nuova stratifica-

---

- **1** **l'osmosi**: lo scambio.
- **2** **eletto**: nobile ed *elevato*.
- **3** **omologare**: far diventare uguale.
- **4** **archetipo**: modello originario.
- **5** **un massimo...diagrammatica**: la definizione di criteri espressivi e di codici e tipologie a tal punto stabili da apparire inamovibili (non sottoposti cioè alla storicità ma a leggi universali ed eterne).
- **6** **comunicativa...finalismo**: la pubblicità, cioè, utilizza ingredienti di tipo espressivo, ma al puro fine di comunicare la necessità di un acquisto.
- **7** **monstrum**: fuori del comune, eccezionale, e anche, dunque, orribile.
- **8** **espressività di massa**: si tratta, nella prospettiva qui assunta, di una assurdità, dato che l'espressività coincide con l'individuazione, con l'originalità e con l'autenticità, tutte cose che non possono sopravvivere se tutti gli individui si omologano a modelli di massa.
- **9** **diacronia**: qui vale 'trasformazione storica'.

zione linguistica, la lingua tecnico-scientifica, non si allinea secondo la tradizione con tutte le stratificazioni precedenti, ma si presenta *come omologatrice delle altre stratificazioni linguistiche e addirittura come modificatrice all'interno dei linguaggi*.

Ora, «il principio dell'omologazione» sta evidentemente in una nuova forma sociale della lingua – in una cultura tecnica anziché umanistica – e il «principio della modifica» sta nell'escatologia[10] linguistica, ossia nella tendenza alla strumentalizzazione e alla comunicazione. E questo per esigenze sempre più profonde di quelle linguistiche, ossia politico-economiche.

Si può dire insomma che mai nulla nel passato, dei fatti linguistici fondamentali ebbe un tale potere di omologazione e di modifica su piano nazionale e con tanta contemporaneità; né l'archetipo latino del rinascimento, né la lingua burocratica dell'Ottocento, né la lingua del nazionalismo. Il fenomeno tecnologico investe come una nuova spiritualità, dalle radici, la lingua in tutte le sue estensioni, in tutti i suoi momenti e in tutti i suoi particolarismi.

Qual è dunque la base strutturale, economico-politica, da cui emana questo principio unico, regolamentatore e omologante di tutti i linguaggi nazionali, sotto il segno del tecnicismo e della comunicazione? Non è difficile a questo punto avanzare l'ipotesi che si tratti del momento ideale in cui la borghesia paleoindustriale si fa neocapitalistica[11] almeno *in nuce*,[12] e il linguaggio padronale è sostituito dal linguaggio tecnocratico.[13]

La completa industrializzazione dell'Italia del Nord, a livello ormai chiaramente europeo, e il tipo di rapporti di tale industrializzazione col Mezzogiorno, ha creato una classe sociale realmente egemonica, e come tale realmente unificatrice della nostra società.

Voglio dire che mentre la grande e piccola borghesia di tipo paleoindustriale e commerciale non è mai riuscita a *identificare se stessa con l'intera società italiana*, e ha fatto semplicemente dell'italiano letterario la propria lingua di classe imponendolo dall'alto, la nascente tecnocrazia del Nord si identifica egemonicamente con l'intera nazione, ed elabora quindi un nuovo tipo di cultura e di lingua effettivamente nazionali.[14]

Non essendo io un politico o un sociologo, non oserei circostanziare queste affermazioni, se non per apportarvi qualche litote:[15] per assicurare, insomma, come non siamo che al primo momento di questo fenomeno, e che involuzioni, regressi, resistenze, sopravvivenze dell'antico mondo italiano saranno realtà ritardate ma sempre rilevanti della nostra storia ecc., che la ferita fascista continuerà a sanguinare ecc.: ma che tuttavia la realtà, ormai fatta coscienza e quindi irreversibile, è l'instaurazione di un potere in quanto evoluzione della classe capitalistica (non c'è stata nessuna calata di barbari!)[16] verso una posizione realmente egemonica e quindi unitaria.

Perciò, in qualche modo, con qualche titubanza, e non senza emozione, mi sento autorizzato ad annunciare, *che è nato l'italiano come lingua nazionale*.[17]

- **10** **escatologia**: qui significa 'ciò che va al di là della lingua e ne sostiene le ragioni' (cioè i fatti politico-economici).
- **11** **la borghesia…neocapitalistica**: avviene una trasformazione della vecchia borghesia industriale in nuova borghesia adeguata alle esigenze omologanti e "globalizzanti" del neocapitalismo. La lingua mostrerebbe gli effetti di questa trasformazione.
- **12** **in nuce**: qui vale 'allo stato iniziale' (latino: 'in una noce').
- **13** **tecnocratico**: in cui il potere coincide con la tecnica e con i suoi rappresentanti.
- **14** **Voglio dire che…nazionali**: è qui il cuore dell'argomentazione pasoliniana. La vecchia lingua letteraria coincideva con il punto di vista di classe della vecchia borghesia, e tale lingua è rimasta una delle molte esistenti perché la classe che la esprimeva ha avuto la forza di decretarne la superiorità ma non di ottenerne l'egemonia assoluta. La nuova lingua tecnologica e comunicativa (non espressiva) è sì quella, ancora una volta, di una classe (la borghesia neocapitalistica del Nord), ma questa classe, grazie soprattutto ai mass media, ha ora avuto la forza di identificarsi con l'intera nazione, cioè di far accogliere e adottare da tutti la propria lingua, non più dunque sentita come tale ma come lingua di tutti.
- **15** **litote**: attenuazione.
- **16** **(non c'è stata…barbari!)**: Pasolini intende dire che l'evoluzione descritta, tanto nella lingua quanto nella società, non è intervenuta, pur con la sua violenza, a causa di azioni esterne brusche e nuove (come la discesa dei barbari nel Medioevo), ma solo quale evoluzione di una classe già da tempo al potere, cioè la borghesia.
- **17** **è nato…nazionale**: è una battuta piena di sottintesi, ricavabili da quel che precede. Essi minano l'apparente positività dell'affermazione, che si riferisce a un tema ricorrente e decisivo della nostra storia nazionale, quello della mancanza di una lingua nazionale unitaria condivisa da tutti. Ora essa sarebbe nata, ma a vantaggio di una classe che ha saputo imporla.

T4 DALLA COMPRENSIONE ALL'INTERPRETAZIONE

COMPRENSIONE

Omologazione linguistica In questo saggio Pasolini delinea alcune conclusioni circa la **nascita di una lingua nazionale italiana**, coincidente con una *koiné* tecnico-scientifica controllata dai ceti dominanti per mezzo dei mass media: una lingua che unifica i parlanti in nome di una ideologia implicita avente quali nuclei fondamentali la produzione e il consumo, **una lingua comunicativa e non espressiva**, una lingua che cancella oppure omologa tutte le altre forme di espressività linguistica (dialetti, ecc.).

ANALISI E INTERPRETAZIONE

La "questione della lingua", ultimo atto Dopo essere vissuto per secoli quasi esclusivamente come lingua scritta (per l'oralità bastava il dialetto), **l'italiano conquista la dimensione parlata soltanto tra gli anni Sessanta e Settanta del Novecento**. E, non a caso, sono proprio questi gli anni in cui viene pubblicamente dibattuta, e per l'ultima volta, la secolare "questione della lingua", che – da Dante a Manzoni e oltre – concerne in primo luogo la lingua scritta.
A gettare il sasso nell'acqua stagnante della lingua è proprio **Pier Paolo Pasolini**, che nel saggio che abbiamo letto parte dalla constatazione che in Italia non è mai esistita «una vera e propria lingua italiana nazionale» e che c'era stata piuttosto una «santissima dualità» tra italiano parlato, strumentale, e italiano scritto, letterario. Tale biforcazione linguistica è interpretata, sulla base di influenze risalenti alle tesi di Gramsci, come risultato della realtà storica della borghesia italiana, incapace di identificarsi con l'intera società della nazione. Ora tuttavia – continuava Pasolini – sta per nascere **una lingua italiana unitaria, nuova e tecnologica**, a partire dall'asse Milano-Torino, ovvero dai luoghi delle aziende e delle industrie, dove la lingua si presentava, a suo dire, «come **omologatrice delle altre stratificazioni linguistiche** e addirittura come modificatrice all'interno dei linguaggi». Secondo l'autore, è il primo caso nella storia nazionale di una borghesia egemone in grado d'imporre in maniera omogenea i suoi modelli alle altre classi. Sollecitato dal dibattito che si crea intorno alle sue tesi, Pasolini ritorna sull'argomento in altri interventi giornalistici.

La discussione viene ripresa da **Italo Calvino**. Calvino ribatte a Pasolini che il rapporto che l'italiano stava per instaurare non è con il linguaggio tecnologico o aziendale, ma con le lingue internazionali: pertanto l'italiano, con i suoi dialetti stantii e ipocritamente realistici da un lato, e con la sua inclinazione al "burocratese" dall'altro, corre il rischio di essere una lingua non traducibile, quindi destinata a soccombere. Calvino, in sintesi, si batte per una **lingua concreta e precisa**.
Infine, **Don Lorenzo Milani**, priore di Barbiana, minuscolo e sperduto paesino della montagna toscana, interviene nel dibattito affrontando invece **la questione** della **lingua in funzione di un problema umano e politico**. Il possesso della lingua, sostiene Don Milani, è la base fondamentale e insostituibile per diventare uomini. Senza il possesso della lingua si rischia di vivere in un costante deficit che rende l'individuo strumento nelle mani di chi la lingua la possiede e la pratica, ovvero dei ricchi che la sperperano. La lingua borghese, inutilmente complessa e ricercata, manipolata dai pochi che la possiedono, serve non a informare ma a disinformare i tanti che ne sono privi. Bisogna quindi **depurarla di tutti i preziosismi e gli arcaismi**, seguendo regole precise e apprendibili come quelle di ogni altra arte o attività. Le sue tesi, sostenute nella *Lettera a una professoressa* (uscita nel 1967, l'anno della morte dell'autore), diventano uno dei moniti del movimento studentesco del '68.
Questa è l'ultima volta in cui la "questione della lingua" viene gestita da intellettuali e non da esperti linguisti, legandosi pertanto a tematiche di carattere politico e sociale.

T4 LAVORIAMO SUL TESTO

INTERPRETARE

La nuova *koiné* tecnico-scientifica

1. **LINGUA E LESSICO** Lo scrittore afferma che oggi i centri creatori del linguaggio sono le aziende, per cui la nostra lingua appare sempre più uniforme e tecnicizzata: prova a individuare degli esempi, a partire dallo stesso linguaggio scolastico.

LE MIE COMPETENZE: DIALOGARE

I mass media, se hanno promosso l'unificazione linguistica del Paese, hanno trasformato e impoverito la nostra lingua: quale tende ad essere oggi l'unica finalità della lingua e quali caratteri essa ha perduto? Discutine in classe.

6 L'intellettuale e i mass media

Pasolini giornalista

Si è visto come **la scelta del cinema** si fondi, oltre che su bisogni espressivi nuovi e specifici, sulla necessità avvertita da Pasolini di entrare a contatto con un pubblico più vasto, di massa. Lo stesso può dirsi per le **collaborazioni a settimanali e quotidiani di larga diffusione**, non a caso iniziate negli stessi anni (nel 1960). Se si guarda ai contenuti ideologici degli interventi pasoliniani sulla stampa e al "messaggio" di fondo di molti suoi film, ecco che proprio **la civiltà di massa si rivela oggetto centrale di critica e di polemica**, per non dire di rifiuto. Le posizioni di Pasolini sono rivolte innanzitutto **contro l'omologazione culturale e contro i miti di massa** (il consumismo); e dunque anche **contro** gli strumenti che hanno reso possibile tale omologazione, cioè appunto **i mass media**. Ed ecco **il paradosso** di criticare i mass media e il mondo cui essi sono organici, servendosi proprio dei mass media stessi, e divenendo un idolo – un idolo scomodo, ma pur sempre un idolo – dell'immaginario e della civiltà a essi legati. È una contraddizione della quale Pasolini ha parziale consapevolezza, e che tuttavia si registra in due forme diverse nel periodo che va dal 1960 al 1968 e in quello successivo.

S • Pasolini personaggio pubblico (G.C. Ferretti)

Una prima fase più fiduciosa e impegnata (1960-1968)

Nella prima fase, infatti, **è ancora forte la fiducia nell'esistenza di valori alternativi a quelli dominanti** della omologazione e del potere, la fiducia cioè nella resistenza di culture periferiche e basse (popolari) sostanzialmente sane. E Pasolini le sceglie quali riferimenti privilegiati, sia facendone l'oggetto dei propri film e delle proprie riflessioni, sia rivolgendosi a esse con gli interventi sui giornali (per esempio dialogando con i lettori per mezzo delle loro lettere e delle proprie risposte puntuali).

Una seconda fase contro la cultura di massa

Nella seconda fase, invece, **più che puntare su valori positivi, Pasolini si scaglia contro la cultura di massa**, che gli sembra aver ormai annullato ogni differenza tra classi e civiltà diverse. **Prevale dunque la denuncia del negativo**, in un percorso che nel cinema va da *Uccellacci e uccellini* a *Salò o le 120 giornate di Sodoma* e che negli interventi sulla stampa coinvolge nello stesso orrore tanto il potere quanto la degenerazione del popolo, salvo aprire ancora – ma sempre più raramente – favolose prospettive utopiche verso culture del tutto diverse (antiche o del Terzo Mondo) o verso il mito. Alla collaborazione politicizzata della prima fase si sostituisce ora, con evidente valore simbolico, la collaborazione all'organo della borghesia («Corriere della Sera»), sul quale scrive come in condizione di ostaggio, o di provocatore. Nascono così gli *Scritti corsari* (cfr. **S3**, p. 796). Anche questa scelta testimonia come secondo Pasolini non abbia più senso cercare rapporti organici con prospettive politiche di cambiamento: tutti appaiono infatti ormai egualmente coinvolti nell'orrore, in quello che egli chiama il "nuovo fascismo" (cioè una cultura asservita al potere e ai suoi interessi, dunque pesantemente autoritaria). **Nella prima metà degli anni Settanta, Pasolini inaugura dunque quel rifiuto della politica** – dapprima motivato da ragioni politiche ed etiche, poi più spesso con atteggiamento qualunquistico e regressivo – **che caratterizzerà il ventennio successivo**, con il distacco (non solo da parte degli intellettuali) dalle organizzazioni politiche e la riduzione del dissenso a opinionismo, esprimibile anche in forme radicali e combattive, ma senza alcuna aspirazione a costituire un'alternativa reale nelle cose (cfr. **T5**, p. 797). È questa l'**"americanizzazione del dissenso"**, cioè la riduzione del dissenso sociale e politico a fenomeno organico e integrato rispetto alle strutture e ai codici del potere criticato.

Rifiuto della politica e riduzione del dissenso a opinionismo

S • Un attacco di Fortini a Pasolini sul Sessantotto

L'intellettuale "corsaro": contro i mass media servendosi dei mass media

La contraddizione di cui si è parlato all'inizio di questo paragrafo (tra critica della società di massa e collaborazione ai suoi strumenti costitutivi) riguarda soprattutto la seconda fase, successiva al 1968; ed è una contraddizione inevitabile: **se a essere venuta meno è proprio la prospettiva di cambiamento sociale**, dato che non ne esistono più i potenziali attori, omologati al potere e alla sua cultura, **all'intellettuale "contro" non resta che servirsi degli strumenti del nemico**, perché non ne esistono altri, non resta che denunciare i mass media per mezzo dei mass media. A differenza dalla Neoavanguardia – cui può far pensare questo ricorso disinvolto ai mass media con l'intenzione di criticarli (o addirittura sabotarli) –, Pasolini crede ancora nella possibilità di una funzione propositiva e antagonistica dell'attività intellettuale in se stessa, crede cioè dotato di possibile effetto pratico il proprio intervento di critica.

S3

INFORMAZIONI

Gli *Scritti corsari*

Gli *Scritti corsari* (1975) raccolgono gli articoli usciti per lo più sul «Corriere della Sera» tra il gennaio del 1973 e il febbraio del 1975, mentre gli interventi successivi fino all'assassinio dell'autore saranno raccolti postumi, nel 1976, in *Lettere luterane*. Il libro è diviso in due parti, la prima contiene scritti giornalistici a commento di vari fatti di attualità, la seconda invece comprende recensioni o prefazioni a libri.

Forte della sua indipendenza, Pasolini afferra l'occasione di disporre del più diffuso e prestigioso giornale della borghesia italiana per svolgere il ruolo del "provocatore", del "corsaro", per destabilizzare l'opinione comune, mettere in crisi certezze e pregiudizi, manifestando in articoli roventi e aggressivi il suo radicale rifiuto del presente. Gli articoli testimoniano il punto culminante di una crisi maturata nel corso degli anni Sessanta, che avevano visto il trionfo della seconda rivoluzione industriale e il boom economico, l'avvento, da una parte, della società del benessere e della «sirena neocapitalistica», dall'altra, la «desistenza» di ogni opposizione rivoluzionaria. Contro la realtà del "miracolo economico", osannato da tutti come uno straordinario balzo in avanti, che trasforma l'Italia in pochi anni nella quinta potenza industriale del mondo, Pasolini prende una durissima posizione, mostrando l'altra faccia, barbara e degradata, della modernità.

L'autore affronta argomenti vari; partendo dalla realtà quotidiana, da un particolare di costume (dall'acconciatura dei capelli all'abbigliamento, da uno slogan pubblicitario ai gesti, alla lingua), risale alle grandi questioni che gli stanno a cuore, legate tutte ad una analisi spietata della contemporanea società di massa. I nuclei concettuali attorno a cui ruotano gli interventi sono riconducibili a tre punti:

1. la denuncia di una svolta storica caratterizzata dall'«omologazione» degli individui e delle classi sociali (cfr. T3, p. 788);
2. la prospettiva di una «mutazione antropologica» (cfr. cap. I, S4, p. 533), derivante dall'omologazione, che altera nel profondo la natura stessa dell'uomo, degradandola e asservendola unicamente alla logica del mercato;
3. la conseguente minaccia di un «genocidio culturale», che vede la scomparsa delle culture contadine e popolari, rapidamente assimilate al modo di vita piccolo borghese.

Lo strumento di questa rivoluzione va ricercato nella diffusione dei nuovi mezzi di comunicazione di massa, soprattutto nella televisione.

La polemica di Pasolini è rivolta contro uno sviluppo distorto, consistente unicamente nell'accumulo e nel consumo di beni superflui, che «rendono superflua la vita» stessa e, invece che a un progresso, aprono le porte a un regresso. Chi muove le fila di tutto è un Potere onnipotente dal volto nuovo, la cui natura sfugge a Pasolini, ma di cui egli denuncia il carattere totalizzante e accentratore poiché, sotto le apparenze di una falsa tolleranza, in realtà impone attraverso i mass media una omologazione autoritaria. La critica serrata alla società italiana e alle sue storture induce Pasolini, nell'articolo intitolato *Il romanzo delle stragi* (14 novembre 1974), a pronunciare un durissimo attacco contro la stessa leadership politica, responsabile, secondo l'autore, delle stragi della cosiddetta "strategia della tensione", cioè della serie di attentati terroristici volti a creare nella società italiana, a partire dal 1969, disorientamento e paura, per scoraggiare le prospettive di cambiamento sociale innescate dalle lotte studentesche e operaie (cfr. T5). Pasolini conduce la sua battaglia solitaria, controcorrente anche rispetto allo schieramento progressista, non responsabile di fronte a nessuno fuor che a se stesso, compromettendosi in prese di posizione estreme, in giudizi provocatori e apparentemente paradossali che, a distanza di anni, si sono però rivelati profetici.

Dall'intellettuale-pensatore all'intellettuale-intrattenitore

Infine, ciò che Pasolini tenta è il salvataggio di uno spazio di critica e di non-omologazione in una società che ne ha cancellato o ne sta cancellando la possibilità. Egli ha intuito che l'intellettuale tendeva a sparire o a trasformarsi in intrattenitore televisivo, cioè in una figura sociale del tutto nuova e priva alla radice delle funzioni dell'intellettuale-pensatore, dell'intellettuale-mediatore ideologico o dell'intellettuale-contestatore; e ha tentato di trasportare i vecchi requisiti nel nuovo contesto socio-culturale, forzandone a proprio vantaggio le contraddizioni.

I paradossi di Pasolini intellettuale

T • *In difesa del latino*

Pasolini non ha mai fatto mistero di ritenere necessario il salvataggio di molte cose della tradizione in un mondo futuro liberato dai mali (innanzitutto sociali) del presente; non ha mai fatto mistero di identificarsi per molti aspetti in un punto di vista conservatore. Un altro dei paradossi (o delle contraddizioni) che lo riguardano vuole che il tentativo di salvare, nella funzione intellettuale della tradizione, uno di questi valori del passato, si sia espresso – nel suo percorso biografico e nella sua azione pubblica – in forme profondamente coinvolte nella radicale ridefinizione di quella funzione, e che Pasolini ne sia stato anzi uno dei prototipi e degli apripista. Per capire il senso di questa contraddizione basta vedere **l'uso che del mito di Pasolini è stato fatto prima e soprattutto dopo la morte**, usandolo ora come moderno martire laico sacrificato per difendere uno spazio individuale non inquinato, ora come opportunistico alleato nella critica della contestazione giovanile o addirittura nella rinuncia a ogni distinzione di classe o di schieramento politico (per esempio tra fascisti e antifascisti), ora come modello di autenticità e di intervento pubblico. Proprio la ricchezza, spesso contraddittoria oltre che complessa delle posizioni pasoliniane ne ha favorito molte strumentalizzazioni.

Il mito di Pasolini e il suo uso (anche strumentalizzato)

T5 Il romanzo delle stragi

OPERA
Il romanzo delle stragi

CONCETTI CHIAVE
- il ruolo dello scrittore
- lo scrittore e la politica

FONTE
P.P. Pasolini, *Scritti corsari*, Garzanti, Milano 1975.

Ascolto

Alta leggibilità

«Che cos'è questo golpe?» è il titolo originario dell'articolo che apparve sul «Corriere della Sera» alla fine del 1974, un anno cruciale (il titolo attuale fu scelto da Pasolini quando inserì il testo negli *Scritti corsari*). È l'anno della strage fascista di Piazza della Loggia a Brescia e del treno Italicus. L'anno in cui il generale Vito Miceli, responsabile dei nostri servizi segreti, viene arrestato per cospirazione contro lo Stato. Il clima era pesante, «assomiglia a quello del Cile prima dell'avvento di Pinochet» – scriveva nel suo diario l'allora ministro degli Interni Taviani. D'altra parte sempre nel 1974, dopo la vittoria referendaria sul divorzio, si profilava un'avanzata elettorale democratico-progressista imperniata sul ruolo del Partito Comunista. La cosiddetta strategia della tensione, con la serie di stragi e di attentati terroristici – su cui non è mai stata fatta chiarezza – apparve allora un modo di seminare paura e incertezza per frenare il successo delle forze di sinistra. Nell'articolo Pasolini dichiara di sapere chi sono i colpevoli degli attentati, ma di non averne le prove. Allo scrittore non resta che lanciare la propria sfida insieme ad una mozione di sfiducia verso l'intero ceto politico, che sa, forse ha anche le prove, ma tace.

Io so.

Io so i nomi dei responsabili di quello che viene chiamato *golpe*[1] (e che in realtà è una serie di *golpes* istituitasi a sistema di protezione del potere).

Io so i nomi dei responsabili della strage di Milano del 12 dicembre 1969.

5   Io so i nomi dei responsabili delle stragi di Brescia e di Bologna dei primi mesi del 1974.

Io so i nomi del «vertice» che ha manovrato, dunque, sia i vecchi fascisti ideatori di *golpes*, sia i neofascisti autori materiali delle prime stragi, sia infine, gli «ignoti» autori materiali delle stragi più recenti.

Io so i nomi che hanno gestito le due differenti, anzi, opposte, fasi della tensione: una prima
10 fase anticomunista (Milano 1969), e una seconda fase antifascista (Brescia e Bologna 1974).[2]

Io so i nomi del gruppo di potenti, che, con l'aiuto della CIA[3] (e in second'ordine dei colonnelli greci[4] e della mafia), hanno prima creato (del resto miseramente fallendo) una crociata anticomunista, a tamponare il 1968, e in seguito, sempre con l'aiuto e per ispirazione della CIA, si sono ricostituiti una verginità antifascista, a tamponare il disastro del referendum.[5]

15 Io so i nomi di coloro che, tra una messa e l'altra, hanno dato le disposizioni e assicurato la protezione politica a vecchi generali (per tenere in piedi, di riserva,[6] l'organizzazione di un potenziale colpo di Stato), a giovani neofascisti, anzi neo-nazisti (per creare in concreto la tensione anticomunista) e infine a criminali comuni, fino a questo momento, e forse per sempre, senza nome (per creare la successiva tensione antifascista). Io so i nomi delle persone serie e
20 importanti che stanno dietro a dei personaggi comici come quel generale della Forestale che operava, alquanto operettisticamente, a Città Ducale (mentre i boschi italiani bruciavano), o a dei personaggi grigi e puramente organizzativi come il generale Miceli.[7]

- **1 golpe**: colpo di stato (dallo spagnolo "golpe").
- **2 una prima fase...1974**: secondo Pasolini la strategia della tensione avrebbe avuto due fasi, entrambe guidate da servizi segreti dello Stato italiano in complicità con altri stranieri e con la mafia: una prima volta a contrastare la contestazione del '68 (e dunque in chiave anticomunista) e una seconda a recuperare una «verginità antifascista» (cioè una credibilità) dopo la sconfitta della destra nei primi anni Settanta. Si tratta, dal punto di vista concreto del giudizio storico, di una bipartizione scarsamente sostenibile e documentata.
- **3 CIA**: la Central Intelligence Agency (Ufficio Centrale d'Informazione), il servizio segreto statunitense creato a scopi di controspionaggio, spesso coinvolto in colpi di stato nei paesi legati agli USA da accordi politici e interessi economici (clamoroso, in quegli anni, il golpe cileno del 1973).
- **4 colonnelli greci**: l'apparato militare in quegli anni al potere, in seguito a un colpo di stato, in Grecia.
- **5 referendum**: sul divorzio (1974), vinto dalle forze laiche e di sinistra con una buona maggioranza, e perso dalle forze cattoliche (la DC) e di destra (l'allora MSI, ispirato al fascismo).
- **6 di riserva**: se il controllo degli interessi non fosse più adeguatamente garantito entro le strutture democratiche.
- **7 quel generale...Miceli**: figure dell'esercito accusate di aver collaborato alla preparazione di un colpo di Stato.

Io so i nomi delle persone serie e importanti che stanno dietro ai tragici ragazzi che hanno scelto le suicide atrocità fasciste e ai malfattori comuni, siciliani o no, che si sono messi a disposizione, come killer e sicari.

Io so tutti questi nomi e so tutti i fatti (attentati alle istituzioni e stragi) di cui si sono resi colpevoli.

Io so. Ma non ho le prove. Non ho nemmeno indizi.

Io so perché sono un intellettuale, uno scrittore, che cerca di seguire tutto ciò che succede, di conoscere tutto ciò che se ne scrive, di immaginare tutto ciò che non si sa o che si tace; che coordina[8] fatti anche lontani, che mette insieme i pezzi disorganizzati e frammentari di un intero coerente quadro politico, che ristabilisce la logica là dove sembrano regnare l'arbitrarietà, la follia e il mistero.

Tutto ciò fa parte del mio mestiere e dell'istinto del mio mestiere. Credo che sia difficile che il mio «progetto di romanzo» sia sbagliato, che non abbia cioè attinenza con la realtà, e che i suoi riferimenti a fatti e persone reali siano inesatti. Credo inoltre che molti altri intellettuali e romanzieri sappiano ciò che so io in quanto intellettuale e romanziere. Perché la ricostruzione della verità a proposito di ciò che è successo in Italia dopo il 1968 non è poi così difficile.

Tale verità – lo si sente con assoluta precisione – sta dietro una grande quantità di interventi anche giornalistici e politici: cioè non di immaginazione o di finzione come è per sua natura il mio. Ultimo esempio: è chiaro che la verità urgeva,[9] con tutti i suoi nomi, dietro all'editoriale del «Corriere della Sera», del 1° novembre 1974.

Probabilmente i giornalisti e i politici hanno anche delle prove o, almeno, degli indizi.

Ora il problema è questo: i giornalisti e i politici, pur avendo forse delle prove e certamente degli indizi, non fanno i nomi.

A chi dunque compete fare questi nomi? Evidentemente a chi non solo ha il necessario coraggio, ma, insieme, non è compromesso *nella pratica* col potere, e, inoltre, non ha, per definizione, niente da perdere: cioè un intellettuale.

Un intellettuale dunque potrebbe benissimo fare pubblicamente quei nomi: ma egli non ha né prove né indizi.

Il potere e il mondo che, pur non essendo del potere, tiene rapporti pratici col potere, ha escluso gli intellettuali liberi[10] – proprio per il modo in cui è fatto – dalla possibilità di avere prove ed indizi.

Mi si potrebbe obiettare che io, per esempio, come intellettuale, e inventore di storie, potrei entrare in quel mondo esplicitamente politico (del potere o intorno al potere), compromettermi con esso, e quindi partecipare del diritto ad avere, con una certa alta probabilità, prove ed indizi.

Ma a tale obiezione io risponderei che ciò non è possibile, perché è proprio la ripugnanza ad entrare in un simile mondo politico che si identifica col mio potenziale coraggio intellettuale a dire la verità: cioè a fare i nomi.

Il coraggio intellettuale della verità e la pratica politica sono due cose inconciliabili in Italia.[11]

All'intellettuale – profondamente e visceralmente disprezzato da tutta la borghesia italiana – si deferisce un mandato falsamente alto e nobile, in realtà servile:[12] quello di dibattere i problemi morali e ideologici.

- **8 coordina**: mette in collegamento.
- **9 urgeva**: *premeva* (bloccata tuttavia dalla mancanza di prove o forse, come Pasolini ipotizza subito dopo, dall'appartenenza al medesimo orizzonte di interessi).
- **10 gli intellettuali liberi**: cioè non inseriti in meccanismi istituzionali (giornalismo, ecc.).
- **11 Il coraggio intellettuale...Italia**: dietro questa denuncia così radicale si nasconde, oltre che una parte di verità, il rischio di un rifiuto senza distinzioni della politica in se stessa; rischio largamente avveratosi negli anni che seguono questo intervento pasoliniano.
- **12 mandato...servile**: il potere, chiedendo agli intellettuali di occuparsi solo di questioni elevate e dunque distanti dalla quotidianità della cronaca, consegna loro un mandato in apparenza nobile, ma in verità impone un ruolo di servi (ossia organico a se stesso in quanto potere).

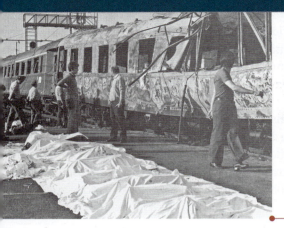 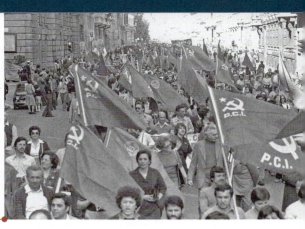

[A SINISTRA] L'attentato terroristico al treno Italicus compiuto nella notte del 4 agosto 1974 a San Benedetto Val di Sambro, in provincia di Bologna.

[A DESTRA] Corteo dei militanti del Partito Comunista Italiano, Milano, 25 aprile 1977.

Se egli vien meno a questo mandato viene considerato traditore del suo ruolo: si grida subito (come se non si aspettasse altro che questo) al «tradimento dei chierici».[13] Gridare al «tradimento dei chierici» è un alibi e una gratificazione per i politici e per i servi del potere.

Ma non esiste solo il potere: esiste anche un'opposizione al potere. In Italia questa opposizione è così vasta e forte, da essere un potere essa stessa: mi riferisco naturalmente al Partito comunista italiano.

È certo che in questo momento la presenza di un grande partito all'opposizione come il Partito comunista italiano è la salvezza dell'Italia e delle sue povere istituzioni democratiche.

Il Partito comunista italiano è un paese pulito in un paese sporco, un paese onesto in un paese disonesto, un paese intelligente in un paese idiota, un paese colto in un paese ignorante, un paese umanistico in un paese consumistico.

[...]

Ora, perché neanche gli uomini politici dell'opposizione, se hanno – come probabilmente hanno – prove o almeno indizi, non fanno i nomi dei responsabili reali, cioè politici, dei comici *golpes* e delle spaventose stragi di questi anni? È semplice: essi non li fanno nella misura in cui distinguono – a differenza di quanto farebbe un intellettuale – verità politica da pratica politica.[14] E quindi, naturalmente, neanch'essi mettono al corrente di prove e indizi l'intellettuale non funzionario:[15] non se lo sognano nemmeno, com'è del resto normale, data l'oggettiva situazione di fatto.

L'intellettuale deve continuare ad attenersi a quello che gli viene imposto come suo dovere, a iterare[16] il proprio modo codificato[17] di intervento.

Lo so bene che non è il caso – in questo particolare momento della storia italiana – di fare pubblicamente una mozione di sfiducia contro l'intera classe politica. Non è diplomatico, non è opportuno. Ma queste sono categorie della politica, non della verità politica: quella che – quando può e come può – l'impotente intellettuale è tenuto a servire.

Ebbene, proprio perché io non posso fare i nomi dei responsabili dei tentativi di colpo di Stato e delle stragi (e non al posto di questo) io non posso non pronunciare la mia debole e ideale accusa contro l'intera classe politica italiana.

E lo faccio in quanto io credo alla politica, credo nei principi «formali» della democrazia, credo nel parlamento e credo nei partiti. E naturalmente attraverso la mia particolare ottica che è quella di un comunista.

- 13 «**tradimento dei chierici**»: tradimento da parte degli intellettuali della propria funzione storica e sociale (in quanto essi dovrebbero occuparsi di cultura in senso stretto e non di politica).
- 14 **distinguono...politica**: anche al partito cui Pasolini attribuisce il massimo di legittimità democratica e di onestà è necessario accettare le regole del gioco, cioè non denunciare ciò che si sa (la «verità politica») per ragioni di opportunità e di interesse (la «pratica politica»). In questo modo il potere coinvolge e comprende anche il maggior partito di opposizione. È una tesi che in quegli anni veniva sostenuta soprattutto dal Partito radicale, cui Pasolini si era avvicinato.
- 15 **non funzionario**: non integrato nel partito.
- 16 **iterare**: *ripetere*.
- 17 **codificato**: *tradizionale*.
- 18 **se il potere...consentirà**: Pasolini allude

Sono pronto a ritirare la mia mozione di sfiducia (anzi non aspetto altro che questo) solo quando un uomo poltitico – non per opportunità, cioè non perché sia venuto il momento, ma piuttosto per creare la possibilità di tale momento – deciderà di fare i nomi dei responsabili dei colpi di Stato e delle stragi, che evidentemente egli sa, come me, ma su cui, a differenza di me, non può non avere prove, o almeno indizi.

Probabilmente – se il potere americano lo consentirà[18] – magari decidendo «diplomaticamente» di concedere a un'altra democrazia ciò che la democrazia americana si è concessa a proposito di Nixon[19] – questi nomi prima o poi saranno detti. Ma a dirli saranno uomini che hanno condiviso con essi il potere: come minori responsabili contro maggiori responsabili (e non è detto, come nel caso americano, che siano migliori). Questo sarebbe in definitiva il vero colpo di Stato.

---

alla dipendenza economica e militare dell'Italia dagli USA, escludendo che i responsabili delle stragi possano essere scoperti, in Italia, senza il beneplacito americano.
- **19 a proposito di Nixon**: presidente americano dal 1968 al 1972 e poi, eletto una seconda volta, dal 1972 al 1974, quando fu costretto a dimettersi a causa dello scandalo *Watergate*.

T5 DALLA COMPRENSIONE ALL'INTERPRETAZIONE

COMPRENSIONE E ANALISI

Il meccanismo della ripetizione L'articolo comincia con «**Io so**», punto e a capo: Pasolini infatti afferma di sapere chi sono i responsabili della stragi che stanno dilaniando l'Italia, ma di non avere delle prove che supportino la sua verità. «Io so i nomi»: questa frase è ripetuta ininterrottamente **nove volte all'inizio di ogni capoverso, con minime varianti al decimo** («Io so tutti questi nomi»), **all'undicesimo** («Io so. Ma non ho le prove») **e al dodicesimo** («Io so perché sono un intellettuale»). Anche in questo articolo, e in modo martellante, **Pasolini parla in prima persona**, porta a testimonianza il proprio caso personale che, in quanto tale, non può essere razionalmente confutato. Perciò privilegia l'affermazione perentoria e reiterata. Le frasi sono brevi, la **sintassi semplificata**, i nessi relativi si snodano in prolungate, ripetute successioni («ciò che succede [...] ciò che se ne scrive [...] ciò che non si sa o che si tace [...]»; «che cerca [...] che coordina [...] che mette insieme [...] che ristabilisce la logica»). Il discorso insomma trae il massimo effetto dal **meccanismo della ripetizione** disponendosi in una griglia di studiate simmetrie, dove gli stacchi dei **continui a capo** isolano le singole affermazioni come pietre miliari di un'argomentazione irrefutabile. **Il modo di argomentare procede per antitesi** («Un intellettuale dunque potrebbe [...] ma non ha le prove», «Mi si potrebbe obiettare [...] Ma a tale obiezione [...]») fino a culminare nella contraddizione «inconciliabile» tra «Il coraggio intellettuale della verità» e «la pratica politica», che è il nodo problematico dell'articolo.

Il mestiere dello scrittore L'articolo, se punta il dito contro chi dovrebbe **denunciare i responsabili delle stragi**, mette anche in luce i fondamenti del mestiere di scrittore: «Io so perché sono un intellettuale, uno scrittore che cerca di seguire tutto ciò che succede [...] di immaginare tutto ciò che non si sa o che si tace; che coordina fatti anche lontani [...] che ristabilisce la logica là dove sembrano regnare l'arbitrarietà, la follia e il mistero». Pasolini ribadisce **un'idea di scrittore che non si chiude nello specialismo** letterario degli addetti ai lavori, ma vive immerso nella realtà. Realtà che egli non si limita a registrare, ma che vuole capire, interpretare e denunciare. Dire la verità è l'imperativo categorico che spinge Pasolini a scrivere anche le poesie, a costo di peggiorarne lo stile. **Dire la verità**, senza sconti e attenuazioni, nei modi più diretti e irruenti, con il radicale pessimismo di chi avverte, nell'indifferenza generale, il baratro imminente. Di qui **il tono polemico, inquisitorio, apocalittico che caratterizza l'articolo e in genere gli *Scritti corsari***.

INTERPRETAZIONE

Il rapporto con la politica Un tema importante dell'articolo, strettamente connesso al precedente, è il tormentato **rapporto tra l'intellettuale e la politica**. «Il coraggio intellettuale di dire la verità e la pratica politica sono due cose inconciliabili in Italia» afferma Pasolini. Per quale ragione? L'intellettuale è in grado di capire le cose, può dire i nomi dei responsabili delle stragi, cioè dire tutta la verità, ma non ha le prove in quanto estraneo ai processi politici concreti. I politici invece sanno spesso quali sono le responsabilità, ma non le denunciano. E questo vale – qui sta il punto – sia per i politici al potere, sia per quelli all'opposizione, che in qualche modo sono a loro volta implicati nella pratica politica e quindi devono fare i conti con un sistema di opportunità tattiche e politiche. **Il coraggio della verità compete dunque a chi non è compromesso nella pratica politica, cioè agli intellettuali** che Pasolini chiama «liberi», cioè esclusi da quel mondo, ma per questo anche costretti a constatare la loro impotenza. D'altra parte lo scrittore potrebbe «entrare in quel mondo esplicitamente politico (del potere o intorno al potere)», ma è una prospettiva che recisamente rifiuta perché «è proprio la ripugnanza a entrare in un simile mondo politico» a essere l'espressione più diretta del suo «potenziale coraggio intellettuale». La contraddizione dunque è insolubile. Lo scrittore non perde tuttavia la fiducia nella **funzione antagonista della parola scritta**, nel proprio intervento di critica come salvaguardia di uno spazio di libertà non omologato al potere. Così **respinge sia il ruolo di intellettuale funzionario integrato in un partito, sia quello di intellettuale separato**, rivendicando una funzione civile, storicamente tramontata e tuttavia insostituibile.

L'americanizzazione del dissenso Pasolini rilancia **la grande figura dell'intellettuale solitario** che, privo di un mandato e di un tessuto sociale, nella sua modernissima volontà di scandalo restaura la vocazione protagonistica del letterato romantico e decadente. Non solo, ma sempre unilaterale ed estremo nei suoi giudizi, dietro una denuncia così radicale della politica come pratica di potere Pasolini cela il rischio di un rifiuto indiscriminato della politica in se stessa. È una tendenza che si affermerà nei nuovi movimenti emergenti della fine degli anni Settanta, quando la contestazione di classe del '68 si trasformerà in **"americanizzazione del dissenso"**, cioè in puro dissenso intellettuale, estraneo a movimenti di massa e partiti. Pasolini "corsaro" incarna questo momento, in cui lo scrittore **testimonia nel vissuto il proprio disagio e le contraddizioni sociali e politiche**. Sempre isolato, privo di rapporti con i movimenti reali, ma sempre inserito nei meccanismi di comunicazione di massa, Pasolini diventa **il primo esempio di intellettuale "disorganico"** a qualsiasi classe sociale e a qualsiasi schieramento politico. Nella società in via di americanizzazione in cui vive, lo scrittore non milita più in un movimento politico, ma crea opinione attraverso un'autonoma gestione della propria immagine veicolata dai mass media.

T5 LAVORIAMO SUL TESTO

COMPRENDERE

1. L'articolo trae spunto da una serie di stragi che insanguinarono l'Italia. Una di queste stragi, però, non è citata da Pasolini: quale, e perché?
   - A la strage di Piazza Fontana a Milano
   - B la strage della stazione di Bologna
   - C la strage di Piazza della Loggia a Brescia
   - D la bomba sul treno Italicus a San Benedetto Val di Sambro

2. L'autore afferma di sapere chi sono gli autori delle stragi, ma di non poterli denunciare. Perché?
   - A perché non ha le prove
   - B perché denunciare non è il compito di uno scrittore
   - C perché appartengono a famiglie potenti
   - D perché non li conosce

3. La mancanza di prove deriva, secondo Pasolini (scegli la risposta corretta e spiegala)
   - A dall'imperizia dello scrittore, che non è stato capace di trovarle
   - B dal potere, che emargina gli intellettuali tenendoli lontano dalla verità

4. Contro chi lo scrittore rivolge la sua accusa?
   - A contro i servizi segreti italiani
   - B contro i servizi segreti americani
   - C contro la mafia
   - D contro l'intera classe politica

ANALIZZARE

5. Caratteristica saliente dell'argomentazione è l'enfasi che Pasolini attribuisce al suo caso personale. Prova a sottolineare sul testo tutte le volte che lo scrittore dice «io». Come si spiega questa ripetizione, solitamente anomala in un saggio giornalistico?

6. Pasolini afferma di "sapere" chi sono gli autori delle stragi. Prova a sottolineare sul testo tutte le volte che lo scrittore ripete il verbo "sapere". Su che cosa basa tale affermazione reiterata e perentoria? Scegli la risposta corretta, che corrisponde ad una frase del testo.
   - A perché è un intellettuale, uno scrittore, che cerca di seguire tutto ciò che succede, di conoscere tutto ciò che se ne scrive
   - B perché è uno scrittore di romanzi polizieschi, e in quanto tale curioso di sapere chi è il colpevole o capace di inventarselo

INTERPRETARE

7. Pasolini si può definire un intellettuale "disorganico": che cosa significa?

LABORATORIO
Dall'interpretazione alla riappropriazione

ATTUALIZZAZIONE E VALORIZZAZIONE

La verità della letteratura

Negli anni in cui Pasolini scrive questo articolo, la società italiana è percorsa da spinte opposte: da una parte una forte richiesta di democrazia è avanzata dai movimenti degli studenti e delle donne e si concretizza nella vittoria del Referendum in difesa della legge sul divorzio; dall'altra si verificano una serie di attentati e di stragi, che vedono il probabile coinvolgimento dei servizi segreti deviati. Si tratta della cosiddetta "strategia della tensione" aperta dalla bomba alla Banca dell'Agricoltura di Milano del 12 dicembre 1969, che provoca una vera e propria strage.

L'articolo di Pasolini, come abbiamo visto, è basato sull'iterazione, cioè sulla ripetizione martellante di «Io so» per ben nove volte, in frasi brevi e scandite, e insiste sulla prima persona singolare: l'autore si propone dunque come intellettuale-testimone, che pur non avendo prove o indizi, conosce la verità grazie alla sua intuizione di scrittore. Essere scrittore vuol dire per Pasolini formulare nessi, smascherare verità nascoste, collegare in una narrazione fatti apparentemente slegati, ipotizzare insomma il "romanzo delle stragi". La verità, cui allude l'autore, riguarda non solo i diretti esecutori e i mandanti degli attentati e dei tentativi di colpo di Stato, ma soprattutto le responsabilità del potere politico nell'occultare e depistare ogni tentativo di svelamento della verità.

L'intellettuale dà scandalo rifiutando le regole della politica e oltrepassando i luoghi della discussione culturale: Pasolini infatti non milita in un partito (il suo "comunismo" è disorganico e solitario) e la sua "mozione di sfiducia" a un'intera classe politica è radicale e totale. Le sue verità romanzesche sono sentite come più efficaci delle ricostruzioni degli storici contemporanei e dei silenzi dei politici.

L'articolo di Pasolini si fonda sulla fiducia nelle capacità conoscitive della letteratura e sulla coscienza della responsabilità dell'intellettuale, che deve prendere posizione e "leggere" il presente. Oltre a Pasolini, anche Leonardo Sciascia ha interpretato la violenza terroristica e quella mafiosa attraverso le lenti della scrittura. In *Nero su nero* Sciascia scrive che la letteratura è «la più assoluta forma che la verità possa assumere». L'autore siciliano indaga la verità in tutti i suoi libri-inchiesta: particolarmente esemplari sono *La scomparsa di Majorana* (1975), che è una suggestiva ricostruzione della scomparsa del geniale scienziato Ettore Majorana, e *L'affaire Moro* (1978), dedicato al rapimento e all'uccisione di Moro. In questi due brevi libri, al confine tra il saggio, il *pamphlet* e il romanzo, lo scrittore scava nelle pieghe dei documenti storici e delle testimonianze epistolari alla ricerca di quelle allusioni enigmatiche, di quelle piccole spie che permettano di gettare una luce inattesa sugli eventi indagati. Si tratta per lo più di tracce nascoste che, nonostante la loro apparente irrilevanza, hanno la forza di una rivelazione. Alla fine la verità diventa accessibile proprio tramite «una rivelazione, una esperienza metafisica, una esperienza mistica», che fornisce all'autore, «oltre la ragione, la razionale certezza» della credibilità della ricostruzione proposta nel libro. Così, per Sciascia come per Pasolini, la letteratura può accedere al "vero" o almeno proporre una propria verità plausibile per spiegare ciò che accade.

Anche nei romanzi Sciascia va alla ricerca di una verità scomoda: così ad esempio nel giallo *Il Contesto* (1971) ha cercato di dare risposte (aperte e narrative) all'enigma del coinvolgimento di apparati dello Stato in attentati sanguinosi.

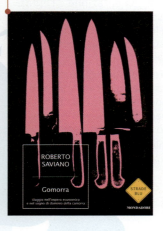

Copertina di *Gomorra* di Roberto Saviano, pubblicato nel 2006 dalla casa editrice Mondadori di Milano.

RIAPPROPRIAZIONE

Indagare i misteri d'Italia

La lezione intellettuale di Sciascia e soprattutto di Pasolini è stata recuperata, in tempi recenti, da Roberto Saviano che in *Gomorra* ha indagato e denunciato i fondamenti criminali di una parte importante del nostro sistema economico:

Io so e ho le prove. Io so come hanno origine le economie e dove prendono l'odore. L'odore dell'affermazione e della vittoria. Io so cosa trasuda il profitto. [...] Io so e ho le prove. Io so dove le pagine dei manuali d'economia si dileguano mutando i lor frattali in materia, cose, ferro, tempo e contratti. Io so. Le prove non sono nascoste in nessuna pen-drive celata in buche sotto terra. Non ho video compromettenti in garage nascosti in inaccessibili paesi di montagna. Né possiedo documenti ciclostilati dei servizi segreti. Le prove sono inconfutabili perché parziali, riprese con le iridi, raccontate con le parole e temprate con le emozioni rimbalzate su ferri e legni.

R. Saviano, Gomorra, Mondadori, Milano 2006, p. 234.

Anche Saviano costruisce la sua pagina sull'iterazione della formula «Io so» ma, a differenza di Pasolini, afferma di avere le prove. Tali "prove" non sono tuttavia documenti, ma dati di realtà direttamente visti, vissuti in prima persona e filtrati dalle emozioni. *Gomorra* così riprende e al tempo stesso corregge l'articolo di Pasolini. Non è più in nome della verità della letteratura ma è in virtù della diretta testimonianza personale, visiva, performativa, corporea che l'intellettuale può legittimare il suo «Io so».

Non solo gli scrittori ma anche altri artisti e intellettuali hanno voluto indagare i misteri della storia recente. Nell'ambito della *graphic novel* Francesco Barilli e Matteo Fenoglio hanno raccontato nei propri fumetti i fatti, le indagini, i depistaggi e i procedimenti giudiziari relativi agli anni turbolenti in cui è vissuto Pasolini. In *Piazza Fontana, Piazza della Loggia* e *"Non è di maggio"* (Edizioni Becco Giallo, 2010-2012) le parole (di Barilli) e le immagini (di Fenoglio) illustrano il complicato *excursus* giudiziario relativo alle stragi: indagini ostacolate da depistaggi e seguite da una dozzina di procedimenti che non hanno, finora, portato ad alcuna condanna.

Per ciò che riguarda il cinema degli ultimi anni, l'influenza di Pasolini agisce in modo esibito nel film del regista Marco Tullio Giordana, *Romanzo di una strage* (2012), che già fin dal titolo si ispira all'articolo pasoliniano e tenta una ricostruzione narrativa dell'attentato del 1969.

Lo spazio della riappropriazione: dalla letteratura alla vita

«Sono un intellettuale, uno scrittore, che cerca di seguire tutto ciò che succede, di conoscere tutto ciò che se ne scrive, di immaginare tutto ciò che non si sa e che si tace, che coordina fatti anche lontani, che mette insieme i pezzi disorganizzati e frammentari di un intero coerente quadro politico, che ristabilisce la logica là dove sembrano regnare l'arbitrarietà, la follia e il mistero». Questa citazione contiene la definizione di intellettuale formulata da Pasolini. Riesci ad individuare nel panorama di oggi qualche figura intellettuale che possa riconoscersi in questa definizione? Come si è evoluta da Pasolini ai giorni nostri la figura pubblica dell'intellettuale? Dialoga su questi temi con i compagni e il docente, riflettendo anche sulla fine tragica di Pasolini, assassinato il 2 novembre 1975. Le cause, i modi e gli eventuali mandanti del delitto a tutt'oggi restano ignoti: prima di partecipare alla discussione in classe, documentati su questo ennesimo "mistero" della storia italiana.

Romanzo di una strage, film del 2012 di Marco Tullio Giordana.

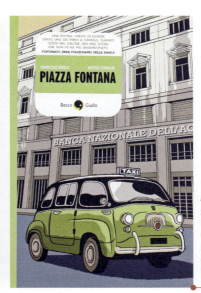

Piazza Fontana, graphic novel di Francesco Barilli e Matteo Fenoglio, edita da Becco Giallo, Padova 2009.

DAL RIPASSO ALLA VERIFICA

MAPPA CONCETTUALE Pier Paolo Pasolini

Pier Paolo Pasolini (1922-1975)

prima fase

primato della letteratura

poesia
- fra tradizione e innovazione
- fra Simbolismo e Decadentismo
- impegno civile

  - *La meglio gioventù*
  - *Le ceneri di Gramsci*

narrativa
- il gruppo di «Officina»
- confronto con la realtà
- tema della giovinezza tra purezza e peccato
- contraddizione fra irrazionalità e ragione, istintualità e ordine
- amore per il popolo e per la natura

  - *Ragazzi di vita*
  - *Una vita violenta*

seconda fase (dal 1960)

primato del cinema

poesia
- condizione alienata dell'uomo nella società di massa
- rinuncia al potere consolatorio e pacificatore della poesia
- rottura con la tradizione

  - *Trasumanar e organizzar*

cinema
- più diretta adesione realistica all'oggetto
- lingua della realtà
- prospettiva critica globale
- ricerca di un pubblico di massa
- rifiuto della televisione-spettacolo

  - *Accattone*
  - *Mamma Roma*
  - *Edipo Re*
  - *Medea*
  - *Trilogia della vita*: Decameron, I racconti di Canterbury, Il fiore delle mille e una notte
  - *Trilogia della morte*: Salò e le 120 giornate di Sodoma (unico completato)

scrittura giornalistica e saggistica
- polemica culturale e sociale
- «mutazione antropologica» degli italiani
- denuncia della omologazione sociale e linguistica
- sfiducia verso l'intero ceto politico
- scandalo personale come ultima disperata opposizione al potere

  - *Scritti corsari*

  - Pasolini intellettuale "corsaro"

SINTESI

La vita
Pier Paolo Pasolini nasce a Bologna il 5 marzo 1922 e qui compie gli studi universitari laureandosi in Lettere. L'esordio come poeta avviene nel 1942, con le *Poesie a Casarsa*, in dialetto friulano. Nel 1949 Pasolini si trasferisce a Roma, dove ottiene i primi successi con i romanzi *Ragazzi di vita* (1955) e *Una vita violenta* (1959). Tra il 1955 e il 1959 partecipa alla vita della rivista bolognese «Officina». Dal 1960 in poi la scoperta del cinema come mezzo espressivo porta Pasolini al massimo della fama non solo nazionale. All'alba del 2 novembre 1975 Pasolini è ritrovato assassinato presso Fiumicino (Roma).

Le due fasi della ricerca pasoliniana
Riferendosi al passaggio all'attività cinematografica (dal 1960 circa) è possibile distinguere due fasi principali nella storia di Pasolini, della durata di circa un quindicennio ciascuna. La prima fase è quella più tradizionale: la priorità spetta indiscutibilmente all'attività letteraria, cui Pasolini si dedica nelle vesti di poeta, di romanziere e di critico. Nella seconda fase della sua ricerca, Pasolini non si limita a mettere in discussione una forma o una concezione della letteratura, ma la letteratura in se stessa, evidentemente incapace di rispondere ai nuovi bisogni della società di massa. Il cinema che caratterizza questa seconda fase non è soltanto uno strumento alternativo alla letteratura, ma anche un modo di criticarla e persino di rifiutarla.

La poesia
all'interno della produzione poetica di Pasolini si nota un'evoluzione significativa, dal simbolismo decadente delle prime opere (raccolte poi in *La meglio gioventù*, 1954, in dialetto friulano, e in *L'usignolo della Chiesa Cattolica*, 1958) all'impegno civile e ideologico della seconda metà degli anni Cinquanta (*Le ceneri di Gramsci*, 1957 e *La religione del mio tempo*, 1961). Dopo la fase di passaggio delle poesie raccolte in *Poesia in forma di rosa* (1964), si arriva a una proposta di poesia, quella di *trasumanar e organizzar* (1971), che presenta la condizione alienata dell'uomo-massa.

La narrativa
La produzione narrativa ha indubbiamente in Pasolini un rilievo minore rispetto a quella in poesia. Come romanziere, ha prodotto due opere importanti, entrambe risalenti al periodo di «Officina», *Ragazzi di vita* (1955) e *Una vita violenta* (1959). Un terzo romanzo, giovanile e neorealistico, *Il sogno di una cosa*, fu pubblicato solo nel 1962. A un quarto romanzo, largamente autobiografico, *Petrolio*, stava lavorando al momento della morte. L'opera è rimasta incompiuta ed è stata pubblicata postuma nel 1993. In tutti i romanzi domina il tema dell'adolescenza divisa tra innocente purezza e maturità peccaminosa. Come sempre in Pasolini, protagonista è la contraddizione tra irrazionalità, istintualità, visceralità da un lato e ragione o ordine dall'altro. Ma non manca pure il fascino decadente per la corruzione, per lo sfacelo morale e fisico, per la degradazione.

La battaglia culturale dell'intellettuale "corsaro"
La riflessione pasoliniana si appunta sulla «mutazione antropologica» indotta dai massmedia, rivendicando la necessità di difendere l'identità dei dominati, cioè l'identità sana e vitale della cultura popolare. Contro l'omologazione culturale Pasolini orienta la propria attività intellettuale, che conosce una prima fase più impegnata e fiduciosa, liberamente legata al Partito Comunista, e una seconda fase, a partire dal 1968 circa, più pessimistica e solitaria. Venuto meno con la massificazione ogni possibile mandato sociale, l'intellettuale non può essere che un "corsaro" in territorio nemico, costretto a servirsi dei mass media per combatterli.

DALLE CONOSCENZE ALLE COMPETENZE

1 Quale dolore esprime *Il pianto della scavatrice* (T1)? Come si confronta il poeta con la trasformazione storica del secondo dopoguerra?

2 Documenta lo sperimentalismo linguistico di Pasolini e spiega le ragioni personali e ideologiche della scelta tematica (gli emarginati del sottoproletariato romano) di *Ragazzi di vita*. (§ 3, T2)

3 Segna la risposta sbagliata (§ 4)
- A **la scelta del cinema è motivata da**
  - [A] la ricerca di un successo internazionale
  - [B] la volontà di raggiungere un pubblico di massa
  - [C] la curiosità di sperimentare nuovi mezzi espressivi
  - [D] il tentativo di recuperare una funzione sociale
- B **tale scelta quale giudizio sottende sulla letteratura?**

4 Indica il film che segna l'esordio di Pasolini come regista. (§ 4)

5 Segna l'affermazione corretta (§ 4)
- [A] Pasolini rifiuta la cultura di massa in difesa dei valori borghesi
- [B] lamenta nella cultura di massa il tramonto della civiltà umanistica
- [C] vede nella cultura di massa una minaccia all'identità dei ceti popolari
- [D] solo la campagna sfugge all'omologazione generale

DAL RIPASSO ALLA VERIFICA

6 Vero o falso? La televisione secondo Pasolini trasforma la lingua degli italiani (§ 5, **T4**, espansioni digitali **T**, *Contro l'ontologia dell'audiovisivo*)
- A ☐V ☐F adeguandola alla logica aziendale
- B ☐V ☐F privilegiandone la funzione espressiva
- C ☐V ☐F fondendo in un'unica lingua nazionale la varietà dei dialetti
- D ☐V ☐F omologando la lingua dei ceti dominati a quella dei dominanti
- E ☐V ☐F degradando a livello popolare il linguaggio colto della borghesia

7 Quale superiorità lo scrittore riconosce al linguaggio audiovisivo? Perché lo definisce «lingua della realtà»? (**T3**)

8 Segna le due affermazioni corrette (§ 5)
- A Pasolini come Montale rifiuta la cultura di massa in difesa dei valori borghesi
- B egli vede nella cultura di massa una minaccia all'identità dei ceti dominati
- C il popolo in questo contesto perde le proprie abitudini e imborghesisce
- D solo la campagna sfugge all'omologazione cittadina

9 Segna la risposta corrretta. Il concetto di «mutazione antropologica» indica in Pasolini (§ 5)
- A l'accelerata evoluzione positiva della specie umana
- B il salto di civiltà prodotto dai nuovi sistemi di informazione
- C il cambiamento di costumi e di mentalità indotto dalla società dei consumi
- D la distruzione delle differenze culturali tra i vari ceti

10 Che cosa significa intellettuale «corsaro»? È sinonimo di intellettuale «organico»? (§ 6)

11 La «scomparsa delle lucciole» (cfr. cap. I, **S4**, p. 533) è manifestazione di che cosa?

PROPOSTE DI SCRITTURA

IL SAGGIO BREVE

Vecchi e nuovi fascismi
Scrivi un saggio breve adoperando come testi di riferimento i brani di Pasolini *La scomparsa delle lucciole* (cap. I, **S4**) e *Contro la televisione* (**T3**). Puoi aggiungere ulteriori informazioni tratte dalla tua enciclopedia personale. Puoi suddividere il tuo saggio in paragrafi e a ciascuno di essi dare un titolo.

I pro e i contro della TV
Pasolini rivolse dure polemiche al mondo dei mass-media, criticando in particolare la televisione. Riportiamo in proposito i seguenti brani, tratti da due articoli dell'autore.

Canzonissima (con rossore)

Ho realizzato solo dopo un po' quello che stavo vedendo [alla televisione; riferendosi in particolare al programma *Canzonissima*]: due donne molto simili una all'altra, stavano facendo delle evoluzioni, d'una assoluta facilità, come due automi caricati a molle, che sanno fare solo quei due o tre gesti, capaci di dare una inalterabile e iterativa soddisfazione al bambino che li osserva. Due o tre mossucce idiote, incastonate in un ritmo che voleva essere gioioso e invece era soltanto facile. [...] La donna appariva come una scema, con dei pennacchi umilianti addosso, un vestituccio indecente che nascondeva e insieme metteva in risalto le rotondità del corpo, così come se le immagina, se le sogna, le vuole un vecchio commendatore sporcaccione e bigotto. Tutto ciò che si presentava come leggero, era invece pesantemente volgare. La «disparità di sessi» era sbandierata spudoratamente come una legge fatale e prepotente di un «sentimento comune».

P.P. Pasolini, *I dialoghi*, a cura di G. Falaschi, Editori Riuniti, Roma 1992.

Contro la televisione

[La televisione] ha cominciato un'opera di omologazione distruttrice di ogni autenticità e concretezza. Ha imposto i suoi modelli: che sono i modelli voluti dalla nuova industrializzazione, la quale non si accontenta più di un "uomo che consuma", ma pretende che non siano concepibili altre ideologie che quelle del consumo. [...]. Essa non è soltanto un luogo attraverso cui passano i messaggi, ma è un centro elaboratore di messaggi. È il luogo dove si fa concreta una mentalità che altrimenti non si saprebbe dove collocare. È attraverso lo spirito della televisione che si manifesta in concreto lo spirito del nuovo potere.

Non c'è dubbio (lo si vede dai risultati) che la televisione sia autoritaria e repressiva come mai nessun mezzo di informazione al mondo. Il giornale fascista e le scritte sui cascinali di slogans mussoliniani fanno ridere: come (con dolore) l'aratro rispetto a un trattore. Il fascismo, voglio ripeterlo, non è stato sostanzialmente in grado nemmeno di scalfire l'anima e il popolo italiano; il nuovo fascismo [: il sistema capitalistico], attraverso i nuovi mezzi di comunicazione e di informazione (specie, appunto, la televisione), non solo l'ha scalfita, ma l'ha lacerata, violata, bruttata [: deturpata] per sempre.

P.P. Pasolini, *Acculturazione e acculturazione*, in *Scritti corsari*, Garzanti, Milano 1975.

In un articolo rispondi alle critiche di Pasolini: puoi condividere il punto di vista dell'autore, riconoscendo limiti e difetti della televisione di oggi; oppure puoi sostenere la tesi opposta, evidenziando gli effetti positivi prodotti dalla televisione sulla società.

LA TRATTAZIONE SINTETICA

1. Spiega come nelle opere di Pasolini si declini il tema dell'adolescenza. (§§ 2, 3, **T2**)
1. Quali furono le ragioni che spinsero Pasolini a preferire il cinema come mezzo di espressione artistica e quali funzioni gli attribuiva? (§ 4, **S2**)
1. Chiarisci quali siano, secondo Pasolini, gli effetti della società di massa e dell'omologazione neocapitalistica sulla cultura borghese e su quella popolare. In che senso è possibile parlare di «mutazione antropologica»? (§ 5, **T3**, **T4**, **T5**)

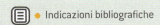 Indicazioni bibliografiche

prometeo 3.0

Personalizza il tuo libro selezionando per questo capitolo materiali integrativi da Prometeo (di seguito ti proponiamo un elenco di materiali, ma puoi trovarne altri utilizzando il motore di ricerca).

- **MODULO TEMATICO INTERDISCIPLINARE** Figure di madre
- **MODULO TEMATICO INTERDISCIPLINARE** L'adolescente
- **VIDEO** DAL TESTO ALLO SCHERMO Gianni Rondolino, *Pier Paolo Pasolini*
- **VIDEO** LE IDEE E LE IMMAGINI Romano Luperini, *La poesia italiana del secondo Novecento*
- **MODULO PASSATO E PRESENTE** Dante nel terzo millennio

Capitolo VII — La prosa saggistica

My eBook+

Cliccando su questa icona, docenti e studenti accedono ad un'area di personalizzazione che permette di arricchire i contenuti digitali già linkati lungo le pagine del libro. Nell'area di personalizzazione è possibile infatti salvare ulteriori materiali: selezionati da Prometeo, prodotti autonomamente o ricercati nella rete.

Gastone Novelli, *A, B, C* (particolare), 1960. Collezione privata.

1 La prosa saggistica: storia e caratteri

Parzialità e soggettività del saggio

Il saggio non è né un trattato né uno studio. Non ha la pretesa di completezza del trattato né l'ambizione di scientificità dello studio. **Il saggio è parziale e soggettivo. Dimostra una tesi.** E per dimostrarla si appoggia ai dati dell'esperienza e della realtà, ma anche alle risorse della cultura personale dell'autore. Inoltre nel saggio la forza della pronuncia, e cioè dello stile, della qualità della scrittura, è sempre decisiva. In esso insomma c'è un aspetto personale e soggettivo che si esalta nella originalità della scrittura.

Per capire i caratteri del saggio è utile ricordare **gli esempi che lo hanno anticipato e precorso: *Il Principe* di Machiavelli e i *Ricordi* di Guicciardini.** Sono questi due autori i maestri del primo grande saggista, il francese **Montaigne** che nel 1580 pubblicò per la prima volta i suoi *Essais*, parola che significa appunto *Saggi*. Facciamo l'esempio di Machiavelli. Per scrivere **Il Principe** e per sostenere la sua tesi – e cioè che per risolvere la crisi politica degli stati italiani nei primi decenni del Cinquecento occorreva un principe abile e spregiudicato, capace di guardare alla «realtà effettuale» delle cose, senza farsi deviare da ipocrisie morali o religiose – Machiavelli si fonda esclusivamente sulla sua esperienza di uomo politico e diplomatico e sulla propria cultura personale; non intende basarsi su alcuna autorità precostituita né su alcun valore preesistente di tipo religioso, come aveva fatto per esempio Dante nel *De Monarchia*. La sua tesi è argomentata in modo serrato, ma anche in modo molto originale: la forza dello stile (per esempio delle metafore), o la passione della scrittura (per esempio, nella esortazione finale) sono decisive. **La razionalità si unisce alla emotività**, le procedure del ragionamento rigoroso si uniscono a momenti di entusiasmo o di collera che nascono più dal sentimento e dalla indignazione che da una obbiettività di tipo scientifico. Non per nulla nel *Principe* si mescolano aspetti che si direbbero contraddittori, come il realismo materialistico e l'utopia prodotta dalla speranza di uno stato nuovo.

Machiavelli

Un grande saggista è un grande scrittore

Questi caratteri della prosa saggistica spiegano perché i grandi saggisti siano anche grandi scrittori e anche perché molti grandi scrittori sono anche validi saggisti. Il saggio insomma presuppone un uso accorto della retorica e una forte componente personale e soggettiva: per questo è un genere letterario. E infatti Machiavelli, Guicciardini, Montaigne o Galilei fanno parte della letteratura europea.

L'affermazione del saggio tra Settecento e Ottocento

In Europa il genere del saggio comincia ad affermarsi nel Settecento con gli illuministi e si consolida poi nel corso dell'Ottocento. Tale affermazione va di pari passo con l'affermazione del ceto intellettuale, quale comincia a formarsi nella seconda metà del Settecento. Il saggio diventa espressione degli intellettuali (scrittori, filosofi, storici, scienziati, moralisti) che mediante la loro prosa cercano di influenzare l'opinione pubblica. Attraverso di esso gli intellettuali non esercitano solo il loro "ruolo" sociale di storici, filosofi, scrittori, scienziati; esercitano anche la loro "funzione" civile che consiste nel cercare e nel dire la verità nell'interesse comune della società (la distinzione fra ruolo e funzione sarà teorizzata da Fortini negli anni Settanta del Novecento). **Lo strumento "saggio" è dunque inseparabile dalla nascita di una società civile** sufficientemente diffusa, e a sua volta nell'età moderna una società civile può diffondersi solo in presenza di una robusta borghesia. Non per nulla l'affermazione degli intellettuali e la nascita della società civile coincidono con il trionfo della borghesia negli anni della Rivoluzione francese. **Occorre infine un'altra condizione: la diffusione della stampa**, dei giornali, dei periodici e insomma di tutti quegli strumenti che servono a determinare una opinione pubblica. Solo se si capisce questo nesso fra intellettuali-borghesia-opinione pubblica-società civile-stampa si capisce la fortuna della prosa saggistica da due secoli a questa parte.

Il nesso tra genere saggio, società civile, borghesia e opinione pubblica

Il saggio, strumento del protagonismo dell'intellettuale nella vita civile

Nel corso dell'Ottocento il ceto intellettuale diviene consapevole di una sua particolare missione: pur avendo una preparazione specifica in un campo particolare (letteratura, filosofia, storia, scienza), l'intellettuale utilizza il prestigio e l'autorità che si è conquistato in questo campo particolare per parlare di argomenti generali che riguardano la società intera e i superiori valori morali. Insomma, avvalendosi solo della propria intelligenza e della propria cultura, l'intellettuale può parlare non in nome di competenze specifiche, ma in nome della verità e dell'interesse comune. Il **"caso Dreyfus"**, che vide lo scrittore francese **Emile Zola** difendere un ebreo, il capitano dell'esercito francese Dreyfus, dalla falsa accusa di tradimento, è il momento culminante di un processo che fa dell'intellettuale un protagonista della vita civile del suo popolo e del saggio lo strumento principale di tale protagonismo (cfr. **S1**).

Dall'*Affaire Dreyfus* all'*Affaire Moro*

Il secolo d'oro degli intellettuali è il periodo che va dall'"*Affaire Dreyfus*" (1898) a un altro famoso "*affaire*": l'*Affaire Moro*, titolo di un **saggio-*pamphlet* scritto da Leonardo Sciascia** nel 1978 sul rapimento e sull'assassinio di Aldo Moro a opera delle Brigate Rosse. In questo periodo nel

---

S1 — INFORMAZIONI

L'*affaire Dreyfus* e la parola "intellettuali"

Nel 1894 il capitano dell'esercito francese Alfred Dreyfus, ebreo, fu accusato di tradimento a favore dei tedeschi. Si trattava in realtà di una campagna antisemita, e Dreyfus era innocente. Gli alti ufficiali francesi e la stampa nazionalista riuscirono tuttavia a far condannare Dreyfus, finché Zola nel 1898 non scrisse un famoso atto di accusa (*J'accuse*, cioè *Io accuso*) contro la casta militare e il ministero della guerra francese. In un primo tempo Zola stesso venne condannato al carcere e dovette fuggire in Inghilterra. Ma alla fine l'innocenza di Dreyfus verrà riconosciuta. Fu nel corso dell'*affaire Dreyfus* che si cominciò a usare la parola "intellettuali" nel significato odierno del termine. I nemici di Zola lo accusarono di essere privo di competenze specifiche per intervenire in difesa di Dreyfus. Secondo il critico conservatore Ferdinand Brunetière, Zola si sarebbe immischiato in questioni di giustizia militare senza alcun titolo per farlo, esattamente come sarebbe se un colonnello dei gendarmi (in Italia si direbbe un maresciallo dei carabinieri) pretendesse di pronunciarsi sulle origini del Romanticismo. Si coglie qui bene il nesso fra la figura dell'intellettuale e il carattere transdisciplinare (non tecnico-specialistico) dei suoi interventi e dunque della sua prosa saggistica. Da Zola a Pasolini sino a Saviano l'intellettuale parla in nome della verità o di superiori valori morali e non in nome di specifiche competenze specialistiche. Non a caso proprio Saviano ha scritto la prefazione a un libro che raccoglie tutti i materiali relativi all'*affaire Dreyfus* (E. Zola, *L'affaire Dreyfus. La verità in cammino*, a cura di M. Sestili, Giuntina, Firenze 2011).

campo della saggistica si affermano in Italia intellettuali complessivi come Gramsci e Croce, critici come Debenedetti, scrittori come Fortini, Calvino, Pasolini, Sciascia, Sanguineti.

Crisi della figura dell'intellettuale a partire dagli anni Ottanta del Novecento

Dopo l'*Affaire Moro*, **nel corso degli anni Ottanta e Novanta del Novecento, la figura dell'intellettuale entra in crisi**: infatti, a determinare l'opinione pubblica non sono più gli intellettuali, ma i nuovi strumenti di comunicazione di massa, a partire dalla televisione. **Una eccezione è rappresentata da un giovane scrittore, Roberto Saviano**, ultimo erede della grande stagione degli intellettuali italiani; ma non per nulla Saviano riesce ad affermarsi grazie anche a un uso abile dello strumento televisivo.

Le forme della prosa saggistica

Contemporaneamente, in questo periodo, **la prosa saggistica assume aspetti precisi e diversificati**: prende la forma 1) dell'**articolo di giornale**, volto a commentare un avvenimento di cronaca o un fatto culturale e comunque a esprimere su di essi un'opinione; 2) oppure del **saggio critico** (letterario, storico, filosofico, politico, morale), più lungo e impegnativo dell'articolo di giornale e rivolto ad approfondire una questione specifica attraverso riferimenti agli studi precedenti, ricerca dei documenti ecc.; 3) oppure del ***pamphlet***, un libro o volumetto agile, scritto con lo scopo di svolgere una polemica o di sviluppare una denuncia. L'**articolo di giornale** e il *pamphlet* non si chiudono mai nel rigore specialistico di una disciplina, ma attraversano diversi campi del sapere e sono rivolti a un pubblico vasto e indifferenziato. Il **saggio critico** muove invece da un preciso ambito specialistico e disciplinare (critica letteraria, storia, filosofia ecc.) e si rivolge in prima istanza ai suoi cultori, ma tenta anche di superarlo in senso interdisciplinare e soprattutto di coinvolgere lettori diversi e di rivolgere loro un messaggio tale da riguardare l'esistenza umana nel suo complesso. In questo manuale si è data già esemplificazione del saggio critico ogni volta che si è riportato il brano di un critico letterario. Quanto al ***pamphlet***, se ne può avere un'idea leggendo *Storia della colonna infame* di Alessandro Manzoni nel capitolo dedicato a questo autore (ma si ricordi che un esempio importante era stato precedentemente *Dei delitti e delle pene* di Cesare Beccaria) o l'*Affaire Moro* di Sciascia di cui abbiamo appena parlato. In questo capitolo ci limitiamo a dare esempi soprattutto della prima tipologia, l'articolo di giornale, quella di uso più comune e diffuso anche perché essa ha permesso agli intellettuali un impatto più rapido e incisivo sull'opinione pubblica.

2. "Scrivere chiaro", secondo Fortini

Il «secondo mestiere» della scrittura saggistica

Per vivere, raramente uno scrittore può basarsi solo sulle proprie poesie o sui propri romanzi. È costretto, diceva Montale, a un «secondo mestiere»: a scrivere saggi, articoli, prose comunque giornalistiche per qualche quotidiano o settimanale. Montale stesso, a un certo momento, è divenuto redattore del «Corriere della Sera». Pasolini, Calvino, Sciascia, Fortini hanno scritto sui maggiori giornali italiani. Oggi Saviano scrive su «Repubblica». In tal modo **il lavoro intellettuale di uno scrittore diventa un prodotto**: viene messo sul mercato, venduto a un giornale; diventa merce. Nello stesso tempo però lo scrittore, che già ha acquistato prestigio grazie alle proprie poesie o ai propri romanzi, acquista una autorità ancora maggiore estendendo il proprio pubblico e influendo su di esso in modo più capillare. Proprio perché si allarga la fascia dei lettori, lo scrittore deve fare ricorso a modi di scrivere più chiari. Ciò presenta vantaggi e svantaggi: la scrittura diventa più comprensibile, ma anche più banale, più ovvia e scontata.

Allargamento della fascia dei lettori e necessità di una scrittura chiara

Scrivere chiaro di Franco Fortini

A uno dei maggiori saggisti degli anni Sessanta e Settanta, il poeta **Franco Fortini** (1917-1994), collaboratore del «Corriere della Sera», è stato spesso rimproverato di scrivere oscuramente o di non essere sufficientemente chiaro. **Nel 1977 pubblica dunque un articolo intitolato** *Scrivere chiaro* in cui si sforza di raggiungere un massimo di chiarezza. Fornisce una serie di insegnamenti o di istruzioni per scrivere chiaro e vi si adegua perfettamente. E tuttavia il suo discorso resta complesso, non immediatamente chiaro. Il fatto è che una scrittura troppo chiara e semplice conta su una intesa con il lettore troppo facile, troppo scontata e tutto sommato conformistica. Viceversa **Fortini vuole che il lettore diffidi, sia costretto a riflettere, a impuntarsi nella lettura**: vuole insomma che anche le sue parole più semplici abbiano l'aria di «nascondere un tranello». In questo articolo la sua chiarezza, tanto ostentata, può risultare perciò ironica. D'altronde Fortini sa che la verità esige ragionamenti complicati e lunghi viaggi mentali (cfr. T1).

T1 Franco Fortini
Scrivere chiaro

OPERA
Insistenze

CONCETTI CHIAVE
- le ragioni di una scrittura difficile
- istruzioni per scrivere chiaro
- la "diffidenza" del lettore

FONTE
F. Fortini, *Scrivere chiaro*, in *Insistenze*, Garzanti, Milano 1985, pp. 116-118.

Riportiamo qui un articolo celebre in cui Fortini afferma la necessità di una scrittura saggistica chiara che non rinunci alla "complessità".

Un lettore ha chiesto perché una parte del giornale sembra scritta per tutti e un'altra per pochi. Che si debba sempre scrivere per tutti non lo credo. Eppure ho sentito che quella domanda mi ripeteva un vecchio rimprovero. Scrivendo per i giornali ho molte volte impiegato frasi complicate o parole inutilmente difficili.

5 Una ragione sta nel gioco di prestigio. Giocandolo si riconfermano la propria appartenenza a una corporazione e il piacere dei suoi privilegi. Un'altra è la fretta. Se un articolo lo riscrivi quattro o cinque volte può darsi che migliori. Questo è stato scritto quattro volte. Però il costo di produzione non regge più la concorrenza. Una terza ragione viene dalla seconda. Scrivere e pubblicare è attività intellettuale e politica e nello stesso tempo è di produzione e vendita. Scri-
10 vere in forma severa o almeno dotta separa i due momenti. Mentre scriviamo udiamo meno forte il gridìo del mercato dove ogni giorno ci presentiamo a offrire i nostri fogli e noi stessi.

Per non recitare la commedia della virtù bisogna sapere che ogni lavoro intellettuale è merce. Ma per non recitare la commedia del cinismo bisogna sapere che ogni lavoro intellettuale è intelligenza e politica. Quindi la questione dei molti e dei pochi è mal posta. La questione è di sapere
15 quale funzione compiono sui nostri quotidiani gli scritti degli specialisti. Credo che di funzioni ne abbiano due e una contro l'altra. La prima è di rammentare anche tutti i giorni che le specialità non possono non esistere e che ci sono linguaggi diversi e modi diversi di usare il linguaggio e insomma che nulla è mai veramente facile. La seconda è che qualsiasi specialità e competenza ha a che fare col discorso mentale di tutti ossia con le condizioni generali della società. [...]

20 Le parole scritte qui le ho scelte con cura per informare il lettore che ogni frase è chiara solo se ci si accontenta di guardarla da lontano. Carlo ama Maria. Allora è meglio che Carlo non chieda spiegazioni sul significato del verbo amare. Ho fatto a meno delle virgole. Costa fatica ma il ragionamento ha una andatura più energica. Mancano i punti e virgola e i doppi punti. Sono assenti gli interrogativi e gli esclamativi. Non troverete parentesi o lineette e nemmeno parole in
25 corsivo. Non ci sono proposizioni incidentali né relative. Mi sono preoccupato di evitare ogni parola straniera. Mi sono sforzato di dire ogni cosa nell'ordine più ragionevole e sensato. Ho sperato di poter essere inteso dai licenziati della scuola d'obbligo. La lingua che ho scritto è un moderno italiano medio. Diciamo che è un po' sostenuto. Il periodo più lungo non dovrebbe superare le venti parole. I congiuntivi sono ridotti al minimo. Eppure sono persuaso che alcuni
30 dei lettori continueranno a parlare di difficoltà.

Il curioso è che avranno ragione. La difficoltà non sta nelle parole tecniche o nei riferimenti culturali inconsueti e neppure nei ragionamenti troppo sottili o troppo concatenati. La difficoltà viene fuori quando si vogliono dire molte cose precise con poche parole oppure quando si passa da una parola alla successiva senza una ragione subito evidente e senza spiegare tutti i
35 passaggi.

Nel primo caso vai difilato incontro al linguaggio tecnico. Nel secondo ti avvicini al linguaggio letterario. Nei discorsi d'ogni giorno non c'è bisogno di spiegare proprio tutto perché c'è la fiducia e anche i vuoti del discorso aiutano a capirsi. Ma pretendere di essere scrittore vuol dire anche non contare affatto sulla fiducia del lettore. Vorrei che persino le mie parole più semplici avessero l'aria di nascondere un tranello. Vorrei che il mio lettore ne diffidasse.

Un discorso troppo semplice dovrebbe insospettire quanto uno troppo complicato. Basta esagerare in semplicità e qualcuno avrà l'impressione d'essere preso in giro. È una impressione utile. L'ironia è utilissima. Sarebbe bene che i lettori di giornali e gli ascoltatori della televisione giungessero a distinguere meglio fra discorsi inutilmente oscuri su realtà chiarissime e discorsi necessariamente difficili su realtà veramente oscure. I tempi correnti hanno molto bisogno di distinzioni e anche di ironia.

[...]

In definitiva la vera chiarezza ti viene incontro solo se saprai dare o chiedere quante più ragioni è possibile. Bisogna diventare molto complicati e fare lunghi viaggi mentali. La chiarezza è simile alla verginità e alla gioventù. È possibile averle solo dopo averle perdute.

T1 DALLA COMPRENSIONE ALL'INTERPRETAZIONE

COMPRENSIONE

Chiarezza e complessità Secondo Fortini, si scrive difficile anche per confermare un privilegio e conservare un prestigio. Da questo punto di vista, è preferibile combattere tale privilegio e **scrivere chiaro e semplice**. Per esempio: **abolire le parole difficili o straniere**; evitare i congiuntivi, le parentesi, gli incisi; scrivere periodi brevi che non contengano mai più di venti parole. Attenendosi scrupolosamente a queste regole, il saggio di Fortini vuole essere apparentemente un esempio di stile semplice e di scrittura chiara. E tuttavia **alcune difficoltà restano**: anzitutto il saggio fa riferimento sempre a una cultura specialistica che ha il suo specifico linguaggio: se è un saggio letterario, non può prescindere da quello della critica e della filologia, se è sociologico, da quello della sociologia, ecc. In secondo luogo non sempre è possibile spiegare tutti i passaggi quando si passa da una parola alla successiva o da un periodo all'altro: **restano dei vuoti, dei silenzi che il lettore deve comunque riempire**. Infine, in terzo luogo, **la verità è complessa e il lettore deve essere chiamato a riflettere**, a ragionare, addirittura a diffidare. Alla fine il saggio di Fortini, pure scritto in un linguaggio esemplarmente semplice, potrebbe essere così chiaro da apparire volutamente ironico e ambiguo, e risulta comunque assai sfaccettato e complicato. **La vera chiarezza, conclude infatti Fortini, si raggiunge solo dopo «lunghi viaggi mentali»**.

ANALISI

Lo stile Si noti la **brevità dei periodi**. Nessuno supera la lunghezza di due righe. Mancano parentesi, incisi, frasi parentetiche, che costringerebbero il lettore ad allontanarsi per un attimo dal percorso del ragionamento. Addirittura **sono aboliti tutti i segni di punteggiatura a esclusione del punto fermo**. Non esistono proposizioni secondarie. Da questo punto di vista lo studente può qui trovare un modello saggistico di **scrittura semplice e chiara**. Ma è pur vero che qui **la chiarezza è così esibita e ostentata da risultare anche ironica**.

La complicazione Fortini scrive: «Vorrei che persino le mie parole più semplici avessero l'aria di nascondere un tranello. Vorrei che il lettore ne diffidasse». D'altronde, avverte subito dopo, una scrittura troppo semplice insospettisce come se volesse prendere in giro il lettore. Potrebbe nascondere una **ironia** e far capire che in fondo le cose sono più complicate. Anzi – conclude – «bisogna diventare molto complicati e fare lunghi viaggi mentali». L'esempio di chiarezza offerto da Fortini rivela così, alla fine, la sua natura ambigua, la sua intrinseca ironia.

INTERPRETAZIONE

Chiarezza e complicazione oggi La televisione ha imposto **un linguaggio e un pensiero semplificati**. Anche nel linguaggio della politica domina oggi la semplificazione più rozza e immediata. Fortini ci insegna che, se occorre **combattere il privilegio dello specialismo** e ricordarci sempre che «qualsiasi specialità e competenza ha a che fare col discorso mentale di tutti ossia con le condizioni generali della società», **bisogna tuttavia diffidare della semplificazione**. La verità è sempre sfaccettata e complessa.

T1 LAVORIAMO SUL TESTO

ANALIZZARE

Lo stile

1. **LINGUA E LESSICO** Analizza lo stile del brano. Quali scelte opera l'autore per risultare più chiaro?

La verità complessa

2. Quale funzione hanno, secondo Fortini, gli scritti degli specialisti sui quotidiani?
3. Perché un discorso troppo semplice dovrebbe insospettire il lettore?

INTERPRETARE

Le complicazioni della chiarezza

4. Spiega perché, a tuo avviso, Fortini vorrebbe che anche le sue parole più semplici «avessero l'aria di nascondere qualche tranello».
5. Secondo Fortini la comprensione è dipendente dalla variabile linguistica?
6. Ritieni che i messaggi che oggi arrivano dalla televisione siano veritieri perché semplificati?

3 Due modi diversi di scrivere saggi e di essere intellettuali: Pasolini contro Calvino

Gli interventi intellettuali negli anni Cinquanta/Settanta e quelli degli "specialisti" oggi: dalla funzione al ruolo

Nel periodo in cui gli intellettuali hanno avuto maggiore visibilità e incidenza sull'opinione pubblica, essi erano chiamati a intervenire su qualunque episodio della vita pubblica e persino sui fatti di cronaca. Per esempio: oggi, se avviene un delitto efferato, la televisione invita a commentarlo un criminologo, uno psichiatra o uno psicologo, un sociologo, i quali si limitano a interpretare quel determinato episodio dal loro punto di vista specialistico, senza inquadrarlo in una prospettiva generale e complessiva. In altre parole, questi studiosi sono chiamati a esercitare esclusivamente il loro ruolo (cioè la loro specializzazione tecnica, specifica del loro campo disciplinare), e non anche la loro "funzione" (cioè la loro capacità di interpretare il bene comune e di rivolgersi alla intera società mediante un discorso complessivo che colleghi quel crimine a tendenze generali del mondo contemporaneo). Viceversa **negli anni Cinquanta, Sessanta e Settanta del Novecento, Fortini, Pasolini, Calvino, Sciascia, Sanguineti intervenivano sulla stampa interpretando i fatti di cronaca più clamorosi** nella prospettiva di una considerazione globale della evoluzione della nostra società. Nessuno di loro era uno specialista in criminologia, o in psicologia, o in sociologia: erano solo degli scrittori, la loro specializzazione era la letteratura o l'arte. Ma, forti della autorità che si erano conquistati in questo campo specifico, essi potevano occuparsi della totalità, collegare quel fatto alle sorti o ai destini del nostro paese, e così facendo svolgevano pienamente la loro "funzione" di intellettuali. Le loro interpretazioni del fatto di cronaca potevano però divergere, così come divergevano i modi della loro scrittura saggistica. Anzi va notata in ogni modo una congruenza fra stile e tesi sostenuta, cosicché dietro modi diversi di scrivere si possono intravedere modi diversi di considerare la funzione intellettuale.

Il "delitto del Circeo"

Facciamo **un esempio concreto**. Nel 1975 tre giovani neofascisti romani, appartenenti alla ricca borghesia dei Parioli (uno dei quartieri-bene della capitale), sequestrarono in una villa del Circeo e poi seviziarono e stuprarono due ragazze di borgata, uccidendone una e lasciandone viva un'altra solo per distrazione. **È il cosiddetto "delitto del Circeo"**. Esso fu commentato sui maggiori quotidiani italiani da Fortini, Calvino e Pasolini. Ci concentreremo qui sulle reazioni opposte di Calvino e di Pasolini.

L'analisi di Calvino...

Il primo a intervenire, sul «Corriere della Sera» dell'8 ottobre 1975, è Italo Calvino (1923-1985), che fornisce una interpretazione lucida, razionale, "democratica": in una situazione cultura-

...e quella di Pasolini

le incline alla irresponsabilità morale (Calvino parla di «società di mostri»), una parte della borghesia italiana sembra affetta da uno stato canceroso che favorisce la diffusione fra i giovani del fascismo e di una mentalità che ritiene naturali il sopruso e la ferocia. Se si aggiunge che la società italiana è più arretrata e meno solida di quella della Francia e di altri paesi più sviluppati e civili del nostro, si possono capire, secondo Calvino, le ragioni del crimine (cfr. **T2**). **Molto diversa la reazione di Pier Paolo Pasolini** (1922-1975): nella sua analisi, che esce sempre sul «Corriere della Sera» pochi giorni dopo, la borghesia non è meno responsabile del proletariato perché anche fra il popolo delle borgate esistono crimini identici a quello del Circeo; in realtà il proletariato non si distingue più dalla borghesia, perché il consumismo ha diffuso atteggiamenti piccolo-borghesi che rendono omogenea tutta la popolazione: c'è stato un «genocidio culturale» – afferma Pasolini – che ha distrutto tanto la cultura della borghesia quanto quella delle classi popolari, diffondendo dovunque atteggiamenti ispirati al cinismo e al raggiungimento del piacere individuale. Questo profondo mutamento antropologico è stato prodotto dal neocapitalismo affermatosi col miracolo economico degli anni Sessanta (cfr. **T3**, p. 817). L'articolo pasoliniano fu poi compreso nelle *Lettere luterane*. **In una successiva *Lettera luterana a Italo Calvino* Pasolini attacca poi decisamente Calvino** prendendo le distanze dal suo "progressismo", ispirato all'idea di uno sviluppo lineare della società europea al quale resterebbero estranee certe zone della borghesia arretrata e fascista. La posizione di Pasolini è molto più radicale: egli mette sotto accusa proprio questo sviluppo. Per questo attacca i due strumenti attraverso i quali si affermano il modello di sviluppo dominante e il conformismo culturale che ne deriva: la scuola media dell'obbligo e la televisione.

T • P.P. Pasolini, *Lettera luterana a Calvino*

Lo stile di Calvino e quello di Pasolini

Conformemente alle tesi sostenute, lo stile saggistico di Calvino è pacato e razionale, mentre quello di Pasolini è molto più concitato. All'estremismo sul piano dei contenuti corrisponde in Pasolini un estremismo sul piano della scrittura e dello stile.

L'illuminismo di Calvino e le provocazioni di Pasolini, intellettuale del dissenso

Calvino resta fedele alla tradizione illuminista e razionalista del ceto intellettuale tradizionale. Invece Pasolini è un intellettuale del dissenso: ama la provocazione (come mostra bene la sua proposta di abolire la scuola dell'obbligo e la televisione), e sceglie atteggiamenti anticonformistici ed estremistici, quali si erano recentemente diffusi negli Stati Uniti con la *beat generation* ed erano stati anticipati, nell'Ottocento, dai poeti maledetti francesi, da Baudelaire a Rimbaud. Calvino e Pasolini mostrano due modi diversi di interpretare la funzione intellettuale.

T2 Italo Calvino
Delitto in Europa

OPERA
Saggi 1945-1985

CONCETTI CHIAVE
- una «società di mostri»
- un «clima di permissività assoluta»
- l'estendersi di «strati cancerosi» sulla società italiana

FONTE
I. Calvino, *Delitto in Europa*, in *Saggi 1945-1985*, a cura di M. Barenghi, Mondadori, Milano 1995, tomo secondo.

Dopo una premessa in cui Calvino nota la diffusione in Europa di un clima di «permissività assoluta» (tutto sembra ormai lecito e permesso) e di una mentalità che accetta come naturale la ferocia e la tendenza a raggiungere comunque il piacere individuale, lo scrittore mette sotto accusa una parte della borghesia italiana e un tessuto sociale che in Italia sarebbe più fragile e meno provvisto di solidi valori morali rispetto ai paesi europei più avanzati.

Nessuno scambio di parti è più funesto di quello tra realtà e rappresentazione. A Los Angeles è in corso una inchiesta contro una nuova rete di distribuzione di film sadici che pare presentino squartamenti e uccisioni non simulati, pare girati in Argentina. A Roma, un film di orrore in piena regola culmina con lo strazio di due ragazze e l'assassinio di una delle due in una villa del Circeo, ma non si tratta di finzione cinematografica, bensì di quello che un gruppo di giovani benestanti credono sia la vita.

L'aspetto *nuovo* dei delitti di Roma è il loro carattere *pubblico*: i responsabili della carneficina del Circeo sono in molti e si comportano come se quello che hanno fatto fosse perfettamente naturale, come se avessero dietro di loro un ambiente e una mentalità che li comprende e li ammira. Per poco che riusciamo a capire, dobbiamo guardare le cose in faccia e considerare l'esistenza di una società di mostri che convive perfettamente con le strutture della nostra società attuale.

L'assertore di un'illimitata ferocia come essenza della natura dell'uomo e della società è un personaggio su cui la letteratura dei secoli passati si è soffermata più volte, contemplando anche la possibilità che questo credo fosse condiviso da una vasta associazione: la «Società degli Amici del Crimine» in Sade, la «Società dei conoscitori dell'Assassinio» in De Quincey.[1] Ma presupposto di queste situazioni narrative era l'isolamento di chi pratica il crimine per suo piacere rispetto alla società che nasconde e reprime le proprie tendenze oscure. [...]

Nella Roma di oggi quello che sgomenta è che questi esercizi mostruosi avvengono nel clima di permissività assoluta, senza più l'ombra di una sfida alle costrizioni repressive, si presentano con la sguaiataggine truculenta delle bravate da caffè, con la sicurezza di farla franca di strati sociali per cui tutto è stato sempre facile, una sicurezza che fa passare in meno che non si dica dai pestaggi all'uscita della scuola alle carneficine nelle ville del week-end.

I giornali hanno messo in rilievo che i protagonisti della vicenda appartengono all'ambiente dei picchiatori fascisti: c'era da aspettarselo, ma la genesi di una tale mentalità va certo al di là di una prevedibile etichetta politica. È una parte della nostra società in cui il disprezzo per la donna e per le persone di condizione sociale più modesta, la linea di condotta della sopraffazione del più debole e del disprezzo di ogni senso civico, nel passare da una generazione all'altra, entra in corto circuito con le immagini di aggressività dei mass-media che porta a una identificazione senza riserve con tutto ciò che appare intollerabile e disumano.

Il neofascismo, proprio in questi anni in cui la crisi delle istituzioni dello Stato democratico poteva avvantaggiarlo, ha dimostrato di non sapere andare più in là di una violenza cieca e senza prospettive, perché la sua base non si è estesa oltre i margini di questa parte disgregata e disgregante della società. Dobbiamo anche rallegrarci di questo fatto che, se rende il neofascismo continuamente pericoloso sul piano dell'incolumità fisica delle persone, lo mantiene sinora inconsistente come proposta politca. Però il pericolo vero viene dall'estendersi nella società di strati cancerosi: c'è una parte della borghesia italiana che vive e prospera e prolifera senza il minimo senso di ciò che appartenere a una società significa, come relazione reciproca tra gli interessi personali o di gruppo e quelli della collettività. Dire che non c'è che un passo dall'atonia morale e dalla irresponsabilità sociale alla pratica di seviziare e massacrare le ragazze con cui si esce alla sera può sembrare una delle solite generalizzazioni esagerate dei moralisti, però abbiamo sotto gli occhi il curriculum e il linguaggio di questi giovanotti, campioni rappresentativi – si dice – della clientela di un bar molto frequentato dalla gioventù del loro ceto.

Criminalità politica e criminalità sessuale sembrano in questo caso definizioni riduttive ed ottimistiche. Probabilmente anche il fanatismo politico più bruto è un gradino al di sopra delle capacità intellettive di costoro. Così come mi par certo che il sesso non interessa veramente questi figli dell'inflazione di immagini. Viviamo in un mondo in cui l'escalation nel massacro e nella umiliazione della persona è uno dei segni più vistosi del divenire storico: a questi giovani romani sta a cuore solo dimostrare una cosa ovvia: che i nazisti possono essere largamente superati in crudeltà in ogni momento.

Eppure, non si può dire che in Italia manchi la coscienza di cosa una società deve essere oggi, nella sua complessità di funzioni e nel disegno generale che può darle l'intento unitario. Forse in nessun paese come nel nostro si ha il senso che quello che conta è la costruzione di una società organica, la quale sola può dare ai governi e alle forme di potere un contenuto e una for-

---

● **1 Sade...De Quincey**: ci si riferisce al Marchese de Sade, come era chiamato il conte Donatien-Alphonse-François de Sade (1740-1814), scrittore francese, teorico del sadismo, cioè del piacere prodotto dalla crudeltà, e allo scrittore inglese Thomas De Quincey (1785-1859), paradossale teorico dell'assassinio concepito come una delle belle arti (*L'assassinio come una delle belle arti* è il titolo di un suo libro).

za. È una coscienza diffusa nella nostra cultura, e nelle persone e forze politiche e sindacali che di una cultura partecipano. So di usare formule vaghe, ma è il solo modo che ho per definire il nucleo attorno al quale prendono corpo le scelte positive che maturano sia dalla base che dai vertici. Sarebbe un errore sottovalutare che questo periodo di crisi generale è per l'Italia anche un'epoca di passi avanti importanti, nella legislazione, nella vita civile, nella coscienza sociale.

Ma tutto questo avviene mentre nel nostro tessuto sociale, fragile da sempre, si aprono crepe paurose come quella da cui escono i giovani carnefici del Circeo. La società da noi resta sempre da costruire: e questo è chiaro oggi ancora più che trent'anni fa. Ma è in atto una corsa col tempo: più la degenerazione si estende, più il terreno si fa molle per reggere qualsiasi fondamenta.

In altri paesi la crisi è la stessa, ma incide in uno spessore di società più solido. La Francia può contare sinora su un sistema borghese ancora robusto ed efficiente, sia pur percorso da brividi, da reazioni nervose, come provano due casi giudiziari che suscitano tanto scalpore in questi giorni.

Una giuria popolare ha scaricato la paura per il crescendo di aggressioni e rapine condannando a morte un ragazzo di diciassette anni, che in una sera di libera uscita dal riformatorio aveva assassinato a pugnalate una vecchia. In un altro processo, un giudice, stanco di non potere agire contro il moltiplicarsi di infortuni tragici nelle fabbriche e nei cantieri, ha fatto arrestare per «omicidio volontario» un imprenditore responsabile di un prevedibile incidente mortale d'un operaio invalido e sottopagato. L'imprenditore è stato prontamente scarcerato; il ragazzo sarà graziato; rapide scosse sismiche che segnalano gli slittamenti degli strati sotterranei.

La borghesia in Francia si sente ancora un organismo così compatto da prospettarsi l'avvenire nella vecchia alternativa di conservazione o di crollo; e sembra non contare la vera immagine di catastrofe che si minaccia: quella di un lento impantanamento dove nulla può conservarsi e nulla crollare.

T2 DALLA COMPRENSIONE ALL'INTERPRETAZIONE

COMPRENSIONE E ANALISI

La struttura dell'argomentazione Il modo di argomentare **procede per antitesi introdotte da congiunzioni avversative** come «Eppure» o «Ma». Dopo una **prima parte** in cui Calvino **denuncia la diffusione di un «clima di permissività assoluta»** e di tendenziale violenza favorita dalle «immagini di aggressività dei mass-media», il discorso si restringe per limitarsi a individuare alcune zone dove hanno allignato **«strati cancerosi» della società italiana, con riferimento a una parte della borghesia**, alla diffusione del fascismo fra i giovani e al minore spessore culturale e morale della società italiana rispetto a quello dei paesi più avanzati di Europa, come la Francia. Tuttavia **il tono è equilibrato**, sempre molto misurato: un «Eppure», ad apertura di capoverso, serve ad **attenuare la drasticità della denuncia**: «Eppure, non si può dire che in Italia manchi la coscienza di cosa una società deve essere oggi»; e poi: «Sarebbe un errore sottovalutare che questo periodo di crisi generale è per l'Italia anche un'epoca di passi avanti importanti». Queste formule («non si può dire che...», «Sarebbe un errore...») hanno un valore attenuativo e correttivo, che sarebbe impossibile trovare nella prosa saggistica di Pasolini. Calvino procede, insomma, con studiato equilibrio, dando, per così dire, un colpo al cerchio e uno alla botte. Solo dopo avere attenuato la sua analisi e avere prospettato anche alcuni elementi di positività nella situazione italiana, può introdurre di nuovo, attraverso un «Ma» avversativo, il tema negativo della fragilità del nostro tessuto sociale.

INTERPRETAZIONE

Una ideologia "progressiva" L'idea che Calvino ha dello sviluppo della società europea è di tipo "democratico" e "progressivo". **L'Italia presenta ancora zone arretrate**, ben rappresentate da una parte della borghesia, incline al fascismo. È appunto questa **idea di sviluppo che Pasolini attaccherà** nei due articoli che dedicherà al "delitto del Circeo".

T2 LAVORIAMO SUL TESTO

ANALIZZARE
Lo stile

1. **LINGUA E LESSICO** Sottolinea le congiunzioni e le formule attenuative con cui procede l'argomentazione di Calvino. Quale tono prevale?

INTERPRETARE
L'ideologia

2. Che idea ha Calvino dello sviluppo della società europea.
3. Che ruolo assegna alla borghesia?

T3 Pier Paolo Pasolini
Due modeste proposte per eliminare la criminalità in Italia

OPERA
Saggi sulla politica e sulla società

CONCETTI CHIAVE
- un'ondata di «stupidità giornalistica»
- criminalità e ambiente
- l'omogeneizzazione culturale tra borghesi e sottoproletari

FONTE
P.P. Pasolini, *Due modeste proposte per eliminare la criminalità in Italia*, in *Saggi sulla politica e sulla società*, a cura di W. Siti e S. De Laude, Mondadori 1999.

Questo articolo di Pasolini esce sul «Corriere della Sera» dieci giorni dopo quello di Calvino.

I vari casi di criminalità che riempiono apocalitticamente la cronaca dei giornali e la nostra coscienza abbastanza atterrita, non sono casi: sono, evidentemente, casi estremi di un modo di essere criminale diffuso e profondo: di massa.

Infatti i criminali non sono neofascisti. Ultimamente un episodio (il massacro di una ragazza al Circeo) ha improvvisamente alleggerito tutte le coscienze e fatto tirare un grande respiro di sollievo: perché i colpevoli del massacro erano appunto dei pariolini fascisti. Dunque c'era da rallegrarsi per due ragioni: I) per la conferma del fatto che sono solo e sempre i fascisti la colpa di tutto; II) per la conferma del fatto che la colpa è solo e sempre dei borghesi privilegiati e corrotti. La gioia di sentirsi confermati in questo antico sentimento populista – e nella solidità dell'annessa configurazione morale – non è esplosa solo nei giornali comunisti, ma in tutta la stampa (che dopo il 15 giugno[1] ha una gran paura di essere a meno appunto dei comunisti). In realtà la stamoa borghese è stata letteralmente felice di poter colpevolizzare i delinquenti dei Parioli, perché, colpevolizzandoli tanto drammaticamente, *li privilegiava* (solo i drammi borghesi hanno vero valore e interesse) e nel tempo stesso poteva crogiolarsi nella vecchia idea
15 che dei delitti proletari e sottoproletari è inutile occuparsi più che tanto, dato che è aprioristicamente assodato che proletari e sottoproletari sono delinquenti.

Io penso dunque che anche il massacro del Circeo abbia scatenato in Italia la solita offensiva ondata di stupidità giornalistica.

Infatti, ripeto, i criminali non sono affatto solo i neofascisti, ma sono anche, allo stesso mo-
20 do e con la stessa coscienza, i proletari o i sottoproletari, che magari hanno votato comunista il 15 giugno.

Si pensi al delitto dei fratelli Carlino di Torpignattara[2] o all'aggressione di Cinecittà (un ragazzo percosso brutalmente e chiuso dentro un baule della macchina e la ragazza violentata e seviziata da sette giovani della periferia romana). Questi delinquenti «popolari» – e per ora mi
25 riferisco, con precisione documentata, ai soli fratelli Carlino – godevano della stessa identica libertà condizionale che i delinquenti dei Parioli; godevano cioè della stessa impunità. È assurdo dunque accusare i giudici che hanno mandato in giro «a piede libero» i neofascisti se non si accusano nel tempo stesso e con la stessa fermezza i giudici che hanno mandato in giro «a piede libero» i fratelli Carlino (e altre migliaia di giovani delinquenti delle borgate romane).

- **1** **15 giugno**: ci si riferisce alle elezioni politiche del 15 giugno 1975 che avevano visto una forte affermazione del Partito Comunista Italiano.
- **2** **Torpignattara**: borgata di Roma.

La realtà è la seguente: i casi estremi di criminalità derivano da un ambiente criminaloide di massa. Occorrono migliaia di casi come quelli della festicciola sadica del Circeo o di aggressività brutale per ragioni di traffico perché si realizzino casi come quelli dei sadici pariolini o dei sadici di Torpignattara.

Quanto a me, lo dico ormai da qualche anno, che l'universo popolare romano è un universo «odioso». Lo dico con scandalo dei benpensanti; e soprattutto con scandalo dei benpensanti che non credono di esserlo. E ne ho anche indicato le ragioni (perdita da parte di giovani del popolo dei propri valori morali, cioè della propria cultura particolaristica, coi suoi schemi di comportamento eccetera). E a proposito, poi, di un universo criminaloide come quello popolare romano bisognerà dire che non valgono le consuete attenuanti populistiche: è necessario munirsi della stessa rigidità puritana e punitiva che siamo soliti sfoggiare contro le manifestazioni criminaloidi dell'infima borghesia neofascista. Infatti i giovani proletari e sottoproletari romani *appartengono ormai totalmente all'universo piccolo-borghese*: il modello piccolo-borghese è stato loro definitivamente imposto, una volta per sempre. E i loro modelli concreti sono proprio quei piccoli borghesi idioti e feroci che essi, ai bei tempi, hanno tanto e così spiritosamente disprezzato come ridicole ripugnanti nullità. Non per niente i seviziatori sottoproletari della ragazza di Cinecittà, usando di lei come di una «cosa», le dicevano: «Bada che ti facciamo quello che hanno fatto a Rosaria Lopez».[3] La mia esperienza privata, quotidiana, esistenziale – che oppongo ancora una volta all'offensiva astrattezza e approssimazione dei giornalisti e dei politici che *non vivono* queste cose – m'insegna che non c'è più alcuna differenza vera nell'atteggiamento verso il reale e nel conseguente comportamento tra i borghesi dei Parioli e i sottoproletari delle borgate. La stessa enigmatica faccia sorridere e livida indica la loro imponderabilità morale (il loro essere sospesi tra la perdita di vecchi valori e la mancata acquisizione di nuovi: la totale mancanza di ogni opinione sulla propria «funzione»).

Un'altra cosa che l'esperienza diretta mi insegna è che questo è un fenomeno totalmente italiano. Fa parte del conformismo, peraltro antiquato, dell'informazione italiana il consolarsi col fatto che anche negli altri paesi esiste il problema della criminalità: esso esiste, è vero: ma si pone in un mondo dove le istituzioni borghesi restano valide e efficienti, e continuano a offrire dunque una contropartita.

Che cos'è che ha trasformato i proletari e i sottoproletari italiani, sostanzialmente, in piccolo borghesi, divorati, per di più, dall'ansia economica di esserlo? Che cos'è che ha trasformato le «masse» dei giovani in «massa» di criminaloidi? L'ho detto e ripetuto ormai decine di volte: una «seconda» rivoluzione industriale che in realtà in Italia è la «prima»: il consumismo che ha distrutto cinicamente un mondo «reale», trasformandola in una totale irrealtà, dove non c'è più scelta possibile tra il male e bene. Donde l'ambiguità che caratterizza criminali: e la loro ferocia, prodotta dall'assoluta mancanza di ogni tradizionale conflitto interiore. Non c'è stata in loro scelta tra male e bene: ma una scelta tuttavia c'è stata: la scelta dell'impietrimento, della mancanza di ogni pietà.

[...]

Quali sono le mie due modeste proposte per eliminare la criminalità? Sono due proposte swiftiane,[4] come la loro definizione umoristica non si cura minimamente di nascondere.

1) Abolire immediatamente la scuola media d'obbligo.[5]

2) Abolire immediatamente la televisione.

Quanto agli insegnanti e agli impiegati della televisione possono anche non essere mangiati, come suggerirebbe Swift: ma semplicemente possono essere messi sotto cassa integrazione.

- **3 Rosaria Lopez**: è il nome della ragazza uccisa dai giovani fascisti nella villa del Circeo.
- **4 proposte swiftiane**: proposte che si ispirano a quella di Jonathan Swift, scrittore inglese del Settecento autore di *Una modesta proposta* (vedi Comprensione).
- **5 scuola media d'obbligo**: ci si riferisce al triennio successivo alle elementari reso obbligatorio da una legge del 1962.
- **6 edonè**: parola greca che significa "piacere".

La scuola d'obbligo è una scuola di iniziazione alla qualità di vita piccolo-borghese: vi si insegnano delle cose inutili, stupide, false, moralistiche, anche nei casi migliori (cioè quando si invita adulatoriamente ad applicare la falsa democraticità dell'autogestione, del decentramento ecc.: tutto un imbroglio). Inoltre una nozione è dinamica solo se include la propria espansione e approfondimento: imparare un po' di storia ha senso solo se si proietta nel futuro la possibilità di una reale cultura storica. Altrimenti, le nozioni marciscono: nascono morte, non avendo futuro, e la loro funzione dunque altro non è che creare, col loro insieme, un piccolo borghese schiavo al posto di un proletario o di un sottoproletario libero (cioè appartenente a un'altra cultura, che lo lascia vergine a capire eventualmente nuove cose reali, mentre è ben chiaro che chi ha fatto la scuola d'obbligo è prigioniero del proprio infimo cerchio di sapere, e si scandalizza di fronte ad ogni novità). Una buona quinta elementare basta oggi in Italia a un operaio e a suo figlio. Illuderlo di un avanzamento che è una degradazione è delittuoso: perché lo rende: primo, presuntuoso (a causa di quelle due miserabili cose che ha imparato); secondo (e spesso contemporaneamente), angosciosamente frustrato, perché quelle due cose che ha imparato altro non gli procurano che la coscienza della propria ignoranza.

[...]

Quanto alla televisione non voglio spendere ulteriori parole: ciò che ho detto a proposito della scuola d'obbligo va moltiplicato all'infinito, dato che si tratta non di un insegnamento, ma di un «esempio»: i «modelli» cioè, attraverso la televisione, non vengono parlati, ma rappresentati. E sei modelli son quelli, come si può pretendere che la gioventù più esposta e indifesa non sia criminaloide o criminale? È stata la televisione che ha praticamente (essa non è che un mezzo) concluso l'era della pietà, e iniziato l'era dell'edonè.[6] Era in cui dei giovani insieme presuntuosi e frustrati a causa della stupidità e insieme dell'irraggiungibilità dei modelli proposti loro dalla scuola e dalla televisione, tendono inarrestabilmente ad essere o aggressivi fino alla delinquenza o passivi fino alla infelicità (che non è una colpa minore).

T3 DALLA COMPRENSIONE ALL'INTERPRETAZIONE

COMPRENSIONE

Due proposte provocatorie Il **titolo** di questo articolo si ispira a quello di uno scritto di un autore **inglese del Settecento, Jonathan Swift,** *A Modest Proposal* [Una modesta proposta], nel quale, con finta serietà, l'autore suggeriva, per risolvere il problema della povertà e dei fanciulli abbandonati, che i bambini poveri venissero venduti come carne da macello per i banchetti dei ricchi. Le **proposte di Pasolini** sono due: l'**abolizione della scuola media dell'obbligo e quella della TV**. Entrambe sarebbero responsabili della omogeneizzazione culturale che ha distrutto la vecchia cultura borghese e la vecchia cultura popolare sostituendo a esse una unica mentalità dominata dal consumismo, dalla ricerca del piacere individuale, dal cinismo. È questa **nuova cultura priva di valori** che sarebbe responsabile della criminalità giovanile sempre più diffusa (si tenga presente che poche settimane dopo lo stesso Pasolini ne resterà vittima, finendo assassinato proprio per mano di uno di questi giovani criminali).

ANALISI

La scrittura Pasolini scrive attraverso una serie di **affermazioni perentorie**. Non vuole essere equilibrato e misurato come Calvino; vuole invece **provocare il lettore**. Ciascuna sua frase è netta, scandita, lapidaria, perché vuole colpire allo stomaco il lettore. Le sue espressioni ignorano l'attenuazione, sono forti e recise (si veda la polemica contro la «stupidità giornalistica»). Pasolini grida, perché vuole fare intendere la drammaticità di una situazione di cui lui stesso finirà vittima, ucciso da uno di questi giovani criminali di cui qui parla. Non usa mezzi termini: a suo parere, **i giovani sono criminali**, è avvenuto un genocidio culturale, la reazione dei giornali è stata stupida, la TV e la scuola media dell'obbligo vanno abolite.

INTERPRETAZIONE

L'abolizione della scuola dell'obbligo e della TV Si tratta di **proposte provocatorie**, come era provocatoria quella di **Swift** di trasformare i bambini delle famiglie povere in carne da macello per i banchetti dei ricchi. Pasolini sa bene che sono irrealizzabili; ma avanza egualmente la proposta per **scandalizzare una parte dell'opinione pubblica e sensibilizzarne un'altra parte**. Mentre Calvino scrive a tutti e per questo procede in modo pacato e razionale, Pasolini scrive contro una parte dei suoi lettori: sceglie **un modo incisivo e sarcastico di scrittura**, perché non vuole unire, ma dividere. Gli interessa mostrare le cause della omogeneizzazione culturale e del consumismo dilagante mascherato da "progressismo", e per questo non esita a mettere sotto accusa anche la scuola. Al progresso e allo sviluppo che rendono uniforme la società diffondendo assenza di valori e cinismo egli oppone la possibilità utopica di un altro sviluppo, radicalmente diverso perché non fondato sui valori del mercato e dell'economia, ma su quelli del rispetto delle tradizioni e della salvaguardia della individualità.

T3 LAVORIAMO SUL TESTO

ANALIZZARE

Lo stile

1. **LINGUA E LESSICO** Sottolinea gli espedienti linguistici che rendono l'argomentazione di Pasolini forte e provocatoria.

L'omogeneizzazione culturale

2. Quali sono, secondo Pasolini, le cause della diffusione della criminalità di massa?

3. Chi sono i benpensanti a cui si riferisce?

4. Quali sono le «modeste proposte» di Pasolini per eliminare la criminalità?

INTERPRETARE

«l'era dell'edonè»

5. Quale immagine della borghesia e del proletariato viene fuori da questo articolo?

4 Saviano, erede di Pasolini

La crisi della figura dell'intellettuale dopo gli anni Settanta

Pasolini, Fortini, Sciascia, Calvino muoiono nel ventennio fra il 1975 e il 1995. **Sono gli ultimi grandi intellettuali.** L'unico della generazione successiva che può essere assimilabile a questa categoria è **Edoardo Sanguineti**, poeta e critico della neoavanguardia, che muore nel 2010. Il fatto è che, **a partire dalla fine degli anni Settanta**, con la diffusione anche in Italia del postmodernismo, **decade la figura dell'intellettuale** che attraverso la scrittura di articoli o di saggi cerca di influenzare l'opinione pubblica. Lo scrittore cessa di essere anche un intellettuale complessivo e fa solo lo scrittore, cioè il poeta o il romanziere, senza conferire più alla prosa saggistica la stessa importanza che essa aveva avuto precedentemente. **All'intellettuale capace di collegare un problema particolare a una prospettiva generale e complessiva subentra l'esperto**, che parla in nome di una competenza specifica in un campo particolare: lo storico parla da storico, il romanziere da romanziere e così via. A diffondere ideologie e visioni del mondo non sono più gli intellettuali, ma i mezzi di comunicazione di massa, a partire dalla televisione. Inoltre in Italia l'atmosfera culturale del postmodernismo non è favorevole all'impegno politico, morale e civile degli scrittori; nell'ultimo quarto del Novecento, infatti, tendono a prevalere visioni del mondo ispirate alle filosofie che considerano la condizione umana in quanto tale, in una prospettiva cioè ontologica e nichilistica, piuttosto che nella sua dimensione sociale e politica. Fra l'altro la caduta del muro di Berlino nel 1989 aveva segnato la fine delle utopie politiche. Si era diffusa addirittura l'idea che fosse sopraggiunta un'età nuova priva di contraddizioni (è l'idea della cosiddetta "fine della storia").

All'intellettuale subentra l'esperto

La condizione umana vista in una prospettiva ontologica e nichilista

Alla fine del Novecento e all'inizio del nuovo millennio la situazione inizia però a cambiare. Le contraddizioni materiali tornano a manifestarsi con forza con le due guerre del Golfo. I popoli

Il ritorno all'impegno civile: Saviano

affamati del Sud e dell'Est del mondo cominciano a invadere l'Europa (è il fenomeno degli immigrati che interessa anche l'Italia). Dilaga in tutto l'Occidente la crisi economica. In questa situazione si verificano alcune circostanze che favoriscono il ritorno degli scrittori a forme di impegno civile. Ne è un esempio il giovane scrittore Roberto Saviano (nato nel 1979), un ricercatore, un "lavoratore della conoscenza", un "precario", che nel 2006 pubblica *Gomorra*, un'opera ibrida al confine fra generi diversi: il romanzo autobiografico, il *pamphlet* contro la camorra napoletana e campana, il documentario giornalistico. L'opera ottiene un enorme successo in tutto il mondo e la camorra condanna a morte Saviano, che è costretto perciò a vivere sotto scorta con la protezione costante della polizia. Dopo la pubblicazione di *Gomorra* Saviano si dedica soprattutto alla prosa saggistica scrivendo sui giornali (in Italia su «la Repubblica» e «l'Espresso»).

Un nuovo intellettuale

Con Saviano rinasce la figura dell'intellettuale, seppure con caratteristiche in parte nuove: l'intellettuale non è più il grande scrittore che, forte della sua autorità in quanto scrittore, si occupa di questioni civili; è un giovane delle periferie, che parla di sé, che denuncia una situazione in cui ha materialmente vissuto. Inoltre non diffonde più ideologie complessive, visioni del mondo generali (come avevano fatto, per esempio, Fortini, Pasolini, Sanguineti), ma è un testimone di ciò di cui parla, è un "esperto" della camorra e ottiene visibilità e notorietà appunto in quanto testimone (partecipe e vittima). Infine, proprio in quanto "esperto" di camorra o di mafia, viene intervistato dalla televisione o promosso a protagonista di trasmissioni televisive, diventando noto in tal modo al grande pubblico. Insomma la stagione del postmodernismo non è passata invano e ha lasciato le sue tracce. E tuttavia **Saviano, come Pasolini, di cui si considera erede, crede ancora alla funzione morale e civile della letteratura e si serve dei suoi scritti per denunciare e scandalizzare** e così per influenzare l'opinione pubblica e indurla a prendere posizione contro la camorra, contro la mafia, contro l'illegalità dilagante in Italia. Questa fiducia nel valore etico e politico della parola induce Saviano a servirsi anche dello strumento televisivo (a differenza, in questo caso, del suo maestro Pasolini, che voleva invece abolire la televisione), come si legge nell'introduzione al suo volume di scritti saggistici *La bellezza e l'inferno*, della cui introduzione si riportano qui alcune pagine (cfr. T4).

T4 Roberto Saviano
Cosa vuol dire scrivere

OPERA
La bellezza e l'inferno

CONCETTI CHIAVE
- il diritto-dovere di scrivere
- la scrittura come "resistenza"
- una parola che cambia la realtà

FONTE
R. Saviano, *La bellezza e l'inferno*, Mondadori, Milano 2009, con tagli.

Nell'introduzione al suo libro di saggi e di scritti giornalistici La bellezza e l'inferno *Saviano dichiara il proprio sogno di scrittore: quello di incidere sulla realtà, di cambiare il mondo con le proprie parole. E il sogno di tutti gli intellettuali, e induce Saviano a ricorrere a ogni strumento, anche quello televisivo, per raggiungere questo scopo.*

Più spesso ancora ho vissuto nelle stanze di una caserma dei carabinieri. Dentro le narici l'odore del grasso degli anfibi[1] dei miei vicini appuntati,[2] nelle orecchie il sottofondo della televisione che trasmetteva partite di calcio e le loro bestemmie quando venivano richiamati in servizio o quando segnava la squadra avversaria. Sabato, domenica, giorni mortali. Nel ventre quasi vuoto e immobile di una grande, vecchia balena fatta per operare. Mentre fuori intuisci movimento, senti grida, c'è il sole, è già estate. E capita che sai pure dove sei, sai che se potessi uscire, in due minuti passeresti davanti alla tua vecchia casa, la prima dove ti dissero «mo' finalmente te ne stai andando», e in altri cinque o dieci saresti al mare. Ma non puoi farlo.

Però puoi scrivere. Devi scrivere. Devi e vuoi continuare. Il cinismo che contraddistingue molta parte degli addetti ai lavori[3] lascia intravedere sempre una sorta di diffidenza per tutto

---

- **1 anfibi**: scarponi d'ordinanza.
- **2 appuntati**: sono i graduati dei carabinieri. Il loro grado corrisponde a quello di caporalmaggiore negli altri reparti militari. Saviano vive spesso in caserma, a stretto contatto coi carabinieri che gli fanno da scorta.
- **3 addetti ai lavori**: Saviano si riferisce agli altri letterati, che si comportano come specialisti della letteratura, pensano cioè alla letteratura come attività autonoma, dedita solo al bello e indifferente o estranea alla ricerca della verità e all'impegno.

quello vuole solo fare un buon libro, costruire una storia, limare le parole sino a ottenere uno stile bello e riconoscibile. È questo ciò che deve fare uno scrittore? Questo e nient'altro è letteratura? Allora, per quanto mi riguarda, preferirei non scrivere né assomigliare a queste persone.

Bisogno di distruggere tutto ciò che può essere desiderio e voglia: questo è il cinismo. Il cinismo è l'armatura dei disperati che non sanno di esserlo. Vedono tutto come una manovra furba per arricchirsi, la pretesa di cambiare come un'ingenuità da apprendisti stregoni e la scrittura che vuole arrivare a molti come una forma di impostura dal ghigno di chi sa già che tutto finirà male nulla può essere tolto, perché non hanno più nulla per cui valga la pena di lottare. Però non possono essere cacciati dalle loro case che sono spesso allestite con gusto, curate. La loro arte, la loro idea della parola, somiglia a quelle case belle e non vuole abbandonare il loro perimetro ben arredato. Ma nel privilegio delle loro vite disilluse e protette, non hanno idea di che cosa possa veramente voler dire scrivere.

[...]

Per me scrivere è sempre il contrario di tutto questo. Uscire. Riuscire a iscrivere una parola nel mondo, passarla a qualcuno come un biglietto con un'informazione clandestina, uno di quelli che devi leggere, mandare a memoria e poi distruggere: appallottolandolo, mischiandolo con la tua saliva, facendolo macerare nel tuo stomaco. Scrivere è resistere, è fare resistenza.

[...]

In tutte le interviste, in tutti i Paesi dove il mio libro è stato pubblicato, mi chiedono sempre: «Ma lei non ha paura?». Domanda che chiaramente si riferisce alla paura che mi possano ammazzare. «No» rispondo subito, e lì mi fermo. Poi mi capita di pensare che chissà quanti non mi crederanno. Invece è così. Davvero. Ho avuto e ho tante paure, ma quella di morire non la avverto quasi mai. La peggiore delle mie paure, quella che mi assilla di continuo, è che riescano a diffamarmi, a distruggere la mia credibilità, a infangare ciò per cui mi sono speso e ho pagato. Lo hanno fatto con tutti coloro che hanno deciso di raccontare e denunciare.

Ho avuto anche un altro tipo di paura, più complicata. Paura della mia immagine. Paura che se mi fossi esposto troppo, se fossi diventato troppo "personaggio", non sarei più stato ciò che ho voluto essere. C'è una frase di Truman Capote[4] che spesso mi è girata nella testa in questi anni, vera e terribile: "Si versano più lacrime per le preghiere esaudite che per quelle non accolte". Se ho avuto un sogno, è stato quello di incidere con le mie parole, di dimostrare che la parola letteraria può ancora avere un peso e il potere di cambiare la realtà. Pur con tutto quello che mi è successo, la mia "preghiera", grazie ai miei lettori, è stata esaudita. Ma sono anche divenuto altro da quel che avevo sempre immaginato.[5] Ed è stato doloroso, difficile da accettare, finché non ho capito che nessuno sceglie il suo destino. Però può sempre scegliere la maniera in cui starci dentro. Per quanto mi riesce, voglio provare a farlo nel migliore dei modi, perché è questo ciò che sento di dovere a tutti coloro che mi hanno sostenuto.

Per questo, se mi invitano a parlare in televisione e so che mi ascolteranno in molti, cerco solamente di farlo bene, senza sconti, addolcimenti, semplificazioni.

[...]

Ormai non temo più di servirmi di ogni mezzo – tv, web, radio, musica, cinema, teatro –, perché credo che i *media*, se usati senza cinismo e senza facile furbizia, siano esattamente quel che significa il loro nome. *Mezzi* che consentono di rompere una coltre di indifferenza, di amplificare quel che spesso già da solo dovrebbe urlare al cielo.

- **4 Truman Capote**: scrittore statunitense (1924-1984), autore di opere ispirate al criterio della "letteratura-documento". È uno dei modelli letterari di Saviano.
- **5 divenuto altro...immaginato**: dopo aver scritto *Gomorra*, Saviano non solo è stato costretto a vivere sotto scorta, in modo dunque del tutto diverso da come aveva pensato di vivere, senza potersi più muovere liberamente, ma è diventato anche un "personaggio" che compare in televisione, correndo così il rischio di essere stritolato dalla macchina dello spettacolo.

T4 DALLA COMPRENSIONE ALL'INTERPRETAZIONE

COMPRENSIONE

Gli argomenti Saviano esprime qui la propria **idea di "letteratura-verità" o "letteratura-documento"**. Polemizza dunque contro gli addetti ai lavori che si preoccupano solo di «limare le parole» al fine di raggiungere uno «stile bello». Il suo sogno invece è di **incidere sulla realtà**, di «resistere», di usare cioè la parola letteraria come una forma di resistenza civile. Scrivere vuol dire «iscrivere una parola nel mondo». Questo sogno è tipico di tutti gli intellettuali e si manifesta non solo attraverso romanzi e poesie, ma anche attraverso **la forma-saggio**. Tuttavia Saviano non si limita all'uso della prosa saggistica: dichiara di **volersi servire di ogni strumento, anche di quello televisivo**. Mentre Pasolini aveva condannato la televisione, affermando provocatoriamente che avrebbe voluto abolirla, Saviano se ne serve per moltiplicare il proprio impatto sul pubblico. È questa l'eredità del **postmodernismo**, il movimento culturale dominante in Italia alla fine del Novecento.

ANALISI E INTERPRETAZIONE

Lo stile e l'ideologia Lo stile di Saviano si ispira a quello di Pasolini. È **lo stile della polemica**, qui, nella parte iniziale, contro gli «addetti ai lavori», contro cioè gli altri scrittori o critici, «questi signori diffidenti» che difendono l'autonomia della letteratura e arricciano il naso dinanzi alla "letteratura-documento" e all'impegno civile di Saviano. Costoro sono accusati senza mezzi termini di cinismo e di indifferenza morale. La scrittura di Saviano privilegia **periodi brevi e incisivi**, a volte formati solo da due o tre parole («Però puoi scrivere. Devi scrivere. Devi e puoi continuare»). **Come Pasolini, Saviano parla in prima persona**, dice "io", porta a testimonianza il proprio caso personale. Si noti poi – e questo è un aspetto importante dello stile saggistico di Saviano – il passaggio rapidissimo **dal racconto autobiografico** (qui quello della propria vita in caserma, sotto scorta) **alla polemica**, alle considerazioni morali, alle dichiarazioni di poetica. Il discorso di Saviano è tipicamente saggistico anche perché non è specialistico, non è chiuso nel rigore di un'unica disciplina, né è indirizzato solo a pochi intenditori, ma attraversa i diversi campi del sapere e si rivolge a tutti.

T4 LAVORIAMO SUL TESTO

ANALIZZARE

Lo stile

1. Rintraccia nel brano gli elementi che caratterizzano lo stile polemico di Saviano.

Il cinismo degli «addetti ai lavori»

2. Con chi polemizza Saviano all'inizio del brano?

INTERPRETARE

Letteratura e resistenza

3. Quale idea dello scrivere esprime qui Saviano?
4. Come si pone nei confronti dei media?
5. Confronta la sua posizione con quella di Pasolini (T3, p. 817).

DAL RIPASSO ALLA VERIFICA

MAPPA CONCETTUALE — La prosa saggistica

SINTESI

● **Caratteri del saggio**
Il saggio non ha la pretesa di esaustività del trattato né l'ambizione scientifica dello studio. Esso è parziale e soggettivo. Dimostra una tesi, e per dimostrarla si appoggia ai dati dell'esperienza e della realtà, ma anche alle risorse della cultura personale dell'autore. Tra i testi che hanno anticipato il saggio moderno vanno ricordati *Il Principe* (1513) di Machiavelli, i *Ricordi* (1530) di Guicciardini, gli *Essais* (1580) di Montaigne.

● **L'affermazione ottocentesca del saggio e il suo declino negli ultimi decenni del Novecento**
In Europa in genere saggio comincia ad affermarsi nel Settecento con gli illuministi e si consolida poi nel corso dell'Ottocento. Tale affermazione è strettamente connessa alla nascita di una società civile sufficientemente diffusa, alla presenza di una robusta borghesia, alla diffusione di tutti gli strumenti – i giornali innanzitutto – che servono a determinare l'opinione pubblica. Nel corso dell'Ottocento il saggio è espressione del protagonismo degli intellettuali nella vita civile. Il secolo d'oro degli intellettuali è quello che va dall'*Affaire Dreyfus* e al *J'accuse* di Zola (1898) all'*Affaire Moro* di Sciascia (1978). Dopo l'*Affaire Moro*, nel corso degli anni Ottanta e Novanta del Novecento, la figura dell'intellettuale entra in crisi: infatti, a determinare l'opinione pubblica non sono più gli intellettuali ma i nuovi strumenti di comunicazione di massa. Una eccezione è rappresentata da un giovane scrittore, Roberto Saviano, che nutre ancora fiducia nella funzione civile della letteratura e nel valore etico e politico della parola e si serve dei suoi scritti per denunciare e scandalizzare, per influenzare l'opinione pubblica e indurla a prendere posizione. Il suo primo libro, *Gomorra* (2006), è un'opera ibrida, al confine tra generi diversi: il romanzo autobiografico, il *pamphlet* contro la camorra, il documentario giornalistico.

● **Le forme della saggistica**
Le forme che la saggistica moderna assume sono: 1) l'articolo di giornale, volto a commentare un avvenimento di cronaca o un fatto culturale; 2) il saggio critico (letterario, storico, filosofico), più lungo, approfondito e documentato dell'articolo di giornale; 3) il *pamphlet*, un libro o volumetto agile, scritto con lo scopo di svolgere una polemica o sviluppare una denuncia.

● **Interpretazioni e stili diversi. L'esempio di Calvino e Pasolini**
Nel periodo in cui gli intellettuali hanno avuto maggiore visibilità e incidenza sull'opinione pubblica, essi intervenivano sugli episodi più rilevanti della vita sociale, anche sui fatti di cronaca, interpretandoli nella prospettiva di una considerazione globale – non tecnico-specialistica, dunque – della evoluzione della nostra società. Le loro analisi potevano però divergere, come divergevano i modi della loro scrittura. Un esempio evidente di divaricazione delle interpretazioni è quello che riguarda gli articoli pubblicati da Italo Calvino e Pier Paolo Pasolini sul «Corriere della Sera» in occasione dell'efferato "delitto del Circeo" (1975). Le letture che Calvino e Pasolini fanno del terribile episodio di cronaca nera sono radicalmente diverse e inconciliabili. Inoltre, lo stile saggistico di Calvino è pacato e razionale, mentre quello di Pasolini è molto più concitato.

DALLE CONOSCENZE ALLE COMPETENZE

1 Completa inserendo le informazioni corrette (§ 1)
Il saggio è un genere .... perché presuppone .... e ....
Il saggio dimostra .... e per dimostrarla si appoggia ...., ma anche ....
Il primo grande saggista fu ...., i cui maestri si possono considerare ....

2 Quando si afferma il genere del saggio in Europa? (§ 1)

3 Quali forme assume il saggio negli anni Ottanta e Novanta del Novecento? (§ 1)

4 Per quale ragione negli ultimi decenni del Novecento si verifica il declino della saggistica? (§ 1)

5 Spiega il valore del termine "intellettuale", a partire dall'*Affaire Dreyfus*. (S1)

6 In che senso Fortini parla di «secondo mestiere» in relazione agli scrittori? (§ 2)

7 Quali opposte interpretazioni danno Calvino e Pasolini in merito al "delitto del Circeo"? Quale stile saggistico adoperano? (§ 3)

8 Rintraccia nei saggi di Calvino e di Pasolini (T2, T3) le espressioni che, a tuo parere, evidenziano le diverse peculiarità stilistiche degli scrittori e il conflitto delle loro interpretazioni.

9 Come rinnova Saviano la figura dell'intellettuale? (§ 4, T4)

Capitolo VIII — La prosa giornalistica

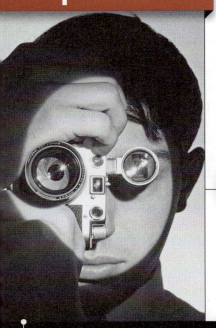

My eBook+

Cliccando su questa icona, docenti e studenti accedono ad un'area di personalizzazione che permette di arricchire i contenuti digitali già linkati lungo le pagine del libro. Nell'area di personalizzazione è possibile infatti salvare ulteriori materiali: selezionati da **Prometeo**, prodotti autonomamente o ricercati nella rete.

The Photojournalist, fotografia di Andreas Feininger del 1951.

1. Storia e caratteri del giornalismo

Nascita del giornalismo

Il giornalismo nasce nel Seicento con l'invenzione della stampa e il suo sviluppo è un fenomeno chiave della modernità. Le prime rudimentali gazzette escono negli Stati della penisola con cadenza settimanale o quindicinale: la loro funzione è quella di comunicare alla ristretta cerchia della Corte i principali avvenimenti locali e le scarse notizie provenienti dall'estero. **Ma è solo a partire dal Settecento che la scrittura giornalistica definisce i suoi compiti e i suoi obbiettivi**. Questi consistono principalmente nell'esporre i fatti e nell'informare il pubblico, fornendo al lettore tutti gli elementi che gli consentano di comprendere nel modo più chiaro le notizie. Da questo punto di vista **il centro più vivace nella produzione della stampa periodica è l'Inghilterra** che nel XVIII secolo si muove a grandi passi sulla strada dell'industrializzazione. A Londra, **tra il 1711 e il 1714** viene pubblicato **«The Spectator»** [Lo Spettatore], un giornale aperto alla saggistica letteraria, alla critica sociale e di costume, che si propone di informare e di intrattenere il pubblico con una commistione di pezzi edificanti e divertenti. Il successo dell'operazione è enorme e va di pari passo all'ampliarsi della cerchia dei lettori, che adesso è composta dalla borghesia cittadina, benestante e alfabetizzata. Questa nuova platea è formata in larga parte dalle donne, alle quali molti articoli dello «Spectator» sono esplicitamente indirizzati: più degli uomini, le donne del ceto medio hanno a disposizione una grande quantità di tempo libero che occupano con la lettura.

La rivoluzione dello «Spectator»

Diffusione del giornalismo e ascesa della borghesia

Da un lato, dunque, **la diffusione dei periodici va messa in relazione all'affermarsi di un moderno capitalismo industriale e all'ascesa della borghesia; dall'altro, è il giornale stesso a creare un nuovo pubblico e un nuovo gusto**, educando l'acquirente al piacere quotidiano di una lettura informativa dilettevole e accessibile. Si genera così un paradosso: la stampa divulgativa, che è il più oggettivo e trasversale dei mezzi di comunicazione, trasforma l'atto della lettura in un'esperienza essenzialmente privata, da consumare tra le mura domestiche. Al tempo stesso, però, l'effi-

La nascita dell'opinione pubblica

cace divulgazione delle informazioni democratizza profondamente la società, consentendo forme di discussione allargata e collaborando in maniera decisiva al formarsi dell'opinione pubblica. Si crea così un nuovo orizzonte sociale sul quale misurare il consenso di cui godono un'idea, un libro e persino un governo. È proprio questo «clima di opinione», come lo definisce il filosofo inglese Locke, che i giornalisti cercano di determinare con i loro articoli. Valorizzando o omettendo certe notizie, il giornale registra e insieme indirizza gli umori di una comunità. La sua dimensione è quella effimera dell'attualità. La stessa suddivisione in rubriche destinate ad ospitare argomenti diversi è un modo per catalogare e mettere in ordine il tumultuoso disordine della realtà contingente. In questo senso, il giornale è come un cibo destinato a deteriorarsi in fretta, che però soddisfa la fame quotidiana di notizie dei destinatari.

La dimensione dell'attualità

Le origini del giornalismo italiano

«Il Caffè»

In Italia, dove la borghesia è più debole, **inizialmente il modello britannico dello «Spectator» stenta a diffondersi**. La sua lezione è accolta e trapiantata nella penisola dalla **«Gazzetta Veneta»** (1760-1761) diretta da Gasparo Gozzi, dal quindicinale **«La Frusta Letteraria»** (1763-1765) di Giuseppe Baretti e soprattutto rivive nelle pagine del **«Caffè»** (1764-1766), fondato a Milano per iniziativa di Pietro Verri e di altri intellettuali come Cesare Beccaria e Alessandro Verri. Gli articoli ospitati in questa rivista non hanno l'impostazione erudita ed accademica che caratterizza gli altri periodici italiani del tempo. Al contrario, «Il Caffè» dà spazio al dibattito su temi politici ed economici, oltre che culturali, porta avanti una battaglia illuministica e ambisce ad incidere concretamente sulla società. L'esperienza ha breve durata, ma innova profondamente il modo di fare giornalismo: per la prima volta, infatti, il giornale si propone come uno strumento polemico e militante di lotta politica.

Lo stile giornalistico italiano e quello anglosassone

A differenza di quanto accade negli altri Paesi europei, in Italia a lavorare per i giornali sono per lo più scrittori di professione che portano nella carta stampata la passione, il linguaggio e le immagini della letteratura. **Questo primato, tutto italiano, del giornalismo letterario ha profonde ripercussioni sullo stile degli articoli**, con effetti ravvisabili anche ai giorni nostri. **Il giornalismo italiano** è infatti tradizionalmente caratterizzato dalla tendenza a **mescolare esposizione e narrazione**, sovrapponendo informazione e commento. Viceversa **la prosa giornalistica di matrice anglosassone punta sull'obbiettività**, sulla chiarezza espositiva (cfr. su questo punto **S1**) e mira prioritariamente ad **informare**, tenendo ben distinto il piano dei fatti da quello delle opinioni: cronaca e commento sono due ambiti rigorosamente separati, che occupano sezioni differenti del giornale.

S1 — INFORMAZIONI

Le sei regole del linguaggio giornalistico di George Orwell

Nel 1946 il celebre scrittore e giornalista George Orwell (1903-1950), pubblica sulla rivista «Horizon» un saggio intitolato *La politica e la lingua inglese*, in cui afferma che il giornalismo deve usare il linguaggio come «uno strumento per esprimere il pensiero e non per nasconderlo o impedirlo». Di conseguenza la prosa giornalistica deve prendere le distanze dallo stile della letteratura ed essere limpida, chiara ed efficace. Per scrivere un articolo, Orwell suggerisce quindi di tenere a mente le sei regole che riportiamo sotto. Le sue indicazioni sono semplici ma estremamente attuali: ne è prova il fatto che, ancora oggi, sono citate in apertura alla *Style Guide* [guida di stile] di uno dei principali settimanali anglosassoni: «The Economist».

1. Non usate mai una metafora, una similitudine o un modo di dire che siete abituati a vedere stampato.
2. Non usate mai una parola lunga quando potete usarne una corta.
3. Se è possibile eliminare una parola, eliminatela sempre.
4. Non usate mai la forma passiva quando potete usare quella attiva.
5. Non usate mai frasi straniere, né parole scientifiche o di gergo quando potete pensare ad un equivalente usuale nella lingua in cui scrivete.
6. Trasgredite anche tutte e cinque le regole precedenti, piuttosto che scrivere qualcosa di assolutamente barbaro.

G. Orwell, *La politica e la lingua inglese*, in *Il ventre della balena e altri saggi*, a cura di S. Perrella, Bompiani, Milano 2002, p. 148.

Il reporter e il notista politico

Di conseguenza, **negli ultimi decenni dell'Ottocento, nel mondo anglosassone assume un ruolo di primo piano la figura professionale del *reporter*.** Nei suoi articoli il *reporter* elenca i fatti in modo preciso e imparziale, limitando il più possibile le intrusioni personali. Nello stesso periodo, **in Italia i giornalisti più celebri sono invece i cosiddetti notisti politici**, cioè i giornalisti che si occupano di cronaca politica. Infatti i giornali partecipano attivamente al dibattito che si accende a seguito dell'unificazione nazionale, commentando e incoraggiando la formazione di correnti all'interno dei due schieramenti maggiori, la Destra e la Sinistra. La politica diventa un argomento privilegiato: in questo modo, la stampa fornisce una legittimazione alla classe dirigente e contribuisce a cementare l'identità comune della nazione. La vocazione politica è dichiarata nei giornali di partito. Ma **il connubio tra giornalismo e politica** implica anche connivenze e ambiguità: l'impegno ideologico ha spesso il sopravvento sull'obiettività.

2. Giornali e società di massa

Un pubblico di massa

I caratteri della moderna società di massa cominciano a delinearsi alla fine dell'Ottocento, quando la maggior parte della popolazione si stabilisce nelle grandi città e si inserisce nel circolo dell'economia di mercato. **Il pubblico dei giornali si allarga a dismisura.** Adesso l'influenza del giornale agisce con più efficacia sull'opinione pubblica e ne condiziona non solo gli orientamenti politici, ma anche i comportamenti privati, provocando un'omologazione dei gusti e dei consumi. **La stampa si trasforma in impresa capitalistica**, governata da una logica economica e attenta alle ragioni del profitto. Parallelamente, l'ultimo scorcio del secolo registra anche il graduale ammodernamento delle testate giornalistiche, che crescono in numero, in diffusione, in tecnologia e in professionalità.

La crescita delle testate

Tra i quotidiani più interessanti c'è **«La Gazzetta Piemontese»**, con sede a Torino, che nel 1895 cambia nome in **«La Stampa»**. Il 5 marzo 1876 esce il primo numero del **«Corriere della Sera»**, fondato da Torelli Viollier: è una data importante perché «Il Corriere della Sera» può essere considerato **il primo quotidiano italiano moderno**. Nei primi anni del Novecento, sotto la direzione di Luigi Albertini, il «Corriere» si riorganizza sul calco dell'inglese «Times» e si dota di una rete di corrispondenti esteri. **Nel panorama italiano si afferma così la figura dell'inviato** che, come Luigi Barzini (1874-1947) del «Corriere», manda le sue corrispondenze dagli stessi luoghi in cui i fatti accadono. Il «Corriere» comunica con gli altri grandi giornali europei e nordamericani attraverso il telefono: è l'inizio di una più veloce e capillare circolazione delle notizie.

La terza pagina

Le nuove figure di giornalisti professionisti vanno ad affiancare le grandi firme del mondo della letteratura che, come d'Annunzio e De Amicis, riempiono le pagine dei quotidiani. **Una svolta cruciale si verifica nel 1901**, quando, in occasione della rappresentazione della *Francesca da Rimini* di Gabriele d'Annunzio, appare sul «Giornale d'Italia» **il primo esempio di terza pagina**. La terza pagina raccoglie tutti gli interventi culturali e si distingue per una scrittura particolarmente ricercata e per un'impaginazione elegante. **È una soluzione di compromesso tra letteratura e giornalismo**, perché impone un rallentamento nella lettura, che richiede attenzione e concentrazione, perché si rivolge ad un pubblico colto e, infine, perché costituisce una sorta di zona franca che sfugge alla dittatura dell'attualità. L'articolo di apertura della terza pagina è l'**"elzeviro"**, che prende il nome dal raffinato carattere tipografico con cui è originariamente composto. In genere l'elzeviro è firmato da uno scrittore affermato, affronta temi diversi di interesse culturale ed è abbastanza esteso, tanto da occupare due colonne. A partire **dagli anni Cinquanta, la terza pagina scompare gradualmente dall'impaginazione dei quotidiani**, che oggi diversificano l'offerta culturale, dedicandovi spazi diversi.

La guerra e il fascismo

Giornalisti professionisti sono invece gli inviati che durante la guerra mandano le loro corrispondenze dal fronte. **La Prima guerra mondiale è un fondamentale banco di prova per il giornalismo italiano**, che ne esce malconcio. Tutti i governi degli Stati in guerra tendono infatti a controllare l'informazione, per evitare che siano divulgate notizie potenzialmente destabilizzanti. Il governo italia-

Il controllo dei media e l'organizzazione del consenso

no non fa eccezione: la stampa è utilizzata come uno strumento di propaganda politica. Qualche anno ancora e anche **la stampa del periodo fascista sarà stretta tra propaganda e censura. I mezzi d'informazione sono soggetti alla tutela invadente del regime**: controllando i giornali, il cinema e la radio, che dal 1930 trasmette i suoi notiziari nelle case italiane, l'Ufficio Stampa di Mussolini e il Ministero della Cultura Popolare (Minculpop) organizzano la macchina del consenso. Così il regime si serve dell'appoggio dei giornali per propagandare la causa dell'interventismo presso l'opinione pubblica. Con l'entrata in guerra la morsa della censura si stringe ulteriormente, ma gli eventi precipitano in fretta: **dopo l'8 settembre 1943** il movimento di liberazione fa sentire la propria voce attraverso la stampa clandestina prodotta dai partiti e dalle brigate partigiane. Riprende ad uscire anche «L'Unità», il giornale del Partito Comunista fondato da Antonio Gramsci nel 1924. Sulle colonne del quotidiano nell'agosto del 1944 vengono pubblicati cinque articoli di Malaparte sulla liberazione di Firenze (cfr. T1) che segnano emblematicamente la continuità tra vecchio e nuovo regime. Il giornalista-scrittore **Curzio Malaparte** (pseudonimo di Kurt Erich Sukert, 1898-1957) è un intellettuale controverso ed estremista. Dopo aver preso parte negli anni Venti alla marcia su Roma e aver sostenuto con forza le posizioni del regime, Malaparte finisce per chiedere l'iscrizione al PCI, ma la tessera gli viene rilasciata solo molti anni dopo, nel 1957. **Gli articoli che scrive per «L'Unità»** sono la testimonianza esemplare di come, in questa difficile fase di transizione politica, molte delle grandi firme del giornalismo compromesse con il fascismo sappiano riaccreditarsi senza problemi. Al tempo stesso, però, i suoi sono tra i più efficaci *reportages* composti in questi anni convulsi.

Dopo l'8 settembre 1943

Curzio Malaparte

T1 Curzio Malaparte
La lezione di Firenze

CONCETTI CHIAVE
- lo stile del letterato-giornalista
- il vero volto del fascismo

FONTE
C. Malaparte, *La lezione di Firenze*, in AA.VV. *Giornalismo italiano 1939-1968*, a cura di F. Contorbia, Mondadori, Milano 2009, vol. III, pp. 245-250.

Nel 1944, quando i soldati tedeschi si ritirano da Firenze, l'ex gerarca fascista Alessandro Pavolini organizza una squadra di franchi tiratori, con l'obbiettivo di terrorizzare la città e di resistere ad oltranza, ritardando l'avanzata delle truppe alleate e dei partigiani. I franchi tiratori sono dei cecchini disposti a tutto, che, nascosti nei luoghi più impensati, sui tetti e nelle strade della città, sparano all'improvviso sui passanti indifesi. Nei primi giorni di agosto i partigiani liberano la città da questa minaccia: i giovanissimi cecchini fascisti, che di solito hanno un'età compresa tra i quattordici e i vent'anni, vengono stanati uno per uno e fucilati. Questo reportage di Curzio Malaparte, pubblicato su «L'Unità» del 23 agosto 1944, descrive la feroce guerriglia che sconvolge la città di Firenze e analizza a fondo il fenomeno dei franchi tiratori.

Firenze, 21

Alla fucilata improvvisa, secca e perentoria, che taglia la strada dall'alto in basso con un acuto sibilo rabbioso, la gente, invece di sbandarsi e di fuggire, si ferma e alza gli occhi al cielo, quasi seguendo con lo sguardo il volo stridente di una rondine. «Eccolo lassù, su quel tetto» dice un ragazzo puntando il dito verso il cielo del color d'erba giovane.

5   Un uomo cammina sul tetto di una casa di via della Scala, all'angolo di piazza Santa Maria Novella, staccandosi in rilievo contro il cielo verde. Dopo i furiosi temporali di questi giorni (ancora ieri pendeva sulla città uno di quei temporali di Masaccio,[1] così pesanti e chiusi, così fermi, incombenti con cupa ira biblica sugli alberi, sulle case, sugli uomini e gli animali), il cielo è tornato verde, di quel verde estivo dei cieli toscani, del color lieve e profondo di un prato dopo la
10   pioggia. (Anche questi tocchi di colore contano, a Firenze, son necessari, direi, per chiarire una situazione, uno stato d'animo collettivo. Non si può tacere del colore del cielo specialmente

---

[1] **Masaccio**: è un pittore toscano, vissuto tra il 1401 e il 1428, i cui paesaggi concreti e realistici sono caratterizzati dall'uso moderno della prospettiva.

parlando dei franchi tiratori fascisti che camminano sui tetti, sparando sulla gente: e ogni tanto scompaiono alla vista, quasi naufragando nel delicato cielo fiorentino.) «Eccolo lassù, su quel tetto» dice il ragazzo.

15 L'uomo cammina un po' curvo, un corto fucile mitragliatore stretto nel pugno; e a un tratto si mette a correre, incespicando e scivolando sui tegoli, e scompare ogni tanto dietro un abbaino, dietro un comignolo. Due canadesi e un gruppo di patrioti gli sparano addosso. L'uomo si ferma un istante, guarda in giù, fa un gesto vago con la mano, ripiglia a correre di tetto in tetto, verso la via degli Orti Oricellari.[2] Io penso a Marsilio Ficino, e alle letture di Platone all'ombra
20 degli allori degli Orti Oricellari. Ma un popolano dai capelli grigi, un artigiano affacciato alla soglia della sua botteguccia, non pensa a Platone e a Marsilio Ficino: scuote gravemente la testa, e dice: «l'è una cosa grave».

È un problema grave, questo dei franchi tiratori fascisti, e va considerato seriamente, come l'indice di una situazione nuova, di natura sociale, che si presenta ora per la prima volta, sotto
25 questo aspetto, sul piano dell'attuale realtà italiana. Dal 25 luglio 1943 ad oggi, si è combattuto il fascismo negli aspetti della sua degenerazione politica, affaristica, declamatoria, cioè nelle sue forme più stanche e più semplici in armonia con la situazione politica e sociale tanto dell'Italia meridionale, quanto di Roma. Mancava al problema un'evidenza concreta, nei fatti e negli spiriti, più che negli uomini e negli istituti. Oggi, per la prima volta, con la conquista di gran par-
30 te della Toscana, le truppe alleate, i reparti di patrioti, i partiti politici antifascisti si trovano a camminare su un terreno socialmente complesso, si trovano a combattere il fascismo nelle sue forme più tipiche, nei suoi metodi più propri, si trovano a dover far fronte ai problemi del fascismo nella loro sostanza classista: si trovano insomma, per la prima volta, di fronte al fascismo «vero». Nessun equivoco è ormai più possibile. I franchi tiratori, le «Bande Nere» che il Segreta-
35 rio del Partito fascista repubblicano, Alessandro Pavolini,[3] ha organizzato scientificamente, ha addestrato con attenta cura dei particolari, in un esercizio di lunghi mesi, secondo l'esperienza modernissima della «guerriglia di strada», non sono semplicemente la *retroguardia morta* di un esercito irrimediabilmente sconfitto, ma gli esponenti di una tipica situazione sociale. Sono le pattuglie di retroguardia della borghesia fascista, vinta sul terreno politico e militare, e al tem-
40 po stesso, si badi, le pattuglie di avanguardia della futura reazione sociale, italiana ed europea.

Il considerare questi franchi tiratori semplicemente come criminali solipsisti,[4] quali «narcisi» della delinquenza politica, corrotti dalla lettura di Stirner, di Nietzsche, di André Gide, e dal gesto di Jean Gabin in *Alba tragica*,[5] quasi lontani, malinconici, solitari e disperati eredi italiani della criminalità morbosa della Germania espressionista di Grosz e di Fritz Lang,[6] mi pare un
45 voler ridurre il problema a una semplice questione di disperata rivolta individuale, al valore di uno sterile gesto. I franchi tiratori, lungi dal poter essere considerati quasi sottoprodotti di una

---

2 Orti Oricellari: nel XV secolo gli Orti Oricellari di Firenze sono il luogo di riunione dell'Accademia Platonica, alla quale appartengono celebri artisti e intellettuali del tempo come il filosofo neoplatonico Marsilio Ficino (1433-1499) e il poeta Angelo Poliziano (1454-1494).

3 «Bande Nere»…Alessandro Pavolini: ministro della Cultura Popolare durante il fascismo, Pavolini rimane fedele a Mussolini anche dopo il tracollo del regime. In seguito alla costituzione della Repubblica Sociale, è nominato segretario del Partito fascista repubblicano e nell'estate del 1944 organizza a Firenze delle bande di franchi tiratori, per rallentare l'avanzare delle truppe alleate. Nello stesso periodo, Pavolini completa la costituzione delle cosiddette «Brigate nere» o «Bande Nere», agili corpi paramilitari formati da volontari, che dal luglio del 1944 agiscono in tutta l'Italia settentrionale. Il 28 aprile del 1945 Pavolini viene giustiziato dai partigiani e, il giorno dopo, il suo cadavere è esposto a piazzale Loreto insieme a quello di Mussolini.

4 solipsisti: coloro che considerano solo se stessi e ignorano gli altri. Qui Malaparte usa il termine per riferirsi a quei criminali che agiscono da soli, per una rivolta soggettiva e individuale.

5 Stirner…Alba tragica: Max **Stirner** (1806-1856) è un pensatore tedesco, la cui filosofia si basa sul primato dell'individualismo e sull'anarchismo; Friedrich **Nietzsche** (1844-1900) è il celebre filosofo tedesco, autore di capolavori come *La nascita della tragedia*, *Così parlò Zarathustra* e *Umano, troppo umano*; **André Gide** (1869-1951) è uno scrittore francese, tra le cui opere ricordiamo *L'immoralista*, *La porta stretta* e *I sotterranei del Vaticano*; **Jean Gabin** (1904-1976) è uno dei più celebri attori francesi, che nel film del 1939 **Alba tragica**, diretto da Marcel Carné, interpreta il ruolo di un operaio che si barrica in casa dopo aver ucciso un rivale in amore.

6 di Grosz e di Fritz Lang: George Grosz (1893-1959) è un pittore tedesco, mentre Fritz Lang (1890-1976) è un celebre regista austriaco. Entrambi aderiscono all'Espressionismo.

delle solite forme anarcoidi di suicidio, tipiche del clima morale di tutte le disfatte, vanno giudicati entro il quadro di una situazione complessa, nella quale essi hanno il proprio posto, quali esponenti e strumenti degli interessi di un sistema politico, sociale ed economico in sfacelo, che non si rassegna a seguir la sorte del fascismo, e già si prepara a risorgere con nuove forme in un più o meno lontano avvenire. [...]

Tutto ciò il popolo fiorentino ha compreso fin dal primo momento. E i patrioti della Divisione «Potente»,[7] composta nella quasi totalità di elementi operai, di piccoli artigiani fiorentini, di tessitori e lanaioli pratesi, esprimono sul terreno dell'azione questo profondo, consapevole sentimento popolare. L'aspetto sereno e severo della gente nelle strade di Firenze tagliate dalle raffiche dei franchi tiratori e battute dai mortai tedeschi, l'espressione grave e chiusa dei visi, l'impassibilità della folla nel pericolo, l'accettazione, silenziosa delle sofferenze, non sono segni di odio partigiano, né di settario livore, ma di una profonda coscienza della gravità e della natura del problema «fascismo», della coscienza che la lotta contro il fascismo è cosa grave, che essa impegna tutta la nostra responsabilità morale, ed esige volontà ferma, impone sacrifici, si richiama a un senso di giustizia interamente sentito e interamente operante; della coscienza che la lotta contro il fascismo, in Italia e in Europa, è entrata ormai in una fase nuova, decisiva, i cui sviluppi non è dato prevedere nel loro aspetto contingente, ma è dato prevedere nella loro essenza, nella loro legge logica, nella loro [...] fatalità.

Ho avuto la prima, chiara e precisa, sensazione di questa coscienza popolare alcuni giorni or sono, osservando il contegno della gente che passava per via degli Avelli, all'angolo di piazza Santa Maria Novella, dove giacevano ammucchiati i corpi di tredici franchi tiratori sorpresi con le armi alla mano, e fucilati. La gente non si fermava neppure. Passava in silenzio, non mostrava nessuna morbosa curiosità del sangue, nulla di quell'oscura, misteriosa attrazione che la morte esercita sugli animi indecisi, e deboli. Guardava i corpi morti con uno sguardo freddo, in cui non v'era neppure odio. Li guardava come i soldati guardano il mucchio di fucili gettati dai prigionieri dopo la resa. Guardava quei morti non come corpi umani, non come uomini morti, ma come armi inutili ormai, come strumenti di guerra e di strage. Li guardava non come esseri umani individualizzabili, ma come si guardano le armi che il nemico sconfitto lascia dietro di sé: quasi materializzazione degli elementi astratti di un problema che ha trovato nel sangue e nella tragica esperienza di Firenze il suo modo di rivelarsi nella sua vera natura e nella sua gravità sociale ed umana.

- 7 **Divisione «Potente»**: si tratta della divisione partigiana che partecipa alla liberazione di Firenze e al rastrellamento dei franchi tiratori.

T1 DALLA COMPRENSIONE ALL'INTERPRETAZIONE

COMPRENSIONE

La struttura Il *reportage* si apre e si chiude con due **immagini violente dal forte impatto visivo**. Nella **scena d'apertura un cecchino fascista** cammina sui tetti facendo esplodere dei colpi di fucile mitragliatore contro i passanti; **la scena conclusiva** ritrae invece **un mucchio di cadaveri** gettati l'uno sull'altro: sono i corpi dei franchi tiratori, morti per fucilazione e ora esposti allo sguardo indifferente dei cittadini di Firenze. **Tra l'una e l'altra immagine si svolge l'argomentazione dell'autore** che vede nel fenomeno dei **franchi tiratori** una degenerazione e, insieme, una incarnazione del vero volto del fascismo: quello della violenza e della criminalità politica, profondamente radicata in un preciso contesto sociale. Sul futuro dell'Italia e dell'Europa **aleggia l'ombra inquietante del fascismo** che, nel momento in cui si avvia alla sconfitta, dà mostra di tutta la sua residuale vitalità. In questo senso, la presenza dei franchi tiratori nella città di Firenze è doppiamente emblematica, perché non è solo il segno della disperata resistenza che gli ultimi fascisti oppongono all'avanzare delle truppe alleate, ma è anche la prefigurazione di una minaccia sempre incombente per la democrazia europea.

ANALISI

Lo stile Malaparte vivacizza la sobrietà tipica dello stile del *reportage* con l'enfasi di una scrittura letteraria che s'inarca nello sforzo di **oggettivare le percezioni visive**, riproducendo **l'evidenza cromatica e la carica espressiva delle immagini e dei suoni**. Così il brano si apre registrando «l'acuto sibilo rabbioso della fucilata» che «taglia la strada dall'alto in basso». Lo sparo e l'apparizione fuggente del cecchino in corsa sono descritti adottando **una prospettiva verticale e straniante**: il punto di vista dell'autore coincide, infatti, con **lo sguardo dei passanti**, che dalla strada avvistano in alto sui tetti il franco tiratore. L'uomo si muove curvo nel «verde estivo» di un «cielo del color d'erba giovane», che sembra ipnotizzare lo sguardo del giornalista, dominando con la sua tinta delicata la prima sezione dell'articolo. Assume centralità il motivo del vedere: agli occhi del *reporter*, **la crudeltà della guerra si svela attraverso rapide epifanie e contrasti di colore**; gli occhi dei fiorentini invece restano indifferenti dinanzi alla tragedia che si consuma tutt'intorno. La gente è rassegnata: non si scompone, non fugge, non mostra interesse neanche per i cadaveri dei tredici franchi tiratori ammucchiati all'angolo di piazza Maria Novella. Guarda i corpi «con uno sguardo freddo», come fossero degli oggetti inutili. **È uno scenario apocalittico**: in questa Firenze assediata dalla guerra, dove ancora si conservano le tracce di un passato di arte e di bellezza, i corpi hanno perso la loro umanità e sono ridotti a grotteschi detriti senza senso.

INTERPRETAZIONE

Una collaborazione discussa Questa è l'ultima della serie di cinque corrispondenze da Firenze che **Malaparte pubblica sul quotidiano comunista «L'Unità»** con lo pseudonimo di Gianni Strozzi. Lo scrittore-giornalista usa uno pseudonimo perché ha un passato da squadrista. Nonostante questo stratagemma, lo stile di Malaparte viene riconosciuto da alcuni dirigenti del partito comunista, che protestano in modo molto acceso con Togliatti. **Malaparte è stato infatti uno degli esponenti di punta della cultura fascista**: ha partecipato alla marcia su Roma, ha inneggiato a Mussolini dedicandogli versi esaltati e, in uno scritto del 1923, ha persino rimproverato il regime di eccessiva cautela, affermando di volere un fascismo più «antiliberale, antidemocratico, antisocialista, antieretico, antimoderno, antieuropeo». Adesso, **dopo la caduta del regime, ne attacca duramente l'ideologia** e si avvicina alle posizioni del Partito Comunista.

Tra giornalismo e letteratura Malaparte è insieme uno scrittore e un giornalista. *Kaputt* (1944) e *La pelle* (1949), i suoi libri più famosi, mescolano giornalismo e letteratura e sono strutturati come dei lunghi *reportages*. Nell'**undicesimo capitolo del romanzo *La pelle***, intitolato *Il processo*, Malaparte ritorna ad affrontare con taglio diverso **il tema dei franchi tiratori fiorentini**, questa volta narrando l'episodio della fucilazione di un giovanissimo cecchino fascista sui gradini di Santa Maria Novella. Se l'articolo pubblicato sull'«Unità» contiene una condanna senza appello del fenomeno, la pagina letteraria è percorsa dalla pietà per la fresca incoscienza di questo ragazzino del popolo, che affronta la morte con spavalda noncuranza. In entrambi i casi, lo scrittore parte dalla cronaca di un fatto specifico per mettere a nudo l'orrore della guerra civile e per riflettere sulla persistenza del fascismo, che si serve della violenza come di un veicolo di identità collettiva.

T1 LAVORIAMO SUL TESTO

COMPRENDERE

1. Riassumi il contenuto del brano, dividendolo in sequenze.

ANALIZZARE

La struttura

2. Analizza la struttura del brano. Dove si colloca l'argomentazione dell'autore?

Lo stile

3. Quali espedienti stilistici vivacizzano la sobrietà del *reportage*?

INTERPRETARE

Uno sguardo straniante

4. Quale immagine diventa centrale nella narrazione di Malaparte?

3 La lezione dei maestri: da Longanesi a Montanelli

Nasce il settimanale: «Omnibus»

 S • «Omnibus» e il fascismo: un giudizio di Sciascia

L'unico periodico a distinguersi nel panorama livellato e piatto della stampa fascista è «Omnibus» (1937-1939), il primo rotocalco italiano, fondato e diretto da **Leo Longanesi** (1905-1957), presto soppresso dalla censura. Associando l'esuberanza della grafica alla novità dei contenuti, **«Omnibus» è un settimanale moderno** che si presenta in un formato grande come quello dei quotidiani, vivacizzato dall'inserimento di titoli colorati, di illustrazioni e di fotografie. Queste non si limitano a corredare i testi, ma ne diventano parte integrante. Il settimanale è suddiviso in rubriche che trattano gli argomenti più disparati, dalla politica estera alla moda, e si avvale di collaboratori di grande qualità. **Sulle sue pagine si incontrano le firme di grandi scrittori** (tra cui Brancati, Buzzati, Moravia, Praz e Vittorini) e di cronisti allora agli esordi ma destinati a segnare la storia del giornalismo, come Pannunzio (1910-1968), Benedetti (1910-1976) e Montanelli (1909-2001) che cura le corrispondenze dalla Spagna sconvolta dalla guerra civile. Puntando sull'approfondimento e sull'interpretazione dei fatti, la formula del *magazine* sperimentata da Longanesi soddisfa le mutate esigenze dei lettori, che oramai apprendono le notizie non dai quotidiani ma in tempo reale dalla radio e dai cinegiornali. In questo modo **«Omnibus» inaugura la fortunata tradizione italiana del settimanale**, aprendo la strada sia ai rotocalchi popolari, come «Oggi», «Gente» ed «Epoca», sia ai periodici di cultura e attualità, come «L'Europeo», «L'Espresso» (entrambi diretti da Arrigo Benedetti; il secondo, con Eugenio Scalfari), «Panorama» e «Il Mondo» di Mario Pannunzio.

I rotocalchi popolari e i periodici di cultura

Da «Omnibus» a «la Repubblica»

Per questa via **l'eredità della rivista di Longanesi si trasmette a due importanti quotidiani del secondo Novecento: «Il Giorno»**, nato nel 1956 e voluto dal presidente dell'ENI Enrico Mattei (1906-1962), **e «la Repubblica»**, fondata nel 1976 da Eugenio Scalfari. Entrambi si ricollegano alla tradizione progressista e democratica delle riviste di Benedetti e Pannunzio; entrambi svecchiano l'impaginazione tradizionale e introducono delle novità nella veste grafica che contribuiscono a rafforzare l'identità della testata. In particolare, **«la Repubblica»** si presenta in un maneggevole **formato *tabloid*** (cioè più piccolo di quello tradizionalmente adottato dagli altri quotidiani) e con una immagine in prima pagina. Il modello è quello del settimanale. Non per nulla il lancio del quotidiano viene pubblicizzato con lo slogan: «Un settimanale che esce ogni giorno». Il nuovo stile grafico è un potente tramite espressivo e obbedisce ad un'esigenza di modernizzazione e di cambiamento: **è una risposta alla crisi che la stampa attraversa tra gli anni Sessanta e gli anni Settanta** in seguito all'aumento dei costi di produzione, alla dura competizione tra le testate e soprattutto a causa della concorrenza della televisione.

Le novità grafiche di «la Repubblica»

Indro Montanelli

Abbiamo visto come il modello di «Omnibus» sia stato decisivo per l'evoluzione dei quotidiani del secondo Novecento. Ma la lezione di Longanesi agisce anche in un'altra direzione. Lo stile irriverente, eclettico e anticonformista dei pezzi pubblicati da Longanesi fa scuola e forma un'intera generazione di giornalisti. Tra quanti si considerano allievi di Longanesi c'è **Indro Montanelli** che può essere giudicato il più importante giornalista italiano, anche per la continuità e la lunga durata della sua presenza intellettuale sulla scena pubblica. Nato nel 1909 a Fucecchio in Toscana, Montanelli comincia la sua carriera come giornalista di cronaca nera per la testata francese «Paris-Soir». Inizialmente favorevole al regime di Mussolini, partecipa alla campagna di Abissinia e collabora con «Il Messaggero» e «Omnibus». Dopo la pubblicazione di alcuni articoli sgraditi al duce, viene espulso dall'ordine dei giornalisti e costretto all'esilio. Rientrato in Italia, lavora al «Corriere della Sera». Qui pubblica le corrispondenze dalla Germania, dalla Polonia e dalla Finlandia, occupata dalle truppe tedesche. Nel 1943 viene arrestato dai nazisti e condannato a morte, ma dopo dieci mesi di carcere riesce a fuggire in Svizzera. Finita la guerra, riprende l'attività di inviato del «Corriere» e scrive altre ce-

---

IL SIGNIFICATO DELLE PAROLE

● **Rotocalco**
Il *rotocalco* è un periodico stampato con il procedimento rotocalcografico, che consente di realizzare tirature notevoli, a più colori, in tempi brevi.

lebri corrispondenze, come quella da Budapest durante la repressione sovietica del 1956 (cfr. **T2**). Nel 1973 fonda un nuovo quotidiano, **«Il Giornale»**, che lascia nel 1994 in seguito ad una polemica con il suo editore Silvio Berlusconi, di cui critica aspramente la scelta di entrare in politica. Nello stesso 1994 fonda **«La Voce»**, ma questa esperienza si chiude dopo un anno appena. Ritornato al «Corriere», oramai anziano, cura la rubrica *La stanza di Montanelli*: il 23 luglio 2001, all'indomani della sua morte, in segno di lutto nel quotidiano milanese compare un riquadro bianco in sostituzione della *Stanza*. In più di settant'anni di carriera, con i suoi articoli e i suoi libri di storia **Montanelli ha raccontato in presa diretta un lungo periodo del Novecento in modo risentito e anticonformista**. La sua esperienza professionale è contraddistinta da un'estrema coerenza, dalla fiducia nella forza della parola scritta e dall'inesauribile tensione verso la verità. Una verità che non è mai certa e dogmatica, ma va accertata di volta in volta. Di conseguenza **Montanelli non si propone ai lettori come una guida, ma come un testimone vigile**, un osservatore che partecipa alla storia mentre la racconta, senza la pretesa di ricostruire la trama complessiva degli eventi. Questa figura autobiografica di "osservatore partecipante", che entra negli articoli con occasionali, misurate apparizioni, conferisce credibilità al resoconto. L'obbiettività, la «necessità di vedere» e di testimoniare, la serietà, la precisione, la trasparenza dello stile e la correttezza nei confronti dei lettori: questi princìpi stanno alla base del suo **giornalismo responsabile, ispirato ad un conservatorismo illuminato** che non scende a patti con il potere.

> *L'inesauribile tensione verso la verità di un conservatore illuminato*

In un contesto in cui il numero delle testate si accresce sempre di più, diventa essenziale dare evidenza alla linea politica del giornale, che viene rispecchiata nell'editoriale. Di solito **l'editoriale è stampato in prima pagina, è scritto da un giornalista di grande esperienza e ospita un commento al fatto del giorno, che viene confrontato con altri fatti, analizzato, valorizzato. L'editorialista si muove tra giornalismo e saggismo**: prende spunto dalla notizia per interpretare il presente, esprimendo un'opinione parziale e soggettiva, ma coerente con l'indirizzo del giornale. Per questo la forza dello stile dell'autore è un elemento fondamentale per l'efficacia dell'editoriale e degli altri articoli d'opinione, come **il corsivo**, caratterizzato da una prosa breve e tagliente, e **la rubrica**, che nel giornale occupa uno spazio fisso, di solito riservato ad una firma autorevole. Modi differenti di scrivere gli articoli di opinione sono quelli di **Luigi Pintor** (1925-2003) e di **Eugenio Scalfari**, diversi per formazione e cultura. Entrambi sono stati direttori dei quotidiani che hanno contribuito a fondare: **Pintor ha diretto per anni «il Manifesto» e Scalfari «la Repubblica»**. I loro articoli sono stesi in una prosa chiara ma ricercata, sempre sostenuta dal lucido rigore dell'argomentazione. Ma mentre la scrittura di Scalfari è analitica, grave e scava strato dopo strato nel corpo della realtà per metterne a nudo le menzogne e gli inganni, lo stile semplice di Pintor si accende di improvvisi scarti ed estri inventivi. La sua è una prosa insieme concisa e fastosa: l'ironia e il grottesco sono le armi di cui si serve contro tutto ciò che nella realtà avverte come contraffatto, ingiusto e crudele (cfr. **T3**, p. 838).

> *L'editoriale e gli altri articoli d'opinione*

T2 Indro Montanelli
Così ho visto la battaglia di Budapest

CONCETTI CHIAVE
- la cronaca, in presa diretta, di un massacro
- dopo l'esultanza, il terrore

FONTE
I. Montanelli, *Così ho visto la battaglia di Budapest*, in AA.VV., *Giornalismo italiano 1939-1968*, cit., pp. 940-945.

Quando il 23 ottobre 1956 il popolo ungherese si solleva in massa per emanciparsi dal giogo imposto dall'Unione Sovietica alla fine della seconda guerra mondiale, Indro Montanelli si trova a Vienna in vacanza. Il 31 ottobre attraversa il confine ungherese a bordo di una Fiat Seicento. Arrivato a Budapest, prende alloggio all'hotel Duna, mentre i patrioti sono in festa e i carri armati russi hanno lasciato l'Ungheria. Il 2 novembre però l'esercito sovietico chiude le frontiere ungheresi e invade il paese. È l'inizio di una feroce repressione. Riportiamo qui la prima parte della corrispondenza di Montanelli da Budapest che appare sul «Corriere della Sera» il 13 novembre 1956, quando la rivolta è già stata soffocata nel sangue dall'intervento dei carri armati sovietici. È possibile leggere nelle espansioni digitali *l'intero articolo di Montanelli.*

Fra le espansioni digitali puoi leggere l'articolo integrale

Questa è la storia della battaglia di Budapest e il lettore ci perdoni se la riferiamo con tanto ritardo. Mentre la combattevano, i russi ci tolsero il mezzo di raccontarla; e, in fondo, non ci resta che ringraziarli per averci tolto solo questo. È una storia parziale, naturalmente, come del resto lo sono tutte le storie. Non abbiamo che due occhi e siamo stati costretti a servircene con parsimonia, usandone uno per osservare ciò che succedeva a Budapest e l'altro per sorvegliare che non succedesse altrettanto a noi. Tenete a mente che nessuno ha visto tutto. Vi dico solo quello che ho visto io. E vi chiedo preventivamente scusa se vi parrà troppo poco.

La folla circonda un carro armato russo catturato durante la rivoluzione anticomunista in Ungheria, 1956.

Il 2 sera, la popolazione di Budapest andò a letto convinta che le autorità avessero fatto male a proibire la partita di calcio che avrebbe dovuto svolgersi l'indomani al Nepstadion con la nazionale svedese. La trovavano una precauzione esagerata e rimpiangevano di non poter acclamare nel redivivo Puskas,[1] oltre che il grande campione e capitano della squadra, l'eroe dell'insurrezione.

In quel momento, tutto il Paese era già sotto il controllo militare sovietico, ma non ci credeva. Non ci credevo nemmeno io che, impigliato la notte precedente in una colonna di carri armati russi, ero stato involontariamente testimone oculare dell'occupazione. La tecnica di quel colpo a sorpresa era stata semplicissima. Una colonna di carri, calata dalla Cecoslovacchia sul far del crepuscolo, tagliò la frontiera con l'Austria. La tagliò materialmente, disponendo una enorme autoblindo di traverso alla strada: era quella in cui io stesso diedi di capo alle due del mattino e che mi intimò: «Nazed!», indietro.

Tornando precipitosamente sui nostri passi, trovammo tutte le città, che avevamo lasciato poche ore prima in mano ai patrioti, presidiate dai carri sovietici. Stavano lì a ogni crocicchio, schiacciati al suolo come enormi immobili blatte.[2] Le pattuglie degli insorti in armi non facevano nulla contro di essi. Solo, mettevano un grande impegno a raccogliersi in capannelli davanti alla bocca dei loro cannoni. E lì seguitavano a discutere con la fascia tricolore[3] al braccio, lo stemma di Kossuth[4] all'occhiello, vociferando insulti contro i russi, i servi della Russia, la polizia della Russia, l'esercito della Russia. E ogni volta che ne pronunciavano il nome, sputavano.

L'anello dei carri continuava massiccio e ininterrotto dalla frontiera austriaca, e, immagino, anche da tutte le altre, sino a una ventina di chilometri dalla capitale, togliendole il respiro. Il respiro, ma non l'allegria e l'ottimismo. All'alba, quando vi rientrai, la gente era già tutta fuori

---

- **1 redivivo Puskas**: Ferenc Puskás Biró (1927-2006) è il più celebre calciatore ungherese. Al momento dello scoppio della rivoluzione, Puskás giocava nella Honved di Budapest, la squadra dell'esercito. Montanelli lo definisce «redivivo» perché in quei giorni tumultuosi era circolata la falsa notizia che il giocatore fosse morto negli scontri.
- **2 blatte**: scarafaggi.
- **3 la fascia tricolore**: la bandiera ungherese ha tre colori (rosso, bianco e verde), disposti in strisce orizzontali.
- **4 lo stemma di Kossuth**: è l'emblema nazionale dell'Ungheria. Lo stemma rappresenta uno scudo diviso in due, sormontato da una corona.

per le strade. E agiva e parlava senza reticenze, come se non avesse mai avuto e non dovesse mai più avere addosso la polizia segreta, le delazioni, i processi, i campi di concentramento. I partiti, al lavoro da vari giorni, avevano aperte le loro sedi e sezioni, resi noti i nomi dei capi e inaugurate le liste degli iscritti, che affluivano numerosi. La cospirazione e la clandestinità erano finite.

Sui giornali, con tanto di firma di direttore responsabile in fondo, scrittori vecchi e nuovi facevano il processo al regime e ne anticipavano un altro, democratico, occidentale, aperto a tutte le parti, ma soprattutto a Ovest. Nessuno aveva più paura di nessuno. Tutti discutevano le proprie opinioni col vicino di casa, col passante, col giornalista straniero.

E una folla minacciosa si ammassava in piazza del Parlamento, davanti a quella che era stata la sede del partito. Dicevano che negli scantinati s'erano nascosti, con mogli e bambini, trecento agenti della Ghepeù[5] locale. E aspettavano che la fame li snidasse, per giustiziarli. Dicevano anche che quel famigerato nascondiglio era stato costruito da un ingegnere di Mosca che i russi subito dopo avevano fatto scomparire in modo che non potesse rivelarne la pianta. Favole, probabilmente. Ma che dimostrano di che alone di terrore fossero circondati quei pretoriani[6] che i padroni sovietici avevano lasciato poi allo sbaraglio, senza muovere un dito per salvarli.

La vendetta del popolo si stava sfogando solo contro di loro, come se solo a quei sessantamila uomini si facessero risalire le responsabilità di tutto e solo essi fossero stati il comunismo. Non mi risulta che l'epurazione abbia commesso soprusi e toccato altre persone, fuorché questi sbirri pagati diecimila fiorini al mese, quando l'impiegato e l'operaio ne prendevano seicento. Budapest ne esponeva i cadaveri appesi agli alberi, orgogliosamente, come le signore espongono i loro gioielli. Ma non era ubriaca d'odio. Era ubriaca di libertà.

E al contagio di quella sbornia si restava male, specialmente noi italiani che eravamo considerati da tutti, chissà perché, complici e solidali. Venivano a cercarci in albergo per farci parlare coi capi della rivolta. Io non so, quel giorno, quanta gente vidi. E a tutti raccontai quello che avevo osservato la notte precedente. «Lo sappiamo, lo sappiamo...» rispondevano ridendo. «Hanno occupato le nostre città per avere qualcosa da offrire in cambio di quello che ci chiedono. Ma a Budapest non tornano. Sanno benissimo che non possono tornare. L'Ungheria sarà indipendente, neutrale e occidentale».

Prima di crederci, volli parlare col nostro ministro, Franco, e corsi in Legazione.[7] Sorrideva soddisfatto all'idea di poter, l'indomani, abbandonare gli uffici di Pest per tornare nella sua residenza di Buda.[8] L'aveva lasciata allo scoppio della rivolta; da allora dormiva, come tutti i suoi collaboratori, su una branda. L'ambasciatore sovietico, Antropov, gli aveva detto quella mattina che Mosca approvava la scelta di Nagy[9] come Primo ministro e che le trattative per lo sgombero delle truppe erano cominciate sotto i migliori auspici. «Tutto lascia presagire» aveva detto «una rapida e favorevole soluzione».

Alle sei di sera, il generale ottimismo venne avallato da un comunicato ufficiale. Il punto più spinoso delle trattative era risolto. Le truppe sovietiche avrebbero abbandonato il Paese entro tre settimane, al massimo entro due mesi. Pranzai in allegria insieme ad amici ungheresi. Uno di essi mi promise di farmi incontrare Dudas,[10] il Parri[11] di quella liberazione, l'indomani. Il

---

- **5 Ghepeù**: è la polizia segreta agli ordini del regime sovietico.
- **6 pretoriani**: erano le guardie degli imperatori romani. Montanelli usa questo termine per definire le spie e i poliziotti stipendiati dall'Unione Sovietica per sorvegliare i cittadini ungheresi.
- **7 Legazione**: *ambasciata*.
- **8 Pest...Buda**: la capitale ungherese è tagliata dal Danubio in due parti, Buda e Pest.
- **9 Nagy**: Imre Nagy (1896-1958) è stato Primo Ministro una prima volta nel 1953, quando promuove una politica di cauta apertura nei confronti dell'Occidente, e una seconda volta nell'ottobre del 1956. Resta in carica per soli dieci giorni: in seguito al fallimento della rivolta, viene arrestato e giustiziato dalle forze sovietiche.
- **10 Dudas**: Jozsef Dudas (1912-1957) è uno dei leader carismatici che guidano l'insurrezione. Nel 1957 viene giustiziato dai sovietici.
- **11 Parri**: Ferruccio Parri (1890-1981) è un capo partigiano nel periodo della guerra di liberazione dell'Italia dalla morsa del nazifascismo. Dopo la fine della guerra, viene eletto primo Presidente del Consiglio del Governo di Unità Nazionale. Mantiene la carica dal giugno al dicembre 1945.

Duna, l'albergo in cui tutti alloggiavamo, era un ronzio di telefoni, un incrociarsi di saluti e di evviva, un andirivieni di patrioti armati, di ausiliarie, di uomini politici con molti anni di galera dietro e molti portafogli di ministri davanti a sé.

Io avevo una stanza in comune con Matteo Matteotti,[12] che mi è stato compagno in tutti questi giorni e di cui ho ammirato sinceramente l'impassibile sorridente coraggio. All'una di notte, eravamo a letto, pregustando il piacere di una lunga dormita. Una lunga dormita che durò meno di quattro ore.

Non dovevano, infatti, essere ancora le cinque, quando fummo inurbanamente risvegliati dal collega Saporito,[13] che ci piombò in camera col cappotto buttato sul pigiama. «Sparano» annunziò. «Sentite...» In lontananza, effettivamente, si udiva un lugubre rombo, come di valanga, senza soluzione di continuità. Mi alzai di furia, invitando Matteotti a fare altrettanto. Si stropicciava gli occhi intontito, cercando di giustificare la sua voglia di sonno con supposizioni ottimistiche che il boato dei cannoni, avvicinandosi, smontava sempre più clamorosamente.

Quando mi precipitai nella centrale telefonica, tutto l'albergo era già in subbuglio. Ci trovai una povera donna, pallida in volto che mi disse: «Sono uscita una settimana fa dal campo di concentramento. Sette anni ci sono stata».

«Milano, prego. Mi dia subito Milano», ordinai con impazienza. La donna pigiò un bottone e, in attesa della risposta, continuò: «Ora dovrò tornarci. Non ci salverà nessuno».

«Insista per Milano, la prego». La donna tornò a pigiare il bottone. «Quanti morti inutili!» disse.

«Debbo parlare con Milano, a tutti i costi» incalzai quasi con violenza. La donna si mise in ascolto, poi scosse tristemente la testa. «Siamo già tagliati fuori» disse. «Siamo tutti di nuovo in prigione». Stanati dal letto da quel fragore rotolante di artiglierie, e sommariamente vestiti, tutti si precipitavano giù per le scale, trascinandosi dietro valigie infagottate e mal chiuse che ogni tanto si aprivano rovesciando sui gradini biancheria e suppellettili. La sala da pranzo era piena di gente assiepata davanti a un altoparlante che annunciava un importante comunicato. «Figeln, Figeln!», diceva, attenzione, attenzione. E i boati si facevano sempre più vicini.

Alla fine, l'importante comunicato venne. Era il disperato appello di Nagy al mondo libero, e tutti ormai lo conoscono. Ignoro se fosse sua la voce rotta che informava l'Occidente di ciò che era avvenuto e gli chiedeva aiuto. Contro ogni sdegno d'onore e di diritto, diceva, i russi avevano iniziato la marcia su Budapest, mentre ancora si svolgevano le trattative, e arrestato i parlamentari magiari. Un colpo di limpida marca hitleriana.

Ora, dieci divisioni corazzate precipitavano sulla capitale. I carri armati vi entrarono alle sei e un quarto e fu una terrificante calata di acciaio. Venivano da tutte le direzioni, sempre accompagnati da quel cupo rombo di artiglierie, e dilagarono sui grandi viali che menano al centro, affiancati tre per tre, con i cannoni puntati avanti, le mitragliere ai lati. A ogni crocicchio, uno si fermava, mentre gli altri proseguivano.

I vetri delle finestre tremavano sotto il loro sferraglio. E credo che in tutta Budapest non ci fosse in giro, in quel momento, una sola persona. Sembrava una necropoli dissepolta. Di vivo, non c'erano che le bandiere pendule ai balconi leggermente mosse dal vento, con lo stemma di Kossuth al posto della stella rossa (e ci sono sempre rimaste). I grossi calibri, issati sulle colline che circondano la città, tuonavano senza posa. Ci si domandava dove e contro chi sparassero. Poi si seppe che l'avevano fatto a scopo intimidatorio, come tutta quella parata del resto, a rullo compressore, che sembrava implicare alcunché di ineluttabile. Come tecnica di regia terroristica era perfetta.

- [12] **Matteo Matteotti**: figlio di Giacomo, il celebre uomo politico ucciso dai fascisti nel 1924, Matteo Matteotti è segretario del Partito Socialista Democratico Italiano dal 1954 al 1957.
- [13] **Saporito**: giornalista dell'ANSA.

T2 DALLA COMPRENSIONE ALL'INTERPRETAZIONE

COMPRENSIONE

Un racconto incalzante La **prima parte** dell'articolo descrive **il clima di ottimismo generale** che si respira la sera del 2 novembre 1956 nella città di **Budapest**. Il ritiro dei sovietici è confermato da un comunicato ufficiale. **Nella notte, però, la situazione cambia radicalmente**. Poco prima delle cinque un collega sveglia Montanelli: «"Sparano" annunziò. "Sentite..."». Qui ha inizio il resoconto della **battaglia che durerà quattro giorni e quattro notti** e si concluderà con il massacro dei ribelli ungheresi. Sulle prime però il quadro degli eventi è ancora confuso; la narrazione si sviluppa prendendo le mosse da un fraintendimento e da un errore di valutazione del giornalista: travolto dall'incalzare degli eventi, **Montanelli inizialmente non capisce che l'Ungheria è già tornata sotto il controllo delle truppe sovietiche**. Con ansia crescente cerca di comunicare con Milano. La realtà incomincia a rivelarsi in tutta la sua drammaticità solo nel **dialogo tra il giornalista e la telefonista atterrita** che, prima degli altri, intuisce quanto sta accadendo. «Siamo tutti di nuovo in prigione», afferma la donna: è una frase quasi profetica. Pochi istanti dopo viene trasmesso un nuovo comunicato: è un **appello del Primo Ministro** del nuovo governo ungherese che rivolge una disperata richiesta d'aiuto alle nazioni occidentali. La città, che appena qualche ora prima era in festa, ora si è trasformata in una «necropoli dissepolta».

ANALISI E INTERPRETAZIONE

Una verità scomoda Montanelli racconta quello che accade nelle strade di Budapest con trepidante **partecipazione** e, insieme, con **precisione**. La sua è una **verità scomoda**: la rivolta popolare ungherese ha voluto contestare il comunismo in nome del comunismo, sognandone una versione riformista e antisovietica. In uno scenario di ritrovata libertà, **l'intervento dell'URSS dà luogo ad una repressione violenta** e terribile: nel giro di soli quattro giorni, più di duemila ungheresi vengono ferocemente giustiziati. L'attendibile ricostruzione di Montanelli scontenta tanto i lettori di destra, che motivavano l'insurrezione con la volontà popolare di rifiutare l'ideologia comunista per aderire al sistema capitalistico, sia quelli di sinistra, fedeli all'ortodossia sovietica.

L'oggettività del testimone L'articolo si apre con una preliminare **assunzione di responsabilità**, dettata da un senso di correttezza nei confronti dei lettori. «Questa è la storia della battaglia di Budapest» inizia Montanelli, per poi specificare: «è una storia parziale, naturalmente, come del resto lo sono tutte le storie». Il racconto è «parziale», ma paradossalmente questa obbligata parzialità si converte in **una garanzia di oggettività** e rende credibile il resoconto. L'autore del pezzo si propone ai lettori nei panni di un **testimone oculare** che ha assistito ai fatti, di un osservatore attendibile che ha direttamente partecipato alla vicenda. In questo modo **l'io narrante entra in scena come personaggio** del racconto e i lettori guardano ai fatti dal suo punto di vista. Con **chiarezza esemplare**, con una scrittura limpida e piana, Montanelli racconta solo ciò che ha visto con i suoi occhi: niente di più e niente di meno.

T2 LAVORIAMO SUL TESTO

COMPRENDERE

1. Dividi il brano in sequenze.

ANALIZZARE

La testimonianza

2. Qual è il punto di vista da cui vengono narrati i fatti?
3. TRATTAZIONE SINTETICA Perché Montanelli definisce la sua storia «parziale»? Spiegalo in un testo che non superi le cinque righe.
4. In quale momento il giornalista capisce che l'Ungheria è di nuovo occupata?

INTERPRETARE

La strategia del terrore

5. Perché, a tuo avviso, Montanelli definisce l'accaduto un «colpo di limpida marca hitleriana»?

T3 Luigi Pintor
Bottiglie vuote

CONCETTI CHIAVE
- una mattanza quotidiana
- una rimozione colpevole

FONTE
L. Pintor, *Bottiglie vuote*, in «Il Manifesto», 1 luglio 1972.

Questo corsivo di Luigi Pintor è stato pubblicato sul «Manifesto» il 1° novembre 1972 con il titolo Bottiglie vuote. *Con un'argomentazione provocatoria e paradossale, Pintor paragona il destino dei morti sul lavoro a quello delle bottiglie vuote, che vengono buttate in fretta. Con la stessa noncuranza ogni anno i giornali si sbarazzano subito delle cifre inquietanti relative agli incidenti sui luoghi di lavoro. La morte sul lavoro non fa notizia: è un evento troppo frequente e poco "sensazionale", che lascia indifferente l'opinione pubblica. La penna tagliente di Pintor si accanisce contro la superficialità e la convenzionalità dei giornali che, invece di occuparsi di questo tema drammatico, preferiscono assecondare la curiosità del lettore e blandire i poteri forti, privilegiando la trattazione di argomenti futili e bizzarri.*

1971: 1.622.601 infortuni sul lavoro, 4.674 morti. Non c'è nulla di più "imbarazzante" di questa sfilza di cifre, di queste statistiche annuali. Per uscire dall'imbarazzo e cercare di renderle meno "aride" (come si dice), uno le "disaggrega"[1] (come si dice): e allora vien fuori che ci sono 4500 infortuni sul lavoro ogni giorno, ossia che ce n'è uno ogni 20 secondi, e che qualcuno muore sul lavoro o di lavoro ogni 2 ore. Non è una novità, ogni anno è la stessa cosa, con sottili variazioni in più o in meno, sulle quali l'Inail,[2] gli esperti in scienze statistiche e i sociologi si sbizzarriscono. Segue la coda delle malattie professionali. Ma se ogni giorno dodici operai muoiono sul lavoro, com'è che non se ne ha notizia ogni giorno? Questo è il particolare più "interessante" di tutti. Non sono solo i "grandi numeri", il bilancio annuale del macello industriale, a lasciare indifferenti (come il tonnellaggio[3] delle bombe Usa in Vietnam).[4] È anche la morte quotidiana. Qualche volta filtra, ma in generale non se ne sa niente: la morte fisica di un operaio fa meno notizia, sui giornali, di un altercò in una osteria, i suoi resti finiscono come una bottiglia vuota nel secchio della spazzatura. Il giornale di Agnelli,[5] poi, non dà neanche le statistiche. Metà della sua prima pagina era impegnata ieri a far indignare i lettori contro la pirateria aerea, che fa tanto più notizia della pirateria terrestre dell'industria moderna, anche se fa senza dubbio meno morti. La prima infatti è anomala, viola le regole della convivenza e la sicurezza di tutti, e perciò fa sensazione. La seconda invece è normale, conferma le regole dello sfruttamento e della sicurezza di tutti meno che degli operai, e perciò lascia tutti indifferenti.

- **1** **"disaggrega"**: *scompone*. Il termine, tratto dalla chimica, è usato nel gergo giornalistico.
- **2** **Inail**: è l'«Istituto nazionale per l'assicurazione contro gli infortuni sul lavoro». L'Inail tutela i lavoratori dagli infortuni sul luogo di lavoro, garantisce la copertura assicurativa nei lavori a rischio, promuove iniziative per ridurre il numero degli incidenti.
- **3** **tonnellaggio**: *stazza*.
- **4** **bombe Usa in Vietnam**: nel 1971, quando Pintor scrive questo articolo, è ancora in corso la guerra del Vietnam, combattuta tra il 1960 e il 1975 tra le truppe statunitensi, che sostengono l'esercito del Vietnam del Nord, e i vietcong, che sono i gruppi di resistenza filocomunisti del Vietnam del Sud.
- **5** **giornale di Agnelli**: «La Stampa» di Torino.

T3 DALLA COMPRENSIONE ALL'INTERPRETAZIONE

COMPRENSIONE

Un corsivo paradossale Il corsivo è un commento rapido e polemico sulla questione del giorno che appassiona l'opinione pubblica. L'articolo di Pintor opera **un ribaltamento della convenzione**: in questo caso il corsivo si occupa di un fatto che non fa notizia e se ne occupa proprio perché il fatto non fa notizia. Paradossalmente, allora, ad essere sensazionali, a fare notizia sono l'indifferenza dell'opinione pubblica e il silenzio dei giornali. L'argomentazione, giocata sempre sul filo del **paradosso**, è condotta con **lucidità e rigore razionale**. Nelle **prime righe**, il giornalista **elenca le**

cifre degli incidenti annuali sul lavoro: la sola enumerazione dei dati è di un'evidenza eloquente. La **seconda parte** del corsivo contiene la risposta alla domanda che l'autore pone a se stesso e ai lettori: «Ma se ogni giorno dodici operai muoiono sul lavoro, com'è che non se ne ha notizia ogni giorno?». Da qui prende le mosse **uno sferzante attacco contro i giornali**. In particolare, il sarcasmo di Pintor si accanisce contro «La Stampa», che è proprietà di un grande industriale come Agnelli. Si suggerisce che «La Stampa» non abbia riportato le statistiche a bella posta e abbia invece preferito deviare strategicamente l'interesse dei lettori sul falso problema della pirateria aerea. In questo contesto, **il riferimento al bizzarro fenomeno della pirateria aerea ha un effetto straniante e grottesco**. Infine Pintor conclude il suo ragionamento affermando che le morti sul lavoro non provocano scalpore e indignazione perché sono generalmente ritenute **un evento «normale»**, che conferma una realtà di fatto nota e accettata da tutti: **lo sfruttamento degli operai**.

ANALISI E INTERPRETAZIONE

La critica al linguaggio giornalistico La scrittura di Pintor è di una chiarezza esemplare: **le frasi brevi e limpide** esprimono con linearità il ragionamento. Ma la semplicità dello stile è solo apparente: la **secchezza epigrammatica della prosa** è vivacizzata da **immagini icastiche** che si fissano nella memoria del lettore. Prima tra tutte, **l'immagine delle «bottiglie vuote»**, messa in evidenza nel titolo, diventa emblema dello scarso valore che la società attribuisce alla vita dei lavoratori. Nella società dei consumi il lavoratore è considerato una merce: nel momento in cui non può più produrre, diventa uno scarto inutile e, come tale, viene dimenticato, espulso, gettato via. «La morte fisica di un operaio fa meno notizia, sui giornali, di un alterco in una osteria», commenta l'autore provocatoriamente. La polemica contro la cattiva informazione passa attraverso **la critica alle formule stereotipate del linguaggio giornalistico**: isolate dalle virgolette, le espressioni trite e usurate dei giornali («aride», «disaggrega», «grandi numeri», «interessante») sono irrise e passate al setaccio, per smascherare le menzogne che si celano dietro gli inganni del linguaggio.

T3 LAVORIAMO SUL TESTO

ANALIZZARE

Una paradossale razionalità

1. Quale tipo di approccio sceglie Pintor per affrontare il fatto delle morti sul lavoro?
2. Contro chi è rivolto l'attacco di Pintor?
3. Perché secondo Pintor, le morti sul lavoro non provocano più scalpore di «un alterco in un'osteria»?

Lo stile

4. Sottolinea nel testo esempi dello stile icastico utilizzato dall'autore.

5. Che effetto produce l'immagine delle «bottiglie vuote»?

INTERPRETARE

Le "morti bianche"

6. Il caso delle "morti bianche", ovvero le morti sul lavoro, è purtroppo ancora attuale. Ricordi alcuni casi recenti? Pensi che la stampa li abbia affrontati dando loro il giusto rilievo?

Il giornale nell'epoca dei nuovi media

I nuovi media: radio e televisione

Il Novecento è il secolo dell'innovazione tecnologica: i nuovi mezzi di comunicazione di massa rinnovano sensibilmente il panorama dell'informazione. Con la diffusione della **radio** negli anni Trenta i giornali perdono il monopolio dell'informazione; l'avvento della **televisione** negli anni Cinquanta segna un'altra svolta epocale. Avvenimenti eclatanti come la morte di Kennedy e lo sbarco sulla luna sono mostrati in tempo reale agli spettatori, che prima erano informati dei fatti solo a posteriori dalla penna dei cronisti. **Adesso la notizia, prima ancora di essere fissata sulla carta, si traduce in immagini in movimento**. Per la specificità del mezzo tecnico, la strategia editoriale dei telegiornali è diversa da quella della stampa: **la televisione restituisce un'immagine spettacolare**

La spettacolarizzazione delle notizie

T • Silvana Mazzocchi, *Due ragazze sono seviziate in un festino e chiuse in un baule dell'auto: una è morta*

Il cambiamento del concetto di opinione pubblica

Il giornalismo sportivo

Gianni Brera

T • Gianni Brera, *Corea, azzurri a casa!*

Gianni Clerici

Le grandi concentrazioni editoriali

S • Orson Welles, *Quarto potere* (1941)

Giorgio Bocca ed Enzo Biagi

Oriana Fallaci

T • O. Fallaci, *Intervista a Yassir Arafat*

della realtà e, per questo, fa sua la logica della *fiction*, privilegiando le notizie che più facilmente si prestano ad una spettacolarizzazione. Gli eventi non solo sono riferiti ma vengono "messi in scena". Il primato spetta allora alla notizia di cronaca nera che, più delle altre, coinvolge direttamente l'emotività dello spettatore. Delitti come quello compiuto in una villa del Circeo da tre giovani neofascisti nel 1975 acquistano una clamorosa visibilità, provocando un vero shock nello spettatore televisivo e insieme accendendo il dibattito intellettuale sui giornali, che nei giorni successivi alla strage ospitano gli interventi saggistici di scrittori come Calvino, Pasolini, Fortini (su questo punto cfr. cap. VII, **T2**, p. 814 e **T3**, p. 817). Mutano le dinamiche della ricezione della notizia. Il pubblico della televisione è diverso da quello dei giornali: si tratta di una platea indifferenziata e molto più ampia. **Si modifica così il concetto stesso di opinione pubblica**, che adesso non è più elaborata attivamente da una cerchia di soggetti forti, ma si sviluppa in risposta agli stimoli del mercato. L'industria dell'informazione si rivolge alla massa passiva dei consumatori e orienta il mercato delle idee e delle emozioni, così da imporre con successo nuovi modelli di identificazione sociale.

In questo contesto **anche lo sport s'impone come un fenomeno di aggregazione sociale**, seguito da un pubblico di massa e profondamente radicato nell'immaginario collettivo. Interpretando lo spirito dei tempi, il giornalismo sportivo crea narrazioni e miti moderni, dà voce a un'epopea popolare che ha per protagonisti gli atleti, in particolare i ciclisti e i calciatori. Le storie di questi nuovi eroi colpiscono l'immaginazione dei lettori: a dimostrarlo è il successo riscosso dalla **«Gazzetta dello Sport»**, il giornale nato alla fine dell'Ottocento e stampato su carta di colore rosa, che anche oggi è uno dei più diffusi in Italia. **La pratica del giornalismo sportivo si affina e si diffonde nel dopoguerra**, quando lo sport trova spazio nelle pagine dei maggiori quotidiani d'informazione, entra nei programmi radiofonici e nelle prime trasmissioni televisive. L'ansia di ricostruzione, che circola in una società in corsa verso nuovi traguardi, porta i lettori ad appassionarsi alle sfide calcistiche e ai grandi duelli del ciclismo: questi sono gli anni della direzione di **Gianni Brera** alla «Gazzetta». La scrittura di Brera (1919-1992) unisce la competenza tecnica alla forza dello stile. **Brera dà allo sport un nuovo linguaggio**: la sua prosa densa e umorale è impreziosita dai riferimenti letterari e dall'invenzione di numerosi neologismi (come "libero", "centrocampista", "goleador") che sono entrati nel parlare corrente. I suoi articoli non si limitano a illustrare la cronaca dell'evento sportivo, ma la ricostruiscono e la interpretano. In questo modo il giornalismo si ritaglia un ambito specifico: non entra in concorrenza con le riprese della televisione ma le integra, le carica di significato. In questa stessa prospettiva, in anni più recenti, si è mosso **Gianni Clerici**, un altro «grande scrittore prestato allo sport» come lo ha definito Calvino. Diverso da Brera per stile e temperamento, **Clerici racconta le imprese del tennis con la sorvegliata leggerezza di una prosa aerea e raffinatamente ironica**: nei suoi articoli la trama del resoconto sportivo, sempre competente e puntuale, avanza tramite le divagazioni di un conversare elegante e disincantato.

A partire dalla fine dagli anni Sessanta compaiono le prime grandi concentrazioni editoriali (alcuni decenni prima, lo stesso fenomeno si è verificato anche negli Stati Uniti): uno dopo l'altro, i maggiori quotidiani passano sotto il controllo, diretto o indiretto, di grandi imprenditori, come Berlusconi, Agnelli, De Benedetti. Di pari passo si rinnovano con successo i due generi di punta del linguaggio giornalistico: **l'intervista e il *reportage***, che indaga in profondità un fatto specifico con un servizio di ampio respiro. Mentre **il *reportage* trova una lucida e amara scansione negli articoli di Giorgio Bocca** che mettono a nudo i vizi e le speranze dell'Italia del boom economico, **l'intervista cambia statuto** ed entra nella programmazione televisiva **soprattutto per merito di Enzo Biagi** (1920-2007). *Reportages* e interviste sono i cardini dell'appassionata produzione giornalistica di Oriana Fallaci (1929-2005), che per molti anni con i suoi libri ha scalato le classifiche di vendita. Come *reporter* Oriana Fallaci racconta in presa diretta i più sanguinosi conflitti del secondo Novecento, dal Vietnam al Libano, dalla Cambogia alla Guerra del Golfo; nelle interviste interroga con sfrontata ostinazione i più noti leader della politica internazionale. Nell'uno e nell'altro caso **il suo stile giornalistico è caratterizzato dall'emergere di una componente soggettiva e autobiografica**. Con la sua personalità impetuosa, Oriana Fallaci agisce sul palcoscenico della pagina come un vero e proprio personaggio: i suoi pezzi non inseguono l'obbiettività, ma mirano a persuadere il lettore. In questo senso, la giornalista fiorentina rifiuta e contesta il modello del giornalismo anglosassone, basato sulla neutralità del *reporter* e sulla distinzione tra opinione e commento.

La rivoluzione informatica

La rivoluzione informatica, in atto ancora oggi, **ha modificato profondamente il panorama giornalistico. I grandi quotidiani sono approdati sul** *web*. Le nuove tecnologie hanno permesso un **accesso interattivo e personalizzato all'informazione**. Gli stessi lettori possono farsi giornalisti in proprio scrivendo sui *blog*. Un primo esempio concreto di questa più democratica circolazione delle notizie si è verificato nell'estate del 2009, quando il mondo ha appreso della rivolta popolare iraniana contro i brogli delle elezioni presidenziali tramite i messaggi pubblicati sul *social network* Twitter, che di fatto hanno aggirato la censura del regime degli *ayatollah*. D'altra parte, **i nuovi media non solo consentono di divulgare una controinformazione, ma possono disinformare con altrettanta facilità**, mettendo in giro voci false o infondate. Non sempre la proliferazione delle notizie, che rimbalzano da un medium all'altro, dà luogo ad un vero pluralismo dell'informazione: al contrario, spesso questo accumulo mette in moto un paradossale processo di appiattimento e di omologazione nella scelta degli argomenti che sono contemporaneamente affrontati da radio, televisione e giornali. Inoltre **la sovrabbondanza dei messaggi produce nel pubblico un effetto di saturazione e di sazietà**. Anche le notizie più tragiche e le immagini più forti, sovrapponendosi di continuo le une alle altre, perdono la loro efficacia e smettono di impressionare. In questo orizzonte caotico e globalizzato, **il giornalismo della carta stampata** si sforza di accogliere la sfida radicale della modernità, sfruttando le potenzialità dei nuovi media, e insieme rilanciando ulteriormente la sua funzione storica, che è quella di testimoniare e interpretare il presente, guidando e orientando i lettori a discernere il vero dal falso, analizzando a fondo le notizie che meritano di essere indagate e spesso commentando e interpretando le notizie già diffuse dal web.

I pericoli del web

DAL RIPASSO ALLA VERIFICA

MAPPA CONCETTUALE | La prosa giornalistica

SINTESI

● Nascita del giornalismo
Il giornalismo è un fenomeno chiave della modernità. È solo a partire dal Settecento che la scrittura giornalistica definisce i suoi compiti e i suoi obiettivi, che consistono principalmente nell'esporre i fatti e nell'informare il pubblico. Il centro più vivace nella produzione della stampa periodica è l'Inghilterra: il primo giornale di importanza storica, «The Spectator» (1711-1714), viene pubblicato a Londra.

● Origine e caratteri del giornalismo in Italia
In Italia inizialmente il modello dello «Spectator» stenta a diffondersi. La sua lezione rivivrà nelle pagine del «Caffè» (1764-1766), fondato a Milano per iniziativa di Pietro Verri. A differenza di quanto accade negli altri Paesi europei, in Italia a lavorare per i giornali sono per lo più scrittori di professione; ciò determina il primato del giornalismo letterario e la tendenza a mescolare informazione e commento. Il giornalismo italiano è tradizionalmente caratterizzato dalla tendenza a mescolare esposizione e narrazione, sovrapponendo informazione e commento. Viceversa la prosa giornalistica di matrice anglosassone punta sull'obbiettività, sulla chiarezza espositiva e mira prioritariamente a informare, tenendo ben distinto il piano dei fatti da quello delle opinioni.

● La svolta di fine Ottocento, il fascismo e il dopoguerra
Alla fine dell'Ottocento, con la nascita della moderna società di massa, la stampa si trasforma in impresa capitalistica, governata da una logica economica e attenta alle ragioni del profitto. È nell'ultimo scorcio del secolo che nascono «La Gazzetta Piemontese», che nel 1895 cambia nome in «La Stampa» e il «Corriere della Sera», fondato nel 1876. Durante il fascismo i mezzi d'informazione sono soggetti alla tutela invadente del regime. L'unico periodico a distinguersi nel panorama livellato e piatto della stampa fascista è «Omnibus» (1937-1939), fondato e diretto da Leo Longanesi. L'eredità della rivista di Longanesi si trasmette a due importanti quotidiani del secondo Novecento: «Il Giorno», nato nel 1956, e «la Repubblica», fondata nel 1976 da Eugenio Scalfari.

● I giornali nell'era dei nuovi media e della rivoluzione informatica
Il Novecento è il secolo dell'innovazione tecnologica: i nuovi mezzi di comunicazione di massa rinnovano sensibilmente il panorama dell'informazione. Con la diffusione della radio negli anni Trenta i giornali perdono il monopolio dell'informazione; l'avvento della televisione negli anni Cinquanta segna un'altra svolta epocale. Per la specificità del mezzo tecnico, la televisione fa sua la logica della *fiction* e della spettacolarizzazione. Poiché il pubblico della televisione è un'ampia platea indifferenziata, si modifica anche il concetto di opinione pubblica, che adesso non è più elaborata da una cerchia di soggetti forti, ma si sviluppa in risposta agli stimoli del mercato. La rivoluzione informatica, in atto ancora oggi, ha modificato profondamente il panorama giornalistico. Nell'orizzonte caotico e globalizzato del presente, il giornalismo della carta stampata, che deve fare i conti con le risorse e i rischi del web, si sforza di accogliere la sfida radicale della modernità, sfruttando le potenzialità dei nuovi media, e insieme rilanciando ulteriormente la sua funzione storica.

DALLE CONOSCENZE ALLE COMPETENZE

1. In che secolo si afferma il giornalismo, definendo i suoi compiti e i suoi obiettivi? (§ 1)
2. Cos'è «The Spectator»? Dove viene pubblicato? (§ 1)
3. Cos'è il «Caffè»? Dove viene pubblicato? (§ 1)
4. Quali sono le differenze tra il giornalismo anglosassone e quello italiano? (§ 1)
5. Perché la diffusione del giornalismo favorisce la nascita dell'opinione pubblica? (§ 1)
6. Quale giornale può essere considerato il primo quotidiano italiano moderno? (§ 2)
7. Cos'è la terza pagina? (§ 2)
8. Come viene utilizzata la stampa durante il fascismo? (§ 2)
9. Quali sono le principali innovazioni del quotidiano «la Repubblica»? A quale esigenza rispondono? (§ 3)
10. In che senso Montanelli può essere definito un "osservatore partecipante"? (§ 3, T2)
11. Come si rinnova il genere dell'intervista alla fine degli anni Sessanta? (§ 4)

Capitolo IX — Il teatro nella società dello spettacolo

My eBook+

Cliccando su questa icona, docenti e studenti accedono ad un'area di personalizzazione che permette di arricchire i contenuti digitali già linkati lungo le pagine del libro. Nell'area di personalizzazione è possibile infatti salvare ulteriori materiali: selezionati da **Prometeo**, prodotti autonomamente o ricercati nella rete.

L'opera da tre soldi di Bertolt Brecht, musiche di Kurt Weill, direttore Jarg Pataki. Deutsches Schauspielhaus di Amburgo, 2010.

1. L'evoluzione della ricerca teatrale

L'importanza storica e l'influenza di Brecht e di Beckett

Tra le molte esperienze teatrali che caratterizzano il periodo tra la prima guerra mondiale e gli anni Cinquanta, due sono quelle che soprattutto segnano lo sviluppo successivo della ricerca teatrale: **il teatro epico-drammatico di Bertolt Brecht e il teatro dell'assurdo di Samuel Beckett**. Entrambi rompono con la tradizione, rifiutando innanzitutto la naturalezza delle convenzioni teatrali e problematizzando il rapporto tra finzione scenica e ricezione da parte del pubblico. **Brecht** introduce con il meccanismo dello straniamento una necessità critica che coinvolge il pubblico nel giudizio sul significato dell'opera rappresentata (cfr. Parte Nona, cap. XIII, § 2, **S1**, p. 502). **Beckett** punta sulla crisi del significato, sfidando il non senso e sfiorando l'impossibilità di parlare. **Quello brechtiano è un teatro impegnato**, che chiede al pubblico di prendere posizione. **Quello beckettiano è un teatro esistenzialistico**, che rovescia sul pubblico la non compiutezza dell'azione e la non decifrabilità del senso. In tutt'e due i casi, tuttavia, è rifiutata una concezione del teatro quale intrattenimento e prodotto di consumo, quale meccanismo di solidarietà e di complicità tra autore e pubblico.

Il teatro di ricerca dei decenni a noi più vicini si sviluppa a partire da questa premessa fondamentale, entrando sempre più apertamente in conflitto con una società e con una cultura fondate proprio sulla naturalezza della finzione (basti pensare alla televisione e alla sua invadenza nella vita quotidiana di molti). Si determina così un paradosso: **nella società in cui tutto tende a ridursi a spettacolo** – dalla politica allo sport, dalla scienza alla cronaca –, **la ricerca teatrale tenta tutte le strade per non produrre spettacolo ma, semmai, critica dello spettacolo**. Le innumerevoli sperimentazioni tentate soprattutto tra la metà degli anni Cinquanta e la metà dei Settanta, ma non venute meno neppure dopo, rispondono, fra l'altro, a questa esigenza. Questa galassia di sperimentazioni costituisce anche il modo in cui il teatro cerca di sopravvivere, nel momento in cui le sue antiche funzioni sono state assunte da mezzi assai più potenti (il cinema e poi soprattutto la televisione) che rischiano di decretarne l'inutilità e la fine.

Il teatro, uno spettacolo che critica le spettacolarità

Lo spattacolo teatrale: la scena e gli attori
• La crisi della rappresentazione: l'avanguardia teatrale degli anni Sessanta e Settanta

2. Beckett e il teatro dell'assurdo

Il "teatro dell'assurdo"

Il periodo che segue la fine della Seconda guerra mondiale vede svilupparsi numerose esperienze teatrali fondate sul **rovesciamento del criterio di verosimiglianza e del criterio di realtà**, sulla denuncia dell'incomunicabilità interpersonale, sulla sospensione di ogni possibile giudizio di senso. Questa tendenza prende il nome di **"teatro dell'assurdo"** e a essa sono riconducibili alcuni importanti drammaturghi che svolgono le proprie ricerche indipendentemente l'uno dall'altro e formano un insieme omogeneo senza quasi subire le reciproche influenze.

Straniamento e rifiuto dell'intreccio

Nel teatro dell'assurdo viene innanzitutto meno la logica dell'intreccio: l'azione non si svolge secondo uno sviluppo plausibile e lungo una linea di continuità, ma si costituisce di eventi slegati tra loro o collegati da legami del tutto esterni e superficiali. Ne deriva una **disarticolazione del tessuto drammatico** che distrugge ogni criterio di verosimiglianza e sostituisce alla possibile identificazione una condizione di straniamento costante. Non di rado si giunge alla sospensione stessa di ogni comprensibilità: i personaggi si scambiano battute prive di senso, o scollegate dal contesto, spingendosi in qualche caso a pronunciare tiritere prive di significato o a inseguire rime e altre figure foniche.

L'assurdità e l'angoscia del mondo contemporaneo

L'assurdità che fonda la poetica di questi drammaturghi denuncia l'assurdità del mondo contemporaneo, deridendone le convenzioni, sottolineandone l'inautenticità e l'angoscia, rispecchiandone, al limite, il clima di scetticismo e di incertezza. È uno scenario di desolazione e di sconforto cui non si vuole contrapporre alcuna alternativa positiva. Il valore di queste esperienze, tra le più significative del Novecento, risiede proprio nella radicalità senza scampo gettata in faccia al pubblico.

I maestri del teatro dell'assurdo

Maestri e fondatori del teatro dell'assurdo sono considerati **Ionesco** e **Beckett**, benché alcuni testi di **Arthur Adamov** (1908-1970) e di **Jean Genet** (1910-1986) anticipino di qualche anno i loro capolavori.

Samuel Beckett

La più significativa personalità legata al teatro dell'assurdo è quella di **Samuel Beckett**, nato nei pressi di Dublino nel **1906**. Dopo l'esordio in lingua inglese si trasferì in Francia e dal 1945

Aspettando Godot di Samuel Beckett. Regia di Marco Sciaccaluga, con Ugo Pagliai ed Eros Pagni. Produzione del Teatro Stabile di Genova, 2011.

adottò il francese per le sue opere. La scoperta del teatro giunge tardi, dopo varie prove narrative di diseguale valore e di scarso successo e dopo vari libri di poesie. L'esordio segna tuttavia subito un caso clamoroso: *Aspettando Godot*, steso tra il 1948 e il 1949 e rappresentato a Parigi nel 1953 (del 1955 è la prima della versione in lingua inglese), è accolto da adesioni entusiastiche e da critiche radicali, lanciando l'autore verso una rapida notorietà internazionale (che sfocerà nel **premio Nobel del 1969**) e facendone il caposcuola del teatro dell'assurdo. Beckett è morto a Parigi nel **1989**.

Aspettando Godot (1953): la vicenda

La vicenda del dramma presenta **due strampalati vagabondi, Vladimir ed Estragon**, che attendono, accanto a un albero stecchito, l'arrivo di **Godot**, un personaggio del quale non conoscono nulla: neppure se e quando arriverà. L'inquietante dialogo tra i due, che non sanno come ingannare l'attesa, è interrotto dall'arrivo di **Pozzo** con al guinzaglio **il servo Lucky**, che deve essere venduto al mercato. Il primo atto si chiude con l'annuncio che Godot non verrà quel giorno ma l'indomani. Tuttavia il secondo atto ricalca lo svolgimento del primo, con una degenerazione complessiva dei rapporti: al nuovo passaggio, Pozzo e Lucky sono divenuti l'uno cieco e l'altro muto, e inutilmente si interrogano sull'ora e sul luogo in cui sono capitati. Di nuovo, all'imbrunire, giunge la notizia che Godot arriverà l'indomani. E Vladimir ed Estragon si apprestano, immobili, alla vana attesa.

Una parodia del teatro borghese tradizionale

Aspettando Godot è innanzitutto una parodia del teatro borghese che ancora dominava le scene: un teatro di parola, cioè basato sulla conversazione, e un teatro "ben fatto", cioè strutturato in modo armonioso ed equilibrato. Beckett fa sua la centralità della conversazione, ma la svuota dall'interno: i personaggi del dramma parlano solo per ingannare il tempo, e il discorso cade di continuo sull'unica ragione reale del loro permanere in scena, l'attesa assurda di un misterioso personaggio. La critica del teatro tradizionale si esprime anche grazie all'inserzione, nella struttura "tragica" del dramma, di parti "basse", con numeri da circo ed episodi ripresi dal teatro di varietà.

La crisi di sensi e valori condivisi e razionali

In realtà **il valore storico di *Aspettando Godot* consiste proprio nel denunciare la fine di ogni senso socialmente condiviso** e la crisi di ogni possibile valore razionale. L'unica ragione è l'attesa, e dunque l'unico significato cui gli uomini possano ancora tendere è la ricerca stessa del significato, il bisogno di esso (cfr. **T1**).

Finale di partita (1957): fine della natura e trionfo dell'infelicità

Non meno riuscito è il secondo dramma beckettiano (*Finale di partita*, 1957), **che rappresenta i resti atroci di un'umanità degradata giunta sull'orlo dell'estinzione**. In un interno senza arredi e con luce scarsa si svolge un'azione priva di scopo e di logica, che coinvolge quattro personaggi: **Hamm**, cieco e paralizzato (sta fisso su una sedia a rotelle), i suoi genitori **Nagg** e **Nell**, privi di gambe e conficcati in due bidoni della spazzatura, e il servitore **Clov**, che si aggira meccanicamente senza sosta sul palcoscenico. La natura è scomparsa, il ricordo del passato è minacciato e frammentario, quel tanto di umano che sopravvive nei personaggi risulta regredito in un'accettazione acritica dell'orrore, all'interno del quale i quattro tentano vanamente di tutelare la propria semplice esistenza. Le molte trovate comiche e la banale quotidianità delle battute non tolgono che l'opera rappresenti l'infelicità umana senza alcuna attenuazione, senza illuminare in alcun modo – neppure con la critica – l'inquietante scenario raffigurato.

Le opere successive: verso il silenzio

La dissoluzione della forma tradizionale di teatro prosegue con rigore nelle opere successive, senza tuttavia abbandonare mai gli ingredienti della tradizione (come avviene invece, negli stessi anni, in molte sperimentazioni). Si assiste semmai a una semplificazione crescente, fino a opere costruite su minimi dettagli scenici e ruotanti attorno a dialoghi al limite del silenzio.

IL "TEATRO DELL'ASSURDO"

caratteristiche
- disarticolazione dell'intreccio e azione come giustapposizione di eventi slegati
- indecifrabilità del senso
- rottura della verosimiglianza, straniamento e messa a nudo della finzione
- fine della solidarietà e della complicità tra autore e pubblico
- assurdità dell'azione teatrale come specchio dell'insensatezza e dell'inautenticità del mondo contemporaneo

autori
- Beckett
- Ionesco

Eugène Ionesco e *La cantatrice calva* (1950)

Di Bucarest, ma vissuto per lo più a Parigi, come Beckett, è **Eugène Ionesco (1912-1994)**, di madre francese. La sua opera d'esordio ***La cantatrice calva*** (1950), che resta anche la sua più nota, è tra quelle che meglio possono rispecchiarsi nella qualifica di teatro dell'assurdo: vi dominano **il gusto del paradosso, la deformazione del senso, la derisione dei luoghi comuni borghesi**. Due coppie chiacchierano in un salotto. La banalità e la convenzionalità del dialogo dominano su ogni possibile rilievo realistico. Si arriva al punto che due coniugi capiscono di essere tali solo perché la serie di circostanze che li unisce non consente altra spiegazione. Un pompiere giunge per spegnere un incendio che non c'è. Una futile lite porta infine al parossismo la tensione del non senso, squarciando il debole involucro delle convenzioni e spingendo i vari personaggi a espressioni prive di senso.

Le relazioni sociali come vuota apparenza

Se *La cantatrice calva* è costruita come *Aspettando Godot* e *Finale di partita* di Beckett, tutta in negativo, una più esplicita intenzione ideologica e filosofica si chiarisce nei successivi drammi di Ionesco, spesso attenuandone l'intensità. **Le relazioni sociali sono mostrate come pure apparenze al di sotto delle quali regna il nulla**. Tra i risultati più riusciti di questa ricerca spicca il successo ottenuto da ***Il rinoceronte*** (1959).

T1 Samuel Beckett
Aspettando Godot

OPERA
Aspettando Godot, atto I

CONCETTI CHIAVE
- un dialogo assurdo senza gerarchie tra gli argomenti

FONTE
S. Beckett, *Aspettando Godot*, trad. it. di C. Fruttero, Einaudi, Torino 1964.

 Testo in scena

È qui riportato l'inizio del dramma. In una strada di campagna, Estragone e Vladimiro sono in attesa di un misterioso personaggio di nome Godot. Tuttavia non sanno se e quando arriverà, né se il luogo dell'appuntamento sia davvero quello.

ATTO PRIMO

Strada di campagna, con albero.[1]
È sera.

5 Estragone, seduto per terra, sta cercando di togliersi una scarpa. Vi si accanisce con ambo le mani, sbuffando. Si ferma stremato, riprende fiato, ricomincia daccapo.
Entra Vladimiro.

Estragone (*dandosi per vinto*)   Niente da fare.
Vladimiro (*avvicinandosi a passettini rigidi e gambe divaricate*)   Comincio a crederlo anch'io.[2] (*Si ferma*) Ho resistito a lungo a questo pensiero; mi dicevo: Vladimiro, sii ragionevole, non hai ancora tentato tutto. E riprendevo la lotta. (*Prende un'aria assorta, pensando alla lotta. A Estragone*) Dunque, sei di nuovo qui, tu?
10 *Estragone*   Credi?
Vladimiro   Sono contento di rivederti. Credevo fossi partito per sempre.
Estragone   Anch'io.

● **1 con albero**: difficile assegnare un significato a questo simbolo carico di storia. Molti vi hanno visto un'allusione al biblico albero del bene e del male, posto da Dio nel Paradiso terrestre e causa della cacciata di Adamo ed Eva, che si erano cibati dei suoi frutti disobbedendo al divieto divino. Esso rappresenterebbe in questo caso il peccato originale sul quale si fonda la civiltà umana. Non si può tuttavia escludere che esso rappresenti qui, essenzializzato al massimo, lo sfondo naturale, quasi citandolo in modo sintetico (e cfr. anche la nota 27).

● **2 Niente da fare...anch'io**: la battuta di Estragone si riferisce agli inutili sforzi di cavarsi la scarpa, mentre Vladimiro la adatta, fraintendendo, al senso complessivo della vita, come si evince dal seguito del suo intervento. Il dramma inizia dunque con un vistoso fraintendimento che mette a contrasto la più contingente delle osservazioni con una diagnosi riassuntiva di alto significato esistenziale e filosofico.

Vladimiro   Che si può fare per festeggiare questa riunione? (*S'interrompe per riflettere*) Alzati che t'abbracci. (*Tende la mano a Estragone*).
Estragone (*irritato*)   Dopo, dopo.

Silenzio.

Vladimiro (*offeso, con freddezza*)   Si può sapere dove il signore ha passato la notte?
Estragone   In un fosso.
Vladimiro (*sbalordito*)   Un fosso! E dove?
Estragone (*senza fare il gesto*)   Laggiù.
Vladimiro   E non ti hanno picchiato?
Estragone   Sì... Ma non tanto.
Vladimiro   Sempre gli stessi?
Estragone   Gli stessi? Non so.[3]

Silenzio.

Vladimiro   Quando ci penso... mi domando... come saresti finito... senza di me... in tutto questo tempo... (*Recisamente*) Non saresti altro che un mucchietto d'ossa, oggi come oggi; ci scommetterei.
Estragone (*punto sul vivo*)   E con questo?
Vladimiro (*stancamente*)   È troppo per un uomo solo. (*Pausa. Vivacemente*) D'altra parte, a che serve scoraggiarsi adesso, dico io. Bisognava pensarci secoli fa, verso il 1900.[4]
Estragone   Piantala. Aiutami a togliere questa schifezza.
Vladimiro   Tenendoci per mano, saremmo stati tra i primi a buttarci giù dalla Torre Eiffel. Eravamo in gamba, allora. Adesso è troppo tardi. Non ci lascerebbero nemmeno salire. (*Estragone si accanisce sulla scarpa*). Ma cosa fai?
Estragone   Mi tolgo le scarpe. Non t'è mai capitato, a te?
Vladimiro   Quante volte t'ho detto che bisogna levarsele tutti i giorni! Dovresti darmi retta.
Estragone (*debolmente*)   Aiutami!
Vladimiro   Hai male?
Estragone   Male! E viene a chiedermi se ho male!
Vladimiro (*arrabbiandosi*)   Sei sempre solo tu a soffrire! Io non conto niente. Ma vorrei vederti, al mio posto! Sapresti cosa vuol dire.
Estragone   Hai avuto male?
Vladimiro   Se ho avuto male! Mi viene a chiedere se ho avuto male![5]
Estragone (*con l'indice puntato*)   Non è una buona ragione per non abbottonarsi.[6]
Vladimiro (*chinandosi*)   Già, è vero. (*Si riabbottona*) Il vero signore si vede dalle piccole cose.
Estragone   Che vuoi che ti dica, tu aspetti sempre l'ultimo momento.
Vladimiro (*meditabondo*)   L'ultimo momento... (*Riflettendo*) Campa cavallo mio che l'erba cresce. Chi è più che lo diceva?[7]
Estragone   Allora non vuoi aiutarmi?

- [3] **E non ti hanno picchiato?...Non so**: queste battute disegnano uno sfondo infelice di oscure sofferenze non riconducibili ad alcuna causa precisa ma quasi coincidenti con una difficoltà dolorosa di essere al mondo.
- [4] **secoli fa...1900**: si evince da questo passaggio che l'azione è ambientata in un lontano futuro.
- [5] **Mi viene...male**: Vladimiro ripete quasi la stessa risposta di Estragone due battute prima. Il rovesciamento dei ruoli e dei punti di vista è uno dei meccanismi dell'opera per rendere più vaghe e incerte le relazioni di senso.
- [6] **abbottonarsi**: i bottoni dei pantaloni.
- [7] **Campa cavallo...diceva?**: si tratta di un noto proverbio non attribuibile di certo a un autore determinato; e si tratta, evidentemente, di una frase comune e banale, che viene a bloccare la possibile apertura a un discorso impegnativo («L'ultimo momento...»).

Vladimiro   Certe volte mi sembra proprio che ci siamo. Allora mi sento tutto strano. (*Si toglie il cappello, ci guarda dentro, ci fa scorrer la mano, lo scuote, lo rimette in testa*) Come dire? Sollevato, ma al tempo stesso… (*cercando la parola*)… spaventato. (*Con enfasi*) Spa-ven-ta-to. (*Si toglie di nuovo il cappello e ci guarda dentro*) Questa poi! (*Batte sulla cupola come se volesse far cadere qualcosa, torna a guardarci dentro, lo rimette in testa*) Insomma… (*Con uno sforzo supremo, Estragone riesce a togliersi la scarpa. Ci guarda dentro, fruga con la mano, la rivolta, la scuote, guarda in terra se per caso non sia caduto qualcosa, fa di nuovo scorrere la mano nell'interno della scarpa, lo sguardo assente*)[8] Allora?[9]

Estragone   Niente.

Vladimiro   Fa' vedere.

Estragone   Non c'è niente da vedere.

Vladimiro   Cerca di rimetterla.

Estragone (*dopo avere esaminato il piede*)   Voglio lasciarlo respirare un po'.

Vladimiro   Ecco gli uomini! Se la prendono con la scarpa quando la colpa è del piede. (*Per la terza volta si toglie il cappello, ci guarda dentro, ci fa scorrere la mano, lo scuote, ci picchia sopra, ci soffia dentro e lo rimette in testa*)[10] La cosa comincia a preoccuparmi. (*Pausa. Estragone agita il piede dimenando le dita per far circolare l'aria*). Uno dei ladroni si salvò.[11] (*Pausa*). È una percentuale onesta.[12] (*Pausa*). Gogo…[13]

Estragone   Cosa?

Vladimiro   E se ci pentissimo?

Estragone   Di cosa?

Vladimiro   Be'… (*Cerca*) Non sarebbe proprio indispensabile scendere ai particolari.

Estragone   Di esser nati?

Vladimiro (*scoppia in una gran risata, che subito soffoca, portandosi la mano al pube, col volto contratto*)[14] Proibito anche il riso.

Estragone   Bel sacrificio.

Vladimiro   Si può solo sorridere. (*Il suo viso si fende in un sorriso esagerato, che si cristallizza, dura qualche istante, poi di colpo si spegne*)[15] Non è la stessa cosa. Comunque… (*Pausa*). Gogo…

Estragone (*seccato*)   Cosa c'è adesso?

Vladimiro   Hai letto la Bibbia?

Estragone   La Bibbia… (*Pensieroso*) Mi par bene di averci dato un'occhiata.

Vladimiro (*stupito*)   Alla scuola laica?

Estragone   Che ne so se era laica o non laica.

Vladimiro   Stai confondendo col riformatorio.[16]

Estragone   Può darsi. Mi ricordo le carte geografiche della Terra Santa. A colori. Erano bellissime. Il Mar Morto era celeste. Mi metteva sete solo a guardarlo. Pensavo sempre: è là che voglio passare la luna di miele. Nuoteremo. Saremo felici.

- **8** **Certe volte…assente**): la soluzione scenica ha qui alcuni elementi farseschi, con uno dei due attori che cerca fin dall'inizio di togliersi una scarpa, e finalmente qui ci riesce, e l'altro che fruga ansiosamente nel cappello in cerca non si sa di che cosa.
- **9** **Allora?**: si riferisce alla scarpa, intendendo chiedere che cosa ci sia dentro o che cosa non vada in essa.
- **10** **Ecco…testa**: la legge enunciata da Vladimiro (che gli uomini se la prendano ingiustamente con la scarpa quando la colpa è del piede), applicata a lui stesso implica un comico effetto: gli uomini, come lui, che se la prendono con il cappello dovrebbero piuttosto accusare la testa che ci sta dentro.
- **11** **Uno…salvò**: Vladimiro allude al racconto evangelico della crocefissione di Cristo, secondo il quale uno dei due ladroni crocefissi insieme a Gesù si sarebbe pentito dei suoi peccati ricevendo da Cristo l'annuncio della sua salvezza eterna. Questa conclusione positiva è però riferita soltanto da uno dei quattro evangelisti, Luca (15), e stranamente taciuta dagli altri tre. Su questa mancata concordanza si apre la riflessione successiva di Vladimiro.
- **12** **una percentuale onesta**: il cinquanta per cento, una proporzione ritenuta accettabile da Vladimiro.
- **13** **Gogo**: è il diminutivo con cui Vladimiro chiama Estragone.
- **14** (**scoppia…contratto**): Vladimiro ha evidentemente un fastidio ai genitali che gli rende doloroso ridere (può, al massimo, sorridere). È un ulteriore particolare grottesco, di dolorosa degradazione.
- **15** (**Il suo viso…spegne**): il sorriso è prima una smorfia grottesca, poi neppure può continuare.
- **16** **Stai confondendo col riformatorio**: è una battuta di spirito che si abbatte sulla vita passata di Estragone, che è dunque stato in prigione da ragazzo, e che non risparmia la scuola stessa.

	Vladimiro	Avresti dovuto essere un poeta.
90	*Estragone*	Lo sono stato. (*Indica i propri cenci*) Si vede, no?[17]

Silenzio.

	Vladimiro	Cos'è più che dicevo… Come va il tuo piede?
	Estragone	Gonfia.
	Vladimiro	Ah, sì, ci sono, quella storia dei ladroni. Ti ricordi?
95	*Estragone*	No.
	Vladimiro	Vuoi che te la racconti?
	Estragone	No.
	Vladimiro	Farà passare il tempo. (*Pausa*). Erano due ladri e furono crocefissi insieme al Salvatore. Si dice…
100	*Estragone*	Il cosa?
	Vladimiro	Il Salvatore. Due ladri. Si dice che uno fu salvato e l'altro… (*cerca il contrario di «salvato»*) … dannato.
	Estragone	Salvato da che cosa?
	Vladimiro	Dall'inferno.
105	*Estragone*	Io me ne vado. (*Non si muove*).[18]
	Vladimiro	E tuttavia… (*Pausa*). Come si spiega che… Di', non ti annoio mica, per caso.
	Estragone	Non sto ascoltando.[19]
	Vladimiro	Come si spiega che dei quattro Evangelisti, uno solo racconti il fatto in questo modo? Eppure erano là tutti e quattro – o almeno, da quelle parti. E uno solo dice che un ladrone s'è salvato. (*Pausa*). Dài, Gogo; bisogna darmi la replica di tanto in tanto.
110		
	Estragone	Sto ascoltando.
	Vladimiro	Uno su quattro. Quanto agli altri tre, due non ne parlano affatto, e il terzo[20] dice che l'hanno insolentito tutti e due.
	Estragone	Chi?
115	*Vladimiro*	Come?
	Estragone	Non ci capisco niente… (*Pausa*). Insolentito chi?
	Vladimiro	Il Salvatore.
	Estragone	Perché?
	Vladimiro	Perché non ha voluto salvarli.
120	*Estragone*	Dall'inferno?
	Vladimiro	Ma no, stupido! Dalla morte.
	Estragone	E allora?
	Vladimiro	Allora sono stati dannati tutti e due.
	Estragone	E con questo?
125	*Vladimiro*	Ma l'altro[21] dice che uno si è salvato.
	Estragone	E con ciò? Vuol dire che non sono d'accordo. Punto e basta.
	Vladimiro	Erano là tutti e quattro. E uno solo parla di questo ladrone salvato. Perché si dovrebbe credere a lui piuttosto che agli altri?
	Estragone	E chi lo crede?

● **17 Avresti dovuto…no?**: ironica allusione al legame tra poesia e miseria, secondo un *cliché* tradizionale.

● **18 Io me ne vado (*non si muove*)**: è uno dei numerosi assurdi della scena. Poco sopra Estragone ha detto di non voler udire il racconto dei ladroni; e Vladimiro è andato avanti come se l'altro gli avesse invece risposto di volerla udire.

● **19 Non sto ascoltando**: è un'altra inutile dichiarazione di disinteresse da parte di Estragone, che d'altra parte, nell'intervento successivo, dirà esattamente il contrario; sempre senza suscitare alcuna reazione adeguata nell'interlocutore.

● **20 il terzo**: è Marco (15, 27).

● **21 l'altro**: Luca (cfr. nota 11).

	Vladimiro	Ma tutti lo credono. La gente conosce solo questa versione.
130	Estragone	Sono tutti fessi.²²

Si alza a fatica e zoppicando si dirige verso la quinta²³ sinistra, si ferma, guarda lontano schermando gli occhi con la mano, si volta, si dirige verso la quinta destra, guarda lontano. Vladimiro lo segue con gli occhi, poi va a raccattare la scarpa, ci guarda dentro, la lascia cadere a precipizio.

	Vladimiro	Puah! (*Sputa per terra*).
	Estragone	(*ritorna al centro della scena e guarda verso il fondo*)²⁴ Un luogo incantevole. (*Si volta, avanza fino alla ribalta,*²⁵ *guarda verso il pubblico*) Panorami ridenti. (*Si volta verso Vladimiro*) Andiamocene.
140	Vladimiro	Non si può.
	Estragone	Perché?
	Vladimiro	Aspettiamo Godot.²⁶
	Estragone	Già, è vero. (*Pausa*). Sei sicuro che sia qui?
	Vladimiro	Cosa?
145	Estragone	Che lo dobbiamo aspettare.
	Vladimiro	Ha detto davanti all'albero. (*Guardano l'albero*). Ne vedi altri?
	Estragone	Che albero è?
	Vladimiro	Un salice, direi.
	Estragone	E le foglie dove sono?
150	Vladimiro	Dev'essere morto.²⁷
	Estragone	Finito di piangere.²⁸
	Vladimiro	A meno che non sia la stagione giusta.²⁹
	Estragone	Ma non sarà poi mica un arboscello?
	Vladimiro	Un arbusto.
155	Estragone	Un arboscello.
	Vladimiro	Un... (*S'interrompe*) Cosa vorresti insinuare? Che ci siamo sbagliati di posto?
	Estragone	Dovrebbe già essere qui.³⁰
	Vladimiro	Non ha detto che verrà di sicuro.
	Estragone	E se non viene?
160	Vladimiro	Torneremo domani.
	Estragone	E magari dopodomani.
	Vladimiro	Forse.
	Estragone	E così di seguito.
	Vladimiro	Insomma...
165	Estragone	Fino a quando non verrà.
	Vladimiro	Sei spietato.
	Estragone	Siamo già venuti ieri.

- **22 Sono tutti fessi**: è la desolante conclusione della questione teologico-interpretativa posta da Vladimiro.
- **23 la quinta**: ciascuno degli elementi mobili (tendaggi o altro) posti ai lati del palcoscenico per simulare uno spazio definito ma consentire l'accesso degli attori.
- **24 il fondo**: il fondo della scena (l'attore, per guardare verso di esso dà le spalle al pubblico).
- **25 ribalta**: la parte anteriore del palcoscenico, cioè la più vicina al pubblico.
- **26 Aspettiamo Godot**: viene qui dichiarata la ragione per cui i due personaggi si trovano in quel luogo. Ma si vedrà presto che la loro attesa è tutt'altro che consueta, non fondandosi su alcuna certezza ragionevole.
- **27 Dev'essere morto**: il fatto che l'albero sia morto potrebbe alludere al distacco dalla natura (tema frequente nel teatro beckettiano), la quale può ormai essere solo un ricordo scheletrico (cfr. anche la nota 1).
- **28 Finito di piangere**: gioco di parole sul nome dell'albero, che è, appunto, un "salice piangente".
- **29 la stagione giusta**: per aver perso le foglie (cioè l'autunno). Sembra che i due ignorino anche questo dato temporale così ovvio, così come si mettono a discutere sulla reale entità della pianta.
- **30 Dovrebbe...qui**: soggetto è Godot.

	Vladimiro	Ah no! Non esagerare, adesso.
	Estragone	Cosa abbiamo fatto ieri?
170	*Vladimiro*	Cosa abbiamo fatto ieri?
	Estragone	Sì.[31]
	Vladimiro	Be'… (*Arrabbiandosi*) Per seminare il dubbio sei un campione.
	Estragone	Io dico che eravamo qui.
	Vladimiro	(*con un'occhiata circolare*) Forse che il posto ti sembra familiare?
175	*Estragone*	Non dico questo.
	Vladimiro	E allora?
	Estragone	Ma non vuol dire.
	Vladimiro	Però, però… Quell'albero… (*voltandosi verso il pubblico*) … quella torbiera.[32]
	Estragone	Sei sicuro che era stasera?
180	*Vladimiro*	Cosa?
	Estragone	Che bisognava aspettarlo?
	Vladimiro	Ha detto sabato. (*Pausa*). Mi pare.
	Estragone	Dopo il lavoro.
	Vladimiro	Devo aver preso nota. (*Si fruga in tutte le tasche, strapiene di ogni sorta di cianfrusaglie*).
185		
	Estragone	Ma quale sabato? E poi, è sabato oggi? Non sarà poi domenica? O lunedì? O venerdì?[33]
	Vladimiro	(*guardandosi intorno, affannatissimo come se la data fosse scritta sul paesaggio*) Non è possibile.
190	*Estragone*	O giovedì.
	Vladimiro	Come si fa?
	Estragone	Se si è scomodato per niente ieri sera, puoi star sicuro che oggi non verrà.
	Vladimiro	Ma tu dici che noi siamo venuti, ieri sera.
	Estragone	Potrei sbagliarmi. (*Pausa*). Stiamo un po' zitti, se ti va.

- **31** **Sì**: è una battuta senza senso. In realtà tutto il dialogo si fonda su sottili (e irrilevanti) questioni interpretative, senza che nessuna di esse giunga mai a essere chiarita.
- **32** **torbiera**: deposito di torba, materiale a metà via tra vegetali in decomposizione e carbone.
- **33** **Ma quale sabato?…venerdì?**: dilaga qui l'incertezza sul tempo già denunciata meno chiaramente in alcune battute precedenti sulla stagione. I due personaggi ignorano dunque che giorno e che stagione sia, nonché in che luogo essi stessi si trovino; non ricordano se sono stati lì la sera prima o meno; non sanno se e quando Godot abbia dato loro questo appuntamento, né se esso sia davvero tale. E tuttavia lo aspettano, e, probabilmente, torneranno ad aspettarlo anche nei giorni seguenti.

DALLA COMPRENSIONE ALL'INTERPRETAZIONE

COMPRENSIONE E ANALISI

Un dialogo ai limiti dell'assurdo L'attesa di Godot è costellata da **uno scambio di battute al limite dell'assurdo**. Esse ruotano per lo più attorno a eventi banalissimi e del tutto contingenti: il fastidio per le scarpe strette, qualche problema al cappello. Tuttavia, in alcuni casi il dialogo si apre, a lampi, verso improvvisi **squarci problematici**: per esempio la questione dei due ladroni crocefissi con Cristo e la diversa versione offerta dai quattro evangelisti circa la salvezza di uno dei due. L'**assurdità** del dialogo è determinata da due elementi fondamentali: la logica spesso solo apparente o contingente dei nessi fra una battuta e l'altra, e la sproporzione fra l'altezza della verità perseguita e l'umiltà degli argomenti impiegati per raggiungerla.

L'importanza delle didascalie Grande cura è dedicata dall'autore alle **didascalie teatrali**: se il **dialogo** è infatti lo strumento espressivo centrale di questo teatro, tuttavia un'importanza notevole ha anche **il comportamento scenico dei personaggi**. Essi sono segnati da **tic**, da ossessioni degradanti e volgari; ma si rivelano a tratti anche carichi di improvvise, inconsapevoli evocazioni di alto valore simbolico.

INTERPRETAZIONE

La ricerca della verità e la sua impossibilità Il dialogo discontinuo e spesso assurdo sembra rappresentare i frammenti di una lunghissima civiltà, qui giunta al suo epilogo. Tali frammenti convivono infatti l'uno accanto all'altro, sia che provengano da settori illustri della tradizione filosofica e della storia passata, sia che provengano invece da zone basse, prive di qualsiasi rilievo concettuale. **Non è più insomma possibile nessuna disposizione gerarchica dei frammenti del passato**: le cose importanti e quelle irrilevanti diventano intercambiabili. Al dunque, è chiaro che la verità cercata in questo dialogo è una verità di primaria importanza, degna del registro tragico e di eroi adeguati; e tuttavia, non essendo oggi più possibili né la tragedia né l'eroismo, ci si deve accontentare di vederla perseguire goffamente da questi due clown.

Lavoriamo con il TESTO IN SCENA

I due protagonisti si muovono sulla scena come clown impacciati che si scambiano battute sfilacciate. Secondo te perché il regista ha scelto di rappresentare dei personaggi che ricordano le coppie del varietà o del cinema comico? Quali caratteristiche del teatro dell'assurdo emergono dalla messa in scena?

T1 LAVORIAMO SUL TESTO

ANALIZZARE

Spazio e tempo

1. La scena si colloca in uno spazio e tempo precisi? Quale percezione spazio-temporale rivelano Estragone e Vladimiro?

Un dialogo ai limiti dell'assurdo

2. È difficile riassumere la conversazione dei due personaggi, che tuttavia comunica un senso generale di oscure sofferenze: individua in quali punti.

3. **LINGUA E LESSICO** Esamina la struttura del dialogo: che legame c'è tra le battute? Qual è la funzione delle ellissi e delle pause?

Un'attesa assurda

4. **LINGUA E LESSICO** Analizza il linguaggio usato nelle didascalie e spiega la loro funzione.

INTERPRETARE

Un'attesa assurda

5. Che senso ha l'attesa del fantomatico Godot?

3 La sperimentazione teatrale

La sperimentazione teatrale tra anni Cinquanta e anni Settanta

Con il cosiddetto teatro dell'assurdo prende il via un rilancio della sperimentazione teatrale che produce nel giro di pochi anni una grande quantità e varietà di esperienze, tutte tese al rifiuto del teatro commerciale borghese di origine naturalistica e alla scoperta di nuove forme di espressione e di comunicazione. **Tra la metà degli anni Cinquanta e la metà degli anni Settanta**, in particolare, il rinnovamento della vita teatrale è profondo come forse mai in passato. **I motivi di fondo di questa sperimentazione sono**: la ripresa delle avanguardie storiche, e del Futurismo in particolare; il rifiuto del primato del testo letterario a vantaggio della concretezza della messinscena; il rifiuto del teatro commerciale borghese fondato sulla centralità del personaggio-protagonista; il superamento della passività del pubblico; la trasformazione dell'evento teatrale da prodotto a proces-

L'happening — so; la mescolanza di arti e tecniche diverse (arte, musica, danza). Lo spettacolo tende in alcuni casi a trasformarsi in **happening** (letteralmente 'avvenimento'), che coinvolge il pubblico nel processo creativo e rappresenta una ricerca in divenire, aperta agli sviluppi dell'improvvisazione estemporanea.

Dalla centralità del testo a quella del gesto — **La parola perde la sua centralità**, almeno nella forma scritta tradizionale, così che il teatro si affranca in modo definitivo dall'orizzonte della letteratura, sviluppando canali di comunicazione alternativi a quello verbale. Soprattutto **il linguaggio del corpo assume una funzione risolutiva**. L'importanza della gestualità e del movimento può sviluppare tecniche di improvvisazione (e di interazione con il pubblico) oppure trasformare l'attore in esecutore-manichino di una "partitura" gestita dal regista. In questo secondo caso lo spettacolo assume il contorno della **performance** ('esecuzione, esibizione'), secondo una concezione che matura soprattutto negli anni Settanta.

La performance

Il rapporto con il pubblico — **Il rifiuto della tradizione commerciale** e di un rapporto scontato con il pubblico, inteso quale ricettore passivo dello spettacolo, **determina l'inevitabile marginalità di queste sperimentazioni**, che si svolgono al di fuori dei grandi circuiti ufficiali e dei teatri istituzionali. Ogni nuova proposta deve ricavare lo spazio adeguato al proprio svolgimento, spesso in situazioni precarie (cantine, garage, magazzini). Questa marginalità spaziale coincide d'altra parte con la marginalità rispetto alle forme spettacolari di successo, con la **creazione di un vero e proprio circuito (e di una cultura) underground** (cfr. **S1**). In alcuni casi la marginalità sviluppa un legame più stretto con il contesto territoriale, fino alla nascita di ricerche teatrali di quartiere e addirittura di strada. Soprattutto negli anni Sessanta e Settanta si sviluppa anzi un vero e proprio **street theatre** ('teatro di strada'), con numerose teorizzazioni spesso collegate ai motivi della protesta sociale e politica del periodo.

Il testo underground e lo street theatre

La sperimentazione in Italia e negli USA — Con Fo, Carmelo Bene e con molti registi di grande inventività, l'Italia dà un contributo importante a questo processo. Gli Stati Uniti sono tuttavia il paese nel quale la sperimentazione è più diffusa e radicale. E d'altra parte l'internazionalizzazione della cultura produce uno scambio rapidissimo di esperienze e di innovazioni.

Friedrich Dürrenmatt critico radicale del presente — Svizzero è **Friedrich Dürrenmatt (1921-1990)**, autore anche di importanti romanzi. Egli muove da un rifiuto radicale del presente, vissuto come la preparazione inquietante di una catastrofe cui sono ormai minime le possibilità di opporsi. Il militarismo, la concorrenza capitalistica, l'orrore del dominio e dell'ingiustizia sociale esprimono una costante vittoria del male che il teatro può inutilmente denunciare, ma senza speranze di trasformazione. **È questo pessimismo che distingue Dürrenmatt da Brecht**, del quale pure egli riprende la tecnica dello straniamento e il montaggio critico. Tra i drammi di Dürrenmatt si ricordano: *Il matrimonio del signor Mississippi* (1952), *La visita della vecchia signora* (1956), in cui una ricchissima vecchia convince un'intera città a uccidere per denaro l'uomo che la sedusse nella giovinezza, *Il guasto* (1956), finto processo a un arrivista sen-

Pessimismo e inventività dei drammi di Dürrenmatt

S1 ITINERARIO LINGUISTICO

Undergeround

Il termine "*underground*" significa, in inglese, 'sotterraneo'. Esso indica nel linguaggio internazionale – e anche in italiano – tutte quelle forme di produzione culturale che non si svolgono nei canali istituzionali consueti ma piuttosto servendosi di vie marginali, non ufficiali, estranee e spesso contrarie ai meccanismi dell'industria culturale.

Usato inizialmente nell'ambito cinematografico, il termine è stato poi applicato ad altre forme di ricerca artistica e culturale, soprattutto quando sono in gioco tentativi sperimentali che cercano un pubblico non conformista e dunque canali di distribuzione che sappiano prescindere dal "mercato" e dall'industria culturale. Come si parla di un cinema *underground* si parla dunque di un teatro, di una musica e perfino di una letteratura *underground*; nonché di una cultura e di un pubblico *underground*, riferendosi, per quest'ultimo, soprattutto a gruppi giovanili interessati a fenomeni non ancora inquadrati in forme istituzionali. Va d'altra parte anche ricordato, però, che dopo gli anni Sessanta e Settanta – che costituiscono il periodo più acuto del fenomeno – si assiste, più che una sua semplice attenuazione, alla perdita di mordente e di forza antagonistica e antiistituzionale: anche la cultura *underground* (o semplicemente, come si sente anche dire, l'*underground*) appare soggetta alle leggi dell'industria dello spettacolo, che ne sa cogliere e gestire con rapidità impressionante ogni novità, volgendola ai propri fini di lucro.

za scrupoli, *I fisici* (1962), terribile denuncia dei limiti e dei pericoli della scienza, *La dilazione* (1977), allegoria della fine di una civiltà corrotta raffigurata nell'interminabile agonia del dittatore spagnolo Franco.

Fine dello sperimentalismo e ripresa della tradizione dopo la metà degli anni Settanta

La fine della contestazione e, per quello che riguarda l'Italia, il ritorno all'ordine dopo la stagione sperimentale e avanguardistica determinano l'**affievolirsi dello slancio innovativo nel corso degli anni Settanta**. Molti operatori rientrano nei circuiti tradizionali, spesso senza rinunciare alle proprie ricerche ma tuttavia incanalandole in spazi istituzionali (perfino televisivi) che non possono preservarne la vivacità e il significato di rottura. D'altra parte si sviluppano nel corso degli anni Ottanta e Novanta anche **nuove direzioni di ricerca**, in genere tese a introdurre negli spettacoli teatrali il ricorso a tecnologie fortemente innovative (dall'elettronica ai video al laser a speciali effetti di movimento), anche con l'intenzione di coinvolgere un pubblico più vasto di quello, necessariamente ultracompetente, interessato a ricerche di punta.

Il teatro postmoderno: una sperimentazione normalizzata

La cultura postmoderna agisce anche sulla sperimentazione teatrale, con una tendenza a fondere sperimentazione costante e sua normalizzazione, cioè con la tendenza a fare della sperimentazione e dell'innovazione fenomeni esclusivamente stilistici, senza intenzioni culturali o addirittura politiche più ampie e senza una progettualità di largo respiro. Il ricorso a tecnologie avanzate può quindi fondersi con il recupero di soluzioni passate, d'avanguardia o no, con effetti di citazionismo che in qualche caso sfidano consapevolmente il cattivo gusto e il *kitsch*.

4 Le molte vie del teatro italiano

La sperimentazione teatrale in Italia

Molte delle tendenze sperimentali di cui si è parlato nel paragrafo precedente si ritrovano anche **in Italia**, attraversata a sua volta, soprattutto negli anni Sessanta, da un intenso fervore di rinnovamento teatrale. È un periodo segnato dall'attività di numerosi registi di grande valore, fra i quali vanno ricordati soprattutto Giorgio Strehler e Luca Ronconi. Accanto alle sperimentazioni colte della neoavanguardia si registrano fenomeni più legati al rapporto con il pubblico, come il *cabaret* (cfr. **S2**, p. 855), dalla cui tradizione derivano varie esperienze più complesse, dai tentativi di Ennio Flaiano (1910-1972), attento anche alle suggestioni del teatro dell'assurdo, alle innovazioni di Dario Fo.

Il teatro in versi di Pasolini

Memori dello sperimentalismo impegnato di «Officina», ma soprattutto protese verso la dissoluzione tragica di ogni possibile impegno e verso l'assunzione del negativo quale fondale ineliminabile sono le sei tragedie in versi ideate e composte da Pier Paolo Pasolini in gran parte nel corso del 1966 e poi ritoccate e modificate fino alla morte: *Calderón*, *Affabulazione*, *Pilade*, *Porcile*, *Orgia*, *Bestia da stile*.

Il teatro di Mario Luzi

Egualmente segnato in senso lirico e impregnato di una colta letterarietà è il teatro di Mario Luzi, i cui testi drammatici si collocano a margine della più significativa attività poetica, accompagnandone la fase ultima. I testi luziani (*Ipazia*, *Rosales* e *Hystrio* sono i più importanti) sono al confine tra il genere teatrale e quello del poemetto drammatico, cioè dialogato.

Il teatro della Neoavanguardia

Tanto Pasolini quanto Luzi propongono interessanti esperimenti; e tuttavia le tendenze più significative, soprattutto negli anni Sessanta e al principio dei Settanta, provengono in Italia dalla elaborazione della **Neoavanguardia**. L'interesse per le avanguardie storiche (soprattutto per il Futurismo e per il Surrealismo) e la sensibilità ai momenti più rigorosi della sperimentazione teatrale europea recente (il teatro dell'assurdo) costituiscono le premesse della produzione teatrale legata al movimento della Neoavanguardia. Si oscilla tra l'accatastamento di materiale verbale fino alla saturazione e al non-senso, alla contemporanea recitazione di più attori, all'esasperazione espressionistica o alla deformazione barocca o alla contaminazione gergale.

S2 INFORMAZIONI

Cabaret, varietà, rivista

Accanto a forme di spettacolo tradizionali, si sviluppano, già a partire dalla fine dell'Ottocento, alcuni generi teatrali che fondono le diverse tradizioni popolari delle varie culture europee e le nuove, spesso dirompenti, esigenze espressive contemporanee. Si tratta per lo più di forme di rappresentazione destinate a luoghi di ritrovo, in genere serali, nei quali talvolta si consumano bevande e perfino cibo (come nel *cabaret* francese) durante lo svolgimento dei numeri spettacolari (che vanno dalla recitazione di monologhi comici o di mimi, a scenette o *sketch* dialogati, a canzoni impegnate o irriverenti con scarso accompagnamento strumentale, a esibizioni di ballo).

Una grande importanza culturale ha lo sviluppo, a partire dalla Francia, del *cabaret* (come si chiamano sia il locale destinato allo spettacolo sia il genere teatrale stesso). Il primo *cabaret* fu lo "Chat Noir" (Gatto nero), nato a Parigi negli anni Ottanta dell'Ottocento. Ma significativi furono, tra gli anni Venti e i Quaranta del Novecento, molti *cabaret* francesi, svizzeri e tedeschi. Presso il *cabaret* "Voltaire" di Zurigo prende forma, alla fine degli anni Dieci, il movimento Dada; negli anni Venti e Trenta l'esperienza dei *cabaret* berlinesi è animata da un intenso fervore culturale che esprime l'inquieta vivacità della Repubblica di Weimar e vede impegnato un artista come Brecht; in quelli parigini si esibiscono, dopo la seconda guerra mondiale, i nuovi cantautori, di intenso spessore esistenzialista, come Juliette Greco, Edith Piaf, Yves Montand.

Non altrettanto caratterizzato è il *varietà*, genere che va da forme vicine all'avanspettacolo gestito con mezzi essenziali a spettacoli sfarzosi con balletti e spogliarelli. Caratteri costanti del grande mondo del varietà sono tuttavia la preponderanza della rappresentazione rispetto a un eventuale testo scritto, la mancanza di un filo conduttore unitario a vantaggio di una successione di "numeri" diversi, il legame con l'attualità politico-sociale e il frequente coinvolgimento del pubblico.

Un tipo particolarmente fortunato di varietà è la *rivista*, sempre in bilico tra trasgressione e normalizzazione, nata alla fine dell'Ottocento quale rassegna (o, appunto, "rivista") dei fatti principali dell'anno, e sviluppatasi nei primi decenni del Novecento attraverso momenti di grande successo, soprattutto negli Stati Uniti, in Inghilterra e in Francia. In Italia la rivista vede negli anni Trenta l'esordio di grandi attori come Totò e Macario. Costretta durante il fascismo a rinunciare alla carica irriverente e alla satira politica, la rivista conosce il suo periodo di massimo splendore tra la fine della seconda guerra mondiale e gli anni Cinquanta, quando confluiscono in forme di spettacolo di grande richiamo tanto la tradizione dell'avanspettacolo macchiettistico (già fortunato durante la guerra) quanto quella del più impegnato *cabaret*. È la stagione di Nino Taranto, Renato Rascel, Anna Magnani, Totò, Gino Cervi, Peppino De Filippo, Carlo Dapporto, nonché dei più giovani Dario Fo, Franco Parenti, Giustino Durano, Walter Chiari e Ugo Tognazzi. Questo momento d'oro coincide però con l'inizio di una crisi, che rapidamente porta il genere a radicali trasformazioni e quasi all'estinzione. Dalla fine degli anni Cinquanta si diffonde infatti la televisione, la cui funzione di intrattenimento (non solo con i varietà) occupa lo spazio gestito fino a quel momento dal varietà, dalla rivista e dal *cabaret*, sia pure senza avere in genere il mordente e l'originalità di essi.

Il teatro di Edoardo Sanguineti

La centralità della parola è assunta dal più rappresentativo autore della Neoavanguardia italiana, Edoardo Sanguineti. La parola con cui questi costruisce i propri esperimenti teatrali è una parola tutta da verificare e, al limite, da demistificare e distruggere, una parola che può costituire uno strumento di regressione alle dinamiche profonde dell'inconscio (secondo una tecnica associativa di tipo psicoanalitico) o di liberazione libidica ma anche di chiusura nell'insensatezza e nell'incomunicabilità o, in un secondo momento, uno strumento in senso musicale, liberata cioè dal significato semantico (i titoli più significativi sono **Kx**, **Passaggio**, **Traumdeutung** [Interpretazione dei sogni], **Protocolli**, **Storie naturali** e **Faust**).

Il teatro di Carmelo Bene fra istrionismo e provocazione

Un esempio di sperimentazione originale ma consapevole fino in fondo della specificità delle scene teatrali e capace di farci i conti è l'opera di **Carmelo Bene (1937-2002)**, grazie anche al suo grande talento di attore e alla sua marcata inclinazione istrionesca e provocatoria. Gli interventi di Bene si fondano sulla riscrittura, da Shakespeare innanzitutto: dell'*Amleto*, per esempio, Bene ha dato svariate riletture, anche filmiche (egli è infatti anche un interessante regista cinematografico). **Dall'avanguardia surrealista, Bene riprende la concezione del teatro come provocazione** e intervento nel presente, rifiutando alla radice ogni concezione statica del repertorio e del rapporto con l'istituzione e con il pubblico. D'altra parte, rispetto alle tendenze sperimentali coeve, **Bene resta fedele alla centralità del personaggio-protagonista**, pur forzandone la funzione in direzioni del tutto personali. Il legame spesso stabilito con alcuni musicisti d'avanguardia è un aspetto dell'interesse per il melodramma ottocentesco; mentre decisiva per gli ideali di recitazione è l'ammirazione per Petrolini. Tra le opere più significative di Bene si ricordano **Pinocchio** (1961), **Nostra Signora dei Turchi** (1966), **Romeo e Giulietta (Storia di Shakespeare) secondo Carmelo Bene** (1976).

5 Dario Fo, giullare di lotta

Prevalenza in Italia dei registi sugli autori

Nel secondo Novecento la ricerca teatrale ha in Italia una notevole vivacità grazie unicamente al contributo di importanti registi, poiché mancano, nel dopoguerra, autori di teatro all'altezza dei maestri europei. Si conferma così che Pirandello è stata una meteora e un'eccezione, in una cultura nazionale che ha espresso il meglio di sé, nella drammaturgia, attraverso il melodramma ottocentesco, e che nel Novecento stenta a trovare una strada convincente. Tuttavia, la personalità originale e prorompente di **Dario Fo** colma in parte questo vuoto, **costituendo, dopo Pirandello e insieme a Eduardo De Filippo, il vertice della nostra non ricca letteratura teatrale contemporanea**.

Il caso Fo, attore geniale e drammaturgo importante ma diseguale

Fo è peraltro un caso difficile da situare: **profondo conoscitore della tradizione popolare del teatro**, ne ha resuscitato e attualizzato con intelligenza gli aspetti più vitali, mettendoli al servizio della propria eccezionale stoffa di attore; così che non mancano studiosi portati a sottolineare soprattutto le capacità di recitazione di Fo, limitando invece il significato artistico della sua **vasta produzione drammaturgica**. Quest'ultima si presenta senza dubbio **di riuscita diseguale**, in qualche caso pagando uno scotto piuttosto alto ora a una semplificazione in chiave disinvoltamente farsesca ora, soprattutto, a un troppo diretto coinvolgimento nella cronaca. E tuttavia accanto a testi comunque più riusciti e capaci di ottenere successo anche in situazioni lontanissime da quelle storico-geografiche per cui erano stati pensati, e anche senza il contributo di Fo attore, spicca **un capolavoro a tutto tondo come *Mistero buffo***, nel quale convergono e si rivivificano molteplici tradizioni artistiche e culturali del passato, con un risultato di assoluta originalità e valore. È a questo testo complesso e articolato che probabilmente resterà soprattutto affidata la fama teatrale di Fo, la cui brillante carriera è stata d'altra parte coronata nel **1997** dal conferimento prestigioso e imprevedibile del **premio Nobel**.

Il capolavoro: *Mistero buffo*

La vita

Dario Fo nasce a San Giano, in provincia di Varese, **nel 1926**. Dopo aver studiato alla milanese Accademia di Brera e alla Facoltà di Architettura, **esordisce come attore all'inizio degli anni Cinquanta**, dapprima attraverso i microfoni della radio, quindi partecipando ad alcune riviste allestite in collaborazione con Franco Parenti e Giustino Durano (***Il dito nell'occhio***, ***Sani da legare***; quest'ultimo ostacolato e tagliato dalla censura per la sua pungente denuncia sociale). Nel 1956 recita nel film *Lo svitato* di Lizzani, tornando quindi al teatro con due farse di satira sociale.

Laboratorio di Dario Fo su *Mistero buffo*, Festival di Santarcangelo (Forlì), 1984.

L'esperienza del teatro

Nel 1959 forma con la moglie la «Compagnia Dario Fo-Franca Rame», scrivendo e mettendo in scena (con la fondamentale collaborazione della stessa Franca Rame) una grande quantità di commedie, animate da una comicità surreale che acquista a poco a poco una connotazione più spiccatamente politica (si ricordano, tra le più riuscite, *Gli arcangeli non giocano a flipper*, 1959, *Settimo: ruba un po' meno*, 1964, *La signora è da buttare*, 1967). Nel 1962 dirige in televisione alcune puntate di *Canzonissima* (ha già diretto la rivista musicale *Chi l'ha visto?*), rinunciando quindi all'incarico in seguito alle censure subite. L'esperienza televisiva e l'infiammarsi del clima politico nazionale intorno alla metà degli anni Sessanta spingono Fo a confrontarsi con il problema del pubblico, rifiutando la sostanziale destinazione d'élite finora riservata al suo lavoro teatrale, collocabile in fondo dentro l'istituzione del teatro borghese tradizionale. L'esigenza di allargare il proprio pubblico (nella coscienza di essere però tagliato fuori dalla televisione) e di imprimere alla propria produzione un'impostazione più decisamente politica, maturano anche attraverso il contatto con il mondo della **canzone popolare**, che sfocia in alcuni spettacoli, come *Ci ragiono e canto*, a partire dal 1966. Importante è anche la collaborazione con alcuni cantautori impegnati, come **Enzo Jannacci**, con il quale scrive varie fortunate canzoni e mette in scena diversi spettacoli.

La fase di maggior impegno politico tra il 1968 e il 1975

Nel 1968 Fo e la Rame sciolgono infine la Compagnia e danno vita all'**«Associazione Nuova Scena»**, che rifiuta i canali del teatro borghese e usa il circuito di distribuzione dell'ARCI e delle Case del Popolo legate al Partito Comunista. Prende quindi il via la fase più apertamente politicizzata dell'attività di Fo, che da una parte recupera con crescente consapevolezza teorico-politica la tradizione del teatro popolare (soprattutto la Commedia dell'arte) e dall'altra punta sull'intervento critico nel presente, contro i partiti di governo e poi anche contro lo stesso PCI, ritenuto troppo inserito nei meccanismi di potere.

Il «Collettivo Teatrale La Comune»

La nascita della Nuova Sinistra e lo sviluppo di un pubblico soprattutto giovanile alla sinistra dei partiti dell'opposizione tradizionale, favoriscono **la rottura con ARCI e PCI, lo scioglimento dell'«Associazione Nuova Scena»** e la fondazione, nel 1970, del **«Collettivo Teatrale La Comune»**. Gli spettacoli assumono i caratteri di interventi provocatori strettamente legati all'attualità, con inserzione di dibattiti e di invenzioni provocatorie (come la presenza di finti commissari che iniziano a schedare parte del pubblico), e si servono di un circuito di distribuzione non istituzionale, legato soprattutto alle iniziative dei gruppi della sinistra extraparlamentare. **Le commedie composte e presentate in questo periodo rispecchiano gli episodi nazionali e internazionali di più forte significato simbolico**: il "caso Pinelli" (l'anarchico "caduto" dalla finestra durante un interrogatorio) dà vita a *Morte accidentale di un anarchico* (1970); la denuncia del terrorismo di stato si esprime in testi come *Pum, Pum! Chi è? La polizia!* (1972) e *Il Fanfani rapito* (1975); dal golpe cileno nasce *Guerra di popolo in Cile* (1973).

Il grande progetto di *Mistero buffo* tra dissacrazione e vitalità

Già dalla fine degli anni Sessanta viene d'altra parte formandosi il grande progetto di *Mistero buffo*, montaggio di pezzi in gran parte legati a temi religiosi ("mistero" significa 'rappresentazione sacra'), ma ripresi da fonti non ufficiali: vangeli apocrifi, testi popolari. Episodi notissimi come **la *Resurrezione*** (cfr. T2, p. 859) vengono raccontati secondo una prospettiva al tempo stesso dissacrante e vitalissima, dal punto di vista basso del popolo e degli oppressi. L'adozione del punto di vista del popolo implica il ricorso a **una tecnica di rappresentazione innovativa** che affida a un unico attore il compito di dare voce alla folla di personaggi coinvolti nell'azione, ricorrendo alla ricca tradizione dei comici dell'arte, alla riscoperta delle maschere, fino a riprendere gli atteggiamenti dei giullari medievali.

Commedia dell'arte e giullari: il punto di vista delle classi subalterne

Temi e tecnica rappresentativa definiscono entrambi **il recupero di una resistenza popolare all'oppressione dei potenti**, resistenza che si è manifestata, nei secoli, anche per mezzo di forme di espressione non istituzionali, rimosse dal teatro ufficiale e tuttavia piene di vigore e di attualità. Riscoprirle significa riscoprire la traccia lasciata da questo punto di vista politico alternativo, e significa dunque rileggere la storia e la cultura secondo una prospettiva opposta a quella canonica.

Il "buffo" e la vitalità degli oppressi

Il "buffo" cui allude il titolo **consiste proprio nella vitalità inarrestabile che si esprime dalla cultura degli oppressi**, costretti a subire la ferocia e lo sfruttamento dei potenti, ma tuttavia capaci di liberarsene simbolicamente per mezzo della forza dissacrante della risata. La fiducia di Fo nel potenziale eversivo intrinseco a questo rovesciamento comico è forse eccessiva, e troppo ingenua e meccanica la contrapposizione tra un popolo e una cultura popolare buoni, da una parte, e un ceto di oppressori crudele e detentore di una cultura falsa, dall'altra. E tuttavia la forza del congegno sta anche nella semplicità di questa costruzione e della utopia liberatoria che ne consegue, tutta puntata sulla riabilitazione dell'oppresso, dell'affamato, dell'emarginato.

La ricerca linguistica: il grammelot

Importantissima è la ricerca linguistica attiva nell'insieme composto di *Mistero buffo*. Si va dal recupero immaginoso di un dialetto lombardo popolare, all'introduzione di squarci di **grammelot** (una lingua inesistente che imita l'effetto di questa o di quella lingua reale, utilizzandone alcuni termini-chiave). In ogni caso **la lingua di Fo, in *Mistero buffo*** come nelle commedie più riuscite, presenta **una ricca gamma di sfumature espressive**, ora calandosi in una carnalità prorompente, ora simulando un falsetto irridente e parodico, ora spalancando squarci di accorata passionalità, di ribellione o di lamento. È una lingua difficile da riferire a modelli letterari, per la quale non possono che essere ricordati i nomi di una tradizione "minore", fondata sulla contaminazione, sul dialetto e sull'eversione formale, oppure radicata nella materialità della voce popolare: Jacopone e i giullari, Ruzante, Folengo, Basile, gli scenari della commedia dell'arte. Un'importanza fondamentale spetta ovviamente alla mimica e all'espressione dell'attore, che ricorre talvolta all'uso di maschere.

La struttura di Mistero buffo

***Mistero buffo* è strutturato in due parti.** **La prima**, che dà il titolo all'opera, comprende **nove episodi**; **la seconda**, intitolata **«Testi della Passione»**, ne raccoglie **quattro**. I diversi episodi, quasi tutti in dialetto, sono collegati e introdotti da parti didascaliche in italiano, all'interno delle quali si alternano le notizie storico-filologiche sulle fonti, la rivendicazione del loro significato politico, l'attualizzazione (non senza riferimenti, da introdursi all'occorrenza, alla cronaca più immediata); ma comunque all'insegna di **un prevalente taglio discorsivo comico**, ora per effetto della stessa dissacrazione di episodi culturali notissimi e delle rispettive coordinate culturali, ora per l'introduzione di giochi di parole e di vere e proprie battute di spirito. Se nella prima parte prevalgono la satira e la deformazione grottesca, con caricature espressionistiche e surreali, nella seconda si impone tuttavia un registro più intimo e raccolto, capace di rievocare i lati umani e materiali della Passione di Cristo con una commozione non frequente neppure in testi religiosi di più dichiarata spiritualità. Soprattutto **il punto di vista della Madonna**, identificato nell'umana sofferenza di un'umile donna del popolo, propone una raffigurazione autentica ed elementare del dolore che fa pensare a «*Donna de Paradiso*» di Jacopone da Todi (cfr. vol. 1). Qui la lingua e lo stile, capaci spesso in Fo di accendersi

L'intensità poetica dei testi sulla Passione

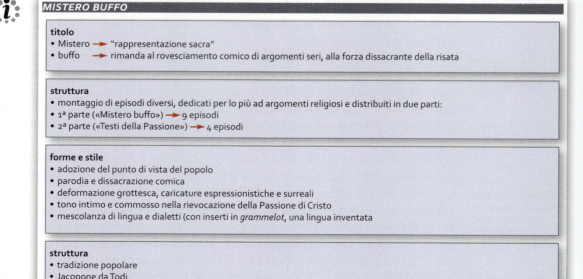

MISTERO BUFFO

titolo
- Mistero ➔ "rappresentazione sacra"
- buffo ➔ rimanda al rovesciamento comico di argomenti seri, alla forza dissacrante della risata

struttura
- montaggio di episodi diversi, dedicati per lo più ad argomenti religiosi e distribuiti in due parti:
- 1ª parte («Mistero buffo») ➔ 9 episodi
- 2ª parte («Testi della Passione») ➔ 4 episodi

forme e stile
- adozione del punto di vista del popolo
- parodia e dissacrazione comica
- deformazione grottesca, caricature espressionistiche e surreali
- tono intimo e commosso nella rievocazione della Passione di Cristo
- mescolanza di lingua e dialetti (con inserti in *grammelot*, una lingua inventata)

struttura
- tradizione popolare
- Jacopone da Todi
- giullari medievali
- commedia dell'arte
- letteratura comica del Cinquecento (Ruzzante, Folengo) e fiabe dialettali del Seicento (Basile)

T • Dario Fo, *Passione. Maria alla croce*

La ricerca più recente tra regressione e successo

di una materialità e di una visceralità virtuosistiche, fondono leggerezza e intensità, disperazione e dolcezza. Quanti negano la grandezza letteraria di Fo, fermandosi al riconoscimento dell'attore, dovrebbero meglio considerare il valore di episodi come questi, dotati di una poeticità del tutto *sui generis* nella nostra letteratura e nella ricerca del Novecento.

Dopo la metà degli anni Settanta, con il venir meno del pubblico che ne sosteneva lo sviluppo e l'audacia sperimentale, **la ricerca di Fo sembra concentrarsi sulla elaborazione di materiali già raccolti** piuttosto che tentare la conquista di nuovi orizzonti. Con Franca Rame scrive e mette in scena molte nuove commedie, con la consueta attenzione alle questioni dell'attualità e del costume; e dove è attenuato il mordente che animava quelle degli anni successivi al '68, l'esperienza consente egualmente la realizzazione di prodotti di buona qualità.

T2 | Dario Fo
Resurrezione

OPERA
Mistero buffo

CONCETTI CHIAVE
• abbassamento comico di un episodio sacro

FONTE
D. Fo, *Mistero buffo*, a cura di Franca Rame, Einaudi, Torino 2003.

Il brano qui riportato si riferisce a un notissimo episodio evangelico (cfr. Giovanni, 11, 1-46), in cui Cristo resuscita Lazzaro, fratello di Maria e di Marta. Lo svolgimento del miracolo è rappresentato dal punto di vista dei presenti, accorsi per assistere allo spettacolo. È una folla di curiosi e di approfittatori, tutta affidata alla recitazione di un unico attore, che deve dunque fare varie parti, alternandole con abilità. Manca la rappresentazione di Cristo, che resta come uno spazio misterioso, definito in negativo dalle molteplici descrizioni della folla che lo circonda.
All'episodio, in un arcaico dialetto padano (con la traduzione dell'autore che spesso, tra parentesi, integra e spiega parole inconsuete), segue un breve brano di intermezzi esplicativi che congiungono i vari episodi. Esso serve a dare un'idea della costruzione complessiva dello spettacolo, in cui l'attore alterna la recitazione dei vari episodi a didascalie discorsive in italiano in cui vengono fornite le premesse storico-filologiche degli episodi, nonché una possibile chiave di attualizzazione.

Inizia il dialogo tra il primo visitatore e il guardiano del camposanto.

(*Nel ruolo del visitatore*)   Ch'al scüsa... o l'è quèsto ol simitéri, campusànto, due che vai a fa' ol 'suscitanénto d'ul Làsaro? Quèlo che l'hano sepelíto da quàter ziórni, che dòpo 'riva un santón, un stregonàsso, Jesus... me pare che se ciàmi... Fiól de Deo de sovranóme... salta fōra el morto co' i ögi spiritàti e tüti che vusa: «L'è vivo! L'è vivo!»... e po' 'dèm tüti a béver che s'enciuchémo 'me Dio! L'è chi-lòga?

(*Nel ruolo del guardiano del camposanto*)   Sí, dòi bajòchi se vòi véder ol miracolo!
(*Torna a interpretare il personaggio del visitatore*)   Dòi bajòchi mi a ti? Parchè?

Inizia il dialogo tra il primo visitatore e il guardiano del camposanto.

(*Nel ruolo del visitatore*)   Scusi... è questo il cimitero, camposanto, dove vanno a fare il resuscitamento [la resurrezione] del Lazzaro? Quello che hanno seppellito da quattro giorni, che dopo arriva un santone, uno stregone, Jesus... mi pare che si chiami... Figlio di Dio di soprannome... salta fuori il morto con gli occhi spiritati e tutti che gridano: «È vivo! È vivo!»... e poi andiamo a bere e ci ubriachiamo come Dio! È qui?

(*Nel ruolo del guardiano del camposanto*)   Sì, due baiocchi se vuoi vedere il miracolo!
(*Torna a interpretare il personaggio del visitatore*)   Due baiocchi io a te? Perché?

(*Torna nel ruolo del guardiano del camposanto*)   Parchè mi a sont ol guardiàn d'ol camposanto e déa esser recompensà per tüti i impiastri e burdeléri che viàltri m'impiantí... che a vegnít chi... andí sü i sépi... pesté i tombi... andé süi crósi... ve senté süi crósi... me storté tüti i brasi de le crósi e me rubít tüti i lumíni! (*Prende fiato*) Dòj baiòcchi, se no andé in un óltro simitiéro! Vòj véder se lí truvé un óltro santo bravo 'me ol nòster che con do' segni a tira föra i morti 'me fungi! Andé, andé! Anca ti dòna, dòi baiòcchi! Ol bambín mèso baiòcco! No' me importa se nol capísse negòtta, quando serà grando te ghe dirà: «Pecàto che te s'éri cusí inscimít... incrugnít de crapa, che no' t'è capí negòta e sül plü bèlo del miracolo te me gh'ha pisà anca adòso!» (*Si rivolge a un immaginario ragazzino che cerca di entrare nel cimitero scavalcando il muro di cinta*) Föra! Föra dal müro! Desgrasió, canàja! Furbàsso... al vœ vegní deréntro a vedérse ol miracolo a gratis!

(*Nel ruolo del primo visitatore*)   Bòja quante tombe che gh'è! Che simitiéro grande! Varda quante cróse! [...] Varda quanta zénte che aríva!... [...]

(*Verso l'esterno, gridando*)   Alóra, aríva ol santo? No' gh'è qualche d'ün de voialtri che cognósse dóe sta de casa 'sto santo che lo vaga a ciamàre... a dirghe che sémo tüti preparàdi... che no' se pòl 'speciàre tüta una ziornàda per un miracolo... Gh'émo altro de fare!... Ma metéghe un orario a 'sti miracoli! E rispetélo! (*Tra sé*) 'Riva?... (*Ai presenti*) No' aríva!

(*Fa immaginare l'ingresso di un affitta-sedie che ad alta voce offre la sua merce*)   Cadréghe! Chi vòle cadréghe? Dòne! Catéve 'na cadréga! Dòi bajòchi 'na cadréga! Sentéve, che l'è grave pericolo restà in pie a vardàrse un miracolaménto! Che quando 'riva ol santo, fa dei segn, el fa vegní föra ol Làsaro in pie... cui ögi spiritàt... ciapé un tal stremísio-spavento, andé indrío cunt la crapa... andé a bàter sü ün saso... TACCHETE! Morte! Sèche! (*Rivolto al pubblico*) E ol santo ne fa ün sojaménte de miracolo, incœ, eh! Catéve, catéve la cadréga! Dòe bajòcchi! (*Accenna a uscire di scena e ritorna a interpretare il ruolo del primo visitatore*) Pícul... te sèt catà 'na cadréga, eh? Per

(*Torna nel ruolo del guardiano del camposanto*)   Perché io sono il guardiano del camposanto e devo essere ricompensato per tutti gli impiastri e bordelli che voialtri mi combinate... che venite qui... mi schiacciate le siepi... calpestate le tombe... vi sedete sulle croci... mi stortate tutte le braccia delle croci... e mi rubate pure i lumini! (*Prende fiato*) Due baiocchi, sennò andate in un altro cimitero! Voglio vedere se trovate un altro santo bravo come il nostro che con due segni tira fuori i morti come funghi! Andate, andate! Anche tu donna, due baiocchi! Il bambino mezzo baiocco! Non m'importa se non capisce niente, quando sarà grande gli diranno: «Peccato che eri così tonto... imbesuito di testa, che non hai capito niente e oltretutto, sul più bello del miracolo, mi hai spisciacquato anche addosso!» (*Si rivolge a un immaginario ragazzino che cerca di entrare nel cimitero scavalcando il muro di cinta*) Fuori! Fuori dal muro! Disgraziato, canaglia! Furbastro... vuole venire dentro a vedersi il miracolo gratis!

(*Nel ruolo del primo visitatore*)   Bestia, quante tombe che ci sono! Che cimitero grande! Guarda quante croci! [...] Guarda quanta gente che arriva!... [...]

(*Verso l'esterno gridando*)   Allora, arriva il santo? Non c'è qualcuno di voialtri che conosca dove sta di casa 'sto santo che lo vada a chiamare... a dirgli che siamo tutti preparati... che non si può aspettare tutta una giornata per un miracolo... Abbiamo altro da fare!... Ma metteteci un orario a 'sti miracoli! E rispettatelo! (*Tra sé*) Arriva?... (*Ai presenti*) Non arriva!

(*Fa immaginare l'ingresso di una affitta-sedie che ad alta voce offre la sua merce*)   Sedie! Chi vuole sedie? Donne! Affittatevi una sedia! Due baiocchi una sedia! Assettatevi [sedetevi], che è grave pericolo stare in piedi e rimirarsi un miracolo! Che appena arriva il santo e fa dei segni, sorte il Lazzaro ritto... con gli occhi spiritati... vi prende un tale spavento che vi rovesciate all'indietro con un gran tonfo e sbattete la testa su una pietra... TACCHETE! Morte! Secche! (*Rivolto al pubblico*) E il santo ne fa uno solamente di miracolo oggi, eh! Prendete, affittatevi la sedia! Due baiocchi! (*Accenna a uscire di scena e ritorna a interpretare il ruolo del primo visitatore*) Piccolo... ti sei preso una sedia, eh? Per di-

diventar plü grando! Ma bravo! Monta, monta che t'aído! Oplà! Va' che pícolo-grando! No' apogiàrte chi-lòga sü la mia spala... te do un trusún che te sbato deréntro la tomba 'vèrta, pœ ciàpo ol cuèrcio, te 'l mèto de soravía (*mima di bussare da dentro la tomba*), TON TON: siléntio! TON TON: etèrnum!

    (*Sporgendosi verso l'esterno*) 'Ríva 'sto santo? No' aríva! Ma no' se pòl 'speciàre tanto... vègne scüro! Ghe tóca pisà tüti i lümini, 'riva il santo, se sbàja de tomba, va sü un'altra tomba e resuscita un àlter morto... 'riva la mama del Làsaro, comincia a piàgnere... Tóca 'masàre ol morto apéna resuscitato!

    No' se fa 'ste figure... gh'è i forèsti!

    (*All'istante mima l'ingresso di un venditore di pesce fritto*) Ohhhoh! Sardèle, sardèle, bòne, dólze, frite... dòj bajòchi... catévene un cartòcio. Bòne!... che i fa 'suscitare i morti!

    (*Nel ruolo di un visitatore*) Daghe un cartòcio al Làzaro, che se prepara el stòmego!

    (*Altro visitatore*) Cito, blasfemo!

    (*Nel ruolo del primo visitatore*) Aríva la gént... tüti, tüti, i apostoli, varda, varda! Tüti in fila col santo... Quèl con tüti i risulín e la barba lònga l'è Piétro... quèl'altro con la crapa pelàda e con la barba tüta rísula, quèlo là, l'è Paolo... quèl'altro... (*portando festoso la voce*) Maarcooo!... (*Cambio tono: pavoneggiandosi, al pubblico intorno*) Cognósso! Sta 'tacà de casa mia! (*Leva le mani agitandole vistosamente in segno di saluto, quindi, a gesti, avverte l'apostolo che lo attenderà, a miracolo avvenuto, per invitarlo a una grande bevuta*) Ah, varda, quèlo l'è Jesus... quèlo pícolo... Com a l'è zióvin... varda, no' gh'ha gniànca la barba... 'me l'è delicàt... ol pare un bagài. Mi me l'immazinàva plü tosto, con 'una gran crapa de cavèi, cunt dei paletóni (*indica le orecchie*), cunt un crestón tremendo, cunt dei dénci, de le manàsse, che quand faséva i benedisiún PAA!... faséva in quattro i fedeli! Che zóvine che o l'è!

ventare più grande! Ma bravo! Monta, sali che ti aiuto! Oplà! Guarda che piccolo-grande! Non appoggiarti alla mia spalla... che ti ammollo una spintonata... ti sbatto dentro la tomba spalancata, poi acchiappo il coperchio, te lo sistemo sopra (*mima di bussare da dentro la tomba*), TON TON: silenzio! TON TON: eterno!...

    (*Sporgendosi verso l'esterno*) Arriva 'sto santo? Non arriva! Ma non si può aspettare così tanto... viene scuro! Ci tocca appicciare [accendere] tutti i lumini, arriva il santo, si sbaglia di tomba, va su un'altra tomba e resuscita un altro morto... spunta la mamma di Lazzaro, scoppia a piangere... tocca ammazzare il morto appena resuscitato!

    Non si possono fare 'ste figure... c'è gente di fuori!

    (*All'istante mima l'ingresso di un venditore di presce fritto*) Ohhhoh! Sardine, sardine, buone, dolci, fritte... due baiocchi... prendetevene un cartoccio. Buone!... che fanno resuscitare i morti!

    (*Nel ruolo di un visitatore*) Ehi sardine, danne un cartoccio al Lazzaro, che si prepari lo stomaco!

    (*Altro visitatore*) Zitto, blasfemo!

    (*Nel ruolo del primo visitatore*) Arriva la gente... tutti, tutti, gli apostoli... guarda, guarda! Tutti in fila con il santo... quell'apostolo lì... è Pietro, con tutti i ricciolini, la barba lunga... quell'altro con la testa pelata e con la barba tutta riccia, quello è Paolo... quell'altro... (*portando festoso la voce*) Marcooo!... (*Cambio tono: pavoneggiandosi, al pubblico intorno*) Conosco! Sta appresso a casa mia... (*Leva le mani agitandole vistosamente in segno di saluto, quindi, a gesti, avverte il santo che lo attenderà a miracolo avvenuto per invitarlo a una grande bevuta*) Ah, guarda, quello è Gesù... quello piccolo... com'è delicato... pare un ragazzino. Io me lo immaginavo più tosto, con una gran testa di capelli... con delle pallettone (*indica le orecchie*), una crestona tremenda, con dei denti, delle manone, che quando cominciava a benedire: PAA!... troncava in quattro i fedeli! Che giovane che è!...

55   (*Una voce fra la folla*)   Jeesuuus! Faghe 'n'altra volta ol miracolo de la moltiplicasióne dei pani e dei pessít che éran sí bòni... Dio, la magnàda che gh'ho fàito!

    (*Altro personaggio*)   Ohi, ma ti no' ti pénsi che a magnàre!?

    (*Risponde chi ha parlato prima*)   E per fòrsa! L'è par via che sémo chi-lò, in del simitério... a mi la tensiön dei miracoli me svòda ol stòmego in üna manéra che me végne 'na fame de ma-
60 gnàrmi anco Deo!

    (*Uno dei visitatori*)   Cito, cito che ol Jesus l'ha dàito l'órden de ingiunugiàs! Tüti i santi s'è metü in ginögio a pregare... e anco i altri... anca noàltri dovémo andare in ginögio, se no il miracolaménto no' riésse!

    (*Altro visitatore*)   Mi no' ghe vago. Mi no' ghe vago! No' me importa! No' ghe credo e no'
65 ghe vago in ginögio!

    (*Altro visitatore*)   Te catàsse un fülmine che te storpiàsse i giàmbi! (*Mima di camminare da storpio*) Pœ va da Jesus: «Jesus, fame ol miracolo de...» Niénte! Un altér fülmine... TRACK!, anca le brasse! (*Mima braccia da paralitico*).

    (*Altro personaggio*)   Cito, cito... gh'ha da' l'órden de valsà la piéra de la tomba.
70   (*Uno dei presenti, urlando, ordina e dirige il sollevamento della pietra*)   Vàie insèma! Valzé 'sto lastrón! Aténti ai pie!

    (*Uno spettatore tappandosi il naso*)   Bòja che spüssa che végn fóra! Che tanfo! Ma còssa gh'han bütà deréntro... un gato màrscio!

    (*Altro visitatore*)   No, no, l'è lü... l'è Làsaro... Varda 'me l'è cunscià!
75   (*Altro visitatore*)   Ohia, l'è descomponío... tüti i vèrmini che ghe végn föra dai ögi... Ah, che schívio!

    (*Altro visitatore*)   Che schèrso che gh'han fato!

    (*Altro visitatore*)   A chi?

    (*Una voce fra la folla*)   Jeesuuus! Facci un'altra volta il miracolo della moltiplicazione dei pani e dei pesci che eran così buoni... Dio, la mangiata che ho fatto!

    (*Altro personaggio*)   Ohi, ma tu non pensi che a mangiare!?

    (*Risponde chi ha parlato prima*)   E per forza! Siamo qua, al cimitero... a me la tensione dei miracoli mi svuota lo stomaco in un modo che mi viene una fame che mi mangerei anche Dio!

    (*Uno dei visitatori*)   Zitto, zitto che Jesus ha dato l'ordine di inginocchiarsi! Tutti i santi si sono messi in ginocchio a pregare... e anche gli altri... anche noi dobbiamo inginocchiarci, sennò il miracolo non riesce!

    (*Altro visitatore*)   Io non ci vado. Io non ci vado! Non mi importa! Non ci credo e non ci vado in ginocchio!

    (*Altro visitatore*)   Ti prendesse [colpisse] un fulmine che ti storpia le gambe! (*Mima di camminare da storpio*) Poi vai da Gesù: «Gesù, fammi il miracolo di...» Niente! Un altro fulmine... TRACK!, anche le braccia! (*Mima braccia da paralitico*).

    (*Altro personaggio*)   Zitto, zitto... ha dato l'ordine di sollevare la pietra della tomba.

    (*Uno dei presenti, urlando, ordina e dirige il sollevamento della pietra*)   Forza! Insieme! Alzate 'sto lastrone! Attenti ai piedi!

    (*Uno spettatore tappandosi il naso*)   Boia che puzza che viene fuori! Che tanfo! Ma cosa ci hanno buttato dentro... un gatto marcio?

    (*Altro visitatore*)   No, no, è lui, è Lazzaro, guarda come è ridotto!

    (*Altro visitatore*)   Ohia, quasi putrefatto... tutti i vermi che gli sortono dagli occhi... Ah, che schifo!

    (*Altro visitatore*)   Che scherzo che gli hanno fatto!

    (*Altro visitatore*)   A chi?

(*Altro visitatore*)   Al Jesus! Gh'avéan dito che l'éra quatro ziórni che l'avéan interà... Sarà almanco un mese che l'è sóto tèra! No' ghe pòl riussíre 'sto miracoláménto...
(*Altro spettatore*)   Parchè?
(*In risposta*)   Parchè l'è tròpo infrolàto 'sto morto!
(*Altro visitatore*)   Ghe riésse uguale, parchè quèl lí a l'è un santón tale, che anco se in de la tomba gh'è deréntro quatro òsi marscídi e tüti sbirulàt, basta che lü ghe rivolta i ögi al ziélo... dòi parole al so' Padre, e 'ste òsa de colpo se reémpe de carne, de muscoli e VUUUMMM!, ol va via 'me 'na légura a saltelón!
(*Altro personaggio*)   No' di' strunsàde!
(*Altro visitatore*)   'Me strunsàde?! Fémo scomèsa? Sínquo contro quatro che ghe riésse!
(*Altro visitatore*)   Sète contro diése che no' ghe riésse! Tégno banco mi! (*Rivolto agli immaginari spettatori con tono da bookmaker che raccoglie scommesse*) Tri, quatro, dòi... oto che ríese... sète che no' ghe la fa...
(*Altro visitatore, disgustato*)   Basta! Vergogna! Col santo ancora lí ch'ol prega, e lori a far scomèsa! Blasfémio! Vergogna!... (*All'improvviso*) Zínque baiòcchi per mi che ghe riésse!
(*Altra voce*)   Cito! Ol santo el punta ol morto e ghe ordina: «Végne fōra Làsaro!»
(*Altro personaggio*)   Ah, ah, vegniràn fōra i vèrmini che l'è impiegnído!
(*Altro spettatore indignato*)   Cito blasfémio!
(*Altro personaggio, allibito*)   Ol s'è mœve! Deo gràsia, ol s'è mœve! Ol l'è vivo! (*Mima il movimento di Lazzaro che risorge, barcollando*) Ol Làsaro ol mónta, mónta, mónta... végn sü, végn sü, végn sü... ol bòrla, ol bòrla, ol bòrla... va giò, va giò, végn sü! Se scròda 'me un cagn che vègne fōra da l'acqua... tüti i vèrmeni spantegà! (*Mima di ripulirsi, schifato, faccia e corpo dei vermi che gli sono arrivati addosso*) Oh! Desgrasiò! Va' piàn co' 'sti vèrmeni!

(*Altro visitatore*)   A lui, a Gesù! Gli avevano raccontato che era seppellito da soli quattro giorni... Sarà almeno un mese che è sotto terra! Non gli può riuscire 'sto miracolo...
(*Altro spettatore*)   Perché?
(*In risposta*)   Perché è troppo frollo 'sto morto!
(*Altro visitatore*)   Io son sicuro che ce la fa eguale, perché quello è un santone tale, che anche se nella tomba ci stanno quattro ossa marce fradice, basta che lui rivolga gli occhi al cielo... due parole a suo Padre, e 'ste ossa di colpo si riempiono di carne, di muscoli, e VUUUMMM!, va via a saltelloni come una lepre!
(*Altro personaggio*)   Non dire stronzate!
(*Altro visitatore*)   Come stronzate?! Faccio scommessa? Cinque contro quattro che ci riesce!
(*Altro visitatore*)   Sette contro dieci che non ci riesce! Tengo banco io! (*Rivolto agli immaginari spettatori con tono da bookmaker che raccoglie scommesse*) Tre, quattro, due... otto che riesce... sette che non ce la fa...
(*Altro visitatore, disgustato*)   Basta! Vergona! Col santo ancora lì, che prega e loro che fanno scommesse! Blasfemi! Vergona!... (*All'improvviso*) Cinque baiocchi per me che ci riesce!
(*Altra voce*)   Zitti! Il santo punta il morto e gli ordina: «Vieni fuori Lazzaro!»
(*Altro personaggio*)   Ah, ah, verran fuori i vermi che lo riempiono.
(*Altro spettatore indignato*)   Zitto blasfemo!
(*Altro personaggio, allibito*)   Si muove! Deo grazia, si muove! È vivo! (*Mima il movimento di Lazzaro che risorse, barcollando*) Il Lazzaro si rizza, monta, è in piedi... casca, casca, casca... va giù, va giù, viene su! Si scrolla come un cane che sorte dall'acqua... tutti i vermi si spargono intorno! (*Mima di ripulirsi, schifato, faccia e corpo dei vermi che gli sono arrivati addosso*) Oh disgraziato! Va' piano con 'sti vermi!

(*Altro visitatore cadendo in ginocchio*)   Miracolo! Ol l'è vivo! Ol l'ha resüscitàt! Bòja, varda: ol ride, ol piagne.

A turno i personaggi si esaltano per il miracolo.

105   (*Altro visitatore, a sua volta in ginocchio*)   Meravegióso Fiól de Deo!, mi no' credevo miga che ti te fudèsse cossì miracolànte! (*Quindi, veloce verso il bookmaker*) Gh'ho vinciü mi! Sète bajòchi cóntra sínque! (*A Gesù*) Maravegióso! Bravo Jesus, bravo!... (*All'istante si palpa sul ventre e sul fianco*) La méa borsa!?... Ladro! Bravo Jesus! (*Volto verso l'esterno*) Ladro! Ladro! Jesus, bravo!... (*Esce correndo, volgendo ripetutamente il capo sia verso gesù che verso l'esterno*) Ladroooo!...
110   Jesus! Bravo Jesus! Ladroooo! Bravo Jesus! Ladroooo! Bravoo Jesus!

(*Altro visitatore cadendo in ginocchio*)   Miracolo! È vivo! L'ha resuscitato! Boia, guarda: ride, piange.

A turno i personaggi si esaltano per il miracolo.

(*Altro visitatore, a sua volta in ginocchio*)   Meraviglioso Figlio di Dio, io non credevo che tu fossi così miracoloso! (*Quindi, veloce verso il bookmaker*) Ho vinto io! Sette baiocchi contro cinque! (*A Gesù*) Meraviglioso! Bravo Jesus, bravo!... (*All'istante si palpa sul ventre e sul fianco*) La mia borsa!?... Ladro! Bravo Jesus! (*Volto verso l'esterno*) Ladro! Ladro! Gesù, bravo!... (*Esce correndo, volgendo ripetutamente il capo sia verso Gesù che verso l'esterno*) Ladroooo!... Jesus! Bravo Jesus! Ladroooo! Bravo Jesus! Ladroooo! Bravooo Jesus!

T2 DALLA COMPRENSIONE ALL'INTERPRETAZIONE

COMPRENSIONE

Una piccola folla di curiosi e di approfittatori   Fo dà la parola a **una decina di personaggi, tutti popolari, che sono accorsi sul posto per assistere al famoso miracolo di Gesù**. Compaiono, nell'ordine: **il primo visitatore, il guardiano del camposanto, un ragazzino, un affitta-sedie, un venditore di pesce fritto, svariati altri membri della folla, Lazzaro risorto e il** *bookmaker* (cioè l'uomo che accetta le scommesse). Il miracolo è visto attraverso gli occhi di queste persone, riprodotto attraverso i loro gesti e il loro linguaggio. Ciò comporta un abbassamento del clima in cui è collocato l'evento, sia per via della lingua, concreta, bassa e umorale, con cui i personaggi commentano i fatti, sia perché il luogo sacro è anche teatro di una serie di piccole furfanterie.

Lazzaro, gli apostoli e Gesù, il "santone" fuori scena   Dalla rappresentazione in chiave comica non si salvano neppure gli attori sacri dell'evento. **Lazzaro**, per esempio, quando appare dalla tomba scoperchiata è «descomponìo», cioè "troppo frollo" per essere resuscitato, mentre, quando miracolosamente si alza, «se scròda 'me un cagn che vègne föra da l'acqua» («si scrolla come un cane che sorte dall'acqua»), spargendo vermi tutt'intorno. **Gli apostoli entrano in scena tutti in fila**, proprio come attori di teatro, seguiti dallo **sguardo incuriosito del pubblico che fa i suoi commenti** («Pietro, con tutti i ricciolini... quell'altro con la testa pelata, la barba lunga»); non manca neppure chi li chiama a gran voce da lontano per salutarli e invitarli a bere. Anche **Gesù è rappresentato indirettamente attraverso le battute dei presenti**. L'apparizione della sua figura delude un po' il pubblico, che si aspettava «un santòn, un stregonàsso... plü tosto, con 'una gran crapa de cavei...», e invece si ritrova davanti un giovane, piccolo di statura, senza nemmeno la barba, che «pare un bagài» («un ragazzino»).

ANALISI

Le tecniche del racconto orale Nella versione a stampa il brano è proposto sia in **dialetto (un arcaico idioma padano)** sia nella traduzione italiana fatta dall'autore. Nella messinscena, però, il testo viene recitato in dialetto, e la riuscita dello spettacolo è affidata in gran parte al talento dell'unico attore che deve impersonare tutte le parti, passando rapidamente da un personaggio all'altro e da un registro all'altro. **La recitazione,** frammentata e incalzante, scandita da passaggi anche bruschi (per esempio, nella battuta finale l'attore quasi si divide fisicamente, da un lato applaudendo con foga «Jesus» per il miracolo avvenuto, dall'altra rincorrendo rabbiosamente con la voce il ladro che gli ha scippato la borsa), è accompagnata da una gestualità e vocalità rapida e vivace, che completa il senso delle battute e che, nel suo **ritmo frenetico ed esilarante**, contribuisce all'effetto comico complessivo.

La festa popolare e il "mercato" del sacro **L'atmosfera del miracolo è abbassata e desublimata**. Sul luogo dell'evento viene montato una specie di baraccone da fiera, uno spettacolo ambulante in cui la gente comune si accalca per vedere "il santo", per applaudirlo, ma anche per spettegolare e per farsi gli affari propri. C'è chi approfitta del pubblico per affittare sedie, chi vende pesce, chi accetta scommesse su Lazzaro e su Gesù, chi invoca a gran voce il miracolo come occasione per farsi una bevuta e una mangiata tutti insieme («Jesuuus! Facci un'altra volta il miracolo della moltiplicazione dei pani e dei pesci... Dio, la mangiata che ho fatto!»). Tutto ciò crea **un effetto di irresistibile comicità**, che nasce dal contrasto tra l'episodio sacro e l'ambiente profano in cui esso è costretto a svolgersi, a contatto con un'umanità varia e disinvolta, pronta al riso e alla furbata.

INTERPRETAZIONE

Riportare alle origini il racconto evangelico... Ma l'obiettivo di Fo non è soltanto quello di incrementare la comicità. Collocare l'episodio biblico in un contesto popolare e quotidiano significa innanzitutto **recuperare la dimensione terrena, di aggregazione e di festa, propria dell'esperienza religiosa** e favorire la riconquista di quest'ultima da parte degli umili, dei semplici, a cui i Vangeli erano originalmente destinati, superando la severa interpretazione dei miracoli imposta della Chiesa ufficiale. Anche il linguaggio dei parlanti, comune e popolare, tende a richiamare quello evangelico, umile e quotidiano.

... e sferrare un attacco contro la realtà di oggi Al tempo stesso, l'autore sfrutta le potenzialità del racconto biblico per gettare luce sull'età presente. L'episodio mistico trasformato in un fatto mirabolante, con Cristo che veste i panni del santone e del guaritore piuttosto che quelli di figlio di Dio, evidenzia il **misto di religione e superstizione** che sta alla base di molte confessioni, compresa quella cattolica, e il residuo di paganesimo presente nelle manifestazioni di fede dove il divino si mescola allo stregonesco, al magico, al miracolistico, e dove l'esibizione di questi aspetti serve allo scopo di impressionare e circuire il pubblico. Inoltre il vero e proprio mercato che si forma intorno a Lazzaro e a Gesù, con tanto di venditori ambulanti, affittasedie e scommettitori, in cui la gente si accalca come davanti a un circo o a una fiera, non può non far pensare al nostro tempo, in cui **la società dominata dalle leggi di mercato riduce tutto a merce e a spettacolo**, e in cui ogni valore è fatto oggetto di speculazione e profitto. Il mondo passato portato in scena da Fo, quindi, è anche una metafora della realtà contemporanea, di cui il testo denuncia, attraverso la potente arma della satira, i rischi e i mali sempre attuali.

T2 LAVORIAMO SUL TESTO

ANALIZZARE

Un dramma umano

1. Perché in questo brano mancano totalmente le didascalie?
2. Su quale tipo di teatralità punta il testo?
3. **LINGUA E LESSICO** In quale dialetto è steso l'episodio? Prova a spiegare la funzione di questa originale scelta linguistica.

DAL RIPASSO ALLA VERIFICA

MAPPA CONCETTUALE — Il teatro nella società contemporanea

SINTESI

● **La ricerca teatrale nella società dello spettacolo**
Nella società in cui tutto tende a ridursi a spettacolo, il teatro si presenta spesso, nelle sue forme sperimentali, quale critica della spettacolarità e dell'intrattenimento. Nelle molte ricerche che segnano soprattutto il periodo tra la metà degli anni Cinquanta e la metà dei Settanta, si assiste a una relativizzazione del testo letterario con conseguente rilancio della funzione registica e delle varie componenti della messinscena (dai gesti alla musica). Le ricerche teatrali si svolgono per lo più ai margini delle istituzioni ufficiali – spesso legate a meccanismi imprenditoriali e al consumo –, creando veri e propri circuiti *underground* (cioè sotterranei).

● **Samuel Beckett**
Alla lezione decisiva di Brecht si affianca quella del "teatro dell'assurdo" e di Samuel Beckett (1906-1989), suo fondatore e maggiore rappresentante. Nel capolavoro di Beckett, *Aspettando Godot* (1953), ben si esprimono i caratteri della tendenza: rifiuto dell'intreccio, straniamento, importanza del dialogo, denuncia dell'assurdità e dell'angoscia del mondo contemporaneo, critica del teatro borghese e della convenzionalità scenica, crisi di valori condivisi e razionali.

● **Il teatro in Italia. Dario Fo**
Anche in Italia il teatro conosce un periodo felice grazie a numerose sperimentazioni, soprattutto registiche, e al *cabaret*. Al teatro si dedicano scrittori come Pasolini e Luzi. All'avanguardia si riconnettono, oltre che le prove di Sanguineti, le riscritture provocatorie di Giovanni Testori e Carmelo Bene. La più significativa esperienza teatrale si lega tuttavia alla ricerca di Dario Fo (1926), premio Nobel per la Letteratura nel 1997, nella cui ricca (ma diseguale) produzione di commedie rivive la tradizione dei giullari medievali e della commedia dell'arte. Fo mira infatti a recuperare le tracce di una cultura popolare minoritaria, capace di costituire una critica radicale del potere e dei suoi modelli repressivi. Capolavoro di Fo è *Mistero buffo*, insieme di episodi tratti dalle scritture sacre, riletti in modo dissacrante e rivoluzionario. Importantissima è la ricerca linguistica ed espressiva di Fo, che ricorre al dialetto, anche arcaico, e giunge a inventare una lingua, il *grammelot*.

DALLE CONOSCENZE ALLE COMPETENZE

1 In che modo il teatro di ricerca risponde alla sfida del cinema e della televisione? (due risposte) (§ 1)
- [A] accentuando la spettacolarità della messa in scena
- [B] rifiutando l'idea di teatro come intrattenimento
- [C] accettando il primato del testo
- [D] creando circuiti alternativi

2 Elenca i principali temi a cui si ispira il teatro dell'assurdo (§ 2)

3 Che cosa significa *Underground*? A quali forme di arte si riferisce? (**S1**)

4 A La struttura del dramma di Beckett si basa su (§ 2)
- [A] l'intreccio della narrazione
- [B] la centralità dell'azione
- [C] la successione di quadri scenici
- [D] l'importanza della scenografia

B Spiega in che modo il principio dell'incomunicabilità si cala proprio nel dialogo. (§ 2)

5 Di quale tipo di attesa è diventato sinonimo *Aspettando Godot*? (**T1**)

6 Individua di volta in volta le alternative corrette
- Dario Fo concepisce il teatro come (§ 5)
  - [A] pura *performance*
  - [B] intervento politico sul presente
- si rivolge
  - [A] a un pubblico d'élite
  - [B] a un pubblico di massa
- usa canali
  - [A] istituzionali
  - [B] alternativi

7 Perché il giullare è una figura particolarmente amata da Dario Fo? (§ 5)

8 Che cos'è il *grammelot*? (§ 5)

GLOSSARIO

A

ablativo assoluto costrutto sintattico tipico della lingua latina. È formato da un part. e da un sost. grammaticalmente autonomi rispetto alla frase principale e che, in latino, sono in caso ablativo. Nell'italiano letterario l'*a. a.* ha funzione di inciso. P. es. «per ciò che di me altro possa avvenire che quello che della minuta polvere avviene, la quale, *spirante turbo*, o egli di terra non la muove, o se la muove la porta in alto e spesse volte sopra le teste degli uomini [...] la lascia» (BOCCACCIO).

acròstico componimento poetico (e gioco enigmistico) in cui le lettere iniziali della prima parola di ogni verso (o quelle iniziali di ogni parola), lette in verticale, formano un nome o una frase di senso compiuto. L'esempio più illustre di *a.* è l'*Amorosa visione* di Boccaccio: le lettere iniziali di ogni **terzina**, lette di séguito, formano una serie di tre **sonetti** che fungono da **proemio** all'opera.

adynaton (gr. = cosa impossibile) figura retorica che consiste nel rimarcare l'impossibilità di un fatto tramite una **perifrasi** a carattere **iperbolico** e **paradossale**. P. es., «Lo mar potresti arompere, a venti asemenare, / l'abere d'esto secolo tut[t]o quanto asembrare: / avere me non pòteri a esto monno» (CIELO D'ALCAMO).

afèresi fenomeno linguistico per cui si ha la caduta di uno o più suoni all'inizio di una parola. P. es.: "state" per 'estate' e "verno" per 'inverno'.

aforisma (o *aforismo*) breve testo o frase dal carattere sentenzioso, spesso **paradossale** e **antifrastico**. L'*a.* enuncia una verità assoluta che di solito non coincide con l'opinione comune.

agiografia genere in cui è narrata la vita esemplare di un santo. Nel Medioevo l'*a.* ha un carattere spiccatamente fantastico e si avvicina ai modi della leggenda.

allegorìa figura retorica per cui un concetto astratto (ideale, morale, religioso, politico) viene espresso attraverso una serie di immagini concrete alle quali l'autore ha attribuito un significato **metaforico**. L'*a.* per **antonomasia** della letteratura italiana è la *Commedia* dantesca (cfr. **figura**), ma un buon es. è anche in Petrarca (*Canz.* CLXXXIX): la nave che solca il mare in tempesta rappresenta la vita umana che si muove tra difficoltà e pericoli; il naufragio è la morte, e il porto la salvezza e la pace (anche in senso religioso).

allitterazione figura retorica che consiste nella ripetizione degli stessi suoni all'inizio di due o più parole contigue o anche all'interno di esse. Può essere impiegata per rafforzare legami semantici tra parole o per crearne di nuovi. P. es.: «a *m*ezza via co*m*e ne*m*ico ar*m*ato» (PETRARCA).

anacoluto costruzione (che la grammatica normativa giudica scorretta) consistente nel cominciare una frase senza terminarla in modo sintatticamente adeguato, di solito variandone il soggetto dopo un inciso. Fenomeno comune nel parlato (p. es. "*Io*, ieri, *mi capitò* una brutta avventura"), può essere impiegato in letteratura a fini **mimetici** o **espressionistici**. Spesso in Boccaccio si hanno *a.* del tipo: «*Il Saladino*, [...] avendo in diverse guerre e in grandissime sue magnificenze speso tutto il suo tesoro [...], *gli venne* a memoria un ricco giudeo, il cui nome era Melchisedech».

anàfora figura retorica consistente nella ripetizione di una stessa parola (o di più parole) all'inizio di versi o enunciati successivi. P. es.: «*Figlio*, l'alma t'è 'scita, / *figlio* de la smarrita, / *figlio* de la sparita, / *figlio* attossecato!» (JACOPONE).

anagramma figura retorica (e gioco di parole) che consiste nella permutazione (cioè nello scambio reciproco) delle lettere che compongono una parola allo scopo di formarne un'altra di significato diverso. Quattro possibili anagrammi della parola "Roma" sono, p. es., "ramo", "armo", "mora" e "amor".

analessi in linguistica, ripresa di una stessa parola. In narratologia, l'*a.* (o *flashback*) è la rievocazione di un evento passato rispetto al momento in cui si svolge l'azione principale (p. es., nell'*Odissea*, il racconto retrospettivo di Ulisse ai Feaci, che risale fino alla caduta di Troia). È il fenomeno opposto alla **prolessi**.

analogìa procedimento compositivo per cui si sostituiscono ai consueti rapporti logici, sintattici e semantici delle parole altri rapporti basati su somiglianze (anche remote ma percepibili intuitivamente) tanto sul piano del **significato** quanto su quello del **significante** (cfr. anche **simbolismo** e **fonosimbolismo**). Un'*a.* può esplicitarsi in una **metafora** oppure rimanere implicita nel testo.

anàstrofe figura retorica consistente nell'inversione dell'ordine abituale degli elementi del periodo. Riguarda di solito il compl. di specificazione e l'agg. («fue / *di cherubica luce uno splendore*»: Dante) oppure il compl. ogg. e il verbo. Può essere considerata come una sottospecie dell'**iperbato**.

anticlimax o **climax discendente** consiste in una progressiva discesa di **registro** linguistico o di **stile**, talvolta (ma non necessariamente) con effetti **parodici** e **satirici**. Un es. di *a.* "seria" è «O mia stella, o Fortuna, o Fato, o Morte» (PETRARCA).

antìfrasi è la forma più esplicita di **ironia** e consiste nel dire qualcosa intendendo l'esatto contrario di ciò che si dice. L'eliminazione di eventuali ambiguità è sempre garantita dal contesto. Un es. di *a.* ricorrente nella lingua parlata è la frase "Che bella giornata!" per intendere che il tempo è brutto.

antinomìa in filosofia, termine indicante la contraddizione tra due proposizioni (*tesi* e *antitesi*) entrambe dimostrabili come vere.

antìtesi figura retorica consistente nell'accostamento di due parole o frasi di significato opposto. P. es. «*Pace* non trovo, et non ò da far *guerra*; / e *temo* et *spero*; et *ardo* et son un *ghiaccio*» (PETRARCA).

antonomàsia figura retorica che consiste nella sostituzione a) di un nome comune con un nome proprio (p. es. "imperatore" con «Cesare»: DANTE); b) di un nome proprio con una **perifrasi** che lo caratterizza in termini universalmente noti (p. es. 'Italia' con «il bel paese / ch'Appennin parte, e 'l mar circonda et l'Alpe»: PETRARCA); c) di un nome proprio con un appellativo che lo identifica in modo inequivocabile (p. es. 'Afrodite' con «Citerea» [cioè 'di Citera', l'isola che accolse Venere dopo la sua nascita]: DANTE).

apòcope (o *troncamento*) caduta della vocale o della sillaba finale di una parola. P. es. "amor" (= amore), "van" (= vanno).

apòdosi nel periodo ipotetico, è la proposizione principale da cui dipende logicamente una subordinata condizionale (detta **protasi**). P. es.: "se oggi non piove, *uscirò a fare quattro passi*".

apòlogo (dal gr. "apòlogos" = racconto) narrazione di tipo **allegorico** con espliciti fini pedagogici, morali o filosofici.

apòstrofe figura retorica che consiste nel rivolgere bruscamente il discorso a un **destinatario** reale o immaginario (presente o assente), in tono sdegnato o commosso. Può essere associato con la **personificazione**. P. es.: «Ahi Pisa, vituperio de le genti / del bel paese là dove 'l sì suona, / poi che i vicini a te punir son lenti, / muovasi la Capraia e la Gorgona, / e faccian siepe ad Arno in su la foce, / sì ch'elli anneghi in te ogne persona» (DANTE).

àrea semàntica (o *campo semantico*) insieme strutturato di parole che fanno riferimento a una data area concettuale, la cui unitarietà è accettata intuitivamente dai parlanti di una lingua. P. es., l'insieme dei termini di colore ("rosso", "nero", "blu") o quello delle parole relative alla sfera dei sentimenti ("amore", "amicizia", "affetto", ecc.) formano due distinte *a.s.*

asìndeto figura retorica consistente nella soppressione delle congiunzioni coordinanti (p. es.: "e", "o", "ma") all'interno della frase. L'uso reiterato di queste congiunzioni dà luogo invece al **polisindeto**. Un es. di *a.* è «*Fresco ombroso fiorito* e verde colle» (PETRARCA).

assimilazione fenomeno linguistico che si ha quando un suono (vocalico o consonantico) si adatta (diventa simile) al suono che lo precede o lo segue nel corpo della parola. Nel caso dell'ital. "fatto", dal lat. "factum", si parla di *a.* consonantica *regressiva*, tipica del toscano. Nel romanesco "monno", dal lat. "mundum", l'*a.* consonantica si dice invece *progressiva* e si ritrova solo nei dialetti centro-meridionali.

assonanza identità delle sole vocali della parte finale di due parole, a cominciare dalla vocale **tonica**. P. es.: *sole*: *ponte*.

àtona, sìllaba sillaba non accentata (contrario di **tonica**). Nella parola "sillaba", p. es., "la" e "ba" sono atone.

atto ciascuna delle suddivisioni principali di un'opera teatrale (v. **tragedia** e **commedia**). Si chiama **atto unico** la rappresentazione drammatica costituita da un solo *a.*

àulico (dal lat. "aula" = corte, reggia) agg. riferito a parola o **stile** alto, legato a una tradizione illustre. *A.* deve essere, per Dante, il volgare modello (*De vulgari eloquentia*). **Aulicismo**, di conseguenza, si definisce il termine letterario di tradizione colta, spesso un latinismo o un arcaismo.

autobiografia genere letterario in prosa in cui autore, narratore e personaggio principale sono la stessa persona. Nell'*a.*, diversamente da generi a essa affini come la **memorialistica**, il racconto (di tipo retrospettivo, a differenza del diario) ricopre tendenzialmente l'intera vita dell'individuo, privilegiandone lo sviluppo della personalità rispetto agli avvenimenti esterni che possono entrare a far parte della narrazione.

autògrafo in **filologia** è l'orginale, scritto di proprio pugno dall'autore. P. es., l'unico *a.* pervenutoci del *Decameron* di Boccaccio è il **codice** Hamilton 90 (o B), conservato a Berlino. Di Dante non si conserva nessun *a.*, mentre del *Canzoniere* di Petrarca abbiamo una *a.* (il Vat. lat. 3196) e un **codice**, il Vat. lat. 3195, solo in parte *a.* ma redatto sotto la sorveglianza dell'autore e perciò considerabile a tutti gli effetti come un originale.

avanguàrdia categoria storiografica moderna: in senso proprio si può parlare di *a.* solo a partire dall'Ottocento. Il concetto di *a.* (strettamente collegato a quello di **sperimentalismo**) fa riferimento a un gruppo di scrittori la cui **poetica** e attività creativa si situa consapevolmente in una posizione di rottura nei confronti della tradizione.

B

ballata (o *canzone da ballo*) forma strofica elaborata nel Duecento, originariamente con accompagnamento musicale e destinata alla danza. La struttura della *b.* prevede una **ripresa** (o **ritornello**) e una (o più) **stanze**, ognuna delle quali si divide in almeno due **piedi** e una **volta** (che ha schema identico alla ripresa). Il primo verso della volta rima con l'ultimo verso del secondo piede, e l'ultimo con l'ultimo verso della ripresa. La *b.* si può chiudere con una **replicazione** di forma uguale alla volta o alla ripresa. Tra i diversi tipi di *b.* ricordiamo: a) la **ballata mezzana**, con ripresa di tre versi **endecasillabi** (oppure due endecasillabi più uno o due **settenari**), usata tre volte dal Petrarca nel *Canzoniere* (LV, LIX, CCCXXIV); b) la **ballata minore**, con ripresa di tre versi (p. es. «*In un boschetto trova' pasturella*» di Cavalcanti).

biografia genere storiografico di origine classica in cui è narrata la vita di un personaggio illustre. Nel Medioevo il genere è ripreso da Petrarca nel *De viris illustribus*. Cfr. anche **agiografia**.

bisillabo verso di due sillabe, assai raro nella metrica italiana.

bucòlico (o *pastorale*), **gènere** il *g.b.* ha come modello le *Bucoliche* di Virgilio e l'**idillio** greco ed è ambientato nel mondo felice e idealizzato dei pastori (l'Arcadia, simbolo della poesia). In Italia il genere viene coltivato soprattutto nel Quattrocento, tanto in poesia (cfr. **egloga**) quanto nel **romanzo** e, successivamente, anche come forma drammatica. Gli ultimi esempi di *g.b.* si hanno ai primi del Settecento con gli arcadi.

burlesco, gènere genere poetico nato in Toscana a partire dalla seconda metà del XIII sec. con alcuni precedenti nella poesia goliardica latina medievale. Appartiene alla corrente della *poesia giocosa* rappresentata da Rustico Filippi, Forese Donati, Cecco Angiolieri e Folgòre da San Gimignano. La forma tipica del *g.b.* è la **parodia**, inizialmente spesso esercitata nei confronti dello stilnovismo: alla idealizzazione stilnovista della donna, i poeti giocosi contrappongono una concezione sensuale e carnale dell'amore.

C

calligramma componimento poetico in cui la disposizione tipografica dei versi raffigura un oggetto (di solito l'argomento stesso della poesia). Il termine deriva da *Calligrammes*, titolo di una raccolta poetica di Guillaume Apollinaire (1880-1918), ma la tradizione della *poesia figurata* risale all'antichità.

campo semàntico cfr. **area semantica**

cànone per *c.* letterario o estetico si intende l'insieme degli autori e delle opere che, in una data epoca, si ritiene debbano obbligatoriamente far parte delle letture di una persona colta. Il *c.* offre in concreto, agli scrittori, modelli **stilistici** e regole di **genere** da seguire e rispettare.

cantare genere popolare trecentesco in **ottave**, di argomento avventuroso, **epico** o cavalleresco, cantato nelle piazze dai giullari. Il *c.* è spesso anonimo (p. es. *Fiorio e Biancifiore*), ma compongono cantari anche Boccaccio e Pulci.

canterina che si riferisce ai **cantari**.

càntica l'insieme dei canti, rispettivamente, di *Inferno*, *Purgatorio* e *Paradiso*, ovvero ognuna delle tre parti in cui è divisa la *Commedia* di Dante.

canti carnascialeschi genere poetico-musicale con struttura metrica affine a quella della **ballata**, di contenuto licenzioso e osceno ma a volte anche satirico e politico. I *c.c.* venivano eseguiti a Firenze (tra il XV e il XVI sec.) nel periodo di carnevale. I *trionfi* si distinguono dagli altri *c.c.* perché destinati a essere cantati in cortei di maschere ispirate a personaggi mitologici: l'esempio più famoso di *trionfo* è la Canzona di Bacco (detta anche *Trionfo di Bacco e Arianna*) di Lorenzo de' Medici.

canzone forma metrica derivata dalla **canso**, in origine con accompagnamento musicale. La *c. classica* (o *antica* o *petrarchesca*) è formata da un numero variabile di **stanze** (in genere tra cinque e sette) uguali tra loro per numero di versi, per disposizione dei tipi di verso (che sono, a partire da Petrarca, solo **endecasillabi** e **settenari**) e per schema di **rime**. Le stanze sono formate dalla **fronte** (che può essere divisa o meno in **piedi**) e dalla **sirma**, collegate tra loro dalla **chiave**. La canzone conclude di solito con un **congedo**. Dal Seicento in poi si ha anche la *c. libera* (o *leopardiana*) in cui le **stanze** sono di lunghezza irregolare ed endecasillabi e settenari si alternano secondo uno schema libero e privo di rime obbligatorie.

canzone da ballo cfr. **ballata**.

canzonetta genere poetico-musicale spesso di argomento amoroso e tono popolare. Metricamente, può assumere varie forme, tra cui quelle della **canzone** (ma con struttura semplificata e con versi più brevi dell'**endecasillabo**), del **madrigale** e della **ballata** (soprattutto nel Quattrocento). Un es. di *c.* è «*Meravigliosamente*» di Giacomo da Lentini.

capìtolo forma metrica composta da **terzine** di **endecasillabi** a **rima incatenata** e conclusa da un verso isolato (ABA BCB CDC ... YZY Z). Sono *c.* i canti della *Commedia* di Dante e i *Trionfi* del Petrarca.

catàcresi **metafora** istituzionalizzata ed entrata nell'uso comune: p. es. "il collo della bottiglia".

catarsi nella *Poetica* di Aristotele designa la purificazione delle passioni degli spettatori a opera della **tragedia**.

cesura è la pausa di intonazione (coincidente con un limite di parola) che divide il verso; nell'**endecasillabo**, individua due **emistichi**.

chanson de geste locuzione francese che indica un genere **epico** in versi (di solito **décasyllabes**) in **rima** o **assonanza**, nato in Francia nel XII sec. e diffuso nelle piazze dai giullari. Celebra le imprese (le "gesta") di un eroe nelle guerre nazionali. Un es. è la *Chanson de Roland*.

chiasmo figura retorica consistente nel disporre in modo incrociato, rompendo il normale parallelismo sintattico, i membri corrispondenti di due **sintagmi** o di due proposizioni. P. es.: «Siena mi fé, disfecemi Maremma» (DANTE).

chiave (o *concatenàtio*) nella **stanza** è la **rima** che unisce il primo verso della **sirma** con l'ultimo della **fronte**.

classicismo nella storia letteraria il termine ha due significati: a) il culto di alcuni autori greci e latini in funzione normativa e prescrittiva (come nell'Umanesimo e nel Rinascimento o nel Neoclassicismo settecentesco); b) l'imitazione di scrittori diversi ritenuti esemplari in un dato periodo e rispondenti a determinate caratteristiche estetiche come equilibrio, chiarezza, linearità ecc.

climax (o *gradàtio*) figura retorica che può designare un'**anadiplosi** continuata oppure, nell'accezione moderna, una progressione crescente e graduale di parole o **sintagmi** con generale effetto di amplificazione. Si parla in questo caso più precisamente di *c. ascendente* (per il *c. discendente* cfr. **anticlimax**). P. es.: «e *videmi* e *conobbemi* e *chiamava*» (DANTE). Per analogia il concetto di *c.* può essere esteso anche alla metrica e al ritmo.

còdice in **filologia** è il libro antico manoscritto. Dal lat. "codex" = tronco d'albero, perché in passato si scriveva su tavolette di legno cerate; per **metonimia** il termine è passato a designare il nuovo materiale scrittorio, che è inizialmente pelle di animale e poi carta.

còmico, stile nella **teoria degli stili** medievali, lo *s.c.* o *medio* (contrapposto al **tragico**) privilegia un **registro** medio-basso, contenuti quotidiani e terreni e metri come il **sonetto**. È rivolto a un pubblico vasto che comprende, oltre alle *élites* nobiliari e alto-borghesi, anche i ceti intermedi e gli artigiani. È anche lo stile usato da Dante in molte parti della *Commedia*.

commèdia genere teatrale nato in Grecia intorno al VI sec. a.C. Strutturalmente, al contrario della **tragedia**, è caratterizzato dalla presenza di un inizio triste (o da una situazione incerta per il protagonista) e di finale lieto. Lo **stile** adottato è quello **comico**. Dante definisce il proprio poema «comedìa» proprio perché vi dominerebbe lo stile comico o medio.

comparazione a) figura retorica consistente in un paragone tra due termini ("la mia camera è grande quanto la tua") b) **similitudine** più articolata espressa mediante forme correlative del tipo "come...così", "quale...tale". P. es.: «E *come* quei che con lena affannata / uscito fuor del pelago a la riva / si volge a l'acqua perigliosa e guata, / *così* l'animo mio, c'ancor fuggiva, / si volse a retro a rimirar lo passo / che non lasciò già mai persona viva» (DANTE).

concatenazione cfr. **chiave**

congedo (o *commiato*; in prov. *tornada*) **strofa** che di solito chiude la **canzone**. Riproduce in genere la forma della **sirma** o della parte finale della **stanza**, ma può anche avere uno schema proprio.

consonanza identità delle sole consonanti della parte finale di due parole, dopo la vocale **tonica**. P. es.: se*me*:ra*mo*. Cfr. anche **assonanza**.

contrasto genere poetico di vario metro e contenuto (amoroso, politico o storico) ma sempre strutturato in forma di dialogo. Famoso è il *Contrasto* di Cielo d'Alcamo.

coro nella **tragedia** greca era la parte declamata da un gruppo di attori-danzatori (*coreuti*) che esprimevano il punto di vista della collettività. Nella tragedia moderna (p. es. in quella manzoniana) e nel dramma musicale, il *c.* è invece un brano lirico in cui l'autore esprime il proprio personale stato d'animo nei confronti degli eventi narrati.

crònaca genere medievale basato sull'esposizione cronologica dei fatti storici, riguardanti una città o un'area geografica limitata. Importanti sono le *c.* di Dino Compagni e Giovanni Villani.

D

deaggettivale detto di nome o verbo che deriva da un aggettivo. P. es. "bellezza" e "abbellire", da "bello".

decasìllabo verso di dieci sillabe (se l'**uscita** è **piana**) con accenti di 3ª, 6ª e 9ª nella forma canonica (dal Settecento in poi, p. es. in Manzoni). È usato raramente nella poesia antica, talvolta come variante **anisosillàbica** del **novenario** e dell'**endecasillabo** (p. es. in Jacopone).

décasyllabe verso francese e provenzale di dieci **piedi**. È il metro di molti generi **lirici**, come il *planh* provenzale e la *ballade* in lingua d'oïl, e ha costituito il modello dell'**endecasillabo** italiano. Un es. da Villon: «Je n'ay plus soif, tairie est la fontaine» [Non ho più sete, asciutta è la fontana].

dedicatàrio **neologismo** coniato sul modello di **destinatario**. È la persona a cui è dedicato un testo letterario (una poesia, una **tragedia**, ecc.) e il cui nome figura a volte all'inizio del componimento.

dedicatòria lettera di dedica con cui l'autore invia il proprio testo a un **dedicatario**, spesso allo scopo di assicurarsene la protezione.

denominale parola derivata da un nome preesistente. P. es. "terremotare" e "terremotato" (da "terremoto").

dentali, consonanti nel sistema fonetico italiano, p. es., la [t] (*sorda*) e la [d] (*sonora*).

destinatàrio nel modello comunicativo della **semiotica** di R. Jakobson è la persona a cui è inviato il messaggio. L'*emittente* invia un *messaggio* al *d.* in riferimento a un *contesto* (o *referente*), servendosi di un *contatto*, cioè di un canale fisico. La comunicazione è possibile solo se emittente e destinatario condividono (in tutto o in parte) lo stesso *codice*, cioè lo stesso insieme di convenzioni linguistiche, culturali, ecc.

deverbale neoformazione derivata da un verbo. P. es. "operazione" da "operare".

diacronìa/sincronìa in linguistica, il termine *d.* indica l'evoluzione cronologica di una lingua. Alla linguistica *diacrònica* si oppone quella *sincrònica*, che studia il funzionamento di una lingua in una fase particolare del suo sviluppo.

dialefe fenomeno metrico per cui, all'interno del verso, la vocale di una parola e quella iniziale della parola successiva vengono pronunciate separatamente (cioè con uno **iato**) e devono essere considerate come parti di due differenti sillabe. La *d.* è assai diffusa nel Duecento e in Dante, ma cade in disuso con Petrarca (che in genere preferisce la **sinalefe**). P. es. «*O a*nima cortese mantoana» (DANTE).

diàlogo come genere umanistico, il *d.* è per lo più scritto in latino sul modello ciceroniano (anche se non mancano *d.* in volgare). La sua struttura esprime una nuova concezione della verità intesa come processo al quale compartecipano voci e opinioni diverse. I temi del *d.* spaziano dalla filosofia e dalle arti sino all'economia domestica e all'educazione dei figli (p. es. nei *Libri della famiglia* di L.B. Alberti).

didascàlica (o *didàttica*), **poesia** genere letterario medievale praticato anche in Grecia, in forma di **poemetto** o **capitolo**, a carattere enciclopedico (e in molti casi **allegorico**) e con intenti educativi. Sono es. di *p.d.* il *Tesoretto* di Brunetto Latini e il *Fiore* attribuito a Dante.

diegèsi termine aristotelico (gr. "diégesis" = racconto) con cui la moderna **narratologia** designa la narrazione come fenomeno distinto dalla **mimesi**. Ha carattere diegetico, p. es., l'**epica**, dove il narratore generalmente descrive fatti e situazioni anziché rappresentarli in forma diretta (ripetendo p. es. gesti e discorsi dei vari personaggi).

dièresi nella lettura metrica è il fenomeno opposto alla **sineresi**. Si ha all'interno di parola e consiste nella pronuncia separata di due vocali consecutive che normalmente formerebbero un **dittongo**. P. es.: «faceva tutto rider l'orïente» (DANTE).

disgiuntiva, coordinazione (o *disgiunzione*) tipo di coordinazione ottenuta tramite congiunzioni disgiuntive come "o", "oppure", "ovvero", che stabiliscono un rapporto di esclusione reciproca tra due proposizioni. P. es.: "non so se è uscito oppure è ancora dentro".

distico coppia di versi, di solito a **rima baciata**. Il *d. elegiaco* nella metrica latina, è invece la coppia **esametro+pentametro**, usata soprattutto nell'**elegia**. P. es.: «Dívitiás aliús fulvó sibi cóngerat áuro / et teneát cultí iúgera múlta solí» [Un altro ammassi per sé ricchezze di fulvo oro e si tenga molti iugeri di terreno coltivato] (TIBULLO).

dittologìa sinonìmica contiguità di due vocaboli aventi lo stesso significato. P. es.: «ché per mezzo lo cor me lanciò un dardo / che d'altre 'n parte lo *taglia e divide*» (GUINIZZELLI).

dittongo unione, all'interno di parola, di due vocali contigue in una sola sillaba. P. es. *tuòno* (*d. ascendente*), *mài* (*d. discendente*).

domanda retòrica domanda che ha in se stessa la propria risposta (essendo, in realtà, un'asserzione che non ammette repliche). P. es.: "Non è forse vero che la scuola è maestra di vita?".

E

ègloga (o *ècloga*) genere poetico, modellato sulle *Bucoliche* di Virgilio (le cui singole parti erano chiamate *eclogae*, cioè 'estratti'), appartenente al più vasto **genere pastorale**. Le forme metriche principali dell'*e.* in italiano sono la **terza rima** e l'**endecasillabo sciolto**.

elegìa genere poetico di origine greco-latina in **distici elegiaci** caratterizzato da toni nostalgici e malinconici e di contenuto amoroso.

elegìaco, stile nella **teoria degli stili** medievale è lo «stile degli sfoghi dolorosi» (DANTE) e richiede l'utilizzo del volgare umile. Corrisponde al *genus humilis* della retorica antica.

ellissi figura retorica per cui si sottintendono uno o più elementi della frase che il contesto permette di ricostruire facilmente. P. es., nell'espressione dantesca «Questo io a lui; ed elli a me» è sottinteso per due volte il verbo "dire".

emistìchio metà di un verso diviso dalla **cesura** in due versi di misura minore.

endecasìllabo verso composto da 11 sillabe (nella forma a **uscita piana**), con accento principale sulla 10ª. Deriva dal **décasyllabe** francese e provenzale ed è il verso più importante della tradizione italiana. L'*e. canonico* è di due tipi: *a maiore* (p. es. «Nel mezzo del cammín | di nostra víta»: DANTE) con accenti di 6ª e 10ª; *a minore* («Per me si vá | ne la città doléntе»: DANTE) se l'accento è di 4ª oltre che di 10ª. Quando è possibile dividere il verso in un **settenario** seguito da un **quinario**, si parla di **cesura** *a maiore*; di cesùra *a minore* quando, viceversa, è possibile dividerlo in un quinario seguito da un settenario. Gli altri accenti sono liberi. Prima della codificazione operata da Dante e soprattutto da Petrarca, però, anche le forme non canoniche erano ammesse, entro una certa misura, in poesia. Si parla di **endecasillabo sciolto** nel caso di composizioni in *e.* senza rime regolari.

endìadi figura retorica consistente nella sostituzione di una singola espressione composta da due membri con due espressioni separate dalla congiunz. (di solito due nomi). P. es.: «O eletti di Dio, li cui soffriri / *e giustizia e speranza* [= 'speranza di giustizia'] fa men duri, / drizzate noi verso gli alti saliri» (DANTE).

ènfasi procedimento retorico consistente nel porre in rilievo una o più parole mediante il tono della voce o un gesto, oppure, nello scritto, con il punto esclamativo, il corsivo ecc., per evidenziare un'accezione particolare o un significato **metaforico**. P. es.: "lui sì che è un uomo!".

enjambement in poesia si ha *e.* (termine fr. che può essere tradotto con 'accavallamento') quando la fine di verso separa un nesso sintattico forte, p. es. del tipo agg.+sost.: «ad *immortale / secolo* andò, e fu sensibilmente» (DANTE).

enumerazione (o *elenco*) procedimento retorico comune a vari generi del discorso consistente nell'elencazione di parole o **sintagmi** per via **asindetica** oppure mediante congiunzioni coordinanti. P. es. «Benedetto sia *'l giorno, e 'l mese, et l'anno, / et la stagione, e 'l tempo, et l'ora, e 'l punto, / e 'l bel paese, e 'l loco* ov'io fui giunto / da' duo begli occhi che legato m'ànno» (PETRARCA).

epìgrafe in senso moderno, iscrizione in lingua latina o in latino letterario e aulico a carattere funebre o commemorativo. È chiamata *e.* anche la citazione da un autore posta all'inizio di un testo (in questa accezione, è sinonimo di *esergo*).

epigramma genere poetico di origine greca, inizialmente impiegato nelle iscrizioni funebri o votive e caratterizzato dall'estrema brevità. Con il poeta latino Marziale (I sec. d.C.) l'*e.* si codifica come genere **satirico**, arguto e tagliente.

epìstola genere letterario di origine classica, sia in prosa che in versi. L'*e.* medievale in latino, praticata anche da Dante e Petrarca, è rigidamente codificata secondo le regole dell'**ars dictandi**.

epìtesi aggiunta non giustificata etimologicamente di una vocale o di un nesso cons.+voc. alla fine della parola. Molto frequente è l'*e.* di "-e" in monosillabi tonici (p. es. «udìe» per "udì" in Dante) e di "-ne", in certe parlate centro-meridionali ma anche, a scopi metrici ed eufonici, in poesia. P. es.: «si pòne» [si può] in rima con «persone» e «ragione» (DANTE).

epìteto agg. o sost. riferiti ad altro sost. del quale dichiarano qualità generali per lo più ininfluenti rispetto al contesto immediato della frase. L'*e.* (detto anche *e. esornativo*, cioè 'ornamentale') può ricorrere più volte nello stesso testo e in questo caso serve per identificare e qualificare immediatamente (con una formula stereotipa) un dato personaggio (è un procedimento tipico dell'**èpica**). P. es.: «l'astuto Ulisse» (OMERO).

esàmetro verso greco-latino di sei **piedi** proprio dell'**epica** e della poesia **didascalica**. Unito al **pentametro** forma il **dìstico elegìaco**. Un es. di *e.* latino (con l'indicazione degli accenti per la lettura metrica) è: «Árma virúmque canó | Troiaé qui prímus ab óris» (VIRGILIO).

escatologìa parte della teologia che ha per oggetto il destino ultimo dell'umanità e del mondo. Per il Cristianesimo a questa concezione è associata l'attesa messianica del Cristo nuovamente risorto e del Giudizio finale a opera di Dio.

esergo citazione anteposta al testo vero e proprio (v. **epigrafe**).

espressionismo in senso storico, tendenza artistica e letteraria sorta in Germania agli inizi del Novecento. Per estensione, si dicono di tipo espressionistico quelle forme di rappresentazione antinaturalistica che tendono all'esasperazione dei contrasti (cromatici, sonori, lessicali) e in genere a una marcata deformazione linguistica. In questo senso l'*e.* è una categoria stilistica ed è possibile parlare, p. es., di "*e.* dantesco".

estètica disciplina filosofica che ha come oggetto la bellezza nella natura e nell'arte. Il primo a usare il termine con questo significato è stato A.G. Baumgarten, nel Settecento. È connesso etimologicamente con il gr. "áisthesis" = sensazione.

etimologìa il termine designa sia la disciplina che studia la derivazione di una parola da un'altra più antica (e, spesso, appartenente a un'altra lingua), sia il suo oggetto (l'ètimo, dal gr. "étymon" = vero [significato]). L'etimologia di "parola", a es., è il lat. "parabola(m)" (a sua volta dal gr. "parabolé" = paragone) cioè la 'parola' per **antonomasia**, quella evangelica. Le *e.* medievali sono invece, molto spesso, delle **paretimologie**.

eufemismo attenuazione (per scrupolo morale, sociale o culturale) di un'espressione troppo cruda o realistica mediante la sua sostituzione con un sinonimo o con una **perifrasi** (spesso una **litote**). P. es.: "passare a miglior vita" per 'morire'.

eufonìa accostamento gradevole di suoni. In particolare sono dette *consonanti eufoniche* quelle che si aggiungono alla congiunzione "e" o ad alcune preposizioni per evitare l'incontro con la vocale iniziale della parola successiva (soprattutto quando le due vocali sono uguali). P. es.: "fu costretto *ad* arrendersi". Nell'it. ant. la *cons. eufonica* si può avere anche dopo "che": «E, come que' che*d* allegrezza mena, / gridò»: A. PUCCI). Le *vocali eufoniche* si aggiungono invece per evitare l'incontro di due consonanti; p. es.: "in Ispagna" (cfr. **prostesi**).

exemplum (lat. = esempio) breve narrazione inserita nelle **agiografie**, nelle prediche o nella **poesia didascalica** allo scopo di fornire un modello di comportamento e un esempio morale a un destinatario di ceto e cultura medio-bassa. Nella sua forma originaria l'*e.* risponde ad alcuni requisiti particolari: deve essere tratto da una *fonte autorevole*; deve avere estensione *breve*; deve essere presentato come *veridico*; il suo significato deve essere *inequivocabile*; deve essere *piacevole*.

èxplicit conclusione; *e.* è abbreviazione di "explicitum est" (lat. = è stato srotolato), che nei papiri indicava che il rotolo era stato svolto sino alla fine. In filologia, indica le parole finali di un testo. Cfr. **incipit**.

F

fàbula (lat. = favola) nella terminologia dei **formalisti** russi, la *f.* è l'insieme dei fatti che costituiscono la narrazione considerati secondo l'ordine cronologico, che il lettore può ricostruire *a posteriori*, p. es. tenendo conto di *flashbacks*, **agnizioni**, ecc. La nozione di *f.* è complementare a quella di **intreccio**: la distinzione è utile per descrivere forme narrative complesse (come il **romanzo** moderno), dove esiste una notevole sfasatura tra lo svolgersi logico-temporale degli eventi e l'ordine in cui essi compaiono nel testo.

facèzia genere letterario umanistico, per lo più in prosa, modellato su esempi greci e latini. Consiste in un motto di spirito salace o in una battuta che rivela l'intelligenza di chi la enuncia. Le *f.* possono essere in latino (Poggio Bracciolini, *Liber facetiarum*) o in volgare (Poliziano, *Detti piacevoli*), anche a carattere popolaresco (*Motti e facezie del Piovano Arlotto*). Il genere continuerà ad avere fortuna fino al Seicento.

farsa genere teatrale a carattere comico e popolaresco nato nel Medioevo come intermezzo da recitarsi durante le **sacre rappresentazioni**. I temi trattati sono il vino, l'amore carnale, i piaceri della vita. In Francia la *farce* è già largamente diffusa nel sec. XIII, mentre i primi esempi di *f.* letteraria in Italia si hanno solo nel XVI sec. (Ruzzante, Sannazaro).

figura nella concezione cristiana medievale un fatto storico è *f.* di un altro (successivo e più importante) quando lo preannuncia, quando cioè può essere interpretato (spesso secondo un procedimento di tipo **allegorico**) come la prefigurazione di un evento che è destinato ad adempiersi nel futuro. La liberazione del popolo ebraico, p. es., è *f.* della Redenzione. Il filologo tedesco E. Auerbach ha messo in luce l'importanza della "concezione figurale" nella *Commedia* dantesca.

figura etimològica (o *gioco etimològico*) ripetizione di una stessa radice **etimologica** (più o meno scientificamente accertata) in parole vicine con effetto di sottolineatura semantica. P. es.: «sfiorata Fiore» [sfiorita Firenze] (GUITTONE D'AREZZO).

filologìa nella sua accezione più ristretta (quella di *critica testuale*), è la disciplina che si occupa di ricostruire il testo così come doveva essere stato licenziato dall'autore. La *f.* studia soprattutto i **codici** (ma anche i testi a stampa) e la loro **tradizione manoscritta**. Il risultato finale del lavoro del filologo è in genere l'**edizione critica** di un testo.

focalizzazione in narratologia indica la *prospettiva* o il *punto di vista* dal quale il narratore considera i fatti narrati e i personaggi. Se il narratore è in grado di vedere fin dentro l'animo dei personaggi (i loro sentimenti, le loro sensazioni, ecc.), allora si parla di racconto a *focalizzazione zero* (o senza focalizzazione): per es., *I promessi sposi* di Manzoni (cfr. anche **narratore onnisciente**). Se il narratore riporta e conosce solo quello che sa il personaggio (e nulla di più), allora si parla di *focalizzazione interna* (che può essere *fissa* se orientata su di un solo personaggio; *variabile* se si sposta di volta in volta su un personaggio diverso, per es. in *Con gli occhi chiusi* di Tozzi; *multipla*, nel caso per es. del romanzo epistolare a più mani). Se il narratore sa meno dei personaggi, non ha la facoltà di vedere dentro di essi e può solo descriverne il comportamento, si parla infine di *focalizzazione esterna* (spesso usata nel romanzo giallo, perché il lettore non scopra subito chi è il colpevole).

fonema è il suono linguistico considerato nel suo aspetto funzionale ed è anche la più piccola unità distintiva della lingua. Questo significa che: a) un *f.* non è ulteriormente scomponibile in unità minori b) in una parola, sostituendo un *f.* con un altro, si ha anche cambiamento di significato (p. es.: la parola "dare" è formata da quattro *f.*, /d/, /a/, /r/, /e/; sostituendo /d/ con /m/, si ha "mare", con mutamento semantico).

fonètica/fonologìa la *fonetica* è la scienza che studia i suoni del linguaggio da un punto di vista fisico e sperimentale (i *foni*, segnalati dalle parentesi quadre: [a], [b] ecc.). La *fonologia*, invece, studia i suoni di una lingua in relazione alla loro funzione nella comunicazione linguistica (i **fonemi**, tra barre oblique: /a/, /b/ ecc.).

fonosimbolismo procedimento compositivo (soprattutto poetico) che consiste nel produrre, attraverso una successione di suoni, un significato aggiuntivo rispetto a quello comunicato dal testo. P. es.: «graffia li spirti ed iscoia ed isquatra» (DANTE, *Inf.*, VI, 18): il senso generale di 'cosa tagliente, affilata' è suggerito dalle fricative ([f]), dalle sibilanti ([s]) e dalle vibranti ([r]). Tra Otto e Novecento il *f.* si distanzia dall'**onomatopea** (cui è spesso assimilabile) e dal **mimetismo** e viene inteso dai poeti (p. es. da Pascoli) sempre più spesso come una forma di suggestione sonora di tipo astratto e musicale.

fonte in senso storico-letterario, un testo o un documento che sta all'origine di un'opera letteraria o di una sua parte. Una delle *f.* della *Commedia* di Dante, p. es., è l'*Eneide* di Virgilio. Il rapporto tra l'opera e una sua *f.* è un caso particolare di **intertestualità**.

fronte è la prima parte della **stanza** della **canzone**. Per analogia, anche la prima parte (le due **quartine**) del **sonetto**.

G

gènere letteràrio insieme di opere che condividono determinati elementi *espressivi* (stile, lessico, metrica, ecc.) e di *contenuto* (temi, motivi, ideologia), aventi una *funzione* e un **destinatario** particolari. Le regole compositive di un *g.l.* si trovano spesso codificate nei trattati di **poetica**, ma possono anche essere ricostruite *a posteriori* dagli storici della letteratura.

glossa nota esplicativa, in senso generico. Nella prassi interpretativa medievale, annotazione a margine o in interlinea del copista, di un lettore o dello stesso autore a testi biblici, letterari e giuridici.

grottesco in senso generale è sinonimo di 'bizzarro' e 'deforme' e, perciò, 'ridicolo'. In accezione più tecnica, designa una forma teatrale nata in Italia negli anni Dieci del Novecento, caratterizzata da situazioni paradossali ed enigmatiche in cui sono denunciate, con sarcasmo e ironia, l'assurdità della condizione umana e le contraddizioni della società.

I

iato si ha *i.* quando due vocali contigue non formano un **dittongo** ma vengono pronunciate separatamente. P. es.: "e allora", "maestro", "riesame".

icàstico nella stilistica letteraria, l'agg. *i.* è impiegato per qualificare un modo di rappresentazione della realtà per mezzo di immagini particolarmente forti, evidenti e incisive. Il termine deriva da gr. "eikàzein" = rappresentare.

idillio (gr. "eidyllion" = piccola immagine) genere poetico greco dal contenuto prevalentemente pastorale. Il suo equivalente latino è l'**egloga**.

idiomatismo particolarità di una determinata lingua o dialetto. Una locuzione idiomatica (o "frase fatta") è un'espressione che non può essere tradotta letteralmente in un'altra lingua (p. es.: "avere un diavolo per capello").

immaginàrio l'insieme degli **archetipi**, dei **simboli**, dei desideri e delle paure che formano l'inconscio collettivo di una società (o dell'umanità in genere), in relazione a un dato periodo storico. Oggetto privilegiato dell'antropologia culturale, la nozione di *i.* ha anche a che fare con la letteratura, che può essere considerata come una formalizzazione delle spinte disordinate provenienti dalla sfera dell'*i.*

impressionismo in senso storico, movimento pittorico nato in Francia nella seconda metà dell'Ottocento. Per estensione, anche in letteratura, qualsiasi procedimento che tende a cogliere impressioni e stati d'animo soggettivi nella loro immediatezza, mediante rapide annotazioni e brevi squarci lirici.

incipit (lat. = inizio) le parole iniziali del testo. Cfr. **explicit**.

inno genere poetico a carattere religioso. Nel Medioevo l'*i.* cristiano in **strofe** metriche e ritmiche destinate al canto celebra Dio e i santi. Dal Settecento, il termine passa a designare anche componimenti a carattere profano (politico, sociale, patriottico). Cfr. **ode**.

intermezzo scena a carattere giocoso, accompagnata da musica e danze, che tra Cinquecento e Seicento veniva rappresentata durante gli intervalli di un'opera seria o di una commedia per svagare gli spettatori. Nel Settecento, benché finalizzato a riempire l'intervallo tra un atto e l'altro dell'opera seria, l'*i.* divenne un **genere** autonomo, ovvero un'opera comica breve a due sole voci (soprano e basso), con accompagnamento di archi e clavicembalo. L'*i.* costituisce le origini dell'opera buffa italiana e francese. Nell'Ottocento il termine *i.* indica anche brevi pezzi pianistici in forma libera.

interrogazione retòrica cfr. **domanda retorica**.

intertestualità è il rapporto che un testo letterario stabilisce con un altro testo anteriore. La nozione di *i.* (introdotta nella teoria letteraria solo negli anni Settanta) comprende una serie di fenomeni noti da sempre (citazione, reminiscenza, allusione, rapporto con le **fonti**) ma li riordina in chiave *dialogica*: l'*i.*, cioè, instaura un dialogo, un confronto che fa uscire il testo dal suo isolamento e lo immette in un discorso a più voci. Si dice *i. interna* quella che riguarda i riferimenti di un autore a un'altra propria opera o fra parti diverse della stessa.

intreccio nel linguaggio dei **formalisti** russi è l'insieme degli eventi narrati secondo l'ordine in cui sono presentati nell'opera, a prescindere dai loro rapporti causali e temporali. Cfr. **fabula**.

invèntio cfr. **retorica**

inversione cfr. **anastrofe**

invettiva in latino tardo *oratio invectiva* è chiamato il discorso aggressivo e violento con cui ci si rivolge a qualcuno per denunciarne il pensiero o la condotta morale. È un procedimento frequente anche nella *Commedia* dantesca (cfr. **apostrofe**). Nell'antichità, l'*i.* era un genere oratorio vero e proprio, spesso anonimo.

ipàllage figura retorica che consiste nel riferire un aggettivo non al sostantivo cui semanticamente è legato ma a un altro sostantivo vicino. P. es.: «io vedea di là da Gade *il varco / folle* d'Ulisse» (DANTE).

ipèrbato figura retorica di tipo sintattico per cui gli elementi della frase che normalmente sarebbero uniti in un **sintagma** sono invece separati. P. es.: «che l'anima col corpo morta fanno» (DANTE).

ipèrbole figura retorica che consiste nell'esagerare la portata di quanto si dice amplificando o riducendo in modo eccessivo il significato dei termini impiegati per rappresentare una data cosa. Due es. dal parlato: "Mi piace *da morire*", "è questione di *un secondo*".

ipèrmetro si dice di un verso che eccede di una o più sillabe la sua misura regolare. P. es.: «en questo loco lassato» (JACOPONE) è un **settenario** *i.* (la sillaba eccedente è la prima: "en").

ipòmetro verso che ha una o più sillabe in meno rispetto alla sua misura regolare. P. es.: «Vale, vale, vale» (JACOPONE) è un **settenario** *i.* perché manca della prima sillaba.

ipotassi (o *subordinazione*) costruzione tipica della lingua scritta caratterizzata dalla successione di proposizioni subordinate disposte in modo gerarchico. L'*i.* è il costrutto della complessità concettuale e dell'argomentazione logica; esprime di solito una presa di posizione esplicita e dichiara un punto di vista preciso. Si contrappone alla **paratassi**.

ironìa figura retorica che consiste nel mascherare il proprio discorso dicendo l'opposto di ciò che si pensa (**antifrasi**) oppure servendosi di una **litote** o di una **reticenza** o di una citazione distorta dal discorso altrui, a scopo derisorio e talvolta sarcastico. P. es.: «A voi che siete ora in Fiorenza dico, / che ciò ch'è divenuto, par, v'adagia, / e poi che li Alamanni in casa avete, / servite i bene, e faitevo mostrare / le spade lor, con che v'han fesso i visi, / padri e figliuoli aucisi» (GUITTONE D'AREZZO).

iterazione (o *ripetizione*) procedimento formale riscontrabile in varie figure retoriche (come l'**anadiplosi**, l'**anafora**, l'**epanalessi**, ecc.) e nel linguaggio poetico in genere (p. es. nella **rima**).

K

koinè (gr. "koinè diàlektos" = lingua comune) in senso tecnico, dialetto condiviso da un territorio relativamente ampio; il dialetto di *k.* è un dialetto fortemente contaminato dalla lingua nazionale e in cui sono ridotti al minimo gli **idiotismi**. In senso esteso, *k.* può significare 'comunità linguistica e culturale', e anche 'linguaggio comune o dominante'.

L

làuda (pl. *laudi* o *laude*) genere poetico-musicale duecentesco in latino e poi in volgare, a carattere religioso. È una preghiera cantata in diversi momenti della giornata ma al di fuori della messa vera e propria. Il primo es. di *l.* in volgare sono le *Laudes creaturarum* di san Francesco. Il metro della *l.*, inizialmente vario, diventa quello della **ballata** con Guittone e Jacopone. A partire dal Trecento si ha anche la *l. drammatica* (cioè dialogata) in **ottava rima** o in **polimetro** (verso caratteristico della poesia teatrale), destinata alla recitazione sul sagrato della chiesa.

laudàrio raccolta di **laudi** delle varie confraternite religiose (in particolare quella dei *laudesi*). L'esemplare più antico è il *Laudario cortonese* (ca. 1270-80). In alcuni casi, oltre al testo, sono conservate anche le musiche.

Leitmotiv (ted. = motivo ricorrente) in musica, è il motivo conduttore, cioè il tema (ovvero la melodia) ricorrente associato a un personaggio o a una particolare situazione emotiva. Per estensione, tema o argomento a cui si fa costante riferimento in un'opera letteraria.

lessema la minima unità linguistica con significato autonomo.

lezione in **filologia** si chiama *l.* la forma in cui sono attestati una parola o un passo particolare del testo in un **codice** o in una stampa. P. es. nella *Commedia*, per *Purg.* VI, 111 accanto alla *l.* «com'è oscura» alcuni codici danno «com'è sicura» e «come si cura».

lìquide, consonanti in italiano sono la [r] e la [l], secondo una denominazione tradizionale dei grammatici antichi.

lìrica in Grecia, la *l.* è la poesia cantata con l'accompagnamento della "lira", uno strumento a corde. In generale il termine designa una particolare modalità enunciativa (l'uso della prima pers. sing.) e una particolare tonalità affettiva (l'espressione soggettiva dei sentimenti del poeta). Come **genere** in particolare, nelle lett. **romanze**, e in primo luogo con i provenzali la *l.* si definisce per alcune caratteristiche costanti come l'adozione di certe forme metriche (**canzone**, **ballata**, ecc.) e temi specifici (l'amor cortese, l'idealizzazione della donna) peculiari, oltre che per una suddivisione in diversi sottogeneri (**canso**, **sirventese**, **planh**, **joc partit**, **alba**, ecc.). Nella letteratura italiana il modello del genere *l.* è per almeno tre secoli (dal XIV al XVI) il *Canzoniere* di Petrarca e le sue caratteristiche sono il **monolinguismo**, l'autoreferenzialità, l'assenza di narratività, ecc.

litote figura consistente, nella sua forma più semplice, nell'esprimere un concetto negando il suo contrario. P. es. "non sto male" per 'sto bene'. L'effetto della *l.* può essere quello di attenuare la forza di un'espressione che, enunciata in modo diretto, risulterebbe offensiva per qualcuno (cfr. **eufemismo**) oppure presuntuosa. In altri casi può colorarsi di **ironia** più o meno benevola, come nella frase "non è un genio" per 'è uno stupido'.

locutore in linguistica, è il soggetto che parla e produce enunciati.

locuzione in linguistica, unità lessicale costituita da almeno due parole.

M

madrigale genere poetico-musicale polifonico del Trecento, a carattere **lirico** e di argomento per lo più amoroso. Come forma strettamente metrica, il *m. antico* (o *trecentesco*) è formato da **endecasillabi** (p. es. Petrarca, *Canz.* LII) o **endecasillabi** e **settenari** divisi in **terzine** (da due a cinque), più uno o due **distici** conclusivi (o, più raramente, un verso isolato). Lo schema delle rime è variabile. Il *m. cinquecentesco* ha forma ancora più libera e, in genere, non supera i 12 versi.

mèdio (o *mezzano*), **stile** cfr. **comico, stile**.

melodramma genere teatrale in musica nel quale i personaggi si esprimono mediante il canto. Può avere sia carattere serio che comico (p. es. l'*opera buffa* settecentesca). Il *m.* nasce sul finire del XVI sec. a Firenze dagli *intermedii* [intermezzi] musicali rappresentati tra un atto e l'altro del dramma vero e proprio (che era recitato e non cantato) per alleggerirne la tensione. Il primo *m.* è la *Dafne* di J. Peri su testo di O. Rinuccini (1598). Nell'Ottocento, in Italia, il genere raggiunge la sua massima fioritura con Rossini, Bellini, Donizetti e Verdi.

memorialistica genere letterario in prosa di tipo autobiografico. Differisce dalla **autobiografia** in senso stretto per la mancanza di un'attenzione esclusiva alla storia della personalità di chi scrive e per una maggiore importanza concessa agli eventi esterni.

metàfora figura retorica che consiste nella sostituzione di una parola (o di un'espressione) con un'altra il cui significato presenta una somiglianza (più o meno evidente) con il significato della prima. Può essere considerata come una **similitudine** abbreviata e priva dell'avverbio di paragone ("come"). La *m.* è usata tanto nel linguaggio quotidiano (p. es. sotto forma di **catacresi**) quanto in quello poetico. Nel secondo caso, in particolare, è possibile avere sia metafore altamente codificate (come «capelli d'oro» per 'capelli biondi come l'oro') il cui riconoscimento è ormai meccanico, sia *m.* d'invenzione, nelle quali la distanza tra espressione letterale ed espressione figurata è tale da rendere più difficile e più stimolante il ritrovamento delle somiglianze. P. es.: in Dante «fonte ond'ogne ver deriva» è *m.* per 'Dio'.

metàtesi fenomeno linguistico per cui due suoni interni ad una parola si scambiano di posto senza mutare il significato della parola stessa. In antico italiano si ha spesso con le semivocali (p. es.: "aira" per 'aria') e con [r] preceduta da consonante ("drento" per 'dentro').

metonìmia (o *metonimìa*) figura retorica consistente nella sostituzione di una parola con un'altra che appartiene a un campo concettuale vicino e interdipendente. In particolare: la *causa* per l'*effetto*: «Ora sento 'l coltello [la ferita] / che fo profitizzato» (JACOPONE); l'*effetto* per la *causa*: "guadagnarsi da vivere *col sudore della fronte*" (= con fatica); l'*astratto* per il *concreto*: «quello amor paterno» = 'quel padre amoroso' (DANTE); il *contenente* per il *contenuto*: "bere un bicchiere" (= bere il liquido contenuto nel bicchiere), l'*autore* per l'*opera*: "un Picasso" (= un quadro di Picasso); il *materiale* per l'*oggetto*: in poesia, "il ferro" (= la spada).

mètrica quantitativa la metrica classica (greca e latina) si basa, diversamente da quella italiana e romanza, sull'opposizione tra **sillabe lunghe** e **brevi**. L'unione di due o più sillabe forma il **piede**.

mezzano (o *medio*), **stile** cfr. **comico, stile**.

mimèsi (gr. "mímesis" = imitazione) termine opposto e complementare a **diegesi**. Si ha *m.* quando l'autore rappresenta i discorsi di un personaggio riproducendoli in modo diretto, a volte anche secondo caratteristiche stilistiche peculiari. È un procedimento spesso usato da Dante nella *Commedia* ed è proprio dei generi teatrali.

monolinguismo unità di tono, lessico e registro linguistico in un'opera o in un autore. Si contrappone spesso il *m.* (o *unilinguismo*) di Petrarca al **plurilinguismo** di Dante.

monostilismo nozione affine a quella di **monolinguismo**, con un riferimento più marcato alla uniformità, in un'opera o in un autore, di **stili** e **generi letterari**.

N

narràtio (lat. = narrazione; esposizione) nella **retorica** la *n.* indica quella parte dell'orazione, successiva all'**exordium**, in cui venivano esposti all'uditorio i fatti, con un racconto accurato e obiettivo che poteva sia seguire l'ordine naturale in cui si erano svolti, sia partire da un punto ritenuto particolarmente importante.

narratore voce narrante del racconto, non necessariamente identificabile con la persona biograficamente intesa che ha scritto il testo (autore-scrittore). In quanto finzione letteraria, il *n.* può essere assente dal racconto (p. es. Omero) o presente come personaggio della vicenda (p. es. Dante nella *Commedia*). Può d'altra parte essere esterno al racconto, e perciò in grado di giudicare eventi e personaggi, o interno a esso, cioè nascosto in una narrazione guidata dai personaggi: nel primo caso si parla di *narratore onnisciente*, cioè di un *n.* che come un burattinaio guida dall'alto l'azione conoscendone perfettamente lo sviluppo (è il caso dei *Promessi sposi* di A. Manzoni); nel secondo si parla di *impersonalità della narrazione*, cioè di una narrazione in cui il *n.* subisce gli eventi dell'azione come i personaggi, poiché ne sa quanto loro e a volte meno di loro (è il caso p. es. dei *Malavoglia* di G. Verga).

neologismo parola creata in tempi recenti o inserita in una lingua mutuandola da un'altra dall'insieme dei parlanti o da un singolo scrittore. Il *n.* può rispondere a esigenze tecniche, scientifiche, espressive, ecc. ma anche mirare a effetti dissacranti nei confronti di una tradizione letteraria che si vuole trasgredire già a livello linguistico. Dante è autore di molti *n.* (p. es.: "dislagare", "indiarsi", ecc.).

nominale forma stilistica (o sintattica) in cui i nomi (sostantivi, aggettivi, ecc.) prevalgono sui verbi o questi sono del tutto assenti; essa si basa spesso sull'enumerazione, ovvero sul raggruppamento di parole o **sintagmi** coordinati tramite **asindeto** o **polisindeto**.

novella componimento narrativo per lo più in prosa (esiste anche la *n.* in versi), di tono realistico ma a carattere avventuroso o fantastico, spesso con intenti morali o didascalici. Mescolando elementi storico-realistici a spunti favolosi o leggendari, la *n.* anticipa il romanzo moderno. La *novellistica* è sia il genere letterario della *n.* o lo studio sistematico di tale genere, sia l'insieme di *n.* relative a un determinato ambito letterario.

novella in versi tra i principali generi narrativi del Romanticismo italiano (vi si dedicarono tra gli altri Grossi, Tommaseo, Giusti, Padula, Cantù e Prati), la *n.* può avere un metro abbastanza libero, ma spesso assume lo schema dell'**ottava**. Il Medioevo (culla del passato della Nazione) fa spesso da sfondo a vicende d'amore contrastato o tradito.

novenàrio verso di nove sillabe metriche con accento principale sull'ottava. P. es.: «le parolette mie novèlle / che di fiori fatto han ballàta» (DANTE).

O

ode componimento poetico in stile elevato, diffuso a partire dal Cinquecento. Simile alla **canzone** nella struttura strofica, l'*o.* si distingue in *canzone-ode* (con stanze ridotte rispetto alla **canzone** petrarchesca), *canzone pindarica* (a imitazione della tripartizione di Pindaro – V sec. a. C. – in strofe, antistrofe ed epodo) e *ode-canzonetta* (destinata spesso alla musica).

omofonìa identità fonica tra parole di significato diverso. P. es.: «o cameretta che già fosti un *porto* / [...] / fonte se' or di lagrime nocturne, / che 'l dì celate per vergogna *porto*» (PETRARCA).

omotelèuto identità fonica della terminazione di parole soprattutto se ricorrenti nei luoghi ritmicamente significativi di un testo. Nell'*o.*, a differenza della **rima** (che ne è un tipo), l'identità fonica prescinde dalla vocale **tonica**.

onomatopèa imitazione acustica di un oggetto o di un'azione attraverso il **significante** (p. es.: "cin-cin" = 'brindisi', dal rumore che fanno i calici nell'incontrarsi in segno di augurio).

orazione genere letterario diffusosi nel XV sec., che, nella forma del trattatello filosofico, etico o letterario è finalizzato all'affermazione di una tesi e alla persuasione della sua correttezza. Una famosa *o.* quattrocentesca è quella *Sulla dignità dell'uomo* di Pico della Mirandola.

ossìmoro accostamento di due termini di significato opposto che sembrano escludersi a vicenda. P. es.: «vera mortal Dea» o «cara nemica» (PETRARCA).

ossìtono sinonimo meno comune di **tronco**.

ottava rima strofa composta da otto **endecasillabi** disposti secondo lo schema ABABABCC (nel caso dell'*o. toscana*; l'*o. siciliana* segue invece lo schema ABABABAB), in uso nella poesia discorsiva (epica narrativa, religiosa). È detta anche semplicemente *ottava*.

ottonàrio verso di otto sillabe metriche con accento principale sulla settima. P. es.: «o Signor, per cortesìa» (JACOPONE DA TODI).

ottosillabo verso francese e provenzale ("octosyllabe") composto da otto sillabe, con accento principale sull'ultima. Usato sia nella poesia lirica che in quella didatticonarrativa, l'*o.* viene ripreso nella metrica italiana antica dal **novenario**.

P

palatale letteralmente, 'che riguarda il palato'. In **fonetica**, si dicono consonanti *p.* quelle articolate tra il palato duro e il dorso della lingua (e che, a seconda del luogo di fonazione – anteriore, mediano o posteriore del palato – si dividono in prepalatali, mediopalatali e postpalatali: *casa*, *gatto*; *circo*, *giallo*; *stagno*, *agli*; *sciare*) e vocali *p.* quelle articolate nella parte anteriore della cavità orale (la *e* e la *i*). Per *palatalizzazione* si intende il processo tramite il quale un suono diventa palatale (p. es. la *c* di 'Cicerone' rispetto alla pronuncia 'Kikerone' del lat. repubblicano).

panegìrico discorso solenne ed enfatico pronunciato davanti a un vasto uditorio, durante una cerimonia ufficiale, al fine di celebrare persone o istituzioni. In epoca classica il *p.* si teneva in onore di personaggi illustri, mentre in epoca medievale e moderna per lo più in onore di santi.

paradosso controsenso; affermazione apparentemente assurda che contraddice la logica o il buon senso comune sorprendendo il lettore (o l'ascoltatore). P. es.: «Vergine pura, d'ogni parte intera, / del tuo parto gentil *figliuola* et *madre*» (PETRARCA).

paràfrasi esposizione dettagliata del contenuto di un testo, soprattutto poetico, utilizzando parole diverse e una forma più semplice rispetto all'originale, al fine di renderne più comprensibile il significato.

parallelismo procedimento stilistico in cui alcuni elementi del discorso (da fonetici a sintattici) vengono disposti parallelamente all'interno di una frase o di un periodo (cfr. p. es. **anafora, polisindeto**).

paratassi rapporto di coordinazione tra proposizioni principali e secondarie, che vengono poste l'una accanto all'altra, all'interno del periodo, senza una relazione di subordinazione. P. es.: «Orlando sente che il suo tempo è finito. / Sta sopra un poggio scosceso, verso Spagna; / con una mano s'è battuto il petto» (dalla *Chanson de Roland*).

paretimologìa **etimologia** arbitraria, ovvero basata non su fondamenti storici o scientifici, ma su analogie di suono o significato con una parola di uso più frequente (è detta anche *etimologia popolare)*. P. es.: la località «Sanluzzo» in luogo di "Saluzzo" in una **novella** di Boccaccio.

parodìa imitazione intenzionale di qualcosa (un personaggio, un testo, uno stile, ecc.) in forma **ironica**, per evidenziare la distanza critica dal modello e attuarne il rovesciamento. Un esempio di *p.* di un **exemplum** medievale è la **novella** boccaccesca *Nastagio degli Onesti*.

paronomàsia (o *adnominatio*) accostamento di due parole che hanno un suono simile. P. es.: «e son un *ghiaccio* / [...] e *giaccio* in terra» (PETRARCA).

pastiche (fr. = pasticcio; imitazione letteraria, rielaborazione di modelli diversi) giustapposizione di parole appartenenti a registri o codici diversi, perlopiù a fini stranianti e ironico-parodistici.

pastorale in letteratura è un genere (prevalentemente in versi) che si ispira alla vita idealizzata dei pastori, traendo spesso spunto da una vicenda d'amore tra un pastore e una pastorella. Vivo già nel mondo classico greco e latino (p. es. con Teocrito e Virgilio), il genere *p.* viene ripreso in Italia intorno al XV sec. e, attraverso un ampio sviluppo in Europa tra XVI e XVII sec. (soprattutto nella forma del *dramma p.*, ma anche in quella **parodistica** della *farsa rusticale*), culmina – e si estingue – nella poesia settecentesca dell'Arcadia.

pastorella genere letterario medievale, di derivazione franco-provenzale, in forma di **contrasto** amoroso: il dialogo, fatto di vivaci botte e risposte, si svolge durante un incontro campestre tra un cavaliere (identificabile in genere con il poeta) e una pastorella cui questi fa profferte galanti. P. es.: «*In un boschetto trova' pasturella*» di CAVALCANTI.

perìfrasi giro di parole con cui si esprime indirettamente un concetto, o si descrive una persona o un oggetto, al fine di evitare espressioni volgari o dolorose, termini troppo tecnici ecc., o anche al fine di attenuare l'espressione o renderla più solenne. P. es.: «l'amor che move il sole e l'altre stelle» (DANTE), cioè Dio.

peripezìa nell'intreccio della tragedia greca, l'improvviso cambiamento di una situazione nel suo contrario. Più in generale, con il termine *p.* si designano le vicende avventurose vissute dai protagonisti di una narrazione.

personificazione allegòrica (o *prosopopèa*) introduzione nella narrazione di cose inanimate o astratte (p. es. la patria, la gloria, ecc.), o anche di animali o persone morte, come se fossero animate o vive. P. es.: la *p.* di Firenze nella **canzone** «*Ahi lasso, or è stagion de doler tanto*» di GUITTONE D'AREZZO.

piana parola accentata sulla penultima sillaba (p. es.: "casàle", "ritòrno"). Un verso si dice *p.* quando termina con una parola accentata sulla penultima sillaba, e così un testo poetico composto da tali versi.

piede unità di misura della metrica **quantitativa** grecolatina. I *p.* più importanti sono il *giambo*, il *trocheo*, l'*anapesto*, il *dattilo* e lo *spondeo*. Nella metrica italiana indica ciascuna delle due parti nelle quali può essere strutturata la **fronte** della **canzone**.

plazèr (provenz. = piacere) componimento in versi in cui si elencano le cose della vita (o i fatti o le persone) che più danno diletto. Ne è un esempio italiano il **sonetto** di Dante «*Guido, i' vorrei che tu e Lapo ed io*».

pleonasmo espressione sovrabbondante; consiste nell'uso di una o più parole grammaticalmente o concettualmente superflue alla comprensione dell'enunciato. P. es.: «con meco» (PETRARCA), dove «meco» significa 'con me' (dal lat. "mecum").

plurilinguismo mescolanza di lingua e dialetto, di lingue diverse o di differenti registri linguistici (tecnico, gergale, letterario, ecc.) a fini sperimentali o parodistici.

pluristilismo mescolanza in uno stesso testo di registri stilistici diversi.

poema composizione narrativa in versi, di ampia estensione e di stile elevato, generalmente divisa in canti o libri. A seconda dell'argomento, il *p.* si divide nei seguenti generi: **p. allegorico-didattico**, che vuole impartire precetti morali e religiosi (p. es.: la *Commedia* di Dante); **p. didascalico**, che vuole divulgare, secondo le regole dell'enciclopedismo, teorie filosofiche, scientifiche o estetiche (p. es.: il *Roman de la Rose* di G. de Lorris e J. de Meung, il *Tesoretto* di B. Latini o il *Fiore* attribuito a Dante); **p. cavalleresco**, che tratta le gesta eroiche e amorose dei cavalieri, alternando toni epici e non di rado burleschi (il *p.c.*, nato in Francia in epoca medievale, conosce tre cicli diversi: quello *carolingio*, a carattere epico – *Chanson de Roland* –; quello *bretone*, a carattere romanzesco e amoroso – *Roman de Brut*, di Wace, *Lais* di Maria di Francia, ecc. –; e quello *classico*, in cui vengono rielaborate leggende classiche adattandole ai gusti cortesi e cavallereschi – *Roman de Thèbes, Roman de Troie*, ecc. –. Una originale ripresa del *p.c.* si ha nel Rinascimento italiano con l'*Orlando innamorato* di Boiardo, il *Morgante* di Pulci, l'*Orlando furioso* di Ariosto e la *Gerusalemme liberata* di Tasso; **p. eroicomico**, che è una **parodia** del *p. cavalleresco*, del quale riprende alcuni **topoi** (eroi, valori cavallereschi, ecc.) degradandoli, oltre che nell'uso di un linguaggio basso, attraverso il loro inserimento in un contesto comico e grottesco. Cfr., p. es., *La secchia rapita* di A. Tassoni.

poemetto componimento in versi simile al **poema**, per contenuto e tono, ma più breve. P. es.: il *p.* l'*Intelligenza* attribuito a Dante.

poesia pastorale cfr. **egloga**

poètica complesso delle idee di un artista, di una tendenza o di una scuola intorno al fare artistico; le forme, i modi, le finalità tenuti esplicitamente o implicitamente presenti come modello. La prima teorizzazione intorno al concetto di *p.* risale all'omonimo trattato del filosofo greco Aristotele (IV sec. a. C.) e giunge fino al Medioevo, attraverso la mediazione dell'*Ars poetica* del poeta latino Orazio (I sec. a. C.), soffermandosi essenzialmente sulle caratteristiche retoriche dell'opera. Solo a partire dal XVIII sec., all'impostazione retorica della *p.* si è affiancata, fino a sostituirla, quella estetica.

polifonìa in campo musicale è l'unione di più voci o strumenti che svolgono contemporaneamente, su base contrappuntistica, il proprio disegno melodico. In narratologia è la pluralità delle voci, cioè la molteplicità dei punti di vista dei personaggi, assunta dal narratore in molti romanzi moderni.

polìptoto figura sintattica per cui una parola, in genere la prima di una frase, viene ripetuta a breve distanza cambiando funzione (ovvero caso, genere, numero, ecc.). P. es.: «e alcuna volta gli era *paruto* migliore il mangiare che non *pareva* a lui che dovesse *parere* a chi digiuna per divozione» (BOCCACCIO).

polisenso come agg.: che ha o assume significati diversi e che è quindi suscettibile di interpretazioni differenti; come sost.: caratteristica del linguaggio poetico in cui una parola o un'espressione possono assumere molteplici significati a seconda del contesto (a differenza del linguaggio scientifico in cui a ogni termine corrisponde un *unico* significato). P. es.: il verbo "salutare" significa in Dante sia 'dare il saluto' che 'trasmettere la salvezza'. Parlando di un testo letterario, s'intende per *polisemia* la proprietà di un significante di avere più significati, non solo propri ma anche **metaforici**.

polisìllabo parola composta da più sillabe, generalmente da quattro o più.

polisìndeto ripetizione frequente della congiunzione copulativa *e*, a fini espressivi, tra le parole che formano una serie o tra varie proposizioni che formano un periodo. P. es.: «e videmi e conobbemi e chiamava» (DANTE).

preterizione figura retorica per la quale fingendo di tacere una cosa la si dice, attribuendole in questo modo maggiore rilievo. P. es.: «Cesare *taccio* che per ogni piaggia / fece l'erbe sanguigne / di lor vene» (PETRARCA).

proèmio parte introduttiva di un'opera e, in particolare, del **poema** (soprattutto epico); si divide in due parti: la **protasi** e l'*invocazione*, in cui il poeta si rivolge agli dèi (in età classica) o ai santi (in età medievale) per ottenere le forze necessarie a scrivere il **poema**. A volte il *p.* comprende anche la *dedica* al mecenate dell'opera o comunque al suo **destinatario**.

prolessi anticipazione nella proposizione principale dell'enunciato di una secondaria (p. es.: "di questo ti prego, di fare silenzio"). In narratologia la *p.* è l'evocazione di un evento futuro rispetto al momento della narrazione.

pròlogo scena iniziale di un'opera, sia epica che teatrale, nella quale vengono esposti gli antefatti dell'azione e se ne illustrano le linee fondamentali.

prosa scrittura che procede diritta, utilizzando cioè l'"a capo" per ragioni non metriche (come nel caso della scrittura in versi) ma concettuali. Legata all'oratoria latina, la *p.* medievale ne ricalca l'andamento ritmico, ovvero la struttura cadenzata, attraverso il **cursus** (**prosa ritmica**); l'andamento ritmico della *p.* è dato anche dal far rimare tra loro le parole finali di due o più frasi (**prosa rimata**). Quando la scrittura in *p.* si concentra piuttosto sulla qualità stilistica che sugli aspetti concettuali e narrativi, si parla di **prosa d'arte**.

prosìmetro componimento in cui si alternano versi e prosa (p. es.: la *Vita nuova* di Dante).

prosopopèa cfr. **personificazione allegorica**

pròtasi parte introduttiva di un **poema** in cui viene dichiarato l'argomento.

pseudònimo nome non corrispondente a quello reale, usato per non rivelare la vera identità.

purismo tendenza linguistica (e letteraria) in cui si vogliono normativamente preservare i caratteri tradizionali di una lingua, rifiutando – in nome della purezza – la contaminazione di forestierismi, neologismi, ecc.

Q

quadrisillabo verso di quattro sillabe metriche con accento principale sulla terza; è detto anche *quaternario*. Per *q.* s'intende tuttavia anche una parola formata da quattro sillabe.

quartina **strofa** di quattro versi, rimati per lo più secondo gli schemi ABBA, ABAB, AABB o AAAA (*q. monorima*); la *q.* può essere sia costituita da quattro versi omogenei all'interno di una strofa più ampia, sia costituire un'unità all'interno di uno schema metrico più complesso (p. es. il **sonetto**).

quantità cfr. **metrica quantitativa**.

quasi rima cfr. **rima**.

quaternàrio cfr. **quadrisillabo**.

quinàrio verso di cinque sillabe metriche con accento principale sulla quarta. P. es.: «– in quel cespùglio –» (SACCHETTI).

R

raddoppiamento fono-sintàttico caratteristica fonetica, diffusa soprattutto in Toscana e nell'Italia centro-meridionale, che prevede il raddoppiamento (solo sonoro, non grafico) della consonante iniziale di una parola in determinati contesti sintattici (p. es. quando preceduta da monosillabi o da vocaboli **tronchi**: "tre (c)case"; "città (v)vecchia").

recitativo tipo di canto che mira a riprodurre la naturalezza del parlato attraverso la riduzione (o l'assenza) della melodia vocale. Si distingue in *r. secco* (voce accompagnata da basso continuo) e *r. accompagnato* (voce accompagnata da più strumenti o dall'orchestra).

refrain (franc. = ritornello) gruppo di pochi versi (in genere da due a quattro, ma anche uno solo) che si ripete prima o dopo ogni **strofa**.

registro specifico livello della lingua dato dall'insieme omogeneo di elementi lessicali, sintattici, stilistici ecc.; la lingua letteraria, per esempio, utilizza un *r.* fortemente formalizzato, lessicalmente ricco e stilisticamente elaborato, mentre quella familiare ne utilizza uno più povero, sia dal punto di vista lessicale che da quello stilistico. Le singole opere letterarie sono spesso caratterizzate da un unico *r.* linguistico (comico-realistico, lirico, tragico, ecc.), ma non poche sono quelle in cui vengono utilizzati contemporaneamente *r.* diversi (p. es. la *Commedia* di Dante).

replicazione ripetizione di una parola all'interno di un periodo, in forma anche variata (p. es. «qual è colui che suo dannaggio *sogna*, / che *sognando* desidera *sognare*», DANTE) e a breve distanza, con fini espressivi.

reticenza interruzione intenzionale di una frase che lascia al lettore (o all'ascoltatore) il compito di completarne il senso ricostruendo gli elementi sottintesi; può servire a insinuare dubbi, ad attenuare espressioni troppo forti, ad alludere a qualcosa, ecc. P. es.: «Io cominciai: "Frati, i vostri mali..."; / ma più non dissi...» (DANTE).

retòrica arte del parlare e dello scrivere in modo efficace al fine di persuadere un uditorio e ottenerne il consenso; basata su regole codificate nel tempo, la *r.* affonda le radici nell'età classica, quando costituiva la normativa dei discorsi pubblici, e giunge fino alla contemporaneità come eloquenza, cioè tecnica della perfetta espressione.

riassunto forma di accelerazione del racconto in cui il narratore non si sofferma analiticamente a descrivere eventi o personaggi, ma sintetizza in poche pagine o in poche righe ampi lassi di tempo.

ricezione l'atto del ricevere un messaggio; modo di accogliere un'opera da parte del pubblico.

ridondanza ripetizione; abbondanza in un discorso di elementi accessori, ovvero non indispensabili alla sua comprensione ma utili alla comunicazione.

rima identità di suono tra la parte finale di due (o più) parole a partire dalla vocale **tonica** compresa. *R. al mezzo*: tra la parola finale di un verso e una parola posta nel mezzo di un altro verso (per lo più il successivo), generalmente in chiusura del primo **emistichio**; *r. alternata*: tra parole finali di due versi separati fra loro da un altro (ABABAB); *r. baciata*: tra parole finali di due versi consecutivi (AA BB ecc.); *r. equivoca*: tra due parole di uguale suono ma di diverso significato; *r. guittoniana* (o *aretina*): tra *i* ed *e* sia aperta che chiusa e di *u* con *o* sia aperta che chiusa; *r. identica*: di una parola con se stessa; *r. imperfetta*: con identità parziale, come p. es. nelle **assonanze** e **consonanze**, ma anche nella *r. aretina*; *r. incrociata*: tra le parole finali dei due versi estremi e tra quelle dei versi centrali di una **quartina** (ABBA); *r. interna*: che cade non in **punta di verso** ma al suo interno (vedi p. es. la *r. al mezzo*); *r. per l'occhio*: identità grafica e non fonetica tra le parti finali di due versi; *quasi r.*: identità non completa tra le parti finali di due versi (p. es.: *làude*: *cade*); *r. ricca*: identità anche di alcuni suoni precedenti la vocale **tonica**; *r. siciliana*: tra le vocali **toniche** *e* chiusa ed *i* e *o* chiusa con *u*.

ripresa nome del **ritornello** nella **ballata**.

ritornello breve **strofa** introduttiva della **ballata** che si ripete prima di ogni **strofa**.

romanza (o *ballata romàntica*) genere letterario tipico dell'età romantica, a metà tra lirica e narrativa, nato sull'esempio di testi tedeschi e inglesi. Metricamente libera, la *r.* è perlopiù composta da versi lunghi e ritmati (**novenari, decasillabi**) e caratterizzata da **rime tronche**.

romanzo (agg.) designa l'insieme delle lingue derivate dal latino (portoghese, spagnolo, catalano, provenzale, ladino, sardo, francese, italiano, rumeno), a seguito della dominazione romana, e le rispettive letterature.

romanzo (sost.) genere narrativo in prosa, diverso per la maggior estensione dalla **novella**, basato su una trama più o meno avventurosa relativa alle vicende realistiche o fantastiche di alcuni personaggi, e classificabile, a seconda dell'argomento, in storico, fantastico, d'amore, poliziesco, psicologico, ecc. L'origine del *r.* è ascrivibile addirittura alle antiche letterature orientali (assiro-babilonese, araba, ecc.), e conosce una prima fioritura europea in epoca ellenistico-romana (primi secoli d.C.: p. es. Longo Sofista e Petronio). Nel Medioevo il *r.*, che è scritto anche in versi, si sviluppa inizialmente in Francia, dove affronta narrazioni legate alla storia classica (*Roman de Troie*), o al mondo cortese e cavalleresco (*Lancelot*). Per *r. cavalleresco* si intende la narrazione delle avventure e degli amori dei cavalieri che dall'epoca francese medievale giunge fino al XVI sec. (p. es. il *Don Chisciotte* di Cervantes); per *r. cortese* si intende un genere nato in Francia intorno al XII sec., legato ai valori e agli ideali della società cortese e rivolto al pubblico aristocratico portatore di quei valori e di quegli ideali; per *r. esotico* si intende un tipo di narrativa, diffusa tra Settecento e Ottocento, in cui viene accolto il recente interesse per il primitivo e per le forme di vita e di civiltà di paesi extraeuropei, soprattutto orientali o tropicali; il *r. di formazione* (ted. *bildungsroman*) è un racconto incentrato sulla vicenda biografica ed esistenziale del protagonista, sulla sua formazione intellettuale, morale e sentimentale attraverso le diverse fasi della vita; per *r. gotico* si intende un genere letterario nato in Inghilterra nel XVIII secolo, ambientato nel Medioevo e ispirato agli aspetti misteriosi e lugubri della realtà; per *r. pastorale* si intende un genere narrativo misto di prosa e versi, di ambientazione rustica e d'argomento **bucolico** (ma di stile alto), che ha nell'*Arcadia* di Sannazzaro il proprio modello (e nell'*Ameto* di Boccaccio un importante precedente) e che si diffonderà soprattutto nel XVI sec. Uno sviluppo eccezionale il *r.* ha poi a partire dal Settecento, soprattutto in Inghilterra e in Francia, al punto da diventare il genere caratteristico della modernità; per *r. picaresco* s'intende un genere narrativo diffusosi in Spagna a partire dalla seconda metà del Cinquecento (con il romanzo, di anonimo, *Lazarillo de Tormes*), avente per oggetto le avventure spesso comiche e crude di personaggi popolareschi perlopiù astuti e imbroglioni (dallo spagnolo "picaro" = furfante). Uno sviluppo eccezionale il *r.* ha poi a partire dal Settecento, soprattutto in Inghilterra e in Francia, al punto da diventare il genere caratteristico della modernità.

rubrica nei codici manoscritti indica i titoli, i sommari o le lettere iniziali (per lo più scritti in rosso); nei libri divisi in capitoli, come p. es. il *Decameron*, la *r.* indica in sintesi il contenuto dei singoli capitoli cui è premessa.

rusticale agg. che designa un tipo di poesia che riguarda gli aspetti e i caratteri della campagna.

S

saga genere in versi e in prosa delle letterature nordiche antiche, sviluppatosi in Islanda tra XII e XIV sec. e diffuso anche nell'ambiente culturale germanico, che narra in un'ottica leggendaria le vicende di un popolo o di importanti famiglie locali (clan) i cui protagonisti incarnano i valori più alti di una data società (la *Saga degli abitanti di Eyr*, la *Saga dei Nibelunghi*, ecc.).

sarcasmo ironia amara e caustica, spesso ispirata da risentimento e aggressività.

sàtira composizione poetica derivata dalla lat. "satura" (= composizione piena, mista di vari elementi), che, con un tono a metà tra il comico e il serio, rappresenta a fini moraleggianti o critici, e con modi ora benevoli ora ironicamente polemici o violentemente aggressivi, personaggi e ambienti della realtà sociale, denunciandone debolezze, vizi, ecc. Nel Medioevo, in particolare, la *s.* ha carattere soprattutto morale, prediligendo il discorso **allegorico** (gli animali come simbolo delle virtù e dei vizi umani), sociale (come nei canti dei goliardi) e politico (oltre che antimonastica o misogina). In età **umanistica** e rinascimentale, la *s.* ha invece interessi prevalentemente letterari (come le *Satire* di L. Ariosto). Per *satira menippea* si intende un testo composto di prosa e versi, di argomento filosofico e morale, inventato dal filosofo greco Menippo di Gadara (IV-III sec. a. C.) e diffuso anche nella latinità del I sec. d. C. (Seneca e Petronio).

scémpia si dice di una consonante semplice, cioè non doppia.

scenario l'insieme delle strutture che delimitano e raffigurano il luogo in cui si svolge un'azione teatrale (fondali, quinte ecc.).

sdrùcciola parola accentata sulla terz'ultima sillaba (p. es.: "màrtire", "càmera"). Un verso si dice *s.* quando termina con una parola accentata sulla penultima sillaba e così un testo poetico composto da tali versi.

semiòtica scienza dei segni volta allo studio di quei sistemi (linguistici, gestuali, simbolici, ecc.) che costituiscono un codice convenzionale di comunicazione. È detta anche *semiologia*.

senàrio verso di sei sillabe metriche con accento principale sulla quinta.

senhal (provenz. = segno; leggi *segnàl*) nome fittizio o riferimento cifrato dietro il quale il trovatore celava la persona (e soprattutto la donna) cui era rivolta la poesia. Tale mascheratura, resa necessaria dall'etica cortese del segreto, viene ripresa anche dalla successiva poesia italiana: p. es. il *s.* «Fioretta» nella **ballata** di Dante «*Per una ghirlandetta*» e, in Petrarca, i s. «l'aura»(= l'aria) o «lauro»(= alloro) in riferimento all'amata Laura.

sestina strofa di sei **endecasillabi** rimati secondo lo schema ABABCC, detta anche *sesta rima*. *S.* è detta pure un tipo di **canzone** costituita da sei *s.* più una **terzina**, nelle quali non si ha però lo schema di rime proprio della *s.* ma sei parole-rima che si ripetono in tutte le strofe nel seguente modo: ABCDEF FAEBDC CFDABE ECBFAD DEACFB BDFECA (p. es.: la *s.* «*Al poco giorno e al gran cerchio d'ombra*» di DANTE).

settenàrio verso di sette sillabe metriche con accento principale sulla sesta (spesso alternato all'**endecasillabo**, ne può costituire un **emistichio**). P. es.: «per una ghirlandetta ch'io vidi, mi farà / sospirare ogni fiore» (DANTE).

significato/significante un segno linguistico (p. es. la parola "pane") è costituito dall'associazione di un *significato* e di un *significante*, ovvero di un elemento concettuale (il *significato*, cioè il concetto di "pane") e uno formale, fonico e grafico (il *significante*, cioè l'insieme dei **fonemi** e dei segni grafici che formano la parola "pane").

sillogismo argomentazione logica definita per la prima volta dal filosofo greco Aristotele (IV sec. a. C.) nei seguenti elementi: A) *presentazione* (di ciò che si deve dimostrare), B1) *premessa maggiore* e B2) *premessa minore* (rispetto a ciò che si deve dimostrare), C) *conclusione* (che deve essere uguale alla *presentazione*). P. es.: A) = "I greci sono mortali"; se "tutti gli uomini sono mortali" (B1) e "i greci sono uomini" (B2), ne consegue che "i greci sono mortali" (C). Per **sillogistico** si intende un ragionamento basato sul *s.*, ma anche un discorso sottile e complesso.

simbolo attribuzione immediata e intuitiva di un **significato** a un'immagine; il *s.* stabilisce tra universale e particolare (l'uno colto nell'altro) un rapporto necessario e organico, istantaneo e alogico, implicando perciò la soggettività individuale ed esistenziale piuttosto che, come avviene nell'**allegoria**, quella di una razionalità collettiva.

similitùdine rapporto di somiglianza tra persone o cose diverse, introdotto da *come*, da altri avverbi di paragone ("tale", "simile a", ecc.) o da forme analoghe ("sembra", "pare", ecc.). P. es.: "un uomo forte *come* un leone").

sinalefe fusione all'interno di un verso, per ragioni metriche, tra la vocale finale di una parola e quella iniziale della successiva, per cui nella lettura viene eliminata la prima delle due vocali. È detta anche *elisione metrica*. P. es.: «voi ch'ascoltate in rime sparse il suono» (PETRARCA).

sìncope caduta di uno o più **fonemi** all'interno di una parola con conseguente fusione di due sillabe in una (p. es.: "vienmi" = "vienimi").

sincronia/diacronìa cfr. **diacronia/sincronia**

sinèddoche come la **metonimia** e la **metafora**, riguarda uno spostamento di significato da un termine a un altro posti in rapporto di contiguità. La *s.* consiste nell'estendere o nel restringere il significato di una parola, e si ottiene indicando la parte per il tutto (p. es.: "il mare è pieno di *vele*" = il mare è pieno di *barche a vela*) o il tutto per la parte (p. es.: "non ci è mai mancato il *pane*" = abbiamo sempre avuto da *mangiare*), il sing. per il plur. (p. es.: "*lo spagnolo* è più passionale dell'*inglese*" = *gli spagnoli* sono più passionali degli *inglesi*) o il plur. per il sing. (p. es.: "occuparsi dei *figli*" = occuparsi del *proprio figlio*), la materia di cui è fatto un oggetto per l'oggetto stesso (p. es.: "legno" = barca).

sinèresi contrazione, all'interno di una parola, di due sillabe in una (p. es.: «quand'era in parte altr'*uom* da quel ch'i' sono», PETRARCA); nella lettura metrica si oppone alla **dieresi**.

sinestesìa forma particolare di **metafora** in cui si associano, nella stessa espressione, voci che si riferiscono ad àmbiti sensoriali diversi (tatto, gusto, vista, olfatto, udito; p. es.: "dolce rumore" – rapporto gusto/udito –; "bel sapore" – rapporto vista/gusto, ecc.).

sinizesi contrazione vocalica. Cfr. **sineresi**.

sinònimo parole diverse nel **significante** ma aventi lo stesso **significato** (p. es.: "busto" "tronco" "torace" "torso"). La **sinonimìa** è pertanto l'identità di significato tra due o più parole o espressioni, a prescindere dal contesto in cui esse vengono utilizzate (p. es.: "quella donna ha un bel viso"; "essere triste in volto").

sintagma gruppo di due o più elementi linguistici (articolo, pronome, aggettivo, verbo, sostantivo, ecc.) che forma in una frase un'unità minima dotata di significato (p. es.: "di corsa", "mal di testa", "andare a scuola", ecc.).

sirma nella **canzone** indica la seconda parte di ciascuna **stanza** (la prima è la **fronte**), normalmente indivisa da Petrarca in poi (*s. indivisa*); fino a Dante la *s.* poteva invece essere strutturata in due **volte**. Nella **ballata** è sinonimo di **volta** e nel **sonetto** di **sestina** o **terzina**. È detta anche *coda*.

sonetto forma poetica molto antica probabilmente inventata da Jacopo da Lentini (1210-60) nell'àmbito della Scuola siciliana. Il *s.* è composto da quattordici **endecasillabi** divisi in quattro **strofe**, due **quartine** e due **terzine**. La disposizione delle **rime** segue per lo più lo schema lentiniano ABAB ABAB CDE CDE (o CDC DCD) e quello stilnovistico ABBA ABBA CDC CDC. Per *s. caudato* si intende un *s.* al quale è stata aggiunta una coda di tre versi (un **settenario** – che rima con l'ultimo verso della seconda terzina – e due endecasillabi in **rima baciata**), o anche solo un **distico** di endecasillabi in rima baciata.

Spannung (ted. = tensione) in narratologia, il momento culminante di una narrazione.

sperimentalismo atteggiamento letterario ed artistico volto alla costante ricerca e sperimentazione, a fini espressivi, di stili e tecniche nuove.

stanza le **strofe** di una **canzone** o un componimento poetico di un'unica strofa.

stile espressione propria e caratteristica di ciascun autore, e anche l'insieme degli aspetti formali di un'opera. In accezione più ampia, il termine *s.* indica gli elementi formali e culturali propri di un movimento letterario (il *Dolce stil novo*), di una scuola (la *Scuola siciliana*) o di un'epoca (*stile rinascimentale*).

stilema costruzione formale che ricorrendo nel linguaggio di un autore ne diventa un tratto distintivo (p. es.: «Ed ecco...», espressione usata da Dante nella *Commedia* per indicare improvvisi sviluppi della narrazione); modulo caratteristico, non necessariamente linguistico, di specifici **generi** (letterari, musicali, pittorici, ecc.), di **poetiche** ecc.

stili (**teoria degli**) elaborazione teorica in base alla quale a ogni argomento corrisponde uno **stile** appropriato: quello *umile* (per temi banali e realistici), quello *medio* (per temi pastorali e agresti) e quello *sublime* (per temi filosofici, amorosi ed eroici). Questa rigorosa tripartizione, nata in età classica con le formulazioni di Cicerone e di Orazio, subisce in epoca medievale e in ambito cristiano un rimescolamento dettato dalla necessità di rappresentare artisticamente tutta la realtà in quanto essa ha dignità in tutti le sue componenti: così Dante – che pure distingue tra stile *comico, elegiaco* e *tragico* – dà vita nella *Commedia* a una grande mescolanza degli stili tradizionali.

stilistica (**critica**) studio storico-critico dell'opera di un autore attraverso l'analisi dello **stile**, alla luce di una visione sostanzialmente linguistica del prodotto letterario.

stilizzazione termine proprio delle arti figurative che indica la rappresentazione p. es. di una figura secondo uno schema essenziale di linee e colori; per estensione, la *s.* è anche la riduzione, alleggerita e affinata nella forma, di un personaggio o di un ambiente.

strofa (o *strofe*) unità metrica della poesia costituita da uno schema fisso per numero e misura dei versi e per disposizione delle **rime** (vedi anche **stanza**). Da Leopardi in poi (XIX sec.) tale schema diventa libero e la *s.* diventa, più in generale, un gruppo di versi evidenziato come tale anche da semplici segni grafici (lo spazio tipografico).

strutturalismo indirizzo specifico della linguistica che individua nella lingua, attraverso le analisi di F. de Saussure (1857-1913), un sistema in cui ogni elemento acquista valore e significato in relazione agli altri componenti del sistema. In senso più ampio, lo *s.* è una teoria critico-filosofica, sviluppatasi in Francia a partire dagli anni Sessanta del Novecento e applicata a molte discipline (dall'antropologia all'economia, all'estetica, alla psicoanalisi), che studia le varie strutture (antropologiche, economiche, ecc.) analizzando le interazioni tra le parti che le compongono.

sublimazione idealizzazione; in psicoanalisi, è un meccanismo secondo il quale le pulsioni aggressive e gli impulsi primitivi legati alla sfera della sessualità si trasformano in contenuti socialmente accettabili (p. es. le creazioni artistiche).

T

tautologia proposizione in cui il sogg. e il predicato sono identici nella sostanza ma espressi in termini formalmente diversi; definizione che asserisce ciò che invece dovrebbe spiegare (p. es.: "il triangolo ha tre angoli").

GLOSSARIO 873

tecnicismo vocabolo (o locuzione) di uso tecnico, ovvero specifico di un determinato ambito.

tempo del racconto è il tempo seguito dalla scrittura, che non ricalca necessariamente con precisione l'ordine cronologico della narrazione (*tempo della storia*) ma procede o lentamente, dilungandosi nella rappresentazione di episodi o nella descrizione di personaggi e paesaggi, o velocemente, riassumendo in poco spazio giorni e addirittura anni (cfr. **riassunto**).

tenzone disputa poetica; il termine, derivato dal provenz. *tenso*, indica un dibattito tra poeti in cui, con vivaci botta e risposta, un poeta propone il tema (la *proposta*, in genere d'argomento amoroso, morale, o letterario) e gli altri (ma anche uno solo) rispondono secondo le proprie convinzioni, utilizzando le più lo stesso schema metrico e di rime della *proposta* (*risposta a rime obbligate* o *per le rime*). P. es.: la *T.* fra Dante e Forese. Cfr. anche **contrasto**.

ternàrio cfr. **trisillabo**

terzina strofa composta di tre versi (vedi anche **sonetto**). La *t. incatenata* (o *dantesca*), formata da tre **endecasillabi** legati da **rime** secondo lo schema ABA BCB CDC ecc., è diventata uno dei modelli della poesia italiana, soprattutto didascalica e allegorica.

tipo personaggio del quale viene messo in particolare risalto un singolo attributo caratteriale, rendendolo una sorta di stereotipo, di maschera fissa (p. es.: lo snob, il geloso, il burbero, ecc.). Per **tipizzazione** s'intende quindi la riduzione delle caratteristiche individuali di un personaggio a una fondamentale, così da farne un *t.*

tònico dotato di accento. Le vocali o le sillabe su cui cade l'accento all'interno di una parola (o di un verso) sono perciò dette *tòniche*.

tópos (plur. "tópoi"; gr. = luogo) termine che indica genericamente un luogo comune, ovvero un motivo (un'immagine, un concetto, un sentimento) ripreso con una certa frequenza dagli scrittori al punto da diventare una enunciazione convenzionale (p. es.: le ninfe che si lavano a una fonte, la purificazione dell'anima attraverso la discesa agli inferi, l'amore per la donna lontana, la corrispondenza tra amore e primavera ecc.). Nella **retorica**, i *t.* erano degli argomenti prestabiliti utili alla comprensione e all'efficacia persuasiva di un discorso.

tradizione in **filologia** indica l'insieme dei **testimoni** esistenti di un certo testo. La *t. manoscritta* è quella che comprende solo **apografi** copiati a mano (cioè non a stampa).

tragèdia genere teatrale nato nella Grecia classica avente per argomento grandi problematiche interiori dell'uomo, espresse con uno stile elevato e con ricchezza di *pathos*. A carattere inizialmente religioso, con la rappresentazione di un'umanità idealizzata, la *t.* si è poi sviluppata in senso realistico fino ad affrontare – in epoca moderna – i drammi della società borghese. Nelle poetiche medievali e in Dante, il termine *t.* si contrappone a **commedia** e indica un componimento in stile alto e d'argomento elevato.

tràgico nelle **poetiche** medievali si intende per stile o genere *t.* quello di tono elevato e sublime avente per modello l'*Eneide* del poeta latino Virgilio (I sec. a. C.); la sua applicazione nel sistema dei **generi** è da riferirsi, secondo Dante, alla **canzone**.

traslato come agg., vale 'trasferito, spostato'; il sost. indica invece uno spostamento di tipo **metaforico**.

trionfi cfr. **canti carnascialeschi**

trisillabo parola composta di tre sillabe; verso di tre sillabe metriche con accento principale sulla seconda.

trobàr termine provenzale che significa 'comporre versi'. Cfr. anche **trovatore**.

tronca parola accentata sull'ultima sillaba in quanto troncata dell'ultima sillaba nel passaggio dal lat. all'ital.: "virtùtem" = "virtù", "pietàtem" = "pietà". Un verso si dice *t.* quando termina con una parola accentata sull'ultima sillaba e così un testo poetico composto da tali versi.

troncamento cfr. **apocope**

trovatore il termine deriva dal prov. **trobar** e designa i poeti-musici provenzali o quei poeti che, benché non provenzali, presero questi a modello (p. es. il *t.* italiano Sordello da Goito). Per poesia **trovatòrica** o **trobadòrica** si intende quindi la poesia d'argomento per lo più amoroso tipica dei provenzali o delle scuole italiane che la presero a modello.

Umanésimo movimento intellettuale sviluppatosi tra la seconda metà del XIV sec. e il XVI, avente il proprio fine culturale nel recupero filologico dei classici latini e greci e nell'affermazione dei valori terreni dell'individuo.

unità aristotèliche si tratta delle unità di luogo, di tempo, d'azione che, nella descrizione di Aristotele, caratterizzavano la tragedia classica greca. Esse furono interpretate come norma rigorosa da alcuni teorici cinquecenteschi e messe in pratica da molti scrittori teatrali. Le *u. a.* implicano che l'azione teatrale si svolga in un unico luogo, nell'arco di ventiquattr'ore, senza divagazioni dalla trama principale.

uscita di verso parte finale del verso, con riferimento in genere all'ultima parola.

variante in **filologia** indica ogni diversa **lezione**, ovvero ogni diversa soluzione espressiva tramandata dai vari **testimoni** rispetto all'originale, generata da errori di trascrizione dei copisti, da loro eventuali fraintendimenti, da ipotesi diverse di ricostruzione del testo in caso di luoghi lacunosi, ecc. Per **variante d'autore** si intende una *v.* dovuta all'autore stesso, cioè una sua correzione o un ripensamento, e presente in fogli, appunti o altro lasciati dall'autore: il *Canzoniere* petrarchesco è p. es. ricchissimo di *v. d'a.*, a causa delle continue revisioni del testo da parte dell'autore.

velare si definiscono *v.* quei fonemi (consonanti e vocali) che si articolano con il dorso della lingua ravvicinato al velo palatino (cioè alla volta del palato che termina con l'ugola): p. es. le consonanti /k/ (*casa*, *chiesa*, *questo*), /g/ (*gatto*, *ghisa*) ed /n/ (davanti a /k/ e /g/: *banco*, *vengo*), e le vocali /ò/, /ó/ e /u/.

verso libero verso che rompe i tradizionali schemi metrici aprendo la struttura chiusa della strofa e variando liberamente il numero delle sillabe. Teorizzato e usato inizialmente dai simbolisti francesi nel XIX sec., il *v. l.* è usato in Italia a partire dagli **scapigliati** e dalla *metrica barbara* di Carducci: presente poi in tutta la poesia del Novecento (soprattutto sperimentale), esso ha il suo più lucido teorico in G. P. Lucini (1867-1914) e la sua sistematica utilizzazione nei **futuristi**.

visione genere letterario (e devozionale) mediolatino e poi volgare in cui l'autore narra di aver avuto una *v.* del mondo ultraterreno, infernale o celeste, e di aver così conosciuto la dimensione sovrannaturale delle pene e delle beatitudini.

volgarizzamento traduzione in volgare di un'opera latina (o greca) con alcune modifiche rispetto al testo originale per adattarlo al nuovo contesto culturale; il termine si riferisce anche a traduzioni da lingue moderne (p. es. l'antico francese).

volta ciascuna delle due parti in cui può essere strutturata la **sirma**. Cfr. anche **ballata** e **canzone**.

vulgata termine latino ('divulgata') che indica la versione della Bibbia accettata dalla Chiesa cattolica (cioè quella di san Girolamo) o, più in genere, la versione più diffusa di un testo letterario.

zeppa parola inserita in un verso non per esigenze di contenuto o di espressione ma per ragioni puramente metriche, ovvero per far tornare la misura di un verso o per ottenere una **rima**.

zèugma figura retorica in cui due o più termini dipendono da uno stesso verbo, mentre dovrebbero dipendere da due verbi differenti. P. es.: «parlare e lagrimar *vedrai* insieme» (DANTE).

INDICE DEI NOMI

l'indice fa riferimento esclusivamente alla trattazione storico-letteraria

Aalto, Alvar   544
Adami, Valerio   551
Adamov, Arthur   501, 844
Adichie, Chimamanda Ngozi   578
Adorno, Theodor Wiesengrund   16, 26, 541
Adriano (imperatore)   345
Affinati, Eraldo   578, 710
Agnelli, Giovanni   840
Agosti, Stefano   238
Alberti, Rafael   70
Albertini, Luigi   827
Aleardi, Aleardo   132
Alighieri, Dante   62, 126, 186, 187, 210, 248, 808
Allen, Woody   552
Allende, Salvador   71
Althusser, Louis   540
Altman, Robert   552

Alvaro, Corrado   **366**
Amato, Giuliano   533
Ammaniti, Niccolò   576, 578, 708, 709, 710
Anceschi, Luciano   572
Andreotti, Giulio   532
Anton Pavlovi echov   508
Antonello da Messina   694
Antonicelli, Franco   466
Antonioni, Michelangelo   553, 558
Apollinaire, Guillaume (pseud. di Guglielmo Alberto Wladimiro Apollinaire de Kostrowitzky)   79, 86
Aragon, Louis   61
Arbasino, Alberto   521, 572, 660, 687, **688**
Ariosto, Ludovico   730, 733
Artaud, Antonin   500
Asor Rosa, Alberto   574, 763
Avalle, D'Arco Silvio   238

Bacchelli, Riccardo   168, 363

Bach, Johann Sebastian   34
Bachmann, Ingeborg   **639**
Badoglio, Pietro   14
Baino, Mariano   575
Baj, Enrico   605
Baldi, Guido   458
Balestrini, Nanni   521, 572, 573, 574, 578, 603, 660, 687, **688**, 710
Balzac, Honoré de   26, 409
Bandini, Bruno   591
Banti, Anna   23, **365**
Barbèra (editore)   186
Baretti, Giuseppe   826
Baricco, Alessandro   **708**
Barile, Laura   239
Barilli, Renato   572
Barthelme, Donald   **646**
Barthes, Roland   540, 728
Bartoli, Daniello   654
Basile, Giovan Battista   858

Bassani, Giorgio   573, 661, **662**
Bataille, Georges   345
Baudelaire, Charles   23, 60, 210, 814
Beauvoir, Simone de   **347-348**
Beccaria, Cesare   810, 826
Beckett, Samuel   **501**, 566, 633, 843, **844-845**, 846
Bellocchio, Marco   554
Bellocchio, Piergiorgio   574
Bellow, Saul   495, 632
Bembo, Bonifacio   745
Benda, Julien   16, 17
Bene, Carmelo   853, **855**
Benedetti, Arrigo   832
Benigni, Roberto   555
Benjamin, Walter   17, **26**
Benni, Stefano   698
Bergman, Ingmar   33, 552
Bergson, Henri   86
Berio, Luciano   551, 605
Berlinguer, Enrico   532
Berlusconi, Silvio   532, 533, 833, 840
Bernari, Carlo (pseud. di Carlo Bernard)   6, **366**
Bertolucci, Attilio   169, **312-313**, 569
Bertolucci, Bernardo   313, 555
Bertolucci, Giuseppe   313
Bettarini, Rosanna   187, 239
Biagi, Enzo   **840**
Bianciardi, Luciano   660, **689**
Biermann, Wolf   589
Bilenchi, Romano   23, 39, **366**, 373, 394
Blake, William   210, 223, 567
Bo, Carlo   17, 238, 458
Bocca, Giorgio   **840**
Boccaccio, Giovanni   653
Boine, Giovanni   184
Böll, Heinrich   351, **632**, 639, 653
Bonfiglioli, Pietro   239, 285
Bonomi, Aldo   538
Bonsanti, Alessandro   186
Bontempelli, Massimo   6, 48, 363, **364**, 365, 387
Bonura, Giuseppe   746
Borges, Jorge Luis   343, **351**, 663, 664, 700, 745, 763
Borgese, Giuseppe Antonio   363
Boulez, Pierre   34, 551
Boutroux, Etienne-Emile   189
Brancati, Vitaliano   **366**, 663, 832
Brandeis, Irma   186, 187, 246
Braque, Georges   86
Brecht, Bertolt   17, **67**, 351, 500, **501**, 589, 601, 843, 853
Brera, Gianni   **840**
Breton, André   61, 500
Brežnev, Leonid Ilič   527, 528
Brizzi, Enrico   576, 708, 709
Browning, Robert   210
Bruno, Giordano   745
Bufalino, Gesualdo   698
Bulgakov, Michail   **360**
Buñuel, Luis   33, 70, 552
Burri, Alberto   546
Burroughs, William   567, 586, **646**
Busi, Aldo   698, **699**
Bussotti, Sylvano   551
Butor, Michel   567
Buzzati, Dino   23, **364**, 832

Cage, John   551
Caliceti, Giuseppe   709
Calvino, Italo   53, 395, 466, 534, 540, 555, 559, 567, 569, 570, 660, 663, 688, 708, 711, **726-768**, 810, **813-814**, 820, 840

Cameron, James   552
Camilleri, Andrea   555, **661**
Campana, Dino   615
Campanella, Tommaso   601
Campanile, Achille   40
Camus, Albert   343, **346**, **501**, 653
Capote, Truman   632
Caproni, Giorgio   169, 296, **315-316**, 591
Carducci, Giosue   41, 132, 520, 569, 601, 673
Carlo Magno   733
Carnap, Rudolf   26
Carné, Marcel   33
Carocci, Alberto   337
Carpi, Fiorenzo   238
Carrà, Carlo   30
Carver, Raymond   568, **646**
Casares Bioy, Adolfo   351
Cases, Cesare   458, 574, 734
Casorati, Felice   30
Cassola, Carlo   573, 661
Castellani, Renato   169
Castro Ruz, Fidel   648
Cattafi, Bartolo   590
Cavallo, Franco   575
Cecchi, Emilio   168, 189, 238
Celan, Paul (pseud. di Paul Antschel)   **589**
Celati, Gianni   688
Céline, Louis Ferdinand (pseud. di Louis Ferdinand Destouches)   17, 315, 343, 345, **347**, 458, 654, 708
Cepollaro, Biagio   575
Cesare, Caio Giulio   427
Ceserani, Remo   575
Chaplin, Charles   32
Char, René   **584-585**
Cherchi, Grazia   574
Chiang Kai-shek   12
Chiara d'Assisi (Chiara Scifi)   663
Chiari, Giuseppe   551
Christie, Agatha Miller   16, 500
Christo, Vladimirov Javačev   547
Ciampi, Carlo Azeglio   320
Cima, Annalisa   187
Clair, René   33, 584
Clerici, Gianni   **840**
Coetzee, John M.   578, 710
Cohen, Rachele   123
Coleridge, Samuel Taylor   494
Comisso, Giovanni   39, **366**
Conrad, Joseph   708, 728
Consolo, Vincenzo   660, 661, 693, **694-695**
Conte, Giuseppe   575
Contini, Gianfranco   49, 186, 187, 192, 238, 239, 285, 458, 769
Coppola, Francis Ford   552
Corbucci, Sergio   553
Corso, Gregory   586
Cortázar, Julio   647, **648**
Corti, Maria   238, **395**, 574
Craxi, Benedetto (detto Bettino)   521, 532
Croce, Benedetto   13, 15, 16, 17, 21, 26, 186, 297, 337, 810
Culicchia, Giuseppe   709
Cunningham, Michael   578, 710
Curi, Fausto   572
Cvetaeva, Marina Ivanovna   72, **73**

D'Alema, Massimo   533
Dalí, Salvador   33, 70
Dalla Volta, Alberto   465
Dallapiccola, Luigi   34
D'Annunzio, Gabriele   41, 86, 127, 189, 190, 191, 366, 554, 695, 827

D'Arrigo, Stefano   660, 689
De Amicis, Edmondo   827
De Benedetti, Carlo   840
Debenedetti, Giacomo   49, 168, 169, 186, 238, 810
De Chirico, Giorgio   30
De Filippo, Eduardo   **509-510**, 856
De Filippo, Peppino   509
De Filippo, Titina   509, 510
Defoe, Daniel   634, 635
De Gasperi, Alcide   15
DeLillo, Don   577, 578, **646**, 710
Denat de Guillebon, Jeanne-Claude   547
Denon, Dominique-Vivant   639
De Palma, Brian   552
De Robertis, Giuseppe   85, 169, 238, 458
De Roberto, Federico   409, 663
Derrida, Jacques   541, 568
De Sanctis, Francesco   21
De Sica, Vittorio   510
De Stefani, Alberto   12
Devoto, Giacomo   458
Di Mauro, Enzo   575, 620
Dini, Lamberto   533
Donatoni, Franco   551
Donne, John   210
Dos Passos, John Roderigo   308, **344**, 346
Dostoevskij, Fëdor Michajlovič   346
Doyle, Arthur Conan   700
Dreyer, Carl Theodor   33
Dreyfus, Alfred   809
Drieu La Rochelle, Pierre   17
Dubuffet, Jean   546, 547
Duchamp, Marcel   30
Dupoix, Jeanne   78
Durano, Giustino   856
Duras, Marguerite   **634**
Dürrenmatt, Friedrich   **853-854**

Eco, Umberto   523, 540, 555, 559, 572, 574, 575, 632, 660, 661, **699-700**, 709, 710
Efron, Sergej   73
Einaudi (editore)   127, 466, 569
Einaudi, Luigi   15
Eliot, Thomas Stearns   16, 23, 60, **62-64**, 184, 186, 210, 223, 248, **508**, 603, 688, 787
Eltsin, Boris   528
Eluard, Paul (pseud. di Eugène Grindel)   49, 60, **61**
Engels, Friedrich   26
Enzensberger, Hans Magnus   **589-590**
Erba, Luciano   590
Esopo   251

Falasca, Franco   575
Falla, Manuel de   70
Fallaci, Oriana   **840-841**
Fanfani, Amintore   529
Faulkner, William   308, 343, **344**, 374, 648
Fedro   251
Fellini, Federico   552, 554, 558
Feltrinelli (editore)   573
Fenoglio, Beppe   24, 53, 366, **396-397**
Ferlinghetti, Lawrence   586
Ferreri, Marco   555
Fitzgerald, Francis Scott   **344**
Flaiano, Ennio   854
Flora, Francesco   297
Fo, Dario   558, 559, 853, 854, **856-859**
Foa, Antonio   574
Fofi, Goffredo   574
Folengo, Teofilo   858
Fontana, Lucio   546

Ford, Henry 522
Ford, John 32
Forlani, Arnaldo 532
Fortini, Franco (pseud. di Franco Lattes) 238, 239, 297, 326, **329-331**, 534, 568, 573, 574, **711**, **810-811**, 813, 820, 821, 840
Foscolo, Ugo 209
Foucault, Michel 540, 568
Franchini, Antonio 578, 710
Franco Bahamonde, Francisco 59, 373, 854
Frasca, Gabriele 575
Frénaud, André **584**
Freud, Sigmund 22, 25, 126, 170, 387, 522, 541
Frixione, Marcello 575

Gadamer, Hans Georg 541
Gadda, Carlo Emilio 23, 24, 40, 41, 49, 186, 238, 343, 363, **426-463**, 569, 687, 689, 690, 694, 777
Gadda, Enrico 426
Galiazzo, Matteo 576, 708, 709
Galilei, Galileo 809
Gandhi, Mohandas Karamchand 12
Garboli, Cesare 763
García Lorca, Federico 69, **70, 509**
García Márquez, Gabriel 647, **648**
Gardella, Ignazio 32
Gargiulo, Alfredo 168, 238, 458
Garibaldi, Giuseppe 409
Garrone, Matteo 710
Garzanti (editore) 728
Gassman, Vittorio 553
Gatto, Alfonso 48, 49, 394
Gehry, Frank 545
Genet, Jean 844
Gentile, Giovanni 17, 18, 337
Germi, Pietro 448, 553
Gershwin, George 33
Ginsberg, Allen 567, 585, **586-587**
Ginzburg, Leone 662
Ginzburg, Natalia **662**
Giudici, Giovanni 574, **590-591**
Giuliani, Alfredo 285, 521, 572, 573, 603
Gobetti (editore) 186
Gobetti, Piero 189
Godard, Jean-Luc 552
Goebbels, Joseph Paul 9
Goethe, Johann Wolfgang 337
Góngora y Argote, Luis de 79, 331
Gorbačëv, Michail 528
Gosho, Heinosuke 33
Govoni, Corrado 184, 185, 189
Gozzano, Guido 184, 326
Gozzi, Gasparo 826
Gramsci, Antonio 17, 21, **26**, 558, 559, 771, 810, 828
Grant, Cary 551
Grass, Günther **639**
Grassi, Paolo 509
Grignani, Maria Antonietta 238
Gropius, Walter 32
Grossman, David 578, 710
Guevara de la Serna, Ernesto (detto "Che") 521, 529
Guglielmi, Angelo 572
Guicciardini, Francesco 808, 809
Guido da Verona (pseud. di Guido Verona) 40
Guillén, Jorge 70
Guttuso, Renato 30

Habermas, Jürgen 540, 541
Hamid, Mohsin 578, 710
Händel, Georg Friedrich 34
Hardy, Thomas 223
Heidegger, Martin 26, 521, 568

Heine, Heinrich 337, 494
Heisenberg, Werner 24
Hemingway, Ernest 53, 344, **345**
Hindemith, Paul 34
Hindenburg, Paul von Beneckendorff von 9
Hitchcock, Alfred 32
Hitler, Adolf 9, 10, 14, 15, 67, 246, 253, 351
Hölderlin, Friedrich 248
Hopkins, Gerald Manley 210, 223, 248
Horkheimer, Max 16, 541
Hosseini, Khaled 578, 710
Husserl, Edmund 24, 26
Huxley, Aldous Leonard 16

Ibsen, Henrik 509
Ignazio di Loyola 665
Incrocci, Agenore 553
Ionesco, Eugène **501**, 566, 844, **846**
Ippolito, Francesco 426
Isella, Dante 440, 458

Jacobson, Roman 542
Jacomuzzi, Angelo 239, 250
Jacopone da Todi 858
Jahier, Piero 85
Jannacci, Enzo 857
Jarry, Alfred 500
Jaspers, Karl 26
Jauss, Hans Robert 543
Jiménez, Juan Ramón 70
Jovine, Francesco 54
Joyce, James 6, 50, 62, 63, 343, 373, 458, 509, 521, 639, 687
Jung, Carl Gustav 22, 24, **25**

Kafka, Franz 343, 346, 366, 494, 578, 630, 687
Kahlau, Heinz 589
Kahn, Gustav 544
Kavafis, Konstantinos 223
Kennedy, Jacqueline 549
Kennedy, John Fitzgerald 525, 646, 839
Kerouac, Jack 567, 586, **646**, 689
Kierkegaard, Søren Aabye 26
Kinugasa, Teinosuke Kukame 33
Kosuth, Joseph 547
Kruscëv, Nikita Sergeevič 524
Kubrick, Stanley 552
Kundera, Milan **639-640**
Kunert, Günter 589
Kurosawa, Akira 552

Lacan, Jacques 540
Laforgue, Jules 60
Landolfi, Tommaso 23, 41, 363, **365**
Lautréamont (pseud. di Isidore Lucien Ducasse) 60
Lavagetto, Mario 169
Le Corbusier (pseud. di Charles-Edouard Jeanneret) 30, 32, 544
Leavis, Franck Raymond 16
Leavitt, David 568, 633, **646**
Leibniz, Gottfried Wihelm 427
Lenin, Nikolaj (pseud. di Vladimir Il'ič Ul'janov) 72
Leone, Sergio 553
Leonetti, Francesco 568, 572, 574, 575, **600-601**, 660, 673, 674
Leopardi, Giacomo 79, 108, 126, 132, 522, 555, 601, 675, 745
Letta, Enrico 533
Levi Montalcini, Luigi 32
Lévi-Strauss, Claude 540
Levi, Carlo 40, 53, **395**
Levi, Primo 40, **395**, **464-499**
Liala (pseud. di Liana Negretti) 16, 40

Libera, Adalberto 32
Lichtenstein, Roy 548, 549
Locke, John 826
Loi, Franco 558, **618-619**
Lombardo Radice, Marco 708
Longanesi, Leo 832
Loria, Arturo 39, 186, **366**
Lu Hsün 601
Lukács, György 17, **26**
Lunetta, Mario 575
Luperini, Romano 239, 458, 575
Luzi, Mario 6, 49, 296, **320-321**, 590, **854**
Lyotard, Jean-François 522

Maccari, Mino 30, 48
Macchia, Giovanni 246
Machado, Antonio 70
Machiavelli, Niccolò 808, 809
Maderna, Bruno 551
Mafai, Mario 30
Maggiani, Maurizio 708
Magrelli, Valerio 578, **620**
Mailer, Norman 632
Majakovskij, Vladimir Vladimirovič 73
Majorino, Giancarlo 574
Malaparte, Curzio **828**
Malerba, Luigi 521, 540, 572, 576, 632, 660, 661, **693-694**
Mallarmé, Stéphane 49, 61, 79
Malle, Louis 552
Manfredi, Nino 553
Manganelli, Giorgio 521, 572, 660, 687, **688**
Mann, Thomas 6, 351, 554
Manzini, Gianna 23, **365**
Manzoni, Alessandro 21, 132, 321, 664, 695, 810
Manzoni, Pietro 547
Manzotti, Emilio 458
Mao Tse-tung 12, 549
Maragall i Gorina, Joan 223
Maraini, Dacia 387, **663**
Marco Aurelio 345
Marcuse, Herbert 26, 534, 540, 541
Marin, Biagio **336**
Marini, Marino 30
Martini, Arturo 30
Martone, Mario 555
Marx, Karl 22, 26, 387, 522, 541
Mastronardi, Lucio 689
Mattei, Enrico 832
McCarthy, Joseph Raymond 11
Melville, Herman 308
Mendeleev, Dmitrij Ivanovi 485
Meneghello, Luigi **698**
Mengaldo, Pier Vincenzo 169, 192, 238, 247, 326, 467
Merini, Alda **620-621**
Michaux, Henri **584**
Michelucci, Giovanni 32
Mies van der Rohe, Ludwig 544
Milanini, Claudio 169
Miller, Arthur **344**, 508, 509
Miller, Henry 689
Milton, John 331
Mishima, Yukio 654
Mizogouchi, Kenji 33
Mo, Yan 653
Mondadori (editore) 79, 245
Monicelli, Mario 467
Monroe, Marilyn 509, 549, 551
Montaigne, Michel de 808, 809
Montale, Eugenio 6, 23, 24, 41, 49, 60, 161, 168, 169, **183-295**, 296, 297, 298, 337, 427, 559, 590, 591, 615, 621, 695, 787, 810

Montale, Marianna 185
Montanelli, Indro **832-833**
Monti, Augusto 308
Monti, Mario 533
Moore, Charles 545
Morante, Elsa 364, 387, **407**, 555, 660, 661
Moravia, Alberto (pseud. di Alberto Pincherle) 6, 23, 39, 40, 53, 343, 363, 366, **387-388**, 407, 573, 832
Moretti, Nanni 555
Moro, Aldo 529, 531, 532, 663, 809
Morpurgo, Lucia 466
Morris, Charles 26
Muscetta, Carlo 169
Musil, Robert 343, 687
Mussolini, Benito 10, 12, 14, 15, 78, 81, 431, 464, 614, 828, 832

Nafisi, Azar 578, 710
Negri, Antonio 574
Nenni, Pietro 15
Neri Pozza (editore) 245
Neruda, Pablo (pseud. di Neftalí Ricardo Reyes Basoalto) 69, **71**
Nicoli, Paola 186
Nietzsche, Friedrich Wilhelm 22, 126, 170, 521, 568
Nizan, Paul 17
Nono, Luigi 34, 551
Nove, Aldo 576, 578, 708, 709, 710
Noventa, Giacomo 329, 336, **337**

Occhetto, Achille 532
Olivetti, Adriano 674
Orelli, Giorgio 590
O'Neill, Eugene 500, 508
Ortega y Gasset, José 16
Ortese, Anna Maria **365**
Orwell, George (pseud. di Eric Blair) 16, 653
Osborne, John 567
Ottieri, Ottiero 570, 689
Ottonieri, Tommaso 575
Oz, Amos 578, 710
Ozu, Kasujiro 33

Pagano, Giuseppe 32
Pagliarani, Elio 521, 570, 572, 590, 600, **603-604**
Palazzeschi, Aldo (pseud. di Aldo Giurlani) 40, 86, 184, 185, 189
Pamuk, Orhan 578, 710
Pannunzio, Mario 832
Parenti, Franco 856
Parini, Giuseppe 601
Parise, Goffredo 689
Parri, Ferruccio 15
Pascal, Blaise 320
Pascoli, Giovanni 41, 86, 190, 312, 326, 569, 673, 695, 769, 771
Pasolini, Pier Paolo 6, 169, 239, 285, 296, 387, 520, 521, 529, 534, 554, 555, 558, 559, 568, 573, 600, 604, 660, 673, 674, 711, **769-807**, 810, **814**, 820, 821, 840, **854**
Pasternak, Boris 73, 343, **360**
Pavese, Cesare 6, 22, 23, 24, 39, 41, 53, 296, **308-309**, 343, 344, 366, 372, **374**, 396, 615, 728, 730
Paz, Octavio 70
Pea, Enrico 85
Penna, Sandro 6, 296, **305**, 312, 569
Perec, Georges 567, 633, **634**, 708, 728, 763
Perón, Juan Domingo 352
Perrone, Lorenzo 465

Pertini, Alessandro 187
Pessoa, Fernando António Noguera 351, **352**, 639, 699
Petrarca, Francesco 79, 126
Petrolini, Ettore 854
Piacentini, Marcello 30
Piano, Renzo 545
Picasso, Pablo 86
Pierro, Albino 558, **618**
Pinchera, Mario 169
Pintor, Giaime 21
Pintor, Luigi 833
Pirandello, Luigi 366, 409, 457, 509, 559, 630, 663, 856
Pitigrilli (pseud. di Dino Segre) 40
Pizzuto, Antonio 660, 689, **690**
Plath, Sylvia **585**
Poe, Edgar Allan 688
Poli, Ugo Edoardo 123
Pollock, Jackson 547
Polo, Marco 654, 745
Ponge, Francis **584**
Ponti, Giovanni (detto Giò) 544
Pontiggia, Giuseppe 575, 620, 688
Popper, Karl 540, 541
Porta, Antonio (pseud. di Leo Paolazzi) 184, 521, 572, 574, 603
Porta, Carlo 619
Pound, Ezra 61, **62**, 210, 603
Prati, Giovanni 132
Pratolini, Vasco 20, 23, 54, 366, 373, **394-395**
Praz, Mario 186, 832
Presley, Elvis 551
Prévert, Jacques 584
Prodi, Romano 533
Prokof'ev, Sergej 34
Proust, Marcel 6, 50, 315, 343, 373, 409, 662
Pynchon, Thomas **646**

Quasimodo, Salvatore 6, 41, 48, 49, 296, **298**
Queneau, Raymond **345**, 566, 728, 763

Raboni, Giovanni 574
Rame, Franca 857
Rauschenberg, Robert 547
Rava, Carlo Enrico 32
Ravera, Lidia 708
Reagan, Ronald Wilson 527
Rebora, Clemente 85, 184, 189, 590, 601
Renoir, Jean 33
Renzi, Matteo 533
Resnais, Alain 552
Ricoeur, Paul 541
Rieser, Vittorio 574
Rilke, Rainer Maria 73
Rimbaud, Arthur 60, 567, 586, 814
Risi, Nelo 590
Robbe-Grillet, Alain 567, 633, 639
Rogers, Richard 545
Romanò, Angelo 568
Romano, Lalla **662**
Ronconi, Luca 605, 854
Roosevelt, Franklin Delano 8, 15
Rorty, Richard 541
Rosai, Ottone 30
Roscioni, Gian Carlo 458
Rosi, Francesco 467
Rosselli, Amelia **614-615**
Rosselli, Carlo 614
Roth, Philip 495, 578, 710
Roversi, Roberto 568, 600, 660, 673, 674
Ruzante (Angelo Beolco, detto) 858

Saba, Umberto (pseud. di Umberto Poli) 6, 23, 41, 60, **123-182**, 185, 296, 297, 312, 337, 569
Sabaz, Peppa 123
Salinger, Jerome David 568, **632**
Salvatores, Gabriele 555, 710
Sanguineti, Edoardo 7, 184, 520, 521, 534, 570, 572, 575, 603, **605-606**, 660, 687, **688**, 810, 813, 820, 821, **855**
Santacroce, Isabella 576, 709
Sapegno, Natalino 238
Saramago, José **639-640**
Sarraute, Nathalie 567
Sartre, Jean-Paul 17, 23, 26, 50, 343, **346**, 348, **501**
Saviano, Roberto 578, **710-711**, 810, 820, **821**
Savinio, Alberto (pseud. di Andrea De Chirico) **364**
Sbarbaro, Camillo 184, 189
Scalfari, Eugenio 832, 833
Scalia, Gianni 568
Scaravelli, Eugenio 186
Scarpa, Tiziano 576, 708
Scarpelli, Furio 553
Sceab, Moammed 82
Scheiwiller, Vanni 494
Schifani, Mario 551
Schönberg, Arnold 34
Sciascia, Leonardo 540, 559, **663-666**, 693, 694, 711, 809, 810, 813
Scipione (Gino Bonichi) 30
Scorsese, Martin 552
Segre, Cesare 238
Sereni, Vittorio 49, 184, 296, **326-327**, 570, 590
Serra, Ettore 81
Serra, Renato 168
Šestov, Lev 189
Shakespeare, William 79, 223, 298, 554, 854
Siciliano, Enzo 387
Silone, Ignazio (pseud. di Secondo Tranquilli) 366
Singer, Ester Judith 728
Sironi, Mario 30
Siti, Walter 578, 708, 710
Slataper, Scipio 168
Sollers, Philippe 567
Solmi, Sergio 49, 168, 186, 189, 238
Solženicyn, Aleksandr Isaevič 633
Sordi, Alberto 553
Sorrentino, Paolo 555
Šostakovič, Dmitrij 34
Spadolini, Giovanni 187
Spaziani, Maria Luisa 187, 223, 246, 279
Spielberg, Steven 552
Spinazzola, Vittorio 556
Stalin (Iosif Visarionovič Dzugasvili, detto) 3, 8, 22, 26, 72, 360, 524, 633
Steinbeck, John 344, **345**
Stendhal (pseud. di Henry Beyle) 409
Stockhausen, Karlheinz 34, 551
Stravinskij, Igor Fëdorovič 34
Strehler, Giorgio 509, 854
Svevo, Italo (pseud. di Ettore Schmitz) 50, 186, 189, 343, 373, 387, 653, 662, 687

Tabucchi, Antonio 576, 660, 661, 698, **699**
Tamaro, Susanna 555, 557, 661
Tanzi, Drusilla 186, 187
Tarantino, Quentin 540, 552, 553, 576, 709
Taviani, Paolo 554
Taviani, Vittorio 554
Taylor, Frederick Winslow 522
Taylor, Liz 549
Terragni, Giuseppe 32

Tesio, Giovanni 495
Tessa, Delio 336, 619
Testori, Giovanni 660, 689
Thatcher, Margaret Hilda 527
Thomas, Dylan 603
Timpanaro, Sebastiano 574
Tito Livio 427
Togliatti, Palmiro 15, 50
Tognazzi, Ugo 553
Tolkien, John Ronald Reuel 654
Tolstoj, Lev Nicolaevič 26
Tomasi di Lampedusa, Giuseppe 364, 407, 409, 554, 555, 661
Tondelli, Pier Vittorio 576, 660, **698-699**, 709
Torelli Viollier, Eugenio 827
Tornatore, Giuseppe 555
Tournier, Michel 633, **634-635**
Tozzi, Federigo 366, 457
Trilussa (pseud. Carlo Alberto Salustri) **336**
Trockij, Lev Davidovič (pseud. di L. D. Bronstein) 8
Tronti, Antonio 574
Truffaut, François 552
Tzara, Tristan (pseud. di Samuel Rosenstock) 61

Uberti, Anna degli 186
Ungaretti, Antonietto 78
Ungaretti, Giuseppe 41, 49, 59, 60, **77-122**, 125, 161, 168, 169, 185, 239, 296, 298, 330, 337
Ungaretti, Ninon 78
Updike, John 632

Valéry, Paul 60, **61**, 210, 248
Vargas Llosa, Mario **647-648**
Vassalli, Sebastiano 540, 576, 660
Vattimo, Gianni 541
Vázquez Montalbán, Manuel 661
Venturi, Robert 545
Verga, Giovanni 21, 53, 366, 663, 695, 730
Verlaine, Paul 189
Verri, Alessandro 826
Verri, Pietro 826
Viani, Lorenzo 85
Viganò, Renata 54
Virzì, Paolo 555
Visconti, Luchino 33, 409, 509, 558
Vittorini, Elio 20, 23, 39, 40, 49, 50, 53, 186, 238, 298, 329, 330, 343, 344, 363, 366, **372**, 394, 534, 569, 570, 661, 675, 728, 731, 832
Vittorio Emanuele III di Savoia 14
Voce, Lello 575
Volpi, Giuseppe 12
Volponi, Paolo 522, 574, **600**, 660, 673, **674-676**, 711
Voltaire (pseud. di François-Marie Arouet) 664, 666, 733

Warhol, Andy 548, 549, 550
Webern, Anton 34
Weiss, Edoardo 126
Welles, Orson 32
Whitman, Walt 308, 567, 586
Wilder, Thornton 500, **508**
Williams, Tennessee (pseud. di Thomas Lanier Williams) 500, 508, **509**
Williams, William Carlos 586
Wittgenstein, Ludwig 24
Woelfler, Carolina 123
Wolf, Christa **632**
Woolf, Virginia 343, 409
Wright, Frank Lloyd 30, 544

Yehoshua, Abraham 578, 710
Yoshimoto, Banana **654**
Yourcenar, Marguerite (pseud. di Marguerite Cleenewerck de Crayencourt) 345

Zanzotto, Andrea 49, 239, 285, 296, 557, 590, **592-594**
Zavattini, Cesare 510
Ždanov, Andrej Aleksandrovič 72
Zola, Emile 809

INDICE DEGLI AUTORI

Beauvoir, Simon de 347
Beckett, Samuel 846
Benjamin, Walter 27
Bertolucci, Attilio 314
Blasucci, Luigi 221
Borges, Jorge Luis 353
Brecht, Bertolt 68, 503
Buzzati, Dino 367

Calvino, Italo 55, 570, 729, 731, 734, 738, 741, 748, 751, 753, 756, 759, 814
Camus, Albert 348
Caproni, Giorgio 316, 318

De Filippo, Eduardo 511
De Robertis, Giuseppe 107

Eco, Umberto 577, 705
Eliot, Thomas Stearns 62, 64, 65

Fenoglio, Beppe 397, 402
Fo, Dario 859
Fortini, Franco 249, 331, 334, 811

Gadda, Carlo Emilio 435, 441, 448, 452
García Lorca, Federico 71
García Márquez, Gabriel 649
Ginsberg, Allen 587

Giudici, Giovanni 591

Jameson, Fredric 523

Levi, Primo 468, 474, 478, 482, 486, 496
Luzi, Mario 321, 324

Magrelli, Valerio 621
Malaparte, Curzio 828
Malerba, Luigi 696
Marcuse, Herbert 537
Meneghello, Luigi 690
Merini, Alda 622
Montale, Eugenio 192, 193, 196, 199, 203, 205, 212, 214, 217, 222, 226, 228, 231, 234, 236, 237, 248, 249, 255, 258, 261, 265, 270, 272, 280, 282
Montanelli, Indro 833
Morante, Elsa 410
Moravia, Alberto 389
Murakami, Haruki 655

Orwell, George 826

Pagliarani, Elio 606
Pasolini, Pier Paolo 132, 286, 533, 772, 778, 788, 792, 797, 817
Pavese, Cesare 309, 381, 384
Penna, Sandro 306, 307

Pintor, Giaime 21
Pintor, Luigi 838

Quasimodo, Salvatore 299, 300, 301, 303

Rosselli, Amelia 615
Rossellini, Roberto 35
Roth, Philip 711

Saba, Umberto 125, 135, 139, 142, 146, 151, 154, 157, 160, 162, 164, 166, 171
Sanguineti, Edoardo 609, 611
Saramago, José 641
Saviano, Roberto 715, 821
Sciascia, Leonardo 666, 671
Sereni, Vittorio 327

Tabucchi, Antonio 700
Tomasi di Lampedusa, Giuseppe 413
Tournier, Michel 635

Ungaretti, Giuseppe 80, 83, 87, 90, 93, 98, 99, 101, 103, 104, 106, 109, 111, 114

Vittorini, Elio 24, 51, 52, 375, 378
Volponi, Paolo 601, 677, 680, 684, 772

Zanzotto, Andrea 594, 597

Ulteriori brani antologici sono presenti nel webook dell'opera e nel sistema Prometeo